最新精选日汉辞典

（第二版）

主编 陈 苏

编者 尹学义　陈　苏
　　　　崔迎春　尹福祥
　　　　普书贞　许　楠

北京大学出版社
PEKING UNIVERSITY PRESS

图书在版编目(CIP)数据

最新精选日汉辞典(第二版)/陈苏主编. —北京:北京大学出版社,2009.6
 ISBN 978-7-301-15198-3

Ⅰ.最… Ⅱ.陈… Ⅲ.①日语-词典②词典-日、汉
Ⅳ.H366

中国版本图书馆 CIP 数据核字(2009)第 069431 号

书　　　名:	最新精选日汉辞典(第二版)
著作责任者:	陈　苏　主编
责任编辑:	兰　婷
标准书号:	ISBN 978-7-301-15198-3/H·2249
出版发行:	北京大学出版社
地　　　址:	北京市海淀区成府路 205 号　100871
网　　　址:	http://www.pup.cn
电　　　话:	邮购部 62752015　发行部 62750672
	编辑部 62767347　出版部 62754962
电子邮箱:	lanting371@163.com
印　刷　者:	北京中科印刷有限公司
经　销　者:	新华书店

787 毫米×1092 毫米 32 开本 35.125 印张 1200 千字
1996 年 12 月第 1 版　2009 年 6 月第 2 版
2011 年 5 月第 2 次印刷

定　　　价:69.80 元

未经许可,不得以任何方式复制或抄袭本书之部分或全部内容。
版权所有,侵权必究　举报电话:010-62752024
　　　　　　　　　　　　电子邮箱:fd@pup.pku.edu.cn

第二版前言

《最新精选日汉辞典》1996年由北京大学出版社出版。本书以"选词精当、内容适用、编排新颖"的突出特色，深受广大读者喜爱，并重印多次。

时光荏苒，转瞬就是十三年。这期间社会生活发生了巨大变化，我国改革开放不断深入，科学技术突飞猛进，新词新语也在不断产生。应广大读者要求，出版社委托我们对原书进行修订增补，将以全新面貌奉献给各界读者。

《最新精选日汉辞典》（第二版），仍以原书的读者对象为主要对象，即本书主要供中学、大学的广大师生和社会各界初学日语的人士使用。因此，本书选词仍以日语基本词语为主，并参考国内外各种教学大纲、教材和各层次考试使用的词汇表，广收使用频率高的词语，特别注重收入最新网络用语，以供阅读现代书刊的需要。总词汇量由原书的二万条增至近三万条。其中重点词均举有例词例句；所有日文汉字一律加标读音；汉字表记分别列出标准和非标准两种书写方式；所有词条都标有数字式声调符号；同义词、类义词用表格辨析。这些编写上的努力都为了提高初学者对词语的认、读、写能力，都有助于初学者准确理解词义，掌握词的用法。

在本辞典编选和修订过程中参考了《最新高级日

汉辞典》、《三省堂 例解新国语辞典》、《小学馆 现代国语例解辞典》、《ダイヤモンド国语辞典》、《岩波 国语辞典》、《三省堂 新明解国语辞典》、《旺文社 标准国语辞典》等。谨向以上辞书的编著者和出版者表示衷心的感谢。

参加本书第一版编写的人员有黄幸、尹福祥（主编）、尹学义、陈苏、大村三千野；参加修订的人员及具体分工为：尹学义（あ～し），陈苏（す～と），崔迎春（な～の），尹福祥（は～ほ），普书贞（ま～も），许楠（や～ん）。修订人员从本书第一版出书起，不断听取广大读者意见和建议，广泛收集各种词表和新词语；历经十数个寒暑，多次研讨，几度易稿，最后主编用大半年时间通读全书，平衡词条，统一体例，订正错漏。从每个词条的书写、声调、表记、外来语原文，直至标点符号、译文一一加以审读。我们的目标是编出精品，回报社会，回报广大读者的厚爱。

尽管如此，但因水平和条件的限制，书中肯定还会有不尽如人意之处，恳切希望广大读者继续提出宝贵意见，以便我们把这本辞典修订得更加完善，更好地为广大读者服务。

编　者
2009 年 1 月

使用说明

一、**体例**

1. **词目** 按五十音顺序排列。外来语长音符号作为相应元音假名对待。

2. **领词** 采用黑体字,右上角标有声调型。动词、形容词的词干与词尾之间用居中圆点"·"分开。

3. **书写方式** 分为标准书写方式和非标准书写方式,前者用黑体方括弧"【 】"表示,后者用明体六角括弧"〔 〕"表示。如有数种写法则用圆点分开。汉字后"可送可不送的"假名括在圆括弧内。

4. **词性** 词类及活用形用圆括弧内的略语表示。语言分类用三角括弧内的略语表示。无百科分类略语,只在必要时作注释。

5. **外来语** 用明体方括弧[ ]给出原文。并加注原文语种(英语一般从略),日本人自造的外来语,注"日造",以片假名书写的汉字词,注"中"。

6. **释义** 一词多性、一词多义、一句多义时,分别用Ⅰ、Ⅱ、Ⅲ,①、②、③……,ⅰ)、ⅱ)、ⅲ)逐级分项列出。派生词及例句以"△"引导,成语及谚语以"◇"引导。"~"代表领词。领词为用

言的，～仅代表其原形，变化后则全部写出；领词为サ行变格动词词干时，则只写出变化后的词尾，而用～代替其词干。"→"表示参见。释义及译文中作为补充说明的字括在圆括弧（　）内。

7. **标音**　　派生词、例句、成语、谚语中的汉字以及在领词连浊的情况下，一律以小一号的假名标注读音。

8. **图表**　　通过词与词的搭配关系进行同义词辨析。图中"○"为可以搭配，"×"为不可搭配，"△"表示不常用。在需要参见图表的词条末尾均有"⇨"提示。

二、略语
1. 词类

（名）	名词（一般从略）	（格助）	格助词
（代）	代词	（并助）	并列助词
（数）	数词	（接助）	接续助词
（自）	自动词	（副助）	副助词
（他）	他动词	（提助）	提示助词
（形）	形容词	（终助）	终助词
（形动）	形容动词	（助动）	助动词
（副）	副词	（接头）	接头词
（接）	接续词	（接尾）	接尾词
（感）	感叹词	（补动）	补助动词

（连体）　　连体词　　　　（造语）　　造语

2. 活用

（五）　　　　五段活用
（上一）　　　上一段活用
（下一）　　　下一段活用
（カ）　　　　カ行变格活用
（サ）　　　　サ行变格活用
（シク）　　　形容词シク活用
（タルト）　　形容动词タルト活用

3. 语言

〈文〉　　文章语（书面语）　〈敬〉　　尊敬语
〈旧〉　　旧陈语　　　　　　〈谦〉　　自谦语
〈俗〉　　俗语　　　　　　　〈雅〉　　高雅语
〈古〉　　古语　　　　　　　〈谐〉　　诙谐语
〈方〉　　方言　　　　　　　〈讽〉　　讽刺语
〈老〉　　老人语　　　　　　〈骂〉　　漫骂语
〈女〉　　女人语　　　　　　〈喻〉　　比喻
〈儿〉　　儿童语　　　　　　〈转〉　　转义

三、声调

　　"声调"即词的重音，凡实词均有声调。本辞典采用日本共通语声调，即东京语声调。声调型用⓪、

①、②、③、④、⑤等代表。日语的声调变化发生在假名与假名之间。除拗音外，每个假名都是一个音拍。如"ひ"（火），"いぬ"（犬），"こころ"（心），"ぶんがく"（文学）分别为一音拍、二音拍、三音拍、四音拍。声调类型则根据高低音的位置来划分。

⓪型　第一音拍低，以下各音拍均高，后续助词也高。如"さくらが"。

①型　第一音拍高，以下各音拍均低，后续助词也低。如"はんきが"。

②型　第二音拍高，其他各音拍均低，后续助词也低。如"やまが"。

③型　第二、三音拍高，其他各音拍均低，后续助词也低。如"みずうみが"。

④型　第二、三、四音拍高，其他各音拍均低，后续助词也低。如"すみいろが"。

⑤型　第二至五音拍高，其他各音拍均低，后续助词也低。如"じゅうにがつが"。

⑥型、⑦型……以此类推。此外，由两个词组成的复合词，一般是分别用原来两个词的声调，有时也发生变化。如"つるなしいんげん"的声调是⓪—①，"せかいふきょう"的声调是②—②。有些同音词，声调型能决定其词义。如"はし"读⓪型时是"边缘"；读①型时是"筷子"；读②型时是"桥"。

四、汉字音训读法

汉字音训读法表,汇集本辞典所收全部词条的标准书写方式和非标准书写方式的日文汉字。为使读者检索便捷,表中日文汉字按中文的汉语拼音的顺序排列而成。

如遇有日本国字、繁体字等时,请先查最后的检索表,查到设定拼音后,再进行二次检索。

目 录

第二版前言 1
使用说明 1
正文 .... 1—1020
日文汉字音训读法 .... 1021—1107
检索表 .... 1109—1110

あ ア

あ〔亜〕Ⅰ⓪(名)亚洲。△東(とう)～/东亚。Ⅱ(接头)亚，次。△～流(りゅう)/二流。△～熱帯(ねったい)/亚热带。

あ①(感)①(轻微感叹)呀！啊！△～、すばらしい/啊，真好啊！②(打招呼)喂！哎！

ああ⓪(副)那样，那么("あのように""あんなに"之意)。△～言えば、こう言う/总是强词夺理。

ああ①〔嗚呼〕(感)啊！呀！唉！△日曜日(にちようび)、遊(あそ)びに行(い)ってもいい？——～、いいよ/星期日可以游玩儿去吗？——啊！去吧。

ああいう⓪(连体)那样的。

アーク①[arc]①弧，弧线。②弓形，拱。③圆弧。④电弧，弧光。△～灯(とう)/弧光灯。

アーケード①③[arcade]①拱廊。②有拱顶的商店街。

アース①[earth]Ⅰ(名)①地球。②地线。Ⅱ(名・自他サ)接地。

アーチスト①[artist]艺术家，美术家。

アーベント①[德 Abend](音乐、电影)晚会。△ベートーベン～/贝多芬音乐晚会。

あい①【藍】①蓝色。②蓝靛。◇青(あお)は～より出(い)でて～より青し/青出于蓝而胜于蓝。

あい①【愛】爱，喜爱。恋爱。△子供(こども)への～におぼれる/溺爱儿女。△～が芽生(めば)える/萌发爱情。

アイ①[eye]①眼。②小孔，针孔。

あい-【相】(接头)①互相。△～助(たす)ける/互相帮助。②一起，一同。△～乗(の)り/一块乘，同乘。

アイアン①[iron]①铁。②熨斗。

アイアンマン⑤[ironman]铁人三项拉力赛选手。△～レース/铁人三项拉力赛。

あいいく⓪【愛育】(名・他サ)抚育，精心抚养。△一人子(ひとりっこ)を～する/精心抚育独生子。△蝶(ちょう)よ花(はな)よと～する/娇生惯养。

あいおい⓪【相生(い)】①连理树，连根生。◇～の松(まつ)/连理松。②(夫妻)白头偕老。△～の夫婦(めおと)/白头偕老的夫妇。

あいかわらず⓪【相変(わ)らず】(副)仍旧，照旧。△～若若(わかわか)しい/仍旧很年轻。△祖父(そふ)の病気(びょうき)は、一進一退(いっしんいったい)をくり返(か)えしていて～だ/祖父的病时好时坏，反反复复不见起色。

あいがん⓪【哀願】(名・自サ)哀求，苦苦恳求。△～を容(い)れな

あいがん

い / 不容恳求。△助命(じょめい)を～する / 哀求饶命。

あいがん⓪【愛玩】(名・他サ)玩赏(动物等)。△～動物(どうぶつ) / 宠物。△一人(ひとり)暮(く)らしの老女(ろうじょ)は，まるで自分(じぶん)の娘(むすめ)のようにその猫(ねこ)を～していた / 孤独的老太太就像喜欢自己女儿似的喜欢那只小猫。

あいぎ③【合着】〔間着〕①(春、秋季穿的)夹衣。②外衣和衬衣中间的衣服。

アイ・キュー⓪ [IQ (intelligence quotient)]智能指数，智商。

あいきょう③〔愛敬・愛嬌〕①(女人、小孩等)可爱，讨人喜爱。△男(おとこ)は度胸(どきょう)、女(おんな)は～ / 男要有胆量，女要讨人爱。②和蔼，殷勤。△～たっぷり / 非常和蔼。

	～のない人	～がいい	～が尽きる	～をふりまく	お～	ご～
愛嬌	○	×	×	○	○	○
愛想	○	○	○	○	○	×

アイ・グラス⓪ [eye glass]①眼镜。②眼镜片。

あいくるし・い⑤【愛くるしい】(形)(小孩等)逗人喜爱，极可爱。△～笑顔(えがお) / 极可爱的笑模样。

あいこ③⓪【相子】平局，不分胜负，平分秋色。△これで～だ / 至此不分胜负。

あいご①【愛護】(名・他サ)爱护，保护。△動物(どうぶつ)～ / 爱护动物。

あいことば③【合言葉】①口令，暗语。△山(やま)といえば川(かわ)と答(こた)える～ / 说山答河的接头暗语。②口号，标语。

あいさつ①〔挨拶〕(名・自サ)①问候，寒暄。△生徒(せいと)たちは先生(せんせい)に「おはようございます」と～した / 学生问候老师"早上好"。②致意。△新郎(しんろう)新婦(しんぷ)の～を受(う)けた / 接受新郎新娘的致意。③致词。△開会(かいかい)の～ / 致开幕词。

あいじゃく⓪【愛着】(也作"あいちゃく")(名・自サ)留恋，依依不舍。△町並(まちなみ)に～を感(かん)ずる / 对街上的房子有留恋感。

あいしょう⓪【愛称】爱称，昵称。△新車(しんしゃ)の～を募集(ぼしゅう)する / 给新车征集爱称。

あいしょう⓪【愛唱】(名・他サ)爱唱。△どんな人(ひと)にも、～する歌(うた)というものはあるものだ / 人人都有爱唱的歌。

あいしょう③【相性・合性】缘分，(性格)投不投缘。△～が悪(わる)い / 合不来。

あいじょう⓪【愛情】①热情，热爱。△仕事(しごと)に～をもつ / 热爱工作。△～をそそぐ / 投入热情。②爱慕(之情)。△～を打(う)ち明(あ)ける / 倾吐爱慕之情。

アイス①[ice]①冰。△ドライ～ /

干冰。②("アイスクリーム"之略)冰淇淋。

あいず① 【合図】Ⅰ(名)信号。△～の旗(はた)/信号旗。△～を送(おく)る/发信号。Ⅱ(名・自サ)发信号。

アイス・クリーム⑤ [ice cream]冰淇淋。

アイス・コーヒー⓪① [ice coffee]冰咖啡。

アイス・ホッケー④ [ice hockey](体育)冰球。

アイス・マシン⑥ [ice machine]制冰机,冷冻机。

アイス・リンク④ [ice rink]滑冰场。

あい・する② 【愛する】(他サ)①爱,喜欢。△孫(まご)を～/爱孙子。②(男女之间)爱慕,爱。△愛し合(あ)っている二人(ふたり)/相爱的一对。③热爱,酷爱。△～祖国(そこく)/亲爱的祖国。△文学(ぶんがく)を～/酷爱文学。④喜好。△花(はな)を～/喜好花。△酒(さけ)を～/好喝酒。

あいそ③ 【愛想】(也作"あいそう")①(待人)亲切,和蔼。△～が悪(わる)い/态度不好。②招待,款待。△何(なん)の～もありませんが、ごめんなさい/没有什么招待的,请原谅。③(饮食店里)结账。△姉(ねえ)さん、お～/大姐(对女服务员的称呼),请结账。⇨あいきょう 表

あいそう③ 【愛想】→あいそ。

あいぞう⓪ 【愛憎】爱憎,恩怨。△～の念(ねん)が絶(た)ちがたい/难以切断恩怨之情。

アイソトープ④ [isotope]同位素。

アイソレート④ [isolate]①绝缘。②断开。

あいだ⓪ 【間】①距离,间隔。△～をあける/留出间隔。②中间。△友人(ゆうじん)の～で/在朋友当中。③时候,工夫。△食事(しょくじ)をする～/吃饭的工夫。④(人与人的)关系。△二人(ふたり)の～はうまく行(い)かない/两个人的关系不好。

あいたい・する①-③【相対する】(自サ)①当面,面对面。△相対して座(すわ)る/对面而坐。②对立。△～考(かんが)えを持(も)つ/持对立的想法。

あいだがら⓪ 【間柄】(互相的)关系。△君僕(きみぼく)の～/(彼此可以不用敬语称呼的)亲密的关系。△親(おや)と子(こ)の～にある/亲如父子。

あいちゃく⓪ 【愛着】(也作"あいじゃく")(名・自サ)留恋,依依不舍。△ふるさとに～をもつ/对故乡依恋不舍。△使(つか)い慣(な)れた物(もの)には、何(なん)となく～がわく/对用久了的东西,总有种说不出的留恋。

あいつ⓪ 〔彼奴〕(代)〈俗〉①那小子,那个家伙。②那个。

あいついで①-① 【相次いで】(副)相继,一个接一个地。△病人(びょうにん)が～出(で)て来(き)た/病人一个接一个地出来了。

あいつ・ぐ① 【相次ぐ】(自五)相

继发生，接连不断。

あいづち⓪②④① 【相づち・相槌】①(原意为两个铁匠)轮流打锤。②〈转〉(以"～を打(う)つ"的形式)帮腔，随声附和。△人(ひと)の話(はなし)に～を打つ / 别人说话时随声附和。

あいて③ 【相手】①伙伴，共事者。△誰(だれ)にも～にされない / 谁也不理睬(他)。②对手。△～に取(と)って不足(ふそく)はない / 还称得上是个对手。

アイデア③ [idea]→アイディア。

アイディア③ [idea](也作"アイデア")①理想，目的。②主意，想法，构思。△～マン / 计士，主意多的人。③观念。

	奇抜な～	～を出す	～が浮かぶ	経験から～する	～を生かす	～の転換
アイディア	○	○	○	×	○	×
着想	○	×	×	○	○	×
発想	○	×	×	○	○	○

アイティー [IT (Information Technology)] 信息技术，资讯科技。

アイテム [item]①细目。②(新闻)条目。③(计算机)项目，项。

あいとう⓪ 【哀悼】(名・他サ)哀悼，吊唁。△謹(つつし)んで～の意(い)を表(あら)わす / 谨致以哀悼。

あいどく⓪ 【愛読】(名・他サ)爱读。△～書(しょ) / 爱读的书。△漱石(そうせき)の作品(さくひん)を～する / 喜欢夏目漱石的作品。

あいともな・う①-③ 【相伴(な)う】(自五)①陪同，同去。②一起出现。△名実(めいじつ)～ / 名实相符。

アイドル① [idol]偶像。△～コンテスト / (校园艺术节的)偶像选拔赛。△～ストア / 偶像商店(专营名人设计商标的商品)。△少年少女(しょうねんしょうじょ)の～歌手(かしゅ) / 少男少女崇拜的歌手。

あいにく⓪ 〔生憎〕(副・形动)不凑巧。△～の天気(てんき) / 天公不作美。△～病気(びょうき)で伺(うかが)えません / 不巧因病不能前去拜访。

あいのこ⓪ 【合(い)の子】〔間の子〕①混血儿。②杂种。③兼有两种不同性质的东西。△～弁当(べんとう) / 米饭搭配西餐副食的盒饭。

あいのて③ 【合(い)の手】〔間の手〕①(乐曲)过门。②(说话、讲演时)插话。△講演中(こうえんちゅう)に野次(やじ)の～がはいる / 演说中有人插嘴哄落。

あいぶ① 【愛撫】(名・他サ)爱抚。△子供(こども)を～する / 爱抚小孩。

あいふく⓪ 【合服】〔間服〕(春秋穿的)夹衣。

あいふだ⓪ 【合(い)札】存物牌。

あいぼ① 【愛慕】(名・他サ)爱慕。△～の情(じょう)を寄(よ)せる / 倾心爱慕。

あいぼう⓪③ 【相棒】①(轿夫相互间称呼)伙计。②〈转〉同事，伙伴，搭档。△一人(ひとり)より二

人(ふたり)のほうが楽(たの)しいから、あなたも～をこしらえたらどう？/ 俩人比一个人有意思，你也找个伙伴怎么样？

あいま③⓪【合間】闲空儿，余暇。△家事(かじ)の～に、小説(しょうせつ)を読(よ)むのを楽(たの)しみにしている / 家务余暇也读点小说来消遣。

あいまい⓪〔曖昧〕(形动)①暧昧，含糊。△～に言葉(ことば)を濁(にご)す / 含糊其词。②可疑，不正经。△～屋(や) / 暗娼店。

	～な態度	～な知識	～な決心	責任を～にする	事件が～に終わる
曖昧	○	○	×	○	×
あやふや	○	○	○	×	×
うやむや	×	×	×	○	○

あいまいけんさく⓪〔曖昧検索〕(計算机) 模糊匹配检索。

あいま・つ①【相まつ】〔相俟つ〕(自五)(多用"あいまって"的形式)①相依，相辅，相结合。△実際(じっさい)に得(え)た結果(けっか)とあいまって研究(けんきゅう)する / 与实际得到的结果结合起来研究。②赶到一块儿。△いい天気(てんき)と相まってこの日曜(にちよう)は人出(ひとで)が多(おお)かった / 这个星期天赶上了好天儿，街上人很多。

アイユ①〔法 ail〕大蒜。

あいよう⓪【愛用】(名・他サ)爱用，用惯。△～の机(つくえ) / 用惯的桌子。△～のステッキ / 爱用的手杖。

あいらし・い④【愛らしい】(形)可爱。△～口(くち)もと / 可爱的小嘴儿。⇨かわいい 表

アイリス①〔iris〕①膜片。②光圈。③虹膜。④窗孔。

あいろ①〔隘路〕①狭而险的路。②难关，障碍。△～を打開(だかい)する / 排除障碍。

アイロニー①〔irony〕①反语，反话。②讽刺，挖苦。

アイロン⓪〔iron〕①熨斗。△～台(だい) / 熨斗架。②烫发钳。△～パーマ / 电烫，热烫。△前髪(まえがみ)に～をかける / 烫刘海儿。

あ・う①【会う】〔逢う〕(自五)①遇见，相遇。△旅先(たびさき)で旧友(きゅうゆう)に～ / 旅行中遇见了故友。②见面，会面。△友達(ともだち)と～ / 与朋友见面。

あ・う①【合う】Ⅰ①(自五)①合适。②一致，相同。△息(いき)が～ / 步调一致，合得来。③相称。④合算，不亏本。△そろばんに～ / 经济上划算。Ⅱ(补动五)(接动词连用形下)互相。△喜(よろこ)びを分け～ / 共享喜悦。△励(はげ)まし～ / 共勉。

あ・う①【遭う】〔遇う〕(自五)遭到。△盗難(とうなん)に～ / 被盗。△ひどい目(め)に～ / 倒霉。

アウト〔out〕Ⅰ①(名)①外边。②球出界。Ⅱ(接头)①外部的。△～シール / 外部密封。②输出的。△～スイッチ / 输出开关。

アウトプット④〔output〕Ⅰ(名)①输出功率。②产量。Ⅱ(名・自

サ)〈电〉(计算机)输出。

あえ・ぐ② 〔喘ぐ〕(自五)①喘,喘气。②苦于,挣扎。△不況(ふきょう)に～/苦于萧条。

あえて① 〔敢(え)て〕(副)①敢于。△～危険(きけん)をおかす/敢于冒险。②(用在否定句中)未必,决不。△～驚(おどろ)くには及(およ)ばない/未必值得惊异。

	～頼む	～危険を冒す	～言えば	～の願い	～断るまでもない
あえて	○	○	○	×	○
しいて	○	△	○	×	○
たって	○	×	△	△	×

あえな・い③② 〔敢え無い〕(形)悲惨,可怜;令人失望。△～最期(さいご)をとげる/悲惨死去。△あえなくも敗(やぶ)れ去(さ)る/一败涂地。

あえもの⓪②③ 〔和(え)物〕凉拌菜(用醋、酱、芝麻等拌的青菜、鱼类)。

アェラ⓪ 〔拉 aera〕时代。

アェロ・モベル⑤ 〔法 aéro mobel〕气垫车。

あえん⓪① 【亜鉛】锌。△～鉄板(てっぱん)/镀锌薄铁板。

あお 【青】Ⅰ①(名)①蓝。②绿。③(交通)绿灯。Ⅱ(接头)幼稚,未成熟的。△～二才(にさい)/无知的青年人。

あお・い② 【青い】(形)①蓝的,青的,绿的。△～海(うみ)/蓝色的大海。②未成熟的,幼稚。△まだ～考(かんが)え方(かた)/尚不成熟的想法。△～ことを言(い)う/说幼稚的话。

あおいきといき⑤ 【青息吐息】(名・自サ)(因劳累或遇困难而)一筹莫展,长吁短叹。△入学試験(にゅうがくしけん)が近(ちか)づき、受験生(じゅけんせい)たちは～だった/入学考试临近了,考生们个个累得精疲力竭。

あおぎり⓪② 〔梧桐〕梧桐。

あお・ぐ② 【仰ぐ】(他五)①仰视。△星空(せいくう)を～/仰望星空。②尊敬。△生涯(しょうがい)の師(し)と～/尊为终生之师。③请求,求教。△先生(せんせい)の指図(さしず)を～/求先生指点。

あお・ぐ② 【扇ぐ・煽ぐ】(他五)①扇。△七輪(しちりん)を～/扇炭炉。②煽动。

あおくさ・い④ 【青臭い】(形)①有青草味的。②幼稚,不成熟的。△～議論(ぎろん)/幼稚的议论。

あおざ・める④ 【青ざめる】〔蒼褪める〕(自下一)(脸色变得)苍白。△彼(かれ)の顔(かお)は急(きゅう)に青ざめた/他脸色忽然变得苍白了。

あおじゃしん③ 【青写真】①蓝图。②计划。△～の段階(だんかい)/计划阶段。△結婚生活(けっこんせいかつ)の～を作(つく)る/做婚后生活计划。

あおじろ・い④ 【青白い】〔蒼白い〕(形)①青白。△～月(つき)の光(ひかり)を浴(あ)びる/沐浴在皎皎月光下。②(脸色)苍白。△～インテリ/白面书生。

あおすじ⓪ 【青筋】青筋。◇～を

立(た)てる / (气得)火冒三丈。

あおぞら【青空】Ⅰ②(名)晴空,蓝天。△抜(ぬ)けるような～ / 晴空万里,万里无云的蓝天。Ⅱ(接头)露天。△～教室(きょうしつ) / 露天教室。△～市(いち) / 露天市场。

あおてんじょう③【青天井】①蓝天,青空。△～の下(した)で働(はたら)く / 在露天地干活。②〈俗〉(物价)飞涨。△株価(かぶか)は～ / 股票价格飞涨。

あおな⓪②①【青菜】青菜。◇～に塩(しお) / 垂头丧气,沮丧。

あおにさい③【青二才】缺乏经验的青年人,毛孩子。△生意気(なまいき)な～ / 傲慢的毛孩子。

あおば①【青葉】绿叶,嫩叶。△～が茂(しげ)る / 绿叶繁茂。

あおむ・く③⓪〔仰向く〕(自五)仰,向上。△あおむいて空(そら)を見る / 仰首望天。

あおむけ⓪【仰向け】仰面朝天。

あおむ・ける⑤⓪〔仰向ける〕(他下一)仰,仰起。△体(たい)を～ / 仰着身子。

あおもの②【青物】①青菜,蔬菜。△～市場(いちば) / 菜市场。②青鱼。

あお・る②〔呷る〕(他五)大口喝。△毒(どく)を～ / 一口喝下毒药。

あお・る②〔煽る〕Ⅰ(他五)①扇。②吹动。△カーテンを～ / 吹动窗帘。③煽动。△大衆(たいしゅう)を～ / 煽动群众。△人気(にんき)を～ / 哄抬行市。Ⅱ(自五)(因风)摇动。△風(かぜ)で戸(と)が煽っている / 门因刮风而在摇动。

あか【赤】Ⅰ①(名)①红,红色。②红信号。③〈俗〉赤党。Ⅱ(接头)赤。△～裸(はだか) / 赤裸裸。

あか②〔垢〕①污垢。△～を落(お)とす / 去掉污垢。②水垢。△鉄瓶(てつびん)に～がついた / 水壶长了水垢。③污点。△心(こころ)の～ / 心灵中的污点。

あか・い③⓪②【赤い】(形)①红,红色。②赤化,左倾。◇～気炎(きえん)をあげる / (女人)火辣辣的性格(表现)。

あかし⓪〔証(し)〕清白的证明。△身(み)の～を立(た)てる / 证明自己清白。

あかじ⓪【赤字】①(校对)红字。②(财政)赤字。△～続(つづ)きの財政(ざいせい) / 财政连续出现赤字。△家計(かけい)は今月(こんげつ)も～だ / 本月家计又有亏空。

あか・す⓪【明(か)す】(他五)①弄清楚,直截说出。△身(み)の潔白(けっぱく)を～ / 证明一身清白。△胸(むね)のうちを～ / 说出心里话。②通宵,熬夜。△夜(よる)を～ / 一夜未寝。△一夜(いちや)語(かた)り～ / 谈了一个通宵。

あかちゃん①【赤ちゃん】婴儿。

あかつき⓪【暁】〈文〉①拂晓,黎明。△～を迎(むか)える / 迎接黎明。②(实现、完成)之际。△成功(せいこう)の～には / 在成功之际。

あがったり④【上(が)ったり】(形ョ動)(买卖、事业等)糟糕,萧条。△客足(きゃくあし)が少(すく)なく商売(しょうばい)が～だ/顾客寥寥可数,生意冷落。

アカデミー②③[academy] ①研究所。②大学。③科学院。△～賞(しょう)/奥斯卡金像奖。

あかとんぼ③【赤とんぼ】〔赤蜻蛉〕红蜻蜓。

あがな・う〔購う〕(他五)购买。△宅地(たくち)を～/购房基。△長年(ながねん)の努力(どりょく)によってあがなわれた地位(ちい)/以多年的奋发努力为代价换取来的地位。

あかぬ・ける⓪【垢抜ける】(自下一)俏皮,不土气。△垢抜けた身(み)なり/打扮不土气。

あかね⓪〔茜〕茜,茜草。△～色(いろ)の空(そら)/暗红色的(晚霞)天空。

あかはじ⓪【赤恥】丢丑,出丑。△人前(ひとまえ)で～をかく/在人前丢脸。

あかはた⓪【赤旗】红旗。

あかはだ⓪【赤肌】〔赤膚〕①裸体。②光秃秃。△～の山(やま)/光秃秃的山。

あかみ⓪【赤身】①(动物的)瘦肉。②(三文鱼那样的)红色鱼肉。③(木材的)心材,红色木心。

あか・める③【赤める】(他下一)使变红。△恥(はず)かしさに顔(かお)を～/臊得脸红。

あが・める③〔崇める〕(他下一)崇敬,尊敬。△祖先(そせん)を～/崇敬祖先。

あからさま⓪(形动)清楚,明白,公开,露骨。△事実(じじつ)を～に言(い)う/说清楚事实。

あから・む【赤らむ】(自五)发红。△はずかしさに赤らんだ頬(ほお)/臊得发红的脸。

あから・める⓪【赤らめる】(他下一)使…发红。△耳(みみ)もとまで顔(かお)を～/羞得面红耳赤。

あかり⓪【明(か)り】①光。△外(そと)の～がもれてくる/外边的亮儿透射进来。②灯火。△室内(しつない)の～が少(すこ)し暗(くら)い/屋里的灯火暗淡。

あがり【上がり】Ⅰ⓪(名)①上,登。△階段(かいだん)の～降(お)り/上下楼梯。②(物价)涨,上涨。△値(ね)～/物价上涨。③收入,收获。△一日(いちにち)の～/一天的收入。④完成。⑤("あがりばな"之略)刚沏好的茶,茶(饭馆、寿司店用语)。Ⅱ(接尾)出身。△軍人(ぐんじん)～の教師(きょうし)/军人出身的教师。

あが・る③⓪【上がる】Ⅰ(自五)①上,登。△二階(にかい)に～/上二楼。②完成。△月末(げつまつ)に～予定(よてい)/预定月底完成。③收获,收入。△家作(かさく)から50万円～/房租收入50万日元。④怯场,怵阵。⑤上升,上涨。△温度(おんど)が～/温度上升。⑥供上。△お供(そな)

えが～ / 供上供品。⑦去，访问（自谦形式）。△あしたはお宅(たく)にお届(とど)けに上がります / 明天送到府上。⑧高举。△手が～ / 手高举。⑨（也作"挙がる"）被抓住。△犯人(はんにん)が挙がった / 罪犯被擒。⑩（也作"揚がる"）飘扬。△旗(はた)が～ / 旗帜飘扬。⑪（也作"揚がる"）高昂。△士気(しき)が～ / 士气高昂。⑫（也作"揚がる"）传扬。△名声(めいせい)が～ / 名望大振。Ⅱ(他五)吃，喝(敬语形式)。△たくさんお上がりください / 请多吃(喝)一些吧。

	高い山に～	右手が～	汗をふきふき山道を～	席次が一番～	ボートで川を～	プールから～
あがる	○	○	×	○	×	○
のぼる	○	×	×	×	○	○

あが・る③⓪【揚がる】(自五)炸好。△てんぷらが～ / 虾(鱼、菜)已炸好。

あかる・い⓪③【明るい】(形)①明亮。△東(ひがし)の空(そら)が明るくなった / 东方亮了。②明朗。△～色(いろ) / 明朗的色彩。△～性格(せいかく) / 明朗的性格。③精通，熟悉。△法律(ほうりつ)に～ / 熟悉法律。

あかるみ⓪【明るみ】①明亮的地方。②公开的地方。△事件(じけん)が～に出(で)る / 案件已公开。

あかんぼう⓪【赤ん坊】①婴儿。②幼稚，不成熟。

あき①【秋】秋，秋天。◇～の空(そら) / ⅰ)秋天的天空。ⅱ)〈喻〉感情如秋天的天空一样(易变)。△男心(おとこごころ)と～の空 / 男人的心如秋天的天空。

あき⓪【空き・明き】①空白，空隙。②空闲。△～時間(じかん) / 空闲时间。③空。△～箱(ばこ) / 空盒。④空额，缺席。△三名(さんめい)の～ / 有三人空额。

あき②【飽き】腻，够，厌烦。△～がくる / 感到厌烦。

あきかぜ②③【秋風】①秋风。②〈转〉爱情冷淡下去。△二人(ふたり)の仲(なか)に～が立(た)つ / (伴侣间的)爱情冷淡了。

あきたりな・い⑤⓪【飽き足りない】(形)不满意，不称心。△今(いま)の生活(せいかつ)に～ / 对现在的生活不满。

あきち⓪【空(き)地】(无建筑物的)空地，空闲地。

あきっぽ・い④【飽(き)っぽい】(形)没常性，好厌烦。△～性格(せいかく) / 没常性。

あきな・う③【商う】(他五)经商。△茶(ちゃ)を～ / 经营茶叶。

あきばれ⓪【秋晴(れ)】秋高气爽。△～行楽日和(こうらくびより) / 秋高气爽，是游玩的好天气。

あきびより③【秋日和】秋高气爽的好天气。

あきまき⓪〔秋蒔(き)〕秋播，秋种。

アキュートロン②［accutron］电子表，电子计时器。

アキュラシー② [accuracy] 准确度，精度。

あきらか② 【明らか】(形动)①明显，明确。△～な証拠(しょうこ)/明确无误的证据。②〈文〉明亮。△月(つき)～な夜(よる)/月光明亮的夜晚。⇨めいはく表

あきらめ⓪④ 〔諦め〕死心，断念。△～が付(つ)く/想得开。

あきら・める④ 〔諦める〕(他下一)断念，死心。△少年(しょうねん)は、家(うち)の貧(まず)しさから進学(しんがく)をあきらめて呉服屋(ごふくや)に奉公(ほうこう)しなければならなかった/这个少年，因家境贫穷，不得不放弃上学的念头去当和服店的佣人。

あ・きる② 【飽きる】〔厭きる〕(自上一)①饱，腻，满足。△うちの犬(いぬ)はドッグフードに飽きている/我的狗吃腻了狗粮食品。②(接动词连用形)腻了。△遊(あそ)び～/玩腻了。

アキレスけん④ 〔アキレス腱〕[荷 Achilles－]①跟腱。②致命弱点。△情(じょう)にもろいのが～だ/心软是致命弱点。

あき・れる④⓪ 〔呆れる・惘れる〕(自下一)①吃惊，吓呆。②嫌恶，厌弃。△母(はは)は息子(むすこ)のだらしなさにあきれた/妈妈嫌恶儿子懒散。

あきんど② 〔商人〕〈旧〉商人。

あく① 【悪】恶，邪恶，坏。△～を憎(にく)む/憎恶。△～に染(そ)まる/染上恶习。

あく⓪② 〔灰汁〕①碱水，灰水。②(植物中的)涩液。△～を抜(ぬ)く/去涩。③(性格、文章等)强烈性。△～の強(つよ)い人(ひと)/性格生硬的人。

あ・く②⓪ 【空く・明く】(自五)①闲，空闲。△手(て)があいている/闲着。②空着，闲着。△席(せき)が～/座位空着。③空额。△部長(ぶちょう)のポストが～/部长的岗位空着。④无人使用。△電話(でんわ)が～/电话无人在用。

あ・く②⓪ 【開く】(自五)①开。△戸(と)が～/开门。②开始。△店(みせ)が～/ⅰ)商店开门。ⅱ)开业。

あくい① 【悪意】①恶意。△～がない/无恶意。②恶意歪曲。◇～にとる/曲解。

あくじ① 【悪事】①坏事。△～を働(はたら)く/做坏事。②灾难。△～が重(かさ)なる/灾难重重。◇～千里(せんり)を走(はし)る/(好事不出门)坏事传千里。

アクシス① [axis]①轴。②轴线，中心线。

あくしつ⓪ 【悪質】(形动)①质量粗劣。②性质恶劣，恶性。△～ないたずら/(品质恶劣的)恶作剧。

あくしゅ 【握手】(名・自サ)握手。〈喻〉和解。△長年国交(ながねんこっこう)を絶(た)っていた両国(りょうこく)が～して、友好(ゆうこう)を推進(すいしん)することに

なった/断交多年的两国开始和解并推进友好关系。

あくしゅう⓪【悪臭】恶臭。△～に悩(なや)む/苦于恶臭味。△～を放(はな)つ/放出(散发)恶臭。

あくじゅうかん③【悪循環】(名・自サ)恶性循环。△～におちいる/陷入恶性循环。

あくしん⓪【悪心】坏心，歹意。△～を抱(いだ)く/心怀叵测。

あくせく①〔齷齪〕(副・自サ)辛辛苦苦。△～と働(はたら)く/辛辛苦苦地工作。

アクセサリー①③ [accessary]①(衣物等上的)装饰品。△おもしろい形(かたち)の石(いし)だね。玄関(げんかん)の～にしよう/石头形状真奇特，就放在门口作装饰吧。②(器材、计算机等的)附件。

アクセス① [access] Ⅰ(名)①通道，入口。②调整孔。Ⅱ(名・他サ)①存取。△～回路(かいろ)/存取电路。②访问。△～許可(きょか)/许可访问。

アクセル① [accel (erator)](汽车等的)加速踏板，加速器。△～をふむ/加大油门。

あくせんくとう⓪【悪戦苦闘】(名・自サ)苦战，艰苦奋战。△～の人生(じんせい)/艰苦奋斗的人生。

アクセント① [accent]①重音，音调，语调。△関西風(かんさいふう)の～で話(はな)す/说话是关西口音。②重点，突出点。△襟元(えりもと)に～をつける/(服装设计上)给领口加上突出点。

アクター① [actor]①男演员。②行动者。

あくたい⓪③【悪態】辱骂。△～を吐(つ)く/痛骂。

あくど・い (形)①(颜色、味)过浓。△～化粧(けしょう)/化妆过于浓艳。②(行为)过分，过火。△～手口(てぐち)/手法使人讨厌。

あくとう③【悪党】歹徒，无赖。△～ぶりを発揮(はっき)する/装做歹徒。

あくにん⓪【悪人】坏人，歹徒。

あくび⓪〔欠・欠伸〕哈欠。△生(なま)～/没完全打出来的哈欠。

あくびょうどう③【悪平等】形式上的平等；平均主义。

あくふう⓪【悪風】恶习，坏风气。△～に染(そ)まる/沾染上恶习。

あくま①【悪魔】①魔鬼。△～にたましいを売(う)る/向魔鬼出卖灵魂。②恶魔。

あくまで②①〔飽くまで〕〔飽く迄〕(副)彻底。△～も抵抗(ていこう)する/抵抗到底。△空(そら)は～も澄(す)み切(き)っていた/天空非常晴朗。

	～反対する	～たたきこわす	それは～個人の問題だ	色～白く
あくまで(も)	○	×	○	○
徹底的に	○	○	×	×

あくむ①【悪夢】恶梦。△～にうなされる/被恶梦魔住。

あぐ・む②〔倦む〕(自五)(一般接动词连用形下)腻，厌。△聞(き)

き～ / 听厌了。△考(かんが)え～ / 想不出办法。

アクメ① [法 acmé] 极点,顶点。

あくめい⓪【悪名】臭名。△～高(たか)い / 臭名昭著的。

あくよう⓪【悪用】(名・他サ)滥用。△地位(ちい)を～する / 滥用职权。

あぐら⓪〔胡座〕盘腿坐。△～を組(く)む / 盘腿坐。

あくらつ⓪〔悪辣〕(形动)毒辣,恶毒。△～なやりかた / 恶毒的手段。

あくる⓪【明くる】(连体)第二,翌,下,次。△～朝(あさ) / 第二天早晨。△～月(つき) / 下月,第二月。

あくるひ④⓪【明くる日】翌日,第二天。

あけ【明け】Ⅰ⓪(名)天亮,黎明。Ⅱ(接尾)终了,期满。△休暇(きゅうか)～ / 休假期满。

あげあし⓪【揚(げ)足・挙(げ)足】过失,短处。◇～を取(と)る / 找碴儿,吹毛求疵。

あけがた⓪【明(け)方】黎明。△～近(ちか)くまで飲(の)み続(つづ)ける / 一直喝到快天亮。

あげく⓪【揚句・挙(げ)句】结果,最后。△処置(しょち)に困(こま)った～(に)捨(す)てる / 感到难以处理,索性丢下不管。

あけくれ②【明(け)暮(れ)】Ⅰ(副)朝夕,经常,始终。△～恋人(こいびと)のことばかり考(かんが)えている / 整天光想恋人的事。Ⅱ(名・自サ)埋头于。△勉強(べんきょう)に～する / 埋头于学习。

あげしお⓪【上(げ)潮】①涨潮。②劲头足,势头旺盛。△～に乗(の)る / 劲头十足。

あけしめ②〔開(け)閉(め)〕(名・他サ)开关,一开一关。△ドアの～に注意(ちゅうい)してください / 开关门时请留心。⇨かいへい表

あけすけ⓪②【明(け)透(け)】(形动)直爽,不隐讳,露骨。△～に物(もの)を言(い)う人(ひと)だ / 是个心直口快的人。

	～な性格	～に振る舞う	～な笑い	～に批評する
あけすけ	○	×	×	○
ざっくばらん	○	○	×	×
あけっぱなし	○	×	×	×
あけっぴろげ	○	△	○	×

あけたて②〔開(け)閉(て)〕(名・他サ)(日本式房间拉门)开关。⇨かいへい表

あけっぱなし【開けっ放し】(名・形动)①(门窗)大敞大开。②直率,坦率。△～の性格(せいかく) / 直率的性格。⇨あけすけ表

あけっぴろげ⓪【開けっ広げ】(名・形动)①(门窗)大开。②直率,心直口快。△～に話(はな)す / 说话坦率。⇨あけすけ表

あげつら・う④【論う】(他五)〈文〉议论,争论。△細(こま)かいことを一々(いちいち)～のも大人(おとな)げない / 为鸡毛蒜皮的事争论不休,没个大人样。

あげて③⓪【挙げて】(副)全,都。△国(くに)を～祝(いわ)う / 举国

同庆。

あけぼの⓪〔曙〕①拂晓。△～の空(そら)/拂晓的天空。②开端。△文明(ぶんめい)の～/文明开端。

あ・ける③⓪【明ける】(自下一)①天亮。△夜(よ)が～/天亮。②过年。△明けましておめでとう/恭贺新年。③过一定期间,满期。△梅雨(つゆ)が～/出梅。△喪(も)が～/丧期已满。△年季(ねんき)が～/佣工期满。(学徒)出师,满师。

あ・ける③⓪【空ける】(他下一)①空开。△一行(いちぎょう)を空けて書(か)く/空出一行写。②腾出。△席(せき)を～/腾出座位。③留出。△時間(じかん)を～/留出时间。

あ・ける③⓪【開ける】(他下一)①开,打开。△戸(と)を～/开门。②穿,钻。△穴(あな)を～/钻眼。

あ・げる【上げる】Ⅰ③⓪(他下一)①抬高。△頭(あたま)を～/抬头。②提高。△腕前(うでまえ)を～/提高技术。③完成。△仕事(しごと)を～/完成工作。Ⅱ③⓪(自下一)(动作由远而近)突如其来。△潮(しお)が～/涨满潮。△胸(むね)があげそうだ/突然反胃想吐。Ⅲ(补动下一)①(接动词连用形后)…完。△読(よ)み～/读完。△書(か)き～/写完。②(接动词连用形+"て"后,构成自谦语)为…(他人)…。△分らなければ説明(せつめい)してあげます/如果你不懂,我就给你讲一讲。

あ・げる⓪【挙げる】(他下一)①举起。△手を～/举手。②举出。△証拠(しょうこ)を～/列举证据。③举行。△結婚式(けっこんしき)を～/举行婚礼。

あ・げる⓪【揚げる】(他下一)①放,扬起。△花火(はなび)を～/放焰火。②油炸。△魚(さかな)を～/炸鱼。③悬起。△国旗(こっき)を～/悬挂国旗。

あご②〔顎・頤〕下巴。◇～が落(お)ちる/非常好吃。◇～がはずれる/笑掉下巴,笑死人。

アコーデオン④②[accordion]手风琴。

あこがれ⓪〔憧れ〕憧憬,向往。△～のまなざし/憧憬的目光。

あこが・れる⓪⑤〔憧れる〕(自下一)憧憬,向往。△結婚(けっこん)に～年(とし)ごろ/充满对结婚憧憬的年龄。

あさ②【麻】麻。麻布。△～の夏服(なつふく)/麻布夏服。

あさ①【朝】早晨。△～が早(はや)い/起床早。△～を抜(ぬ)く/不吃早饭。

あざ①〔痣〕①痣,痦子。②青斑,紫斑。

あさ・い⓪③②【浅い】(形)①(深度)浅。△～海(うみ)/浅海。②(程度)浅薄。△知識(ちしき)が～/知识浅薄。③(颜色)浅淡。△色(いろ)が～/色淡。

あさいち②【朝市】(蔬菜、鱼肉)早市。

あさがお② 【朝顔】牵牛花。◇〜の花(はな)一時(ひととき) / 昙花一现，好景不长。

あざけ・る③ 〔嘲る〕(他五)嘲笑。△人(ひと)の失敗(しっぱい)を〜 / 嘲笑别人的失误。

あせせ⓪ 【浅瀬】浅滩。△〜を渡(わた)る / 过浅滩。

あさって② 〔明後日〕后天。◇紺屋(こんや)の〜 / 不守信用(一天支一天)。

あさねぼう③ 【朝寝坊】Ⅰ(名・自サ)睡懒觉。Ⅱ(名)爱睡懒觉的人。

あさはか② 【浅はか】(形动)肤浅。△〜な考(かんがえ) / 肤浅的想法。

あさばん① 【朝晩】Ⅰ(名)早晚。Ⅱ(副)经常。△〜つとめにはげむ / 经常努力工作。

あさひ①② 【朝日】〔旭〕朝阳，旭日。△〜がのぼる / 旭日东升。△〜を拝(おが)む / 观日出。

あさまし・い④ 【浅ましい】(形)①卑鄙的。△〜やつ / 卑鄙下流的家伙。②可怜的。△〜姿(すがた) / 可怜相。

あざむ・く③ 【欺く】(他五)①欺骗。△親(おや)を〜 / 欺骗父母。②胜似，赛过。△花(はな)を〜ような器量(きりょう) / 闭月羞花之貌。

あさめし⓪ 【朝飯】①早饭。②(以"〜前(まえ)"的形式)轻而易举。△そんなことは〜前(まえ)だ / 那太容易了。

あざやか② 【鮮(や)か】(形动)①鲜明。△〜な色(いろ) / 鲜明的色彩。②出色。△〜な手(て)ぎわ / 出色的手法。

	〜な色彩	〜な記憶	〜な手並み	立場を〜にする	色〜	旗幟〜
あざやか	○	○	○	×	○	×
鮮明	○	○	×	○	×	○

あさやけ⓪ 【朝焼(け)】朝霞。

あさ・る③⓪② 〔漁る〕(他五)①打鱼。△男(おとこ)たちは漁りに出(で)た / 男人出海打鱼去了。②觅食。△鷺(さぎ)が餌(えさ)を漁っている / 白鹭在找鱼儿。③寻求。△古本屋(ふるほんや)で本(ほん)を〜 / 在旧书店淘书。

あざわら・う④ 〔嘲笑う〕(他五)嘲笑。△人(ひと)の失敗(しっぱい)を〜 / 嘲笑别人的失败。

あし② 【足】①脚，腿。②脚步，走路。△〜を速(はや)める / 加快脚步。△〜の速(はや)い商品(しょうひん) / 销路快的商品。③来往，来，去。△客(きゃく)の〜が遠(とお)のく / 很少有客人来。△〜で調(しら)べる / 出去调查。④交通，交通工具。△バスが唯一(ゆいいつ)の〜だ / 公共汽车是唯一的交通工具。⑤(食品的)鲜度。△サバは〜が速(はや)い / 青花鱼容易变质。⑥(垂线的)足。△垂線(すいせん)の〜 / 垂足。⑦(以"お〜"的形式)钱。△お〜が足(た)りない / 钱不够。◇〜がつく / (寻人和逃跑者)找到线索。◇〜が出(で)る / ⅰ)露出马脚。

ii) 出了亏空。◇～が棒(ぼう)になる / 腿累酸了。◇～を洗(あら)う / 洗手不干；改邪归正。◇～をつける / 拉上关系，挂上钩。◇～を抜(ぬ)く / (和以往)断绝关系，洗手不干。◇～を運(はこ)ぶ / 奔走，来去。◇～を引(ひ)っ張(ぱ)る / 扯后腿，暗中阻挠。

あし② 【脚】(器物的)腿儿。△机(つくえ)の～ / 桌腿儿。

あし① 〔葦・蘆〕芦苇。

あじ① 【味】①味，味道。△～を見(み)る / 尝尝味道。②趣味。△詩(し)の～ / 诗的趣味。③(生活的)滋味。△貧乏(びんぼう)の～を知(し)らない / 不知贫穷的滋味。

	～のある作品	甘い～がする	勝利の～	～の深い絵	～をしめる	～なことをする
味	○	○	○	○	○	○
味わい	○	×	×	×	×	×

あじ① 〔鯵〕竹荚鱼。

アジア① [Asia] 亚洲。

あしあと③ 【足跡】①足迹，脚印。△廊下(ろうか)に猫(ねこ)の～がつく / 走廊里有猫的脚印。②踪迹。△～を追(お)う / 跟踪追击。△～をくらます / 躲藏起来。③事迹，业绩。△偉大(いだい)な～を残(のこ)す / 留下伟大的业绩。

あしおと④ 【足音】〔跫音〕脚步声。△～をしのばせる / 蹑手蹑脚。△春(はる)の～ / 春天的脚步声。

あしがかり③ 【足掛(か)り】①脚手架。②线索。△～を見(み)つける / 找到线索。

あしかけ⓪ 【足掛(け)】(计算年月日时把零数当整数)大约，前后足有。△日本(にほん)に来(き)て～五年(ごねん)になる / 来日本已经五个年头了。

あしからず③ 〔悪しからず〕(副) 请原谅，不要见怪。△～ご了承(りょうしょう)ください / 请您谅解。

あしくび②⓪ 【足首】脚脖子。

あじけな・い④ 【味気ない】(形) 乏味，无聊。△～浮世(うきよ) / 无聊的人生。

あじさい⓪ 〔紫陽花〕八仙花，绣球花。

アシスター② [assistor] ①助手，援助者。②加力器，助推器。③辅助装置。

アシスタント② [assistant] ①助手，助理。②(大学)助教。

アシスト② [assist] ①援助，帮助。②(体育)助攻。

あした③ 〔明日〕("あす"的口语说法)明天。◇～は～の風(かぜ)が吹(ふ)く / 明日事明日知。

あしだまり⓪③ 〔足溜(ま)り〕落脚地，临时据点。△友人(ゆうじん)の家(うち)を～にする / 以朋友家作为落脚点。

あしつき②⓪ 【足つき・足付(き)】①带腿的器物。②脚步，步伐。△変(へん)な～で歩(ある)く / 走路的样子很怪，步履蹒跚。⇨あしどり 表

あじつけ⓪ 【味付(け)】(名・自サ)调味。△関西風(かんさいふう)

の～/按关西方式调味(关西风味)。△～のり/五香紫菜。

あしてまとい④〔足手纏(い)〕(名・形动)累赘。△子供(こども)が～になる/小孩成了累赘。

あしどめ⓪④【足留(め)】禁止外出。△～を食(く)らう/吃禁闭。△橋(はし)がこわれたので～を食(く)らった/桥坏了,交通受阻。

あしどり⓪④③【足取り】①脚步,步伐。△～を速(はや)める/加快步伐。②(坏人的)行踪。△～を追(お)う/跟踪追击。③(市场行情)涨落。

	～が危なっかしい	～がふらつく	～を速める	重い～	妙な～
足どり	○	○	○	○	○
足つき	○	×	×	×	○
足下	○	○	×	×	×

あしなみ⓪【足並】步调,步伐。△～を揃(そろ)える/协调步调。△～が乱(みだ)れる/步伐凌乱。

あしば③【足場】①立脚点。②脚手架。△～を組(く)む/搭脚手架。③基础。△生活(せいかつ)の～を失(うしな)う/生活失掉依靠。④交通(状況)。△～がよい/交通方便。

あしぶみ③⓪【足踏(み)】Ⅰ(名)脚蹬子,脚踏。△～スイッチ/脚踏开关。Ⅱ(名・自サ)踏步,停滞不前。△～の状態(じょうたい)にある/处于停滞状态。

アジマス⓪[azimuth]方位,方位角。

あしまめ⓪【足まめ】(名・形动)不怕麻烦,不辞辛苦(奔走)。△～に活躍(かつやく)する/不辞辛苦到处活动。

アシメトリー③[asymmetry]①不均匀,不对称。②不对称式服装设计。

あしもと③【足下・足元】①脚下。△～に気(き)をつける/留神脚下。②身边。③脚步。△～の危(あやう)げな老人(ろうじん)/步履维艰的老人。◇～から鳥(とり)が立(た)つ/仓猝,事出突然。◇～の明(あか)るいうちに/ⅰ)趁天亮。ⅱ)趁还有机会。◇～を見(み)られる/暴露弱点。⇨あしどり表

あしら・う③(他五)①待遇,对待。△ていねいに～/热情招待。△鼻(はな)で～/马马虎虎应付。②装饰。配合。△庭(にわ)の一角(いっかく)に松(まつ)を～/庭院的一角栽棵松树作装饰。

あじわい⓪【味(わ)い】①味,味道。△新茶(しんちゃ)には、独特(どくとく)の香(かお)りと深(ふか)い～がある/新茶具有独特的芳香和浓浓的味道。②趣味,妙处。△ゆかしい～/趣味典雅。⇨あじ表

あじわ・う③⓪【味わう】(他五)①品尝。△酒(さけ)を～/品酒。②鉴赏。△よい音楽(おんがく)を～/鉴赏好的音乐。

あす②【明日】明天。◇～の百(ひゃく)より今日(きょう)の五十(ごじゅう)/天上仙鹤不如手中麻雀。◇～は～、今日は今日/今朝有酒今朝醉。

あずか・る③〔与る〕(自五)①参与。△相談(そうだん)に～/参加协商。②受(人好处)。△ご招待(しょうたい)に～/承蒙款待。

あずか・る③【預(か)る】(他五)①收存。△書類(しょるい)を～/(代人)收管文件。△お隣(となり)から猫(ねこ)を～/代邻居家养小猫。②担任。△二年生(にねんせい)を～/担任二年级学生的课。③暂不决定。△勝負(しょうぶ)を～/不判胜败。

あずき③【小豆】小豆。

あず・ける③【預ける】(他下一)①寄存。△荷物(にもつ)を駅(えき)に～/把行李存在车站。②委托保护。③委托。△問題(もんだい)の解決(かいけつ)をあなたに～/这个问题委托您解决。

アスファルト③ [asphalt]柏油,沥青。

あせ①【汗】①汗。△～をかく/出汗。△手(て)に～を握(にぎ)る/捏把汗,担心。②(夏天物体表面的)水珠。△コップが～をかく/玻璃杯上凝着水珠。

あせだく⓪【汗だく】(形动)(口语用法)汗水淋漓。△～になって働(はたら)く/干得汗流浃背。

	～になる	～の体	応対～のシャツ	～のだ戦い	～で頑張る
汗だく	○	○	×	×	○
汗まみれ	○	○	×	×	○
汗みどろ	○	○	×	△	△

あせば・む③【汗ばむ】(自五)汗津津,出微汗。△じっとりと～汗出得潮呼呼的。△肌(はだ)が～ような陽気(ようき)/身上汗渍渍的温暖天气。

あせまみれ③【汗まみれ】浑身是汗,汗流浃背。⇨あせだく表

あぜみち②〔畦道〕田间小道,阡陌。

あせみどろ③⓪【汗みどろ】汗流浃背。△～になって奮闘(ふんとう)を続(つづ)ける/已汗流浃背仍在奋战。⇨あせだく表

あせ・る②【焦る】(自五)着急,焦急。△成功(せいこう)を～な/别急于求成。◇～と損(そん)する/欲速则不达。

	～て失敗する	時間が迫って気が～	勝ちを～	功に～	仕事を～せる
焦る	-っ○	○	○	×	-ら○
せく	-い○	○	×	×	-か○
はやる	-っ○	×	○	○	-ら○

あ・せる②〔褪せる〕(自下一)褪色,掉色。△花(はな)の色(いろ)が～/花色变了。△色が褪せやすい/容易掉色。⇨さめる表

あそこ⓪〔彼処・彼所〕(代)①那里。②(对方也知道的)那儿。△まだ～にお住(す)まいですか/你还住在那儿吗？③那种地步,那种局面。△～までしなくてもよいのに/何必做到那个地步呢。

あそび⓪【遊び】①游戏,玩耍。△～に夢中(むちゅう)になる/玩得入迷了。②游手好闲,无所事事。△～半分(はんぶん)/马虎,不认真。③(机器零部件之间的)游隙,间隙。△ハンドルの～/

方向盘的空回间隙。

あそ・ぶ⓪【遊ぶ】(自五)①游戏。△一日中(いちにちじゅう)積木(つみき)で遊んだ/玩了一天积木。②闲着,赋闲。△土地(とち)を遊ばせる/撂荒土地。③旅行,游玩。△京都(きょうと)に～/逛京都。④游历,游学。△去年(きょねん)の春(はる)、九州(きゅうしゅう)に遊んだ/去年春天曾去九州游历。△卒業後(そつぎょうご)国外(こくがい)に～/毕业后去国外留学。⑤游荡,好酒色。

あだ②〔仇〕①仇人,仇敌。②危害,冤仇。◇恩(おん)を～で返(かえ)す/恩将仇报。⇨てき表

あたい⓪【価】价钱。△～が高(たかい)/价钱贵。

あたい⓪【値】①价值。△春宵(しゅんしょう)一刻(いっこく)～千金(せんきん)/春宵一刻值千金。②值,数值。△方程式(ほうていしき)の～/方程式值。

あたい・する⑤⓪【値する】(自サ)值得。△賞賛(しょうさん)に～/值得称赞。△一読(いちどく)に～/值得一读。△罪(つみ)は万死(ばんし)に～/罪该万死。

あた・える④⓪【与える】(他下一)①给与。△機会(きかい)を～/给予机会。△母親(ははおや)は息子(むすこ)にお金(かね)をたくさん～/母亲给儿子许多钱。②分与。△仕事(しごと)を与えられる/被分配工作。③使蒙受。△害(がい)を～/使受损害。

	子供にほうびを～	小鳥にえさを～	君にこれを～(よ)うか	功労者に賞を～	子供を大学に～	生徒に注意を～
与える	○	○	-え× -ろ○	○	×	×
やる	○	○		×	×	×

あたかも①〔恰(か)も〕(副)①恰似。△人生(じんせい)は、～夢(ゆめ)の如(ごと)し/人生如梦。△～春(はる)のようだ/恰似春天。②恰值,正好。△時(とき)～秋(あき)/时逢秋天。

あたし⓪〔私〕(代)我(女姓用语)。

あたたか③②【暖か・温か】(形动)①暖和。②温暖,热情。③富足,有钱。

あたたか・い④【温(か)い】(形)①热乎乎的。△～料理(りょうり)/热的饭菜。②温暖。△～家庭(かてい)/温暖的家庭。⇨あつい表

あたたか・い④【暖(か)い】(形)①温暖。△一雨(ひとあめ)ごとに暖かくなる/一场春雨一场暖。②热情。△～もてなし/热情的接待。⇨あつい表

あたたま・る④【暖まる・温まる】(自五)热乎,温和。△酒(さけ)が～/清酒烫热了。△ストーブで部屋(へや)が～/屋子里生了炉子很暖和。△もっと火(ひ)のそばに来(き)て暖まりなさい/来靠火近些暖和暖和吧！

あたた・める④【温める】(他下一)①加温。△酒(さけ)を～/烫酒。②重温。△旧交(きゅうこう)を～/重温旧情。

あたた・める④【暖める】(他下一)加热。△室内(しつない)を～/提高室温。

あだな⓪〔渾名・綽名〕绰号,外号。△～をつける/起外号。

あたふた①(副・自サ)慌忙,慌慌张张。△～とかけこんで来(く)る/慌忙跑进来。⇨そそくさ|表|

あたま③【頭】①头。②头发。③头脑。△～を使(つか)う/动脑筋。△～がいい/聪明。④(东西的)头儿。△釘(くぎ)の～/钉子头儿。⑤头目,首脑。⇨かしら|表|

あたまごなしに④【頭ごなしに】(副)不容分说。△～しかる/不容分说地训斥一顿。

あたら⓪〔可惜〕(副)〈文〉可惜。△～若(わか)い命(いのち)を山(やま)で散(ち)らす/十分可惜,把年轻的生命丧失在山中。

あたらし・い④【新しい】(形)①新的。△～時代(じだい)/新时代。②新鲜的,刚做成不久的。△～果物(くだもの)/新鲜水果。△新しくとれる/刚收获。

あたり①【辺(り)】①附近,一带。△～一面(いちめん)銀世界(ぎんせかい)/眼前一片银色世界。②(时间)左右,上下。△来月(らいげつ)十日(とおか)～/下月10日左右。

あたり⓪【当(た)り】①命中,射中。②中彩,中奖。③着落,头绪。△～がついた/有了头绪。④成功。△～を取(と)る/获得成功。⑤待人。△～が柔(やわ)らかい/待人温和。

-あたり【当り】(接尾)每,平均。△生産高(せいさんだか)一日(いちにち)～二百(にひゃく)トンだ/产量为每日200吨。

-あたり〔中(たり)〕(接尾)中…;受…。△暑(あつ)さ～/中暑。△毒(どく)～/中毒。

あたりさわり⓪【当(た)り障(り)】妨碍,得罪。△～のない表現(ひょうげん)/不得罪人的表达方法。⇨さしさわり|表|

あたりまえ⓪【当(た)り前】(名・形動)①当然,自然。△～の結果(けっか)/理所当然的结果。②平常,普通。△～の人間(にんげん)/普通人。

あた・る③⓪【当(た)る】Ⅰ(自五)①碰。△石(いし)に～/碰在石头上。②中,命中。△予想(よそう)が～/正好猜中了。◇当(あた)らずといえども遠(とお)からず/虽不中,亦不远矣。八九不离十。◇～も八卦(はっけ)当(あた)らぬも八卦/问卜占卦也灵也不灵。③成功。△興行(こうぎょう)が～/(商业性)演出成功。④说对,说准。△天気予報(てんきよほう)が～/天气预报准确。⑤相当于。△叔父(おじ)に～人(ひと)/叔叔辈分的人。⑥位于。△京都(きょうと)の南(みなみ)に～/位于京都以南。⑦试探。△まず一度(いちど)当たってみよう/先试探一下。⑧苛待。△妻子(さいし)に～/苛待妻子。⑨取暖。△日光(にっこう)に～/晒太阳。⑩中签,中

彩。⑪中(暑)，中(毒)。△暑気(しょき)に～/中暑。△魚(さかな)に～/吃鱼中毒。Ⅱ(他五)刮(胡子)。△顔(かお)を～/刮脸。

あちこち③ 〔彼方此方〕Ⅰ(代・副)这儿那儿，到处。△～に花(はな)が咲(さ)いている/到处开着花。Ⅱ(形动・自サ)颠倒，相反。△着物(きもの)の襟(えり)が～だ/和服领子弄反了。

あちら⓪ 〔彼方〕Ⅰ(代)①那里。②那个。Ⅱ(名)外国，(特指)西洋。△～仕込(じこみ)/在欧美学习的。

あちらこちら④ (代)到处。△～に店(みせ)がある/到处都有商店。

あっ① (感)(表示吃惊或感叹)啊！哎呀！△～という間(あいだ)/刹那间。△～と言(い)わせる/令人吃惊。

あつ・い③⓪② 【厚い】(形)①厚的。△～板(いた)/厚板。②(也作"篤い")深厚。△～もてなし/友情深厚的招待。

あつ・い② 【暑い】(形)炎热。△～日(ひ)/热天。⇨あつい 表

あつ・い② 【熱い】(形)①热，烫。△～コーヒー/热咖啡。②热烈，热衷。△～仲(なか)/关系亲热。

	日差し	部屋	気候	風	手	飲み物	心	仲
熱い	×	×	×	×	○	○	○	○
暑い	○	○	○	×	×	×	×	×
あたたかい	○	○	○	○	○	○	○	○
涼しい	○	○	○	○	×	×	×	×
寒い	○	○	○	○	×	×	×	×
冷たい	×	×	×	○	○	○	○	○

あつ・い② 〔篤い〕(形)①病重，病笃。②(也作"厚い")笃实。△人情(にんじょう)に～/笃于情感。

あっか⓪ 【悪化】(名・自サ)恶化，变坏。△病状(びょうじょう)が～する/病情恶化。

あつか・う⓪④③ 【扱う】(他五)①处理，办理。△扱いがたい問題(もんだい)/难处理的问题。②接待，应酬。△客(きゃく)を大切(たいせつ)に～/待客热情周到。③操纵，使用。△コンピューターを～/操纵电子计算机。

あつかまし・い⑤ 【厚かましい】(形)无耻，厚脸皮。△～人(ひと)/厚脸皮的人。△～お願(ねが)いで恐縮(きょうしゅく)ですが/相求之事，难以启齿，真是羞愧。

あつぎ⓪ 【厚着】(名・自サ)穿得厚。△～をする/穿得厚。

あつくるし・い⑤ 【暑苦しい・熱苦しい】(形)闷热，暑热难当。△～部屋(へや)/闷热的屋子。

あっけ③ 〔呆気〕发呆。◇～にとられる/吓得发呆，目瞪口呆。

あっけな・い④ 〔呆気ない〕(形)没意思，没劲儿，不尽兴。△～幕切(まくぎれ)/令人不尽兴的结局。△～最期(さいご)/潦倒临终。

あっこう⓪③ 【悪口】说坏话。△～雑言(ぞうごん)を吐(は)く/百般辱骂。△～を浴(あ)びせる/骂得狗血喷头。

あつさ⓪ 【厚さ】厚度。

あつさ① 【暑さ】①热，热的程度。

②暑气。

あっさく⓪【圧搾】(名・他サ)压榨,压缩。△大豆(だいず)を～する/压榨大豆(出油)。△～空気(くうき)/压缩空气。

あっさり③ (副・自サ)①口味清淡。△このおかずは～している/这个菜很清淡。②素气,不花哨。③爽快,干脆。△～した人(ひと)/爽快人。△～諦(あき)らめる/干脆放弃算了。④淡泊。△お金(かね)に～している/对金钱淡泊。⇨さっぱり表

あっしゅく⓪【圧縮】(名・他サ)①压缩。△～空気(くうき)/压缩空气。②删减,缩短。△原稿(げんこう)を半分(はんぶん)に～する/原稿删掉一半。

あっせん⓪【斡旋】(名・他サ)斡旋,关照,帮助,介绍。△仕事(しごと)を～する/帮助工作。△就職(しゅうしょく)の～/介绍就业。

あっち③〔彼方〕(代)那里,那边儿。

あっとう⓪【圧倒】(名・他サ)①压倒。△相手(あいて)を～する/压倒对方。②打动,感动。△あまりの美(うつく)しさに～される/至美动人心。

あっぱく⓪【圧迫】(名・他サ)①压,加压。△胸(むね)を～する/压迫胸部。②压迫,压制。△自由(じゆう)を～する/压制自由。

アップ①[up]Ⅰ(名・自他サ)①提高,上涨,升起。△レベル～/水平提高。②(电影)特写。△彼の女(かのじょ)だけを～で写(うつ)して/请把她拍得突出些。Ⅱ(名)高髻(女子发型之一)。

アップ・ツー・デート⓪[up to date](名・形动)新潮的,最新式的。△～ファッション/时装。△～な知識(ちしき)/最新知识。

アップル①[apple]①苹果。②(美国)苹果计算机公司。

あつまり③④【集(ま)り】集合,集会。△客(きゃく)の～が悪(わる)い/出席会议的客人不踊跃。

あつま・る③【集まる】(自五)①集合,汇合,集会。△生徒(せいと)が校庭(こうてい)に～/学生集合在校园。②集中(人们的关心)。△人人(ひとびと)の視線(しせん)が新車(しんしゃ)に～/人们的目光全盯着新车。③(建筑物)集中。△官庁(かんちょう)は霞ケ関(かすみがせき)に集まっている/霞关集中了许多政府机关。

あつ・める③【集める】(他下一)①召集,集中。△全国(ぜんこく)から優秀(ゆうしゅう)な人材(じんざい)を～/从全国各地招贤。△知恵(ちえ)を～/集思广益。②收集,征集。△切手(きって)を～/集邮。△ゴミを～/收集垃圾。

あつらえむき⓪〔誂え向き〕(名・形动)正合适,正合理想。△老人(ろうじん)には～の仕事(しごと)/正适于老人的活儿。

あつら・える④〔誂える〕(他下一)定做。△洋服(ようふく)を～/定做西装。

あつりょく② 【圧力】圧力。△～をかける / (向対方)施加压力。

-あて 【充て】〔宛〕(接尾)①每。△一人(ひとり)～五(いつ)つ / 平均每人五个。②(寄、発)给。△本人(ほんにん)～の手紙(てがみ) / 寄给当事人的信。

あて⓪ 【当(て)】①目标，目的。△～もない旅行(りょこう) / 毫无目标的旅行。②指望，依靠。△父親(ちちおや)のふところを～にする / 指望父亲给钱。

アディション③ [addition]①追加，附加。②加法。③附加物，添加物。

あてが・う③⓪ 〔宛(て)がう・宛行う〕(他五)①△把…紧贴在…上。受話器(じゅわき)を耳(みみ)に～ / 把听筒贴在耳朵上。②配上，给。△添(そ)え木(ぎ)を～ / 配上(支上)支棍。

あてこす・る④ 【当(て)擦る】(自五)讽刺。△人(ひと)の失敗(しっぱい)を～ / 讽刺他人的失败。

あてさき⓪ 【宛(て)先】收信(件)人的姓名地址。△～不明(ふめい) / 地址不详。

あてじ⓪ 【当て字】借用字，假借字。(如"めでたい"写作"目出度い"等)

あてずっぽう⓪③ 【当てずっぽう】(名・形動)〈俗〉胡猜，瞎猜。△質問(しつもん)に対(たい)して～に答(こた)える / 对于提问不加思索地乱答。

あてつ・ける④ 【当(て)付ける】(他下一)①讽刺。②显示，炫耀。△仲(なか)のいいところを～ / 显示关系密切。

あてど⓪ 【当(て)所】目标，目的。△～もなく歩(ある)き回(まわ)る / 毫无目的地走来走去。

あてな⓪ 〔宛名〕收信(件)人姓名住址。△～を明記(めいき)する / 把收信人姓名地址写清楚。

あてはま・る④ 〔当(て)嵌(ま)る〕(自五)适合，适用。△条件(じょうけん)に～ / 合乎条件。△現代(げんだい)にも～ / 也适用于现代。

あては・める④ 〔当(て)嵌める〕(他下一)适用，适应。△我(わ)が身(み)に～ / 使之适用于自己的情况。

あでやか② 〔艶やか〕(形動)艳丽，婀娜。△～に舞(ま)う / 舞姿婀娜动人。

あ・てる⓪ 【当てる・充てる】(他下一)安排，利用。△臨時(りんじ)の収入(しゅうにゅう)を本代(ほんだい)に～ / 用临时收入作书费。

あ・てる⓪ 【当てる】Ⅰ(他下一)①碰，撞。△電柱(でんちゅう)に車(くるま)を～ / 把车撞在电线杆上。②命中。③推测。△答(こた)えを～ / 猜答案。④晒，烤。△日(ひ)に～ / 晾(东西)。Ⅱ(自下一)成功。△商売(しょうばい)で～ / 生意成功。

あ・てる⓪ 〔宛てる〕(他下一)发(信)，给。△母(はは)に宛てた手紙(てがみ) / 寄给妈妈的信。

あと① 【後】Ⅰ(名)①后。△~へ引(ひ)けない/不能后退。②今后。③以前。④死后。⑤后果。⑥后继者。⑦剩余。△~がない/无剩余。Ⅱ(副)还，再。△~五分(ごふん)で終(おわ)る/再有五分钟就完了。◇~の祭(まつ)り/明日黄花，错过时机。◇~を引(ひ)く/无尽无休。◇~の雁(かり)が先(さき)になる/后来居上。◇~は野(の)となれ山(やま)となれ/只顾眼前，不管事后如何。⇒うしろ表，⇒のち表

あと① 【跡】〔迹〕①迹，足迹。△わだちの~/车辙。②迹象。③遺迹。④痕迹。△苦心(くしん)の~が見(み)られる/能看出费尽心血的痕迹。⑤笔迹。△水茎(みずくき)の~/毛笔笔迹。

アド① ①[ad (vertisement)]广告。②[ad (dress)]收件人姓名住址。

あとがき 【後書き】①后记，跋文，跋。②(书信的)附笔，又及。

あとかたづけ③ 【後片付(け)・跡片付】(名・他サ)整理，善后。△食事(しょくじ)の~/饭后收拾餐桌。△自分(じぶん)たちで~をする/自行处理善后。

	会場の~をする	火の~をする	借金の~をする	~が付かない
後片づけ	○	×	×	×
後始末	○	○	○	○

あどけな・い④ (形)孩子气，天真烂漫。△子供(こども)の~寝顔(ねがお)/小孩的天真可爱的睡脸儿。

あとさき① 【後先】①先后，次序(顺倒)。△説明(せつめい)が~になる/说明弄得前后颠倒。

あとしまつ③ 【後始末・跡始末】(名・他サ)收拾，清理。△食事(しょくじ)の仕度(したく)から~まで/从做饭到收拾碗筷。△仕事(しごと)の~をする/处理善后工作。⇒あとかたづけ表

あとつぎ②③ 【跡継(ぎ)】①后嗣，嗣子。②(艺术、武艺等)继承人。

アドバイス①③ [advice](名・他サ)忠告，劝告，建议。

あとまわし③ 【後回し】推迟，缓办。△~にする/往后推迟。△~になる/延缓。

アトム① [atom]原子。

あともどり③ 【後戻(り)】(名・自サ)①(原路)返回。②退步。△文化(ぶんか)の~/文化退步。

アトラス① [atlas]地图，地图册。

アトリエ⓪ [法 atelier]画室，美工室。

アドレス① [address]收件人姓名地址。

あな② 【穴】①洞，坑。②(野兽的)洞穴。③亏空，亏损。④(赛马等)出人意外的胜负，意外之财。△~を当(あ)てる/发意外之财。

あな② 〔孔〕孔，孔眼。△針(はり)の~/针眼。

あなうめ⓪④ 【穴埋(め)】(名・自他サ)①埋坑。②填补亏空。△借金(しゃっきん)の~/还债。

アナウンサー③ [announcer](电

台、电视台)主持人，播音员。

アナウンス③② [announce](名・他サ)广播，播音。△校内(こうない)～/校内广播。△ニュースを～する/报告新闻。

あながち⓪ 〔強(ち)〕(副)①(下接否定)未必，不一定。△～悪(わる)いとは考(かんが)えない/未必认为是不好。②勉强。△～に求(もと)める/强求。

あなた①② 〔貴方〕①您，你(常常用于同辈或晚辈)。②妻子对丈夫的呼唤。

あなど・る③【侮る】(他五)轻视，侮辱。△初出場(はつしゅつじょう)だが、侮りがたいチームだ/这个球队虽说初次上场，但不容轻视。

アナログ⓪ [analog(ue)]①模拟。②模拟设备。

アナログけいさんき⑦【アナログ計算機】[analog(ue)]模拟计算机。

アナロジー② [analogy]类推，类比。

あに①【兄】哥哥。

アニメ①⓪ [anima(tion)]动画，动画片，卡通片。

あね①【姉】姐姐。

あの⓪ 〔彼(の)〕Ⅰ(连体)那个，那件。△～人(ひと)はいい人だ/他是个好人。Ⅱ(感)喂，那个。

あのね③ (感)(用作谈话插入的词语)嗯，喂。

あのよ⓪③【あの世】来世，幽冥，黄泉。

アパート② [美apart(ment) (house)]公寓。

あば・く【暴く】〔発く〕(他五)①掘，挖。△墓(はか)を～/掘墓。②揭发。△旧悪(きゅうあく)を～/揭露以往丑事。

	秘密を～	友達の不正を先生に～	理論の矛盾を～	墓を～	本箱を～て運ぶ
暴く	○	×	○	○	-い○
ばらす				×	-し○

あばた⓪ 〔痘痕〕麻子，麻脸。◇～もえくぼ/情人眼里出西施。

あばらや③【あばら屋】〔荒屋・荒家〕①破房子。②(自谦)寒舍。

あば・れる④⓪【暴れる】(自下一)①乱闹。△酒(さけ)に酔(よ)って～/喝醉酒胡乱闹。②天马行空，自由驰骋。

アピール② [appeal](名・自サ)①呼吁。△平和(へいわ)～/和平呼吁。②(体育比赛等)抗议裁判不公。③(也读作"アッピール")引起共鸣，有魅力，受欢迎。△大衆(たいしゅう)に～する/受群众欢迎。△セックス～/性魅力。

あび・せる④⓪【浴(び)せる】(他下一)①(猛)浇。△体(からだ)に水(みず)を～/往身上浇水。②施加，(大量)给与。△敌(てき)に砲弾(ほうだん)の雨(あめ)を～/给敌人以猛烈炮击。③(不间断地、狠狠地)问，谴责，讽刺，骂。△非難(ひなん)を～/大加谴责。△悪罵(あくば)を～/痛骂一

頓。

あひる⓪〔家鴨〕鸭子。

あ・びる⓪【浴びる】(他上一)①浇，淋，浴。△一風呂(ひとふろ)〜/洗个澡。②照，晒。△日光(にっこう)を〜/沐浴阳光。③受，蒙，遭。△砲火(ほうか)を〜/遭炮火攻击。

あぶく③〔泡〕泡，水泡。◇〜銭(ぜに)/不义之财。

アフター・ケア⑤[after care]①(病愈人员、刑满人员)保健(设施)。②(商品)售后服务。

あぶな・い⓪【危ない】(形)①危险。△命(いのち)が〜/性命垂危。②靠不住。△〜話(はなし)/靠不住的话。◇〜橋(はし)を渡(わた)る/冒险。

	命が〜	〜手つき	〜ところを助かる	〜間に合った	落石だ、〜！
危ない	○	○	○	×	○
危うい	○	×	○	-く○	×

あぶなげな・い⑤【危なげない】(形)十拿九稳，安全。△万事(ばんじ)〜/万无一失。△〜運転(うんてん)/安全开车。

アブノーマル③[abnormar](形动)异常，病态。

あぶはちとらず⑤〔虻蜂取らず〕二者不可兼得。△〜になる/顾此失彼，一事无成。

あぶら⓪【油】油。◇〜を売(う)る/磨洋工。◇〜を絞(しぼ)る/i)榨油。ii)教训，责备。◇〜が切(き)れる/i)油用完。ii)力气使尽。◇〜に水(みず)/水火不相容。◇〜を差(さ)す/i)给机器加油。ii)鼓励，打气。

あぶら⓪【脂】〔膏〕脂肪。◇〜が乗(の)る/i)长膘。ii)起劲儿。iii)(技艺)娴熟。

あぶらえ③【油絵】油画。

アフリカ⓪[Africa]非洲。

アプリケーション④[application]①应用，利用。②用途。③(计算机)应用软件。

あぶ・る②〔炙る・焙る〕(他五)烤(火)，烘。△手(て)を〜/烤手。

あふ・れる③〔溢れる〕(自下一)溢出。△風呂(ふろ)の水(みず)が〜/洗澡水溢出。△川(かわ)が〜/河水泛滥。⇨こぼれる表

あぶ・れる③(自下一)〈俗〉①失业。△バイトに〜/没找到临时工作。△倒産(とうさん)で仕事(しごと)に〜/因公司倒闭而无工作可做。②(钓鱼等)一无所获。

アプローチ③[approach]Ⅰ(名)①(欧式建筑)门厅。②方法，途径。Ⅱ(名・自サ)接近，近似。

あべこべ⓪(名・形动)颠倒。△上下(じょうげ)が〜だ/上下颠倒。△百(ひゃく)から一(いち)まで〜に数(かぞ)える/从100倒着数到1。

アベック②[法 avec](特指)成双男女。△公園(こうえん)の〜/公园里的成对恋人。△〜で歩(ある)く/男女结伴步行。

あへん①⓪〔阿片・鴉片〕鸦片，大烟。

アプンディックス④②[appendix]

附录，追加。

あほう② 〔阿房・阿呆〕（名・形动）傻瓜，笨蛋，愚蠢。△～な考(かんが)えは捨(す)てな／放弃你的蠢想法。

アマ① [ama(teur)]（"アマチュア"之略）①业余爱好者。②外行，门外汉。

あまあし⓪ 【雨脚・雨足】①雨势。△～が早(はや)い／雨势很猛。②雨脚（如白丝状雨势）。△～が白(しろ)く見(み)える／雨脚白亮亮。

あま・い②③⓪ 【甘い】（形）①甜。△～お菓子(かし)／甜点心。②（口味）淡。③说好话，不严格。△評価(ひょうか)が～／评语不严。△あの先生(せんせい)は点(てん)が～／那位老师打分儿宽。④天真。△考(かんが)え方(かた)が～／想法天真。⑤松弛。△くさびが～／楔子松了。⑥（待人）温和。△子供(こども)に～母親(ははおや)／对孩子和蔼的母亲。

あま・える④⓪ 【甘える】（自下一）①撒娇。△母親(ははおや)に～子供(こども)／跟妈妈撒娇的小孩。②（用"…にあまえて"的形式）（心安理得地接受他人的好意）承蒙。△おことばに甘えまして…／承蒙您这么说…。

あまくち⓪ 【甘口】（名・形动）①带甜味儿。△～の酒(さけ)／带甜味儿的酒。②喜欢甜食的人。③甜言蜜语。△～に乗(の)せられる／被甜言蜜语欺骗。

あまぐも⓪ 【雨雲】阴云，雨云。

あまごい⓪ 〔雨乞(い)〕（名・自サ）求雨，祈雨。△～歌(うた)／求雨歌。△～踊(おどり)／求雨舞。

あま・す② 【余す】（他五）保留，剩余。△年内(ねんない)～ところ二日(ふつか)／今年只剩下两天了。△～ところなく書(か)く／写得淋漓尽致。

あまだれ⓪ 【雨垂(れ)】从房檐流下的雨水。△～石(いし)を穿(うが)つ／滴水穿石。

アマチュア⓪② [amateur]（有时略为"アマ"）①业余爱好者。△～コンサート／业余音乐会。②外行，门外汉。

あまど② 【雨戸】木板套门(窗)。

あまとう⓪ 【甘党】喜欢甜食的人。

あまねく③ 〔普く・遍く〕（副）普遍。△～知(し)れ渡(わた)る／闻名于世。

あまのがわ③ 【天の川】〔天の河〕（天文）天河，银河。

あまみ⓪ 【甘み・甘味】①甜味。△～が足(た)りない／甜味不足。△～を増(ま)す／增加甜味。②甜点心。

あまもよう③ 【雨模様】→あめもよう。

あまもり② 【雨漏り】（名・自サ）漏雨。

あまやか・す④ 【甘やかす】（他五）娇宠，娇生惯养。△孫(まご)を～／娇纵小孙子。

あまやどり③ 【雨宿り】（名・自

サ)避雨。

あまり 【余り】 Ⅰ③⓪(名・副)①剩余。②用"…の〜"的形式。太,过于。△うれしさの〜 / 过于高兴。③(下接否定)不太,不大。△〜強(つよ)くない / 不太结实。Ⅱ(接尾)…多。△五十名(ごじゅうめい)〜のクラス / 50 多人的班级。

あま・る② 【余る】(自五)①剩余。△ジュースが5本(ごほん)余った / 剩了 5 瓶果汁。②过分,超出能力。△手(て)に〜仕事(しごと) / 不能胜任的工作。③不相当。△身(み)に〜光栄(こうえい) / 过分的光栄。

	費用が千円〜	人手が〜	身に〜光栄	疑問が〜	会社に9時まで〜
余る	○	○	○	×	×
残る	○	×	×	○	○

あまん・じる④⑤ 【甘んじる】(自上一)甘心,甘于,情愿。△薄給(はっきゅう)に〜 / 甘于低薪。△甘んじて罰(ばつ)を受(う)ける / 情愿受罚。

あみ② 【網】①网。△〜を打(う)つ / 撒下网。②罗网。△〜を張(は)る / 下网,布下天罗地网。

あみだ・す③⓪ 【編(み)出す】(他五)①开始编织。②创造出,研究出。△新(あたら)しい商法(しょうほう)を〜 / 研究出新的商法。

あみもの⓪③② 【編(み)物】(用线)织的活儿,织物。

あ・む① 【編む】(他五)①编织。△セーターを〜 / 织毛衣。②编纂。△辞書(じしょ)を〜 / 编辞典。

あめ① 【雨】①雨。②雨天。◇〜降(ふ)って地(じ)かたまる / 战争之后始有和平。不打不成交。

あめ⓪ 〔飴〕软糖。◇〜をなめさせる / 给一个甜头儿,用小恩小惠哄骗。

あめあがり③ 【雨上(が)り】雨后,天放晴。△〜の空(そら) / 雨过天晴。

あめふり② 【雨降り】下雨,下着雨。

あめもよう③ 【雨模様】(也作"あまもよう")要下雨的样子。△空(そら)が〜になってきた / 天要下雨的样子。

アメリカ⓪ [America] ①美洲。②美国,"美利坚合众国"之略。

あやう・い③⓪ 【危うい】(形)〈文〉①危险。△〜目(め)にあう / 遭遇危险。②差一点,几乎,好容易。△危うく切(き)り抜(ぬ)けた / 好容易突围出来。△〜ところで間(ま)に合(あ)った / 好不容易才赶上。⇨あぶない 表

あやうく⓪ 【危うく】(副)①好容易,勉强。②险些,差一点儿。△〜命(いのち)をおとすところだった / 险些丧了命。

あやか・る③ 〔肖る〕(自五)希望像…一样(幸福),效仿。△長生(ながい)きの祖父(そふ)にあやかりたい / 希望也能像祖父那样长寿。

あやし・い③⓪ 【怪しい】(形)①奇怪。②可疑。△〜飛行物体(ひこうぶったい) / 可疑的飞行物。③靠不住。△空模様(そらもよう)

あやし・む③【怪しむ】(他五)怀疑,觉得奇怪。△～に足(た)りない / 不足为怪。△人(ひと)を信頼(しんらい)して怪しまない / 完全相信他人。

あや・す②(他五)哄(小孩)。△泣(な)く子(こ)を～/ 哄哭的孩子。

あやつりにんぎょう⑤【操り人形】①木偶。②木偶戏。

あやつ・る③【操る】(他五)①掌握。△英語(えいご)を～/ 能用英语。②耍(木偶)。③操纵。△陰(かげ)で人(ひと)を～/ 背地里操纵别人。

あやぶ・む③【危ぶむ】(他五)担心,畏惧。△安否(あんぴ)を～/ 担心是否平安。

あやふや⓪(形动)含糊,暧昧,靠不住。△～にことを言(い)う / 说些含糊其词的话。⇒あいまい 表

あやまち③⓪【過ち】错误,过失。△若(わか)い二人(ふたり)の～/ 两个年轻人的过失。⇒あやまり 表

あやまり③⓪【誤り】错误。△～を正(ただ)す / 改正错误。△～なく伝(つた)えたかどうか心配(しんぱい)だ / 担心是否准确无误地转告了。

	大きな～を犯す	字の～	若い者同士が～を犯す	～を起こす	～をつぐなう
誤り	○	○	×	×	×
過ち	○	×	○	×	○
間違い	○	○	○	○	×

あやま・る③【誤る】(自他五)①做错。②弄错。△操作(そうさ)を～/ 操作错了。⇒まちがえる 表

あやま・る③【謝る】(他五)赔礼,谢罪。△会社(かいしゃ)側(がわ)は被害者(ひがいしゃ)に不手際(ふてぎわ)を謝った / 因公司的做法不妥当而向被害者谢罪。

あやめ⓪〔菖蒲〕菖蒲。△～の節句(せっく)/ 端午节(男孩子的节日)。

あや・める③〔危める・殺める〕(他下一)伤害,加害。△人(ひと)を～/ 伤害人。

あゆみ③【歩み】①步行,脚步。△～を止(と)める / 止步。△～がのろい / 脚步慢。②进展,进程。△近代日本(きんだいにっぽん)の～/ 近代日本的发展历程。

あゆみよ・る⓪④【歩み寄る】(自五)①走近,接近。②互让,妥协。

あゆ・む②【歩む】(自五)①走。△歩んできた道(みち)/ 走过的路。②进展,前进。⇒あるく 表

あら①(感)(妇女惊讶时)呀,嗳哟。

あらあらし・い【荒荒しい】(形)毛手毛脚,粗野的,粗暴的。△荒荒しく戸(と)をたたく / 粗野地叩门。

あら・い③⓪②【荒い】(形)①粗暴。△気性(きしょう)が～/ 脾气粗暴。②汹涌,凶猛激烈。△波(なみ)が～/ 波涛汹涌。

あら・い⓪【粗い】(形)①粗糙。△肌(はだ)が～/ 皮肤粗糙。②粗略。△～計画(けいかく)/ 粗略的计划。③粗,稀,眼大。△～竹垣(たけがき)/ 稀疏的竹篱笆。

あらい⓪【洗(い)】洗。△～張(は)

り / 拆洗，浆洗。△～熊(ぐま) / 浣熊。

あらいざらい②④ 〔洗い浚〕(副) 全，所有。△親(おや)に～打(う)ち明(あ)ける / 向父母说出全部心里话。⇨すっかり 表

あら・う③⓪【洗う】(他五)①洗。△大根(だいこん)を～ / 洗萝卜。②调查，查清。△容疑者(ようぎしゃ)の身元(みもと)を～ / 调查嫌疑犯的来历。

あらかじめ⓪〔予(め)〕(副)预先。△～用意(ようい)する / 提前准备。△ご欠席(けっせき)の場合(ばぁい)は～お知(し)らせください / 缺席时请事先说一下。

あらし①〔嵐〕暴风雨，风暴。△～の前(まえ)の静(しず)けさ / 暴风雨前的平静。

あらしごと③【荒仕事】①力气活。②行凶杀人，抢劫。

あら・す③【荒(ら)す】(他五)①摆荒。②糟蹋。△鼠(ねずみ)が食糧(しょくりょう)を～ / 老鼠糟蹋粮食。③抢劫。

あらすじ⓪【粗筋・荒筋】梗概。△小説(しょうせつ)の～ / 小说的梗概。

あらそい③⓪【争い】争吵，争论，纠纷。

あらそ・う③【争う】(自他五)①争夺，竞争。△優勝(ゆうしょう)を～ / 争冠军。△二人(ふたり)の兄弟(きょうだい)が財産(ざいさん)を～ / 兄弟二人争夺财产。②争辩。△争われぬ事実(じじつ) / 无可争辩的事实。

	友と優劣を～	～新製品を開発して～	遺産をめぐって～	黒白を～	業を～	妍を～
争う	○	-っ○	○	○	△	×
競う	○	-っ○	×	×	○	○

あらた①【新(た)】(形动)崭新，重新。△～な思(おも)い / 崭新的思想。△～に会社(かいしゃ)を興(おこ)す / 振兴公司。

あらだ・てる④【荒立てる】(他下一)①使…激烈。△声(こえ)を～ / 大喊大叫。②使…恶化。△事(こと)を～ / 使事情闹大。

あらたま・る④【改まる】(自五)①更新。△年(とし)が～ / 岁月更新。②改变。△規則(きそく)が～ / 改变规章。③郑重其事，一本正经。△生活態度(せいかつたいど)が～ / 生活态度严谨起来。④(病)加重。

あらためて③【改めて】(副)重新。△～選(えら)ぶ / 重新挑选。

あらた・める④【改める】(他下一)①改变，改正。△方針(ほうしん)を～ / 改变方针。△悪習(あくしゅう)を～ / 改变不良习惯。②检查。△所持品(しょじひん)を～ / 检查随身物品。△車掌(しゃしょう)が切符(きっぷ)を～ / 列车员查票。

あらっぽ・い④⓪【荒っぽい・粗っぽい】(形)粗野的，粗鲁的，粗暴的。△行動(こうどう)が～ / 行动粗野。△～男(おとこ) / 粗鲁的汉子。

あらて⓪【新手】①新手。②新兵。③新方式。△～の商売(しょうば

い) / 新法销售。

アラビアすうじ⑤【アラビア数字】[Arabia] 阿拉伯数字。

アラブ①[Arab] 阿拉伯人。

あらまし⓪【粗まし】Ⅰ(名)梗概。△事件(じけん)の〜/案件的梗概。Ⅱ(副)大体，大致。△仕事(しごと)は〜終(おわ)った/工作大体完成了。

あらゆる③(連体)所有，一切。△〜場合(ばあい)にあてはまる/适用于一切场合。

あられ⓪〔霰〕①冰粒，霰。②(烹饪)切成丁。

あらわ・す③【表(わ)す】(他五)表現。△怒(おこ)りを顔(かお)に〜/脸上表现出怒气。

あらわ・す③【現(わ)す】(他五)显现。△姿(すがた)を〜/显现姿态。

あらわ・す③【著(わ)す】(他五)著，编写。△書(か)き〜/撰写(著作)。

あらわれ④③【現れ】①现象，表象。②结果。

あらわ・れる④【現(わ)れる・顕われる】(自下一)①露出。△姿(すがた)が〜/显露了面目。②(也作"表れる")表现。△本音(ほんね)が〜/讲出真心话。③发觉。△旧悪(きゅうあく)が〜/发觉旧恶。

あらんかぎり④②【有らん限り】(名・副)全部，尽其所有。

あり⓪〔蟻〕蚂蚁。△〜の穴(あな)から堤(つつみ)も崩(くず)れる/千里之堤毁于蚁穴。

アリア①[意 aria] 咏叹调，抒情歌曲。

ありあり③(副)清清楚楚。△〜目(め)に浮(う)かぶ/清楚地浮现在眼前。

ありあわせ⓪【有(り)合(わ)せ】现成，现有。

ありがた・い④【有り難い】(形)①难得，宝贵。②值得感谢。

	〜お言葉	御好意は〜が	〜いただきます	あの人にこんなことをさせては〜
有り難い	○	○	-く	×
かたじけない	○	○	×	×
もったいない	○	×	×	○

ありがためいわく⑤【ありがた迷惑】(名・形動)帮倒忙，出自好意给人带来麻烦。

ありがち⓪【有りがち】(形動)常有。△初心者(しょしんしゃ)に〜な失敗(しっぱい)/生手常有的失败。

ありがとう②(感)谢谢。△どうも〜/实在感激。

ありきたり⓪【在(り)来(た)り】通常，惯例，老一套。△〜のあいさつ/通常的问候。

ありさま②⓪【有様】样子，情况。△世(よ)の中(なか)の〜/社会状况。⇨ようし表

ありつ・く④⓪【有り付く】(自五)(好容易)找到，吃到。△ごちそうに〜/吃到一次好饭。

ありったけ⓪【有りったけ】(名・副)全部，所有，一切。△〜の力(ちから)を出(だ)しきる/竭尽全力。

ありのまま⑤〔有(り)の儘〕(名・副・形動)据实,实事求是。△～を話(はな)す / 照实说。△～に語(かた)る / 据实讲述。

アリバイ⓪ [alibi]不在现场的证明。

ありふ・れる⑤⓪【有(り)触れる】(自下一)常有,司空见惯。△ありふれた品(しな) / 不稀奇的物品。

ある①〔或〕(连体)某,或,有。△～人(ひと) / 某人。△～日(ひ) / 有一天。

あ・る①【在る】(自五)①有,存在。△反対者(はんたいしゃ)が～ / 存在对立面。②在,位于。△東側(ひがしがわ)に～ / 位于东侧。③生存。△世(よ)に～ / 生在世上。

あ・る【有る】Ⅰ①(自五)①有(一般指无生物、其他事物)。△教室(きょうしつ)の中(なか)に机(つくえ)と椅子(いす)が～ / 教室里有桌子和椅子。②备有,具有。△財産(ざいさん)が～ / 有财产。△教養(きょうよう)が～ / 有教养。③进行,(必然)发生。△今日(きょう)は学校(がっこう)が～ / 今天有课。Ⅱ(补动五)①(表示以前动作结果持续到现在)…着。△木(き)が植(う)えて～ / 栽着树。②(表示动作完了)…完。△もう読(よ)んで～ / 已经读完。

あるいは②〔或は〕(读作"あるいわ")Ⅰ(接)或,或者。△明日(あした)～明後日(あさって)に伺(うかが)う / 明天或后天前来拜访。Ⅱ(副)也许,或许。△日曜(にちよう)だと～いないかもしれない / 如果是星期天,也许不在。

アルカリ⓪ [荷 alkali]碱。△～性(せい) / 碱性。△～性食品(せいしょくひん) / 碱性食品。

ある・く②【歩く】(自五)①步行。△駅(えき)まで～ / 步行到车站。②来回走,散步。△世界中(せかいじゅう)を～ / 走遍全世界。△あちこちを宣伝(せんでん)に～ / 去四处宣传。③度过(人生)。△母(はは)は苦難(くなん)な人生(じんせい)を歩いてきた / 妈妈走过苦难的人生旅途。

	庭を～	あちこち見て～	四球で一塁に～	誠実に～て(で)来た人生
歩く	○	○	○	-い○
歩む	○	×	×	-ん○

アルコール⓪ [荷 alcohol]①酒精。②〈俗〉酒。△～中毒(ちゅうどく) / 酒精中毒。

あるじ①〔主〕①主人,一家之主。△一家(いっか)の～ / 一家之主。②物主,店主。⇨しゅじん表

アルバイト③ [徳 Arbeit]Ⅰ(名)①(学业)业绩,(科研)成果。②(特指)博士论文。Ⅱ(名・自サ)课余打工,勤工俭学。

アルバム⓪ [album]①相册,影集。②(歌曲集)唱片,光盘。△ニュー～ / 新唱片。

アルファせん⓪【希α線・アルファ線】[alpha—]阿尔法射线。

アルファベット④ [alphabet]①(希

腊字母等的)字母表。②初步,入门。

アルミ① [alumi(nium)] ("アルミニウム"之略)铝。

アルミニウム④ [aluminium] (也略作"アルミ")铝。

あれ⓪ 〔彼(れ)〕(代) ①那个。△～を取(と)ってください/把那个取来。②那时。△～から三年(さんねん)/自打那时已过三年。

あれ① (感)(表示惊讶、意外等)哎呀,啊,呀。△～、危(あぶな)い/啊,危险! △～、またしくじった/哎呀,又弄糟了。△～、おかしいぞ/嗯?不对头!

あれこれ② Ⅰ(名)种种。△～を集(あつ)めて準備(じゅんび)する/搜集各种东西作准备。Ⅱ(副)种种,这样那样地。△～と考(かんが)える/左思右想。

あれは・てる④ 【荒(れ)果てる】(自下一) ①(土地)荒废,荒芜。②(学业、心情)荒废,懒散。△荒果てた人(ひと)の心(こころ)/懒散的人心。

あれもよう③ 【荒(れ)模様】 ①要闹天气的样子。△海(うみ)は～だ/海上要闹天气。②〈转〉生气的样子,不高兴的样子,要发脾气的样子。△社長(しゃちょう)は～だ/总经理发火啦。③气氛紧张,不平静。△～の会議(かいぎ)/会议争论激烈。

あ・れる③⓪ 【荒れる】(自下一) ①荒芜。△はたけがひどく～/田地严重荒芜。②起风暴,(波涛)

汹涌。△海(うみ)が～/海面风浪很大。③秩序混乱。△会議(かいぎ)が～/会上闹乱了。④皲裂。△はだが～/皮肤粗糙。⑤荒唐。△生活(せいかつ)が～/生活荒唐。

アレルギー②③ 〔徳 Allergie〕过敏症。

あわ② 【泡】〔沫〕①泡沫。②水花儿。◇～を食(く)う/惊慌。

あわ① 〔粟〕谷子。

-アワー [hour](接尾)…时间,…时段。△ゴールデン～/(广播、电视)黄金时段。△ラッシュ～/交通拥堵高峰时间。

あわ・い② 【淡い】(形) ①薄,稀薄。△～雲(くも)/薄云。②淡薄。△～思(おも)い出(で)/淡薄的回忆。③(色、味)淡,浅。△～ピンク/浅粉红色。④少许,微小。△～望(のぞ)み/一线希望。

あわ・す② 【合わす】(他五)→あわせる〔合(わ)せる〕

あわせ③ 〔袷〕夹衣服。

-あわせ 【合わせ】(接尾)合在一起,使一致,对照。

あわせて② 【併せて】(副)同时。△御幸福(ごこうふく)を祈(いの)り、～御健康(ごけんこう)を念(ねん)じます/祝幸福,并祝健康。

あわ・せる③ 【合(わ)せる】(他下一) ①合起来。△力(ちから)を～/协力。②比较,对。△時計(とけい)を～/对表。③核对。△原簿(げんぼ)に～/对照底账。

あわ・せる③ 【併せる】(他下一)合并。△二(ふた)つの会社(かいしゃ)

を～ / 把两个公司加以合并。

あわただし・い⑤【慌(ただ)しい】(形)慌忙，匆忙。△～旅行(りょこう) / 匆匆忙忙的旅行。

あわだ・つ③【泡立つ】(自五)起泡。△この石(せっ)けんはよく～ / 这种肥皂泡沫多。

あわだ・つ③〔粟立つ〕(自五)(因寒冷、害怕)起鸡皮疙瘩。△それを見(み)ると肌(はだ)が～ / 看到这个，使人不寒而栗。

あわ・てる⓪③【慌てる】(自下一)惊慌，慌忙。△母(はは)は不意(ふい)の客(きゃく)に～ / 因来了不速之客而使母亲慌忙起来。

あわれ①【哀(れ)】(名・形动)悲哀。△～な最期(さいご) / 悲哀的临终。⇨きのどく表

あわれ・む③【哀(れ)む】(他五)怜悯。△戦争孤児(せんそうこじ)を～ / 怜悯战争孤儿。

あん①【案】预想，计划。△～を練(ね)る / 拟定计划。

あん①〔餡〕豆沙馅。

あんい①【安易】(形动)①容易。△～な仕事(しごと) / 容易的工作。②马马虎虎。△～に暮(く)らす / 马虎度日。

アンインストル⓪ [uninstall](名・他サ)(计算机)卸载。

あんうん⓪【暗雲】①乌云。②动荡不安。△～が漂(ただよ)う / 形势动荡不安。

あんか①【安価】(形动)①廉价。△～な商品(しょうひん) / 便宜货。②无价值的，没有价值的。△～な同情(どうじょう)は禁物(きんもつ) / 切忌无价值的同情。

あんがい①⓪【案外】(副・形动)出乎意料。△～な結果(けっか) / 意外的结果。⇨いがい表

あんかん⓪【安閑】(形动タルト)安闲。△台風(たいふう)が近(ちか)づいているので，～としてはいられない / 台风逼近，不能安闲。

あんき①【安気】(形动)(老人用语)悠闲，安逸。△～な身分(みぶん) / 无忧无虑的处境。

あんき⓪【暗記】〔諳記〕(名・他サ)背诵。△～は苦手(にがて)だ / 不善背诵。△丸(まる)～ / 囫囵吞枣，死记硬背。

アンケート①② [法 enquete]问卷调查。

あんこ①〔餡〕→あん。

あんごうか【暗号化】(名・他サ)(计算机)加密。

アンコール③ [encore](名・他サ)(演出受欢迎时要求)再来一个。

あんこく⓪【暗黒】(名・形动)①黑暗。△～な夜(よる) / 黑夜。②阴暗，黑暗。△～面(めん) / 阴暗面。△～時代(じだい) / 暗无天日的时代。

あんさつ⓪【暗殺】(名・他サ)暗杀。△～者(しゃ) / 暗杀凶手。

あんざん⓪【暗算】(名・他サ)心算。△～で答(こた)える / 用心算回答。

アンサンブル③ [法 ensemble]①全体，整体。②女(上下)套服。③合奏，合唱团，歌舞团。④(演

员的)默契，谐调。

あんじ⓪【暗示】(名・他サ)暗示，启发。△～を与(あた)える / 给予启发。

あんしじゅつ③【安死術】安乐死。

あんじゅう⓪【安住】(名・自サ)安居。△～地(ち) / 安居之地。

あんしょう⓪【暗唱】〔暗誦〕(名・他サ)背诵。△詩(し)を～する / 背诗。

あんしょうきごう【暗証記号】(计算机)密码。

あんしょうばんごう【暗証番号】(银行等)密码。

あん・じる④③⓪【案じる】(他上一)①想，思考。△一計(いっけい)を～ / 想出一计。②担心。△行(ゆ)く末(すえ)を～ / 担心将来。

あんしん⓪【安心・安神】(名・自サ・形动)安心，放心。△～感(かん) / 放心。△音信不通(おんしんふつう)だった息子(むすこ)から連絡(れんらく)があって両親(りょうしん)は～した / 跟一度杳无音信的儿子取得了联系，父母才安下心来。

あんず⓪〔杏・杏子〕杏。

あん・ずる④③【案ずる】(他サ)想，思考。◇～より生(う)むが易(やす)し / 事易于虑(事情不像想象的那样难)。

あんぜん⓪【安全】(名・形动)安全。△～運転(うんてん) / 安全驾驶。△～かみそり / 安全剃刀。

あんぜん⓪【暗然】(形动タルト)黯然。△～たる面持(おもも)ち / 黯然的表情。

あんそく⓪【安息】(名・自サ)安息。△～香(こう) / 安息香。△～日(び) / (宗教)安息日，礼拜日。

アンダーパス⑤ [underpass]地下通道，地下过道。

アンダーライン⑤ [underline](文字下面的)下线，下画线。

あんたい⓪【安泰】(名・形动)平安无事，安然无恙。△家族(かぞく)は～だ / 全家人平安无事。

あんち①⓪【安置】(名・他サ)安置，安放。△仏像(ぶつぞう)を本堂(ほんどう)に～する / 把佛像安放在正殿。

アンチ- [anti](接头)(冠于名词前)反，抗，非，防，逆。△～ノック / 防爆剂。△～テーゼ / 反命题。

アンチウィルス・ソフト [antivirus soft(ware)]杀毒软件，防病毒软件。

あんちゃく⓪【安着】(名・自サ)平安到达，安抵。△日本(にほん)に～した / 平安到达日本。

あんちゅうもさく④⑤【暗中模索】〔暗中摸索〕(名・自サ)暗中摸索。△若(わか)いなりに人生(じんせい)の意義(いぎ)を～している / 年轻人按他们自己的想法探索着人生的意义。

あんちょく⓪【安直】(形动)①贱，便宜，省钱。△～に買(か)う / 买得便宜。②〈俗〉轻松，不费事。△～な方法(ほうほう) / 不费事的方法。

あんてい⓪【安定】(名・自サ)①安定。②安稳，不摇动。△～のよい場所(ばしょ) / 安稳之处。

アンテナ⓪ [antenna]天线。

アントレプレナー⑥ [entrepreneur] 创业者，企业家。

あんな⓪ (连体)那样的。△～男(おとこ)はめったにない / 那种人真少见。

あんない③【案内】(名・他サ)①向导，引导。△道(みち)を～する / 领路。△水先(みずさき)～ / 领航员。△旅行(りょこう)～ / ⅰ)导游(员)。ⅱ)旅行指南。②传达，转达。△社長(しゃちょう)に～を請(こ)う / 希望转达给总经理。③熟悉，了解。△ご～のとおり狭(せま)い家(いえ)ですが… / 正如你知道的，寒舍十分狭窄…。④通知，请柬。△結婚式(けっこんしき)の～ / 婚礼请柬。△入学(にゅうがく)～ / 入学通知。

あんなに⓪ (副)那样，那么。

アンニュイ③ [法 ennui]①厌倦。②无聊。

あんねい⓪【安寧】安宁，安定。△～を乱(みだ)す / 扰乱安宁。

あんのじょう③【案の定】(副)果然，果如所料。

あんのん⓪【安穏】(形動)安稳，平安。△～に暮(くら)す / 平安度日。

あんばい③⓪【按配】〔按配〕(名・他サ)①安排，布置。△役割(やくわり)を～する / 安排任务。②调整。△機械(きかい)を～する / 调整机器。

あんばい③⓪〔塩梅〕①(菜的)咸淡。△煮物(にもの)の～を見(み)る / 尝尝炖菜的口味。②情况。△体(からだ)の～が悪(わる)い / 身体欠佳。⇨つごう 表

アンパイア [umpire] 裁判员。

アンバランス③④ [unbalance](名・形動)不平衡，不均衡。

あんぴ【安否】①是否平安，安危。△～を気(き)づかう / 挂念是否平安。②起居(情况)。△～を問(と)う / 问安。

アンプ [amp (lifier)] 放大器，扩音器。

あんぶん⓪【案分】〔按分〕(名・他サ)按比例分配。△～比例(ひれい) / 分配比例。

あんま⓪〔按摩〕Ⅰ(名)按摩师。Ⅱ(名・他サ)按摩。

あんまく⓪【暗幕】遮光窗帘。

あんまり④③⓪ Ⅰ(副)(口语)①太。②(用在否定句中)不太。Ⅱ(形動)过分。△～な言(い)いかた / 说得太过分了。

あんみん⓪【安眠】(名・自サ)安眠。△～妨害(ぼうがい) / 妨碍睡眠。

あんもく【暗黙】沉默，不出声。△～の諒解(りょうかい) / 默认。△～のうちに許(ゆる)す / 默许。

アンモニア⓪ [ammonia] 氨。△～水(すい) / 氨水。

あんやく【暗躍】(名・自サ)暗中活动。△黒幕(くろまく)が～する / 幕后人在暗中活动。

あんらく⓪①【安楽】(名・形動)安乐，舒适。△～いす / 安乐椅。△～死(し) / 安乐死。

い　イ

い⓪【胃】胃。△油(あぶら)っこい料理(りょうり)は～にもたれます/油腻的饭菜不易消化。

い①【異】(名・形动)①异,不同。◇～を立(た)てる/标新立异。②异议,异论。△～を唱(とな)える/唱反调。③奇,奇特,奇异。◇～とするに足(た)りない/不足为奇。

い①【意】①意,心意。△感謝(かんしゃ)の～を表(ひょう)する/表示谢意。②想法,念头。△親(おや)の～にかなう/顺了父母的心愿。③意义,意思。△否定(ひてい)の～を表(あらわ)す語(ご)/表示否定意义的词。

-い【位】(接尾)(等级、顺序等的)位次,…位。△上(じょう)～/上位。

いあつ⓪【威圧】(名・他サ)威迫,欺压。△彼(かれ)の声(こえ)は低(ひく)かったが、その言(い)い方(かた)には人(ひと)を～する力(ちから)があった/他说话的声音很低,但话里有着一股威慑人的力量。

いあわ・せる④【居合(わ)せる】(自下一)在场,在座。△事故現場(じこげんば)に～/在事故现场。

いあん⓪【慰安】(名・他サ)慰劳,慰问。△老人(ろうじん)を～する/慰问老人。△戦場(せんじょう)の兵士(へいし)たちを～する/慰劳战场上的士兵。

い・い①〔良い・善い・好い〕Ⅰ(形)("よい"的通俗说法,只有终止形和连体形)①好,善良,良好。△今日(きょう)は、少(すこ)し気分(きぶん)がいいようです/今天好像心情稍好些。◇～目(め)がでる/幸运。②行,可以。△それで～/那就行。△来(こ)なくても～/可以不来。△もう～です/ⅰ)行了,可以了。ⅱ)够了,不要了。③对,正确。△それで～と思(おも)うか/你认为那就对吗?④(作反语用)不好,糟糕。△～恥(はじ)さらしだ/丢死人了。△～気味(きみ)だ/活该!◇～面(つら)の皮(かわ)/够丢人现眼的,丢脸。△～年(とし)をして…/那么大年纪的人还…。Ⅱ(接尾)(接动词连用形下)适于,好。△住(す)み～家(いえ)/住着方便的房子。△書(か)き～筆(ふで)/好使的毛笔。

いいあらそ・う⑤【言(い)争う】(自他五)口角,争吵,争论。△互(たが)いに～/互相争论。

いいあらわ・す【言(い)表(わ)す】(他五)表达,说明,陈述。△自分(じぶん)の意見(いけん)を～/陈述自己的意见。

いいあわ・せる⑤【言(い)合(わ)

せる】(他下一)约定，商量好。△言い合わせたように同(おな)じ時刻(じこく)に集(あつ)まった/像事先约好了似的在同一时刻集合到了一起。

イーイーカメラ⑤ [EE(electric eye) camera]自动测光照相机。

いいえ③ (感)不，不是，不对。△～、ちがいます/不，不对。△A：あした遊(あそ)びに行(い)きませんか。B：～、行きます/A：明天你不去玩儿吗？B：不，我去。

いいおと・す④ 【言い落す】(他五)漏说，忘说。△大事(だいじ)なことを～/忘说了要紧的事。

いいかえ・す③ 【言い返す】Ⅰ(自五)回嘴，顶嘴，争辩。Ⅱ(他五)反复说。

いいか・える④ 【言(い)替える】(他下一)①(也作"言い換える")换言之，换句话说。△わかりやすく～/换句话说，以便容易懂。②(也作"言い変える")改口。△いまさらいいかえられても困(こま)る/现在改口让人为难。

いいがかり⓪ 【言いがかり・言(い)掛(か)り】找茬儿，借口，讹诈。△～をつける/找茬儿。

いいかげん⓪ 【好い加減】Ⅰ(形动)①敷衍，马虎。△～なことを言(い)うな/不要随口乱说。②适当，恰当，合适。△冗談(じょうだん)も～にしなさい/开玩笑也要适可而止。Ⅱ(副)相当，很。△～いやになる/很腻烦，很厌恶。

	仕事が～だ	～な品物	～な考え	時間に～な人	～いやになった
いいかげん	○	○	○	○	○
ぞんざい	○	○	×	×	×

いいかた⓪ 【言い方】说法，表达方法。△～が下手(へた)だ/不擅表达。△ていねいな～/有礼貌的说法。

いいきか・せる⑤ 【言(い)聞(か)せる】(他下一)①说给(对方)听。②劝告，劝说，教诲。

いいき・る③ 【言(い)切る】(他五)①说完。△言い切らないうちに時間(じかん)になった/话还没说完就到时间了。②一口说定，断定，断言。△実行(じっこう)すると言い切った/一口说定要实行。

いいぐさ⓪ 【言(い)ぐさ】〔言(い)種・言草〕①话柄。△人(ひと)の～になる/成为人家的话柄。②说法。△なんという～だ/(你)这是什么说法！

いいくる・める⑤ 【言いくるめる】(他下一)哄骗。△黒(くろ)を白(しろ)と～/颠倒黑白，信口雌黄。

いいす・ぎる④ 【言(い)過ぎる】(他上一)说得过火，说得过分。△こう言(い)ったらちょっと～のではないか/这样说有点过分吧。

いいそこな・う⑤ 【言(い)損(な)う】(他五)①说错话。△あわてて彼(かれ)の名前(なまえ)を言損った/一着急说错了他的名字。②失

言,说得不恰当。③忘说,漏说,(有顾虑)没说。△うっかりして言損った/因为疏忽,该说的(话)忘说了。

いいそび・れる⑤【言いそびれる】(他下一)(想说没说)失去说的机会。△遠慮(えんりょ)して用件(ようけん)を言いそびれた/因为客气未能说出要办的事情。

いいだ・す③【言(い)出す】(他五)①先说,第一个说。△そんな事(こと)はだれが言い出したのか/那样的事是谁先说的。②开始说。△彼(かれ)は言い出した/他开始说起来。③说出。△～機会(きかい)を失(うしな)った/错过了说出的机会。

いいた・てる④【言(い)立てる】(他下一)①列举。△人(ひと)のあらを～/列举别人的缺点。②坚决主张。△不賛成(ふさんせい)だと～/表示坚决不同意。

いいちが・える⑤【言(い)違える】(他下一)说错。△時(とき)を言い違えた/说错了时间。△番地(ばんち)を言い違えた/说错了住址。

いいつくろ・う⑤【言(い)繕う】(他五)粉饰,掩饰。△欠点(けってん)を～/文过饰非。△巧(たく)みに自分(じぶん)の欠点(けってん)を～/巧妙地掩饰自己的缺点。

いいつけ⓪【言(い)付け】①(上对下)命令,吩咐。△～を守(まも)る/遵从吩咐。②背后嘀咕人,告密。

いいつ・ける④【言(い)付ける】(他下一)①命令,吩咐。△部屋(へや)の掃除(そうじ)を～/吩咐打扫屋子。②告发,告密。△先生(せんせい)に～/向老师告状。

いいつたえ⓪【言(い)伝え】(古代)传说,口头相传。△昔(むかし)からの～/自古以来的传说。

いいなお・す④【言(い)直す】(他五)重说,改口说。△もう一度(いちど)言い直してごらん/请再重说一次。

いいなり⓪【言いなり】唯命是从,没有主见。△～放題(ほうだい)/顺从,唯命是从。△親(おや)の～になる/对父母言听计从。

いいのこ・す④【言(い)残す】(他五)①留话。△何(なに)も言い残さずに出(で)かけた/什么话都没留就走了。△それは山本先生(やまもとせんせい)が言い残したことばです/这是山本先生留下的话。②没说完。△言い残したことはこのつぎのときに話(はな)す/没说完的事下次再说。△うっかりして用件(ようけん)を言い残した/一大意把事情忘说了。

いいは・る③【言(い)張る】(他五)固执己见,坚持说。

イーピーばん⓪【EP 盤】[←extended playing](每分钟45转的)小型密纹唱片。

いいひらき⓪【言(い)開(き)】(名・自サ)辩解,辩白,分辩。△～をする/辩解。

いいふく・める⑤【言(い)含める】(他下一)详细说给(某人)听,劝

说。△若者(わかもの)には、事情(じじょう)をよく言い含めて帰(かえ)ってもらった/向年轻人详细说明情况后让他回去了。

いいぶん⓪① 【言(い)分】①主张，意见。△今度(こんど)は君(きみ)の～を聞(き)こう/这次听听你的主张。②牢骚，不满。△～があっても我慢(がまん)したまえ/即便有话要说也忍耐一下吧。

いいまわし⓪ 【言(い)回し】措词，说法，表达方法。△～がまずい/措词欠妥。△～のうまい人(ひと)/很会说话的人。

イーメール③ [E-mail]电子邮件。

いいよど・む④ 【言いよどむ】〔言い淀む〕(他五)欲言又止，吞吞吐吐。△しばらく言いよどんでから話(はな)し出(だ)した/吞吐了半天才说出来。△相手(あいて)の勢(いきお)いにおされて～/慑于对方的威势说话吞吞吐吐。

いいわけ⓪ 【言(い)訳】(名・自サ)①申辩，辩解。△～ばかりしているなんて、男(おとこ)らしくないやつだ/一味辩解，真不像个男子汉。②(也作"言(い)分(け)")语言的使用，语言的运用。

いいん① 【医院】(私人开的)诊所。

いいん① 【委員】委员。△～会(かい)/委员会。△～長(ちょう)/委员长。△執行(しっこう)～/执行委员，执委。

い・う②⓪ 【言う】〔云う・謂う〕 I (他五)①说，告诉，讲。△彼(かれ)の～ことはわかっている/(我)

懂得他的意思。②称，叫。△その山(やま)を富士山(ふじさん)と～/那山叫富士山。③(用"いわれる"的形式)一般认为，被称为。△天下第一(てんかだいいち)といわれる/被称为天下第一。④据说，传说，听说。△ここは第二次世界大戦(だいにじせかいたいせん)の戦場(せんじょう)だと～/据说这儿是第二次世界大战的战场。Ⅱ(自五)(不写汉字)响，叫。△戸(と)ががたがたと～/门咯嗒咯嗒地响。△犬(いぬ)がわんわんと～/狗汪汪叫。Ⅲ(用"という"的形式)①这个，这种，称谓(根据情况可不译出)。△人民中国(じんみんちゅうごく)と～雑誌(ざっし)を買(か)った/买了一本(叫作)《人民中国》(的)杂志。②("という"用在同一体言之间表示)所有，全部。△山(やま)と～山に登(のぼ)った/登了所有的山。③(接在数词下)达到…，…之多。△何千人(なんぜんにん)と～人(ひと)が集(あつま)った/聚集了数千人之多。

いえ② 【家】①房，屋。②家。③家庭。△～を持(も)つ/成家。④家世，门第，宅第。△～をつぐ/继承家业。

いえがら⓪ 【家柄】①门第，家世。△～がよい/门第高。②名门，大家。△～の生(う)まれ/名门出身。

イエス② [yes](感)是，对。

イエス・マン② [yes man]无主见

的人，应声虫。

いえで⓪【家出】(名・自サ)(由家中)出走，出奔。△親(おや)は、～した娘(むすめ)の行方(ゆくえ)を八方手(はっぽうて)を尽(つく)して探(さが)した/父母想方设法寻找离家出走的女儿。

いえども〔雖も〕(接助)虽然，即便…也…。△当(あ)たらずと～遠(とお)からず/虽不中亦不远矣。

いえなみ⓪【家並み】①房屋的排列。△～がそろっている/房屋排列整齐。②家家户户。△～に国旗(こっき)を出(だ)す/家家户户挂国旗。

い・える②〔癒える〕(自下一)〈文〉痊愈，病好。△心(こころ)の傷(きず)が～/心灵的创伤愈合。

イオン①[希 ion]离子。△～化(か)/电离(作用)。

イオンこうかんじゅし⑧【イオン交換樹脂】[希 ion—]离子交换树脂。

いおんびん②【い音便】(语法)い音便。

いか①【以下】①以下。△～同様(どうよう)/下同。②后面，以后。△～実例(じつれい)は～に示(しめ)す/实例在后面表示。

いか⓪〔烏賊〕乌贼，墨斗鱼。

-いがい【以外】(接尾)除…之外。△君(きみ)～にだれができるか/除你以外还有谁会?△こうなったら、思(おも)い切(き)ってやる～はないでしょう。/这样的话，恐怕只有下决心干了。

いがい⓪①【意外】(形动)意外，想不到。△～な出来事(できごと)/意外事件。

	～な売れ行き	～に(と)強い相手	～な出会い	事のさに驚く	いいかと思ったが～悪かった
意外	○	○	○	○	×
案外	○	○	×	×	○

いかが②〔如何〕(副・形动)①(想法、心情、身体状況等)如何，怎么样。△ごきげんは～ですか/您好吗?②(劝诱)如何，怎样。△お一(ひと)つ～ですか/来(吃)一个怎么样?

いがく①【医学】医学。

いか・す②【生かす】〔活かす〕(他五)①弄活，使之复活。△おぼれて死(し)にかけている人(ひと)に人工呼吸(じんこうこきゅう)で生かした/用人工呼吸的方法救活了溺水的人。②放生，养活，使生存。△漁師(りょうし)は釣(つ)った魚(さかな)を生かしておいた/渔民把钓的鱼养起来。③有效利用,充分发挥。△余暇(よか)を～/有效利用余暇。△才能(さいのう)を～/充分发挥才能。

いかなる②〔如何なる〕(连体)怎样的，什么样的，任何的。△～困難(こんなん)も恐(おそ)れない/任何困难都不怕。△～結果(けっか)になろうとも驚(おどろ)かない/不管结果怎样，都不感到吃惊。

いかに②〔如何に〕(副)①如何，怎样。△～すべきか/应如何做呢?②(后多与"…ても""…とも"等呼应)怎么。△～忠告(ちゅ

うこく)しても/无论怎样忠告也…。

いかにも② 【如何にも】(副)①真，实在，非常。△～うれしそうな顔(かお)/非常高兴的样子。△～真相(しんそう)を知っていそうな口(くち)ぶりだ/听口气好像完全知道真相。△～残念(ざんねん)だ/实在遗憾。②的确，果然。△～おっしゃるとおりです/的确如您所说。③(用"～して"的形式，或下接否定)无论如何，怎么也。△～して成(な)しとげたい/无论如何也要完成。△東国北国(とうごくほっこく)のいくさ～しずまらず/东国北国战火无以平息。

いがみあ・う④ 【いがみ合う】〔啀み合う〕(自五)互相仇视，反目，互相争斗。△味方同士(みかたどうし)で～のは、敵(てき)をますます有利(ゆうり)にするだけだ/伙伴之间互相争斗，只会使敌人越来越有利。

いかめし・い 〔厳めしい〕(形)①严肃，庄严。②威严，森严。△～態度(たいど)/威严的态度。

いかり⓪ 〔錨〕①锚。②锚状钩。

いかり③⓪ 【怒(り)】生气，愤怒，发火。△～をおさえる/压住火儿。◇～心頭(しんとう)に発(はっ)する/怒从心头起。

いか・る② 【怒る】(自五)①〈文〉怒，生气。②(不写汉字)；生硬，有棱角。△肩(かた)が～/耸肩。⇨おこる 表

いかん⓪ 【遺憾】(形动)遗憾。△まことに～であります/实在遗憾。△～の意(い)を表(ひょう)する/表示遗憾。

いかん② 〔如何〕Ⅰ(副)〈文〉怎样，如何。△結果(けっか)の～を問(と)わず/不问结果如何。Ⅱ(名)(发展趋势)如何。△情勢(じょうせい)～によっては/根据形势(如何)，…。

いき① 【息】①呼吸。△～をする/呼吸。②(呼吸的)气，气息。△～を吐(は)く/吐气。③〈俗〉蒸气。◇～が合(あ)う/意气相投。◇～がかかる/受(权势者的)影响，在…庇护下。◇～を殺(ころ)す/屏息。◇～が切(き)れる/气喘。◇～が絶(た)える/断气。

いき⓪ 【粋】(形动)①漂亮，潇洒，风流。△～な姿(すがた)/潇洒的姿态。②时髦。③通晓人情世故。

いき⓪ 【行き】(也作ゆき)①去的时候。△～は飛行機(ひこうき)にする/去的时候坐飞机。②(交通工具)开往。△東京(とうきょう)～/开往东京。

いき① 【意気】意气，气概，气势。△～衝天(しょうてん)/气势冲天。

いき 【生き】Ⅰ②⓪(名)①生，活。△～死(し)にをともにする/生死与共。②(鱼等)新鲜，(人)有生气，有精神。△～のいい魚(さかな)/新鲜的鱼。△～のいい若者(わかもの)/朝气蓬勃的年轻人。③(围棋)活。④保留(校正时恢复删掉的字，写作"イキ")。Ⅱ(接

头)活。△～証人(しょうにん)/活证人。△～字引(じびき)/活字典。

いぎ① 【異義】异义。△同音(どうおん)～の言葉(ことば)/同音异义的词

いぎ① 【意義】①意义，意思。△語(ご)の～を探究(たんきゅう)する/探讨词的意义。②意义，价值，重要性。△人生(じんせい)の～/人生的意义。⇨いみ表

いぎ① 【異議】异议，不同意见。△～をさしはさむ/持有不同的意见。△～を申(もう)し立(た)てる/提出异议。

いきいき③ 【生き生き】〔活き活き〕(副・自サ)生动，活生生，生气勃勃。△～(と)した顔(かお)/生气勃勃的面孔。△～とした絵(え)/栩栩如生的画。

いきうつし⓪ 【生(き)写(し)】酷似，十分像，一模一样。△母(はは)に～といわれる/都说很像妈妈。

いきおい③ 【勢(い)】(名・副)①势，气势，势头。②形势，趋势。△～に乗(の)る/乘势。③势必，自然而然。△～そうなる/势必如此。

いきがい⓪③ 【生きがい】〔生(き)甲斐〕①生的意义,生活的意义。②活得起劲。

いきかえ・る③⑤⓪ 【生(き)返る】(自五)复活，苏醒。

いきかた④③ 【生(き)方】生活态度，生活方式。

いきき②③ 【行き来】(也作"ゆき き")(名・自サ)①往返，往来。②交往，来往。

いきごみ⓪③④ 【意気込(み)】振奋的心情，热情。

いきご・む③ 【意気込む】(自五)振奋，干劲十足，精神百倍。

いきさつ⓪ 〔経緯〕①(事情的)经过，原委，来龙去脉。△事件(じけん)の～を、わかりやすく説明(せつめい)してください/请你简要通俗地说明一下事件的经过。②复杂的情况。△二人(ふたり)の間(あいだ)にはいろいろな～がある/两人之间关系复杂。⇨けいか表

いきすぎ⓪ 【行き過ぎ】(也作"ゆきすぎ")过头，过火。

いきちがい⓪ 【行(き)違い】(也作"ゆきちがい")①走岔，错过。②(关系、意见等)弄错，产生龃龉，失和。△話(はなし)の～/话不投机。

いきちが・う④ 【行き違う】(也作"ゆきちがう")(自五)①(互访)未见到面，相左。②不投机，搞错。△ときどき、話(はなし)の～ことがある/常常话不投机。

いきづかい③ 【息遣(い)】呼吸，气息。△～が荒(あら)い/呼吸急促。

いきつぎ③⓪ 【息継(ぎ)】(名・自サ)①(唱歌等)换气。②(工作中途)喘口气，小憩。

いきづ・く③ 【息づく】〔息衝く〕(自五)①喘，出大气。②叹气。③生息，活着。△ひっそりと～/

平静地活着。

いきづま・る④【息詰(ま)る】(自五)①呼吸困难,出不来气。②紧张。△～ような熱戦(ねっせん)/令人异常紧张的激烈比赛。

いきどお・る③【憤る】(自五)气愤,愤怒,愤慨。⇨おこる表

いきとど・く④【行き届く】(也作"ゆきとどく")(自五)周到,周密。△世話(せわ)が～/照料得非常周到。

いきどまり⓪【行(き)止(ま)り】(也作"ゆきどまり")走到尽头,终点,到头。

いきなり⓪(副)突然,冷不防。△～なぐられた/冷不防挨了人打。

いきぬき③④⓪【息抜(き)】①休息,歇口气。△～に散歩(さんぽ)する/散散步歇口气。②通风口,换气窗。

いきま・く③【息巻く】(自五)慷慨激昂,气势汹汹。

いきもの③②【生き物】①生物,动物。②活的东西,有生命力的东西。△言葉(ことば)は～だ/语言是有生命力的。

いぎょう⓪【偉業】伟业,丰功伟绩。△～を成(な)し遂(と)げる/完成伟大事业。

いぎょう⓪【遺業】前人留下的事业,遗业。△～を継(つ)ぐ/继承前人的事业。

いきようよう①【意気揚揚】(形动タルト)意气扬扬,得意扬扬。△～と引(ひ)きあげてくる/得意扬扬而归。

い・きる②【生きる】〔活きる〕(自上一)①活,生存,具有生命。△亀(かめ)は100年(ねん)ぐらい～/龟可活100年左右。②生活。△～ための仕事(しごと)/为了生计的工作。③埋头于,沉湎于。△夫(おっと)は学問(がくもん)に生きている/丈夫埋头于学问。④有生气,生动。△映像(えいぞう)が生きている/画面很生动。⑤有效,起作用。△この規則(きそく)はまだ生きている/这个规章还有效。⑥(用"生きた"的形式做定语)活生生的。活的。△生きた手本(てほん)/活的榜样。

いきれ③闷热,热气。△草(くさ)～/闷热的草丛。△窓(まど)をあけて部屋(へや)の～を抜(ぬ)く/开窗放室内的热气。

いきわた・る④【行き渡る】(也作"ゆきわたる")(自五)普及,遍布。

いく-【幾】(接头)①几,多少。△～キロ/几公斤。△～人(にん)/多少人。②许多,好几。△～山川(やまかわ)/许多山河。△～千(せん)/好几千。

い・くⅠ②⓪【行く】〔往く〕("ゆく"的口语形式)(自五)①去。△学校(がっこう)に～/去学校。②行,走。△道(みち)を～人(ひと)/走路的人。③通向,达到。△山頂(さんちょう)へ～/通向山顶。④过去,逝去,流逝。△春(はる)が～/春天过去。⑤进行,进展。△うまく～/进展顺利。

Ⅱ【いく】(补动五)(用"动词连用形+て～"的形式)①继续,进行。△暮(く)らして～/生活下去。②逐渐变化。△成長(せいちょう)して～/生长起来。

いくえ① 【幾重】①许多层,重重。②几层。△花(はな)びらは～になっていますか/花瓣有几层?

いくさ③ 【戦】〔軍〕战争,战斗。⇨たたかい表

いくじ① 【育児】(名・自サ)育儿。

いくじ① 〔意気地〕魄力,志气,好胜心。

いくせい⓪ 【育成】(名・他サ)培养,培育。△人材(じんざい)の～/人材的培养。△後継者(こうけいしゃ)を～する/培养接班人。

	人材の～	後継者の～	自立心の～	体力の～	事業の～	苗の～
育成	○	○	×	○	○	○
養成	○	○	○	×	×	×

いくた① 【幾多】(副)许多,无数。△～の書物(しょもつ)/许多的书籍。△開拓民(かいたくみん)たちは、～の困難(こんなん)をのりこえて、荒(あ)れ地(ち)を豊(ゆた)かな緑(みどり)に変(か)えていった/垦荒的人们克服了无数的困难,把荒地变成了富饶的绿洲。

いくたび① 【幾度】①多少次。②好多次,许多回。△～試(こころ)みる/多次尝试。

いくつ① 【幾つ】①几个,多少个。②几岁。△お年(とし)はお～ですか/您多大岁数了。

いくど① 【幾度】①好几次,好多次。△～もくり返(かえ)す/多次反复。②多少次。

いくどうおん①-⓪ 【異口同音】异口同声。△～にほめそやす/异口同声地称赞。△～に反対(はんたい)した/异口同声地反对。

いくにち① 【幾日】Ⅰ(名・副)多少天,几天。△～待(ま)ったか/等了几天? Ⅱ(名)①许多天。△～も待(ま)った/等了好多天。②哪一天,几号。△三月(さんがつ)の～だったかな/是三月几号来着。

いくぶん⓪ Ⅰ【幾分】(名)(下接助词"か")一部分。△所有地(しょゆうち)の～かを売(う)る/出售一部分所拥有的土地。Ⅱ【いくぶん】(副)有点儿,多少,稍微。△病気(びょうき)が～よくなる/病好了一些。

いくら① 【幾ら】〔幾等〕(名・副)①多少。△全部(ぜんぶ)で～ですか/一共多少钱? △おかねは～でも出(だ)す/钱多少我都出。②(大概的数量)左右。△五万(ごまん)～で買(か)った/用五万元左右买了下来。③(与"も""ても""でも"呼应,后接否定语)怎么…也(不),一点…也(不)。△～呼(よ)んでも答(こた)えない/怎么叫也不回答。△～残品(ざんぴん)は～もない/货底一点也没有。

いくらか①③ 【幾らか】(副)少量,多少,稍微,有点儿。△～やせ

たようだね/好像有点瘦了啊。△～利益(りえき)があった/多少有些益处。

いくらなんでも⓪【幾ら何でも】(副)(表示反感)不管怎么说。△～こんな物(もの)食(く)えるかい/不管怎么说,这样的东西能吃吗!△～あんまり失敬(しっけい)だ/不管怎么说,是太没礼貌了。

いけ②【池】池,池塘。

いけな・い③【Ⅰ(形)①坏,不好,糟糕。△ほんとうに～子(こ)だ/实在是个坏孩子。②不行,不能,无希望,没指望。△もう～/已经不行了。△お酒(さけ)はまるで～んです/酒我是一点儿也喝不了。③有毛病,不舒服。△どこも～ところがない/哪儿也没有毛病。△胃(い)が～んです/胃不舒服。④(用"…てはいけない"的形式)不可以,不要,不能,不许。△川(かわ)で遊(あそ)んでは～/不要在河里玩。△そばへ寄(よ)っては～/不要靠近。△花(はな)をとっては～/不许掐花儿。⑤(用"…なければいけない"的形式)必须,应该。△税金(ぜいきん)を納(おさ)めなければ～/必须纳税。Ⅱ(感)(用终止形,表示失败或错误的场合使用)糟糕,不行。△～、またまちがえた/糟糕,又错了。

いけにえ⓪【生けにえ】〔生(け)贄〕①(供神的)牺牲,活供品。②牺牲品。△会社(かいしゃ)の取(と)り引(ひ)きの～となる/成为公司交易的牺牲品。

いけばな②【生(け)花】〔活花〕①插花,(日本的)花道。△～を習(なら)う/学习插花。②养在花瓶里的花。

い・ける②【生ける】〔活ける〕(他下一)插花,生花。△折(お)ってきた野(の)の花(はな)の一輪(いちりん)を瓶(びん)に生けておいた/把折来的一枝野花插在花瓶里。

い・ける③⓪【行ける】(口语)("いく"的可能形)(自下一)①能去,能走。②能行,能办。③(写作"いける")相当好,相当不错。△日本語(にほんご)も～/日语也相当好。④(写作"いける")能喝酒。△酒(さけ)はなかなか～/酒量很大。⑤(写作"いける")好吃,好喝。△この料理(りょうり)はなかなか～/这菜很好吃。

いけん①【意見】Ⅰ(名)意见,见解。△～を言(い)う/发表意见。Ⅱ(名・自サ)劝告,规劝。△道楽息子(どうらくむすこ)に～する/规劝放荡的儿子。

いけん⓪【違憲】违反宪法。

いげん⓪【威厳】威严。△～のある顔(かお)/一副威严的面孔。

いご①【以後】①以后,之后。△五時(ごじ)～閉店(へいてん)/五点之后商店关门。②今后,往后。

	昭和三年～	明日～の天気	去年風邪をひいて～調子が悪い	～の見せしめにする
以後	○	○	○	○
以降	○	○	×	×
以来	○	×	○	×

いご① 【囲碁】围棋。

いこい⓪ 【憩い】〈文〉休息。

いこう① 【以降】以后。⇨いご 表

いこう⓪ 【移行】(名・自サ)过渡，转移，转变。△新制度(しんせいど)に～する/过渡到新的制度。

いこう⓪ 【意向】〔意嚮〕意向，意图，打算。△先方(せんぽう)の～を打診(だしん)する/打探对方的意向。⇨いと 表

イコール② [equal]①等号。②相等，等于。

いごこち⓪ 【居心地】(在家或特定场合、岗位上的)心情，感觉。△～のよい部屋(へや)/感到很舒适的房间。

いこじ⓪ 【意固地】〔依怙地〕(名・形动)固执，顽固，别扭。△～な人(ひと)/顽固(别扭)的人。

いごん⓪ 【遺言】遗言，遗嘱。

いざ (感)〈文〉(劲头十足要干什么的时候说的)喂，唉。△～という時(とき)/发生问题的时候。△～鎌倉(かまくら)/一旦有事。紧急关头。

いさい① 【委細】详细，详情。△～承知(しょうち)/全都知道。◇～構(かま)わず/不管三七二十一。

いさい⓪ 【異彩】异彩，特色。△～を放(はな)つ/放异彩，出类拔萃。

いざい⓪ 【偉材・異材】〈文〉伟才，奇才，优秀人物。

いさかい⓪ 〔諍い〕争论，争吵，口角。△～が絶(た)えない/争论不休，口角不断。

いざかや⓪③ 【居酒屋】小酒馆。

いさぎよ・い④ 【潔い】(形)①果断，干脆。②清白，纯洁。

いざこざ⓪ 纠纷，摩擦。△家庭(かてい)の～/家庭纠纷。

いささか② 〔聊か・些(か)〕(副)略，稍微，一点儿。△～くたびれた/稍微有点儿累。

いざな・う③ 〔誘う〕(他五)〈文〉邀请，劝诱，引诱。△友(とも)を宴(えん)に～/邀友赴宴。

いさまし・い④ 【勇ましい】(形)①勇敢，勇猛。△～行動(こうどう)/勇敢的行动。②雄壮。△～行進曲(こうしんきょく)/雄壮的进行曲。

	～兵士	～戦う	～馬上の姿	～かけ声	こんな服で町を歩くとは
勇ましい	〇	-く〇	〇	〇	〇
勇りりしい	-な〇	-に〇	-な×	-な×	-だ〇×

いさ・む② 【勇む】(自五)奋勇，振作，踊跃。△いさんでことに当(あた)る/踊跃从事。

いさ・める③ 〔諫める〕(他下一)(主要对上)规谏，劝告，忠告。△主君(しゅくん)を～/劝谏君主。△友(とも)の非(ひ)を～/指出朋友的缺点。

いさん⓪ 【遺産】(物质、文化)遗产。△文化(ぶんか)～/文化遗产。

いし② 【石】①石子，石头。②岩石。③(建筑等用的)石料。④宝石，钻石。⑤围棋子。⑥火石。⑦(内脏器官的)结石。◇～の上

（うえ）にも三年（さんねん）/ 功夫不负有心人。⑧〈转〉铁石（比喻冷酷，无情）。△～のように冷（つめ）たい人（ひと）/ 冷酷无情的人。

いし① 【医師】医生，大夫。

いし① 【意志・意思】（名・自サ）①意志。△～が強（つよ）い / 意志坚强。②意向。

いじ① 【維持】（名・他サ）维持。△現状（げんじょう）～ / 维持现状。

	～に努める	～がきく	健康を～する	高温を～する	食糧を～する	機密を～する
維持	○	×	○	○	×	×
保持	○	×	○	△	×	○
保存	○	○	×	×	○	○

いじ② 【意地】①心术，用心。△～が悪（わる）い / 用心不良，心术不正。②固执，倔强，意气用事。△～を張（は）る / 固执己见。

イジェクト [eject]①弹出，弹射。②（计算机）取出磁盘（记忆装置）。△～ボタン/弹出按钮。

いしがき⓪ 【石垣】石垣，石墙。

いしき① 【意識】Ⅰ（名）①意识，知觉。△～不明（ふめい）/ 昏迷不醒。△～を失（うしな）う / 失去知觉，昏迷。②觉悟。△～の高（たか）い人（ひと）/ 觉悟高的人。△～を高（たか）める / 提高觉悟。Ⅱ（名・他サ）惦念，挂在心上。△優勝（ゆうしょう）を～する/惦记着优胜的事。

いしずえ⓪③ 【礎】①柱脚石，基石。②基础。△国（くに）の～ / 国家的柱石。

いしつ⓪ 【異質】（名・形动）不同性质。△～の文化（ぶんか）/ 不同性质的文化。

いしつ⓪ 【遺失】（名・他サ）遗失，失落。△～物（ぶつ）/ 失物。

いじめ⓪ 〔苛め〕欺负，欺侮，虐待。

いじ・める④⓪ 〔苛める〕（他下一）①欺负，虐待。△小（ちい）さい子（こ）を～な / 不要欺负小孩。△動物（どうぶつ）をいじめてはいけない/不要虐待动物。②糟踏，毁坏。△並木（なみき）を～な / 不要损坏街道树。

いしゃ⓪ 【医者】医生，大夫。

いじゅう⓪ 【移住】（名・自サ）移住，移居。△～民（みん）/ 移民。

いしゅく⓪① 【萎縮】（名・自サ）发蔫，萎缩。△葉（は）が～する / 叶子打蔫了。

いしょう① 【衣装】〔衣裳〕①衣服，服装。△～道楽（どうらく）/ 讲究穿着，以讲究穿衣为乐。②（特指）戏装。

いしょう⓪① 【意匠】①匠心，构思。△～を凝（こ）らす / 苦心构思，精心设计。②图案，图样。

いじょう 【以上】Ⅰ①（名）①上述，上面。△～の通（とお）り / 如上。②完，终。△～で終（お）わります / 到此完了。③（接助动词"た"的连体形下，做接续助词用）既然…就…。△約束（やくそく）した～必（かなら）ず守（まも）る / 既然约定了就必须遵守。Ⅱ（接尾）①（数量、程度）…以上。△六十歳（ろくじっさい）～の人（ひと）/60 岁以上

的人。△五千円(ごせんえん)〜の寄付(きふ)/5000日元以上的捐赠。②(级别、身份等)…以上。△課長(かちょう)〜集合(しゅうごう)/科长以上集合。

いじょう⓪【異状】异常情况，变化。△検査(けんさ)の結果(けっか)〜なし/检查的结果，没有异常。

いじょう⓪【異常】(名・形動)异常，反常。△精神(せいしん)〜/精神异常。△〜な気温(きおん)/反常的气温。

いしょく⓪【衣食】①衣食，吃穿。△〜住(じゅう)/衣食住。②生计，生活。△〜足(た)って礼節(れいせつ)を知(し)る/衣食足则知荣辱。

いしょく⓪【委嘱・依嘱】(名・他サ)委托。△〜をうける/受委托。

いしょく⓪【異色】①不同的颜色。②特色。△〜の作品(さくひん)/有特色的作品。

いしょく⓪【移植】①(植物)移植，移种，移栽。②(医学)移植。△〜手術(しゅじゅつ)/移植手术。

いしょくじゅう③②【衣食住】衣食住，生计。

いじらし・い④(形)①天真无邪，可爱。②令人同情，令人感动。△母(はは)を思(おも)う少女(しょうじょ)の心(こころ)が〜/思念母亲的少女之心令人感动。

いじ・る②〔弄る〕(他五)①玩弄，摆弄。②玩赏。△土(つち)を〜の

が趣味(しゅみ)だ/兴趣是摆弄花草。③(借口、借故)修改，变更(规章、制度)。

	パイプを〜	機械を〜	庭を〜	火を〜	俳句を〜	策略を〜
いじる	○	○	○	○	×	×
ひねくる	○	×	×	×	○	○
もてあそぶ	○	×	×	○	△	△

いじわる③②【意地悪】(名・形動)心术不良，心眼儿坏(的人)

いしん①【維新】①维新。②(狭义指)明治维新。

いしん①【威信】威信。△〜を高(たか)める/提高威信。

いじん⓪【偉人】伟人，伟大人物。△〜伝(でん)/伟人传。

いしんでんしん①-⓪【以心伝心】以心传心，心领神会。

いす⓪〔椅子〕①椅子。△長(なが)〜/长椅。②〈转〉地位，交椅。

いずみ⓪【泉】①泉，泉水。②源泉。△知恵(ちえ)の〜/智慧的源泉。

イズム①[ism]主义，学说，主张。

イスラムきょう⓪【イスラム教】[Islam—]伊斯兰教。

いずれ⓪〔何れ〕Ⅰ(代)哪个。△〜もよい品(しな)/哪个都是好东西。Ⅱ(副)①反正，早晚，归根到底。△〜罪(つみ)は免(まぬが)れない/总之罪责难逃。②不久，改日。△〜伺(うかが)います/改日登门拜访。

いすわ・る③【居座る・居据わる】〔居坐る〕(自五)①(在别人家等场合)坐着不走，赖着不走。△押(お)し売(う)りが玄関(げんかん)に〜/小贩赖在门口不走。②(地

位、行情)不変动。△委員長(いいんちょう)に～/蝉联委员长。

いせい⓪【威勢】①威势，威力。△～を揮(ふる)う/逞威。△～を示(しめ)す/示威。②朝气，精神，勇气，劲头儿。△～のいい男(おとこ)/有朝气的男子。

いせい⓪【異性】①不同性质。②异性。

いせき⓪【遺跡】〔遺蹟〕遗迹，遗址。

いせつ⓪【異説】不同的说法。△～を唱(とな)える/提出异议。

いぜん①【以前】Ⅰ(名)①以前。△五時(ごじ)～に起床(きしょう)した/五点以前起了床。②从前，过去。Ⅱ(接尾)①…之前。△十月一日(じゅうがつついたち)～/10月1日以前。②在…范围内。△常識(じょうしき)～のことだ/是常识性的事儿。

いぜん①【依然】(形動タルト)依然，仍旧，照旧。△旧態(きゅうたい)～たる生活(せいかつ)/依然如故的生活。

いそいそ①(副・自サ)高高兴兴地，兴冲冲地。△～(と)出掛(でか)けていく/兴冲冲地出发。△朝(あさ)から～して支度(したく)にとりかかった/一大早就高高兴兴地做起准备工作来。

いそう⓪【移送】(名・他サ)转送，移送，移交。

いそがし・い④【忙しい】(形)①忙，忙碌。②急急忙忙。△～性分(しょうぶん)の人(ひと)だ/是个急性子的人。

いそ・ぐ②【急ぐ】(自五)①急，急忙。△政府(せいふ)は規則改正(きそくかいせい)を急いだ/政府加紧修订法规。②着急。△早(はや)く行(い)かねばと、恵子(けいこ)の心(こころ)は急いだ/若不快去怎么行,惠子心里着急地想。③赶路。△道(みち)を～/赶路。△学校(がっこう)に～/赶到学校。

いそし・む③〔勤(し)む〕(自五)〈文〉勤奋，尽力。△勉学(べんがく)に～/勤奋学习。△仕事(しごと)に～/努力工作。

いぞん⓪【依存】(名・自サ)依存,依靠,依赖。△石油(せきゆ)は輸入(ゆにゅう)に～している/石油依赖进口。

いた①【板】①板,木板,石板,金属板。②厨师("いたまえ"之略)。△～さん/厨师。③舞台。◇～につく/ⅰ)合适,服贴,贴切,妥贴。ⅱ)(工作等做得)熟练。

いたい⓪【遺体】遗体,尸体。

いた・い②【痛い】(形)①(生理)痛,疼。△頭(あたま)が～/头痛。②(精神)痛苦。△彼(かれ)を失(うしな)うのは～/失去他是痛苦的。③(感觉)难受。△耳(みみ)が～/刺耳。

いだい⓪【偉大】(形動)伟大。△～な功績(こうせき)/伟大的功绩。

いたいけ⓪③〔幼気〕(形動)(年幼)天真,可爱,可怜。△～な少女(しょうじょ)/可爱的少女。

いたく⓪【委託】(名・他サ)①委

托，托付。②信托，寄售，代销。△～販売(はんばい)/代销。

いだ・く② 【抱く】〔懐く〕(他五)〈文〉①抱，搂。②怀有，怀抱。△疑(うたが)いを～/怀疑。⇨かかえる表

いたけだか⓪③ 【居丈高】〔威猛高〕(形动)盛气凌人，气势汹汹。△～になる/盛气凌人。△～な勢(いきお)い/气势汹汹。

いたしかゆし①-①-④ 【痛しかゆし】〔痛し痒し〕左右为难，进退维谷，棘手。△会員(かいいん)が増(ふ)え過(す)ぎるのも～だ/会员增之过多也麻烦。

いた・す② 【致す】(他五)①引起，招致。△死(し)に～/致死。②带来，造成。△隆盛(りゅうせい)を致した原因(げんいん)/带来繁荣的原因。③尽。△力(ちから)を国(くに)に～/为国尽力。④"する"的谦恭说法。△さっそく先生(せんせい)に電話(でんわ)をいたします/马上给老师打电话。⑤用做补助动词，多用"お(ご)～いたします"的形式，为"する"的自谦说法。△あしたお渡(わた)しいたしましょう/明天交给您吧!

いたずら⓪ 〔悪戯〕(名·形动·自サ)①淘气，调皮，恶作剧。②摆弄，消遣。△～半分(はんぶん)でピアノを習(なら)い始(はじ)める/半消遣地开始学弹钢琴。

いたずらに⓪ 〔徒に〕(副)徒，空，白白地，无益地。△～時(とき)を過(す)ごす/虚度光阴。

いただき⓪ 【頂】上部，顶部。△～に白(しろ)いものがまじる/头上有了白发。

いただ・く Ⅰ④⓪ 【頂く】〔戴く〕(他五)①顶在头上，戴。△雪(ゆき)を～富士(ふじ)/山顶积雪的富士山。②拥戴，推举。△A氏(し)を会長(かいちょう)に～/推举A先生当会长。③("もらう"的自谦语)领，领受，蒙赐。△おほめの言葉(ことば)を～/得到赞扬。④("くう""のむ"的自谦语)吃，喝。△それでは頂きます/那么(我)就不客气了。Ⅱ【いただく】(补动五)(用"…ていただく"的形式，为"…てもらう"的恭敬说法)请，给，请…给…。△聞(き)かせていただきます/请您说给我听。△書(か)きあげてから、先生(せんせい)に一度(いちど)見(み)ていただいたほうがいいと思(おも)います/我想写完之后，最好请老师给看一下。

いたたまらな・い⑤⓪⓪ 〔居た堪らない〕→いたたまれない。

いたたまれな・い⑥⓪⓪ 〔居た堪れない〕(也作"いたたまらない")(形)呆不下去，无地自容。△暑(あつ)くて～/热得呆不住。△はずかしくて～/羞得无地自容。

いたって②⓪ 【至って】(副)很，极，最，非常。△～元気(げんき)な老人(ろうじん)/非常健康的老人。

いたで⓪ 【痛手·傷手】①重伤，重创。△～を負(お)う/负重伤。

②(严重的)损害,损失,打击。⇨だげき表

いたまし・い④【痛ましい】(形)①可怜,凄惨,目不忍睹。△～事故(じこ)/目不忍睹的事故。②痛苦,苦恼。

いたみ③【痛み】①(身体)疼痛。②(精神)痛苦,悲伤,烦恼。

いたみい・る④②【痛み入る】(自五)不好意思,于心不安,过意不去。△ご丁寧(ていねい)なごあいさついたみいります/您那么恭敬的问候,非常过意不去。

いた・む②【痛む】(自五)①疼,痛。△傷口(きずぐち)が～/伤口疼。②(内心)痛苦,悲痛,苦恼。△心(こころ)が～/痛心。

いた・む②【傷む】(自五)①(物品)破损,损坏。△家(いえ)は台風(たいふう)で大分(だいぶ)傷んだ/房屋因台风而大部分损坏了。②(食物)腐烂。△バナナが～/香蕉烂了。

いた・む②【悼む】(他五)悼,悲伤。△友人(ゆうじん)の死(し)を～/悼友人之死。

いた・める③【痛める】(他下一)①使疼痛。△仕事(しごと)のし過(す)ぎで体(からだ)を～/因工作过度,损坏了身体。②使(精神上)受痛苦,令人伤心。△心(こころ)を～/伤心。

いた・める③【傷める】(他下一)伤,损坏,损伤。△部品(ぶひん)を～/损坏零件。△弘(ひろし)は引越(ひっこ)しで腰(こし)を傷めた/弘君搬家伤了腰。

いた・める③〔炒める〕(他下一)(烹饪)炒,煎。△野菜(やさい)を～/炒菜。

いた・る②【至る】〔到る〕(自五)①至,到。②达,及,到达。③到来,来临。④达到。△完成(かんせい)に～までの苦労(くろう)/完成之前的辛劳。

いたるところ②⑥【至る所】〔至る処・到る所〕(名・副)到处,各处,处处。

いたれりつくせり③-③【至れり尽(く)せり】尽善尽美,无微不至。△～の看護(かんご)/无微不至的护理。

いたわし・い④〔労しい〕(形)①可怜。②悲惨。

いたわ・る③〔労る〕(他五)①怜恤,照顾,爱护。△病身(びょうしん)を～/照顾体弱多病的人。②慰劳,安慰。△老母(ろうぼ)を～/安慰老母。⇨なぐさめる表

いたん⓪【異端】异端,邪说。△～者(しゃ)/异己分子。△～の説(せつ)をとなえる/提倡邪说。

いち②【一】(数)①一。②第一。③(许多中的)一个。△二分(にぶん)の～/二分之一。◇～か八(ばち)か/听天由命,碰运气。◇～も二(に)もなく/立即,马上。

いち①【市】①集市,市场。②市街,街道。

いち①【位置】Ⅰ(名)①位置。△～

を決(き)める/定位置。②职位。△得(とく)な～を占(し)める/占据有利的职位。Ⅱ(名・自サ)位于。△東京(とうきょう)の北東(ほくとう)に～する/位于东京的东北。

いちいち② 【一一】(名・副)①一一,逐一。②全部,详细。

いちいん⓪② 【一員】一员,一分子。

いちおう⓪ 【一応】〔一往〕(副)①(大致地做)一次,一下。②首先,姑且。△～相談(そうだん)してみる/姑且商谈试试。

いちがいに② 【一概に】(副)(下多接否定)笼统地,一概。△～言(い)えない/不能一概而论。

いちがつ④ 【一月】一月。

いちぐう⓪② 【一隅】一角,一隅。△庭(にわ)の～に梅(うめ)の古木(こぼく)が植(う)わっている/在庭院的一角栽着一棵老梅花树。

いちぐん⓪ 【一群】一群。△～の人(ひと)/一群人。

いちご⓪① 〔苺・莓〕草莓。△～チョコ/草莓巧克力。

いちごんはんく⑤ 【一言半句】只言片语。△～のぐちもこぼさない/没有一句牢骚话。

いちざ② 【一座】Ⅰ(名)①全体在座的人。②(一个)剧团。△～の花形(はながた)/全剧团的名演员。Ⅱ(名・自サ)同座,同席。

いちじ② 【一時】①暂时,一时。△～帰休(ききゅう)/暂时休假。②某时,当时。△～の間(ま)にあわせ/临时凑合。

(一時)	～の辛抱	怒りが～に爆発した	もう～も待てない	～はやった言葉	静かな～を過ごす
いちじ	○	○	×	○	×
いっとき	○	×	○	○	×
ひととき	○	×	×	×	○

いちじつ④⓪ 【一日】①一日,一天。②某日。△早秋(そうしゅう)の～/早秋的某日。◇～の長(ちょう)/略胜一筹。

いちじつせんしゅう⓪ 【一日千秋】一日千秋。△～の思(おも)い/度日如年似地。

いちじに② 【一時に】(副)同时,一下子。△～入(はい)って来(き)てはいけません/别一下子都进来。

いちじるし・い⑤ 【著しい】(形)显著,明显。△進歩(しんぽ)の跡(あと)が～/进步的迹象明显。

いちず② 【一図】〔一途〕(形动)专心,一心一意,一味地。△～に思(おも)いつめる/一味地钻牛角尖。

いちだん② 【一段】Ⅰ(名)①(文章、故事)一段,一段落,一节。②一个台阶,一蹬。Ⅱ(副)更加,越发。△～と美(うつく)しい/越发美丽。

いちだんらく③ 【一段落】(名・自サ)一段落。△仕事(しごと)が～する/工作告一段落。

いちど③ 【一度】(名・副)一次,一回。△～見(み)たい/想看一次。△～、彼(かれ)の家(うち)を訪(たず)ねたことがある/曾经拜访过

他家一次。

	～試してみる	～こっきり	～ならず	～に疲れが出る	立ち上がるや～に押し出す
一度	○	×	○	○	×
一遍	○	○	×	○	×
一回	○	○	×	×	×

いちどう②③【一同】大家,全体。△有志(ゆうし)～/全体志愿者。△～そろって出(で)かける/大家一齐外出。

いちどう⓪②③【一堂】一堂,一处。△～に会(かい)する/会聚一堂。

いちどきに③【一時に】(副)一下子,同时,一次。△そんなにたくさんの仕事(しごと)は～は出来(でき)ない/那么多的事情无法一下子做好。△～落(お)ちてくる/同时掉下来。

いちどに③【一度に】(副)①同时。△～二(ふた)つの事(こと)は出来(でき)ない/不能同时做两件事。②一下子,立刻。△こらえた悲(かな)しみが～こみあげる/一直忍着的悲伤一下子涌上心头。

いちにち④【一日】①一天,一昼夜。②一号,初一。③某日。

いちにちじゅう⓪【一日中】整日,一整天。

いちにんまえ⓪【一人前】①一个人的份额,一份儿(饭)。②成人。△社会(しゃかい)に出(で)れば～だ/到了社会上,就算成人了。③(能力、技术等)合格,像样。△～の医者(いしゃ)/合格(像样)的医生。

いちねん②【一年】①一年。△～の計(けい)/一年之计。②元年(年号)。③第一学年,一年级。

いちねんじゅう⓪【一年中】全年,一整年。

いちば③①【市場】①集市,市场。△青物(あおもの)～/菜市场。②商场。

いちはやく③【いち速く】〔逸速く・逸早く〕(比谁都)迅速地,很快地。△～逃(に)げだした/迅速地溜走了。

いちばん【一番】Ⅰ②(名)①最初,第一。②最好,最妙。△健康(けんこう)なのが～だ/健康第一。③(歌舞、比赛等)一曲,一局,一场。Ⅱ⓪(副)①最,顶。△～速(はや)い列車(れっしゃ)/最快的列车。②试着,试试,试一试。△～やってみましょう/做一下看吧。

いちぶ②【一分】①一分(一成的1/10或一寸的1/10)。②一点儿,丝毫。△～の隙(すき)もない/一点儿漏洞(空子)都没有。

いちぶ②【一部】①一部分。②一部(书)。一册(书),一套(书)。

	建物の～が焼ける	仕事の～を手伝う	～の人の意見	東京の～に雨が降る
一部	○	○	○	○
一部分	○	○	×	×

いちぶしじゅう④【一部始終】从头到尾,自始至终,完全,全部。△～を知(し)っている/全都知道。

いちぶぶん③【一部分】(名・副)一部分。⇒いちぶ表

いちべつ⓪【一別】(名・自サ)

一別。△～以来(いらい)／分別以来。

いちまつ⓪【一抹】一点点,少量。△～の不安(ふあん)／一丝不安。

いちみ②【一味】Ⅰ(名)一味(中药)。Ⅱ(名・自サ)一党,一伙,同类,同伙,结伙。△強盗(ごうとう)の～／一伙强盗。

いちめん⓪【一面】①一面,一方面。△～ばかり強調(きょうちょう)する／只强调一个方面。②全体,一片。△～の花(はな)ざかり／(四周)一片鲜花盛开。③(报纸)第一版,头版。④一面(棋盘、砚等)。

いちめんしき③【一面識】一面之识,见过一面。△～もない人(ひと)／从没见过的人。

いちもうだじん⓪・②-⓪【一網打尽】一网打尽。

いちもく⓪②【一目】Ⅰ(名)①(围棋棋盘的)一格。②(围棋的)一个棋子,一目。Ⅱ(名・他サ)一看,看一眼。△～してわかる／一看就知。◇～置(お)く／ⅰ)让一个棋子。ⅱ)输一等,差一等。

いちもくさんに③【一目散に】(副)飞快地(跑)。△～逃(に)げていった／一溜烟地逃走了。

いちもん②【一文】①一文钱。②少量的钱。③一个字。△～不通(ふつう)／一字不识。◇～惜(お)しみの百(ひゃく)知(し)らず／因小失大。◇～なし／身无分文。

いちやく④⓪②【一躍】(副・自サ)一跃。△～有名(ゆうめい)になる／一跃成名。

いちゅう①⓪【意中】心目中,意中。△～の人(ひと)／意中人。

いちょう⓪〔銀杏・公孫樹〕银杏,公孙树,白果树。

いちょう⓪【胃腸】肠胃。

いちよう⓪【一様】(名・形动)一样,同样。

	全員を～に扱う	皆～に反対した	～千円の寄付	尋常～でない人物	千篇～
一様	○	○	×	○	×
一律	○	×	×	×	○

いちらん⓪【一覧】Ⅰ(名・他サ)一看,一览。Ⅱ(名)一览表。

いちりつ⓪【一律】(名・形动)一律,一样,同样。⇨いちよう 表

いちりゅう⓪【一流】①一个流派。②第一流,头等。△～の作家(さっか)／一流作家。③独特。△あの人(ひと)～の毒舌(どくぜつ)／他专讲的刻薄话。

いちれい⓪【一礼】(名・他サ)一礼,行一个礼。△～して奥(おく)へ引(ひ)っ込(こ)みました／行了个礼就退到内室去了。

いちれん⓪【一連】①一连串,一系列。△～の事件(じけん)／一系列事件。②一串。③(也作"一聯")诗的一节。

いちれんたくしょう⓪・②-⓪〔一蓮托生・一蓮託生〕①(佛教)一莲托生。②同甘共苦,休戚与共,同生共死。△～の身(み)／同生共死之躯。

いつ①〔何時〕(代)何时,几时,什么时候。

いつか⓪【五日】①五号,五日。

②五天。

いつか① 〔何時か〕(副)①不知什么时候,不知不觉。△～夏(なつ)が来(き)ていた / 不知不觉中夏天到了。②以前,曾经。△～お会(あ)いしましたね / (咱们)曾经见过啊。③早晚,迟早。△～よいことがある / 迟早会有好事。

いっか① 【一家】①一家,全家。②(学术、技艺的)一家,一派。△～言(げん) / 一家之言。◇～をなす / 自成一派,自成一家。

いっかい①③ 【一回】①一回,一次。②一周,一圈儿。⇨いちど 表

いっかく①④ 【一角】①一角。②一隅。③(动物)独角鱼。

いっかくせんきん① 〔一攫千金〕一攫千金,一下子发大财。△～を夢見(ゆめみ)る / 梦想一下子发大财。

いっかつ① 【一括】(名・他サ)一包在内,总括起来,一揽子。△～提案(ていあん) / 一揽子提案。

いっかん①③ 【一貫】(名・自サ)①一贯。△終始(しゅうし)～ / 始终一贯。②一贯(旧重量单位,相当于3.75公斤)。

いっかん①③ 【一環】①(链子等的)一个环节。②一环,一部分。△計画(けいかく)の～として / 作为计划的一环。

いっきいちゆう① 【一喜一憂】(名・自サ)一喜一忧。

いっきに① 【一気に】(副)一口气儿。△～やってのける / 一口气干完。△～飲(の)みほす / 一气儿喝完。

	九回を逆転する	ビールを飲み干す	坂を～駆け上る	～五十人もの死者を出した火事
一気に	○	○	○	×
一挙に	○	×	×	○

いっきょに① 【一挙に】(副)一举,一下子。△～解決(かいけつ)する / 一下子解决。⇨いっきに 表

いっきょいちどう①-① 【一挙一動】一举一动。△～に注目(ちゅうもく)する / 关注一举一动。

いっきょりょうとく① 【一挙両得】(名・自サ)一举两得。△趣味(しゅみ)でおかねもうけとは～だ / 靠兴趣赚钱是一举两得。

いつくし・む④ 【慈しむ】(他五)慈爱,怜爱,疼爱。△孫(まご)を～ / 疼爱孙子。

いっけん① 【一見】Ⅰ(名・他サ)①一见,看一遍。◇百聞(ひゃくぶん)は～に如(し)かず / 百闻不如一见。②稍微看看,一看。△～してかれのしわざだと分(わ)かる / 一看就知道是他干的(事)。③初次见面。△～旧(きゅう)の如(ごと)し / 一见如故。Ⅱ(副)猛一看,乍一看。△～学生風(がくせいふう)の若者(わかもの) / 乍一看像学生模样的年轻人。

いっこ① 【一顧】(名・他サ)一顾,一看。△～の価値(かち)もない / 不值一顾。△～しただけで通(とお)り過(す)ぎる / 只看了一眼就走过去了。

いっこう①③ 【一行】一行,同行者。

いっこう⓪【一向】(副)①(下接否定)简直(不)，一点儿也(不)。△～に来(こ)ない/总不来。△～に知(し)らない/一点儿也不知道。②全然，完全。△～平気(へいき)な顔(かお)だ/全然一付满不在乎的表情。⇨ちっとも 表

いっこく④【一刻】①一刻(日本旧时间单位，约等于现在的30分钟)。②短时间，片刻。△～を争(あらそ)う/分秒必争。

いっこく④【一刻・一国】(形动)①顽固。△～な人(ひと)/顽固的人。②(脾气)暴躁。△～者(もの)/性子火暴的人。

いつごろ⓪〔何時頃〕(名・副)什么时候，何时。△～帰国(きこく)しますか/什么时候回国？

いっさい①③【一切】Ⅰ(名)一切，全部。△～を忘(わす)れる/忘掉一切。△～衆生(しゅじょう)/一切众生。Ⅱ(副)(下接否定)全然。△～知(し)らない/全然不知。

	いやな事は～忘れた	住民の～が反対する	～の責任を負う	外へは～出ない	～この世は金次第
一切	○	×	○	○	×
すべて	○	○	○	×	○
ことごとく	○	○	×	×	×

いっさくじつ⓪④【一昨日】前天。
いっさくねん⓪【一昨年】前年。
いつしか①〔何時しか〕(副)〈文〉("いつか"的强调说法)①不知不觉。△～春(はる)になった/不知不觉到了春天。②迟早，早晚。△～分(わ)かるときが来(く)る/迟早会明白的。

いっしゃせんり①-①【一瀉千里】一泻千里。△～の勢(いきお)い/一泻千里之势。△～に書(か)きあげる/一挥而就。

いっしゅ①【一種】①一种。②某种。△かれは～の天才(てんさい)だ/他在某方面是个天才。③不同一般。△～独特(どくとく)の話(はな)し方(かた)をする/采取不同一般的独特的说法。

いっしゅう⓪【一周】(名・自サ)①一周，一圈儿。②周游。△世界(せかい)～/周游世界。

いっしゅう⓪【一週】一周，一星期。

いっしゅん⓪【一瞬】一瞬，一刹那。⇨しゅんかん 表

いっしょⅠ①【一所】(名)①一个地方，一个场所。②同一个地方。Ⅱ⓪【一緒】(副)①一同，一起，一块儿。△夫婦(ふうふ)～に来(く)る/夫妻一块儿来。△ひき肉(にく)とたまねぎを～にいためる/把肉馅和葱头放一块儿炒。②同样，一样。△これはあれと～です/这和那是一样的。△君(きみ)の意見(いけん)と～だ/我和你的意见一样。③同时。△上(のぼ)り列車(れっしゃ)と下(くだ)り列車が～に到着(とうちゃく)した/上行列车和下行列车同时到达。

いっしょう⓪【一生】(名・副)一生，终身，一辈子。△～の別(わか)れ/永别，死别。

	～を送る	～の思い出	とんぼの～	九死に～を得る	役人としての～を終えて隠退する
一生	○	○	○	○	×
生涯	○	○	×	×	○

いっしょうけんめい⑤【一生懸命】(副・形动)拼命，努力。△～に勉強(べんきょう)する／努力学习。

いっしょくそくはつ⓪【一触即発】(名・自サ)一触即发。△～の危機(きき)／一触即发的危机。

いっしょけんめい④【一所懸命】→いっしょうけんめい。

いっしん③【一心】①一心，一条心，同心。△～同体(どうたい)／同心同德。②专心。△～不乱(ふらん)／专心致志，一心一意。

いっしんいったい③・⓪、⓪-③・⓪【一進一退】(名・自サ)①一进一退。②忽好忽坏。△病情(びょうじょう)は～だ／病情时好时坏。

いっする③④【逸する】Ⅰ(自サ)①佚失，散佚。△逸して伝(つた)わらない／失传。②脱离，逸出。△常軌(じょうき)を～／脱离常轨。Ⅱ(他サ)①错失。△好機(こうき)を～／错失良机。②漏掉，忘却。

いっすん③【一寸】①一寸。②(喻)(距离等)很短，很小。△暗(くら)くて～先(さき)も見(み)えない／暗得伸手不见五指。◇～先(さき)はやみ／前途莫测。◇～の虫(むし)にも五分(ごぶ)の魂(たましい)／匹夫不可夺其志。

いっせいちだい①-②・⑤【一世一代】①一生一世，毕生。②一生一次。△～の熱演(ねつえん)／一生难得的热情表演。

いっせい⓪【一斉】(副)一齐，同时。△～射撃(しゃげき)する／一齐射击。

いっせきにちょう⓪、⓪-⓪・⑤【一石二鳥】一举两得，一箭双雕。

いっせつ④⓪【一節】(文章、诗歌的)一节。△詩(し)の～を朗読(ろうどく)する／朗诵诗的一节。

いっせつ⓪【一説】①一种说法，一种学说。②某种说法，传说。△～によれば／根据某种说法。③不同说法，另一种说法。

いっそ⓪(副)倒不如，索性，干脆，莫如，宁可。△こんなに苦(くる)しむくらいなら～死(し)んだほうがましだ／这样痛苦，倒不如死了好。

いっそう⓪【一層】(副)更，越发。△～寒(さむ)くなった／变得更冷了。

	そうしてくれれば～うれしい	～の努力を望む	ただでさえ弱いのに練習しなければ～だ
一層	○	○	×
なおさら	○	×	○

いったい⓪【一体】Ⅰ(名)①一体，同心协力。②(佛像等的)一尊，一座。③一种体裁，一种风格。△画法(がほう)の～／画法的一种。Ⅱ(副)①总体看来。△～に小麦(こむぎ)の出来(でき)がよくない／总体看来小麦收成不好。②本来。△彼(かれ)は～に明(あか)るい性格(せいかく)だった／他本来就是

个开朗的性格。③究竟，到底。△～どうしたのか／到底怎么了？

いったい⓪〔一帯〕一带，周边。

いったん⓪〔一旦〕（副）①既然。△～約束(やくそく)した以上(いじょう)は履行(りこう)しなければならぬ／既然约定了就得履行。②一次，一度，一下。△～借(か)りたがまた返(かえ)した／借过一次，又还了。③一旦，万一。△～事故(じこ)が起(お)これば／一旦发生事故。

いったん⓪③【一端】①一端，一头儿。②一部分。△研究(けんきゅう)の～を述(の)べる／讲述研究的一部分。

いっち⓪【一致】（名・自サ）一致，符合。△言行(げんこう)が～する／言行一致。

いっちょう⓪【一朝】一旦，一朝。△～にしてほろびる／一朝而灭亡。△～事(こと)あるときは／一旦有(大)事。

いっちょういっせき⓪・⓪-⓪・⑧【一朝一夕】一朝一夕。△～には習得(しゅうとく)できない／不会一朝一夕就能掌握。

いっちょういったん⓪・⓪-⓪・⑦【一長一短】一长一短。△どれも～で気(き)にいらない／哪个都有长有短，让人不满意。△人(ひと)にはそれぞれ～がある／人都有长处和短处。

いっちょくせん③【一直線】①一条直线。②照直。△～に進(すす)む／照直前进。

いつつ②【五つ】（数）①五，五个。②五岁。

いっつい⓪【一対】一对。△～の花瓶(かびん)／一对花瓶。

いってい⓪【一定】（名・自他サ）一定，固定。△方針(ほうしん)が～する／方针已定。

いつでも①③【何時でも】（副）无论何时，随时。

いってん⓪【一転】（名・自他サ）①一转，转一圈儿。△～して元(もと)にもどる／转一圈又回到原处。②一变。△心機(しんき)～／念头一转。

いってんばり⓪【一点張り】专搞一门，一味，固执。△いやだの～／死活不干。

いっとう⓪③【一等】（名・副）一等，头等，最好。

いっとき④【一時】（名・副）①一时，短时间。△～の猶予(ゆうよ)もない／毫不犹豫。②（用"～に"的形式）同时，一下子。③（过去的）某个时候。⇨いちじ表

いつになく〔何時に無く〕（副）平时没有，与平常不同。△～きびしい態度(たいど)／素常所没有的严厉态度。

いつのまにか⓪【いつの間にか】〔何時の間にか〕（副）不知何时，不知不觉。△雨(あめ)は～やんでいた／不知什么时候雨停了。

いっぱい⓪【一杯】Ⅰ（名）①一杯。△コップ～の水(みず)／一杯水。②一杯酒。△会社(かいしゃ)

の帰(かえ)りに～やる / 下班后喝一杯。③(船的)一艘，一只。△～の舟(ふね)を借(か)りる / 借一只船。④(螃蟹等)一只。Ⅱ(副)①满满地。△花(はな)が～咲(さ)く / 鲜花盛开。②(直接接名词下，表示最大限度)全部，整个。△力(ちから)～がんばる/全力以赴，坚持到底。◇～食(く)わす / 骗人。

	仕事が～ある	～やが本で～になる	～の友人が～できる	目に～涙をた～める	お小言はもう～だ
いっぱい	○	○	×	○	×
たくさん					

いっぱい⓪【一敗】(名・自サ)败一次，输一次。△～地(ち)に塗(まみ)れる / 一败涂地。△二勝(にしょう)～ / 二胜一负。

いっぱし〔一端〕(名・副)①不逊于别人，也算得上一个。△～の学者(がくしゃ)となった/也算得上一个学者了。△～の職人(しょくにん)/够格的工匠。②满可以。△～の口(くち)をきく / 说起话来，满像回事。③装出。△～おとなの顔(かお)をしている / 装出一付大人的面孔。

いっぱん⓪【一般】①普遍，全体。△～の傾向(けいこう) / 普遍倾向。②一般，普通。△～市民(しみん)/一般市民。③同样，相同，一样。△この点(てん)では，AもBも～だ/在这一点上，A和B都一样。

いっぴんりょうり⑤【一品料理】(餐馆里顾客)点的菜。

いっぷう⓪③【一風】①一个风格。②(以"～変わった"的形式)别开生面，别具一格。△～変(か)わった味(あじ) /别有风味。

いっぷく⓪④【一服】(名・他サ)①一服(剂)药。②喝一杯(茶)，抽一袋(烟)。③休息，小憩。△ここらで～しよう/现在休息一下吧！

いっぺん⓪【一変】(名・自他サ)完全变。△町(まち)の様子(ようす)が～した / 镇上的样子全变了。

いっぺん③④⓪【一遍】(名・副)①一遍，一次。△もう～やってみなさい/请再做一次看。②普通，一般化。△通(とお)り～の話(はなし) / 套话。③(接名词下)专一。△正直(しょうじき)～の人(ひと) / 一本正经的人。⇒ いちど 表

いっぺんとう③【一边倒】一边倒。△～の方針(ほうしん)を堅持(けんじ)する/坚持一边倒方针。

いっぽう③【一方】Ⅰ(名)①一方，一方面。△～通行(つうこう) / 单行道。②单方面，(两个中的)一个。△もう～の意見(いけん)/另一方面的意见。△靴下(くつした)の～/袜子的一只。③(用"…一方だ"的形式)专，一直，越来越。△彼(かれ)は食(く)う～だ/他专会吃。△景気(けいき)が悪(わる)くなる～です/越来越不景气。Ⅱ(接)另一方面。△五人(ごにん)がその案(あん)に賛成(さんせい)だと言(い)った。～，反対(はんたい)する人(ひと)は二人(ふたり)にすぎなかった/有五个人说赞成那个

草案，而另一方面，反对的人只有两个。⇨かたほう表

いっぽんぎ③⓪【一本気】(名・形动)纯真，一个心眼儿。△～の人(ひと)／直性子的人。

いっぽんちょうし⑤【一本調子】(名・形动)单调，乏味。△～の演説(えんぜつ)／单调乏味的演说。

いつまでも①〔何時までも〕(副)到什么时候也…，永远，始终，老。△こう～待(ま)ってはいられない／我不能老这么等着。△ご恩(おん)は～忘(わす)れません／到什么时候也不忘您的恩情。

いつも③〔何時も〕Ⅰ(副)总是，经常。Ⅱ(名)平常，平时。△～の様子(ようす)と違(ちが)う／和平时的情况不一样。

	健康に～注意している	～より早く起きる	三角形の内角の和は～二直角である	会議の間～あくびばかりしていた
いつも	○	○	○	△
常に	○	×	○	×
始終	○	×	×	○

いつわ⓪【逸話】逸话，奇闻。

いつわり⓪④③【偽り】①虚伪，不真实。②谎话。△～を言(い)う／撒谎。

いつわ・る③【偽る】〔詐る〕(自他五)①说谎，冒充。△大学生(だいがくせい)と～／冒充大学生。②哄骗，欺骗。△人(ひと)を～／骗人。

イデア①〔希 idea〕观点，思想。

イディオム①〔idiom〕惯用语句，成语。

イデー①②〔德 Idee〕观念，理念。

イデオロギー③〔德 Ideologie〕意识形态，思想体系。

いてん⓪【移転】(名・自他サ)①转移，挪动。△権利(けんり)の～／权利的移交。②迁移，搬家。△工場(こうじょう)を～する／迁移工厂。

いでん⓪【遺伝】(名・自サ)遗传。△隔世(かくせい)～／隔代遗传。

いでんし②【遺伝子】遗传因子，基因。△～工学(こうがく)／基因工程。

いと①【糸】①线，纱。②(乐器的)弦。③琴、三弦的别名。④钓线。⑤丝状物。△くもの～／蛛丝。△青柳(あおやぎ)の～／柳丝。

いと①【意図】(名・自他サ)意图，企图。△発言(はっげん)の～が不明(ふめい)だ／发言的意图不明。

	相手の～を知る	敵の～をくじく	住民の～を汲む	～した所と食い違う	引退の～を表明する
意図	○	○	×	○	×
意向	○	×	○	×	○

いど①【井戸】井。◇～の蛙(かわず)／井底之蛙。

いど①【緯度】纬度。

いと・う②〔厭う〕(他五)①厌，嫌。△世(よ)を～／厌世。②爱惜。△我(わ)が身(み)を～／爱惜自己的身体。⇨きらう表

いどう⓪【異同】异同，差别。△左右(さゆう)の～／左右之差。

いどう⓪【異動】(名・自他サ)调

动，变动。△人事(じんじ)～/人事变动。

いどう⓪【移動】(名・自他サ)移动，流动。△車(くるま)を～する/把车辆移动一下。△人口(じんこう)が～する/人口流动。

いとおし・い④(形)〈文〉①可爱，疼爱。△年(とし)をとってからの子(こ)なのでよけいに～/上年纪后得子尤其疼爱。②可怜。△母(はは)のない子が～/没娘的孩子可怜。

いとぐち②【糸口】〔緒〕①开始，开端。△話(はなし)の～/话头。②头绪。△問題解決(もんだいかいけつ)の～をつかんだ/找到了解决问题的头绪。③线头。

いとこ①②〔従兄・従弟・従姉・従妹〕堂兄，堂弟，堂姐，堂妹，表兄，表弟，表姐，表妹。△～煮(に)/素烧杂烩。

いとし・い③〔愛しい〕(形)〈文〉①可爱。△～わが子(こ)/我可爱的孩子。②爱恋。△～人(ひと)/恋人。③可怜。△肩(かた)を落(お)とした姿(すがた)が～/泄气的样子很可怜。

いとな・む③【営む】(他五)①营，过(生活)。△生活(せいかつ)を～/过生活。②办，做。△法事(ほうじ)を～/做佛事。③(小规模)经营。△宿屋(やどや)を～/开旅店。

いとま③⓪【暇】①闲暇。△応接(おうせつ)に～がない/应接不暇。②休假。③辞职。④告辞。△これでお～します/(我)就此告辞了。

いど・む②'【挑む】(他五)①挑衅，寻衅，找茬儿。△喧嘩(けんか)を～/找茬儿打架。②挑战。△世界記録(せかいきろく)に～/向世界记录挑战。③勾搭女人，调情。

いとわし・い④〔厭わしい〕(形)讨厌，厌烦。

いな①【否】(感)否，不。△財産(ざいさん)が有(あ)ると～とにかかわらず/不管有无财产。

-いない【以内】(接尾)以内，之内。△三日(みっか)～に帰(かえ)る/三天之内回来(去)。

いなお・る③【居直る】(自五)①坐好，端正坐姿。△いなおってまじめに聞(き)く/端坐倾听。②突然改变态度，突然翻脸。△問(と)いつめられて～/被逼问得翻了脸。

いなか⓪【田舎】①乡下，农村。②老家，故乡，原籍。③地广人稀的地方。

いながらに⓪【居ながらに】〔坐に〕(副)(多用"～して"的形式)①在家里(不出门)。△テレビをみれば～して世界情勢(せかいじょうせい)を知(し)ることができる/呆在家里，通过电视就能知道世界形势。②坐着(不动)，当场。△～して人(ひと)を使(つか)う/坐着不动支使人。

いなずま⓪【稲妻】("いなびかり"的雅语)闪电。

いなな・く③【嘶く】(自五)马嘶。

△馬(うま)がひひんと～/马儿咴咴地嘶叫。

いなびかり③【稲光】电光,闪电。→いなずま。

いな・む②【否む】〔辞む〕(他五)〈文〉①拒绝。②否认。

いなめな・い③【否めない】(形)①不能否认。△～事実(じじつ)がある/有着不能否认的事实。②不能拒绝。△彼(かれ)の頼(たの)みは～/他的请求不能拒绝。

いなや①【否や】(名・副)①是否。△行(い)くか～は分(わ)からない/不知道去不去。②(用"有(ありや)～"的形式)有无,是否有。△対策(たいさく)ありや～/是否有对策。③(用"…や～"的形式)马上,立刻。△母(はは)の顔(かお)を見(み)るや～泣(な)きだした/见到母亲的面立刻哭了起来。△聞(き)くや～飛(と)び出(だ)した/一听到立刻就跑出去了。④不同意,不答应。△彼(かれ)に～はないはずだ/他不会不同意的。

いにしえ⓪〔古〕〈文〉古昔,往昔。△～をしのぶ/缅怀往昔。

いにゅう⓪【移入】(名・他サ)①(由外地)运进。②移入,加入。△感情(かんじょう)～の強(つよ)い文章(ぶんしょう)/加进浓厚感情的文章。

いにん⓪【委任】(名・他サ)委托,委任。△～状(じょう)/委任状。△権限(けんげん)を～する/委以权限。

いぬ【犬】Ⅰ②(名)①犬,狗。△～掻(か)き/(游泳)狗刨式。②特务,爪牙,狗腿子。Ⅱ(接头)①犬状物。△～たで/(植物)马蓼。△～釘(くぎ)/道针。②不起作用,毫无价值,白白。△～死(じ)に/白死。◇～も歩(ある)けば棒(ぼう)に当(あ)たる/ⅰ)出风头易招祸。ⅱ)常在外边走,会碰到好运气。

いね①【稲】稻。△～の苗(なえ)/稻苗。△～扱(こ)き/ⅰ)脱粒,打稻子。ⅱ)脱粒机。

いねむり③【居眠り】(名・自サ)瞌睡,打盹儿。

いのこ・る③【居残る】(自五)(下班、放学后)留下,加班。△八時(はちじ)まで～/加班到八点钟。

いのしし③〔猪〕①野猪。②(十二生肖中属猪的)猪。

いのち①【命】①生命,性命。②寿命。△～をまっとうする/享尽天年。③最重要。△子(こ)はわたしの～だ/孩子就是我的命。◇～あっての物種(ものだね)/生命是最宝贵的,留得青山在,不怕没柴烧。◇～の綱(つな)/命根子,命脉。◇～の洗濯(せんたく)/休养。⇨せいめい 表

いのちがけ⓪⑤【命懸け】(名・形动)拼命,冒着生命危险(干某事)。△～で戦(たたか)う/拼死作战。

いのちからがら①【命からがら】〔命辛辛〕(副)险些丧命。△～(に)逃(に)げ出(だ)す/死里逃生。

いのり③【祈り】祈祷。△～をささげる/做祈祷。

いの・る② 【祈る】(他五)①祈祷。△神(かみ)に～/求神。②祝愿。△成功(せいこう)を～/祝愿成功。

いはい⓪ 【違背】(名・自サ)违背，违反。△校則(こうそく)に～する/违反校规。

いばら 〔茨・棘・荊〕①有刺灌木的总称。②刺。◇～の道(みち)/艰难的道路。

いば・る② 【威張る】(自五)自豪，骄傲，逞威风，摆架子，自吹自擂。△あまり～な/别摆架子。△威張って歩(ある)く/大摇大摆地走。

いはん⓪ 【違反・違犯】(名・自サ)违反，违背。△交通(こうつう)～/违反交通规则。△契約(けいやく)に～する/违约。

いびき③ 〔鼾〕鼾声，呼噜。△～をかく/打呼噜。

いびつ⓪ 〔歪〕(形动)①歪，走型。△～な箱(はこ)/走了型的箱子。②畸形。△～な社会(しゃかい)/畸形社会。

いひょう⓪ 【意表】意外，意想不到。△人(ひと)の～をつく/出其不意(攻其不备)。△～に出(で)る/出人意外。

いび・る② (他五)欺负，虐待。△新入社員(しんにゅうしゃいん)を～/欺负新职员。

いひん⓪ 【遺品】(死者的)遗物。

イブ① [eve]①节日前夜，特指圣诞前夜。②[Eve]夏娃(圣经中的人类第一女性)。

いぶかし・い④ 〔訝しい〕(形)〈文〉可疑，奇怪。△いぶかしそうな顔(かお)をする/露出可疑的神色。⇨うたがわしい 表

いふく① 【衣服】衣服。

いぶつ⓪⓪ 【異物】①异物，怪物。②(进入或发生在身体上的)异物(如扎的刺，误吞的针、假牙等)。

いぶ・る② 〔燻る〕(自五)冒烟。△薪(まき)が～/柴火光冒烟不着。

いへん⓪ 【異変】异变，异常变化。△何(なに)か～が起(お)きたらしい/好像发生了什么异常的变化。△暖冬(だんとう)の～/反常的暖冬。

イベント⓪ [event]①事件。②例行活动，演出，比赛。

いほう⓪ 【違法】(名・形动)违法。

いま① 【今】Ⅰ(名)①现在。△～ちょうど正午(しょうご)だ/现在刚好是正午。②方才，刚才。△～の話(はなし)は内緒(ないしょ)だ/方才的话要保密。③现代。Ⅱ(副)①刚才。△～出(で)かけた/刚才出门儿去了。②马上，立刻。△～行(い)きます/马上就去。③再。△～一(ひと)つ/再(来)一个。△～すこし/再(来)一点儿。⇨げんざい 表

いま②⓪ 【居間】(家族日常共同生活的)起居室，内客厅。

いまいまし・い⑤ 【忌(ま)忌(ま)しい】(形)可恨，可恶，可厌，感到倒霉。

いまごろ⓪ 〔今頃〕(名・副)现在，这时候。△～の季節(きせつ)/现

在的季节。

	～何してい るの?	毎日～ になると眠く なる	～慌てて もしよう がない	～の若 い者
今ごろ	○	○	○	×
今時分	○	○	△	×
今時	○	×	×	○

いまさら⓪【今更】(副)①现在再…。△～言(い)うまでもない/现在没有必要再说了。②事到如今。△～悔(く)いてもしかたない/事到如今,后悔也没有用。

いましがた⓪③【今し方】(副)方才,刚才。△～駅(えき)に着(つ)いた/方才到了车站。

イマジネーション④[imagination]想像,想像力,空想。

いまじぶん①【今時分】现在,这时候。⇨いまごろ 表

いましめ⓪④【戒め】①告诫,劝诫。△～を守(まも)る/守戒,遵守告诫。②禁止。③警戒。④惩戒。

いまし・める④【戒める】〔警める〕(他下一)①劝诫,告诫。△みずからを～/告诫自己。②禁止,阻止。△飲酒(いんしゅ)を～/禁止喝酒。③警戒,戒备。④惩戒,教训。⇨さとす 表

いまだ⓪⓪①〔未(だ)〕(副)(下多与否定语气呼应)迄今未,到现在还未。△～解決(かいけつ)しない/迄今尚未解决。

いまどき⓪【今時】①现今,现时。②这时候。⇨いまごろ 表

いまに①【今に】(副)①早晚,不久,总有一天。△～わかる/不久就会明白。△～見(み)ていろ/等着瞧吧。②迄今,到现在。△～行(ゆ)くえがわからない/至今去向不明。

いまにも①【今にも】(副)马上,眼看。△～雨(あめ)が降(ふ)りそうだ/好像马上就要下雨。

いまひとつ④【今一つ】(副)①再一个,又一个。△～どうぞ/请再来一个。△～めしあがってください/请再吃一个。②有点儿(不足)。△～努力(どりょく)が足(た)りない/有点努力不够。

いままで①【今まで】〔今迄〕(副)①迄今,到现在。△～待(ま)ったのに、まだこない/都等到现在了还没来。②从前,以前。△こういう例(れい)は～にない/这种例子从前没有过。

いまもって③【今もって】〔今以て〕(副)(下接否定)至今,尚未。△～原因(げんいん)がわからない/至今原因不明。△～消息(しょうそく)がわからない/至今尚无消息。

いまや①【今や】①现在正是,现在才是。△～立(た)ち上(あ)がるとき/现在正是站起来的时候。②现在,当前。△～一流(いちりゅう)の画家(がか)/当前一流的画家。③马上,眼看。→いまにも。

いまわし・い④【忌(ま)わしい】①不祥,不吉利。△～夢(ゆめ)/不祥之梦。②讨厌,令人作呕。

いみ①【意味】Ⅰ(名)①意思。△辞書(じしょ)で言葉(ことば)の～を

調(しら)べる / 借助辞典查词的意思。②意图，动机。③价值，意义。△～ない仕事(しごと) / 无意义的工作。Ⅱ(名・自他サ)意味着。△赤(あか)ランプの点滅(てんめつ)は危険(きけん)を～する / 红灯闪烁意味着危险。

	人生の～	～のある仕事	その語本来の～	違う～にとる	～もなく笑う
意味	○	○	○	○	○
意義	○	○	○	×	×

いみきら・う①⓪【忌(み)嫌う】(他五)①忌讳。△もっとも～言葉(ことば)/最忌讳的词句。②厌恶。△人(ひと)に忌み嫌らわれる/招人厌恶。

いみょう⓪【異名】①别名。②绰号，外号。△いのししと～を取(と)つた渡辺(わたなべ)氏(し)/绰号叫野猪的渡边。

いみん⓪【移民】(名・自サ)移民。

いむ①【忌む】(他五)①忌讳，禁忌。△～べき習俗(しゅうぞく)/应当禁忌的习俗。②讨厌，憎恶，厌恶。△人(ひと)に忌まれる / 被人厌恶。

イメージ②①[image]①形象。△～を変(か)える/改变形象。②印象。△～アップ/加深印象。

いも【芋】[藷・薯]Ⅰ②(名)薯(类)。◇～を洗(あら)うよう/摩肩接踵，拥挤不堪。Ⅱ(接头)土气的，不风雅的。△～ねえちゃん/乡下姐儿。

いもうと④【妹】妹妹。

いもの③⓪【鋳物】铸件。

いや①〔否〕Ⅰ(接)不(自我否定时用)。△日本一(にほんいち)、～、世界一(せかいいち)だ/是日本之最，不，是世界之最。Ⅱ(感)(同いいえ)不。△～とんでもない / 不，哪儿的话。△～でも応(おう)でも / 不管愿意与否。

いや②【嫌】〔厭〕(形动)讨厌，厌恶。△～な奴(やつ) / 讨厌的家伙。△仕事(しごと)が～になる / 工作让人厌烦了。

いやいや⓪〔否否〕("いや"的强调形)(感)不不。△～それは違(ちが)います/不不，那错了。△～それはうそだ/不不，那不对头。△～三杯十三杯(さんばいじゅうさんばい)/不喝不喝贪了许多杯。

いやいや④⓪【嫌嫌】〔厭厭〕Ⅰ(副)不愿意，勉强。△～承知(しょうち)する/勉强同意。△～宿題(しゅくだい)をする/硬着头皮做作业。Ⅱ(名)(幼儿不愿意、不喜欢的)摇头。△赤(あか)ちゃんが～をする/小娃娃摇头(不愿意)。

いやおう③⓪〔否応〕愿意与否。△～を言(い)わせない/不容分说。△～なしに/不容分说地。

いやがうえに(も)②-②、⑤〔弥が上に(も)〕(副)愈，越发。△～評判(ひょうばん)が高(たか)まった/名声越来越高。△人気(にんき)は～たかまった/越来越受欢迎。

いやが・る③【嫌がる】(他五)嫌，讨厌。△よごれを～ / 嫌脏。⇨きらう 表

いやき⓪【嫌気】〔厭気〕(=いや

いやくひん【医薬品】药品。

いやけ⓪【嫌気】〔厭気〕→いやき。

いやし・い③⓪【卑しい】〔賎しい・鄙しい〕(形)①嘴馋,贪婪。②低级,庸俗。③贫穷,寒酸。△～身(み)なり/衣服褴褛。④卑贱,低贱。△～生(う)まれ/出身卑贱。

いやしくも②〔苟も〕(副)(多与否定、禁止形式呼应)无论如何(也不)…,千万(不要)…。△それは、～医者(いしゃ)たるもののすべきことではない/那无论如何也不是医生所应该做的事。

いや・す②【癒す】(他五)医治(伤、病),解除(精神痛苦)。△心(こころ)の傷(きず)を～/医治心灵的创伤。

いやに②〔厭に〕(副)太,过于,非常。△～暑(あつ)い/太热。△～よそよそしい/过于冷淡。

イヤホーン③[earphone](也作"イヤフォーン""イヤホン")耳机,耳塞机。

いやらし・い④(形)①讨厌。△～人(ひと)/讨厌鬼。②下流。△～目(め)つき/下流的眼神。女(おんな)に向(むか)って～ことを言(い)う/对妇女说下流话。③令人不悦,令人不愉快。△～態度(たいど)/令人不愉快的态度。

イヤリング①[earring]耳环,耳饰。

いよいよ②〔愈〕(副)①愈益,越发。②到底,终于。△～本番(ほんばん)だ/终于正式演出了。③果真,确实。△～本物(ほんもの)だ/确实是真货。④最后的时刻,紧要关头。△～という時(とき)にへこたれる/紧要关头泄气了。

	雨は～ひどくなる	～御活躍くだ さい	～出発だ	～となれば	多多～弁ず
いよいよ	○	△	○	○	×
ますます	○	△	×	×	○

いよう⓪【威容】威容,威风。△～を誇(ほこ)る/逞威风。

いよう⓪【異様】(名・形動)奇怪,奇异,离奇。△～な空気(くうき)/异样的气氛。△～な姿(すがた)/奇形怪状。

いよく①【意欲】热情,积极性。△～を燃(も)やす/充满热情。△生産(せいさん)への～を高(たか)める/提高生产积极性。

いらい①【以来】①以来。②今后。⇨いご 表

いらい⓪【依頼】(名・他サ)①委托。△調査(ちょうさ)を～する/委托调查。②靠,依靠。△～心(しん)が強(つよ)い/依赖心强。

いらいら①〔苛苛〕(副・自サ)①着急,焦躁。△気(き)が～する/心里焦躁不安。②刺痛感。

いらだ・つ③〔苛立つ〕(自五)着急,焦躁。

いらっしゃ・る Ⅰ④("いる""来る""行く"的敬语)(自五)在,去,来。△先生(せんせい)は研究室(けんきゅうしつ)に～/老师在研

究室。△あなたもここへいらっしゃい/你也请过来。△歩(ある)いてそこまで～んですか/您走着去那里吗?Ⅱ(补动)①"ている"的敬语表现形式。△立(た)って～/站着。②"である"的敬语表现形式。△ご出身(しゅっしん)は東京(とうきょう)で～/他出生在东京。

いり⓪ 【入(り)】①进入。△客(きゃく)の～が悪(わる)い/上座情况不好,上座率低。②(日)落。△日(ひ)の～/日落。③费用,支出。△～がかさむ/费用增大。④收入,进项。△身(み)～/收入。⑤(季节等的)开始。△梅雨(つゆ)～/进入梅雨季节。

いりうみ⓪③ 【入(り)海】内海,海湾。

いりえ⓪ 【入(り)江】海湾,湖岔。

いりぐち⓪ 【入(り)口】①门口,入口。△部屋(へや)の～/房间的入口。②起头,开端。△春(はる)の～/初春。

いりゅう⓪ 【遺留】(名・他サ)①(死后)遗留。△～物件(ぶっけん)/遗物。②遗忘。△～品(ひん)/遗忘的东西。

いりゅう⓪ 【慰留】挽留。△辞意(じい)の固(かた)い会長(かいちょう)を～する/挽留坚决要辞职的会长。

イリュージョン② [illusion]幻影,错觉,幻想。

いりょう① 【衣料】①衣服。②衣料。△～品(ひん)/衣料。

いりょう①⓪ 【医療】医疗,治疗。△～施設(しせつ)/医疗设施。△～費(ひ)/医疗费。

いりょく① 【威力】威力,威势。△～を発揮(はっき)する/发挥威力。

い・る【入る】Ⅰ②(自五)①进入。△川(かわ)に～/进到河里。②达到某种状态。△悦(えつ)に～/心中喜悦。③留下。△気(き)に～/看中。④藏起来,隐入。△日(ひ)が山(やま)に～/日头落山。⑤到达。△京(きょう)に～/到京。Ⅱ(接尾)接动词连用形,表示加强语气。△寝(ね)～/熟睡。△恐(おそ)れ～/诚惶诚恐。◇実(み)が～/果实熟透。

い・る Ⅰ②⓪【居る】(自上一)①(人、动物)有,在。△人(ひと)が五人(ごにん)～/有五个人。△にいさんはいますか/哥哥在(家)吗?②坐,居住。◇居ても立(た)ってもいられない/坐立不安。Ⅱ【いる】(补动)(用"ている"的形式)①表示行为动作正在进行。△講義(こうぎ)を聞(き)いて～/正在听课。②表示现在的状态。△花(はな)が咲(さ)いて～/花开着。③表示动作的结果或状态的存续。△かのじょはいま北京に行(い)って～/她现在到北京去了(她现在在北京)。

い・る① 〔炒る・煎る・熬る〕(他五)①煮干,熬干。②炒,煎。△卵(たまご)を～/炒鸡蛋。

い・る②⓪ 【要る】(自五)要,需

要。△入会金(にゅうかいきん)に一万円(いちまんえん)〜/入会费要一万日元。△根気(こんき)の〜仕事(しごと)/需要耐性的工作。

いる① 【射る】(他上一)①射。△矢(や)を〜/射箭。②射中。△的(まと)を〜/打靶。③照射。△眼光(がんこう)人(ひと)を〜/目光逼人。

いる① 【鋳る】(他上一)铸,铸造。△鐘(かね)を〜/铸钟。

いるい① 【衣類】衣服,衣裳。

いれい⓪ 【異例】(名・形动)①不同以往,和从前不一样。△〜の速(はや)さでニュースが伝(つた)わる/消息以不同于以往的速度传播。②破例,破格,无先例。△〜の昇進(しょうしん)/破格提升。

いれか・える③④ 【入れ替える・入れ換える】(他下一)①换,改换。△へやの空気(くうき)を〜/换房间空气。②改装,改放。△この箱(はこ)に入れ替えたらどうでしょう/改装在这个箱子里怎么样?

いれかわ・る④ 【入(れ)代(わ)る・入れ替わる・入れ換わる】(自五)替换,交替。△彼(かれ)と入れ替わって仕事(しごと)をする/接他的班。

いれずみ⓪ 【入れ墨】〔黥・文身・刺青〕文身。

いれぢえ⓪ 【入(れ)知恵】(名・自サ)出谋划策,出主意。△誰(だれ)の〜か/谁(给你)出的主意?

いれば⓪ 【入(れ)歯】①假牙。②镶牙。△〜をする/镶牙。

いれもの⓪ 【入れ物】容器,器皿。

い・れる③⓪ 【入れる】(他下一)①放入,装进。△金(かね)をポケットに〜/把钱装进衣袋里。②使进入,让进入。△仲間(なかま)に〜/让其入伙。△病院(びょういん)に〜/让住进医院。③纳,交纳。△会費(かいひ)を〜/交纳会费。④包括在内,考虑在内,算在内。△損失(そんしつ)を勘定(かんじょう)に〜/顾及损失。△わたしを入れてちょうど十人(じゅうにん)だった/连我在内正好十人。⑤容纳。△二万人(にまんにん)を〜講堂(こうどう)/容纳两万人的礼堂。⑥(也作"容れる")听取,采纳。△他人(たにん)の意見(いけん)を〜べきだ/应当采纳别人的意见。⑦注入(力量)。△肩(かた)を〜/支持。⑧打(电话)。△旅行先(りょこうさき)から電話を〜/旅行中打来电话。⑨打开(开、关灯)。⑩插(嘴)。△くちばしを〜/插嘴。⑪加工。△原稿(げんこう)に手(て)を〜/对原稿加工。△問題(もんだい)にメスを〜/剖析问题。⑫(也作"淹れる")沏,泡。△コーヒーを〜/沏咖啡。△お茶(ちゃ)を〜/泡茶。⑬理解。△頭(あたま)に〜/理解,记下。⑭用(心),费(神)。△心(こころ)を〜/用心。△念(ねん)を〜/小心。

いろ② 【色】①色,颜色,色彩。

②脸色，气色，神色。△感情(かんじょう)を〜に現(あらわ)す/感情显露在脸上。③颜料，脂粉。△〜を作(つく)る/化妆。④女色。△〜に迷(まよ)う/迷于女色。⑤情人。△〜を持(も)つ/有情人。⑥种类，样式。△ふた〜の声(こえ)/两种声音。⑦(表现出内在状态的)表象，外表。△疲劳(ひろう)の〜/疲劳的神态。△秋(あき)の〜が深(ふか)い/秋意已浓。◇〜を失(うしな)う/(大惊)失色。◇〜をつける/ⅰ)上色，着色。ⅱ)让利。

いろあい⓪③【色合(い)】①色调。②性格，感情或倾向的程度。△保守的(ほしゅてき)な〜/保守倾向。

いろいろ⓪【色色】〔種種〕(名・副・形动)各种各样，形形色色。△〜(と)考(かんが)える/左思右想。

	考え方は人によって〜だ	〜文句の多い人	〜質問された	〜心が乱れる
いろいろ	-な〇	〇	(と)〇	×
さまざま	-な〇	×	×	(に)〇
種　種	〇	×	×	×

いろけ③【色気】①(女性的)魅力。△〜のある女(おんな)/有魅力的女人。②春情，春心。△〜がつく/知春，春情发动。③风趣，风韵。△〜をそえる/增添风趣。④(有)兴趣，关心。△かれは学習(がくしゅう)に〜がある/他对学习有兴趣。⑤野心，欲望。△大臣(だいじん)の椅子(いす)に〜を示(しめ)す/表示有心当大臣。

いろづ・く③【色づく】(自五)①(树木、果实)着色，呈现出某种颜色，渐熟。△楓(かえで)が〜頃(ころ)/枫叶红的时节。△柿(かき)の実(み)が色づいてきた/柿子要熟了。②情窦初开，春心初动，思春，怀春。△娘(むすめ)の〜年頃(としごろ)/女孩子情窦初开的年纪。

いろどり⓪④【彩(り)・色取り】①色彩缤纷，五光十色。△〜があざやかだ/色彩鲜艳。△〜のきれいな服(ふく)を着(き)た人(ひと)たち/穿着五光十色漂亮衣服的人们。②各色各样。△〜のお料理(りょうり)が食卓(しょくたく)に並(なら)べられた/各色各样的菜摆上了餐桌。③配色。△この絵(え)は〜がいい/这幅画色配得好。④装点。△花(はな)が客間(きゃくま)に〜を添(そ)える/花儿给客厅增色。

いろど・る③【彩る】(他五)①上色，着色。②装饰，点缀。

いろは②〔伊呂波〕①伊呂波歌(日语假名歌)。②"伊呂波歌"的47个字。△〜がるた/(以"い、ろ、は" 47 个假名为首字的)日本纸牌。③初步，入门，ABC。△〜の"い"も知(し)らない/目不识丁，一窍不通。△〜から習(なら)う/从头学起。

いろり⓪【囲炉裏】(日本农家取暖或烧饭用的)炕炉，地炉。

- **いろん**⓪【異論】不同意见,异议。△～を唱(とな)える / 提出不同意见。
- **いろんな**⓪【色んな】(連体)各种各样的。△～花(はな)が咲(さ)いている / 开着各种各样的花。△～ことを知(し)っている / 知道很多事情。
- **いわ**②【岩】〔磐・石〕岩,岩石。
- **いわい**②⓪③【祝(い)】①祝贺,庆祝。△誕生日(たんじょうび)の～ / 生日的祝贺。②贺礼。△結婚(けっこん)のお～を贈(おく)ります / 赠送结婚礼品。
- **いわ・う**②【祝う】(他五)祝贺,庆祝。△勝利(しょうり)を～ / 庆祝胜利。△前途(ぜんと)を～ / 祝愿前途(光明)。
- **いわかん**⓪【違和感・異和感】①不协调感,不吻合感,格格不入。△仲間(なかま)との～がつよい / 和同事之间感到很不愉快。②(身体的)不适。△～を訴(うった)える / 诉说身体的不适。
- **いわく**①〔曰(く)〕①〈文〉曰。△ある人(ひと)～ / 某某曰。②理由,缘由。△何(なに)か～がある / 有某种缘由。
- **いわし**⓪〔鰯・鰮〕沙丁鱼。◇～網(あみ)に鯨(くじら) / 意外的收获。
- **いわずもがな**④⑤③【言わずもがな】(名・副)①不说为好,不说为妙。△～のことを言(い)う / 说不该说的话。②不待言,自不必说。△子供(こども)は～、親(おや)までも喜(よろこ)ぶ / 不但小孩,连父母都高兴。
- **いわば**②①⓪【言わば】(副)说起来,可以说。△彼(かれ)は～生(い)き字引(じびき)だ / 他可以说是个活字典。
- **いわゆる**③〔所謂〕(連体)所谓的。△～英才教育(えいさいきょういく) / 所谓的英才教育。
- **-いん**【員】(接尾)…员。
- **いん**①【印】印鉴,图章。△～を押(お)す / 盖印。
- **いんが**①【因果】Ⅰ(名)①原因和结果,因果。△～関係(かんけい) / 因果关系。②(佛)因果,因果报应。△前世(ぜんせい)の～ / 前世的报应。③命运,厄运,不幸。△～とあきらめる / 认命。Ⅱ(形动)命中注定,不幸。△～な子(こ) / 不幸的孩子。◇～を含(ふく)める / 说明原委(使人断念)。◇～覿面(てきめん) / 现世现报。◇～応報(おうほう) / 因果报应。
- **いんかん**③⓪【印鑑】①印鉴。②图章。
- **いんき**⓪【陰気】(名・形动)①忧闷,阴郁,郁闷。△～な顔(かお)つき / 愁眉苦脸。②阴暗。△～な天気(てんき) / 阴沉的天气。
- **インキ**① →インク
- **いんきょ**①【隠居】(名・自サ)①隐居,隐遁。②退休(者)。
- **いんぎん**③⓪〔慇懃〕(名・形动)①有礼貌,恭恭敬敬,恳切。②亲近之友谊,交情。△～を重(かさ)ねる / 加深友谊。

インク①⓪ 墨水。△～スタンド/墨水瓶架。△～リボン/墨带,色带。

いんけん⓪【陰険】(形動)阴险。△～な人物(じんぶつ)/阴险的人物。

インサイド③ [inside]①内侧,内部。②(球类的)界内,界内球。

いんさつ⓪【印刷】(名・他サ)印刷。△～物(ぶつ)/印刷品。

いんし①【因子】①因子。△遺伝(いでん)～/遗传因子。②〈数〉因数。

いんしゅう⓪【因習・因襲】惯例,旧习,陋习。△～を打破(だは)する/打破陋习。△～にとらわれる/墨守成规。

インシュリン⓪ [insulin]胰岛素。

いんしょう⓪【印象】印象。△第一(だいいち)～がよい/第一印象好。△～に残(のこ)る/留下印象。

いんしょうてき⓪【印象的】(形動)印象深刻的。△少女(しょうじょ)のまなざしが～だ/少女的眼神给我留下了深刻的印象。

いんしょく①【飲食】(名・自サ)饮食。△～店(てん)/饮食店。△～費(ひ)/伙食费。

インスタント- [instant](接头)立即,即时。△～食品(しょくひん)/方便食品。

インスタントコーヒー⑦ [instant 荷 koffie]速溶咖啡。

インスタントラーメン⑦ [instant 中 lamian]方便面。

インストラクター⑤ [instructor]①(公司、工厂的)技术指导,培训教师。②(体育、文艺的)教练,艺术指导。③(函授教育)辅导员。

インスピレーション⑤ [inspiration]灵感,(突发的)奇思妙想。

いんせい⓪【陰性】Ⅰ(名・形動)忧郁,消极。Ⅱ(名)〈医〉阴性。△～反応(はんのう)/阴性反应。

インター- [inter](接头)中,中间,相互。△～ホン/对讲机,互通电话机。△～チェンジ/高速公路(与普通道路连接的)出入口。

インターナショナル⓪① [international]Ⅰ(形動)国际的,国际间的。Ⅱ(名)社会主义运动的国际组织。

インターネット [Internet]因特网,网络,国际互联网。△～アドレス/网址。△～カフェ/网吧。

いんたい⓪【引退】(名・自サ)引退,退职,下野。

インタビュー①③ [interview](名・他サ)(记者)采访。

インチ① [inch](名・助数)英寸。

いんちき⓪① (名・形動)欺骗,作假,舞弊行为。

インデックス③ [index]①索引,目录。△～カード/索引卡片。②标志。△顔(かお)は心(こころ)の～/面为心声(脸是心的标志)。

インテリア③ [interior]①(建筑物、房间的)内部空间。②室内装饰。

インテリゲンチア⑤ [俄 intelligentsiya]知识分子,知识阶层。

インテリジェンス [intelligence]智

力,智能,知识。

イントネーション④ [intonation](说话的)语调,声调。

イントラネット [intranet](计算机)内部网。

いんねん⓪【因縁】①因缘,定数。△前世(ぜんせ)の～/前世因缘。②由来,来历。③找茬儿,(找)借口讹诈。△～をつける/(为讹诈等)找借口。

インフォメーション④ [information] ①通知,报告。②资料。③问讯处。

インフルエンザ⑤ [influenza]流感。

インフレ⓪ →インフレーション。

インフレーション④ [inflation]通货膨胀。

いんぼう⓪【陰謀】阴谋,密谋。

インボックス [inbox]收件箱。

いんめつ⓪【隠滅】〔堙滅〕(名・自他サ)湮灭,消灭。△証拠(しょうこ)を～する/消灭证据。

いんよう⓪【引用】(名・他サ)引用。△～文(ぶん)/引用文。△名人(めいじん)の言葉(ことば)を～する/引用名人的话。

いんよう⓪【飲用】(名・他サ)饮用。△～水(すい)/饮用水。

いんよう⓪①【陰陽】①(易经)阴阳(如日月、男女、动静、积极消极等)。②(磁、电等)阴极和阳极。

いんりつ⓪【韻律】韵律。

いんりょう③【飲料】饮料。△清涼(せいりょう)～/清凉饮料。△～水(すい)/饮用水。

いんりょく①【引力】引力。△万有(ばんゆう)～/万有引力。

いんれい⓪【引例】(名・自他サ)举例,引例。△～の出典(しゅってん)を明(あき)らかにする/弄清引例的出处。

いんれき⓪【陰暦】阴历,农历。

う　ウ

う（助動）(接用言、助动词推量形下)①（表示自我意志或劝诱）要…，一定，…吧。△ぼくが書(か)こ～/我来写吧。△日漢辞典(にっかんじてん)を買(か)お～と思(おも)っています/（我）想要买《日汉辞典》。②（表示劝诱对方)…吧。△一緒(いっしょ)に教室(きょうしつ)へ行(い)きましょ～/一起去教室吧。③（表示委婉的命令、希望等）请…。△ごらんなさりましょ～/请看。④（表示对客观事物推测、猜想）将会…，想必…，可能。△午後(ごご)は雨(あめ)になるでしょ～/午后要下雨吧。△北国(きたぐに)の冬(ふゆ)は寒(さむ)かろ～/北方的冬天一定很冷吧。⑤（用"…とする"的形式，表示某种动作即将开始或某种状态及动作要达到即将开始前的情况）想要…，将要…。△切符(きっぷ)を買(か)お～とする人(ひと)が列(れつ)をつくっている/想要买票的人在排队。△あの人(ひと)は夜(よる)になっても帰(かえ)ろ～としなかった/虽然已经到了夜里，他还不想回去。⑥（用"…～が""…～と""…～とも""～ものなら"的形式表示假定、设想）…也好…也好，不管…也…，假如…就要…。△雨(あめ)が降(ふ)ろ～が、風(かぜ)が吹(ふ)こ～が、びくともしない/即便刮风下雨也无所畏惧。△何(なに)が起(お)ころ～とわたしの責任(せきにん)ではない/不管发生什么事，也不是我的责任。⑦（用"…～が…まいが"或"…～と…まいと"的形式表示）无论…不…都没关系。△君(きみ)が行(い)こ～が行くまいがぼくは行くよ/无论你去不去，我是要去的。△使(つか)お～と使うまいとぼくのお金(かね)だから君(きみ)は何(なに)も言(い)わないでくれ/不管用不用，这是我的钱，你什么也别说。

う① 〔鵜〕鸬鹚，水老鸦，鱼鹰。◇～の真似(まね)をする烏(からす)/东施效颦。

う・い① 【憂い】(形)忧愁，悲哀。△～世(よ)の中(なか)/令人感伤的人世。

ウイーク② [week]週。△～エンド/週末（休假）。△～デー/平日

ういういし・い⑤ 【初初しい】(形)天真，幼稚。△～花嫁(はなよめ)/羞答答的新娘。

ウイスキー② [whisky]威士忌。

ウイット②① [wit]①机智，才智。②妙语，打趣话。△～に富(と)む会話(かいわ)/十分幽默的会话。

ウイルス②① [拉 virus]①病毒。②

计算机病毒。

ウインドー⓪ [window]橱窗,陈列窗。△ショー～/橱窗。

ウーマン① [woman]女性,妇女。

ウール① [wool]羊毛,毛线,毛织物。

うえ⓪② 【上】①高处,上。△雲(くも)の～にそびえたつ/高耸入云。②表面。△氷(こおり)の～/冰表面。③高明,强。△腕前(うでまえ)はずっと～だ/本领特别高强。△五(いつ)つ～/大五岁。④上司。△～の者(もの)/上司,长辈。⑤有关。△身(み)の～/身世,境遇。⑥而且,并且。△ごちそうになった～、おみやげまでいただいた/不但受到了款待,还得到了礼物。⑦…之后。△熟考(じゅっこう)の～/深思熟虑之后。◇～を下(した)への大騒(おおさわ)ぎ/闹翻了天。

うえ②① 【飢え】饥饿,饥。△～をしのぐ/忍饥。

ウーター② [waiter]男服务员。

ウエート⓪ [weight]①重量。△～リフティング/举重。②重点,重要性。△安全性(あんぜんせい)に～を置(お)く/重点放在安全上。△…に～をかける/侧重于…。

ウエートレス② [waitress]女招待,女服务员。

うえき⓪ 【植木】①庭园栽种的树。②盆栽。

うえこみ⓪ 【植(え)込(み)】①(庭园中的)树丛,灌木丛,花草丛。②栽植(树木),栽种(薯类)。

ウエザー③ [weather]天气,气候。

うえした② 【上下】①上下。②颠倒。

うえじに⓪④ 【飢え死に】〔餓え死に〕(名・自サ)饿死。△危(あや)うく～するところだった/差一点儿饿死。

ウエスト② [waist]腰围,腰部曲线。△～マーク/蜂腰形(时装)。

うえつけ⓪ 【植(え)付(け)】栽种,插秧。△～面積(めんせき)/播种面积。

うえつ・ける④ 【植(え)付(け)る】(他下一)①种,栽。△作物(さくもつ)を～/种植农作物。②灌输。△よい習慣(しゅうかん)を～/培养良好的习惯。

ウェブ [web]万维网,网页。

う・える② 【飢える】〔餓える〕(自下一)①饥,饿。②渴望,渴求。△愛情(あいじょう)に～/渴望爱情。

う・える③⓪ 【植える】(他下一)①种,植。△庭(にわ)に木(き)を～/在院子里种树。△皮膚(ひふ)を～/植皮。②嵌入。△活字(かつじ)を～/排(铅)字。③接种,培育。△医者(いしゃ)が子供(こども)たちに種痘(しゅとう)を～/医生为孩子们种痘。④灌输。△考(かんが)え方(かた)を～/灌输思想。

うお⓪②① 【魚】鱼。△～つり/钓鱼。◇～心(ごころ)あれば水心(みずごころ)/你要有心,我也有意。

うおうさおう④・②-③・②-① 【右往左往】(名・自サ)四处乱跑,(慌乱

地)东奔西窜。△火(ひ)に追(お)われて人人(ひとびと)が～する/身后大火扑过来,人们四处逃窜。

ウォーター② [water]水。

うかい⓪〔迂回〕(名・自サ)迂回,绕远。△～路(ろ)/迂回道路。

うがい〔嗽〕(名・自サ)漱口。△～をする/漱口。

うかうか①(副・自サ)不留神,漫不经心,糊里糊涂。△～と暮(くら)す/糊里糊涂地过日子。

うかが・う④⓪【伺う】(他五)("尋ねる""訪問する"等的谦语)拜访。请教,打听。△お話(はなし)を～/向您请教。△お宅(たく)に～/拜访您家。△ちょっと伺いますが/请问…。

	御意見を～	御機嫌を～	A氏宅に～た	賃餅～ます	～ば近近御帰国とのこと
伺う	○	○	-っ○	×	△
承る	○	×	×	-り○	-れ○

うかが・う⓪【窺う】(他五)①窥视,偷看。△辺(あた)りの様子(ようす)を～/偷看周围的情况。②伺机。△好機(こうき)を～/等待好机会。③察颜观色。△顔色(かおいろ)を～/看人脸色。

うかつ⓪〔迂闊〕(名・形动)疏忽,粗心。△～にも秘密(ひみつ)をもらす/不小心泄露秘密。△～に物(もの)は言(い)えない/不可随便说话。

うが・つ②〔穿つ〕(他五)①挖,穿。◇雨(あま)だれが石(いし)を～/滴水穿石。②道出微妙处。◇穿った事(こと)を言(い)う/一语道破。

うかぬかお⓪【浮かぬ顔】忧闷的面孔,无精打采的神色。

うかびあが・る⑤【浮(か)び上(が)る】(自五)①浮出,飘起。△気球(ききゅう)が～/气球飘起来了。②暴露,出现。△容疑者(ようぎしゃ)が～/嫌疑犯出现了。③出息,得志。

うか・ぶ③⓪【浮(か)ぶ】(自五)①漂浮。△雲(くも)が空(そら)に～/云漂浮在空中。△月(つき)が～/月亮升起来。②想起,浮现。△頭(あたま)に～/浮现在脑海里。③翻身,出头。⇒うく 表

うか・べる④⓪【浮(か)べる】(他下一)①浮,泛。△舟(ふね)を～/泛舟。②(表情等)浮现。△不快(ふかい)な表情(ひょうじょう)を顔(かお)に～/脸上浮现出不快的表情。③想起。△亡(な)き人(ひと)のおもかげを～/想起死者的面影。

うか・る②【受かる】(自五)考中,考上。△大学(だいがく)に～/考上大学。

うか・れる④⓪【浮(か)れる】(自下一)高兴,陶醉。△酒(さけ)に～/喝酒喝得高兴起来。

うき①【雨季・雨期】雨季,湿季。

うきあしだ・つ⑤【浮き足立つ】(自五)要溜掉,动摇,慌了手脚。

うきうき①【浮き浮き】(副・自サ)兴高采烈,乐滋滋。△お祭(まつ)りで、子供(こども)たちは～している/节日里孩子们都兴高

采烈的。

うきごし⓪【浮(き)腰】①站立不稳。②沉不下心。

うきしずみ⓪②【浮(き)沈み】(名・自サ)①浮沉。②盛衰。△この世(よ)の～/世道的盛衰。

うきめ⓪③①【憂(き)目】痛苦,不幸,灾难。△～を見(み)る/遇到痛苦。

うきよ②①【浮(き)世】①尘世,浮世。②人世,现世。△～絵(え)/浮世绘(江户时代的风俗画)。

う・く②⓪【浮く】(自五)①浮,漂。△油(あぶら)は水(みず)に～/油漂在水上。②浮起,冒出。△顔(かお)にあぶらが浮いている/脸上溢出油脂。③松动,不牢固。△歯(は)が～/牙齿松动。④脱离。△指導者(しどうしゃ)が大衆(たいしゅう)から～/领导者脱离群众。⑤(钱、时间等)剩余。△費用(ひょう)が～/费用剩了。

	泡が水面に～	空に～雲	～た(だ)うわさ	歯が～	容疑者が～	名案が～
浮く	○	○	-い○	○	×	×
浮かぶ	○	○	×	×	○	○

うぐいす②〔鶯〕黄莺,黄鹂。

うけあい⓪【請(け)合い】①承担,商定。②担保,保证。△優勝(ゆうしょう)すること～だ/保证获胜。

うけあ・う③【請(け)合う】(他五)①承担,负责。△大(おお)きな工事(こうじ)を～/承揽大工程。②保证,担保。△品質(ひんしつ)は請合います/保证质量。

うけいれ⓪【受け入れ】①收容,接纳。②答应,应允。

うけい・れる④⑤⓪【受(け)入れる】(他下一)①领取,收下。△建築材料(けんちくざいりょう)を～/领取建筑材料。②承认,同意。△条件(じょうけん)を～/接受条件。③迎进,接纳。△留学生(りゅうがくせい)を～/接纳留学生。

うけうり⓪【受(け)売(り)・請売り】(名・他サ)①听话学话,现买现卖。△人(ひと)の話(はなし)を～する/套用人家的语言。②转卖,贩卖。△タバコの～をする/贩卖香烟。

うけお・う③④⓪【請(け)負う】(他五)承包,包工。△工事(こうじ)を～/承包工程。

うけたまわ・る⓪【承る】(他五)("(伝え)聞く""(引き)受ける""承諾する"的自谦语)听取,接受,知道。△先生(せんせい)のご意見(いけん)を承りたいのですが/希望听一听先生的意见。⇨うかがう 表

うけつ・ぐ③⓪④【受(け)継ぐ】(他五)继承,接替。△遺産(いさん)を～/继承遗产。△前任者(ぜんにんしゃ)の仕事(しごと)を～/接替前任的工作。

うけつけ⓪【受付】收发室,接待处。收发员。△～係(がかり)/收发员。

うけつ・ける④⓪⑤【受(け)付ける】(他下一)①受理,接受。△願書(がんしょ)を～/受理申请书。②接受(食物、药物等)。△胃(い)

が受けつけない / 胃不吸收。

うけと・める④⑤【受(け)止める】(他下一)接住，挡住。△ボールを～/ 接住球。△攻撃(こうげき)を～/ 阻止敌人的进攻。

うけとり⓪【受取・請取】收据，收条。

うけと・る③⓪④【受(け)取る】(他五)①接，领。△金(かね)を～/ 领款。②收到。△手紙(てがみ)を～/ 收到信。③理解，解释。△忠告(ちゅうこく)を正当(せいとう)に～/ 正确地理解忠告。

うけなが・す④⑤【受(け)流す】(他五)①挡开。△鋭(するど)いきっ先(さき)を～/ 挡开锐利的刀锋。②(巧妙地)应付，搪塞。△柳(やなぎ)に風(かぜ)と～/ 当作耳旁风。

うけみ⓪③②【受(け)身】①被动，守势。②(语法)被动语态。③(柔道)安全跌倒法(摔倒时的防护动作)，自我保护法。

うけもち⓪ 担任，负责。

うけも・つ③⓪④【受(け)持つ】(他五)担任，担当。△司会(しかい)を～/ 担任主持人。

う・ける②【受ける】(他下一)①接。△雨漏(あまも)りを洗面器(せんめんき)で～/用脸盆接漏的雨水。②接受，蒙受。△手術(しゅじゅつ)を～/ 接受手术(治疗)。△害(がい)を～/ 受害。③接受，获得。△試験(しけん)を～/ 接受考试。△許可(きょか)を～/得到许可。④继承。△親(おや)の血(ち)を～/受到父母的遗传。⑤承认，同意。△その話(はなし)は受けられない / 那件事我不能同意。⑥受欢迎。△若者(わかもの)に～作品(さくひん) / 受年轻人欢迎的作品。

うご①【雨後】雨后。◇～の筍(たけのこ) / 雨后春笋。

うごか・す③【動かす】(他五)①动，移动。△電話(でんわ)を別(べつ)の部屋(へや)へ～/ 把电话移到别的房间。②摆动，摇动。△そよ風(かぜ)が木(こ)の葉(は)を動かしている / 微风摇动着树叶。③改变，改动。△結論(けつろん)を～/ 改变结论。④打动，感动。△この絵(え)は人人(ひとびと)の心(こころ)を動かした / 这幅画打动了人们的心。⑤鼓动，动用。△大軍(たいぐん)を動かして / 动用大军…。⑥开动，操纵。△機械(きかい)を～/ 开动机器。

うごき③【動き】①动，活动。②动向，动态。△経済(けいざい)の～/ 经济动向。◇～が取(と)れない / 寸步难行，进退两难。

うご・く②【動く】(自五)①变化，变动。△刻刻(こっこく)と～国際(こくさい)情勢(じょうせい) / 时时刻刻在变化的国际形势。②摇动，晃动。△地震(じしん)で山(やま)が～/ 地震引起山摇。③动心，动摇。△心(こころ)が～/ 动心。④转动，运转。△機械(きかい)が～/ 机器运转。

うごめ・く③〔蠢く〕(自五)①蠕动。△虫(むし)が～/ 虫在蠕动。②(坏的东西)暴露，露头。△思

惑(おもわく)が〜/企图暴露。

うさぎ⓪〔兎〕兔。△〜小屋(ごや)/鸽子笼似的住房。

うさばらし③【憂さ晴らし】(名・自サ)解闷,消愁。△〜に酒(さけ)を飲(の)む/借酒消愁。

うし⓪【牛】牛。◇〜にひかれて善光寺(ぜんこうじ)参(まい)り/无意识地追随别人而不知不觉作了好事。◇〜の歩(あゆ)み/行动迟缓,慢腾腾。◇〜の涎(よだれ)/又细又长。◇〜は牛づれ馬(うま)は馬づれ/物以类聚。◇〜を馬に乗(の)り換(か)える/转向对己有利一边。

うしな・う④【失う】(他五)①丢失,失去。△家(いえ)を〜/失去家园。△自信(じしん)を〜/失去信心。②丧,亡。△戦争(せんそう)で夫(おっと)を〜/因为战争失去了丈夫。③迷失(方向)。△方向(ほうこう)を〜/迷失方向。④错过(机会)。△優勝(ゆうしょう)の機会(きかい)を失った/失去获胜的机会。⑤失去(常态)。△度(ど)を〜/失度。△色(いろ)を〜/失色。△気(き)を〜/昏过去。

	財布を〜	自信を〜	(選挙)票を〜た	気を〜	無駄を〜	戦争を〜たい
失う	○	○	一つ○	○	×	○
なくす	○	○	×	×	○	-し○

うしろ⓪【後ろ】①后,后面。△家(いえ)の〜/房后。②背后。△〜に隠(かく)れる/躲到背后。③幕后,暗中。◇〜を付(つ)ける/提台词。◇〜を見(み)せる/逃跑。◇〜髪(がみ)を引(ひ)かれる/恋恋不舍。◇〜暗(ぐら)い/(形)亏心,内疚。◇〜盾(だて)/后盾,靠山。◇〜手(で)/倒背着手。◇〜前(まえ)/前后颠倒。◇〜めたい/(形)心虚,亏心。◇〜指(ゆび)を指(さ)される/被别人在背地里指责或非难。

	一歩〜に下がる	〜から切りつける	大阪を〜にする	教室の〜の席	〜を追う
うしろ	○	○	×	○	×
あと	○	×	○	×	○

うしろかげ③④【後(ろ)影】背影。

うしろすがた④【後(ろ)姿】背影。

うしろむき⓪【後(ろ)向(き)】①背着脸。②消极保守,落后。△〜の意見(いけん)/消极保守的意见。

うす①〔臼〕白。

うす【薄】Ⅰ(接头)①(物的厚度)薄。△〜氷(こおり)/薄冰。②(颜色、气味)淡,浅。△〜紫(むらさき)/浅紫(色)。△〜味(あじ)/淡味道。③稍微,有点儿。△〜気味悪(きみわる)い/有点让人害怕。Ⅱ(接尾)(接名词下构成形容动词)…不大,…少。△手〜/人手少,手头紧,不足。△望(のぞ)み〜/希望渺茫。△品(しな)〜/缺货。

うず〔渦〕①漩涡。②漩涡状。③混乱状态。

うす・い②③⓪【薄い】(形)①薄。△〜氷(こおり)/薄冰。②淡,浅。△コーヒーが〜/咖啡味淡。③淡薄,乏味。△人情(にんじょう)が〜/人情淡薄。△印象(いんしょう)が〜/印象不深。

うずうず①(副・自サ)(想得)受不

うすぎ⓪【薄着】穿得薄,穿得少。

うすぎり⓪【薄切り】(名・自サ)切薄片,薄片。△大根(だいこん)の～/萝卜切薄片。

うず・く②〔疼く〕(自五)(指伤口或心)跳痛,剧痛。△傷口(きずぐち)が～/伤口跳痛。

うずくま・る〔蹲る・踞る〕(自五)蹲。△雪(ゆき)の中(なか)に～/蹲在雪地里。

うすぐら・い④⓪【薄暗い】(形)发暗,微暗。△～部屋(へや)/昏暗的房间。

うずたか・い④〔堆い〕(形)堆得很高,鼓起很高。△本(ほん)を堆く積(つ)む/把书堆得很高。

うすっぺら⓪【薄っぺら】(形动)①很薄。△～な雑誌(ざっし)/非常薄的杂志。②浅薄。△あの人(ひと)は～な男(おとこ)だ/他是个很浅薄的人。△～な口(くち)をきく/快嘴快舌。

うすで⓪【薄手】(名・形动)①薄,较薄。△～の皿(さら)/薄薄的盘子。②轻伤。△～を負(お)う/负轻伤。

うずまき②【渦巻き】①漩涡。②漩涡状,螺旋形。

うずま・く③【渦巻く】(自五)打漩,卷成漩涡。△炎(ほのお)が～/大火熊熊燃烧。△濁流(だくりゅう)が～/浊流打卷成漩涡。△不満(ふまん)が～/极为不满。

うすま・る③⓪【薄まる】(自五)(颜色、味道)变淡。

うずま・る①⓪〔埋まる〕(自五)①被埋上,埋没。△雪(ゆき)に～/被雪埋上。②被占满。△会場(かいじょう)が人(ひと)で～/会场挤满了人。

うす・める④⓪③【薄める】(他下一)稀释,弄淡。△水(みず)で～/兑水。△味(あじ)を～/把味弄淡。

うず・める④⓪〔埋める〕(他下一)①埋。△雪(ゆき)は村(むら)を～/雪覆盖了村庄。②占满(场所)。△部屋(へや)を花(はな)で～/屋子里摆满花。△空白(くうはく)を～/填补空白。⇨うめる表

うずも・れる⑤〔埋もれる〕(自下一)①被埋上,被盖上。△砂(すな)に～/被沙子埋上。②埋没(人才等)。△うずもれた人材(じんざい)/埋没了的人材。

うずら⓪〔鶉〕鹌鹑。△～豆(まめ)/花扁豆,花菜豆。

うすら・ぐ③【薄らぐ】(自五)①变薄,变淡,变稀。△色(いろ)が～/褪色。②渐轻,渐衰。△痛(いた)みが～/疼痛减轻。⇨うすれる表

うす・れる③④【薄れる】(自下一)变淡,减弱。△霧(きり)が～/雾薄了。△記憶(きおく)が～/记忆变淡。

	関心が～	意識が～	色が～	関係が～	暑さが～	不安が～
薄れる	○	○	×	○	×	×
薄らぐ	○	○	○	×	○	○

う・せる②〔失せる〕(自下一)①丢失,消失。△血(ち)の気(け)が～/失去血色。②走开,离去。

出(で)て失(う)せろ / 快滚开。

うそ① 〔嘘〕①谎言,假话。△~発見器(はっけんき)/测谎器。△~を言(い)う/说谎。△~のよう/难以置信。△真(ま)っ赤(か)な~/弥天大谎。②不正确,错误。△~字(じ)/错字。◇~も方便(ほうべん)/说谎有时也是一种权宜之计。◇~から出(で)た実(まこと)/弄假成真。

うそつき② 〔嘘吐き〕说谎,好说谎的人。

うそぶ・く③ 〔嘯く〕(自五)①佯装不知,若无其事。△そんなことを知(し)るものかと彼(かれ)はうそぶいていた/他若无其事地说:"哪里知道那件事"。②说大话,吹牛。△「この世(よ)はわしの思(おも)うままさ」と王(おう)はうそぶいた/国王夸口说能控制全世界。③啸,吼叫。△虎(とら)が~/虎啸。

うた② 【歌】〔唄〕①歌,歌曲。②和歌,短歌。

うた・う③ 【歌う・謡う】〔唄う・詠う〕(他五)①唱。△歌(うた)を~/唱歌。②鸣。△花(はな)咲(さ)き、鳥(とり)~/鸟语花香。③咏,赋(诗歌)。△詩人(しじん)は春(はる)の喜(よろこ)びを詩(し)に歌った/诗人在诗中吟咏春的喜悦。

うたがい⓪ 【疑(い)】疑,疑惑。△~をいだく/怀疑。⇨ぎわく表

うたが・う④ 【疑う】(他五)①疑惑,怀疑。△人(ひと)を~/怀疑人。△耳(みみ)を~/怀疑听错了。②猜疑。△犯人(はんにん)と疑われる/被猜疑是肇事者。

うたがわし・い⑤ 【疑(わ)しい】①可疑,值得怀疑。△~目付(めつ)き/怀疑的目光。②靠不住,不确实。△根拠(こんきょ)が~/根据靠不住。

	~点がある	来歴不明で~人物	真偽の程は~	雲行きが~	なぜ勝てないのか~
疑わしい	○	○	○	○	×
怪しい	○	○	△	○	×
いぶかしい	○	×	×	×	○

うたたね⓪ 〔転寝〕(名・自サ)迷迷糊糊地睡,打盹儿。

うだ・る② 〔茹る〕(自五)①煮熟。△卵(たまご)が~/鸡蛋煮熟了。②热得发昏,热得没力气。△~ような暑(あつ)さ/闷热,热得像蒸笼似的。

うち 【内】Ⅰ⓪(名)①内,中。△胸(むね)の~/胸中。②(多写作"家")家。△~へ帰(かえ)る/回家。△~を空(あ)ける/出门不在家。③…之内,…以内。△三日(みっか)の~に/三天之内。△しらずしらずの~に/不知不觉之中。④自己,自家人。△~の会社(かいしゃ)/我们公司。Ⅱ⓪(代)(日本关西以西地区妇女、儿童用语)我,俺。

	~からかぎを掛ける	これも勉強の~だ	明るいに着く	霧の~を歩く	お忙しい~をどうも
うち	○	○	○	×	×
なか	○	×	×	○	×

うち- 【打(ち)】(接头)(冠于动词之上)①稍微,轻轻。△～見(み)る/潦草地看一看。②完全。△～しおれる/垂头丧气。△～切(き)る/中止。③加强语气。△～捨(す)てる/抛弃,扔掉。

うちあげ⓪ 【打(ち)上(げ)】①发射。△ロケットの～/火箭发射。②(演出、宴会、棋局等)结束。△東京公演(とうきょうこうえん)の～/东京公演结束。

うちあ・ける④⑤⓪ 【打(ち)明ける】(他下一)实说,直率地说。△秘密(ひみつ)を～/把秘密照实说出来。

うちあ・げる④⑤⓪ 【打(ち)上げる】(他下一)①放,发射。△フライを～/放飞。△ロケットを～/发射火箭。②(浪把东西)冲上岸。△難破船(なんぱせん)の破片(はへん)が打ち上げられた/遇难船的碎片被冲上岸来。③结束。△公演(こうえん)を～/公演结束。

うちあわせ⓪ 【打(ち)合(わ)せ】(名・他サ)商量,磋商,碰头。⇨そうだん表

うちあわ・せる⓪⑥⓪ 【打(ち)合(わ)せる】(他下一)①商量,商洽,碰头。△旅行(りょこう)の日程(にってい)を～/商量旅行的日程。②使…相碰,互击。△石(いし)と石を打ち合わせて火(ひ)を起(お)こす/使石头与石头相碰撞产生火。

うちか・つ③④⓪ 【打(ち)勝つ】〔打(ち)克つ〕(自五)克服,战胜。△困難(こんなん)に～/克服困难。△誘惑(ゆうわく)に～/战胜诱惑。

うちがわ 【内側】内部,内侧。△～の事情(じじょう)/内情。

うちき・る④ 【打(ち)切る】(他五)中止,停止。△交渉(こうしょう)を～/停止谈判。

うちけし⓪ 【打(ち)消し】①否定,否认。②(语法)否定。

うちけ・す③④⓪ 【打(ち)消す】(他五)①消,灭。△炎(ほのお)を～/扑灭火焰。②否定,否认。うわさを～/否定谣传。△意味(いみ)を～/否定意义。

うちこ・む③④⓪ 【打(ち)込む】Ⅰ(他五)打进,钉进。△くいを～/打桩。Ⅱ(自五)热心,专心致志。△研究(けんきゅう)に～/专心致志地研究。

うちだ・す③④⓪ 【打(ち)出す】(他五)①打出,敲出。②明确表现。△意見(いけん)を～/表明意见。③开始打。△太鼓(たいこ)を～/打起鼓来。④(演剧终场时)敲鼓。

うちと・ける④⑤⓪ 【打(ち)解ける】(自下一)没有隔阂,融洽。△打ち解けて話(はな)す/融洽地谈话。

うちまく⓪ 【内幕】内幕,内情。△政界(せいかい)の～/政界的内幕。

うちゅう① 【宇宙】宇宙。△～カプセル/太空舱。△～塵(じん)/宇宙尘。△～船(せん)/宇宙飞船。△～線(せん)/宇宙线,宇宙射线。

うちょうてん② 【有頂天】(名・

形动)欢天喜地,忘乎所以。△～になって踊(おど)りだした / 高兴得跳起来。

うちわ⓪【内輪】(名・形动)①家里,内部。△～の集(あつま)り / 家庭聚会。②内情,内幕。△～の話(はなし) / 内部秘密。③保守,稳健。△～に見積(みつ)もる / 往低里估计。

うちわ②【団扇】①蒲扇,团扇。②(相扑裁判用)指挥扇。△～を上(あ)げる /(扇举向胜方)宣布取胜。

うちわけ⓪【内訳】细分,细目。△～書(しょ) / 清单。

う・つ①【打つ】Ⅰ(他五)①打,敲。撞。△頭(あたま)を～/撞头。△ボールを～ / 击球。②打进,钉。△注射(ちゅうしゃ)を～ / 打针。③感动,打动。△聴衆(ちょうしゅう)の心(こころ)を～講演(こうえん) / 打动听众的讲演。④下棋。赌。⑤演,上演。⑥采取,使用。△先手(せんて)を打たれる / 对方抢先动手,自己被动。Ⅱ(自五)(也作"搏つ")(物体周期地)跳动。△心臓(しんぞう)はなお力强(ちからづよ)く打ち続(つづ)けた / 心脏仍旧有力地继续跳动。△脈(みゃく)が～ / 脉搏跳动。◇打てば響(ひび)く / 一打就响。〈喻〉立见成效。

	平手で頭を～	手を～て喜ぶ	うそつくと～わよ	転んで腰を～	陰口を～	一席～
打つ	○	-つ○	×	○	×	×
たたく	○	-い○	△	×	×	×
ぶつ	○	×	○	×	×	×

う・つ①【討つ・打つ】(他五)①(用刀)砍,斩。△首(くび)を～ / 斩首。②进攻,讨伐。△賊徒(ぞくと)を～ / 讨贼。

う・つ①【撃つ】(他五)①射,打。△鉄砲(てっぽう)を～ / 开枪。②攻击。△敵(てき)を～ / 攻敌。

うつうつ⓪③〔鬱鬱〕(名・形动タルト)①心情郁闷。△～として楽(たの)しまず / 闷闷不乐。②(草木)郁郁葱葱,繁茂。△～たる深山(しんざん) /(草木)茂密的深山。

うっかり③(副・自サ)马虎,发呆,不留神。△～まちがえる / 不留神搞错。⇨おもわず 表

うつくし・い④【美しい】(形)美丽,优美,高尚。△～季節(きせつ) / 美丽的季节。△～友情(ゆうじょう) / 纯洁的友谊。△～言葉(ことば) / 美的语言。△心(こころ)が～ / 心灵美。

	～景色	～友情	～空気	～払う	～自然
美しい	○		×		○
きれい	-な○	×	-な○	-に○	×

うつし③【写し】①抄写,抄件。②抄本,副本。△書類(しょるい)の～をとる / 抄文件留底子。③仿制品。と△～絵(え) / 复制画。

うつ・す②【写す】(他五)①抄,誊。△手本(てほん)を～ / 临摹。②拍照。△写真(しゃしん)を～ / 拍照。

うつ・す②【映す】(他五)①映,照。△鏡(かがみ)に姿(すがた)を～ / 对着镜子照身影。②放映。△映画(えいが)を～ / 演电影。

うつ・す② 【移す】(他五)①移,挪动。△植木鉢(うえきばち)を部屋(へや)からベランダに～/把花盆从屋里移到阳台上。②度过。△時(とき)を～/虚度时光。③转移(视线等)。△目(め)を～/转移视线。④传染(疾病)。△風邪(かぜ)を～/染上感冒。⑤(也作"遷す")变动(场所、地位)。△都(みやこ)を～/迁都。△支店長(してんちょう)を～/换分店经理。

うっせき⓪ 〔鬱積〕(名・自サ)郁结,郁积(因憎恶、不满等所致)。△～したいきどおり/郁结的愤怒。

うっそう⓪ 〔鬱蒼〕(形動タルト)郁郁葱葱,繁茂。△～とした森(もり)/郁郁葱葱的森林。

うったえ⓪ 【訴え】①诉讼,控告。②申诉,诉苦。

うった・える④③⑤ 【訴える】(他下一)①起诉,控告。△航空会社(こうくうがいしゃ)を～/控告航空公司。②诉苦。△不満(ふまん)を～/告状,诉说苦衷。③使用(某种手段)。△武力(ぶりょく)に～/诉诸武力。④感动,共鸣。△彼(かれ)の演説(えんぜつ)は大衆(たいしゅう)の心(こころ)に～ものがあった/他的演说打动了群众的心。⑤呼吁。△平和(へいわ)を～/呼吁和平。

うつつ⓪ 〔現〕①现实。△夢(ゆめ)とも～ともわからない/不知是梦还是现实。②清醒,正常状态。△～に返(かえ)る/清醒过来。③似睡非睡,神志恍惚。◇～を抜(ぬ)かす/迷住,迷恋,热中于。

うって① 【打つ手】(应采取的)手段,办法,对策。△～がない/无计可施。

うっとうし・い⑤ 〔鬱陶しい〕(形)①阴郁,郁闷。△～天気(てんき)/阴暗的天气。△気分(きぶん)が～/心情郁闷。②令人厌烦,碍事。△前髪(まえがみ)がのびて,目(め)の辺(あた)りが～/头发帘儿长了,挡眼睛。

うっとり③ (副・自サ)出神,心旷神怡。△～とみとれる/看呆了,看入迷了。

うつぶせ⓪ 【俯せ】脸(腹)朝下,趴下。△～になる/趴着。

うっぷん⓪ 〔鬱憤〕积愤。△～を晴(は)らす/泄愤,发泄积愤。

うつむ・く③④⓪ 〔俯く〕(自五)低头,脸朝下。△彼(かれ)はいつも俯いて歩(ある)く/他总是低头走路。

うつりかわり 【移(り)変(わ)り】变迁,变化。△季節(きせつ)の～/季节的变化。△時代(じだい)の～/时代的变迁。

うつりぎ⓪③ 【移り気】(形動)性情不定,见异思迁。△～な性格(せいかく)/见异思迁的性格。

うつ・る② 【写る】(自五)①透过来,透明。△障子(しょうじ)に人影(ひとかげ)が～/纸窗上映出人影。②(也作"映る")映,照。△よく～カメラ/好用的照相机。

うつ・る② 【映る】(自五)①映,

照。△富士山(ふじさん)が湖水(こすい)に映っている/富士山倒映在湖面上。②(颜色等)谐调,相配。△そのネクタイは背広(せびろ)によく～/那条领带和西装很相配。

うつ・る② 【移る】(自五)①迁,移。△大学(だいがく)が～/大学搬迁。△行動(こうどう)に～/付诸行动。②变,变迁。△時刻(じこく)が～/时光流逝。③(也作"遷る")(职务、心情)变化,改变。△職場(しょくば)が～/调换工作岗位。△関心(かんしん)が他(た)に～/兴趣转向别处。④沾染上(颜色、气味等)。△香(かおり)のにおいが着物(きもの)に～/香味粘到衣服上。⑤传染。△病気(びょうき)が～/染病。

うつろ⓪ 〔空・虚(ろ)〕(形动)①空,空心。△～な竹(たけ)の幹(みき)/空心的竹子。②发呆,茫然若失。△～な目(め)/发呆的眼神。

うつわ⓪ 【器】①容器,器具。②(指与地位、职位相称的)能力,才能,才干。△～の大(おお)きい人物(じんぶつ)/本事大的人物。

うで② 【腕】①手腕,胳膊。②技能,本领,本事。△ピアノの～が上(あ)がる/钢琴的技艺提高了。◇～が鳴(な)る/摩拳擦掌,跃跃欲试。◇～に覚(おぼ)えがある/有把握,有信心。◇～を拱(こまぬ)く/袖手旁观。◇～をふるう/发挥本领。◇～の見(み)せ所(ところ)/发挥能力的好机会。

うできき⓪④ 【腕利(き)】(名・形动)有本领的人,能手,干将。△～の刑事(けいじ)/本领高超的刑警。

うでずもう③ 〔腕相撲〕(名・自サ)掰腕子。

うでどけい③ 【腕時計】手表。

うでまえ⓪③ 【腕前】能力,本事,才干。△釣(つ)りの～/钓鱼的本事。

うてん① 【雨天】雨天。△～決行(けっこう)/风雨不误。△～順延(じゅんえん)/雨天顺延。

うと・い② 【疎い】(形)①生疏,不太了解。△世事(せじ)に～/不懂世故。△星(ほし)に～/对行星不太知晓。②疏远。△関係(かんけい)が～/关系疏远。◇去(さ)る者(もの)は日日(ひび)に疏し/对离去的人日益疏远,人走茶凉。

うとうと① (副・自サ)迷迷糊糊,昏昏沉沉。△つい～と寝入(ねい)った/终于迷迷糊糊地睡着了。

うどん⓪ 〔饂飩〕切面,面条。△～粉(こ)/小麦粉,面粉。

うとん・じる④ 【疎んじる】(他上一)疏远,冷淡。

うなが・す③ 【促す】(他五)促使,催促。△返答(へんとう)を～/催促回答。

うなぎ⓪ 〔鰻〕鳗,鳗鲡。◇～の寝床(ねどこ)/狭长的房屋。◇～登(のぼ)り/(物价、温度等)直线上升。

うなず・く③④ 〔頷く・点頭く・首く・首肯く〕(自五)点头,首肯。△彼(かれ)はしきりに～/他连连点头。

うな・る② 〔唸る〕(自五)①呻吟,哼哼。△うんうん～/发出呻吟。②(兽类)吼,啸。③响,轰鸣。△風(かぜ)が～/风呼呼作响。④哼唱。△蚊(か)が～/蚊子嗡嗡叫。⑤喝彩。◇～ほど金(かね)を持(も)っている/有的是钱。

うぬぼれ⑤⓪ 〔自惚れ・己惚れ〕自满,自负,自大。△～の強(つよ)い人/过于自负的人。

うぬぼ・れる⑤⓪ 〔自惚れる〕(自下一)自满,自负,骄傲。△天才(てんさい)だと～/自以为是天才。

うねり③ ①蜿蜒,起伏。②波涛,滚滚浪潮。

うね・る② (自五)①弯曲,蜿蜒。△道(みち)が～/道路蜿蜒。②(波浪)起伏,翻腾。△波(なみ)が～/波浪起伏。

うのみ③⓪ 〔鵜呑(み)〕(名・他サ)①整吞,囫囵吞咽。②生吞活剥,囫囵吞枣。△西洋(せいよう)の文物(ぶんぶつ)を～にする/生吞活剥地吸收外国文化。△人(ひと)の言葉(ことば)を～にする/盲目听信别人的话。

うば・う②③ 【奪う】(他五)①夺,抢夺。△武器(ぶき)を～/抢夺武器。△自由(じゆう)を～/剥夺自由。△熱(ねつ)を～/带走热,散热。②吸引人。△彼女(かのじょ)の踊(おど)りは観衆(かんしゅう)の目(め)を奪った/她的舞蹈深深吸引了观众。

うま② 【馬】①马。②(体操用)木马。③(象棋)马。◇～が合(あ)う/对脾气,有缘,投机。◇～の耳(みみ)に念仏(ねんぶつ)/马耳东风,对牛弹琴。◇～を牛(うし)に乗(の)り換(か)える/〈喻〉以好换坏。

うま・い② 〔旨い〕(形)①(也作"甘い""美味い")好吃,香。△～菓子(かし)/好吃的点心。②(也作"巧い""上手い")高明,好。△字(じ)が～/字写得好。③幸运,便宜。△～話(はなし)/i)好事。ii)有利可图的事。△うまく行(い)く/顺利进行(进展)。◇～汁(しる)を吸(す)う/不劳而获。

	絵を～書く	それは～考えだ	～の手から水がもれる	言葉人をだます	お世辞が～なったね
うまい	-く○	○	×	×	く○
上手	-に○	×	○	×	-に○
巧みく	-に○	×	×	-に○	×

うま・る③⓪ 【埋(ま)る】(自五)①埋上。△地中(ちちゅう)に～/埋在地下。②填补,补偿。△赤字(あかじ)が～/赤字得以弥补。△席(せき)が～/坐满。

うまれ⓪ 【生(ま)れ】①出生,诞生。△昭和(しょうわ)～/昭和年出生的。△京都(きょうと)の～/出生在京都。②门第,出身。

うまれかわ・る⑤ 〔生まれ変(わ)る〕(自五)①转世,投生。△鳥(とり)に生まれ変わりたい/我想

投生为鸟。②重新作人，悔过自新，脱胎换骨。△彼(かれ)はまったく生まれ変わった/他完全变了。

うまれこきょう④ 【生まれ故郷】出生地，故乡。△貧(まず)しかった～も今(いま)はすっかり面目(めんもく)を一新(いっしん)した/昔日贫困的故乡，如今面貌焕然一新。

うまれつき⓪ 【生(ま)れつき】(名・副)天生，先天，生来。△～きれいだ/长得漂亮。

うま・れる④⓪ 【生(ま)れる・産まれる】(自下一)①(鸟类)孵出蛋壳，(哺乳类动物)出生。△赤(あか)ちゃんが～/婴儿出生。②产生，出现。△疑問(ぎもん)が～/产生疑问。△希望(きぼう)が～/产生希望。△新(あたら)しい国(くに)が～/新的国家产生了。

うみ① 【海】①海，海洋。◇～とも山(やま)ともつかず/结果如何还说不定。②(咸水)湖。

うみ② 〔膿〕脓。

うみだ・す③ 【生み出す・産み出す】(他五)①生，生出来。△鶏(にわとり)が卵(たまご)を生みだした/鸡下蛋了。②产生，创造。△新製品(しんせいひん)を～/创造新产品。

うみべ③⓪ 【海辺】海边，海滨。

うむ① 【有無】①有无。△子(こ)の～/有无孩子。②(多写假名)愿意不愿意，肯不肯。△～を言(い)わせず/不容分说。

う・む②⓪ 【生む】(他五)①(也作"産む")生，产。△子(こ)を～/生孩子。△卵(たまご)を～/产卵。②产生，产出。△誤解(ごかい)を～/产生误解。△新記録(しんきろく)を～/创出新记录。

う・む① 〔倦む〕(自五)厌倦，疲倦。△倦まずたゆまず/孜孜不倦。

うめ⓪ 【梅】梅，梅子。◇～に鶯(うぐいす)/〈喻〉相得益彰。

うめ・く② 〔呻く〕(自五)①呻吟。△痛(いた)みに～/因疼痛而呻吟。②(诗歌)苦吟。

うめこ・む③ 【埋め込む】(他五)埋入，嵌入。

うめたて⓪ 【埋(め)立て】(名・他サ)填埋(河、湖、海)，填海筑地。

うめた・てる④ 【埋(め)立てる】(他下一)填，填平。△池(いけ)を埋め立てて、家(いえ)を建(た)てる/填池造屋。

うめぼし⓪ 【梅干(し)】咸梅干。

う・める③⓪ 【埋める】(他下一)①埋。△死(し)がいを～/埋死尸。②填补，补充。△虫歯(むしば)を～/补牙。③(往热水里)对凉水。△熱(あつ)いお湯(ゆ)に水(みず)を～/往热水里对凉水。

	秘密の所に宝を～	お棺を花で～	赤字を～	頭を枕に～	ふろを～
うめる	○	×	○	○	○
うずめる	○	○	×	○	×

うやうやし・い⑤ 〔恭しい〕(形)恭恭敬敬，彬彬有礼。

うやま・う③ 【敬う】(他五)敬，

尊敬。△先生(せんせい)を～ / 尊敬老师。⇨そんけい表

うやむや⓪〔有耶無耶〕(形动)暧昧，含混。△ごまかして～にする / 蒙混过关。⇨あいまい表

うよきょくせつ①〔紆余曲折〕(名・自サ)弯弯曲曲，曲折，波折。△決定(けってい)までに～がある / 到最终决定，还有不少曲折。

うよく①【右翼】①(鸟等的)右边翅膀。②(思想)右翼，右派。

うら②【浦】①海湾。②海滨。

うら②【裏】①后面，背面。△家(いえ)の～ / 房子后面。②里面，内部。△着物(きもの)の～ / 衣服的里面。③反面。△～を言(い)う / 说反面话。④背地，背后。△～ビデオ /〈俗〉淫秽录像带。◇～には～がある / 扑朔迷离。◇～の～を行(い)く / 将计就计。◇～をかく / 钻空子。

うらうち⓪④③【裏打(ち)】(名・他サ)①(用布、纸等在里面)褙，褾。△紙(かみ)で～する / 把里面用纸褙糊上。②(衣服)挂里子。③进一步证实。

うらおもて⓪【裏表】①表里，正反两面。②里外颠倒。

うらがえし③【裏返し】(名・他サ)翻过来，翻里作面。△きみ、セーターを～に着(き)ているよ / 你把毛衣穿反了。

うらがえ・す③【裏返す】(他五)翻里作面，翻过来。△新聞(しんぶん)を裏返して見(み)る / 把报纸翻过来看。

うらぎ・る③【裏切る】(他五)①背叛，倒戈。△祖国(そこく)を～ / 背叛祖国。△裏切り者(もの)／叛徒。②辜负，违背。△人(ひと)の期待(きたい)を～ / 辜负了人家的期望。

うらぐち⓪【裏口】①后门，后边的出入口。②走后门，不正当交易。

うらづけ⓪④【裏付(け)】证据，保证。△～を取(と)る / 取得证据。

うらづ・ける④【裏付ける】(他下一)证实，保证。△事実(じじつ)が犯行(はんこう)を裏付けた / 事实证实了罪行。

うらない③【占い】①占卜，算卦。②占卜师，算命先生。

うらな・う③【占う】(他五)占卜，占卦，算命。△運命(うんめい)を～ / 算命。

うらはら⓪【裏腹】(名・形动)①腹与背。②相反，言行不一。△言(い)うこととやることが～だ / 言行不一。

うらみ③【恨(み)】恨，怨恨。遗憾，缺陷。△～を持(も)つ / 怀恨。△手遅(ておく)れの～ / 延误之遗憾。△～を晴(は)らす / 雪恨，泄愤。◇～骨髄(こつずい)に徹(てっ)す / 恨之入骨。◇～を飲(の)む / 饮恨。

うら・む②【恨む】(他五)①(也作"怨む")恨，怀恨。△天(てん)を～ / 怨天。②(也作"憾む")感到遗憾。△天才(てんさい)の死

(い)を〜/对天才之死感到可惜。

うらもん⓪【裏門】后门。

うらやまし・い⑤〔羨ましい〕(形)令人羡慕,令人嫉妒。△家庭(かてい)にも恵(めぐ)まれて〜人(ひと)だ/家庭美满令人羡慕的人。

うらや・む③〔羨む〕(他五)羡慕。△人(ひと)の早(はや)い進歩(しんぽ)を〜/羡慕人家进步快。

うららか②〔麗らか〕(形动)晴朗,和煦。△〜な春(はる)の日(ひ)/春光明媚。⇨のどか 表

ウラン①〔德 Uran〕铀。△〜濃縮(のうしゅく)/浓缩铀。

うり①〔瓜〕瓜。◇〜のつるに茄子(なすび)はならぬ/乌鸦生不出凤凰来,瓜藤结不出茄子。

うり⓪【売(り)】①卖,销售。△家(いえ)を〜に出(だ)す/出卖房子。②(估计股票下跌而)抛售。△〜に出(で)ている/正在抛售。

うりあげ⓪【売(り)上(げ)】销售额。

うりあ・げる④【売り上げる】(他下一)①卖完。△夕方(ゆうがた)にはすっかり売り上げてしまった/傍晚时分全部卖完了。②卖得。△今日(きょう)は五千円(ごせんえん)売り上げた/今天卖了5000日元。

うりきれ⓪【売(り)切れ】全部卖完,脱销。

うりき・れる④【売(り)切れる】(自下一)卖完,售完。△新年号(しんねんごう)は売り切れた/新年号刊已经卖完。

うりざねがお⓪④〔瓜実顔〕瓜子儿脸。

うりだし⓪【売(り)出し】(名・他サ)①开始出售。②减价推销。△歳末(さいまつ)大(おお)〜/年末大减价,年末大甩卖。

うりて⓪【売(り)手】卖方,卖主。

うりば⓪【売(り)場】①柜台,卖场。②销售的好时机。

うりもの⓪【売(り)物】①卖的东西,商品。△店(みせ)の〜/店里的商品。②招牌,幌子。△…を〜にする/以…作招牌。

う・る②⓪【売る】(他五)①卖。△土地(とち)を〜/卖地。②出名。△名(な)を〜/扬名,出名。△顔(かお)を〜/亮相。③出卖。△仲間(なかま)を〜/出卖同伴。④挑逗。△けんかを〜/找茬打架。◇油(あぶら)を〜/(途中)磨磨蹭蹭,磨洋工,偷懒。

う・る①【得る】(他下二)(变化为エ・エ・ウル・ウル・ウレ・エヨ)〈文〉①得,得到。△利益(りえき)を〜/得到利益。②(接动词连用形下)能。△学(まな)び〜/能学(到手)。△有(あ)り〜/可能(有)。

うるうどし②〔閏年〕闰年。

うるおい③⓪【潤い】①湿润。②温情,情趣。③受益,受惠。④恩泽。

うるお・う③【潤う】(自五)①润,湿润。△土(つち)が〜/土地湿润。②受惠,受益;丰富。△生活(せいかつ)が〜/生活富裕。⇨しめ

うるお・す③【潤す】(他五)①润,滋润,弄湿。△お茶(ちゃ)で喉(のど)を～/喝茶润嗓子。②施惠,使受惠。△工場(こうじょう)誘致(ゆうち)で町(まち)を～/招揽工厂,使城市受益。

うるさ・い③〔煩い・五月蠅い〕(形)①讨厌,麻烦,恼人。△～手続(てつづき)/麻烦的手续。②吵得慌。△機械(きかい)の音(おと)がうるさくて眠(ねむ)れない/机器太吵,无法入睡。③爱唠叨。爱挑剔,苛求。△母親(はおや)がうるさく小言(こごと)を言(い)う/母亲喋喋不休地发牢骚。△時間(じかん)に～/苛求时间。

	～物音	時間に～人	オリンピックで世間が～	髪の毛が～	幼時から～しつける
うるさい	○	○	×	○	○
やかましい	○	○	×	×	-く○
騒がしい	○	×	×	×	×

うるし⓪【漆】①漆树。②漆。

うる・む②【潤む】(自五)①湿润,朦胧。△月(つき)が潤んで見(み)える/月色朦胧。②眼泪湿润。△目(め)が～/眼泪汪汪。③呜咽声。△声(こえ)が～/声音呜咽。

うるわし・い④【麗しい】(形)①美丽,美好。②好,晴朗。△ごきげん麗しく/精神很好。③动人,可爱。△～友情(ゆうじょう)/高尚的友谊。

うれい②【憂(い)・愁(い)】①忧,忧郁,愁。△～をふくむ顔(かお)/面带忧愁。②担心,担忧。△心(こころ)になんの～もない/心里没有任何担忧。

うれ・える③【憂える・愁える】(自他下一)①担心,忧虑。△国(くに)の将来(しょうらい)を～/为国家的未来担忧。②悲伤,哀叹。△父(ちち)の死(し)を～/悲叹父亲逝世。

うれし・い③【嬉しい】(形)高兴,欢喜。△～ニュース/好消息,喜讯。△～悲鳴(ひめい)をあげる/忙得不亦乐乎,高兴得尖叫起来。

うれのこり⓪【売(れ)残(り)】①剩货。②〈俗〉嫁不出去的女人。

うれゆき⓪【売(れ)行(き)】行销,销路。△～がいい/销路好。

う・れる③⓪【売れる】(自下一)①好卖,畅销。△高(たか)く～/卖好价,卖高价。②有名气。△名(な)の売れた人(ひと)/出名的人,有名气的人。

う・れる②【熟れる】(自下一)熟,成熟。△桃(もも)もおいおい～/桃子快熟了。

うろうろ①(副・自サ)徘徊,打转转。△門前(もんぜん)に～しているのは誰(だれ)だ/在门前转悠的是谁呀!

うろつ・く④⓪(自五)徘徊,彷徨。△家(いえ)の前(まえ)を～/在门口转来转去。

うわき⓪【浮気】(名・形动・自サ)①见异思迁,心情不专。②轻浮,爱情不专一。

うわぎ⓪【上着】①外衣。②上衣。

うわさ⓪〔噂〕①传说,谣传,风声。△～が広(ひろ)まる/消息传

開。△根(ね)も葉(は)もない～/毫无根据的谣传。②谈论，背后议论，念叨。△～の人物(じんぶつ)/人们议论的人物。△人(ひと)の～をしてはいけないよ/背地里议论人可不好啊！◇～をすれば影(かげ)/说曹操，曹操就到。

うわつ・く⓪【浮つく】(自五)浮躁。△気持(きもち)が～/心情浮躁。

うわて⓪【上手】①〈文〉上方，上边。②(技艺、能力等)占上风，强手。△一枚(いちまい)～/技高一筹。③(相扑)从对方胳膊上面伸手(抓住兜裆布)。

うわのそら④【上の空】(名・形动)精神溜号，心不在焉。△人(ひと)の話(はなし)を～で聞(き)く/心不在焉地听人讲话。

うわべ⓪【上辺】表面，外表，外观。△～を飾(かざ)る/修饰外表。△人(ひと)は～だけでは分(わか)らない/人不能光看外表。

うわまえ⓪【上前】①(衣服的)大襟，外襟。②抽头，揩油。△～をはねる/抽头，揩油。

うわまわ・る④【上回る】(自五)超过，超出。△予想(よそう)を～成績(せいせき)/超出预想的成绩。

うわむき⓪【上向(き)】①朝上，向上。△子供(こども)が～にねている/小孩仰脸睡着。②繁荣，兴盛。△店(みせ)が～になる/商店生意兴隆。③(物价、行市)看涨。④外表。△～を飾(かざ)る/修饰外表。

うわ・る⓪【植わる】(自五)栽着，种着。

うん①【運】运，命运。△～を天(てん)にまかす/听天由命。

うん①(感)①(表示同意)嗯，是。②(表示怀疑)哦，噢。③(用力时发出的声音)哼，咳。

うんえい⓪【運営】(名・他サ)运行，运营，经营。△大会(たいかい)を～する/组织大会。

うんか〔雲霞〕①云霞。②(人群)云集。△～のごとき大軍(たいぐん)/大军云集。

うんが①【運河】运河。

うんきゅう⓪【運休】(名・自サ)停运，停开。

うんこう⓪【運行】(名・自サ)①运行。△バスの～時間(じかん)/公共汽车运行时间。②(天体)运行。△遊星(ゆうせい)はその軌道(きどう)を～する/行星沿它的轨道运行。

うんこう⓪【運航】(名・自サ)航行，飞行。

うんざり③(副・自サ)腻，厌烦。△この民宿(みんしゅく)の料理(りょうり)はおいしいが、こう毎日(まいにち)魚(さかな)では～だ/这家民办旅馆的菜很好吃，可每天都吃鱼就太腻了。△先輩(せんぱい)のくどくどした説教(せっきょう)を聞(き)かされて～した/对前辈絮絮叨叨的说教已经听烦了。

うんざん⓪【運算】(名・他サ)计算，运算。△～がうまい/善于

演算。

うんそう⓪【運送】(名・他サ)运输,运送。△～保険(ほけん)/运输保险。

うんちく⓪〔蘊蓄・薀蓄〕(名)渊博(的学识)。△～のある人(ひと)/学识渊博的人。△～を傾(かたむ)ける/拿出全部学识来。

うんちん①【運賃】运费,(火车、飞机、汽车等的)票价。

うんてん⓪【運転】(名・自他サ)①驾驶,运转。△車(くるま)を～する/开车。△～手(しゅ)/司机。②运用,周转。△～のための資金(しきん)/用于周转的资金。⇨そうじゅう表

うんてんし③【運転士】驾驶员,司机。

うんてんしゅ③【運転手】驾驶员,司机。

うんと⓪①(副)①多。△～ある/有的是,多得很。△～食(た)べる/多多地吃。②用力。△～働(はたら)く/使劲儿干活。△～引(ひ)っ張(ぱ)る/使劲拉。③大大地,远远地。△こっちの方(ほう)が～いい/这个(比那个)好得多。

うんどう⓪【運動】(名・自サ)①(物体)运动。△振子(ふりこ)の～/摆的运动。②(体育)运动。△～会(かい)/运动会。△～不足(ぶそく)/体育锻炼不够。③(政治、社会性的)运动,奔走,活动。△選挙(せんきょ)～/选举运动。△～を起(お)こす/兴起运动。

うんどうじょう⓪【運動場】操场,运动场。

うんどうば⓪【運動場】→うんどうじょう。

うんぬん⓪〔云云〕(名・自他サ)云云,议论。△たばこは有害(ゆうがい)～の説(せつ)がある/说是吸烟有害云云。

うんぱん⓪【運搬】(名・他サ)搬运,运输。△貨物(かもつ)の～/货物的搬运。

うんめい①【運命】命运,宿命。△～に従(したが)う/听任命运。△～論(ろん)/宿命论。

うんゆ⓪【運輸】运输,输送。△～省(しょう)/(日本)运输省(大体相当于中国的交通部)。

うんよう【運用】(名・他サ)运用,使用,活用。△資金(しきん)を～する/使用资金。

うんよく⓪【運良く】(副)侥幸,幸运。△～いけば/如果幸运的话。

え エ

え① 【絵】画,图。△～をかく/画画儿。△テレビの～/电视的图像。△～のように美(うつく)しい/优美如画。

え 【柄】Ⅰ①(名)柄,把。△傘(かさ)の～/伞把。△ひしゃくの～/舀子把。Ⅱ(助数)(计算枪支的词)杆,支。

え⓪ 【重】(接尾)重,层。△八(や)～/多层。△一(ひと)～/单层。

え Ⅰ①(感)①(表示肯定、同意的语气)唉,嗯。△～,そうです/嗯,是的。②(表示感动、惊奇、疑问等)哎!怎么?△～,なんだって/唉,什么?Ⅱ(终助)〈女〉(表示亲密而轻微的疑问)什么?啊?

エア [air]Ⅰ①(名)①空气。②空中。Ⅱ(接头)航空。△～クラフト/航空器。

エア・ガール①-① [air girl]空中小姐。

エア・コン⓪ [air con (ditioning)]空气调节。

エア・バス⓪③ [air bus]大型短途客机,空中客车。

エアメール③ [airmail]航空邮件。

-えい 【営】(接尾)①经营,…营。△経(けい)～/经营。②军营,…营。△兵(へい)～/兵营。

えいえい⓪ 【営営】(副・形动タルト)孜孜不倦,忙忙碌碌。△～として働(はたら)く/孜孜不倦地工作。

えいえん⓪ 【永遠】(名・形动)永远,永久。△～の真理(しんり)/永恒的真理。△～に続(つづ)く/万古长存。

えいが⓪① 【映画】电影。△～館(かん)/电影院。△～を見(み)る/看电影。△～監督(かんとく)/电影导演。△～を撮(と)る/拍电影。

えいかいわ③ 【英会話】英语会话。

えいかん⓪ 【栄冠】名誉,荣誉。△勝利(しょうり)の～に輝(かがや)く/荣获胜利之冠。

えいき① 【英気】英气,才气。△～を養(やしな)う/养精蓄锐。

えいきゅう⓪ 【永久】(名・形动)永久,永远,永恒。△～歯(し)/恒齿。△～不変(ふへん)/永恒不变,万古长青。

えいきょう⓪ 【影響】(名・自サ)影响。△悪(わる)い～を及(およ)ぼす/给予不良影响。△～が出(で)る/产生影响。

えいぎょう⓪ 【営業】(名・自サ)营业,经商。△～を停止(ていし)する/停止营业。△～が振(ふる)わない/生意不景气。

えいご⓪ 【英語】英语。

えいこう⓪ 【栄光】荣耀,光荣。△勝利(しょうり)の～/胜利的光荣。

えいさい⓪ 【英才】〔穎才〕英才。

△～教育(きょういく)／英才教育。

えいじ⓪【英字】英文。

えいしゃ⓪【映写】(名・他サ)放映。△映画(えいが)を～する／放电影。△スライドを～する／放幻灯。△～室(しつ)／放映室。△～機(き)／电影放映机。

えいじゅう⓪【永住】(名・自サ)久居,长住,落户。△～の地(ち)／定居之地。△中国(ちゅうごく)に～することにした／决定久居中国。

えい・じる③④⓪【映じる】(自上一)①映,映照。△夕日(ゆうひ)に～／夕阳映照。②看在眼里,留下印象。△目(め)に～／看见。留下印象。

えいしん⓪【栄進】(名・自サ)荣升,高升。△局長(きょくちょう)に～した／荣升为局长。

エイズ①[AIDS (acquired immune deficiency syndrome)]艾滋病。△～ウイルス／艾滋病病毒。

えいせい⓪【衛生】(名・形動)卫生。△～的(てき)／卫生的。△～に気(き)をつける／注意卫生。

えいせい⓪【衛星】①卫星。②人造卫星。△～中継(ちゅうけい)／(电视)卫星转播。△～船(せん)／宇宙飞船。③从属关系。△～国(こく)／卫星国。△～都市(とし)／卫星城。

えいぜん⓪【営繕】(名・他サ)营缮,修缮,修建。△～課(か)／修建科。

えいぞう⓪【営造】(名・他サ)营造,建筑。△～物(ぶつ)／建筑物,公共建筑。

えいぞう⓪【映像】①(电影、电视的)影像,画面。②(留在脑海里的)印象。

えいぞく⓪【永続】(名・自サ)永存,持久。△～的な事業(じぎょう)／永久性的事业。

えいたつ⓪【栄達】(名・自サ)荣达,高升。△～の道(みち)／荣达之路。

えいたん⓪【詠嘆】〔詠歎〕(名・自サ)①赞叹。②感叹。△～の意(い)／感叹之意。

えいてん⓪【栄転】(名・自サ)荣升。

えいびん⓪【鋭敏】(名・形動)敏锐,灵敏。△～な神経(しんけい)／敏锐的神经。△～の才子(さいし)／聪明的人。

えいぶん⓪【英文】①英文。②英国文学。

えいめい⓪【英明】(名・形動)英明。△～な決定(けってい)／英明的决定。

えいゆう⓪【英雄】英雄。△～主義(しゅぎ)／英雄主义。△～をたたえる／歌颂英雄。△～色(いろ)を好(この)む／英雄难过美人关。

えいよ①【栄誉】荣誉。△～に輝(かがや)く／获得荣誉。△～礼(れい)／迎接贵宾的仪式。⇨めいよ 表

えいよう⓪【栄養・営養】营养。△～がある／有营养。△～失調(しっちょう)／营养失调。

えいり①【営利】营利。△～会社

(がいしゃ)/营利公司。△～的(てき)/营利性的。

ええ①② (感)①(表示肯定、应允)唉，好的。②(表示惊讶、疑惑)啊，哎。③(表示强烈的喜怒情感)啊，哈。④(用于组织语词)嗯…。

エース① [ace]①(扑克牌)A。②(体育运动等的)尖子选手，主力。△野球(やきゅう)の～/棒球的主力投手。③(网球、排球中的)发球得分。④最高，第一流。△会社(かいしゃ)の～/公司的骨干。

ええと⓪ (感)(用于说话时思考下文、组织语词)嗯…。

エーばん⓪【A判】(日本标准的纸张规格之一)A规格纸(1189×841mm)。

エービーシー⑤【ABC】①英语字母表的起始三个字母。②(知识、技能的)入门。

えがお①【笑顔】笑脸。△～を浮(う)かべる/露出笑容。△母(はは)はどんな時(とき)も～を絶(た)やさない人(ひと)でした/妈妈无论什么时候都面带着微笑。

えが・く②【描く】(他五)(也作"画く")①画，描绘。△山水(さんすい)を～/画山水。②描写。△情景(じょうけい)を～/描写情景。△小説(しょうせつ)に～/在小说中描写。

えがた・い③【得難い】(形)宝贵，难得。△～機会(きかい)/难得的机会。

えき①【益】(名・他サ)①利益，好处。△～をもたらす/带来好处。△何(なん)の～もない/无任何好处。②有益。△世(よ)の～になる/对社会有益。

えき①【液】①液，汁液。△ぶどうの～/葡萄汁。②液体。△石(せっ)けんの～/肥皂液。△～剤(ざい)/液体药。

えき①【駅】(火)车站。△～長(ちょう)/(火车站)站长。△～前(まえ)/车站前。△～員(いん)/站务员。

えきか⓪〔液化〕(名・自他サ)液化。△～天然(てんねん)ガス/液化天然气。

エキサミナー⑤ [examiner]①检查人。②主考人。

エキス① [荷ex(tract)]①(从药或食物中提取的)有效成分，浸膏，(浓缩的)精。△梅肉(うめにく)～/话梅精。②精华。△学問(がくもん)の～を集(あつ)めた百科辞典(ひゃっかじてん)/汇集了学术精华的百科辞典。

エキストラ② [extra]①临时演员。②临时增刊，号外。③特别费用。

エキスパート④ [expert]专家，行家。

エキゾチック④ [exotic](形动)①异国情调。②异国的。△～な風景(ふうけい)/异国风光。

えきたい⓪【液体】液体(态)。△～燃料(ねんりょう)/液体燃料(煤油、汽油、酒精等)。△～空気(くうき)/液态空气。

えくぼ①〔靨・笑窪〕酒窝。△～ができる/现出酒窝。◇惚(ほ)れた目(め)には、あばたも～/情人

眼里出西施。

えぐ・る② 〔抉る〕（他五）①挖，剜，抠。△弾丸(だんがん)を抉りだす / 剜出子弹。②〈喻〉挖苦。③尖锐地揭露。△核心(かくしん)を～/切中要害。

エゴイスト③ [egoist]利己主义者,自私自利的人。

エコー① [echo] ①回声。②回波,反射波。

えこじ⓪ 〔依怙地〕（形动）固执,别扭,意气用事。△～な人(ひと) / 性情固执的人。

エコノミー② [economy]经济,(客机)经济舱票。

えこひいき③ 〔依怙贔屓〕（名・他サ）偏向,偏袒。△～のない評価(ひょうか) / 公平的评价。

えさ 〔餌〕①饵食。△鶏(にわとり)に～をやる / 喂鸡。②诱饵。△景品(けいひん)を～に客(きゃく)を釣(つ)る / 以赠品为饵引诱顾客。③食品(的俗称)。

えじき①③ 〔餌食〕①饵食。△～になる/成为饵食。②牺牲品。△戦争(せんそう)の～となる / 成为战争的牺牲品。

えしゃく① 【会釈】（名・自サ）点头,行礼,打招呼。△～をかわす / 互打招呼。△遠慮(えんりょ)～もない / 毫不客气。

エスカレーター④ [escalator]①滚梯,自动楼梯。②〈喻〉(能免试升入上一级学校的)附属中、小学。

エスカレート④ [escalate]（名・自サ)逐步升级。△戦争(せんそう)は～していった / 战争在逐步升级。

エスばん⓪ 【S判】(服装的)小号。

えせ- 〔似而非・似非〕（接头）①似是而非,假冒。△～学者(がくしゃ) / 冒牌学者。②可笑,下流。

えだ I⓪【枝】（名）①(植物)枝。△～が茂(しげ)る/枝叶茂盛。△～もたわわになった/果实累累。②(雅语)(人)手,(动物)腿。II(接尾・助数)数枝状物的词。七(なな)～の燭台(しょくだい) / 七支烛台。

えたい⓪ 〔得体〕真相,实质,来历。△～が知(し)れない / 莫名其妙的,离奇的,不伦不类的。

えだは⓪ 【枝葉】①枝与叶。②〈转〉枝节,末节。△～にこだわる/拘泥于枝节(问题)。

エチケット① [etiquette]礼仪,礼节,礼貌。△～を守(まも)る/遵守礼仪。

えっ① (感)(表示惊讶、疑惑、反问等)啊,嗯,哎。

エックスせん⓪ 【X線】X线,爱克斯射线。

えっけん⓪ 【越権】越权。△～行為(こうい) / 越权行为。

えっけん⓪ 【謁見】（名・自サ）谒见,拜见。△～を許(ゆる)す/允许谒见。

エッセー① [essay]随笔,小评论。△～を書(か)く/写小品文。

エッセンス① [essence]①本质,真髓。△体験(たいけん)の～/体验

的精髓。②精粹。③香精。△オレンジの～/桔子精。

えっとう⓪【越冬】(名・自サ)越冬,过冬。△蛙(かえる)は土(つち)の中(なか)で～する/青蛙在地下过冬。

えつどく⓪【閲読】(名・他サ)阅读。△雑誌(ざっし)を～する/阅读杂志。

えつらん⓪【閲覧】(名・他サ)阅览。△～室(しつ)で古(ふる)い新聞(しんぶん)を調(しら)べてみた/在阅览室查阅了旧报纸。

えて②①【得手】(名・形动)①得意,擅长。△誰(だれ)にでも～不得手(ふえて)はあるものだ/谁都有擅长的与不擅长的。△歌(うた)は私(わたし)の～ではない/我不擅长唱歌。◇～に帆(ほ)を揚(あ)げよ/八仙过海,各显其能吧。②猴子的别名。

エデン①[希伯莱 Eden]快乐。△～園(その)/乐园,伊甸园。

えど⓪【江戸】江户(东京的旧称)。△～時代(じだい)/江户时代。◇～の敵(かたき)を長崎(ながさき)で討(う)つ/江户的仇在长崎报。(喻)在意外的地方或不相干的问题上进行报复。

えとく①⓪【会得】(名・他サ)理解,领会。△～しやすい/容易理解。△極意(ごくい)を～する/领会奥秘。

エネルギー③[德 Energie]①能,能量。△原子(げんし)～/原子能。△～をためる/储存能量。②精力,气力。△～がいる/需要精力。◇～不滅(ふめつ)の法則(ほうそく)/能量守恒定律。

	～を蓄える	仕事に～を傾ける	～の乏しい企業	～的に働く	自立できる～を与える
エネルギー	○	○	○	×	×
精 力	○	○	×	○	×
活 力	○	×	×	○	○

エネルギッシュ④②[德 energisch](形动)精力充沛。

えのぐ⓪【絵(の)具】(绘画用)颜料。

えはがき②【絵はがき・絵葉書】美术明信片。

えび⓪〔蝦・海老〕虾。△～で鯛(たい)を釣(つ)る/ⅰ)用虾来钓大鱼。ⅱ)抛砖引玉。ⅲ)一本万利。

えびす〔恵比須・恵比寿・戎〕(日本七福神之一)财神。△～顔(がお)/笑容;福相。△～祭(まつり)/(日本10月20日商店等的)祭财神。

エピソード①③[episode]①〈乐〉插曲。②小故事,插曲。△彼(かれ)の少年時代(しょうねんじだい)には数数(かずかず)の～がある/他的少年时代有许多小插曲。

エプロン①[apron]①围裙。△～パパ/干家务的爸爸。②(机场)停机坪。

えほん②【絵本】①画本。②画册,画帖。③(儿童看的)小人儿书。

えま①【絵馬】(献给神社、庙宇的)"绘马"匾额。

えみ①②【笑(み)】笑。△～を含(ふく)む/含笑。△頬(ほほ)～を浮

(う)かべる / 面带微笑。△～をたたえる/满面笑容。△会心(かいしん)の～をもらす/露出得意的微笑。

エムばん⓪【M判】(服装的)中号。

えもいわれぬ⓪ (连体)难以形容,妙不可言。△～美(うつく)しさ/难以形容的美。

えもの⓪【獲物】①猎获物。△～は羚羊(かもしか)一匹(いっぴき)だった/猎获了一只羚羊。②战利品。

エラー① [error]错误,失策。△サードの～/三垒手的失策。

えら・い②【偉い】〔豪い〕(形)①伟大的,卓越的,了不起的。△～学者(がくしゃ)/优秀的学者。△あの方(かた)は～人(ひと)だ/那是个了不起的人。②地位(身份)高的。③后果严重的。△～ことになった / 不得了了!△町中(まちじゅう)どこもかしこも～騒(さわ)ぎだ / 满街闹得天翻地覆。④非常的,厉害的,激烈的,凶的。△偉く暑(あつ)い/非常热。

えら・ぶ②【選ぶ】(他五)①(也作"択ぶ")选择。△代表(だいひょう)を～/选代表。△よいのを～/选好的。△娘(むすめ)が私にこのネクタイを選んでくれた / 女儿给我选择了这条领带。②选派,推选。△委員(いいん)たちは加藤氏(かとうし)を次期委員長(じきいいんちょう)に選んだ / 委员们推选了加藤先生为下届委员长。③(也作"撰ぶ")不同,差别。△そういう言(い)い方(かた)は無作法(ぶさほう)と～ところがない / 这种说法等于不礼貌。◇目的(もくてき)のためには手段(しゅだん)を選ばず/为达到目的不择手段。

えり②【襟】〔衿〕①领子。②脖颈。◇～を正(ただ)す / 正襟。

エリート② [法 élite]①尖子,选出的优秀分子,精华。△～意識(いしき)を持(も)つ / 具有优越感。②统治阶层。

えりごのみ⓪③【選(り)好み】(名・自サ)挑剔。△あれこれと～する/挑三拣四。△～がはげしい/好挑挑拣拣。△食物(しょくもつ)に～(を)してはいけない / 吃东西不要挑拣。

えりぬき⓪【選(り)抜(き)】选拔。△～の選手(せんしゅ)/选拔出来的选手。

えりまき②【襟巻(き)】围巾。

エリミネーター④ [eliminator]交直流电转换器,整流器,(手机)充电器。

えりもと⓪④【襟元】领口。

える【得る・獲る】Ⅰ① (他下一)得,得到。△賞(しょう)を～/获奖。△わが意(い)を～/正中下怀。◇所(ところ)を～ / 适得其所。Ⅱ (接尾) (接动词连用形下,用于终止形或连体形时多用"うる"的形式)能,可能。△ありえない/不可能有。△それもありうることだ/那也是可能有的。

エルエル⓪【LL】 [language laboratory]语言室,语言实验室。

エルエルしょくひん⓪-⓪【エルエル食品】[l(ong) l(ife)]―可长期保存的食品。

エルばん⓪【L判】(服装的)大号。

エレガント①[elegant](形动)(举止、服饰等)优雅,优美(的样子)。△～にふるまう/举止优雅。

エレベーター③[elevator]①电梯。②升降机。△～ガール/电梯女服务员。

エレメント①[element]①(化学)元素。②要素,元件,成分。③自己的活动范围。

えん【円】Ⅰ①①圆(形),圆周。△コンパスで～を描(えが)く/用两脚规画圆。②(日本货币单位)日元。Ⅱ(接头)圆。△～滑(かつ)/圆滑。Ⅲ(接尾)(日本货币单位)…(日)元。△五百(ごひゃく)～/500日元。

えん①【縁】①缘分。△～がある/有缘分。②姻缘。△夫婦(ふうふ)の～を結(むす)ぶ/结为夫妻。③血缘,关系,关联。△～を切(き)る/断绝关系。△そのことと私(わたし)とは～もゆかりもない/那件事与我毫不相干。④(日本房屋的)套廊,走廊。

-えん【園】(接尾)①田园,…园。△農(のう)～/农园。②庭园,…园。△植物(しょくぶつ)～/植物园。

えんあげ④【円上げ】日元升值。△～不況(ふきょう)/日元升值带来的不景气。

えんいん⓪【延引】(名・自サ)拖延,延迟。△会議(かいぎ)の～を詫(わ)びる/为会议拖延表示歉意。

えんえき⓪〔演繹〕(名・他サ)推论,(逻辑)演绎。△～法(ほう)/演绎法。

えんえん⓪【延延】(形动タルト)连续不断地。△会議(かいぎ)は～と10時間(じゅうじかん)も続(つづ)いた/会议竟连续不断地开了10个小时。△自動車道路(じどうしゃどうろ)が～と山(やま)のみねをぬって続(つづ)いている/公路穿过山顶伸向远方。

えんえん⓪【炎炎】(形动タルト)熊熊。△～と空(そら)を焦(こ)がす火(ひ)/熊熊的烈火燻黑了天。

えんか⓪【演歌】〔艷歌〕日本固有的流行歌曲。

えんかい⓪【沿海】沿海。

えんかい⓪【宴会】宴会。

えんかく⓪【沿革】沿革,变迁。△会社(かいしゃ)の～/公司的变迁。

えんかく⓪【遠隔】(名・形动)远隔,遥远。△～の地(ち)/遥远的地方。△～操縦(そうじゅう)/遥控。

えんかつ⓪【円滑】(名・形动)圆滑,圆满,顺利。△会議(かいぎ)が～に進(すす)んでいる/会议正在顺利地进行着。

えんがわ⓪【縁側】(日本式建筑的)檐廊,外廊。

えんがん【沿岸】①沿陆地的水域。△瀬戸内海(せとないかい)～を航行(こうこう)する/沿瀬戸内海海岸航行。②沿岸。△～漁民(ぎょみん)/沿海渔民。

えんき⓪【延期】(名・他サ)延期。△雨(あめ)のため、運動会(うんどうかい)は翌日(よくじつ)に延期(えんき)された/因下雨,运动会延期到次日(举行)。

えんぎ①【演技】(名・自サ)演技,表演。△味(あじ)のある～/精彩的表演。

えんぎ【縁起】Ⅰ①(事物)起源,(狭义指佛教起源、寺庙、神社创造的)由来。△神社(じんじゃ)の～/神社的由来。Ⅱ⓪吉凶之兆。△～を祝(いわ)う/祈祝吉祥。△～を担(かつ)ぐ/迷信吉凶之兆,遇事爱讲究吉凶。△～直(なお)し/免灾,驱邪。

えんきょく⓪〔婉曲〕(形动)婉转,委婉。△～に断(こと)わる/婉言谢绝。

えんきょり③【遠距離】远距离。

えんぐん⓪【援軍】①援军,救兵。②〈转〉帮忙的人,支援者。

えんけい⓪【円形】圆形。△～劇場(げきじょう)/(古代罗马的室外)圆形剧场。△～動物(どうぶつ)/(如钩虫等)线形动物。

えんけい⓪【遠景】①远景。△～に木立(こだち)が見(み)える/在远处有几棵树。②(画、照片等的)背景。

えんげい⓪【園芸】园艺。△～作物(さくぶつ)/园艺作物。

えんげい⓪【演芸】文艺(节目)演出。

エンゲージ・リング⑥〔engage ring〕订婚戒指。

えんげき⓪【演劇】演剧,戏剧。△～をやる/演剧。

えんこ①【縁故】①(人与人的)关系。△父(ちち)の～関係(かんけい)の会社(かいしゃ)で夏休(なつやす)みの一週間(いっしゅうかん)アルバイトをしました/暑假到爸爸工作的公司打了一个星期的工。②亲戚关系。△～をたよる/借助亲属关系。△～採用(さいよう)/任人唯亲。

えんご①〔掩護〕(名・他サ)掩护。△～射撃(しゃげき)/掩护射击。

えんご①【援護】(名・他サ)支援,救援。△～の手(て)をのべる/伸出救援之手。

えんこん⓪①【怨恨】怨恨,冤仇。△～による殺人(さつじん)/由冤仇所引起的杀人。

エンジニア③〔engineer〕工程师,技师。

えんしゅう⓪【円周】圆周。△～率(りつ)/圆周率。

えんしゅう⓪【演習】①课堂讨论,实习。②(军事)演习。

えんじゅく⓪【円熟】(名・自サ)①(艺术、技术的)成熟。△～した芸風(げいふう)/熟练的艺术风格。②老练。△彼(かれ)の人柄(ひとがら)は近来(きんらい)ますます～味(み)を加(くわ)えて来(き)た/他为人近来越发老练了。

えんしゅつ⓪【演出】(名・他サ)演出。(电影、戏剧等的)导演。△～家(か)/导演。

えんしょ⓪①【炎暑】酷暑。

えんじょ① 【援助】(名・他サ)援助。△～を受(う)ける/接受援助。△暖(あたた)かい～の手(て)を差(さ)し延(の)べる/伸出温暖的援助之手。

	A氏の活動を～する	政府の～を受ける	苦学生に学資を～する	テレビで母校を～する
援助	○	○	○	×
支援	○	○	×	×
応援	○	×	×	○

エンジョイ③ [enjoy](名・他サ)享受，享乐。△休日(きゅうじつ)を～する/(愉快地)享受一下假日。△生活(せいかつ)を～する/享受生活的乐趣。

えんしょう⓪ 【炎症】炎症，发炎。△～を起(おこ)す/引起炎症。

えんしょう⓪ 【延焼】(名・自サ)(火势)蔓延。△～を免(まぬか)れる/避免火势蔓延。

えん・じる③⓪ 【演じる】(他上一)①演，扮演。△主役(しゅやく)を～/扮演主角。②〈转〉作出…的样子(作…状)。△醜態(しゅうたい)を～/出丑。

エンジン① [engine]发动机，引擎。△～をかける/开动发动机。

えんすい⓪ 〔円錐〕圆锥。△～形(けい)/圆锥形。

えん・ずる⓪ 【演ずる】(他サ)→えんじる。

えんせい⓪ 【遠征】(名・自サ)①远征。△～隊(たい)/远征队。②到远处参加比赛(探险、登山等)。

えんせい⓪ 〔厭世〕厌世。△～観(かん)/厌世观。

えんぜつ⓪ 【演説】(名・自サ)演说。△立会(たちあい)～/辩论演说。△選挙(せんきょ)～/竞选演说。

えんせん⓪ 【沿線】沿线。△～の開発(かいはつ)/沿线的开发。

えんそ① 【遠祖】远祖，先祖。

えんそう⓪ 【演奏】(名・他サ)演奏。△～会(かい)/演奏会。

えんそく⓪ 【遠足】远足，郊游。△家族(かぞく)そろって～に出(で)かける/全家一起出去郊游。

えんだい⓪ 【遠大】(名・形动)远大。△～な理想(りそう)/远大的理想。

えんだか⓪ 【円高】(在国际汇兑中)日元的比值高，日元升值。△～差益(さえき)/日元升值带来的利益。△～デフレ/日元升值带来的不景气。

えんたく⓪ 【円卓】圆桌。△～会議(かいぎ)/圆桌会议。

えんだん⓪ 【縁談】提亲，说媒。△～を取(と)りきめる/订婚。△～を取り消(け)す/退婚。

えんだん⓪ 【演壇】讲台，讲坛。△～に立(た)つ/登台演讲。

えんちゃく⓪ 【延着】(名・自サ)(指交通工具等)晚点。△この列車(れっしゃ)は二時間(にじかん)～した/这次火车晚点两小时。

えんちゅう⓪ 【円柱】①圆柱子。②(数学)圆柱体。

えんちょう⓪ 【延長】Ⅰ(名・自サ)延长。△線路(せんろ)を三(さん)キロ～する/线路延长3公里。

Ⅱ(名)①延续,延伸。△実習(じっしゅう)は授業(じゅぎょう)の〜だ/实习是讲课的延续。△今日(きょう)の野球(やきゅう)は〜戦(せん)になった/今天的棒球打成平局,比赛延续了。②总长。△路線(ろせん)の〜三千キロ/线路总长3000公里。

えんちょく⓪【鉛直】(名・形动)垂直。△〜線(せん)/铅垂线,垂直线。

えんてん③⓪【炎天】炎热天,暑天。△〜下(した)/烈日当空。

エンド①[end]①结束,终局。②终端。

えんどう⓪【沿道】沿途。△〜は歓迎(かんげい)の人人(ひとびと)でうずまった/沿途挤满了欢迎的人群。

えんとつ⓪【煙突】烟囱,烟筒。△〜掃除(そうじ)/清扫烟囱。

エンド・マーク①-①[end mark](计算机)终端标记。

えんばん⓪【円盤】①圆盘。②铁饼。③唱片。

えんぴつ⓪【鉛筆】铅笔。△〜を削(けず)る/削铅笔。△〜削(けず)り/铅笔刀。

えんぼう⓪【遠望】(名・他サ)远望,远眺。

えんぼう⓪【遠謀】远谋,深谋远虑。◇深慮(しんりょ)〜/深谋远虑。

えんぽう⓪【遠方】远方,远处。

えんま①〔閻魔〕阎王。△〜帳(ちょう)/ⅰ)生死簿。ⅱ)教师记分册。ⅲ)警察手册。

えんまく⓪【煙幕】烟幕。△〜を張(は)る/放烟幕。

えんまん⓪【円満】(形动)圆满,完善,完美无缺。△〜な家庭(かてい)/和睦的家庭。△〜さ/完美无缺。

えんめい⓪【延命】(名・自サ)延寿,延长生命。△必死(ひっし)に〜策(さく)を講(こう)ずる/千方百计地保全地位。

えんやす⓪【円安】日元贬值(指外汇兑换),日元比值低。

えんりょ【遠慮】Ⅰ⓪(名・自他サ)①客气。△ご〜なく/请不要客气。②(提请对方)注意回避,谢绝(对方行为)。△タバコはご〜ください/请勿吸烟。△大(おお)きな声(こえ)で話(はな)すことを〜してください/请勿大声说话。Ⅱ①(名)远虑。△深謀(しんぼう)〜/深谋远虑。◇〜会釈(えしゃく)もない/毫不客气。◇〜なければ近憂(きんゆう)あり/人无远虑必有近忧。

えんろ①〔遠路〕远路,远道。△〜はるばる/千里迢迢。△〜をいとわず/不嫌路远。

お オ

お① 【尾】①尾，尾状物。△彗星(すいせい)の～/彗(星)尾，彗帚。②山麓。△～根(ね)/山脊，山梁。

お- 【小】(接头)①小，细小。△～川(がわ)/小河。②稍微。△～暗(ぐらい)/稍暗。

お-〔御〕(接头)表示尊敬、郑重。△～めでとう/恭喜恭喜。△～菓子(かし)/点心。

オア⓪ [or](接)或，或者，或是。

おあいそ⓪ 【御愛想】(也作"おあいそう")①(餐馆的)结账，账单。②(招待客人时的)客套话，应酬。△～を言(い)う/说客气话。△なにも～がなくて/没能很好地招待。

おあいそう⓪ 【御愛想】→おあいそ。

オアシス①② [oasis]①绿洲。②安乐窝。

おい① (感)(用于男性招呼同辈或晚辈)喂，哎，噢。

おい⓪ 〔甥〕侄，外甥。

おいおい⓪④③ 【追(い)追(い)】(副)渐渐，逐渐。△～快方(かいほう)に向(む)かう/病体逐渐好转。

おいおと・す④ 【追(い)落(と)す】(他五)①攻下，攻陷。△城(しろ)を～/攻下城池。②夺取(前任人的)地位。

おいかえ・す③ 【追(い)返す】(他五)①撵回，击退。△敵(てき)を～/打退敌人。②(对来人)拒见，顶回。

おいか・ける④ 【追(い)掛ける】(他下一)①追赶，紧跟着。②紧接着，紧跟着。

おいこ・す③ 【追(い)越す】(他五)赶过，超过。△先輩(せんぱい)を～/超过前辈。

おいこみ⓪ 【追(い)込(み)】关键时刻，最后关头。

おいこ・む③ 【追(い)込む】(他五)①赶进。△羊(ひつじ)をかこいの中(なか)に～/把羊赶进围栏。②病毒内攻。△かぜを追い込んで肺炎(はいえん)になる/感冒转成了肺炎。③(赛跑等)终点前冲刺。〈转〉(事情干完前)最后努力。△ゴルに近(ちか)くで～/接近终点时冲刺。△期限(きげん)までに全力(ぜんりょく)を挙(あ)げて～/在限期前突击完。④(印刷)不转行，接前行排。

おいさき⓪ Ⅰ【生(い)先】成长，前途。△～が楽(たの)しめる/前途有望，前程有望。Ⅱ【老(い)先】余生，残年。△～が短(みじかい)い/风烛残年。

おいし・い③④⓪ 〔美味しい〕(形)好吃。△～菓子(かし)/好吃的点心。△水(みず)が～/水好喝。

おいしゃさん⓪【お医者さん】医生，大夫。

おいそれと①（副）(一般下接否定)简单，轻易。△～金(かね)は出せない／不能轻易付款。

おいだ・す③【追(い)出す】(他五)赶出，驱赶。

おいたち⓪【生(い)立(ち)】①成长过程。△子供(こども)の～／孩子的成长过程。②经历。

おいつ・く③【追(い)付く・追(い)着く】(自五)追上，赶上。△先進水準(せんしんすいじゅん)に～／赶上先进水平。△先進国(せんしんこく)に～／赶上先进国家。

おいつ・める④【追(い)詰める】(他下一)穷追，逼迫。

おいて⓪③〔於(い)て〕(接)(常用"において"的形式构成状语，表示场所或时间)在…。△教室(きょうしつ)に～／在教室。△古代(こだい)に～／在古代。

おいで⓪〔御出(で)〕①来，去，在("出る、行く、来る、居る"的敬语)。△先生(せんせい)も～になりますか／老师(您)也去吗？②(对小孩的轻微命令)过来。△ここまで～／到这儿来。

おいてきぼり⓪【置いてきぼり】丢下，抛下。△～を食(く)う／被丢下。

おいぬ・く③【追(い)抜く】(他五)①胜过，超过。△同僚(どうりょう)を～／胜过同事。②出类拔萃，超群。

おいはら・う④【追(い)払う】(他五)赶走，驱散。△ハエを～／赶苍蝇。

おいぼ・れる④⑤⓪〔老(い)耄れる〕(自下一)衰老。△老いぼれたおやじ／衰老的父亲。

オイラー⓪[oiler]①加油器,给油器。②油杯。③加油工。

お・いる②【老いる】(自上一)年老，衰老。◇老(お)いてますます壮(さかん)／老当益壮。◇老(お)いて二度(にど)児(じ)になる／返老还童。

オイル①[oil]①油。△サラダ～／沙拉油。②石油。③油画，油画颜料。④润滑油。

おいわい⓪【お祝い】Ⅰ(名・他サ)祝贺，庆祝。Ⅱ(名)贺礼，礼品。

おう①【王】①君主。△一国(いっこく)の～／一国之主。②统治者，大王。△百獣(ひゃくじゅう)の～／百兽之王。③(将棋)王将。

お・う②⓪【負う】Ⅰ(他五)①背。△姉(あね)は弟(いもうと)を背(せ)に～／姐姐背着弟弟。②担负。△責任(せきにん)を～／负责。③蒙受，受到。△傷(きず)を～／受伤。△先人(せんじん)に～ところが多(おお)い／有赖于前人之处很多。Ⅱ(自五)相符，相称。△名(な)に～／名符其实。

お・う②⓪【追う】〔逐う〕(他五)①追赶。△子供(こども)が父(ちち)の後(あと)を～／孩子跟在爸爸后边。△二兎(にと)を～者(もの)は一兎(いっと)をも得(え)ず／追二

兎者不获其一。②追求。△理想(りそう)を～ / 追求理想。③驱赶。△蝿(はえ)を～ / 赶苍蝇。△故郷(こきょう)を追われる / 被迫离开故乡。④盯着,指着。△黒板(こくばん)の文字(もんじ)を目(め)で～ / 眼睛盯着黑板上的字。⑤为…所驱使。△生活(せいかつ)に追われる / 被生活所迫。△仕事(しごと)に追われる / 忙于工作。

おいつ⓪〔横溢〕(名・自サ)充沛,洋溢。△元気(げんき)が～している/精力充沛。

おうえん⓪【応援】(名・他サ)①援助,支援。△～に行(い)く/前往援助。②救援,声援。△～歌(うた) / 声援歌曲。△～団(だん) / 声援团。⇨えんじょ 表

おうおう⓪【往往】(副)时常,往往。△～にして失敗(しっぱい)することがある / 经常失败。

おうか①〔謳歌〕(名・他サ)讴歌,歌颂。△青春(せいしゅん)を～する / 讴歌青春。

おうきゅう⓪【応急】应急。△～手当(てあて) / 应急治疗,急救。

おうこう⓪【横行】(名・自サ)①大摇大摆地走。△～闊歩(かっぽ) / 横冲直撞。②横行,肆无忌惮。△悪徳政治家(あくとくせいじか)の～/道德败坏政治家的横行。

おうこく⓪【王国】①王国。②〈转〉强大的势力集团。△自動車(じどうしゃ)～ / 汽车垄断集团。

おうごん⓪【黄金】①黄金。△～季節(きせつ) / 黄金季节。②金钱。△～万能(ばんのう) / 金钱万能。

おうざ①【王座】①王位。②首位,首席。

おうさま⓪【王様】①国王。②(某范围、领域的)大王。

おうじ①【王子】王子。

おうじゃ①【王者】①帝王。②(某团体的)霸主,王者,大王。

おうしゅう⓪【応酬】(名・自サ)①应对,应答,回敬。②还击报复。△パンチの～ / 用拳头回击。

おうしゅう⓪【押収】(名・他サ)扣押,没收。△不法物品(ふほうぶっぴん)を～する/没收违法物品。

おうじょ①【王女】公主。

おうじょう①【往生】(名・自サ)①(佛教)往生。②死,丧命。③为难,无法应付。△立(た)ち～ / 进退维谷。

おう・じる④⓪③【応じる】(自上一)①回答。△学生(がくせい)の質問(しつもん)に～/回答学生的问题。②应,按照。△求(もと)めに～ / 按照要求。③相宜,适宜。

おうしん⓪【往診】(名・自サ)出诊。

おう・ずる⓪③【応ずる】(自サ)→おうじる。

おうせい⓪〔旺盛〕(形动)旺盛,充沛。△食欲(しょくよく)～ / 食欲旺盛。

おうせつ⓪【応接】(名・自サ)①接待,会客。△～室(しつ) / 会客室。②应接。△～にいとまがない / 应接不暇。

おうたい◎【応対】(名・自サ)应对,接待。△〜に困(こま)る/苦于应酬。△客(きゃく)に〜する/接待客人。

おうだく◎【応諾】(名・他サ)答应。△出演(しゅつえん)を〜する/同意演出。

おうだん◎【横断】(名・他サ)①横断。②横渡,横穿。△〜歩道(ほどう)/人行横道。

おうちゃく③◎【横着】(名・形动・自サ)①偷懒,耍滑,刁钻。②厚脸皮,不要脸。

おうとう◎【応答】(名・自サ)应对,应答。△〜がない/无言对答。△質疑(しつぎ)〜/答疑,问题解答。

おうとつ◎【凹凸】凹凸,高低不平。△道(みち)に〜がある/道路高低不平。△〜レンズ/凹凸镜。

おうふく◎【往復】(名・自サ)①往返,来回。△〜ともバスに乗(の)る/往返都乘公共汽车。②通信。③来来往往。④往返票。

おうぶん◎【応分】(名・形动)量力,合乎身份。△〜の寄付(きふ)/量力的捐助。

おうへい①〔横柄〕(形动)傲慢。△〜な態度(たいど)/蛮横的态度。△〜に構(かま)える/趾高气扬。

おうべい◎【欧米】欧美,欧洲和美洲。△〜諸国(しょこく)/欧美各国。

おうぼ◎【応募】(名・自サ)应募。△〜作品(さくひん)/应征作品。

おうぼう◎【横暴】(名・形动)横暴,蛮横。△〜な態度(たいど)/横蛮的态度。△〜をきわめる/蛮横之极。

おうよう◎【応用】(名・他サ)应用,运用。△〜問題(もんだい)/应用(问)题。△〜がきく理論(りろん)/能够活用的理论。△原子力(げんしりょく)を〜する/利用原子能。

おうらい◎【往来】Ⅰ(名・自サ)往来。△人(ひと)の〜が激(はげ)しい/来往的人很多。Ⅱ(名)道路,大马路。

お・える◎【終える】Ⅰ(他下一)完成,完结。△仕事(しごと)を〜/完成工作。△生涯(しょうがい)を終えた/了却一生。Ⅱ(也作"了える")(自下一)(好容易)结束,完成。△宿題(しゅくだい)が終えた/习题(总算)完成了。

おお-【大】(接头)(数量、程度等)大。△〜雨(あめ)/大雨。

おお①(感)①(表示应答)啊。②(表示惊讶)喔,喔哟。③(表示突然想到)喏,啊。

おおい②(感)(招呼远处的人)喂,唉嗨。

おお・い①②【多い】(形)多。△交通量(こうつうりょう)が〜/交通量大。

おおい◎③【覆(い)】〔被〕遮盖,蒙盖物。

おおいそぎ③【大急ぎ】(名・形动)火急,紧急,急急忙忙。△〜の用事(ようじ)ができた/发生了紧急的事情。△〜で用事(ようじ)

をすませた / 急急忙忙地把事情办完了。

おおいに① 【大いに】(副)大大地,非常。△～遊(あそ)ぶ / 痛快地玩。△～迷惑(めいわく)する / 极为困惑。

おお・う③⓪② 【覆う】〔蔽う・掩う・被う・盖う〕(他五)①盖上。△手(て)で口(くち)を～/ 用手掩着嘴。②掩盖。③笼罩,覆盖。△野原(のはら)を～雪(ゆき) / 盖满原野的雪。

おおうつし⓪ 【大写(し)】(电影)特写。△～の画面(がめん) / 特写镜头。

オーエル⓪③ 【OL】[和 offie lady] 女办事员。

おおがかり③ 【大掛(か)り】(形动)大规模。△～な工事(こうじ) / 大工程。

おおかた⓪ 【大方】Ⅰ(名)①大部分。②一般人们。△～の賛同(さんどう)を得(え)る / 得到一般人们的赞同。Ⅱ(副)大致,大概。△～来(く)るだろう / 大概会来吧。⇨たいがい 表

おおがた⓪ 【大形】大形,形状大。△～図面(ずめん) / 大图纸。

おおがた⓪ 【大型】大型,大东西。△～車(しゃ) / 大型车。△～連休(れんきゅう) / 长假。

おおかみ⓪ 〔狼〕①狼。②色狼。

おおがら⓪ 【大柄】(名・形动)①大个头,大个子。△～な女(おんな) / 大个子女人。②(衣料等)大花纹。△～の生地(きじ) / 大花纹的布。

おおき・い③ 【大きい】(形)①(尺寸,容积等)大。②(数量)多。③(程度)深,大。△被害(ひがい)が～ / 受害颇深。④(年龄)大。⑤(心胸)开阔。△～人物(じんぶつ) / 心胸开阔的人。

おおきさ⓪ 【大きさ】大小,尺寸。

オーキシン③ [auxin](也作"アーキシン")植物生长激素。

おおきな⓪ 【大きな】(连体)大。△～みかん / 大桔子。△～顔(かお)をする / 傲慢。

おおきに⓪ 【大きに】Ⅰ(副)①非常,很。△～弱(よわ)った / 很弱。②正是。△～そうだ / 正是那样。Ⅱ(感)(关西方言)谢谢。

おおぎょう⓪③ 【大仰・大形】(形动)夸张,夸大。△～な身(み)ぶり / 夸张的姿势。

おおく⓪ 【多く】Ⅰ(副)多半,多数情况。△あわて者(もの)は～失敗(しっぱい)する / 慌里慌张的人多数情况会失败。Ⅱ(名)大部分,许多。△～の国(くに)と友好関係(ゆうこうかんけい)をもっている / 与许多国家有着友好关系。

おおぐち⓪ 【大口】①大嘴,大口。②大话。△～をたたく / 说大话,吹牛。③巨额(款)。

おおくらしょう④ 【大蔵省】(日本)大藏省(财务省前称)。

オーケー① [OK・美 O.K.] Ⅰ(感)对,好,可以。Ⅱ(名・自サ)同意。△相手(あいて)の～をとる / 取得对方同意。

おおげさ⓪〔大袈裟〕(形动)夸大，铺张。△～な表現(ひょうげん)／夸张的表述。△～に言(い)う／说大话。

オーケストラ③〔orchestra〕①管弦乐。②管弦乐队。

おおごえ③【大声】大声，高声。

おおごと⓪【大事】大事，大事件。△～になる／事情严重。

おおざっぱ③〔大雑把〕(形动)粗略，粗糙。△～な計画(けいかく)／粗略的计划。

おおさわぎ③【大騒(ぎ)】(名・自サ)①大骚乱。△会場(かいじょう)は～になった／会场大乱。②大惊小怪。△何(なに)もそう～することはない／不必那么大惊小怪。③张皇失措。△子供(こども)がいなくなって～をした／因孩子丢了而慌张不知所措。④狂欢。⑤轰动一时。△～されたニュース／轰动一时的消息。

おおし・い③【雄雄しい】(形)雄勇的，大丈夫气概的。△～姿(すがた)／雄姿。

おおすじ⓪【大筋】梗概，要点，大纲。△～の合意(ごうい)／初步达成协议。

おおぜい③【大勢】许多人，众人。

-おおせる〔果せる・遂せる〕(接尾)(接动词连用形)到底…，…完。△きみに辛抱(しんぼう)がし～かどうかが問題(もんだい)だ／你能否坚持到底，还是一个问题。

おおそうじ③【大掃除】①大扫除，大清扫。②(组织上的)大清洗。

オーソドックス④〔orthodox〕(名・形动)正统，传统。△～な方法(ほうほう)／传统的方法。

おおぞら③【大空】天空。

オーソリティー③〔authority〕权威，名家。

おおて①【大手】①城的正门。②大公司，大厂家。△～スーパー／特大超级市场。△～すじ／大厂商。

おおで①⓪【大手】①双臂。△～を広(ひろ)げる／伸开双臂。②公然，堂而皇之。△～を振(ふ)る／大摇大摆。

オーディオ⓪〔audio〕①(收音机、电视等的)音响部分。②音响再生高保真装置。

オート〔auto〕Ⅰ①(名)机动车，汽车。Ⅱ(接头)自动的，机动的。△～ボート／汽艇。△～メーション／自动装置。

おおどおり③【大通り】大街。

オート・バイ③〔auto bicycle〕摩托车。

オートマチック⑤〔automatic〕(形动)自动，自动式。

オートメ⓪〔automa(tion)〕自动装置，自动化。

オートメション④〔aumomation〕→オートメ。

オーバー①〔over〕(名・自他サ・形动)①超过，过分。△～ヒート／ⅰ)(发动机)过热。ⅱ)(人)过于兴奋。△～ワーク／超负荷劳动。②过度，夸大。△～な表現(ひょうげん)／夸大的说法。③"オーバー・コート"之略。

オーバー・コート⑤ [over coat] 大衣,外套。

おおはば⓪④【大幅】〔大巾〕(名・形动)①宽幅面布。②大幅度。△～な値上(ねぁ)げ/大幅度涨价。

オービー③【OB】[old boy]前辈,老校友,毕业生。

オープン① [open] Ⅰ(名・自他サ)开业,开放。Ⅱ(形动)公开,开放。

オープンかかく①⁻⓪【オープン価格】[open—]售价。

オープン・ゲーム①⁻① [open game] 公开竞技。

おおまか⓪【大まか】(形动)笼统,粗略。△～な計画(けいかく)/粗略的计划。△～な説明(せつめい)/粗略的说明。△～な性格(せいかく)/豪放的性格。

おおみず③⓪【大水】大水,洪水。

おおみそか③【大晦日】除夕,腊月三十。△～の夜(よる)/除夕夜。

オーム①[ohm]欧(姆)(电阻单位)。△～計(けい)/欧姆计,电阻表。

おおむかし③【大昔】很久以前,古代。

おおむぎ③⓪【大麦】大麦。

おおむね⓪【大概・概(ね)】(名・副)大概,大致。△成績(せいせき)は～良好(りょうこう)だ/成绩大致良好。

おおもじ⓪【大文字】①(西文)大写字母。②大字,大号字。

おおもの⓪【大物】①大东西。△～を釣(つ)り上(あ)げる/钓上来一条大鱼。②大人物,了不起的人物。△財界(ざいかい)の～/经济界的权威人物。△～食(く)い/搬倒权威。

おおや⓪【大家・大屋】房东。△アパートの～/公寓的房东。

おおやけ⓪【公】①国家,官厅。△～の機関(きかん)/国家机关。②公共,公家。△～もの/公(共财)物。③公开,公布。△事件(じけん)を～にする/公布事件(的真相)。△～の場(ば)/公开场合。

おおゆき⓪【大雪】大雪。

おおよう⓪⓪【大様】〔鷹揚〕(副・形动)大方,从容。△～に構(かま)える/显得落落大方。

おおよそ⓪〔大凡〕Ⅰ(名)梗概,概要。△～の内容(ないよう)/简要的内容。Ⅱ(副)大约,大致。△～できあがった/大致完成了。

	話は～分かった	待つこと一時間	六時以後は～家にいる	そんなことは～無意味だ
おおよそ	○	○	×	△
およそ	○	○	×	○
大 体	○	△	○	×

おおよろこび③【大喜(び)】非常高兴,兴高采烈。

オール-[all](接头)全,全部。△～日本(にほん)/全日本。△～ラウンド/万能。

オール・ウェーブ⑤ [all-wave]全波段无线电收音机。

オールド-[old](接头)老的,旧的。△～ガード/保守分子。

おおわらい③【大笑(い)】①大笑。△腹(はら)をかかえて～をする／捧腹大笑。②十分可笑,大笑话,大笑柄。△それは～だ／那太可笑了!

おおわらわ〔大童〕拼命努力,紧张从事,手忙脚乱,忙得不可开交。△～で式(しき)の準備(じゅんび)をする／为准备婚礼忙得不可开交。

おか⓪【丘】〔岡〕丘陵,小山。△～に登(のぼ)る／登上小山。

おか⓪【陸】陆地,岸上。△～へ上(あ)がる／上陆。◇～に上(あ)がったかっぱ／英雄无用武之地。

おかあさん②〔御母さん〕①(昵称)妈妈。②(敬称)(您)母亲,令堂。

おかげ〔御蔭〕①(神佛的)保佑。②托福。△～さまで／托您的福。⇨せい表

おかし②【お菓子】点心,糕点。

おかし・い③〔可笑しい〕(形)①可笑,滑稽。△可笑しくてたまらない／非常可笑。②失常,反常,可疑。△胃(い)の調子(ちょうし)が～／胃的情况反常。⇨うたがわしい表

おかしな②(連体)①奇怪,可疑。②可笑,滑稽。

おか・す②③⓪【犯す】(他五)①违法,犯(罪)。△罪(つみ)を～／犯罪。②奸污。

おか・す⓪【侵す・犯す・冒す】(他五)侵犯,侵害。△国境(こっきょう)を～／侵犯国境。△権利(けんり)を～／侵害权利。

おか・す⓪【冒す】(他五)①侵袭,加害。△結核菌(けっかくきん)が肺(はい)を～／结核菌侵袭肺部。②冒(险),迎着(困难)。△危険(きけん)を～／冒险。△風雨(ふうう)を～／迎着风雨。③冒充,冒名。

おかず⓪(做熟的)菜,副食。△おいしい～／好吃的菜。

おかね⓪〔御金〕金钱。△～がかかる／需要钱。

おかまいなく⓪(感)(客人对主人说)请不要张罗,请不要客气。

おが・む②【拝む】(他五)①拜,叩拜。△仏(ほとけ)を～／拜佛。②("見る"的谦逊说法)瞻仰。△私(わたし)にも拝ませていただく／让我也见识见识。

おかゆ⓪【お粥】粥,稀饭。

おがわ⓪【小川】小河。

おかわり②〔御代(わ)り〕(名・他サ)添(饭,菜)。△どうぞ～をしてください／请再添碗饭。

おかん⓪【悪寒】身上发冷,寒战。

-おき【置】(接尾)(接在时间、数量名词后)每隔…。△三年(さんねん)～／每隔三年。

おき⓪【沖】①(远离岸边的)海上,湖面。△～の小島(こじま)／海上小岛。②(中部方言)广阔的田野。

おきあが・る⓪④【起き上がる】(自五)站起来,爬起来。

おきか・える④③【置(き)換える】(他下一)①调换。△新製品(しんせいひん)に～／调换新产品。②调

換位置。

おきて⓪〔掟〕①条例，章程。②法律，法令。△～を守(まも)る/维护法律。③宿命，命运。

おぎな・う③【補う】(他五)补偿，补充。△足(た)りない分(ぶん)を～/补充不足部分。△損失(そんしつ)を～/补偿损失。

おきにいり⓪【お気に入り】中意，宠爱，宠儿，红人儿。

おきのどくに④(感)①实在让人同情。②对不起，过意不去。

おきもの⓪【置物】①陈设品，摆设。②傀儡。△～の会長(かいちょう)/名义会长。

お・きる②【起きる】(自上一)①起床。②不睡。③发生，起。△静電気(せいでんき)が～/起静电。△事故(じこ)が～/发生事故。④(也作"熾きる")(煤炭)燃起(火苗儿)，(火)旺起来了。

	事件が～	炭火が～	かびが～	朝～	産業が～	狂いを～
おきる	○	○	×	○	×	×
おこる	○	○	×	×	○	×
生ずる	○	×	○	×	×	○

おく①【奥】①内部，里头。△～の部屋(へや)/里间屋。②深处。△山(やま)の～/深山。③末尾，最后。△手紙(てがみ)の～/信的末尾。④夫人，妻子。△～さん/夫人。⑤秘密，奥秘。△心(こころ)の～/心里的秘密。

おく①【億】(数)亿。△～という数(かず)にのぼる/高达一亿。

お・く③⓪【置く】Ⅰ(他五)①放置。△先生(せんせい)は本(ほん)を机(つくえ)の上(うえ)に置いた/老师把书放在桌子上。②设置，设立。△会社(かいしゃ)は神戸(こうべ)に支社(ししゃ)を置いた/公司在神户设立分公司。③间隔。△距離(きょり)を～/隔开距离。④放下，丢下。△仕事(しごと)をやらずに～/丢下工作不做。Ⅱ(自五)(霜，雪等)未消融，未化。Ⅲ(补动)(用"ておく"的形式)动作状态保留着。△窓(まど)をあけて～/把窗开着。

お・く⓪〔擱く・措く〕(他五)①搁置，中止。△筆(ふで)を～/搁笔。②除…之外。△かれをおいて適任者(てきにんしゃ)はない/除他之外，没有合适的(人)。

おくがい③【屋外】室外，露天。△～競技(きょうぎ)/室外比赛。△～の気温(きおん)/室外气温。△～へ出(で)る/出屋。

おくぎ①【奥義】秘诀，窍门，奥妙。△～を極(きわ)める/掌握要诀。

おくさま①【奥様】尊夫人，您夫人，您太太。

おくじょう⓪【屋上】屋顶，房顶。◇～屋(おく)を架(か)す/叠床架屋，多此一举。

おく・する③〔臆する〕(自サ)畏缩，羞怯。△彼(かれ)は人(ひと)の前(まえ)で～様子(ようす)もなく，意見(いけん)を発表(はっぴょう)した/他在人前毫不畏缩，发表了意见。

おくそく⓪【憶測】〔臆測〕(名・

他サ)臆測，猜测。△～が取(と)りざたされる/臆测在传播。△～がはずれる/远远没有猜对。△～でものを言(い)う/凭猜测说。

おくそこ⓪【奥底】①底蕴，深处。△事件(じけん)の～/事件的真相。△～が知(し)れない/高深莫测。②内心，心底里。△心(こころ)の～/心底。

おくだん⓪【憶断】〔臆断〕(名・自サ)臆断，主观判断。

おくない②【屋内】室内。△～のスポーツ/室内运动。△～体育館(たいくかん)/室内体育馆。

おくび⓪〔噯・噯气〕嗝儿。◇～にも出(だ)さない/不露声色，只字不提。

おくびょう③【憶病】〔臆病〕(名・形动)胆怯，胆小。△～な人(ひと)/胆小的人。△～者(もの)/胆小鬼。◇～風(かぜ)に吹(ふ)かれる/胆怯起来。

おくま・る③〔奥まる〕(自五)深，最里面。△奥まった部屋(へや)/最里面的房间，内室。

おくゆき④⓪【奥行(き)】①(房间的)进深，深度。△～が4メートルだ/进深为4米。②(风景等)深度。△風景(ふうけい)の～/风景的深度。

おくら・す⓪【遅らす】(他五)①推迟，延迟。②拨慢(钟表等)。

おくり⓪【送(り)】①送，相送。△駅(えき)まで～に行(い)く/到车站送行。△野辺(のべ)の～/送葬。②送达，送到。△～先(さき)/送达地点。③("～状"之略)发货单。◇～狼(おおかみ)/ⅰ)尾随人的狼。ⅱ)色狼。

おくりかえ・す④【送り返す】(他五)送还，送回。△子供(こども)を～/送回小孩。

おくりがな⓪【送り仮名】送假名。

おくりこ・む④【送り込む】(他五)送进，送到。△家(うち)へ～/送到家。

おくりもの⓪【贈(り)物】礼品，赠品。△～をする/送礼。

おく・る③⓪【送る】(他五)①寄送。△小包(こづつみ)を～/寄包裹。△手紙(てがみ)を～/寄信。②送行。△客(きゃく)を～/送客。③送葬。△野辺(のべ)に～/送葬。④度(日)。△生活(せいかつ)を～/过活。△日(ひ)を～/度日。⑤标写(送假名)。△「向かう」は「か」から～/"向かう"从"か"送下。

おく・る③⓪【贈る】(他五)①赠送，授予。△ノーベル賞(しょう)を～/授予诺贝尔奖。②追赠，追授。

おくれ⓪【遅れ・後れ】①落后，晚。△～を取(と)る/输给别人。△～を取(と)り戻(もど)す/挽回落后局面。②畏缩，胆怯，发怵。

おく・れる④⓪【後れる】(自下一)①落后。②落伍，次于。△研究(けんきゅう)が外国(がいこく)に～/研究落后于外国。

おく・れる⓪【遅れる】(自下一)①迟，慢。△時計(とけい)が～/表慢。②过时，不时髦。△流行

(りゅうこう)に～/落后于时髦。

オケーション④ [occasion]①机会，场合。②原因，理由。

おける②③〔於ける〕(连体)(用"における"的形式，表示地点或关系)在…，于…。△家庭(かてい)に～よき父親(ちちおや)ぶり/在家里像个好父亲。△中学校(ちゅうがっこう)に～英語教育(えいごきょういく)/中学的英语教育。

おげんきで②(感)请保重。

おこがまし・い⑤(形)①愚蠢可笑。△～話(はなし)だ/蠢话。②狂妄，无知。△～人(ひと)/狂妄无知的人。

おこさん⓪【お子さん】令郎，令爱，您孩子。

おこ・す②【興す】(他五)①振兴。△家(いえ)を～/振兴家业。②创办。△会社(かいしゃ)を～/创办公司。

おこ・す②【起(こ)す】(他五)①扶起，立起。△倒木(とうぼく)を～/扶起倒了的树。△転(ころ)んだ子(こ)を～/扶起跌倒的孩子。②唤醒。△朝(あさ)学生(がくせい)を～/早起唤醒学生。③耕。△畠(はたけ)を～/耕地。④开始，提起。△訴訟(そしょう)を～/提起诉讼。⑤振作(起来)。

おごそか②【厳か】(形动)庄严，严肃。△～なふんい気(き)/庄严的气氛。△～に読(よ)み上(あ)げる/庄严宣读。

おこた・る③⓪【怠る】(自他五)①放松，懈怠。△仕事(しごと)を～/放松工作。△勉強(べんきょう)を～/放松学习。②疏忽。△注意(ちゅうい)を～/疏忽大意。③〈文〉病势见好。

おこない⓪【行(な)い】①行为，行动。②品行。△～を正(ただ)す/正行。③(佛教)戒行。△朝夕(ちょうせき)～/经常戒行，早晚修行。⇨こうい表

おこな・う④⓪【行(な)う】(他五)做，进行，举行。△試験(しけん)を～/举行考试。△入社式(にゅうしゃしき)を～/举行(新职员)参加公司工作仪式。

おこり③【起(こ)り】①起源。△事(こと)の～/事情起源。②原因。△けんかの～/吵架的原因。

おこ・る②【怒る】Ⅰ(自五)生气，发怒。△父(ちち)に怒られる/受父亲训斥。Ⅱ(他五)申斥，教训。

	烈火のごとく～	いたずらして～れる	政治の腐敗を～	わが身の不遇を～	肩の～た人
おこる	○	-ら○	×	×	×
いかる	○	×	○	○	-つ○
憤る	○	×	○	○	×

おこ・る②【起(こ)る】(自五)兴起，发生。△天災(てんさい)が～/发生天灾。△腹痛(はらいた)が～/腹痛起来。⇨おきる表

おこ・る②【興る】(自五)兴盛，兴起。△国(くに)が～/国家兴盛。

おこ・る②〔熾る〕(自五)燃烧。

おご・る③⓪〔奢る・侈る〕Ⅰ(自五)奢侈，奢华。△口(くち)が～/讲究吃，口味高。Ⅱ(他五)请客。

△今日(きょう)はぼくが～/今天我请客。うなぎを～/请吃鳝鱼。

おさ・える③【押(さ)える】(他下一)①按,摁。△体(からだ)を～/按住身子。②抓住(要点)。△要領(ようりょう)を～/抓住要领。△証拠(しょうこ)を～/掌握证据。③盖,掩,捂。△傷口(きずぐち)を～/捂住伤口。

おさ・える③【抑える】(他下一)①阻止,遏制。△物価(ぶっか)の上昇(じょうしょう)を～/遏制物价上涨。②忍耐,忍受。△あくびを～/忍住呵欠。③扣押,强留。△要求(ようきゅう)を～/限制要求。

おさきに②(感)您先请,请您先走。

おさけ⓪【お酒】①酒。②日本酒。

おさな・い③【幼い】(形)①年幼的。△～ころ/年幼时。②幼稚的。△考(かんが)え方(かた)が～/想法幼稚。

おさななじみ④〔幼馴染〕童年朋友,竹马之友。

おさま・る③【収まる】(自五)①存放,收入。△箱(はこ)に～/收进箱里。②安定,稳定。△会長(かいちょう)に～/稳当会长。③结束。△騒(さわ)ぎが～/吵闹结束了。

おさま・る②【治まる】(自五)①安定,稳定。△世(よ)の中(なか)が～/社会安定。②平息,平静。△風雨(ふうう)が～/风停雨止。△痛(いた)みが～/不疼了。

おさま・る③【修まる】(自五)正行。△素行(そこう)が～/品行改好。

おさま・る③【納まる】(自五)①缴纳。△税金(ぜいきん)が～/纳税。△製品(せいひん)が納期(のうき)までに～/产品在交货期前交付。②心满意足。△先生(せんせい)に～/心满意足地当老师。

おさ・める③【収める】(他下一)①得到,收到。△大成功(たいせいこう)を～/取得很大成功。②收进。△箱(はこ)に～/收进箱里。

おさ・める③【治める】(他下一)①治理。△国(くに)を～/治理国家。②平息,平定。△乱(らん)を～/平息动乱。

おさ・める③【修める】(他下一)①正(行),修(身)。△身(み)を～/修身。②研修,学习。△学業(がくぎょう)を～/研究学问。

おさ・める③【納める】(他下一)①收拾起来。②交纳。△税金(ぜいきん)を～/纳税。△注文(ちゅうもん)の品(しな)を～/交付订购的货物。③(向神佛)供奉。

おさら⓪【お皿】盘子,碟子。

おさん⓪【お産】分娩。△～をする/分娩。

おし⓪【押し】〔圧し〕①(压东西的)重物。△たくあんの～/压淹菜石。②推出,挤出。③固执,一意孤行。△～が強(つよ)い/固执得很。

おし⓪〔啞〕(先天的)哑巴。

おじ⓪【伯父】伯父,舅父,姑父,姨父。

おじ⓪【叔父】叔父,舅父,姑父,

姨父。

おし・い② 【惜しい】(形)①吝惜，舍不得。△手放(てばな)すのが～/舍不得放手。②珍惜，爱惜。△時間(じかん)が～/爱惜时间。③可惜,遺憾。△名残(なごり)～/惜别。

おじいさん② 〔お爺さん〕(敬称)老爷爷, 老人。

おじいさん② 〔お祖父さん〕(敬称)①祖父, 爷爷。②外祖父, 老爷。

おしいれ⓪ 【押(し)入(れ)】壁橱, 储藏间。

おしうり⓪ 【押(し)売り】(名・他サ)①强卖。②强加, 强迫人接受。

おしえ⓪ 【教(え)】①教育。△～の庭(にわ)/教育的园地。〈喻〉学校。②教义。△～に従(したが)う/遵从教义。△キリストの～/基督教教义。

おし・える④⓪【教える】(他下一)①教, 教授。△数学(すうがく)を～/教数学。②告诉。△秘密(ひみつ)を～/泄密。△道(みち)を～/指路。③教导, 教诲。

おしか・ける④ 【押(し)掛ける】(自下一)①蜂拥而至。△ファンが楽屋(がくや)に～/戏迷蜂拥涌向后台。②不请自来(去)。△客(きゃく)が～/不速之客不请自来。

おじぎ⓪ 〔お辞儀〕(名・自サ)敬礼, 鞠躬。△～をする/敬礼。

おしきせ⓪ 【お仕着(せ)】制服, 工作服。△～を着(き)る/穿制服。

おしき・る③ 【押(し)切る】(他五)排除, 不顾。△反対(はんたい)を～/不顾反对。

おしこ・む③ 【押(し)込む】Ⅰ(自五)闯进, 闯入行抢。△泥棒(どろぼう)が～/小偷闯进行窃。Ⅱ(他五)塞进。△かばんに～/塞进提包里。

おじさん⓪ 【伯父さん】伯父, 舅父, 姑父, 姨父。

おじさん⓪ 【叔父さん・小父さん】①叔父, 姑父, 舅父, 姨父。②(对中年男性的称呼)大叔。

おしすす・める⑤ 【押(し)進める・推(し)進める】(他下一)推进。△移転計画(いてんけいかく)を～/推行迁移计划。△研究(けんきゅう)を～/促进研究。△政策(せいさく)を～/推行政策。

おしだし⓪ 【押(し)出し】①风采, 仪表。△～が立派(りっぱ)だ/仪表堂堂。②(相扑)把对手推出场外的招数。③(垒球)满垒活。

おしだ・す③ 【押(し)出す】Ⅰ(他五)①推出。△外(そと)に～/推到外边。②挤出。△声(こえ)を～/挤出声音。Ⅱ(自五)大批人一起外出。

おしつ・ける④ 【押(し)付ける】(他下一)①压住, 按住。②强加。△当番(とうばん)を～/强令值班。△仕事(しごと)を～/强加给工作。

おしつま・る④ 【押(し)詰(ま)る】(自五)①迫近, 临近。△締(し)め切(き)りが～/限期临近。②临近年末。

おしはか・る④ 【推(し)量る】(他五)推測, 猜測。△相手(あいて)

の心(こころ)を～/猜测对方心理。

おしぼり② 【お絞り】热毛巾，手巾把儿。

おしまい⓪ 〔御仕舞〕(名)①完了，结束。△これで～/到此结束。△話(はなし)は～/话(说)完了。②最后，末尾。△～の一幕(いちまく)/最后一幕。③歇业。△あの店(みせ)はもう～になった/那个铺子已经歇业了。④(货物)卖光。△たまごはもう～です/鸡蛋已经卖完了。⑤无前途，完蛋。△何(なに)もかも～/毫无指望。⑥化妆。△～がすんだ/化完妆了。

おし・む② 【惜しむ】(他五)①惋惜。△別(わか)れを～/惜别。②珍惜。△名(な)を～/爱惜名誉。△少(すこ)しの時間(じかん)も～/珍惜点滴时间。③吝惜。△金(かね)を～/吝惜钱财。

おしもんどう③⑤ 【押(し)問答】(名・自サ)顶嘴，争吵。△～を続(つづ)ける/不断争吵。

おしゃべり⓪ 〔お喋り〕(名・自サ・形動)饶舌，多嘴(的人)。△～な人(ひと)/饶舌的人。

おしゃれ② 〔御洒落〕(名・形動・自サ)爱漂亮，好打扮。△～な人(ひと)/爱打扮的人。

おしょうがつ④ 【お正月】正月，新年。

おじょうさん① 【お嬢さん】①令爱，令千金。②小姐。

おしょく⓪ 【汚職】贪污，渎职。△～事件(じけん)/渎职事件。

おしよ・せる④ 【押(し)寄せる】(自下一)①涌上，涌至。△激流(げきりゅう)が～/激流涌上。②蜂拥而至。△人(ひと)が～/人们蜂拥而至。

オシログラフ④ [oscillograph]示波器。

オシロスコープ [oscilloscope]示波管。

おす② 【雄】〔牡〕雄，公(的)。△～の獅子(しし)/雄狮子。

お・す②⓪ 〔圧す〕(他五)①压，按。②压倒。

お・す②⓪ 【押す】(他五)①推。△扉(とびら)を～/推门。②按。③冒着，不顾。△暑(あつ)さを押して集(あつ)まる/冒着暑热集合起来。④叮嘱。△念(ねん)を～/叮咛。△～に押されぬ/响当当的，无可争辩的。

お・す②⓪ 【推す】(他五)①推荐。△代表委員(だいひょういいん)を～/推选委员代表。②推测。△推して知(し)るべし/可想而知。

おずおず① 〔怖ず怖ず〕(副・自サ)提心吊胆，战战兢兢。△～と父(ちち)の前(まえ)に出(で)た/提心吊胆地走到父亲面前。

おせいぼ⓪ 【お歳暮】①年终，岁末。②(年终的)礼品。

おせじ⓪ 【お世辞】恭维话，奉承话。△～を言(い)う/说奉承话。

おせちりょうり②⓪ 【お節料理】年节菜，节日菜肴。

おせっかい② 【お節介】(名・形动) 多管闲事。△〜な話(はなし) / 多嘴。△〜な人(ひと) / 多管闲事的人。

おせん⓪ 【汚染】(名・自他サ)污染。△大気(たいき)〜 / 大气污染。△海(うみ)の〜 / 海水污染。

おそ・い②③⓪ 【遅い】(形) ①慢,迟缓。△走(はし)るのが〜 / 跑得慢。△理解(りかい)が〜 / 理解得慢。②(也作"晩い")迟,晚。△帰(かえ)りが〜 / 回来得晚。

	テンポが〜	仕事が〜	のみこみが〜	今からでは〜	毎日帰りが〜	女に〜男
遅い	○	○	○	○	○	×
のろい	○	○	○	×	×	×

おそ・う③⓪② 【襲う】(他五) ①袭击,突然袭击。△敵(てき)を〜 / 袭击敌人。②继承,承袭。△父(ちち)の芸名(げいめい)を〜 / 继承父亲的艺名。

おそかれはやかれ⑤⑥、③-③ 【遅かれ早かれ】(副)迟早,早晚。△〜、この家(いえ)はたてなおさなくてはならない / 早晚这栋房子得翻修。

おそくとも② 【遅くとも】(副)最迟,最晚。△〜11 時に寝(ね)ます / 最晚 11 点睡觉。

おそまつさま⓪-⓪ 【お粗末さま】(感)招待不周,慢待您啦。

おそらく② 【恐らく】(副)恐怕,大概。△いまは〜10 時(じゅうじ)だろう / 现在大概有 10 点钟了吧。⇨たぶん表

おそるおそる④ 【恐る恐る】(副) ①战战兢兢,提心吊胆。②恭恭敬敬,诚惶诚恐。

おそるべき④ 【恐るべき】(連体) ①可怕的。②惊人的。

おそれ③ 【恐れ・虞】①恐怖。②担心。△伝染(でんせん)の〜がある / 担心传染。△〜をいだく / 心怀不安。

おそれい・る② 【恐れ入る】(自五) ①劳驾,对不起。△恐れ入りますが、切符(きっぷ)を拝見(はいけん)します / 对不起,请让我看看您的票。②佩服,认输。③惶恐,不安。④吃惊。

おそ・れる③ 【恐れる】(自下一) ①害怕,恐惧。△犬(いぬ)を〜 / 怕狗。②担心。△失敗(しっぱい)を〜 / 担心失败。③恭恭敬敬。

	雷(に・を)〜	失敗することを〜	事の発覚(に・を)〜	神を〜ぬ所業	不安に〜
恐れる	を○	○	を○	-れ○	×
怖がる	を○	○	×	×	×
おびえる	に○	×	に○	×	○

おそろし・い④ 【恐ろしい】(形) ①感到可怕。△〜病原菌(びょうげんきん) / 可怕的病原菌。②厉害,惊人。△〜熱気(ねっき) / 气氛惊人的热烈。

おそわ・る④⓪ 【教わる】(自五) 受教,跟…学习。△先生(せんせい)に英語(えいご)を〜 / 跟教师学英语。⇨ならう表

おそん⓪ 【汚損】(名・自他サ)污损,玷污。△〜を防(ふせ)ぐ / 防止污损。△展示品(てんじひん)を〜した / 弄脏了展品。

おたがいに⓪ 【お互いに】(副)彼

此，互相。△～気(き)が合(ぁ)う/彼此情投意合。△教室(きょうしつ)をよごさないように、～気(き)をつけよう/让我们互相注意，不要把教室弄脏。

おたく⓪【お宅】Ⅰ(名)①您的家，府上。②您丈夫，您先生。③贵公司。Ⅱ(代)(对同辈称呼)您。

おだ・てる④⓪〔煽てる〕(他下一)吹捧，奉承。△おだてて一杯(いっぱい)おごらせる/吹捧一通让他请客。

おだやか②【穏やか】(形动)①温和，平静。△～な気候(きこう)/温和的气候。△心(こころ)の中(なか)は～でない/心里不平静。②安详，沉静。△～な人柄(ひとがら)/沉稳的性格。

おちあ・う⓪③【落ち合う】(自五)①相遇，碰头，会齐。②(河流、道路)汇合，汇流。

おちい・る③④⓪【陥る】(自五)①掉进，陷进。△古井戸(ふるいど)に～/掉进枯井。②陷入，陷于。△錯覚(さっかく)に～/陷入错觉。△苦境(くきょう)に～/陷入困境。

おちこぼれ⓪【落ち零れ】①撒落的东西。②剩下的东西。

おちこ・む③④⓪【落ち込む】(自五)①落入，掉入。△穴(あな)に～/掉进坑里。②塌陷。△目(め)が～/眼窝塌陷。③(成绩、情绪等)下降，低落。△気持(きも)ちが～/情绪低落。

おちつき⓪【落ち着(き)】①不慌不忙，沉着，镇静。△～を失(うしな)う/失去镇静。②(物)放得稳当。△～が悪(わる)い/放不稳。

おちつ・く④⓪【落ち着く】(自五)①安定，定居。△東京(とうきょう)に～/定居在东京。②平静下来，稳定下来。△火山活動(かざんかつどう)が～/火山活动平息下来。③素净，色彩谐调。△落ち着いた花模様(はなもよう)/素净的花卉图案。

おちど①【落(ち)度】过失，失败。△～がある/有过错。

おちば①【落(ち)葉】落叶。

おちゃ⓪【お茶】茶。◇～を濁(にご)す/敷衍了事。◇～を挽(ひ)く/(艺妓等招不到客人时)闲呆着。

おちゅうげん⓪【お中元】①(农历7月15日)中元节。②中元节礼品。

お・ちる②【落ちる】〔墜ちる・堕ちる〕(自上一)①落下。△穴(あな)に～/掉进坑里。②低落，下降。△成績(せいせき)が～/成绩下降。③(颜色、光泽等)消失。△つやが～/失去光泽。④陷入。△敵(てき)の策略(さくりゃく)に～/落入敌人圈套，中敌之计。⑤落选，落第。△試験(しけん)に～/没考取。⑥中标。⇨ぬける 表

おつ【乙】Ⅰ①(名)①(天干)乙。②第二。△第一種(だいいっしゅ)の～/第一种第二号。Ⅱ⓪(形动)别致，奇异。△～な味(あじ)/别致的风味。

おつかい⓪【お使い】外出，出去买东西。

おつかな・い④（形）可怕，让人提心吊胆。

おっくう③〔億劫〕(名・形动)懒，不起劲，嫌麻烦。△～な仕事(しごと)/不起劲的工作。△外出(がいしゅつ)するのが～だ/懒得外出。

おっしゃ・る③〔仰る・仰有る〕(他五)说，叫，称("言う"的尊敬语)。△おじいさんはこうおっしゃいましたよ/爷爷是这么说的呀。△これはなんとおっしゃいますか/这叫什么？

おっと⓪【夫】丈夫。

おつり⓪【お釣(り)】找回的钱，找头。

おてあげ⓪【お手上げ】毫无办法，只好认输。

おてあらい③【お手洗い】厕所，洗手间。

おでかけ⓪【お出かけ】(您)出门，外出。

おでこ② ①额头突出(的人)。②额头。

おてつだい②【お手伝い】家庭保姆。

おてもり⓪【お手盛(り)】本位主义，为自己打算。△～予算(よさん)/本位主义预算。

おてん⓪【汚点】①污点，污渍。②〈转〉缺点，污点，不光彩。△～を残(のこ)す/留下污点。

おと②【音】①声音，音响。△～がうるさい/声音刺耳。②名声。△～に聞(き)く/闻名。

おとうさん②〔お父さん〕(敬称)①父亲，爸。②您父亲，令尊。

おとうと④【弟】弟弟。

おどおど①〔怖怖〕(副・自サ)提心吊胆，战战兢兢。△～と答(こた)える/战战兢兢地回答。

おどか・す③④⓪【脅かす】〔威かす・嚇かす〕(他五)威胁，恐吓。△子供(こども)を～/吓唬小孩。

おど・ける⓪〔お道化る〕(自下一)〈俗〉做滑稽动作，说俏皮话。△人(ひと)の真似(まね)をして～/模仿别人，开玩笑。

おとこ③【男】①男人，男子，雄。△～は度胸(どきょう)女(おんな)は愛敬(あいきょう)/男人要有胆识，女人要温柔。△～ねこ/雄猫。②成年男子，男子汉。③情夫，男友。④男子汉的体面。△～を上(あ)げる/露脸。

おとこらし・い⑤【男らしい】(形)有男子气概的，像个大丈夫的。△～態度(たいど)/男子汉的态度。

おとさた⓪②【音さた】〔音沙汰〕信息，音信。△～がない/没有音信。

おとしい・れる⑤【陥れる】(他下一)①使…陷入，陷害。△人(ひと)を～/陷害人。②攻陷。△敵(てき)は王国(おうこく)の都(みやこ)を～/敌人攻下王国的首都。

おとしだま⓪【お年玉】新年赠品，新年礼品，压岁钱。

おとし・める④〔貶める〕(他下一)贬，藐视，看不起。△人(ひと)

を貶しめた言葉(ことば)/轻视人的话，看不起人的话。

おとしもの⓪⑤【落し物】遗失物品。

おと・す②【落(と)す】(他五)①使落下，扔下。△石(いし)を～/扔下石头。②降低，减低。△スピードを～/减速。③失落，丢失。△金(かね)を～/丢钱。④淘汰。⑤(作接尾词用)落，漏，掉。△見(み)～/看漏。

おど・す⓪【脅す】〔威す・嚇す〕(他五)威胁，恐吓。△ねこを～/吓唬猫。△ピストルで～/用枪威胁。

おとず・れる④【訪れる】(自下一)①访问，来访。△学生(がくせい)の家(うち)を～/访问学生的家。②(季节等)到来，来临。△春(はる)が～/春天来临。

おととい③〔一昨日〕前天。

おととし②〔一昨年〕前年。

おとな⓪〔大人〕①成人。△～の話(はな)し合(あ)い/成年人的交谈。②成熟的人。

おとなし・い④〔大人しい〕(形)①老实，温顺。△～子(こ)/老实的孩子。②(颜色)素雅。△～色(いろ)/素雅的颜色。

おとめ②⓪【乙女】〔少女〕少女，处女。△～心(こころ)/少女纯洁的心。

おとも②【お供】Ⅰ(名・自サ)陪同，陪伴。Ⅱ(名)随员，陪同的人。

おとり⓪〔囮〕诱饵，诱惑物。△～を使(つか)う/使用诱饵。

おどり⓪【踊(り)】舞蹈，跳舞。△～を踊(おど)る/跳舞。

おと・る②③⓪【劣る】(自五)劣，次，不如。△実力(じつりょく)が～/实力差。△今日(きょう)もきのうに劣(おと)らず寒(さむ)い/今天和昨天一样冷。

おど・る③⓪【踊る】(自五)①跳舞，跳。②(字)歪扭。△字(じ)が～/字写得歪歪扭扭。③(受鼓动而)活跃，活动。△勝利(しょうり)の報(ほう)に～/因胜利消息而雀跃。④(因惊吓、紧张而)心慌，心跳。△胸(むね)が～/心跳，心慌。

おど・る⓪【躍る】(自五)①跳起来。△～ように歩(ある)く/蹦跳地走。②激烈地摇动。③激动。△胸(むね)が～/心情激动。

おとろ・える④【衰える】(自下一)衰弱，衰退。△体力(たいりょく)が～/体力衰弱。△容姿(ようし)が～/姿容衰退。△健康(けんこう)が～/健康衰退。

おどろか・す④【驚かす】(他五)①惊动，震动，轰动。△その事件(じけん)は日本中(にほんじゅう)を驚かした/那一事件震动了整个日本。②吓唬，恫吓。

おどろき⓪③【驚き】惊异，吃惊，害怕。

おどろ・く③【驚く】(自五)①惊恐，心悸。△物音(ものおと)に～/因声响而心悸。②意外。△～にあたらない/意料之中。

おないどし⓪〔同い年〕同龄,同岁。

おなか⓪〔御中・御腹〕肚子。△～が痛(いた)い/肚子疼。△～がすく/肚子空了,饿。

おなじ⓪【同じ】Ⅰ(連体・形動)同样,一样。△～釜(かま)の飯(めし)を食(く)う/同吃一锅饭。△勝(か)っても～だ/赢了也一样。Ⅱ(副)(用"同じ…なら"的形式)反正。△～やるならまじめにやれ/反正也是做了,那就认真做吧。△～行(い)くなら早(はや)い方(ほう)がいい/反正也要去,还是早点去好。

	これと～重さのもの	二等辺三角形の底角は～	車に乗る	この時計は君のと～	詐欺～やり方
同じ	○	×	○	○だ	×
等しい	○	○	×	×	に○

おなじく②【同じく】(副・接)同样地,一样地。△前(まえ)と～取(と)り扱(あつか)う/照前处理。

おなら⓪ 屁,放屁。

おに【鬼】Ⅰ②(名)①鬼,鬼怪。②热衷于…的人。迷恋于…的人。△仕事(しごと)の～/忘我工作的人。③残暴者,凶残的人。△心(こころ)を～にする/狠心。◇～が出(で)るか蛇(じゃ)が出(で)るか/前途吉凶莫测。④(儿童游戏)蒙眼抓人的人。⑤死者的魂灵。◇～に金棒(かなぼう)/如虎添翼。◇～の霍乱(かくらん)/英雄唯恐病来缠,强壮的人也难免生病。Ⅱ(接头)①鬼脸形式。△～瓦(がわら)/兽头瓦。②严厉,可怕。△～監督(かんとく)/凶狠的监工。③(同类物品中)大的。△～薊(あざみ)/(植物)大蓟。

おにいさん②【お兄さん】①哥哥。②大哥。

おねえさん②【お姉さん】①姐姐。②大姐。

おにぎり②【お握り】饭团。△～を作(つく)る/捏饭团。

おねがい⓪【お願い】愿望,心愿,请求。

おの①〔斧〕斧头。

おのおの②【各・各各】(名・副)各自,各。⇨それぞれ表

おのずから⓪〔自(ず)(か)ら〕(副)独自地,自然地,亲自…。△読書百遍(どくしょひゃっぺん)義(ぎ)～見(あらわ)る/读书百遍,其义自见。

おのの・く③〔戦く〕(自五)发抖,打战。△不安(ふあん)に～/惶惶不安。

おのれ⓪〔己(れ)〕Ⅰ(名)本身,本人。Ⅱ(代)①我。②你。③〈骂〉你这坏东西。Ⅲ(感)(生气时发出的声音)唔,哼。

おば⓪【伯母】伯母,姑母,舅母,姨母。

おば⓪【叔母】婶母,姑母,舅母,姨母。

おばあさん② Ⅰ〔御祖母さん〕(口语说成"おばあちゃん")(敬称)祖母,外祖母。Ⅱ〔御婆さん〕(对年长女性的称呼)老婆婆。

おばけ②【お化け】①妖精,妖怪。②幽灵,鬼魂。③丑陋的人。

おばさん⓪【伯母さん】①伯母,姑母,姨母,舅母。②阿姨,大妈。

おばさん⓪【叔母さん・小母さん】①叔母,婶婶,姑母,姨母,舅母。②阿姨,大婶。

おはよう⓪【お早う】(感)早安,早上好。

おび①【帯】带子,腰带。◇〜に短(みじか)し襷(たすき)に長(なが)し/高不成,低不就。

おび・える④⓪〔怯える・脅える〕(自下一)胆怯,害怕。△物(もの)に〜/受物的惊吓。⇨おそれる表

おびただし・い⑤〔夥しい〕(形)①很多。△〜数(かず)のスズメ/数量众多的麻雀。②(用"…ことおびただしい"的形式)…得很。△なさけないこと〜/可怜得很。

おびやか・す④【脅かす】(他五)①吓,恫吓。②(地位、职务等)受威胁。△王座(おうざ)を〜/王位受到威胁。△生命(せいめい)を〜/生命受到威胁。

おひる②【お昼】①白天,中午。②午饭。

お・びる②〔佩びる〕(他上一)佩带。△腰(こし)に刀(かたな)を〜/腰上佩刀。

お・びる②【帯びる】(他上一)①佩带。②带有。△熱気(ねっき)を〜/带有热气。△酒気(しゅき)を〜/带着酒味。③担负,担任。△特別(とくべつ)な任務(にんむ)を〜/担负特殊任务。△責任(せきにん)を〜/负有责任。

オフ①[off]①断开。②离开,偏离。③过时,不流行。④关车,停车。

オフィシャル①②[official]①官方,正式。△〜サイト/官方网站。②官员,公务员。

オフィス①[office]办公室,事务所。

おふくろ⓪〔御袋〕〈俗〉母亲(成年男子对别人称自己母亲时用)。

オブザーバー③[observer]观察员,列席者。

オブジェ〔法 objet〕①客体,物体。②(美术)题材,(花道)花以外的材料。

オブジェクト①[object]①(哲学)客观,对象。②(语法)目的语,客语。

おふだ⓪〔御札〕护身符,神符。

おぶつ⓪①【汚物】污物,脏东西。△〜を捨(す)てる/丢弃脏物。

オフ・ライン③[off-line](计算机)脱机的,线外式的。△〜オペレーション/脱机操作。△〜システム/脱机系统。

おふろ②【お風呂】浴盆,浴池。

オペラ①[opera]歌剧。

オペレーター①[operator](电话)接线员,(计算机)操作员。

おべんとう⓪【お弁当】盒饭。

おぼうさん⓪【お坊さん】和尚。

おぼえ②②【覚え】①记忆。△〜が早(はや)い/记得快。②自信。△腕(うで)に〜がある/自信有本事。③信任,信用。△社長(しゃ

ちょう)の~がよい / 深受总经理的信任。④备忘录。

おぼえがき⓪【覚(え)書(き)】备忘录，记录。

おぼ・える③【覚える】(他下一)①记住，记忆。△昔(むかし)を覚えている/记住过去。②学会，掌握。△漢字(かんじ)を~/学会汉字。③感到，感觉。△痛(いた)みを~/觉得痛。

おぼつかな・い⑤⓪〔覚束無い〕(形)靠不住，没希望，不安定。△~天気(てんき)だ/靠不住的天气。△~足(あし)どり/不稳定的脚步。

おぼ・れる④⓪〔溺れる〕(自下一)①淹，淹死。△おぼれて死(し)ぬ/淹死。◇~者(もの)はわらをもつかむ/溺水者抓稻草。②沉溺于，迷恋。△酒色(しゅしょく)に~/迷恋酒色。

おぼろ⓪〔朧〕(名・形动)朦胧，模糊，不清楚。△~月夜(つきよ)/朦胧月夜。

おまいり⓪〔御参(り)〕参拜神佛。

おまえ【お前】(代)(用于对亲密关系的平辈或晚辈及夫对妻的昵称)你。

おまけ⓪【お負け】(名・他サ)①少算，打折，让价。△十円(じゅうえん)の~/少算十日元。②另外奉送，白送。△はい、これは~だよ/好，这是奉送的。

おまけに⓪【お負けに】(接)加之，加上，而且。△日(ひ)は暮(く)れるし寒(さむ)いし、~雪(ゆき)まで降(ふ)ってきた/天晚了又冷加上还下起雪来了。

おまつり⓪【お祭り】①祭祀，祭典。②纪念活动，节日。

おまもり⓪【お守り】护身符。

おまわりさん②〔お巡りさん〕巡警，警察。

おみまい⓪【お見舞い】①探望，问候。②慰问信，慰问品，慰问金。

おみや【お宮】神社(的郑重说法)。

おみやげ⓪【お土産】土产，礼物。

おめい⓪〔汚名〕臭名，坏名声。△~を残(のこ)す/留下臭名。△~をそそぐ/洗刷污名。

おむつ②尿布。

おめでた・い④〔御目出度い・御芽出度い〕(形)①可喜，可贺。②过于乐观，天真。

おめでとう〔御目出度う・御芽出度う〕(感)恭喜。△新年(しんねん)~ございます/恭贺新喜。

おも①【主】(形动)①主要的。△~なメンバー/主要成员。②大部分。△ひやかし客(きゃく)が~だ/只看不买的客人占大多数。

おもい②【思い】①思考。△~をこめる/凝思。△~にふける/沉思。②意愿。△~がかなう/愿望实现。③思恋。△~を寄(よ)せる/寄托思恋之情。④预想，推测。△~のほか/出乎意料。⑤担心。△~に沈(しず)む/陷入忧愁。◇~半(なかば)に過(す)ぎる/思过半矣，可想而知。

おも・い②③⓪【重い】(形)①(分量)

重。△～荷(に)/重东西。②严重，重大。△～病気(びょうき)/重病。△責任(せきにん)が～/责任重大。③(动作)沉重，不灵便。△手足(てあし)が～/手脚不灵便。④(心情)不舒畅。△気(き)が～/心里郁闷。

おもいあが・る⑤【思い上(が)る】(自五)骄傲起来。△思い上がった態度(たいど)/骄傲的态度。

おもいあた・る⑤⓪【思い当(た)る】(自五)想到，猜想。

おもいあま・る⑤【思い余る】(自五)不知如何是好，想不出主意。△思い余って、彼女(かのじょ)は親(おや)と相談(そうだん)した/左思右想之后，她和父母谈了。

おもいうか・べる⑥⑦⓪【思い浮(か)べる】(他下一)回想起，忆起。⇨おもいだす 表

おもいおこ・す⑤【思い起(こ)す】(他五)想起。△心(こころ)に～/心中想起。⇨おもいだす 表

おもいがけな・い⑤⑥【思い掛けない】(形)意外，意想不到。△～事故(じこ)に遭(あ)う/遇上意外事故。

おもいきって②①【思い切って】(副)下决心，一狠心，断然。

おもいきり②④【思い切り】Ⅰ(名)死心，断念。Ⅱ(副)下狠心，痛快地。

おもいき・る④【思い切る】(他五)①死心，断念。△望(のぞ)みを～/不再盼望。②决心，断然。△思い切った行動(こうどう)/果断的行动。

おもいこ・む④【思い込む】(自五)①坚信，确信，认定。②下决心。

おもいだ・す④【思い出す】(他五)想起。△学生時代(がくせいじだい)を～/想起学生时代。△用事(ようじ)を～/想起一件应办的事情。

	故郷の景色を～	あの歌を聞くと亡父を～	忘れていた単語を～	～ば十年前のこと	十年後の姿を～
思い出す	○	○	○		×
思い起こす	○	△	×	-せ○	×
思い浮かべる	○	○	×	×	○

おもいた・つ④【思い立つ】(他五)①起…念头，想…。②企图，打算。◇～日(ひ)が吉日(きちにち)/哪天想做哪天是好日子，趁热打铁。△進学(しんがく)を～/打算升学。

おもいちがい⓪【思い違い】想错，误会。⇨ごかい 表

おもいつき⓪【思い付き】〔想出〕灵机一动，念头，主意。△おもしろい～/有趣的想法。

おもいつ・く④【思い付く】(他五)想起来，想出来，想到。△いいことを～/想起来一件好事。△ふと～/突然想起来。

おもいで⓪【思い出】〔想い出〕回忆。△～が多(おお)い/回忆很多。

おもいとどま・る⑥⓪【思い止まる】(他五)打消(主意)，放弃(念头)。

おもいなお・す⑤⓪【思い直す】(他五)重新考虑，改变想法。

おもいのほか③⑤⓪④【思いの外】(副)意外，没料到。△今年(ことし)北海道(ほっかいどう)は～暖(あたた)かい/今年北海道意外地暖和。

おもいやり⓪〔思い遣(り)〕体谅，同情。△～がある/能体谅人。△人(ひと)に対(たい)する～/对别人的同情。

おもいわずら・う⑤⓪【思い煩う】(他五)忧虑，烦恼。△明日(あす)を～/担心明天。

おも・う②【思う】〔想う・惟う・意う・懐う〕(他五)①思考，想。②推测，猜想，预想。△将来(しょうらい)を～/预测未来。③希望，打算。△実現(じつげん)を～/想要实现。④怀恋，思念。△恋(こい)しい人(ひと)を～/思念恋人。⇨かんがえる 表

おもうぞんぶん②・②⁻⓪【思う存分】(副)竭尽全力，尽情。

おもかげ⓪③【面影】〔俤〕①以前的容貌，从前的面貌，迹象。△～が残(のこ)る/留存痕迹。②(心中浮现的)容貌，模样儿。△亡(な)き父(ちち)の～/亡父的音容笑貌。

おもくるし・い⑤【重苦しい】(形)抑郁，沉闷。△～ふんい気(き)/沉闷的气氛。

おもさ⓪【重さ】重量，分量。⇨めかた 表

おもざし⓪【面差(し)】容貌，相貌。△きれいな～/美貌。

おもしろ・い④〔面白い〕(形)①新奇，滑稽。△～顔(かお)つき/滑稽的表情。②有趣，精彩。△～計画(けいかく)/精彩的计划。

おもた・い④③【重たい】(形)〈俗〉①重的。△荷物(にもつ)が～/行李重。②沉闷，不舒畅。△～気分(きぶん)/抑郁的情绪。

おもちゃ②【玩具】①玩具。②玩物。△～にする/玩弄，戏弄。

おもて③【表】①表面，外面，正面。△紙(かみ)の～/纸面。②外表，外观。③屋外。④表面化，公开。⑤(棒球比赛)每局的前半局。

おもて③【面】①脸，面孔。②(日本"能楽"戴的)假面，面具。③表面。△池(いけ)の～/池面。

おもてむき⓪【表向き】①表面上。②公开，正式。

おもな①【主な・重な】(连体)主要的。△米(こめ)の～成分(せいぶん)はでんぷんだ/大米的主要成分是淀粉。

おもに⓪【重荷】①重货。②重担。△～を下(お)ろす/卸下重担。

おもに①【主に】(副)主要。

おもね・る③〔阿る〕(自五)阿谀，奉承。△上役(うわやく)に～/奉承上司。

おもはゆ・い④【面映い】(形)害羞，羞愧。△～気持(きも)ち/羞愧的心情。

おもみ⓪【重み】①(沉重的感觉)分量，重量。②(庄重、重大的感

覚)威望,重要性。

おもむき⓪④【趣】①意思。△話(はなし)の～/语意。②特色,风格。③风趣,雅致。△～のある庭園(ていえん)/雅致庭园。

おもむ・く③【赴く】〔趣く〕(自五)①赶赴,前往。△アメリカへ～/前往美国。②趋向,朝向。△快方(かいほう)に～/病情渐趋好转。

おももち⓪③④【面持(ち)】脸色,神色。△緊張(きんちょう)した～/紧张的脸色。△不安(ふあん)の～を控(ひか)える/带着不安的神色等候。

おもわく⓪②【思惑】①意见,看法,意图。人(ひと)の～を気(き)にする/注意旁人的议论。②投机。△～買(が)い/投机买进。

おもわし・い④【思わしい】(形)中意的,理想的。△～結果(けっか)/理想的结果。△成績(せいせき)が～/成绩理想。

おもわず②【思わず】(副)①意外,没有想到。②不禁,不由得。△～知(し)らず/不知不觉。

	～本心をしゃべってしまいました	～痛いとと叫んだ	これでは～眠れない	疲れて～うとうとする
思わず	○	○	×	×
つい	○	×	×	○
うっかり	○	×	×	×

おもん・じる④【重んじる】(他上一)①尊重。△互(たが)いを～/相互尊重。②重视,看重。△学力(がくりょく)より人物(じんぶつ)を～/和学历比起来更加重视人品。

おもん・ずる④⓪【重んずる】(他サ)→おもんじる。

おや【親】Ⅰ②(名)①父母,双亲。②物源,始祖。③头目,中心人物。◇～の脛(すね)かじり/靠父母养活。◇～の光(ひかり)は七光(ななひかり)/倚仗父母势力。◇～の心(こころ)子(こ)知(し)らず/儿子不知父母心。Ⅱ(接头)基本的,中心的。△～見出(みだ)し/大标题。△～会社(がいしゃ)/总公司。

おや②①(感)哎呀,哎哟(表示意外或惊讶)。

おやこ⓪【親子】①(父母)亲子。②有亲子关系的事物。

おやこうこう③【親孝行】(名・形动・自サ)孝,孝敬父母(的人)。

おやごころ③【親心】①父母心。②慈心。

おやじ⓪①【親父】①老爸。②老板。

おやつ②【お八つ】〔御八つ〕(下午三点左右吃的)间食,点心。

おやふこう④③【親不孝】(名・形动・自サ)不孝,不孝敬父母(的人)。

おやゆび⓪【親指】①拇指。②〈俗〉一家之长,掌柜的,当家的。

およぎ③【泳ぎ】游泳。

およ・ぐ②【泳ぐ】〔游ぐ〕(自五)①游泳。△海(うみ)で～/在海里游泳。②钻营。△政界(せいかい)を泳ぎまわる/在政界到处钻营。③挤过,穿过。

およそ⓪〔凡そ〕Ⅰ(名)大概,梗概。△～分量(ぶんりょう)/大概

数量。Ⅱ(副)①通常,大凡。②(后与否定语气呼应)完全…不。△～くだらない話(はなし) / 纯属无聊的话。⇨おおよそ表

および①③⓪【及(び)】(接)以及,和。△～もつかない/无法相比。

およびごし⓪【及び腰】①欠着腰,手向前伸。②踌躇,犹豫。

およ・ぶ③⓪②【及ぶ】(自五)①及于,达到。△二千(にせん)キロに～/达到2000公里。②般配,匹敌。△及ばぬ恋(こい) / 不合适的恋爱。⇨たっする表

およぼ・す③⓪【及ぼす】(他五)波及。△影響(えいきょう)を～ / 影响所及,受到影响。△害(がい)を～/受害。

オラトリオ③ [意 oratorio]圣经歌曲,圣曲。

オランウータン④ [马来 orangutan](动物)猩猩。

おり② Ⅰ【折(り)】折,折叠物。△～かばん/折叠公文包。Ⅱ【折】①纸盒。△～に詰(つ)める/装在盒子里。②机会,场合,时候。△～を見(み)て話(はな)す / 找机会谈话。

おり②〔檻〕(关犯人、猛兽等的)铁笼,牢房。

おりあい⓪【折(り)合(い)】①和解,妥协。②人与人的关系。

オリエンテーション⑤ [orientation]①方位。②(对自己)定向,定位。③入学教育,新员工培训。

おりおり⓪④②【折折】(名・副)①应时。△日本(にほん)では、四季(しき)～の花(はな)が咲(さ)く / 在日本,四季都有应时的花开。②有时,时而。△先生(せんせい)からは、～手紙(てがみ)をいただく / 时而收到老师的来信。

おりかえし⓪【折(り)返し】Ⅰ(名)①折回,折边。△ズボンの～ / 裤脚折边。②折返点。△マラソンの～点(てん) / 马拉松的折返点。Ⅱ(副)立刻回信。△～ご返事(へんじ)をください / 请立即回信。

おりかえ・す③⑤⓪【折(り)返す】Ⅰ(自五)折回,返回。△終点(しゅうてん)から～ / 从终点返回。Ⅱ(他五)折。△上着(うわぎ)のすそを～ / 折起上衣下摆。

おりかさな・る⑤⓪【折(り)重なる】(自五)叠起。

おりがみ②【折(り)紙】①手工纸,色纸。②折纸(游戏)。③鉴定书。④保证。

おりから②【折かろ】〔折柄〕适时,恰逢其时。△～の雨(あめ) / 适时雨。△お寒(さむ)さの～お体(からだ)をお大事(だいじ)に / 时值寒冬,务请保重身体。

おりこみ⓪【折(り)込(み)】夹带品。△～広告(こうこく) / 夹在邮送报刊中的广告。

おりこ・む⓪【織(り)込む】(他五)①织入(花纹、金银线等)。②编入。△体験(たいけん)を～/编进自己的体会。

オリジナル② [original]Ⅰ(名)①原型。②原作,原本。Ⅱ(名・形

动)独创。△～な考(かんが)え / 具有独创性的想法。

おりしも② 【折しも】(副)正当那时。△～桜(さくら)が満開(まんかい)だ/正在那个时候樱花盛开。

オリジン② [origin]起源，由来。

おりたたみ⓪ 【折(り)畳み】折叠。

おりめ③ 【折(り)目】①折痕。②规矩。△～正(ただ)しい人(ひと) / 规规矩矩的人。

おりもの⓪③② 【織物】纺织品。

お・りる② 【下りる・降りる】(自上一)①(从高处)下来。②下(车、飞机等)。△バスを下(お)りる/从公共汽车上下来。③批下，批准。△許可(きょか)が～ / 许可证批下来了。④退(位)。△大臣(だいじん)のいすを～/从大臣的位子上退下来。

	山を～	二階から～	川を～	電車を～	幕がている	気温が～
おりる	○	○	×	○	－り○	×
さがる	×	×	×	×	－つ○	○
くだる	○	×	○	×	×	×

オリンピック② [Olympic]奥林匹克运动会，奥运会。

お・る① 【折る】(自五)①折叠。△手紙(てがみ)を～/折信。②折断。△枝(えだ)を～ / 折断树枝。③让步。△我(が)を～ / 让步，屈服。

お・る 〔居る〕Ⅰ①(自五)①在。△家(うち)に～/在家。②有。Ⅱ(补动五)表示动作进行。△お待(ま)ちしております / 我等着您。

お・る① 【織る】(他五)织(布)。△布(ぬの)を～/织布。

オルガン⓪ [organ]①机构。②元件，元素，部分。③器官。④工具。⑤风琴。

オルト・キー①-① [Alt key](计算机)交替键。

おれ⓪ 〔俺〕(代)俺，我。

おれい⓪ 〔御礼〕感谢，谢意。

お・れる② 【折れる】(自下一)①折断。△枝(えだ)が～/树枝折断了。②让步，妥协。

オレンジ② [orange]①桔子，橙子。②橙黄色。

おろおろ⓪ (副・自サ)①坐立不安，惊慌失措。②呜呜咽咽地(哭)。

おろか① 【愚(か)】(形动)愚笨，糊涂。△～な行為(こうい)/愚笨的行为。

おろしうり⓪③ 【卸(し)売り】批发。△～市場(いちば) / 批发市场。

おろ・す② 【下(ろ)す】(他五)①放下，撤下。△膳(ぜん)を～ / 撤去食桌。②启用，初次使用。③提取(款)。④取下，截断。△枝(えだ)を～ / 剪枝。⑤(用擦菜板)擦碎。

おろ・す② 【降ろす】(他五)①放下，降下。△網棚(あみだな)から荷物(にもつ)を～ / 从网架上取下行李。②摘下。△看板(かんばん)を～ / 摘下招牌。

おろ・す② 【卸す】(他五)批发。△商品(しょうひん)を～/批发商品。

おろそか② 〔疎(か)〕(形动)草率，疏忽。△仕事(しごと)を～にする / 放松工作。

おわび⓪【お詫び】(名・自サ)道歉，赔不是。

おわり⓪【終(わ)り】①终了，末尾，尽头。②临终。

	今日の営業は～ですとちゃんと聞け	正しい意見が～には勝つ	今月の～のごろ	～の生き残り
終わり	○	○	×	○	×
しまい	○	○	○	×	×
最 後	○	×	○	×	○

おわ・る③⓪【終(わ)る】(自他五)完了，终了。△授業(じゅぎょう)が～/下课。△会議(かいぎ)が～/会议结束了。⇨すむ 表

おん①【恩】恩情，恩惠。△親(おや)の～/父母恩。△～をあだで返(かえ)す/恩将仇报。

おん①【音】①声音，响声。②(日文汉字的)字音，音读。

オン①[on]①接通，开。②导电。③闭合(开关)。④开车，开动。

おん-〔御〕(接头)(后接名词)表示敬意。△～礼(れい)/敬礼，致谢。△～身(み)/贵体。

おんがえし③【恩返し】(名・自サ)报恩。

おんがく①【音楽】音乐。

おんぎ⓪①【恩義】恩情，恩义。△～に厚(あつ)い人(ひと)/重恩义的人。

おんきょう⓪【音響】音响，声音。△大(だい)～/巨响。

おんくん⓪【音訓】汉字的音读和训读。

おんけい⓪【恩恵】恩惠。△自然(しぜん)の～/自然的恩惠。

おんけん⓪【穏健】(名・形动)稳健。△～な考(かんが)え方(かた)/稳健的想法。△～な思想(しそう)/稳健的思想。

おんこう⓪【温厚】(形动)温厚，敦厚。△～な人柄(ひとがら)/温厚的品格。

おんし①【恩赐】恩赐，赏赐。

おんしつ⓪【温室】温室，暖房。

おんしゅう⓪【温習】(名・他サ)练习，温习，复习。△数学(すうがく)を～する/复习数学。

おんじゅん⓪【温順】(名・形动)①温顺。△～な性格(せいかく)/温顺的性格。②(气象)温和。△～な気候(きこう)/温和的气候。

おんしょう⓪【温床】①温床。②孳生地，繁殖地。△悪(わる)の～/罪恶的孳生地。

おんしらず③【恩知らず】(名・形动)不领情，忘恩负义(的人)。

おんじん⓪③【恩人】恩人。

オン・スキャン①-②[on scan]①接通记录。②接通扫描。

おんせい①【音声】声音，语音。△～信号(しんごう)/声音信号。

おんせいにゅうりょく【音声入力】(计算机)语音输入。

おんせん⓪【温泉】温泉。△～マーク/情人旅馆。

おんぞん⓪【温存】(名・他サ)①保藏，收藏。②保留。△伝統(でんとう)を～する/保留传统。

おんたい⓪【温帯】温带。

おんだん⓪【温暖】(名・形动)温

暖。△～な季節(きせつ)/温暖的季节。

おんち① 【音痴】五音不全，不懂音乐，乐盲。

おんちゅう① 〔御中〕(信函用语)公启。

おんど① 【音頭】①领唱。②集体舞，集体舞曲。

おんど① 【温度】温度。

おんどく⓪ 【音読】①朗读。②(日本汉字)音读。

おんな③ 【女】①女子，女性。②成年女性。③女人的姿色，容貌。④女佣，女用人。⑤情妇。

おんならしい⑤ 【女らしい】(形)(容貌、举止等)有女人样儿，有女人味儿。

おんぱ① 【音波】音波，声波。

おんびん⓪ 【音便】(语言)音便(日语中为发音方便所产生的发音上的变化)。

おんぶ⓪ 【負んぶ】(名・自他サ)依靠，依赖。让别人负担(费用)。△費用(ひよう)を～する/负担费用。

オン・ライン③ [on-line] 在线，网上，联机。△～オペレーション/联机操作。△～サービス/在线服务。△～ショッピング/网上购物。△～ショップ/在线商店。△～取引(とりひき)/网上交易。

オン・レコ⓪ [on record]可以公开发表的(速记记录、会见记者记要等)。

オン・レコード⓪ [on record] →オンレコ。

おんわ⓪ 【温和・穏和】(名・形動)①(气候)温和。△～な気候(きこう)/温和的气候。②(性格)温柔，柔顺。△～な人柄(ひとがら)/柔顺的性格。

か カ

か① 【火】①火。②星期二。

-か 【下】(接尾)…情况下。△戦時(せんじ)～/战争情况下。

-か 【日】(接尾)(接在2-10、14、20、24等数字后)表示日期或天数，…日，…天。△二(ふつ)～/2号，两天。

-か 【化】(接尾)…化。△工業(こうぎょう)～/工业化。

-か 【家】(接尾)…家。△作(さっ)～/作家。

-か 【歌】(接尾)…歌。△流行(りゅうこう)～/流行歌曲。

か① 【可】①好。②可以。③(评定成绩的"优""良""可"的)可，及格。

か① 【科】①学科。②(大学的)系，(有时指系内的)专业。△日本語(にほんご)～/日语专业。③(生物分类的)科。△同じ～の植物(しょくぶつ)/同一科植物。④(医院的)科。

か⓪ 【蚊】蚊子。

か① 【課】①科。△会計(かいけい)～/会计科。②(教科书中的)课。

か Ⅰ(终助)①(表示疑问)…吗？②(表示希望、劝诱)…吧。△歩(ある)いて行(い)こう～/走着去吧。③(有推敲、验证的意思)…嘛。△「あとの雁(がん)が先(さき)になる」～/常言不是说"后来居上"嘛。④(表示感叹)…啊。△あっ、これだったの～/啊，原来如此。Ⅱ(副助)①(接在疑问词下表示不确切)…人。△だれ～来(き)たようだ/好像有人来过了。②(表示推测)或许，可能。△年(とし)のせい～、どうもつかれる/或许是年纪的原因吧，总有点累。③(表示二者择其一)是…，还是…。△A～B～はっきりしなさい/要搞清楚是A还是B。Ⅲ(并助)(表示并列选择)或。△三月(さんがつ)～四月(しがつ)に帰国(きこく)/三月或四月回国。

が- 【画】(接头)画…。△～用紙(ようし)/绘画用纸。

-が 【画】(接尾)…画。△美人(びじん)～/仕女画。

が Ⅰ(格助)①表示句子的主语。△雨(あめ)～降(ふ)る/下雨。△お金(かね)～いる/需要花钱。②表示欲望、能力、爱憎的对象。△カメラ～ほしい/想要相机。△英語(えいご)～上手(じょうず)だ/英语很棒。③构成连体修饰语，意同"の"，是一种惯用的说法。△我(わ)～国(くに)/我国。④指责或骂人的语气。△なんだ、こいつ～/混帐东西，想干嘛！Ⅱ(接助)①(表示逆态接续)但是，不过，而。△買(か)いたい～、お金(かね)

がない/想买，但没有钱。②单纯接续。△終(お)わった～、帰(かえ)ってもいいか/完事了可以回家了吗?③(接推量助动词う、よう、まい之后)表示"不论""不拘"。△雨が降ろう～降るまい～/不管下雨还是不下雨…。Ⅲ(终助)①表示委婉。△正(ただ)しいと思(おも)うのです～/我以为是对的。②省略了逆接关系的后一句。△間(ま)に合(あ)えばいい～/要是来得及就好了，可是…。

カー① [car]车(的总称)。△オープン～/敞蓬(轿)车。△マイ～/私人汽车。

かあさん① 〔母さん〕①(儿语)妈妈。②(丈夫呼妻子)孩子妈。

ガーゼ [德 Gaze](医用)纱布，绷带。

カーテン① [curtain]①窗帘。△レースの～/带花边的窗帘。②屏蔽，屏障。

ガーデン① [garden]庭园，花园。

カード① [card]①卡片。△図書(としょ)～/借书卡。②名片。明信片。③扑克牌。

ガード① [guard]①护卫，警戒。②保护，防护。③屏蔽。④警卫人员。

カーネーション③ [carnation]康乃馨(花)。

カーブ① [curve]Ⅰ(名)①曲线。②转弯处。△急(きゅう)～/急转弯处。③曲线板。④(棒球)曲线球。Ⅱ(名·自サ)①转弯。②弯曲。

カーペット①③ [carpet]地毯。

カーボン① [carbon]①碳，石墨。②碳精棒。③复写纸。

ガール① [girl]少女，女孩子。△バス～/汽车女售票员。△バトン～/行进乐队女指挥。

ガール・フレンド⑤ [girl friend](从男性角度说)女朋友。

かい 【会】会，集会。△同窓(どうそう)～/同窗会。

-かい 【回】(接尾)回(数)，次(数)。△数(すう)～/数次，若干次。

かい① 【貝】贝，贝壳。

かい① 【解】①(对某种问题的)解答，解法。②(数学)解。③解释。

-かい 【海】(接尾)海。△日本(にほん)～/日本海。

かい 【階】Ⅰ①(名)台阶，楼梯。△～をのぼる/上楼梯。Ⅱ(接尾)(楼房的)层。

-かい 【界】(接尾)…界。△学術(がくじゅつ)～/学术界。

かい① 【下位】较低的地位，下级。△～に置(お)かれる/处于较低地位。

かい⓪ 〔甲斐・効〕效果，价值，用处。△～がある/有效果，有价值，有意义。△骨(ほね)を折(お)った～がなかった/白费劲儿了。△努力(どりょく)した～があって合格(ごうかく)した/没有白努力，及格了。

-がい 〔甲斐〕(接尾)(接名词或动词连用形下)(相应的)价值。△働(はたら)き～のある仕事(しごと)/值得做的工作，有价值的工作。

-がい 【外】(接尾)外。△予想(よ

そう)～/预料之外,意外。

がい① 【害】害。△健康(けんこう)に～となるたばこ/损害健康的香烟。

がい 【我意】己见。△～を張(は)り通(とお)す/固执己见。

かいあく⓪ 【改悪】(名・他サ)改坏了,越改越坏。△制度(せいど)の～/制度越改越坏。

がいあく⓪ 【害悪】危害,坏影响。△～を流(なが)す/流害社会。

かいい① 【怪異】(名・形動)〈文〉①奇异。△～小説(しょうせつ)/志怪小说。②妖怪。

かいい・れる④ 【買(い)入れる】(他下一)买进。△外国(がいこく)から機械(きかい)を～/从外国买进机械。

かいいん⓪ 【会員】会员。

かいうん⓪ 【海運】海运。

かいえん⓪ 【開演】(名・自サ)开演。△～時間(じかん)/开演时间。

がいえん⓪ 【外苑】(神宮)外围庭园,外苑。

かいか① 【開化】(名・自サ)开化。△文明(ぶんめい)～/文明开化。

かいが① 【絵画】绘画,画。△～的(てき)な風景(ふうけい)/画一般的风景。

がいか⓪ 【外貨】①外币。②外国货。

がいか① 【凱歌】凯歌。△～をあげる/高奏凯歌。

かいかい⓪ 【開会】(名・自サ)开会。△～を告(つ)げる/宣布开会。△～式(しき)/开幕式。

かいがい⓪ 【海外】海外,国外。

がいかい⓪ 【外界】外界。△～との接触(せっしょく)を断(た)つ/切断与外界的联系。

かいがいし・い⑤ [甲斐甲斐しい](形)勤快,不辞劳苦。△かいがいしく立(た)ち働(はたら)く/勤勤快快地干活。

かいかく⓪ 【改革】(名・他サ)改革。△行政(ぎょうせい)～/行政改革。

かいがく⓪ 【開学】开学。

がいかく⓪ 【外郭】〔外廓〕外廓,外围,周围。

かいかつ⓪ 【快活】(形動)快活,活泼。△～な少年(しょうねん)/快活的少年。

がいかつ⓪ 【概括】(名・他サ)概括。△意見(いけん)を～する/把意见概括起来。

かいかぶ・る④ 〔買(い)被る〕(他五)给价过高,评价过高。△人柄(ひとがら)を～/对人品过高评价。

かいがら⓪ 【貝殻】贝壳。

かいかん⓪ 【会館】会馆。

かいかん⓪ 【快感】快感,感到愉快。△勝利(しょうり)の～/胜利的愉快。△なんとも言(い)えない～/无法形容的愉快。

かいがん⓪ 【海岸】海岸,海滨。△～線(せん)/ⅰ)海岸线。ⅱ)沿海铁路。

がいかん⓪ 【外観】外观。△～がいい/外观好看。⇨みかけ表

がいかん⓪ 【概観】(名・他サ)概观。△歴史(れきし)を～する/综观

历史。

かいき① 【会期】会期。△～を延長(えんちょう)する/延长会期。

かいき⓪ 【回帰】(名・自サ)回归。△～線(せん)/回归线。△～年(ねん)/回归年。

かいき① 【怪奇】(名・形动)奇怪。△～小説(しょうせつ)/志怪小说。

かいぎ①③ 【会議】(名・自サ)会议,集会。△～にはかる/交付会议讨论。△～にのぞむ/出席(莅临)会议。△円卓(えんたく)～/圆桌会议。△学術(がくじゅつ)～/学术会议。△～室(しつ)/会议室。

かいぎ① 【懷疑】(名・自サ)怀疑。△～論(ろん)/怀疑论。△～の念(ねん)を抱(いだ)く/心里怀疑。

かいぎゃく⓪ 〔諧謔〕〈文〉诙谐,幽默。△～をもてあそぶ/说俏皮话。

かいきゅう⓪ 【階級】①(旧制军队)等级。②(社会)阶级,阶层。△～闘争(とうそう)/阶级斗争。△知識(ちしき)～/知识分子阶层。

かいきゅう① 【懷旧】怀旧,回顾往事。

かいきょ⓪ 【快挙】壮举,果敢的行动。△前人未到(ぜんじんみとう)の～/空前的壮举。

かいきょう⓪ 【海峡】海峡。△津軽(つがる)～/津轻海峡。

かいぎょう⓪ 【開業】(名・自他サ)①开业。△駅前(えきまえ)に～した医院(いいん)/在火车站前开业的诊所。②营业(中)。△～中(ちゅう)の店(みせ)/正在营业的商店。

がいきょう⓪ 【概況】概况。△天気(てんき)～/天气概况。

かいぐん① 【海軍】海军。

かいけい⓪ 【会計】①会计。②(在饭馆等)结账付钱。△お～を願(ねが)います/请算账。

がいけい⓪ 【外形】外形,外表。△～が立派(りっぱ)だ/外表很漂亮。

かいけつ⓪ 【解決】(名・他サ)解决。△～策(さく)/解决办法。

かいけん⓪ 【会見】(名・自サ)会见,接见。△記者(きしゃ)～/接见记者。

かいげん⓪ 【戒厳】戒严。△～令(れい)/戒严令。

がいけん⓪ 【外見】外表,外观。△～で判断(はんだん)せず/不根据外观作判断。

かいこ① 【蚕】蚕。△～を飼(か)う/养蚕。

かいこ① 【回顧】(名・他サ)回顾,回忆。△～録(ろく)/回忆录。⇨かいそう表

かいこ① 【解雇】(名・他サ)解雇。△～手当(てあて)/解雇津贴。

かいご① 【介護】(名・他サ)护理(病人)。

かいこう⓪ 【開校】(名・自サ)创建学校,建校。△～記念日(きねんび)/校庆。

かいこう⓪ 〔邂逅〕(名・自サ)邂逅,不期而遇。△旧友(きゅうゆう)に～する/与旧友不期而遇。

かいごう⓪ 【会合】(名・自サ)聚会,集会。△～を開(ひら)く/举

行集会。△～を重(かさ)ねる/反復聚会。

がいこう⓪【外交】外交。△～員(いん)/(企业的)外勤业务员。△～官(かん)/外交官。△～辞令(じれい)/外交辞令,打官腔。

かいこく⓪【戒告】(名・他サ)①警告(处分)。△～を与(あた)える/予以警告。②告诫,督促。

かいこく⓪【開国】(名・自サ)开放国门。△～主義(しゅぎ)/开放政策。

がいこく⓪【外国】外国。△～為替(かわせ)/外汇。△～崇拝(すうはい)/崇洋。△～語(ご)/外语。△～人(じん)/外国人。

がいこつ①【骸骨】骸骨。△やせて～のようだ/瘦得皮包骨。◇～を乞(こ)う/请求辞去官职。

かいこん⓪【悔恨】(名・自サ)悔恨。△～の念(ねん)に責(せ)められる/非常懊悔。

かいこん⓪【開墾】(名・他サ)开垦,开荒。△～農地(のうち)/开垦农田。

	山地を～する	空地を～をして～を作る	北海道の～	販路の～	技術の～
開墾	○	○	×	×	×
開拓	○	○	○	○	×
開発	○	×	○	×	○

かいさい⓪【開催】(名・他サ)举办,召开。△逸品会(いっぴんかい)を～する/举办精品展销会。

かいざい⓪【介在】(名・自サ)介于中间,(里面)夹杂有。△両国(りょうこく)の間(あいだ)に～する多(おお)くの難問(なんもん)が解決(かいけつ)されるには、まだ長(なが)い時間(じかん)がかかりそうだ/要解决两国之间存在的诸多难题,尚需一段很长的时间。

かいさく⓪【改作】(名・他サ)改写,改编(的作品)。△シナリオの～/改编的电影剧本。

かいさつ⓪【改札】检票。△～口(ぐち)/检票口。

かいさん⓪【解散】(名・自他サ)①(団体、议会等)解散,解体。②(集会等)散会。

かいざん⓪〔改竄〕(名・他サ)窜改。△歴史(れきし)を～する/窜改历史。

がいさん⓪【概算】(名・他サ)概算。△～では百万円(ひゃくまんえん)で十分(じゅうぶん)だ/据估算,有100万日元就够用了。

かいさんぶつ④【海産物】海产品。

かいし⓪【開始】(名・自他サ)开始。△試合(しあい)を～する/开始比赛。

がいして①【概して】(副)大概,一般。△～言(い)えば/一般说来。△～好評(こうひょう)だ/博得普遍好评。

かいし・める④【買い占める】(他下一)全部买下。

かいしゃ⓪【会社】公司。△～員(いん)/公司职员。△株式～(かぶしきがいしゃ)/股份有限公司。

かいしゃく①【解釈】(名・他サ)解释,理解。△英文(えいぶん)～/英文解释。△先生(せんせい)は古文(こぶん)を現代語(げんだいご)

で~した/老师用现代语解说了古文。△善意(ぜんい)に~する/善意理解。

かいしゅう⓪【回収】(名・他サ)回收。△廃品(はいひん)~/废品回收。△貨幣(かへい)~/货币回笼。

かいしゅう⓪【改修】(名・他サ)修复。△橋(はし)を~する/修复桥梁。△~工事(こうじ)/修复工程。

かいじゅう⓪【怪獣】怪兽。

かいじゅう⓪【懐柔】(名・他サ)怀柔,拉拢。△~策(さく)/怀柔政策。

がいしゅつ⓪【外出】(名・自サ)外出。△~着(ぎ)/出门穿的衣服。△担当者(たんとうしゃ)はちょっと~している/负责人暂时不在。

かいじょ①【解除】(名・他サ)解除,废除。△警報(けいほう)を~する/解除警报。△ストが~になった/罢工解除了。

かいしょう⓪【解消】(名・自他サ)撤消,解除。△婚約(こんやく)を~する/解除婚约。

かいじょう⓪【会場】会场。

かいじょう⓪【海上】海上。△~を飛(と)ぶ/在海洋上空飞行。

がいしょう⓪【外相】外务大臣,外交部长,外相。

かいしょく⓪【解職】(名・他サ)免职。△~処分(しょぶん)に付(ふ)す/予以免职处分。

かいしょく⓪【会食】(名・自サ)会餐。△久(ひさ)しぶりに仲(なか)の良(よ)かった同級生(どうきゅうせい)が集(あつ)まって、レストランで~(を)した/隔了很久,要好的老同学齐聚在饭店会餐。

がいしょく⓪【外食】(名・自サ)在外边吃饭。△~産業(さんぎょう)/(饭馆、食堂、餐厅等)饮食业,(特指)快餐行业。

かいしん⓪【会心】会心,满意。△~の笑(えみ)/会心的笑。△~投球(とうきゅう)/(棒球)得意的投球。

がいじん⓪【外人】外国人。△~教師(きょうし)/外籍教师。

かいず⓪【海図】海图。

かいすい⓪【海水】海水。△~浴(よく)/海水浴。

かいすう③【回数】次数,回数。△~券(けん)/(乘车、就餐、入场等一次购买,每次撕下一张的)联票,回数券,本票。

がいすう③【概数】概数。△~を調(しら)べる/了解概数。

かい・する③【介する】(他サ)①通过…媒介,通过…。△人を~/通过别人。②放在心上。△意(い)に~しない/不介意。

かい・する②【解する】(他サ)①解释。△辞書(じしょ)も引(ひ)かずに、この難(むずか)しい英文(えいぶん)を~ことができる/不借助辞典能解释这篇难懂的英文文章。②理解。△風流(ふうりゅう)を~/理解遗风。

がい・する③【害する】(他サ)①伤害,有害。△感情(かんじょう)を~/伤害感情。②妨害。△生育(せいいく)を~/妨害生长。③杀害。

かいせい⓪【回生】(名・自サ)回生,更生。△起死(きし)～/起死回生。

かいせい⓪【快晴】晴朗,晴好。

かいせい⓪【改正】(名・他サ)改正,修订。△規約(きゃく)を～する/修订章程。

かいせき【解析】Ⅰ⓪(名・他サ)解析。△観測(かんそく)データを～する/解析观测数据。Ⅱ⓪(名)解析学。Ⅲ(接头・接尾)(数学、物理学)解析。△数学(すうがく)～/数学解析。△～幾何学(きかがく)/解析几何学。

かいせつ⓪【開設】(名・他サ)开设,新设。△支店(してん)を～する/开设分店。⇨せっち表

かいせつ⓪【解説】(名・他サ)解说,说明。△ニュース～/新闻解说。△～者(しゃ)/解说员。

がいせつ⓪【概説】(名・他サ)概说。△～書(しょ)/说明书。

かいせん⓪【改選】(名・他サ)改选。△～議員(ぎいん)/改选议员。

かいぜん⓪【改善】(名・他サ)改善。△待遇(たいぐう)～/改善待遇。⇨かいりょう表

かいそ①【改組】(名・他サ)改组。△農協(のうきょう)を～する/改组农协。

かいそう⓪【回想】(名・他サ)回想,回忆。△～録(ろく)/回忆录。

	幼時を～する	～にふける	～録	悲しい～となる	昨年の政界を～する
回想	○	○	○	×	×
回顧	○	×	×	×	○
追憶	○	○	×	×	×

かいそう⓪【回送】(名・他サ)①(邮件)转送,转交。②(把空车)开回(车库)。

かいそう⓪【改装】(名・他サ)改换装饰,改换装潢。△店舗(てんぽ)を～する/整修店堂。

かいそう⓪【階層・界層】①(建筑物的)层。②(社会)阶层。△さまざまな～の人人(ひとびと)/各种阶层的人。

かいそう⓪〔海藻〕海藻。

かいぞう⓪【改造】(名・他サ)改造,改组,改装。△機械(きかい)を～する/改装机器。△内閣(ないかく)を～する/改组内阁。

がいそう⓪【外装】①外包装。②(建筑物)外部装饰,外部装修。△～工事(こうじ)/外部装修工程。

かいそく【快速】Ⅰ(名・形动)快速。△～力(りょく)/高速能力。△～部隊(ぶたい)/快速部队。Ⅱ(名)("快速電車"之略)快速电车。△～電車(でんしゃ)/(日本电气铁道)快车。

かいぞく【海賊】海盗。△～版(ばん)/海盗版(非法翻印外国出版物)。

かいたい⓪【解体】(名・自他サ)①解体,拆毁。△家屋(かおく)を～する/拆毁房屋。②解散。△組織(そしき)を～する/解散组织。

かいたく【開拓】(名・他サ)开辟,开拓。△処女地(しょじょち)を～する/开垦荒地。△新(あたら)しい分野(ぶんや)を～する/开辟新领域。⇨かいこん表

かいだん⓪【会談】(名・自サ)会談。△首脳(しゅのう)～/首脳会谈。

かいだん⓪【階段】①阶梯,楼梯。②等级。

ガイダンス①[guidance](対学生)指导,辅导。

かいちく⓪【改築】(名・他サ)改建。△駅舎(えきしゃ)を～する/改建火车站站房。

かいちゅう⓪【回虫】〔蛔虫〕蛔虫。△～を駆除(くじょ)する/打蛔虫。

かいちゅう⓪【懐中】怀里。△～物(もの)/钱包。△～時計(とけい)/怀表。△～電灯(でんとう)/手电筒。

がいちゅう⓪【害虫】害虫。

かいちょう⓪【会長】会长。

かいちょう⓪【快調】(名・形动)顺利,情况良好。△～なすべり出(だ)し/开始顺利。⇒こうちょう表

かいつう⓪【開通】(名・自サ)通车,通邮。△～式(しき)/通车典礼。

かいて【買い手】买主,买家。

かいてい【海底】海底。

かいてい⓪【改訂】(名・他サ)修订。△～版(ばん)/修订版。

かいてい⓪【改定】(名・他サ)改定,重新规定。

かいてき⓪【快適】(名・形动)舒适,舒畅。△～な住(す)まい/舒适的住房。△夏休(なつやす)みは、おじの別荘(べっそう)で、泳(およ)いだり、魚(うお)を釣(つ)ったりして～に過(す)ごした/暑假住在叔父的别墅里,又游泳又钓鱼,过得很开心。

かいてん⓪【回転】(名・自サ)①旋转。△～いす/转椅。②周转。△～資金(しきん)/周转资金。

かいてん①【開店】商店开门,商店开张。△～休業(きゅうぎょう)/店铺冷清无人光顾。△～披露(ひろう)/商店开业式。

ガイド①[guide](名・他サ)向导(者)。△～ブック/旅行指南。△～ライン/指导准则,指导方针。

かいとう⓪【解答】(名・自サ)解答。△模範(もはん)～/(难题)示范解答。

かいとう⓪【解凍】(名・自他サ)①解冻,化冻。②(计算机)解压。

かいどう⓪【街道】①(连结城镇的)要道。△隣(となり)の町(まち)まで、大(おお)きな～が通(つう)じている/有条大路通往邻近的城镇。②人生路。△出世(しゅっせ)～/成功之路。

がいとう⓪〔外套〕外套,大衣。

がいとう⓪【街頭】街上,街头,街道。△～に立(た)つ/站在街上。△～演説(えんぜつ)/街头演说。△～募金(ぼきん)/街头募捐。

がいとう⓪【該当】(名・自サ)(资格、条件)相当。△～者(しゃ)/同等资格者。

かいどく⓪【解読】(名・他サ)译解,破译。△暗号(あんごう)を～する/破译密码。

がいどく①⓪【害毒】毒害。△～

を流(なが)す/流毒。

がイドブック④ [guidebook] ①旅游手册。②参考书,入门书。

かいと・る③ 【買(い)取る】(他五)买下,买进(他人出手物)。△家(いえ)を～/买下房子。

かいにゅう⓪ 【介入】(名・自サ)介入,干预,干涉。△内政(ないせい)に～する/干预内政。△武装(ぶそう)～/武装干涉。

かいにん⓪ 【解任】(名・他サ)解除职务,免职。△彼(かれ)はその職(しょく)を～された/他被解除了那个职务。

がいねん① 【概念】概念。△「何(なに)が美(うつく)しいか」という美(び)の～は、時代により、民族(みんぞく)により、また人(ひと)によって千差万別(せんさばんべつ)である/什么是美——这一美的概念,不同时代,不同民族,乃至不同人之间理解上千差万别。

	誤った～を持つ	宇宙という～	時間がない人	新憲法の～	おれは駄目だという～にとらわれる
概念	○	○	×	×	×
観念	○	○	×	×	○
理念	○	×	×	○	×

がいはく⓪ 【該博】(形動)渊博。△～な知識(ちしき)/渊博的知识。

かいはつ⓪ 【開発】(名・他サ)①开发。△資源(しげん)～/资源开发。②研制。△新製品(しんせいひん)の～/研制新产品。③启发;发掘。△埋(う)もれている才能(さいのう)を～する/发掘被埋没的才干。⇒おいこん表

かいばつ⓪ 【海抜】海拔。

かいひ⓪ 【会費】会费。

かいひ⓪ 【回避】(名・他サ)回避。△責任(せきにん)を～する/推卸责任。

かいびゃく⓪ [開闢] 开天辟地。△天地(てんち)～以来(いらい)の出来事(できごと)/开天辟地以来的大事。

がいひょう⓪ 【概評】(名・他サ)概评。△テストの答案(とうあん)を～する/对答卷进行粗评。

がいぶ① 【外部】①外部。△建物(たてもの)の～/楼房外部。②范围外。△～の人間(にんげん)/局外的人。

かいふく⓪ 【回復】〔恢復〕(名・自他サ)恢复。△生産(せいさん)を～する/恢复生产。△国交(こっこう)～/恢复邦交。△～期(き)/恢复期。

かいふく⓪ 【快復】(名・自サ)痊愈,康复。

がいぶん⓪ 【外聞】①外界评论。△～をはばかる/怕外界品头评足。②名声,体面。△～が悪い/名声不佳,不体面。

かいへい⓪ 【開閉】(名・他サ)开关。△自動(じどう)～/自动开闭。△～器(き)/开关。

	扉の～	障子の～	遮断機の～	箱の～	引き出しの～
開閉	○	○	○	×	×
あけしめ	○	○	△	△	×
あけたて	○	○	×	×	×

かいほう⓪ 【快方】(伤病)渐渐好转。△～に向(む)かう/病情趋向

好转。

かいほう⓪【快報】喜讯，喜报。△～に接(せっ)する/接到喜讯。

かいほう⓪【開放】(名・他サ)①敞开(门窗等)。△～厳禁(げんきん)/严禁开门。②(对外)开放，自由进出。△日曜日(にちようび)に校庭(こうてい)を～する/星期日学校体育场开放。

かいほう⓪【解放】(名・他サ)解放，释放。△アメリカ大統領(だいとうりょう)リンカーンは、奴隷(どれい)を～した人(ひと)として有名(ゆうめい)だ/美国总统林肯是以解放奴隶而著称于世的。

かいほう①【介抱】(名・他サ)护理，看护，照顾。

かいぼう⓪【解剖】(名・他サ)解剖。△～学(がく)/解剖学。△司法(しほう)～/(法律)剖检。

かいまく⓪【開幕】(名・自サ)①开幕。△～を告(つ)げるベルが鳴(な)る/开幕铃声响了。②开始。△春(はる)のリーグ戦(せん)が～する/春季循环赛开始。

かいまみ・る④【かいま見る】(他上一)窥视，往里偷看。△通(とお)りすがりに中(なか)の様子(ようす)を～/路过时从门缝往里偷看。

かいむ①【皆無】完全没有，毫无。△わたしは法律(ほうりつ)に関(かん)する知識(ちしき)は～なので、よろしくお願(ねが)いします/本人完全没有法律知识，一切都拜托您了。

がいむ⓪【外務】①外事，外交事务。②外勤。△～員(いん)/外勤人员。

がいむしょう③【外務省】(日本)外务省。

かいめい⓪【解明】(名・他サ)解释清楚。△真相(しんそう)を～する/说明真相。

かいめつ⓪【壊滅】(名・自他サ)毁灭。△地震(じしん)で村(むら)が～した/地震毁灭了村庄。

かいめん⓪③【海面】海面。

がいめん⓪③【外面】外面，外表，表面。

かいもく⓪【皆目】(副)(下接否定语)全然，完全。△～行方(ゆくえ)が知(し)れぬ/去向全然不明。

かいもの⓪【買(い)物】①买东西。△～に行(い)きたい/想去买东西。②买的东西。

がいや⓪【外野】①(棒球)外野。②(棒球)外野手。③〈俗〉无直接关系者，局外人。△～はだまっていろ/无关的人不要多嘴。

かいやく⓪【解約】(名・他サ)解除合同，废约。△～手付(てつ)け/解除合同保证金。

かいゆう⓪【回遊】(名・自サ)①环游，周游。△～式庭園(しきていえん)/环游式花园。②(鱼群)回游。△渡(わた)りをする鳥(とり)がいるように、群(む)れをなして広(ひろ)い範囲(はんい)を移動(いどう)する魚(さかな)があり、それらを～魚(ぎょ)と呼(よ)んでいる/像候鸟迁徙那样，有的鱼结群大范围游动，这种鱼叫回游鱼。

がいゆう⓪【外遊】(名・自サ)出国旅行。留学。△ハワイへの～/夏威夷之旅。△～の途(と)に上(のぼ)る/踏上留学旅途。

かいよう⓪【海洋】海洋。△～図(ず)/航海图。△～生物(せいぶつ)/海洋生物。

がいよう⓪【概要】概要，梗概。△事件(じけん)の～/事件的概要。

がいらい⓪【外来】①外来。△～語(ご)/外来语。△～文化(ぶんか)/外来文化。②(医院)门诊。△～の患者(かんじゃ)/门诊患者。

かいらく①⓪【快楽】快乐。

かいらん⓪【回覧】(名・他サ)①传阅。△知(し)らせを～する/传阅通知。②巡回阅览。△～文庫(ぶんこ)/巡回图书室。

がいりゃく⓪【概略】概略。△～を述(の)べる/叙述梗概。

かいりゅう⓪【海流】海流。△日本(にほん)～/日本海流。

かいりょう⓪【改良】(名・他サ)改良。△品種(ひんしゅ)～/品种改良。

	まだ～の余地がある	品種の～	農機具を～する	生活の～	待遇を～する
改良	○	○	○	×	×
改善	○	×	×	○	○

かいろ①【回路】电路，线路。△集積(しゅうせき)～/集成电路。

かいろ①【海路】海路，海上航路。

がいろん⓪【概論】(名・自サ)概论。

かいわ⓪【会話】会话，对话，谈话。△英語(えいご)で～する/用英语对话。△～文(ぶん)/(文章中)对话部分。

かいん⓪①【下院】(两院制议会的)下院，众议院。

か・う②⓪【買う】(他五)①买，购买。△車(くるま)を～/买小卧车。△父(ちち)は娘(むすめ)にプレゼントを買った/父亲给女儿买了礼物。△友達(ともだち)はゴルフの会員権(かいいんけん)を買った/朋友取得了高尔夫球俱乐部的会员权。②招致，惹起。△けんかを～/惹起打架。△反感(はんかん)を～/引起反感。③重视。△実力(じつりょく)を～/重视实力。△教授(きょうじゅ)は昌子(まさこ)を買っている/教授很器重昌子。

か・う①【飼う】(他五)饲养。△小鳥(ことり)を～/喂养小鸟。△国(くに)は農家(のうか)に牛(うし)を飼わせた/国家让农户养牛。

カウル①[cowl]①壳，罩，盖，套。②整流罩。③(汽车)发动机罩。④高度流线型车身，子弹头型车身。

カウンセラー②④①[counsellor]①顾问，参事。②(学校、单位的)心理顾问，生活指导。

カウンター⓪[counter]①(收款)计算器。②收款处。③(酒吧间的)柜台。④商品陈列橱。

カウント⓪[count]①计算。②(体育)记分，记点数。③打拍子。

かえ・す⓪【返す】(他五)①返回原点。△白紙(はくし)に～/又变成白纸一张，一切努力都白费了。

②归还。△借(か)りた本を～/归还借来的书。③报答，回报。△あいさつを～/回礼。

	茶わんを棚に～	白紙に～	ヒット走者を～	振り出しに～	言葉を～	車をうしろへ～
返す	○	○	○	○	○	×
戻す	○	○	×	○	×	○

かえ・す① 【反す】(他五)翻过来，翻转。△手のひらを～/反掌。

かえ・す① 【帰す】(他五)打发回去，送回。△家族(かぞく)をアフリカから日本に～/把家眷从非洲送回日本。△車(くるま)をまっすぐ本社(ほんしゃ)に～/把车直接打发回公司。

かえだま⓪ 【替(え)玉】替身，冒名顶替。△～を使(つか)う/利用替身。△～受験(じゅけん)/代人应试。

かえって① 【返って】〔却って・反って・却而〕(副)相反，反而。△～痛(いた)い目(め)にあわされた/反倒吃了苦头。⇨むしろ 表

かえり③ 【帰り】①返回。△～を急(いそ)ぐ/急急忙忙往回赶。②返回的时候。△行(ゆ)きはふたりで、～はひとりでした/去的时候两个人,回来的时候只有一个人。③归途。△～は別(べつ)の道(みち)を取(と)る/回程取道他处。

かえり・みる④ 【省みる・顧みる】(他上一)①反省。△自分(じぶん)の行(おこな)いを～/反省自己的行为。②回顾。△学生時代(がくせいじだい)を～/回顾学生时代。

かえり・みる④ 【顧みる】(他下一)顾及，照顾，关心。△危険(きけん)を顧みない/不顾危险。△家庭(かてい)を～余裕(よゆう)がない/无暇照顾家庭。

かえる⓪ 〔蛙〕青蛙。△～跳(と)び/蛙式跳跃。◇～の子(こ)は～/乌鸦窝里出不了凤凰。

かえ・る① 【返る】〔還る〕(自五)①恢复原状。△正気(しょうき)に～/恢复理智。②(物)归原主。△盗(ぬす)まれた宝石(ほうせき)が持主(もちぬし)に返った/被盗的宝石重归物主。③(声音等)返回。△向(む)こうの山(やま)からこだまが～/回声从对面山上折回来。

かえ・る① 【帰る】〔還る〕(自五)回归。△故国(ここく)へ～/返回故乡。△渡鳥(わたりどり)が北(きた)へ～/候鸟飞回北方。

か・える⓪ 【変える】(他下一)改变，把…变成…。△科学(かがく)の発展(はってん)は月(つき)への旅行(りょこう)を夢(ゆめ)から現実(げんじつ)に変えた/科学的发展使月球旅行由梦想变成现实。△方針(ほうしん)を～/改变方针。

か・える③⓪ 【代える・替える・換える】(他下一)①代替。△円(えん)をドルに～/以日元代替美元。△物(もの)を金(かね)に～/以物抵钱。②替换,换。△父(ちち)は車(くるま)を国産車(こくさんしゃ)から外車(がいしゃ)に換えた/父亲把国产卧车换成了外国车。

かお⓪ 【顔】①脸，面孔。②脸面，面子。◇～が利(き)く/吃得开，

有勢力。◇～が広(ひろ)い/交游广。◇～から火(ひ)が出(で)る/羞得脸红。◇～に泥(どろ)を塗(ぬ)る/丢脸。◇～を売(う)る/沽名(钓誉)。◇～を貸(か)す/替别人出头(露面)。

かおいろ⓪【顔色】脸色，气色，神色。△～が青(あお)くなった/脸色苍白。

かおく①【家屋】房屋，住房。

かおだち⓪【顔立(ち)】容貌，相貌。△上品(じょうひん)な～/眉清目秀。△整(ととの)った～/五官端正。

かおつき⓪【顔付(き)】表情，神色。△心配(しんぱい)そうな～/若有所思的表情。

かおなじみ③【顔なじみ】〔顔馴染(み)〕①熟识，脸熟。②熟人。

かおぶれ⓪【顔触れ】①成员，班子，班底。②(会议)到场的人。△～がそろう/该来的都来了。

かおまけ④⓪【顔負(け)】(名・自サ)相形见绌，甘败下风。△専門家(せんもんか)～の腕前(うでまえ)/令专家都甘败下风的本事。

かおむけ⓪【顔向(け)】(与别人)见面，露面。△～ができない(ならない)/不好意思见人。

かおもじ⓪-①【顔文字】(计算机)脸谱。

かおり⓪【薫(り)・香り】芳香，香气。△文化(ぶんか)の～/文化气息。⇨におい表

かお・る【薫る・香る】〔馨る〕(自五)芬芳，有香味。

がか⓪【画家】画家。

かがい⓪【課外】课外。

がかい⓪【瓦解】(名・自サ)瓦解，崩溃。△組織(そしき)が～する/组织瓦解了。

かがいしゃ②【加害者】加害者，肇事者。

かか・える④⓪【抱える】(他下一)①挟，抱。△本(ほん)を～/挟着书。②承担，负担。③雇用。

	荷物を～	子供を胸に～	悩みを～	仕事を～	もっと強く～て！	恐れを～
抱える	○	×	○	○	×	×
だく	×	○	×	×	-い○	×
いだく	×	×	○	×	×	○

カカオ①［西 cacao］可可。

かかく⓪【価格】价格。△割引(わりびき)～/折扣价格。△～性能比(せいのうひ)/性价比。⇨ね表

かがく①【化学】化学。△応用(おうよう)～/应用化学。△生(せい)～/生物化学。

かがく①【科学】科学。△～万博(ばんぱく)/国际科技博览会。

かがくしゃ②【科学者】科学家。

かか・げる④⓪③【掲げる】(他下一)①悬挂。△看板(かんばん)を～/悬挂招牌。②举着，打着。△スローガンを～/举着标语。③揭示，刊登，登载。

かか・す③【欠かす】(他五)缺，缺少。△教育(きょういく)に～ことのできない愛情(あいじょう)/教育上不可缺少的爱心。

かかせな・い③-①【欠かせない】(形)不可或缺的。

かかと⓪〔踵〕①脚后跟。②鞋后

跟。

かがみ③【鏡】①镜子。②酒桶盖。△～を抜(ぬ)く/起酒桶盖。

かがみ③〔鑑〕①榜样，规范。△人(ひと)の～になる/做他人的榜样。②借鉴。△人(ひと)の失敗(しっぱい)をわが身(み)の～とする/以他人的失败为自身的借鉴。

かがみもち③【鏡餅】(供神的)大圆形年糕。

かが・む③⓪〔屈む〕(自五)①(手指、手脚、腰)弯，曲。△寒(さむ)さで手足(てあし)が～/冷得胳臂腿屈曲着。②蹲下去。△地(じ)べたに～/蹲在地上。

かがやかし・い⑤【輝かしい】(形)光辉，辉煌。△～業績(ぎょうせき)/光辉的业绩。

かがやか・す④【輝かす】〔耀かす〕(他五)①使生辉，使闪耀。△目(め)を～/目光炯炯。②扬名。△名(な)を内外(ないがい)に～/扬名海内外。

かがや・く③【輝く】〔耀く〕(自五)①放光，亮晶晶。△太陽(たいよう)が～/太阳光芒四射。△～銀世界(ぎんせかい)/亮晶晶的银白世界(雪景)。②辉煌，荣耀。△文化勲章(ぶんかくんしょう)に～/享有文化勋章的荣誉。③露出(喜悦、希望)。△少女(しょうじょ)の目(め)は喜(よろこ)びに～/少女的眼睛闪烁着喜悦(的光辉)。

かかり①【係】①关系。②担任(某)工作的人。△出納(すいとう)～/出纳员。△～長(ちょう)/股长。

かかりいん③【係員】办事员，工作人员。

かか・る②【係る】(自五)①由，根据。△これはエジソンの発明(はつめい)に～ものだ/这是爱迪生发明的。②关于，关系到。△生死(せいし)に～大問題(だいもんだい)/生死攸关的大事情。

かか・る②【架(か)る】(自五)架设，(天空)出现。△川(かわ)に橋(はし)が～/河上架桥。△虹(にじ)が～/出现彩虹。

かか・る②【掛(か)る】(自五)①下垂，吊着。②高悬。△明月(めいげつ)が夜空(よぞら)に～/皓月当空。③落在(身上、肩上)。④上锁。△かぎのかかった部屋(へや)/上锁的房间。⑤被捕获。△網(あみ)に魚(うお)が～/鱼入网。△わなに～/被套住。⑥挂念。△気(き)に～/惦记。⑦碰到，触及。⑧蒙上，覆盖。△月(つき)に雲(くも)が～/云遮月。⑨溅上，淋上。⑩倚，靠。△医者(いしゃ)に～/看医生。⑪需要，花费。△一万円(いちまんえん)は～/花1万日元。⑫着手。△仕事(しごと)に～/着手工作。⑬从事。⑭进攻。△敵(てき)に～/向敌人进攻。⑮上演，演出。△芝居(しばい)が～/上演戏剧。⑯挂(电话)。△電話(でんわ)が～/挂(来)电话。

かか・る②【罹る】(自五)①(生)病，患(病)。△難病(なんびょう)に～/得了大病。②遭受(灾难)。

かか・る②【懸(か)る】(自五)①

高悬。△空(そら)に月(つき)が〜/皓月当空。②悬(赏)。△懸賞(けんしょう)が〜/悬赏。

かが・る⓪〔縢る〕(他五)织补，交叉地缝，锁。△ボタンのあなを〜/锁扣眼。

かかわらず③④⑤〔拘らず〕(副)①不管，不顾。△晴雨(せいう)に〜出発(しゅっぱつ)する/不管晴雨都出发。②虽然，尽管。△健闘(けんとう)したにも〜大敗(たいはい)した/虽然顽强奋斗了，可是还是遭到惨败。

かかわり⓪〔拘わり・係わり・関わり〕关系，牵连。△それとはなんの〜もない/和那个没有任何关系。

かかわ・る⓪③〔拘る〕(自五)拘泥。△枝葉(しょう)にかかわりすぎる/过于拘泥小节。

かかわ・る③〔拘(わ)る・係わる・関わる〕(自五)有关系。△生命(せいめい)に〜重傷(じゅうしょう)/危及性命的重伤。

かかん⓪【果敢】(形动)果敢。△〜な行動(こうどう)/果敢的行动。

かき②【垣】(用地周围的)隔墙，篱笆，栅栏。

かき⓪〔柿〕柿子。柿树。

かき①【火気】①烟火。△〜厳禁(げんきん)/严禁烟火。②火势。△〜が強(つよ)い/火势猛。

かき①〔花卉〕花卉。△〜園芸(えんげい)/花卉园艺。

かき①【夏季】夏季。△〜施設(しせつ)/防暑设施。

かき①【夏期】夏期。△〜休暇(きゅうか)/夏季休假，暑假。

かぎ②〔鍵〕①钥匙。△〜穴(あな)/钥匙孔。②锁。△〜をかける/上锁。③关键。△解決(かいけつ)の〜/解决问题的关键。

かきあ・げる⑤④【書(き)上げる】(他下一)①写完，写好。△論文(ろんぶん)はもう書き上げましたか/论文已经写好了吗?②一一记上。△罪状(ざいじょう)を〜/将罪状一一记录在案。

かきあらわ・す⑤⓪【書(き)表(わ)す】(他五)写出来。△報告書(ほうこくしょ)にくわしく〜/详尽地写进报告书里。

かきあらわ・す⑤⓪【書(き)著(わ)す】(他五)写成书，出书。△自叙伝(じじょでん)を〜/把自传写成书。

かきおき⓪【書(き)置(き)】①留字，留条。△不在(ふざい)なので〜をして帰(かえ)る/因为主人不在家，留条而归。②(狭义指)遗书。

かきおろし⓪【書(き)下(ろ)し】刚脱稿的作品，新写的作品。

かきか・える④⑤⓪③【書き換える】(他下一)改写，重写。△名義(めいぎ)を〜/改名(过户)。

かきかた③④【書き方】①写法。△履歴書(りれきしょ)の〜/履历书的写法。②运笔法。③(学生)习字。

かきことば③【書き言葉】文章语，书面语。

かきこみ⓪【書(き)込(み)】①在书籍空白和行距中写。②(计算机)

帖子。

かきこ・む③④⓪【書き込む】(他五)写进，记入。△友(とも)だちの住所(じゅうしょ)を手帳(てちょう)に～/把朋友的住址写到手册上。

かきしる・す④⑤⓪【書(き)記(る)す】(他五)记下来，记录。△事件(じけん)の一切(いっさい)を書き記した/把事件的经过记录了下来。

かきそ・える⓪【書(き)添える】(他下一)添写，补充写上。△私(わたし)が昨日(きのう)帰(かえ)ってきた事(こと)を手紙(てがみ)に書き添えてください/请把我昨天回来了的事写到信上。

かきぞめ⓪【書初め】(名・自サ)新春试笔(1月2日用毛笔写字的新年仪式)。

かきだ・す③④⓪【書(き)出す】(他五)①开始写。△三歳(さんさい)から字(じ)を書き出した/从3岁开始写字。②摘要(地写)，摘录。△関連項目(かんれんこうもく)を～/摘录有关项目。③揭示。△揭示板(けいじばん)に合格者(ごうかくしゃ)の名前(なまえ)を書き出した/把被录取者的姓名公布在布告牌上。

かきた・てる④⑤⓪【書(き)立てる】(他下一)①逐条写出，详细写出。△罪状(ざいじょう)を～/列举罪状。②大书特书。△週刊誌(しゅうかんし)が事件(じけん)を～/周刊杂志上大登特登案件的文章。

かきつけ⓪【書(き)付(け)】便条，账单，字据。

かきつ・ける⓪【書(き)付ける】(他下一)①记下来，写下来。△電話番号(でんわばんごう)を紙(かみ)に～/把电话号码记在纸上。②写惯。△毛筆(もうひつ)では書きつけていない/用毛笔写不惯。△書(か)きつけたペンをなくした/使惯了的钢笔丢了。

かきとめ⓪【書留】①写下。②挂号(信)。△普通(ふつう)～/单挂号。△配達証明(はいたつしょうめい)～/双挂号。△現金(げんきん)～/保价信。

かきと・める⑤⓪④【書(き)留める】(他下一)写下来，记录下来。△事情(じじょう)を～/把情况写下来。

かきとり⓪【書(き)取(り)】(名・自他サ)①抄写。②听写，默写。

かきと・る⓪③【書(き)取る】(他五)①抄写。②听写，记录。

かきなお・す⑤⓪④【書き直す】(他五)重写，改写。△原稿(げんこう)を三度(さんど)も書き直した/把原稿改写了三次。

かきぬ・く④⓪【書(き)抜く】(他五)摘录。△要点(ようてん)を～/摘录要点。

かきね②③【垣根】①围墙，篱笆。△～ごし/隔着墙。②隔阂，隔膜。△相手(あいて)との間(あいだ)の～をとりはらう/排除和对方之间的隔阂。

かきまわ・す⑤⓪④【かき回す】〔搔(き)回す〕(他五)①搅动，搅拌。

△さじでコーヒーを〜/用汤匙搅拌咖啡。②扰乱，捣乱。

かきゅう⓪【火急】(名・形动)火急。△〜の知(し)らせ/紧急通知。

かきょう⓪【佳境】〈文〉①佳境。△話(はなし)が〜にいる/故事进入佳境。②风景优美的地方。

かぎょう①【家業】①职业，手艺。②家业。

かぎょう①【稼業】谋生的职业。△浮草(うきくさ)〜/流动性大的职业。△人気(にんき)〜/靠人缘维持的职业(如演员、艺妓等)。

かぎり【限(り)】Ⅰ①(名)①止境。△〜もなく続(つづ)く砂漠(さばく)/无边无际的大沙漠。②限度，极限。△〜ある命(いのち)/有限的生命。③最后，极点。△力(ちから)の及(およ)ぶ〜尽(つく)す/竭尽全力。④一切，全部。△根気(こんき)の続く〜がんばる/坚韧不拔地努力。⑤(表示在一定范围内)只要…，除非…。△命(いのち)の戦(たたか)う/生命不息，战斗不止。Ⅱ(接尾)①接时日、数词等下)以…为限。△当日(とうじつ)〜有効(ゆうこう)/当日有效。②尽量，尽可能。△力(ちから)〜泳(およ)ぐ/竭尽全力地游。

かぎりな・い④【限り無い】(形)①无止境。△限りなく広(ひろ)がる大海原(おおうなばら)/沧海无边。②无比。△〜感謝(かんしゃ)の念(ねん)/无比感激。

かぎ・る②【限る】(他五)①以…为界限。△垣根(かきね)で敷地(しきち)を〜/场地以篱笆为界限。②限定。△定員(ていいん)を15名(じゅうごめい)と〜/限定员15人。△司会者(しかいしゃ)がスピーチの時間(じかん)を20分(にじっぷん)に〜/会议主持者规定讲话时间不超过20分钟。③(话题中的)最好，顶好。△夏(なつ)はビールに〜/夏天喝啤酒最好。△一日中(いちにちじゅう)寝(ね)るに〜/顶好是睡上一整天。④(以"とは或とも限らない"的形式)也未必，也不一定。△考(かんが)えすぎて失敗(しっぱい)しないとも限らない/过分考虑也未必不失败。⑤(以"に限らず"的形式)不拘，无论。△男女(だんじょ)に限らず/不分男女，无论男女。

かく-【各】(接头)各。△〜家庭(かてい)/各个家庭。△〜人(にん)〜様(よう)のことを言(い)う/各说各的话。

-かく【画】(接尾)(汉字的)笔画，…画。△点(てん)〜/点与画。

かく②【角】①角。②拐角。③角度。

かく①【核】①(植物果实的)核。②(事物的)核心。△〜心(しん)/核心。③原子核。△〜爆発(ばくはつ)/核爆炸。△〜兵器(へいき)/核武器。

かく⓪【格】①资格，品格。②规格，标准。

か・く①(他五)出(汗)，丢(丑)，打(鼾)。△あせを〜/出汗。

か・く②⓪①【欠く】(他五)①欠缺，缺少。△生活(せいかつ)に欠かせ

ない品(しな)/生活必备品。②损坏。△歯(は)を~/牙掉个碴儿。③怠慢,疏忽。△義理(ぎり)を~/不尽人情。

か・く① 〔描く・画く〕(他五)画,描绘。△絵(え)を~/画画。

か・く① 〔搔く〕(他五)①搔,挠,抓。△鶏(にわとり)は土(つち)をかいて虫(むし)をあさる/鸡抓土找虫子吃。②耙,搂。③拨开,(用桨)划水。④搅和。△からしを~/搅和芥末。

か・く①【書く】(他五)①写(字)。△先生(せんせい)は黒板(こくばん)にチョークで漢字(かんじ)を書いた/老师在黑板上用粉笔写汉字。△手紙(てがみ)を~/写信。②写作。△英語(えいご)で詩(し)を~/用英语写诗。

	日記 を~	手紙 を~	文字 を~	小説 を~	心に ~	朝食を ~
書く	○	○	○	○	×	×
しるす	○	△	○	×	○	×
したためる	○	○	×	×	×	×

かぐ①【家具】家具。△~をそろえる/备齐家具。

か・ぐ②⓪〔嗅ぐ〕(他五)①(用鼻子)闻,嗅。△花(はな)のにおいを~/闻花香味。②探知,猜。△秘密(ひみつ)をかぎあてる/猜到秘密。

がく【学】Ⅰ⓪①(名)学识,学问。△~のある人(ひと)/有学问的人。Ⅱ(接尾)学科,…学。△倫理(りんり)~/伦理学。

がく①【額】①数量。△定(てい)~/定额。②匾额。画框,嵌在框内的画。

かくい①【各位】各位。

がくい①【学位】学位。△~をさずける/授予学位。△~論文(ろんぶん)/学位论文。

かくいつ⓪【画一】〔劃一〕(名・形动)统一,划一,一律。△~に行(おこな)う/按同一要求进行。△~的(てき)/规格化的。△~的な教育(きょういく)/规范化教育。

かくう⓪【架空】Ⅰ(名)架空。△~の鉄線(てっせん)/架空的铁丝。Ⅱ(名・形动)虚构。△~の人物(じんぶつ)/虚构的人物。

がくえん⓪【学園】学园(由幼儿园到大学多层次学校联合的私立学校)。

がくげい⓪②【学芸】学问和艺术,学艺。△~会(かい)/学习成绩汇报演出会。△~欄(らん)/(报纸)文艺栏。

かくげん⓪③②【格言】格言。

かくご①②【覚悟】(名・自他サ)有决心,有精神准备。△~をきめる/下决心。△失敗(しっぱい)は~の上(うえ)だ/有失败的精神准备。

かくさ①【格差】差别,差距。(商品)差价。△~が広(ひろ)がる/差距扩大。△~をつける/划差价。

かくさん⓪【拡散】(名・自サ)①扩散。△核(かく)~防止(ぼうし)/防止核扩散。②散发。△においが~する/气味四处弥漫。

かくし③【隠し】①隐藏。△~マイク/窃听话筒。△~ファイル/(计算机)隐藏文件。②(暗)衣

兜。△洋服(ようふく)の～/西服兜。

かくじ③【各自】各自。

	～の自由に任せる	切符は～で買いなさい	会員～への連絡	～の例について調べる
各自	○	○	×	×
各人	○	○	○	×
個個	○	×	○	○

がくし①【学士】学士。△文(ぶん)～/文学士。

がくし⓪【学資】学费。

かくしつ⓪【確執】(名・自サ)固执，坚持己见。不和，争执。△二者(にしゃ)の間(あいだ)の～/二人各持己见。

かくじつ⓪【確実】(名・形动)确实，可靠。△～な根拠(こんきょ)/可靠的根据。⇨せいかく 表

がくしゃ⓪【学者】学者。

かくしゅ①【各種】各种。△～学校(がっこう)/各类学校。

かくじゅう⓪【拡充】(名・他サ)扩充。△軍備(ぐんび)を～する/扩充军备。

がくしゅう⓪【学習】(名・他サ)学习(多指学校里的系统学习，口语中常用"勉強")。

がくじゅつ⓪②【学術】学术。△～用語(ようご)/术语。

かくしん⓪【革新】革新。△技術(ぎじゅつ)～/技术革新。△～党(とう)/革新政党。

かくしん⓪【核心】核心，要害。△事件(じけん)の～に迫(せま)る/逼近案件的关键处。

かくしん⓪【確信】(名・他サ)确信，坚信。△～を持(も)つ/有把握。△～を得(え)る/得以确信。

かくじん①【各人】(名・副)各人，各自。⇨かくじ 表

かく・す②【隠す】(他五)①藏起来，隐藏。△金(きん)を～/藏金子。△顔(かお)を本(ほん)で～/用书把脸挡上。②隐瞒。△事実(じじつ)を～/隐瞒事实。△医師(いし)は患者(かんじゃ)に病名(びょうめい)を隠した/医师向患者隐瞒了病名。

かくすう③【画数】汉字笔画数。

かく・する③【画する】(他サ)①画线。△線(せん)を～/画一道线。②划界线，区划。△一時期(いちじき)を～/划出一个时期。③计划，策划。△事業(じぎょう)の拡張(かくちょう)を～/计划扩大事业。△倒閣(とうかく)を～/策划倒阁。

かくせい⓪【隔世】隔世，隔代。△～の思(おも)い/隔世之感。△～遺伝(いでん)/隔代遗传。

がくせい⓪【学生】学生，(特指)大学生。

かくせいき③【拡声器】扩音器，扬声器。

かくせいざい③⓪【覚醒剤】兴奋剂。

がくせつ⓪【学説】学说。

かくぜん⓪【画然】(形动タルト)分明，截然。△～と分(わ)ける/截然分开。

がくぜん⓪③〔愕然〕(形动タルト)愕然。△～たる面持(おもも)ち/表情愕然。

がくそく⓪【学則】校则，学校规章。

かくだい⓪【拡大】(名・他サ)扩大，放大。△規模(きぼ)を〜する/扩大规模。△〜鏡(きょう)/放大镜。

	事業の〜	計画の〜	予算の〜	道路の〜	写真を〜する	気体が〜する
拡大	○	○	○	×	○	×
拡張	○	○	×	○	×	×
膨張	○	×	○	×	×	○

かくだん⓪【格段】(名・形動)特殊，格外。△〜の差(さ)/显著差别。⇨かくべつ 表

かくだんとう⓪【核弾頭】核弹头。

かくち①【各地】各地，到处。

かくちょう⓪【拡張】(名・他サ)扩大，扩充。△勢力(せいりょく)を〜する/扩大势力。⇨かくだい 表

かくちょう⓪【格調】格调。△〜の高(たか)い文体(ぶんたい)/格调高雅的体裁。

がくちょう⓪【学長】大学校长。

かくちょうし①【拡張子】(计算机)扩展子。

かくちょうせい⓪【拡張性】(计算机)可扩展性。

かくて①〔斯(か)くて〕(接)于是。

かくてい⓪【確定】(名・自他サ)确定。△日程(にってい)が〜する/确定日程。△〜申告(しんこく)/最后申报。

カクテル①[cocktail]①鸡尾酒。△〜パーティー/鸡尾酒会。②混合物。

かくど①【角度】①角度。②(看问题的)立场，角度。△〜を変(か)えて考(かんが)える/换个角度想。

かくとう⓪【格闘】(名・自サ)格斗，搏斗。

かくとく⓪【獲得】(名・他サ)获得。△権利(けんり)を〜する/得到权利。△栄冠(えいかん)を〜する/获得胜利的桂冠。

かくにん⓪【確認】(名・他サ)确认，证实。△〜を求(もと)める/要求证实。△身元(みもと)を〜する/确认身份。

がくねん⓪【学年】①学年。②年级。

がくひ⓪【学費】学费。△〜免除(めんじょ)/免收学费。

がくふ⓪【学府】学府。△最高(さいこう)〜/最高学府。

がくふ⓪【楽譜】乐谱。

がくぶ⓪【学部】(综合大学的)院，系。△医(い)〜/医学系。

がくふう⓪【学風】①科学研究的风格。②校风。△質実剛健(しつじつごうけん)の〜/朴实刚健的校风。

かくへいき③【核兵器】核武器。

かくべつ⓪【格別】(副・形動)①格外，特别。△〜な寒(さむ)さ/格外冷。△〜変(か)わりはない/无特殊变化。②(一般接假定形式下)又当别论，姑且不论。△生活(せいかつ)が苦(くる)しいなら〜、何不自由(なにふじゅう)ないのだから/生活困难另当别论,现在过得还算可以。

	～(に)上等な品	～なニュースはない	腕前に～の違いがある	そういう調なら～だが
格別	○	○	×	○
格段	○	×	○	×
特別	○	○	○	×

かくほ① 【確保】(名・他サ)确保，牢固掌握住。

かくま・う③〔匿う〕(他五)隐匿，窝藏。△犯人(はんにん)を～/窝藏犯人。

かくめい⓪ 【革命】革命，从根本上改革。△産業(さんぎょう)～/产业革命。

がくめん⓪ 【額面】①匾额。②(货币)面额。△～割(わ)れ/贬值。③〈转〉表面。

がくもん② 【学問】Ⅰ(名・自サ)学习。△～する人(ひと)/求学的人。Ⅱ(名)①学问，学识。△～のある人(ひと)/有学问的人。②知识，见识。

かくやく⓪ 【確約】(名・自他サ)信约，保证。△～はできない/不能保证。△～を得(え)る/得到信约。

かくり⓪① 【隔離】(名・自サ)隔离。△世間(せけん)から～する/与世隔绝。△～病棟(びょうとう)/隔离病房。

かくりつ⓪ 【確立】(名・自他サ)确立。△自己(じこ)の立場(たちば)を～する/确立自己的立场。

かくりつ⓪ 【確率】随机，概率。△～変数(へんすう)/随机变数。△～論(ろん)/概率论。

かくりょう⓪ 【閣僚】(组成内阁的)国务大臣。

がくりょく②⓪ 【学力】学力，文化水平。△～検査(けんさ)/学力考核。△～指数(しすう)/学力指数。

かくれが③ 【隠れ家】藏身处。

がくれき⓪ 【学歴】学历。

かく・れる③ 【隠れる】(自下一)①隐藏，躲藏。△月(つき)が雲(くも)に～/月亮被云遮住。②埋没，隐蔽。△隠れた才能(さいのう)/埋没了的才干。③瞒着，背着。△太郎(たろう)は親(おや)に隠れてタバコを吸(す)っている/太郎背着父母吸烟。

	縁の下に～	月が雲に～	事件の裏に～なぞ	～た(だ)人材の発掘	彼の心に～野望
隠れる	○	○	×	-れ○	×
潜む	○	×	○	×	○

がくわり⓪ 【学割】("学生割引"之略)学生票价，学生优待券。

がくんと②(副)猛然，咯噔一下子。

かけ- 【掛け】(接头)①蒙，盖，浇。②赊账。△～売(う)り/赊卖。

-かけ 【掛け】(接尾)(接动词连用形下)①动作未完。△吸(す)い～のたばこ/未吸完的香烟。②…的挂儿。△着物(きもの)の～/衣挂儿。

かけ② 【賭】赌博。

かげ① 【陰】〔蔭・翳〕①背光处。△山(やま)の～/山的北(阴)面。②看不见的地方，背后。△屏風(びょうぶ)の～/屏风背后。③别人的帮助。◇～で糸(いと)を引(ひ)く/暗中操纵。◇～になり日向(ひなた)になり/明里暗里。

かげ【影】I①(名)①(日、月、灯火发的)光。②黑影。△障子(しょうじ)に人(ひと)の〜が映(うつ)っている/拉窗上出现人影。△〜も形(かたち)もない/无影无踪。③(镜面、水面上的)倒影，影子。④形象，样子。◇〜がうすい/不引人注目，无精打采，受人轻视。◇〜の形(かたち)に添(そ)うよう/形影不离。II(接尾)光。△月(つき)〜/月光。△星(ほし)〜/星光。

がけ⓪【崖】悬崖，绝壁。

かけあ・う③⓪【掛(け)合う】(自他五)①相互泼水，相互搭上(等)。△水(みず)を〜/相互泼水。△声(こえ)を〜/相互打招呼。②接洽，交涉。△掛け合って一割引(いちわりびき)にしてもらう/经交涉以九折优惠。

かけあし②【駆(け)足】〔駈足〕(名・自サ)①跑步。△〜で行(い)く/跑着去。②(马)疾驰。③迅速，很快。△冬(ふゆ)は〜でやって来(く)る/冬天如飞而至。

かけい⓪【家系】血统，门第。

かけい⓪【家計】家计，家庭经济，生活。△〜簿(ぼ)/家庭收支簿。△〜を預(あず)かる/掌管家计。

かけうり⓪②【掛(け)売(り)】(名・他サ)赊售。

かげえ②【影絵】剪影画。

かけおち⓪【駆(け)落ち】(名・自サ)逃走，失踪。

かけがい⓪【掛(け)買い】(名・他サ)赊购。

かけがえ⓪【掛(け)替(え)】代替(备换)的东西。△〜のない命(いのち)/宝贵的生命。

かげき⓪【過激】(形动)过激。△〜な思想(しそう)/激进的思想。△〜派(は)/激进派。

かけごえ②③【掛(け)声】①吆喝，吆喝声。②助威的喊声，喝采声。

かけこ・む④③【駆(け)込む】〔駈(け)込む〕(自五)跑进去。△夕立(ゆうだち)に出(で)あって軒下(のきした)に〜/遇到雷阵雨跑进房檐下。

かけざん②【掛(け)算】乘法。

かけだし⓪【駆(け)出し】〔駈出し〕初出茅庐，不熟练。△〜の記者(きしゃ)/初出茅庐的记者。

かけつ⓪【可決】(名・他サ)通过(提案等)。△満場(まんじょう)一致(いっち)で〜する/全场一致通过。

-かげつ【か月】(接尾)…个月。△三(さん)〜/三个月。

かけつ・ける⓪④⑤【駆(け)付ける】(自下一)跑到，赶到。△いざという時(とき)はいつでも〜/一旦有事总会赶到。

かけっこ②【駆けっこ】(名・自サ)赛跑。

かけて①(副)①从…直到…。△夏(なつ)から秋(あき)に〜/从夏到秋。②关于，论…。△強(つよ)さに〜は/论强弱。③向…发誓。△神(かみ)に〜/对神发誓。△良心(りょうしん)に〜断言(だんげん)する/用良心担保。

かけはし②【掛(け)橋・懸橋】〔桟・梯〕①吊桥。②桥梁，纽带。△恋(こい)の〜/爱情的纽带。

かげひなた① 〔陰日向〕(言行)表里不一，当面和背后。△～のない人(ひと)/表里一致的人。△お店(みせ)では、～なくまじめに働(はたら)くようにしなさい/你在店里随时随地都要认真工作。

かけぶとん③【掛(け)布団】被子。

かけら⓪【欠けら】①碎片，渣儿。②少量，一点点。

か・ける③⓪【欠ける】(自下一)①有缺口。△皿(さら)が～/碟子有缺口。②缺乏。△常識(じょうしき)に～/缺乏常识。③缺少。△チームから主力選手(しゅりょくせんしゅ)が～/球队缺少主力队员。△全集(ぜんしゅう)の一巻(いっかん)が～/全集中少了一卷。

か・ける②【架ける・掛ける】(他下一)架。△橋(はし)を～/架桥。

か・ける②【掛ける】(他下一)①挂上。△看板(かんばん)を～/挂上招牌。△かぎを～/上锁。②盖上，蒙上。△毛布(もうふ)を～/蒙上毯子。③开，开动。△テレビを～/开电视机。④浇上。△湯(ゆ)を～/浇热水。⑤遭到。△損(そん)を～/遭到损失。⑥乘，乘法。⑦花费。△大金(たいきん)を～/花费巨款。⑧(接动词连用形下)开始。△書(か)き～/开始写。

か・ける②〔賭ける〕(他下一)①打赌。②拼命，豁出去。③赌，赌博。

か・ける②【駆ける】〔駈ける〕(自下一)快跑，(骑马)奔驰。△学生(がくせい)たちが運動場(うんどうじょう)を駆けている/学生们在操场上跑。

か・ける②【懸ける】(他下一)①豁出。△命(いのち)を～/豁出命。②悬赏。△賞金(しょうきん)を～/悬赏。

かげん⓪【加減】(名・他サ)①加减法。△～乗除(じょうじょ)/加减乘除。②调整，斟酌。△温度(おんど)を～する/调整温度。③程度。△湯(ゆ)～を見る/试试洗澡水凉热。④情况，身体情况。△このごろ～を悪(わる)くしている/近日身体不好。⇒ぐあい 表

かこ①【過去】①过去。②(佛教)前世。

かご⓪〔籠〕筐，篮子。

かこい⓪【囲い】①围墙，栅栏。②(依主屋建的)偏厦，储物室。△～物(もの)/储存的蔬菜、水果。

かこう⓪【火口】火山口。

かこう⓪【下降】(名・自サ)下降，下沉。△景気(けいき)が～する/景气下降。

かこう⓪【河口】河口。

かこう⓪【加工】(名・他サ)加工。△～品(ひん)/加工品。△原料(げんりょう)を～する/原材料加工。

かこ・う③⓪【囲う】(他五)①围绕。△まわりを～/把周围围起来。②隐藏。△容疑者(ようぎしゃ)を～/隐藏嫌疑犯。③储藏。△野菜(やさい)を～/储存蔬菜。⇒かこむ 表

かごう⓪【化合】(名・自サ)化合。

かこ・む⓪【囲む】(他五)围绕。△海(うみ)が日本(にほん)を囲んでいる/日本四面环海。

	山に〜れた村	大勢で家を〜	花壇を石で〜	食卓を〜て(で)語る	社長を〜連中
囲 む	-ま○	○	○	-ん○	×
取り巻く	-か○	○	×	×	○
囲 う	○	×	×	×	×

かごん⓪【過言】夸大其词。△〜を吐(は)く/信口开河。△…と言(い)っても〜ではない/即使那么说也不夸张。

かさ①【傘】伞,伞形物。△電灯(でんとう)の〜/电灯罩。◇〜に着(き)る/依仗权势。△親(おや)の威光(いこう)を〜に着る/倚仗父母权势。

かさかさ Ⅰ①(副・自サ)①干燥,干巴巴。②沙沙(的响)。Ⅱ⓪(形动)干燥,干巴巴。

がさがさ Ⅰ①(副・自サ)①沙沙(的响)。②干燥,粗糙。③粗野。Ⅱ⓪(形动)干燥,粗糙。

かざかみ⓪【風上】上风。

かさく【佳作】①佳作。②入选作品以外的好作品。△選外(せんがい)〜/未入选的优秀作品。

かざしも⓪【風下】风下。

かざ・す⓪②③〔翳す〕(他五)①(用手)遮光。△小手(こて)を〜/用手遮光。②蒙上,罩上。△手(て)を火(ひ)に〜/烤火。

かさな・る⓪④【重なる】(自五)①重叠。△時計(とけい)の長針(ちょうしん)と短針(たんしん)が重なった/分针与时针重叠。②重复。△災難(さいなん)が〜/灾难重重。△祝日(しゅくじつ)は日曜日(にちようび)に重なった/节日与星期日重了。

かさねがさね④【重(ね)重(ね)】(名・副)①屡次。△〜の訪問(ほうもん)/一再访问。②恳切。△〜お願(ねが)いする/恳切地拜托。

かさねて④⓪【重(ね)て】(副)重复地,再次。△〜お礼(れい)を言(い)う/再次道谢。

かさ・ねる⓪【重ねる】(他下一)①把…重叠起来。△カードを〜/把卡片叠放一起。△セーターを二枚(にまい)重ねて着(き)る/套穿两件毛衣。②反复,重复。△悪事(あくじ)を〜/连续作坏事。△失敗(しっぱい)を〜/屡遭失败。△工夫(くふう)を〜/千方百计。

	本を〜	紙を二枚〜	みかんを車に〜	経験を〜	失敗を〜	教養を〜
重ねる	○	○	×	○	○	×
積 む	○	×	○	○	×	○

かさば・る〔嵩張る〕(自五)(体积、数量)增大。△荷物(にもつ)が〜/行李增多。

かさ・む⓪②③〔嵩む〕(自五)(体积、数量)增大。△費用(ひよう)が〜/费用增加。

かざむき⓪【風向(き)】①风向。②趋势,倾向。③心情,情绪。

かざり⓪【飾(り)】①装饰,装饰品。②(新年)门松装饰。③摆设,虚设。

かざ・る⓪③【飾る】(他五)①装饰,修饰。△髪(かみ)をリボンで〜/用缎带装饰头发。△身(み)なりを〜/修饰打扮。△部屋(へや)を花(はな)で〜/用花点缀房间。②修饰,润色。△美(うつく)しい

言葉(ことば)で文章(ぶんしょう)を~/用美好的词汇润色文章。△いつもうそでうわべを~/总是用谎言掩饰(外表)。③使…变得华贵(显赫、辉煌)。△有人宇宙衛星(ゆうじんうちゅうえいせい)の成功(せいこう)は人類(じんるい)の歴史(れきし)を~/载人宇宙飞船发射成功为人类的历史增添了光辉。

かざん① 【火山】火山。△~岩(がん)/火山岩。△~帯(たい)/火山带。△~灰(ばい)/火山灰。

かし① 【菓子】点心。△洋(よう)~/西式糕点。

かし① 【可視】可见,可以看见。△~光線(こうせん)/可见光。

かし① 【カ氏・華氏】华氏。△~温度計(おんどけい)/华氏温度计。

かし⓪ 【貸(し)】①借给,贷给。△ビル/分租大楼。△~別荘(べっそう)/出租的别墅。②借的款。③贷方。④欠情。△彼(かれ)に~がある/欠他的情。

かじ① 〔舵〕船桨,舵。△~を取(と)る/掌舵。

かじ① 【火事】火灾。△~場(ば)/失火现场。△~見舞(みまい)/慰问火灾受害者。◇~がゆく/起火,着火。◇~の後(あと)の火(ひ)の用心(ようじん)/火灾后防火,亡羊补牢。

かじ① 【家事】家务事。△~に追(お)われる/家务缠身。△~に手(て)を出(だ)さない亭主(ていしゅ)/油瓶倒都不伸手的丈夫。

かじか・む④⓪ (自五)手脚冻僵。△指先(ゆびさき)が~/手指冻僵。

かしかり②③ 【貨(し)借(り)】(名・他サ)借出借入。

かしきり⓪ 【貸(し)切り】(车、船、房间等)包租。

かし・げる③ 〔傾げる〕(他下一)倾斜,歪。△首(くび)を~/歪脑袋(心中怀疑)。

かしこ・い③ 【賢い】(形)聪明。△~少年(しょうねん)/聪明的少年。△~やりかた/高明的办法。

かしこま・る④ 〔畏まる〕(自五)恭恭敬敬,诚惶诚恐。△先生(せんせい)の話(はなし)をかしこまって聞(き)く/恭恭敬敬地听老师讲话。△かしこまりました/(恭谨地接受吩咐时)我知道了。△そんなに~にはおよびません/随便一点儿好了。

かしだし⓪ 【貸(し)出し】①出借,出租。②(银行)放贷,贷款。

かしだ・す③ 【貸(し)出す】(他五)出借,贷放。△この本(ほん)は誰(だれ)にでも~/这本书谁借都可以。

かしつ⓪ 【過失】过失,过错。△業務上(ぎょうむじょう)~/业务上的差错。△~を認(みと)める/承认过错。

かじつ① 【果実】果实。△~酒(しゅ)/果酒。

かしつけ⓪ 【貸付】出借,贷放。△~金(きん)/贷款。△信用(しんよう)~/信用贷款。

カジノ① [法 casino]①赌场,娱乐

場。②俱乐部。

かしま⓪【貸(し)間】出租房间。

かしまし・い④【姦しい・囂しい】(形)喧闹的，嘈杂的。◇女(おんな)三人(さんにん)寄(よ)れば～/三个女人一台戏。

かしゃ①〔貨車〕货车。

かしや①【貸家】出租房子。

かしゅ①【歌手】歌手。

カジュアル①[casual](名・形动)随随便便，若无其事。△～ウェア/休闲服，便服。

かしょ①【箇所・か所・カ所】〔個所〕处，地方。

かしょう⓪【過小】(名・形动)过小。△～な評価(ひょうか)/(比实际)过低评价。

かしょう⓪【過少】(名・形动)过少。△～な申告(しんこく)/申报过少(有隐瞒)。△～見積(みつ)もり/估计过低。

かじょう⓪【過剰】(名・形动)过剩，过分。△～生産(せいさん)/生产过剩。△～自信(じしん)/过于自信。

かじょうがき⓪【箇条書き】分条款写，分项写，一条一条写。

かしら③【頭】①头。头发。②头目，头子，首领，首脑。③顶端，最上，头一个，头一名。

	～を振る	釘の～	～を分ける	～のいい人	10歳を～に三人の子	海賊の～
かしら	○	△	×	×	○	○
あたま	○	○	○	○	△	×

かしら(终助)表示疑问，多为女性使用。△本当(ほんとう)～/是真的吗？

-がしら【頭】(接尾)①刚一…就…。△出合(であ)い～/一见面就…。②数第一的人。△出世(しゅっせ)～/头一个发迹。

かじ・る②〔齧る〕(他五)①咬，啃。②略懂，知道一点儿，囫囵吞枣地学习。△ドイツ語(ご)を～/懂一点德语。

かじん⓪①【佳人】〈文〉佳人，美人。△才子(さいし)～/才子佳人。△～薄命(はくめい)/佳人薄命。

かじん⓪①【歌人】和歌诗人。

かす①〔滓〕渣，渣滓。△残(のこ)り～/残渣。△人間(にんげん)の～/人(类的)渣(滓)。

か・す②⓪【貸す】(他五)①借出，借给。△花子(はなこ)にかさを～/把伞借给花子。②协力。△手(て)を～/帮忙。△知恵(ちえ)を～/帮人出主意。

かず①【数】①数，数字。②数量。△～を数(かぞ)える/数数。③许多，各种。△～をこなす/销售许多。④数得着，上数。△～に入(はい)る/上数。△物(もの)の～ではない/算不了什么。

ガス①[荷 gas]〔瓦斯〕①气，气体。②煤气。△LP～/液化气。△都市(とし)～/民用燃气。

かすか①〔微か・幽か〕(形动)①微弱，略微。△～な声(こえ)/微弱的声音。②模糊，朦胧。△～に見える/隐约可见

かずかず①【数数】Ⅰ(名)数量多。△～の作品(さくひん)/数量众多

的作品。Ⅱ(副)很多，种种。△言(い)いたいことは～あるが/要说的话很多。

カスタマイズ④ [customiz] (名・他サ) (計算机) 个性化。

カステラ⓪ [葡 pão de Castella] 蛋糕。

かすみ⓪ 〔霞〕薄雾。

かすみ⓪ 〔翳み〕(眼睛) 朦胧，迷蒙。

かす・む③⓪ 〔霞む〕(自五) 有薄雾。△月(つき)が～/月色朦胧。

かす・む 〔翳む〕(自五)(眼睛) 朦胧，看不清。△目(め)が～/眼睛朦胧。

かす・める③④ 〔掠める〕(他下一) ①掠夺。△公金(こうきん)を～/攫取公款。②掠过。△軒(のき)を～燕(つばめ)/房檐下飞过的燕子。③瞒过，骗过。△親(おや)の目(め)を～/瞒过父母的眼睛。

か・する② 【化する】(自他サ)〈文〉①化为。△白骨(はっこつ)と～/化为白骨。②感化。△徳(とく)をもって人(ひと)を～/以德感人。

か・する② 【科する】(他サ)〈文〉判定(刑罰)，课。△罰金(ばっきん)を～/课以罚款。

か・する② 【課する】(他サ) 课(税等)。分派。△税(ぜい)を～/课税。△仕事(しごと)を～/分派工作。

かす・る②⓪ 〔掠る〕(他五) ①掠过，擦过。②克扣，抽头，揩油。

かす・れる③ 〔掠れる・擦れる〕(自下一) ①掠过，擦过。②笔画中露出飞白，笔迹不清楚。③(声音) 嘶哑。△応援(おうえん)のしすぎで声(こえ)が～/助威喊得太厉害，声音嘶哑了。

かせ① 〔枷〕①枷，铐。②桎梏。

かぜ⓪ 【風】①风。②架势，神气，风气。△先輩(せんぱい)の～を吹(ふ)かす/摆前辈的架子。◇～を切(き)る/飞快前进。◇～を食(く)らう/闻风而逃。◇～の前(まえ)の灯(とう)/风前残烛。危在旦夕。

かぜ⓪ 【風邪】感冒。△～は万病(まんびょう)の基(もと)/感冒是百病之源。

かせい⓪ 【火勢】火势，火力。△～がおとろえる/火势减弱。

かせい⓪ 【家政】家政，家事。△～婦(ふ)/女管家。

かぜい⓪ 【課税】(名・自サ) 课税，收税。

かせき⓪ 【化石】Ⅰ(名) 化石。Ⅱ(名・自サ) ①变成石头。②僵硬，过时。△～した学説(がくせつ)/过了时的学说。

かせぎ⓪③ 【稼(ぎ)】①(为赚钱) 做工。△～手(て)/做工赚钱的人。△～に出(で)る/外出做工。②工资，工钱。△～高(だか)/工资额。△～が少(すく)ない/工钱少。△荒(あら)～/发横财。

かせ・ぐ② 【稼ぐ】Ⅰ(自五) 勤奋守业。Ⅱ(他五) ①(为赚钱) 做工，(靠做工) 赚钱。②争取。△時間(じかん)を～/赢得时间。

かせつ⓪ 【仮説】Ⅰ(名) 假说。△～を立(た)てる/提出假说。Ⅱ(名・自サ) 假设，假定。

カセット② [cassette] ①盒式录音机。②胶卷暗盒。

カセット・テープ⑤ [cassette tape] 盒式磁带。

かせん① 【河川】河流，河川。

かせん⓪ 【下線】下划线，下线。

かせん⓪ 【化繊】化纤。

がぜん⓪ 〔俄然〕(副)〈文〉突然，俄然。△～脚光(きゃっこう)を浴(あ)びる/突然登台。

かそ① 【過疎】(名・形動)过疏，稀疏。△人口(じんこう)～/人口过疏。

がそ⓪ 【画素】像素。

かそう⓪ 【仮想】(名・自他サ)假想。△～敵(てき)/假想敌。

がぞう⓪ 【画像】图像。

かぞえあ・げる⑤ 【数え上げる】(他下一)①一个一个地数，一一数出来，列举。△一(ひと)つ一つ～のはたいへんだ/一个一个地数可太麻烦了。△この種(しゅ)の問題(もんだい)は数え上げたらきりがない/这种问题不胜枚举。②数完。△彼(かれ)のした悪事(あくじ)を～ことができない/他干的坏事数也数不完。

かぞ・える③ 【数える】(他下一)①数，计数。△金(かね)を～/数钱。△先生(せんせい)は学生(がくせい)の人数(にんずう)を数えた/老师清点了学生人数。②算(得上)，数(得上)，列举，枚举。△五本(ごほん)の指(ゆび)に数えられる金持(かねもち)/屈指可数的富翁。△これは果物(くだもの)の中(なか)で最(もっと)もよいものに数えられる/水果当中数它最好了。

かそく⓪ 【加速】(名・自他サ)加速。△～度(ど)/加速度。

かぞく① 【家族】家族，家人。△～連(づ)れ/带家眷。△～手当(てあて)/家属津贴。

ガソリン⓪ [gasoline]汽油。△～機関(きかん)/汽油内燃机机车。△～エンジン/汽油引擎。△～スタンド/加油站。

-かた 【方】(接尾)(接动词连用形后)方法，…法。△やり～/做法。

かた 【方】Ⅰ②(名)①方向。△西(にし)の～/西边。②(对人敬称)位。△この～/这一位。Ⅱ(接尾)①方法。△飯(めし)の炊(た)き～/烧饭方法。②(表示属那一方的)。△母(はは)～のおじ/舅舅。

かた- 【片】(接头)①(成对事物中的)一方。△～側(がわ)/一侧。△～手(て)/一只手。②不完全。△～言(こと)/片言只语。③一点儿。△～時(とき)/片刻。④偏于，偏僻。△～田舎(いなか)/偏僻的乡村。

かた② 【形】①形状。②样式。③痕迹。△足(あし)～/足迹。④抵押，担保。△借金(しゃっきん)の～/借款的抵押。

かた① 【肩】①肩。②(衣服的)肩。△背広(せびろ)の～/西服的肩。③(器物、山、路等的)上方，上端。④责任。△～代(か)わり/更替(责任)。◇～がいい/(棒球)投球有力。◇～で息(いき)をする/呼吸

かた

困难。◇～で風(かぜ)を切(き)る/趾高气扬。◇～の荷(に)がおりる/放下包袱。◇～を怒(いか)らす/装腔作势。◇～を入(い)れる/支援,撑腰。◇～を抜(ぬ)く/推卸责任。◇～を持(も)つ/袒护。

かた② 【型】①模型。②样式。③惯例,程式。

かた① 【過多】(名・形动)过多,过剩。△栄養(えいよう)～/营养过剩。△情報(じょうほう)～/信息泛滥。

-がた 【方】(接尾)①(复数敬称)们。△先生～/先生们。②(所属)方面,方向。△東(ひがし)～/东方。△敵(てき)～/敌人。③约,左右。△二割(にわり)～安(やす)い/大约便宜2成。△朝(あさ)～/早晨前后。⇨たち表

かた・い⓪ 【堅い・固い】(形)①坚固,结实。△地盤(じばん)が～/地基坚固。②坚强。△意志(いし)が～/意志坚强。③正派,可靠,说话算数。△～人(ひと)/正派的人。④拘谨,古板。△～話(はなし)/拘谨的谈话。⑤顽固。△頭(あたま)の～人(ひと)/脑筋顽固的人。

かた・い⓪ 【硬い】(形)①坚硬。△～石(いし)/坚硬的石头。②僵硬,生硬。△～表情(ひょうじょう)/生硬的表情。

かた・い② 【難い】(形)〈文〉难的。(多以"…に難くない"的形式)。△想像(そうぞう)に難くない/不难想象。

かだい⓪ 【過大】(名・形动)过大,

过高。△～な責任(せきにん)/重大的责任。△～評価(ひょうか)/过高评价。△～視(し)/看得过重。

かだい⓪ 【課題】题目,课题,问题。

-がたい⓪ 【難い】(接尾)难于…,不容易(多接在动词连用形下)。△やり～/难办。△得(え)～機会(きかい)/难得的机会。

	動かし～岩	受け入れ～要求	得～人材	話し～相手	燃え～木	忘れ～思い出
…がたい	○	○	○	×	×	○
…づらい	○	×	×	○	×	×
…にくい	○	○	×	○	○	×

かたおもい③ 【片思(い)】单相思,单恋。◇磯(いそ)の鮑(あわび)の～/单想思。

かたがき⓪ 【肩書(き)】头衔,官衔,职业,地位。

かたかけ② 【肩掛(け)】披肩,披巾。

かたがた②⓪ 〔旁〕(接)同时,顺便。△後日、お礼(れい)～お伺(うかが)いします/改日向您致谢顺便拜访您。△歩(ある)いて20分(にじっぷん)ぐらいの所(ところ)ですから、今度(こんど)散歩(さんぽ)～おいでください/走路只需20分钟,下次散步时顺便来玩。

かたがた② 【方方】人们,大家。△ご臨席(りんせき)の～/在座的诸位。

がたがた Ⅰ⓪(副・自サ)①嘎哒嘎哒,咕咚咕咚。②摇摇晃晃,东倒西歪,动荡不定。③颤动,发抖。④唠唠叨叨。Ⅱ⓪(形动)

摇摇晃晃，东倒西歪，动荡不定。

かたかな③② 【片仮名】片假名（日语字母的一种写法）。

かたがみ⓪ 【型紙】①（裁衣用的）纸型。△～をとる/剪纸型。②漏花，纸板。

かたがわ 【片側】一侧。△～通行(つうこう)/靠一侧通行。

かたき③ 【敵】①（也写作"仇"）仇人。②竞争者。△商売(しょうばい)～/经商的竞争者。⇨てき表

かたぎ⓪ 【堅気】（名・形动）①正经，正直，正派。△足(あし)を洗(あら)って～になる/改邪归正。②正经的职业。

かたくな 〔頑(な)〕（形动）顽固。△～な態度(たいど)/顽固不化的态度。⇨ごうじょう表

かたくりこ④③⓪ 〔片栗粉〕①淀粉。②藕粉。

かたくるし・い⑤ 【堅苦しい】（形）拘泥形式，古板的，郑重其事。△～あいさつ/ⅰ)繁文缛节的开场白。ⅱ)郑重其事的致辞。△～文章(ぶんしょう)/古板的文章。

かたこと⓪ 【片言】（幼儿或讲外语）不清楚的话，不完整的话。△～まじり/夹杂着不清楚的话。

かたさ⓪ 【硬さ】硬度。

かたじけな・い⑤ 〔忝(な)い・辱ない〕（形）①诚惶诚恐。②不胜感谢（之至）。△ご配慮(はいりょ)まことにかたじけなく存(ぞん)じます/蒙您关照，不胜感激。⇨ありがたい表

かたすみ⓪③ 【片隅】隅，一角。△部屋(へや)の～へ押(お)しやる/扔到屋子一角不管。

かたち⓪ 【形】①形状，样子。②容姿。③形式，样子。△～ばかり/(赠送礼品时用的客气话)这仅仅是形式的，一点小意思。△小説(しょうせつ)の～になる/变成小说形式。④态度。△～を改(あらた)める/改变态度。

かたちづく・る⑤ 【形づくる・形作る】（他五）形成，构成。△それらの家(いえ)だけで小(ちい)さな村(むら)を形づくっている/仅仅那些房子就构成了一个小村落。△性格(せいかく)が形作られる/形成性格。

かたづ・く③ 【片付く】（自五）①收拾，整理。△部屋(へや)が～/屋子收拾好了。②解决。△懸案(けんあん)が～/悬案得到解决。

かたづけ⓪ 【片付け】收拾，整理。

かたづ・ける④ 【片付ける】（他下一）①收拾，整理。△部屋(へや)を～/收拾房间。△書類(しょるい)を～/整理文件。②解决。△領土問題(りょうどもんだい)を～/解决领土问题。③（多写作"嫁ける"）嫁出。△彼(かれ)は娘(むすめ)を立派(りっぱ)な人(ひと)のもとに嫁けた/他把女儿嫁给了一位杰出的人。⇨しまう表

かたつむり③ 〔蝸牛〕蜗牛。

かたて③⓪ 【片手】①一只手。②当事人一方。③(隐语)五，五十，五百等。△六百円(ろっぴゃくえん)ですが～にまけましょう/本来

卖600日元,就算你500日元吧。

かたど・る③〔象る・形どる〕(自他五)仿照,模仿。△滝(たき)をかたどった石組(いしく)み/仿瀑布样式的庭园石景。

かたな③②【刀】刀,(武士)腰刀。◇～の錆(さび)になる/作刀下鬼。

かたなし⓪【形無し】(名・形動)①糟蹋,损坏。△せっかくのチャンスも～になる/难得的机会也白白糟蹋了。②丢脸,不光彩,泄气。△親(おや)も～だ/连父母也脸上无光。

かたはらいた・い⓪【片腹痛い】(形)可笑,滑稽可笑。△知(し)ったかぶりでとくとくと解説(かいせつ)するなんて～/不懂装懂还得意洋洋地解释,太滑稽可笑了。

かたほう②【片方】①一方。②(两个中的)一个,一只。△手袋(てぶくろ)の～/一只手套。

	～の目が悪い	頭はよいが冷淡な面もある	手袋が～なくなる	人口はふえる～だ
片方	○	×	○	×
一方	○	○	×	○
他方	○	○	×	×

かたまり⓪【固まり・塊】①块,疙瘩。△土(つち)の～/土块。②群,堆,集団。△やじ馬(うま)の～/一群起哄的人。③极端的,执迷不悟的(人)。△欲(よく)の～のような人物(じんぶつ)/极端贪婪的人。

かたま・る④⓪【固まる】(自五)①凝固,凝成块。△砂糖(さとう)が～/白糖结块了。②固定,稳固。△決心(けっしん)が～/下定决心。

③聚集,集成一群。△大きな商店(しょうてん)は駅前(えきまえ)に固まっている/大商店集中在车站前。

かたみ⓪【形見】①遺物。②纪念品,怀旧物品。

かたみち⓪【片道】单程。△～切符(きっぷ)/单程车票。

かたむ・く③【傾く】(自五)①倾斜。△船(ふね)が右(みぎ)に～/船向右倾斜。△スキーでジャンプする時(とき)、あまり前(まえ)に～な/滑雪跳跃时不要太往前倾斜。②(日、月)偏西。△日(ひ)が傾いた/太阳落山了。③倾向于…。△文学(ぶんがく)に～/倾向于文学。④衰落。△家運(かうん)が～/家运日趋衰微。

かたむ・ける④【傾ける】(他下一)①使…倾斜,使…偏斜。△大波(おおなみ)が船(ふね)を大(おお)きく～/大浪使船倾斜得很厉害。②使…衰败。△身代(しんだい)を～/破产。△敗戦(はいせん)が国運(こくうん)を～ことになった/战败大伤国家元气。③倾注。△全力(ぜんりょく)を～/全力以赴。△学生は自分(じぶん)の好(す)きな科目(かもく)のみに心(こころ)を傾けている/学生只在他喜欢的课程上肯下工夫。

かため⓪【固(め)】①固守,防备。△～の軍勢(ぐんぜい)/防守的兵力。②誓约。△～の杯(さかずき)/盟誓的交杯酒。

かた・める④⓪【固める】(他下一)

①(使物质)坚硬,坚实。△子供(こども)が雪(ゆき)を足(あし)で固めた/小孩用脚把雪踩结实。②集中,(只由某一物)组成。△うそで〜/谎话连篇。△会社(かいしゃ)は重役陣(じゅうやくじん)を一族(いちぞく)で固めた/公司董事集中在同族人当中。③坚定。△决心(けっしん)を〜/坚定决心。④固守。△守(まも)りを〜/加强防守。

かたよ・る③【偏る・片寄る】(自五)①偏,偏于。△船(ふね)の針路(しんろ)が南(みなみ)に〜/船的航向偏南。②不平衡,不公平。△栄養(えいよう)が〜/营养失调。

かたりて⓪【語(り)手】①说话者,讲述者。②(电视剧、广播剧等的)解说员。

かた・る③⓪【語る】(他五)①叙说。△生(お)いたちを〜/讲述童年经历。②说唱(浪曲等)。

かた・る③⓪〔騙る〕(他五)①骗,骗取。△悪(あく)どい手口(てぐち)で金(かね)をかたり取(と)る/用险恶的手法骗取钱财。②伪称,冒名。△大臣(だいじん)の名(な)を〜/伪称是大臣。

カタル①[荷 catarre](医学)卡他,黏膜炎。△胃(い)〜/胃炎。

カタログ⓪[catalogue]商品目录。

かたわら⓪④【傍(ら)】①旁边,身旁。△机(つくえ)の〜/桌旁。②一边…一边…。△学業(がくぎょう)の〜家事(かじ)を手伝(てつだ)う/一边学习一边帮助家里做些事。⇨そば 表

かだん⓪【花壇】花坛。

かだん⓪【果断】(名・形动)果断,坚决。△〜な処置(しょち)を取(と)る/采取果断措施。

がたんと②(副)①(硬物撞击)咕咚。②(数量)猛的下降。

かち①【価値】价值。△〜観(かん)/价值观。

かち②【勝(ち)】胜,赢。△〜を得(え)る/获胜。△〜に乗(じょう)じる/乘胜。

-がち〔勝ち〕(接尾)常常,容易,爱,好。△曇(くも)り〜/(天气)以阴为主。△病気(びょうき)〜/容易生病。△遅(おく)れ〜/好迟到。

	遅れ〜の時計	夢見〜の少女	病気〜の人	今日は風邪だ	やけ〜になる
-がち	○	○	○	×	×
-ぎみ	○	×—	×	○	○

かちかち Ⅰ⓪(形动)①相当坚硬。②(身体)变僵硬。③顽固,固执,不灵活。

かちき⓪③【勝(ち)気】(名・形动)好胜,要强(多指妇女、儿童)。△〜な女性(じょせい)/要强的女性,逞强好胜的女性。

かちく⓪【家畜】家畜。

かちと・る③④⓪【勝(ち)取る】(他五)夺取,夺得,赢得。△チャンピオンを〜/夺得冠军。

かちまけ①②【勝(ち)負(け)】胜负。

かちょう⓪【課長】科长。

かつ①【且(つ)】(副・接)且…且…,又…又…。△安(やす)く〜よい商品(しょうひん)/又便宜又好

か・つ① 〔克つ・勝つ〕(自五)克制,克服。△おのれに～/克己。△困難(こんなん)に～/克服困难。

か・つ① 【勝つ】(自五)①战胜,获胜。△わが校(こう)のチームが外国(がいこく)チームに勝った/我校球队战胜了外国球队。②胜过,压过。△誘惑(ゆうわく)に勝った/战胜诱惑。③(某成分)过多。△赤(あか)の勝った色(いろ)/此种颜色红的太多。△辛(から)さの勝った味(あじ)/味太辣。

-がつ 【月】(接尾)…月。△二(に)～/二月。

かつあい⓪ 【割愛】(名・他サ)割爱,让给。△原稿(げんこう)の一部(いちぶ)を～する/减掉一部分原稿,只好割爱了。

かっか① 【閣下】阁下。△大統領(だいとうりょう)～/总统阁下。

がっか⓪ 【学科】学科。

がっかい⓪ 【学界】学术界,科学界。

がっかい⓪ 【学会】学会。

がっかり① (副・形动・自サ)灰心丧气,失望。△落選(らくせん)の知(し)らせを聞(き)いて～する/接到落选通知大失所望。

かっき⓪ 【活気】生气,活力。△～にみちる/充满生气。△～を帯(お)びる/充满活力。

がっき⓪ 【学期】学期。△第一(だいいち)～/第一学期。

がっき⓪ 【楽器】乐器。△弦(げん)～/弦乐器。△管(かん)～/管乐器。

かっきてき⓪ 【画期的】(形动)划时代的。△～な発明(はつめい)/划时代的发明。

がっきゅう⓪ 【学級】(学)年级,班级。

かっきょ① 【割拠】(名・自サ)割据。△群雄(ぐんゆう)が～した時代(じだい)/群雄割据的时代。

かっきょう⓪ 【活況】盛况。△市場(しじょう)が～を呈(てい)する/市场呈现繁荣景象。

かつ・ぐ② 【担ぐ】(他五)①抬,挑,担。△神輿(みこし)を～/抬神轿。②推戴,拥戴。△会長(かいちょう)に～/推为会长。③骗,耍弄。△彼(かれ)に担がれた/被他耍弄了。

がっくり③ (副・自サ)突然无力,颓丧。

かっこ① 【括弧】(名・他サ)括号,括弧,括起。

かっこ① 【確固】〔確乎〕(形动タルト)坚定,断然。△～たる信念(しんねん)/坚定不移的信念。

かっこう⓪ 【格好】〔恰好〕Ⅰ(名)①样子,外形。△～がよく似(に)ている/外形很相似。②姿态,姿势。△～がいい/姿势好。③装束,打扮。△こんな～なら出(で)られない/这身打扮出不去门。Ⅱ(形动)恰好,相宜。△大きさが～だ/大小合适。△～な値段(ねだん)/适合的价格。

がっこう⓪ 【学校】学校。

かっこく①⓪ 【各国】各国。

かっさい⓪〔喝采〕(名・自サ)喝彩，欢呼。△拍手(はくしゅ)～する/鼓掌喝彩。

かつじ①【活字】铅字，活字。

がっしゅく⓪【合宿】(名・自サ)①集训(营地)，(研修等)集宿。△～所(しょ)/集训基地。集体住宿(的宿舍)。②集体住宿(的宿舍)

がっしょう⓪【合唱】(名・自サ)①合唱。②一同高呼。

がっしょう⓪【合掌】(名・自サ)合掌。△仏前(ぶつぜん)で～する/在佛龛前合掌。

かっしょく⓪【褐色】褐色，茶色。△～の肌(はだ)/褐色皮肤。

がっしり③(副・自サ)粗壮，健壮，坚实，坚固。

	体が～ してい る	～し た胸	金に～ し た人	～守 る	傷は浅い ～しろ
がっしり	○	○	×	×	×
がっちり	○	○	○	×	×
しっかり	○	×	×	○	○

かっすい⓪【渇水】(名・自サ)缺水，干旱。△～期(き)/缺水期，缺水季节。

がっ・する⓪③【合する】(名・自サ)(自他サ)汇合，合并。△二本(にほん)の流(なが)れが～/两股水汇合。

かっせん⓪①【合戦】(名・自サ)合战，交战。△源平(げんぺい)の～/敌我交战。

かつぜん⓪〔豁然〕(形動タルト)豁然，恍然。△～と目(め)の前(まえ)に大海原(おおうなばら)が広(ひろ)がる/眼前豁然一片沧海。△～と悟(さと)った/恍然大悟。

かっそう⓪【滑走】(名・自サ)滑行。△飛行場(ひこうじょう)の～路(ろ)/机场跑道。

カッター①[cutter]①船载(备用)小艇。②铣床。③铣刀，车刀。

がっち⓪①【合致】(名・自サ)一致，符合。△目的(もくてき)に～する/符合目的。

がっちり③(副・自サ)①紧紧，严丝合缝。△～と手(て)を握(にぎ)る/紧紧地攥着手。②结实，牢固。③用钱仔细。⇨がっしり 表

かって⓪【勝手】Ⅰ(名)①情况。△～が違(ちが)う/情况不同。②厨房。△～口(ぐち)/进厨房的门。③生计。△～が苦(くる)しい/日子过得很紧。Ⅱ(形動)任意，随便。△～にする/随便做。

かつて①〔曾(て)・嘗て〕(副)①曾经，以前。△～読(よ)んだことのある本(ほん)/以前读过的书。②(接否定)从来(没有)。△そんなことは～聞かぬ/闻所未闻。

がってん③【合点】(名・自サ)①理解，领会。△あの男(おとこ)の話(はなし)には，どうも～がいかないんだ/那个人的话真是莫名其妙。②认可，同意。△おっと，～/好，同意了。

カッティング⓪[cutting](名・他サ)①(影片)剪辑。②(西装)裁剪。③(网球、乒乓球)削球。④切割，切削。

かっと①⓪(副・自サ)①(火势、太阳照射)旺，强。△～日(ひ)が照

(て)りつける/太阳暴晒。②(眼睛)突然睁大，(嘴)猛然大张。△～目(め)を見開(みひら)く/突然两眼大睁。③勃然大怒。△悪口(わるくち)を言(い)われて思(おも)わず～なる/听了坏话，不由得勃然大怒。

カット① [cut](名・他サ)①切，割，剪。△文章(ぶんしょう)を～する/去掉文章的一部分。△～アンドペースト/(计算机)剪贴。△髪(かみ)を～する/剪发。②插图。③(电影)一个镜头。④(网球、乒乓球)削球。

かっとう① 〔葛藤〕〈文〉纠纷，纠葛。△嫁(よめ)としゅうとの～/儿媳与婆婆的纠葛。

かつどう① 【活動】(名・自サ)①活动，工作。△父(ちち)はいま選挙(せんきょ)のために～している/父亲正在为选举的事情奔走。△この火山(かざん)が活発(かっぱつ)に～している/这座火山现在活动很激烈。△経済(けいざい)～/经济工作。～の作風(さくふう)/工作作风。②("活動写真"之略)电影(老年人说法)。

かっぱ⓪ 〔河童〕①河童(传说中的想象动物，水陆两栖，形如儿童)。②会水的人，会游泳的孩子。◇～の川流(かわなが)れ/淹死会水的。◇陸(おか)にあがった～/英雄无用武之地。

カッパ⓪ [葡 capa]〔合羽〕①雨衣。△ビニール製(せい)の～/尼龙雨衣。②桐油纸。

かっぱつ⓪ 【活発】(形动)活泼，活跃。△～な性質(せいしつ)/活泼的性格。△～に論(ろん)じ合(あ)う/热烈争论。

がっぴ⓪ 【月日】①月日。△生年(せいねん)～/生年月日。②日期，年月。

カップ① [cup]①杯子。△計量(けいりょう)～/量杯。②奖杯。△優勝(ゆうしょう)～/优胜杯。△ワールド～/世界杯。

カップル① [couple](夫妻、情侣)一对男女，一对儿。

がっぺい⓪ 【合併】(名・自他サ)合并。△子会社(こがいしゃ)を～する/合并子公司。△～症(しょう)/并发症。

かつぼう⓪ 【渇望】(名・他サ)渴望。△勝利(しょうり)を～する/渴望胜利。

かつやく⓪ 【活躍】(名・自サ)活跃，显身手。△文壇(ぶんだん)に～する/活跃于文坛。

かつよう⓪ 【活用】(名・自他サ)①有效运用。△資本(しほん)を～する/有效地使用资本。②(语法)(词尾)活用。

かつら⓪ 〔鬘〕假发。

かつりょく② 【活力】活力。⇨エネルギー表

かてい⓪ 【仮定】(名・自他サ)假定，前提条件。△それは本当(ほんとう)だと～して/假定那是事实…。△～の説(せつ)/假定学说，假说。△～を洗(あら)い直(なお)す/重新调查前提条件。

かてい◎【過程】过程。△発展(はってん)の～/发展过程。

かてい◎【家庭】家庭。△～教師(きょうし)/家庭教师。△～裁判所(さいばんしょ)/家庭案件法院。

かてい◎【課程】课程。△博士(はかせ)～/博士课程。

カテゴリー②[徳 Kategorie]范畴。

-がてら（接尾）…的同时,顺便…。△遊び～/玩时顺便…。△見舞(みま)い～/慰问的时候顺便…。

がてん◎②【合点】（名・自サ）理解,领会。△～がゆかない/不可理解,莫名其妙。△ひとり～/自以为是。

がでんいんすい①-◎【我田引水】（名・自サ）只顾自己,自私自利。

かど①【角】①角。△机(つくえ)の～/桌角。②拐角。△曲(ま)がり～/(道路)拐角。③棱角,不圆滑。△～がある/有棱角。◇～が立(た)つ/说话带刺,说话不圆滑。◇～が取(と)れる/圆滑,不生硬。

	机の～	道の～を左に曲がる	箱の～にごみがたまる	岩の～で頭を打つ	部屋の～にかしこまる
角	○	○	×	○	×
隅	○	×	○	×	○

かど①【過度】（名・形動）过度。△～の疲労(ひろう)/过度疲劳。△露出(ろしゅつ)～/曝光过强。

かとう◎【下等】（名・形動）下等,低劣,卑劣。

かどう◎【稼働・稼動】（名・自他サ）①劳动。△～時間(じかん)/劳动时间。②(机械)开动,运转。

かとき②【過渡期】过渡期。

かどだ・つ③【角立つ】（自五）①(物体)有棱角,不圆滑。②(说话)生硬,倔。

かどで◎③【門出】〔首途〕（名・自サ）出门,出发,起点。△友(とも)の～を見送(みおく)る/送朋友出门。△人生(じんせい)の～に立(た)つ/处在人生新起点上。

かどば・る③【角張る】（自五）①带棱带角,不平滑。②(话语、态度)生硬,不圆滑。△話(はなし)が～/说话态度生硬。

かどまつ②【門松】(新年门前装饰的)松树或松枝。

かとりせんこう④【蚊取(り)線香】(熏)蚊香。

カトリック②[荷 Katholiek]天主教,天主教徒。

かな◎【仮名】假名(日文字母)。

かない①【家内】①家内。△～工業(こうぎょう)/家庭工业。②(我的)妻子。

かな・う②〔適う〕（自五）适合,合乎。△条件(じょうけん)に～/合乎条件。

かな・う②〔叶う〕（自五）能实现,做得到。△願(ねが)いが～/愿望能实现。◇叶わぬ時(とき)の神(かみ)だのみ/临时抱佛脚。

かな・う②〔敵う〕（自五）①敌得过,赶得上。△英語(えいご)ではかれに～者(もの)はない/英语方面没人赶得上他。②(用否定形式)受不住,敌不过。△こう暑(あつ)くては敵わない/这么热真受不了。

か・なえる③〔叶える〕(他下一)满足…的愿望。△希望(きぼう)を〜/满足希望。

かなぐ⓪【金具】金属零件。

かなし・い⓪③【悲しい】(形)悲哀的,悲伤的。△悲しくて涙(なみだ)があふれる/悲伤得泪流满面。

かなしみ⓪④【悲しみ】悲哀,悲伤,悲愁。

かなし・む③【悲しむ】〔哀しむ〕(自他五)悲伤,悲哀,悲痛。△わが身(み)の不幸(ふこう)を〜/为自己的不幸而悲哀。△人人(ひとびと)は再(ふたた)び戦争(せんそう)が起(お)きたことを〜/人们为战争再起而感到悲伤。

かなた①〔彼方〕(代)彼方,那边。△はるか〜にそびえる山(やま)/远方耸立的那座山

かなづかい③【仮名遣(い)】假名用法,假名拼写法。

かなづち④③〔金槌〕①铁锤。△〜頭(あたま)/死脑筋。②〈俗〉不会水,不会游泳。◇〜の川流(かわなが)れ/抬不起头,不能出头。

かな・でる③【奏でる】(他下一)奏,演奏。△ギターを〜/演奏吉他。

かなめ⓪〔要〕①扇轴。②中枢,要点。△肝心(かんじん)〜のところ/关键之处。

かなもの⓪【金物】金属器具。

かならず④⓪【必(ず)】(副)一定,必定。△〜成功(せいこう)するだろう/必定成功。

	この本は〜売れる	印鑑を〜持参せよ	彼は〜来ないよ	〜合格するとは限らない	彼は〜帰ったのだろう
必ず	○	○	×	×	×
きっと	○	×	○	×	○

かならずしも④【必ずしも】(副)(下接否定语)不一定。△〜悪(わる)くはない/未必不好。△光(ひか)るものは〜金(きん)ではない/闪光的东西不一定都是金子。

かなり①(副・形动)相当,很,颇。△〜暑(あつ)い/相当热。△〜な金額(きんがく)/相当大的款项。⇨ずいぶん表

カナリア⓪[西 canaria]〔金糸雀〕金丝雀。

かなわな・い④(形)①敌不过,比不上。②吃不消,受不了。

かに〔蟹〕螃蟹。◇〜の穴入(あない)り/惊慌失措。◇〜は甲羅(こうら)に似(に)せて穴(あな)を掘(ほ)る/螃蟹挖洞和自己的壳一般大小(喻人的欲望或行动不能超出自己的能力和身份,要量力而为)。

かにゅう⓪【加入】(名・自サ)加入,参加。△国連(こくれん)に〜する/加入联合国。△〜金(きん)/入会费。

かね⓪【金】①金属(狭义指铁)。②金钱。◇〜に糸目(いとめ)をつけない/不吝惜金钱。◇〜に目(め)がない/贪财。◇〜の世(よ)の中(なか)/金钱万能的社会。

かね⓪【鐘】①钟,吊钟。△〜をつく/敲钟。②钟声。△除夜(じょや)の〜/除夕夜的钟声。

かねあい⓪【兼(ね)合(い)】保持平衡，兼顾。△両方(りょうほう)の～を考える/兼顾双方面。

かねがね②③【兼がね】〔予〕(副)事先，以前。△～うかがっておりました/久仰久仰，早就听说过。

かねつ⓪【加熱】(名・他サ)加热。△～処理(しょり)/热处理。△～殺菌(さっきん)/高温杀菌。

かねつ⓪【過熱】(名・自他サ)①过热。△エンジンが～する/发动机过热。②过于激烈。△販売競争(はんばいきょうそう)は～する一方(いっぽう)だ/销售竞争越来越激烈。

かねて①【兼ねて】〔予て〕(副)事先，以前。△～からの約束(やくそく)/事先的约会。⇨まえもって表

かねめ⓪【金目】(折合成钱的)价值，值钱。△～のものなど何(なに)一(ひと)つない/没有一件值钱的东西。

かねもうけ③⑤〔金儲け〕(名・自サ)赚钱。△～の種(たね)を探(さが)す/寻找赚钱的门路。

かねもち①③【金持(ち)】有钱的人，财主。△大(おお)～/富翁。△～喧嘩(けんか)せず/富人不吵架(怕伤财)。

か・ねる【兼ねる】Ⅰ②(他下一)兼，兼任。△書店(しょてん)と文房具店(ぶんぼうぐてん)を～/书店兼售文具。Ⅱ(接尾)(接连用形后)①难以。△言(い)い出(だ)し～/难以出口。△賛成(さんせい)し～/碍难赞成。②(以"…かねない"的形式)有…危险，很有可能…。△あんなにスピードを出(だ)しては事故(じこ)も起(お)こしかねない/照此速度开下去，有出车祸的危险。△かれは、金(かね)がなくなれば、どろぼうでもしかねない人(ひと)だ/他这个人没钱了不见得不当小偷。

かねんぶつ②【可燃物】可燃物。

かのう⓪〔化膿〕(名・自サ)化脓。△傷口(きずぐち)が～する/伤口化脓了。

かのう⓪【可能】(名・形动)可能。△～性(せい)/可能性。△～動詞(どうし)/(语法)可能动词。△～な限(かぎ)り努力(どりょく)する/尽最大的努力。

かのじょ①【彼女】Ⅰ(代)她。Ⅱ(名)恋人，女友，妻子，(特指)情妇。

カバー①[cover](名・他サ)①覆盖物，封面，封皮。△～エリア/(计算机)覆盖区。△初日(しょにち)～/首日封。②补充。△欠点(けってん)を～する/填补不足。△ショートが～に入(はい)る/(棒球)游击手补位。

かば・う②〔庇う〕(他五)庇护，袒护。△弱(よわ)い者(もの)を～/袒护弱者。

ガバナー①[governor]调节阀，调节器，调速器，调压器。

かはん⓪【過半】过半，大半。△～数(すう)/半数以上。△～の

賛成(さんせい)を得(え)る/半数以上通过。

かばん⓪〔鞄〕皮包,提包。

かはんしん②【下半身】下半身。

かはんすう②④【過半数】过半数。

かひ①【可否】①可否,得当与否。△～を考える/考虑可否。②赞成与反对。△～同数(どうすう)/赞成与反对各占一半。

かび⓪〔黴〕霉。△～がはえる/发霉。

かび①【華美】(名・形动)华丽。△～な服装(ふくそう)/华丽的服装。△～を極(きわ)める/华丽无比。

かびん⓪【花瓶】花瓶。

かびん【過敏】(名・形动)过敏。△神経(しんけい)～/神经过敏。

かふ⓪【下付】(名・他サ)(政府等)下发,发给。

かぶ⓪【株】①(树木)残株。②(植物的)棵,株,簇。③股份,股票。△～券(けん)/股票。④(职业上、营业上的)特权,地位。

かぶ①【歌舞】(名・自サ)歌舞。△～音曲(おんきょく)/歌舞曲。

かふう⓪⓪【家風】家风。

カフェ①[法 café]①咖啡。②咖啡馆。③(日本的)有女服务员的小餐馆。

かぶか②⓪【株価】股票价格。

がぶがぶ①(副)咕嘟咕嘟地(喝)。

かぶき⓪【歌舞伎】(日本古典剧)歌舞伎。

かぶしき②【株式】①股份,股权。△～会社(がいしゃ)/股份有限公司。②股票。

かぶ・せる③[被せる](他下一)①盖上,蒙上,包上。△母(はは)はふとんにシーツをかぶせた/母亲把被子包上被罩。△まいた種(たね)に土(つち)を～/给播下的种子盖上土。②推诿,推卸(罪过、责任)。△課長(かちょう)は部下(ぶか)に失敗(しっぱい)の責任(せきにん)をかぶせた/科长把失败的责任推给下级。③浇上,洒上。△水(みず)を～/浇水。

カプセル①[德 Kapsel]①胶囊。②密封容器。③(宇宙飞船的)密封舱。

かふそく②【過不足】过多与不足。△～なし/不多也不少。

かぶぬし②⓪【株主】股东。

がぶりと②③(副)大口大口地,一饮而尽地。

かぶ・る②〔被る〕Ⅰ(他五)①戴(帽子等),蒙盖。△鬼面(きめん)を～/戴假面具。△ふとんを頭(あたま)から～/用被子把头蒙上。②浇上(水),盖上(灰尘、雪等)。△頭(あたま)から水(みず)を～/从头上浇水。△自転車(じてんしゃ)がほこりをかぶっている/自行车上积满灰尘。△山(やま)が雪(ゆき)をかぶっている/山上积满了雪。③蒙受,承受。△罪(つみ)を～/蒙冤。△彼(かれ)は友人(ゆうじん)の責任(せきにん)をかぶった/他替朋友承担了责任。Ⅱ(自五)①(胶片、胶卷)感光过度,模糊。②(因风浪)船摇晃。

かぶ・れる④⓪〔気触れる〕(自下一)①(由于漆、药品等)引起斑疹。△膏薬(こうやく)に～/贴膏药引起斑疹。②(受某种影响)着迷，热中。△アメリカ映画(えいが)に～/热中于美国影片。

かふん⓪【花粉】花粉。△～症(しょう)/花粉过敏症。

かぶん⓪【過分】(名・形动)过分,过度。△～のほうびをいただく/受到过分的褒奖。

かべ⓪【壁】①墙壁。②障碍物。△人生(じんせい)の～/人生的障碍。◇～に耳(みみ)あり/隔墙有耳。

かへい①【貨幣】货币。△～経済(けいざい)/货币经济。

かぼそ・い③【か細い】(形)纤细的，微弱的。△～腕(うで)/纤弱的手腕。△～声(こえ)/微弱的声音。

かぼちゃ⓪〔南瓜〕南瓜。

かま⓪〔釜〕锅。△電気(でんき)～/电饭锅。

かま【窯】窑。△炭焼(すみやき)～(がま)/炭窑。

かま⓪〔竈〕炉灶。

かま⓪〔罐〕锅炉。△～たき/司炉,锅炉工。

かま①〔鎌〕镰刀。

かま・う②〔構う〕Ⅰ(自五)①介意,管。△服装(ふくそう)を構わない/不在乎穿戴。△私(わたし)に構わずお先(さき)にどうぞ/不必管我,请先走吧。②(没)关系,(不)要紧。△鉛筆(えんぴつ)書(か)きでも構わない/用铅笔写没关系。③招待,照顾。△忙(いそが)しくて子供(こども)のことなど構っていられない/忙得顾不上孩子和家务事了。△何(なに)も構わないでください/不必张罗啦。△お構い申しませんで…/招待不周,慢待慢待。Ⅱ(他五)逗弄,调戏。△子猫(こねこ)を～/逗小猫。△女(おんな)の子(こ)を構ってばかりいる/总调戏女孩。

かまえ②③【構(え)】①(房屋)格局,构造。△店(みせ)の～/店铺内格局。②姿势,架式。△すきのない～/无懈可击的架式。

かま・える③【構える】(他下一)①修筑,修建。△屋敷(やしき)を～/修筑公馆。②摆出姿态。△正眼(せいがん)に～/(击剑)刀尖对准对方眼睛的姿势。③假造,假托。△罪(つみ)を～/假造罪名。

かまど⓪〔竈〕炉灶。

かまびすし・い⑤〔囂しい〕(形)喧嚣。△～鳥(とり)の声(こえ)/喧闹的鸟啼声。

がまん①【我慢】(名・他サ)①忍受,忍耐,克制。△苦労(くろう)を～する/吃苦耐劳。△彼(かれ)はタバコを吸(す)いたいのを～している/他克制着烟瘾(忍着没有吸烟)。②凑合,将就。△ジュースが飲(の)みたいのを水(みず)で～した/我本想喝果汁,却凑合着喝了凉水。

	〜の いる 仕事	今回だけ は〜して.やろう	小便 を〜 する	〜の よい 人	〜力
我慢	○	○	○	×	×
辛抱	○	○	×	×	×
忍耐	○	×	×	×	○

かみ① 【上】①上部,上方。△〜座(ざ)/上座。②(河的)上游。③开始。△〜半期(はんき)/前半期。④(地位、身份高的人)君主,天皇。⑤京城(附近)。⑥上座。⑦女将。

かみ① 【神】神,上帝。△〜をまつる/敬神,祭神。

かみ② 【紙】①纸。②(石头、剪子、布游戏的)布。

かみ② 【髪】发,头发。

かみ① 【加味】(名・他サ)①调味。②掺进。△法(ほう)に人情(にんじょう)を〜する/法律里掺进人情。

かみき・る③④⓪ 【かみ切る】〔嚙(み)切る〕(他五)咬断。△糸(いと)を〜/咬断线。

かみきれ③④ 【紙切(れ)】碎纸片。

かみくず③ 〔紙屑〕纸屑,废纸。

かみくだ・く④⑤⓪ 【か(み)砕く】〔嚙(み)砕く〕(他五)①咬碎。②简单地说明。△かみ砕いて説明(せつめい)する/简单地说明。

かみさま①【神様】①神(的敬称)。△お客(きゃく)さまは〜です/顾客就是上帝。②(某方面的)专家,大王,能手。△相場(そうば)の〜/投机大王。△釣(つ)りの〜/钓鱼能手。

かみそり③④ 〔剃刀〕剃刀,刮脸刀。△電気(でんき)〜/电剃须刀。

かみつ⓪ 【過密】(名・形動)(人口、建筑物等)过密。△人口(じんこう)〜/人口过密。△〜なダイヤ/排得非常紧的列车行车时刻表。

かみつ・く④⓪③ 【かみ付く】〔嚙(み)付く〕(他五)①咬,咬住。△飼犬(かいいぬ)にかみつかれる/被家犬咬(喻落个恩将仇报)。②(议论时)用话反击。△上役(うわやく)に〜/用话反击上司。

かみて③ 【上手】①上方,上座。②舞台左首。③上游。

かみなり③④⓪ 【雷】雷,雷电。△〜が落(お)ちる/打雷。

かみのけ③ 【髪の毛】头发。

かみばさみ③ 【紙挟(み)】纸夹,文件夹。

かみひとえ④ 【紙一重】些许,些微(之差)。

かみわざ⓪ 【神業】鬼斧神工,绝技。△〜に近(ちか)い/神奇。

か・む① 〔嚙む・咬む・噛む〕(他五)①咀嚼。△チューインガムを〜/嚼口香糖。△お肉(にく)はよくかんで食(た)べなさい/吃肉时要嚼细。②咬。△犬(いぬ)が子供(こども)をかんだ/狗咬了小孩。③(齿轮等)咬合。◇噛んで含(ふく)める/详细解说。

ガム① 〔gum〕口香糖。

カムバック③① 〔comeback〕(名・自サ)恢复(名声),东山再起。

カムフラージュ④ 〔法camouflage〕(名・他サ)掩饰,伪装,蒙蔽。

かめ① 〔亀〕龟,海龟。△〜の甲(こう)/龟壳。◇〜の甲より年(と

し)の功(こう)/姜还是老的辣。

かめ② 〔瓶・甕〕广口瓶,罐,缸。

かめい⓪【加盟】(名・自サ)加盟,参加盟约。△国連(こくれん)に～する/加入联合国。

カメラ①〔camera〕①照相机。②摄相机。△～マン/摄影师,摄影记者。△～ヘッド/摄像头。

かめん⓪【仮面】假面具。

がめん①⓪【画面】画面,镜头。

かも①〔鴨〕①野鸭。②容易受骗的人。

かもく⓪【科目】①(科学上)科目。②(大学的)学科,课程。△選択(せんたく)～/选修课。

かもく⓪【寡黙】(形动)沉默寡言。△～な性格(せいかく)/沉默寡言的性格。

かもしだ・す④⓪【醸しだす】(他五)造成,引起。△美(うつく)しいカラー写真(しゃしん)でも、人人(ひとびと)の～雰囲気(ふんいき)までは写(うつ)せない/至于人们造成的气氛,是用美丽的彩色照片也留不住的。

かもしれない⓪【かも知れない】(副助)也许,说不定。△すぐ来(こ)られない～/也许马上来不了。(也可以只用"かも")△あの人(ひと)はもう知(し)っているかもね/他也许已经知道了呀。

かも・す②【醸す】(他五)①酿造。△酒(さけ)を～/酿酒。②酿成,造成。△物議(ぶつぎ)を～/引起议论。

かもつ①【貨物】货物。△～列車(れっしゃ)/货车。

かもめ⓪〔鴎〕海鸥。

かもん①【家紋】(一家专用的)家徽。

がやがや①(副・自サ)吵吵嚷嚷,七嘴八舌,哇哩哇啦。

かやく⓪【火薬】火药。

かやり⓪〔蚊遣(り)〕①熏蚊子。②蚊香。

かゆ⓪〔粥〕米粥。

かゆ・い②〔痒い〕(形)痒。△～ところをかく/搔痒。◇～ところに手(て)が届(とど)く/无微不至。

かよ・う③⓪【通う】(自五)①来往,通行。②常来常往(指上学、上班、通勤)。△バイクで学校(がっこう)に～/骑轻骑上学。③(心)相通。△二人(ふたり)の心(こころ)が～/二人心心相印。④相似。△おもかげの～人(ひと)/模样儿相似的人。

	鉄道が～ている	心が～	意味の～ない文章	学校に～	事情に～た人	検査を～
通う	-っ○	○	×	○	×	×
通ずる	-じ○	○	-じ○	×	-じ○	×
通る	-っ○	×	-ら○	×	×	○

かよう⓪【歌謡】歌谣。△～曲(きょく)/小调。

かよう②⓪【火曜】星期三。

かようきょく⓪【歌謡曲】(日本的)流行歌曲,通俗歌曲。

かよわ・い③【か弱い】(形)柔弱,纤弱。

から【空】Ⅰ②(名)①空。△～の容器(ようき)/空的容器。②空物。△～で帰(かえ)る/空手而归。Ⅱ

(接头)空,虚,假。△～手形(てがた)/空头支票,一纸空文。△～威張(いば)り/假威风。

から② 【殻】①壳,外皮。②躯壳。

から Ⅰ(格助)①(表示时间、空间、作用等的起点)从,由,自。△八时(はちじ)～始(はじ)まる/8点开始。△心(こころ)～歓迎(かんげい)する/衷心欢迎。②(表示经由、经过)从,由。△窓(まど)～朝日(あさひ)がさしてくる/早晨的阳光从窗子射进来。③(表示出处)由,来自。△失敗(しっぱい)～教訓(きょうくん)をくみとる/从失败中吸取教训。④(表示原料、成分等)用,以。△米(こめ)～酒(さけ)を作(つく)る/用米制酒。⑤(表示原因、理由)由于。△かぜ～肺炎(はいえん)になる/由于感冒引起肺炎。⑥(接数量词之后)起码,在…以上。△このカメラは三万円(さんまんえん)～する/这种相机至少值3万日元。Ⅱ(接助)因为…。△寒(さむ)い～窓(まど)をしめてください/因为天冷,请把窗户关上。Ⅲ(终助)(用在句尾,表示决心)。△ただではおかない～/我决不会白白了事。

がら【柄】Ⅰ⓪(名)①体格,身量,身材。△～が小さい/身材小。②花样。△着物(きもの)の～/衣裳的花样。③人品,品格,性格。△～が悪(わる)い/人品不好。Ⅱ(接尾)表示身份、品格、性质及适应性。△人(ひと)～/人品。△場所(ばしょ)～/环境的格调。

カラー① [color]①色,彩色。△～フィルム/彩色胶卷。②颜料(绘画用)。③特色。△ローカル～/地方色彩。

から・い② 【辛い】(形)①辣的。△～カレーライス/辣咖喱饭。△～酒(さけ)/烈性酒。②严格。△点数(てんすう)が～/(给的)分数很严格。

から・い② 【鹹い】(形)咸的。△海(うみ)の水(みず)が～/海水是咸的。

からオケ⓪ 【空オケ】[—orche(stra)]卡拉OK。△～スナック/卡拉OK小酒馆。△～ビデオ/卡拉OK录像带,伴唱录像带。

からか・う③ (他五)戏弄,调戏。△猫(ねこ)を～/逗猫玩。△女(おんな)を～/调戏女人。

からから Ⅰ①(副・自サ)①(硬物撞击)咔啦咔啦。②(男人笑声)哈哈。Ⅱ⓪(形动)①很空,空荡荡。△財布(さいふ)が～になった/钱包空空的。②极度干涸。△のどが～だ/喉咙发干。

がらがら Ⅰ①(副・自サ)①(硬物撞击)嘎啦嘎啦,轰隆轰隆。②(言行)粗鲁,鲁莽。Ⅱ⓪(形动)空荡荡,空空。

からくち⓪ 【辛口】①(酒的)辛辣,口重的食物。②口重(的人)。

からくも① 【辛くも】(副)好容易才。△～逃(のが)れた/好容易才逃掉。

からし⓪ 【芥子】芥末。

からす① 〔烏・鴉〕乌鸦。△～の

行水(ぎょうずい)/像乌鸦点水似地洗澡。

から・す③⓪【枯らす】(他五)使…枯萎,枯干。△庭木(にわき)を～/把庭院的树木枯萎了。

から・す③⓪〔涸(ら)す〕(他五)把水弄干。△井戸(いど)を～/把井水淘干。

から・す③⓪【嗄(ら)す】(他五)使声音嘶哑。

ガラス⓪〔荷 glas〕〔硝子〕玻璃。

からだ⓪【体】①身体。②体质。

からだつき⓪③【体付(き)】体格,体形,体态。

からっかぜ⑤②【空っ風】(不带雨的)干风。

からっぽ⓪【空っぽ】(名・形动)空,空虚。△～の箱(はこ)/空盒。△頭(あたま)が～になる/没头脑。

からて⓪【空手】空手,赤手空拳。△～映画(えいが)/武打片。△～では訪問(ほうもん)しにくい/空手上门难为情。△～で戦(たたか)う/赤手空拳交战。

カラフル①[colorful](形动)华丽,颜色鲜艳。△～な服装(ふくそう)/华丽的服装。

からまつ②【唐松】〔落叶松〕落叶松。

から・む②【絡む】(自五)①缠住。△生垣(いけがき)に絡んだ蔓(つる)/缠在篱笆上的爬蔓。②找茬儿纠缠。△人に～/找茬儿纠缠人。△酔(よ)って～/喝醉了无理取闹。

からりと②③(副)①(硬物撞击、滚动)咔啦,哗啦。②完全改变。③干透。④(性格)爽快,麻利。

がらりと②③(副)①哗啦。△戸(と)が～あいた/门哗啦一声开了。②状态突然改变貌。△場面(ばめん)が～かわる/(戏剧)场面突然变化。

から・れる②【駆られる】(自下一)难以抑制。△帰国(きこく)したい気持(きも)ちに～/归心似箭。

がらんと②③(副)①(金属撞击)叮当。②空旷,空荡荡。

かり⓪【仮】①临时,暂时。△～調印(ちょういん)/草签。△～ずまい/临时住处。②假。△～の名(な)/假的名字。

かり①【狩(り)】①打猎,捕鱼。②采集,观赏(动植物)。△もみじ～/(去郊外)赏红叶。

かり⓪【借り】借,欠。借款。

かりい・れる④【刈(り)入れる】(他下一)收割。

かりこみ⓪【刈(り)込み】①(树木)剪枝。②(头发)剪短。

かりそめ⓪【仮初(め)】①短暂,暂时。△～の喜(よろこ)び/一时高兴。②偶然。△～の縁(えん)/偶然的缘分。③不重视,忽略。△～ならぬ恩(おん)/不能忽视的恩情。

かりそめにも⓪(副)①(后多与否定语相接)千万,决,一刻也。△～他人(たにん)の物(もの)に手(て)を出(だ)すな/千万别贪别人的东西。②既然,至少。△～私(わたし)はお前(まえ)の親(おや)だ/我总算是你父(母)亲。

かりに③⓪【仮に】(副)①假定。②暂时。△〜使(つか)う/暂用。

かりね⓪【仮寝】(名・自サ)①打盹,假寐。②(以前无旅店时代)在旅途中过夜。

かりゅう⓪【下流】①(河流)下游。②(社会的)下层。

がりゅうてんせい①〔画竜点睛〕(也作"がりょうてんせい")〈文〉画龙点睛。△〜を欠(か)く/只欠画龙点睛。

がりょうてんせい①【画竜点睛】→がりゅうてんせい。

かりょく①⓪【火力】①火力,火势。②(枪炮的)火力。

か・りる③⓪【借りる】(他上一)①借,租。△家(いえ)を〜/租房子。②借助。△友人(ゆうじん)の助(たす)けを〜/靠友人的帮助。

か・る②⓪【刈る】(他五)①割。△いねを〜/割水稻。②剪(发)。△髪(かみ)を短(みじか)く〜/剪短发。

か・る①②【狩る】(他五)①狩猎。△兎(うさぎ)を〜/打兔子。②捕(鱼)。③采集,观赏(动植物)。△きのこを〜/采蘑菇。

-がる(接尾)(接形容词、形容动词词干或个别名词下)①感觉,觉得。△寒(さむ)〜/觉得冷。△不思議(ふしぎ)〜/感到不可思议。②自以为。△えら〜/自以为了不起。△強(つよ)〜/逞强。

かる・い③②⓪【軽い】(形)①轻。△〜荷物(にもつ)/轻的行李。②轻微。△責任(せきにん)が〜/责任轻。③轻率。△〜人物(じんぶつ)/轻率的人。④轻松,快活。△軽く引(ひ)き受(う)ける/轻松地接受。

かるがるし・い⑤【軽軽しい】(形)轻率,草率。△〜振(ふ)る舞(ま)い/举止轻率。△軽軽しく信(しん)じる/轻信。△軽軽しく口外(こうがい)するな/别随便说出去。

カルシウム③〔荷 calcium〕钙。

カルタ①〔葡 carta〕〔加留多〕纸牌,扑克牌。

カルチャー①〔culture〕文化,教养。

カルテ①〔德 Karte〕病历,诊断纪录。

かるはずみ⓪③【軽はずみ】(名・形动)轻率,随便。

かれ①【彼】Ⅰ(代)他。Ⅱ(名)(女性指)丈夫,男朋友,(狭义指)情夫。

かれい⓪【華麗】(名・形动)华丽,富丽。△〜な演技(えんぎ)/华丽夺目的表演。

カレー⓪〔curry〕咖喱,咖喱粉。△〜ライス/咖喱饭。△〜粉(こ)/咖喱粉。

ガレージ①②〔garage〕汽车库。

かれき⓪【枯れ木】枯木,枯树。

かれこれ①〔彼此〕(副・自サ)①这个那个,多方。②大约,将近。△〜十二時(じゅうにじ)だ/快12点了。

かれつ⓪〔苛烈〕(形动)炽烈,激烈。△〜な戦(たたか)い/激烈的战斗。

かれは⓪【枯れ葉】枯叶。

かれら①【彼ら】(代)他们。

か・れる③⓪【枯れる】(自下一)①枯萎。△花(はな)が枯れた/花枯萎了。②(感情、才能)枯竭。△音楽家(おんがくか)は才能(さいのう)が枯れてしまった/音乐家的才能枯竭了。③(技艺等)老练,成熟。△芸(げい)が枯れてきた/演技成熟。△枯れた字(じ)を書(か)く/写熟练的字。

かれん⓪〔可憐〕(形动)天真可爱,逗人喜爱。△～な少女(しょうじょ)/天真可爱的小姑娘。

カレンダー② [calendar]日历,挂历。

カレント・ドライブ② [carrent drive](经济)当前盘。

かろう⓪【過労】疲劳过度。△～で倒(たお)れる/累倒。

かろうじて②④⑤【辛うじて】(副)好容易才,勉勉强强。△～難(なん)を逃(のが)れる/好容易才逃脱灾难。

かろやか②【軽やか】(形动)轻快,轻松。△～な足(あし)どり/轻快的步伐。

カロリー① [法calorie]①(热量单位)卡。②(营养价值单位)大卡,千卡。

かろん・じる④【軽んじる】(他上一)①轻视。△敵(てき)を～/轻敌。△人(ひと)を～/看不起人。②不爱惜,不重视。△健康(けんこう)を～/不注意身体。△命(いのち)を～/不惜生命。

かわ②【川・河】河,河流。

かわ②【皮】①皮,外皮。②表面,壳。

かわ②【革】皮革。△～ぐつ/皮鞋。

かわ②【側】(连浊用"がわ")①侧,方,边。②方面。③周围,外壳。

-がわ【側】(接尾)方,侧,边。△道(みち)の右(みぎ)～には学校(がっこう)がある/马路右边有所学校。

かわい・い③〔可愛い〕(形)①可爱的。②小巧玲珑的。

	～目をした人形	ずいぶん～ラジオだね	孫が～てしようがない	～花が咲く
かわいい	○	○	-く○	○
かわいらしい	○	○	×	○
愛らしい	○	×	×	△

かわいが・る④〔可愛がる〕(他五)①喜爱,疼爱。△猫(ねこ)を～/喜爱小猫。②严加管教。△後輩(こうはい)を～/教训后生。

かわいそう④〔可哀相〕(形动)可怜,值得同情。⇨きのどく表

かわいらし・い⑤〔可愛らしい〕(形)①可爱的。②小巧玲珑的,小得可爱的。⇨かわいい表

かわか・す③【乾かす】(他五)弄干。△火(ひ)で～/烤干。△ぬれた服(ふく)をドライヤーで～/把湿衣服用干燥机烘干。△ペンキを天日(てんじつ)で～/把油漆晒干。

	洗濯物を～	ぬれた服をたき火で～	魚を～	ハンカチを扇風機で～	池の水を～
乾かす	○	○	×	○	×
干す	○	×	○	×	○

かわきり⓪【皮切(り)】开始,开端。△話(はなし)の～/故事开头。

かわ・く②【乾く】(自五)干。△空気(くうき)が～/空气干燥。△のりが～/浆糊干了。△道路(どうろ)が～/道路干了。

かわ・く②【渇く】(自五)渴。△のどが～/口渴。

かわぐつ⓪【革靴】皮鞋。

かわ・す⓪【交(わ)す】(他五)①交换。△話(はなし)を～/交谈。②交叉,交结。△枝(えだ)を～/枝叶交叉。△情(なさけ)を～/男女相爱。

かわせ⓪〔為替〕①汇款,汇兑。汇票。△代金(だいきん)を～で送(おく)る/用汇票寄货款。②外汇牌价(略称)。△～相場(そうば)/外汇牌价,汇兑行情。△～レート/兑换率。

かわら⓪〔瓦〕瓦。

かわら⓪【河原・川原】河滩。

かわり⓪【代(わ)り】代理,代用。△社長(しゃちょう)の～をつとめる/任社长代理。△お茶の～に水(みず)を飲(の)む/以白水代茶。

かわり⓪【替(わ)り】代替,替换。△部品(ぶひん)の～がない/无替换零件。

かわり⓪【換(わ)り】替换,交换。△置(お)き～/调换,互换。

かわり【変(わ)り】①变化。②异状,异常。△お～ありませんか/您近来可好!△～種(だね)/i)变种。ii)奇特人。△～身(み)/i)改变姿势。ii)摇身一变。

かわ・る③⓪【代(わ)る】(自五)代理,代替。△母親(ははおや)に代わって優子(ゆうこ)が台所(だいどころ)に立(た)った/优子代替母亲进了厨房。△今(いま)の社長(しゃちょう)に～人物(じんぶつ)が社内(しゃない)にはいない/现在公司里没有能替代总经理的人。

かわ・る③⓪【替(わ)る】(自五)代替。△石油(せきゆ)に～燃料(ねんりょう)/代替石油的燃料。

かわ・る③⓪【変(わ)る】(自五)①变化。△10年前(じゅうねんまえ)とずいぶん変わった/与10年前比发生了极大的变化。△美(うつく)しく～/变美丽了。△行先(ゆきさき)が京都(きょうと)から奈良(なら)に～/目的地由京都改为奈良。②不同寻常。△あの人(ひと)の考(かんが)え方(かた)は変わっている/那个人的想法与众不同。

かわ・る⓪【換(わ)る】(自五)替换,交换。△車(くるま)が国産車(こくさんしゃ)から外車(がいしゃ)に～/由国产车换成外国车。

かわるがわる④【代わる代わる】(副)轮流。△左右(さゆう)の手(て)を～うごかす/左右手交替使用。

-かん【間】(接尾)…间,…期间,…中间。△日米(にちべい)～/日美间。△三日(みっか)～/三日间。

-かん【館】(接尾)…馆。△大使(たいし)～/大使馆。

-かん【感】(接尾)…感。△満足(まんぞく)～/满足感。

-かん 【観】（接尾）观点，…观。△人生(じんせい)～/人生观。

-かん 【刊】（接尾）出版。△十月十日(じゅうがつとおか)～/10月10日出版。

かん① 【間】①机会。②间隙。③隔阂，裂痕。

かん① 【巻】书本，书册。

かん① 【勘】直感，第六感，理解力，灵感。△～を働(はたら)かせる/凭借直感。△～がいい/理解力强。

かん① 【管】①管子。②管乐器。

かん① 【缶】①铁皮罐。②罐头。

かん① 【官】①国家，国家机关。②官吏，官员。

かん①〔癇〕（暴躁）脾气，（好动）肝火。

がん【岩】（接头・接尾）岩石，岩。△～石(せき)/岩石。△～盤(ばん)/岩层。△溶(よう)～/溶岩。△火成(かせい)～/火成岩。

がん① 【願】①愿望。△請(せい)～/申请。②求神，许愿。△～をかける/许愿求神。

がん① 〔雁〕雁。

がん① 〔癌〕癌。△胃(い)～/胃癌。

かんい①⓪ 【簡易】（名・形动）简易，简单。△～旅館(りょかん)/简易旅馆。△～書留(かきとめ)/单挂号。

かんいっぱつ①-④ 【間一髪】毫厘之差。△～のところで助(たす)かった/仅一发之间得救。

かんか① 【感化】（名・他サ）感化。△悪友(あくゆう)に～される/受坏朋友影响。△師(し)の～を受(う)ける/接受老师的感化。△～院(いん)/(少年)劳教所。

がんか①⓪ 【眼科】眼科。

かんがい⓪ 【干害】〔旱害〕旱灾。

かんがい⓪ 【感慨】感慨。△～にふける/沉溺于感慨中。△～無量(むりょう)/感慨万分。

かんがい〔灌漑〕（名・他サ）灌溉。

がんかい⓪ 【眼界】①视野。△～に入(はい)る/进入视野。②眼界。△～を広(ひろ)げる/开阔眼界。

かんがえ③ 【考(え)】①想法，念头。△～がうかぶ/浮现念头。②思考，考虑。

かんがえこ・む⑤ 【考え込む】（自五）沉思。△彼(かれ)は机(つくえ)に向(むか)って考え込んでいる/他坐在桌前在沉思。

かんがえだ・す⑤ 【考え出す】（他五）①想出，想起来。△いい方法(ほうほう)を考え出した/想出了好方法。②开始想，开始考虑。

かんがえつ・く⑤⑥ 【考えつく・考え付く】（他五）想起，想到。△うまい事(こと)を考えついた/想起个好主意。

かんがえもの⓪⑥⑤ 【考え物】值得考虑的事情。△その計画(けいかく)に加(くわ)わるのは～だよ/加入此计划一事值得考虑。

かんが・える④③ 【考える】（他下一）①想，思索。△ふかく～/深思。②考虑。△よく考えてから答える/仔细考虑之后再回答。③

打算，希望。△留学(りゅうがく)に行こうと～/打算去留学。④认为，以为。△君(きみ)の言(い)うことは正(ただ)しいと～/我认为你说得对。

	将来の事を～	数学の問題を～	負けてくやしいと～	なぜいけないのか～	子を～親心
考える	○	○	×	○	×
思う	○	×	○	×	○

かんかく⓪【間隔】間隔。△～をおく/留出间隔。

かんかく⓪【感覚】(名・自他サ)感觉，感受。△時代(じだい)～が鋭(するど)い/时代感很敏锐。

かんかつ⓪【管轄】(名・他サ)管辖。

かんが・みる④〔鑑みる・鑒みる〕(他上一)鉴于，参照，适应。△前例(ぜんれい)に～/鉴于先例。△現状(げんじょう)を～/依照现状。

かんかん⓪⓪（副）①(硬物相撞) 当当。②(烈日) 炎炎，(烈火) 熊熊。③大发雷霆。

がんがん①（副）①轰鸣。②(耳鸣) 嗡嗡。③(烈火) 熊熊。

かんき⓪【換気】(名・他サ)通风，换气。△～装置(そうち)/通风装置。

かんき①【歓喜】(名・自サ)欢喜。△～にたえない/不胜欣喜。△～の声(こえ)/欢乐的笑声。

かんき①【乾季・乾期】旱季。

かんき①【寒気】寒气，寒冷。

かんきせん⓪【換気扇】排风扇。

かんきゃく⓪【観客】观众。

かんきゅう⓪【緩急】①缓急，快慢。②危急。△一旦(いったん)～の時(とき)/在危急之际。

がんきゅう⓪【眼球】眼球。

かんきょう⓪【感興】兴致，兴趣。△～が湧(わ)く/兴致勃勃。△～をそそる/引起兴趣。

かんきょう⓪【環境】环境。△～庁(ちょう)/环境厅(防止公害的政府机构)。

かんきん⓪【監禁】(名・自サ)监禁。

がんぐ①【玩具】玩具。

かんけい⓪【関係】(名・自サ)①关系，有关。△この事件(じけん)と～している/与这个案件有关。△貿易(ぼうえき)に～する仕事(しごと)/与贸易有关的工作。②影响到，牵涉到。△物価(ぶっか)の高騰(こうとう)は国民(こくみん)生活(せいかつ)に～する/物价上涨影响到了国民生活。⇨かんれん 表

かんげい⓪【歓迎】(名・他サ)欢迎。△どこの観光地(かんこうち)でも旅行者(りょこうしゃ)を～する/每处观光地都欢迎旅游者。

かんげき⓪〔間隙〕①间隙。△～を縫(ぬ)う/穿过间隙。②隔阂。△～を生(しょう)ずる/产生隔阂。

かんげき⓪【感激】(名・自サ)感动。△優勝(ゆうしょう)の～にひたる/沉浸在获胜的激动之中。⇨かんどう 表

かんけつ⓪【完結】(名・自サ)完成，结束。△連載小説(れんさいしょうせつ)が～する/连载小说结束。⇨かんりょう 表

かんけつ⓪【簡潔】(名・形動)简洁。△～な表現(ひょうげん)/简洁的表达。

かんげん⓪【還元】(名・自他サ)①还原(作用)。△～剤(ざい)/还原剂。②复原。△利益(りえき)の一部(いちぶ)を社会(しゃかい)に～する/把利益的一部分还给社会。

がんけん⓪【頑健】(名・形動)强健，健壮。△～な体(からだ)/强健的身体。

かんご⓪【漢語】日语中使用的汉语词汇。

かんご①【看護】(名・他サ)护理，看护。△～婦(ふ)/护士。

がんこ①【頑固】(名・形動)①顽固。△～一徹(いってつ)/顽固到底。②痼疾。△～な病気(びょうき)/痼疾。⇒ごうじょう 表

かんこう⓪【刊行】(名・他サ)出版，发行。

かんこう⓪【観光】观光。△～バス/观光车。△～地(ち)/游览地区。△～旅行(りょこう)/观光旅行。

かんこう⓪【慣行】①习惯行为。②惯例。△～をならう/依照惯例。△～を破(やぶ)る/打破常规。

かんこく⓪【勧告】(名・他サ)劝告。△辞職(じしょく)を～する/劝辞职。⇒ちゅうこく 表

かんごふ③【看護婦】女护士。

かんこんそうさい⓪【冠婚葬祭】冠婚葬祭(成年、结婚、丧葬、祭祀等人生四大仪式)。

かんさい①【関西】关西(京都、大阪、神户地区)。

かんさつ⓪【観察】(名・他サ)观察。△虫(むし)の生態(せいたい)を～する/观察虫子的生态。

かんさん⓪【換算】(名・他サ)换算，折合。△円(えん)をドルに～する/把日元折合成美元。

かんさん⓪【閑散】(名・形動)①闲散。②(生意)冷清，清淡。△～期(き)/淡季。

かんし⓪【監視】(名・他サ)监视。△厳密(げんみつ)に～する/严密监视。△～網(もう)/监视网。

かんし①⓪【環視】(名・他サ)①环视，环顾。△まわりを～する/环顾四周。②围观。△衆人(しゅうじん)～/众人围观。

かんじ⓪【漢字】汉字。△教育(きょういく)～/教育汉字。△人名用(じんめいよう)～/人名用汉字。△常用(じょうよう)～/常用汉字。

かんじ①【幹事】干事。△～長(ちょう)/干事长。

かんじ⓪【感じ】①感觉。②印象。△～の悪(わる)い人(ひと)/给人象很差的人。

がんじつ⓪【元日】元旦。

かんしゃ①【感謝】(名・他サ)感谢。△ご親切(しんせつ)に～します/感谢您的照顾。△お手伝(てつだ)いいただいたことに大変(たいへん)～しております/十分感谢您的帮助。

かんじゃ⓪【患者】患者，病人。

かんじゃく⓪【閑寂】(名・形動)恬静，幽静。△～な庭園(ていえん)/幽静的庭园。△～を楽(たの)

しむ/幽閑自得。

かんじゅ⓪【感受】(名・他サ)感受。△～性(せい)/感受性。

かんしゅう⓪【監修】(名・他サ)监修，主编(者)。△文部省(もんぶしょう)～/文部省监修。

かんしゅう⓪【慣習】习惯，常规，惯例。△～をやぶる/打破常规。△～法(ほう)/不成文的规矩。

かんしゅう⓪【観衆】观众。

かんじゅせい⓪【感受性】感受性。

がんしょ①【願書】申请书。△入学(にゅうがく)～/入学申请书。

かんしょう⓪【干渉】(名・自サ)①干涉。△外国(がいこく)の～を許(ゆる)さぬ/不许外国干涉。②(声波)干扰。

かんしょう⓪【感傷】感伤。△～的(てき)な文章(ぶんしょう)/感伤主义的文章。△～家(か)/多愁善感的人。

かんしょう⓪【観賞】(名・他サ)观赏。△～植物(しょくぶつ)/观赏植物。

かんしょう⓪【鑑賞】(名・他サ)欣赏。△音楽(おんがく)を～する/欣赏音乐。

かんじょう③【勘定】(名・他サ)①计算，算账。△人数(にんずう)を～する/统计人数。②账目。③估计，考虑。△～に入(い)れる/估算在内。⇨けいさん表

かんじょう⓪【感情】感情。△～が高(たか)まる/感情激昂。△～に走(はし)る/感情用事。△～を押(おさ)える/抑制感情。

がんじょう⓪【岩乗・岩畳・頑丈】(名・形动)①强健，健壮。△～な体(からだ)/强健的身体。②坚固，结实。△～づくり/构造坚固。

かんしょく⓪【間食】(名・自サ)吃零食，吃点心。

かんしょく⓪【感触】①触觉，触感。②感觉。

がんしょく①【顔色】脸色。△～なし/ⅰ)脸色发青。ⅱ)脸上无光。

かん・じる④⓪【感じる】(自他上一)①感觉。△痛(いた)みを～/感到疼痛。②感动。△ものに感じやすい/多愁善感。③有反映。△地震計(じしんけい)に～/地震仪上有反映。

かんしん⓪【感心】(名・自サ・形动)①佩服，钦佩。△彼(かれ)の博識(はくしき)には～させられる/他的博学令人钦佩。②值得赞美，令人吃惊。△幼(おさな)いのに～な子(こ)だ/年龄很小，真是个好孩子。

	立派な態度に～する	あまりした話ではない	彼の話術には～の外はない	かねがね～している先生
感心	○	○	×	×
感服	○	×	○	×
敬服	○	×	×	○

かんしん⓪【関心】关心，注意，感兴趣。△～を寄(よ)せる/寄以关心。△～が薄(うす)い/漠不关心。△異性(いせい)への～/对异性有兴趣。△～がますます高(たか)まる/越发感兴趣。⇨きょうみ表

かんしん⓪【寒心】心寒。△～に

耐(た)えない/不胜心寒，害怕。

かんじん⓪【肝心】〔肝腎〕(名・形动)首要，重要，要紧。△辛抱(しんぼう)が何(なに)より～だ/耐心比什么都重要。

かん・する③【関する】(自サ)关系，有关，关于。△歴史(れきし)に～/关于历史。

かん・ずる⓪【感ずる】(他サ)→かんじる。

かんせい⓪【完成】(名・自他サ)完成。△橋(はし)の修復(しゅうふく)を～した/完成了大桥修复(工程)。△新校舎(しんこうしゃ)が～した/新校舍完工了。

かんせい⓪【歓声】欢声，欢呼声。

かんせい①⓪【感性】感性。△～が豊(ゆた)かである/感性认识丰富。△鋭(するど)い～/感受性敏锐。

かんせい⓪【慣性】惯性。△～の法則(ほうそく)/惯性定律。

かんぜい⓪【関税】关税。△～を払(はら)う/交纳关税。△～をかける/征收关税。△特恵(とっけい)～/最惠国关税。

がんせき①【岩石】岩石。

かんせつ⓪【間接】间接。△～税(ぜい)/间接税。△～伝染(でんせん)/间接传染。

かんせつ⓪【関節】关节。△～炎(えん)/关节炎。

かんせん⓪【感染】(名・自サ)感染，传染。△悪習(あくしゅう)に～する/染上坏习惯。

かんせん⓪【幹線】(交通)干线。

かんぜん⓪【完全】(名・形动)完全，完善，圆满，完美。△～試合(しあい)/圆满的比赛。△～燃焼(ねんしょう)/完全燃烧。△～無欠(むけつ)/完美无缺。△～に失敗(しっぱい)だ/彻底失败。

かんぜん⓪【敢然】(副・形动タルト)毅然。△～として立(た)ち上(あ)がる/毅然决然站立起来。

かんそ①【簡素】(名・形动)简朴，简单朴素。△～を旨(むね)とする/以朴素为宗旨。△～化(か)をはかる/一切从简。

	～な服装	事務を～化する	式を～にする	～な住まい	～な叙述	～に説明する
簡素	○	○	○	○	×	×
簡略	○	○	○	×	○	○

かんそう⓪【乾燥】Ⅰ(名・自他サ)干燥。△空気(くうき)が～する/空气干燥。Ⅱ(名・形动)枯燥。△無味(むみ)～の小説(しょうせつ)/枯燥无味的小说。△無味(むみ)～な毎日(まいにち)/枯燥的每一天。

かんそう⓪【感想】感想。△～をのべる/谈感受。

かんぞう⓪【肝臓】肝，肝脏。

かんそく⓪【観測】(名・他サ)①(天体、气象等)观测，观察。△～気球(ききゅう)/观测气球。△～所(しょ)/观测站。②观察(事物)。△希望的(きぼうてき)～/根据主观愿望的推测。

かんたい⓪【寒帯】寒带。

かんたい⓪【歓待・款待】(名・他サ)款待。△～を受(う)ける/受款待。

かんだい⓪【寛大】(名・形動)宽容,宽大。△～な処置(しょち)/宽大处理。

かんたん⓪【肝胆】肝胆,赤诚,真诚的心。△～を砕(くだ)く/煞费苦心。◇～相照(あいて)らす/肝胆相照。

かんたん⓪【感嘆】〔感歎〕(名・自サ)感叹。△～符(ふ)/感叹号。

かんたん⓪【簡単】(名・形動)简单。△～な問題(もんだい)/简单的问题。△～に言(い)えば/简而言之。

かんだん⓪【間断】间断。△～なく降(ふ)る雨(あめ)/连续降雨。

がんたん⓪〔元旦〕元旦。

かんだんけい⓪③【寒暖計】温度计。

かんち①【感知】(名・他サ)〈文〉感知,察觉。△軽(かる)い地震(じしん)を～した/感知到轻微的地震。

かんちがい③【勘違(い)】(名・自サ)误会,误认。⇨ごかい 表

かんちょう①⓪【官庁】官厅,机关。

かんづめ③④【缶詰(め)】①罐头。②把…关起来,闭门不出。△ホテルに～になる/呆在旅馆闭门不出。

かんてい⓪【官邸】官邸。△首相(しゅしょう)～/首相官邸。

かんてい⓪【鑑定】(名・他サ)鉴定,鉴别。△筆跡(ひっせき)を～する/鉴定笔迹。

かんてん①③【観点】观点。△各人(かくじん)の～が違(ちが)う/各人的看法不一致。

かんでんち⓪【乾電池】干电池。

かんど①【感度】感度,灵敏度。

かんとう①【関東】关东(东京都及埼玉等6县所在地区)。

かんどう⓪【感動】(名・自サ)感动。△人(ひと)を～させる演説(えんぜつ)/激动人心的讲演。△～的(てき)な場面(ばめん)/(戏剧、电影)动人的场面。

	名曲に～する	深いを与える	褒められて～する	～に浸る	～深い
感動	○	○	×	○	△
感銘	○	○	×	×	○
感激	○	×	○	○	×

かんとく⓪【監督】(名・他サ)①监视,监督。△～官庁(かんちょう)/主管机关。②(电影等)导演。③(球队等)主教练。

カンニング⓪[cunning](名・自サ)考试作弊。△～ペーパー/小抄儿,夹带。

かんぬし【神主】(神社的)神官,主祭。

かんねん①【観念】(名・自サ)①决心,断念。△いい加減(かげん)に～しろ/听天由命吧。②观念。△時間(じかん)の～がない/无时间观念。△～的(てき)/观念的,唯心的。△～論/唯心论。

がんねん①【元年】元年。

かんのう⓪【感応】(名・自サ)感应,反应。

かんぱ①【寒波】寒流,寒潮。△～の襲来(しゅうらい)/寒潮袭来。

カンパ[俄 kampa(niya)](名・他サ)募捐。△資金(しきん)を～す

る/募款。

かんぱい⓪【乾杯】(名・自サ)干杯。

かんぱく①【関白】①(古代官名)关白。②权势大的人。△亭主(ていしゅ)〜/大丈夫主义，男子当家。

かんばし・い④【芳しい】〔馨しい〕(形)①芳香的。②好的，理想的。△成績(せいせき)が芳しくない/成绩不佳。

かんばつ⓪〔旱魃・干魃〕旱灾，干旱。

がんば・る③【頑張る】(自五)①坚持，顽固，固执己见。△がんばって譲(ゆず)らない/坚持不下。②拼命努力，不甘示弱，加油，鼓劲。△暑(あつ)さに負(ま)けないでがんばっている/冒着酷暑拼命地干着。③固守(某地)，站住不动。△妹(いもうと)はテレビの前(まえ)に頑張っている/妹妹守在电视机前一动也不动(地看着)。△大(おお)きな犬(いぬ)が玄関(げんかん)に頑張っている/一条大狗固守在门口。

かんばん⓪【看板】①招牌，牌子。②幌子，外表。△〜倒(だお)れ/虚有其名，有名无实，挂羊头卖狗肉。

かんび①【甘美】(形動)①甜，甜美。△〜な果物(くだもの)/甜美的水果。②优美。△〜な詩(し)/优美的诗章。

かんびょう①【看病】(名・他サ)看护，护理。

かんぶ①【幹部】干部。

かんぷく⓪【感服】(名・自サ)钦佩，佩服。⇨かんしん 表

かんぺき⓪〔完璧〕(名・形動)完美，完善。△〜を期(き)する/力求完善。△仕事(しごと)を〜に仕上(しあ)げる/使工作尽善尽美。

かんべつ⓪【鑑別】(名・他サ)鉴别，识别。△善悪(ぜんあく)を〜する/识别好坏。

かんべん①【勘弁】(名・他サ)饶恕，原谅，容忍。△今回(こんかい)だけは〜してやる/下不为例。

かんべん⓪【簡便】(名・形動)简便。△〜な方法(ほうほう)/简便的方法。

がんぼう⓪【願望】(名・他サ)愿望。△〜がかなえられた/如愿以偿。

かんぽうやく③【漢方薬】中药。

かんまん⓪【緩慢】(形動)①缓慢，迟钝。△〜な動作(どうさ)/缓慢的动作。②不严厉，温和。△〜な処置(しょち)/不严厉的处置。

かんむり⓪③【冠】①(汉字)字头，字盖。②冠。△〜をかぶる/加冠。◇〜を曲(ま)げる/闹情绪，固执起来。

かんむりょう①【感無量】(名・形動)无限感慨，感慨万千。

かんめい⓪【感銘・肝銘】(名・自サ)铭感。△〜が深(ふか)い/深为感动。△〜を受(う)ける/受到感动。⇨かんどう 表

かんめい⓪【簡明】(名・形動)简明，明了。△〜な解説(かいせつ)/简单明了的解说。

がんもく⓪【眼目】重点，要点。

△改革(かいかく)の～/改革的重点。⇨じゅうてん表

かんもん⓪【関門】①关口,关口的门。②大关,难关。△入試(にゅうし)の～を突破(とっぱ)する/突破考试难关。

かんゆう⓪【勧誘】(名・他サ)劝诱,劝说,邀请。△保険(ほけん)に～する/劝人加入保险。

がんゆう【含有】(名・他サ)含有。△～量(りょう)/含量。

かんよ①【関与・干与】(名・自サ)干预,参与。△国政(こくせい)に～する/参与国政。

かんよう①【肝要】(名・形動)重要,要紧。△忍耐(にんたい)が～だ/最重要的是耐心。

かんよう①【寛容】(名・形動)宽容,容许。△～な態度(たいど)/宽容的态度。

かんよう①【慣用】(名・他サ)惯用。△～手段(しゅだん)/惯用手法。△～句(く)/惯用语。△～にかなう/可以通用,合乎惯例。

がんらい①【元来】原来,本来。

かんらん⓪【観覧】(名・他サ)观览,观看,参观。△～席(せき)/看台,观览席。

かんり①【管理】(名・他サ)管理。△品質(ひんしつ)～/质量管理。△ビルの～人(にん)/管楼的人。

かんりゃく⓪【簡略】(名・形動)简略,简单。△～な仕方(しかた)/简便方法。△～化(か)/简单化。⇨かんそ表

かんりょう⓪【完了】(名・自他サ)完毕,完成。△準備(じゅんび)が～する/准备完毕。

	仕事が～する	準備が～する	～していない文章	入学式は無事～した
完了	○	○	×	×
完結	○	×	○	×
終了	○	△	△	○

かんりょう⓪【官僚】官僚,官员,官吏。

かんれい⓪【寒冷】寒冷。△～地(ち)/寒冷地区。△～紗(しゃ)/冷纱,珠罗纱。

かんれい⓪【慣例】惯例。△～を守(まも)る/严守惯例。△～になる/已成惯例。

かんれき⓪【還暦】还历,花甲,60周岁。

かんれん⓪【関連】(名・自サ)关联,联系。△～する事件(じけん)/有关案件。△～産業(さんぎょう)/相关产业。

	～のある事柄	両国間の～を改善する	時間の～で省略する	教育事業に～している	～質問
関連	○	×	×	×	○
関係	○	○	○	○	×

かんろ①【甘露】①甘露。②美味。△ああ～、～/啊,好吃,好吃!

かんろく⓪〔貫禄〕尊严,威信,身份。

かんわ⓪【漢和】汉日,汉语和日语。

かんわ⓪【緩和】(名・自他サ)缓和,放宽。△東西(とうざい)の緊張(きんちょう)～/东西方关系缓和。△規制(きせい)を～する/放宽限制。

き　キ

-き【器】(接尾)器具，器官，器物，…器。△ガラス～/玻璃器具。△消火(しょうか)～/消火器。△生殖(せいしょく)～/生殖器官。

き【期】Ⅰ①(名)时期，时候。△再会の～/再见之时。Ⅱ(接尾)时期，…期。△幼年(ようねん)～/幼年时期。

き①【木】①(也作"樹")树木。②木材，木料。△～で鼻(はな)を括(くく)る/待理不理，冷淡。◇～に竹(たけ)を接(つ)ぐ/张冠李戴，驴唇不对马嘴。

き【生】Ⅰ①(名)纯，不掺别的东西。△ウイスキーを～で飲(の)む/不对(苏打)水喝威士忌酒。Ⅱ(接头)①纯粹，新鲜。△～むすめ/处女，黄花闺女。△～一本(いっぽん)/纯粹，纯真。②自然的，未加工的。△～糸(いと)/生丝。

き⓪【気】①空气，大气，气体，水蒸气。②气息，呼吸。③神志，意识。◇～が狂(くる)う/发疯。◇～を失(うしな)う/昏迷，不省人事。④精神，心绪。◇～をもむ/焦虑不安，焦躁。◇～が～でない/心急如焚。◇～が立(た)つ/兴奋，烦躁。⑤气质，性情，天性，脾气。◇～が早(はや)い/性急。◇～がある/有心，有意，打算。◇～に病(や)む/心存疑虑。担心。◇～を取(と)り直(なお)す/重整旗鼓。◇～がとがめる/于心不安，过意不去。◇～はこころ/礼轻情意重。◇～を落(お)とす/灰心，沮丧。◇～を腐(くさ)らす/(令人)沮丧，懊丧。◇～を配(くば)る/注意，留神，警惕。◇～をのまれる/被吓倒，慑伏，怯阵。◇～を吐(は)く/扬眉吐气，争气，增光。◇～を張(は)る/发奋，振奋起来。◇～を回(まわ)す/猜测，猜疑。

き①【機】①机械，工具。△工作(こうさく)～/工作母机。△飛行(ひこう)～/飞机。②时机。△～をうかがう/窥伺时机；看机会。△～が熟(じゅく)す/时机成熟。

ぎ①【義】①义，正义。△～に勇(いさ)む/见义勇为。②意义，意思。△音(おん)と～/音和义。

キア [gear]齿轮。

きあい⓪【気合】①心情，性情，气氛。△～を入(い)れる/鼓干劲。△～のよい人(ひと)/性情温和的人。②运气，鼓劲，(运气时发出的)喊声，呐喊。△～をかける/运气，鼓劲，呐喊。

きあつ⓪【気圧】气压。△～計(けい)/气压计。

ぎあん⓪【議案】议案。

きい①【奇異】(形动)奇异,奇怪。△～な現象(げんしょう)/奇异的现象。△～の念(ねん)/奇怪的想法。

キー① [key]①钥匙。②(琴等的)键。△～入力(にゅうりょく)/键入。③关键,要害,线索。△事件(じけん)の～/事件的线索。

キーボード① [keyboard](钢琴、电脑等的)键盘。

きいろ⓪【黄色】(名・形动)黄色。

きいろ・い⓪【黄色い】(形)黄的,黄色的。△～花(はな)/黄色的花。△嘴(くちばし)が～/乳臭未干。

キー・ワード③ [key word]关键词,关键语句。

きいん⓪【起因】(名・自サ)起因。

ぎいん①【議員】议员。

ぎいん①【議院】议院,议会。

きうん①【機運】机会,时机。△設立(せつりつ)の～が熟(じゅく)する/成立的时机成熟。

きえい・る③【消え入る】(自五)①消失。△～ような声(こえ)で言(い)う/用几乎听不到的声音说。②断气,死。③失去意识,失神。△消え入らんばかりに悲(かな)しむ/痛不欲生。

き・える③⓪【消える】(自下一)①消失,隐没。△火(ひ)がきえた/火灭了。△雪(ゆき)が～/雪化了。△船(ふね)が霧(きり)の中(なか)へ消えた/船隐没在雾中。△笑顔(えがお)が～/笑容消失了。②消除,磨灭。△彼(かれ)の心(こころ)から憎(にく)しみが消えた/憎恨从他的心里消除了。△恋人(こいびと)への思(おも)いが～/对情人的思念淡漠了。

きえん⓪【気炎】[気焰]气势,气焰。△～をあげる/夸夸其谈,大放厥词。

きえん⓪①【奇縁】奇缘。

きお・う②【気負う】(自五)奋勇,抖擞精神。

きおく⓪【記憶】(名・他サ)①记,记住。△毎日(まいにち)単語(たんご)を10語(ご)ずつ～している/每天平均记10个单词。②储存。△～装置(そうち)/(计算机)存储器,存储装置。△～媒体(ばいたい)/记忆媒体。③记忆,记性。△真由美(まゆみ)は昔(むかし)のことを～している/真由美记着过去的事。△～を呼(よ)び起(お)こす/唤起记忆。△～がよい/记性好。

きおくりょく③【記憶力】记忆力,记性。△～が良(よい)/记性好。

きおくれ⓪②【気後(れ)】畏缩,胆怯。△～を感じる/胆怯。

きおん⓪【気温】气温。

きか①【気化】(名・自サ)(物理)汽化。△～熱(ねつ)/汽化热。

きか⓪②【帰化】(名・自サ)①归化,入籍(外国人入所在国国籍)。△中国(ちゅうごく)に～する/入中国籍。②(植物)顺化,归化。

きが①【飢餓】[饑餓]饥饿。△～に苦(くる)しむ/在饥饿中挣

扎。

きかい② 【機会】机会，机遇。△～をうかがう / 寻找机会。△～均等(きんとう) / 机会均等。

	話しかける～をうかがう	会う～がない	出張した～に旧友を訪ねる	今が～だ	まだその～ではない
機 会	○	○	○	×	×
チャンス	○	○	×	×	×
時 機	○	×	×	△	○

きかい⓪② 【奇怪】(形動)①奇怪。△～な事件(じけん) / 奇怪的事件。△～千万(ぜんばん) / 千奇百怪。②离奇。△～なことを言(い)う / 说离奇的话。

きかい② 【機械】机械，机器。

きかい② 【器械】①器械，器具。△医療(いりょう)～ / 医疗器械。②仪器。△観測(かんそく)～ / 观测仪器。

きがい① 【危害】危害。△～を加(くわ)える / 加害。

きがい⓪① 【気概】气概，气魄。△～のある人(ひと) / 有魄力的人。

ぎかい① 【議会】①议会。△～政治(せいじ) / 议会政治。②国会。

きが・える③ 【着替える】(他下一)换衣服。△服(ふく)を～/换衣服。

きがかり② 【気掛(か)り】(名・形動)担心，挂念，惦念。△空(そら)もようが～だ/担心天气(变坏)。⇨しんぱい表

きかく⓪ 【企画】(名・他サ)规划，计划。△～をたてる / 制定规划。⇨けいかく表

きかく⓪ 【規格】规格，标准。△～品(ひん) / 合格品。

きかざ・る③ 【着飾る】(自他五)装饰，打扮。△外面(がいめん)を美(うつく)しく～/把外表打扮得很漂亮。

きか・せる④⓪ 【聞(か)せる】Ⅰ(他下一)给…听，使…听。△歌(うた)を歌(うた)って～ / 唱支歌给人听。Ⅱ(自下一)中听。△なかなか～ね / 相当中听嘛!

きか・せる④⓪ 【利かせる】(他下一)①使之发挥作用，充分利用其特点。△皮肉(ひにく)を～ / 充分发挥讽刺的作用。②注意,用心。△気(き)を～ / 用心。

きがね⓪ 【気兼(ね)】(名・自サ)拘束，顾忌，客气。△姑(しゅうとめ)に～する / 在婆婆面前感到拘束。

きがまえ②③ 【気構え】精神准备，思想准备。△～ができていない / 没有作好思想准备。⇨こころがけ表

きがる⓪ 【気軽】(形動)轻松，爽快。△～に引(ひ)き受(う)ける / 爽快地承担下来。

きかん⓪ 【帰還】(名・自サ)归来，返回。△宇宙(うちゅう)から～する / 从宇宙空间返回。

きかん⓪ 【季刊】季刊。

きかん①② 【期間】期间。

きかん①② 【器官】器官。△消化(しょうか)～ / 消化器官。

きかん①② 【機関】①机械，装置。

△～車(しゃ)／机车，火车头。△～銃(じゅう)／机关枪。②机关，机构。△～紙(し)／机关报。△～誌(し)／(政党、研究団体的)机关刊物。

きがん【祈願】(名・他サ)祈祷。

きき①②【危機】危机，险境。△～一発(いっぱつ)／千钧一发。

きき①②【機器・器機】机器，仪器，器具。

ききい・る③【聞(き)入る】〔聴き入る〕(自五)倾听，专心听。△講師(こうし)の話(はなし)に～／专心听讲。

ききい・れる④【聞(き)入れる】(他下一)①听从，采纳。②承诺，答应。△忠告(ちゅうこく)を～／接受劝告。

ききうで⓪【利(き)腕】好使的手(一般指右手)。△～を押(お)さえる／按住右手。

ききおとす⓪【聞(き)落(と)す】漏听，听漏。△肝心(かんじん)なところを～／把重点听漏了。

ききこみ⓪【聞(き)込(み)】听到，探访到。△～に回(まわ)る／四处探听。

ききずて⓪【聞(き)捨(て)】听了不理会，置若罔闻。

ききだ・す③【聞(き)出す】(他五)①打听出，问出。△彼女(かのじょ)の本心(ほんしん)を～／问明她的真正意图。②开始打听，问起来。

ききつたえ⓪【聞(き)伝(え)】(也作"ききづたえ")耳闻，传闻。

ききて⓪【聞(き)手】听的人，听众。

ききとが・める⑤〔聞(き)答める〕(他下一)责问，责备。△失言(しつげん)を～／责备失言。

ききとど・ける⑤【聞(き)届ける】(他下一)答应，批准。△願(ねが)いを～／答应请求。

ききとり⓪【聞(き)取り】①听取。②听懂。③(外语)听力。

ききと・る③【聞(き)取る】听懂。△問(とい)を～／听懂问题。

ききなお・す④【聞(き)直す】(他五)再问，重问。△集合時間(しゅうごうじかん)を～／再次询问集合时间。

ききなが・す④【聞(き)流す】(他五)置若罔闻，充耳不闻。△小言(こごと)を軽(かる)く～／不把责备放在心上。

ききな・れる④【聞(き)慣れる】(他下一)听絮烦，听惯。

ききほ・れる④〔聞(き)惚れる〕(自下一)听入迷。△名曲(めいきょく)に～／听名曲入了迷。

ききめ⓪【利(き)目・効(き)目】效验，效力。△薬(くすり)の～／药的效力。

	宣伝の～	しかっても～がない	うその～を論じる	音楽で舞台の～を上げる
効きめ	○	○	×	×
効果	○	○	×	○
効用	○	×	○	×

ききゅう⓪【希求】〔冀求〕(名・他サ)渴望，希望得到。△国際平和(こくさいへいわ)を～する／渴望

ききょ①② 【起居】(名・自サ)日常生活，起居。△～をともにする / 一起生活。

ききょう⓪ 【帰京】(名・自サ)返京，回京城。

ききょう⓪ 【帰郷】(名・自サ)归乡，回故乡。

きぎょう① 【企業】企业。

ぎきょく⓪ 【戯曲】剧本。

ききん② 〔飢饉・饑饉〕①饥馑，灾荒。②缺乏，不足。△水(みず)～ / 水荒。

ききん①② 【基金】资本，基本金，基金。

きく⓪② 【菊】菊花。

き・く②⓪ 【利く】Ⅰ(自五)能够…，起作用，有影响。△腕(うで)が～ / 有本领，能干。△気(き)が～ / 机灵，有眼力。△修理(しゅうり)が～ / 能修理。Ⅱ(写作"きく")(他五)说。△口(くち)を～ / (为别人)说话。

き・く②⓪ 【効く・利く】(自五)生效，有效，奏效。△風邪(かぜ)によく～薬(くすり) / 治感冒很有效的药。△この自転車(じてんしゃ)はブレーキが～ / 这辆自行车的车闸好使。

き・く⓪ 【聞く・聴く】(他五)①听，△レコードを～ / 听唱片。②欣赏。△音楽(おんがく)を～ / 欣赏音乐。③听说，听到。△彼女(かのじょ)の結婚(けっこん)のことを聞いた / 听说她结了婚。△地震(じしん)のニュースを聞いた / 听到了地震的消息。④应允，答应。△人(ひと)の頼(たの)みを～ / 答应别人的请求。⑤(也作"訊く")问，打听。△道(みち)を～ / 问路。△店(みせ)の人(ひと)に値段(ねだん)を～ / 向商店的人打听价钱。⑥品尝，闻(味)。△酒(さけ)を～ / 尝酒味。△香(かおり)を～ / 闻香味。◇～は一時(いちじ)の恥(はじ)、聞かぬは一生(いっしょう)の恥 / 求教一时耻，不问终身羞。

	わけを～	ちょっとお～したい	忠告を～	母を～て旅する	責任を～
聞く	○	-き○	○	×	×
尋ねる	○	-ね○	×	-ね○	×
問う	○	×	×	×	○

きぐ① 〔危惧〕(名・他サ)畏惧，担心。△～の念(ねん)にたえない / 不胜畏惧。

きぐ① 【器具】器具，器械。△電気(でんき)の～ / 电器。

きぐう⓪ 【奇遇】奇遇，巧遇。△こんな所(ところ)できみに会(あ)うとは～だね / 竟在这里见到你，真是奇遇啊!

きくばり② 【気配り】(名・自サ)多方关照，照料。

きけい⓪ 【奇形】〔畸形〕(名・形动)畸形。△～の魚(さかな) / 畸形的鱼。

きげき① 【喜劇】喜剧，滑稽剧。

ぎけつ⓪ 【議決】(名・他サ)议决，表决。△～権(けん) / 表决权。

きけん⓪ 【危険】(名・形动)危险。

きけん⓪ 【棄権】(名・他サ)弃权。

きげん① 【紀元】纪元，公元。

きげん① 【期限】期限。△支払(しはらい)～／支付期限。⇨きじつ 表

きげん⓪ 【機嫌】(名・形动)①心情，情绪。△ご～を伺(うかが)う／致以问候。②高兴，快活。△ご～な音楽(おんがく)／令人快活的音乐。◇～を取(と)る／阿谀奉承，拍马屁。

きげん① 【起原・起源】(事情)起源。

きご① 【季語】(俳句等的)季语。

きこう⓪ 【気候】气候。△～不順(ふじゅん)／气候反常。

きこう⓪ 【起工】(名・自サ)开工，动工。△～式(しき)／开工典礼。

きこう⓪ 【帰港】(名・自サ)返回原出发港口，回港。

きこう⓪ 【寄港】(名・自サ)(船航海途中在某港口)停泊。

きこう⓪ 【機構】①(机械的)构造，结构。②机构，组织。

きごう⓪ 【記号】记号，符号。△元素(げんそ)～／元素符号。

きこえ⓪ 【聞(こ)え】①听见，听见的效果。△～の悪(わる)いラジオ／收听效果不好的收音机。②名声，声誉。△～が高(たか)い／名声好。△～が悪(わる)い／名声不好。③使人听后的感觉。△小(ちい)さな社(やしろ)でも神社(じんじゃ)といえば～がいい／小祠堂要是称它为神社听起来就好听。

きこ・える④⓪ 【聞(こ)える】(自下一)①听得见，能听见。△私(わたし)の声(こえ)が聞えますか／能听见我的声音吗?△廊下(ろうか)の足音(あしおと)が～／听见走廊的脚步声。②听起来觉得，听来似乎是。△皮肉(ひにく)に～／听起来像是讽刺。③出名，闻名。△世(よ)に聞こえた人(ひと)／闻名于世的人。④中听，听来有道理。△聞こえぬことを言う／说没有道理的话。⑤闻到，嗅到。△薫(かおり)が～／闻到香味。

きこく⓪ 【帰国】(名・自サ)①归国，回国。△息子(むすこ)がアメリカから～した／儿子从美国回国了。△中国(ちゅうごく)チームが海外遠征(かいがいえんせい)から～した／中国队由海外远征归国。②回故乡，回归故里。

きごころ②⓪ 【気心】脾气，性情。

ぎこちな・い④ (形)(也作"ぎごちない")①(动作)笨拙，不灵活，不灵巧。②(文章等)生硬，不流畅。△～文章(ぶんしょう)／不流畅的文章。

きこつ⓪ 【気骨】骨气，气节。△～のある男(おとこ)／有骨气的男人。

きこり⓪③ 〔樵〕樵夫，伐木人。

きこん⓪ 【既婚】已婚。

きざ① 【気障】(形动)①装模作样，装腔作势。②令人反感，讨厌。

きさい⓪ 【記載】(名・他サ)记载。

ぎざぎざ⓪④ (名・形动・自サ)锯齿状，锯齿纹。

きざし⓪ 【兆(し)】〔萌〕预兆，苗头。△回復(かいふく)の～がみえる／有了恢复的朕兆。

きざ・す② 【兆す】〔萌す〕(自五)

①有预兆,有苗头。△春(はる)が～/有了春意。②萌芽。△新芽(しんめ)が～/萌发新芽。

きさま⓪【貴様】(代)你,你小子(对下属、晚辈或同辈之间称呼)。△～、仲間(なかま)を裏切(うらぎ)ったな/你小子,出卖了伙伴啊!

きざ・む③⓪【刻む】(他五)①切细,剁碎。②雕刻。△像(ぞう)を～/雕像。③刻上刻纹,分成级(段)。△時(とき)を～/计时。④铭记。△心(こころ)に～/铭记在心。

きし②【岸】岸边。

きじ①【記事】(报纸、杂志的)消息,报道,(登载的)文章。

きじ①【生地】①本色,本来面目。△～のままでつきあう/坦诚相见。②布料,衣料,织物(的质地)。③(陶瓷器的)素坯子,素胎。

ぎし①【技師】技师,工程师。△～長(ちょう)/总工程师。

ぎじ①【議事】议事,讨论的事项。

ぎしき①【儀式】仪式,典礼。

きしつ⓪【気質】①性情,秉性。②风格,气派。△学生(がくせい)～/学生风度。

きじつ⓪【期日】(事前定的)日期,期限。

	～を守る	～以外は受け付けません	～が切れる	支払いの～	手続きは明日で～です
期日	○	○	×	○	×
期限	○	×	○	○	×
締め切り	○	×	×	×	○

きし・む②【軋む】(自五)嘎吱嘎吱响。△ベッドが～/床嘎吱嘎嘎吱响。

きしゃ②①【汽車】火车。

きしゃ⓪①②【記者】记者。

きしゅく⓪【寄宿】(名・自サ)寄居,寄宿。△～舎(しゃ)/宿舎。

きじゅつ①【奇術】①奇术。②魔术,戏法。△～師(し)/魔术师。

きじゅつ⓪【記述】(名・他サ)记述。△事実(じじつ)を～する/记述事实。

ぎじゅつ①【技術】①技术。△～者(しゃ)/技术人员。②技巧,技能。

きじゅん⓪【基準】①基准。△比較(ひかく)の～/比较的基准。②最低标准。△～に達(たっ)する/达到最低标准。

きじゅん⓪【規準】准则,规范。△～に従(した)がう/遵照准则。

きしょう⓪【気象】气象。△～台(だい)/气象台。△～庁(ちょう)/(日本的)气象厅。

きしょう⓪【気性】天性,秉性,脾气。△～が激(はげ)しい人(ひと)/脾气暴躁的人。

きしょう⓪【起床】(名・自サ)起床。△毎朝(まいあさ)6時(ろくじ)に～する/每天早晨6点钟起床。

きしょう⓪【記章】〔徽章〕徽章。△学校(がっこう)の～/校徽。

きじょう⓪【気丈】(形动)刚强,刚毅,倔强。△～な娘(むすめ)/刚强的姑娘。

ぎしょう⓪【偽証】(名・他サ)伪证。△～罪(ざい)/伪证罪。

きしょく⓪【気色】①表情,脸色。

△人(ひと)の～をうかがう / 看人的脸色。②心情，感觉。△～が悪(わる)い / 心情不好,不舒服。

キス① [kiss](名・自サ)接吻。

きず⓪ 【傷】〔疵〕①伤。②(物体的)伤痕。③瑕疵，缺陷，毛病。△すねに～を持(も)つ / 有隐私，有不可告人的痛处。◇～なき玉(たま) / 尽善尽美，完美无缺。◇～を求(もと)む / 吹毛求疵。

	軽い～で済む	～を受ける	転んで～をする	名誉に～がつく	大したもなく勤め終える
傷	○	○	×	○	×
けが	○	×	○	×	○

きすう② 【奇数】奇数。

きず・く② 【築く】(他五)①筑，建筑。△堤防(ていぼう)を～ / 修筑大堤。②建立,构成。△身代(しんだい)を～ / 发财，致富。

きずつ・く③ 【傷付く】(自五)①受伤，负伤。②有瑕疵，有缺陷，败坏(名声)。△心(こころ)が～ / 心灵有创伤。

きずつ・ける④ 【傷つける・傷付ける】(他下一)①弄伤，损坏。②伤害，败坏。△信用(しんよう)を～ / 在损信誉。

きずな⓪⓪ 〔絆〕①羁绊，缰绳。②纽带，联系。△親子(おやこ)の～ / 父子情义。

き・する② 【帰する】Ⅰ(自サ)归于。△水泡(すいほう)に～ / 归于泡影。Ⅱ(他サ)归咎于。△罪(つみ)を他人(たにん)に～ / 嫁罪于人。

き・する② 【期する】(他サ)①限期，以…为期。②期待，期望。△再会(さいかい)を～ / 期待再见面。③决心。△深(ふか)く心(こころ)に～ / 心意已决。

きせい⓪ 【既成】既成。△～事実(じじつ) / 既成事实。

きせい⓪ 【帰省】(名・自サ)省亲，回故乡。

きせい⓪ 【寄生】(名・自サ)寄生。△～虫(ちゅう) / 寄生虫

きせい⓪ 【規制】(名・他サ)控制，(按规定)限制。△交通(こうつう)を～する / 管制交通。

ぎせい⓪ 【犠牲】牺牲。

きせき⓪ 【奇跡】〔奇蹟〕奇迹。

きせずして② 【期せずして】(副)出乎意料，不期而然。△～意見(いけん)が一致(いっち)した / 意见出乎意料地一致。

きせつ②① 【季節】季节。△～感(かん)/季节感。

きぜつ⓪ 【気絶】(名・他サ)晕倒，昏厥。

き・せる⓪ 【着せる】(他下一)①给穿上(衣服)，盖上(被)。②使蒙受。③镀上，镶上(金箔等)。

きせん⓪ 【汽船】轮船。

きぜん⓪ 〔毅然〕(形動タルト)毅然，坚决。△～たる態度(たいど) / 毅然的态度。

きそ①② 【基礎】①根基，基石。△～をおく / 奠基。②基础。

きそ①② 【起訴】起诉。△～状(じょう)/起诉书。

きそう⓪ 【起草】(名・他サ)起草，草拟。

きそう⓪【寄贈】(名・他サ)→きぞう。

きそ・う②【競う】(自五)①竞争。△先(さき)を～/争先。②竞赛。⇨あらそう表

きぞう⓪【寄贈】(名・他サ)(也作"きそう")捐赠，赠与。△～図書(としょ)/捐赠的图书。⇨きふ表

ぎそう⓪【偽装・擬装】(名・自サ)伪装，掩饰。△～工作(こうさく)/伪装工作。

ぎぞう⓪【偽造】(名・他サ)伪造，假造。△一万円札(いちまんえんさつ)を～する/伪造1万日元钞票。

きそく②①【規則】规则，规章。

きぞく①【貴族】贵族，特权阶层。

きそん⓪【既存】(名・自サ)既存，原有。△～設備(せつび)/原有设备。

きた⓪②【北】北，北方。

ギター①[guitar]吉他(六弦琴)。

きたい⓪【期待】(名・他サ)期待，期望。△両親(りょうしん)の～にこたえる/不辜负双亲的期望。

きたい【気体】气体。

ぎだい⓪【議題】(会议的)议题。

きた・える③【鍛える】(他下一)①锤炼。△刀(かたな)を～/锻刀。②锻炼。△スポーツで心身(しんしん)を～/通过体育锻炼身心。

きたかぜ⓪③【北風】北风。

きたく⓪【帰宅】(名・自サ)回家。

きた・す⓪②【来(た)す】(他五)招致，引起。△仕事(しごと)に支障(ししょう)を～/给工作带来麻烦。

きだて⓪【気立(て)】性情，性格。△～のやさしい人(ひと)/性情温柔的人。

きたな・い③【汚(な)い】〔穢い〕(形)①污秽，肮脏。②卑鄙，卑劣。△やりかたが～/行为卑劣。③吝啬，小气。△金(かね)に～/吝惜钱。

きたならし・い⑤【汚(な)らしい】〔穢らしい〕①显得脏。△～犬(いぬ)/显得很脏的狗。②令人作呕。△～言葉(ことば)/令人作呕的语言。

きた・る②【来(た)る】Ⅰ(自五)〈文〉来，到来。Ⅱ(连体)下次的。△～三日(みっか)開店(かいてん)/下月三号开业。

きち①②【基地】基地。△軍事(ぐんじ)～/军事基地。

きちがい③【気違(い)】〔気狂い〕①发疯，疯狂，疯子，疯人。②热中，热狂，狂热者。△野球(やきゅう)～/棒球迷。△～沙汰(ざた)/发疯行为。

きちっと②(副・自サ)→きちんと。

きちょう⓪【貴重】(形动)贵重，珍贵，宝贵。

きちょう⓪【基調】①(音乐)基调，主调。②(思想、作品等的)基本思想，基本方针。

きちょう⓪【貴重】(名・形动・自サ)贵重，珍贵。△～品(ひん)/贵重物品。△万人(まんにん)の～する生命(せいめい)/多人的宝贵

生命。

きちょう②① 【機長】(飞机)机长。

ぎちょう① 【議長】①(国会的)议长。②(会议的)主持者，主席。

きちょうひん⓪ 【貴重品】贵重物品。

きちょうめん④⓪ 【木帳面】〔几帳面〕(名・形動)规规矩矩，一丝不苟。△～な性格(せいかく)／一丝不苟的性格。

きちんと② (副・自サ)①整洁，整齐。△～した身(み)なり／整齐的打扮。②严格，严实。△約束(やくそく)を～守(まも)る／严格守约。③正确，准确。△勘定(かんじょう)は～する／账目准确无误。

	時間を～守る	等間隔に～並べる	～した職につく	～分けた髪	～買っといたよ
きちんと	○	○	×	×	×
ちゃんと	○	×	○	○	○

きつ・い②③⓪ (形)①厉害，严厉，苛刻。△～条件(じょうけん)／苛刻的条件。②累人，费力。△仕事(しごと)が～／工作费力。③强烈，刚强。△～性格(せいかく)／刚强的性格。④紧，瘦小。△靴(くつ)が～／鞋挤脚。⇨きびしい 表

きつえん⓪ 【喫煙】(名・自サ)吸烟，抽烟。

きづか・う③ 【気遣う】(他五)担心，挂念。△人(ひと)の安否(あんぴ)を～／担心人的安危。

きっかけ⓪ ①起首，开端。△解決(かいけつ)の～となる／成为解决的开端。②时机，机会。△女(おんな)の子(こ)と話(はな)す～がなかった／没有和女孩说话的机会。

きっかり③ (副)①正，恰。△一時(いちじ)～に始(はじ)まる／正一点开始。②明显，分明。△陰影(いんえい)が～とみえる／阴影清晰可见。

きづ・く② 【気付く】(自五)发觉，注意到，理会到。△忘(わす)れ物(もの)に～／发觉丢了东西。

きっさ①⓪ 【喫茶】喝茶，饮茶。△～店(てん)／茶馆；咖啡馆。

きっさき⓪ 【切っ先】刀锋，刀尖。△～を向(む)ける／把刀锋对准。

ぎっしり③ (副)满满地。△本箱(ほんばこ)に～(と)本(ほん)が詰(つ)まっている／书满满地装了一书箱。△車(くるま)が～(と)並(なら)ぶ／车排得满满的。

きっすい⓪ 【生(っ)粋】(名・形動)纯粹。△～の江戸(えど)っ子(こ)／地道的东京人。

きっする③④ 【喫する】(他サ)①吃，喝，吸。△タバコを～／吸烟。②遭受，受到。△惨敗(ざんぱい)を～／遭到惨败。

きっちり③ (副)①(数量等)整，恰好，正好。②严实，没有缝隙，正合适。

キッチン① [kitchen]厨房。△～ユニット／整体厨房。

きつつき② 〔啄木・啄木鳥〕啄木鸟。

きって⓪ 【切手】邮票。

きっと⓪ 〔屹度〕(副)①一定，必定。△～成功(せいこう)する／一

定成功。②严厉，严峻。△～にらむ / 狠狠地瞪一眼。⇨かならず表⇨たぶん表

きつね⓪ 〔狐〕狐狸。◇～につままれる / i）被狐狸迷住。ii）莫名其妙。△～の嫁入(よめい)り / 出着太阳下雨。△とらの威(い)を借(か)りる～ / 狐假虎威。

きっぱり③ （副・自サ）断然，干脆，斩钉截铁。△～と断(ことわ)る / 断然拒绝。

きっぷ⓪ 【切符】（乘车、船、入场用的）票。△～を切(き)る / 剪票。

きつもん⓪ 【詰問】（名・他サ）追问，盘诘，责问。△するどい～にたち往生(おうじょう)する / 被严厉的责问弄得不知所措。

きづよ・い③ 【気強い】（形）①胆壮，感觉有倚仗。△二人(ふたり)いれば～ / 有两个人心里就踏实。②刚强，坚强。

きてい⓪ 【規定】（名・他サ）规定。

きてき⓪ 【汽笛】汽笛。

きてん⓪ 【機転・気転】机灵，机智。△～をきかせる / 机灵。

きてん⓪ 【起点】~起点，出发点。

きと②① 【企図】（名・他サ）企图，计划。△社会改革(しゃかいかいかく)を～する / 规划社会改革。⇨けいかく表

きどあいらく① 【喜怒哀楽】喜怒哀乐。

きどう⓪ 【軌道】轨道。△～に乗(の)る / i）上轨道。ii）（事物）走上正轨。

きどうディスク⓪-① 【起動ディスク】[—disk]启动盘。

きとく⓪ 【危篤】病危，危笃。△～に陥(おちい)る / 陷于危笃。

きとく⓪ 【奇特】（名・形动）钦佩，可嘉。△～な心(こころ)がけ / 用心可嘉。

きど・る③⓪ 【気取る】（自五）①做作，装腔作势。②假装，冒充。△文化人(ぶんかじん)を～ / 冒充知识分子。

きなが⓪ 【気長】（名・形动）耐心的。△～に待(ま)つ / 耐心等待。

きにい・る⓪ 【気に入る】（自五）喜欢，中意。

きにゅう⓪ 【記入】（名・他サ）记上，写上，填写。

きぬ⓪ 【絹】绸，丝绸。

キネ① [kine]（电视）显象管。

ギネス・ブック④ [Guiness Book]吉尼斯事典，吉尼斯大全。

きねん⓪① 【祈念】（名・他サ）祝愿，祈祷。

きねん⓪ 【記念】（名・他サ）纪念。△～碑(ひ) / 纪念碑。

ぎねん⓪ 【疑念】疑念，疑心。△～が生(しょう)じる / 产生怀疑。⇨ぎわく表

きねんび② 【記念日】纪念日。

きのう⓪ 【帰納】（名・他サ）归纳。△～法(ほう) / 归纳法。

きのう① 【機能】（名・自サ）机能，功能。△運動(うんどう)～ / 运动机能。⇨せいのう表

きのう② 〔昨日〕昨天。△～や今日(きょう) / 最近。

ぎのう① ⓪【技能】技能，本领。

きのこ①〔菌・茸〕蘑菇。

きのどく③④【気の毒】(名・形动)①可怜，悲惨。△～な境遇(きょうぐう)/悲惨的处境。②可惜，遗憾，对不起。△～なことをした/做了令人遗憾的事。△お～さま/对不起。

	～な境遇	大学者と比べては～だ	雨の中を～した ね	～にも一球で負け投手
気の毒	○	○	○	○
かわいそう	○	○	×	×
あわれ	○	×	×	○

きはく⓪【気迫】〔気魄〕气魄，气概，气势。△～にあふれる/很有气势。

きはく⓪【希薄】〔稀薄〕(名・形动)稀薄。

きはつ⓪【揮発】(名・自サ)挥发，气化。△～油(ゆ)/挥发油。

きばつ⓪【奇抜】(形动)奇特，出奇，与众不同。△～な言動(げんどう)で人(ひと)を驚(おどろ)かす/以奇特的言行使人吃惊。

きばや⓪【気早】(名・形动)性急。△～な人(ひと)/急性子人。

きばらし④⓪【気晴(ら)し】解闷，散心。△～に一杯飲(いっぱいの)みに行(い)く/去喝杯酒解解闷儿。

きば・る③【気張る】(自五)①发奋，努力。②〈俗〉(花钱)大方，慷慨。△寄付金(きふきん)を～/慷慨捐款。

きはん⓪【規範・軌範】①规范，模范。②准则，规则。

きばん⓪【基盤】基础，底座。

きび①【機微】微妙。△人情(にんじょう)の～に通(つう)じている/懂得世路人情的微妙。

きびし・い③【厳しい】(形)①严格，严厉。△しつけが～/管教严。②(程度)厉害。△寒(さむ)さが～/非常寒冷。

	～先生	生活が～	～性格の子	～姿勢でのぞむ	～酒	～考える
厳しい	○	○	×	○	×	-く○
きつい	○	○	○	×	○	×

きひん⓪【気品】高尚，文雅。△～の漂(ただよ)う画面(がめん)/充满着高雅的画面。

きびん⓪【機敏】(名・形动)机敏，敏捷。

きふ①【寄付】(名・他サ)捐赠，赠给。△～金(きん)/捐款。

	蔵書を母校に～する	赤い羽根に百円～する	記念品を～する	～を集める	某氏～の時計
寄付	○	○	×	○	×
寄贈	○	×	○	×	○

きふう⓪②①【気風】①风气，习气。②风度，气质，作风。△質実剛健(しつじつごうけん)の～/诚实强健的作风。

きふく①【起伏】(名・自サ)①起伏。△～の激(はげ)しい山道(やまみち)/剧烈起伏的山路。②盛衰。△～がある/有起有落。

ギフト①〔gift〕赠品，礼品。△～カード/礼品卡，礼品券。

きぶん①【気分】①心情，心境。△～が悪(わる)い/身体不适。②气氛。△愉快(ゆかい)な～に満(み)ちている/充满着愉快的气氛。

⇨きもち表

きぼ① 【規模】規模。

きぼう⓪ 【希望】〔冀望〕(名・他サ)希望，期望。△～を抱(いだ)く / 抱希望。△親(おや)は子供(こども)に進学(しんがく)を～している / 父母期望孩子升学。

	～の品	～を抱く	タバコを一本～したい	～に燃える	勝てる～はない
希望	○	○	×	○	△
望み	○	○	×	×	○
所望	○	×	○	×	×

きほん⓪ 【基本】基本，基礎。△～方針(ほうしん) / 基本方針。

きまえ⓪ 【気前】①气度，气魄。②大方。

きまぐれ⓪④ 〔気紛(れ)〕(名・形動)反复无常。△一時(いちじ)の～ / 一时的心血来潮。

きまじめ② 〖生まじめ・気まじめ〗〔生真面目〕(形動)一本正经。△～な顔(かお) / 一本正经的面孔。

きまず・い③ 【気まずい】〔気不味い〕(形)彼此不愉快，不舒畅。△～思(おも)いをする / 觉得发窘。

きまつ⓪② 〔期末〕期末。

きまま⓪ 【気儘】(名・形動)任性，任意，随心所欲。△～に暮(くら)す / 随心所欲地生活。

きまり⓪ 【決(ま)り】〔極り〕①决定，归结。△～をつける / 结束，了结。②常规，常例，老一套。△～文句(もんく) / 套话。口头禅。③面子。△～わるい / 抹不开脸，不好意思。

きま・る③⓪ 【決(ま)る】〔極る〕(自五)①定，决定，规定。△当選者(とうせんしゃ)が～ / 当选人已定。②定型，有归结。△勝負(しょうぶ)が～ / 胜负已定。③(口语)合适，好。△今日(きょう)のスーツはきまっているね / (你)今天穿的衣服真合身啊!△彼(かれ)の踊(おど)りは決まっている / 他的舞跳得很好。④成功。△スマッシュが～ / (网球、排球等)扣球成功。⑤固定。△きまった席(せき) / 固定的席位。⑥(用"…にきまっている"的形式)一定。△来(こ)ないにきまっている / 肯定不来。

	運命が～	勝負が～	評価が～	投げが～	天候が～	勝てばうれしいに～ている
決まる	○	○	○	○	×	-っ○
定まる	○	×	○	×	○	×
決する	○	○	×	×	×	×

きみ⓪ 【君】Ⅰ(名)〈文〉①国君，帝王。②(用"ぎみ"的形式对人表示尊敬)。△父(ちち)～ / 父亲大人。Ⅱ(代)你。

きみ② 【気味】①感触，心情，情绪。△～が悪(わる)い / 令人不快。△いい～だ / 幸灾乐祸。②(用"きみ"的形式表示)有点…倾向。△彼(かれ)には慢心(まんしん)の～がある / 他有点骄傲自满的倾向。

-ぎみ (接尾)表示有…倾向(接名词或动词连用形)。△風邪(かぜ)～のところ / 有点感冒。

きみじか⓪ 【気短】(形動)性急，

きみょう① 【奇妙】（形动）奇妙，奇异。

ぎむ① 【義務】义务。△～教育(きょういく)／义务教育。

きむずかし・い⑤ 【気難しい】（形）不顺和，难以取悦。△～男(おとこ)／不顺和的人。

きめい⓪ 【記名】（名・自サ）记名，签名。△～投票(とうひょう)／有记名投票。

きめつ・ける④ 〔極(め)付ける〕（他下一）①（武断地）申斥。△頭(あたま)から彼(かれ)がわるいと～／劈头盖脑地训斥说，他不好。②（武断地）决定。△かれを犯人(はんにん)と～／（主观）认定他是犯人。

きめて⓪ 【決(め)手】〔極手〕①拍板的人。决定的人。②（决定、解决事情的）手段，根据。△有罪(ゆうざい)の～を欠(か)く／缺乏有罪的证据。

き・める③⓪ 【決める】（他下一）①定，决定。△期日(きじつ)を～／定日期。△腹(はら)を～／决心；打定主意。△出発(しゅっぱつ)の日(ひ)を明日(あした)にきめた／出发日期定在明天。②（常用"…ときめている"的形式）认定，断定。△帰(かえ)ってくるものと決めている／认定他会回来。③申斥。△一本(いっぽん)きめてやる／申斥他一顿。④使合适，好看。△弘(ひろし)は新(あたら)しいスーツで決めている／新西服把弘打扮得很漂亮。⑤（体育等）成功。△弘はシュートを決めた／弘投篮成功。

	運命を～	法律にられていること～	勝負を～	外掛けを～	ねらいを～	雌雄を～
決める	○	-め○	○	○	○	×
定める	○	-め○	×	×	×	×
決する	○	×	○	×	×	○

きも② 【肝】①肝脏。②胆量。△～の太(ふと)い男(おとこ)／胆子大的人。③心。◇～がすわる／胆壮。◇～に銘(めい)じる／铭刻在心。◇～をつぶす／吓破胆。◇～を冷(ひ)やす／十分惊恐。

きもだめし③ 【肝試(し)】试验胆量。△～にやってみる／干一下试试胆量。

きもち⓪ 【気持(ち)】心情，情绪，心境。△～がいい／心情好。君(きみ)の～はわかる／我了解你的心境。

	いい～	～を変える	本当の～を打ち明ける	生きた～もない	クリスマス～の町
気持ち	○	○	○	×	×
心地	○	×	×	○	×
気分	○	○	×	×	○

きもの⓪ 【着物】①衣服。②和服。

ぎもん⓪ 【疑問】疑问。△～を抱(いだ)く／怀疑。△～符(ふ)／问号(?)。

きゃく⓪ 【客】①客，客人。△～にいく／去做客。②顾客，主顾。△～を呼(よ)ぶ／招揽顾客。

-きゃく 【脚】（接尾）把，张（计算

桌椅等)。△いす一(いっ)～/一把椅子。

きやく⓪【規約】规约，规章。

ぎゃく⓪【逆】(名・形动)逆，倒，反。△～をつく/反了，倒了。

ぎゃくこうか③【逆効果】适得其反的效果。

ぎゃくさつ⓪【虐殺】(名・他サ)虐杀，惨杀。

ぎゃくじょう⓪【逆上】(名・自サ)勃然(大怒)，恼火。△彼(かれ)は怒(いか)りのあまり～してなぐりつけた/他因震怒失去理智而打了人。

きゃくしょく⓪【脚色】(名・他サ)(小说和事件等改编的)电影，戏剧。△汚職事件(おしょくじけん)を～した映画(えいが)/以渎职件为题材改编的电影。

きゃくせき⓪【客席】①(剧场等的)观众席。②客人坐的宴席。

ぎゃくせつ⓪【逆接】(语法)逆接。

ぎゃくたい⓪【虐待】(名・他サ)虐待。△～を受(う)ける/受虐待。

ぎゃくちょう⓪【逆調】逆差。△貿易(ぼうえき)の～/贸易逆差。

ぎゃくてん⓪【逆転】(名・自サ)①逆转，反转，倒转。△モーターが～する/马达倒转。②局势逆转。△形勢(けいせい)が～する/形势逆转。③(战斗机等)翻滚。

きゃくほん⓪【脚本】脚本，剧本。

きゃくま⓪【客間】客厅。

ぎゃくもどり③⓪【逆戻(り)】返回去，往回走。△道(みち)を～する/从原路返回。

きゃしゃ⓪〔花車・華奢・華車〕(名・形动)纤细，苗条。△～な体(からだ)つき/苗条的身材。

きゃっかん⓪【客観】客观。

きゃっかんてき⓪【客観的】(形动)客观的。

ぎゃっきょう⓪【逆境】逆境。

きゃっこう⓪【脚光】(舞台前的)脚灯。◇～を浴(あ)びる/ⅰ)(演员)登台。ⅱ)(剧本)上演。ⅲ)显露头角，受到瞩目。

ぎゃっこう⓪【逆行】(名・自サ)倒行，逆驶。△時代(じだい)に～する/不顺应时代。

キャッシュ・カード④〔cash card〕现金卡，自动存取款卡。

キャッシュ・メモリ①〔cache memory〕缓存。

キャッチ①〔catch〕(名・他サ)①捕捉，抓住。②(棒球)接球，接球手。

ギャップ①〔gap〕①罅隙，裂缝，缝隙。②(意见的)分歧，隔阂。△世代間(せだいかん)の～/(老年人与青年人之间的)代沟。

キャップチャー〔capture〕(名・他サ)捕捉。

キャバレー①〔法 cabaret〕(有舞台、舞厅的)酒吧。

きゃはん⓪【脚半】〔脚絆〕绑腿。△～を巻(ま)き付(つ)ける/扎上绑腿。

キャプテン①〔captain〕①(运动队)队长。②船长，舰长。③机长。

キャベツ①〔cabbage〕卷心菜，圆白菜，甘蓝。

ギャラ① [guara(nty)]演出费。△～を払(はら)う / 付演出费。

ギャラリー① [gallery]①画廊,美术品陈列室。②(高尔夫比赛的)观众。

キャリア① [caréer]经历,经验。△～不足(ふそく) / 经验不足。△～ウーマン / 从事专门职业的妇女。

ギャング① [gang]暴力团,黑社会,犯罪团伙。

キャンセル① [cancel](名・他サ)取消,废除(合同等)。

キャンパス① [campus](大学的)校园。

キャンプ① [camp](名・自サ)①露营,野营。△～ファイア / 篝火。②难民收容所。△難民(なんみん)～ / 难民营。

きゅう① 【九】九。

きゅう① 【旧】①陈旧。②往昔,过去。③旧历。

きゅう① 【球】①球。②(数学)球体。

きゅう⓪ 【急】(名・形动)①急,急迫。△～を要(よう)する事(こと) / 需要赶紧办的事。②陡峭,急剧。△～な坂(さか) / 陡坡。③突然,忽然。△～病(びょう) / 急病,突发病。④紧急,危急。△～を聞(き)いてかけつける / 听说紧急,赶紧跑去。⇨きゅうそく 表

きゅう① 【級】①级,等级。△階(かい)～ / 阶级。②学级。△～友(ゆう) / 学友。

きゅう① 【給】①给。②工资,津贴。△生活(せいかつ)～ / 生活津贴。

きゅう⓪ 〔灸〕灸,灸术。△～をすえる / i)用艾灸治病。ii)训戒,惩戒。

きゅう① 【希有】〔稀有〕稀有。△～金属(きんぞく) / 稀缺金属,稀有金属。

ぎゅう① 【牛】牛肉。△～の上肉(じょうにく) / 上等牛肉。

きゅうあく⓪① 【旧悪】旧恶,以前做的坏事。△～が露見(ろけん)する / 以前做的坏事败露了。

きゅういん⓪ 【吸引】(名・他サ)①吸引,引诱。②招揽(顾客)。

ぎゅういんばしょく⓪-⓪ 【牛飲馬食】(名・自サ)①狼吞虎咽。②暴饮暴食。

きゅうえん⓪ 【救援】(名・他サ)救援。△～物質(ぶっしつ) / 救援物质。△～を待(ま)つ / 等待救援。

きゅうか⓪ 【休暇】休假。△～をとる / 请假。△従業員(じゅうぎょういん)に三日間(みっかかん)の～を与(あた)えた / (老板)给职工放假三天。

きゅうかい⓪ 【休会】(名・自サ)(会议、议会等)休会。

きゅうかく⓪ 〔嗅覚〕嗅觉。△～が鋭(するど)い / 嗅觉灵敏。

きゅうがく⓪ 【休学】(名・自サ)休学。△～届(とどけ) / 休学申请。

きゅうきゅう⓪ 【救急】急救。△～車(しゃ) / 救护车,急救车。

ぎゅうぎゅう① (副)①(摩擦声)

吱吱。②用力勒紧。③满满地塞。④狠狠训斥。

きゅうきょう⓪【窮境】窘境,困境。△～に陥(おちい)る/陷入窘境。

きゅうぎょう⓪【休業】(名・自サ)歇业,停业。△週(しゅう)に一日(いちにち)～する/每周歇业一天。

きゅうきょく⓪【究極】〔窮極〕(名・自サ)毕竟,究竟,最终。△～の目的(もくてき)/最终目的。

きゅうくつ①【窮屈】(名・形动)①窄小,瘦小,发紧。②不自由,不舒畅,拘束。△～な考(かんが)えかた/呆板的想法。

きゅうけい⓪【休憩】(名・自サ)休息。△～室(しつ)/休息室。△～時間(じかん)/休息时间。△～を取(と)る/休息。

	しばらく～する	仕事の合間に～する	そろそろ～にしないか	一年間の～
休憩	○	○	○	×
休息	○	○	×	×
休養	○	×	×	○

きゅうげき⓪【急激】(名・形动)急剧。△～な進歩(しんぽ)/迅猛的进步。⇨きゅうそく 表

きゅうご①【救護】(名・他サ)救护。△～班(はん)/救护班。△負傷者(ふしょうしゃ)を～する/救护伤员。

きゅうこう⓪【休校】(名・自サ)(学校)停课。

きゅうこう⓪【旧交】老交情,旧谊。△～を暖(あたた)める/重温旧谊。

きゅうこう⓪【急行】快车。

きゅうこう⓪【休講】(名・自サ)停课。

きゅうこん⓪【求婚】(名・自サ)求婚。

きゅうこん⓪【球根】(植物的)球根。

きゅうさい⓪【救済】(名・他サ)救济。△市民(しみん)が被害者(ひがいしゃ)の～に乗(の)り出(だ)した/市民积极参加灾民的救济活动。

きゅうし⓪【休止】(名・自他サ)停止,停歇。△～核(かく)/静止核。

きゅうじ①【給仕】Ⅰ(名・自サ)伺候(用餐)。Ⅱ(名)侍者,仆人。△レストランの～をしている/在快餐馆做招待工作。

きゅうしき⓪【旧式】(名・形动)旧式,老式。

きゅうじつ⓪【休日】假日,休息日。

きゅうしゅう⓪【吸収】(名・他サ)吸收。△新(あたら)しい知識(ちしき)を～する/吸收新知识。

きゅうしゅう⓪【急襲】(名・他サ)急袭,突然袭击。

きゅうしゅつ⓪【救出】(名・他サ)营救,救出。△警官(けいかん)が人質(ひとじち)の～に成功(せいこう)した/警官成功营救了人质。

きゅうしょ⓪③【急所】①(身体上的)要害,致命处。△大丈夫(だいじょうぶ)だ、弾(たま)は～をはず

れている/没生命危险，子弹没击中要害部位。②要点，关键。△問題(もんだい)の～/问题的关键。

きゅうじょ① 【救助】（名・他サ）救助，搭救。△～幕(まく)/（高层建筑火灾时接人跳下的）救生幕。△難民(なんみん)を～する/救助难民。

きゅうじょう⓪ 【球場】棒球场。

きゅうしょく⓪ 【求職】（名・自サ）求职。△～者(しゃ)/求职者。

きゅうしょく⓪ 【給食】（名・自サ）（学校、工厂）供给工人、学生饭食。△～費(ひ)/伙食费。

ぎゅうじ・る③ 【牛耳る】（自五）〈俗〉操纵，支配。

きゅうしん⓪ 【急進】（名・自サ）急进，冒进。△～の思想(しそう)/冒进的思想。

きゅうじん⓪ 【求人】招聘，招工。

きゅう・する③ 【窮する】（自サ）①困窘。△返答(へんとう)に～/不知如何回答。②贫穷。△金(かね)に～/手头拮据。◇～すれば通(つう)ずる/穷则思变。

きゅうせい⓪ 【旧制】旧制度。△～高等学校(こうとうがっこう)/旧制高中。

きゅうせい⓪ 【急性】急性。△～肺炎(はいえん)/急性肺炎。

きゅうせき⓪① 【旧跡】〔旧蹟〕古迹。△名所(めいしょ)～/名胜古迹。

きゅうせん⓪ 【休戦】（名・自サ）休战，暂时停战。

きゅうせんぽう③ 〔急先鋒〕急先锋。△反戦運動(はんせんうんどう)の～/反战运动的急先锋。

きゅうぞう⓪ 【急増】（名・自サ）急增，猛增。△人口(じんこう)が～する/人口猛增。

きゅうそく⓪① 【休息】（名・自サ）休息。△～をとる/休息。⇨きゅうけい 表

きゅうそく⓪ 【急速】（名・形动）迅速，迅猛。△科学技術(かがくぎじゅつ)の～な発達(はったつ)/科学技术的迅猛发展。

	温度が～に上がる	事件の～な解決	ばかに～な話だ	～な発作
急速	○	○	×	×
急激	○	×	×	○
急	○	△	○	○

きゅうたい⓪ 【旧態】旧态。△～依然(いぜん)として/旧态依然如故。

きゅうだい⓪ 【及第】（名・自サ）①考中，及格。△試験(しけん)に～する/考试及格。②合格。△この品質(ひんしつ)なら～だ/这样的质量合格。⇨ごうかく 表

きゅうだん⓪ 【糾弾】〔糺弾〕（名・他サ）弹劾。△不正(ふせい)を～する/弹劾非法行为。

きゅうち① 【旧知】老朋友，故知。

きゅうち① 【窮地】困境。△～に陥(おちい)る/陷入困境。

きゅうちゃく⓪ 【吸着】（名・自サ）吸着，吸附。

きゅうでん⓪ 【宮殿】宫殿。

きゅうてんちょっか⑤ 【急転直下】（名・自サ）急转直下。△事態(じたい)は～解決(かいけつ)に(も

かった / 事态急转直下趋向解决。

きゅうテンポ③【急テンポ】[意—tempo]（名・形动）①（音乐）快拍子，快速度。②（事物）发展快。△仕事(しごと)が思(おも)ったより～にすすむ / 工作比预想的进展得快。

きゅうに⓪【急に】（副）突然，忽然，骤然。

ぎゅうにく⓪【牛肉】牛肉。

きゅうにゅう⓪【吸入】（名・他サ）吸入。△～器(き) / 吸入器。

ぎゅうにゅう⓪【牛乳】牛乳，牛奶。

きゅうば⓪【急場】紧急时刻。△～しのぎ / 应急手段。

きゅうはく⓪【急迫】（名・自サ）紧迫，吃紧。△状況(じょうきょう)の～を察知(さっち)する / 察觉情况的紧迫。△～した事態(じたい)を切(き)り抜(ぬ)ける / 摆脱紧迫的局势。

きゅうはく⓪【窮迫】（名・自サ）窘迫，穷困。△国庫(こっこ)が～を告(つ)げる / 国库吃紧。

きゅうばん⓪【吸盤】（动物的）吸盘。

きゅうひ⓪【給費】供给经费，学费。△～生(せい) / 领助学金的学生。

きゅうびょう⓪【急病】急病。

きゅうふ⓪⓪【給付】（名・他サ）支付。△保険金(ほけんきん)を～する / 支付保险金。

きゅうへい⓪【旧弊】Ⅰ（名）旧有的弊病，积弊。Ⅱ（形动）守旧。△～な人(ひと) / 守旧的人。

きゅうへん⓪【急変】Ⅰ（名・自サ）急变，骤变。△病状(びょうじょう)が～する / 症状骤变。Ⅱ（名）突发事件，不测。△～に備(そな)える / 防备突发事件。

きゅうぼう⓪【窮乏】（名・自サ）〈文〉贫穷，贫困。

きゅうむ①【急務】紧急任务，当务之急。

きゅうめい⓪【究明】（名・他サ）查明，研究明白。△真相(しんそう)を～する / 查明真相。

きゅうめい⓪【救命】救命，救生。△～具(ぐ) / 救生用具。

きゅうもん⓪【糾問】〔糺問〕（名・他サ）追查，盘诘（罪行等）。△容疑者(ようぎしゃ)を～する / 追查嫌疑犯。

きゅうゆう⓪【旧友】旧友，老友。

きゅうゆう⓪【級友】同班同学，同年级学友。

きゅうよ①【給与】（名・他サ）①给予，供给。△～の品物(しなもの) / 供给品。②工资，薪金。

きゅうよ①【窮余】穷极。△～の一策(いっさく) / 孤注一掷。

きゅうよう⓪【休養】（名・自サ）休养。△～地(ち) / 休养地。⇨きゅうけい 表

きゅうよう⓪【急用】急事。

きゅうらい①【旧来】以前，以往。

きゅうらく⓪【急落】（名・自サ）①（物价等）暴跌。②急剧衰落。△人気(にんき)が～する / 风气急剧变坏。

きゅうり① 〔胡瓜〕黄瓜。

きゅうりょう⓪【丘陵】〈文〉丘陵。△～地帯(ちたい)／丘陵地帯。

きゅうりょう①【給料】工资，薪水。△～日(び)／发薪日。

きよ①【寄与】(名・自サ)①贡献，有助于…。△学会(がっかい)の発展(はってん)に～する／有助于学会的发展。②赠送。

きよ・い②【清い】(形)①清，清澈。△～流(ながれ)／清澈的流水。②纯洁，干净。△～心(こころ)／纯洁的心灵。

-きょう【鏡】(接尾)…镜。△顕微(けんび)～／显微镜。

-きょう【教】(接尾)宗教，…教。△イスラム～／伊斯兰教。

-きょう【橋】(接尾)桥，…桥。△跨線(こせん)～／跨线桥。

きょう【強】Ⅰ①(名)强。△スイッチを～にする／把开关开大。Ⅱ(接尾)强，有余。△三(さん)メートル～／三米多。

きょう①【境】①境，境地。△無人(むじん)の～を行(ゆ)く／入无人之境。②心境。△忘我(ぼうが)の～／忘我之心境。

きょう①〔今日〕今天，本日。

	～はお忙しいところを	～の午後会おう	～休業	一年後の～	～の世界情勢
きょう	○	○	×	○	○
本　日	○	×	○	×	○
こんにち	○	×	×	×	○

きょう①【凶】凶，不吉。△吉(きち)と出(で)るか～と出るか／是吉呢还是凶。

きょう⓪【起用】(名・他サ)起用。△新人(しんじん)を大臣(だいじん)に～する／起用新人任大臣。

きよう①【器用】(形动)①手巧。②巧，灵巧，精巧。△～に立(た)ちまわる／巧妙钻营。

-ぎょう【業】(接尾)行业，…业。△製造(せいぞう)～／制造业。

ぎょう①【行】①(排列的)行。△三(さん)～広告(こうこく)／三行广告。②行为。△知(ち)と～／知和行。③行书(书法)。④(佛教)修行。

ぎょう①【業】业，学业，事业。△～半(なか)ばに倒(たお)れる／事业未完成就倒下了。

きょうあく⓪【凶悪】〔兇悪〕(名・形动)凶恶，凶残。△～な犯行(はんこう)／凶恶的罪行。

きょうい⓪【脅威】(名・他サ)威胁。

きょうい①【驚異】惊异，惊奇，奇事。△自然界(しぜんかい)の～／自然界的奇事。

きょういく⓪【教育】(名・他サ)教育，教养，培养。△会社(かいしゃ)が新入社員(しんにゅうしゃいん)を～する／公司对新职员进行培训。

きょういん⓪【教員】教员，教师。

きょうえん⓪【共演】(名・自サ)共演。△若手(わかて)二大(にだい)スターが～する／两大年轻明星合演。

きょうえん⓪【競演】(名・自サ)

竞赛表演。△三大(さんだい)スターの~ / 三大名星的竞赛表演。

きょうおう⓪【供応】〔饗応〕(名・自サ)招待,款待。△~をうける / 受款待。△客(きゃく)を~する / 招待客人。

きょうか①⓪【強化】(名・他サ)强化,加强。

きょうか①【教科】教学科目,课程。△~書(しょ)/教科书。

きょうかい⓪【協会】协会,联合会。

きょうかい⓪【教会】①教会。②教堂。

きょうかい⓪【教戒】〔教誨〕训戒,教诲。

きょうかい⓪【境界】〔疆界〕①边界,疆界。②界限。△科学(かがく)と技術(ぎじゅつ)の~ / 科学与技术的分界。

きょうがい①⓪【境涯】①境遇,处境。②身世。△苦労(くろう)の多(おお)い~ / 坎坷的身世。

ぎょうかい⓪【業界】同业界,工商界。△~紙(し) / 同业界报。

きょうがく⓪【共学】同校,共学。△男女(だんじょ)~ / 男女同校。

きょうがく⓪〔驚愕〕(名・自サ)〈文〉惊愕。

	急死の報に~する	~の声を上げる	そんなに~させるなよ	大きな物音に~する
驚愕	○	○	×	△
仰天	○	×	×	○
びっくり	○	○	○	○

きょうかつ⓪【恐喝】(名・他サ)恐吓,恫吓。△~状(じょう) / 恐吓信。

きょうかん⓪【教官】(大学、研究机关的)教官,教师。⇒せんせい 表

きょうかん⓪【共感】(名・自サ)同感,共鸣。△~を覚(おぼ)える / 感觉有同感。

きょうぎ①③【協議】(名・他サ)协议,协商,商议。△委員会(いいんかい)で~する / 由委员会商议。

きょうぎ①【競技】(名・自サ)竞赛,比赛。

ぎょうぎ①【行儀】礼貌,举止。△~作法(さほう) / 举止动作的礼仪。

きょうぎじょう⓪【競技場】比赛场,运动场。

きょうきゅう⓪【供給】(名・他サ)供给,供应。△需要(じゅよう)と~ / 供和需。

きょうぐう①【境遇】境遇,环境。

きょうくん⓪【教訓】教训。

きょうけん⓪【強権】强权。△~を発動(はつどう)する / 行使强权。

きょうけん⓪【強健】(名・形动)强健。△~な体(からだ) / 健壮的身体。

きょうげん③【狂言】①狂言(日本滑稽剧)。②歌舞伎剧。③骗局,谎言。△~自殺(じさつ) / 自杀骗局。

きょうこ①【強固】〔鞏固〕(形动)坚固,巩固,坚强。△意志(いし)が~だ / 意志坚强。

ぎょうこ⓪①【凝固】(名・自サ)凝固。

きょうこう⓪ 【凶行】〔兇行〕凶悪罪行，行凶。△～にでる / 行凶。

きょうこう⓪ 【恐慌】①恐慌。②危机。△金融(きんゆう)～ / 金融危机。

きょうこう⓪ 【強行】(名・他サ)强行，硬干。△採決(さいけつ)を～する / 强行表决。

きょうこう⓪ 【強硬】(形动)强硬，顽强。△～に反対(はんたい)する / 坚决反对。△～な態度(たいど) / 强硬的态度。

きょうさ⓪⓪ 【教唆】(名・他サ)教唆，唆使。△殺人(さつじん)を～する / 教唆杀人。

ぎょうざ⓪ 〔餃子〕饺子。

きょうさい⓪ 【共済】共济，互助。△～組合(くみあい) / 互助会。

きょうさい⓪ 【共催】(名・他サ)共同主办。△祭(まつり)を～する / 共同主办庆典活动。

きょうざい⓪ 【教材】①教材，教具。②教科书。

きょうさく⓪ 【凶作】歉收。△今年(ことし)作物(さくぶつ)が～なのは日照(ひでり)が原因(げんいん)だ / 今年作物歉收的原因是干旱。

きょうさん⓪ 【共産】①共产。②共产主义。△～主義(しゅぎ) / 共产主义。△～党(とう) / 共产党。

きょうさん⓪ 【協賛】(名・自サ)赞助，赞同。

ぎょうさん③ 【仰山】(副・形动)①夸大，夸张。△～な身(み)ぶり / 装模作样的摆架子。②极多。△～買(か)ってきた / 买来了很多。

きょうし① 【教師】教师。⇒せんせい 表

ぎょうし⓪① 【凝視】(名・他サ)凝视，注视。△顔(かお)を～する / 凝视着面孔。

ぎょうじ①③ 【行事】(按惯例举办的)仪式，活动。△～の多(おお)い月(つき) / 庆祝活动多的月份。

きょうしつ⓪ 【教室】①教室。②(大学的)研究室。③(社会上教授技能、知识的)培训学校，培训班。

ぎょうしゃ① 【業者】①商人，工商业者。△出(で)入(い)りの～に頼(たの)む / 委托给经常光顾的商人。②同行，同行业的人。△～の間(あいだ)で協定(きょうてい)を結(むす)ぶ / 同行之间缔结协定。

きょうしゅ① 【興趣】兴趣，趣味。△～を添(そ)える / 助兴。

きょうじゅ① 【享受】(名・他サ)①享受。△芸術(げいじゅつ)を～する / 享受艺术。②接受，采纳。△提案(ていあん)を～する / 采纳建议。

きょうじゅ 【教授】Ⅰ⓪①(名・他サ)①教授，讲授。△日本語(にほんご)を～する / 教日语。Ⅱ⓪(名)教授。

きょうしゅう⓪ 【郷愁】乡愁，怀乡(之情)。△～にかられる / 被怀乡之情所缠绕。

きょうしゅく⓪ 【恐縮】(名・形动・自サ)①(表示客气、谢意)

不敢当，过意不去，对不起。△～ですが、おこしください / 对不起，请过来一下。②羞愧，惭愧。△すっかり～の体(てい) / 非常惭愧。

きょうじゅつ⓪【供述】(名・他サ)供述，口供。△～書(しょ) / 供状，供词。

きょうしょく⓪【教職】教师的职务。

きょう・じる③⓪【興じる】(自上一)感兴趣，觉得愉快，以…为乐。

きょうじん①〔強靭〕(形动)强韧，坚韧。△～な精神力(せいしんりょく) / 坚韧的精神力量。

きょうじん⓪【狂人】狂人，疯子。◇～に刃物(はもの) / 疯子操刀(喻十分危险)。◇～走(はし)れば不(ふ)～も走(はし)る / 一犬吠影，百犬吠声。

きょうしんかい③【共進会】(工农业产品)评选会，评比会。

ぎょうずい⓪【行水】(名・自サ)①(夏季用盆水)冲澡。△～をする / 冲澡。②净身，沐浴。

きょう・ずる③⓪【興ずる】(自サ)→きょうじる。

きょうせい⓪【強制】(名・他サ)强制，强迫。△～執行(しっこう) / 强制执行。△～処分(しょぶん) / 强制处分。△～保険(ほけん) / 强制保险。△自白(じはく)を～する / 强迫坦白。

きょうせい⓪【矯正】(名・他サ)矫正，匡正。△でこぼこの歯並(はなら)びを～する / 矫正凹凸不齐的牙齿。

きょうせい⓪【強請】(名・他サ)强要，勒索。△寄付(きふ)を～する / 强行募捐。△金(かね)を～する / 勒索金钱。

ぎょうせい⓪【行政】行政。△～機関(きかん) / 行政机关。△～処分(しょぶん) / 行政处分。△～整理(せいり) / 行政调整。△～訴訟(そしょう) / 行政诉讼。

ぎょうせき⓪【業績】(事业上、学术上的)业绩，成就。

きょうそう⓪【競争】(名・自サ)竞争，比赛。△激(はげ)しい生存(せいぞん)～ / 激烈的生存竞争。△彼(かれ)らは売上(うりあげ)成績(せいせき)を～した / 他们在营业额上展开竞争。

きょうそう⓪【競走】(名・自サ)赛跑。△よし、あの山(やま)のふもとまで～しよう / 好，我们赛跑到那个山脚下。

きょうそん⓪【共存】(名・自サ)共存，共处。△平和(へいわ)～ / 和平共处。

きょうだい①【兄弟】〔姉妹・兄妹・姉弟〕①兄和弟。②兄弟姉妹。△～分(ぶん) / 把兄弟，盟兄弟。

きょうたく⓪【供託】(名・他サ)寄存，委托保管。△～金(きん) / (议员参加竞选时依法必须委托保管的)保证金。

きょうたん⓪【驚嘆】〔驚歎〕(名・自サ)惊叹。

きょうち①【境地】①处境。②心境。

きょうちょう⓪【協調】(名・自サ)协调。△人(ひと)の意見(いけん)に〜する/同别人的意见达成一致。

きょうちょう⓪【強調】(名・他サ)①強调。△自説(じせつ)を〜する/强调自己的主张。②极力主张。

きょうつう⓪【共通】(名・形動・自サ)共同, 通用。△〜点(てん)/共同点。△〜語(ご)/通用话语。

きょうてい⓪【協定】(名・自サ)协定。△〜価格(かかく)/议定价格。

ぎょうてん⓪【仰天】(名・自サ)非常吃惊。⇨きょうがく 表

きょうど①【郷土】①故乡。②乡土, 地方。△〜料理(りょうり)/地方菜。△〜色(しょく)/地方色彩。

きょうどう⓪【共同】(名・自サ)①共同。△〜声明(せいめい)/共同声明。②公共。△〜便所(べんじょ)/公厕。△〜社会(しゃかい)/共同体社会(家族、村落等)。△〜体(たい)/共同体。

きょうどう⓪【協同】(名・自サ)协同, 共同。△〜一致(いっち)/同心协力。

きょうばい⓪【競売】(名・自サ)拍卖。△〜にかける/进行拍卖。

きょうはく⓪【脅迫】(名・他サ)胁迫, 威胁。△〜罪(ざい)/威胁罪。

きょうはく⓪【強迫】(名・他サ)强迫, 逼迫。△〜観念(かんねん)/强迫观念(打消不了的不快、不安的念头)。

きょうはん⓪【共犯】同犯, 同案。△〜者(しゃ)/帮凶, 从犯。

きょうふ①⓪【恐怖】(名・自サ)恐怖, 害怕。△〜症(しょう)/恐怖症。

きょうほう⓪【凶報】①坏消息。②噩耗, 讣闻。

きょうぼう⓪【狂暴】(形動)狂暴。△〜な番犬(ばんけん)/狂暴的看门狗。

きょうほん⓪【狂奔】(名・自サ)①狂奔。②到处奔走。△金策(きんさく)に〜する/为筹款而奔走。

きょうまん⓪〔驕慢〕骄傲, 傲慢。△〜な態度(たいど)/傲慢的态度。

きょうみ①【興味】興趣, 兴致。△〜が尽(つ)きない/兴致未尽。

	映画に〜を持つ	〜を添える	政治に〜を払う	〜本位の記事	公害への〜が高い
興味	○	○	×	○	×
関心	○	×	○	×	○

ぎょうむ①【業務】业务, 工作。△〜管理(かんり)/业务管理。△〜上(じょう)の過失(かしつ)/业务上的失误。

きょうめい⓪【共鳴】(名・自サ)①(物理)共鸣, 共振。△〜器(き)/共鸣器, 共振器。②同感。△大衆(たいしゅう)の〜をよぶ/唤起大众的共鸣。

きょうやく⓪【協約】(名・自サ)①协约。△〜を結(むす)ぶ/缔结协约。②商定。

きょうゆう⓪【共有】(名・他サ)

共有。△夫婦(ふうふ)～の財産(ざいさん) / 夫妻共有的财产。

きょうよう⓪【教養】教养，素养。△～を高(たか)める / 提高素养。

きょうよう⓪【強要】(名・他サ)硬要，勒索。

きょうよう⓪【共用】(名・他サ)共用，共同使用。

きょうらく⓪【享楽】(名・他サ)享乐。△～にふける / 一味享乐。

きょうり①【郷里】乡里，故乡。

きょうりょく⓪①【協力】(名・自サ) ①帮助，协力。△子供(こども)たちは台所(だいどころ)で働(はたら)く母親(ははおや)に～した / 孩子们在厨房帮助母亲干活。△銀行(ぎんこう)が資金面(しきんめん)で会社(かいしゃ)に～することになった / 银行在资金方面支持公司。②合作，共同努力。△国際(こくさい)～ / 国际合作。

きょうりょく⓪【強力】(名・形动)强力，强有力，力量大。△～なモーター / 功率大的马达。

きょうれつ⓪【強烈】(名・形动)强烈。△～な印象(いんしょう) / 强烈的印象。

ぎょうれつ⓪【行列】(名・自サ)行列，队伍，排队。△仮装(かそう)～ / 化装游行。

きょうわ⓪【共和】共和。

きょうわ⓪【協和】(名・自サ)协和，和谐，和睦。△～音(おん) / 谐音。△どの国民(こくみん)とも～する / 与各国人民和睦相处。

きょうわこく③【共和国】共和国。

きょえい⓪【虚栄】虚荣。△～心(しん) / 虚荣心。△～心(しん)が強(つよ)い / 虚荣心强。

きょか①【許可】(名・他サ)许可，准许，允许。△入学(にゅうがく)を～する / 许可入学。△営業(えいぎょう)～を取(と)り消(け)す / 吊消营业许可证。

きょがく⓪【巨額】巨额，巨款。

ぎょかく⓪【漁獲】(名・他サ)捕鱼，捕捞。△サケの～量(りょう) / 鲑鱼的捕获量。

きょぎ①【虚偽】虚伪。△～の申告(しんこく)をする / 做虚假的申报。

ぎょぎょう①【漁業】渔业，水产业。

きょく⓪②①【曲】①弯曲，不正。△～を正(ただ)す / 校正弯曲。②(音乐的)曲子。△ピアノ～ / 钢琴曲。③趣味。△何(なん)の～もない / 没一点趣味。

きょく①【局】①局。△主計(しゅけい)～ / 会计局。②邮局，电话局(之略)。△～に小包(こづつみ)を出(だ)しにいく / 到邮局寄包裹。③(围棋、象棋的)盘，局。△二(に)に～さす / 下两盘棋。

きょく①【極】①极限，极点。△悲(かなし)みの～ / 极其悲伤。②(地理、物理)极。△南(なん)～ / 南极。△プラスの～ / 正极。

きょくげん⓪②【極限】极限。

きょくげん⓪②【局限】(名・他サ)局限，限定。

きょくじつ⓪〔旭日〕旭日。△～

昇天(しょうてん)の勢(いきお)い / 蒸蒸日上之势。

きょくしょ① 【局所】①局部。△〜麻酔(ますい) / 局部麻醉。②(特指)阴部。

きょくしょう⓪ 【極小】极小。△〜の粒子(りゅうし) / 极小粒子。△〜値(ち) / (数学)极小值。

ぎょくずい② 【玉髄】玉髓,石髓,佛头石(以硅酸为主要成分的矿石,用于装饰材料、印章等)。

ぎょくせき⓪ 【玉石】①玉和石。②好和坏。△〜混交(こんこう) / 良莠混淆。

きょくせつ⓪ 【曲折】Ⅰ(名・自サ)曲折,弯曲。△海岸線(かいがんせん)が〜している / 海岸线曲折。Ⅱ(名)周折,波澜。△多(おお)くの〜を経(へ)る / 经历许多周折。△人生(じんせい)の紆余(うよ)〜 / 人生的波澜。

きょくせつ⓪ 【曲節】(音乐)曲调,旋律。△〜に変化(へんか)がある / 曲调有变化。

きょくせん⓪ 【曲線】曲线。

きょくだい⓪ 【極大】极大。△〜のダイヤモンド / 极大的钻石。△〜値(ち) / (数学)极大值。

きょくたん③ 【極端】(名・形动)极端。△〜な例(れい) / 极端的例子。

	〜に嫌う	〜なことを言う	緊張が〜に達する	〜に走る	〜の疲労による衰弱
極端	○	○	×	○	×
極度	○	×	○	×	○

きょくち① 【局地】局部地区。△〜的(てき)に降(ふ)った雨(あめ) / 局部地区下的雨。

きょくち① 【極致】极致,顶点。△美(び)の〜 / 美的顶点。

きょくど① 【極度】(名・形动)极度。△〜の疲労(ひろう) / 极度疲劳。⇨きょくたん表

きょくぶ 【局部】①局部。②(特指)阴部。

きょくめん③⓪② 【局面】①棋局。②局面。△〜を打開(だかい)する / 打开局面。

きょくりょく②⓪④ 【極力】(副)极力,尽量。△〜努力(どりょく)する / 尽量努力。

きょくろん⓪ 【極論】(名・自他サ)①极力主张,坚持己见。△〜して怒(おこ)りを買(か)う / 坚持己见惹来生气。②极端的言论。△〜に走(はし)る / 一味坚持极端的论说。

きょこう⓪ 【挙行】(名・他サ)举行。△卒業式(そつぎょうしき)を〜する / 举行毕业典礼。

きょこう⓪ 【虚構】(名・他サ)虚构。△〜説(せつ)をなす / 成为虚构的传说。△事実(じじつ)と〜が定(さだ)かでない作品(さくひん) / 事实与虚构不明的作品。

きょこく⓪ 【挙国】举国,全国。△〜一致(いっち) / 全国一致。

きょじつ①⓪ 【虚実】①虚实。②虚虚实实。

きょしてき⓪ 【巨視的】(形动)宏观的。

きょじゃく⓪ 【虚弱】(名・形动)

虚弱。△身体(からだ)が〜だ/身体虚弱。

きょしゅう⓪【去就】去留。△〜を決(けっ)しかねる/难以决定去留。

きょじゅう⓪【居住】(名・自サ)居住。

きょしん⓪①【虚心】(名・形动)虚心。△〜坦懐(たんかい)/虚心坦怀。

きょじん⓪【巨人】①身材魁伟的人。②巨人，伟人。

きょせい⓪【虚勢】虚张声势。△〜を張(は)る/虚张声势。

きょぜつ⓪【拒絶】(名・他サ)拒绝。△〜反応(はんのう)/(医学)排他反应。△拝観(はいかん)〜/拒绝参观。

ぎょせん⓪【漁船】渔船。

ぎょそん⓪【漁村】渔村。

きょだい⓪【巨大】(形动)巨大。△〜な建造物(けんぞうぶつ)/巨大建筑物。

きょだく⓪【許諾】(名・他サ)允许，允诺。△申(もう)し出(で)を〜する/答应申请。

きょっと⓪⓪(副・サ)大吃一惊，吓得心扑通一跳。

きょっかい⓪【曲解】(名・他サ)曲解，歪曲。△事実(じじつ)を〜する/歪曲事实。

きょてん①【拠点】据点。△大阪(おおさか)を〜にする/把大阪作为据点。

きょとう【巨頭】巨头，首脑。△〜会談(かいだん)/首脑会谈。

きょどう⓪【挙動】举动，行动。△〜不審(ふしん)の男(おとこ)/行迹可疑的人。

きょねん①【去年】去年。

きょひ①【拒否】(名・他サ)拒绝。△要求(ようきゅう)を〜する/拒绝要求。△〜権(けん)/否决权。

ぎょふ①【漁夫】渔夫。◇〜の利(り)/渔人之利。

きょむ①【虚無】(哲学)虚无。△〜主義(しゅぎ)/虚无主义。

きよ・める③【清める】(他下一)洗净。△身(み)を〜/净身。△恥(はじ)を〜/雪耻。

きょよう⓪【許容】(名・他サ)容许，宽容。△〜量(りょう)/容许量。△〜範囲(はんい)をこえる/超过容许范围。

きよらか②【清らか】(形动)洁净，纯洁，清白。△〜な人(ひと)/纯洁的人。△〜な朝(あさ)/清爽的早晨。

きょり①【巨利】〈文〉莫大利益。△〜をむさぼる/贪图大利。

きょり①【距離】距离。△〜を置(お)く/拉开距离。

きょろきょろ①(副・自サ)(慌慌张张地)东张西望。(睁大眼睛)巡视。

きよわ⓪【気弱】(名・形动)懦弱(的人)。△〜な性格(せいかく)/懦弱的性格。

きらい⓪【嫌(い)】(名・形动)①嫌恶，厌恶。△〜な色(いろ)/讨厌的颜色。△好(す)き〜/ⅰ)好恶。ⅱ)挑食。②(不好的)倾向。

△ひとりよがりの～がある / 有点自以为是。△華美(かび)に流(なが)れる～がある / 有趋于华丽的倾向。③(常用"…の～なく"的形式)(无)区别,(无)差别。△男女(だんじょ)の～なく採用(さいよう)する / 录用不分男女。

きら・う③⓪ 【嫌う】(他五)①嫌恶,厌恶。△お世辞(せじ)を～ / 讨厌奉承。②不适应。△金魚(きんぎょ)は水道水(すいどうみず)を～ / 金鱼不适应水管的水。△タバコは湿気(しっき)を～ / 香烟怕受潮。③忌讳。△欧米(おうべい)の人人(ひとびと)は 13 の数字(すうじ)を～ / 欧美人忌讳"13"这个数字。④(多用"嫌わず"的形式)不区别,不区分。△所(ところ)嫌わず議論(ぎろん)をふっかける / 不分场合乱发议论。

	勉強を～	いじわるをして友達に～れる	湿気を～器具	世を～	～子を無理に連れ出す
嫌う	○	-わ○	○	×	×
いとう	○	×	×	○	×
いやがる	○	-ら○	×	×	○

きらきら(と)① (副・自サ)①闪闪,闪耀。△ダイヤモンドが～光(ひか)る / 钻石闪闪发光。②晃眼,耀眼夺目。△～する光(ひか)り / 耀眼的光。

ぎらぎら① (副・自サ)闪亮,耀眼,刺眼。

きらく⓪ 【気楽】(名・形动)①轻松,舒适。△～に暮(く)らす / 安闲度日。②无顾虑,不拘泥。△～な人(ひと) / 乐天的人。

きらびやか③ (形动)华丽的,光彩照人的。△～な衣装(いそう)をまとった出演者(しゅつえんしゃ) / 演员穿着华丽的服装。

きらめ・く③ (自五)闪烁,闪耀。△星(ほし)が～ / 星光闪烁。

きらりと②③ (副・自サ)一晃,一闪。

きり① 【錐】锥子,钻头。

きり⓪ 【霧】雾。

きり② 【切(り)】①断开处,段落。△～をつける / 告一段落。②限度,终结。△～がない / 无止境。

きり (副助)①仅限于此。△ふたり～で話(はな)す / 只两个人谈话。②某事项的终结。△持(も)って行(い)った～返(かえ)さない / 拿去以后就再也没有还。③(某状态的)保持,持续。△寝(ね)た～だ / 一直卧床不起。

ぎり② 【義理】①情理,道理。△～にはずれた行(おこな)い / 偏离情理的行为。②情义。△～を欠(か)く / 缺乏情义。③亲属关系。△～の親子(おやこ) / 养父子关系。

きりあ・げる④⓪⑤ 【切(り)上げる】(他下一)①结束,告一段落。△仕事(しごと)を早目(はやめ)に～ / 早点儿结束工作。②凑整数(把不足"1"的数当作"1"进上去)。△0.5 以上(いじょう)の端数(はすう)を～ / 把 0.5 以上的零数进上去。③提高货币的国际交换价值,升值。△円(えん)を～ / 提高日元

きりかえ⓪【切(り)替(え)】转换，改换，切换。△列車(れっしゃ)ダイヤの～をする/变更列车时刻表。

きりか・える④⑤③【切(り)替える・切(り)換える】(他下一)转换，换掉。△頭(あたま)を～/转换脑筋。

ぎりぎり Ⅰ⓪(名・形动)(允许范围内的)最大限度，极限。△～にまにあう/勉强赶上。△これがゆずれる～の線(せん)だ/这是让步的极限了。Ⅱ①(副)嘎吱嘎吱。

きりくち②【切(り)口】①(物体的)断面，切口。△幹(みき)の～/树干的茬口。②(刀砍的)伤口。

きりこうじょう③【切(り)口上】①一句一顿郑重其事的口吻。②拘板的口吻。△～であいさつする/拘板地致词。

きりこ・む③④〔斬(り)込む〕(他五)①杀入。△敵陣(てきじん)に～/杀入敌阵。②质问，追问。△言葉(ことば)鋭(するど)く～/严词质问。

きりさ・く③④⓪【切(り)裂く】(他五)切开，劈开。△魚(さかな)の腹(はら)を～/切开鱼腹。

きりさ・げる④⑤【切(り)下げる】(他下一)①(取齐)切短，剪平，砍齐。②砍(剪)后垂下。△髪(かみ)を～/剪成短垂发。③降低。△ドルを～/美元贬值。

きりさめ⓪【霧雨】蒙蒙细雨，毛毛雨。

きりす・てる⓪④【切り捨てる】(他下一)①切掉，切去。②舍去(尾数等)。

キリスト⓪〔葡 Christo〕〔基督〕基督，耶稣。△～教(きょう)/基督教。

きりだし⓪【切(り)出し】①砍下运出，切开运出。△牛肉(ぎゅうにく)の～/砍开运出的牛肉。②斜尖宽刃小刀。开口说。△相手(あいて)の～をまつ/等对方开口。

きりだ・す③④【切(り)出す】(他五)①砍伐后运出。②开腔，说出。△話(はなし)を切り出しにくい/难以启齿。

きりつ⓪【起立】(名・自サ)起立。

きりつ⓪【規律・紀律】①规律。②纪律，规章，秩序。

きりつ・める④⓪⑤【切(り)詰める】(他下一)①剪短，切短。△そで口(ぐち)を～/把袖口剪短。②削减，缩减，压缩。△出費(しゅっぴ)を～/缩减开支。

きりどおし⓪【切(り)通(し)】凿开的山路。

きりと・る③④【切(り)取る】(他五)①切下，砍下，剪下。△胃(い)を三分(さんぶん)の二(に)～/把胃切除三分之二。△新聞(しんぶん)を～/剪报。②(用武力占领部分领土)侵占。△土地(とち)を～/侵占土地。

きりぬ・ける④⑤⓪【切(り)抜ける】(他下一)①杀出(重围)。②摆脱(困境)。△苦(くる)しい生活(せいかつ)を～/摆脱贫困生活。

きりばな②【切(り)花】剪下的带枝鲜花。

きりはな・す④⑤【切り放す・切り離す】(他五)割断,分开,放开。△風船(ふうせん)を～/放开气球。△犬(いぬ)をつないだ綱(つな)を～/割断拴狗的绳索。△二(ふた)つの問題(もんだい)を切り離して考(かんが)える/把两个问题分开考虑。

きりふだ②【切(り)札】①(扑克牌的)王牌。②(最后的)绝招。△～を使(つか)う/使用绝招。

きりもみ⓪③④〔錐揉(み)〕(名・自サ)①捻钻,钻孔。②(飞机)旋转下降。△～状態(じょうたい)で降下(こうか)する/以旋转的状态降落。

きりもり⓪②【切(り)盛(り)】①(把食品)分盛。②料理,处理。△家計(かけい)を～する/料理家务。

きりゅう⓪【気流】气流。△～型(がた)/流线型。

きりゅう⓪【寄留】(名・自サ)寄居,逗留。△知人(ちじん)の家(いえ)に～する/寄居朋友家。

きりょう①【器量】①容貌,姿色。△～のよい娘(むすめ)/长得漂亮的姑娘。②才能,才干。△社長(しゃちょう)になれる～ではない/不是当总经理的料。

ぎりょう⓪①【技量】〔伎倆・伎量・技倆〕技能,本事。△～のある人(ひと)/有本事的人。

きりょく⓪①【気力】气力,精力,魄力。△を取(と)りもどす/恢复气力。

きりん⓪〔麒麟〕①长颈鹿。②麒麟。

き・る【切る】Ⅰ①(他五)①切,割。△肉(にく)を～/切肉。△縁(えん)を～/离婚。断绝关系。△腫物(はれもの)を～/割开肿疙瘩。②剪。△髪(かみ)を～/剪发。△切符(きっぷ)を～/剪票。△枝(えだ)を～/修剪树枝。③切伤,砍伤,划伤。△指(ゆび)を～/切伤手指。④拆开,扯下,发下去。△封(ふう)を～/拆开信。△伝票(でんぴょう)を～/发出传票。⑤冲开。△波(なみ)を切って進(すす)む/破浪前进。⑥打破(某限度)。△元(もと)を切って売(う)る/亏本出售。△百(ひゃく)メートル競走(きょうそう)に10秒(じゅうびょう)を～/百米赛跑打破10秒记录。⑦横穿过去。△行列(ぎょうれつ)を～/从队伍中穿过去。⑧中断,截断。△電話(でんわ)を～/挂上电话。△スイッチを～/断开开关。⑨限定。△日(ひ)を切って回答(かいとう)を迫(せま)る/勒令限期答复。⑩除去。△野菜(やさい)の水(みず)を～/甩去青菜上的水。⑪(扑克)洗牌。△トランプを～/洗牌。⑫(扑克)摊出王牌。△切り札(ふだ)を～/摊出王牌。⑬转动(方向盘)。△ハンドルを右(みぎ)に切った/向右打方向盘。⑭(乒乓球等)削球,斜打。△球(たま)を～/削球。Ⅱ(补动)①完,尽。△読(よ)み～/读完。

②到极限。△疲(つか)れ~/疲乏已极。

き・る① 〔伐る〕(他五)伐,砍。△木(き)を~/伐木。

き・る① 〔斬る〕(他五)斩,杀。△首(くび)を~/ⅰ)斩首。ⅱ)解雇。

き・る②⓪【着る】〔著る〕(他上一)①穿(衣服)。△着物(きもの)を~/穿和服。②承受,承担。△罪(つみ)を~/负罪。△権力(けんりょく)をかさに~/倚仗权力。

キルク①〔荷 kurk〕(=コルク)软木。

きれ②【切(れ)】①(刀)快,锋利程度,能切。△~の悪(わる)い包丁(ほうちょう)/菜刀不快。②断开,中断。△水(みず)の~が悪い/还漏水,水没能完全断开。③碎片。△木(き)の~を集(あつ)める/把木屑集中起来。④布匹,织物,一块布。△この~で服(ふく)を仕立(した)てる/用这块布做衣服。⑤不足。△時間(じかん)~(ぎれ)/时间不足。到期。

きれい①【綺麗・奇麗】(形动)①美丽,漂亮,好看。△~な花(はな)/美丽的花。②清洁,干净。△~な手(て)/清洁的手。③完全,干干净净。△~に忘(わす)れる/忘得干干净净。④干脆。△~に断(ことわ)った/干脆拒绝。◇~どころ/美女(指花柳界的艺妓)。⇨うつくしい 表

ぎれい⓪【儀礼】礼节,礼仪,礼貌。△~訪問(ほうもん)/礼节性访问。

きれつ⓪〔亀裂〕龟裂,裂缝。△壁(かべ)に~がはいる/墙壁出现裂缝。

きれめ③【切(れ)目】①裂缝,断开处。②(话语、文章)段落。

きれもの⓪②【切(れ)者】头脑敏锐的人,有才干的人,能干的人。

き・れる【切れる】Ⅰ②(自下一)①断,断开,中断。△縁(えん)が~/缘分断了。②尽,光。△資金(しきん)が~/资金光了。③改变方向,偏。△右(みぎ)に~/向右偏。④头脑敏锐,能干。△なかなか~男(おとこ)/非常能干的人。⑤(刀)锋利。△よく~小刀(しょうとう)/很锋利的小刀。⑥亏,缺,不足。△目方(めかた)が~/分量不足。⑦磨破,开绽。△すそが~/衣服下襟磨破了。⑧(期限)到期,届满。△期限(きげん)が~/到期。Ⅱ(接尾)(接动词连用形下)能结束,能完成。△あしたまでに読(よ)み~/明天能读完。◇しびれが~/ⅰ)(腿等)麻木。ⅱ)等得不耐烦。◇息(いき)が~/ⅰ)断气,咽气。ⅱ)定局。

きろ①【岐路】歧路,岔道。△人生(じんせい)の~にたつ/面临人生的歧路。

きろ①【帰路】归途。△~につく/踏上归途。

キロ〔法 kilo〕Ⅰ①(名)("キロメートル、キログラム"之略)千米,千克。Ⅱ(接头)千。△~カロリー/千卡,大卡。

きろく⓪【記録】(名・他サ)①记

录，记载。△～映画(えいが)／记录影片。△～文学(ぶんがく)／记录文学。△いきさつを～しておく／把经过记载下来。②(体育等的)记录。△～を破(やぶ)る／破记录。

キログラム③ ［法 kilogramme］千克。

キロメートル③ ［法 kilomètre］千米。

キロリットル③ ［法 kilolitre］千升。

キロワット③ ［法 kilowatt］千瓦。△～時(じ)／千瓦小时。

ぎろん① 【議論】(名・自サ)议论，争论，辩论。△～が百出(ひゃっしゅつ)する／议论纷纷。

きわ② 【際】①边，缘，旁边，近旁。△壁(かべ)の～／墙的旁边。②时，时刻。△いまわの～／临终时刻。△別(わか)れる～／分别之际。③身份，分寸。◇～は～／物以类聚(人以群分)。

ぎわ 【際】(接尾)①…际，之际。△山(やま)～／山脚下，山边。山际(山与天空的轮廓线)。△死(し)に～／临终之际。②边，缘。△水(みず)～／水边。△窓(まど)～／窗边。

ぎわく⓪ 【疑惑】疑惑，怀疑。△～を抱(いだ)く／怀疑。

	～が晴れる	～に包まれる	～の目で見る	～を抱く	～をかける	～が浮かぶ
疑惑	○	○	○	○	×	×
疑念	○	×	×	○	×	×
疑い	○	×	×	○	○	×

きわだ・つ③ 【際立つ】(自五)显著，显眼。△きわだった美(うつく)しさ／极其美丽。

きわど・い③ 〔際疾い〕(形)①千钧一发，危险万分。△～芸当(げいとう)／惊险的演技。△～ところで勝(か)った／极其关键时刻取胜了。②猥亵，下流。△～話(はなし)／下流的语言。

きわま・る④⓪ 【窮まる・極まる】(自五)①达到极限，穷尽。△感(かん)きわまって泣(な)きだす／感极而泣。△危険(きけん)きわまった話(はなし)だ／极其危险的勾当。△～所(ところ)を知(し)らぬ／无止境，无穷尽。②困窘。△進退(しんたい)～／进退维谷。

きわみ③ 【極(み)】极限，顶点，尽头。△痛恨(つうこん)の～／痛恨之极。△天地(あめつち)の～／天地的尽头，天涯海角。

きわめて② 【極めて】(副)极其，非常。△～重要(じゅうよう)な問題(もんだい)／极其重要的问题。

きわ・める② 【窮める・極める・究める】(他下一)①达到极限，达到顶点。△山頂(さんちょう)を～／登上山顶。△栄華(えいが)を～／享尽荣华。②究明，彻底查明。△真実(しんじつ)を～／查明事实。△学問(がくもん)の深奥(しんおう)を～／究明学问的奥秘。

きわもの⓪ 【際物】①时令商品(如："五月人形(ごがつにんぎょう)"等)。②迎合时尚的东西。△～小説(しょうせつ)／迎合时尚的小说。

きん 【金】Ⅰ①(名)①金，黄金。

②金色。③钱。④(日本将棋)金将。⑤星期五("金曜日(きんようび)"之略)。Ⅱ(接尾)(金的纯度)开金。△十八(じゅうはち)〜/ 18开金。Ⅲ(接头)(金额前用语)金额。△〜三万円(さんまんえん)なり / 金额3万日元整。

きん① 【菌】细菌,病菌,霉菌。

ぎん① 【銀】①银,白银。②银色。③(日本将棋)银将。

きんあつ⓪ 【禁圧】(名・他サ)禁止,压制。△自由(じゆう)を〜する / 压制自由。

きんいつ⓪ 【均一】(名・形动)均一,全部一样。△千円(せんえん)〜セール / 全部1000日元出售(甩卖)。

きんいろ⓪ 【金色】金色。

きんがしんねん④ 〔謹賀新年〕恭贺新禧。

きんえん⓪ 【禁煙】(名・自サ)①禁烟。△車内(しゃない)〜 / 车内禁止吸烟。②戒烟。

きんか① 【金貨】金币。

きんがく⓪ 【金額】金额。

きんがん⓪ 【近眼】近视眼。

きんきゅう⓪ 【緊急】(名・形动)紧急,急迫。△〜の用事(ようじ) / 紧急的事情。

きんぎょ① 【金魚】金鱼。△〜鉢(ばち) / 金鱼缸。

きんきょり③ 【近距離】近距离。

きんく⓪ 【禁句】①(和歌等的)避讳句,禁句。②避讳的词句。

きんけい⓪ 【近景】近景。△〜を描写(びょうしゃ)する / 描写近景。

きんけい⓪① 【謹啓】(文)敬启(书信开头用语)。

きんけん⓪ 【勤倹】(形动)勤俭。△〜貯蓄(ちょちく) / 勤俭储蓄。

きんげん⓪ 【謹厳】(名・形动)谨慎严肃。△〜な老人(ろうじん) / 严肃的老人。

きんこ① 【金庫】①保险柜。②金库(国家或团体的现金出纳机关)。

きんこ① 【禁固】〔禁錮〕(名・他サ)①禁闭,关起来。②(刑法)监禁。

きんこう⓪ 【近郊】近郊,近郊区。

きんこう⓪ 【均衡】(名・自サ)平衡,均衡。△〜をとる / 保持平衡。

ぎんこう⓪ 【銀行】①银行。②保存并提供某种必需品的组织。△血液(けつえき)〜 / 血库。

きんこんしき③ 【金婚式】金婚式(结婚50周年庆祝仪式)。

ぎんこんしき③ 【銀婚式】银婚式(结婚25周年庆祝仪式)。

ぎんざ⓪ 【銀座】①银座(东京都中央区的繁华街名)。②(江户时代的)银币铸造厂。

きんざい⓪ 【近在】城市附近的村镇。△〜から集(あつ)まった人人(ひとびと) / 来自城市近郊的人们。

きんし 【近視】近视(眼)。

きんし 【禁止】(名・他サ)禁止。△立入(たちいり)〜 / 禁止入内。△医者(いしゃ)が私(わたし)に酒(さけ)を〜した / 医生禁止我喝酒。

きんじ 【近似】(名・自他サ)近似,类似。△〜値(ち) / (数学)

近似值。

きんじつ⓪① 【近日】近日，最近几天，两三天(内)。△～公開(こうかい)/近日公开。

きんしゅ⓪ 【禁酒】(名・自サ)禁酒，戒酒。

きんしゅく⓪ 【緊縮】(名・他サ)紧缩，削减，缩减。△～財政(ざいせい)/紧缩财政。

きんじょ① 【近所】近处，附近，近邻。

	この～には工場が多い	～のおばさん	東京～の行楽地	右目の～のほくろ
近所	○	○	×	×
近辺	○	×	○	○
付近	○	×	○	○

きんしょう⓪ 〔僅少〕(名・形動)微少，很少。△～の差(さ)/微差。

きん・じる③④ 【禁じる】(他上一)禁止，戒除。△酒(さけ)を～/戒酒(禁酒)。

ぎん・じる③④ 【吟じる】(他上一)①吟，吟诵(诗歌)。②作诗。△一首(いっしゅ)を～/作一首诗。

きんしん⓪ 【近親】近亲。△～結婚(けっこん)/近亲结婚。

きんしん⓪ 【謹慎】(名・自サ)①谨慎。△～の意(い)を表(ひょう)する/表示谨慎之意。②不准到校或上班(次于停学、开除的一种处罚)。△五日間(いっかかん)～を命(めい)ずる/处以5日不准到校(上班)的处罚。

きん・ずる⓪③ 【禁ずる】(他サ)→きんじる。

きんせい① 【近世】近世(日本历史时代划分上指江户时代)。

きんせい⓪ 【禁制】(名・他サ)(法令)禁止，禁令。△～に背(そむ)く/违背禁令。

きんせい⓪ 【均整】匀称。

きんせつ⓪ 【近接】(名・自サ)接近，挨近，贴近，靠近。△敵(てき)に～する/接近敌人。△住宅街(じゅうたくがい)に～する学校(がっこう)/离住宅区很近的学校。

きんせん① 【金銭】钱，金钱。△～登録器(とうろくき)/金额自动显示器。

きんぞく① 【金属】金属。△～元素(げんそ)/金属元素。

きんだい① 【近代】①近代，现代。②近代(日本时代划分指明治维新以后)。△～文学(ぶんがく)/近代文学。

きんだん⓪ 【禁断】(名・他サ)禁止，严禁。◇～の木(こ)の実(み)/(亚当和夏娃偷食的)禁果。

きんちょう⓪ 【緊張】(名・自サ)紧张。△～した顔(かお)つき/紧张的表情。△両国間(りょうこくかん)の～が高(たか)まる/两国关系越来越紧张。

きんちょく⓪ 【謹直】(形動)谨慎正直，忠实。△～な人(ひと)/谨慎正直的人。

きんとう⓪ 【均等】(名・形動)均等，均匀。△機会(きかい)～/机会均等。

きんにく① 【筋肉】肌肉。△～注射(ちゅうしゃ)/肌肉注射。

きんねん① 【近年】近年,近几年。△〜の風潮(ふうちょう) / 近年的风潮。

きんぱく⓪ 【緊迫】(名・自サ)紧迫,吃紧。△〜した空気(くうき)が漂(ただよ)う / 充满了紧迫的气氛。

きんべん⓪ 【勤勉】(形动)勤劳,勤奋,勤勉。△〜な学生(がくせい) / 勤奋的学生。

きんぺん① 【近辺】附近,近处,左近。△家(いえ)の〜を歩(ある)き回(まわ)る / 在家的附近散步。⇨きんじょ 表

ぎんみ①③⓪ 【吟味】(名・他サ)①体会,玩味。②斟酌,甄别,选择。△用語(ようご)を〜する / 酌量用词。△材料(ざいりょう)の〜を重(かさ)ねる / 反复甄别材料(好坏),精选材料。③审问,审讯。△罪人(ざいにん)を〜する / 审问犯人。

きんみつ⓪ 【緊密】(形动)〈文〉紧密,密切。△〜な関係(かんけい) / 密切的关系。

	〜な関係	〜な協力	〜して建てられた家	〜に連絡をとる	二つの事件は〜な関連がある
緊密	○	○	×	○	×
密接	○	×	○	×	○

きんむ① 【勤務】(名・自サ)勤务,职务,工作。△夜間(やかん)〜 / 夜班。△〜時間(じかん) / 工作时间。

きんもつ 【禁物】严禁,切忌。△門出(かどで)に涙(なみだ)は〜だ / 出门时绝对不能流泪。△油断(ゆだん)は〜だ / 切忌麻痹大意。

きんゆ 【禁輸】①禁止进口和出口。△〜品目(ひんもく)を指定(してい)する / 指定禁止进出口的品种。②禁运。

きんゆう⓪ 【金融】Ⅰ(名)金融。△〜機関(きかん) / 金融机关。△〜公庫(こうこ) / (由政府出资的、受理一般金融机构不受理的业务的)贷款机构。Ⅱ(名・自他サ)通融资金,借贷。△〜の途(と)を講(こう)ずる / 设法通融资金

きんよう③ 【金曜】星期五。

きんよう⓪ 【緊要】(形动)极其重要,要紧。△〜な配慮(はいりょ) / 极为重要的关怀。

きんようび③ 【金曜日】星期五。

きんよくてき⓪ 【禁欲的】(形动)禁欲的。

きんらい① 【近来】近来,近日,最近。△〜稀(まれ)な傑作(けっさく) / 近来罕有的杰作。

きんり① 【金利】利息,利率。△〜がかさむ / 利息增多。△〜を引(ひ)きさげる / 降低利率。

きんりん⓪ 【近隣】近邻,邻近。△〜の村村(むらむら) / 邻近的村庄。

きんろう 【勤労】①勤劳,辛劳。②(特指)体力劳动。

く ク

-く【区】(接尾)…区。△行政(ぎょうせい)〜/行政区。

く①【九】①九,九个。△〜〜八十一(はちじゅういち)/九九八十一。②第九。△第(だい)〜/第九。△午前(ごぜん)〜時(じ)/午前九点。

く①【句】①句,字句,语句。△慣用(かんよう)〜/惯用句。②(文章、诗歌的)一个段落,段。△上(かみ)の〜/上段诗(或文章)。③俳句。△〜をひねる/作俳句。

ぐ【愚】Ⅰ①⓪(名・形动)愚蠢。△〜の骨頂(こっちょう)/愚蠢透顶。△〜にもつかぬ/愚蠢已极。△〜に返(かえ)る/老朽。Ⅱ(接头)〈谦〉愚,拙。△〜兄(けい)/愚兄。△〜作(さく)/拙著。

ぐあい⓪【具合】〔工合〕①(事物、身体的)情形,状况,样子。△どんな〜ですか/情况怎样?△わたしはすこし〜が悪(わる)い/我有点不舒服。②合适与否,方便与否。△新(あたら)しい眼鏡(めがね)の〜はいかがですか/新配的眼镜合适不合适?③方法,做法。△こんな〜にやるのだ/是这样做的。⇒つごう 表

	体の〜が悪い	味の〜を見る	うまい〜に晴れた	暑さの〜でおかしくなる	〜を合わせる
具合	○	○	○	○	×
加減	○	○	×	○	×
調子	○	×	×	×	○

くい①〔杭・杙〕桩子,橛子。△〜を打(う)つ/打桩,钉橛子。△出(で)る〜は打(う)たれる/出头的桩子要挨打。

くい①【悔(い)】后悔。△〜を残(のこ)す/ⅰ)后悔。ⅱ)遗恨。△〜のない人生(じんせい)を送(おく)る/度过无悔的一生。

くい・る③④【食(い)入る】(自五)①吃入,深入。△縄(なわ)で〜ほど縛(しば)る/用绳子绑得紧紧的。②(用"〜ように""〜ような"的形式)凝视,紧盯着。△〜ような目(め)で見(み)つめている/目不转睛地盯着看。

クイーン②[queen]①女皇,王妃。②带女王画的扑克牌。③(某团体中)成为中心人物的女性。△映画界(えいがかい)の〜/影后。

くいき①【区域】区域。△住宅(じゅうたく)〜/住宅区。△〜に分(わ)ける/划分区域。

くいき・る③④【食(い)切る】(他五)①咬断。②吃光。

くいこ・む⓪③【食い込む】(自五)①吃入,深入,陷入。②侵入,侵占。③亏本,赔钱。

くいさが・る④⑤【食(い)下(が)る】(自五)①咬住不松口。△犬(いぬ)が子供(こども)に食い下がっている/狗咬住小孩不松口。②紧追不放,不肯罢休。△質問(しつ

もん)をして相手(あいて)に～/ 缠住对方，不断追问。

クイズ① [美 quiz]智力测验，问答比赛，猜谜。

くいちがい⓪【食い違い】①分歧，不一致。②交错，错位。

くいちが・う④⑤【食(い)違う】(自五)①有分歧，不一致。△意見(いけん)が～/ 意见不一致。②交错，交叉。

クイック②[quick](形)①快，快速。△～モーション/ (影视)快镜头。②(排球)快攻。

くいと・める④⑤【食(い)止める】(他下一)阻止，拦住，抑制住。△被害(ひがい)を最小限(さいしょうげん)に～/把损失控制在最小限度。△インフレを～/ 抑制住通货膨胀。

くいぶち⓪②【食(い)扶持】伙食费，生活费。△～を稼(かせ)ぐ/ 挣生活费。△～が足(た)りない/ 生活费不足。

くいもの③【食(い)物】①食物(粗俗的说法)。△夏(なつ)は～に気(き)をつけよ/ 夏天要注意饮食(卫生)。②〈转〉(被利用的)工具，剥削的对象。△人(ひと)の～にされている/ 被人利用。△気(き)をつけろよ、あいつはおまえを～にしようとしているんだから/你要当心啊，那家伙要算计你呢！

く・いる②【悔いる】(他上一)后悔。△前非(ぜんぴ)を～/ 悔悟前非。⇨こうかい[表]

くう①⓪【空】(名・形动)①空中，天空。△～を飛(と)ぶ/ 在空中飞。△～をにらむ/凝视天空。②空的，空虚。△～で考(かんが)える/ 凭空设想。③白费。△～に帰(き)する/ 落空。④(佛教)空。△色即是(しきそくぜ)～/ 色即是空。

く・う①【食う】〔喰う〕(他五)①吃。△飯(めし)を～/ 吃饭。②生活。△どうにか食って行(ゆ)く/ 勉强维持生活。③(虫)咬，叮。△蚊(か)に食われた/ 被蚊子叮了。④遭受，当。△彼(かれ)に一杯(いっぱい)食われた/ 上了他一个大当。⑤耗费，消耗。△時間(じかん)を～/ 耗费时间。⑥目中无人，愚弄人。△人(ひと)を食ったやりかた/ 目中无人的做法。⇨たべる[表]

ぐうい①⓪【寓意】寓意。△～小説(しょうせつ)/ 寓言小说。

くうかん⓪【空間】①空间，空隙。②(哲学)空间。△宇宙(うちゅう)～/ 宇宙空间。△時間(じかん)と～を超越(ちょうえつ)する/超越时间和空间。

くうき①【空気】①空气。②气氛。

くうきょ①【空虚】(名・形动)①空虚。△心(こころ)が～/内心空虚。②空，空洞。△～な話(はなし)/ 空话，空谈。

ぐうきょ①〔寓居〕(名・自サ)①寄居。②敝寓。

くうぐん⓪【空軍】空军。

くうげき⓪〔空隙〕空隙。△敵(てき)の～をつく/ 乘敌人之空

隙。

くうこう⓪【空港】机场。△成田(なりた)〜に着陸(ちゃくりく)する/在成田机场着陆。

くうしゅう⓪【空襲】(名・他サ)空袭。

ぐうすう③【偶数】偶数。

ぐう・する③〔寓する〕Ⅰ(自サ)寄居。△外国(がいこく)に〜/寄居国外。Ⅱ(他サ)寓意，假托。△物語(ものがたり)に教訓(きょうくん)を〜/故事里寓意着经验教训。

くうせき⓪【空席】①空着的坐位。②空缺。

くうぜん⓪【空前】空前。△〜の大事業(だいじぎょう)/空前的大事业。△〜の売(う)れ行(ゆ)き/空前的畅销。

ぐうぜん⓪【偶然】(名・副・形动)偶然，偶尔。△〜出会(であ)った/偶然相遇。△〜の発見(はっけん)/偶然发现。

くうそ①【空疎】(名・形动)空洞，空泛。△〜な議論(ぎろん)/空洞的议论。

くうそう⓪【空想】(名・他サ)①空想。△〜にふける/一味空想。②假想。

ぐうぞう⓪③【偶像】偶像。△〜崇拝(すうはい)/崇拜偶像。△若者(わかもの)の〜/年轻人的偶像。

くうちゅう⓪【空中】空中，天空。△〜写真(しゃしん)/航空摄影。△〜を飛(と)ぶ/在空中飞。△〜楼閣(ろうかく)/空中楼阁。

くうちょう⓪【空調】空调。△〜設備(せつび)/空调设备。

クーデター③［法 coup d'Etat］政变，△〜が起(お)こる/发生政变。

くうはく⓪【空白】①(纸上)空白。△〜の欄(らん)/空栏。△紙面(しめん)に〜を残(のこ)しておく/纸上留下空白。②空白点，缺欠。△病気中(びょうきちゅう)の勉強(べんきょう)の〜を取(と)り返(かえ)す/补上病中所缺的课。

くうばく⓪【空漠】(形动タルト)①空旷，一望无际。△〜たる大平原(おおへいげん)/一望无际的大平原。△〜たる原野(げんや)/空旷的原野。②空泛的，不得要领的。△〜とした話(はなし)/不得要领的话。

ぐうはつ⓪【偶発】(名・自サ)偶发。△〜事故(じこ)/偶发事故。

くうひ⓪【空費】(名・他サ)浪费，白费。△時間(じかん)を〜する/浪费时间。

くうふく⓪【空腹】空腹，饿。△〜を満(み)たす/充饥。△〜を訴(うった)える/喊肚子饿。

くうぶん⓪【空文】空文。△〜に等(ひと)しい/等于(一纸)空文。

クーポン①［法 coupon］①(用一次撕一张的)本票。②(乘车、住宿等)通票，联票。③赠券，(连在广告上的)优待券。

くうゆ⓪【空輸】(名・他サ)空运。△生鮮品(せいせんひん)を〜する/空运新鲜食品。

クーラー① [cooler]①（房间等用的）空调。②冷却器，冷却机。③冷却剂。

クール・サイト①-① [cool site]（计算机）酷站。

くうろ① 【空路】①（飞机的）航线。②乘飞机。

くうろん⓪ 【空論】空论，空谈。△机上(きじょう)の〜/纸上谈兵。

ぐうわ⓪ 〔寓話〕寓言。△イソップの〜/伊索寓言。

クオーツ② [quartz]石英结晶，水晶。△〜時計(とけい)/石英钟表。

クォーテーション③ [quotation]①引文。②引号。

くおん⓪① 【久遠】永久，永远。△〜に輝(かがや)く星(ほし)/永远闪光的星星。

くかく⓪ 【区画】（名・他サ）①区划。△土地(とち)を〜整理(せいり)する/对土地进行区划整理。②区，区域。

くがく① 【苦学】（名・自サ）勤工俭学。△〜生(せい)/勤工俭学生。

くかん①② 【区間】段，地段，区间。△汽車(きしゃ)不通(ふつう)の〜/火车无法通行的区间。△徐行運転(じょこううんてん)の〜/慢行地段。

ぐがん⓪① 【具眼】〈文〉卓识，有眼力。△〜の士(し)/有识之士。

くき② 【茎】①（植物）茎。②柄，秆，梗，干。

くぎ⓪ 〔釘〕钉，钉子。△〜を打(う)つ/钉钉子。△〜を刺(さ)す/（为避免对方说话不算数）叮问好，说妥，定死。△糠(ぬか)に〜/徒劳无益。

くきょう⓪ 【苦境】困境，窘境。△〜に落(お)ち込(こ)む/陷入困境。△〜に耐(た)える/忍受困苦。

くぎょう① 【苦行】①（佛教）苦行，苦修。△〜僧(そう)/苦行僧。②（非常的）劳苦，艰辛，辛苦。△難行(なんぎょう)〜/异常艰难的修行，非常辛苦。

くぎり③⓪ 【区切り】①（事物的）阶段，段落。②（文章、诗歌的）段，段落。

くぎ・る② 【区切る・句切る】（他五）①分段，分成段落。②加句读，断句。③划分，隔开。△場所(ばしょ)を〜/划分地区。

くく①② 【区区】（副・形动タルト）①各种各样，不一致。△意見(いけん)が〜に分(わ)かれる/意见纷纭。②微不足道。△〜たる小事(しょうじ)にこだわって大局(たいきょく)を誤(あやま)る/因区区小事而误大局。

くく・る③⓪ 〔括る〕（他五）①绑上，捆，扎。②概括，总结。△括弧(かっこ)で〜/用括弧括上。③吊，勒。△首(くび)を〜/上吊。◇高(たか)を〜/轻视。◇木(き)で鼻(はな)を〜/傲慢冷淡。

	新聞紙を重ねてひもで〜	首を〜	番号をかっこで〜	金で〜	ネクタイを〜
括る	○	○	○	×	×
縛る	○	○	×	○	×
結ぶ	○	×	×	○	○

くぐ・る② 〔潜る〕（自五）①潜水。②穿过，通过。△垣根(かきね)

を～/爬过篱笆。③钻进。△門(もん)を～/钻进门。④钻空子。△法(ほう)の網(あみ)を～/钻法律的空子。

く・ける③⓪【絎ける】(他下一)(缝纫)签，缲。△着物(きもの)の袖口(そでぐち)を～/签衣服袖口。

くげん⓪【苦言】(名・自サ)忠言。△～を呈(てい)する/进忠言。

ぐげん⓪【具現】(名・他サ)体现，实现。△言葉(ことば)は思想(しそう)を～する/语言体现思想。

くさ②【草】①草。△～むしり/拔草，薅草。△～を刈(か)る/割草。△～ぼうぼう/杂草丛生。②草绿色，深绿色。◇～の根(ね)を分(わ)けても捜(さが)す/仔细寻找。

くさ・い【臭い】Ⅰ②(形)①臭的。△～息(いき)/难闻的气息。△～物(もの)に蓋(ふた)をする/遮丑。②可疑的。△～そぶり/可疑的举止。Ⅱ(接尾)①有…气味。有…样子，有…派头。△ガス～/有煤气味儿。△役人(やくにん)～/官架子。②(加强语气)很。△面倒(めんどう)～/非常麻烦的。

くさき②【草木】草木，植物。◇～も靡(なび)く/望风披靡。◇～(も)眠(ねむ)る/万籁俱寂。

くさぐさ②⓪〔種種〕〈文〉各种各样，各式各样。△～の品(しな)/各种各样的东西。

くさ・す②⓪〔腐す〕(他五)〈俗〉挖苦，贬。△人(ひと)を～/挖苦人。

くさば⓪【草葉】草叶。△～の陰(かげ)/ⅰ)草叶的背面。ⅱ)坟墓，九泉之下，黄泉。

くさばな②【草花】①开花的草。②草本花。△～を育(そだ)てる/培育花草。

くさび⓪〔楔〕楔子。△～を差(さ)す/ⅰ)钉楔子。ⅱ)〈转〉说定，一言为定。△～形文字(がたもじ)/楔形文字。

くさぶき⓪〔草葺(き)〕草葺(的屋顶)。△～の小屋(こや)/草棚，茅屋。

くさむら⓪〔草むら・叢〕草丛。△～で虫(むし)がすだく/虫儿在草丛中鸣叫。

くさり⓪③【鎖】锁。

くさ・る【腐る】Ⅰ②(自五)①(食物等)腐烂，坏。△食(た)べ物(もの)が腐った/食物坏了。②(金属)腐蚀，生锈。△鉄(てつ)が腐ってぼろぼろになった/铁腐蚀得很厉害。③(木材)腐朽，烂。④〈转〉(人)腐败，堕落。△魂(たましい)の腐った男(おとこ)/灵魂肮脏的男人。⑤(情绪)消沉，沮丧，气馁，郁闷。△そんなに～な/别那么沮丧。⑥(以"～程(ほど)"的形式)有的是，很多。◇腐っても鯛(たい)/鲷鱼即使腐烂了也还是名贵的，瘦死的骆驼比马大。Ⅱ(接尾)(接动词连用形后)表示蔑视，谩骂。△何(なに)を言(い)い～か/胡说些什么!

くさわけ⓪【草分(け)】①开垦(人)，开拓(者)。②创始(人)，先驱。△業界(ぎょうかい)の～/同

くし② 〔串〕竹扦，铁钎。

くし② 〔櫛〕梳子。

くし【駆使】(名・他サ)①驱使。②运用(自如)。△日本語(にほんご)を自由(じゆう)に～する／日语说得很流利。

くじ① 〔籤〕签，阄。△～を引(ひ)く／抽签。△宝(たから)～／彩票。△～当(あ)たる／中彩。

くじ・く② 〔挫く〕(他五)①挫，扭。△足(あし)を～／扭了脚。②挫败。△敵(てき)の出鼻(でばな)を～／挫败敌人的锐气，打掉人的威风。

くしくも① 〔奇しくも〕(副)〈文〉奇怪，想不到。△合格(ごうかく)の通知(つうち)が来(き)たその日(ひ)は、～わたしの二十二回目(にじゅうにかいめ)の誕生日(たんじょうび)であった／想不到接到录取通知书那天正好是我 22 岁生日。

くじ・ける③ 〔挫ける〕(自下一)①扭伤。△骨(ほね)が挫けた／筋骨扭伤了。②(心情)沮丧,(心里)受到创伤,意志消沉。△決意(けつい)が～／意志消沉。

くじびき⓪④ 〔籤引き〕(名・自サ)抽签，抓阄。

くしゃくしゃ Ⅰ②① (副・自サ)①(纸等被揉搓得)皱巴。②乱七八糟。③烦躁。Ⅱ⓪ (形动) ①(纸等揉搓得)皱巴。②乱七八糟。

くしゃみ② 喷嚏。

くじゅう⓪ 【苦汁】〈文〉①苦汁。②痛苦的经验，苦头。△～をなめる／尝到苦头。△～を飲(の)む／吃苦头。

くじゅう⓪ 【苦渋】(名・自サ)〈文〉苦涩，苦恼。△～の色(いろ)／苦涩的表情。△～に満(み)ちる／充满苦涩。

くじょ① 【駆除】(名・他サ)驱除。△ネズミを～する／消灭老鼠。

くしょう⓪ 【苦笑】(名・自サ)苦笑。△～をもらす／露出苦笑。

くじょう⓪ 【苦情】不满，苦楚，抱怨。△～を言(い)う／诉苦，发牢骚。△～を持(も)ち込(こ)む／鸣不平，诉委屈。

	～が出る	～を持ち込む	～をつける	そのやり方には～がある	～処理
苦情	○	○	×	×	○
文句	○	×	○	○	×

ぐしょう⓪ 【具象】具体。△～的(てき)／具体的。△～と抽象(ちゅうしょう)／具体与抽象。

くじら⓪ 【鯨】鯨，鲸鱼。

くしん②① 【苦心】(名・自サ)苦心，费心。△～に～を重(かさ)ねる／煞费苦心。△母(はは)は家計(かけい)のやりくりに～している／妈妈为操持家务而费心。⇨くろう 表

ぐしん⓪ 【具申】(名・他サ)呈报。

くず 〔屑〕①碎块，碎片，渣滓。△紙(かみ)～／纸屑，碎纸。△パンの～／面包渣儿。②废物，废料。△人間(にんげん)の～／无用的人，废物。③(挑选剩下的)破烂货。⇨ごみ 表

ぐず① 〔愚図〕(名・形动)迟钝,慢吞吞的(人)。△~な弟(おとうと)/慢性子的弟弟。△~っぺ/慢性子。

くすくす②① (副)窃笑,偷偷地笑。△~と笑(わら)う/偷偷地笑。

ぐずぐず 〔愚図愚図〕Ⅰ①(副・自サ)①磨磨蹭蹭,慢慢吞吞。△さあ~していないで、さっさと起(お)きなさい/别那么磨磨蹭蹭的,快点起来吧!②唠唠叨叨。△そういつまでも~言(い)うな/别那么唠叨个没完。Ⅱ⓪(形动)没绑紧,松弛。△荷物(にもつ)が~になった/行李松散了。

くすぐった・い⓪⑤ (形)①发痒。②难为情,不好意思。

くすぐ・る⓪④ 〔擽る〕(他五)①(搔腋下、脚心等)使发痒,胳肢。△足(あし)の裏(うら)を~/胳肢脚心。②(说诙谐话等)逗人发笑。

くず・す② 【崩す】(他五)①使崩溃,搞垮,弄塌,拆毁。△山(やま)を崩して住宅(じゅうたく)をつくる/铲平丘陵建住宅。②(使外形完整的东西)打乱,零散。△姿勢(せい)を~/改变姿势。バランスを~/打乱平衡。③写简笔字,写草字。△書体(しょたい)を~/写草体字,写简笔字。④(写假名)(把大面值钞票)换成零钱。△一万円札(いちまんえんさつ)を~/把1万日元的票子换成零钱。

くす・ねる③ (他下一)偷,昧起来,侵吞。△お金(かね)を~/昧下钱。

くすのき①② 〔樟・楠〕樟树。

くすぶ・る③ 〔燻る〕(自五)①(燃不起来)冒烟。△木材(もくざい)が~/木头冒烟。②熏黑。③(问题)长期不得解决。△問題(もんだい)が~/问题迟迟不能解决。④〈转〉闷居。△家(うち)の中(なか)で~/在家中闷着。

くすり⓪ 【薬】①药。△~を飲(の)む/吃药。△~屋(や)/药店。△~湯(ゆ)/加了药物的洗澡水。有药效的温泉。②火药。③釉子。△~を塗(ぬ)る/上釉子。④〈转〉(对身心有)益处。△苦労(くろう)は身(み)の~/劳苦对身体有好处。◇毒(どく)にも~にもならぬ/既无害也无益。◇~売(う)りの効能者(こうのうしゃ)/卖药的总说自己的药有特效,王婆卖瓜自卖自夸。

くすりゆび③ 【薬指】无名指。

くず・れる③ 【崩れる】(自下一)①崩溃,倒塌。△土手(どて)が~/堤坝倒塌。②(完整的东西)变为不完整,零乱。③(钱)破得开。④(天气等)变坏,乱。△姿勢(しせい)が~/姿势不端正。△天気(てんき)が~/天气变坏。

	塀が~	がけが~	時計が~	計画が~	天候が~	縁談が~
崩れる	○	○	×	○	○	×
壊れる	○	×	○	×	×	○

くせ② 【癖】①癖,习气,脾气。△~になる/成了习惯。悪(わる)い~/坏毛病。②缺点。③(头发)弯曲,打卷。△髪(かみ)に~がつ

く/头发打卷。△～毛(げ)/卷发。◇～ある馬(うま)に能(のう)あり/人有脾气,必有能力。◇なくて七(なな)～/人无完人。⇒しゅうせい表

くせに (接助)虽然…却,虽然…可是,明明…却。△分(わ)からない～知(し)ったふりをするな/不要不懂装懂。

くそ 〔糞・尿〕Ⅰ②(名)①粪,屎。②(鼻涕、眼眵、耳垢等)分泌物,脏东西。△目(め)～/眼眵。Ⅱ②(感)〈俗〉表示骂人或强烈的否定。△～かってにしろ/妈的,随你便吧!△～くらえ/呸,胡扯!Ⅲ(接头・接尾)〈俗〉①表示轻蔑,骂人。△～野郎(やろう)/臭家伙!②加强否定语气。△～度胸(どきょう)/傻大胆。△下手(へた)～/笨蛋,拙劣透顶。△～力(ちから)/笨力气,傻劲儿。

くだ① 【管】①(铁、玻璃等)管。②(纺织)纱管。◇～を巻(ま)く/喝醉后说车轱辘话。

ぐたい⓪ 【具体】具体。△～化(か)/具体化。△～的(てき)/具体的。

くだ・く② 【砕く】(他五)①弄坏,破碎。△石(いし)を～/砸石头。△氷(こおり)を～/弄碎冰块。②摧毁,挫败。③浅显易懂地说。△意味(いみ)を砕いて説明(せつめい)する/通俗易懂地讲明意思。④费心思。△日夜(にちや)心(こころ)を～/日夜操劳。

くたくた⓪ (形动)①精疲力尽。△～に疲(つか)れる/精疲力尽。②(衣服等穿用久了)不挺实。△～の背広(せびろ)/懈松的西服。

くだ・ける③ 【砕ける】(自下一)①破碎。△粉粉(こなごな)に～/粉碎。②(威严、气势等)受挫,软化。△腰(こし)が～/(态度)软了下来。③(态度)和蔼起来。④(语言)通俗易懂。△砕けた会話(かいわ)/通俗易懂的谈话。

ください③ 【下(だ)さい】("くださる"的命令形)①(做动词用)请给,请…。△これを～/请给这个。②(做接尾词用)请…。△ちょっとお待(ま)ち～/请稍等一下。△ご覧(らん)～/请看。

くださ・る 【下(だ)さる】Ⅰ③(他五)("くれる"的敬语)赠予,给予,授予。△先生(せんせい)がくださった本(ほん)/老师送给我的书。Ⅱ(补动)(表示尊长给予我或我方的行为)给。△わざわざお見舞(みま)い下さいまして恐縮(きょうしゅく)で/您特意来看我,实在不敢当。

くだ・す⓪ 【下す】(他五)①下达(命令)。②下(结论),做(判断)。③着手。④击败,拿下。⑤泻(肚)。

くたび・れる④ 〔草臥れる〕(自下一)①疲乏,疲劳。△足(あし)が～/腿发酸。②(衣服等)穿旧。△くたびれた背広(せびろ)/穿旧了的西服。③(接动词连用形之后,表示因时间过长而)厌倦。△待(ま)ち～/等烦了。

くだもの② 【果物】水果。△～屋(や)/ⅰ)水果店。ⅱ)卖水果的人。

くだらな・い⓪④⑤【下(だ)らない】(形)①无价值,无聊。△～こと/无聊的事。②不下于,不少于。△３０万(さんじゅうまん)を～金額(きんがく)/金额不少于30万。⇨つまらない表

くだり⓪【下り】①下,下坡,下游。②(由首都开往外地的列车)下行。

くだ・る③⓪【下(だ)る】(自五)①下,下降。△坂道(さかみち)を～/下坡。△気温(きおん)が～/气温下降。②由中央到地方,由上游到下游。△川(かわ)を～/顺流而下。③(时代、时间)变迁,推移。△年代(ねんだい)が～/年代变迁。④下达,宣布(命令等)。△命令(めいれい)が～/命令下达。⑤在…以下。△15名(じゅうごめい)を下らない/不下15名。⑥腹泻。△腹(はら)が～/泻肚。⇨おりる表

くち【口】Ⅰ⓪(名)①口,嘴。△～を漱(すす)ぐ/漱口。②说,谈话。△～がうまい/能说会道。③传说。△人(ひと)の～にのぼる/被人们议论。④味觉,口味。△～が肥(こ)える/口味高。⑤人口,人数。△～を減(へ)らす/减少人口(数)。⑥出入口,门口,(器物的)口儿,嘴儿。⑦(器物的)塞儿,盖儿。⑧工作,工作岗位。△～を探(さが)す/找工作。⑨开始,开端。△～をつける/开个头儿。⑩类,份,宗。△この～は品切(しなぎれ)になりました/这类货脱销了。Ⅱ(接尾)(数食品、饮料)口。△コニャックを一(ひと)～飲(の)む/一口喝下了白兰地。◇～が重(おも)い/寡言。◇～が堅(かた)い/嘴紧。◇～が軽(かる)い/嘴快。◇～から高野(こうや)/祸从口出。◇～に入(い)る/脍炙人口。◇～に乗(の)る/上当。◇～も八丁(はっちょう)、手(て)も八丁/嘴勤手也勤。

ぐち⓪【愚痴】牢骚,怨言。△～をこぼす/发牢骚。△彼(かれ)は～っぽい/他爱发牢骚。

くちえ⓪【口絵】(书籍的)卷头画,卷头插图。

くちおし・い④【口惜しい】(形)可惜,遗憾,窝心。

くちかず⓪【口数】①话语的数量。△お前(まえ)は～が多(おお)すぎる/你的话太多。②人数,家庭人口。③件数。△今月(こんげつ)は注文(ちゅうもん)の～が多(おお)い/本月订货数多。

くちがる⓪【口軽】(形动)①说话快。②嘴不严。

くちく⓪【駆逐】(名・他サ)驱逐。△～艦(かん)/驱逐舰。

くちぐせ⓪【口癖】口头语,口头禅。△～になる/成为口头禅。

くちぐち②⓪【口口に】(副)各自都(说)。

くちぐるま③【口車】花言巧语。◇～に乗(の)せられる/为花言巧语所骗。

くちげんか③⓪〔口喧嘩〕(名・自サ)吵架,吵嘴,口角。

- **くちごたえ**③⓪【口答え】(名・自サ)顶嘴,顶撞。
- **くちごも・る**④〔口籠(も)る〕(自五)①结结巴巴地说,吞吞吐吐地说。②欲言又止,说半截话。△あの人(ひと)は何(なに)か言(い)いかけて口籠った/他想说什么,却又咽了下去。
- **くちさき**⓪【口先】①嘴边,唇边。②(口头)敷衍的话。△～がうまい/善辩,嘴巧。
- **くちすぎ**⓪【口過ぎ】谋生,讨生活。△～ができる/能糊口,够吃的。
- **くちずさ・む**④【口ずさむ】〔口遊む・口吟む〕(他五)①(即兴)吟(诗),诵(诗)。△詩(し)を～/吟诗。②轻声哼唱。
- **くちだし**⓪【口出し】(名・自サ)插嘴,多嘴。
- **くちどめ**⓪④【口止め】(名・他サ)①堵住嘴,不让说。②钳口费(为堵别人的嘴而支付的贿赂)。
- **くちばし**⓪【嘴】(鸟)嘴,喙。
- **くちばし・る**④【口走る】(他五)顺口说出,走嘴,泄露秘密。△調子(ちょうし)に乗(の)っておもわず～/在兴头上无意走了嘴。
- **くちはばった・い**⑤【口幅ったい】(形)吹牛,说大话。△～ことを言うな/不要说大话。
- **くちびる**⓪【唇】嘴唇。
- **くちぶえ**⓪③【口笛】口哨儿。
- **くちぶり**⓪【口振(り)】口气,口吻,语气。△あの～では、彼(かれ)は合格(ごうかく)したらしい/听他的口气,好像考上了。⇨くちょう 表
- **くちべに**⓪【口紅】口红。
- **くちょう**⓪【口調・句調】语调,腔调,声调。△～がよい/语调好听。△命令(めいれい)するような～/命令式的口吻。

	人の～をまねる	～のいい文句	彼は不賛成らしい～だった	不平の～をもらす
口調	○	○	×	×
口振り	○	×	×	×
口吻	○	×	○	○

- **く・ちる**②【朽ちる】(自上一)①腐朽,腐烂。②(名声)衰落。③埋没(一生)。
- **くつ**②【靴】〔沓〕鞋。△～をはく/穿鞋。△～を脱(ぬ)ぐ/脱鞋。△～直(なお)し/修鞋匠。△～箆(べら)/鞋拔子。△～磨(みが)き/擦皮鞋(的人)。◇～を隔(へだ)てて痒(かゆ)きを掻(か)く/隔靴搔痒。
- **くつう**⓪【苦痛】痛苦。△～を除(のぞ)く/解除痛苦。△～に耐(た)える/忍受痛苦。
- **くつがえ・す**③【覆す】(他五)①弄翻。△船(ふね)を～/把船弄翻。②推翻,打倒。△政権(せいけん)を～/推翻政权。△定説(ていせつ)を～/推翻定论。
- **くつがえ・る**③【覆る】(自五)①翻过来。△船(ふね)が～/船翻了。②垮台,覆灭,被打倒。③被否定,被推翻。△判決(はんけつ)が～/判决被推翻。
- **クッキー**①[cookie]曲奇饼,甜饼干。

くっきょう⓪【屈強】(名・形動)健壮,身强力壮。△～な若者(わかもの)/身强力壮的年轻人。

くっきょく⓪【屈曲】(名・自サ)弯曲。△～する山道(やまみち)/弯弯曲曲的山路。

くっきり③ (副・自サ)清晰,明显。△～と見(み)える/清楚地看到。

くっし⓪①【屈指】(名・自サ)屈指可数。△～の名曲(めいきょく)/曲指可数的名曲。△世界(せかい)～の大都会(だいとかい)/世界上屈指可数的大城市。

くつした②③④【靴下】袜子。

くつじゅう⓪【屈従】(名・自サ)屈从,屈服。△われわれは決(けっ)して自然災害(しぜんさいがい)に～しない/我们决不向自然灾害屈服。

くつじょく⓪【屈辱】屈辱,耻辱,侮辱。△～を受(う)ける/受侮辱。

ぐっしょり③ (副)湿透,湿淋淋。

クッション① [cushion]①(运送物品时加的)垫层。②(用棉花等絮入的)软椅垫。③缓冲物,胶垫。

ぐっすり (副)酣睡的样子。

くっ・する③④⓪【屈する】Ⅰ(自サ)①屈,弯曲。②屈从,畏缩。③气馁。△気(き)が～/气馁。Ⅱ(他サ)①屈,弯曲。△ひざを～/屈膝,屈服。②使…屈服,使…屈从。△敵(てき)を～/使敌人屈服。

くっせつ⓪【屈折】(名・自サ)①曲折。△山道(やまみち)はくねくねと～している/山道弯弯曲曲的。②(物理)折射。△～望遠鏡(ぼうえんきょう)/折射望远镜。③(语言)屈折,语法变化。△～語(ご)/屈折语。

くったく⓪【屈託】〔屈托〕Ⅰ(名)顾虑,操心,在意。△何(なん)の～もない人(ひと)/无忧无虑的人。Ⅱ(名・自サ)厌倦。

ぐったり③ (副・自サ)精疲力竭,瘫软无力。

くっつ・く (自五)①粘上,贴住,附着。△手(て)にペンキがくっついた/手沾上了油漆。②跟着。△父(ちち)にくっついて行(い)く/跟着父亲走。③〈俗〉男女同居。

くっつ・ける④【くっ付ける】(他下一)①把…粘上,贴紧。②挨上,使靠近。③拉拢,纠集。

ぐっと⓪①(副)①一口气。△～飲(の)みほす/一口气喝完。②越发,更加,大大地。△そちらの品(しな)よりこちらの方(ほう)が～いいですね/这件东西比那件好得多。

くつろ・ぐ③〔寛ぐ〕(自五)①(心里)舒畅,畅快。△心(こころ)が～/心情舒畅。②随便,轻松愉快(不拘礼节)。△寛いだ氛围気(ふんいき)/轻松愉快的气氛。③休息。△暫(しばら)く寛ぎましょう/暂时休息一会儿吧。△寛いで下さい/请宽坐吧,请随便些。

くてん①【句点】句号。△～を打(う)つ/标上句号。

くでん⓪【口伝】(名・他サ)①口

传。△秘方(ひほう)を～する / 口传秘方。②秘诀(书籍)。

くど・い② 〔諄い〕(形)①啰唆。△あいつの話(はなし)は～ / 他说话太啰唆。②(多写假名)(味道)油腻,(色彩)浓艳。△～味(あじ) / 腻人的味道。

くとう⓪【苦闘】(名・自サ)苦战,艰苦奋斗。△悪戦(あくせん)～ / 艰苦奋斗,殊死搏斗。

くとう⓪【句読】标点,句读点。△～点(てん)/句号和逗号。

くどくど①〔諄諄〕(副)啰啰唆唆,絮絮叨叨。△～と述(の)べる/絮絮叨叨地说。

くに⓪【国】①(也写作"邦")国家。△わが～/我国。△～国(ぐに)/各国。②国土,领土。③家乡,故乡。△お～自慢(じまん) / 夸耀自己的家乡。④(日本封建时代的)行政区域。⑤地区,地方。

くにがら⓪【国柄】①国体,国情。②国民性,国民的风格。△歌(うた)と踊(おど)りの好(す)きな～/能歌善舞的国民气质。

くにもと⓪【国元】〔国许〕①领土,本国。②家乡,故乡。△～の両親(りょうしん) / 家乡的双亲。

くば・る②【配る】(他五)①分配,分送,分发。△新聞(しんぶん)を～/送报。②关心,顾全。△気(き)を～/留神。警戒。△目(め)を～ / 注意环视四周。

くび⓪【首】①头,脑袋。△～を横(よこ)にふる/摇头。拒绝。△～を縦(たて)にふる/点头,首肯。△～を突(つ)っ込(こ)む / 参与,干涉,与某事发生关系。②〈转〉撤职,解雇,开除。△～になる/被解雇。③(也作"頸")脖颈,脖子。◇～を長(なが)くする / 望眼欲穿。◇～をひねる / 揣摩,左思右想。◇～が飛(と)ぶ / i)被斩首 ii)被解雇。④(器物的)颈。△花瓶(かびん)の～ / 花瓶的脖儿。

ぐび①【具備】(名・自他サ)具备,具有。△条件(じょうけん)を～する / 具备条件。

くびかざり③【首飾(り)】〔頸飾〕项链。

くびきり⓪④【首切(り)】〔首斬(り)〕(名・他サ)①斩首。△～台(だい) / 断头台。△～場(ば) / 刑场。②刽子手。③〈转〉撤职,解雇。△～になる/被解雇。

くびわ⓪【首輪】〔頸輪〕①项链,项环。②(猫、狗等的)项圈。

くふう⓪【工夫】(名・他サ)①想办法,下工夫。△やり方(かた)を～する / 想办法。②办法,窍门。△何(なに)かよい～はないものか/有没有什么好办法?△～を凝(こ)らす/悉心研究。

くぶん⓪①【区分】(名・他サ)区分,划分。△時代(じだい)を～する / 划分时代。△科学研究(かがくけんきゅう)の領域(りょういき)を～する / 划分科学研究领域。

くべつ①【区別】(名・他サ)区别,分清。△～が付(つ)く/区分开。

くぼみ⓪〔窪み〕洼处,低洼处。

くぼ・む③⓪〔窪む〕(自五)洼下,塌陷。△目(め)が～/眼睛眍䁖进去。

くま②【熊】〈动〉熊,狗熊。△～の掌(たなごころ)/熊掌。△～の胆(い)/熊胆。

くまなく③②〔隈無く〕(副)普遍,到处。△室内(しつない)を～さがす/找遍全室。△月(つき)は～照(て)らす/月光洒满(大地)。

くみ②【組】①组,伙,群。△～に分(わ)ける/分成组。②合股线,细绳。③对,套,付。△茶(ちゃ)セット一(ひと)～/茶具一套。④伙伴。⑤排版。△～に回(まわ)す/付排。⑥班,班级。△A～/甲班。

くみあい⓪【組合】①同业行会,组合,合作社。△農業協同(のうぎょうきょうどう)～/(日本的)农业协同组合。△労働(ろうどう)～/工会。②合伙经营。

くみあ・う③⓪【組(み)合う】(自五)①合作,合伙。②扭成一团。△土俵上(どひょうじょう)で～/在摔跤场上扭成一团。③合在一起,搭在一起。△肩(かた)を～/挽着臂膀。

くみあわせ⑤【組(み)合(わ)せ】①搭配。△色(いろ)の～/配颜色。②编组。△試合(しあい)の～/比赛的编组。③(数学)组合。

くみあわ・せる⑤【組(み)合(わ)せる】(他下一)①交叉在一起;编在一起。△銃(じゅう)を～/架枪。②搭配。△色色(いろいろ)な果物(くだもの)を組み合せて籠(かご)に入(い)れる/搭配各种水果装篮子里。③(比赛的)编组。

くみこ・む⓪【組(み)込む】(他五)编入,列入,排入。△計画(けいかく)に～/列入计划。

くみしやす・い⑤〔与し易い・組し易い〕(形)①好接近。②好对付。△～相手(あいて)ではない/不是好惹的。

くみたて⓪【組(み)立(て)】①组装,装配。△～式(しき)/组合式。②构造,组织。△文(ぶん)の～/句子的结构。

くみた・てる④⑤【組(み)立てる】(他下一)组织,装配。△自動車(じどうしゃ)を～/装配汽车。

くみと・る③〔汲み取る〕(他五)①舀出,淘出,汲取。②体谅,理解,吸取。

く・む②⓪【酌む】〔汲む〕(他五)①打水,汲。△手(て)で水(みず)を汲んで飲(の)む/用手捧水喝。②斟,酌(水等)。△酒(さけ)を～/斟酒。③酌量,体谅,体察。△他人(たにん)の厚意(こうい)を～/体会别人的好意。

く・む①【組む】Ⅰ(自五)①合伙。△二人(ふたり)で～/俩人合伙。②扭成一团。△土俵上(どひょうじょう)で四(よっ)つに～/在摔跤场上扭成一团。Ⅱ(他五)①编,组成。△足場(あしば)を～/搭脚手架。②把…交叉起来。△足(あし)を～/ⅰ)盘腿。ⅱ)翘二郎腿。③排版。△活字(かつじ)を～/排版。

-ぐ・む（接尾・五型）长出，开始…，含着。△涙(なみだ)～/含泪。△芽(め)/发芽。

くめん①⓪【工面】(名・他サ)①筹措(款)，张罗(钱)。△金(かね)を～する/筹措钱。②(个人)经济情况。△～がつかない/手头不宽裕。

くも①【雲】云。◇～一(ひと)つもない/晴空万里。◇～を霞(かすみ)と/跑得无影无踪。◇～をつかむような話(はなし)/摸不着头脑的话。◇～居(い)/云中，遥远的地方，宫中。◇～を衝(つ)く/顶天。〈喻〉身材高大。

くも①〔蜘蛛〕蜘蛛。△～の巣(す)/蜘蛛网。◇～の子(こ)を散(ち)らす〈喻〉(很多人)四散奔逃。

くもゆき④⓪【雲行(き)】①云的变幻情况。②〈喻〉形势，趋势。△会議(かいぎ)の～が怪(あや)しい/会议的趋势不妙。

くもり③【曇(り)】①多云，阴天。△～のち晴(は)れ/多云转晴。②模糊，朦胧。△～ガラス/磨光玻璃，毛玻璃。△～声(こえ)/声音模糊。③阴暗之处，污点。△心(こころ)に～がない/心地光明。△～なき身(み)/清白的人。

くも・る②【曇る】(自五)①(天)阴。△どんよりと曇った空(そら)/阴云密布的天空。②模糊，朦胧。△湯気(ゆげ)でめがねが曇った/眼镜让水蒸气弄模糊了。③发愁。△顔(かお)を曇らせて話(はな)す/面带愁容地说。

くやくしょ②【区役所】(日本)区政府，区公所。

くやし・い③【悔しい】(形)(令人)遗憾，窝心，悔恨。△負(ま)けて～/输了，真窝心。

くやみ③【悔(や)み】①后悔，悔恨。②吊唁。△～を述(の)べる/i)致悼词。ii)表示哀悼。△～言(ごと)/后悔的话。吊唁的话，悼词。

くや・む②【悔(や)む】(他五)①懊悔，后悔。△前非(ぜんぴ)を～/痛改前非。②吊唁，悼念。△人(ひと)の死(し)を～/悼念死去的人。⇒こうかい 表

くゆら・す③【燻らす】(他五)①熏。△香(こう)を～/熏香。②吸(烟)。△葉巻(はまき)を～/吸雪茄烟。

くよう①【供養】(名・他サ)供奉。△先祖(せんぞ)の～をする/供奉祖先。

くよくよ①（副・自サ)(为小事)老挂在心上，闷闷不乐，想不开。△つまらぬ事(こと)に～するな/不要为芝麻大的小事想不开。

くら②【倉・蔵】〔庫〕仓库，库房。△～が建(た)つ/〈喻〉发财。

くらい⓪【位】①位，地位，职位。△～を譲(ゆず)る/让位。△部長(ぶちょう)の～に就(つ)く/就任部长的职位。②王位，宝座。△～につく/即位。③(物的)等级，(人、艺术作品的)风度，格调，气派。④(数字)位数。△百(ひゃく)の～/百位数。△～付(つ)け/定位数。

くら・い③⓪② 【暗い】(形)①(光线)暗,黑。△この部屋(へや)はとても～/这个房间太暗。②(心情、性格等)阴郁,不开朗。△性格(せいかく)が～/性格阴沉。③不熟悉,生疏,无知。△世事(せじ)に～/不懂世故。△法律(ほうりつ)に～/不懂法律,法盲。④(颜色)发暗。△～色(いろ)/暗色。△～赤(あか)/暗红色。

くらい (副助)(也作"ぐらい")①大约,左右。△五分(ごふん)～泳(およ)いだ/游了大约5分钟。②(像…)那样,(到…)程度。△彼(かれ)～勇敢(ゆうかん)な人物(じんぶつ)はない/像他那样勇敢的人不多。

	五センチ～の長さ	赤ん坊の頭の大きさ	一つ～もらってもいいだろう	思っていた～面白くない
くらい	○	○	○	×
ほど	○	○	×	○
ばかり	○	×	○	×

クライアント [client]①广告主。②顾客。③委托人。④当事人。⑤(计算机)客户端。

くらい・する⓪ 【位する】(自サ)位于…,在。

グライダー② [glider]滑翔机。

クライマックス④ [climax](紧张和兴奋的)顶点,最高潮。

くら・う③⓪② 【食(ら)う・喰う・喰う】(他五)①〈俗〉吃,喝。△大酒(たいしゅ)を～/喝大酒。②过日子。③受,挨。△小言(こごと)を～/受责备。⇨たべる 表

グラウンド⓪ [ground]运动场,球场。

ぐらぐら① (副・自サ)①摇摇晃晃。②(水烧开)咕嘟咕嘟。

くらし⓪ 【暮(ら)し】①度日。②生活,生计。△楽(らく)な～/富裕的生活。

	～を切りつめる	ぜいたくな～をする	楽しい～を送る	～費	アリの～
暮らし	○	○	×	×	×
生活	○	○	○	○	○
生計	○	×	×	○	×

クラシック③② [classic](名・形动)①古典。△～バレエ/古典芭蕾舞。②古典音乐,经典著作,古典作品。

くら・す③⓪ 【暮(ら)す】(自他五)①过日子。△一人(ひとり)で～/过独身生活。②度时光,消磨岁月。△碌碌(ろくろく)として一生(いっしょう)を～わけにはいかない/不能庸庸碌碌地度过一生。

クラス① [class]①阶级。△ミドル～/中产阶级。②等级。△ファースト～/最高级,(客机、客轮等的)一等舱(席位)。③(学校的)班,级。△～会(かい)/班会。△～メート/同班同学。

グラス① [glass]①玻璃。②酒杯。③玻璃杯。④眼镜。△サン～/太阳镜。⑤望远镜。△オペラ～/观剧用小型望远镜。⑥草。⑦草坪。

クラブ① [club]〔倶楽部〕①俱乐部,夜总会。△～ハウス/俱乐部会所。△～活動(かつどう)/课外活动。②高尔夫球棒。③扑克牌中的"梅花"。

グラフ① [graph]①图表,图解,

图形，座标图。②画报。

くら・べる⓪【比べる】〔較べる・競べる〕(他下一)①比，比较。△ことしの冬(ふゆ)は去年(きょねん)にくらべて少(すこ)し寒(さむ)いようですね/今年冬天似乎比去年冷一些呀。②赛，比赛，较量。△力(ちから)を～/比力气。

くらま・す③④【暗ます】〔晦ます〕(他五)①隐藏，隐蔽。△さっと姿(すがた)を暗ました/忽然不见了。②蒙混，欺瞒。△人(ひと)の目(め)を～/遮人眼目; 乘人不备。

くら・む⓪【暗む】〔眩む〕(自五)①(眼睛)发花，眩晕。△光線(こうせん)で目(め)が～/强光耀眼看不清。②迷惑。△利欲(りよく)に目(め)が～/利令智昏。△金(かね)に目(め)が～/被金钱迷住。

グラム①[法 gramme]〔瓦〕(公制重量单位)克。△キロ～/千克。△ミリ～/毫克。

くらやみ⓪〔暗闇〕①漆黑, 暗处。②暗地里, 人们看不到的地方。△～に葬(ほうむ)る/暗中掩盖下来, 秘密处理。

くり②〔栗〕①栗树。②栗子, 板栗。③栗色。

くりあげ・る④⑤⓪【繰(り)上げる】(他下一)提前。△日程(にってい)を～/把日程提前。

クリーニング②[cleaning](名・他サ)①洗涤。△～屋(や)/洗染店。②干洗。

クリーム②[cream]①冰淇淋。②雪花膏。③奶油。△生(なま)～/鲜奶油。△～色(いろ)/奶油色, 米色。

クリーン②[clean](名・形动)①清洁，干净。△～エネルギー/清洁能源，干净能源。②公平，公正。

グリーン②[green]①绿色。△～カード/(美国)绿卡。②草地，草坪。

クリエーター③[creator]创造者，创作者。

くりかえ・す③④⑤【繰(り)返す】(他五)反复，重复。△実験(じっけん)を～/反复试验。△繰り返し読(よ)む/反复读。△あやまちを～/重犯错误。

くりか・える⓪⑤③【繰(り)替える】(他下一)①调换，变更。△順序(じゅんじょ)を～/调换顺序。②挪用，转用。△このお金(かね)は～ことができないものだ/这笔钱是不能挪用的。

くりごと②【繰(り)言】车轱辘话，牢骚话。△年寄(としよ)りの～/上年纪人的车轱辘话。

クリスマス③[Christmas](12月25日)圣诞节。△～イブ/圣诞节前夜。△～カード/圣诞贺卡。△～キャロル/圣诞节颂歌。△～ケーキ/圣诞蛋糕。△～ツリー/圣诞树。△～プレゼント/圣诞礼物。

クリック②[click](计算机)点击, 单击。

クリップ・アート②-①[clip art](计算机)剪贴画。

クリップ・ボード②-① [clip board]（计算机）剪贴板。

くりぬ・く③④⓪ 〔刳り貫く〕（他五）①挖洞,旋孔。②剜出。△目玉(めだま)を～/剜出眼珠儿。

くりひろ・げる⑤⑥⓪【繰(り)広げる】(他下一)①(把卷着的东西)展开。△絵巻物(えまきもの)を～/展开画卷。②开展(活动等)。△熱戦(ねっせん)を～/展开一场激烈比赛。

くりょ① 〔苦慮〕（名・自他サ）苦思焦虑,伤脑筋。△対策(たいさく)に～する/苦思焦虑地想对策。

くる【来る】Ⅰ①(自力)①来,来到,到来。△春(はる)が来(き)た/春天来了。△バスが来(き)た/汽车来了。△チャンスが～/机会来了。②由于,起因于。△過労(かろう)から来(き)た病気(びょうき)/由于过度劳累引起的疾病。③(用"…と来(き)たら""…と来(き)ては""…と～と"的形式)说起…来,提到…。△音楽(おんがく)と来(き)てはぜんぜんだめだ/提起音乐我算是一窍不通。△ダンスと～と彼(かれ)に及(およ)ぶものはない/说起跳舞来, 没有赶得上他的。Ⅱ(补动)①(表示动作、状态由远及近地继续)一直在…。△今(いま)まで我慢(がまん)してきた/一直忍耐到今天。②…起来。△暖(あたた)かくなってきた/暖和起来。③…回来,…来。△ちょっと見(み)て～/(我)去看一下就回来。△持(も)って～/拿来, 带来。

く・る①〔刳る〕(他五)剜, 旋, 钻, 锥。△穴(あな)を～/钻孔。

く・る①【繰る】(他五)①纺, 捻。△糸(いと)を～/纺线。②依次拉出。△雨戸(あまど)を～/拉开防雨套窗。③用轧花机把棉籽去除。④挨着数, 依次计算。△日数(にっすう)を～/数天数。⑤挨着翻。△ページを～/翻页。

くるい②【狂(い)】疯狂,失常。△時計(とけい)の～が生(しょう)じる/表出了毛病。△死(し)に物狂(ものぐる)いで働(はたら)く/拼命工作。

くる・う②【狂う】(自五)①发狂, 发疯。△犬(いぬ)が狂ったようにほえる/狗发疯似的叫。②沉溺, 迷恋。△女(おんな)に～/沉溺于女色。③出故障, 出毛病。△この時計(とけい)は狂っている/这只表出了毛病。△順序(じゅんじょ)が～/顺序乱了。④(估计、希望等)落空,不准确。△見込(みこみ)が～/估计不准确, 希望落空。

グループ② [group]①伙伴。②集团, 团体。△～マインド/群众心理。③群, 组。△～に分(わ)ける/分小组。△～を組(く)む/组成小组。

くるおし・い④【狂おしい】(形)疯狂般的, 发疯似的。

くるくる①(副・自サ)①滴溜溜地(转)。△独楽(こま)が～回(まわ)る/陀螺滴溜溜地转。②手脚不停

地。△～と働(はたら)く / 手脚不停地干活儿。③一层一层地(绕)。△ひもを～巻(ま)きつける / 一圈一圈地缠绳子。

ぐるぐる① (副)①骨碌碌地(转)。②一圈一圈地(缠)。

くるし・い③【苦しい】(形)①苦,痛苦,难受。△胸(むね)が～ / 胸闷,胸部难受。②困难,艰苦。△～財政(ざいせい) / 财政困难。△～生活(せいかつ) / 生活困难。△～目(め)に会(あ)う / 吃苦头。③令人不快。△～言(い)いわけ / 令人难以入耳的辩解。④(接动词连用形下)难…,不好…。△聞(き)き苦(ぐる)しい / 难听,不好听。◇～時(とき)の神頼(かみだの)み / (平日不烧香)临时抱佛脚。

	～思いをする	～勉強に耐える	家計が～	人に～当たる	～ほどの愛情
苦しい	○	○	○	×	×
つらい	○	○	×	-く○	×
切ない	○	×	×	×	○

くるしまぎれ④【苦し紛(れ)】(名・形动)被迫,迫不得已。△～に叫(さけ)ぶ / 被迫喊叫。

くるしみ⓪【苦しみ】痛苦,苦楚。△～をなめる / 饱尝痛苦。

くるし・む③【苦しむ】(自五)①感到痛苦,感到难受。△病気(びょうき)で～ / 因病而痛苦。②苦于…,难以…。△判断(はんだん)に～ / 难以推测。△生活(せいかつ)に～ / 为生活所困。

くるし・める④【苦しめる】(他下一)①使…痛苦。△わが身(み)を～ / 折磨自己。②使…为难,使…操心。△心(こころ)を～ / 操心,为难。

くるぶし②〔踝〕踝骨。△～をくじく / 扭了脚脖子。

くるま⓪【車】①轮,车轮。△～鞄(かばん) / 带轱辘旅行包。△～椅子(いす) / 轮椅。②车(人力车、汽车等的统称)。△～に乗(の)る / 乘车。△～を(から)降(お)りる / 下车。△～を飛(と)ばして駆(か)けつけた / 驱车赶到。△～を拾(ひろ)う / (在路上)拦车。◇台所(だいどころ)は火(ひ)の～だ / 家境贫寒。

くるみ⓪〔胡桃〕核桃。

くる・む②【包む】(他五)包,裹。△紙(かみ)で～ / 用纸包上。△あんを～ / 包上馅儿。⇨つつむ 表

くるめ・く③〔眩く〕(自五)①旋转。②晕,眩晕。△目(め)が～ / i)转眼珠。ii)眼花,目眩。

くるり②③(副)①迅速回转。②(事物)急剧变化。③圆溜溜。

ぐるり②③(副)①(重物)转动。②团团围住。

くるわ・す③【狂わす】(他五)①使精神失常。②使(机器等)运转失常,出毛病。③弄乱,打乱(计划)等。

くれ⓪【暮(れ)】①傍晚,黄昏。②季末。△秋(あき)の～ごろ / 秋末时节。③年终,岁末。△年(とし)の～は忙(いそが)しい / 年底很忙。

グレー②[grey]灰色。△～スケー

ル/(计算机)灰阶。

クレーム② [claim]①苦楚。②(买主向卖主提出的)要求赔偿损失权，索赔。△メーカーに～をつける/向厂家索赔。

クレーン② [crane]起重机，吊车。

くれぐれも③〔呉呉も〕(副)衷心地，恳切地。△～もよろしく/请多关照。△～お体(からだ)をお大事(だいじ)に/请您多保重身体。

クレジット② [credit] 赊卖，赊销。

ぐれつ⓪【愚劣】(形动)愚蠢，糊涂。△～なやつ/糊涂虫，愚蠢的家伙。△～な考(かんが)え/愚蠢的想法。

くれない⓪【紅】鲜红，通红。△～色(いろ)/鲜红色。△～に染(そ)める/染红。

くれなず・む④【暮れなずむ】(自五)太阳迟迟不落。△～春(はる)の日(ひ)/春日迟迟。

く・れる〔呉れる〕Ⅰ③⓪(他下一)给(我)。△親友(しんゆう)が私(わたし)に電話(でんわ)をくれた/亲友给我打来了电话。△お茶(ちゃ)を1杯(いっぱい)呉れませんか/能给我一杯茶吗?◇目(め)もくれない/不屑一顾。Ⅱ(补动)(用"…てくれる"的形式表示)给我及我方的人做…。△ちょっと待(ま)ってくれませんか/稍等(我)一下好吗?△その本(ほん)を取(と)ってくれ/把那本书递给我。

く・れる③⓪【暮れる】(自下一)①日暮，天黑。△すっかり日(ひ)が暮れた/天完全黑了。②季末，年终。△秋(あき)が～/秋季将要过去了。

ぐ・れる②(自下一)〈俗〉①(期望)落空，不如意。△する事(こと)なす事(こと)みんなぐれた/所作所为都不如意。②堕落，走上邪路。△あいつはこの頃(ごろ)ぐれはじめた/那家伙近来走上了邪路。

くろ①【黒】①黑，黑色。△～を白(しろ)と言(い)いくるめる/硬把黑的说成白的。②(围棋的)黑子，黑棋(者)。③嫌疑犯，罪犯。

グロ② [gro(tesque)]→グロテスク。

くろ・い②〔黒い〕(形)①黑，黑色的。△日(ひ)に焼(や)けた～顔(かお)/被太阳晒黑了的脸。◇目(め)の～内(うち)/有生之日。②不正，邪恶。△腹(はら)が～/心黑，心术不正。△～霧(きり)/有渎职贪污犯罪的迹象。

くろう①【苦労】(名・形动・自サ)①操心，担心。△子供(こども)のために～する/为孩子操心。△親(おや)に～を掛(か)ける/让父母担心。②辛苦，苦功夫，劳苦。△彼(かれ)は論文(ろんぶん)を書(か)き上(あ)げるのに～している/他为写论文付出了心血。◇ご～さまでした/(仅限用于同等身份或对比自己身份、地位低的人说)你辛苦了。◇～人(にん)/饱经风霜的人，阅历深的人。◇取(と)り越(こ)し～/自寻烦恼，杞人忧天。

	～を重ねる	問題を解くのには～した	～をいとわず働く	これは彼の～の作だ	親に～をかける
苦労	○	○	○	×	○
苦心	○	○	×	○	×
労苦	○	×	○	×	×

ぐろう⓪〔愚弄〕(名・他サ)愚弄,嘲弄。△人(ひと)を～するにも程(ほど)がある/不要欺人太甚。

くろうと①〔玄人〕①内行,专家。△～はだし/不亚于内行。△～も顔負(かおま)けだ/行家也比不上。②〈转〉艺妓,妓女等。

クローズアップ⑤[close-up](名・他サ)①(影视的)特写。△～で撮(と)る/拍摄特写镜头。②〈转〉大书特书。△そのことが世界的(せかいてき)ニュースとしてにわかに～された/那件事一下子成了轰动世界的新闻。

くろじ【黒字】①黑字。②盈余,顺差。△貿易収支(ぼうえきしゅうし)～/贸易顺差。

くろしお⓪【黒潮】黑潮(沿日本列岛由南向北流动的暖流)。

くろしろ①【黒白】①黑色与白色。②有罪与无罪。③是与非,是非,正邪,善恶。△～をつける/分清是非。

クロス①[cross] Ⅰ(名)①十字架,十字。②十字路口。③(网球、乒乓球等的)对角线。Ⅱ(名・自サ)交叉。△道(みち)が～している/道路交叉着。△～点(てん)/交叉点,十字路口。

くろず・む③【黒ずむ】(自五)发黑,发青。△目(め)の縁(ふち)が黒ずんでいる/眼圈发黑。

グロッキー②[groggy](名・形動)①(拳击时被对方打得)摇摇晃晃。②(累得)头昏眼花。

グロテスク③[grotesque](也常略为"グロ")(名・形動)①奇怪的,奇形怪状的。△～な恰好(かっこう)/奇形怪状的样子。②丑态的。△～な人(ひと)/怪人,长相很怪的人。

くろまく⓪【黒幕】①(舞台用)黑幕。②〈转〉后台,幕后人。△政界(せいかい)の～/政界的后台(老板)。△事件(じけん)の～/事件的幕后人。

くろわく⓪【黒枠】①黑框。②(讣告用的)黑边。△～付(つ)きの広告(こうこく)/讣告。③〈转〉讣告。

くわ①【桑】桑,桑树。△～の実(み)/桑葚儿。△～畑(ばたけ)/桑田。△～を摘(つ)む/采桑叶。◇～の門(かど)/僧尼,出家人。

くわ①⓪〔鍬〕镐,锄。△～を入(い)れる/耕地。△～で土(つち)を掘(ほ)る/用镐刨地。△～入(い)れ/奠基,破土,开工典礼。

くわ・える④⓪【加える】(他下一)①加,增加。△水(みず)を～/加水。△車(くるま)はスピードを加えた/汽车加快了速度。②让…加入。△かくれんぼをするなら,ぼくも仲間(なかま)に加えてよ/要是玩捉迷藏,我也参加。③给予,加以。△説明(せつめい)を～/给予说明。④施加。△圧力(あっ

	5に3を〜	メンバにA君を〜	ストブに石油を〜	人に危害を〜	用を〜
加える	○	○	×	○	×
足す	○	×	×	×	○

くわ·える⓪〔銜える・咥える〕(他下一)叼，衔。

くわけ⓪【区分(け)】(名・他サ)区分，划分，分类。△郵便局(ゆうびんきょく)で手紙(てがみ)を〜する/在邮局分(拣)信件。△荷物(にもつ)の〜/行李的分拣。

くわし·い③【詳しい】〔精しい・委しい〕(形)①详细。△〜記録(きろく)/详细记录。△詳しく説明(せつめい)する/详细地说明。△詳しければ〜ほどいい/越详细越好。②熟悉，精通。△法律(ほうりつ)に〜/精通法律。

くわ·す②【食(わ)す】(他五)①喂，给吃，叫吃。△馬(うま)にまぐさを〜/喂马吃草。△病人(びょうにん)に粥(かゆ)を〜/让病人喝粥。②扶养。△家族(かぞく)を〜/养家。③给予，加以。△げんこつを〜/饱以老拳。④欺骗，使…上当。△いっぱい〜/骗人，叫人上当。

くわせもの⓪⑤【食(わ)せ物】①假货，骗人的东西。②(多作"食せ者")骗子。

くわだ·てる④【企てる】(他下一)①计划。△新(あたら)しい仕事(しごと)を〜/计划新的工作。②企图，图谋。△自殺(じさつ)を〜/企图自杀。△陰謀(いんぼう)を〜/搞阴谋。

くわわ·る⓪③④【加わる】(自五)①增加，添加。△寒(さむ)さが〜/更加寒冷。△雨(あめ)に風(かぜ)さえ加わった/风雨交加。②参加，加入。△競技(きょうぎ)に〜/参加比赛。△討論(とうろん)に〜/参加讨论。③施加。△彼(かれ)らに周囲(しゅうい)から圧力(あつりょく)が加わった/(由)周围向他们施加了压力。

-くん【君】(接尾)君(接于姓名之下，称呼朋友或晚辈，略表敬意)。△諸(しょ)〜/各位，诸位。△山本(やまもと)〜/山本君。△李(り)〜/老李，小李。

ぐん①【軍】①军队。②战争。△正義(せいぎ)の〜を起(お)こす/发动正义的战争。

ぐん①【郡】郡(日本都道府县下的行政区划)。

ぐん①【群】群。△〜をなす/成群，成群结队。△〜を抜(ぬ)く/超群，出类拔萃。

くんいく⓪【訓育】(名・他サ)(对小孩的品德、习惯等进行培养教育)训育，品德教育。

くんかい⓪【訓戒】〔訓誡〕(名・他サ)训戒，教训。△〜をたれる/以身训教。

ぐんかく⓪【軍拡】扩充军备。

ぐんかん⓪【軍艦】军舰。

ぐんきょ①【群居】(名・自サ)群居，群栖。

ぐんぐん①(副)①有力地，猛劲儿地。△〜引張(ひっぱ)る/用力

拉。②不断地，接二连三地。△～いたずらなことをする / 接二连三地干淘气事。

くんこう⓪【勲功】功勋，功绩。△～をたてる / 建立功勋。

ぐんこくしゅぎ⓪【軍国主義】军国主义。

くんし①【君子】君子。△偽(ぎ)～ / 伪君子。△～蘭(らん) / 君子兰。△～国(こく) / 君子国，礼义之邦。◇～は危(あや)うきに近寄(ちかよ)らず / 君子不近险。◇～は豹変(ひょうへん)す / 君子豹变。

くんじ⓪【訓示】(名・他サ)训示，谕告。△部下(ぶか)に～する / 向部下训话。

くんじ⓪【訓辞】训词，训话。△先生(せんせい)の～ / 老师的训词。

ぐんじ①【軍事】军事。

くんしゅ①【君主】君主，皇帝，国王。△～政体(せいたい) / 君主政体。△～政治(せいじ) / 君主制。△～国(こく) / 君主国。

ぐんしゅう⓪【群集】(名・自サ)①集聚。②人群。△～心理(しんり) / 群众心理。

ぐんしゅく⓪【軍縮】裁军，缩减军备。

くんしょう⓪【勲章】勋章。△～を授(さず)ける / 授予勋章。

くんじょう〔燻蒸〕(名・他サ)熏蒸。△～剤(ざい) / 熏蒸剂(杀虫剂)。

ぐんじん⓪【軍人】军人。

くんせい⓪【薫製】〔燻製〕熏制(鱼、肉)。△～の鯡(にしん) / 熏青鱼。△～肉(にく) / 熏肉。

ぐんたい①【軍隊】军队。

くんとう⓪【薫陶】(名・他サ)熏陶，以德感化人。△～よろしきを得(え)る / 熏陶得宜。△～を受(う)ける / 受熏陶。

くんどく⓪【訓読】(名・他サ)(日文汉字的)训读。

ぐんばつ⓪【軍閥】①军阀。②(由出身、阅历而分的)军人派阀。

ぐんび①【軍備】军备，军事设备。△～競争(きょうそう) / 军备竞赛。△～の縮小(しゅくしょう) / 裁军。

ぐんぷく⓪【軍服】军服。

ぐんらく⓪①【群落】①许多村落。②(植物)丛生。

くんりん⓪【君臨】(名・自サ)①君临。△産業界(さんぎょうかい)に～する / 君临产业界。②〈喻〉统治。

くんれい⓪【訓令】(名・自サ)①训令。△～を発(はっ)する / 发训令。②日本内阁各省(各部)下达的政令。△～式(しき) / 训令式(日本政府于1937年9月12日内阁训令公布的日语用罗马字拼音的一种拼写方式，亦称"第一表式")。

くんれん①【訓練】(名・他サ)训练。△～を受(う)ける / 接受训练。△～を行(おこな)う / 进行训练。△～を積(つ)む / 训练有素。

くんわ⓪【訓話】(名・自サ)训话。

け ケ

け⓪【毛】①毛，羽毛，毛发。②草木。△～なし山(やま)/秃山。◇～の生(は)えた/稍微(强些的)。

け【気】Ⅰ①(名)样子。△おぼっちゃんの～/孩子气，公子哥的习气。Ⅱ(接尾)(接名词下)带…的成分。△塩(しお)～/稍稍带些盐味。

け-(接头)(接动词、形容词之首，加强语气)感到…，很…。△～だるい/很倦怠。△～おされる/感到气馁。

-け【家】(接尾)(接于姓氏等下，表示家族)…家。△徳川(とくがわ)～/德川家。△将軍(しょうぐん)～/将军家。

げ⓪⓪【下】①(价值、等级、顺序)下等，劣等。②(书)下册，下卷。

けい①【刑】刑，刑罚。△禁固(きんこ)の～/监禁之刑。

けい①【系】血统，派系。△ドイツ～米人(べいじん)/德国血统美国人。

けい①【径】径，直径。△～三センチメートルのパイプ/直径3厘米的管子。△内(ない)～/内径。

けい【計】①计算，计划。△一年(いちねん)の～は元旦(がんたん)にあり/一年之计在于春。②总计。△～一万円なり/总计1万日元。

-けい【形・型】(接尾)①样式，…形。△球(きゅう)～/球形。②…型。△類(るい)～/类型。

-けい【系】(接尾)系统，…系。△神経(しんけい)～/神经系统。

けい-【軽】(接头)轻型。△～金属(きんぞく)/轻金属。△～トラック/轻型货车。

げい①【芸】手艺，技艺。△～が細(こま)かい/技艺娴熟。

けいあい⓪【敬愛】(名・他サ)敬爱。△～する先生(せんせい)/敬爱的老师。

けいい①【経緯】①纵与横。②东西与南北。③经度与纬度。④详情，原委。△事(こと)の～/事情原委。

けいい①【敬意】敬意。△～を表(ひょう)する/表示敬意。

けいえい⓪【経営】(名・他サ)①经营。△会社(かいしゃ)の～/公司的经营。②开发，规划。

けいえん⓪【敬遠】(名・他サ)①敬而远之。②远避，退避三舍。

けいか⓪【経過】(名・自サ)①(时间)过去，经过。②过程，经历。△～を見(み)る/观察过程。△病気(びょうき)の～を見(み)る/查阅病历。

	事件の~	これまでの~の説明	試合の~を見守る	手術後の~は良好	~に任せる
経過	○	○	○	○	×
いきさつ	○	○	×	×	×
成り行き	○	×	○	×	○

けいかい⓪【軽快】(形动)①敏捷，轻快。△~な動作(どうさ)/敏捷的动作。②轻松。△~な気分(きぶん)/轻松的心情。③(病)见好。△~におもむく/病况见轻。

けいかい⓪【警戒】(名・他サ)警戒。△~水位(すいい)/警戒水位。△~色(しょく)/保护色。△~線(せん)/警戒线，临界线。

けいかく⓪【計画】(名・他サ)计划。△生産(せいさん)~/生产计划。△~経済(けいざい)/计划经济。△~を立(た)てる/作计划。

	新社の設立を~する	出版物の~を練る	革命を~する	銀行強盗の~
計画	○	○	○	○
企画	○	○	×	×
企図	○	×	○	×

けいかん⓪【景観】景观，景致。△雄大(ゆうだい)な山岳(さんがく)の~/雄浑的山岳景观。

けいかん⓪【警官】警官，巡警。

けいき①【契機】①主要原因。②契机，转机。

けいき①【計器】计量仪器。

けいき⓪【景気】①商情，行情。△~がよい/行情好。②景气。△好(こう)~/景气，兴旺。③活跃，活泼。△~をつける/提精神。

げいぎ①〔芸妓〕艺妓。

けいく⓪①【警句】警句，名言。

けいぐ①【敬具】(用于书信结尾)谨具，谨启。

けいけい〔炯炯〕(形动タルト)炯炯。△眼光(がんこう)~/目光炯炯。

けいけん⓪【経験】(名・他サ)经验。△~を積(つ)む/积累经验。

	~を生かす	~が浅い	傘を忘れた~はない	戦争のある人	入隊~記
経験	○	○	○	△	×
体験	○	×	×	○	○

けいげん⓪【軽減】(名・自他サ)减轻。△仕事量(しごとりょう)を~する/减轻工作量。

けいこ①〔稽古〕(名・他サ)①学习，练习。△~場(じょう)/练习场。②(戏剧等)排练。△~事(ごと)/排练。

けいご⓪【敬語】敬语。

けいこう⓪【蛍光】①萤火虫的光。②〈理〉荧光。△~物質(ぶっしつ)/荧光物质。△~灯(とう)/荧光灯。

けいこう⓪【傾向】①倾向，趋势。△思想(しそう)~/思想倾向。②特殊性，倾向性。△~が強(つよ)い/倾向性强。

けいこう【携行】(名・他サ)携带前去。△雨具(あまぐ)を~する/带雨具去。

げいごう⓪【迎合】(名・自サ)迎合。△聴衆(ちょうしゅう)に~する/迎合听众。

けいこく⓪【警告】(名・他サ)警告。△あらかじめ~を発(はっ)する/预先发出警告。

けいさい⓪【掲載】(名・他サ)登

载,刊载。

けいざい① 【経済】①经济。△国民(こくみん)～/国民经济。△～の成長(せいちょう)/经济的成长。②筹措(金钱)。△家(うち)の～/持家。③节省。

けいざいてき⓪ 【経済的】(形动)①经济方面的。②节省的,经济的。

けいさつ⓪ 【警察】①警察。②警察署。△～庁(ちょう)/(日本中央警察机关)警察厅。△～官(かん)/警官。△～犬(けん)/警犬。

けいさん⓪ 【計算】(名・他サ)①计算,计数。△～に入(い)れる/计算在内。②运算。△～機(き)/计算机。△～尺(じゃく)/计算尺。

	～が合う	月までの距離を～する	店の済ませる	～あってしまった事だ	出席者を～する
計算	○	○	×	○	×
勘定	○			×	

けいし⓪ 【軽視】(名・他サ)轻视。△世論(よろん)を～する/轻视舆论。△問題(もんだい)を～する/轻视问题。

けいじ⓪ 【啓示】(名・自サ)启示,晓谕。△天(てん)の～を受(う)ける/得到上天的启示。

けいじ① 【刑事】①("刑事巡査(けいじじゅんさ)"之略)刑警,刑事警察。②(法律)刑事。△～訴訟(そしょう)/刑事诉讼。

けいじ⓪ 【掲示】(名・他サ)揭示,告示。△～を見(み)る/看告示。△合格者(ごうかくしゃ)の名(な)を～する/公布合格者姓名。

けいしき⓪ 【形式】①外形,外观。△～が変(か)わる/外形变化。②型,样式。△～美(び)/形式美。③形式,敷衍。△～に流(なが)れる/敷衍。△～にとらわれる/受形式所拘束。△～的(てき)/形式上的。

けいじじゅんさ④ 【刑事巡査】→けいじ。

けいしちょう⓪ 【警視庁】(日本)警视厅。

けいじばん③ 【掲示板】告示牌。

けいしゃ⓪ 【傾斜】(名・自サ)①倾斜。②斜度,斜角。

げいしゃ⓪ 【芸者】艺妓,陪酒女郎。

けいしゅく⓪ 【慶祝】(名・他サ)〈文〉庆祝。△～行事(ぎょうじ)/惯例举行的庆贺活动。

げいじゅつ⓪ 【芸術】艺术。△言葉(ことば)の～/语言的艺术。△～院(いん)/(日本)艺术院。△～家(か)/艺术家。△～祭(さい)/艺术节。

けいしょう⓪ 【形象】形象。△～化(か)/形象化。

けいしょう⓪ 【敬称】敬称。△～を略(りゃく)する/敬称省略。

けいしょう⓪ 【軽傷】轻伤。

けいしょう⓪ 【継承】(名・他サ)继承。

けいじょう⓪ 【計上】(名・他サ)列入,记入。△予算(よさん)を～する/列入预算。

けいせい⓪ 【形成】(名・他サ)形成。△社会(しゃかい)を～する/

形成社会。

けいせい⓪【形勢】形势，局势。△天下(てんか)の〜/天下大势。△〜が悪化(あくか)する/形势恶化。

	〜が変わる	試合の〜が逆転する	〜の判断を誤る	被災地の〜	世界の〜に通じる
形勢	○	○	×	×	×
情勢	○	×	○	×	○
状況	○	×	○	○	×

けいせき⓪【形跡】形迹，迹象。△〜がある/有迹象。

けいぞく⓪【継続】(名・自他サ)继续，继承。△契約(けいやく)を〜する/继承合同。

けいそつ⓪【軽率】(名・形动)轻率，草率。△〜な言動(げんどう)/轻率的言行。△〜な人間(にんげん)/草率的人。

けいたい⓪【形態・形体】形态，样子。△国家(こっか)の〜/国家形态。

けいたい⓪【携帯】(名・他サ)携带，便携。△〜電話(でんわ)/手机。△〜無線機(むせんき)/便携式收音机。△〜情報端末(じょうほうたんまつ)/移动信息终端。

けいだい①【境内】(神社、寺院的)院内。

けいちゅう⓪【傾注】(名・他サ)倾注，集中(精神)。△精力(せいりょく)の〜/集中精力。

けいちょう⓪【軽重】轻重，缓急。△〜の差(さ)/轻重之分。

けいと⓪【毛糸】毛线。

けいど①【経度】经度。

けいど①【軽度】轻度。△〜の障害(しょうがい)/轻度障碍。△〜の損傷(そんしょう)/轻度损伤。

けいとう⓪【系統】①顺序，次序。△〜を立(た)てて研究(けんきゅう)を進(すす)める/有次序地研究。②体系，路线。△バスの〜/公共汽车路线。③血统，谱系。

けいとう⓪【傾倒】(名・自他サ)①倾倒。△人(ひと)に〜する/倾慕他人。②热中，倾注。△文学(ぶんがく)に〜する/热中于文学。

げいとう①【芸当】技艺，演艺。△猛獣(もうじゅう)の〜/猛兽的表演。△綱渡(つなわた)りの〜/走钢丝的技巧。〈喻〉危险的工作。

げいのう①⓪【芸能】①大众艺术(电影、戏曲、音乐、舞蹈等的总称)。②技艺。△〜人(じん)/艺人。△〜番組(ばんぐみ)/曲艺节目。

けいば⓪【競馬】赛马。

けいはく①⓪【敬白】①敬告。②(书信结尾的用语)敬白，谨白。

けいはく⓪【軽薄】(名・形动)①轻薄，轻浮。△〜な人間(にんげん)/轻浮的人。②奉承。△〜で実意(じつい)がない/奉承而无诚意。

けいはつ⓪【啓発】(名・他サ)启发。△大衆(たいしゅう)を〜する/启示大众。△本(ほん)に啓発される/受到书的启发。

けいばつ①【刑罰】刑罚。

けいひ①【経費】经费，开支。△旅行(りょこう)の〜/旅行费用。

けいび① 【軽微】(名・形动)轻微。△～な損害(そんがい) / 轻微的损害。

けいび① 【警備】(名・他サ)警备,戒备。△～員(いん) / 警备人员。△～にあたる / 担当警戒。

けいひん⓪ 【景品】(购买东西时商店搭给顾客的)赠品。△～をもらう / 得到赠品。

けいぶ① 【警部】警部(日本警察职衔)。

けいふく⓪ 【敬服】(名・自サ)敬佩,佩服。△人(ひと)に～される / 使人敬服。⇨かんしん表

けいぶつ① 【景物】①(四季的)景物,四时佳景。②凑趣的物品。③(买东西时商店搭给顾客的)赠品。

けいべつ⓪ 〔軽蔑〕(名・他サ)蔑视,轻视。△人(ひと)を～する / 瞧不起别人。

けいべん⓪ 【軽便】(名・形动)轻便。△～な方法(ほうほう) / 简便方法。△～鉄道(てつどう) / 轻便铁路。

けいほう⓪① 【警報】警报。

けいみょう⓪ 【軽妙】(名・形动)轻妙,轻松有趣。△～なしゃれ / 轻松有趣的诙谐。

けいむしょ⓪③ 【刑務所】监狱。

けいもう⓪ 〔啓蒙〕(名・他サ)启蒙。△文明開化(ぶんめいかいか)の～ / 文明开化的启蒙。△大衆(たいしゅう)を～する / 启蒙大众。

けいやく⓪ 【契約】(名・他サ)①约定。②契约,合同。△～を結(むす)ぶ / 缔结契约。

けいゆ⓪① 【経由】(名・自サ)经由,经过。△上海(シャンハイ)を～して東京(とうきょう)に行(い)く / 经上海去东京。

けいよう⓪ 【形容】(名・他サ)①形容,描绘,比喻。△言葉(ことば)で～する / 用言语形容。△～詞(し) / 形容词。△～動詞(どうし) / 形容动词。②容貌,相貌。

けいり① 【経理】(名・他サ)①会计,会计事务。②经营管理,治理。

けいりゃく⓪ 【計略】(名・他サ)①谋略,计策。△～を練(ね)る / 出谋画策。②圈套。△～にかける / 中圈套。

けいれき⓪ 【経歴】①经历,阅历。②履历。

けいれつ⓪ 【系列】系列。△同(おな)じ～に属(ぞく)する会社(かいしゃ) / 属于同一系列的公司。

けいれん⓪ 〔痙攣〕(名・自サ)痉挛,抽搐。△筋肉(きんにく)の～ / 肌肉痉挛。

けいろ① 【経路】①途径,路线。△目的地(もくてきち)への～ / 到达目的地的路线。②手段,办法。△入手(にゅうしゅ)～ / 弄到手的途径。

けいろう⓪ 【敬老】敬老。

けう① 〔希有・稀有〕(形动)稀有,罕有。△～なできごと / 希有的事件。

ケーキ① [cake]西洋点心。△ショート～ / 花蛋糕。

ケース① [case]①箱,容器。△眼

鏡(めがね)の～ / 眼镜盒。△陳列(ちんれつ)～ / 陈列柜。②(印刷)铅字盒。③子弹壳。④场合，事例。△テスト～ / 试例。⑤(英文文法)格。

ゲーム① [game] ①竞技，比赛。②游戏，娱乐。△～機(き) / 游戏机。△～ソフト / 游戏软件。

けが② [怪我] ①伤，受伤。△～を負(お)う / 负伤。②过失，过错。△～勝(が)ち / 过失不断。△～負(ま)け / (因过失而招致)失败。⇨きず表

げか⓪ 【外科】外科。

げかい⓪ 【下界】人生，人间。△～におりる / 下凡。

けが・す② 【汚す】[穢す](他五)①弄脏。△心(こころ)を～ / 污染心灵。②玷污。△名(な)を～ / 玷污名声。△神(かみ)を～ / 亵渎神灵。△校風(こうふう)を～ / 败坏校风。③奸污。④忝列，忝居。△末席(まっせき)を～ / 忝列末席。

けがらわし・い⑤ 【汚らわしい】(形)污秽，肮脏，卑鄙，讨厌。

けがれ③ 【汚れ】[穢れ]污点，污秽。△～を知(し)らない / 不知污点。

けが・れる③ 【汚れる】[穢れる](自下一)①脏，染污。②(丧、葬、产房等)不洁，犯忌。③沾染(恶习)。

けがわ⓪ 【毛皮】毛皮，皮货。

げき① 【劇】戏剧。△～を見(み)る / 看剧。△人形(にんぎょう)～ / 木偶剧。

げきか⓪ 【劇化】(名・自他サ)戏剧化。

げきか⓪ 【激化】(名・自他サ)激化，剧(烈)化。

げきげん⓪ 【激減】(名・自サ)锐减。△人口(じんこう)が～する / 人口锐减。

げきこう⓪ 〔激昂〕(名・自サ)激昂。

げきしょう⓪ 【激賞】(名・他サ)①大奖。△～を受(う)ける / 得大奖。②极力推崇，竭力赞赏。△新作(しんさく)を～する / 竭力赞赏新作。

げきじょう⓪ 【劇場】剧场，戏院。

げきぞう⓪ 【激増】(名・自サ)激增，猛增。△犯罪(はんざい)が～する / 犯罪现象激增。

げきたい⓪ 【撃退】(名・他サ)击退。△敵(てき)を～する / 击退敌人。

げきだん⓪ 【劇団】剧团。

げきてき⓪ 【劇的】(形动)戏剧性的，动人的。△～な生涯(しょうがい) / 戏剧性的一生。△～な再会(さいかい) / 戏剧性的重逢。

げきどう⓪ 【激動】(名・自サ)(社会)剧烈动荡，急剧变动。

げきとつ⓪ 【激突】(名・自サ)猛撞，激烈冲突。△力(ちから)と力(ちから)の～ / 力与力的碰撞。

げきは① 【撃破】(名・他サ)击破，击溃。△敵軍(てきぐん)を～する / 击溃敌军。

げきへん⓪ 【激変・劇変】(名・自サ)剧变，骤变。△生活(せいかつ)が～する / 生活剧变。△情勢(じょうせい)が～する / 形势剧变。

げきりゅう⓪ 【激流】激流。△～

げきれい⓪【激励】(名・他サ)激励。△～を受(う)ける / 得到鼓励。

げきれつ⓪【激烈】(形动)激烈,暴烈。△～な痛(いた)み / 剧痛。△～な戦(たたか)い / 激烈的战斗。

げきろん⓪【激論・劇論】(名・自他サ)激烈争论。

けげん⓪〔怪訝〕(形动)惊讶,诧异。△～な顔(かお) / 诧异的神色。

げこう⓪【下校】(名・自サ)放学。△～時間(じかん) / 放学时间。

けさ①〔今朝〕今天早晨。

げし⓪①【夏至】夏至。

けしいん⓪【消印】①邮戳。②注销盖的印。

けしか・ける④⑤〔嗾ける〕(他下一)①唆使。△犬(いぬ)を～ / 唆使狗(咬人)。②煽动,挑唆。△人(ひと)を～ / 煽动人。

けしからん④〔怪しからん〕(感)(生气时用语)岂有此理,不像话。△～男(おとこ) / 不像话的家伙。

けしき①【気色】①样子,情形。△負(ま)けそうな～ / 看样子要输。②气色,神色。△上役(うわやく)の～をうかがう / 看上司的脸色。

けしき①【景色】风景,景致。△～がいい / 风景好。

	～のよい日場所	美しい日没の～	～の利く部屋	雑踏する銀座通りの～	～台
景色	○	○	×	×	×
眺め	○	○	○	○	×
見晴らし	○	×	○	×	○

けしゴム⓪【消しゴム】[一荷 gom]橡皮。

けじめ⓪③①区别,差别。△善悪(ぜんあく)の～がつかない / 善恶界限不可混淆。②(必须保持的)分寸。

げしゃ①⓪【下車】(名・自サ)下车。

げしゅく⓪【下宿】(名・自サ)住公寓,公寓。△～をさがす / 找住处。

げじゅん⓪【下旬】下旬。

けしょう②【化粧】(名・他サ)①化妆。△～室(しつ) / 化妆室,盥洗室。②打扮。

け・す②⓪【消す】(他五)①弄灭,熄灭。△火事(かじ)を～ / 扑灭火灾。②关闭(灯)。△電気(でんき)を～ / 闭灯。③抹掉,擦掉。△字(じ)を～ / 擦掉字。④去除。△毒(どく)を～ / 解毒。

げすい⓪【下水】①(污水、雨水)下水。②("下水道"之略)下水道。

げすいどう⓪【下水道】下水道。

ゲスト①[guest]①客人。②特邀嘉宾,客串演员。

けず・る⓪【削る】(他五)①削,刨。△鉛筆(えんぴつ)を～ / 削铅笔。②削减,删除。△予算(よさん)を大幅(おおはば)に～ / 预算大幅度削减。△名前(なまえ)を～ / 除名。

けた⓪〔桁〕①横梁。△橋(はし)～ / 桥梁。②(数字)位数。◇～が違(ちが)う / 相差悬殊。

げた⓪〔下駄〕①木屐。②增加数

けだか・い③【気高い】(形)高尚,高雅。△～婦人(ふじん)/高雅的妇女。

けだし①⓪〔蓋し〕(副)大概,可能,或者,的确。△～名言(めいげん)なり/的确是名言。

けたたまし・い⑤ 尖锐,喧嚣,急促。△～鳴(な)き声(ごえ)/尖锐的鸣叫声。

けたちがい③〔桁違(い)〕Ⅰ(名)错位数。Ⅱ(名・形动)相差悬殊。△実力(じつりょく)は～だ/实力相差悬殊。

けたはずれ③〔桁外れ〕(名・形动)格外,特别,异乎寻常。△～の巨人(きょじん)/异乎寻常的巨人。△～の数字(すうじ)/异乎寻常的数字。

けだもの⓪〔獣〕①兽,野兽。②<骂>畜生。△～にも劣(おと)る/不如畜生。

けだる・い③【気だるい】〔気怠い〕(形)懒洋洋,倦怠。△体(からだ)が～/浑身没劲儿。

けち①〔吝嗇〕(名・形动)①吝啬,小气。△～な人(ひと)/吝啬鬼。②简陋。△～な家(いえ)/简陋的房屋。③心胸狭窄。△～な根性(こんじょう)/小心眼儿的秉性。◇～をつける/泼冷水,挑毛病。

けちくさ・い④【けち臭い】(形)非常吝啬,小气。△～ことを言(い)うな/别说小气话。

けつ①【決】决定,议决。

げつ⓪【月】①月,月球,月亮。△～世界(せかい)/月球。②星期一。△～・水(すい)・金(きん)/星期一、三、五。

けつあつ⓪【血圧】血压。△～計(けい)/血压计。

けつい①【決意】(名・自他サ)决心。△～を新(あら)たにする/重新下决心。△～がかたい/决心坚定。⇨けっしん 表

けつえき②【血液】血液。△～型(がた)/血型。△～銀行(ぎんこう)/血库。

けつえん⓪【血縁】血缘。△～関係(かんけい)/血缘关系。

けっか⓪【結果】(名・自他サ)①结果,结局。△試験(しけん)の～/考试结果。②(植物)结(果)实。

げっか⓪【激化】(名・自他サ)激化,激烈起来。△戦争(せんそう)が～する/战争激烈起来。

けっかく⓪【結核】结核。

けっかん⓪【欠陥】缺陷,缺点。△～商品(しょうひん)/残次商品。△～車(しゃ)/(常出毛病的)老爷车。⇨けってん 表

けっかん⓪【血管】血管。

げっかん⓪【月刊】月刊。

けつぎ①【決議】(名・他サ)决议,议决。

げっきゅう⓪【月給】月薪,月工资。

けっきょく【結局】Ⅰ⓪④(名)①(思考的)结果,结论。②(围棋)一局告终,终局。Ⅱ⓪(副)终于。

△努力(どりょく)したが，～むだだった / 虽经努力，但无结果。

けっこう⓪【決行】(名・他サ)决心实行，断然进行。△雨天(うてん)～ / 雨天断然进行。

けっこう【結構】Ⅰ⓪(名)结构，构造，布局。△寺院(じいん)の～ / 寺院的布局。Ⅱ⓪(形动)①漂亮。△～な屋敷(やしき) / 漂亮的宅子。②足够。△もう～だ / 已经足够了。Ⅲ⓪(副)相当，完全。△～役(やく)にたつ / 完全可用。

けつごう⓪【結合】(名・自他サ)结合。△～部分(ぶぶん) / 结合部。

けっこん⓪【結婚】(名・自サ)结婚。△～式(しき) / 结婚仪式，婚礼。△～を祝(いわ)う / 祝贺结婚。

けっさい①【決済】(名・他サ)结算，付清。△手形(てがた)で～する / 用票据结算。

けっさく⓪【傑作】Ⅰ(名)杰作。△～を残(のこ)す / 留世杰作。Ⅱ(形动)漂亮，杰出。△～な祝辞(しゅくじ) / 漂亮的祝词。

けっさん①【決算】(名・他サ)①决算。△～報告(ほうこく) / 决算报告。②结算(账目)。

けつじつ④⓪【結実】(名・自サ)①(植物)结(果)实。②(事物)结果，收获。△努力(どりょく)が～する / 努力有了结果。

けっして④⓪【決して】(副)(后与否定语呼应)决(不)。△～しゃべるな / 决不许说出去。△～むりなことはするなよ / 可千万别干勉强的事。

げっしゃ⓪【月謝】(每月支付的)学费，月酬。

けっしゅう⓪【結集】(名・自他サ)集中，集结。△力(ちから)を～する / 集中力量。

けっしゅつ⓪【傑出】(名・自サ)杰出，卓越。△～した実力(じつりょく) / 非凡的实力。

けつじょ①【欠如】〔闕如〕(名・自サ)①缺乏，欠缺。△栄養分(えいようぶん)が～する / 缺乏营养。△責任感(せきにんかん)が～している / 缺乏责任感。②(印刷)缺字，空铅。

けっしょう⓪【決勝】决胜，决赛。△～戦(せん) / 决赛。△～点(てん) / 决胜分数。△～線(せん) / 终点线。

けっしょう⓪【結晶】(名・自サ)结晶。△愛(あい)の～ / 爱情的结晶。△長年(ながねん)の研究(けんきゅう)の～ / 长年研究的结晶。

げっしょく⓪【月食】月食。

けっしん①③【決心】(名・自サ)决意，决心。△～が固(かた)い / 决心坚定。△彼(かれ)は留学(りゅうがく)することに～した / 他决心留学。

	会社をやめることを～する	強いーで事に当たる	～を固める	～がつかない	～をくだす
決心	○	△	○	○	×
決意	○	○	○	×	×
決断	○	×	×	○	○

けっ・する④⓪③【決する】(自他サ)①决定。△運命(うんめい)を～ / 决定命运。②(堤坝等)决口。

⇨きまる，きめる表

けっせい⓪ 【血清】血清。△～療法(りょうほう) / 血清疗法。

けっせい⓪ 【結成】(名・他サ)结成，组成。△後援会(こうえんかい)を～する / 组成后援会。

けっせき⓪ 【欠席】(名・自サ)缺席。△～届(とどけ) / 假条。△無断(むだん)～ / 未请假缺席。△会議(かいぎ)を～する / 没有出席会议。△～裁判(さいばん) / (法律)缺席审判。

けつぜん③⓪ 【決然】(名・形動タルト)决然，毅然决然。△～とした態度(たいど) / 坚决的态度。

けっそく⓪ 【結束】(名・自他サ)团结。△～を固(かた)める / 巩固团结。

げっそり③ (副・自サ)①突然减少，骤然消瘦。△わずか十日間(とおかかん)ぐらいの病気(びょうき)でこんなに～した / 仅仅病了十来天就瘦成了这个样子。②失望，扫兴。△～と立(た)ちさった / 扫兴而去。

けっそん⓪① 【欠損】(名・自サ)①缺损，破损。△車輪(しゃりん)が～する / 车轮破了。②亏损，亏空。△～が出(で)る / 出现亏损。

けったく⓪ 【結託】(名・自サ)串通，勾当，勾结。△結託して悪事(あくじ)をする / 勾结起来做坏事。

けつだん⓪ 【決断】(名・自サ)决断，下决心。△～を迫(せま)る / 被迫作出决断。⇨けっしん表

けっちゃく⓪ 【決着】(名・自サ)终结，结束。△～を付(つ)ける / 结束某种事情，使其有结果。△話(はな)し合(あ)いで～をつける / 通过协商解决问题。

けってい⓪ 【決定】(名・他サ)决定。△態度(たいど)を～する / 表明态度。△～的瞬間(てきしゅんかん) / 决定性的时刻。△～版(ばん) / i)定本。ii)优质品。

けってん①③ 【欠点】缺点，短处。△～を補(おぎな)う / 弥补不足。△～をさがす / 挑毛病。

	～を補う	電気器具の～を直す	人の～をつかむ	気の短いのが～だ	～車
欠点	○	○	×	○	×
欠陥	○	○	×	×	○
弱点	○	×	○	△	×

けっぱく⓪ 【潔白】(名・形動)清白，纯洁。△身(み)の～を証明(しょうめい)する / 证明自身清白。

げっぷ⓪ 【月賦】按月付款。

けっぺき⓪ 【潔癖】(名・形動)①洁癖。②清高。△金銭(きんせん)に～な人(ひと) / 不贪金钱的人。

けつぼう⓪ 【欠乏】(名・自サ)缺乏。△物質(ぶっしつ)が～する / 缺乏物质。

けつまく⓪ 【結膜】结膜。△～炎(えん) / 结膜炎。

けつまつ⓪ 【結末】结局，结尾。△事件(じけん)の～をつける / 使事件得到解决。

げつまつ⓪ 【月末】月末，月底。

けつめい⓪ 【結盟】(名・自サ)结盟。

げつよう③⓪ 【月曜】星期一。

△～日(び)/星期一。

けつれつ⓪【決裂】(名・自サ)决裂。△交渉(こうしょう)が～する/谈判决裂。

けつろん⓪② 【結論】(名・自サ)结论,推断结果。△～を出(だ)す/得出结论。

げどく⓪【解毒】(名・自サ)解毒。△～剤(ざい)/解毒药。

けとば・す⓪③〔蹴飛ばす〕(他五)①踢飞,踢开。②拒绝(要求)。

けなげ⓪①〔健気〕(形动)①勇敢。△～な少年(しょうねん)/勇敢的少年。②勤快,可嘉。△～なふるまい/勤快的动作。

けな・す⓪③②〔貶す〕(他五)贬低,诽谤。△人(ひと)の成功(せいこう)を～/贬低别人的成功。

けねつ⓪【解熱】(名・他サ)解热,退烧。

けねん⓪①【懸念】(名・他サ)担心。△～を抱(いだ)く/担心。△結果(けっか)を～する/担心着结果。

けはい⓪②〔気配〕①情形,迹象。△人(ひと)の～がする/有人的动静。②商情,行情。

けばけばし・い⑤ (形)花哨,花里胡哨。△～みなりをしている/穿得花里胡哨的。

げひん②【下品】(形动)庸俗,下流,卑劣。△～な話(はなし)/下流话。△～なしぐさ/卑劣的行为。

けぶり⓪⓪【気振(り)】神色,表情。△そんな～は見(み)せなかった/未露出那种神色。

けむ・い②③⓪【煙い】(形)烟呛得难受。△たばこが～/香烟很呛。

けむた・い③④【煙たい】(形)①烟呛得难受。△部屋(へや)が～/屋子里呛人。②令人拘束不安。△～おやじ/令人发悚的老头儿。

けむり⓪【煙】①烟。△～をはく/喷烟。②烟状物。△水(みず)～/水雾。

けむ・る③⓪【煙る】(自五)①冒烟。△たき火(び)が～/篝火冒烟。②烟雾迷蒙。△小雨(こさめ)に～山(やま)/因小雨而朦胧的山。

けもの⓪【獣】兽。

げや①【下野】(名・自サ)下台,下野。

ゲラ① 〔galley〕①(铅版)箱。②校样。

けらい①【家来】①家臣。②侍从,仆从。

げらく⓪ 【下落】(名・自サ)(物价、行情等)跌落,下降。△ドルの～/美元下跌。

げらげら⓪ (副)哈哈(大笑)。

げり⓪ 【下痢】(名・自サ)腹泻,泻肚。

ゲリラ①〔guerrilla〕游击,游击队。

け・る①〔蹴る〕(他五)①踢。△ボールを～/踢球。②拒绝。△申(もう)し入(い)れを～/拒绝了提案。

けれども (也作"けれど""けど")Ⅰ①(接)(表示转折)可是,但是。△これは非常(ひじょう)に便利(べんり)なものです。～、すこし値

段(ねだん)が高(たか)すぎます／这是很好用的东西,可是价钱太贵了点儿。Ⅱ(接助)①表示转折。△よく言(い)って聞(き)かせた～、まだ直(なお)らない／常跟他说,可是还没能改。②表示单纯的接续。Ⅲ(终助)(表示委婉语气)不过…。△その本(ほん)ならぼくもほしいんです～／那本书嘛我也想要,不过…。

けわし・い⓪【険しい】(形)①陡峭。△～山道(やまみち)／陡峭的山路。②严峻。△～人生(にんせい)／严峻的人生。③凶横。△～目(め)つき／凶横的目光。

けん【件】Ⅰ①(名)事,事件。△会則改正(かいそくかいせい)の～について／关于修改会章之事。Ⅱ(接尾)件数。△盗難(とうなん)二(に)～／两件盗窃案。

けん①【券】票,券。△～を買(か)う／买票。△入場(にゅうじょう)～／入场券。

けん①【県】县。

けん①【剣】剑。△～を抜(ぬ)く／拔剑。

けん①【権】权力,权利。△立法(りっぽう)～／立法权。△治国(ちこく)の～／治国之权。

-けん【軒】(接尾)①所,栋。△一(いっ)～家(や)／独立家屋。②(房屋的雅号)轩。△洛陽(らくよう)～／洛阳轩。

-けん【圏】(接尾)圈。△首都(しゅと)～／首都圏。

-けん【権】(接尾)…权。△制海(せいかい)～／制海权。

げん-【現】(接头)现在的,现…。△～住所(じゅうしょ)／现住所。

げん①【弦】①弓弦。②(圆周上连结两点的)弦。③乐器的弦。

けんあく⓪【険悪】(名・形动)①(形势)严峻,险恶。△～な国際情勢(こくさいじょうせい)／严峻的国际形势。②(表情)险恶,阴险。△～な表情(ひょうじょう)になる／表情阴险。

けんい①【権威】①权势。△～を保(たも)つ／维护权势。△～を失(うしな)う／丧失威信。②专家,权威。△法律(ほうりつ)の～／法律(方面的)权威。

けんいん⓪〔牽引〕(名・他サ)〈文〉牵引,拖拉。△自動車(じどうしゃ)を～する／牵引汽车。

げんいん⓪【原因】(名・自サ)因由,原因。△火事(かじ)の～／火灾起因。

	彼が失敗した～	事故の～を究明する	別に深い～はない	病気で～に休む	言葉の～を調べる
原因	○	○	×	×	×
理由	○	×	○	○	×
わけ	○	×	○	×	○

げんえき⓪【現役】①(军队)现役。△～の軍人(ぐんじん)／现役军人。②(相对于已毕业的学生或流浪于社会上的人而言)在校生。

けんえつ⓪【検閲】(名・他サ)①检查,审查。△～を受(う)ける／接受检查。△書類(しょるい)を～する／审查文件。②检阅。⇨けんさ表

けんお① 【嫌悪】(名・他サ)嫌恶,厌恶。△不正(ふせい)を～する/厌恶坏行为。

けんか 〔喧嘩〕(名・自サ)吵架,打架。△～をする/引起喧哗。△～腰(ごし)/气势汹汹。◇～を買(か)う/找碴儿打架

げんか 【原価・元価】①成本。②进货价。△～計算(けいさん)/按成本计算。

けんかい⓪ 【見解】见解。△～の相違(そうい)/见解不同。△～を求(もと)める/征求意见。

げんかい⓪ 【限界】界限,限度。△体力(たいりょく)の～/体力极限。△～がある/有限度。

げんがい⓪ 【言外】言外。△～の意味(いみ)を悟(さと)る/察觉了言外之意。

けんがく⓪ 【見学】(名・他サ)实地考察,参观。△～に行(い)く/去参观。△工場(こうじょう)～/参观工厂。

げんかく⓪ 【幻覚】幻觉。△～が現(あらわ)れる/产生幻觉。

げんかく⓪ 【厳格】(形動)严格。△～に守(まも)る/严格遵守。△～なしつけ/严格的管教。

げんかん① 【玄関】正门,大门。◇～を張(は)る/装饰门面。◇～払(ばら)い/吃闭门羹。

げんかん⓪ 【厳寒】严寒。△～の地(ち)/严寒之地。

けんぎ① 【建議】(名・他サ)(向政府机关提出)意见,建议。△改善(かいぜん)の方策(ほうさく)を～する/提出改进方法的建议。

けんぎ① 【嫌疑】嫌疑。△～を受(う)ける/受怀疑。△～をかける/怀疑他人。

げんき① 【元気】Ⅰ(名)①元气,精力。△～一杯(いっぱい)/精力充沛。②精神,活力。△～のいい若者(わかもの)/充满活力的年轻人。Ⅱ(形動)精神饱满,健壮。

げんぎ①⓪ 【原義】原义,△～を調(しら)べる/查明原来的意义。

けんきゃく⓪ 【健脚】(名・形動)健步,腿脚强健。△～を誇(ほこ)る/以腿脚强健而自豪。

けんきゅう⓪ 【研究】(名・他サ)研究。△～者(しゃ)/研究人员。△～所(しょ)/研究所。△～室(しつ)/研究室。△～の成果(せいか)/研究成果。

けんきょ① 【検挙】(名・他サ)检举。

けんきょ① 【謙虚】(名・形動)谦虚。△～な人(ひと)/谦虚的人。△～な態度(たいど)/谦虚的态度

	～な態度	人の話を～に聞く	ばかに～するね	～の美徳	～語
謙虚	○	○	×	×	×
謙遜	○	×	○	○	○
謙譲	×	×	×	○	○

けんぎょう⓪ 【兼業】(名・他サ)兼业,兼营。△～農家(のうか)/兼营其他行业的农户。

げんきん③ 【現金】Ⅰ(名)①现金,现款。△～で支払(しはら)う/现款支付。②现行通用货币。Ⅱ(名・形動)贪图眼前利益。

△～なやつ / 贪图眼前利益的家伙。

げんきん⓪【厳禁】(名・他サ)严禁。△火気(かき)～ / 严禁烟火。

げんけい⓪【原型】原型,模型。

けんけつ⓪【献血】(名・自サ)献血。

けんげん⓪【権限】权限。△～を越(こ)える / 越权。⇨けんりょく 表

けんご①【堅固】(形动)结实,牢固。△体(からだ)は～だ / 身体结实。△～な城(しろ) / 坚固的城池。

げんご①【言語】言语,语言。◇～に絶(ぜっ)する / 非言语所能形容。

けんこう⓪【兼行】(名・自他サ)①兼程,兼行。△昼夜(ちゅうや)～ / 昼夜兼程。②一人干两人的工作。

けんこう⓪【健康】(名・形动)健康。△～に注意(ちゅうい)する / 注意健康。△～をそこねる / 损害健康。△～な人(ひと) / 健康的人。△～診断(しんだん) / 健康检查。△～保険(ほけん) / 健康保险。⇨じょうぶ 表

げんこう⓪【言行】言行。△～一致(いっち) / 言行一致。△～録(ろく) / 言行录。

げんこう③⓪【原稿】原稿。△～用紙(ようし) / 原稿纸。△～を書(か)く / 写稿。

げんこう⓪【現行】现行。△～の法規(ほうき) / 现行法规。△～犯(はん) / 现行犯。

げんごう⓪【元号】年号。

げんこく⓪【原告】原告。

けんさ①【検査】(名・他サ)检查。△車(くるま)を～する / 检查车。△耳(みみ)を～する / 检查耳朵。

	持ち物を～する	異状の有無を～する	血液を～する	人員の～	戦地からの手紙の～
検査	○	○	○	×	×
点検	○	○	×	○	×
検閲	○	×	×	×	○

けんざい⓪【健在】(名・形动)健在,硬朗。△両親(りょうしん)とも に～だ / 双亲都健在。

げんざい①【現在】(名・自サ)①现在。②现世。③实在,实际。

	～の世界情勢	～では考えられない事	一月一日～の住所	～来たばかりだ	危険が～に迫る
現在	○	○	○	×	×
今	○	○	×	○	×
目下	○	×	×	×	○

けんさく⓪【検索】(名・他サ)检索,搜索。

げんさく⓪【原作】原作,原著。

けんさつ⓪【検察】(名・他サ)检察。△～官(かん) / 检察官。△～庁(ちょう) / 检察厅。

げんさん⓪【原産】原产。

けんじ①【検事】①(日本检察官等级之一)检事。②检察官的旧称。△～総長(そうちょう) / 检察(总)长。

けんじ①【堅持】(名・他サ)坚持。△改革路線(かいかくろせん)を～する / 坚持改革路线。

げんし①【原子】原子。△～価(か) / 原子价。△～核(かく) / 原子核。△～爆弾(ばくだん) / 原子弹。△～番号(ばんごう) / 原子序号。△～病(びょう) / 原子病。

げんし① 【原始】原始，原来，原本。△～の日本語(にほんご) / 固有日本语。△～時代(じだい) / 原始时代。△～共産制(きょうさんせい) / 原始共产制。△～的(てき) / 原始的。

けんしき⓪ 【見識】①见识，见解。△高(たかい)～ / 高明见解。②气度。△～の高(たか)い人(ひと) / 高傲的人。

けんじつ⓪ 【堅実】(名・形動)踏实，稳健。△～な人(ひと) / 踏实的人。

げんじつ⓪ 【現実】现实。△～主義者(しゅぎしゃ) / 现实主义者。△～に直面(ちょくめん)する / 面对现实。

げんしゅ① 【元首】(国家)元首。

げんしゅ① 【厳守】(名・他サ)严守。△時間(じかん)を～する / 严格遵守时间。

けんしゅう⓪ 【研修】(名・他サ)研修，进修。△～センター / 研修中心。△～生 / 研修生。

げんじゅう⓪ 【厳重】(形動)严格，严厉，严重。△～な処罰(しょばつ) / 严重处罚。

げんじゅうしょ③ 【現住所】现住址。

げんしょ①⓪ 【原書】原文书，原版书。

けんしょう⓪ 【健勝】(名・形動)健康。△ご～のことと存(ぞん)じます / 敬颂贵体康健。

けんしょう⓪ 【憲章】宪章，规约。△児童(じどう)～ / 儿童宪章。△国連(こくれん)～ / 联合国宪章。

けんしょう⓪ 【懸賞】①悬赏。②奖金，奖品。△～金(きん) / 奖金。△～募集(ぼしゅう) / 募集奖金。

けんじょう⓪ 【献上】(名・他サ)献，送。△物(もの)を～する / 捐献物品。

けんじょう⓪ 【謙譲】(名・形動)谦让。△～の美徳(びとく) / 谦让之美德。⇨けんきょ 表

げんしょう⓪ 【現象】现象。△自然(しぜん)～ / 自然现象。△一時的(いちじてき)な～ / 暂时现象。

げんしょう⓪ 【減少】(名・自他サ)减少。△緑地(りょくち)の～ / 绿地减少。△人口(じんこう)が～する / 人口减少。

げんじょう⓪ 【現状】现状。△～を維持(いじ)する / 维持现状。

げんしょく⓪ 【原色】①(红、黄、绿)三原色。②(绘画复制品)原来颜色。△～版(ばん) / 原色版。

げんしりょく③ 【原子力】原子能，核能。

けんしん⓪ 【検診】(名・他サ)诊查病情，健康检查。△集団(しゅうだん)～ / 集体检查身体。

げんじん⓪ 【原人】原始人。△北京(ペキン)～ / 北京原人。

けんせい⓪ 〔牽制〕(名・他サ)牵制，制约。

けんせい①⓪ 【権勢】权势。△～をふるう / 运用权势。

けんせい⓪① 【憲政】宪政。

げんせい⓪ 【厳正】(名・形動)严正。△～な審査(しんさ) / 严正的

審査。△～中立(ちゅうりつ)を守(まも)る / 严守中立。

けんせき⓪〔譴責〕谴责。△～を受(う)ける / 受谴责。

けんせつ⓪【建設】(名・他サ)①建设。△文明都市(ぶんめいとし)を～する / 建设文明城市。△～に着手(ちゃくしゅ)する / 着手建设。②组织，组建。

	ホテルを～する	船を～する	鉄橋を～する	新しい国を～する	～物
建設	○	×	○	○	×
建築	○	×	×	×	○
建造	×	○	○	×	○

けんぜん⓪【健全】(形動)健全，健康。△～な生活(せいかつ) / 健康的生活。△～な思想(しそう) / 健全的思想。

げんぜん⓪【厳然】〔儼然〕(形動タルト)俨然。△～たる態度(たいど) / 非常严肃的态度。

けんそ①【険阻】(名・形動)险阻，险处，险峻。△～な山道(やまみち) / 险峻的山路。

げんそ①【元素・原素】元素。

けんそう⓪〔喧噪・喧騒〕(名・形動)嘈杂，喧闹。△～のちまた / 喧闹场。△都会(とかい)の～ / 城市的喧嚣。

けんぞう⓪【建造】(名・他サ)建造。△～物(ぶつ) / (船、桥、房屋等)建造物。⇒けんせつ 表

げんそう⓪【幻想】(名・他サ)幻想。△～的(てき)な海底(かいてい) / 幻想中的海底世界。△～曲(きょく) / 幻想曲。△～を抱(いだ)く / 抱有幻想。

げんぞう⓪【現像】(名・他サ)显影，显像。

げんそく⓪【原則】①基本法则，基本规律。②原则。△～に基(もと)づく / 按照原则。

げんそく⓪【減速】(名・自サ)减速。

けんそん⓪〔謙遜〕(名・形動・自サ)谦逊，谦虚。△～な態度(たいど) / 谦虚的态度。⇒けんきょ 表

けんたい⓪〔倦怠〕(名・自サ)①厌倦。②倦怠，疲倦。△～感(かん) / 倦怠感。

げんたい⓪【減退】(名・自サ)减退。△食欲(しょくよく)が～する / 食欲减退。

げんだい①【現代】现代。△～的(てき) / 现代化的。△近代(きんだい)から～にかけて / 从近代到现代。

けんち①【見地】①看法，观点，见地。△庶民(しょみん)の～ / 老百姓的看法。△人道主義(じんどうしゅぎ)の～ / 人道主义观点。②勘查土地(建用地)。

げんち①【現地】①当地，现在自己居住的地方。②现场。△～調査(ちょうさ) / 现场调查。

けんちく⓪【建築】(名・他サ)①建筑，建造。△ビルを～する / 盖楼。②建筑物。⇒けんせつ 表

けんちょ①【顕著】(形動)显著，明显。△～な発展(はってん) / 显著的发展。△薬(くすり)の効果(こうか)は～に現(あら)われる / 药

效明显看出来了。

けんちょう⓪⓪ 【県庁】县厅，县政府。

けんてい⓪ 【検定】(名・他サ)审定。△教科書(きょうかしょ)を～する / 审定教科书。

げんてい⓪ 【限定】(名・他サ)限定。△場所(ばしょ)を～する / 限定场所。△～版(ばん) / 限额出版的书籍。

げんてん⓪⓪ 【原点】①(起源的)地点，基点，出发点，根据。△～にたち帰(かえ)る / 回到出发点上来。②(数学)座标的交点，原点。

げんてん⓪① 【原典】原著，原作，原来的文献。

げんてん⓪ 【減点】(名・自サ)减分，减少的分数。

げんど① 【限度】限度。△～に達(たっ)する / 达到极限。

けんとう③ 【見当】①目标，目的。△～をつける / 定个目标。②(大致的)方向，方位。△西(にし)の～ / 大体是西边儿。③大约，左右。△千円(せんえん)～ / 大约 1 千日元。⇨みこみ 表

けんとう⓪ 【健闘】(名・自サ)奋斗，拼命斗争。△最後(さいご)まで～する / 拼搏到底。

けんとう⓪ 【検討】(名・他サ)研究，研讨，审查。△対策(たいさく)を～する / 研讨对策。△～の余地(よち)がある / 有讨论的余地。

けんどう① 【剣道】剑术，剑道。

げんどう① 【言動】言行，言论与行动。

げんに① 【現に】(副)①确实，实际。△～この目(め)で見(み)た / 亲眼看到。②现在，目前。

げんば⓪ 【現場】①(事故发生的)现场，当地。②工地。

げんばく⓪ 【原爆】原子弹。

げんばつ⓪ 【厳罰】严罚，严厉惩罚。△～に科(か)する / 处以严罚。

けんばん⓪ 〔鍵盤〕键盘。△～楽器(がっき) / 键盘乐器。

けんび⓪ 【兼備】(名・他サ)兼备。△才色(さいしょく)～ / 才貌双全。

けんびきょう⓪ 【顕微鏡】显微镜。

けんぶつ⓪ 【見物】(名・他サ)观赏，游览。△～に出(で)かける / 去游览。△名所(めいしょ)を～する / 游览名胜。△昨日(きのう)父(ちち)は相撲(すもう)を～した / 昨天爸爸观赏了相扑。

げんぶつ⓪ 【現物】①现物，实物。△～で支払(しはら)う / 用实物支付。②(相对于金钱而言)物品。③(贸易)现货。△～取引(とりひき) / 现货交易。

けんぶつにん⓪ 【見物人】游人，游客。

けんぶん⓪ 【見聞】(名・他サ)见闻，见识。△～記(き) / 见闻录。△～を広(ひろ)める / 增长见识。

げんぶん⓪ 【原文】原文。

けんぽう① 【憲法】宪法，根本法。

けんま① 【研磨】(名・他サ)①研磨。△～機(き) / 研磨机。△精神(せいしん)の～ / 磨炼身心。②深

入研究。

げんみつ⓪【厳密】(形动)严密，周密。△～に調(しら)べる / 严密调查。△～な検査(けんさ) / 严密的检查。

けんめい⓪【懸命】(形动)拼命，努力。△～に努力(どりょく)する / 非常努力。△～に働(はたら)く / 努力工作。

けんめい⓪【賢明】(形动)贤明，高明。△～な判断(はんだん) / 高明的判断。

げんめい⓪【厳命】(名・他サ)严令。△～を受(う)ける / 领受严令。

げんめつ⓪【幻滅】(名・自サ)幻灭，幻想破灭。△～の悲哀(ひあい)を感(かん)じる / 感受到幻想破灭的哀伤。

げんめん⓪【減免】(名・他サ)减免。△負担金(ふたんきん)を～する / 减免负担款。

けんもん⓪【検問】(名・他サ)检查，查问。△～所(しょ) / 检查站。

けんやく⓪【倹約】(名・形动・他サ)节俭，节约。

げんゆ⓪【原油】原油。

けんよう⓪【兼用】(名・他サ)兼用。△晴雨(せいう)～の傘(かさ) / 晴雨两用伞。

けんらん⓪〔絢爛〕(形动タルト)绚烂。△～豪華(ごうか) / 富丽豪华。

けんり①【権利】权利。△～がある / 有权。△～を行使(こうし)する / 行使权利。

げんり①【原理】原理。△～を応用(おうよう)する / 应用原理。

けんりつ⓪【県立】县立。

げんりょう③【原料】原料，原材料。

けんりょく①【権力】权力。△国家(こっか)～ / 国家权力。△～をふるう / 使用权力。

	～を持つ	～の座にすわる	～を越えた行為	～をほしいままにする	人事に関する～
権力	○	○	×	○	×
権限	○	×	×	×	○

けんろう⓪〔堅牢〕(形动)坚固，牢固。△～な建物(たてもの) / 牢固的建筑物。

げんろん⓪【言論】言论。△～の自由(じゆう) / 言论自由。△～を圧迫(あっぱく)する / 压制言论。

げんわく⓪〔眩惑〕(名・自他サ)眩惑。△人(ひと)の目(め)を～する / 眩人眼目。

こ コ

こ【子】Ⅰ⓪(名)①儿女。△～を生(う)む/生孩子。②幼儿，小孩子。△小(ちい)さな女(おんな)の～/小女孩。③(也作"仔")(动物的)仔，崽儿。④(植物的)派生物，串根芽儿。△竹(たけ)の～/竹笋。⑤利息。△元(もと)も～もなくす/本利全无，本利尽失。Ⅱ(接尾)①一般接在女性名字下。△花(はな)～/花子。②表示人或物。△売(う)り～/售货员。△踊(おど)り～/舞女。△振(ふ)り～/(钟)摆。◇～は三界(さんがい)の首枷(くびかせ)/孩子永远让父母操心受累。◇～を持(も)って知(し)る親(おや)の恩(おん)/养儿方知父母恩。

こ-【故】(接头)(接人名或官职名之上)已故，…故。△～博士(はくし)/故博士。

-こ【個】(接尾)…个。△二(に)～/两个。

-こ【湖】(接尾)…湖。△琵琶(びわ)～/(日本)琵琶湖。

こ-【小】(接头)①小，微小。△～犬(いぬ)/小狗。△～雨(さめ)/小雨。②表卑或轻视的语气。△～娘(むすめ)/小妞儿。③(加强语气或调整语调)稍微，有点儿。△～首(くび)をかしげる/微微歪着头。

-こ【戸】(接尾)户。△一(いっ)～建(だて)/一户独住的房子。

こ①【弧】①弧形。△～を描(えが)く/画弧。②圆周的一部分。

こ①【個】Ⅰ⓪(名)①个，一个。②个人。△～の主張(しゅちょう)/个人的主张。Ⅱ(接尾)…个。△りんご二(に)～/两个苹果。

こ①【粉】粉末，粉。△～薬(やく)/药粉。△身(み)を～にして働(はたら)く/鞠躬尽瘁辛勤工作。

ご①【五】(数)五。

ご-【御】(接头)(一般接在汉语词汇的名词前)表示尊敬对方的事物，行动。△～出発(しゅっぱつ)/(您)出发。

ご①【語】语言，词语，单词。

ご⓪【後】后，以后。

ご⓪①【碁】围棋。△～をうつ/下围棋。△～盤(ばん)/围棋盘。

こい①【恋】恋爱，爱情。△～をする/恋爱。

こい①〔鯉〕鲤鱼。

こい①【故意】(名・副)意，存心，特意。△～に人(ひと)を傷(きず)つける/故意伤人。

こ・い①【濃い】(形)①(颜色、味道)重，浓。②亲密，密切。③强烈。△敗色(はいしょく)が～/大有败北之势。

ごい①〔語彙〕词汇。△～の豊(ゆた)かな人(ひと)/词汇丰富的人。

こいし・い③【恋しい】(形)眷念，

怀念，爱慕。△故郷(こきょう)が～/怀念故乡。△母(はは)が～/想念母亲。

	Aさんを～思う	ふるさとが～	こたつが～な季節	お～兄上様	少年時代の～写真
恋しい	-く○	○	-く○	×	×
懐かしい	-く○	○	-く△	○	○
慕わしい	-く○	△	×	△	×

こい・する③【恋する】(自他サ) 爱，恋爱。△人(ひと)を～/恋爱。

こいびと⓪【恋人】情人，意中人。

コイル①[coil](电学)线圈，线卷。

コイン①[coin]货币，硬币。△～テレビ/投币式电视。△～ロッカー/放进硬币就能借用的柜橱，小件行李存放柜。

こう-【高】(接头)高…。△～速度(そくど)/高速度。

-こう【港】(接尾)…港。△商業(しょうぎょう)～/商港。

-こう【光】(接尾)…光。△余(よ)～/余光。

こう⓪(副)这样，这么。

こう①【甲】①(十干之一)甲。△～子(し)/甲子。②甲，第一。△～乙(おつ)をつける/分出甲乙。③甲壳，硬壳。△かめの～/龟甲。④(手脚的)表面。△手(て)の～/手背。△～高(だか)の足(あし)/高脚背。◇かめの～より年(とし)の功(こう)/人老阅历多。

こう①【効】效果，功效。△薬石(やくせき)の～/药石之效。

こう①【候】季节。△陽春(ようしゅん)の～/阳春季节。

こう【校】Ⅰ①(名)①学校。△わが～/我校。②校正，校对。△～正(せい)/校正。Ⅱ(接尾)…校。△有名(ゆうめい)～/名校。

こう①【項】①事项。②项目，项。③(数学)项。④〈文〉脖颈。

こ・う①【請う】〔乞う〕(他五)①请求。②乞求。

ごう①【合】①合适。△～理(り)/合理。△～目的(もくてき)/合乎目的。②(容积、面积、登山路等的单位)合(为容积单位1升的1/10，面积单位坪的1/10)。△富士山(ふじさん)の五(ご)～目(め)/富士山五合目(半山腰处)。

ごう①【郷】乡，乡村，故乡。△～に入(い)っては～に従(したが)え/入乡随俗。

-ごう【号】(接尾)①(杂志等的)…期。②(接车、船、飞机名称后)…号。△つばめ～/燕号。

こうあつ⓪【高圧】①强大的压力。②(电学)高压。△～線(せん)/高压线。

こうあん⓪【考案】(名・他サ)设计，想出，研究出。△ゲームを～する/设计游戏。

こうい①【行為】①行为，举动。△不法(ふほう)～/不法行为。②动作，行动。

	秩序を乱す～	不正な～をする	弟と～を共にする	～の悪い人	慈善～
行為	○	○	×	×	○
行動	○	×	○	×	×
行い	○	○	×	○	×

こうい①【好意】好意，善意。△～を寄(よ)せる/表示好意。△～に甘(あま)える/承蒙好意。

△～があだ/好心办了坏事。

こうい① 【厚意】厚意，盛情。

ごうい① 【合意】（名・自サ）意见一致，同意。△～に達(たっ)する/达成一致意见。

こういう⓪ （连体）这样的。

こういき⓪ 【広域】广域。

こういきエリア・ネットワーク⓪-①-④ 【広域エリア・ネットワーク】[area network]广域网。

こういしつ③ 【更衣室】更衣室。

ごういつ⓪ 【合一】（名・自他サ）合二为一，合一。

こういっつい①-⓪ 【好一対】恰好的一对。△～の夫婦(ふうふ)/般配的夫妻。

こういってん①-③ 【紅一点】（众多男性中）唯一的女性。△彼女(かのじょ)はわが校(こう)野球部(やきゅうぶ)の～だ/她是我校棒球队唯一的女性。

こういてき⓪ 【好意的】（形动）好意的，善意的。

こういん⓪ 【工員】（工厂的）职工。

ごういん⓪ 【強引】（名・形动）强行，强制，不管三七二十一。△～な取(と)り引(ひ)き/强行交易。

こううん① 【幸運・好運】（名・形动）幸运，好运。△～な生涯(しょうがい)/幸运的一生。

こうえい⓪ 【公営】（名・他サ）公营，官办。△～事業(じぎょう)/公办事业。

こうえい⓪ 【光栄】（名・形动）光荣，荣誉。△～の至(いた)り/无比光荣。

こうえき⓪ 【交易】（名・自他サ）交易，贸易。△日本(にほん)と～する/与日本进行交易。

こうえん⓪ 【公演】（名・自他サ）公演，公开演出。

こうえん⓪ 【後援】（名・他サ）后援，声援，支援。△～会(かい)/后援会。

こうえん⓪ 【公園】公园。

こうえん⓪ 【高遠】（名・形动）高尚而远大。高远。△～な理想(りそう)/远大的理想。

こうえん⓪ 【講演】（名・自サ）讲演，演说，作报告。△～会(かい)/讲演会。

こうおん⓪ 【高温】高温。

こうおん⓪ 【高音】高音。

こうか① 【効果】①效果，功效。②（戏剧）效果。△音響(おんきょう)～/音响效果。⇨ききめ 表

こうか① 【高架】高架。△～線(せん)/高架线。

こうか① 【降下】（名・自他サ）下降，往下降落。△気温(きおん)が～する/气温下降。

こうか① 【高価】（名・形动）高价，大价钱，昂贵。△～な宝石(ほうせき)/昂贵的宝石。

こうか⓪ 【硬化】（名・自サ）①硬化。△動脈(どうみゃく)～/动脉硬化。②（态度等）强硬。△態度(たいど)が～してきた/态度强硬起来。

こうか① 【硬貨】①硬币，金属货币。②通用货币。

こうが① 【高雅】(名・形动)高雅,雅致。△～な趣味(しゅみ) / 高雅的情趣。

ごうか① 【豪華】(名・形动)豪华,奢华。△～な暮(く)らし / 豪华的生活。△～版(ばん) / ⅰ)特别精装本。ⅱ)豪华奢侈的东西。

こうかい① 【航海】(名・自サ)航行,航海。

こうかい⓪ 【公開】(名・他サ)公开。△一般(いっぱん)～ / 一般性公开。△～状(じょう) / 公开信。

こうかい① 【後悔】(名・自他サ)后悔,懊悔。△～の気持(きもち) / 悔恨之心。△罪(つみ)を～する / 悔罪。◇～先(さき)に立(た)たず / 后悔莫及,后悔无用。

	いくら～て(で)追っつかない	しなければよかったと～	友の死を～	前非を～
後悔する	-し○	○	×	×
悔やむ	-ん○	○	○	×
悔いる	-い○	○	×	○

こうがい⓪ 【公害】公害。△～病(びょう) / 公害病。

こうがい① 【郊外】郊外,郊区。

ごうかい⓪ 【豪快】爽快,豪爽。

こうがく⓪ 【工学】工学,工程学。△～部(ぶ) / 工学系。

こうがく⓪ 【光学】光学。△～器械(きかい) / 光学仪器。

こうがく⓪ 【向学】好学,勤学。△～心(しん)にもえる / 求知欲强烈,好学心强。△～の念(ねん) / 求知欲,好学。

こうがく⓪ 【高額】(名・形动)高额,巨额。△～の所得(しょとく) / 高收入。△～な制作費(せいさくひ) / 高昂的制作费。

ごうかく⓪ 【合格】(名・自サ)①合格。②(考试等)及格。△試験(しけん)に～する / 考试及格。

	試験に～する	品質検査に～した品	～して、三学年に進む	大学に～する
合格	○	○	×	○
及第	○	×	○	×

こうがくしきマウス⓪-① 【光学式マウス】[—mouse]光学鼠标,光电鼠标。

こうかん⓪ 【交換】(名・他サ)交换,互换。△物物(ぶつぶつ)～ / 以物易物,物物交换。△～台(だい) / 交换台,电话总机。△～手(しゅ) / 话务员。

こうかん⓪ 【交歓・交款】(名・自サ)〈文〉联欢。△留学生(りゅうがくせい)との～会(かい) / 与留学生的联欢会。

こうかん⓪ 【好感】好感。△～を抱(いだ)く / 怀有好感。

こうかん⓪ 【巷間】世上,社会上。△～に伝(つた)わる / 流传到社会上。

こうがん⓪ 【厚顔】(名・形动)厚颜,无耻。△～無恥(むち) / 厚颜无耻。

こうがん⓪ 【紅顔】(年轻)面色红润。△～の美少年(びしょうねん) / 脸色红润的美少年。

ごうがん⓪ 〔傲岸〕(名・形动)傲慢,倨傲。△～な口(くち)ぶり / 傲慢的口吻。

こうき① 【好奇】好奇。△～の目(め) / 好奇的眼神。

こうき① 【好機】良机,好机会。

△～を逃(のが)す / 失掉良机。△～に恵(めぐ)まれる / 遇到好机会。

こうき① 【後期】后期,后半期。△縄文(じょうもん)～ / 绳文(时代)后期。

こうぎ① 【交宜】〔交誼〕交谊,交往。△～を絶(た)つ / 断交。

こうぎ① 【抗議】(名・自サ)抗议。△～を申(もう)し込(こ)む / 提出抗议。

こうぎ① 〔厚誼・高誼〕厚意,厚情。△～にあずかる / 承蒙关照。

こうぎ①③⓪ 【講義】(名・他サ)①讲解,讲义。②(大学等的)课程。△～を聞(き)く / 听课。

ごうき① 【剛気】〔剛毅〕(名・形动)刚毅。△～な気質(きしつ) / 刚毅的性格。

ごうぎ① 【合議】(名・自他サ)协议,协商。△～制(せい) / 协商制。

こうきあつ③ 【高気圧】高气压。

こうきしん② 【好奇心】好奇心。

こうきゅう⓪ 【恒久】长久,永久。△～和平(わへい) / 永久和平。

こうきゅう⓪ 【高級】(名・形动)高级,上等。△～船員(せんいん) / 高级船员。△～品(ひん) / 高级品。

	～な技術	～な品物	～動物	～な内容の話	これだけできれば～だ	～三千メートル
高級	○	○	×	○	×	×
高等	○	×	○	×	×	×
高度	○	×	×	×	×	○
上等	×	○	×	×	○	×

ごうきゅう⓪ 【号泣】(名・自サ)号啕大哭。

こうきょ① 【皇居】皇宫。

こうきょう⓪ 【公共】公共,公众。△～福祉(ふくし) / 公共福利。△～物(ぶつ) / 公物。

こうきょう⓪ 【好況】繁荣,景气。

こうぎょう① 【工業】工业。

こうぎょう⓪ 【興行】(名・他サ)(戏剧、电影等的收费)演出,演艺。△～師(し) / 职业演出者。△顔見(かおみ)せ～ / ⅰ)(戏剧名角)首次演出。ⅱ)歌舞伎全团登台亮相。

こうぎょう① 【鉱業】〔礦業〕矿业,采矿业。

こうぎょう⓪ 【興業】兴业,振兴工业。△殖産(しょくさん)～ / (明治前半期的)殖产兴业政策。

こうきょうきょく③ 【交響曲】交响曲。

こうきん⓪ 【公金】公款。△～横領(おうりょう) / 侵吞公款。

ごうきん⓪ 【合金】合金。△～鋼(こう) / 合金钢。

こうくう⓪ 【航空】航空。△～便(びん) / 航空邮寄。△～器(き) / 航空器(飞机、直升飞机、飞艇等)。△～灯台(とうだい) / 航标灯。△～母艦(ぼかん) / 航空母舰。△～路(ろ) / 航线。△～券(けん) / 机票。

こうぐう⓪ 【厚遇】(名・他サ)优待,优遇。△～を受(う)ける / 受到很好的优待。

こうげ① 【高下】(名・自サ)①高低,上下。②优劣。③涨落。△～する株価(かぶか) / 上下波

动的股票市场价格。

こうけい⓪① 【光景】光景，情景。△その時(とき)の～は忘(わす)れられない / 那时的情景是忘不了的。

	水平線に日の沈む～	先を争う浅ましい～	山の～を描く	～のいい所
光景	○	○	×	×
情景	○	○	○	×
風景	○	○	○	○

こうけい⓪ 【後継】继承。△～者(しゃ) / 继承者。

こうげい⓪① 【工芸】工艺。△～品(ひん) / 工艺品。

ごうけい⓪ 【合計】(名・他サ)合计，共计。

こうげき⓪ 【攻击】(名・他サ)①攻击，攻打。△～を受(う)ける / 受到攻击。△～を食(く)い止(と)める / 阻止了进攻。②指责，责难。△友達(ともだち)を～する / 攻击朋友。

こうけつ⓪ 【高潔】(名・形动)高洁，高尚。△～な人格(じんかく) / 高尚的人格。

ごうけつ⓪ 【豪傑】豪杰。

こうけん⓪ 【高見】①高明的见解。②(对别人意见的敬称)高见。

こうけん⓪ 【贡献】(名・自サ)贡献。△大(おお)きな～をした / 做出了重大贡献。

こうけん⓪ 【后见】(名・他サ)①辅佐，作后盾。②保护(人)，监护(人)。△～人(にん) / 保(监)护人。

こうげん⓪ 【高原】高原。

こうげん⓪ 【荒原】荒原，荒野。

ごうけん⓪ 【刚健】(名・形动)刚健。△～な気性(きしょう) / 刚健的气质。

こうご⓪ 【口语】①口语。②现代语，白话。△～体(たい) / 口语体。

こうご① 【交互】(名・副)相互，交替。△～に動(うご)く / 互动。⇨そうご 表

ごうご① 【豪语】(名・自サ)说大话，吹牛。△絶対(ぜったい)に負(ま)けぬと～する / 夸口说一定不会输。

こうこう① 【孝行】(名・形动)孝敬，孝顺。△～な息子(むすこ) / 孝顺的儿子。

こうこう⓪ 【航行】(名・自サ)航行。△三日(みっか)～して目的地(もくてきち)についた / 航行了三天到达目的地。

こうこう⓪ 【高校】高中("高等学校"之略)。△～生(せい) / 高中生。

こうこう⓪ 〔煌煌〕(形动タルト)辉煌，明亮。△電灯(でんとう)が～と輝(かがや)く / 灯火辉煌。

こうごう③ 【皇后】皇后。

ごうごう⓪ 〔嚣嚣〕(形动タルト)喧嚣。△喧喧(けんけん)～ / 喧喧嚣嚣。△～たる非難(ひなん)が起(お)こる / 喧嚣责难，纷纷指责。

こうこがく③ 【考古学】考古学。

こうこく⓪ 【广告】(名・他サ)广告。△～業(ぎょう) / 广告业。△～塔(とう) / 广告塔。

こうこつ⓪ 〔恍惚〕(名・形动タルト)①出神。△～として見

(み)とれる / 看入迷了。②(神志)恍惚。

こうさ⓪【交差】〔交叉〕(名・自サ)交叉。△立体(りったい)〜 / 立体交叉。

こうざ⓪【口座】(银行或账簿的)户头。

こうざ⓪【講座】①(大学里的)讲座课。②(采取专题讲授形式的)讲习班，广播节目。

こうさい⓪【交際】(名・自サ)交际，交往。△〜費(ひ) / 交际费。△〜を広(ひろ)げる / 扩大交际(范围)。

	友人との〜	〜の広い人	深い〜を結ぶ	〜の悪い人	〜家
交際	○	○	○	○	○
付き合い	○	○	×	×	×
交り	○	×	×	×	×

こうさい⓪【光彩】光彩。△〜を放(はな)つ / 放光彩。△〜陸離(りくり) / 光彩夺目。

こうざい⓪①【功罪】功罪。△〜相半(あいなか)ばする評価(ひょうか) / 功罪各半的评价。

こうさく⓪【工作】(名・自サ)①制做。②(土木、建筑等工程的)施工。③计划，准备，活动，工作。△陰(かげ)で〜する / 暗中活动。

こうさく⓪【交錯】(名・自サ)交错，错杂。

こうさく⓪【耕作】(名・自サ)耕种。△農地(のうち)を〜する / 耕种田地。

こうさつ⓪【考察】(名・他サ)考察，研究。△〜を進(すす)める / 展开考察。

こうさてん③⓪【交差点】①交叉点。②十字路口。

こうさん⓪【公算】可能性，概率。△成功(せいこう)の〜が大(おお)きい / 成功的可能性很大。

こうさん⓪【降参】(名・自サ)①投降。△どうだ、〜するか / 怎么样，投降不投降?②折服，认输。△この暑(あつ)さには〜だ / 这个热劲可真受不了。

こうざん①【高山】高山。△〜帯(たい) / 高山带。△〜植物(しょくぶつ) / 高山植物。△〜病(びょう) / 高山病。

こうざん①【鉱山】矿山。△〜労働者(ろうどうしゃ) / 矿山工人。

こうし①【公私】公私。△〜混同(こんどう) / 公私不分。△〜のけじめをつける / 公私分明。

こうし①【公使】公使。

こうし【行使】(名・他サ)行使，使用。△拒否権(きょひけん)を〜する / 行使否决权。

こうし⓪【格子】①格子，方格。②格子门窗。△〜戸(と) / 格子窗户门。③格子花纹。

こうし①【講師】①演讲者，讲课者。②受聘在学校任教者。③(职称)(大学的)讲师。

こうじ①【工事】(名・自サ)工程，施工。△水道(すいどう)〜 / 下水道施工。

こうしき⓪【公式】①正式。②(数学)公式。

こうしきサイト⓪-① 【公式サイト】[—site]官方网站。

こうしせい③ 【高姿勢】强硬态度，专横。△～に出(で)る/采取强硬态度。

こうした⓪ (连体)这样的，这种。△～問題(もんだい)/这种问题。

こうじつ⓪ 【口実】借口，口实。△～を設(もう)ける/找借口。

こうしゃ① 【公社】公社(日本国营企业)。

こうしゃ① 【後者】①后来者。②(二者之中的)后者。

こうしゃ① 【巧者】(名・形动)巧，老练伶俐。△口(くち)が～だ/嘴巧。△試合(しあい)～/赛场老手。

こうしゃ① 【校舎】校舍。

こうしゅう⓪ 【公衆】公众，一般群众。△～道徳(どうとく)/公共道德。△～衛生(えいせい)/公共卫生。△～電話(でんわ)/公用电话。

こうしゅう⓪ 【講習】(名・他サ)讲习，学习。△～会(かい)/讲习会。

こうしゅうは③ 【高周波】高周波，高频。△～炉(ろ)/高频电炉。

こうじゅつ⓪ 【口述】(名・他サ)口述。△～筆記(ひっき)/口述笔记，口述记录。

こうじゅん 【降順】(计算机)降序。

こうじょ① 【控除】〔扣除〕(名・他サ)扣除。△税金(ぜいきん)を～する/扣除税款。

こうしょう① 【工匠】①工匠，木工。②(作品的)匠心。

こうしょう⓪ 【交渉】(名・自サ)①交涉，谈判。△～を進(すす)める/进行交涉。②关系，联系。△彼(かれ)とは全然(ぜんぜん)～がない/与他没有什么关系。

こうしょう⓪ 【高尚】(形动)高尚，高雅。△～な趣味(しゅみ)をもつ人(ひと)/有高雅情趣的人。

こうじょう③ 【工場】工厂，工场。

こうじょう⓪ 【向上】(名・自サ)向上，提高，进步。△生活(せいかつ)の～/生活水平的提高。⇨しんぼ表

こうじょう⓪ 【厚情】厚情，厚谊。△～を感謝(かんしゃ)する/感谢厚谊。

ごうじょう⓪③ 【強情】(形动)刚愎，顽固，固执。△～を張(は)る/顽固，固执。

	～な人	～を張る	～な病気	～に信念を守り通す	自分の考えを～に主張する
強情	○	○	×	△	○
頑固	○	×	○	○	○
かたくな	○	×	×	○	○

こう・じる④③ 【講じる】(他上一)①讲授。②谋求，寻求。△対策(たいさく)を～/采取对策。

こうしん⓪ 【行進】(名・自サ)前进，(列队)行进。△入場(にゅうじょう)～/列队入场。△～曲(きょく)/进行曲

こうしん⓪ 【後身】后身。△一橋(ひとつばし)大学(だいがく)は東京高等商業学校(とうきょうこうとうしょうぎょうがっこう)の～である/一桥大学是东京高等商业学校的

后身。

こうしん⓪【更新】(名・自他サ)更新，革新，改革。△記録(きろく)を～する/打破记录。

こうしん⓪【後進】(名・自サ)①后进，晚辈。△～に道(みち)を譲(ゆず)る/给后来人让路。△～国(こく)/发展中国家。②(汽车等)倒车，向后退。

こうじん⓪【幸甚】(名・形動)(书信用语)幸甚，十分荣幸。

こうじん⓪〔後塵〕后尘。△～を拝(はい)する/ⅰ)步后尘。ⅱ)让步。

こうしんりょう③【香辛料】(芥末、胡椒等)香辣调味料。

こうず⓪【構図】①(平面、立体)图形。②(艺术作品)构图，结构(布局)。

こうすい⓪【香水】香水。

こうすい⓪【降水】降水，下雨(雪)。

こうずい⓪①【洪水】洪水。

こうすいりょう③【降水量】降水量，降雨(雪)量。

こうせい⓪【公正】(名・形動)公正，公平。△～な取(と)り引(ひ)き/公平交易。△～証書(しょうしょ)/公证书。△～取引(とりひき)委員会(いいんかい)/(日本)公平交易委员会。

こうせい⓪【更生】(名・自サ)①更生，复苏。△自力(じりき)～/自力更生。②改正，改恶从善。△彼(かれ)は～した/他改恶从善了。③废物利用，再生。△古(ふる)い服(ふく)を～して子供(こども)の上着(うわぎ)にする/把旧衣服改做儿童上衣。

こうせい⓪【攻勢】攻势。△～に出(で)る/采取攻势。

こうせい⓪【厚生】福利保健。△～事業(じぎょう)/福利保健事业。△～年金(ねんきん)/(由日本厚生省发给老、病、死者家属等的)福利金。△～労働省(ろうどうしょう)/(日本)厚生劳动省。

こうせい⓪【構成】(名・他サ)组织，构成。△文章(ぶんしょう)の～/文章的构成。

ごうせい⓪【合成】(名・他サ)①(由两个以上的东西)合成。△～写真(しゃしん)/合成摄影。②(化学)合成。△～繊維(せんい)/合成纤维，化纤。△～洗剤(せんざい)/合成洗涤剂。

ごうせい⓪【豪勢】(名・形動)①势力强。②豪华，奢侈。△～な生活(せいかつ)/奢侈的生活。

こうせき⓪【功績】功绩。△～を立(た)てる/立功。

	この成功は彼の大きな～だ	医学に～のあった人	戦争で～を立てる	教育界に～を残す	～賞
功績	○	○	△	○	×
手柄	○	×	○	×	×
功労	○	○	×	○	○

こうせつ⓪【公設】(名・他サ)公立，公营。△～市場(いちば)/公营市场。

こうせつ⓪①【巧拙】巧拙，优劣。△～は問(と)わない/不问优劣。

こうせん⓪【光線】光线。

こうぜん⓪【公然】(名・形動タルト)公然,公开。△～の秘密(ひみつ)/公开的秘密。

こうぜん⓪③〔昂然〕(形動タルト)昂然。△～たる態度(たいど)/昂然的态度。

こうそ①【控訴】(名・自サ)上诉。

こうそう⓪【抗争】(名・自サ)抗争,对抗。△人(ひと)とオオカミとの～/人与狼的抗争。

こうそう⓪【高層】①高空。△～気流(きりゅう)/高空气流。△～雲(うん)/高层云。②高层。△～ビル/高层建筑。

こうそう⓪【構想】(名・他サ)设想,构想,(作品)构思。△～を練(ね)る/锤炼构思。

こうそう⓪【広壮】〔宏壮〕(名・形動)宏伟,雄伟。△～な邸宅(ていたく)/很有气派的宅邸。

こうぞう⓪【構造】构造,结构。△文章(ぶんしょう)の～/文章的结构。

こうそく⓪【拘束】(名・他サ)拘束,限制,拘留。△身柄(みがら)を～する/拘留。△会社(かいしゃ)に～される/被拴在公司(脱不开身)。

こうそく⓪【高速】高速。△～道路(どうろ)/高速公路。

こうたい⓪【交替・交代】(名・自サ)交替,轮流。△～ででかける/轮流出去。

こうたい⓪【後退】(名・自サ)后退,倒退。△前線(ぜんせん)から～する/从前线退下来。

こうだい⓪①【広大】〔宏大〕(名・形動)广大,宏大。△～な原野(げんや)/广阔的原野。△～無辺(むへん)/广大无边。

こうたく⓪【光沢】光泽。△～を出(だ)す/磨出光泽。

こうだん⓪【公団】公团(国家出资设立的道路、住宅等建设团体)。

こうち①【高地】高地。

こうち①【耕地】耕地。

こうち①〔巧緻〕(名・形動)精致,精巧。△～な彫(ほ)り物(もの)/精致的雕刻物。

こうちゃ⓪【紅茶】红茶。

こうちょう⓪【好調】(名・形動)顺利,情况良好。△～に勝(か)ち進(すす)む/顺利地进入下一轮比赛。

	～な滑り出し	～な投手を使う	～なテンポの曲	仕事が～に仕上がる	エンジンはなかなか～だ
好調	○	○	×	×	○
快調	○	×	○	×	○
順調	○	×	×	○	×

こうちょう⓪【校長】(中小学)校长。

こうちょう⓪【紅潮】(名・自サ)脸发红。△ほおが～する/脸红。

こうちょく⓪【硬直】(名・自サ)僵硬,僵直。△手足(てあし)が～する/手脚僵直。

こうつう⓪【交通】(名・自サ)①来往,通行。△～整理(せいり)/整顿交通秩序。②交通。△～機関(きかん)/交通工具(广义包括电信、电话等通讯设施)。△～が激

こうつごう

(はげ)しい/交通拥挤。△～がまひする/交通瘫痪。△～事故(じこ)/交通事故。△～の便(べん)/交通的方便。△～費(ひ)/交通费。

こうつごう③【好都合】(名・形动)方便，顺利，便当。△～な話(はなし)/这事正合适。

こうてい⓪①【工程】①施工的工序，步骤。②(工程)进度，效率。

こうてい⓪【行程】①行程，路程。△一日(いちにち)の～/一日的行程。②(活塞的)冲程。

こうてい⓪【肯定】(名・他サ)肯定，承认。△犯人(はんにん)は自分(じぶん)の罪(つみ)を～した/犯人认罪了。△彼(かれ)の意見(いけん)が～された/他的意见被肯定了。

こうてい⓪【校庭】校园，操场。

こうてい⓪【高低】高低。△声(こえ)の～/声音的高低。△価格(かかく)の～/价格的高低。

こうでい⓪【拘泥】(名・自サ)拘泥，固执，计较。△形式(けいしき)に～する/拘泥形式。

こうてき⓪【好適】(名・形动)正好，恰好，适合。△旅行(りょこう)に～な季節(きせつ)/非常适合旅行的季节。

こうてつ⓪【更迭】(名・自他サ)更迭，更换。

こうてん⓪【好転】(名・自サ)好转。△事態(じたい)が～する/事态好转。

こうてん⓪【後天】(医学、哲学)后天。△～性(せい)/后天性。△～的(てき)/后天性的。

こうてん⓪【荒天】暴风雨的天气。△～をつく/冒着暴风雨。

こうど①【高度】Ⅰ(名)①高度。②海拔。③由地平到天体的角距离。△～計(けい)/高度计。Ⅱ(名・形动)程度很高。⇨こうきゅう表

こうとう⓪【口頭】口头。△～で説明(せつめい)する/口头解说。△～試問(しもん)/口试。△～弁論(べんろん)/口头辩论。

こうとう⓪【高等】(名・形动)高等，上等，高级。△～学校(がっこう)/高中。△～検査庁(けんさちょう)/最高检查院。△～裁判所(さいばんしょ)/最高法院。△～動物(どうぶつ)/高等动物。⇨こうきゅう表

こうとう⓪【高踏】超脱，清高，超越世俗。△～的(てき)に生(い)きる/超脱地生活。

こうとう⓪【高騰】〔昂騰〕(名・自サ)物价昂贵，涨价。△物価(ぶっか)の～/物价的急剧上涨。

こうどう⓪【行動】(名・自サ)行动，行为。△考(かんが)えを～に移(うつ)す/把想法变为行动。⇨こうい表

こうどう⓪【講堂】礼堂。

ごうとう⓪【強盗】强盗，抢劫。

ごうどう⓪【合同】(名・自他サ)①联合，合并。△二社(にしゃ)が～する/两个公司联合在一起。②(数学)两个图形一致。

△〜三角形(さんかくけい) / 全等三角形。

こうどく⓪【講読】(名・他サ)讲解。△『論語』〜/讲解《论语》。

こうどく⓪【購読】(名・他サ)购阅, 订阅。

こうなん⓪【後難】后患, 不良后果。△〜を恐(おそ)れる/怕有后患。

こうなん①【硬軟】①软硬, 强硬和软弱。②强硬派和软弱派。

こうにゅう⓪【購入】(名・他サ)购入, 买进, 采买, 采购。

こうにん⓪【公認】(名・他サ)公认, 政府承认。△〜会計師(かいけいし) / 有日本政府执照的会计师。

こうねつ⓪⓪【高熱】①高温, 高热。②(身体)高烧。

こうねつひ④③【光熱費】电费和煤气费。

こうねん⓪①【後年】①后期, 将来, 后世。②晚年。△〜の作品(さくひん) / 晚年的作品。

こうのう⓪【効能】功能, 效能, 功效。

こうはい⓪【向背】(名・自サ)①向背。②动向, 趋势。

こうはい⓪【交配】(名・他サ)交配。△〜種(しゅ) / 杂交种。

こうはい⓪【後輩】①后到职的同事, 低班的同学。△大学(だいがく)の〜/大学低年级的同学。②晚辈, 后生。

こうはい⓪【荒廃】(名・自サ)荒废。△〜した国土(こくど) / 荒废的国土。△心(こころ)が〜 / 人心荒乱, 散漫。

こうばい⓪〔勾配〕①倾斜面。②坡度, 梯度。

こうばい⓪【購買】(名・他サ)购买, 收购。△〜者(しゃ) / 购买者。△〜力(りょく) / 购买力。

こうばし・い④⓪【香ばしい】(形)(烧烤的气味)香。

こうはん⓪【広範】〔広汎〕(名・形动)广泛。△〜な地域(ちいき) / 广泛的地区。△〜囲(い) / 广范围。

こうはん⓪【公判】公开审判。

こうはん⓪【後半】后一半, 后半。

こうばん⓪【交番】派出所。

こうひょう⓪【公表】(名・他サ)公布, 发表, 公开。△真相(しんそう)を〜する / 公布真相。

こうひょう⓪【講評】(名・他サ)讲评, 评语。

こうひょう⓪【好評】好评, 称赞。△〜を得(え)る/获得好评。

こうふ①⓪【公布】(名・他サ)公布, 颁布。△法令(ほうれい)を〜する / 颁布法令。

こうふ⓪【交付】(名・他サ)交付, 交给, 发给。△免許証(めんきょしょう)の〜/发给驾驶执照。

こうふく⓪【幸福】(名・形动)幸福。△〜な人生(じんせい) / 幸福的人生。

	それは私にとって〜だった	〜な一生を送る	そう願えれば〜です	〜天気に恵まれた	どうぞお〜に
幸福	○	○	×	×	○
幸せ	○	○	×	○	×
幸い	○	×	○	○	×

こうふく⓪【降伏】(名・自サ)投降，降服。△無条件(むじょうけん)～/无条件投降。

ごうふく⓪①〔剛腹〕(名・形動)顽固，倔强。△～な態度(たいど)/顽固的态度。

こうぶつ①【好物】爱吃的东西。

こうぶつ⓪⓪【鉱物】〔礦物〕矿产，矿物。

こうふん⓪〔口吻〕口吻，口气，语气。△人(ひと)の～をまねる/学别人的口气。⇨くちょう表

こうふん⓪【興奮】(名・自サ)①(心情)兴奋。△～のあまり/过于兴奋。△～剤(ざい)/兴奋剂。②激动。△～の色(いろ)/激动的神色。

こうへい⓪【公平】(名・形動)公平。

こうほ①【候補】①候补，候补人。②候选，候选人。

こうぼ①【公募】(名・他サ)公开招募，征集。△名前(なまえ)を～する/征集名称。

こうほう⓪【広報】〔弘报〕(名・他サ)宣传，报导，情报。△～課(か)/宣传科。

こうほう⓪【後方】后方。

こうぼう⓪【興亡】兴亡。△国家(こっか)の～/国家的兴亡。

ごうほうてき⓪【合法的】(形動)合法的。

こうまい⓪〔高邁〕(名・形動)崇高的，远大的。△～な理想(りそう)/远大的理想。

こうまん⓪⓪〔高慢〕(名・形動)高傲，傲慢。△～な態度(たいど)/傲慢的态度。

ごうまん⓪〔傲慢〕(名・形動)傲慢，骄傲。△～無礼(ぶれい)な人(ひと)/傲慢无礼的人。

こうみょう⓪【功名】功名。△～心(しん)/功名心。△～を争(あらそ)う/争功名。

こうみょう⓪【巧妙】(名・形動)巧妙。△～に身(み)を守(まも)る/巧妙地保护自己。△～な仕掛(しかけ)け/巧妙的装置。

こうみょう⓪【光明】①光，明亮。②希望。△前途(ぜんと)に～を見(み)いだす/看到光明的前途。

こうみんかん③【公民館】(日本市、町、村的)公民馆，文化馆。

こうむ①【公務】公务，公事。

こうむいん③【公務員】公务员。

こうむ・る③【被る】〔蒙る〕(他五)①蒙，戴。②蒙受，遭受，招致。△被害(ひがい)を～/蒙受损害。△恩恵(おんけい)を～/得到恩惠。③〈谦〉受。△ご免(めん)を～/恕不遵命。

こうめい⓪【公明】公平，公正。△～選挙(せんきょ)/公正选举。△～正大(せいだい)/光明正大。

こうめい⓪【高名】(名・形動)①有名，知名。△～な人(ひと)/有名的人。②(指对方的名字)大名，芳名。△ご～/您的大名。⇨ちょめい表

こうもく⓪【項目】项目，索引。

こうや①【広野】〔曠野〕〈文〉辽阔的原野，旷野。

こうや①【荒野】荒野。

こうやく⓪ 【公約】(名・自他サ)(政府、政党対一般群众提出的)诺言，许诺。△～を守(まも)る/遵守公约。

こうよう⓪ 【効用】①用处，用途。△石油(せきゆ)の～/石油的用途。②功效，效能。△～がある/有效。△製品(せいひん)の～/产品的效能。⇨ききめ 表

こうよう⓪ 【紅葉】红叶，红枫。

こうよう⓪ 【高揚】〔昂揚〕(名・自他サ)昂扬，高昂，发扬。△士気(しき)の～/鼓舞士气。

こうよう⓪ 【公用】①公用。②公务，公事。

こうよう⓪ 【綱要】〈文〉纲要。△論理学(ろんりがく)～/逻辑学纲要。

ごうよく① 【強欲】〔強慾〕(名・形动)贪婪，贪而无厌。△～な男(おとこ)/贪婪之辈。△～非道(ひどう)/贪婪残忍。

こうらく⓪ 【行楽】行乐，游览。△～地(ち)/游览地。△～客(きゃく)/游客。

こうり⓪ 【小売(り)】(名・自サ)零售，小卖店。△～物価指数(ぶっかしすう)/零售物价指数。

ごうり① 【合理】合理。△～化(か)/合理化。△～主義(しゅぎ)/ⅰ)合理主义。ⅱ)唯理论。△～的(てき)/合理的。

こうりつ⓪ 【公立】公立。

こうりつ⓪ 【効率】效率。

こうりゅう⓪ 【交流】(名・自他サ)①交流，沟通。△人事(じんじ)の～/人事的交流。②(电)交流。

こうりゅう⓪ 【興隆】(名・自サ)兴隆，兴旺，繁荣，兴盛。△仏教(ぶっきょう)の～/佛教的兴盛。

ごうりゅう⓪ 【合流】(名・自サ)①汇合。△川(かわ)が～する/河流汇合。△～点(てん)/汇合点。②联合，合并。△本隊(ほんたい)に～する/与总队合并。

こうりょ① 【考慮】(名・他サ)考虑。△～の余地(よち)がない/没有考虑的余地。

	～が足りない	～を払う	～が深い	その点十分～する	～ある行動を望む
考慮	○	○	×	○	×
思慮	○	×	○	×	○

こうりょく① 【効力】效果，作用，效能。△薬(くすり)の～/药效。

こうれい⓪ 【恒例】惯例，常例。△～になる/成为惯例。

こうれい⓪ 【高齢】高龄，年迈。

ごうれい⓪ 【号令】(名・自サ)①号令，口令。△～をかける/喊口令。②发布命令。△天下(てんか)に～する/向天下发布命令。

こうろ① 【行路】①行路，走路。②度世，处世。△人生(じんせい)～/人生处世。

こうろ① 【航路】(海、空)航线。

こうろん①⓪ 【口論】(名・自サ)口角，争吵。

こうろん⓪ 【公論】①舆论。△～に従(したが)う/听从舆论。②公论。

こうわ⓪ 【講和】〔媾和〕(名・自サ)讲和。△～条約(じょうやく)/和约。

こうわん① 【港湾】港湾。

こえ① 【声】①(人、动物发出的)声，声音。△～が通(とお)る/声音响亮。△黄色(きいろ)い～/(女人)尖细的声音。②响声，音。△電話(でんわ)の～が遠(とお)い/电话声小。③意见，想法。△読者(どくしゃ)の～/读者的意见。④话，语言。◇～が掛(か)かる/ⅰ)被…招呼。ⅱ)被…邀请，招待。◇～の下(した)から/(话)刚一说马上就…。◇～を呑(の)む/(因感动或紧张)说不出话来。◇～をかける/打招呼，搭话。邀请。◇～を揃(そろ)える/异口同声。◇～を荒(あら)らげる/厉声。⑤(以"～を聞(き)く"的形式)临近，迫近。△師走(しわす)の～を聞(き)く/临近年关。

ごえい⓪ 【護衛】(名・他サ)护卫(员)，警卫(员)。

こえかわり③ 【声変わり】(名・自サ)(青年期)嗓音变化。

ごえつどうしゅう①-⓪ 【呉越同舟】(名・自サ)吴越同舟。△～の研修会(けんしゅうかい)/吴越同舟的进修会。

こ・える② 【肥える】(自下一)①肥胖。△牛(うし)が～/牛肥。②(土地)肥沃。△肥えた土地(とち)/肥沃的土地。③讲究，要求高。△目(め)が～/眼光高，有眼力。△耳(みみ)が～/耳朵(对音乐的)鉴赏力很强。

こ・える⓪ 【越える】(自下一)①越过，渡过。△山(やま)を～/过山。②跳过。③超过。△70才(さい)を～/超过70岁。△権限(けんげん)を～/超越权限，越权。

	山を～	人を～た才能	温泉で年を～	2メートルを～大波	想像を～困難	それに～た事はない
越える	○	-え	×	○	○	×
越す	○	×	○	○	×	-しロ

こ・える⓪ 【超える】(自下一)①超过。△千人(せんにん)を～聴衆(ちょうしゅう)/超过千人的听众。△常識(じょうしき)を～/超出常识。②胜过。△先輩(せんぱい)を～/胜过前辈。

こおう⓪ 【呼応】(名・自サ)①呼应。②配合，里应外合。△党(とう)の方針(ほうしん)に～して、…/配合党的方针…。

コース① [course]①道路，路线。△ハイキング～/郊游路线。②课程，学科。△マスター～/硕士课程。③跑道，泳道，高尔夫球比赛场。

コーチ① [coath] Ⅰ(名・他サ)教练。Ⅱ(名)教练员。

コート① [coat]①上衣，外套，大衣。△レーン～/雨衣。△オーバー～/大衣。②日本妇女的和服外套，女大衣。

コート① [court](网球、排球)球场。

コード① [code]①法规，准则。②符号，代码，密码。③(计算机)编码。

コーナー① [corner]①角落，角。

②(商场)专柜。

コーヒー③ [荷 coffie]〔咖啡〕咖啡。△～ブレーク / 喝咖啡(茶)的休息时间。

コーラ① [cola]可乐(以柯拉子树果实为原料的清凉饮料)。△コカ～ / 可口可乐。

コーラス① [chorus]合唱,合唱曲,合唱团。

こおり⓪ 【氷】①冰。②刨冰。△～砂糖(ざとう) / 冰糖。△～豆腐(どうふ) / 冻豆腐。△～枕(まくら) / (病人用)冰枕。

こおりつく④ 【凍り付く】(自五)①冻上。②冻硬。△豆腐(とうふ)が凍り付いた / 豆腐冻硬了。

こお・る⓪ 【凍る】(自五)结冰,结冻。△湖(みずうみ)が～/湖水结冰。△身(み)も～ような寒(さむ)さ/冷得身体都要冻僵了。

コール① [call]①传呼。②打电话。△パーソナル～ / 私人电话。③("コール・マネー"的简略说法)通知放款。

ゴール① [goal](名・自サ)①(田径、游泳等的)终点,到达终点。②(球类比赛)进球。③(奋斗的)目标。

ゴールデン [golden](接头)①黄金,金制的。△～ウィーク / 黄金周,休假日多的一周。△～アワー / (收看电视、收听广播的)黄金时段。②豪华,昂贵。

コール・マネー [call money]→コール。

ごかい⓪ 【誤解】(名・他サ)误解,误会。△～を招(まね)く / 引起误解。

	とんだ～をする	今まで君を～していたよ	今日は十日だと～していた	あらぬ～を招く
誤解	○	○	×	○
思い違い	○	○	○	×
勘違い	○	×	○	×

ごかく⓪ 【互角】(名・形動)势均力敌,不相上下。△～の勝負(しょうぶ) / 不分胜负。

ごがく①⓪ 【語学】①语言学。②外语,外语学习。

こが・す② 【焦(が)す】(他五)①弄糊,烤焦。△じゅうたんを～ / 地毯烤糊了。②(心绪等)焦急,焦虑。△胸(むね)を～ / 焦虑。

こがた⓪ 【小型】小型。

こかつ⓪ 【枯渇】〔涸渇〕(名・自サ)变枯竭,枯涸。△才能(さいのう)が～する / 才能枯竭。△水(みず)が～/水枯竭了。

ごがつ⓪ 【五月】五月。△～病(びょう) / (日本新大学生或新公司职员于五月易得的病)新生容易得的病。

こがね 【黄金】①金,黄金。②金币。③金色。△～虫(むし) / 金龟子。

こがね⓪ 【小金】小额款项。

こがら⓪ 【小柄】(名・形動)①身材矮小。②(布料)碎花,小花。

こがらし② 【木枯(ら)し】〔凩〕(秋末冬初刮的)寒风。△～が吹(ふ)く/刮冷风。

こが・れる 【焦(が)れる】Ⅰ③(自下一)①渴望,向往。②思慕,思

恋，想念。△彼女(かのじょ)に～/恋慕着她。Ⅱ(接尾)(接用言连用形下)焦急，殷切。△待(ま)ち～/殷切盼望，期盼。

ごかん⓪ 【五感】五种感觉(视觉、听觉、嗅觉、味觉、触觉)。

ごかん⓪ 【語感】语感，语言的细微感情。△言葉(ことば)の持(も)つ～/语言所具有的语感。

ごかんき⓪ 【互換機】兼容机。

ごかんせい⓪ 【互換性】兼容性。

ごきげん⓪ 【御機嫌】(名・形动)("きげん"的敬语)①情绪，精神。△～をとる/取悦，讨好。②高兴。

こぎって② 【小切手】(银行)支票。

こきゅう⓪ 【呼吸】(名・自他サ)①呼吸。△～器(き)/呼吸器官。②要点，窍门。△…する～を知(し)る/知道…的窍门。③步调，节奏。△～が合(あ)う/合得来。

こきょう① 【故郷】故乡，老家。◇～へ錦(にしき)を飾(かざ)る/衣锦还乡。

-こく① 【国】(接尾)国家，…国。△外(がい)～/外国。

こ・ぐ① 〔漕ぐ〕(他五)①划(船)，摇(橹)△舟(ふね)を～/划船。②蹬(自行车)，荡(秋千)。△ブランコを～/荡秋千。

ごく① 【極】(副)极，最，顶。

ごく① 【語句】语句，词语。

ごくい① 【極意】(武道、艺术、医术等的)精髓，秘诀。△～をわめる/探究精华所在。

こくいっこく①-④ 【刻一刻】(副)每时每刻，不停地。△～時間(じかん)が近(ちか)づいてくる/时间在不断逼近。

こくう⓪ 【虚空】①太空，空中。②虚空。△～をつかんで倒(たお)れる/两手抓个空跌倒了。

こくえい⓪ 【国営】国营。△～鉄道(てつどう)/国营铁路。

こくおう⓪ 【国王】国王。

こくがい② 【国外】国外。

こくぎ① 【国技】国技(一国所特有的传统武术或体育、技艺等)。△～館(かん)/国技馆。

こくげん② 【刻限】限定的时间。△～に遅(おく)れる/晚于限定的时间。

こくご⓪ 【国語】①国语，本国语言。△日本(にほん)の～/日本的国语。②(学科)国语，语文。

こくさい⓪ 【国際】国际。△～関係(かんけい)/国际关系。△～語(ご)/ⅰ)国际通用语言。ⅱ)世界语。△～結婚(けっこん)/国际婚姻。△～主義(しゅぎ)/国际主义。△～色(しょく)/国际色彩。△～電話(でんわ)/国际电话。△～ローミング/国际漫游。△～法(ほう)/国际法。△～連合(れんごう)/联合国。△～的(てき)/国际的。

こくさん⓪ 【国産】国产。

こくし①⓪ 【酷使】(名・他サ)酷使，残酷驱使。△従業員(じゅうぎょういん)を～する/残酷地使用职工。

こくじ⓪ 【告示】(名・他サ)告示，布告，通告。△内閣(ないかく)～/

内阁告示。

こくじ⓪① 【酷似】(名・自サ)酷似。△本物(ほんもの)に～した複製画(ふくせいが)/酷似真品的复制画。

こくじん⓪ 【黒人】黑人,黑种人。

こくすい⓪ 【国粋】国粋。△～主義(しゅぎ)/国粋主义。

こくせい⓪ 【国政】国政,国家的政治。△～を左右(さゆう)する/左右国家的政治。

こくせい⓪ 【国勢】①国情(国家的人口、产业、资源等现状)。△～調査(ちょうさ)/ⅰ)国情调查。ⅱ)人口普查。②国势。

こくせき⓪ 【国籍】(人或飞机、船舶等的)国籍。

こくそ① 【告訴】(名・他サ)控告,起诉。△工場(こうじょう)の責任者(せきにんしゃ)を～する/控告工厂负责人。

こくたい⓪ 【国体】①国体,国家的体制。②国民体育大会(的略语)。

こくち⓪⓪ 【告知】(名・他サ)告知,通知。△～板(ばん)/通知栏。

こくてい⓪ 【国定】国家规定,国家制定。△～公園(こうえん)/(日本)国(家指)定公园。

こくてつ⓪ 【国鉄】("国営鉄道"之略)(日本)国铁,国营铁路,国有铁路。△～電車(でんしゃ)/国营电车线路。

こくでん⓪ 【国電】("国鉄電車"之略)(日本)国营电车线。

こくど① 【国土】国土,领土。△～計画(けいかく)/开发利用国土(以发展产业、交通、文化各方面的)计划。△～庁(ちょう)/(日本)国土庁。

こくどう⓪ 【国道】国道。

こくない② 【国内】国内。

こくはく⓪ 【告白】(名・他サ)坦白,表白,自白。△罪(つみ)の～/坦白罪行。△愛(あい)の～/倾诉爱情。

こくばん⓪ 【黒板】黑板。

こくひ 【国費】公费,国家经费。△～留学(りゅうがく)/公费留学,官费留学。

ごくひ⓪ 【極秘】(名・形动)绝密,极其秘密。△～に捜査(そうさ)する/秘密搜查。

こくふく 【克服】(名・他サ)克服,征服。△困難(こんなん)を～する/克服困难。

こくべつ 【告別】(名・自サ)告别,辞行。△～の辞(じ)/告别辞。△～式(しき)/(向死者)遗体告别仪式。

こくほう 【国宝】①国宝。②国家级文物。

こくぼう 【国防】国防。

こくみん⓪ 【国民】国民。△～栄誉賞(えいよしょう)/(日本内阁总理大臣颁布的)国民荣誉奖。△～健康保険(けんこうほけん)/国民健康保险。△～所得(しょとく)/国民收入。△～審査(しんさ)/(日本总选举时,由国民投票)审查最高法院审判长(是否胜任职务)。△～性(せい)/国民性。△～年金(ねん

きん)/(国民因年老或残废而失去工作能力者从国家接受补助生活的)年金。△～の祝日(しゅくじつ)/国民的节日(如：新年、成人节、春分、宪法纪念日、体育日等)。

こくむ① 【国務】国务，国政。△～省(しょう)/(美国的)国务院。△～大臣(だいじん)/国务大臣。

こくめい⓪ 【国名】国名。

こくめい⓪② 【克明】(形动)①仔细，一丝不苟。②耿直，老实。

こくもつ② 【穀物】五谷，粮食。△～を蓄(たくわ)える/储藏粮食。

こくゆう⓪ 【国有】国有。△～財産(ざいさん)/国有财产。△～地(ち)/国有地。△～林(りん)/国有林。

ごくらく⓪④ 【極楽】①(佛教)极乐净土。△～浄土(じょうど)/极乐世界。△～鳥(ちょう)/极乐鸟，风鸟。△～往生(おうじょう)/(没有痛苦地)安然死去。②安乐无忧的境遇。

こくりつ⓪ 【国立】国立。

こくりょく② 【国力】国力。

こくれん⓪ 【国連】("国際連合"之略)联合国。

ごくろう 【御苦労】①(向为自己做事的人道谢)劳驾，辛苦。△～をかけてすみません/您受累了。辛苦啦！②(名・形动)"苦労"的郑重语。△～さま/您辛苦受累了 (一般是长辈对晚辈说)。

こけい⓪ 【固形】固体。

こげちゃ⓪ 【焦げ茶】深棕色，深咖啡色。

こ・げる② 【焦げる】(自下一)烤糊，烧焦。

ごげん⓪ 【語源・語原】语源。△～学(がく)/语源学。

ここ① 【個個】〔箇箇〕各个，各自。⇨かくじ 表

ここ⓪ 〔此所・此処〕(代)①这里，这儿，此处，此地。△～へいらっしゃい/到这里来吧！②这件事，这一点，这个时候，这个场合。△～だけの話(はなし)/(不能公开)只能在这儿说的话。③目前，现在。△～数日(すうじつ)/最近几天。④现状。△事(こと)～に至(いた)っては/事已至此。◇～を先途(せんど)と/成败存亡在此一举。

ごご① 【午後】下午，午后。

ココア①② [cocoa]可可粉，可可茶。

こご・える④⓪ 【凍える】(自下一)冻僵。△体(からだ)が～/身体冻僵了。

ここく 【故国】①故乡。②祖国。

ここち⓪ 【心地】①感觉，心情，心境。△すがすがしい～/清爽的感觉。△いい～/舒服，舒适。②考虑，思虑。⇨きもち 表

-ごこち⓪ 【心地】(接尾)(接名词、动词连用形下)心情，感觉。△夢(ゆめ)～がする/仿佛在梦境中似的。△乗(の)り～のよい車(くるま)/坐着舒适的车。

ここのえ③ 【九重】①九重，九层。

②宮中，皇宮。③都城。

ここのか④【九日】①九号。②九天。

ここのつ②【九つ】（数）①九个，九。②九岁。③古代的时刻，即现在的中午12时和午夜的零时。

ここのところ⑥⓪〔此処の所〕（副）现在，目前。△～うまくいっている/目前还很顺利。

ここべつべつ①-⓪【個個別別】（名・形动）各不一样。△～に行動(こうどう)する/各自行动。

こご・む②⓪〔屈む〕（自五）弯腰，哈腰，弓腰。△背(せ)が～/弯腰。

こころ③②【心】①心，心胸，精神，感情。△～が大(おお)きい/气量大。△～を寄(よ)せる/倾心，爱慕。△～を痛(いた)める/痛心。②想法，打算，意图。△君(きみ)の～が分(わ)からない/不知道你的想法。③心情。△～を打(う)つ/感动。④关怀，人情。△～ない仕打(しう)ち/不通人情的作法。⑤情调。△絵(え)～(ごころ)/画的情调。⑥希望，心愿。△～にかなう/随心，合意。⑦要点，情趣。⑧意味，意思。△詩(し)の～を味(あじ)わう/欣赏诗的意味。◇～にもない/i)并非情愿。ii)想都没想过。◇～の闇(やみ)/糊涂，是非不分。◇～を鬼(おに)にする/硬着心肠。◇～を砕(くだ)く/操心，费尽心机。◇～を汲(く)む/体谅。◇～を遣(や)る/开心，解闷。◇～を許(ゆる)す/麻痹大意，松懈。

◇～をかける/专心致志。◇～が通(かよ)う/i)相互理解。ii)心心相印。◇～に刻(きざ)む/牢记，铭记。

こころあたり④【心当(た)り】①想起，想到。△何(なに)か～はないか/想起什么没有？②估计，预计，线索。△～をさがす/寻找线索。

こころえ③④⓪【心得】①掌握，精通。△茶道(さどう)の～がある/有茶道的知识。②规则，须知，注意事项。△紳士(しんし)としての～/作为绅士应该做到(知道)的。③代理，暂代。△課長(かちょう)～/代理科长。

こころ・える④【心得る】（他下一）①理解，了解，明白。△事情(じじょう)を～/了解情况。②答应，应允，同意。△よし，心得た/好，同意了。③提醒。④熟悉，精通。△取(と)り扱(あつか)いを～/掌握了使用方法。

こころおぼえ④【心覚え】（名・自サ）①记忆，记住。△全然(ぜんぜん)～がない/一点也记不得了。②笔记，记录。

こころがけ⑤⓪【心掛け・心懸け】记在心里，挂在心上。△かれは何事(なにごと)にも～のよい人(ひと)です/他是个什么事情都留心的人。

	そんなでは物にならんぞ	～のいい人	万一のときのをしておく	反撃の～を見せる
心がけ	○	○	×	×
心構え	○	×	○	×
気構え	○	×	×	○

こころが・ける⑤【心掛ける・心懸ける】(他下一)留心,注意,记在心里。△倹約(けんやく)を～/注意节约。

こころがまえ④【心構え】(名・自サ)(精神上的)准备,思想准备。△～をする/做好精神准备。⇨こころがけ表

こころざし⑩⑤【志】①志,志向。△～を立(た)てる/立志。△～を遂(と)げる/实现了理想。②心愿,意图。△事(こと)～と違(ちが)う/事与愿违。③盛情,厚意。④表达心意的赠品。△ほんの～です/这是一点小意思(略表寸心)。

こころざ・す④【志す】(自他五)①志愿,立志。△画家(がか)を～/立志当画家。②以…为目标。

こころづかい④【心遣い】(名・自サ)关怀,照料,费心。△温(あたた)かい～/亲切的关怀。△細(こま)かい～/细心,注意细节。

こころづくし④【心尽し】费尽心思,好意。△～の贈(おく)り物(もの)/厚意的赠品。

こころづよ・い⑤【心強い】(形)有信心,胆子壮。△きみが一緒(いっしょ)だと～/有你在我就胆子壮。

こころのこり④【心残(り)】(名・形动)挂念,遗憾,恋恋不舍。△～はちっともない/毫不留恋。

こころぼそ・い⑤【心細い】(形)①心里没底,心里不安,发慌。△一人(ひとり)では～/一个人觉得不安。②寂寞。

こころみ⓪④③【試み】尝试,试验。△最初(さいしょ)の～/初次尝试。△新(あたら)しい～/新的尝试。

こころ・みる④【試みる】(他上一)试,尝试。△登頂(とうちょう)を～/尝试着登向山顶。

	うまくいくかどうか～	小説を書こうと～	能力を～	無駄な抵抗を～	うそをついて彼の愛情を～
試みる	○	○	×	○	×
試す	○	×	○	×	○

こころもち⓪⑤④【心持(ち)】Ⅰ(名)心情,心境,感觉。△ああ、いい～だ/啊,心情真舒畅。Ⅱ(副)稍微,稍稍。△～右(みぎ)へ寄(よ)せる/稍微向右靠。

こころよ・い④【快い】(形)①高兴,愉快,爽快。△～眠(ねむ)り/舒服的睡眠。△快く引(ひ)き受(う)ける/爽快地答应。②(病况)见好。

ここん①【古今】古今。△～未曾有(みぞう)の国難(こくなん)/古今未有的国难。△～東西(とうざい)/古今中外。

ごさ①〔誤差〕①差错,误差。△時計(とけい)の～/时钟的误差。②(数学)误差。

こざいく②【小細工】①细小的工艺。②小花招,小把戏。△～を弄(ろう)する/玩弄小聪明。

ございま・す④〔御座います〕(自动,特殊变化型,由"ござります"变来,是"あります""です"的郑重语式)有,在。

こさめ⓪【小雨】小雨。

こさん⓪【古参】老手,旧人,老

ごさん⓪【誤算】(名・自サ)①误算,算错。②估计错误。△〜がある/失算。

こし⓪【腰】①腰。②拉门,交通工具等的下半部。③面粉、粘糕等的粘度,弹力。△〜のあるうどん/有韧性的面条。④气魄,态度,意志。△〜が強(つよ)い/态度强硬。△〜が弱(よわ)い/态度软弱,没骨气。⑤势头,劲头。△話(はなし)の〜を折(お)る/打断话头。◇〜が重(おも)い/动作迟缓。◇〜が軽(かる)い/动作快。◇〜が低(ひく)い/(对人)谦逊,和蔼。◇〜を入(い)れる/专心致志,认真。◇〜を折(お)る/ⅰ)弯腰。ⅱ)屈服。◇〜をすえる/安心地干,专心地做。◇〜を抜(ぬ)かす/瘫,吓软。◇〜を上(あ)げる/站起来。着手。◇〜を浮(う)かす/欠起身。

こし①〔輿〕①(旧式的)轿子。②祭祀时装上神牌位抬起游街的轿子。

こし①【枯死】(名・自サ)〈文〉枯死。

こじ①【孤児】孤儿。

こじ①【固持】(名・他サ)〈文〉坚持。△自説(じせつ)を〜する/坚持己见。

こじ①【故事】典故。△〜来歴(らいれき)/典故的来历。

こじ①【誇示】(名・他サ)炫耀,夸示。△威力(いりょく)を〜する/炫耀威力。

ごじ⓪①【誤字】错字。

こしかけ③④【腰掛(け)】①凳子。②一时栖身之处。△〜の仕事(しごと)/暂时的工作。

こしか・ける④【腰掛ける】(自下一)坐下。△患者(かんじゃ)は椅子(いす)に腰掛けた/患者坐到椅子上。

こしき①⓪【古式】古式,老式。△〜にのっとる/遵循古老的方式。

こじき③〔乞食〕乞丐,讨饭的,叫花子。

こしつ⓪【固執】(名・自他サ)坚持,固执。△自説(じせつ)に〜する/固执己见。△態度(たいど)を〜/坚持态度。

ごじゅうおん②【五十音】日语的五十个音(从あ行到わ行)。△〜図(ず)/五十音图。

ごしゅじん②〔御主人〕您丈夫,您先生。

こしょう⓪【故障】(名・自サ)①毛病,故障,事故。△電話(でんわ)が〜した/电话出毛病。△体(からだ)の〜/身体出了毛病。②妨碍,障碍。③异议,异论,抱怨。△〜を申立(もうした)てる/提出异议。

	何の〜もない	機械が〜を起こす	〜があって行けない	運営に〜をきたす	彼の功績と言って〜ない
故障		○	△	×	×
支障	○		○	○	×
差し支え	○	×	○	×	○

こしょう② 〔胡椒〕胡椒，胡椒面。

こしょう⓪ 【湖沼】湖沼。△～地帯(ちたい)/湖沼地帯。

こしょく① 【古色】古雅，古色。△～をたたえる/古色古香。

こしらえ⓪ 〔拵(え)〕①构造，制造。②准备。③(演员的)化妆。

こしら・える⑤ 〔拵える〕(他下一)①制造，做。△洋服(ようふく)を～/做西装。△財産(ざいさん)を～/创造财富，购置财产。②说和，掩饰，粉饰。③筹(款)，凑(钱)。△お金(かね)を～/筹款。④打扮，化妆。△顔(かお)を～/化妆。⑤捏造，虚构，编造。△話(はなし)を拵えて言(い)う/编造假话。⇒つくる 表

こじ・れる③ 〔拗れる〕(自下一)①病情加重。△風邪(かぜ)が～/感冒加重。②(因为纠葛，问题，情况等)复杂化。△仲(なか)が～/感情出现纠葛。

こじん① 【故人】①老朋友。②死人，死者。△～となる/已成故人。

こじん① 【個人】个人，一个人。△～差(さ)/个体差异。△～主義(しゅぎ)/个人主义。

こ・す②⓪ 【越す】Ⅰ(他五)①越过。△山(やま)や川(かわ)を～/越过山川。△事件(じけん)が山(やま)を～/事件平息了。②超过，胜过。△先輩(せんぱい)を～/超过前辈。③度过，经过。△冬(ふゆ)を～/过冬。④迁居，移。△家(いえ)を～/搬家。Ⅱ(自五)(用"お越し"

的形式，"行く""来る"的敬语)去，来。△社長(しゃちょう)が海外(かいがい)へお越しになる/总经理要去海外。⇒こえる 表

こ・す⓪ 【超す】(自五)超过。△五十(ごじゅう)の坂(さか)を～/年逾五十。△実力(じつりょく)を～成績(せいせき)/超出实力的成绩。

こ・す⓪ 〔濾す・漉す〕(他五)过滤，过淋。△油(あぶら)を～/过滤油。

こす・い② 〔狡い〕(形)①狡猾。△～人(ひと)にだまされる/被狡猾的人骗了。②吝啬。

こすい⓪ 【鼓吹】(名・他サ)①鼓吹，宣传。△思想(しそう)を～する/宣传思想。②鼓舞。△士気(しき)を～する/鼓舞士气。

こずえ⓪ 〔梢・杪〕树梢，树枝。

コスト① [cost]①成本，生产费。△～インフレ/成本提高招致通货膨胀。△～管理(かんり)/成本管理。△～ダウン/成本下降。②价格，价钱。△～パフォーマンス/性价比。

コスモス① [cosmos]①波斯菊，秋樱。②宇宙，世界。△ミクロ～/微观世界。

こす・る② 〔擦る〕(他五)擦，摩擦，揉，搓。△手(て)で目(め)を～/用手揉眼睛。△タオルで体(からだ)を～/用毛巾擦身体。

こせい① 【個性】个性，特性。△～が表(あらわ)れる/体现个性。

ごせい⓪ 【語勢】语气，语调。△～を強(つよ)める/加强语气。

こせき⓪【戸籍】户口，户籍，户口簿。△～抄本(しょうほん)/(法律)户籍的一部分抄件。△～謄本(とうほん)/(法律)户籍的全部抄件。

こせき⓪【古跡】〔古蹟〕古迹。△名所(めいしょ)～/名胜古迹。

こせこせ①（副・自サ）①心地狭窄，气量狭小。△～気(き)をつかう/为细小之事劳神。②窄小。△～した部屋(へや)/窄小的房间。

ごせっく②【五節句】五节日(日本古时一年有五个节日，即："人日(じんじつ)"(正月七日)，"上巳(じょうし)"(三月三日)，"端午(たんご)"(五月五日)，"七夕(たなばた)"(七月七日)，"重陽(ちょうよう)"(九月九日))。

こぜに⓪【小銭】零钱，零花钱。△～をためる/积攒零钱。

ごぜん①【午前】上午，午前。△～様(さま)/〈俗〉(由于应酬而)半夜12点以后回家的人。

こそ（副助）①(加强语气)可，才，就。△こんど～がんばろう/这回可得加把劲儿啦。②(用"…ばこそ"的形式，表示原因、理由)正因为…才…。△きみのためを思(おも)えば～、言(い)いにくいことも言っているのだ/正因为替你着想，才把难以出口的话也说了。

こぞう②【小僧】①小和尚。②(商店的)小伙计，学徒。③毛孩子，小家伙。

ごそう⓪【護送】(名・他サ)①护送。②押解，押送。

こそく〔姑息〕(名・形动)姑息，敷衍，权宜之计。△～な手段(しゅだん)/敷衍的手段。

こそこそ①（副・自サ）偷偷摸摸，鬼鬼祟祟。△犬(いぬ)は～とにげた/狗偷偷地跑了。

ごぞんじ②【ご存じ】(您)知道，(您)认识。

ごぞんじですか⓪【ご存じですか】(感)您知道吗？您认识吗？

こたい⓪【固体】固体。

こたい⓪【個体】①个体。②各自单独生活的生物。

こだい①【古代】①远古，古代。②日本的平安时代。

こだい〔誇大〕(形动)夸大，夸张。△～広告(こうこく)/夸张广告。△～妄想(もうそう)/夸大妄想。

こたえ②〔応(え)〕反应，反响，感应。△手～(てごたえ)/反应，效应。△歯～(はごたえ)/(食物的)咬头，咬劲儿。

こたえ②【答(え)】①回答，答应。△呼(よ)んでも～がない/怎样叫也不答应。②解答。△～が間違(まちが)っている/解答错了。△～が合(あ)う/回答正确。

こた・える③〔応える〕(自下一)①(思想等)受震动大。△忠告(ちゅうこく)が身(み)に～/忠告使我深受震动。②反响，回报。△山彦(やまびこ)が～/山上有回音。△期待(きたい)に～/不负

期待。③深感,痛感。△寒(さむ)さが身(み)に〜/寒气袭人。

こた・える③【答える】(自下一)①回答,答应。△遠(とお)くの呼(よ)び声(こえ)に〜/回答远处的招呼声。②解答。△むずかしい質問(しつもん)に〜/解答难题。③谢幕,表示敬意。△民衆(みんしゅう)の歓呼(かんこ)に〜/对群众的欢呼声表示敬意,向群众致意。

こた・える③〔堪える〕(自下一)①忍耐,忍受。△弱(よわ)い人(ひと)にはこの暑(あつ)さは〜だろう/这么热,身体弱的人能受得了吗? ②保持,维持。△持(も)ち〜/坚持,支持。

こだか・い③【小高い】(形)稍高。△〜山(やま)/小山。△〜おか/小山丘。

こだち①⓪【木立】树木,树丛。△深(ふか)い〜/茂密的树丛。

こたつ⓪ 暖炉。

ごたぶん⓪【御多分】〈俗〉多数人,多数人的意见、行为等。◇〜に漏(も)れず/无例外地。

こだま⓪【木霊】〔彸〕(名・自サ)①树木的精灵。②(在山谷等处的)回声,反响。△〜が返(かえ)る/传来回音。

こだわ・る③(自五)拘泥。△体面(たいめん)に〜/碍着面子。

こちこち Ⅰ⓪(副)(钟表声)滴滴嗒嗒,(金属敲击声)丁丁当当。Ⅱ⓪(形动)①硬邦邦。②(身心过度紧张)僵硬。③顽固。

ごちそう⓪〔御馳走〕(名・他サ)①("馳走"的郑重语)好饭菜,好吃的。②招待,宴请。△〜に呼(よ)ぶ/请人吃饭。△〜になる/受到款待。△〜さま(でした)/多谢您的款待,我已经吃好了。

こちょう⓪【誇張】(名・他サ)夸张,夸大。△損害(そんがい)を〜して言(い)う/夸张受损的情况。

ごちょう⓪【語調】语调,语气,腔调。

こちら⓪〔此方〕(代)①这里,这边,这方面。②我,我们。③("この人"的郑重说法)这位。◇〜こそ/彼此彼此。

こつ⓪②【骨】①骨,遗骨。△〜を上(あ)げる/捡火化的骨头。②(不写汉字)要点,秘诀,窍门。△〜を飲(の)み込(こ)む/领会要点。

こっか①【刻下】〈文〉目下,现下。△〜の急務(きゅうむ)/当务之急,目前的紧急任务。

こっか①【国花】国花(日本的樱花)。

こっか①【国家】国家。△〜公務員(こうむいん)/国家公务员。△〜試験(しけん)/国家考试。△〜主義(しゅぎ)/国家主义。

こっかい⓪【国会】国会,议会。△〜議員(ぎいん)/国会议员。△〜議事堂(ぎじどう)/国会大厦。

こづかい①【小遣(い)】零用钱。△〜銭(せん)/零花钱。

こっかく⓪【骨格】〔骨骼〕①骨

骼，身材。②(事物的)骨架，基础。

こっき⓪【国旗】国旗。

こっきょう⓪【国境】国境，边境。

こっく①【刻苦】(名・自サ)刻苦。△～勉励(べんれい)/刻苦奋勉。

コック①[荷 kok]厨师。

コック①[cock]栓，活塞。

こっくん⓪【国訓】汉字的日本读法(如把"赤"读作"あか"，"白"读作"しろ"等)。

こっけい⓪〔滑稽〕(形动)滑稽，可笑。△～な男(おとこ)/滑稽的人。

こっこう⓪【国交】邦交，国交。△～を開(ひら)く/建交。

こっこく⓪【刻刻】(名・副)时时刻刻，每时每刻。△～と変化(へんか)する/每时每刻都在变化。

こつこつ(と)①(副)孜孜不倦地，勤奋地，刻苦地。△～と仕事(しごと)をする/孜孜不倦地工作。△～勉強(べんきょう)する/刻苦用功。

ごつごつ①(副・自サ)①凹凸不平。△～した岩(いわ)/凹凸不平的岩石。②生硬。△～した文章(ぶんしょう)/生硬的文章。③粗鲁。△～した男(おとこ)/粗鲁的汉子。

こっし①【骨子】要点，主要内容。△文章(ぶんしょう)の～/文章的要点。

こつずい⓪②【骨髄】①骨髄。②心底。③要点，精髄。△～を示(しめ)す/提示要点。◇恨(うら)み～に徹(てっ)する/刻骨仇恨，恨之入骨。

こっせつ⓪【骨折】(名・自他サ)骨折。△腕(うで)を～する/手腕骨折。

こつぜん⓪〔忽然〕(副)〈文〉忽然。△～と姿(すがた)を消(け)す/忽然不见了。

こっそり③(副)偷偷地，悄悄地，暗中。△～家(いえ)をぬけだす/偷偷地溜出家门。

ごったがえ・す④【ごった返す】(自五)混乱不堪，乱哄哄。△人(ひと)の波(なみ)で～/人山人海，拥挤不堪。

こっち⓪(代)→こちら。

こづつみ②【小包】①小包。②(邮件)包裹。

こっとう⓪〔骨董〕①古董，古玩。△～品(ひん)/古董，古玩。②过时的东西或顽固守旧的人。△～的(てき)な存在(そんざい)/已成为古董的人物。

コットン①[cotton]①棉花，棉纱，棉布。②棉纸。

こつにく⓪【骨肉】骨肉。△～の情(じょう)/骨肉之情。△～相争(あいあらそ)う/骨肉相争。

こっぱ①③⓪【木(っ)端】①木屑，碎木片。②无用之物，废物。△～微塵(みじん)/粉碎。

コップ⓪[荷 kop]玻璃杯。

ごて⓪①【後手】处于被动。△～に回(まわ)る/陷于被动，后发制人。△～に回って相手(あいて)を打(う)つ/后发制人。

こてい⓪【固定】(名・自サ)固定。

△机(つくえ)を～する / 固定桌子。△～観念(かんねん) / 固定观念。△～給(きゅう) / 固定工资(日薪、月薪等)。△～資産(しさん) / 固定资产。△～資産税(しさんぜい) / 固定资产税。△～資本(しほん) / 固定资本。△～電話(でんわ) / 固定电话,座机。

こてしらべ③【小手調(べ)】(名・自サ)①试试,尝试。②(在正式开始之前)试试,先试一下。

こてん⓪【古典】①古书,古籍。②古典。△～主義(しゅぎ) / 古典主义。

こと②【事】①事,事情,事实。△去年(きょねん)の～ / 去年的事。②事件,变故,事端。△～の真相(しんそう) / 事件的真相。③情况,情形,情势。△くわしい～はあとで話(はな)します / 详细情况过后再谈。④工作,事务,行为。△今日(きょう)はいい～をした / 今天干了件好事。⑤每年的传统节日,按惯例举办的活动,仪式。⑥意思,经验,必要等。△わざわざ読(よ)む～はない / 不必特意读。⑦即,就是。△南洲(なんしゅう)～西郷隆盛(さいごうたかもり) / 南洲即西乡隆盛。⑧(表示命令、禁止)不要,不应该。△廊下(ろうか)では走(はし)らない～ / 不要在走廊里跑。◇～ここに至(いた)って / 事已至此。◇～なきを得(え)る / 转危为安,化险为夷。◇～と次第(しだい)によっては / 看情况(而定)。◇～を構(かま)える / i)无事生非。ii)惹事。◇～もあろうに / 居然,竟然。◇～を荒(あ)らたてる / 把事情闹大。◇～とする / 一心一意,一味。◇～ともしない / 不介意,不当回事。◇～の心(こころ) / 意思,意义,缘由。◇～を好(この)む / 好事,喜欢闹事。

こと⓪【古都】古都,故都。

-ごと〔毎〕(接尾)每。△日(ひ)～夜(よ)～ / 每日每夜。

-ごと(接尾)连同。△皮(かわ)～食(た)べる / 连皮吃。

ことか・く③②【事欠く】(自五)缺少,缺乏,不足。△食(く)うにも～ / 难以糊口。

ことがら⓪④【事柄】事情,情况。△重要(じゅうよう)な～ / 重要的情况。

ごとき〔如き〕(助动)(文语助动词"如し"的连体形,口语里也常用)如,像,同。△山(やま)の～大波(おおなみ) / 像山一样的大浪。

ことき・れる④【事切れる】〔絶切れる〕(自下一)①死亡。②停止。

こどく⓪【孤独】(名・形动)孤独,孤单。△～に耐(た)える / 忍受孤独。

ごとく〔如く〕(助动)(文语助动词"如し"的连用形)如,像,同。△表(ひょう)に示(しめ)した～… / 如表所示…。

ことごとく③〔悉く〕(名・副)所有,一切,全部。△財産(ざいさん)を～なくす / 失去全部财产。⇨

いっさい 表

ことさら②⓪【殊更】(副・形动)故意,特意。△～に意地悪(いじわる)をする／故意使坏。

ことし⓪【今年】今年,本年。

ごとし〔如し〕(助动)〈文〉(接"体言＋の""体言＋が""活用词的连体形＋が"之下)①如,似。②(从多数中举例)如,像。△彼(かれ)のごとき学者(がくしゃ)／像他那样的学者。③(表示不确实的判断)似乎,好像。△大差(たいさ)なきものの～／估计似无大差别。

ことた・りる⑤⓪④【事足りる】(自上一)足够,够用。△電話一本(でんわいっぽん)で～／打一个电话就足够了。

ことづけ⓪④【言付け】〔託け〕口信。

ことづ・ける④【言付ける】(他下一)托人带口信,托人转告,托人转交。

ことづて⓪④〔言伝〕①传话,捎口信,转达。△～を頼(たの)む／托带口信。②传闻,听说。△～に聞(き)く／传闻。

ことな・る③【異(な)る】(自五)不同,不一样。△～点(てん)／不同点。△習慣(しゅうかん)が～／习惯不同。⇨ちがう 表

ことに①【殊に】(副)特别,格外。△今日(きょう)は～暑(あつ)い／今天格外的热。

ことによると⓪(副)可能,也许,说不定。

ことのほか⓪⑤【殊の外】(副)①没想到,意外。△～やさしかった／没想到非常容易。②特别,格外。△～の喜(よろこ)び／特别高兴。

ことば③【言葉】〔詞〕①话,语言。△～をかける／搭话,搭腔。△～を交(か)わす／交谈。△～をさえぎる／打断话。②国语。③词,语。△～が通(つう)じる／语言相通。④说法,措辞。◇～に甘(あま)える／接受好意,承蒙好意。◇～に余(あま)る／不能完全用语言表达。◇～の綾(あや)／辞藻。△～を濁(にご)す／含糊其词。

ことばづかい④【言葉遣い】说法,措辞。

こども⓪【子供】①自己的儿女。②小孩,孩子,儿童。△～の日(ひ)／(日本的国民节日之一,五月五日)男孩节。

ことよ・せる④⑤⓪【事寄せる】(自下一)借口,假托。△仕事(しごと)にことよせて外出(がいしゅつ)する／假借上班外出了。

ことり⓪【小鳥】小鸟。

ことわざ⓪④〔諺〕谚语,古谚。

ことわり⓪④〔理〕(名・形动)①道理。△彼(かれ)が怒(おこ)るのも～だ／他发火是有道理的。②理由。

ことわり⓪④③【断り】①拒绝,谢绝,推辞。△～の手紙(てがみ)／回绝的信。②预告,预先通知。△～もなしに／事先也不打招呼。

ことわ・る③【断(わ)る】(他

五)①谢绝，拒绝。△誘(さそ)いを～/谢绝邀请。△援助(えんじょ)を～/拒绝援助。②辩解，陪礼，道歉。③预先通知，预先请示。△先生(せんせい)に～/向老师请假。

	入場を～	風邪で出席を～	抱こうとするのを子供が頑強に～	一言も～ないで外出する
断る	○	○	×	-ら○
拒む	○	×	○	×

こな② 【粉】粉，粉末，面粉。
こなごな⓪ 【粉粉】粉碎，粉末。
こな・す②③⓪ (他五)①弄成碎末，粉碎。△土(つち)のかたまりを搗(つ)き～/把土块打碎。②消化。△食物(しょくもつ)を～/消化食物。③熟练。△言葉(ことば)を～/熟练掌握语言。④处理，办完。△仕事(しごと)を～/处理工作。
こな・れる④⓪③ (自下一)①粉碎，弄成粉末。②消化。③(知识、技术等)习熟，运用自如。△こなれた芸(げい)/熟练的技艺。④练达，通达世事。△人柄(ひとがら)がこなれている/人已老练，沉稳。
ごにん⓪ 【誤認】(名・他サ)误认，错认。△事実(じじつ)を～する/误认事实。
こぬかあめ④③ 〔小糠雨〕毛毛细雨。
コネ① [conne (ction)] ("コネクション"的简略说法)关系，门路。△～をつける/拉关系，找门路。
この 〔此(の)〕(连体)这，这个。△～子(こ)、迷子(まいご)らしいんだ/这孩子像是迷路了。◇～親(おや)にしてこの子(こ)あり/有其父必有其子。
このあいだ⑤⓪ 〔此(の)間〕(名・副)前几天，前些时候，最近。△～失礼(しつれい)しました/前些日子打扰您了。⇒さきごろ 表
このうえとも⑤⑥④ 【この上とも】〔此(の)上とも〕(副)今后也。△～よろしく/今后还请多关照。
このうえもな・い⑤ 【この上もない】(形)无比，最。△～よろこび/无比的高兴。
このかた 【此(の)方】Ⅰ④⓪③② (名)直到…时候，…以来。△別(わか)れて～/分手以来。Ⅱ④③ (代)这位(尊称)。
このごろ⓪ 〔此(の)頃〕近来，这些天来，最近。⇒さいきん 表
このたび② 〔此(の)度〕这回，这次，此次。
このは⓪ 【木の葉】树叶。
このまし・い④ 【好ましい】(形)①喜欢，爱。△～娘(むすめ)/我喜爱的姑娘。②理想的，令人满意的，可喜的。△～結果(けっか)/令人满意的结果。

	～ない人物	手術の経過が～ない	この件については満場一致が～	彼の若者らしさが～
好ましい	-く○	-く○	△	○
望ましい	-く○	×	○	×

このみ①③ 【好(み)】①嗜好，趣味。△～がよい/趣味高雅。△えり～/爱挑拣(的人)。△派手(はで)～/爱花哨(的人)。②选择，挑选。△お～の料理(りょうり)/

这是您要的菜。⇨しゅみ 表

この・む② 【好む】(他五)①喜好,爱,愿意。△読書(どくしょ)を～/喜欢读书。②选择,挑选。△客(きゃく)の～品(しな)/客人要的东西。

このもし・い④ 【好もしい】(形) →このましい。

このよ⓪③ 【この世】人世,人间,今生。

こば・む② 【拒む】(他五)①拒绝,不准许。△要求(ようきゅう)を～/拒绝要求。②阻止,阻拦。△前進(ぜんしん)を～/阻止前进。⇨ことわる 表

こばん⓪① 【小判】①〈古〉旧时的金币。②开数小的(纸张)。

ごはん① 【御飯】饭,饭食,餐。△～を炊(た)く/做饭。

	～にしょう	茶わんに～を盛る	急いで～をする	小説で～を抜く	～を食う	～茶わん
御飯	○		×		○	○
食事	○	×	○		○	×
めし	○		○		○	○

コピー① [copy](名・他サ)①抄写,复制。②草稿,底稿。③抄本,誊本,副本。△～ライター/起草广告文稿的人。

ごびゅう⓪ 〔誤謬〕谬误,错误。△～を犯(おか)す/犯错误。

こ・びる② 【媚びる】(自上一)①谄媚,阿谀,奉承。△客(きゃく)に～/奉承客人。△時流(じりゅう)に～/随波逐流。②卖弄风骚。

こぶ② 〔瘤〕①瘤。②脓色。③(东西表面的)突起,树疙瘩。④累赘,包袱。

こふう①② 【古風】(名・形动)古式,旧式,古老样式。△～な家(いえ)/古式的房子。△～な考(かんが)え/老一套的想法。

ごふく⓪ 【呉服】①丝织品,丝料服装。②(和服衣料用的)织品的总称。

ごぶさた⓪ 〔御無沙汰〕(名・自サ)〈文〉久不问候,久不通信,久不访问。△どうも、～致(いた)しました/久违久违。

ごへい 【御幣】一种供神用具(在细木上扎有白纸,用于供奉或祓)。△～をかつぐ/讲迷信。

ごへい⓪ 【語弊】语病,不确切的说法。

こべつ⓪ 【個別】个别。

こぼ・す② 【零す】(他五)①撒,洒,落。②抱怨,发牢骚。

こぼ・れる③ 〔零れる〕(自下一)①漏出,洒,洒出。△牛乳(ぎゅうにゅう)が～/牛奶洒了。②溢出,挤出。△涙(なみだ)が～/流出眼泪。③露出。△白(しろ)い歯(は)が～/露出笑容。

	水が～	涙が一粒～	川が～	笑みが～	人が会場に～
こぼれる	○	○	×	○	×
あふれる	○	×	○	×	○

ごま⓪ 〔胡麻〕芝麻。

コマーシャル② [commercial](广播、电视节目中间插播的)广告。

こまか②③ 【細か】(形动)①细小,细碎。②详细,周密。

こまか・い③ 【細(か)い】(形)①小的,细的,零碎的。△～雨(あめ)/细雨。②光滑,细腻。△木目(きめ)が～/皮肤细腻。③详

細。△～事情(じじょう) / 详细情况。④细致,细心,周到。△芸(げい)が～ / 演技精湛,注意周到。⑤吝啬,花钱仔细。⑥啰唆,讨厌。

ごまか・す③〔誤魔化す〕(他五)瞒,骗,蒙混,糊弄。△世間(せけん)を～/掩人耳目。△不正(ふせい)を～/隐瞒违法行为。

こまぬ・く③〔拱く〕(他五)①抱着胳膊。②拱手。△手(て)を～ / 袖手,拱手。

こまもの②〔小間物〕(妇女用)化妆品,杂物,日用品。

こまやか②〔細やか〕〔濃やか〕(形动)①(爱情)深厚,意浓。△愛情(あいじょう)が～だ / 爱情意浓。②细致,周密。△～な文様(もんよう) / 精致的图案。③颜色深。

こま・る②【困る】(自五)①为难,困惑,受窘。△返事(へんじ)に～ / 难以答复,没法回答。②困难,苦恼。△生活(せいかつ)に～ / 生活困难。

ごみ② ①尘垢,垃圾。△～を処理(しょり)する/处理垃圾。②不要的东西。

	～の山	目に～が入る	パンの～	道の～を掃く	あいつは人間の～だ
ごみ	○	○	×	○	×
くず	○	×	○	×	○

こみあ・う【込(み)合う】(自五)人多,拥挤。△まちが人(ひと)で込み合っている / 街上人很挤。

こみだし②【小见出し】①文章中的小题目。②(报纸及新闻的)小标题。

コミュニケ②〔法 communiqué〕(外交上的)公报,声明,公告。

コミュニケーション④[communication]①通信,报导。②(精神及思想的)交流,沟通。

コミュニズム③[communism]共产主义。

こ・む【込む】Ⅰ①(自五)①拥挤,混杂。②(用"手(て)が～"的形式)细致,精巧。△手(て)の込んだ細工(さいく) / 精巧的手工艺品。Ⅱ(接尾)(接动词连用到后)①进入,装入。△積(つ)み～ / 装入,载入。△飛(と)び～/跳入。②专心,一心一意。△考(かんが)え～ / 深思,苦想。

こ・む①〔混む〕(自五)拥挤,挤。△電車(でんしゃ)は乗客(じょうきゃく)で混んでいる / 电车上很拥挤。

ゴム①〔荷 gom〕〔護謨〕橡胶,橡皮。△～が延(の)びる/松紧带失灵了。△～長(なが) / 胶皮长靴。△～糊(のり) / 胶水。△～消(け)し / 橡皮。

こむぎ①②【小麦】小麦。△～粉(こ) / 面粉,小麦粉。

こめ②【米】稻米,大米,米。△～食(く)い虫(むし) / ⅰ)米虫,米蛀虫。ⅱ)〈转〉不劳而获的人。△～俵(だわら) / 装米用的草袋。△～搗(つ)き / 捣米(的人)。△～糠(ぬか) / 稻米糠。

コメディー①[comedy]喜剧。

こ・める② 【込める】(他下一)①装填。△鉄砲(てっぽう)に弾丸(だんがん)を～/枪里装上子弹。②包括在内,计算在内。△交通費(こうつうひ)を～/包括交通费在内。③集中(精神等),倾注(爱情等)。△力(ちから)を～/集中力量。△心(こころ)を～/精心,尽心竭力。

ごめん⓪ 【御免】Ⅰ(名)①(敬称)准许,许可,赦免,原谅。△～、～、遅(おそ)くなって/非常抱歉,我来晚了。②罢免,免职。△お役(やく)～になる/被免职了。Ⅱ(感)对不起,请原谅。△～ね/请原谅。△～ください/ i)有人吗?我可以进来吗?/ ii)恕我先走一步了。iii)对不起,请原谅。

コメント⓪① [comment] (政治上)评论,说明,注释。△ノー～/(在回答记者提问等时)无可奉告。

こもじ⓪ 【小文字】①小字。②小写字母。

こも・る② 【籠(も)る】(自五)①闭门不出。△家(いえ)に～/闲居家中。②(烟等)不消散,笼罩,(房间等)不通气。△たばこの煙(けむり)が部屋(へや)に籠っている/房间里烟雾缭绕。△声(こえ)が～/声音不清楚。③包含,含蓄。△熱(ねつ)が～/充满热情。④深沉。△陰(いん)に～/ i)深沉。ii)低沉。

こもん① 【顧問】顾问。△～弁護士(べんごし)/顾问律师。

コモンセンス④ [commonsense] 常识。

こや②⓪ 【小屋】①(简陋的)小房屋,小板房,窝棚。②畜舍。△犬(いぬ)～(ごや)/狗窝。③(演剧、马戏等的)棚子。△芝居(しばい)～(ごや)/剧棚。

こや・す② 【肥(や)す】(他五)①使肥胖,育肥。△豚(ぶた)を～/养肥猪。②使土地肥沃。③肥私。△私腹(しふく)を～/肥私囊。④看到好东西,提高鉴赏能力。△目(め)を～/饱眼福。

こゆう⓪ 【固有】(名・形动)①固有。△日本(にほん)～の食物(しょくもつ)/日本固有的食品。②特有。△～名詞(めいし)/固有名词。

こゆび⓪ 【小指】小指。

こよう⓪ 【雇用】〔雇傭〕(名・他サ)雇用。△～関係(かんけい)/雇用关系。△終身(しゅうしん)～/终身雇用。

ごよう② 【御用】事情,需求,公事。△何(なん)の～ですか/您有什么事?您有什么吩咐?△お父(とう)さんが～です/父亲(有事)找你。△～聞(き)き/推销(员)。△～組合(くみあい)/黄色工会。△～商人(しょうにん)/御用商人。△～始(はじめ)/官署在年初(1月4日)第一天办公。

ごよう⓪ 【誤用】(名・他サ)误用,错用。△言葉(ことば)の～/语言的误用。

こよみ③⓪ 【暦】历,历书。

こら・える③ 〔堪える・怺える〕(他下一)忍耐,忍受,坚持。△怒(お

こ)りを～/忍住怒火。△笑(わら)いを～/忍住笑。△寄(よ)りを～/(相撲)用力顶住对方的推搡。

	空腹を・に～	涙を～	耻を～て(で)頼む	高温～に～金属	痛みを・に～
こらえる	を○	○	○	×	を○
忍ぶ	を○	×	-ん○	×	×
耐える	に○	×	×	○	に○

ごらく⓪ 【娯楽】娱乐。

こらし・める④ 【懲しめる】(他下一)懲戒，懲罰，教训。△悪人(あくにん)を～/懲戒坏人。

こら・す② 【凝(ら)す】(他五)①凝结，僵硬。△肩(かた)を～/肩头(因血液循环不良)酸疼。②集中，凝集。△ひとみを～/凝眸。③动脑筋,下功夫。△趣向(しゅこう)を～/ⅰ)独出心裁。ⅱ)下功夫。△意匠(いしょう)を～/独具匠心。

こら・す⓪ 【懲らす】(他五)(老人用语)惩罚，惩戒，教训。

コラム① [columu](报纸、杂志的)评论(栏)，短评(栏)。△～ニスト/专栏作家。

ごらん⓪ 【御覧】①(多用"ごらんになる"的形式,是"見る"的恭敬说法)看。△～の通(とお)り/如您所看到的那样。②("ごらんなさい"之略)试试看。△少し読(よ)んで～/你读读看。

こりつ⓪ 【孤立】(名・自サ)孤立。△～的(てき)地位(ちい)/孤立的地位。

こりょ① 【顧慮】(名・他サ)顾虑。△世間(せけん)のうわさを～る/顾虑人言。△～を払(はら)う/顾忌。

こ・りる② 【懲りる】(自上一)(因有过教训)再不想干。△失敗(しっぱい)に～/接受失败的教训。

こ・る① 【凝る】(自五)①肌肉酸痛。△肩(かた)が～/ⅰ)肩膀酸痛。ⅱ)〈转〉拘束，拘谨，紧张。②热中，专心致志，入迷。△盆栽(ぼんさい)に～/热中于盆栽。③精心，独出心裁。△凝ったデザイン/精心设计的图案。

コルク [荷 kurk](也作"キルク")软木。

ゴルフ [golf]高尔夫球。

これ 〔此(れ)・是・之〕Ⅰ⓪(代)①这,这个,这个人。△～は私(わたし)の本(ほん)です/这是我的书。△～がわたしの母(はは)です/这是我的母亲(用于指家里人)。②(表示刚说的话等)这。△～が結論(けつろん)です/这就是结论。③这儿，这里。△～より五(ご)キロ/从这里起有5公里。④现在。△～からうかがいます/这就去拜访(您)。Ⅱ⓪(感)喂。△～、そんなことをしてはいけません/喂，可不能干那种事。

これから④⓪ (名・副)①从现在起，今后。②从这里开始，下面。△～があなたに聞(き)かせたい話(はな)しです/下面是我想告诉你的。

これきり⓪ 【これ切り・これ限り】(副)①只有这些。△もうお金(か

ね)も～しかない / 钱也只有这些了。②最后一次,不再。△迷惑(めいわく)をかけるのは～にしてくれ / 不要再给我添麻烦。

コレクション② [collection]收集,收藏,收藏品。△切手(きって)の～ / 集邮。

これぐらい⓪ 〔此れ位・是位〕(名・副)①这么些,这个程度,这么一点点。△～でいいですか / 这样行了吗?②非常,太甚。△～人(ひと)をばかにした話(はなし)はない / 太欺负人了,没这么欺负人的。

これこれ① (感)喂喂(唤起对方注意时用)。△～、なにしているのだ / 喂喂,你在做什么。

これは⓪【此は】(感)(表示惊叹、感叹)哎呀,嗬。△～これは/(欢迎稀客时)哎呀,这可真是!△～～ようこそ /(欢迎稀客时)哎呀,欢迎欢迎。

こればかり③ 〔此れ許り・是許り〕(名・副)①这么一点。△～の事で弱音(よわね)をはくな / 别为这么点小事泄气。②唯独这个,唯有这个。△～は許(ゆる)してください / 请原谅我这一次。③(下接否定语)一点,微少。△だますつもりは～もなかった / 一点儿没有坑骗之意。

これほど④⓪〔此(れ)程〕(副)如此,这么,这样。△～忠告(ちゅうこく)しても聞(き)き入(い)れないか / 这样劝告你还不听吗?

これまで③〔此(れ)迄〕①过去,以往,迄今。△～と同様(どうよう)に / 一如既往。②到这种程度。△～集(あつ)めるのはたいへんだ / 收集这么多真不容易。③到此为止。△今日(きょう)の授業(じゅぎょう)は～ / 今天的课就上到这里。

これら② (代)这些。△～はみなぼくのものだ / 这些都是我的。

ころ① 〔頃〕①时候,时期。△桜(さくら)の～/樱花盛开的时候。②时机,机会。△～を見(み)はからう/看准时机。

-ごろ 〔頃〕(接尾)(表示时分前后)左右,大概。△七時(しちじ)～/7点左右。△二十日(はつか)～/20号前后。

ころが・す④⓪③【転がす】(他五)①滚,滚动。△たるを転がして河岸(かわぎし)へ運(はこ)ぶ / 把桶滚着搬到河边。②弄倒。△花(か)びんを～ / 把花瓶弄倒。③倒卖。△土地(とち)を～ / 倒卖土地。

ころが・る④⓪ 【転がる】(自五)①滚转。△坂(さか)の上(うえ)からボールが転がってきた / 坡上滚下球来。②倒,跌倒。△コップが～ / 杯子倒了。③躺下,卧倒。△芝生(しばふ)に転がって休(やす)む / 躺在草地上休息。④(用"転がっている"的形式)到处摆着,眼前扔着,有。△どこにでも転がっている/到处摆着,到处都是。

ころころ① (副)①(小物品滚动)叽哩咕噜。②(女子笑声)咯咯。

③(铃声)丁玲。④胖乎乎，圆滚滚。

ごろごろ① (副・自サ)①(重物滚动)骨碌碌。②(雷声)轰隆隆。③到处都有。④无所事事，闲着。

ころ・す③②【殺す】(他五)①杀，弄死。△人(ひと)を～/杀人。②抑制，控制，忍住。△息(いき)を～/屏住呼吸。③埋没，使之无用。△才能(さいのう)を～/埋没才能。④(棒球)使之出局。⑤影响，妨碍，削弱。△良(よ)さを～/削弱功效，影响功效(的发挥)。⑥为…牺牲自己。△自分(じぶん)を～/牺牲自己。

ごろつき⓪〔破落戸〕无赖，流氓，地痞。

ごろつ・く⓪(自五)①(东西)滚来滚去，乱滚。②游手好闲。△仕事(しごと)にあぶれた男(おとこ)は毎日(まいにち)酒(さけ)を飲(の)んではごろついていた/失业后，他每天闲居在家，除了喝酒无事可做。

コロニー①[colony]①殖民地。②(为了治疗，隔离等目的而集合起来的)生活共同体。

ころ・ぶ⓪【転ぶ】(自五)①(人)跌倒，摔倒。②(事态)变化，转向。③滚动。

こわ・い②【怖い】〔恐い〕(形)可怕，令人害怕。△～顔(かお)/可怕的脸。△～病気(びょうき)/可怕的疾病。

こわいろ⓪【声色】①声调，语调。②模仿某人的说话声调。△～をつかう/模仿演员的声调。

こわが・る③【怖がる】〔恐がる〕(自五)害怕。⇨おそれる表

こわ・す②【壊す】〔毀す〕①弄坏，破坏，毁坏。△コップを～/把杯子弄坏。②损害，伤。△腹(はら)を～/搞坏肚子。③捣乱，搞破坏。△話(はなし)を～/把事情搅坏。△気分(きぶん)を～/破坏情绪。④整钱换成零钱。△大(おお)きな札(さつ)を～/把大额整钱破开。

こわだか⓪【声高】(形动)高声，大声。△～に言(い)う/大声说。

こわば・る〔強張る〕(自五)变硬，僵硬。△表情(ひょうじょう)が～/表情死板。

こわ・れる③【壊れる】〔毀れる〕(自下一)①坏，碎。△橋(はし)が～/桥坏了。②废了，没用了，失败。△計画(けいかく)が～/计划失败。△機械(きかい)が～/机器坏了。⇨くずれる表

こん①⓪【根】①根源，起源。△～元(げん)/根源。②耐性，精力，毅力。△～がいる仕事(しごと)/需要耐性的工作。③(方程式)根。

こん①【紺】藏青，深蓝。

こん-【今】(接头)现在，这次。△～シーズン/这个季节。

こんい⓪〔懇意〕(形动)有交情，亲密。△～にしている人(ひと)/有交情的人。

こんいん⓪【婚姻】(名・自サ)婚

姻，结婚。△～届(とどけ)/结婚登记表。△～色(しょく)/动物繁殖时期的毛色。

こんかい① 【今回】这回，此次，此番。⇨こんど表

こんかん① 【根幹】①根与干。②基本方针，原则，要旨。△思想(しそう)の～をなす部分(ぶぶん)/构成思想核心的部分。

こんがん⓪ 【懇願】(名・他サ)恳求，恳请。△助力(じょりょく)を～する/恳求援助。

こんき⓪ 【根気】耐性，毅力。△～のない仕事(しごと)/半途而废的工作，不彻底的工作。

こんきゃく⓪ 【困却】(名・自サ)困惑，为难，窘迫，不知所措。

こんきゅう⓪ 【困窮】(名・自サ)①困苦。②贫苦，贫困。

こんきょ① 【根拠】①根据。△～のないうわさ/没有根据的谣传。△何(なに)を～に/以什么为根据。△はっきりした～に基(もと)づく/依照真凭实据。②根据地。△～地(ち)/根据地。

こんく① 【困苦】(名・自サ)困苦，辛酸。△生計(せいけい)に～する/生活艰辛。

コンクール③ [法 concours]①比赛，竞赛。②(设艺术奖的)大赛，竞赛表演(戏剧、音乐等)

コンクリート④ [concrete]混凝土。△～ミキサー/混凝土搅拌机。

コングロマリット⑤ [conglomerate] (多种行业合并组成的)联合大企业。

こんけつ⓪ 【混血】(名・自サ)混血。

こんげつ⓪ 【今月】本月。

こんご⓪① 【今後】(名・副)今后，以后，将来。⇨しょうらい表

ごんご① 【言語】言语。◇～道断(どうだん)/岂有此理，可恶之至，荒谬绝伦。△彼(かれ)のやり方(かた)は～道断だ/他的作法真是岂有此理。

こんこう⓪ 【混交】〔混淆〕(名・自サ)混淆。△玉石(ぎょくせき)～/玉石混淆。△和漢(わかん)～文(ぶん)/日汉文混杂的文章。

こんごう⓪ 【根号】(数学)根号。

こんごう⓪ 【混合】(名・自サ)混合。△～物(ぶつ)/混合物。△～ダブルス/混合双打。

コンコース①③ [concourse] (车站、机场兼做通道用的)中央大厅。

コンサート① [concert]音乐会，演奏会。

こんざつ① 【混雑】(名・自サ)①混乱，杂乱。△～を解消(かいしょう)する/消除混乱(局面)。②拥挤。△たいへん～する/挤得厉害。

こんじゃく⓪ 【今昔】今昔。◇～の感(かん)にたえない/不胜今昔之感。

こんしゅう⓪ 【今週】本周，本星期。

こんじょう① 【根性】①根性，性情，脾气。△～が曲(ま)がる/性

情乖僻。②毅力。△~がある/有毅力。△~を据(す)える/沉下心来。

こん・じる④⓪③【混じる】Ⅰ(自上一)混杂，混合。Ⅱ(他上一)使混杂，搀合。

こんしん⓪【懇親】联谊，亲密交往。△~会(かい)/联欢会。

コンスタント①[constant]Ⅰ(形动)稳定，不变。△~成績(せいせき)/一贯的成绩。Ⅱ(名)(数学)常数。

こんせい【懇請】(名・他サ)恳请，请求。

こんせつ⓪⓪【懇切】(形动)亲切，关怀备至。△~に指導(しどう)する/亲切地指导。

こんぜつ⓪【根絶】(名・他サ)根绝，杜绝。△雑草(ざっそう)を~/根除杂草。

こんせん⓪【混線】(名・自サ)①(电话)串线，混线。△電話(でんわ)が~する/电话串线。②(几件事错误地)混在一起。△話(はなし)が~する/说的话搞混了。

コンセント①[concent]插座。

コンタクト①③[contact(lens)]隐形眼镜。

こんだて⓪【献立】①菜单，菜谱。②计划，方案，布置。

こんたん①⓪【魂胆】计谋，企图，策略。△~がある/有诡计。

こんだん⓪【懇談】(名・自サ)恳谈，畅叙。△~会(かい)/联欢会。

こんちゅう⓪【昆虫】昆虫。

こんてい⓪③【根底】(根柢)根底，基础。

コンディション③[condition]①条件。②(地位、身份、健康、精神等的)状况，情形。

コンテスト①[contest]比赛，竞赛。△写真(しゃしん)~/摄影比赛。△美人(びじん)~/选美大赛。

コンテナー①③[container]集装箱。

コンデンサー③[condenser]①电容器。②冷凝器，凝气器。③集光器。

コンデンス・ミルク⑥[condensed milk]炼乳。

コント①[法 conte]①小故事，短篇小说。②短剧。△~を演(えん)じる/演短剧。

こんど①【今度】(名・副)①这一次，这回。②下一次，下回，将来。

	~の試験は難しかった	~来るときは忘れないよう	~は受賞該当作なし	~こそ負けるもんか
今度	○	○	△	○
今回	○	×	○	×

こんどう⓪【混同】(名・自他サ)混同，混淆，混为一谈。△公私(こうし)を~する/公私不分。

コントラスト④①[contrast]①对照，对比。②(摄影、绘画)反差，对比度。

コントロール④[control](名・他サ)控制，支配，管理。△温度(おんど)を~する/控制温度。

こんとん③⓪〔混沌・渾沌〕(形动タルト)混沌，混乱。△~たる情勢(じょうせい)/混乱的形势。

こんな⓪ (连体)这样的,这种。△～本(ほん)はつまらない / 这种书没意思。

こんなに⓪ (副)这样,如此。

こんなん① 【困難】(名・形动)困难,穷困。△～な仕事(しごと) / 困难的工作。△～を乗(の)り超(こ)える/克服困难。

こんにち① 【今日】①当天,今日。②当今,现在,现代。⇨きょう 表

こんにちは① (读作"こんにちわ")(感)日安,你好。

こんにゅう⓪ 【混入】(名・他サ)混入,掺入。△毒物(どくぶつ)が～された牛乳(ぎゅうにゅう) / 混有毒药的牛奶。

コンパ [company](学生用语)茶话会,联谊会。

コンバート③① [convert]变换,转换。

こんぱい⓪ 〔困憊〕(名・自サ)困乏,疲惫。△疲労(ひろう)～/疲惫不堪。

コンパイラー③ [compiler] ①(计算机)编译程序。②程序编制器。

こんばん① 【今晩】今晚。

こんばんは (读作"こんばんわ")(感)晚安,你好。

コンビニ⓪ [conveni(ence store)](コンビニエンス・ストア的略语)便利店。

コンビニエンス・ストア⓪-② [convenience store]→コンビニ。

コンピューター③ [computer]电脑,电子计算机。

こんぶ① 〔昆布〕海带。

コンプレックス④ [complex]①复合体。②自卑感。

コンボ・ドライブ①-② [combo drive](计算机)组合光驱。

こんぽん⓪③ 【根本】根本。△～的(てき)な問題(もんだい) / 根本性的问题。

こんめい⓪ 〔昏迷〕(名・自サ)不省人事,昏迷。

こんめい⓪ 【混迷】(名・自サ)混乱,纷乱。

こんもう 【懇望】(名・他サ)恳请,恳求。△総裁(そうさい)就任(しゅうにん)を～する/恳请总裁就任。

こんや① 【今夜】今夜。

こんやく 【婚約】(名・自サ)婚约,订婚。

こんよう⓪ 【混用】(名・他サ)混合使用,混用。△漢字(かんじ)と仮名(かな)とを～する / 汉字和假名混用。

こんらん 【混乱】(名・他サ)混乱。△頭(あたま)が～している / 头脑混乱,不清楚。

こんりゅう⓪ 【建立】(名・他サ)(寺院庙宇的)修建,兴建。

こんりんざい③ 【金輪際】Ⅰ(名)①(佛教)大地的底层。②事物的极限或根底。Ⅱ(副)(下接否定词)决(不),无论如何也(不)。△～うそは言(い)わない / (我)决不说谎。

こんろ① 〔煜炉〕(烧饭用的电气)

炉灶。
こんわく⓪【困惑】(名・自サ)困惑，困顿，为难，不知所措。△～の表情(ひょうじょう)／不知所措的样子。

さ　サ

さ① 【左】①左，左边。②以下，以左。△～の如(ごと)し/如左，如下。△～の通(とお)り/如左，如下。

さ① 【差】①差，差别。△輸出入(ゆしゅつにゅう)の～/进出口的差额。△～がわずかだ/差别微小。◇雲泥(うんでい)の～/天壤之别。②差，差数。△～を求(もと)める/求差数。⇨さい表

-さ (接尾)①(接形容词、形容动词的词干下构成名词)表示程度、状态等。△山(やま)の高(たか)～/山的高度。△その人(ひと)の大胆(だいたん)～には驚(おどろ)かされる/他的胆量之大，令人吃惊。②(接动词终止形下)表示"时，时候"的意思。△帰(かえ)る～/回家的时候。

さ Ⅰ① (感) (放在句子开头)①表示劝诱或催促。△～、早(はや)く行(ゆ)こう/喂，快走(去)吧。②(遇紧急情况时)表示惊讶或意外。△～、しまった/呀，糟了。③表示踌躇。△～、困(こま)った/啊，难办了。Ⅱ(终助)①(接在句末) 表示加强自我主张的语气。△できる～/(当然)办得到。②表示厌恶情绪的判断。△つまらない話(はなし)～/毫无价值的话！③ (插入句内) 用以调整语调。△それから～…/以后么…。△ぼくが～/我么。④(接在疑问词之后或句末)表示反驳、追问的粗暴语气。△どうしていけないの～/为什么不行呢？⑤表示传说、听说的事情。△昔(むかし)おじいさんとおばあさんがあったと～/听说古时候有一位老爷爷和一位老奶奶。

ざ⓪① 【座】①座，席，座位。△～に就(つ)く/就席，入席。△～をたつ/离座。△～を譲(ゆず)る/让座。②集会场所。◇～が白(しら)ける/冷场，败兴。◇～を冷(さ)ます/使大家扫兴。③剧团。△前進座(ぜんしんざ)/前进剧团。⇨ざせき表

さあ① (感)①用以表示劝诱、催促。△～、一緒(いっしょ)にやろう/来吧，咱们一起干吧！②表示犹豫不决或失望时的心情。△～、どうしようかな/呀，怎么办呀！③表示喜悦、决心、惊讶的心情。△～大変(たいへん)だ/啊！不得了。△～困(こま)った/唉呀！真难办。

サークル④ [circle]①圆，圆周，周围，范围。②(职业、嗜好等相同的)小组，志同道合的一伙人，集团。△～活動(かつどう)/小组活动。

ざあざあ① (副)(下雨声、流水声)哗哗地。△～と雨足(あめあし)

がひどくなった/雨哗哗地下大了。

サーチ・エンジン①⁻① [search engine]搜索引擎,(计算机)搜索系统。

サーバー [server] (计算机)服务器。△～ダウン/当机,服务器关机。

サービス① [service]①服务,接待。△あの店(みせ)は～がいい/那家铺子服务(态度)好。△アフター～/保修,售后服务。②商店等减价或奉送顾客东西,折扣的特价品。△～品(ひん)/特价品,赠品。

さい 【才】Ⅰ①(名)才,天才,天分,才学,才能,才智。△あの人(ひと)は音楽(おんがく)の～がある/他有音乐天才。△きみには金(かね)もうけの～がある/你有赚钱的才能。Ⅱ(接尾)("歳"字的代用字)…岁。△何～(なんさい)/几岁?

さい 【最】Ⅰ①(形动タルト)(现在一般多下加"たる"作连体词用)最…的。△～たる事件(じけん)/最大的事件。Ⅱ(接头)最。△～上(じょう)/至上。△～敬礼(けいれい)/最谦恭的敬礼。

さい① 【際】Ⅰ(名)时,际,时候。△この～/此时。△詳(くわ)しいことはお会(あ)いした～に申(も)しあげます/详情面谈。Ⅱ(名・自サ)当,值,际遇…。△これに～して意見(いけん)を述(の)べる/值此之际讲讲我的意见。

さい① 【差異・差違】差异,差别,分歧。△～がある/有差别。△～がはなはだしい/相差悬殊。△大(たい)した～がない/没有多大差别。

	日本製と外国製との～	意見の～	箱に大小の～がある	一位との～が開く	必ず勝つに～ない
差異	○	○	×	×	×
相違	○	○	×	×	○
差	○	△	○	○	×

さい- 【再】(接头)再…。△～来年(らいねん)/后年。

-さい 【歳】(接尾)…岁。△何(なん)～/几岁?

-さい 【祭】(接尾)…节。△芸術(げいじゅつ)～/艺术节。

ざい① 【財】财产,财富。△文化(ぶんか)～/文化遗产,历史文物。

さいあく⓪ 【最悪】(名・形动)最坏,最糟,最不利。△～の事態(じたい)に立(た)ち至(いた)った/事态到了最坏的局面。

ざいあく① 【罪悪】罪恶。△～を犯(おか)す/犯罪。

ざいえき⓪ 【在役】(名・自サ)①服刑,服劳役。②服兵役,现役。

さいえん⓪ 【再演】(名・他サ)重演,再度上演。△歴史(れきし)の悲劇(ひげき)の～は許(ゆる)されない/不能让历史悲剧重演。

さいかい⓪ 【再会】(名・自サ)再会,重逢。△～の喜(よろこ)び/重逢的喜悦。△旧友(きゅうゆう)に～する/重逢旧友。

さいかい⓪ 【再開】(名・自サ)再

开，重开，再次举行。△会談(かいだん)を〜する/重新举行会谈。△外交関係(がいこうかんけい)を〜する/恢复外交关系。

さいがい⓪【災害】灾害。△〜を蒙(こうむ)る/受灾。△〜はわすれたころにやってくる/灾祸乘虚而入。△〜保険(ほけん)/灾害保险。

	〜に見舞われる	地震の〜	そりゃ〜だったね	〜地	晴れ着を切られる〜に遭う
災害	○	○	×	○	×
災難	○	×	○	×	○

ざいかい⓪【財界】财界，经济界，金融界。△〜の大立者(おおだてもの)/金融界巨头。

ざいがい⓪【在外】侨居国外，存放国外。△〜邦人(ほうじん)/侨居国外的日本人。△〜公館(こうかん)/驻外使馆。

さいがく⓪①【才学】才智与学问，才学。△〜にすぐれる/才学卓越。△〜のゆたかな人物(じんぶつ)/有渊博学问的人士。

ざいがく⓪【在学】（名・自サ）在校学习，上学。△高校(こうこう)に〜する/在高中学习。△〜証明書(しょうめいしょ)/在校证明书。

さいき①【再起】（名・自サ）①再起，复兴。△〜を期(き)す/期望复兴。②重整旗鼓，东山再起。△彼(かれ)の〜は覚束(おぼつ)かない/很难设想他能东山再起。③(病人)恢复健康。△〜不能(ふのう)/不能恢复健康，一蹶不振。

さいきどう⓪【再起動】（名・自他サ）（计算机）重启，重新启动。

さいきょう⓪【最強】最强。

さいきん⓪【細菌】细菌。△〜学(がく)/细菌学。△〜兵器(へいき)/细菌武器。

さいきん⓪【最近】最近，近来，近日。△〜めったにテレビを見(み)ない/最近很少看电视。

	〜流行の服	〜にない大雪だ	つい〜彼に会った	それは〜迷惑な話だ
最　近	○	○	○	×
近ごろ	○	○	×	○
このごろ	○	○	×	×

さいく⓪③【細工】（名・自他サ）①工艺品，手工艺品。△〜が細(こま)かい/工艺精巧。△〜がまずい/工艺差。②权术，玩弄花招。△〜をする/玩弄诡计。◇〜は流流(りゅうりゅう)仕上(しあ)げを御覧(ごろう)じろ/ⅰ)出水才见两腿泥。ⅱ)做法各异，请看结果。

さいくつ⓪【採掘】（名・他サ）开采，采矿。△〜権(けん)/开采权。△〜高(だか)/开采量。

サイクリング①[cycling]（名・自サ）骑自行车远游，自行车运动。△〜に出(で)かける/骑自行车去远游。

サイクル①[cycle]①周期。△ファッションの流行(りゅうこう)には〜がある/时装流行有它的周期。②周波。△キロ〜/千周。③自行车。△〜レース/自行车竞赛。

さいけつ⓪【採血】（名・自サ）(输血、验血时的)取血，采血。△〜車(しゃ)/采血车。

さいけつ⓪①【採決】（名・他サ）

①(据理)裁决,裁判。②(法院等)判决。

さいげつ① 【歳月】岁月。△～を重(かさ)ねる/日积月累。△～人(ひと)を待(ま)たず/岁月不待人。

さいけん⓪ 【再建】(名・他サ)①重建,重新建造。△校舎(こうしゃ)を～する/重建校舍。②重新建设,重新建立。△歴史(れきし)の上(うえ)でとだえた両国間(りょうこくかん)のつながりを～する/恢复历史上断绝的两国关系。

さいけん⓪ 【債権】债权。△～国(にく)/债权国。△～者(しゃ)/债权人,债主。

さいげん③⓪ 【再現】(名・自他サ)再现,使再现,再度出现。△当時(とうじ)の有様(ありさま)を～する/再现当时的情景。

さいげん③ 【際限】止境,尽头。

ざいげん⓪③ 【財源】财源。△～に富(と)む/财源富足。△～に乏(とぼ)しい/财源缺乏。

さいご① 【最後】最后,最终,最末。△～通告(つうこく)/最后通告。△～通牒(つうちょう)/最后通牒。◇～っ屁(ぺ)/(黄鼠狼为逃命而放出的)最后一屁,〈转〉最后一招,最后挣扎。

さいご① 【最期】临终,末日。△みごとな～を遂(と)げる/死荣光荣,光荣牺牲。⇨おわり表

ざいこ⓪ 【在庫】(名・自サ)库存。△～がふえる/库存增加。△～高(だか)/库存额,库存量。

さいこう⓪ 【再考】(名・他サ)重新考虑,再次考虑。△～を促(うなが)す/促使重新考虑。

さいこう⓪ 【最高】最高。△～の位(くらい)/最高的职位。△～検察庁(けんさつちょう)/最高检察厅。△～裁判所(さいばんしょ)/最高法院。△～のレベルに達(た)っする/达到最高水平。

	～の品質	今季～の人出	～の分別	～のコンディション	～に面白い劇	ビルの～階
最高	○	○	×	○	○	×
最上	○	×	○	○	×	○

ざいこう⓪ 【在校】(名・自サ)①正上着学,在学。△～生(せい)/在校生,在籍学生。②在学校。△午前中(ごぜんちゅう)～/上午在学校。

さいこうちょう③ 【最高潮】最高潮,顶点。△感動(かんどう)が～に達(たっ)した/动人的(场面)达到了最高潮。

さいこうほう③ 【最高峰】①(群山中的)最高峰。②最优秀的人和物。△学界(がっかい)の～/学界的最高权威。

さいさき⓪ 【幸先】①吉兆,喜兆。△～がいい/吉兆。②预兆,起源。△～が悪(わる)い/预兆不佳。

さいさん⓪ 【再三】(副)再三,屡次。△～言(い)っても聞(き)き入(い)れない/我再三地说他也不听。△～忠告(ちゅうこく)する/再三忠告。

さいさん⓪ 【採算】核算,(收支相抵)有利。△～が合(あ)う/收支

相抵。△～がとれる事業(じぎょう)/盈利事业。△～がとれない/亏损。△～割(わ)れ/亏本。△独立(どくりつ)～制(せい)/独立核算制。

ざいさん① 【財産】财产。△～権(けん)/产权。△～相続(そうぞく)/财产继承。

さいし① 【才子】①才子。②聪明人。◇～才(さい)に倒(たお)れる/聪明反被聪明误。◇～佳人(かじん)/才子佳人。

さいし① 【妻子】妻子儿女。△～ある身(み)/有家眷的人,拉家带口的人。

さいしき⓪ 【才識】才能见识。△ゆたかな～をもつ/有才学见识。

さいしき⓪ 【彩色】(名・自サ)染色,彩色着色,上色。△～を施(ほどこ)す/着色,上色。△～土器(どき)/彩陶。△～筆(ふで)/笔。

さいじつ⓪ 【祭日】①祭日。②祭灵日。③节日。

さいして① 【際して】(一般以"…に～"的形式使用)(副)当…之际(同"…にあたって""…のおりに")。△開会(かいかい)に～/当开会之际。

さいしゅ①⓪ 【採取】(名・他サ)采集,提取,采取,选取。△石油(せきゆ)からガソリンを～する/用石油提炼汽油。

さいしゅう⓪ 【採集】(名・他サ)采集。△昆虫(こんちゅう)～/采集昆虫。△方言(ほうげん)の語彙(ごい)を～する/收集方言词汇。△～家(か)/搜集家。

さいしゅう⓪ 【最終】最后,最末尾。△～学年(がくねん)/临毕业的一年。△～点(てん)/终点。△～電車(でんしゃ)/末班电车。

ざいじゅう⓪ 【在住】(名・自サ)(长期)居住。△東京(とうきょう)に～している/居住在东京。△北京(ペキン)～の日本人(にほんじん)/侨居在北京的日本人。

さいしょ⓪ 【最初】最初,第一次。△～の目的(もくてき)/最初的目的。△なに事(ごと)も～がたいせつだ/凡事开头最重要。◇～の最後(さいご)/第一次也是最后一次。

さいしょう⓪ 【最小】最小。△世界(せかい)～の国(くに)/世界上最小的国家。△～化(か)ボタン/(计算机)最小化按钮。

さいしょう⓪ 【最少】最少。△～の得点(とくてん)/最少的得分。

さいじょう⓪ 【最上】①最高,最上。△～段(だん)/最上一层。△～善(ぜん)/至善。②最好。△～品(ひん)/最高级品。⇨さいこう表

さいしょうげん③ 【最小限】最低限度。

さいしょく⓪ 【菜食】素食。

さいしん⓪ 【細心】(名・形动)①细心,缜密。△～な計画(けいかく)/周密的计划。②气量狭小,小心眼儿。△～者(しゃ)/小心眼儿(的人)。

サイズ① [size]大小,尺寸。△洋服(ようふく)の～/西服的尺寸。△S(エス)～のワンピース/小号连

衣裙。△L(エル)～、M(エム)～のトレーナ/大号、中号的运动服。

さい・する③【際する】(自サ)(常以"…に際して"的形式使用)遇，当…之际。△出発(しゅっぱつ)に際して一言(ひとこと)ご挨拶(あいさつ)申(もう)しあげます/值此动身之际谨向诸位说几句话。

さいせい⓪【再生】(名・自他サ)①新生，重生。△～の道(みち)を歩(あゆ)む/走重新做人之路。②再生，翻新。△～ゴム/再生橡胶。△～品(ひん)/再生品。③(影视)(录音的)再现，放音，放像。△テープを～する/放录音机。△～ボタン/(录音机)放音按钮。

ざいせい⓪【財政】財政。△～インフレーション/(因财政上的原因而造成的)通货膨胀。△～監督(かんとく)/财务监督。

さいせいき③【最盛期】鼎盛期，旺季。△ミカン出荷(しゅっか)の～/桔子上市旺季。△エーゲ文明(ぶんめい)の～/爱琴文明的鼎盛期。

さいぜん⓪【最善】①最善，最好。△～の方法(ほうほう)/最好的方法。②全力。△～を尽(つ)くす/竭尽全力。

さいせんたん③【最先端】①(细长物的)最顶端。②(时代或流行的)最尖端，最前沿。

さいそく①【催促】(名・他サ)催促，敦促。

さいそく⓪【細則】细则。△～を別(べつ)に定(さだ)める/另定细则。

サイダー①[cider]汽水。

さいだい⓪【最大】最大。△～の関心事(かんしんじ)/最大的感兴趣的事。△～化(か)ボタン/(计算机)最大化按钮。

さいだいげん③【最大限】最大限度。△能力(のうりょく)を～に発揮(はっき)する/最大限度地发挥能力。

さいたく⓪【採択】(名・他サ)采纳，通过。△議案(ぎあん)を～する/通过议案。△意見(いけん)が～される/意见被采纳。

ざいたく⓪【在宅】(名・自サ)在家。△先生(せんせい)はご～ですか/先生在家吗？

さいだん⓪【裁断】(名・他サ)①裁剪，剪裁。△～のしにくい生地(きじ)/难裁的衣服料。②判定，裁决。△～を下(くだ)す/下判断。

ざいだん⓪【財団】①財団。②財団法人。△～法人(ほうじん)/财团法人。

さいち①【才知・才智】(名・形动)才智。△～にたけた人(ひと)/才多智广的人，精明强干的人。△～縦横(じゅうおう)/多才多智。

さいちゅう①【最中】最盛时期，正进行中。△暑(あつ)い～だ/正是盛夏。

さいてい⓪【最低】最差，最低。△～の生活(せいかつ)/最低标准的生活。△～に見積(みつも)る/最低地估计。△～の成績(せいせき)で卒業(そつぎょう)した/以最差的成绩毕了业。

さいてき⓪【最適】(名・形動)最合适,最适合。△～温度(おんど)/最适温度。△～の条件(じょうけん)/最合适的条件。

さいてん⓪【採点】(名・他サ)评分数。△答案(とうあん)を～する/判卷子。△～が辛(から)い/评分严。△～が甘(あま)い/评分宽。

さいてん⓪【祭典】祭礼,典礼,祭典,纪念活动。△スポーツの～/运动会。

サイト①[site]①位置,地点。②(计算机)网站,网点。△～マップ/网站地图,网点地图。

さいど①【再度】(副)再次,第二次。

さいな・む③〔苛む・嘖む〕(他五)①苛责,责备。△良心(りょうしん)に苛まれる/受良心谴责。△われとわが身(み)を～/自责。②虐待,欺侮,折磨。△不安(ふあん)に苛まれる/揪心。

さいなん③【災難】灾难。△～に出会(であ)った/遇难。△身(み)に～がふりかかる/灾祸临头。△～を免(まぬ)がれる/得免于难。⇨さいがい 表

ざいにち⓪【在日】(外国人)住在日本。

さいのう⓪【才能】才能,才干。△～ある人(ひと)/有才能的人。△すぐれた～の持(も)ち主(ぬし)である/他是个有卓越才能的人。

さいはい③⓪[采配]①指挥。△～を振(ふ)るう/指挥,主持,发号施令。△～に従(したが)う/服从指挥。②(日本古代将军指挥军队的)令扇,令旗。

さいばい⓪【栽培】(名・他サ)①栽培,种植。②(渔业的)人工养殖。

さいはつ⓪【再発】(名・自サ)复发,再次发生,再次出现。△病気(びょうき)が～する/旧病复发。△事故(じこ)の～を防(ふせ)ぐ/防止再出事故。

さいばつ⓪【財閥】财阀。

さいばん①【裁判】(名・他サ)裁判,审判。△～を受(う)ける/受审。△～を行(おこな)う/进行审判。△～沙汰(ざた)/诉讼,打官司。

さいばんしょ⑤⓪【裁判所】法院。

さいふ⓪【財布】钱包,腰包。◇～の口(くち)を締(し)める/节约用钱,紧缩开支。◇～の底(そこ)をはたく/倾囊,一文不留。◇～の紐(ひも)が長(なが)い/吝啬,一毛不拔。◇～の紐(ひも)がゆるむ/浪费金钱。

さいべつ⓪【細別】(名・他サ)详细区别(开)。△～すれば次(つぎ)の通(とお)りである/细分如下。

さいほう⓪【裁縫】(名・自サ)裁缝,缝纫。△～が上手(じょうず)だ/针线活好。△～師(し)/裁缝师傅。△～道具(どうぐ)/缝纫用具。

さいぼう⓪【細胞】①(生物)细胞。②(共产党的)基层组织,支部。

さいまつ⓪【歳末】岁末,年末,年底。△～大売出(おおうりだ)し/年终大甩卖。

さいみん⓪【催眠】催眠。△～剤

(ざい)/安眠药。

さいむ① 【債務】债务。△～を負(お)う/负债。△～者(しゃ)/债务人。

ざいむ① 【財務】财务。△～をつかさどる/掌管财务。△～官(かん)/(日本)派驻国外的财务官员。

ざいむしょう④ 【財務省】财务省(日本内阁掌管政的机构)。

さいもく⓪ 【細目】细目。△～に分(わ)ける/分成细目。△～にわたる/涉及细节。△計画(けいかく)の～/计划的细目。

ざいもく⓪ 【材木】木材。△山(やま)から～を切(き)り出(だ)す/由山里砍伐木材。△～店(てん)/木材店。△～置場(おきば)/木场,木材堆放场。

さいやく⓪ 【災厄】灾难。△～が降(お)りかかる/灾难降临。

さいよう⓪ 【採用】(名・他サ)采用,任用,采纳,录用。△新人(しんじん)を～する/录用新人。△秘書(ひしょ)に～する/任用为秘书。△～試験(しけん)/招工考试。

ざいらい⓪① 【在来】固有,以往。△～のしきたり/以往的惯例。△～の製品(せいひん)/固有的产品。△～線(せん)/旧(铁路)线。

ざいりゅう⓪ 【在留】(名・自サ)侨居(国外),旅居(国外)。△～外人(がいじん)/外国侨民。△～邦人(ほうじん)/侨居国外的日本人。

さいりょう⓪③ 【裁量】(名・他サ)定夺,酌量处理,斟酌处理。△君(きみ)の～にまかす/任凭你斟酌办理。

さいりょう⓪ 【最良】最好,最佳(状态),最精良。△～の成績(せいせき)/最佳成绩。△コンディションは～だ/条件最好。

ざいりょう③ 【材料】①材料。△料理(りょうり)の良(よ)し悪(あ)しは～によって決(き)まる/菜好吃与否取决材料。②题材,素材。△小説(しょうせつ)の～にされる/被用作小说的题材。

サイレン① [siren]报警器,警笛,汽笛。△～を鳴(な)らす/鸣汽笛。

さいろん⓪ 【細論】(名・他サ)详论。△～すればきりがない/详论起来则无止境。

さいわい⓪ 【幸(い)】Ⅰ(名・形动)幸福,幸运,运气好。△～な人(ひと)/幸运的人。Ⅱ(副)(一般都用"～にして"的形式)幸而,幸亏,正好。△～にしてこちらに参(まい)りました/幸亏我来到了这里。Ⅲ(名・自サ)对…有利。△風(かぜ)が～した/(这场)风刮得好。⇨こうふく 表

さいわん⓪ 【才腕】精明能干。△～を振(ふ)るう/大显身手。

サイン① [sign](名・自サ)①签名,签字,署名。△～をしてもらう/请求签字。②记号,暗号,信号,符号。△～を送(おく)る/给信号。

サウンド⓪① [sound] ①声音。△～カード/声卡。②探测。

さえ⓪ (副助)①连…,甚至。△はじめての人(ひと)で～すぐで

きる簡単(かんたん)なことです/(这是)连新手都一学就会的简单事儿。②并且,而且,又加上。△兄(あに)が病気(びょうき)である所(ところ)へ、弟(おとうと)～寝(ね)こんでしまった/不光哥哥病了,而且弟弟也随着病倒了。③(以"…さえ…ば"的形式,表示举其一,不计其余)只要…就…。△これ～あればほかには何(なに)もいりません/只要有了这个,其余什么都不需要了。△練習(れんしゅう)し～すれば上手(じょうず)になる/只要练习,就能娴熟。

さえぎ・る③【遮る】(他五)①遮挡,遮掩,遮蔽。△風(かぜ)を～/遮风。△月(つき)が雲(くも)に遮られて見(み)えない/月亮被云彩遮住看不见。②遮断,打断。△人(ひと)の言葉(ことば)を～/打断别人的话。△行(ゆ)く手(て)を～/拦住去路。

さえず・る③〔囀る〕(自五)①鸟鸣,鸟叫,啼,叫,啭。△鳥(とり)の～声(こえ)/鸟鸣声。△カナリヤは一日中(いちにちじゅう)囀り止(や)まない/金丝雀整天鸣叫不止。②(妇女小孩)唠唠不休。

さ・える②【冴える】(自下一)①(光、音、色等的)透彻,鲜明,清晰。△月(つき)が～/月光明亮。△音(おと)が～/声音清晰。△この色(いろ)を使(つか)うと、画面(がめん)がさえて見(み)える/使用这种颜色,画面就显得鲜明。②(头脑、技术)灵敏,高超。△腕(うで)が～/技术高超。△頭(あたま)が～/头脑清醒。③寒冷,严寒透骨凉。△冬(ふゆ)のさえた夜(よる)/寒冷的冬夜。

さえわた・る④⑤⓪【冴(え)渡る】(自五)(光、音、色等的)清澈,清澄,响彻。△鐘(かね)の音(おと)が市内(しない)に～/钟声响彻全市。△月(つき)の～夜(よる)/月光皎洁的夜晚。

さお【竿・棹】Ⅰ②(名)①竹竿,竿子。△旗(はた)～(ざお)/旗竿。△物干(ものほし)～(ざお)/晒衣竿。②船篙。△～をさす/撑船。Ⅱ(接尾)(计算箱柜、旗帜、羊羹等数量的单位)个,口。△たんす三(み)～/衣柜三个。

さおさ・す③〔棹さす・棹差す〕(自五)①撑篙,撑船。△舟(ふね)に～/撑船。△急流(きゅうりゅう)に～/在急流中撑船。②顺水推舟,乘机。△時流(じりゅう)に～/顺应潮流。

さか②【坂】坡,斜坡,坡道。△～を登(のぼ)る/上坡。△急(きゅう)な～/陡坡。△だらだら～(ざか)/慢坡。

さかい②【境】〔界〕①境地,境界。△隣国(りんごく)との～/与邻国的境界。②分界,分水岭。△生死(せいし)の～/生与死的分界。③界线,界限。△昼(ひる)と夜(よる)の～/白天与黑夜交接。

さか・える③【栄える】(自下一)繁荣,兴盛,兴隆。△市場(しじょう)はさかえている/市场繁荣。

△店(みせ)が～/买卖兴隆。

さがく⓪【差額】差额。△輸出入(ゆしゅつにゅう)の～/进出口的差额。△～を払(はら)う/支付差额。△～ベッド/住院床位费自付的制度。

さかさ⓪【逆(さ)】(名・形动)倒，相反，颠倒，逆。△～になる/颠倒。△シャツの表(おもて)とうらを～に着(き)てしまった/把衬衫穿反了。

さかさま⓪【逆様】(名・形动)倒，逆，相反，颠倒。△～にしておく/倒放，倒置。△順序(じゅんじょ)が～だ/顺序颠倒。△白黒(しろくろ)を～にする/颠倒黑白。

さかし・い③【賢しい】(形)①聪明，精明。②高明，能干。③显示机灵的，耍小聪明的。

さが・す③⓪②【捜す・探す】(他五)找，寻找，寻求，搜查。△職(しょく)を～/找工作。

	箱の中を～	職を～	様子を～	口実を～	相手の真意を～
捜す	○	○	×	○	×
探る	○	×	○	×	○

さかずき⓪④③【杯】〔盃・坏〕①酒杯。△～をさす/敬酒。△～を回(まわ)す/行酒。②酒宴，交欢酒，推杯换盏。△～事(ごと)/ⅰ)酒宴。ⅱ)饮交杯酒为盟。◇～を返(かえ)す/ⅰ)回敬酒。ⅱ)与师傅断交。

さかだち⓪【逆立(ち)】(名・自サ)①倒立，拿大顶。△梯子(はしご)の上(うえ)で～をする/在梯子上拿大顶。②(下加"しても"表示)不管如何努力，也…不…。△～しても追付(おいつ)かない/不管怎样使劲儿追，也赶不上。③(事物)颠倒，反着。△順序(じゅんじょ)が～している/顺序颠倒了。

さかだ・てる④【逆立てる】(他下一)倒立，倒竖。△髪(かみ)を～/怒发冲冠。△羽(はね)を～/蓬起羽毛。

さかな⓪【魚】鱼，鱼类。△～屋(や)/鱼店。△煮(に)～(ざかな)/炖鱼。△焼(や)き～(ざかな)/煎鱼，烤鱼。

さかな⓪〔肴〕①下酒菜。②酒肴。△酒(さけ)の～が何(なに)もない/没有什么酒肴。③酒席宴会上助兴的歌舞等。

さかなで⓪【逆撫(で)】(名・他サ)①逆着(纹理)抚摩，反捋，倒捋。②(故意)触怒，触犯，惹恼(别人)。△相手(あいて)の神経(しんけい)を～する/故意惹怒对方。

さかねじ⓪〔逆捻じ〕(对责难、抗议等)反攻，反驳，反诘，反责。△～をくわせる/加以反驳。

さかのぼ・る④【溯る・遡る】(自五)①溯，溯航，溯流而上。△川(かわ)を～/逆流而上。②追溯，回溯。△歴史(れきし)を～/追溯历史。

さかば③⓪【酒場】酒馆，酒家，酒吧。△～の常連(じょうれん)/酒馆的常客。△大衆(たいしゅう)～/

大众酒馆。

さかま・く③【逆巻く】(自五)(波浪)翻滚,(波涛)汹涌。△怒(ど)とうが～/怒涛汹涌。△さかまき流(なが)れる黄河(こうが)/波浪翻滚的黄河。

さかみち②【坂道】坡道。

さかや⓪【酒屋】①酒家,酒店。◇～へ三里(さんり)、豆腐屋(とうふや)へ二里(にり)/打酒走三里、买豆腐走二里。〈喻〉居住偏僻不方便。②酿酒场。

さから・う③【逆らう】(自五)①背逆,逆,违反。△風(かぜ)にさからって進(すす)む/顶风前进。◇忠言(ちゅうげん)耳(みみ)に～/忠言逆耳。◇金言(きんげん)耳(みみ)に～/忠言逆耳。②反抗,抗拒。△上司(じょうし)に～/反抗上司。

さかり③⓪【盛(り)】①最盛时期。△夏(なつ)の～を過(す)ぎる/度过了盛夏。②壮年,鼎盛时期。△男(おとこ)の～/男子的壮年时期。(动物)发情,交尾。△～がつく/发情。

さがり③①【下(が)り】①下落,下降,退后。△株価(かぶか)の上(あ)がり～/股票涨落。②(相扑)(兜裆布前的)穗子。

さかりば⓪【盛(り)場】闹市,繁华街,热闹场所。△～には商店(しょうてん)が多(おお)い/在闹市区商店很多。

さか・る【盛る】Ⅰ③②(自五)①繁盛,旺盛,繁荣。△あの店(みせ)はなかなか～/那家商店买卖很兴隆。②发情,交尾。Ⅱ(接尾)(接动词连用形下)有…趋向。△火(ひ)が燃(も)え～/火着得很旺。

さが・る②【下(が)る】(自五)①推移,经过。△時代(じだい)が～/时代变迁。②垂,低垂,悬垂。△軒(のき)につららが～/房檐下挂着冰凌子。③降低,下降。△成績(せいせき)が～/成绩下降了。④下班,放学,辞职。△学校(がっこう)を～/下学。⑤后退,退步。△一歩(いっぽ)～/后退一步。◇頭(あたま)が～/低头。〈喻〉服气,认输,佩服。⇒おりる|表|

さかん⓪【盛ん】(形动)盛,盛大,旺盛,热烈。△意気(いき)～/意气风发。△～に燃(も)える火(ひ)/燃烧得很旺的火,熊熊燃烧的烈火。

-さき【先】(接尾)地点,…去处,…目的地。△勤(つと)め～/工作地点。△送(おく)り～/寄往地址。

さき⓪【先】①端,头儿,尖端。△ペンの～/钢笔头。△指(ゆび)の～/指头尖。②将来,未来,以后。△～がない/没有前途。③以前,从前,前任。△～の社長(しゃちょう)/前任社长。④对方。△値段(ねだん)を～と交渉(こうしょう)する/和对方议价。⇒のち|表|

さぎ①【詐欺】欺诈,欺骗。△～にかかる/受骗。△～を働(はたら)く/欺骗人。△～師(し)/骗子,坏

蛋。△～罪(ざい)/欺骗罪。

さきおととい⑤【一昨昨日】大前天。

さきおととし④【一昨昨年】大前年。

さきがけ⓪【先駆(け)】〔先駆・魁〕(名・自サ)①先驱，前驱。△～の功名(こうみょう)/先驱者的功名。②先导，前奏。△新聞事業(しんぶんじぎょう)の～/新闻事业的先导。△春(はる)の～/春的信息。

さきごろ②〔先頃〕前些天，头几天，不久前。△つい～/不久以前。△～お目(め)にかかりました山田(やまだ)です/我就是前几天跟您见过面的山田。

	A氏はつい～帰国した	～お申し越しの件	～の日曜日	～来の暑さ	～から風邪気味で
先ごろ	○	○	×	×	△
先日	○	○	×	×	
この間	○	×	○	×	

さきだ・つ③【先立つ】(自五)①站在前头，走在前头，带头。△人(ひと)にさきだって苦(くる)しみ、人におくれて楽(たの)しむ/吃苦在先，享乐在后。②首要，最需要。△～ものはお金(かね)/凡事钱当先。③先死。△親(おや)に～不孝(ふこう)/死在父母之前的不孝。

さきどり⓪【先取(り)】(名・他サ)①先得，抢先，先下手。△時代(じだい)を～する/抢在时代前面。②预收，先收(贷款、利息)。

さきばし・る④【先走る】(自五)抢先，走在前头，出风头。△彼(かれ)はなんでもさきばしりたがる/他无论什么事情总爱抢先。

さきばらい③【先払(い)】(名・他サ)①预付，先付。△運賃(うんちん)～で荷物(にもつ)を送(おく)る/用预付运费的办法发货。②收货人负担运费、邮费。③交通管制。

さきぶれ⓪【先触(れ)】(名・他サ)预告，预感，前兆。△鶯(うぐいす)の鳴くのは春(はる)の～だ/黄莺啼叫预告春天到来。

さきほど⓪【先程】(名・副)方才，刚才。△～は失礼(しつれい)いたしました/方才失礼了。△～からお待(ま)ちしておりました/我等了您一会儿了。

さきまわり③⓪【先回り】(名・自サ)①捷足先登，先去。△駅(えき)には～した学生(がくせい)が出迎(でむか)えた/先来的学生在车站迎接。②抢先，占先。△人(ひと)の話(はなし)の～をする/抢别人的话。△～して待(ま)ちぶせる/预先埋伏。

さきみだ・れる⑤【咲(き)乱れる】(自下一)(花)盛开，烂漫，缭乱。△花(はな)が一面(いちめん)に咲乱れている/遍地百花烂漫。

さきゆき⓪【先行(き)】①先行。②前途，将来。△～が明(あか)るい/前途是光明的。③(市场、行情的)动向。△日本経済(にっぽんけいざい)の～は必(かなら)ずしも楽観(らっかん)できない/日本经

济的前景不一定可以乐观。

さぎょう① 【作業】(名・自サ)作业，工作，劳动。△～の能率(のうりつ)を上(あ)げる/提高工作效率。△流(なが)れ～/流水作业。△～場(ば)/操作场所。△～着(ぎ)/工作服。

さく- 【昨】(接头)①昨天，昨…。△～晩(ばん)/昨晚。②前一年。

さく② 【作】①(艺术)作品。②(农作物)收成。

さく②① 〔柵〕栅栏。

さく②① 【策】计策，策略，方策，对策。△～に富(と)む人(ひと)/足智多谋的人。△～を巡(めぐ)らす/策划，运筹。

さ・く②⓪ 【咲く】(自五)(花)开。△桃(もも)の花(はな)が～/桃花开了。△話(はなし)に花(はな)が～/越谈越热闹。

さ・く① 【割く】(他五)分出，匀出，割让，腾出。△領地(りょうち)を～/割让领地。△金(かね)を一部(いちぶ)割いて与(あた)える/分给一部分钱。

さ・く① 【裂く】(他五)①切开，劈开。△魚(さかな)の腹(はら)を～/切开鱼肚子。△板(いた)を～/劈开木板。②撕开。△紙(かみ)をずたずたに～/把纸撕得一条一条的。③分裂，离开。△仲(なか)を～/挑拨关系，离间。

さくい①② 【作為】①做作，作伪。△～のあとが見(み)える/看得出有伪造的痕迹。②(法律上积极的)作为，行为。

さくいん⓪ 【索引・索隠】索引。△～を引(ひ)く/查索引。△～を付(つ)ける/加上索引。

さくげん⓪ 【削減】(名・他サ)(数、量、额等的)削减。△予算案(よさんあん)を～する/削减预算方案。

さくご① 【錯誤】错误。△～を犯(おか)す/犯错误。△時代(じだい)～/时代错误(想法与现实不一致)。

さくじつ② 【昨日】昨天。

さくしゃ① 【作者】作者，作家，著者。△～のことば/作者的话。△この俳句(はいく)の～はわからない/这首俳句的作者不详。

さくしゅ① 【搾取】(名・他サ)榨取，挤出，剥削。△～階級(かいきゅう)/剥削阶级。

さくじょ① 【削除】(名・他サ)删掉，勾销。△名簿(めいぼ)から～する/从名册上(把名字)勾销。△文中(ぶんちゅう)の三行(さんぎょう)を～する/删掉文中的三行。△～キー/删除键。

さくず⓪ 【作図】(名・他サ)绘图，制图。△設計図(せっけいず)を～する/绘制设计图。△コンパスなどで～する/用圆规等作图。

さく・する③ 【策する】(他サ)策划，谋划，筹划。

さくせい⓪ 【作成】(名・他サ)制定，拟就，写成(册、表、报、证书等)。△契約書(けいやくしょ)を～する/写好合同。

さくせい⓪ 【作製】(名・他サ)制作，制造(指物品、印刷物、图样等)。△～にかかる/着手制造。

△船(ふね)の模型(もけい)を～する/制作船模型。

さくせん⓪【作戦】①作战计划。②作战行动，战役。

さくねん⓪【昨年】去年。

さくばん②【昨晩】昨晚。

さくひん⓪【作品】作品。△～集(しゅう)/作品集。△文学(ぶんがく)～/文学作品。

さくふう⓪【作風】(作品中的)倾向，风格，作风，特征。△夏目漱石(なつめそうせき)の～をまねる/模仿夏目漱石的风格。

さくぶん⓪【作文】(名・自他サ)作文，文章。△～を綴(つづ)る/作文。△～を直(なお)す/批改作文。

さくぼう⓪【策謀】(名・自他サ)策划，阴谋，策动。△～をめぐらす/策划。△～にひっかかる/中计。

さくもつ②【作物】农作物，庄稼。

さくや②⓪【昨夜】昨夜。

さくら⓪【桜】①樱花树。②樱花。△～が咲(さ)いた/樱花开了。△～草(そう)/樱草。△～の花(はな)が散(ち)った/樱花谢了。③樱花的颜色。△～色(いろ)/淡红色。④马肉的别称。△～肉(にく)/马肉。

さくらん⓪【錯乱】(名・自サ)错乱，混乱。△精神(せいしん)が～する/精神错乱。△～状態(じょうたい)/混乱状态

さくりゃく⓪【策略】策略。△～をめぐらす/策划。△～に富(と)む/足智多谋。

さぐ・る③⓪②【探る】(他五)①刺探，探査。△深海(しんかい)を～/探査深海。△人(ひと)の心(こころ)を～/试探人心。②(用手、脚)探，摸，摸索，寻求。△懐中(かいちゅう)を～/摸钱包。⇒さがす 表

さけ⓪【酒】①日本酒，清酒。②酒。△～を注(つ)ぐ/斟酒。△～を燗(かん)する/烫酒。～を断(た)つ/戒酒。◇～に飲(の)まれる/被酒灌糊涂了。◇～は百薬(ひゃくやく)の長(ちょう)/酒为百药之长。◇～は憂(うれ)いの玉箒(たまばはき)/一醉解千愁。

さけ①〔鮭〕鲑，大马哈鱼。

さげす・む〔蔑む・貶む〕(他五)蔑视，轻视，藐视，小看。△～ように笑(わら)った/轻蔑地一笑。

さけのみ③④【酒飲み】爱喝酒的人，酒量大的人。

さけび③【叫び】喊叫，喊叫声，呼声。

さけ・ぶ②【叫ぶ】(自五)①叫，喊，喊叫，呼喊。△叫んで助(たす)けを求(もと)める/呼救。②呼吁，极力主张。△反対(はんたい)を～/高喊反对。

さけめ③【裂(け)目】裂缝，裂纹，裂口。△地震(じしん)のため地面(じめん)に～が生(しょう)じた/因为地震，地面出现了裂缝。

さ・ける②【裂ける】(自下一)①裂，破裂。△着物(きもの)が裂け

た/衣服破了。②裂缝,裂开。△縫目(ぬいめ)がさけた/缝儿绽线了。

さ・ける② 【避ける】(他下一)①避,躲避。△雨(あめ)を～/避雨。△道(みち)を～/让路。②逃避。△疑惑(ぎわく)を～/逃避怀疑。③回避。△人目(ひとめ)を～/避人眼目。

さ・げる② 【下げる】(他下一)①降低。△電灯(でんとう)を～/把电灯拉低。△級(きゅう)を～/降一级。△頭(あたま)を～/ⅰ)低头。ⅱ)行礼。ⅲ)〈转〉佩服。②吊,挂,佩带。△軒(のき)にちょうちんを～/廊檐下挂灯笼。③降价。△値(ね)を～/减价,降价。④撤,后退,后撤。△お膳(ぜん)を～/撤馔,撤下(日本式的)小餐桌。⇨つるす 表

さ・げる② 【提げる】(他下一)提,挎。△手(て)にかばんを～/手提皮包。△肩(かた)からカメラをさげている/肩上挎着照相机。

さこく⓪ 【鎖国】(名・自他サ)锁国,闭关自守。△～政策(せいさく)/锁国政策。

ささい① 〔些細・瑣細〕(形动)细小,细微,琐碎。△～なことで争(あらそ)う/为一点小事争吵。

ささえ③⓪② 【支(え)】支持,支撑,支撑物。△～柱(ばしら)/支柱。△一家(いっか)の～/全家的支柱。△心(こころ)の～/精神支柱。

ささ・える④ 【支える】(他下一)①支持,支撑。△柱(はしら)で～/用柱子支撑。②保持,维持。△一家(いっか)を～/维持全家。③阻挡,阻止。△敵(てき)を～/阻挡敌人。

ささ・げる④⓪ 【捧げる】(他下一)①擎,捧,举。△両手(りょうて)を～/拱起双手。②献,贡献。△母(はは)に～歌(うた)/献给母亲的歌。

さざめ・く③ (自五)大声说笑,喧哗。△彼女(かのじょ)たちは笑(わら)いさざめきながら歩(ある)いてきた/她们说说笑笑地走过来了。

ささやか② 〔細やか〕(形动)①小规模。△～な住(す)まい/小住宅。②微薄。△～な贈(おく)り物(もの)/薄礼。

ささや・く③ 〔囁く〕(自五)耳语,细语,私语。△耳(みみ)もとで～/附耳低语。

ささ・る② 〔刺さる〕(自五)扎进,刺入。

さし 【差(し)】Ⅰ②(名)①二人面对面,相对,面对。△～で話(はな)そう/当面谈吧。△～で酒(さけ)を飲(の)む/两人对饮。②两人一同。△～で担(かつ)ぐ/两人一同抬。Ⅱ(接尾)计算舞蹈的助数词。△一(ひと)～舞(ま)う/跳一场舞。Ⅲ(接头)接在动词之上加强语气,表示动作的主动。△手(て)を～出(だ)す/伸出手来。

さじ①② 【匙】匙子。△スープを～ですくってのむ/用匙子舀汤喝。◇～を投(な)げる/ⅰ)抛弃药匙。〈喻〉(医生认为不可救药)撒手

不管。ii）（対事物）放弃，自暴自弃。

さしあ・う③【差(し)合う】（自五）①相遇。△思(おも)いがけなく大通(おおどお)りで友人(ゆうじん)に～/没想到在大街上碰见了朋友。②（因为两件事赶在一起而）发生障碍，不方便。△その日(ひ)は差合って出席(しゅっせき)できませんでした/那天因为不方便未能出席。③互相斟酒。

さしあ・げる⓪【差(し)上げる】（他下一）①举起。△手(て)を高(たか)く差し上げて合図(あいず)をした/高高举起手来打手势。②献上，赠给。△お礼(れい)を～/致谢，道谢。③作为补助动词，用于动词连用形+て之下，表示对对方的尊敬。△何(なに)をして差しあげましょうか/给您做点什么事？

さしあし⓪【差(し)足】蹑足，轻轻放脚。△～抜(ぬ)き足(あし)/蹑手蹑脚。

さしあたり⓪【差(し)当(た)り】（副）目前，当前，眼前，暂且。△～困(こま)ることはない/目前没有困难。△～これで間(ま)にあう/眼下可以将就。

さしお・く③⓪④【差(し)置く】（他五）①搁置。△そのままに～/原封不动。△この話(はなし)はしばらく差しおいて、あなたの質問(しつもん)に答(こた)えましょう/这件事暂时放下，先回答你提出的问题吧。②不理睬，无视，忽视。△先輩(せんぱい)を差し置いてでしゃばる/越过前辈，突出自己。

さしおさえ⓪【差押え】（名・他サ）查封，冻结，没收。△～品(ひん)/查封品。△～を食(く)う/被查封。

さしかか・る④⑤【差(し)掛(か)る】（自五）①到达。△汽車(きしゃ)がトンネルへ～/火车开近隧道。②（日期等）迫近，临近。△雨季(うき)に～/雨季临近。③垂盖。△木(き)の枝(えだ)が塀(へい)にさしかかっている/树枝垂盖着墙。

さじかげん②〔匙加減〕（名・自サ）①（配药时的）剂量，分量。△～をまちがえる/下错药量。②酌情，处理的分寸。△予算配分(よさんはいぶん)に～をする/酌情分配预算。

さしがね⓪【差(し)金】①曲尺，角尺，矩尺。△～を当(あ)てる/用曲尺量。②（也作"插し金"）指使，教唆，唆使。△だれかの～だ/某个人的教唆。

ざしき③【座敷】①（日本住宅的）客厅。△お客様(きゃくさま)をおくの～にお通(とお)ししました/把客人让到里边客厅了。②接待、酒宴的时间。△～が長(なが)い/酒宴时间长。③宴席上的应酬。④铺榻榻咪的房间。⑤（艺妓等到宴会上）表演，陪客。△お～がかかる/（艺妓）被邀。

さしこ・む④⓪③【差(し)込む】Ⅰ（他五）插入。△錠(じょう)に鍵(か

ぎ)を差(さ)し込(こ)んであける/把钥匙插进锁里打开。Ⅱ(自五)①(胸腹部)剧痛。△～ような痛(いた)み/痉挛性(胸腹)剧痛。②(光线)射入，照入。△日(ひ)が～/日光射进来。③涨(潮)。

さしさわり⓪【差(し)障(り)】①故障，障碍。△～が起(お)こる/发生障碍。②妨碍，碍事。△～のないことを言(い)う/说无关紧要的话。

	～のない話をする	～ができて行かれない	～があるので言えません	健康に～のある添加物
さしさわり	○	○	○	○
当たりさわり	○	×	△	×

さししめ・す④⑤【指(し)示す】(他五)指示，指明。△矢印(やじるし)の～方向(ほうこう)/箭头指示的方向。

さしず①【指(し)図】命令，指挥，调遣。△～を与(あた)える/下令。△～を受(う)ける/受命。

さしづめ⓪【差(し)詰(め)】(副)①当前，目前。△～生活(せいかつ)には困(こま)らない/目前生活不成问题。②总之，归根结底。△～そんなものだ/总之，就那样了。

さしだ・す③⓪④【差(し)出す】(他五)①伸出，拿出。△手(て)を～/伸出手。②提出，交出。△書類(しょるい)を～/提交文件。③寄出，发出。△手紙(てがみ)を～/寄信。

さしつかえ⓪【差(し)支え】障碍，妨碍，不方便。△タバコを吸(す)っても～ないですか/可以吸烟吗? ⇨こしょう 表

さしつか・える⑤⑥【差(し)支える】(自下一)妨碍，障碍，不方便。△金(かね)に～/钱不方便。⇨こしょう 表

さして③(副)(下接否定语)不那么…。△～むずかしくない/并不是那么难。△～心配(しんぱい)はない/不必那么担心。

さしでがまし・い⑥【差(し)出がましい】(形)出风头的，多管闲事的，越分的。△～口(くち)をきく/多嘴多舌。△～ことを言(い)う/多嘴多舌。

さしとお・す③⑤【刺(し)通す】(他五)刺穿，扎透。△串(くし)を羊肉(ひつじにく)に刺し通して焼(や)く/把羊肉串起来烤。

さしと・める④⑤【差(し)止める】(他下一)禁止，阻止，停止。△出入(でいり)を～/禁止出入。

さしの・べる⓪④【差し伸べる】(他下一)伸出(援手)。

さしはさ・む④⑤⓪〔挟む・挿む〕(他五)①夹。△鉛筆(えんぴつ)を耳(みみ)に～/把铅笔夹在耳朵上。②怀，怀有。△異議(いぎ)を～/持异议。

さしひき⓪②【差(し)引き】(名・自他サ)①扣除，减去。②相抵(的余额)，结算(的结果)。△～千円(せんえん)の損(そん)/结算的结果损失一千日元。③(潮水)涨落。④(体温)升降。

さしひ・く④⓪③【差(し)引く】(他五)扣除,减去。△給料(きゅうりょう)から家賃(やちん)を～/从工资里扣除房租。

さしみ③【刺身】生鱼片。△～を作(つく)る/做生鱼片。

さしむ・ける④⑤⓪【差(し)向ける】(他下一)①指向,对准。△銃(じゅう)を敵(てき)へ～/把枪口对准敌人。②打发,派遣,调。△代理人(だいりにん)を～/派遣代理人。

さしもど・す④⓪【差(し)戻す】(他五)①(法律)驳回重审。②退回(原处)。△書類(しょるい)を～/把文件退回去。

さしゅ①【詐取】(名・他サ)诈取,骗取。△金(かね)を～する/诈财,骗钱。

さしゅう⓪【査収】(名・他サ)查收,验收。△納品(のうひん)を～する/验收交货。△御(ご)～相成度(あいなりたし)/(书信)请查收。

さじょう⓪【砂上】沙上。◇～の楼閣(ろうかく)/空中楼阁。

ざしょく⓪【座食】〔坐食〕(名・自サ)坐食,吃闲饭,不劳而食。△いつまでも～しているわけには行(い)かない/不能老是吃闲饭。△無為(むい)～/游手好闲,不劳而食。

さ・す①【刺す】(他五)①刺入,刺通。△針(はり)でつぼを～/用针扎穴位。△肌(はだ)を～/刺入皮肤。②缝缀。△ぞうきんを～/缝抹布。③刺激。△舌(した)を～味(あじ)/刺激舌头的味道。

さ・す①【指す】(自五)①指,指示。△時計(とけい)の針(はり)が一時(いちじ)を～/钟表的针指着1点。②指向,朝向。△北(きた)を指して飛(と)ぶ渡(わた)り鳥(とり)/朝北飞的候鸟。③指名。△名(な)を～/指名,点名。④(用尺)计,量。⑤走,下(棋)。△将棋(しょうぎ)を～/下将棋。

さ・す①【差す】Ⅰ(自五)①照射。△日(ひ)が～/太阳照射。△影(かげ)が障子(しょうじ)に～/影子照在纸隔扇上。②(潮)涨。△潮(しお)が～/涨潮。Ⅱ(他五)①擎,举。△傘(かさ)を～/打伞。△杯(さかずき)を～/敬酒。△まかげを～/手打凉棚。②别,佩带。△刀(かたな)を腰(こし)に～/腰上佩带刀。③(也作"注す")斟,注入,点。△目薬(めぐすり)を～/点眼药。△水(みず)を～/注入水,〈转〉挑拨离间。④着色,泛出。△紅(べに)を～/抹口红。

さ・す①【挿す】(他五)①插,插进。△花(はな)を～/插花。②(种植的)插。△苗(なえ)を～/插秧。

さ・す①【螫す】(他五)蜇,螫,叮。△蜂(はち)が顔(かお)を～/马蜂蜇了脸。△蚊(か)にさされた/被蚊子叮了。

さすが⓪〔流石〕(副)①就连…也都。△～にいやとは言(い)えない/就连"不"也不能说。△～の君(きみ)もだめだった/就连你也不顶用。②不愧…,到底…,毕竟。△～に強(つよ)い/名不虚传。

△~はベテランだ、うまいもんだ/不愧是老手,真棒。

さずか・る③【授かる】(自他五)领受,获得。△子宝(こだから)を~/得个宝贝孩子。△メダルを~/领受奖章。△学位(がくい)を~/获得学位。

さず・ける③【授ける】(他下一)①授予。△優勝(ゆうしょう)を~/授予冠军。②教授,传授。△秘伝(ひでん)を~/传授秘方。

さすら・う③〔流離う〕(自五)流浪,流离,飘泊。△旅(たび)から旅(たび)に~/到处流浪。△さすらい歩(ある)く/信步走着。

さす・る③⓪〔摩る・擦る〕(他五)抚摩,摩挲。△子供(こども)の頭(あたま)を~/抚摩孩子的头。△胸(むね)を~/摩挲胸脯。

させき⓪【座席】座席,座位,席位。△~をさがす/找座儿。△~に着(つ)く/就坐。△~を取(と)っておく/占好座。△~を立(た)つ/离座。△~を予約(よやく)する/订座。

	~を立つ	バスの~	政権の~につく	~を外す	公開の~での発言
座席	○	○	×	○	×
席	○	○	×	○	○
座	○	×	○	○	×

ざせつ⓪〔挫折〕(名・自サ)挫折。△剛毅(ごうき)な人(ひと)は~を恐(おそ)れない/有毅力的人不怕挫折。△計画(けいかく)が中途(ちゅうと)で~する/计划在中途受到挫折了。

させる(助动・下一型)(接五段以外的动词未然形表示使役)使,令,让,叫。△母親(ははおや)が子供(こども)に物(もの)を食(た)べ~/母亲让孩子吃东西。△中(なか)のようすをみ~/叫人看里边的情景。

さ・せる③⓪(他下一)(サ变动词未然形"せ"接助动词"させる"约音而成)①让作,使作,听任。△この仕事(しごと)は彼(かれ)にさせよう/这件事让他做吧。△子供(こども)を好(す)きなようにさせておく/让孩子自由(活动)。②准许,许可。△わたしにも聞(き)かせてください/请您让我也听一下。

させん⓪【左遷】(名・他サ)左迁,降职。△かれは~された/他被降职了。

さぞ①〔嘸〕(副)(和推量的词语相呼应)想必…吧,一定…吧。△~お疲(つか)れでしょう/想必累了吧。△~お喜(よろこ)びでしょう/一定很高兴吧。

さそい⓪【誘い】诱,劝诱,引诱,诱惑。△~に乗(の)る/上当。△~を受(う)ける/被邀。△~をかける/引诱。

さそ・う③⓪【誘う】(他五)①邀请,劝诱。△映画(えいが)に~/邀(别人)看电影。△明日(あした)私(わたし)の方(ほう)から誘います/明天我请客。②引诱,诱惑。△涙(なみだ)を~/催人泪下。△眠気(ねむけ)を~/引人发困。

さた②⓪①〔沙汰〕(名・自サ)①指示,命令,处分。△上(うえ)から

の～を待(ま)つ/等待上级指示。②风声,传说。△世間(せけん)の取(と)り沙汰(ざた)/议论纷纷。③通知,音信,消息。△何(なん)の～もない/音信杳然。④事情,行为,动作。△正気(しょうき)の～でない/简直不是精神正常的人所能干的。◇～の限(かぎ)り/荒谬绝伦,岂有此理。

さだま・る③【定まる】(自五)①确定,决定。△基本方針(きほんほうしん)が～/基本方针已定。②安定,稳定,安静。△戦乱(せんらん)が～/战乱平息了。⇨きまる表

さだ・める③【定める】(他下一)①决定。△規則(きそく)を～/制定规则。②平定,镇定。△天下(てんか)を～/平定天下。③明确。△ねらいを～/明确目标。⇨きめる表

ざだん⓪【座談】(名・自サ)座谈。△～会(かい)/座谈会。△ひとつ寛(くつろ)いで～する/心情舒畅地座谈座谈吧。

-さつ【冊】(接尾)(书籍)…册。△分(ぶん)～/分册。

さつ⓪【札】纸币,钞票。△新(あたら)しい～/新钞票。△このお～をくずしてください/请把这张钞票换成零钱。

ざつ【雑】Ⅰ⓪(形动)①零乱。②粗糙。Ⅱ①(名)杂项,杂类。△～収入(しゅうにゅう)/杂项收入。

さつえい⓪【撮影】(名・他サ)摄影,拍照,照像。

ざつおん⓪【雑音】①杂音,噪音,噪声。△～指数(しすう)/噪音指数。△このラジオは～が多(おお)い/这台收音机杂音多。②乱插嘴,不负责任地乱说。△～を入(い)れる/乱插嘴。

さっか⓪①【作家】①作家。②艺术家。

ざっか⓪【雑貨】杂货,日用杂货。

サッカー①[soccer]足球。△～をする/踢足球。

さっかく⓪【錯覚】(名・自サ)①错觉。△声(こえ)が似(に)ていたので別(べつ)の人(ひと)と～した/声音很像,所以我把你当成别人了。②误会。△～をおこす/发生错觉,产生误会。

さっき①【先】(名・副)〈俗〉方才,刚才。△～の人(ひと)はだれ/刚才那人是谁。

さっきゅう⓪【早急】(名・形动)火速,紧急。△～返事(へんじ)をください/请火速回信。

さっきょく⓪【作曲】(名・自他サ)作曲,谱曲。△～家(か)/作曲家。△この歌(うた)は彼(かれ)が～したものだ/这首歌是他作的曲子。

さっきん⓪【殺菌】(名・自他サ)杀菌,灭菌,消毒。△～器(き)/灭菌器。△～牛乳(ぎゅうにゅう)/无菌牛奶。△～灯(とう)/低压汞灯。

さっこん①【昨今】(名・副)昨天和今天,近来,最近。△～の天気(てんき)/最近的天气。△それ

はつい~のことだ/那也就是最近的事。

さっさと① (副・自サ)赶紧,迅速,毫不迟疑地。

ざっし⓪【雜誌】杂志。△学術(がくじゅつ)~/学术杂志。

さっしん⓪【刷新】(名・他サ)革新,改变面貌,使面目一新。△校風(こうふう)を~する/革新校风,使校风焕然一新。

さつじん⓪【殺人】杀人。△~鬼(き)/刽子手。△~罪(ざい)/杀人罪。△~的(てき)な暑(あつ)さ/要命的热。

さっする④⓪③【察する】(他サ)①想象,推量。△その場(ば)の空気(くうき)をさっしてこっそりとぬけだした/(他)见势不妙,悄悄溜走了。②体谅。△ご心中(しんちゅう)をおさっしします/我很理解您的心情。

ざつぜん⓪【雜然】(形動タルト)杂乱,乱七八糟。△~とした室内(しつない)/室内乱七八糟的房间。△机(つくえ)の上(うえ)は~としている/桌子上乱糟糟的。

さっそう⓪〔颯爽〕(形動タルト)飒爽。△~たる姿(すがた)/飒爽的姿态。△~と登場(とうじょう)/精神抖擞地上场。

ざっそう⓪【雜草】杂草。

さっそく④⓪【早速】(副)立刻,马上。△~伺(うかが)います/马上就去拜访(您)。△~お送(おく)りします/马上送去。

ざつだん⓪【雜談】(名・自サ)杂谈,闲谈。△~をかわす/闲谈,聊天儿。△~に花(はな)を咲(さ)かす/唠得很起劲。△~に時(とき)を過(す)ごす/闲谈消磨时间。

さっと①③〔颯と〕(副)(也作"さと")①(动作)迅速,飞快,一下子。△~立(た)ちあがる/迅速地站起来。△~やりおわった/一下子做完了。②(风、雨、光)唰地,忽地。△夕立(ゆうだち)が~来(き)た/阵雨骤至。

ざっと③⓪ (副)①粗略地,简略地。△~目(め)を通(とお)す/略一过目。②大致,大概,大约。△仕事(しごと)が~片付(かたづ)いた/工作大致结束了。

さっとう⓪【殺到】(名・自サ)蜂拥而至,纷至沓来。△志願者(しがんしゃ)が~する/报名者蜂拥而至。

ざっとう⓪【雜踏】〔雜沓〕(名・自サ)拥挤。△~している繁華街(はんかがい)/非常拥挤的热闹街。△駅(えき)の~/火车站的拥挤。

さっぱり①(副・自サ)①爽快,痛快,干脆,轻松。△~とした気分(きぶん)/精神为之一爽。△試験(しけん)が終(お)わって~した/考试完后轻松了。△~とした性格(せいかく)の持主(もちぬし)/性格爽快的人。②清淡,清爽,素净。△~した味(あじ)/清淡的味道。△~した色(いろ)/素净的颜色。③(与否定语相呼应)完全(不),根本(不)。△~わからない/一点也不懂。△彼(かれ)は~便(たよ)りをよこさない/他压根儿不来

信。④不好，糟糕。△成績(せいせき)の方(ほう)は〜だ/成绩不好。△景気(けいき)は〜だ/很不景气。△どうも〜だ/真糟糕。

	〜した性格の人	借金を返して〜した	〜した味	きれい忘れる	〜引き受ける
さっぱり	○	○	○	×	×
さばさば	○	○	×	×	×
あっさり	○	×	○	×	○

さっぷうけい③【殺風景】(名・形动)杀风景，扫兴，冷冷清清，乏味。△〜な部屋(へや)/空落落的房间。△〜な話(はなし)/扫兴的话。

さつまいも⓪〔薩摩芋〕甘薯，白薯，地瓜，番薯。

さて①〔扨・扠・偖〕Ⅰ(接)(承上启下另起话题)且说，却说，这次，那么。△〜話(はなし)かわって/那么，换个话题。△〜これでお暇(いとま)いたします/那么我就告辞了。△これはよいとして〜次(つぎ)は…/这个就算行了，那么下一个呢。Ⅱ(感)(常用于自言自语，表示犹豫)可说啦，到底。△〜どうしよう/可怎么办呢？△〜何(なに)から始(はじ)めたらよいか/到底从那儿着手好呢？

さてい⓪【査定】(名・他サ)査定，审定，核定，评定。△品質(ひんしつ)の〜/评定质量。△予算(よさん)の〜が行(おこ)なわれる/(进行)审核预算。

さては①Ⅰ(接)(表示列举的追加)而且还…，再是…，还有…。△テニス、ゴルフ〜車(くるま)にいたるまで熱中(ねっちゅう)している男(おとこ)/他是个对于网球、高尔夫球一直到汽车都有浓厚兴趣的人。Ⅱ(感)哦！原来是…。△〜彼(かれ)のしわざだったのか/哦！原来是他干的勾当啊！

さと⓪【里】①村落，村庄。②乡下，乡里，乡间。△〜言葉(ことば)/乡下的话，土话，当地话。③(妇女的)娘家，(养子的)生家，佣人的老家。△〜の母(はは)/娘家的妈妈。△家内(かない)は〜に帰(かえ)った/我老婆回娘家了。④(孩子的)寄养家。△子供(こども)を〜へやる/把孩子寄养在别人家。◇お〜が知(し)れる/露了老底。

さと・い②〔聡い〕(形)①聪明的，伶俐的。△〜子(こ)/聪明的孩子。②敏感的，敏锐的，精明的。△耳(みみ)が〜/耳朵灵。△利(り)に〜人(ひと)/对于利益敏感的人，利析秋毫。

さとう②【砂糖】沙糖，白糖。

さどう①【茶道】茶道。

さどう⓪【作動】(名・自サ)(机器)动作，启动，工作。△エンジンが〜しない/发动机启动不了。

さと・す②⓪【諭す】(他五)(上对下的)教导，训谕，告诫。△不心得(ふこころえ)を〜/针对错误思想进行说服教育。△くりかえし(て)〜/谆谆教导。

	不心得を〜	学生の本分を〜	非行を〜	親が子を〜	訓練の大切さを〜	将来を〜
諭す	○	○	×	○	○	×
戒める	○	×	○	○	×	×

さと・る⓪②【悟る】〔覚る〕(他

五)①觉悟，察觉。△彼(かれ)はガンにかかったと～/他觉察到自己患了癌症。②认清，领会。△自分(じぶん)の非(ひ)を～/认清自己的错误。

さなか① 【最中】正当中，最高潮，方酣。△夏(なつ)の～/盛夏。△冬(ふゆ)の寒(さむ)い～/严冬。△激論(げきろん)の～だ/正在激烈地辩论着。

さながら⓪ 【宛(ら)】(副)宛如，仿佛，好像，恰如。△～雪(ゆき)のようだ/简直像雪一样。△～二子(ふたご)のようだ/恰如一对双胞胎一般。

さばく⓪ 【砂漠】〔沙漠〕沙漠。△サハラ～/撒哈拉沙漠。

さば・く② 【捌く】(他五)①妥善料理，处理妥当。△混雑(こんざつ)を～/妥善地处理拥挤。△山積(さんせき)する事務(じむ)をひとりで～/一个人处理大批积压的工作。②售光，售空，售完。△在庫(ざいこ)を～/售空库存。

さば・く② 【裁く】(他五)裁判，审判，仲裁。△刑事事件(けいじけん)として～/作为刑事案件审理。

さばさば① (副・自サ)爽朗，干脆，畅快，轻松愉快。△気分(きぶん)が～する/心情舒畅。△～した人(ひと)/性格爽朗的人，爽快人儿。⇨さっぱり 表

さはんじ② 【茶飯事】常有的事，司空见惯(的事)，家常便饭。△日常(にちじょう)～/司空见惯的事。

さび② 〔錆・銹〕①锈。△～がつく/生锈。△～を落(おと)す/除锈。②恶果。◇身(み)から出(で)た～/自作自受，咎由自取。

さびし・い③【寂しい】〔淋しい〕(形)①僻静的，寂静的。△～山中(さんちゅう)/寂静的深山。②寂寞的，凄凉的。△～老後(ろうご)/凄凉的晚年。③缺乏，感到不足。△懐(ふところ)が～/钱包里钱不多。

さびつ・く④⓪③ 〔錆(び)付く〕(自五)①(几件铁器)锈在一起，锈住了。②长满了锈。

ざひょう⓪ 【座標】座标。△～軸(じく)/座标轴。△縦(たて)～/纵座标。△横(よこ)～/横座标。

さ・びる② 〔錆びる〕(自上一)生锈，长锈。△湿気(しっき)でさびた/由于潮气生锈了。△鉄(てつ)はさびやすい/铁容易生锈。

さ・びる② 〔寂びる〕(自上一)①变苍老，变成古雅。△声(こえ)が～/声音变苍老。②老练(精练、纯熟)起来。△あの役者(やくしゃ)はますます寂びて来(く)る/那位演员越来越老练。

さび・れる③④⓪ 【寂れる】(自下一)萧条，冷落，衰微。△町(まち)が～/城镇萧条冷落。

サブタイトル③ [subtitle]①(书籍、论文等)副标题，小标题。②(影视)字幕。

ざぶとん② 【座布団】〔座蒲団〕坐垫，褥垫。△～を敷(し)く/铺褥垫。△どうぞ～をお当(あ)てください/请铺上褥垫。△～に坐

(すわ)る/坐在坐垫上。

さべつ① 【差別】(名・他サ)差别，区别，区分。△～関税(かんぜい)/差别关税，歧视性关税。△～待遇(たいぐう)/差别待遇。△～をつける/加以区别。△人(ひと)によって～する/因人而异。

さほう① 【作法】(坐卧举止的)礼节，礼仪，礼貌，规矩。

サボテン⓪ [西 sapoten]〔仙人掌・覇王樹〕仙人掌。

さほど⓪ (副)(后多接否定)(并非)那么。△今(いま)は～苦痛(くつう)は感(かん)じない/现在并不感觉那么疼。

サボ・る② (自五)偷懒，耍滑，怠工，逃学。△授業(じゅぎょう)を～/旷课。

さま 【様】Ⅰ②(名)①情况，情形，情景。△～を変(か)える/改变情况。②样子，姿态，形状。△～にならない/不成样子，不成体统。△～を作(つく)る/装点门面。Ⅱ(接尾)接在人名和表示人的名词下表示尊敬。△お客(きゃく)～/客人。△お父(とう)～/令尊，您的父亲。

-ざま 【様・方】(接尾)①方向，方面。△横(よこ)～に雨(あめ)が降(ふ)る/雨斜着下来了。②时候。△帰(かえ)り～に…/在回家的时候。③方式，方法，手段。△書(か)き～/写法。

さまざま② 【様様】(形动)各种，各式各样，形形色色。△人(ひと)の性格(せいかく)は～だ/人的性格是各式各样的。△世(よ)の中(なか)には～な人間(にんげん)がいる/社会上形形色色的人都有。⇨いろいろ 表

さま・す② 【冷(ま)す】(他五)①弄凉，冷却。△湯(ゆ)を～/冷却热水。△熱(あつ)ければ冷(さま)して飲(の)みなさい/如果太热凉一凉再喝吧。②降低，减少(感情、兴趣)。△興(きょう)を～/扫兴，败兴。△熱意(ねつい)を～/打击情绪，泼冷水。

さま・す② 【覚(ま)す・醒ます】(他五)①叫醒，唤醒。△目(め)を～/醒来。△夢(ゆめ)を～/从梦中叫醒。②醒酒，使…清醒。△風(かぜ)に当(あた)って酔(よい)を～/到外面来吹吹风醒酒。③提醒，使…醒悟。△迷(まよ)いを醒(さま)させる/使从迷惑中醒悟过来。

さまた・げる④ 【妨げる】(他下一)妨碍，阻碍，阻挠，打扰。△睡眠(すいみん)を～/妨碍睡眠。△人(ひと)の行動(こうどう)を～/妨碍别人的行动。

さまつ⓪ 〔瑣末〕(名・形动)琐碎，零碎。△～な事務(じむ)/琐碎的事务。

さまよ・う③ 【さ迷う】〔彷徨う〕(自五)彷徨，徘徊，流浪。△市中(しちゅう)を～/在街上流浪，流浪街头。

さむ・い② 【寒い】(形)①寒冷。△寒くて震(ふる)える/冷得打哆嗦。②寒碜，贫寒，简陋。△お～研究設備(けんきゅうせつび)/很简陋的研究设备。△懐(ふところ)が寒

くなる/手头钱不多。⇨あつい表
さむが・る③【寒がる】(自五)怕冷。△弱(よわ)いから～/因为身体弱,怕冷。
さむけ③【寒気】寒气。△～がする/觉得冷。△～を覚(おぼ)える/觉得冷。△～立(だ)つ/ⅰ)觉得冷。ⅱ)(吓得)浑身发抖,打寒战。
さむさ①【寒さ】冷,寒冷。
さむらい⓪【侍】①(日本中世、近世的)武士。②〈俗〉有骨气的人。△あの男(おとこ)はなかなかの～だ/他很有骨气。
さ・める②【冷める】(自下一)①冷,凉。△吸(す)い物(もの)が～/汤凉了。△冷(さ)めないうちにお上(あが)り/请趁热吃吧。②降低。减退。△情熱(じょうねつ)が～/热情降低,松劲。
さ・める②【覚める】〔醒める〕(自下一)①醒。△夢(ゆめ)から～/从梦中醒来。△一晩中(ひとばんじゅう)～目(め)が覚(さ)めていた/一夜没睡。②醒(酒)。△あまり寒(さむ)いので酔(よい)が覚(さ)めてしまった/因为天太冷酒醒了。③觉悟,醒悟。△迷(まよ)いから～/从迷惑中醒悟过来。
さ・める②【褪める】(自下一)褪色,落色,掉色。△褪めない色(いろ)/不褪的颜色。△その色(いろ)は褪めやすい/那种颜色容易褪色。

	染めた色が～	花の色	日焼けした肌の色が～	色～た恋
褪める	○	×	・○	×
褪せる	○	○	×	-せ

さも①〔然も〕(副)①的的确确,实在。△～うれしそうな顔(かお)をする/一副实在高兴的样子。②仿佛,好像。△～あろう/或许是有的,或许是。
さもし・い③(形)卑鄙的,卑劣的。△～行(おこな)い/卑鄙行为。△～根性(こんじょう)/劣根性。
さもなければ①〔然も無ければ〕(接)不然的话,要不然。
さや①【鞘】①刀鞘,剑鞘。△刀(かたな)を～に納(おさ)める/插刀入鞘。△刀の～を払(はら)う/拔刀出鞘。②护套,盒,壳,笔帽。△万年筆(まんねんひつ)の～/自来水笔的笔帽。△眼鏡(めがね)の～/眼镜盒。③差价,利润。△～を取(と)る/赚取利润。
さゆう①【左右】Ⅰ(名)①左右。△～をみまわす/环顾左右。②身边,身旁。△～を備(そな)える/身边备用。③附近。④支吾,搪塞。△言(げん)を～にする/左右其词,支吾搪塞。Ⅱ(名・他サ)支配,左右,掌握,操纵。△財界(ざいかい)を～する/掌握财界。
ざゆう⓪【座右】①座席的右侧。②身边,案头。△辞書(じしょ)を～に備(そな)える/把词典放在身边。△～の銘(めい)/座右铭。
さよう⓪【作用】(名・自サ)①作用,起作用。②引力作用。
さよう⓪〔然様・左様〕Ⅰ(副・形动)那样。△～に存(ぞん)じます/我知道那样的。△～申(もう)し付(つ)けましょう/我就那样告诉他吧。Ⅱ(感)对,不错。△～で

ございます/是的。

さようなら④⑤〔感〕再见。△～、またあした/再会!明天见。△～、お元気(げんき)で/再见,祝您好。

さよきょく②【小夜曲】小夜曲。

さよく①【左翼】①左翼,左翅膀。②(队行的)左翼。③(政治上的)左派,左倾。△～小児病(しょうにびょう)/左倾幼稚病。△～日和見主義(ひよりみしゅぎ)/左倾机会主义。④(棒球)左外场,左外场手。△～手(しゅ)/左外场手(员)。

さら【皿】Ⅰ⓪(名)①碟子,盘子。②碟状物。△はかりの～/秤盘子。△ひざの～/膝盖骨。Ⅱ(接尾)碟,盘。△一(ひと)～のトマト/一盘西红柿。

さらい-【再来】(接头)(接在年月之前)下下…,后…。△～月(げつ)/下下月。△～週(しゅう)/下下周。△～年(ねん)/后年。

さら·う⓪〔浚う·渫う〕(他五)疏浚,疏通。△井戸(いど)を～/浚井,淘井。△河(かわ)を～/疏浚河道。

さら·う〔攫う〕(他五)①攫取,夺走,拐走。△子(こ)を～/拐走孩子。△金(かね)をさらって逃(に)げる/抢钱逃跑。②拿走,赢得。△人気(にんき)を～/赢得众人好评。

さらさらⅠ⓪(副·自サ)①粗糙,不光滑。②(砂石声)沙拉。Ⅱ⓪(形动)粗糙,不光滑。

さら·う⓪(他五)复习,温习。△きのう習(なら)ったところを～/温习昨天学过的地方。

さらし⓪〔晒(し)〕①晒,曝。②漂白布。△～の肌着(はだぎ)/漂白布做的贴身衣。③(也作"曝")(江户时代的一种刑罚)示众。

さら·す③⓪〔晒す〕(他五)①风吹,雨打,日晒。△炎天(えんてん)に肌(はだ)を～/在暑天里晒皮肤。②漂白。△布(ぬの)を～/把布漂白。△米(こめ)を～/淘米。③暴露。△醜態(しゅうたい)を～/暴露丑态。

さら·す〔曝す〕(他五)抛露,暴露。△危険(きけん)に身(み)を～/置身险境。△恥(はじ)を～/丢丑,现眼。

サラダ⓪[salad]沙拉(西式凉拌杂菜)。△～オイル/沙拉油。

さらに①【更に】(副)①又,再次。△～懇請(こんせい)する/再次恳求。②重新。△～作(つく)りかえる/重新另作。③更,更加,进一步。△～上達(じょうたつ)する/越发长劲。④(下接否定语)丝毫(也没),一点(也不)。△～異存(いぞん)はない/没有任何异议。△～気(き)がつかない/一点也没理会到。

	～努力するつもりです	風が吹つく,雨が降る,～雷が鳴る	～静かにしなさい	～もう一つ証拠を示す
更に	○	○	×	○
もっと	○	×	○	×

サラリー①[salary]工资,月薪。

サラリー·マン③[salary man]工

薪阶层。
さらりと② (副)①光滑，滑溜。△～した肌(はだ)ざわり/摸上去滑溜溜的皮肤。②顺利地，轻松地。△手紙(てがみ)を～書(か)く/刷刷地写信。③爽快地，干脆地，果断地，毫不留恋地。△タバコを～止(や)めた/毫不留恋地戒了烟。④爽朗地，(态度)明快地，不拘小节地。△～言(いう)/爽朗地说。

さりげな・い④〔然(り)気無い〕(形)若无其事的，毫不在意的。△～顔(かお)/若无其事样子。

さる①【猿】①猴，猿猴儿。②耍鬼聪明的人，狡猾的人。③门窗的插拴。◇～に木登(きのぼ)り/班门弄斧。◇～も木(き)から落(お)ちる/智者千虑必有一失。

さる①【去る】(连体)(后接时间词)刚过去的。

さ・る【去る】Ⅰ①(自五)①离去，离开，走开。△故郷(こきょう)を～/离开家乡。②消失，死去。△八十歳(はちじっさい)で世(よ)を～/八十岁谢世。Ⅱ①(他五)丢弃，丢掉。△よごれを～/丢掉脏东西。Ⅲ(接尾)(接动词连用形，表示动作彻底完了)全，完全。△忘(わす)れ～/完全忘了。

さる①〔然る〕(连体)①那样的…，那种的…。△～こと/那样的事。△～事実(じじつ)なし/没有那种事。②某…，某一…。△～所(ところ)に/在某一地方。△～人(ひと)に聞(き)いた/问了某人。

ざる②〔笊〕笊篱，笸箩，竹篓。

サルファざい⓪【サルファ剤】[sulfa—]=スルファざい。磺胺类药物。

ざるをえない①【ざるを得ない】(助动)(接动词未然形下)不得不。△ぼくは行(い)か～/我不得不去。

さ・れる (他下一)("せられる"的约音，サ变未然形下接"られる"约音而成)①(表示被动)被…。△批判(ひはん)～/被批判。②(表示尊敬)(同"なさる")。△先生(せんせい)が詳(くわ)しく説明(せつめい)～/老师详细地讲解。③(表示自发)不由地…。△母(はは)の病気(びょうき)が心配(しんぱい)～/(不由得)担心母亲的病。④(表示可能)会，能，可能…。△それは短期間(たんきかん)に完成(かんせい)～仕事(しごと)ではない/那不是短期间所能完成的工作。

サロン①[法 salon]①客厅，会客室。②社交集会，沙龙。③美术展览会。④酒吧。

さわがし・い④【騒がしい】(形)①吵闹，喧嚣。△～会場(かいじょう)/喧嚣的会场。②不平静，不稳，不安。⇨うるさい表

さわぎ①【騒(ぎ)】①喧嚣，吵闹，吵嚷。②骚动，闹事，混乱，纠纷。③(用"…どころの～ではない"的形式)远不止于那种程度，岂止，谈不上。△困(こま)るどころの～ではない/岂止是不好办。

さわ・ぐ② 【騒ぐ】(自五)①吵闹,吵嚷。△がやがや～/吵吵闹闹。②不安,不稳,不安宁,慌张。△胸(むね)が～/心里不安。△すこしも騒がない/毫不慌张。③骚动,闹事。④轰动一时。△マスコミが～/舆论哗然。

ざわざわ① (副・自サ)①嘈杂,吵嚷,闹哄。②(树叶摆动)沙沙,刷拉。

さわやか② 【爽(や)(か)】(形动)①爽快,清爽,爽朗。△～な天気(てんき)/爽朗的天气。△～な朝(あさ)の空気(くうき)/早晨清爽的空气。②清楚,明确,巧妙。△弁舌(べんぜつ)～な人(ひと)/口齿伶俐的人。

さわ・る③⓪ 【触る】(自五)①触,摸,触摸。△手(て)で～/用手摸。△～べからず/不许触摸。②伤害感情,触怒。△あいつの言(い)うことが気(き)に～/他的话令人气愤。

	手が髪に～	手で机に～	手を机に～	高原の涼気に～	しゃくに～	法律に～
触る	○	○	×	×	○	×
触れる	○	×	○	○	×	○

さわ・る⓪ 【障る】(自五)①抵触,妨碍,障碍,阻碍。△勉強(べんきょう)に～/妨碍学习。②有害,危害,不利。△夜更(よふ)かしは体(からだ)に～/熬夜对身体有害。◇障(さわ)らぬ神(かみ)に祟(たた)りなし/ⅰ)你不惹他,他不犯你。ⅱ)多一事不如少一事。

-さん (接尾)君,先生(在比较郑重的场合用"さま",在比较随便的场合用"さん")。△山田(やまだ)～/山田君。△奥(おく)～/夫人。

-さん 【山】(接尾)①…山。△火(か)～(さん)/火山。②(寺庙上加的)山号。△金竜～浅草寺(きんりゅうさんせんそうじ)/金龙山浅草寺。

さん⓪ 【三】(数)三,第三。

さん① 【酸】①酸味。②(化学)酸。△～性(せい)/酸性。

さん① 【産】①分娩。△お～をする/分娩。②出生地;出产地。③财产。

さんいつ⓪ 【散逸】〔散佚〕(名・自サ)散逸,散失,遗失。△資料(しりょう)が～する/资料散失。

さんか⓪① 【参加】(名・自サ)参加,加入。△～を呼(よ)びかける/号召参加。

さんか① 【惨禍】惨祸,严重的灾难。△原爆(げんばく)の～/原子弹爆炸的严重灾难。△～に見舞(みま)われる/遭灾。

さんか⓪ 【酸化】(名・自サ)氧化。△～物(ぶつ)/氧化物。△～し易(やす)い金属(きんぞく)/容易氧化的金属。

さんがい⓪ 【惨害】惨害,惨祸。△～を蒙(こうむ)る/遭受严重灾害。

ざんがい⓪ 【残骸】①尸体,尸首。②残骸。△古(ふる)い自動車(じどうしゃ)の～/旧汽车的残骸。

さんかく① 【三角】①三角,三角形。△～形(けい)/三角形。△～

関係(かんけい)/三角恋爱。△～巾(きん)/三角巾。△～州(す)/三角洲。△～貿易(ぼうえき)/三角贸易。②(数学中的)三角。

さんがく⓪【山岳】山岳。

さんがつ①【三月】三月。△～節句(せっく)/日本女儿节。

さんぎいん③【参議院】参议院。

ざんぎゃく⓪【残虐】(名・形动)残忍,残酷,残暴。△～な行為(こうい)/残酷的行为。

さんきゅう⓪【産休】产假。

サンキュー①[thank you](感)谢谢。

さんぎょう⓪【産業】产业。△～を興(おこ)す/ⅰ)振兴产业。ⅱ)发展生产。

ざんぎょう⓪【残業】(名・自サ)加班。△仕事(しごと)が多(おお)いので～をする/因为工作多而加班。△～手当(てあて)/加班费。

ざんきん①【残金】余款,余额。△～はいくらもない/余款无几。

サングラス③[sunglasses]太阳镜,墨镜。

さんげき⓪【惨劇】惨剧,悲惨事件。△～を演(えん)ずる/演悲剧。△～が起(おこ)った/发生了惨剧。△もうすこしで事故(じこ)の～になるところを防(ふせ)いだ/防止了将要发生的惨剧。⇨さんじ 表

さんご⓪【産後】产后。△～の肥立(ひだ)ちがいい(わるい)/产后健康恢复得好(不好)。

さんこう⓪【参考】参考。△～書(しょ)/参考书。△～になる/有参考价值。

ざんこく⓪【残酷・残刻】(形动)残酷,残忍。△～にとり扱(あつか)う/虐待。△～きわまりない/惨绝人寰。

さんざん⓪③【散散】(副・形动)厉害,严重,惨重。△～な目(め)に合(あ)う/遭到惨败。

さんさんごご⑤【三三五五】(副)三三两两,三三五五。△～連(つ)れ立(だ)って行(ゆ)く/三三五五搭伴而去。△～(と)帰(かえ)って来(き)た/三五成群回来了。

さんじ①【惨事】惨案。△～にあう/遇到惨案。

	流血の～	鉄道事故で～をひき起こす	～の行われた部屋	火事で一家焼死という～
惨事	○	○	×	○
惨劇	○	×	○	×

さんじ①【産児】①生孩子。②(初生的)婴儿。△～制限(せいげん)/节制生育,节育。△～の目方(めかた)を計(はか)る/称婴儿的重量。

さんじ①⓪【賛辞】〔讚辞〕赞词,颂词。△～を呈(てい)する/致颂词。△～を受(う)ける/受称赞。

ざんじ①【暫時】(名・副)暂时,片刻。△～休憩(きゅうけい)/暂时休息。△～の猶予(ゆうよ)を乞(ねが)う/请求暂缓一时。

さんしゃく⓪【参酌】(名・他サ)参考,斟酌。△他人(たにん)の意見(いけん)を～する/参考别人的意见。△品物(しなもの)の売(う)れ行(ゆ)きを～して仕入(しいれ)を

する/参照货品的销路来(决定)进货。

さんしゅつ⓪【産出】(名・他サ)产出，生产出，出产。△石油(せきゆ)の～量(りょう)/石油产量。△石油を～する/出产石油。

さんしゅつ⓪【算出】(名・他サ)算出，核算出。△所要経費(しょうけいひ)を～する/算出所需的经费。

さんじゅつ⓪【算術】算术。△～平均(へいきん)/平均数，平均值。

さんじょ⓪【賛助】(名・他サ)赞助。△～会員(かいいん)/赞助会员。△～出演(しゅつえん)/协助演出。△～を求(もと)める/请求赞助。

ざんしょ①⓪【残暑】残暑，余暑，秋老虎。△～見舞(みま)い/残暑问候。△～がきびしい/秋老虎热得很。

さんしょう⓪【参照】(名・他サ)参照，参看。

さんじょう⓪【参上】(名・自サ)拜访，造访。

ざんしょう⓪【残照】夕照，夕阳，落日余晖。△～が空(そら)を美(うつく)しく彩(いろど)っている/夕照绚丽地渲染着天空。

さんすう③【算数】①计算数量。②(学科)算术。

さんせい⓪【酸性】酸性。△～土壌(どじょう)/酸性土壤。

さんせい⓪【賛成】(名・自サ)赞成，赞同，同意。△君(きみ)の意見(いけん)に～する/赞成你的意见。

	大方の～を得る	彼の説に～する	彼の説を～する	君の意見に～だ	私の～する政党
賛成	○	○	×	○	×
賛同	○	○	×	×	×
支持	○	×	○	×	○

さんせいけん③【参政権】参政权(公民参加自己国家政治活动的权利)。

さんせき⓪【山積】(名・自他サ)堆积如山，积压很多。△難問(なんもん)が～する/难题成堆。

さんそ①【酸素】氧，氧气。△～吸入(きゅうにゅう)/输氧。△～欠乏(けつぼう)/缺氧。△～ボンベ/氧气瓶。

ざんだか⓪③【残高】余额，余数，余款。△勘定(かんじょう)～/结算余额。△銀行預金(ぎんこうよきん)～/银行存款余额。△～を繰越(くりこ)す/余额结转。

サンタクロース⑤[美 Santa Claus](也作"サンタクローズ")圣诞老人。

サンダル⓪①[法 sandale]①女式凉鞋。②拖鞋。△～をはく/穿凉鞋。

さんたん⓪【賛嘆】〔讚嘆・讚歎〕(名・他サ)赞叹，赞美。△～して止(や)まない/赞叹不已。△妙技(みょうぎ)を～する/赞叹妙技。

さんたん⓪〔惨憺・惨澹・惨胆〕(形动タルト)①凄惨，悲惨。△～たる結果(けっか)/悲惨的结果。②惨淡，费尽心血。△苦心(くしん)～する/煞费苦心。

さんち⓪【産地】产地。△~直送(ちょくそう)/由产地直接运送。

さんちょう⓪【山頂】山顶,山巅。△富士山(ふじさん)の~を極(きわ)める/登上富士山峰顶。

ざんてい⓪【暫定】暂定,临时规定。△~的(てき)/暂定的,临时性的。△~予算(よさん)/暂定预算。△~条約(じょうやく)/临时条约。

サンドイッチ④[sandwich]三明治,火腿面包。△~マン/(身挂广告牌串街宣传的)广告员。

さんどう⓪【賛同】(名・自サ)赞同,赞成,同意。△~を求(もと)める/征求同意。△~を得(え)る/得到同意。△~をかちとる/争取同意。⇨さんせい表

ざんにん⓪【残忍】(名・形動)残忍,残酷。△~な心(こころ)/残忍的心。△~な犯罪(はんざい)/残忍的犯罪行为。

ざんねん③【残念】(形動)遗憾,抱歉,可惜。△~に思(おも)う/感到遗憾。△~でならない/遗憾之至。△~ながら…/抱歉的是…。

さんぱい⓪【参拝】(名・自サ)参拜(神社)。△恭(うやうや)しく~する/恭恭敬敬地参拜。

ざんぱい⓪【惨敗】(名・自サ)惨败,大败。△~を喫(きっ)する/遭到惨败。△敵(てき)は~に終(お)わった/敌人以惨败告终。

さんばし⓪【桟橋】①码头。△~渡(わた)し/码头交货。△船(ふね)が~に横付(よこづ)けになる/轮船停靠码头。②(工地运送材料)坡道,跳板。

さんぱつ⓪【散髪】(名・自サ)理发,剪发。△~に行(ゆ)く/去理发。△~屋(や)/理发店。

さんび①【賛美】〔讚美〕(名・他サ)赞美,讴歌。△口(くち)を極(きわ)めて祖国(そこく)を~する/极力讴歌祖国。

さんぴ①【賛否】赞成与否,赞成与反对。△~を問(と)う/提交表决。△その案(あん)には~の両論(りょうろん)があった/对于那个方案,有赞成和反对的两种意见。

さんぷ⓪⓪【散布】〔撒布〕(名・自他サ)散布,撒布,撒。△消毒剤(しょうどくざい)を~する/撒消毒剂。

さんぷく⓪【山腹】山腹,山腰。△~にだんだん畠(ばたけ)を切(き)りひらく/在山腰上开辟梯田。

さんふじんか⓪【産婦人科】妇产科。△~医院(いいん)/妇产科医院。△~を開業(かいぎょう)する/开设妇产科医院。

さんぶつ⓪【産物】①产物,产品,出产。△おもな~は果物(くだもの)です/主要物产是水果。②结果,成果。△革命(かくめい)の~/革命的成果。

サンプル①[sample]①样品,样本,货样。△~ケース/样品盒。△~を請求(せいきゅう)する/索要样品。△これを~にする/把这个当作样品。②标本。

さんぽ⓪【散歩】(名・自サ)散步。

さんま⓪〔秋刀魚〕秋刀鱼。

さんまん⓪【散漫】(名・形动)①散漫，松懈。△夏(なつ)は仕事(しごと)が～になりやすい/夏天做工作容易松懈。②分散，涣散，马虎。△注意(ちゅうい)が～だ/注意力不集中。△頭脳(ずのう)の～な人(ひと)/马马虎虎的人。

さんみゃく⓪【山脈】山脉。△ヒマラヤ～/喜马拉雅山脉。

さんよ①【参与】(名・自サ)参与，参加。△国政(こくせい)に～する/参预国政。

さんらん⓪【散乱】(名・自サ)散乱，零乱。△ガラスの破片(はへん)が～する/玻璃的碎片散乱。

さんらん⓪〔燦爛〕(形动タルト)灿烂，辉煌，闪闪发光。△～たる宝石(ほうせき)/光彩灿烂的宝石。

さんりゅう⓪【三流】三流，劣等。

ざんりゅう⓪【残留】(名・自サ)残留，剩余，留下。△～者(しゃ)/留下的人。△中国大陸(ちゅうごくたいりく)各地(かくち)に～する日本人(にほんじん)/在中国大陆各地留下的日本人。

さんりん⓪【山林】①山和树林。②山林，山中的树林。△～を作(つく)る/营造山林。△～を保護(ほご)する/保护山林。

サンルーム③[sunroom]日光浴室。△～で日光浴(にっこうよく)をする/在日光浴室进行日光浴。

さんれい⓪〔山嶺〕山岭，山峰。

さんれつ⓪【参列】(名・自サ)参加(仪式)，列席。△～者(しゃ)/参加者，列席者。△式(しき)に～する/参加仪式。

さんろく⓪〔山麓〕山麓，山脚。△～地帯(ちたい)/山麓地带。

し シ

し① 【死】死。△～を賭(と)して戦(たたか)う/誓死战斗(到底)。△安楽(あんらく)～/安乐死。△愛犬(あいけん)の～/爱犬之死。◇～の灰(はい)/原子尘。◇～を致(いた)す/致死。⇒しきょ 表

し⓪ 【詩】①诗，诗歌。△～人(じん)/诗人。②汉诗。△七言(しちごん)～/七言诗。③诗经。

し① 【志】志向，宿愿。△故人(こじん)の～を継(つ)ぐ/继承故人的遗愿。

し① 【四】(数)四。

し① 【市】市。△～町村(ちょうそん)/市镇村。

し① 【氏】这位，先生。

し① 【師】①老师，先生。△～とあおぐ/尊为师。②军队。

し 【士】Ⅰ① (名)士。△好学(こうがく)の～/好学之士。Ⅱ(接尾)…士。△栄養(えいよう)～/营养士，营养师。

-し 【紙】(接尾)①…纸。△西洋(せいよう)～/机制纸。②报纸。△日刊(にっかん)～/日报。△地方(ちほう)～/地方报。

し (接助)①用以并列同时的两个事物。△風(かぜ)も吹(ふ)く～雨(あめ)も降(ふ)る/又刮风又下雨。②用以并列两个矛盾的事物。△遊(あそ)びには行(い)きたい～金(かね)はなし/又想去玩，又没有钱。

じ① 【字】①字，文字，(特指)汉字。△～を書(か)く/写字。②字迹，笔迹。

じ⓪ 【地】土地，地面。◇雨(あめ)降(ふ)って～固(かた)まる/不打不成交。

じ⓪ 【痔】痔，痔疮。

-じ 【時】(接尾)…点钟。△三(さん)～/三点钟。

-じ 【次】(接尾)…次。第一(だいいち)～/第一次。

-じ 【寺】(接尾)寺院，…寺。△国分(こくぶん)～/国分寺。

-じ 【児】(接尾)…儿。△健康(けんこう)～/健康儿。

しあい⓪ 【試合】(体育等)比赛。△模範(もはん)～/表演赛。

	卓球の～に勝つ	A校に～を申し込む	～がつく	代表として～に出る	機を見て～に出る
試合	○	○	×	○	×
勝負	○	×	○	×	○

しあい⓪ 【仕合】互相，相互。△けんかの～/相互争吵。

じあい①⓪ 【自愛】(名・自サ)①保重，自爱。△酷暑(こくしょ)の折(おり)、御～ください/正值酷暑之际，请多多保重。②图私利，利己。

しあがり⓪ 【仕上(が)り】完成，做完。△～が早(はや)い/完成得

很快。

しあが・る③【仕上(が)る】(自五)做完，完成。△工事(こうじ)が～/工程完成。

しあげ⓪【仕上(げ)】①做完，完成。②加工，润饰。△念入(ねんい)りな～/精心加工。

しあ・げる②【仕上げる】(他下一)①做完，做得。△十日間(とおかかん)で仕上げた/用十天的时间做完了。②完工，建成。△工事(こうじ)を～/竣工。

しあさって③ 大后天。

しあわせ⓪【幸(せ)・倖】(名・形动)幸福。△～な一生(いっしょう)/幸福的一生。⇒こうふく 表

しあわせ⓪【仕合(わ)せ】运气，命运。△ありがたき～/庆幸。

しあん①【思案】(名・自サ)①想，考虑。◇～投(な)げ首(くび)/无计可施。◇～に暮(く)れる/一筹莫展。◇～に沈(しず)む/冥思苦想。◇～に尽(つ)きる/不知所措。②忧虑，担心。△～の種(たね)/忧心事。

しあん⓪【私案】个人的想法。△これは～にすぎませんが…/这只不过是个人的想法而已。

しあん⓪【試案】试行方案，试行办法。△土壌改良(どじょうかいりょう)に関(かん)する～/改良土壤试行方案。

しい①【四囲】四周，周围。△～の情勢(じょうせい)/周围的形势。△～の釣合(つりあい)/上下左右匀称。

しい①〔思惟〕(名・自サ)想，思维。△深(ふか)く～する/深思熟虑。

じい①【示威】(名・自他サ)示威，显示威力。△～行進(こうしん)/示威游行。△軍事力(ぐんじりょく)を～する/显示军事力量。

シーエーアイ⑤【CAI】[computer aided instruction]电脑辅助教学。

しいく⓪【飼育】(名・他サ)饲养。△～係(がかり)/饲养员。

じいさん①〔祖父さん・爺さん〕①爷爷，姥爷。②老爷爷(对年纪大的男性的称呼)。

じいしき②【自意識】自我意识。△～過剰(かじょう)/固执，个性过强。

シーズン①[season]季节，时节。△スキー～/滑雪季节。

しいたけ①【椎茸】香菇，香蕈。

しいた・げる④【虐げる】(他下一)虐待。△動物(どうぶつ)を～/虐待动物。△圧政(あっせい)に虐げられる/受强权政治虐待，屈从强权政治。

シーツ①[sheet]床单。

しい(っ)①(感)嘘一(制止吵嚷)。

しいて①【強いて】(副)勉强。△～言(い)えば/硬要说的话。△～行(い)くことはない/不必勉强去。

シーディー③【CD】[compact disk]CD 光盘。

シーディルーム⑤【CD-ROM】(也作"シーディーローム")CD 光盘。

シート① [seat]座位，席位。

ジーパン [jeans pants]牛仔裤。

し・いる② 【強いる】(他上一)强迫，强使。△酒(さけ)を～/灌酒。△出席(しゅっせき)を～/强迫参加。△妥協(だきょう)を強いられる/被迫让步。

しいれ⓪ 【仕入(れ)】购买，购进，采购。△～値段(ねだん)/进货价。

しい・れる③ 【仕入れる】(他下一)①购入，采购。②取得，获取。

しいん⓪ 【子音】辅音，子音。

じいん① 【寺院】寺院。

ジーンズ① [jeans] ①细斜纹棉布。②牛仔服。

しいんと⓪ (副・自サ)→しんと。

しうち⓪ 【仕打(ち)】(多用于坏的方面)作风，态度，举动。△つれない～/态度冷淡。△ひどい～を受(う)ける/受到蛮不讲理的对待。

じえい⓪ 【自衛】(名・自他サ)自卫。△～手段(しゅだん)/自卫手段。△～隊(たい)/自卫队。

じえい⓪ 【自営】(名・他サ)自营，独立经营。△～業(ぎょう)/自营工商业。

ジェーアール③ 【JR】[Japan Rail]日本铁道。

しえき⓪① 【使役】(名・他サ)①使役，使…干活。②(语法)使役。△～の助動詞(じょどうし)/使役助动词。

ジェット・エンジン④ [jet engine]喷气发动机。

ジェットき③【ジェット機】[jet—]喷气式飞机。

しえん⓪ 【支援】(名・他サ)支援。⇨えんじょ表

しえん⓪ 〔私怨〕私仇，私怨。△～を抱(いだ)く/心怀个人恩怨。△～を晴(は)らす/报私仇。

しお② 【塩】①食盐。②咸度。△～のきいた魚(さかな)/有咸味的鱼。

しお② 【潮】①海水，海潮。②〈转〉时机，机会。△来客(らいきゃく)を～に席(せき)を立(た)つ/趁来客的机会退席。

しおから・い④ 【塩辛い】(形)咸。△海(うみ)の水(みず)は～/海水咸。

しおき⓪ 【仕置(き)】斥责，惩罚。△～を受(う)ける/受惩罚。

しおくり⓪ 【仕送(り)】(名・自他サ)汇寄生活费，生活补贴。△親(おや)から～を受(う)ける/得到父母的生活补贴。

しおけ③ 【塩気】盐分，咸味。△～が足(た)りない/不够咸。

しおどき④⓪ 【潮時】〔汐時〕①涨落潮时。②〈转〉时机，机会。△～を見(み)る/看机会，等机会。

しおひがり③ 【潮干狩り】赶海。

しおらし・い④ (形)温顺，可爱。△～ことを言(い)う/说得好听。△～子供(こども)/乖孩子。

しおり⓪ 【栞】①书签。②指南(书)。△旅行(りょこう)の～/旅行指南。

しお・れる④⓪ 【萎れる】(自下一)①枯萎。△花(はな)が～/花凋谢了。②沮丧，气馁。△しかられ

て～/挨批评后沮丧。

	花が～	日照り続きで草が～	風船が～	～たきゅうり	しかられて～
しおれる	○	○	×	×	○
しぼむ	○	×	○	×	×
しなびる	○	○	×	-び○	×

しか② 〔鹿〕鹿。◇～を追(お)う猟師(りょうし)は山(やま)を見(み)ず/逐鹿者不见山。〈喻〉专求利者不顾他事。

しか①② 【歯科】牙科。

しか② 【市価】市价。△～二割引(にわりびき)で/按市价八折。

しか (副助)（与否定词呼应）只，仅。△たった一(ひと)つ～ない/只有一个。△勉強(べんきょう)すること～考えていない/只知道学习。

じが① 【自我】①自己。△～に目覚(めざ)める/认识自己。②自我。△～の強(つよ)い人(ひと)/个性强的人。△～意識(いしき)/自我意识。

しかい⓪ 【司会】（名・自他サ）①主持会议。②会议主持者。△～者(しゃ)/主持人。

しかい②⓪ 【視界】①眼界，视野。△～が開(ひら)ける/打开眼界。②见识。△～が狭(せま)い/知识浅薄，见识短浅。⇨しや 表

しがい① 【市街】街市。△～地(ち)/繁华地段。

しがい① 〔死骸・屍骸〕死尸。

	猫の～を片付ける	虫の～にアリがたかる	他殺～	A氏は今夕～となって発見された
死骸	○	○	×	×
死体	○	○	×	○

じかい⓪ 【自戒】（名・自サ）自戒，自我警惕。△自粛(じしゅく)～/自慎自戒。

じがい⓪ 【自害】（名・自サ）自尽，自杀。△～して果(は)てる/自尽而死。⇨じさつ 表

しかく③ 【四角】（名・形動)四角形，方形。△～に切(き)る/切成方形。△まっ～/正方形。△～な顔(かお)/方脸盘儿。

しかく⓪ 【死角】(射击或视线的)死角。△～に入(はい)る/落入死角。

しかく⓪ 【視覚】视觉。△～に訴(うった)える芸術(げいじゅつ)/诉诸视觉的艺术，观赏艺术。

しかく⓪ 【資格】资格，身份。△無(む)～/无资格。△弁護士(べんごし)の～を取(と)る/取得律师资格。△大使(たいし)の～で/以大使身分。

じかく⓪ 【自覚】（名・自他サ)自觉，自知，觉悟。

しかく・い③⓪ 【四角い】（形)四方的，方形的。△～顔(かお)/方脸。

しかくば・る④ 【四角張る】（自五)①成正方形。②拘谨，郑重其事(的态度)。△四角張って物(もの)を言う/一本正经地说。

しかけ⓪ 【仕掛(け)】①着手，开始做。△相手(あいて)の～を待(ま)つ/等对方先开始。②干了一半。△～の仕事(しごと)/手头正干的工作。③结构，装置。△簡単(かんたん)な～のカメラ/结构简单的相机。△種(たね)も～もない/

材料也没有，设备也没有。

	複雑な〜の器械	奇術の〜	学校で社会の〜を学ぶ	話の〜を見破る	種も〜もない
仕掛け	○	○	×	×	○
からくり	○	○	×	○	×
仕組み	○	×	○	×	×

しか・ける③【仕掛ける】(他下一)①开始做，着手。△仕掛けてやめた/做到中途又停了。②寻衅。△喧嘩(けんか)を〜/寻衅打架。③安装，装置。△わなを〜/设(置)圈套。④准备。△夕食(ゆうしょく)を〜/准备晚饭。

しかし②①〔併し・然し〕(接)可是，然而，不过。△晴(は)れた。〜寒(さむ)い/天晴了，不过还很冷。

じがじさん①⓪【自画自賛】〔自画自讚〕(名・自サ)①自己的画自己题字。②自赞，自我吹嘘。△得意気(とくいげ)に〜する/自鸣得意。

しかしながら④〔然し乍ら・併し乍ら〕(接)(しかし的加强形式)可是，然而。

しかた⓪【仕方】①方法，做法。△勉強(べんきょう)の〜/学习方法。②办法。△〜がない/没办法。

しかつ⓪【死活】死活，生死关头，存亡。△〜問題(もんだい)/性命攸关的问题。

じかつ⓪【自活】(名・自サ)独立生活。△親(おや)もとを離(はな)れて〜する/离开父母身边独立生活。

しかつめらし・い⑥(形)一本正经，郑重其事。△〜話(はなし)/一本正经的谈话。△〜態度(たいど)/装模作样的态度。

しかと②〔確と・聢と〕(副)①确实。△〜そうか/确实如此吗?②清楚。△〜見届(みとど)ける/看得一清二楚。③紧紧。△〜握(にぎ)る/紧紧握住。

じかに①〔直に〕(副)直接。△〜着(き)る/直接穿。△〜問(と)い正(ただ)す/亲自问清楚。

しかも②〔而も・併も〕(接)而且，并且。△美(うつく)しくて〜賢(かしこ)い/美丽而且聪明伶俐。

しがらみ⓪〔柵・笧〕①止水闸。②缠绕(物)，障碍(物)。△義理(ぎり)の〜/碍于情面。

しか・る③〔叱る・呵る〕(他五)责备，叱责。△きびしく〜/严厉叱责。

しかるに②〔然るに〕然而，可是。△再三(さいさん)注意(ちゅうい)した。〜一向(いっこう)に改(あらた)める気配(けはい)がない/一再提醒过，却总不注意改正。

しがん⓪【志願】(名・自他サ)志愿，申请，报名。△〜者(しゃ)/申请人。

じかん⓪【次官】次官，次长。△政務(せいむ)〜/政务次官。

じかん⓪【時間】①时间，时刻。△〜がかかる/花时间。△約束(やくそく)の〜になった/约会的时间到了。②小时，钟点。△三(さん)〜/三个小时。③时间，光阴。△〜がたつ/光阴流逝。④授课时

間。△国語(こくご)の～/国语课。

じかんわり⓪【時間割(り)】时间表,(学校)课程表。

しき①②【式】①仪式,典礼。△閉会(へいかい)の～/闭幕式。△～をあげる/举行典礼。②式。方程(ほうてい)～/方程式。△分子(ぶんし)～/分子式。

しき②①【士気】士气。△～が上(あ)がる/士气高涨。

しき②①【四季】四季。△～折折(おりおり)の風景(ふうけい)/四季变化多端的风景。

しき②①【死期】死期。△～にのぞむ/面临死亡,濒死。△～を迎(むか)える/死期临头。

しき②【指揮】(名・他サ)指挥。△～棒(ぼう)/(乐队)指挥棒。△～者(しゃ)/(乐队)指挥。△～官(かん)/指挥官。

じき⓪【直】(名・副)①直接。②马上,很快。△病気(びょうき)は～よくなる/病情很快好转。③(距离)很近,就在眼前。△銀行(ぎんこう)までは～だ/离银行很近。

じき①【時期】①时期。△～尚早(しょうそう)/为时尚早。②季节。△菊(きく)の～/菊花季节。

じき①【時機】时机,机会。△～をうかがう/伺机。⇨きかい 表

じき①【磁気】磁性,磁力。

しきい⓪【敷居】门坎,门槛。

しきがわ⓪【敷(き)皮】皮垫子,皮褥子。

しきけん⓪【識見】见识。△高(たかい)～を有(ゆう)する人(ひと)/具有远见卓识的人。

しきさい⓪【色彩】①彩色,色彩。△鮮(あざ)やかな～/鲜艳的色彩。②倾向。△保守的(ほしゅてき)な～/保守倾向。

しきそ②【色素】色素。△血(けっ)～/血色素。△メラニン～/黑色素。

しきたり⓪【仕来(た)り】惯例,常规,老规矩。△～に従(したが)う/按常规(办事)。△昔(むかし)ながらの～/一如既往的成规。

しきち⓪【敷地】地基,占地。△建設(けんせつ)予定(よてい)の～/计划基建占地。

しきちょう⓪【色調】色调。△淡(あわ)い～/浅色调。

じきに③⓪【直に】(副)①马上,立刻。△もう～お正月(しょうがつ)だ/马上就要过年了。△～薬(くすり)が効(き)いてくる/药立刻见效。②动不动就,容易。△～風邪(かぜ)を引(ひ)く/容易感冒。

しきべつ⓪【識別】(名・他サ)识别。△よくにていて～困難(こんなん)だ/很相似,难以识别。

しきもう⓪【色盲】色盲。

しきもの⓪【敷物】铺的东西(铺席、褥垫等)。

しきゅう⓪【支給】(名・他サ)支付,支给。△給与(きゅうよ)を～する/支付薪金。

しきゅう⓪【至急】火速,火急。△～来(き)てください/请火速来。

じきゅう⓪【自給】(名・他サ)自给。△食糧(しょくりょう)はもう～

できる/粮食已能自给。△～自足(じそく)/自给自足。

じきゅう⓪【時給】计时工资,每小时工资。

しきょ②【死去】(名・自他サ)死,逝世。

	父は昨夜十時に～しました	親友～の報に接する	車の正面衝突で四人が～	愛犬の～を嘆く
死去	○	○	×	×
死亡	○	×	○	×
死	×	×	×	○

じきょ①【辞去】(名・自サ)辞别,告辞。△社長宅(しゃちょうたく)を～する/从社长(总经理)家里告辞出来。

しきょう⓪【市況】商情,市场情况。

しぎょう⓪【始業】(名・自サ)始业,开学。△～式(しき)/开学典礼。

じぎょう①【事業】①事业。△慈善(じぜん)～/慈善事业。②实业,企业。△～家(か)/实业家。△～を興(おこ)す/兴办企业。

じきょく①【時局】时局。△～に便乗(びんじょう)する/(巧妙)利用时局(形势)。

しきり⓪【仕切(り)】隔,隔开,间隔。△～のカテン/隔帘。△～のドア/隔门。

しきりに⓪〔頻(り)に〕(副)①屡次,频繁地。△～風(かぜ)が吹(ふ)く/不断刮风。②使劲,热心。△～せがむ/一个劲儿地央求。

しき・る②〔仕切る〕Ⅰ(他五)①隔开。△部屋(へや)をカテンで～/用帘隔开房间。②结账。△月末(げつまつ)で～/月底结账。Ⅱ(自五)(相扑)摆架式。

しきん②①【資金】资金。△～繰(ぐ)り/筹措资金。△回転(かいてん)～/周转资金。

し・く⓪【敷く】〔布く〕Ⅰ(他五)①铺。△布団(ふとん)を～/铺床。②发布。△命令(めいれい)を～/发布命令。③铺设。△鉄道(てつどう)を～/铺设铁路。Ⅱ(自五)(接动词连用形下) 撒(铺)上一层。△雪(ゆき)が降(ふ)り～/下一层雪。

じく②【軸】①轴,轴心。②中心,轴心。△～となる投手(とうしゅ)/中心投手。③画轴。④杆。△マッチの～/火柴棍。

しぐさ⓪〔仕種〕①作法,行为。△意地悪(いじわる)な～/刁难人的作法。②(演员)表情,动作。△恥(は)ずかしげな～/害羞的表情。

しくしく②①(副・自サ)①抽抽搭搭(地哭)。②(肚子)丝丝拉拉(地疼)。△腹(はら)が～痛(いた)む/肚子丝丝拉拉地疼。

しくじ・る③(他五)①失败,失策。△試験(しけん)を～/考试失败了。②被解雇。△勤(つと)め先(さき)を～/被解雇离职。

しくはっく③【四苦八苦】(名・自サ)①(佛教)四苦八苦(生、老、病、死四苦又加上爱别离苦、怨憎会苦、求不得苦和五蕴盛苦)。②种种苦楚,辛辛苦苦。△借金

(しゃっきん)の返済(へんさい)に〜する/为了偿还债务吃尽辛苦。

しくみ⓪【仕組(み)】①结构，构造。△機械(きかい)の〜/机械构造。②构思。△劇(げき)の〜/剧的构思。③计划，企图。△大体(だいたい)の〜/大致计划。⇨しかけ表

しく・む②【仕組む】(他五)①构思。△芝居(しばい)を〜/构思戏剧情节。②计划，谋划，策划。△悪事(あくじ)を〜/策划坏事。

しぐれ⓪【時雨】(秋冬之交的)阵雨，忽下忽停的雨。

じくん⓪【字訓】汉字的训读。

しけい②【死刑】死刑。

しげき⓪【刺激】〔刺戟〕(名・他サ)刺激。△舌(した)を〜する薬(くすり)/对舌头有刺激的药。△〜の強(つよ)い映画(えいが)/刺激性强的电影。

じけつ⓪【自決】(名・自サ)①自决。△民族(みんぞく)〜/民族自决。②自杀。⇨じさつ表

しけ・る③⓪②〔湿気る〕(自五)发潮，潮湿。△海苔(のり)が〜/紫菜受潮了。

しげ・る②【茂る】〔繁る〕(自五)繁茂，茂盛。△草木(そうもく)が茂っている/草木繁茂。

しけん②①【試験】(名・他サ)①考试。△入学(にゅうがく)〜/入学考试。△追(つい)〜/补考。②试验。△機械(きかい)の性能(せいのう)を〜する/试验机器性能。

しげん①【資源】资源。△地下(ちか)〜/地下资源。

じけん①【事件】事件；案件。△殺人(さつじん)〜/杀人案件。⇨できごと表

じげん①⓪【次元】①(数学)次元。②立场，水平，程度。△〜が違(ちが)う議論(ぎろん)/立场不同的议论。△低(ひく)い〜の話(はなし)/低水平的话。

じげん①【時限】①限期，定时。△〜ストライキ/限期罢工。△〜爆弾(ばくだん)/定时炸弹。②课时，节。△第二(だいに)〜は国語(こくご)/第二节课是国语。

しけんかん⓪②【試験管】试管。△〜ベビー/试管婴儿。

しご①【私語】(名・自サ)私语。△仕事中(しごとちゅう)の〜を禁(きん)じる/上班时间禁止私语。

じこ①【自己】自己。△〜弁解(べんかい)/自我辩解。△〜紹介(しょうかい)/自我介绍。⇨じぶん表

じこ①【事故】事故。△交通(こうつう)〜/交通事故。

じご①【事後】事后。△〜承諾(しょうだく)/ⅰ)送空人情。ⅱ)先斩后奏。△〜報告(ほうこく)/先斩后奏，事后汇报。

しこう⓪【志向】(名・他サ)志向，意向。△化学者(かがくしゃ)を〜する/立志当一名化学家。

しこう⓪【施行】(名・他サ)实施。△〜細則(さいそく)/实施细则。

しこう⓪【思考】(名・他サ)思考。△〜力(りょく)をきたえる/锻炼思考力。

しこう⓪〔嗜好〕(名・他サ)嗜

好，爱好。△～に合(あ)う/合乎嗜好，合胃口。△～品(ひん)/嗜好品。⇨しゅみ表

しこう⓪【試行】(名・他サ)试行,试作。△～期間(きかん)/试行期。

じこう①【事項】事项。△必要(ひつよう)～/必要的事项。

じこう⓪【時候】时令,气候,节气。△～のあいさつ/时令问候。

しこうさくご④【試行錯誤】反复试验和失败,不断探索。

じごうじとく⓪①【自業自得】咎由自取,自食其果。△落第(らくだい)は～だ/没有考上学校是咎由自取。

じこく①【時刻】时刻,时候。△発車(はっしゃ)～/发车时刻。△時計(とけい)を正(ただ)しい～に合(あ)わせる/把表调准。

じごく⓪③【地獄】①地狱。②受苦之处。△受験(じゅけん)～/考试鬼门关。△交通(こうつう)～/交通拥挤不堪。◇～の沙汰(さた)も金(かね)次第(しだい)/有钱能使鬼推磨。

しごと⓪【仕事】①活儿,工作。△片手間(かたてま)の～/业余工作。△～着(ぎ)/工作服。②职业。△～を見つける/找职业,找工作。③效率,功率。

しこ・む②【仕込む】(他五)①教,训练。△犬(いぬ)に芸(げい)を～/训练狗耍玩艺儿。②购入,进货。③装在里面。④酿造,装料,下料。△酒(さけ)を～/酿酒。△味噌(みそ)を～/下酱。

しさ①【示唆】(名・他サ)暗示,启发。△～に富(と)む書物(しょもつ)/富有启发性的书籍。

じさ①【時差】①时差。②时间错开。△～出勤(しゅっきん)/错开上班时间。

しざい①【資材】原材料。△建築(けんちく)～/建筑材料。

じざい⓪【自在】(名・形动)自在。△自由(じゆう)～に動(うご)く/随意转动。△伸縮(しんしゅく)～/伸缩自如,能屈能伸。

しさく⓪【思索】(名・他サ)思索。△～にふける/(陷入)沉思。

しさく⓪【施策】措施,对策。△経済(けいざい)～/经济措施。

しさく⓪【試作】(名・他サ)试作,试制。△～品(ひん)/试制品。

じさく⓪【自作】(名・他サ)自制,自己写作,自己写的作品。△～自演(じえん)/自编自演。

しさつ⓪【視察】(名・他サ)视察,考察。△海外(かいがい)～団(だん)一行(いっこう)/海外视察团一行。

じさつ⓪【自殺】(名・他サ)自杀。△投身(とうしん)～/投河自杀。△～未遂(みすい)/自杀未遂。

	責任をとって～する	高齢者の～が増えている	敵に囲まれて～する	大坂夏の陣で～	捕らえた敵将に～を促す
自殺	○	○	×	×	×
自害	○	×	○	○	△
自決	○	×	○	×	○

しさん①⓪【資産】①财产。△～家(か)/财主,富户。②资产。△～の凍結(とうけつ)/冻结资产。

じさん⓪【持参】(名・他サ)带去，带来。△当日(とうじつ)は弁当(べんとう)～のこと/当日自带饭菜。△～金(きん)/陪嫁钱。

しし①〔獅子〕狮子。◇～身中(しんちゅう)の虫(むし)/ⅰ)害群之马。ⅱ)心腹之患

しじ①【支持】(名・他サ)①支撑，负担。△一家(いっか)を～する/负担全家生活。②支持，拥护。△住民(じゅうみん)の～を失(うしな)う/失掉居民的拥护。⇨さんせい表

しじ①【私事】①私事。△～にわたる/谈到个人私事。②秘密的事，隐私。△～をあばく/揭发隐私。

しじ①【指示】(名・他サ)①指示，指。△次(つぎ)の語(ご)の～する意味(いみ)/下列单词所指的意思。②指示，吩咐，命令。△～に従(したが)う/服从指示。△医師(いし)の～を受(う)ける/听从医师的吩咐。

じじつ①【事実】(名・副)①事实。△～無根(むこん)/无事实根据。△～は小説(しょうせつ)よりも奇(き)なり/事实比小说还离奇。②实际上。△～そんなことは不可能(ふかのう)だ/实际上那是不可能的。

じじつ①【時日】①日期。△～は追(お)って知(し)らせる/随时告之。②时间。△～がかかる/花费时间。

ししゃ①【支社】分店，分公司。

ししゃ①【死者】死者。

	～が出る	～の霊を弔う	～のように青ざめた顔	～百名の惨事	～に口なし
死者	○	○	×	○	×
死人	○	×	○	×	○

じしゃく①【磁石】磁铁，磁铁矿。

じじゃく⓪【自若】(形動タルト)自若，镇静。△泰然(たいぜん)～とした態度(たいど)/泰然自若的态度。

ししゃごにゅう①【四捨五入】(名・他サ)四舍五入。

じしゅ①【自主】独立自主，自主。

じしゅ⓪①【自首】(名・自サ)自首。

ししゅう⓪〔刺繡〕(名・他サ)刺绣。

しじゅう①【始終】(名・副)①始末，从头到尾。△一部(いちぶ)～を語(かた)る/从头到尾讲述。②经常不断。△～忘物(わすれもの)をする/丢三落四。⇨いつも表

じしゅく⓪【自粛】(名・自サ)自我约束，自慎。△～自戒(じかい)/谨慎自戒。

ししゅつ⓪【支出】(名・他サ)支出，开支。△～を抑(おさ)える/控制开支。

じしゅてき⓪【自主的】(形動)自主，独立自主。

しじょ①【子女】〈文〉①女子。△良家(りょうか)の～/良家女子。②子女。△～の教育(きょういく)/子女教育。

じしょ①【辞書】辞书，词典。

じじょ①【次女】次女，二女儿。

ししょう⓪【支障】故障，障碍。△仕事(しごと)に～をきたす/给

工作带来了障碍。⇨こしょう表

しじょう⓪【史上】历史上。△～最大(さいだい)の名作(めいさく)/历史上最著名的杰作。

しじょう⓪【市場】①市场。△新(あたら)しい～を開拓(かいたく)する/开辟新市场。②商品或有价证券交易场所(的总称)。△～占有率(せんゆうりつ)/市场占有率。～調査(ちょうさ)/市场调查。

しじょう⓪【至上】至上，无上，无比。△～の喜(よろこ)び/最大的喜悦。△芸術(げいじゅつ)～主義(しゅぎ)/艺术至上主义。

しじょう⓪【至情】①至诚，真诚。△憂国(ゆうこく)の～/忧国之真情。②人之常情。△人間(にんげん)としての～のしからしむるところ/这是人之常情所致。

じじょう⓪【事情】①情况，情形。△内部(ないぶ)～/内部情况。②缘故，缘由。

じじょうじばく⓪【自縄自縛】作茧自缚。△～におちいる/落入作茧自缚的地步。

じしょく⓪【辞職】辞职。△～願(ねが)い/辞呈。

しじん⓪【詩人】诗人。

じしん⓪【地震】地震。△～予知(よち)/预测地震。

じしん①【自身】①自身，自己。△～の力(ちから)で成遂(なしと)げる/凭自己的力量完成。②本身。△計画(けいかく)～に問題(もんだい)はない/计划本身无问题。⇨じぶん表

じしん⓪【自信】自信，信心。△～が強(つよ)い/信心十足。

シスアド⓪［sys(tem) ad(ministrator)］(计算机)系统管理员。

じすい⓪【自炊】(名・自サ)自己做饭。

シスオペ⓪［sys(tem) ope(rator)］电脑主机操作员，系统操作员。

しずか①【静(か)】(形动)①静，寂静。△～な夜(よる)/寂静的夜晚。②静止，不动。△～な海(うみ)/静静的海面。③平静，平稳。△～な生活(せいかつ)/平静的生活。△～な口調(くちょう)/平静柔和的语调。④沉静，稳静。△心(こころ)～に考(かんが)える/冷静地思考。

しずく③【滴】[雫]水点，水滴。△～がたれる/滴水。

システム①［system］①系统，体系。②组织，制度。

しずま・る③【静まる】(自五)①寂静起来，平静下来。△風(かぜ)が～/风平静下来。②(也作"鎮まる")平定，平息。△戦乱(せんらん)が～/战乱平息了。△暴動(ぼうどう)が～/暴动平定了。

しず・む③⓪【沈む】(自五)①沉下去。△船(ふね)が～/船沉入水中。②(心情)郁闷，消沉。△沈んだ顔(かお)/闷闷不乐。③沉沦，颓丧。△逆境(ぎゃっきょう)に～/沉沦于逆境之中。④(太阳、月亮)落下。△日(ひ)が～/太阳落山了。⑤(颜色)暗淡，变暗，褪色。△沈んだ青(あお)/暗蓝色。

しず・める④⓪【沈める】(他下一) ①使…沉下。△宝物(たからもの)を海(うみ)に～/把宝物沉入海中。②低下(身子)。△ソファーに身(み)を～/深坐在沙发上。③使…落入。△苦界(くがい)に身(み)を～/落入苦海(指妓女的処境)。

しず・める③【静める】(他下一) ①使安静。△鳴(な)りを～/静下来。②使鎮静。△心(こころ)を～/静下心来。

しず・める③【鎮める】(他下一) ①平定，平息。△紛争(ふんそう)を～/平息纠纷。②使…镇静。△怒(いか)りを～/消消气儿。③止，镇。△痛(いた)みを～/止痛。

じ・する②【辞する】Ⅰ(自サ) 告辞，辞别。Ⅱ(他サ) ①推辞，拒绝。△誘(さそ)いを～/拒绝邀请。②辞职。△官(かん)を～/辞官职。

しせい⓪【姿勢】①姿势。△～を正(ただ)す/端正姿势。②姿态，态度。△前向(まえむ)きの～/向前看的姿态。

	強硬な～	不動の～	～が横柄だ	政治の～を正す	あいまいな～をとる
姿勢	○	○	×	○	×
態度	○	×	○	×	○

しせい①【資性】〈文〉天资，天性。△～奔放(ほんぽう)/天性热情奔放。

じせい⓪【自制】(名・他サ) 自我克制。△～心(しん)/自制能力。

じせい⓪【自省】(名・自サ) 自我反省。△深(ふか)く～する/深刻反省。

じせい⓪【時勢】时势，潮流。△～に後(おく)れる/落后于时势。△～に順応(じゅんのう)する/顺应潮流。

じせい⓪【辞世】①辞世，逝世。②绝命诗。△～の句(く)/绝命俳句。

しせき⓪【史跡】〔史蹟〕史迹，古迹。△郷土(きょうど)の～/乡土史迹。△～が多(おお)い/古迹多。

じせき⓪【自責】(名・自サ) 自责，自咎。△～の念(ねん)にかられる/受到内心的谴责。

じせき①【事跡】〔事蹟〕事迹。△偉人(いじん)の～/伟人的事迹。

しせつ⓪【私設】私设，私立。△～水道(すいどう)/私营自来水。

しせつ①【使節】使节。△文化(ぶんか)～/文化使节。

しせつ①②【施設】(名・他サ) 设施，设备。△公共(こうきょう)～/公共设施。△養護(ようご)～/保健设施。

	～を整える	公共として劇場をつくる	～の充実した図書館	～に寄付をする	映写のある教室
施設	○	○	○	○	○
設備	○	×	×	×	×

じせつ①【時節】①时令，季节。△～はずれの/不合时令的。②形势。△～柄(がら)/鉴于目前局势。③机会。△～到来(とうらい)/机会到来。

しせん⓪【視線】视线。△～を感(かん)じる/发现别人在看自己。△～に入(はい)る/看到了。△～が合(あ)う/视线相遇。

しぜん⓪【自然】Ⅰ（名）①大自然，自然界。△〜科学(かがく)/自然科学。②自然(状态)。△〜の成行(なりゆき)/自然趋势。Ⅱ(副)自然而然，自动。△弟(おとうと)は無口(むくち)なので、〜友達(ともだち)ができにくい/弟弟话少，不容易交朋友。Ⅲ(形动)自然，自动。△〜に戸(と)が開(ひら)く/门自动开开。△〜な動(うご)き/自然的变动。

じぜん⓪【慈善】慈善。△〜事業(じぎょう)/慈善事业。

じぜん⓪【事前】事前。

しそう⓪【思想】①思想。△〜家(か)/思想家。△封建(ほうけん)〜/封建思想。②想法，见解。△危険(きけん)な〜が出(で)る/出现危险的见解。△〜の持主(もちぬし)/有见解的人。

しそく⓪【子息】（专指他人的）儿子。

じそく①【時速】时速。△〜百(ひゃく)キロで走(はし)る/以时速100公里行驶。

じぞく⓪【持続】(名・自他サ)①持续，连续。△晴天(せいてん)が〜する/连续晴天。②保持。△好調(こうちょう)を〜する/保持良好状况。

しそん①【子孫】①子孙。△〜に伝(った)える/传给子孙后代。②后裔。

じそんしん⓪【自尊心】自尊心。△〜が傷(きず)つけられる/自尊心受伤害。

した⓪②【下】①下，下边，下面(包括位置、程度、年齢)。△年(とし)〜/年岁小。△〜にも置(お)かない/非常恳切的款待。②内侧，里边。△シャツの〜/衬衣里边。③预先，试。△〜相談(そうだん)/酝酿，预先商量。△〜調(しら)べ/预先调查。④随后（马上）。△言(い)う〜から/说了之后马上…。⑤抵当，贴换物。△〜にとる/用…贴换。

した②【舌】①舌头。②〈转〉话，说话。③(管乐器的)簧。◇〜が回(まわ)る/喋喋不休。◇〜を出(だ)す/吐舌(表示耻笑)。◇〜を巻(ま)く/咋舌(非常惊讶，赞叹不已)。

したい⓪【死体】〔屍体〕尸体，死尸。⇒しがい 表

しだい【次第】Ⅰ⓪(名)①顺序，程序。△式(しき)の〜/仪式的程序。②从始至终，过程。△こういう〜です/经过如此。③缘由。△事(こと)の〜/事情的缘由。Ⅱ④⓪(副)(以"〜に"的形式)逐渐，慢慢。△〜に天候(てんこう)が悪(わる)くなってきた/天气逐渐转坏。Ⅲ(接助)马上，立刻，(一俟)就…，便…。△用事(ようじ)が済(す)み〜帰(かえ)る/事情办完马上就回去。Ⅳ(接尾)①随，按，全凭。△何事(なにごと)も人(ひと)〜だ/事在人为。②听其自然，听任。△人(ひと)の言(い)いなり〜になる/任人摆布(毫无己见)。

じたい⓪【字体】字体。

じたい① 【自体】(名・副)①自身, 本身。△行為(こうい)〜は悪(わる)くない/行为本身不坏。②原来, 说起来。△〜無理(むり)な話(はなし)だ/原来事情很勉强。

じたい① 【事態】事态；情势, 局势。△緊急(きんきゅう)〜/紧急事态。

じたい① 【辞退】(名・他サ)辞退, 谢绝。△受賞(じゅしょう)を〜する/谢绝领奖。

じだい◎ 【時代】①时代。△〜錯誤(さくご)/i)时代错误。ii)落后于时代。△〜後(おく)れ/落后于时代。②当时, 当代。△〜の趨勢(すうせい)/现代趋势。

しだいに◎ 【次第に】(副)→しだいⅡ。

した・う③② 【慕う】(他五)①恋慕, 怀念。△ふるさとを〜/怀念故乡。②敬慕, 敬仰。△師(し)を〜/敬仰老师。③追随。△あとを〜/跟随(不舍)。

したが・う④◎③ 【従う】(自五)①随着, 跟随。△後(あと)にしたがって行(い)く/跟着走。②服从, 听从。△意見(いけん)に〜/听从意见。③参与, 从事。△任務(にんむ)に〜/参与完成任务。④顺应, 适应。△郷(ごう)に入(い)りては郷に従え/入乡随乡。△流行(りゅうこう)に〜/赶时髦。

したが・える③◎④ 【従える】(他下一)①使…服从, 征服。△敵(てき)を〜/征服敌人。②率领, 伴同。△部下(ぶか)を〜/带领部下。

したがき◎ 【下書き】(名・他サ)草稿, 打草稿。

したがって◎⑤ 〔従って〕(接)因而, 从而。△校風(こうふう)がよい, 〜志願者(しがんしゃ)も多(おお)い/校风好, 因而报考人数众多。△重(おも)い, 〜動(うご)かない/重得文风不动。

したぎ◎ 【下着】内衣, 贴身衣服。

したく◎ 【支度・仕度】(名・他サ)①(外出前的)准备。△外出(がいしゅつ)するときは、女(おんな)のほうが男(おとこ)より〜が長(ながいようだ/出门时女人似乎比男人事多。②穿出门的衣服。△結婚(けっこん)の〜/准备嫁装。③准备饭食。△〜ができる/准备好饭菜。⇒じゅんび 表

じたく◎ 【自宅】本宅, 自己家。△〜謹慎(きんしん)/禁闭在家, 被关在家里。△〜で療養(りょうよう)する/在家里疗养。

したごころ③ 【下心】①内心, 本心。②用心, 企图。△何(なに)か〜がありそうだ/似乎有什么用意。

したじ◎ 【下地】①底子, 基础。△芸(げい)の〜を作(つく)る/打下技能基础。②素质。△踊(おどり)の〜がある/有跳舞的素质。③(未涂抹过的)墙底。④酱油。

しだし◎ 【仕出し】①做出来。②(饭馆)向外送饭菜。△〜屋(や)/送菜饭馆。③(戏剧中无关紧要的)登场人物。

したし・い③ 【親しい】(形)①亲近, 亲密。△〜友人(ゆうじん)/亲

密的朋友。②血缘关系近。△～縁者(えんじゃ)/近亲。③亲自,直接。△親しく手(て)にとって見(み)る/拿到手里亲眼看。④不生疏。△親しく見聞(けんぶん)する/耳闻目睹。

した・しむ③ 【親しむ】(自五)①亲近,接近。△友(とも)を～/和朋友亲近。②爱好,喜好。△自然(しぜん)に～/喜爱大自然。

したしらべ③⓪ 【下調べ】(名・他サ)事先考察,预先调查。

したたか② 〔強(か)・健か〕Ⅰ(副)用力,大量。△頭(あたま)を～打(う)つ/用力打头部。Ⅱ(形动)难对付,不好惹。△～な相手(あいて)/难应付的对手。

したた・める④ 〔認める〕(他下一)(老人用语)①吃。△昼食(ちゅうしょく)を～/吃午饭。②写。△一筆(いっぴつ)～/一口气写下来。⇒かく 表

したづみ⓪ 【下積み】①装在底下,压在底下。②受人驱使出不了头(的人)。△長(ながい)～の生活(せいかつ)/长期受人压抑(才能不得发挥)的生活。

したて⓪ 【下手】①下边,下面。②自卑,谦逊。△～に出(で)る/表示谦逊。③(地位)低下。④(相扑)由对方腋下伸过去的手。

したて⓪ 【仕立(て)】①缝纫。△～が上手(じょうず)だ/衣服做得好。②准备,预备。△車(くるま)の～ができた/车子准备好了。

した・てる③ 【仕立てる】(他下一)①做,缝制(衣服)。②培养,培训。③准备,预备(车辆等)。

したどり⓪ 【下取り】(名・他サ)以旧换新。

したび⓪ 【下火】①火势渐弱。②(势头)渐弱。△騒(さわ)ぎも～になる/喧闹也渐渐平息。③底火。

したまち⓪ 【下町】①城市低洼处。②小工商业者较集中的地区。

したまわり③ 【下回り】①做杂务(的人)。②(歌舞伎中)跑龙套的人。③(器物的)底部。

したまわ・る④ 【下回る】(自五)低于一定标准。△平均(へいきん)を～/低于平均数。

したみ⓪ 【下見】(名・他サ)事先调查。△～に行(い)く/做事前调查。

したむき⓪ 【下向(き)】①朝下,俯。△～に倒(たお)れる/栽倒。②衰落。△店(みせ)が～になる/商店衰落了。③(物价)下落。

しだ・れる③ 【枝垂れる】(自下一)下垂。△柳(やなぎ)が川(かわ)の面(おもて)に～/柳枝垂在河面上。

したわし・い④ 【慕わしい】(形)恋慕,怀念,眷恋。△慕わしく思(おも)う/恋慕。△～姉(あね)上様(うえさま)/怀念的姐姐。⇒こいしい 表

じだんだ⓪ 【地団太・地団駄】(后悔、懊丧得)跺脚,顿足。◇～を踏(ふ)む/捶胸顿足。

しち② 【七】(数)七。

しち② 【質】①质，当，当的东西。△～に入(い)れる/当东西。②抵押品。△土地(とち)を～に取(と)る/以土地作为抵押。③当铺。

しち①② 【死地】①死地。②绝境，险境。△～におもむく/走上绝路。△～を脱(だっ)する/逃出险境。

じち① 【自治】自治

しちごちょう⓪ 【七五調】七五调（日本诗歌、韵文的七五、七五音的重复形式）。

しちてんはっとう⓪ 【七転八倒】（名・自サ）①一而再再而三跌倒。②(疼得)乱滚。△胃痙攣(いけいれん)で～する/胃痉挛疼得打滚。

しちふくじん④ 【七福神】七福神（1)恵比須(えびす)，2)弁財天(べんざいてん)，3)寿老人(じゅろうじん)，4)福禄寿(ふくろくじゅ)，5)毘沙門天(びしゃもんてん)，6)大黒天(だいこくてん)，7)布袋和尚(ほていおしょう)）。

しちや② 【質屋】当铺。

しちゅう⓪ 【支柱】①支柱。②〈转〉(生活)支柱。△一家(いっか)の～/全家的顶梁柱。

しちょう② 【市長】市长。

しつ② 【失】①过失，失策。◇千慮(せんりょ)の一(いっ)～/智者千虑，必有一失。②损失，不利。△一得一(いっとくいっ)～がある/有利有弊，有得有失。③缺陷，缺点。

しつ② 【室】①室，房间。△図書(としょ)～/图书室。②〈文〉夫人，妻室。

しつ⓪② 【質】①(人、物的)品质，素质。△～がよい/品质好。②质量。△量(りょう)よりも～/质重于量。

じつ② 【実】①真诚，诚意。△～のこめった言葉(ことば)/诚挚的话。△～のある人(ひと)/诚实的人。②真实，实际。△～の子(こ)/亲生儿子。△名(な)を捨(す)てて～を取(と)る/弃名图实。

しつい② 【失意】失望，失意。△～のどん底(ぞこ)にある/处境失意，不得志。

じっか⓪ 【実家】(已婚妇女的)娘家，(入赘女婿的)父母家，(养子的)生身父母家。

しっかく⓪ 【失格】(名・自サ)丧失资格。△反則(はんそく)で～する/因犯规被取消资格。

しっかり③ 〔確り〕(副・自サ)①结实，牢固。△～縛(しば)る/绑得结实。△基盤(きばん)が～している/基础牢固。②可靠，牢靠。△犯人(はんにん)の顔(かお)は～憶(おぼ)えている/犯人的面孔记得一清二楚。△～者(もの)/办事可靠的人。③努力，用力。△～勤(つと)めなさい/努力地工作吧。④扎实，坚定。△～やれ/好好干。⑤(行市)看涨，坚挺。⇨がっしり 表

じっかん⓪ 【実感】(名・他サ)真实感，体会。△～がこもる/真实感很强。△～にとぼしい/缺乏真实感的。

しっき⓪【湿気】湿气，潮气。△～をきらう/怕潮湿。

しつぎ②【質疑】(名・自サ)质疑，质询。

しっきゃく⓪【失脚】(名・自サ)①失足。②丧失立足地，下台，垮台。△～した政治家(せいじか)/没落的政客。

しつぎょう⓪【失業】(名・自サ)失业。△～者(しゃ)/失业者。

じっきょう⓪【実況】实况，实际情况。△～中継(ちゅうけい)/实况转播。△～放送(ほうそう)/现场直播。

じつぎょう⓪【実業】实业。△～家(か)/实业家。△～学校(がっこう)/实业学校，职业学校。

シック①[法 chic](形动)时髦，潇洒，漂亮。△～な洋服(ようふく)/时髦的西服。

しっくり③(副・自サ)合适，融洽。△人間(にんげん)関係(かんけい)が～いかない/人际关系不融洽。△他人同士(たにんどうし)が～するようになるには、お互(たが)いに譲(ゆず)り合(あ)わなければならない/人们彼此之间要和睦相处，就得互相谦让。

じっくり③(副・自サ)从容，沉静，慢慢地。△～と考(かんが)えこむ/深沉地思索。△もう一度(いちど)問題文(もんだいぶん)を～読(よ)んでください/请把问题再慢慢看一遍。

しっけ⓪【湿気】湿气。△～を防(ふせ)ぐ/防潮。

	～を除く	～の多い部屋	～の多いくだもの	生がわきで～のあるシャツ	～のある土
湿気	○	○	×	×	×
湿り気	○	○	×	×	○
水気	○	×	○	×	×

しつけ⓪【仕付(け)】〔躾〕(对孩子的)教养，管教。△～のよい子供(こども)/教养好的孩子。

しっけい③【失敬】Ⅰ(名・形动・自サ)失礼，没礼貌。△～な人(ひと)/没礼貌的人。Ⅱ(名・他サ)〈俗〉不做声拿走，偷拿。△灰皿(はいざら)を喫茶店(きっさてん)から～してきた/从咖啡馆偷拿了烟灰缸。Ⅲ(名・自他サ)告别，分手。△ここで～する/就此告别。△ちょっと前(まえ)を～します/先走一步了。⇒しつれい表

しつ・ける③【仕付ける】(他下一)①管教，教养。△子供(こども)を～/管教孩子。②做惯。△仕付けた仕事(しごと)/做惯了的活儿。③(缝纫)绷上，绗上。④插秧。

じっけん⓪【実験】(名・他サ)①实验。△～科学(かがく)/实验科学。②实际经验，体验。

じつげん⓪【実現】(名・自他サ)实现。△長年(ながねん)の夢(ゆめ)を～する/实现多年的理想。△希望(きぼう)が～された/希望实现了。

しつこ・い③(形)①执拗，絮叨，纠缠不休。△～子供(こども)/纠缠大人的孩子。△しつこく尋(たず)ねる/刨根问底。②(色)浓艳,(味)口重。△～色(いろ)/浓艳的颜色。

△~料理(りょうり)/味道浓厚的菜肴。

しっこう⓪【失効】(名・自サ)失效。△契約(けいやく)が~した/合同已过期失效。

しっこう⓪【執行】(名・他サ)①执行。△予定(よてい)どおりに~する/照原计划执行。②(法律、命令、判决等)强制执行。△~猶予(ゆうよ)/缓期执行。

じっこう⓪【実行】(名・他サ)实行,实践。△不言(ふげん)~/埋头实干。△~に移(うつ)す/付诸实施。△~ファイル/(计算机)可执行文件。

じっさい⓪【実際】Ⅰ(名)①实际。△~のところは極(きわ)めて難(むずか)しい/实际情况是极为困难的。②事实。△生活(せいかつ)の~/生活现实。Ⅱ(副)实际上,的确。△~困(こま)ったことだ/的确不好办。

じっざい⓪【実在】(名・自サ)①实际存在。△~の人物(じんぶつ)/现实存在的人。②(哲学)实在。△~論(ろん)/实在论。

しっさく⓪【失策】(名・自サ)失策,失算。△手痛(ていた)い~/严重失策。⇨しっぱい表

じっし⓪【実施】(名・他サ)实行,实施。△試験(しけん)を~する/实地进行试验。△計画(けいかく)を~に移(うつ)す/计划付诸实施。

しつじつ⓪【質実】(名・形动)朴实,诚实。△~剛健(ごうけん)の校風(こうふう)/质朴刚毅的校风。

じっしつ⓪【実質】实质。△形式(けいしき)よりも~を重(おも)んじる/比之形式更为注重内容实质。

じっしゅう⓪【実習】(名・他サ)实习。△教育(きょういく)~/教学实习。△~生(せい)/实习生。

じっしょう⓪【実証】(名・他サ)①证实。△~主義(しゅぎ)/实证主义。②确凿的证据。

じつじょう⓪【実情・実状】①实际情况。△~調査(ちょうさ)/实况调查。△~に合(あ)わない計画(けいかく)/脱离实际的计划。②真情。△~を吐露(とろ)する/吐露真情。

しっしん⓪【失神・失心】(名・自サ)失神,神志昏迷。△~状態(じょうたい)/昏迷状态。

じっせき⓪【実績】实绩,实际功绩。△~を残(のこ)す/留下实绩。△~のある人(ひと)/有实际功绩的人。

じっせん⓪【実践】(名・他サ)实践。△~躬行(きゅうこう)/身体力行,亲自实行。

しっそ①【質素】(名・形动)朴素,俭朴。△~な生活(せいかつ)/俭朴的生活。△~な食事(しょくじ)/粗茶淡饭。

しっそう⓪〔失踪〕(名・自サ)失踪。△~宣告(せんこく)/(法律上)宣布失踪。△蒸発(じょうはつ)してから七年(ななねん)たって、夫(おっと)は~者(しゃ)として戸籍(こせき)から消(け)された/丈夫不

知去向已经七年之后，才作为失踪者吊销户口。

しっそう⓪【疾走】（名・自サ）疾驰，快跑。△全力(ぜんりょく)で～する/全力疾驰。

じっそう⓪【実相】真相，实际情况。△宇宙(うちゅう)の～/宇宙的真相。

じったい⓪【実態】实情，实际情况。△～調査(ちょうさ)/实情调查。

しっちょう⓪【失調】失调。△営養(えいよう)～/营养失调。

じっちょく⓪【実直】（名・形动）耿直，忠实而正直。△～な人柄(ひとがら)/耿直的人(品)。

しっと⓪①③〔嫉妬〕（名・他サ）嫉妒。△～を起(お)こす/起嫉妒心。△～を招(まね)く/惹人嫉妒。△～深(ぶか)い人(ひと)/嫉妒心很重的人。

しつど⓪①②【湿度】(空气的)湿度。△～計(けい)/湿度计。

じっと⓪（副）①目不转睛。△～見詰(みつ)める/凝视。②一动不动，一声不响。△～こらえる/一动不动地忍着。

じつに②【実に】(副)实在，的确。△この花(はな)は～美(うつく)しい/这花确实很美丽。

じつは②【実は】(读作"じつわ")（接）实际上，其实。△～私(わたし)は反対(はんたい)だった/其实我是反对的。

しっぱい⓪【失敗】（名・自サ）失败。△～は成功(せいこう)のもと/失败是成功之母。

	～を犯す	試験に～する	二塁手の～	事業の～	催しは～に終った
失敗	○	○	×	○	○
失策	○	×	○	×	×

じっぱひとからげ①-②【十把一絡げ】（副）全都放在一起，不分青红皂白。△～にけなす/不分青红皂白一概加以贬低。△～に扱(あつか)う/一律对待。

じっぴ⓪【実費】实际费用，成本。

しっぴつ⓪【執筆】（名・自サ）执笔。△～者(しゃ)/撰稿人。

しっぷう⓪【疾風】疾风。△～迅雷(じんらい)/迅雷不及掩耳(之势)。△～怒濤(どとう)/四海翻腾，狂飚突进。

じつぶつ⓪【実物】实物，实际东西。

しっぽ③①(动物的)尾巴。②尾状物。③末梢。

しつぼう⓪【失望】（名・自サ）失望。△～の色(いろ)が見(み)える/露出失望神色。

しつぼく⓪【質朴】〔質樸〕（名・形动）质朴，朴实。△～な青年(せいねん)/朴实的青年。

しつめい⓪【失明】（名・自サ）失明。△幼(おさな)い時(とき)から～した/自小就失明了。

しつもん⓪【質問】（名・自他サ）质问，提问。△～をそらす/对提问避而不答。△～は急所(きゅうしょ)をついた/质问击中了要害。

しつよう⓪〔執拗〕（形动）①执拗，固执任性。②纠缠不休。△～に食(く)い下(さ)がる/揪住不放。

じつよう⓪【実用】实用。△～主

義(しゅぎ)/实用主义。△～新案(しんあん)/有实用价值的发明。△～的(てき)/合乎实用的。

しつら・える④【設える】(他下一)陈设，装饰。△祭壇(さいだん)を～/摆设祭坛。△新居(しんきょ)の調度(ちょうど)を～/摆放新居的家具。

しつりょう②【質量】(物理)质量。△～不変(ふへん)の法則(ほうそく)/质量守恒定律。

じつりょく⓪【実力】①实力。△～伯仲(はくちゅう)/势均力敌。△～政策(せいさく)/实力政策。②武力。△～を行使(こうし)する/行使武力。△～に訴(うった)える/诉诸武力。

しつれい⓪【失礼】Ⅰ(名・形动・自サ)①失礼。②请原谅，对不起。△返事(へんじ)がおくれて～しました/复信迟了，请原谅。Ⅱ(名・自サ)再见，告辞。△それで～します/就此告辞。△では～/再见。

	～な人	～の段お許し下さい	お先に～するよ	ご～します	人のサンダルを～する
失礼	○	○	○	○	×
無礼	○	○	×	○	×
失敬	○	×	○	×	○

じつれい⓪【実例】实例。△～をあげて説明(せつめい)する/举实例说明。

しつれん⓪【失恋】(名・自サ)失恋。△～の悩(なや)み/失恋之苦。

して【仕手】Ⅰ⓪(名)做工作的人，干活的人。△世話(せわ)の～がいない/没人照料。Ⅱ②(名) ①(多写作"シテ")(日本能剧、狂言中的)主角。△～を勤(つと)める/扮演主角。②经纪人，投机商人，(做大生意的)大户。△～株(かぶ)/投机性股票。

してい⓪【指定】(名・他サ)指定。△～席(せき)/对号席位。△期日(きじつ)を～する/指定日期。

しでか・す③【仕出かす】〔仕出来す・為出来す〕(他五)〈俗〉做出来。△何(なに)を～かわからない/还不知道他会搞出什么名堂来。△とんでもないことを～/干出荒唐的事来。

してき⓪【私的】(形动)私人的，个人的。△～な意見(いけん)/个人的意见。

してき⓪【指摘】(名・他サ)指摘，指出。△問題点(もんだいてん)を～する/指出问题所在。

してつ⓪【私鉄】(日本民间公司经营的)私营铁路，民营铁路。

してん⓪【支店】支店，分店。

してん⓪②【視点】①(绘画中远近法的)视点。△～をうつす/转移视点。②观点。△～をかえて考(かんが)える/换个角度考虑。

じてん⓪①【辞典】辞典，词典。

じてん⓪【自転】(名・自サ)①自行转动。②(天体)自转。

じてん⓪【事典】("百科事典"之略)百科事典。△百科(ひゃっか)～/百科事典，百科全书。

じてんしゃ②【自転車】自行车。

しと②【使途】(金钱)开销，用场。△～不明(ふめい)の支出(ししゅつ)/开销不明的支出。

しどう⓪【指導】(名・他サ)指导，领导。△学習(がくしゅう)～/学习指导。△～力(りょく)/领导能力。

じどう⓪【自動】自动。△～ドア/自动门。△～販売機(はんばいき)/自动售货(售票)机。

じどう①【児童】①儿童。△～憲章(けんしょう)/儿童宪章。②小学生。

じどうし②【自動詞】自动词。

じどうしゃ②⓪【自動車】汽车。

しとしと②①(副・自サ)①(雨)淅淅沥沥(地下)。②潮湿，湿润。

しと・める③【仕留める】(他下一)(用武器)杀死。△猪(いのしし)を～/枪杀野猪。

しとやか②(谈及女性时可写作"淑やか")(形動)安详，稳重，沉静。△～な婦人(ふじん)/稳重的妇女。

しな⓪【品】①东西，物品。②(货品)质量，(人)品质，人品。③种类，品种。④情形。⇨しなもの表

しない①【市内】市内。

しな・う②〔撓う〕(自五)弯曲，柔软。△雪(ゆき)で竹(たけ)はしなった/竹子被雪压弯了。

	枝が～	本の重みで棚が～(で)いる	よく～体	実りがよくて稲が～	もち竿を～せてトンボをとる
しなう	○	-っ△	○	×	-わ○
たわむ	○	-ん○	×	○	×

しなぎれ⓪【品切れ】(货物)脱销，卖光。

しなさだめ③【品定(め)】(名・他サ)评定，鉴定质量。

しな・びる④⓪③〔萎びる〕(自上一)枯萎。△しなびた花(はな)びら/萎蔫的花瓣。⇨しおれる表

しなもの⓪【品物】物品，货物。

	必要な～をそろえる	見舞いの～を買う	～で支払う	安いだけあって～が落ちる	～税
品物	○	○	△	○	×
品	○	○	×	×	×
物品	○	×	○	×	○

しなやか②(形動)①柔软。△～な枝(えだ)/柔软的树枝。△～な手(て)/柔软的手。②颤颤巍巍。③优美，柔和。△～な身(み)のこなし/身段优美。△～な踊(おど)り/优美的舞姿。

シナリオ⓪[scenario](电影)脚本，剧本。

しなん①⓪【至難】(名・形動)最难，极难。△～のわざ/最难的事情。

じなん①【次男】次子，二儿子。

しにせ⓪〔老舗〕老铺子，老字号。

しにょう⓪〔屎尿〕屎尿，大小便。

しにん⓪①【死人】死人。◇～に口(くち)なし/死人不能争辩。⇨ししゃ表

じにん⓪【自任】(名・他サ)①以…为己任。△お目付役(めっけやく)をもって～する/以监督为己任。②以…自居。△天才(てんさい)を～している/以天才自居。

じにん⓪【自認】(名・他サ)自己承认。△過失(かしつ)だと～する/承认自己犯了错误。

じにん⓪【辞任】(名・他サ)辞职。△大臣(だいじん)を～する/辞掉大臣职务。

し・ぬ②⓪【死ぬ】(自五)①死。△死にたえる/死光，绝种。②无

生气，不生动。△この写真(しゃしん)が死んでいる/这张照片没有生气。③无效果，糟塌。△せっかくの絵(え)もここにかけては死んでしまう/这么一张好画挂在这儿真糟塌了。

	戦争で〜た(だ)人	〜だ気でやる	先生は昨晩〜た	飼っていた文鳥が〜だ
死ぬ	-ん○	-ん○	×	-ん○
亡くなる	-っ○	×	-っ○	×

じぬし⓪【地主】地主，土地所有者。

シネマ①〔法 cinéma〕电影。△〜スコープ/宽银幕电影。

シネラマ⓪〔Cinerama〕全景电影。

しの・ぐ②③〔凌ぐ〕(他五)①冒着。△風波(ふうは)を〜/顶着风浪。②超过，凌驾。△先輩(せんぱい)を〜/超过前辈。③忍耐，忍受。△寒(さむ)さを〜/耐寒。

	これを〜品	これに〜品	技能が人より〜ている	急場を〜	〜た人物	予防治療に〜
しのぐ	○	×	×	○	×	○
勝る	×	○	-っ○	×	×	×
優れる	×	×	-れ○	×	-れ○	×

しの・ぶ②③【忍ぶ】(自他五)①躲避，隐匿。△世(よ)を〜/逃避人世，隐居。②忍耐，忍受。△恥(はじ)を〜/忍受耻辱。⇨こらえる表

しの・ぶ②③〔偲ぶ〕(他五)怀念，想念。△故人(こじん)を〜/思念旧友。△遠(とお)い昔(むかし)を〜/缅怀往昔。

しば⓪【芝】(草坪用)结缕草。

しはい①【支配】(名・他サ)①管理，统治。△国(くに)を〜する/治国。②控制，管制。△世論(せろん)を〜する/控制舆论。△感情(かんじょう)に〜される/受感情所支配。

しばい⓪【芝居】①戏剧。②剧场，戏园。③花招，作戏(假装)。△〜をうつ/耍花招。

しはいにん①【支配人】(商店等的)经理。

じはく⓪【自白】(名・他サ)坦白，供认。△〜書(しょ)/自供状。△罪(つみ)を〜する/认罪。

しばしば①〔屢・屢屢・数・数数〕(副)每每，屡次，再三。△〜注意(ちゅうい)を受(う)ける/常常受到警告。⇨たびたび表

じはだ⓪①【地肌】〔地膚〕①地面。②(未化妆的)本色皮肤。

しはつ⓪【始発】始发。△〜駅(えき)/始发站。△〜電車(でんしゃ)/头班电车。

じはつ⓪【自発】自动，自发。△〜的(てき)/自动地。△〜の助動詞(じょどうし)/自发助动词。

しばふ⓪〔芝生〕草坪，矮草地。

しはらい⓪【支払(い)】支付，付款。△〜伝票(でんぴょう)/付款凭单。

しはら・う③【支払う】(他五)支付，付款。△現金(げんきん)で〜/付现款。

しばらく②〔暫く〕(副)①暂时，一会儿，不久。△〜お待(ま)ちください/请稍等片刻。②半天，许久。△〜会(あ)っていない/多日未见面。△〜でした/久违。

しば・る② 【縛る】(他五)①绑，捆，扎。△犯人(はんにん)を～/绑上犯人。△荷物(にもつ)を～/捆行李。△傷口(きずぐち)を～/包扎伤口。②限制，束缚。△規則(きそく)で～/用规章限制。⇨くくる表

しはん⓪ 【市販】(名・他サ)市面上出售。△～の薬(くすり)/市面有售的药。

じばん⓪ 【地盤】①地基。△固(かた)い～/坚固的地基。②地盘，势力范围。△選挙(せんきょ)の～/选举根据地。

しひ⓪① 【私費】自费。

じひ⓪① 【自費】自费。△～出版(しゅっぱん)/自费出版(著作)。△～で海外(かいがい)へ行(い)く/自费去国外。

じひ⓪ 【慈悲】慈悲，怜悯。△～心(しん)/慈悲心。△～深(ぶか)い/怜悯心重。

じびか⓪ 【耳鼻科】耳鼻科。

じびき③ 【字引】字典，辞典。△～を引(ひ)く/查字典。

しひょう⓪ 【指標】目标，标志。△文化程度(ぶんかていど)の～/文化水平的标志。

しび・れる③ 〔痺れる〕(自下一)①麻木，麻痹。△手(て)が～/胳膊麻了。△寒(さむ)さで～/冻麻了。②陶醉，兴奋。△ジャズに～/陶醉于爵士乐曲中。

じふ① 【自負】(名・自サ)自负，自大。△～心(しん)/自负心。

しぶ・い② 【渋い】(形)①涩的。△～柿(かき)/涩柿子。②雅致，素雅。△～ネクタイ/素雅的领带。③吝啬，小气。△払(はら)いが～/舍不得付款。④怏怏不乐。△～顔(かお)/闷闷不乐的面孔，阴沉的脸。

しぶつ⓪ 【私物】私人物品。

じぶつ① 【事物】事物。

しぶと・い (形)①顽强，倔强。△しぶとく生(い)きる/顽强地活着。②顽固。△～やつ/顽固家伙。

しぶ・る② 【渋る】Ⅰ(自五)不畅，不流畅，发涩。△売行(うれゆき)が～/销路不畅。△ペンが～/钢笔(不下水)写不出字来。Ⅱ(他五)不肯，不爽快，不痛快。△返事(へんじ)を～/不痛痛快快回答。

じぶん⓪ 【自分】Ⅰ(名)自己，自身。Ⅱ(代)我。

	～の非を認める	～でやりなさい	それは～が考えました	彼の～問題	～矛盾
自分	○	○	○	×	×
自身	○	○	×	○	×
自己	○	×	×	×	○

じぶん① 【時分】①时候，时刻。△去年(きょねん)の今(いま)～/去年的这个时候。②时机。△～を見(み)はからう/看准时机。

しへい① 【紙幣】纸币，钞票。

じへん① 【事変】①事变，变故。△不測(ふそく)の～/意外事件。②无宣战而发生的武装冲突。△～が起(お)こる/爆发事变。

じべん⓪ 【自弁】(名・他サ)自己负担(费用)。△食事代(しょくじだい)を～する/饭费自理。△交通費(こうつうひ)は～/交通费用自理。

しぼ① 【思慕】(名・他サ)思慕，思恋。△～の情(じょう)/思慕之

情。△～の念(ねん)にたえない/思恋不已。

しほう② 【四方】①(东西南北)四方。②四周,周围。③四海,天下。④正方形,见方。△一(いち)メートル～/一公尺见方。

しほう⓪ 【司法】司法,执法。

しぼう⓪ 【死亡】(名・自サ)死亡。△～届(とどけ)/死亡报告。⇨しきょ表

しぼう⓪ 【志望】(名・他サ)志愿,志望。△外交官(がいこうかん)を～する/志愿当外交官。

しぼう⓪ 【脂肪】脂肪。

じほう⓪ 【時報】①报时。△十二時(じゅうにじ)の～がなった/报了12点。②时报。△工業(こうぎょう)～/工业时报。

じぼうじき④ 【自暴自棄】(名・形动)自暴自弃。△～になる/陷入自暴自弃。

しぼ・む③⓪ 〔萎む・凋む〕(自五)枯萎,凋萎。△花(はな)が～/花凋萎。△風船(ふうせん)が～/气球瘪了。⇨しおれる表

しぼり③ 【絞(り)・搾】①(拧干的)湿毛巾,手巾把。②(花瓣)杂色,斑点。△～の朝顔(あさがお)/带斑点的牵牛花。③染成白色花纹。△～のゆかた/有白色花纹的浴衣。④(照相机)光圈。

しぼ・る② 〔絞る・搾る〕(他五)①拧。△手(て)ぬぐいを～/拧毛巾。②拚命发出(声音),苦心(思索),绞尽(脑汁)。△知恵(ちえ)を～/想方设法,费尽心思。③责

备,申斥。△新入社員(しんにゅうしゃいん)を～/责备新职员。④缩小(光圈),集中(到一点)。△捜査(そうさ)の網(あみ)を～/缩小搜查范围。⑤挤。△牛(うし)の乳(ちち)を～/挤牛奶。△油(あぶら)を～/榨油。⑥豪夺,硬要。△税金(ぜいきん)を～/强行收税。

しほん⓪ 【資本】资本。△～金(きん)/资金。△～主義(しゅぎ)/资本主义。△～家(か)/资本家。

しま② 【島】①岛,岛屿。△離(はな)れ島(じま)/(远离大陆的)孤岛。②有泉水、假山的庭院。③〈俗〉(不同于周围环境的)某一特别狭小地区。△方言(ほうげん)の～/狭小的方言区。

しま② 〔縞〕(布的)条纹,条纹花样。△～の財布(さいふ)/条纹花样的钱包。

しまい① 【姉妹】①姐妹。②同类型,同系统。△～会社(がいしゃ)/姐妹公司。△～篇(へん)/(小说)姐妹篇。△～校(こう)/姉妹校。

しまい① 〔仕舞い〕①停止,休止。△店(みせ)じまい/ⅰ)歇业,倒闭。ⅱ)店铺关门。②最后,末尾。△～には怒(おこ)りだした/最后大发雷霆。⇨おわり表

しま・う 【仕舞う】〔終う〕Ⅰ⓪(自五)做完,完成。Ⅱ(他五)①使…完。△店(みせ)を～/ⅰ)停业。ⅱ)闭店,打烊。②收拾。△道具(どうぐ)を～/收拾工具。Ⅲ(补助动词・五型)(用"てしまう"的形式)…完了。△行(い)って～

/去了。△読(よ)んでしまった/读完。△忘(わす)れて~/忘光。

	道具を~	部屋を~	おつりを財布に~	新聞を隅に~	思い出として胸に~ておく
しまう	○	×	○	×	-っ○
かたづける	○	○	×	○	×

しまぐに② 【島国】岛国。△~根性(こんじょう)/岛国居民的气质。

しまつ① 【始末】Ⅰ(名)①原委，情形。△事(こと)の~/事情原委。②结果。Ⅱ(名・他サ)①处理，收拾。△後(あと)を~する/善后。②俭省,节约。△~屋(や)/节俭的人。△紙(かみ)や鉛筆(えんぴつ)を~して使(つか)う/节约使用纸笔。

しまった②(感)糟糕，糟了。

しま・る② 【閉(ま)る】(自五)关闭，紧闭。△戸(と)がしまっている/门关上了。

しま・る② 【締(ま)る】(自五)①勒紧,绷紧。△ひもが~/绳子勒紧。△締まった口(くち)もと/紧绷的嘴角。②撙节起来，节省起来。△よほどしまらないと生活(せいかつ)できない/如不撙节，则无法生活。③行市坚挺。

じまん⓪ 【自慢】(名・他サ)自满，自夸，自大。△あまり~にもならない/没有什么好自满的。△うちの店(みせ)のケーキのおいしいことと言(い)ったら、~じゃないけどこの町(まち)一番(いちばん)だね/说到我们店的蛋糕好吃，并不是自夸，在全城是数第一的。

しみ⓪ 【染(み)】①污垢，污渍。△服(ふく)の~/衣服上的污渍。②皮肤上的褐斑。

じみ② 【地味】(形动)朴素，质朴。△~な人(ひと)/质朴的人。△~な着物(きもの)/衣着朴素。

しみこ・む③ 【染(み)込む】(自五)渗入，渗透。△よごれが~/染上脏东西。

しみじみ③ 〔沁沁〕(副・自サ)①痛切，深切。△~感(かん)じる/痛感。△~嫌(いや)になる/烦透了。②仔细，认真。△~考(かんが)える/细想。△~言(い)い聞(き)かす/谆谆规劝。

しみず⓪ 【清水】清泉，清澈的泉水。△~が湧(わ)き出(で)る/清泉涌出。

しみつ・く③ 【染(み)付く】(自五)染上，沾染上。△身(み)に染み付いた悪癖(あくへき)/沾染在身的恶习。

しみとお・る③ 【染み通る】〔染み透る〕(自五)①渗透。△汗(あせ)がシャツまで~/汗湿透衬衣。②铭刻(在心)。△親切(しんせつ)が心(こころ)に~/好意铭刻在心。

しみぬき⓪③④ 【染み抜き】(名・他サ)除垢，去污。△ズボンの~をする/去掉裤子上的污垢。

し・みる③⓪ 【染みる】(自上一)①沾染，染上。△匂(におい)が~/薰上气味。②铭刻(在心)。△教訓(きょうくん)が骨身(ほねみ)に~/规戒刻骨铭记在心。③刺疼，杀得慌。△目薬(めぐすり)が~/眼药

殺眼睛。④(也作"滲みる・浸みる")渗,浸,沔。△インクが紙(かみ)に~/墨水沔纸。

	血の(だ)たハンカチ	水が叠に~	顔に汗が~	雨が服の裏まで~	雨にぬれて字が~
しみる	-み○	○	×	○	×
にじむ	-ん○	×	○	×	○

しみん① 【市民】①市民。②公民。△~権(けん)/公民权。③资产者。△~階級(かいきゅう)/资产阶级。

じむ① 【事務】事务。△~室(しつ)/办公室。△~所(しょ)/办事处。△~員(いん)/办事员。△姉(あね)は郵便局(ゆうびんきょく)で~を執(と)っている/姐姐在邮局任职。

しむ・ける③ 【仕向ける】(他下一)①唆使,促使。△怒(おこ)るように~/激怒。②发送(货物)。

しめい① 【使命】使命,任务。△~を帯(お)びる/负有使命。△~を果(は)たす/完成任务。

しめい① 【氏名】姓名,姓和名。

しめい① 【指名】(名・他サ)指名,指定。△議長(ぎちょう)に~される/被指定为议长。△~手配(てはい)/通缉。

しめきり⓪ 【締(め)切(り)】①期满,截止。△~が迫(せま)る/截止日期迫近。②(也作"閉め切り")封闭,封死。⇒きじつ 表

しめき・る③④⓪ 【締(め)切る・閉(め)切る】(他五)①封闭,紧闭。△締め切った部屋(へや)/门窗紧闭的房间。②期满,截止。△申込(もうしこ)みは5時(ごじ)に~/报名5点截止。

じめじめ① (副・他サ)①潮湿,湿润。②阴森。③(性格)阴郁,不开朗。

しめ・す②⓪ 【示す】(他五)①拿给…看。△実物(じつぶつ)を~/展示实物。②表示。△まごころを~/表示诚意。③指教。△方向(ほうこう)を~/指给方向。

しめ・す②③⓪ 【湿す】(他五)弄湿,润湿。△タオルを~/浸湿毛巾。△のどを~/润嗓子。

しめた① (感)太棒了,太好了,好极了。

しめだ・す③④⓪ 【閉(め)出す・締(め)出す】(他五)关在门外,不让进屋。△無用(むよう)の者(もの)を~/不准闲人入内。

しめっぽ・い④⓪ 【湿っぽい】①潮湿,湿润。②忧郁,不开朗。

しめり⓪ 【湿り】①湿气,潮气。△布団(ふとん)が~をおびた/褥子泛潮了。②下雨,及时雨。△よいお~ですね/真是好雨。

しめりけ⓪ 【湿り気】湿气,水分。⇒しっけ 表

しめ・る③⓪ 【湿る】(自五)①潮湿。△長雨(ながあめ)で壁(かべ)が~/由于霪雨连绵墙壁潮湿了。②(心情)郁闷。△気分(きぶん)が~/消沉,郁闷。

	昨夜の雨で~た大地	つゆどきで家の中が~	家計が~	雨に~ながら歩く
湿る	-っ○	○	×	×
潤う	-っ○	×	○	×
ぬれる	-れ○	×	×	-れ○

しめる (助动)〈文〉使,让,叫。

△人(ひと)をして言(い)わ～/让旁人说。△聞(き)く人(ひと)を倦(う)ましめない話(はなし)/不使听的人感到厌倦的谈话。

し・める② 【占める】(他下一)占有，占据，占领。△座(ざ)を～/占座位。△勝(かち)を～/占上风。

し・める② 【閉める】(他下一)关闭。△戸(と)を～/关门。⇒とじる 表

し・める② 【締める】(他下一) ①勒扼。△首(くび)を～/掐脖颈，勒死。②系紧。△帯(おび)を～/系紧带子。③拧紧。△ねじを～/拧紧螺丝。④合计，结算。⑤管束，拘管。⑥减少开支。△家計(かけい)を～/节约家庭开支。⑦(祝贺成功时)击掌，拍手。⑧浸(肉)。△酢(す)で～/用醋浸肉。

じめん① 【地面】①地面。△平(たいら)な～/平展的地面。②土地，地皮。△五十坪(ごじっつぼ)の～/五十坪土地。

しも 【下】①下边，(河川)下游。②(和歌)最后两句。△和歌(わか)の～の句(く)/和歌最后两句。③部下，臣民。④身份低微者。⑤远离京城的偏僻地区，特指四国、九州地区。⑥下半身，特指阴部。⑦(隐语)大小便，月经。

しも② 【霜】①霜。△～が降(お)りる/下霜。②白发。△～まじりの頭(あたま)/斑白头发。

しもき② 【下期】下半期，下半年。

じもと⓪③ 【地元】①当地，本地。△～の応援(おうえん)をうける/接受本地声援。②自己居住的地方。

しもん⓪ 【指紋】指纹。

しもん⓪ 【諮問】(名・他サ)咨询。△～機関(きかん)/咨询机构。△～を受(う)ける/接受咨询。

しや① 【視野】①视野。△～に入(はい)る/进入视野。②眼光，眼界。△～を広(ひろ)げる/开扩眼界。

	～が開ける	～を広める	～ゼロ	長期的に～に立つ	霧で～が利かない
視野	○	○	×	○	×
視界	○	×	○	×	○

-しゃ 【車】(接尾)…车，…辆。△自動(じどう)～/汽车。

-しゃ 【社】(接尾)…社。△新聞(しんぶん)～/报社。

-しゃ 【者】(接尾)…者，…人，…家。△記(き)～/记者。△医(い)～/医生。△文学(ぶんがく)～/文学家。

じゃ① (接)(也作"じゃあ")那么，那样的话。△～、さようなら/那么，再见啦。

じゃあ① (接)→じゃ。

じゃあく⓪① 【邪悪】(名・形動)邪恶。△～な考(かんが)え/心术不正。△～に立(た)ち向(む)かう/与邪魔抗衡。

ジャーナリスト④ [journalist](报刊的)编辑，记者。

ジャーナリズム④ [journalism]新闻活动，新闻界。

シャープ・ペンシル④ [sharp pencil]自动铅笔。

しゃい① 【謝意】①谢意。△～を

表(ひょう)する/表示谢意。②歉意，慰问。

しゃいん① 【社員】公司职员。△～食堂(しょくどう)/职工食堂。

しゃおく⓪ 【社屋】公司的房屋，公司办公楼。△新(しん)～を建(た)てる/公司建新楼。

しゃおん⓪ 【謝恩】(名・他サ)报恩，酬谢。△～会(かい)/感恩会。△～セール/酬宾大减价。

しゃか⓪① 〔釈迦〕释迦牟尼。

しゃかい① 【社会】①社会，世间。△～人(じん)/社会人。△～科学(かがく)/社会科学。△～通念(つうねん)/社会上普遍的想法。△～を知(し)る/懂得世故。②界，领域。⇒せけん表

しゃかいしゅぎ④ 【社会主義】社会主义。

じゃがいも⓪ 〔馬鈴薯〕马铃薯，土豆。

しゃが・む③⓪ (自五)蹲下。

しゃく② 【尺】①长度，尺寸。△～を取(と)る/量尺寸，量身长。②日尺(30.3厘米)。

じゃく① 【弱】①弱。△強(きょう)～/强弱。②不足。△三千(さんぜん)～/不足三千。

しやくしょ② 【市役所】(日本)市政厅，市政府。

しゃくぜん⓪ 【釈然】(形動タルト)(消除疑虑、怨恨)释然。△～と悟(さと)る/恍然大悟。

しゃくち⓪ 【借地】(名・自サ)①租地。△～して家(いえ)を建(た)てる/租地盖房子。②租的地。

じゃぐち⓪ 【蛇口】水龙头。

じゃくてん③ 【弱点】弱点，缺点。△～をさらけ出(だ)す/暴露缺点。△～を握(にぎ)る/抓住弱点。⇒けってん表

しゃくど① 【尺度】①尺。△～を当(あ)てて長(なが)さを測(はか)る/用尺量长度。②尺度，基准。△判断(はんだん)の～/判断的基准。

しゃくほう⓪ 【釈放】(名・他サ)释放。△仮(かり)～/假释。△被疑者(ひぎしゃ)を～する/释放嫌疑犯。

しゃくめい⓪ 【釈明】(名・他サ)解释，辩明，说明。△内部事情(ないぶじじょう)を～する/解释内部情况。

しゃげき⓪ 【射撃】(名・自サ)射击。△～競技(きょうぎ)/射击比赛。

ジャケット②① [jacket]①短上衣。②(书籍的)护封，纸套。

じゃけん①⓪ 【邪険】〔邪慳〕(形動)刻薄，狠毒。△～な仕打(しうち)/苛刻的态度。

しゃこ① 【車庫】车库。

しゃこう⓪ 【社交】社交，交际。△～界(かい)/交际界。△～術(じゅつ)/社交方法。△～的(てき)/社交的。△～ダンス/交谊舞。

しゃこう⓪ 【遮光】(名・他サ)遮光。△～幕(まく)/遮光幕。

しゃざい⓪ 【謝罪】(名・他サ)道歉，赔罪。△～広告(こうこく)/道歉启事。

しゃさいき⓪ 【車載機】车载盒。

しゃじつ⓪【写実】(名・他サ)写实。△～主義(しゅぎ)/写实主义。

しゃしょう⓪【車掌】(车上的)乘务员,列车员,售票员。

しゃしん⓪【写真】照片,相片。△～を取(と)る/照相。△～を現像(げんぞう)する/冲洗照片。△～機(き)/照相机。△～植字(しょくじ)/照相排字。△～版(ばん)/照相版,影印版。

ジャズ①[jazz]爵士乐。

じゃすい⓪【邪推】(名・他サ)胡乱猜疑,往坏处猜疑。△～深(ぶか)い/疑心重。

しゃせい⓪【写生】(名・他サ)写生,速描。

しゃせつ⓪【社説】社论。△～欄(らん)/社论栏。

しゃぜつ⓪【謝絶】(名・他サ)谢绝,拒绝。△面会(めんかい)～/谢绝会客。△氏(し)に面会(めんかい)を申(もう)し入(い)れたが、仕事中(しごとちゅう)だからといって～された/(有人)要求见他,被拒绝,说是正在工作。

じゃせつ⓪【邪説】邪说,异端。△～が流布(るふ)している/流传着邪恶之说。

しゃたく⓪【社宅】公司的员工住宅。

しゃだつ⓪【洒脱】(形动)洒落,洒脱。△軽妙(けいみょう)な～文章(ぶんしょう)/飘逸潇洒的文章。

しゃだん⓪【遮断】(名・他サ)隔断,切断,遮断。△交通(こうつう)を～する/隔断交通。

しゃちょう⓪【社長】社长,总经理。

シャツ①[shirt]衬衫,衬衣。

じゃっかん⓪【若干】(名・副)若干,少许,某些。△アルバイトを～名(めい)募集(ぼしゅう)する/招收临时工若干人。△～疑(うたが)わしい点(てん)がある/多少有些可疑之处。

しゃっきん③【借金】(名・自サ)①借钱,借的钱。②债,欠账。△～取(と)り/讨债人。

しゃっくり①〔噦・逆気〕打嗝。△～が出(で)る/打嗝儿。

シャッター①[shutter]①(照相机)快门。△～を切(き)る/按快门。②百叶窗。～をおろす/放下百叶窗。

しゃどう⓪【車道】车道。

じゃどう⓪【邪道】邪路,歪门邪道。△～を歩(あゆ)む/走邪路,学坏。

しゃない①【車内】(火车、汽车)车内。

しゃない①【社内】①神社内。②公司内部。

ジャパン②[Japan]日本。

しゃぶしゃぶ⓪Ⅰ(名)涮牛肉(或鸡肉)。Ⅱ(副)①轻轻洗涮。②往饭上倒茶水。

じゃぶじゃぶ①(副)哗啦哗啦(水声)。

しゃふつ【煮沸】(名・他サ)煮沸。△～消毒(しょうどく)/煮沸消毒。

しゃぶ・る③⓪②(他五)①(含在嘴

里)吞，吸。△骨(ほね)まで〜/吸髓，贪婪。②损人利己。

しゃへい⓪〔遮蔽〕(名・他サ)掩蔽，遮蔽。△光(ひかり)を〜する/遮光。

しゃべ・る②〔喋る〕(自五)〈俗〉①说，讲。②喋喋不休，多嘴多舌。△実(じつ)によく〜/真能说。

シャベル①[shovel]铁锹，铁锨。△〜カー/汽车挖土机。

じゃま⓪【邪魔】(名・形動・他サ)①打扰，妨碍。△勉強(べんきょう)を〜する/妨碍学习。△〜者(もの)/讨厌鬼，眼中钉。②访问，添麻烦。△〜になる/添麻烦。△お〜します/(访问时)打扰一下，对不起。△お〜します/我去拜访您。

	〜を排する	仕事を〜する	言葉に〜のある人	通行に〜なもの	営業〜
邪魔	△	○	×	○	×
妨害	○	○	×	×	○
障害	○	×	×	×	×

しゃみせん⓪【三味線】三弦。△〜を弾(ひ)く/ⅰ)弹三弦。ⅱ)〈喻〉用废话搪塞。

ジャム①[jam]果子酱。△〜サンド/果酱夹心面包片。

しゃめん⓪【斜面】斜面，斜坡。△急(きゅう)〜/陡坡。

じゃり⓪〔砂利〕沙石，碎石。

しゃりょう⓪【車両】车辆，车厢。

しゃりん⓪【車輪】①轮，车轮。②〈俗〉(演员的行话)卖力表演。△大(だい)〜/卖力表演。

しゃれ⓪〔洒落〕(名・形動)①俏皮话，诙谐话。△〜を言(い)う/说打趣的话。②服饰漂亮。△お〜をする/打扮漂亮。△お〜な人(ひと)/打扮得时髦的人。

しゃ・れる③〔洒落る〕(自下一)①打扮漂亮。②机灵，心眼快。③说俏皮话，开玩笑。

じゃ・れる②〔戯れる〕(自下一)①(猫、狗等)戏耍。②(男女)调情。

シャワー①[shower]淋浴。△〜を浴(あ)びる/洗淋浴澡。

じゃんけん③⓪石头、剪刀、布游戏。

シャンソン③①[法 chanson]法国大众歌曲，通俗歌曲。

シャンデリア[chandelier]枝形吊灯。

ジャンパー①[jumper]夹克衫，运动服。

ジャンプ①[jump](名・自サ)①跳跃。②(田径、滑雪)跳跃项目。

ジャンボ-[jumbo](接头)巨型，超大型。△〜ジェット/超大型喷气客机。

ジャンル①[法 genre]①种类。②形式，(文学)体裁。③(文艺的)流派。

しゅ①【種】①(动、植物分类)种。②种类。③种子。

しゅ①【主】①家长，户主。②主君，首领。③主，基督。④中心，主要。

-しゅ【手】(接尾)(有技能的人)…手。△運転(うんてん)〜/司机。

-しゅ【酒】(接尾)酒。△梅(うめ)〜/

梅子酒。
しゅい① 【首位】首位，第一位。△～を占(し)める/居首位。
しゅい① 【趣意】意向，宗旨，目的。△～書(しょ)/意向书。△～を説明(せつめい)する/说明宗旨。
しゅう① 【週】周，星期。△～に三度(さんど)/一周三次。
しゅう① 【衆】①一伙人。△皆(みな)の～/大家。△若(わか)い～/青年们。②众人。△～をたのむ/(人多)势众。
-しゅう 【集】(接尾)(文学作品)…集。△文(ぶん)～/文集。
-しゅう 【宗】(接尾)教派，…宗。△禅(ぜん)～/(佛教的)禅宗。
しゆう⓪ 【私有】(名・他サ)私有。△～財産(ざいさん)/私有财产。
しゆう① 【雌雄】①雌雄。②优劣，胜负。△～を決(けっ)する/一决胜负。
じゅう 【中】Ⅰ①(名)期间。△この～/这期间。Ⅱ(接尾)全部,整。△世界(せかい)～/全世界。△一日(いちにち)～/全日,整天。
じゅう① 【十】十。△～一から～まで/从头至尾。△～の大罪(たいざい)/十大罪状。
じゅう① 【住】住，住所。
じゅう- 【重】(接头)重…。△～火器(かき)/重武器。
-じゅう 【重】(接尾)…层,重。△五(ご)～/五层。
じゅう① 【銃】①枪,枪械。②(像枪的东西），机,机具。△鋲打(びょうう)ち～/铆钉机。

じゆう② 【自由】(名・形動)自由，随意。△言論(げんろん)～/言论自由。△～な活動(かつどう)/自由活动。
じゆう⓪① 【事由】事由。
しゅうあく⓪ 【醜悪】(形動)丑恶,丑陋。△～な争(あらそ)い/丑恶的争斗。
しゅうい① 【周囲】①四周,周围。②周围的人，环境。△～の考(かんが)えを聞(き)く/听取周围人的想法。
しゅうえき⓪① 【収益】收益。
じゅうおう③⓪ 【縦横】①纵横。②四面八方。◇～無碍(むげ)/四通八达。③自由自在。△～に腕(うで)を振(ふる)う/大显身手。◇～無尽(むじん)/随意，无拘无束。
しゅうかい⓪ 【集会】(名・自サ)集会。△職場(しょくば)～/现场会。△～を持(も)つ/召开会议。
しゅうかく⓪ 【収穫】(名・他サ)①收获(农作物)。△米(こめ)を～する/收获稻谷。②收获，成果。△発掘調査(はっくつちょうさ)の～/勘探成果。
しゅうかく⓪ 【臭覚】嗅觉。△～が鋭(するど)い/嗅觉灵敏。
しゅうがく⓪ 【就学】(名・自サ)就学，上(小)学。△～年齢(ねんれい)/上学年龄。△～率(りつ)/就学率。
しゅうがく⓪ 【修学】(名・自サ)修学，学习。
しゅうがくりょこう⑤ 【修学旅

行】修学旅行(学校组织的实地参观旅游学习)。

しゅうかん⓪【週刊】周刊。△～誌(し)/周刊杂志。

しゅうかん【週間】Ⅰ⓪(名)一周,一星期。△～天気予報(てんきよほう)/一周天气预报。Ⅱ(接尾)周。△交通安全(こうつうあんぜん)～/交通安全周。

しゅうかん⓪【習慣】①习惯。②风习,风气。

しゅうき①【周期】周期。△～的(てき)/周期性的。

しゅうぎ①【衆議】众人合议。△～一決(いっけつ)/根据众人意见做出决定。

しゅうぎいん③【衆議院】众议院。

しゅうきゅう⓪【週休】每周休息日。△～二日制(ふつかせい)/周休二日制,一星期休两天的制度。

しゅうきゅう⓪【週給】周薪,周工资。

じゅうきょ①【住居】住所,住宅。△～表示(ひょうじ)/住宅标示。

	洪水で～を失う	～を移す	～を十戸建てる	お～はどちら?	～表示
住居	○	○	×	×	○
住まい	○	○	×	○	×
住宅	○	×	○	×	×

しゅうきょう①【宗教】宗教。△～心(しん)/宗教心。△～家(か)/宗教家。

しゅうぎょう⓪【修業】(名・自サ)①学习,修业。△～証書(しょうしょ)/修业证书。△～年限(ねんげん)/修业年限。②修了,学完。

しゅうぎょう⓪【終業】(名・自サ)①做完工作。△本日(ほんじつ)は～しました/今日已下班了。②(一学期或一学年)结业,学完。△～式(しき)/结业式。

しゅうぎょう⓪【就業】(名・自サ)①上班,开始工作。△～時間(じかん)/上班时间。②就业。△～者(しゃ)/就业人员。△～人口(じんこう)/就业人口。

じゅうぎょう⓪【従業】(名・自サ)工作,干活儿。△～員(いん)/职工,工作人员。△～者(しゃ)/从业人员,有工作的人。

しゅうきょく⓪【終局】①结局,终结。△～を告(つ)げる/告终。△～に近(ちか)づく/接近尾声。②(围棋)终局。

しゅうきん⓪【集金】(名・自他サ)收款,收来的款。

しゅうけい⓪【集計】(名・他サ)合计,总计。

しゅうげき⓪【襲撃】(名・他サ)袭击。△不意(ふい)の～を防(ふせ)ぐ/防备突然袭击。

しゅうごう⓪【集合】(名・自他サ)集合。△運動場(うんどうじょう)に～する/在操场集合。△～住宅(じゅうたく)/集体住宅。

じゅうこう⓪【重厚】(形动)(性格)稳重,(态度)郑重。△～な人柄(ひとがら)/稳重的人品。

じゅうこうぎょう③【重工業】重工业。

しゅうさい⓪【秀才】有才华的人,有天分的人,高才生。△～の誉(ほま)れ高(たか)い/才华横溢,很

有名气。

しゅうし① 【収支】收支。△～決算(けっさん)/收支决算。

しゅうし① 【修士】硕士。△文学(ぶんがく)～/文学硕士。△～課程(かてい)/硕士课程。

しゅうし① 【終始】(名・自サ)①自始至终,有始有终。△言(い)いわけに～する/自始至终进行申辩。②始终。△～一貫(いっかん)/始终一贯。

しゅうじ⓪ 【習字】习定,习字课。

しゅうじ⓪ 【修辞】修辞。△～学(がく)/修辞学。△～法(ほう)/修辞法。

じゅうし⓪ 【重视】(名・他サ)重视。△事態(じたい)を～する/重视事态发展。

じゅうじ①⓪ 【十字】十字;十字形。△～を切(き)る/(基督教徒)划十字。

じゅうじ①⓪ 【従事】(名・自サ)从事。△農業(のうぎょう)に～する/务农。△医学研究(いがくけんきゅう)に～する/从事医学研究。

じゅうじか⓪ 【十字架】十字架。

しゅうじつ⓪ 【終日】终日,从早到晚。△～雨(あめ)だった/下了一整天雨。△～を読書(どくしょ)に費(つい)やす/终日埋头读书。

じゅうじつ⓪ 【充実】(名・自サ)充实,充沛。△～した気力(きりょく)/充沛的精力。△～感(かん)/充实感。

しゅうしふ③ 【終止符】①句号。②终结,结束。

しゅうしゅう⓪ 【収拾】(名・他サ)收拾(困难局面等),整顿。△政局(せいきょく)の～がつかなく/政局混乱,不可收拾。

しゅうしゅう⓪ 【収集】〔蒐集〕(名・他サ)收集,搜集。△切手(きって)を～する/集邮。△～家(か)/收藏家。

じゅうじゅう③⓪ 【重重】(副)①充分,甚。△～承知(しょうち)のうえで/明明是一清二楚。②屡次,再三。△～おわびいたします/一再道歉。

しゅうしゅく⓪ 【収縮】(名・自他サ)收缩,缩小。△筋肉(きんにく)が～する/肌肉收缩。△規模(きぼ)を～する/压缩规模。

じゅうじゅん⓪ 【従順】(名・形动)顺从,听话。△～な子供(こども)/听话的孩子。△～な部下(ぶか)/顺从的下级。

じゅうしょ① 【住所】住处,住址。△～不定(ふてい)/住处不定。△～録(ろく)/通信簿。

じゅうしょう⓪ 【重症】重病。

じゅうしょう⓪ 【重傷】重伤。△～を負(お)う/负重伤。

しゅうしょく⓪ 【修飾】(名・他サ)修饰,润饰。△～の多(おお)い文章(ぶんしょう)/多加润饰的文章。△～語(ご)/修饰语。

しゅうしょく⓪ 【就職】(名・自サ)就业。△～先(さき)/就业单位。△～難(なん)/就业难。△集団(しゅうだん)～/集体就业。

じゅうじろ③ 【十字路】十字路口。

しゅうしん⓪① 【執心】(名・自サ) 迷恋，贪恋。△彼女(かのじょ)に～している/迷恋着她。△地位(ちい)に～する/贪恋职位。

しゅうしん⓪① 【終身】终身，一生。△～雇用(こよう)/终身雇用。△～刑(けい)/无期徒刑。△～保険(ほけん)/生命保险,寿险。

しゅうしん⓪ 【就寝】就寝。△毎晩(まいばん)九時半(くじはん)に～する/每晚九点半就寝。

じゅうしん⓪ 【重心】重心。△～を保(たも)つ/保持平衡。

シューズ① [shoes]果汁, 果蔬汁饮料。

ジュース① [juice]果汁。

しゅうせい⓪ 【修正】(名・他サ) 修正，修改。△誤(あやま)りをーする/修正错误。△～案(あん)/修正案。

しゅうせい⓪① 【終生】(名・副) 终生，终身，一生。△～の友(とも)/终生之友。△～忘(わす)られない恩(おん)/一生一世不忘的恩情。

しゅうせい⓪ 【習性】①习惯。△早起(はやお)きが～になる/早起已成习惯。②习性。△渡(わた)り鳥(とり)の～/候鸟的习性。

	酔うと寝るのは彼の～だ	つめをかむ～が直らない	アリの～	～のある文章
習性	○	△	○	×
くせ	○	○	×	○

しゅうせき⓪ 【集積】(名・自他サ)集聚,集积。△～回路(かいろ)/集成电路。

しゅうせん⓪ 【終戦】战争结束，(特指)日本在第二次世界大战中战败。△～記念日(きねんび)/终战纪念日。

しゅうぜん⓪ 【修繕】(名・他サ) 修补，修理。△靴(くつ)を～に出(だ)す/把鞋送去修理。△～費(ひ)/修理费。

じゅうそく⓪ 【充足】(名・自他サ)①充足，充裕。②满足。△欲望(よくぼう)を～させる/满足欲望。⇒まんぞく表

じゅうたい⓪ 【重体・重態】(病)危笃。△～におちいる/病危。

じゅうたい⓪ 【渋滞】(名・自サ) 停滞，迟滞。△交通(こうつう)が～する/交通阻塞。

	機械の故障で流れ作業が～する	車で道が～する	住民の反対で工事が～する
渋滞	○	○	×
停滞	○	×	○

じゅうだい⓪ 【重大】(名・形动)①重大，严重。△～な局面(きょくめん)/严重的局面。②重要。△～発表(はっぴょう)/重要的揭晓。

じゅうたく⓪ 【住宅】住宅。△公団(こうだん)～/公共住宅。△～ローン/住宅贷款。△～地(ち)/住宅区。⇒じゅうきょ表

しゅうだん⓪ 【集団】集团，集体。△～検診(けんしん)/集体健康检查。

じゅうたん① 〔絨毯〕地毯。

しゅうち⓪① 【周知】(名・他サ) 众所周知。△～の事実(じじつ)/众所周知的事实。△～のように/正如众所周知…。

しゅうちゃく⓪【執着】(名・自サ)留恋,贪恋,不肯舍弃。△都会(とかい)の生活(せいかつ)に～する/留恋城市生活。△旧習(きゅうしゅう)に～する/固守旧习。

しゅうちゃくえき④【終着駅】终点站。

しゅうちゅう⓪【集中】Ⅰ(名・自他サ)集中。△～豪雨(ごうう)/集中性暴雨。△精神(せいしん)を～する/集中精神。Ⅱ(名)作品集之中,文集之中。

しゅうてん⓪【終点】①终点。②(火车、汽车)终点站。

しゅうでん⓪【終電】末班电车。

じゅうてん③⓪【重点】①重点。△教育(きょういく)に～を置(お)く/着重于教育。②(物理)力点。

	話の～	守備に～を置いた練習	会話を～にした講習	～を絞って指導する	時間厳守を～に揭げる
重点	○	○	○	○	○
主眼	○	○	○	×	×
眼目	○	×	○	×	○

しゅうと⓪〔舅〕①公公。②岳父。

しゅうとう⓪【周到】(名・形动)周到,周密。△用意(ようい)～/准备周全。△～な準備(じゅんび)/谨慎小心的准备。

じゅうとう⓪【充当】(名・自他サ)充作,填补。△予備費(よびひ)を不足分(ふそくぶん)に～する/拿备用费填补不足部分。

じゅうどう①【柔道】柔道。

しゅうとく⓪【習得】(名・他サ)学会,学好。△英語(えいご)を～する/学会英语。

しゅうとめ⓪〔姑〕①婆婆。②岳母。

じゅうなん⓪【柔軟】(形动)①柔软。△～な体(からだ)/柔软的身体。△～体操(たいそう)/柔软体操。②机动灵活。△～な思考(しこう)/灵活的思考。

しゅうにゅう⓪【収入】(名・他サ)收入,收入的钱。△～の道(みち)を講(こう)じる/谋求收入的路子。△～役(やく)/(市、镇政府的)财政收支总管。

しゅうにん⓪【就任】(名・自サ)就任,就职。△～のあいさつ/就职演说。

じゅうにん⓪【住人】住在当地的人。⇨じゅうみん 表

じゅうにんといろ①-①・⑤【十人十色】(思想、性格、爱好等)人各不同,十个人十样。△服装(ふくそう)も～だ/每个人的穿着都不一样。

しゅうねん⓪【周年】①周年。△五～記念(きねん)/5周年纪念。②周忌,周年。③全年,整年。

しゅうねん①【執念】执着之念,念念不忘。△～を燃(も)やす/时时刻刻不忘。

じゅうばこ⓪【重箱】(盛食品用)套盒,叠层方木盒。△～読(よ)み/(日语的)重箱读法(一个词的上音下训读法)。◇～のすみを楊枝(ようじ)でほじくる/ⅰ)钻牛角尖。ⅱ)鸡蛋里挑骨头。

じゅうはん⓪【重版】(名・他サ)再版,重版。△～に次(つ)ぐ～と

いう売(うれ)行(ゆ)き/连续再版销路很好。

じゅうふく⓪【重複】(名・自サ)重复。

しゅうぶん⓪【秋分】秋分。△～の日(ひ)/秋分节。

じゅうぶん③【十分・充分】(副・形動)充分,十分。△植木(うえき)に～水(みず)をやる/给盆栽浇足水。△これからでも～間(ま)に合(あ)う/现在开始也完全来得及。

しゅうへん⓪①【周辺】周边,周围,四周。△大都市(だいとし)の～/大城市郊区。

しゅうぼう⓪【衆望】众望。△～をになう/肩负众望。

しゅうまつ⓪【週末】周末。

しゅうまつ【終末】完结,终局。△～を迎(むか)える/即将结束。

じゅうまん【充満】(名・自他サ)充满。△部屋(へや)じゅうにガスが～する/整个房间里充满煤气。

しゅうみつ⓪【周密】(名・形動)周密,致密。△～な計画(けいかく)/周密的计划。

じゅうみん⓪③【住民】居民。△～投票(とうひょう)/居民投票。△～票(ひょう)/居民卡。

	A町の～	県の～を代表する	このアパートの～	～登録	君も一丁目の～でしたか
住民	○	○	×	○	×
住人	○	×	○	×	○

しゅうや①【終夜】整夜,彻夜,一夜。△～営業(えいぎょう)/通宵营业。

しゅうやく⓪【集約】(名・他サ)汇集,汇总。△意見(いけん)を～する/汇总意见。

しゅうやく⓪【重役】(公司董事、监察人等)重要职务,要职官员。△～会(かい)/要职官员会。

しゅうよう⓪【収容】(名・他サ)收容,收纳。△～人員(じんいん)/收容人员。

しゅうよう⓪【修養】(名・自サ)修养,涵养。△～を積(つ)む/修身养性。△～が足(た)りない/涵养不足。

じゅうよう⓪【重要】(名・形動)重要,要紧。△～書類(しょるい)/重要文件。

	～な事柄	会社の～な地位	～に扱う	役目の～さを自覚する	～をとる
重要	○	○	×	○	×
大切	○	×	○	○	×
大事	○	×	○	×	○

じゅうらい①【従来】(名・副)以往,历来,向来。△～の慣習(かんしゅう)/以往的惯例。△～通(どお)り/一如既往。

しゅうらく①【集落】村落。

しゅうり①【修理】(名・他サ)修理,修缮。△～工場(こうじょう)/修理工厂。△～代(だい)/修理费。⇨なおす表

しゅうりょう⓪【修了】(名・他サ)学完。△～証書(しょうしょ)/修业证书,结业证书。

しゅうりょう⓪【終了】(名・自他サ)结束,终了。△工事(こうじ)が～する/工程结束。△～オプション/关(计算)机。

じゅうりょう③ 【重量】①重量。△～制限(せいげん)/重量限制。②份量重。△～級(きゅう)/重量级。⇒めかた表

じゅうりょく① 【重力】(物理)重力。

じゅうりん⓪ 〔蹂躪〕(名・他サ)①蹂躙，践踏。△大手企業(おおてきぎょう)に市場(しじょう)を～される/大企业随意摆布市场。②侵犯。△人権(じんけん)～/侵犯人权。

しゅうれん① 【修練】(名・他サ)磨炼，锤炼。△～を重(かさ)ねる/千锤百炼。△武道(ぶどう)の～を積(つ)む/对武术修炼有素。

しゅうろく⓪ 【収録】〔輯録〕(名・他サ)①(书报)收录，刊载。②录音，录相。△ビデオに～する/录相。

しゅえい⓪ 【守衛】(单位的)门卫，警卫。

しゅえん⓪ 【主演】(名・自サ)主演，主角。△～女優(じょゆう)/女主角演员。

しゅかく② 【主客】①宾主，主人和客人。②主次，主要和次要。△～が転倒(てんとう)する/主次颠倒。

しゅかん⓪ 【主観】主观，主观认识。△～的(てき)/主观的。△個人(こじん)の～を避(さ)ける/避免个人主观。△～と客観(きゃっかん)の統一(とういつ)/主客观之统一。

しゅがん⓪ 【主眼】着重点，着眼点。△調査(ちょうさ)の～点(てん)/调查的重点。⇒じゅうてん表

しゅき①② 【手記】(名・他サ)手记，手书。

しゅぎ① 【主義】主义，主张。

じゅきゅう⓪ 【需給】供求，供需。△～調整(ちょうせい)/调整供需。

しゅぎょう⓪ 【修行】(名・自サ)①(佛教)修行。△～をつむ/修行。②钻研技术，苦练工夫。△～がたりない/钻研不够，工夫不到家。

じゅぎょう① 【授業】(名・自サ)授课，教课。△～時間割(じかんわり)/课程表。△～料(りょう)/学费。

じゅく① 【塾】(以中小学生为对象的)私立学校，补习班。

しゅくが⓪② 【祝賀】(名・他サ)庆祝，祝贺。△～会(かい)/庆祝会。△～電報(でんぽう)/贺电。

しゅくがん⓪ 【宿願】宿愿，夙愿。△～がかなう/如愿以偿。

じゅくご⓪ 【熟語】①复合词。②熟语。③(英语)惯用语句。

しゅくじつ⓪ 【祝日】法定节假日。△国民(こくみん)の～/国民假日。

しゅくじょ①② 【淑女】女士，淑女。△紳士(しんし)～/先生女士。

しゅくしょう⓪ 【縮小】(名・自他サ)缩小，缩减。△軍備(ぐんび)を～する/缩减军备。

しゅくず⓪ 【縮図】①缩图。②缩影。△人生(じんせい)の～/人生的缩影。

じゅく・す② 【熟す】(自五)①(果实)成熟。②(时机)合适，成熟。③(技艺)熟练。

じゅくすい⓪ 【熟睡】(名・自サ)

熟睡，酣睡。

しゅく・する② 【祝する】（他サ）庆祝，祝贺。△優勝(ゆうしょう)を～/庆贺取得优胜。△喜寿(きじゅ)を～/祝贺77岁寿辰。

じゅく・する③ 【熟する】（自サ）①（果实）熟，成熟。△かきが～/柿子熟了。②（时机）成熟。△機(き)が～/时机成熟。③熟练，纯熟。△わざが～/技术纯熟。

しゅくだい⓪ 【宿題】①课外作业。②待解决的问题。△～を抱(かか)える/有要解决的问题。

じゅくち① 【熟知】（名・他サ）熟悉。△～の間柄(あいだがら)/交情笃深。△～している事柄(ことがら)/十分了解的情况。

じゅくどく⓪ 【熟読】（名・他サ）熟读，精读。△～玩味(がんみ)/熟读玩味。△資本論(しほんろん)を～する/精读《资本论》。

しゅくはく⓪ 【宿泊】（名・自サ）住宿，投宿。

しゅくふく⓪ 【祝福】（名・他サ）①祝福。△前途(ぜんと)を～する/祝前程似锦。②（基督教的）祝福，赐福。

しゅくめい⓪ 【宿命】宿命。△～論(ろん)/宿命论。

じゅくりょ① 【熟慮】（名・他サ）深思熟虑。△～断行(だんこう)/熟虑之后断然实行。

じゅくれん⓪ 【熟練】（名・自サ）熟练。△～工(こう)/熟练工。

しゅげい① 【手芸】手工艺。△～品(ひん)/手工艺品。

しゅけん⓪ 【主権】主权。△～国(こく)/主权国家。

じゅけん⓪ 【受験】（名・自他サ）应试，投考。△～勉強(べんきょう)/应试学习，备考。

しゅご① 【主語】（语法）主语。

しゅこう⓪ 【趣向】（名・自サ）①趣旨，意向。②方案，主意。△～を変(か)える/改变主意。③动脑筋，下工夫。△～をこらす/对…特别下工夫。

しゅさい⓪ 【主宰】（名・自他サ）主持，主宰。△会議(かいぎ)を～する/主持会议。△雑誌(ざっし)を～する/主办刊物。

しゅさい⓪ 【主催】举办，主办。△～者(しゃ)/主办者。△逸品会(いっぴんかい)を～する/举办精品展销会。

しゅざい⓪ 【取材】（名・自サ）①（作品）取材。②采访。

しゅし① 【趣旨】宗旨，目的。△提案(ていあん)の～を説明(せつめい)する/说明提案宗旨。

しゅしゃ⓪ 【取捨】（名・他サ）取舍，挑选。△～選択(せんたく)/取舍选择。

しゅじゅ 【種種】（名・副・形动）种种，各种，多种，多方。△～雑多(ざった)/形形色色。⇨いろいろ表

じゅじゅ① 【授受】（名・他サ）授受。△知識(ちしき)の～/授受知识。△贈物(おくりもの)を～する/授受礼品。

しゅじゅう① 【主従】①主从，主

要和从属。②主人和随从。△～関係(かんけい)/主仆关系。

しゅじゅつ① 【手術】(名・他サ)①手术。△～台(だい)/手术台。②改造，(动)手术。△会社再建(かいしゃさいけん)には大(だい)～を要(よう)する/重建公司需要进行大手术。

しゅしょう⓪ 【主将】①(全军)主将。②(选手的)头目，领队。△柔道部(じゅうどうぶ)の～/柔道部领队。

しゅしょう⓪ 【首相】首相，内阁总理大臣。△～官邸(かんてい)/首相官邸。

しゅしょう⓪ 【殊勝】(名・形动)值得钦佩，可嘉，果敢。△～な心(こころ)がけ/其志可嘉。△～な決意(けつい)/果敢决意。

じゅしょう⓪ 【受賞】(名・自サ)获奖，受赏。△ノーベル賞(しょう)を～する/获诺贝尔奖。

じゅしょう⓪ 【授賞】(名・自サ)发奖，授予奖赏。△芸術院賞(げいじゅついんしょう)の～式(しき)/艺术院奖发奖式。

しゅしょく⓪ 【主食】主食。△米(こめ)を～とする/以米为主食。

しゅじん① 【主人】①主人。△～やく/东道主。△～公(こう)/(小说等的)主人公。②丈夫。③店主。△店(みせ)の～/店老板。

	茶店の～	一家の～	御～	～のわからない傘	大は～に忠実だ
主 人	○	○	○	×	○
あるじ	○	○	×	○	×
亭 主	○	×	×	×	×

しゅせき⓪ 【手跡】〔手蹟〕笔迹。△～が似(に)ている/笔迹相似。

しゅせき⓪ 【主席】①主席。②主人席位。

しゅせき⓪ 【首席】首席，第一位。△～代表(だいひょう)/首席代表。

しゅたい⓪ 【主体】①(行为的)主体。②(组织的)核心。

しゅだい⓪ 【主題】①主要题目。②(文章等的)主题。△～歌(か)/主题歌。

じゅだく⓪ 【受諾】(名・他サ)承诺，承担。△申(もう)し入(い)れを～する/答应要求。△義務(ぎむ)を～する/承担义务。

しゅだん① 【手段】手段，方法。△～を講(こう)じる/采取办法。

じゅちゅう⓪ 【受注】〔受註〕(名・他サ)接受订货。△大量(たいりょう)の～/接受大量的订货。

しゅちょう⓪ 【主張】(名・他サ)主张，论点。△～を曲(ま)げる/让步。

しゅつえん⓪ 【出演】(名・自サ)演出，登台表演。△芝居(しばい)に～する/登台演戏。

しゅっか⓪ 【出荷】(名・他サ)(产品)上市，出厂。△製品(せいひん)を～する/产品出厂。△野菜(やさい)の～は多(おお)い/上市的蔬菜很多。

しゅつがん⓪ 【出願】(名・自他サ)申请，提出申请。△特許(とっきょ)～中(ちゅう)/正在申请专利。

しゅっきん⓪ 【出勤】(名・自サ)出勤，上班。△～簿(ぼ)/考勤簿。

△~時間(じかん)/上班时间。

しゅっけつ⓪【出欠】出缺席,出缺勤。△~表(ひょう)/出席情况表。△~をとる/记出缺席情况。

しゅっけつ⓪【出血】(名・自サ)①出血。②人员伤亡。③亏本,牺牲血本。

しゅつげん⓪【出現】(名・自サ)出现。

じゅつご⓪【述語】(语法)谓语。

しゅっこく⓪【出国】(名・自サ)出国。

しゅっさん⓪【出産】(名・自他サ)分娩,生小孩。△~祝(いわ)い/祝贺出生。△~休暇(きゅうか)/产假。

しゅっしゃ⓪【出社】(名・自サ)到公司上班。

しゅっしょ⓪【出所】Ⅰ(名)(也作"出処")①出生地。②出处。△~のわからない金(かね)/来路不明的钱。Ⅱ(名・自サ)①出狱。②到所(事务所、研究所)上班。

しゅっしょう⓪【出生】(名・自サ)①出生,诞生。△~届(とどけ)/出生报告(书)。②出生地。△~不明(ふめい)/出生地不详。⇨たんじょう 表

しゅっしん⓪【出身】①籍贯。△九州(きゅうしゅう)~/九州生人。②出身。△軍人(ぐんじん)~/军人出身。③(由)毕业。△東大(とうだい)~/东京大学毕业。

しゅっせい⓪【出生】(名・自サ)→しゅっしょう。

しゅっせき⓪【出席】(名・自サ)出席,参加。△~をとる/(学校、开会等)点名。△~を求(もと)める/申请参加,要求出席。

しゅつだい⓪【出題】(诗歌、考试等)出题。△~の範囲(はんい)が狭(せま)い/出题范围很窄。

しゅっちょう⓪【出張】(名・自サ)出差,(因公临时)被派到外地。△~先(さき)/出差地点。△海外(かいがい)~/被派往国外工作。

しゅつどう⓪【出動】(名・自サ)出动。

しゅっぱつ⓪【出発】(名・自サ)①出发,启程。△大阪(おおさか)へ~する/动身去大阪。②开始。△新(あたら)しい人生(じんせい)の~/新的人生的开端。

しゅっぱん⓪【出版】(名・他サ)出版。△~社(しゃ)/出版社。△~を引(ひ)き受(う)ける/接受出版。△~物(ぶつ)/出版物。

しゅっぴ⓪【出費】(名・自サ)费用,花费。△~がかさむ/花费大。

しゅっぴん⓪【出品】(名・他サ)(展会)展出作品。

しゅと①②【首都】首都,首府。△~圏(けん)/首都圏(指东京直径100公里范围内的一都七县)。

しゅどう⓪【主導】(名・他サ)主导。

じゅどうてき⓪【受動的】(形动)被动的。

しゅとして①②【主として】(副)主要。△今日(きょう)は~音楽(おんがく)を習(なら)います/今天主要学音乐。△会員(かいいん)は~

中年(ちゅうねん)の女性(じょせい)/会员主要是中年妇女。

しゅにん⓪【主任】主任。

しゅのう⓪【首脳】首脑,领导人。△～会談(かいだん)/首脑会谈。△～部(ぶ)/领导机关,首脑部门。

しゅび①【守備】(名・他サ)守备,防备。

しゅび①【首尾】(名・自サ)①首和尾。②开始和结束,始终。△～一貫(いっかん)/始终如一。③(事情)经过,结果。△上上(じょうじょう)の～/结果非常好。

しゅひん⓪【主賓】主要客人。

しゅふ①【主婦】主妇,女主人。△専業(せんぎょう)～/全职家庭主妇。

しゅほう⓪【手法】(艺术作品的)手法,技巧。

しゅみ①【趣味】①(业余的)爱好。△～は人(ひと)によって違(ちが)う/人各有所好。②兴趣。△歴史(れきし)に～を持(も)つ/对历史感兴趣。③趣味,情趣。△～のいい柄(がら)/颇有情趣的花样(花纹)。

	人それぞれが違う	彼女は私の～じゃない	～を解さない人	～のタイプ	彼の～す飲み物
趣味	○	△	○	○	×
好み	○	○	×	×	×
嗜好	×	×	×	×	○

じゅみょう⓪【寿命】①寿命。△～が延(の)びる/延长寿命。△～を全(まっと)うする/终其天年。②(物品的使用)寿命。△電池(でんち)の～/电池的寿命。

しゅもく⓪①【種目】项目,种类。

じゅもく①【樹木】树木。

しゅやく⓪【主役】①(戏剧中)主角。△～を勤(つと)める/演主角。②主要人物。

じゅよ①【授与】(名・他サ)授与。△～式(しき)/颁奖式。△賞状(しょうじょう)を～する/颁发奖状。

しゅよう⓪【主要】(名・形動)主要。△～科目(かもく)/主要项目。△～な役割(やくわり)/主要的作用。

じゅよう⓪【需要】需求,需要。△～が増(ふ)える/需求增加。△～と供給(きょうきゅう)/供与求。

じゅりつ⓪【樹立】(名・自他サ)树立,订立,建立。△新記録(しんきろく)を～する/创造新记录。△友好関係(ゆうこうかんけい)を～する/建立友好关系。

しゅりゅう⓪【主流】①(江河)干流,主流。②(思想、学说)主流。③(组织、团体)主流派。

しゅりょう⓪【首領】首领,头目。△賊(ぞく)の～/盗贼的头目。

しゅるい①【種類】种类。

じゅわき②【受話器】(电话)听筒。

しゅわん①⓪【手腕】才能,本领。△～を発揮(はっき)する/发挥本领。△～家(か)/有才能的人。

じゅん①【旬】①旬(十天)。②十年,△七(なな)～/70岁。

じゅん-【純】(接头)纯,纯粹。△～所得(しょとく)/纯收益。

じゅん⓪【順】Ⅰ（形动）顺从。△～な性格(せいかく)/顺从的性格。Ⅱ（名）①顺序。△～を追(お)う/按顺序。②(按)顺序。△～に並(なら)べる/按顺序排列。⇨じゅんじょ表

じゅんい①【順位】席次，位次。

じゅんえき①⓪【純益】纯利。△～金(きん)/纯利金。

じゅんかい⓪【巡回】（名・自サ）①巡回。②巡视。

しゅんかしゅうとう①【春夏秋冬】春夏秋冬，一年，四季。

しゅんかん⓪【瞬間】瞬间。△～最大風速(さいだいふうそく)/瞬间最大风速。

	～の出来事	打った ホームラン と分かった	～にし て飛び 去る	～驚いたが すぐ平静に 戻った
瞬間	○	○	×	○
一瞬	○	×	○	○
瞬時	○	×	○	×

じゅんかん⓪【循環】（名・自サ）循环。△市内(しない)～バス/市内环行汽车。△～小数(しょうすう)/循环小数。

じゅうきゅう⓪【準急】准快车，普通快车。

じゅんけつ⓪【純潔】（名・形动）①纯洁。△心(こころ)の～な人(ひと)/心地纯洁的人。△～教育(きょういく)/(为使青少年保持身心纯洁而进行的)性知识教育。②贞洁，贞操。△～を守(まも)る/守贞节。

しゅんこう⓪〔峻工・竣工〕（名・自サ）竣工，完工。△ビルの～式(しき)/大楼落成典礼。

じゅんさ①⓪【巡査】警察。△交通(こうつう)～/交通警。△～派出所(はしゅつじょ)/警察派出所。

じゅんさつ⓪【巡察】（名・他サ）巡逻，巡查。△管内(かんない)を～する/巡视管辖区内。

しゅんじ①【瞬時】瞬时，瞬间。△～に消(き)えさった/瞬间消逝。⇨しゅんかん表

じゅんし⓪【巡視】（名・他サ）巡视，巡逻。△校内(こうない)を～する/巡视校园。

しゅんじゅう①【春秋】①春和秋。△～二季(にき)/春秋两季。②一年，岁月，年月。△いく～を経(へ)てくる/几经春秋。③年龄。△～高(たか)し/年事已高。

じゅんじゅんに③【順順に】（副）依次，按顺序。△～出発(しゅっぱつ)する/按顺序出发。

じゅんじょ①【順序】顺序，次序，秩序。△～が狂(くる)う/次序乱了。△～を踏(ふ)む/遵守秩序。

	～が狂う	～正しく並べる	～に当てる	～どおりに進める	子は親に従うのが～だ
順序	○	○	×	○	×
順番	○	×	○	○	×
順	○	○	×	×	○

じゅんじょう⓪【純情】（名・形动）纯洁，天真。△～可憐(かれん)/天真可爱。△～な乙女(おとめ)/纯情少女。

じゅん・じる⓪③【準じる】（自上一）(也作"じゅんずる")按照，依照，以…为准。△先例(せんれい)

に～/依照先例。△正社員(せいしゃいん)に～待遇(たいぐう)/按正式职员待遇。△以下(いか)これに～/以下准此。

じゅんしん⓪【純真】(名・形動)纯真，纯洁。△～な少年(しょうねん)/纯真的少年。

じゅんすい⓪【純粋】(名・形動)①纯粹，地道。△～培養(ばいよう)/(生物学)纯粹培养。△～な秋田犬(あきたけん)/纯种秋田犬。②纯真，单纯。△～な人柄(ひとがら)/纯真的人品。△～な動機(どうき)/无私心杂念的动机。

じゅん・ずる⓪③【準ずる】(自サ)→じゅんじる。

じゅんぜん⓪③【純然】(形動タルト)①纯粹。△～たる都会(とかい)っ子(こ)/纯粹城市孩子。△～たる国産品(こくさんひん)/纯粹国产品。②纯属，纯然。△～たる誤(あやま)り/纯属错误。

じゅんちょう⓪【順調】(名・形動)顺利。△仕事(しごと)が～に進(すす)む/工作顺利进行。△～な滑(すべ)り出(だ)し/顺利开始，开门红。⇨こうちょう表

じゅんとう⓪【順当】(名・形動)顺当，理当。△～に勝(か)ち進(すす)む/顺当地进入下一轮比赛。

じゅんのう⓪【順応】(名・自サ)顺应，适应。△～力(りょく)/适应能力。△～性(せい)/适应性。

じゅんばん⓪【順番】轮班，轮流，按顺序。△～に働(はたら)く/轮流工作。△～を決(き)める/规定轮班次序。⇨じゅんじょ表

じゅんび⓪【準備】(名・他サ)准备，预备。△～運動(うんどう)/准备运动。△～万端(ばんたん)/一切准备就绪。

	食事の～をする	台風に対する～	すぐ出かける～をしてきなさい	大会の～を進める
準備	○	○	×	○
用意	○	○	○	×
支度	○	×	○	×

しゅんぶん⓪【春分】春分(二十四节气之一)。△～の日(ひ)/春分日。

じゅんぼく⓪【純朴】〔淳朴・醇朴〕(名・形動)纯朴，淳朴。△～な人柄(ひとがら)/为人纯朴。

しょ①【緒】头绪，开端。△～に就(つ)く/就绪。

しょ-【初】(接头)首次，初…。△～対面(たいめん)/初次见面。

しょ-【諸】(接头)诸…。△～問題(もんだい)/诸多问题。

-しょ【書】(接尾)①书。△証明(しょうめい)～/证明书，证件。②信。

-しょ【所】(接尾)…所。△事務(じむ)～/事务所。

じょ⓪【序】①次序。△長幼(ちょうよう)の～/长幼次序。②序，序文。△～を書(か)く/写序。③(戏剧)序幕。

しょい①【所為】①所为，所作之事。②缘故。

しょう①【小】①小，小的。△大(だい)は～を兼(か)ねる/以大顶小。②小月。

しょう① 【称】名称，称号。△名誉(めいよ)博士(はかせ)の～を得(え)る/得到名誉博士的称号。

しょう① 【章】①章(节)。△次(つぎ)の～/下一章。②徽章。

しょう① 【賞】奖赏，奖金，奖品。△～を受(う)ける/受奖。

しよう⓪ 【仕様】①方法，办法。△なんとも～がない/毫无办法。②商品说明书("仕様書"之略)。

しよう⓪ 【私用】①私用，个人使用。②私事。

しよう⓪ 【使用】(名・他サ)使用，利用。△～料(りょう)/租金。△～者(しゃ)/用户。△～人(にん)/佣人，雇工。△～中(ちゅう)/正在使用。

じょう① 【上】①上等。△うなどんの～/上等鳗鱼饭。②(写在礼品包装纸上)呈上。③(书籍)上卷。

じょう 【錠】I⓪(名)锁。II(接尾)颗，粒。△一日(いちにち)に二(に)～のんでください/请一天服两粒。

じょう① 【嬢】①姑娘，少女。②(敬称)小姐。

じょう⓪ 【滋養】营养，滋养。△～物(ぶつ)/滋养品。△～分(ぶん)/养分。

じょうい① 【上位】上位。△～の者(もの)/居上位者，上级。

しょういん⓪ 【承引】(名・他サ)承诺，应允。△曲(ま)げて御(ご)～下(くだ)さい/请屈己忍让答应吧。

じょういん⓪ 【上院】(两院制议会的)上院。△～議員(ぎいん)/上院议员。

じょうえい⓪ 【上映】(名・他サ)(电影)上映，放映。

じょうえん⓪ 【上演】(名・他サ)上演，演出。△～番組(ばんぐみ)/演出节目表。

しょうおう⓪ 【照応】(名・自サ)照应，呼应。△彼(かれ)の言(い)うことが前後(ぜんご)で～していない/他的话前后有矛盾。△原因(げんいん)と結果(けっか)が～する/因果互相对应。

しょうか 【消化】(名・自他サ)①消化。△～不良(ふりょう)/消化不良。②理解，掌握。△知識(ちしき)を～する/掌握知识。③用掉，处理完，办完。△在庫品(ざいこひん)を～する/处理完库存。

しょうか⓪ 【消火】(名・自サ)①灭火，熄灯。②扑灭火灾，消防。△～活動(かつどう)/消防活动。△～器(き)/灭火器。

しょうが⓪ 〔生薑・生姜〕姜，生姜。

じょうか⓪ 【浄化】(名・他サ)①净化。△～装置(そうち)/净化装置。△下水(げすい)の～/污水净化。②(清除腐朽)净化。△政界(せいかい)を～する/净化政界。

じょうか⓪ 【城下】①城下。②城市。

しょうかい⓪ 【紹介】(名・他サ)介绍。△自己(じこ)～/自我介绍。△新刊(しんかん)～/新书刊介绍。

	両者の〜をする	日本文学を外国に〜する	二人の間を〜をする	合同コンパが〜となって結ばれる
紹介	○	○	×	×
仲介	○	×	○	×
媒介	○	×	×	○

しょうかい⓪【照会】(名・他サ) 照会, 询问。△隣(となり)の県(けん)にも〜して取調(とりしら)べる/照会邻县协助调查。△空席(くうせき)の有無(うむ)を〜する/询问有无空席。

しょうがい①【生涯】生涯, 一生, 毕生。⇨いっしょう表

しょうがい⓪【渉外】渉外。△〜係(がかり)/渉外人员。

しょうがい⓪【傷害】(名・他サ) 伤害, 使受伤。△〜事件(じけん)/伤人案件。△〜を加(くわ)える/伤害(他人)。

しょうがい⓪【障害】〔障礙〕①障碍, 阻碍。△〜競走(きょうそう)/过障碍物赛跑, 跨栏赛跑。②(人或动植物体的)毛病。△更年期(こうねんき)〜/更年期生理障碍。⇨じゃま表

しょうがくきん⓪【奨学金】奖学金。

しょうがくせい③【小学生】小学生。

しょうがつ④【正月】①正月, 新年。②〈喻〉愉快的享受。△目(め)の〜/眼福。△舌(した)の〜/口福。△耳(みみ)の〜/听了有趣的话。

しょうがっこう③【小学校】小学。

しょうがな・い⑤束手无策, 毫无办法。△寒くし〜/冷得不得了。△こんなことじゃ〜/这样的事情真没有办法。

しょうがん⓪〔賞翫・賞玩〕(名・他サ)①欣賞, 玩賞。△名花(めいか)を〜する/欣赏名花。②品尝。△美酒(びしゅ)を〜する/品尝美酒。

しょうぎ⓪①【将棋】(日本)将棋。△〜を指(さ)す/下棋。

じょうき①【常軌】常轨。△〜を逸(いっ)する/超出常规, 越轨。

じょうき①【蒸気】蒸气, 水蒸气。△〜機関(きかん)/蒸气机。△〜浴(よく)/蒸气浴。

じょうぎ①【定規】①(划线)规, 尺。②尺度, 标准。

じょうぎ①【情宜】〔情誼・情義〕情谊, 友情, 友谊。△〜に厚(あつ)い人(ひと)/颇重情谊的人。

しょうきゃく【消却】〔銷却〕(名・他サ)①注消。△名(な)を〜する/除名。②耗费。△在庫(ざいこ)を〜する/耗费库存物品。③还清。△借金(しゃっきん)の〜をする/还清借款。

しょうきゃく⓪【焼却】(名・他サ) 焚烧, 烧掉。△ごみの〜炉(ろ)/垃圾焚烧炉。

じょうきゃく⓪【乗客】乘客, 旅客。

しょうきゅう⓪【昇級】(名・自サ) 提升, 升级。△〜試験(しけん)/升级考试。

しょうきゅう⓪【昇給】(名・自サ) 提薪。△定期(ていき)〜/定期提薪。△臨時(りんじ)〜/临时提薪。

じょうきゅう⓪【上級】上级，高级。

じょうきょ①【消去】(名・自他サ) 消去，涂掉。

しょうぎょう①【商業】商业。△～道徳(どうとく)/商业道德。

じょうきょう⓪【上京】(名・自サ) 进京，去东京。△陳情(ちんじょう)のため～する/进京请愿。

じょうきょう⓪【状況・情況】情况，状况。△～によって判断(はんだん)する/根据情况作出判断。⇨けいせい表

しょうきょく⓪【消極】消极。△～性(せい)/消极性。△～的(てき)/消极的。△～策(さく)/消极办法。

しょうきん⓪【賞金】(表彰优秀而发的)奖金。△優勝(ゆうしょう)の～/优胜奖金。

じょうくう⓪【上空】①高空，天空。②(某处的)上空。

しょうぐん⓪【将軍】将军。

じょうげ①【上下】(名・自サ)①上和下。△棚(たな)を～に分(わ)ける/隔板分上下两层。②(衣服)上下身。△背広(せびろ)の～/西服上身和下身。③上下，升降，涨落。△階段(かいだん)を～する/上下楼梯。△物価(ぶっか)の～がひどい/物价涨落很厉害。

じょうけい⓪【情景】情景。△～描写(びょうしゃ)/情景的描写。⇨こうけい表

しょうげき⓪【衝撃】①冲撞，撞击。△軽(かる)い～を受(う)けた/受到轻微的撞击。②打击，刺激，冲击。△この事件(じけん)は社会(しゃかい)に大(おお)きな～を与(あた)えた/这一事件给社会以很大冲击。

しょうけん⓪【証券】①(有价)证券。△有価(ゆうか)～/有价证券。②证书，单据。

しょうげん⓪②【証言】(名・他サ) 证词，证言。△～を述(の)べる/作证。

じょうけん③【条件】①条件。△～付(つ)き/附加条件。△～反射(はんしゃ)/条件反射。②条款，条文。△契約(けいやく)～/合同条款。

しょうこ⓪【証拠】证据。△～を挙(あ)げる/举出证据。△～を握(にぎ)る/掌握证据。

しょうご⓪【正午】正午，中午。

しょうこう⓪【昇降】(名・自サ) 升降，上下。△～機(き)/升降机。△～口(ぐち)/(车、船)出入口。△～ハッチ/(船)升降口。

しょうこう①【将校】(少尉以上)军官。

しょうごう⓪【照合】(名・他サ) 对照，核对。

しょうごう⓪【称号】①(身份、资格的)称号。△博士(はかせ)～/博士称号。②名称。△弥陀(みだ)の～/弥陀佛的名称。

じょうこく⓪【上告】(名・他サ)①上告。②上诉。

しょうさい⓪【詳細】(名・形动) 详细，详情。△～な説明(せつめい)/详细说明。

じょうざい⓪【錠剤】片剂，药片。

しょうさん⓪【勝算】取胜的希望。△～のない勝負(しょうぶ)/无取胜希望的竞赛。

しょうさん⓪【賞賛・称賛】〔称讚・賞讚〕(名・他サ)称赞，赞赏，赞扬。△口(くち)を極(きわ)めて～する/赞不绝口。△～を浴(あ)びる/颇受赞扬。

しょうじ①【小事】小事，细节。△～にこだわる/拘泥细节。◇～は大事(だいじ)/小事可能酿成大事。◇大事の前(まえ)の～/不可因小失大。

しょうじ⓪【障子】(日本式房间)拉门，隔扇。△～張(ば)り/糊纸拉门。△壁(かべ)に耳(みみ)あり～に目(め)あり/隔墙有耳，隔窗有眼。

じょうし①【上司】上司，上级。△～の指示(しじ)/上级的指示。

しょうじき③④【正直】(名・形动)正直，诚实。△～な子供(こども)/诚实的孩子。◇三度目(さんどめ)の～/(比赛、占卦)以第三次为准，事不过三。◇～の頭(こうべ)に神宿(かみやど)る/老实人受神佛保佑。

じょうしき⓪【常識】常识。△～がない人(ひと)/缺乏常识的人。△～はずれ/反常。

じょうじせつぞく①-⓪【常時接続】(计算机)无限上网。

じょうじつ⓪【情実】私情，人情，面子。△～をふりすてきれない/撕不开情面。

しょうしゃ①【商社】商社，商行。△貿易(ぼうえき)～/贸易商社。△大手(おおて)～/大商行。

しょうしゃ⓪【照射】(名・自他サ)照，照射。△X線(エクスせん)を～する/照X射线。

しょうしゃ①【瀟洒】(名・形动)潇洒，脱俗，雅致。△～な装(よそ)い/打扮潇洒。△～な洋館(ようかん)/雅致的洋房。

じょうしゃ⓪【乗車】(名・他サ)乘车，上车。乘的车。△～券(けん)/车票。△～賃(ちん)/车费。

じょうしゅ①【情趣】情趣，风趣。△～に富(と)んだ風景(ふうけい)/饶有情趣的景致。

じょうじゅ①【成就】(名・自他サ)成功，成就，实现。△事業(じぎょう)が～する/事业成功。△大願(たいがん)が～する/实现宏愿。

しょうしゅう⓪【召集】(名・他サ)招集。△国際会議(こくさいかいぎ)を～する/招集国际会议。

しょうじゅつ⓪【詳述】(名・他サ)详述。△次(つぎ)の章(しょう)で～する/在下一章里详述。

しょうじゅん⓪【昇順】(计算机)升序。

じょうじゅん⓪【上旬】上旬。

しょうしょ⓪【証書】证书，字据。△卒業(そつぎょう)～/毕业证书。

しょうじょ①【少女】少女。

じょうしょ①【情緒】①情绪。△～がすさむ/情绪低落。△～不安定(ふあんてい)/情绪不稳。△～纏綿(てんめん)/情绪缠绵。②气氛，情调。△異国(いこく)～/

异国情调。

じょうじょ① 【乗除】（名・他サ）乘除（法）。△加減(かげん)～/加減乘除。

しょうしょう① 【少少】（副）少许，一点儿，稍微。△～お待(ま)ち下(くだ)さい/请稍等。⇨ちょっと 表

しょうじょう③ 【症状】症状，病情。△自覚(じかく)～/自觉症状。△～が悪化(あっか)する/病情恶化。

しょうじょう⓪ 【賞状】奖状。△～を授(さず)ける/授予奖状。

しょうじょう⓪ 【蕭条】（形动タルト・自サ）萧条，萧瑟。△～たる冬景色(ふゆげしき)/萧瑟的冬景。

じょうしょう⓪ 【上昇】（名・自サ）上升，上涨。△気温(きおん)が～する/气温上升。△物価(ぶっか)の～がひどい/物价上涨很厉害。

じょうしょく⓪ 【常食】（名・他サ）常吃的食物，主要食物。△米(こめ)を～とする民族(みんぞく)/以大米为主要食物的民族。

しょう・じる④⓪③ 【生じる】（自他上一）①生，长。△微生物(びせいぶつ)が～/长出微生物。②产生，发生。△故障(こしょう)が～/发生故障。△疑問(ぎもん)が～/产生疑问。③生出。△余力(よりょく)が～/有后劲。△利子(りし)を～/生息。⇨おきる 表

しょう・じる⓪ 【招じる】〔請じる〕请进，招待。△客(きゃく)を座敷(ざしき)に～/把客人请进客厅。

じょう・じる④⓪③ 【乗じる】（自他上一）①乘(机)，利用。△機会(きかい)に～/乘机，趁机。△相手(あいて)の油断(ゆだん)に～/趁对方疏忽大意。②〈文〉乘(车等)。③乘(法)。△五(ご)に三(さん)を～/5乘3。

しょうしん⓪ 【昇進】（名・自サ）晋升，晋级。△横綱(よこづな)に～する/(相扑)晋升为横纲。

しょうじん⓪ 【精進】（名・自サ）①（佛教）修行，精进。②洁身慎心。△～潔斎(けっさい)/斋戒，持斋。③吃素。△～物(もの)/素菜，素餐。④专心致志。△仕事(しごと)に～する/对工作专心致志。

じょうず③ 【上手】（名・形动）①（技能）好，高明。△母(はは)は料理(りょうり)が～だ/母亲会做菜。△話(はな)し～な人(ひと)/健谈的人。◇～の手(て)から水(みず)が漏(も)る/智者千虑必有一失。②善于奉承，善于恭维。△お～を言(い)う/光说恭维话。△お～者(もの)/会奉承人的人。⇨うまい 表

しょうすい⓪ 【憔悴】（名・自サ）憔悴。△～した顔(かお)つき/憔悴的面容。

しょうすう③ 【小数】①小的数目。②（数学）小数。△～点(てん)/小数点。△循環(じゅんかん)～/循环小数。

しょうすう③ 【少数】少数。

しょう・する③ 【称する】（他サ）①称，号称。△教育家(きょういく

か)と称すべきもの/称得上的教育家。△人口一千万(じんこういっせんまん)と～/人口号称 1 千万。②称颂。△健闘(けんとう)を～/称赞顽强奋斗的精神。③佯称,谎称。△病気(びょうき)と～/谎称有病。

しょう・ずる⓪③【生ずる】(自他サ)→しょうじる。

しょうせい①【小生】(代)<谦>我,小弟,鄙人。

しょうせい⓪【招請】(名・他サ)邀请。△講師(こうし)を～する/聘请讲师。△～状(じょう)/请柬。

じょうせい⓪【情勢・状勢】形势。△国際(こくさい)～/国际形势。⇒けいせい 表

しょうせつ⓪【小説】小说。△事実(じじつ)は～よりも奇(き)なり/事实比小说还奇特。△私(し)～/自叙体小说。△～家(か)/小说家。△～的(てき)/小说般的。

じょうせつ⓪【常設】(名・他サ)常设。△委員会(いいんかい)を～する/设常务委员会。△～展示(てんじ)/长期陈列。

しょうぜん⓪③【悄然】(形动タルト)悄然,失望,沮丧。△～とうなだれる/沮丧地低下头。△～として帰(かえ)って行(い)った/失望而归。

しょうそう⓪【尚早】(名・形动)(时机等)尚早。△時機(じき)～/为时尚早。

しょうそう⓪【焦燥】〔焦躁〕(名・自サ)焦急,焦躁。△～を感(かん)じる/感到焦急。△～にかられる/令人焦躁。

じょうそう⓪【上層】①上层。△大気(たいき)の～/大气上层。②上级。△～部(ぶ)/上级部门。③楼房高层。

しょうそく⓪【消息】①消息,内情。△～を絶(た)つ/断绝信息。△～不明(ふめい)/杳无音信。△～筋(すじ)/消息灵通人士。△～通(つう)/消息灵通人士。△政界(せいかい)の～/政界的内情。②信。△～文(ぶん)/信函。

しょうたい①③【正体】①本来面目。△～不明(ふめい)/本来面目不清。②神志清醒。△～なく酔(よ)う/醉得不省人事。

しょうたい①【招待】(名・他サ)请客,邀请。△パーティーに～される/应邀出席晚会。△～状(じょう)/请柬。

じょうたい⓪【状態】状态,状况。△健康(けんこう)～/健康状况。△経済(けいざい)～/经济状况。

しょうだく⓪【承諾】(名・他サ)承诺,应允。△事後(じご)～/事后同意。△二(ふた)つ返事(へんじ)で～する/马上应允。

じょうたつ⓪【上達】(名・自サ)①(学业等)进步,长进。△彼(かれ)の英語(えいご)は～が早(はや)い/他学英语长进快。②上呈。△下意(かい)～/下情上达。

しょうだん⓪【商談】(名・自サ)谈交易,讲买卖。△～がまとまる/谈判达成协议,谈妥。

じょうだん③【冗談】戏言,笑

话,玩笑。△～口(ぐち)/诙谐话。△～事(ごと)/开玩笑。△～半分(はんぶん)/半开玩笑。

しょうち⓪ 【承知】(名・他サ)①知道。△ご～の通(とお)り/如您所知。②承诺,允许,同意。△無理(むり)に～させる/强迫别人同意。△本人(ほんにん)に会(あ)わなくては～できない/非见本人不可。③原谅,宽恕。△うそをつくと～しないぞ/说谎可不行。

	～できない要求	友人の頼みを～する	降伏勧告を～する	はい、～しました	先生の～を得る
承知	○	○	×	○	×
承諾	○	○	×	×	○
受諾	○	×	○	×	×

じょうちょ① 【情緒】→じょうしょ。

しょうちょう⓪ 【消長】(名・自サ)盛衰,消长。△勢力(せいりょく)の～/势力消长。△幾多(いくた)の～を経(へ)る/几经盛衰。

しょうちょう⓪ 【象徴】(名・他サ)象征。△ハトは平和(へいわ)の～だ/鸽子是和平的象征。△～的(てき)/象征性的。

しょうちん⓪ 【消沈】〔銷沈〕(名・自サ)(意志)消沉。△意気(いき)～する/意志消沉,心灰意冷。

しょうてん① 【焦点】①(球面镜的)焦点。△～を合(あ)わせる/对光,对焦点。△～距離(きょり)/焦距。②〈转〉焦点,中心,目标。△話題(わだい)の～/话题的中心。

しょうてん① 【商店】商店。

じょうと① 【譲渡】(名・他サ)转让,让出,让与。△権利(けんり)を～する/让出权利。△土地(とち)を～する/转让土地。

しょうどう⓪ 【衝動】冲动。△～的(てき)に/情不自禁。△～にかられる/由于冲动。△～買(がい)/不加考虑地看了就(想)买。

じょうとう⓪ 【上等】(名・形動)①高级,高档。△～舶来品(はくらいひん)/高档进口货。②上好的。△～な服地(ふくじ)/上好的西服衣料。⇨こうきゅう 表

じょうとう⓪ 【常套】常规,老一套。△～語(ご)/陈词滥调。△～手段(しゅだん)/惯用的伎俩。

しょうどく⓪ 【消毒】(名・他サ)消毒。△熱湯(ねっとう)～/开水消毒,煮沸消毒。△～剤(ざい)/消毒剂。

しょうとつ⓪ 【衝突】(名・自サ)①(车、船等)相撞,冲撞,碰撞。△正面(しょうめん)～/正面相撞。△二人(ふたり)は正面～した/两人碰了个满怀。②冲突,矛盾。△意見(いけん)の～/意见不一致。△利益(りえき)が～した/利益产生了矛盾。

しょうに① 【小児】小儿,幼儿。△～科(か)/儿科,小儿科。△～麻痺(まひ)/小儿麻痹症。

しょうにん⓪ 【承認】(名・他サ)①认可,通过。△満場(まんじょう)一致(いっち)で～した/全场一致通过。②承认。△新(あたら)しい国家(こっか)を～する/承认新的国家。③批准。△国会(こっかい)の～を得(え)る/得到国会批准。

しょうにん① 【商人】商人。△～かたぎ/商人气质。△死(し)の～/军火商。

しょうにん⓪ 【証人】①证明人。②保证人,保人。③(法律)证人。△～喚問(かんもん)/传询证人。

しょうにん⓪ 【使用人】(商店、家庭)雇工,用人。

じょうにん⓪ 【常任】常任。△～の理事(りじ)/常任理事。△～理事国(りじこく)/常任理事国。

しょうね③ 【性根】根性,本性。△～のすわった男(おとこ)/性情稳健有骨气的男人。

じょうねつ⓪① 【情熱】热情。△燃(も)えるような～/火一般的热情。△～家(か)/热情的人。△～的(てき)/热情地。

しょうねん⓪ 【少年】①少年,年纪小的人。◇～老(お)いやすく学(がく)成(な)り難(がた)し/少年易老学难成。②(不满20岁的)少年。△～院(いん)/(日本的)少年教养院。△～団(だん)/童子军。△非行(ひこう)～/犯有不良行为的少年。

しょうはい⓪ 【勝敗】胜败,胜负。△～は時(とき)の運(うん)/胜败凭运气。

しょうばい① 【商売】①商业,营业。△～が繁昌(はんじょう)する/买卖兴隆。△日曜日(にちようび)でも～する/星期天也营业。②职业。△～替(が)え/改行。△～気(ぎ)/职业意识。生意经。

しょうばつ① 【賞罰】赏罚。△～を明(あき)らかにする/赏罚分明。

じょうはつ⓪ 【蒸発】(名・自サ)①蒸发,汽化。△アルコールが～する/酒精挥发。②〈俗〉下落不明。△人間(にんげん)～/逃之夭夭。

じょうはんしん③ 【上半身】上半身。

しょうひ⓪ 【消費】(名・他サ)消费,耗费。△電気(でんき)の～量(りょう)/耗电量。△～財(ざい)/消费资料。△～税(ぜい)/消费税。△～者(しゃ)/消费者。

しょうび① 【賞美・称美】(名・他サ)称赞,欣赏。△風光(ふうこう)を～する/欣赏风光。

しょうひん⓪① 【商品】商品。△～券(けん)/商品券。△目玉(めだま)～/招揽顾客的廉价商品。

しょうひん⓪ 【賞品】奖品。

じょうひん③ 【上品】(形动)(人品)文雅,高尚,彬彬有礼。△～な人(ひと)/文雅的人。△～なことばを使(つか)う/说话彬彬有礼。△目鼻(めはな)立(だ)ちが～/美貌,眉清目秀。△～に笑(わら)う/笑得温文尔雅。

しょうぶ① 【勝負】①胜负,胜败。△～がつかない/不分胜负。②比赛,竞赛。⇨しあい 表

じょうふ① 【丈夫】〈文〉成年男子,男子汉,大丈夫。△大(だい)～/英雄好汉。

じょうぶ① 【上部】①上面部分。△建物(たてもの)の～/建筑物的上面部分。②上层。△～構造(こうぞう)/上层建筑。

じょうぶ⓪【丈夫】(形动)①健康，健壮。△～な体(からだ)/健康的体魄。②坚固，结实。△～にできた靴(くつ)/做得结实的鞋。

	～で暮らす	まだ足は～だ	～な机	英語の～な人	～な考え方	ご～	お～
丈夫	○		○		○	○	
達者	○	○	×	○	×	○	○
健康	○	○	×	×	×	○	×

しょうふだ④⓪【正札】(标明实价的)价目牌。△～販売(はんばい)/标价出售。△～付(つき)/i)明码实价。ii)〈转〉公认，有定论(指人或物多用于不好的名声)。△～付(つき)の山師(やまし)/名符其实的骗子。

しょうべん③【小便】尿。△～をする/撒尿。△～が近(ちか)い/尿频。△～無用(むよう)/(此处)禁止小便。

じょうほ①【譲歩】(名・自サ)让步。△～を重(かさ)ねる/一再让步。△一歩(いっぽ)も～しない/寸步不让。

しょうぼう⓪【消防】消防。△～士(し)/消防队员。△～団(だん)/消防队。△～車(しゃ)/消防车。△～署(しょ)/消防署。

じょうほう⓪【情報】情报,信息。△～検索(けんさく)/情报检索。△～処理(しょり)/信息处理。△～化社会(かしゃかい)/信息化社会。

しょうほん⓪【抄本】①抄本，写本。△万葉集(まんようしゅう)の～/万叶集抄本。②节本，摘录本。△戸籍(こせき)～/户口摘录本。

しょうみ①【正味】(去掉包装)净余部分，净重，实价。

しょうめい⓪【証明】(名・他サ)证明。△～書(しょ)/证件，证明书。△潔白(けっぱく)を～する/证明清白。

しょうめい⓪【照明】(名・他サ)①照明。△～灯(とう)/指路灯。△～が暗(くら)い/照明不好。②舞台灯光。

しょうめつ⓪【消滅】(名・自他サ)消灭，消失。△格差(かくさ)を～する/消灭差距。△自然(しぜん)～/自然灭绝。△効力(こうりょく)が～する/失效。

しょうめん③【正面】①对面,迎面。△～に銀行(ぎんこう)がある/对面有银行。②面对面，直接。△～衝突(しょうとつ)/直接冲突。③正面。△～玄関(げんかん)/正门。◇～切(き)って/毫无顾忌。△～切って非難(ひなん)する/毫不留情地加以谴责。

しょうもう⓪【消耗】(名・自他サ)①消耗，耗费。△～品(ひん)/消费品，耗材。②(体力、精力)消耗，尽。△精力(せいりょく)を～する/消耗精力。△体力(たいりょく)を～する/消耗体力。△今日(きょう)はひどく～した/今天很疲倦。

じょうやく⓪【条約】条约。△～を締結(ていけつ)する/缔结条约。△～国(こく)/缔约国。

しょうゆ⓪〔醬油〕酱油。△～をつ

ける/蘸酱油。△～で味(あじ)をつける/用酱油调味。

しょうよ① 【賞与】①奖赏，奖金，奖品。②(工资以外的)奖金，酬金。△年末(ねんまつ)の～/年终奖金。

じょうよう⓪ 【乗用】(名・他サ)乗用，乗坐。△～車(しゃ)/小卧车。

じょうよう⓪ 【常用】(名・他サ)①连续使用。△この薬(くすり)を～すると中毒(ちゅうどく)になる/连服此药,将会中毒。②常用。△～しているペン/经常使用的钢笔。

じょうようかんじ⑤ 【常用漢字】(日本文部省公布的 1945 个)常用汉字。

しょうらい⓪ 【招来】(名・他サ)招致，导致，引起。△危機(きき)を～する/导致危机。△幸運(こううん)を～する/带来好运。

しょうらい 【将来】Ⅰ①(名・副)将来，未来，前途。△子供(こども)の～/孩子的未来。△近(ちか)い～/不久的将来。Ⅱ⓪(名・他サ)①帯来。△中国(ちゅうごく)から～した古書(こしょ)/从中国带回来的古书。②招致。△最悪(さいあく)の事態(じたい)を～する/导致最不利的局势。

	～に希望を持つ	～のある青年	～ともよろしく	～、医者になりたい	二百年後の～を空想する
将来	○	○	×	○	×
未来	○	○	×	×	○
今後	○	×	○	×	×

しょうり① 【勝利】(名・自サ)胜利。△～を得(え)る/取胜;获胜。△～の女神(めがみ)/胜利女神(比赛时说的词)。

じょうり① 【条理】条理，道理。△～にかなった説明(せつめい)/颇有条理的说明。△～にかなう/合乎道理。△不(ふ)～/杂乱无章。

じょうりく⓪ 【上陸】(名・自サ)(下船)上陆，登陆。△台風(たいふう)が～する/台风登陆。△敵前(てきぜん)～/在敌前登陆。

しょうりゃく⓪ 【省略】(名・他サ)省略。△以下(いか)～する/以下从略。△～語(ご)/略语。△～符号(ふごう)/删节号。

じょうりゅう⓪ 【上流】①上游。△川(かわ)の～/河川上游。②上层，上流。△～階級(かいきゅう)/上层阶级。△～社会(しゃかい)/上流社会。

じょうりゅう⓪ 【蒸留】〔蒸溜〕(名・他サ)蒸馏。△～酒(しゅ)/蒸馏酒。△～水(すい)/蒸馏水。

しょうりょう③⓪ 【少量・小量】(名・形動)①少量。②度量小。△～な人物(じんぶつ)/度量小的人物。

しょうれい⓪ 【奨励】(名・他サ)奖励，鼓励。△貯蓄(ちょちく)を～する/鼓励储蓄。△～金(きん)/奖金。

じょうれい⓪ 【条例】条例，条款。△公安(こうあん)～/公安条例。△～を制定(せいてい)する/制定条款。

しょうわ⓪① 【昭和】(日本年号)昭和(1926 年至 1989 年)。

しょえん⓪ 【初演】(名・他サ)首次

上演(演奏)。△本邦(ほんぽう)〜/国内首次上演。

ショー① [show]①展示,展出,展览。△自動車(じどうしゃ)〜/汽车展会。②表演,演出。△〜番組(ばんぐみ)/演出节目。

じょおう② 【女王】①女王,女皇,王后。②皇女。③〈转〉女中之王。△銀盤(ぎんばん)の〜/花样滑冰女冠军。

ショートカット④ [shortcut]①捷径,快捷方式。②短发发型。③(飞行)近距离航线。

ショート・メール④ [short mail] 短信。

しょか① 【初夏】初夏。

じょがい⓪ 【除外】(名・他サ)除外,不在此限。△未成年者(みせいねんしゃ)は〜する/未成年者不在此限。

しょかん⓪ 【所感】感想。△年頭(ねんとう)〜を述(の)べる/讲述新年感想。

しょき① 【初期】初期。

しょき① 【書記】(名・他サ)①记录。△調査(ちょうさ)の結果(けっか)を〜する/把调查结果记录下来。②文书。③书记。

しょき①⓪ 【暑気】暑气。△〜を払(はら)う/驱暑,祛暑。△〜あたり/中暑。

しょきゅう⓪ 【初級】初级。

じょきょ① 【除去】(名・他サ)除掉,除去。△障害(しょうがい)を〜する/消除障碍。

じょきょうじゅ② 【助教授】副教授。

じょきょく① 【序曲】①乐曲形式之一)序曲,(歌剧的)序曲。②〈转〉(事情的开始)序曲,前奏。

ジョギング⓪ [jogging] (名・自サ)(健身等的)慢跑。

-しょく 【色】(接尾)颜色,…色。△天然(てんねん)〜/天然色。

-しょく 【食】(接尾)①食物,…食。△肉(にく)〜/肉食。②(餐数)…顿,…餐。△一日三(いちにちさん)〜/一日三餐。

しょく⓪ 【職】①职业,工作。△〜につく/就职。△〜を見(み)つける/找工作。②职务。△〜を解(と)く/解除职务。③手艺,技术。△手(て)に〜をつける/学会手艺。⇨しょくぎょう表

しょく① 【私欲】私欲。△私利(しり)〜に走(はし)る/谋求个人利益。

しょくいん② 【職員】职员。

しょぐう⓪ 【処遇】(名・他サ)待遇,给与…地位。△客員(きゃくいん)として〜される/受到特邀者的待遇。△冷(つめ)たい〜をうける/受到冷遇。⇨たいぐう表

しょくえん② 【食塩】食盐。

しょくぎょう② 【職業】职业,行业。△〜安定所(あんていしょ)/职业介绍所。△〜別組合(べつくみあい)/行业工会。

	〜に就く	〜を選ぶ	校長の〜	弁護士を〜にする	〜を分担する	手に〜をつける
職業	○	○	×	○	×	×
職	○	○	○	×	×	○
職務	○	×	○	×	○	×

しょくご⓪ 【食後】饭后。△〜に

服用(ふくよう)する薬(くすり)/饭后服用的药。

しょくざい⓪〔贖罪〕(名・自サ)赎罪。△～の祈(いの)り/赎罪祈祷。△イエスの～/耶稣的赎罪。

しょくじ⓪【食事】Ⅰ(名・自サ)吃饭。Ⅱ(名)饭食，饮食。△軽(かる)い～/便餐。△～を取(と)る/用饭。△～代(だい)/饭费。⇨ごはん表

しょくじょ⓪【織女】①织布女。②织女星。△～星(せい)/织女星。

しょくしょう⓪【食傷】(名・自サ)①伤食，吃得过饱。②〈转〉吃腻，腻烦。△～ぎみだ/有点腻烦了。

しょくせき⓪【職責】职责。△～を果(は)たす/尽职责。△～をけがす/渎职。

しょくたく⓪【食卓】餐桌。

しょくたく⓪【嘱託】(名・他サ)①嘱托，委托。△英語(えいご)の先生(せんせい)を～する/委托做英语教师。②(接受临时委托的)特约人员。△学校(がっこう)～医(い)/特约校医。

しょくちゅうどく③【食中毒】(名・自サ)食物中毒。

しょくどう⓪【食堂】①食堂，餐厅。△～兼居間(けんいま)/餐厅兼起居室。②小饭馆。△大衆(たいしゅう)～/大众饭馆。

しょくにん【職人】手艺人，工匠。△～仕事(しごと)/手艺活儿。△～気質(かたぎ)/手艺人脾气。

しょくのう⓪②【職能】①业务能力。△～給(きゅう)/根据业务能力的工资。②职能，作用。△議会(ぎかい)の～/议会的职能。△助詞(じょし)の～/助词的作用。③职业机能，职业。△～別(べつ)に代表(だいひょう)を立(た)てる/按职业(机能)推举代表。△～組合(くみあい)/行业工会。

しょくば⓪③【職場】工作场所，车间。△～集会(しゅうかい)/现场会。△～結婚(けっこん)/同一工作岗位的男女结婚。

しょくはつ⓪【触発】(名・自他サ)①触发。△～水雷(すいらい)/触发水雷。②激发，激励。△友人(ゆうじん)の成功(せいこう)に～される/为朋友的成功所激励。

しょくひ⓪【食費】饭费，伙食费。△～がかさむ/伙食费增多。

しょくひん⓪【食品】食品。△冷凍(れいとう)～/冷冻食品。△～添加物(てんかぶつ)/食品添加剂。

	冷凍した～	生鮮～	犬に～をやる	～に供する	～に好き嫌いのある人
食品	○	○	×	×	×
食料	○	○	△	△	×
食べ物	×	×	○	×	○

しょくぶつ②【植物】植物。△～園(えん)/植物园。△～油(ゆ)/植物油。△～採集(さいしゅう)/采集植物。

しょくぼう⓪〔属望・嘱望〕(名・自他サ)期望，期待。△将来(しょうらい)を～された人(ひと)/寄予期望的人。

しょくみんち③【植民地】殖民地。

しょくむ①【職務】职务。△～に励(はげ)む/尽职。△～遂行(すいこう)/履行职务。△～質問(しつもん)/警察盘问可疑的人。⇨しょくぎょう表

しょくもつ②【食物】食物。△～連鎖(れんさ)/(生物界)食物链。

しょくよう⓪【食用】食用。△～に供(きょう)する/供食用。△～菌(きん)/食用菌。

しょくよく⓪②【食欲】〔食慾〕食欲。△～をそそる/引起食欲。△～不振(ふしん)/食欲不振。

しょくりょう②【食料】食品。△～品(ひん)/食品。△～店(てん)/食品店。⇨しょくひん表

しょくりょう②⓪【食糧】①粮食。②主食。

しょくれき⓪【職歴】职业经历,工作经历。

しょくん①【諸君】诸位,各位,诸君(略含敬意,用于平辈或晚辈)。△学生(がくせい)～/各位同学。

しょけん⓪【所見】①所见,所看到的。②意见,看法,想法。△～を述(の)べる/讲述意见。

じょけん⓪【女権】女权,妇女权利。

じょげん⓪【助言】(名・自サ)①从旁出主意,从旁指点。△横(よこ)から～する/(下棋时)从旁出主意。②忠告,建议。△人(ひと)の～を聞(き)かない/不听他人忠告。⇨ちゅうこく表

じょげん⓪【序言】序,序言。△他人(たにん)の著書(ちょしょ)に～を書(か)く/给别人著作写序。

しょこう⓪①〔曙光〕①曙光。②〈喻〉(开始出现的)希望。△平和(へいわ)の～が見(み)える/见到和平的曙光。

じょこう⓪【徐行】(名・自サ)(车辆)缓行,慢行。△～運転(うんてん)/缓慢行车。

しょこく①【諸国】①诸国,各国,许多国家。△近東(きんとう)～/近东各国。②各地方。△～を流浪(るろう)する/四处流浪。

しょさい⓪【書斎】书斋,书房。

しょざい⓪【所在】①所在。△責任(せきにん)の～を明(あき)らかにする/清楚责任之所在。△県庁(けんちょう)～地(ち)/县府所在地。②下落,住址。△～不明(ふめい)/下落不明。③所作的事情。△～がない/无事可作。

じょさいな・い④【如才無い】(形)圆滑,周到,机敏。△如才なく振(ふ)る舞(ま)う/举止机敏,应付自如。

しょし①【初志】初志,初衷。△～貫徹(かんてつ)/贯彻初衷,始终如一。

しょじ①【所持】(名・他サ)携带,持有。

しょじ①【諸事】诸事,各种事情。△～万端(ばんたん)/种种事情,一切事情。

じょし①【女子】①女孩,姑娘。△～を出産(しゅっさん)しました/

生了女孩。②女子，女性。△～大学(だいがく)/女子大学。

じょし① 【女史】(对有一定社会地位女性的尊称)女士，女史。

じょし⓪ 【助詞】助词。△格(かく)～/格助词。△終(しゅう)～/终助词。

じょしゅ⓪ 【助手】①助手。②(大学的)助教。

しょじゅん⓪① 【初旬】上旬。

しょじょ 【処女】Ⅰ①(名)处女。△～で通(とお)す/终身不嫁。Ⅱ(接头)①未开垦,人迹未到过的。△～地(ち)/处女地。△～林(りん)/处女林。②初次，第一次。△～航海(こうかい)/首次航海。△～作(さく)/处女作。

じょじょう⓪ 【叙情】〔抒情〕抒情。△～詩(し)/抒情诗。△青春(せいしゅん)の～/青春抒情。

じょじょに① 【徐徐に】(副)徐徐，慢慢，渐渐。△列車(れっしゃ)は～速度(そくど)をはやめた/列车徐徐加快速度。

しょしん⓪ 【初心】①初志,初衷。△～に帰(かえ)れ/回返初志。②初学。△～者(しゃ)/初学者。

しょしん⓪ 【所信】信念。△～表明(ひょうめい)/表明信念。

じょせい⓪ 【女性】女性，女子。△～ホルモン/雌性激素。△～ドライバー/女司机。△～的(てき)/女性的。

じょせい⓪ 【助成】(名・他サ)协助完成，促进，推进。△～金(きん)/赞助金。

しょせき① 【書籍】书籍，图书。△～小包(こづつみ)/印刷品邮件。△～解題(かいだい)/书目提要。

しょせん⓪ 〔所詮〕(副)归根结底，终究。△～助(たす)からぬと思(おも)う/认为终归性命难保。

しょぞく⓪ 【所属】(名・自サ)所属，属于。△大学(だいがく)～の研究所(けんきゅうしょ)/大学附属的研究所。

	会社に～する研究所	野球部に～している人	大学～の小学校	備品の～をはっきりさせる	機械に～する品
所属	○	○	×	○	×
付属	○	×	○	×	○

しょたい②① 【所帯】〔世帯〕①家庭，门户。△～をもつ/成家，建立家庭。△～のやりくり/操持家业。△～疲(つか)れする/为操持家务累得疲劳不堪。②户。△男(おとこ)～/光棍户。△～主(ぬし)/户主。

しょたいめん② 【初対面】初次见面。△～のあいさつ/初次见面的寒喧。

しょち① 【処置】(名・他サ)处置，处理。△応急(おうきゅう)～/紧急措施。

	～の仕方を考える	事件を～の	事務を～する能力	土地を～する	骨折の～をしてもらう
処置	○	○	×	×	○
処理	○	○	○	×	×
処分	○	×	×	○	×

しょちゅう⓪ 【暑中】①热天(时候)。②盛夏，三伏天。△～休暇

(きゅうか)/暑假。△～見舞(みまい)/暑期问候。

じょちゅう⓪【女中】女佣人,(饭馆、旅馆)女服务员。

じょちょう⓪【助長】(名・他サ)①促进。△発展(はってん)を～する/促进发展。②助长。△混乱(こんらん)を～する結果(けっか)となる/结果反倒助长混乱。

しょっき⓪【食器】餐具。△～戸棚(とだな)/碗橱。

ショック①[德 Schock]休克。△～死(し)/休克死亡。⇨だげき表

ショック①[shock]冲击,刺激,打击。△石油(せきゆ)～/石油冲击。

しょっけん⓪【職権】职权。△～乱用(らんよう)/滥用职权。△～による仲裁(ちゅうさい)/根据职权仲裁。

しょっちゅう①(副)经常,总是。△～いねむりばかりしている/总是打盹儿。

ショッピング①[shopping](名・他サ)购物,买东西。△～センター/购物中心。△～バッグ/购物袋。

ショップ①[shop]商店。

しょてい⓪【所定】规定。△～の場所(ばしょ)/规定的场所。

しょてん⓪①【書店】①书店。②出版社,书局。

しょどう①⓪【書道】书法。△～教室(きょうしつ)/书法班。

じょどうし②【助動詞】助动词。

しょとく⓪【所得】所得,收入。△国民(こくみん)～/国民收入。△～税(ぜい)/所得税。

しょにち⓪【初日】(电影、戏剧等上演)第一天。

しょにんきゅう②【初任給】就职后第一次工资。

しょばつ①⓪【処罰】(名・他サ)处罚,惩罚。△法律(ほうりつ)によって～する/依法惩罚。△交通違反(こうつういはん)で～される/因违反交通规则受罚。

しょはん⓪【初版】(書籍)第一版,初版。

しょひょう⓪【書評】书评。

しょぶん①【処分】(名・他サ)①处理。△廃品(はいひん)を～する/处理废品。②処罚,处分。△違反者(いはんしゃ)を～する/处罚犯规者。⇨しょち表

しょほ①【初歩】初步,初学,入门。

しょほう⓪【処方】(名・他サ)①处理方法。②(医生的)处方。△薬(くすり)を～する/开药方。△～箋(せん)/处方笺。

しょみん⓪【庶民】平民,百姓。

しょむ①【庶務】总务,庶务。

しょめい⓪【署名】(名・自サ)署名,签名。△～運動(うんどう)/签名运动。△～捺印(なついん)/签名盖章。

じょめい⓪【除名】(名・他サ)除名,开除。△学校(がっこう)から～する/开除学籍。△党(とう)から～される/(被)开除出党。

しょめん⓪①【書面】①书面,文件。△～で申(もう)し入(い)れる/提书面申请。△～を送(おく)る/递送文件。△～語(ご)/书面语。

②书信。
しょもう⓪⓪【所望】(名・他サ)〈老〉①希望。△茶(ちゃ)を～する/希望喝杯茶。②请求。△歌(うた)を～する/请求唱一支歌。⇨きぼう 表

しょもつ①【書物】〈文〉书籍,图书。

じょやく⓪【助役】①(镇长的)助理。②(火车站长的)助理。

しょゆう⓪【所有】(名・他サ)所有,拥有。△あの人(ひと)は広(ひろ)い土地(とち)を～している/他拥有大片的土地。

じょゆう⓪【女優】女演员。

しょよう⓪【所用】①事务,事情。△～で外出(がいしゅつ)する/有事外出。②需用,所用。△当人(とうにん)～の品(しな)/本人所用的东西。

	～な(の)経費	～な(の)手続き	駅までの～時間	計算機が～になる	～を感じる	～を見積る
所要	-の〇	-の〇	〇	×	×	×
必要	-な〇	-な〇	×	〇	〇	×
入用	-な〇	×	×	〇	×	〇

しょり①【処理】(名・他サ)处理,办理。△事件(じけん)を～する/办理案件。△事(こと)の～にあたる/负责处理事端。⇨しょち 表

じょりゅう⓪【女流】(从事某种社会活动的)女性,女流。△～作家(さっか)/女作家。～パイロット/女飞行员。

じょりょく⓪①【助力】(名・他サ)帮助,协助。△～を乞(こ)う/希望得到协助。△～を受(う)ける/得到帮助。

しょるい⓪【書類】文字材料,文件。△重要(じゅうよう)～/重要文件。△付属(ふぞく)～/附件。

じょれつ⓪【序列】(按年龄、职位、业绩)排列的顺序。△～をつける/记上排列顺序。△年功(ねんこう)～/论资排辈。

じょろん⓪【序論】序论,绪论。

しょんぼり③(副・自サ)无精打彩,垂头丧气。△しかられて～としている/受到训斥而垂头丧气。

しらが⓪【白髪】白发。

しら・ける③【白ける】(自下一)①变白,褪色。△写真(しゃしん)が～/照片褪色了。②扫兴,不欢快。△座(ざ)が～/冷场,败兴。

しらずしらず④⓪【知らず知らず】(副)不知不觉地。△～のうちに寝(ね)てしまった/不知不觉地睡着了。

しらせ⓪【知らせ】①通知。②征兆,预兆。△虫(むし)の～/预感。

しら・せる④⓪【知らせる】(他下一)通知,告知。△コンピュータが私(わたし)たちにキーの操作(そうさ)ミスを点滅信号(てんめつしんごう)で知らせた/电子计算机用点灭信号通知我们键子按错了。△電話(でんわ)があれば、彼(かれ)にすぐ知らせることができる/如果有电话,就能马上通知他。

	時を～鐘	だれにも～ずに出かける	いとまを～	合否は明日～	恨みを～
知らせる	〇	-せ〇	×	〇	×
告げる	〇	-げ〇	〇	〇	×
報ずる	〇	×	×	〇	〇

しらべ③【調(べ)】①调查。②搜查，审查。△～が進(すす)む/审查在进展中。③演奏，曲调。④(诗的)韵调。

しら・べる③【調べる】(他下一)①调查，研究。△原因(げんいん)を～/调查原因。△言葉(ことば)の意味(いみ)を辞書(じしょ)で～/在辞典中查明词的意思。△光(ひかり)について～/研究光线。②搜查，审查，审讯。△警察(けいさつ)が彼(かれ)の部屋(へや)を～/警察搜查他的房间。△犯人(はんにん)を～/审讯犯人。③查点，检查。△帳簿(ちょうぼ)を～/查账。④演奏。△琴(こと)を～/演奏古琴(筝)。

しら・む②【白む】(自五)①发白，变白。②(天空)发亮。△東(ひがし)の空(そら)が～/东方发亮。③〈文〉扫兴。△一座(いちざ)が～/冷场。

しらんかお⓪【知らん顔】佯作不知，假装不知道。△～をする/佯作不知。

しり②【尻】①臀部。②后边，后头。③末尾，最后。△～から二番(にばん)の成績(せいせき)/成绩倒数第二。④后果，事后的责任。△～を持(も)ち込(こ)まれる/承担责任，追究责任。⑤(器具的)底部。◇～が暖(あたた)まる/久居，住惯，长期任职。◇～が重(おも)い/迟钝，不爱动。◇～が軽(かる)い/敏捷，活泼，轻浮。◇～が長(なが)い/(客人)屁股沉，久坐不去。◇～が割(わ)れる/露出马脚。◇～に敷(し)く/妻子管束丈夫，妻管严。◇～に火(ひ)がつく/火烧眉毛，迫在眉睫。◇～に帆(ほ)をかける/一溜烟逃跑。

しりあい⓪【知(り)合(い)】①相识，认识。②熟人

しりあ・う③【知(り)合う】(自五)相识，结识。△ふとした縁(えん)で～/偶然相识。

シリーズ①[series]①连续，系列。②丛书。③(棒球)联赛。△日本(にほん)～/全日本棒球联赛。

じりき⓪【地力】能力，实力。△～を出(だ)す/发挥能力。

しりぞ・く③【退く】(自五)①退，后退。△一歩(いっぽ)～/退一步。②退出，离开。△御前(ごぜん)を～/从天皇面前退下。③退职。△会社(かいしゃ)を～/退(辞)掉公司的工作。

しりぞ・ける④【退ける】〔斥ける〕(他下一)①命令退下，斥退。△人(ひと)を退けて密談(みつだん)する/退去下人进行密谈。②击退，赶跑。③撤职，降职。△会長(かいちょう)を～/撤换会长。④拒绝，排斥。△提案(ていあん)を～/拒绝采纳方案。

しりつ①【市立】市立。△～高校(こうこう)/市立高中。△～図書館(としょかん)/市立图书馆。

しりつ①【私立】私立。△～大学(だいがく)/私立大学。△～幼稚園(ようちえん)/私立幼儿园。

じりつ⓪【自立】(名・自サ)自立，

独立。△～の精神(せいしん)/自立精神。

しりめつれつ① ⓪【支離滅裂】(名・形動)支离破碎。△話(はなし)が～だ/说话毫无条理。

しりゅう⓪【支流】①支流。②流派,分支。

しりょ①【思慮】思虑,考虑。△～の深(ふか)い人(ひと)/深思熟虑的人。⇨こうりょう|表|

しりょう⓪【資料】资料。△～に使(つか)う/使用资料。

しりょく①【視力】视力。△～検査(けんさ)/视力检查。

しりょく①【資力】资金,资力,财力。△～が乏(とぼ)しい/资本缺乏。

しる①【汁】①汁,汁液,浆。△～の多(おお)い果物(くだもの)/多汁的水果。②汤,酱汤。△～を吸(す)う/喝汤。③借他人力量获得的利益,沾光得到的便宜。△うまい～を吸(す)う/捞油水,占便宜。

し・る② ⓪【知る】(他五)①懂得,得知,知道。△法律(ほうりつ)を知っている/懂法律。△日本(にほん)のことを知っている/了解日本情况。②体验,体会。△日本人(にほんじん)は桜(さくら)の花(はな)で春(はる)を～/日本人从樱花体验春天的到来。△酒(さけ)の味(あじ)を～/品尝酒的味道。③理解,懂得。△恥(はじ)を～/知道羞耻。④认识。△知らない人(ひと)にはついて行(い)くな/别跟不相识的人去。

	彼から聞いて～た	彼の過去を～人	世の中のことが～	新聞で事件を～	よく～説明
知る	-っ○	○	×	○	×
分かる	-っ○	×	○	×	○

シルエット①[法 silhouette]①黑色侧影像,剪影。②人影,影子。③服装轮廓。

シルク⓪[silk]丝,丝绸,丝织品。△～ロード/丝绸之路。△～ロードブーム/丝绸之路热。

しるし⓪【印】〔標〕①符号,标志。△星(ほし)の～をつける/画个星号。②证据。③信号。④略表心意。△～ばかりの品(しな)/这点东西是略表心意。

しるし⓪〔徴・験〕①预兆,征兆。△雪(ゆき)は豊作(ほうさく)の～だ/瑞雪兆丰年。②效力,效验。△薬(くすり)の～がやっと現(あらわ)れる/这药总算有了效果。

しる・す② ③【記(る)す】(他五)写上,记载,记录。△名簿(めいぼ)に住所氏名(じゅうしょしめい)を～/名簿上写着姓名住址。△心(こころ)に～/铭记在心里。⇨かく|表|

しれい⓪【司令】(名・他サ)司令。△～官(かん)/司令官。△～部(ぶ)/司令部。

しれい⓪【指令】(名・他サ)①指挥,命令。△～を発(はっ)する/下命令。②指示。△～を出(だ)す/发出指示。

じれい⓪【辞令】①辞令。△外交(がいこう)～/外交辞令。△社交(しゃこう)～/社交语言。②任免令。△免

職(めんしょく)の～/解职令。

し・れる③⓪【知れる】(自下一)①被知道,被察觉,被理解。△人(ひと)知(し)れず悩(なや)む/不被人察觉自己在苦恼。②明白,可知。△ゆくえが～/知道下落。◇…かも知れない/…也未可知,也许。

しれん①【試練】〔試煉・試錬〕考验。△～にたえる/经得住考验。

ジレンマ②[dilemma]进退两难,进退维谷。△～におちいる/陷于窘境。

しろ①【白】①白色。②(围棋)白棋子。③〈俗〉清白,无罪。

しろ⓪【城】城堡。△～を築(きず)く/筑城。△～が落(お)ちる/城堡被攻下。

しろ・い②【白い】(形)①白的,白色的。△雪(ゆき)のように～/雪白的。②空白。△～所(ところ)/空白处。③〈转〉清白(无罪)。△絶対(ぜったい)に～/绝对清白(无罪)。◇～歯(は)を見(み)せない/板着脸。◇～目(め)/白眼,冷眼。△～目で見る/冷眼相待。◇～物(もの)/ⅰ)白发。ⅱ)白雪。

しろうと①【素人】外行,非专业人员。◇～臭(くさ)い/外行气十足。△～臭(くさ)いことを言(い)う/净说外行话。

しろくろ【白黒】Ⅰ⓪①(名・他サ)〈俗〉(惊恐、痛苦等)翻白眼。△目(め)を～させる/眼珠上下翻。Ⅱ⓪(名)①黑白,黑色与白色。△～フィルム/黑白胶卷。②罪和无罪。△～をはっきりさせる/弄清有罪和无罪。

しろじ【白地】(布、纸等的)白底,素底。

じろじろ①(副)(不客气地)盯着看,打量。△人(ひと)を～と見(み)る/盯着人看。

しろバイ⓪【白バイ】[—autobicycle]警用白色摩托车。

しろみ⓪③②①【白身】①木材的白色部分。②(肉、鱼肉的)白色部分,白肉。③蛋白,蛋清。

しろもの⓪【代物】①商品,物品,货款。△百万円(ひゃくまんえん)もする～/价值百万日元的商品。②〈俗〉东西,家伙,货色。△課長(かちょう)といってもたいした～ではない/虽说是科长,也没有什么了不起的。

じろりと②(副)目光犀利地(看着)。

しわ⓪〔皺〕(皮肤、布、纸等的)皱纹,褶子。

しわざ⓪【仕業】行为,所作所为(多用于贬义)。△これはだれの～だ/这是谁干的。

しわす⓪【師走】阴历十二月(的别称)。

しん①【心】①心,精神。△～の強(つよ)い人(ひと)/意志坚强的人。②心脏。△～不全(ふぜん)/心脏功能不全。③(也作"芯")中心,芯。△鉛筆(えんぴつ)の～/铅笔芯。△ろうそくの～/蜡烛芯。

しん①【真】①真,真正。△～の暗(やみ)/漆黑。△～に迫(せま)る/逼真。②真理。△～善美(ぜんび)

る/真善美。③(汉字的)楷书。

しん① 【新】①新。△～を追(お)う/追求新奇。②新历，阳历。△～の正月(しょうがつ)/阳历新年。

しん 【親】亲属，亲戚，自家人。◇～は泣(な)き寄(よ)り他人(たにん)は食(く)い寄り/自家人来吊唁，外人来为吃饭。

-じん 【人】(接尾)…人。△現代(げんだい)～/现代人。

じん 【仁】仁，仁慈，仁爱。△朴念(ぼくねん)～/不懂情理的人，死性人。

じん① 【陣】①阵地，营地。△～を張(は)る/布阵。②战斗，战争。△夏(なつ)の～/夏季作战。

しんあい⓪ 【親愛】(名・形动)亲爱。△～の情(じょう)を示(しめ)す/表示亲爱之情。△～なる諸君(しょくん)/亲爱的各位。

しんあん⓪ 【新案】新的设计，新的创造。△～特許(とっきょ)/实用新型专利。

しんい① 【真意】①真心诚意。②真正的意思。

	～をもらす	～が分かってもらえない	～をはく	～に立ち返る	平等の～を誤解する
真意	○	○	×	×	○
本心	○	○	×	○	×
本音	○	×	○	×	×

じんい① 【人為】①人为。②人工。△～淘汰(とうた)/(生物的)人工选择。△～的(てき)/人为的，人工的。△～的な障害(しょうがい)/人为的障碍。

じんいん⓪ 【人員】人员，人数。△～整理(せいり)/精减人员。△～点呼(てんこ)/查点人数。

しんえい⓪ 【新鋭】(名・形动)初露锋芒，强有力的新手。△～作家(さっか)/初露锋芒的作家。

じんえい⓪ 【陣営】①阵地，营垒。△敵(てき)の～/敌军阵地。②阵营。△保守(ほしゅ)～/保守党。

しんおう⓪ 【深奥】(名・形动)①深奥。△～な哲理(てつり)/深奥的哲理。②深处。△学問(がくもん)の～をきわめる/达到了专门知识的深层，探明了学问的深处。

しんか① 【進化】(名・自サ)(生物)进化。△～論(ろん)/进化论。△～をとげる/取得进化。

しんか① 【真価】真正的价值。

しんがい① 【心外】(名・形动)①意外。△まことに～だ/真没有想到。②(出乎预料而)遗憾。△今(いま)さら破談(はだん)とは～だ/时至今日解除婚约，实为遗憾。

しんがい⓪ 【侵害】(名・他サ)侵犯，侵害。△人権(じんけん)を～する/侵犯人权。

しんがく⓪ 【進学】(名・自サ)升学。△高校(こうこう)へ～する/升入高中。△～指導(しどう)/升学指导。

じんかく⓪ 【人格】①人格。△～高潔(こうけつ)/人格高尚。△～者(しゃ)/人格高尚的人。②法律上能作为权利和义务的主体的资格。③作为道德行为主体的人。

	すぐれた～	～を認める	～のよい人	～のしのばれる話	～骨柄
人格	○	○	×	×	×
人柄	○	×	○	○	×
人品	○	×	○	×	○

しんがっき③【新学期】新学期。

しんがら⓪【新柄】新花样。△～の着物(きもの)/新式样的衣服。

しんかん⓪③【森閑・深閑】(形動タルト)寂静,万籁无声。△～とした境内(けいだい)/万籁俱寂的(神社、庙宇的)院内。

しんかんせん③【新幹線】新干线。

しんき①【新奇】(名・形動)新奇。△～な説(せつ)/新奇的论点。△～を追(お)う/追求新奇。

しんき①【新規】(名・形動)新,重新。△～採用(さいよう)/新录用。△～に始(はじ)まる/重新开始。◇～まき直(なお)し/重打锣鼓另开张。

しんぎ①【真偽】真伪,真假。△～のほどをただす/辨明真伪。

しんぎ①【審議】(名・他サ)审议。△～会(かい)/审议会。△～未了(みりょう)/未审议完。△予算(よさん)を～する/审议预算。

しんきょう⓪【心境】心境,心情。△～の変化(へんか)/心情变化。

しんくう⓪【真空】真空。△～管(かん)/真空管。△～パック/真空包装袋。△～ポンプ/真空泵。

じんぐう③【神宮】①神宫。②伊势神宫之略。

シングル①[single]①单人,单人用,单人床,单人间。△～ベッド/单人床。②单身。③单排扣西服。

しんけい①【神経】①神经。△～衰弱(すいじゃく)/神经衰弱。②感觉,心理活动。△～が鋭(するど)い/感觉敏锐。

しんけん⓪【真剣】Ⅰ(名)真刀,真剑。△～勝負(しょうぶ)/白刃相交决胜负,性命攸关的考验。Ⅱ(形動)认真,一丝不苟。△～に考(かんが)える/认真思索。△～みが足(た)りない/缺乏认真劲儿。

しんげん【進言】(名・他サ)进言,建议。△私案(しあん)を社長(しゃちょう)に～する/向公司经理提出个人意见。

じんけん⓪【人権】人权。△～蹂躙(じゅうりん)/侵害人权。△～宣言(せんげん)/世界人权宣言。

じんけんひ③【人件費】支付给工作人员的工资、津贴等。△～がかさむ/人头费增加。

しんこう⓪【信仰】(名・他サ)信仰。△～箇条(かじょう)/(基督教)信条。△～を持(も)つ/有信仰。

しんこう⓪【進行】(名・自他サ)①前进,行进。△列車(れっしゃ)の～を妨碍(ぼうがい)する/妨碍列车行进。②进行,进展。△議事(ぎじ)が～する/审议在进行。

しんこう⓪【新興】新兴。△～国家(こっか)/新兴国家。△～勢力(せいりょく)/新兴势力。

しんこう⓪【振興】(名・自他サ)振兴。△学術(がくじゅつ)の～/振兴学术。

しんごう⓪【信号】(名・自サ)信号,交通信号。△～機(き)/(铁路)信号机。△赤(あか)～/红灯。△青(あお)～/绿灯。

じんこう⓪【人口】①〈文〉人言,

社会輿论。△～に膾炙(かいしゃ)する/脍炙人口。②人口。△～密度(みつど)/人口密度。

じんこう⓪【人工】人工。△～雨(う)/人工降雨。△～衛星(えいせい)/人造卫星。△～呼吸(こきゅう)/人工呼吸。△～頭脳(ずのう)/电脑。

しんこく⓪【申告】(名・他サ)申报，呈报。△～納税(のうぜい)/根据申报额纳税。

しんこく⓪【深刻】(名・形動)①重大，严重。△～な事態(じたい)/严重事态。②(印象)深刻。△～な表現(ひょうげん)/使人留深刻印象的表达形式。

しんこん⓪【新婚】新婚。

しんさ①【審査】(名・他サ)审查。△書類(しょるい)～/文件审查。△作品(さくひん)を～する/审查作品。

じんざい⓪【人材】人材，人才。△～を集(あつ)める/汇集人才。

しんさく⓪【振作】(名・自他サ)振作，振奋，振兴。△士気(しき)を～する/振作士气。△産業(さんぎょう)を～する/振兴产业。

しんさく⓪【新作】(名・他サ)①新作(品)。△～発表(はっぴょう)/新作发表。②重新创作。

しんさつ⓪【診察】(名・他サ)诊断，看(病)。△医者(いしゃ)の～を受(う)けた/请医生看了病。

しんし①【紳士】①绅士，君子。②(泛指)男人。

じんじ①【人事】①人事。②世事，人间的事。

しんじつ①【真実】(名・形動)①真实，实在。△～を語(かた)る/说实话。②(佛教)绝对真理。

	～の話	～を明らかにする	～にうれしい	冗談で言ったのを～にする	～をつくす
真実	○	○	×	×	×
本当	○	×	○	○	×
まこと	○	×	○	×	○

しんしつ⓪【寝室】寝室。

しんじゃ①【信者】信徒。

じんじゃ①【神社】神社。△～に参(まい)る/参拜神社。

しんしゃく⓪⓪【斟酌】(名・他サ)①体谅。△～を加(くわ)える/予以照顾，体谅。②斟酌，酌情。△事情(じじょう)を～する/斟酌情况(而定)。

しんしゅ①【進取】进取。△～の気性(きしょう)に富(と)む/进取心甚强。

しんじゅ①【真珠】珍珠。

じんしゅ⓪【人種】人种，种族。

しんじゅう⓪【心中】(名・自サ)①情死。②两人以上一起自杀。△一家(いっか)～/全家自杀。

しんしゅく⓪【伸縮】(名・自他サ)伸缩。△～自在(じざい)/伸缩自如。△～性(せい)がある/有伸缩性。

しんしゅつ⓪【進出】(名・自サ)进入，打进，扩张。△決勝(けっしょう)に～する/进入决赛。△世界市場(せかいしじょう)に～する/打入国际市场。

しんじょう⓪【身上】①身世。△～調査(ちょうさ)/经历调查。②

长处，可取之处。△努力(どりょく)が彼(かれ)の～だ/勤奋是他的长处。

しんじょう⓪【信条】信念。△生活(せいかつ)の～/生活信念。

しんじょう⓪【心情】心情，情绪。

しんじょう⓪【真情】①真心，真情，实意。△～を吐露(とろ)する/吐露真情。△～がこもった手紙(てがみ)/充满感情的信。②实情，实际情况。

しんじょう⓪【進上】(名・他サ)赠送，奉送。△～物(もの)/赠品。

じんじょう⓪【尋常】(名・形动)①普通，寻常。△～の苦(くる)しみではない/异乎寻常的痛苦。②堂堂正正，毫不懦怯。△～に勝負(しょうぶ)しろ/沉着勇敢地投入比赛吧。

しんしょく⓪【侵食】〔侵蝕〕(名・他サ)侵蚀，蚕食。△他人(たにん)の土地(とち)を～する/侵占别人的田地。△相手国(あいてこく)の市場(しじょう)を～する/蚕食对方国家的市场。

しん・じる③【信じる】(他上一)①相信，信任，确信。△彼(かれ)の言葉(ことば)を～/相信他的话。△政府(せいふ)の方針(ほうしん)を～/确信政府的方针。②信仰。△私(わたくし)は仏教(ぶっきょう)を信じている/我信仰佛教。△民主主義(みんしゅしゅぎ)を～/信仰民主主义。

しんしん①【心身】身心，精神和身体。△～を鍛(きた)える/锻炼

身心。△～共(とも)に疲(つか)れる/精疲力竭。

しんしん⓪【新進】新出现(的人物)。△～作家(さっか)/新作家。△～気鋭(きえい)/新生力量。

しんじん⓪【新人】①新加入的人。②(文艺)新人。

じんしん⓪【人心】①人的心。②民心，人心。△～をまどわす/蛊惑人心。

じんしん⓪【人身】①人身，人体。△～事故(じこ)/人身事故。②人身，个人身份。△～攻撃(こうげき)/人身攻击。

しんすい⓪【浸水】(名・自サ)①浸水，泡在水里。△～家屋(かおく)/浸水房屋。②渗入的水。

しんずい⓪①【神髄・真髄】精髓，深奥的意义。△武士道(ぶしどう)の～/武士道的精神实质。

しん・ずる③【信ずる】(他サ)→しんじる。

しんせい⓪【申請】(名・他サ)申请，呈请。△旅券(りょけん)の交付(こうふ)を～する/申请(发放)护照。

しんせい⓪【新生】(名・自サ)①新生，新出生。△～児(じ)/新生儿。②新生，重新作人(信仰发生根本变化)。△～を誓(ちか)う/发誓重新作人。

しんせい⓪【新制】新制(度)，新体制。△～大学(だいがく)/新制大学。

しんせい⓪【神聖】(名・形动)神圣。△～な場所(ばしょ)/神圣的场

所。

じんせい① 【人生】①人生，人的一生。△～朝露(あさつゆ)のごとし/人生有如朝露。②人的生活。△～経験(けいけん)の豊(ゆた)かな人(ひと)/生活经验丰富的人。

しんせき⓪ 【親戚】亲戚。△遠(とお)い～より近(ちか)くの他人(たにん)/远亲不如近邻。

しんせつ⓪ 【新設】(名・他サ)新设。△～の工場(こうじょう)/新建的工场。△体育学科(たいいくがっか)を～する/新开设体育专业。

しんせつ⓪ 【新説】①新学说。②新说法，新意见。

しんせつ① 【親切・深切】(名・形动)亲切，恳切，好意。△～に教(おし)える/恳切地教。△～を尽(つ)くす/(待人)无微不至。

しんせん⓪ 【新鮮】(名・形动)①新鲜。△～な野菜(やさい)/新鲜蔬菜。②新鲜，新奇。△～な感覚(かんかく)/新鲜感觉。

しんぜん⓪ 【親善】亲善，友好。△国際(こくさい)～/世界友好。

しんそう⓪ 【真相】(事件的)真相。

しんそう⓪ 【新装】〔新粧〕新装饰，新外观。△～開店(かいてん)/修饰一新开店。

しんぞう⓪ 【心臓】①心脏。②〈喻〉中心部分，心脏。△機械(きかい)の～部(ぶ)/机器的心脏部分。

じんぞう⓪ 【人造】人造，人工制造。△～湖(こ)/人工湖。△～繊維(せんい)/人造纤维。

しんぞく⓪① 【親族】亲属，亲戚。

じんそく⓪ 【迅速】(名・形动)迅速。△～に行動(こうどう)する/迅速行动。

しんたい① 【身体】身体。△～検査(けんさ)/检查身体，体检。△～を鍛(きた)える/锻练身体。

しんたい① 【進退】(名・自サ)①进退。◇～谷(きわ)まる/进退维谷，进退两难。②举止动作。△挙措(きょそ)～/举止动作。③去留，辞职和留职。△～を伺(うかが)う/请示去留(签呈)。

しんだい⓪ 【寝台】①床，床铺。②(火车)卧铺。

じんたい① 【人体】人体。

しんたく⓪ 【信託】(名・他サ)信托，委托。△～会社(がいしゃ)/信托公司。△～統治(とうち)/托管。

しんだん⓪ 【診断】(名・他サ)①诊断。△～書(しょ)/诊断书。△健康(けんこう)～/健康诊断。△立会(たちあい)～/会诊。②分析判断。△経営(けいえい)～/经营分析(预测)。

しんちく⓪ 【新築】(名・他サ)新建，新建的房屋。△～祝(いわい)/贺新房落成。

しんちょう⓪ 【身長】身高。

しんちょう⓪ 【伸長】〔伸暢〕(名・自他サ)伸长，伸展，施展。△才能(さいのう)を～する/施展才能。

しんちょう⓪ 【伸張】(名・自他サ)扩张，扩大。△貿易(ぼうえき)を～する/扩大贸易。

しんちょう⓪ 【深長】(名・形动)深长。△意味(いみ)～な文章(ぶん

しょう/意味深长的文章。

しんちょう⓪【慎重】(名・形动) 慎重,小心谨慎。△～な態度(たいど)/慎重的态度。△～に行動(こうどう)する/谨慎行动。

しんてい⓪【進呈】(名・他サ)奉送,赠送。△見本(みほん)を～する/奉送样本。△粗品(そしな)～/奉上薄礼。

しんてん⓪【進展】(名・自サ)进展,发展。△事件(じけん)が～する/事件有进展。△文化(ぶんか)の～/文化发达。

しんでん⓪①【神殿】神殿,神社的大殿。

しんと⓪(副・自サ)寂静,鸦雀无声。

しんど⓪【進度】进度。△～表(ひょう)/进度表。

しんど⓪【震度】地震烈度。

しんとう①【神道】神道(日本固有的民族信仰)。

しんとう⓪【浸透】〔滲透〕(名・自サ)①渗入,渗透。△思想(しそう)が～する/思想渗透。②(液体)渗透。△～圧(あつ)/渗透压。

しんどう⓪【震動】(名・自他サ)震动。△大地(だいち)の～/大地的震动。

じんどうしゅぎ⑤【人道主義】人道主义。

じんどうてき⓪【人道的】(形动)人道的。

シンナー①[thinner]香蕉水,稀释剂。△～遊(あそ)び/吸毒。

しんに①【真に】(副)真正。△～平和(へいわ)を愛(あい)する/真正热爱和平。

しんにゅう⓪【侵入】(名・自サ)侵入,闯入。△家宅(かたく)～罪(ざい)/私闯民宅罪。

しんにゅう⓪【浸入】(名・自サ)(液体)浸入,渗入。△水(みず)が土(つち)に～する/水渗入土里。

しんにゅう⓪【進入】(名・自サ)进入。△旅客機(りょかっき)が滑走路(かっそうろ)に～する/客机进入跑道。

しんにゅう⓪【新入】(名・自サ)新加入,新来的人。△～社員(しゃいん)/(公司的)新职员。

しんにゅうせい③【新入生】(入校)新生。

しんにん⓪【信任】(名・他サ)信任。△～を得(え)る/取得信任。△～の厚(あつ)い人(ひと)/深受信任的人。

しんにん⓪【新任】(名・他サ)新任(者)。△～の社長(しゃちょう)/新任总经理。

しんねん①【信念】信念,信心。△かたい～を持(も)った人(ひと)/信心坚定的人。

しんねん①【新年】新年。△～おめでとう/恭贺新年。

しんぱい⓪【心配】(名・形动・自他サ)①担心,挂念,不安。△天気(てんき)が～だ/担心天气(不好)。△皆(みんな)はあなたのことを～している/大家都惦记着你。②操心,张罗,帮忙,照顾。△就職(しゅうしょく)を～してやる/帮人找工作。△友人(ゆうじん)の

ために金(かね)を～する/替朋友张罗钱(筹款)。

	わが子の将来が～だ	よけいな～をする	伝染病発生の～がある	近ごろ～な夫の体	～に襲われる
心配	○	○	○	○	×
気がかり	○	×	×	○	×
不安	○	×	×	×	○

しんぱん⓪【侵犯】(名・他サ)侵犯。△領海(りょうかい)～/侵犯领海。△人権(じんけん)を～する/侵犯人权。

しんぱん⓪【審判】(名・他サ) ①审判。△海難(かいなん)～/海难判决。②(体育竞赛)裁判(员)。△～員(いん)/裁判员。

しんぴ①【神秘】(名・形动)神秘, 奥秘。△生命(せいめい)の～/生命的奥秘。

しんぴ①【真否】真假,真伪。△～を問(と)う/追查真伪。

しんぴん⓪【新品】新品,新货。△～同様(どうよう)の自転車(じてんしゃ)/和新车一样的自行车。

じんぴん⓪①【人品】风度,仪表。△～卑(いや)しからぬ老人(ろうじん)/仪表不俗的老人。⇨じんかく 表

しんぷ①【新婦】新娘,新媳妇。△～お色直(いろなお)し/婚礼后新娘脱下礼服换上花衣。

しんぷく⓪【心服】(名・他サ)心服,由衷地佩服。△～する者(もの)が多(おお)い/乐于服从者为数甚多。

じんぶつ①【人物】①人,人物。△登場(とうじょう)～/登场人物。△～月旦(げったん)/人物评论。②人品,人格。△なかなかの～だ/非常好的人品。③人材。△～を集(あつ)める/广招人材。⇨にんげん 表

しんぶん⓪【新聞】报纸。新闻。△～社(しゃ)/报社。△～記者(きしゃ)/新闻记者。△～紙(し)/报纸。△～辞令(じれい)/登在报上但并未下达的任免令。

じんぶん①【人文】(也作"じんもん")人文。△～科学(かがく)/人文科学。△～主義(しゅぎ)/人文主义。

しんぺん⓪【身辺】身边。△～多忙(たぼう)/忙忙碌碌。△～雑記(ざっき)/生活杂记。

しんぺん⓪【新編】新编(书籍)。△～の教科書(きょうかしょ)/新编教科书。

しんぽ①【進歩】(名・自サ)进步。△医学(いがく)が～する/医学在进步。

	技術が～する	医学が～する	学力が～する	生活水準の～	～した台風	～的な考え
進歩	○	○	○	×	×	○
発達	○	○	×	×	○	×
向上	○	×	○	○	×	×

しんぼう①【辛抱】(名・自サ) ①忍受,忍耐。△～がよい/有耐心。△～が足(た)りない/缺乏耐性。②(耐受痛苦)坚持工作。△～人(にん)/耐心工作的人。△どこへ行(い)っても～できない/不管到哪,都干不长。⇨がまん 表

しんぼう⓪【信望】信誉,声望。△人人(ひとびと)の～を集(あつ)める/众望所归。

しんぽう⓪【信奉】(名・他サ)信

奉，信仰。△民主主義(みんしゅしゅぎ)を～する/信奉民主主义。

じんぼう⓪【人望】众望，声望。△～が高(たか)い/声望高。△～を失(うしな)う/失去威望。

シンポジウム④ [symposium](专题)讨论会，(学术)研讨会。

シンボル① [symbol]象征。△白(しろ)は清浄(せいじょう)の～だ/白色象征洁净。

しんまい⓪【新米】①新米。②生手，新手。△～の店員(てんいん)/新店员。

しんみ①【親身】(名・形动)亲人，骨肉至亲。(情同骨肉的)亲切，热情。△～な世話(せわ)/亲如手足的关怀。

しんみつ⓪【親密】(名・形动)亲密，密切。△～な間柄(あいだがら)/亲密的关系。

しんみょう①⓪【神妙】(名・形动)①奇妙，不可思议。△～不可思議(ふかしぎ)/神奇而不可思议。②可敬可佩。△～な心(こころ)がけ/值得敬佩的志向。

じんみん③【人民】人民。

しんめい⓪【神明】①神，神明。△天地(てんち)～に誓(ちか)う/向天地神明发誓。②天照大神(特称)。

じんめい⓪【人名】人名。△～簿(ぼ)/人名册。△～漢字(かんじ)/人名汉字。

じんめい⓪【人命】人命。

しんもつ⓪【進物】赠品，礼物。

しんもん⓪【審問】(名・他サ)①详细询问。②(法庭等)审问。

じんもん⓪【人文】→じんぶん。

じんもん⓪【尋問】〔訊問〕(名・他サ)①(警察)盘问，盘查。△～を受(う)けた/受到了盘查。②(法官)讯问。△誘導(ゆうどう)～/诱导式讯问。△証人(しょうにん)を～する/讯问证人。

しんや①【深夜】深夜。△～放送(ほうそう)/深夜广播。

しんゆう⓪【親友】亲密朋友。

しんよう⓪【信用】(名・他サ)①信任，信赖。△～すべき筋(すじ)/靠得住的逻辑(推理)。△皆(みんな)に～される/受大家信赖。②信用。△～貸(がし)/信用贷款。△～組合(くみあい)/信用合作社。③信用交易("信用取引"之略)。

	人を～する	店の～にかかわる	国民の～にこたえる	～を落とす	～できる監督
信用	○	○	×	○	△
信頼	○	×	○	×	○

しんようとりひき⓪【信用取引】信用交易，信用贸易。

しんらい⓪【信頼】(名・自サ)信赖，可靠。△～度(ど)/可信度。△国民(こくみん)の～を得(え)る/得到国民的信赖。⇨しんよう表

しんらつ⓪〔辛辣〕(名・形动)辛辣，尖刻。△～な批評(ひひょう)/辛辣的评论。

しんり①【心理】心理。△子供(こども)の～/孩子的心理。△群集(ぐんしゅう)～/群众心理。

しんり①【真理】①正确的道理。△～を追究(ついきゅう)する/探求

しんりゃく⓪【侵略】〔侵掠〕(名・他サ)侵略。△～戦争(せんそう)/侵略战争。

しんりょ①【深慮】深思熟虑。△遠謀(えんぼう)～を巡(めぐ)らす/深谋远虑。

しんりょう⓪【診療】(名・他サ)诊疗。

しんりょく⓪【新緑】新绿。△～に萌(も)える/绽出新绿。

じんりょく①⓪【尽力】(名・自サ)尽力，努力，帮助，协助。△ご～を願(ねが)います/请您帮助。△友人(ゆうじん)のために～する/为朋友尽力。

しんりん⓪【森林】森林。△～地帯(ちたい)/森林地带。

しんるい①⓪【親類】亲属，亲戚。

じんるい①【人類】人类。△～学(がく)/人类学。

しんろ①【針路】①航路，航线。△北東(ほくとう)に～をとる/(飞机或船)向东北航行。②〈喻〉行动方向，方针。△政府(せいふ)の～/政府的施政方针。

しんろ①【進路】①进路，前进的路。△台風(たいふう)の～/台风的方向。△～を妨害(ぼうがい)する/进路受阻。②(人的)将来去向。△卒業後(そつぎょうご)の～を決(き)める/决定毕业后的去向。△生徒(せいと)の～指導(しどう)/学生升学指导。

しんろう⓪【新郎】新郎。

しんわ⓪【神話】神话。

しんわ⓪①【親和】(名・自サ)①亲善，和睦。△部員(ぶいん)の～をはかる/谋求成员间和睦。②亲和。△～力(りょく)/亲和力。

す ス

す⓪⓪ 【州】〔洲〕(河、湖、海水面的)沙滩,沙洲。△三角(さんかく)～/三角州。

す①⓪ 【巣】①巢,穴,窝。△鳥(とり)の～/鸟巢,鸟窝。△蜂(はち)の～/蜂房,蜂窝。②(相亲相爱的)家庭。△愛(あい)の～/爱的家庭。③蜘蛛网。△くもが～を張(は)る/蜘蛛织网。④巢穴,贼窟。△あそこは泥棒(どろぼう)の～になった/那个地方成了贼窟。

す① 【酢・醋】醋。△料理(りょうり)に～をきかせる/菜里加醋调味。◇～を買(か)う/找茬儿。煽动,刺激。◇～をさす/煽动别人;向人挑战。

ず⓪ 【図】图,图形,图表。◇～に乗(の)る/得意忘形,飘飘然。

ず⓪ 【頭】〈文〉头。△～が高(たかい)/傲慢,妄自尊大,无礼。

すあし② 【素足】光脚,赤脚。

	～で歩く	～に下駄をつっかける	～になる	家の中では冬も～で通した	足袋～
素足	○	○	×	○	×
はだし	○	○	×	×	×

ずあん⓪ 【図案】图案。

すい① 【水】星期三。

すい① 【粋】Ⅰ(名)精粹,精华。△科学(かがく)の～を集める/汇集科学的精华。Ⅱ(名・形动)通情达理,体贴人,懂事。△～を通(とお)す/通达事理。△～を利(き)かす/很懂事。

ずい① 〔蕊〕(植物)蕊。

ずい① 【髄】①髓,骨髓。②(植物茎的)软心。③(植物茎的)空心。△葦(よし)の～/苇心。◇骨(ほね)の～まで/彻头彻尾。

すい① 【推移】(名・自サ)推移,变迁,演变。△時代(じだい)の～/时代的变迁。△事態(じたい)の～を見守(みまも)る/注视着事态的演变。△世(よ)の～/世道的变迁。

	時代の～	季節の～	事態の～を見守る	古代からの服装の～を調べる
推移	○	○	○	△
変遷	○	×	×	○

ずいい①⓪【随意】(名・形动)随意,随便,任意。△～科目(かもく)/(大学等的)选修课。△どうぞご～になって下(くだ)さい/请随意。

すいいき⓪ 【水域】水域。△危険(きけん)～/危险水域。

ずいいち①⓪ 【随一】第一。△業界(ぎょうかい)～の売(う)り上(あ)げ/工商界里的最高销售额。△当代(とうだい)～の女形(おんながた)/当代第一大(戏剧)旦角。

スイート② [suite](饭店中带客厅、卧室的)高级套间,套房。

スイート② [sweet](形动)甜,甜蜜,甜美。△～コーン/甜玉米。△～ハート/情人。

ずいいん⓪【随員】随员。△首相(しゅしょう)の～/首相的随员。

すいうん⓪【水運】水运。△～の便(べん)がよい/水运方便。

すいえい⓪【水泳】(名・自サ)游泳。△～着(ぎ)/游泳衣。△～競技(きょうぎ)/游泳比赛。

すいえん⓪【垂涎】(名・自サ)→すいぜん。

すいおん⓪【水温】水温。△プールの～は24度(にじゅうよんど)だ/游泳池的水温是24度。

すいか①【水火】〈文〉①水和火。△～の仲(なか)/水火不相容(指两人关系不好)。②洪水和火灾。△～の苦(くる)しみ/水深火热之苦。△～も辞(じ)せず/赴汤蹈火, 在所不辞。

すいか①〔西瓜〕西瓜。

すいがい⓪【水害】水灾。△～をこうむる/遭受水灾。

すいがら⓪【吸(い)殻】香烟头, 烟蒂, 烟灰。

すいかん⓪【酔漢】醉汉, 醉鬼。

すいき⓪①【水気】①潮气, 水气。②水肿。

すいきゅう⓪【水球】(体育)水球。

すいぎゅう⓪【水牛】水牛。

すいきょ①【推挙】(名・他サ)推举。△彼(かれ)を会長(かいちょう)に～する/推举他为会长。

すいきょう⓪【水郷】→すいごう。

すいぎん⓪【水銀】水银。

すいけい⓪【推計】(名・他サ)推算。△～学(がく)/数理统计学。△百年後(ひゃくねんご)の人口(じんこう)を～する/推算百年后的人口。

すいげん⓪③【水源】水源。△～地(ち)/水源地。△豊(ゆた)かな～に恵(めぐ)まれる/有丰富的水源。

すいこう⓪【推敲】推敲。△原稿(げんこう)を～する/推敲原稿。△～に～を重(かさ)ねる/反复推敲。

すいこう⓪【遂行】(名・他サ)完成,执行到底。△任務(にんむ)を～する/完成任务。△職務(しょくむ)を～する/任职到最后期限。

すいごう⓪【水郷】水乡, 水国。△～の景色(けしき)を見(み)てまわる/游览水乡的景色。

ずいこう⓪【随行】(名・自サ)①随行。△社長(しゃちょう)に～して、ヨーロッパを回(まわ)ってきた/随总经理转了一趟欧洲。②随员。

すいこ・む③【吸(い)込む】(他五)①吸入, 吸进, 吸收。△息(いき)を～/吸气。△海綿(かいめん)が水(みず)を～/海绵吸水。△新鮮(しんせん)な空気(くうき)を胸(むね)いっぱい～/深深地吸进新鲜空气。△しっけを～/吸湿。受潮。②〈喻〉卷入, 陷入。〈转〉消失于,淹没于。△闇(やみ)に吸込まれる/消失于黑暗中。△洪水(こうずい)に吸込まれる/被洪水淹没。

すいさい⓪【水彩】水彩画。△～画(が)。

すいさつ⓪【推察】(名・他サ)①推察, 推测, 猜想。△私(わたし)

の～通(とお)りだった/正如我推測的那样。△とりとめもない～にすぎない/扑风捉影的推测。② 体谅,同情。△人(ひと)の心(こころ)を～する/体察別人的心。

	子を失った親の気持ちを～する	～がつく	五年後の人口を～する	お喜びのことと御～申し上げます
推察	○	○	×	○
推測	○	○	○	×
推量	○	×	○	×

すいさん⓪【水産】水产。△～加工品(かこうひん)/水产加工品。

すいさん⓪【推算】(名・他サ)推算,推测,估计。△当日(とうじつ)の参列者(さんれっしゃ)は約(やく)二千人(にせんにん)と～される/那天参加者估计约有2000人。

すいし⓪【水死】(名・自サ)溺死,淹死。△洪水(こうずい)で～した者(もの)/被洪水淹死的人。

すいじ⓪【炊事】(名・自サ)炊事,烹调。△～員(いん)/炊事员。△自分(じぶん)で～する/自己做饭。

ずいじ①【随時】(副)随时。△～入学(にゅうがく)を許(ゆる)す/准许随时入学。△手続(てつづ)きさえすれば、この体育館(たいいくかん)は～使用(しよう)することができます/只要办手续,这个体育馆随时可以使用。

すいしつ⓪【水質】水质。△～検査(けんさ)/水质检查。

すいしゃ⓪【水車】水车(广义上也指水轮机)。

すいじゃく⓪【衰弱】(名・自サ)衰弱。△神経(しんけい)～/神经衰弱。△何日(なんにち)もの間(あいだ)食(た)べる物(もの)もなく、体(からだ)は～しきっていた/好几天没有东西吃,身体已经极度衰弱。

すいしゅ⓪〔水腫〕水肿。

すいじゅん⓪【水準】水准,水平。△～基面(きめん)/水平面。△生活(せいかつ)～/生活水平。△～に達(たっ)する/达到水准。△～が高(たかい)/水平高。

ずいじゅん⓪【随順】〈文〉(名・自サ)听从,顺从。△上司(じょうし)の意向(いこう)に～する/顺从上司的意图。

すいしょう①【水晶】水晶,石英。△～ガラス/水晶玻璃。◇～は塵(ちり)を受(う)けず/廉洁者一尘不染。

すいしょう⓪【推賞・推称】(名・他サ)钦佩,称赞,推崇,颂扬。△～にあたいする作品(さくひん)/值得推崇的作品。△口(くち)をきわめて～する/满口称赞。

すいじょう⓪【水上】水上,水面。△～競技(きょうぎ)/水上运动比赛(游泳、跳水、水球等)。△～生活(せいかつ)/(长年定居船上的)水上生活。

すいじょうき③【水蒸気】水蒸气,蒸气。

すいしょく⓪【水色】①水色。②水边的景色。

すいしん⓪【水深】水深。△～測量計(そくりょうけい)/水深测量计。△～二(に)メートルのプール/水深两米的游泳池。

すいしん⓪【推進】(名・他サ)推进。△〜力(りょく)/推动力。△仕事(しごと)をさらに一歩(いっぽ)〜する/把工作更推进一步。

すいすい①(副)①(小动物等在空中或水中)轻快地(前行)。△トンボーが〜と飛(と)ぶ/蜻蜓轻快地在飞动。②顺利地,流利地。△〜と仕事(しごと)をこなす/顺利完成了工作。

すいせい⓪【水星】(天文)水星。

すいせい⓪【衰勢】〈文〉衰势,颓势。△〜をたどる/走向衰落。

すいせい⓪【水勢】水势。△〜がますます強(つよ)くなる/水势越来越猛。

すいせい⓪【すい星】〔彗星〕彗星。△ハレー〜/哈雷彗星。

すいせん⓪①【水仙】水仙。△〜の花(はな)/水仙花。

すいせん⓪【水洗】(名・他サ)用水冲洗,水洗,水冲。

すいせん①【垂線】(数学上的)垂直线,垂线。

すいぜん⓪【垂ぜん】〔垂涎〕(名・自サ)(也作"すいえん")〈文〉①垂涎。②非常羡慕。△〜の的(まと)/成为受人羡慕的目标。

すいせん⓪【推薦】(名・他サ)推荐,推举。△〜者(しゃ)/推荐者。△〜状(じょう)/推荐信。

すいそ①【水素】氢。△〜イオン/氢离子。

すいそう⓪【吹奏】(名・他サ)吹奏。△〜楽器(がっき)/管乐器。△国歌(こっか)を〜する/奏国歌。

すいぞう⓪〔膵臓〕胰,胰腺。

ずいそう⓪【随想】随想,随感。△〜録(ろく)/随感录。

すいそく⓪【推測】(名・他サ)推测,推量。△単(たん)なる〜にすぎない/只不过是一种推测而已。△〜が当(あ)たる/猜中。⇨すいさつ表

すいぞくかん④③【水族館】水族馆。

すいたい⓪【衰退】〔衰頽〕(名・自サ)①衰退。△視力(しりょく)が〜する/视力衰退。②衰颓,衰落。△日(ひ)ましに〜していく/日益衰落下去。

すいたい⓪【推戴】(名・他サ)拥戴,推举。△会長(かいちょう)に〜する/推举为会长。

すいだん⓪【推断】(名・他サ)推断,判断。△〜を下(くだ)す/下判断。△現象(げんしょう)から真相(しんそう)を〜する/从现象推断真相。

すいちゅう⓪【水中】水中。△〜作業(さぎょう)/水中作业。△〜撮影(さつえい)/水下摄影。

すいちょく⓪【垂直】(名・形動)垂直。△〜線(せん)/垂直线,垂线。△〜思考(しこう)/仅从一方面考虑。△二線(にせん)が〜に交(まじ)わる/两线垂直相交。

すいつ・く③【吸(い)付く】(自五)①吸着,吸附。②粘上。

スイッチ② Ⅰ(名)开关,电门,电闸。△〜を入(い)れる/开电门,合闸。△〜を切(き)る/关电门,拉闸。Ⅱ(名・他サ)转换,转手,改变方法。

△～貿易(ぼうえき)/转手贸易。

すいてい⓪【推定】(名・他サ)推断，推定，估计。△～人口(じんこう)/估计人口。

すいてき⓪【水滴】水滴。

すいでん⓪【水田】稻田，水田。

すいとう⓪【水痘】水痘。

すいとう⓪【水筒】(旅行用)水壶。

すいとう⓪【出納】(名・他サ)出纳，收支。△～係(がかり)/出纳员。△～を司(つかさど)る/掌管出纳。

すいどう⓪【水道】①自来水。△～使用者(しようしゃ)/自来水用户。△～を引(ひ)く/安自来水管。②海峡。

すいと・る③【吸(い)取る】(他五)①摄取，吸收。△養分(ようぶん)を～/摄取养分。②吸干，吸出。△汗(あせ)を～肌着(はだぎ)/吸汗的内衣。③剥削，搜刮，压榨。△金(かね)を～/勒索钱财。

すいなん⓪【水難】①水灾。△～に見舞(みま)われる/遭水灾。②(船舶沉没或溺死等)水上遭遇的灾难。

すいばく⓪【水爆】("水素爆弾"的略语)氢弹。

すいはんき③【炊飯器】自动烧饭锅。△電気(でんき)～/电饭锅。

ずいひつ⓪【随筆】随笔，漫笔，小品文。△～文学(ぶんがく)/随笔文学。△～家(か)/随笔家。

すいふ①【水夫】海员，水手。

すいぶん①【水分】①水分。②(水果、青菜中所含的)汁液。

ずいぶん⓪【随分】Ⅰ(副)(表示事物的程度)相当，非常，很。△～遠(とお)い所(ところ)/很远的地方。△～待(ま)たされた/等了大半天。Ⅱ(形动)〈俗〉心肠坏，冷酷。△～な仕打(しう)ちだ/够冷酷的态度。

	今日は魚が～とれた	私に知らせないなんて～ね	彼は～の財産家だ	能力～の仕事
随分	○	○	×	×
相当	○	×	○	○
かなり	○	×	○	○

すいへい⓪【水平】①平行，平衡。△～をたもつ/保持平衡。②(与垂直相对的直角)水平。△～角(かく)/水平角。

すいへい①【水兵】水兵，海军士兵。△～服(ふく)/海军服。

すいへいせん⓪【水平線】①地平线。△～に日(ひ)が昇(のぼ)る/太阳升到地平线上。②水平线。

すいほう⓪【水泡】水泡；泡影。△～に帰(き)す/化为泡影。

すいほう⓪〔水疱〕水疱疹。

すいぼう⓪【水防】防汛，防洪。△～対策(たいさく)/防洪对策。

すいぼう⓪【衰亡】(名・自サ)衰亡。△国家(こっか)が～する/国家衰亡。

すいぼくが⓪【水墨画】水墨画。

すいま①【睡魔】睡魔。△～におそわれる/被睡魔所袭；昏昏欲睡。

すいみん⓪【睡眠】(名・自サ)①睡眠。△～時間(じかん)/睡眠时间。△～不足(ぶそく)/睡眠不足。△～をとる/睡足觉。②休眠，停止活动。△～火山(かざん)/休眠火山。

スイミング② [swimming]游泳。△～クラブ/游泳俱乐部。

すいめい⓪【水明】水明,水清。△山紫(さんし)～/山清水秀。

すいめい⓪【吹鳴】(名・他サ)[文]①吹奏,吹响。△～楽器(がっき)/吹奏乐。②鸣。△汽笛(きてき)の～/鸣笛。

すいめつ⓪【衰滅】(名・自サ)衰灭,衰亡。△～に近(ちか)い動物(どうぶつ)/濒于绝迹的动物。

すいめん⓪【水面】水面。△～計(けい)/水位表。△鯉(こい)はときどき～に浮(う)かび上(あ)がる/鲤鱼时时浮上水面。

すいもの⓪【吸(い)物】汤,清汤。△客(きゃく)に～を出(だ)す/给客人端上一碗汤。

すいもん⓪【水門】水闸,闸门。△～通行税(つうこうぜい)/船闸通行税。

すいやく①⓪【水薬】药水。

すいよう③【水曜】星期三。△～日(び)/星期三。

すいようえき③【水溶液】水溶液。

すいようせい⓪【水溶性】水溶性。△～ビタミン/水溶性维生素。

すいよ・せる④【吸(い)寄せる】(他下一)①吸引,吸引过来。△花(はな)の蜜(みつ)が虫(むし)を～/花蜜吸引虫子。②吸引注意力等。△人(ひと)の目(め)を～/吸引人的目光。

すいらい⓪【水雷】水雷。

すいり①【水利】①水运。△～の便(びん)が悪(わる)い/水运不便。②水利。△～センタ/水利枢纽。△～工事(こうじ)/水利工程。△～をおこす/兴修水利。

すいり①【推理】(名・他サ)推理。△～小説(しょうせつ)/推理小说。△事件(じけん)のなぞを～する/就事件之谜进行推理。△～をおしすすめる/进行推理。

すいりく①【水陸】水陆。△～両用(りょうよう)/水陆两用。

すいりゅう⓪【水流】水流。

すいりゅう⓪【垂柳】垂柳。

すいりょう③⓪【水量】水量。雨(あめ)で川(かわ)の～が増(ふ)えた/下了雨,河内水量增多了。

すいりょう⓪【推量】(名・他サ)①推測。△君(きみ)の～はあたった/你猜对了。△～にすぎない/只不过是个推測。△相手(あいて)の心情(しんじょう)を～する/推测对方的心情。②(语法术语)推量(助动词"う""よう"等表现形式)。⇨すいさつ 表

すいりょく①【水力】水力,水势。△～資源(しげん)/水力资源。△～を利用(りよう)して発電(はつでん)する/利用水力发电。

すいりょく①【推力】推力,推动力。

すいれい⓪【水冷】用水冷却,水冷。△～式(しき)/水冷式。

すいれん①〔睡蓮〕(植物)睡莲。

すいろ①【水路】①水路,水渠。△主(しゅ)～/干渠。枝(えだ)～/分渠。②航路。③(游泳池的)水道。

すいろん⓪【推論】(名・他サ)推论。△このような資料(しりょう)に基(もと)づき私(わたし)は次(つぎ)のように～する/根据这样的资料我作如下的推论。

スイング②[swing](名・他サ)①来回振动，来回挥动。②爵士乐的一种演奏法。

すう①【数】①数，数目，数量。△～をかぞえる/计数。②数学。△英(えい)・～・国(こく)/英语、数学、国语。③定数，命运。△こうなったのは自然(しぜん)の～である/落到这地步，乃是自然的定数。

すう-【数】(接头)(若干)表示3，4 或 5、6，数…，几…。

す・う②⓪【吸う】(他五)①吸，吸入，吸进。△タバコを～/吸烟。△新(あたら)しい空気(くうき)を～ために窓(まど)をあける/为呼吸新鲜空气而打开窗户。②吸收。△湿気(しっけ)を～/吸收潮气。③吸引。△磁石(じしゃく)が鉄(てつ)を～/磁石吸铁。④吮吮，嘬。△乳房(ちぶさ)を～/吮乳。

すうがく⓪【数学】数学。△初等(しょとう)～/初等数学。△～的帰納法(てきのうほう)/数学归纳法。

すうき①【数奇】(名・形动)不幸，不遇。△～な運命(うんめい)/不幸的命运。△～な生涯(しょうがい)を送(おく)る/坎坷一生。

すうけい⓪【崇敬】(名・他サ)崇敬，崇拜。△君(きみ)の～する人物(じんぶつ)はだれだ/你所崇拜的人物是谁?

すうこう⓪【崇高】(名・形动)崇高。△～な人格(じんかく)/崇高的人格。△～な理想(りそう)/崇高的理想。

すうこう⓪【数行】〈文〉数行，数列。△～の涙(なみだ)/数行泪下。

すうこう⓪〔趨向〕趋向，倾向。△～性(せい)/趋向性。

すうし⓪【数詞】数词。

すうじ⓪【数字】数字。△アラビア～/阿拉伯数字。△予算(よさん)を～で示(しめ)す/用数字来说明预算。

ずうずうし・い⑤〔図図しい〕(形)厚颜无耻的。△あいつは～奴(やっ)だ/那个家伙是个不要脸的东西。△ずうずうしく言(い)う/厚着脸皮说。

すうせい⓪〔趨勢〕趋势，趋向，动向。△全般的(ぜんぱんてき)な～/总趋势。△時代(じだい)の～に従(したが)う/紧跟时代的趋势。

スーツ①[suit]西服套装；(上衣和衣裙子组成的)女套装。

スーツケース①④[suitcase](旅行用)手提式衣箱。

すうち①【数値】数值。△～制御(せいぎょう)/数字控制。

スーパー⑤[super]①"スーパー・マーケット"的略语。②(接头)超，超级。△～マン/超人。△～ウーマン/能力超群的妇女，女强人。

ずうっと⑤(副)("ずっと"的强调形)→ずっと。

スーパーマーケット⑤ [supermarket]超级市场。

すうはい⓪【崇拝】(名・他サ)崇拜。△英雄(えいゆう)を～する/崇拜英雄。

スープ①[soup](西餐)汤。△コンソメ～/清炖肉汤。

ズーム・レンズ④[zoom lens]变焦距镜头,变焦镜头。

すうよう⓪【枢要】(名・形动)枢要,重要。△政府(せいふ)の～な地位(ちい)に任(にん)ぜられる/被委任政府的重要职位。

すうりょう③【数量】数量。△～において勝(まさ)る/在数量上占优势。△～が多(おお)い/数量多。

すえ⓪【末】①末尾。△行列(ぎょうれつ)の～/行列的末尾。②末,末世。△十月(じゅうがつ)の～/十月末。△江戸時代(えどじだい)の～/江户时代末期。③将来,前途。△～のある若者(わかもの)/有前途的青年。④子孙,后裔。△平家(へいけ)の～/平家的后裔。⑤结局,最后。△苦心(くしん)の～完成(かんせい)した/奋斗结果,成功了。⑥最小的孩子,老末。△～が男(おとこ)の子(こ)/最小的孩子是个男孩。⑦乱世,末世。△～の世(よ)/乱世。⑧无关紧要的事,小事一桩,末节。△そんなことは～の～だ/那种事是最无关紧要的。

すえおき⓪【据(え)置き】①搁置。△その問題(もんだい)は～になっている/那个问题悬而未决。②定期(存款)。△～貯金(ちょきん)/定期存款。

すえおそろし・い⑥【末恐ろしい】(形)前途可怕,前途不堪设想。△～インフレ/前途不堪设想的通货膨胀。△～子供(こども)/前途不堪设想的孩子。

すえたのもし・い⑥【末頼もしい】(形)将来有希望,前途乐观,前途无量。△～青年(せいねん)/有为的青年。

すえつ・ける④【据え付ける】安装,安设。△工場(こうじょう)に機械(きかい)を～/给工厂安装机器。

すえっこ⓪【末っ子】(家里)最小的孩子,老末。△男(おとこ)の～/老儿子。女(おんな)の～/小女儿。

すえながく③【末長く】(副)长久,永远。

すえひろ⓪【末広】①(喜庆事时赠送的)折扇。②逐渐展开,逐渐扩展。③逐渐繁荣。

す・える③⓪【据える】①放置,摆设。△机(つくえ)の上(うえ)に花瓶(かびん)を～/案上摆设花瓶。△膳(ぜん)を～/摆置膳食。②固定不动。△目(め)を～/凝视。③使其镇静。△度胸(どきょう)を～/放大胆子。④让…坐在。△上座(かみざ)に～/让到上座。⑤让…就任。△彼(かれ)を会長(かいちょう)に～/让他任会长。

すえる②〔饐える〕(自下一)(食物等)腐烂,馊。△ご飯(はん)が饐えた/饭馊了。

ずおも⓪【頭重】①头重,头沉。

②倔强，不肯向人低头。③行市似涨非涨。

ずが① 【図画】①绘图。②图画。

スカート② [skirt]裙子。△～のベルト/裙带。△ミニ～/超短裙。△～をはく/穿裙子。

スカーフ② [scarf]（方形的）围巾，披肩。

スカイ② [sky]天空。△～スクレーパー/摩天大楼。△～ダイビング/定点跳伞。△～パーキング/立体停车场。△～ブルー/天蓝色。

スカイライン① [skyline]①（建筑物、山等）以天空为背景映出的轮廓。②环山游览汽车路。

ずかい⓪ 【図解】（名・他サ）图解。△～をいれた説明書(せつめいしょ)/带图解的说明书。△機械(きかい)の構造(こうぞう)を～する/用图说明机器的构造。

ずがい⓪⓪ 〔頭蓋〕颅。△～骨(こつ)/颅骨，头盖骨。

スカウト② [scout] Ⅰ（名）（男女）童子军（的略语）。Ⅱ（他サ）发现、选择、搜罗有培养前途的人。

すがお① 【素顔】①不施脂粉的脸，净脸。△彼女(かのじょ)は～の方(ほう)がいい/她不施脂粉好看。②本来面目。△日本(にほん)の～/日本的原有面貌。

すがき⓪ 【素描】素描；素描画。

すかさず⓪ 【透(か)さず】（副）立即，马上，紧跟着，刻不容缓。△～機会(きかい)を捕(つかま)える/马上抓住机会。△～責任(せきにん)を追及(ついきゅう)する/立即追究责任。

すかし⓪ 【透(か)し】①间隙，空隙。②把纸朝向光亮，可以看到的图案、文字。水印。△～のはった紙(かみ)/有水印的纸。△～織(おり)/薄罗，薄纱，薄绢。△～彫(ぼり)/透珑镂刻。

すか・す③⓪② 〔空かす〕（他五）空着。△腹(はら)を～/饿肚子。△手(て)を～/空手。

すか・す③⓪② 【透かす】（他五）①留开空隙，留出缝隙。△戸(と)をすこし透かしておく/把门留开个小缝。②间伐，间拔。△枝(えだ)を～/疏枝。③迎着亮看，透过(…看)。△やみを透かして見(み)る/透过黑暗看。

すか・す③⓪② 【空かす】（他五）空着肚子。△腹(はら)を～/空着肚子，饿着肚子(不吃东西)。

すか・す③ 〔賺す〕（他五）①骗。△賺して金(かね)をとる/骗钱。②（用好话）哄，劝。△なだめたり賺したりする/连哄带劝。△子供(こども)が泣(な)いているから賺してやりなさい/孩子哭了，哄哄他吧。

すかすか⓪② Ⅰ（副）顺利通过。△最初(さいしょ)の関門(かんもん)を～と通(とお)り過(す)ぎる/顺利地通过第一道关口。Ⅱ（形动）空隙多的。△～な大根(だいこん)/糠萝卜。

ずかずか① （副）无礼貌地，鲁莽地。△～と部屋(へや)に入(はい)ってくる/冒冒失失地闯进屋来。

すがすがし・い⑤ 〔清清しい〕（形）

清爽的,清新的。△~朝(あさ)/清爽的早晨。△~気持(きもち)になる/感到神清气爽。

すがた① 【姿】①姿态,姿势,身段。△~の美(うつく)しい人(ひと)/身材好看的人。△山(やま)の~がいい/山姿秀丽。②身子,身体,全身。△今日(きょう)は彼(かれ)の~を見(み)なかった/今天没有见着他。③面貌,情形,状态,样子。△昔(むかし)の~/往昔的面貌。△世(よ)の~/社会的情况。

ずがら⓪ 【図柄】(纺织品的)图案,花样。△織物(おりもの)の~/纺织品的图案。

すがりつ・く④ (自五)缠住不放,抓住不放,搂住不放,抱住不放。△あの子(こ)がお母(かあ)さんにすがりついて泣(な)いている/那个孩子在缠着母亲哭泣。

すが・る③② 〔縋る〕(自五)①挂,倚,靠,搂住。△杖(つえ)にすがって歩(ある)く/拄着手杖走路。△肩(かた)に~/倚在肩上。△首(くび)に~/搂住脖子。②〈转〉求助,依赖。△同情(どうじょう)に~/求助于同情。△神仏(しんぶつ)に~/依赖神佛。◇溺(おぼ)れんとする者(もの)は藁(わら)にも~/溺水者攀草求援。

すが・れる③ (自下一)①(草木等)衰枯。△晩秋(ばんしゅう)のすがれた野山(のやま)/晚秋草木衰枯的山野。②(人体)衰老。

ずかん⓪ 【図鑑】图鉴。△動物(どうぶつ)~/动物图鉴。△植物(しょくぶつ)~/植物图鉴。

すき⓪ 【透き】〔隙〕①间隙。△戸(と)の~/门缝儿。②余暇,空儿。△~見(み)て出(で)かける/瞅空儿出门。③可乘之机,空子,机会。△~を狙(ねら)う/伺机。△~を見(み)ると、パンを一(ひと)つ盗(ぬす)んで逃(に)げた/抽冷子偷了个面包跑了。

すき⓪ 〔犁〕犁。

すき⓪ 〔鋤〕铲形锹,窄刃锹。

すき② 【好き】(名・形动)①爱好,喜好,嗜好。△音楽(おんがく)が~だ/喜好音乐。②爱,爱慕。△彼女(かのじょ)が~になってしまった/爱上了她。③随意,任意。△~にさせておけ/随便吧。△~なことを言(い)う/随便说。④好色。△~者(もの)/好色的人。

すき⓪ 【杉】杉,杉树。

すき⓪ 【隙】①(物体之间的)间隙,缝隙。②空当,余地。③空儿,闲暇,工夫。④空子,漏洞,可乘之机。

-すぎ⓪ 【過ぎ】(接尾)①(接在表示时间或年龄的词语后)超过…,…多。△30歳(さんしゅっさい)~/30岁出头。②(接动词连用形后)过度,过分。△食(た)べ~/吃多了。

スキー② [ski]①滑雪,滑雪竞赛。△~をする/滑雪。②滑雪板。

すきおこ・す④ 〔鋤(き)起(こ)す〕(他五)(用窄长锹)挖土,翻土。△田畑(たはた)を~/翻地。

すきかって③ 【好(き)勝手】(形

动)随便,任性,为所欲为。△～なことを言(い)う/乱说一通。

すききらい②③⓪【好き嫌い】①喜好和憎恶,好恶。△人(ひと)にはそれぞれ～がある/人各有好恶。②挑剔。△食物(たべもの)に～が多(おお)すぎる/饮食太挑剔;吃东西太挑剔。

すきずき②【好き好き】(名・形动)各有所好。△人(ひと)には～がある/人各有所爱。◇蓼(たで)食(く)う虫(むし)も～/各有所好。

ずきずき①(副・自サ)(伤口等)阵阵作痛,一跳一跳地疼。

すきとお・る③【透き通る】〔透き徹る〕(自・五)①透明,透过去。△透き通ったガラス/透明的玻璃。②清脆。△女(おんな)の透き通った歌声(うたごえ)/女人清脆的歌声。

すぎな・い⓪③【過ぎない】(动词的否定形式作形容词用)只不过是…。△口実(こうじつ)に～/只不过是一个借口。

すきばら⓪【すき腹】〔空き腹〕空腹。◇～にまずいもの無(な)し/饥不择食。

すきま⓪【透き間】〔隙間〕①缝儿,间隙。△戸(と)の～から雪(ゆき)が吹(ふ)き込(こ)む/由门缝吹进来雪花。②闲暇,余暇,闲工夫。△一服(いっぷく)する～もない/连抽袋烟的空儿都没有。

すきやき⓪【すき焼き】〔鋤焼き〕鸡素烧,日本式火锅。

スキャナー②[scanner]扫描器。

スキャン②[scan](名・他サ)①扫描。②(雷达、潜艇探测器等进行)搜索。

スキャンダル②[scandal]①(男妇女间)丑闻。②(渎职事件等)丑闻。

スキル②[skill]特殊的技能,技术。

す・ぎる②【過ぎる】Ⅰ(自上一)①过,经过,通过。△松林(まつばやし)を～と砂浜(すなはま)に出(で)た/过了松林就到了海滨沙滩。②(时间)经过,逝去。△冬(ふゆ)が～/冬天过去。△約束(やくそく)の時間(じかん)を過ぎても来(こ)ない/过了约定的时间还不来。③(时间、期限)到。△期限(きげん)が～/到期。④优于,胜过。△親(おや)には過ぎた子(こ)だ/是个胜过父母亲的孩子。⑤过度。△いたずらが～/淘气过度。△遠慮(えんりょ)が～/过于客气。Ⅱ(补助)(接其他动词连用形下)过度,过分,过多。△食(た)べすぎた/吃过多了。◇過ぎたるはなお及ばざるが如(ごと)し/过犹不及。

	建てて十年～た家	時が～	時を～	十時を～	卒業してからもう大分～	人の手を～
過ぎる	-ぎ⓪	⓪	×	×	×	×
たつ	-っ⓪	⓪	×	×	⓪	×
経る	～⓪	⓪	×	×	×	⓪

スキン②[skin]皮肤。△～シップ/以皮肤接触传递爱。△～ダイビング/带氧气面罩、脚蹼的轻潜水。

す・く②⓪〔梳く〕(他五)梳。△髪(かみ)を～/梳头。

す・く②⓪〔漉く〕(他五)用纸浆

制纸。抄、漉。△紙(かみ)を〜/抄纸。

す・く①② 【好く】(他五)喜好，爱好。△あいつはどうも好かぬ男(おとこ)だ/那个家伙真讨厌。

す・く② 〔空く〕(自五)①空。△腹(はら)が〜/饿了。△坐(すわ)るにも空いた席(せき)がない/想坐也没有空位。②空闲。△手(て)が〜/有空儿。③(心里感觉)痛快，心情舒畅。△胸(むね)が〜/心里痛快。

す・く② 【透く】(自五)①有空隙，有间隙。△間(ま)が透かないように並(なら)べる/紧密排列中间不留空。②透过…看见。△木(こ)の間(あいだ)を〜日光(にっこう)/透过树与树之间看得见的阳光。

すぐ① 〔直ぐ〕Ⅰ(名・形动)①直。△〜な道(みち)/直道。②正直。△〜な人(ひと)/正直的人。Ⅱ(副・名)①马上，立刻，立即。△〜行(い)く/马上就去。②很近。△〜そこにある/就在那里。

-ずく 〔尽〕(接尾)①单凭，专凭…。△腕(うで)〜勝(か)った/全凭力气致胜。②以…为唯一目的，只图…。△欲得(よくとく)〜のつきあい/只图获利的(人际)交往。③…之后，…然后(再)。△相談(そうだん)〜/商量之后(再)。

すくい⓪ 【救い】①救，救助。△〜を求(もと)める/求救。②安慰。

スクイーザー③ 〔squeezer〕(挤榨柠檬等果汁的)压汁器。

すく・う③⓪ 〔掬う〕(他五)①捧，舀，撇。△手(て)で水(みず)を掬って飲(の)む/用手捧水喝。△浮(う)いた油(あぶら)を〜/撇出浮油。②捞取。△金魚(きんぎょ)を〜/捞金鱼。③用手抄起(对方的)脚使之跌倒。△足(あし)を掬って倒(たお)す/把对方腿抄起摔倒。

すく・う③⓪ 【救う】(他五)①救，拯救，挽救。△人(ひと)の急場(きゅうば)を〜/救人危急。△ピンチを〜/解救危难。②救济，赈济。△罹災者(りさいしゃ)を〜/救济灾民。

	命を〜	子供を不良化から〜	家業を〜	〜難い運中	消化を〜
救う	○	○	×	-い○	×
助ける	○	×	○	×	○

スクーター② 〔scooter〕①小型摩托车。②(儿童用)滑板车。

スクーリング⓪② 〔schooling〕(函授生在规定的时间到校)上课。

スクール② 〔school〕学校。

すぐさま① 〔直ぐ様〕(副)马上，立刻。△〜応援(おうえん)にかけつける/马上赶去声援。△〜活動(かつどう)を開始(かいし)する/马上开始活动。

すくすく①② (副)长得很快貌。△あさがおのつるが〜と伸(の)びる/牵牛花蔓长势迅猛。△この子(こ)が〜と育(そだ)っていく/这孩子眼看着长起来。

すくな・い③ 【少ない】(形)少的，不多的。△口数(くちかず)が〜/不爱说话。△出費(しゅっぴ)をすくなくする/减少开支。

すくなからず④【少(な)からず】(副)不少,很多。

すくなくとも③②【少なくとも】(副)至少,最少,最小限度。△この仕事(しごと)には～三日(みっか)はかかる/这项工作至少需要三天。△～宿題(しゅくだい)だけはやれ/至少作业要做。

すくなめ⓪④【少(な)目】(名・形动)少一些,往少里…。△～に見積(みつも)る/往少里估计。

すくみあが・る⑤〔竦(み)上(が)る〕(自五)吓得缩成一团。△おどされて～/吓得缩成一团。

すく・む③⓪②〔竦む〕(自五)惊骇,畏缩,缩成一团。△手足(てあし)が～/缩手缩脚。

-ずくめ(接尾)清一色,完全是,净是。△黒(くろ)～の服装(ふくそう)/一身黑色的服装。△うれしいこと～の1か月(いっかげつ)/净是高兴事的一个月。

すく・める④⓪③〔竦める〕(他下一)缩,竦缩。△肩(かた)を～/耸肩。△首(くび)を～/缩脖。

スクラップ③[scrap] I(他サ)剪下的报纸,剪下。△新聞(しんぶん)を～する/剪报。II(名)碎屑,铁屑。

スクリーン③[screen]①银幕。②电影,电影界。③(照相制版用的)玻璃板,网线板。

すぐ・る②【選る】(他五)选拔,挑选。△名選手(めいせんしゅ)を選ったチーム/选拔著名选手的球队。

すぐ・れる③【優れる】〔勝れる〕(自下一)①出色,杰出,优秀,卓越。△彼(かれ)はいろいろな点(てん)で私(わたし)より優れている/他在许多方面比我强。②(用否定形)不佳。△気分(きぶん)が優れない/心情不佳;感觉不舒服。⇨しのぐ表

スクロール③[scroll](他サ)上下左右移动计算机显示屏上的文字、图形等。

ずけい⓪【図形】①图,图样。△～で表(あら)わす/用图表示。②(用立体、面、线、点构成的)图表,图式。

スケート②[skate]①冰鞋,冰刀。△～靴(くつ)/冰鞋。△～で滑(すべ)る/用冰刀滑冰。②滑冰,溜冰。△～をする/溜冰;滑冰。

スケール②[scale]①分度,刻度。②尺寸,尺度,比例尺。③规模,大小。

すげがさ③〔菅笠〕菅草斗笠,蓑衣草草帽。

スケジュール②③[schedule]①日程,时间表。△旅行(りょこう)の～を組(く)む/安排旅行的日程。△～はもう一杯(いっぱい)です/日程已经安排满了。②比赛顺序,节目。

スケッチ②[sketch]①写生画,素描。②速写。③(见闻录、随笔等)小品文。

すげな・い(形)冷淡的,冷酷的,没有情面的。△～返事(へんじ)/冷淡的回答。

す・ける③⓪〔助ける〕(他下

一)[俗]帮助，帮忙。△仕事(しごと)を～/帮忙干活。

スコア② [score](体育比赛)得分(记录)。

すご・い② 〔凄い〕(形)①可怕的，令人害怕的。△～顔(かお)/可怕的脸。△～目付(めつき)で睨(にら)む/用凶狠狠的目光瞪人。②惊人的，了不起的，好得很的。△～腕前(うでまえ)/惊人的才干。△～人気(にんき)/人缘非常好。③厉害的，很甚的。△～暑(あつ)さ/热得厉害。④(用"すごく"的形式)相当，非常，很。△このバスはすごくこんでるね/这辆公共汽车可真挤呀！

	～雨	～寒い	～気性の人	～美人だ	～目に会った	～しかりつける
すごい	○	-く○	×	○	○	×
ひどい	○	-く○	×	×	○	-く○
激しい	○	×	○	×	×	-く○

すこし② 【少し】(副)①少许，少量，稍慢，一点。△パンが～残(のこ)っている/还剩下一点面包。△～泳(およ)げるようになった/会游点儿了。②一会儿(时间)，一点儿(距离)。△～したらまた電話(でんわ)してください/过一会儿请再来个电话。△～行(い)くと交番(こうばん)がある/往前走一点儿有派出所。⇨ちょっと 表

すこしも④②⓪ 【少しも】(副)(与否定形式呼应使用)一点儿也不，丝毫不。△この本(ほん)は～むずかしくない/这本书一点儿也不难。

すご・す② 【過ごす】(他五)①度过。△一日(いちにち)を過ごした/度过了一天。△楽(たの)しいひとときを～/度过愉快的一刻。②生活，过活。△お元気(げんき)でお過ごしください/请健康地生活。③过度，过量。△すこし酒(さけ)を～/酒有点过量了。④(接动词连用形下)…过头，…过火。△目覚(めざ)まし時計(どけい)が鳴(な)らず、寝(ね)過ごしてしまった/闹钟没有响，睡过了头。⑤(接动词连用形下)放过。△込(こ)んでいたので、電車(でんしゃ)を一台(いちだい)やり過ごして次(つぎ)のに乗(の)った/因为太拥挤放过一列电车乘了下列。

すごすご① (副)沮丧地，垂头丧气地。△～と引(ひ)き下(さ)がる/垂头丧气地退了下来。

スコッチ② [Scotch]①苏格兰产的威士忌酒。②苏格兰呢。③苏格兰毛线。

すこぶる④③ 〔頗る〕(副)非常，颇，很。△～おもしろい/非常有趣。△ぼくは～愉快(ゆかい)だった/我非常愉快。

すこやか② 【健やか】(形动)健康，健壮。△～に育(そだ)つ/健康地成长。

スコンク② [skunk]零分，一分未得负于对方。

すさび⓪ 〔遊(び)〕消遣。△筆(ふで)の～/写字消遣。

すさ・ぶ③⓪ 【荒ぶ】(自五)①→

すさむ。②荒廃,荒疏。△腕(うで)が～/手艺荒疏。③沉湎,沉溺。△酒色(しゅしょく)に～/沉溺于酒色。

すさまじ・い④〔凄まじい〕(形)①厉害的,猛烈的。△～人気(にんき)/轰动一时。大受欢迎。△火(ひ)が凄まじく燃(も)えている/火势很凶。②惊人的,可怕的。△～光景(こうけい)/可怕的情景。△～音(おと)を立(た)てる/发出可怕的响声。③非常糟糕,不合乎情理,不够意思,太不像话。△これでも公園(こうえん)とは～話(はなし)だ/这算做什么公园。△こんな時間(じかん)に電話(でんわ)も～/这个时候来电话太不像话。

すさ・む③⓪【荒む】(自五)①自暴自弃,气馁,放荡。△すさんだ心(こころ)/放荡的心,破罐破摔的心情。②(因散漫,懈怠导致技能等)荒废。△芸(げい)が～/技艺荒废。③(接动词连用形后)越发猛烈,狂暴起来。△雨(あめ)が降(ふ)り～/雨越下越大。

ずさん⓪〔杜撰〕(名・形动)①杜撰。△～な本(ほん)/杜撰的书。②粗糙,不细致。△～な工事(こうじ)/粗糙的工程。

すし②①〔鮨・酢・寿司〕①(醋)饭卷,(醋)饭团,寿司。△握(にぎ)り～(ずし)/攥(醋)饭团。②醋拌生鱼片。

すじ①【筋】Ⅰ(名)①筋。△足(あし)の～を違(ちが)える/扭了腿筋。△～が吊(つ)る/抽筋。②纤维,筋。△隠元豆(いんげんまめ)の～を取(と)る/掐去扁豆的筋。③血统,遗传,素质。△～のよい人(ひと)/素质好的人。△肺病(はいびょう)は～を引(ひ)く/肺病遗传。④方面。△その～からの通達(つうたつ)/根据有关方面的通知。△確(たし)かな～からの情報(じょうほう)/从可靠方面得来的情报。⑤条理,道理。△～を通(とお)す/合理。△～が立(た)った話(はなし)/有条有理的话。⑥(剧、小说等的)梗概,情节。△小説(しょうせつ)の～/小说的情节。△ことの～を糾(ただ)す/究明事理。Ⅱ(接尾)…条,…线。△一(ひと)～の帯(おび)/一条衣带。△一(ひと)～の川(かわ)/一条河。△一(ひと)～の希望(きぼう)/一线希望。

ずし①【図示】(名・他サ)图解,图示。△会場(かいじょう)の位置(いち)を～する/用图指示会场的位置。

すじあい⓪【筋合い】理由,道理,意思。△こうした～で成立(せいりつ)したのだ/因为这种理由才成立的。△とやかく言(い)われる～はない/没有被说三道四的道理。

すじかい⓪③【筋交(い)】①斜对过。②交叉。△材木(ざいもく)を～に組(く)む/把木材交叉地搭起来。

すじがき⓪【筋書き】①梗概,情节,概要。△脚本(きゃくほん)の～をかく/写剧本的梗概。②计划,预想。

ずしき⓪【図式】图解，图式，图表。△～化(か)して説明(せつめい)する/做成图解，进行说明。

すじだて⓪【筋立(て)】梗概。

すしづめ⓪【すし詰め】拥挤不堪，挤得满满的。△～の電車(でんしゃ)/拥挤不堪的电车。

すじば・る③【筋張る】(自五)①肌肉横生；青筋暴露。△筋張った手/青筋暴露的手。②生硬，拘板。△筋張った話(はなし)/生硬的话。

すじみち②①【筋道】①条理，道理。△～の通(とお)った要求(ようきゅう)/合情合理的要求。②(应履行的)顺序，程序，步骤。△～を踏(ふ)んで議事(ぎじ)を進(すす)める/按照程序进行讨论。

すじむかい③【筋向(か)い】斜对面，斜对过。△～の家(いえ)/斜对面的房子。

すじめ③⓪【筋目】①折痕。△～の真直(まっす)ぐなズボン/裤线笔挺的西裤。②血统，门第。△～の正(ただ)しい家柄(いえがら)/正统门弟。

すしめし⓪②〔鮨飯〕(以盐、糖、醋调味做寿司用的)甜酸饭。

すじょう⓪【素性・素姓】〔種性〕①出身，血统。②来历，经历，身分。△～のわからない人(ひと)/来历不明的人。陌生人。③生性，禀性。△～があらわれる/露出本性。

ずじょう⓪【頭上】头上。△～注意(ちゅうい)/(警示牌)小心撞头，留神头顶。△～に振(ふ)りかぶる/举过头顶。

ずしり②(副)沉甸甸。△～(と)重(おも)い本(ほん)/沉甸甸的书。△～と肩(かた)にのしかかる/沉甸甸地压在肩膀上。

すす①②⓪〔煤〕①塔灰，灰吊吊。△～を払(はら)う/扫尘；扫灰。②煤烟子，黑烟子。△工場(こうじょう)の～が飛(と)んでくる/工厂的黑烟子飘落下来。

すず⓪【鈴】铃，铃铛。△～を鳴(な)らす/打铃。

すず①〔錫〕(金属元素)锡。

すずかぜ②【涼風】凉风。

すすき⓪〔薄・芒〕芒，狗尾草。

すす・ぐ③⓪〔雪ぐ〕(他五)雪(耻)，申(冤)，洗刷。△恥(はじ)を～/雪耻。△不名誉(ふめいよ)を～/洗刷污名。△冤罪(えんざい)を～/申冤；平反。

すす・ぐ③⓪〔濯ぐ〕(他五)洗涮，洗濯。△着物(きもの)を～/洗衣服。

すす・ける④③〔煤ける〕(自下一)①烟熏，煤烟熏黑。△天井(てんじょう)が煤けて真黒(まっくろ)だ/天棚被煤烟熏得漆黑。②旧得成煤烟色。

すずし・い③【涼しい】(形)①凉快的，凉爽的。△～風(かぜ)/凉风。△朝晩(あさばん)涼しくなる/早晚凉起来了。②明亮的，清澈的。△～目(め)/水灵灵的眼睛。△～鈴(すず)の音(ね)/清脆的铃声。③若无其事。△～顔(かお)を

している/装作不知道的样子。装作不懂。⇨あつい表

すずなり⓪〔鈴生(り)〕①(果实)结得满枝,成串。△りんごが～になっている/苹果结满枝头。②人挤在一块儿。△～の見物人(けんぶつにん)/挤满了游人。

すずはらい③【煤払(い)】(名・自サ)(年末)扫尘,扫除。

すすみ③⓪【進み】①进,进度。△建設(けんせつ)の～が早(はや)い/建设的进度快。②前进,进步。△学問(がくもん)の～/学问进步。

すす・む③⓪【進む】(自五)①进,向前,前进。△時代(じだい)と共(とも)に～/跟着时代前进。②进步,提高。△うでまえが～/(本事)有长进。△進んだ技術(ぎじゅつ)/先进的技术。③升级。△中学(ちゅうがく)から高校(こうこう)へ～/从中学升到高中。④有进展。△研究(けんきゅう)が～/研究有进展。⑤(钟表)快。△この時計(とけい)は一日(いちにち)に五分(ごふん)ほど～/这只表一天快5分钟左右。⑥加重,恶化。△病気(びょうき)が～/病势加重。⑦自愿地做…,主动地做…。△自(みずか)ら進んで人(ひと)のいやがる事(こと)をする/主动地作旁人不愿做的事。△気(き)がすすまない/不太愿意,不想干。

すず・む②【涼む】(自五)乘凉,纳凉。△皆(みな)外(そと)で涼んでいる/大家都在外面乘凉。

すずむし②【鈴虫】(昆虫)金钟儿,金琵琶。

すずめ⓪〔雀〕麻雀,家雀。◇～の涙(なみだ)/一点点。少得可怜。◇～の千声(せんこえ)鶴(つる)の一声(ひとこえ)/小人千语不如君子一言。◇～百(ひゃく)まで踊(おど)り忘(わす)れず/江山易改,秉性难移。

すす・める④⓪【進める】(他下一)①使前进,向前移动。△ひざをすすめて聞(き)く/凑上前去听。②提升,晋级。△位(くらい)をすすめて主任(しゅにん)にする/提升为主任。③推进,开展,进行。△仕事(しごと)を～/开展工作。④拨快。△時計(とけい)を～/拨快钟表。

すす・める④⓪【勧める】〔奨める〕(他下一)①劝,劝告,劝诱。△たばこをやめるように～/劝戒烟。②鼓励,使其努力干。△進学(しんがく)を～/鼓励升学。③促进。△食事(しょくじ)を～/劝(客人)吃饭。

すずり③〔硯〕砚。

すすりな・く④〔啜(り)泣く〕(自五)啜泣,抽搭。△彼女(かのじょ)は啜りながら家(いえ)を出(で)た。/她抽搭着离开家。

すす・る⓪〔啜る〕(他五)①喝,饮。△粥(かゆ)を～/喝粥。(用牙吃东西,使用"食べる",如"ご飯を食べる"。不用牙吃东西,使用"飲む",如"お茶を飲む"。喝粥与小口喝汤,使用"啜(すす)る",如:"お粥を啜る","汁(し

る)を啜る"｡)②抽吸。△鼻(はな)を〜/抽鼻涕。

ずせつ⓪【図説】(名・他サ)图解说明。

すそ⓪〔裾〕①(衣服的)底襟，下摆。△〜除(よ)け/和服衬裙。△着物(きもの)の〜が破(やぶ)れている/衣服的下摆破了。②山麓。△山(やま)の〜に村(むら)がある/山麓有村庄。③(河的)下游。④靠近颈部的头发。△かみの〜をかる/(理发)刮四鬓。

すそわけ⓪【すそ分け】〔裾分け〕①一部分利益分配给其他人。②分赠，与别人分享。

スター②〔star〕①星。②名演员，主角，明星，名选手。△〜システム/名演员中心制。△〜プレーヤー/名选手。

スタート②〔start〕(名・自サ)出发(点)，开始，开端。△〜を切(き)る/出发，起跑。△合図(あいず)と同時(どうじ)に選手(せんしゅ)たちは〜した/信号一响选手们就起跑了。△〜ライン/起跑线。

スターチ①〔starch〕淀粉。△コーン〜/玉米淀粉。

スターティング⓪②〔starting〕①出发，起始，启动。△〜ポイント/出发点。②先出场。△〜メンバー/比赛时先出场的两队队员。

スタイル②〔style〕①姿势，体型，模样，形式，风采。△〜がいい/身段好。②文体，文章的形式。△〜ブック/作文指南。③服装的式样，建筑的式样，绘画的流派。

△〜ブック/时装样本。△ニュー〜/新样式。△中国(ちゅうごく)〜の建築(けんちく)/中国式建筑。

すだ・く②〔集く〕(自五)(昆虫等)群集鸣叫。△虫(むし)が〜/虫声唧唧。△草(くさ)むらに〜虫(むし)の音(ね)/草丛中虫鸣声。

スタジアム②③〔stadium〕(有观众席的)运动场，棒球场。

スタジオ⓪〔studio〕①演播室。②电影的摄影棚。③(艺术家的)工作室。

すたすた①②(副)急步行走。△〜(と)道(みち)を行(い)く/急步在路上行走。

すだ・つ②【巣立つ】(自五)①出窝，出飞。△小鳥(ことり)が巣立った/小鸟出飞了。②(由学校)毕业。(离开父母而)自立。△来年(らいねん)〜大学生(だいがくせい)/明年毕业的大学生。△学校(がっこう)を〜/毕业。

スタッフ②〔staff〕①(同一工作组的)成员，工作人员。②(电影、电视制作的)职员。

すた・れる④⓪【廃れる】(自下一)①废除，废掉。△廃れた習慣(しゅうかん)/已经废除的习惯。②过时，不时兴，不再流行。△その流行(りゅうこう)はすたれた/那种流行式样已经过时了。③败坏，衰退。△そのような風習(ふうしゅう)はもう廃れた/那种风气已衰。△公徳心(こうとくしん)が〜/道德败坏。

スタンド⓪〔stand〕①看台，观众

席。②台，座。③(站着进食的)小卖店。④(街头、车站的)售货站。△石油(せきゆ)～/加油站。⑤台灯。

スタンバイ② [standby](名・自サ)①准备，待机。②(电视、广播)备用节目。③后备演员。

スタンプ② [stamp]戳子，邮戳。

スチーム② [steam]①蒸汽。△～アイロン/蒸汽熨斗。△～エンジン/蒸汽机。②暖气设备。△～暖房(だんぼう)/暖气设备。△この部屋(へや)は～が通(とお)っている/这个房间有暖气。

スチュワーデス③ [stewardess]空中小姐。

スチロール③ [德 Styrol]苯乙烯。

-ずつ〔宛〕(接尾)①接在数量词的后面表示平均的意思。△一人(ひとり)五千円(ごせんえん)～出(だ)す/每人各出5000日元。△50人(ごじゅうにん)～一組(ひとくみ)になって出発(しゅっぱつ)する/50人一组出发。△机(つくえ)といすを一(ひと)つ～用意(ようい)する/预备桌子椅子各一个。②表示重复固定的数量。△少し～食(た)べる/一点一点吃。△この時計(とけい)は一日(いちにち)に2分(にふん)～おくれる/这只表一天慢两分钟。

ずつう⓪【頭痛】(名・自サ)①头痛。△すこし～がする/有点儿头痛。△偏(へん)～/偏头痛。②担心，烦恼，苦恼。△～の種(たね)/愁事。△こどものことで～が絶(た)えない/孩子的事总让人心烦。

すっかり③ (副)完全，全然。△～読(よ)みおわる/全念完。△病気(びょうき)が～なおった/病完全好了。

	金目の物を質に入れる	雪が～融ける	～夜が明けた	村人は～集まった
すっかり残らず洗いざらい	○○○	○××	○××	×○×

すっきり③ (副・自サ)舒畅，畅快。△～とした気分(きぶん)/舒畅的心情。

ずっしり③ (副)很重，死沉。△～(と)重(おも)い/死沉。

すったもんだ④③① (名・副・自サ)吵架，争吵，纠纷。△～の末(すえ)、ようやくまとまる/争吵到最后，总算解决了。

すっと①③⓪ Ⅰ(副)①迅速地，飞快地。△～立(た)つ/迅速地站起来。②顺利地。△試験(しけん)に～通(とお)った/顺利地通过了考试。Ⅱ(名・自サ)畅快，痛快。△胸(むね)が～する/心里痛快。

ずっと③⓪ (副)①…得多。△こっちの方(ほう)が～いい/这个要好得多。②一直。△～ピアノを習(なら)っている/一直在学钢琴。③照直。△～奥(おく)へお入(はい)りください/请照直进到里面。

すっぱ・い③【酸っぱい】(形)酸的。△～牛乳(ぎゅうにゅう)/酸牛奶。△～味(あじ)がする/有酸味，发酸。△サンザシは杏(あんず)よ

りまだ〜/山楂比杏还酸。◇口(くち)が酸っぱくなるほど話(はな)してやった/给他讲得口干舌燥。

すっぱぬ・く④【すっぱ抜く】(他五)揭发,揭穿。△仲間(なかま)を〜/出卖伙伴。

すっぱり③ (副)①断然,干脆。△西瓜(すいか)を〜と切(き)る/把西瓜一切两半。②完全,彻底。△〜とタバコをやめる/彻底戒烟。

すっぽん⓪〔鼈〕①甲鱼。②歌舞伎演员在上下场时的出入口(相当于歌舞伎花道的三七)。

すで①②【素手】空手,赤手空拳。△〜で帰(かえ)る/空手而归。△〜で戦(たたか)う/徒手搏斗。△今日〜では帰(かえ)れない/今天可不能空手回去。△〜でハンドルを握(にぎ)る/光着手握着方向盘。

ステーキ②[steak]①烤肉,烧肉。②牛排。

ステージ②[stage]①舞台。△エプロン〜/延伸到观众席中的舞台。②讲坛。△〜に立(た)つ/登上讲坛。

ステーション②⓪[station]①火车站,汽车站。△〜ビル/车站大楼。②所,局,站。△サービス〜/服务站台。维修站。加油站。③广播电台。△キー〜/主控台。

ステートメント②[statement]声明,声明书。△〜を発表(はっぴょう)する/发表声明。

すてお・く③④⓪【捨て置く】(他五)置之不理,不管,放过,舍弃,搁置起来。△しばらく〜/暂时搁一搁。△そのまま(で)〜わけにはいかない/不能就那么置之不理。△進言(しんげん)を〜/将建议束之高阁。

すてき⓪〔素敵〕(形动)极好,极妙,绝妙,极漂亮。〜な人(ひと)/极漂亮的人。△〜なネクタイ/非常好看的领带。△それは〜だ/那好极了。△〜な思(おも)いつき/极妙的想法(主意)。

ステッキ②[stick]手杖。

ステッチ②[stich](名・自サ)绣,绣的针脚。

ステップ②[step]①步伐,步调。△ダンスの〜/舞步。②踏板,台阶。△バスの〜/(上公共汽车时踩的)汽车踏板。③(田径)三级跳时的第二跳。④阶段。

すでに①【既に】〔已に〕(副)①早就,老早,业已,已经。△仕事(しごと)は〜終(おわ)っていた/工作早就完了。②以前,先。△〜通知(つうち)したとおり/按以前通知那样。

	〜手遅れだった	〜述べたように	〜我慢できない	〜来るだろう	〜ぶつかるところだった
既に	○	○	○	×	○
もう	○	×	○	○	×
もはや	○	○	○	×	×

すてね⓪【捨(て)値】极贱的价钱,白扔似的价钱。△〜で売(う)る/抛售。△〜にしても千円(せんえん)はする/最贱也得1000日元。

すてばち⓪【捨て鉢】(名・形动)

自暴自弃,破罐破摔,绝望。△～気持(きもち)/自暴自弃的心情。△～な態度(たいど)/采取破罐破摔的态度。△～になる/自暴自弃。

す・てる③⓪【捨てる】〔棄てる〕(他下一)①抛弃,扔掉。△ごみを～/扔掉垃圾。△おのれをすてて人(ひと)を救(すく)う/舍己救人。②遗弃,抛弃。△妻(つま)を～/遗弃妻子。③放弃。△歌手(かしゅ)になるのぞみを～/放弃当歌手的愿望。

ステレオ⓪ [stereo]立体,立体声,立体音响设备。△～写真(しゃしん)/立体印刷。△～映画(えいが)/立体电影。△～カメラ/立体照相机。△～テレビ/立体电视。△～レコード/立体声唱片。

ステロイド③ [steroid]类固醇。

ステンレス② [stainless]不锈钢(略称)。

スト①② (ストライキ[strike]的略称)罢工,罢课。

ストア② [美 store]①小卖店,商店。△キャンデー～/糖果店。△ドラッグ～/药房。②存储;存储器。

ストーブ② [stove]火炉,暖炉。△～をたく/生炉子。△～がよくもえる/炉火很旺。△電気(でんき)～/电炉。△石炭(せきたん)～/煤炉子。

すどおり⓪② 【素通り】(名・自サ)过而不入。△友人(ゆうじん)の家(いえ)を～する/走过朋友门口而不入。△名古屋(なごや)は～で大阪(おおさか)まで直行(ちょっこう)した/名古屋没下车,一直坐到大阪。

ストーリー② [story]①故事,小说。△～テラー/讲述故事的人。②(小说、演剧、电影等的)梗概,情节。

ストール② [stole]妇女用的长披肩。

ストッキング② [stocking]长筒袜。

ストック② [stock]①存货,库存品。△～がある/有存货。②资本。③汤料。④紫罗兰。⑤股份,股票。

ストップ② [stop]Ⅰ(名・自他サ)止,停止,中止。△～を命(めい)ずる/命令停止。△エンジンを～する/把发动机停下来。Ⅱ(名)①停止信号。△ゴー～の信号(しんごう)/交通信号灯。△～ライト/停止信号灯。②(公共汽车等的)车站。△バス～/公共汽车站。

ストマイ⓪ (ストレプトマイシン[streptomycin]之略)链霉素。

すどまり② 【素泊まり】(名・自サ)(投宿旅馆时)只住宿不吃饭,光住。

ストライキ③ [strike](名・自サ)罢工,罢课。△～破(やぶり)/罢工破坏者,工贼。

ずどり③⓪【図取り】(名・他サ)绘图样。△家(いえ)の～をする/画房屋的图样。

ストレート③ [straight](名・形动)①直接,直。△～な人間(にんげん)/直率的人。②连续。△～勝(か)ち/连胜。③(棒球)直线球。④(拳击)直击。⑤(洋酒、咖啡)

不对水、加其它东西，直接饮用。⑥一次考中高一级学校。

ストレス② [stress]①(由痛苦、恐惧、紧张不安在精神上的刺激引起的)体内反应，应激。△～がたまる/(因长期精神紧张引起的)身体不适，身体过度疲劳。②(发音上的)重音。△～アクセント/重音。

ストレプトマイシン⑥ [streptomycin] 链霉素。

ストロー② [straw](喝饮料用的)吸管。

ストロボ⓪ [strobo]闪光灯。

すな②⓪ 【砂】沙子。◇～をかむようだ/味同嚼蜡，枯燥无味。◇～をかます/(相扑)摔倒对方。

すなあらし③ 【砂嵐】沙尘暴。

すなお① 【素直】(形动)①天真，纯朴，听话，老实，诚挚。△～な子供(こども)/听话的孩子。△～に白状(はくじょう)する/老老实实地坦白出来。△好意(こうい)を～に受(う)ける/诚挚地接受(您的)好意。②没有毛病，自然。△～な字(じ)/工整的字体。△～な髪(かみ)の毛(け)/顺绺的头发。

スナック② [snack]①小吃，快餐。②小吃店，快餐铺。

スナップ② [snap]①(衣服上的)子母扣，揿扣。△～を止(と)める/扣上子母扣。②(棒球等)使用手腕的力量短急传球。③"スナップショット"之略。△～ショット/快拍,快相。(电影)速写镜头，速写式的新闻报导。

スナップ・ショット②-① [snap shot](摄影)快拍，抓拍。

すなどけい③ 【砂時計】沙计时器，沙漏。

すなはま⓪ 【砂浜】海滨沙滩。

すなわち② 〔即ち〕(接)①即是，就是，正是。△それが～私(わたし)の望(のぞ)むところだ/那就是我所希望的。②即。△東京(とうきょう)～日本(にほん)の首都(しゅと)/东京即日本的首都。③(用"…ば～"的形式)则。△戦(たたか)えば～勝(か)つ/战则胜。

スニーカ② [sneakers]轻便运动鞋。

ずぬ・ける③④ 〔図抜ける・頭抜ける〕(自下一)出类拔萃，出众，出色，超群。△ずぬけて背(せ)が高(たか)い/个子特别高。△ずぬけた成績(せいせき)/出色的成绩。

すね② 〔臑〕(也写作"脛")小腿，胫部。◇親(おや)の～をかじる/靠父母养活。◇～から火(ひ)が出(で)る/穷得揭不开锅。◇～に傷(きず)を持(も)つ/内心有隐私，心中有鬼。

すねかじり③ 〔臑齧(り)〕靠父母养活，啃老族。

すねもの⓪② 〔拗(ね)者〕性格乖戾的人，别扭的人。

す・ねる② 〔拗ねる〕(自下一)乖僻，倔，(脾气)拧，别(扭)。△言(い)えばすぐ～/一说话就发倔。△すねてばかりいる子供(こども)/净磨人的孩子。△あの

男(おとこ)はちょっとすねた所(ところ)がある/他的脾气有点拧。△世(よ)を~/冷眼看人生。

ずのう① 【頭脳】①脑,脑髓,头脑。②判断力,脑力。△~労働(ろうどう)/脑力劳动。△はっきりした~/清醒的头脑。③智囊,人才。△~集団(しゅうだん)/智囊团。△~の流出(りゅうしゅつ)/人才流出。④首脑,领导人。△社(しゃ)の~といわれる人(ひと)/被称为社里首脑的人物。

スノー② [snow]雪。△~コート/防雪外套。△~タイヤ/防雪轮胎。

すのこ③⓪ 〔簀(の)子〕①竹帘,苇帘。②(日本式房屋的)板条式外廊地板。

すのもの②① 【酢の物】醋拌凉菜。

スパーク② [spark](名・自サ)①火花。②电火花。③放电时的火花飞溅。

スパート② [spurt](名・自サ)(赛跑、游泳等)冲刺。△ラスト~/最后冲刺。

スパイ②① [spy](名・自サ)间谍,侦探,密探,特务。△敵情(てきじょう)を~する/侦探敌情。

スパイカー② [spiker](排球)扣球手。

スパイク② [spike](名・他サ)①(防滑的)鞋底钉。②("スパイクシューズ"之略)钉子鞋。③(排球)扣球,扣杀。④(队员)被鞋钉踩伤。

スパイク・シューズ②-① [spike shoe](运动)钉子鞋。

スパイス② [spice]香辛料。

スパケッティ③ [意 spaghetti](也作"スパゲッティ")意大利实心面条。

スパゲッティ③ [意 spaghetti]→スパケッティ。

すばこ①⓪ 【巣箱】鸡窝箱,鸟巢箱,蜂巢箱。△~をかける/挂上窝箱。

すばしこ・い④ (形)①(行动)敏捷的,(脑筋)灵活的。△動作(どうさ)が~/动作敏捷。②周到,无遗漏,无漏洞。

すはだ① 【素肌】〔素膚〕①(不施脂粉的)皮肤,本来的皮肤。△~がきれいだ/皮肤长得洁净。②露出的皮肤。△風(かぜ)が~に快(こころよい)/风吹在光着的身上很爽快。

スパッツ② [spats]①短裹腿。②及膝女袜。

スパナ② [spanner]扳手,扳钳。

すばなれ② 【巣離(れ)】(小鸟长大)离巢,出飞,出窝。

ずばぬ・ける④ 【ずば抜ける】(自下一)超群,出众,出类拔萃。△成績(せいせき)が~/成绩出众。△多(おお)くのものの中(なか)でずば抜けている/出类拔萃。△かれはずばぬけた記憶力(きおくりょく)の持主(もちぬし)だ/他是个记忆力特别好的人。

すばや・い③ 【素早い】(形)极快的,麻利的,敏捷的。△~動作(どうさ)/敏捷的动作。△素早く時流(じりゅう)に乗(の)る/紧赶时代的

潮流。

すばらし・い④〔素晴しい〕(形)①极好的，非常好的，绝佳的，极美的。△～天気(てんき)/极好的天气。△～美人(びじん)/绝色的美人。②〈俗〉(用"すばらしく"的形式)非常，甚，极。△すばらしく大(おお)きな建物(たてもの)だ/是个极大的建筑物。

ずばり②(副)①(用锋利的刀)切下貌。△刀(かたな)で～と切(き)り落(お)とす/用刀喀嚓一声切下。②(说话)击中要害，一语道破；戳到痛处。

すばる①〔昴〕(天文)昴宿星团，六连星。

スパンコール④(由 spangle 变化而来)装饰在衣服上的亮片。

スピーカー②[speaker]扩音器，扬音器。△～から音楽(おんがく)が流(なが)れ出(で)る/从扬声器里传来了音乐。

スピーチ②[speech]话，演说，致辞。△テーブル～/即席演说。即席致辞，即席讲话。△宴会(えんかい)で～をする/宴会上致辞。

スピーディー②[speedy](形动)快速，快捷。△～な事務(じむ)の処理(しょり)/快速地处理事务。

スピード⓪[speed]速度，速率。△すごい～/惊人的速度。△～を落(お)とす/减低速度。△～をあげる/提高速度。△ハイ～/高速。△フル～/全速。

スピン②[spin]①(滑冰)旋转，打转。②(球技)旋转，削球，转球。△～をかける/打旋球。③(飞机)盘旋下降。④电子自旋。

ずひょう⓪【図表】图表。△産量(さんりょう)を～にして解説(かいせつ)する/把产量绘制成图表进行解说。

ずふ①【図譜】画谱，图谱。△名山(めいざん)～/名山图谱。△動物(どうぶつ)～/动物图谱。

スフィンクス②[Sphinx](埃及的)狮身人面像。

スプーン②[spoon]①(西餐用)匙，勺。△ティー～/茶匙。②(高尔夫球球棒)棒头。

ずぶと・い③〔図太い〕(形)〈俗〉①大胆的，非常大胆的。△～根性(こんじょう)/裹性大胆。②厚颜无耻的，满不在乎的。△～男(おとこ)だ/不要脸的家伙。△ずぶとく、居(い)すわりつづける/厚着脸皮，坐着不走。

ずぶぬれ⓪【ずぶ濡れ】淋透，湿透。△～の着物(きもの)/湿透的和服。△雨(あめ)で～になった/被雨淋透了。

スプリング[spring]①⓪春天。②②③⓪(春秋穿的)夹大衣，风衣。③⓪③弹簧。

スプレー②③[spray]喷雾，喷雾器。

すべ①②〔術〕方法，手段，办法。△施(ほどこ)す～がない/无计可施。△なす～を知(し)らぬ/不知如何是好。

スペース②[space]①空间，余地，空地。②(纸上的)空白；字距，行距。△～を置(お)く/留出空白。

③宇宙空间。△～シャトル/航天飞机。

すべからく② 〔須く〕(副)须,当,必须。△～努力(どりょく)すべし/必须努力。△～慎重(しんちょう)に考慮(こうりょ)すべきである/必须慎重考虑。

スペクトル② [法 spectre]①光谱。②谱。△音響(おんきょう)～/音响谱。

スペシャル② [special]特别,特殊,特制。△～コーヒー/特制咖啡。

スペシャリスト④ [specialist]专家,具有特殊技能的人。

すべすべ① (副・自サ)〈俗〉光滑貌,光溜溜。△～(と)した肌(はだ)/光滑的肌肤。

すべて① 〔凡て・総て・全て〕Ⅰ(名)全部,一切。△～を国家(こっか)にささげる/把一切献给国家。Ⅱ(副)全都,一切都。△問題(もんだい)は～解決(かいけつ)した/问题全都解决了。⇨いっさい表

すべりこ・む④ 【滑(り)込む】(自五)①滑进,溜进。△そっと部屋(へや)に～/悄悄溜进屋子。△布団(ふとん)に～/钻进被窝。△…大学(だいがく)に～/好不容易才考上…大学。②刚刚赶上时间。△提出期限(ていしゅつきげん)に～/赶在截止日期前提交。③棒球的跑垒都滑进(垒垫)。

すべりだい⓪ 【滑(り)台】滑梯。△～で遊(あそ)ぶ/玩滑梯。

すべ・る② 【滑る】〔辷る〕(自五)①滑行,滑走。△子供(こども)がすべり台(だい)を滑ってあそんでいる/小孩打滑梯玩。②滑,发滑,滑溜。△道(みち)が～から気(き)をつけなさい/道滑,请小心。③滑冰。△氷(こおり)の上(うえ)を～/滑冰。④踩跐,滑倒。△足(あし)が滑って転(ころ)びそうだった/脚一滑,差一点摔倒了。⑤话说走嘴。△口(くち)が～/说走嘴。△言葉(ことば)が～/失言。⑥〈俗〉不及格,考不上。△試験(しけん)に滑った/没考上。⑦地位下降。△首位(しゅい)を～/失掉首位的资格。

す・べる② 【統べる】(他下一)①总括,概括。②统辖,统率。△全軍(ぜんぐん)を～/统率全军。

スポーツ② [sports]体育,运动。△～がさかんだ/体育运动很活跃。△～センター/体育中心,体育馆。

スポーツ・カー④⑤ [sports car]赛车,跑车。

スポーツ・マン④ [sports-man]运动员。

ずぼし⓪① 【図星】〈俗〉①坎儿上,节骨眼儿,要害,致命处。△～をさす/击中要害;说中心事。△～をさされてぐうの音(ね)もなかった/被说到要害处,一声也吭不出来了。②鹄的,靶心。△～に当(あた)る/中鹄。

スポット② [spot]地点。△～アナウンス/(广播、电视中间插入的)简短节目。△～ライト/(舞台上的)聚光灯。

すぼま・る④⓪③〔窄まる〕(自五) 缩窄,缩小,越来越尖。△口(くち)の窄まった花瓶(かびん)/窄口花瓶,小口花瓶。

すぼ・む③⓪〔窄む〕(自五)①尖窄,细窄,窄缩。△先(さき)が～/越来越尖。△すそのすぼんだズボン/裤脚窄的裤子。②枯萎,凋谢,萎缩。△傷口(きずぐち)が～/伤口收口了。△風船(ふうせん)が～/气球瘪了。

すぼ・める④⓪③〔窄める〕(他下一)使窄小,收缩,折拢。△傘(かさ)を～/折起伞。△肩(かた)を～/耸肩。△口(くち)もとをすぼめて笑(わら)う/抿嘴笑。

ズボン①②〔法 jupon〕裤子。△～をはく/穿裤子。△～をぬぐ/脱裤子。△～下(した)/衬裤。

スポンサー②〔sponsor〕①赞助商。②广播、电视节目的提供者,广告主。

スポンジ⓪〔sponge〕①海绵。②海绵状橡胶制品。

スマート②〔smart〕(形动)漂亮(的),时髦(的),潇洒(的),苗条(的)。△～な人(ひと)/潇洒的人。△～な服装(ふくそう)/时兴的服装。△～なからだつき/苗条的身材。

すまい②①【住(ま)い・住居】(名・自サ)①住,居住。△田舎(いなか)～(ずまい)/住在乡下。△ひとり～(ずまい)/独居。②住处,住所。△あたらしい～に移(うつ)る/迁到新居。△静(しず)かなお～ですね/好个安静的住所啊!⇨じゅうきょ表

スマイル②〔smile〕微笑。

すま・う②【住まう】(自五)久居,长住,居住。△ここに十年(じゅうねん)も住まっている/我在这儿住了都有十年了。

すまし③【澄(ま)し】①澄清。②洗酒杯的水。③装模作样,假装正经。△～顔(かお)/假装正经的样子。△～汁(じる)/清汤(用盐、木松鱼等调味)。

すま・す②【済ます】(他五)①弄完,做完,办完,搞完。△宿題(しゅくだい)を～/完成作业。△食事(しょくじ)を～/吃完饭。②还清。△借金(しゃっきん)を～/还清欠债。③对付,将就。△昼(ひる)ごはんは残(のこ)り物(もの)で～/午饭就用剩饭对付一下。④了结。△そのままでは済まさないぞ/不能就那么算了。

すま・す②【澄ます】〔清ます〕Ⅰ(他五)①澄清。△濁(にご)り水(みず)を～/澄清浊水。②注意力集中,专心。△心(こころ)を～/沉下心。△耳(みみ)を澄まして聞(き)く/倾耳静听。△目(め)を～/凝视。Ⅱ(自五)装模作样,若无其事。△すまして通(とお)り過(す)ぎる/装模作样地走过去。Ⅲ(补动)接其他动词连用形下面表示该动作彻底完成。△彼(かれ)は取締役(とりしまりやく)になりすましている/他已经成为一个十足的董事。

すま・ない② 〔済まない〕(动词否定形式作形容词用)(谢罪和感谢时用语)对不起,抱歉。△約束(やくそく)が守(まも)れなくて～/未能守约,很抱歉。△ごめいわくをかけて～ことをしました/给您添麻烦,实在对不起。

すま・せる③③ 【済(ま)せる】(他下一) →すます。

すみ① 【隅】〔角〕角落,旮旯。△箱(はこ)を部屋(へや)の～におく/把箱子放在屋角。△～から～まで知っている/知道得极其详细。◇～には置(お)けない人(ひと)/有两下子,不可轻视。◇～の餅(もち)/新房上梁撒的糕饼。⇨かど表

すみ② 【炭】①炭。△けし炭(ずみ)/木材燃烧后的余炭。②木炭。△～屋(や)/炭铺,卖炭的商人。△火鉢(ひばち)に～を継(つ)ぐ/往火盆里添炭。

すみ② 【墨】①墨,墨汁。△～をする/研墨。△筆(ふで)に～をつける/往笔上蘸墨。△～を打(う)つ/(木匠)打墨线。②黑烟子。△なべの～/锅底灰。△一面(いちめん)に～を流(なが)したような空(そら)/黑云盖天,黑云滚滚的天空。③(墨鱼、章鱼等的)墨液。イカの～/乌贼的墨液。

すみ② 【済み】①完结,完了,结束。△これでこの仕事(しごと)は～にしよう/这项工作到此结束吧。②(付款)付讫。△代(だい)～/付讫。

-ずみ 【済み】(接尾)表示已完的意思。△あの問題(もんだい)はもう検討(けんとう)～だ/那个问题已经研究过。△試験(しけん)～/已经试验过。

すみえ⓪ 【墨絵】水墨画。

すみか① 【住みか】〔住み処〕住处,家。△～をさがす/找住处。

すみき・る③④ 【澄(み)切る】(自五)清澈,晴朗;心灵洁净。△澄み切った秋(あき)の空(そら)～/清澈晴朗的秋日的蓝天。

すみこみ⓪ 【住(み)込み】被雇者住在雇主家或店里。

すみずみ②① 【隅隅】各个角落,到处。△～まで捜(さが)す/找个遍。△国(くに)の～にゆきわたる/走遍祖国。

すみつ・く③④ 【住(み)着く】(自五)定居,安家落户。△ここに住みついて10年(ねん)になる/在这里定居已经10年了。

すみつぼ⓪② 〔墨壺〕木工用的墨斗,墨线斗。

すみな・れる④⑤ 【住(み)慣れる】(自下一)住惯。

すみなわ⓪ 【墨縄】(木工用)墨斗线,墨线。△～を打(う)つ/打墨线。

すみび⓪② 【炭火】炭火。△～にあたる/烤炭火。△～で料理(りょうり)を作(つく)る/用炭火作菜。

すみません④ 〔済みません〕("済まない"的恭敬语)对不起。△どうも～/非常抱歉。

すみやか② 【速やか】(形动)快,

迅速。△～に集合(しゅうごう)せよ/迅速集合。△～な処置(しょち)が必要(ひつよう)だ/必须采取迅速的措施。

すみやき⓪④③【炭焼(き)】①烧炭。②炭烤(的鱼、肉)。

すみれ⓪〔菫〕紫花地丁,紫罗兰。

すみわた・る④⓪【澄(み)渡る】(自五)晴朗,万里无云。△澄み渡った青空(あおぞら)/晴空万里的蓝天。

す・む①【住む】(自五)①居住。②(鸟兽等)栖息,生存(也写作"棲む")。

す・む①【済む】(自五)①完,终结,结束。△もうじき～よ/马上就完事儿。△済んだことはしかたがない/过去的事情无法挽回。△用(よう)が～/事情办完,完事。②满足。△気(き)が～/心安理得。△気(き)がすまない/心里感到不安,感到过意不去。△彼(かれ)にあやまらなくては気(き)がすまない/不给他赔个不是,心里过不去。③足够,解决。△千円(せんえん)で～/1000 日元就够了。△電話(でんわ)で～用事(ようじ)/用电话就能办的事情。

	仕事が～	金で～問題	一生～が	手術しないで～	失敗に～
済む	○	○	×	○	×
終わる	○	×	○	×	○

す・む①〔棲む〕(自五)栖。△水(みず)に～動物(どうぶつ)/水栖动物。△カンガルーはオーストラリアにたくさんすんでいる/澳大利亚有很多袋鼠。

す・む①【澄む】(自五)①澄清,清澈。△水(みず)が底(そこ)まで澄んでいる/水清见底。②(声音)清脆。△笛(ふえ)の音色(ねいろ)が～/笛声清脆。③(色泽)鲜明。△澄んだ色(いろ)/鲜明的颜色。④清静。△澄んだ心(こころ)/清静的心。⑤发出清音。⑥晴朗。△澄んだ空(そら)/晴朗的天空。

スムーズ②[smooth]圆滑,顺利,圆满。△事(こと)が～に運(はこ)ぶ/事情进行得顺利。△軸受(じくうけ)は～に回転(かいてん)する/轴承平稳地旋转。

ずめん⓪【図面】(土木、建筑、机械等的)设计图,结构图,蓝图。△家(いえ)の設計(せっけい)の～/房屋设计图。△～を引(ひ)く/画图。

すもう⓪〔相撲〕相朴,角力。△～を取(と)る/摔跤。

スモーカー②[smoker]吸烟者。△ヘビー～/特能吸烟的人。

スモーキング②[smoking]抽烟,吸烟。△ノー～/禁止吸烟。

スモーク②[smoke]①烟。②(为舞台效果而制做的)烟雾。③熏制(的食品)。

スモッグ②[smog](smoke 和 fog 的合成语)(城市上空大气污染后的)烟雾。

すもも⓪〔李〕(植物)李子。

すやすや①(副)安稳,香甜地(睡)。△～眠(ねむ)っている/香甜地睡着。

すら (副助)连,尚且。△きみ～知(し)らない事(こと)をぼくは知るものか/连你尚且都不知道的事情我怎会知道呢。△子供(こども)で～知(し)っている/连小孩都知道。△自分(じぶん)の名前(なまえ)～書(か)けない/连自己的名字都不会写。

スライサ② [slicer](可将肉等切成薄片的)切片机。

スライス② [slice](名・他サ)片,薄片。切成薄片。△～ハム/火腿片。△トマトを横(よこ)に～する/把西红柿横着切成片。

スライダー② [slide](棒球的)滑球。

スライディング⓪② [sliding](名・自サ)①滑,滑过,滑走。②(棒球)滑进,滑入(球垒)。

スライド⓪ [slide](名・自サ)①滑动。②幻灯机,幻灯片。③(棒球)滑进,滑入。④计算尺。⑤(按物价变动)调整工资,浮动工资。⑥(显微镜)载片。

ずら・す② (他五)①挪一挪,蹭一蹭。△椅子(いす)を右(みぎ)へ～/把椅子向右挪一挪。②错一错,错开。△日取(ひどり)を1日(いちにち)～/把日子错开一天。△バスを～/把公共汽车错开。

すらすら① (副)流利,顺畅,顺利。△～答(こた)える/流利地回答。△～ことが運(はこ)ぶ/事情进展顺利。△計画(けいかく)が～進む/计划顺利实施。

スラックス② [slacks]裤子,女裤。

スラム① [slum]贫民居住区。△～街(がい)/贫民窟。

ずらり②③ (副)一大排,成排地。△～並(なら)べる/摆成一排。

すり① [掏摸・掏児]扒手,小偷。△～を働(はたら)く/当小偷。△～ご用心(ようじん)/谨防扒手。

スリー② [three]三。△～サイズ/女性(胸、腰、臀)的三围尺寸。△～ラン/(棒球)一次得三分的本垒打。

スリーピングバッグ⑦ [sleeping bag]睡袋。

すりか・える④③【擦り替える】[掏り替える](他下一)偷偷调换,偷换。△ひそかに～/偷梁换柱。△にせものと～/偷偷地换成假货。

すりガラス③〔磨硝子〕磨砂玻璃,毛玻璃。△窓(まど)に～を入(い)れる/窗户镶上毛玻璃。

すりきず②【擦り傷】擦伤。△転(ころ)んですねに～ができた/跌倒把小腿擦伤了。

すりこぎ③〔擂(り)粉木〕研磨棒。

すりこ・む③⓪【刷り込む】(他五)加印上,印刷进去,用模板印刷。△さし絵(え)を～/加上插图。

すりこ・む③④【擦(り)込む】(他五)①擦进去。△クリームを皮膚(ひふ)に～/把护肤霜擦进皮肤里。②研磨进去,研碎混入。△塩(しお)の中(なか)に胡麻(ごま)を～/把芝麻研磨进盐里去。

スリッパ①② [slipper(s)]拖鞋。△～をはく/穿拖鞋。

スリップ②① [slip](名・自サ)(汽车)打滑,(脚步)踩跐溜。

すりつぶ・す④⓪ 〔擂(り)潰す〕(他五)①磨碎,研碎。△ごまを～/把芝麻磨碎。②磨损,损毁。③(财产)耗尽,用光。

すりぬ・ける④⓪【擦(り)抜ける】(自下一)①挤过去。△人垣(ひとがき)を～/从人群中挤过去。②蒙混过去。

すりばち②⓪③ 〔擂(り)鉢〕研钵,擂钵。

すりみ③ 〔擂(り)身〕磨碎的鱼肉。

スリム①② [slim](形动)瘦长,细长。(身体)苗条。△～な体(からだ)つき/苗条的身材。

すりむ・く③【擦りむく】〔擦り剥く〕(他五)擦破,蹭破。△膝(ひざ)を～/擦破膝盖。△ころんで手(て)の皮(かわ)を擦りむいた/摔倒了,手上蹭破一块皮。

すりもの②【刷(り)物】〔摺(り)物〕印刷品,刊物。△講演(こうえん)の内容(ないよう)を～にする/把讲演内容印刷出版。

スリラー①②[thriller]惊险小说、剧本、电影等。△～映画(えいが)/惊险影片。△～小説(しょうせつ)/惊险小说。△～もの 惊险读物。

スリル① [thrill]惊险,惊悚。

す・る①【刷る】〔摺る〕(他五)①模印。②印刷。△輪転機(りんてんき)で新聞(しんぶん)を～/用速印机印报纸。△年賀状(ねんがじょう)を～/印贺年片。

する②⓪〔為る〕Ⅰ(自サ)①产生某种感觉。△気(き)が～/感觉,觉得。△寒(さむ)けが～/发冷。△音(おと)が～/(听见)有声音。△頭痛(ずつう)が～/头疼。②时间的经过。△3日(みっか)もすれば帰(かえ)って来(き)ます/三天后就回来。△あと二日(ふつか)～と入学式(にゅうがくしき)だ/再过两天就是开学典礼了。③应有的价值。△彼(かれ)から十万円(じゅうまんえん)もする時計(とけい)をプレゼントされた/他送了我一只值10万日元的表。△それはいくらしましたか/那东西你花了多少钱?④决定。△テレビはあまり見(み)ないことにした/我决定尽量不看电视。⑤(用"…う・ようとする"的形式)将要。△日(ひ)が暮(く)れようと～時(とき)/天快(将要)黑下来的时候。⑥(用"…とすると"的形式)如果要是。△行(い)くと～,いつにするか/如果要是去的话,定在什么时候?Ⅱ(他サ)①做,干,搞,办。△仕事(しごと)を～/做工作。△話(はなし)を～/说话。△何(なに)もしない/什么也不干。②充当。△委員(いいん)を～/当委员。△世話役(せわやく)を～/当干事。③使…变成某种状态。使…得到某种职业,使…得到某种地位。△きれいにする/弄干净。△品物(しなもの)を金(かね)にする/把东西变卖成钱。△子供(こども)を医者(いしゃ)にする/让孩子当医生。④

表示长有某种相貌。△こわい顔(かお)をしている/一副可怕的脸。⑤表示某种结果。△損(そん)を～/受损失。△むだを～/白费。⑥表示身体各部位的作用。△(…を)耳(みみ)に～/听见…。△(…を)目(め)にする/看见…。⑦(用"…を…とする"的形式)以…为…,把…当作…。△米(こめ)を主食(しゅしょく)と～/以大米为主食。△平和共存(へいわきょうぞん)の五原則(ごげんそく)を外交政策(がいこうせいさく)と～/把和平共处五项原则作为外交政策。Ⅲ(补动)①(用"お…する"的形式)表示自谦。△お願(ねが)いします/拜托您了。△かばんをお持(も)ちしましょう/我来给您拿皮包吧!②(用"动词连用形+は・もする"的形式)表示加强其意思。△見(み)もしない/连看都不看。△薬(くすり)を飲(の)みは～が/药还是要喝的,但…。

す・る① 〔磨る〕(他五)①磨灭。△墨(すみ)を～/研墨。②磨,擦。△鏡(かがみ)を～/擦镜子。

す・る① 【擦る】〔摩る〕(他五)①摩擦。△タオルで背中(せなか)を～/用毛巾擦背。△手(て)を～/搓手。②损失,赔,输。△財産(ざいさん)を～/损失财产,耗尽财产。△元(もと)を～/赔本。

ずる・い② 〔狡い〕(形)狡猾的,奸诈的,耍滑头的。△～やり方(かた)/狡猾的作法。△～言(い)いわけをする/狡辩。

ずるずる① (副・自サ)①拖拉着,搭拉着。②滑溜。③拖延不决,拖拖拉拉。

ズルチン①⓪ [德 Dulzin]糖精,甘素。

すると③⓪ (接)①于是就。△くじを引(ひ)いた。～一等(いっとう)があたった/抽了个签,于是中了一等奖。②这么说。△～来年(らいねん)は卒業(そつぎょう)なんですね/这么说来,明年就要毕业啦?

するど・い③ 【鋭い】(形)①尖锐的,锐利的。△～批評(ひひょう)/尖锐的批评。②锋利的,快的。△～とげ/尖刺儿。△～ナイフ/锋利的刀子。③剧烈的,猛烈的。△～痛(いた)み/剧烈的疼痛。△相手(あいて)チームを鋭くせめる/猛攻对手队。④敏锐的。△頭脳(ずのう)が～/头脑灵活。△～目(め)つき/敏锐的目光。

スルファざい③ 【スルファ剤】[sulfa—]→サルファざい。

するめ⓪ 〔鯣〕干鱿鱼。

すれすれ⓪ (名・形動)①擦边儿,紧贴着。②勉勉强强,差一点就…。

すれちがい⓪ 【擦(れ)違い】①擦肩而过。②走岔,错开。③分歧,不一致。

すれちが・う④⑤⓪ (自五)交错,错过去。△汽車(きしゃ)は南京(なんきん)で～/(両列)火车在南京错车。△肩(かた)と肩(かた)とが～/擦肩而过。

ずれ② ("ずれる"的名词形)不

吻合，参差不齐，分歧。△意見(いけん)の～がある/意见有分歧。△文化的(ぶんかてき)～/文化方面的差异。

す・れる② 【擦れる】〔摩れる・磨れる〕(自下一)①摩擦。△木(こ)の葉(は)の～音(おと)/树叶摩擦的声音。②磨损，磨破。△肘(ひじ)がすれてしまった/(衣服)胳臂肘磨破了。③阅历很多，久经世故。△すれた男(おとこ)/油子。△社会(しゃかい)に出(で)て擦れてきた/到社会上磨练了一番。

ず・れる② (自下一)①移动，错位。△靴下(くつした)が～/袜子拧劲了。②分歧，不对头。△二人(ふたり)の意見(いけん)が～/两人意见有分歧。③(时间等)落空，耽误。△納期(のうき)が～/误了交货期。

スロー② [slow](名・形动)缓慢，迟钝。△～テンポ/缓慢的速度，慢速。

スローガン② [slogan]①标语，口号。△～をかかげる/悬挂标语。②口令。

ズロース② [drawers](不紧身的)女短裤衩。

スロープ② [slope]斜面，倾斜。斜坡。△急(きゅう)な～/很陡的急坡。

すわり⓪ 【座り】("すわる"的名词形)①坐。②稳定，安定。△～のいい椅子(いす)/很稳当的椅子。

すわ・る③⓪ 【座る】〔坐る〕(自五)①坐。△きちんと～/端端正正地坐着。△楽(らく)に～/随便坐。②居于，居某种地位，占一席之地。△大臣(だいじん)の地位(ちい)に～/官居大臣。△社長(しゃちょう)のいすに～/当上总经理。

すわ・る③⓪ 【据わる】(自五)①不动。△目(め)が～/眼睛发直。△値段(ねだん)が～/行市稳定。②沉着。△胆(きも)が～/壮起胆子。

スワン① [swan]天鹅。

すん① 【寸】长短，尺寸。△～が足(た)りない/尺寸不足。

すんいん⓪ 【寸陰】寸阴。△～を惜(お)しむ/惜寸阴。

すんか① 【寸暇】寸暇，片刻的闲暇。△多忙(たぼう)で～もない/忙得没有片刻闲暇。

ずんぎり⓪ 【ずん切り】切成圆片。△大根(だいこん)を～にする/把萝卜切成片。

すんげき⓪ 【寸劇】短剧。

すんげん⓪ 【寸言】〈文〉寸言，简短(而意味深长)的话。

すんこく⓪ 【寸刻】短暂的时间。△～を惜(お)しんで本(ほん)を読(よ)む/抓紧一切时间读书。△～を争(あらそ)う/争分夺秒。

すんし① 【寸志】①寸心，寸意。△いささかの～を表(あら)わす/聊表寸心。②菲薄的礼品。△ほんの～ですがお納(おさ)めください/不成敬意敬请笑纳。

ずんずん (副)(进度)迅速貌。△工事(こうじ)が～と進(すす)む/工程迅速进展。

すんぜん⓪【寸前】紧跟前,眼前,即将…之前,眼看就要…的时候。△大通(おおどお)りに出(で)る～に本屋(ほんや)がある/靠近大街口有个书店。△ゴール～で倒(たお)れた/就要到终点的时候倒下了。△発車(はっしゃ)～に電車(でんしゃ)にとび乗(の)った/在即将开车的时候,跳上了电车。

すんだん⓪【寸断】(名・他サ)寸断,粉碎。△地震(じしん)で高速道路(こうそくどうろ)は～された/地震使高速公路断成一截一截的。

すんてつ⓪①【寸鉄】①寸铁,护身小武器。△身(み)に～も帯(お)びず/身无寸铁。②警句,警言。△～集(しゅう)/警句集。◇～人(ひと)を刺(さ)す/以警句击中他人要害。◇～人(ひと)を殺(ころ)す/以警句触动他人要害。

すんど①【寸土】〈文〉寸土。

すんなり③(副・自サ)①苗条,纤细。△～した美人(びじん)/身材苗条的美人。△～した足(あし)/修长的腿。②顺利。

すんぴょう⓪【寸評】(名)短评。△新聞(しんぶん)の～/报上的短评。

すんぶん⓪【寸分】Ⅰ(名)些微,毫厘。△～の差(さ)/毫厘之差。△～のすきもない/毫无间隙。△～のくるいもない/十分正常。Ⅱ(副)一点儿(不),丝毫(未)。△～変(か)わらない/丝毫未变。

すんぽう⓪【寸法】①尺寸,长短,尺码。△洋服(ようふく)の～をはかる/量西服尺寸。②打算,计划。△近(ちか)いうちに行(い)ってみようという～だ/打算最近去看看。△～どおりにはこぶ/原封不动地按计划进行。△ちゃんと～はできている/胸有成竹。

すんわ⓪【寸話】简短的谈话,短话。△財界(ざいかい)の～/财界短讯。

せ セ

せ① 【背】①后背，脊背。△~を向(む)ける/背向，背朝着。△~に負(お)う/背负，背着。②背后，背面，后方。③身高，个头儿。△~が高(たか)い/个子高。④山脊，山梁。

ぜ (终助)(用于句末，加强语气。通常为男子或老年妇女用语)喂，唉，噢。△早(はや)く行(い)こう~/喂，快走吧。

ぜ① 【是】〔文〕是，正确，合乎道理。△~か非(ひ)か/是对还是错。△~が非(ひ)でも/无论如何，务必。

せい① 【正】①正，正确。②(相对于续编的)正编。③(数学)正数。

せい① 【生】①生，活着。②生命。△~あるかぎり/在(我)有生之年。③生计，生活手段。△~を営(いとな)む/生活，营生。

せい⓪ 【制】制度。△定年(ていねん)~/退休制度。

せい① 【姓】姓，姓氏。◇~を冒(おか)す/改(姓别人的)姓。

せい① 【性】①性格，性情。△~は温厚(おんこう)/性情温厚。②性别。③性欲。△~の目(め)ざめ/性萌动。

せい① 【精】①精力，元气。△~いっぱい/精力充沛。△~がつく/长精力。②精致，详细。△筆(ひっち)の~/文笔细腻。③精华，灵魂。△花(はな)の~/花之精华。

せい① 【静】静，静止。

せい① 〔所為〕原因，缘故。△人(ひと)の~にする/把责任归于别人。

	お前の~ (で・に) ひどい目 にあった	敗戦を 寝不足 の~に する	食う~ に働く	神の~を こうむる
せい	-で○	○	×	×
ため	-に○	×	○	×
おかげ	-で○	×	×	○

-せい 【製】(接尾)…制，…制造。△中国(ちゅうごく)~/中国制造。

-せい 【制】(接尾)制度，…制。△定年(ていねん)~/退休制。

-せい 【性】(接尾)(事物的)性质，…性。△アルカリ~/碱性。

ぜい① 【税】税。△~を納(おさ)める/纳税。

ぜい① 〔贅〕奢侈。△~を尽(つく)す/极尽奢侈之能事。

せいあつ⓪ 【制圧】(名・他サ)①压制。△相手(あいて)を~する/压制对手。②镇压。△反乱軍(はんらんぐん)を~する/镇压叛军。

せいあつ⓪ 【征圧】(名・他サ)征服，平定。△ガンを~する/征服癌症。

せいあん⓪ 【成案】成熟的方案。△~を得(え)る/有了成熟的方案。

せいい① 【誠意】诚意。△~がある/有诚意。△~を示(しめ)す/表

示诚意。

せいいき⓪【声域】音域。△～が広(ひろ)い/音域宽。

せいいく⓪【生育】(名・自他サ)①培育,生长。△苗(なえ)の～が遅(おく)れる/苗长得慢。②生育,生养。△子供(こども)を～する/生小孩。

せいいく⓪【成育】(名・自サ)成长,发育。△才能(さいのう)が～する/才能在增长。

せいいっぱい③【精一杯】(副・形動)竭尽全力,拼命。△～努力(どりょく)する/极力。非常努力。

せいいん⓪【成因】成因,产生的原因。△岩石(がんせき)の～/岩石的成因。

せいう①【晴雨】晴雨,晴天和雨天。

セイウチ⓪[俄 сивуч]海象。

せいえい⓪【精鋭】(名・形動)精锐。△～を集(あつ)める/集中精英。△少数(しょうすう)～主義(しゅぎ)/少而精主义。

せいえん⓪【声援】(名・他サ)声援。△～を受(う)ける/得到声援。△～を送(おく)る/助威。

せいおう⓪【西欧】①西欧。②西洋,西方。△～諸国(しょこく)/西方各国。

せいおん⓪⓪【清音】(语音中的)清音。

せいか⓪【成果】成果,成就。△～をあげる/取得了很好的成果。

せいか①【生花】(与"造花(ぞうか)"相反)鲜花,真花。

せいか①【生家】出生的家庭,娘家。

せいか①【盛夏】[文]盛夏。

せいか①【聖火】圣火。△オリンピックの～/奥运会的圣火。

せいか①【精華】[文]精华。△日本美術(にほんびじゅつ)の～/日本美术的精华。

せいか⓪⓪【製菓】制作糕点。

せいかい⓪【正解】正确的解释,正确的回答。△～を出(だ)す/得出正确的答案。

せいかい⓪【政界】政界,政治舞台。

せいかい⓪【盛会】盛会。

せいかがく③【生化学】生物化学。

せいかく⓪【正確】(名・形動)正确,准确。△この時計(とけい)は～だ/这只表走得准。

	～な情報	～を期する	～な時計	彼の当選は～だ	～そんな話だった
正確	○	○	○	×	×
確実	○	○	×	○	×
確か	○	×	×	○	○

せいかく⓪【性格】①性情,性格,脾气。△朗(ほが)らかな～/开朗的性格。△社交的(しゃこうてき)な～/喜欢交际的性情。②(事物的)特性,性质。△問題(もんだい)の～/问题的性质。⇒せいしつ 表

せいかく⓪【精確】(名・形動)精确,正确。△～な測定(そくてい)/精确的测定。

せいがく⓪【声楽】声乐。

せいかつ⓪【生活】(名・自サ)生活。△規則(きそく)ただしい～/有规律的生活。△～協同組合(きょ

うどうくみあい)/(会员享受优惠价格的)消费合作社。⇨くらし表

せいかん⓪【生還】①生还,活着回来。②(棒球)安全回到本垒而得分。

せいかん⓪【清閑】(名・形动)清闲。△～な生活(せいかつ)/清闲的生活。

せいがん⓪【請願】(名・他サ)①申请,请求。②(国民向政府或议会)请愿。△～書(しょ)/请愿书。

ぜいかん⓪【税関】海关。

せいがんざい③【制癌剤】抑制癌症的药物。

せいき①【世紀】①年代,时代,朝代。②(公元的)世纪。

せいき①【正規】(名・形动)正规,正式。△～の手続(てつづ)き/正规手续。

せいき①【正気】正气。

せいき①【生気】生气,朝气。△～がみなぎる/充满朝气。△～がない/没有朝气。

せいき①【精気】①(万物生长之根本)精气。②精力,精神与气力。③(民族的)气节,精神。△民族(みんぞく)の～/民族气节。④灵气。△深山(しんざん)の～/深山之灵气。

せいぎ①【正義】正义。△～漢(かん)/正义男儿。

せいきゅう⓪【性急】(形动)性急,急躁。△～に結論(けつろん)を出(だ)すな/不要急于下结论。

せいきゅう⓪【請求】(名・他サ)①要求,请求。②索取,索要。

せいきゅうしょ⑤⓪【請求書】账单。

せいきょう⓪【生協】("生活協同組合"之略)→せいかつ

せいぎょ①【制御】〔制禦・制馭〕(名・他サ)①节制,抑制,把握。△感情(かんじょう)の～/把握感情。②控制,操纵。△自動(じどう)～装置(そうち)/自控装置。

せいきょく⓪【政局】政局。△～が不安定(ふあんてい)だ/政局动荡。

せいきん⓪【精勤】(名・形动・自サ)勤奋,辛勤(工作、学习)。△～賞(しょう)/勤奋奖。

ぜいきん⓪【税金】税款。△～を払(はら)う/交税。

せいけい⓪【生計】生计,生活。△～費(ひ)/生活费。△～をたてる/谋生。⇨くらし表

せいけい⓪【成形】(名・他サ)成形。△～手術(しゅじゅつ)/成形手术。

せいけい⓪【整形】(名・他サ)整形。

せいけいげか⑤【整形外科】(医学的一个分支)整形外科。

せいけつ⓪【清潔】(名・形动)①清洁,干净。△～なガーゼ/干净纱布。②纯洁,清廉。△～な人柄(ひとがら)/纯洁的品格。

せいけん⓪【生検】(为诊断疾病,切取脏器或组织的)切片检查。

せいけん⓪【政見】政见,政治见解。△～放送(ほうそう)/政见广播。

せいけん⓪【政権】政权。△～を握(にぎ)る/掌权。

せいげん③【制限】(名・他サ)限

制,限度。△～がある/有限制。△入場(にゅうじょう)を～する/限制入场。

せいご⓪【正誤】①正确和错误。②勘误,纠正错误。△～表(ひょう)/勘误表。

せいこう⓪【成功】(名・自サ)①成功。△事業(じぎょう)に～する/事业成功。②功成名就。△～者(しゃ)/成功者。

せいこう⓪【性交】性交。

せいこう⓪【精巧】(名・形动)精巧。

せいごう⓪【整合】(名・自他サ)①调整,校准,矫正。△ふぞろいな歯(は)を～する/矫正不整齐的牙齿。△機械(きかい)の各部(かくぶ)を～する/调整机器的各个部分。②(电)匹配,耦合。△～回路(かいろ)/匹配电路。

せいこく⓪〔正鵠〕[文]正鹄,靶中心的黑点。要点要害。△～を射(い)る/射到靶心。抓住要害。

せいこつ⓪【整骨】(名・自他サ)正骨,接骨。

ぜいこみ⓪【税込(み)】含税在内,连税款共计。△～で3万円(まんえん)/含税共3万日元。

せいこん①【精根】精力,元气。△～を尽(つ)くす/竭尽全力。

せいこん①【精魂】灵魂,精神。△～を込(こ)める/倾注全部精力。

せいざ⓪【星座】星座。△夏(なつ)の～/夏季的星座。

せいざ⓪【正座】〔正坐〕(名・自サ)正坐,端坐。△～をする/端坐。

せいさい⓪【制裁】(名・他サ)制裁。△～を加(くわ)える/加以制裁。△～を受(う)ける/受到制裁。

せいさい⓪【生彩】生气,活力。△～を放(はな)つ/生气勃发。

せいさい⓪【精彩】精彩,色彩艳丽。△～を欠(か)く/不精彩。

せいさい⓪【精細】(名・形动)详细,详尽。△～な描写(びょうしゃ)/详尽的描述。

せいさく⓪【政策】政策。△物价(ぶっか)～/物价政策。

せいさく⓪【制作】(名・他サ)创作,制作(艺术品)。△映画(えいが)の～/电影创作。

せいさく⓪【製作】(名・他サ)制造,制作(机器等)。△器具(きぐ)の～/制造机器。

せいさん⓪【生産】(名・他サ)生产。△～を高(たか)める/提高生产。△商品(しょうひん)を～する/生产商品。△～高(だか)/ⅰ)产量。ⅱ)产量的总金额。

せいさん⓪【成算】有把握,(胸中)有数。△この仕事(しごと)には～がある/这件工作有把握。◇胸(むね)に～をもっている/胸有成竹。

せいさん⓪【清算】(名・他サ)①结算,清账。△借金(しゃっきん)を～する/结算借款(账目)。②清算,了结。

せいさん⓪〔凄惨・悽惨〕(名・形动)凄惨。△～な事件(じけん)/凄惨的事件。

せいさん⓪【精算】(名・他サ)精算,细算。△運賃(うんちん)を〜する/细算运费。

せいし⓪①【正視】(名・他サ)正视,正眼观看。△〜するに忍(しの)びない/目不忍睹。

せいし①【生死】生死,死活。

せいし⓪【制止】(名・他サ)制止,阻拦。△係員(かかりいん)の〜を振(ふ)りきる/摆脱工作人员的阻拦。

せいし⓪①【精子】精子,精虫。

せいし⓪【静止】(名・自サ)静止。

せいじ⓪【政治】政治。△〜に無関心(むかんしん)だ/对政治漠不关心。

せいじか⓪【政治家】①政治家。②玩弄权术的人。

せいしき⓪【正式】(名・形动)正式,正规。△〜な認可(にんか)/正式同意。

せいしつ⓪【性質】①秉性,气质。△〜がいい/秉性好。②性质,特性。△ゴムの主(おも)な〜は弾力(だんりょく)である/橡胶主要特性是(它具有)弹力。

	素直な〜	割れにくい〜のガラス	参議院の〜	趣味的な〜の濃い団体	〜の悪い風邪
性質	○	○	○	×	×
性格	○	×	×	○	×
たち	○	×	×	×	○

せいじつ⓪【誠実】(名・形动)诚实。△〜な人柄(ひとがら)/诚实的人品。△〜に生(い)きる/诚实地生活。

せいじゃ①【正邪】正邪,是非。△〜曲直(きょくちょく)/是非曲直。

せいじゃく⓪【静寂】(名・形动)寂静。△〜を破(やぶ)る/打破寂静。

ぜいじゃく⓪〔脆弱〕(名・形动)脆弱。△〜な体質(たいしつ)/孱弱的体质。

せいしゅ⓪【清酒】清酒;日本酒。

せいしゅく⓪【静粛】(名・形动)肃静,静穆。

せいじゅく⓪【成熟】(名・自サ)①成熟。△〜した柿(かき)/成熟的柿子。②娴熟。△〜した技術(ぎじゅつ)/娴熟的技术。③长成,发育成熟。△〜した身体(しんたい)/发育成熟的身体。④时机成熟。

せいしゅん⓪【青春】青春。

せいじゅん⓪【清純】(名・形动)纯洁,纯真。△〜な娘(むすめ)/纯真的姑娘。

せいしょ⓪【清書】(名・他サ)缮写,清抄。△原稿(げんこう)の〜/清抄手稿。

せいしょ①【聖書】圣经。△〜の言葉(ことば)/圣经中的词句。

せいしょう⓪【清祥】[文](书信用语)安康,康泰。△貴下(きか)ますますご〜のことと拝察(はいさつ)いたします/谅贵体日益康健。

せいしょう⓪【清勝】[文](书信用语)康泰,康健。△貴下(きか)ますますご〜の段(だん)およろこび申(もう)し上(あ)げます/值此贵体日益健康之际谨致祝贺。

せいしょう⓪【斉唱】(名・他サ)

①斉唱，一起唱。△校歌(こうか)〜/齐唱校歌。②斉呼，齐喊。△万歳(ばんざい)〜/齐呼万岁。

せいじょう⓪【正常】(名・形动)正常。△〜に戻(もど)る/恢复正常。

せいじょう⓪【政情】①政局。△〜不安(ふあん)/政局不稳。②政界情况。

せいじょう⓪【清浄】(名・形动)清净，洁净，纯洁。△〜な空気(くうき)/清净的空气。△〜野菜(やさい)/无污染蔬菜。

せいしょうねん③【青少年】青少年。

せいしょく⓪【生殖】(名・他サ)生殖，繁育。

せいしょく⓪【声色】[文]①(说话的)声音和脸色。△〜を動(うご)かさない/不动声色。②歌舞和女色。△〜にふける/沉湎于声色。

せいしん⓪【誠心】诚心。△〜誠意(せいい)/诚心诚意。

せいしん⓪【清新】(名・形动)清新。△〜の気風(きふう)/清新的风气。

せいしん①【精神】①心灵，心。②精髓，神髓。③精力，气力。④思想，意志。△〜を集中(しゅうちゅう)する/集中精神。

せいじん⓪【成人】(名・自サ)①成年人，成人。②长大成人，长成大人。

せいず⓪【製図】(名・他サ)制图，绘图。

せいすい⓪【精粋】精粹，精华。△近代思想(きんだいしそう)の〜/近代思想之精华。

せいずい⓪①【精髄】精髓，精华。

せいすう③【整数】整数。

せい・する③【征する】(他サ)讨伐，征讨。△敵(てき)を〜/讨伐敌人。

せい・する③【制する】(他サ)①控制。△多数(たすう)を〜/控制多数。②制止，抑制。△暴力(ぼうりょく)を〜/制止暴力。③制定。△法規(ほうき)を〜/制定法规。

せいせい⓪【生成】Ⅰ(名・自サ)生成，生长，产生。△火山(かざん)の〜過程(かてい)/火山生成的过程。Ⅱ(名・他サ)制成，造出。△新(あたら)しい薬品(やくひん)を〜する/制成新药。

せいせい⓪【精製】(名・他サ)①精心制作。②去粗取精地制造，精制。△原油(げんゆ)を〜する/精炼原油。

せいぜい①【精精】(副)①尽力，尽量，尽可能。△〜勉強(べんきょう)せよ/尽全力用功呀！②充其量，顶多。△〜二千円(にせんえん)ぐらい/顶多 2000 日元左右。⇒なるべく 表

せいせき⓪【成績】成绩，成果。△学校(がっこう)の〜/学校的成绩。△〜があがる/成绩上升了。

せいせん⓪【生鮮】(名・形动)生鲜，新鲜。△〜食料品(しょくりょうひん)/新鲜食品。

せいぜん⓪【生前】生前。

せいぜん⓪ 【整然】(形動タルト)井然,整整齐齐。△〜と並(なら)ぶ/整齐地排列着。△理路(りろ)〜とした話(はなし)/有条不紊的谈话。

せいそ① 〔清楚〕(形動)整洁朴素,清秀。△〜な服装(ふくそう)/整洁朴素的服装。△〜な美人(びじん)/清秀的美人。

せいそう⓪ 【政争】①政治斗争。②政权争夺。

せいそう⓪ 【正装】正式的服装,(着)礼服。

せいそう⓪ 〔清爽〕(名・形動)〔文〕清爽。△〜な秋(あき)の朝(あさ)/清爽的秋天的早晨。

せいそう⓪ 【清掃】(名・形動)清扫,扫除。△〜車(しゃ)/清扫车。

せいそう⓪ 【盛装】(名・自サ)盛装(打扮)。

せいそう⓪ 【星霜】星霜,岁月。△〜を経(へ)る/经历了岁月。

せいぞう⓪ 【製造】(名・他サ)制造,制作。△〜元(もと)/制造者。生产厂家。△〜工程(こうてい)/制造工艺。

せいそく⓪ 〔棲息〕(名・自サ)(动物的)栖息,栖居。△〜地(ち)/栖息地。

せいぞん⓪ 【生存】(名・自サ)生存。△〜者(しゃ)/生存者。△〜を脅(おびや)かす/威胁生存。

せいたい⓪ 【生体】活体,活物。人体。△〜解剖(かいぼう)/活体解剖。

せいたい⓪ 【生態】生态。△植物(しょくぶつ)の〜/植物的生态。

せいたい⓪ 【声帯】声带。△〜模写(もしゃ)/模仿人或动物的声音,口技。

せいたい⓪ 【政体】政体。

せいだい⓪ 【盛大】(形動)盛大,隆重。△〜な開会式(かいかいしき)/盛大的会议开幕式。

せいだく⓪⓪ 【清濁】①清浊。②善恶,好坏。△〜併(あわ)せ呑(の)む/好坏兼收。

ぜいたく③④ 〔贅沢〕(名・形動)奢侈,奢华。△〜な生活(せいかつ)/奢侈的生活。

せいだ・す① 【精出す】(自五)努力,鼓足干劲。△仕事(しごと)に〜/努力工作。

せいたん⓪ 【生誕】(名・自サ)诞生。△〜百年(ひゃくねん)/百年诞辰。⇨たんじょう 表

せいちょう⓪ 【生長】(名・自サ)(植物)生长。△稲(いね)の〜/水稻的生长。

せいちょう⓪ 【成長】(名・自サ)(人和动物)成长,成熟,长大。△経済(けいざい)〜率(りつ)/经济增长率。

せいちょう⓪ 【清聴】(演讲者对听众表示感谢的敬语)听,垂听。△ご〜を感謝(かんしゃ)します/感谢大家听我的讲话。

せいつう⓪ 【精通】(名・自サ)精通。△音楽(おんがく)に〜している/精通音律。

せいてい⓪ 【制定】(名・自サ)制定。△憲法(けんぽう)の〜/制定宪

法。

せいてき⓪【静的】(形动)静态的。

せいてつ【製鉄】炼铁,制铁。

せいてん【青天】[文]青天,晴朗的天空。△~の霹靂(へきれき)/ⅰ)晴天霹雳。ⅱ)突发事件;突然的打击。

せいてん⓪【晴天】晴天,好天气。

せいでんき③【静電気】静电。

せいと①【生徒】(初中、高中的)学生。

せいと①【征途】[文](战争、比赛的)征途。△~につく/踏上征途。

せいど①【制度】制度。△社会(しゃかい)の~/社会制度。

せいど①【精度】[文]精度,精确程度。△~が高(たか)い/精度很高。

せいとう⓪【正当】(名・形动)正当,合理。△~な理由(りゆう)/正当理由。

せいとう⓪【政党】政党。

せいどう⓪【正道】正道,正确的道路。△~を歩(あゆ)む/走正道。

せいどう⓪【制動】(名・他サ)制动。

せいどう⓪【青銅】青铜。△~器(き)/青铜器。

せいどく⓪【精読】(名・他サ)精读,熟读。△良書(りょうしょ)を~する/熟读好书。

せいとん⓪〔整頓〕(名・自他サ)整顿,收拾,整理。△整理(せいり)~/清理整顿,整理收拾。

せいねん⓪【生年】生年,出生的年份。△~月日(がっぴ)/出生年月日。

せいねん⓪【成年】成年。△~期(き)/成年时期。

せいねん⓪【青年】青年。△~団(だん)/青年团。△~時代(じだい)/青年时代。

せいのう⓪【性能】性能,效能。△~のよい車(くるま)/高性能的车辆。△~を発揮(はっき)する/发挥效能。

	~を発揮する	~のいい車	頭の~が衰える	高~のカメラ	言葉の~
性能	○	○	×	○	×
機能	○	×	×	×	○

せいは①【制覇】(名・他サ)①称霸,霸占。△世界(せかい)~/称霸世界。②(比赛)优胜。

せいはい①【成敗】〈文〉成败。△~を期(き)せず/成败未卜。

せいばつ【征伐】(名・他サ)征伐,讨伐。

せいはんたい③【正反対】(名・形动)完全相反,正相反。△兄(あに)の性格(せいかく)はわたしと~だ/哥哥的性格和我正相反。

せいひ①【成否】成败,成功与否。△登頂(とうちょう)の~を見守(みまも)る/注视着登山的成败。

せいび①【整備】(名・他サ)①保养,维修。△自動車(じどうしゃ)を~する/保养汽车。②配备,装备。

せいひれい③【正比例】(名・自サ)正比,正比例。

せいひん⓪【清貧】贫穷,清贫。△~に甘(あま)んずる/甘于清贫。

せいひん⓪【製品】制成品,产品。△電化(でんか)～/电气产品。△～を造(つく)る/制造产品。

せいふ①【正負】①正号和负号。②正数和负数。③阳极和阴极。

せいふ①【政府】政府。△新(あたら)しい～をつくる/组织新政府。

せいぶ①【西部】①西部。②美国西部。△～劇(げき)/美国西部剧。

せいふく⓪【制服】(公司、学校等的)统一服装,制服。△～を着(き)る/穿制服。

せいふく⓪【征服】(名・他サ)征服。△自然(しぜん)を～する/征服自然。

せいぶつ①【生物】生物。△～の繁栄(はんえい)/生物的繁荣。

せいぶん①【成分】成分。△薬(くすり)の～/药的成分。△文(ぶん)の～/(语法的)句子成分。

せいへき【性癖】毛病,恶习。△～をもつ/有脾气。

せいべつ⓪【性別】性别。

せいへん⓪【政変】政变。

せいぼ⓪【歳暮】①岁暮,年末,年底。△～大売(おおうり)出(だ)し/年终大甩卖。②年终送礼,年末送的礼品。

せいほう⓪【製法】制法,做法。

せいほう⓪【声望】声望,名望,声誉。△～が高(たか)い/声望很高。

せいほうけい③【正方形】(数学)正方形。

せいホルモン【性ホルモン】[一徳 Hormon]性激素。

せいほん⓪【正本】①正本(与原本具有同等效力)。②(对副本抄件而言的)正本。

せいまい⓪【精米】Ⅰ(名・自他サ)碾米。Ⅱ(名)精米,白米。

せいみつ⓪【精密】(名・形动)精密,细致。△～にできる/做得精密。△～な機械(きかい)/精密机械。△～な検査(けんさ)/细致检查。

	～な研究	～に調べる	～な頭脳	～な機械	～な計画
精密	○	○	△	○	×
綿密	○	○	×	×	○
緻密	○	△	○	×	○

せいみょう⓪【精妙】(名・形动)精妙,精巧。△～な細工(さいく)/精巧的手工艺品。

せいむ①【政務】政务。△～次官(じかん)/政务次官。

ぜいむ①【税務】税务。

ぜいむしょ③④⓪【税務署】税务署,税务局。

せいめい①③【生命】生命。△～を保(たも)つ/维持生命。

	事故で～を失う	選手としての～が長い	～の縮む思い	時計の～は正確さにある	時計は正確さが～だ
生命	○	○	×	○	○
命	○	×	○	×	○

せいめい⓪【声明】(名・自サ)声明。△～書(しょ)/声明书。

せいめい【姓名】姓名。

せいもん⓪【正門】正门。

せいや①【聖夜】圣诞前夜,平安夜。

せいやく⓪【制約】(名・他サ)制约,(条件)限制。△時間(じかん)

の〜を受(う)ける/受时间限制。

せいやく⓪ 【製薬】制药，成药。△〜会社(がいしゃ)/制药公司。

せいやく⓪ 【誓約】(名・他サ)誓约。△〜書(しょ)/誓约书。

せいよう① 【西洋】西洋，西方。△〜の文化(ぶんか)/西方文化。

せいようじん③ 【西洋人】洋人，欧美人。

せいり① 【生理】①生理。△人体(じんたい)の〜/人体生理。②月经。△〜が始(はじ)まる/来月经，初潮。

せいり① 【整理】(名・他サ)①整理。△資料(しりょう)を〜する/整理资料。②淘汰，精减。

ぜいりし③ 【税理士】税理士(以代理税务、代办纳税手续为职业的人)。

せいりつ⓪ 【成立】(名・自サ)①成立。△条約(じょうやく)が〜する/签订条约。②通过,意见一致。△予算(よさん)が〜する/预算通过。

ぜいりつ⓪ 【税率】税率。

せいりゅう⓪ 【整流】(名・他サ)整流。△〜器(き)/整流器。

せいりょう⓪ 【清涼】(名・形動)清凉，清爽。

せいりょく⓪ 【勢力】势力，权势，威势。△〜がある/有权势。△〜争(あらそ)い/权势之争。△〜圏(けん)/势力圈。

せいりょく① 【精力】精力。△〜絶倫(ぜつりん)/精力超群。⇨エネルギー表

せいれい⓪ 【政令】政令。

せいれい⓪ 【精励】(名・自サ)勤奋，奋勉。△職務(しょくむ)に〜する/勤奋工作。

せいれき⓪ 【西暦】公历，公元，西历。

せいれつ⓪ 【整列】(名・自サ)整队，排队。

せいれん⓪ 【清廉】(名・形動)清廉。△〜潔白(けっぱく)/清廉洁白。

せいれん⓪ 【精練】(名・他サ)(清除动植物纤维中的脂肪、杂质等)精制，精加工。

せいれん⓪ 【精錬】(名・他サ)精炼，提炼。△金属(きんぞく)を〜する/提炼金属。

ゼウス① [Zeus](希腊神话中的主神)宙斯。

セーター① [sweater]毛衣，毛线衣。

セーフ① [safe]①(棒球)未出局，活着。△〜になる/安全进垒。②(网球)界内球，未出界。

セーブ① [save](名・他サ)①搭救，救，拯救。②节省，节约。③储蓄，贮存。④保全，保留。

セーラー① [sailor]①水兵，海员。②水兵服。③(日本中小学女学生的)校服。

セール① [sale]销售，大减价。△クリスマス〜/圣诞节大减价。△バーゲン〜/大甩卖。

セールス① [sales]①推销，销售。②推销员("セールスマン"之略)。

セールスマン④① [salesman]推销

员。

せおいこ・む④【背負い込む】(他五)负担,承担(损失、麻烦事等)。△やっかいな役(やく)を～/承担了一项棘手的任务。

せお・う②【背負う】(他五)①背。△荷物(にもつ)を～/背行李。②承担,担负。△一家(いっか)を～/扶养一家人。

せおよぎ②【背泳ぎ】仰泳。

せかい①②【世界】①整个地球,万国。②宇宙。③人世间。④(同类的集合体)世界。△動物(どうぶつ)～/动物世界。⑤某一特定范围。△観念(かんねん)の～/精神范畴。

せかいかん②【世界観】世界观,宇宙观。

せか・す②〔急かす〕(他五)催促。△原稿(げんこう)をせかされる/催要原稿。

せかせか①(副・自サ)慌慌张张,急急忙忙。△～と歩(ある)く/匆匆忙忙地走路。△～した人(ひと)/慌慌张张的人。

せが・む②(他五)央求,死乞白赖地要求。

せがれ⓪〔倅〕①(对人谦称自己的儿子)犬子,小儿。②(对孩子、年轻人的蔑称)小子,小崽子,小家伙。

せき⓪①【席】席位,座位。△～につく/就座。

せき①【関】①间隔,隔断。②关口,关卡。③(相扑的力士等级称号)关胁。

せき①【籍】籍,户籍。△～を入(い)れる/入籍。

せき②〔咳〕咳,咳嗽。△～止(と)め/止咳药,止咳剂。

-せき【隻】(后缀)(计数船只、鱼、鸟等)…只,…条。△船2(ふねに)～/两条船。

せきがいせん⓪③【赤外線】红外线。

せきがはら③【関が原】①关原(日本古战场,位于歧阜县西南)。②〈转〉决战,决定命运的一战,胜负关头。△こんどの試合(しあい)は～の一戦(いっせん)だ/这次比赛是决定命运的一战。

せきさい⓪【積載】(名・他サ)装载。△～能力(のうりょく)/装载能力。

せきしゅ①【赤手】赤手,空手。△～空拳(くうけん)/赤手空拳。

せきじゅうじ③【赤十字】红十字。△～社(しゃ)/红十字会。

せきしょ③【関所】关卡。△～を設(もう)ける/设置关卡。

せきしょく⓪【赤色】①红色。②指共产主义。△～革命(かくめい)/共产主义革命。

せきしん⓪【赤心】赤心,诚心,赤诚。△～を披瀝(ひれき)する/披肝沥胆。△～を推(お)して人(ひと)の腹中(ふくちゅう)に置(お)く/推心置腹。

せきずい②〔脊髄〕脊髓。

せきせつ⓪【積雪】积雪。△～量(りょう)/积雪量。

せきたん③【石炭】煤。△～を掘

(ほ)る/挖煤。

せきちゅう⓪〔脊柱〕脊柱。△～側弯症(そくわんしょう)/脊柱側弯。

せきつい⓪②〔脊椎〕脊椎。

せきどう⓪【赤道】赤道。

せきと・める④⓪〔塞き止める〕(他下一)堵住，拦住，防止。△川(かわ)を～/拦河。

せきにん⓪【責任】①职责。△～を果(は)たす/尽责。②责任。当番(とうばん)の～/值班的责任。

せきねん⓪【積年】积年，长年。△～の願(ねが)い/多年的宿愿。△～の恨(うら)みをはらす/雪了多年的仇恨。

せきのやま⑤【関の山】最大限度，充其量，至多。

せきはい⓪【惜敗】(名・自サ)(比赛)输得可惜。△一点差(いってんさ)で～した/以一分之差输了，真可惜。

せきばく⓪〔寂寞〕(名・形動タルト)寂落，冷落。△～たる光景(こうけい)/冷落的景象。△～を感(かん)じた/感觉寂寞。

せきはん⓪③②【赤飯】红小豆糯米饭。

せきひ⓪【石碑】石碑，记念碑。

せきひん⓪【赤貧】赤贫。◇～洗(あら)うが如(ごと)し/一贫如洗。

せきぶつ⓪【石仏】石佛。

せきぶん⓪【積分】(数学)积分。

せきへい⓪【積弊】积弊。△～を一掃(いっそう)する/清除积过。

せきべつ⓪【惜別】惜别。△～の情(じょう)/惜别之情。

せきぼく⓪【石墨】石墨。

せきむ①【責務】责任和义务，职责。△～を果(は)たす/尽责。

せきめん⓪【赤面】(名・自サ)脸红，害羞。△～の至(いた)り/惭愧之至。

せきゆ⓪【石油】石油。△～インフレ/因石油涨价而引起的通货膨胀。

セキュリティー②[security]安全，防范。△～チェック/安全检查。

せきらら⓪【赤裸裸】(形動)①赤身，赤裸。②毫不隐瞒。△～な告白(こくはく)/毫无隐瞒地坦白。

せきり①【赤痢】赤痢，痢疾。

せきりょう⓪【寂寥】(名・形動)寂寥，寂寞，冷清。△～とした雪原(せつげん)/寂寥的雪野。

せきわけ⓪〔関脇〕(相扑)关胁(力士级别之一，次于"大关"，高于"小结")。

せ・く⓪〔咳く〕(自五)咳，咳嗽。

せ・く①【急く】Ⅰ(自五)①急，着急。△気(き)が～/着急。②急促，急剧。△息(いき)が～/气喘吁吁。Ⅱ(他五)催促。△仕事(しごと)を～/催促工作。

セクシャル・ハラスメント①-①[sexual harassment](也作"セクシュアル・ハラスメント")→セクハラ。

セクシュアル・ハラスメント①-①[sexual harassment]→セクハラ。

セクション①[section]①部分，区域。②部门，部，科。③(文章

的)节,段。④(报刊的)栏,栏目。

セクハラ⓪ [sexual harassment]("セクシャル・ハラスメント"之略)性骚扰。

せけん① 【世間】①世上,社会。②人间,人们。△～の口(くち)がうるさい/人言可畏。◇～を狭(せま)くする/ⅰ)活动范围狭窄。ⅱ)交际圈缩小。

	～を知らない	～の口がうるさい	日進月歩の～	失恋して～がいやになる	医者の～
世間	○	○	×	×	×
世の中	○	×	○	○	×
社会	○	×	○	×	○

せこ① 【世故】世故。△～にうとい/不谙世故。

せじ⓪ 【世辞】奉承(话),恭维(话)。△お～を言(い)う/讲恭维话。

せし・める③ (他下一)掠夺,抢夺,攫取。△物(もの)を～/掠夺物资。△賃金(ちんぎん)を～/把工资抢去了。

せしゅう⓪ 【世襲】(名・他サ)世袭。△～の権利(けんり)/世袭的权力。

せじょう⓪ 【世上】世间,世上,社会。△～のうわさ/街谈巷议。

せじょう⓪ 【世情】世上,世间,社会。△～にうとい/不谙世故。

せすじ①⓪ 【背筋】脊背,背部。△～を伸(の)ばす/把身子挺直。

ゼスチュア① [gesture]动作,手势。

ぜせい⓪ 【是正】(名・他サ)纠正,更正,改正。△不平等(ふびょうどう)を～する/改变不平等状况。

せせこまし・い⑤ (形)①窄小。△～所(ところ)/窄小的地方。②心胸狭窄,不开朗。△～人物(じんぶつ)/心胸狭隘的人。

せせらぎ⓪ ①浅溪,细流。②(小溪流水声)潺潺,淙淙。

せそう⓪②① 【世相】世风,世态,社会情况。△～を反映(はんえい)する/反映世态。

せぞく⓪① 【世俗】①世俗。△～にこびる/阿谀世俗。②世间。③世人。

せたい①② 【世帯】家庭。△～主(ぬし)/家长。

せたい⓪① 【世態】世态。

せだい①⓪ 【世代】①时代,辈份,一代人。△若(わか)い～/年轻一代。②(父、子、孙的)代。

せたけ① 【背丈】①身长,身高。②(衣服的)身长。

せちがら・い④ 【世知辛い】(形)①处世难,生活艰难。△～世(よ)の中(なか)だ/世道真不好过。②不吃亏,斤斤计较。△～人間(にんげん)/斤斤计较的人。

せつ 【節】①时节,时候。△その～はよろしく/到时请多多指教。②节操。△～を守(まも)る/守节。③(音乐、诗文的)小段落。

せつ⓪ 【説】①意见,主张。②学说,见解,论点。

せつえい⓪ 【設営】(名・他サ)①筹建,营建。△キャンプの～/设置营地。②筹备(会议),布置(会场)。△会場(かいじょう)を～する/布置会场。

せつえん⓪【節煙】(名・自サ)节烟，控制吸烟。

ぜつえん⓪【絶縁】(名・自サ)①断绝关系。△家(いぇ)と～する/与家庭断绝关系。②(电的)绝缘。△～体(たい)/绝缘体。

せっかい①⓪【切開】(名・他サ)切开，剖开。△～手術(しゅじゅつ)/切开手术；剖腹手术。

せっかい①【石灰】石灰

ぜっかい⓪【絶海】远海。△～の孤島(ことう)/远海孤岛。

せっかく⓪⓪【折角】(副)①特意，专门。△～来(き)たのに会(ぁ)えない/特意来了，可未能遇到。②煞费苦心，努力，尽力。△～の好意(こうぃ)をむだにする/辜负了一番好意。③好好。△～ご自愛(じぁぃ)のほどを/请多珍摄。

	～行ったのに留守だった	～の努力が無になる	～来たかいがあった	～ご自愛下さい	～回り道をする
せっかく	○	○	×	○	×
わざわざ	○	×	×	×	○

せっかち①(名・形动)性子急。△～な人(ひと)/性急的人。⇨たんき表

せつがん⓪【切願】(名・他サ)恳求，恳请，央求。

せつがん⓪【接岸】(名・自サ)(船)靠岸。

せっき⓪【石器】石器。△～時代(じだい)/石器时代。

せっきゃく⓪【接客】(名・自サ)接客，接待客人。△～業(ぎょう)/接客服务业(在日本指理发、美容、女招待、艺妓等)。

せっきょう③①【説教】(名・自サ)①说教,传教,布道。△～を聞(き)く/听布道。②教训，教诲。△お～を食(く)う/挨训。

ぜっきょう⓪【絶叫】(名・自サ)绝望地叫喊，大声呼叫。△女(おんな)の～/女人的绝叫声。

せっきょく⓪【積極】积极。△～性(せい)/积极性。△～的(てき)に/积极地。△～的(てき)な発言(はつげん)/积极的发言。

せっきん⓪【接近】(名・自サ)接近，靠近。△台風(たいふう)が～する/台风靠近了。△二人(ふたり)の実力(じつりょく)が～する/二人实力接近。

せっく【節句・節供】节日(日本特指"人日"(1月7日)、"上巳"(3月3日)、"端午"(5月5日)、"七夕"(7月7日)、"重阳"(9月9日)等五个民俗节日，但现在仅指3月和5月而言)。△桃(もも)の～/三月节。△端午(たんご)の～/端午节。

せつ・く②(他五)(俗)催促，逼。△いくらせついたって今日(きょう)じゅうにはできない/无论怎么催，今天之内是完不成的。

セックス①[sex]①性。②性欲，性行为。

せっくつ⓪〔石窟〕石窟。

せっけい⓪【設計】(名・他サ)设计，规划。△～図(ず)/设计图。△ビルの～/设计楼房。

ぜっけい⓪【絶景】绝景。△天下(てんか)の〜/天下绝景。

せつげつか③【雪月花】雪、月、花(代表日本一年四季的景色)。

せっけっきゅう③【赤血球】红血球。

せっけん⓪〔石鹸〕皂，肥皂。

せっけん⓪【接見】(名・自サ)接见。

せっけん⓪【節倹】节俭，节约。△〜家(か)/节省的人。

せつげん⓪【雪原】①白雪覆盖的平原，雪原。②(全年被冰雪覆盖的)冰原。

せつげん⓪【節減】(名・他サ)节减，节省。△電力(でんりょく)の〜/节电。

ゼッケン［德 Zeichen］(运动员等胸前、后背佩带的)号码布，号码。

せっこう⓪〔石膏〕石膏。

せつごう⓪【接合】(名・自他サ)接上，粘上，接合。

ぜっこう⓪【絶交】(名・自サ)绝交，断交。△〜の状態(じょうたい)/绝交状态。

ぜっこう⓪【絶好】极好，最好。△〜のチャンス/绝好的机会。

せっしゅ⓪【接種】(名・他サ)接种(疫苗)。△予防(よぼう)〜/预防接种，预防注射。

ぜっさん⓪【絶賛】(名・他サ)高度赞扬，极高赞誉。△〜を博(はく)する/博得极高的赞誉。

せっし①【摂氏】摄氏。

せつじつ⓪【切実】(形动)①切身，追切。△〜な問題(もんだい)/切身问题。②痛切。△〜に感(かん)じる/痛切感到。③切实。△〜な方法(ほうほう)/切实的方法。

せっさたくま①〔切磋琢磨〕(名・自サ)切磋琢磨。

せつざん②【雪山】雪山。

せっしゅ①【摂取】(名・他サ)摄取，吸取，吸收。△栄養(えいよう)の〜量(りょう)/营养吸收量。△外国文化(がいこくぶんか)を〜する/吸取外国文化。

せっしゅ⓪【節酒】(名・自サ)节酒，控制酒量。

せつじょ⓪【切除】(名・他サ)切除。△ポリープを〜する/切除息肉。

せっしょう⓪【折衝】(名・自サ)交涉，谈判。△外交(がいこう)〜/外交谈判。

ぜっしょう⓪【絶唱】优秀诗歌，绝唱。△近代詩(きんだいし)の〜/近代诗的绝唱。

ぜっしょう⓪【絶勝】(风景)绝胜，绝佳。△〜の地(ち)/风景绝佳之地。

せっしょく⓪【節食】(名・自サ)节食，节制饮食。

せっしょく⓪【接触】(名・自サ)①接触，碰撞。△車(くるま)の〜事故(じこ)/车辆碰撞事故。②交往，交涉。△外部(がいぶ)との〜を断(た)つ/断绝了与外界的交往。

せつじょく⓪【雪辱】(名・自サ)雪耻，挽回名誉。△〜戦(せん)/

雪耻战。△～を遂(と)げる/挽回名誉。

せっ・する④⓪③【接する】Ⅰ(自サ)①挨着,靠着。△山(やま)に～/靠近山。海(うみ)に接した町(まち)/靠海的城镇。②接触。△世界(せかい)の国国(くにぐに)の文化(ぶんか)に～/接触世界各国的文化。Ⅱ(他サ)连接,使衔接上。△額(ひたい)を～/交头接耳。

ぜっする④⓪③【絶する】(自サ)绝,尽,无以伦比。△想像(そうぞう)に～苦心(くしん)/难以想像的苦心。

せっせい⓪①【摂生】(名・自サ)养生,注意健康。

せっせい⓪【節制】(名・自サ)节制,控制。△飲食(いんしょく)を～する/节制饮食。

ぜっせい⓪【絶世】绝世,绝代。△～の美人(びじん)/绝代佳人。

せつせつ⓪【切切】(名・形動)①痛切,深切。△～と歌(うた)う/深切地歌唱。②恳切,殷切。△～たる願(ねが)い/殷切的愿望。

ぜっせん⓪【舌戦】舌战,辩论。△～を繰(く)り広(ひろ)げる/展开舌战。

せっそう⓪③【節操】节操,操守。△～がない人(ひと)/无耻之徒。

せっそく⓪【拙速】(名・形動)求快而不求好。△～を避(さ)ける/避免求快而不求好。

せっせと①(副)不停地,一个劲儿地,孜孜不倦地。

せつぞく⓪【接続】(名・自他サ)连续,衔接,接续。△列車(れっしゃ)が～する/列车接续。△～詞(し)/接续词。

せったい⓪【接待】(名・他サ)①接待。△～にあずかる/承蒙接待。②(茶水)招待。

ぜったい⓪〔舌苔〕舌苔。

ぜったい⓪【絶対】(名・副)①至高无上,绝对。△神(かみ)は～である/上帝至高无上。②断然,一定。△～反対(はんたい)だ/坚决反对。③无条件。

ぜつだい⓪【絶大】(名・形動)极大。△～な支持(しじ)/极大的支持。

ぜったいぜつめい⓪【絶体絶命】(名・形動)一筹莫展,无可奈何,穷途末路,绝境。△～の窮地(きゅうち)に立(た)つ/陷入一筹莫展的绝境。

せつだん⓪【切断】(名・他サ)切断,割断。△針金(はりがね)を～する/切断铁丝。

せっち①【設置】(名・他サ)设置,设立。△消火器(しょうかき)を～する/设置消火器。

	図書館を～する	学内に委員会を～する	新会社を～する	公衆電話を～する	個人で病院を～する
設置	○	○	×	○	×
設立	○	×	○	×	○
開設	○	×	×	○	○

せっちゃく⓪【接着】(名・自他サ)粘合,粘结。△～剤(ざい)/粘合剂。△のりで両面(りょうめん)を～する/用浆糊把两面粘起来。

せっちゅう⓪【折衷・折中】(名・

他サ)折中。△和洋(わよう)～/日(本)欧(洲)合璧。

ぜっちょう⓪【絶頂】①顶峰。②顶点。△人気(にんき)の～/红得发紫。

せっつ・く③④（他五）→せつく。

せってい⓪【設定】(名・他サ)制定，拟定。△問題(もんだい)を～する/确定问题。

せってん①【接点・切点】(数学)切点，(电学)接触点。

セット①[set]①组，套。△コーヒー～/一套咖啡具。②(网球等的)一盘，一局。③(摄影棚的)大布景，大道具。④(演剧)舞台设备，舞台装置。⑤(烫发)梳整发型。

せっとう⓪【窃盗】(名・他サ)盗窃，行窃。△～を働(はたら)く/行窃。

せっとうご⓪【接頭語】接头词，前缀。

せっとく⓪【説得】(名・他サ)说服，劝导。△～力(りょく)/说服力。

せつな①〔刹那〕顷刻，瞬间，刹那间。△あわやの～/眨眼间。

せつな・い③【切ない】(形)痛苦，烦闷。△～胸(むね)のうち/苦衷。△～恋(こい)/痛苦之恋。⇨くるしい 表

せつなる①【切なる】(連体)殷切的。△～願(ねがい)/殷切的希望。

せつに①【切に】(副)殷切，恳切，衷心。△ご成功(せいこう)を～に祈(いの)る/衷心祝您成功。

せっぱく⓪【切迫】(名・自サ)①迫近，逼近。△期限(きげん)が～した/限期近了。②紧迫，要紧。△～した事態(じたい)/紧迫的局势。③(呼吸)急促。△呼吸(こきゅう)が～する/呼吸急促。

せっぱん①⓪【折半】(名・他サ)折半，平分。△費用(ひよう)を～する/费用均摊。

ぜっぱん⓪【絶版】绝版。

せつび①【設備】(名・他サ)设置，设备。△～資金(しきん)/设备资金。△～がいい/设备好。⇨しせつ 表

せつびご⓪【接尾語】接尾词，后缀。

ぜっぴん⓪【絶品】珍品，杰作。△古今(ここん)の～/无双珍品。

せっぷく⓪【切腹】(名・自サ)剖腹，剖腹自杀。

せっぷん⓪〔接吻〕(名・自サ)接吻。

ぜっぺき⓪【絶壁】绝壁，峭壁。△断崖(だんがい)～/断崖绝壁。△～を登(のぼ)る/攀登绝壁。

せつぼう⓪【切望】(名・他サ)渴望。

せっぽう③①【説法】(名・自サ)说法，传道。△～を聞(き)く/听讲。◇釈迦(しゃか)に～/班门弄斧。

ぜつぼう⓪【絶望】(名・自サ)绝望，无望。△前途(ぜんと)は～的(てき)だ/前途无望。

ぜつみょう⓪【絶妙】(名・形动)绝妙，顶好。△～な演技(えんぎ)/绝妙演技。

せつめい⓪【説明】(名・他サ)说明。△～をする/说明。

ぜつめい⓪【絶命】(名・自サ)绝命,死亡。

ぜつめつ⓪【絶滅】(名・自他サ)①灭绝,根除。△～の危機(きき)/灭绝危险。②消灭,除。△害虫(がいちゅう)を～/消灭害虫。

せつやく⓪【節約】(名・他サ)节省,节约。△時間(じかん)の～/节约时间。△経費(けいひ)を～する/节约经费。

せつゆ⓪①【説諭】(名・他サ)教诲,劝戒。△～を加(くわ)える/进行劝戒。

せつよう⓪【切要】(名・形动)极其重要。△～な対策(たいさく)/极为重要的对策。

せつりつ⓪【設立】(名・他サ)设立,成立。△学校(がっこう)を～する/成立学校。⇨せっち表

せつれつ⓪【拙劣】(名・形动)拙劣。△～な方法(ほうほう)/笨拙的方法。△～な技術(ぎじゅつ)/拙劣的技术。

せつわ⓪【説話】①故事。②民间故事、神话、传说等的总称。

せと①【瀬戸】①(狭窄的)海峡。②"せともの"之略。③"せとぎわ"之略。

せどうか②〔旋頭歌〕旋头歌(和歌体裁之一,由"五、七、七、五、七、七"六句组成)。

せとぎわ⓪【瀬戸際】关键时刻,紧要关头。△勝敗(しょうはい)の～/胜负的关键时刻。

せともの⓪【瀬戸物】陶瓷器。

せなか⓪【背中】①背,脊背。②背后,背面。△～合(あ)わせ/ⅰ)背对背。ⅱ)(两人)关系不和睦。

ぜに①【銭】①硬币。②钱。△安物(やすもの)買(か)いの～失(うしな)い/买便宜货吃亏。

ぜにかね①【銭金】金钱。△～の問題(もんだい)ではない/这不是金钱的问题。

ぜにん⓪【是認】(名・他サ)同意,承认。△非公式(ひこうしき)に～する/非正式承认。

ゼネスト⓪②[general strike]("ゼネラルストライキ"之略)总罢工。

ゼネラルストライキ②[general strike]总罢工,大罢工。

せのび①【背伸び】(名・自サ)①伸腰。△かれは大(おお)きく～した/他伸了个大懒腰。②跷脚,怗起脚。③〈转〉逞能,逞强。△～をする/逞能。

せばま・る③【狭まる】(自五)(幅度)变窄,缩短(间隔、距离)。

せば・める③【狭める】(他下一)缩短,缩小,使…变窄。△販路(はんろ)を～/缩小了路路。△行動(こうどう)を～/行动受限。

セパレーツ③⓪[separates]①可以自由组合的(音响、家具等)设备,一组。②上下分开的服装。

セパレート③⓪[separate]分离,分离式。△～ステレオ/分离式立体声音响装置。△～コース/(田径)分道,跑道。

ぜひ①【是非】Ⅰ(名)是非,好恶。△～を論(ろん)じる/议论是非。

Ⅱ(副)一定,务必,无论如何。△～ひきうけてくれ/请一定接受下来。◇～に及(およ)ばず/不得已(而)。◇～もない/没有办法。

ぜひとも⓪⓪【是非とも】(副)务必,一定("ぜひ"的强调形式)。△～成功(せいこう)させたい/希望一定让它成功。

せひょう⓪【世評】社会舆论,世人传说。△～が高(たか)い/舆论评价很高。

せびろ⓪【背広】(男)西服。

せぼね⓪【背骨】背梁骨。

せま・い②【狭い】(形)窄小,狭小。△～道(みち)/窄路。△心(こころ)が～/心眼小。

せまくるし・い⑤【狭苦しい】(形)非常狭窄,挤得难受。△～部屋(へや)/狭窄拥挤的房间。

せま・る②【迫る】Ⅰ(自五)①临近,迫近。△敵(てき)が～/敌人迫近。②窘迫,窘困。Ⅱ(他五)强迫,逼迫。△回答(かいとう)を～/强迫回答。

せみ⓪〔蟬〕蝉。

ゼミ①("ゼミナール"之略)课堂讨论,专题讨论,专题研究。

ゼミナール③[德 Seminar](大学的)课堂讨论,专题讨论,专题研究。

せめ②【責(め)】①责难,责备,拷打,痛斥。△ひどい～をくった/大受责备。②责任,任务。△～を負(お)う/肩负责任。

せめ②【攻め】进攻,攻击。△あのチームは～のチームだ/那个球队是进攻型的队。

せめて①(副)至少,哪怕。△～もう一度(いちど)会(あ)いたい/希望至少能再见到一次。

せ・める②【攻める】(他下一)攻击,进攻。△相手(あいて)を～/攻击对方。

せ・める②【責める】(他下一)①责难,指责。△人(ひと)の過(あやま)ちを～/指责人家的过失。②折磨,△良心(りょうしん)にせめられる/受到良心上的折磨。③催促,敦促。

セメント⓪[cement]水泥。

ゼラチン⓪②[gelatine]明胶,动物胶。

セラピー①[therapy]治疗,疗法。

セラピスト①[therapist]治疗师。

セラミックス③②[ceramics]陶瓷器的,陶瓷产品。

せり②〔芹〕水芹,芹菜。

せり③【競り】〔糶〕①竞争。△～をする/搞竞争。②拍卖。△～に出(だ)す/拿出去拍卖。

せりあ・う⓪【競り合う】(他五)争夺,激烈竞争。

せりいち②【競(り)市】拍卖市场,拍卖行。

せりうり⓪【競(り)売(り)】(名・他サ)拍卖,竞拍。△美術品(びじゅつひん)の～をする/拍卖美术品。

せりおと・す④⑤【競(り)落(と)す】(他五)竞买到手。△600万円(まんえん)で～/以六百万日元拍板成交。

せりだ・す③④〔迫(り)出す〕Ⅰ(他

五)①向外推，向上推。②(把演员、大道具等从地下)升到舞台上。Ⅱ(自五)朝前突出。△おなかが〜/肚子凸起来了。

ゼリー① [jelly]果冻，果冻布丁。

せりふ⓪ 〔台詞・科白〕①(戏剧的)台词，道白。②说法，论调。

せ・る① 【競る】(他五)①竞争。②(拍卖时买主)争出高价。

せる (使役助动)(按下一段活用动词变化，接五段活用动词未然形下)①让，使。△読ま〜/让(他)读。②任凭，随便。△毎日(まいにち)遊(あそ)ばせておく/任凭他每天玩耍。③请让我，请允许我。△あした休(やす)ませていただきます/(请让)我明天休息。

セルフサービス④ [self-service]自我服务(食堂)，自助餐。自选商场。

セルロイド③ [selluloid]赛璐珞，硝纤象牙，假象牙。

セレクション② [selection]挑选，选择，选拔。

セレクト② [select](名・他サ)挑选，选择，选拔。

セレモニー① [ceremony]典礼，仪式。△〜マスター/司仪。

ゼロ① [zero]①完全没有，零。△〜からの出発(しゅっぱつ)/从零开始。②毫无价值。

セロテープ③ [cellotape]透明胶带纸。

セロリ① [celery]西芹，洋芹。

せろん①⓪ 【世論】舆论。△〜調査(ちょうさ)/舆论调查。

せわ② 【世話】(名・他サ)①照顾，照料。②帮助。△〜を焼(や)く/帮助；照管。△〜をかける/给…添麻烦。③介绍，斡旋。

せわし・い③ 【忙しい】(形)①忙碌，匆忙。②焦急，急促。△気(き)の〜男(おとこ)/急性子人。

せわずき⓪ 【世話好き】好管闲事，爱帮助人。

せわやき⓪④ 〔世話焼(き)〕好帮助别人的人，好管闲事的人。

せん① 【千】千，一千。

せん① 【先】①以前，之前。②(下棋)先手儿。

せん① 【栓】①塞子，塞儿。②(水管、煤气管的)开关，龙头。

せん① 【先】①先，以前，此前。②领先，抢先。

せん① 【線】①线，线条。△太(ふと)い〜/粗线。②方针，路线。△この〜で事業(じぎょう)を進(すす)めよう/按此方针发展事业。③线图。△点(てん)と〜/点与线。

-せん 【船】(接尾)…船。

-せん 【戦】(接尾)①战争，竞争，…战。②体育比赛，…赛。

ぜん① 【善】善，善举，好事。△人(ひと)に〜をなす/与人为善。

ぜん⓪ 【膳】①食案，餐桌。②摆在餐桌上的饭菜。

ぜん① 【禅】①(印度自古流传的修行法)禅，静坐默念。②禅宗。

ぜん- 【全】(接头)全部，整个，全…。△芥世界(せかい)/全世界。

ぜん- 【前】(接头)(后接表示官职、地位的名词)前任，前…。

△～大臣(だいじん)/前大臣。

-ぜん 【前】(接尾)之前，…前。△紀元(きげん)～/公元前。

ぜんあく⓪ 【善悪】①善恶，好坏。△～をわきまえる/明辨善恶。②善人与恶人，好人和坏人。

せんい① 【戦意】斗志，战斗情绪。△～を失(うしな)う/失去斗志。

せんい① 【繊維】纤维。△～製品(せいひん)/纤维制品。△～素(そ)/纤维素。

ぜんい① 【善意】①善心，心眼儿好。△～の人(ひと)/心眼儿好的人。②善意，好意。△～に解釈(かいしゃく)する/善意解释。

ぜんいき⓪ 【全域】①整个地区，全地区。②整个领域，整个范围。

せんいつ⓪ 【専一】专一，一心一意。△仕事(しごと)を～にする/一心一意地工作。

ぜんいん⓪ 【全員】全体人员。△～一致(いっち)/全体一致。

せんえい⓪ 【先鋭】〔尖鋭〕(形动)激进，过激。△～分子(ぶんし)/激进分子。

ぜんえい⓪ 【前衛】①(部队)先锋，先锋部队。②(站在第一线的)先锋，先驱。(艺术界的)革新派，先锋派。③(足球篮球等)前卫，前锋。

せんえつ⓪ 〔僭越〕(名・形动)僭越，冒昧，放肆。△～ではありますが/恕我冒昧。

せんおう⓪ 【専横】(名・形动)专横。△～な態度(たいど)/专横的态度。

せんか 【戦火】①战争引起的火灾。②〈转〉战争，战火。△～を交(まじ)える/战火纷纷。

ぜんかい⓪ 【前回】前一次，前一回。

ぜんかい⓪① 【全会】全会，与会者全体。△～一致(いっち)/全会一致。

ぜんかい⓪ 【全快】(名・自サ)痊愈，康复。△～祝(いわ)い/祝贺康复。

せんがく⓪ 【浅学】学识浅薄(的人)。△～非才(ひさい)/才疏学浅。

ぜんがく⓪ 【全額】全数，全额。△～払(はら)いもどし/全额退回。

せんかた 〔詮方〕[文]方法，办法。△～ない/没有办法。

せんかん⓪ 【戦艦】军舰，战舰；主力舰。

せんがん⓪ 【洗顔】洗脸。△～クリーム/洗面奶。

ぜんかん⓪① 【全巻】①全卷，全部。△～を通読(つうどく)する/通读全卷。②整部(影片、书籍)△～涙(なみだ)と笑(わら)いにみちた映画(えいが)/自始至终令人又哭又笑的影片。

ぜんき① 【前記】上述，前述。△～のとおり/如前所述。

ぜんき① 【前期】前期，上半期。

せんきょ① 【占拠】(名・他サ)占据，占领。△建物(たてもの)を～する/占领建筑物。

せんきょ① 【選挙】(名・他サ)选举。△～をする/进行选举。

せんきょう⓪ 【宣教】(名・自サ)

せんきょう⓪【戦況】战况，战斗情况。

せんぎょう⓪【専業】①专业。△～農家(のうか)/农业户。②垄断经营，专卖。

せんぎり⓪④【繊切(り)】切成细丝。△人参(にんじん)を～にする/把胡萝卜切成细丝。

せんくしゃ③【先駆者】先驱，先导，前驱。

せんくち⓪【先口】(申请、预约的)前几名。

せんぐんばんば⑤【千軍万馬】①千军万马。②经验丰富(的人)，身经百战(的人)。

せんけつ【先決】(名・他サ)先决，首先决定。△～問題(もんだい)/先决问题。

せんけつ⓪【専決】(名・他サ)专断，独断专行。△独断(どくだん)～/独断专行。

せんけつ⓪【鮮血】鲜血。△～がほとばしる/鲜血迸流。

せんげつ【先月】上月。

せんけん⓪【先見】先见，预见。△～ある行動(こうどう)/预见的某种行为。◇～の明(めい)/先见之明。

せんげん③【宣言】(名・他サ)宣言。△共同(きょうどう)～/共同宣言。

ぜんけん⓪【全権】全权，一切权力。△～を握(にぎ)る/掌握一切权力。△～大使(たいし)/全权大使。

ぜんげん⓪【前言】①前言，以前说过的话。△～を翻(ひるがえ)す/推翻前言。②前人说过的话。

ぜんげん⓪【漸減】(名・自他サ)渐减，逐渐减少。△伝染病(でんせんびょう)は～している/传染病逐渐减少。

せんご⓪①【戦後】战后。

ぜんご①【前後】(名・自サ)①前后。△～の入(い)り口(ぐち)/前后入口。②(顺序)颠倒。△話(はなし)が～する/语无伦次。③相继，连续。△～してはいってきた/脚跟脚地进来了。

せんこう⓪〔閃光〕闪光。△～を発(はっ)する/发生闪光。

せんこう⓪【先行】(名・自サ)①先行，走在前头。②领先，占先。

せんこう⓪【専攻】(名・他サ)专修，专学，专攻。

せんこう①【線香】①(供在佛前的)线香，香。△～を立(た)てる/上香，烧香。②蚊香。

せんこう⓪【選考】〔銓衡〕(名・他サ)选拔，铨叙。△候補者(こうほしゃ)を～する/选拔接班人。

ぜんこう①【前項】①上列条款，上列项目。②(数学)前项。

せんこく【先刻】(名・副)①刚才，方才。②早已，早就。△～承知(しょうち)だ/早就知道了。

せんこく【宣告】(名・他サ)①宣告，公告。②(法律)宣判。△破産(はさん)～/宣判破产。

せんごく⓪①【戦国】群雄割据的局面，战国。△～時代(じだい)/i)日本应仁之乱至丰臣秀吉统一日本全国的一百年动乱期。ii)

古代中国从春秋到秦统一中国的二百年动乱期。

ぜんこく① 【全国】全国。

せんこつ⓪ 【仙骨】(解剖)骶骨。

センサー① [sensor]传感器。

せんさい⓪ 【戦災】战灾，战祸。

せんさい⓪ 【繊細】(名・形动)纤细，细腻。△～な感情(かんじょう)/细腻的感情。

せんざい⓪ 【千載・千歳】千年，长久，长远。△～の後(のち)/千年之后。△～一遇(いちぐう)/千载一遇。

せんざい⓪ 【洗剤】洗涤剂。

せんざい⓪ 【潜在】(名・自サ)潜在，潜伏。△～意識(いしき)/潜在意识。

ぜんさい⓪ 【前菜】(正餐前的)冷盘，小菜。

せんさく⓪ 〔穿鑿〕(名・他サ)①凿孔，凿洞。②探求，求索。△いい方法(ほうほう)を～する/探求好方法。③说三道四，穿凿附会。

センサス① [census]①人口普查。②统计调查。△農林業(のうりんぎょう)～/农林业统计调查。

せんさばんべつ⓪⓪ 【千差万別】千差万别。△人(ひと)の性質(せいしつ)は～だ/人的脾气是各不相同的。

せんし① 【戦士】①士兵，战士。②(活跃在社会第一线的)战士，活动家。△企業(きぎょう)～/企业活动家。

せんし① 【戦死】(名・自サ)战死。

せんじ⓪ 〔煎じ〕煎，熬。△～薬(ぐすり)/汤药，汤剂。

ぜんじ① 【全治】→ぜんち。

ぜんじ① 【漸次】(副)逐渐，渐渐。△～快方(かいほう)に向(む)かう/逐渐好转。

せんじつ 【先日】前几天，前些日子。△～以来(いらい)/前几天以来。⇨さきごう表

ぜんじつ① 【全日】①整天，全日。△～制(せい)/全日制。②每天。

ぜんじつ⓪ 【前日】前一天，昨天。

せんじつ・める⑤ 〔煎じ詰める〕(他下一)①煎透，炖透，熬透。△薬草(やくそう)をよく～/把草药煎透。②追究，彻底分析，反复推敲。△せんじつめて言(い)えば/总而言之。

せんしゃ① 【戦車】坦克。

ぜんしゃ① 【前車】前车。△～の轍(てつ)を踏(ふ)む/重蹈覆辙。△～の覆(くつがえ)るは後車(こうしゃ)の戒(いまし)め/前车之覆，后车之鉴。

ぜんしゃ① 【前者】前者。

せんじゃく⓪ 【繊弱】(形动)纤弱。

せんしゅ 【先取】(名・他サ)先得，先取得。△1点(いってん)～する/先得1分。

せんしゅ① 【選手】选手，运动员。△野球(やきゅう)～/棒球运动员。

せんしゅう⓪ 【千秋】千年，漫长的岁月。△～万歳(ばんざい)/(祝寿语)千秋万岁。

せんしゅう 【先週】前周，上周。

せんしゅう⓪ 【専修】(名・他サ)专修，专攻。

せんじゅう⓪【先住】Ⅰ(名・自サ)原住,土著。△～民族(みんぞく)/原住民族,土著民族。Ⅱ(寺庙里)以前的住持。

ぜんしゅう⓪【全集】全集。△漱石(そうせき)～/夏目漱石全集。△日本文学(にほんぶんがく)～/日本文学全集。

ぜんしゅう⓪【禅宗】禅宗(佛教的一派)。

せんしゅつ⓪【選出】(名・他サ)选出。△代表(だいひょう)の～/选出代表。

せんじゅつ⓪【戦術】战术,策略。

ぜんじゅつ⓪【前述】前述,上述。

せんじょう⓪【戦場】战场,战地。△～に赴(おもむ)く/上战场。

せんじょう⓪【洗浄】〔洗滌〕(名・他サ)洗净,冲洗。△胃(い)を～する/洗胃。

ぜんしょう⓪【全勝】(名・自サ)(比赛)全胜,连战连胜。△～優勝(ゆうしょう)する/连战连胜取得冠军。

ぜんしょう⓪【全焼】(名・自サ)全部烧毁,烧光。

せんしょく⓪【染色】(名・他サ)染色,染上颜色。

せんしん⓪【先進】先进。△～国(こく)/发达国家。

せんしん⓪【専心】(名・自サ)专心,一心一意。△研究(けんきゅう)に～する/专心研究。⇨せんねん 表

せんしん⓪【潜心】(名・自サ)潜心,埋头,专心致志。△研究(けんきゅう)に～する/潜心研究。

せんじん⓪【先人】①前人,古人。△～の偉業(いぎょう)/前人之伟业。②先父,亡父。③祖先。

ぜんしん⓪【全身】全身,浑身。△～の力(ちから)/全身之力。

ぜんしん⓪【前進】(名・自サ)前进,进步。△一直線(いっちょくせん)に～する/一直向前。

せんしんばんく⑤【千辛万苦】千辛万苦。△～を嘗(な)める/尝尽千辛万苦。

せんす⓪【扇子】扇子。

センス①[sense]①感触,感觉,悟性。△～がよい/悟性高。②判断力,辨别力。△～がある/有判断力。

せんすい⓪【潜水】(名・自サ)潜水。△～夫(ふ)/潜水员。△～服(ふく)/潜水服。△～艦(かん)/潜水艇。

せんせい③【先生】①专家,有一技之长的人。②(学校的)老师。③(对教师、医生、作家、律师等的敬称)先生。△病院(びょういん)の～/医院的医生。

	大学の～	ピアノの～	かかりつけの～	～、できました	家庭～	～室
先生	○	○	○	○	×	×
教師	○	○	×	×	○	○
教官	○	△	×	×	×	○

せんせい⓪【宣誓】(名・他サ)宣誓,明誓。△～を行(おこな)う/举行宣誓。

せんせい⓪【専制】专制,独断。△～君主(くんしゅ)/专制君主。△～政体(せいたい)/专制政体。

ぜんせい⓪① 【全盛】极盛，全盛。△～期(き)/全盛期。

せんせいじゅつ③ 【占星術】占星术，占星学。

センセーショナル③ [sensational] (形动) 激动人心的，耸人听闻的，轰动社会的。△～な事件(じけん)/轰动一时的事件。

せんせき⓪ 【戦績】①战功，战果，战绩。②比赛成绩。

せんせん⓪ 【戦線】①战争第一线，战场。②(政治、社会运动的)战线，前线。△共同(きょうどう)～/共同的战线。

せんぜん⓪ 【戦前】战前，第二次世界大战前。

ぜんせん⓪ 【全線】①(火车、电车、汽车等的)全部线路，全线。△～開通(かいつう)/全线开通。②所有战线，各条战线。

ぜんせん⓪ 【前線】①前线，第一线，火线。②(气象)锋面。△寒冷(かんれい)～/冷空气前锋。

ぜんぜん⓪④③ 【全然】(副)(下接否定语)全然(不)…，完全(不)…。△～見(み)えない/完全看不见。

	～わからない	試験どうだった?～だよ	～困った男だ	～雪のようだ	あの映画～すごいよ
全然	○	○	○	×	△
全く	○	×	○	×	×
まるで	○	×	×	○	×

せんせんげつ③⓪ 【先先月】上上个月。大上月。

せんせんしゅう③⓪ 【先先週】上上周，大上周。

せんぞ① 【先祖】①始祖。②祖先。

せんそう⓪ 【戦争】(名・自サ)①战争。△～を放棄(ほうき)する/放弃战争。②(国家间的)纷争。⇒たたかい 表

ぜんそう⓪ 【前奏】①(乐曲)前奏。②序幕，开始。△事件(じけん)の～/事件的序幕。

せんぞく⓪ 【専属】(名・自サ)专属(一个公司或团体)。△レコード会社(がいしゃ)の～の歌手(かしゅ)/专属于唱片公司的歌手。

ぜんそく⓪ 〔喘息〕哮喘，气喘。

ぜんそくりょく⓪ 【全速力】全速，最高速。△～で走(はし)る/全速行驶。

センター① [center]①中心，中央，中心区。△医療(いりょう)～/医疗中心。②中心机关，中心组织。③(棒球)中坚(手)，中场手。

せんたい⓪ 【船隊】①船队。②水军，舰队。

せんだい⓪ 【先代】①以前的主人，上一代主人。②前代，上一代。

ぜんたい⓪① 【全体】Ⅰ(名)⓪ ①全体，整体。△～会議(かいぎ)/全体会议。△～の構造(こうぞう)/整体结构。②全身，浑身。Ⅱ(副)①①根本。△～その考(かんが)えが間違(まちが)いだ/那种想法根本就错了。②到底，究竟。△～どうしたというのだ/究竟怎么办?

	～の意見をまとめる	町～に被害が及ぶ	～一生懸命やってるね	持っている本は～読んだ
全体	○	○	×	×
全部	○	○	×	○
皆	○	×	○	○

ぜんだいみもん①-⓪【前代未聞】前所未闻。△～の大地震(だいじしん)/前所未闻的大地震。△この不景気(ふけいき)は～だ/这样的萧条是前所未闻的。

せんたく⓪【洗濯】(名・他サ)洗濯,洗(衣服)。△～機(き)/洗衣机。△～物(もの)/洗的衣物。

せんたく⓪【選択】(名・他サ)①选择,挑选。△～に迷(まよ)う/不知选哪个好。△～需要(じゅよう)/选择性需要。②选修,选学。△～科目(かもく)/选修课。

せんだつ①【先達】(名・他サ)①先达,前辈。△史学界(しがっかい)の～/史学界的前辈。②向导,引路人。

せんだって⑤⓪【先だって】(名・副)前几天,前些日子,那天。

せんたん⓪【先端】〔尖端〕①尖儿,尖头儿。△針(はり)の～/针尖儿。②(时代、技术的)尖端,前列。△～を行(い)く新裳品(しんせいひん)/尖端新产品。

センチ①[centi]①厘。△～グラム/厘克。②厘米。

ぜんち①【全治】(名・自サ)[文]痊愈。△眼疾(がんしつ)が～した/眼病痊愈了。

センチメンタル④[sentimental](形动)①感情的,多愁善感的。②感伤的。△～な詩(し)/感伤的诗。

センチメント④⓪[sentiment]情绪,感情,情感。

せんちゃ⓪〔煎茶〕①烹茶,煎茶。②绿茶之一。

せんちゃく⓪【先着】(名・自サ)先到达(的人)。△～順(じゅん)/按到达先后的顺序。

せんちょう⓪【船長】船长。

ぜんちょう⓪【全長】全长。△～1500メートルのトンネル/全长1500米的隧道。

ぜんちょう⓪【前兆】前兆,预兆。△豊作(ほうさく)の～/丰收的预兆。△あらしの～/暴风雨的前兆。

せんて⓪【先手】①(比他人)先做,先进行。②(围棋、象棋等)先走(的人)。△～をとる/占先。

せんてい⓪【選定】(名・他サ)选定。△教科書(きょうかしょ)を～する/选定教科书。

ぜんてい⓪【前提】(逻辑)前提,前提条件。△～がある/有前提。

せんでん⓪【宣伝】(名・自他サ)①宣传,宣扬。△盛(さか)んに～する/大肆宣扬。△～戦(せん)/宣传战。②吹嘘,夸大宣传。△～に乗(の)る/上了吹嘘的当。

センテンス①[sentence]句,句子。

せんてんてき⓪【先天的】(形动)①先天的,生来的。△～な体質(たいしつ)/生来的体质。△～な病気(びょうき)/先天的疾病。②先验的。

セント①[cent]美分(1/100美元)

せんど①【鮮度】(鱼、肉、菜等的)新鲜(程)度。△～が高(たか)い/非常新鲜。△～が落(お)ちる/

ぜんと⓪【前途】①前途，未来。△～有望(ゆうぼう)/前途有望。②前方，去路。△～をさえぎる/阻挡去路。

ぜんど①【全土】全部国土，全国。△日本(にほん)～/日本全国；全日本。

せんとう⓪【先頭】先头，前头，最前列。△行列(ぎょうれつ)の～に立(た)つ/当排头。⇨まっさき表

せんとう⓪【戦闘】（名・自サ）战斗。△～を続(つづ)ける/继续战斗。△激(はげ)しく～する/激烈地战斗。

せんとう①【銭湯】（公共）澡塘，浴池。

せんどう⓪【先導】（名・他サ）先导，带路，向导。△パトカーの～/警车为先导。

せんどう⓪【扇動】〔煽動〕（名・他サ）煽动，蛊惑。△民衆(みんしゅう)を～する/煽动群众。

ぜんとう⓪【前頭】前额。

ぜんどう⓪〔蠕動〕①（虫）蠕动。②胃肠运动，蠕动。

セントラル①[central]中央(的)中心(的)。

せんな・い②〔詮無い〕（形）没办法，没有用处。△今(いま)となって～ことだ/事到如今，没有办法了。

せんなり⓪〔千生(り)〕（果实）簇生。△～びょうたん/簇生葫芦。

せんにゅう⓪【潜入】（名・自）潜入，钻进，打进。

せんにゅうかん③【先入観】成见，先入之见。△～にとらわれる/囿于成见。

せんにん⓪【専任】专任，专职。△～講師(こうし)/专任讲师。

せんぬき③④⓪【栓抜(き)】（开瓶塞的）起子。

せんねん⓪【先年】前些年，那一年。△～来(き)た時(とき)も雨(あめ)でした/那一年我来时也是下雨。

せんねん⓪【専念】（名・自サ）专心，集中精力。△研究(けんきゅう)に～する/专心进行研究。△家業(かぎょう)に～する/致力于理家。

	研究に〜する	療養に〜する	〜事に当たる	彼女に〜する	野球に〜する
専念	○	○	×	×	○
専心	○	×	○	×	×
熱中	○	×	×	○	○

ぜんねん⓪【前年】①去年，上一年。②前些年，那一年。

ぜんのう⓪【全納】（名・他サ）全部交纳，交齐，缴清。△家賃(やちん)を～する/缴清房租。

せんばい⓪【専売】（名・他サ）①包销，独家经营。△～店(てん)/包销店。②（政府）专卖。△酒(さけ)とタバコは政府(せいふ)の～だ/酒和香烟由政府专卖。

せんぱい⓪【先輩】①前辈，长辈（指学问、经济、地位等高于自己的人）。②（同一学校比自己）先毕业的同学。△彼(かれ)は私(わたし)より二年(にねん)～だ/他比我高两个年级。

せんぱい⓪【戦敗】（名・自サ）战

敗。△～国(こく)/战败国。

ぜんぱい⓪【全廃】(名・他サ)全部废除。△ふるい条例(じょうれい)を～する/废除全部旧条例。

せんぱく⓪【浅薄】(名・形動)浅薄，肤浅。△～な人間(にんげん)/浅薄无知的人。△～な知識(ちしき)/肤浅的知识。

せんぱく①【船舶】船舶，船只。

せんばつ⓪【選抜】(名・他サ)选拔，挑选。△～試験(しけん)/选择考试。△～チーム/选拔队。

せんぱつ⓪【先発】(名・自サ)①先动身,先出发。△コーチ2名(たい)が～する/两名教练先动身。②(棒球)先上场。△～メンバー/先上场队员。

せんぱつ⓪【洗髪】(名・自サ)洗发。△～料(りょう)/洗发费。

せんぱつ⓪【染髪】(名・自サ)染发。△～剤(ざい)/染发剂。

せんばん⓪【旋盤】车床。△～工(こう)/车工。

せんばん⓪【千万】I ⓪①(副)多方，百般。万分，非常。△～心(こころ)を砕(くだ)く/多方费心，百般费心。△～かたじけない/万分感激。II (接尾)很，非常。△失礼(しつれい)～/非常失礼。

ぜんはん⓪【前半】前半，上半。△試合(しあい)の～/(比赛)上半场。

ぜんぱん⓪【全般】全盘，全面，整体。△社会(しゃかい)の～的(てき)傾向(けいこう)/全社会的倾向。

ぜんぶ①【全部】(名・副)①(事物的)全部，整体。△～できた/全部完成了。②(书籍的)全套，整套。⇨ぜんぜん表

せんぷ⓪①【先負】凶日,忌讳日(阴阳家认为这一天不宜诉讼和办急事)。

せんぷう⓪【旋風】①龙卷风，旋风。②风潮，风波。△一大(いちだい)～を巻(ま)き起(お)こす/掀起一场大风波。

せんぷうき③【扇風機】风扇，电扇，鼓风机。

せんぷく⓪【潜伏】(名・自サ)①潜伏，暗藏。△～場所(ばしょ)/暗藏处。②疾病潜伏。△～期(き)/潜伏期。

せんべい①〔煎餅〕(日本的)薄脆饼干。

せんべつ⓪【餞別】(名・他サ)①挑选。②分选。△雌雄(しゆう)を～する/分出(鸡的)公母。

せんべつ⓪〔選別〕(名・自サ)临别赠送的钱或物。△～を贈(おく)る/赠送临别纪念品。

せんぽう【先方】①对面，前方。②对方，对手。△～の意向(いこう)/对方的意向。

せんぽう⓪〔先鋒〕先锋，前锋，先导。△組合活動(くみあいかつどう)の急(きゅう)～/工会运动的急先锋。

せんぽう⓪【戦法】战术。△～を取(と)る/采取战术。

ぜんぼう⓪〔全貌〕全貌，全面情况。△～を知(し)る/了解全部情况。△事件(じけん)の～/事件的全

貌。

ぜんぽう⓪【前方】①前面，前方。△道(みち)の～/道路的前方。②前面是方形。△～後円墳(こうえんふん)/前方后圆坟(日本古坟)。

ぜんまい⓪【発条・撥条】发条，弹簧。△～を巻(ま)く/上发条，拧紧发条。

せんまん③【千万】①一千万。②成千上万。△～無量(むりょう)の思(おも)い/无限的感慨。

せんむ①【専務】①专务，专任。②"せんむとりしまりやく"之略。

せんめい⓪【鮮明】(名・形动)鲜明，清晰。△～な映像(えいぞう)/清晰的印象。△～な記憶(きおく)/鲜明的记忆。

せんめい⓪〔闡明〕(名・他サ)[文]阐明。△方針(ほうしん)を～する/阐明方针。

ぜんめい⓪〔喘鳴〕气喘，喘鸣，哮喘。

ぜんめつ⓪【全滅】(名・自他サ)全歼，彻底消灭。

せんめん⓪【洗面】(名・自サ)洗脸。△～所(じょ)/盥洗室，厕所。△～器(き)/洗脸盆。

ぜんめんてき⓪【全面的】(形动)全面的，全部的。△～に改正(かいせい)する/全面修改。

せんもん⓪【専門】专门，专业。△～の仕事(しごと)/专业工作。△彼(かれ)の～は医学(いがく)だ/他的专业是医学。

せんもんか⓪【専門家】专家。

ぜんや①【前夜】①昨夜。②(纪念日、节日等特定日的)前夕。△クリスマスの～/圣诞节前夕。③(大事件的)前夜。△大戦(たいせん)～の世相(せそう)/大战前夜的社会。

せんやく①〔煎薬〕汤药。△～を飲(の)む/喝汤药。

せんやく⓪【先約】①(已定的)前约。②不久前的诺言。

せんゆう⓪〔占有〕(名・他サ)占有，据为己有。△土地(とち)を～する/占有土地。

せんよう⓪【宣揚】(名・他サ)宣扬，显示。△民族文化(みんぞくぶんか)を～する/宣扬民族文化。

せんよう⓪【専用】(名・他サ)①专用。△夜間(やかん)～の電話(でんわ)/夜间专用电话。②专门使用某些物品。△社長(しゃちょう)～の車(くるま)/总经理专用车。

ぜんよう⓪【善用】(名・他サ)①善于运用。△知識(ちしき)を～する/善用知识。②有效地利用。

せんりつ⓪〔戦慄〕(名・自サ)战栗，发抖。△冷(つめ)たい～/冷战。

せんりつ⓪【旋律】旋律，曲调。

ぜんりつせん⓪【前立せん】〔前立腺〕前列腺。

せんりゅう⓪③【川柳】川柳(由17个假名组成的诙谐讽刺短诗)。

せんりゃく⓪【戦略】战略。△～を立(た)てる/确定战略(方针)。

ぜんりゃく①【前略】(引用文章或书信用语的)前略。

せんりょう⓪【占領】(名・他サ) 占领,侵占。△座席(ざせき)を～する/占据坐位。△～軍(ぐん)/占领军。

せんりょう③【染料】染料。

ぜんりょう⓪【善良】(名・形动) 善良。△～な人々(ひとびと)/善良的人们。

せんりょく①【戦力】军事力量;战斗力。

ぜんりょく【全力】全力,全部力量。△～を傾(かたむ)ける/倾尽全力。△～で疾走(しっそう)する/尽全力快跑。△～を尽(つく)す/竭尽全力。

ぜんりん⓪【善隣】善邻,睦邻。△～外交(がいこう)/睦邻外交。

せんれい⓪【先例】先例,前例,惯例。△～にならう/仿照先例。

せんれい⓪【洗礼】①(基督教)洗礼。△～を受(う)ける/接受洗礼。②考验,磨难。△砲火(ほうか)の～/炮火的洗礼。

せんれい⓪【鮮麗】(名・形动) 鲜丽,艳丽。△～な色彩(しきさい)/艳丽的色彩。

ぜんれい⓪【前例】前例,惯例。△～がない/没有先例。

せんれつ⓪【鮮烈】(名・形动)鲜明,深刻。△～な色彩(しきさい)/鲜明的色彩。

ぜんれつ①【前列】前列,前排。△最(さい)～/最前列。

せんれん⓪【洗練】〔洗錬〕(名・他サ)①考究,讲究。△～された人(ひと)/文雅的人。②洗炼,精练。△～された文章(ぶんしょう)/精练的文章。

せんろ①【線路】线路,轨道。△～が伸(の)びる/轨道延伸。

せんろっぽん③【繊六本・千六本】萝卜丝,(把萝卜)切成细丝。

ぜんわん⓪【前腕】前臂(肘部至腕部)。

そ ソ

そあく⓪【粗悪】(形动)(质量)低劣。△〜品(ひん)/次品。

そい①【粗衣】〈文〉粗衣，布衣。△〜粗食(そしょく)/布衣素食。

-ぞい〔沿い〕(接尾)(接名词后)顺着…，沿着…。△海岸(かいがん)〜/沿着海岸。

そいつ⓪【其奴】(代)〈俗〉那个，那个东西，那个家伙。△〜のほうが悪(わる)い/那玩艺儿可不好。

そいと・げる④【添い(遂)げる】(自下一)①结为夫妻，白头偕老。△共白髪(ともしらが)まで〜/白头偕老。②排除障碍结为夫妻。△親(おや)の反対(はんたい)を押(お)し切(き)って〜/不顾父母反对结为夫妻。

そいね⓪【添(い)寝】(名・自サ)陪着睡，紧挨着睡。△母親(ははおや)が〜をする/母亲在一旁陪着睡。

そいん⓪【素因】①起因，原因。②容易患某种病的体质。

-そう〔双〕(接尾)双，对。△びょうぶ1〜(いっそう)/一对屏风。

そう①【相】相，外形，表象，相貌。△貴人(きじん)の〜/贵人之相。

そう①【僧】僧侣。△旅(たび)の〜/云游僧，游方僧。

-そう〔艘〕(接尾)艘，只。△3〜(さんぞう)の舟(ふね)/3只小船。

そ・う①②⓪【沿う】(自五)①沿着，顺着。△この道(みち)は川(かわ)に沿っている/这条路顺着河延伸。△線路(せんろ)に沿って歩(ある)く/沿铁路线走。△道に沿って店(みせ)が並(なら)ぶ/沿街商店成排。②根据，按着。△計画(けいかく)に沿って行(おこ)なう/按计划进行。

そ・う②⓪①【添う】〔副う〕(自五)①跟随。△影(かげ)はその形(かたち)に〜/形影不离。△子供(こども)が母(はは)のそばに添っている/小孩不离开妈妈身边。②结婚，结为夫妻。△なんとか二人(ふたり)を添わせてやりたい/设法使他们俩结为夫妻。③适应，符合(目的、期望、要求)。△彼(かれ)は父親(ちちおや)の期待(きたい)に添わなかった/他未能如父亲的愿。

そう Ⅰ⓪(副)(接前面的话)那样。△〜でなければ/如果不是那样的话。Ⅱ①(感)①(表示肯定或赞同)是，是的。②(表示惊奇或半信半疑)是吗？么么？△〜、よかったね/是么，真不错呀。

そう①【草】草书，草楷。

そう①【層】①层。△石炭(せきたん)〜/煤层。②阶层。△中堅(ちゅうけん)〜/骨干力量，中坚力量。

ぞう①【象】大象。△雲南(うんなん)〜/云南象。

そう- 【総】（接头）全部，所有，总…。△～人口(じんこう)/总人口。

ぞう① 【像】①像，形象。△魯迅(ろじん)の～/鲁迅像。△～を写(うつ)す/画像。②影像。△～を結(むす)ぶ/成像。

ぞう① 【増】増加。△収入(しゅうにゅう)は50万円(ごじゅうまんえん)の～になる/收入増加50万日元。

そうあい⓪ 【相愛】（名・自サ）相爱。△相思(そうし)～の仲(なか)/相思相爱的关系。

ぞうあく⓪ 【増悪】（名・自サ）①病情恶化。②越发恶化。△不安(ふあん)の～/越发不安。

そうあん⓪ 【草案】草案，草稿。△憲法(けんぽう)の～/宪法草案。

そうあん⓪ 【創案】（名・他サ）发明，创造。△平仮名(ひらがな)や片仮名(かたかな)が～されたのは平安時代(へいあんじだい)のことだ/平假名和片假名的创造，是在平安时代。

そうい① 【創意】独創的见解，创见。△～工夫(くふう)/想办法闯新路。△～に富(と)む/富于创新。

そうい① 【総意】全体的意见，公断，舆论。△国民(こくみん)の～/国民的公断。

そうい⓪ 【相違】（名・自サ）差异，不同，分歧。△事実(じじつ)と～する/与事实不符。⇒ちがう表；⇒さい表

そういう⓪ （连体）那样的。

そういえば 么么说来。

そういん⓪ 【総員】全体人员。△～出勤(しゅっきん)/全员出勤。△～五百名(ごひゃくめい)/全体500人。

ぞうえん⓪ 【増援】（名・他サ）増援。△～部隊(ぶたい)/増援部队。

ぞうお① 【憎悪】（名・他サ）憎恶，憎恨。△～の念(ねん)を抱(いだ)く/怀恨。

そうおう⓪ 【相応】（名・形动・自サ）适合，适应，称称。△身分(みぶん)～の服装(ふくそう)/和身份相称的服装。△時代(じだい)に～したやり方(かた)/适应时代的作法。

そうおん⓪ 【騒音】〔噪音〕噪音，噪声。

そうが⓪ 【挿画】插图，插画。

ぞうか 〔造花〕假花，人工花。

ぞうか⓪ 【増加】（名・自他サ）増加，増多。△人口(じんこう)が～する/人口増加。△予算(よさん)を～する/増加预算。

そうかい⓪ 【壮快】（名・形动）痛快，雄壮。△～な気分(きぶん)/痛快的心情。

そうかい 〔爽快〕（名・形动）清爽，爽快。△～な朝(あさ)の空気(くうき)/早晨清爽新鲜的空气。

そうかい⓪ 【総会】全会，全体大会。△株主(かぶぬし)～/股东大会。△～屋(や)/股东大会上的混子。

そうがい① 【窓外】窗外，车窗外。

そうがい⓪ 【霜害】霜害，霜冻灾害。

そうがく⓪ 【総額】总额，总数。△予算(よさん)の～/预算总额。

ぞうがく⓪ 【増額】（名・自他サ）

増額,増量,増加。△金額(きんがく)を～する/增加金额。

そうかつ⓪【総括】(名・他サ)总括,总结。△～して言(い)えば/总的来说。△経験(けいけん)を～する/总结经验。△～質問(しつもん)/(对审议案的)全面质问。

そうかん⓪【壮観】(名・形動)壮观。△大空(おおぞら)に舞(ま)う航空机(こうくうき)のショーは、実(じつ)に～だった/飞机在天空中飞翔表演,着实壮观。

そうかん⓪【相関】(名・自サ)相关;相互关系。△～関係(かんけい)/相互关系。△～係数(けいすう)/相关系数。

そうかん⓪【送還】(名・他サ)遣返,送回,送还。△強制(きょうせい)～/强制遣返。

そうかん⓪【創刊】(名・他サ)创办(报刊等),创刊。△新聞(しんぶん)を～する/创办报纸。△～号(ごう)/创刊号。

そうがん⓪【双眼】双眼,双目。△～鏡(きょう)/双筒望远镜。

そうき①【早期】早期,初期。△～発見(はっけん)/早期发现。△～治療(ちりょう)/早期医治。

そうぎ①【争議】①争议,争论,争执。②劳资纠纷,佃农和地主的纠纷。△～権(けん)/罢工权。△労働(ろうどう)～/劳资纠纷;工潮。

そうぎ①【葬儀】葬礼,殡仪。

ぞうき⓪【雑木】木柴,不成材的树木。△～林(ばやし)/杂木林,杂树林。

ぞうき①【臓器】脏器。△～移植(いしょく)/器官移植。

そうきゅう⓪【早急】(名・形動)火速,紧急。△～に解決(かいけつ)すべき問題(もんだい)/要火速解决的问题。

そうきゅう⓪【送球】(名・他サ)①传球。②(球类运动项目之一)手球。

そうぎょう⓪【創業】(名・自サ)创业,创立。△～二百年(にひゃくねん)のしにせ/创业二百年的老字号。

そうぎょう⓪【操業】(名・自サ)操作,机器作业。△～短縮(たんしゅく)/缩短工时。△～する漁船(ぎょせん)/作业的渔船。

ぞうきょう⓪【増強】(名・他サ)增强,加强。△生産力(せいさんりょく)を～する/增强生产力。△堤防(ていぼう)を～する/加固堤坝。

そうきん⓪【送金】(名・自サ)汇款,寄钱。△～手形(てがた)/汇票。

ぞうきん⓪〔雑巾〕揩布,抹布。△～がけをする/用抹布擦。△ぬれ～/湿抹布。

そうぐう⓪【遭遇】(名・自サ)遭遇。△事故(じこ)に～する/遭遇事故。△敵(てき)に～する/遭遇敌人。

そうくずれ③【総崩(れ)】(军队)全线瓦解,全线崩溃。△敵(てき)は～になった/敌军全线崩溃。

ぞうげ⓪③【象げ】〔象牙〕象牙。△～の塔(とう)/象牙之塔。

そうけい⓪【総計】(名・他サ)总计。△支出(ししゅつ)を～する/总

計支出。

ぞうけい⓪【造形・造型】(名・自サ)①塑造,造型。△言葉(ことば)を用(もち)いて〜した主人公像(しゅじんこうぞう)/用语言塑造的主人公形像。②造型艺术。△〜美術(びじゅつ)/造型艺术。

そうげい⓪【送迎】(名・他サ)迎送,接送。△バスで〜する/用汽车接送。

ぞうけい⓪【造けい】〔造詣〕造诣。△〜が深(ふか)い/造诣深。

そうけた・つ④【総毛立つ】(自五)(因寒冷或恐惧而)浑身发冷;毛骨悚然。△見(み)ただけでも〜/只看一眼就毛骨悚然。

ぞうけつ⓪【造血】(名・自サ)造血。△〜機能(きのう)/造血功能。

そうけっさん③【総決算】(名・他サ)①总决算。△年度末(ねんどまつ)の〜/年度决算,年度末结算。②总结。△五年間(ごねんかん)の研究(けんきゅう)の〜/五年的研究工作总结。

そうけん⓪【双肩】①双肩。②肩负,担负(责任,任务等)。△国(くに)の将来(しょうらい)は諸君(しょくん)の〜にかかっている/诸位肩负国家的未来。

そうけん⓪【送検】(名・他サ)(把犯人或有关材料等)送交检察院。

そうけん⓪【創見】创见,独特的见解。△〜に富(と)む論文(ろんぶん)/富于创见的论文。

そうげん⓪【草原】草原,草原地带。

ぞうげん⓪③【増減】(名・自他サ)增减。△人口(じんこう)の〜を調査(ちょうさ)する/调查人口的增减。

そうこ①【倉庫】仓库,货栈。△〜料(りょう)/租库费。△〜渡(わた)し/货栈交货。

そうご①【壮語】(名・自サ)夸口,大话。△大言(たいげん)〜/大话。豪言壮语。

そうご①【相互】①互相,彼此。△〜に助(たす)け合(あ)う/相互帮助。②交互,轮流。△〜に話(はなし)をする/轮流说。

	〜に球を投げ合う	〜に金を出し合って運営する会	社員〜の親睦をはかる	左右の腕を〜に上げる
相互	○	○	○	×
互い	○	×	×	×
交互	○	×	×	○

そうこう⓪【奏効】(名・自サ)奏效,见效。△注射(ちゅうしゃ)が〜して熱(ねつ)が下(さ)がる/打针见效,烧退了。

そうこう⓪【草稿】草案,草稿。

そうこう⓪③【操行】操行,品行。△〜が悪(わる)い/品行不佳。

そうごう⓪【相好】脸色,容貌,表情。△〜を崩(くず)す/破颜微笑。

そうごう⓪【総合】〔綜合〕(名・他サ)综合。△情報(じょうほう)を〜する/综合信息。△〜開発(かいはつ)/综合开发。

そうさ①【走査】(名・他サ)扫描。△〜線(せん)/扫描线。

そうさ①【捜査】(名・他サ)①查访,查找。②搜查(犯人,罪证)。△〜令状(れいじょう)/搜查证。

⇒そうさく表

そうさ① 【操作】(名・他サ)①操作,操纵。△遠隔(えんかく)~/遥控。②(设法)安排,筹措。△帳簿(ちょうぼ)を~する/窜改账簿。

そうさい⓪ 【総裁】(名・他サ)(自民党)总裁。(银行)行长。董事长。

そうざい⓪ 【総菜】〔惣菜〕家常菜,副食品。△~料理(りょうり)/家常菜。

そうさく⓪ 【捜索】(名・他サ)①寻找,寻求。△遭難者(そうなんしゃ)を~する/寻找遇难者。②搜查,搜索。△家宅(かたく)~/(依法)捜査住宅。抄家。

	逃亡した犯人の~	家出人の~	遭難者の~	事件の~に当たる	史料を~する
捜索	○	○	○	×	×
捜査	○	△	×	○	×
探索	○	○	×	×	○

そうさく⓪ 【創作】(名・他サ)①创造。②(小说等文艺作品)创作。△~家(か)/小说家,作家。

ぞうさく⓪③④ 【造作】Ⅰ(名・他サ)(室内)装修。△台所(だいどころ)を~する/装修厨房。Ⅱ(名)〈俗〉面孔,容貌。△顔(かお)の~がわるい/容貌难看。

ぞうさん⓪ 【増産】(名・他サ)△食糧(しょくりょう)を~する/增产粮食。

そうし① 【相思】相思,想爱。△~相愛(そうあい)の仲(なか)/(男女)相思相爱。

そうし① 【草子・草紙】〔双紙・冊子〕①订好的书。②〔日本江户时代)带插图的小说。③(用假名写的)故事,随笔,日记之类。④(习字用)仿字本。

そうし⓪⓪ 【創始】(名・他サ)创始,首创。△~者(しゃ)/创始人,创办人。

そうじ① 【相似】(名・自サ)相似,相像。△~形(けい)/相似形。△二人(ふたり)は性格(せいかく)が~している/两人性格相像。

そうじ① 【掃除】(名・他サ)扫除,打扫,清除(污物)。△部屋(へや)を~する/打扫房间。

ぞうし⓪ 【増資】(名・自サ)增加资本。增加的资本。

そうしき⓪ 【葬式】葬礼,殡仪。

そうじき③ 【掃除機】吸尘器。

そうしつ⓪ 【喪失】(名・他サ)丧失,失掉。△記憶(きおく)~/失去记忆。△自信(じしん)を~する/失去信心。

そうして④ 〔然して〕(连接)①然后。△私(わたし)の楽(たの)しみはねる前(まえ)にコーヒーをのみ,~新聞(しんぶん)を読(よ)むことだ/我的乐趣是睡觉前喝咖啡,然后读报。②而,而且。△私(わたし)の部屋(へや)は明(あ)かるく~たいへん広(ひろ)い/我的房间明亮,而且很宽敞。

そうじて④① 【総じて】(副)总的(来说),大体上。△~言(い)えば/总的来说。

そうじまい③ 【総仕舞】(名・他サ)①全部做完。△年末(ねんまつ)の~/年底结束一切工作。②(商品等)

全部售完。△在庫品(ざいこひん)を～する/卖完库存品。

そうしゃ① 【走者】①(田径)赛跑选手。②(棒球)跑垒员。

そうじゅう⓪ 【操縦】(名・他サ)操纵，控制，驾驶(船、飞机等)。△遠隔(えんかく)～/远距离操纵。△飛行機(ひこうき)を～する/驾驶飞机。

	自動車を～する	飛行機を～する	資金を～する	うまく夫を～する	高速で～する印刷機
操縦	○	○	×	○	×
運転	○	×	○	×	○

ぞうしゅう⓪ 【増収】(名・自サ)增加收入。增加收获。△～をはかる/确保增产。

そうじゅく⓪ 【早熟】(名・形动)①(作物)早熟。②(人的身心)早熟。△～な子(こ)/早成熟的孩子。

そうしゅん⓪ 【早春】早春，初春。

そうしょう⓪ 【相称】相称，对称。△左右(さゆう)～/左右对称。

そうしょう⓪ 【創傷】创伤。

そうしょう⓪ 【総称】(名・他サ)总称。△松(まつ)・杉(すぎ)・もみなどを～して針葉樹(しんようじゅ)と言う/松、杉、枞等总称为针叶树。

そうじょう⓪ 【相乗】(名・他サ)(数学)相乘。

そうじょう⓪ 【葬場】殡仪馆，火葬场。

ぞうしょう⓪ 【蔵相】大藏大臣。

そうしょく⓪ 【草食】草食，吃草的。

そうしょく⓪ 【装飾】(名・他サ)装饰，装潢。△室内(しつない)～/室内装饰。△～品(ひん)/装饰品。

ぞうしょく⓪ 【増殖】(名・自他サ)(生物、细胞)增殖，繁殖，增加。

そうしん⓪ 【送信】(名・自他サ)发送，传送，发报。△ファックスを～する/发传真。

そうしん⓪ 〔痩身〕［文］①瘦身。②减肥。△～茶(ちゃ)/减肥茶。

ぞうしん⓪ 【増進】(名・自他サ)增进，增加。△食欲(しょくよく)～/增进食欲。△社会福祉(しゃかいふくし)の～/增加社会福利。

そうしんぐ③ 【装身具】首饰。△～をつける/带首饰。带装饰品。

そうすい⓪ 【送水】供水，给水。△～管(かん)/输水管。

ぞうすい⓪ 【増水】(名・自サ)(河川)涨水，水量增加。△河川(かせん)の～/河水增加。

ぞうすい⓪ 【雑炊】菜粥，杂烩粥。

そうすう⓪ 【総数】总数。

そうせい⓪ 【双生】(名・自サ)孪生，双生。△～児(じ)/双胞胎。

そうせい⓪ 【早世】(名・自サ)〈文〉夭折，夭亡。△生(うま)れたばかりの子(こ)が～した/刚出生的小孩夭折了。

そうせい⓪ 【創製】(名・他サ)首创，研制。△当店(とうてん)～の漬物(つけもの)/本店首创的酱菜。

ぞうぜい⓪ 【増税】(名・自サ)增税，增加税额。

そうせつ⓪ 【創設】(名・他サ)创

そうせつ⓪【総説】(名・他サ)总述,总论。

そうぜつ⓪【壮絶】(名・形动)极其壮烈。△～な最期(さいご)をとげる/壮烈就义。△～な戦(たたか)い/壮烈至极的战斗。

ぞうせつ⓪【増設】(名・他サ)增设,添设。△高校(こうこう)を～する/增设高中。

そうぜん⓪【騒然】(形动タルト)骚然,骚乱。△物情(ぶつじょう)～たる世(よ)の中(なか)/人心骚动的世间。△会場(かいじょう)は～となった/会场上骚乱起来。

ぞうせん⓪【造船】(名・自サ)造船。

そうせんきょ③【総選挙】①总选举,大选。②(特指)日本众议院议员大选。

そうそう⓪【早早】(名・副)①刚刚。△新年(しんねん)～/刚过新年。△開店(かいてん)～の店(みせ)/刚刚开张的商店。②急忙,匆匆。△～に立(た)ち去(さ)る/匆匆走开。

そうそう⓪【草草】(匆匆)①简单,简略。△～に説明(せつめい)をおえた/简略说明一下。②(书信结尾)匆匆,草草。

そうぞう⓪【創造】(名・他サ)①创造。△文化(ぶんか)を～する/创造文化。②(神的)创造。△天地(てんち)～/开天辟地。

そうぞう⓪【想像】(名・他サ)想像。△子供(こども)たちは自分(じぶん)の未来(みらい)を～する/孩子们想像自己的未来。△結果(けっか)はだいたい～できる/结果大体可以想像出来。

そうぞうし・い⑤【騒騒しい】(形)①嘈杂,喧闹。△～夜(よる)/喧闹的夜晚。②不安宁。△～世(よ)の中(なか)/不安宁的社会。

そうぞく⓪①【相続】(名・他サ)继承(财产等)。△～権(けん)/继承权。△～人(にん)/继承人。

そうそつ⓪【倉卒】〔草卒〕(名・形动)〈文〉仓促,匆忙。△～の間(かん)に食事(しょくじ)を終(お)える/匆忙之间吃完饭。

そうそふ③【曾祖父】曾祖父。

そうそぼ③【曾祖母】曾祖母。

そうそん③【曾孫】曾孙。

そうだ (助动)①(传闻助动词,接用言或助动词终止形之后)据说,听说。△彼(かれ)は東大出身(とうだいしゅっしん)だそうだ/听说他是东京大学毕业的。②(样态助动词,接用言或助动词连用形之后)似乎,好像。△雨が降(ふ)りそうだ/好像要下雨。△体(からだ)が丈夫(じょうぶ)そうに見(み)える/看上去身体很健康。

そうたい⓪【早退】(名・自サ)早退。△急用(きゅうよう)で～する/因有急事而早退。

そうたい⓪【相対】相对(关系)。△～性(せい)/相对性。△～性理論(せいりろん)/相对论。△～運動(うんどう)/相对运动。

そうたい⓪【総体】Ⅰ(名)全体,总体,全局。△～に気(き)を配(くば)る/注意全局。Ⅱ(副)总的说来,一般说来。△～に出来(でき)がよい/总的说来成绩不错。

そうだい⓪【壮大】(形动)雄伟,雄壮,宏大。△～な計画(けいかく)/宏伟的计划。

ぞうだい⓪【増大】(名・自他サ)增长,增多,增大。△生産(せいさん)が～する/生产增长。

そうたいてき⓪【相対的】(形动)相对的。

そうだち⓪【総立(ち)】(名・自サ)(在场的人)全体站起。△満場(まんじょう)～となって喜(よろこ)ぶ/全场起立欢呼。

そうたつ⓪【送達】(名・他サ)①送到,递送。△追(お)って～する/随后送到。②送达,送交(有关诉讼文件)。

そうだつ⓪【争奪】(名・他サ)争夺。△～戦(せん)/争夺战。

そうだん⓪【相談】(名・自他サ)①商谈,商量。△対策(たいさく)を～する/商量对策。△進路(しんろ)について～する/商谈今后出路。②磋商,商讨,洽谈。△弁護士(べんごし)と～する/与律师商讨。

	友達と旅行の～をする	進学の～	～が悪くて会えなかった	～に乗る
相談	○	○	×	○
打ち合わせ	○	×	○	×

そうち①【装置】(名・他サ)装置,设备。△安全(あんぜん)～/安全装置。△舞台(ぶたい)～/舞台设备。

ぞうちく⓪【増築】(名・他サ)扩建,增建。△校舎(こうしゃ)を～する/扩建校舍。

そうちょう⓪【早朝】清晨。△～練習(れんしゅう)/清晨练习。

そうちょう⓪【荘重】(名・形动)庄重,庄严。△～な式典音楽(しきてんおんがく)/庄严的典礼乐。

そうちょう①【総長】①总长。△事務(じむ)～/秘书长。△参謀(さんぼう)～/总参谋长。②(私立综合大学的)校长。

ぞうちょう⓪【増長】(名・自サ)傲慢(起来),得意忘形。△～は失敗(しっぱい)のもと/骄傲是失败的根源。

そうっと④⓪(副・自サ)("そっと"的强调形)→そっと。

そうで⓪【総出】全体出动。△家族(かぞく)～の旅行(りょこう)/全家人一起去旅行。

そうてい⓪【装丁】〔装幀・装釘〕(名・他サ)①装订,装帧。△～は立派(りっぱ)だ/装帧很漂亮。②装帧设计。

そうてい⓪【想定】(名・他サ)设定,假想,假定。△～敵国(てっこく)/假想敌方。△出火(しゅっか)を～して訓練(くんれん)をする/在假定火灾情况下进行训练。

そうてい⓪〔漕艇〕划艇。

ぞうてい⓪【贈呈】(名・他サ)赠呈,赠送。△記念品(きねんひん)を～する/馈赠纪念品。

そうてん⓪【装てん】〔装填〕(名・

他サ)装,装填。△弾丸(だんがん)を～する/装子弹。△フィルムを～する/装胶卷。

そうてん⓪① 【総点】总分,得分总计。

そうでん⓪ 【相伝】(名・他サ)家传,代代相传。△一子(いっし)～/一子相传。

そうでん⓪ 【送電】(名・自サ)输电,供电,送电。△工場(こうじょう)に～する/向工厂送电。

そうと① 【壮図】宏伟计划,壮志。△～むなしく挫折(ざせつ)する/计划落空,遇到挫折。△～を抱(いだ)く/胸怀壮志。

そうとう⓪ 【相当】(名・形动)①相当。△～な役(やく)/相当的职务。②相应,相称。△実力(じつりょく)～の成績(せいせき)/与实力相称的成绩。△～の報酬(ほうしゅう)/相应的报酬。③颇,很,相当。△～に寒(さむ)い/很冷。△～な金持(かねもち)/相当有钱。⇨ずいぶん表

そうとう⓪ 【想到】(名・自サ)想到,想出。△原因(げんいん)に～する/想出原因。

そうどう① 【騒動】(名・自サ)骚动,暴乱。△～が起(お)こる/闹风潮。

ぞうとう⓪ 【贈答】(名・他サ)(礼品、书信等)互相赠送。△～品(ひん)/互赠的礼品。

そうどういん③ 【総動員】(名・他サ)总动员。△一家(いっか)～/全家总动员。

そうなん⓪ 【遭難】(名・自サ)(登山、航海等情况下)遇难。△～者(しゃ)/遇难者。△飛行機(ひこうき)の～事故(じこ)/空难事故。

ぞうに⓪ 【雑煮】烩年糕(日本的过年食品,将年糕放入蔬菜、肉等的汤内一起煮)。

そうにゅう⓪ 【挿入】(名・他サ)插入。△ゴム管(かん)を食道(しょくどう)に～する/把胶皮管插入食道。

そうは① 【走破】(名・自サ)跑完(预定的全程)。△1万(いちまん)メートルを～する/跑完1万米。

そうば⓪ 【相場】①(商品的)定价,行市。△～が下(さ)がる/行情下跌。△為替(かわせ)～/汇兑行情。②买空卖空,投机倒把。△～師(し)/投机商。③公认,一般的趋向。△冬(ふゆ)は寒(さむ)いものと～決(き)まっている/冬天从来就是冷的。

ぞうはい⓪ 【増配】(名・他サ)增加配给,增加配售。

そうはく⓪ 〔糟粕〕酒糟；糟粕。△古人(こじん)の～をなめる/吮古人糟粕。泝前人后尘。

そうはく⓪ 〔蒼白〕(名・形动)苍白。△顔面(がんめん)～/脸色苍白。

そうばん⓪ 【早晩】(副)迟早,早晚。△～悪事(あくじ)は露見(ろけん)するだろう/作恶迟早要暴露的。

そうび① 【装備】(名・他サ)装备。△登山(とざん)の～/登山的装备。△核兵器(かくへいき)を～した戦

艦(せんかん)/装备核武器的战舰。

そうひょう⓪【総評】(名・他サ)①総评,总评论。②日本工会总评议会(之略)。

そうふ①【送付】(名・他サ)发送,寄出,汇出。△書類(しょるい)を〜する/发送文件。

ぞうふ⓪【臟ふ】〔臟腑〕五脏六腑,脏腑。

ぞうふく⓪【増幅】(名・他サ)(电)增幅,放大。

ぞうへい⓪【造幣】铸造货币,造币。△〜局(きょく)/(日本的)造币局。

そうべつ⓪【送別】(名・自他サ)送别,送行。△〜会(かい)/欢送会。△友達(ともだち)を〜する/为朋友送行。

そうほう①【双方】双方。△労資(ろうし)〜/劳资双方。

そうぼう〔蒼茫〕(形动タルト)〔文〕苍茫。△〜たる大地(だいち)/苍茫大地。

そうほん⓪【草本】①草本(植物)。②草稿。

そうめい⓪〔聡明〕(名・形动)聪明。△〜な人(ひと)/聪明人。

そうめいきょく③【奏鳴曲】奏鸣曲。

そうめつ【掃滅】〔剿滅〕(名・他サ)歼灭,扫平。△〜作戦(さくせん)/歼灭战。

そうめん①〔素麺〕挂面。

そうもく⓪①【草木】草木,植物。

ぞうもつ⓪【臟物】(鱼、鸟、牛、猪等的)内脏。

ぞうよ①【贈与】(名・他サ)赠送,赠与,捐赠。△〜者(しゃ)/捐赠者。△〜税(ぜい)/(向得到财产者征收的)赠与税。

そうよう〔搔痒〕搔痒,挠痒。△隔靴(かっか)〜/隔靴搔痒。

そうらん⓪【総覧】(名・他サ)①综观,通览,总览。②汇编。△市制(しせい)〜/市制汇编。

そうらん⓪【騒乱】骚乱,暴乱。△〜を起(お)こす/发动暴乱。

そうり①【総理】("内閣総理大臣"之略)总理,内阁总理。

ぞうり⓪【草履】草履,草鞋。

そうりだいじん【総理大臣】总理大臣,内阁总理。

そうりつ⓪【創立】(名・他サ)创立,创建。△〜記念日(きねんび)/创立纪念日。△会社(かいしゃ)を〜する/创建公司。

そうりょ〔僧侶〕僧侣,和尚。

そうりょう①③【送料】邮费,运费。

そうりょう⓪〔爽涼〕(名・形动)凉爽。△〜の秋(あき)/凉爽的秋天。

そうりょう③⓪【総量】总量。△荷物(にもつ)の〜/行李的总重量。

そうりょう⓪①【総領】①长子,长女,老大。△〜の甚六(じんろく)/傻老大(老大傻,老二奸)。②总管。△〜地頭(じとう)/总庄头,庄园总管。

ぞうりん⓪【造林】(名・自サ)造林,植树造林。

そうるい〔走塁〕(名・自サ)(棒球)跑垒。

そうれい⓪【壮麗】(名・形動)壮丽。△～な宝殿(ほうでん)/雄伟壮丽的宝殿。△～な夕焼(ゆうや)け/晚霞壮丽。

そうれつ⓪【壮烈】(名・形動)壮烈。△～な最期(さいご)をとげる/壮烈牺牲。△～な打(う)ち合(あ)い/壮烈的开枪对打。

そうろ①【走路】(田径比赛的)跑道。

そうろ・う③【候】(自五)①(谦虚的说法)在(您)左右,在(您)身边。②是"ある"、"いる"的敬语表达形式。△～文(ぶん)/候文(文言书信文体,句末以"…候"结句)。

そうろん⓪①【争論】(名・自サ)争论,争吵。△家庭内(かていない)での～が絶(た)えない/家里不断争吵。

そうろん⓪【総論】总论。△化学(かがく)～/化学总论。

そうわ⓪【挿話】插话,插曲,小故事。

そうわ⓪【総和】(名・他サ)总计,总和。

ぞうわい⓪【贈賄】(名・自サ)行贿。△～罪(ざい)/行贿罪。

そうわき③【送話器】话筒。

そえがき⓪【添(え)書(き)】(名・自サ)①题跋,评介。②(书信后的)附言。

そえもの⓪【添(え)物】①附加物,附录。②(商店给顾客的)赠品。

そ・える⓪【添える】(自他下一)①添,加。△桜(さくら)の花(はな)が古(ふる)い町並(まちなみ)に彩(いろ)りを添えている/樱花给路两侧古老的房舍增添了情趣。②附上,附加,配上。△彼(かれ)は贈物(おくりもの)に手紙(てがみ)を～/他在礼物中附上一封信。

そえん⓪【疎遠】(名・形動)疏远。△二人(ふたり)の仲(なか)が～になる/两个人的关系疏远了。

ソース①[sauce](西餐调味品)沙司,调味汁,辣酱油。△トマト～/西红柿沙司。

ソーセージ①③[sausage]红肠,腊肠。

ソーダ①[荷 soda][曹達]苏打,苏打水。△～水(すい)/苏打水。

そかい⓪【疎開】(名・自他サ)①疏散,散开。△学童(がくどう)～/疏散小学生。△田舎(いなか)へ～する/向乡下疏散。②迁移。△集団(しゅうだん)～/集体搬迁。

そがい⓪【阻害】(名・他サ)阻碍,妨碍。△発展(はってん)の～/发展的障碍。

そがい⓪【疎外】(名・他サ)疏远,不接近。△友人(ゆうじん)を～する/与朋友疏远。△～感(かん)/疏远感。

そぎょう⓪①【祖業】祖业,世代的事业。△～を継(つ)ぐ/继承祖业。

-そく【足】(接尾)(计数鞋袜等)…双。△靴下1(くつしたいっ)～/一双袜子。

そ・ぐ①〔殺ぐ・削ぐ〕(他五)①削尖,削去,削掉,削薄。②削减,减少。△予算(よさん)を～/削

減経費。△興味(きょうみ)を～/扫兴。

ぞく⓪【俗】(名・形动)①通俗，普通。△～な表現(ひょうげん)/表达通俗。②世俗，风俗。

ぞくあく⓪【俗悪】(名・形动)庸俗，下流。△～な雑誌(ざっし)/格调低劣的杂志。

そくい①【即位】(名・自サ)即位。△～式(しき)/即位大典。

そくおう⓪【即応】(名・自サ)适应，顺应。△時勢(じせい)に～する能力(のうりょく)/顺应时势的能力。

そくおん②【促音】(语音)促音。

ぞくけ⓪③【俗気】俗气，俗情。△～の多(おお)い人(ひと)/很庸俗的人。

ぞくご⓪【俗語】①白话，俗话。②行话，黑话，俚语。

そくざ①【即座】当场，即席，马上。△質問(しつもん)に～に返答(へんとう)する/即席回答问题。

そくさい⓪【息災】(名・形动)健康，平安无病。△無病(むびょう)～/无病无灾。△～で暮(く)らす/无灾无病地过日子。

そくし⓪【即死】(名・自サ)(因事故)当场死亡。

ぞくじ①⓪【俗事】(繁杂)琐事。△～に追(お)われる/琐事缠身。

そくじつ⓪【即日】(名・副)即日，当日。△～開票(かいひょう)/当日开箱点票。

ぞくしょう⓪【俗称】俗称，通称。

そくしん⓪【促進】(名・他サ)促进，加速。△工事(こうじ)を～する/加快施工。

ぞくじん⓪【俗人】①俗人，凡人。②庸俗的人，粗俗的人。

そく・する③【即する】(自サ)适合，切合，根据，按。△実際(じっさい)に即して考(かんが)える/切合实际地考虑。

ぞく・する③【属する】(自他サ)①隶属，从属。△通産省(つうさんしょう)に～/隶属于通产省。②属于。△鯨(くじら)は哺乳類(ほにゅうるい)に～/鲸属于哺乳类。③归属，所属。△兄(あに)もぼくも、学校(がっこう)ではサッカー部(ぶ)に属している/哥哥和我都是校足球队成员。

そくせい⓪【促成】(名・他サ)(植物)人工加速培育。△～栽培(さいばい)/人工快速栽培。

そくせい⓪【速成】(名・自他サ)速成。△～教育(きょういく)/速成教学。

ぞくせい⓪【属性】属性。△竹(たけ)の～を利用(りよう)して、さまざまな道具(どうぐ)を作(つく)ってきた/利用竹子的属性，制做出各种各样器具。

そくせき⓪【足跡】①足迹。②业绩，功绩。△偉大(いだい)な～を残(のこ)す/留下伟大业绩。

そくせき⓪【即席】①即席，当场。△～のスピーチ/即席演说。△～料理(りょうり)/快餐，便餐。②临时凑合。△～の答弁(とうべん)/临时应付的答辩。

ぞくせけん③ 【俗世間】人世间，现实社会，尘世，俗世。△～とは縁(えん)を切(き)る/脱离尘世。

ぞくせつ⓪ 【俗説】一般传说。

ぞくぞく① (副・自サ)①(因突然受冷)打冷战，打哆嗦，起鸡皮疙瘩。△体(からだ)が～する/浑身发冷。②(因惊恐而)出冷汗。③(因突然的喜悦而)心情激动。

ぞくぞく① 【続続】(副)陆续，连续不断。△見物人(けんぶつにん)が～と集(あつ)まる/看热闹的人连续不断地聚集过来。

そくたつ⓪ 【速達】(名・自他サ)①快递，快投。②快信，快件。

そくだん⓪ 【即断】(名・他サ)当机立断，立即决定。△～を迫(せま)る/当机立断。

そくてい⓪ 【測定】(名・他サ)测定，测试，测量。△体重(たいじゅう)～/测量体重。

そくど① 【速度】速度。△制限(せいげん)～/限制速度。△～を増(ま)す/加快速度。

	車の～を測る	～を上げる	～を出す	タイプを打つ～	呼吸の～が気になる
速度	○	○	△	○	×
速力	○	○	×	×	×
速さ	○	×	×	○	○

そくとう⓪ 【即答】(名・自サ)当场回答，立刻回答。△～を避(さ)ける/避免当场回答。△～を求(もと)める/要求立刻回答。

ぞくとう⓪ 【続騰】(名・自サ)(行市)连续上涨。△株価(かぶか)が～する/股票价格连续上涨。

そくどく⓪ 【速読】(名・他サ)快速阅读，速读。

そくばい⓪ 【即売】(名・他サ)(展品)当场出售。△展示(てんじ)～会(かい)/展销会。

そくばく⓪ 【束縛】(名・他サ)束缚，限制。△行動(こうどう)を～する/限制活动。

ぞくはつ⓪ 【続発】(名・自サ)连续发生。△事故(じこ)が～する/事故连续发生。

ぞくばなれ③ 【俗離(れ)】(名・自サ)脱俗，超俗。

そくめん③⓪ 【側面】①(物的)侧面。△～図(ず)/侧视图。②旁面，侧翼。△～から援助(えんじょ)する/从旁援助。

ぞくらく⓪ 【続落】(名・自サ)(市价、行情)继续下跌。△相場(そうば)が～する/行情继续下跌。

そくりょう⓪② 【測量】(名・他サ)测量，勘测。△道路(どうろ)の～/道路测量。

そくりょく② 【速力】速度。△～をあげる/加快速度。

ぞくろん⓪ 【俗論】俗浅的议论。△～に耳(みみ)をかすな/勿听俗浅的意见。

そぐわない③ (形)不相称的。△学生(がくせい)に～暮(く)らし/与学生身份不相称的生活。

そけい② 〔鼠蹊・鼠径〕腹股沟。△～線(せん)/腹股沟淋巴腺。

そげき⓪ 〔狙撃〕(名・他サ)狙击。△～兵(へい)/狙击兵。

そけん⓪ 【訴権】诉讼权。

そこ⓪【底】①底(儿)。△皿(さら)の～/盘子底。△コップの～/杯底。②尽处，到头。△学問(がくもん)の～をきわめる/达到学问的最顶点。③最低处。△奥(おく)～/深处。内心。◇～が浅(あさ)い/根基浅，基础差。◇～を叩(たた)く/用尽，用光。◇～を突(つ)く/ⅰ)家底用空了。ⅱ)价格降到最低。

そこ⓪〔其処・其所〕(代)①那儿，那里。②那里，那件事，那一点。△～がむずかしい/那一点很难。③那时候。

そご①〔齟齬〕(名・自サ)[文]龃龉，矛盾分歧，不一致。△意見(いけん)の～を来(き)たした/意见发生了分歧。

そこあげ⓪【底上(げ)】(名・他サ)提高水平。△生活水準(せいかつすいじゅん)の～を図(はか)る/谋求生活水平的提高。

そこいれ⓪【底入(れ)】行市大幅度下跌到最底限度，最低价。

そこう⓪【素行】(平时的)品行，行为，举动。△日頃(ひごろ)の～/平时的品行。△～をよくする/行为端正。

そこく①【祖国】祖国。△～の土(つち)を踏(ふ)む/踏上国土。

そこしれない【底知れない】(连体)摸不着边，高深莫测。△～実力(じつりょく)/高深莫测的实力。

そこそこ Ⅰ(副)⓪②匆匆忙忙，慌慌张张。△食事(しょくじ)も～に出(で)かける/匆匆忙忙吃了饭就出去了。Ⅱ(接尾)(接于数词之后)大约，将近。△千円(せんえん)～の品(しな)/将近1千日元的东西。

そこぢから③⓪【底力】潜力。△～を発揮(はっき)する/发挥潜力。

そこつ⓪【粗忽】(名・形动)①马虎，疏忽，冒失。△～者(もの)/冒失鬼。②(粗心而造成的)过失，错误。

そこで③⓪〔其処で〕(接)①因此，所以；于是。②(换话题)那么。△～本論(ほんろん)/那么，进入正题。

そこな・う③【損なう】(他五)①损坏，打破。△器物(きぶつ)を～/破坏器具。②损害，伤害。△胃腸(いちょう)を～/损害肠胃。③(接动词连用形下)搞糟，失败。△書(か)き～/写糟了。

そこ・ねる③【損ねる】(他下一)①损伤，损坏，伤害。△健康(けんこう)を～/损害健康。△機嫌(きげん)を～/得罪人。②(接动词连用形后)失败，失掉(机会等)。△仕事(しごと)をやり～/事情办糟了。△美術展(びじゅつてん)を見(み)～/失去了看美术展览的机会。

そこら②〔其処ら〕(代)①那里，那一带。△～あたり/那边。②(大概的数量、程度)左右，大约。△～でやめよう/就干到这里吧。

そざい⓪【素材】①素材，题材。△小説(しょうせつ)の～/小说的素材。②材料，原材料。

そざつ⓪【粗雑】(形动)粗糙，潦草，马虎。△～な計画(けいかく)/笼统的计划。⇨そまつ表

そし① 【阻止】（名・他サ）阻止，制止。△暴力(ぼうりょく)を～する/制止暴力。△入場(にゅうじょう)を～する/阻止进场。

そじ⓪ 【素地】①质地，底子。△～がよい/质地好。②根基，基础。△踊(おど)りの～が身(み)につく/掌握舞蹈的基础。

そしき① 【組織】（名・他サ）①组织，构成。②（生物）组织。△人間(にんげん)の神経(しんけい)～/人的神经组织。③结构，组成，组织。△組合(くみあい)を～する/组成工会。

そしつ⓪ 【素質】素质，天分。

そして③⓪ （接）①而且，又。△文学(ぶんがく)、美術(びじゅつ)～演劇(えんげき)と幅広(はばひろ)く活躍(かつやく)する/广泛活跃在文学、美术、演剧的领域。②然后，于是。

そしな⓪ 【粗品】（也作"そひん"）①粗糙的东西。②（馈赠时的自谦语）薄礼，不好的东西。△～進呈(しんてい)/奉送薄礼。

そしゃく⓪ 〔咀嚼〕（名・他サ）①咀嚼。△よく～する/充分咀嚼。②〈转〉充分理解，充分体会。△難解(なんかい)な文章(ぶんしょう)を～する/揣摩费解的文章。

そしょう⓪ 【訴訟】（名・自サ）①申诉。②（法律）诉讼。△民事(みんじ)～/民事诉讼。△刑事(けいじ)～/刑事诉讼。

そしらぬ④③ 【素知らぬ】（连体）佯装不知，假装不知。△～顔(かお)/装作不知的样子。

そしり③ 〔謗(り)〕诽谤，非难。△～を受(う)ける/受到诽谤。

そし・る② 〔謗る〕（他五）诽谤，讥讽，非难。△陰(かげ)で人(ひと)を～/背地里诽谤人。

そせい⓪ 【組成】（名・他サ）组成，构成。△顔料(がんりょう)の～/颜料的组成。

そせい⓪ 【粗製】粗制。△～乱造(らんぞう)/粗制滥造。

そせい⓪ 〔蘇生〕（名・自サ）苏醒，复苏。△奇跡的(きせきてき)に～する/奇迹般的复苏。△～の思(おも)い/犹如死而复生之感。

そぜい①⓪ 【租税】税，税款。△～を免除(めんじょ)する/免税。

そせき⓪ 【礎石】①基石，柱脚石。②〈转〉基础。△社会(しゃかい)の～となる/成为社会的基础。

そせん① 【祖先】祖先，祖宗，始祖。△～伝来(でんらい)/祖传。

そそ・ぐ③⓪② 【注ぐ】〔灌ぐ〕（自他五）①流入，注入。△海(うみ)に～/流入大海。②流，流下来。△涙(なみだ)を～/流泪。③灌入，引入，倒入，浇水。△植木(うえき)に水(みず)を～/给栽的树浇水。④倾注，集中（全力）。△全力(ぜんりょく)を～/集中全力。

そそ・ぐ③⓪ 〔濯ぐ・雪ぐ〕（他五）①洗，洗刷，漱（口）。△口(くち)を～/漱口。②〈转〉洗刷，雪（耻）。△汚(おめい)を～/洗刷污名。△恥(はじ)を～/雪耻。

そそくさ① （副・自サ）慌慌张张，

匆匆忙忙。△～と立(た)ち去(さ)る/慌慌地走开。

そそけだ・つ④ (自五)①(头发等)蓬乱。②毛骨悚然。

そだい⓪【粗大】(名・形动)①粗略。△～な調査(ちょうさ)/粗略的调查。②粗大,(大体积)粗笨的。△～ごみ/大件垃圾。

そそっかし・い⑤ (形)(举止)慌张,(态度)轻率。△～屋(や)/冒失鬼。

そそのか・す④【唆す】(他五)唆使,挑唆。△いたずらを～/挑唆别人恶作剧。△人(ひと)に唆される/受人唆使。

そそりた・つ④〔聳り立つ〕(自五)高高耸立。△～山山(やまやま)/高耸入云的群山。

そそ・る③⓪ (他五)引起,勾起。△興味(きょうみ)を～/引起兴趣。△食欲(しょくよく)を～/引起食欲。

そぞろ⓪〔漫ろ〕(副・形动)①不由得,不知不觉。△～寒(さむ)い夕暮(ゆうぐれ)時(とき)になる/不知不觉到了寒冷黄昏时刻。②漫然,情不自禁。△気(き)も～だ/情不自禁。

そぞろあるき④〔漫ろ歩き〕(名・自サ)漫步,信步,闲走。△公園(こうえん)の～/漫步公园。

そだち③【育ち】Ⅰ(名)①长势,生长。△～ざかり/生长旺盛。②教育,教养。△～がよい/教养好,有教养。Ⅱ(接尾)出身,长大。△温室(おんしつ)～/温室中长大。

そだ・つ②【育つ】(自五)①(生物)发育,成长。△苗(なえ)が～/苗长大。△若手(わかて)が～/小伙子长大了。②(能力)长进。

そだてあ・げる⑥【育てあげる】(他下一)培养起来,培养成人。△子供(こども)を～/把孩子抚养大。

そだ・てる③【育てる】(他下一)①养育,培育。△母親(ははおや)が子供(こども)を～/母亲养育孩子。△苗(なえ)を～/育苗。②培养。△あのコーチは多(おお)くの名選手(めいせんしゅ)を育てた/那位教练培养了许多著名选手。

そち①【措置】措施,处理方法。△～を取(と)る/采取措施。

そちら⓪〔其方〕(代)①那边。△どうぞ、～へ/请您到那边去。②那位,那一位。△～は日本人(にほんじん)ですか/那位是日本人吗?③你那里,贵处,府上。△あした～へ伺(うかが)います/明天到府上拜访。④那个,那件。△～を買(か)いましょう/买那个吧。

そつ⓪ 漏洞,差错。△なにをやらせても～のない人間(にんげん)だ/无论让他做什么都不会出差错的人。△～がない/无懈可击,周到圆滑。

ぞっか⓪【俗化】(名・自サ)环境变坏,俗化。△ホテルやレジャーランドが建設(けんせつ)されるなど、周辺(しゅうへん)の～にともない、湖(みずうみ)は少(すこ)しずつ汚(よご)れていった/随着宾馆,疗养地建设,周围自然环境变坏,湖水也渐渐受到污染。

ぞっきぼん⓪【ぞっき本】廉价书，特价书。

そっきょう⓪【即興】①即兴。△～曲(きょく)/即兴曲。△～詩(し)/即兴诗。②即兴吟咏。

そつぎょう⓪【卒業】（名・自サ）毕业。△～式(しき)/毕业典礼。△～証書(しょうしょ)/毕业证书。△～論文(ろんぶん)/毕业论文。

そっきん⓪【側近】亲信，心腹。△社長(しゃちょう)の～/公司总经理的亲信。

ソックス①[socks]短袜。

そっくり③ Ⅰ(副)全，全部，原封不动。△参考書(さんこうしょ)を～写(うつ)す/把参考书完全抄下来。Ⅱ(形動)一模一样。△父(ちち)に～だ/和父亲一模一样。

そっくりかえ・る⑤⑥【反くり返る】(自五)①(向后、向外)弯曲，翘起。△本(ほん)の表紙(ひょうし)が～/书皮翘起来了。△反くり返って倒(たお)れる/仰面跌倒。②(骄傲得)挺起腰板，摆架子。

そっけな・い④【素っ気無い】(形)冷淡，毫不客气。

そっこう⓪【即効】立刻见效。△この薬(くすり)に～がある/服用此药立即见效。

そっこう⓪【速効】速效。△～肥料(ひりょう)/速效肥。

そっこく⓪【即刻】(名・副)立即，立刻。△その選手(せんしゅ)は、～退場(たいじょう)を命(めい)じられた/那名选手被宣布立即退离场地。

そっち③(代)(比"そちら"随便，显得亲密，融洽。→そちら。

そっちゅう⓪③【卒中】(医学)中风。△脳(のう)～/脑溢血。

そっちょく⓪【率直】（名・形動）直率，坦率。△～な人柄(ひとがら)/为人坦率。△～に話(はな)す/直率地谈话。

そっと③⓪(副)①悄悄地，轻轻地。△～歩(ある)く/轻轻地走。②偷偷地。③不惊动，不去动。△しばらく～しておいたほうがいい/暂时最好不惊动它。

ぞっと③⓪(副・自サ)毛骨悚然，打寒战。△～する事件(じけん)/令人毛骨悚然的事件。△～しない/〈俗〉不怎么样，不令人佩服。

そっとう⓪【卒倒】(名・自サ)突然晕倒，突然昏倒。△ショックを受(う)けて～する/因受突如其来的打击而昏倒。

そっぽ① 旁边，一边。

そつろん⓪【卒論】毕业论文。

そで⓪〔袖〕①衣袖。△～丈(たけ)/袖长。②和服袖口袋。③(抽屉、舞台)两侧。◇～にすがる/求助。◇～にする/冷待。抛弃。◇～触(ふ)れ合(あ)うも他生(たしょう)の縁(えん)/同船过渡前世因缘。

ソテー①[法 Sauté](用黄油)嫩煎，快炸的肉菜。

そてつ⓪〔蘇鉄〕苏铁，铁树，凤尾松。

そと①【外】①外，外面，外侧。△箱(はこ)の～側(がわ)/箱子外面。②室外，户外。△～で遊(あそ)ぶ/在外边玩。③外部。△秘

密(ひみつ)が～に漏(も)れる/秘密向外泄露。
- **そとがわ**⓪【外側】外侧,外边。
- **そとぼり**⓪【外堀】(城外的)护城河。
- **そとまわり**③【外回り】〔外廻り〕①(建筑物)四周。△家(いえ)の～/房子周围。②外側环行(线路)。△～の電車(でんしゃ)/外环线电车。③环视,四周看。④外勤,外勤人员。
- **そとみ**⓪②【外見】外观,外表。△～はきれいだ/外表漂亮。
- **そなえ**③②【備え】①准备。△～あれば憂(うれ)いなし/有备无患。②设备。③戒备,防备。
- **そなえつ・ける**⑤【備え付ける】(自下一)装设,配备。△消火器(しょうかき)を～/配备灭火器。
- **そな・える**③【備える】(他下一)①准备。△道具(どうぐ)を～/准备工具。②防备。△地震(じしん)に～/防备地震。
- **ソナタ**①〔意 sonata〕奏鸣曲。
- **そなた**①〔其方〕(代)〔古〕①那里,那边。②你,汝(指晚辈、下属)。
- **そなわ・る**③【備わる】〔具わる〕(自五)①备有,齐备。△暖房設備(だんぼうせつび)が～/备有暖气设备。②具有。△身(み)に備わっている人徳(にんとく)/身上体现出的品德。
- **そにん**⓪①【訴人】原告,起诉人。
- **その**①【園】①(栽种植物的)园地,庭园。△花(はな)の～/花园。②场所,园地。△学(まな)びの～/学校,学园。
- **その**⓪〔其(の)〕Ⅰ(连体)①(指离听话人近的事物)那,那个。△～写真(しゃしん)を見(み)せてください/请把那张照片给我看。②(指刚说过的事项)。△～日(ひ)は雨(あめ)だった/那天下了雨。Ⅱ(感)(讲话时思考下文)那个。
- **そのうえ**④⓪〔其の上〕(接)又,加之,并且。△大雨(おおあめ)で、～風(かぜ)も強(つよ)い/大雨又加大风。
- **そのうち**⓪〔其(の)内〕(副)近日,不久,一会儿。△～伺(うかが)います/近日将去打扰您。
- **そのかわり**⓪〔其(の)代(わ)り〕(接)(与之相交换)代之。但是。△きょうは忙(いそが)しいから、行(い)きません、～来週(らいしゅう)の日曜日(にちようび)に行(い)きましょう/今天忙不去了,下周日去吧。
- **そのくせ**③⓪〔其の癖〕(接)尽管…可是…,虽然…但是…。△彼(かれ)は育(そだ)ちがいい、～ちっとも気(き)どらない/他学问好,却毫不装腔作势。△弱虫(よわむし)だ。～強情(ごうじょう)だ/虽然是个懦夫,却还很固执。
- **そのご**③⓪〔其の後〕(名・副)其后,以后。
- **そのすじ**③〔其の筋〕(名)①那方面。②当局。△～からの命令(めいれい)/当局的命令。
- **そのせつ**③②〔其(の)節〕那时,当时。△～はお世話(せわ)になりま

した/那时承蒙您照顾了。

そのた② 〔其の他〕(名・词组)其他，此外。

そのため⓪ (接)为此，由于那个缘故。

そのば⓪ 〔其(の)場〕①当场，现场，就地。△～に居合(いあ)わせた人(ひと)/当时在场的人。②当即，就地，当时。△～で解決(かいけつ)する/就地解决。

そのほか② 此外，其他。

そのへん⓪ 〔其(の)辺〕①那一带，那附近。△～まで歩(ある)こう/我们走到那边去吧。②那种程度，那些。△～でやめなさい/到此为止吧。③那一点，那方面。△～のことはよく知(し)らない/有关那方面的事情不太了解。

そのまま⓪④ 〔其の儘〕(词组)①照原样，原封不动。△あとは～にしておいて下(くだ)さい/其余的原封不动放在那。②一模一样。△父親(ちちおや)～の顔立(かおだ)ち/长相与父亲一模一样。③马上就。△床(とこ)に就(つ)くや、～寝入(ねい)ってしまった/一躺下，马上就入睡了。

そのもの 〔其(の)物〕Ⅰ⓪③(名)那个东西。△～ずばり/直截了当，一针见血。Ⅱ(接尾)①(接名词后)…其本身，那个东西本身。△お金(かね)～が悪(わる)いのではない/钱本身并不坏。②(接形容动词词干后)非常…。△彼(かれ)の仕事(しごと)ぶりは熱心(ねっしん)～だ/他的工作态度非常热情。

そば① 〔側・傍〕①侧，旁边，附近。△家(うち)の～に川(かわ)が流(なが)れている/我家旁边有条河。△駅(えき)の～/车站附近。②(以"～から"形式)随后就。△聞(き)いた～から忘(わす)れる/听过就忘，随听随忘。

	～から口を出す	家の～の文具店で一走りする	耳の～のほくろ	道の～寄って車をよける
そば	○	○	○	×
傍ら	○	×	×	△
わき	○	○	△	○

そば① 〔蕎麦〕①荞麦。②荞麦面条。△～搔(がき)/荞麦面片汤。△～屋(や)/荞麦面铺。

そばかす③ 〔雀斑〕雀斑。

そばだ・てる④ 〔欹てる〕(他下一)侧，使一侧提高。△耳(みみ)を～/侧耳倾听。

そび・える③ 〔聳える〕(自下一)耸立，屹立。△雲(くも)の上(うえ)に～山(やま)/耸入云霄的山峰。

そびやか・す④ 〔聳やかす〕(他五)耸起，抬起。△肩(かた)を聳やかして歩(ある)く/端着肩膀走。

そびょう⓪ 【素描】(名・他サ)素描。△～を練習(れんしゅう)する/练习素描。

そひん⓪① 【粗品】→そしな。

そふ① 〔祖父〕祖父，外祖父。

ソファー① [sofa]沙发。

ソフィスト② [sophist]雄辩家。

ソフト① [soft]①柔软，柔和。②(计算机)软件。△～科学(かがく)/软科学。

ソフトウェア⓪ [software](计算机)软件，软科学。

ソプラノ⓪ [意 soprano] 女高音。

そぼ① 【祖母】祖母, 外祖母。

そぼく⓪ 【素朴】[素樸] (名・形動) ①朴素, 朴实。△～な人柄(ひとがら)/朴实的人品。②(想法)单纯, 原始。△～な考(かんが)え方(かた)/单纯的想法。△～な道具(どうぐ)/原始的工具。

そぼぬ・れる④⑤ [そぼ濡れる] (自下一) (被雨等)淋湿, 湿透。△雨(あめ)に～/被雨淋透。

そぼふ・る③ 【そぼ降る】(自五)(雨)渐渐沥沥地下。△～小雨(こさめ)/渐渐沥沥下的小雨。

そぼろ⓪ 鱼肉松。

そまつ① 【粗末】(形動)①(制作)粗糙, 简陋, (质量)低劣。△～なつくりの家(いえ)/结构简陋的房子。②不爱惜, 不重视, 慢待(人)。△お金(かね)を～にする/乱花钱。△お～でした/慢待了。③(内容)不充分。△お～な論文(ろんぶん)/内容不充实的论文。

	～に扱う	～な細工	～な服	～な考え	客を～にする
粗末	○	○	○	×	○
粗雑	○	○	×	○	×
疎略	○	×	×	×	○

そま・る③⓪ 【染まる】(自五)①染上, 染色。△血(ち)に染まった上着(うわぎ)/血染的外衣。△空(そら)が夕日(ゆうひ)に赤(あか)く～/夕阳映红天空。②沾染。△悪(あく)に～/沾染恶习。

そみつ⓪① 【粗密・疎密】疏密, 浓淡。△織(お)り方(かた)に～がある/织法有疏有密。

そむ・く② 【背く】[叛く] (自五)①背向, 背。△光(ひかり)に～/背光。②违background, 违反。背叛。△約束(やくそく)に～/违约, 背约。△学則(がくそく)に～/违反校规。△国(くに)に～/叛国。

そむ・ける③ 【背ける】(他下一)背过(身)去, 扭过(脸)去。△顔(かお)を～/转过脸去。△目(め)を～/移开视线(不忍正视)。

そめ⓪ 【染め】染色。染成的颜色。△～が悪(わる)い/颜色染得不好。

-ぞめ 【初め】(接尾)(接动词连用形后)①(新年)第一次。△書(か)き～/新年试笔。②(生来)头一次, 首次。△歌(うた)い～/头一次唱歌。△橋(はし)の渡(わた)り～/新建成的桥初次通行。

そ・める③⓪ 【染める】(他下一)①染色。△毛糸(けいと)を～/染毛线。②映红颜色。△顔(かお)を赤(あか)く～/羞红了脸。③着手画(写)。△筆(ふで)を～/濡笔。着手画。④着手。△新事業(しんじぎょう)に手(て)を～/着手新的事业。

そもそも① 【抑】I (接续)说起来, 原来, 到底, 究竟。△～地球(ちきゅう)とは/说起来, 地球就是…。II (名・副)最初, 开头, 本来。△～の原因(げんいん)は/最初的原因。

そや 【粗野】(名・形動)粗鲁, 粗野。△～な人(ひと)/粗鲁汉。

そよう⓪ 【素養】素养, 修养。△彼(かれ)は音楽(おんがく)の～がある/他具有音乐素养。

そよかぜ② 〔微風〕微风。

そよ・ぐ② 〔戦ぐ〕(自五)(风吹树叶等)轻轻摇动,沙沙作响。△風(かぜ)に~ススキ/随风摇动的芒草。△木(こ)の葉(は)が風(かぜ)に~/风吹树叶沙沙作响。

そよふ・く③④① 【そよ吹く】(自五)(风)轻轻吹拂。△~風(かぜ)/微风。

そら① (感)(提醒对方注意)喂,瞧。△~、見(み)ろ/喂,你看。△~、急(いそ)げ/喂,快点!

そら① 【空】①天,天空,空中。△~を飛(と)ぶ/在天上飞。②天气。③场所。△旅(たび)の~/旅途。④茫然,发呆,心不在焉。△うわの~で話(はなし)を聞(き)く/心不在焉地听别人讲。⑤谎话,假的。△~を使(つか)う/假装不知道。△~寝(ね)/假睡,装睡。⑥背诵。△~で言(い)う/背诵。⑦心境,心情。△生(い)きた~もない/没有心思活了。⑧无根据,无价值。△~恐(おそ)ろしい/总觉得可怕。

そら・す② 【反らす】(他五)①向后仰。△胸(むね)を~/挺胸。②把…弄弯。△指(ゆび)を~/弯手指。

そら・す② 〔逸す〕(他五)①移开,离开。△顔(かお)を~/把脸扭过去。△子供(こども)から目(め)を~/使注意力离开孩子。②使人不愉快。△人(ひと)をそらさない/不得罪人。③岔开,错过,错开。△話(はなし)を~/岔开话题。△チャンスを~/错过机会。

そらぞらし・い⑤ 【空空しい】(形)①佯装不知。△~顔付(かおつき)/装着不知道的样子。②虚伪的。△~お世辞(せじ)/虚伪的奉承。

そらに①③② 【空似】(无血缘关系的人)长得象。△他人(たにん)の~/陌生人的长相偶然相似。

そらね①② 【空寝】(名・自サ)装睡,假睡。△~をきめこむ/故意装睡。

そらまめ② 【空豆】(也作"蚕豆")蚕豆。

そらみみ②① 【空耳】①听错(无声却觉得有声)。②装听不见。△~を使(つか)う/装聋。

そらもよう③ 【空模様】①天气,天气情况。②形势,气氛。

そらゆめ① 【空夢】①假梦。②(不能实现的)空想,梦想。△~に終(お)わる/以空想告终。

そらん・じる④ 〔諳じる〕(他上一)背诵,默记。△歌詞(かし)を~/背诵歌词。

そり① 〔橇〕雪橇,爬犁。

そりゃく① 【粗略・疎略】(名・形动)疏忽,马虎。△~に扱(あつか)う/草率处理。

そりゅうし② 【素粒子】基本粒子,元粒子。元质点。

そ・る① 【反る】(自五)①(向后、向外)弯。②(向后、向上)挺。△指(ゆび)を反らせる/反弯手指。△板(いた)が~/木板翘棱。

そ・る① 【剃る】(他五)剃,刮。△毎朝(まいあさ)ひげを~/每天早上刮胡子。△お坊(ぼう)さんは頭(あたま)をつるつるに~/和尚剃

成溜光的头。

それ① (感)(催促对方注意等)喂,瞧,哎。

それ⓪〔其(れ)〕(代)①那,那个。②那,那件事,那里,那样。③某。◇～かあらぬか/不知是不是那个原因。

それから④⓪ (接)①其次,还有。②然后,而后。③后来,那以后。

それそうおう⓪〔其(れ)相応〕(名・形动)相应,相称,恰如其分。△子供(こども)にも～の欲(よく)がある/小孩也有小孩的欲望。

それぞれ②〔其其・夫夫〕(名・副)各自,分别。△～の希望(きぼう)/各自的愿望。

	人は～性格が違う	どの絵も～よく書けている	兄も弟も～に勉強家だ	切符は～で買いなさい
それぞれ	○	○	○	△
おのおの	○	○	×	×
めいめい	○	×	×	○

それだけ④⓪〔其(れ)丈〕(名・副)①只那么些,就那么些。②那些,那么多。

それで③⓪ (接)①因此,因而。②后来,以后。

それでは③ (接・感)如果那样,如果那样的话。

それでも③ (接)尽管如此,可是。

それと⓪ (接)而且,加之。

それどころか③ (副・接)岂但如此,岂止那样。

それとも③ (接)或者,还是。△バスで行(い)くか、～地下鉄(ちかてつ)で行(い)くか/是坐公共汽车去,还是坐地铁去?

それとなく④ (副)婉转地,转弯抹角地,不露痕迹地,暗中。△～言(い)う/婉转地说。△～断(ことわ)る/婉转谢绝。△～探(さぐ)る/暗中侦察。

それなのに③ (接)尽管如此,尽管那样。

それなら③ (接)如果那样。那么。

それなり⓪ (副)①就那样(搁置起来)。△あの件(けん)は～になっている/那件事情没了下文。②相应,相应地。△～の効果(こうか)/相应的效果。

それに③⓪ (接)①而且,加之。②尽管,但是。

それにしては⑤ (接)(如果考虑到那一点的话)那么说。△15歳(じゅうごさい)かい。～大(おお)きいね/15岁吗? 那么说,长得可不小。

それにしても⑤ (接)即使那样,话虽如此。△～来(く)るのが遅(おそ)い/即使如此,来得也太晚了。

それはいけませんね (感)(关切地提醒对方)那可不行啊,可要注意啊。

それはさておき (接)(用于转换话题)那个暂且不提,闲话少叙。

それはそうと (接)(用于结束前面的话题)此外,捎带问一句,顺便问一句。△～、あの件(けん)はどうなった/顺便问一句,那件事怎么样了? 。

それほど⓪〔其(れ)程〕(副)①那样,那么。△～いやなら、やめなさい/那么不愿意的话,就别干了。(与否定语呼应)并不是那

么…。△～難(むずか)しくない/并不是那么难。

それまで③〔其れ迄〕①(限度)到头,终结,完了。△だめなら,～のことさ/如果不行的话就算了。△今度(こんど)失敗(しっぱい)したら～だ/如果这次失败了,就拉倒了。②那么样。△～しなくてもいい/你用不着那样。

それゆえ④③⓪【其(れ)故】(接)〈文〉因此,所以。

そ・れる②〔逸れる〕(自下一)偏离。△話(はなし)が～/谈话离题。△矢(や)が～/箭脱靶。

ソロ①〔意 solo〕独唱,独奏,独舞。

そろい②〔揃(い)〕①整齐,齐全,一致。△～の浴衣(ゆかた)/(颜色、花纹)一式的浴衣。②成套,成组,成双。△一(ひと)～の杯(さかずき)/1 套酒杯。

-ぞろい〔揃い〕(接尾)(接体言后)都是,全是,净是。△秀作(しゅうさく)～/都是优秀作品。

そろ・う⓪〔揃う〕(自五)①齐全,聚齐。△家族(かぞく)が～/家人到齐。△条件(じょうけん)が～/条件齐备。②成双,成对。箸(はし)がそろっている/筷子成双。③一致,相同,和谐。△紙(かみ)は色(いろ)がそろっている/纸的颜色和谐。△ダンサーたちは背(せ)の高(たか)さがそろっていた/舞女们的身高很整齐。△足並(あしなみ)が～/步调一致。

そろ・える③〔揃える〕(他下一)①使一致,使和谐。△口(くち)を撑えて言(い)う/异口同声地说。②弄齐,凑齐。△教科書(きょうかしょ)を全部(ぜんぶ)～/凑齐教科书。△軍勢(ぐんぜい)を～/备齐兵力。③配成双,配成对。△靴(くつ)を～/把鞋一双一双摆齐。

そろそろ①〔徐徐〕(副)①徐徐,慢慢。△～歩(ある)く/慢步。②逐渐,渐渐。△スピードが～はやくなる/速度一点点快起来。③不久,就要。△～来(く)るころだ/就要来啦。

	～歩く	～時間です	動作が～している	～運転	～考えてからにします
そろそろ	○	○	×	○	○
のろのろ	○	×	○	○	×
ゆっくり	○	×	×	○	○

ぞろぞろ①(副)①成群结队,一个跟着一个。△毛虫(けむし)が～はっている/毛毛虫成群地爬着。②拖拉着。△帯(おび)を～と引(ひ)きずって歩(ある)く/拖着带子走。

そろばん⓪〔算盤〕①算盘。②计算,算帐。

そろばんずく⓪〔算盤尽く〕斤斤计较,爱打小算盘。

そわそわ①(副・自サ)心神不宁,坐立不安,不沉着。△心配(しんぱい)で～している/担心得坐立不安。

そん①【損】(名・自サ・形动)①亏损,损失。②吃亏,不利,不上算。

そんえき①【損益】损益,盈亏。△～勘定(かんじょう)/计算盈亏。

そんかい⓪【損壊】(名・自他サ)〈文〉(建筑物、机器、工具、

道路等)损坏,毁坏。△家屋(かおく)の～/房屋的损坏。

そんがい⓪【損害】(名・自他サ)损失。△～賠償(ばいしょう)/赔偿损失。△～保険(ほけん)/损失保险。

ぞんがい⓪①【存外】(副・形動)出乎意料,意外。△～彼(かれ)はお人(ひと)よしだ/没有想到他是个老好人。

そんき①【損気】吃亏,损失。◇短気(たんき)は～/欲速则不达。

ソング①[song]歌曲。△テーマ～/主题歌。

そんけい⓪【尊敬】(名・他サ)尊敬,敬仰。△～する人物(じんぶつ)/尊敬的人士。△彼(かれ)の人柄(ひとがら)を～する/尊敬他的人品。△私(わたし)はアインシュタインを～する/我敬仰爱因斯坦。

	恩師を～	年寄りを～	A君を～	神仏を～	太陽を～
尊敬する	○	○	○	×	×
敬う	○	○	×	○	×
崇拝する	○	×	△	○	○

そんげん⓪③【尊厳】(名・形動)尊严。△～な態度(たいど)/尊严的态度。△法(ほう)の～/法律的尊严。

そんざい⓪【存在】(名・自サ)①存在,现存。△この世(よ)に～する生物(せいぶつ)/现今存在的生物。②(哲学)存在,实存。

ぞんざい③⓪(形動)草率,潦草;不礼貌。△～に扱(あつか)う/草率处理。△～な口(くち)をきく/说话粗鲁。⇨いいかげん表

ぞんじ①③⓪【存(じ)】知道,了解(有时同"存知(ぞんち)"。ご～のように/正如您所知道的那样…。

ぞんじあ・げる⑤【存じ上げる】(他下一)("知る""思う"的谦虚的说法)①知道,认识。△その方(かた)なら存じ上げております/要是那个人我认识。②想;打算,认为。△たいへん結構(けっこう)だと存じ上げます/我认为很好。

そんしつ⓪【損失】(名・自他サ)损失。△～をこうむる/遭受损失。

そうしょう⓪【損傷】(名・自他サ)损坏,损伤。△～を受(う)ける/受到损伤。

そんしょく⓪①[遜色]逊色。△～がない/毫无逊色。

そん・じる④③【損じる】(自他上一)①坏,损坏。△名声(めいせい)を～/败坏名声。②弄坏,弄错。△書(か)き～/写错。

ぞん・じる③【存じる】(自他上一)〈谦〉①想,认为,考虑。②知道,了解,认识。

そん・する③【存する】(自サ)①有,存在。②生存。③保留,保存。△なお疑(うた)がわしい点(てん)が～/尚存疑点。

そん・する①【損する】(自サ)损失,亏损。△損して得(とく)とれ/吃小亏占大便宜。

そん・ずる③【損ずる】(自他サ)→そんじる。

ぞん・ずる③【存ずる】(自サ)→ぞんじる。

そんぞく⓪【存続】(名・自他サ)继续,存在,继续保留。△条約

(じょうやく)の～を認(みと)める/承认条约继续有效。

ぞんち① 【存知】(名・他サ)知道,晓得。△その件(けん)については～しない/关于那件事,我不知道。

そんちょう⓪ 【尊重】(名・他サ)尊重,重视。△他人(たにん)の意見(いけん)を～する/重视别人的意见。

そんな⓪ (连体)那样的。

そんなに④⓪ (副)那样地,那么。△～あわてるな/不要那么着慌。△～寒(さむ)くない/不那么冷。

そんぴ① 【存否】①存在与否,有无。②健在与否。

ぞんぶん⓪③ 【存分】(副・形动)尽量,尽情,充分。△思(おも)う～遊(あそ)んだ/尽情地玩。

そんぼう⓪ 【存亡】存亡。△危急(ききゅう)～の秋(あき)/危急存亡之秋。

ぞんめい⓪ 【存命】(名・自サ)在世,健在。△父(ちち)の～中(ちゅう)/家父在世的时候。

そんもう⓪ 【損耗】(名・自他サ)〈文〉损耗,消耗。△体力(たいりょく)を～する/消耗体力。

た タ

た① 【他】其他，他人。△その～/其他。

た① 【田】水田，稲田。

た① 【多】〈文〉①多，许多。△説明(せつめい)に～は要(よう)さない/勿须多说。②(以"～とする"形式)值得感谢。△労(ろう)を～とする/功劳值得感谢。

た (助动)(接用言和助动词连用形之后)①表示过去或完了。△手紙(てがみ)を送(おく)っ～/信已发走。②表示既成的事实。△昨日(きのう)雨(あめ)が降(ふ)っ～/昨天下了雨。③表示动作或状态的继续。△めがねを掛(か)け～人(ひと)/戴眼镜的人。④表示轻微的命令。△待(ま)っ～/等一下。◇～ことがある/曾经…过。◇…～ほうがいい/最好是…。◇…～ばかり/刚刚…。

だ (助动)(接体言或相当于体言的词之后，表示断定或指定)是。△きょうは休(やす)み～/今天休息。

ダース① (由"dozen"变化而来)打(12个为1打)。△半(はん)～/半打。

ターミナル① [terminal]①(电车、汽车的)终点站。②(各种车辆、飞机的)始发站，终点站。

たい① 【対】①对立。②对比。

たい① 【隊】①军队，部队。②队伍，行列。△～を組(く)む/排队。

-たい① 【帯】(接尾)(表示带状区域)地区，…带。△火山(かざん)～/火山带。

たい① 〔鯛〕鲷(俗称大头鱼)。

たい (助动)①(接动词连用形之后)想，打算，愿意。△アメリカへ行(い)き～/想去美国。②(接尊敬助动词れる、られる、下される连用形之后)望，请。△至急(しきゅう)連絡(れんらく)され～/希望尽早联系。

だい① 【大】Ⅰ(名)①(大小的)大。△サイズは～、中(ちゅう)、小(しょう)がある/尺码有大、中、小三种。②很，非常。△二人(ふたり)は～の仲(なか)よしだ/两个人很要好。△～の好物(こうぶつ)/顶喜欢吃的东西。③大月。△今月(こんげつ)は～だ/本月是大月。④杰出，卓越，非凡。△～音楽家(おんがくか)/大音乐家。△～学者(がくしゃ)/大学者。△～は小(しょう)を兼(か)ねる/大能兼小，大的能代替小的(使用)。Ⅱ(接尾)①大小。△豆(まめ)～のいぼ/豆粒大的疣。②大学。

だい①⓪ 【代】Ⅰ(名)①代理。△師範(しはん)～/代课教师。②代，一代，一辈。△息子(むすこ)の～になる/为儿子辈。③代价，钱。△酒(さけ)の～を払(はら)う/付酒钱。Ⅱ(接尾)①时代，年代。△

古生(こせい)～/古生代。△1990年(ねん)～/(20世纪)90年代。②年龄的范围。△四十(よんじゅう)～の男(おとこ)/40多岁的男子。

-だい 【台】(接尾)①(用于计数车辆、机械等)…辆,…台。△車2(くるまに)～/两辆车。②表示数量的大致范围(如"千円台"表示1000日元到1999日元)。

だい① 【台】台架,台座。△ろうそくの～/蜡烛台。△電話(でんわ)を置(お)く～/电话台架。

だい 【第】Ⅰ(名)公館,宅邸。Ⅱ(接头)第。△～五巻(ごかん)/第5卷。

だい① 【題】标题,题目。△～をつける/加标题。

	論文の～	～を付ける	～を唱える	講演の～	作文の～を出す
題	○	○	×	△	○
表題	○	○	×	×	×
題目	○	×	○	○	○

ダイアナ [Diana](罗马神话中的月亮女神)狄安娜。

ダイアモンド④ [diamond]→ダイヤモンド

ダイアローグ④① [dialogue]对话,会话。

たいあん⓪ 【大安】大吉日,黄道吉日。

たいい① 【大意】要旨,大意。△～をまとめる/归纳要点。△文章(ぶんしょう)の～をつかむ/抓住文章大意。

たいい① 【体位】①体格标准,体质。△～の向上(こうじょう)/增强体质。②身体的位置,姿势。△～を変(か)える/变换身体位置。

たいいく① 【体育】体育。体育课。△～館(かん)/体育馆。△～の日(ひ)/(日本的)体育节。

だいいち① 【第一】(名・副)①第一。②首先。△～印象(いんしょう)/最初印象。△～義(ぎ)/本旨,根本的意义。③最佳,最好。△～選手(せんしゅ)/最佳选手。

だいいちりゅう① 【第一流】一流。△～の詩人(しじん)/一流诗人。

だいいっしゅゆうびんぶつ 【第一種郵便物】(国内普通邮件之一)第一种邮件。

だいいっせん① 【第一線】①火线,最前线。②最前列,最前线。△政界(せいかい)の～で活躍(かつやく)する/活跃于政界第一线。

たいいん⓪ 【退院】(名・自サ)(病人)出院。

たいいん⓪ 【隊員】队员。

たいいんれき③ 【太陰暦】阴历,农历。

たいえい⓪ 〔退嬰〕(名・自サ)〈文〉退缩,保守。△～的(てき)/保守的。△～的(てき)な態度(たいど)/保守的态度。△～の風(ふう)/保守的势力。

ダイエット① [diet](名・自サ)(为健康或美容)限定食品,节食,减肥。△～食品(しょくひん)/减肥食品。特定食品。

たいおう⓪ 【対応】(名・自サ)①对应。△～する二(ふた)つの角(かど)/两个对应角。②对付,见机行事。△～策(さく)/对策。③相

称，匀称。般配。△カーテンの色(いろ)と壁(かべ)の色(いろ)が～する/窗帘和墙二者颜色适称。

だいおうじょう⓪【大往生】(名・自サ)安然死去，无疾而终。△90歳(きゅうじゅっさい)で～をとげた/90岁无疾而终。

たいおん①【体温】体温。△～計(けい)/体温表。△基礎(きそ)～/基础体温。

たいか①【大家】①大房子。②大家大户。③大家，权威。△日本画(にほんが)の～/日本画大画家。△音楽(おんがく)の～/音乐大师。

たいか⓪【耐火】耐火。△～煉瓦(れんが)/耐火砖。△～建築(けんちく)/耐火建筑。

たいか【退化】(名・自サ)①退步，倒退。△文明(ぶんめい)の～/文明退步。②(生物)退化。△器官(きかん)は～する/器官退化。

たいか①⓪【滞貨】(名・自サ)积压，滞销。滞销货，积压货。△郵便物(ゆうびんぶつ)の～/积压的信件(邮件)。

たいが①【大河】〈文〉大河。大江。△～小説(しょうせつ)/超长篇小说。

だいか⓪①【代価】①价钱。△本(ほん)の～/书价。②代价。△～を払(はら)う/付出代价。△尊(とうと)い人命(じんめい)を～とする/以宝贵的人命为代价。⇨だいきん[表]

たいかい⓪【大会】①大会。△演芸(えんげい)～/演出大会。②(组织的)全体大会。△党(とう)～/党的全体会议。

たいがい⓪【大概】(名・副)①大概，梗概。△事件(じけん)の～を述(の)べる/述说事件的梗概。②差不多，多半。△休日(きゅうじつ)は～家(うち)にいる/休假日差不多都呆在家里。③适度。△ふざけるのも～にしろ/开玩笑也要适可而止。

	明日は～晴れるだろう	冗談も～にしろ	～の評判を得る	その苦労は～じゃない	～の人
大概	○	○	×	△	○
大抵	○	○	×	○	○
大方	○	×	○	×	○

たいかく⓪【体格】体格。△～検査(けんさ)/体检。

たいがく⓪【退学】(名・自サ)退学。△中途(ちゅうと)～/中途退学。△～処分(しょぶん)/退学处分。

だいがく④【大学】大学。△～生(せい)/大学生。△医科(いか)～/医科大学。

だいがくいん④【大学院】研究生院。△～生(せい)/研究生。△マスタ～生/硕士研究生。△ドクタ～生/博士研究生。

だいがくせい④③【大学生】大学生。

たいかん⓪【耐寒】〈文〉耐寒。△～訓練(くんれん)/耐寒训练。

たいがん⓪【対岸】对岸。△～に渡(わた)る/渡往对岸。◇～の火事(かじ)/隔岸观火。〈喻〉事不关己。

だいかん③⓪【大寒】①严寒。②(二十四节气之一)大寒。

たいき① 【大気】大气，空气。△～汚染(おせん)/大气污染。

たいき① 【大器】①大容器。②有才干的人，英才。△未完(みかん)の～/未成的英才。△～晩成(ばんせい)/大器晩成。

たいき① 【待機】(名・自サ)待机，等待时机。△自宅(じたく)～/坐等良机。

たいぎ① 【大義】〈文〉大义。△～を説(と)く/申明大义。△～名分(めいぶん)/大义名分。说得出的理由。◇～親(しん)を滅(めっ)す/大义灭亲。

だいぎし③ 【代議士】国会议员，众议院议员。

だいきち⓪ 【大吉】①大吉，吉祥。②大吉日，黄道吉日。△～日(にち)/大吉日。

たいきゅう⓪ 【耐久】耐久，持久。△～力(りょく)/耐久力。△～限度(げんど)/(机械的)疲劳极限。△～磁石(じしゃく)/永久磁石。

たいきょ① 【大挙】(名・自サ)〈文〉①大举，众多人一拥而上。△～して押(お)し寄(よ)せる/蜂拥而来。②大业，大计划。△全国制覇(ぜんこくせいは)の～/称霸全国之大业。

たいきょ① 【退去】(名・自サ)退去，离开。△～命令(めいれい)/撤退命令。△国外(こくがい)～/从国外撤回。

たいきょう⓪ 【胎教】胎教。

たいぎょう⓪ 【大業】大业，大事业。

だいきょう⓪ 【大凶】①大凶。②罪大恶极的人。

たいきょく⓪ 【大局】大局，大势。△～を見失(みうしな)う/(下棋等)迷失全局。△～的見地(てきけんち)/全局观点。△～にかかわること/事关大局。

たいきょくけん④ 【太極拳】太极拳。

だいきらい① 【大嫌い】(形动)最讨厌，最不喜欢。△タバコが～だ/最讨厌抽烟。△～な人(ひと)/最讨厌的人。

たいきん⓪ 【大金】巨款。

だいきん⓪ 【代金】货款。△～後払(あとばら)い/货到付款。△～引換(ひきかえ)/代收货款。

	～を払う	商品の～	電気の～	～引き換え	死者十人という～を払って建ったトンネル
代金	○	○	×	○	×
代価	○	○	×	×	○
料金	○	×	○	×	×

だいく① 【大工】木工，木匠；木工活。△日曜(にちよう)～/业余木工。△～をする/做木工活。△雪隠(せっちん)～/(只会盖厕所不会干别的)笨工匠。

たいくう⓪ 【対空】对空。△～ミサイル/对空导弹。

たいぐう⓪ 【待遇】(名・他サ)待遇。招待。△～を改善(かいぜん)する/改善待遇。△～が悪(わる)い/招待差。△～表現(ひょうげん)/语言上区别对待的表述。

	失礼のない～を考える	～の悪い宿	教授として～する	～改善の要求	A氏に適した～
待遇	○	○	×	○	○
処遇	○	×	○	×	○

たいくつ⓪ 【退屈】(名・自サ・形动)①无聊,百无聊赖。△～な仕事(しごと)/无聊的工作。②厌倦,倦怠。△～しのぎ/消遣,解闷。

たいけい⓪ 【体形】①形状,样式。②(人)体形。△美(うつく)しい～/优美的体形。

たいけい⓪ 【体系】体系,系统。△神学(しんがく)～/神学体系。△～だてる/自成体系。

たいけい⓪ 【体型】〈文〉(胖瘦)体型。△標準(ひょうじゅん)～/标准体型。△～に合(あ)わせる/(衣服等)合体。

たいけつ⓪ 【対決】(名・自サ)①对抗,交锋。△まっこうから～する/针锋相对。②对证,对质。△原告(げんこく)と被告(ひこく)を～させる/让原告和被告两方对质。

たいけん⓪ 【体験】(名・他サ)体验,经验。△戦争(せんそう)～/战争体验。△～談(だん)/经验之谈。⇨けいけん表

たいげん⓪ 【大言】(名・自サ)大言,大话。△～を吐(は)く/话大话,吹牛皮。△～壮語(そうご)/说大话,空头大话。

たいげん① 【体言】体言,实词中的名词、代词。

たいげん⓪ 【体現】(名・他サ)〈文〉(具体)实现。△理想(りそう)を～する/实现理想。

たいこ① 【太古】〈文〉太古,上古。△～界(かい)/太古界。△～代(だい)/(地质)太古代。

たいこ⓪ 【太鼓】鼓。△～をうつ(鳴(な)らす)/打鼓。◇～を叩(たた)く/帮腔,逢迎。◇～もち/ i)帮闲。ii)溜须拍马(的人)。

たいご⓪ 【隊伍】队伍。△～を組(く)む/排队。

たいこう⓪ 【大功】大功,大功勋。△～をたてる/立大功。

たいこう⓪ 【退校】(名・自サ)①放学,下学。②退学。△病気(びょうき)で～する/因病退学。

たいこう⓪ 【大綱】①大纲,纲要。△条約(じょうやく)の～/条约纲要。②概要,概况。

たいこう⓪ 【対抗】(名・自サ)①对抗,抗衡。△～試合(しあい)/对抗赛。②(赛马、自行车竞赛)争夺胜负的赛马或选手。

だいこう⓪ 【代行】(名・他サ)代行,替办。△学長(がくちょう)～/(大学)校长代理。

たいこく⓪ 【大国】大国,强国。△超(ちょう)～/超级大国。

だいこく⓪④ 【大黒】①("だいこくてん"之略)(日本七福神之一)财神。②〈俗〉僧人之妻。

だいこくてん④ 【大黒天】(日本七福神之一)财神。

だいこくばしら⑤ 【大黒柱】①顶梁柱。②栋梁,重要支柱。△一家(いっか)の～/全家的顶梁柱。

だいごみ③⓪ 〔醍醐味〕妙趣。△釣(つり)の～を味(あじ)わう/享受垂钓的妙趣。

だいこん⓪ 【大根】①萝卜。②演技拙劣(的人)。△～役者(やくしゃ)/拙劣的演员。

たいさ⓪ 【大差】明显的差别，显著的不同。△～がない/无大差别。△～で勝(か)つ/以悬殊的比分取胜。

たいざ⓪ 【対座】(名・自サ)对坐，相对而坐。△客(きゃく)と～する/与客人对着坐。

たいざい⓪ 【滞在】(名・自サ)旅居。逗留。△一週間(いっしゅうかん)の～/逗留一周。

だいざい⓪ 【題材】(作品的)题材。△小説(しょうせつ)の～/小说的题材。

たいさく⓪ 【大作】①优秀作品。△後世(こうせい)に残(のこ)る～/留于后世的杰作。②巨著，大作。

たいさく⓪ 【対策】对策，(防范)措施。△～を練(ね)る/琢磨对策。

たいさん⓪ 【退散】(名・自サ)①纷纷逃走，逃散。②解散，散开。△見物人(けんぶつにん)は～しはじめた/看热闹的人开始散开了。

だいさん① 【第三】①第三。②第三者。△～国(こく)/第三国。△～次産業(じさんぎょう)/第三产业。

たいし① 【大志】〈文〉大志。△～を抱(いだ)く/胸怀大志。

たいし① 【大使】大使。△～館(かん)/大使馆。△全権(ぜんけん)～/特命全权大使。△特派(とくは)～/特使。

たいし① 【太子】太子，皇太子。

たいじ⓪⓪ 【対峙】(名・自サ)对峙，对抗。△両者(りょうしゃ)が～する/二者对峙。

たいじ① 【胎児】胎儿。△～心音(しんおん)/胎儿心音。

たいじ①⓪ 【退治】(名・他サ)征服而退。扑灭。△不良(ふりょう)を～する/惩治坏人。△害虫(がいちゅう)～/扑灭害虫。

だいし① 【台紙】(衬托照片、图画等的)硬纸板，厚纸，底纸。

だいじ⓪ 【大字】①大字。②数字大写(如壱(いち)弐(に)等)。

だいじ①③⓪ 【大事】Ⅰ(名)①大事。△～が起(お)こる/发生大事。②大事业。△～を企(くわだ)てる/筹划大事业。③严重问题。△～を引(ひ)き起(お)こす/惹事，引起严重问题。◇～の前(まえ)の小事(しょうじ)/ⅰ)想成大事，不可忽略小事。ⅱ)为了大事，不妨放弃小事。Ⅱ(形动)①重要。△～な話(はなし)だから、よく聞(き)きなさい/事情重要，要仔细听。②贵重。△～な品(しな)/贵重物品。③保重，爱护。△おからだをお～に/请保重身体。⇨じゅうよう 表

だいじ⓪ 【題字】(卷头、画面上)题字。

だいしぜん③ 【大自然】大自然。

たいした① 【大した】(连体)①(与否定形式呼应)没有什么了不起的。△～間違(まちが)いもない/也没有什么大错。②了不起的。△～うでまえだ/了不起的本事。

たいしつ⓪ 【体質】①体质。△虚弱(きょじゃく)～/虚弱体质。△特異(とくい)～/特异性体质。②(事物的)素质。△企業(きぎょう)の～を改善(かいぜん)する/提高企业素质。

たいして① 【大して】(副)(与否定形式呼应)并不那么。△～おもしろくない/并不那么有意思。△～見(み)たくもない/也并不那么想看。

たいしゃ① 【代謝】(名・自サ)〈文〉(新陈)代谢，(新旧)更替。△新陳(しんちん)～/新陈代谢。△基礎(きそ)～/基础代谢。

たいしゃ⓪ 【退社】(名・自サ)①从公司辞职。退职。△定年(ていねん)で～する/因到退休年龄而退职。②(企业、公司等)下班。△～時刻(じこく)/下班时间。

たいしゅ⓪① 【大酒】(名・自サ)大酒量的人，大量喝酒。

たいしゅう⓪ 【大衆】大众，群众。△～階級(かいきゅう)/大众阶层。△～伝達(でんたつ)/(广播、电视、报刊)群众宣传媒介。△一般(いっぱん)～/普通民众。

たいしゅう⓪ 【体臭】①体臭，气味。②特点，独特风格。

たいじゅう⓪ 【体重】体重。

たいしゅつ⓪ 【退出】(名・自サ)退出，离开。△宮中(きゅうちゅう)を～する/从宫里退出。

たいしゅつ⓪ 【帯出】(名・他サ)(将图书等)带出。△禁(きん)～/禁止带出(的图书)。

たいしょ① 【大暑】(二十四节气之一)大暑。

たいしょ① 【対処】(名・自サ)处理，应付。△新事態(しんじたい)に～する/应付新情况。△区別(くべつ)して～する/区别对待。

たいしょ① 〔対蹠〕(名・自サ)对蹠，正相反。△～的(てき)/对蹠的。正相反的。△～点(てん)/对蹠点。正反对点。

たいしょう① 【大将】①(军衔)大将。②〈俗〉头目。△がき～(だいしょう)/孩子头。△お山(やま)の～/山头大王。老子天下第一。③〈俗〉老板。△魚屋(さかなや)の～/鱼店老板。④〈俗〉(亲密称呼)老兄。△～は元気(げんき)かい/老兄一向可好。

たいしょう⓪ 【大正】大正年号(1912年至1926年)。

たいしょう⓪ 【大勝】(名・自サ)大胜，大捷。△～を博(はく)する/获得大胜。

たいしょう⓪ 【対称】①相称。②对称。△～美(び)/对称美。△～式(しき)/对称式。③(语言)第二人称。

たいしょう⓪ 【対象】①(目标)对象。△学生(がくせい)を～とした本(ほん)/以学生为对象的书。②(客观)对象。△～化(か)/客观化。

たいしょう⓪ 【対照】(名・他サ)①对照，对比。△比較(ひかく)～/对照比较。②(相比之下的)悬殊差别。△～的(てき)/鲜明对照。△性格(せいかく)が～的(てき)だ/性格呈鲜明对照。

	原文と～する	色の～を考えて作る	あの二人は全くいい～だ	前のと～するとずっとよくなった	～にならない
対照	○	○	○	×	×
対比	○	○	×	×	×
比較	○	×	×	○	○

だいしょう① 【大小】①大小，大与小。②(武士佩帯的)大小两把刀。△～を腰(こし)に差(さ)す/腰上佩带大小两把刀。

だいしょう⓪ 【代償】①赔偿。△なくした本(ほん)の～を払(はら)う/为丢失书付出赔偿。②代人赔偿。

だいじょうぶ③ 【大丈夫】(名・形動・副)①没关系，不要紧。②安全，放心。△ここまで来(く)ればもう～だ/到此地步满可以放心。

たいしょく⓪ 【耐食】〔耐蝕〕耐腐蚀，耐蚀。△～性(せい)/耐蚀性。

たいしょく⓪ 〔褪色・退色〕(名・自サ)退色，掉色。△日(ひ)に当(あ)たって～する/被太阳晒退了色。

たいしょく⓪ 【退職】(名・自サ)退职。△定年(ていねん)～/退休。△～金(きん)/退职金。

たいじん⓪ 【大人】德高望重的人。△～の風格(ふうかく)/大人物的风采。

たいじん⓪ 【対人】对人，对待别人。△～関係(かんけい)/对人关系。

たいじん⓪ 【退陣】(名・自サ)①撤出阵地，撤退。②〈转〉退出公职，引退。△委員長(いいんちょう)に～を迫(せま)る/逼委员长退职。

だいじん① 【大臣】大臣。△大蔵(おおくら)～/大藏大臣(相当于财政部长)。△外務(がいむ)～/外务大臣(相当于外交部长)。

だいじんぶつ③ 【大人物】大人物，伟人。

だいず⓪ 【大豆】大豆，黄豆。

だいすき① 【大好き】(形動)最喜欢。△バナナが～だ/最喜欢吃香蕉。△～な先生(せんせい)/最喜欢的老师。

たい・する③ 【対する】(自サ)①面对。△海(うみ)に～建物(たてもの)/面朝大海的建筑物。②对待。△客(きゃく)に～/对待客人。③对抗。△敵(てき)に～/与敌人对抗。④对付，应付。△質問(しつもん)に～/对付提问。⑤相对，相反。△善(ぜん)に～悪(あく)/善恶相反。⑥对于。△学問(がくもん)に～関心(かんしん)/对于学术的关心。

だい・する③ 【題する】(他サ)①命题。△マルクスは『資本論』(しほんろん)と～大作(たいさく)を著(あらわ)した/马克思写了题名为《资本论》的巨作。②题字，题辞。

たいせい⓪ 【大成】(名・自他サ)①出色地完成。△歌手(かしゅ)として～する/作为歌手取得了出色的成绩。△研究を～する/研究成果丰硕。②集大成，全集。△集(しゅう)～/集大成。

たいせい⓪ 【大勢】①大局，大势。△～は決(けっ)した/大局已定。②形势，趋势。△～順応(じゅんおう)/顺应潮流。

たいせい⓪ 【体制】①生物组织。

②体制。体系。△資本主義(しほんしゅぎ)〜/资本主义体制。△戦時(せんじ)〜/战时体制。③国家秩序,国家行使权力的倾向。△〜に迎合(げいごう)する/顺从国家的秩序。

たいせい⓪【体勢】姿势,体势。△〜が崩(くず)れる/姿势不端正。

たいせい⓪【態勢】态势,样子。△受(う)け入(い)れ〜/准备接纳。摆出迎接架式。

たいせいよう③【大西洋】大西洋。

たいせき①【体積】体积。

たいせき①〔堆積〕(名・自他サ)①堆积,积累。△土砂(どしゃ)が〜する/砂土堆积起来。②沉积。△〜岩(がん)/沉积岩。

たいせつ⓪【大切】(形动)①保重,珍惜,爱惜。△体(からだ)を〜にする/保重身体。△時間(じかん)を〜にする/珍惜时间。②慎重,小心。△〜に扱(あつか)う/慎重处理。③重要,宝贵。△〜な命(いのち)/宝贵的生命。⇨じゅうよう 表

たいせつ⓪【大雪】①大雪。②(二十四节气之一)大雪。

たいせん⓪【大戦】大战,大战争。

たいぜん⓪【泰然】(形动タルト)泰然。△〜自若(じじゃく)/泰然自若。

だいぜんてい③【大前提】根本的前提。

たいそう①【大層】(副・形动)①很,非常。△〜暑(あつ)い/非常热。②夸张,小题大作。△〜なことを言う/夸大其词。

	〜きれいだ	〜な人出	それは〜だ	薬の効きめを〜に宣伝する	私には〜できない
大層	○	○	×	○	×
大変	○	○	○	×	×
とても	○	×	×	×	○

たいそう⓪【体操】体操;(旧称)体育课。

だいそれた③【大それた】(连体)无法无天的,毫无道理的。△〜考(かんが)え/狂妄的想法。△〜望(のぞ)み/非分之念。

たいだ①【怠惰】(形动)懒惰,怠惰。△〜な生活(せいかつ)を送(おく)る/过着懒散的生活。得过且过。⇨たいまん 表

だいたい⓪④③【大体】(名・副)①概要,梗概。△事件(じけん)の〜/事件的大略。②大致,差不多。△〜よくできた/大致完成得很好。③本来。△〜あなたが悪(わる)い/本来就是你不好(不对)。⇨おおよそ 表

だいだい①【代代】世世代代,辈辈。△〜伝(つた)えいく/世世代代传下去。

だいだいいろ⓪〔橙色〕橙黄色,桔色。

だいたすう③④【大多数】大多数。△〜を占(し)める/占大多数。△〜の意見(いけん)/大多数意见。

たいだん⓪【対談】(名・自サ)对话,交谈。△作家(さっか)と〜する/与作家交谈。

だいたん③【大胆】(形动)大胆,

勇敢。△～不敵(ふてき)な男(おとこ)/勇敢无畏的人。

だいち①【大地】大地,陆地。△母(はは)なる～/大地母亲。

たいちょう⓪【体長】(动物的)体长,身长。

たいちょう⓪【体調】身体条件。竞技状态。△～を整(ととの)える/做好赛前准备。

たいちょう⓪【退潮】〈文〉①落潮,退潮。②〈转〉衰退的趋势。△景気(けいき)の～/商况开始不景气。

たいちょう⓪【隊長】队长。

だいちょう①【大腸】(消化器官)大肠。

たいてい⓪【大抵】(名・副)①差不多。△～の人(ひと)は知(し)っている/差不多的人都已知道。②大抵,几乎。△～片付(かたづ)いた/大抵收拾了一下。③大概,多半。△～大丈夫(だいじょうぶ)だ/大概没有问题。⇨たいがい 表

たいてき⓪【大敵】大敌,强敌,劲敌。△油断(ゆだん)～/千万不可麻痹大意。

たいど①【態度】①态度。△なまいきな～/傲慢的态度。△科学(かがく)に対する～/对科学的态度。②精神准备。△会議(かいぎ)に臨(のぞ)む～/出席会议的精神准备。⇨しせい 表

たいとう⓪【台頭】(也作"擡頭")(名・自サ)抬头,兴起,势力增强。△新人(しんじん)が～してくる/新人的力量渐渐增强大起来。

たいとう⓪【対等】(形动)同等,平等。△～につきあう/平等交往。

だいどうみゃく③【大動脈】①(解剖用语)主动脉。②(交通的)主要干线。

だいとうりょう③【大統領】①总统。②〈俗〉(亲密的招呼声)老板。△待(ま)ってました。～/久盼了,老板。

たいとく⓪【体得】(名・自他サ)体会,领会。△こつを～する/体会要领。

だいどころ⓪【台所】①厨房。②〈转〉家庭经济(财务),生计。△一家(いっか)の～をあずかる/掌管全家财务。

タイトル①[title]①标题,书名。②(电影、电视)字幕。③头衔,官衔。④(竞赛中争夺)锦标。

だいなし⓪【台無し】(形动)糟塌,弄坏。△雨(あめ)で運動会(うんどうかい)が～になる/雨把运动会弄得一塌糊涂。

ダイナマイト④[dynamite]炸药。

ダイナミック④[dynamic]①动的,动力的。②力学,动力学。

だいにぎてき①⓪【第二義的】(形动) 次要,第二位。△～な問題(もんだい)/次要的问题。

たいにち⓪【対日】对日,对日本。

ダイニング①[dining]吃饭,进餐。

ダイニング・キッチン⑥[dining kitchen]厨房兼餐厅。

たいのう⓪【滞納・怠納】(名・他サ)〈文〉(税款等)滞纳,拖欠。

△税金(ぜいきん)を～する/拖欠税款。

だいのう⓪①③【大脳】大脳。△～皮質(ひしつ)/大脑皮质。

たいはい⓪【大敗】(名・自サ)大败。

たいはい⓪【退廃】〔頹廃〕頹废,頹败,萎靡。△～派(は)/頹废派。△～した空気(くうき)/萎靡的气氛。△～的(てき)/(形动)頹废的。

たいはん⓪③【大半】(名・副)大半,过半。△工事(こうじ)の～は終(お)わった/工程完成过半。

たいひ【対比】(名・他サ)对比,对照。△左右(さゆう)を～する/左右对比。⇨たいしょう 表

タイピスト③ [typist] 打字员。

だいひょう⓪【代表】(名・他サ)代表。△～権(けん)/代表权。△桜(さくら)は日本(にほん)を～する花(はな)として、広(ひろ)く海外(かいがい)にも知(し)られている/樱花作为代表日本的花驰名海外。

ダイビング① [diving] (体育)跳水。

たいぶ①【大部】大部头(书)。△～の辞書(じしょ)/大部头辞书。

タイプ [type]①型,类型。②("タイプライター"之略)打字机。③打字。

だいぶ⓪【大分】(副)①很,颇,相当。△～時間(じかん)がある/还有不少时间。△～歩(ある)いた/走了好些路。△それは、もう～前(まえ)の話(はなし)でしょう/那已是老早以前的故事了。②大部分。△宿題(しゅくだい)がまだ～のこっている/课外作业大部分尚未做完。

たいふう③【台風】〔颱風〕台风。△～眼(がん)(～の目(め))/台风眼。

だいふく④【大福】①大福,多福。②大福分,多财。③"大福饼"之略。△～餅(もち)/豆馅年糕。△～帳(ちょう)/流水帳。

だいぶつ⓪④【大仏】大佛。

だいぶぶん③【大部分】(名・副)大部分,多半。△～の人(ひと)が参加(さんか)した/大部分人都参加了。

タイプライター④ [typewriter] 打字机。△～を打(う)つ/打字。

たいへい⓪【太平】(名・形动)太平,升平。△天下(てんか)～/天下太平。

たいへいよう③【太平洋】太平洋。

たいべつ⓪【大別】(名・他サ)大致区分,大致划分。

たいへん⓪【大変】(名・形动・副)①大事件,大变故。②了不起,不得了。△～な混雑(こんざつ)/非常杂乱。△先週(せんしゅう)は忙(いそが)しくて～だった/上周忙得不得了。③很,非常。△～お世話(せわ)になりました/承蒙多方关照。

だいべん③【大便】大便。

だいべん⓪【代弁】(名・他サ)①代人辩解。△～者(しゃ)/代言人。②代办。③代赔。

たいほ①【退歩】(名・自サ)退步。

△技術(ぎじゅつ)が～する/技术退步。

たいほ① 【逮捕】(名・他サ)逮捕。△～状(じょう)/逮捕证。△犯人(はんにん)を～する/逮捕犯人。

たいほう⓪ 【大砲】大炮。

たいぼう⓪ 【耐乏】〈文〉忍受艰苦,艰苦朴素。△～生活(せいかつ)/朴素生活,艰苦朴素的生活。

たいぼう⓪ 【待望】(名・他サ)期待,盼望。△～の雨(あめ)が降る/下了盼望好久的雨。

たいぼく⓪ 【大木】大树。◇～は風(かぜ)に折(お)られる/树大招风。

だいほん⓪ 【台本】(演出、拍摄)脚本。

タイマー① [timer]①跑表,计时器。②计时员。③时限开关,定时自动开关。

たいまつ①⓪ 〔松明〕(用松、竹、苇等绑的)火把。△～をともす/点火把。

たいまん⓪ 【怠慢】(名・形动)怠慢,玩忽职守。

	～を決め込む	気づかなかったのは彼の～だ	～な日日を送る	～をして返事を出さない
怠慢	○	○	×	×
怠惰	○	×	○	×
不精	○	×	×	○

だいみょう③ 【大名】诸侯。

タイミング⓪ [timing]时机合适,好时机。

タイム① [time]①时间。比赛时间。②(音乐)拍子;速度。

タイムアップ④ [time's up](规定的)时间已到。

タイムカード④ [timecard]计时卡。

タイムリー① [timely](形动)适时,及时,适当时机。△～な発言(はつげん)/适时的发言。

だいめい⓪ 【題名】题名,题目。

だいめいし③ 【代名詞】代词,代名词。

たいめん⓪ 【体面】体面,面子,名誉。△父(ちち)の～を傷(きず)つける/伤父亲面子。△～を保(たも)つ/保持名誉。

たいめん⓪ 【対面】①对面。△～交通(こうつう)/人与车辆对面通行。②见面,会面。△初(しょ)～/初次见面。⇨めんかい 表

たいもう⓪ 【大望】宏愿,大志。△～を抱(いだ)く/胸怀大志。

たいもう⓪ 【体毛】(除头发之外身体其他部分长的)体毛。

だいもく⓪ 【題目】①题目,标题。②(会议)主题,议题。③条件。④(日莲宗教徒念的)"南无妙法莲华经"七个字。△お～を唱(となえ)る/i)反复念诵"南无妙法莲华经"七个字。ii)空喊口号不实践。⇨だい 表

だいもんじ③ 【大文字】①大字。②优秀文章,大手笔,大块文章。③(阴历7月16日晚在京都东山如意岳上点燃的)"大"字篝火。

タイヤ⓪ [tire]轮胎,外胎。

ダイヤ① ①("ダイヤグラム"之略)(列车运行)时刻表。②("ダイヤモンド"之略)钻石。

たいやき⓪〔鯛焼(き)〕鯛鱼形豆沙馅点心。

たいやく⓪【大厄】①大难,大祸。②(迷信)大坎儿,大厄之年(男42岁,女33岁)。

たいやく⓪【大役】重大任务,重要作用。△～を果(は)たす/完成重大任务。

たいやく⓪【対訳】(名・他サ)①对译,对照原文的翻译。△英和(えいわ)～/英日对译。②对译的读物。

ダイヤグラム③①[diagram](列车运行)时刻表。

ダイヤモンド④[diamond]①钻石,金刚石。②(扑克牌)方块。③(棒球)内场,内野。

ダイヤル⓪[dial]①(收音机、仪表)刻度盘,标度盘。②(电话机)拨号盘。△～を回(まわ)す/拨号。

ダイヤル・イン⑤[dial in]内部直通电话,内部自动电话。

たいよ①【貸与】(名・他サ)贷给,借出。△制服(せいふく)を～する/出借制服。

たいよう⓪【大洋】大洋,大海。△～洲(しゅう)/大洋洲。

たいよう⓪【大要】(名・副)概要,要点,摘要。△論文(ろんぶん)の～/论文摘要。△～をつかむ/抓住要点。

たいよう①【太陽】太阳。△～があがる(しずむ)/太阳升(落)。△～エネルギー/太阳能。△～電池(でんち)/太阳能电池。△～灯(とう)/水银灯。△～年(ねん)/回归年。△～暦(れき)/阳历。

だいよう⓪【代用】(名・他サ)代用。△～品(ひん)/代用品。△手袋(てぶくろ)をグローブの～にする/以手套代替棒球手套。

たいよく⓪【大欲】〈文〉①大欲望。◇～は無欲(むよく)に似(に)たり/大欲似无欲。欲深则损。②贪婪。～非道(ひどう)/贪婪得残忍。

たいら⓪【平ら】(名・形动)①平坦,平展。△～な道(みち)/平坦的路。②平地,平原。③(让客人)随便坐。△どうぞお～に/请随便坐吧!

だいり⓪【代理】(名・自サ)①代理。△仕事(しごと)を～する/代理工作。②代理人。△部長(ぶちょう)～/处长代理。

だいりき⓪【大力】大力,力大无比,大力士。△～無双(むそう)の勇士(ゆうし)/力大无比的勇士。

たいりく⓪【大陸】大陆。(日本指)中国。△～間弾道弾(かんだんどうだん)/洲际导弹。△～棚(だな)/大陆架。△～の文化(ぶんか)/中国的文化。

だいりせき③【大理石】大理石。

たいりつ⓪【対立】(名・自サ)对立,对峙。△二人(ふたり)の意見(いけん)が～する/两个人的意见针锋相对。

たいりゃく⓪【大略】(名・副)①概略,概况。△～を説明(せつめい)する/说明概况。②大致,大概。△～次(つぎ)のとおり/大致如下。

たいりゅう① 【対流】(名・自サ) 対流。△～圏(けん)/对流圈。

たいりゅう① 【滞留】(名・自サ)〈文〉①(事物)停滞。△郵便物(ゆうびんぶつ)の～/邮件迟误。②(人)逗留。△長(なが)らく～する/长时间逗留。

たいりょう① 【大量】①大量，大批。△～生産(せいさん)/批量生产。②〈文〉宽宏大量。△～の人(ひと)/宽宏大量的人。⇨たりょう表

たいりょう① 【大漁】渔业丰收。△～踊(おどり)/渔村丰收舞。△～節(ぶし)/渔村丰收民谣。

たいりょく① 【体力】体力。

タイル① [tile](铺地面、墙壁用的)瓷砖。

ダイレクト① [direct]直接的，及时的。△～メール/信件广告，邮寄广告。

たいろ① 【退路】退路，后路。△～を断(た)たれる/被割断后路。

たいわ① 【対話】(名・自サ)交谈，对话。△親子(おやこ)の～/父(母)子交谈。

たう① 【多雨】多雨，雨水最多。△～の季節(きせつ)/多雨的季节。

たうえ③ 【田植え】(名・自サ)插秧。△～歌(うた)/插秧歌。△～機(き)/插秧机。

タウン① [town]城市，城镇，市镇。

ダウン① (名・自他サ)①下降，下落。△成績(せいせき)が～する/成绩下降。△コスト～/成本下降。②(拳击)倒下。③〈俗〉(因病或劳累)垮了，倒了。

ダウン① [down]羽绒，鸭绒。△～ジャケット/短款羽绒服。

タウンロード④ [download](计算机)下载。

たえがた・い③④ 【耐え難い】(形)难以忍受，忍耐不了。△～苦痛(くつう)/难以忍受的痛苦。

たえしの・ぶ④ 【耐え忍ぶ】(自五)忍住，忍受。△悲(かな)しみを～/忍住悲哀。△苦労(くろう)を～/吃苦耐劳。

たえず① 【絶えず】(副)不断地，经常。△～客(きゃく)のいる店(みせ)/顾客络绎不绝的商店。

たえま③ 【絶え間】空隙，间隙。△～なく降(ふ)る雨(あめ)/阴雨连绵。

た・える② 【耐える・堪える】(自下一)①经得住，受得住。△暑(あつ)さに～/经得住热。②耐，堪。△高熱(こうねつ)に～ガラス/耐高温玻璃。③胜任。△任(にん)に～/胜任。⇨こらえる表

た・える② 【絶える】(自下一)①中断，断绝。△消息(しょうそく)が～/消息断了。②尽，死。△食糧(しょくりょう)が～/粮尽。△息(いき)が～/断气。死。

だえん① 【だ円】(楕円)椭圆。△～形(けい)/椭圆形。

たお・す② 【倒す】(他五)①弄倒，放倒。△台風(たいふう)で家(いえ)が倒された/房子被台风刮倒。②摔倒。△人(ひと)を押(お)し～/把人推倒。③打败，战胜。△優勝

候補(ゆうしょうこうほ)を～/决赛中取胜。④推翻,打倒。△内閣(ないかく)を～/倒阁。△政府(せいふ)を～/推翻政府。⑤杀死。△敵(てき)を～/杀敌。⑥赖帐,赖债。△借金(しゃっきん)を～/赖帐不还。

たおやか② (形动)〈文〉(姿势、动作)娴娜,娇媚,优美。△～な乙女(おとめ)/娴娜的少女。

タオル① ①毛巾。②毛巾料。△～のパジャマ/毛巾睡衣。

たお・れる③ 【倒れる】(自下一)①倒。△電柱(でんちゅう)が～/电线杆倒了。②摔倒。△つまずいて～/绊倒。③崩溃,倒台。△政権(せいけん)が～/政权垮台。④病倒,死。⑤倒闭。△銀行(ぎんこう)が～/银行倒闭。⑥败北。

たか②① 【高】①数量,金额。△金(かね)の～/金额。②〈古〉俸禄。③价值。④高。△中(なか)～(だか)/中部隆起。△～望(のぞみ)/奢望。◇～が知(し)れている/没什么了不起。◇～を括(くく)る/瞧不起。

-たか 【高】(接尾)①数量。△生産(せいさん)～/产量。②金额。△売(う)りあげ～/销售额。③上涨。△10 円(じゅうえん)～/上涨 10 日元。

たか⓪ 【鷹】鹰。

だが① (接续)但是,可是。△形(かたち)はいい。～、色(いろ)がよくない/形状可以,但是,颜色不好。

たか・い② 【高い】(形)①高。△～ビル/高楼。②(价钱)贵。③(地位、品格、能力)高贵,优越。△識見(しきけん)が～/见识广。△目(め)が～/识别力强。④(声音)高,大。⑤(数字、程度)高,大。△血圧(けつあつ)が～/血压高。△緯度(いど)が～/纬度高。

たかい⓪ 【多界】(名・自サ)逝世,去世,死。△祖父(そふ)は先年(せんねん)～した/祖父前几年死了。

たがい⓪ 【互い】①双方,两方。△お～の健康(けんこう)を祝(いわ)う/祝双方健康。②相互,彼此。△迷惑(めいわく)をかけるのはお～さまだ/彼此间都添了麻烦。⇒そうご表

だかい⓪ 【打開】(名・他サ)〈文〉打开。△難局(なんきょく)を～する/打开僵局。

たがいちがい④ 【互い違い】交错,交互。△～に並(なら)べる/交错排列。

たが・える③ 【違える】(他下一)①使不一致,错开。△色(いろ)を～/差开颜色。②违,违背。△約束(やくそく)を～/违约。

たがく⓪ 【多額】(名・形动)大数量。大金额。△～な出費(しゅっぴ)/巨额开支。△～の寄付(きふ)/巨额捐款。△～にのぼる/达到大数量。

たかく⓪ 【多角的】多方面的,多边的。

たかさ① 【高さ】高度。△背(せ)の～/身高。

だがし②⓪ 【駄菓子】低档点心。

たかしお⓪ 【高潮】①海啸。②(台

风时)高潮,满潮。

たかだか 【高高】(副)①③② 高高地,特别高地。△両手(りょうて)を～と上(あ)げる/両手高高举起。②⓪ 至多,顶多,充其量。△参加者(さんかしゃ)は～百人(ひゃくにん)だ/参加者至多不超过一百人。

だがっき② 【打楽器】打击乐器。

たかとび④③⓪ 【高飛び】①跳高。②(犯人)逃跑。

たかとびこみ③ 【高飛び込み】跳水。

たかびしゃ⓪ 【高飛車】(形动)高压,强硬。△～にきめつける/强硬地指责。

たかぶ・る③ 【高ぶる】〔昂る〕(自五)①兴奋。△神経(しんけい)が～/神经兴奋。②激动。③高傲,自满。△おごり～/骄傲。

たかまくら③ 〔高枕〕①高枕头。②〈转〉高枕无忧。

たかま・る③ 【高まる】〔昂まる〕(自五)升高,提高,高涨。△名声(めいせい)が～/名声大振。△気運(きうん)が～/形势日益高涨。△士気(しき)が～/士气昂扬。

たか・める③ 【高める】(他下一)提高,抬高。△教養(きょうよう)を～/提高修养。△実力(じつりょく)を～/增强实力。

たがや・す③ 【耕す】(他五)耕,耕作,耕地。

たから③ 【宝】〔財〕①宝,财宝。②宝贵,财富。△健康(けんこう)は～だ/健康最宝贵。◇～の持(も)ち腐(ぐさ)れ/i)好东西不利用可惜了。ii)怀才不遇。

だから① (接续)因此,所以。△～、私が行(い)ったではないか/所以,我不是去了吗?

たからか② 【高らか】(形动)大声,高声。△声(こえ)～に歌(うた)う/高声唱。

たからくじ③④ 〔宝籤〕彩票。△～に当(あた)る/中彩。

だからといって① (接)尽管如此,(也不能)因此而…。

たがる⓪ (接尾)(接动 词连用形下表示第三者的愿望)想…。△彼女(かのじょ)はとても君(きみ)に会(あ)いたがっている/她很想见你。

たき⓪ 【滝】瀑布。

だき① 〔唾棄〕(名・他サ)〈文〉唾弃,厌恶。△～すべき人物(じんぶつ)/该唾弃的人物。

だきかか・える⑤ 【抱き抱える】(他下一)抱在怀里。△大(おお)きな縫(ぬ)いぐるみを～/抱着个大布玩具。

だきこ・む③ 【抱(き)込む】(他五)①搂在怀中。②拉拢,笼络。

だきし・める④ 【抱(き)締める】(他下一)紧紧抱住,抱住不放。△我(わ)が子(こ)を～/紧紧抱住自己的孩子。

たきび⓪ 〔焚き火〕①篝火。②炉火。③在室外生的火。

だきょう⓪ 【妥協】(名・自サ)妥协。△～案(あん)/妥协方案。△その辺(へん)で～しよう/那么就让步吧。△～を許(ゆる)さない/不准妥协。

たきょく⓪【多極】多极。△〜化(か)/多极化。

たぎ・る②【滾る・沸る】(自五)①(河水)翻滚。△滝(たき)つぼが〜/瀑潭翻滚。②(水)沸腾,滚开。△湯(ゆ)が〜/水滚开。③(感情)激动。△情熱(じょうねつ)が〜/热情洋溢。

たく⓪【宅】①住宅,家。△お〜/府上。②(妇女对别人称自己的丈夫)我那口子。

たく⓪②①【卓】桌子。△食(しょく)〜/饭桌。

た・く⓪【炊く】(他五)煮,焖,炖。△飯(めし)を〜/焖饭。

た・く②⓪〔焚く〕(他五)①烧,焚。②用火点。△ストーブを〜/生炉子。

だ・く②⓪【抱く】(他五)抱。△子供(こども)を〜/抱孩子。⇨かかえる 表

たくあん②〔沢庵〕咸菜,腌的咸菜。

たぐい⓪③②〔比・類〕①之类,伦比。△〜まれな成績(せいせき)/罕见的成绩。②同类。△この〜の事件(じけん)が多(おお)い/与此相同的事件很多。

たくえつ⓪【卓越】(名・自サ)卓越,超群。△〜した技術(ぎじゅつ)/超群的技术。

だくおん②⓪【濁音】浊音。△〜符(ぷ)/浊音符号。

たくさん⓪〔沢山〕(副・形动)①许多,大量。△本(ほん)が〜ある/有许多书。②足够,太多了,不再要了。△ぐちはもう〜だ/牢骚太多了。⇨いっぱい 表

タクシー① 出租小汽车。

たくしき⓪【卓識】〈文〉卓识,卓见。△〜の人(ひと)/有卓见的人。

たく・す②【託す】(他五)→託する。

たく・する③【託する】〔托する〕(他サ)①托,委托。△後事(こうじ)を〜/托付后事。②托(人)捎东西;托(人)捎口信。△贈物(おくりもの)を〜/托人捎礼品。③寄托。△悲(かな)しみを歌(うた)に〜/用诗歌来表达悲痛。

たくせつ⓪【卓説】卓见,卓越的主张。△名論(めいろん)〜/名论卓见。

たくぜつ⓪【卓絶】(名・自サ)卓绝,卓越。△〜した才腕(さいわん)/卓越的才能。

たくそう⓪【託送】(名・他サ)托运。△荷物(にもつ)を〜する/托运行李。

たくはい⓪【宅配】(名・他サ)(商品)送到家。△〜便(びん)/送货上门。

たくばつ⓪【卓抜】(名・形动・自サ)卓越,出类拔萃。△〜した技術(ぎじゅつ)/杰出的技术。△着眼(ちゃくがん)〜/远见卓识。

だくひ①【諾否】答应与否。△〜を問(と)う/问是否应允。

たくま①〔琢磨〕(名・他サ)〈文〉琢磨。△切磋(せっさ)〜する/切磋琢磨。

たくまし・い④〔逞しい〕(形)①魁伟,健壮。△～男(おとこ)/体格魁伟的男子。②旺盛。△～生活力(せいかつりょく)/旺盛的生命力。

たくみ⓪【巧み】(名・形动)①计谋,谋略。②技巧,矫揉造作。③巧妙,熟巧。△～に木(き)に登(のぼ)る/熟巧地上树。⇨うまい表

たく・む②【巧む】〔工む〕(他五)①费脑筋,费心计。△巧まざる美(うつく)しさ/没有造作的美;自然美。②玩弄诡计。△悪事(あくじ)を～/搞鬼。

たくら・む③〔企む〕(他五)阴谋,策划。△謀叛(むほん)を～/策划造反。

たくりつ⓪【卓立】(名・自サ)①高出一切。△～した山(やま)/高高的山。②杰出。△～した人柄(ひとがら)/杰出的人品。

たぐ・る②【手繰る】(他五)①拉,捯。△凧(たこ)の糸(いと)を～/捯风筝线。②追溯。△記憶(きおく)の糸を～/追溯往事。

たくわえ③⓪【蓄え】①储蓄,贮存,存货。△食糧(しょくりょう)の～/粮食的贮存。②存款,积蓄。△～がとぼしい/积蓄无几。

たくわ・える④【蓄える】〔貯える〕(他下一)①贮藏,贮存,储备。△食糧(しょくりょう)を～/贮存(储备)粮食。②积蓄。△精力(せいりょく)を～/积蓄精力。③蓄留(头发,胡须)。△髪(かみ)を～/蓄发。

たけ②【丈】①高度,身材,身高。②全部,罄尽所有。△思(おも)いの～/衷情。△力(ちから)の～/全力。

たけ⓪【竹】竹,竹子。◇～を割(わ)ったよう/心直口快。△～を割(わ)ったような性格(せいかく)/性情爽直。

だけ⓪(副助)①(接体言下)只,仅。△二日間(ふつかかん)～休(やす)む/只休息两天。②(接用言连体形下)尽量,尽可能。△できる～やってみる/尽可能做做试试。③(以"～のことはある"形式)。没有白费,不愧,无怪乎。△期待(きたい)した～のことはある/没有白盼望。

たげい⓪【多芸】(名・形动)多艺,多技能。△～多才(たさい)/多才多艺。△～は無芸(むげい)/样样通样样松。

だげき⓪【打撃】①撞击。②冲击,打击,损害。△～を受(う)ける/受冲击。③(棒球)击球。

	精神的な～を受ける	強い～を与える	不況で～を受ける	爆風の～で倒れる	～を負う
打撃	○	○	○	×	×
ショック	○	○	×	×	×
痛手	○	×	○	×	○

たけくらべ③【丈比(べ)】(小孩子)互比身高,比个儿。

たけだけし・い⑤〔猛猛しい〕(形)①凶猛,凶狠。△～顔(かお)つき/狰狞面目。②厚颜无耻,厚脸皮。△ぬすっと～/贼喊捉贼。

だけつ⓪【妥結】(名・自他サ)妥协,谈妥。△交渉(こうしょう)が～する/谈判达成协议。

だけど(接)(也作"だけれども")然而,可是,但是。△わたしも大学(だいがく)へ行(い)きたいのだ、~父(ちち)が許(ゆる)さない/我也想进大学,可是父亲不同意。

たけなわ⓪〔酣・闌〕(名・形动)方酣,最盛时期,高潮。△宴(えん)~/酒宴方酣。△春(はる)~/春意正浓。

たけのこ⓪〔筍〕笋,竹笋。△~が出(で)た/长出笋来了。△~医者(いしゃ)/庸医,江湖医生。

たけりた・つ④〔哮り立つ〕(自五)①咆哮,嗥叫。△~ライオン/咆哮的狮子。②(写成"猛り立つ")(因兴奋)大喊大叫。

たけ・る②〔哮る〕(自五)(猛兽)咆哮,吼叫。

た・ける②〔長ける・闌ける〕(自下一)①长于,擅长于,精通于。△世故(せこ)に たけている/通达世故。②正盛,正浓。△春(はる)が~/春意正浓。③已过盛期。△年(とし)たけた女(おんな)/已不年轻的女人。

たこ①〔凧・紙鳶〕风筝。△~をあげる/放风筝。

たこ①〔蛸・章魚〕章鱼。

たこ①〔胼胝〕老茧,茧皮,胼胝。△ペン~/(用笔手指上的)笔茧。△~ができる/长老茧。

たこう⓪【多幸】多福,幸福。△~を祈(いの)る/祝幸福。

たさい⓪【多才】〈文〉多才。△多芸(たげい)~な人物(じんぶつ)/多才多艺的人物。

たさい⓪【多彩】(名・形动)①色彩美丽。△~な風景画(ふうけいが)/色彩绚丽的风景画。②丰富多彩,种类多。△~な行事(ぎょうじ)/丰富多彩的传统节日活动。

ださく【駄作】拙劣的作品,无聊的作品。

たさつ⓪【他殺】他杀,被杀。

ださん⓪【打算】(名・他サ)算计,打小算盘。△~を働(はたら)かせる/打小算盘。

たし⓪【足(し)】①贴补,补助。△学費(がくひ)の~にする/用以贴补学费。②好处,益处。△何(なん)の~にもならない/毫无益处。

たじ①【多事】①事情多,繁忙。△身辺(しんぺん)~/身边琐事多。②多事,多变化。△~多難(たなん)/多灾多难。

だし②【出(し)】①(是"だし汁"的略语)作料汁。②(为谋私利而利用的)手段,工具。△人(ひと)を~に使(つか)う/利用人,巧使别人。

たしか⓪【確か】Ⅰ(形动)①切实,确切。△~に引(ひ)き受(う)けた/切实承担。②可靠,可信。△身元(みもと)は~だ/来历可靠。③安全。△~な保証(ほしょう)/安全的保证。Ⅱ(副)多半,大概。△~あったはずだ/大概是有。⇨せいかく 表

たしか・める④【確かめる】(他下一)弄清,查明。△事実(じじつ)を~/把事实弄清楚。

たしき⓪【多識】知识丰富,知识

面广。△博学(はくがく)～な人物(じんぶつ)/博学多识的人物。

たしざん② 【足(し)算】加法，加算。

だしじる⓪③ 【出(し)汁】(用海带、木鱼等煮出的)汤汁。

たしつ⓪ 【多湿】(名・形动)湿度大，多湿。△高温(こうおん)～な気候(きこう)/高温多湿的气候。

たしなみ⓪④ 〔嗜み〕①嗜好，爱好。△～がいい/爱好高雅。②修养，教养。△武士(ぶし)の～/武士修养。③谦恭，谨慎。△～のないふるまい/不检点的行为。

たしな・む③ 〔嗜む〕(他五)①爱好。△俳句(はいく)を～/喜爱俳句。②精通，喜欢学。△けいこを～/精于学习(学艺)。③检点，谨慎。△身(み)を～/洁身自爱。

だしぬ・く③④ 【出(し)抜く】(他五)乘机抢先，先下手。△同业者(どうぎょうしゃ)に出し抜かれる/被同行人抢了先。②欺，瞒。△友人(ゆうじん)を出し抜いてこっそり受験(じゅけん)勉強(べんきょう)をする/瞒着朋友自己悄悄准备考试。

だしぬけ⓪ 【出(し)抜け】(名・形动)突然，冷不防，出其不意。△～の試験(しけん)/突然的考试。

だしもの② 【出し物】〔演物〕演出节目。

だじゃれ⓪ 〔駄洒落〕无聊的诙谐，低级笑话。△～を飛(と)ばす/说些无聊的笑话。

たしゅたよう① 【多種多様】(形动)各式各样，多种多样。△～のポスター/五花八门的广告画。

たしょう⓪ 【多少】Ⅰ(名)多少，多寡。△～にかかわらず/不拘多少。Ⅱ(副)多少，稍微，一些。△持(も)ち合(あ)わせが～ある/手头有一些钱。

だしん⓪ 【打診】(名・他サ)①叩诊。△胸(むね)を～する/在胸部叩诊。②〈转〉试探，探询。△相手(あいて)の意向(いこう)を～する/探询对方想法。

た・す②⓪ 【足す】(他五)①加。△二(に)に三(さん)を～と五(ご)になる/2加3等于5。△一日(いちにち)の売上額(うりあげがく)を～/加算一天的销售额。②添加，添补。△塩(しお)を～/加盐。③办完。△用事(ようじ)を～/办完事。⇨くわえる表

だ・す①⓪ 【出す】(他五)①拿出，取出。△ポケットからたばこを～/从衣袋里取出香烟。②打发，派去。△子供(こども)を使(つか)いに～/派孩子去办事。③(船舶等)开，开航。△舟(ふね)を～/开船。④露出，冒出，显出。△木(き)が芽(め)を～/树吐芽。△額(ひたい)から汗(あせ)を出していた/额角冒出汗珠。⑤寄，发。△年賀状(ねんがじょう)を～/发贺年信。⑥发表，刊登，出版。△気象台(きしょうだい)が注意報(ちゅういほう)を～/气象台发出警报。⑦发生，产生，有。△不注意(ふちゅうい)で火事(かじ)を～/不小心发

生了火灾。⑧给。△学生(がくせい)に宿題(しゅくだい)を~/给学生留作业。△ボーナスを~/发奖金。⑨开业,开店。△会社(かいしゃ)は中国に支店(してん)を~/(该)公司在中国开了分店。⑩(接尾)…起来,开始……。△雨(あめ)が降(ふ)り~/雨下起来。

たすう② 【多数】①多数,许多。②多数人,许多人。

たすか・る③ 【助かる】(自五)①得救,脱险。△命(いのち)が~/死里逃生。②(得到帮助)减轻负担,省事,省钱。△手伝(てつだ)ってくれて助かった/得到帮助减轻负担。△物価(ぶっか)が安(やす)くて~/物价低;省钱。

たすき⓪③ 【襷】①(穿和服劳动时用于束衣袖的)带子,和服挽袖带。△~をかける/系上挽袖带。②(选举或游行时)斜挂在肩上的窄布条。◇帯(おび)に短(みじか)し~に長(なが)し/高不成,低不就。

たすけ③ 【助け】帮助,救援。△~を求(もと)める/寻求帮助。

たす・ける③ 【助ける】(他下一)①帮助,助。△消化(しょうか)を~/助消化。②加速,促进。△生長(せいちょう)を~/促进生长。③救,抢救。△おぼれかけた子(こ)を~/抢救溺水的小孩。⇨すくう表

たずさ・える④ 【携える】(他下一)①携带,拿。△大金(たいきん)を~/携巨款。②携手,偕同,带着。△平和(へいわ)のために手(て)を~/携起手来,为和平而奋斗。△夫人(ふじん)を携えて参加(さんか)する/偕夫人一同参加。

たずさわ・る④ 【携わる】(自五)参加,参与,从事。△教育(きょういく)に~/从事教育。

たず・ねる③ 【訪ねる】(他下一)访问。△社長(しゃちょう)のお宅(たく)を~/访问社长家。

たず・ねる③ 【尋ねる】(他下一)①寻,找。△どこを尋ねても見(み)つからない/到处找也没有。②探求,探寻。△真理(しんり)を~/探求真理。△日本語(にほんご)の起源(きげん)を~/探索日语的起源。③询问。△道(みち)を~/问路。⇨きく表

たぜい 【多勢】多数人,人数众多。△~に無勢(ぶぜい)/寡不敌众。△小勢(こぜい)で~に勝(か)つ/以少胜多。

だせい⓪ 【惰性】①(物体的)惰性,惯性。②习惯。△~でやっている/按老习惯做。

たそがれ⓪ 〔黄昏〕①黄昏,傍晚。②人生暮年。△人生(じんせい)の~/人生暮年。

だそく⓪ 【蛇足】蛇足,多余。△ちょっと~を申(もう)しあげますと/我说几句多余的话…。

ただ① 〔只〕免费,不要钱。△~でもいらない/白给也不要。△~で入場(にゅうじょう)できる/可以免费入场。

ただ① 〔徒〕①白,空。△~働(ばたら)き/徒劳。△~行(い)って来

(き)ただけ/只不过是来去徒劳。②普通,平凡,平常。△～の人(ひと)/普通人。

ただ① 〔唯〕Ⅰ(副)①唯,只是。△～それだけ/只是那个。②光,唯。△～泣(な)くばかり/光是哭。△～金(かね)もうけばかり/唯利是图。③只,仅。△～一人(ひとり)のみ/只一人。△～一度(いちど)/仅一次。Ⅱ(接)然而,但是。△頭(あたま)は良(よ)い。～性格(せいかく)に問題(もんだい)がある/人很聪明,但性格上有问题。

ただい⓪【多大】(名・形动)极大,巨大。△～な犠牲(ぎせい)を払(はら)う/付出巨大牺牲。

ただいま②〔只今・唯今〕(副)①现在。②刚刚。△～お出(で)かけになった/刚才出去。③(寒暄语)我回来了。

たた・える⓪③②〔称える・讃える〕(他下一)称赞,赞扬。△栄誉(えいよ)を～/赞扬荣誉。

たた・える④③②⓪〔湛える〕(他下一)(液体等)充满,浮出。△おけに水(みず)を～/桶里盛满水。△笑(え)みを～/满面笑容。

たたかい⓪【戦い】①战,战争。△～を宣(せん)する/宣战。②斗争,战斗。△病気(びょうき)との～/同疾病的斗争。③竞赛,比赛。

	正義のための～	壇ノ浦の～	一点を争う～	受験～	勝ち～
戦 い	○	○	○	×	×
戦 争	○	×	×	○	×
いくさ	○	○	×	×	○

たたか・う④⓪【戦う・闘う】(自五)①作战,战斗。△戦わずに勝(か)つ/不战而胜。②斗争。△病(やまい)と～/同疾病作斗争。③竞赛,比赛。△試合(しあい)を捨(す)てずに～/一定要比出高低。

たたき③〔叩き〕①敲,叩。△太鼓(たいこ)～/敲鼓人,鼓手。②(江户时期的刑罚)杖刑,笞刑。③拍松的鱼肉(牛肉)。△かつおの～/拍松的鲣鱼肉。

たた・く②〔叩く・敲く〕(他五)①叩,敲。△太鼓(たいこ)を～/敲鼓。②打,揍。③请教,询问。△先生(せんせい)の意見(いけん)を～/征询教师的意见。④还价,驳价。△買(か)い～/用低价买。讨价还价。⑤攻击,驳斥。△新聞(しんぶん)で叩かれる/遭到报纸上攻击。⇨うつ表

ただごと⓪【ただ事】〔只事・徒事〕寻常的事,一般的事。△これは～ではない/这可不是寻常的事。

ただし①【但し】(接)但,但是。△行(い)ってもよい。～、一人(ひとり)ではだめだ/去也可以,但一个人不行。

ただし・い③【正しい】(形)①正当,合理。△～行為(こうい)/正当的行为。②正确。△～答(こた)え/正确的答案。③端正。△～姿勢(しせい)/端正的姿势。

ただ・す②【正す】(他五)端正,改正。△誤(あやま)りを～/改正错误。△姿勢(しせい)を～/端正姿势。

ただ・す② 〔質す〕(他五)质问，询问。△不審(ふしん)の個所(かしょ)を～/质问可疑之处。

たたずまい③ 〔佇まい〕(景物的)状态。△おちついた庭(にわ)の～/庭园和谐的样子。

たたず・む③⓪ 〔佇む〕(自五)伫立，站住。△庭(にわ)に～/伫立庭园。

ただちに① 【直ちに】(副)立即，马上。△～実行(じっこう)せよ/立即执行。

ただでさえ① (副)本来就(已经)。△～寒(さむ)いのに、雪(ゆき)が降(ふ)っちゃ、たまらない/本来已经很冷，再一下雪就更受不了啦。

ただならぬ④ 〔徒ならぬ〕不寻常，非一般。△～できごと/不寻常的事件。

たたみ⓪ 【畳】①叠，叠起。②(日本式房间铺的)榻榻咪。

たた・む⓪③ 【畳む】(他五)①折，叠。△ハンカチを～/叠手帕。②叠起，合上。△傘(かさ)を～/合起伞。③隐，藏(心中)。△胸(むね)に～/隐藏在心中。④关闭，收拾。△資金難(しきんなん)で店(みせ)を～/因资金短缺而歇业。

ただもの⓪ 〔只者〕(下接否定词)一般的人，平凡的人。△～ではない/不是一般人。

ただよ・う③ 【漂う】(自五)①(水上、空中)漂，漂流，飘荡。△空(そら)に～アドバルーン/飘荡在空中的广告气球。②(表情)洋溢，荡漾。△タバコの煙(けむり)が～/烟雾缭绕。△笑(え)みが～/露出笑容。

たたり① 〔祟(り)〕①祟，作祟。△悪魔(あくま)の～/魔鬼作祟。②报应，恶果。△深酒(ふかざけ)の～だ/这是饮酒过量的恶果。

たた・る③② 〔祟る〕(自五)①(迷信)鬼神在作祟。②产生恶果。△寝不足(ねぶそく)がたたって病気(びょうき)になった/由于睡眠不足而得病。

ただ・れる④⓪ 〔爛れる〕(自下一)①(皮、肉组织)烂，糜烂。△凍傷(とうしょう)で手足(てあし)が～/因冻伤手脚糜烂。②沉溺于…。

たたん⓪ 【多端】(名・形動)〈文〉①事情多，多端。△内外(ないがい)～/内外多端。②繁忙。△用務(ようむ)～/业务繁忙。

-たち 〔達〕(接尾)(表示人的多数)们。△男(おとこ)～/男儿们。△子供(こども)～/孩子们。

	わたし～	君～	あなた～	A氏～	子供～	犬～	虫けら～	それ～	おのおの～
たち	○	○	○	○	○	×	×	×	○
ら	○	○	△	△	○	○	×	×	×
ども	○	×	×	×	○	○	○	×	×
がた	×	×	○	○	×	×	×	○	○

たち① 〔質〕(人和物)品质；质量；体质。△おこりっぽい～/天性暴躁。⇨せいしつ表

たちあい⓪ 【立(ち)会(い)】①会同，在场，列席。△～診察(しんさつ)をする/会诊。②(交易所)开盘。③(相扑)站起来交手。

たちあ・う③④⓪ 【立(ち)会う】(自

五)①遇见，碰见。②到场，会同，参加。△保証人(ほしょうにん)として～/作为保证人到场。③(争胜负的双方)格斗，比赛。△剣(けん)を抜(ぬ)いて～/拔剑相斗。

たちあが・る④⑤⓪【立ち上がる】(自五)①站起。②开始，着手。

たちいりきんし⓪【立ち入り禁止】禁止入内。

たちい・る③④【立(ち)入る】(自五)①进入。△芝生(しばふ)の中(なか)に～/进入草坪。②深入。△立ち入った話(はなし)/追根问底。③干涉，干预。△私生活(しせいかつ)に～/干预私生活。

たちおうじょう③【立(ち)往生】(名・自サ)①站着死去。②中途抛锚，进退不得。△電車(でんしゃ)が～する/电车抛锚走不了啦。

たちおく・れる⑤⑥【立(ち)後れる】(自下一)①起步晚，开始晚。△公害対策(こうがいたいさく)が～/治理公害起步太晚。②落后。△経済面(けいざいめん)で～/经济发展落后。

たちぎえ⓪【立(ち)消え】(名・自サ)①(火未尽)中途熄灭。②(事情)中断，无下文。△計画(けいかく)が～になった/计划中断了。

たちぎき⓪【立(ち)聞き】(名・他サ)偷听，窃听。△外(そと)で～をする/在外边偷听。

たちき・る③④【断(ち)切る】(他五)①切断，截断。△針金(はりがね)を～/切断铁丝。②断绝，割断。△未練(みれん)を～/断绝依恋。

たちさ・る④⓪③【立ち去る】(自五)走开，离去。△だまって～/悄然离去。

たちどころに⑥③【立ち所に】(副)立刻，立即。△～解決(かいけつ)する/立即解决。

たちどま・る④⑤⓪【立(ち)止(ま)る】(自五)站住，止步，停下。△店先(みせさき)に～/在店铺前停步。

たちなお・る④⑤【立ち直る】(自五)①恢复原状，复原。②(行市等)好转，回升。△景気(けいき)が～/情况好转。

たちの・く③④⓪【立(ち)のく】〔立(ち)退く〕(自五)①搬出，迁出。△区画整理(くかくせいり)のためこの辺(へん)一帯(いったい)は～ことになった/因为整顿街区，决定这一带搬迁。②走开，离开。△工事現場(こうじげんば)から～/离开工地。

たちのぼ・る④⑤⓪【立ち上る】(自五)(烟雾等)冒起，蒸腾。△湯(ゆ)けむりが～/热气蒸腾。

たちば①③【立場】①立脚地；处境。②立场，观点。

たちばなし③【立(ち)話】站着说话。

たちふさが・る⑤⑥〔立ち塞がる〕(自五)拦阻，阻挡。△行(い)く手(て)に敵(てき)が～/去路被敌人堵住。

たちまち⓪〔忽ち〕(副)转瞬间，不大工夫。△～空(そら)が曇(くも)

る/转瞬间天阴下来。

たちむか・う④⑤⓪【立(ち)向(か)う】(自五)①前往,奔赴。△前線(ぜんせん)に～/奔赴前线。②对抗,应对。△困難(こんなん)に～/应对困难。

だちょう⓪〔駝鳥〕鸵鸟。

たちよみ⓪【立(ち)読(み)】(名・他サ)(在书店书架前)站着阅读。

たちよ・る④⓪③【立(ち)寄る】(自五)①顺便到,中途落脚。②走近,靠近。

たつ⓪〔辰〕①(12支的)辰。②辰时(上午8时)③(方向)东南方。

たつ⓪【竜】(是"りゅう"的日语固有说法)龙。

た・つ①【立つ】(自五)①立,站。△髪(かみ)の毛(け)が～/头毛竖立。△道(みち)しるべが～/立着路标。②登,升,冒。△山頂(さんちょう)に～/登上山顶。△ほこりが～/扬起尘土。③有用,发挥好作用。△弁(べん)が～/活门起作用。△筆(ふで)が～/擅长写作。④离开,退出。△席(せき)を～/退席。⑤激动,激昂。△気(き)が～/心情激动。⑥维持住,站得住脚。△暮(く)らしがようやく～/勉强糊口。⑦明确,分明。△筋道(すじみち)が～/条理清楚。⑧堪用,有助于。△役(やく)に～/有帮助。

た・つ①【発つ】(自五)出发。△明日(あす)成田(なりた)を～/明天从成田机场出发。

た・つ①【建つ】(自五)盖,建。△家(いえ)が～/盖房。

た・つ①【断つ】(他五)①切。△二(ふた)つに～/切成两段。②忌,禁。△酒(さけ)を～/忌酒。

た・つ①〔経つ〕(自五)经,过。△日(ひ)の～のが早(はや)い/日子过得快。⇒すぎる[表]

た・つ①【絶つ】(他五)①截断,隔断。△消息(しょうそく)を～/隔断消息。②断绝,结束。△縁(えん)を～/断绝关系。

た・つ①【裁つ】(他五)剪,裁(布、纸等)。△布(ぬの)を～/剪裁布疋。

だっかい⓪【奪回】(名・他サ)夺回,夺还。△優勝旗(ゆうしょうき)を～する/夺回优胜旗。

たっかん⓪【達観】(名・他サ)〈文〉①看清,认清。△国際情勢(こくさいじょうせい)を～する/看清国际形势。②看得开,达观。△人生(じんせい)を～する/达观人生。

たっきゅう⓪【卓球】乒乓球。

だっきゅう⓪〔脱臼〕(名・自サ)脱臼。△股関節(こかんせつ)～/股关节脱臼。

ダック①[duck]鸭,鸭子。△北京(ペキン)～/北京烤鸭。

たっけん⓪【卓見】卓识,卓见。△～に富(と)んだ講話(こうわ)/充满卓识的报告。

だっこ①【抱っこ】(名・他サ)(幼儿语)抱。△～してあげよう/(大人对孩子说)我来抱抱你吧。

だっし⓪【脱脂】(名・自サ)脱脂。△～乳(にゅう)/脱脂奶。△～綿(めん)/脱脂棉。

たっしゃ⓪【達者】(名・形动)①精通的人,高手。②精通,熟练。△〜な筆跡(ひっせき)/熟练的笔迹。③健康,健壮。△お〜に/祝您健康。⇨じょうぶ表

だっしゅ①【奪取】(名・他サ)〈文〉夺取。△タイトルを〜する/争夺锦标。

だっしゅつ⓪【脱出】(名・自サ)逃亡,逃脱。△国外(こくがい)に〜する/逃亡国外。

たつじん⓪【達人】精通的人,高手。△剣道(けんどう)の〜/精通剑术的人。

だっすい⓪【脱水】(名・自サ)脱水。△〜症状(しょうじょう)/脱水症状。

たっ・する④⓪③【達する】Ⅰ(自サ)到达,达到。△山頂(さんちょう)に〜/到达山顶。Ⅱ(他サ)①完成,达到。△目的(もくてき)を〜/达到目的。△望(のぞ)みを〜/实现愿望。②(下达)通知。

	屋根にまで〜積雪	死者は千名に〜た(⁅)	注意が〜ない	手紙が〜	望みを〜するには〜ない	そうするには〜ない
達する	○	-L○	×	×	○	×
届く	×	×	-か○	○	×	○
及ぶ	○	-ん○	×	×	○	-ば○

だっ・する④③⓪【脱する】(自他サ)〈文〉①逃脱。△虎口(ここう)を〜/逃出虎口。②脱落,漏掉。③离开,脱离。△不況(ふきょう)を〜/摆脱萧条。

たっせい⓪【達成】(名・他サ)〈文〉达成,完成。△目標(もくひょう)を〜する/达到目标。

だつぜい⓪【脱税】(名・自サ)偷脱,漏税。

だっせん⓪【脱線】(名・自サ)①(列车等)出轨,脱轨。②(谈话)跑题,(行为)脱离常轨。

だっそう⓪【脱走】(名・自サ)逃跑,逃脱。

たった③⓪(副)只,仅。△〜三日間(みっかかん)/仅仅三天。△〜1円(えん)/仅有的1日元。

だったい⓪【脱退】(名・自サ)脱离,退出。

だったら①(接)如果那样的话。

タッチ①(名・自サ)①触摸。②触感。③(照片、绘画等)修整。④涉及,关于。

たって①⓪〔達て〕(副)硬,强,恳切。△〜の願(ねが)い/恳切希望。⇨あえて表

たって(接助)(接用言连用形下,表示假定、既定的条件)即使,虽然。△死(し)んだって帰(かえ)るものか/死也不回去。

だって① Ⅰ(接续)接前面一句话,表示申述理由。△"なぜ遅刻(ちこく)した?""〜ストライキで電車(でんしゃ)が来(こ)ないんですもの"/"为什么迟到?""因为罢工,没有电车呀。"Ⅱ(副助)即便是…,就连…。△私(わたし)〜いやです/就是我也不喜欢。△1円(えん)〜借(か)りはしない/连1日元也不借。

たっと・い③【尊い・貴い】(形)高贵,尊贵。△〜家柄(いえがら)/高贵门第。

たっと・ぶ③【尊ぶ】(自五) ①尊贵，尊重。△兵(へい)は神速(しんそく)を～/兵贵神速。②尊敬，钦佩。△親(おや)を～/尊敬父母。

だっぴ⓪【脱皮】(名・自サ) ①（昆虫、蛇等）蜕皮，蜕壳。②转变，脱胎换骨。△～をはかる/谋求转变。

たっぴつ⓪【達筆】(名・形动) ①擅长写字。△～な人(ひと)/擅长书法的人。②善于写文章。

たっぷり③（副・自サ）①充分，足够。△～飲(の)む/喝足了。②宽绰，绰绰有余。△～した寸法(すんぽう)/肥大尺寸。

だつらく⓪【脱落】(名・自サ) ①（印刷品）掉页；（文章）掉字，漏字。②落伍，掉队。△～者(しゃ)/掉队者。

たて①【盾】〔楯〕①盾，挡箭牌。②〈转〉后盾。◇～に取(と)る/作挡箭牌。◇～を突(つ)く/反抗。

たて①【縦】〔竪〕①纵，竖。△～に並(なら)ぶ/排纵队。△～に書(か)く/竖写。②长(度)。

-だて【建て】（接尾）房屋的建筑式样，（楼房的）…层。△一戸(いっこ)～/独栋，住一家的房子。△二階(にかい)～/两层的楼房。

たていた⓪【立(て)板】立着的木板。△～に水(みず)/说话流利，口若悬河。

たてか・える⓪⑤④③【立(て)替える】(他下一) 代人垫付(款项)。

たてがき⓪【縦書】竖写。

たてこ・む③④⓪【立(て)込む】(自五) ①人多，拥挤。△場内(じょうない)が立て込んでいる/场内拥挤。②事情多，繁忙。△年末(ねんまつ)にはもっと仕事(しごと)が～/年底工作更加繁忙。

たてつづけ⓪【立(て)続け】连续，接连不断。△～に負(ま)ける/接连失败。

たてつぼ②【建坪】建筑物占地面积的坪数(每坪约为6平方尺)。

たてなお・す⑤④【立て直す】(他五) ①扶正。△旗(はた)を～/把旗子扶正。②重做。△計画(けいかく)を～/重新拟定计划。

たてなお・す⑤④【建て直す】(他五) ①重建，翻盖，改建。△家(いえ)を～/翻盖房屋。②使恢复原貌，重整。△会社(かいしゃ)を～/重新整顿公司。

たてふだ②【立(て)札】布告牌。

たてまえ②【建(て)前】①上梁，上梁仪式。②原则，方针。△本音(ほんね)と～とは別(べつ)だ/真心话和场面话不一样。

たてまつ・る④【奉る】(他五) ①奉，献上。△お供(そな)えを～/上供。②恭维，捧(为)。△会長(かいちょう)に～/捧(某人)当会长。

たてもの②③【建物】房子，建筑物。

たてやくしゃ③【立役者】①（戏剧中的）主角。②中心人物。△政界(せいかい)の～/政界要人。

た・てる②【立てる】(他下一) ①立，立起。△柱(はしら)を～/立柱子。②掀起，扬起。△波(なみ)を～/掀

起波浪。△ほこりを～/扬起尘埃。③派遣，使唤。△使(つか)いを～/使唤。④扎。△とげを～/扎刺。⑤传播。△うわさを～/传谣。⑥保全。△顔(かお)を～/保全面子。⑦订立，起草。△誓(ちか)いを～/起誓。△案(あん)を～/起草方案。⑧明确提出。△義理(ぎり)を～/尽情义，尽礼。⑨用，使之有用。△役(やく)に～/使之有用。

た・てる② 【建てる】(他下一)建造，树立。△家(いえ)を～/建房。△碑(ひ)を～/立碑。

だと① (接)如果那样的话。

たとい②③⓪ (副)→たとえ。

だとう⓪ 【妥当】妥当，妥善。△～な線(せん)が出(で)る/有了合适的路子。

たどうし② 【他動詞】他动词。

たとえ② 【例え】〔譬え・喩え〕①比喻。△～を引(ひ)いて言(い)う/比喻说明。②例。△～をあげる/举例。

たとえ②③⓪ 〔仮令・縦令〕(副)(下与"とも"、"ても"、"でも"等相呼应)即使，即令，纵然。△～死(し)んでも約束(やくそく)を守(まも)る/即令人死了也要守约。

たとえば② 【例えば】(副)比如，譬如，例如。

たと・える③ 【例える】〔譬える〕(他下一)比喻，比方。△人生(じんせい)はしばしば航海(こうかい)にたとえられる/人生道路常被比作航海。

たどたどし・い⑤ (形)(动作)不敏捷。△足(あし)どりが～子(こ)に/腿脚不稳的小孩。

たどりつ・く④② 〔辿(り)着く〕(自五)好不容易走到，摸索走到。△四時間後(よじかんご)に頂上(ちょうじょう)に辿り着いた/四个小时后好不容易爬上了山顶。

たど・る②③⓪ 〔辿る〕(他五)①走难走的路。△山道(やまみち)を～/走山路。②探索，追寻。△論理(ろんり)を～/探寻理论。③趋向，走向。△同(おな)じ運命(うんめい)を～/趋于同一结果。

たな⓪ 【棚】①(放东西的)搁板。△本～(ほんだな)/书架。②(葡萄、藤萝的)棚，架。△フジ～/藤萝架。◇～から牡丹餅(ぼたもち)/福自天来。

たなあげ⓪ 〔棚上(げ)〕(名・他サ)①(商品)暂存不卖，囤积。△商品(しょうひん)の一部(いちぶ)を～する/把一部分商品暂时囤起来。②(问题)搁置，暂不处理。△難問(なんもん)を～する/把难题搁置起来。

たなばた⓪ 【七夕】①七夕，乞巧日。△～祭(まつり)/七夕节。②织女星。

たなび・く③ 【棚引く】(自五)(云、霞、烟等)缭绕，飘忽。

たなん⓪ 【多難】(名・形动)多难，多灾。△多事(たじ)～の時期(じき)/多事之秋。

たに② 【谷】①山谷。②凹地。凹面。③波谷。△気圧(きあつ)の～/低压槽。

たにあい⓪【谷あい】〔谷間〕谷，峡谷，山涧。

たにま⓪【谷間】山涧，峡谷，山谷。△ビルの〜/大厦之间(因楼群遮挡见不着阳光的地方)。△〜のゆり/山涧的百合。

たにん⓪【他人】①别人，他人。②(无血缘关系的)外人。△〜の空似(そらに)/无血缘关系，只长得相。△赤(あか)の〜/非亲非故。

たぬき①〔狸〕①狸猫。②〈转〉狡猾的人。③〈转〉装睡。△〜寝入(ねいり)/装睡。

たね①【種】①种子。②物种。③原因。△悩(なや)みの〜/烦恼的原因。△紛争(ふんそう)の〜をまく/留下纠纷的根源。④(作品)素材，(谈话)话题。△小説(しょうせつ)の〜/小说素材。⑤(食品)原料。△すしの〜/寿司原料。⑥秘密，秘诀。△手品(てじな)の〜/戏法的诀窍。△〜をあかす/泄露秘密。

たねあかし③【種明(か)し】(名・自サ)揭穿秘密，说出内幕。△〜をすれば何(なん)でもないことだ/一揭穿秘密，啥也不是。

たねまき②〔種蒔(き)〕(名・自サ)①播种。②(立春后88天前后水稻育秧)播种。

たねん⓪【多年】多年，长年。△〜の苦労(くろう)にむくいる/报答多年的辛劳。

だの(副助)(表示列举式的并列)……啦……啦。△その池(いけ)にはこい〜ふな〜いっぱいいる/那个池子里有许多鲤鱼、鲫鱼等。

たのう⓪【多能】(名・形动)多才，多艺，多能。△〜な人(ひと)/多面手，多艺的人。

たのし・い③【楽しむ】(形)快乐，愉快。△〜映画(えいが)/令人愉快的电影。△楽しくすごす/生活快乐。

たのしみ④③⓪【楽しみ】(名・形动)①愉快。②消遣。③期望，期待。△いまから〜です/现在起就盼望着。

たのし・む③【楽しむ】(自他五)①快乐，享受。△余生(よせい)を〜/晚年生活过得快乐。②喜欢，消遣。△釣(つ)りを〜/以钓鱼作为消遣。

たのみ③⓪①【頼み】①请求，恳求。△〜を聞(き)く/答应(别人的)请求。②依赖，信赖。△〜にならない/不可靠。

たの・む②【頼む】〔恃む〕(他五)①委托，托付。△友人(ゆうじん)に代筆(だいひつ)を〜/托朋友代笔。△隣人(りんじん)に留守番(るすばん)を〜/委托邻居看家。②依靠，依仗。△子供(こども)たちは母(はは)を一家(いっか)の柱(はしら)と〜/孩子们把妈妈当成顶梁柱(来依靠)。③雇，(花钱)请。△家(いえ)の修理(しゅうり)に大工(だいく)を〜/雇工匠修理房子。

たのもし・い④【頼もしい】(形)①可靠，靠得住。△〜青年(せいねん)/可靠的青年。②有望，有出

息。△～歌手(かしゅ)/(前途)有望的歌手。△末(すえ)が～/前途有为。

たば① 【束】把,捆。

だは① 【打破】(名・他サ)〈文〉打破,破除。△旧弊(きゅうへい)を～する/打破陈规旧习。

たばい⓪ 【多売】(名・自サ)多卖,多销。△薄利(はくり)～/薄利多销。

たばこ⓪〔葡 Tabaco〕〔煙草〕①烟草。②香烟。

たはた① 【田畑】〔田畠〕旱田和水田。

たはつ⓪ 【多発】(名・自サ)①(疾病)多发。②(事故等)多发,经常发生。△犯罪(はんざい)が～する/犯罪案件经常发生。

たばね③⓪ 【束ね】①包,捆(的东西)。△稲(いね)の～/稻捆。②负责管理,治理(的人)。△村(むら)の～/村政管理人。

たば・ねる③ 【束ねる】(他下一)①扎,捆,束。△髪(かみ)を～/束发。②集结。△党派(とうは)を～/结党。

たび② 【度】①次,回,度。②每…。△行(い)く～に留守(るす)だ/每次去都不在家。③…时。△この～/这时候,此次。

たび② 【旅】远出,旅行。△～に出(で)る/外出旅行。◇～の恥(はじ)はかき捨(す)て/远离家门出丑也无所顾忌。◇～は道(みち)連(づ)れ世(よ)は情(なさけ)/旅行靠伴侣,处世靠真情。

たび① 【足袋】(日本式)布袜子。

だび① 【茶毘】火葬。

たびかさな・る⑤⓪⓪ 【度重なる】(自五)反复,再三,接二连三。△～失敗(しっぱい)/多次失败。

たびさき⓪④ 【旅先】旅途;旅行目的地。△～からのたより/旅途中来的信。

たびじたく③ 【旅支度】①旅行准备。②旅行装束。

たびだ・つ③ 【旅立つ】(自五)出发,启程。△アフリカへ旅立った/启程赴非洲。

たびたび⓪ 【度度】(名・副)屡次,屡屡,再三。△～の訪問(ほうもん)/屡次访问。

	彼は～忘れ物をする	別れようとしたこともーだった	～の海外遠征でたくましくなる	～気をつけなさい
たびたび	○	○	○	×
しばしば	○	○	△	×
よく	○	×	×	○

たびのそら④ 【旅の空】①他乡,旅次。②背井离乡漂泊不定的境遇。

たびびと⓪ 【旅人】旅客,行路的人。

ダビング⓪〔dubbing〕①(录音、录像的)复制。②(电影)译制,配音。

だぶだぶ⓪ (副・形动・自サ)①⓪①(衣服)肥大。②①⓪肥胖,肌肉松弛。△～にふとった子供(こども)/胖得满身肥膘的孩子。③①(液体)满,晃晃荡荡。△おなかが～する/喝到肚子里的水直逛荡。

ダブ・る② (自五)〈俗〉①(文字、画面等)重复,重叠。②(学生隐语)留级。△一年(いちねん)～/留

级一年。

ダブル① [double]（造语）①双，对。△～ベッド/双人床。②双重，两倍。③一对恋人。④〈球类〉双打。

ダブルス① [doubles]〈体育〉双打。△男子(だんし)～/男子双打。

たぶん⓪① 【多分】（名・副）①大量，多。△～の謝礼(しゃれい)/厚礼。②或许，大概。△～大丈夫(だいじょうぶ)だろう/大概不要紧。

	明日は～雨だろう	～去年の夏だったと思う	～の寄付を仰ぐ	～来てね
多分	○	-べ○	-べ○	×
恐らく	○	-つ○	×	×
きっと	○	×	×	○

たべもの③② 【食べ物】食物，吃的东西。⇨しょくひん表

た・べる② 【食べる】（他下一）①吃。△6時(ろくじ)に夕食(ゆうしょく)を～/6点钟吃晚饭。△クモがチョウを～/蜘蛛吃蝴蝶。②喝。△酒(さけ)を～/喝酒。③生活。△アルバイトで食べている/靠干临时工生活。

	飯を～	～てゆくのに困る	よくかんで～なさい	あおりを～	燃料を～	大酒を～
食べる	○	-べ○	-べ○	×	×	×
食う	○	-つ○	×	○	○	×
くらう	○	×	×	○	×	○

たべん⓪ 【多弁】（名・形動）能说会道。△～な人(ひと)/能说会道的人。

たほう② 【他方】（名・副）①另一方面。△～から見ると/如从另一个角度来看。②其他方面。⇨かたほう表

たほう⓪ 【多忙】（名・形動）十分繁忙。△～をきわめる/特别忙；异常繁忙。

だぼく⓪③ 【打撲】（名・他サ）打，跌打，磕碰。△～傷(しょう)/跌打损伤。

たま② 【玉】〔珠〕①圆球。△目(め)の～/眼珠。②宝石。③珍珠。④台球。⑤眼镜片。⑥〈转〉美丽之物，珍贵之物。△～の肌(はだ)/娇嫩肌肤。△掌中(しょうちゅう)の～/掌上明珠。◇～にきず/白圭之玷。美中不足。◇～の汗(あせ)/大汗淋漓。

たま② 【球】①球。②电灯泡。△電気(でんき)の～が切(き)れた/灯丝断了。

たま⓪ 〔偶〕（名・形動）偶尔，偶然，难得。△～の休(やす)み/偶尔的休息。△～に来(く)る/偶尔来。

たま・う② 〔給う〕（他五）赐，赐予。△はげましのお言葉(ことば)を～/承蒙鼓励。

たまご②⓪ 【卵・玉子】①（鸟、鱼、虫等）卵。②鸡蛋。△～焼(やき)/（加糖、酱油）煎鸡蛋。△ゆで～/煮鸡蛋。③〈转〉未成熟，幼雏。△学者(がくしゃ)の～/初露锋芒的学者。

たましい① 【魂】①灵魂。△死者(ししゃ)の～/死人的灵魂。②精神。△作品(さくひん)に～を打(う)ちこむ/全神贯注于作品中。

たまじゃり⓪② 【玉じゃり】〔玉砂利〕大粒砂子。△～をしきつめ

る/铺满大粒砂子。

だま・す② 〔騙す〕(他五)①骗，欺骗。△キツネは人(ひと)を～/狐狸骗人。△女(おんな)を甘(あま)い言葉(ことば)で～/用甜言蜜语欺骗女人。②哄。△泣(な)く子(こ)を～/哄哭泣着的小孩。

たまたま⓪ 〔偶・偶偶〕(副)①偶尔。△～ふるさとの方言(ほうげん)を聞(き)く/偶尔听到故乡的方言。△～出会(であ)う人(ひと)/偶尔相遇的人。②偶然。△～通(とお)りかかる/碰巧路过。

たまに⓪ 〔偶に〕(副)偶尔，偶然，难得。△～映画(えいが)を見(み)る/偶尔看看电影。

たまねぎ③ 〔玉葱〕洋葱，葱头。

たまもの④ 〔賜物・賜〕①赏物。△天(てん)の～/天赐。②(好的)结果。△苦心(くしん)の～/呕心沥血的结果。

たまらな・い③⓪ 〔堪らない〕(形)难以忍受，…得不得了。△暑(あつ)くて～/热得不得了。

たまり⓪ 〔溜(ま)り〕①积存，积存地方。△水(みず)～/积水；积水的地方。②(相扑比赛)休息处。△力士(りきし)が～に入(はい)る/力士走进休息室。

たまりか・ねる⑤ 〔堪り兼ねる〕(自下一)难以容忍。△堪り兼ねて口(くち)を出(だ)す/忍不住终于插嘴说。

だまりこ・む④ 【黙り込む】(自五)沉默无语，保持沉默。△彼(かれ)は口(くち)をとじて黙り込んでいた/他闭着嘴一言不发。

たま・る③⓪ 〔堪る〕(自五)忍受，受得了(要求与否定或反说形式呼应使用)。△たまったもんじゃない/(那)不能忍受。△失敗(しっぱい)して～か/失败了那受得了吗(不能忍受)？

たま・る③⓪ 〔貯まる〕(自五)(钱财)增加，增多。△貯金(ちょきん)が～/存款增多。

たま・る③⓪ 〔溜まる〕(自五)①积存。△ごみが～/垃圾积存。②存留。△水(みず)が～/存水。

だま・る③ 【黙る】(自五)①沉默，不作声。②不予理睬，不问不管。△子供(こども)のけんかを黙って見(み)ている/旁观孩子吵架。

たまわ・る③ 【賜る・賜わる】(他五)①蒙赏赐。△ご教示(きょうじ)を～/蒙赐教。△言葉(ことば)を～/承赐言。②赐，赏赐。△ひまを～/赐假。

たみ① 【民】〈文〉人民，国民；臣民。△～の声(こえ)/人民的呼声。

ダム① [dam]水库。

たむ・ける③ 【手向ける】(他下一)上供，供献。△仏前(ぶつぜん)に花(はな)を～/把花供在佛前。

たむし⓪ 【田虫】顽癣，金钱癣。

ため② 〔為〕①利益，好处。△世(よ)の～、人(ひと)の～/社会的利益，个人的得失。②为了，目的。△生(い)きる～/为了生存。△念(ねん)の～に言っておく/为慎重起见，先说下来。③原因。△病

気(びょうき)の～欠席(けっせき)/因病缺席。④对…来说。△私(わたし)の～には、おじに当(あ)たる人(ひと)だ/对我来说算是叔叔。⇨せい表

だめ② 【駄目】(名・形动)①围棋盘上的空眼。△～を詰(つ)める/填空眼。◇～を押(お)す/ⅰ)填空眼。ⅱ)叮问，再次确认。②白费(劲)，无用。△いくら言(い)ったって～/怎么说也无用。③(表示禁止)不可以，不行。△笑(わら)っては～/不要笑。

ためいき③ 〔溜息〕(名・自サ)长吁短叹。△～が出(で)る/叹气。△～をつく/长叹一声。

ダメージ②① [damage]损坏，破坏，损伤。△～を受(う)ける/受到损害。

ためし③ 〔例〕先例，实例。△勝(か)った～がない/从未胜过。

ためし③ 【試(し)】试验，尝试。△ものは～だ/实践出真知。△～に買(か)う/试购。

ため・す② 【試す】〔験す〕(他五)试，试验。△力(ちから)を～/试一试力气。△母(はは)は包丁(ほうちょう)がうまく切(き)れるかどうか～/妈妈试试菜刀切切不动。⇨こころみる表

ためら・う③ 〔躊躇う〕(自五)踌躇，犹豫。△発言(はつげん)を～/踌躇不肯开口。

た・める③⓪ 〔溜める〕(他下一)①积存，积。△池(いけ)に雨水(あまみず)を～/池中积着雨水。②积压，停滞。△家賃(やちん)を三(さん)か月(げつ)分(ぶん)ためている/积了3个月的房租(未交)。△宿題(しゅくだい)を～/拖延(交)作业。

た・める③⓪ 〔貯める〕(他下一)积攒。△お金(かね)を～/攒钱。△切手(きって)を～/攒邮票。

ためん⓪ 【他面】(名・副)①另一方面。②从另一方面来看。

たもくてき② 【多目的】多用途，多功能。△～ホール/多功能(会议)厅。

たも・つ② 【保つ】(他五)①维持。△安定(あんてい)を～/维持安定。②保持。△つりあいを～/保持平衡。△若(わか)さを～/永葆青春。③守，保。△城(しろ)を～/守城。

たもと③ 【袂】①(和服的)袖子，袖兜。②(山、桥等的)旁边。△山(やま)の～/山脚下。

たや・す② 【絶やす】(他五)①根绝，绝灭。△跡(あと)を～/绝迹。②熄灭。△いろりの火(ひ)を～/熄灭地炉的火。

たやす・い③ 〔容易い〕(形)容易。△～仕事(しごと)/简单的工作。

	～問題	～解ける問題	～説明	～はない事態
たやすい	○	-く○	×	×
容易	-な○	-に○	×	-で○
易しい	○	×	○	×

たゆみ⓪③ 〔弛み〕松弛，松懈。△～ない努力(どりょく)/不懈的努力。

たゆ・む② 〔弛む〕(自五)松弛，松懈，松缓。△たゆまぬ努力(どりょく)をする～/进行不懈的努力。

たよう⓪【多用】Ⅰ（名・形动）事情多,繁忙。△御(ご)~のところ,お手数(てすう)をかけてすみません/在繁忙的时候麻烦您真对不起。Ⅱ（名・他サ）用得很多。△漢字(かんじ)を~する/使用许多汉字。

たよう⓪【多様】（形动）各式各样。△多種(たしゅ)~/多种多样。

たより①【便り】①信,音讯,消息。②线索。③〈文〉方便。△交通(こうつう)の~がよい/交通十分方便。

たよりない④【頼り無い】（形）①无依靠。△~身(み)のうえだ/无依无靠的处境。②靠不住,不可靠,没把握。△~返事(へんじ)/不可靠的答复。△~英語(えいご)/没把握的英语。△~人間(にんげん)/靠不住的人。

たよ・る②【頼る】（自五）依赖,仰仗。△地図(ちず)を頼って山道(やまみち)を行(い)く/靠地图走山路。△杖(つえ)を頼って歩(ある)く/靠拄着拐杖走路。

たら（助动）①（表示假设）如果…。△むこうに着(つ)いたら、知(し)らせてください/到了那边,请通知我。②表示遇到某种情况或状态。△外(そと)へ出(で)~雨(あめ)だった/出去一看,在下雨。

だらく⓪【堕落】（名・自サ）①身败名裂。②堕落,走下坡路。

-だらけ（接尾）（直接接名词下构成名词或形容动词）满是,全都是。△ごみ~/到处是垃圾。△泥(どろ)~/满身是泥。△借金(しゃっきん)~/满身的债。

だらしな・い④（形）散慢,邋遢。△~着(き)かた/衣冠不整齐。

た・らす②【垂らす】（他五）①垂,吊。△幕(まく)を~/放下幕。②（液体）滴,流。△よだれを~/垂涎。流口水。⇨つるす表

たらず【足らず】（接尾）①（接数量词下）不足。△一年(いちねん)~/不足一年。△千円(せんえん)~のこづかい/不足1000日元的零用钱。②（接名词下）不充分。△舌(した)~/口齿不清。△月(つき)~で生(う)まれる/不足月就出生了。

たらたら①（副）①（血、汗等）滴滴答答地。△汗(あせ)が~と流(なが)れる/汗水滴滴答答往下淌。②唠叨不休。△不平(ふへい)~/满口牢骚,牢骚不断。

だらだら①（副）①（是"たらたら"的强调说法）（血、汗等）滴滴答答地。△血(ち)が~と流(なが)れる/血流不止。②坡度平缓而长。△~坂(さか)/长长的缓坡。③冗长,不简练,没完没了地。△~した文章(ぶんしょう)/冗长的文章。

たり（接助）（接用言连用形下）①（列举）又…又…。△見(み)~聞(き)い~/又看又听。②（交替进行）忽…忽…,时而…时而…。△寒(さむ)かっ~暑(あつ)かっ~の天気(てんき)/忽冷忽热的天气。③（例示）什么的。△散歩(さんぽ)し~して時(とき)をすごす/散散步什么的消磨时光。

たりょう⓪【多量】(名・形动)〈文〉数量多，大量。△出血(しゅっけつ)〜/大量出血。

	〜の入荷があある	〜の睡眠薬を飲む	〜の兵を投入する	出血〜	〜生産
多量	○	○	×	○	×
大量	○	△	○	×	○

た・りる③⓪【足りる】(自上一)①够，足。△これだけあれば1週間分(いっしゅうかんぶん)の食料(しょくりょう)に〜/有了这些足够吃一周的。△睡眠(すいみん)が足りない/睡眠不足。②值得，足以。△あいつは信頼(しんらい)するに〜/那小子还信得过。

たる⓪②〔樽〕木桶。△酒(さけ)〜/酒桶。

た・る⓪【足る】(自五)(→足りる)①足，足够。②满足。③值得。

だる・い②〔怠い〕(形)无力气，懒倦。△体(からだ)が〜/全身无力。

だるま③⓪〔達磨〕①达摩佛。②不倒翁。

たるみ⓪〔弛み〕松弛，松懈。△肌(はだ)の〜を防(ふせ)ぐ/防止皮肤松弛。

たる・む③⓪〔弛む〕(自五)①松弛。△電線(でんせん)が〜/电线松了。②下沉，下弯。△床板(ゆかいた)が〜/地板沉了。

	ひもが〜	電線が〜	ねじが〜	精神が〜	皮膚が〜	寒さが〜
たるむ	○	○	×	○	○	×
緩む	○	×	○	○	×	○

だれ①〔誰〕(代)谁。

だれか①〔誰か〕(词组)谁，有人，某人。△〜来(き)たようだ/好像有人来了。

だれかれ①〔誰彼〕各人，某人和某人。△〜なしに/不论是谁。

たれこ・める④⑤⓪【垂れ込める】〔垂れ籠める〕(自下一)(云、雾)密布。△黒雲(くろくも)が〜/黑云压城。

たれさが・る④⑤⓪【垂(れ)下(が)る】(自五)下垂，耷拉。△ベルトが垂れ下がっている/带子耷拉下来。

た・れる②【垂れる】Ⅰ(自下一)①下垂，垂悬。△目(め)じりが〜/搭拉眼角。△枝(えだ)が〜/树枝下垂。②滴(落)。△水滴(すいてき)が〜/滴水。Ⅱ(他下一)垂，示范。△名(な)を〜/垂名。△範を(はん)を〜/垂范，示范。

タレント⓪[talent]①才能，才干。②(在电视、广播里)受欢迎的演员、歌唱家、广播员。

たろう①〔太郎〕①长子。②最优秀的，最大的。△坂東(ばんどう)〜/利根川的别称。

だろう(助动)(助动词"だ"的未然形)①(表示推测)"…吧。"△雨(あめ)が降(ふ)る〜/要下雨吧？②用于确认、反问、提问。△だれがそんなことを言(い)う〜か/谁会说那种话呢？

タワー①[tower]塔。△東京(とうきょう)〜/东京塔。

たわいな・い④〔たわい無い〕(形)①天真，没头脑。△〜子供(こども)/天真的小孩。②无聊。△〜話(はなし)/废话。③简单，容易。△〜負(ま)け方(かた)/轻易输掉。△たわいなく寝入(ねい)ってし

まった/不一会儿就睡熟了。

たわごと⓪〔戯言〕蠢话，胡说。

たわ・む②〔撓む〕(自五)(树枝等)弯曲。△枝(えだ)も～ばかりに実(み)がなる/果实丰硕压弯了树枝。⇒しなう表

たわむれ⓪④【戯れ】①戏耍，玩耍。△～をする/恶作剧，淘气。②玩笑，戏言。△～を言(い)う/开玩笑。

たわむ・れる④【戯れる】(自下一)①玩耍，游戏。②开玩笑。

たわら③⓪【俵】草袋，稻草包。

たん⓪①〔痰〕痰。△～を吐(は)く/吐痰。

たん-【単】(接头)单一，单…。△～細胞(さいぼう)/单细胞。

たん-【短】(接头)△～時間(じかん)/短时间。

だん①【段】①楼梯。△～を駆(か)け登(のぼ)る/跑上楼梯。②点，条款(书信用语)。③(柔道、剑道、围棋等的)段，级。

だん①〔壇〕坛，台。△～に上(あ)がる/上台，登讲坛。

-だん【団】(接尾)团体，…团。△代表(だいひょう)～/代表团。

だんあつ⓪【弾圧】(名・他サ)镇压，压制。△～をこうむる/遭到镇压。

たんい①【単位】①(计数)单位。②(基层组织)单位。③(学校里的)学分。

たんいつ⓪【単一】(名・形动)①单一，单独。△～行動(こうどう)/单独行动。②(结构)简单。△～な組織(そしき)/简单的组织。

だんいん⓪【団員】团员，团体的成员。

たんか①【担架】担架。

たんか①【単価】(商品)单价。

たんか①【短歌】(日本诗歌形式)短歌。

タンカー①[tanker]油轮，油轮。

だんかい⓪【段階】①等级。△～を分(わ)ける/划分等级。△～をつける/定等级。②步骤，阶段。△～を経(へ)た解決策(かいけつさく)/循序渐进，一步一步解决。

だんがん⓪【弾丸】子弹。

たんき①【短気】(名・形动)性急，没耐性。△～な人(ひと)/急性子。◇～は損気(そんき)/急性子吃亏。

	～な人	すぐかっとなる～な性格	～を起こす	～でやいのやいのと人をせかせる	あの～めが
短気	○	○	○	×	×
気短	○	○	×	○	×
せっかち	○	×	×	×	○

たんき①【短期】短期。△～決戦(けっせん)/短时间决战。△～大学(だいがく)/(二、三年制)短期大学。

たんきゅう⓪【探求】(名・他サ)寻求，探求。△平和(へいわ)の～/寻求和平。

たんきゅう⓪【探究】(名・他サ)探讨，研究。△真理(しんり)の～/真理的探索。

タンク①[tank]①罐，筒，箱。△ガス～/储气罐。②坦克。

だんけつ⓪【団結】(名・自サ)团结。△～権(けん)/工人建立工会的权利。

たんけん⓪【探検・探険】(名・他サ)探险。△～隊(たい)/探险队。

だんげん③【断言】(名・自他サ)断言，断定。△実験(じっけん)が成功(せいこう)するか失敗(しっぱい)するか，どちらとも～はできない/实验成败如何尚不能断言。

たんご⓪【単語】单词。

たんご①【端午】端午，端阳。△～の節句(せっく)/端午节。

だんこ①【断固】(形动タルト)断然，决然。△～として拒否(きょひ)する/断然拒绝。△～たる態度(たいど)/断然的态度。

だんご⓪【団子】江米面团子。△肉(にく)～/肉丸。

たんこう⓪【炭鉱】煤矿。

だんこう⓪【断行】(名・他サ)坚决实行。△値下(ねさ)げを～する/断然决定降价。

たんこうぼん⓪【単行本】(书刊的)单行本。

たんさく⓪【探索】(名・他サ)搜索，搜寻。△犯人(はんにん)を～する/搜索犯人。⇨そうさく 表

たんざく⓪④③【短冊】①长条诗笺，长条纸。△～に句(く)を書(か)く/在诗笺上写诗句。②长方形。△大根(だいこん)を～に切(き)る/把萝卜切成长方形。

たんさん⓪【炭酸】碳酸。△～ガス/碳酸气。△～カルシウム/碳酸钙。△～水(すい)/汽水。△～ソーダ/苏打。

だんし①【男子】男孩子；男子，男子汉。△～学生(がくせい)/男学生。

だんじて①④⓪【断じて】(副)①一定，绝对。△きみの言(い)っていることは筋(すじ)が通(とお)っていない，～おかしい/你说的不合理，绝对不恰当。△～やりとげる/决心干到底。②决(不)。△～許(ゆる)さない/决不允许。△～作戦(さくせん)を変(か)えるつもりはない/决不改变战术。

たんじゅう⓪【胆汁】胆汁。

たんじゅう⓪【短銃】手枪。

たんしゅく⓪【短縮】(名・自他サ)缩短，缩减。△操業(そうぎょう)～/(因生产过剩)缩短工作时间。

たんじゅん⓪【単純】(名・形动)①纯，纯一，单一。△～な色(いろ)/单一色彩。②简单，单纯。△～な計算(けいさん)/简单的计算。

たんしょ①【短所】短处，缺点。

たんしょ①【端緒】〈文〉头绪，开端。△解決(かいけつ)の～をつかむ/抓住解决问题的头绪。

だんじょ①【男女】男女。△～同権(どうけん)/男女同权。

たんじょう⓪【誕生】(名・自サ)诞生，出生。△～日(び)/生日。

	日蓮～の地	長男が～する	新会社が～する	～の知れない人	漱石～百年の催し
誕生	○	○	○	×	○
出生	○	○	×	○	×
生誕	○	×	×	×	○

たんしん⓪【単身】单身，只身。△～上京(じょうきょう)する/只身去东京。

たんす⓪〔箪笥〕衣橱，衣柜。

ダンス①[dance]舞蹈，跳舞。△～パーティー/舞会。△～ホール/舞厅。

たんすい⓪【淡水】淡水。△～湖(こ)/淡水湖。

だんすい⓪【断水】(名・他サ)断水，停水。

たんすいかぶつ⑤【炭水化物】碳水化合物。

たんすう③【単数】①単数。②(语法)単数。

たんせい⓪①【丹精】(名・自サ)精心，尽心。△～して育(そだ)てた盆栽(ぼんさい)/精心培育的盆栽。

たんせい①【端正】(名・形动)端正，端庄。△～な顔(かお)だち/容貌端庄。

だんせい⓪【男性】男性。△～美(び)/男性美。

だんせいてき⓪【男性的】男性的。

たんせき①⓪【胆石】胆石，胆结石。

だんぜつ⓪【断絶】(名・自他サ)①绝，绝灭。△血統(けっとう)が～する/血统断了。②断絶。△国交(こっこう)を～する/断絶国交。

だんぜん⓪【断然】(形动)①断然，决然。△～断(ことわ)る/断然拒绝。②绝对。△～強(つよ)い/绝对坚固。

たんそ①【炭素】(化学)炭。△～を含(ふく)む/含炭。

だんそう⓪【断層】①(地壳变动引起的)断层。②(想法、意见的)分歧，差异。△世代(せだい)の～/代沟，两代人的隔阂。

だんそんじょひ⑤【男尊女卑】男尊女卑。

たんそく⓪【歎息】〔嘆息〕(名・自サ)叹息。△～をもらす/叹息。

たんだい⓪【短大】(学制2～3年的)短期大学。

だんたい⓪【団体】集体，団体。

たんたん⓪〔坦坦〕(形动タルト)〈文〉①平坦。△～とした平野(へいや)/平坦的原野。②平穏，顺利。△～とした試合運(しあいはこ)び/比赛进展顺利。

たんたん⓪【淡淡】(形动タルト)淡漠，淡泊，漠不关心。△～たる心境(しんきょう)/淡泊的心境。

だんだん【段段】Ⅰ①(名)①〈俗〉楼梯。②一条条，一桩桩。Ⅱ③⓪(副)逐渐，渐渐。△病気(びょうき)が～よくなる/病渐渐好转。

だんち⓪【団地】①住宅区，小区。②工厂区。③(设施)农业基地。

だんちがい③【段違(い)】(名・形动)①(程度、能力等)相差太远，悬殊。△～の実力(じつりょく)/悬殊的实力。②高度不同。△～平行棒(へいこうぼう)/高低杠。

たんちょう⓪【単調】(形动)单调，平淡无味。△～な生活(せいかつ)/乏味的生活。

だんちょう⓪【団長】(代表団等的)团长。

だんてい⓪【断定】(名・他サ)断定，判断。△犯人(はんにん)と～

する/断定为犯人。

たんてき⓪① 【端的】（形动）①直率，直截了当。△～な表現(ひょうげん)/直率表现。②立刻，眼看。△効果(こうか)が～に現(あらわ)れる/立见效果。

たんとう⓪ 【担当】（名・他サ）担当，担负，担任。△手術(しゅじゅつ)を～する/主刀，担负手术。

たんどく⓪ 【単独】（名・形动）单独，独自。△～で行(い)く/单独去。

だんどり⓪④③ 【段取り】（事情的）安排，顺序，步骤。

	式の～を決める	引っ越しの～をする	事を～よく進める	まだ発売の～にならない	出発の～を整える
段取り	○	○	×	○	×
手順	○	×	○	×	×
手はず	○	○	×	×	○

だんな⓪ 〔旦那・檀那〕①(佛教)施主。②(店的)掌柜，主人。③(称自己或他人的丈夫)丈夫。

たんなる① 【単なる】（连体）只，仅仅是。△それは～うわさにすぎない/那只不过是传言罢了。

たんに① 【単に】（副）（下接"だけ"、"のみ"）仅，只。△～それだけの問題(もんだい)ではない/不只是这个问题。

たんにん⓪ 【担任】（名・他サ）担任，担当。△～教師(きょうし)/班主任。

たんねん① 【丹念】（形动）精心，细心。△～な仕上(しあ)げ/精心润饰。

だんねん③⓪ 【断念】（名・他サ）断念，死心，放弃。△計画(けいかく)を～する/放弃计划。

たんのう⓪ 【胆のう】〔胆嚢〕胆囊。

たんのう⓪ 〔堪能〕Ⅰ（名・自サ）十分满足。△酒(さけ)に～する/酒喝足了。Ⅱ（形动）（技能）熟练，擅长，长于，精通。△ピアノに～である/擅长弹钢琴。

たんぱ① 【短波】短波。△～放送(ほうそう)/短波广播。

たんぱく① 【淡泊・淡白】（形动）①(色彩、味道)淡。△～な味(あじ)/味淡。②冷淡，恬淡，淡泊。

たんぱくしつ④ 【蛋白質】蛋白质。

ダンピング⓪① [dumping]①倾销。②大甩卖，大减价。

ダンプ① [dump]翻斗车。

たんぶん⓪ 【短文】短句，短文。△～を作(つく)る/造句子。

たんぺん⓪ 【短編】短篇(小说)。

だんぺん③⓪ 【断片】片段，部分。△学生生活(がくせいせいかつ)の～/学生生活的片断。△～的(てき)な資料(しりょう)/片断的资料。

たんぼ⓪ 〔田圃〕水田。田地。

たんぽ① 【担保】抵押。△～を入(い)れる/交抵押。△家屋(かおく)を～に入(い)れる/将房产作抵押。

たんぼう⓪ 【探訪】（名・他サ）探访，采访。

だんぼう⓪ 【暖房】〔煖房〕取暖，取暖设备。

だんボール③ 【段ボール】[―board]①瓦楞纸。②瓦楞纸箱。

たんぽぽ① 〔蒲公英〕蒲公英。

だんめん③ 【断面】断面，截面，剖面。△～図(ず)/剖視図。

だんゆう⓪ 【男優】男演员。

たんらく⓪ 【短絡】(名・自他サ) ①(电)短路，短接。②简单的判断，武断。△～的(てき)発想(はっそう)/过于简单的想法。

だんらく⓪ 【段落】①(文章、谈话等)段落。△～に分(わ)ける/分成段落。②(告一)段落。

だんらん⓪ 【団らん】〔団欒〕(名・自サ)团圆，团聚。△一家(いっか)～の楽(たの)しみ/全家团圆之乐。

だんりょく⓪① 【弾力】①弹力，弹性。△～に富(と)む/弹性好。②灵活性。△規則(きそく)が厳(きび)しすぎると、嫌気(いやけ)がさすから、適用(てきよう)には少(すこ)し～をもたせるようにしよう/规则太死，会感到厌烦，还是适当增加灵活性吧。

たんれい⓪ 【端麗】(名・形动)端庄秀丽。△容姿(ようし)～/姿容端庄秀丽。

たんれん① 【鍛練・鍛錬】(名・他サ)锻炼(身心)。△日(ひ)ごろから～を重(かさ)ねていれば、年(とし)を取(と)っても足(あし)が弱(よわ)らない/平时不间断地锻炼，上了年纪也腿脚硬朗。

だんろ① 【暖炉】火炉，壁炉。△～を囲(かこ)む/围在炉旁。

だんわ⓪ 【談話】(名・自サ)谈话。△～室(しつ)/谈话室。

ち チ

ち① 【地】①地。△不毛(ふもう)の〜/不毛之地。②土地。△外国(がいこく)の〜を踏(ふ)む/踏上外国的土地。③地方。△永住(えいじゅう)の〜/久住的地方。④地势。△〜の利(り)/地势之利。◇〜に落(お)ちる/(威信、名声等)衰落。△彼(かれ)の威望(いぼう)が〜に落ちた/他的威信扫地了。◇〜に塗(まみ)れる/(一败)涂地。△一败(いっぱい)に塗れる/一败涂地。◇〜を掃(はら)う/(名声等)完全丧失。△信用(しんよう)〜を掃う/信用扫地。

ち⓪ 【血】①血。△〜が出(で)る/冒血，流血。②血统。△彼(かれ)と〜がつながっている/跟他有血缘关系。③血脉。④人情味。◇〜が通(かよ)う/通人情。◇〜が沸(わ)く/热血沸腾，激昂。◇〜で〜を洗(あら)う/ⅰ)以血洗血。ⅱ)骨肉相残。◇〜と汗(あせ)の結晶(けっしょう)/辛勤劳动的成果。◇〜の出(で)るような金(かね)/命根似的钱。◇〜も涙(なみだ)もない/冷酷无情。◇〜沸(わ)き肉(にく)躍(おど)る/摩拳擦掌。跃跃欲试。◇〜を吐(は)く思(おも)い/沉痛，痛心。◇〜を見(み)る/(因斗争)发生伤亡。◇〜を分(わ)ける/至亲骨肉。有血缘关系。△彼(かれ)らは〜を分けた兄弟(きょうだい)だ/他们是亲兄弟。

ち① 【知】〔智〕①明智，理智。②智慧，智力，知识。△〜を磨(みが)く/磨练智慧。

ち① 【乳】①乳，奶。△〜飲(の)み子(ご)/乳儿，吃奶的孩子。△〜ばなれ/(婴儿)断奶。②乳房。③(旗、幕布上用以穿绳的)小环。△旗(はた)の〜/旗上的环子。④(吊钟表面呈现的乳头状)小突起，疙瘩。

チアノーゼ③ 〔德 zyanose〕(因缺氧，嘴唇、指甲等)发绀，青紫。

ちあん⓪ 【治安】治安。△社会(しゃかい)の〜/社会的治安。〜が乱(みだ)れる/治安混乱。△〜を維持(いじ)する/维持治安。

ちい① 【地位】①地位。△重要(じゅうよう)な〜につく/居重要的地位。②级别。△〜の高(たか)い人(ひと)/级别高的人。③身份。△教師(きょうし)の〜/教师身份。

ちいき① 【地域】地域，地区。△〜の代表(だいひょう)/地区代表。

ちいく① 【知育】智育。

チークダンス④ [cheek dance]贴面舞。

ちいさ・い③ 【小さい】(形)①(体积、面积、身长、规模等)小。△〜部屋(へや)/小房间。△背(せ)が〜/小个子。②(数量、程度等)

微少。△利(り)が～/利很小。△損害(そんがい)が～/损失轻微。③(声音等)低弱。△～声(こえ)で話(はな)す/低声说话。④(年龄)幼小。△～子供(こども)/幼小的孩子。⑤(度量、器量等)狭小。△肝(きも)ったまが～/胆子小。△心(こころ)の～人(ひと)/心胸狭隘的人。

ちいさな① 【小さな】(连体)小的。△～家(いえ)/小房子。

チーズ① [cheese]干酪，奶酪。

チーフ① [chief]负责人，主任，首长。

チープ① [cheap]廉价，便宜。△～・レーバー/廉价劳动。△～・マネー/低息借款。

チーム① [team]①(運動)隊。△野球(やきゅう)の～を作(つく)る/组建棒球队。②小组。△プロジェクト～/课题研究小组。计划推进小组。

チームワーク④ [teamwork](团队内的)协作，默契，配合。△～が取(と)れている/(队员之间)配合得好。

ちいん⓪ 【知音】①知音，知己，知心朋友。△得(え)がたき～/难得的知心朋友。②熟人，相识。

ちえ② 【知恵】〔智慧〕①智慧。△～が付(つ)く/长智慧。②主意。△よい～が浮(う)かぶ/想出好主意。◇～をつける/给(人)出主意，唆使。△悪(わる)～(ぢえ)をつける/给人出坏点子。唆使人干坏事。◇無(な)い～をしぼる/绞尽脑汁。

チェーン① [chain]①链子。△自転車(じてんしゃ)の～/自行车的链子。△タイヤ～/轮胎防滑链，胎链。②链(长度单位，约合21.12米)。③("～ストア"之略)联营商店，连锁店。

チェック① [check]Ⅰ(名)①支票。△トラベラーズ～/旅行支票。②(衣料的)方格花纹。△～のスカート/方格花纹裙。Ⅱ(名・他サ)①打记号(通常用"√")。△念(ねん)のため～しておく/为了慎重而打上"√"号。②检验。△～を受(う)ける/受到检验。③核对。Ⅲ(名・自サ)(国际象棋)将军。

ちえば② 【知恵歯】智齿。

ちえん⓪ 【遅延】(名・自サ)延迟，延误，误点。△～することなく/毫不拖延。

チェリスト② [cellist]大提琴演奏家。

チェロ① [cello]大提琴。

チェンジ① [change] (名・自他サ)①兑换，交换。△千円札(せんえんさつ)を小銭(こぜに)にする/把1千日元的纸币换成零钱。②(网球等)交换(场地)。

ちか①② 【地下】①地下。△～資源(しげん)/地下资源。②阴间，地下。△～に眠(ねむ)る/长眠于地下。③秘密地方，地下。△～組織(そしき)をつくる/建立地下组织。△～にもぐる/潜入地下。

ちか①② 【地価】地价，土地价格。△～が下(さ)がる/地价下跌。

ちか・い② 【近い】(形)①(时间或距离)近，接近，靠近。△～将

- **ちかい** 来(しょうらい)/不久的将来。△駅(えき)はここから～/车站离这儿很近。△その工事(こうじ)はもう完成(かんせい)に～/该项工程已接近完成。△海(うみ)に～都市(とし)/靠近海的城市。②血统近。△～親戚(しんせき)/近亲。③(关系)亲近，密切。△～間柄(あいだがら)/关系密切。④近似，相似。△猿(さる)は人間(にんげん)に～/猿猴近似人。⑤近视。△目(め)が～/眼睛近视。

- **ちかい**⓪【誓い】誓，誓言，盟誓。△～を立(た)てる/发誓。△～に背(そむ)いてはいけない/不可违背誓言。

- **ちがい**⓪【違い】不同，差别，差异。△～がある/有差别。

- **ちか・う**③②【誓う】(他五)起誓，发誓，宣誓。△心(こころ)に～/内心里发誓。△かたく～/海誓山盟。△禁煙(きんえん)を～/立誓戒烟。

- **ちが・う**③⓪【違う】(自五)①差异，不同。△親子(おやこ)ほど年(とし)が～/年龄相差有如父子。②错误。△答(こた)えが違っている/答的不对。③不正常。△気(き)が～/发疯。④扭(筋)，错(骨缝)。△筋(すじ)が～/扭筋。⑤不符。△約束(やくそく)と～/和原约不符。

	各人の意見が～	それで は約束が～ぞ	AB 二つの～た地点	案に～て一匹も釣れない
違う	○	○	-っ○	×
異なる	○	×	-っ○	×
相違する	○	×	×	-し○

- **ちが・える**④⓪【違える】(他下一)①使不同。△表(おもて)と裏(うら)で色(いろ)を～/使表里颜色有所不同。②更改，改变。△道(みち)を違えて行(い)く/改路而行。③搞错。△場所(ばしょ)を～/搞错地方。△書(か)き～/写错。④挑拨离间。△二人(ふたり)の仲(なか)を～/离间两个人的关系。⑤交错，交叉。△紐(ひも)を十字(じゅうじ)に違えて結(むす)ぶ/把带子系成十字形。⑥扭(筋)，错(骨缝)。△首(くび)の筋(すじ)を違えた/扭了脖筋(落枕了)。

- **ちかがい**②【地下街】地下商店街。

- **ちかく**⓪【地核】地心。

- **ちかく**⓪【地殻】地壳。△～変動(へんどう)/地壳变动。

- **ちかく**⓪【知覚】(名・他サ)①(五官的)知觉，感觉。△～麻痺(まひ)/知觉麻痹。△～神経(しんけい)/感觉神经。②觉察，认识。△外界(がいかい)の事物(じぶつ)を～する/认识外界的事物。

- **ちかく**②①〔近く〕Ⅰ(名)①附近，近处。△～を通(とお)る/从附近通过。②(接在数词之后，表示接近该数)将近，快…了。△大学(だいがく)を卒業(そつぎょう)してからもう二年(にねん)～になる/大学毕业快两年了。Ⅱ(副)近日，不久，即将。△～発表(はっぴょう)することになる/定于近日发表。

- **ちかごろ**②〔近頃〕最近，近几天。△つい～の事(こと)です/就是近几天的事情。△～は忙(いそが)し

くてならないんです/近些日子忙得很。⇒さいきん表

ちかしげん③【地下資源】地下资源。△中国(ちゅうごく)は石油(せきゆ)、石炭(せきたん)などの～に恵(めぐ)まれている/中国富有石油、煤炭等地下资源。

ちかしつ②【地下室】地下室。

ちかすい②【地下水】地下水。

ちかちか①②（副・自サ）①闪烁，闪闪发光。△星(ほし)が～光(ひか)る/星光闪烁。②晃眼，刺眼。△目(め)が～する/（光线太强）刺眼睛。

ちかぢか②⓪【近近】（副）最近，近日，过几天。△～結婚式(けっこんしき)を挙(あ)げる/近日举行结婚仪式。

ちかづ・く③【近付く】（自五）①（距离）靠近。△船(ふね)がだんだん岸(きし)に～/船渐渐靠岸。②（时间）临近。△終(お)わりに～/接近尾声。△試験(しけん)が近付いてきた/考期临近了。③（关系）亲近，接近。△あの人(ひと)にはあまり近付かない方(ほう)がいいよ/最好跟他少接近。④（程度）接近。△日本人(にほんじん)の生活水準(せいかつすいじゅん)は世界(せかい)の水準(すいじゅん)に近付いた/日本人的生活水平接近了世界水平。

	警官が～て来る	目的地が～	悪い友達には～な	互いに半歩～なさい	夏が～
近づく	-い○	○	○	×	○
近寄る	-っ○	×	○	-り○	×

ちかづ・ける④【近付ける】（他下一）①使接近，使靠近。△本(ほん)に目(め)を近付けて読(よ)む/眼睛离书很近地阅读。②使亲近。

ちかてつ⓪【地下鉄】（"地下铁道"之略）地下铁道，地铁。

ちかどう②【地下道】①地下道路，地道。②坑道。

ちかまわり③【近回り】（名・自サ）①走近道，抄近道。△～して先(さき)につく/走近路先到。②附近，近处。

ちかみち②【近道】①近道。△駅(えき)への～/通向(火)车站的近道。△～をとる/走近道。②捷径。△コーチの指導(しどう)に従(したが)って練習(れんしゅう)を続(つづ)けることが上達(じょうたつ)への～だ/听从教练的指导坚持练习，这才是(技术)长进的捷径。

ちかめ②【近目】①近视眼。②肤浅，目光短浅。

ちかよ・せる④【近寄せる】（他下一）使接近，使靠近。△目(め)を近寄せて見(み)る/把眼睛贴近了看。

ちかよ・る③④【近寄る】（自五）①靠近，接近。△あぶないから～な/危险，不要靠近！②亲近，接近。△不良(ふりょう)には近寄らない方(ほう)がいい/最好不要接近坏人。⇒ちかづく表

ちから③【力】①力，劲头。△～が強(つよ)い/力量大。△もっと～を入(い)れなさい/再加一把劲。②能力。△日本語(にほんご)の会

話(かいわ)の〜を養(やしな)う/培养日语会话的能力。③效力,作用。△薬(くすり)の〜/药的效力。△金(かね)の〜/金钱的作用。

ちからいっぱい④【力一杯】(副)竭尽全力。△〜叫(さけ)ぶ/竭尽全力地呼喊。

ちからづよ・い⑤【力強い】(形)①强有力。△方言(ほうげん)は素朴(そぼく)で〜言葉(ことば)だ/方言是一种朴实而强有力的语言。②有信心,有仗恃。△君(きみ)が来(き)てくれたので力強く感(かん)じている/因为你来了,所以(我的)胆子就壮起来了。

ちからもち③⓪【力持ち】大力士,身强力壮的人。

ちかん⓪【痴漢】①痴汉,傻子。②调戏妇女的流氓。

ちかん⓪【置換】(名・他サ)置换,调换,取代。△AでBを〜する/用A代B。

ちき①②【知己】①知己。△〜になる/成为知己。△〜を得(え)る/遇到知己。②熟人。

ちき①⓪【稚気】〈文〉稚气,孩子气。△〜満満(まんまん)/满脸稚气。

ちきゅう⓪【地球】地球。△〜儀(ぎ)/地球仪。

ちぎり③⓪【契(り)】〈文〉①相约,盟约,契约。△〜を結(むす)ぶ/缔约。②婚约。△夫婦(ふうふ)の〜を結(むす)ぶ/结为夫妇。

ちぎ・る②【契る】(他五)(男女)盟誓,誓约。△末永(すえなが)く変(か)わらずと〜/发誓永不变心。△固(かた)く契った恋人(こいびと)/海誓山盟的情人。

ちぎ・る②【千切る】(他五)①撕碎,捎碎。△試合(しあい)の応援(おうえん)に使(つか)うために紙(かみ)を千切って紙吹雪(かみふぶき)を作(つく)っている/为了用于声援比赛而把纸撕碎成雪花般的纸屑。△パンを千切って食(た)べる/把面包撕成小块吃。②切成小段(块)。③摘下,捎下。△桃(もも)を〜/摘桃子。△花(はな)を〜/捎花。

ちぎ・れる③【千切れる】(自下一)①碎,破碎。△雲(くも)が〜/碎云,断云。②被撕下,被揪掉。△袖(そで)が〜/袖子被撕掉了。

チキン②①[chicken]鸡肉。

ちく①②【地区】地区。△風致(ふうち)〜/风景区。

ちぐう⓪【知遇】〈文〉知遇,受到赏识或重用。△〜を得(え)る/得到知遇。

ちぐさ①【千草】①各种草,百草。②浅绿色。△〜の裏(うら)/浅色的里子。

ちくさん⓪【畜産】畜产。△農家(のうか)の〜を奨励(しょうれい)する/奖励农民饲养牲畜。

ちくじ①②【逐次】(副)逐次,依次,逐步。△〜発表(はっぴょう)する/依次发表。

ちくしょう③【畜生】①畜类,畜生。△〜にも劣(おと)る/连畜生都不如。②〈骂〉混蛋,他妈的。△〜、おぼえていろ/他妈的,走

着瞧!

ちくせき⓪【蓄積】(名・他サ)积蓄,积累,储备。△力(ちから)を～する/积蓄力量。△資本(しほん)を～する/积累资本。

ちくでん⓪【蓄電】(名・自サ)蓄电。△～器(き)/蓄电器,电容器。△～池(ち)/蓄电池。

ちくねん⓪【逐年】(名・副)〈文〉逐年。年年。

ちくのうしょう⓪〔蓄膿症〕蓄脓症(多指化脓性副鼻窦炎)。

ちぐはぐ⓪②(名・形动)①(应当成双成对的东西)不成双,不成对,不一致。△～な靴下(くつした)/不成双的袜子。②(事物)不协调,不对路。△話(はなし)が～になる/话说得不对路。

ちくび⓪②【乳首】①奶头。②(婴儿叼的)橡皮奶嘴。

ちくわ⓪【竹輪】(把搅碎的鱼肉通过烤或蒸做成的)圆筒状鱼糕。

ちけい⓪【地形】地形,地势。△～図(ず)/地形图。△～がいりくむ/地形复杂。

チケット①②[ticket]票,券(指车船票、入场券、购货券、就餐券等)。

ちけん⓪【知見】①见识,知识。△～を広(ひろ)める/增长见识。②想法,见解,意见。△～を異(こと)にする/见解不同。

ちこう①②⓪【知行】知行,知识与行为,知与行。△～合一(ごうい っ)/知行合一。

ちこう⓪【治効】治疗的效果。

ちこう⓪【遅効】迟效。△～性(せい)肥料(ひりょう)/迟效性肥料。

ちこく⓪【遅刻】(名・自サ)迟到。△～して済(す)みません/对不起,迟到了。△急(いそ)がないと～だぞ/不快些走可就迟到了!

ちし①【致死】致死。△過失(かしつ)～/过失致死。

ちじ①【知事】①知事(日本都、道、府、县的长官)。②(管理寺院杂事和庶务的)执事僧。

ちしき①【知識】知识。△～人(じん)/知识分子。△科学の～を普及(ふきゅう)させる/普及科学知识。△博士(はかせ)の講義(こうぎ)はぼくたちに新(あたら)しい～を与(あた)えてくれた/博士讲的课给了我们以新的知识。

ちしつ⓪【地質】地质。△～学(がく)/地质学。△～調査(ちょうさ)をする/进行地质调查。

ちしゃ①【知者】〈文〉①智者,聪明人,足智多谋者。②学识渊博者,精通(某事)者。△歴史方面(れきしほうめん)の～/精通历史的人。③(有学问的)高僧。◇～も千慮(せんりょ)に一失(いっしつ)/智者千虑必有一失。聪明一世,糊涂一时。

ちじょう⓪【地上】①地上,地面。△岩(いわ)が～に露出(ろしゅつ)している/岩石露出地面。②人世,人间。△～の楽園(らくえん)/人间乐园。

ちじょく⓪【恥辱】耻辱。△～を忍(しの)ぶ/忍辱。△～をそそぐ/

雪耻。

ちじん⓪【知人】①熟人。②朋友。△日本(にほん)には〜が多(おお)い/在日本有很多朋友。

ちず①【地図】地図。△〜を頼(たよ)りに友人(ゆうじん)の家(いえ)を探(さが)す/凭地图寻找朋友的家。

ちすい⓪【治水】(名・自サ)治水(防洪筑堤、引水灌溉等)。△〜工事(こうじ)に取(と)りかかる/着手治水工程。

ちすじ⓪【血筋】①血缘,血统。△あの人(ひと)は外国人(がいこくじん)の〜を引(ひ)いている/他本是外国人的后代。②血脉,血管。

ちせい⓪【地勢】地势,地形。△〜が険(けわ)しい/地势险要。

ちせい①②⓪【知性】智力,智能,理智,判断能力。△〜的(てき)な人(ひと)/有理智的人。

ちせつ⓪【稚拙】(名・形动)幼稚而拙劣。△〜な文章(ぶんしょう)/既幼稚又拙劣的文章。

ちそう⓪【地層】地层。

ちそう⓪【馳走】(名・他サ)(现在多用"ご〜"的形式)①美味,佳肴,盛宴。△ご〜がたくさん出(で)た/摆上了很多美味佳肴。②请客,宴请,款待。△客(きゃく)にご〜する/宴请客人。△ご〜さま(でした)/(日本人饭后常说的客气话)谢谢您的款待。△友人(ゆうじん)の家(いえ)でご〜になった/在朋友家里吃了饭。

ちたい①【地帯】地帯,地区。△安全(あんぜん)〜/安全地帯。△中立(ちゅうりつ)〜/中立区。

ちたい⓪【遅滞】(名・自サ)迟缓,拖延。△仕事(しごと)が〜する/工作迟迟无进展。

ちち②【父】①父亲。△実(じつ)の〜/生身父亲,生父。②创始人,奠基人。△近代医学(きんだいいがく)の〜/现代医学的奠基人,现代医学之父。

ちち①②【乳】①奶。△〜を飲(の)む/吃奶。△〜をしぼる/挤奶。②乳房。

ちち①②【遅遅】(形动タルト)〈文〉迟迟。△工事(こうじ)は〜として進(すす)まない/工程迟迟没有进展。

ちちおや⓪【父親】父亲(客观叙述用语,不用于当面称呼)。

ちちくさ・い④【乳臭い】(形)①乳臭。△赤(あか)ん坊(ぼう)の〜におい/婴儿的乳臭味。②乳臭未干,幼稚无知。△〜小僧(こぞう)/乳臭未干的毛孩子。

ちちくび②【乳首】奶头,乳头。

ちぢま・る④⓪【縮まる】(自五)缩短,缩小。△航空路(こうくうろ)が通(つう)じて距離(きょり)が〜/由于开辟了航线,距离缩短了。

	身の〜思い	差が〜た	洗うと〜靴下	時間が〜	〜た風船
縮まる	○	一つ○	○	○	×
縮む	○	×	○	×	一ん○

ちぢみ⓪【縮み】①缩小,缩短,抽缩。②绉布,绉纱。

ちぢ・む③⓪【縮む】(自五)①缩

短,缩小。△寿命(じゅみょう)が～/寿命缩短。△背(せ)が～/个子矮了。②起皱,出褶。△紙(かみ)が～/纸起皱了。③畏缩。△恥(は)ずかしくて身(み)の～思(おも)いがした/羞愧得抬不起头来。④缩回去。△カメの首(くび)が縮んだ/龟的脖子缩回去了。⇨ちぢまる表

ちぢ・める④⓪【縮める】(他下一)①缩短,缩小。△距離(きょり)を～/缩短距离。△包囲圏(ほういけん)を～/缩小包围圈。②弄出褶,弄皱。③裁短,裁小。△着物(きもの)を五寸ばかり～/把衣服裁短5寸左右。④蜷曲,缩回。△足(あし)を縮めて飛(と)び下(お)りる/蜷着腿跳下。⑤减少,削减。△経費(けいひ)を～/削减经费。

ちぢ・れる④⓪【縮れる】(自下一)①(头发)打卷儿,卷曲。△縮れた髪(かみ)/卷曲的头发。②起皱,出褶。△この布(ぬの)は縮れがちだ/这种布好起皱。

ちつじょ①②【秩序】秩序。△社会(しゃかい)の～/社会秩序。△～を守(まも)る/遵守秩序。△～を整(ととの)える/整顿秩序。

ちっそ①【窒素】氮。△～肥料(ひりょう)/氮肥。

ちっそく⓪【窒息】(名・自サ)窒息。△～死(し)/窒息而死,憋死。△ガスで～して死(し)んだ/被煤气熏死了。

ちっとも③(副)(下接否定语)一点儿也(不),毫(不)。△～うまくない/一点儿也不好吃。

	話が わから ない	それで かまわな いよ	～不 親切 な人	～平気 だ
ちっとも	○	○	×	×
一向に	○	○	×	○
まるきり	○	×	×	○

チップ①〔tip〕①(给侍者)小费,酒钱。△～をやる/给小费。△～をはずむ/(一高兴)给很多小费。②(棒球)擦过球棒。△ファウル～/擦棒球。

ちっぽけ③①(形动)〈俗〉极小的,不足道的。△～な会社(かいしゃ)/很小的公司。△ほんの～な子供(こども)のくせに生意気(なまいき)を言(い)う/一个小毛孩子竟口出狂言。

ちてき⓪【知的】(形动)①智慧(的),智力(的),理智(的)。△～なゲーム/智力游戏。△あなたは～な仕事(しごと)には向(む)いているようだ/看来你适合做动脑子的工作。②富于知识和智慧的样子。△～にふるまう/举止文雅。

ちてん①②⓪【地点】地点。△交通事故多発(こうつうじこたはつ)の～/常发生交通事故的地点。

ちとせあめ③【千歳あめ】〔千歳飴〕(日本小孩过"七五三"节时吃的)红白色棒棒糖。

ちどめ⓪③【血止(め)】止血,止血药。

ちどりあし③【千鳥足】(醉后)脚步摇摇晃晃,跌跌撞撞,踉踉跄跄。△父(ちち)が酔(よっ)ぱらって～で帰(かえ)ってきた/父亲醉得摇

摇晃晃地回来了。

ちどん⓪【遅鈍】(名・形动)迟钝，愚笨。△～な男(おとこ)/迟钝的人。

ちなまぐさ・い⑤〔血腥い〕(形)①血腥。△～暴行(ぼうこう)/血腥暴行。②流血，残暴。△～できごと/流血事件。

ちなみに④⓪〔因に〕(接)顺便，附带。△～言(い)う/附带说明一下。△右(みぎ)に立(た)っているものが田中(たなかくん)で，～彼(かれ)は中国(ちゅうごく)に留学(りゅうがく)したことがある/站在右边的那位就是田中，顺便说一下，他曾在中国留学过。

ちな・む〔因む〕(自五)(因…)有关，起因于。△地名(ちめい)に因んで名(な)をつける/因地命名。△生地(せいち)に因んだ芸名(げいめい)/按出生地起的艺名。

ちねつ⓪【地熱】地热。△～発電(はつでん)/地热发电。

ちのう⓪【知能】智能，智力。△～検査(けんさ)/智力测验。△～指数(しすう)/智力指数(智商)。△～が高(たか)い/智商高。

ちのけ⓪【血の気】①血色。△～が引(ひ)く/血色减退(血色不好)。②血气。△～の多(おお)い男(おとこ)/血气方刚的人。

ちのみご⓪【乳飲(み)子】乳儿，吃奶的孩子。

ちのめぐり⓪【血の巡(り)】①血液循环。②智力，脑力。△～の悪(わる)い人(ひと)/头脑迟钝的人。

ちのり①【地の利】地利，地理优势。△～を得(え)る/得地利。△わが軍(ぐん)には人(ひと)の和(わ)がある。しかも～をも占(し)めている/我军有人和，而且也占地利。◇～は人の和にしかず/地利不如人和。

ちはい⓪【遅配】(名・自他サ)误期，晚送，迟发。△月給(げっきゅう)の～/工资迟发。

ちばなれ②【乳離(れ)】(名・自サ)①断奶。△～の遅(おそ)い子(こ)/断奶晚的孩子。②自立，独立。△～していない青年(せいねん)/还没有自立的年轻人。

ちばし・る③【血走る】(自五)(因失眠、兴奋等引起的)眼球充血。

ちび①①矮个子，矮子。②小孩子，小鬼。

ちびっこ②①⓪〔ちびっ子〕小孩，小家伙。

ちひょう⓪【地表】地表，地表面。△～を雪(ゆき)と氷(こおり)が覆(おお)っている/大地表面上覆盖着雪和冰。

ちび・る②〔禿びる〕(自上一)(笔尖等)磨秃。△靴(くつ)のかかとが～/鞋后跟磨秃。

ちぶさ①【乳房】乳房。

チフス①〔德 Typhus〕伤寒。△～菌(きん)/伤寒菌。△発疹(はっしん)～/斑疹伤寒。

ちへいせん⓪【地平線】地平线。△太陽(たいよう)が～に沈(しず)む/太阳没入地平线下，太阳落了。

ちほ①【地歩】立场，地位。△～を占(し)める/站稳立场。△～を

固(かた)める/巩固地位。

ちほう①② 【地方】①地方,地区。△東北(とうほく)～/东北地区。△リンゴの産地(さんち)として有名(ゆうめい)な～/以盛产苹果而著名的地方。②(相对首都而言)地方,外地。△～の人人(ひとびと)は毎年(まいねん)観光(かんこう)するため首都(しゅと)へ来(き)ます/外地的许多人每年前来首都观光游览。

ちほう⓪〔痴呆〕痴呆。△～症(しょう)/痴呆症。

ちぼう⓪ 【智謀】智谋。△～に富(と)む人(ひと)/足智多谋的人。

ちまた⓪〔巷〕①街巷,闹市。②社会,民间。△～の声(こえ)/民众之声。△～のうわさ/街谈巷议。③场所。△戦火(せんか)の～/战场。

ちみ① 【地味】土地的肥瘠,土质。△～が肥(こ)えている/土地肥沃。△～の痩(や)せているところ/土地贫瘠的地方。

ちみつ⓪〔緻密〕(形动)①细致,细密,精致。△～な観察(かんさつ)をする/进行细致的观察。△～な細工(さいく)/精致的工艺品。②周密,详细。△～な計画(けいかく)/周密的计划。⇨せいみつ 表

ちめい⓪ 【地名】地名。

ちめい⓪ 【知名】(名・形动)知名,出名。△～な人(ひと)/名人。△～の士(し)/知名人士。△～度(ど)が高(たか)い/声望很高。

ちめいしょう⓪② 【致命傷】①(身体的)致命伤。②致命弱点。△汚職問題(おしょくもんだい)が内閣(ないかく)の～となる/渎职案成为内阁的致命弱点。

ちめいてき⓪ 【致命的】(形动)致命的。△～な打撃(だげき)を受(う)ける/受到致命的打击。

ちゃ⓪ 【茶】①茶,茶叶。△～を摘(つ)む/采茶。②茶树。③茶水。△～を入(い)れる/沏茶。△お～をすすめる/让茶。④茶道。△～を習(なら)う/学习茶道。⑤茶色。△～に染(そ)める/染成茶色。⑥嘲弄,愚弄。△人(ひと)を～にする/嘲弄人。

チャージ① [charge]①(饭店、餐厅等的)收费,费用。②充电。③(足球)冲撞。

チャーター① [charter](名・他サ)租,包(车、船、飞机等)。△～機(き)/包机。△～船(せん)/包船。△車(くるま)を～する/包车。

チャイム① [chime]①(打击乐器)钟琴,编钟。②(发出乐音的)门铃。

ちゃいろ⓪ 【茶色】茶色。△～の服(ふく)/茶色西服。

ちゃいろ・い⓪ 【茶色い】茶色,褐色。

ちゃうけ⓪ 【茶請(け)】(喝茶时吃的)茶点。

ちゃがし② 【茶菓子】→ちゃうけ。

ちゃく① 【着】①(时间、地点的)到达。△三時(さんじ)～の列車(れっしゃ)/三点到的火车。②名次。△～に入(はい)る/取得名次(获

奖)。

ちゃかっしょく② 【茶褐色】棕色,褐色。

-ちゃく① 【着】(接尾)(数衣服的量词)件。△冬服(ふゆふく)を一(いっ)～つくる/作一套冬装。

ちゃくい① 【着意】(名・自サ)①用心,留意。②构思,立意,着想。△～のよい計画(けいかく)/构思好的计划。

ちゃくえき②⓪ 【着駅】(列车等的)到(达)站。△～払(ばら)い/到站付款。

ちゃくがん⓪ 【着岸】(名・自サ)靠岸,抵达码头。△無事(ぶじ)に～する/安全到岸。

ちゃくがん⓪ 【着眼】(名・自サ)①着眼。△～点(てん)/着眼点。△農業(のうぎょう)に～する/着眼于农业。②眼力,眼光。△～がよい/眼力好。

ちゃくじつ⓪ 【着実】(形动)踏实,牢靠,稳健。△～な性格(せいかく)/稳健的性格。△～に仕事(しごと)をする/踏踏实实地工作。

ちゃくしゅ⓪⓪ 【着手】(名・自サ)着手,开始。△仕事(しごと)に～する/着手工作。△～が遅(おく)れた/下手晚了。

ちゃくしょく⓪ 【着色】(名・自サ)着色,上色。△～料(りょう)/颜料。△～した食品(しょくひん)/上了颜色的食品。

ちゃくせき⓪ 【着席】(名・自サ)就座,入席。△皆(みな)さん、ご～を願(ねが)います/诸位,请入席吧!

ちゃくそう⓪ 【着想】(名・自サ)构思,立意。△小学校五年生(しょうがっこうごねんせい)にしてはこの～はたいへん優(すぐ)れていた/按小学五年级学生来说,这个构思很好。⇨アイディア表

ちゃくちゃく⓪ 【着着】(副)稳步地,顺利地。△準備(じゅんび)が～と進(すす)んでいる/准备(工作)正在顺利地进行着。

ちゃくにん⓪ 【着任】(名・自サ)到任,上任。△新社長(しんしゃちょう)は明日(あした)～する/新总经理将于明天到任。

ちゃくもく⓪ 【着目】(名・自サ)①着眼,注目。△～に値(あたい)する事(こと)/值得注目的事。②着眼点。△～が良(よい)/着眼点好。

ちゃくりく⓪ 【着陸】(名・自サ)(飞机)着陆,降落。△～装置(そうち)/降落装置,起落架。△空港(くうこう)で飛行機(ひこうき)が離陸(りりく)したり～したりするのを、弟(おとうと)と二人(ふたり)でながめていた/我和弟弟两个人在机场上看飞机起飞或降落。

ちゃこし⓪③ 【茶こし】〔茶漉(し)〕茶叶算子,滤茶网。

ちゃさじ⓪ 〔茶匙〕茶匙,小茶勺。

ちゃしつ⓪ 【茶室】茶室,举行茶会的屋子。

ちんだんす⓪ 〔茶箪笥〕茶具柜,餐具柜,碗柜。

チャック⓪ [chuck]①卡盘,卡子,

夹盘，夹头。②拉锁，拉链，扣件。△～をかける/拉上拉锁。

ちゃづけ⓪【茶漬(け)】①用茶泡(的)饭。②粗茶淡饭，简单的饭食。△ほんの～ですが/只是粗茶淡饭，慢待了。

ちゃっこう⓪【着工】(名・自サ)开工，动工。△～式(しき)/开工典礼。△二十年前(にじゅうねんまえ)に～された海底(かいてい)トンネルがようやく完成(かんせい)した/二十年前开工的海底隧道总算完成了。

ちゃづつ⓪【茶筒】茶叶筒，茶叶罐。

ちゃつみ⓪③【茶摘(み)】采茶。△～どき/采茶季节。

ちゃどう①【茶道】茶道(日本人用以陶冶身心、讲究交际礼仪的沏茶、喝茶规矩)。

ちゃのま⓪【茶の間】①(家庭)餐室。②茶室。

ちゃのみ⓪【茶飲み】①饮茶。△～友達(ともだち)/茶友(多指老年朋友)。②茶碗。

ちゃのゆ⓪【茶の湯】①茶道，品茗会。②点茶用(的)开水。

ちやほや①(副・他サ)①溺爱。△子供(こども)を～甘(あま)やかす/对孩子娇生惯养。②奉承。△～とご機嫌(きげん)を取(と)る/阿谀奉承。

ちゃみせ⓪【茶店】茶馆。△～で休(やす)んでから行(い)こう/在茶馆休息一下再走吧。

ちゃや⓪【茶屋】①茶叶铺。②饭馆儿。③(剧院等处的)饮茶室。④下等妓院。

チャリティー①[charity]慈善(事业)。△～・コンサート/慈善音乐会。

チャレンジ②①[challenge](名・自サ)(多指比赛)挑战。△～精神(せいしん)/挑战精神。△敢然(かんぜん)と強(つよ)いチームに～する/敢于向强队战。

ちゃわん⓪〔茶碗〕(喝茶、吃饭用的)陶瓷碗。△飯(めし)～/饭碗。△茶飲(ちゃの)み～/茶碗。

ちゃん(接尾)(接人名或称呼后，表示爱称)△おじ～/叔叔。△花子(はなこ)～/花子。

チャンス①[chance](好)机会。△絶好(ぜっこう)の～/绝好的机会。△～を逸(いっ)する/失掉良机。⇨きかい表

ちゃんと③⓪(副・自サ)①整齐，端正。△遊(あそ)びに行(い)く前(まえ)に、～部屋(へや)をかたづけていきなさい/去玩以前要把房间收拾整齐。△～すわりなさい/要坐正了！②确实，准确(无误)。△～知(し)っている/了解准确。③按期，如期。△金(かね)は～返(かえ)す/钱如期还回。⇨きちんと表

チャンネル⓪①[channel]①(电视的)频道。△第2(だいに)～にする/拨到二频道上。②(电脑的)通道。

チャンピオン①[champion]冠军。△世界(せかい)～/世界冠军。△～

シップ/冠军称号。

ちゆ①【治癒】(名・自サ)〈文〉治愈,治好,痊愈。△完全(かんぜん)に〜する/完全治好。△〜率(りつ)/痊愈率。

ちゅう①【中】①中,中央。△上(じょう)〜下(げ)/上中下。②(程度、等级等)中等。△〜の上(うえ)/中上。

-ちゅう①【中】(接尾)①(范围)在…之中,在…里。△空気(くうき)の二酸化炭素(にさんかたんそ)/空气中的二氧化碳。②(期间)在…中,正在…中。△会議(かいぎ)〜/正在开会。△今月(こんげつ)〜/本月之中。

ちゅう⓪【注】注,注解。

ちゅう①【宙】①空中。△〜に舞(ま)う/在空中飞舞。②背诵。△この文(ぶん)を〜で言(い)えるようにしなさい/要能够背诵这篇文章。◇〜に浮(う)く/ⅰ)浮在空中。ⅱ)没有着落。

ちゅう①【忠】(名・形动)忠,忠诚。△職(しょく)に〜である/忠于职守。

ちゅう①⓪【知勇】智勇。△〜兼備(けんび)/智勇双全。

ちゅうい①【注意】(名・自サ)①注意。△〜して聞(き)く/注意听。②警告,提醒。△父(ちち)は娘(むすめ)に「もっと早(はや)く帰(かえ)って来(き)なさい」と〜した/父亲提醒女儿说:"要再早点儿回来!"

ちゅういぶか・い⑤【注意深い】(形)小心翼翼,注意周到。

チューイン・ガム⑤③[chewing gum]口香糖。△〜をかむ/嚼口香糖。

ちゅうおう③【中央】①中心,中间。△〜広場(ひろば)/中心广场。△市(し)の〜に位置(いち)する/位于市中心。②中枢。△〜郵便局(ゆうびんきょく)/邮政总局。③首都,中央(政府)。△〜の指示(しじ)に従(したが)う/遵从中央的指示。

	広場の〜にある塔	竿が〜から折れる	〜から離れた地域	往来の〜に立ちはだかる	問題の〜
中 央	○	○	○	×	×
真ん中	○	○	×	○	×
中 心	○	×	○	×	○

ちゅうおう⓪【中欧】中欧,欧州中部。

ちゅうか①【中華】中华。△〜人民共和国(じんみんきょうわこく)/中华人民共和国。△〜料理(りょうり)/中国菜,中餐。

ちゅうかい⓪【仲介】(名・他サ)①居间,从中介绍。△〜人(にん)/中人;介绍人。②居间调停。△〜国(こく)/(国际法中指的)居间调停国。△双方(そうほう)の間(あいだ)の〜に立(た)つ/给双方居中调停。

ちゅうかい⓪【注解】〔註解〕(名・他サ)注解,注释。△〜をつける/加注解。

ちゅうがえり③【宙返り】(名・自サ)①翻跟头。△みごとに〜をする/翻筋斗翻得漂亮。②(飞机)翻筋斗,特技飞行。△〜のうま

い飛行士(ひこうし)/善于翻跟头的飞行员。

ちゅうかく⓪【中核】中心,核心。△組織(そしき)の～となって働(はたら)く/起到组织的核心作用。

ちゅうがく①【中学】("中学校"之略)中学。△～生(せい)/中学生。

ちゅうがた⓪【中形・中型】中型,中号。△～車(ぐるま)/中型车。△～のなべ/中号锅。

ちゅうがっこう③【中学校】中学(指初中。日本的高中称为"高等学校(こうとうがっこう)")。

ちゅうかん⓪【中間】①中间,两者之间。△私(わたし)の家(いえ)は駅(えき)と学校(がっこう)の～にある/我的家在学校和火车站之间。②(事物进行的)中途。③折中。△二人(ふたり)の意見(いけん)の～をとる/折中两个人的意见。

ちゅうかん⓪【昼間】白天。

ちゅうき①【中期】中期,中叶。△江戸(えど)～の文学(ぶんがく)/江户中叶的文学。

ちゅうき①⓪【注記】(名・自他サ)注,注释。△～をほどこす/加上注释。

ちゅうきゅう⓪【中級】中级。△～英語(えいご)/中级英语。

ちゅうきょり③【中距離】中距离。△～競走(きょうそう)/中距离赛跑。△～弾道弾(だんどうだん)/中程导弹。

ちゅうけい⓪【中継】(名・他サ)中继。△～所(しょ)/中继站。△～貿易(ぼうえき)/转口贸易。

ちゅうけん⓪【中堅】①中坚,骨干。△彼(かれ)は我(わ)が社(しゃ)の有能(ゆうのう)な～社員(しゃいん)です/他是我公司有才能的骨干职员。②(棒球)中场手。

ちゅうげん⓪【中元】①中元节(阴历7月15日)。②中元节礼品。△お～を贈(おく)る/赠送中元节礼品。

ちゅうげん⓪【忠言】(名・自サ)〈文〉忠言,忠告。△～は耳(みみ)に逆(さか)らう/忠言逆耳。

ちゅうこ①⓪【中古】①中古(时代)。②("中古品"之略)半旧货。

ちゅうこうねん③【中高年】中年和老年,中老年。

ちゅうこく⓪【忠告】(名・自サ)忠告,劝告。△～を与(あた)える/予以忠告。△友人(ゆうじん)にタバコをやめるようにと～する/劝告朋友戒烟。

	～に従う	先輩の～を守って合格する	あまり飲むなと～する	～を仰ぐ	辞職を～する
忠告	○	○	○	×	×
助言	○	○	×	○	×
勧告	○	×	×	×	○

ちゅうごく①【中国】①("中華人民共和国"之略)中国。②(日本地区名)中国(地方)。△～地方(ちほう)/中国地方(日本山阳、山阴两地的总称)。

ちゅうさい⓪【仲裁】(名・他サ)仲裁,调停。△～に立(た)つ/居间调停。△～の労(ろう)を取(と)

る/进行调解。△だれかあのけんかを～する男(おとこ)はいないか/哪位给他们劝劝架?

ちゅうざい⓪【駐在】(名・自サ)①驻在。△海外(かいがい)に～する/驻在国外。②("駐在所"之略)警察派出所。

ちゅうさんかいきゅう⑤【中産階級】中产阶级。

ちゅうし⓪【中止】(名・他サ)中止,中途停止。△計画(けいかく)を～する/中止计划。

ちゅうし⓪【注視】(名・他サ)注视,注目。△事態(じたい)のなりゆきを～する/注视事态的发展。

ちゅうじ①⓪【中耳】中耳。△～炎(えん)/中耳炎。

ちゅうじつ⓪【忠実】(名・形動)忠实,忠诚。△～な部下(ぶか)/忠实的部下。

ちゅうしゃ⓪【注射】(名・他サ)注射,打针。△～器(き)/注射器。△ペニシリンを～する/注射青霉素。

ちゅうしゃ⓪【駐車】(名・自サ)停车。△～場(じょう)/停车场。△～料金(りょうきん)/停车费。

ちゅうしゃく⓪【注釈】〔註釈〕(名・他サ)注释,注解。△～をつける/加注释。△～つきの本(ほん)/带注解的书。

ちゅうしゅう⓪【中秋】中秋。△～の名月(めいげつ)/中秋的明月。

ちゅうしゅつ⓪【抽出】(名・他サ)抽出,提取。△エキスを～する/提取精华。

ちゅうじゅん⓪【中旬】中旬。△二月(にがつ)～/二月中旬。

ちゅうしょう⓪【中傷】(名・他サ)中伤,毁谤。△他人(たにん)を～する/中伤别人。

ちゅうしょう⓪【抽象】(名・他サ)抽象。△～画(が)/抽象画。△～して言(い)う/抽象地说。

ちゅうしょうてき⓪【抽象的】(形动)抽象的。

ちゅうしょく⓪【昼食】午饭,午餐。△～を食(た)べる/吃午饭。

ちゅうしん⓪【中心】①中心,当中。△市街(しがい)の～/市街中心。②(事物的)中心,核心。△問題(もんだい)の～/问题的核心。③中心地,中心人物。△文化(ぶんか)の～/文化中心。⇨ちゅうおう表

ちゅうすい⓪【虫垂】阑尾。△～炎(えん)/阑尾炎。

ちゅうすう⓪【中枢】①中枢,中心。△～神経(しんけい)/中枢神经。△東京(とうきょう)の～丸(まる)の内(うち)を見学(けんがく)した/参观了东京的中心丸之内。②枢纽,关键。△政治(せいじ)の～/政治的枢纽。△会社(かいしゃ)の～/公司的关键人物。

ちゅう・する②【沖する】(自サ)〈文〉(烟、火焰等)冲上(天空)。△天(てん)に～炎(ほのお)/冲天的火焰。

ちゅうせい①【中世】中世(古代和近代之间的时代)。

ちゅうせい⓪【中性】①中性。△～

洗剤(せんざい)/中性洗涤剂。②(语法的)中性(词)。③(非男非女的)中性人，阴阳人。

ちゅうせい① 【忠誠】(名・形动)〈文〉忠诚。△～を誓(ちか)う/宣誓忠诚。

ちゅうせき⓪ 【柱石】〈文〉柱石，栋梁。△国家(こっか)の～/国家的中流砥柱。

ちゅうぜつ⓪ 【中絶】(名・自他サ)①中断。△病気(びょうき)のため研究(けんきゅう)を～した/因病中断了研究(工作)。②人工流产。△妊娠(にんしん)～/人工流产。绝育。

ちゅうせん⓪ 【抽選】〔抽籤〕(名・自サ)抽签。△～で順番(じゅんばん)をきめる/用抽签(的办法)决定顺序。

ちゅうそつ⓪ 【中卒】("中学卒業"之略)中学毕业(生)。

チューター① [tutor]①家庭教师，指导教师。②(讲习会等的)讲师。报告人。

ちゅうたい⓪ 【中退】(名・自サ)中途退学。

ちゅうたい⓪ 【中隊】(军队的)中队，连队。△～長(ちょう)/连长。

ちゅうたい⓪ 〔紐帯〕〈文〉纽带，联系。△両者(りょうしゃ)を結(むす)びつける～/联结二者的纽带。

ちゅうだん⓪ 【中断】(名・自他サ)中断。△仕事(しごと)を～する/中断工作。△会議(かいぎ)は夕刻(ゆうこく)になったので、一時(いちじ)～して七時(しちじ)から再開(さいかい)することにした/会议由于已开到傍晚，决定暂时中断，等7点以后再开。

ちゅうちょ① 〔躊躇〕(名・自サ)踌躇，犹豫。△わたしが～している間(あいだ)に兄(あに)がマイクを取(と)って歌(うた)い始(はじ)めた/正在我犹豫的时候，哥哥拿起话筒开始唱起来了。

ちゅうてん⓪ 【中天】〈文〉中天，空中。△～にかかる月(つき)/挂在中天的月亮。

ちゅうと⓪ 【中途】①(路程的)中途，半路。△～駅(えき)/(火车)中途站。②(事物的)中途。△～退学(たいがく)/中途退学。

ちゅうとう⓪ 【中東】中东。

ちゅうどく① 【中毒】(名・自サ)中毒。△食(しょく)～/食物中毒。△ガス～に注意(ちゅうい)せよ/谨防煤气中毒！

ちゅうなんべい③ 【中南美】中南美(洲)。

ちゅうにく⓪ 【中肉】不胖不瘦。△～中背(ちゅうぜい)/不胖不瘦，中等身材。

ちゅうにち① 【中日】①春分，秋分。②中日，中国和日本。△～両国人民(りょうこくじんみん)の友好(ゆうこう)を深(ふか)める/加深中日两国人民的友好。③(某一期间)正当中的一天。

ちゅうにゅう⓪ 【注入】(名・自サ)①注入。△ライターにガスを～する/往打火机里充气。②(知识等)灌输。△知識(ちしき)を～する/

灌输知识。

ちゅうねん⓪【中年】中年。△～の婦人(ふじん)/中年妇女。△～になる/人到中年。

ちゅうのう⓪【中脳】(解剖)中脑。

ちゅうは①【中波】中波。

ちゅうぶ①【中部】①中部。②(日本)本州的中部,中部地区。

ちゅうふう⓪【中風】中风,卒中。

ちゅうふく⓪【中腹】半山腰。△山(やま)の～には茶店(ちゃみせ)がある/在半山腰上有茶馆。

ちゅうもく⓪【注目】(名・自他サ)注目,注视。△～を浴(あ)びる/受到注目。

ちゅうもん⓪【注文】〔註文〕(名・自他サ)①定做,订购。△洋服(ようふく)を～する/定做西服。②要求,希望。△～をつける/提出要求。△それは無理(むり)な～だ/那是无理的要求。

ちゅうや①【昼夜】昼夜。△～を分(わ)かたず作業(さぎょう)する/不分昼夜地工作。△～兼行(けんこう)で工事(こうじ)を仕上(しあ)げる/昼夜兼程地赶完工程。

ちゅうりつ⓪【中立】(名・自サ)中立。△～国(こく)/中立国。△～を守(まも)る/保持中立。

チューリップ①③ [tulip]郁金香。

ちゅうりゅう⓪【中流】①河心,河中。②中流,中游。△川(かわ)の～/河的中游。③中等(阶层)。△～の家庭(かてい)/中等家庭。

ちゅうわ⓪【中和】(名・自サ)①中正温和。②(化学)中和。

ちょ①【著】著,著作,著述。△S博士(はくし)の～の研究書(けんきゅうしょ)/S博士著的研究书籍。△老舎(ろうしゃ)の～/老舍的著作。

ちょう①【兆】①兆头,前兆。△没落(ぼつらく)の～/没落的前兆。②(一亿的一万倍)兆,万亿。△～のけた/兆位。

ちょう①【町】①(行政区划名)镇。△市(し)～村(そん)/市、镇、村。②(市街区划单位)街,巷,胡同。③町(面积单位,约合9918平方米)。

ちょう①【長】①长,首领。△一家(いっか)の～/一家之长。②长处。△～を取(と)り、短(たん)を補(おぎな)う/取长补短。③年长。△～幼(よう)の別(べつ)あり/长幼有别。

ちょう-【長】Ⅰ(接头)长久,长远,长…。△～時間(じかん)/长时间。△～距離(きょり)電話(でんわ)/长途电话。

ちょう-【超】(接头)超。△～音速(おんそく)/超音速。△～自然(しぜん)/超自然。

-ちょう①【庁】(接尾)行政机关。…厅。△県(けん)～/县政府。

-ちょう【兆】(接尾)(数量单位)1亿的1万倍,…兆。△1～億(いっちょうおく)/1兆亿。

-ちょう【帳】(接尾)笔记,本子,…本。△練習(れんしゅう)～/练习本。

ちょう①【腸】肠。△～が強(つよ)い/消化力强。

ちょう①〔蝶〕蝴蝶。△～が舞(ま)

う/蝴蝶飞舞。◇～よ花(はな)よと育(そだ)てる/娇生惯养。

ちょうい① 【弔意】〈文〉哀悼，吊唁。△～を表(あらわ)す/表示哀悼。

ちょういん⓪ 【調印】(名・自サ)(在条约、合同等文件上)签字，盖章。△～式(しき)/签字仪式。△契約書(けいやくしょ)に～する/在合同上签字。

ちょうえき⓪ 【懲役】徒刑。△無期(むき)～に処(しょ)する/判处无期徒刑。

ちょうえつ⓪ 【超越】(名・自サ) ①超越。△時代(じだい)を～する/超越时代。②超脱。△世俗(せぞく)を～する/超俗。

ちょうえん① 【腸炎】肠炎。

ちょうおん⓪ 【長音】长音。△～符(ぷ)/长音符号。

ちょうおんそく③ 【超音速】超音速。△～ジェット機(き)/超音速喷气式飞机。

ちょうおんぱ③ 〔超音波〕超声波。△～診断(しんだん)/超声波诊断。

ちょうか⓪ 【超過】(名・自他サ)超过。△～勤務(きんむ)/加班。△あなたの手荷物(てにもつ)は規定(きてい)の重量(じゅうりょう)を～している/您的随身行李超过了规定的重量。

ちょうかく⓪⓪ 【聴覚】听觉。△～器(き)/听觉器官。△～が鋭(するど)い/听觉灵敏。

ちょうかん⓪ 【長官】行政首长，长官。

ちょうかん⓪ 【鳥瞰】(名・他サ)〈文〉①鸟瞰，俯视。△～図(ず)/鸟瞰图。△機上(きじょう)から市街(しがい)を～する/从飞机上俯视市区。②概观，展望。

ちょうかん⓪ 【朝刊】(早上发行的)晨报(日报)。

ちょうき① 【長期】长期。△～療養(りょうよう)/长期疗养。

ちょうきょり③ 【長距離】长途；长距离。远程。△～電話(でんわ)/长途电话。

ちょうこう⓪ 【兆候・徴候】〈文〉征兆，苗头，迹象。△…の～が見(み)える/有…的迹象。△…の～が現(あらわ)れる/出现…的苗头。

ちょうこう⓪ 【聴講】(名・他サ) ①听讲，听课。△山本先生(やまもとせんせい)の講義(こうぎ)を～する/听山本先生讲课。②旁听。△～生(せい)/旁听生。

ちょうごう⓪ 【調合】(名・他サ)配(药)。△薬剤師(やくざいし)はお医者(いしゃ)さんの書(か)いた処方(しょほう)せんに合(あ)わせて薬(くすり)を～します/药剂师按照医生开的处方配药。

ちょうこく⓪ 【雕刻】(名・他サ)雕刻。△氷(こおり)の～/冰雕。

ちょうこく⓪ 【超克】(名・他サ)〈文〉(困难、困境等)克服、战胜，渡过。△苦境(くきょう)を～する/摆脱困境。

ちょうさ① 【調査】(名・他サ)调查。△実態(じったい)～を進(すす)める/进行实况调查。

ちょうし⓪【長子】长子，大儿子。

ちょうし⓪〔銚子〕①酒壶，酒瓶。△～のお代(か)わり/再要一瓶酒。△お～をつける/烫酒，温酒。②长把酒壶。

ちょうし⓪【調子】①(音乐)调子，音调。△ピアノに～を合(あ)わせて歌(うた)う/随着钢琴的音调唱。②语调。△おこったような～で話(はな)す/用好像生气的口吻说话。③状况。△機械(きかい)の～が悪(わる)い/机器不好用。④格调，风格。△～の高(たか)い文章(ぶんしょう)/格调高的文章。⑤劲头，势头。△仕事(しごと)の～が出(で)てきた/(干)工作的劲头来了。⑥要领。△～をのみこむ/掌握要领。◇～に乗(の)る/i)(事情)进展顺利。ii)得意忘形。◇～を合(あ)わせる/顺着对方说。⇨ぐあい表

ちょうじ⓪①【丁子】丁香。△～油(あぶら)/丁香油。

ちょうじゅ①【長寿】长寿。△不老(ふろう)～/长生不老。

ちょうしゅう⓪【徴収】(名・他サ)征收，收取。△税金(ぜいきん)を～する/征税。

ちょうしゅう⓪【聴衆】听众。

ちょうしょ①【長所】长处，优点。△人(ひと)にはそれぞれ～も短所(たんしょ)もある/人各有长处和短处。◇～は短所(たんしょ)/(如过分仗恃自己的优点)长处也会变短处。

ちょうじょ①【長女】长女。

ちょうしょう⓪〔嘲笑〕(名・他サ)嘲笑。△～を買(か)う/遭到嘲笑。

ちょうじょう⓪【長城】①长城。②(中国的)万里长城。

ちょうじょう⓪【重畳】Ⅰ(名・自サ)〈文〉重叠。Ⅱ(形动)最好，非常满意。△～に思(おも)う/感到很满意。

ちょうじょう③【頂上】①顶峰，山巅。△～に達(たっ)する/到达顶峰。②极点，顶点。△彼(かれ)の人気(にんき)も今(いま)が～だ/他的声望现在已达极点。

ちょうしょく⓪【朝食】早饭，早餐。△～をとる/吃早饭。

ちょう・じる⓪③【長じる】(自上一)①成长，长大。②长于，擅长。△語学(ごがく)に～/擅长外语，外语学得好。

ちょうじん⓪【超人】超人，具有超常能力的人。

ちょうしんき③【聴診器】听诊器。

ちょうず⓪①〔手水〕①洗脸(水)，洗手(水)。△～を使(つか)う/洗脸(手)。②厕所。△～に行(い)く/上厕所。△～場(ば)/厕所内洗手处。③如厕，解手。△お～をすませる/解完手。

ちょうせい⓪【調整】(名・他サ)调整，调剂，调试。△時間(じかん)を～する/调整时间。△エンジンの～をする/调试发动机。

ちょうせき⓪①【朝夕】Ⅰ(名)朝夕，早晚。Ⅱ(副)经常，总是。△～忙(いそが)しい/总是很忙。

ちょうせつ⓪【調節】(名・他サ) 调节。△自動(じどう)～/自动调节。△ラジオの音量(おんりょう)を～する/调节收音机的音量。

ちょうせん⓪【挑戦】(名・自サ) 挑战。△～状(じょう)/挑战书。△優勝者(ゆうしょうしゃ)に～する/向冠军挑战。

ちょうぜん⓪【超然】(形動タルト)〈文〉超然,不介意,满不在乎。△時代(じだい)の流(なが)れに～としている/不受时代潮流的影响,不追逐时尚。

ちょうそく⓪【長足】〈文〉长足,(事物)进展很快。△選手(せんしゅ)たちには～の進歩(しんぽ)が見(み)られた/选手们有了长足的进步。

ちょうぞく⓪【超俗】〈文〉超俗。△～的(てき)な人(ひと)/超俗的人。

ちょうだい⓪〔頂戴〕(名・他サ) ①("もらう"的谦逊说法)领到,收到。△お土産(みやげ)を～しました/您的礼品,我已收到了。②("たべる"的谦逊说法)吃。△さあ、～しよう/好,我们来吃吧。③(向人要东西)请给我…。△お茶(ちゃ)を～/请给我些茶喝。④(接动词连接式后,作补助动词的命令形用)请…。△速(はや)くして～/请快点做。

ちょうたつ⓪【調達】(名・他サ) ①筹集。△資金(しきん)を～する/筹集资金。②供应。△注文(ちゅうもん)通(どお)りに～する/按照要求供应。③置办(货物等)。

ちょうたん①【長短】①长和短。②长处和短处。△人(ひと)にはそれぞれ～がある/人各有长处和短处。③多余和不足。

ちょうちょう〔蝶蝶〕蝴蝶。

ちょうちん③〔提灯〕灯笼。△～をさげる/提灯笼。△～をつける/点灯笼。△鼻(はな)～/鼻涕泡。△～に釣鐘(つりがね)/ⅰ)(彼此)不相称。ⅱ)(分量)相差悬殊。△～持(も)ち/ⅰ)打灯笼(的人)。ⅱ)(替旁人)吹捧(的人)。

ちょうてい⓪【調停】(名・他サ) 调停。△中(なか)に立(た)って～する/居中调停。

ちょうてん①【頂点】①顶点。△三角形(さんかくけい)の～/三角形的顶点。②顶,最高处。△山(やま)の～/山顶。③极点。△喜(よろこ)びが～に達(たっ)した/高兴到了极点。

ちょうど③⓪【丁度】(副) ①正好,恰好。△～よい時間(じかん)/时间正好。②正,整。△今(いま)～十二時(じゅうにじ)だ/现在正12点。△卒業(そつぎょう)してから～三年(さんねん)になります/毕业已整整3年了。③好像,恰似。△桜(さくら)が散(ち)って～雪(ゆき)のようだ/落樱恰似下雪一样。

ちょうなん①③【長男】长子。

ちょうにん⓪【町人】(江户时代的)商人,手艺人。

ちょうのうりょく③【超能力】(具有)超能力,特异功能。

ちょうは①【長波】长波。△～を

送(おく)る/播送长波。

ちょうば⓪【跳馬】(体操)跳马。

ちょうはつ⓪【挑発】(名・他サ)挑拨,挑起。△戦争(せんそう)を～する/挑起战争。△～に乗(の)るな/别上(别人)挑拨的当。

ちょうばつ①⓪【懲罰】(名・他サ)惩罚。△規則違反者(きそくいはんしゃ)を～する/惩罚犯规的人。△～を受(う)ける/受到惩罚。

ちょうふく⓪【重複】(名・自サ)重复。△説明(せつめい)が～する/说明重复。△～を避(さ)ける/避免重复。

ちょうへい⓪【徴兵】(名・自サ)征兵。

ちょうへん⓪【長編】(长篇)小说。

ちょうほう①【重宝】Ⅰ(名)〈文〉珍宝,宝贝。△お家(いえ)の～/传家宝。Ⅱ(名・形动)方便,适用。△～な道具(どうぐ)/便于使用的工具。Ⅲ(名・他サ)珍惜。

ちょうぼう⓪【眺望】(名・他サ)〈文〉眺望,了望。△～台(だい)/了望台。△～がきく/便于眺望。

	雄大な～	～が急に開ける	～絶佳の地	未来の～	庭の～
眺望	○	○	○	×	×
展望	○	○	×	○	×
眺め	○	△	×	×	○

ちょうほうけい③⓪【長方形】长方形,矩形。

ちょうほんにん③【張本人】罪魁,祸首,肇事者。

ちょうみ①【調味】(名・自サ)调味。△～料(りょう)/调料;佐料。△胡椒(こしょう)で～する/用胡椒调味。

ちょうめい⓪①【長命】(名・形动)长命,长寿。△～の血統(けっとう)/长寿的血统。△～な内閣(ないかく)/长命的内阁。

-ちょうめ【丁目】(接尾)(街道的区划单位)第…街,第…胡同。△銀座(ぎんざ)1～(いっちょうめ)/银座一条。

ちょうめん③【帳面】①笔记本,练习本。②账本。△～につける/记在账本上。△～づらの数字(すうじ)は合(あ)っていない/账目中的数字不符。

ちょうや①【朝野】①朝野。△～の名士(めいし)が一堂(いちどう)に会(かい)する/朝野名人聚集一堂。②全国。△～を驚(おどろ)かす/震惊全国。

ちょうやく⓪【跳躍】(名・自サ)①跳跃。②(跳高、跳远等的总称)跳跃。△～競技(きょうぎ)/跳跃比赛。

ちょうよう【重陽】重阳。△～の節句(せっく)/重阳节。

ちょうらく⓪〔凋落〕(名・自サ)①凋落,凋谢,凋零,枯萎。△秋(あき)になると草木(くさき)が～する/一到秋天草木就枯萎了。②〈喻〉衰败,没落,衰亡。△～の一途(いっと)をたどる/每况愈下。

ちょうり①【調理】(名・他サ)①烹调,做菜。△～師(し)/厨师。△～場(ば)/厨房。△肉(にく)を～する/做肉菜。②调理,调整。

ちょうりゅう⓪【潮流】①潮流。②(时代的)潮流，趋势。△～に乗(の)る/赶上潮流。

ちょうりょく①【聴力】听力。△～計(けい)/听力计。△～試験(しけん)/听力测验。

ちょうるい①【鳥類】鸟类。

ちょうれい⓪【朝礼】(学校、公司的)朝会，早会。△毎朝(まいあさ)～を行(おこな)う/每天早晨举行早会。

ちょうろう⓪〔嘲弄〕(名・他サ)〈文〉嘲弄，嘲笑。△人(ひと)を～してはいけない/不要嘲弄人。

ちょうわ⓪【調和】(名・自サ)调和，(声音)和谐，(关系)和睦。△～した色(いろ)/调和的色彩。

チョーク①[chalk]①粉笔。②白垩。

ちよがみ②【千代紙】(印有鹤龟、松竹梅、象征长寿图案的)彩色印花纸。

ちょきん⓪【貯金】(名・自他サ)存款，储蓄。△～通帳(つうちょう)/存款折。△毎月(まいげつ)三万円ずつ～する/每月储蓄3万日元。

ちょく①【直】(形动)①直，正确，合理。△正邪曲(せいじゃきょく)～/是非曲直。②直率，坦率。△～な人(ひと)/直率的人。

ちょく①〔猪口〕(也作"ちょこ")①酒盅，小瓷酒杯。△酒(さけ)を～につぐ/往酒盅里斟酒。②(酒杯形的)小菜碟。

ちょくげき⓪【直撃】(名・自他サ)①直接轰炸。△～を受(う)ける/受到直接轰炸。②直接攻击，直接袭击。△九州(きゅうしゅう)は台風(たいふう)二十号(にじゅうごう)の～により大(おお)きな被害(ひがい)を受(う)けた/九州由于20号台风的直接袭击而受到了很大损失。

ちょくげん⓪【直言】(名・他サ)直言，直说。△あえて上司(じょうし)に～する/敢于向上司直言。

ちょくご①【直後】…之后不久，刚…之后，紧接着。△終戦(しゅうせん)～の混乱(こんらん)/停战之后不久(发生)的混乱。

ちょくし①【直視】(名・他サ)①直视，注视，盯着看。△前方(ぜんぽう)を～する/注视前方。②正视，认真对待。△現実(げんじつ)を～する/正视现实。

ちょくしん⓪【直進】(名・自サ)一直前进。△目的地(もくてきち)に向(むか)って～する/向目的地一直前进。

ちょくせつ⓪【直接】(副・名・形动・自サ)直接。△～の影響(えいきょう)/直接的影响。△～交渉(こうしょう)する/直接谈判。

ちょくせん⓪【直線】直线。△～距離(きょり)/直线距离。△～を引(ひ)く/画直线。

ちょくぜん⓪【直前】即将…之前，眼看就要…的时候。△試験(しけん)の～に/在快要考试之前。

ちょくぞく⓪【直属】(名・自サ)直属。△～の部下(ぶか)/直属的

部下。△総理府(そうりふ)～の機関(きかん)/直属于总理府的机关。

ちょくちょう③⓪② 【直腸】直肠。

ちょくちょく① (副)时常,往往。△～事故(じこ)が起(お)きる/常常发生事故。

ちょくつう⓪ 【直通】(名・自サ)直通,直达。△～電話(でんわ)/直通电话。△～列車(れっしゃ)/直达列车。

ちょくばい⓪ 【直売】(名・他サ)直销,直接销售。

ちょくめん⓪ 【直面】(名・自サ)面临,面对。△困難(こんなん)に～する/面临困难,面对困难。

ちょくりつ⓪ 【直立】(名・自サ)①直立,笔直站立。△～不動(ふどう)/直立不动。②耸立,矗立。△広場(ひろば)に～する記念碑(きねんひ)/耸立在广场上的纪念碑。

ちょくりゅう⓪ 【直流】(名・自サ)①(河流的)直流。②(电的)直流。△～発電機(はつでんき)/直流发电机。

ちょくれつ⓪ 【直列】(名・他サ)①直列,排成一列。②(电池、电阻等)串联。△～抵抗(ていこう)/串联电阻。△電池(でんち)を～につなぐ/把电池串联起来。

ちょこ① 〔猪口〕酒盅,小瓷酒杯。

ちょこちょこ① (副・自サ)①迈小步走。△子(こ)どもが～歩(ある)く/孩子迈小步蹭着走。②匆匆忙忙,慌慌张张,不从容。△～した人(ひと)/慌慌张张的人。

チョコレート③ [chocolate]①巧克力糖。②("チョコレート色(いろ)"之略)咖啡色。

ちょさく⓪ 【著作】(名・自他サ)著作,写作。△～家(か)/作家。△～権(けん)/著作权(版权)。△～物(ぶつ)/作品。

ちょしゃ① 【著者】著者,作者。

ちょしょ① 【著書】著作。△作家(さっか)にその～にサインしてもらいたい/想请作家在其著作上签名。

ちょすい⓪ 【貯水】(名・自サ)贮水,蓄水。△～量(りょう)/贮水量。△～池(ち)/水库,蓄水池。

ちょぞう⓪ 【貯蔵】(名・他サ)储藏,储存。△～室(しつ)/储藏室。△食糧(しょくりょう)を～しておく/储备粮食。

ちょちく⓪ 【貯蓄】(名・他サ)储蓄,积蓄。△資本(しほん)を～する/积累资本。

ちょっか① 【直下】(名・自サ)①直下,垂直下降。△急転(きゅうてん)～/急转直下。②正下面(方)。△赤道(せきどう)～の島(しま)/正在赤道位置上的海岛。

ちょっかく⓪ 【直角】直角。△～三角形(さんかくけい)/直角三角形。△～定規(じょうぎ)/直角规;矩尺。

ちょっかく⓪ 【直覚】(名・他サ)直觉,直接感到。△～で分(わ)かる/凭直觉就可以知道。

ちょっかつ⓪ 【直轄】(名・他サ)直辖,直属。△文部科学省(もんぶかがくしょう)～の学校(がっこう)/直属文部科学省的学校。

ちょっかん⓪【直感】(名・他サ)直感,当即感到。△危険(きけん)を～する/当即感到危险。

ちょっかん⓪【直観】(名・他サ)直观,直接看出。△論理的(ろんりてき)に推理(すいり)しなくても～で物事(ものごと)の本質(ほんしつ)をとらえられる場合(ばあい)もある/有时不从逻辑上推理也可凭直观抓住事物的本质。

チョッキ⓪〔葡 Jaque〕西装背心。

ちょっけい⓪【直径】直径。△円(えん)の～/圆的直径。

ちょっこう⓪【直行】(名・自サ)①径直前往。△現地(げんち)に～する/直奔现场。②(车、船等)直达。△北京(ぺきん)まで～する列車(れっしゃ)/直达北京的列车。

ちょっこう⓪【直航】(名・自サ)(船舶、飞机)直达,直航。△この船(ふね)は上海(シャンハイ)へ～する/这条船直达上海。△～便(びん)/直达航线。

ちょっと①〔一寸〕(副)①一会儿,暂且。△～待(ま)ってくれ/等一会儿。②稍微,一点儿。△～右(みぎ)に寄(よ)る/靠右一点儿。③(下接否定语)不大容易,难以。△～見当(けんとう)がつかない/难以估计。④颇,很。△～むずかしい/很难。

	～お待ちください	～行って来るよ	もう～で勝てたのに	～のことは大目に見よう
ちょっと	○	○	○	×
少し	○	×	○	×
少々	○	×	×	○

ちょっぴり③(副)少许,一点点。△～値(ね)が高(たか)い/有点贵。

ちょとつ①〔猪突〕(名・自サ)莽撞,冒进,蛮干。△～猛進(もうしん)する/盲目冒进。

ちょぼちょぼ Ⅰ①(名・副)①密点,一排点。△～を打(う)つ/点上一排点。②星星点点地。△～とはえたひげ/长出了星星点点的胡子茬。Ⅱ⓪(形动)不相上下,半斤八两。△彼(かれ)はぼくと～だよ/他和我是半斤八两。

ちょめい⓪【著名】(名・形动)著名,出名。△～な人物(じんぶつ)/著名的人物。

	～な作家	外国にも～な会社	近所で～なあばれ者	御～はかねがね承っております
著名	○	○	×	×
有名	○	○	○	×
高名	○	×	×	○

ちょろちょろ①(副)①(流水)潺潺,涓涓。△水(みず)が～と流(なが)れる/水流潺潺。②(小火苗)微微地,徐徐地。△炎(ほのお)が～燃(も)える/小火苗徐徐地燃着。③(小东西)到处跑。△子(こ)ねずみが～する/小耗子到处乱跑。

ちらか・す④⓪③【散らかす】Ⅰ(他五)到处乱扔。△部屋(へや)に紙(かみ)くずを～/在屋子里乱扔碎纸。Ⅱ(接尾)(接动词连用形下)胡乱地…,随便…。△あの人(ひと)はしゃべり散らかして帰(かえ)っていった/他乱说了一通后回去了。

ちらか・る④⓪【散らかる】(自五)零乱,乱七八糟。△部屋(へや)が

散らかっている/屋里杂乱无章。⇨ちる表

ちらし⓪【散(ら)し】①散开。②广告单,传单。△～をまく/撒传单。

ちら・す③⓪【散らす】Ⅰ(他五)①分散开,驱散。△群衆(ぐんしゅう)を～/驱散人群。②散布,传播。△噂(うわさ)を～/散布小道消息。③消除。△腫物(はれもの)を～/消肿。④(使精神)涣散。△気(き)を～/涣散精神。⑤弄乱。△部屋(へや)を～/把屋子弄得乱七八糟。⑥分发(牌等)。△カルタの札(ふだ)を～/分发纸牌。Ⅱ(接尾)(接动词连用形下表示)胡乱…。△食(く)い～/乱吃。

ちらちら①(副・自サ)①纷纷,霏霏。△花(はな)が～落(お)ちる/花纷纷地落下。②一闪一闪地。△星(ほし)が～光(ひか)る/星星一闪一闪地。③时隐时现地,断断续续地。△彼(かれ)のうわさを～耳(みみ)にする/有关他的情况时有耳闻。

ちらっ・く④⓪③(自五)①(雨、雪等)纷飞,飘舞。△小雪(こさめ)が～/雪花纷飞。②若隐若现,不时浮现。△面影(おもかげ)が～/面容不时浮现在眼前。

ちらっと②(副)①一闪,一晃。△～見(み)える/隐约可见。②略微,偶尔,断断续续。△～耳(みみ)にする/偶尔听到,略微听到一点。

ちらば・る④⓪【散らばる】(自五)分散,分布。零散,零乱。△支店(してん)は全国(ぜんこく)の各地(かくち)に散ばっている/分店分布在全国各地。△紙屑(かみくず)が～/到处是碎纸。⇨ちる表

ちらりと②③(副)①一闪,一晃。②略微,偶尔。→ちらっと。

ちり⓪〔塵〕①尘土,垃圾。②尘世,红尘。③少许,丝毫。△～ほどの私心(ししん)もない人(ひと)/毫无私心的人。④微不足道。△～のわが身(み)/区区之身。◇～も積(つ)もれば山(やま)となる/积少成多,集腋成裘。

	服についた～を払う	～一つない部屋	～をかぶる	浮世の～を逃れる	たたけば～が出る
ちり	○	○	×	○	×
ほこり	○	×	○	×	○

ちり①【地理】地理。△この辺(へん)の～に暗(くら)い/不熟悉这一带的地理(情况)。△月曜日(げつようび)の三時間目(さんじかんめ)は～の授業(じゅぎょう)です/星期一的第三节是上地理课。

ちりあくた③〔塵芥〕①尘芥,尘垢,垃圾。②无价值之物,草芥。△金(かね)を～のように使(つか)う/挥金如土。

ちりがみ⓪〔塵紙〕①粗草纸。②手纸,卫生纸。

ちりぢり⓪【散り散り】四散,分散。△家族(かぞく)が～になる/妻离子散。

ちりとり③④〔塵取(り)〕(收垃圾的)簸箕,垃圾撮子。

ちりば・める④〔鏤める〕(他下

一)镶嵌。△宝石(ほうせき)をちりばめた王冠(おうかん)/镶着宝石的王冠。

ちりめん⓪〔縮緬〕绉绸。

ちりめんざこ⑥〔縮緬雑魚〕→ちりめんじゃこ。

ちりめんじゃこ⑤〔縮緬雑魚〕(也作"ちりめんざこ")小干白鱼。

ちりゃく①【知略】〈文〉智略,智谋。△~を巡(めぐ)らす/运用智谋。

ちりょう⓪【治療】(名・他サ)治疗,医治。△~効果(こうか)がよい/疗效好。△病気(びょうき)を~する/治病。△~を受(う)ける/接受治疗。

ちりょく①【知力】智力。△~の発達(はったつ)した子供(こども)/智力发达的儿童。

ち・る②⓪【散る】(自五)①凋谢。△花(はな)が~/花谢。②散,分散。△観客(かんきゃく)は散って行(い)った/观众散去了。③(墨水等的)洇。△墨(すみ)が~/墨水洇。④(烧)退,(肿)消。△熱(ねっ)が~/烧退了。△腫(は)れが~/消肿了。⑤(精神)涣散。△気(き)が~/精神涣散。⑥流传,传遍。△うわさが~/谣言流传。⑦零乱,到处都是。△紙屑(かみくず)が~/到处是碎纸。

	ガラスが割れて破片が~	桜が~	部屋に本が~ている	卒業生は全国に~ている	室内が~
散る	○	○	×	-っ○	×
散らばる	○	×	-っ○	-っ○	×
散らかる	○	×	-っ○	×	○

チワワ⓪①[chihuahua](一种小型犬,原产地墨西哥)吉娃娃,奇哇哇。

-ちん【賃】(接尾)费用,…费。△手間(てま)~/工钱,手工钱。△電車(でんしゃ)~/电车费。

ちんあつ⓪【鎮圧】(名・他サ)镇压。△反乱軍(はんらんぐん)を~する/镇压叛军。

ちんうつ⓪〔沈鬱〕(名・形動)〈文〉抑郁,沉闷。△~な表情(ひょうじょう)/抑郁的表情。

ちんがし⓪【賃貸し】(名・他サ)出租,出赁。

ちんがり⓪【賃借り】(名・他サ)租入,租赁。△アパートの~/租借公寓。

ちんき①【珍奇】(名・形動)珍奇,稀奇。△~な動物(どうぶつ)/稀奇的动物。

ちんきん①【賃金】工资,薪金。

チンゲンさい③⓪【チンゲン菜】油菜。

ちんし①【沈思】(名・自サ)〈文〉沉思。△~黙考(もっこう)する/沉思默想。

ちんじ①【珍事】稀奇事,离奇事。△~が起(お)こった/发生了一件离奇事情。

ちんしゃ①【陳謝】(名・自サ)赔礼,道歉。△~の手紙(てがみ)/致歉意的信。

ちんじゅつ⓪【陳述】(名・他サ)①叙述,述说。△理由(りゆう)を~する/述说理由。②供述。

ちんせい⓪【鎮静】(名・自他サ)

①镇静,平静。△～作用(さよう)/镇静作用。△痛(いた)みが～した/疼痛止住了。②平定,镇压下去。△暴動(ぼうどう)を～する/平定暴乱。

ちんたい⓪【沈滞】①停滞。②沉滞,不振。△経済(けいざい)が～する/经济不振。③(职位)久不晋升。

ちんちゃく⓪【沈着】(名・形动)沉着。△～な行動(こうどう)/沉着的行动。△～をよそおう/故作镇静。

ちんちょう⓪【珍重】(名・他サ)珍重,珍视。△日本(にほん)で最(もっと)も～されている動物(どうぶつ)に、パンダとコアラをあげることができる/在日本最受珍视的动物中,可以列举出熊猫和树袋熊(这两种动物来)。

ちんつう⓪【沈痛】(名・形动)沉痛。△～な面持(おもも)ち/沉痛的表情。

ちんつう⓪【鎮痛】镇痛,止痛。△～剤(ざい)/镇痛剂,止痛药。

ちんでん⓪【沈殿】〔沈澱〕(名・自サ)沉淀。△液体中(えきたいちゅう)の混(ま)じり物(もの)が瓶(びん)の底(そこ)に～している/液体中的混合物沉淀在瓶底了。

ちんどんや⓪【ちんどん屋】(沿街拉琴、弹弦吹号的)化妆广告人。

チンパンジー③[chimpanzee]黑猩猩。

ちんぴら⓪〈俗〉①〈讽〉小崽子。②小流氓,阿飞。

ちんぷ①【陳腐】(名・形动)陈腐,陈旧。△～な考(かんが)え方(かた)/陈旧的想法。

ちんぷんかん③(名・形动)→ちんぷんかんぷん。

ちんぷんかんぷん⑤⓪(名・形动)(也作"ちんぷんかん")(口语)莫名其妙,无法理解。△～の話(はなし)/莫名其妙的话。

ちんぼつ⓪【沈没】(名・自サ)①(船等)沉没。△～船(せん)/沉船。△嵐(あらし)のため船(ふね)が～した/船因风暴沉没了。②〈俗〉醉得不省人事。③(借出外办事之机中途)嫖妓,冶游。

ちんみ①⓪【珍味】稀罕的美味,珍馐。△山海(さんかい)の～/山珍海味。

ちんみょう⓪①【珍妙】(形动)稀奇古怪,奇异。△～な服装(ふくそう)/奇装异服。△いたずらこは～な顔(かお)をして人(ひと)を笑(わら)わせる/顽皮的孩子作鬼脸逗人笑。

ちんもく⓪【沈黙】(名・自サ)①沉默。△～を守(まも)る/保持沉默。②沉寂。△サイレンの音(おと)は真夜中(まよなか)の～を破(やぶ)った/警笛声打破了深夜的沉寂。◇～は金(きん)、雄弁(ゆうべん)は銀(ぎん)/沉默胜于雄辩。

ちんれつ⓪【陳列】(名・他サ)陈列。△～品(ひん)/陈列品。△商品(しょうひん)を～する/陈列商品。

つ ツ

ツア① [tour]（短途）旅行，旅游，观光旅行。

ツァー① [俄 tsar]（也作"ツァーリ"）沙皇。

つい①（副）①无意中，不知不觉地。△〜大声(おおごえ)を出(だ)して笑(わら)ってしまった/不知不觉地大声笑了起来。②（表示时间、距离等相隔不远，作接头词使用）刚刚，刚才，就。△これは〜この間(あいだ)の事(こと)です/这就是最近的事。△〜鼻(はな)の先(さき)/就在鼻子底下。〈喻〉就在眼前。⇨おもわず 表

つい⓪【対】Ⅰ（名）①成对。△〜になっている花(か)びん/成对的花瓶。②对句。Ⅱ（接尾）（接在数词下，为计算数量的助数词）对，双，副。△靴下(くつした)一(いっ)〜/1双袜子。△〜の茶(ちゃ)わん/一对茶碗。

つい・える③【潰える】（自下一）〈文〉①溃败，崩溃，垮台。△敵(てき)はもろくついえた/敌人一下子就被打垮了。②（希望）破灭，（计划）破产。△夢(ゆめ)が〜/美梦破灭了。

ついおく⓪【追憶】（名・他サ）追忆，回忆。△〜にふける/沉浸在回忆中。⇨かいそう 表

ついか⓪【追加】（名・他サ）追加，添补。△〜注文(ちゅうもん)/追加订货。△予算(よさん)を〜する/追加预算。△〜請求(せいきゅう)/请求追加。

ついかんばん⓪③〔椎間板〕椎间盘。△〜ヘルニア/椎间盘突出（症）。

ついきゅう⓪【追及】（名・他サ）①追究。厳(きび)しく責任(せきにん)を〜する/严厉地追究责任。②追上，赶上。△逃(に)げた犯人(はんにん)の行方(ゆくえ)を〜している/追踪逃犯的去向。

ついきゅう⓪【追求】（名・他サ）①追求。△利潤(りじゅん)を〜する/追求利润。△幸福(こうふく)を〜する/追求幸福。②（"追加請求(ついかせいきゅう)"之略）追加请求。

ついきゅう⓪【追究】〔追窮〕（名・他サ）追究，深究。△事件(じけん)の真相(しんそう)を〜する/追究事件的真相。△原因(げんいん)を〜する/追究原因。

ついげき⓪【追撃】（名・他サ）追击。△〜をかわす/避开追击。△敵(てき)を〜する/追击敌人。

ついこつ①〔椎骨〕椎骨。

ついし⓪【追試】（名・他サ）①（"追試験"之略）补考。△〜を受(う)ける/参加补考。②（对别人做过的试验）重新试验，再次试验。△化学実験(かがくじっけん)の〜/再次做化学试验。

ついしけん③④【追試験】补考。

ついしゅ⓪〔堆朱〕红色雕漆。

ついじゅう⓪【追従】(名・自サ)〈文〉追随,迎合。△～者(しゃ)/追随者。△他人(たにん)の意見(いけん)に～する/迎合别人意见。

ついしょう⓪【追従】(名・自サ)奉承,谄媚。△お～をいう/说奉承话。◇～者(もの)/拍马屁的人。◇～笑(わら)い/谄笑。

ついしん⓪【追伸】(书信用语)再者,又启。

ついずい⓪【追随】(名・自サ)①追随,跟随,步人后尘,当尾巴。△他人(たにん)に～することしかできない/只能步人后尘。②仿效,效法。△～を許(ゆる)さない作品(さくひん)/无法企及(难以效法)的作品。

ついせき⓪【追跡】(名・他サ)追踪。△犯人(はんにん)を～する/追踪犯人。△～調査(ちょうさ)/追踪调查。

ついぞ①(副)(名词"つい"与助词"ぞ"结合而成,下接否定语)从未…,一向没…。△～行(い)ったことはない/从未去过。

ついたち④⓪【一日】〔朔・朔日〕(每月的)一日,一号。

ついて①【就いて】①关于,就…而言。△この問題(もんだい)に～/关于这个问题。②每…。△ひとりに～10円(じゅうえん)/每人10日元。

ついで③⓪〔序(で)〕①顺序,次序。△～を守(まも)る/守秩序。②有机会,得便。△～があれば…/如果得便…。

ついで③⓪①【次いで】(接)接着,随后。△新聞(しんぶん)の記事(きじ)になり、～放送(ほうそう)された/登报后接着又广播了。

ついでに④⓪(副)就便,顺便,顺手。△～おばあさんの家(うち)によってきてちょうだい/顺便去你姥姥家一趟!△～窓(まど)を開(あけ)てください/请你顺手把窗户打开。

ついとう⓪【追悼】(名・他サ)追悼。△～会(かい)/追悼会。△～文(ぶん)/悼词。

ついとつ⓪【追突】(名・自サ)(车等)从后面撞上,追尾。△列車(れっしゃ)が～する/列车从后面撞上。△～事故(じこ)/追尾事故。

ついに①〔終に・遂に〕(副)①终究,终于。△～承知(しょうち)した/终于答应了。△～実験(じっけん)は成功(せいこう)した/试验终于成功了。②(下接否定)始终也(不),最后也(不)…。△彼(かれ)は～来(こ)なかった/他始终也没来。

ついば・む③〔啄む〕(他五)啄。△スズメが落(お)ち穂(ぼ)を～/麻雀啄食(收割后)散落的穗子。

ついぼ①【追慕】(名・他サ)追慕,怀念。△亡(な)き恩師(おんし)を～する/怀念已故恩师。

ついほう⓪【追放】(名・他サ)①驱逐(出境),撵走。△国外(こくがい)～/驱逐出境。②开除。△公職(こうしょく)から～された/被开除公职。

ついや・す③【費やす】(他五)①

費，花費，使用。△作品(さくひん)の完成(かんせい)に二年(にねん)の年月(ねんげつ)を費やした/为了完成作品花费了两年的时光。②浪费，白费。△貴重(きちょう)な時間(じかん)を～/浪费宝贵的时间。

ついらく⓪【墜落】(名・自サ)坠落，掉下。△真逆様(まっさかさま)に～する/倒栽葱坠下。△～事故(じこ)/坠毁事故。

ツイン②[twin]①成双，成对。△～ベッド/一对单人床。②("ツインルーム"之略)配有一对单人床的双人房间。

ツイン・ルーム④[twin room](饭店)配有一对单人床的双人房间。

ツー①[two]二，两个。

つう①【通】Ⅰ(名)①通晓人情世故，体贴人情。△～をきどる/装作通情达理。②行家，精通。△落語(らくご)の～/通单口相声行家。③神通。△～失(うしな)う/失去神通。Ⅱ(接尾)(文件、书信)件，封，张。△手紙(てがみ)一(いっ)～/书信一封。

つういん⓪【通院】(名・自サ)门诊治疗，跑医院。△～ですむ軽症(けいしょう)/门诊治疗就可以解决的小病。

つういん⓪【痛飲】(名・自他サ)畅饮，痛饮。△友人(ゆうじん)と～する/和朋友畅饮。

つうか①【通貨】通货，流通的货币。△～膨脹(ぼうちょう)/通货膨胀。△～収縮(しゅうしゅく)/通货收缩。△～準備(じゅんび)/通货储备。

つうか⓪【通過】(名・自サ)①经过，通过。△トンネルを～する/过隧道。△急行列車(きゅうこうれっしゃ)～駅(えき)/快车不停的车站。②(考试)通过，合格。△試験(しけん)を～した/考试通过了。③(议案)通过。△法案(ほうあん)が～した/法案通过了。

つうかい⓪【痛快】(名・形動)痛快，愉快。△～に酒(さけ)を飲(の)む/痛饮。△～に感(かん)じる/感觉痛快。△～な男(おとこ)/痛快的男子汉。

つうかく⓪【痛覚】痛觉，疼痛的感觉。

つうがく⓪【通学】(名・自サ)上学，走读。△毎日(まいにち)，自転車(じてんしゃ)で～しています/每天骑自行车上学。△～生(せい)/走读生。△～定期券(ていきけん)/学生用(乘车)月票。

つうかん⓪【通観】(名・他サ)通观，全面观察。△近代史(きんだいし)を～する/通观近代史。

つうかん⓪【痛感】(名・他サ)痛感。△重要性(じゅうようせい)を～する/痛感重要性。△体力(たいりょく)の衰(おとろ)えを～する/痛感体力的衰弱。

つうぎょう⓪【通暁】(名・自サ)精通，通晓。△事情(じじょう)に～している/十分了解情况。

つうきん⓪【通勤】(名・自サ)通勤，上下班。△～バス/班车。△～ラッシュ/上下班高峰时间。

つうげき⓪【痛撃】(名・他サ)痛

击,严重打击。△~を与(あた)える/给予严重打击。

つうこう⓪【通行】(名・自サ)①通行,往来。△右側(うそく)を~してください/请靠右边走。△車(くるま)の~/车辆的通行。△~止(ど)め/禁止通行。②通用。△~の辞書(じしょ)/通用的辞典。◇~税(ぜい)/交通税,通行税。

つうこう⓪【通航】(名・自サ)通航,航行。△パナマ運河(うんが)を~する/在巴拿马运河航行。

つうこく⓪【通告】(名・他サ)通告。△~を発(はっ)する/发出通告。△~を受(う)け取(と)る/接到通知。

つうさんしょう⓪【通産省】(日本)通商产业省("通商産業省"的略称)。

つうじ⓪【通じ】大(小)便(的排泄)。△お~はいかがですか/大(小)便怎么样？正常吗？△~をつける/通大便。

つうしょう⓪【通称】①俗称。②一般通用的名称,通称。

つうしょう⓪【通商】(名・自サ)通商。△~条约(じょうやく)/通商条約。△~産業省(さんぎょうしょう)/(日本的)通商产业省。

つうじょう⓪【通常】①通常,照常。△授業(じゅぎょう)は~通(どお)り行(おこな)います/照常上课。△~国会(こっかい)/国会定期会议。②普通。△~郵便物(ゆうびんぶつ)/普通邮件。

つう・じる④⓪【通じる】Ⅰ(自上一)①开通,通。△道(みち)が通じた/道路开通了。②接通。△電話(でんわ)が~/接通电话。③通晓,精通。△彼(かれ)は3(さん)か国語(こくご)に通じている/他通晓三种语言。④通用,相通。△両者(りょうしゃ)には相(あい)~ものがある/两者有相通之处。⑤被理解。△こちらの気持(きもち)が相手(あいて)に通じない/我的心意不能使对方理解。⑥通敌。△敵(てき)と~/通敌。⑦私通。⑧(大小便)畅通。Ⅱ(他上一)①通,使……开通。△電流(でんりゅう)を~/通上电流。②使理解。△自分(じぶん)の意志(いし)を他人(たにん)に~/使别人理解自己的意思。③(常以"…を通じて"的形式构成状语)在整个期间,在整个范围内。以…(方式)。△討論(とうろん)を通じて解決(かいけつ)する/通过讨论去解決。△この地方(ちほう)は一年(いちねん)を通じて温暖(おんだん)だ/这个地方一年到头暖和。⇨かよう 表

つうしん⓪【通信】(名・自サ)①通信,通音信。△~がとだえる/音信断绝。△~の方法(ほうほう)/通信方法。②通讯。△~員(いん)/ⅰ)通讯员。ⅱ)(报刊,杂志等)驻外地记者。△~機関(きかん)/(邮政、电报、电话等)通讯机构。△~教育(きょういく)/函授教育。△~社(しゃ)/通讯社。△~販売(はんばい)/邮购；函售。△~簿(ぼ)/(学校通知家长的)

成绩册。△～網(もう)/通讯网。△～衛星(えいせい)/通讯卫星。

つう・ずる⓪【通ずる】(自他サ)→通じる。

つうせつ⓪【痛切】(名・形動)痛切，深切。△～な感(かん)じ/深切的感觉。

つうち⓪【通知】(名・他サ)通知。△～書(しょ)/通知书。△～表(ひょう)/(学生的)家庭通知书。△～を出(だ)す/发通知。

つうちょう⓪【通帳】账本，折子。△預金(よきん)～/存款折。存折。

つうねん①【通念】一般的想法。△社会(しゃかい)～/社会上的一般想法。

つうでん⓪【通電】(名・自他サ)通上电流。

つうどく⓪【通読】(名・他サ)从头到尾通一遍，通读。△一通(ひととお)り～する/大致通读一下。

つうふう⓪【通風】通风，通气，透风。△～に注意(ちゅうい)/注意通风。

つうふう⓪【痛風】痛风。

つうへい⓪【通弊】通病，通弊。△社会(しゃかい)の～を排除(はいじょ)する/清除社会弊病。

つうやく①【通訳】(名・自サ)口译，翻译者，译员。△～をつとめる/当(口头)翻译。△同時(どうじ)～/同声传译。

つうよう⓪【通用】(名・自サ)①通用，一般使用。△英語(えいご)は世界各国(せかいかっこく)で～する国際語(こくさいご)です/英语是世界各国通用的国际语言。②有效。△～期限(きげん)当日(とうじつ)限(かぎ)り/当日有效。③兼用。④常用。△～門(もん)/便门。

ツール①⓪[tool]工具。

つうれつ⓪【痛烈】(名・形動)激烈，猛烈。△～に攻撃(こうげき)する/猛烈地攻击。

つうろ①【通路】通道，道路，去路。△荷物(にもつ)が～をふさいでいる/货物阻塞着通道。

つうわ⓪【通話】(名・自サ)(电话)通话。△ただいま～中(ちゅう)です/现在正在通话中。

つえ①〔杖〕①手杖，拐杖。△～をつく/拄拐杖。◇転(ころ)ばぬ先(さき)の～/未雨绸缪。〈喻〉事先做好准备。②〈转〉依靠，靠山。△息子(むすこ)を～にする/依靠儿子(生活)。◇～とも柱(はしら)とも頼(たの)む/唯一的依靠。◇～をひく/散步。闲游。

つか②【塚】①土堆。②坟墓，冢。

つかい【使い】〔遣い〕①使用。△～方(かた)/用法。△～道(みち)/用法；用处。②打发去(办事)的人，派去(办事)的人。△～を出(だ)す/派(办事的)人去。△お～の方(かた)にお渡(わた)し致(いた)しました/已交给您派来的人了。③(被打发出去)买东西，办事。△ちょっとお～に行(い)ってくれ/给我买点东西去；给我办点事儿去。

-づかい〔遣い〕(接尾)(接在某些名词后)…用法，使用…的人。

△言葉(ことば)~/语言的用法, 词语的用法。△猛獣(もうじゅう)~/驯养猛兽的人。

つがい⓪〔番(い)〕(成双或雌雄的)一对。△~の小鳥(ことり)/一对小鸟。△~目(め)/i) 关节。ii) 连接部分。

つかいこな・す⑤【使いこなす】(他五)①熟练地使用。△彼女(かのじょ)は英語(えいご)を上手(じょうず)に~/她说一口流利的英语。②使之充分发挥作用, 有效地使用。△コンピューターを~/有效地使用电子计算机。

つかいすて⓪【使い捨て】用完就扔掉, 一次性。△~のライター/一次性打火机。

つかいみち⓪【使い道】①用法。②用处, 用途。△~がある/有用。△~が広(ひろ)い/用途广。

つかいわ・ける⑤【使(い)分ける】(他下一) 灵活运用, 区别使用。△敬語(けいご)を~/灵活运用敬语。

つか・う⓪【使う】〔遣う〕(他五)①使用。△はしを~/用筷子。△気(き)を~/费心, 劳神。②雇用。△人(ひと)を~/雇用人; 使用人。③用, 使。△午後(ごご)の 1 時間(いちじかん)を昼寝(ひるね)に~/用下午的 1 个小时来午睡。④使, 耍(手段、魔术等)。△その男(おとこ)は手品(てじな)を使っている/那个男人在变戏法。△色目(いろめ)を~/送秋波, 眉目传情。⑤消费, 花费。△時間(じか

ん)を~/花费时间。△兄(あに)は旅行(りょこう)に 10 万円(じゅうまんえん)使った/哥哥旅行花了 10 万日元。⑥吃, 洗(澡)。△弁当(べんとう)を~/吃饭盒的饭。带饭盒。△湯(ゆ)を~/洗澡。

つか・える③〔支える・閊える〕(自下一)①堵, 阻塞。△溝(みぞ)が泥(どろ)で支えている/沟被泥堵住了。△のどに~/噎住嗓子。②积压, 积存。△仕事(しごと)が~/工作积压。

つか・える③④【仕える】(自下一)①(对长上)服侍, 侍奉。伺候。△親(おや)に~/侍奉父母。②做官, 当官。服务。△国(くに)に~/为祖国服务。

つかさど・る④〔司る・掌る〕(他五)①担任, 掌管。△国務(こくむ)を~/掌管国务。②管理, 主持。

つかのま⓪〔束の間〕瞬息之间, 片刻, 一会儿工夫。△~に消(き)えて行(い)く/昙花一现, 眨眼之间消失。△~を惜(お)しむ/珍惜片刻。

つかま・える⑤⓪【捕まえる】〔捉まえる・擒まえる〕(他下一)①捉拿, 逮捕。△警察(けいさつ)が犯人(はんにん)を~/警察逮捕犯人。②揪住, 抓住。△ロープを~/抓住绳索。△タクシーを~/叫一辆出租车。⇒とらえる 表

つかま・せる④【擒ませる】(他下一)①让(人)抓。△ボールを~/让他抓球。②行贿, 送贿。△5 万円(ごまんえん)~/送贿 5 万日元。

③强卖,硬塞给(伪劣品)。△粗悪品(そあくひん)を～/把次货卖给人家。

つかま・る④⓪【捕まる】〔捉まる〕(自五)①被捕拿,被捕住。△スパイが捕まった/间谍被捕。②紧紧抓住。△電車(でんしゃ)のつり皮(かわ)にしっかり捕まって下(くだ)さい/请抓紧电车的吊环。

つかみどころ⓪【つかみ所】〔摑み所〕①抓手,抓处。△～のない人(ひと)/难以捉摸的人。②要点,要领。△～のない話(はな)し/不得要领的话。

つか・む②【摑む】(他五)①抓。△物(もの)を～/抓住东西。△雲(くも)を～ような話(はなし)/扑风捉影的话。②抓住,揪住。△手(て)がかりを～/抓到线索。△チャンスを～/抓住机会。◇おぼれる者(もの)はわらをも～/溺水者攀草求援。⇨にぎる 表

つか・る③⓪【漬る】〔浸る〕(自五)①淹,泡。△水(みず)に～/泡在水里。△お湯(ゆ)に～/洗澡。②腌好,腌透。△漬物(つけもの)が漬った/咸菜腌好了。

つかれ③【疲れ】疲劳,疲乏,劳累。△～を覚(おぼ)える/感到疲劳。

つか・れる③【疲れる】(自下一)①累,疲劳。△体(からだ)が～/身体累了。△足(あし)が疲れた/脚(腿)累了。②(东西)用旧,不中用。△このズボンはだいぶ疲れた感(かん)じだ/这条裤子似乎穿得太旧了。

つき②【月】①月,月亮。△～が出(で)た/月亮出来了。②月(一年之中的十二个月)。△～の前半(ぜんはん)/上半月。△大(だい)の～/大月。△～初(はじ)め/月初。△～払(ばら)い/按月付款。△～末(げえ)/月底,月末。③月光。△～が明(あか)るい/月光明亮。④卫星。△木星(もくせい)の～/木星的卫星。◇～とすっぽん/天壤之别。◇～にむら雲(くも)花(はな)に風(かぜ)/好事多磨。好景不长。

つき②【付き】Ⅰ(名)①粘贴。△～の悪(わる)いのり/黏性不好的浆糊。△～のよいおしろい/好使(用)的香粉。②燃烧。△～悪(わる)いマッチ/不容易(划)着的火柴。③运气。△～が回(まわ)ってくる/时来运转。Ⅱ(接尾)①样子。△手(て)～/手势。②带,附带。△保証(ほしょう)～/附有保证。

つき②⓪【尽(き)】尽,完结。△運(うん)の～/运气已尽。

つぎ②【次】①(顺序)下次,下一个,其次,接着。△～の問題(もんだい)/下一个问题。△～から～へと仕事(しごと)がある/工作一个接着一个地来。②(等级)次,第二等。③偏房。

つぎ⓪【継ぎ】补丁。△～の当(あ)たった服(ふく)/打补丁的衣服。△着物(きもの)に～をする/补衣服。

つきあい③⓪【付(き)合い】①来往,交际。△～がよい人(ひと)/善于交际的人。△～が広(ひろ)い/

交际广。②陪，应酬。△お~で旅行(りょこう)する/陪同去旅行。⇨こうさい表

つきあ・う③【付(き)合う】(自五)①交际，来往，共事。△人(ひと)と~/与人交往。②陪，奉陪。△夕食(ゆうしょく)を~/陪着吃晚饭。

つきあ・げる④【突(き)上げる】(他下一)①顶起来。△こぶしを~/用拳头顶住。②(下级、晚辈对长上)顶撞，冒犯。△幹部(かんぶ)を~/顶撞干部。

つきあたり⓪【突(き)当(た)り】①碰上，撞上。②尽头。△道路(どうろ)の~/道路的尽头。

つきあた・る④【突(き)当(た)る】(自五)①冲突，撞，碰。△自転車(じてんしゃ)が塀(へい)に突当った/自行车撞墙上了。②走到(道路的)尽头。△川(かわ)に~/河流挡住去路。③〈转〉遇到难题。△難問(なんもん)に~/碰到了难题。

つきあわ・せる⑤【突(き)合(わ)せる】(他下一)①对照。△帳簿(ちょうぼ)と品物(しなもの)を~/把帐目和实物核对一下。②对证，对质。③面对面，使(彼此)挨近。△ひざを突合せて話(はな)す/促膝交谈。

つきおと・す④【突(き)落(と)す】(他五)①推下去，推掉。△屋上(おくじょう)から~/从房顶上推下去。②(相扑)摑倒，推倒。△相手(あいて)を~/把对方摑倒。

つきかげ⓪③【月影】①月光。△~さやか/月光皎洁。②月影。

つきがけ⓪【月掛(け)】按月交款，按月存钱。△~貯金(ちょきん)/(固定数目)每月零存整取的存款。△~で払(はら)う/按月摊付。

つきぎめ⓪【月ぎめ】〔月極(め)〕按月，包月。△新聞(しんぶん)を~で購読(こうどく)する/按月订报。△車(くるま)を~で雇(やと)う/雇包月车。

つぎこ・む③【注(ぎ)込む】(他五)①注入，倒进；灌入。△急須(きゅうす)に湯(ゆ)を~/往茶壶里灌开水。②花掉(许多钱)，投入(大量资金)。△全財産(ぜんざいさん)を事業(じぎょう)に~/把全部财产投到事业上。

つきさ・す③【突(き)刺す】(他五)①扎，刺，插，扎进，扎透。△ナイフで~/用刀子扎。②打动，刺痛。△彼(かれ)の冷(つめ)たいことばがわたしの胸(むね)を突刺した/他那冰冷的话刺痛了我的心。

つきずえ⓪③【月末】月末，月底。

つきせぬ⓪【尽(き)せぬ】(连体)不尽，无限。△~思(おも)い出(で)/不尽的回忆。△~涙(なみだ)/流不尽的眼泪。

つきそ・う③⓪【付き添う】(自五)护理。△病人(びょうにん)に~/护理病人。

つきだ・す③【突(き)出す】(他五)①推出。△外(そと)へ~/推出去。②伸出，挺起。③扭送(到公

安机关、法院等)。△泥棒(どろぼう)を警察(けいさつ)へ～/把小偷扭送到警察局去。

つぎつぎ② 【次次】(副)(也可以用"～に，～と"的形式)一个接一个地，接连不断地，陆续地。△～に事故(じこ)が発生(はっせい)する/接连不断地发生事故。

つきつ・ける④ 【突き付ける】(他下一)①摆在眼前。△逮捕状(たいほじょう)を～/拿出逮捕证。②强硬地提出。△要求(ようきゅう)を～/强硬地提出要求。

つきつ・める④ 【突(き)詰める】(他下一)①追究到底。△問題(もんだい)を～/把问题追究到底。②苦思苦想，钻牛角尖儿。△そんなに突詰めて考(かんが)えるな/不要想得太过于认真了。

つき・でる③ 【突(き)出る】(自下一)①(向外)突出，挺出。△腹(はら)が～/肚子突出。②扎透，扎破。△針(はり)が～/针扎出来。

つきとお・す④ 【突(き)通す】(他五)①扎透，穿通。△弾丸(だんがん)が鉄板(てっぱん)を突通した/子弹把铁板穿透了。②〈转〉坚持到底。△主張(しゅちょう)を～/坚持自己的主张(到底)。

つきとば・す④ 【突(き)飛(ば)す】(他五)猛撞，撞出很远，撞倒。△牛(うし)が人(ひと)を～/牛把人撞倒。△彼女(かのじょ)に突き飛ばされる/被她撞到很远。

つきと・める④ 【突(き)止める】(他下一)追究，查明。△原因(げんいん)を～/查明原因。△ありかを～/找到下落。

つきなみ⓪ 【月并(み)】〔月次〕Ⅰ(名)每月，月月。△～会(かい)/每月例会。Ⅱ(形动)普通，一般，陈腐，平凡。△～な文句(もんく)/陈腐的词句。

つぎに② 【次に】(副)其次，下面，接着。△～ニュースをお伝(つた)えします/下面报告新闻。

つきぬ・ける④ 【突(き)抜ける】(自下一)①穿透。△弾丸(だんがん)が壁(かべ)を突抜けた/子弹穿透了墙。②通过，穿过。△林(はやし)を突抜けて行(い)く/穿过树林往前去。

つぎはぎ⓪ 【継(ぎ)接(ぎ)】(名・他サ)①补，缝补。△～だらけの着物(きもの)/满是补丁的衣服。②东拼西凑，修修补补。△～だらけの論文(ろんぶん)/完全是拼凑出来的论文。

つきはじめ③ 【月初め】月初。

つきは・てる④ 【尽(き)果てる】(自下一)净尽，精光。△現金(げんきん)が尽き果てた/现金花个精光。△精(せい)も根(こん)も～/筋疲力尽。

つきはな・す④ 【突(き)放す】(他五)①撞开，猛力推开。△彼(かれ)の手(て)を～/推开他的手。②撇开，抛弃，断绝关系。③〈转〉冷酷无情。△わざと突放した言(い)い方(かた)をする/故意冷言冷语地说。

つきばらい③ 【月払い】(名・他サ)

按月支付，分月付款。△~で車(くるま)を買(か)う/以按月付款的方式买车。

つきひ② 【月日】①月亮和太阳。②光阴，岁月，时光。△~が流(なが)れる/岁月流逝。③日期。△手紙(てがみ)の終(おわ)りに~を記入(きにゅう)する/在信的末尾写上日期。

つきまと・う④ 〔付き纏う〕(自五)缠住，纠缠。△病魔(びょうま)が~/病魔缠身。△変(へん)な男(おとこ)付き纏われる/被不三不四的男人缠住了。

つきみ⓪③ 【月見】赏月，观月。△~をする/赏月。△~草(そう)/夜来香。△~うどん/(面条煮熟盛在碗里后，上面打上一个生鸡蛋，象征月亮的)鸡蛋面条。

つぎめ⓪ 【継ぎ目】①接头，接缝，接口，焊口。△糸(いと)の~/线的接头。△~を継(つ)ぐ/(纸)糊缝，(板)接缝，(金属等)焊缝。△~なしの鋼管(こうかん)/无缝钢管。②继承人。③关节。

つきもの② 【付(き)物】附属物，离不开的东西。△刺身(さしみ)にわさびは~だ/吃生鱼片离不开绿芥末。

つきやぶ・る④ 【突(き)破ぶる】(他五)①扎破，捅破，刺破，戳破，撞破，撞开。△指(ゆび)で障子(しょうじ)を~/用手指捅破纸窗。②突破，冲破。△重囲(じゅうい)を突き破って逃(に)げる/突破重围逃走。

つきよ② 【月夜】月夜。

つ・きる② 【尽きる】(自上一)①尽，完，光。△力(ちから)が~/精疲力尽。△資金(しきん)が~/资金用尽。②到头，结束，满期。△名残(なごり)が尽きない/难舍难分。

	話が~	刀折れ矢~	宴会が~	力が~	切腹して~
尽きる	○	○	×	○	×
果てる	×	×	○	×	○

つ・く①② 【付く】(自五)①沾，沾上，附，附上，印上，贴上。△しみが~/脏了。△足跡(あしあと)が~/留下脚印。②带有，配有。△おまけが~/(购物时)带有赠品。△利息(りそく)が~/生息。③跟随，跟着。△護衛(ごえい)が~/跟随着警卫。④帮忙，护着，支持。△夫(おっと)は姑(しゅうと)に付いた/丈夫偏向(护着)婆婆。⑤在……之后。△私(わたし)たちの車(くるま)は3号車(さんごうしゃ)の後(あと)に付いている/我们的车在3号车之后。△スタートラインに付いて下(くだ)さい/请站到起跑线上(即起跑线后)去。⑥有头绪，有眉目，妥了。△やっと話(はなし)が付いた/(事情)终于谈妥了。△目鼻(めはな)が~/有了眉目。⑦值，合，相当于。△高(たか)く~/很贵。△コピーは1枚(いちまい)10円(じゅうえん)に付く/复印一张(纸)合10日元。⑧取名。△名前(なまえ)が~/取名。⑨(用"…につき"的形式)就…，由于…的原因。△事故(じこ)の件

(けん)に付き相談(そうだん)したいことがある/就事故一事,想商量一下。△日曜日(にちようび)に付き休業(きゅうぎょう)/星期日休息。⑩听到；看到；闻到；感到。△耳(みみ)に～/i)听到。ii)听腻。△目(め)に～/i)看到。ii)显眼,注目。△鼻(はな)に～/i)闻到。ii)腻了。△気(き)が～/感到。发现。ii)注意到。iii)清醒。⑪增加,增添。△智恵(ちえ)が～/长知识。

つ・く①② 〔吐く〕(他五)①呼吸。②吐。③说。△悪態(あくたい)を～/骂人。

つ・く①② 【突く・衝く】〔撞く〕(他五)①扎,刺,戳,捅,顶。△指(ゆび)を針(はり)で突いた/针扎了手指。△槍(やり)で～/用扎枪刺。②支撑,拄着。△つえを突いている/拄着拐杖。△頬杖(ほおづえ)を突いて本(ほん)を読(よ)む/用手支(托)着下巴看书。③攻,抓,乘。△相手(あいて)の弱点(じゃくてん)を～/攻击对方的弱点。◇不意(ふい)を突き虚(きょ)を～/出其不意,攻其不备。④冒,冲,顶。△つんと鼻(はな)を～臭(にお)いがする/闻到一股儿刺鼻的气味儿。⑤冒着,顶着,乘着。△風雨(ふうう)を～/冒着风雨。⑥敲,拍,撞。△鐘(かね)を～/敲钟。△まりを～/拍球。

つ・く①② 【就く】(自五)①就,从事。△私(わたし)は教職(きょうしょく)に就きたい/我想任教。②就(席、座等),到,登。△帰途(きと)に～/踏上归途。△床(とこ)に～/就寝。③就师于…,以…为师。△洋子(ようこ)は山田教授(やまだきょうじゅ)に就いた/洋子就师于山田教授。

つ・く①② 【着く】〔著く〕(自五)①到,到达。△弟(おとうと)が駅(えき)に着いた/弟弟到了车站。△荷物(にもつ)が～/行李到了。②入席,就座。△席(せき)に～/就座。③碰,触,顶。△私(わたし)の足(あし)がプールの底(そこ)に着いた/我的脚触到了游泳池的底。

つ・く①② 〔搗く・舂く〕(自五)捣,舂。△米(こめ)を～/舂米。

つ・く①② 【点く】(自五)①点灯,点火。△花火(はなび)に火(ひ)が点いた/点燃焰火。②打开(电器等),点燃(炉具等)。△テレビが～/打开电视。△ライターが点いた/点燃了打火机。

つ・く①② 〔憑く〕(自五)(狐妖鬼魔等)附体。△狐(きつね)が～/狐狸附体。

つ・ぐ②⓪ 【次ぐ】(自五)①接着,继续。△地震(じしん)に次いで津波(つなみ)が起(おこ)った/地震之后紧接着来了海啸。②次于,亚于。△社長(しゃちょう)に～実力者(じつりょくしゃ)/仅次于社长(总理)的实力派。

つ・ぐ⓪ 〔注ぐ〕(他五)①注入,灌入。△グラスに～/倒入杯中。②斟(茶、酒)。△お酒(さけ)を～/斟酒。

つ・ぐ② ⓪【接ぐ】(他五) ①接。△骨(ほね)を～/接骨。②嫁接。△りんごの木(き)を～/嫁接苹果树。

つ・ぐ② ⓪【継ぐ】(他五) ①継承，承袭。△王位(おうい)を～/継承王位。②补足，添加。△炭(すみ)を～/添炭。③补，缝补。△靴下(くつした)を～/补袜子。

づく【付く】〔附く〕(接尾)(接名词下构成五段动词)①呈现…状态。△調子(ちょうし)～/来劲儿。△元気(げんき)～/有了精神。②〈俗〉着迷，热中。△演劇(えんげき)～/迷上了戏剧。

つくえ⓪【机】①桌子，饭桌。②书桌。△事務(じむ)～/办公桌;写字台。△～を并(なら)べる/桌挨桌。

	本を～に置く	一日～に向かっている	～を囲んでゲームを楽しむ	～を並べた仲	同じ～につく
机	○	○	×	○	×
テーブル	○	×	○	×	○

-つくし【尽(く)し】(接尾)(接名词后，表示其全部)全…，一切…。△国(くに)～/全国。△心(こころ)～のもてなし/竭诚款待。

つく・す②【尽(く)す】Ⅰ(他五)①尽力，效力。△手段(しゅだん)を～/千方百计。②(用力完成)尽。△義務(ぎむ)を～/尽义务。③极其，极尽。△善美(ぜんび)を～/尽善尽美。△贅(ぜい)を尽した人(ひと)/极尽奢侈的人。Ⅱ(接其他动词连用形下)…尽，完，

光。△食(た)べ～/吃光。

つくだに⓪〔佃煮〕咸烹海味(以酱油、糖等煮的小鱼、小虾等)。

つくづく②③〔熟〕(副)①仔细,注意。△～考(かんが)える/仔细思考。②深刻地，痛切地。△健康(けんこう)のありがたさを～感(かん)じた/深深地感到健康的宝贵。③真，实在，完全。△～いやになった/真腻透了。

つぐない⓪③【償い】补偿，赔偿。△金(かね)を払(はら)って～をする/用钱补偿。

つぐな・う③【償う】(他五)①补偿，赔偿，抵偿。△損失(そんしつ)を～/补偿损失。②赎罪，抵罪。△罪(つみ)を～/赎罪。

つくねやき⓪〔捏(ね)焼(き)〕烤肉饼(把鱼肉、鸡肉剁碎搀上鸡蛋烤熟)。

つく・ねる③〔捏ねる〕(他下一)捏，捏合到一起。△土(つち)を捏ねて人形(にんぎょう)を作(つく)る/捏泥做成泥娃娃。

つくり③【作(り)】①构造。△この家具(かぐ)は～がしっかりしている/这件家具做得很结实。②身材，体格。△小作(こづく)りの人(ひと)/身材瘦小的人。③打扮，化妆。△若作(わかづく)り/(女)显得年轻的衣着。打扮得年轻。④生鱼片。△まぐろの～/金枪鱼片。⑤装，假装。△～笑(わら)い/装笑。△～声(ごえ)/假嗓子。

つくり③〔旁〕汉字的右旁;偏旁。

つくりあ・げる⑤⓪【作り上げる】

(他下一)①做完，完成。△一日(いちにち)で～/一天完成。②伪造，炮制。△罪(つみ)を～/捏造罪名。

つくりばなし④【作り話】编造的瞎话，虚构的故事。△人(ひと)だましの～にすぎない/只不过是骗人的瞎话。

つく・る②【作る・造る】(他五)①制，做，造，制造。△この工場(こうじょう)は自動車(じどうしゃ)を～/这家工厂制造汽车。△着物(きもの)を～/做衣服。△夕食(ゆうしょく)を～/做晚饭。②写，作，制定，(人为的)造成。△詩(し)を～/作诗。△災害対策(さいがいたいさく)に条例(じょうれい)を作った/制定了抗灾(管理)条例。△洋子(ようこ)は足(あし)にまめを作った/洋子的脚上打了泡。△顔(かお)に傷(きず)を作った/脸上受伤了。△背中(せなか)におできを作った/后背上生疖子了。③做，修建。△ダムを～/修水库。△ビルを～/建楼房。④成立，建立。△父(ちち)は新会社(しんがいしゃ)を作った/父亲筹建了新公司。⑤组成，组建。△社長(しゃちょう)は会社(かいしゃ)に野球(やきゅう)チームを作った/公司总经理在公司组建了棒球队。⑥栽培，种。△トマトを～/种西红柿。⑦养育。△子供(こども)を～/生育，养孩子。⑧形成…形状。△三(みっ)つの島(しま)はちょうど三角形(さんかくけい)を作っている/三个岛正好形成一个三角形。△列(れつ)を～/排队。△生徒(せいと)たちは円(えん)を作った/学生们拉了一个圆圈。⑨培养，制造。△このような教育環境(きょういくかんきょう)が立派(りっぱ)な人間(にんげん)を作ったのだ/这样的教育环境，才培养了优秀的人才。△世論(せろん)を～/(制)造舆论。△罪(つみ)を～/造孽。⑩假装，虚构。△しなを～/撒娇，作态。△笑顔(えがお)を～/假做笑脸。⑪化妆，打扮。△顔(かお)を～/化妆。⑫(鸡)报时。△にわとりが時(とき)を～/雄鸡报时。

	お菓子を～	財産を～	群れを作って生活する	言い訳を～	世界記録を～
作る	○	○	ー○	×	○
こしらえる	○	○	×	○	×

つくろ・う③【繕う】(他五)①修理，修补。△ズボンのほころびを～/缝补裤子的绽线。②整理，修饰。△身(み)なりを～/修饰。△体裁(ていさい)を～/修饰外表；保持体面。③敷衍。△ことばで～/拿话敷衍。⇨なおす|表|

つけ②【付け】Ⅰ(名)①结算单。②赊账。△～で買(か)う/赊购。△～にする/赊账。Ⅱ(接尾)(接动词连用形下表示)习惯…；经常…。△行(い)き～の所(ところ)/常去的地方。

-づけ【付(け)・附(け)】(接尾)①(接名词后，表示附在其后)加上…，附上…，涂上…。△のり～/涂上浆糊。△さん～で呼(よ)ぶ/

加上敬称来叫。②(附在日期后,表示书写寄发的日期)…日。△7月1日(しちがつついたち)～の発令(はつれい)/7月1日颁发的法令。

-づけ 【漬(け)】(接尾)①以…方法腌的咸菜。△一夜(いちや)～/腌一夜就吃的咸菜。△大根(だいこん)～/咸萝卜。②用…腌。△塩(しお)～/盐腌。△味噌(みそ)～/酱腌。③浸泡在…里。△茶(ちゃ)～/茶泡饭。△薬(くすり)～/给患者开大量的药。

つけあが・る④⑤ 【付(け)上(が)る】(自五)得意忘形,翘尾巴,飘飘然,放肆起来。△ほめると彼(かれ)は～一表扬,他就飘飘然了。

つけあわせ⓪ 【付(け)合(わ)せ】配合,搭配。△肉料理(にくりょうり)の～に野菜(やさい)サラダを添(そ)える/肉菜搭配上青菜沙拉。

つげぐち⓪ 【告(げ)口】告密,打小报告。△～をする人(ひと)/打小报告的人。

つけくわ・える⑤⓪ 【付け加える】(他下一)补充,添加,附加。△これ以上(いじょう)～ことはない/我没有再补充的了。

つけこ・む③⓪ 【付(け)込む】(自五)①乘机,乘人之危。△弱(よわ)みに～/抓住(人家)弱点。乘人之虚。△～すきがある/有机可乘。②记账,登账。△一日(いちにち)の売上高(うりあげだか)を帳簿(ちょうぼ)に～/把一天的销售额记到账上。③预约,预订。

つけた・す③④⓪ 【付(け)足す】(他

五)付加,添加。△さらに付録(ふろく)を～/再加上附录。

つけね⓪③ 【付(け)根】根儿。△ももの～/大腿根儿。

つけねら・う④⑤⓪ 〔付け狙う〕(他五)跟在后面伺机行事(加害)。△すりに付け狙われた/被扒手跟上。△命(いのち)を～/伺机杀害。

つけめ③ 【付(け)目】可乗之机,可利用的弱点。△酒(さけ)に弱(よわ)いところが～だ/对方经不住酒的诱惑,这一点是我们可利用之处。

つけもの⓪ 【漬物】咸菜,泡菜,酱菜。△茄子(なす)の～/腌茄子。

つけやきば③ 【付け焼(き)刃】①临阵磨枪,应付,敷衍。△～の勉強(べんきょう)ではだめだ/学习不能应付差事。②徒有其名,装模作样。

つ・ける② 【付ける】(他下一)①连接,接上,安上,贴上。△シャツにボタンを～/给衬衣钉(安)上扣子。△窓(まど)にカーテンを～/给窗户装上窗帘。②增添,留下。△子供(こども)がレコードに傷(きず)を付けた/小孩把唱片碰了个口子。△元気(げんき)を～/提起精神。③派,配备。△息子(むすこ)に家庭教師(かていきょうし)を～/给儿子请家庭教师。△護衛(ごえい)を～/派警卫员护卫。④(有了)着落,结局,线索,头绪。△警察(けいさつ)は犯人(はんにん)の居場所(いばしょ)の見当(けんとう)を付けている/警察找到了犯人

的下落。△話(はなし)を～/把事情说妥。⑤记，写。△日記(にっき)を～/记日记。△帳簿(ちょうぼ)を～/记账。⑥尾随，跟踪。△刑事(けいじ)は犯人(はんにん)を付けている/便衣警察跟踪着犯人。⑦起名，命名。△生(うま)れた子供(こども)に名前(なまえ)を～/给刚出生的孩子起名字。⑧涂，搽，抹，沾。△薬(くすり)を～/上药。△パンにバターを～/给面包抹上黄油。⑨掌握，养成。△よい習慣(しゅうかん)を～/养成好习惯。△身(み)に～/掌握。⑩注意，注目。△気(き)を～/注意。⑪取得。△連絡(れんらく)を～/取得联系。◇因縁(いんねん)を～/找茬儿。◇味噌(みそ)を～/丢脸，出丑。

つ・ける② 【就ける】(他下一)①就，任。△職(しょく)に～/就职。②从师。△先生(せんせい)に就けて習(なら)わせる/跟老师学习。

つ・ける⓪ 【漬ける】(他下一)①浸，泡。△水(みず)に～/泡在水里。②腌。△塩(しお)で野菜(やさい)を～/用盐腌菜。

つ・ける② 【着ける】(他下一)①穿(衣服)，戴(饰物等)。△着物(きもの)を身(み)に～/穿衣服。△猫(ねこ)が首(くび)に鈴(すず)を着けている/猫的脖子上挂着铃铛。②(车、船等)开到，拉到，靠。△車(くるま)を駅(えき)の正面(しょうめん)に着けた/把车开到了车站前面。③让…坐于(在)…。△先生(せんせい)は生徒(せいと)たちを席(せき)に着けた/老师让学生们坐在座位上。④(手、脚、头等)碰到…，触到…。△私(わたし)はプールの底(そこ)に足(あし)を着けて立(た)った/我把脚着到游泳池底站了起来。

つ・ける② 【点ける】(他下一)①点(火等)。△明(あ)かりを～/点灯。开灯。△マッチを点けた/划着了火柴。②打开，扭开，拉开(电灯、电器、煤气炉等的开关、电门)。△テレビを～/打开电视。

つ・げる⓪ 【告げる】(他下一)告，告诉，通知。△別(わか)れを～/告别。△ラジオが時(とき)を～/收音机报时。△開会(かいかい)を～/宣告开会。⇨しらせる 表

つごう⓪ 【都合】①情况，趋势，缘故，结果，理由。△～がいい/方便，合适。△その時(とき)の～で変更(へんこう)することもある/根据实际情况有变更的可能。②(事先的)准备，计划，筹划。△時間(じかん)の～をつける/挤时间；安排时间。△金(かね)の～/筹划钱。

	すべて〜よく運ぶ	〜の悪い日時	自分め〜ばかり考える	〜が悪くて寝ている	何とか予定を〜する
都合	○	○	×	×	○
具合	○	○	×	○	×
あんばい	△	×	×	○	○

つじ⓪ 〔辻〕十字路口，街头。

つじつま⓪ 〔辻褄〕条理，道理，情况。△～が合(あ)う/合乎逻辑。有道理。△話(はなし)の～が合(あ)

つた・う③⓪【伝う】(自五)順(着)，沿(着)。△涙(なみだ)がほおを伝っている/眼泪顺着脸往下流。△ロープを伝って登(のぼ)る/順着绳子往上爬。

つたえ⓪【伝え】①传言，传说，传闻，音信。△昔(むかし)からの～/古来的传说。△～話(ばなし)/传说，传言。②传记。③传达，传话，通知。

つた・える④⓪【伝える】(他下一)①传，导，传导。△熱(ねつ)を～/传热。②告诉，转达，传达。△御両親(ごりょうしん)によろしくお伝え下(くだ)さい/请代我向您父母问好。△洋子(ようこ)は母(はは)にいま会社(かいしゃ)を出(で)たところだと伝えた/洋子(打电话)告诉妈妈她已从公司出来。③告知。△崩(くず)れたビルが地震(じしん)の激(はげ)しさを伝えている/从倒塌的大厦可知地震的严重程度。④流传(后代)。⑤传入，传播。△キリスト教(きょう)を日本(にほん)に～/将基督教传往日本。

つたな・い③〔拙い〕(形)①拙，拙劣，不高明。△～文章(ぶんしょう)/拙劣的文章。②笨，迟钝。△～者(もの)ではございますが/(自谦)我是一个愚お笨的人。③运气不好。△運(うん)が～/运气不好。

つたわ・る⓪【伝わる】(自五)①传导。△銅線(どうせん)を熱(ねつ)が～/热通过铜线传导。②传，传达。△ニュースはたちまち学校中(がっこうちゅう)に伝わった/消息很快传遍了整个学校。③沿着，顺着。△水滴(すいてき)が窓枠(まどわく)を伝わって下(した)に落(お)ちた/水珠顺着窗框滚落下来。④流传，相传。△祖先(そせん)から～/从祖先传下来。⑤传来。△仏教(ぶっきょう)は百済(くだら)から日本(にほん)へ伝わった/佛教由百济(古代朝鲜)传到了日本。◇名(な)が後世(こうせい)に～/名垂千古。

つち②【土】①地，土地，大地。②土，土壤。△～煙(けむり)/飞尘。③地上，地面。◇～一升(いっしょう)金(かね)一升/〈喻〉土地昂贵。◇～が付(つ)く/〈相扑〉输。败。◇～になる/〈喻〉死。

つち②〔槌・鎚〕(金属或木头的)槌子，锤子。△～を打(う)つ/用锤子打。△～で庭(にわ)を掃(は)く/i)赶忙准备款待贵客。ii)说奉承话，恭维。

つちか・う③【培う】(他五)①培植，栽培。②培养，培育。△愛国心(あいこくしん)を～/培养爱国心。

つつ(接助)(接动词、动词型助动词连用形下)①一边…一边…。△道(みち)を歩(ある)きつつ小説(しょうせつ)を読(よ)む/边走边看小说。②(多用"つつも"的形式)虽然，可是。△遅(おそ)いと知(し)りつつも出(で)かけた/明明知道

晚了，可是还是去了。③(用"つつある"的形式，表示动作在进行、作用在继续)正在…。△世界(せかい)の情勢(じょうせい)は変化(へんか)しつつある/世界形势正在发生变化。

つつ②⓪【筒】①筒，管。②枪筒，炮筒。③枪，炮。④水井井膛。

つつうらうら①-⓪【津津浦浦】(也作"つづうらうら")全国各个角落，五湖四海。

つっかか・る④【突(っ)掛(か)る】(自五)①顶嘴，顶撞。△相手(あいて)かまわず～/不管对方是何人就顶撞。②猛冲，猛撞。猛扑。△牛(うし)が突っかかってくる/牛猛冲过来。

つつがな・い④〔恙無い〕(形)无恙，无病，健康，平安，顺利。△つつがなく長(なが)い旅(たび)を終(お)える/平安顺利地结束了长途旅行。

つづき⓪【続き】Ⅰ(名)接续，连续。△文章(ぶんしょう)の～が悪(わる)い/文章前后衔接得不好。△前号(ぜんごう)の～を読(よ)む/读上期的续编。Ⅱ(接尾)(接名词后)连续(不断)，接续(不断)。△雨(あめ)～の天気(てんき)/连雨天。△日照(ひで)り～/连续干旱。

つつ・く②【突く】(自五)(口语也作"つっつく")①(用手指等)捅，戳。△背(せ)をつついて注意(ちゅうい)する/捅一下后背加以提醒。②啄。△鳥(とり)が木(き)の実(み)を～/鸟啄树上的果实。△魚(さかな)がえさを～/鱼啄食。③挑剔，吹毛求疵。△欠点(けってん)を～/挑毛病。

つづ・く⓪【続く】(自五)①连续，接续。△雨(あめ)の日(ひ)が～/连阴雨天。△戦争(せんそう)は三年間(さんねんかん)も続きました/战争持续了三年。②接着，跟着。△俺(おれ)の後(あと)に続け/跟着我!△金(かね)が続かない/钱接应不上。③相连，相接。△この道(みち)は国道(こくどう)に続いている/这条公路与国营公路相连。④次于。△この地方(ちほう)は北海道(ほっかいどう)に～じゃがいもの産地(さんち)だ/这个地区是仅次于北海道的土豆产地。

-つづ・く【続く】(接尾)(接动词连用形后)连续，接连。△雨(あめ)が降(ふ)り～/阴雨连绵。

つづけさま⓪【続(け)様】连续，接连不断。△～のくしゃみ/一连串的喷嚏。

つづ・ける④⓪【続ける】(他下一)①连续，持续，继续。△父(ちち)は仕事(しごと)を早朝(そうちょう)から夜(よる)まで続けた/父亲(每天)从早到晚地工作。△連勝(れんしょう)を～/连胜。②连接在一起。△近所(きんじょ)に続けて3度火事(さんどかじ)があった/我家附近接连发生了三起火灾。

つっけんどん③〔突っ慳貪〕(形动)冷淡，粗暴，刻薄。△～に答(こた)える/冷言冷语地回答。△～な態度(たいど)/冷淡的态度。

つっこみ⓪【突(っ)込(み)】①深入,彻底。△研究(けんきゅう)の～が足(た)りない/研究得不够深入。②整批,包圆儿,一揽子。△～で買(か)うと安(やす)くつく/整批买下来,价格便宜。③(多口相声的)逗哏。

つっこ・む③【突(っ)込む】Ⅰ(自五)①闯入,突入。△敵陣(てきじん)に～/突入敌阵。②深入。△突っこんだ話(はなし)をする/进行深入的谈话。Ⅱ(他五)①插入,钻进。△手(て)をポケットに～/把手插进衣袋里。②深入追求,尖锐指摘,责难。△突っこんだ質問(しつもん)をする/提出尖锐的质询。

つつしみ⓪④【慎(み)】谦虚谨慎,谨言慎行。△～のない女(おんな)/言行不谨慎的女人。

つっこ・む③【突っ込む】Ⅰ(自五)①冲入,闯入,刺入。△敵陣(てきじん)に～/闯入敌阵。②深入。△突っ込んだ話(はなし)をする/深入地谈。Ⅱ(他五)指摘,追究。△誤(あやま)りを～/追究错误。

つつし・む③【慎む・謹む】(他五)①谨慎,小心,慎重。△言葉(ことば)を～/说话谨慎。②谦虚,有礼貌。③节制,抑制。△酒(さけ)を～/节制饮酒。

つつしんで③【謹んで】(副)谨,敬。△～新年(しんねん)のおよろこびを申(もう)しあげます/谨贺新年。

つった・つ③【突っ立つ】(自五)①耸立,直立,站立。②呆呆地站着。△そんな所(ところ)にぼんやり突っ立っていないで手伝(てつだ)いなさい/不要呆呆地站在那儿,过来帮帮忙。

つっぱし・る④【突(っ)走る】(自五)〈俗〉①猛跑,突奔。△自動車(じどうしゃ)が～/汽车猛跑。△首位(しゅい)を～/猛跑在最前面。②不顾后果,鲁莽,冒失。△悪(あく)の道(みち)を～/不顾后果地走邪路。

つっぱ・ねる④【突(っ)ぱねる】〔突(っ)撥ねる〕(他下一)①撞开,推开。②严历拒绝。△要請(ようせい)を～/对请求严加拒绝。

つっぱ・る③【突っ張る】Ⅰ(他五)①顶住,支住,撑住。②(相扑)用手掌顶推。③坚持己见。△自説(じせつ)を～/固执己见。△欲(よく)の皮(かわ)が～/贪得无厌。Ⅱ(自五)(腹,腰,足等的肌肉)痛,胀,抽筋。△筋肉(きんにく)が～/抽筋。

つつまし・い④〔慎しい〕(形)①俭朴。△～生活(せいかつ)/俭朴的生活。②谦逊,客气,拘谨。③彬彬有礼,恭恭敬敬。△彼女(かのじょ)はつつましく皆(みんな)の話(はなし)に耳(みみ)を傾(かたむ)けていた/她恭恭敬敬地听大家讲的话。

つづま・る③【つづまる】〔約まる〕(自五)缩短,缩简,简化。△日程(にってい)が～/日程缩短。

つつみ③【包み】①包，包裹，包袱。△～にする/打包。△～金(かね)/礼金，红包。②〈转〉隐蔽，掩饰。△～隠(かく)しをしない/不加掩饰。

つづみ⓪③【鼓】小鼓，手鼓，腰鼓。

つつみがみ③【包み紙】包装纸，包东西用的纸。

つつ・む②【包む】(他五)①包上，裹起来。△毛布(もうふ)で体(からだ)を～/用毯子把身体裹起来。②包围。△猛火(もうか)に包まれた/被烈火包围起来。③隐藏，隐瞒。△包み隠(かく)さず/不隐瞒。④笼罩。△彼(かれ)の生活(せいかつ)はまったく謎(なぞ)に包まれている/他的生活完全是个谜。

	ふろしきに～	香典に一万円～	足を毛布で～	火炎(ほのお)～れた家	冬に庭木をわらで～
包む	○	○	×	×	×
くるむ	○	×	○	-ま○	○

つづ・める③⓪〔約める〕(他下一)①缩小，缩短。②简略，概括。△約めて言(い)えば…/简而言之。③节约，俭省。△経費(けいひ)を～/缩减经费。

つづり⓪③〔綴り〕①装订。△書類(しょるい)の～/装订文件。②拼字，拼写，拼字法。△～をまちがえる/拼错。△単語(たんご)の～/单词的拼法。

つづ・る③②〔綴る〕(他五)①作诗，作文。△思(おも)い出(で)を文(ぶん)に～/把回忆写成文章。②(用罗马字)拼写。③补缀，缝补。△ズボンの破(やぶ)れを～/把裤子的破处缝上。

つと①②(副)突然，忽然。△～立(た)ち止(ど)まる/忽然站住。

つど①【都度】每回，每次。△その～/每次，每回。△食事(しょくじ)の～/每次吃饭。

つどい②⓪③【集い】集会，聚会。△同窓生(どうそうせい)の～/同班同学的集会。

つとに①②〔夙に〕(副)①早就，老早就。△～知(し)っていた/早就知道。②自幼，从小。△～楽才(がくさい)を示(しめ)す/自幼就显示出音乐的才能。③清晨，早晨。

つど・う②【集う】(自五)集会，聚会。△留学生(りゅうがくせい)が全国(ぜんこく)から～/留学生从全国各地聚拢来。

つとま・る③【勤まる】(自五)称职，胜任。△そんな大役(たいやく)はつとまらない/胜任不了那样的重任。

つとめ③【務め】任务，义务，职责。△国民(こくみん)の～/国民的义务。

つとめ③【勤め】工作。△～先(さき)/工作单位。工作岗位。△～をやめる/辞职。△～人(にん)/薪俸生活者。

つとめて②【努めて】〔勉めて〕(副)尽量，尽可能，尽力。△彼女(かのじょ)は～明(あか)るい顔(かお)をしていた/她尽力装出明朗的笑容来。

つと・める③【勤める・務める】(他下一)①工作。△銀行(ぎんこう)に～/在银行工作。②任,担任。△案内役(あんないやく)を～/当向导。

つと・める③【努める】(他下一)努力,尽力。△開発(かいはつ)に～/努力开发。△人前(ひとまえ)で泣(な)くまいと～/在人面前尽力(忍住)不哭。

つな②【綱】①绳索,缆绳。△～をたぐる/捯缆绳。②〈转〉依靠。△命(いのち)の～/命根子。

	～をかける	いかりについた～	五冊まとめて～で縛る	～をなう	靴の～	頼みの～
綱	○	○	×	○	×	○
縄	○	×	○	○	×	×
ひも	○	×	○	×	○	×

つながり⓪〔繋がり〕①连接,相连。②关系,联系。△血(ち)の～/血缘关系。△～がきれる/关系(联系)断了。

つなが・る④⓪〔繋がる〕(自五)①连接,相连。△島(しま)と島とが橋(はし)で～/岛和岛以桥相连。△心(こころ)と心が～/心心相连。②牵连,牵涉。△事件(じけん)に～人々(ひとびと)/与事件有牵连的人们。

つなぎ⓪〔繋(ぎ)〕①系,连,接续。△～目(め)/接缝。②(临时)补加,填,补场。③(烹调时增加粘性而添加的)材料。△そばの～に卵(たまご)を使(つか)う/为使荞麦面粘性好加进鸡蛋。④上、下连体工作服。⑤追加资金(继续买卖)。

つな・ぐ③〔繋ぐ〕(他五)①接,连。△切(き)れたロープを～/把断了的缆绳接上。②拴,系。△船(ふね)を岸(きし)に～/把船系在岸边。③连接。△二(ふた)つの島(しま)を橋(はし)で～/用桥把两个岛连起来。④拉,牵。△二人(ふたり)は手(て)を繋いでいる/两个人手拉着手。⑤接通(电话)。△交換手(こうかんしゅ)は電話(でんわ)を社長室(しゃちょうしつ)に繋いだ/话务员把电话接到了社长(总经理)室。⑥维持。△命(いのち)を～/维持生命。

	ひもを～	馬を木に～	新聞の束をひもで～	ネクタイを～	A地とB地を～船
つなぐ	○	○	×	×	○
結ぶ	○	×	○	○	○
結わえる	○	×	○	×	×

つな・げる⓪〔繋げる〕(他下一)接上,拴起来。△二本(にほん)のひもを繋げて長(なが)くする/把二根绳子接起来使之加长。→つなぐ。

つなひき②④【綱引(き)】拔河(比赛)。

つなみ⓪【津波】〔海啸〕海啸。

つなわたり③【綱渡(り)】(名・自サ)①走钢丝。②冒险。△そんな～はやめたほうがいい/最好别干那种冒险的事。

つね①【常】①常,平常,普通。②常情。△人(ひと)の～/人之常情。③平凡,普通。△世(よ)の～の人(ひと)/社会上普通的人。

つねに①【常に】(副)常常,经常。

△それは~ある事(こと)だ/那是常有的事。⇨いつも 表

つね・る② 〔抓る〕(他五)掐,拧。△ももを~/拧大腿。◇わが身(み)を抓って人(ひと)の痛(いた)さを知(し)れ/设身处地替别人着想。

つの② 【角】①(动物的)角,犄角。△動物(どうぶつ)の~/动物的角。②类似角形的东西。△かたつむりの~/蜗牛的触角。◇~を折(お)る/折服。◇~突(つ)き合(あ)わせる/顶牛儿,闹别扭。◇~を出(だ)す/(女性)嫉妒。吃醋。◇~を矯(た)めて牛(うし)を殺(ころ)す/矫角杀牛。〈喻〉磨瑕毁玉。

つの・る② 【募る】Ⅰ(自五)越来越厉害。△不安(ふあん)が~/不安日甚一日。Ⅱ(他五)①招,募,招募。△寄付(きふ)を~/募捐。②征,征求。△原稿(げんこう)を~/征稿。

つば① 〔唾〕唾液,唾沫。△~がたまる/流口水。△~をとばす/唾沫星乱飞。

つばき③ 〔唾〕〈文〉唾液,唾沫。◇天(てん)を仰(あお)いで~する/仰天而唾。〈喻〉害人反害己。

つばき① 〔椿〕山茶(树)。

つばさ⓪ 【翼】①(鸟的)翼,翅膀。②(飞机的)机翼。③使者。△友好(ゆうこう)の~/友好使者。

つばぜりあい③ 〔鍔迫(り)合い〕①白刃相交,短兵相接。②势均力敌的交锋。

つばめ⓪ 〔燕〕燕子。

つぶ① 【粒】①(谷物的)粒,颗粒。△めし~/饭粒儿。△一(ひと)~の米(こめ)/一粒米。②(圆而小的东西)珠儿,点儿,丸。△大(おお)~の雨(あめ)/大雨点儿。△丸薬(がんやく)一(ひと)~/一丸药。△涙(なみだ)の~/泪珠儿。③(集中起来的物或人的)个儿的大小,质量。◇~ぞろい/ⅰ)粒儿大小整齐。ⅱ)(人力等)一个赛一个。ⅲ)物品,质量都好。

つぶ・す⓪ 〔潰す〕(他五)①弄坏,压碎。△その子供(こども)は手(て)で卵(たまご)を潰した/那个孩子用手把鸡蛋弄坏了。②(公司、店、企业)破产,(计划等)失败,落空。△会社(かいしゃ)を~/使公司倒闭。△陰謀(いんぼう)を~/挫败阴谋。③消磨,浪费(时间)。△時間(じかん)を~/浪费时间。④毁…造…。△父(ちち)は畑(はたけ)を潰して家(いえ)を建(た)てた/父亲毁田盖了房。⑤宰,杀。△鶏(にわとり)を~/杀鸡。⑥(身体的某一部位)受损。△彼女(かのじょ)は野球(やきゅう)の応援(おうえん)で声(こえ)を潰した/她由于给棒球赛助威把嗓子喊哑了。△指(ゆび)を機械(きかい)にはさんで潰した/手指被机器夹坏了。

つぶつぶ 【粒粒】Ⅰ⓪(名)粒状物,疙瘩。△顔(かお)に~ができる/脸上起疙瘩。Ⅱ①(副)呈粒状,疙疙瘩瘩。△~したもの/疙疙瘩瘩的东西。

つぶや・く③ 〔呟く〕(自五)小声自言自语,嘟哝,发牢骚。△小(ち

い)さく～/小声嘟哝。

つぶら⓪① 【円(ら)】(形动)圆溜,浑圆,小而圆。△～なひとみ/溜圆的眼珠。

つぶ・る③⓪ 〔瞑る〕(他五)闭眼。△目(め)を～/i)闭眼。ii)对不正之事假装不知道。

つぶ・れる④⓪ 〔潰れる〕(自下一)①压瘪,挤瘪,压坏。△ケーキが～/蛋糕被压坏了。②(店、公司)破产,倒闭,(计划)落空。△不景気(ふけいき)で会社(かいしゃ)が潰れた/由于不景气公司破产了。△旅行計画(りょこうけいかく)が子供(こども)の病気(びょうき)で潰れた/由于孩子生病旅行计划搁浅了。③(时间等被)占用,浪费掉。△一日(いちにち)が～/耗费了一天的时间。④(身体或身体的某一部位)失掉原有功能。△目(め)が～/眼睛瞎了。⑤醉倒。△彼(かれ)は宴会(えんかい)で潰れてしまった/他在宴会上喝得酩酊大醉。

つぼ⓪ 〔壺〕①壶,罐,坛子。②洼坑。△滝(たき)～/瀑布潭。③要害,要点。△～を心得(こころえ)ている/领会要点。

つぼみ⓪③ 〔莟·蕾〕①花蕾,花苞,花骨朵。△～がつく/长花骨朵。②含苞待放。〈喻〉未成人(的青少年)。

つま① 【妻】①妻子,老婆。②(生鱼片等的)配菜,陪衬。

つまこ① 【妻子】妻与子,妻子儿女。

つまさき⓪ 〔爪先〕脚尖。

つまし・い③ 【倹しい】(形)节俭的,俭朴的。△～暮(く)らし/俭朴的生活。

つまず・く③④⓪ 〔躓く〕(自五)①绊倒,摔倒,跌跤。△石(いし)に躓いて転(ころ)んだ～/绊在石头上摔倒了。②遭受挫折,中途失败。△仕事(しごと)に～/工作上遭受挫折。

つまびらか③ 〔詳らか〕(形动)详细,清楚。△事情(じじょう)を～に述(の)べる/详细地说明情况。△～に調査(ちょうさ)する/详细调查。

つまみ⓪ 〔抓(み)〕①一小捏,一小撮。△ひと～の塩(しお)/一小撮盐。②抓手,把手,提钮。△なべぶたの～/锅盖上的提纽。③下酒菜,酒菜,小吃,拼盘。△ビールの～/就啤酒的小吃。

つま・む③⓪ 〔撮む·摘む〕(他五)①捏,撮。△鼻(はな)を～/捏鼻子。②(用筷子挟起来)吃,尝。△どうぞお撮み下(くだ)さい/请夹(吃)一点。③摘(要点等)。④〈转〉被…迷住,受骗上当。△キツネにつままれたようだ/像被狐狸精捉弄了似的。〈喻〉失去理智。

つまようじ③ 【つまよう枝】〔爪楊枝〕牙签。

つまらな・い③ (形)①无聊的,没有意思的。△～映画(えいが)/没有意思的电影。②没有价值的,微不足道的。△～品(しな)/没有

	～映画	苦労するだけでは～	～男に熱を上げる	～ものですがどうぞ	～大きなげた
つまらない	○	○	○	○	×
ばかばかしい	○	○	×	×	-く○
くだらない	○	×	○	×	×

つまり【詰(ま)り】Ⅰ③(名)①(布等)缩。②不通。Ⅱ①(副)①尽头，最后。△とどの～/到头来。终于。②总之，到底。△～失败(しっぱい)に終(お)わった/到底(还是)以失败而告终了。③也就是说，即，换言之。

つま・る②【詰まる】(自五)①挤满，塞满，充满。△観客(かんきゃく)が～/挤满观众。△スケジュールが詰まっている/日程排得满满的。②堵塞，不通。△息(いき)が～/憋气。△鼻(はな)が～/鼻子不通气。△食(た)べ物(もの)が歯(は)に～/食物塞到牙里。③穷困，窘迫。△金(かね)に～/缺钱。△言葉(ことば)に～/无言答对。④缩短。△このズボンの丈(たけ)が詰まってしまった/这条裤子缩短了。△1位(いちい)と2位(にい)の差(さ)が～/第一名和第二名(之间)的差距缩短了。

つみ①【罪】Ⅰ(名)①(宗教、道德上的)罪，罪过，罪孽。△～が深(ふか)い/罪孽深重。②(法律上的)罪。△～人(びと)/罪人。罪犯。△～を犯(おか)す/犯罪。③(对罪的)处罚。△～を問(と)う/问罪。Ⅱ(形动)冷酷无情，不近人情。△～なことをする/干不近人情的事。◇～がない/ⅰ)天真的。ⅱ)纯洁的。

つみあ・げる④【積み上げる】(他下一)①堆积起来。△本(ほん)を～/把书堆积起来。②一步一步地进行。△着実(ちゃくじつ)に実績(じっせき)を積み上げていく/脚踏实地地创造成绩。

つみいれ⓪【摘(み)入(れ)】氽鱼肉丸子。△いわしの～/氽沙丁鱼丸子。

つみおろし⓪【積み下ろし】(名・他サ)(车、船)装卸。

つみかさ・ねる⑤【積(み)重ねる】(他下一)(把…)堆起来，摞起来，积累。△荷物(にもつ)を山(やま)のように～/行李堆积如山。△努力(どりょく)を～/继续努力。

つみた・てる④③【積(み)立てる】(他下一)积存，积攒，积累。△学費(がくひ)を～/积攒学费。

つみと・る③【摘み取る】(他五)①摘取，采摘。△桃(もも)を～/摘桃子。②(不好的东西在未长大前)摘去，摘掉。△悪(あく)の芽(め)を～/摘去坏芽。

つみれ⓪【摘入】是"つみいれ"的口语表达形式。→つみいれ。

つ・む②⓪【摘む】(他五)①摘，采。△茶(ちゃ)を～/采茶。②剪。△つめを～/剪指甲。

つ・む②⓪【積む】Ⅰ(他五)①堆，摞，垒。△私(わたし)は本(ほん)を机(つくえ)の上(うえ)に高(たか)く積んだ/我把书高高地摞在桌子

上。②装，载，装载。△船(ふね)に～/装船。③积累。△経験(けいけん)を積んだ人(ひと)/积累了经验的人。Ⅱ(自五)积，堆积。△降(ふ)り積んだ雪(ゆき)/积雪。⇨かさねる表

つむ・ぐ②③ 【紡ぐ】(他五)纺(纱)。△わたを糸(いと)に～/把棉花纺成纱。

つめ⓪ 〔爪〕①(动物的)爪；(人的)指甲，趾甲。△～を切(き)る/剪指甲。②(弹琴的)指套。③(用具上的)钩子；(机械上的)爪，长爪，棘爪。△クレーンの～/起重钩。◇～に火(ひ)をともす/非常吝啬。◇～の垢(あか)ほど/一点点，极少。◇～の垢(あか)を煎(せん)じて飲(の)む/模仿；学样儿。◇～が長(なが)い/贪婪；贪得无厌。◇能(のう)ある鷹(たか)は～を隠(かく)す/真人不露相。

-づめ 【詰め】(接尾)①填装、充塞进去，装入。△瓶(びん)～のジャム/瓶装果酱。△箱(はこ)～のみかん/箱装的桔子。△400字(よんひゃくじ)～の原稿用紙(げんこうようし)/一页四百字的稿纸。②完全是，净是。△規則(きそく)～/清规戒律。③派在某处工作。△外務省(がいむしょう)～の記者(きしゃ)/长驻外务省的记者。④(接动词连用形后)表示动作状态的持续。△立(た)ち～/始终站立。

つめこ・む⓪③ 【詰(め)込む】(他五)①多装，塞满，装满。△乗客(じょうきゃく)を～/塞满乘客。②多吃。△ごちそうを腹(はら)いっぱい～/把好吃的拼命往肚子里填。③硬灌(知识)。△知識(ちしき)を～/硬灌知识。

つめた・い③④⓪ 【冷たい】(形)①(温度)凉，冷。△～飲(の)み物(もの)/冷饮。②(感情)冷淡，无情。△～人(ひと)/无情的人。△～目(め)で見(み)る/冷眼相待。△～戦争(せんそう)/冷战。⇨あつい表

つ・める② 【詰める】Ⅰ(他下一)①装，填，塞，堵。△奥(おく)へ～/往里挤。△タイヤに空気(くうき)を～/往轮胎里打气。△彼(かれ)は壁(かべ)の穴(あな)を新聞紙(しんぶんし)で詰めた/他用报纸把墙上的洞堵(盖)上了。②节约，紧缩。△生活(せいかつ)を～/勤俭度日。③缩短。△距離(きょり)を～/缩短距离。△ウエストを3(さん)センチ詰めてください/请把腰围缩三厘米。④进一步(酝酿、考虑、交涉等)。△考(かんが)えを～/进一步考虑。⑤屏住(呼吸)。△息を(いき)を～/屏住呼吸。⑥穷追，逼问。△問(と)い～/逼问。⑦(将棋)将死。⑧不停闲。△根(こん)を～/全力以赴。Ⅱ(自下一)待命，守候，等候，上班。△役所(やくしょ)に～/在官署上班。△徹夜(てつや)で病人(びょうにん)の枕(まくら)もとに～/在病人旁整整守了一夜。

つもり⓪ 【積(も)り】①打算，意图，动机。△どうする～ですか/你打算怎么办?②(接动词过去式

后)表示有那样的想法。△死(し)んだ～で働(はたら)く/豁出命来干。③估计。△～書(が)き/估价单。④(酒宴时以"お～"的形式表示)最后一杯酒。△これでお～にしよう/只此一杯(酒)了。

つも・る②③【積(も)る】(自五)①积,堆积。△ほこりがテーブルに積もっている/桌子上积了一层灰尘。②积攒,累积,积存。△～恨(うら)みを晴(は)らす/雪除多年的怨恨。◇ちりも積もれば山(やま)となる/积少成多。

つや⓪〔艶〕①光泽,光亮。△～のいい顔(かお)/光润的脸。②兴趣。△～のない話(はなし)/乏味的话。③〈俗〉艳事,风流事。△～っぽい話(はなし)/风流话。

つや①【通夜】①(在神社、寺院的)通宵祈祷,坐夜。②(灵前)守夜。△～をする/(在灵前)守夜。

つやつや⓪⓪(副・自サ)光润,光泽,光亮。△～した顔(かお)/光润的脸。△肌(はだ)が～としている/肌肤油润。

つややか②〔艶やか〕(形动)有光泽,光润。△～な肌(はだ)/光润的肌肤。

つゆ①①汁,汁液。△果物(くだもの)の～/水果的汁液。②汤,羹汤。△～を吸(す)う/喝汤。③(调味)汤汁。△そばの～/荞面条的浇汁。

つゆ①【露】Ⅰ(名)①露水,露。△～がおりる/下露水。②短暂。△～の命(いのち)/暂短的一生。③泪。△そでの～/洒泪。Ⅱ(副)①一点点,微不足道。◇～の間(ま)/瞬间。②(下接否定)一点也…。△そうとは～知(し)らず/我一点儿都不知道是那样的(情况)。

つゆ⓪【梅雨】①梅雨。△～空(そら)/梅雨天气。②梅雨期。

つよ・い②【強い】(形)〈文〉①强,有劲。△彼(かれ)は力(ちから)が～/他力气大。②坚强,刚毅。△意志(いし)が～/意志坚强。③强壮,坚固。△～からだ/强壮的身体。④坚定,不怕。△～信念(しんねん)/坚定的信念。⑤强烈,厉害。△～風(かぜ)が吹(ふ)く/刮大风。⑥有本事,(能力)强。△数学(すうがく)に～/擅长数学。

つよがり④③【強がり】逞强,好强。△～を言(い)う/说逞强的话。

つよが・る③⓪④【強がる】(自五)逞强,好强。

つよき⓪【強気】(名・形动)①气盛,强硬,逞强。△～の発言(はつげん)/强硬的发言。②(行情)看涨,(买风)很盛。

つよごし⓪【強腰】(名・形动)强硬态度。△～な態度(たいど)/强硬的态度。

つよさ①【強さ】强度。

つよま・る③【強まる】(自五)增强,逐渐加强。△風(かぜ)がだんだん～/风逐渐加大。

つよみ③【強み】①强度。△彼(かれ)の参加(さんか)で一段(いちだん)

つよ・める③ 【強める】(他下一) 加強，增強。△語気(ごき)を～/加強语气。

つら② 【面】①脸，颜面。②表面。水(みず)の～/水面。

つらあて⓪④ 【面当て】讽刺，指桑骂槐，赌气。△～を言(い)う/说讽刺话。△夫(おっと)への～に実家(じっか)へ帰(かえ)る/跟丈夫赌气回娘家去。

つら・い②③⓪ 〔辛い〕Ⅰ(形)①无情，苛薄。△～仕打(しう)ち/无情的态度。②痛苦，难过，吃不消。△～目(め)にあう/受委屈。△別(わか)れが～/舍不得离开。Ⅱ(接尾)难…，不好…。△言(い)いづらい/难说的，不便说的。⇒くるしい 表

-づらい (接尾)不好…，不便…，难于…。△言(い)い～/难于出口，不便说。△話(はな)し～/谈不拢，说不到一块。△この席(せき)は遠(とお)くて聞(き)き～/坐得远听起来吃力。

つらな・る③ 【連なる】(自五)①连接，成行。△山脉(さんみゃく)が南北(なんぼく)に～/山脉绵亘南北。②参加，列席。△委員(いいん)に～/当委员。

つらぬ・く③ 【貫く】(他五)①贯通，穿过，穿透。△川(かわ)が町(まち)を～/河流贯穿整个街市。②贯彻，达到。△初志(しょし)を～/贯彻初衷。

つら・ねる③ 【連ねる】(他下一)①排成，串联，连上。△車(くるま)を連ねている/汽车排成一条龙。②(接続词连用形下)连接着…。△書(か)き連ねた文字(もじ)/接连着写的文字。③会同，连同。△名前(なまえ)を～/联名。

つらのかわ⑤ 【面の皮】面皮，脸皮。△～が厚(あつ)い/厚脸皮。△～千枚張(せんまいば)り/厚颜无耻。△～をはぐ/撕破厚脸皮；让…丢脸。

つらよごし③⓪⑤ 【面汚し】(名・形動)丢脸，出丑。△母校(ぼこう)の～だ/给母校丢脸。

つらら⓪ 【氷柱】冰溜，冰柱。△～ができる/结冰柱。

つり⓪ 【釣り】①钓鱼。△～竿(ざお)/钓鱼竿。△～糸(いと)/钓鱼线。△～具(ぐ)/钓鱼用具。△～針(ばり)/钓鱼钩。②("つりせん"之略)(买东西时)找回来的零钱。△50円(ごじゅうえん)のお～です/找给你五十日元。

つりあい⓪ 【釣り合い】均衡，平衡，适称。△～を取(と)る/保持平衡。

つりあ・う③ 【釣(り)合う】(自五)①平衡，匀称，均匀。△収入(しゅうにゅう)と支出(ししゅつ)が釣り合わない/收支不平衡。②相称，般配。△体(からだ)に～/

合体。△釣り合つた夫婦(ふうふ)/相配的夫妇。

つりがね◎【釣(り)鐘】(寺院等的)吊钟,梵钟,大钟。

つりかわ◎〔吊革〕(地铁、公共汽车中的)吊环,拉手。

つりざお◎【釣ざお】〔釣竿〕钓鱼竿,鱼竿。

つりせん◎②【釣銭】找回的钱,找给的钱,找头。

つりわ◎〔吊輪〕(体操用具)吊环。

つる①②〔蔓〕①(植物的)蔓,藤。△ウリの～/瓜蔓儿。②线索,门路。△～をたどる/寻找线索。△～を求(もと)める/找门路。③眼镜腿。

つる①〔鶴〕鹤。◇～の一声(ひとこえ)/权威者的一句话,一言堂,一锤定音。◇～は千年(せんねん)カメは万年(まんねん)/千年鹤,万年龟(喻长寿)。

つ・る②【釣る】〔吊る〕Ⅰ(自五)吊,往上翘。△目尻(めじり)が～/吊眼角。Ⅱ(他五)①悬挂。△カーテンを～/挂窗帘。②钓。△魚(うお)を～/钓鱼。③引诱,诱骗。△甘言(かんげん)で～/用甜言蜜语引诱。

つる・す③◎〔吊す〕(他五)吊,挂。△提灯(ちょうちん)を～/悬挂灯笼。

	縄を～	風鈴を～	ハンガーで背広を～	よだれを～	手にかばんを～
つるす	◯	◯	◯	×	×
垂らす	◯	×	×	◯	×
さげる	◯	◯	×	×	◯

つるつる①Ⅰ(副・自サ)①光溜溜,滑溜溜。△雪(ゆき)で道(みち)が～滑(すべ)る/因下雪,路上滑溜溜的。②(吃面条时的声音)哧溜哧溜。Ⅱ(形动)光滑,溜光。△～にはげている/秃得溜光。

つれ◎【連れ】①搭伴,旅伴,同路人。②伙伴,伴侣。

つれあい◎②【連(れ)合う】①同伴,伙伴。②(夫妇一方对第三者称自己的配偶)爱人,老伴儿。

つれあ・う③【連(れ)合う】(自五)①(两人以上)结伴,搭伴。△連れ合って京都(きょうと)へ行(い)く/结伴去京都。②婚配,结婚。

つれそ・う③【連(れ)添う】(自五)婚配,结婚。△連れ添ってから15年(じゅうごねん)もたつ/结婚以来已有15年了。

つれな・い③(形)薄情,冷淡。△～人(ひと)/薄情的人。△～仕打(しう)ち/冷淡的态度。

つれづれ◎〔徒然〕(名・形动)无聊赖,寂寞,闲得无事。△～をなぐさめる/消遣。

つれもど・す【連れ戻す】(他五)领回,带回。△子(こ)どもを家(いえ)に～/把孩子领回家来。

つ・れる③◎【連れる】Ⅰ(他下一)带领,带着。△子供(こども)を連れて出(で)かける/带着孩子外出。Ⅱ(自下一)(常用"に連れて"的形式)随着…,跟随。△人(ひと)は年(とし)をとるに連れて忘(わす)れっぽくなる/人随着上了年纪就好忘事。

つわり◎〔悪阻〕(怀孕初期的)呕

吐,妊娠反应。

つんつん① (副・自サ) ①不高兴。△～した態度(たいど)/不高兴的态度。②(气味)冲鼻。△悪臭(あくしゅう)が～鼻(はな)をつく/恶臭难闻得冲鼻。

つんぼ① 〔聾〕聋,聋子。

て　テ

て Ⅰ(接助)(接一段・サ変・カ変动词、形容词、部分助动词连用形及五段动词的音便形下。接ガ・ナ・バ・マ各行五段动词时为"で"的形式)①表示动作、作用、状态等的并列。△お父(とう)さんは工場(こうじょう)へ行(い)っ～、お母(かあ)さんは学校(がっこう)へ行った/爸爸去了工厂，妈妈去了学校。△これはおもしろく～ためになる本(ほん)だ/这是有趣而又有用的书。②表示动作、作用、状态等的先后顺序。△朝(あさ)ご飯(はん)を食(た)べ～新聞(しんぶん)を読(よ)む/吃了早饭读报。△春(はる)が過(す)ぎ～、夏(なつ)がくる/春天过去，夏天来到。③表示方法、手段。△バスに乗(の)っ～いく/乘公共汽车去。△動物(どうぶつ)を使(つか)っ～実験(じっけん)する/用动物做实验。△泣(な)い～あやまる/哭着道歉。④表示原因、理由。△うるさく～眠(ねむ)れない/吵得睡不着。△かたく～、なかなか切(き)れない/太硬，很难切。⑤表示轻微的逆接关系。△知(し)ってい～、教(おし)えてくれない/知道却不告诉我。△悪(わる)いと分(わ)かってい～改(あらた)めようとしない/知道不对可就是不想改。⑥下接辅助成分。△見(み)～いる/正在看。△行(い)っ～しまった/走掉了。△窓(まど)があけ～ある/窗户开着。△人(ひと)に聞(き)い～みる/向人打听一下。⑦"…てください""…てほしい"等的省略形式。△ちょっと待(ま)っ～/请稍等。Ⅱ(格助)①表示引用的内容。△行(い)かないなん～言(い)わないで/请别说不去。②〈俗〉所谓(与"という"意同)。△人生(じんせい)～ものは/所谓人生。Ⅲ(终助)①(女性用语、用"てよ"的形式)表示以柔和的语气告知自己的心情，判断等。△ここにあっ～よ/在这儿呢。△この服(ふく)はあなたによく似合(にあ)っ～よ/这件衣服对你太合适啦！△同情(どうじょう)してくれなくてもよく～よ/你不用同情我呀！②(女性用语)表示语气缓和的询问。△わたしの言(い)うことわかっ～/你懂我说的意思吗？△これでよく～/这样行吗?③〈俗〉表示轻微的感动。△うまいもんだ～/太好啦！④(接动词)表示命令的语气。△早(はや)くかえっ～/快回去！

て[1]【手】Ⅰ(名)①手，手掌，臂，胳膊。△～をたたく/拍手。鼓掌。△～をふりあげる/挥起手臂。②

(类似手的)把儿,提梁。△急須(きゅうす)の～/茶壶把儿。△カバンの持(も)ち～/手提包的提梁。③本领,技能。△～を見(み)せる/显示本领。△お～もの/最擅长的。④方法,手段。△その～でいこう/照那个方法干吧!△よくやる～/干得很好。⑤费事,工夫。△～を拔(ぬ)く/偷工。△～がかかる/费事;费工夫。⑥关系,联系。△～を切(き)る/断绝关系。⑦种类。△この～は品(しな)切(ぎ)れだ/这种货脱销。⑧笔迹,字迹,书法。△女性(じょせい)の～/妇女写的字。△空海(くうかい)の～になる/赶上空海大师的书法了。⑨人手。△～がたりない/人手不够。⑩方向,方位。△山(やま)の～/山脚下。△川(かわ)の上(かみ)～/河的上游。⑪部下。△～の者(もの)/手下人。⑫伤。△～を負(お)う/负伤。⑬势头。△火(ひ)の～/火势。⑭(玩棋、牌时)手中的牌或棋。△～が悪(わる)い/牌(棋)不好。⑮(植物的)支架。△あさがおに～をやる/给牵牛花支上架。Ⅱ(接头)①表示用手拿的、操纵的。△～みやげ/随手带的礼品,简单礼品。△～斧(おの)/锛子。②表示身边的。△～文庫(ぶんこ)/小型文件箱。③表示自己做的。△～作(づく)りの弁当(べんとう)/自己做的盒饭。④手工的。△～編(あ)み/手织的。⑤加强语气。△～痛(いた)い/相当疼。△～きびしい/厉害,严厉。Ⅲ(接尾)①动作者。△書(か)き～/笔者,书写人。△読(よ)み～/读者。吟诗的人。△買(か)い～/买方。②位置,方向。△左(ひだり)～/左边。△右(みぎ)～/右边。③种类,质量。△厚(あつ)手(で)/质地厚。△古(ふる)～/老手,老方法。④钱。△酒(さけ)～/酒钱。◇～があがる/i)本领长进。ii)酒量增加。◇～が込(こ)む/i)做工精细。ii)复杂,纠缠不清。◇～がつけられない/i)不好办,无从下手。ii)不易应付,不好对付。◇～が届(とど)く/i)周到,无微不至。ii)接近,达到。iii)(能力、权力、势力等的)力所能及。◇～が長(なが)い/小偷。◇～が回(まわ)る/i)处理;布置得周到。ii)(警察为抓犯人的)部署,安排。◇～に汗(あせ)を握(にぎ)る/手里捏着一把汗(形容在危险、紧迫状态时的高度紧张)。◇～に負(お)えない/棘手,应付不了,管不了。◇～に掛(か)ける/i)亲自干,亲自教养。ii)杀害。◇～に乗(の)る/上当,受骗。◇～も足(あし)も出(で)ない/毫无办法,无能为力。◇～もなく/轻易地,简单地。◇～を上(あ)げる/i)投降。ii)举拳打人。◇～を入(い)れる/i)管理,整理。ii)修改,补充。◇～を打(う)つ/i)采取新方法(手段)。ii)和好,言归于好。◇～を替(か)え品(しな)を替/千方百计,施展各种手法。◇～を貸(か)す/帮助,协助。◇～を借(か)りる/请

別人帮忙。◇～を切(き)る/(与事物、人)断绝关系，脱离关系。◇～を下(くだ)す/ⅰ)亲自干。ⅱ)开始做，着手做。◇～を拱(こまぬ)く/袖手。◇～を抜(ぬ)く/偷工减料，潦草从事。◇～を引(ひ)く/ⅰ)牵手引导。ⅱ)断绝关系，洗手不干。◇～を広(ひろ)げる/扩大规模。◇～を焼(や)く/棘手，为难。◇～を煩(わずら)わす/麻烦别人，请旁人帮助。

で (格助)①(表示动作进行的场所)在，于。△表(おもて)～遊(あそ)ぶ/在门外玩。△人前(ひとまえ)～恥(はじ)をかく/在人前丢脸。②表示方式、方法、手段、材料、使用工具。△英語(えいご)～話(はな)す/用英语说。△船(ふね)～行(い)く/坐船去。△鉛筆(えんぴつ)～書(か)く/用铅笔写。③(表示原因或理由)由于，因为。△病気(びょうき)～欠席(けっせき)する/因病缺席。④表示时间、时限。△現在(げんざい)～は失(うしな)われた慣習(かんしゅう)/现在所丢掉的习惯。△五時間(ごじかん)～終(お)わる/五个小时结束。△60歳(ろくじっさい)～退職(たいしょく)する/60岁退休。⑤表示范围。△世界(せかい)～有名(ゆうめい)だ/全世界闻名。⑥表示动作、作用的状态。△フルスピード～走(はし)る/全速奔驰。⑦表示依靠、根据的标准、数量。△習慣(しゅうかん)は国(くに)～異(こと)なる/习惯因国家而不同。△千円(せんえん)～買(か)う/用1000日元买。⑧表示动作的主体。△政府(せいふ)～金(かね)をだす/由政府出资。△旅費(りょひ)は会社(かいしゃ)～負担(ふたん)する/旅费由公司负担。

で① (接续)那么，所以。△～、どうなった/那么，怎样了呢？△～、わたしは買(か)わなかった/所以，我没买。

で⓪ 【出】①出外。△人(ひと)～が多(おお)い/(街上)人很多。②出现。△日(ひ)の～/日出。③上市，销路。△松茸(まったけ)の～が今年(ことし)はおそい/今年香菇上市晚。④出的状态。△水(みず)の～が悪(わる)い/水流不畅。⑤出处，出身。△東大(とうだい)～の官吏(かんり)/东大毕业的官员。⑥上班，出勤。△明日(あした)も～だ/明天也上班。⑦份量大，足。△この料理(りょうり)はかなり食(た)べ～がある/这个菜码可够大。△読(よ)み～のある本(ほん)/够读一阵子的书(书厚)。⑧(戏剧等)登台，上场。△～を待(ま)つ/等待上场。

であい⓪ 【出会い】①碰见，邂逅。△十年(じゅうねん)ぶりの～/十年后的邂逅。②幽会。△～宿(やど)/男女幽会的旅馆。

であ・う② 【出会う・出合う】(自五)①碰见，碰上。△途中(とちゅう)で友人(ゆうじん)に出会った/途中遇见朋友。△文章(ぶんしょう)を読(よ)む時(とき)よく知(し)らない漢字(かんじ)に～/读文章的

时候经常碰到不认识的汉字。②幽会。

てあし① 【手足】①手足。②得力的助手。△社長(しゃちょう)の～となって働(はたら)く/作为总经理的得力助手干工作。

であし⓪ 【出足】①人出来的状况。△投票者(とうひょうしゃ)の～が悪(わる)い/投票人不踊跃。②开始，开端(的状态、势头)。△～のよい車(くるま)/起动好的车。△～のよい商品(しょうひん)/销路好的商品。

てあたり② 【手当(た)り】①手感，用手摸时的感觉。②抓到的地方，碰到的东西。

てあたりしだい⑤ (副)遇到什么就…，顺手摸着什么就…。△泥棒(どろぼう)が～にふろしきに包(つつ)み込(こ)んで逃(に)げる/小偷顺手把摸着的东西包进包袱里就跑了。△～当(あ)たり散(ち)らす/遇上谁就跟谁发火。

てあつ・い③④⓪ 【手厚い】(形)①殷勤，热情。△～看護(かんご)/热情的护理。②丰厚。△～贈(おく)り物(もの)/丰厚的礼物。

てあて① 【手当(て)】(名・他サ)①津贴，报酬。△夜勤(やきん)～/夜班费。②预备，准备。△資金(しきん)の～のあてがない/资金的筹措没着落。③(对伤病的)治疗，处置。△応急(おうきゅう)の～/应急治疗。

てあら⓪ 【手荒】(形动)粗鲁，粗暴。△～な取(と)り扱(あつか)いを受(う)ける/受到粗暴的对待。

てあらい② 【手洗(い)】①洗手。②洗手盆，洗手水。③厕所。

てあら・い③④ 【手荒い】(形)粗野，粗暴。△～ことをするな/不要粗暴从事。

である (接体言下，表示断定)是。

である・く③⓪④ 【出歩く】(自五)外出，到处转悠。

てあわせ② 【手合わせ】(名・自サ)①对局，比赛。②买卖成交。△～値段(ねだん)/成交价格。

てい① 【丁】①(十干之四)丁。②第四。△甲(こう)、乙(おつ)、丙(へい)、～/甲、乙、丙、丁。

てい- 【低】(接头)低…。△～レベル/低水平。△～血圧(けつあつ)/低血压。

ていあつ⓪ 【低圧】低压，低电压。

ていあん⓪ 【提案】(名・他サ)提案，建议。

ティー① [tea]①茶。②红茶。

ティーカップ [teacup]喝红茶用的茶杯。

ティーシャツ⓪ (T shirt) "T"恤衫。

ディーゼル① [德 diesel]("ディーゼルエンジン"、"ディーゼルカー"之略)①内燃机，柴油发动机。②柴油车。

ディーゼルエンジン⑤ [diesel engine]内燃机，柴油发动机。

ディーゼルカー④ [disel car]柴油车。

ティーピーオー⑤ 【TPO】[time, place, occasion]时间、场合、地

点；与时间、场合、地点、相适应的服装及举止等。

ティーポット①-① [teapot]喝红茶用的茶壶。

ていいん⓪【定員】定员，规定的人数。△～を超過(ちょうか)する/超出规定的人数。

ていえん⓪【庭園】庭园。△日本(にほん)～/日本庭园。

ていおん⓪【低温】低温。△～殺菌(さっきん)/低温灭菌。

ていおん⓪【低音】低音。△～歌手(かしゅ)/低音歌手。

ていか⓪【低下】(名・自サ)①低下。△学力(がくりょく)が～する/学力低下。②下降，低落。△気温(きおん)が～する/气温下降。

ていか①【低価】低价。

ていか⓪【定価】定价。△～表(ひょう)/价目表。△～を上(あ)げる/抬高定价。

ていがく⓪【低額】少额，低数额。

ていがく⓪【定額】定额，定量。△～の収入(しゅうにゅう)/固定数量的收入。

ていがく⓪【停学】(处分之一)停学。△～の処分(しょぶん)を受(う)ける/受到停学处分。

ていき①【定期】①定期。②"定期預金(よきん)"、"定期券(けん)"之略。

ていき①【提起】(名・他サ)提起，提出。△問題(もんだい)を～する/提出问题。

ていぎ①③【定義】(名・他サ)定义。△～を下(くだ)す/下定义。

ていぎ①【提議】(名・他サ)提议，建议，倡议。△講和(こうわ)を～する/提议讲和。

ていきあつ③【低気圧】①低气压。②(局势)不稳，(气氛)紧张。△両国(りょうこく)の間(あいだ)に～が低迷(ていめい)している/两国间空气紧张。③(情绪)消沉，不高兴。△今朝(けさ)、課長(かちょう)は～だ/今天早上科长不高兴。

ていきけん③【定期券】(乘车或入场等的)定期票(如月票等)。

ていきゅう⓪【定休】公休，定期休息。△～日(び)/公休日。

ていきょう⓪【提供】(名・他サ)提供，供给。△資料(しりょう)を～する/提供资料。

ていきよきん④【定期預金】定期存款。

ていけい⓪【定型】定型，一定的规格。△～詩(し)/格律诗。

ていけい⓪【定形】定形，有固定形状。△～郵便物(ゆうびんぶつ)/第一种邮件中限制重量和体积的邮件。

ていけい⓪【提携】(名・自サ)提携，合作，互助。△技術(ぎじゅつ)～/技术合作。

ていけつ⓪【締結】(名・他サ)缔结。△条約(じょうやく)を～する/缔结条约。

ていけん⓪【定見】一定的见解，定见。△～のない人(ひと)/没有定见的人。

ていげん⓪【逓減】(名・自他サ)递减，逐渐减少。△人口(じんこう)

の～/人口的递减。

ていげん⓪【提言】(名・他サ)建议,提议。△解決策(かいけつさく)を～する/提出解决办法(的建议)。

ていこう⓪【抵抗】Ⅰ(名・自サ)①抵抗,抵触。△～感(かん)/抵触感。②反抗,抗拒。△権力(けんりょく)に～する/反抗权力。Ⅱ(名)①(物理)阻力。△空気(くうき)の～/空气的阻力。②电阻。△電気(でんき)～/电阻。△～器(き)/电阻器。

ていこく⓪【定刻】定时,规定的时刻。△列車(れっしゃ)は～に発車(はっしゃ)した/列车按规定的时刻发车了。

ていこく⓪①【帝国】帝国。△～主義(しゅぎ)/帝国主义。

ていさい⓪【体裁】①外表,外形,样式。△本(ほん)の～/书的样式。△～を繕(つくろ)う/装饰门面。②体面,体统。△～を気(き)にする/注重体面。△～がよくない/不成体统。

ていし【停止】(名・自他サ)停止,中止。△営業(えいぎょう)を～する/停止营业。

ていじ⓪①【丁字】丁字形。△～路(ろ)/丁字路口,三叉路。

ていじ⓪【提示・呈示】(名・他サ)出示。△身分証明書(みぶんしょうめいしょ)を～する/出示身份证。△裁判官(さいばんかん)は新(あら)たな証拠(しょうこ)を～するよう求(もと)めた/审判官要求出示新的证据。

ていじ①【定時】①定时,准时。△～発車(はっしゃ)する/准时发车。②定期。

ていしゃ⓪【停車】(名・自サ)停车,刹车。△非常(ひじょう)～/紧急刹车。△一時(いちじ)～する/临时停车。

ていしゅ①【亭主】①〈俗〉丈夫。◇～を尻(しり)に敷(し)く/妻子欺压丈夫。②一家之主。△～関白(かんぱく)/大男子汉主义。◇～の好(す)きな赤烏帽子(あかえぼし)/当家的说了算。③店老板。△茶店(ちゃみせ)の～/茶店老板。⇨しゅじん表

ていじゅう⓪【定住】(名・自サ)落户,常住。定居。

ていしゅつ⓪【提出】(名・他サ)提出,提交。△議案(ぎあん)を～する/提出议案。△宿題(しゅくだい)を～する/交作业。

ていしょう⓪【提唱】(名・他サ)①提倡,倡导。△機構改革(きこうかいかく)を～する/提倡机构改革。②(佛教)解释教义。

ていしょく⓪【定食】份饭,定餐。△和式(わしき)～/日式份饭。

ていしょく⓪【抵触】〔牴触〕(名・自サ)①触犯。△法(ほう)に～する行為(こうい)/触犯法律的行为。②抵触。△先(さっき)の発言(はつげん)に～する/与方才的发言相抵触。

ていすう③【定数】①定数,定额。△出席者(しゅっせきしゃ)は～に達

(たつ)する/出席者达规定人数。②(数学)常数，恒数。③(佛教)宿命，注定的命运。△～に逆(さからう)/反抗命运。

ディスカウント③ [discount](名・自他サ)(商业)打折扣，贴现。△～セール/贱卖，减价卖。

ディスカッション③ [discussion](名・自他サ)讨论。△～に参加(さんか)する/参加讨论(会)。

ディスコ① [法 discothèque]迪斯科。△～・ダンス/迪斯科舞。

ディスプレー④①③ [display]①陈列(品)，展览(品)，显示。②(计算机)显示器。

てい・する③ 【呈する】(他サ)①呈，呈送，呈递。△著書(ちょしょ)を～/呈送著作。△書状(しょじょう)を～/呈递文书。②呈现，现出。△活況(かっきょう)を～/呈现出盛况。

ていせい⓪ 【訂正】(名・他サ)改正，订正，修订。△母(はは)は寄付金(きふきん)の額(がく)を3千円(さんぜんえん)に～した/母亲把捐款金额改为3千元。△先生(せんせい)は論文(ろんぶん)の誤(あやまり)を～した/老师订正论文的错误。

ていせつ⓪ 【定説】定论，定说。△～をくつがえす/推翻定论。

ていせん⓪① 【汀線】海面、湖面与陆地的交界线。

ていせん⓪ 【停戦】(名・自サ)停战。

ていそ① 【提訴】(名・自サ)提起诉讼，起诉。△裁判所(さいばんしょ)に～する/向法院起诉。

ていそう⓪ 【貞操】〈文〉贞操，贞节。

ていそう⓪ 【逓送】(名・他サ)①递送，传递。△バケツを～して消火(しょうか)に努(つと)める/传递水桶努力灭火。②邮递。△～費(ひ)/邮递费。

ていぞう⓪ 【逓増】(名・自サ)递增。△医療費(いりょうひ)は年年(ねんねん)～している/医疗费年年递增。

ていたい 【停滞】(名・自サ)停滞。△業績(ぎょうせき)が～する/事业上止步不前。⇨じゅうたい 表

ていた・い③ 【手痛い】(形)厉害，严重。△～打撃(だげき)を受(う)ける/遭受严重打击。

ていたく⓪ 【邸宅】宅邸，公馆。

ていちゃく⓪ 【定着】(名・自他サ)①固定。△～した外来語(がいらいご)/固定下来的外来语。②定居。△その土地(とち)に～する/定居在那块土地上。③(摄影)定影，显像。△～液(えき)/定影液。

ていちょう⓪ 【丁重】〖鄭重〗①(形动)郑重，恭敬，诚恳。△～に扱(あつか)う/郑重对待。△～なもてなし/诚恳款待。②小心翼翼。△～に箱(はこ)におさめる/小心翼翼地收藏进箱子里。

ていちょう⓪ 【低調】(名・形动)①低调，调子低。②格调低。△～な作品(さくひん)/格调低的

作品。③不热烈，不兴旺。△～な試合(しあい)/不热烈的比赛。

ティッシュ④ [tissue] →ティッシュ・ペーパー。

ティッシュ・ペーパー [tissue pape]（也作"ティッシュ"）高级化妆纸，卫生纸，薄棉纸。

ていっぱい② 【手一杯】（形动・副）①竭尽全力，尽量。△～に事業(じぎょう)を広(ひろ)げる/全力扩大事业。②勉强维持。△食(た)べるだけで～です/勉强糊口。

ていでん⓪ 【停電】（名・自サ）停电。△工事(こうじ)のために～する/因施工停电。

ていど⓪① 【程度】Ⅰ（名）①程度。△災害(さいがい)の～/受灾的程度。②限度。△文句(もんく)を言(い)うにも～がある/发牢骚也要有个限度。Ⅱ（接尾）大约，左右。△三(さん)メートル～の高(たか)さ/3米左右的高度。

	被害の～がわからない	強弱の～を計る	～の高い学校	字が読める～の明るさ	年の～は三〇くらい
程度	○	○	○	○	×
度合い	○	○	×	×	×
程	○	×	×	○	○

ていとう⓪ 【抵当】抵押，抵担，担保。△～に入(い)れる/作抵押品。

ディナー① [dinner]①正餐。②晚餐，晚餐会。

ていねい① 【丁寧】（名・形动）①很有礼貌，恭恭敬敬，谦恭和蔼，郑重其事。△～なあいさつ/亲切的致意，恭敬的致词。②小心谨慎，仔细认真。△割(わ)れやすいので～に扱(あつか)う/容易碎，小心地使用。△～に教(おし)える/仔细认真地教。

ていねん⓪ 【定年・停年】退休，退休年龄。△～退職(たいしょく)/退休。△～を迎(むか)える/到退休年龄。

ていのう⓪ 【低能】（形动）低能，智力不发达。△～児(じ)/智力不发达儿童。

ていはく⓪ 〔碇泊・停泊〕（名・自サ）停泊，抛锚。

ていひょう⓪ 【定評】定评，公认。△～ある辞典(じてん)/已有定评的辞典。

ていぼう⓪ 【堤防】堤，坝，堤防。

ていめい⓪ 【低迷】（名・自サ）①低垂，弥漫。△暗雲(あんうん)が～する/乌云密布。②沉沦，徘徊，停滞不前。△成績(せいせき)が～状態(じょうたい)にある/成绩不见提高。

ていやく⓪ 【締約】（名・自サ）缔约，缔结条约。△相互(そうご)不可侵(ふかしん)を～する/缔结互不侵犯条约。

ていらく⓪ 【低落】（名・自サ）低落，降低，下跌。△株価(かぶか)が～する/股票下跌。

ていり① 【定理】（数学）定理。△～にかなう/合乎定理。

でいり⓪ 【出入り】（名・自サ）①出入。△～口(ぐち)/出入口。②常来常往。△～の商店(しょうてん)/常去的商店。△～商人(しょうにん)/常来的商人。③收支。△金

(かね)の～がはげしい月(つき)/钱收支大的月份。④有出入，多些少些。△応募者(おうぼしゃ)は年(とし)により～がある/报名者每年有多有少。⑤争吵，纠纷。△なわばり争(あらそ)いで～があった/因争地盘而吵起来。

ていりつ⓪【定律】(物理、化学方面的)定律，法则。

ていりつ⓪〔鼎立〕(名・自サ)〈文〉鼎立。△～戦(せん)/三方争夺冠军赛。

ていりゅう⓪【停留】(名・自他サ)停留，停住。△～所(じょ)/汽车站。

でいりゅう⓪【泥流】(火山喷发引起的)泥石流。

ていれ③【手入れ】(名・他サ)①收拾，拾掇，修整。△使(つか)った道(どうぐ)を～する/保养用过的工具。②搜捕，兜抄。△賭博場(とばくじょう)を～する/抓赌；抄赌场。

ていれい⓪【定例】①惯例，常规。②例会，定期举行的活动。△～の会合(かいごう)/定期之聚会。△～内閣(ないかく)/内阁例会。

ディレクター②[director]①(电影或电视的)导演。②(乐队的)指挥。

データ①[data]①论据，论证的事实。②数据，资料，材料。

デート①[美Date](名・自サ)(男女)约会，幽会。

テープ①[tape]①录音磁带，录象带。△～に吹(ふ)き込(こ)む/录音。②带子，绳。△～をきる/赛跑得第一名。

テーブル⓪[table]①桌子，台子。②饭桌。△～掛(か)け/桌布，台布。△～クロス/桌布，台布。△～マナー/餐桌礼仪(主要指吃西餐的规矩)。③表，目录。△タイム～/时刻表。⇨つくえ表

テープ・レコーダー⑤[tape recorder]磁带录音机。

テーマ①[德Thema]题目，主题。△小説(しょうせつ)の～/小说的主题。

ておい⓪【手負(い)】负伤，受伤。△～のくま/受伤的熊。

ておくれ②【手遅れ・手後れ】耽误，为时已晚。△病気(びょうき)が～になる/病耽误了；治晚了。△今(いま)さら猛勉強(もうべんきょう)しても～だ/现在再拼命用功也为时已晚。

ておち③【手落ち】过失，失误，过错。△当方(とうほう)の～です/是我(们)的过错。

でか・い②(形)〈俗〉大的。

てがかり②【手掛かり・手懸かり】①抓头儿。△～のない絶壁(ぜっぺき)/无处可抓的悬崖峭壁。②线索。△～をつかむ/抓住线索。

てが・ける③【手掛ける・手懸ける】(自下一)亲自动手，亲自照料。△長年(ながねん)てがけてきた研究(けんきゅう)/多年来亲自从事的研究。

でか・ける④⓪【出掛ける】(自下一)①出门，出外。△外国(がいこ

く)へ～/到外国去。△買物(かいもの)に～/去买东西。②刚要出去。△せみが殻(から)から外(そと)へ出掛けている/蝉正从壳里往外出。△月(つき)が雲間(うんかん)から出かけている/月亮刚从云间出来。

てかず① 【手数】①手续麻烦，周折。△～が多(おお)い/手续繁杂，(下棋)着数多。△～がかかる/费事。②麻烦别人。△たいへん～をかけました/太麻烦您了。

でかせぎ⓪ 【出稼ぎ】(名・自サ)(在一定时期内)外出做工，外出干活。△農閑期(のうかんき)に～にいく/农闲期出外做工。

てがた⓪ 【手形】①(全手掌沾墨打出的)手掌印。②(古时作证据用的)手印。③(古时的)通关证明。△通行(つうこう)～/通行证。④票据，有价证券。△～を落(お)とす/期票兑现。△～を切(き)る/发行有价证券。

でかた②③⓪ 【出方】态度，作法，方式。△まずは相手(あいて)の～を見(み)る/先看对方是什么态度。

てがた・い③ 【手堅い】①踏实，坚实，靠得住。△～経営(けいえい)/稳步的经营。②(行情)坚挺，稳定。△～相場(そうば)/稳定的行市。

でかでか③ (副)大大的，显眼。△字(じ)を～書(か)く/写特大的字。

てがみ⓪ 【手紙】信，书信，信函。

てがら③ 【手柄】①功绩，功劳，功勋。△～をたてる/建立功勋。△～顔(がお)/傲气。居功自傲的神气。②本领，技能。⇨こうせき 表

てがる⓪ 【手軽】(形动)简易，轻便。△～な料理(りょうり)/简便的饭菜。

てき⓪ 【敵】①敌，敌人。△～味方(みかた)/敌我双方。②对手，竞争对象。△かれの～ではない/不是他的对手。

	～を討つ	向かう所～なし	～を取る	恩を～で返す	商売上の～
敵	○	○	×	×	○
かたき	○	×	○	×	×
あだ	○	×	×	○	×

-てき 【的】(接尾)(接名词后)①关于…的，…性的。△科学(かがく)～な知識(ちしき)/科学知识。②好像，…般的。△ヨーロッパ～気候(きこう)/欧州式的气侯。△家庭(かてい)～なふんいき/家庭般的氛围。③…上的。△現実(げんじつ)～には不可能(ふかのう)だ/实际上是不可能的。

でき⓪ 【出来】①做成，做好，做得。△～しだいおとどけします/做好了就送去。②(做出来的)结果，质量。△～の悪(わる)い品(しな)/质量低的东西。③(农作物的)收成，年成。△今年(ことし)は～がよい/今年收成好。④交易，成交。△～値(ね)/成交价。⑤成绩，能力。△～がいい/成绩好。

できあい⓪ 〔溺愛〕(名・他サ)溺爱。△親(おや)に～される子供(こども)/被父母溺爱的孩子。

できあい⓪ 【出来合(い)】现成的，成品。△～の服(ふく)/成衣。

できあがり⓪【出来上がり】①完成。△〜はいつですか/什么时候做出来?②(做出来的)結果,状态。△〜がみごとだ/做得很漂亮。

できあが・る⑤⓪④【出来上がる】(自五)①完成,做得,竣工。△今年中(こんねんちゅう)に家(いえ)が〜/今年内房子盖好。②〈俗〉喝醉。

てきい①【敵意】敌意。△〜に満(み)ちる/充满敌意。

てきおう⓪【適応】(名・自サ)适应,顺应,适合。△環境(かんきょう)に〜する/适应环境。△〜性(せい)/适应性。

てきかく⓪【的確】(形動)正确,准确,恰当。△〜な答(こた)え/正确的回答。

てきかく⓪【適格】(形動)合乎规定的资格。

てきき③⓪【手利(き)】能手,好手。△〜の大工(だいく)/手艺好的木匠。

てきぎ①【適宜】(副・形動)①适宜,适当,合适。△〜な処置(しょち)をとる/采取适当的措施。②随意,酌情,酌量。△〜帰(かえ)ってよい/酌情可以回去。⇨てきとう 表

できごと②【出来事】(偶发的)事件,事情,变故。△たいへんな〜だ/不得了的事件。

	今年の大きな〜	ちょっとした〜からけんかになる	〜をひき起こす	一瞬の〜	〜のもみ消しを図る
出来事	○	○	×	○	×
事件	○	×	○	×	○

てきじ①【適時】适时,恰好的时机。△〜性(せい)を失(うしな)う/失去了适当的时机。

できし⓪〔溺死〕(名・自サ)溺水死亡,淹死。

てきしゅつ⓪【摘出】(名・他サ)①摘出,摘除。△眼球(がんきゅう)を〜する/摘除眼球。②指出,摘出。△不正(ふせい)を〜する/指出不妥之处。

テキスト①[text]①原文。△〜通(どお)りの引用(いんよう)/一字不差地引用原文。②教材,教科书。

てき・する③【適する】(自サ)适合,适宜。△飲料(いんりょう)に〜水(みず)/适合做饮料的水。

てきせい⓪【適正】(名・形動)适当,恰当,公平,合理。△〜な規模(きぼ)/适当的规模。△〜な価格(かかく)/公平价格。

てきせい⓪【適性】适合…性质,适应性。△〜検査(けんさ)/适应性检查。

てきせつ⓪【適切】(形動)恰当,妥切。△〜な処置(しょち)/恰当的处理。⇨てきとう 表

できそこない⓪【出来損(な)い】①做坏,搞糟。△〜のご飯(はん)/做坏了的饭。②(骂人)废物,没本事的人。△この〜め/你这个废物。

てきたい⓪【敵対】(名・自サ)敌对。△〜する両派(りょうは)/敌对的两派。

てきちゅう⓪【的中】(名・自サ)

射出，击中，猜中。△矢(や)は的(まと)のまん中(なか)に～した/箭射中了靶子。△予想(よそう)が～した/预测应验了。

てきど① 【適度】(名・形动)适度。△～に運動(うんどう)する/适度运动。

てきとう⓪ 【適当】(名・形动・自サ)①适当，恰当。△～な人選(じんせん)/适当的人选。②适度。△～な運動(うんどう)/适度的运动。

	～な処置	～な言葉がない	～にごまかす	～砂糖を入れる	～な批評で知られるＡ氏
適当	○	○	○	×	×
適切	○	○	×	×	○
適宜	○	×	×	○	×

てきにん⓪ 【適任】(名・形动)胜任，适合。△最(さい)～者(しゃ)/最适合的人选。

できばえ⓪ 【出来映(え)】做出的成果，成绩。△見事(みごと)な～/出色的成果。

てきぱき① (副・自サ)麻利，爽快，利落。△～と仕事(しごと)をする/办事麻利。

てきはつ⓪ 【摘発】(名・他サ)揭发，揭露。△旅券偽造(りょけんぎぞう)を～する/揭露伪造护照之事。

できもの③④ 【出来物】疖子，疙瘩，脓包，肿块。△首筋(くびすじ)に～ができる/脖颈上长了个疙瘩。

てきよう⓪ 【適用】(名・他サ)适用，应用。△この法則(ほうそく)は広範囲(こうはんい)に～する/这个法则广泛适用。

できる② 【出来る】(自上一)①产生，发生，出生。△子供(こども)ができた/有了孩子。△目尻(めじり)にしわができた/眼角出现了皱纹。②做完，做好。△高速道路(こうそくどうろ)ができた/建成了高速公路。△やっと宿題(しゅくだい)ができた/作业终于完成了。③能，会。△自分(じぶん)で生活(せいかつ)～/自己能够生活。△車(くるま)の運転(うんてん)が～/会开车。④〈俗〉(男女)相好，搞上。△二人(ふたり)はできている/两人搞上了。⑤人品好。△あの家(いえ)の奥(おく)さんは人間(にんげん)がよくできている/那一家的夫人人品很好。

できるだけ⓪ 尽可能。△～のことをする/尽力而为。△～急(いそ)ぐ/尽量快赶。⇨なるべく 表

てぎれ⓪③ 【手切(れ)】分手，断绝关系。

できれば (由"できる"的假定形"できれ"后续假定助动词"ば"构成)如果可以的话，可能的话。△～蘇州(そしゅう)にも行(い)きたいですが/如果可能的话，还想去苏州。

てぎわ⓪③ 【手際】①(处理事情的)技巧，手段，方法。△～がよい/会办事。②手腕，本领。△～をみせる/显示本领。

てぎわよく④ 【手際よく】(副)(事情办得)巧妙，漂亮。△～事件(じ

けん)を解決(かいけつ)する/完满地解决了事件。

でぐち① 【出口】出口，溢出口。△ハイウェーの～/高速公路的出口。

てくてく① (副)(较远的路程)一步一步不停地走。△駅(えき)まで～歩(ある)く/一步一步一直走到车站。

テクニック①③ [technique](艺术等的)技巧，技术，手法。△ピアノの～を勉強(べんきょう)する/学习钢琴的技巧。

テクノロジー③ [technology]工程学，工艺学，科学技术。

てくばり② 【手配(り)】(名・自サ)部署，布置，安排。△ちゃんと～してある/都安排好了，完全布置好了。

てくび① 【手首】手腕。△～をつかむ/抓住手腕。

でくわ・す⓪④③ 〔出くわす〕(自五)碰见，偶然遇见。△思(おも)わぬところで知人(ちじん)に～/在意想不到的地方碰见了老朋友。△事件(じけん)に～/遇到偶然事件。

てこ① 〔梃子〕①杠杆。②撬棍。◇～でも動(うご)かない/怎么也劝说不动。

てごころ② 【手心】斟酌，酌量，酌情。△初心者(しょしんしゃ)ですから教(おし)えるのに～がいる/因为是初学者，所以教学时要酌情对待。

てこず・る③ 〔手古摺る〕(自五)棘手，为难。△わんぱくに～/对淘气包束手无策。

てごたえ② 〔手応え〕①手感。△たしかに～がある/的确有手感。②反应。△いくら話(はな)しかけても～がない/(跟他)说多少话都没有反应。

でこぼこ 〔凸凹〕(名・形動・自サ)Ⅰ⓪凸凹不平，坑坑洼洼。△～の土地(とち)/凸凹不平的土地。Ⅱ⓪不平均，不均衡。△給与(きゅうよ)の～をならす/调整工资的高低不均。

デコレーション③ [decoration]装饰，装潢。

てごろ 〔手頃〕(形動)①适合手拿的，应手的。△～な棒(ぼう)/应手的棍子。②(适合自己条件、能力)适称，适合，合适。△～な値段(ねだん)/合适的价格。

デザート② [dessert]甜品。

デザイナー② [designer]设计师。△服飾(ふくしょく)～/服装设计师。

デザイン② [design]图案，设计，构思。△大胆(だいたん)な～の服(ふく)/大胆设计的服装。

でさかり⓪ 【出盛り】①(购物、观光等)人出来最多的时候。△～の人(ひと)ごみ/正是人多的时候，人山人海。②(蔬菜、水果的)上市旺季。△桃(もも)の～/正是桃子上市的旺季。

てさき③ 【手先】①手指，手指尖。△～の器用(きよう)な人(ひと)/手指灵巧的人。②爪牙，狗腿子，

手下,部下,喽罗。△～になる/当爪牙。

てさぐり② 【手探り】(名・自他サ)①用手摸,用手探索。△～で進(すす)む/用手摸着前进。②摸索。△交渉(こうしょう)はまだ～の状態(じょうたい)にある/谈判还处于摸底状态。

てさげ②⓪ 【手提(げ)】手提包,提篮,提包。

てざわり② 【手触り】手感,手触摸时的感觉。△～がいい/手感好。

でし② 【弟子】弟子,徒弟,门人。△～をとる/收徒。

デジタル① [digital]数字显示,计数的。△～時計(どけい)/数字显示手表。

てじな① 【手品】①戏法,魔术。②把戏,骗人术。△老練(ろうれん)な～を使(つか)う/使用老练的骗术。

てじゅん⓪① 【手順】顺序,程序。△～よくすすむ/按顺序进行。⇨だんどり 表

です (助動)("だ"的敬体形式,活用形为"でしょ、でし、です、です")表示断定等语气。△きょうは寒(さむ)い日(ひ)～ね/今天可真冷啊!△わたしは田中(たなか)～/我是田中。△あしたは天気(てんき)になるでしょう/明天是晴天吧!△昨日(きのう)は雨(あめ)でした/昨天下雨了。

てすう② 【手数】①(办事花费)时间,劳累。△～のかかる子供(こども)/不省心的孩子。△～料(りょう)/手续费。②操心,费事,添麻烦。△お～ですが/让你费心了。△お～をかけてすみません/麻烦您对不起。

てずから① 【手ずから】(副)亲手,亲自。△～わたす/亲手交。

ですから (接)因此,所以。

デスク① [desk]①办公桌,写字台。②(报社等的)编辑部主任,采访部主任。△～コンピュータ/台式计算机,台式电脑。△～プラン/桌上计划,纸上谈兵。

テスト① [test](名・他サ)①试验,检查。②测验,考核。△実力(じつりょく)～/检验实力。△機械(きかい)の調子(ちょうし)を～する/检查机器情况。

てすり③⓪ 【手すり】(手摺)栏杆,扶手。△船(ふな)べりの～にもたれる/靠在船边栏杆上。

てせい⓪ 【手製】自制,手制,手工制品。△～の菓子(かし)/自制点心。

てだし⓪ 【手出し】(名・自サ)①伸手,动手。△先(さき)に～をしたのはだれだ/先动手的是谁。②插手,干涉,介入。△余計(よけい)な～をしないでくれ/少管闲事!

てだすけ② 【手助(け)】帮,帮助。△妹(いもうと)は母(はは)の～をする/妹妹帮妈妈的忙。

でたらめ⓪ 〔出鱈目〕(名・形動)胡乱,胡扯,胡说八道,荒唐。△カードを～にならべる/卡片胡乱摆放。△～をいう/信口开河。

△～な生(い)き方(かた)/荒唐的生活方式。

てぢか⓪【手近】(名・形动)①身边，手边。△～に置(お)く/放在身边。②常见的，浅显易懂的。△～な例(れい)/常见的例子。

てちょう⓪【手帳】〔手帖〕记事本，小笔记本。

てつ⓪【鉄】①铁。②坚硬。△～の意志(いし)/钢铁般的意志。

てつ①〔轍〕(车)辙。△～を踏(ふ)む/重蹈覆辙。

てっかい⓪【撤回】(名・他サ)撤回，撤消。△要求(ようきゅう)を～する/撤回要求。

てつがく②⓪【哲学】哲学。

てつき①【手付(き)】手势，手的动作。△慣(な)れた～/熟练的手法。

てっき①【適期】适当的时机，适时。△田植(たう)えの～/插秧的最佳时期。

てっきょう⓪【鉄橋】铁桥。△～をかける/架铁桥。

てっきり③(副)一定，必然。△～兄弟(きょうだい)だと思(おも)っていた/原以为他们是兄弟。

てっきん⓪【鉄筋】铁筋，钢筋。

てっこう⓪【鉄鋼】钢铁。

デッサン〔法 dessin〕(用木炭、铅笔等画的)草图，素描。

てっ・する④⓪③【徹する】(自サ)①彻，始终如一，自始至终。△夜(よ)を～/彻夜，通宵。△信念(しんねん)に～/信念始终如一。②渗透，透。△うらみ骨髄(こつずい)に～/恨入骨髓。③看透。△眼光(がんこう)紙背(しはい)に～/眼力看透纸背。〈喻〉读书时透彻理解。

てったい⓪【撤退】(名・自サ)撤退。△陣地(じんち)を～する/撤出阵地。

てつだい③【手伝い】帮忙，帮助，帮手，助工。△何(なに)かお～することがありますか/有什么需要我帮忙的吗？△お～さん/女佣人。

てつだ・う③【手伝う】Ⅰ(他五)帮助，帮忙。△母(はは)の仕事(しごと)を手伝いなさい/帮母亲做事。Ⅱ(自五)(表示某种原因之外又加上某种原因)加之，还由于，还与…有关。△父(ちち)の病気(びょうき)には不摂生(ふせっせい)も手伝っている/父亲的病还由于不注意饮食。

てつづき②【手続き】(名・他サ)手续，必要的程序。△～をとる/办手续。△～を踏(ふ)む/履行手续。

てってい⓪【徹底】(名・自サ)彻底，透彻，贯彻。△～した平和主義者(～いわしゅぎしゃ)/彻底的和平主义者。△趣旨(しゅし)を～させる/使宗旨彻底贯彻。⇒あくまでも 表

てっていてき⓪【徹底的】(形动)彻底的。△～に消毒(しょうどく)を行(おこな)う/彻底进行消毒。

てつどう⓪【鉄道】铁道，铁路。

てっとうてつび⑤【徹頭徹尾】(副)彻头彻尾，自始至终。△～

戦(たたかう)/战斗到底。

てっとりばや・い⓪【手っ取り早い】(形)①迅速，麻利。△てっとりばやくかたづける/麻利地收拾好。②简单，直截了当。△～方法(ほうほう)/简单的方法。△てっとりばやく言(い)えば/直截了当地说。

てっぱい⓪【撤廃】(名・他サ)撤消，取消，废除。△制限(せいげん)を～する/取消限制。△人種差別(じんしゅさべつ)を～する/废除种族歧视。

でっぱる④⓪③【出っ張る】(自五)(向外)突出。△出っ張った窓(まど)/向外突出的窗。

てっぺん③〔天辺〕①顶上，头顶。△山(やま)の～/山顶。②最高点，顶点。△芸(げい)の～/艺术的顶峰。

てっぼう⓪【鉄棒】①铁棒。②(体育)单杠。

てっぽう⓪【鉄砲】枪，手枪。

てつや⓪【徹夜】(名・自サ)彻夜，通宵。

てつり①【哲理】哲理。△人生(じんせい)の～/人生的哲理。

てづる①【手づる】〔手蔓〕①门路，人情。△就職(しゅうしょく)の～/就业的门路。②线索，头绪。△捜査(そうさ)の～/捜查的线索。

てつわん⓪【鉄腕】铁腕，铁臂，腕力强大无比。

でどころ⓪②【出所】①出处。△うわさの～/传说的来历。②出场的时刻。△君(きみ)の～だ/该你露面了。③出口。

てとりあしとり③-⓪【手取り足取り】连手带脚，手把手。△～教(おしえる)/手把手地教。

てどり⓪【手取り】(扣掉税等必需费用后的)实际收入。△～はいくらもない/实际收入所剩无几。

てなおし②【手直し】(名・他サ)修改，修正，加工。△原稿(げんこう)を～する/修改原稿。

でなおし②【出直し】①回来再去。②重新做起。△一(いち)から～する/从头做起。

でなお・す③④⓪【出直す】(自五)①(回去后)再来。△あしたまた出直して来(き)ます/明天我再来。②重新做起。△一(いち)から～/重新做起。

てなみ⓪【手並み】本事，本领，能耐。△お～拝見(はいけん)/让我来领教一下您的本领吧。

テニス①[tennis]网球。△～をする/打网球。

テニス・コート④[tennis court]网球场。

てにもつ②【手荷物】随身行李，随身携带的东西。△～張(は)り札(ふだ)/行李签。

てぬかり②【手抜(か)り】疏忽，遗漏，失手。△～なく備(そな)える/万无一失地做好准备。

てぬき⓪③【手抜(き)】(名・自サ)偷工减料。△～工事(こうじ)/偷工减料的工程。△～した仕事(しごと)/偷工减料的工作。

てぬぐい⓪〔手拭い〕布手巾。

てぬる・い〔手緩い〕(形)①(处理)宽大,不严厉。△処分(しょぶん)が～/处分宽大。②迟缓,迟钝。△～反応(はんのう)/迟钝的反应。

てのひら①②〔掌〕掌,手掌。△～を返(かえ)す/反复无常。

てば①【手羽】鸡胸脯肉。

では①(接)那么。△～始(はじ)めよう/那么,开始吧!△～,これで失礼(しつれい)します/那我就告辞了!

では(接助)要是…的话。△これ～だめだ/这样的话可不行。△これ～こまる/要是这样的话不好办。△雨(あめ)～できない/要是下雨做不了。

デパート②[美 department store]百货商店。

てはい①【手配】(名・自他サ)①准备,安排,布置。△会場(かいじょう)を～する/布置会场。②(警方为逮捕犯人作出的)通缉,部署。△指名(しめい)～/指名通缉。

ではいり⓪【出入り】(名・自サ)出出进进,出入,进出。△あの家(いえ)は人(ひと)の～が多(おお)い/那家进出的人很多。

てはず①〔手筈〕(事前的)准备,程序,计划。△～を整(ととの)える/作好准备。⇨だんどり表

てばな・す③【手放す】(他五)①放手,撒开手,撂下。△手放せない仕事(しごと)/撂不下的工作。②卖掉,转让。③让孩子离开父母。△娘(むすめ)を～/让女儿独立生活。

てばなれ②【手離(れ)】①(小孩)离手,不需照料。△この子(こ)は～が早(はや)い/这孩子离手早。②制成,完成(不要再加工)。

てばや・い③【手早い】麻利,敏捷。△手早く部屋(へや)を片(かた)づける/麻利地收拾了房间。

でばん②⓪【出番】①上班,值班。△今日(きょう)はわたしの～だ/今天是我当班。②(戏剧)出场的顺序。△～を待(ま)つ/等待出场。③大显身手的机会。△いよいよ～が訪(おとず)れる/终于大显身手的机会来了。

てびかえ②【手控え】(名・他サ)①记录,记下来。△手近(てぢか)に～を用意(ようい)する/手边准备记录。②准备,预备。△～にとっておく/准备好。③节制,控制,谨慎。△採用(さいよう)の～/控制录用(人数)。

てびか・える④③【手控える】(他下一)①记录下备忘。②预备下。③谨慎从事。△投資(とうし)を～/慎重投资。

てびき①【手引(き)】(名・他サ)①引导,入门,启蒙。△商売(しょうばい)の～をする/引导销售。△英語(えいご)の～/英语启蒙。②引荐,介绍,门路。△先輩(せんぱい)の～で職(しょく)をえる/靠前辈的引荐得到工作。③(干坏事的)内应。△内部(ないぶ)

に～をした者(もの)がいる/内部有与外面勾结的人。

デビュー① [法 debut](名・自サ)初次登台,初上舞台。△今年(ことし)～した歌手(かしゅ)/今年初次登台的歌星。

てふき③⓪【手拭(き)】手巾,擦手巾。

てぶくろ②【手袋】手套。

てぶそく②【手不足】(名・形动)人手不足,人手不够。△～で困(こま)っています/苦于人手不足。

てぶり①【手振(り)】手势,手的姿势。△身(み)ぶり～をまじえて熱弁(ねつべん)する/借助手势和动作进行热烈演讲。

でほうだい②【出放題】(名・形动)①任其流淌。△水道(すいどう)を～にする/任自来水流淌。②信口开河,信口雌黄。△～にまくしたてる/信口雌黄,胡说八道。

てほどき②〔手解き〕(名・他サ)启蒙,入门,初步。△～をうける/受启蒙。

てほん②【手本】①字贴,画贴。②榜样,模范。△彼(かれ)を～にする/以他为榜样。

	世人の～となる	彼は努力が大切だといういい～だ	習字の～	～の解答を示す	～を垂れる
手本	○	○	○	×	×
模範	○	○	×	×	○

てま②【手間】①(工作所需的)时间,功夫,劳力。△～がかかる/费时间。②工钱。△～をかせぐ/打工。

デマ①[徳 demagogie]①谣言,蛊惑宣传。△～を飛(と)ばす/散布谣言。②流言蜚语,中伤。△とんでもない～だ/这是毫无根据的中伤。

てまえ⓪【手前】Ⅰ(名)①眼前,面前。△～にある椀(わん)をとる/拿取自己面前的碗。②自己一边。△交叉点(こうさてん)の～でとまる/在交叉路口的这边停。③体面,面子。△近所(きんじょ)の～もある/还有邻里的面子。④本事,手段。△お～拝見(はいけん)/我倒要看看你的本事。Ⅱ(代)①(谦称)我,自己。②(轻蔑)你。

でまえ⓪【出前】(名・他サ)(饭店)送餐,送菜。△～持(も)ち/送餐的人。

てまど・る③【手間取る】(自五)费事,花费时间。△買物(かいもの)に～/买东西需要时间。

てまね①【手まね】〔手真似〕(名・他サ)手势,用手模仿。△～で合図(あいず)する/用手势给暗示。

てまわし②【手回し】(名)①用手转。△～の蓄音機(ちくおんき)/手摇留声机。②预备,筹备,布置。△～がいい/准备得好。

てまわり②【手回り】身边,手边。△～品(ひん)/随身携带的东西。△～に置(お)く/放在手边。

でまわ・る⓪③【出回る】(自五)①上市。△さんまが～/秋刀鱼上市。②随处可见。△にせ物(もの)が～/假冒商品充斥市场。

でむかえ⓪【出迎え】(名)出迎,

迎接。△～にいく/去迎接。△～の人(ひと)/去迎接的人。

でむか・える⓪④③【出迎える】(他下一)迎接,接。△友(とも)を空港(くうこう)に～/到机场接朋友。

でむ・く②【出向く】(自五)前往,前去。△こちらから出向きます/我现在到您那里去。

ても (接助)(接活用词连用形下。接"が・ナ・バ・マ"各行五段活用动词时为"でも",接形容词时有时为"っても")①(表示假定逆接条件)即使…也,纵使…也。△あすは雨(あめ)が降(ふ)っ～、出(で)かけます/明天即使下雨也出门。②(表示确定逆接条件)尽管…可是,虽然…可是。△九時(くじ)になっ～まだ帰(かえ)らない/已经九点了,可是还没有回来。③(表示恒常条件)…还是…,仍…。△夏(なつ)は七時(しちじ)を打(う)っ～まだ明(あか)るい/夏天到七点钟天还是亮的。△だれが見(み)～立派(りっぱ)だとほめる/谁见了都夸好。

でも- (接头)①不够资格,有名无实,不可靠。△～医者(いしゃ)/庸医。②冒牌。△～学者(がくしゃ)/冒牌学者。

でも (副助)①纵令,即使,尽管…也。△今(いま)から～おそくはありません/即使从现在起也不晚。△雨天(うてん)～行(おこ)なわれる/就是下雨也要举行。②(举出极端的例子,表示其他也同样)连…也,连…都。△この本(ほん)は子供(こども)～読(よ)める/这本书连小孩都能读。△車(くるま)～三時間(さんじかん)かかる/乘车也要三个小时。③举出一例表示诸如此类。△映画(えいが)～見(み)ようか/看看电影什么的吧。△明日(あした)に～来(き)てください/请您明天或什么时候来。④接疑问词表示全面肯定或否定。△彼(かれ)はなん～知(し)っている/他什么都知道。△どんな秘密(ひみつ)～露見(ろけん)する/任何秘密都会暴露。⑤(用"だけ～"的形式)纵令,尽管,即使。△土地(とち)だけ～買(か)っておきたい/纵令只有土地也想买下来。△これだけ～持(も)っていきなさい/虽然就这一点,你也拿去吧。⑥(用"…でも…たら"的形式)表示假定时的强调心情。△かぜ～ひいたらたいへんだ/要是感冒的话可不好了。

でも① (接)①(表示转折)可是,但是。△彼(かれ)は来(く)ると約束(やくそく)した。～とうとう来(こ)なかった/他说好了"来"可是到底没来。②用于反驳对方的话或申辩理由等。△A:あなたは来(く)るはずだったでしょう。B:～忙(いそが)しかったのです/A:你应该来的呀!B:可是我忙啊!

デモ① [demonstration]("デモンストレーション"之略)示威,示威集会,示威游行。△～行進(こうしん)/游行示威。

てもち③⓪【手持ち】①手提，手拿。△～が悪(わる)い/不便手拿。②手头有，手头保存。△～が千円(せんえん)ある/手头有1千日元。③手头的东西。△あいにく～がない/不凑巧，手头没有。

てもと③【手元】①身边，手头。△～にある資料(しりょう)/手边的资料。△むすこを～に置(お)く/把儿子留在身边。②手头的钱，生计。△～不如意(ふにょい)/手头拮据。③(器物的)手握处，把手。④手的动作。△～が狂(くる)う/手抖，手慌。

でもの⓪【出物】①疙瘩，疖子。②(古董等)出卖品。△～の家具(かぐ)を買(か)う/买旧家具。③放屁。

デモ・る ("デモ"的动词化)(自五)〈俗〉示威，示威游行。

デモンストレーション⓪[demonstration]→デモ。

デュエット①[duet]①二重唱，二重奏。②双人舞。

てら②【寺】寺庙，庙。

てら・す②③【照らす】(他五)①照，照射。△美(うつく)しい草原(そうげん)を真(ま)っ赤(か)な太陽(たいよう)が照らしています/火红的太阳照到美丽的草原上。②(用"に～"的形式)对照，参照，按照。△データにてらして再検討(さいけんとう)する/对照数据进一步研究。△法(ほう)にてらして処分(しょぶん)する/参照法律处理。

デラックス②[法 de luxe](名・形动)高级的，豪华的。△～な自動車(じどうしゃ)/高级小轿车。

てらてら①(副・形动)油光滑亮。△禿(は)げ頭(あたま)が～と光(ひか)っている/秃头油光发亮。

てりかえし⓪【照(り)返し】①反射，反照。②反射镜。

てりかえ・す③④⑤【照(り)返す】(自他五)(光、热等)反射，反照。△夏(なつ)のひざしが照り返してまぶしい/夏天的阳光反射着，很晃眼。△路面(ろめん)がひざしを～/路面反射着阳光。

てりかがや・く⑤【照(り)輝く】(自五)照耀，辉耀。△多機能(たきのう)ホールにたくさんのシャンデリアが～/多功能厅中众多的枝形吊灯灿烂辉煌。

デリケート③[delicate](形动)①敏感的，纤细的。△神経(しんけい)が～な子(こ)/神经敏感的孩子。②微妙的。△～な問題(もんだい)/微妙的问题。

てりば・える④【照(り)映える】(自下一)映照。△雪(ゆき)の山(やま)が夕日(ゆうひ)に～/雪山被夕阳映照着。

てりやき⓪【照(り)焼(き)】沾酱油和料酒烤(的鱼)。

てりょうり②【手料理】亲手做的菜，自家做的菜。△～で客(きゃく)をもてなす/用亲手做的菜招待客人。

て・る①【照る】(自五)①照，晒。△日(ひ)が～/日照。△庭(にわ)に

月(つき)がこうこうと～/皎洁月光洒满庭院。②照耀。△夕日(ゆうひ)に～もみじ/夕阳映照的红叶。③晴。△～日(ひ)曇(くも)る日/晴天阴天。

でる① 【出る】(自下一)①出，出去。△屋外(おくがい)に～/到屋外去。△家(いえ)を～/出门。△船(ふね)が港(みなと)を～/船出港。②出发，开。△列車(れっしゃ)は20分後(にじっぷんご)に～/列车20分钟后发车。③露出，出现，产生。△月(つき)が～/月亮出来。△風(かぜ)が～/起风了。④出席，出勤。△会議(かいぎ)に～/出席会议。△会社(かいしゃ)に～/到公司上班。⑤离开。△故郷(こきょう)を～/离开故乡。△学校(がっこう)を～/从学校毕业。⑥到达，通往。△私(わたし)たちは海岸(かいがん)に出た/我们走到了海边。⑦畅销。△この品(しな)はよく～/这东西很畅销。⑧公布，发表。△新聞(しんぶん)に～/发表在报纸上。⑨给与，赋予。△この奨学金(しょうがくきん)は3年生以上(さんねんせいいじょう)の学生(がくせい)に～/这项奖学金给3年级以上的学生。△登山者(とざんしゃ)に許可(きょか)が～/给登山者许可证。⑩超出，超过。△足(あし)が～/有了亏空。△かれは四十(よんじゅう)を出ている/他过40岁了。⑪出自，来自。△この言葉(ことば)はオランダ語(ご)から出た/这个词出自荷兰语。⑫采取…态度。△日本(にほん)は相手国(あいてこく)に強(つよ)い態度(たいど)に出た/日本对对方国采取了强硬态度。◇～杭(くい)は打(う)たれる/枪打出头鸟。◇～ところへ～/去打官司。◇～船(ふね)のともづなを引(ひ)く/依依不舍。◇～幕(まく)ではない/不是出头露面的时候(地方)。

てるてるぼうず⑤ 【照る照る坊主】(为祈祷天晴挂在檐下的小纸人)扫晴娘。

てれくさ・い④ 【照れ臭い】(形)害羞，难为情。△自分(じぶん)からいうのは～/自己不好意思说。

テレスコープ④ [telescope]望远镜。

テレックス② [telex]电传。

テレビ① [television]电视，电视机。△～カメラ/电视摄像机。

テレホン① [telephone]电话。△～カード/电话卡。

て・れる② 【照れる】(自下一)羞，害羞，腼腆。△人(ひと)の前(まえ)でよく～/在人面前爱害羞。

テロ① ("テロリスト"、"テロリズム"之略)→テロリスト、テロリズム。

テロリスト③ [terrorist](也作"テロ")恐怖分子。

テロリズム③ [terrorism](也作"テロ")恐怖主义。

てわけ③ 【手分け】(名・自サ)分工，分头做。△仕事(しごと)の～をする/进行工作分工。△落(お)とした財布(さいふ)を～して捜(さが)す/分头去找失落的钱包。

てわたし② 【手渡し】亲手交

给，面交，递交。

てわた・す③【手渡す】(他五)面交，亲手交给，递交。△この手紙(てがみ)を彼女(かのじょ)に手渡してください/请把这封信交给她。△申請書(しんせいしょ)を～/递交申请书。

てん①【天】①天，天空。△～まで上(あ)がる/升到天空。②天国，天堂。△～にまします神(かみ)/在天之神。③苍天，上帝。△運(うん)を～にまかす/听天由命。④事物的开端。△～から決(き)めてかかる/一开始就定了下来。◇～に唾(つば)する/害人反害己。◇～にも昇(のぼ)る心地(ここち)/兴高采烈。◇～を衝(つ)く/i)高耸入云。ii)冲天。◇～に眼(まなこ)/老天有眼。◇～を幕(まく)とし地(ち)をむしろとす/四海为家。

てん⓪【点】Ⅰ①点。△～と線(せん)/点和线。△疑問(ぎもん)の～/疑问点。△問題(もんだい)～/问题点。②标点。△～を打(う)つ/点标点。③分数。△いい～がとれた/取得了好的成绩。④(比赛)得分。Ⅱ(接尾)(计数物品)…件。△三～セット/三件套。

でんあつ⓪【電圧】电压。△～計(けい)/电压表。

てんい①⓪【転移】(名・自他サ)转移，移动。△病原体(びょうげんたい)の～を防(ふせ)ぐ/防止病原体转移。△癌(がん)が～する/癌转移。

でんい①【電位】电位，电势。△～差(さ)/电位差。

てんいん⓪【店員】店员，营业员。

てんいん⓪【転院】(名・自サ)转到其他医院，转院。

でんえん⓪【田園】〈文〉①乡村。②田园。△～生活(せいかつ)/田园生活。

てんか①【天下】①天下，全国，全世界。△～をとる/夺取天下。△～にたぐいない才能(さいのう)/世上少有的才干。②社会，世人。△～の笑(わら)いものとなる/受世人耻笑。③(幕府的)将军。

てんか⓪①【添加】(名・自他サ)添加，增加。△防腐剤(ぼうふざい)を～する/添加防腐剂。

てんか⓪【点火】(名・自サ)点火。△ストーブに～する/生炉子。

てんか①⓪〔転化〕(名・自サ)转化。△重大事(じゅうだいじ)に～する/转化为重大事情。

てんか①【転嫁】(名・他サ)转嫁。△責任(せきにん)を部下(ぶか)に～する/把责任转嫁给部下。

てんが①【典雅】(名・形动)典雅，雅致。△～な舞(まい)/典雅的舞蹈。

でんか①【殿下】殿下(对皇族、王族的敬称)。△皇太子(こうたいし)～/皇太子殿下。

てんかい⓪【展開】(名・自他サ)①展开，开展。△論争(ろんそう)を～する/展开争论。②展现。△舞台(ぶたい)に華麗(かれい)な場面(ばめん)を～する/华丽的场面展

現在舞台上。

てんかい⓪【転回】(名・自他サ)①转换(方向)，旋转。△方向(ほうこう)を〜する/转变方向。△〜運動(うんどう)/旋转运动。②转变(态度等)。△百八十度(ひゃくはちじゅうど)の〜をする/来个一百八十度的大转变。

でんがく⓪【田楽】①(古时插秧时跳的舞)田乐。②"田楽豆腐"、"田楽焼"之略。△〜豆腐(とうふ)/酱烤豆腐串。△〜焼(やき)/酱烤鱼肉菜串。

てんかん⓪【転換】(名・自他サ)转换，转变。△気分(きぶん)を〜する/转变情绪。△〜期(き)/转换期，过渡期。

てんがん⓪【点眼】(名・自サ)上眼药，点眼药。△〜水(すい)/眼药水。

てんき①【転機】转机，转折点。△人生(じんせい)の〜/人生的转折点。

てんき①【天気】①天气。△〜がよい/天气好。②晴天。△〜が続(つづ)く/连续晴天。③〈喻〉心情。△今日(きょう)はお父(とう)さんのお〜が悪(わる)い/今天爸爸不高兴。④(性格、脾气)易变。△お〜屋(や)/喜怒无常的人。

でんき⓪【伝記】传记。△〜作家(さっか)/传记作家。

でんき①【電気】①电，电气。△〜をきる/断电。②电灯。△〜をつける/开电灯。△〜を消(け)す/关灯。

でんきスタンド⑤【電気スタンド】[—stand]台灯。

てんざい⓪【点在】(名・自サ)分布在，分散在。△草原(そうげん)に牛(うし)やひつじが〜している/草原上散落着牛羊。

でんきゅう⓪【電球】电灯泡。

てんきょ⓪【転居】(名・自サ)迁居，搬家。△郊外(こうがい)に〜する/搬到郊外居住。

てんぎょう⓪【転業】(名・自サ)转行，转业。△本屋(ほんや)がコンビニに〜する/书店改营便利店。

てんきよほう④【天気予報】天气预报。

てんきん⓪【転勤】(名・自サ)调动工作。△東京(とうきょう)から大阪(おおさか)へ〜する/从东京调到大阪去工作。

てんぐ⓪〔天狗〕①天狗(想像中的高鼻子、红脸，住在深山里，可在空中飞行，类似人的妖怪)。②〈喻〉自负，吹牛的人。△釣(つ)り〜/吹嘘自己是钓鱼能手。

でんぐりがえし⑤【でんぐり返し】翻斤斗，颠倒。

てんけい⓪【典型】典型，模范。△〜的(てき)な日本人(にほんじん)/典型的日本人。

てんけん⓪【点検】(名・他サ)检点，查点，检查。△服装(ふくそう)を〜する/检点服装。⇨けんさ 表

でんげん⓪③【電源】电源。△〜スイッチ/电源开关。

てんこう⓪【天候】天候，气候。

△不順(ふじゅん)な～/反常的气候。

てんこう⓪【転向】(名・自サ)①转向，改变。△風(かぜ)が～した/风转向了。②背叛，变节。△～者(しゃ)/叛徒，转向者。

てんこう⓪【転校】(名・自サ)转校，转学。

てんごく①【天国】①天国，天堂。②乐园。△歩行者(ほこうしゃ)～/步行者天国(只允许步行者自由通行的地区)。

でんごん⓪【伝言】(名・他サ)传话，捎口信。△～板(ばん)/留言板。

てんさい⓪【天才】天才。△語学(ごがく)の～/语言学的天才。

てんさく⓪【添削】(名・他サ)增删，修改(文章等)。△英語(えいご)の作文(さくぶん)を～する/批改英语的作文。

てんさい⓪【天災】天灾。△～地変(ちへん)/天灾地祸。

てんし①【天使】天使，安琪儿。△白衣(はくい)の～/白衣天使(护士的美称)。

てんじ⓪【展示】(名・他サ)展示，陈列。△～会(かい)/展出会，展览会。

でんし①【電子】电子。△～ビーム/电子束。

でんじ①【電磁】电磁。△～波(は)/电磁波。

でんしゃ⓪①【電車】电车。

でんじゅ①【伝授】(名・他サ)传授，秘传。△柔道(じゅうどう)の奥義(おくぎ)を～する/传授柔道的秘诀。

てんじょう⓪【天井】①顶棚，天花板。②顶部，最高处。△箱(はこ)の～に紙(かみ)を張(は)る/往箱子的顶盖糊纸。③(行情，物价上涨的)顶点，极限。△～知(し)らず/(物价)涨得没有止境。

てんじょう⓪【添乗】(名・自サ)(旅行社等特派人员)陪同旅游。△～員(いん)/旅游的陪同，导游。

でんしょう⓪【伝承】(名・他サ)口传，口头相传，世代相传。△民間(みんかん)～/民间传说。

てん・じる④③【転じる】(自他上一)①转，转变。△主客(しゅきゃく)が～/主客颠倒。②改变。△進路(しんろ)を～/改变前进的道路。③旋转。

でんしレンジ【電子レンジ】[—range]微波炉。

てんしん【天真】(名・形動)〈文〉天真。△～爛漫(らんまん)/天真烂漫。

でんしん⓪【電信】电信。△～柱(ばしら)/电线杆子。△～為替(かわせ)/电汇。

てんすう③【点数】①分数，得分数。△～をつける/判分，记分。②件数。△出品(しゅっぴん)～/展出件数。

てん・ずる⓪③【転ずる】(自他サ)→てんじる。

てんせい①【天性】〈文〉天性，天生。△～の芸術家(げいじゅつか)/天才艺术家。△～の美(び)/

天性的美。

でんせつ⓪【伝説】传说。

てんせん⓪【点線】点线，虚线。△～を引(ひ)く/画点线。

でんせん⓪【伝染】(名・自サ)传染。△～病(びょう)/传染病。

でんせん⓪【電線】电线，电缆。△～を架(か)する/架设电线。

でんたく⓪【電卓】小型电子计算机，电子计算器。

でんたつ⓪【伝達】(名・他サ)①传达，转达。△文書(ぶんしょ)で～する/书面传达。②转交。△勲章(くんしょう)を～する/转交勋章。

てんち⓪【転地】(名・自サ)易地，变换(疗养)地方。△～療養(りょうよう)/易地疗养。

てんち①【天地】(名・他サ)①天地。△俯仰(ふぎょう)～に愧(は)じず/上不愧天，下不作地。②世界，宇宙。△自由(じゆう)の～/自由天地。△新(しん)～/新天地。③上和下。△～をそろえる/上下留出空白。④上下颠倒。△布(ぬの)を～する/布拿颠倒了。

でんち①【電池】电池。

てんちゅう⓪【転注】(汉字六书之一)转注。

でんちゅう⓪【電柱】电线杆子。

てんちむよう①-⓪【天地無用】(写在货物上的)切勿倒置。

てんで③⓪(副)〈俗〉①(下接否定)丝毫，完全，根本。△～問題(もんだい)にならない/丝毫不成问题。△～だめだ/根本不行。②非常，很。△～おもしろい/非常有意思。

てんてき⓪【点滴】①点滴，水滴。△～石(いし)を穿(うが)つ/水滴石穿。②点滴注射。

てんてん⓪③【点点】Ⅰ(名)①斑点。△からだに～ができる/身上出了许多斑点。②日语浊音符号(〝)。③点线(……)。Ⅱ(副)①点点，星星点点。△村(むら)のあかりが～とみえる/村庄的灯火星点可见。②点点滴滴，滴答。△血(ち)が～と落(お)ちる/血滴答滴答地滴。

てんてん③⓪【転転】(副・自サ)①(滚动的样子)辘辘。△ボールは外野(がいや)へ～と転(ころ)がっていく/球辘辘辘辘地滚向场外。②转来转去，辗转。△各地(かくち)を～する/辗转各地。

テント①[tent]帐篷。△～を張(は)る/搭帐篷。

てんとう⓪【店頭】橱窗，铺面，柜台。△～に並(なら)んだ商品(しょうひん)/摆在柜台的商品。

てんとう⓪【点灯】(名・自サ)点灯。△水銀灯(すいぎんとう)に～する/点上水银灯。

てんとう⓪【転倒】〔顛倒〕(名・自他サ)①颠倒，倒置。△本末(ほんまつ)～/本末倒置。②翻倒，跌倒。△道(みち)で～する/跌倒在路上。③慌神。△気(き)が～する/惊慌失措。

でんとう⓪【伝統】传统。△～芸能(げいのう)/传统戏剧。

でんとう⓪【電灯】电灯。△~をつける/开电灯。

でんどう⓪【伝導】(名・他サ)传导。△熱(ねつ)をよく~する物体(ぶったい)/传热好的物体。△~体(たい)/导体。

でんどう⓪【電動】电动。△~機(き)/电动机。

てんとりむし④【点取(り)虫】〈讽〉(一味争分的)分数迷，书呆子。

てんどん⓪【天どん】〔天丼〕炸虾大碗盖饭。

てんにん⓪【転任】(名・自サ)转任，调动工作，调职。△学長(がくちょう)に~する/调职担任大学校长。

てんにょ①【天女】天女，仙女。

てんにん⓪【転任】(名・自サ)转任，调任。△~先(さき)/调往地点，新岗位。

でんねつ⓪【電熱】电热。△~器(き)/电热器。

てんねん⓪【天然】天然，自然。△~ガス/天然气。

てんねんきねんぶつ⓪【天然記念物】(指被指定保护的珍稀动、植物及矿藏)天然纪念物。

てんのう③【天皇】天皇。

てんのうせい⓪③【天王星】天王星。

でんぱ①〔伝播〕(名・自サ)①传播，流传。△病気(びょうき)の~/疾病的流行。②(物理)传播，传导。△音響(おんきょう)の~/音响的传导。

でんば⓪【電場】电场。

でんぱ①【電波】电波。△~妨害(ぼうがい)/电波干扰。

てんぴ①【天火】(西餐)烤炉。

てんびき⓪【天引(き)】(名・他サ)先行扣除。△月給(げっきゅう)から税金(ぜいきん)を~する/从工资中先扣除税款。△~貯金(ちょきん)/发薪时先扣下的储蓄存款。

てんびん⓪【天びん】〔天秤〕①天平。△~にかける/用天平称。②扁担。△~でかつぐ/用扁担挑。

てんぷ①⓪【添付】(名・他サ)添上，附上。△写真(しゃしん)を~して出(だ)す/附上照片提交。

てんぷ①⓪〔貼付〕(名・他サ)贴上。

てんぷく⓪【転覆】〔顛覆〕(名・自他サ)①翻倒，倾覆。△車(くるま)が~する/车翻了。②颠覆，推翻。△政権(せいけん)の~をはかる/企图颠覆政权。

てんぷら⓪〔天麸羅〕①(鱼、虾、青菜裹上面粉炸的食品)天麸罗。△かきの~/牡蛎天麸罗。②〈俗〉镀金，镀银。△~の時計(とけい)/镀金表。③〈俗〉徒有其表。△~学生(がくせい)/没有真才实学的学生。

でんぶん⓪【伝聞】(名・他サ)传闻，听说。△~するところでは…/据传闻…。△これは~にすぎない/这只不过是传闻。

テンポ①[意 tempo]①(音乐的)速度，节奏。②(事物进展的)速

度。△～がはやい/发展速度快。

てんぽ① 【店舗】店铺，商店。

てんぼう⓪ 【展望】(名・他サ)展望，了望。△～台(だい)/了望台。△未来(みらい)を～する/展望未来。⇨ちょうぼう 表

でんぽう⓪ 【電報】电报。△～を打(う)つ/打电报。

てんまつ①⓪ 〔顛末〕(事情的)始末，详情。△事件(じけん)の～/事件的始末。

てんめつ⓪ 【点滅】(名・自他サ)忽明忽灭，一闪一灭。△ネオンが～する/霓虹灯一闪一闪的。

てんもう⓪ 【天網】天网。◇～恢恢(かいかい)疎(そ)にして漏(も)らさず/天网恢恢疏而不漏。

てんもん⓪ 【天文】天文。△～学(がく)/天文学。

てんやわんや⓪⓪ (名・自サ)混乱不堪，乱七八糟。△～の大騒(おおさわ)ぎ/闹得天翻地覆。

でんらい⓪ 【伝来】(名・自サ)①传来，传入。△仏教(ぶっきょう)の～/佛教的传入。②祖传。△～の家宝(かほう)/祖传的传家宝。

てんらく⓪ 【転落】〔顛落〕(名・自サ)①滚落，掉下，坠落。△がけから～する/从崖上坠落。②堕落，沦落。△悪(あく)の道(みち)に～する/堕入歧途。

てんらん⓪ 【展覧】(名・他サ)展览。△～会(かい)/展览会。

でんり⓪ 【電離】(名・自サ)电离。△～層(そう)/电离层。

でんりゅう⓪ 【電流】电流。△～計(けい)/电流表。

でんりょく①⓪ 【電力】电力。△～計(けい)/功率计；瓦特计。

てんれい⓪ 【典礼】典礼。

てんれい⓪ 【典麗】(名・形动)典雅，美丽。△花嫁(はなよめ)の～な姿(すがた)/新娘典雅美丽的身姿。

でんわ⓪ 【電話】(名・他サ)①电话。△～をかける/打电话。△～を切(き)る/放下电话。②打电话。△友達(ともだち)に～する/给朋友打电话。△消防署(しょうぼうしょ)に火事(かじ)がおこったことを～する/给消防署打电话报告火情。

でんわぐち③ 【電話口】电话机旁。△～に出(で)る/来接电话。

でんわボックス⓪-① 【電話ボックス】[—box]电话亭。

でんわちょう⓪ 【電話帳】电话号码簿。

でんわばんごう④ 【電話番号】电话号码。

と ト

と Ⅰ（格助）①（表示动作、行为的共同者或对象）和，与，同，跟。△兄(あに)～一緒(いっしょ)に行(い)く/和哥哥一起去。△病気(びょうき)～戦(たたか)う/同疾病作斗争。②下接"言う"、"思う"、"考える"、"見る"、"名付ける"、"書く"等动词，表示这些动作的具体内容。△彼(かれ)はそれでいい～言(い)いました/他说那样就行。△行(い)かない方(ほう)がいい～思(おも)う/我认为不去为好。△室内(しつない)に禁煙(きんえん)～書(か)いてある/室内写着"禁止吸烟"。③（表示变化、转变的结果）成为，变成。△液体(えきたい)が気体(きたい)～なった/液体变成了气体。④（表示比较的对象）和，同，跟。△北京(ペキン)～くらべると広州(こうしゅう)の方(ほう)がずっとあついです/跟北京相比，广州(的天气)热得多。△私(わたし)は彼(かれ)～は比較(ひかく)にならない/我比不上他。⑤（下接否定式，表示不超过某种范围或限度）(不)到，(不)足，(不)超过。△二時間(にじかん)～寝(ね)なかった/睡了不到两个小时。△二度(にど)～ない/再也没有的机会。⑥"…と言って""…と思って"之略）说；想，以为。△何(なん)だ～/你说什么？△何(なん)だろう～開(あ)けてみると本(ほん)だった/以为是什么呢，打开一看原来是书。⑦（接于其他词之后，构成状语）…地。△楽楽(らくらく)～持(も)ち上(あ)げられる/能毫不费力地举起来。⑧如，像。△山(やま)～積(つも)る/堆积如山。△花(はな)が雪(ゆき)～散(ち)る/花落如雪飘。Ⅱ（并助）（用于同类事物的尽数列举）和，与。△机(つくえ)の上(うえ)に本(ほん)～ノート～鉛筆(えんぴつ)がある/桌子上有书，笔记本和铅笔。Ⅲ（接助）①（表示假定）若是，假如。△雨(あめ)が降(ふ)る～行(い)くのを止(や)める/若是下雨就不去了。②（表示条件）一…就…。△春(はる)になる～花(はな)が咲(さ)く/一到春天花就开了。③立即，马上。△ドアがあく～どっと客(きゃく)が入(はい)り込(こ)んだ/门一开客人们立即拥了进来。④（上接推量助动词"う"、"よう"、"まい"，表示逆态假定）不管…都…，即使…也，无论…也…。△雨(あめ)が降(ふ)ろう～風(かぜ)が吹(ふ)こう～予定(よてい)どおりに行(おこ)なうこと/不管刮风还是下雨，都要按预定计划进行。△行(い)こう～行(い)くまい～ご自由(じゅう)です/去与不去悉听尊便。⑤（上接助动

词"う"、"よう",下接"する"、"思う"等动词,表示意志或决心)要,想。△僕(ぼく)も帰(かえ)ろう~思(おも)っている/我也想回去。△彼(かれ)は今(いま)出掛(でか)けよう~したところだ/他现在刚好要出去呢。

と① 【都】("東京都"之略)都,首都。△~の所有(しょゆう)/东京都所有。

と⓪ 【戸】①门,大门。△~から出入(でい)りする/从大门出入。②门(扇)。△~を閉(と)ざす/锁门。

	部屋の~	門の~	障子の~	仏壇の~	タクシーの~
戸	○	○	○	△	×
扉	○	○	×	○	×
ドア	○	×	×	×	○

ど① 【土】星期六。

ど⓪ 【度】①程度,限度。△~が過(す)ぎる/过度。②气度,气量。③(温度、角度、眼镜等的)度数。△摂氏(せっし)15~/摄氏15度。△~を失(うしな)う/失度(慌神)。

-ど 【土】(接尾)土地,…土。△粘(ねん)~/粘土。△腐植(ふしょく)~/腐殖土。

ドア① [door]门,门扉。△~をあける/开门。⇨と表

どあい⓪ 【度合(い)】①程度,火候儿。△濃淡(のうたん)の~/浓淡的程度。②幅度。⇨ていど表

とい⓪ 【問(い)】①问,提问。△~をかける/提问。②问题。△~に答(こた)える/答问。

といあわせ⓪ 【問(い)合(わ)せ】询问,打听。

といあわ・せる⓪⓪ 【問(い)合(わ)せる】(他下一)问,打听,询问,照会。△相場(そうば)を~/打听行情。△何度(なんど)ダイヤルしても通(つう)じないので電話局(でんわきょく)に問い合わせてみましょう/拨了好几次拨号盘还是打不通,(咱们)问问电话局吧。

という 【と言う】①被称为…,被叫做…。△田中(たなか)~人(ひと)/叫田中的人。②强调数量。△今度(こんど)の地震(じしん)で20万~家(いえ)がこわれてしまった/因为这次地震,有20万户的房屋损坏。③强调和说明内容。△北京(ペキン)~都会(とかい)/北京这座城市。④强调"全部都"。△はな~はながおちってしまった/花全部都落了。

というのは (接)(多以"~…からだ"形式)之所以这么说,是因为…。△あの人(ひと)はあまり信用(しんよう)できない。~前(まえ)にあの人に騙(だま)されたことがあるからだ/那个人不太可靠。我所以这么说是因为以前我受过他的骗。

といえども〔と雖も〕虽说…也,即使…也。△社長(しゃちょう)~この禁(きん)を破(やぶ)ることはできない/即使是总经理也不能破此禁例。

といか・ける④ 【問(い)掛ける】(他下一)问,打听。△隣(となり)の人(ひと)に~/向旁边的人打听。

といき⓪① 【吐息】(名・自サ)叹

といつ・める　【問(い)詰める】(他下一)追问，逼问，盘问。△証言(しょうげん)の矛盾(むじゅん)を～/追问自相矛盾的证言。

トイレ① [toilet]→トイレット。

トイレット③① [toilet](有时略作"トイレ")①厕所，盥洗室，卫生间。△～ペーパー/卫生纸，手纸。②化妆台。化妆室。

とう-　【当】(接头)本…，这个…，当前…。△～劇場(げきじょう)/这个剧场。△～社(しゃ)/本公司。

とう①　【党】党。△～に入(はい)る/入党。△～の方針(ほうしん)/党的方针。

とう①　〔疾う〕(副)(多以"～から""～に"形式)很早以前，老早，早就。△その事(こと)は～から知(し)っているよ/那件事(我)老早就知道啦。△彼(かれ)は～に帰(かえ)ったよ/他早就回去啦。

とう①　【塔】塔。△バベルの～/(基督教《圣经》中的)通天塔(比喻架空计划)。△～を建(た)てる/建塔。

とう①　【等】Ⅰ(名)等，等级。△～を分(わ)ける/分等级。Ⅱ(接尾)等等，什么的。△机(つくえ)、いす～/桌子、椅子等等。

-とう　【島】(接尾)…岛。△無人(むじん)～/无人岛。△半(はん)～/半岛。

とう①　【糖】糖分。△尿(にょう)に～が出(で)る/尿里出现糖分。

と・う①②　【問う】(他五)①问，打听。△安否(あんぴ)を～/问安。②顾，管。△事(こと)の成否(せいひ)を問わない/不管事之成败。③问(罪)。△殺人罪(さつじんざい)に問われる/被处以杀人罪。◇～は一時(いちじ)の恥(はじ)，問わぬは末代(まっだい)の恥/问为一时之耻，不问为一生之耻。◇～に落(お)ちず語(かた)るに落(お)ちる/不打自招。⇨きく表

-とう　【頭】(接尾)(数牛、马、驴等)头，匹，只。△馬(うま)5(ご)～/5匹马。

どう⑴　【胴】①(动物的)躯干。△～が長(なが)い/身躯长。②物体的中间部分。③(鼓、三弦的)共鸣箱，膛。④(击剑时用的)胸铠，护胸。△～を着(き)る/穿上护胸。

どう①　【堂】①佛堂，神殿。△～を構(かま)える/修建神殿。②会堂，会场。△一(いち)～に会(かい)する/会于一堂。◇～に入(い)る/升堂入室。

どう①⓪　【銅】铜。△～のなべ/铜锅。

どう①　〔如何〕(副)如何，怎样。△君(きみ)はあの男(おとこ)を～思(おも)うか/你看那人如何？△～すればよいか/怎么办好呢？

どう-　【同】(接头)①同。△～時代(じだい)/同一时代。②该。△～社(しゃ)/该公司。△～氏(し)/该人。

-どう　【道】(接尾)①(日本地区

区画名)…道。△東海〜/东海道。②道路，通路，…道。△歩(ほ)〜/人行道。③(茶道等专门技艺)…道。△茶(ちゃ)〜/茶道。△書(しょ)〜/书法。

とうあん⓪【答案】卷子，试卷。△〜を出(だ)す/交卷子。△〜を調(しら)べる/判卷子。△全部(ぜんぶ)できたと思(おも)っても、もう一度(いちど)〜を見直(みなお)すとまちがいが見(み)つかるものだ/以为全部答好了，可你如果再看一遍试卷，还是会发现错误的。

どうい⓪【同意】(名・自サ)①同义。△〜語(ご)/同义词。②相同的意见。③赞成，同意。△〜を得(え)る/得到同意。△〜を表(あらわ)す/表示同意。△わたしは彼(かれ)の計画(けいかく)に喜(よろこ)んで〜した/我很高兴地同意了他的计划。

どういう①(連体)(どんな"的郑重说法)什么样的，怎么样的。△一体(いったい)〜ことですか/到底是怎么回事？△〜理由(りゆう)があろうとも人(ひと)をののしったりするものじゃない/不管有什么样的理由也不应该骂人。

どういたしまして(感)(回答对方的道谢和道歉)岂敢，哪儿的话。哪里哪里，算不了什么。

とういつ【統一】(名・他サ)统一。△思想(しそう)の〜を図(はか)る/谋求思想的统一。△行動(こうどう)を〜する/统一行动。

どういつ⓪【同一】(形動)同样，同等，相同。△〜な考(かんが)えを持(も)っている/有同样的想法。△甲(こう)と乙(おつ)とを〜に見(み)る/对甲乙一视同仁。

どういん⓪【動員】(名・他サ)动员；调动。△〜令(れい)/动员令。△建設(けんせつ)のために国内資源(こくないしげん)を総(そう)〜する/为了建设而动员国内一切资源。

とうえい⓪【投影】(名・自他サ)投影。△〜図(ず)/投影图。△塔(とう)の姿(すがた)が池(いけ)の面(めん)に〜している/塔影投射在池水面上。

とうか⓪①【投下】(名・他サ)①投下，扔下。△爆弾(ばくだん)を〜する/投下炸弾。②投，投入。△資金(しきん)の〜/投入资金。

とうか⓪【等価】等价，等值。

どうか①(副)①请。△〜よろしくお願(ねが)いします/请多关照。△〜合格(ごうかく)できますように/希望考试能通过。②不正常。△彼(かれ)は〜したらしい/他好像有点不正常。

どうか⓪【同化】(名・自他サ)①(生物)同化。△植物(しょくぶつ)の〜作用(さよう)/植物的同化作用。②消化，掌握(知识)。③(意识形态、风俗习惯等的)同化，感化。

どうか①【道家】①道家。②道士。

どうか①【銅貨】铜币，铜板。

どうが①【動画】动画，动画片。△カラー〜/彩色动画片。

とうかい⓪【倒壊】(名・自サ)倒壊。△家屋(かおく)が～する/房屋倒塌。

とうがい⓪【当該】(連体)该,有关。△～警察署(けいさつしょ)/该警察署。△契約書(けいやくしょ)の～条項(じょうこう)/合同的有关条款。

とうがい⓪①【等外】等外,次品,等外品。△～品(ひん)/等外品。△残念(ざんねん)ながら～となる/很可惜没选上(被陶汰了)。

とうかいどう⓪【東海道】①(旧行政区划的八道之一)东海道。②东京日本桥至京都的沿海公路。△～五十三次(ごじゅうさんつぎ)/江户时代由东京日本桥至京都三条大桥间的53个驿站。

どうかく⓪【同格】①同等资格,等级相同。△公立大学(こうりつだいがく)を国立大学(こくりつだいがく)と～にする/把公立大学和国立大学列为同等级别。②(语法)同格。△主語(しゅご)と～の言葉(ことば)/和主格同格的词。

とうがらし③【唐辛子】辣椒。

とうかつ⓪【統括】(名・他サ)总括。△事務(じむ)を～する/总括事务。

とうかつ⓪【統轄】(名・他サ)统辖,统管。△中央政府(ちゅうおうせいふ)は地方官庁(ちほうかんちょう)を～する/中央政府统辖地方机关。

とうかん⓪③〔冬瓜〕冬瓜。

どうかん⓪【同感】(名・自サ)同感,赞同。△まったく～です/我也那么想。△ご意見(いけん)に大(おお)いに～致(いた)します/我非常赞同您的意见。

とうき①【冬季】冬季。△～オリンピック/冬季奥林匹克运动会。

とうき①【冬期】冬季期间。△～講習会(こうしゅうかい)/冬季讲习会。

とうき①【投機】①投机。△～的(てき)な事業(じぎょう)/投机性的事业。②投机买卖。△株式(かぶしき)の～をやる/搞股票投机买卖。

とうき①【陶器】①陶器。②陶瓷器。

とうき①【登記】(名・他サ)(不动产、船舶、商标在主管部门)登记,注册。△不動産(ふどうさん)の～をする/进行不动产登记。

とうき①【騰貴】(名・自サ)腾贵,上涨。△相場(そうば)が～する/行市上涨。

とうぎ①【討議】(名・他サ)讨论。△対策(たいさく)を～する/讨论对策。△…の～にかける/提交…讨论。

どうき①【同期】①同期,同时期。△～の作品(さくひん)/同时期的作品。②同年级。△～生(せい)/同年级学生。

どうき⓪〔動悸〕心跳,心悸。△突然(とつぜん)～がする/突然心跳得厉害。

どうき⓪【動機】①动机。△～がよければ結果(けっか)もいいはず

だ/如果动机好，结果也应该好。②直接原因。△これが～で二人(ふたり)の仲(なか)は悪(わる)くなった/由于这个原因，两个人的关系闹僵了。

どうき① 【銅器】铜器，青铜器。△～時代(じだい)/青铜器时代。

どうぎ① 【動議】(临时)动议。△緊急(きんきゅう)～を出(だ)す/提出紧急动议。

どうぎ① 【道義】道义。△～心(しん)/道义心。△～を重(おも)んじる/注重道义。

とうきゅう⓪ 【等級】等级。△～を付(つ)ける/定出等级。

どうきゅう⓪ 【同級】①同等级。②同班，同年级。△～生(せい)/同班生。△彼(かれ)は僕(ぼく)と～です/他和我同班。

どうきょ⓪ 【同居】(名・自サ)①同居。②同住。△田中(たなか)さんの家(いえ)は三世代七人(さんせだいしちにん)が～する大家族(だいかぞく)です/田中先生的家是老少三代七口人同住在一起的大家庭。

どうぎょう⓪ 【同業】同业，同行的人。△～者(しゃ)/同行。

とうきょく① 【当局】当局。

どうぐ③ 【道具】①(作手工活的)工具。△大工(だいく)～/木工工具。②家庭用具，家具。△家財(かざい)～/一切家庭用具。③(演戏用的)道具。△家(いえ)の場面(ばめん)の～/房间布景的道具。④佛事用具。⑤应具备的东西。△顔(かお)の～が悪(わる)い/五官不正。⑥手段，工具。△他人(たにん)を～に使(つか)う/拿别人当工具使。⑦(武士用的)长矛等武器。

どうくつ⓪ 〔洞窟〕洞穴，洞窟。△～壁画(へきが)/石窟壁画。

とうげ③ 【峠】①山顶。△～には茶屋(ちゃや)がある/山顶上有茶馆。②顶点，绝顶。△物価(ぶっか)の上昇(じょうしょう)も～を越(こ)したんだろう/物价不会再上涨了。

とうけい⓪ 【統計】(名・他サ)统计。△～をとる/作统计。

とうけつ⓪ 【凍結】(名・自他サ)①上冻，结冰。△川(かわ)が～する/河上冻。②(资金等)冻结。△資産(しさん)を～する/冻结资产。△資金(しきん)～を解除(かいじょ)する/解除资金冻结。

とうこう⓪ 【投稿】(名・他サ)投稿。△雑誌(ざっし)に小説(しょうせつ)を～する/向杂志投小说稿。

とうこう⓪ 【登校】(名・自サ)上学，到校。△8時前(はちじまえ)に～する/8点前到校。

とうごう⓪ 【統合】(名・他サ)统一，合并，综合。△生徒数(せいとすう)が減少(げんしょう)したため二(ふた)つの村(むら)の中学校(ちゅうがっこう)が～されることになった/由于学生数减少了，两个村子的中学决定合并。

どうこう⓪ 【同行】(名・自サ)同行，一同去。△社長(しゃちょう)と～する/和社长同行。

どうこう⓪【動向】动向。△経済(けいざい)の～を注視(ちゅうし)する/注视经济的动向。

どうこう⓪〔瞳孔〕瞳孔。

とうざ⓪【当座】①当前，眼前，当场。△～の判断(はんだん)/当场的判断。△三千円(さんぜんえん)あれば～の間(ま)にあう/若有3000日元就能应付眼前之事。②一时，暂时。△～の生活費(せいかつひ)/暂时的生活费。

どうさ①【動作】(名・自サ)①动作。△～がにぶい/动作迟钝。②(机器)工作。△～原理(げんり)/工作原理。

とうさい⓪【搭載】(名・他サ)①装货，装载。△ざいもくを～した貨車(かしゃ)/装载着木材的货车。②装备(在车辆、船舶、飞机等里面)△ミサイル～機(き)/导弹运载机。

とうざい①【東西】①东(和)西。②东西方向。△～に走(はし)る道路(どうろ)/东西走向的路。③东洋和西洋，东方和西方。△～貿易(ぼうえき)/东西方贸易。◇～東西(とうざい)/(开演前敦促观众安静的呼吁声)请各位安静一下!◇～を失(うしな)う/ⅰ)迷失方向。ⅱ)不知如何是好。◇～を弁(べん)ぜず/ⅰ)不辩东西。ⅱ)〈喻〉不懂事理。

とうさん①【父さん】①(孩子称父亲)爸爸，父亲。②(妻对夫)孩子他爸。

とうさん⓪【倒産】(名・自サ)倒闭，破产。△不景気(ふけいき)で多(おお)くの会社(かいしゃ)が～した/很多公司因经济萧条而倒闭了。

とうし⓪【投資】(名・自サ)投资。△設備(せつび)～/设备投资。△新企業(しんきぎょう)に～する/向新企业投资。

とうし⓪【透視】(名・他サ)①透视。△レントゲン線(せん)で身体内部(しんたいないぶ)を～する/用X射线透视身体内部。②透过…看。

とうし①【闘志】斗志。△友人(ゆうじん)たちの励(はげ)ましで再(ふたた)び～がわいてきました/在朋友们的鼓励下,再次有了斗志。

とうじ①【冬至】冬至(二十四节气之一)。

とうじ①【当時】(名・副)①〈老〉现在,当前。△～流行(りゅうこう)の柄(がら)/当前流行的花样。②当时,那时。△～は汽船(きせん)というものがなかった/当时还没有轮船。

とうじ①【湯治】(名・自サ)温泉疗养。△熱海(あたみ)へ～に行(い)く/到热海去温泉疗养。

どうし①【同士】同伴,伙伴；志趣相同者。

どうし①【同志】①同志,志同道合的人。△党内(とうない)の～/党内同志。②同仁。

どうし①【動詞】动词。

どうじ⓪①【同時】Ⅰ(名)①同时间。△～発表(はっぴょう)/在同一

时间发表。②同时代。△～の人物(じんぶつ)/同时代的人物。Ⅱ(副)(以"～に"形式)同时。△～に二(ふた)つのことをしてはいけない/不要同时做两件事。Ⅲ(接)(多以"…と～に"形式)同时,也,又,并且。△学者(がくしゃ)であると～に教育者(きょういくしゃ)でもある/既是学者又是教育家。

とうじき③【陶磁器】陶瓷器。

とうじしゃ③【当事者】当事人。△～から事情(じじょう)を聞(き)く/向当事人询问情况。

とうじつ⓪【当日】(名・副)当日,当天。△～券(けん)/当天的票。△～雨天(うてん)の際(さい)は中止(ちゅうし)/(牌示)届时遇雨暂停。

どうじつ⓪①【同日】(名・副)①同日,同一天。△～起(お)こった事(こと)/同一天发生的事。②当日,那天。③程度相同。◇～の論(ろん)に非(あら)ず(～の論ではない)/不可等量齐观。◇～の談(だん)ではない/不能相提并论。

どうして① Ⅰ(副)①如何,怎样,怎么。△～いいか私(わたし)にもわかりません/我也不知道怎么办才好。△この問題(もんだい)を～解決(かいけつ)しようか/如何解决这个问题呢?②何故,为什么。△君(きみ)は～行(い)かないのか/你为什么不去呢?Ⅱ(感)①(强烈否定对方或自己的判断,多叠用,以加强语气)哪里,远不是那样。△もう出来上(できあ)がったかね——～、今(いま)始(はじ)めたばかりだ/已经完成了吧?——哪里,刚开个头。△今度(こんど)は随分(ずいぶん)金(かね)をもうけただろう——～～/这次赚了不少钱吧——哪里哪里。②(表示强烈惊叹)唉呀唉呀。△～、たいした人気(にんき)だ/唉呀唉呀,真红得不得了。

どうしても④①(副)①一定,無論如何。△～行(い)かなければならない/无论如何也得去。②怎么也…。△～できない/怎么也不会。

とうしゃ①【当社】本公司,本神社。△～の出版物(しゅっぱんぶつ)/我公司的出版物。

とうしゃ⓪【投射】①投(影);投射。②入射。△～角(かく)/入射角。

とうしゃ⓪【謄写】①抄写。②油印,刻写。

とうしゅ①【投手】(棒球的)投手。

とうしゅ①【党首】党的首领,政党的领袖。

とうしゅう⓪【踏襲】(名・他サ)沿袭,承袭,继承。△前例(ぜんれい)を～する/沿用旧例。

とうしょ①【当初】当初,最初。△～の予定(よてい)/当初的计划。

とうしょ⓪【投書】(名・自サ)①投搞。△雑誌(ざっし)に～する/向杂志投稿。②(写)匿名信。△犯人(はんにん)を知(し)っている旨(むね)～してきた/有人写匿明信说知道谁是犯人。

とうしょう⓪【凍傷】冻伤，冻疮。

とうじょう⓪【搭乗】（名・自サ）△～券(けん)/机票。△旅客機(りょかっき)に～する/搭乘客机。

とうじょう⓪【登場】（名・自サ）①登场，上场，出台。△舞台(ぶたい)に～する/登上舞台。②(新产品)上市。△新製品(しんせいひん)が～している/新产品上市了。

どうじょう⓪【同情】（名・自サ）同情。△…に～を寄(よ)せる/对…寄与同情。△一片(いっぺん)の～心(しん)もない/连一点儿同情心都没有。

どうじょう⓪⓪【道場】①修行的地方，道场。②练武场。△柔道(じゅうどう)の～に通(かよ)う/每天到柔道场去练习。△～回(まわ)り/巡回各练武场进行挑战。

どうしょくぶつ④【動植物】动植物。

とう・じる④⓪③【投じる】Ⅰ（自上一）①乘，利用。△機(き)に～/乘机。②投宿，住。△温泉旅館(おんせんりょかん)に投じて一泊(いっぱく)した/到温泉旅馆住了一夜。③投合，一致。△意気(いき)相(あい)～/意气相投。④投入。△水(みず)に～/投水。⑤投降。△敵(てき)に～/投敌。Ⅱ（他上一）①投，扔。△筆(ふで)を投じて剣(けん)をとる/投笔从戎。②投(身)，献(身)。△教育事業(きょういくじぎょう)に身(み)を～/献身于教育事业。△反戦運動(はんせんうんどう)に身(み)を～/投身反战运动。③投下，出。△資財(しざい)を～/投资。⇨なげる 表

どう・じる④⓪③【動じる】（自上一）动摇，心慌，打怵。△少(すこ)しも動じない/面不改色，泰然自若。

とうしん⓪【等身】和身长相等的高度。△～大(だい)の像(ぞう)/与身高相等的像。

とうしん⓪【頭身】①头与身长。②(接尾)头与身的比例。△八(はっ)～/标准的女性身材(身高相当于8个头的长度)。

とうしん⓪【答申】（名・自サ）对上级咨询的答复，回答，报告。△部長(ぶちょう)に～する/回答部长的咨询。

とうすい⓪【陶酔】（名・自サ）陶醉。△音楽(おんがく)に～する/听音乐听得入了神。

どうせ③⓪（副）①(表示终归如此,别无选择余地)终归，横竖，无论如何。△人間(にんげん)は～死(し)ぬのだ/人终归是要死的。②(表示自嘲或自暴自弃)反正。△～私(わたし)は駄目(だめ)ですよ/反正我不顶用呗。

とうせい⓪【統制】（名・他サ）统制。△～が厳(きび)しい/统治得很严格。△言論(げんろん)を～する/限制言论自由。

どうせい⓪【同姓】同姓。△～同名(どうめい)/同姓同名。

どうせい⓪【同性】①同性，性别相同。△～愛(あい)/同性恋。②性质相同。

どうせい⓪〔同棲〕(名・自サ)①住在一起。②(未正式结婚的男女)姘居,同居。△～して三年(さんねん)になった/已同居3年了。

どうせい①【動静】①动静,情况。△敵(てき)の～を探(さぐ)る/探听敌人的情况。②动态,消息。

とうせん⓪【当選】(名・自サ)当选,中选。この候補者(こうほしゃ)は各地(かくち)で票(ひょう)をのばし,～確実(かくじつ)になりました/这位候选人在各地获得的票数不断增加,当选已成定局。

とうぜん⓪【当然】(形動・副)当然,理所当然。△～彼(かれ)は知(し)るべきだ/当然他应该知道。△彼が喜(よろこ)ぶのも～だ/怪不得他高兴。

どうぞ①(副)①(表示劝诱、请求、委托)请。△お茶(ちゃ)を～/请喝茶。△～ごゆっくり/请多坐一会儿。△～たくさん召(め)し上(あ)がってください/请多吃点吧。△～ドアをしめてください/请把门关上。②(表示承认、同意)可以,请吧。△この小説(しょうせつ)を貸(か)してくださいませんか。――～/这本小说可以借我吗? ――可以。△お先(さき)に失礼(しつれい)します。――～/我先走啦。――请吧。③设法,想办法。△～してその問題(もんだい)を解決(かいけつ)したい/愿设法解决该问题。

とうそう⓪【逃走】(名・自サ)逃走,逃跑。△犯人(はんにん)が～する/罪犯逃跑了。

とうそう⓪【闘争】(名・自サ)斗争。△人類(じんるい)は大昔(おおむかし)から自然(しぜん)と～をしてきた/人类自古以来就同自然作斗争。

どうそう⓪【同窓】同窗,同学。△～生(せい)/同班同学。

どうぞう⓪【銅像】铜像。

どうそうかい③【同窓会】同窗会,同学会。

とうそつ⓪【統率】(名・他サ)统率。△軍(ぐん)を～する/统率军队。

どうぞよろしく (感)请多关照。

とうた①〔淘汰〕(名・他サ)淘汰。△自然(しぜん)～/自然淘汰。△冗員(じょういん)を～する/淘汰冗员。△～を受(う)ける/受淘汰。

とうだい⓪【灯台】①(水路交通的)指向标,灯塔。△～守(もり)/灯塔看守人。②〈古〉灯架;烛台。◇～下(もと)暗(くら)し/丈八灯台照远不照近(比喻身边的事物反倒看不清)。

とうたつ⓪【到達】(名・自サ)到达,达到,抵达。△とうとう目的地(もくてきち)に～した/终于到达了目的地。△…の水準(すいじゅん)に～する/达到…水平。

どうだん⓪【同断】(名・形動)同样道理,同前。△以下(いか)～/以下相同。

とうち①【当地】当地,本地。△～の名産(めいさん)/当地的名产。

とうち①【統治】(名・他サ)统治。

△～者(しゃ)/统治者。△～権(けん)/统治权。△信託(しんたく)～/(联合国)托管。

とうちゃく⓪【到着】(名・自サ)到达,抵达。△無事(ぶじ)に目的地(もくてきち)に～した/平安到了目的地。

とうちょう⓪【盗聴】(名・他サ)窃听,偷听。△電話(でんわ)の～/窃听电话。

とうちょう⓪【登頂】(名・自サ)登顶,登上山顶。

どうちょう⓪【同調】(名・自サ)①步调相同,赞同(他人意见)。②(收音机等)调谐。△ダイヤルをまわしてNHKに～させる/拧动旋钮,对好日本广播电台。

とうてい⓪【到底】(副)(下接否定词语)无论如何也…,怎么也…。△～できない/无论如何也办不到。

どうてい⓪【道程】①路程。△約半日(やくはんにち)の～/大约半日的路程。②过程。△研究(けんきゅう)の～を記録(きろく)する/记录研究的过程。

とうてき⓪〔投擲〕投掷。△～競技(きょうぎ)/投掷比赛。

どうてき⓪【動的】(名・形动)①动的,动态的。△言葉(ことば)は～表現(ひょうげん)である/语言是动态的表达形式。②生动的,活泼的。△～な描写(びょうしゃ)/生动的描写。

とうてつ⓪【透徹】(名・自サ)①透彻,精辟。△～した理論(りろん)/精辟的理论。②清澈,清新。△～した河水(かすい)/清澈的河水。

どうでもこうでも⓪-⓪(副)一定要,无论如何也…。△～来(き)てほしい/无论如何也要来。

とうてん①【当店】本店。△～の自慢(じまん)の品(しな)/本店的特色商品。

どうてん⓪【同点】得分相同,相同分数。△～決勝(けっしょう)/平局决赛。

どうてん⓪【動転】〔動顛〕(名・自サ)①大吃一惊。△気(き)が～する/大吃一惊。②〈文〉动转,转变。

とうと・い③【尊い】(形)尊贵,高贵,值得尊敬。△～お方(かた)/高贵的人。

とうと・い③【貴い】(形)宝贵,珍贵,贵重。△～資料(しりょう)/珍贵的资料。

とうとう⓪〔滔滔〕(形动タルト)〈文〉滔滔。△～と流(なが)れる水(みず)/滔滔流水。△～と弁(べん)じる/滔滔不绝地辩论。

とうとう①【到頭】(副)终于,到底。△夕方(ゆうがた)まで待(ま)っても～彼(かれ)はやって来(こ)なかった/一直等到傍晚,他到底还是没来。

どうとう⓪【同等】同等(程度、资格等)。△男女(だんじょ)を～に扱(あつか)う/男女同等对待。△～の能力(のうりょく)/同等的能力。

どうどう③⓪【堂堂】(形动タルト)

①堂堂。△〜たる風格(ふうかく)/仪表堂堂。②光明正大。△〜と所信(しょしん)を述(の)べる/光明正大地讲自己的见解。③堂皇。△〜たる門構(もんがま)え/堂皇的门面。④无所隐瞒。△〜と告白(こくはく)する/彻底坦白。

どうとく⓪【道徳】道德。△〜を守(まも)る/遵守道德。

とうと・ぶ②【尊ぶ・貴ぶ】(他五)①尊重,尊敬,敬重。△年長者(ねんちょうしゃ)を〜/尊重长辈。②重视,珍视,器重。△人材(じんざい)を〜/重视人材。

とうなん⓪【東南】东南。△〜アジア/东南亚。

とうなん⓪【盗難】失资,被盗。△〜にあう/失盗,被盗。

どうにか①(副)好歹,总算;想办法。△〜暮(く)らせる/(日子)好歹能过得去。

	〜間に合う	〜なるだろう	〜こにか完成した	〜言われてもくじけない	狭くて一人が〜だ
どうにか	○	○	○	×	×
なんとか	○	○	×	○	×
やっと	○	×	×	×	×

どうにも④⓪①(副)①(下接否定语态)怎么也,无论如何也。△人間(にんげん)の力(ちから)では〜ならない/靠人力无论如何也办不到。②实在,的确,真的。△〜困(こま)ったものだ/实在为难。

とうにゅう⓪【豆乳】豆浆。

とうにゅう⓪【投入】(名・他サ)投入,投进。△資本(しほん)を〜する/投入资本。

どうにゅう⓪【導入】(名・他サ)导入,引进。△新技術(しんぎじゅつ)を〜する/引进新技术。

とうにょうびょう⓪【糖尿病】糖尿病。

とうにん①【当人】①本人,该人。△〜の意見(いけん)を求(もと)める/征求本人的意见。②当事人。

とうねん①【当年】①本年,现年,今年。△〜とって50歳(ごじっさい)/现年50岁。②〈文〉当年,那时。△彼(かれ)はまだ〜の元気(げんき)を失(うしな)っていない/他的精神还不减当年。

とうは①【党派】①党派。②党内的派系。

どうはい⓪【同輩】同一时期入学、进公司的人,同辈。

とうばつ⓪①【討伐】(名・他サ)讨伐。

とうはん⓪【登はん】〔登攀〕(名・他サ)攀登。△岩壁(がんぺき)を〜する/攀岩。

とうばん①【当番】(干粗活的)值班。△掃除(そうじ)〜/值日扫除。△〜につく/值班。

どうはん⓪【同伴】(名・自他サ)男女结伴同行,偕同,同伴。△外遊(がいゆう)に夫人(ふじん)を〜する/偕夫人一同去国外旅行。

とうひ①【当否】当否,是否正确,是否恰当。△〜はさておき/当否暂且不论。

とうひ⓪①【逃避】(名・自サ)逃避。△現実(げんじつ)から〜する

わけにはいかない/不能逃避現实。

とうひょう⓪【投票】(名・自サ)投票。△代表(だいひょう)を〜で選挙(せんきょ)する/投票选举代表。

とうびょう⓪【闘病】(名・自サ)与疾病作斗争。△〜生活(せいかつ)/与病魔作斗争的生活。

とうふ⓪③【豆腐】豆腐。△〜屋(や)/豆腐房；卖豆腐的。◇〜にかすがい/(本意为"豆腐上钉铆子")〈喻〉无济于事。

どうふう⓪【同封】(名・他サ)附在信内。△記念切手(きねんきって)一式(いっしき)を〜する/随信附上一套纪念邮票。

どうぶつ⓪【動物】动物。△〜園(えん)/动物园。

とうぶん⓪【当分】(副)目前，暂时。△入院(にゅういん)する必要(ひつよう)はないけれども〜の間(あいだ)通院(つういん)しなければだめだね/虽然不需要住院，但近期内应定期到医院看病。

とうぶん⓪【等分】(名・他サ)①平分，均分。△費用(ひよう)はみんなで〜して負担(ふたん)しよう/费用由大家分担吧。②相等的分量。△塩(しお)と砂糖(さとう)を〜に入(い)れる/放入等量的盐和糖。

とうべん⓪【答弁】(名・自サ)答辩，回答。△〜に立(た)つ/站起来答辩。

とうほう①【当方】我方，我(们)。△〜のミスです/是我方的错误。

とうぼう⓪【逃亡】(名・自サ)①逃跑，逃走。②逃亡，亡命。△外国(がいこく)へ〜する/逃亡国外。

どうほう⓪【同胞】亲兄弟姐妹，同胞。

とうほく⓪【東北】①东北。②(日本的)本州东北部地区。

とうほんせいそう⓪【東奔西走】(名・自サ)东奔西走，到处奔走。△選挙戦(せんきょせん)で〜する/因选举大战而东奔西走。

どうみゃく⓪①【動脈】①动脉。②重要交通线。

とうみん⓪【冬眠】(名・自サ)①冬眠。△〜動物(どうぶつ)/冬眠动物。②〈转〉萧条。△営業(えいぎょう)は目下(もっか)〜状態(じょうたい)だ/营业目前正处于萧条状态。

とうめい⓪【透明】(名・形动)透明。△〜なガラス/透明的玻璃。

どうめい⓪【同盟】(名・自サ)同盟。△〜国(こく)/盟国。△〜を結(むす)ぶ/缔结同盟。

とうめん⓪【当面】(名・自サ)①目前，当前。△〜の急務(きゅうむ)/当务之急。②面临。△困難(こんなん)な問題(もんだい)に〜する/面临困难的问题。

どうも①(副)①(下接否定词)怎么也(不)…。△〜うまく話(はな)せません/怎么也说不好。②实在，真。△今日(きょう)は〜暑(あつ)い/今天真热。③总觉得，好像，似乎。△〜雨(あめ)らしい/

似乎要下雨。④(表示感谢或歉意,有时略去下边的话)很,实在。△～すみません/实在对不起。△～、～/多谢,多谢;对不起,对不起。

とうもろこし③〔玉蜀黍〕玉蜀黍,玉米。

どうやら (副)①好歹,凑合,好容易才……。△～食(た)べていく/凑合着吃上饭。△～山頂(さんちょう)にたどりついた/好容易才爬上山顶。②大概,多半,好像。△～あしたは雨(あめ)らしい/明天多半要下雨。△～彼(かれ)はかぜをひいたようだ/他好像感冒了。

とうや①【陶や】〔陶冶〕(名・他サ)陶冶,熏陶。△人格(じんかく)の～/人格的陶冶,品行的陶冶。

とうゆ【灯油】①灯油。②煤油。

とうよ①【投与】(名・他サ)给药,下药。△顆粒剤(かりゅうざい)を三日分(みっかぶん)～する/给(患者)开了三天量的颗粒剂。

とうよう①【東洋】东方,亚洲(东部和南部)。

どうよう⓪【同様】(形动)同样,一个样。△皆(みんな)～なことを言(い)う/大家都这么说。

どうよう⓪【動揺】(名・自他サ)①摇动,摇摆。△船(ふね)が左右(さゆう)に～する/船左右摇摆。②动摇,不安。△人心(じんしん)が～する/人心动摇。③动荡。△国際情勢(こくさいじょうせい)が～する/国际形势动荡(不定)。

どうよう⓪【童謡】①童谣。△～を歌(うた)う/唱童谣。②儿童诗歌。

とうらい⓪【到来】(名・自サ)①(时机等)来到。△好機(こうき)～/良机来到。②(别人)送来。△～物(もの)/(别人送来的)礼物。

どうらく④⓪③【道楽】①(业余)爱好,嗜好。△釣(つり)～/(业余)爱好钓鱼。②吃喝嫖赌,放荡,不务正业。△～をしつくす/吃喝嫖赌无所不为。

どうり③【道理】①道理,情理。△～に合(あ)う/合乎情理。②理,理由。△～のないことはやらない/不干没理的事。

とうりゅうもん③【登竜門】登龙门,飞黄腾达的门径。△文壇(ぶんだん)への～/登上文坛的门径。

どうりょう⓪【同僚】同事,同僚。

どうりょく⓪⓪【動力】动力,原动力。

どうるい⓪【同類】①同类。②同伙。

どうろ①【道路】道路,公路。△高速(こうそく)～/高速公路。△～を開(ひら)く/开辟道路。

	～を横切る	～を作る	～標識	～に迷う	車の～が激しい
道路	○	○	○	×	×
道	○	○	×	○	×
通り	○	×	×	×	○

とうろく⓪【登録】(名・他サ)登记,注册。△～商標(しょうひょう)/注册商标。△このマークは～してある/这个牌子已经注册了。

とうろん①【討論】(名・自他サ)

討論。△～会(かい)/讨论会。△会(かい)を開(ひら)いて対策(たいさく)を～する/开会讨论对策。

どうわ⓪【童話】童话。△～劇(げき)/童话剧。

とうわく⓪【当惑】(名・自サ)困惑，为难。△どう答(こた)えていいのか～する/不知如何回答才好。

とお①【十】①十，十个。②十岁。△来年(らいねん)で～になります/到明年就10岁了。

とお・い③⓪【遠い】(形)①(距离、时间)远。△会社(かいしゃ)は私(わたくし)のうちからかなり～/公司离我家相当远。△～昔(むかし)/很久很久以前。②(关系)远，疏远。△～親類(しんるい)/远亲。③(感觉)不灵敏。△耳(みみ)が～/耳背。△目(め)が～/眼花。

とおえん⓪【遠縁】①血缘远。②远亲。△あの人(ひと)は私(わたし)の～です/那人是我的远房亲戚。

とおか⓪【十日】①十号。△三月(さんがつ)～/三月十号。②十天。

とおく⓪【遠く】("遠い"的名词形)远方，远处。◇～の親類(しんるい)より近(ちか)くの他人(たにん)/远亲不如近邻。

とおざか・る④【遠ざかる】(自五)远离，离远。△危険(きけん)が～/危险过去了。

とお・す①【通す】I (他五)①穿过。△針(はり)に糸(いと)を～/引线穿针。②通，打通。△風(かぜ)を～/通风。△キセルを～/通烟袋。③让进。△客(きゃく)を奥(おく)へ～/把客人让到里边。④持续，连续。△三時間(さんじかん)通して話合(はなしあ)った/连续交谈了三个小时。⑤坚持，固执。△我(わ)が意(い)を～/坚持己见。⑥通过，使通过。△受付(うけつけ)を通して申(もう)し込(こ)む/通过接待室申请。△新(あたら)しい提案(ていあん)を～/通过新的提案。△救急車(きゅうきゅうしゃ)を～/让救护车通过。II (接尾)(接动词连用形后)连续，一贯，到底。△歩(ある)き～/连续走。△やり～/干到底。

トースター①[toaster]烤面包器。

トースト⓪①[toast]烤面包。

トータル①[total] I (名・他サ)总计，合计。△得点(とくてん)の～/得分总数。II (名・形动)全体的，整体的。△～なファッション/整体的(服装)式样。

ドーナツ①[doughnut]炸面圈，多纳圈。

とおの・く③【遠のく・遠退く】(自五)①远，远离。△足音(あしおと)が次第(しだい)に遠のいて行(い)った/脚步声渐渐离远了。②疏远。△つきあいが～/来往少了。

ドーピング⓪①[doping](体育比赛)使用兴奋剂。△～テスト/(比赛前对运动员进行的)兴奋剂检查。

とおまわし③⓪【遠回し】(形动)①拐弯抹角。△～に言(い)う/拐弯抹角地说话。②委婉。△先生

(せんせい)は冗談(じょうだん)を混(ま)ぜながら、ぼくの欠点(けってん)を～に指摘(してき)しました/老师在半开玩笑中委婉地指出了我的缺点。③迂回。

とおまわり③【遠回り】(名・自サ)绕远，绕道。△少(すこ)し～になる/有点绕远了。

とおり【通り】Ⅰ③①大街，马路。△この～が広(ひろ)い/这条马路宽阔。②通，流通。△のどの～がいい食品(しょくひん)/好咽的食品。③(车辆)通行，来住。△車(くるま)の～の多(おお)い場所(ばしょ)/车辆来往多的地方。④理解，领会。△そう言(い)っちゃ～が悪(わる)い/那么说不好理解。⑤评价。△世間(せけん)の～がいい/社会上的评价好。⑥信用，声誉。△店(みせ)の～が大事(だいじ)だ/商店的信用可是件大事。⑦(声音)响亮。△彼(かれ)の声(こえ)は～がいい/他的声音响亮。⑧人缘。△上(うえ)にも下(した)にも～のよい人物(じんぶつ)/无论对上对下人缘都很好的人。⑨(多数人)知晓，通用。△～言葉(ことば)/一般通用的话。Ⅱ①(作形式名词用)照…那样，按…那样，如…那样。△言(い)われた～にする/照您所说的那样去做。△方程式(ほうていしき)は次(つぎ)の～です/方程式如下。⇨どうろ表

-とおり【通り】(量词)套，种，种类。△教科書(きょうかしょ)を一(ひと)～買(か)う/买一套教科书。△ふた～の方法(ほうほう)/两种方法。

-どおり【通り】(接尾)(接体言下)①…街，…路。△銀座(ぎんざ)～/银座街。②左右。△九分(くぶ)～できた/完成了九成左右。③照…那样，如…那样。△計画(けいかく)～に行(おこ)なう/照计划办。△希望(きぼう)～になる/如愿以偿。

とおりがかり⓪【通り掛かり】①路过，过路。△～の人(ひと)に道(みち)をたずねる/向过路的人问路。②路过顺便。△～に友人(ゆうじん)の家(いえ)に立(た)ち寄(よ)る/路过时顺便到朋友家坐坐。

とおりかか・る⑤【通り掛(か)る】(自五)恰巧路过。△事故現場(じこげんば)を～/恰好路过事故现场。

とおりす・ぎる⑤【通り過ぎる】(自上一)走过，越过。△家(いえ)の前(まえ)を～/走过家门前。

とお・る①【通る】(自五)①通，通过，通行，走过。△水道管(すいどうかん)はこの下(した)に通っている/自来水管通向这下边。△糸(いと)が針穴(はりあな)を～/线从针眼通过。△車(くるま)は道路(どうろ)の左側(ひだりがわ)を～/车辆在道路的左侧行驶。△小学生(しょうがくせい)が毎日(まいにち)この道(みち)を～/小学生每天从这条路上走过。②流通，畅通。△詰(つ)まっていた鼻(はな)が通ってすっきりした/不通气的鼻子通了以后感到痛快了。③(声音)响亮。△先生(せんせい)は声(こえ)

がよく～/老师的声音很响亮。④合乎情理。△筋(すじ)の通らない言(い)い方(かた)/不合乎情理的说法。⑤闻名。△その会社(かいしゃ)は「MM」という商標名(しょうひょうめい)で通っている/那家公司因"MM"这一商标名而出了名。⑥设有。△電話(でんわ)が～/设有电话。△水道(すいどう)が～/有水道设备。⑦公认,一般认为。△変(かわり)者(もの)で通っている/公认是脾气古怪的人。⑧透,打透。△この部屋(へや)は風(かぜ)が通らない/这间屋子不透风。△雨(あめ)が肌(はだ)まで～/雨把衣服淋透了。⑨进入。△客(きゃく)が応接間(おうせつま)に～/客人进到客厅。⑩通用。△この切符(きっぷ)で～/这种票通用。⑪通过,被批准。△予算案(よさんあん)が国会(こっかい)を通った/预算草案在国会通过了。⑫合格,及格。△試験(しけん)に～/考试及格。⑬行得通。△そんなわがままは通らないぞ/那样任性是行不通的。⑭明白,理解。△その文(ぶん)では意味(いみ)が通らない/那种文句令人费解。⇨かよう 表

とお・る① 【透る】(他五)透明,透光,透过。△光(ひかり)が～/透光。△明(あ)かりがカーテンを～/灯光透过窗帘。

トーン① [tone]①音调。②色调。△秋(あき)の～/秋天的色调。

とか (副助)①(表示列举)…啦…啦;或者;有的…有的。△「おはよう」～「ただいま」～「お帰(かえ)りなさい」～いうのはあいさつのことばです/"早安"啦,"我回来啦","您回来了",这些都是客套话。△彼(かれ)の人柄(ひとがら)についてはいい～わるい～、みんな違(ちが)ったことを言(い)っている/关于他的为人,大家说法不一,有的说好,有的说不好。②(表示不确定的传闻)什么,据说。△あしたは雪(ゆき)になる～いう話(はなし)です/据说明天有雪。△小林(こばやし)～いう人(ひと)がたずねて来(き)た/一个叫小林什么的人来访过。

とかい⓪ 【都会】①城市,都市。△～生活(せいかつ)/城市生活。②("都議会(とぎかい)"之略)都议会。

とかく③⓪① 〔兎角〕(副・自サ)①这个那个,种种。△あの人(ひと)には～のうわさがある/对他有种种(不好的)传说。②动辄,好,总。△近(ちか)ごろ～雨(あめ)が降(ふ)りがちだ/这些日子常爱下雨。③不知不觉之间,不大工夫。△～するうちに日(ひ)も暮(く)れた/不大工夫天就黑了。

とかげ⓪ 〔蜥蜴〕蜥蜴,四脚蛇,马蛇子。

とか・す① 【解かす】〔梳かす〕(他五)梳,拢(头发)。△鏡(かがみ)の前(まえ)で髪(かみ)を～/在镜前梳头。

とか・す② 【溶かす】〔熔かす〕(他五)①熔化。△鉄(てつ)を～/化

铁。②溶化，融化，溶解。△氷(こおり)を～/溶化冰。

どかどか① (副・自サ)①(很多人走来的脚步声)咚咚，扑通扑通。△大勢(おおぜい)の人(ひと)が～とやってきた/许多人咚咚地走进来。②(众多人或事情)一拥而至，哄地，一窝蜂地。△仕事(しごと)が～ときた/一下子来了一堆的活儿。

どがま⓪【土がま】〔土釜〕沙锅，陶土锅。

とがめ③〔咎(め)〕责难，谴责，责备。△良心(りょうしん)の～/良心的谴责。△世間(せけん)の～を受(う)ける/受到社会的责难。

とが・める③〔咎める〕(自他下一)①责难，责备，挑剔。△先生(せんせい)にとがめられる/被老师责备。△気(き)が～/过意不去。△良心(りょうしん)が～/良心呵责。②盘问。③(伤口等)红肿，发炎。

とがら・す③【尖らす】(他五)①磨尖，削尖，磨利，撅起，突出。△鉛筆(えんぴつ)のしんを～/把铅笔削尖。△刃(は)を～/把刀刃磨快。△口(くち)を尖らして不平(ふへい)をいう/撅着嘴唠叨。②提高(嗓门)。△声(こえ)を尖らして叫(さけ)ぶ/提高嗓门喊。③提高(警惕)，紧张起来。△気(き)を尖らさなければならない/要提高警惕。△神経(しんけい)を～/紧张起来。

とが・る②〔尖る〕(自五)①尖。△屋根(やね)の尖った建物(たてもの)/尖屋顶的房子。②过敏，敏锐。△神経(しんけい)が～/神经过敏。③不高兴，生气。△すぐ～/动不动就不高兴。

とき②【時】①时，时间。△～のたつのも誠(まこと)に速(はや)いものだ/时间过得真快。②时候。△ちょうどよい～に来(こ)られました/(您)来得正是时候。③时代。△～は戦国末期(せんごくまっき)だ/时代是战国末期。④有时候。△～には負(ま)けることもある/有时候也输。⑤时刻，钟点。△時計(とけい)が～を知(し)らせる/时钟报时。⑥〈古〉时辰。△昔(むかし)の一(ひと)～は今(いま)の二時間(にじかん)だ/古时的一个时辰等于现在的两小时。⑦季节。△～の花(はな)/季节花。⑧时机，机会。△～は今(いま)だ/机会就在现在。⑨当时。△～の権力者(けんりょくしゃ)/当时的当权者。⑩时势。△～に従(したが)う/顺应时势。◇～の人(ひと)/新闻人物，红人。◇～は金(かね)なり/一寸光阴一寸金。◇～は人(ひと)を待(ま)たず/时不待人。◇～を稼(かせ)ぐ/争取时间。◇金(かね)では買(か)えぬ～/寸金难买寸光阴。

-どき【時】(接尾)①时节，季节。△梅雨(つゆ)～/梅雨期，梅雨季节。②…的时间，…的时候。△食事(しょくじ)～/吃饭的时候。③时代。△今(いま)～の若者(わかもの)/现代的年青人。

ときおり⓪【時折】(副)有时,偶尔。△～映画(えいが)を見(み)に行(い)く/有时去看看电影。

ときたま⓪【時たま】(副)有时,偶尔。△～ゴルフをやる/偶尔打高尔夫球。

ときたら【と来たら】若论…,提到…的话,提起…来。△酒(さけ)～目(め)がない/一提起酒他就不要命。△彼(かれ)は英語(えいご)は上手(じょうず)だが、数学(すうがく)～ぜんぜんだめだ/他英语很好,可要说起数学却很糟糕。

どきっと②(副・自サ)吓一跳,大吃一惊。△肩(かた)をたたかれて一瞬(いっしゅん)～する/被拍了肩膀那一瞬间,吓了一大跳。

ときどき【時時】Ⅰ②⓪④(名)每个季节(时期)。△～のあいさつ/逢年过节时的问候。Ⅱ⓪(副)①时常,常常。△～彼(かれ)と会(あ)う/时常和他见面。②有时,偶尔。△～失敗(しっぱい)する/有时失败。

どきどき①(副・自サ)(心)扑通扑通地跳。△スタートの時間(じかん)が近(ちか)づくと、ぼくは～して落(お)ち着(つ)かなくなった/当起跑的时间快要到时,我心里扑通扑通直跳沉不住气了。

ときとして②【時として】(副)偶尔,有时。△～あやまりを犯(おか)すことがある/有时也会犯错误。

ときに②【時に】Ⅰ(副)①有时,有时候。△～歩(ある)いて行(い)くこともある/有时也走着去。②当时,那时。△～彼女(かのじょ)は5歳(ごさい)であった/那时她5岁。Ⅱ(接)(谈话中途换话题时用)可是,我说。△～お子(こ)さんはおいくつになりましたか/哎,我说,你孩子多大了?

ときふ・せる④⑤【説(き)伏せる】(他下一)说服。△家族(かぞく)を説き伏せて北海道支店(ほっかいどうしてん)へ行(い)く/说服家人后去北海道分店。

ときほぐ・す【解きほぐす】①解开,拆开,梳理。△糸(いと)を～/解开线。△かみを～/梳理开头发。②缓和。△緊張(きんちょう)を～/消除紧张。

ときめか・す④(他五)心跳,兴奋。△入賞(にゅうしょう)の喜(よろこ)びで胸(むね)を～/因获奖的喜悦而兴奋不已。

ときめ・く③(自五)心情激动,心脏跳动。△～胸(むね)を抑(おさ)える/抑制住激动的心情。

どきも⓪【度きも】〔度胆〕胆。◇～を抜(ぬ)く/大吃一惊。

ドキュメンタリー③[documentary]记实,实录。△～小説(しょうせつ)/记实小说。

ドキュメント①[document]文件,记录,文献。

とぎ・れる③〔跡切れる〕(自下一)中断,中止。△通信(つうしん)がとぎれた/通讯中断了。

とく⓪【得】Ⅰ(名)①得。△～があれば失(しつ)がある/有得就有

失。②利益赚头。△～をする/赚钱。③方便,好处。△近道(ちかみち)をするほうが～だ/走抄道方便。Ⅱ(形动)①有利。△～な方法(ほうほう)/有利的方法。②合算,便宜。△～な買物(かいもの)/买的便宜货。

と・く① 【解く】(他五)①解,解开。△靴(くつ)ひもを～/解开鞋带儿。②拆,拆开。△古(ふる)い着物(きもの)を解いて仕立(した)て直(なお)す/把旧衣服拆了重做。③解除,废除。△輸入制限(ゆにゅうせいげん)を～/解除进口限制。△契約(けいやく)を～/废除合同。④解答,阐明。△難問(なんもん)を～/解答难题。⑤消除。△夫(おっと)の説明(せつめい)で妻(つま)は誤解(ごかい)を解いた/由于丈夫的说明,妻子才消除了误会。

と・く① 【溶く】〔熔く・鎔く〕(他五)参见"とかす(溶かす)"。

と・く① 【説く】(他五)①说明。△道理(どうり)を～/说明道理。②劝说,说服。△彼(かれ)を説いて承知(しょうち)させる/劝说他答应。③宣传,提倡。△運動(うんどう)のよいことを～/宣传运动的好处。

と・ぐ① 【研ぐ】〔磨ぐ〕(他五)①擦(亮)。△鏡(かがみ)を～/擦亮镜子。②磨(快)。△刀(かたな)を～/磨刀。③淘。△米(こめ)を～/淘米。

どく② 【毒】①毒,有害。△タバコは飲(の)みすぎると～になる/烟抽多了有害。②毒药。△～を飲(の)んで自殺(じさつ)する/服毒自杀。③毒害,有害。△子(こ)どもにはこの本(ほん)が～だ/这本书对小孩有害。◇～にも薬(くすり)にもならない/既无害也无益。◇～を食(く)らわば皿(さら)まで/一不作二不休。◇～をもって～を制(せい)す/以毒攻毒。

ど・く②⓪ 〔退く〕(自五)躲开,让开。△ちょっとどいてくれ/躲开点。

とくい⓪ 【特異】(形动)①异常,特别。△彼(かれ)は～な存在(そんざい)だ/他这个人很特别。②非凡,卓越。△～な才能(さいのう)を持(も)つ/有卓越的才干。

とくい②⓪ 【得意】(名・形动)①得意,心满意足。△～顔(がお)/满面春风。②擅长,拿手,有把握。△数学(すうがく)が～だ/擅长数学。③洋洋得意。△彼(かれ)はほめられてすこぶる～になっている/他受到表扬后便洋洋得意起来。④客,顾客。△お～さん/顾客。

どくがく⓪ 【独学】(名・自サ)自学,自修。△～で英語(えいご)を学(まな)ぶ/自学英语。

とくぎ① 【特技】特技,特别技能。△～を持(も)つ人(ひと)/身怀绝技的人。

どくさい⓪ 【独裁】(名・自サ)①独裁,专政。△～者(しゃ)/独裁者。②独断,独行。△～的(てき)なやりかた/独断独行的做法。

とくさん⓪【特産】特产。△北海道(ほっかいどう)〜のイクラ/北海道的特产盐渍鲑鱼子。

どくじ⓪①【独自】(名・形动)①独自,独特。△〜性(せい)/独特性。②个人。△〜の判断(はんだん)/个人的判断。

とくしつ⓪【特質】特性,特点。△平安(へいあん)文化(ぶんか)の〜/平安文化的特点。⇨とくしょく 表

どくしゃ①【読者】读者。△〜欄(らん)/(报刊上的)读者栏。△この雑誌(ざっし)は〜が多(おお)い/这份杂志的读者多。

とくしゅ⓪①【特殊】(名・形动)特殊,特别。△〜撮影(さつぇい)/(影视)特技摄影。△〜な任務(にんむ)を担(にな)う/担负着特殊的任务。

とくしゅう⓪【特集】专刊,专集。

どくしょ①【読書】(名・自サ)读书。◇〜百遍(ひゃっぺん)意(い)自(おのずか)ら通(つう)ず/读书百遍意自通。

とくしょく⓪【特色】特色,特点,特征。△〜のある作品(さくひん)/有特色的作品。

	〜を生かす	何の〜もない辞書	誌面に〜を出す	〜のある歩き方	平安文学の〜
特色	○	○	○	×	○
特徴	○	○	△	○	○
特質	○	×	×	×	○

とくしん⓪【得心】(名・自サ)①彻底了解,理解。△〜のいくまで話(はな)す/讲到彻底了解为止。②完全同意。△〜尽(ずく)で離婚(りこん)する/经(双方)同意后离婚。

どくしん⓪【独身】独身,单身。△〜者(しゃ)/单身汉(光棍儿)。△一生(いっしょう)を〜で通(とお)す/一辈子不结婚。

どく・する③【毒する】(名・他サ)〈文〉毒害。△青少年(せいしょうねん)を〜書物(しょもつ)/毒害青少年的书籍。

とくせい⓪【特製】(名・他サ)特制,特别制做。△本社(ほんしゃ)〜の化粧品(けしょうひん)/本公司特制的化妆品。△〜の時計(とけい)を贈(おく)る/赠送特制的表。

どくせん⓪【独占】(名・他サ)①独占,把持。△重要(じゅうよう)なポストを〜する/把持着重要的地位。②垄断,专营。△〜資本(しほん)/垄断资本。△政府(せいふ)の〜事業(じぎょう)/政府的专营事业(如邮政、卷烟业等)。

どくぜん⓪【独善】〈文〉①独善自身,只顾自己。△〜すぎる考(かんが)えかた/过于为自己打算的想法。②自以为是。△彼(かれ)は〜に陥(おちい)っている/他犯了自以为是的毛病。③(以"〜的(てき)"形式,作形容动词用)主观的,自以为是的。△きみの意見(いけん)は〜的で少(すこ)しも客観性(きゃっかんせい)がない/你的意见太主观了,没有一点客观性。

どくせんじょう⓪〔独擅場〕只显

一个人的场面。△その芝居(しばい)は彼(かれ)の～だ/那出戏属他演得最棒。

どくそう⓪【独奏】(名・他サ)独奏。△ピアノを～する/独奏钢琴。

どくそう⓪【独創】(名・他サ)独创。△～力(りょく)/独创力。△この方法(ほうほう)は彼(かれ)の～したものだ/这个方法是他独创的。

どくそうせい⓪【独創性】独创性。

どくそうてき⓪【独創的】(形动)独创性的。△～な作品(さくひん)/独创性的作品。

とくそう⓪【督促】(名・他サ)催促。△借金(しゃっきん)を支払(しはら)うように～する/催促还债。

ドクター①[doctor]①博士。△～コース/(研究院的)博士课程。②医生。△ホーム～/家庭医生。

どくだん⓪【独断】(名・他サ)独断，擅专。△～で決(き)める/擅自决定。

とくちょう⓪【特長】特长，特点。△～を生(い)かす/发挥特长。

とくちょう⓪【特徴】特征，特色，特点。△～のある声(こえ)/有特征的声音。⇨とくしょく 表

とくてい⓪【特定】(名・他サ)①特别指定。△～の人(ひと)/特别指定的人。②特定。△～の目(め)じるし/特定的标记。

とくてん⓪【得点】(学习、竞赛等的)得分。△～のチャンスをしっかりつかむ/紧紧抓住得分的机会。

どくとく⓪【独特・独得】(名・形动)独特。△～な方法(ほうほう)/独特的方法。

とくに①【特に】(副)特，特别。△～このことに注意(ちゅうい)してもらいたい/请特别注意此事。△数学(すうがく)が～悪(わる)い/数学特别糟糕。

とくは⓪⓪【特派】(名・他サ)特别派遣，特派。△～員(いん)/特派员。

どくは①【読破】(名・他サ)读完。△全巻(ぜんかん)を一晩(ひとばん)で～する/把全卷用一个晚上就读完了。

とくばい⓪【特売】(名・他サ)特卖，廉价卖。△夏(なつ)の衣料(いりょう)を～する/廉价出售夏季衣料。

とくひつ⓪【特筆】(名・他サ)特书，特别书写。△～大書(たいしょ)/大书特书。

とくべつ⓪【特別】(名・形动・副)特别，格外。△～な日(ひ)/特别的日子。△今日(きょう)は～暑(あつ)い/今天格外热。△～急行列車(きゅうこうれっしゃ)/特别快车，特快。⇨かくべつ 表

とくほん⓪【読本】①课本，教科书。△国語(こくご)～/国语课本。②入门(书)。△文章(ぶんしょう)～/文章入门。

どくむし②【毒虫】毒虫(蜂、蝎等)。△～に刺(さ)される/被毒虫蜇了。

とくめい⓪【匿名】匿名。△～の手紙(てがみ)/匿名信。

どくやく⓪【毒薬】毒药。

とくゆう⓪【特有】(名・形动)特有。△～のにおい/特有的气味。

とくり⓪〔徳利〕酒壶。△～で燗(かん)をつける/用酒壶烫酒。

どくりつ⓪【独立】(名・自サ)独立。△～国(こく)/独立国。△～採算制(さいさんせい)/独立核算制。△～独歩(どっぽ)/独立自主。△親(おや)から～する/离开父母而独立。

とげ②〔刺〕①(植物上的)刺儿。②刺。△指(ゆび)に～が立(た)った/手指上扎了个刺。③〈转〉(说话)尖酸，尖刻。△～のある言葉(ことば)/带刺儿的话。

とけい⓪【時計】钟，表。△～が進(すす)む(遅(おく)れる)/表快(慢)。△～を合(あ)わせる/对表。

とけこ・む④⓪③【溶(け)込む】(自五)溶入，渗入，加入。△砂糖(さとう)の甘味(あまみ)が～/白糖的甜味都溶进去了。△彼(かれ)は移住先(いじゅうさき)の生活(せいかつ)に溶け込んでいる/他已溶入了移居地的生活。

とけつ⓪【吐血】(名・自サ)吐血，咯血。

と・ける②【溶ける】(自下一)①溶化。△砂糖(さとう)は水(みず)に～/糖溶于水。②熔化。△鉄(てつ)が溶けた/铁熔化了。

と・ける②【解ける】(自下一)①(系着的东西)开。△帯(おび)が解けている/衣带开了。②解除。△処分(しょぶん)が解けた/处分解除了。③(心理的紧张状态)消除。△夫(おっと)の説明(せつめい)で妻(つま)の誤解(ごかい)が解けた/妻子的误会由于丈夫的解释而消除了。④解决。△疑問(ぎもん)が解けた/疑问解决了。

と・げる③②【遂げる】(他下一)①完成，达到。△宿望(しゅくぼう)を～/完成宿愿。②终于。△戦死(せんし)を～/终于阵亡。③得到。△発展(はってん)を～/得到发展。

	目的を～	進歩を～	責任を～	戦死を～た	約束を～
遂げる	○	○	×	○	×
果たす	○	×	○	×	○

ど・ける③⓪〔退ける・除ける〕(他下一)移开，挪开。△車(くるま)を～/把车挪开。⇨のぞく表

とこ⓪【床】①寝床，被窝。△～につく/就寝。△病気(びょうき)で～にふす/因病卧床。△～をとる(たたむ)(铺(叠)被。②地板。△～を掃(は)く/扫地板。③(地席的)衬垫。④河床。△河川(かせん)の～/河床。⑤苗床。⑥("～の間(ま)"之略)壁龛。

どこ①〔何所・何処〕(代)何处，哪里，哪儿。△彼(かれ)は今(いま)～に居(い)るのか/他现在在哪儿呢？◇～吹(ふ)く風(かぜ)/摆出无动于衷的样子。△～吹く風と聞(き)き流(なが)す/毫不在乎地当作耳旁风。

とこのま⓪【床の間】壁龛(日本式客厅中用以挂画和陈设花瓶等装饰品的地方)。

とこや⓪【床屋】理发店；理发师。

- **ところ**③⓪【所】①场所，地方，位置。△駅(えき)に近(ちか)い~/靠近车站的地方。②当地。△~の古老(ころう)に聞(き)く/向当地熟悉情况的老人询问。③适合的地位。△~を得(え)る/适得其所。④处，点，部分。△問題(もんだい)の~/问题的所在。△おもしろい~/精彩的部分。⑤(以"…~だ"形式)刚要…(时)，正(时)，刚刚…。△出(で)かけようとする~で雨(あめ)が降(ふ)り出(だ)した/刚要出门的时候下起雨来了。△彼(かれ)は今(いま)本(ほん)を読(よ)んでいる~/他正在看书呢。△帰(かえ)ってきた~だ/刚刚回来。⑥程度。△これぐらいの~で許(ゆる)してください/请原谅，我只能做到这个程度。◇~変(か)われば品(しな)変わる/十里不同风，百里不同俗。◇~嫌(きら)わず/不拘哪里(到处)。

- **-どころ**【所】(接尾)①值得。△見(み)~/值得看。△聞(き)き~/值得一听。②…处，…地方。△掴(つか)み~/抓手，手能抓住的地方。③出产…的地方，盛产地。△米(こめ)~/稻米产地。△茶(ちゃ)~/产茶区。④(接形容动词或名词后)…人们。△きれい~/艺妓，妓女。△幹部(かんぶ)~/干部们。

- **ところが**③ Ⅰ(接)然而，可是，不过。△うまくいくだろうと思(おも)った。~失敗(しっぱい)した/以为会进行得很顺利，可是失败了。Ⅱ(接助)刚要…，却…，(虽然…)可是…，却…。△出(で)かけようとした~客(きゃく)が来(き)た/刚要出门，客人来了。△頼(たの)んだ~、快(こころよ)く引(ひ)き受(う)けてくれた/一拜托他，竟欣然答应了。

- **どころか**③(接助)哪里谈得上，哪里是…，岂止…，非但…。△もうかる~損(そん)ばかりしている/哪里谈得上赚，净赔钱啦。

- **ところで**③(接)(突然转变话题时こ用)可是。那个，话说。△~、おとうさんはお元気(げんき)ですか/那个，您父亲身体好吗?

- **ところどころ**④【所所】这儿那儿。△店(みせ)が~に散(ち)らばっている/到处散在着商店。

- **とざ・す**②【閉ざす】〔鎖す〕(他五)①关闭，锁门。△門(もん)を~/关门。②封闭，封锁。△川(かわ)は氷(こおり)に閉ざされている/河被冰封上了。△道(みち)を~/封锁交通。⇒とじる 表

- **とざん**①⓪【登山】(名・自サ)登山。△富士(ふじ)~をする/登富士山。△~家(か)になりたい/(我)想成为登山家。

- **とし**②【年】〔歳〕①年，岁。△新(あたら)しい~をむかえる/迎新年。△~を送(おく)る/辞岁。②年龄，年纪。△~を取(と)る/上年纪。△お~はおいくつですか/您多大岁数了?③年头，时代。△こんな~に生(う)まれた人(ひと)/生在这个时代的人。④岁月，光阴。△~の経(た)つのは早(は

とし

や)い/光阴似箭。⇨ねんれい 表

とし① 【都市】都市,城市。△工業(こうぎょう)～/工业城市。

どじ① 〈俗〉失策,失败。◇～を踏(ふ)む/失策;搞糟。

としあけ②-⓪ 【年明け】新年。

としうえ⓪ 【年上】岁数大,年长。△～に見(み)える/看着岁数大。△あのかたはわたしより五(いっ)つ～です/他比我大五岁。

としお・いる④ 【年老いる】(自上一)年老,上了年纪。

としがい⓪ 〔年甲斐〕与年龄一致的思考方法和举止。△～もない/白活那么大岁数。

としかさ⓪ 〔年嵩〕①年长。△兄(あに)はぼくより三(みっ)つ～だ/哥哥比我大三岁。②年老,高齢。△よほどの～に見(み)える人(ひと)/看来年岁很大的人。

としかっこう③ 【年かっこう】〔年恰好〕大约的年纪。△50歳(ごじゅっさい)ぐらいの～の男(おとこ)/50岁上下的男人。

としこし⓪ 【年越し】①除夕。△～そば/除夕吃的吉祥面条。②过年。△古里(ふるさと)で～をする/在老家过年。

とじこ・む④⓪③ 〔綴じ込む〕(他五)①合订,订在一起。△新聞(しんぶん)を綴じ込んでおく/把报纸合订起来。②订上。

とじこ・める④⑤ 【閉(じ)込める】(他下一)关在里面。△犯人(はんにん)を～/把犯人关起来。△吹雪(ふぶき)に閉じ込められる/因暴风雪而无法出门。

とじこも・る④⑤⓪ 〔閉じ籠る〕(自五)(在家)闭门不出。△家(いえ)に～/在家闭门不出。

としごろ 〔年頃〕I⓪(名)①大约的年龄。△遊(あそ)びたい～/贪玩(期)的年龄。②婚龄,妙龄。△そろそろ～だ/到了该结婚的年龄了。③多年以来。△～の念願(ねんがん)/多年来的心愿。II②(副)〈文〉自古,多年以来。

としした⓪ 【年下】年幼,(比…)年小。△～の者(もの)はぺてんにかかりやすい/年幼的人容易受骗。△ぼくより三(みっ)つ～の弟(おとうと)/比我小三岁的弟弟。

としつき② 【年月】①年和月。②岁月,光阴。△卒業(そつぎょう)してから三年(さんねん)の～が流(なが)れた/毕业以来已经过了3年光阴。③多年来。△～の懸案(けんあん)/多年来的悬案。

どしどし① (副)①(依次)顺利(进行),迅速(进展),接连不断。△仕事(しごと)が～片(かた)づいていく/工作迅速进展。△～売(う)れる/畅销。②毫不客气地,尽管。△～(と)召(め)し上(あ)がってください/不用客气,请多吃点。△ご用(よう)がありましたら、～(と)言(い)いつけてください/如果有事,不用客气请吩咐。

としとり③④⓪ 【年取(り)】①上岁数,上年纪。②除夕辞岁,立春前夕举行的仪式。

としと・る③ 【年取る】(自五)上

年纪、年老。△～と、目(め)がかすみ、耳(みみ)も遠(とお)くなる/一上年纪，就眼花耳背。

としのうち⓪【年の内】①本年内，年内。②(狭义)年末。△～はどこでも忙(いそが)しい/年底到处都很忙。

としのこう④【年の功】年高经验多。△亀(かめ)の甲(こう)より～/姜还是老的辣。

とじまり②⓪【戸締まり】关门，锁门。△～をして外出(がいしゅつ)する/锁上门后外出。△～を厳重(げんじゅう)にする/严锁门户。

どしゃ①【土砂】土和砂，砂土。△～崩(くず)れ/塌方。

としゅ①【徒手】①徒手，赤手，空手。△～で闘(たたか)う/徒手搏斗,空手打斗。△～体操(たいそう)/徒手体操。②没有资本、地位,白手。△～で巨万(きょまん)の富(とみ)を積(つ)む/白手起家积累亿万财富。

としょ①【図書】图书,书籍。△～館(かん)/图书馆。△子供(こども)向(む)きの～/适合儿童看的书。

とじょう⓪【途上】〈文〉途上，途中。△発展(はってん)～国(こく)/发展中国家。△帰国(きこく)の～にある/在归国途中。

どじょう⓪【土壌】①土壤。△肥(こ)えた～/肥沃的土壤。②事物产生的基础,有利环境。△悪(あ)く)の～/滋生邪恶的土壤。

どじょう⓪〔泥鰌〕泥鳅。△～掬(すく)い/ⅰ)捞泥鳅。ⅱ)摸泥鳅舞。

としょしつ②【図書室】图书室，阅览室。

としより③④【年寄(り)】①老人。△～をいたわる/照顾老年人。②(相扑)顾问。◇～風(かぜ)をふかす/ⅰ)老气横秋。ⅱ)倚老卖老。◇～の冷水(ひやみず)/老人不自量力(干些危险事)。◇～の物忘(ものわす)れ、若(わか)い者(もの)の物知(ものし)らず/老者健忘,幼者无知。

と・じる②【閉じる】Ⅰ(他上一)①闭,关闭,合上。△口(くち)を～/闭口。△本(ほん)を～/把书合上。△守衛(しゅえい)が大学(だいがく)の正門(せいもん)を閉じた/守卫把大学的正门关上了。②结束,告终。△これで会(かい)を～ことにしましょう/会就开到这吧。△小規模店(しょうきぼてん)が次次(つぎづぎ)と店(みせ)を閉じていった/小商店陆续关张了。Ⅱ(自上一)关闭。△ドアが閉じた/门关上了。

	ドアを～	本を～	口を～	引き出しを～	道を～
閉じる	○	○	○	×	×
閉める	○	×	×	○	×
閉ざす	○	×	×	×	○

とじ・る②〔綴じる〕(他上一)①订上。△新聞(しんぶん)を綴じておく/把报纸订起来。②缝在一起。

としん⓪【都心】①(首都的)市中心。△役所(やくしょ)は～にある/政府机关在市中心。②东京都的

中心地帯。

どすう ② 【度数】①次数，回数。②(温度、角度)度数。△温度計(おんどけい)の～/温度计的度数。

とせい ① 【渡世】度日，过活，维生。△大工(だいく)を～にする/靠做木匠活维生。

とそ ① 〔屠蘇〕①(用花椒、桔皮、肉桂等调制、供泡酒用的)屠苏散。②(用"屠苏散"泡的、供过年时饮用的)屠苏酒。◇～機嫌(きげん)/过年时畅饮的欢乐气氛。△まだ～機嫌(きげん)が抜(ぬ)けない/好像年还没有过完的气氛。

とそう ⓪ 【塗装】(名・自サ)①涂饰。△壁(かべ)の～がきれいだ/墙涂饰得很漂亮。②涂漆，喷漆。

どそく ⓪ 【土足】①穿着鞋，不脱鞋，不换鞋。△～厳禁(げんきん)/(牌示)严禁穿鞋入内。②跣足，光脚。③泥脚。

どだい ⓪ 【土台】Ⅰ(名)①基座，地基。△～をよくつくってから家(いえ)をたてる/打好地基后再盖房子。②〈转〉基础。△経済的(けいざいてき)～/经济基础。Ⅱ(副)①本来，根本。△～無理(むり)な注文(ちゅうもん)だ/本来就是不合理的要求。②完全，简直。△～話(はなし)にならぬ/简直不像话。

とだ・える ③ 〔跡絶える・途絶える〕(自下一)①(交通等)断绝，杜绝。△大雨(おおあめ)で交通(こうつう)がとだえた/交通因大雨而断绝了。②中断。△便(たよ)りがとだえた/音信断了。

どたどた ① (副・自サ)(沉重脚步声)咕咚咕咚。△階段(かいだん)を～と駆(か)け上(あ)がる/咕咚咕咚地跑上楼。

とだな ⓪ 【戸棚】柜，橱。△食器(しょっき)～/碗柜。

どたばた ① (副・自サ)(在屋子里面)噼里扑通(乱跳乱闹)。△家(いえ)の中(なか)で～するな/不要在屋子里面噼里扑通乱蹦乱跳。△～喜劇(きげき)/闹剧。

とたん 〔途端〕恰好在…时候，刚…时候。△家(いえ)を出(で)ようとした～、電話(でんわ)がかかってきた/正要出门的时候，(有人)打来了电话。

とたん ⓪ 【塗炭】〈文〉涂炭。△～の苦(くる)しみ/涂炭之苦。

どたんば ⓪ 【土壇場】①法场，刑场。②〈喻〉走投无路的境地。△～に陥(おちい)る/陷入走投无路的境地。③〈喻〉千钧一发之际。△～で逃(に)げた/在千钧一发之际逃跑了。④〈喻〉最后，末了，最后关头。△～で敗勢(はいせい)を盛(も)り返(かえ)した/在最后关头挽回了败势。

とち ⓪ 【土地】①大地。△広々(ひろびろ)とした～/辽阔的大地。②土地，耕地。△～を耕(たがや)す/耕地。③土壤，土质。△～が肥(こ)える/土质肥沃。④当地。△～の人(ひと)/当地的人。⑤地区。△繁華(はんか)な～/繁华的地区。⑥领土。△～割譲(かつじょう)/割让

領土。

とちゅう⓪【途中】(走路或办事等的)中途,途中,半路。△～下車(げしゃ)をする/中途下车。△～でやめる/半途而废。

とちょう①【都庁】都京都政府。

どちら①(代)①哪边,哪面。△西(にし)は～になりますか/西边是哪边?②哪里。△～にお住(すま)いですか/您住在哪里?③哪个。△バナナとりんごと～がお好(す)きですか/香蕉和苹果您喜欢哪个?④哪一位。△～さまでしょうか/您是哪一位。

とっか①⓪【特価】特价,特别廉价。△～販売(はんばい)/特价销售。

どっかい⓪【読解】(名・他サ)读懂。△～力(りょく)を養(やしな)う/培养阅读能力。

とっきゅう⓪【特急】①("特別急行列車(とくべつきゅうこうれっしゃ)"之略)特别快车,特快。△～に乗(の)れば新宿(しんじゅく)に正午(しょうご)までに着(つ)くことができます/如果坐特快的话,中午以前就可到达新宿了。②火速,赶快。△～で仕上(しあ)げる/抓紧做完。

とっきょ①【特許】(名・他サ)①特别许可。△～を得(え)る/得到特别许可。②专利。△～権(けん)/专利权。△～を申請(しんせい)する/申请专利。

とっく⓪【疾っく】(副)早就,早已,很久以前。△用意(ようい)は～にできている/早就准备好了。

ドッグ①[dog]狗。△～フード/狗粮。△～サロン/爱犬美容院。

とつげき⓪【突撃】(名・自サ)冲锋。△敵陣(てきじん)に～する/向敌人阵地冲锋。

とっけん⓪【特権】特权。△～階級(かいきゅう)/特权阶级。△～がある/有特权。

どっこい③(感)①(用力或搬重物时的吆喝声)哼唷,嗨。うんと～と持(も)ち上(あ)げる/哼唷一声,一猛劲举起来。②(阻拦对方时)慢来,且慢。△～、そうはさせない/慢着,那样搞可不行。

どっこいしょ③(感)①(搬重物时的吆喝)哼唷,哼嗨,嗨哟。△～と荷物(にもつ)を持(も)ち上(あ)げる/嗨哟一声把行李提了起来。②老年人坐下或起来时发出的声音。△やれやれ疲(つか)れた。～/可累坏了(坐下歇一歇)。

とっさ⓪〖咄嗟〗瞬间,刹那间。(常以"～に"形式作副词用)△～には答(こた)えられない/不能马上回答。

どっさり③(副)①(重物掉落声)扑通。②许多,很多。△お年玉(としだま)を～もらう/得到了很多的压岁钱。

とつじょ①【突如】(副・形動タルト)〈文〉突然,突如其来地。△～(と)起(おこ)った事件(じけん)/突然发生的事件。⇨とつぜん表

どっしり③(副)①沉重,沉甸甸。

△~した机(つくえ)/厚实的桌子。②稳重,庄重。△~として威厳(いげん)がある/庄重而有威严。

とつぜん⓪【突然】(副)突然。△弟(おとうと)が~笑(わら)い出(だ)したので、みんなびっくりしました/由于弟弟突然笑起来,大家都吓了一跳。

	~雷鳴がとどろく	~の出来事	~として爆発する	~の話なので決心がつかない	~賛成はできません
突然	○	○	×	○	×
突如	○	×	×	×	×
にわか	-に○	○	×	×	-に○

どっち①(代)("どちら"的口语表达形式)哪边,哪面,哪个。

とって⓪③【取っ手】〔把っ手〕把手。△ドアの~/门(上的)把手。

とって①对于…来说。△わたしに~難(むずか)しい/对我来说很难。

とっておき⓪【取って置(き)】珍藏(之物)。△~の着物(きもの)/珍藏的和服。

とってかわ・る⓪③【取って代(わ)る】代替,取代。△パソコンが、ワープロに~/个人电脑取代了文字处理机。

どっと③⓪①(副)①(许多人)一齐,哄堂(大笑)。△~笑(わら)う/哄堂大笑。△~拍手(はくしゅ)がおこった/掌声雷动。②一下子(拥来)。△さんまが~市場(しじょう)へ出回(でまわ)る/秋刀鱼大量上市。③(突然)病重,病倒。

とっぱ⓪①【突破】(名・他サ)①突破,冲破。△敵(てき)の包囲(ほうい)を~する/突破敌人的包围。②闯过。△難関(なんかん)を~する/闯过难关。

トップ①[top]①尖端,顶上。②前头。△~を切(き)る/走在(时代或队列等的)前头。③首位,第一。△~で卒業(そつぎょう)する/毕业(时)名列第一。④最高级领导。△~の座(ざ)につく/任最高级领导。⑤(报纸等的)第一栏,头条。△~記事(きじ)/头条新闻。

どて⓪【土手】①土堤,堤坝。△~を築(きず)く/修筑堤坝。②(生鱼片的)大鱼的脊背肉块。③(掉牙后的)牙床,牙龈。

とてつ⓪【途轍】道理。◇~もない/i)极不合理。△~もない計画(けいかく)/极不合理的计划。ii)(多得、大得)出人意料。△~大金(たいきん)/多得不得了的巨款。

とても③⓪〔迚も〕(副)①(下接否定语)无论如何也…,怎么也…。△こんな大(おお)きな石(いし)は、~一人(ひとり)では運(はこ)べないよ/这么大的石头,一个人怎么也搬不动啊!②非常,很,极。△~美(うつく)しい/很美。⇒たいそう 表

とでん⓪【都電】东京都经营的电车。

とど・く②【届く】(自五)①达,及,够。△手(て)の~所(ところ)/手够得着的地方。△石(いし)が向(む)こう岸(きし)に届いた/石头子(扔)到了对岸。②到达。△手紙(てがみ)が届いた/信寄到了。③

周到，周密。△注意(ちゅうい)が～/注意得很周到。④(心愿)得偿，(希望)达到。△長年(ながねん)の願(ねが)いが届いた/多年的希望达到了。⇨たっする表

とどけ③【届(け)】申报(书)，申请(书)。△出生(しゅっしょう)～/出生申报书。△～を出(だ)す/提出申请。

とど・ける③【届ける】(他下一)①送到，递送(信件、物品等)。△得意先(とくいさき)に品物(しなもの)を～/把货送交给顾客。②(向上级)申报，呈报。△盗難(とうなん)を警察(けいさつ)へ～/向警察报告失盗。

とどこお・る⑤⓪④③【滞る】(自五)①迟误，拖延，停滞。△交渉(こうしょう)が滞って進(すす)まない/谈判迟迟无进展。△交通(こうつう)が～/交通阻塞。②拖欠，过期不缴。△税金(ぜいきん)が～/拖欠税款。

ととの・う③【整う】(自五)①整齐，端正。△目鼻立(めはなだ)ちが整っている/五官端正。②调和，和谐。△調子(ちょうし)が～/谐调。

ととの・う③【調う】(自五)①齐备，完备，具备。△何(なに)もかも調っている/一切具备。②谈好，商妥。△協議(きょうぎ)が調った/协商好了。③买齐。△洋服(ようふく)が調った/西服买齐了。

ととの・える④【調える】(他下一)①备齐，准备好。△道具(どうぐ)を～/备齐工具。②谈妥，商妥。△商談(しょうだん)を～/谈妥交易。③买齐。△必要(ひつよう)なものを～/买齐必需的东西。

ととの・える④【整える】(他下一)①整理，整顿。△服装(ふくそう)を～/整理服装。△隊列(たいれつ)を～/整顿队伍。②调和，调整。△音律(おんりつ)を～/调音调。

とどま・る③【止まる・留まる】(自五)①停留，留下。△現職(げんしょく)に～/留职。②停下，停止，停住。△物価(ぶっか)の騰貴(とうき)は～所(ところ)を知(し)らない/物价上涨没有止境。③止于，限于。△一時(いちじ)の感傷(かんしょう)に～/只是一时的伤感而已。⇨とまる表

とどめ⓪③【止め】①(杀人后)刺咽喉(使断气)。△～の一擊(いちげき)/最后的致命一击。△～を刺(さ)す/刺咽喉以断其气。②决定性的一击(使其不能再起)。△議論(ぎろん)の～となることば/无可争辩的话。△敵(てき)の水源(すいげん)を絶(た)って～を刺(さ)す/切断敌人的水源，置其于死地。③(以"…に止めを刺す"的形式)最好，登峰造极。△花(はな)の香(かお)りは桂(かつら)に～を刺す/花的芳香要属桂花最好。

とど・める③【止める・留める】(他下一)①停下，停住。△足(あし)を止めて振(ふ)り返(かえ)ってみる/停步回头看。②阻拦，阻止。△車(くるま)を～/把车拦住。③留

下，留住。△客(きゃく)を～/留客。④止于(某限度)。△これに止めておく/仅止于此。

とどろか・す④〔轟かす〕(他五)①使轰鸣。△太鼓(たいこ)を～/敲响大鼓。②名声大,名声远。△名声(めいせい)を天下(てんか)に～/扬名天下,名震天下。③(心情)激动,(心脏)跳动。△希望(きぼう)に胸(むね)を～/满怀希望,心情激动。

とどろ・く③〔轟く〕(自五)①轰鸣。△雷鳴(らいめい)が～/雷声隆隆。②(名声)响震。△名声(めいせい)が天下(てんか)に～/名声震天下。③(心情)激动,(心房)跳动。△～胸(むね)を静(しず)める/抑制内心的激动。

とない①【都内】①东京都内。②东京都中心区。

とな・える③【唱える】(他下一)①(有节奏地)念,诵。△念仏(ねんぶつ)を～/念佛。②高呼。△万歳(ばんざい)を～/高呼万岁。③提倡,唱导。△新説(しんせつ)を～/提倡新学说。

どなた①【何方】(代)(不定称)哪位("だれ"的敬语)。△失礼(しつれい)ですが,あなたは～さまですか/对不起,(请问)您是哪位呀?

となり⓪【隣り】①邻居,邻家,邻人。△田舎(いなか)のおばあさんから送(おく)ってきたりんごを、お～さんにもあげましょうよ/(家在)农村的祖母送给我的苹果,我还要送给邻居(一些)呢。②隔壁,邻室,旁边。△彼(かれ)の事務室(じむしつ)は私(わたし)のすぐ～です/他的办公室就在我隔壁。③邻近,附近。△～近所(きんじょ)/邻近一带。④邻国。△中国(ちゅうごく)の～は日本(にほん)だ/中国的邻国是日本。

となりあ・う④【隣り合う】(自五)邻接,挨接…。△隣り合ってすわる/挨着坐。△隣り合った二軒(にけん)の家(いえ)/相邻的两间房子。

となりあわせ④【隣り合わせ】邻接,紧挨着。△彼女(かのじょ)と～に住(す)む/跟她是邻居。△危険(きけん)と～だ/与危险相伴。

どなりつ・ける⑤②〔怒鳴り付ける〕(他下一)大声训斥。△帰(かえ)りが遅(おそ)くなったのでどなりつけられた/因为回家晚了,被大声地训斥了一顿。

どな・る②〔怒鳴る〕(自五)①大声喊叫,吵嚷。△怒鳴って言(い)う/大吵大嚷地说。②大声训斥。△父(ちち)に怒鳴られた/被父亲狠狠训了一顿。

とにかく①〔兎に角〕(副)①姑且,暂且(不论)。△～使(つか)って見(み)よう/姑且先使用一下看看吧。△僕(ぼく)は～君(きみ)はどうするかね/我倒好说,可你怎么办呢?②总之,反正,好歹,不管怎样。△～行(い)こう/总之(咱们)去一趟吧。③这样那样,说三道四。△～の批評(ひひょう)は免

(まぬか)れない/免不了有说三道四的。

どの① 【殿】(接尾)(接于姓名或表示身分的名词下)表示尊敬(但尊重程度较"様(さま)"轻，且多用于公文)。△社長(しゃちょう)～/(写在信封上)总经理台启。

どの① (连体)哪，哪个。△～かばんが好(す)きですか/你喜欢哪个书包？

どのくらい⓪① (副)(时间、距离、数量、程度等)多少。△家(いえ)から学校(がっこう)まで～かかりますか/从家到学校要花多少时间？△ここから～ありますか/离这有多远？△その靴(くつ)は～しましたか/那双鞋是多少钱买的？△その時(とき)は～心配(しんぱい)したかわかりません/那时，不知道怎么担心的呢。

とのさま⓪ 【殿様】①(对主君、贵族或诸侯的敬称)老爷，大人。②〈谐〉老爷，大老爷。△彼(かれ)はまるで～のようだ/他简直象个大老爷一样。

どのへん⓪ 【どの辺】哪里，哪一带。△～まで行(い)ったか/你去哪儿了？△前回(ぜんかい)は～まで学習(がくしゅう)しましたか/上次学到哪儿(什么地方)了？

どのみち⓪ 【どの道】(副)总之，反正，左右。△～やっかいな話(はなし)だ/总之是一件麻烦事。△～避(さ)けることはできない/反正是不能回避的。

どのよう⓪ 【どの様】(形动)怎样，如何。△～にしかられても怒(おこ)らない/无论怎样挨训也不生气。

とば・す③⓪ 【飛ばす】(他五)①使飞，放飞。△子供(こども)が紙(かみ)の飛行機(ひこうき)を飛ばした/孩子使纸飞机飞起来了。②(风)吹走，吹掉。△風(かぜ)が帽子(ぼうし)を飛ばした/风把帽子刮跑了。③迸，飞溅。△自転車(じてんしゃ)が私(わたし)のズボンに泥(どろ)を飛ばした/自行车把泥溅在我的裤子上了。④驱(车、马)奔驰。△運転手(うんてんしゅ)は車(くるま)を飛ばした/司机把车开得飞快。⑤跳过，越过。△第二章(だいにしょう)を飛ばして第三章(だいさんしょう)を読(よ)む/跳过第二章阅读第三章。⑥(到处)散播，传播。△デマを～/散播谣言。⑦放(箭、风等)。△矢(や)を～/放箭。⑧(向边远地区)派遣，调动。△部長(ぶちょう)は気(き)に入(い)らない社員(しゃいん)を地方(ちほう)へ飛ばした/处长把不合意的职员调到地方上去了。

どはずれ② 【度外れ】(形动)出奇，异常，特别。△～な大声(おおごえ)/特大的声音。

とびあが・る④ 【飛(び)上(が)る】(自五)①飞起，飞上天空。△飛行機(ひこうき)が～/飞机起飞。②(惊讶或喜悦得)跳起来。△～ほど驚(おどろ)く/惊得跳起来。

とびお・りる④ 【飛(び)下りる】(自上一)(由高处或行驶的车辆

上)跳下。△崖(がけ)から〜/从崖上跳下。△列車(れっしゃ)から〜/由行驶的列车上跳下。

とびか・う③【飛(び)交う】(自五)(许多昆虫等)飞来飞去,交错乱飞。△蛍(ほたる)が〜/萤火虫飞来飞去。

とびこ・む③【飛(び)込む】(自五)①跳入。△水中(すいちゅう)に〜/跳入水中。②(主动地)参加,投入。△事件(じけん)の渦中(かちゅう)に〜/进入事件的旋涡中。③突然进入,闯入。△うれしい知(し)らせが〜/突然传来喜讯。

とびだ・す③【飛(び)出す】(自五)①飞起来,起飞。△飛行機(ひこうき)が〜/飞机起飞。②(从里面)突然跑出来,跳出来。△地震(じしん)で外(そと)に〜/因为地震而跑到屋外。③猛然出现。△車(くるま)の前(まえ)に〜/突然出现在车前。④鼓出,突出,冒出。△くぎが飛び出している/钉子冒出来了。△目玉(めだま)が〜ほど高(たか)い/价格贵得吓人。⑤出奔,出走。△家(いえ)を〜/离家出走。

とびつ・く③【飛(び)付く】(自五)①扑过来。△玄関(げんかん)を開(あ)けると子(こ)どもが飛びついてくる/一开大门孩子就扑过来。②(被吸引得)扑过去。△電話(でんわ)に〜/急忙上去接电话。

とびの・る③【飛(び)乗る】(自五)①一跃而上。△馬(うま)に〜/飞身上马。②跳上(行驶的车辆)。

とびひ⓪【飛(び)火】(名・自サ)①(飞散的)火星。△〜を防(ふせ)ぐ/防止飞火星。②(因飞散火星而)起火,延烧。③(事件等的)扩展,牵连。△汚職(おしょく)は官界(かんかい)に〜した/贪污事件涉及到官方。④天泡疮,水痘。△〜ができる/出水痘。

どひょう⓪【土俵】①土袋子。②(相扑)比赛场,摔跤场。△〜入(い)り/(相扑运动员比赛前举行的)上场仪式。△力士(りきし)が〜に上(あ)がる/相扑运动员走上比赛场。

とびら⓪【扉】①门扉,门。△〜をあける(しめる)/开(关)门。②(书的)扉页。③(杂志正文前的)第一页(印有前言、题目等)。⇨と表

とふ①【塗布】(名・他サ)涂抹,搽。△軟膏(なんこう)を〜する/涂抹软膏。

と・ぶ②【飛ぶ】(自五)①飞,飞行,飞翔。△鳥(とり)が空(そら)を〜/鸟在空中飞翔。②(被风)吹起,刮起。△埃(ほこり)が〜/尘土飞扬。△風(かぜ)で帽子(ぼうし)が飛んだ/帽子被风刮跑了。③快跑,飞跑。△調査団(ちょうさだん)が現地(げんち)に飛んだ/调查团火速赶到了现场。④(顺序、号码等)不衔接,不接连。△この辺(へん)は番地(ばんち)が飛んでいる/这一带门牌号码不挨着。⑤越过,跳过(阶段,等级等)。△

ページが5ページから7ページへ飛んでいる/页(码)从第五页跳到了第七页。⑥飞溅。△泥(どろ)が飛んだ/泥飞溅起了。⑦(消息,传言、指令等)传播。△大地震(だいしん)のうわさが~/有关大地震的谣言传播开来。⑧(向)发出…声。△発言者(はつげんしゃ)にやじが飛んだ/向发言者发出了奚落声。⑨逃走,(气味等)跑掉。△犯人(はんにん)が飛んだ/犯人逃走了。△香水(こうすい)の匂(にお)いが飛んだ/香水味跑掉了。◇~鳥(とり)を落(お)とす/〈喻〉权势不可一世。◇飛んで火(ひ)に入(い)る夏(なつ)の虫(むし)/飞蛾投火,自投罗网。

と・ぶ② 【跳ぶ】(自五)①跳,跳起。△カエルがぴょんと~/青蛙轻轻地跳起来。②跳过。△選手(せんしゅ)が跳箱(とびばこ)を跳んだ/选手跳过了跳箱。

どぶ⓪ 〔溝〕①阴沟,下水道。△~の掃除(そうじ)をする/淘沟。②(适于垂钓的河流缓慢处的)深潭。

とほ① 【徒步】徒步。△デパートまで~で10分(じっぷん)ほどかかる/步行到百货公司约需十分钟。

とほう⓪ 【途方】①手段,方法。②条理,道理。◇~に暮(く)れる/无计可施;无路可走。◇~もない/ⅰ毫无道理。ⅱ骇人听闻。△~もない計画(けいかく)/骇人听闻的庞大计划。

どぼく① 【土木】土木(工程)。△~作業(さぎょう)/土木工程作业。

とぼ・ける③ 〔恍ける・惚ける〕(自下一)①装糊涂。△おまえが犯人(はんにん)じゃないだと。~な、目撃者(もくげきしゃ)が三人(さんにん)いるだぞ/你说你不是犯人。别装糊涂啦,有三个人亲眼看见啦!②(头脑)迟钝,发呆。△頭(あたま)が~/头脑迟钝。③作滑稽的言行。△とぼけたことを言(い)う/说逗人笑的话。

とぼし・い③ 【乏しい】(形)①缺乏,不足。△経験(けいけん)が~/缺乏经验。②贫困,贫穷。△ふところが~/囊空如洗。

とぼとぼ① (副)步履蹒跚,有气无力,没精打采地走,脚步沉重。△老人(ろうじん)が~道(みち)を歩(ある)いていく/老人慢腾腾地走去。

トマト① [tomato]西红柿,蕃茄。

とまどい⓪③ 【戸惑い】(名・自サ)①找不着门。②不知所措,困惑。△どう話(はな)していいか~する/不知怎么说才好。

とまど・う⓪〔戸惑う〕(自五)①找不着门。△部屋(へや)をまちがえて~/走错房间而徘徊。②不知所措,犹豫不决,踌躇。△急(きゅう)な事(こと)に~/为突如其来的事情而不知所措。

とま・る③⓪ 【止(ま)る・留(ま)る】(自五)①停止,停下,停住。△時計(とけい)が~/表停了。②停息,止住。△痛(いた)みが止った/疼痛止住了。③留下,剩下。

△心(こころ)に～/留在心里。④(鸟、虫等)落在,栖于(…之上)。△鳥(とり)が木(き)に止っている/鸟落在树上了。⑤(水、电等因故)暂停供应。△道路工事(どうろこうじ)で水道(すいどう)が止った/因修路暂停供水。⑥堵住,不通。△洪水(こうずい)で汽車(きしゃ)が止った/由于洪水,火车不通了。⑦固定住,箍住,钉住。△桶側(おけがわ)はたがで止っている/木桶外侧用箍箍住了。

とま・る③⓪【泊(ま)る】(自五)①(船)停泊。△船(ふね)は港(みなと)に泊っている/船停泊在港口里。②投宿,住宿,过夜。△安(やす)いホテルに泊りたい/想住便宜的饭店。③值夜班,值宿。△役所(やくしょ)に～/在机关值夜班。

	事故で電車が駅に一時間～ている	エンジンが～	現職に～	よい品が目に～	少数意見に～
とまる	一つ○	○	×	○	×
とどまる	一つ○	×	○	×	○

とみ①【富】①财富,财产。②("富籤(とみくじ)"之略)彩票。△～を買(か)う/买彩票。

と・む①【富む】(自五)①富,富裕,有钱。△～人(ひと)/有钱之人。②富有,丰富。△経験(けいけん)に～/富有经验。

とむらい⓪【弔(い)】①吊唁,吊丧,吊慰。△～のことばを述(の)べる/吊慰,表示哀悼。②丧事,葬礼,殡礼。△お～に参列(さんれつ)する/参加葬礼。③祭奠,为死者祈冥福。

とむら・う③【弔う】(他五)①吊唁,吊慰,吊丧。△遺族(いぞく)の宅(たく)を～/到遗族家里去吊唁。②为死者祈冥福。

とめ⓪【止め】①止住,禁止。△通行(つうこう)～/禁止通行。②结束,完了。△講演(こうえん)の～の言葉(ことば)/演讲的结束语。

とめおき⓪【留(め)置(き)】①留下,扣留。△警察(けいさつ)に～を食(く)う/被警察扣留。②留局待领邮件。△～郵便(ゆうびん)/留邮局待领的邮件。

とめど⓪【止(め)ど】〔止(め)処〕限度,止境。△涙(なみだ)が～なく流(なが)れる/流泪不止。△しゃべり出(だ)したら～がない/一说起来就没完没了。

とめばり③⓪【留(め)針】别针,卡子。△～を打(う)つ/别上别针。

と・める③【止める・留める】(他下一)①停止,停住,停下。△機関士(きかんし)は列車(れっしゃ)を駅(えき)に止めた/司机把列车停在了车站。②止住。△看護婦(かんごふ)は子供(こども)の鼻血(はなち)を止めた/护士把孩子的鼻血给止住了。③暂停供应(水、电等)。△電力会社(でんりょくがいしゃ)は工事(こうじ)のためその地域一帯(ちいきいったい)の電気(でんき)を止めた/电力公司为了施工,暂停对该地区的供电。④关上,闭住。△ガスを～/关上煤气。⑤

抑制，制止，阻止。△息子(むすこ)の外出(がいしゅつ)を～/阻止儿子外出。⑥把…固定住，钉住，别住。△(かみ)をリボンで～/用丝带把头发固定住。⑦禁止。△通行(つうこう)を～/禁止通行。⑧劝阻。△学長(がくちょう)の辞任(じにん)を～/劝说大学校长不要辞职。⑨留心，注目。△心(こころ)を留めて見(み)る/留心观看。⑩留在(心上)，记住。△心(こころ)に～/记在心里。⑪留下，留住。△警察(けいさつ)に留められた/被警察扣留。

と・める③【泊める】(他下一)①留客过夜，留宿。△友人(ゆうじん)を～/留客人住下。②(使船)停泊。△船(ふね)を港(みなと)に～/让船停泊在港口内。

とも①②【友】①友，朋友。△よき～/好朋友。②〈喻〉良师益友。△書物(しょもつ)を～とする/把书当做良师益友。③志同道合的人，同好。△～の会(かい)/同好会。

とも【共】Ⅰ⓪①(名)共同，一起。△生涯(しょうがい)を～にする/终生在一起。△寝食(しんしょく)を～にした仲間(なかま)/同吃同住的伙伴。Ⅱ(接尾)①(接在表示复数的名词后面)都，全。△二人(ふたり)～合格(ごうかく)した/两人都合格了。②(连同…算在一起)总共，共。△郵送料(ゆうそうりょう)～500円(ごひゃくえん)/连邮费在内共500日元。

とも【共】(接头)①一起，共同。△～かせぎをする/(夫妇)共同(出去)工作。②表示质量、材料相同。△～切(ぎ)れであてる/用同样的布补钉。

とも①〔伴〕①同伴，伴侣。△お～致(いた)しましょう/我给您作个伴吧。我陪您一块去吧。②伙伴。△～に加(くわ)わる/入伙儿。⇨ともだち表

とも①【供】随从，随员。△～をつれて行(い)く/带着随员去。

-ども【共】(接尾)①(接在名词后轻蔑地表示复数)…们。△者(もの)～/你们，小子们。②(接在第一人称后自谦地表示复数)我们，鄙人，敝人。△わたくし～の考(かんが)え/鄙见。△わたくし～4人(よにん)です/我们四个人。

ともあれ①(词组・副)①无论如何，不管怎样。△～、今(いま)やっていることはけりをつけてしまおう/无论如何，现在正在做的事，咱们要搞出个结果来。②反正，总算是。△～同(おな)じことだ/反正是一样的事。

ともかく①〔兎も角〕(副)①姑且(不论)。△冗談(じょうだん)は～、どうするつもりだ/先别开玩笑，(你)究竟打算怎么办？②无论如何，不管怎样，总之，好歹。△～やってみることだ/无论如何也要干一干看。

ともかせぎ⓪③【共稼(ぎ)】夫妇都工作，双职工。

ともしび⓪③【灯】灯，灯火。△

ともしらが③⓪⑤【共白髪】白头偕老。△〜まで添(そ)いとげる/夫妻白头到老。

とも・す②【点す】(他五)点(灯)。△ろうそくを〜/点蜡烛。

ともすれば①(副)常常,每每,动辄。△〜誤(あやま)りがちである/动不动就弄错。△〜湿(しめ)りがちな空気(くうき)/空气动不动就潮湿。

ともだち⓪【友達】朋友,友人。△昔(むかし)からの〜/老朋友。

	よい〜に恵まれる	〜同士で話し合う	子供同士はすぐ〜になる	風月を〜とする
友達	○	○	○	×
友人	○	○	×	×
友	○	×	×	○

ともども②⓪【共共】(副)一同,互相。△息子(むすこ)は友人(ゆうじん)と〜米国(べいこく)へ出発(しゅっぱつ)した/儿子和朋友一起启程去了美国。

ともな・う③【伴う】(自他五)①伴同,带领。△友人(ゆうじん)を伴って上京(じょうきょう)する/陪伴朋友进京。②(同时)发生,有。△権利(けんり)は義務(ぎむ)を〜/有权利就有义务。③随着,跟着。△生活水準(せいかつすいじゅん)の向上(こうじょう)に伴って…/随着生活水平的提高…。④按照,比照。△収入(しゅうにゅう)に伴った生活(せいかつ)/与收入相称的生活。

ともに②⓪【共に】(副)①共同,一同。△〜に暮(く)らす/共同生活。②跟,随着。△年(とし)を取(と)ると〜体力(たいりょく)が減退(げんたい)していく/随着年纪增高,体力也逐渐衰弱。③全,都。△ふたりは〜第3位(だいさんい)だった/两人并列第三名。

ともばたらき⓪③【共働(き)】(夫妇)共同工作,两口子挣钱。△〜の家庭(かてい)/双职工家庭。

ともびき⓪【友引】①阴阳家所谓不分胜败的日子。②不宜出殡的日子。

どもり①〔吃り〕口吃,结巴。口吃的人。结巴。

とも・る②③【灯る・点る】(自五)(灯火)点着。△家家(いえいえ)に灯(ひ)が〜/万家灯火。

ども・る②〔吃る〕(自五)口吃,结巴。△どもりながら言(い)う/结结巴巴地说。△ひどく〜/结巴得厉害。

どよう②⓪【土曜】星期六。△〜日(び)/星期六。

とよめ・く③(自五)①响彻,轰鸣。△歓声(かんせい)が空(そら)に〜/欢声响彻云霄。②骚然,吵嚷。△彼(かれ)の失言(しつげん)に聴衆(ちょうしゅう)が〜/因他的失言,听众哗然。

とら⓪〔虎〕①虎。△〜が咆哮(ほうこう)する/老虎吼叫。②〈俗〉醉鬼。△大酒(おおざけ)を飲(の)んで〜になる/因喝大酒而成了醉鬼。◇〜に翼(つばさ)/如虎添翼。◇〜になる/酩酊大醉不惧一切。◇〜の威(い)を借(か)る狐(きつね)/狐假虎威。◇〜の尾(お)を踏

(ふ)む/〈喻〉非常危险。◇～を描(えが)きて犬(いぬ)に類(るい)す/画虎不成反类犬。◇～を野(の)に放(はな)つ/放虎归山；遗患日后。◇～を養(やしな)いて患(うれ)いを遺(のこ)す/养虎遗患。

ドライ② [dry](名・形动)①干，干燥。②干巴巴，枯燥无味。△話(はなし)は～だ/话说得枯燥无味。③(处事)理智，冷冰冰。△～な性格(せいかく)/(处事)理智的性格。④不甜的酒。⑤(会餐等时)禁酒。⑥("ドライクリーニング"之略)干洗。

ドライクリーニング⑤ [dry cleaning]干洗。

ドライバー② [driver]①(汽车)司机。②改锥。③(高尔夫)球棒。

ドライブ② [drive](名・自サ)①(驾驶汽车)游玩，兜风。△～に出(で)かける/出去兜风。②(高尔夫球)用力打球。③(乒乓、网球)猛打，抽球。△～のかかった球(たま)/猛打的球。

ドライブ・イン④⑤ [drive-in]①免下车式服务的银行、剧场、餐馆。②设在公路边有大型停车场、餐饮、住宿的休息处。

ドライヤー◎② [dryer]①干燥机，烘缸。②干燥剂。

とら・える③【捕(ら)える】(他下一)①紧紧抓住。△腕(うで)を～/紧紧抓住胳膊。②逮住，捉住。△犯人(はんにん)を～/捉住犯人。③捕捉。△レーダーが敵機(てっき)を～/雷达捕捉敌机。

	犯人を～	タクシーを～	機影をレーダーで～	観てからかうとは何事だ	真相を～
捕らえる	○	×	○	×	○
つかまえる	○	○	×	-え○	×

トラクター② [tractor]①拖拉机。△カタピラー式(しき)～/履带式拖拉机。②牵引车。△～クレーン/牵引车起重机；拖式起重机。③牵引式飞机。

トラック② [track]①比赛的跑道。②径赛。△～の選手(せんしゅ)/径赛选手。

トラック② [truck]卡车，运货汽车。△～ターミナル/卡车运货集散站。△～で貨物(かもつ)を運(はこ)ぶ/用卡车运货。

トラブル② [trouble]①纠纷，麻烦。△双方(そうほう)は試合中(しあいちゅう)に～が起(お)こった/双方在比赛中发生了纠纷。②(机械)故障，毛病。△エンジンの～/发动机的故障。

トラベル② [travel]旅行。

ドラマ① [drama]①剧，演剧。△デレビ～/电视剧。②戏曲，戏剧。③剧本。△～を書(か)く/写剧本。

ドラマー①② [drummer](音乐)鼓手。

ドラマチック④ [dramatic](形动)戏剧性(的)。△～な人生(じんせい)/戏剧性的人生。

とらわ・れる④◎【捕(ら)われる】(自下一)①被逮捕，被抓住，被俘。△泥棒(どろぼう)が警官(けいか

ん)に捕われた/小偷被警察抓住了。②受拘束,拘泥。△情実(じょうじつ)に～/拘于情面。

トランク② [trunk]①(大型旅行)皮箱。②(小轿车车后的)行李箱。

トランジスタ④ [transistor]①晶体管,半导体管。②半导体收音机。

トランプ② [trump]扑克牌。△～をして遊(あそ)ぶ/打扑克牌玩。△～の札(ふだ)を切(き)る/洗牌。△～で占(うらな)いをする/用扑克牌占卦。

とり⓪ 【鳥】①鸟。②鸡。③鸡肉。④禽类的总称。◇～無(な)き里(さと)の蝙蝠(こうもり)/山中无老虎,猴子称大王。◇～は古巣(ふるす)に帰(かえ)る/〈喻〉叶落归根。

とりあ・う③④ 【取(り)合う】(他五)①互相拉(手)。△手(て)を取り合って話合(はなしあ)う/互相拉着手交谈。②争夺,夺取。△物(もの)を～/争夺东西。③理睬,答理。△笑(わら)って取り合わない/一笑置之。

とりあえず③⑤ 〔取(り)敢えず〕(副)①先,首先,暂先。△ごはんができるまで,～このせんべいでがまんしてください/在饭做得以前,先吃几块这饼干凑合一会吧。②急忙,匆匆忙忙。△取(と)るものも～出発(しゅっぱつ)する/匆匆忙忙地出发。

とりあ・げる⓪④⓪ 【取(り)上げる】(他五)①拿起。△受話器(じゅわき)を～/拿起电话听筒。②采纳,接受。△提案(ていあん)を～/采纳提案。③夺取,剥夺,没收。△凶器(きょうき)を～/没收凶器。④提出,提起(问题等)。⑤接生,助产。

とりあつかい⓪ 【取(り)扱い】①处理,办理。△事務(じむ)の～がうまい/外理事务熟练。②操作,使用。△機械(きかい)の～/机器的操作。③对待,接待。△丁重(ていちょう)な～を受(う)ける/受到隆重接待。

とりあつか・う⑤⓪⓪ 【取(り)扱う】(他五)①办理,处理。△事務(じむ)を～/处理事务。②操作,使用。△刃物(はもの)は、乱暴(らんぼう)に～と危険(きけん)です/刀具如果乱使用是很危险的。③接待,对待。△客(きゃく)を～のが上手(じょうず)だ/善于待客。④受理,经办。△この局(きょく)では電報(でんぽう)を取扱っておりません/这家邮局不受理电报。

とりあわ・せる⑤⑥ 【取(り)合(わ)せる】(他下一)①配合,搭配。△色(いろ)を～/配颜色。②收集,汇集。△作品(さくひん)を取り合せて１冊(いっさつ)の本(ほん)にする/搜集作品汇总成一本书。

とりい⓪ 【鳥居】(神社入口处的)牌坊。

とりいそぎ⓪ 【取(り)急ぎ】(副)(书信用语)赶快,赶紧,急忙,立即。△～ご返事(へんじ)まで/特此回复。

とりい・れる④⑤【取(り)入れる】①引进，采用。△外国(がいこく)の先進的(せんしんてき)な技術(ぎじゅつ)を～/引进外国的先进技术。②收获，收割。△稲(いね)を～/收割水稻。③拿进来。

とりえ③【取(り)柄】长处，优点，可取之处。△～がない/没有可取之处。

とりかえ⓪【取(り)替え】退还，更换。△～のきかない品(しな)/不能退换的商品。

とりかえ・す③⑤【取(り)返す】(他五)①取回来，要回来。△陣地(じんち)を～/收复阵地，夺取阵地。②挽回，补救。△信用(しんよう)を～/挽回信誉。

とりか・える⑤⓪【取(り)替える】(他下一)①交换，互换。△友達(ともだち)と帽子(ぼうし)を～/和朋友互换帽子。②更换。△自動車(じどうしゃ)の部品(ぶひん)を～/更换汽车的零件。

とりかか・る④⑤【取(り)掛(か)る】(自五)着手，开始。△研究(けんきゅう)に～/着手研究。

とりかこ・む④⑤⓪【取(り)囲む】(他五)围，团团围住。△新聞記者(しんぶんきしゃ)に取り囲まれている/被记者围上。

とりこ・む③④⓪【取(り)込む】Ⅰ(他五)①拿进来。△洗濯物(せんたくもの)を～/把洗的衣物收回来。②骗取。△公金(こうきん)を～/骗取公款。③笼络，拉拢。△反対派(はんたいは)の数人(すうにん)を～/拉拢反对派的几个人。

とりきめ⓪【取(り)決め】①规定，商定，决定。△～に従(したが)う/服从决定。②缔结(协定、合同等)。△アメリカと貿易(ぼうえき)の～をする/同美国缔结贸易协定。

とりくみ⓪【取(り)組(み)】①(相扑等比赛双方的)配合，搭配，编组。△あの二人(ふたり)は好(こう)～だ/那两个人搭配得很好；他俩是好搭当。②(交易)成交。△～が少(すく)ない/成交少。

とりく・む③④【取(り)組む】(自五)①(摔跤)双方相互扭住。②(比赛)与…交手，同…比赛。△強(つよ)い相手(あいて)と～/与强手比赛。③努力，致力于。△研究(けんきゅう)に～/专心致力于研究。

とりけし⓪【取(り)消(し)】(名・他サ)取消，废除。△～を求(もと)める/要求取消，要求收回。

とりけ・す③④【取(り)消す】(他五)取消，撤销，作废，收回。△前言(ぜんげん)を～/收回前言。△免状(めんじょう)を～/吊销执照。

とりしまり⓪【取(り)締(ま)り】①管制，控制，取缔。△厳重(げんじゅう)な～をする/严加管制。②董事。→取締役。

とりしまりやく⓪⑤【取締役】(公司的)董事。△代表(だいひょう)～/董事长。△～社長(しゃちょう)/总经理。

とりしま・る④⑤⓪【取(り)締(ま)

とりしらべ

- **とりしら・べ**⓪【取(り)調べ】①调查。△原因(げんいん)の～を始(はじ)める/开始调查原因。②审讯。証人(しょうにん)を呼(よ)びだして～を行(おこな)う/传讯证人。
- **とりしら・べる**⑤⑥【取(り)調べる】(他下一)①详细调查。△事故(じこ)の原因(げんいん)を～/调查事故的原因。②侦察,审讯(犯人等)。△容疑者(ようぎしゃ)を～/审讯嫌疑人。
- **とりだ・す**③④【取(り)出す】(他五)①(从里面)取出,拿出。△ポケットから財布(さいふ)を～/从衣兜里拿出钱包。②(从许多东西中)选出,抽出。△本棚(ほんだな)から英語辞典(えいごじてん)を～/从书架中抽出英语辞典。
- **とりた・てる**④⑤⓪【取(り)立てる】(他下一)①征收,催收。△税(ぜい)を～/征税。△掛(か)けを～/催收赊欠。②提拔,提升。△社長(しゃちょう)は彼(かれ)を取立てて課長(かちょう)にした/总经理把他提拔为科长了。③(特别)提出,提及。△取立てて言(い)うほどのことはない/没有什么值得特别提出的。
- **とりつ**①【都立】东京都立。
- **とりつ・く**③④⓪【取(り)付く】(自五)①偎靠,抱住。△子供(こども)が母(はは)に取付いている/孩子偎靠着母亲。②着手,开始。△新(あたら)しいテーマの研究(けんきゅう)に～/着手新课题的研究。③找到(工作)。△仕事(しごと)に取付いた/找到了工作。④迷住,缠住。△途方(とほう)もない考(かんが)えに取付かれる/被一种怪念头缠住。◇～島(しま)がない/i)没有依靠(着落)。ii)(因对方不加理睬而)无法接近。
- **とりつ・ぐ**③④⓪【取(り)次ぐ】(他五)①传达,转达,回话。△なにかご意見(いけん)がありましたらお取次ぎいたします/您若有什么意见,我给您转达吧。②代办,代购,代销。△出張所(しっちょうじょ)に資材購入(しざいこうにゅう)を取次いでもらう/委托办事处代购材料。③转交。
- **とりつけ**⓪【取(り)付け】①安装。△装置(そうち)の～/设备的安装。②(因银行失去信用,存款者)挤兑。△あの銀行(ぎんこう)が～に遇(あ)った/那家银行遭到了挤兑。③常去买东西(的商店)。△～の店(みせ)/熟铺子。
- **とりつ・ける**④⑤⓪【取(り)付ける】(他下一)①安装。△機械(きかい)を～/安装机器。②(常从固定商店)买东西。△日用品(にちようひん)はこの店(みせ)から取付けている/(我)常从这家商店买日用品。③挤兑。④取得,达成。△了解(りょうかい)を～/取得谅解。
- **とりと・める**④⑤⓪【取(り)止め

る・取(り)留める】(他下一)①保住(性命)。△一命(いちめい)を取止めた/保住了一条命。②确定,肯定。△まだ取止めた説(せつ)はない/尚无定论。

とりにく⓪【鳥肉】鸡肉。

とりのこ・す④⑤⓪【取(り)残す】(他五)①剩下,留下。△青(あお)い柿(かき)は取り残しておく/青柿子留下(不摘)。②落到后面,掉队。△時代(じだい)に取り残される/落后于时代。

とりのぞ・く④⑤⓪【取(り)除く】(他五)除掉,去掉,拆掉。△有害物質(ゆうがいぶっしつ)を～/除掉有害物质。

とりはず・す④⑤⓪【取(り)外す】(他五)①摘下,卸下。△戸(と)を～/把门卸下来。②错过,没有抓住。△機会(きかい)を～/错过机会。

とりはだ⓪【鳥肌】鸡皮疙瘩。△～がたつ/起鸡皮疙瘩。

とりはら・う④⑤【取(り)払う】(他五)拆除,撤除。△不法建築物(ふほうけんちくぶつ)を～/拆除违章建筑。

とりひき②【取(り)引き】(名・自サ)交易。△～所(じょ)/交易所。△商品(しょうひん)の～/商品交易。△外国商社(がいこくしょうしゃ)と～をする/同外国商行进行交易。

とりま・く③④【取り巻く】(他五)①围,包围。△デモ隊(たい)が建物(たてもの)のまわりを～/游行队伍包围了建筑物。②奉承,捧场。△彼(かれ)を～側近(そっきん)が多(おお)い/奉承他的亲信很多。⇨かこむ表

とりま・ぜる④⑤⓪【取(り)交ぜる・取り混ぜる】(他下一)掺在一起,掺混。△大小(だいしょう)取り交ぜて売(う)る/大的和小的掺在一起卖。

とりまと・める⑤⑥⓪【取(り)まとめる】〔取(り)纏める〕(他下一)①汇集。△荷物(にもつ)を～/把行李物品归拢起来。②调停,排解。△紛争(ふんそう)を～/调解纠纷。

とりむす・ぶ④⑤⓪【取(り)結ぶ】(他五)①缔结,签订,订立。△契約(けいやく)を～/签订合同。②(居间)撮合。△二人(ふたり)の間(あいだ)を～/给两个人撮合。③讨好。△彼女(かのじょ)の機嫌(きげん)を～/讨她的好。

とりもど・す④⑤【取り戻す】(他五)取回;恢复;重新得到。△健康(けんこう)を～/恢复健康。

	貸した本を～	落ちつきを～	五回に二点～	意識を～	遅れを～
取り戻す	○	○	×	○	○
取り返す	○	×	○	×	○

とりょう①〔塗料〕(油漆等)涂料。△～を箪笥(たんす)に塗(ぬ)る/油衣柜。

どりょう⓪①【度量】〈文〉①度量,气度,胸襟。△～のある人(ひと)/有度量的人。②(长度与容积的总称)度量。△～衡(こう)/度量衡。

どりょく①【努力】(名・自サ)努

力，勤奋。△～家(か)/实干家。△どんなに才能(さいのう)があっても～を怠(おこた)れば成績(せいせき)は向上(こうじょう)しません/不管多么有才能，如果懒得努力，成绩还是提不高。

とりよ・せる④⑤⓪【取り寄せる】(他下一)①令寄来，令送来，函索。△見本(みほん)を～/函索样本。②订购，函购。△日本(にほん)から本(ほん)を～/从日本订购书籍。

ドリル①②⓪[drill]①钻头，钻孔机。△～で鉄板(てっぱん)にあなをあける/用钻孔机在铁板上钻孔。②凿岩机。③训练，练习。△算数(さんすう)の～/算术习题。

とりわけ⓪【取(り)分(け)】(副)尤其，特别。△～今日(きょう)は涼(すず)しい/今天特别凉快。

とりわ・ける④⑤⓪【取(り)分ける】(他下一)①(把盛在大容器中的东西)分开，分成小份儿。△料理(りょうり)を小皿(こざら)に～/把菜分到小碟子里。②(从大堆里)拣出，挑出来。△不良品(ふりょうひん)を～/挑出不合格品。

と・る①【取る】(他五)①取，拿，执，握，拉。△物(もの)を取りに行(い)く/去取东西。△筆(ふで)を取って文章(ぶんしょう)を書(か)く/拿起笔写文章。△手(て)を取って教(おし)える/把着手教。②除掉，删除，(用手)拔去。△ごみを～/除掉垃圾。△草(くさ)を～/薅草。△この語(ご)を取った方(ほう)がいい/最好把这词删掉。③收(费用、税款等)。△料金(りょうきん)を～/收费。④计算(时间、脉搏、温度等)。△タイムを～/计时。△脈(みゃく)を～/量脉搏。⑤取得，获得。△資格(しかく)を～/取得资格。△金(きん)メダルを～/获得金牌。⑥偷，抢。△財布(さいふ)を～/偷钱包。⑦耗费(时间、金钱等)。△時間(じかん)を～仕事(しごと)/耗费时间的工作。△食費(しょくひ)として月(つき)に五万円取られる/伙食费每月用掉5万(日)元。⑧占(地方)。△あまり場所(ばしょ)を取らないように荷物(にもつ)をつんでおこう/把行李堆起来吧，免得太占地方。⑨占有，占据，占领。△席(せき)を～/抢占座位。△天下(てんか)を～/取天下。△城(しろ)を～/占领城池。⑩买，定购(食品)，叫(饭菜)。△いつもあの店(みせ)から日用品(にちようひん)を～/经常从那家商店买日用品。△電話(でんわ)してうどんを～/打电话叫面条。△子供(こども)のために牛乳(ぎゅうにゅう)を～/给孩子订鲜牛奶。⑪订阅(报刊)。△新聞(しんぶん)を～/订阅报纸。⑫订下，预约下(座席等)。△ホテルを取っておく/订下旅馆。△飛行機(ひこうき)の席(せき)を取っておく/预约飞机座位。⑬脱去，摘下(穿戴之物)。△オーバーを～/脱去大衣。△メガネを～/摘下眼镜。⑭理解，解释。△好意(こうい)を

悪(わる)く～/曲解好意。⑮讨(好)。△きげんを～/讨好。⑯铺(床)。△床(とこ)を～/铺床。⑰摔(跤)。△相撲(すもう)を～/摔跤。⑱(以"…に取って"形式)对…来说。△彼(かれ)に取っては一大事(いちだいじ)だ/对他来说是件大事。⑲(用手)使,操纵。△舵(かじ)を～/操舵(掌舵)。⑳采,采取。△断乎(だんこ)たる措置(そち)を～/采取果断措施。◇取らぬ狸(たぬき)の皮算用(かわざんよう)/〈喻〉打如意算盘。◇～に足(た)りない/不足取。

と・る① 【採る】(他五)①采,摘,采集。△薬草(やくそう)を～/采药。△採ったばかりのりんご/刚摘下的苹果。②采用,录取。△試験(しけん)して人(ひと)を～/通过考试录用人。③吃,摄取。△夕食(ゆうしょく)を～/吃晚饭。△栄養(えいよう)を～/摄取营养。④提取,提炼。△石炭(せきたん)からガスを～/从煤里制取煤气。△金属(きんぞく)を～/提炼金属。

と・る① 【執る】(他五)①处理,执行(公务)。△事務(じむ)を～/办公。②坚持(主张)。△自説(じせつ)を執って譲(ゆず)らない/坚持己见不让步。③承担。△責任(せきにん)を～/承担责任(引咎)。④执笔。△筆(ふで)を～/执笔(写作)。

と・る① 【撮る】(他五)①照相,摄影。△写真(しゃしん)を～/照相。△映画(えいが)を～/拍摄影片。②抄写,记下。△コピーを～/抄写;复制。

と・る① 【捕る】(他五)捕,抓,捉。△魚(うお)を～/捕鱼。△猫(ねこ)がねずみを～/猫捉老鼠。

ドル① [dollar]①(美国货币单位)美元。△～で支払(しはら)う/用美元支付。②金钱。

ドルばこ⓪ 【ドル箱】[dollar—]①手提式保险箱。②能赚钱的设施(商店),能赚钱的人,摇钱树,畅销商品。△～スター/最卖座的明星。△～商品(しょうひん)/畅销货。③提供资金的人。

どれ I (代)哪个,哪一个。△～にしようか/要哪一个呢？II (感)①(对自己说)哎,啊。△～、寝(ね)るとしようか/哎,睡觉吧。②(对对方说)喂,嘿。△～～、見(み)せてごらん/喂,喂,让我看看。

どれい① 【奴隷】①奴隶。△～を解放(かいほう)する/解放奴隶。②〈喻〉奴隶。△金(かね)の～にはなりたくありませんね/(我)可不愿意成为金钱的奴隶啊。

トレーニング② [training](名・他サ)①(体育)练习,训练。△～キャンプ/集训营。△～に励(はげ)む/努力练习。②准备活动。

ドレス① [dress]①衣服,服装。△～スーツ/燕尾服。②女式西服。△～メーカ/女西服裁缝师(店)。③妇女礼服。

とれだか② 【取れ高】(粮食、木材、海产等)产量,生产量。

どれどれ⓪① Ⅰ(代)哪个哪个。Ⅱ(感)(用于开始某个动作或催促对方)哎哎,喂喂。△～、見(み)せてごらん/哎哎,让我看看。

どれほど⓪④① (副)①多少,若干。△これは～金(かね)がかかった?/这个东西花了多少钱?△～の効果(こうか)があろうか/有多大作用呢?②多么,何等,如何。△～言(い)っても聞(き)かない/怎么说也不听。△～つらかったか分(わ)からない/不知有多难受。

と・れる② 【取れる】(自下一)①能得到,出产,收获。△ここはりんごが～/这里产苹果。②脱落,掉下。△ボタンが取れた/扣子掉了。③消除,去掉。△痛(いた)みが～/疼痛清除了。④可以理解为…,被理解为…。△別(べつ)の意味(いみ)にも～/也可以理解为别的意思。⑤调和,匀称,平衡。△つりあいが～/保持平衡。

とろ① 【吐露】(名・他サ)〈文〉吐露。△真情(しんじょう)を～する/吐露真情。

どろ② 【泥】①泥土。②泥浆。△着物(きもの)についた～を洗(あら)い落(おと)す/把溅在衣服上的泥浆洗掉。③("どろぼう"之略)小偷。△こそ～/小偷小摸的人。◇～を吐(は)く/供出罪状。◇…の顔(かお)に～を塗(ぬ)る/给…丢脸。

とろ・い② (形)①(火势等)微弱。△～火(ひ)/文火。②(动作与反应等)迟钝,愚笨。△～男(おとこ)/愚笨的家伙。

とろう⓪ 【徒劳】徒劳,白费劲。△～に終(お)わった/结果是白费劲。

ドロップ②① [drop]①水果糖。②(棒球)下曲球。③(学生)留级。④降落,落下。(物价)下跌。

どろくさ・い④ 【泥臭い】(形)①泥土气,土腥气。△～魚(さかな)/有土腥味的鱼。②土气,粗俗,不文雅。△～やつ/土包子,土老冒。

とろ・ける③⓪ 〔蕩ける〕(自下一)①(固体)熔化,融化。△飴(あめ)が～/糖块化了。②轻松,心旷神怡;神魂飘荡。△甘(あま)い言葉(ことば)に心(こころ)が～/因甜言蜜语而陶醉。

とろとろ Ⅰ①(副・自サ)①(东西融化后)黏黏糊糊。△～した飴(あめ)/黏黏糊糊的糖稀。②打盹,迷迷糊糊。△～(と)眠(ねむ)る/打瞌睡。③(火势)微弱。△～と燃(も)える火(ひ)/微微燃着的火。Ⅱ⓪(形动)(东西溶化后)黏黏糊糊。△～にとける/溶化得黏黏糊糊。

どろどろ Ⅰ①(副・自サ)①(低沉的雷声、鼓声等)隆隆,咚咚。△遠雷(えんらい)が～と聞(きこ)える/远处雷声隆隆。②(液体)黏稠,黏糊。△～したソース/黏稠的沙司。③(情感等)错综复杂。△～とした人間関係(にんげんかんけい)/错综复杂的人际关系。Ⅱ⓪(形动)①(液体)黏稠,黏糊。△小麦粉(こむぎこ)を～に溶(と)か

す/把面粉和成糊状。②沾满泥土，脏乎乎。△ころんで着物(きもの)が～になる/摔了一跤，衣服上沾满了泥。

とろび⓪【弱火】文火，微火。△～で煮(に)つめる/用文火熬。

どろぼう⓪〔泥棒〕Ⅰ(名)小偷，贼。△～が入(はい)る/闹贼。△～を捕(とら)える/捉小偷。Ⅱ(名・他サ)偷。△車(くるま)を～する/偷车。◇～に追(お)い銭(せん)/赔了夫人又折兵。◇～を見(み)て縄(なわ)をなう/〈喻〉临阵磨枪；临渴掘井。

とろみ⓪略粘稠的糊，芡汁。△～をつける/勾芡。

どろんこ⓪【泥んこ】〈俗〉泥，满是泥，满身是泥。△～の道(みち)/泥泞路。△雨(あめ)で道(みち)が～になった/因雨路上满是泥。

どわすれ②〔度忘れ〕(名・自サ)一时想不起来，突然猛住。△あの人(ひと)の名(な)は～してしまった/(我)一时想不起他的名字来了。

トン①[ton]①(公制重量单位)吨(符号为"t"，合一千公斤)。②(容积单位)吨(货物为40立方英尺)。③(船的排水量)吨。△10万(じゅうまん)～のタンカ/(排水量)10万吨的油船。

とんカツ⓪【豚カツ】炸猪排，炸猪肉片。

とんがらか・す⑤〔尖らかす〕(他五)〈俗〉撅起，弄尖。△口(くち)を～/撅嘴。△鉛筆(えんぴつ)の先(さき)を～/把铅笔头削尖。

どんかん⓪【鈍感】(名・形动)感觉迟钝，感觉麻木。△～な人(ひと)/感觉迟钝的人。

どんき①【鈍器】①钝刀。②无刃凶器(指棍棒、锤子等)。

どんぐり①⓪【団栗】①橡树。②橡实，橡子。◇～の背(せい)比(くら)べ/(平庸程度)不相上下(半斤八两)。△補欠選手(ほけつせんしゅ)はみな～の背比べで、レギュラーになれそうな者(もの)はいなかった/候补选手(的水平)都不相上下，没有能成为正式选手的。

とんじゃく①〔頓着〕(名・自サ)放在心上，介意，在意。△小(ちい)さなことに～するな/区区小事，不要放在心上。△身(み)なりに～しない/不修边幅。

とんしゅ①〔頓首〕(名・自サ)①(书信结尾语)顿首。②磕头。

どんぞこ⓪【どん底】底层，最下层。△～生活(せいかつ)/最艰苦的生活。

とんだ⓪意想不到的(灾难)，无可挽回的错误。△～目(め)にあう/碰到意外的灾难，飞来之祸。△お前(まえ)は～ことをしたね/你做了一件大错事。

とんち⓪〔頓知〕机智，机灵。△～に富(と)んだ話(はなし)/富于机智的谈话。

とんでもな・い⑤(形)①意外，不合情理。△～話(はなし)/不合乎情理的话。②(用以加强语气，反驳对方)哪里话。△学者(がくしゃ)

だなんて～/哪里谈得上是个学者。③(用于表示客套的)哪里话，不敢当。△お礼(れい)をいただくなんて～ことです/您送给我礼物，我可不敢当。

とんとん Ⅰ①(副)①(轻击声)咚咚，嗵嗵。△～と肩(かた)をたたく/嗵嗵捶肩。②(事物进展)顺利，顺当。△仕事(しごと)が～と運(はこ)ぶ/工作顺利进展。Ⅱ⓪③(名・形动)①相等，不相上下。△ふたりの成績(せいせき)は～だ/两个人的成绩差不多。②(收支)平衡。△収入(しゅうにゅう)と支出(ししゅつ)が～になっている/收支平衡。

どんどん①(副)①(鼓等连续不断的声音)咚咚。②接连不断地。△水(みず)が～流(なが)れる/水不断地流。③顺利地，顺畅地。△～売(う)れる/畅销。

どんな⓪(连体)怎样的，什么样的。△～ご用(よう)ですか/您有什么事？△～ことがあっても最後(さいご)までがんばるつもりだ/不管发生怎样的事情，我也要坚持到底。

どんなに①(副)多么；无论怎样。△いまの子供(こども)たちは～しあわせだろう/现在的孩子们多幸福啊。△～お金(かね)があっても、買(か)えないものがある/有的东西无论多少钱也是买不到的。

トンネル⓪[tunnel]Ⅰ(名)隧道，隧洞。△海底(かいてい)～/海底隧道。△～を掘(ほ)る/挖隧道。Ⅱ(名・他サ)(俗)(棒球)球从两腿中间滚过(没接住)。

とんび①〔鳶〕①鸢。②(路过时)顺手偷东西的小偷。△廊下(ろうか)～/在走廊闲蹓、伺机偷东西的人。③和服式呢绒男外衣。

どんぶり⓪〔丼〕①("井鉢(どんぶりばち)"之略)(深底厚瓷)大碗，大海碗。△～に飯(めし)を盛(も)る/把饭盛到大碗里。②("～飯(めし)"之略)大碗盖饭。△親子(おやこ)～/鸡肉鸡蛋盖饭。③(手艺人围裙前的)钱袋。△～の中(なか)に銭(ぜに)を入(い)れる/把钱放在围裙的钱袋里。

どんぶりばち④〔井鉢〕(深底厚瓷)大碗，大海碗。

とんぼ⓪〔蜻蛉〕①蜻蜓。②翻筋斗。△～を切(き)る/翻筋斗。

とんや⓪【問屋】批发商。△穀物(こくもつ)～/粮食批发商。

どんよく⓪〔貪欲〕(名・形动)贪欲，贪婪。△～な性格(せいかく)/贪婪的性格。

どんより③(副・自サ)①阴沉沉。△～(と)した空(そら)/阴沉沉的天空。②(眼睛、色泽等)混浊，暗淡。△～(と)した目(め)/不清亮的眼睛。

な　ナ

な⓪【名】①名称。△植物(しょくぶつ)の～/植物名称。②姓名。△～を変(か)える/更改姓名。③名声。△～を揚(あ)げる/成名,扬名。△～を売(う)る/沽名,卖名。④名目,名义。△～を借(か)りる/假借名义。△～ばかりの会長(かいちょう)/徒有其名的会长。◇～が通(とお)っている/闻名。◇～に負(お)う/名副其实。◇～は体(たい)を表(あらわ)す/名表其体。◇～もない/无名(之辈)。◇～を汚(けが)す/玷辱名声。◇～を捨(す)てて実(じつ)を取(と)る/弃名求实。◇～を成(な)す/成名。

	会社の～	弟の～	～が高い	坊やのお～は？	～変更
名	○	○	○	△	×
名前	○	○	×	○	×
名称	○	×	×	×	○

な①【菜】①蔬菜,青菜。②油菜。

な（終助）①(表示禁止)不要,别,不许。△芝生(しばふ)にはいる～/不要踏入草坪。②(表示命令)务必,吧。△ぜひきてください～/要务必来一趟。③(使对方同意)吧。△それはまちがっていると思(おも)う～/我想是不对吧。④(表示希望)吧,呀。△もっとじょうずになりたい～/力求更熟练。⑤(表示感动)啊,呀。△ほんとに美(うつく)しい～/真美啊!

なあ　Ⅰ(感)喂。△～君(きみ),そうだろう/喂,你说是不是？Ⅱ(終助)表示感动或愿望。△うれしい～/真高兴呀。△すぐ来(く)るといい～/能马上来多好哇。

ナーサリー⓪〔nursery〕托儿所,儿童室。△～スクール/幼儿园,育儿学校。△～ソング/摇篮曲。△～テール/童话。

ナース①〔nurse〕①保姆,奶妈。②护士。△～コール/(病房)护士呼叫铃。△～・ステーション/护士站。

なあて⓪【名あて】〔名宛て〕收信(件)人姓名住址。△～を書(か)く/写上收信人姓名住址。△～人(にん)/收信人。收件人。

な・い①【無い】(形)①无,没有。△経験(けいけん)が～/没有经验。②(写"亡い")不在世了。△父(ちち)も母(はは)も～/父母都不在世了。③没有(比这再)。△おかしいったら～/没有比这再可笑了。△母(はは)の心配(しんぱい)ったらなかった/没谁比母亲更挂念了。④(接在形容词、形容动词、判断助动词连用形后)表示否定。△新(あたら)しく～/不新鲜。△正直(しょうじき)で～/不诚实。△本物(ほんもの)では～/不是真货。

ない（助動）(接动词、助动词未然

形后)①不。△買(か)いたく～/不想买。△フランス語(ご)で話(はな)せ～/不会说法语。②(与终助词"か"并用或者靠提高音调)表示劝诱。△いっしょに行(い)か～か/一块去吧!一块去吗!③(以"てくれ～か"形式)表示委托,要求。△手紙(てがみ)を出(だ)してくれ～か/你帮我把信发走吧!④(以"～かなあ;～かしら"的形式,表示愿望)就好了。△早(はや)く春(はる)が来(こ)～かなあ/春天早些来就好了。△うちへ来(き)ていただけ～かしら/到我家来多好哇!("かしら"主要是女性使用)。

-ない 【内】(接尾)①(场所)内。△教室(きょうしつ)～/教室里。②(期限)内。△期限(きげん)～/在期限内。

ナイーブ② [naive](形动)天真;纯朴。△～な女(おんな)の子(こ)/天真的女孩儿。△～な感性(かんせい)/单纯的感受性。

ないか⓪① 【内科】内科。△～医(い)/内科医生。△～病院(びょういん)/内科医院。

ないかい⓪ 【内海】内海。△～を航行(こうこう)する/在内海航行。

ないがい① 【内外】内外,国内外。△～の情勢(じょうせい)/国内外形势。

-ないがい 【内外】(接尾)左右,上下。△1週間(いっしゅうかん)～/一周左右。△3万円(さんまんえん)～/3万日元上下。△百人(ひゃくにん)～の学生(がくせい)がはいれる/能容纳百儿八十学生。

ないかく① 【内閣】内阁,政府。△～を倒(たお)す/倒阁。△連立(れんりつ)～/联合内阁。

ないがしろ③⓪ 【ないがしろ】〔蔑ろ〕蔑视,轻视。△人(ひと)の意見(いけん)を～にする/不重视别人的意见。

ないかん⓪ 【内患】内患。

ないきん⓪ 【内勤】内勤。

ないこう⓪ 【内向】内向。△～型(がた)の人(ひと)/内向性格的人。

ないし 〔乃至〕(接)①乃至,从…到…。△参加者(さんかしゃ)は五人(ごにん)～十人(じゅうにん)/参加者有5人乃至10人。②或,或者。△英語(えいご)～はドイツ語(ご)/英语或者德语。

ないじつ⓪ 【内実】Ⅰ(名)内情,内幕,真相。Ⅱ(副)实际上。△～閉口(へいこう)している/实际上很难对付。

ないじゅ⓪⓪ 【内需】国内需要。△～拡大(かくだい)/扩大内需。△～振興(しんこう)/刺激内需。

ないしょ③⓪ 【内緒】〔内証〕①瞒着别人,秘密。△～の話(はなし)/瞒着别人的话。②→ないしょう。

ないじょ① 【内助】(名・自サ)①内助,妻子帮丈夫。②〈文〉妻,爱人。

ないしょう③⓪ 【内証】生活开支。△～は火(ひ)の車(くるま)だ/家计艰难。

ないしょく⓪ 【内職】(名・自サ)

副业，业余工作。△～に翻訳(ほんやく)をやる/搞业余翻译。

ないしん①③① 【内心】内心，心中。△～ではどう思(おも)っているかわからない/不知内心是如何考虑的。△～を打(う)ち明(あ)ける/说出心里话。

ナイス① [nice]好，精彩，漂亮。△～ガイ/好小伙儿，好男儿。△～ガール/好姑娘。△～ボール/好球。△～ミドル/年富力强。

ないせい⓪ 【内政】内政。△～不干渉(ふかんしょう)/不干涉内政。

ないせい⓪ 【内省】(名・他サ)①反省。△一日(いちにち)の行(おこな)いを～する/反省一日的行为。②自省，内省。△～的(てき)態度(たいど)/内省态度。

ないせん⓪ 【内戦】内战。△～をやめる/停止内战。

ないせん⓪ 【内線】①内线。△～作戦(さくせん)/内线作战。②(电话)内线，分机。△～番号(ばんごう)/内线号。

ナイター① [日造 nighter](棒球)夜场比赛。

ないだく⓪ 【内諾】(名・他サ)私下承诺，非正式同意。△～を得(え)る/取得非正式允许。

ないち① 【内地】①国内。△～留学(りゅうがく)/国内留学。②本土，内地。

ナイチンゲール⑤ [nightingale]①夜莺。②护士(之美称)。

ないつう⓪ 【内通】(名・自サ)①私通。△外国(がいこく)と～する/里通外国。②(男女)通奸。

ナイト① [night]夜，夜间。△～ライフ/夜生活。△～ガウン/女睡衣。△～キャップ/睡帽。△～スクール/夜校。

ナイトクラブ④ [nightclub]夜总会。

ナイフ① [knife]①餐刀。②小刀，水果刀。△～リッジ/刀刃，刀口。

ないぶ① 【内部】①内部。△～の事情(じじょう)/内部情况。△～危険(きけん)/潜在危险。②内情，内幕。

ないふく⓪ 【内服】内服。△～薬(やく)/内服药。

ないふん⓪ 【内紛】内讧，内部纠纷。△～が続(つづ)く/内乱不断。

ないまく⓪ 【内幕】内幕。△～をあばく/揭穿内幕。

ないみつ⓪ 【内密】(名・形动)秘密。△～に願(ねが)います/请你保密。△～に処理(しょり)する/秘密处理。

ないむ① 【内務】内务，国内行政事务。△～省(しょう)/(日本旧制)内务省。

ないめん⓪② 【内面】①里面。△箱(はこ)の～/箱子里面。②内心，精神方面。△～生活(せいかつ)/精神生活。

ないや⓪ 【内野】(棒球)内场，内野。△～手(しゅ)/内场手。△～安打(あんだ)/内场安全打。△～フライ/内野高飞球。

ないよう⓪ 【内容】内容。△～のない話(はなし)/空洞无味的话。

ないらん⓪【内乱】内乱。△～が起(おこ)る/发生内乱。

ないりく⓪【内陸】内陆,内地。△～運輸(うんゆ)/内地运输。△～性気候(せいきこう)/大陆性气候。

ナイロン①[nylon]尼龙。△～ファー/人造毛皮。

ナイン[nine]①九。②九人棒球队。

ナウ①[now](形動)时髦,新潮,最新。△～な感覚(かんかく)/时髦感。△～ファッション/时装。

な・う①【なう】〔綯う〕(他五)捻,搓。△なわを～/搓绳。◇どろぼうを見(み)てなわを～/临时抱佛脚。

なえ①【苗】①苗。△トマトの～/西红柿苗。②稻秧。△～代(しろ)/水稻秧田。

なえぎ③⓪【苗木】苗木,树苗。

なえどこ⓪②【苗床】秧畦,苗床。

な・える②〔萎える〕(自下一)①枯萎。△花(はな)が～/花蔫了。②萎靡,没精神,无力。△手足(てあし)が～/四肢无力。△気(き)が～/萎靡不振。③(衣服穿久了)不挺实,松软。

なお〔尚・猶〕Ⅰ(副)①尚,犹,还,依然。△物価(ぶっか)が～上(あ)がる/物价还在上涨。②更,还,再。△～困(こま)る/更加难办。③〈文〉犹如,仿佛。△～生(い)けるごとし/栩栩如生。Ⅱ(接)再者,尚且,另外。△～,付(つ)け加(くわ)えること/另外还有要补充的。

なおかつ①〔尚且つ〕(副)①而且,并且。△礼儀(れいぎ)正(ただ)しく,～頭(あたま)もいい/很有礼貌,而且聪明。②仍然,还是。△～同(おな)じ失敗(しっぱい)をする/又遭同样的失败。

なおさら⓪①〔尚更〕(副)更加,越发。△富士(ふじ)は美(うつく)しいが,雪(ゆき)の富士は～美しい/富士山美,而富士山的雪景就更美了。⇨いっそう 表

なおし②【直し】①修改,修正。②修理。△テレビを～に出(だ)す/电视机送去修理。△～がきかない/不能修理。

なお・す②【治す】(他五)医治,治疗。△病気(びょうき)を～/治病。

なお・す②【直す】Ⅰ(他五)①改正,复原。△机(つくえ)の位置(いち)を～/摆正桌子的位置。△仲(なか)を～/言归于好。②修理。△時計(とけい)を～/修理钟表。③改正,矫正。△悪(わる)い癖(くせ)を～/改掉坏毛病。④转换,换算。△日本語(にほんご)を英語(えいご)に～/把日语转换成英语。△ドルを円(えん)に～/把美元折合成日元。Ⅱ(接尾)重作,改作。△建(た)て～/重建。△考(かんが)え～/重新考虑。

	壊れた垣根を～	服の破れを～	テレビを～	文章を～	体裁を～
直 す	○	○	○	○	×
繕 う	○	○	×	×	○
修理する	○	△	○	×	×

なお・る②【治る】(自五)(病)愈,治好,医好。△傷(きず)が～/伤

好了。

なお・る② 【直る】(自五)①修理好。△時計(とけい)が～/表修好了。②好转,复原。△"右(みぎ)へならえ","なおれ"/(口令)"向右看齐","向前看"。△天気(てんき)はやがて～だろう/眼看天就转晴了。③改正过来。△間違(まちがい)が～/错误改了。④(地位、位置)更换,改过来。△上座(かみざ)に～/改为上座。△本妻(ほんさい)に～/扶为正妻。

なか① 【中】①里边,内部。△家(うち)の～/家里。②中间。△～に立(た)って/居中(间)。③进行之中。△雨(あめ)の～/冒着雨。④之中,其中。△五人(ごにん)の～では一番(いちばん)だ/五人当中数第一。⑤中等。△～の成績(せいせき)/中等成绩。◇～を取(と)る/折中。⇨うち表

なか① 【仲】交情,关系。△～良(よ)し/相好,友好,好朋友。△～のいい兄弟(きょうだい)/亲如手足的兄弟。◇～を直(なお)す/言归于好。◇～をとりもつ/斡旋,居间调解。

なが・い② 【永い】(形)长久。△～眠(ねむ)りにつく/(进入)长眠。△～別(わか)れ/永别。

なが・い② 【長い】(形)①长久。△歴史(れきし)が～/历史久远。△長くお目(め)に掛(か)かりません/久违了。②长。△～枝(えだ)/长枝。◇手(て)が～/三只手(好偷东西)。◇気(き)が～/慢性子。◇尻(しり)が～/久坐不走。◇～目(め)で見(み)る/从长远观点看。◇～物(もの)には巻(ま)かれろ/胳膊扭不过大腿,既在矮檐下,怎敢不低头。

ながいき④③ 【長生き】(名・自サ)长生,长寿。△代代(だいだい)～です/世代长寿。

ながいも⓪ 【長芋】〔長薯〕山药。

なかがいにん② 【仲買人】①掮客,经纪人。②介绍买卖的人。

なかごろ②⓪ 【中頃】①(某个时期的)中间。△二月(にがつ)の～/二月中旬左右。②(场所的)中部。△広場(ひろば)の～/广场中央。

ながさ⓪ 【長さ】长,长度。△～は同(おな)じくらいだ/长短差不多一样。

なが・す② 【流す】(自他五)①使…流动;冲洗,冲。△水(みず)を～/放水。△豪雨(ごうう)が橋(はし)を～/大雨把桥冲坏。②播放;传播。△音楽(おんがく)を～/播放音乐。△デマを～/传播流言蜚语。③串街揽客。△街(まち)を～タクシー/串街揽客的出租车。④作废,作罢,流产。△会(かい)を～/使会议流产了。△質草(しちぐさ)を～/(当物)当死了。△胎児(たいじ)を～/堕胎。⑤漫不经心。△聞(き)き～/当耳旁风。△読(よ)み～/浏览泛读。

なかなおり③ 【仲直り】(名・自サ)言归于好,和解。△けんかをした子供(こども)たちはすぐ～し

た/吵架的孩子们马上又好了。

なかなか⓪ (副)①(接否定)不容易，不轻易。△～解(と)けない/不容易解开。△～結論(けつろん)を下(くだ)すことはできない/轻易下不了结论。△完成(かんせい)まではまだ～だ/离完成尚差甚远。②决(不)，怎么也(不)。△戸(と)が～あかない/门怎么也开不开。△バスが～来(こ)ない/公共汽车半天也不来。③很，非常，相当。△～盛況(せいきょう)だった/盛况空前。△～の人物(じんぶつ)/非同寻常的人物。

ながなが③⓪【長長・永永】(副)非常长，冗长。△～と寝(ね)そべる/久久地躺着，伸直身体躺着。△～と話(はな)す/说个没完没了。△～お世話(せわ)になる/久蒙关照。

なかには① 【中には】其中，(许多)之中。△～よいものも悪(わる)いものもある/其中有好的，也有坏的。

ながねん⓪【長年・永年】多年，长年累月。△～住(す)んだ土地(とち)/长年居住的地方。△～勤続(きんぞく)/长期供职。

なかば②③⓪【半ば】(名・副)①半数，一半。△出席者(しゅっせきしゃ)の～は家庭(かてい)の主婦(しゅふ)であった/参加者半数为家庭主妇。△人生(じんせい)の～を過(す)ぎる/过了半辈子。△窓(まど)を～あける/窗户半打开。②正中，当中。△道(みち)の～に至(い)た)る/行至半路。△橋(はし)の～に立(た)つ/站在桥中央。③中途，进行当中。△宴(えん)の～にして中座(ちゅうざ)する/在酒宴进行中退席。

ながび・く③【長引く】(自五)拖长，拖延。△会議(かいぎ)が～/会议拖长了。

なかほど②⓪【中程】①(场所、距离)中间，半途，中途。△行列(ぎょうれつ)の～/队伍中间。△池(いけ)の～にある島(しま)/池中小岛。②中等。△～の成績(せいせき)/中等成绩。③(时间、事情进行)中间，半途。△～でやめる/半途而废。△今月(こんげつ)～に完成(かんせい)する/本月中(旬)完成。

なかま③【仲間】①伙伴，同事。△～に入(はい)る/入伙。△釣(つ)り～/钓鱼的伙伴。△飲(の)み～/酒友。②同类，同属一类。△虎(とら)は猫(ねこ)の～/虎和猫同属一科。

なかみ②【中身・中味】①里边的东西。△箱(はこ)の～/盒里装的东西。②内容。△～のこい話(はなし)/内容丰富的讲话。

ながめ③【長め】(名・形动)稍长。△ズボンを～に作(つく)る/裤子做长一点。

ながめ③【眺め】①眺望。△山頂(さんちょう)からの～/山巅眺望。②风景，景致。△よい～/好的景致。⇨けしき表，⇨ちょうぼう表

ながめい・る⓪【眺め入る】(他五)目不转睛地看。△娘(むすめ)の花嫁姿(はなよめすがた)を～/目不转睛地看女儿出嫁装扮。

ながめや・る⓪【眺め遣る】(他五)眺望。△はるかなる山並(やまな)みを～/眺望远处的绵亘山峦。

なが・める③【眺める】(他下一)①眺望,远望。△海(うみ)を～/眺望大海。②注视,凝视。△まじまじと～/定睛凝视。

ながもち⓪【長持ち】(名・自サ)耐久,耐用,持久。△この花(はな)は～する/这花开得时间长。△この天気(てんき)は～しないだろう/这种天气不会持续多久。

ながや⓪【長屋】(一栋分成许多户住的)简陋住房。△～ずまい/住大杂院。

なかゆび②【中指】中指。

なかよし②【仲良し】友好；好朋友。△～こよし/关系非常亲密。

ながら (接助)①(接动词连用形)一边…一边…,一面…一面…。△歩(ある)き～話(はな)す/边走边说。②(接状态动词连用形、形容词连体形)虽然,尽管。△知(し)っていて～知らぬふりをしている/虽然知道,却佯装不知道。△まずしい～仲(なか)よく暮(く)らす/虽然清贫,日子却过得和睦。③原样,原封不动。△町(まち)には昔(むかし)～の建物(たてもの)が並(なら)んでいる/城镇仍保存昔日的房屋。④(接数量词)全,都。△兄弟三人(きょうだいさんにん)～歌(うた)が上手(じょうず)だ/兄弟三人都唱得好。

ながらく⓪【長らく】久,长久。△たいへん～お待(ま)たせしました/让你久等了。△～ごぶさたしました/久疏问候。

ながらぞく③【ながら族】一心二用派,一心二用的人(如边听音乐边看书)。

なかれ②〔勿れ・莫れ〕〈文〉(接动词连体形或名词后)勿,莫,别。△嘆(なげ)く～/莫叹息。△ゆめゆめ疑(うたが)うこと～/切勿怀疑。

ながれ③【流れ】①流,流动。△時(とき)の～/时间推移。△車(くるま)の～/车流。②河流,水流。△～が激(はげ)しい/水流湍急。③血统,谱系。△平家(へいけ)の～をくむ/继承平家血统。④(屋顶)坡度。△片(かた)～/单斜屋顶。⑤杯中残酒。△お～をいただく/请把您杯中的酒赏给我。⑥散会后三五成群的人。△同窓会(どうそうかい)の～で銀座(ぎんざ)に出(で)る/同学会散了又三五成群去银座。⑦流派。△ロマン主義(しゅぎ)の～/浪漫主义流派。⑧中止,作罢。△計画(けいかく)がお～になる/计划流产。

ながれさぎょう⓪-②【流れ作業】流水作业。△～線(せん)/流水生产线。

ながれもの⓪-①【流れ者】漂泊不定的人,异乡人。

なが・れる③【流れる】(自下一)

①流淌。△濁流(だくりゅう)が〜/污水成河。△〜水(みず)は腐(くさ)らず/流水不腐。②漂动，漂流。△雲(くも)が〜/云彩飘动。③(时间)推移，流逝。△月日(つきひ)が〜/岁月流逝。④传播，散开。△うわさが〜/谣传四起。⑤流浪，漂泊。△他国(たこく)を流れ歩(ある)く/流落他乡。⑥偏于，流于(坏的方面)。△華美(かび)に〜/趋向于浮华。△形式(けいしき)に〜/流于形式。⑦作罢，作废。△会議(かいぎ)が〜/会议停开。⑧流产，小产。△胎児(たいじ)が〜/小产。

なきごえ③【泣き声】哭声。△〜をあげる/放声哭。

なきごえ③【鳴き声】(兽、鸟、虫)鸣叫声。△鳥(とり)の〜/鸟啼声。

なぎさ⓪③〔渚・汀〕水边，岸边。△〜に立(たっ)て海(うみ)を眺(なが)める/站在海滨眺望大海。△〜で貝(かい)をひろう/海边拾贝。

なきた・てる④【泣き立てる】(自下一)嚎啕大哭。

なきた・てる④【鳴き立てる】(自下一)(虫、鸟、兽)不停地大声鸣叫(吠，吼)。

なきつ・く③【泣き付く】(自五)哭着央求，哀求。△親(おや)に泣きついて金(かね)を借(か)りる/哀求父母借钱给他。

なきつら⓪【泣き面】(也作"なきっつら")哭脸。◇〜に蜂(はち)/连遭不幸。祸不单行。

なきどころ⓪【泣き所】弱点。△水(みず)に弱(よわ)いのが〜だ/弱点是不善水性。◇弁慶(べんけい)の〜/强者也有短处。

なきわかれ⓪【泣き別れ】(名・自サ)挥泪而别。

なきわらい③【泣き笑い】(名・自サ)①破涕为笑，又哭又笑。②悲喜交集。△〜の人生(じんせい)/悲欢离合的一生。

な・く⓪【泣く】(自五)①哭泣，啼哭。△悲(かな)しみに〜/悲咽。△よよと〜/呜呜咽咽地哭。②(因感动、兴奋、惋惜等)落泪。△わずか一点(いってん)に泣いた/比赛只差一分而惜败。△看板が〜/给招牌抹黑丢脸。③吃到苦头，懊丧，伤脑筋。△泣いてもらう/受委曲。△ひどい仕打(しう)ちに〜/对蛮不讲理的态度感到十分懊丧。◇泣いて馬謖(ばしょく)を切(き)る/挥泪斩马谡。〈喻〉不徇私情，秉公办事。◇泣いても笑(わら)っても/不管用什么办法。△泣いても笑ってもあと三日(みっか)しかない/任你有锦囊妙计，时间却只剩三天了。◇〜子(こ)と地頭(じとう)には勝(か)てぬ/对蛮不讲理的人毫无办法。◇〜ものがあれば、笑(わら)うものがある/有哭的，就有笑的。

な・く⓪【鳴く】〔啼く〕(自五)(鸟、兽、虫)鸣叫，啼。△鳥(とり)が〜/鸟啼。◇〜猫(ねこ)は鼠(ねずみ)を捕(と)らぬ/好叫的猫不拿

耗子。〈喻〉嘴上能说的人反而不办真事。

なぐさ・める⓪④【慰める】(他下一)①安慰，宽慰。△心(こころ)を～/安抚人心。△目(め)を～/饱眼福。②慰问，慰劳。△戦士(せんし)を～/慰劳战士。

	病弱の友を～	これは命運だと自ら～	老人を～て席を譲る	心を～	体を～
慰める	○	○	×	○	×
いたわる	○	×	一つ○	×	○

なく・す⓪【無くす】(他五)①丧失，失。△前途(ぜんと)に希望(きぼう)を～/对前途丧失希望。②丢失。△時計(とけい)を～/丢表。③消灭，去掉。△公害(こうがい)を～/消除公害。⇨うしなう表

なく・す⓪【亡くす】(他五)死，丧。△母(はは)を～/丧母。

なくな・る⓪【亡くなる】(自五)死。△父(ちち)が亡くなった/父亲死了。⇨しぬ表

なくな・る⓪【無くなる】(自五)①丢失，遗失。△財布(さいふ)が～/钱包丢失。②尽，罄尽。△炭火(すみび)が～/炭火燃尽。△資金(しきん)が～/资金用光了。③消失。△信心(しんしん)が～/失去信心。△熱(ねつ)が～/退烧。△人気(にんき)が～/丧失人缘。

なぐ・る②【殴る】(他五)殴打，揍。△横(よこ)つらを～/打嘴吧。△げんこつで～/拳脚相加。△めちゃくちゃ～/暴打一顿。

なげうり⓪【投(げ)売り】(自他サ)抛售，甩卖。△出血(しゅっけつ)/亏本抛售。△～商品(しょうひん)/甩卖的商品。

なげキッス⓪【投げキッス】[－kiss]飞吻。

なげ・く②【嘆く】(自五)叹息，叹气。△身(み)の不運(ふうん)を～/为处境不幸而叹息。△友(とも)の死(し)を～/为朋友过世慨叹不已。

なげだ・す③【投げ出す】(他五)①扔下，抛出。△帽子(ぼうし)を窓(まど)から～/把帽子从窗户扔出。②豁出，拿出。△全財産(ぜんざいさん)を～/把全部家当都豁出去了。③(中途)放弃。△試合(しあい)を～/放弃比赛。△仕事(しごと)を途中(とちゅう)で～/半路扔下工作。

な・げる②【投げる】(他下一)①投，掷，抛，扔。△ボールを～/投球。②放弃，断念。△アルバイトが忙(いそが)しくて準備(じゅんび)ができなかったから，試験(しけん)を投げてしまった/由于打工太忙，没有准备，放弃了考试。③跳入。△川(かわ)に身(み)を～/投河自尽。④投射，注入。△光(ひかり)を～/射入光线。⑤提供。△話題(わだい)を～/提供话题。⑥低价抛售。△株(かぶ)を～/低价抛售股票。

	石を～	身を～	仕事を～ておく	試合を～	一票を～
投げる	○	○	×	○	×
ほうる	○	×	一つ○	×	×
投ずる	×	○	×	×	○

なこうど②【仲人】媒人，月下老人。◇～は宵(よい)の口(くち)/媒

人做完早退席。◇～口(ぐち)/媒婆的嘴。〈转〉专说好的,靠不住。

なごやか② 【和やか】(形动)温和,和睦,和谐。△～な家庭(かてい)/和谐的家庭。△～な生涯(しょうがい)/平顺的一生。

なごり③ 【名残】①遗痕,遗迹。△冬(ふゆ)の～の雪(ゆき)/作为冬季遗迹的残雪。②惜别,留恋。△～を惜(お)しむ/依依不舍。③临别纪念。

なごりおし・い⑤ 【名残惜しい】(形)惜别,恋恋不舍。△これでお別(わか)れするのは、お～ことです/就要与君相别,真是舍不得。

なさけ①③ 【情け】①同情心,慈悲心。△～を知らない男(おとこ)/铁石心肠的人。②人情,情义。△～をかける/怜悯。③恋情,爱情。△～を知(し)る年(とし)ごろ/情窦初开。△～を交(か)わす/倾吐衷曲。④〈文〉情趣,风趣,雅兴。◇～が仇(あだ)/好心反招怨。◇～に刃向(はむか)う刃(やいば)なし/谁也无法抵挡情义,情不可却。◇～は人(ひと)のためならず/好心总有好报。⇒にんじょう 表

なさけな・い④ 【情けない】(形)①冷酷无情。△～仕打(しう)ち/冷酷无情的态度。②可怜,悲惨。△～姿(すがた)/悲惨的情形。

なさけぶか・い⑤ 【情け深い】(形)热心肠。△～人(ひと)/富于同情心的人。

なさ・る② 〔為さる〕(他五)做(する的敬语形式)。△日曜日(にちようび)にはなにを～おつもりですか/星期天您想做什么?

なし② 【梨】梨,梨树。△西洋(せいよう)～/(日本梨一品种)西洋梨。

なし① 【無し】无,没有。△当(あ)て～/无目标。△有(あ)り～/有无。△行(い)きたいもの～/没人愿去。

なしと・げる⓪④ 【成し遂げる】(他下一)完成。△研究(けんきゅう)を～/完成研究。△偉業(いぎょう)を～/建树丰功伟业。△目的(もくてき)を～/达到目的。

なじみ③ 〔馴染み〕熟人,熟识。△～になる/成了熟人。△～が薄(うす)い/不很熟识。△小(ちい)さい時(とき)からの～/青梅竹马之交。

なじ・む② 〔馴染む〕(自五)①熟悉,熟识;适应。△誰(だれ)とでもすぐ～気(き)さくな人(ひと)/是个直爽的人,与谁都能很快亲近。△環境(かんきょう)に～/适应环境。②溶合为一,融洽。△ふんい気(き)に～/与气氛融洽。⇒なれる 表

ナショナリスト④ 〔nationalist〕民族主义者,国粹主义者。

ナショナリズム④ 〔nationalism〕民族主义,国粹主义。

ナショナリゼーション⑤ 〔nationalization〕国有化,国营化。

ナショナリティー④ 〔nationality〕①民族性。②国籍。

ナショナル③ 〔national〕国家的;

国民的，民族的。△～インカム/国民收入。△～コンセンサス/举国一致。△セキュリティ～/国家安全。△～チーム/国家代表队。△～バンク/国家银行。△～フラワー/国花。△～プロジェクト/国民总收入。△インター～/国际，第一国际。

なじ・る② 〔詰る〕（他五）责备，责难，谴责。△怠慢(たいまん)を～/责备玩忽职守。△非行(ひこう)を～/谴责违背道德规范的行为。

なす① 〔茄子〕茄子。

な・す① 〔生す〕（他五）〈文〉生，产生。△子(こ)を～/生小孩。△子(こ)まで生した仲(なか)/恋至生子情。△生さぬ仲(なか)/无亲生骨肉的关系。

な・す① 【成す】（他五）①形成。△群(むれ)を～/成群。△円(えん)を～/形成圆形。△財(ざい)を～/形成财富。②完成，成就。△大事(だいじ)を～/完成大业。

な・す① 〔為す〕（他五）做，为。△やること～ことすべて失敗(しっぱい)する/所做所为皆徒劳。△～所(ところ)を知(し)らず/不知所措。

なぜ① 〔何故〕（副）何故，为啥，为什么。△～泣(な)くのか/为啥哭了？

なぜなら(ば)① （接）是因为，原因是（多在句尾与"…からだ"呼应）。△～、生活(せいかつ)にリズムが生(う)まれるからだ/是因为生活中有了节奏。

なぞ⓪ 〔謎〕①谜，谜语。△～を当(あ)てる/猜谜。②神秘，秘密。△～の男(おとこ)/神秘人。△宇宙(うちゅう)の～/宇宙的奥秘。

なぞなぞ⓪ 〔謎謎〕谜语。△～をする/玩猜谜语游戏。

なだか・い③ 【名高い】（形）有名的，著名的。△医者(いしゃ)として～/作为一个医生而闻名的。

なだたる③ 【名だたる】（连体）有名的，著名的。△～作曲家(さっきょくか)/著名作曲家。△世界(せかい)に～富士山(ふじさん)/举世闻名的富士山。

なたね② 【菜種】油菜籽。△～油(あぶら)/菜籽油。△～梅雨(つゆ)/油菜开花时节的春雨。

なだ・める③ 〔宥める〕（他下一）安抚，抚慰。△泣(な)く子(こ)を～/安抚哭的小孩。△怒(おこ)りを～/息怒。

なだらか② （形动）①平缓，慢坡，坡度小。△～な山並(やまなみ)/缓缓起伏的山峦。△～な坂道(さかみち)/慢坡道。②平稳，顺利，流畅。△～な口調(くちょう)/沉着的语调。△～な楽(がく)の音(ね)/平缓流畅的乐曲声。

なだれ③⓪ 【雪崩】雪崩。△表層(ひょうそう)～/表层雪崩。△～に巻きこまれる/被雪崩淹埋。◇～を打(う)つ/蜂拥(而入)。

ナチュラリスト④ [naturalist]自然主义者。

ナチュラリズム④ [natulalism]自

然主義。

ナチュラル① [natural]①自然的，天然的。△～カラー/天然色。△～ウオータ/天然水。△～サイエンス/自然科学。△～フード/天然食品。～タレント/天才。△～ロー/自然規律，自然法则。②(音乐)还原符号。

なつ② 【夏】夏,夏季。△初(はつ)～/初夏。△真(ま)～/盛夏。

なつかし・い④ 【懐かしい】(形)怀念的,思慕的,依恋,眷恋。△～ふるさと/令人依恋的故乡。△～人(ひと)/怀念的人。△25年(にじゅうごねん)ぶりに会(あ)って懐しかった/相隔25年的重逢,觉得十分亲切。⇨こいしい[表]

なつかし・む④ 【懐かしむ】(他五)怀念,思慕。△故郷(こきょう)を～/怀念家乡。

なつ・く②③ 【懐く】(自五)亲密,接近。△子供(こども)が～/小孩跟人很亲近。△人(ひと)に懐かない犬(いぬ)/跟人不驯顺的狗。

なづけ⓪ 【名付け】①命名,起名。△～親(おや)/(父母外)给孩子起名的人。②(新生儿)命名仪式。

なつ・ける③ 【懐ける】(他下一)使…亲密,驯服。△小鳥(ことり)をえさで～/用食饵驯服小鸟。

なづ・ける③ 【名付ける】〔名附ける〕(他下一)起名,命名。△祖父(そふ)の一字(いちじ)を取(と)って孝太郎(こうたろう)と～/取祖父的一个字起名叫孝太郎。△長女(ちょうじょ)を名付けて花子(はなこ)という/给长女起名叫花子。

なつこだち③ 【夏木立】夏季繁茂的树木。

なつごろも③ 【夏衣】夏装,夏服,夏衣。

なつじかん③ 【夏時間】夏令时间,夏季作息时间。

ナット① [nut]螺母，螺帽。

なっとう③ 【納豆】纳豆。

なっとく⓪ 【納得】(名・他サ)理解，领会。△～がいく/能理解。

	～がいかない	双方～の上で決めよう	相手に～を求める	おっと～だ
納得	○	○	○	×
得心	○	○	×	×
合点	○	×	×	○

なつめ⓪ 〔棗〕枣。

なつやすみ③ 【夏休み】暑假。△～になる/放暑假。

な・でる② 〔撫でる〕(他下一)①(轻轻)抚摸。△いい子(こ)だと頭(あたま)を～/抚摸小孩的头说,好孩子。△夜風(よかぜ)が頬(ほお)を～/晚风抚面而吹。②梳整(头发)。△くしで髪(かみ)を～/用梳子梳整头发。

など① (副助)①等。△鉛筆(えんぴつ)やノート～/铅笔和练习本等。②(表示自谦)等。△私(わたし)～にはむりです/我等不能胜任。③(加强否定语气)。△うそ～言(い)ったことはなかった/从没说过谎话。△悪(わる)いこと～しない/绝不做坏事。④(只举一点)云云。△遊(あそ)びたい～と言(い)って町(まち)へ出(で)かけた/

ナトー② [NATO]（Norty Atlantic Treaty Organization）北约，北大西洋公约组织。

ナトリウム④ [德 Natrium]（化学元素）钠。

ナトロン③ [德 Natron] 碳酸钠。

なな② 【七】①七(个)，第七。②〈喻〉多。△～転(ころ)び/百折不回。△～まがり/(道路)弯弯曲曲。

なないろ② 【七色】①七色。△～の虹(にじ)/七色彩虹。②七类，多种。△～の世界(せかい)/花花世界。

ななつ② 【七つ】①七(个)。△～目(め)/第七个。△～の海(うみ)/世界七大海洋。②七岁。

ななめ② 【斜め】(名・形动)①倾斜。△機体(きたい)を～にしている/机身倾斜。△日(ひ)が～になる/太阳偏西。②非同寻常。△ご機嫌(きげん)が～だ/情绪异常。◇～ならず/特别，非常。△～ならず喜(よろこ)んだ/非常欢喜。

なに① 【何】Ⅰ(代)①什么。△～をあげますか/送什么呢?△～がほしいか/需要什么?②其余(的)什么。△上着(うわぎ)も～も泥(どろ)だらけ/上衣及别的地方全是泥。③(表示双方都会意的事或物)那个。△～を取(と)ってくれ/把那个递给我。△例(れい)の～を頼(たの)む/那个事就拜托了。Ⅱ(副)(表示反问或否定)什么，怎么，没什么。△～，ほんとうか/什么,此话当真。△～，それでいいんだ/没什么，那样就行。◇～がなんでも/不管怎样，无论如何。◇～がなんでもやり通(とお)せ/坚决干到底。◇～食(く)わぬ顔(かお)/若无其事的表情，假装不知道的样子。◇～はともあれ/无论如何，反正，总之。△～はともあれ、無事(ぶじ)でよかった/反正平安无事就好。△～はともあれ，食事(しょくじ)にしよう/不管怎么说,饭是要吃的。◇～や彼(か)や/这个那个，种种。△～や彼やと雑用(ざつよう)がある/总有这样那样的琐事。

なにか① 【何か】(代)①某种，某些。△～食(た)べるものはないか/有什么吃的吗？②不知为什么。△～悲(かな)しい/总觉得有点伤心。△～変(へん)だ/觉得不可思议。

なにかかにか①-② 【何か彼にか】(副)种种，这种那种。△～と忙(いそが)しい/忙这忙那。

なにがし①② [某](代)①某人，某某。△上田(うえだ)～/上田某(人)。△どこの～とはっきり言(い)いなさい/你要讲清他是哪儿的人。②若干，一些(数量不多)。△～かの金(かね)/若干钱。△～かを包(つつ)む/里边包着一点东西。

なにかしら⓪ 【何かしら】①什么。△彼(かれ)はいつも～考(かんが)え事(ごと)をしている/他总是在考虑什么事情。②总觉得，不知

为什么。△～胸騒(むねさわ)ぎがする/不知怎么觉得心慌。

なにげな・い④【何気無い】(形)①无意,无心。△～言葉(ことば)の内(うち)に毒(どく)を含(ふく)む/无意中说的话,对人造成了伤害。△何気なくふり返(かえ)る/无意中回头看一下。②若无其事,毫不在意。△彼(かれ)は～様子(ようす)で座(ざ)についた/他若无其事地坐下来。

なにしろ①【何しろ】(副)不管怎样,毕竟,到底。△～ひどい雪(ゆき)で進(すす)めない/反正在大雪中是无法前进的。△～家(うち)は楽(らく)だ/到底还是家里舒服。

なにとぞ⓪【何とぞ】〔何卒〕(副)请,务请。△～よろしく/请多关照。△～ご宥恕(ゆうじょ)下(くだ)さい/务请谅解。

なにぶん⓪【何分】(副)①若干,多少。△～のご配慮(はいりょ)/承蒙多方关心。△～の援助(えんじょ)/多少帮助一些。②请。△～よろしく/请多关照。

なにもかも④【何も彼も】一切,完全。△～忘(わす)れて/忘光了。△～焼(や)けてしまった/付之一炬(全部烧毁)。

なにゆえ⓪①【何故】(名・副)何故,为何。△～こうやるのか/为何如此干法。

なにより①【何より】(副)最,比什么都。△映画(えいが)が～好(す)きだ/我最爱看电影。△健康(けんこう)が～大切(たいせつ)だ/健康第一重要。

なぬか③⓪【七日】(也作"なのか")①七日,七号。②七天。③死后七天的佛事。△初(はつ)～/头七。

なのり⓪③【名乗り】自报姓名,自我介绍。△～をあげる/自报姓名。△勝(か)ち～/(相扑)当场宣布胜者姓名。

なの・る②⓪【名乗る】(自五)①自报姓名。△～ことを拒(こば)んだ/拒绝透露自己的名字。②自称,冒称。△木村(きむら)と～人(ひと)/自称姓木村的人。△犯人(はんにん)は警察(けいさつ)に名乗って出(で)た～/犯人冒充警察露面了。③作为自己的姓。△妻(つき)の姓(せい)を～/姓妻子的姓。△母方(ははかた)の姓(せい)を～/随母系的姓。

なびく②〔靡く〕(自五)①随风摇摆,顺水漂动。△風(かぜ)に～草(くさ)/随风起伏的草。②屈从,依从。△権威(けんい)に～/屈从于权势。△彼女(かのじょ)は簡単(かんたん)にはなびかない/她从不轻易依从别人。

ナビゲーター③ [navigator]驾驶员,领航员。

なびろめ③【名披露目】公布艺名,公布店名。

ナプキン① [napkin]①(西餐用)餐巾。②妇女用卫生巾。

ナフサ⓪ [naphtha]粗汽油,石脑油。

なふだ⓪【名札】名牌,(姓)名签。

ナフタリン③ [德 Naphtalin]萘。

△～ボール/樟脑球。

なべ① 〔鍋〕①锅。△圧力(あつりょく)～/压力锅。②火锅。△中華(ちゅうか)～/中国风味火锅。

なま① 【生】①生的。△～野菜(やさい)/生蔬菜。②新的。△～傷(きず)/新伤。△～テープ/(录音、录相的)空白带。③不充分，含糊其词。△～返事(へんじ)/含糊其词的回答。④骄傲，逞能。⑤〈俗〉现金。△～を持(も)つ/有现款。⑥"生意気"、"生ビール"、"生放送"等的略语。

なまいき⓪ 【生意気】(名・形动)骄傲，自大，狂妄。△子供(こども)のくせに～だ/一个小孩子竟很狂妄。

なまえ⓪ 【名前】①姓名。②名称。△本(ほん)の～/书名。③名义。△彼(かれ)の～で借(か)りる/以他的名义借用。⇨な表

なまぐさ・い④ 【生臭い】(形)腥，膻。△～匂(におい)がする/散发腥味。

なまけもの⑤⓪④ 【怠け者】懒汉。

なま・ける③ 【怠ける】(自他下一)①懒惰。△仕事(しごと)を～/工作偷懒。△学校(がっこう)を～/逃学。②吊儿郎当，邋里邋遢。

なまごみ③ 【生ごみ】(含水分的)厨房垃圾。

なまゴム③ 【生ゴム】[一荷 gom]生橡胶。

なまごろし⓪ 【生殺し】①打个半死。△蛇(へび)の～/打成半死不活的蛇。②〈喻〉有头无尾，半途而废。

なまコンクリート③ 【生コンクリート】[—concrete](略语：生コン)拌和好待浇注的混凝土。

なまちゅうけい③ 【生中継】现场转播，实况转播。

なまなまし・い⓪ 【生生しい】(形)非常新的。△～血(ち)の跡(あと)/鲜红的血痕。△～記憶(きおく)/记忆犹新。

なまにえ⓪ 【生煮え】①半熟，未煮熟。△～の肉(にく)/半生半熟的肉。②暧昧，不清楚。△～の態度(たいど)/暧昧的态度。

なまぬる・い⓪④ 【生ぬるい】〔生温い〕(形)①微温，温和。△～水(みず)/温水。②优柔寡断，敷衍了事。△～性格(せいかく)/优柔寡断的性格。③不够严格，马马虎虎。△処分(しょぶん)が～/处罚不严。

なまハム⓪ 【生ハム】[—ham]生火腿。

なまビール③ 【生ビール】[—bier]生啤酒。

なまフィルム③ 【生フィルム】[—film]未用的胶片。

なまほうそう③ 【生放送】(广播、电视)现场直播，实况广播。

なまみ② 【生身】①活人，肉身，肉体。△～の体(からだ)/活人的身体。②生鱼，生肉。

なまみず② 【生水】生水，凉水。

なまもの⓪ 【生物】(未经煮、烤的)生鲜食品，生鱼。

なまやさし・い⓪⑤① 【生易しい】

(形)(多用于否定句)容易,轻而易举,简单。△～仕事(しごと)ではない/并非简单的工作。△～努力(どりょく)では成功(せいこう)しない/不付出艰苦努力,是不会成功的。

なまゆで⓪【生ゆで】〔生茹で〕未煮熟,未烫透。

なまよい③【生酔い】半醉,微醉。◇～本性(ほんしょう)たがわず/杯酒不乱性,酒醉人不醉。

なまり③〔訛〕(发音或语调不标准)讹音,地方口音。

なまり⓪【鉛】铅。△心(こころ)が～のように重(おも)い/心情沉重如铅。

なまワクチン③【生ワクチン】[—德Vakzin]活疫苗。

なみ②【波】①波浪,波涛。△～が立(た)つ/波浪翻滚。△～が静(しず)まる/风平浪静。②波,波动。△音(おと)の～/声波。△人(ひと)の～/人潮。③起伏。△山(やま)の～/山岭绵亘起伏。△調子(ちょうし)に～がある/语调(声调)起伏多变。◇～に乗(の)る/赶潮流。◇～の花(はな)/ⅰ)浪花。ⅱ)盐。

なみ⓪【並】Ⅰ(名)一般,普通,中等(程度)。△～の暮(くら)し/普通生活。△～の成績(せいせき)/中等成绩。Ⅱ(接尾)①并列,并排。△家(いえ)～/房屋并列。②每。△月(つき)～/每月。△のき～/每户。③和…同程度,和…相同。△人(ひと)～に暮(く)らす/和一般人一样生活。△例年(れいねん)～/和往年相同。

なみう・つ③【波打つ】(自五)①起波浪。△台風(たいふう)の余波(よは)で～岸辺(きしべ)/台风余波掀起岸边波浪。②如波浪起伏。△稲(いね)の穂(ほ)が～/稻穗如波浪起伏。△胸(むね)が～/心情激动。

なみき⓪【並木】街道两旁的树。△～道(みち)/林荫路。

なみだ①【涙】①泪,眼泪。△～が宿(やど)る/含着眼泪。②怜悯(心),同情(心)。△血(ち)も～もない人(ひと)/无血性无人情的家伙。◇～片手(かて)に/声泪俱下。◇～にくれる/ⅰ)泪眼朦胧。ⅱ)在悲伤忧愁中打发光阴。◇～をのむ/饮泣吞声。◇～を振(ふ)るう/挥泪。

なみだあめ④【涙雨】①小雨。△こんな～では水不足(すいふそく)は解消(かいしょう)できない/这一点小雨还不能解除旱情。②(泪水化为)悲伤雨。

なみたいてい⓪【並大抵】(名・形動)(与否定呼应)一般,普通。△～の苦労(くろう)ではない/非同一般的辛苦。△働(はたら)きながら勉強(べんきょう)するのも～ではない/边工作边读书不是件容易的事情。△～のことでは成就(じょうじゅ)出来(でき)ない/寻常的努力,成就不了大事业。

なみだがお④【涙顔】泪痕满面。

なみだぐ・む④【涙ぐむ】(自五)

含泪欲泣，眼泪汪汪。△話(はなし)の中途(ちゅうと)で～/讲了一半眼泪就要掉下来了。

なみだ・つ③【波立つ】(自五)①起波浪。△沖(おき)の方(ほう)は波立っている/海面波涛四起。②如波浪起伏。△風(かぜ)で草(くさ)が～/风吹草地起波浪。△胸(むね)が～/心潮澎湃。

なみだもろ・い⑤【涙もろい】〔涙脆い〕(形)心软，爱掉泪。△～人(ひと)/爱掉眼泪的人。△年(とし)をとって涙もろくなる/上了年纪，感情变得脆弱了。

なみはず・れる④【並外れる】(自下一)不寻常，超常。△～た大男(おおおとこ)/彪形大汉。△並外れた成績(せいせき)/卓越的成绩。

なめらか②【滑らか】(形动)①平滑，光滑。△～な肌(はだ)/滑腻的皮肤。△磨(みが)いて～にする/磨光。②流畅，流利。△～に話(はなし)を進(すす)める/讲话流畅。

な・める②〔嘗める〕(他下一)①舔，尝。△あめ玉(だま)を～/口含糖块。②经历，尝到。△苦劳(くろう)を～/尝到辛劳。③轻视。△相手(あいて)を～/瞧不起对方。④〈喻〉(火)烧。△猛火(もうか)が町(まち)をなめ尽(つ)くす/大火吞没了一条街。

なやまし・い④【悩ましい】(形)①苦恼的，痛苦的。△～日日(ひび)を送(おく)る/苦熬岁月。②迷人的，令人神魂颠倒的。△～目(め)つき/迷人的眼神。

なやま・す③【悩ます】(他五)令人烦恼，令人心乱。△物価高(ぶっかだか)で頭(あたま)を～/物价高涨而大伤脑筋。△一晩(ひとばん)じゅう蚊(か)に悩まされる/被蚊子折腾一夜。

なやみ③【悩み】烦恼，苦恼。△～の種(たね)/苦恼的根源。△心(こころ)の～/内心的烦恼。

なや・む②【悩む】(自五)①烦恼，忧愁。△恋(こい)に～/苦恋。②疼痛，痛苦。△持病(じびょう)の頭痛(ずつう)に～/苦于头疼老病。

なら・う②【倣う】(自五)仿效，效法，仿照。△前例(ぜんれい)に～/仿照前例。△ひそみに～/效颦。

なら・う②【習う】(他五)①练习。△踊(おど)りを～/练舞。②学习。△お花(はな)を～/学插花。△外国語(がいこくご)を～/学习外语。△運転(うんてん)を～/学开车。◇～より慣(な)れよ/熟能生巧。

	先生に英語を～	お茶を～	駅へ行く道を～	レコードで歌を～	トランプ遊びを兄から～
習う	○	○	×	○	△
教わる	○	○	×	○	△

なら・す⓪【鳴らす】(他五)①鸣，弄响。△鐘(かね)を～/敲钟，撞钟。②扬名，出名。△歌(うた)がうまくて鳴らした人/由于唱歌好出了名的人。△文学者(ぶんがくしゃ)として～/以文学家著称。③提及，叨唠。△不平(ふへい)を～/

鸣不平。

なら・す② 【慣らす】〔馴らす〕(他五)①使…习惯,使…惯于。△皮膚(ひふ)を寒(さむ)さに～/使皮肤适应寒冷。②驯服。△小鳥(ことり)を～/驯养小鸟。

ならない② ①(接ては)不许,别。△見(み)ては～/别看。②(接なくては或なければ)必须,要,必然。△すぐ行(い)かなくては～/要马上去。△雨(あめ)の中(なか)を歩(ある)いたのだからぬれていなければ～/雨中慢步,肯定淋湿。③不能,不可。△油断(ゆだん)～/不可掉以轻心。④不得了,不由得。△寂(さび)しくて～時(とき)/孤寂难熬时。

ならびに⓪ 【並びに】(接)〈文〉及,和,与。△首相(しゅしょう)～外相(がいしょう)/首相及外相。△A及(およ)びB,～C及びD/A和B以及C和D。

なら・ぶ⓪ 【並ぶ】(自五)①排列。△一列(いちれつ)に～/排成一列。②比得上,匹敌。△音楽(おんがく)の才(さい)で彼(かれ)に～者(もの)はない/在音乐才能上没有人能与他匹敌。

なら・べる⓪ 【並べる】(他下一)①排列,摆,陈列。△一(ひと)つ置(お)きに～/隔一个摆一个。②比较。△優劣(ゆうれつ)を～/比较优劣。③絮叨,说。△不平(ふへい)を～/发牢骚。

ならわし④⓪ 【習わし】习惯,习气,惯例。△土地(とち)の～/当地的习惯。

なり⓪ 〔也〕Ⅰ(副助)或是…或是…,…也罢…也罢。△海(うみ)へ～,山(やま)へ～/或去海边或登山。△行(い)く～,帰(かえ)る～/去也罢归也罢…。Ⅱ(助動)〈文〉①也。△こちらは学者(がくしゃ)～/这一位乃学者也。②叫(什么)。△王平(おう～へい)なる人(ひと)/叫做王平的人。

なり② 〔形・態〕①身材,体形。△年(とし)の割(わり)に大(おお)きな～だ/按年龄来说算是大个子。△～が馬鹿(ばか)でかい/身材高大惊人。②打扮,装束。△よい～の婦人(ふじん)/衣着入时的妇女。△～をやつす/乔装打扮。

なり⓪ (接助)①(接动词过去时,表示原样不动)△行(い)った～帰(かえ)らない/走了再没回来。②(接动词,下边的动作马上发生)△顔(かお)を見(み)る～泣(な)き出(だ)した/见了面立刻就哭起来。

なりあが・る④⓪ 【成り上がる】(自五)发迹,暴富。△給仕(きゅうじ)から社長(しゃちょう)に～/由勤杂人员一跃升为总经理。

なりかわ・る④⓪ 【成り代わる】(自五)代理,代替,代表。△本人(ほんにん)に～って申(もう)し上(あ)げます/代替本人陈述。

なりすま・す④ 【成りすます】(自五)打扮成,冒充,混充。

なりたち⓪ 【成り立ち】①(形成的)过程,程度。△日本語(にほん

ご)の～/日语的形成过程。②(构成)要素，成分。△文(ぶん)の～/句子成分。

なりた・つ⓪③【成り立つ】(自五)①成立。△契約(けいやく)が～/订立契约。②形成。△水(みず)は水素(すいそ)と酸素(さんそ)から～/水由氢和氧构成。③能维持，站得住(脚)。△生活(せいかつ)が成り立たない/不能维持生活。

なりひび・く④【鳴り響く】(自五)①响彻。△ふたたび熱烈(ねつれつ)な拍手(はくしゅ)が鳴り響いた/再次响起热烈的掌声。②闻名，驰名。△名声(めいせい)が天下(てんか)に～/闻名天下。

なりゆき⓪【成り行き】演变，趋势。△～にまかせる/听其自然。⇨けいか 表

な・る①〔生る〕(自五)结(果)。△ミカンが～/桔子树上结桔子了。△実(み)が～/结果了。

な・る①【成る】(自五)①完成，成功。△新(あたら)しい家(いえ)が～/新房子竣工了。②制作成。△名匠(めいしょう)の手(て)に～逸品(いっぴん)/能工巧匠制作成的精品。③由…组成(构成)。△百人(ひゃくにん)から～集会(しゅうかい)/百人参加的集会。△5章(ごしょう)から～論文(ろんぶん)/由五章构成的论文。④(表示禁止或义务)"…してはならない"的形式。△この部屋(へや)に入(はい)ってはならない/不能进入这个房间。◇ならぬ堪忍(かんにん)する

が堪忍/容忍难以容忍的事才是真正的容忍。⑤(构成敬语的形式)。△おいでに～/去，来，在(敬语说法)。

な・る①〔為る〕(自五)①变成，成为。△雨(あめ)が雪(ゆき)に～/下雨变成下雪。△氷(こおり)がとけて水(みず)に～/冰融化成水。△大人(おとな)に～/长成大人。風邪(かぜ)から肺炎(はいえん)に～/感冒演成肺炎。②到…(时间)。△春(はる)に～/春天到了。△5時(ごじ)に～/已经五点了。△暗(くら)く～/天黑了。③(职位、身分)当上。△母(はは)に～/当上妈妈。△記録保持者(きろくほじしゃ)と～/成为(某个项目的)记录保持者。△警察官(けいさつかん)に～/当上警察。④开始，…起来。△よく～/好起来。△可愛(かわい)らしく～/变得可爱了。△好(す)きに～/喜欢上。

な・る⓪【鳴る】(自五)①响，鸣。△除夜(じょや)の鐘(かね)が～/除夕夜钟声响起。△雷(かみなり)が～/雷鸣。△耳(みみ)が～/耳鸣。②闻名，著名。△世(よ)に～名人(めいじん)/举世闻名的国手。△風景(ふうけい)をもって～/以风景美丽而见称。△厳格(げんかく)をもって～老師(ろうし)/以严厉著称的老先生。③着急做，心里发痒。◇腕(うで)が～/摩拳擦掌，跃跃欲试。◇喉(のど)が～/垂涎欲滴。

なるたけ⓪(副)尽可能，尽量。△～

早(はや)く帰(かえ)って来(き)てください/请尽量早些回来。

なるべく⓪③ (副)尽量,尽可能。△～参加(さんか)したほうがよい/还是尽量参加为好。

	～早く仕上げます	～ならそうしたい	～のことをする	五十点~~~~~~~~~~~~~~~~~~~~~るのが～だ
なるべく	○	○	×	×
できるだけ	○	×	○	×
せいぜい	○	×	×	○

なるほど⓪ Ⅰ(副)的确,诚然,果然。△～みごとな花(はな)だ/的确是一种漂亮的花。△～つまらない本(ほん)だ/果然是本无聊的书。△～君(きみ)の言(い)う通(とお)りだ/的确像你说的(那样)。Ⅱ(感)(用于完全赞同对方说法时)的确是。

なれあ・う⓪③【なれ合う】〔馴れ合う〕(自五)①相好,打得火热。②合谋,同谋,勾串。△業者(ぎょうしゃ)たちがなれあって値上(ねあ)げをする/同业者合谋抬价。

な・れる②〔熟れる〕(自下一)(酱)发好,(咸菜)腌好,(酒)酿好。△漬物(つけもの)が～/咸菜腌好了。△寿司(すし)が～/寿司的味道出来了。

な・れる②【慣れる】(自下一)①习惯,习以为常。△田舎(いなか)の生活(せいかつ)に～/过惯了乡下的生活。△新(あたら)しい環境(かんきょう)に～/习惯于新的环境。②熟悉。△仕事(しごと)に～/对工作熟悉。③(穿)惯,(使)惯。△着(き)慣れた服(ふく)/穿惯了的衣服。△使(つか)い～/用惯了。

	土地に～	騒音に～	書物にて(で)育つ	よく人に～た(だ)象	せっけんが水に～
慣れる	○	○	×	-れ○	×
なじむ	○	×	-ん○	×	○

な・れる②〔馴れる〕(自下一)驯熟。△犬(いぬ)はすぐに～/狗易养熟。△猿(さる)は人(ひと)によく～/猴跟人熟。

なわ②【縄】绳,绳索。△～を張(は)る/拉绳子。◇～に掛(か)かる/被捕,落网。⇨つな 表

なわとび③④【縄跳び】跳绳。△～で遊(あそ)ぶ/跳绳玩。

なわばり④⓪【縄張り】①拉绳定界。②势力范围。△～争(あらそ)い/争夺地盘。△～にあう/遭难。

なん①【何】Ⅰ(代)何,什么。Ⅱ(接头)若干,多少,何。△～人(にん)/几位,若干人。△～日間(にちかん)/多少天,若干天。

なん①【難】①灾难,灾祸。△～を逃(のが)れる/逃难,逃过一劫。②缺点。△～を言(い)えば/讲缺点的话。③难,困难。△易(い)から～へ/由易到难。

-なん【難】难。△食糧(しょくりょう)～/粮食紧张。△求人(きゅうじん)～/难以招聘人员。

なんい①【難易】难易。△～の差(さ)/难易之差。

なんか⓪【軟化】(名・自他サ)①变软,软化。△硬水(こうすい)を～する/使硬水变软。②(态度、意见)变软,变缓和。△態度(たいど)が～した/态度缓和了。

なんきょく⓪【南極】①南极。△～圏(けん)/南極圏。②南极点。

なんきんぶくろ⓪【なんきん袋】〔南京袋〕麻袋。

なんきんまめ③【なんきん豆】〔南京豆〕花生米。

なんきんむし③【なんきん虫】〔南京虫〕臭虫。

なんこう⓪【難航】①困难的航行。②难以进展，迟迟不前。△審議(しんぎ)が～する/审议进展很难。

なんざん⓪【難産】①(孕妇)难产。②〈转〉周折，难产。

なんじゃく⓪【軟弱】(名・形动)①软，松软。△～な地盤(じばん)/松软的地基。②软弱。△～な体(からだ)/软弱的体格。③(态度)软，缓和。△～外交(がいこう)/软弱外交。

なん・ずる⓪①【難ずる】(他サ)非难，責难。△相手(あいて)の失敗(しっぱい)を～/责难对方失利。

ナンセンス①[nonsense](名・形动)荒谬，愚蠢，无聊。△～な発言(はつげん)/荒谬的发言。△～な考(かんが)え/愚蠢的想法。

なんだか①【何だか】(副)不知为什么，总觉得。△～変(へん)だ/总觉得有点怪。△～寂(さび)しい/不知为什么有些寂寞。

	～気になる	～音がする	～散歩に出る	～何がわからない	～空を見上げる
何だか	○	○	×	○	○
何となく	○	×	○	×	○

なんて①(副助)①所谓，所说的。△彼(かれ)が病気(びょうき)だ～う そだ/他所说的生病是撒谎。②这样说。△いやだ～言(い)えないよ/不能说不愿意呀。③等等，之类。△この着物(きもの)にこの帯(おび)～どうかしら/这件和服配这条带子不知怎么样。④(表示感到意外)。△彼(かれ)が医者(いしゃ)だ～/他还算个医生?

なんて①【何て】①多么，何等。("なんという"的口语形式)。△～愚図(ぐず)なんだろう/(你)真够迟钝(磨蹭)的了。△～きれいな花(はな)だろう/多么美丽的花呀!②什么(特别的)。△～事(こと)はない/没有什么了不起的。

なんで①【何で】(副)何故，为什么。△～いけないんだ/为什么不可以呢?

なんでも①【何でも】(副)①不论什么，什么都。△困(こま)ったことがあったら～相談(そうだん)しなさい/有困难的话,不管什么尽管商量。②无论怎样,不管如何。△何(なに)が～やりとおさなければならない/无论怎样也要干到底。③据说是,好像是。△～彼(かれ)は退学(たいがく)するらしい/据说他要退学。

なんでもな・い⑤【何でもない】(形)算不了什么，没有什么了不起。△～事(こと)からけんかになった/为鸡毛蒜皮的事吵起来。△彼(かれ)は学者(がくしゃ)でも～/他根本算不上什么学者。

なんといっても①【何と言って

なんと① 【何と】①(感叹)哎呀。△～、これは驚(おどろ)いた/哎呀，好吓人。②(副)竟然。△課長(かちょう)は～若(わか)い女性(じょせい)だ/科长竟然是一位年轻女性。

なんど① 【何度】①多少次，几次。△～も～も/三番五次。②(温度等)多少度，几度。

なんとか 【何とか】Ⅰ(不明确)什么，某某。△～言(い)う会社(かいしゃ)/叫什么(某某)的公司。Ⅱ(副)①好歹，总算。△これだけあれば～間(ま)に合(あ)います/有了这些总算凑合得过去。②设法，想办法。⇨どうにか 表

なんとなく④ 【何と無く】(副)①(不知为啥)总觉得，不由得。△～気(き)にかかる/不由得担心起来。②无意中。△～食堂(しょくどう)に来(き)てしまった/无意中来到餐厅。

なんとも⓪⓪ 【何とも】(副)①真正，实在。△～申(もう)しわけありません/实在对不起。②(下接否定语)什么也(不)。△勝敗(しょうはい)については～いえない/胜负很难料定。③(下接否定语)没有什么(之意)。△そんなことは～思(おも)っていない/那件事我没挂在心上。

なんにも⓪ 【何にも】(副)(下接否定语)①什么也(不)。△それでは～ならない/如果那样的话，就什么也办不成。②完全，一点也(不)。△わたしは～知(し)らなかった/我一点儿也不知道。

なんの⓪⓪ 【何の】(连体)①什么。△～本(ほん)を読(よ)んでいるのですか/你在看什么书。②没什么。△～お構(かま)いもいたしませんで/没什么可招待的，真抱歉。③算什么的。△楽(たの)しみなくして～人生(じんせい)ぞ/没有乐趣算什么人生呢!

なんぱ⓪ 【難破】(名・自サ)船舶失事，船舶遇难。△～船(せん)/风暴中失事船。

ナンバー① [number] ①号码，车牌号。②数字，号数。△～ワン/第一号；一号人物。△～ツー/第二号；二号人物。

ナンバー・ディスプレー①-① [number display] (电话的)来电显示。

ナンバー・プレート①-② [number plate] 汽车号码牌。

ナンバー・ルック①-① [number look] 数字印花衬衫，印有数字的时装。

ナンバリング④ [numbering] ①编号，打号。②号码机。

なんびょう⓪ 【難病】疑难病。

なんぷう① 【南風】南风。

なんぷう① 【軟風】微风。

なんべん①【何遍】(名・副)①几遍，几次，几回。②很多次。△～行(い)っても留守(るす)だ/去过很多次都不在家。

なんみん⓪ 【難民】难民。△～キャンプ/难民营。

なんもん⓪【難問】难题，难以回答的问题。△～を出(だ)す/出难题。

なんら①⓪【何ら】〔何等〕（下接否定）丝毫，任何。△～の影響(えいきょう)もない/无任何影响。△～困(こま)らない/没有任何困难。

なんらか①⓪【何らか】某些，稍微。△～の処置(しょち)をする/进行一些治疗。△～知(し)っているらしい/好像多少知道一些。

なんろ①【難路】难走的路。

なんろん⓪【軟論】软弱无力的意见。

に 二

に① 【二・弐】(数)①二，两个。△〜足(た)す〜は四(し)/2加2是4。②第二名，第二个。△一(いち)を聞(き)いて〜を知(し)る/听一知二。△〜の膳(ぜん)/(日式宴席上)第二道副菜。

-に① 【似】(接尾)像，似。△父親(ちちおや)〜/长相像父亲。△空(そら)〜/无血缘关系，只面貌相像。

に① 【荷】①(携帯、运输的)货物，行李。△〜物(もつ)/货物，行李。△〜が着(つ)く/货到。△〜を運(はこ)ぶ/搬运货物。②负担，责任。△〜が重(おも)い/负担太重，责任重大。◇〜が下(お)りる/卸掉责任。放下负担。◇〜が勝(か)つ/责任过重，负担过重。

に Ⅰ(格助)①(表示时间、场所)在，于。△机(つくえ)の上(うえ)〜ある/在桌子上。△10時(じゅうじ)〜始(はじ)まる/10点开始。②(表示动作方向、归结点)。△列車(れっしゃ)はホーム〜到着(とうちゃく)する/列车到站。③(表示目的)为，向。△映画(えいが)を見(み)〜行(い)く/去看电影。④(动作、作用的对象)对。△妹(いもうと)〜電話(でんわ)を掛(か)ける/给妹妹打电话。⑤(表示原因、理由)由于，因。△寒(さむ)さ〜ふるえる/冷得打战。⑥(表示比较基准)。△海(うみ)〜近(ちか)い/离海近。⑦(表示转变的结果)。△春(はる)〜なる/春天到了。△医者(いしゃ)〜なる/当上了医生。⑧(表示被动、使役)。△先生(せんせい)〜見(み)つけられた/被老师发现了。△学生(がくせい)〜本(ほん)を買(か)わせる/让学生买书。⑨(表示内容)。△資源(しげん)〜富(と)んだ国家(こっか)/资源丰富的国家。⑩(表示并列、添加)和，及。△人気(にんき)があるのは野球(やきゅう)〜サッカーだ/最受欢迎的是棒球和足球。Ⅱ(并助)①(在同一动词之间表示加强语气)。△考(かんが)え〜考えた末(すえ)/再三考虑的结果。②(用在两个用言的终止形中间，后加が。以肯定的语气作为前提)…是…，但…。△行(い)く〜は行くが、今忙(いそが)しくて行けない/去是要去，不过现在太忙走不开。

にあい⓪【似合い】(名・形动)合适，般配。△〜の仕事(しごと)/合适的工作。△〜の夫婦(ふうふ)/般配的夫妇。

にあ・う⓪【似合う】(自五)(服装等)称，相配。△彼女(かのじょ)は黒(くろ)が〜/她穿黑色相配。△着物(きもの)の〜人(ひと)/适合穿和服的人。この部屋(へや)には白(しろ)いカーテンが〜/这房间

配白窗帖合适。

にあが・る③【煮上がる】(自五)煮透,煮好。

ニアミス②[near miss]①飞机在空中几乎相撞。②有效暴炸距离。

ニー①[knee]①膝,膝盖。②(服装)膝部。△〜キャップ/护膝。△〜ソックス/高(长)筒袜。△〜パンツ/过膝女裤。△〜ブーツ/长筒靴。

にいさん①【兄さん】①哥哥(的)敬称。②大哥(对年轻男人的称呼)。△おとなりの〜/邻居家的大哥。

ニーズ⓪【NIES】(Newly Industrializing Economies)新兴工业区。

ニーズ①[needs]需要,要求。△〜リサーチ/消费者需求调查,市场调查。△国民(こくみん)の〜にこたえる/满足国民的要求。

にいづま①【新妻】新娘子。

にいぼん③【新盆】(死后)第一次的盂兰盆会。

にいろ⓪【丹色】红色,土红色。

にうけ⓪【荷受け】收货。

にうごき③【荷動き】物流,商品流动。

にえた・つ③【煮え立つ】(自五)①煮开,沸腾。△お湯(ゆ)が煮え立った/水开了。②大怒,愤怒。△〜胸(むね)をしずめる/压住怒火。

に・える⓪【煮える】(自下一)①煮熟,煮烂。△柔(やわ)らかく〜/煮得稀烂。△豆(まめ)がよく煮えていない/豆子没有煮好。②(水)烧开。

におい②【匂い】①气味,香味。△香水(こうすい)の〜をかぐ/闻香水的香味。△〜がぬけた/走味儿了。②气氛,气息,风格,情趣。△故郷(こきょう)の〜をかぐ/嗅到家乡的气息。△生活(せいかつ)の〜/生活的气息。

	いい〜がする	アンモニアの〜	〜の高い花	犯罪の〜のする事情	ロマンの〜
におい	○	○	×	○	×
香り	○	×	○	×	○

におい②【臭い】臭味,臭气。△くさい〜/腐臭味。△いやな〜/难闻,恶臭。

にお・う②【匂う】(自五)①有香味,发香。△梅(うめ)の香(かおり)が〜/梅花飘香。②(显得)鲜艳。△朝日(あさひ)に〜山桜(やまざくら)/旭日下山樱显得格外艳丽。

にお・う②【臭う】(自五)发臭,有臭味。△ガスが〜/有煤气味。△トイレが〜/厕所有臭味。

におくり②⓪【荷送り】发货,送货。△〜人(にん)/发货人。

にかい⓪【二階】①二楼。△〜にあがる/上二楼。②二层(房)。△〜建(だて)の家(いえ)/二层楼房。△〜立(だて)バス/双层公共汽车。◇〜から目薬(めぐすり)/毫无功效,无济于事。

にが・い②【苦い】(形)①(味道)苦。△〜薬(くすり)を飲(の)む/喝苦药。②不愉快,不痛快。△〜顔(かお)つき/哭丧着脸。③痛苦的。△〜経験(けいけん)/痛苦的经历。◇良薬(りょうやく)口(くち)に

にが・す② 【逃がす】(他五)①放跑。△どろぼうを~/放跑小偷。②放生。△鳥(とり)を逃がしてやる/把鸟放归自然。△川(かわ)に魚(さかな)を~/把鱼放生到河里。③错过。△チャンスを~/错过机会。

にがつ③ 【二月】二月。

にがて③ 【苦手】(名・形动)不擅长。△~な科目(かもく)/不擅长的科目。△水泳(すいえい)は~だ/不擅长游泳。

にかよ・う⓪ 【似通う】(自五)相似，相仿。△二人(ふたり)は似通った癖(くせ)がある/二人有类似的毛病。

にき① 【二季】①两季，春秋两季，夏冬两季。△~鳥(とり)/大雁(的别称)。②中元和岁末。△~ばらい/中元和岁末分两次支付。

にきび① 〔面皰〕粉刺。△~面(つら)/粉刺脸。△~ができる/(脸上)长粉刺。

にぎやか② 〔賑やか〕(形动)①热闹，繁华。△~な町(まち)/热闹繁华的街(镇)。②喧闹，嘈杂，闹哄哄。△~な笑(わら)い声(ごえ)/喧闹的笑声。

にぎら・せる⓪ 【握らせる】(他下一)①使握住。②给贿赂(钱)。△少(すこ)し握らせて口(くち)を封(ふう)ずる/给一点贿赂堵住嘴。

にぎり⓪ 【握り】①一拳。△背(せ)が二(ふた)~ちがう/身高差两拳。②一把。△一(ひと)~の米(こめ)/一把米。③(用具的)把手。△ステッキの~/手杖的把手。④饭团。

にぎ・る⓪ 【握る】(他五)①握，攥，抓。△手(て)を~/握手。△ペンを~/握笔。②掌握。政権(せいけん)を~/掌握政权。△鍵(かぎ)を~/掌握关键。

	手を~	政権を~	胸ぐらを~	弱みを~	幸運を~
握る	○	○	×	○	×
つかむ	○	×	○	×	○

にぎわ・う③ 〔賑う〕(自五)①热闹。△春(はる)は桜(さくら)、秋(あき)は紅葉(もみじ)で、山(やま)は~/春天赏樱，秋天观红叶，山上游人络绎不绝。△人出(ひとで)で~町(まち)/街上人头攒动。②兴隆，兴旺，繁荣。△店(みせ)が~/商店兴旺。△市(いち)が~/市场繁荣。

にく② 【肉】①肌肉。△~が落(お)ちる/跌膘。△~がつく/长肉。△~の厚(あつ)い肩(かた)/肌肉发达的肩膀。②(食用)肉。△牛(うし)の~/牛肉。△~料理(りょうり)/肉菜。③果肉。△~のやわらかいメロン/软肉甜瓜。△梅(うめ)の~/梅肉。④肉体，肉欲。△~と霊(たましい)/肉体和灵魂。⑤(物的)厚度，(笔道)粗度。

-にく・い 【悪い・難い】(接尾)(接在动词连用形下)表示困难。△食(た)べ~/难吃。△読(よ)み~字(じ)/难念的字。⇨-がたい 表

にく・い② 【憎い・悪い】(形)憎恨的，讨厌的。△~ことを言(い)

う/说讨厌的话。△~やつ/讨厌鬼。△~戦争(せんそう)/令人厌恶的战争。

にくしみ④⓪③ 【憎しみ】憎恶,憎恨。△人(ひと)の~を買(か)う/惹人恨。△~をいだく/怀恨。△愛(あい)と~をはっきりさせる/爱憎分明。

にくしん⓪ 【肉親】骨肉亲,(父子兄弟等)亲人。△~の情(じょう)/骨肉之情。△~の親(おや)/生身父母。△~も及(およ)ばない親(した)しみ/比骨肉还亲。

にくたい⓪ 【肉体】肉体。△疲労(ひろう)が重(かさ)なると,精神(せいしん)も~もしだいにまいってくる/连续劳累,精神上肉体上都吃不消。△~労働(ろうどう)/体力劳动。

にくひつ⓪ 【肉筆】亲笔,手笔,真迹。△~浮世絵(うきよえ)/手笔浮世绘。

にくぶと⓪ 【肉太】笔道粗。△~の字(じ)/粗体字。

にくぼそ⓪ 【肉細】笔道细。

にくまれぐち④ 【憎まれ口】讨厌的话,说讨人嫌的话。△~をたたく/专说讨人嫌的话。

にく・む② 【憎む】(他五)憎恶,怨恨。△心(こころ)から敵(てき)をにくんでいる/对敌人恨之入骨。

にくらし・い④ 【憎らしい】(形)可憎,可恶,讨厌。△~子供(こども)だ/招人烦的小孩。△~事(こと)をおっしゃる/说讨厌的话。△つら構(がま)えが~/面目可憎。

にげ② 【逃げ】逃跑,逃遁。△~も隠(かく)れもせぬ/不躲不藏。◇~を打(う)つ,~を張(は)る/i)准备逃跑。ii)借口推辞。

にげあし②⓪ 【逃げ足】①逃跑(速度)。△~が速(はや)い/逃得快。②想逃。△~になる/准备逃跑。

にげこ・む⓪③ 【逃げ込む】(自五)①逃进,窜入。△犯人(はんにん)が山荘(さんそう)に~/犯人窜入山间别墅。△鼠(ねずみ)が穴(あな)に~/老鼠逃入洞里。②(赛跑的)冲刺,领先。△ゴールまぢかで一着(いっちゃく)に逃込んだ/快到终点,冲刺得了第一名。

にげだ・す⓪③ 【逃げ出す】(自五)①逃走,逃出。△ライオンがおりから~/狮子从笼子里逃走。②开始逃。

にげみち② 【逃げ道】①逃路,退路。△~を断(た)つ/截断退路。②逃避责任(的方法)。△うまい~/推卸责任的妙方。

に・げる② 【逃げる】〔遁げる〕(自下一)①逃跑,逃走。△小鳥(ことり)がかごから~/小鸟从鸟笼里飞跑了。△どろぼうが~/小偷跑了。△さっさと~/撒开腿就跑。②逃避(责任),回避。△責任(せきにん)を逃げてばかりいる/竟是把责任推给别人。△いやな仕事(しごと)から~/躲避枯燥无味的工作。◇~が勝(か)ち/让步才是胜利(三十六计走为上策)。

にご・す② 【濁す】(他五)①弄浑。△川(かわ)の水(みず)を~/把河水

弄浑浊。△工場(こうじょう)の廃液(はいえき)で川(かわ)を～/工场废液污染了河水。②含糊(其词),暧昧。△言葉(ことば)を～/含糊其词。◇お茶(ちゃ)を～/支吾搪塞。

ニコチニズム④ [nicotinism]尼古丁中毒。

ニコチン⓪② [nicotine]尼古丁。△～ガム/(戒烟用)尼古丁口香糖。△～中毒(ちゅうどく)/尼古丁中毒。

にこにこ① (名・副・自サ)笑呵呵,笑眯眯。△～と笑(わら)う/笑呵呵。△～しながら話(はい)しかけてきた/笑眯眯地过来打招呼。

にこやか ② (形动)和颜悦色,和蔼。△～な顔(かお)/笑容可掬。

にご・る② 【濁る】(自五)①混浊。△水(みず)が～/水浑浊。②污浊。△空気(くうき)が濁っている/空气污浊。③(颜色)不鲜明。△色(いろ)が濁っている/颜色不鲜明。④嗓音变哑,不清楚。△風邪(かぜ)で声(こえ)が～/因为伤风,嗓音变哑。⑤(假名)发浊音。△この字(じ)は濁らないとだめだ/这个字不发浊音不行。

にさんかたんそ⑤ 【二酸化炭素】二氧化碳。

にし⓪ 【西】①西。②西风。△～が吹(ふ)く/刮西风。③西方净土。④(日本)关西。

にじ②⓪ 〔虹〕虹。△～が出(で)た/出彩虹了。◇～を吐(は)く/神采奕奕,满面春风。

にじ① 【二次】①第二位,次要。△～的(てき)/次要的,第二位的。△～的(てき)なものはあとまわしにしましょう/次要的问题等以后再说吧。②第二次。△～試験(しけん)/复试。③(数学上的)二次。△～方程式(ほうていしき)/二次方程式。

にしあかり③ 【西明かり】夕照,残照。△～の空(そら)/夕阳返照的天空。

にしがわ⓪ 【西側】①西侧,西边。②西方(指欧美国家)。

にしき① 【錦】①锦缎,织锦。②美丽如锦。△もみじの～/红叶美如锦。

にしきえ③ 【錦絵】彩色浮世绘版面。

にしては (词组)按…说来。△新人(しんじん)～ずいぶんよくやった/对一个新手来说,干得很好。

にしても (词组)即使…也不。△わたし～困(こま)る/就是我来也不好办。

にしにほん④ 【西日本】西日本。

にしはんきゅう③ 【西半球】西半球。

にしび⓪ 【西日】①夕阳。②西晒。

にじみ・でる⓪④【にじみ出る】〔滲惨み出る〕(自下一)①渗出,浸出。△血(ち)がガーゼから～/血从绷带里渗出来。②流露,显出。△彼(かれ)の人柄(ひとがら)がにじみでている絵(え)/显出(自然表现出)他的人品的画。

にじ・む② 〔滲む〕(自五)渗,洇。△インキがにじんだ/墨水洇了。

△涙(なみだ)が目(め)に～/热泪盈眶。

にしゃ① 【二者】二人，二者。△～択一(たくいつ)/二者选一。

にじゅう⓪ 【二重】①双重,二重,双层。△～窓(まど)/双层窗户。△～蓋(ぶた)/两层盖。△～に包(つつ)む/包两层。△～に見(み)える/(看物)重影。△～国籍(こくせき)/双重国籍。△～唱(しょう)/二重唱。②重复。△～撮(どり)/(在一胶片上)照重了。△代金(だいきん)を～に払(はら)う/货款付重了。

にせ①⓪ 【偽】〔贋〕假,假冒,伪造,赝品。△～の紙幣(しへい)/假钞票。△～の証明(しょうめい)/假证件。

にせもの⓪ 【偽物】〔贋物〕冒牌货,赝品。△まっかな～/纯粹冒牌货。△～をつかまされる/买冒牌货上了当。

にせもの⓪ 【偽者】〔贋者〕冒充的人。△～の医者(いしゃ)/假医生。△～にまんまとだまされた/被冒充者巧妙地给骗了。

に・せる⓪ 【似せる】(他下一)仿,仿造。△京都(きょうと)の名園(めいえん)に似せてつくった庭(にわ)/仿京都名园建造的庭院。△この型(かた)に似せてつくる/仿照这个样子做。△ダイヤに似せたガラス玉(だま)/仿钻石的玻璃珠子。

にた・てる③ 【煮立てる】(他下一)煮开,使煮开。△煮立ててから味(あじ)をつける/煮开后再加佐料。

にち⓪ 【日】I ①日本。②星期日。△土(ど)～サービス/星期六星期日优待。II (造语)①一天,昼。△～夜(や)/日夜。△毎(まい)～/每天。②太阳。△～食(しょく)/日食。III (助数)天,日。△一(いち)～/一天。△何(なん)～/几天。

にちげん② 【日限】日期,期限。△～が切(き)れる/到期限。

にちじ②① 【日時】①时日。△～が足(た)りない/时间不够。△仕事(しごと)に要(よう)する～/工作所需时日。②日期和时刻。△結婚式(けっこんしき)の～/婚礼的日期和时间。

にちじょう⓪ 【日常】日常。△～会話(かいわ)/日常会话。△～生活(せいかつ)/日常生活。◇～茶飯事(さはんじ)/司空见惯(的事)。

	～の行為	平穏な～を送る	～から体を鍛えておく	～のごぶさたをわびる	～着
日常	○	○	△	△	×
日ごろ	○	×	○	○	×
普段	○	×	○	×	○

にちべい⓪ 【日米】日美(两国)。

にちぼつ⓪ 【日没】日落。△～前(まえ)に着(つ)く/日落前到达。

にちや①② 【日夜】(名・副)日夜,昼夜。△～商店(しょうてん)/日夜商店。△～考(かんが)えにふける/日思夜想。

にちよう⓪③ 【日曜】星期日。△～画家(がか)/业余画家。

にっか⓪ 【日課】每天应作的事。

△～表(ひょう)/每日时间分配表。△朝(あさ)の体操(たいそう)を～とする/规定每天作早操。

にっかん① 【日韓】日韩(两国)。

にっき⓪ 【日記】日记。△～帳(ちょう)/日记本。△～をつける/写日记。△～文学(ぶんがく)/日记文学。

にっきゅう⓪ 【日給】日薪,日工资。

にづくり② 【荷造り・荷作り】(名・自サ)包装,包捆,打包。△～ができている/包装好了。

ニッケル⓪① [nickel]镍。△～鋼(こう)/镍钢。△～鉱(こう)/镍矿。△～プレート/镍板。△～めっき/镀镍。

にっこう⓪ 【日光】日光。△～浴(よく)/日光浴。△～にさらして消毒(しょうどく)する/日光照射消毒。△～が差(さ)し込(こ)む/阳光射进来。

にっこり③ (副)微笑貌,微微一笑。△～(と)笑(わら)う/微微一笑。

にっさん⓪ 【日産】日产,每日产量。

にっし⓪ 【日誌】日志,日记。△航海(こうかい)～/航海日志。

にっしゃ⓪ 【日射】日射,日照。△～病(びょう)/中暑。

にっしょう⓪ 【日照】日照。△～時間(じかん)/日照时间。△～権(けん)/日照权。

にっしょうき③ 【日章旗】太阳旗,日本国旗。

にっしょく⓪ 【日食】〔日蝕〕日食。△～を観測(かんそく)する/观测日食。

にっしんげっぽ⑤ 【日進月歩】日新月异。

にっすう③ 【日数】日数。△欠席(けっせき)～/缺席天数。

にっちゅう⓪ 【日中】①晌午,白天。△～は暖(あたた)かいが,夜(よる)は寒(さむ)い/白天暖和夜里冷。②日中两国,日本和中国。

にってい⓪ 【日程】日程。△～表(ひょう)/日程表。

にっぽん③ 【日本】日本。△～一(いち)/在日本属第一。

につま・る③ 【煮詰まる】(自五)①(水分,汁等)煮干,炖干,熬干。△煮詰まって辛(から)くなる/熬干后变咸了。△おみそしるが～/酱汤煮干了。②接近解决。△話(はなし)が～/讨论快结束了。△もっと計画(けいかく)が煮詰まった段階(だんかい)でないと,発表(はっぴょう)はできない/只要计划尚未讨论通过,就不能公开。

にて (格助)〈文〉①表示场所、时间、标准、状态等。△これ～失礼(しつれい)する/就此告辞了。②表示原因、理由。△病気(びょうき)～欠席(けっせき)する/因病缺席。③表示手段、手法、材料等。△舟(ふね)～渡(わた)る/用船摆渡。

ニトログリセリン⑥ [nitroglycerin]硝化甘油,甘油三硝酸酯。

ニトロセルロース⑥ [nitrocellulose] 硝化纤维素，硝化棉（火药）。

にな・う② 【荷う・担う】（他五）①担，挑。△荷(に)を～/挑东西。△～荷物(にもつ)を二人(ふたり)で～/二人抬行李。②担负，承担。△責任(せきにん)を一身(いっしん)に～/一人担负责任。

にのあし⓪ 【二の足】第二步。△～を踏(ふ)む/犹豫不前。

にのく⓪ 【二の句】第二句话。△～が継(つ)げない/无话可说。

にのまい⓪ 【二の舞】重复失败。△～を演(えん)ずる/重演。△～を踏(ふ)む/重蹈复辙。

にのまる⓪ 【二の丸】外城，外郭。

にのや⓪ 【二の矢】①第二支箭。②下步对策。

にぶ・い② 【鈍い】（形）①钝的。△小刀(こがたな)の切(き)れ味(あじ)が～/小刀钝，切不快。②迟钝的。△感覚(かんかく)が～/头脑迟钝。③迟缓。△～動作(どうさ)/迟缓的动作。④（光、音）弱，不强烈的。△～光(ひかり)/弱光。

にぶ・る② 【鈍る】（自五）钝，迟钝，不快。△働(はたら)きが～/（反应）迟钝。△切(き)れ味(あじ)が～/（刀子）不快了。

にぶん⓪ 【二分】（名・他サ）分成两部分。△天下(てんか)を～する/平分天下。

にほん② 【日本】日本。△～髪(がみ)/日本妇女的发型。△～紙(し)/日本纸。△～刀(とう)/倭刀。△～料理(りょうり)/日本菜。△～晴(ばれ)/ i）万里无云的好天。ii）(心里)舒畅，高枕无忧。△～風(ふう)/日本风味。△～間(ま)/日式房间。

にほんいち② 【日本一】在日本属第一。

にほんが⓪ 【日本画】日本画。

にほんかい② 【日本海】日本海。

にほんさんけい④ 【日本三景】日本三景(严岛、松岛、天桥立)。

にほんしき⓪ 【日本式】日式，和式。△～庭園(ていえん)/日式庭院。

にほんしゅ⓪ 【日本酒】日本酒。

にまいじた② 【二枚舌】撒谎，谎言。△～を使(つか)う/撒谎。

にまいめ④ 【二枚目】①（歌舞伎）扮演美男子的演员，小生。△～をやる/演美男子的角色。②〈转〉美男子。△～が来(き)た/美男子来了。

にもかかわらず（词组）〔にも拘らず・にも係らず〕虽然…可是，尽管。△勉強(べんきょう)した～成績(せいせき)が悪(わる)い/虽然用功了，可是成绩差。△何度(なんど)も注意(ちゅうい)した～彼(かれ)はそれをきかなかった/警告了多少次，可是他没有听。

にもつ① 【荷物】①（运输、携带的）行李，货物，物品。△～を運(はこ)ぶ/搬行李。△～をおろす/卸货。△～をほどく/解开行李。②负担，累赘。△仲間(なかま)の～になる/成了伙伴的累赘。

にもの⓪ 【煮物】（名・自サ）①煮炖的食品。②煮，熬，炖，做

菜。△台所(だいどころ)で～している/在厨房做菜。

にやにや① (副)默默地笑；暗笑，冷笑。

ニュアンス② (色彩、意义、感情、音调等)细微的差异，微妙的感觉。△～に富(と)む表現(ひょうげん)/富有神韵的表现。

ニュー Ⅰ(造语)新。△～フェース/新人。△～イヤー/新年。△～ファッション/(服饰)新款式。Ⅱ(名)新的，新式，新颖的。△お～の服(ふく)/新式服装。

にゅういん⓪ 【入院】(名・自サ)入(医)院，住(医)院。△～患者(かんじゃ)/住院病人。△病気(びょうき)で～する/因病住院。

にゅうえん⓪ 【入園】①进园(公园、动物园)。②入幼儿园。△～式(しき)/入园式。

にゅうか⓪ 【入荷】(商店、市场)进货。

にゅうかい⓪ 【入会】入会。△～金(きん)/入会费。

にゅうかく⓪ 【入閣】(名・自サ)参加内阁。△～女性(じょせい)が二人(ふたり)～する/有两位女性加入内阁。

にゅうがく⓪ 【入学】入学。△～願書(がんしょ)/入学申请书。

にゅうこく⓪ 【入国】(名・自サ)入国，入境。△～査証(さしょう)/入境签证。△～手続(てつづ)きをする/办入境手续。

にゅうさつ⓪ 【入札】(名・自サ)投标。△～を募(つの)る/招标。

にゅうし⓪ 【入試】入学考试。△～地獄(じごく)/考试鬼门关(日本学生对升学考试的谑喻语)。

にゅうしゃ⓪ 【入社】(名・自サ)进入公司(工作)。

にゅうしゅ⓪⓪ 【入手】(名・他サ)得到，到手。△情報(じょうほう)を～する/得到情报。△お手紙(てがみ)は本日(ほんじつ)～しました/来信今日收到。

にゅうしょう⓪ 【入賞】(名・自サ)得奖，获奖。△～者(しゃ)/获奖者。

にゅうじょう⓪ 【入場】(名・自サ)入场。△～券(けん)/入场券。△～無料(むりょう)/免费入场。

ニュース① [news]①新闻。△～を申(もう)し上(あ)げます/报告新闻。△～を伝(つた)える/传达消息。②新闻影片。△～を見(み)に行く/去看新闻片。

ニュース・エージェンシー①⁻⓪ [news agency]通讯社。

ニュース・スタンド①⁻② [news stand]报亭。

ニュース・センス①⁻⓪ [news sense]新闻感，新闻眼。

ニュース・ソース①⁻① [news source]新闻来源。

ニュー・デザイン④ [new design]新构思，新设计。

にゅうとう⓪ 【入湯】洗温泉浴。

ニュートロン④ [neutron](物理学)中子。△～ビーム/中子束。

ニュー・ファミリー③ [new family]新型家庭。

ニュー・フェース③ [new face]（影视界）影秀，影星，影人。

ニュー・モード③ [new mode]新型，新式样。

にゅうもん⓪【入門】（名・自サ）①投师。△画家(がか)のもとへ～する/投入画家门下。②入门指导书。△～書(しょ)/入门书。

ニュー・ライフ③ [new life]新生活。

にょうぼう①【女房】①古代宫中女官。②妻，老婆。

にら⓪②〔韮〕韭菜。

にら・む③〔睨む〕（他五）①瞪眼。△おこった目(め)で～/怒目而视。△目(め)を剝(む)いてにらんでいる/瞪眼睛看。②估计，预测，意料。△怪(おか)しいと～/认为可疑。

にる⓪【似る】（自上一）像，似。△顔(かお)がにている/面貌相似。◇似(に)たり寄(よ)ったり/大同小异。◇似ても似(に)つかぬ/全然不同。

にる【煮る】（他上一）煮，炖，熬。△豆(まめ)を～/煮豆。◇煮ても焼(や)いても食(く)えない/非常狡猾，不好对付。软硬不吃。

にわ【庭】①庭院，院子。△～の手入(てい)れ/收拾庭院。②某种活动的特定场所。△学(まな)びの～/学校。△裁(さば)きの～/法庭。

にわか①〔俄か〕（形动）突然，忽然。△～雨(あめ)/骤雨。△～雪(ゆき)/阵雪。△～に起(お)こる/忽然发生。⇨とつぜん 表

にわとり⓪【鶏】鸡。

にん①【人】Ⅰ（名）人。△～を見(み)て法(ほう)を説(と)け/(佛教)因人说法。Ⅱ（接尾）名，人。△合計(ごうけい)十五(じゅうご)～/共15人。

にん①【任】任务。△警固(けいご)の～に当(あ)たる/担当警备任务。

にんい⓪⓪【任意】（名・形动）任意。△～に選(えら)ぶ/随便挑选。

にんか⓪①【認可】（名・他サ）许可，准许。△営業(えいぎょう)の～がおりる/发下营业许可。

にんき⓪【人気】人缘，人气，人望。△～取(と)り/讨好，善于讨好的人。△～者(もの)/（演艺界）红人。△ヤングに～がある/在年轻人当中受欢迎。

にんき①⓪【任期】任期。△～満了(まんりょう)/任期满了。△～を無事(ぶじ)につとめあげる/平安结束任期。

にんぎょう⓪【人形】偶人，人形。△フランス～/法国洋娃娃。△～劇(げき)/木偶剧。△～遣(つか)い/耍木偶的人。

にんげん⓪【人間】①人，人类。△その温泉(おんせん)には、～の風呂(ふろ)のほかに、サルの風呂もある/那里的温泉，除了人用的浴池，还有供猴子用的浴池。△～衛星船(えいせいせん)/载人宇宙飞船。②人品。△～ができている/有作为，有修养。③世间，社会。◇～至(いた)る所(ところ)青山(せいざん)あり/人间到处有青山。

	正体不明の〜	〜ができている	今の政界には〜が少ない	あいつは〜の屑だ	〜の事ばかり責める
人間	○	○	○	○	×
人	○	×	○	×	×
人物	○	○	○	×	×

にんげんぎらい⓪【人間嫌い】不好交际，孤僻。

にんげんドック⓪【人間ドック】[—dock](老年人短期住院)全面体检。

にんげんなみ⓪【人間並み】和一般人一样。

にんげんばなれ⓪【人間離れ】超世脱俗。

にんげんわざ⓪【人間業】人力所能及。△とても〜とは(おも)えない芸当(げいとう)/那种技艺根本想像不到是人能做出来的。

にんしき⓪【認識】(名・自サ)认识。△〜不足(ぶそく)/认识不足。△〜をふかめる/加深认识。

にんしょう⓪【人称】人称。△〜代名詞(だいめいし)/人称代词。

にんしょう⓪【人証】(法律上)人证。

にんしょう⓪【認証】(由官方)认证。

にんじょう⓪【人情】①人情。△〜に厚(あつ)い/重人情。△〜に乏(とぼ)しい/缺乏人情味。△〜風俗(ふうぞく)/风俗人情。②人之常情。△子(こ)を思(おも)うのは〜だ/惦念自己的孩子是人之常情。

	〜のある処置	〜が薄い	〜が機微	親子の〜	〜をかける
人情	○	○	○	×	×
情	○	○	×	○	×
情け	○	×	×	×	○

にんじょうみ⓪【人情味】人情味。△〜あふれる話(はなし)/人情味十足的讲话。

にんしん⓪【妊娠】(名・自サ)妊娠，怀孕。△〜悪阻(おそ)/妊娠早期不适反应。△〜中絶(ちゅうぜつ)/人工流产。

にんじん⓪【人参】①胡萝卜。②朝鲜人参。

にんずう⓪【人数】①人数。△〜がたりない/人数不足。②人数众多。△〜を繰(く)り出(だ)す/派出很多人。

にん・ずる⓪【任ずる】(自他サ)①担负责任。△倒産(とうさん)の責(せ)めに〜/对破产负有责任。②任命…担当，使…担任。△Aを学級(がっきゅう)委員(いいん)に〜/让A担任班级委员。△文部科学大臣(もんぶかがくだいじん)に〜/任命文部科学大臣。

にんそう⓪【人相】①相貌，容貌。△苦労(くろう)して〜が変(か)わる/身心劳苦，使容貌也起变化。△〜の悪(わる)い人(ひと)/凶恶模样的人。②相面。△〜を見(み)る/相面。△〜見(み)/算命先生。

にんそく⓪【人足】搬运工，建筑工，重体力工人。

にんたい①【忍耐】(名・自サ)忍耐。△〜力(りょく)/忍耐力。⇨がまん表

にんち⓪【認知】(名・他サ)①认知，明确认识。△真(ま)の敵(てき)を〜/认清真正的敌人。②(法律上)承认非婚生子。△〜

を迫(せま)られる/不得不承认非婚生子。

にんてい⓪【人体】风度，举止，人品。△いやしからぬ～/不卑不亢言行得体。

にんてい⓪【認定】(名・他サ)认定，公认。△資格(しかく)を～する/认定资格。

にんとうぜい③【人頭税】人头税。

にんにく⓪〔大蒜〕大蒜。

にんぴ⓪【認否】(法律上)承认与否认。△～を問(と)う/问认否。△罪状(ざいじょう)～/罪状认否。

にんぴにん⓪【人非人】人面兽心的人，狼心狗肺的人，忘恩负义的人。

ニンフ⓪[nymph]①(希腊神话中)变幻为美女的精灵。②〈转〉美少女。

ニンフェット⓪[nymphet]怀春少女，思春期少女。

ニンフォマニア⓪[nymphomania]女色情狂，慕男狂。

にんむ①【任務】任务，职责。△自分(じぶん)の～を怠(おこた)る/玩忽职守。△～を果(はた)す/完成任务。

にんめい⓪【任命】(名・他サ)任命。△～権(けん)/任命权。△～制(せい)/任命制。△重役(じゅうやく)に～する/委以重任。

にんめん⓪【任免】(名・他サ)任免，任命和罢免。

ぬ ヌ

ぬ（助动）（接动词末然形,表示否定）不。△僕(ぼく)は行(い)か～/我不去。△行(い)かねばなら～ところがある/有些地方应该去。

ぬい②① 【縫い】①缝；缝法。△この着物(きもの)は～がいい/这件衣服缝得好。②缝儿,接缝。③刺绣,绣花。△へりに～がしてあるハンカチ/边儿上绣着花的手帕。

ぬいあ・げる⓪④ 【縫い上げる】（他下一）缝完。△一晩(ひとばん)で浴衣(ゆかた)を～/整夜缝制浴衣。

ぬいあわ・せる⓪⑤ 【縫い合わせる】（他下一）①（把布、皮革等）缝上,缝在一起。△シャツの綻(ほころ)びたところを～/把衬衣的开线处缝上。②（以"…を表(おもて)と裏(うら)に～"形式）（使性质相反的事物）调和。

ぬいめ③ 【縫(い)目】①（缝的）针脚。△～がこまかい/针脚缝得密。②缝儿,接缝。△～が綻(ほころ)びた/缝儿开绽了。

ぬいもの⓪③ 【縫(い)物】①针线活儿。△～が上手(じょうず)だ/针线活儿做得好。②缝纫（好了）的东西。

ぬ・う① 【縫う】（他五）①缝。△着物(きもの)を～/缝(制)衣服。医者(いしゃ)が傷口(きずぐち)を針(はり)で～/医生用针缝伤口。②刺绣。③刺穿。△槍(やり)がよろいを～/矛刺穿铠甲。④（曲折）穿过。△大統領(だいとうりょう)の車(くるま)は、道路(どうろ)にあふれ出(で)た民衆(みんしゅう)の間(あいだ)を～ように進(すす)んだ/总统的车从道路上站满的群众中间穿过。

ヌード① [nude] 裸体。△～写真(しゃしん)/裸体照片。△～ショー/裸体表演,脱衣舞。△～モデル/裸体模特儿。

ヌードル① [noodle] 鸡蛋面。△～スープ/鸡蛋面汤。

ヌーベル・バーグ①-① [法 nouvelle vague] ① ①新浪潮派。△～映画(えいが)/新浪潮派影片。②新的倾向。△美術界(びじゅつかい)の～/美术界新倾向。

ヌーン① [noon] ①中午,正午。△～相場(そうば)/（股票）午市,午盘。②全盛期。

ぬか② 〔糠〕①糠。②极小。△小(こ)～雨(あめ)/牛毛细雨。③空虚,靠不住。◇～に釘(くぎ)/〈喻〉白费劲,徒劳。

ヌガー① [法 nougat] 果仁糖,牛轧糖。

ぬか・す⓪ 【抜かす】（他五）①遗漏,漏掉。△大事(だいじ)な言葉(ことば)を抜かした/把重要的话漏掉了。②跳过。△三行(さんぎょ

う)抜かして読(よ)む/跳过三行往下读。◇腰(こし)を~/非常吃惊。△値段(ねだん)が高(たか)いので腰を抜かした/价钱贵得惊人。

ぬかづけ⓪【ぬか漬け】〔糠漬け〕米糠酱菜。

ぬかぼし⓪②【ぬか星】〔糠星〕(夜空)繁星。

ぬかみそ⓪【ぬか味噌】米糠酱。△きゅうりを~に漬(つ)ける/米糠酱腌黄瓜。◇~が腐(くさ)る/令人恶心。◇~女房(にょうぼう)/糟糠之妻。

ぬかよろこび③【ぬか喜び】〔糠喜び〕空欢喜。△~に過(す)ぎなかった/只不过白欢喜一场。

ぬかり⓪【抜かり】疏忽,疏漏。△万事(ばんじ)~はない/万无一失。△~の無(な)い捜査(そうさ)/捜查无死角。

ぬか・る⓪【抜かる】疏忽,麻痹大意。△気(き)を引(ひ)き締(し)めて、~なよ/振作精神,切不可麻痹大意。△抜からぬ顔(かお)/一丝不苟的态度。

ぬか・る⓪〔泥濘る〕(自五)泥泞。△雨(あめ)で道(みち)がぬかって歩(ある)きにくい/道路因下雨而泥泞难走。

ぬき①【抜き】①省去,取消。△あいさつ~で商談(しょうだん)に入(はい)る/省去客套,直接进入商谈。②(比赛)连续取胜。△五人(ごにん)~/连胜五人。

ぬきうち⓪【抜き打ち】①拔刀就砍。②冷不防地,突然。△~に試験(しけん)する/冷不防地举行考试。

ぬきがき⓪【抜き書き】(名・他サ)摘录,摘抄。△文章(ぶんしょう)の要点(ようてん)を~する/把文章的要点摘录下来。

ぬきがた・い④【抜き難い】(形)难以去掉。

ぬきさし⓪③【抜き差し】抽出装入。△名簿(めいぼ)の~/(可随时更换人名的)活页名簿。

ぬぎす・てる⓪【脱ぎ捨てる】(他下一)①(衣服等)脱下来丢着不管。△着物(きもの)を部屋(へや)に脱捨ておく/把衣服脱下来扔在屋里就不管了。②摆脱。△古(ふる)い考(かんが)えを~/摆脱老想法。

ぬきだ・す③【抜き出す】(他五)①抽出,摘出。△要点(ようてん)を~/摘出要点。②选出。△力(ちから)の強(つよ)い者(もの)を~/选出力气大的人。

ぬきと・る③【抜き取る】(他五)①拔出,抽出。△サンプルを~/抽出货样。②窃取,掏窃。△財布(さいふ)から現金(げんきん)を~/从钱包里窃取现金。③抽选,挑选。△資料(しりょう)を~/抽选资料。

ぬきん・でる④〔抽んでる・擢んでる〕(自下一)出类拔萃,拔尖儿。△衆(しゅう)に~/出众。

ぬ・く⓪【抜く】Ⅰ(他五)①拔出,抽出。△とげを~/挑刺。△カードを1枚(いちまい)~/抽出一张卡

片。②挑选，挑出。△不良品(ふりょうひん)を〜/把次品挑出来。③去掉,消除。△しみを〜/去掉污垢。④省略。△朝食(ちょうしょく)を〜/不吃早饭。△手(て)を〜/省事。△挨拶(あいさつ)を抜いて本題(ほんだい)に入(はい)った/免去开场白,直接讲起正题来。⑤超过,超出。△先進国(せんしんごく)を〜/超过先进国家。△群(ぐん)を〜成績(せいせき)/出众的成绩。⑥攻陷，夺取。△城(しろ)を〜/攻陷城堡。⑦窃取。△品物(しなもの)を〜/窃取物品。⑧穿透,扎透。Ⅱ(接尾)(接动词连用形)①…到底。△やり〜/干到底。△闘(たたか)い〜/斗争到底。△城(しろ)を守(まも)り〜/守城守到底。②非常。△困(こま)り〜/非常困难。

ぬ・ぐ① 【脱ぐ】(他五)脱,脱掉,摘下。△服(ふく)を〜/脱衣服。△靴(くつ)を〜/脱鞋。△秘密(ひみつ)のベールを〜/摘下神秘的面纱。

ぬぐ・う② 〔拭う〕(他五)①擦,揩掉。△汗(あせ)を〜/擦汗。②消除,拭掉。△恥(はじ)を〜/雪耻。◇口(くち)を〜/ⅰ)偷嘴后装作没事。ⅱ)若无其事。

ぬけ①⓪ 【抜け】〔脱け〕①脱落,遗漏。△記録(きろく)に〜がある/记录中有遗漏。②行市超过原定价。△90円〜/超过90日元。

ぬけだ・す③ 【抜け出す】(自五)①溜走,脱身。△抜出そうと折(おり)を待(ま)つ/待机脱身。②摆脱。△貧困(ひんこん)から〜/摆脱贫困。③开始脱落。△毛(け)が〜/毛发开始脱落。

ぬけ・でる③ 【抜け出る】(自下一)①逃脱,溜出。△窓(まど)から〜/跳窗逃脱。△会場(かいじょう)から〜/溜出会场。②摆脱,离开。△古(ふる)い観念(かんねん)から〜/摒弃陈腐观念。③杰出,出众。△ひときわ抜出た人(ひと)/出类拔萃的人。

ぬ・ける⓪ 【抜ける】(自一下)①脱落,掉。△毛(け)が〜/掉毛。△腕(うで)の関節(かんせつ)が〜/腕关节脱臼。②遗漏,短缺。△この字(じ)には点(てん)が抜けている/这个字缺一个点儿。△名薄(めいぼ)から彼女(かのじょ)の名前(なまえ)が抜けている/名册上漏了她的名字。③消失。△香(かお)りが〜/香味消失,走味。△タイヤから空気(くうき)が抜けた/轮胎撒气了。④缺心眼儿。△あの人(ひと)はすこし抜けている/他有点缺心眼儿。⑤离开,退出。△仲間(なかま)から〜/离开伙伴,退伙。△研究会(けんきゅうかい)から〜/退出研究会。⑥穿过,通过。△トラックがトンネルを抜けた/卡车从隧道中穿了过去。⑦(道路等)通向,通到。△この道(みち)は駅頭(えきとう)へ〜/这条路通到火车站。

	一字〜ている	汚れが〜	やっと風が〜た	評判が〜	選に〜
抜ける	・け〜	○	・け○	○	×
落ちる	・ち○	○	×	○	×
もれる	△	×	×	○	○

ぬし① 【主】Ⅰ(名)①主人。②物主，所有者。△車(くるま)の～/车主。△～のない傘(かさ)/没主人的伞。③〈古〉丈夫。④精灵(传说中久居山林湖海中的有灵气的动物)。△沼(ぬま)の～/沼泽中的精灵。Ⅱ(代)①(用"お～"形式)您。②(用"～さん"形式，旧时妇女对丈夫的爱称)当家的。Ⅲ(接尾)(接动词连用形)…主，…者。△拾(ひろ)い～/拾者。△雇(やと)い～/雇主。

ぬすびと⓪ 【盗人】盗贼，小偷。△～を捕(つか)まえる/捉贼。◇～に追(お)い銭(せん)/赔了夫人又折兵。◇～にも三分(さんぶ)の理(り)あり/盗贼也有三分理。◇～たけだけしい/行窃后伪装无事。〈喻〉干了坏事还蛮不讲理。

ぬすみ③ 【盗み】偷盗，盗窃。△～を働(はたら)く/行窃。△～にはいる/入室行窃。

ぬすみわらい④ 【盗み笑い】(名・自サ)偷笑，暗笑。△思(おも)わず陰(かげ)で～をする/不禁在背地里偷着笑。

ぬす・む② 【盗む】(他五)①偷盗，盗窃。△金(かね)を～/偷钱。△物(もの)を～/盗物。②剽窃。△人(ひと)の文章(ぶんしょう)を～/剽窃别人的文章。③欺瞒。△人目(ひとめ)を盗んでデートする/(男女)瞒着人幽会。④偷闲。△暇(ひま)を盗んで野球(やきゅう)の試合(しあい)を見(み)に行(い)く/抓工夫去看棒球比赛。

ぬたく・る⓪ 〔塗たくる〕(他五)乱涂，乱画，乱写。△おしろいをごてごて～/杂乱无章地涂抹白粉。

ぬの⓪ 【布】①布，布匹。△～を織(お)る/织布。②麻布，葛布。③棉布。

ぬのぐつ⓪ 【布靴】布鞋。△～をはくのが好(す)きだ/喜欢穿布鞋。

ぬのじ⓪ 【布地】布料。

ぬま② 【沼】沼泽，池沼。△～地(ち)/沼泽地。

ぬめり③ 〔滑めり〕①滑溜。②黏液。

ぬら・す⓪ 〔濡らす〕(他五)濡湿，沾湿，润湿。△涙(なみだ)がほおを～/满脸泪痕。△雨(あめ)が柳(やなぎ)を～/春雨濡湿柳枝。△車(くるま)を一度(いちど)ぬらしてから洗(あら)う/把车润湿一下后再冲洗。◇口(くち)を～/糊口。◇袖(そで)を～/落泪。

ぬり⓪ 【塗り】①涂，涂抹。②涂法，漆法。△お盆(ぼん)は～がいい/托盘漆得很好。

ぬりかく・す⓪ 【塗り隠す】(他五)①涂盖(文字等)。②掩饰过失，文过饰非。

ぬりた・てる④ 【塗りたてる】(他下一)①粉刷得漂漂亮亮。△店(みせ)の前(まえ)を～/把铺面粉刷得漂漂亮亮。②浓妆艳抹。

ぬりつ・ける④ 【塗り付ける】(他下一)①涂上，搽上。△顔(かお)におしろいを～/往脸上搽粉。②推诿，转嫁。△罪(つみ)を他

人(たにん)に～/把罪责推给他人。

ぬ・る⓪【塗る】(他五)①涂, 抹, 搽。△漆(うるし)を～/涂漆。△パンにバターを～/在面包上抹上黄油。②推诿, 转嫁。△罪(つみ)を～/转嫁罪责。

ぬる・い②〔温い〕(形)温, 半凉不热。△お茶(ちゃ)がぬるくなった/茶放温了。△ぬる燗(かん)/烫热了的酒。

ぬる・い②〔緩い〕(形)(处理)不严, 宽大。△～やり方(かた)/温和的作法。△手(て)が～/(处理事情)手软。

ぬるぬる①Ⅰ(名)黏液。△納豆(なっとう)の～/纳豆上的黏液。Ⅱ(副・自サ)滑溜, 黏滑。△道(みち)が～(と)滑(すべ)って歩(ある)きにくい/路滑难走。

ぬる・む〔温む〕(自五)变暖, 变温。△水(みず)～ころ/春到河水变暖的时节。

ぬるまゆ③【ぬるま湯】〔微温湯〕温水。△～で薬(くすり)を飲(の)む/用温水服药。◇～につかる/饱食终日, 无所事事。◇～に入(はい)ったよう/老泡在那里。

ぬるゆ②【ぬる湯】〔温湯〕温水澡。△～好(ず)き/喜欢洗温水澡。

ぬれぎぬ③⓪〔濡(れ)衣〕①湿衣服。②〈转〉冤枉, 冤罪。△～を着(き)せられる/受不白之冤。△～を着(き)せる/冤枉好人。

ぬれて〔濡れ手〕湿手。◇～で粟(あわ)/不劳而获。〈喻〉轻而易举地(发财)。△～で粟で金(かね)もうけができるなら、働(はたら)く人(ひと)はいなくなる/如果能轻而易举地赚钱的话, 那就没有人劳动了。

ぬ・れる⓪〔濡れる〕(自下一)①湿。△傘(かさ)がなかったので雨(あめ)にぬれてしまった～/没带伞, 被雨淋湿了。△つゆで靴(くつ)がぬれた/露水沾湿了鞋。②(男女)发生色情关系, 私通。△二人(ふたり)でしっぽり～/两个人情意缠绵关系暧昧。⇨しめる表

ね ネ

ね⓪【音】①(有美感的)声音，音响。△鐘(かね)の～/钟声。△笛(ふえ)の～/笛声。②哭声。◇～を上(あ)げる/叫苦。

ね①【根】①(植物的)根。△～がつく/生根。②根，根底。△歯(は)の～/牙根。③根源，根据。△対立(たいりつ)の～は深(ふか)い/对立的根源很深。④本性。△～はいい人(ひと)だ/本性是好人。⑤内心。◇～に持(も)つ/怀恨在心。◇～も葉(は)もない/毫无根据。◇～を下(お)ろす/扎根。

ね⓪【値】价格，价钱。△～が高(たか)い/价钱贵。△～をつける/给价，还价。△～をまける/让价。△～が上(あ)がる/涨价。△～を引(ひ)く/减价。

	適正な～	～が張る	今に～の出る品	～統制
値	○	○	○	×
値段	○	○	×	×
価格	○	×	×	○

ね⓪【寝】睡眠。△～が足(た)りない/睡眠不足。

ね(終助)①(表示轻微感叹)哇，呀。△いい天気(てんき)です～/天气不错呀。②(表示叮嘱)呀。△必(かなら)ずいらっしゃい～/一定要来呀。③(征求对方同意)吧。△そうでしょう～/是那样吧。

ねあがり⓪【値上がり】(名・自サ)涨价，价格上涨。△土地(とち)の～が激(はげ)しい/土地价格猛涨。△～気味(ぎみ)/有涨价趋势。

ねあげ⓪【値上げ】(名・他サ)提价，加价。△ガス料金(りょうきん)を～する/提高煤气费。△運賃(うんちん)を一割(いちわり)～する/运费涨了一成。

ねい・る②【寝入る】(自五)①熟睡。△ぐっすりと～/睡得很香。②入睡。△子供(こども)が寝入った/孩子睡着了。③(买卖)萧条。④(演员)失去声望。

ねいろ⓪【音色】音色，音质。△～が柔(やわ)らかい/音色柔和。△澄(す)んだ～/清脆的音质。

ねうち⓪【値打ち】①价格，价钱。△～が下(さ)がる(上(あ)がる)/价格下跌(上涨)。②价值。△一読(いちどく)の～がある/值得一读。

ねえさん①【姉さん】(敬称)姐姐。

ねえさん①〔姐さん〕①(顾客对旅馆、饭馆女服务员的称呼)大姐。△ちょっと、お～、ビールをおねがいします/喂，大姐，劳驾拿啤酒来。②(对资格较老的女艺人的称呼)老大姐。

ネーム①[name]①名字，名称。△～カード/名片。△～デー/命名日。②("～プレート"之略)

名牌，名签。③(在西服等里子上绣的)物主的名字。△上着(うわぎ)に～を入(い)れる/在上衣绣上名字。

ネーム・バリュー④ [name value] ①名声，名誉。△～がある/有名气。②名人效应，名人名字的广告价值。

ネーム・プレート⑤ [name plate] ①名牌。②商标。③报刊名。

ネオ [neo](造语)新。△～クラシシズム/新古典主义。△～コロニアリズム/新殖民主义。△～モダン/最新的，更现代化的。△～リアリズム/新现实主义。△～ロマンティシズム/新浪漫主义。

ねおき⓪① 【寝起き】Ⅰ(名)睡醒，醒后起来。△あの子(こ)は～が悪(わる)い/那孩子睡醒后爱闹。Ⅱ(名・自サ)①睡觉和起床。②起居，生活。△～を共(とも)にする/共同生活。△親元(おやもと)を離(はな)れて大学(だいがく)へ通(かよ)ういとこが、うちの二階(にかい)に～している/离开父母身边在大学走读的表兄弟住我家的二楼上。

ネオン① [neon] ①氖。△～管(かん)/氖管，霓虹灯。②("ネオンサイン"之略)霓虹灯广告牌。

ネオン・サイン①-² [neon sign] 霓虹灯广告牌。

ねがい② 【願(い)】①愿望，请求。△～がかなう/如愿以偿。②请求书，申请书。△入学(にゅうがく)～/入学申请书。

ねがい・でる⓪ 【願(い)出る】(他下一)提出申请，请求。△上司(じょうし)に仕事(しごと)を変(か)えてくれるよう～/请求上司给我调换工作。

ねが・う② 【願う】(他五)①请求，恳求。△どうぞよろしくお願いします/请多关照。△お願いしたいことがあります/我有事想求您。②(向神佛)祈求，祷告，许愿。△無事(ぶじ)を～/祈求平安。③希望。△仲良(なかよ)く暮(くら)すようにと願っております/愿友好相处。④(向机关)提出申请。△名義(めいぎ)の書換(かきか)えを～/申请过户。◇願ったり叶(かな)ったり/称心如意；如愿以偿。◇願ってもない/求之不得。△それは願ってもないことだ/那可是求之不得的事。

	平和を～	旅の無事を神に～	～べくもないこと	よろしく～ます	息子の嫁にと～れる
願う	○	○	×	-い○	×
望む	○	×	○	×	-ま○

ねがえり④⓪ 【寝返り】(名・自サ)①(睡觉或躺着时)翻身。②背叛，倒戈。◇～を打(う)つ/ⅰ)翻身。ⅱ)背叛投敌。△どうやらあいつは敵(てき)に～を打ったらしいから注意(ちゅうい)しろ/那个家伙好像已经投敌了，要小心他点！

ねがお⓪ 【寝顔】睡脸，睡时的模样。

ねか・す⓪ 【寝かす】(他五)①使睡觉。△子守唄(こもりうた)を歌

(うた)って赤(あか)んぼうを～/唱着催眠曲哄孩子睡觉。②使躺下，放倒。△けが人(にん)をその場(ば)に寝かしたまま、大急(おおいそ)ぎで救急車(きゅうきゅうしゃ)を呼(よ)びました/(我)让受伤的人躺在现场不动，并赶紧叫了救护车。③(商品、资金等)搁置，积压。△資本(しほん)を～/资本搁置未用。④(曲子等放置温处)使之发酵。△イースト菌(きん)を入(い)れて三時間(さんじかん)寝かしておく/放进酵母后，要搁3小时使之发酵。

ネガ① [negative] 底片。→ネガティブ。

ネガティブ① [negative] (名・形动)①否定，消极。△～な評価(ひょうか)/反面的评价。②(照相)底片，底片胶卷。

ねぎ⓪ 〖葱〗葱。△きざみ～/葱花儿。

ねぎ・る② 【値切る】(他五)还价，驳价。△千円(せんえん)を800円に～/从1千元还价到800日元。

ネクサス① [nexus] ①纽带。②连接，联系。③结合体，连接体。

ねぐせ⓪ 【寝癖】①睡觉时的毛病(如头发睡乱、把床单弄乱等)。△この子供(こども)は～がわるい/这孩子睡觉不老实。②幼儿睡觉时的不良习惯(如要求别人唱歌、陪睡等)。△～のついた子供(こども)/染上睡觉时磨人习惯的孩子。③贪睡的习惯。

ネクタイ① [necktie] 领带。△～留(と)め/领带卡，领带夹。△～ピン/领带别针。△～を結(むす)ぶ/系上领带。△～を解(と)く/解开领带。

ネグリジェ③ [法 neglige] (类似连衣裙的)睡袍。

ねぐるし・い④ 【寝苦しい】(形)难以入睡，睡不着。△暑(あつ)くて～夜(よる)/热得(人)难以入睡之夜。

ネグロ① [Negro] 黑人，美国黑人(带有贬义,现用 black)。

ねこ① 【猫】①猫。△～ブーム/庞猫热。②(泥制)小炭炉。③〈俗〉(日本的一种乐器)三弦。④〈俗〉艺妓。⑤("ねこぐるま"之略)手推独轮车。◇～に鰹節(かつおぶし)/虎口送肉(比喻危险)。◇～に小判(こばん)/投珠以豕，对牛弹琴。◇～の手(て)も借(か)りたい/人手不足(忙得很)。◇～の額(ひたい)/巴掌大的地方(形容狭小)。◇～の目(め)のよう/变化无常。◇～も杓子(しゃくし)も/不论张三李四(不管是谁)。◇～をかぶる/ⅰ)假装老实。ⅱ)佯作不知。

ねこぜ⓪ 【猫背】水蛇腰(的人)，曲背(的人)。△～になる/变成驼背。

ねごと⓪ 【寝言】①梦话，梦呓。△～を言(い)う/说梦话。②莫明其妙的话。△唐人(とうじん)の～/说的话令人不懂。③胡说。△～を言(い)うな/别胡说!

ねこ・む② 【寝込む】(自五)①熟睡，酣睡。△ようやく寝込んだ

ところだったのに、電話(でんわ)のベルで起(お)こされた/好容易才睡踏实了,却又被电话铃吵醒了。②卧床不起。△病気(びょうき)で～/因病卧床不起。

ねころ・ぶ③【寝転ぶ】(自五)横卧,(随便)躺卧。△寝転んで本(ほん)を読(よ)むと、目(め)に悪(わる)いよ/躺着看书对眼睛可有害呀!

ねさがり⓪④【値下(が)り】(名・自サ)跌价,落价。△キャベツが～し始(はじ)める/卷心菜开始跌价。

ねさげ⓪【値下げ】(名・他サ)降价,减价。

ねじ①〔螺子〕①螺丝。△～を回(まわ)す/拧螺丝。②(钟表等)上发条的螺丝把手。◇～が緩(ゆる)む/ i)螺丝松扣。ii) 精神松懈。◇～を巻(ま)く/ i)给表上弦。ii) 给…打气。

ねじき・る③⓪【ねじ切る】〔捩切る〕(他五)扭断,拧断。△錠前(じょうまえ)を～/把锁头拧断。

ねじくぎ②〔螺子釘〕螺丝钉。

ねしずま・る④【寝静まる】(自五)夜深人静。△わたしは毎晩(まいばん)家族(かぞく)が寝静まってから勉強(べんきょう)します/每天晚上在家里人入睡静下来之后我学习。

ねじまわし③【ねじ回し】〔螺子回し〕改锥,螺丝刀。

ねじ・る②〔捩る〕(他五)扭,拧,捻,转动。△この木(き)の実(み)は、軽(かる)く捩れば、枝(えだ)から取(と)れます/这棵树上的果实只要轻轻一拧就可从枝上摘下来。△ラジオのつまみを～/转动收音机上的旋钮。

ねじ・れる③【拗れる・捩れる】(自下一)①歪扭,弯曲。△鏡(かがみ)を見(み)て、捩れているネクタイを直(なお)します/照着镜子把系歪的领带正过来。②(性格)乖僻,别扭。△性質(せいしつ)のねじれたやつ/性情古怪的家伙。

ねすがた②【寝姿】睡觉的姿势(样子)。△～が悪(わる)い/睡觉的姿势不好看。

ネスカフェ③[Nescafé]雀巢咖啡。

ねす・ぎる④【寝過ぎる】(自上一)①睡过多。②睡过了头。△目覚(めざ)ましが鳴(な)らなくて～/闹钟未响,睡过了。△寝過ぎて遅刻(ちこく)した/睡过了头,迟到了。

ねすご・す③【寝過ごす】(自五)睡过了头。△疲(つか)れて寝過ごした/因太累睡过了头。

ねずみ⓪〔鼠〕①老鼠,耗子。◇袋(ふくろ)の中(なか)の～/袋中之鼠,瓮中之鳖。②("ねずみいろ"之略)深灰色。

ねずみいらず④【鼠入らず】无孔可入,无隙可乘。

ねずみいろ⓪〔鼠色〕深灰色。△～の背広(せびろ)/深灰色西服。

ねずみざん④【ねずみ算】〔鼠算〕老鼠繁殖计算法。〈喻〉数量急剧增加。

ねずみとり④【ねずみ捕り】〔鼠捕り〕①捕鼠器。②〈俗〉对交通违章加以监督取缔。

ねたまし・い④〔妬ましい〕(形)嫉妒。△人(ひと)の成功(せいこう)を妬ましく思(おも)う/对别人的成功嫉妒。

ねたみ⓪〔妬み〕嫉妒，嫉妒心。△人(ひと)の~を受(う)ける/被他人嫉妒。△彼女(かのじょ)は~の深(ふか)い女(おんな)だ/她是个嫉妒心强的女人。

ねた・む②〔妬む〕(他五)嫉妒；嫉恨；眼红。△人(ひと)の幸福(こうふく)を妬んでもしかたがない/对别人幸福嫉妒得不得了。

ねだ・る⓪(他五)强求，央求。△チップを~/索要小费。△小遣(こづか)いを~/缠着要零花钱。

ねだん⓪【値段】价格，价钱。△~を上(あ)げる/提价。△~の安(やす)い品物(しなもの)/价钱便宜的商品。⇨ね表

ねつ②【熱】①热，热度。△~があがる/热度增高。②(身体)发烧。△~が出(で)る/发烧。③热情，干劲。△仕事(しごと)に~を入(い)れる/工作上鼓足干劲。△~が冷(さ)める/情绪低落。△~を上(あ)げる/热中。△マージャン~/麻将入迷。△~に浮(う)かされる/ i)发高烧说胡话。ii)入迷。

ねつあい⓪【熱愛】(名・他サ)热爱，酷爱。△芸術(げいじゅつ)に対(たい)する~/对艺术的酷爱。

ねつい⓪【熱意】热情，热忱。△~のこもった話(はなし)/热情洋溢的话。

ねっき①③【熱気】①热气，暑气。△炎天(えんてん)の~/暑天的热气。②热情，激情。△~を帯(お)びた群衆(ぐんしゅう)/情绪激昂的群众。

ねっきょう⓪【熱狂】(名・自サ)狂热，入迷。△~的(てき)なファン/狂热的爱好者。△コンサートは、~した少女(しょうじょ)たちで大騒(おおさわぎ)となった/音乐会因狂热的少女们变得乱哄哄的。△~相場(そうば)/变幻莫测的证券市场。

ネックレス①[necklace](也作"ネックレース")项链。△真珠(しんじゅ)の~/珍珠项链。

ねつけ⓪③【熱気】发烧(的感觉)。△~がある/发烧。

ねつげん⓪②【熱源】热源。

ねっこ⓪【根っこ・根っ子】〈俗〉①根。②树桩，残根，庄稼茬。△松(まつ)の~/松树桩。

ねつじょう⓪【熱情】热情，热忱。△~のこもった手紙(てがみ)/热情洋溢的信。△~のあふれるもてなし/盛情款待。

ねっしん③①【熱心】(名・形动)热心，热诚，热情，专心。△あの先生(せんせい)は、生徒(せいと)を~に教(おし)え、また、暇(ひま)を見(み)つけては自分(じぶん)の勉強(べんきょう)を続(つづ)けた/那位老师热心地教学生，并一遇

有空就坚持自学。
ねっ・する⓪【熱する】Ⅰ(自サ)①热,变热。△熱しやすい金属(きんぞく)/易传热的金属。②热心,热中,激动。△彼(かれ)は熱しやすい人(ひと)だ/他是个易于激动的人。Ⅱ(他サ)加热。
ねったい⓪【熱帯】热带。△～気候(きこう)/热带气候。△～魚(ぎょ)/热带鱼。△～植物(しょくぶつ)/热带植物。
ねっちゅう⓪【熱中】(名・自サ)①热中,专心致志。△勉強(べんきょう)に～する/专心学习。②入迷。△野球(やきゅう)に～する/打棒球入迷。⇨せんねん表
ネット①[net]①网,网状物;网络。△～ニュース/网上新闻。△～ワーカー/上网工作者。△インター～/英特网,国际互联网。②(网、排、羽毛、乒乓球等)球网。△～タッチ/触网。△～イン/擦网球。③(妇女用的)发网。△～をかぶる/戴发网。④净重,净值。△～一(いち)ポンド/净重1磅。△～プロシーツ/纯收入。
ねっとう⓪【熱湯】开水。△～消毒(しょうどく)をする/煮沸消毒。
ネット・ワーキング④[net working]联网,组网,建网。
ネット・ワーク④[net work]网际网络;广播网,电视网。△～コンピューター/网络计算机。△～システム/信息网络系统。△～ショー/(广播、电视的)联播节目。△～データベース/网络数据库。△～マネージメント/网络管理。
ねづよい③【根強い】(形)①根深蒂固。△偏見(へんけん)が～/偏见根深蒂固。②坚定不移,顽强。△根強く反対(はんたい)する/坚决反对。
ねつりょう②【熱量】热量。△二千(にせん)カロリーの～/两千卡的热量。
ねつれつ⓪【熱烈】(名・形动)热烈,热情。△～な恋愛(れんあい)/热恋。△～に討議(とうぎ)する/热烈讨论。
ねてもさめても②-①【寝ても覚めも】(副)时时刻刻。△～その事(こと)ばかり考えている/时时刻刻总想着那件事。
ねどこ⓪【寝床】①床。△～をはなれる/起床。②(铺好的)被褥,被窝。△～にもぐりこむ/钻进被窝里。
ネバー②[never]决不。△～ギブアップ/永不屈服。△～セイダイ/决不气馁。△～ハップン/决不会有。△～マインド/不必介意。
ねばつ・く⓪【粘付く・粘着く・粘つく】(自五)黏,发黏,黏糊。△油(あぶら)で手(て)が～/手因沾上油而发黏。
ねばねば〔粘粘〕Ⅰ(名)有黏性的东西。△飴(あめ)の～/软黏糖。Ⅱ(副・自サ)黏,发黏,黏糊。△このお粥(かゆ)はかなり～している/这粥(熬得)挺黏糊。

ねはば⓪【値幅】差価,行市涨落幅度。△～が大(おお)きい商品(しょうひん)/价格涨落幅度大的商品。

ねばり③【粘り】①黏,黏性,黏度。△～がある/有黏性。②耐性。△彼(かれ)は～がない/他没有耐性。

ねばりつ・く⓪②【粘り付く】(自五)粘上。△着物(きもの)に粘り付いたのりを洗(あら)い落(おと)す/把粘在衣服上浆糊洗掉。

ねばりづよ・い⑤【粘り強い】(形)①黏粘性大。△～もち/特粘的年糕。②柔韧。△～紙(かみ)/柔韧的纸。③不屈不挠,顽强。△粘り強く挑戦(ちょうせん)する/顽强地挑战。

ねば・る②【粘る】(自五)①发黏。△この糊(のり)はちっとも粘らない/这浆糊一点也不黏。②坚持,坚韧,有耐性。△最後(さいご)まで粘れ/要坚持到底！

ネハン⓪［梵 nirvana］(佛教)涅槃(指超脱生死之境界)。△～で待(ま)つ/到天堂见！

ねびき⓪【値引(き)】(名・他サ)减价。△二割(にわり)～する/减价两成(按原价打八折)。

ネフオス③［NEFOS］(New Emerging Forces)新兴力量。

ねぶか・い③【根深い】(形)①(植物)根深。②根深蒂固。△～意見(いけん)の対立(たいりつ)/由来已久的分歧。

ねぶくろ⓪②【寝袋】(登山、野营用的)睡袋。

ねぶそく②【寝不足】(名・自サ)睡眠不足,缺觉。△～で気分(きぶん)が悪(わる)い/由于缺觉而不舒服。

ねぶみ⓪【値踏】(名・他サ)估价。△もらいものの～をする/对人家给的东西作个估价。

ねぼう⓪【寝坊】(名・自サ・形动)睡懒觉,贪睡晚起(的人)。△いつも～をしては、走(はし)って学校(がっこう)へ行(い)きます/总是贪睡起晚,跑着去上学。

ねまき⓪【寝巻(き)】睡衣。△休(やす)みの日(ひ)、父(ちち)はお昼(ひる)すぎまで～でいて、母(はは)にしかられます/在休息日,父亲穿着睡衣直到过晌,因而受到母亲的批评。

ねまわし②【根回し】①修根,整根。②〈转〉(为顺利解决)事先疏通,事先协商。△もう関係(かんけい)の筋(すじ)に～をした/已事先疏通了有关方面。

ねむ・い⓪【眠い】(形)困倦,想睡觉。△眠くなる/发困。

ねむけ⓪【眠気】睡意,困倦。△～がさす/有睡意,感到困倦。

ねむた・い⓪【眠たい】(形)困倦,想睡觉。△徹夜(てつや)をしたので～/由于熬夜而发困。

ねむり⓪【眠り】睡觉,睡眠状态。△～につく/睡着。△～が浅(あさ)い/睡得不踏实。

ねむりぐすり④【眠り薬】安眠药。

ねむりこむ④【眠り込む】入睡。

ねむ・る⓪【眠る】(自五)①睡觉,

睡眠。△ぐっすりと～/睡得很香。②长眠。△地下(ちか)に～/长眠于地下。③〈喻〉(東西)放置未用。△タンスに服(ふく)がたくさん眠っている/衣柜里放着许多衣服未穿。

	よく ～人	永遠 に～	草原に ～て雲 を見る	地下に ～宝物	風邪をこ じらせて 一月～
眠る	○	○	×	○	×
寝る	○	×	○	×	○

ねもと③【根本・根元】①根。△木(き)の～/树根。△髪(かみ)の～のところが白(しろ)い/头发的根部是白色的。②(事物的)根本。

ねらい⓪〔狙い〕①瞄,瞄准。△～をつける/瞄准。△～撃(う)ちする/瞄准射击。②目标,目的,意图。△～が正確(せいかく)だ/目标正确。△～所(どころ)/着眼点。

ねら·う⓪〔狙う〕(他五)①瞄准。△獲物(えもの)を～/瞄准猎物。②伺机,窥伺。△反撃(はんげき)のチャンスを～/窥伺反攻的机会。③以…为目标,想得到,瞄准。△優勝(ゆうしょう)を～/想获得冠军。⇨めざす表

ねりあ·げる⓪【練り上げる・煉(り)上げる】(他下一)①精炼,提炼。△練り上げられた筆法(ひっぽう)/精炼的笔法。②(经过反复琢磨)推敲出,研究出,订出。△案(あん)を～/订出计划。

ねりある·く④【練り歩く】(自五)①列队游行。②漫步。△街路(がいろ)を～/漫步街头。

ねりはみがき④【練(り)歯磨】牙膏。

ね·る⓪【寝る】(自下一)①睡觉,就寝。△毎晩(まいばん)九時(くじ)ごろ～/每晚9点左右睡。②躺着(休息)。△芝生(しばふ)の上(うえ)に～/躺在草坪上(休息)。③卧病。△けがで寝ている/因受伤而卧床疗养。④(曲子)成熟。⑤(商品)积压,滞销。△売(う)れない商品(しょうひん)が倉庫(そうこ)に寝ている/卖不掉的商品积压在仓库里。⑥(资金)积压不能周转。△とうぶ必要(ひつよう)のない寝ている金(かね)があったら、ちょっと貨(か)してくれ/目前(你)如有用不着的闲钱就借给我一些吧。◇寝た子(こ)を起(お)こす/〈喻〉无事生非。

ね·る①【練る】〔煉る〕(他五)①熬制。△あずきあんを～/熬豆馅。②揣和,揉和。△粘土(ねんど)を～/和黏土。③推敲。△文章(ぶんしょう)を～/推敲文章。④锻炼,磨练。△体(からだ)を～/锻炼身体。△技(わざ)を～/磨练技能。⑤熟(丝)。△絹(きぬ)を～/熟丝。

ねん①【年】①年,一年。△～に一度(いちど)/一年一度。②(学徒或佣工的)年限。△～があける/满师,出师。

ねん①【念】①注意,小心。△～を入(い)れる/小心。②宿愿,心愿。△～がかなう/如愿以偿。③念头,心情,想法。◇～には～を入(い)れよ/要多加小心!◇～

のため/为了慎重起见。◇～を押(お)す/叮问，叮嘱。

ねんあけ⓪【年明け】①满师。②新年伊始。△～の国会(こっかい)/新年后的议会。

ねんいちねん①⓪【年一年】年复一年。△～大(おお)きくなる/一年比一年长大了。

ねんいり④③【念入り】(名・形动)周到，细致，精细。△～な計画(けいかく)をたてる/制定周密的计划。△～な手入(てい)れ/细致的修理。△～に調(しら)べる/仔细调查。

ねんが①【年賀】贺年，拜年。△～に行(い)く/去拜年。

ねんがじょう③【年賀状】贺年信，贺年片。

ねんがっぴ③【年月日】年月日。

ねんがらねんじゅう①-①【年がら年中】(副)一年到头，终年。△～忙(いそが)しく働(はたら)いている/一年到头总是忙忙碌碌。

ねんかん⓪【年間】①一年(时间)，全年。△～の収入(しゅうにゅう)/全年收入。②年间，年代。

ねんかん⓪【年鑑】年鉴。△新聞(しんぶん)～/新闻年鉴。△文芸(ぶんげい)～/文艺年鉴。

ねんがん③【念願】(名・他サ)心愿，愿望，希望。△～がかなう/如愿以偿。△多年(たねん)の～を達(たっ)する/多年夙愿得偿。

ねんき⓪【年季・年期】①年限。②长期积累的经验。

ねんきゅう⓪【年休】("年次有給休暇(ねんじゅうきゅうきゅうか)"之略)年度带薪休假。

ねんきん⓪【年金】年金(每年支付的定额款项)。△養老(ようろう)～/养老金。△厚生(こうせい)～/福利年金。△共済(きょうさい)～/互助金。

ねんげつ⓪【年月】岁月，年月。△長(なが)い～を要(よう)する/需要很长时间。

ねんこう⓪③【年功】①多年的劳绩，资历。△～加俸(かほう)/工龄津贴。△昇進(しょうしん)は～による/根据资历晋升。△～序列(じょれつ)/按工龄提升，论资排辈。②多年的工作经验，老经验。△～を積(つ)む/积累经验。△さすがは～だ/到底是老经验。

ねんごう③【年号】年号。△～を改(あらた)める/更改年号。

ねんごろ⓪【懇ろ】(形动)①恳切，诚恳，殷勤。△～な態度(たいど)/诚恳的态度。②(关系)亲密，和睦。△～につきあう/亲密地交往。③男女暗中发生爱情。△～になる/私通。

ねんさい⓪【年祭】(对已故人的)周年纪念日。

ねんさん⓪【年産】年产量。△～百万台(ひゃくまんだい)/年产百万辆。

ねんし①【年始】①一年的开头，年初。△年末(ねんまつ)～/年末年初。②贺年，拜年。△～の客(きゃく)/拜年的客人。

ねんしゅう⓪【年収】一年的收入，

年収入。△～百万元(ひゃくまんげん)/年收入1百万元。

ねんじゅう① 【年中】Ⅰ(名)一年间，全年。△～行事(ぎょうじ)/一年的传统节日活动。Ⅱ(副)一年到头，始终，经常。△社長(しゃちょう)は～忙(いそが)しくてお会(あ)いする時間(じかん)がありません/总经理总是忙，没有时间和他见面。

ねんしょう⓪ 【年少】年幼，年轻。△同級生(どうきゅうせい)の中(なか)でも一番(いちばん)～だ/在同班同学中年龄最小。△最(さい)～の知事(ちじ)/最年轻的知事。

ねんしょう⓪ 【燃焼】(名・自サ)①燃烧。△完全(かんぜん)に～する/充分燃烧。②〈喻〉(工作)竭尽全力。△今(いま)はもう完全(かんぜん)燃焼したいという気持(きもち)で一杯(いっぱい)です/现在仍一心想为事业竭尽全力。

ねん・じる⓪③ 【念じる】(他上一)①经常思念。△子供(こども)のためによかれと～/经常挂念孩子，希望他们平安无事。②暗诵。お経(きょう)を～/诵经。

ねんすう③ 【年数】年数，年头。△～を経(へ)る/经过若干年。

ねんせい⓪ 【粘性】黏性。△～土壌(どじょう)/黏性土壤。

ねんだい⓪ 【年代】①年代。△～順(じゅん)に並(なら)べる/按年代顺序排列。②时代。△明治(めいじ)～/明治时代。

ねんちゃく⓪ 【粘着】(名・自サ)粘着。△～テープ/胶带。△～力(りょく)/粘着力。

ねんちょう⓪ 【年長】(名・形动)年长，年岁大。△～者(しゃ)/年长者。

ねんど① 【粘土】黏土，胶泥。△ゴム～/橡皮泥。△～細工(さいく)/黏土工艺(泥塑)。

ねんど⓪ 【年度】年度。△～替(か)わり/新旧年度交替。

ねんとう⓪ 【年頭】岁首，年初。△～のあいさつ/新年祝词。△～書文(しょぶん)/(美国总统)年初咨文。

ねんない①⓪ 【年内】年内，一年之内。△～無休(むきゅう)/年内不停业。△新築中(しんちくちゅう)の建物(たてもの)は～に完成(かんせい)の予定(よてい)です/新建的房子预计年内完工。

ねんねん⓪ 【年年】(名・副)每年，逐年。△～よくなっていく/一年比一年好。△輸出(ゆしゅつ)が～増加(ぞうか)する/出口逐年增加。

ねんぱい⓪ 【年配・年輩】①大约的年龄。△五十(ごじゅう)～/50岁左右。②(通晓世情的)中年。△～の婦人(ふじん)/中年妇女。△～の人(ひと)なら知(し)っている/中年以上的人，都会记得。

ねんまつ⓪ 【年末】年末，年终。△～年始(ねんし)/岁末年初。△～調整(ちょうせい)/所得税年终调整(多退少补)。△～に帰省(きせい)する/年底回乡省亲。△～賞

与(しょうよ)/年终奖金。△～大売出(おおうりだ)し/年终大甩卖。

ねんりょう⓪【燃料】燃料。△ガスを～にする/以煤气为燃料。△～が不足(ふそく)する/燃料短缺。

ねんりん⓪【年輪】①(树的)年轮。△～を数(かぞ)える/数年轮。②〈喻〉事物每年的发展变化。

ねんれい⓪【年齢】年龄，岁数。△～より若(わか)く見(み)える/比实际年龄显得年轻。

	～を重ねる	まだ～が若い	精神～	～をとる	～が傾く
年齢	○	○	○	×	×
とし	○	○	×	○	×
齢	○	×	×	×	○

ねんれいそう⓪【年齢層】年龄段，年龄层，同龄人群。

ねんれいたいこう⓪⁻①【年齢退行】(心理学)返老还童现象。

の ノ

の Ⅰ（格助）①（表示所属或限定内容、性质、状态）的。△文学部(ぶんがくぶ)〜学生(がくせい)/文学系的学生。△山(やま)〜麓(ふもと)/山脚下。②表示从句的主语。△花(はな)〜咲(さ)く季節(きせつ)/花开时节。③（作为形式体言）。△来(く)る〜が遅(おそ)い/来得晚。Ⅱ（终助）（主要是女人、儿童用）①表示轻微的判断。△いいえ、違(ちが)う〜/不，不对呀。②表示询问。△何(なに)をする〜/你做什么呀。

の① 【野】①野地，原野。△〜の花(はな)/野花。②田野，田地。△〜を耕(たがや)す/耕田。◇あとは〜となれ山(やま)となれ/只要今朝好，将来且不管。

ノアのはこぶね⓪⁻③ 【ノアの箱舟】[Noah の—]（基督教）诺亚方舟。

ノイズ① [noise]杂音，噪声。△〜サプレッサー/消音装置。△〜リダクション/减噪器。△〜リミッター/噪音限制器。

ノイローゼ③ [德 Neurose]神经官能症，神经衰弱。

のう① 【能】①才能，能力。△彼(かれ)は絵(え)をかくほかは〜がない/他只有画画的才能。②（日本的一种古典歌舞剧）能，能乐。△〜を見(み)る/观看能乐。◇〜ある鷹(たか)は爪(つめ)を隠(かく)す/真人不露相，能者不夸才。⇨のうりょく 表

のう① 【脳】①脑。△〜溢血(いっけつ)/脑溢血。△〜炎(えん)/脑炎。②脑筋，脑力。△〜が弱(よわ)い/记忆力差。

のうか①⓪ 【農家】①农家，农户。②农民。

のうぎょう①⓪ 【農業】农业。△〜センサス/农业普查。△〜バイオ/农业生物技术。△〜パリティ/农产品现价。

のうぐ⓪ 【農具】农具。

のうげい①⓪ 【農芸】①农业和园艺。②农业技术。△〜化学(かがく)/农业化学。

のうけっせん③ 【脳血栓】脑血栓。

のうこう⓪ 【農耕】农耕，耕种。△〜作業(さぎょう)/耕种作业。△〜用(よう)トラクター/农用拖拉机。

のうこう⓪ 【濃厚】（名・形动）①（色、味）浓厚，浓重。△この牛乳(ぎゅうにゅう)は〜でとてもおいしかった/这牛奶味很浓，好喝得很。②…可能性大。△敗色(はいしょく)〜/大有败北之势。

のうさくぶつ④ 【農作物】（也作"のうさくもつ"）农作物，庄稼。△〜を取(と)り入(い)れる/收割庄稼。

のうさぎょう③ 【農作業】农活，

田间劳动。

のうさんぶつ③【農産物】农产物，农产品。△米(こめ)・麦(むぎ)・野菜(やさい)・くだものなどの～/米、麦、蔬菜和水果等农产品。

のうさんそん③【農山村】农村和山村。

のうじ⓪【農事】农事，农活。△～試験場(しけんじょう)/农业试验场。

のうしゅく⓪【濃縮】(名・他サ)浓缩。△～ジュース/浓果汁。△～ウラン/浓缩铀。

のうじょう⓪【農場】农场。

のうしんけい③【脳神経】脑神经。

のうしんとう③【脳振盪】脑振荡。

のうせい⓪【農政】农业政策和行政。

のうぜい⓪【納税】纳税。△～者(しゃ)/纳税人。

のうそっちゅう③【脳卒中】中风，卒中。

のうそん⓪【農村】农村，乡村。△～電化(でんか)/农村电气化。△～工業(こうぎょう)/乡村工业。

のうち①【農地】农用土地，耕地。△～の改良(かいりょう)をする/改良耕地。

のうど①【濃度】(液体的)浓度。△～が高(たか)い/浓度高。

ノウハウ [know how]→ノーハウ。

のうはんき③【農繁期】农忙季节。△～に出稼(でかせ)ぎ先(さき)から帰(かえ)る/外出务工的人们都农忙期返回乡村。

のうふ①【農夫】农夫，农民。

のうほんしゅぎ⓪⁻①【農本主義】农本主义，以农为本。

のうみん⓪【農民】农民，庄稼汉。

のうやく⓪【農薬】农药。△畑(はたけ)に～を散布(さんぷ)する/往地里撒农药。

のうりつ⓪①【能率】①效率。△仕事(しごと)の～を上(あ)げる/提高工作效率。②劳动生产率。

のうりょく①【能力】能力。△運動(うんどう)～/运动能力。△～を伸(の)ばす/施展能力。

	人を使う～がない	～を試す	運動～	政治家の～が問われる問題	食うしか～がない
能力	○	○	○	○	×
力量	○	○	×	○	×
能	○	×	×	×	○

のうりん⓪【農林】农林，农业和林业。△～高校(こうこう)/农林职业高中。△～水産省(すいさんしょう)/农林水产省。

ノー [no] Ⅰ①(名)否，否定。△イエスか～か/同意还是不同意。Ⅱ(感)不，不是。△～、そうじゃない/不，不是那样。Ⅲ(接头)①不，没有。△～上着(うわぎ)/不着外衣。△～アイロン/免烫。△～カーデー/不坐汽车日。△～ゴール/进球无效。△～コメント/无可奉告。△～ブレ/不吃早餐。②禁止。△～スモーキング/禁止吸烟!△～チップ/谢绝小费。△～モア/不再重演。

ノート① [note](名・他サ)①记录，笔记。△要点(ようてん)を~する/把要点记下来。△~をとる/作笔记。②注解，注释。△フット~/脚注。③("ノートブック"之略)笔记本。△~パソコン/笔记本电脑。

ノーハウ① [know-how]①秘诀。△翻訳(ほんやく)の~/翻译的秘诀。②技术情报。△コンピュータの~/有关电子计算机的技术情报。

ノーベルしょう④【ノーベル賞】[Nobel—]诺贝尔奖金。△~受賞者(じゅしょうしゃ)/诺贝尔奖金获得者。

ノーマル① [normal](名・形动)①正常。△~スピード/正常速度。△~な考(かんが)え方(かた)/正常的想法。②正规，标准。△~データ/标准数据。△~フェア/普通运费。

のが・す②【逃す】Ⅰ(他五)①放跑，放过。△敵(てき)を~な/别让敌人跑掉了!②错过,漏过,失去。△チャンスを~/错过机会。Ⅱ(接尾)漏过。△見(み)~/看漏。△聞(き)き~/听漏。

のが・れる③【逃れる】(自下一)①逃跑，逃出。△虎口(ここう)を~/逃出虎口。②逃避，避免。△責任(せきにん)を~/逃避责任。△難(なん)を~/免受灾难。

のき⓪【軒】屋檐,房檐。△~を連(つら)ねる/(房子盖得)一家紧挨一家。△~を争(あらそ)う/鳞次栉比。

のきさき⓪【軒先】檐端,房檐头。△~を借(か)りて雨宿(あまやど)りをする/借他人屋檐避雨。

のきした⓪【軒下】屋檐下。△つばめが~に巣(す)をつくる/燕子在房檐下做巢。△~で雨やどりをする/在屋檐下避雨。

ノギス⓪① [德 Nonius]卡尺,游标卡尺。

のきなみ⓪【軒並み】Ⅰ(名)房屋栉比。Ⅱ(副)①家家户户。△~にたずねる/挨家访问，挨家打听。②(无一例外)都。△豪雪(ごうせつ)のため列車(れっしゃ)は~(に)遅(おく)れた/由于大雪列车都误点了。

の・ける⓪〔退ける・除ける〕Ⅰ(他下一)①挪开，移开。△邪魔(じゃま)っ気(け)な物(もの)を~/把碍事的东西挪开。②除外。③开除。Ⅱ(补动)①(出色地)做完,完成。△仕事(しごと)をやってのけた/活干得干净利落。②敢，敢于。△たとえ、相手(あいて)がだれでも、悪(わる)いことは悪いと言(い)って~/不管对方是谁，不对就敢说(他)不对。

のこぎり⓪③〔鋸〕锯。△~盤(ばん)/锯床。△~で引(ひ)く/用锯锯开。

のこ・す②【残す】〔遺す〕(他五)①留下，剩下，保留。△夫婦(ふうふ)は子供(こども)を家(いえ)に

残して出(で)かけた/父母把孩子留在家里出门了。△手紙(てがみ)を~/留下信。△食(た)べ~/吃剩下。②存留，积蓄。△小金(こがね)を~/把零钱攒起来。③遗留。△財産(ざいさん)を~/遗留下财产。△名(な)を後世(こうせい)に~/名垂后世。④(相扑)在场地边缘坚持站住。△よく残した/坚持得好！

のこらず② 【残らず】(副)全部，一个不剩地。△金(かね)を一銭(いっせん)も~に使(つか)ってしまった/把钱分文不剩地全花光了。⇨すっかり 表

のこり③ 【残り】①剩余，残余。△~はいくらもない/所剩无几。②留下。△居(い)~/留下来(的人)。

のこりおお・い④ 【残り多い】(形)可惜，遗憾，惜别。△このまま別(わか)れるのは~/舍不得就这样分手。

のこりおし・い⑤ 【残り惜しい】(形)惜别，依依不舍。△~気(き)がする/觉得依依不舍。

のこりすくな・い⑥ 【残り少ない】(形)所剩无几。△~人生(じんせい)/余生，有生之生年。

のこりなく④ 【残り無く】(副)无余，全部。△~全部(ぜんぶ)調(しら)べた/全都查过了。

のこ・る② 【残る】(自五)①留下。△大学(だいがく)に残り、好(す)きな研究(けんきゅう)を続(つづ)ける/留在大学继续(做)喜欢的研究工作。②剩余，剩下。△予算(よさん)が~/预算有剩余。③遗留，留传。△名(な)の~ような仕事(しごと)をしたい/希望做能留名的那样的工作。⇨あまる 表

のさば・る③ (自五)①横行霸道，飞扬跋扈，(态度)蛮横无理。△のさばった態度(たいど)/蛮横无理的态度。②(植物等)伸展，滋蔓。△雑草(ざっそう)が~/杂草丛生。

ノスタルジア③ [nostalgia]怀乡病，思乡病。△彼(かれ)は~にかかっている/他患了思乡病。

ノスタルジック③ [nostalgic]怀念故乡的，怀旧的。

ノズル① [nozzle]喷嘴，管嘴。

の・せる⓪ 【乗せる】(他下一)①使乘上，载运。△飛行機(ひこうき)に旅行団(りょこうだん)を乗せた/让旅游团上了飞机。②骗人，诱骗。△人(ひと)を口車(くちぐるま)に~/用花言巧语骗人。③和着拍子，随着节奏。△リズムに乗せて歌(うた)う/随着节奏演唱。④让参加。△一口(ひとくち)乗せてくれ/算我一份吧。⑤传播，传导。△音楽(おんがく)を電波(でんぱ)に乗せて送(おく)る/播送音乐。

の・せる⓪ 【載せる】(他下一)①放上，摆上。△本(ほん)を本棚(ほんだな)に~/把书放在书架上。②装载。△荷(に)を荷台(にだい)に~/把货物装在(卡车的)车箱里。③

刊登，登载。△広告(こうこく)を新聞(しんぶん)に～/在报上登广告。

のぞき⓪〔覗き〕窥视。△～穴(あな)/・・。△～窓(まど)/（门上的)窥视窗。△～見(み)/偷看。

のぞ・く⓪【除く】(他五)①除掉，铲除，开除。△例外(れいがい)を～/除掉例外。△雑草(ざっそう)を～/铲除杂草。△一行(いっこう)から除かれた/从一行人里被开除了。②除外，除了。△彼(かれ)を除いて外(ほか)の人(ひと)は皆(みんな)行(い)きたがっている/除了他以外，其余的人都想去。

	障害物を～	その点を～ば文句はない	不安を～	荷物を横へ～	見事やって～
除く	○	け○	○	×	×
のける	○	△	×	○	○
どける	○	×	×	○	×

のぞ・く⓪〔覗く〕Ⅰ(他五)①(从缝、孔)窥视。△戸(と)のすきまから～/从门缝往里看。②往下看，下望。△がけの上(うえ)から谷底(たにそこ)を～/从山崖上往下看山涧底。③大致看一下，瞟一眼。△古本屋(ふるほんや)を～/到旧书店略看一眼。△彼女(かのじょ)の顔(かお)をちらりと～/瞟她一眼。④偷看(别人的秘密)。△秘密(ひみつ)を～/偷看秘密。Ⅱ(自五)露出一部分。△ハンカチが～/露出手绢儿。△太陽(たいよう)が覗き始(はじ)めた/太阳刚刚露出地平线。

のぞまし・い⓪④【望ましい】(形)①符合心愿的，理想的。△～人間像(にんげんぞう)/理想的形象。②(以"…ことが～"形式)最好…，希望…。△早(はや)めに準備(じゅんび)することが～/最好早做准备。△皆(みな)が協力(きょうりょく)することが～/希望大家合作。⇨このましい表

のぞみ⓪【望み】①愿望，期望。△～がかなう/如愿以偿。②希望，指望。△まだ一縷(いちる)の～がある/还有一线希望。③人望，名望。△天下(てんか)の～を負(お)う/身负众望。⇨きぼう表

のぞ・む⓪②【望む】(他五)①希望，指望，愿望。△実現(じつげん)を～/希望实现。△君(きみ)の幸(しあわ)せを～/愿你幸福。②眺望，远望。△富士山頂(ふじさんちょう)から太平洋(たいへいよう)を～/从富士山顶远望太平洋。③仰望，景仰。⇨ねがう表

のぞ・む⓪②【臨む】(自五)①莅临，出席。△会場(かいじょう)に～/莅临会场。△会長(かいちょう)が開会式(かいかいしき)に臨んだ/会长出席了开幕式。②濒临，临到。△危機(きき)に～/濒临危机。△機(き)に臨み変(へん)に応(おう)ず/临机应变。③面对，面临。△海(うみ)に臨んだ家(いえ)/临海的房屋。

のぞむらくは③【望むらくは】(副)〈文〉希望，但愿。△～実験(じっけん)に成功(せいこう)しま

すように/但愿实验成功。

のち②⓪【後】①(时间)后。△雨(あめ)～曇(くも)り/雨后转阴。△20年(にじゅうねん)～のアジア/十年后的亚洲。②将来，未来。△～のために備(そな)える/为将来作准备。③死后。△～の世(よ)/后世。④子孙，后代。△～の人人(ひとびと)/后代人。

	十年～のこと	映画を見た～食事する	曇り～晴れ	入試まで～三日	なまけると～に行って困るぞ
のち	○	○	○	×	×
あと	○	○	×	○	×
先	○	×	×	×	○

のちのち⓪【後後】将来，以后。△～のため/为将来(子孙后代)打算。△～までよろしく願(ねが)います/将来还请您多关照。

のちのよ④【後の世】〈雅〉①将来。②死后，来世。

のちほど⓪【後程】(名・副)回头，随后，过一会儿。△～まいります/我随后就去。△ではまた～/好，回头见。

ノッカー①　[knocker]①门环。②(棒球)打球的人。

ノック①　(名・他サ)①敲打。②敲(门)。△ドアを～する/敲门。△～が聞(き)こえる/听到敲门声。△～しても返事(へんじ)がない/敲了门，可里边无人回应。③(棒球)(为练习防守而)打球。④(足球)守门员用拳将球击远。

ノックアウト④　[knockout]①(棒球)迫使对方更换投手。②(拳击)击倒对方。

ノックダウン④　[knockdown]①(拳击)击倒。②可拆卸的，组合式的。△～家具(かぐ)/组合家具。△～輸出(ゆしゅつ)/成套零件拆散出口。

ノット①　[knot](轮船的速度单位)小时海里。

のっと・る③〔則る・法る〕(自五)遵照，遵循，根据。△宮中(きゅうちゅう)の儀式(ぎしき)は、すべて伝統(でんとう)にのっとって行(おこな)われる/宫中仪式均按照传统举行。

のっと・る③【乗っ取る】(他五)①攻取，攻占。△城(しろ)を～/攻取城堡。②夺取，侵占，劫持。△飛行機(ひこうき)を乗っ取った犯人(はんにん)/劫持飞机的犯人。

ので　(接助)(接用言或助动词连体形下)因为。△雨が降った～、出掛(でが)けなかった/因为下雨，没出门。△きれいな～人目(ひとめ)を引(ひ)く/由于漂亮而引人注意。

のど①〔喉〕①咽喉，喉咙，嗓子。△～が乾(かわ)く/嗓子干(渴)。②嗓音。△～がいい/嗓音好。③要害。△～を押(おさ)える/抓住要害。④书的订line处。◇～が鳴(な)る/馋得要命。◇～から手(て)が出(で)る/〈喻〉非常渴望得到手。

のどか①　(形动)①悠闲，舒适。

△～な暮(く)らし/悠闲的生活。②(天气)晴朗。△～な春(はる)の午後(ごご)/风和日丽的春天的下午。

	～な天気	心～に散歩する	合格して～気分	都会と違って～なもの だ	～に晴れ上がった日
のどか	○	○	×	○	×
うららか	○	×	×	○	○

のどじまん③ 【のど自慢】〔喉自慢〕显示歌喉。△～大会(たいかい)/业余歌手演唱会。

のに Ⅰ(接助)(接用言终止形下)却，倒。△金(かね)がない～派手(はで)にふるまう/没钱却还大手大脚。Ⅱ(终助)表示不满、遗憾、惋惜等心情。

ののし・る③ 〔罵る〕(自他五)①大声吵嚷。②骂。△人(ひと)をなぐったりののしったりしない/不打人，不骂人。

のば・す② 【伸ばす】(他五)①伸展，伸开。△手(て)を～/伸手。△腰(こし)を～/直腰。②挺起。△足(あし)を伸ばしてたなの上(うえ)の物(もの)をとる/踮着脚够架上的东西。③发展，增长，扩大。△才能(さいのう)を～/增长才干。△勢力(せいりょく)を～/扩张势力。

のば・す② 【延ばす】(他五)①(时间、距离)延长，拉长。△閉店時間(へいてんじかん)を～/延长(商店)关门时间。②推迟，拖延。△出発(しゅっぱつ)を一週間(いっしゅうかん)延ばした/推迟一周启程。③弄直。△巻(ま)いた針金(はりがね)を～/把卷曲的铁丝抻直。

のはら① 【野原】原野，野地。△焼(や)け～/被野火烧过的原野，一片焦痕。

のばら① 【野ばら】〔野薔薇〕野薔薇。

のびのび⓪ 【延び延び】推迟，拖拉。△雨(あめ)で試合(しあい)が～になる/比赛因下雨而推迟。

のびのび③ 【伸び伸び】(副)生长茂盛，欣欣向荣。△～育(そだ)つ/苗壮生长。

の・びる② 【伸びる】(自上一)①长高。△背(せ)が～/长个子。②增加，增长，发展。△売(う)り上(あ)げが～/销售额增加。△貿易(ぼうえき)がめざましく～/贸易发展迅速。③(因疲倦等)倒下，不能动弹。△母(はは)は過労(かろう)で伸びてしまった/母亲累倒了。

の・びる② 【延びる】(自上一)①(时间)延长，拖长。△日(ひ)が～/白天变长。△締(し)め切(き)り日(び)が来週(らいしゅう)の水曜日(すいようび)まで～/截止日期延长到下星期三。②抻长，伸长，展开。△ゴム紐(ひも)が長(なが)く～/松紧带伸长，失去弹力了。△しわが～/皱纹展开。③长久。△寿命(じゅみょう)が～/寿命延长。

のべ② 【延べ】①(金、银等金属的)轧延。△～板(いた)/轧延板。②总计。△～時間(じかん)/总时数。

△～視聴率(しちょうりつ)/总收视率。△人出(ひとで)は～十万以上(じゅうまんいじょう)/参加人数总计在10万人次以上。③延长。△日(ひ)～/延期。

ノベライズ③ [novelize]电视电影小说化。

ノベル⓪ [novel]①小说。②新奇的。

の・べる② 【延べる】(他下一)①伸出。△救(すく)いの手(て)を～/伸出援救之手。②推迟,拖延。△納期(のうき)を～/延长交货期。③展开,铺开。△新聞紙(しんぶんし)を～/摊开报纸。△布団(ふとん)を～/铺被。

の・べる② 【述べる】(他下一)(用口头或写文章)叙述,说明,发表。△事実(じじつ)を～/叙述事实。△事情(じじょう)を～/说明情况。△意見(いけん)を～/发表意见。

のぼせあが・る⑤ 【のぼせ上がる】〔逆上せ上がる〕(自五)①头昏眼花,头昏脑涨。△ほめられたからといってのぼせ上がってはならない/不可因为受到夸奖就晕头转向起来。②热中,迷恋。△彼女(かのじょ)に～/迷恋女友。

のぼ・せる⓪ 〔逆上せる〕(自下一)①头昏眼花,头晕。△暑(あつ)さに～/热得头昏眼花。②冲昏头脑。△成功(せいこう)でのぼせている/被胜利冲昏了头脑。③热中,迷醉。△音楽(おんがく)に～/热中于音乐。④自大,骄傲。△勝(か)っても～な/即使赢了也不要骄傲。

のぼり⓪ 〔幟〕①(神社或旧时军营前、战船上悬挂的)长条旗。△～は風(かぜ)にはためく/长条旗迎风招展。②鲤鱼旗。→こいのぼり。

のぼり⓪ 【上り・登り・昇り】①登,攀,上,升。△山(やま)～/登山。②上坡儿(路)。△急(きゅう)な～/陡坡儿。③("上り列車(のぼりれっしゃ)"之略)上行列车。④上京,进京。

のぼりぶね④ 【上り船】溯流而上的船。

のぼ・る⓪ 【上る・登る・昇る】(自五)①登,攀登。△富士山(ふじさん)に～/登富士山。△階段(かいだん)を～/上楼梯。△演壇(えんだん)に～/登上讲坛。②上升。△日(ひ)が～/太阳升起。△気温(きおん)が～/气温上升。③上溯,逆流而上。△魚(うお)が川(かわ)を～/鱼游向上游。④进京。△東京(とうきょう)に～/上东京。⑤升级,晋级。△その男(おとこ)は大臣(だいじん)の位(くらい)に上った/那个人升到大臣的职位了。⑥被提出。△会議(かいぎ)に～/被提到会议上。△話題(わだい)に～/被列为话题。⑦(数量)达到,高达。△被害(ひがい)は一億円(いちおくえん)に～/损失高达一亿日元。⇨あがる表

のま・す② 【飲ます】(他五)①让

喝，给喝。△馬(うま)に水(みず)を～/给马喝水(饮水)。②请喝(酒)。△友人(ゆうじん)に酒(さけ)を～/请朋友喝酒。

のみ② 〔蚤〕跳蚤。△～に食(く)われる/被跳蚤咬。△～の市(いち)/跳蚤市场，旧货市场。△～の夫婦(ふうふ)/妻子比丈夫又高又大的一对夫妻。

のみ⓪ 【飲み】喝，喝酒。△～友(とも)だち/酒友。

のみ (副助)〈文〉只，仅，只是，只有，惟有…而已。△人間(にんげん)に～考(かんが)える力(ちから)がある/只有人类具备思维能力。△学歴(がくれき)～を問題(もんだい)にすべきでない/不应该光考虑学历。△よい品(しな)～選(えら)ぶ/只选好货。△あえて言(い)わざる～/只是只字不提。

のみこ・む⓪ 【飲み込む】〔呑み込む〕(他五)①吞下，咽下。△あめ玉(だま)を～/把糖球儿咽了。②领会，理解。△要領(ようりょう)を～/领会要点。

のみしろ⓪② 【飲み代】酒钱。

のみすぎ② 【飲み過ぎ】饮酒过量。

のみて⓪③ 【飲て手】好喝酒的人，酒徒。

のみで⓪③ 【飲みで】酒量多，酒劲大。

のみならず Ⅰ⓪(词组)〈文〉不但，不仅。△彼(かれ)は文学者(ぶんがくしゃ)たる～又(また)革命家(かくめいか)でもある/他不但是文学家，而且是个革命家。Ⅱ①③(接)不但如此，不仅如此。△～彼(かれ)はぺてん師(し)だよ/不仅如此，他还是个骗子呢。

のみほ・す⓪ 【飲み干す】〔飲み乾す〕(他五)喝光，喝干，喝净。△コップの酒(さけ)を一息(ひといき)に～/把杯中的酒一饮而尽。

のみみず② 【飲み水】饮用水。△この井戸(いど)の水(みず)は～にならないんだ/这口井的水不能喝。

のみもの②③ 【飲み物】饮料(包括汽水、酒、茶、咖啡等)。△お～は何(なん)になさいますか/(您)要喝点什么？△～はどんなものがありますか/都有些什么饮料？

ノミナル⓪ [nominal]①名义上的。②票面上的。△～プライス/虚价。△～マネー/名义款，好处费。

ノミネート③ [nominate]提名，任命，推荐。

のみや② 【飲み屋】酒馆。△いっぱい～/(简陋的)小酒馆。△～のはしご/从一家酒馆喝到另一家酒馆。

の・む① 【飲む】〔呑む〕(他五)①喝，饮，吞，咽，吸。△ミルクを～/喝牛奶。△酒(さけ)を～/饮酒。△声(こえ)を～/吞声。△つばを～/咽唾沫。△タバコを～/吸烟。②吞没。△つなみが家(いえ)をのんだ/海啸把房屋吞没了。③(不得已)接受，答应。△経営者(けいえいしゃ)は組合(くみあい)の要

求(ようきゅう)をのんだ/资方接受了工会的要求。④压倒。△相手(あいて)を～/压倒对方。⑤暗中携带。△ふところにどすを～/怀里揣着匕首。⑥(经纪人)侵吞。⑦哼曲。

のめりこ・む④ 【のめり込む】(自五)(身体)向前倾；陷入，深陷。△悪(あく)の道(みち)に～/误入歧途。△寝床(ねどこ)に～/一头钻进被窝里。

のら② 【野良】①原野，野地。②田地。△～仕事(しごと)/农活儿。△～着(ぎ)/田间劳动服。△農家(のうか)の人(ひと)たちは毎朝(まいあさ)早(はや)くから～に出(で)て農作業(のうさぎょう)に追(お)われます/农家的人们每天早晨很早就下地忙着干庄稼活。

のり② 【法】①规章，准则。△～を守(まも)る/遵守章程。△～を越(こ)える/越轨。②标准，模范。△～を示(しめ)す/示范。③佛法。△～の道(みち)/佛法，佛的道义。④直径。△内(うち)～/内径，内侧尺寸。△外(そと)～/外径，外围尺寸。⑤倾斜度。△～面(めん)/倾斜面。

のり② [糊]①浆糊。△～で張(は)る/用浆糊粘贴。②粘着剂。

のり② [海苔]①海苔的总称。②紫菜。③紫菜片，干紫菜。

のりあい⓪ 【乗(り)合(い)】(许多互不相识的人)同乘，共乘(车或船)。△～自動車(じどうしゃ)/公共汽车。△～馬車(ばしゃ)/公共马车。

のりおり② 【乗り降り】(名・自サ)上下(车、船等)。△バスの～にご注意(ちゅうい)願(ねが)います/上下公共汽车时请留神。

のりか・える④ 【乗り替える・乗り換える】(他下一)①改乘，换乘，倒车(船)。△汽車(きしゃ)を下(お)りてからタクシーに～/下了火车改乘出租车。②改变(兴趣、作法等)。△日本酒(にほんしゅ)から洋酒(ようしゅ)に～/由日本酒改喝洋酒。△外国製品(がいこくせいひん)を国産品(こくさんひん)に乗り替えた/用国产品代替了外国货。③倒换(证券等)。△薬品株(やくひんかぶ)に～/倒换成制药业股票。◇牛(うし)を馬(うま)に～/〈喻〉以坏换好。

のりき⓪ 【乗(り)気】(形动)感兴趣，起劲，热心。△～になる/感兴趣。

のりく・む③ 【乗り組む】(自五)共乘(同一车、船等)，同在一个交通工具上服务。△彼(かれ)らは上海通(シャンハイかよ)いの汽船(きせん)に乗組んでいる/他们同在跑上海的轮船上服务。

のりこ・える④ 【乗り越える】(自下一)①(乘车、马等)越过。△馬(うま)で山(やま)を～/骑马过山。②跳过。△塀(へい)を～/跳过墙。③克服，渡过。△難関(なんかん)を～/渡过难关。

のりごこち③【乗(り)心地】乘坐(车船等时)的感觉。△～がよい/坐(骑)着舒服。△～のよい自動車(じどうしゃ)/坐起来很舒服的汽车。

のりこし⓪【乗り越し】(乘车)坐过站。△～料金(りょうきん)/(因坐过了站而追加的)补票费。

のりこ・す③【乗り越す】(他五)①(乘车、马等)越过。△自動車(じどうしゃ)で丘(おか)を～/坐着汽车越过山岗。②(乘车)坐过站。△居睡(いねむり)をして駅(えき)一(ひと)つ乗越した/因打瞌睡而坐过了一站。

のりこ・む③【乗り込む】(自五)①(乘车等)进入，开进。△自動車(じどうしゃ)で会場(かいじょう)に乗込んだ/坐着汽车进入了会场。②共同乘坐，搭乘。△通学(つうがく)の生徒(せいと)たちが電車(でんしゃ)に乗り込んできて、車内(しゃない)はがぜんにぎやかになりました/走读的学生们挤上电车后，车内一下子就热闹起来了。③(团体)到达，进入。△わがチームは張(は)り切(き)って球場(きゅうじょう)へ乗り込んだ/我队精神百倍地进入了球场。④(军队)开入。

のりだ・す③【乗り出す】(自五)①乘(车或船)出去，离开。△船(ふね)で海(うみ)に～/乘船出海。△汽船(きせん)で上海(シャンハイ)を乗出した/乘轮船离开了上海。②开始乘(骑)。△オートバイに～/开始骑摩托车。③挺出，探出，挨近。△窓(まど)から身(み)を乗出して外(そと)を見(み)る/从窗户探出身子往外望。△ひざを～/促膝。④出头露面，出面。△調停(ちょうてい)に～/出面调停。

のりて⓪【乗(り)手】①乘(骑)的人，乘客，骑者。△馬(うま)が～を落(お)とした/马把骑者摔掉了。②擅长马术的人。△彼(かれ)はなかなかの～です/他是个很擅长马术的人。

のりもの⓪【乗(り)物】交通工具。△～の便(べん)がいい地方(ちほう)/交通方便的地方。

の・る⓪【載る】(自五)①登载，刊登。△僕(ぼく)の書(か)いた小説(しょうせつ)が雑誌(ざっし)に載った/我写的小说登在杂志上了。②放，置，搁。△本(ほん)が三冊(さんさつ)机(つくえ)に載っている/桌子上放着三本书。

の・る⓪【乗る】(自五)①登，上。△踏(ふ)み台(だい)に～/登上凳子。②乘，坐，骑。△エレベーターに～/乘电梯。△僕(ぼく)は東京(とうきょう)まで飛行機(ひこうき)に～/我坐飞机到东京去。△妹(いもうと)は初(はじ)めて馬(うま)に乗った/妹妹第一次骑马。③合拍，配合。△ぼくはリズムに乗ってうまく歌(うた)えた/我能随着节奏唱好了。④传导。△歌声(うたごえ)は電波(でんぱ)に

乗って流(なが)れてゆく/歌声通过电波传出去。⑤上当，受骗。△口車(くちぐるま)に～/听信花言巧语而上当。△誘(さそ)いに～/受诱惑。⑥参加，加入。△ぜひ相談(そうだん)に乗って下(くだ)さい/请务必参加协商。△私(わたくし)も一口(ひとくち)乗りましょう/我也算一份吧。⑦乘机，乘势。△勝(か)ちに乗って攻(せ)める/乘胜进攻。△仕事(しごと)に気(き)が～/对工作越干越起劲。⑧附着。△おしろいが～/香粉擦上不掉。△インクが～/墨水好用。⑨兴旺，增强。△脂(あぶら)が～/肥起来，上膘。

のれん⓪〔暖簾〕①(商店门上挂的)印有字号的布帘。②〈转〉(商店的)字号，信誉。△古(ふる)い～/老字号。△～を守(まも)る/信守店的传统。△～を汚(よご)す/损坏店的信誉。③门帘子。△じゅず～/珠帘。◇～に腕押(うでお)し/〈喻〉徒劳无益。◇～を分(わ)ける/对于忠实服务多年的店员，允许其使用同一字号开业。

のろ・い②〔鈍い〕(形)①缓慢，迟缓。△車(くるま)が～/车走得慢。△決断(けつだん)が～/优柔寡断。②迟钝，愚蠢。△頭(あたま)が～/脑筋迟钝。③(对女人)软弱，唯命是从。△細君(さいくん)に～/怕老婆，对妻子唯命是从。⇨おそい表

のろい②⓪〔呪(い)・詛(い)〕诅咒，咒骂。△人(ひと)に～を掛(か)ける/诅咒人。◇～は～主(ぬし)に返(かえ)る/诅咒人者遭诅咒。

のろのろ①(副・自サ)缓慢，迟缓，慢吞吞地。△～運転(うんてん)をする/把车开得很慢。△～と歩(ある)く/缓慢地走路。△～と喋(しゃべ)る/慢吞吞地讲。⇨そろそろ表

ノン⓪〔法 non〕(造语)不，不是。△～アテンダンス/不出席。△～アライバル/无法投递。△～アラインメント/不结盟。

ノンアルコール⓪〔nonalcoholic〕不含酒精的。△～ビール/低度啤酒，无醇啤酒。

ノンエイジ⓪〔nonage〕无年龄差别的服装款式。△～ファッション/不分年龄的时装。

ノンオイル⓪〔non-oil〕(食品)不含油脂的。

ノンカロリー⓪〔noncaloric〕(食品)低卡路里的，低热量的。

のんき①〔暢気・呑気〕(名・形动)①悠闲，安闲，无忧无虑。△～に暮(くら)す/悠闲度日。②不拘小节，从容不迫。△～に構(かま)えている/(态度)从容不迫。△物事(ものごと)を～に考(かんが)える/把事情想得太简单。③满不在乎，漫不经心，马马虎虎。△自分(じぶん)の年(とし)を知(し)らないとは随分(ずいぶん)～な人(ひと)だ/连自己的岁数都不知道，真够

马虎的!

ノンキャリア⓪ [日造 noncareer] 无学历者,不符合提拔条件者。△～組(くみ)/国家公务员考试未合格者。

ノンシャランス⓪ (形动)[nonchalance]漫不经心,漠不关心。△～な態度(たいど)/满不在乎的心态。

ノンシュガー⓪ [日造 non-sugar](食品)不含糖,无糖。

ノンストップ⓪ [nonstop]中途不停(不着陆)。

ノンスモーカー⓪ [non-smoker]不吸烟的人。

ノンセクト⓪ [nonsect]无党派(人士)。

ノンセンス⓪ [nonsense]无聊,荒谬。

のんびり③ (副・自サ)舒舒服服(地),自由自在(地),悠然自得(地)。△～と寝(ね)る/舒舒服服地躺着。△彼(かれ)はいつも～している/他总是那么悠然自得的。

	～と構える	～した性格	～した田園風景	～とした上着	まだ～間に合う
のんびり	○	○	○	×	×
ゆったり	○	○	△	○	×
ゆうゆう	○	×	×	×	○

ノンプロ⓪ [non-professional]("ノンプロフェッショナル"之略)(体育)非职业选手。

ノンプロフィット⓪ [nonprofit]非营利的。

ノンペイメント⓪ [nonpayment]无力支付,不支付。

ノンポリ⓪ [nonpolitical]("ノンポリティカル"之略)非政治的,不关心政治的,非政治活动家,不关心政治者。

ノンポリティカル⓪ [nonpolitical] →ノンポリ。

ノンメタル⓪ [nonmetal](化学)非金属。

ノンモーラル⓪ [nonmoral]非道德范畴的,与道德无关的。

は　ハ

は① 【刃】刃，刀刃。△～がこぼれる/锩刃了。

は⓪ 【羽】①羽毛。②(鸟的)翅膀，(昆虫的)翅膀。③(箭)翎。

は① 【派】Ⅰ(造语)派。△実権(じっけん)～/实权派。△反動(はんどう)～/反动派。Ⅱ(名)流派，派系，派别。△～がちがう/派系不同。△二(ふた)つの～に分(わ)かれる/分为两派。

は⓪ 【葉】叶。△木(こ)の～が茂(しげ)る/树叶繁茂。◇～を欠(か)いて根(ね)を断(た)つな/剪掉枝叶，勿伤其根。

は① 【歯】①齿，牙。△～をほじくる/剔牙。②(机械、器具的)齿。△のこぎりの～/锯齿。◇～が浮(う)く/(以"～が浮(う)くような"形式)表示令人感到肉麻。△～が浮くようなおせじ/令人肉麻的奉承话。◇～が立(た)たない/i)咬不动。ii)(比赛等)抵挡不住。◇～に衣(きぬ)を着(き)せない/直言不讳。◇～の抜(ぬ)けたよう/i)残缺不全。ii)〈喻〉若有所失。◇～の根(ね)が合(あ)わない/(因寒冷、恐惧而)发抖。◇～を食(く)いしばる/咬紧牙。△～を食いしばって堪(こら)える/咬紧牙关忍耐。

は (助)(提示助词或副助词，读"わ")①提示主题。△彼(かれ)～力(ちから)が強(つよ)い/他很有力气。②对比两个以上事物。△日本(にほん)へ～行(い)ったが，富士(ふじ)～見(み)なかった/日本是去过，但没有去看富士山。③强调句中某一部分。△北京(ペキン)に～名所旧跡(めいしょきゅうせき)がたくさんある/北京有许多名胜古迹。△知(し)って～いるが今(いま)は言(い)えない/知道是知道，但不能讲。

ば⓪ 【場】①场所，地方，座席。△～を取(と)る/占地方，预约座位。②环境，场面。△話(はな)し合(あ)いの～/对话环境。⇨ばめん表

ば⓪ (接助)(接用言假定形后)①(表示假定条件)如果，假如。△御用(ごよう)があればおっしゃってください/(您)如果有事，就请说吧。②(表示条件、前提)一…就…。△春(はる)になれ～花(はな)が咲(さ)く/一到春天花就开了。③(以"…も…～，…も…"形式表示并列)既…又…，又…又…。△職(しょく)もあれ～権限(けんげん)もある/既有职又有权。④(以"…～…ほど"形式表示)越…越…。△食(た)べれ～食べるほど美味(おい)しくなる/越吃越好吃。

はあ① (感)①是。△～、そうで

す/是,是的。②(吃惊)啊。△～、すごいですね/啊,真棒。③(疑问)啊。△～、ほんとうですか/啊? 真的吗!

バー① [bar]①条,杆,棒。②(跳高、撑竿跳的)横竿。③酒吧间。

パー① [par]①等价,平价。②(高尔夫球)标准杆数。

ばあい⓪【場合】①(须特别考虑或办某种事的)时候。△雨(あめ)の～は試合(しあい)を中止(ちゅうし)する/遇雨时中止比赛。②情况,场合。△時(とき)と～による/要看时间和场合。

	雨が降った～は中止する	～により けりだ	彼の～は特別だ	若い～は元気だった	この～だから我慢しよう
場合	○	○	○	×	×
時	○	○	×	○	×
際	○	×	×	×	○

バーガー① [burger]汉堡包。△～イン/(出售汉堡包的)路边快餐店。

パーカー① [Parker]派克金笔。

パーカッション① [percussion]打击乐器。

パーキング① [parking]停车,停车场。△～メーター/停车计时器。△～ランプ/停车证。

パーキンソニスムス③ [德 Parkinsonismus](医学)帕金森氏症。

はあく⓪⓪【把握】(名・他サ)①抓住,掌握。△生徒(せいと)を～/非常了解学生(情况)。②〈转〉抓住重点,把握,掌握。△問題点(もんだいてん)を～する/把握住问题的所在。

パーク① [park]①公园。△～シティ住宅(じゅうたく)/花园式住宅。②停车场。△～アンドテイド/中途存自家车改乘电车去上班。

バーゲン・セール⑤ [bargain sale]大减价,大贱卖。

バーゲン・ディ⑤ [bargain day]廉价日。

バー・コード③ [barcode]条形码。△～シンボル/条形码标记。△～スキャナー/条形码扫描仪。△～リーダー/条形码读取装置。

パーサー① [purser](轮船、班机的)事务长。

パージ① [purge]清洗,肃清。

バージン① [virgin]①处女。②未使用。△～スノー/首次有人滑的雪。△～ソイル/处女地。△～パルプ/新材制成的纸浆。△～ペーパー/白纸。

バースデー① [birthday]生日。△～ケーキ/生日蛋糕。

パーセント③⓪ [percent]百分率,百分之…(即%)。△3(さん)～/百分之三。

パーソナル① [personal]个人的,私人的。△～コール/(国际长途电话)指定通话人。△～コミュニケーション/个人通信(对话)。△～コンピュータ/个人电脑。△～スペース/个人空间。△～チェック/私人支票。

パーティー① [parey]①(社交性的)集会。△カクテル～/鸡尾酒会。△ダンス～/舞会。②政党,

党派。③(登山的)一行,一队。△〜を組(く)む/组成登山队。

ハート① [heart]①心,心脏。②心情,爱情。△あたたかい〜の持(も)ち主(ぬし)/热心肠的人。③(扑克)红桃。

ハード① [hard]①硬,坚硬。△〜コート/硬场地。②(计算机)硬件。③苦难。

バード① [brid]鸟。△〜ウィーク/爱鸟周。

ハードウェア④ [hardware](也略作"ハード")(计算机)硬件。

ハーバー① [harbor]港湾,港口;避难所。

ハーフ① [half]①半,一半。②混血。③(足球)前卫。

ハープ① [harp]竖琴。

パーフェクト① [perfeet](名・形动)完全的,完美的。△〜ゲーム/(棒球)全胜比赛。

ハーフ・タイム①-① [half time]①(比赛)中场休息。②半工半读。

パーマネント・ウェーブ④ [permanent wave](有时略作"パーマ")烫发,电烫发。△〜をかける/烫发。

ハーモニカ⓪ [harmonica]口琴。

はい⓪ 【灰】灰。◇〜になる/ⅰ)化为灰烬。ⅱ)被火葬。

はい⓪ 【杯】Ⅰ(名)酒杯。△〜を重(かさ)ねる/喝好多杯酒。Ⅱ(助数)杯,碗。△一〜(いっぱい)/一杯。

はい⓪ 【肺】肺。△〜活量(かつりょう)/肺活量。△〜を病(や)む/患肺病。

ハイー [high](接头)(冠于名词之上表示)高,高度,高级(等意)。△〜テンション/高压,高强度。△〜テンポ/高速度。△〜レベル/高水平。△〜ビジョン/高清晰度电视。

はい① (感)①(回答声)有,到,是。△山本君(やまもとくん)。〜/山本君!有!△〜、そうです/是,是的。②(表示肯定或应允)好,行,可以。△〜、そうしましょう/好,就那么办吧。③(表示提醒)喂。△〜、話(はなし)をやめて/喂,别说话了。④(表示理解)啊。△〜、〜/啊,知道了。

ばい① 【倍】Ⅰ(名)倍,加倍。△〜になる/增加一倍。△報酬(ほうしゅう)を〜にする/报酬加倍。Ⅱ(接尾)倍。△三(さん)〜/三倍。

はいいろ⓪ 【灰色】①灰色。②暗淡,阴郁,枯燥无味。△〜の生活(せいかつ)/枯燥无味的生活。③(态度、立场)暧昧,不鲜明。△〜の議員(ぎいん)/立场不鲜明的议员。

ばいう① 【梅雨】梅雨,黄梅雨。△〜期(き)/梅雨季节。△〜前線(ぜんせん)/梅雨前锋。

はいえん⓪ 【肺炎】肺炎。△急性(きゅうせい)〜/急性肺炎。

バイオ [bio](造语)生命,生物,生物技术。△〜医薬品(いやくひん)/生物药品。△〜食品(しょくひん)/转基因食品。△〜テクノロジー/生物工程。

バイオリン⓪ [violin]小提琴。△～独奏(どくそう)/小提琴独奏。△～をひく/拉小提琴。

ばいかい⓪ 【媒介】(名・他サ)①媒介，传播。△伝染病(でんせんびょう)を～する/传播传染病。②媒妁，做媒。△～人(にん)/月下老人。

ばいがく⓪ 【倍額】加倍的价格，两倍的金额。△価格(かかく)は去年(きょねん)の～になる/价格比去年涨一倍。

ハイカラ⓪ [high collar](名・形动)洋气十足，时髦的。△～な服装(ふくそう)/时髦的服装。

はいき⓪ 【排気】(名・自サ)①排气。△～口(ぐち)/排气口。②废气。△～ガス/排出的废气。

はいき①⓪ 【廃棄】(名・他サ)①废弃，废除。△条約(じょうやく)を～/废除条约。△産業(さんぎょう)～物(ぶつ)/工业废弃物。②销毁。△核兵器(かくへいき)を～する/销毁核武器。

はいきゅう⓪ 【配給】(名・他サ)配给，配售。△～制度(せいど)/定量供应制度。⇨はいたつ 表

ばいきん⓪ 【ばい菌】〔黴菌〕细菌。△高温(こうおん)で～を殺(ころ)す/高温灭菌。

ハイキング① [hiking](当天往返的)徒步旅行，郊游，远足。△～コース/徒步旅行路线。

バイキング① [vikeng]自助餐。

はいく③① 【俳句】俳句(由5、7、5共17音组成的短诗)。△～をつくる/作俳句。

はいぐ① 【拝具】(书信结尾用语)谨上，敬具。

はいけい① 【拝啓】(书信开头用语)敬启者。

はいけい⓪ 【背景】①(绘画、照相的)背景。△長城(ちょうじょう)を～にして写真(しゃしん)をとる/以长城为背景拍照。②(舞台的)布景。△～を変(か)える/换布景。③(小说、人、事的)背景，后盾，靠山。△事件(じけん)の～/事件的背景。

	山を～にした写真	事件の～を探る	～の音楽が素晴らしい	江戸時代を～にした話
背景	○	○	×	○
バック	○	△	○	○

はいけん⓪ 【拝見】(名・他サ)("見る"的自谦语)看。△お手並(てなみ)～/领教您的本事。△お手紙(てがみ)～しました/来函敬悉。

はいご① 【背後】①背后。△～は山(やま)だ/背后是山。②〈转〉背地，幕后。△～関係(かんけい)/幕后关系。

はいごう⓪ 【配合】(名・他サ)配合，调合。△薬(くすり)を～する/配药。△色(いろ)の～がよい/颜色调合得好。△飼料(しりょう)/复合饲料。

はいさつ⓪ 【拝察】(自サ)想，理解。△ご苦労(くろう)のほど～いたします/想必您很辛苦。

はいざら⓪ 【灰皿】烟灰碟。

はいし⓪ 【廃止】(名・他サ)废除，

作废。△虚礼(きょれい)を~する/免除虚礼。△死刑(しけい)~する/废除死刑。

ばいしつ⓪【媒質】介质,媒质,媒介物。△空気(くうき)は音波(おんぱ)を伝(つた)える~である/空气是声波的介质。

バイシクル⓪[bicycle]自行车。△~トライアル/自行车赛。△~モトクロス/自行车越野赛。

ばいしゃく⓪【媒酌】[媒妁](名・他サ)媒妁,作媒。△~人(にん)/媒人。△~の労(ろう)をとる/承担媒妁之劳。

ハイジャック③[hijack]空中劫机。△~防止条約(ぼうしじょうやく)/防止空中劫机条约。

ばいしゅう⓪【買収】(名・他サ)①收购,购入(房地产)。△土地(とち)を~する/收购地皮。②收买。△反対派(はんたいは)を~する/收买反对派。

はいしゅつ⓪【排出】(名・他サ)①排出。②排泄。△~物(ぶつ)/排泄物。

はいしゅつ⓪【輩出】(名・自サ)辈出。△人材(じんざい)が~する/人才辈出。△偉大(いだい)な作家(さっか)が~した時代(じだい)/伟大作家辈出的时代。

ばいしゅん⓪【売春】(名・自サ)卖淫。△~婦(ふ)/娼妓。

はいじょ⓪【排除】(名・他サ)排除。△障害物(しょうがいぶつ)を~する/排除障碍物。

ばいしょう⓪【賠償】(名・他サ)赔偿。△~金(きん)/赔款。△~を取(と)る/索赔。

はいしょく⓪【配色】配色。△~のよい服装(ふくそう)/颜色配得好的服装。

はいしん⓪【背進】(自サ)后退。

はいじん⓪【俳人】俳句诗人。

はいすい⓪【排水】(名・自サ)排水。△~溝(こう)/排水沟。△~トン数(すう)/船舶排水量。

はいすい⓪【廃水】废水。△~処理(しょり)/废水处理。

ハイスピード④[high-speed]高速度。

はい・する③【配する】(他サ)①分配。△全員(ぜんいん)に~/分给全体人员。②许配。△才子(さいし)に佳人(かじん)を~/才子配佳人。③配,配合。△庭(にわ)に石(いし)を~/庭院里摆放山石。△池(いけ)に噴水(ふんすい)を~/水池配喷泉。④安置,配置。△人(ひと)を~/配置人员。△人事課(じんじか)に~/调到人事科(工作)。

はい・する③【排する】(他サ)①推开。△戸(と)を~/推开门。②排除,排斥。△俗信(ぞくしん)を~/排除世俗偏见。△反対派(はんたいは)を~/排斥反对派。③排列。△単語(たんご)はいろは順(じゅん)に排してある/单词按いろは顺序排列。

はいせき⓪【排斥】(名・他サ)排斥,抵制。△市長(しちょう)~運動(うんどう)/驱除市长运动。△日本製品(にほんせいひん)の~/抵制

日货。

はいせん⓪【敗戦】战败。△～国(こく)/战败国。

はいたい⓪【はい胎】〔胚胎〕①胚胎。②〈转〉起源，起因。△ここに日本(にほん)の悲劇(ひげき)が～している/日本的悲剧源出于此。

ばいたい⓪【媒体】①媒介物。△宣伝(せんでん)～/宣传媒介(体)。②(物理)介质，媒质。

はいたつ⓪【配達】(名・他サ)发送，投递。△～先(さき)/收件人，送达地点。△郵便(ゆうびん)～/邮递(员)。

	各戸ごとにーする	区報を～して回る	郵便を～する	試験問題を～する	米を～する
配達	○	○	○	×	○
配布	○	○	×	○	×
配給	○	×	×	×	○

バイタリティー③[vitality]活力，精力，生命力。

はいち⓪【配置】(名・他サ)①(人员的)安置，配备。△係員(かかりいん)を～する/配备工作人员。②(物的)安排，安放。③布局，布署。△～替(が)え/(军队)换防改变布局。

ハイテクノロジー⑤[high technology](有时略作"ハイテク")高科技，尖端技术。

ばいてん⓪【売店】(车站、公园、剧院等处的)小卖店，售货亭。

はいとう⓪【配当】(名・他サ)①分配。△時間(じかん)～/时间分配。②分红。△～金(きん)/红利；股息。

パイナップル③[pineapple](也作"パインアップル")菠萝。

ばいばい①【売買】(名・他サ)买卖。△商品(しょうひん)を～する/买卖商品。△株(かぶ)を～する/股炒。

ハイヒール③[日造 high heels](女用)高跟鞋。

ばいひん⓪【売品】卖品，出售的东西。△非(ひ)～/非卖品。

はいふ①【肺ふ】〔肺腑〕①肺。②肺腑，心底。△～をつく/感人肺腑，说中要害。

はいふ①⓪【配付】(名・他サ)分发，发给。△免許証(めんきょしょう)を～する/发给执照。

はいふ①⓪【配布】(名・他サ)散发，分发。△受験者(じゅけんしゃ)に問題用紙(もんだいようし)を～する/向考生分发试卷。⇨はいたつ表

パイプ①[pipe]①管，导管。△～ライン/输油管，输气管。△～で水(みず)を引(ひ)く/用导管引水。②(西式)烟斗，烟嘴。△～をふかす/吸烟斗。

パイプ・オルガン①[pipe organ]管风琴。

バイブル①[Bible]①《圣经》。②经典著作，权威著作。△経営(けいえい)の～/经营方面的权威著作。

はいぶん⓪【拝聞】(名・他サ)〈谦〉恭听，敬闻。△～するところによれば…/据本人所闻…。

はいぶん⓪【配分】(名・他サ)分

配。△利益(りえき)を～する/分配红利。

はいぼく⓪【敗北】(名・自サ)①败北,战败。△～を喫(きっ)する/吃败仗。②败逃。

ばいまし⓪【倍増し】(名・自サ)增加一倍。△～料金(りょうきん)/双倍费用。

ハイ・ミス③[high miss]已过妙龄的未婚女性。

はいゆう⓪【俳優】(电影、戏剧等的)演员。△映画(えいが)～/电影演员。

ばいよう⓪【培養】(名・他サ)①(草木)培植。△～土(ど)/培植土。②(细菌等)培养。△～基(き)/培养基。③(事物)培养。△実力(じつりょく)を～する/培养实力。

はいりこ・む⓪④【入り込む】(自五)进入里面。△日光(にっこう)が室内(しつない)に～/阳光照进室内。

ばいりつ⓪【倍率】①倍率,放大率。△～高(たか)い双眼鏡(そうがんきょう)/倍数高的双筒望远镜。②(考试等的)竞争率。△入試(にゅうし)の～/入学考试的竞争率。

はいりょ①【配慮】(名・自他サ)照顾,照料。△老人(ろうじん)への～が足(た)りない/对老人的照顾不够。

バイリンガル③[bilin-gual]能熟练使用两种语言的人。

はい・る①【入る】(自五)①进,进入,进来。△電車(でんしゃ)がホームに～/电车进站。②落入,隐入。△太陽(たいよう)は西(にし)の山(やま)に入(はい)った/日落西山了。③加入,考入。△クラブに～/加入俱乐部。④属于。△日本(にほん)はアジアに～/日本属于亚洲。⑤安,装(设备等)。△部屋(へや)に電話(でんわ)が入った/室内装上了电话。⑥放有,含有,包含。△コーヒーに砂糖(さとう)が入っている/咖啡里放有糖。⑦容纳。△二千人(にせんにん)～講堂(こうどう)/容纳两千人的礼堂。⑧收到,得到。△手(て)に大金(たいきん)が～/得到巨款。⑨(商品、钱、通知等)到,到来。△本店(ほんてん)に荷(に)が入った/本店来了一批货。⑩到了(状态或时期)。△春(はる)に～/到了春天。△まとめの段階(だんかい)に～/到了结束阶段。⑪入(耳、目等)。△目(め)に～/入目。△耳(みみ)に～/入耳。⑫闯入。△盗(ぬす)みに～泥棒(どろぼう)/入室行窃的贼。⑬添加,印上。△模様(もよう)の入った封筒(ふうとう)/印有画的信封。

パイレート③[pirate]①海盗,海盗船。②劫机犯。③侵犯版权者。△～エディション/海盗版,非法翻印版。

はいれつ⓪【配列・排列】(名・他サ)排列。△順(じゅん)に～する/按顺序排列。

ハイレベル③[high level](名・形动)高标准,高水平。△～な技術(ぎじゅつ)/高水平技术。

ハイロード③ [highroad]高速公路，快速公路。

パイロット③ [pilot]①领港员，领航员。△～ボート/领航艇。②飞行员,飞机驾驶员。③示范,试验。△～ファーム/示范农场。△～フィルム/试映片。△～ランプ/指示灯。

は・う① 〔這う〕(自五)①(人)爬,爬动。△部隊(ぶたい)はジャングルをはって進(すす)む/部队在密林里匍匐前进。②(动物)爬行。△蚯蚓(みみず)が地面(じめん)をはっている/蚯蚓在地面爬行着。③(植物的蔓茎)攀缠,爬。△朝顔(あさがお)のつるが窓(まど)にはっている/牵牛花的蔓往窗户上爬着。

ハウス① [house] ①家,住宅,房屋。△～ツー～/挨门挨户(地),逐家逐户(地)。②温室。△ビニール～/塑料大棚温室。

ハウス・カード④ [日造 house card]家庭购物信用卡。

ハウス・サウンド⑤ [house sound]室内音响。

ハウス・ダスト④ [house dust]室内尘埃。

ハウス・ホルダー④ [house holder]①住户。②户主,家长。

ハウスホールド [household]①家庭,家眷。②王室,皇族。③家政,家务。④家庭的,王室的。

ハウスワーク④ [housework]家务,家务劳动。

ハウスワイフ③ [housewife]家庭主妇。

はえ⓪ 〔蝿〕蝇,苍蝇。△～たたきで～をたたく/用苍蝇拍打苍蝇。◇自分(じぶん)の頭(あたま)の～を追(お)え/自扫门前雪,不管别人的事。

はえ② 【栄】光荣。△～ある使命(しめい)/光荣使命。△～ある受賞(じゅしょう)/光荣获奖。

はえぬき⓪ 【生(え)抜き】①土生土长,地道。△～の江戸(えど)っ子(こ)/地道的东京人。②(从创业起一直在公司工作的)老职工。△～の店員(てんいん)/公司的老职员。

は・える② 【生える】(自下一)生,长。△庭(にわ)に雑草(ざっそう)が～/院子里杂草丛生。

は・える② 【映える】(自下一)①照,映照。△夕日(ゆうひ)に～紅葉(もみじ)/夕阳映照的红叶。②显眼,显得好看。△彩色(さいしき)が～/颜色鲜艳夺目。

	夕日に～山	その服によく～ネクタイ	彼の目に～た東京	じみで～ない柄	鏡に～た顔
映える	○	○	×	-え○	×
映ずる	○	×	-じ○	×	×
映る	×	×	-つ○	×	○

はおり⓪ 【羽織】(穿在和服外面的)短外褂。△～袴(はかま)/(短外褂和裙子配套的)男式礼服。

はお・る② 【羽織る】(他五)披上,罩上,穿上(外衣)。△コートを～/穿上大衣。

はか② 【墓】①坟,墓。△～参(ま

いり/扫墓。②墓碑。

ばか① 〔馬鹿〕Ⅰ(名・形动)①呆傻，愚蠢，糊涂。△～な骨頂(にっちょう)の奴(やつ)/愚蠢透顶的家伙。②傻瓜，笨蛋，糊涂虫。△あいつは～だ/他是个傻瓜。③不合理，无聊，无价值。△～なことを考(かんが)えるな/不要胡思乱想。④(以"～に"形式，作副词用)过度，非常。△今日(きょう)は～に暑(あつ)い/今天热得邪门。⑤(以"～になる"形式)不好使，不中用，失效。△ねじが～になる/螺丝失灵了。Ⅱ(接头)过度，过分。△～正直(しょうじき)/过分诚实。◇～と鋏(はさみ)は使(つか)いよう/傻子和钝剪刀如果使用得法，也会发挥作用。◇～の一(ひと)つ覚(おぼ)え/死心眼。◇～を見(み)る/吃亏，上当。

はかい⓪【破壊】(名・自他サ)破坏。△建設(けんせつ)のための～/旨在建设的破坏。

	台風で家が～した	環境の～	衝突して車が～する	～した眼鏡	船体が～を受ける
破壊	○	○	×	×	×
破損	○	×	○	×	×
損傷	○	×	×	○	○

はがき⓪【葉書】明信片。△往復(おうふく)～/往返明信片。△絵(え)～/美术明信片。

はが・す②〔剥がす〕(他五)剥下，揭下。△切手(きって)を～/揭邮票。⇨はぐ表

はかせ①【博士】①〈文〉博学之士。△天気(てんき)～/能预知天气变化的人。△物知(ものし)り～/万事通。②(学位)博士。△～論文(ろんぶん)/博士论文。

はかど・る②〔捗る〕(自五)(工作)进展顺利。△仕事(しごと)ははかどっている/工作进展得很顺利。

はかな・い③〔果無い・儚い〕(形)①虚幻(的)，靠不住(的)。△～望(のぞ)み/幻想。△～夢(ゆめ)/黄粱梦。②短暂(的)，无常(的)。△～人生(じんせい)/短暂的人生。⇨むなしい表

はがね⓪【鋼】钢。△～ベルト/钢带。

はかばかし・い⑤〔捗捗しい〕(形)(下接否定语)①(工作等)进展顺利。△交渉(こうしょう)がはかばかしく行(い)かない/谈判没有进展。②称心，如意。△病気(びょうき)の回復(かいふく)がはかばかしくない/身体康复得不理想。⇨つまらない表

ばかばかし・い③〔馬鹿馬鹿しい〕(形)①无聊，愚蠢，荒诞。△～考(かんが)え/想法荒唐。②胡闹。△～大騒(おおさわ)ぎ/闹得天翻地覆。

はかま③〔袴〕和服裙子，裤裙。△～をはく/穿和服裙子。

はがゆ・い③【歯がゆい】〔歯痒い〕(形)(因事不如意)令人着急，令人不耐烦。△彼(かれ)がぐずぐずしているのがまったく～/他慢腾腾的，真令人着急。

ばからし・い③〔馬鹿らしい〕(形)愚蠢的，无聊的。

はかり③〔秤〕秤，天平。◇～に

掛(か)ける/i)用秤称。ii)评价。

ばかり① (副助)①(表示数量、分量程度)左右,上下,大约。△五分(ごふん)～待(ま)ってくれ/请等五分钟左右。②(表示限定)只,光。△物価(ぶっか)は上(あ)がる～だ/物价一个劲儿涨。△毎日(まいにち)遊(あそ)んで～いる/每天光玩。③微小,很少。△それ～のことで泣(な)くな/不要为这点小事哭。④刚才,刚刚。△今(いま)来(き)た～だ/刚到。⑤快要,就要。△もう卒業(そつぎょう)する～になっている/眼看就要毕业了。⑥越来越…。△暮(くら)しはよくなる～だ/生活越来越好。⇒くらい表

ばかりか⓪③ (接助)不止,岂止。△雨(あめ)～,風(かぜ)もはげしい/岂止有雨,风刮得也很厉害。

はかりごと⓪④⑤【謀】计谋。△～をめぐらす/出谋划策。

はか・る②【図る】(他五)①打算,计划。△計画(けいかく)の実行(じっこう)を～/打算实施计划。②谋求。△便宜(べんぎ)を～/谋求方便。

はか・る②【測る】(他五)①测量(长度、深度、高度等)。△水(みず)の深(ふか)さを～/测量水的深度。②推测,揣测。△人(ひと)の心(こころ)を～/推测别人的心思。

はか・る②【量る】(他五)(用秤、升等)量,称,测。△米(こめ)を升(ます)で～/用升(斗)量米。

はか・る②【謀る】(他五)①企图,图谋,策划。△暗殺(あんさつ)を～/企图暗杀。②欺骗,谋算。△人(ひと)を謀って謀られる/骗人者反被人骗。

はが・れる③〔剥れる〕(自下一)剥落,揭下。△タイルがはがれた/瓷砖掉下来了。⇒むける表

バカンス①[法 vacance]①假期,假日。②连休,长假。△～旅行(りょこう)/利用长假到国外旅游。③〈转〉游山玩水。

はき①【破棄】(名・他サ)①撕毁,废除。△契約(けいやく)を～する/撕毁合同。②撤消,取消。△原判決(げんはんけつ)を～する/撤消原判。③赖债,拒还债款。

はき①【覇気】①雄心,锐气。△～がない/无进取心。②霸气,野心。

はきけ③【吐き気】恶心,要吐。△～を催(もよお)す/觉得恶心。

はきだ・す⓪【吐き出す】(他五)①吐出。△酒(さけ)を飲(の)みすぎて食物(しょくもつ)を吐き出した/因饮酒过量,把吃的东西吐出来了。②冒出,喷出(烟、火等)。△火山(かざん)が火(ひ)を～/火山喷火。③退还,拿出,吐出(金钱等贵重物品)。△贓物(ぞうぶつ)を～/退还赃物。④(把想法等)倾吐出来。

はきはき① (副・自サ)①活泼,有朝气。△～している子供(こども)/活泼的孩子。②干脆,爽快。△～と答(こた)える/回答得干脆。△～した性格(せいかく)/爽快的性格。⇒はっきり表

はきもの⓪【履物】(靴、鞋、木履等)脚上穿的。△～をはく/穿鞋。

はきゅう⓪【波及】(名・他サ)波及，影响。△全世界(ぜんせかい)に～する事件(じけん)/影响全世界的事件。

は・く①【吐く】(他五)①吐。△つばを～/吐唾沫。②说出,吐露。△本音(ほんね)を～/吐露真言。③冒出，喷出(烟等)。

は・く①〔穿く〕(他五)穿(裤、裙等下半身衣服)。△ズボンを～/穿裤子。

は・く①【掃く】(他五)①扫。△部屋(へや)を掃いてきれいにする/把屋子打扫干净。②(用刷子、笔等)涂抹,描。△まゆを～/描眉。

は・く⓪【履く】(他五)穿(鞋、木履等)。△彼(かれ)はスリッパを履いて出(で)てきた/他穿着拖鞋出来了。

は・ぐ①〔剝ぐ〕(他五)①剥(下),撕掉。△皮(かわ)を～/剥皮。②(强行)扒下。△着物(きもの)を～/扒下衣服。③剥夺，革除。△官位(かんい)を～/剥夺官职。

	皮を～	ふとんを～	身ぐるみ～れる	ポスターを～	ミカンを～
はぐ	○	○	-が○	△	×
はがす	○	○	×	○	×
むく	○	×	×	×	○

はくあい⓪【博愛】博爱。△～心(しん)/博爱心。△～主義(しゅぎ)/博爱主义。

はくがい⓪【迫害】(名・他サ)迫害，虐待。△～を受(う)ける/受迫害。

ばくげき⓪【爆撃】(名・他サ)轰炸。△～機(き)/轰炸机。△無差別(むさべつ)～/狂轰滥炸。

はくし⓪①【白紙】①白纸。②空白纸。△～の答案(とうあん)/白卷。③无主见。△会議(かいぎ)には～でのぞむ/事前无准备去参加会议。④原状。△～に返(かえ)す/恢复原状。

はくし①【博士】(学位)博士。△～号(ごう)を授(さず)けられる/被授予博士称号。

はくしき⓪【博識】知识渊博。△～多才(たさい)/博学多才。

はくじつ⓪【白日】①(无云遮的)太阳。△青天(せいてん)～/青天白日。②白日，白昼。

はくしゃ⓪【拍車】马刺。△～をかける/加速。

はくじゃく⓪【薄弱】(名・形动)①(意志)薄弱。△意志(いし)～/意志薄弱。②(身体)软弱。③(理由或证据)不充分,不确凿。△論拠(ろんきょ)が～だ/论据不充分。

はくしゅ①【拍手】(名・自サ)①拍手，鼓掌。△～喝采(かっさい)/鼓掌喝采。△～して賛意(さんい)を表(あら)わす/鼓掌表示赞成。②(参拜神佛时)拍掌。

はくじゅ①【白寿】白寿(九十九岁寿诞)。

はくしょ①【白書】(官方报告书)白皮书。△経済(けいざい)～/经济白皮书。

はくじょう①②【白状】(名・他サ)

①坦白，招认，招供，认罪。△罪(つみ)を～する/坦白罪行。②(犯人的)认罪书，口供。
ばくしょう⓪【爆笑】(名・自サ)哄堂大笑，哄然大笑。△～をさそう/引起哄堂大笑。
はくじん⓪【白人】白人，白种人。△～種(しゅ)/白色人种。
はく・する③【博する】(名・他サ)博得，获得。△喝彩(かっさい)を～/博得喝彩。△巨利(きょり)を～/获得巨额利润。
ばくぜん⓪③【漠然】(形動タルト)〈文〉含混，模糊，笼统，不明确。△～とした記憶(きおく)/模糊的记忆。△～たる不安(ふぁん)/惶恐不安。
ばくだん⓪【爆弾】炸弹。△時限(じげん)～/定时炸弹。△原子(げんし)～/原子弹。
ばくち⓪【博ち】〔博打〕赌博。△～を打(う)つ/耍钱，赌钱。
はくちゅう⓪【白昼】白天，白昼。△～夢(む)/白日梦。△～堂堂(どうどう)と悪事(あくじ)を働(はたら)く/光天化日之下公然干坏事。
はくちゅう⓪【伯仲】(名・自サ)不分上下，难分伯仲。△勢力(せいりょく)～/势均力敌。
はくちょう⓪【白鳥】天鹅。
はくはつ⓪【白髪】白发。△～の老人(ろうじん)/白发老人。
ばくはつ⓪【爆発】(名・自サ)①爆炸。△火薬(かやく)が～する/火药爆炸。②爆发。△怒(おこ)りが～する/怒火爆发。△日(ひ)ごろのうっぷんが～/发泄平日的积愤。
ばくふ①【幕府】①将军政府，幕府。△徳川(とくがわ)～/徳川幕府。②将军营帐。
はくぶつかん④【博物館】博物馆。
はくぼく⓪【白墨】粉笔。
はくらい⓪【舶来】(名・自サ)舶来(品)，进口(货)。△～品(ひん)/进口货。
はくらんかい③【博覧会】博览会。
はくりょく⓪【迫力】动人的力量。△～のある演技(えんぎ)/扣人心弦的表演。
はぐるま②【歯車】齿轮。◇～がかみあわない/ⅰ)齿轮啮合不灵。ⅱ)〈喻〉(事物之间)关系不协调。
ばくれつ⓪【爆裂】(名・自サ)爆炸，爆裂。△～の音(おと)/爆炸声。
ばくろ①【暴露】〔曝露〕(名・自他サ)①暴露，败露。△陰謀(いんぼう)が～する/阴谋暴露。②揭露。△～記事(きじ)/揭露性报导。
ばくろん⓪【駁論】(名・自サ)反驳，驳斥。
はけぐち②【はけ口】〔捌け口〕①排水口。②(商品)销路。③发泄。△不満(ふまん)の～/发牢骚。
はげしい③【激しい】〔烈しい〕(形)①激烈，强烈，剧烈。△両者(りょうしゃ)の競争(きょうそう)は激しくなるばかりだ/两者的竞争愈演愈烈。②甚大，厉害。△風(かぜ)が～/风很大。③频繁。△交通(こうつう)が～/车辆往来

频繁。⇨すごい 表

バケツ⓪〔日造 bucket〕〔馬穴〕吊桶,铁水桶。△ポリ～/塑料桶。△～リレー/传递水桶救火。

はげま・す③【励ます】(他五)①鼓励,激励,勉励。△学生(がくせい)を～/勉励学生。②提高(声音)。△声(こえ)を励まして応援(おうえん)する/大声助威。

はげ・む②【励む】(自五)勤奋,努力。△仕事(しごと)に～/勤奋工作。

	勉学に～	忠勤を～	説得これ～	柔道に～でいる	泣くまいと～
励む	○	○	×	-ん○	×
努める	○	×	×	×	○

ばけもの④③【化け物】①妖怪,鬼怪。△～が出(で)る/闹鬼。②〈喻〉非凡的人,有奇才的人。③非常大,大得可怕。△このカボチャはまるで～のようだ/这个南瓜大得出奇。

は・ける②〔捌ける〕(自下一)①(水)流畅,畅通。△下水(げすい)がよく～/下水道畅通。②(商品)畅销。△品物(しなもの)が～/货物畅销。

は・げる②〔禿げる〕(自下一)①秃,头发脱落。△頭(あたま)がだんだんはげてくる/头渐渐秃起来了。②(山)光秃。△はげた山(やま)/光秃秃的山。

はげ・る②〔剝げる〕(自下一)①剥落,脱落。△壁(かべ)のペンキがはげている/墙上的油漆脱落了。②褪(色)。△色(いろ)のはげた着物(きもの)/褪了色的衣服。

ば・ける②〔化ける〕(自下一)①变。△狐(きつね)が美人(びじん)に～/狐狸变成美人。②化装,改装,假装。△警官(けいかん)にばけて詐欺(さぎ)を働(はたら)く/化装成警察进行诈骗。

はけん⓪【派遣】(名・他サ)派,派遣,派出。△代表(だいひょう)を～する/派代表。大使(たいし)を～する/派遣大使。△～教授(きょうじゅ)/(外校来的)聘任教授。

はけん⓪【覇権】①霸权。△～をあらそう/争夺霸权。②冠军。△～を握(にぎ)る/夺得冠军。

はこ⓪【箱】Ⅰ(名)①箱,盒,匣。△木～(きばこ)/木箱。②(火车、电车的)车厢。△どの～も満員(まんいん)だ/每个车厢都座无虚席。③三弦琴(盒)。Ⅱ(接尾)(表示盒的计数单位)。・△一～(ひとはこ)/一箱,一盒。

はご②⓪①【羽子】羽毛毽。△～板(いた)/毽子板。

はこび⓪【運び】①搬运。△荷物(にもつ)の～を手伝(てつだ)う/帮助搬运东西。②走,脚步。△足(あし)の～が重(おも)い/脚步重。③进度,进展。△工事(こうじ)の～が早(はや)い/工程进度快。④(事物)进行方法,运筹,技巧。△話(はなし)の～がうまい/善于言谈,健谈。⑤进展情况,程序。△挙式(きょしき)の～となる/即将举行(结婚)仪式。

はこ・ぶ⓪【運ぶ】I（自五）进展。△工事(こうじ)が順調(じゅんちょう)に～/工程顺利进展。II（他五）①运送，搬运。△本(ほん)を～/运送书。②走。△足(あし)を～/（步行）前往。③进行，推行。△事(こと)を～/办事。△建設計画(けんせつけいかく)が首尾(しゅび)よく運(はこ)んだ/顺利地推行了建设计划。

はこぶね⓪③【箱舟・方舟】方船。△ノア～/诺亚方舟。

バザール②〔波斯 bāzār〕(西亚地区的)露天市场。

はさい⓪【破碎】(名・自サ)粉碎，破碎。△～機(き)/粉碎机。

はさま・る③【挟まる】(自五)①夹在中间。△ドアに指(ゆび)が～/手指夹在门缝里。②处在对立的双方之间。△中(なか)に挟まって双方(そうほう)をなだめる/居中劝解双方。

はさみ③〔鋏〕①剪刀，剪子。②剪票钳。③(儿童划拳时说的榔头、纸、剪刀的)剪刀。△～を入(い)れる/ⅰ)用剪刀剪。△テープに～を入れる/剪彩。ⅱ)修剪(树枝、头发等)。△木(き)に～を入れる/给树修枝。ⅲ)剪票。△切符(きっぷ)に～を入れる/剪票。

はさ・む②【挟む】〔插む〕(他五)①(多以"…を挟んで…"形式)隔。△両国(りょうこく)の首脳(しゅのう)はテーブルを挟んで座(すわ)った/两国首脑隔着桌子(相对而)坐。②夹。△日本人(にほんじん)も中国人(ちゅうごくじん)もはしで食(た)べ物(もの)を～/日本人和中国人都是用筷子夹东西吃。③插进(别的事或物)。△文章(ぶんしょう)の間(あいだ)にさし絵(え)を～/在文章中插入插图。△人(ひと)の話(はなし)に口(くち)を～な/别人说话时不要插嘴！

はさ・む②〔剪む・鋏む〕(他五)剪。△枝(えだ)を～/修剪树枝。

はさん⓪【破産】(名・自サ)破产。△～に瀕(ひん)した実業家(じつぎょうか)/濒于破产的实业家。△～を宣告(せんこく)する/宣告破产。

はし⓪【端】①端，头。△ひもの～/绳子头。②边，缘。△道(みち)の～を歩(ある)く/靠路边儿走。③(事物的)片断，一部分。△言葉(ことば)の～をつかむ/抓住话茬。

	道の～を歩く	ひもの～	茶わんの～	目の～を赤くする	畳の～を変え
端	○	○	×	×	×
縁	○	×	○	○	△
へり	○	×	×	△	○

はし①〔箸〕箸，筷子。△～で食(た)べ物(もの)を挟(はさ)む/用筷子夹食物。◇～にも棒(ぼう)にもかからぬ/无计可施。◇～の上(あ)げおろし/鸡蛋里挑骨头，吹毛求疵。◇～も持(も)たぬ乞食(こじき)/赤手空拳，手无寸铁。

はし②【橋】桥，桥梁。△～をかける/架桥。△～を渡(わた)る/过桥。◇～を渡(わた)す/ⅰ)架桥。ⅱ)〈喻〉牵线搭桥。

はじ②【恥】耻，耻辱，丢脸。△～を知(し)る/知耻。△～をかく/

丢脸,出丑。◇~の上塗(うわぬ)り/丑上加丑,越发丢脸。◇~をさらす/当众出丑。◇~をすすぐ/雪耻。◇聞(き)くは一時(いっとき)の~、聞かぬは一生(いっしょう)の~/问乃一时羞,不问则终生耻。

はしがき⓪【端書】①序言。②(书信)再启,又启。

はじ・く②〔弾く〕(他五)①弹。△玉(たま)を~/弹球儿。②不沾,迸开,排斥。△水(みず)を~/不沾水,不透水。△ピストルのたまを~ガラス/防弹玻璃。③打(算盘)。△そろばんを~/打算盘。

はしご⓪〔梯子〕①梯子。△~車(しゃ)/(消防用)梯车。△~をかけて屋根(やね)に登(のぼ)る/搭梯子上房顶。②楼梯。③(为"はしご酒(さけ)"之略)(从一家喝了,再到另一家)串酒馆喝酒。

はじしらず③〔恥知らず〕(名・形动)恬不知耻,厚脸皮。△~な男(おとこ)/恬不知耻的家伙。

はした⓪【端た】①半截,完成一半。②零星,少量。△~の金(かね)/零钱。△~を切(き)り捨(す)てる/抹去零头。

はしなくも③【端無くも】意料之外。△~旧友(きゅうゆう)にめぐりあう/偶然地碰上了旧友。△~つい本音(ほんね)をもらしてしまった/终于流露出了真心话。

はじま・る⓪【始まる】(自五)①开始。△試合(しあい)は明日(あした)から~/比赛明天开始。②又犯,重犯。△あいつの悪(わる)い癖(くせ)が始まった/他的坏习气又犯了。③起因,引起。△彼(かれ)らのけんかは、ちょっとしたことに始(はじ)まったのだ/他们的争吵是因一点小事引起的。④(以"…ても始まらない"形式)即使…也来不及了。△今(いま)さら後悔(こうかい)しても始まらない/事到如今即使后悔也来不及了。

はじめ⓪【始め・初め】Ⅰ(名)①开始,最初。△年(とし)の~/年初。△~から終(おわ)りまで/自始至终。△~値(ね)/(股市)开盘价。②起因,起源。△国(くに)の~/国家的起源。③前者。△あとのより~の方(ほう)がいい/前者比后者好。④(以"…を始め(として、とする)"的句型)以…为首,以及…,…等。△市長(しちょう)を~とする訪中団(ほうちゅうだん)/以市长为首的访华团。△美術館(びじゅつかん)を~各種(かくしゅ)の文化施設(ぶんかしせつ)/美术馆等各种文化施设。Ⅱ(副)以前,原先,先前。△彼(かれ)は~労働者(ろうどうしゃ)だった/他以前是个工人。

はじめて②【初めて】(副)①最初,首次。△~外国(がいこく)へ行(い)く/初次去外国。②(以"…て~"形式)…之后才…。△子(こ)を持(も)って~知(し)る親(おや)の恩(おん)/有儿方知父母恩。

はじ・める⓪【始める】(他五)①开始,创始。△弟(おとうと)は今

日(きょう)から中国語(ちゅうごくご)の勉強(べんきょう)を始めた/弟弟从今天开始学汉语。②犯(老毛病)。△父(ちち)はまた喫煙(きつえん)を始めた/(已戒烟的)父亲又开始吸烟了。

ばしゃ① 【馬車】①马车。△〜に乗(の)る/坐马车。②("〜馬(うま)のように"形式)〈喻〉专心地,埋头地。△〜馬のように一生懸命(いっしょうけんめい)に仕事(しごと)をする/埋头拼命工作。

ばしょ⓪ 【場所】①地点,场所,场合。△県庁(けんちょう)のある〜/县政府所在地。△〜によって言葉遣(ことばづかい)が異(こと)なる/在不同的场合说不同的话。②席位,座位,地方。△〜をとっておく/占个座位。△座(すわ)る〜がない/没有坐的地方。③(相扑大会的)地点, 会期。△春(はる)〜/春季相扑大会地点。

はしょうふう⓪ 【破傷風】破伤风。

ばしょがら⓪ 【場所柄】①场合。②地点,位置。

はしら⓪ 【柱】Ⅰ(名)①柱,支柱。△テントの〜/帐篷的支柱。②〈转〉顶梁柱,靠山。△国(くに)の〜となる/成为国家的栋梁。Ⅱ(接尾)(表示神灵,神位,遗骨的计数)尊,位,具。△二(に)〜(ばしら)の神(かみ)をまつる/供奉两尊神。

はし・る② 【走る】(自五)①跑。△僕(ぼく)は毎朝(まいあさ)校庭(こうてい)を〜/我每天早晨在校园里跑步。②(为了某种目的而)奔跑,急跑。△父(ちち)は金策(きんさく)に走っている/父亲为筹款而奔跑。③(车、船)运行。△船(ふね)が〜/船行驶。△車(くるま)が〜/车奔驰。④(水)奔流。△水(みず)の〜音(おと)がする/有水的奔流声。⑤逃跑。△泥棒(どろぼう)が走った/小偷逃跑了。⑥(动作)自如。△筆(ふで)が〜/运笔自如。⑦(河、道路的)走向。△南北(なんぼく)に〜山脈(さんみゃく)/南北走向的山脉。⑧偏于,偏向,陷入。△左翼(さよく)に〜/偏左。△感情(かんじょう)に〜/感情用事。△極端(きょくたん)に〜/走极端。

	馬が〜	〜て学校に行く	南北に〜道	子供が横町から〜出してくる	思いを〜
走る	○	-っ○	○	△	×
駆ける	○	-け○	×	-け○	×
はせる	△	×	○	×	○

は・じる② 【恥じる】(自上一)①羞,害羞,羞愧。△良心(りょうしん)に〜/问心有愧。②(用否定形)无愧…。△先人(せんじん)に恥じない業績(ぎょうせき)/无愧于先人的业绩。

はしわたし③ 【橋渡し】(名・他サ)当中间人,牵线搭桥。△双方(そうほう)の〜をする/给双方当中间人。

はす⓪ 〔蓮〕莲,荷。△〜の花(はな)/荷花。△〜の実(み)/莲子。

はず⓪ 〔筈〕Ⅰ(名)①箭尾。②弓

两头系弦的部分。③(相扑)开掌推腋下、胸部及肩部。△～押(お)し/开掌推腋下。Ⅱ(形式名词)①(表示当然)应该,理应。△彼(かれ)は知(し)っている～だ/他应该知道。②(表示肯定)的确。△彼はたしかそう言(い)った～だ/他的确是那么说的。③(表示预定、估计)许,该。△汽車(きしゃ)は10時(じゅうじ)に出(で)る～だ/火车大概是10点开。④道理,可能。△君(きみ)にできない～がない/你不会办不到。

バス① [bass]①男低音,男低音歌手,低音部。②低音乐器。

バス① [bath]①洗澡。△～タオル/浴巾。△～ローブ/浴衣。②("バスルーム"之略)(西式)洗澡间,浴室。

バス① [bus]公共汽车。△～ストップ/公共汽车站。△～レーン/公共汽车专用道。△観光(かんこう)～/游览汽车。△シャトル～/班车。△終(しゅう)～/末班车。△トロリ～/无轨电车。△二階立(にかいだ)て～/双层巴士。△マイクロ～/面包车。△ワンマン～/无人售票车。◇～に乗(の)り遅(おく)れる/ⅰ)没赶上公共汽车。ⅱ)赶不上潮流。

パス① [pass](名・自サ)①通过。△難関(なんかん)を～する/通过难关。②合格,录取。△試験(しけん)に～する/考试及格。③定期车票,月票,定期入场券。④(纸牌游戏中轮到叫牌时)放弃叫牌,弃权。

バスガイド③ [日造 bus guide]观光车上的导游。

はずかし・い④【恥ずかしい】(形)①没脸见人,于心有愧。△落第(らくだい)したので恥ずかしく思(おも)う/由于没考上而觉得没脸见人。②羞,害臊,不好意思。△ほめられて～/被人夸奖,不好意思。③可耻。

はずかしが・る⑤【恥ずかしがる】(自五)害羞,害臊。△恥ずかしがらずにどしどし質問(しつもん)しなさい/不要不好意思,请多提出问题。

はずかし・める⑤【辱める】(他下一)①羞辱,侮辱。△人(ひと)を辱めてはいけない/不可侮辱人。②玷污。△名(な)を～/玷污名声。

パスカル③ [法 pascal]帕斯卡(压力单位,符号 Pa)。

ハスキー① [hysky](名・形动)沙哑,低声。△～な声(こえ)/沙哑声。△～ボイス/沙哑声。

バスケット③ [basket]①提篮,篮子,笼子。△～取引(とりひき)/一揽子交易。②带网篮球筐。

バスケットボール⑥ [basketball]篮球。△～チーム/篮球队。

はず・す⓪【外す】(他五)①取下,摘下,解开。△指輪(ゆびわ)を～/摘下戒指。△ネクタイを～/解开领带。②撤消,取消,除掉。△名簿(めいぼ)から彼(かれ)の名前(なまえ)を～/把他的名字从名册

上除掉。③错过，没抓住。△せっかくの機会(きかい)を外してしまった/错过了一个难得的机会。④避开，躲开。△質問(しつもん)の矢(や)を～/避开提问。⑤退(席)，离(座)。△席(せき)を～/退席。⑥(屁、尿等)失禁。△尿(にょう)を～/小便失禁。

パステル① [pastel]彩色蜡笔。△～画(が)/彩色蜡笔画。△～カー/柔和色调。

バスト① [bust]①胸。②胸围。△～コンシャス/突出女性胸围线条的时装。③胸像，半身像。

パストラル④ [pastoral]田园诗，田园歌剧。

ハズバンド③ [husband]丈夫，夫君。

パスポート③ [passport]①(外交)护照。△～チェック/检查护照。②出入特定场所的证件。

はず・む⓪【弾む】Ⅰ(自五)①跳，蹦，反跳，弹回。△まりが～/球蹦起来。②(兴致)高涨，起劲。△話(はなし)が～/谈得起劲。③激烈，急促。△息(いき)が～/呼吸急促。Ⅱ(他五)(一狠心或一高兴)拿出很多钱。△チップを～/一高兴给很多小费。

はずれ⓪【外れ】①落空，未中。△見当(けんとう)～/希望落空，估计错。②尽头。△町(まち)の～/城边。

はず・れる⓪【外れる】(自下一)①(镶嵌物等)脱落，掉下，离开。△この戸(と)はよく～/这个门好

掉。②脱离中心，偏离。△話(はなし)が本(ほん)すじから～/说话离题。③落空，未中。△天気予報(てんきよほう)が～/天气预报未报准。④离开某环境。△市街(しがい)を～/离开市区。

パスワード③ [password](计算机)命令，密码，暗号。△～保護(ほご)/加密保护，密码保护。

はせ〔馳せ〕(造语)跑，驰。△～帰(かえ)る/跑回家。△～参(さん)じる/急驰而来。△～つける/赶到。△～まわる/四处奔波。△～むかう/奔赴。△～戻(もど)る/跑回原地。

はせい⓪【派生】(名・自サ)派生。△～語(ご)/派生词。△新(あたら)しい問題(もんだい)が～する/派生出新问题。

は・せる②〔馳せる〕Ⅰ(他下一)①驱车，策马。△馬(うま)を～/策马奔驰。②传播。△世界(せかい)に名(な)を～/驰名世界。△思(おも)いを故郷(こきょう)に～/思念故乡。Ⅱ(自下一)驰，跑。△列車(れっしゃ)が～/列车奔驰。⇨はしる表

は・ぜる②〔爆ぜる〕(自下一)①(坚果等)裂开，爆裂。△クリが～/栗子裂开。②(果实成熟)崩开。

はせん⓪【破線】虚线，点线。

はせん⓪【波線】波纹线。

はせん⓪【破船】遇难船，失事船。

パソコン⓪ [personal computer]("パーソナルコンピュータ"之略)个人用电子计算机，个人用电

脳。△～OS(オーエス)/电脑操作系统。△～CG(シージー)/电脑图形学。△～通信(つうしん)/电脑数据通信。

はそん⓪【破損】(名・自他サ)破损，损坏。△机(つくえ)も椅子(いす)も～した/桌子、椅子都坏了。⇨はかい[表]

はた①【端】〔傍〕①边，端。△池(いけ)の～を散歩(さんぽ)する/在池边散步。②侧，旁。△～から口(くち)を出(だ)す/从旁插嘴。

はた②【旗】旗，旗帜。△正義(せいぎ)の～/正义的旗帜。△～を掲(かか)げる/高高举旗。◇～を揚(あ)げる/ⅰ)举兵。ⅱ)创办新事业。◇～を振(ふ)る/ⅰ)摇旗。ⅱ)助威。◇～を巻(ま)く/ⅰ)收兵投降。ⅱ)收摊。

はた②【機】(手工操作的)织布机。△～を織(お)る/织布。

はだ①【肌】〔膚〕①(人的)皮肤，肌肤。△～荒(あれ)/皮肤变粗糙。△～ジバン(ジュバン)/汗衫，贴身衬衣。②(物的)包皮，表皮，表面。△山(やま)の～/山的表面。△木(き)の～/树皮。③风度，气质。△学者(がくしゃ)～の人(ひと)/有学者风度的人。④脾气。△～が合(あ)う/脾气合得来。◇～を脱(ぬ)ぐ/助一臂之力。⇨ひふ[表]

バター①[putter]黄油，奶油。△パンに～をつけて食(た)べる/面包涂上黄油吃。△～ソース/奶油沙司。△～トースト/奶油吐司。△～ナイフ/奶油刀。△～プディング/奶油布丁。△～ロール/奶油卷。

パターン②[pattern]①型，模型，模式。②裁衣用纸型。③图案，图样。△～信号(しんごう)/(电视)图案信号。

はだか⓪【裸】①裸体，赤身裸体。△～おどり/裸体舞。②没有掩饰物，赤裸。△～電線(でんせん)/裸线。③精光，身无一物。△負(ま)けて～になる/(赌钱)输得精光。△～で家出(いえで)をする/空身出走。④坦率，毫无遮盖的。△～になって正直(しょうじき)な話(はなし)をする/坦率地说真心话。⇨らしん[表]

はたき③掸子，鸡毛掸子，尘拂。△机(つくえ)に～をかける/用掸子掸桌子。

はだぎ③【肌着】汗衫，贴身衬衣。

はた・く②(他五)①掸。△はたきで机(つくえ)の上(うえ)のほこりを～/用掸子掸掉桌子上的尘土。②打，拍打。△はえを～/打苍蝇。△畳(たたみ)を～/拍打榻榻米。③倾囊。△有(あ)り金(がね)を～/罄其所有，把钱花光。

はたけ⓪【畑】〔畠〕①旱田，田地。△～を耕(たがや)す/耕地。②专业的领域。△医学(いがく)～(ばたけ)の人(ひと)/医学方面的专门人才。

はだし⓪〔跣・裸足〕①赤足，赤脚。△～で飛(と)び出(だ)した/光着脚跑出去。②比不上，赶不上。△玄人(くろうと)～の腕前(う

でまえ)/连行家里手都比不上的本领。⇨すあし 表

はたしあい⓪【果たし合い】决斗。

はたして②【果たして】(副)①果然。△～だめだった/果然是不行。②果真,的确。△～そうか/果真如此?

はた・す②【果す】【他五】①完成,达到(目的),实现。△責任(せきにん)を～/尽到责任。②实行。△約束(やくそく)を～/践约。Ⅱ(补动)(接动词连用形)…尽,…完,…光。△金(かね)を使(つか)い～/把钱花光。△打(う)ち～/彻底打败。⇨とげる 表

はたち⓪【畑地】耕地,旱地。

はたち①【二十・二十歳】①〈古〉二十。②二十岁。△来年(らいねん)で～になる/到明年就20岁了。

はだつき⓪【肌付き】①皮肤色泽。②贴身,挨身。

はだぬぎ⓪④【肌脱ぎ】光膀子,赤膊。△～になる/光膀子。

はたび②【旗日】纪念日,节日。△～と日曜(にちよう)が重(かさ)なる/节日和星期天赶在一起了。

バタフライ①[butterfly]①蝴蝶。②蝶泳。

はだみ⓪②【肌身】身,身体。△いつも～につけている/经常带在身上。◇～離(はな)さず/时刻不离身。

はたらか・す⓪【働かす】(他五)①使劳动。△子供(こども)を～/叫孩子干些活。②开动(脑筋、机器等)。△知恵(ちえ)を～/开动脑筋。

はたらき【働き】①劳动,工作。△～に出(で)る/出去工作。②效用。△この薬(くすり)は鎮痛(ちんつう)という～をする/这个药起镇痛的作用。③功绩,成绩。△抜群(ばつぐん)の～/出类拔萃的成绩。④才干,能力。△～のある人(ひと)/有才干的人。⑤机能,功能。△頭(あたま)の～がにぶい/头脑迟钝。△引力(いんりょく)の～/引力作用。

はたらきあり④【働きあり】〔働き蟻〕工蚁。

はたらきか・ける⑥【働き掛ける】(自下一)对…做工作,发动,推动,鼓动。△大衆(たいしゅう)に～/发动群众。△先方(せんぽう)に働き掛けて問題(もんだい)を円満(えんまん)に解決(かいけつ)する/做(好)对方的工作,以使问题得到圆满的解决。

はたらきぐち⓪【働き口】职业,工作。△～を探(さが)す/找工作。

はたらきざかり⑤【働き盛り】年富力强,壮年期。△男(おとこ)の40(よんじゅう)といえば、～だ/男人到了40岁正可谓年富力强。

はたらきて⓪【働き手】①能干的人,能手。②家庭的支柱。

はたらきばち④【働き蜂】工蜂。

はたら・く⓪【働く】Ⅰ(自五)①工作,劳动。△銀行(ぎんこう)で働いている/在银行工作。△働かざるものは食(く)うべからず/不劳动者不得食。②起作用,发生

効力。△引力(いんりょく)が物体(ぶったい)に～/引力作用于物体。③(意识)活动。△あの子(こ)はよく頭(あたま)が～/那个孩子脑子灵。Ⅱ(他五)做(坏事)。△悪事(あくじ)を～/干坏事。△泥棒(どろぼう)を～/行窃。

はたん⓪【破たん】〔破綻〕(名・自サ)①失败,破产。△経営(けいえい)に～を生(しょう)ずる/经营失败。②破裂。△交渉(こうしょう)が～した/谈判破裂了。

はだん⓪【破談】①前约作废。②解除婚约。

パタン②①[pattern]→パターン。

はち②【八】八,八个,第八。

はち⓪【蜂】蜂。△～に刺(さ)された/叫蜂螫了。◇～の巣(す)をつついたよう/像捅了马蜂窝一样(比喻乱成一团)。

はち⓪【鉢】①(和尚用的)钵,托钵。②大碗。③(栽花的)盆。△植木(うえき)の～/花盆。④头盖骨,脑壳。

はちうえ④③【鉢植(え)】盆栽,盆花。△～のアサガオ/盆栽的牵牛花。

はちじゅう⓪【八十】①八十,第八十。②八十岁。

はちじゅうはちや⓪【八十八夜】(立春后)第八十八天。

バチスカーフ④[bathyscaphe](科学考察用)深海潜艇。

ぱちぱち⓪(副)①眨巴,一开一闭。△目(め)を～させる/直眨巴眼。△写真(しゃしん)を～ととる/啪啪地拍照。②(拍手的声音)△～と拍手(はくしゅ)する/劈劈啪啪鼓掌。

はちまき②【鉢巻(き)】①(用布或手巾)缠头。△手拭(てぬぐい)で～をする/用手巾缠头。△向(む)こう～/布巾缠头后正面结扣。△ねじり～/将布巾拧卷后缠在头上。②缠头巾。

はちみつ⓪〔蜂蜜〕蜂蜜。△～のように甘(あま)い/甜如蜜。

はちめん⓪【八面】①八面体。②各方面。△～玲瓏(れいろう)/ⅰ)从任何角度看都美。ⅱ)心地爽朗豁达。

はちょう⓪【波長】①(电波)波长。△～を合(あ)わせる/调波长。②〈喻〉(互通)意思。△～が合(あ)う/投机,合得来。

ぱちんこ⓪〈俗〉①弹弓。②(隐语)手枪。③弹钢球,打弹子球,弹子房(弹小钢球,如小钢球进入特定的小孔,则滚出许多球,以此即可换取奖品)。

はつ②【初】Ⅰ(名)首次,最初。△～の会議(かいぎ)/首次会议。Ⅱ(造语)①首次,最初。△～恋(こい)/初恋。△～デート/第一次约会。△～舞台(ぶたい)/初登舞台。②表示新年后初次。△～売(う)り/开市。△～もうで/新年首次参拜。△～かみなり/第一次打雷。△～咲(さ)き/(春花)乍开。△～しぐれ/深秋初雨。

ばつ①【罰】罚,处罚。△～金(ばっきん)/罚款。△～をあたえ

はついく

る/処罰。△～を受(う)ける/受罰。

はついく⓪【発育】(名・自サ)发育，成长。△～のよい子(こ)/发育良好的孩子。△～が遅(おそ)い/发育晚。△～ホルモン/生长激素。

はつえき⓪②【発駅】①(电车)始发站。②(行李)发货站。

はつえん⓪【発煙】冒烟。

はつおん⓪【発音】发音。△～がきれいだ/发音好听。△中国語(ちゅうごくご)の～を練習(れんしゅう)する/练习汉语发音。

はつおん②【はつ音】〔撥音〕(语言)拨音。△～便(びん)/拨音便,拨音变。

はつか⓪【二十日】①(每月的)20号。△一月(いちがつ)の～/1月20号。②(日数)20天。

はつが⓪【発芽】(名・自サ)①(植物)发芽。②〈转〉萌发感情。△自我(じが)の～/自我萌发的感情。

ハッカー①[backer]①电脑迷，计算机狂。②(非法破坏计算机程序等的)黑客。

はっかい⓪【発会】创立会，成立大会。△～式(しき)/成立大会典礼。

はっかく⓪【発覚】(名・自サ)被发现，暴露。△陰謀(いんぼう)が～/阴谋败露。

はっかん⓪【発刊】(名・他サ)①(报刊等定期出版物的)发刊,创刊。△～の辞(じ)/发刊辞。△雑誌(ざっし)を～する/创办杂志。②(图书)出版，发行。

	来月～する雑誌	～の辞	新紙幣の～	定期～物	新聞の～
発刊	○	○	×	×	○
刊行	○	○	×	○	×
発行	○	×	○	○	○

はっき⓪【発揮】(名・他サ)发挥，施展。△実力(じつりょく)を～する/发挥实力。

はっきゅう⓪【発給】(名・他サ)发放，发给。△旅券(りょけん)を～/发放护照。

けっきょう⓪【発狂】(名・自サ)发狂，发疯。

はっきり(副・自サ)①清楚，清晰，明白。△～見(み)えない/看不清楚。②斩钉截铁地,直截了当地。△～返事(へんじ)をしなさい/请直截了当地答复。△～ことわる/断然拒绝。③分明，明确。△責任(せきにん)の所在(しょざい)を～させる/明确责任的所在。④(头脑)清晰,(心情)舒畅,(病)好转。△気分(きぶん)が～する/心情舒畅。△病気(びょうき)は～しません/病未痊愈。⑤〈俗〉露骨，毫不掩饰。△～したやつだ/是个见利毫不含糊的家伙。

	～した態度	～物を言う	仕事を～片づける	病状が～しない	応対が～している
はっきり	○	○	×	○	△
はきはき	○	○	×	×	○
てきぱき	△	×	○	×	○

ばっきん⓪【罰金】①(法院判处的)罚款，罚金。△～に処(しょ)する/处以罚款。②(一般的)罚钱，赔偿。△こわしたら～だぞ/

弄坏了可要赔钱的哟!

バッギング⓪① [bugging]窃听。

パッキング⓪① [packing]包装。△～ケース/包装盒,包装箱。△～ハウス/罐头生产车间。△～ペーパー/包装纸。△～メーカー/密封包装器。△～リンク/密封环,密封垫圈。

バック① [back](名・自他サ)①背,背部。②背后,后面。△～ガード/后卫。△～シュート/倒钩射门。△～トス/(排球)后传球。③背景。△タワーを～にして写真(しゃしん)を取(と)る/以塔作背景照相。④后退。△車(くるま)を～させる/倒车。⑤后援(者),后台。⑥(足球、曲棍球)后卫。⑦("バックストローク"之略)仰泳。⇨はいけい 表

バッグ① [bag]①袋子。②("ハンドバッグ"之略)手提包。③行囊。

バックストローク①[backstrocke]仰泳。

はっくつ⓪【発掘】(名・他サ)①发掘。△遺跡(いせき)を～する/发掘古迹。②〈转〉发现,挖掘(人才等)。△人材(じんざい)の～/发现人才。

はっけっきゅう③【白血球】白血球。

はっけつびょう③【白血病】白血病。

はっけん⓪【発見】(名・他サ)发现。△新大陸(しんたいりく)を～する/发现新大陆。

はつげん⓪【発言】(名・自サ)发言。△～権(けん)/发言权。

はつげん⓪【発現】(名・自他サ)表现,显出,体现。△無私(むし)の～/无私的表现。

はっこう⓪【発行】(名・他サ)①(书报、杂志)发行。△図書(としょ)を～する/发行图书。②(特定机关)发行,发给(债券、证件、月票、入场券等)。△政府(せいふ)が公債(こうさい)を～する/政府发行公债。⇨はっかん 表

はっこう⓪【発光】(名・自サ)发光。△～塗料(とりょう)/发光涂料。

はっこう⓪【発効】(名・自サ)生效。△条約(じょうせく)の～/条约生效。

はっこう⓪【発酵】〔醗酵〕(名・自サ)发酵。△～乳(にゅう)/发酸乳。

はっさん⓪【発散】(名・自他サ)①(光、热、气味、水分等)发散,散发,消散。△光(ひかり)の～/光的发射。△熱(ねつ)を～する/散热。△花(はな)がよいにおいを～する/花散发出香味。②焕发出来。△情熱(じょうねつ)を～させる/焕发出热情。

バッジ① [badge](也作"バッチ")徽章,证章,纪念章。△～をつける/戴徽章。

はっしゃ⓪【発車】(名・自サ)发车,开车。△始発電車(しはつでんしゃ)は何時(なんじ)に～しますか/头班电车几点开?

はっしゃ⓪【発射】(名・他サ)发射。△ロケットを～する/发射火

箭。

はつじょう⓪【発情】(名・自サ)(动物)发情。△～期(き)/发情期。

ばっしょう⓪⁻①【ばっ渉】[跋渉](自サ)①跋山涉水。△春(はる)の郊外(こうがい)を～する/春天到郊外跋山涉水。②走遍，跋涉千里。

はっしょうち⓪【発祥地】发祥地，发源地。△文明(ぶんめい)の～/文明发祥地。

パッショネート④[passionate](名・形動)热情。△～な歌(うた)い方(かた)/热情的唱法。

はっしん⓪【発信】(名・自他サ)发信，发报。△～機(き)/发报机。△～人(にん)/寄信人，发报人。

ばっすい⓪【抜粋】[抜萃](名・他サ)(书刊、作品)摘录，集锦。△文章(ぶんしょう)の要点(ようてん)を～する/摘录文章的要点。

はっ・する⓪【発する】Ⅰ(自サ)①外露，显出。△酔(よ)いが～/显出醉意。②产生，发生。△熱(ねつ)が～/发热。③出发。△5時(ごじ)に北京(ペキン)を～予定(よてい)です/计划5点从北京出发。Ⅱ(他サ)①发出，发表。△声明(せいめい)を～/发表声明。②发出(声、光、气味等)。△奇声(きせい)を～/发出怪声。③发源，起源。△揚子江(ようすこう)は青海(せいかい)に源(みなもと)を～/长江发源于青海。④发射。△砲弾(ほうだん)を～/发射炮弹。⑤派遣，打发。△使者(ししゃ)を～/派遣使者。

ばっ・する⓪③【罰する】(他サ)①处罚，惩罚。②判罪，定罪。

はっせい⓪【発生】(名・自サ)①发生。△交通事故(こうつうじこ)の～を防(ふせ)ぐ/防止发生交通事故。②出现。△田畑(たはた)に害虫(がいちゅう)が～する/田里出现害虫。③孳生。△蚊(か)の～を予防(よぼう)する/预防蚊子孳生。

はっせい⓪【発声】(名・自サ)①发声。△～器官(きかん)/发声器官。△～練習(れんしゅう)/发声练习。②领唱，领呼。

はっそう⓪【発想】(名・他サ)①主意，想法。△これはいい～だ/这是个好主意。②表达，构思。△この詩(し)の～がすばらしい/这首诗的构思好。③(演奏中利用节奏的强弱快慢表现乐曲气氛的)发想。△～記号(きごう)/发想记号。

はったつ⓪【発達】(名・自サ)①(身心)成长，发达。△心身(しんしん)の～/身心的成长。△スポーツマンは筋肉(きんにく)が～する/运动员的肌肉发达。②(事物)发达，进步。△工業(こうぎょう)の～した国(くに)/工业发达的国家。△科学技術(かがくぎじゅつ)が～する/科学技术发达。③扩展，扩大。△台風(たいふう)が急速(きゅうそく)に～する/台风迅速扩展。⇨しんぽ 表

	文化の〜	交通が〜している	海外へ〜する	〜した体	大事件へと〜する
発達	○	○	×	○	×
発展	○	×	○	×	○

ばったり③ （副）①突然(倒下)。△〜と倒(たお)れる/突然倒下。②偶然(相遇)。△旧友(きゅうゆう)と〜出会(であ)う/偶然与故友相遇。

バッチ① [badge]→バッジ。

はっちゃく⓪ 【発着】(名・自サ)(车、船、飞机的)始发和到达。△〜時間表(じかんひょう)/(火车)运行时间表。

ばってき⓪ 【抜てき】〔抜擢〕(名・他サ)提拔，提升。△彼(かれ)を〜して課長(かちょう)にする/提拔他当科长。

はってん⓪ 【発展】(名・自サ)①发展，扩展。△〜途上国(とじょうこく)/发展中国家。②发迹，进步。△ご〜を祈(いの)る/祝(您)进步。③(一般用"〜している"形式)〈俗〉(在酒色上)放肆，放荡无羁。△山田君(やまだくん)は最近(さいきん)かなり〜している/山田最近放肆得很。⇨はったつ 表

はつでん⓪ 【発電】(名・自サ)发电，生电。△〜機(き)/发电机。△〜所(しょ)/发电站。△摩擦(まさつ)で〜する/摩擦生电。

はっと①⓪ （副）突然(想起)。△〜悟(さと)る/恍然大悟。

ハット① [hat]有檐帽子。△シルク〜/丝绒礼帽，大礼帽。△〜トリック/(足球)一人连进三球，帽子戏法。

バット① [bat]球棒，球拍。△〜をかたく握(にぎ)る/紧握球棒。

ぱっと①③ （副）突然，一下子。△〜飛(と)びのく/急忙躲开。△〜立(た)ち上(あ)がった/霍地站了起来。△〜たばこをやめた/一下子把烟戒掉了。

はつばい⓪ 【発売】(名・他サ)发售，销售。△新(しん)〜/新产品销售。

	良書を〜する	〜が十日遅れる	〜を促進する	特急券の〜	〜競争
発売	○	○	×	○	×
販売	○	×	○	×	○

はっぴょう⓪ 【発表】(名・他サ)发表，公布。△調査結果(ちょうさけっか)を〜する/发表调查结果。△婚約(こんやく)〜/宣布婚约。

はつびょう⓪ 【発病】(名・自サ)发病，生病。△過労(かろう)がもとで〜する/积劳成疾。

はっぷん⓪ 【発奮・発憤】(名・自サ)发奋，振奋起来。△偉人(いじん)の伝記(でんき)を読(よ)んで〜する/由于读了伟人传记而振奋起来。

はっぽう③ 【八方】①四面八方。②〈转〉各方面。△〜手(て)を尽(つ)くす/多方想办法。

はつみみ⓪ 【初耳】初次听到(的话)。△その話(はなし)は〜だ/那件事儿是初次听到。

はつめい⓪② 【発明】(名・他サ)发明。△新薬(しんやく)を〜する/发明新药。△〜家(か)/发明家。△〜品(ひん)/新发明，新设计出来的东西。

はつもうで③【初もうで】〔初詣で〕①新年后初次参拝神社。②孩子出生后第一次参拝神社。

はつらつ⓪〔潑剌〕(形动タルト)①精力充沛,充满生机。△～とした少年(しょうねん)/充满活力的少年。△元気(げんき)～/生气勃勃。②(鱼)欢蹦乱跳。

はて②【果て】①边,边际,尽头。△見渡(みわた)す限(かぎ)り～がない/一望无际。②结果,终结,结局。△～は口論(こうろん)に及(およ)ぶ/最后争吵起来。△なれの～/(落魄的)下场。

はで②【派手】(名・形动)①华丽,花哨,鲜艳。△～なシャツ/鲜艳的衬衫。△みなりが～だ/打扮得花哨。②大肆,铺张,阔气。△～ななぐり合(あい)/互相大打出手。△～に振(ふ)る舞(ま)う/大摆宴席。△～好(ず)き/ⅰ)讲排场。摆阔气。ⅱ)爱花哨。

は・てる②【果てる】Ⅰ(自下一)①完毕,终了。△会(かい)が～/散会。△会議(かいぎ)はいつ～ともなく続(つづ)いた/会议开个没完没了。②死。△戦場(せんじょう)で果てた/战死沙场。Ⅱ(接尾)达到极点。△疲(つか)れ～/疲惫不堪。△困(こま)り～/一筹莫展。⇨つきる表

はと①〔鳩〕鸽。◇～に三枝(さんし)の礼(れい)あり/小鸽子住老鸽子下方第三枝之处。〈喻〉孝行。◇～が豆鉄砲(まめでっぽう)を食(く)ったよう/惊慌失措。

はどう⓪【波動】①(物理)波状运动。②周期性变化,变化起伏。

はとは⓪【はと派】〔鳩派〕温和派。

はとば⓪【波止場】码头。

はどめ③⓪【歯止め】①车闸,制动器。②〈转〉制止。△円安(えんやす)の傾向(けいこう)に～をかける/制止日元贬值的趋势。

パトロール③[patrol]巡逻,巡视。△～カー/巡逻车。警车。△～マン/巡逻警察。

パトロン⓪[patron](某艺术家、团体等的经济上的)后援人,赞助人,保护人。

はな【花】〔華〕①花。△～が咲(さ)く/开花。②(特指)樱花。△～見(み)/赏樱。③〈喻〉(雪、霜、月光、灯火)花。△雪(ゆき)の～/雪花。△火～(ひばな)/火花。④美丽,美好,最好。△～の顔(かんばせ)/花容月貌。△～の年(とし)ごろ/美好年华。⑤精华,精髄。△オリンピックの～/奥林匹克之花。△職場(しょくば)の～/公司(工厂)的一枝花。⑥虚荣,虚名。△～も実(み)もある/有名有实。△～多(おお)ければ実(み)少(すく)なし/华而不实。⑦(给艺人的)赏钱。⑧插花(术)。⑨纸牌("はなふだ"之略)。◇～より団子(だんご)/不图虚荣求实惠。◇～を持(も)たせる/把荣誉让给别人。

はな⓪【鼻】鼻子。△～が高(たか)い/得意,趾高气扬。△～であしらう/嗤之以鼻。◇～に掛(か)け

る/炫耀自己。◇～に付(つ)く/厌烦。◇～の先(さき)/ⅰ)鼻尖。ⅱ)眼前,旁边。◇～の下(した)が長(なが)い/ⅰ)愚蠢。ⅱ)好色。◇～もひっかけない/无视,忽视。◇～を明(あ)かす/乘人不备先下手。◇～を折(お)る/挫人锐气。

はないろ⓪【花色】①花的颜色。②缥色。△～もめん/青白色棉布。

はながた⓪②【花形】①花的样式。②星,明星。△～役者(やくしゃ)/走红的演员,明星。△～選手(せんしゅ)/体坛明星。△時代(じだい)の～/时代之星。

はながら⓪【花柄】和服上的花纹(花样)。

はなキャベツ③【花キャベツ】[—cabbage]花椰菜,菜花。

はなぐもり⓪③【花曇リ】(樱花盛开时)薄云蔽空景致蒙蒙。

はなことば③【花言葉】花的象征语。△バラの～は恋愛(れんあい)/玫瑰花代表爱情。

はなさき⓪【鼻先】〔端先〕①鼻尖儿。◇～であしらう/待人冷淡。◇～でせせら笑(わら)う/冷笑。②眼前,旁边。△～につき付(つ)ける/摆在眼前。③(写"端先")前端。△舟(ふね)の～に立(た)つ/站在船前头。

はなし③【話】①谈话。△～をやめる/停止谈话。△～が合(あ)う/谈得投机。②商议,商量。△～を付(つ)ける/商定。△～に乗(の)る/搭腔,愿意商议。③话的内容,话题。△おおよその～は分(わ)かった/谈话的内容大体懂了。△その～でもちきりだった/始终围绕那个话题。④事情,情况(用法似形式体言)。△それは別(べつ)の～だ/那是另一回事。△随分(ずいぶん)気(き)の長(なが)い～だ/太慢性子。◇～が付(つ)く/谈妥,谈成。◇～が分(わ)かる/通情达理。◇～にならない/不值一提。不像话。◇～に花(はな)が咲(さ)く/天南地北话意浓。◇～に実(み)が入(はい)る/越谈越起劲。◇～の腰(こし)を折(お)る/挫伤(他人)谈话兴趣。

はなしあい⓪【話し合い】(名・自サ)①商量,商谈。②交谈。

はなしあいて④【話し相手】谈话的对方,商量的人。

はなしあ・う⓪④【話し合う】(自五)①对话,交谈。②商谈,商量。△問題解決(もんだいかいけつ)について～/商量如何解决问题。

はなしか・ける⓪④【話し掛ける】(自下一)①搭话,打招呼。△隣席(りんせき)の人(ひと)に～/跟邻座的人打招呼。②开口说话。△話しかけてすぐやめる/刚开口说,马上又不说了。

はなしかた④⑤【話し方】①说法,说话技巧。△～教室(きょうしつ)/口才讲座。②说话时的样子。

はなしごえ④【話し声】谈话声。

はなしことば④【話し言葉】口语,口头语言。

はなして④⓪【話し手】①(对听者而言的)说话的人。②健谈,善于

はな・す 言谈。△なかなかの～だ/非常健谈。

はな・す② 【話す】(他五)①说话，说。△一部始終(いちぶしじゅう)を母(はは)に～/把来龙去脉跟妈妈说了。②谈话，商量。△後後(あとあと)の事(こと)を～/商量将来的事情。③讲(某种语言)。△フランス語(ご)を～/说法语。

	友人と～	授業中は～な	彼の偉大さを～事実	～に足りない人物	～散らす
話す	○	○	×	○	×
語る	○	×	×	○	×
しゃべる	○	○	×	×	-り○

はな・す② 【放す】(他五)①放开，撒开。△手(て)が放せない/脱不开身，腾不出手。②放，放掉。△池(いけ)にこいを～/把鲤鱼放进池塘里。

はな・す② 【離す】(他五)①使…离开。△本(ほん)を手元(てもと)から離さない/手不释卷。②离，隔。△十(じゅう)メートル離してゴールインする/差10米到达终点。

はな・せる③ 【話せる】(自下一)①能说，会说。△フランス語(ご)が～/会说法语。②通情达理，谈得来。△君(きみ)は～男(おとこ)だ/你是通情达理的人。

はなだより③ 【花便り】花讯，樱花开放的消息。

はなぢ⓪ 【鼻血】鼻血。

はな・つ② 【放つ】(他五)①放，放出，发出。△虎(とう)を野(の)に～/放虎归山。△光(ひかり)を～/发光。△異彩(いさい)を～/大放异彩。②放走，放生。△川(かわ)に放たれた魚(うお)/放回河里的鱼。

バナナ① [banana]香蕉。

はなはだ⓪ 【甚だ】(副)〈文〉甚，极其，非常。△～遺憾(いかん)である/甚为遗憾。

はなはだし・い⑤ 【甚だしい】(形)太甚的，很大的。△～誤解(ごかい)/很大的误会。△心得(こころえ)違(ちが)いも～/太不合情理。

はなばなし・い⑤ 【華華しい】〔花花しい〕(形)华丽，华美，盛大。△～活躍(かつやく)/大显身手。△華華しく開店(かいてん)する/隆重开市。

はなび① 【花火】焰火，花炮；(点火时)火星。△打上(うちあ)げ～/往天空放的焰火。△線香(せんこう)～/(手持燃放的)小花炮。

はなびら③④⓪ 【花びら】〔花弁・花片〕花瓣。△桜(さくら)の～が風(かぜ)に舞(ま)う/樱花花瓣随风飘舞。

はなみ③ 【花見】赏樱花。△～酒(さけ)/边赏樱花边饮酒。△～時(どき)/赏樱季节。

はなむこ③ 【花婿】新郎。

はなもよう⓪ 【花模様】花卉图案。

はなやか② 〔華やか〕(形动)①华贵，华丽。△～な文体(ぶんたい)/文章词藻华丽。②辉煌，活跃，显赫。△～なパーティー/盛大的晚会。

はなよめ② 【花嫁】新娘子。△～学校(がっこう)/新娘学校。△～代

償(だいしょう)/(男方给女方的)财礼, 聘金。△～御寮(ごりょう)/新娘(的美称)。

はなればなれ④【離れ離れ】(形动)分散, 零零散散。△島(しま)が～になっていて交通(こうつう)が不便(ふべん)だ/岛屿分布零散, 交通不便。

	一族が～になる	皆の気持ちが～だ	家が～に立っている	波が岩に当たって～に砕ける
離れ離れ	○	○	○	×
散り散り	○	×	×	○
ばらばら	○	○	○	○

はな・れる③【放れる】(自下一)逃脱, 逃跑。△くさりから放れた犬(いぬ)/脱链的狗。

はな・れる③【離れる】(自下一)①离开。△席(せき)から～/退席。△列(れつ)から～/离队。②距离。△駅(えき)から二(に)キロ離れた所(ところ)にある/在离车站2公里的地方。②脱离(关系)。△親(おや)もとを～/离开父母身边。△職(しょく)を～/离职。

ハニー⓪[honey]①甜蜜, 蜂蜜。△～バンタム/甜玉米。②亲爱的。

はね⓪【羽·羽根】①羽毛, 羽绒。△～ぶとん/羽绒被。②(鸟、昆虫的)翅膀, 翼。△～をひろげる/展翅。③箭翎。④(日本的)羽毛键子。△～をつく/拍羽毛键子。⑤(飞机)机翼。⑥羽形零件。△扇風機(せんぷうき)の～/电风扇叶片。◇～を伸(の)ばす/自由自在, 无拘无束, 放开手脚。

ばね①【発条】①发条, 弹簧。②弹跳力, (腰)挺力。△～が強(つよ)い選手(せんしゅ)/弹跳力强的选手。

はねあが・る⓪④【跳(ね)上がる】(自五)①溅起。△スカートに泥(どろ)が～/泥水溅到裙子上。②(物价)暴涨, 猛涨。△株価(かぶか)が～/股票行情暴涨。③轻举妄动。△馬(うま)が驚(おどろ)いて～/马受惊毛了。△跳ね上がった行動(こうどう)/过激的行为。

はねかえ・る⓪④【跳(ね)返る】(自五)①弹回, 返回。△こだまが～/回声返回。②反过来影响。△石油(せきゆ)の高値(たかね)がコストに～/石油涨价影响生产成本。

はねの・ける⓪④〔撥ね除ける〕(他下一)①挑出去, 淘汰。△不良品(ふりょうひん)を～/挑出次品。②排除, 推到一边。

	人の手を～	掛けてあるふとんを～	傘の雪を～	困難を精神力	邪念を～
はねのける	○	○	×	×	×
払いのける	○	×	○	×	○

ハネムーン③[honeymoon]新婚旅行, 蜜月旅行, 度蜜月。

は・ねる②【跳ねる】(自下一)①跳起, 跃起。△うさぎが～/兔子跳起。②(水、泥等)溅, 溅起。△油(あぶら)が～/溅油。③(炭、豆等)爆。△栗(くり)が～/栗子裂开。④散戏, 散场。△芝居(しばい)が～/散戏。⑤(行情)猛涨。

は・ねる②〔撥ねる〕(他下一)①弹开, 撞开, 撞倒。△車(くるま)

が人(ひと)を～/汽车把人撞倒。②砍(头)。△首(くび)を～/杀头。③(检查、考核)不合格。△書類(しょるい)審査(しんさ)で～/经材料审查不合格。④抽取, 提成。△上前(うわまえ)を～/居间抽头。⑤拒绝。△要求(ようきゅう)を～/拒绝要求。

はは①② 【母】①母, 母亲。△～の日(ひ)/母亲节。②〈转〉(事物产生之)母。△必要(ひつよう)は発明(はつめい)の～/需要是发明之母。△～なる大地(だいち)/母亲大地。

はば⓪ 【幅】〔巾〕①宽, 宽幅。△布(ぬの)の～/布幅。△川(かわ)の～/河宽。②(相差)幅度。△ゆれの～/变动幅度。△値上(ねあ)げ～/价格上涨幅度。③余地, 通融性。△人間(にんげん)に～ができる/能随机应变。④〈转〉权势, 势力。△～が利(き)く/有势力。△～を利かせる/显示威力。

ははおや⓪ 【母親】母亲。△彼(かれ)は～似(に)だ/他长得像妈妈。

ははかた⓪ 【母方】母系。△～の祖父(そふ)/外祖父。

はばひろ⓪ 【幅広】宽幅。△～の帯(おび)/宽幅带子。

はばひろ・い④ 【幅広い】(形)①广泛。△～活動(かつどう)/活动范围广。△～国民(こくみん)の支持(しじ)/国民广泛支持。②视野开阔。△～論議(ろんぎ)/多角度的争论。

はば・む② 【阻む】(他五)阻碍, 阻挡。△進歩(しんぽ)を～/阻碍前进。

はびこ・る③ 〔蔓延る〕(自五)①蔓延, (草木)丛生。△雑草(ざっそう)が～/杂草丛生。②猖獗, 横行。△悪(わる)が～/坏人猖獗。

	悪人が～	伝染病が市中に～	新撰組が市中に～	軽薄な風潮が～	いい気になって～出る
はびこる	○	○	×	○	○
のさばる	○	×	○	×	～り○

パビリオン⓪ [pavilion] ①(博览会的)展馆。②(运动会的)大帐篷。

パブ① [pab](西式)大众餐馆, 小酒馆。

パフォーマンス② [performance]表演, 演奏, 演出。

はぶ・く② 【省く】(他五)①省, 节省。△細(こま)かい説明(せつめい)は～/省掉琐粹的说明。②省略, 简化, 减去。△面倒(めんどう)を～/避免麻烦。

ハプニング① [happening]偶发事件。

はブラシ② 【歯ブラシ】[—brush]牙刷。

はへん⓪ 【破片】碎片。△ガラスの～/玻璃碎片。

はま② 【浜】①海滨, 湖畔。②〈俗〉港口, (特指)横滨。③(围棋)死子儿, 提的子儿。

はまき⓪ 【葉巻】雪茄(烟)。

はまべ⓪ 【浜辺】海边, 湖畔。

はま・る⓪ 〔填る・嵌る〕(自五)①合适, 吻合, 嵌入。△型(かた)に～/型号合适;〈转〉循规蹈矩。△ゆびわがうまく～/戒指带着正合适。②恰好适合, 符合。△

役(やく)に～/称职。③陷入。△池(いけ)に～/陷入池塘。④被骗陷入圈套。△計略(けいりゃく)に～/中计,上当。

はみがき② 【歯磨(き)】①刷牙。②牙粉。

はみだ・す⓪③ 【はみ出す】〔食み出す〕(自五)①(从内部)溢出,露出。△綿(わた)のはみ出した布団(ふとん)/露出棉絮的被子。②越出范围,越出限额。△隊列(たいれつ)から～/越出队列。△定員(ていいん)から3名(めい)～/超额三名。

はみ・でる③ 【はみ出る】(自下一)→はみだす。

ハム① [ham]火腿,火腿肠。△～エッグ/火腿鸡蛋。△～サラダ/火腿色拉。△～サンド/火腿三明治。△～ライス/火腿炒饭。

はめつ⓪ 【破滅】(名・自サ)毁灭,破灭。△身(み)の～を招(まね)く/招致身败名裂。△家(うち)の～/家庭毁灭。

は・める⓪ 〔填める・嵌める〕(他下一)①套上,戴上。△ゆびわを～/戴戒指。△手袋(てぶくろ)を～/戴手套。②使…上当。△まんまと～/巧妙地骗人。

ばめん②⓪ 【場面】①场面,情景。②(电影、戏剧的)场面。

	～の転換	悲しい～を経験する	その～に倒れる	映画の～	活動の～を求める
場面	○	○	×	○	×
場	○	×	○	×	○

ハモニカ⓪ [harmonica]口琴。

はもの② 【刃物】刃具,利器。△～を研(と)ぐ/磨刀。◇～三昧(ざんまい)/舞刀动斧。

はもん⓪ 【波紋】①波纹。△～をえがく/画波纹。②波及,波动反响。△大(おお)きい～をよぶ/引起巨大反响。

はや・い② 【早い】(形)①早。△早く起(お)きる/早起。②(为时)尚早。△起きるにはまだ～/不到起床时候。③敏捷,紧接。△起きるが～か家(いえ)を飛(と)び出(だ)した/一起来就跑到门外。

はや・い② 【速い】(形)①快,迅速。△走(はし)るのが～/跑得快。②急剧。△風(かぜ)が～/急风。△流(なが)れが～/水流湍急。

はやおき② 【早起き】(名・自サ)早起(的人)。◇～は三文(さんもん)の得(とく)/早起身体好,早起三分利。

はやく① 【早く】(副)①早,早就。②快,速。

はやく⓪ 【破約】毁约,解除契约。

はやくち② 【早口】(名・形动)说话快,嘴快。△～言葉(ことば)/绕口令。

はやさ① 【早さ・速さ】①(时间)早晚的程度。△始業(しぎょう)の～に驚(おどろ)く/上班时间早得令人吃惊。②速度。△進歩(しんぽ)の～/进步的速度。③快慢的程度。△その～といったら目(め)にもとまらないくらいだ/其快似飞。④(物体运动的)程度,速度。△みゃくの～を調(しら)べる/检查脉搏的跳速。⇨そくど 表

はやし③⓪【林】林，树林。

はやし③〔囃子〕(能乐、歌舞伎等)伴奏。△～かた/伴奏者。△～もの/伴奏用的乐器。

はや・す②【生やす】(他五)使…生长。△根(ね)を～/发根。

はやばや③【早早】(副)很早，很快。△～と帰(かえ)って来(き)た/很早就回来了。

はやめ⓪③【早め】(副)提前，早些。△少(すこ)し～に行(い)こう/早一点去。

はや・める③【早める・速める】(他下一)①加快，加速。△足(あし)を～/加快脚步。②提早，提前。△刊行(かんこう)を～/提前出版。

はやり③〔流行〕流行，时髦，时兴。△今年(ことし)～の色(いろ)/今年的流行色。△～歌(うた)/流行歌曲。△～っ子(こ)/i)走红的人。ii)名妓。△～目(め)/流行性结膜炎。

はや・る②〔流行る〕(自五)①流行，时髦，时兴。△テニスが流行っている/正盛行打网球。②(疾病)流行，蔓延。△風邪(かぜ)が～/流行感冒。③(生意)兴隆，兴旺。△よく～店(みせ)/买卖兴隆的商店。

はら①【原】原野，平地，平原。△雪(ゆき)の～/雪原。△武蔵野(むさしの)の～/武藏野的平川。

はら②【腹】①腹，肚子。△～がすく/饿了。△～を抱(かか)えて笑(わら)う/捧腹大笑。②母胎。△～をいためた子(こ)/亲生的孩子。③心中，内心。△どういう～なのか分(わ)からない/不知道他心中怎么想的。△～を割(わ)って話(はな)す/推心置腹地交谈。④度量，胸怀。△～が太(ふと)い/度量大。⑤中间粗大部分。△指(ゆび)の～で押(お)す/用手指肚按压。◇～が立(た)つ/生气；发怒。◇～に据(す)えかねる/忍无可忍。◇～を切(き)る/i)切腹。ii)卸职。◇～を肥(こ)やす/贪图私利。◇～を据(す)える/下决心。

ばら⓪〔薔薇〕薔薇，玫瑰。△～色(いる)/玫瑰色。◇～にとげあり/玫瑰虽美，可是带刺。

バラード②[法 ballade]叙事诗，叙事乐曲。

はらい②【払い】付款。△～がたまる/拖延付款。△～が悪(わる)い客(きゃく)/拖欠货款的顾客。

はらいこ・む⓪④【払(い)込む】(他五)缴纳。△税金(ぜいきん)を～/纳税。

はらいもど・す⓪⑤【払(い)戻す】(他五)①找零，找回(钱)。②退还(押金)。

はら・う②【払う】(他五)①拂，掸，除去。△家具(かぐ)のほこりを～/掸掉家具上的灰尘。△小枝(こえだ)を～/除去细梢。②挥，抡。△横(よこ)にはらった刀(かたな)/左右挥刀。△相手(あいて)の足(あし)をはらって倒(たお)す/抡一个扫堂腿将对方撂倒。③付款，支付。△入場料(にゅうじょうりょう)を～/付票钱。△勘定(かんじょう)

を～/结账。④表示(某种态度、心意)。△注意(ちゅうい)を～/重视。△尊敬(そんけい)を～/表示尊敬。

バラエティー⓪ [variety]多样化，丰富多彩。△～ショー/综合演出。△～スタジオ/综艺节目演播室。

パラシュート③ [parashute]降落伞。△～スカート/伞形裙。△～ゾンデ/下落式探空仪。

はら・す② 【晴らす】(他五)消除，解除，雪(除)。△うさを～/消愁，解闷。△疑(うたが)いを～/解除疑惑。△恨(うら)みを～/雪恨。

ばら・す② (他五)〈俗〉①弄乱。△本箱(ほんばこ)を～/把书箱翻得乱七八糟。②杀死。③卖赃物。④泄露。△秘密(ひみつ)を～/泄露秘密。⇨あばく表

パラダイス①③ [paradise]天国，天堂，乐园。△子(こ)どもの～/儿童乐园。

はらだち③ 【腹立ち】生气，发怒。△～まぎれ/一时生气。

はらっぱ 【原っぱ】(住宅地周围的)空地，草地。

はらはら① (副・自サ)①(雨、泪、树叶)簌簌下落貌。△～散(ち)る紅葉(こうよう)/簌簌飘落的红叶。②非常担心。△観衆(かんしゅう)を～させる守備(しゅび)/守势让观众十分担心。

ばらばら①⓪ (副・形动)①雨点、雹等降落貌或降落声音。②零乱，分散，七零八落。△機械(きかい)を～に分解(ぶんかい)する/把机器拆得七零八落。△足並(あしな)みが～だ/步伐凌乱不堪。⇨ぱらぱら表，⇨はなればなれ表

ぱらぱら①⓪ (副)①雨点、雹、树叶稀稀落落地降落貌或声音。②哗啦哗啦地翻书貌。③稀疏，分散。△つまらない映画(えいが)なので見物人(けんぶつにん)は～としかない/电影没意思，观众稀稀拉拉的。

	雨が～と降り出す	～紙をめくる	手足を～にする	会場は人が～だ	チームメートの気持ちが～だ
ばらばら	○	○	×	○	×
ぱらぱら	○	○	×	○	○

ばらま・く③ 〔散蒔く〕(他五)①稀疏地撒，散布。△節分(せつぶん)に豆(まめ)を～/立春的前一天撒豆子。②分送，散发。△金(かね)を～/到处花钱。△うわさを～/散布流言。⇨ふりまく表

はら・む② 〔孕む〕Ⅰ(他五)①怀孕，妊娠。△子(こ)を～/怀孩子。②包藏，包含，鼓满。△矛盾(むじゅん)を～/包藏矛盾。△帆(ほ)に風(かぜ)を～/帆鼓满风。Ⅱ(自五)孕育，含苞。△穂(ほ)が～/孕穗。

はらもち⓪ 【腹持ち】禁饿，耐饿。△～のよい食(た)べ物(もの)/禁饿的食物。

バラモン⓪ [梵 Brahmana]婆罗门，僧侣。△～教(きょう)/婆罗门教。

バランス⓪ 平衡，均衡。△体(からだ)の～をとる/保持身体平衡。△～シート/资金平衡表,贷借对

風。

はり① 【針】①針。△～の筵(むしろ)/如坐针毡。△～の穴(あな)/针鼻儿。②(针灸用)银针。③针状物。△釣(つ)りばり/鱼钩。△蜂(はち)が～で刺(さ)す/蜂子用刺蜇人。△注射(ちゅうしゃ)ばり/(注射)针头。△時計(とけい)の～/表针。④使用针线，针线活。△お～の稽古(けいこ)/学针线活。⑤〈喻〉尖酸刻薄的话。△～のある言葉(ことば)/尖酸刻薄的话。

はりあい⓪ 【張(り)合い】①竞争，对立。△意地(いじ)の～/互相赌气。②有干头，有意义。△～がある仕事(しごと)/有干头的工作。

はりがね⓪ 【針金】铁丝，金属丝。△～を巻(ま)く/卷铁丝。

はりがみ⓪ 【張(り)紙】[貼紙] ①招贴，广告。②贴纸，贴签。③附笺。

バリカン⓪ [法 Bariquand et Marre] (理发)推子。

ばりき⓪ 【馬力】①马力(功率单位)。△～のある自動車(じどうしゃ)/大马力汽车。②干劲，精力。△～をかける/鼓起干劲。△～を出(だ)す/投入精力。③运货马车。

はりき・る③ 【張り切る】(自五) ①拉紧，绷紧。△凧(たこ)の糸(いと)が～/绷紧风筝线。②鼓足干劲。△張り切って試合(しあい)に臨(のぞ)む/信心十足地参加比赛。

バリケード③ [barricade]街垒，路障，障碍物。

ハリケーン③ [hurricane]台风，飓风。

はる① 【春】①春，春天。②新春，春节，新年。③〈转〉青春，最盛期。△人生(じんせい)の～/人生最美好时期。△わが世(よ)の～/我一生的黄金时期。④思春期。△～のめざめ/思春期萌动。⑤〈转〉春情，色情。△～をひさぐ/卖春。

は・る⓪ 【張る・貼る】Ⅰ(他五) ①张挂，拉直。△幕(まく)を～/张挂幕帐。△ロープを～/拉紧缆绳。②贴，铺，镶。△壁(かべ)にタイルを～/往墙上贴瓷砖。△ビラを～/贴广告。③装满(液体物)。△桶(おけ)に水(みず)を～/往桶里装满水。④设置。△宴(えん)を～/设宴。△店(みせ)を～/开店。△論陣(ろんじん)を～/展开辩论。△一万円(いちまんえん)を～/赌上一万日元。⑤警戒，暗中监视。⑥虚张，紧张。△気(き)を～/情绪紧张。△みえを～/壮外观，讲求外表。⑦〈俗〉(用手)打头(脸)。△横(よこ)っつらを～/打嘴巴。Ⅱ(自五)①胀。△おなかが～/肚子胀。②绷紧，拉紧。△糸(いと)が～/线拉紧。③延伸，伸展。△根(ね)が～/扎根。④覆盖。△暖(あたた)めた牛乳(ぎゅうにゅう)に膜(まく)が～/烧热的奶上浮了一层膜。△氷(こおり)が～/(水面)结一层冰。⑤紧张。△気(き)が～/情绪紧张。⑥对抗，争夺。△敵(てき)の向(む)こうを～/与敌对抗。⑦(数量、程度、价格等)

过高，过分。△値(ね)が～/价太贵。△荷物(にもつ)が～/行李过重。

はるか① 〔遥か〕(形动)①(距离、时间)相隔遥远。△空(そら)の～に消(き)え去(さ)る/消失在天际。△～な故郷(こきょう)をしのぶ/怀念遥远的故乡。△～な昔(むかし)/古昔。②(相差)…甚远。△予想(よそう)よりは～に高(たか)い/远比预料的高。

	この方が～いい	～山を望む	～待っていた	～昔の話	～山河	～お通り下さい
はるか	-に○	-に○	×	×	-な○	×
ずっと	○	×	○	○	○	○

はるかぜ② 【春風】春风。

はるぎ⓪③ 【春着】①春装。②新年穿的衣服。

バルコニー③ [balcony]①阳台。②(剧院)二楼座席。

はるさき⓪③ 【春先】初春。

はるさめ⓪ 【春雨】①春雨。②(绿豆制成的)粉丝。

パルス① [pulse]①脉搏。②(电流)脉冲。

はるつげどり④ 【春告(げ)鳥】①报春鸟。②黄莺。

はるのななくさ①-② 【春の七草】春季的七草(芹菜、荠菜、鼠曲草、繁缕、佛座、蔓菁、萝卜)。

はるばる③② [遥遥](副)①遥远。△～山(やま)を見渡(みわた)す/遥望山色。②千里迢迢，远道而至。

はれ② 【晴れ】①晴，天晴。△～のち曇(くも)り/晴转阴。②隆重，正式。△～の入学式(にゅうがくしき)/隆重的入学典礼。③消除嫌疑。△～の身(み)になる/得以昭雪。

はれ⓪ 〔腫れ〕肿。△～がひく/消肿。

はれあが・る⓪④ 【晴れ上がる】(自五)晴朗。△空(そら)が～/万里无云。

バレエ① [法 ballet](也作"バレー")芭蕾舞。△～を踊(おど)る/跳芭蕾舞。△～ダンサー/芭蕾舞演员。△水中(すいちゅう)～/花样游泳，水中芭蕾。

ハレーすいせい④ 【ハレー彗星】[Halley—]哈雷彗星。

バレーボール④ [volleyball](也略作"バレー")排球。

はれつ⓪ 【破裂】(名・自サ)①破裂。△寒(さむ)さで水道管(すいどうかん)が～する/自来水管冻裂。②爆发。△怒(おこ)りが～する/怒火爆发。③(商谈、交涉)破裂。△談判(だんぱん)が～する/谈判破裂。

はれもの⓪ 〔腫(れ)物〕肿疱，疙瘩。

は・れる② 【晴れる】①晴，天晴。△霧(きり)が～/雾散了。△雨(あめ)が～/雨停了。②(心情)开朗。△気持(きも)ちが～/心情舒畅。③(疑团)消除。△疑(うたが)いが～/疑惑消除。

は・れる⓪ 〔腫れる〕(自下一)肿了。△肩(かた)が～/肩膀肿了。

バロメーター③ [barometer]①气压计,晴雨表。②〈喻〉标志。△体重(たいじゅう)は健康(けんこう)の～/体重是健康的标志。

パワー① [power]①力,动力,马力。△～ショベル/动力铲(挖土机)。△～ボート/动力船(汽艇)。△～のあるエンジン/马力大的发动机。②权力,威力。△～エリート/权力核心,实力派。△～ゲーム/权力竞争。△～シエアリング/权力共有。△～ポリティックス/强权政治。

はん① 【範】模范,规范。△～を垂(た)れる/垂范。⇨てほん 表

はん① 【判】①(口语)戳子,图章。△～を押(お)す/盖章。②(书,纸)开数。△～の大(おお)きな本(ほん)/开本大的书。

はん① 【半】①(时间的)二分之一,半。△午前(ごぜん)六時(ろくじ)～/上午六点半。②奇数。△～の日(ひ)/单日。

ばん① 【番】①次序。△自分(じぶん)の～を待(ま)つ/等叫自己的号。②轮班,值班。△見張(みは)りの～/值班,站岗。△寝(ね)ずの～/打更。

パン① [葡pão]①面包。△～種(だね)/酵母。②生活的粮食,生活。△～のために働(はたら)く/为生活而工作。

はんい① 【範囲】范围。△中間試験(ちゅうかんしけん)の～/期中考试的范围。△活動(かつどう)～/活动范围。

	～を限る	勢力～	交際の～	他国の～を侵す	数学の～での問題
範囲	○	○	○	×	×
領域	○	×	×	○	○
分野	○	×	×	×	○

はんえい⓪ 【反映】(名・自他サ)①(光、色等)反照,反射。△夕日(ゆうひ)が湖面(こめん)に～する/夕阳映照在湖面上。②〈转〉反映,体现。△世相(せそう)を～した事件(じけん)/反映社会状况的事件。

はんえい⓪ 【繁栄】(名・自サ)繁荣,兴旺。△国家(こっか)の～/国家的兴旺。⇨はんじょう 表

はんが⓪ 【版画】版画,木刻。△～家(か)/版画家。

はんがく⓪ 【半額】半价,五折。△子供(こども)は～だ/小孩半价。△～の割引券(わりびきけん)/五折优待券。

ハンカチ⓪③ [handkerchief]手帕,手绢。

ハンカチーフ④ [handkerchief]→ハンカチ。

はんかん⓪ 【反感】反感。△～を持(も)つ/抱有反感。△～を買(か)う/讨嫌。

はんき① 【半期】①半年。△上(かみ)～/上半年。△下(しも)～/下半年。②半期。△前(ぜん)～/前半期。△後(こう)～/后半期。

はんぎゃく⓪ 【反逆】〔叛逆〕(名・自サ)叛逆,反抗。△～の徒(と)/叛徒。△～児(じ)/(想法不同平常的)叛逆儿。

はんきゅう⓪【半休】半休。△土曜(どよう)は～だ/星期六休半日。

はんきゅう⓪【半球】①半球。△マグデフルクの～/马德堡半球。△大脳(だいのう)～/大脑半球。②(地球)半球。△東(とう)～/东半球。

はんきょう⓪【反響】(名・自サ)①回声,回响。△声(こえ)が部屋中(へやちゅう)に～する/屋里有回声。②反响,反应。△～をまき起(お)こす/引起反响。

バンク①[bank]银行。△～カード/银行信用卡。△～チェック/银行支票。△～ドラフト/银行汇票。△～ブック/银行存折。△～ローン/银行贷款。

パンク⓪[puncture](名・自サ)①(轮胎)爆坏。△～修理(しゅうり)/补轮胎。②胀破,崩溃。△財政(ざいせい)は～寸前(すんぜん)である/财政面临崩溃。

ばんぐみ⓪【番組】(广播、演剧、比赛等)节目。△ラジオの～/广播节目。△～表(ひょう)/节目单。

はんけい①【半径】①(圆的)半径。②(活动)范围。△行動(こうどう)～/行动范围。

はんげき⓪【反撃】(名・自サ)反击。△～を受(う)ける/遭到回击。△～に出(で)る/转入反击。

はんけつ⓪【判決】(法律上)判决,裁判。△～を下(くだ)す/下判决。△～を言(い)い渡(わた)す/宣判。

はんこ③【判子】〈俗〉戳子,印章。

はんこう⓪【反抗】(名・自サ)反抗,对抗。△～的(てき)な態度(たいど)/逆反的态度。

はんこう⓪【犯行】犯罪行为。△～を自供(じきょう)する/(罪犯本人)供述犯罪行为。

	～を重ねる	～の時刻	～の予防	彼の～と判明した	～を取り締まる
犯行	○	○	×	○	×
犯罪	○	×	○	×	○

ばんごう③【番号】号数,号码。△～を付(つ)ける/加上号码。△～順(じゅん)/按号数。△電話(でんわ)～/电话号码。△郵便(ゆうびん)～/邮政编码。

ばんこく①【万国】万国,全世界。△～旗(き)/世界各国国旗。△～公約(こうやく)/国际公约。△～博覧会(はくらんかい)/万国博览会。

はんざい⓪【犯罪】犯罪。△～者(しゃ)/犯罪者,罪犯。△完全(かんぜん)～/绝对犯罪。⇨はんこう 表

ばんざい①③【万歳】①万岁。△千秋(せんしゅう)～/千秋万代。②(欢呼)万岁!可喜,可贺,万幸。△成功(せいこう)すれば～だ/如果成功,太万幸啦。△～三唱(さんしょう)/三呼万岁。③(以"～する"形式)〈俗〉(事业等)失败,无可奈何。

はんざつ⓪【煩雑】〔繁雑〕(名・形動)麻烦,烦杂。△～な手続(てつづ)き/麻烦的手续。⇨めんどう 表

ハンサム①(名・形動)①漂亮,清秀,英俊。②美男子。△～ボー

イ/英俊少年。

はんじ① 【判事】审判官,审判员。

ばんじ① 【万事】万事。△一事(いちじ)が～/举一反三。△～休(きゅう)す/无计可施;万事俱休。

はんしゃ⓪ 【反射】(名・自他サ)①(光、音等)反射,折射。△～光線(こうせん)/反射光线。②(生理上)反射。△条件(じょうけん)～/条件反射。

はんじょう① 【繁盛】〔繁昌〕(名・自サ)繁荣,昌盛。△商売(しょうばい)～/生意兴隆。

	～を極める	～している商店街	商売の～	国家の～	国運
繁盛	○	○	○	×	×
繁栄	○	○	×	○	×
隆盛	○	×	×	○	○

はんしょく⓪ 【繁殖】(名・自サ)繁殖。△～期(き)/繁殖期。

はんしんふずい⓪ 【半身不随】半身不遂。

はんズボン③④ 【半ズボン】[一法jupon] (男式)短裤。

はん・する③ 【反する】(自サ)①相反。△予想(よそう)に反した結果(けっか)/跟预想相反的结果。②违反。△紀律(きりつ)に～/违反纪律。

はんせい⓪ 【反省】(名・他サ)反省,重新考虑。△失敗(しっぱい)を～する/检查失败的原因。△～の色(いろ)が見(み)えない/看不到重新考虑的苗头。

はんせい⓪① 【半生】半生。△～を顧(かえり)みる/回顾前半生。

ばんぜん⓪ 【万全】(名・形动)万全,万无一失。△～を期(き)する/以期万全。△～の処置(しょち)/万无一失的处理。

ばんそう⓪ 【伴奏】(名・自サ)伴奏。△ピアノの～/钢琴伴奏。△～者(しゃ)/伴奏者。

はんそく⓪ 【反則】〔犯則〕(名・自サ)①犯规,犯法。②(运动员)犯规。

はんだ⓪ 〔半田〕焊条。△～付(づ)け/焊接。

パンダ① [panda]熊猫。△～ブーム/熊猫热。

ハンター① [hunter]①狩猎者。②探求者。△ラブ～/求爱者。

はんダース①⓪ 【半ダース】[一dozen]半打(一打的半数)。

はんたい⓪ 【反対】(名・自サ)①相反,相对。△予想(よそう)と～の結果(けっか)/跟预想相反的结果。②反对。△～派(は)/反对派。

	それでは話が～だ	ページの順が～だ	その意見には～だ	箱を天地～にする
反対	○	○	○	×
あべこべ	○	○	×	×
さかさま	○	×	×	○

はんだくおん③④ 【半濁音】半浊音。

パンタロン① [法 pantalon](女式)喇叭裤。△～スーツ/长裤两用衫套装。

はんだん③① 【判断】(名・他サ)①判断,推测。△～を下(くだ)す/下判断。△～力(りょく)/判断力。②算命,占卦。△姓名(せいめい)～/从姓名所用汉字及汉字的笔划推断该人的命运。

ばんち【番地】①住址，门牌号。②电子信箱地址，网址。

パンチ⓪[punch]①打孔，打孔机。△～カード/穿孔卡片。②剪票。△～を入(い)れる/剪票。③用拳猛击。

ばんちゃ⓪【番茶】粗茶。◇～も出花(でばな)/粗茶新沏也好喝，丑女年轻也好看。

パンツ①[pants]①(男子或小孩用)短裤。②(运动员用)短裤。△水泳(すいえい)～/游泳裤又。△トレーニング～/(运动员)练习裤。△ランニング～/运动短裤。

はんつき④【半月】半个月。

はんてい【判定】(名・他サ)判断，判定。△～をくだす/下判断。

ハンド①[hand]①手。△～イン～/手拉手，手挽手。②把手。③(足球)球犯规。

はんとう【半島】半岛。△～国家(こっか)/半岛国。

はんどう⓪【反動】①反作用力。△衝突(しょうとつ)の～で投(な)げ出(だ)される/通过冲撞的反作用力被抛出去。②反动。△～分子(ぶんし)/反动分子。△～保守(ほしゅ)/保守反动。

ばんとう【番頭】(商店的)掌柜。

はんどうたい⓪【半導体】半导体。

ハンドカート④[handcart](购物用)手推车。

ハンドクリーム⑤[hand cream]搽手霜。

ハンド・トラクタ⑤[hand tractor]手扶拖拉机。

ハンドバッグ④[handbag](女式)手提包。

ハンドブック④[handbook]手册，便览，指南。

ハンドボール④[handball]手球。

ハンド・マイク④[hand microphone]手持式话筒。

ハンド・マネー④[hand money]定金，保证金。

ハンドメード④[handmade]手工艺品，手工制作。

ハンドル⓪[handle]①(汽车)方向盘。△車(くるま)の～を右(みぎ)に切(き)る/向右打方向盘。②(门)拉手。

はんにち④【半日】半天，半日。

ばんにん③【番人】值班人，看门的人。

はんにんまえ⓪【半人前】半人份儿。

はんね⓪①【半値】半价，打五折。

ばんねん⓪【晩年】晚年，暮年。△～に入(はい)る/进入晚年。△おだやかな～/恬静的晚年生活。

はんのう⓪【反応】(名・自サ)①(刺激引起)反应，(对某种事物)反应。△相手(あいて)の～を見(み)る/观查对方的反应。②(化学)反应。△酸性(さんせい)～/酸性反应。

	いくら言っても～がない	すばやい～を示す	刀に～を感じる	化学的な～	～のある問題
反応	○	○	×	○	×
手答え	○	×	○	×	○

ばんのう⓪【万能】(名・形動)①全能。△スポーツは～だ/体育方

面样样会。②万能。△コンピューター~の時代(じだい)/电脑万能的时代。△~薬(やく)/包治百病的药。

はんぱ⓪【半端】(名・形动)①不完全,零散。△~な布(ぬの)/零头布。△~が出(で)る/出现零头。②不彻底,两边不靠。△~な気持(きも)ち/忽高忽低的情绪。△~な待遇(たいぐう)/不冷不热的待遇。

ハンバーガー③ [hamburger]面包夹牛肉饼,汉堡包。

ハンバーグ③ [hamburg]汉堡牛肉饼。

ハンバーグ・サンド [hamburg sand]汉堡三明治。

ハンバーグ・ステーキ [hamburg steak]汉堡包里夹的牛肉饼。

はんばい⓪【販売】(名・他サ)销售,出售。△予約(よやく)~/预约销售。△~網(もう)/销售网。

はんぱく【半白】〔斑白〕花白头发。

はんぱつ【反発】〔反撥〕(名・自他サ)拒绝,反对。△彼(かれ)の発言(はつげん)は皆(みんな)の~を買(か)った/他的发言遭到大家的反对。

はんぴれい③【反比例】(名・自サ)(成)反比例。△速度(そくど)と時間(じかん)は~する/速度和时间成反比例。

ばんぶつ①⓪【万物】万物。△~の霊長(れいちょう)/万物之灵长。

パンフレット①④ [pamphlet]小册子。

はんぶん③⓪【半分】①一半,二分之一。②半。△面白(おもしろ)~/半闹着玩。△からかい~/半开玩笑。

はんめい⓪【判明】(名・自サ)判明。△事実(じじつ)が~する/弄清楚事实。

はんめん③⓪【反面】①反面。②另一方面,相反。△恐(おそ)ろしい~、おかしくもあった/觉得害怕,另一方面却又觉得滑稽。

はんめん③⓪【半面】①半面,半面脸。△~像(ぞう)/侧面像。②片面,单一面。△~の真理(しんり)/片面真理。

はんよう⓪【はん用】〔汎用〕(名・自サ)通用。△~コンピューター/通用计算机。△~機械(きかい)/通用机械。

はんらん⓪【反乱】〔叛乱〕(名・自サ)叛乱。△~を鎮(しず)める/平息叛乱。

はんらん⓪【はん濫】〔氾濫・汎濫〕(名・自サ)①泛滥。②充斥。△町(まち)には広告(こうこく)が~している/街上充斥着商业广告。

はんろん⓪【反論】(名・他サ)反论,反驳。△相手(あいて)の主張(しゅちょう)に~する/反驳对方的主张。

ひ ヒ

ひ⓪【日】①阳光,日光。②白天,一整天。③日期,期限。△～を改(あらた)める/改期。④天数。⑤时代。△ありし～の父(ちち)/父亲在世时。⑥日历上的凶吉日。△～がよい/吉日。◇～暮(く)れて道(みち)遠(とお)し/ⅰ)年已老而功未成。ⅱ)期限已迫在眉睫,但难以言哉。

ひ①【火】①火。②火焰。△ろうそくの～/蜡烛的火焰。③炭火。△なべを～にかける/把锅放在炉火上。④火灾。△～が出(で)る/着火了。⑤激怒。△胸(むね)の～/胸中的怒火。◇～に油(あぶら)を注(そそ)ぐ/火上浇油。◇～の消(き)えたよう/毫无生气。非常寂静。◇～のない所(ところ)に煙(けむり)は立(た)たない/无风不起浪。事出有因。◇～を付(つ)ける/ⅰ)点火。ⅱ)放火。ⅲ)唆使,挑唆。◇～を見(み)るよりも明(あき)らか/毫无疑问。一清二楚。

ひ①【比】①类比,伦比。②比,比例。△体積(たいせき)の～/体积的长、宽、高之比。

ひ①【非】Ⅰ(名)过错,错误,缺点。△～をさとる/认识错误。◇～の打(う)ち所(ところ)がない/无可非议。无懈可击。Ⅱ(接头)非。△～公開(こうかい)/非公开。△～常識(じょうしき)/不合乎常理。

ひ⓪【碑】碑,石碑。△～を建(た)てる/立碑;树碑。

-ひ【費】(接尾)费用。△会(かい)～/会费。△旅(りょ)～/路费。△人件(じんけん)～/人工费。

び①【美】美。△自然(しぜん)の～/自然美。

ビア①[beer]啤酒。△～ガーデン/庭园式啤酒店。△～スタンド/立饮啤酒店。△～バー/啤酒吧。△～パーティー/啤酒会。△～ホール/啤酒厅。△～マグ/大啤酒杯。

ひあい⓪【悲哀】悲哀。△人生(じんせい)の～を味(あじ)わう/体验人生的悲哀。

ひあたり⓪④【日当(た)り】①阳光照射(处),向阳(处)。△南向(みなみむ)きの～のよい家(いえ)/向阳的房子。②向阳的程度。

ピアニスト③[pianist]钢琴家。

ピアノ⓪①[意 piano]①钢琴。△～を弾(ひ)く/弹钢琴。△～と合(あ)わせて歌(うた)う/合着钢琴唱歌。△～コンチェルト/钢琴协奏曲。△～ソナタ/钢琴奏鸣曲。②(音乐)弱音(符号部)。

ひいき〔贔屓〕(名・他サ)①照顾,偏爱,偏袒,庇护。△～にする/偏袒。◇～にあずかる/

承蒙照顾。◇～の引(ひ)き倒(たお)し/过于庇护反害其人。②庇护者,赞助者。

ひいく⓪【肥育】肥育。

びいく⓪【美育】美育。

ピーク① [peak]①山顶,顶峰,顶点。②高峰,最高点,最高潮。△～に達(たっ)する/达到顶峰;达到白热化程度。△通勤(つうきん)ラッシュの～が過(す)ぎた/已经过了上下班高峰时间。

ピーク・アウト①-⓪ [peak out]到达顶点,达到高峰。

ピーク・アワー①-⓪ [peak hour]①(交通)高峰段。②(用电)峰值时段。

ピーク・シフト①-① [日造 peak shift]错开用电高峰时期。

ピー・ケー・エフ [PKF] (Peace-Keeping Forces)联合国维和部队。

ピー・ケー・オー [PKO] (Peace-Keeping Operations)联合国维和行动。△～法(ほう)/联合国维和法。

ビー・シー [B.C.](before Christ)公元前。

ビー・シー・ジー① [BCG] (Bacillus Calmette Guerin)(医学)卡介苗。△～陽転(ようてん)/卡介苗呈阳性。

ひいては③【延いては】(副)进而,而且,甚至。△きみたち自身(じしん)の、～わが校(こう)の名誉(めいよ)にかかわる/关系到你们自己,甚至我校的名誉。

ビーナス① [Venus]①维纳斯(罗马神话中爱和美的女神)。②金星。

ピーナッツ① [peanuts]①(炒熟加上盐味的)花生米,花生仁。△～バター/花生酱。②落花生。

ピーマン① [法 piment]圆辣椒,柿子椒。

ビール①⓪ [荷 bier]啤酒。△生(なま)～/生啤酒。△コップに～をつぐ/往玻璃杯里倒啤酒。

ビールス① [德 Virus]病毒。

ヒーロー① [hero]①勇士,英雄,豪杰。②(小说、戏剧中的)男主人公。△物語(ものがたり)の～/故事的主人公。③(取得优异成绩的)体育明星。△試合(しあい)の～となった/成了赛场上的明星。△～インタビュー/比赛结束后记者采访获胜选手。

ひえこ・む⓪③【冷え込む】(自五)①(身体)感觉冷,着凉。△冷え込んで腹(はら)が痛(いた)い/身子着了凉,肚子痛。②气温骤降。△めっきり冷え込んできた/天气明显变冷。

ひ・える②【冷える】(自下一)①变冷,变凉。△料理(りょうり)が～/菜凉了。②觉冷,觉凉。△夜(よる)になって冷えてきた/到了夜晚感到凉了。③(感情)变冷淡。△心(こころ)が～/感情冷淡起来。△関係(かんけい)が～/关系冷淡。

ひがい⓪⓪【被害】受害,被害,遭灾。△地震(じしん)で大(おお)きな～を被(こうむ)る/由于地震蒙受严重损失。△～妄想(もうそう)/被迫害妄想症,神经恐惧症。

△～甚大(じんだい)/损失惨重。

ひかえ③②⓪【控(え)】①等候,等待。△～室(しつ)/等候室,休息室。②备用的(人、物、事)。△～の選手(せんしゅ)/替补运动员。△～の書類(しょるい)/备用的文件。③抄件,记录稿等。△～をとる/作笔记;抄副本。

ひかえめ③⓪【控(え)目】(名・形动)谨慎,节制,客气,留有余地。△～な笑顔(えがお)/矜持的笑容。△～に食(た)べる/适量地吃。△～に話(はな)す/说话留有余地。

ひがえり④⓪【日帰(り)】(名・自サ)当天回来。△～は無理(むり)だ/当天回来有困难。△～の旅行(りょこう)/一日游。

ひか・える③②【控える】(自他下一)①等候,等待。△隣(となり)のへやに～/在隔壁房间里等候。②拉住,勒住。△袖(そで)を控えて諫(いさ)める/拉住袖子劝阻。③预先准备,记下备忘。△手帳(てちょう)に～/记在小本上备查。④节制,抑制。△たばこを～/节制抽烟。⑤靠近,临近。△北(きた)に山(やま)を控えている/北面靠山。⑥打消…念头,不想。△発言(はつげん)を～/不想发言。

ひかく⓪【比較】(名・副・他サ)比较。△二(ふた)つのものを～する/把两个东西进行比较。△～にならないほど安(やす)い/便宜得无法相比。⇨たいしょう表

ひかげ⓪【日陰】〔日蔭〕①阴凉地方,背阴处。△～で休(やす)む/在阴凉地方休息。②见不得人,不得见闻于世。△～者(もの)/被埋没的人。△一生(いっしょう)～の生活(せいかつ)を送(おく)る/一辈子过湮没于世的生活。

ひかげ⓪【日影】〈雅〉日光,阳光。

ひかげん②【火加減】火候。△～を見(み)る/看火候。

ひがさ②【日傘】旱伞。

ひがし③⓪【東】①东方。②东侧。③东风。

ひかず⓪【日数】日数。△～をかさねる/日复一日。

ひがないちにち【日がな一日】(副)从早到晚。△～茶(ちゃ)の間(ま)に寝(ね)そべっている/一整天躺在起居室内。△～釣(つ)りをする/从早到晚钓鱼。

ぴかぴか(と)②⓪(副・自サ・形动)发亮,闪闪发光。△稲妻(いなずま)が～と光(ひか)る/电光闪闪。△靴(くつ)を～に磨(みが)く/把鞋擦得锃亮。

ひが・む②〔僻む〕(自五)乖僻,抱偏见。△考(かんが)え方(かた)が～/思维方法古怪。

ひから・す③【光らす】(他五)使…发光,使…光亮。△床(ゆか)を磨(みが)いてぴかぴかに～/把地板擦得锃亮。◇目(め)を～/严加监视。

ひかり③【光】①光,光明。△～と熱(ねつ)/光和热。②光亮,光线。△～が弱(よわ)い/光线弱。△星(ほし)の～/星光。③光泽,

光辉。△～を浴(あ)びる/沐浴着阳光。△磨(みが)いて鞋(くつ)に～を出(だ)す/把鞋擦亮。④威力,权势。△親(おや)の～で出世(しゅっせ)/靠老子的势力爬上高位。⑤希望。△前途(ぜんと)に～を見(み)いだす/看到前途上的希望。⑥名誉,光荣。△家(うち)の～/家中的光荣。

ひかりつうしん④【光通信】光导通信。

ひかりもの⓪⑤④【光物】发光体,闪光物。

ぴかりと②③(副)闪烁。△稲妻(いなづま)が～光(ひか)る/忽然打了个闪。

ひか・る②【光る】(自五)①发光,发亮。△いなずまが～/打闪。②(人才、技能)出众,拔尖。△ことに～仕事(しごと)ぶり/特别出众的工作态度。

	月が～ている	宝石が～	額に汗が～	希望に～	～日も降る日も
光る	－っ○	○	○	×	×
輝く	－い○	○	×	○	×
照る	－っ○	×	×	×	○

ひかん⓪【悲観】(名・自他サ)①悲观。△前途(ぜんと)を～する/对前途感到悲观。②厌世。△～論(ろん)/悲观(厌世)论。△～的(てき)な見方(みかた)をする/持悲观的看法。

ひがん②⓪【彼岸】①春分、秋分前后各三天一共七天期间。◇暑(あつ)さも寒(さむ)さも～まで/热到秋分,冷到春分。②从迷茫中醒悟出向往的境界。③对岸,彼岸。△太平洋(たいへいよう)の～/太平洋对岸。

びかん⓪【美感】美感。

びかん⓪【美観】美观。

ひき⓪②【引き】①提拔,关照。△部長(ぶちょう)の～で課長(かちょう)になる/在部长提拔下当上了科长。②门路,举荐。△先輩(せんぱい)の～で就職(しゅうしょく)する/在上级老同学推荐下找到了工作。③拉力。△釣糸(つりいと)の～がある/钓竿线上有拉劲了。

ひき②【匹】〔疋〕①(数鸟、兽、鱼、虫等的单位)头,只,尾,条。△猫(ねこ)二(に)～/两只猫。②(布匹单位)匹。△反物(たんもの)五(ご)～/五匹布。

ひき②①【悲喜】〈文〉悲与喜。△～こもごも至(いた)る/悲喜交集。

ひきあ・う③【引(き)合う】(自他五)①(互相)拉扯。②交易,成交。△外国商社(がいこくしょうしゃ)と～/和外国商社谈成交易。③合算,够本,没白干。△引き合わない仕事(しごと)/不合算的工作。

ひきあげ⓪【引(き)上げ・引(き)揚げ】①撤回,撤退。△～者(しゃ)/归国者,撤退回国的人。②打捞。△沈没船(ちんぼつせん)の～/打捞沉船。③提升,提拔。④提高,涨价。△運賃(うんちん)の～/运费涨价。

ひきあ・げる④【引(き)上げる・引(き)揚げる】(自他下一)①卷扬,打捞。△沈没船(ちんぼつせん)

を～/打捞沉船。②返回。△外国(がいこく)から～/从国外返回。③提拔。△係長(かかりちょう)を課長(かちょう)に～/从股长提升为科长。④涨价，提高。△賃金(ちんぎん)を～/提高工资。⑤取回。△預(あず)けた物(もの)を～/取回寄存的东西。

ひき・いる③【率いる】(他上一)率领，统率，带领。△部隊(ぶたい)を～/率领部队。△選手団(せんしゅだん)を～/带领选手团。

ひきう・ける④【引(き)受ける】(他下一)①承担，接受，负责。△後任(こうにん)を～/承担后任。△注文(ちゅうもん)を～/接受订货。△仕事(しごと)を～/接受工作。②应付，照应。△お客(きゃく)を～/照顾客人。③保证。△身元(みもと)を～/保证身份，当保人。

ひきおこ・す④【引(き)起こす】(他五)①竖起，扶起。△倒(たお)れた電信柱(でんしんばしら)を～/竖起倒下的电线杆子。△酔っ払い(よっぱらい)を～/扶起醉汉。②引起，惹起。△戦争(せんそう)を～/引发战争。△肺炎(はいえん)を～/引起肺炎。

ひきかえ・す③【引(き)返す】(自五)返回，折回，恢复原状。△家(いえ)に～/返回家中。△途中(とちゅう)から～/中途返回。◇崖縁(がけぶち)から馬(うま)を引き返したまえ、いまからでもおそくはない/悬崖勒马，为时未晚。◇進(すす)むことも～こともできない/进退两难。

ひきか・える④③【引(き)替える・引(き)換える】(自他下一)①换，交换，兑换。△品物(しなもの)を金(かね)と～/把东西换成钱。②相反，不同。△課長(かちょう)にひきかえ，係長(かかりちょう)はりっぱだ/和科长相反，股长很出色。

ひきこ・む③【引(き)込む】(自他五)①拉进来。△電線(でんせん)を家(いえ)へ～/把电线拉到屋里来。②拉拢，引诱入伙。△誘惑(ゆうわく)に～/禁不住诱惑。③重感冒。△風邪(かぜ)を～/患重感冒。

ひきこも・る④【引(き)こもる】〔引(き)籠(も)る〕(自五)深居简出，闭居家中不外出。△病気(びょうき)で家(いえ)に～/因病闷居家中。△近(ちか)ごろ彼(かれ)は家(いえ)にひきこもりがちだ/近来他总是深居简出。

ひきさが・る④【引(き)下がる】(自五)①退出，退下。△客間(きゃくま)から～/从客厅中退出去。△早早(そうそう)に～/匆忙地退下去。②撒手，罢休。△この辺(へん)で引下がった方(ほう)がよい/最好就此罢休。△仕事(しごと)に目鼻(めはな)がついたので私(わたくし)はこの辺(へん)で引き下がろう/工作已经有了眉目，我该退出了。

ひきさ・げる④【引(き)下げる】(他下一)①压低。△ひさしを～/

压低帽檐儿。②撤回,撤下。△意見(いけん)を～/撤回意见。③降职,降位。△課長(かちょう)から普通(ふつう)の社員(しゃいん)に～/从科长降为一般职员。④减价,降价,降低。△コストを～/降低成本。△物価(ぶっか)を～/降低物价。△運賃(うんちん)を～/降低运费。

ひきざん② 【引(き)算】減法。

ひきしぼ・る④ 【引き絞る】(他五)①使劲拧。△手(て)ぬぐいを～/拧紧毛巾。②用力拉开,拉满。△弓(ゆみ)を～/拉满弓。③使足了劲喊叫。△声(こえ)を～/使足了劲儿喊叫。

ひきしま・る⓪ 【引(き)締まる】(自五)①紧闭。△筋肉(きんにく)が～/肌肉紧绷绷的。②(精神)紧张,不松弛。△気持(きも)ちが～/精神紧张。③(行市)见挺。△相場(そうば)が～/行市见挺。

ひきし・める④ 【引(き)締める】(他下一)①勒紧。△手綱(たづな)を～/勒紧缰绳。②使紧张,抓紧。△気持(きも)ちを～/振作精神。△規律(きりつ)を～/严明纪律。③紧缩,节俭,缩减。△財政(ざいせい)を～/紧缩财政。

ひきずりこ・む⑤③ 【引きずり込む】(他五)①拽进,拉进,拖进。△穴(あな)に～/拖进洞里。②强迫参加,硬拉入伙。△悪(わる)い仲間(なかま)に引きずり込まれる/被坏人拖下水。

ひきず・る⓪ 【引きずる】〔引(き)摺る〕(自他五)①拖,曳,擦地。△足(あし)をひきずって歩(ある)く/拖着脚走路。②硬拉,强行拉去(来)。③拖延,拖长。△問題(もんだい)を～/拖延问题。

ひきだし⓪ 【引(き)出し】抽出,提取。△預金(よきん)の～/提取存款。

ひきだし⓪ 〔抽斗〕抽屉。△～をあける/打开抽屉。△机(つくえ)の～にノートをしまう/把笔记本放进桌子抽屉里。

ひきだ・す③ 【引(き)出す】(他五)①拉出,抽出。△馬(うま)を～/牵出马。②提出,提取。△預金(よきん)を～/提取存款。③引出,诱出。△父(ちち)を散歩(さんぽ)に～/邀父亲去散步。△才能(さいのう)を～/发挥才能。△話題(わだい)を～/引出话题。

ひきた・つ③ 【引(き)立つ】(自五)①显眼,格外好。△美(うつく)しさが～/格外美丽。△満開(まんかい)の桜(さくら)の中(なか)に緑(みどり)が引立って見(み)える/在盛开的樱花中,树木新绿更加醒目。②兴旺,旺盛。△気分(きぶん)が～/情绪高涨。△景気(けいき)が～/市面繁荣。

ひきた・てる④ 【引(き)立てる】(他下一)①扶起,竖起。②关闭(拉门等)。△戸(と)を～/关上拉门。③鼓励,振作精神。△気(き)を～/振作精神。④重用,抬举,提拔。△後輩(こうはい)を～/重用提拔晚辈。⑤强行带走。△刑事(けいじ)は犯人(はんにん)を～/便衣警察把犯人带走。⑥衬托,使…

显得好看。△掛(か)け軸(じく)が部屋(へや)を引き立てている/字画把屋子点缀得很好看。

ひきつ・ぐ③【引(き)継ぐ】(他五)继承,接替。△前任者(ぜんにんしゃ)から仕事(しごと)を～/接替前任的工作。△遺産(いさん)を～/继承遗产。△伝統(でんとう)を～/继承传统。

ひきつ・ける④【引(き)付ける】〔惹付ける〕(自他下一)①挨近,拉近,吸。△磁石(じしゃく)は鉄(てつ)を～/磁石吸铁。②吸引,诱惑。△目(め)を～/吸引目光。③找借口。△無理(むり)にひきつけて解釈(かいしゃく)する/牵强附会地解释。④痉挛,抽筋。△全身(ぜんしん)を～/全身痉挛。

ひきつづき⓪【引(き)続き】Ⅰ(名)继续。△先週(せんしゅう)の～をやる/接着上周的做。Ⅱ(副)①继续。△今後(こんご)も～行(おこ)なう/今后也继续进行。②连续。△5回(ごかい)勝(か)つ/连胜五次。△五年間(ごねんかん)～豊作(ほうさく)に恵(めぐ)まれた/连续5年获得丰收。

ひきつづ・く④【引(き)続く】(自五)继续,连续,接连不断。△あの人(ひと)は三日間(みっかかん)も引続いて休(やす)んでいる/他连续休息了三天。△講演(こうえん)に引続いて映画(えいが)がある/演讲完之后接着放映电影。

ひきつ・れる④【引(き)連れる】(他下一)率领,带领。△子供(こども)を引連れてピクニックに出かける/带领孩子出去郊游。

ひきと・める④【引(き)留める・引(き)止める】(他下一)①留,挽留。△年始(ねんし)の客(きゃく)を～/挽留来拜年的客人。△ひきとめられてご馳走(ちそう)になる/被留下招待了一顿饭。②制止。△喧嘩(けんか)を～/制止吵架。

ひきと・る⓪【引(き)取る】(自他五)①回归,离去,退出。△どうぞお引(ひ)取(と)りください/请回去吧。②领取,领回。△預(あず)けた荷物(にもつ)を～/领回寄存的行李。③收养。△子供(こども)を～/收养孩子。④咽气,断气。△息(いき)を～/咽气,死去。

ひきにく⓪【ひき肉】〔挽き肉〕肉馅。△～器(き)/绞肉机。△とりの～/绞碎的鸡肉。

ひきぬ・く③【引(き)抜く】(他五)①拔出。△釘(くぎ)を～/把钉子拔出来。△剣(けん)を～/拔剑。②拉过来,挖过来,拉拢过来。△よその選手(せんしゅ)を～/拉他队选手加入自己的队。△技術者(ぎじゅつしゃ)を～/挖掘技术人才。

	必要なカードを～	釘を～	優秀な社員を～	財布から現金を～れる	優秀作を～
引き抜く	○	○	○	×	×
抜き取る	○	○	×	○	×
抜き出す	○	×	×	×	○

ひきのばし⓪【引き伸ばし・引き延ばし】①延期,延长。△会期(かいき)の～を要求(ようきゅう)した/

要求延长会期。②(照片)放大。△写真(しゃしん)の~をする/放大照片。

ひきのば・す④【引(き)伸ばす・引(き)延ばす】(他五)①拉长, 延长。△コードを~/拉电线。△金属(きんぞく)を~/压延金属。△ゴムひもを~/把松紧带拉长。△文章(ぶんしょう)を~/把文章写长。②(照片)放大。△写真(しゃしん)を~/放大照片。③延长(时间)。△会議(かいぎ)を~/延长会议。④稀释, 加大量。△のりを~/把浆糊和稀。

ひきはな・す④【引(き)離す】(他五)①拉开, 使疏远, 强行分开。△二人(ふたり)の仲(なか)を~/强行拆散两个人的关系。②拉开距离, 造成差距。△二位(にい)を50(ごじゅう)メートル~/把第二名拉下五十米。

ひきょう②【卑きょう】〔卑怯〕(形动)①懦弱, 胆怯。△~な男(おとこ)/懦弱的人。②卑鄙, 滑头。△~な手段(しゅだん)を用(もち)いる/用卑鄙的手段。△~者(もの)~/ⅰ)胆小鬼。ⅱ)卑鄙的人。

ひきよ・せる④【引き寄せる】(他下一)拉到跟前, 拽到身旁。△明(あ)かりを手(て)もとに~/把灯拉到跟前。

ひきわけ⓪【引(き)分(け)】平局, 不分胜负。△~になった/打成平局了。△三対三(さんたいさん)の~/三对三的平局。

ひきわた・す④【引(き)渡す】(他五)①交还, 提交。△荷物(にもつ)を~/交货。②拉上(绳子等)。

ひ・く⓪【引く】〔曳く〕(他五)①拉, 拽(到跟前)。△カーテンを~/拉上窗帘。②引用。△実例(じつれい)をひいて話(はなし)をする/举实例来说明。③查(辞典等)。△辞典(じてん)を~/查辞典。④抽出。△くじを~/抽签。⑤减去, 扣除。△給料(きゅうりょう)から家賃(やちん)を~/从工资中扣除房租。⑥牵(向前)。△車(くるま)を~/拉车。⑦带领。△老人(ろうじん)の手(て)をひいて階段(かいだん)を上(あ)がる/搀扶着老人的手上楼梯。⑧引诱, 吸引, 招惹。△注意(ちゅうい)を~/引起注意。⑨拖, 曳。△裾(すそ)を~/搭拉衣襟。⑩拉长。△声(こえ)を~/拉长声。⑪画线, 描绘。△線(せん)を~/画线。⑫(从远处引入)安装, 安设。△電話(でんわ)を~/安装电话。△水道(すいどう)を~/安自来水。⑬患(感冒)。△風邪(かぜ)を~/伤风, 感冒。⑭涂上。△薬(くすり)を~/涂药。⑮撤去, 退出。△兵(へい)を~/撤兵。△膳(ぜん)を~/撤席。⑯(悄悄)偷走。△ネズミが食物(たべもの)を~/老鼠悄悄把食物拖走。⑰继承。△血筋(ちすじ)を~/继承血统。⑱(某种状态)遗留下来, (某种行为动作)持续下去。△あとを~/ⅰ)(对好吃好喝的东西)吃不够, 喝不够, 吃了还想吃。ⅱ)没完没了。

ひ・く⓪〔退く〕(自五)①退，退下，后退。△潮(しお)が～/退潮。②辞去，退出。△官(かん)を～/辞去官职。△勤(つと)めを～/退职。△～にひかれず/骑虎难下；进退两难。③消退，减退，消失。△熱(ねつ)が～/退烧。△腫(はれ)が～/消肿。

ひ・く⓪〔挽く〕(他五)①拉(锯)，锯。△鋸(のこぎり)で板(いた)を～/用锯锯木板。②旋。△轆轤鉋(ろくろがんな)で～/用旋床旋。

ひ・く⓪〔碾く〕(他五)磨碎。△うすを～/推磨。△豆(まめ)を～/把豆磨成粉。

ひ・く⓪【弾く】(他五)弹，弹奏。△バイオリンを～/拉提琴。△ギターを～/弹吉他。

ひ・く⓪〔轢く〕(他五)(车)轧，压。△子供(こども)がトラックにひかれた/小孩子被卡车轧伤。

ひく・い②【低い】(形)①矮的。△背(せ)が～/个子矮。②低的。△～山(やま)/低矮的山。③地位低。△血圧(けつあつ)が～/血压低。④声音低。△～声(こえ)で話(はな)す/小声说话。⑤程度低，能力低。△能力(のうりょく)が～/能力低。△見識(けんしき)が～/见识浅。◇腰(こし)が～/谦恭；和蔼。

ピクチャー⓪[picture]绘画，图片，照片，影像图。△～ション/画展。△～テレホン(或～ホン)/可视电话，电视电话。△～ハウス/电影院。

ひくつ⓪【卑屈】(名・形动)自卑，卑屈，低声下气。△～な根性(こんじょう)/没骨气。△～な態度(たいど)/卑躬屈膝，低三下四的态度。

ピクニック①③[picnic](自带食物的)郊游野餐，户外用餐。△一家(いっか)揃(そろ)って～に出(で)かける/全家出去郊游野餐。

ピクニック・ランチ③-①[picnic lunch]盒饭。

ひぐれ⓪【日暮(れ)】日暮，黄昏，傍晚。△もう～だ/已经傍晚了。△～になる/已到黄昏时刻。△～方(がた)/夕阳西下时，黄昏时分。

ひげ⓪〔髭〕胡须。△～が濃(こ)い/胡须浓密。△～が生(は)える/长胡子。△～を生(は)やす/留胡子。△～をひねる/捻胡子。△～ぼうぼう/胡子拉碴的。◇～の塵(ちり)を払(はら)う/阿谀奉承。

ひげき①【悲劇】①悲剧。△～を演(えん)じる/演悲剧。②不幸的事件。△～が起(お)こる/悲剧发生。△～的(てき)/悲剧性的；悲惨的。

ひけつ⓪【否決】(名・他サ)否决。△その提案(ていあん)は～された/那个议案被否决了。

ひけつ⓪【秘訣】秘诀，窍门。△料理(りょうり)の～/烹调的秘诀。△成功(せいこう)の～/成功的秘诀。△これには～がある/这里有秘诀。△～をさがす/找窍门。

	商売の〜	成功の〜	早寝早起きは健康の〜	〜をのみこむ	二人の〜が合わない
秘訣	○	○	○	×	×
こつ	○	○	×	○	×
呼吸	○	×	×	×	○

ひけらか・す④⓪（他五）显示，炫耀，卖弄。△知識(ちしき)を〜/卖弄知识。△ダイヤの指輪(ゆびわ)を〜/炫耀钻石戒指。⇨みせびらかす 表

ひ・ける⓪【引ける】〔退ける〕（自下一）①下班，放学。△学校(がっこう)が〜/学校放学。②胆怯，不好意思，畏缩。△気(き)が〜/不好意思。

ひご①【庇護】（名・他サ）（对弱者）庇护，爱护。△両親(りょうしん)の〜の下(もと)にすくすくと育(そだ)った/在父母的爱护下茁壮成长。

ひこう⓪【非行】不良行为，不正当的行为。△〜少年(しょうねん)/小阿飞，流氓少年。△友人(ゆうじん)の〜をいましめる/劝戒朋友的不良行为。

ひこう⓪【飛行】（名・自サ）飞行，航空。△〜雲(ぐも)/（飞机的）航迹云。△〜船(せん)/飞艇。△〜場(じょう)/机场。△〜便(びん)/航空邮件。△大空(おおぞら)を〜する/在太空中飞行。

びこう⓪【備考】①备考。△〜に書(か)き入(い)れる/写在备考栏内。②写在后面的补充说明。△〜として加(くわ)える/加上作为备考。△〜欄(らん)/备考栏。

ひこうかい②【非公開】非公开。

ひこうき②【飛行機】飞机。△〜乗(の)っとり/劫持飞机。

ひこうし②【飛行士】飞行员，飞机驾驶员。

ひこうしき②【非公式】非正式。△〜訪問(ほうもん)/非正式访问。

ひごうほう⓪【非合法】非合法。△〜活動(かつどう)/非法活动。

ひごうリ②【非合理】不合理，不合道理。

ひこく⓪【被告】被告。△〜を呼(よ)び出(だ)す/传唤被告。△〜席(せき)に立(た)つ/站在被告席上。△〜人(にん)/被告人。

ひこぼし②〔彦星〕牵牛星。

ひごろ⓪【日頃】①平时，素日。△〜の努力(どりょく)/平时的努力。△〜ほしいと思(おも)っていた品(しな)/一直想要的东西。②近来，最近。△〜の天気(てんき)は変(かわ)りやすい/近来易变天。⇨にちじょう 表

ひざ⓪〔膝〕膝，膝盖。△〜をつく/下跪。△ズボンの〜/裤子的膝盖处。◇〜とも談合(だんごう)/集思广益。◇〜を打(う)つ/拍大腿(表示突然想起或佩服)。◇〜を折(お)る/i)屈膝。ii)屈服。◇〜を崩(くず)す/舒展地坐。◇〜を交(まじ)える/促膝交谈。

ビザ①[visa]（外国人入境的）签证，（护照的）背签。△〜がおりる/签证下来了。△〜免除(めんじょ)/免签。

ピザ①[意 pizza]比萨饼，意大利

馅饼。△～ハウス/比萨店。

ひさい⓪【被災】受灾。△～者(しゃ)/受灾人。

ひざかり⓪④②【日盛り】(一日中)太阳光最毒时。

ひざし⓪【日差し・日射し・陽射し】①阳光照射。△窓(まど)が～を受(う)けて輝(かがや)く/窗户被阳光照得发亮。△～が強(つよ)い/阳光强。②阳光。△明(あか)るい～/明亮的阳光。

ひさし・い③【久しい】(形)好久,许久。△～話(はなし)/很久以前的事情。△久しく会(ぁ)わない/好久不见。△久しくご無沙汰(ぶさた)しました/久未通信。

ひさしぶり⓪⑤【久し振り】(名・形动)隔了好久,许久。△お～ですね/久違了。△～の天気(てんき)になった/很久没见过的好天气。

ピサのしゃとう【ピサの斜塔】[Pisaの—]比萨斜塔。

ひざまず・く④〔跪く〕(自五)①跪,跪下。△足(あし)もとに～/跪在脚下。②跪拜,叩拜。

ひさめ⓪【氷雨】①凉雨,秋雨。②霰,冰雹。

ひさん【悲惨】(名・形动)悲惨。△～な最期(さいご)を遂(と)げた/死得悲惨。△～な事件(じけん)/悲惨的事件。

ひじ②〔肘・肱〕肘,胳膊肘。△～をつく/拄着胳膊肘。△～をまげる/弯胳膊。

ひしがた⓪〔菱形〕①菱角形。△～のたこ/菱形风筝。△～の模様(もよう)/菱形图案。②平行四边形,非直角等边四边形。

ビジネス①[business]事务,业务,商业交易。△～スクール/商业学校。△～センター/商务中心。△～ソフト/商务软件。△～チャンス/商机。△～ディナー/工作午餐。△～テスト/行情调查,行情预测。△～マン/实业家,商人。△～ローン/商业贷款。

ビジュアル⓪[visual]视觉的,可见的,光学上的。△～アート/视觉艺术。△～エデュケーション/视听教学。△～コミュニケーション/视觉传媒。△～レンジ/能见度。

ひじゅう⓪【比重】比重。△～を計(はか)る/测量比重。△～計(けい)/比重计。

びじゅつ①【美術】美术。△～館(かん)/美术馆。△～品(ひん)/美术品。△奈良時代(ならじだい)の～/奈良时代的美术。

ひしょ②①【秘書】①秘书。△～になる/当秘书。△社長(しゃちょう)の～を勤(つと)める/给经理当秘书。△私設(しせつ)～/私人秘书。②秘密珍藏的书籍。△～を公開(こうかい)する/公开秘藏书籍。

びじょ①【美女】美女。△～桜(さくら)/美女樱。

ひじょう⓪【非常】(名・形动)①异常,非常,紧急。△～の場合(ばぁぃ)/紧急时,紧急情况。②非常,很,极。△～な暑(あっ)さ/非常

炎热。△～口(ぐち)/太平门。

ひじょう⓪① 【非情】(名・形动) 无情，冷酷。△なんと～なやり方(かた)だ/做得太绝了。

びしょう⓪ 【微少】(名・形动) 微少，很少。△～な金額(きんがく)/微少的钱款。△損害(そんがい)は～だ/损失很少。

びしょう⓪ 【微笑】(名・自サ) 微笑。△～を含(ふく)む/含笑，面带微笑。△こちらを向(む)いて～する/面向这边微笑。

ひじょうしき② 【非常識】(名・形动) 没有常识，不合乎常理，无知。△～もはなはだしい/无知太甚。△～なことを言(い)う/说没有常识的话。△～な人間(にんげん)/缺乏常识的人。

ひじょうすう② 【被乗数】被乘数。

びしょぬれ⓪ 〔びしょ濡〕湿透，淋湿。△夕立(ゆうだち)に逢(あ)って～になった/遇上阵雨浑身湿透了。△～の着物(きもの)/湿淋淋的衣服。

びじん① 【美人】美女，佳人。△～コンテスト/选美大会。△八方(はっぽう)～/ⅰ)非常完美的佳人。ⅱ)八面玲珑的人。△～薄命(はくめい)/红颜薄命。

ビスケット③ 〔biscuit〕(西式)饼干。

ヒステリー④③ 〔德 Hystelie〕癔病，歇斯底里。△～症状(しょうじょう)/癔病症状。△～を起(お)こす/癔病发作。

ピストル⓪ 〔pistol〕手枪。△～をつきつける/亮出枪(吓唬人)。△～を打(う)つ/开枪。

ビストロ⓪ 〔法 bistro〕(法式)酒吧，小酒馆。

ひずみ⓪ 〔歪(み)〕①变形，应变，斜，歪，翘。△板(いた)に～ができた/板子翘棱了。②弊病，(社会、经济、政治)呈不正常现象。△高度成長(こうどせいちょう)の～が出(で)る/出现高度增长的弊病。

ひず・む⓪② 〔歪む〕(自五)歪斜，翘，变形。△板(いた)が～/木板翘了。△歪んだ箱(はこ)/变了形的盒子。

ひ・する② 【比する】(他サ) 比较。△兄(あに)にひして弟(おとうと)は元気(げんき)がいい/弟弟比哥哥有精神。

ひ・する② 【秘する】(他サ) 隐藏。△名(な)を～/匿名。

びせいぶつ② 【微生物】微生物。△発酵(はっこう)腐敗(ふはい)は～による/发酵和腐烂是由于微生物的作用。

ひせき⓪ 【碑石】①碑石。②石碑。

びせきぶん③② 【微積分】(数学)微积分。

ひせんきょけん④ 【被選挙権】被选举权。

ひせんきょにん④ 【被選挙人】被选举人。

ひそう⓪ 【悲壮】(名・形动) 悲壮，壮烈。△～な決意(けつい)/悲壮的决心。△～な最期(さいご)を遂(と)げる/壮烈牺牲。

ひそか② 〔密か・秘か・私か〕(形动)

秘密，暗中，偷偷，悄悄。△～な足音(あしおと)/悄悄的脚步声。△～に願(ねが)う/暗自祈求。△～にすりかえる/偷梁换柱。

びぞく① 【美俗】美俗。△良風(りょうふう)～/良风美俗。

ひそひそ(と)②① (副)悄悄，偷偷。△～声(ごえ)/窃窃私语。△～話(ばなし)/悄悄话。

ひそ・む②⓪ 【潜む】(自五)①隐藏。△くさむらに～/隐藏在草丛里。②潜藏，蕴藏，潜在。△事件(じけん)の陰(かげ)に～黒幕(こくまく)/潜藏在事件背后的操纵者。⇨かくれる表

ひだ① [襞・褶] ①(衣服、裙等的)皱褶，褶。△スカートの～/裙子褶儿。△～をとる/做出褶儿。②襞。△胃(い)の内部(ないぶ)の～/胃襞。△山(やま)の～/山襞。③复杂而微妙的部分。△心(こころ)の～/复杂的内心世界。

ひたい⓪ 【額】额，额头，天庭。△～のしわ/额头上的皱纹。◇～を集(あつ)める/共同聚在一起好好商量。◇猫(ねこ)の～/〈喻〉地方窄小。◇～に汗(あせ)する/前额出汗(形容拼命干活儿)。◇～を合(あ)わせる/头碰头地凑在一起说话。

ひた・す②⓪ 【浸す】[漬す](他五)①浸，泡。△谷川(たにがわ)の水(みず)に手足(てあし)を～/把手脚浸在山涧的水里。②浸湿。△脱脂綿(だっしめん)をアルコールに浸して皮膚(ひふ)を消毒(しょうどく)する/药棉蘸上酒精给皮肤消毒。

	水に足を～	アルコールを～た切れ	みそに～	甘い感傷に身を～	一晩～た白菜
浸す	〇	-し〇	×	〇	×
漬ける	〇	×	〇	×	-け〇

ひたすら⓪② [只管・一向](副)只顾，一味，一心一意，一个劲。△～あやまるのみ/只顾认错。△～勉学(べんがく)に励(はげ)む/一心一意地用功学习。

ビタミン② [vitamin]维生素，维他命。△密柑(みかん)は～C に富(と)む/橘子含维生素 C 很多。△～A/甲种维生素。△～錠(じょう)/维生素丸(片)。

ひだり⓪ 【左】①左，左边，左手。△～へ曲(まが)る/往左拐弯儿。△～に傾(かたむ)く/向左倾斜。②左派，左翼。△～に属(ぞく)する/属于左派。◇～団扇(うちわ)/不劳动过安乐生活。

ぴたり② (副)①突然停止。△機械(きかい)が～と止(と)まる/机器突然停下。②紧紧地，紧贴。△～とくっついて歩(ある)く/紧挨着走。③恰恰，正对，正好。△彼女(かのじょ)はわたしの考(かんが)えていることを～と言いあてた/她正好说中了我的心事。

ひだりがわ④ 【左側】左侧。△～通行(つうこう)/左侧通行。

ひだりきき③ [左利き]①左撇子，左手好使(的人)。②好喝酒(的人)。

ひだりて⓪ 【左手】①左手。△～

をつかう/用左手。②左边,左侧。△~に山(やま)がある/左边儿有一座山。

ひだりまわり④【左回り】①反转,逆时针转。②事物进行不顺畅。

ひた・る②⓪【浸る】〔漬る〕(自五)①浸,泡,淹。△作物(さくもつ)が水(みず)に浸(ひた)っている/庄稼被水淹了。②沉浸于(某种感情中)。△喜(よろこ)びに~/沉浸在喜悦中。

ひたん⓪【悲嘆】〔悲歎〕(名・自サ)悲叹。△~に暮(く)れる/沉浸于悲叹之中。△いつまで~していてもきりがない/悲叹不已。

ひつう⓪【悲痛】(名・形動)悲痛。△~のきわまり/悲痛至极。△~な叫(さけ)びをあげる/发出悲痛的喊叫声。△~な決心(けっしん)をする/下狠心。

ひっかか・る④【引(っ)掛(か)る】(自五)①挂上,挂住。△たこが電線(でんせん)に~/风筝挂在电线上。②卡住,中途受阻。△魚(さかな)の骨(ほね)が喉(のど)に~/鱼刺卡在嗓子里。△税関(ぜいかん)で~/被海关扣住。③牵连,连累。△厄介(やっかい)な事(こと)にひっかかった/被麻烦的事牵连上了。④受骗。△詐欺(さぎ)に~/受骗。△ペテンに~/上当受骗。△わなに~/上了圈套。△悪(わる)い男(おとこ)に~/上了坏人的当。

ひっかける③【引っ掛ける】(他下一)①挂上,挂起来。△セーターをくぎに~/(不小心)毛衣挂在钉子上。②披上。△コートを~/披上大衣。③(水等)泼上,溅上。△人(ひと)の足(あし)に水(みず)を~/往人家脚上泼水。④拉关系;欺骗人。△女(おんな)を~/勾引女人。⑤不付贷款,赊账不还。△飲み代(のみしろ)を~/不付酒钱。⑥大口大口喝酒,一口气喝下去。△一杯(いっぱい)~/喝一杯。

	水を~	一杯~	眼鏡を~	コートを~て出る	心配を~
引っ掛ける	○	○	×	○	×
掛ける	○	×	○	×	○

ひっき⓪【筆記】(名・他サ)笔记,记笔记。△講義(こうぎ)を~する/听讲作笔记。△口述(こうじゅつ)~/口述笔记。△~試験(しけん)/笔试。

ひっきりなしに⑤【引っ切り無しに】(副)接连不断地,不停地。△~電話(でんわ)がかかってくる/电话不断地打进来。

ビッグ①[big]巨大,大规模;重大;(宽松)肥大。△~アップル/大苹果(纽约市绰号)。△~エック/巨蛋球场(1988年东京建成的圆屋顶球场)。△~ガン/大腕,有实力的人。△~ストア/大型商场。△~ニュース/重要新闻。△~ネーム/社会名流。△~ファッション/宽松肥大时装。

びっくり③(名・副・自サ)吃惊,吓一跳。△びっくりして口(くち)もきけない/吓得说不出话来了。△~仰天(ぎょうてん)/大吃一惊。

⇨きょうがく表

ひっくりかえ・す⑤【引(っ)繰り返す】(他五)①颠倒过来。△順序(じゅんじょ)を〜/把次序颠倒过来。②反过来,扭转。△形勢(けいせい)を〜/扭转形势。③碰倒,打翻。△花瓶(かびん)を〜/把花瓶碰倒。④闹事,扰乱。△幕府(ばくふ)を〜/推翻幕府。

ひっくりかえ・る⑤【引(っ)繰り返る】(自五)①颠倒。△船(ふね)が〜/船翻了。②翻过来,逆转。△試合(しあい)が〜/比赛逆转。△形勢(けいせい)が〜/形势逆转。③倒,倒塌。△家(いえ)が〜/房屋倒塌。④骚乱。△世(よ)の中(なか)が〜/世道乱了。

ひっくる・める⓪【引っくるめる】〔引っ括める〕(他下一)包括在内,总共,总结。△両方(りょうほう)を〜/包括双方。△全部(ぜんぶ)〜/全部包括在内。

ひづけ⓪【日付】(文件、书信上写的)年、月、日,日期。△〜を書(か)き込(こ)む/写上日期。△〜変更線(へんこうせん)/国际日期变更线(东经180°的经线)。

びっこ①【跛】①瘸腿,瘸子。△〜を引(ひ)く/一瘸一拐地走。②不成对,不成双。△〜の箸(はし)/两支不一样的筷子。△〜の靴(くつ)/不成对的鞋。◇馬(うま)も主(ぬし)がほめる/东西总是自己的好。

ひっこし⓪【引(っ)越(し)】(名・自サ)搬家,迁居。△〜を手伝(てつだ)う/帮助搬家。△〜先(さき)/迁住处。△〜蕎麦(そば)/乔迁的喜面。

ひっこ・す③【引(っ)越す】(他五)搬家,迁居。△すまいを〜/搬家。△新居(しんきょ)に〜/迁入新居。

ひっこ・む③【引(っ)込む】(自他五)①退居家中。△家(いえ)に〜/呆在家里。②退下,退出。△列(れつ)から〜/从队列退下来。△関係(かんけい)のない者(もの)は引っ込んでいろ/无关人员请后撤。③凹陷,凹进,缩进。△大通(おおどお)りから引っ込んだ所(ところ)にある/地处大街里侧(不沿街)。△疲労(ひろう)で目(め)が〜/疲劳得眼睛塌下了。

ひっこ・める④【引っ込める】(他下一)①缩回。△手足(てあし)を〜/缩回手脚。②撤回,撤销。△意見(いけん)を〜/收回意见。

ひっし⓪【必死】(名・形动)①必死,殊死,拼命,尽全力。△〜の突撃(とつげき)/殊死的冲锋。②(将棋)下一步将要将死的棋势。△〜の手(て)/最后的一招。△〜をかける/(一步棋)将军。

ひつじ⓪【羊】羊,绵羊。△〜を飼(か)う/饲养羊。△〜を追(お)う/放羊。△〜飼(か)い/羊倌,牧羊人。

ひっしゃ①⓪【筆者】(书画、文章的)笔者,作者。△この文(ぶん)の〜は女性(じょせい)である/这篇文章的作者是女性。

ひつじゅ⓪【必需】必需。△生活

(せいかつ)に～の品(しな)/生活必需品。△～品(ひん)/必需品。

ひっしゅう⓪【必修】必修课。△～科目(かもく)/必修科目。

ひっしょう⓪【必勝】必胜。△～の信念(しんねん)で臨(のぞ)む/以必胜的信念面对挑战。

びっしょり③（副）湿透。△～と汗(あせ)をかく/汗流浃背。

びっしり③（副）挤得紧紧地，密密麻麻，满满地。△この通(とお)りは～と家(いえ)が建(た)ち並(なら)んでいる/这条街上房屋栉比鳞次。△コケに～と覆(おお)われる/被绿苔覆盖得严严实实。

ひつぜん⓪【必然】（名・副）必然。△～の結果(けっか)/必然的结果。△偶然(ぐうぜん)と～/偶然和必然。△～性(せい)/必然性。△～論(ろん)/必然论。

ひっそり③（副・自サ）①寂静，沉寂。△あたりは～と静(しず)まりかえっている/四周静悄悄的。△～閑(かん)とする/万籁俱寂。②悄悄地。△～と出(で)る/悄悄地出走。

ぴったり③（副・自サ）①紧紧地，严密地。△戸(と)が～と閉(し)まっている/门关得紧紧。②恰好，正合适。△体(からだ)に～した背広(せびろ)/合体的西装。③说中，猜中，正中。△彼(かれ)の予想(よそう)が～当(あた)った/果然不出他所料。④准确无误。△勘定(かんじょう)が～合(あ)っている/账算得不差。⑤中断，坚决停止。

△～と話(はな)し声(ごえ)がやんだ/说话声一下子停止了。

ピッチ①［pitch］①速度。△～をあげる/加快速度。②沥青。③（船的）纵摇。④（棒球的）投球。

ひってき⓪【匹敵】（名・自サ）匹敌，比得上。△彼(かれ)に～するものはいない/没有比得上他的。

ヒット①［hit］（名・自サ）①（棒球的）安全打。△センター前(まえ)に～する/把球打到中卫前面。②大成功，取得好评。△～ソング/流行歌。△～チャート/流行歌曲排行榜。△～作(さく)/成功之作。△新曲(しんきょく)が～する/新曲大受欢迎。

ピット①［pit］①（赛车）维修加油站。②（田径赛）沙坑。③（剧场）正厅（的观众）。④（舞台前的）乐池。

ひっとう⓪【筆答】笔答。△～試験(しけん)/笔试。

ひっとう⓪【筆頭】（排列姓名时的）首位，第一个人。△戸籍(こせき)の～/户主。△～重役(じゅうやく)/第一重要职位。△前頭(まえかしら)～/前头第一名。

ひっぱ・る③【引っ張る】（他五）①拉，曳。△綱(つな)を～/拉绳子。△袖(そで)を～/拽袖子。②生拉硬拽。△警察(けいさつ)に引っ張られていった/不容分说被警察揪走了。③引诱。△仲間(なかま)に～/拉入伙中。④拖延，拖拉。△支払(しはら)いを～/拖延付款（期限）。△語尾(ごび)を～

/(说话)词尾带拖腔。

ヒップ① [hip]①臀部。②臀围(的尺寸)。△～アップ/提臀体操。△～パッド/腰垫,围腰。△～ハンガー/低腰裤。

ひつよう⓪【必要】(名・形动)必需,必要。△～がある/有必要。△～性(せい)/必要性。△～経費(けいひ)/必要的经费。⇨しよう 表

ひてい⓪【否定】(名・他サ)否定。△肯定(こうてい)と～/肯定和否定。△事実(じじつ)を～する/否定事实。△～的/否定的。

ビデオ① [video]①录像,影像。△～カメラ/摄像机。△～カセット/盒式磁带录像机。△～サイン/萤光灯广告。△～フォーン/可视电话。△～ブック/光盘出版物。△～ホール/录像厅。②录像机。△～メーター/视听表(调查节目收视率的自动记录装置)。△～モニター/影像监视器。

ひでり⓪③【日照(り)】〔旱〕①太阳照射。②旱,干旱。△ひどい～を征服(せいふく)する/征服严重干旱。△～雨(あめ)/露着太阳下雨,晴天漏。△～雲(ぐも)/旱云。③缺少,不足。△男(おとこ)～/缺男的。

ひと②【一】Ⅰ(名)一,一个。Ⅱ(接头)①稍微,少许,一下。△～休(やす)み/休息一会儿。△～安心(あんしん)/放点心。②相当的。△～苦労(くろう)/相当辛苦。△～働(はたら)き/相当劳累。

ひと⓪【人】①人,人类。△～は万物(ばんぶつ)の霊長(れいちょう)である/人为万物之灵长。②成人,大人。△～となる/长大成人。③人品,品质。△～がいい/人品好。④适当的人,人材。△～を得(え)る/得人才。⑤旁人,他人,世人。△～の世(よ)の常(つね)/人世之常。△～の目(め)につく/显眼,引入注目。◇～の噂(うわさ)も七十五日(しちじゅうごにち)/传闻之风,不会持久。◇～の褌(ふんどし)で相撲(すもう)を取(と)る/借花献佛。◇～を食(く)う/骗人,愚弄人。◇～を呪(のろ)わば穴(あな)二(ふた)つ/害人如害己。⇨にんげん 表

ひとあし②【一足】①一步。△～違(ちが)いで汽車(きしゃ)に乗(の)り遅(おく)れる/差一步没有赶上火车。△～お先(さき)に失礼(しつれい)する/对不起,我先走一步。②(时间、距离)近。△そこまではほんの～です/那里离此不远。

ひど・い②【酷い】(形)①残酷的,无情的,不讲理的。△やり方(かた)が～/做法残酷。△～目(め)にあう/倒霉。②厉害,激烈,严重。△～吹雪(ふぶき)になる/大暴风雪。⇨すごい 表

ひといき②【一息】①一口气。△～に飲(の)む/一口气喝完。△ほっと～/松了一口气。②一鼓作气,一股劲儿,不间歇地。△～入(い)れる/歇一口气。△～もつかず25メートルを泳(およ)ぎ切(き)っ

た/一口气游完25米。③加把劲。△あと～で頂上(ちょうじょう)だ/再加一把劲就到山顶了。△今(いま)～というところで失敗(しっぱい)する/功亏一篑。

ひとかげ⓪【人影】①水面等映出的人的影子。②人影。△～が無(な)い/还看不到人影。

ひとかど⓪②【一角】〔一廉〕①出众，出类拔萃。△～の人物(じんぶつ)/出类拔萃的人物。△～の功績(こうせき)をあげる/取得卓越的功绩。②一份，一个人。△～の役(やく)に立(た)つ/起一个人的作用。

ひとがら⓪【人柄】(名・形动)人品，品质，人品好。△温厚(おんこう)な～/温厚的人。△その一言(ひとこと)で彼(かれ)の～がうかがえる/从他那一句话可以看出他的为人来。⇒じんかく 表

ひときり⓪【一切り】①一段。△仕事(しごと)が～ついた/工作告一段落。②一段时间。△～はやった歌(うた)/流行一时的歌。

ひときわ②【一際】(副)分外，格外，更，高出一等，显眼。△活躍(かつやく)は～目(め)だつ/格外地活跃。△～すぐれる/分外出色，优异。

	寒さが～身にしみる	中で～高い山	背の高さが～目立つ男	今後は～気をつける	感慨も～だ
ひときわ	◯	◯	◯	×	×
一段と	◯	◯	△	◯	×
ひとしお	◯	×	×	×	◯

ひとく⓪【美徳】美德。△謙譲(けんじょう)の～/谦逊的美德。

ひとくち②【一口】①一口(吃)。△～に食(た)べる/一口吃下。②少量(饮食)。△ほんの～飲(の)んだ/只喝了一点点。③简要地说。△～には言(い)えない/一言难尽。一句话无法说清楚。④短话，一句话。△～さしはさむ/插一句话。⑤(捐助、股份的)一份，一股。△～千円(せんえん)/一股1千日元。◇～乗(の)る/参加一份(股)。

ひとけ⓪【人気】人的气息。△～がない部屋(へや)/阴森森的房子。

ひとこえ②【一声】①一声。△わっ～叫(さけ)んだ/哇地叫了一声。②叫一声，告诉。△困(こま)ったことがあったら～かけてください/如果有困难请告诉一下。③一句话。△社長(しゃちょう)の～で決(き)まる/社长的一句话就决定了。△鶴(つる)の～/〈喻〉压倒一切的权威意见。

ひとこえ⓪【人声】人声，说话声。

ひとごころ③【人心】①人心。②(清醒过来的)正常心情。△～がっく/缓过气来(恢复了常态)。

ひとこと②【一言】①一言，一句话。△～も言(い)わない/一言不发。△君(きみ)はいつも～多(おお)い/你总是说多余的话。②只言片语。△～ごあいさつ申(もう)し上(あ)げます/请允许我讲几句话。

ひとごみ⓪【人込(み)】人山人海，

人群拥挤。△～にまぎれこむ/挤进人群里。△町(まち)はたいへんな～だ/街上简直是人山人海。

ひところ② 〔一頃〕曾有一时,不久以前,前一阵子。△戦後(せんご)の～配給制(はいきゅうせい)が行(おこな)われた/战后曾有一段时间实行配给制。△～の元気(げんき)がない/没有前一阵子的精神头了。

ひとさしゆび④【人差(し)指】食指。

ひとし・い③【等しい】〔齐しい・均しい〕(形)(性质、数量、程度、形状等)相同,相等。△重(おも)さが～/重量相同。△自殺(じさつ)に～/等于送死。等于自杀。△費用(ひよう)を等しく分担(ぶんたん)する/均摊费用。⇒おなじ表

ひとしお②【一しお】〔一入〕(副)更加,越发,格外。△～寂(さび)しさが増(ま)す/越发感到寂寞。△今(いま)～の努力(どりょく)が必要(ひつよう)だ/现在需要更加努力。⇒ひときわ表

ひとじち⓪【人質】人质。△子供(こども)を～にする/把孩子作人质。△～として送(おく)る/送去作为人质。△彼(かれ)が～にとられた/他被扣作人质。

ひとずき②【人好】令人喜爱。△～のする顔(かお)/招人喜欢的脸蛋。

ひとすじ②【一筋】(名・形动)①一条,一道。△～の川(かわ)/一条河。△～の煙(けむり)/一缕烟。△～の雲(くも)/一丝云。②一心一意。△～に思(おも)いつめる/冥思苦想,(含有想不开之意)。◇～縄(なわ)では行(い)かない/用一般的手段应付不了。

ひとそろい②【一そろい】〔一揃い〕一套。△登山用具(とうざんようぐ)～/一套登山用具。

ひとたび②【一度】①一次,一回。△今(いま)～会(あ)いたい/想现在就见一面。②一旦。△～家(うち)を出(で)たからには…/既然离家出走了…。

ひとつ②【一つ】(名・副)①一,一个。△ミカン～/一个橘子。△二(ふた)つに～/二者居一,二者取一。△身(み)～/只身一人。②一体。△世界(せかい)は～/世界是一个整体。③相同,一致。△心(こころ)を～にする/同心协力。一条心。④稍微,试试看。△彼(かれ)に～頼(たの)んでみよう/拜托他试试看。△～よろしくお願(ねが)いします/请多加关照。⑤另一方面。△～にはこうも考(かんが)えられる/另一方面也可以这样想。⑥(接体言后续否定词加强语气)一点…不(没)…,连…都不…。△ごみ～落(お)ちていない清潔(せいけつ)な町(まち)/地上一点垃圾都没有的清洁的街市。

ひとつひとつ⓪【一つ一つ】一一,

一个一个，诸一，各个

	～数える	部品の～を点検する	経過を～報告する	～文句を言う	その事は～わかっている
一つ一つ	○	○	△	△	×
いちいち	○	×	○	○	×
逐一	○	×	○	×	×

ひとで⓪ 【人手】①人工，加工。△～を加(くわ)える/加工。②他人，他人所为。△～を借(か)りる/借他人之手。③人手，劳动力，工作人员。△～が足(た)りない/人手不够。

ひとで⓪ 【人出】很多人集聚到一个地方。△花見(はなみ)の～/许许多多来看花的人。△～が多(おお)い/人很多。

ひととおり②⓪ 【一通(り)】（名・副）①普通，一般。△～の挨拶(あいさつ)/一般的寒暄。②大概，大略，粗略地。△～説明(せつめい)する/粗略地说明。③一种，一套。△～そろえる/备齐一套。△考(かんが)え方(かた)は～ではないよ/考虑问题的方法不止一种。

	～の説明をする	～会ってみる	～の苦労ではない	痛みは～おさまった	～の台所道具をそろえる
ひと通り	○	×	○	○	○
一応	○	○	×	×	×

ひとどおり⓪ 【人通り】行人来往。△～が少(すく)ない/行人来往很少。△この通(とお)りは～が激(はげ)しい/这条街行人来往频繁。

ひととき② 【一時】①一会儿，短暂的时间。△別(わか)れの～/离别的时候。△いこいの～/休息一会儿。②一个时辰。⇨いちじ 表

ひとなみ⓪ 【人並(み)】（名・形动）(与一般人一样)普通，平常。△成績(せいせき)が～だ/成绩一般。△～の暮(く)らしをする/过着普通的生活。△～はずれた/与众不同。

ひとねいり② 【一寝入り】参见"ひとねむり"

ひとねむり② 【一眠り】打盹儿，睡一会儿。

ひとのくち⓪ 【人の口】众口，众人的评论。

ひとのみ② 【一飲み】〔一吞〕一口。△～に飲(の)んでしまった/一饮而尽。

ひとのよ⓪ 【人の世】人世，人间。

ひとばん② 【一晩】①一夜。△～中(じゅう)/整夜。△友達(ともだち)のところに～泊(と)まった/在朋友家过了一夜。②某一晚上。△～ゆっくり食事(しょくじ)でもしようか/哪天晚上一块儿好好儿地吃顿饭吧。

ひとびと② 【人人】①许多人，人们。△楽(たの)しい～/欢乐的人们。②每个人，人人。△クラスの～の意見(いけん)を調(しら)べる/征求班级里每个人的意见。

ひとまえ⓪ 【人前】①人前，他人面前。△～に出(で)られない/见不得人。△～で叱(しか)る/当着人申斥。②外表。△～を繕(つくろ)う/装饰外表，硬撑场面。

ひとまず② 【一先(ず)】（副）暂时，

暫且。△~これで安心(あんしん)だ/这么一来可以暂且放心了。△~やって見(み)よう/姑且试一试。

ひとまわり② 【一回り】(名・自サ)①一周，一圈。△運動場(うんどうじょう)を~する/绕运动场一周。②(地支)一轮(12年)。△年齢(ねんれい)が~違(ちが)う/岁数差一轮。③(物品大小相差)一格，一圈。△~大(おお)きい/大一圈。

ひとみ⓪② 〔瞳〕瞳孔，眼睛。△つぶらな~/圆圆的大眼睛。△~を凝(こ)らす/注视，凝视。

ひとめ【一目】①看一眼，一看。△~ぼれ/一见钟情。△~で分(わ)かる/一目了然。△~で見破(みやぶ)る/一眼看穿。②满目，满眼。△~千本(せんぼん)/(特指赏樱花的好地方)满目樱花。③(景色等)尽收眼底。△~で見(み)わたす/一览无余；尽收眼底。

ひとめ⓪ 【人目】世人眼目，旁人看见，众目。△~をはばかる/怕别人看见。△~を盗(ぬす)む/背着人，偷偷地。△~につく/显眼。△~に余(あま)る/(行为、服装等)令人讨厌；令人看不惯。◇~を引(ひ)く/引人注目。

ひとやすみ② 【一休み】(名・自サ)休息一会。△だいぶ疲(つか)れたから，~しましょう/已经很累了，休息一会儿吧。

ひとり② 【一人・独り】①一个人，一人。△~息子(むすこ)/独生子。△~娘(むすめ)/一个女儿。②单身，独身。△あのかたはまたお~ですか/那位还是独身吗?③(以"~…だけでない"的形式作副词用)只，仅，单。△公害(こうがい)は~日本(にほん)だけではない/公害不仅是日本的问题。

ひとりごと⓪⑤④ 【独り言】自言自语。△~を言(い)う/自言自语。

ひとりでに⓪ 【独りでに】(副)自然地，自动地，下意识地。△ドアは~閉(し)まった/门自动关上了。△~神社(じんじゃ)の方(ほう)に足(あし)が向(む)いていた/下意识地向神社方向走去。

ひとりといろ⓪ 【一人十色】〈俗〉一人十种口味，消费者喜好因时间场合变化而变化。

ひとりまえ⓪ 【一人前】①一个人的份儿。△~の料理(りょうり)/一个人份的菜。②成人，顶个成年人。△~の男(おとこ)/长成男子汉了。

ひとりみ⓪③ 【独り身】单身，独身。

ひな① 〔雛〕Ⅰ(名)①雏鸡(鸟)。△鶏(にわとり)の~/雏鸡。△~をかえす/孵雏鸡。②(女孩玩具)偶人儿，泥人儿。△お~様(さま)/小偶人。Ⅱ(接头)小巧。△~菊(ぎく)/雏菊。

ひなた⓪ 【日向】向阳，阳光照射处。△~に干(ほ)す/晒在向阳处。

ひなまつり③〔ひな祭り〕〔雛祭り〕(日本3月3日陈列偶人，上供白酒、点心、桃花祈求女孩幸福的节日活动)桃花节，女孩节。

ひなん① 【非難・批難】（名・他サ）非难，责难，谴责。△～を浴(あ)びる/受到责难。△～の目(め)/责难的目光。△～の的(まと)になる/成为责难的目标，众矢之的。⇨ひはん表

ひなん① 【避難】（名・自サ）避难。△～が遅(おく)れる/来不及躲避。△～所(しょ)/难民所。△～訓練(くんれん)/避难训练。

ビニール② [vinyl] ①乙烯基。②乙烯树脂，塑料薄膜。△～公害(こうがい)/白色污染。△～栽培(さいばい)/塑料薄膜栽培技术。△～樹脂(じゅし)/乙烯树脂。△～繊維(せんい)/乙烯树脂纤维。△～ハウス/塑料大棚。

ひにく①⓪ 【皮肉】（名・形动）①挖苦，讽刺。△～を言(い)う/挖苦。△～な言葉(ことば)/挖苦话。△～屋(や)/讽刺家。②不如意，不凑巧，为难，捉弄。△～な運命(うんめい)/命运多舛。

ひにち⓪ 【日日】①日数，时日。△～がたつ/经过时日。△～がかかる/需要时日。②日期。△会(かい)の～を決(き)める/决定开会日期。

ひにひに⓪① 【日に日に】（副）一天比一天，逐日。△～増加(ぞうか)する/逐日增加。△～よくなる/一天天地好起来。

ビニロン① [vinylon] 维尼纶，聚乙烯醇缩纤维。

ひにん⓪ 【否認】（名・他サ）否认。△犯行(はんこう)を～する/否认犯罪。

ひにん⓪ 【避妊】避孕。△～薬(ぐすり)/避孕药。△～リング/避孕环。

ひねく・る③ 〔捻くる・拈くる〕（他五）①玩弄，摆弄。△ハンカチをひねくりながら話(はな)す/一边揉搓手绢儿一边讲话。②辩解。△口上(こうじょう)を～/玩弄言词。△理屈(りくつ)を～/讲歪理。⇨いじる表

ビネボラント④ [benevolent]慈善心，善行，行善，捐助。

ひね・る② 〔捻る・拈る〕（他五）①扭，拧，捻。△こよりを～/捻纸捻儿。△ひげを～/捻胡子。②扭转。△腰(こし)を～/扭身。③左思右想。△頭(あたま)を～/绞尽脑汁。④（轻而易举地）取胜，击败。△相手(あいて)を～/轻而易举地打败对方。⑤构思，斟酌文字。△一句(いっく)～/斟酌语句。⑥（一般指构思造俳句）与众不同，独出心裁。△表現(ひょうげん)を～/独具匠心的表现。

ひのいり⓪ 【日の入り】日落，日没。

ひので⓪ 【日の出】日出。△～の勢(いきお)い/旭日东升之势。

ひのまる⓪ 【日の丸】①太阳形。②太阳旗。△～弁当(べんとう)/盒饭正中间配以红色腌梅子(酷似太阳旗)。

ひのめ⓪ 【日の目】阳光。◇～を見(み)る/问世，公之于世。

ひばな① 【火花】①火花，火星。

ひばり⓪〔雲雀〕云雀。

ひはん⓪①【批判】(名・他サ)①批判，批评。△～を受(う)ける/受到批评。△自己(じこ)～/自我批评。△～的(てき)な態度(たいど)を取(と)る/采取批判的态度。②(对事物的是非、价值等进行)研讨，评价，判定。

	～を受ける	的確な～	～の的となる	文芸～	ごうごうたる～
批判	○	○	○	×	×
批評	○	×	○	○	×
非難	○	×	×	×	○

ひび②〔罅〕裂纹，裂痕。◇～が入(はい)る/ⅰ)裂纹。△茶碗(ちゃわん)に～が入っている/碗上有裂纹。ⅱ)(身体)生病，有毛病。ⅲ)(人的关系)发生裂痕。△二人(ふたり)の友情(ゆうじょう)に～が入(はい)った/两人的友情发生了裂痕。ⅳ)履历上有污点。

ひび①【日日】每天，天天。△～の暮(く)らし/日常生活，每天的生活。◇～これ好日(こうじつ)/天天是好日。

ひびき③【響き】①音响，响声。△鐘(かね)の～を耳(みみ)にする/听到钟声。②音响效果，回声。△このホールは音(おと)の～が悪(わる)い/这个音乐厅的声音效果不好。③影响。△物価値上(ぶっかねあ)げは生活(せいかつ)への～が大(おお)きい/物价上涨对生活的影响很大。④震动。△地(じ)～/地响(声)。⑤听到时的感受、反应。△～の悪(わる)いことば/难听的话。

△～が出(で)る/火星儿迸发。②放电时电极发的光。◇～を散(ち)らす/ⅰ)白刃相交，酣战。ⅱ)激烈相争。

ひび・く②【響く】(自五)①响，声响。△鐘(かね)の音(おと)が～/钟声余音缭绕。②评价，名声。△名声(めいせい)が～/扬名。③震动，反响。△忠告(ちゅうこく)が心(こころ)に～/劝告打动心弦。④影响。△値上(ねあ)げが生活(せいかつ)に～/物价上涨影响家庭生活。

ひひょう⓪【批評】(名・他サ)批判，评价，评论。△専門家(せんもんか)の～/专家的评价。△本(ほん)の～/书评。△～家(か)/评论家。⇨ひはん 表

ひふ⓪①【皮膚】皮肤。△～が弱(よわ)い/皮肤娇嫩。△～が荒(あ)れる/皮肤皲裂。△～病(びょう)/皮肤病。

	～が荒れる	やけどで～を移植する	～が合わない	～呼吸	木の～
皮膚	○	○	×	○	×
肌	○	×	○	×	×

ビフテキ⓪[法 bifteck]牛排。

ひふん⓪①【悲憤】(名・自サ)〈文〉悲愤。△～の涙(なみだ)/悲愤的眼泪。

びぼう⓪【美貌】美貌。△～を誇(ほこ)る/夸耀貌美。△～の持主(もちぬし)/美貌的人。

ひま⓪【暇】(名・形动)①闲暇，闲工夫。△～がある/有空。△～をつぶす/消磨时间。②休假。△～をもらう/请假。③时间，工夫。△息(いき)つく～もない/连喘气的工夫都没有。④离婚，

解雇(的委婉说法)。△～をやる/离婚,解雇。◇～が明(あ)く/有时间,空闲。◇～にあかす/豁出时间去做。◇～を出(だ)す/ⅰ)解雇佣人。给长假。ⅱ)离婚,休妻。◇～を盗(ぬす)む/ⅰ)磨洋工,偷懒。ⅱ)忙里偷闲,利用时间。

	～をもらう	～を持て余す	～な時間	応接に～がない	夏の～に帰省する
暇	○	○	○	×	×
いとま	○	×	×	○	×
休暇	○	×	×	×	○

ヒマラヤすぎ④【ヒマラヤ杉】[Himalaya—]雪松。

ひまわり②【向日葵】向日葵。

ひまん⓪【肥満】(名・自サ)肥胖。△～児(じ)/肥胖儿。△～した体(からだ)/身体肥胖。△～細胞(さいぼう)/肥大细胞。

ひみつ⓪【秘密】(名・形动)①秘密。△～がもれる/秘密泄露。△～を守(まも)る/保密。②对一般人不公开。△～選挙(せんきょ)/秘密选举。

びみょう⓪【微妙】(名・形动)微妙。△～な問題(もんだい)/微妙的问题。△～に違(ちが)う/有微妙的差异。

ひめ①【姫】Ⅰ(名)①高贵家庭的小姐。△～君(ぎみ)/公主,小姐。②女子的美称。Ⅱ(接头)表示小而可爱的意思。△～鏡台(きょうだい)/小梳妆台。

ひめい⓪【悲鳴】①悲鸣,惊叫。△けたたましい～/尖叫。②叫苦。△難題(なんだい)に～をあげる/难得叫苦连天。

びめい⓪【美名】①名誉,好名声。②美名,名目。

ひ・める②【秘める】(他下一)隐秘,隐藏。△胸(むね)に～/藏在心里。△事実(じじつ)を～/掩盖事实。

ひも⓪【紐】①细绳,带儿。△靴(くつ)の～を結(むす)ぶ/系鞋带。△財布(さいふ)の～を締(し)める/〈喻〉节约用钱。②条件。△～のついた予算(よさん)/附带条件的预算。③情夫。⇨つな表

ひやか・す③【冷(や)かす】(他五)①冰镇,水镇。△豆腐(とうふ)を～/镇凉豆腐。②奚落,嘲弄。△さんざん皆(みな)からひやかされた/被大家狠狠地戏弄一顿。③不买而只看东西、只问价钱。△夜店(よみせ)を～/逛夜市。

ひゃく②⓪【百】一百,许多。△～も承知(しょうち)/知道得很详细。△あぶないとは彼(かれ)は～の上(うえ)だ/他何尝不知道危险。◇三(み)つ子(ご)の魂(たましい)～まで/三岁看老(指性格自小形成,不易改变)。

ひやく⓪【飛躍】(名・自サ)①跳跃。△二(に)メートルも～する/跳了足有2米高。②跃进。△技術(ぎじゅつ)が～を遂(と)げた/技术上取得跃进。③(不按顺序)飞跃,超越。△話(はなし)が～する/讲话思路跳跃性大。

ひゃくしょう③【百姓】①农民。②乡下人。△田舎(いなか)で～を

する/在乡下种地。△～一揆(いっき)/(江户时代)农民起义。

ひゃくねん② 【百年】①一百年。②很多年。△～河清(かせい)を俟(ま)つ/等到猴年马月。◇～の後(のち)/百年之后。◇～の計(けい)を立(た)てる/立百年大计。◇～の不作(ふさく)/倒一辈子霉。◇～目(め)/〈俗〉完蛋,末日到了。

ひゃくまん③ 【百万】①一百万。②非常多。△～だら/说车轱辘话。△～言(げん)/千言万语。

ひやけ⓪ 【日焼(け)】(名・自サ)晒黑。△～した顔(かお)/晒黑了的脸。△海水浴(かいすいよく)で～した/因洗海澡皮肤晒黑了。

ひや・す② 【冷(や)す】(他五)①使凉,冰镇。△患部(かんぶ)を～/冷却患部。△氷(こおり)でビールを～/用冰镇啤酒。②打冷战,吃一惊。△胆(きも)を～/吓得胆战心惊。

ひゃっか⓪ 【百科】百科。△～事典(じてん)/百科辞典。△～全書(ぜんしょ)/百科全书。

ひゃっかてん⓪【百貨店】百货商店。

ひやひや⓪ 【冷や冷や】(副・自サ)①发冷。△背中(せなか)が～する/后背发凉。②担心。△人(ひと)を～させる/让人提心吊胆。

ビヤ・ホール③〔beer hall〕啤酒店,啤酒馆。

ひややか② 【冷(や)やか】(形动)①凉。△～な水(みず)/凉水。②冷淡。△～な態度(たいど)/冷淡的态度。△～な顔(かお)つき/冷冰冰的面孔。

	～態度	～風	～極まる扱い	住民運動に～人	からだが～なる
冷ややか	ー な○	ー な○	×	△	×
冷淡	ー な○	×	○	ー な○	×
冷たい	○	○	○	×	ー く○

ヒヤリング③ [hearing]①(外语)听力。②倾听。③听觉。

ひゆ① 【比ゆ】〔比喩〕比喻。△適切(てきせつ)な～/恰当的比喻。△～的表現(てきひょうげん)/比喻的表现手法。△～を使(つか)う/使用比喻。

ビューアー② [viewer]①观赏者。②观测仪。△～ホール/(门上的)猫儿眼。

ヒューズ① [fuse]保险丝,熔丝,熔断丝。△～がとぶ/保险丝烧毁。△～を取(と)り替(か)える/换保险丝。△～ボックス/保险丝盒。

ビューティー⓪ [beauty]①美丽。②美人。△～コンテスト/选美(大赛)。△～サロン/美容沙龙。

ビューフォーン [viewphone]可视电话。

ひょう⓪ 【表】表,表格。△仕事(しごと)の計画(けいかく)を～にする/把工作计划列成表。△日程(にってい)～を作(つく)る/列日程表。

ひょう⓪① 【票】票,选票。△～を集(あつ)める/集中选票。△～数(すう)/票数。△～が割(わ)れる/选票分散。

ひょう⓪ 【評】评论。△本(ほん)の～を書(か)く/写书评。△映画

(えいが)〜/影评,电影评论。△選者(せんしゃ)の〜/评委的评论。

ひひょう① 〔豹〕豹。△〜変(へん)/豹变,突然完全改变。

ひよう① 【費用】费用,开支。△〜を節約(せつやく)する/节省开支。

びょう① 【秒】秒。△タイムを〜まで測(はか)る/测时间测到秒。

びょう① 〔鋲〕①木头钉。②图钉。△壁(かべ)に地図(ちず)を〜でとめる/用图钉把地图钉在墙上。

びよう⓪ 【美容】①美容。△〜院(いん)/美容院。△〜術(じゅつ)/美容术。△〜体操(たいそう)/健美操。②美丽的容颜。

びょういん⓪ 【病院】医院。△〜に通(かよ)う/上医院。△〜にはいる/住院。

ひょうか①⓪ 【評価】(名・他サ)①定价,(商品的)评定价格。△〜額(がく)/定价额。△土地(とち)の〜をする/评定地皮价格。②(对事物的)评价。△〜基準(きじゅん)/评价标准。

ひょうき①⓪ 【表記】(名・他サ)①表面记载。△〜の金額(きんがく)確(たし)かに受取(うけと)りました/书面所列款额如实收讫无误。②表记(用文字、符号表示、记载语言)。△日本語(にほんご)の〜法(ほう)/日本语的表记法。

びょうき⓪ 【病気】(名・自サ)①病,疾病。△重(おも)い〜/重病。△〜にかかる/患病。△〜が治(なお)る/病好了。△彼女(かのじょ)は〜がちだ/她爱生病。②老毛病,恶习。△例(れい)の〜が出(で)る/老毛病又犯了。

	重い〜	〜にかかる	また彼の〜が始まった	〜を肯(こうこ)うに入る	長の〜
病気	○	○	○	×	×
病	○	○	×	×	○
患い	○	×	×	×	○

ひょうげん③⓪ 【表現】(名・他サ)表现,表达。△自己(じこ)の気持(きも)ちを〜する/把自己的心情表达出来。△〜力(りょく)/表达力。△〜がまずい/表达形式不好(不合适)。

ひょうご⓪ 【標語】标语。△交通安全(こうつうあんぜん)の〜/交通安全标语。△至(いた)るところに〜がはってある/到处都贴有标语。

ひょうざん① 【氷山】冰山。◇〜の一角(いっかく)/ⅰ海面露出的冰山的一角。ⅱ〈转〉整体中的一小部分。

ひょうし③ 【拍子】①拍子,打拍子。△〜を合(あ)わせる/合着节拍。△〜を取(と)る/打拍子。②调子,状况。△〜が狂(くる)う/调子不对劲儿,走调。③日本能乐的笛子、鼓等的伴奏。④刚一…的刹那。△転(ころ)んだ〜に用事(ようじ)を忘(わす)れた/跌倒的刹那间把事给忘了。◇〜木(ぎ)/梆子。◇〜抜(ぬ)け/扫兴,泄气。

ひょうし③ 【表紙】封皮,封面。△〜をつける/加封面。△ちょうめんの〜に名前(なまえ)を書(か)く/在笔记本的封面上写名字。

ひょうじ⓪① 【表示】(名・他サ)
①表示，表达。△意志(いし)～/表达意思。△価格(かかく)を～する/标价。②用表格、图表表示。

びょうし⓪ 【病死】(名・自サ)病死。△父(ちち)は一昨年(おととし)～した/父亲前年病故了。

ひょうしき⓪ 【標識】标识，标志。△交通(こうつう)～/交通标志。△～灯(とう)/信号灯。△～をつける/涂标识。△道路(どうろ)～/路标。

びょうしつ⓪ 【病室】病房。△～用(よう)の食器(しょっき)/病房用的食具。△明(あかる)い～に移(うつ)る/搬进亮堂的病房。

びょうしゃ⓪ 【描写】(名・他サ)描写，描绘。△心理(しんり)～/心理描写。△人物(じんぶつ)の心理(しんり)を～する/描写人物心理。

ひょうじゅん⓪ 【標準】①标准，基准。△～に達(たっ)する/达到标准。△～時(じ)/标准时。②最一般的标准。△この子(こ)の背(せ)は～より少(すこ)し高(たか)い/这个孩子的身材比一般标准高一点儿。

ひょうしょう⓪ 【表彰】(名・他サ)表彰，表扬。△～式(しき)/授奖仪式。△～状(じょう)/奖状。△～を受(う)ける/受到表扬。△～に値(あたい)する/值得表扬。

ひょうじょう③⓪ 【表情】表情，神情，姿态。△～豊(ゆた)かな演技(えんぎ)/表情丰富的演技。△～を曇(くも)らせる/脸色阴沉。

	不安そうな～	厳しい～	～に富む	変わった～の人	沈痛な～でひかえる
表情	○	○	○	×	○
顔つき	○	○	×	○	△
面持ち	○	×	×	×	○

ひょう・する③ 【表する】(他サ)表示。△敬意(けいい)を～/表示敬意，致敬。△遺憾(いかん)の意(い)を～/表示遗憾。

ひょう・する③ 【評する】(他サ)评价，评论。△人物(じんぶつ)を～/评价人物。△人(ひと)の文章(ぶんしょう)を～/评价别人的文章。

びょうせい⓪ 【病勢】病势，病情。△～があらたまる/病情恶化。

ひょうせつ⓪ 【ひょう窃】〔剽窃〕(名・他サ)剽窃。△他人(たにん)の文章(ぶんしょう)を～する/剽窃别人的文章。

ひょうだい⓪ 【表題・標題】①书名。△面白(おもしろ)い本(ほん)だったが～は忘(わす)れた/是一本很有趣的书，不过书名忘了。②(演说、演剧、作品等)题目。△文章(ぶんしょう)の～/文章的题目。⇨だい 表

ひょうてん①⓪ 【氷点】冰点，零摄氏度。△～下(か)35℃(セ)氏(し)(さんじゅうごど)/零下35摄氏度。

びょうどう⓪ 【平等】(名・形动)平等。△男女(だんじょ)の～/男女平等。△～に取扱(とりあつか)う/平等对待。△～互恵(ごけい)/平等互利。

びょうにん⓪ 【病人】病人，患者。

△～食(しょく)/病号饭。△～になる/病了。△～を看護(かんご)する/护理病人。△～をみまいにゆく/探望病人去。

ひょうばん⓪【評判】(名・他サ)①评论,评价,名声。△～が高(たか)い/评价高。△～を落(お)とす/降低信誉。②风闻,传闻。△～になる/成了传闻。③出名,有名。△～の映画(えいが)/出名的电影。

	～が立つ	～の高い映画	～になる	～をすれば影	～にのぼった作品
評判	○	○	○	×	×
世評	○	○	×	×	○
うわさ	○	×	○	○	○

びょうぶ⓪【屏風】屏风。△～で仕切(しき)る/用屏风隔开。△～に絵(え)を描(えが)く/在屏风上画画。◇～倒(だお)し/仰面栽倒。

ひょうほん⓪【標本】①样品,雏型,典型。△彼(かれ)は芸術家(げいじゅつか)の～だ/他是艺术家的典型。△～調査(ちょうさ)/典型调查。△～抽出(ちゅうしゅつ)/取样,抽样。②标本。△昆虫(こんちゅう)～/昆虫标本。△蝶(ちょう)の～をつくる/做蝴蝶标本。

ひょうめい⓪【表明】(名・他サ)表明。△所信(しょしん)を～する/表明信念。△態度(たいど)を～する/表明态度。△賛成(さんせい)の意(い)を～する/表明赞同的态度。

ひょうめん③【表面】①物的表面,外面。△地球(ちきゅう)の～/地球的表面。△水(みず)の～に浮(うか)ぶ/浮在水面上。②表面,外表,外观。△～を飾(かざ)る/装饰表面的人。△～化(か)/表面化。

	紙の～	～はおとなしいが気が強い	畳の～を替える	争いが～化する	～へ出て遊ぶ
表面	○	○	○	○	×
表	○	×	○	×	○

ひょうり①【表裏】(名・自サ)①表里,表面和里面。△～一体(いったい)/表里一致。②表里相反,表里不一致。△～のない人柄(ひとがら)/表里如一的人品。

ひょうろん⓪【評論】(名・他サ)评论(的文章)。△文芸(ぶんげい)～/文艺评论。△～家(か)の批評(ひひょう)/评论家的评论。△～を書(か)く/写评论文章。

ひよく①【肥沃】(名・形动)肥沃。△～な土地(とち)/肥沃的土地。

ひょっこり③ ①意外地(遇上)。△小学校時代(しょうがっこうじだい)の先生(せんせい)に～出会(であ)いました/意外地遇上了小学老师。②突然(出现)。△～顔(かお)を出(だ)した/突然露面。

ひょっと①(副)①突然,偶然,猛然。△母(はは)に買物(かいもの)を頼(たの)まれたのを～思(おも)い出(だ)した/突然想起母亲要我买东西。△窓(まど)から兄(あに)が～顔(かお)を出(だ)した/哥哥忽然从窗户探出头来。②或许,万一。△～して気(き)でも狂(くる)っているのではあるまいか/或许会不会发疯了。△～したら/可能,也许。△～としたらうまくいく/也许会很顺利。△～する

と/也许…，说不定…。

ひより⓪③【日和】①天气(情况)。△よい～/好天气。②大好天气，大晴天。△暖(あたた)かい春(はる)の～/暖和晴朗的春日。③形势，趋势。△～を見(み)きわめて態度(たいど)をきめる/看清形势后再决定态度。△～下駄(げた)/(晴天穿的)矮木履。

ひよりみ⓪【日和見】①观察天气。②观望形势。△～主義(しゅぎ)/机会主义。

びら⓪(张贴或撒发的)传单，广告。△～をまく/撒传单。△壁(かべ)に～を貼(は)る/往墙上贴广告。△～貼(は)り/贴广告。宣伝(せんでん)～/传单。

ビラ①[villa]别墅。

ひらがな③④【平仮名】平假名(由汉字草体创造的假名)。△～で書(か)く/用平假名写。△～を使(つか)う/使用平假名。

ひらき③【開き】①开，(门窗等)打开。△戸(と)の～が悪(わる)い/门不好开。②差距，距离。△値段(ねだん)の～/价格之差。かなりの～がある/有相当的差距。③(用"お開き"表示)宴会、集会结束(忌用"閉(と)じる"表示)。△宴会(えんかい)をお～にする/宴会结束。④剖开晒干的鱼。△アジの～/干竹荚鱼。

-ひらき【開き】(接尾)开，开始，开放。△片(かた)～/单扇(开)门。△観音(かんのん)～/双扇(开)门。△プール～/游泳池开放。△店(みせ)～/店铺开门。

ひら・く②【開く】〔拓く・啓く〕Ⅰ(自五)①开，开着。△かばんが～/皮包开着。△デパートが～/百货公司开着门(营业)。②花开。△梅(うめ)が～/梅花开放。③有差距，有间隔。△差(さ)が～/有差距。△値(ね)がかなり～/价钱相差很大。④开朗。△胸(むね)が～/心情舒畅。⑤侧转。△体(からだ)が～/转体。Ⅱ(他五)①开(会)，举办。△会(かい)を～/开会。②好转，展开。△運(うん)を～/走运。③打开。△本(ほん)を～/打开书。△目(め)を～/睁开眼睛。④(指鱼的)剖膛。△魚(さかな)を～/剖开鱼。

	ドアが～	ドアを～	傘が～	傘を～	席が～	席を～	穴が～	穴を～
ひらく	○	○	○	○	×	×	×	×
あく	○				○		○	
あける		○		×		○		○

ひら・ける③【開ける】(自下一)①开通。△道(みち)が～/道路开通。△視界(しかい)が～/视野开阔。②开始。③发展，进步，开化。△文化(ぶんか)が～/文化进步。△開けた国(くに)/文明国。④通情达理，开通。△開けた人(ひと)/开通的人。△あの人(ひと)はなかなか開(ひら)けている/那个人很通情达理。⑤转运，走运。△運(うん)が開(ひら)けた/转运了，走运了。

ひらた・い⓪【平たい】(形)①扁的，扁平的。△～石(いし)/扁石头。②平的，平坦的。△～顔(か

お)/扁平的脸。③浅显,浅易。△～言葉(こ
とば)で言(い)えば/如果用通俗易
懂的话来说。

ピラミッド⓪③ [pyramid]①金字
塔。②金字塔形。△～セリング/
金字塔式消售法。△～型組織(が
たそしき)/金字塔形组织。

ひらめ・く〔閃く〕(自五)①闪
烁,闪耀。△稲妻(いなずま)が～/
打闪。②(旗)飘动。△旗(はた)
が～/旗帜飘扬。③闪现,闪念。
△才智(さいち)が～/闪现才知。

ひりつ⓪【比率】比率,比例。△～
が高(たか)い/比率高。△5対(ごた
い)3(さん)の～で分配(ぶんばい)す
る/按5比3的比例分配。

ビリヤード③ [billiards]台球。

ひりょう①⓪【肥料】肥料。△～
を施(ほどこ)す/施肥。△～にす
る/当做肥料。

びりょう⓪【微量】少量,微量。
△～のアルコールを入(い)れる/
加入少量酒精。△～元素(げんそ)/
微量元素。△～天秤(てんびん)/微
量天平。

びりょく①⓪【微力】(名・形动)
①微力,力量弱。△政界(せいかい)
では彼(かれ)は～でだめだ/他在
政界力量小,不起作用。②(谦虚)
力量微薄。△～を尽(つ)くす/尽
绵薄之力。

ひる②【昼】①昼间,白天。△～
が長(なが)い/昼长。△～も夜(よ
る)も勉強(べんきょう)する/日夜
都用功。②正午。△～を過(す)
ぎる/过了晌午。△～を食(た)べ
る/吃午饭。

ビル① [building]("ビルディン
グ"之略)高楼,大厦。△高層(こ
うそう)～/高层建筑。△～街(が
い)/高楼栉比的大街。△～風(か
ぜ)/楼间的过堂风。

ピル① [pill]①丸药。②〈俗〉内
服避孕药的俗称。

ひるあんどん②【昼行灯】不顶用
的人,蠢货。

ひるがえ・す③【翻す】(他五)①
翻过来。△手(て)のひらを～/把
手掌翻过来。②突然改变。△態
度(たいど)を～/突然改变态度。△
前言(ぜんげん)を～/推翻前言。③
跳跃。△身(み)を翻してトラック
に乗(の)り込(こ)む/一跃跳上卡
车。④使飘动。△長(なが)い髪(か
み)を春風(はるかぜ)に～/春风吹
拂着长发。

ひるごはん③【昼御飯】午饭,中
餐。

ビルディング① [building]①大楼,
大厦。△～オートメーション/
大楼智能化管理。△～が立(た)
ち並(なら)ぶ/大楼鳞次栉比。②
建筑技术。

ひるなか⓪【昼中】昼间,白天,
中午。

ひるね⓪【昼寝】(名・自サ)午睡。
△～して体(からだ)を休(やす)め
る/午睡休息一下。△食後(しょく
ご)～をする/饭后睡午觉。

ひるひなか③⓪【昼日中】大天白
日。△～の犯行(はんこう)/在光天

化日之下犯罪。

ひるま③【昼間】白日,昼间,白天,白昼。△～の部(ぶ)/(电影、戏剧等的)日场。△～のうちに宿題(しゅくだい)を片付(かたづ)ける/在白天里做完作业。

ひるまえ③【昼前】①上午,午前。②傍响时。

ひる・む②〔怯む〕(自五)畏怯,畏缩。△敵(てき)が～/敌人畏惧了。△勝(か)っておごらず負(ま)けてひるまない/胜不骄,败不馁。

ひるやすみ③【昼休(み)】①午休。△正午(しょうご)から二時(にじ)までは～です/从正午到二点钟是午休。②午睡。

ひれい⓪【比例】(名・自サ)①比例。△正(せい)～/正比。△～をなす/成比例。②比例关系。△～が取(と)れない/不成比例,不相称。△～代表制(だいひょうせい)/比例代表制。

ひれつ⓪【卑劣】(名・形动)卑劣,卑鄙。△～な行為(こうい)/卑劣的行为。△～な手段(しゅだん)/卑劣的手段。

ひろ・い②【広い】(形)①面积大,宽广。△部屋(へや)が～/屋子宽敞。△～庭(にわ)/很大的院子。②广阔,辽阔。△眺望(ちょうぼう)が～/视野辽阔。③渊博,广泛。△交際(こうさい)が～/交际广。△～知識(ちしき)を持(も)つ/具有渊博的知识。④开阔,宽宏大量。△心(こころ)の～人(ひと)/宽宏大量的人。⑤宽。△～額(ひた

い)/宽阔的前额。△～道(みち)/宽阔的道路。

ひろいあし③【拾い足】挑路走。

ひろいあるき⓪【拾い歩き】①漫步。②挑路走。

ヒロイズム③[heroism]英雄主义。

ひろいもの⓪【拾い物】拾物。

ひろいよみ⓪【拾い読み】①挑着读。②一字一字地读。

ヒロイン②[heroine]①(故事中的)女主人公。②女杰,女英雄。

ひろう①【披露】①(文件等)公布,发表。△計画(けいかく)を～する/公布计划。②披露,宣布,表演。△祝電(しゅくでん)を～する/宣读贺电。△結婚(けっこん)の～をする/举行婚礼,宣布结婚。△手品(てじな)を～する/表演魔术。

ひろう⓪【疲労】(名・自サ)疲劳。△～を感(かん)ずる/感觉劳累。△～が重(かさ)なって倒(たお)れた/积劳成疾病倒了。△～困憊(こんぱい)/非常疲乏,筋疲力尽。

ひろ・う⓪【拾う】(他五)①拾,捡。△財布(さいふ)をひろった/拾了钱包。△命(いのち)を～/捡条命。②拣,挑,选。△活字(かつじ)を～/捡铅字。△長所(ちょうしょ)を～/取其长处。③在路上雇汽车。△タクシーを～/雇一辆出租汽车。

ひろが・る⓪【広がる】〔拡がる〕(自五)①扩大。△道幅(みちはば)が～/道路拓宽。②传开,散开。△うわさが～/风声传开。△火花(ひばな)が～/焰火怒放。③规模扩张,扩展。△事業(じぎょう)が～/

事业扩大了。△勢力(せいりょく)が～/势力扩张。

	うわさが～	藻が池一面に～	テレビが～	事業が～	見聞が～
広がる	○	○	×	○	×
広まる	○	×	○	×	○

ひろ・げる⓪【広げる】〔拡げる〕(他下一)①扩大，扩展。△店(みせ)を～/扩大商店。②打开，摊开。△大(おお)きく手(て)を広げて娘(むすめ)を抱(だ)きしめる/张开双臂抱住女儿。△傘(かさ)を～/打开伞。③扩张，开展。△商売(しょうばい)を～/扩大买卖。⇨ひろめる 表

ひろば①②【広場】①广场。△～に集(あつ)まる/集合到广场上。②公共场合。△話(はなし)の～/谈话的场合。

ひろびろ③【広広】(副・自サ)宽广，辽阔。△～とした部屋(へや)/宽阔的房子。△～とした海(うみ)/辽阔的大海。

ひろま①②【広間】大厅，宽敞房间。△～で会合(かいごう)を開(ひら)く/在大厅聚会。△～で宴会(えんかい)をもよおす/在大厅举行宴会。

ひろま・る③【広まる】〔弘まる〕(自五)传播，扩散，流行。△うわさが～/消息传开了。△ダンスが～/跳舞流行起来。⇨ひろがる 表

ひろ・める③【広める】〔弘める〕(他下一)①扩大。△見聞(けんぶん)を～/扩大眼界。②传播，推广，普及。△宗教(しゅうきょう)を～/传播宗教。③宣扬。△うわさを～/散布传闻。

	知識を～	世界に柔道を～	傘を～	名を～	手を～
広める	○	○	×	○	×
広げる	○	×	○	×	○

ひん⓪【品】①等级，东西的品位。△～がいい/质量好。△上(じょう)～/上等货，高级品。②品格，风度。△～がある人(ひと)/有风度的人。△～の悪(わる)い言葉(ことば)/下流话。

びん①【便】①运航。△定期(てき)～/定期航班(班车、班船)。△臨時(りんじ)～/临时班机。△バスの～を増(ふ)やす/增加公共汽车的班次。△日(ひ)に四(よん)～連絡船(れんらくせん)が運航(うんこう)している/每天有4次班船。②邮寄，邮件。△航空(こうくう)～/航空邮件。③机会。△～のあり次第(しだい)とどはる/一有空儿就会送去的。

びん①【瓶】瓶子。△～をすすぐ/涮瓶子。△～に入(い)れる/装进瓶里。△～が割(わ)れる/瓶子碎了。△牛乳(ぎゅうにゅう)～/牛奶瓶。△ビール～/啤酒瓶。

ピン①［pin］①大头针，别针。△安全(あんぜん)～/别针。△虫(むし)～/大头针。②卡，发卡。△ヘア～/发卡。△髪(かみ)を～で押(おさ)える/用头发夹子压住头发。③栓，销，轴，针。

ひんい①【品位】①品格，风度。△～を保(たも)つ/保持风度、品格。△～をきずつける/损坏风度。

②(金、銀的)成分,成色。△金貨(きんか)の〜/金币的成色。③矿石含矿量。

びんかん⓪【敏感】(名・形动)敏感。△寒(さむ)さに〜だ/对寒冷非常敏感。△〜な神経(しんけい)/敏感的神経。△この装置(そうち)は煙(けむり)に〜に反応(はんのう)する/这个装置对烟反应很灵敏。

ひんきゅう⓪【貧窮】(名・形动)贫困,贫乏。△〜にあえぐ/苦于贫困。△〜のうちに病死(びょうし)する/因贫困而病死。⇨びんぼう表

ピンク①[pink]①石竹。②粉红色,桃红。△〜のセーター/粉红色毛衣。③〈俗〉色情。△〜映画(えいが)/色情电影。△〜サロン/色情酒吧。

ひんこん⓪【貧困】(名・形动)①贫困。△〜な家庭(かてい)/贫困的家庭。△〜に耐(た)える/忍受贫困。②(思想、知识等)贫乏。△政治(せいじ)の〜/政治的贫乏。⇨びんぼう表

ひんし⓪【品詞】(语法)品词,词类。

ひんし⓪①【瀕死】濒死,致命。△〜の重傷(じゅうしょう)/致命的重伤。△〜の病人(びょうにん)/濒死的病人。

ひんしつ⓪【品質】质量。△最上(さいじょう)の〜/最好的质量。△〜がよい/质量好的。△〜管理(かんり)/质量管理。

ひんじゃく⓪【貧弱】(名・形动)瘦弱。△〜なからだ/瘦弱的身体。△〜な知識(ちしき)/贫乏的知识。

ひんしゅ⓪【品種】①种类。②品种。△〜改良(かいりょう)/改良品种。△〜をふやす/增加品种。△それとこれとは〜が違(ちが)う/那个和这个,品种不同。

びんしょう⓪【敏しょう】〔敏捷〕(名・形动)敏捷,机敏。△動(うご)きが〜だ/动作敏捷。△〜そうな目(め)つき/机灵的眼神。

びんせん⓪【便せん】〔便箋〕信笺,信纸。

びんそく⓪【敏速】(名・形动)敏捷。△〜な反応(はんのう)/机敏的反应。△〜に物事(ものごと)を片付(かたづ)ける/敏捷处理事物。

ピンチ①[pinch]危机,困境,关键时刻。△絶体絶命(ぜったいぜつめい)の〜/绝境,穷途末路。△〜を切(き)り抜(ぬ)ける/摆脱危机。△〜に立(た)つ/处于危急关头。△〜サーバー/(排球)关键时刻上场的发球队员。△〜ヒッター/(棒球)替打,替补击球员。

びんづめ⓪③【瓶詰(め)】瓶装(的东西),瓶罐头。△漬物(つけもの)を〜にする/把咸菜装在瓶子里。△〜のケチャップ/番茄酱罐头。

ヒント①[hint]暗示,启发。△クイズの〜/启发答案。△〜を出(だ)す/暗示一下。△人(ひと)の話(はなし)から〜を得(え)る/从旁人话里得到暗示(启发)。

ぴんと⓪(副)①东西突然跳起或翘起的样子,弹性很强的样子。△

～はねる/猛然一跳。②绷直，挺直。△糸(いと)を～張(は)る/把线绷紧。③(马上)明白，一提就懂。

ピント⓪① [荷 brandpunt]①(照相机镜头的)焦点。△～を合(あ)わせる/对焦距。②中心,要点,焦点。△～がずれる/抓不住中心。△話(はなし)は～がぼける/讲话不得要领。

ひんとう⓪ 【品等】(物品)等级。

ひんぱつ⓪ 【頻発】(名・自サ)频发。△火事(かじ)が～する/火灾频频发生。

ひんぱん⓪ 【頻繁】(名・形動)频繁。△～な人(ひと)の出入(でい)り/人的出入频繁。△～に起(お)こる/频繁地发生。

ひんぴょう③ 【品評】(名・自サ)品评。△～会(かい)/品评会。

びんぼう① 【貧乏】(名・形動・自サ)贫穷。△～線(せん)/贫困线(四口之家每月收入在 14 万日元以下)。△～な家(いえ)に生(うま)れる/生在贫穷家里。△～に耐(た)える/忍受贫穷。△～暇(ひま)なし/穷忙。◇稼(かせ)ぐに追(お)いつく～無(な)し/辛勤劳动不受穷。△～ゆすり/(下意识)不停地晃腿。

	～のどん底	失職して～する	政治の～	～な家庭	～暮らし
貧乏	○	○	×	○	○
貧困	○	×	○	○	×
貧窮	○	○	×	×	×

ピンポン⓪ [ping-pong](原自商品名)乒乓球。△～をする/打乒乓球。△～ボール/乒乓球。△～のラケット/乒乓球拍。

ひんもく⓪ 【品目】品目,品种,物品种类。△～別(べつ)にリストを作(つく)る/按品种作一览表。△輸出(ゆしゅつ)～/出口品目。

びんらん⓪ 【びん乱】〔紊乱〕杂乱,纷乱,紊乱。△風紀(ふうき)～/风纪紊乱。△風俗(ふうぞく)/伤风败俗。

びんわん⓪ 【敏腕】(名・形動)有能力,有才干。△～の刑事(けいじ)/有本事的刑警。△～家(か)/能干的人。△～をふるう/大显身手。

ふ フ

ふ-【不】(接头)(接在名词之上,构成形容动词词干)表示"不…""非…"等意。△～自然(しぜん)/不自然。△～勉強(べんきょう)/不用功。

ふ①【府】①(集中进行某种活动的)场所。△学問(がくもん)の～/学府。②府(日本现行的行政区划名,有京都府和大阪府)。

ぶ⓪【分】Ⅰ(名)①(优劣、利害的)程度。△～の悪(わる)い試合(しあい)/没有胜负的比赛。△～がない/没有胜的希望。②厚度,厚薄。△～が厚(あつ)い/很厚。Ⅱ(数量单位)①一寸、一文、一成等的十分之一。(温度、体温)一度的十分之一。△着物(きもの)を五(ご)～ほど詰(つ)める/把衣服缩短五分左右。②古代货币单位,一两的四分之一。

ぶ-【無】(接头)不, 无, 没有,缺乏。△～愛想(あいそう)/不和气。△～沙汰(さた)/没有音信。

ぶ⓪①【部】①部, 部分。△五(いっ)つの～に分(わ)ける/分成五个部分。②部(官厅、公司等组织的机构名, 比"科"高一级)。△会社(かいしゃ)の～/公司的部。③事物、场所等的一部分。△市(し)の中心(ちゅうしん)～/市中心。④(报刊、杂志、书籍的)部数。△一万(いちまん)～/一万部。

ぶあい⓪【歩合】①比率。△割引(わりびき)～/折扣率。△～制度(せいど)/按比例分配的制度。②佣金,手续费,回扣。

ぶあいそう②【無愛想】(名・形+动)不和气, 简慢。△～な態度(たいど)/冷淡的态度。△～に物(もの)を言(い)う/说话不和气。

ファイト①[fight]①战斗精神, 斗志。△～を燃(も)やす/振奋斗志。②比赛。△～マネー/(拳击)比赛的报酬。

ファイル①[file]Ⅰ(名)纸夹, 文件夹。△～にとじる/夹在文件夹里。Ⅱ(名・他サ)文件, 订存文件、报纸等。△資料(しりょう)は項目別(こうもくべつ)に～してあります/把资料按类别装订起来。

ファクシミリ③[facsimile]传真, 摹写, 复写, 摹真本。△～コピー/传真复制。△～新聞(しんぶん)/传真报纸。△～電報(でんぽう)/传真电报。△～放送(ほうそう)/传真播送。

ファシズム②[Fascism]法西斯主义。

ファスナー①[fastener](也写作"ファステナ")(皮包、钱袋的)拉链,拉锁。△～をしめる/拉上拉链。

ファックス① [facs]传真,传真照片。△～機(き)/传真机。△～塾(じゅく)/(利用电脑)网上教学。△～メール/传真广告投递。

ファッション① [fashion]①(服饰的)流行,时兴。②(西服的)型,样子,剪裁式样,时装。△～ショー/时装表演。△秋(あき)の～/秋季时装。△～モデル/时装模特。

ファン① [fan](运动、电影、戏剧等的)狂热者,爱好者。△映画(えいが)～/电影迷。△野球(やきゅう)～/棒球迷。△～族(ぞく)/球迷。

ふあん【不安】(名・形動)耽心,不安,不放心。△～を感(かん)じる/感到不安。△～に襲(おそ)われる/不安袭上心头。⇨しんぱい 表

ふあんてい②【不安定】(名・形動)不安定,不放心。△～な生活(せいかつ)/不安定的生活。△～な気持(きも)ち/心情不安。

ふあんない②【不案内】(名・形動)不熟,生疏。△～な土地(とち)/陌生的地方。

ふい【不意】(名・形動)意外,想不到,突然。△～を食(く)う/遭受突然袭击。△～の客(きゃく)/不速之客。△～の事件(じけん)/意料不到的事件。△～をつく/攻其不备。

フィアンセ⓪ [法 fiancé, fiancée]未婚夫,未婚妻。

ふいく【扶育】(名・他サ)抚育,抚养,养育。

フィットネス④ [fitness]健身。△～ウォーキング/登山健身。△～クラブ/健身俱乐部。△～ハウス/体育之家,健身房。△～ブーム/健身热。

フィルター⓪ [filter]①过滤器。△～を通(とお)す/过滤。△～をかける/戴上过滤器。②(照相机镜头上的)滤色镜。△カメラの～/相机的滤色镜。③过滤嘴。△～付(つ)きたばこ/过滤嘴香烟。

フィルム① [film]①薄膜。②胶卷,软片。△白黒(しろくろ)～/黑白胶卷。△～はまだ現像(げんぞう)していない/胶卷儿还没有冲洗。③影片。△カラー～/彩色影片。

ふう①【封】封,封上,封口。△手紙(てがみ)の～をする/封上信。△手紙の～を切(き)る/拆开信。

ふう①【風】Ⅰ(名)①风俗,习惯。△当地(とうち)の～/当地的风俗(习惯)。②样子,状态,倾向,趋向。△こんな～にやりなさい/这样做吧。Ⅱ(接尾)式,样式,风格。△中国(ちゅうごく)～/中国式。

ふういん⓪③【封印】(名・自サ)封印,在加封处盖印。△～をする/在加封处盖印。△～を破(やぶ)る/开封。

ふうう①【風雨】①风雨。△～に晒(さら)す/暴露在风雨中。②暴风雨。△～に遇(あ)う/遇到暴风雨。△～注意報(ちゅういほう)/暴风雨警报。

ふうか⓪【風化】(名・自サ)①风化。△風雨(ふうう)による～/风雨

引起的风化。②〈喻〉(记忆、印象)淡薄,淡化。△戦争体験(せんそうたいけん)が～した/战争的感受淡薄了。

ふうがい⓪【風害】风灾。

ふうかく⓪【風格】①风采,风度,品格。△～の立派(りっぱ)な人(ひと)/风度不凡的人。②风格。△～のある文章(ぶんしょう)/有风格的文章。

ふうきり⓪【封切(り)】(名・他サ)(也作"ふうぎり")①开封,刚开封的东西。②首映。△～になる/即将上映。△～映画(えいが)/首轮电影。

ふうけい①【風景】①风景,景致。△～画(が)/风景画。△～を眺(ながめる/眺望景色。②情景,状况。△練習(れんしゅう)～/练习的情景。⇨こうけい[表]

ふうさ⓪①【封鎖】(名・他サ)①封锁。△経済(けいざい)～/经济封锁。②冻结。△～貨幣(かへい)/冻结货币。△～小切手(こぎって)/封存支票。△預金(よきん)～の処置(しょち)をとる/采取冻结存款的措施。

ふうさい①【風さい】〔风采〕风采,相貌。△～の上(あ)がらぬ男(おとこ)/其貌不扬的人。△～が上(あ)がる/仪表堂堂。

	異様な～の人	商人らしい～の男	～があがらない	あやしい～の男	独特の～を備えた人
風采	○	○	○	×	×
風体	○	△	×	○	×
風貌	○	△	×	×	○

ふうし⓪【風刺】〔諷刺〕(名・他サ)讽刺,讥讽。△当時(とうじ)のイギリスに対(たい)する～/对当时英国的讽刺。△～画(が)/讽刺画。△～小説(しょうせつ)/讽刺小说。

ふうしゃ①【風車】风车。△～が回(まわ)る/风车转。

ふうしゅう⓪【風習】风习,习惯,习俗。△～を破(やぶ)る/打破风俗习惯。

ふう・じる⓪③【封じる】(他上一)①封,封上。△手紙(てがみ)を～/封上信。②封闭。△部屋(へや)を～/把房子封起来。③禁止用,使…不得施展。△口(くち)を～/堵住嘴。

ふうせん【風船】①气球,氢气球。②(胶皮、纸制的)玩具气球(也作"風船玉(だま)")。△～を飛(と)ばす/放气球。

ふうぞく⓪①【風俗】风俗。△唐時代(とうじだい)の～を研究(けんきゅう)する/研究唐代的风俗。△～営業(えいぎょう)/游乐行业。△～画(が)/风俗画。

ふうてい①【風体】打扮,体态。△怪(あや)しい～の男(おとこ)/打扮很怪的男人。⇨ふうさい[表]

ふうど①【風土】风土,水土。△～に慣(な)れる/适应水土。△～病(びょう)/地方病。△～色(しょく)/地方色彩。

ふうとう⓪【封筒】①信封。△～に入(い)れる/装入信封。②文件袋,档案袋。

ふうふ⓪【夫婦】夫妇。△～になる/结为夫妻。△～約束(やくそく)/订婚。△～喧嘩(げんか)/夫妻吵嘴。

	仲の良い～	～になる	A氏を招く	～の生活を大事にする	どうぞぞ～でおいで下さい
夫婦	○	○	△		△
夫妻	○	×	×	△	○

ふうぶつ⓪【風物】①景色,风景,风物。△自然(しぜん)の～に親(した)しむ/爱接近自然风物。②应季的物品。△冬(ふゆ)の～/冬季的风物。③風俗和产物。△日本(にほん)の～/日本风俗。

ふうぼう⓪【風ぼう】〔風貌〕风貌,容貌,风度。△堂堂(どうどう)とした～/相貌堂堂。△彼(かれ)の～をよく伝(った)える伝記(でんき)/很好地表达了他的风貌的一本传记。⇨ふうさい 表

ふうみ③①【風味】Ⅰ(名)风味,风趣,味道。△～がよい/味道好。△これはなかなか～のある料理(りょうり)だ/这是很有味道的菜。Ⅱ(名・自サ)尝味道,尝咸淡。△料理人(りょうりにん)がお～をする/厨师尝味道。

ブーム①[boom]①大流行,热。△グルメ～/美食热。△パンダ～/熊猫热。②(经济)突然景气,突然活跃。△株式(かぶしき)～/股票交易突然兴旺。③(候选人)声誉高涨。

ふうりゅう⓪【風流】(名・形动)①遗风。②风流,优美,幽雅。△～な人(ひと)/风流人。△～な庭(にわ)/幽雅的庭园。△～韻事(いんじ)/风流韵事。

プール①[pool]Ⅰ(名)游泳池,池子。△～で泳(およ)ぐ/在游泳池里游泳。△～サイド/游泳池用地。Ⅱ(名・他サ)收集,统筹,共同集资。△資金(しきん)を～する/统筹资金。△～協定(きょうてい)/联营协定。

ふうん⓪【不運】(名一嘆形动)不幸,倒霉。△身(み)の～を嘆(なげ)く/叹息不幸的身世。△～と諦(あきら)める/认倒霉。

ふえ⓪【笛】笛子,横笛。△～を吹(ふ)く/吹笛。△～の音(おと)/笛声。◇～吹(ふ)けども踊(おど)らず/怎样诱导也无人响应。

フェア①[fair]Ⅰ(形动)公平,光明正大。△～トレード/公平贸易。△そんなやり方(かた)は～じゃない/那种作法不是光明正大的。Ⅱ(名)①(棒球、网球)线内球,界内球。△～ボール/界内球。②集市,展览会,展销会。△ブック～/图书展览会。

ふえて②①【不得手】(名・形动)①不擅长,不熟练。△～な学科(がっか)/不擅长的学科。②不会,不喜好。△酒(さけ)は～だ/不会喝酒。

ふ・える②【増える・殖える】(自下一)増多,增加。△人口(じんこう)が～/人口增加。△事故(じこ)

が〜/事故増加了。△財産(ざいさん)が〜/财产增加。

	水かさが〜	白髪が〜	実力が〜	メダカが〜	人気が〜
ふえる	○	○	×	○	×
増す	○	×	○	×	○

フォーク① [fork]①(西餐用的)叉子,餐叉。②(农具)耙。

フォーク① [folk]①民俗。△〜ウエーズ/民俗。②民族,民间。△〜アート/民间艺术。△〜インストルメント/民族乐器。△〜クラフト/民间工艺品。△〜シンガー/民歌歌手。△〜ストーリー/民间故事。△〜ソング/民谣。

フォート① [photo]①照片。△〜グラフ/照片。②照相术。→フォト。

フォーミュラ① [formula]①公式,程式,方案。△〜カー/方程式赛车。△〜ワン/F1赛车。②惯用,俗套。③处方,配方。

フォーム① [platform]("プラットフォーム"之略)月台,站台。

フォーム① [form]姿势,形式,形态。△投球(とうきゅう)の〜/投球的姿势。

フォーム① [foam]泡沫;起泡沫。△〜ラバー/泡沫橡胶,海绵橡胶。

フォト⓪ [photo]照片。△〜グラフ/照片。△〜グラファー/摄影家。△〜グラフィー/照相术。△〜CD(シー・ディー)/音像光盘。△〜ジャーナリスト/摄影记者。△〜モンタージュ/蒙太奇照相。

フォルマリン⓪ [formalin]福尔马林(防腐液)。

フォント① [font](计算机)字形,字体。△〜エディター/字体编辑软件。△〜パス/字体路径。△〜ファミリー/字形家族。

ふか②① 【不可】①不可,不行。△それは断(だん)じて〜だ/那绝对不可以。△可(か)もなく〜もない/无可无不可。②(按"优、良、可、不可"评定成绩时的)劣,劣等,不及格。

ぶか① 【部下】部下,属下。△〜を愛(あい)する/爱护部下。

ふかい② 【不快】(名・形动)①不愉快,不高兴。△〜な顔色(かおいろ)/不高兴的脸色。△〜を覚(おぼ)える/感到不快。②生病。△御(ご)〜だそうですが、いかがですか/听说您不舒服,怎样了?

ふか・い② 【深い】(形)①深。△〜海(うみ)/深海。△雪(ゆき)が〜/雪厚。②(色)浓,深。△〜緑(みどり)/深绿色。③(程度)在普通以上。△欲(よく)が〜/欲望大。④深远,深刻,深入。△〜感動(かんどう)/深深的感动。⑤(季节)已深,(夜)深。△春(はる)が〜/春酣。△夜(よる)が〜/夜阑。⑥(感情等)深,深重。△〜仲(なか)/很深的交情。⑦(草木等)茂密,深密。△草(くさ)が〜/草茂密。

ふかかち② 【付加価値】附加价值。△〜販売(はんばい)/附加价零售。

ふかぎゃく③ 【不可逆】不可逆。△〜反応(はんのう)/不可逆反应。

ふかく⓪ 【不覚】(名・形动)①失

策，过失，失败。△～の一敗(いっぱい)/失策。△～を取(と)る/因粗心大意而失败。②不知不觉，不由得。△～の泪(なみだ)を流(なが)す/不由得落下泪来。③没有知觉，失去知觉。△前後(ぜんご)～に陥(おちい)る/昏迷不醒。

ふかくじつ② 【不確実】不确实。△～性(せい)/难以预测性，不稳定性。△～情報(じょうほう)/不准确信息。

ふかけつ② 【不可欠】(名・形动)不可缺少，必要，必需。△これは～の条件(じょうけん)だ/这是不可缺少的条件。△成功(せいこう)に～の条件/成功所必需的条件。△～アミノ酸(さん)/必需氨基酸。

ふか・す② 【更かす】(他五)熬夜(常用"…に(で)夜(よ)をふかす"的形式)△麻雀(マージャン)で夜(よ)を～/打麻将至深夜。△本(ほん)をよんで夜を～/读书(熬夜)至夜深。

ふか・す② 【吹かす】(他五)①喷(烟)。△タバコを～/喷烟。②(使发动机)高速运转。△エンジンを～/使发动机高速运转。③摆…架子。△先輩風(せんぱいかぜ)を～/摆老资格。

ふか・す② 【蒸(か)す】(他五)蒸。△ジャガ芋(いも)を～/蒸土豆。△ごはんを～/蒸饭。

ふかなさけ③ 【深情け】深情。△悪女(あくじょ)の～/丑女多情。令人为难的好意。

ふかのう② 【不可能】(名・形动)不可能，做不到。△実現(じつげん)～な話(はなし)/不可能实现的事。△～を可能(かのう)にする/使不可能变为可能。

ふかぶか③ 【深深】(副)深深地，厚厚地。△～と胸(むね)いっぱい高原(こうげん)の空気(くうき)を吸(す)いこんだ/深吸一口高原的空气。

ふかぶん② 【不可分】(名・形动)△～の関係(かんけい)/分不开的关系。

ふかま・る③ 【深まる】(自五)加深，深起来，加强起来。△愛情(あいじょう)が～/爱情深起来。△秋(あき)が～/秋色加深。△知識(ちしき)が～/知识增长。

ふかみ③ 【深み】①深(度)，深处。△沼(ぬま)の～に落(お)ちこむ/落入沼泽的深处。②深浅，深奥。△～のない文章(ぶんしょう)/毫无深度的文章。③关系密切。△ずるずると～に落(お)ち込(こ)む/一来二去关系就密切了。△事件(じけん)の～にはまる/陷入事件之中脱不了身。

ふか・める③ 【深める】(他下一)加深，加强。△友情(ゆうじょう)を～/加深友情。△認識(にんしき)を～/加深认识。△理解(りかい)を～/加深理解。

ふかんしょう⓪② 【不干渉】不干渉。△～主義(しゅぎ)/不干涉主义。

ふかんぜん② 【不完全】(名・形动)不完全，不完备，有缺点。△

作品(さくひん)が～だ/作品不完美。△～な答案(とうあん)/不完备的答案。△～燃焼(ねんしょう)/不完全燃烧。

ぶき① 【武器】武器。△～をとって戦(たたか)う/拿起武器作战。△～貿易禁止(ぼうえききんし)/禁止武器贸易。ペンが彼(かれ)の～だ/笔杆子是他的武器。

ふきか・ける⓪ 【吹き掛ける】(他下一)①吹气,哈气。△鏡(かがみ)に息(いき)を～/往镜子上哈气。②多要钱,哄抬价钱。△タクシー代(だい)を～/多要出租车费。③喷洒。△植木(うえき)に殺虫剤(さっちゅうざい)を～/往盆栽上喷杀虫剂。④找茬。△けんかを～/找碴打架。

ふきげん② 【不機嫌】(名・形動)不愉快,不高兴,不开心。△～な顔(かお)をする/露出不高兴的表情。△～の時代(じだい)/〈俗〉(年轻人见面不打招呼的)不开心时代。

ふきこ・む③ 【吹き込む】Ⅰ(自五)(雨雪等)刮进。△窓(まど)のすきまから雪(ゆき)が～/雪从窗缝刮进来。Ⅱ(他五)①注入,灌输,教唆。△子供(こども)に悪智恵(わるちえ)を～/教给孩子坏主意。②灌(唱片),录音。△レコードに～/灌唱片。

ふきそく②③ 【不規則】(名・形動)不规则,零乱,没规律。△～な(の)生活(せいかつ)をする/过着没有规律的生活。△～に食事(しょくじ)をする/不按时吃饭。

ふきだ・す⓪③ 【吹き出す】Ⅰ(自五)①(风)刮起来。△風(かぜ)が吹出した/风刮起来了。②忍不住笑出来。△思(おも)わず吹きだしてしまった/不由得笑了起来。Ⅱ(他五)吹起(笛子等)。△笛(ふえ)をふきだした/吹起笛子来了。

ふきつ⓪ 【不吉】(名・形動)不吉祥,不吉利。△～な予感(よかん)/不祥的预感。△～な前兆(ぜんちょう)/不吉祥的前兆。

ふきつ・ける⓪ 【吹き付ける】Ⅰ(自下一)风雨劲吹。△海(うみ)から～雨(あめ)まじりの風(かぜ)がいっそうひどくなる/从海上吹来的风雨更加猛烈。Ⅱ(他下一)①吹气。△酒臭(さけくさ)い息(いき)を～/呼吸中带有酒气。②(风等)刮上,吹上。△雪(ゆき)が窓(まど)に～/雪刮到窗上。③喷上。

ふきでもの⓪ 【吹出物】小疙瘩,小脓疱。

ふきとば・す⓪④ 【吹き飛(ば)す】(他五)①刮跑。△風(かぜ)が帽子(ぼうし)を～/风把帽子刮跑。②驱赶,赶走。△不安(ふあん)さを～/驱走不安。③说大话吓唬人。△相手(あいて)を～/说大话吓唬对方。

ぶきみ①② 【無気味・不気味】(名・形動)令人害怕,令人生惧。△～な物音(ものおと)/可怕的声响。△～に静(しず)まり返(かえ)っている/寂静得令人害怕。△～な沈黙(ちんもく)/不愉快的沉默。

ふきゅう⓪【普及】(名・自サ)普及。△教育(きょういく)の～/教育的普及。△電話(でんわ)やテレビ、ラジオの～/电话、电视、收音机的普及。△～版(ばん)/普及本。△～技術(ぎじゅつ)/普及技术。

ふきょう⓪【不況】不景气,萧条。△取引(とりひき)が～である/交易萧条。△～防止(ぼうし)カルテル/反萧条联合体。

ぶきよう②【無器用・不器用】(名・形動)笨,拙笨。△～な手(て)つき/手的动作很笨。△生(うま)れつき～の(な)たち/天生拙笨。△やることが何(なん)でも～だ/作什么都笨手笨脚的。

ふきん②【付近・附近】附近。△公園(こうえん)の～に住(す)む/住在公园附近。△この～/这一带。 ⇨きんじょ 表

ふきん②【布きん】〔布巾〕抹布。△茶碗(ちゃわん)を～で拭(ふ)く/用抹布擦饭碗。

ふきんいつ②【不均一】(颜色)不均匀,(质量)不一致,(样式)不一样。

ふきんこう【不均衡】不均衡,不平衡。△貿易(ぼうえき)の～/贸易不平衡。△～予算(よさん)/赤字财政。

ふく②【服】①衣服。△～を着(き)る/穿衣服。②西服。△～をあつらえる/定做西服。

ふく【副】Ⅰ(名)①副。△正(せい)と～/正与副。②副本,副件。Ⅱ(接头)①副职的。△～審(し ん)/副裁判员。△～委員長(いいんちょう)/副委员长。②附带的。△～産物(さんぶつ)/副产品。

ふ・く②①【吹く】Ⅰ(自五)刮(风)。△そよ風(かぜ)が～/微风吹拂。②(表面)出现。△緑青(ろくしょう)が～/长了绿锈(铜锈)。Ⅱ(他五)①吹。△笛(ふえ)を～/吹笛子。△ラッパを～/吹喇叭。②铸造。△鐘(かね)を～/铸钟。③吹牛,说大话。△大(おお)ほらを～/大吹牛皮。△ずいぶん～男(おとこ)だね/真是个能吹牛皮的家伙。

ふ・く⓪【拭く】(他五)(用布或纸)擦。△涙(なみだ)を～/擦泪水。△汗(あせ)を～/擦汗。△タオルで顔(かお)を～/用毛巾擦汗。△雑巾(ぞうきん)で机(つくえ)を～/用抹布擦桌子。

	汗を～	窓ガラスを～	窓ガラスの汚れを～	汚名を～	劣等感を～去る
拭く	○	○	△	×	×
拭う	○	×	△	○	-い○

ふ・く①②【噴く】(自他五)(水、火、泉、油、血、气等)喷出。△水(みず)が噴(ふ)き出(で)る/水喷出来。△火山(かざん)が火(ひ)を～/火山喷火。

ふぐ①【不具】①(身体)残疾。△交通事故(こうつうじこ)で～になった/因交通事故而残废。②不具备,不齐全。③(写在书信末尾)书不尽言。

ふぐう⓪【不遇】(名・形動)怀才不遇,遭遇不佳,不走运。△～な一生(いっしょう)/怀才不遇的一

生。△身(み)の～をかこつ/抱怨不走运。

ふくごう⓪【複合】(名・自他サ)复合，合成。△～汚染(おせん)/复合污染。△～体(たい)/复体。△～経済(けいざい)/多种经济。二(ふた)つ以上(いじょう)の単語(たんご)が～して一(ひと)つの語(ご)となったものを～語(ご)という/两个以上的单词合成一个词的叫做复合词。

ふくざつ⓪【複雑】(名・形動)复杂。△～な気持(きもち)/复杂的心情。△～多岐(たき)/错综复杂。△これには種種(しゅじゅ)～な事情(じじょう)がある/这里有种种复杂的情况。

ふくさよう③【副作用】副作用。△この薬(くすり)は全然(ぜんぜん)～がない/这药一点副作用也没有。

ふくし②【福祉】福利，福祉。△公共(こうきょう)の～/公共福利。△～事業(じぎょう)/福利事业。△～信託(しんたく)/(为残疾人服务的)福利信託。△社会(しゃかい)～/社会福利。

ふくし⓪【副詞】副词。

ふくしゃ⓪【複写】(名・他サ)①复印。②抄写，誊写。△原稿(げんこう)を～する/抄原稿。③复写。△カーボン紙(し)で～する/用复写纸复写。△～紙(し)/复写纸。

ふくしゅう⓪【復習】(名・他サ)复习。△～が足(た)りない/复习得不够。△ならった知識(ちしき)をしっかりと～しなくてはならない/应该把学过的知识好好复习一下。

ふくしゅう⓪【復しゅう】〔復讐〕(名・自サ)报仇，复仇。△～の念(ねん)に燃(も)える/一心要报仇。△敵(てき)に～する/向敌人报仇。△～心(しん)/复仇心。

ふくじゅう⓪【服従】(名・他サ)服从。△命令(めいれい)に～する/服从命令。△絶対(ぜったい)～/绝对服从。

ふくしょく⓪【服飾】①衣服和服装上的装饰品。②服饰。△～品(ひん)/服饰品。△～デザイナー/服饰设计师。

ふくしょく④【副食】副食。△～物(ぶつ)/副食品。△～に費用(ひよう)が多(おお)くかかる/用于副食品的开支较大。

ふくすう③【複数】①(数字上的)复数。②(语法，福祉上的)复数。

ふく・する③【服する】Ⅰ(自サ)服，服从。△兵役(へいえき)に～/服兵役。△命令(めいれい)に～/服从命令。Ⅱ(他サ)服，服用。△毒(どく)を～/服毒。

ふくせい⓪【複製】(名・他サ)翻印，复制。△～品(ひん)/复制品。△絵(え)の～/画的复制。△不許(ふきょ)～/禁止复制。

ふくそう⓪【服装】服装，服饰。△みすぼらしい～/褴褛的衣衫。△～に凝(こ)る/很讲究穿戴。

ふくみ③【含(み)】①含，包含，含有。△～資金(しきん)/账外资产。△～笑(わら)い/含笑。②含蓄。

△～のある話(はなし)/含蓄的话。③含混。△～声(ごえ)/含混的声音。

ふく・む② 【含む】(自他五)①含。△アルコール分(ぶん)を～/含有酒精。△水(みず)を口(くち)に～/把水含在嘴里。②含苞。△花(はな)が～/花儿含苞欲放。③记在心里。△恨(うら)みを～/怀恨。④带有,含有。△笑(え)みを含んだ口(くち)もと/含笑的嘴角。

ふく・める③ 【含める】(他下一)①包含。意味(いみ)を～/包含着意义。②嘱咐,告知。△かんで～ように教(おし)える/谆谆教诲。△因果(いんが)を～/说明原委。③包括。△交通費(こうつうひ)を～/包括交通费。

ふくめん⓪ 【覆面】(名・自サ)①遮面,蒙上脸。△～頭巾(ずきん)/蒙面巾。△～をした盗賊(とうぞく)/蒙面强盗。②不出面,不露名,匿名。△～作家(さっか)/不露名的作家。△～パトカー/无标识警车。

ふくらま・す 【膨らます】〔脹らます〕(他五)弄鼓,吹鼓。△頬(ほお)をふくらませて怒(おこ)る/噘起嘴来发怒。△胸(むね)を～/充满希望。◇懐(ふところ)を～/腰缠万贯。身上带有许多钱。

ふくらみ⓪ 【膨らみ】〔脹らみ〕膨胀,鼓起。△～ができる/肿起。△豊(ゆた)かな胸(むね)の～/丰满的乳峰。

ふく・れる⓪ 【膨れる】〔脹れる〕(自下一)①胀,肿,膨大。△腹(はら)が～/ⅰ)肚子饱了。ⅱ)有孕。△高野(こうや)豆腐(どうふ)は水(みず)につけると～/冻豆腐让水一泡就膨胀起来了。②(因不高兴、生气)噘嘴。△膨れた顔(かお)/噘嘴的样子。

ふくろ③ 【袋】①袋,口袋。△紙(かみ)の～/纸口袋。△～を張(は)る/糊纸袋。△米(こめ)を～に入(い)れる/把米装在口袋里。②果囊,水果的内皮。△ミカンの～/橘瓣皮。③腰包。◇～の鼠(ねずみ)/囊中之鼠。瓮中之鳖。

ふけい② 【父兄】①父兄。②(儿童、学生的)家长。△～会(かい)/家长会。

ふけいき② 【不景気】(名・形动)①不景气,萧条。△当時(とうじ)、世(よ)の中(なか)はひどい～で父(ちち)の会社(かいしゃ)も倒産(とうさん)してしまったのです/当时社会不景气,父亲的公司也倒闭了。②不繁荣。③无精打采,忧郁。△～な顔(かお)/面带忧郁;无精打采。

ふけいざい② 【不経済】(名・形动)不经济,浪费。△～な使(つか)い方(かた)/不经济的使用方法。△そんなことをするのは時間(じかん)の～だ/干那种事是浪费时间。

ふけつ⓪ 【不潔】(名・形动)不干净,肮脏。△～な手(て)/不干净的手。

ふけ・る② 〔耽る〕(自五)耽于,

沉溺，埋头于，专心致志。△読書(どくしょ)に〜/埋头读书。△空想(くうそう)に〜/陷入空想。

ふ・ける② 【老ける】(自下一)上年纪，老。△ふけて見(み)える/看着显老。△君(きみ)は年齢(ねんれい)よりもふけている/你比实际岁数看着老。

ふ・ける② 【更ける】〔深ける〕(自下一)①(季节)深。△秋(あき)が〜/秋深。②(夜)深。△夜(よ)る)が〜/夜阑。

ふけんしき② 【不見識】(名・形动)见识短，不稳重。△〜な発言(はつげん)/轻率的发言。

ふけんぜん② 【不健全】(名・形动)不健康。△〜な思想(しそう)/思想不健康。

ふこう② 【不幸】Ⅰ(名・形动)不幸，倒霉。△〜な人(ひと)/不幸的人。△〜中(ちゅう)の幸(さいわ)い/不幸之中大幸。Ⅱ(名)(家族、亲属人的)死亡，丧事。△親戚(しんせき)に〜がある/亲戚家有丧事。△〜にも…/不幸的是…。

ふこう①②② 【不孝】(名・形动)不孝。△親(おや)〜/不孝敬父母。

ふごう⓪ 【符合】(名・自サ)符合，吻合，相符。△事実(じじつ)と〜する/与事实相符。

ふごう⓪ 【符号】①(文字以外的)符号，记号。△〜をつける/加上记号。②(数学)(正负的)符号。△移項(いこう)すると〜が変(か)わる/一移项符号就变。△〜付(づ)け/编码。

ふごう⓪ 【富豪】富豪，大财主。△世界(せかい)で屈指(くっし)の〜/世界上数得着的富豪。

ふごうかく② 【不合格】不及格，不合格。△試験(しけん)で〜となった/考试不及格。△〜者(しゃ)/不及格的人。

ふこうへい② 【不公平】(名・形动)不公平，不公正。△〜な扱(あつか)い/不公平的待遇。△処置(しょち)が〜に思(おも)われる/处理得似乎不公平。

ふごうり② 【不合理】(名・形动)不合理，不合逻辑。△〜な制度(せいど)/不合理的制度。△〜な話(はなし)/不合逻辑的话。

ふこく⓪ 【布告】(名・他サ)(向一般民众)布告，公告。△〜を出(だ)す/出布告。

ぶこく⓪ 【ぶ告】〔誣告〕(名・他サ)诬告。△〜罪(ざい)/诬告罪。

ふさ② 【房】〔総〕①缨，穗子。△〜飾(かざ)り/装饰穂。△〜のついた座蒲団(ざぶとん)/带穂边的垫子。△帽子(ぼうし)に〜を垂(た)らす/帽子上垂着缨子。②一串，一嘟噜。△バナナひと〜/一串香蕉。△ブドウの〜/一嘟噜葡萄。

ブザー① [buzzer]蜂音器，蜂鸣器，报警器，警报装置。△〜がなる/蜂鸣器响。

ふさい② 【夫妻】夫妻。△社長(しゃちょう)ご〜/社长(总经理)夫妇。△〜同伴(どうはん)で出(で)かける/两口子结伴外出。⇨ふうふ 表

ふさい⓪【負債】负债, 欠债。△～がある/有债务。△～の返済(へんさい)/还债。△～勘定(かんじょう)/负债账目。

ふさい【不在】不在家。△～にして失礼(しつれい)しました/没在家太对不起了。△父(ちち)は～です/我父亲不在家。△～投票(とうひょう)/选举当天不在者的事先投票。△～証明(しょうめい)/不在场证明。△～地主(じぬし)/住在外地的地主。△～所有者(しょゆうしゃ)/遥有制所有人。⇨るす表

ふさが・る⓪〔塞がる〕(自五)①堵, 塞。△車(くるま)で道(みち)が～/车把路堵了。②关, 闭。△傷口(きずぐち)が～/伤口长上了。③占满, 占有。△電話(でんわ)が～/电话被人占着。△手(て)が～/手占着。

ふさく⓪【不作】歉收, 收成不好。△今年(ことし)は米(こめ)が～だ/今年稻谷歉收。

ふさ・ぐ⓪〔塞ぐ〕(自他五)①塞, 堵。△道(みち)を～/堵着路。②闭。△口(くち)を～/闭嘴。△目(め)を～/闭眼。③郁闷。△気(き)が～/心里郁闷。

ふざ・ける③〔巫山戯る〕(自下一)①开玩笑, 戏谑。△ふざけたことを言(い)わないで/别开玩笑了。②欢闹, 欢蹦乱跳。△子供(こども)がふざけていてうるさい/孩子们欢闹着招人烦。③(男女之间)调情, 挑逗。④愚弄人。△～と承知(しょうち)しないぞ/愚弄人可不成。

	友達と～	～たまねをするな	まりと～ネコ	～てしたことだ	トランプをして～
ふざける	○	-け○	×	-け○	×
戯れる	○	×	△	-れ○	×
遊ぶ	○	×	△	×	○

ぶさた⓪〔無沙汰〕久违, 久疏问候。△～しましたが皆様(みなさま)お変(かわ)りありませんか/久疏问候, 府上都好吗?

ぶさほう②【無作法・不作法】(名・形动)不规矩, 不礼貌, 粗鲁。△～なふるまい/粗鲁的举止。△この子(こ)は～だ/这孩子没规矩。

ふさわし・い④〔相応しい〕(形)适合, 相称。△パーティーに～服装(ふくそう)/适合宴会的服装。△中学生(ちゅうがくせい)に～/符合中学生特点。

ふし②【節】①节, 段。△竹(たけ)の～/竹节。②树节子。△～の多(おお)い材木(ざいもく)/节子多的木料。③关节, 骨节。△痛(いた)みで指(ゆび)の～が曲(まが)らない/疼得指关节弯不过来。④地方, 点。△行動(こうどう)に怪(あや)しい～がある/行动中有奇怪的地方。⑤(歌曲的)段落。⑥(音乐)旋律, 曲调。△～のおもしろい歌(うた)/曲调很有趣的歌。

ぶし①【武士】武士。△～道(どう)/武士道。◇～は食(く)わねど高楊枝(たかようじ)/武士吃不上饭还要摆臭架子。武士不因贫而不义。◇～に二言(にごん)無(な)し/武士决

不食言。一言既出,驷马难追。

ぶじ⓪【無事】(名・形动)①平安,太平无事。△～でなにより/只求平安。△～に旅(たび)から帰(かえ)る/从旅途平安归来。②健康。△～に過(す)ごす/健康地生活。③没毛病,没有过失。△～につとめる/一丝不苟地工作。④闲散,无聊。△～に苦(くる)しむ/闲呆得无聊。⇨へいおん 表

ふしあわせ③②【不幸せ】(名・形动)不幸,倒霉。△～の(な)男(おとこ)/不幸的人。△～な目(め)にあう/倒霉。

ふしぎ⓪【不思議】(名・形动)难以想象,奇异。△～な事件(じけん)/奇怪的事件。△その薬(くすり)は～にきく/那种药有奇效。△～はない/没有什么可奇怪的。

	～な事件	彼の占いは～に当たる	何の～もない事だ	～至極	～きてれつ
不思議	○	○	○	×	×
奇怪	○	×	×	×	×
奇妙	○	○	×	×	×

ふしぜん②【不自然】(名・形动)不自然,勉强,做作。△～な態度(たいど)/不自然的态度。△～な笑(わら)い/做作的笑。

ふしまつ②【不始末】(名・形动)①不注意,不经心。△火(ひ)の～/对火不注意。②(行为)不规矩,不检点。△～をしでかす/闯祸。

ふじゆう①【不自由】(名・形动・自サ)不自由,不随便,不如意,不充裕。△金(かね)に～する/缺钱。△～なく暮(く)らす/生活充裕。△体(からだ)の～な人(ひと)/行动不便的人。

ふじゅうぶん②【不十分・不充分】(名・形动)不充分,不完全。△証拠(しょうこ)～/证据不足。△まだ研究(けんきゅう)が～である/研究还不够透彻。

ふじゅん⓪【不純】(名・形动)不纯,不真实。△～物(ぶつ)/夹杂物。△動機(どうき)が～だ/动机不纯。

ふじゅん⓪【不順】(名・形动)①不顺,不正常。△生理(せいり)～/月经不调。②(天气)不调,不顺。△～な天候(てんこう)/不正常的气候。

ふしょう⓪【負傷】(名・自サ)负伤,受伤。△～者(しゃ)/负伤者,伤员。△交通事故(こうつうじこ)で足(あし)に～する/脚部因交通事故而受伤。

ぶしょう②【不精・無精】(名・形动・自サ)懒,懒惰,怠惰。△筆(ふで)～/懒于执笔,不好写信。△～者(もの)/懒汉。△～髭(ひげ)/懒于剃而任其长长的胡子。⇨たいまん 表

ふしょく⓪【腐食】〔腐蝕〕(名・自サ)腐蚀。△～剤(ざい)/腐蚀剂。△～作用(さよう)/腐蚀作用。△～性(せい)/腐蚀性。△～土(ど)/腐殖质土。

ぶじょく⓪【侮辱】(名・他サ)侮辱,凌辱。△～を受(う)ける/受辱。△人(ひと)を～するな/别侮辱人。△～罪(ざい)/侮辱罪。

ふじょし②【婦女子】①妇女,女

性。②妇女与儿童。

ふしん⓪【不信】(名・形动)①不诚实。△友達(ともだち)の～を責(せ)める/责备朋友不守信用。②不信任。△人(ひと)を～の目(め)で見(み)る/用怀疑的眼光看人。③没有信仰心。△～の人(ひと)/没有信仰心的人。

ふしん⓪【不振】(名・形动)形势不佳,不兴旺,萧条。△～化(か)/(经济)衰退,(市场)疲软。△営業(えいぎょう)～/营业不兴旺。△成績(せいせき)～/成绩不佳。△食欲(しょくよく)～/食欲不振。△～から脱出(だっしゅつ)する/摆脱不佳状态。

ふしん⓪【不審】(名・形动)疑惑,怀疑,可疑,不明白(的地方)。△～な男(おとこ)/可疑的人。△～火(か)/不明火。△～尋問(じんもん)/盘问可疑者。

ふじん⓪【夫人】夫人(妻子的敬称)。△～同伴(どうはん)で出席(しゅっせき)する/皆同夫人一起参加。

ふじん⓪【婦人】妇女。△～の地位(ちい)/妇女的地位。△～会(かい)/妇女会。△～週間(しゅうかん)/妇女周。△～運動(うんどう)/妇女运动。△～優先(ゆうせん)/女士优先。

ふしんせつ②【不親切】(名・形动)不热情,不亲切。△この案内書(あんないしょ)は～だ/这份说明书写得不通俗。

ふ・す①②【伏す】(自五)①伏卧,趴下。△地(ち)に～/趴在地上。△病床(びょうしょう)に～/卧病在床。②伏,藏。△草陰(くさかげ)に～/藏在草丛中。

ふすま③⓪②〔衾〕棉被,被褥。

ふせい⓪【不正】(名・形动)不正,不正经,不正派。△～の(な)手段(しゅだん)/不法手段。△～商品(しょうひん)/假冒伪劣商品,水货。△～を摘発(てきはつ)する/揭露不正行为。△～を働(はたら)く/作坏事。

ふぜい①⓪【風情】Ⅰ(名)①风貌,情趣。△古都(こと)らしい～が失(うしな)われつつある/正在失去古都风貌。△～のある庭(にわ)/幽雅的庭院。②样子,情况。△さびしげな～/好像很孤单的样子。③招待,款待。△何(なん)の～もなくて,すみません/没什么招待的,实在抱歉。Ⅱ(接尾)(接其他词下表示自谦或轻视)…之类,…样子的。△わたくし～のものはできません/我这样的人做不来。△サラリーマン～/一个像工薪族样子的人。

ふせ・ぐ②【防ぐ】(他五)防御,防守,防卫。△腐敗(ふはい)を～/防腐。△侵略(しんりゃく)を～/防御侵略。△寒(さむ)さを～/防寒。△未然(みぜん)に～/防患于未然。△病気(びょうき)を～/预防疾病。

ふせっせい②【不摂生】(名・形动)不卫生,不注意健康,不注意饮食。△彼(かれ)は日(ひ)ごろからの～がもとで病気(びょうき)にかかった/他由于平日不注意健

康，而得了病。

ふ・せる② 【伏せる】(他下一)①向下，伏下。△顔(かお)を～/把脸低下。△目(め)を～/眼睛往下瞧。②隐藏，隐瞒。△名前(なまえ)を～/隐瞒姓名。△兵(へい)を～/设伏兵。③扣住，盖上。△手(て)をふせてものをかくす/把东西扣在手下。

ぶそう⓪ 【武装】(名・自サ)武装，军事装备。△～解除(かいじょ)/解除武装。△～警察(けいさつ)/武装警察。

ふそく⓪ 【不足】(名・形動・自サ)①不足，缺乏。△～がない/足够。△認識(にんしき)～/认识不足。②不满意。△いろいろと～を言(い)う/说种种不满意的话。

	資金が～する	人数の～を補う	酸素の～で命を落とす	～を言う	困苦～
不足	○	○	○	○	×
欠乏	○	×	○	×	○

ふぞく⓪ 【付属・附属】(名・自サ)①附属。△～品(ひん)/附件。△学校(がっこう)に～する図書館(としょかん)/附属于学校的图书馆。②"付属学校"之略。△～学校(がっこう)/附属学校。△～病院(びょういん)/附属医院。⇨しょぞく 表

ふた⓪ 〔蓋〕盖子。△瓶(びん)の～/瓶盖。△～をする/盖上。◇～をあける/ i)揭晓。ii)开业，开幕。◇臭(くさ)いものに～をする/遮丑。

ふだ⓪ 【札】①牌子，标签。△荷物(もつ)に～を付(つ)ける/行李上拴上标签。②告示牌，揭示板，

门票。③纸牌。△かるたの～を配(くば)る/分牌。

ぶた⓪ 【豚】家猪。△～肉(にく)/猪肉。△～の子(こ)/小猪。△～を飼(か)う/养猪。◇～に真珠(しんじゅ)/投珠与豕。

ぶたい① 【部隊】部队。△～が出動(しゅつどう)する/部队出动。

ぶたい① 【舞台】①(演剧的)舞台。△～に立(た)つ/登上舞台。上台。△～裏(うら)/幕后。△～監督(かんとく)/舞台监督。②(活动的)舞台。△広(ひろ)い世界(せかい)を～にする/以广阔的世界为舞台。

ふたご⓪ 【双子】双生子，孪生。△あの兄弟(きょうだい)は～だ/他兄弟二人是孪生。

ふたたび⓪ 【再び】(副)再，又一次。△あなたとはもう～会(あ)うこともあるまい/恐怕再也见不到你了。△二度(にど)と～こんな事(こと)はするな/下次可不许再干这样的事啦。

	～失敗する	それっきり～帰らなかった	二度と～来るな	そのう ち～会おう	～御礼申し上げます
再び	○	○	×	×	×
また	○	○	△	○	×
重ねて	○	×	×	×	○

ふたつ⓪③ 【二つ】①二，两个。△～に切(き)る/切成两半。②两岁。△～の女(おんな)の子(こ)/两岁的女孩。③两方。◇～に一(ひと)つ/二者居一，二者取一。④第二，二则。△一(ひと)つに正直(しょうじき)，～には勇気(ゆうき)/第一要诚实，第二要有勇气。

ぶたにく⓪【豚肉】猪肉。

ふたり③【二人】两人,二人。

ふたん⓪【負担】(名・他サ)①负担。△～が重(おも)い/负担重。△～を減(へ)らす/减轻负担。△～分担(ぶんたん)/(国际货币基金组织的)负担分担原则。②承担。△～金(きん)/摊派款,负担费。

ふだん⓪①【不断】(名・副)①不断。△～の努力(どりょく)が実(み)を結(むす)ぶ/不断的努力有了结果。②犹豫不决。△優柔(ゆうじゅう)～/优柔寡断。

ふだん⓪①【普段】(名・副)平素,平常。△～と変(か)わる/与往日不同。△～の行(おこな)い/平素的行为。△～の医者(いしゃ)/经常就诊的医生。△～着(ぎ)/日常穿的衣服。⇨にちじょう 表

ふち②〔淵〕①渊,水深处。△～に棲(す)む魚(うお)/深水中的鱼。②深渊,痛苦的境地。△悲(かな)しみの～に沈(しず)む/沉浸在悲痛之中。

ふち②【縁】边,缘,框。△コップの～/杯子边。△～をとる/勾出边儿,画出框。△～の付(つ)いた帽子(ぼうし)/带帽檐的帽子。△めがねの～/眼镜框。⇨はし 表

ふちゅうい②【不注意】(名・形動)不注意,疏忽,不小心。△～な事故(じこ)/因不注意而发生的事故。△からだに～な人(ひと)/不注意身体的人。

ふちょう⓪【不調】(名・形動)①决裂,破裂,不成功,失败。△交渉(こうしょう)が～に終(おわ)った/谈判终于破裂了。②不顺利,失常,不正常。△調停(ちょうてい)が～だ/调停不顺利。

ぶちょう⓪①【部長】部长(处长)。△営業(えいぎょう)～/营业部长。

ふちょうわ⓪【不調和】(名・形動)不调和,不和谐,不协调。△～な感(かん)じ/不协调的感觉。△洋服(ようふく)の色(いろ)に～なネクタイ/和西服的颜色不协调的领带。

ぶ・つ①〔打つ〕(他五)①打,敲,击。△お尻(しり)を～/打屁股。②〈俗〉做,搞,进行(演说、谈判等)。△一席(いっせき)～/讲演一番。△演説(えんぜつ)を～/讲演。⇨うつ 表

ふつう⓪【不通】①不来往,不交际,没有音信。△まったく音信(おんしん)～だ/杳无音信。②(交通线路的)不通。△列車(れっしゃ)～/不通火车。

ふつう⓪【普通】Ⅰ(名・形動)一般,通常,普通,寻常。△～の人(ひと)/普通的人。△～株主(かぶぬし)/普通股东。△～列車(れっしゃ)/普通列车。△～感覚(かんかく)/中游思想。Ⅱ(副)大都,大体上。△～そう言(い)っている/大体都是那样说的。

ふつか⓪【二日】①初二,二号。△来月(らいげつ)の～に会(かい)がある/下月二号有会。△～酔(よ)い/宿醉(醉到第二天)。②两天。△～眠(ねむ)り続(つづ)ける/连

着睡两天。

ぶっか⓪【物価】物价，行市。△～が上(あ)がる/物价上涨。△～が高(たか)い/物价昂贵。△～の引下(ひきさげ)/降低物价。△～指数(しすう)/物价指数。△～スライド/物价滑动，物价调整。△～手当(てあて)/物价津贴。△～白書(はくしょ)/物价白皮书。

ふっかつ⓪【復活】(名・自他サ)①〈宗教〉复活。△キリストの～/基督的复活。②恢复，复兴，再兴。△原案(げんあん)～/恢复原案。△権利(けんり)の～/恢复权利。

ぶつか・る⓪(自五)①碰，撞，遇。△車(くるま)に～/撞车。△かべに～/碰壁。②直接谈判。△裸(はだか)で～/坦率地谈，毫无遮盖地谈判。③赶在一起，适逢。△休日(きゅうじつ)と～/和休息日赶到一块了。

	強敵に～	車が電柱に～	矢が的に～	面白い事件に～	日の～部屋
ぶつかる	〇	〇	×	〇	×
当たる	〇	×	〇	×	〇

ふっき⓪①【復帰】(名・自サ)恢复，复职，复原。△原状(げんじょう)に～する/恢复原状。△前(まえ)にいた会社(かいしゃ)に～する/回到原来的公司复职。

ふっきゅう⓪【復旧】(名・自他サ)恢复原状，修复。△～作業(さぎょう)/修复工作。△～の見込(みこみ)が立(た)たない/没有复原的希望。△鉄道(てつどう)の～を急(いそ)ぐ/加速修复铁路。

ぶっきょう③①⓪【仏教】佛教。△～を信仰(しんこう)する/信仰佛教。

ぶっきらぼう④③【ぶっきら棒】(名・形動)〈俗〉粗鲁，莽撞；生硬，不和气。△～に言(い)う/没好气地说。△～な話(はな)し方(かた)/说话生硬。

ブック①[book]①书，书籍。△～エンド/挟书板；书挡。△～ケース/书厨；书箱。△～レビュー/书评。②账本,账簿。

ぶつ・ける⓪〔打付ける〕(他下一)①扔。△犬(いぬ)に石(いし)を～/扔石头打狗。②碰上，撞上。△暗(くら)くて頭(あたま)を戸(と)に～/因为暗，头撞在门上。

ふっこう⓪【復興】(名・自他サ)复兴。△祖国(そこく)の～計画(けいかく)/复兴祖国的计划。△文芸(ぶんげい)～/文艺复兴。△目(め)ざましい～ぶり/令人惊讶的复兴情况。

ふつごう②【不都合】(名・形動)①不合适，不妥当，不相宜。△～な場合(ばあい)/不方便的时候。②不像话，无礼，行为不端。△～千万(せんまん)/不可饶恕，万不应该。△彼(かれ)には何(なに)一(ひと)つ～はない/他无可非难。

ぶっさん⓪【物産】物产，产品，产物。△郷土(きょうど)の～展(てん)/乡土的物产展。△～に富(と)む地方(ちほう)/物产丰富的地方。

ぶっし①【物資】物资。△救援(きゅうえん)～/救援物资。△～が足

ぶっしつ⓪【物質】物質,物体,实体。△～的(てき)/物质的。△～的(てき)援助(えんじょ)/物质的援助。△～代謝(たいしゃ)/物质代谢。△～交代(こうたい)/新陈代谢。

ぶっそう③【物騒】(名・形动)①骚然不安。△～になる/变得不安定。②危险。△～な刃物(はもの)/危险的利器。△～な物(もの)を持(も)っている/携带危险品。

ぶつぞう③⓪【仏像】佛像。

ぶったい⓪【物体】①物体。△～は物質(ぶっしつ)より成(な)る/物体由物质构成。②东西,物。△机(つくえ)という～/桌子这个东西。

ふってん⓪①【沸点】沸点。△～に達(たっ)する/达到沸点。

フット①[foot]足,脚,脚步。△～ウエア/鞋袜类。△～ケア/足保健,足疗。△～バス/足浴。△～スツール/脚台,脚凳。△～ノート/(书上的)脚注。

ぷっと①(副)①噗哧一声。△あまりおかしくて～吹(ふ)き出(だ)した/因为太滑稽了,所以噗哧一声笑了出来。②(生气)噘嘴。△頬(ほお)を～ふくらませる/噘着嘴。③猛吐。△ガムを～吐(は)き出(だ)す/噗地一声吐出了口香糖。

ふっとう⓪【沸騰】(名・自サ)①沸腾。△水(みず)が～する/水滚开。②(舆论、议论等的)沸腾。△議論(ぎろん)～/舆论哗然。③(物价、股票等)猛涨。

フットボール④[football]足球。△～試合(しあい)/足球比赛。△～をやる/踢足球。

ぶっぴん⓪【物品】①物品,东西。△～を大切(たいせつ)にする/经心使用(保存)物品。△～税(ぜい)/商品税,货物税。②除不动产以外的有形物。⇨しなもの 表

ぶつぶつ①⓪(名・副)①嘟囔,唠叨。△陰(かげ)で～言(い)うな/别背地里瞎嘟囔。②(煮沸)咕嘟咕嘟,哔哔。③(生出)很多粒状物,小疙瘩。△皮膚(ひふ)に～ができた/皮肤上生出很多小疙瘩。⇨ぼつぼつ 表

ぶつり①【物理】①事物的道理。△どんなに努力(どりょく)したところでこの仕事(しごと)を三日(みっか)でやるのは～的(てき)に不可能(ふかのう)だ/无论怎样努力,这项工作也不可能在三天内完成。②物理。△～学(がく)/物理学。△～変化(へんか)/物理变化。△～療法(りょうほう)/理疗。

ふで⓪【筆】①毛笔。△～で字(じ)を書(か)く/用毛笔写字。△～を走(はし)らせる/挥毫疾书。②(用毛笔)写的字,画的画。△弘法大師(こうぼうだいし)の～/弘法大师的字。◇～が滑(すべ)る/(把不该写的顺笔写上)写走笔。◇～が立(た)つ/善于写文章。◇～の跡(あと)/笔迹。◇～を入(い)れる/删改文章。◇～を擱(お)く/放下笔。◇～を加(くわ)える/ⅰ)修改文章。ⅱ)添写。◇～を染(そ)める/试

笔。◇～を執(と)る/执笔。◇～を揮(ふる)う/大笔一挥。挥毫。

プディング② [pudding]（西式甜点心）布丁。

ふでき⓪ 【不出来】(名・形动)做得不好，质量低。△～な作品(さくひん)/质量差的作品。

ふと⓪ 〔不図〕(副)①猛然，忽然，突然。△～思(おも)い出(だ)した/忽然想起来。②偶然，无意中。△～したはずみ/偶然的机会。△～したことから喧嘩(けんか)になる/由于偶然一点小事吵起架来。

ふと・い② 【太い】(形)①粗大的。△～木(き)/粗大的树木。②肥，胖。△～足(あし)/粗腿。③〈声音〉憨，粗。△～歌声(うたごえ)/粗憨的歌声。④〈俗〉脸皮厚，无耻，大胆。△～やつだ/无耻的东西。

ふとう⓪ 【不当】(名・形动)不正当，不合理。△～な要求(ようきゅう)を押(お)しつける/硬提无理要求。△～利得(りとく)/不正当的收益，非法所得。△～軽量児(けいりょうじ)/轻于平均体重的初生婴儿。

ふどう⓪① 【不動】①不动，坚定，不可动摇。△～の姿勢(しせい)/不动的姿势。△～の信念(しんねん)/坚定的信念。△～の地位(ちい)を築(きず)く/建立牢固的地位。②(佛教)"不動尊""不動明王"之略。△～尊(そん)/不动尊。△～明王(みょうおう)/不动明王。

ぶとう⓪ 【舞踏】(名・自サ)舞蹈，跳舞。△～会(かい)/舞会。

ぶどう⓪ 〔葡萄〕葡萄。△～色(いろ)/深(红)紫色。△～ジャム/葡萄果酱。

ふとういつ② 【不統一】(名・形动)不统一，没系统性。△意見(いけん)の～/意见不统一。

ふどうさん② 【不動産】房地产，不动产。△～評価(ひょうか)/不动产估价。△～融資(ゆうし)/不动产融资，不动产贷款。

ふとうめい② 【不透明】(名・形动)①不透明。△～なガラス/不透明的玻璃。②〈转〉对事物难以预料。△交渉(こうしょう)の先行(さきゆ)きは～である/谈判的前景难以预料。

ふところ⓪ 【懐】①怀，胸。△～に手(て)を入(い)れる/把手插进怀里。△子(こ)どもを～にだきしめる/把孩子抱在怀里。②四周被包围的地方。△山(やま)の～/山坳。③心事。△～を開(ひら)く/敞开胸怀。④身上带的钱。◇～があたたかい/腰包富裕。◇～が寒(さむ)い/手头拮据。◇～を痛(いた)める/花钱，破钞，掏腰包。◇～具合(ぐあい)/手头情况。经济（收入）情况。

ふと・る② 【太る・肥る】(自五)①胖。△体(からだ)が～/体胖。②(指财产等)增加，增多。△身上(しんじょう)が～/财产增多。

ふとん⓪ 【布団】被褥，座垫(等的总称)。△～を掛(か)ける/盖被。△～を上(あ)げる/叠被。△～を

敷(し)く/铺被。△～に潜(もぐ)る/钻进被窝。

ふな① 〔鮒〕鲫鱼。

ふなづみ⓪【船積】装船。△～案内(あんない)/装运通知单。△～書類(しょるい)/装运单据。

ふなびん⓪②【船便】①通船。△その島(しま)へは～がない/那个岛不通船。②船运。△～で送(おく)る方(ほう)が航空便(こうくうびん)より安(やす)い/船运邮寄比空邮便宜。

ふなれ①【不慣(れ)】〔不馴(れ)〕(名・形动)不熟悉,不习惯,缺乏经验。△～な素人(しろうと)/不熟悉的外行人。△～な場所(ばしょ)/不习惯的场所。

ぶなん⓪⓪【無難】(名・形动)①无灾无难,平安。②没有缺点,无可非议。△～な成績(せいせき)/无可非议的成绩。△この程度(ていど)ならまず～だ/能做到这个程度就大致说得过去了。△～に切(き)り抜(ぬ)ける/平安地摆脱困境。

ふにん⓪【赴任】(名・自サ)赴任,上任。△単身(たんしん)～/单身赴任。△大阪(おおさか)に～する/到大阪去上任。

ふね①【舟・船】①舟,船,船舶。△～に乗(の)る/乘船。△～で行(い)く/坐船去。△～に弱(よわ)い/爱晕船。②(盛水、酒等的)槽,盆。△湯～(ゆぶね)/热水澡盆。△馬～(うまぶね)/马槽。◇～を漕(こ)ぐ/ⅰ)划船。ⅱ)打盹儿。◇渡(わた)りに～/顺水推舟。

ふはい⓪【腐敗】(名・自サ)①腐败,腐烂。△～を防(ふせ)ぐ/防止腐烂。②堕落,腐败,腐朽,腐化。△政治(せいじ)の～/政治的腐败。

ふび①【不備】(名・形动)①不完备,不完全,不周全。△～な点(てん)を改(あらた)める/修改不完备的地方。②(书信末尾用语)书不尽言。

ふひょう⓪【不評】声誉不佳,名誉坏。△～を蒙(こうむ)る/受到不好的评价。△この商品(しょうひん)は～だった/这路货评价很差。△世間(せけん)の～を買(か)う/招来外界不好的评价。

ふびょうどう②【不平等】(名・形动)不平等。△～に扱(あつか)う/不平等对待。△～条約(じょうやく)/不平等条约。

ぶひん⓪【部品】零件。△自転車(じてんしゃ)の～/自行车零件。

ふぶき①【吹雪】暴风雪。△ひどい～/大暴风雪。△～をつく/冒着暴风雪。

ふふく⓪【不服】(名・形动)①不服。△その意見(いけん)には～です/对那种意见有异议。△～の申(もう)し立(た)て/提出异议。②不满,不满意。△～らしい顔(かお)/似乎不满意的样子。

ぶぶん①【部分】部分。△～と全体(ぜんたい)の関係(かんけい)/部分和整体的关系。△体(からだ)の～/身体的一部分。

ふへい⓪【不平】(名・形动)不平,不满意,牢骚。△～を言(い)う/发牢骚,鸣不平。△～家(か)/牢骚满腹的人。

ふへん⓪【不変】(名・形动)不变,永恒。△永久(えいきゅう)～/永恒不变。△～の真理(しんり)/永恒的真理。△～価格(かかく)/不变价格,可比价格。

ふへん⓪【普遍】①普及。△～化(か)/普及化。②普遍。△～性(せい)を持(も)つ/有普遍性。

ふべん①【不便】(名・形动・自サ)不便,不方便。△～をしのぶ/忍受不方便。△人数(にんずう)がふえるとかえって～だ/人数多了反而不便。△交通(こうつう)の～な所(ところ)に住(す)んでいる/住在交通不便的地方。

ふぼ①【父母】父母。△～と先生(せんせい)の会(かい)/家长教师联谊会。△～の膝下(しっか)を離(はな)れる/离开父母的膝下。◇子(こ)を持(も)って知(し)る～の恩(おん)/有子方知父母恩。

ふま・える③②【踏まえる】(他下一)①根据,依据。△事実(じじつ)を～/根据事实。②踏,踩,用力踏。△大地(だいち)を～/脚踏大地。

ふまん⓪【不満】(名・形动)不满,不满意,不满足。△～がある/怀有不满。△～をもらす/流露出不满情绪。△～な結果(けっか)/不满意的结果。

ふみきり⓪【踏切(り)】①(铁路与公路的交叉处)岔口,道口。△～をわたる/过道口。△～番(ばん)/看道口的人。②(跳高,跳远的)起跳点。△～の線(せん)/起跳线。△～がまずい/起跳得不好。③(相扑)脚踩出圈外。④〈转〉决心(也作"ふんぎり")。△なかなか～がつかない/迟迟下不了决心。

ふみき・る③【踏み切る】(他五)①踩断。鼻緒(はなお)を～/踩断木屐带。②(体育)起跳。△力(ちから)をこめて～/使劲儿起跳。③(相扑)出线,脚踩出圈外。④下决心。△新館(しんかん)の開設(かいせつ)に～/下定决心开办新馆。

ふみこ・む③【踏み込む】(自他五)①踩进,踩陷下去。△泥沼(どろぬま)に～/踩进泥坑里去。②闯入。△警官(けいかん)が～/警察闯进来。③用劲往前踏,迈出。

ふみだい⓪【踏(み)台】①脚搭子,梯凳。△～に乗(の)って物(もの)を取(と)り下(お)ろす/登上梯凳取下东西。②(为了达到某种目的而一时利用的)垫脚石。△出世(しゅっせ)の～/发迹的垫脚石。

ふみだ・す③【踏み出す】(自他五)①迈出,迈步。△生活(せいかつ)の第一歩(だいいっぽ)を～/迈出生活的第一步。②着手进行。△新事業(しんじぎょう)に～/着手进行新事业。

ふみつ・ける④【踏み付ける】(他下一)①踩住。△吸(す)い殻(がら)を～/踩灭烟头。②〈转〉轻视,欺侮,小看。△人(ひと)を～/小

看别人。△人を〜にもほどがある/不该欺人太甚。

ふみにじ・る④【踏みにじる】〔踏み躙る〕(他五)①糟蹋, 践踏, 踩蹦, 摧残。△ほしいままに〜/任意践踏。②败坏(名誉)。撕毁(合约)。△人(ひと)の善意(ぜんい)を〜/伤害别人的好意。

ふみはず・す④【踏み外す】(他五)①踩错, 踩空。△階段(かいだん)を〜/脚在楼梯上踩空了。②(做坏事)失足。△人生(じんせい)を〜/走错了人生的路。

ふみん⓪【不眠】不睡, 不眠。△〜症(しょう)/失眠症。△〜にかかる/患失眠症。△〜不休(ふきゅう)/废寝忘食。孜孜不倦。

ふ・む⓪【踏む】〔履む〕(他五)①踩, 踏, 践踏, 踩脚。△芝生(しばふ)を〜な/勿踏草坪。△自転車(じてんしゃ)のペダルを〜/踏自行车脚蹬。②去, 走。△故郷(こきょう)の土(つち)を〜/踏上故土。③经历, 经过。△場数(ばかず)を〜/经历过多次。④估价。△安(やす)く〜/估价低。⑤履行。△手続(てつづき)を〜/履行手续。

ふめい⓪【不明】(名・形动)①不明, 不详, 不清楚。△行方(ゆくえ)〜/去向不明。②愚昧无知, 愚笨。△自(みずか)らの〜を恥(は)じる/以自己的愚昧无知为耻。

ふめいよ②【不名誉】(名・形动)名声不好, 不体面, 不光彩。△〜な話(はなし)/不体面的事情。△落第(らくだい)したら〜になる/如果落选了, 可就不光彩了。

ふもと③〔麓〕山麓, 山脚。△〜にある人家(じんか)/座落在山脚的人家。

ぶもん⓪【部門】部门。△人文科学(じんぶんかがく)の各(かく)〜/人文科学的各个门类。

ふや・ける③(自下一)①泡涨。△豆(まめ)が〜/豆子泡涨了。△長湯(ながゆ)して手(て)が〜/因洗澡时间过长, 手都泡涨了。②松懈, 散漫, 涣散。△心(こころ)が〜/精神涣散。

ふや・す②【殖やす】(他五)①增殖。△資本(しほん)を〜/増殖资本。②繁殖。△金魚(きんぎょ)を〜/繁殖金鱼。

ふや・す②【増やす】(他五)增加, 添。△練習量(れんしゅうりょう)を〜/增加练习量。△人数(にんずう)を〜/增加人数。

ふゆ②【冬】冬天。△〜になる/入冬。△〜を過(すご)す/过冬。

ふゆかい②【不愉快】(名・形动)不愉快, 不高兴。△〜な顔(かお)つき/不痛快的样子。△〜に感(かん)ずる/感到不愉快。

ふゆやすみ⓪【冬休み】寒假。

ふよう⓪【不用】(名・形动)不用, 无用, 不起作用。△〜の物(もの)/不用的东西。△〜の施設(しせつ)/废旧设施。

ふよう⓪【不要】(名・形动)不要, 不需要。△〜不急(ふきゅう)/非急需。△〜な物(もの)を売(う)り払(はら)おう/把不需要的东西卖掉

吧。△説明(せつめい)は〜です/勿需说明。

ふよう⓪【扶養】(名・他サ)扶养。△〜義務(ぎむ)/扶养义务。△〜家族(かぞく)/扶养的家属。△〜手当(てあて)/扶养家属补贴。

ふようい②【不用意】(名・形动)①没准备。△〜のまま会(かい)を開(ひら)く/没有准备就开会。②没在意，未经考虑。△〜な言葉(ことば)/没加考虑的话。

ふようひん②【不用品】废弃物品。△〜リサイクル/废弃物再利用。

フライ⓪[fly]飞，飞行。△〜アウエー/(游乐设施)空中悬浮。△〜アッシュ/飞尘，飘尘。△〜イングソーサー/飞碟。

プライド②[pride]骄傲，自豪，自尊心。△〜が高(たか)い/自尊心很强。△〜を傷(きず)つけられる/自尊心受到损伤。

プライバシー②[privacy]私生活，个人秘密，稳私。△〜の権利(けんり)/隐私权。△〜保護条例(ほごじょうれい)/隐私保护条例。△〜の侵害(しんがい)/侵犯隐私。△〜をおかされる/个人自由被侵犯。△〜をもつ/拥有个人秘密。

プライベート②[private](形动)私人的，个人的。△〜な問題(もんだい)/个人问题。

ブラウス②[blouse]①(妇女用)宽大的短外套，罩衫。△〜スーツ/同料套裙。②(女用)工作罩衫。

プラカード③[placard]标语牌，广告牌。△〜を掲(かか)げ歩(ある)いているデモの隊列(たいれつ)/高举标语牌行进的示威游行队伍。

ぶらく①【部落】村落，村庄。△山間(さんかん)の小(ちい)さな〜/山里的小村落。

ぶらさが・る⓪【ぶら下がる】(自五)①垂，吊，悬，搭拉。△葡萄(ぶどう)がぶらさがっている/葡萄串搭拉着。②眼看到手。△優勝(ゆうしょう)が目(め)の前(まえ)に〜/胜利就在眼前。

ぶらさ・げる⓪【ぶら下げる】(他下一)悬挂，佩带。△こしに手(て)ぬぐいを〜/手巾挂在腰上。

ブラシ①[brush]刷子，电刷。△洋服(ようふく)に〜を掛(か)ける/用刷子刷西服。

プラス①[plus]①加，加号"+"。△3〜2は5だ/三加二等于五。②正数，正号"+"。③阳极。△〜アース/阳极接地。④盈余。⑤利益，有利。△〜になる/有利。△〜マイナス/ⅰ)加减，正负。ⅱ)得失，利弊。

プラスチック④[plastic]塑料，塑胶。△〜アーツ/塑造艺术。△〜フィルム/塑料薄膜。△〜モデル/塑料模型。

ふらつ・く⓪(自五)①(脚步)不稳，蹒跚。△酔(よ)って足(あし)が〜/醉得步伐蹒跚。②信步而行，溜达，闲逛。△ちょっと町(まち)を〜/到街上溜达一会儿。③犹豫不决。△気持(きもち)が〜/犹豫不定。

ぶらつ・く⓪(自五)①(悬着)摇

揺晃晃，摇摇摆摆。△物(もの)が～/(悬着的)东西摇摇摆摆。②闲逛，溜达。△町(まち)を～/逛大街。

フラッシュ② [flash]①闪光灯。△～を浴(あ)びる/受到摄影记者的包围。②(影视)瞬间的场面，闪影。③快讯。

プラットホーム⑤ [platform](火车的)站台，月台。△汽車(きしゃ)が～にすべりこむ/火车进入站台。

ふらふら① (副・自サ)①头昏脑胀，身体摇晃，跟跟跄跄。△熱(ねつ)で頭(あたま)が～する/因为发烧头昏脑胀。②溜达。③动摇。

	～歩く	疲れて足が～する	家で～している	つい～と盗む	骨折して手が～になる
ふらふら	○	○	×	○	×
ぶらぶら	○	×	○	×	○

ぶらぶら①⓪ (副・自サ)①晃荡，摇晃。△糸瓜(へちま)が風(かぜ)で～する/丝瓜因风摇晃。②信步而行，溜达。△～と歩(ある)く/闲溜达。③赋闲，闲着。△いつまで～しておれますか/能够老这样游手好闲地泡着吗？⇨ふらふら表

プラン②① [plan]①计划，方案。△～を練(ね)る/反复研究方案。△～に従(したが)って事(こと)を行(おこな)う/按计划行事。②设计图，平面图。

ブランク②① [blank]白纸。△答案(とうあん)を～のまま出(だ)す/交白卷。②空白，余白。△～を埋(う)める/填补空白。△～がある/有空白。

ブランデー②⓪ [brandy]白兰地(酒)。

ブランド⓪ [brand]商标，牌子。△一流(いちりゅう)～/一流商标。△～商品(しょうひん)/名牌商品。△～イメージ/商标印象。

ふり① 【不利】(名・形动)①无益，没利益。②不利。△形勢(けいせい)～/形势不利。

ふり②⓪ 〔振り・風〕①摇动，挥动。△バットの～/(高尔夫)球杆的挥动。②外表，样子，举动。△なり～かまわず/不修边幅。不讲究穿戴。③(演剧、舞蹈的)动作。△～をつける/带(舞蹈、戏剧)动作。④陌生，突如其来。△～の客(きゃく)/不速之客。⑤假装，装做。△寝(ね)た～をする/装睡。△知(し)らない～をする/假装不知道。◇人(ひと)の～見(み)て我(わ)が～直(なお)せ/借鉴他人，完善自我。

フリー② [free]①(名・形动)自由，无拘束。△～な立場(たちば)で話(はな)す/无拘无束地讲话。②免费，免税，不要钱。③("フリーランサー"之略)无所属者，自由契约者。△～の記者(きしゃ)/自由记者。△～歌手(かしゅ)/自由歌手。

ふりかえ・る③ 【振(り)返る】(自他五)①回头看，向后看。△後(うし)ろを～/向后看。②回顾。△半生(はんせい)を～/回顾前半生

经历。

ふりがな⓪ 【振(り)假名】(在汉字上注的)振假名。△漢字(かんじ)に～をつける/汉字上注假名。

ふりき・る③ 【振(り)切る】(他五)①甩开，挣开。△押(おさ)えた手(て)を振切って逃(に)げる/挣开对方的手逃脱。②断然拒绝。△引止(ひきと)めるのを振切ってとびだす/断然拒绝劝阻跑出去。③〈俗〉摆脱，甩开。△追跡(ついせき)を～/摆脱追踪。

ふりこ⓪ 【振(り)子】摆，振动子。△～時計(どけい)/带摆的钟。△時計(とけい)の～がとまった/钟(摆)停了。

ふりこ・む③ 【振(り)込む】(自他五)①撒入。△スープに胡椒(こしょう)を～/往汤里撒胡椒。②存入，拨入。△小切手(こぎって)を当座預金(とうざよきん)に～/把支票存入活期存款。

ふりそそ・ぐ④⓪ 【降(り)注ぐ】(自五)①(阳光)强射。△太陽(たいよう)が～/太阳强烈照射。②倾盆(大雨)。△雨(あめ)が一日中(いちにちじゅう)たえまなく～/一整天倾盆大雨未停。

ふりだし⓪ 【振(り)出(し)】①(经济)开汇票，开票据。△～人(にん)/开汇票的人。②(工作、履历)最初，开端。△彼(かれ)は大工(だいく)が～です/他当初是个木匠。③出发点。△～に戻(もど)る/回到出发地点。

ブリッジ② [bridge]①桥。②(车站)天桥。③船桥，舰桥。④桥牌。

ふりま・く③ 【振り撒く】(他五)①撒，散，洒水。△水(みず)を～/撒水。△花(はな)を～/散花。②(毫不吝惜地)给予他人。△愛嬌(あいきょう)を～/对人笑容可掬。

	塩を～	水を～	愛嬌を～	選挙で金を～	世界各地に～れたスパイ
振りまく	○	△	○	×	×
ばらまく	○	×	×	○	-か○
まき散らす	○	○	×	×	×

ふりまわ・す④ 【振(り)回す】(他五)①抡，挥。△包丁(ほうちょう)を～/挥刀。②随便使用，滥用。△権力(けんりょく)を～/滥用权力。③显示，卖弄。△知識(ちしき)を～/卖弄知识。

ふりむ・く③ 【振(り)向く】(自五)①向旁处看。△彼(かれ)は振向きもせずに行(い)ってしまった/他头也不回地就走开了。②理睬。△振向いても見(み)ない/理也不理。

ふりむ・ける④ 【振(り)向ける】(他下一)①转向旁边。△顔(かお)を～/把脸扭过去。②分派，分配。③挪用，把(钱)用在…上。△税金(ぜいきん)を福祉(ふくし)に～/把税金用在福利方面。

ふりょう⓪ 【不良】(名・形动)①不好，坏。△品質(ひんしつ)～/品质不良。△～貸(か)し/坏账，不良贷款。△～在庫(ざいこ)/滞销存货。②品行不端(的人)，流氓。△～少年(しょうねん)/品行不端的少年，小流氓，阿飞。

ふりょく① 【浮力】浮力。△～曲線(きょくせん)/浮力曲线。△～タンク/浮力箱,浮筒。△～の中心(ちゅうしん)/浮力中心,浮心。

ぶりょく① 【武力】武力,兵力。△～に訴(うった)える/诉诸武力。△～を行使(こうし)する/行使武力。

プリント⓪ [print](名・他サ)①印刷,印刷品。△記録(きろく)を～する/把记录印出来。②晒相,印相,晒图。③印花,印染。△～服地(ふくじ)/印花布料。④版画,印画。⑤油印(的东西)。△～ショップ/i)版画店 ii)印刷所。

ふ・る① 【降る】(自五)①下,降。△雨(あめ)が～/下雨。△災難(さいなん)が～/灾难降临。②大量聚集。△縁談(えんだん)は～ほどある/提媒的不知有多少。◇降(ふ)って涌(わ)いたよう/突如其来。有如天降。

ふ・る⓪ 【振る】(他五)①摇。②前后、左右地摇动。△しっぽを～/摇尾。③撒。△塩(しお)を～/撒盐。④分派,分配。△めいめいに役(やく)を～/分配给每个人任务。⑤标注(假名)。△仮名(かな)を～/标注假名。⑥开(汇票、票据)。△為替(かわせ)を～/开汇票。⑦〈俗〉拒绝,甩。△男(おとこ)を～/拒绝男人求爱。△女(おんな)にふられる/被女人甩了。⑧(地位、职位)丧失,丢掉,牺牲。△地位(ちい)を棒(ぼう)に～/丧失地位。

フル① [full]充分,满,最大限度。△～シーン/全影。△～タイム/全勤的。△～ネーム/全名。△～ハウス/客满,满座。△～ムーン/满月。△実力(じつりょく)を～に発揮(はっき)する/充分发挥实力。△～に働(はたら)く/全负荷地劳动。△～に使(つか)う/充分使用。△スピードを～に出(だ)す/开足马力。

ふる・い② 【古い】〔旧い〕(形)①旧,老,古。△～話(はなし)/故事,往事。②过去的,往日的,旧日的。△～つきあい/往日的交往。③落后,老样式。△考(かんが)えが～/想法陈旧。

ふる・う⓪ 【震う】(自五)①震动。△大地(だいち)が～/地动。②颤动,发抖,哆嗦。△寒(さむ)さに～/冷得打哆嗦。

ふる・う⓪ 【奮う】(自他五)①振奋,鼓励,振作。△奮って参加(さんか)せよ/鼓起勇气参加。②(以"奮っている、奮った"的形式)奇特,新颖,特别。△言(い)うことがふるっている/说得漂亮。△彼(かれ)のすることは実(じつ)にふるっている/他做事真特别。

ふる・う⓪ 【振(る)う】(自他五)①兴旺,旺盛。△新会社(しんがいしゃ)がおおいに～/新公司很兴旺。②抖,挥。△筆(ふで)を～/挥笔。△刀(かたな)を～/挥刀。③发挥,挥动。△腕(うで)を～/施展才能。△台風(たいふう)が猛威(もうい)を～/台风刮得凶猛。④振奋,振作。△元気(げんき)を～/

振奋精神。△勇気(ゆうき)を〜/鼓足勇气。△猛威(もうい)を〜/振虎威。

ブルー② [blue](名・形动)①青,蓝色。△〜カラー/蓝领。〈转〉工人。△〜ブック/i)(政府或议会的)蓝皮书。ii)名人录。△〜ブラック/深蓝色,蓝黑色。②忧郁。△〜な一日(いちにち)/忧郁的一天。

ふる・える⓪【震える】(自下一)①震动,颤动。△大地(だいち)が〜/大地震动。△震動(しんどう)でガラス窓(まど)が〜/震得玻璃窗直颤动。②(因热、冷、恐惧、手脚、身体)哆嗦,发抖,打颤。△手(て)が〜/手哆嗦。△怒(いか)りに〜/气得发抖。

ふるさと②①【古里】〔故郷〕①故乡,故里,家乡,老家。△〜の言葉(ことば)/家乡话。△〜に帰(かえ)る/回老家。△〜が懐(なつか)しい/怀念故乡。②发祥地。△文明(ぶんめい)の〜/文明的发祥地。

ブルジョア⓪[法 bourgeois]①资产阶级(分子),有产者,资本家。△〜革命(かくめい)/资产阶级革命。△〜社会(しゃかい)/资本主义社会。②〈俗〉有钱人,财主。

プル・トップ③[pull-top]易拉罐。

ぶるぶる①(副・自サ)哆嗦,发抖。△寒(さむ)くて体(からだ)が〜ふるえる/身体冻得直哆嗦。

ふるほん⓪【古本】(也说"ふるぼん")①旧书。②古书。△〜屋(や)/古旧书店。

ふるま・う③【振(る)舞う】(自他五)①行动,动作。△自由(じゆう)に〜/行动自由。△わがままに〜/为所欲为。②请客,宴请。△気前(きまえ)よく〜/慷慨请客。

ぶれい①【無礼】(名・形动)无礼,不恭敬,不礼貌。△〜な振(ふ)る舞(ま)い/不礼貌的行为。△〜講(こう)/不论身份高低,不讲虚礼,开怀畅饮的酒宴。⇨しつれい表

プレー②[play]①玩耍,游戏。②比赛。△〜に勝(か)つ/比赛得胜。△〜に負(ま)ける/比赛失败。③演技。△すぐれた〜/出色的演技。④(球类比赛)开始,开球。△〜ボール/(球类比赛)开球。

ブレーキ②[brake]①闸,制动器。△〜を踏(ふ)む/踩制动器。△〜をかける/煞车。②制止,阻碍。△値上(ねあ)げに〜をかける/制止涨价。

フレーム②[frame]框,架。△〜アンテナ/框形天线。△〜ハウス/木框架房屋。△〜レス/无骨架,无框架。

プレス②[press]①压,按,熨。②出版物。报社,新闻社。△〜カード/记者证。△〜カメラ/新闻摄影机。△〜センター/新闻中心。△〜パーティー/记者招待会。△〜ボックス/记者席。

プレゼント②[present](名・他サ)赠送,赠品,礼物。△クリスマスの〜をもらう/收到圣诞节的

礼物。△友達(ともだち)に～する/送给朋友礼物。

ふ・れる⓪【振れる】(自下一)①振动,摇动,晃荡。△地震(じしん)で電灯(でんとう)が～/电灯因地震摇晃。②偏向。△右(みぎ)へ～/向右偏。③能摇动,能振动。

ふ・れる⓪【触れる】(自他下一)①触,摸,碰。△肩(かた)が～/擦肩。△手(て)で物(もの)に～/用手触摸东西。②涉及,牵涉。△問題(もんだい)に～/涉及问题。△怒(いか)りに～/触怒,激怒。③背离,抵触。△法(ほう)に～/违反法律。④感官得到反应。△目(め)に～/看见。△耳(みみ)に～/听到。⇨さわる 表

ふろ②①〔風呂〕①澡盆,澡桶,浴池。△～にはいる/洗澡;沐浴。②洗澡水。△～が熱(あつ)い/洗澡水热。③浴场,澡塘。△～場(ば)/浴场,浴室。△～屋(や)/澡塘,浴池。

プロ①[professional]("プロフェッショナル"之略)专业的,职业的。△料理(りょうり)の～/烹饪的行家。△～とアマ/专业和业余。

ふろう⓪【浮浪】(名・自サ)流浪。△～者(しゃ)/流浪者,流浪汉。△～児(じ)/流浪儿。△各地(かくち)を～する/到处流浪。

ブローチ②[brooch](别在西服的领子或胸前的)饰针,胸针,别针。△～を胸(むね)に付(つ)ける/把别针别在胸前。

ふろく⓪【付録・附録】(名・他サ)①附录。△雑誌(ざっし)の～/杂志上的附录。②副刊。③(商店赠给顾客的)赠品。

プログラム③[program]①节目,节目单。△今日(きょう)のテレビにはどんな～があるのですか/今天电视有什么节目。②(电脑)程序。△コンピュータの～/电脑程序。△～仕様(しよう)/程序使用说明。△～制御(せいぎょ)/程序控制。△～バンク/程序库。③进度表,程序表。④纲领。⑤计划。

プロジェクト③[project]①(研究和事业的)计划,设计。②项目。△～チーム/项目小组。③(辅助课堂教学的)课外自修项目。

ふろしき⓪〔風呂敷〕包袱皮。△～にくるむ/裹在包袱皮里。△～つつみ/包袱,包裹。◇～を広(ひろ)げる/说大话,吹牛皮。△大～(おおぶろしき)を広げる/大吹大擂。

プロセス②[process]①程序,工序,顺序。△作業(さぎょう)の～/操作工序。②经过,过程。△結果(けっか)よりも～を重視(じゅうし)する/过程比结果还要重要。③(套色)印刷法。△～平板(へいばん)/平板套色印刷术。△二色(にしょく)～/双色套板。

ブロック②[bloc]集团。△～経済(けいざい)/集团经济。

ブロック②[block]①片,块。△氷(こおり)の～/冰块。△～建築(けんちく)/分块建筑。②木印板。

③预制板,预制件。△コンクリートの～を積重(つみかさ)ねる/把混凝土预制板堆积起来。④(市街的)街区,地段。

プロペラ⓪ [propeller]①(船舶、飞机的)螺旋桨,推进器。②(混料机的)推进刮板。△～ポンプ/螺旋泵。△～ランナ/螺旋桨式叶轮。

プロポーズ③ [propose](名・自サ)①申请,(特别指)结婚申请。②求婚。△彼女(かのじょ)に～したが断(ことわ)られた/向她求婚了,可是被拒绝了。

プロレス⓪[professional wrestling]("プロフェッショナル・レスリング"之略)职业摔跤。

プロレタリア④ [德 Proletarier]①无产者,工人。无产阶级。②〈俗〉穷人。

ブロンズ② [bronze]青铜,青铜像。△～色(いろ)/青铜色。△～像(ぞう)/青铜像。△～エイジ/青铜器时代。

ふわふわ① (副・自サ)①轻飘飘。△風船玉(ふうせんだま)が～上空(じょうくう)に浮(う)かんでいる/气球轻飘飘地浮在空中。②心神不定,浮躁。△～した気分(きぶん)/心神不定。③暄腾腾。△～としたふとん/暄腾腾的被褥。

ふわり②③ (副)①微微飘动。△カーテンが風(かぜ)で～と揺(ゆ)れる/窗帘随风轻轻飘动。②轻轻地(盖上,放上,搭上)。△毛布(もうふ)を～とかける/把毯子轻轻地盖上。

ぶん① 【分】①分,份儿,部分。△私(わたし)の～/我的份儿。△必要(ひつよう)な～/需要的东西。②身份,地位。△～を知(し)る/了解其身份、地位。③本分。△～を尽(つ)くす/尽本分。△～に安(やす)んずる/安分守己。

ぶん① 【文】①句子。△～を作(つく)る/造句。②文章。△～を書(か)く/写文章。△～を寄(よ)せる/投稿。△～は人(ひと)なり/文如其人。③文。△～武両道(ぶりょうどう)/文武殊途。

ふんいき③ 【雰囲気】①大地,空气。②气氛,氛围。△家庭的(かていてき)～/家庭的气氛。△愉快(ゆかい)な～に包(つつ)まれる/沉浸在愉快的氛围中。

ふんか⓪ 【噴火】(名・自サ)喷火,冒火。△～口(こう)/(火山)喷火口。△～山(さん)/喷火火山,活火山。△火山(かざん)が～する/火山喷火。

ぶんか① 【文化】文化。△～団体(だんたい)/文化团体。△～の交流(こうりゅう)/文化交流。△～財(ざい)/文化遗产,文物。△～人(じん)/从事学问、艺术工作的人。△～の日(ひ)/文化节。△～が開(ひら)ける/开化。

ふんがい⓪ 【憤慨】(名・自他サ)愤慨,气愤。△～にたえない/十分愤慨。△不公平(ふこうへい)な処置(しょち)に～する/对不公平的处置感到气愤。

ぶんかい⓪ 【分解】(名・自他サ)

①拆卸,卸开,分析。△～掃除(そうじ)/拆开清扫。△机機(きかい)を～する/拆卸机器。②(化学)分解。△電気(でんき)～/分解电。△水(みず)を～する/分解水。△～作用(さよう)をおこす/起分解作用。

ぶんがく①【文学】文学。△～史(し)/文学史。△～博士(はかせ)/文学博士。△～を愛好(あいこう)する/爱好文学。

ぶんかつ⓪【分割】(名・他サ)分割,分开。△～統治(とうち)/分开统治。△～払(ばら)い/分期付款。△土地(とち)を～する/分割土地。

ふんき①【奮起】(名・自サ)奋起,奋发,振奋。△～して富強(ふきょう)をはかる/奋发图强。

ふんきゅう⓪【紛糾】(名・自サ)纠纷,混乱,纷乱。△事件(じけん)が～する/事件混乱。△審議(しんぎ)が～する/审议而不决。

	相続問題で～する	議論の～を招く	～が起こる	両国の～を調停する	夫婦間の～
紛糾	○	○	×	×	×
紛争	×	×	×	○	×
もめ事	×	×	○	×	○
ごたごた	○	×	○	×	○

ぶんぎょう⓪【分業】(名・他サ)①分工。△～をして能率(のうりつ)を上(あ)げる/进行分工以提高效率。②专业分工。△社会的(しゃかいてき)～/社会分工。

ぶんけい⓪【文型】句型。△～の練習(れんしゅう)をする/练习句型。

ぶんげい①⓪【文芸】①学问和技艺。②文学和艺术。③(对音乐、美术而言)诗、小说、戏曲等语言艺术。△～家(か)/文艺家。△～評論(ひょうろん)/文艺评论。

ぶんけん⓪【文献】①文献。△平安時代(へいあんじだい)の貴重(きちょう)な～が見(み)つかる/发现平安时代的重要文献。②文件。△参考(さんこう)～/参考文件。

ぶんこ⓪【文庫】①书库。△本(ほん)を～に納(おさ)める/把书藏到书库里。②藏书。③文卷匣,手提箱。△手(て)～/手提文件箱。④丛书,(普及版的)廉价袖珍本。△～本(ぼん)/袖珍本。

ぶんご⓪【文語】①文章语言,书面用语。△～体(たい)/文语体。②文语,文言。△～文(ぶん)/文言文。△～文法(ぶんぽう)/文言文法。

ふんさい⓪【粉砕】(名・他サ)①粉碎,打碎。△～機(き)/粉碎机。②打垮,粉碎。△敵(てき)を～する/打垮敌人。

ぶんさん⓪【分散】(名・自他サ)①分散,散开。△人口(じんこう)が～する/人口分散。△注意力(ちゅういりょく)を～させるな/别分散注意力。②(物理)色散,弥散。③(数学)离散,方差。

ぶんし①【分子】①分子。△～式(しき)/分子式。△～量(りょう)/分子量。②(数学)分子。③分子。△危険(きけん)～/危险分子。

ふんしつ⓪【紛失】(名・自他サ) 紛失,丢失,失落。△〜届(とど)け/失物报告。△〜物(ぶつ)/失物。

ぶんしゅう⓪【文集】文集。△卒業記念(そつぎょうきねん)〜/毕业纪念文集。△〜をつくる/编选文集。

ぶんしゅう⓪【分衆】价值观多元化,个性化。△〜社会(しゃかい)/多元社会,分众社会。

ふんしゅつ⓪【噴出】(名・自他サ)喷出。△〜岩(がん)/火山岩。△地下(ちか)から石油(せきゆ)が〜する/地下喷出石油。△火山(かざん)が盛(さか)んに灰(はい)を〜する/火山不断地喷灰。

ぶんしょ①【文書】文书,公文,文件。△重要(じゅうよう)〜/重要文件。△私(し)〜/私人函件。△〜課(か)/秘书科。△〜偽造罪(ぎぞうざい)/伪造文书罪。

ぶんしょう①【文章】文章。△〜を書(か)く/写文章。△〜法(ほう)/写作文的方法。△〜にまとめる/整理成文章。△〜の構成(こうせい)/文章的结构。

ふんすい⓪【噴水】①喷水。△〜井戸(いど)/喷水井。②喷泉,喷水池。△〜のある広場(ひろば)/有喷水池的广场。△〜効果(こうか)/喷泉效应。

ぶんすう⓪【分数】分数。△帯(たい)〜/带分数。

ふん・する③〔扮する〕(自サ)装扮,扮演。△彼(かれ)の〜ファウストはすばらしかった/他扮演的浮士德很成功。

ぶんせき⓪【分析】(名・他サ)①分析,分解,化验。△食品(しょくひん)の〜/食品的分析。②分析。△内容(ないよう)を〜する/分析内容。△心理(しんり)を〜する/分析心理。△〜の方法(ほうほう)/分析的方法。

ふんそう⓪【紛争】(名・自サ)纠纷,纷争。△〜が起(お)こる/发生纠纷。△国際間(こくさいかん)の〜を解決(かいけつ)する/解决国际间的纠纷。⇨ふんきゅう 表

ぶんたい⓪【文体】①文章的体裁。②文体。风格。△作家(さっか)の〜/家的风格。

ふんだん①(副・形動)①不间断。②〈俗〉很多。△金(かね)なら〜にある/钱有的是。⇨わんさと 表

ぶんたん⓪【分担】(名・他サ)分担。△費用(ひよう)を〜する/分担费用。△〜金(きん)/分担钱。△役割(やくわり)を〜する/分担任务。

ぶんだん⓪【文壇】文坛。△〜に出(で)る/走上文坛。

ぶんつう⓪【文通】(名・自サ)通信。△〜がない/没有信息。△彼(かれ)となんども〜したことがある/我跟他通过好几次信。

ふんとう⓪【奮闘】(名・自サ)①奋战,奋斗。△孤軍(こぐん)〜/孤军奋战。△力(ちから)をあわせて〜する/共同努力奋斗。②努力。△刻苦(こっく)〜の作風(さくふう)/艰苦奋斗的作风。

ふんどう⓪【分銅】砝码，秤砣。△~を載(の)せる/摆上砝码。

ぶんぱい⓪【分配】(名・他サ)①分配，分给。△遺産(いさん)の~/遗产的分配。②劳动所得。△利益(りえき)を三人(さんにん)に~する/把红利分给三人。

ふんば・る③【踏(ん)張る】(自五)①用力叉开腿立着不动。△土俵(どひょう)ぎわで~/在相扑场界内用力叉开双腿站住。②坚持，不屈服，加劲儿。△もう少(すこ)しだから，ふんばれ/只剩一点儿了，加油吧！

ぶんぴ⓪【分泌】(名・自他サ)→ぶんぴつ。

ぶんぴつ⓪【分泌】(名・自他サ)分泌。△ホルモンの~/激素的分泌。△~物(ぶつ)/分泌物。△胃液(いえき)を~する/分泌胃液。

ぶんぴつ⓪①【文筆】文笔。△~に親(した)しむ/喜欢写作。

ぶんぷ⓪①【分布】(名・自他サ)分布，散布。△~図(ず)/分布图。△~区域(くいき)/分布范围。△動植物(どうしょくぶつ)の~/动植物的分布。△支店(してん)は全国(ぜんこく)に~している/分号遍布全国。

ふんべつ①【分別】(名・他サ)辨别力，判断力。△~を失(うしな)う/失去判断力。△~のある人(ひと)/通达事理的人。△~にまよう/难以辨别。

ぶんぼ①【分母】(数学)分母。

ぶんぽう⓪【文法】①语法，文法。②语法书，文典。③文法学。

ぶんぼうぐ③【文房具】文具。

ふんま・える④③【踏んまえる】(他下一)〈俗〉①踩，踏，用力踩踏。②根据，依据。(→ふまえる)。

ふんまつ⓪【粉末】粉末。△大豆(だいず)を~にする/大豆弄成粉末。△~薬(やく)/粉剂。

ぶんみゃく⓪【文脈】文脉，文理。△~がはっきりしない/文脉不清。△~をたどる/追寻文章的前后关系。寻找文理。△~が乱(みだ)れている/文理混乱。

ふんむ【噴霧】喷雾，雾化。△~液(えき)/喷雾液。

ぶんめい⓪【文明】文明。△~の開化(かいか)/文明开化。△~国(こく)/文明国。△~の利器(りき)/文明的利器(现代化生活设施)。△~の進(すす)んだ国家(こっか)/文明发达的国家。△~の衝突(しょうとつ)/文明差异。

ぶんや①【分野】范围，领域，岗位。△未開拓(みかいたく)の~/未开拓的领域。△専攻(せんこう)~/专业范围。△人人(ひとびと)はそれぞれの~で社会(しゃかい)に尽(つ)くす/人们在各自不同的岗位上为社会服务。

ぶんよ【分与】(名・他サ)分与，分给。△財産(ざいさん)を子どもたちに~する/把财产分给子女。

ぶんり⓪①【分離】(名・自他サ)①分开。△歩道(ほどう)と車道(しゃどう)の~/人行道和汽车道分开。

△油(あぶら)と水(みず)とは完全(かんぜん)に～する/油和水完全分离。②(化学)分离。△～機(き)/分离器。△～の法則(ほうそく)/分离定律。

ぶんりつ⓪【分立】(名・自サ)分立。△三権(さんけん)～/三权分立。

ぶんりゅう⓪【分流】(名・自サ)①分流，支流。△利根川(とねがわ)の～/利根川的支流。②分派，支派。

ぶんりょう③【分量】①分量。△薬(くすり)の～/药的分量。②容积。③数量。△仕事(しごと)の～をみな同(おな)じにする/统一工作量。△目(め)～/用眼睛估计。

ぶんるい⓪【分類】(名・他サ)分类，分门别类。△～学(がく)/分类学。△カードを～する/把卡片加以分类。△形(かたち)による～/按照形状进行分类。△郵便物(ゆうびんぶつ)を～する/分检邮件。

ぶんれつ⓪【分裂】(名・自サ)①分裂。△政党(せいとう)が～する/政党分裂。②裂变，分裂。△～組織(そしき)/(植物)生组织。△細胞(さいぼう)が～する/细胞分裂。△原子核(げんしかく)～/原子核裂变。

へ

へ（格助）（读"え"音）①（表示动作、作用的方向）往，向。△家(うち)～帰(かえ)る/回家。△上海(シャンハイ)～立(た)つ/动身去上海。②（表示动作、作用的对方、对象）给。△父(ちち)～の手紙(てがみ)/给父亲的信。△先生(せんせい)～よろしくお伝(った)えください/请向老师代问好。③（表示动作、作用的归着点）到，在。△ここ～荷物(にもつ)を置(お)いてはいけない/这里不准放行李。

ペア① [pair]①一对，一双，一副。△～ルック/情侣服。△彼女(かのじょ)と～を組(く)む/和她组成一组。△～ケーブル/双股电缆。△～グラス/双层玻璃。②体育比赛中的两人组。△～オール/双人(单桨)赛艇。△～スケーティング/(男女)双人花样滑冰。

へい① 【丙】①丙，天干之一。②（事物的顺序第三）丙。△物理(ぶつり)の成績(せいせき)は～だ/物理的成绩是丙。

へい⓪ 【塀】〔屏〕围墙，墙壁。△～が倒(たお)れる/墙倒了。△～を乗(の)り越(こ)える/翻越围墙。

へい⓪ 【弊】弊病。△官僚主義(かんりょうしゅぎ)の～をただす/改正官僚主义弊病。

ペイ⓪ [pay]工资，报酬，支付。△～オフ/付清工资。决算。△～TV(テレビ)/收费电视。△～デー/发薪日。△～バイホン/用电话向银行支付各种费用。

へいあん⓪ 【平安】（名・形动）平安，无事。△一路(いちろ)～をいのる/祝一路平安。△～な毎日(まいにち)を過(す)ごす/每天过着安泰的日子。⇨へいおん表

へいあんじだい⑤ 【平安時代】平安时代，平安朝。

へいい⓪① 【平易】（名・形动）容易，简明，平易。△～な解説(かいせつ)/简明的解说。△説明(せつめい)が～でだれにでもわかる/解说得很浅近，谁都懂。

	～な問題	～な文章	～でない情勢	源氏物語を～に訳す	～にできる仕事
平易	○	○	×	○	×
容易	○	×	○	×	○

へいえき⓪① 【兵役】兵役。△～に服(ふく)する/服兵役。

へいおん⓪ 【平穏】（名・形动）平稳，平静，平安。△～無事(ぶじ)/平安无事。△～を取(と)り戻(もど)す/恢复平静。

	旅の～を祈る	大会は～に終わった	事態が～に戻る	～定年まで勤める	心の～を求める
平穏	○	○	○	×	○
無事	○	○	×	○	×
平安	○	×	×	×	×

へいかい⓪ 【閉会】（名・自他サ）

閉会。△～式(しき)/閉幕式。△～の辞(じ)を述(の)べる/致闭幕辞。

へいがい⓪ 【弊害】弊病，毛病。△～が出(で)る/出现弊病。△～をもたらす/带来弊病。△～を除(のぞ)く/铲除弊病。

へいき⓪ 【平気】(名・形动)不在乎，不介意，无动于衷。△～の平左(へいざ)/满不在乎，无动于衷。△～で嘘(うそ)をつく/瞪着眼撒谎。△～な顔(かお)をする/作满不在乎的样子。⇨へいぜん[表]

へいき① 【兵器】兵器，武器。△核(かく)～/核武器。△～庫(こ)/武器库。△原子(げんし)～/原子武器。△～廠(しょう)/兵工厂。

へいきん⓪ 【平均】(名・自他サ)①平均。△～耐用年数(たいようねんすう)/产品平均寿命。△～値(ち)/平均值。△～スピード/平均速度。△～賃金(ちんぎん)/平均工资。△～見本(みほん)/平均取样。△組(くみ)の成績(せいせき)を～する/把全组成绩平均起来。②整齐，一致。③平衡，均衡。△～を取(と)る/取得平衡。△～運動(うんどう)/平衡运动。△片足(かたあし)で体(からだ)の～を保(たも)つ/用一只脚保持身体平衡。

へいこう⓪ 【平行】(名・形动・自サ)①平行。△～四辺形(しへんけい)/平行四边形。△紙(かみ)に定規(じょうぎ)で二本(にほん)の～な線(せん)を引(ひ)く/用直尺在纸上画两条平行线。②并行。△～して行進(こうしん)する/并列前进。

へいこう⓪ 【平衡】平衡。△～を保(たも)つ/保持平衡。△～を失(うしな)う/失去平衡。

へいこう⓪ 【並行】(名・自サ)并行。△鉄道(てつどう)と～する道(みち)/和铁路平行的路。△電車(でんしゃ)とバスが～する/电车和公共汽车并行。

へいこう⓪ 【閉口】(名・自サ)①为难，无法对付。△この暑(あつ)さに～する/苦于天气太热。②闭口，闭口无言。△彼(かれ)は問(と)い詰(つ)められて～した/他被追问得闭口无言。

へいごう⓪ 【併合】(名・他サ)合并。△～罪(ざい)/(法律)数罪并罚。

べいこく⓪ 【米国】美国。△～通商法(つうしょうほう)/美国贸易法。

へいさ⓪ 【閉鎖】(名・他サ)封闭，封锁，关闭。△工場(こうじょう)を～する/关闭工厂。△～的(てき)な性格(せいかく)/性格孤僻。△～と開放(かいほう)/封闭与开放。△窓口(まどぐち)を～する/关闭窗口。

へいし① 【兵士】兵士，战士，士兵。△～になる/当兵。

へいじつ⓪ 【平日】①平日(节假日以外的)。△バスは～の方(ほう)がすいている/公共汽车平日不拥挤。②平常，平素，素日。△～の通(とお)り授業(じゅぎょう)がある/照常授课。△～立会(たち

あぃ)/交易所正常交易日。

へいじょう⓪【平常】(名・副)平常，平素，普通。△〜通(どお)り営業(えいぎょう)する/照常营业。△事態(じたい)が〜にもどる/情况恢复正常。

へいせい⓪【平成】平成(现今天皇年号，始于1989年)。

へいせい⓪【平静】(名・形动)平静。△〜な態度(たいど)/平静的态度。△〜を装(よそお)う/装作平静的样子。△大事(だいじ)に臨(のぞ)んでも〜を保(たも)つ/面临大事也保持镇静。⇨へいぜん表

へいぜん⓪【平然】(形动タルト)不介意，不在乎，沉着，冷静。△〜と構(かま)える/满不在乎。△大事(だいじ)な試合(しあい)にも〜たる態度(たいど)で臨(のぞ)む/就是对重要比赛也保持冷静态度。

	〜とした態度	〜な態度	〜罪をよ犯す	〜をよそおう	〜を失う
平然	○	×	-と○	×	×
平気	○	○	-で○	○	×
平静	×	○	×	○	○

へいそ①【平素】(名・副)平素，素日。△〜の行動(こうどう)/平时的行为。△〜からこつこつ努力(どりょく)している/平常就孜孜不倦地钻研。

へいたい⓪【兵隊】①士兵,军人。②军队。

へいち⓪【平地】平地。△日本(にほん)は〜が少(すくな)くて山(やま)ばかりです/日本平地很少,尽是山地。

へいてん⓪【閉店】(名・自サ)①(商店过了营业时间)关门。△デパートは八時(はちじ)に〜する/百货商店8点关门。②(商店)倒闭，停业。△店(みせ)が〜する/商店倒闭。

へいねん⓪【平年】①平年，非闰年。②例年，常年。△〜作(さく)/普通年成。△気温(きおん)は〜並(なみ)だ/气温与常年一样。

へいはつ⓪【併発】(名・自他サ)并发。△かぜから肺炎(はいえん)を〜する/感冒合并肺炎。△余病(よびょう)が〜する/引起并发症。

へいほう⓪①【平方】(名・他サ)①平方。△三(さん)の〜は九(きゅう)/3的平方是9。△〜根(こん)/平方根。②下接长度单位，表示面积。△3〜メートル/三平方米。③上接长度单位表示以该长度为一边的面积。△百(ひゃく)メートル〜/百米见方。△〜形(けい)/正方形。

へいぼん⓪【平凡】(名・形动)平凡,普通,一般。△〜な人(ひと)/平凡的人。△〜に一生(いっしょう)を送(おく)る/平凡地过完一生。

へいめん⓪③【平面】①平面，水平面。②表面，外表。△〜的(てき)な見方(みかた)/肤浅的看法。△〜図(ず)/平面图。

へいや⓪①【平野】平野，平原。△広広(ひろびろ)とした〜/广阔的平原。

へいりょく①【兵力】兵力,武力,战斗力。△敵(てき)の大量(たいりょ

うぅ)の～をせん滅(めつ)している/歼灭敌人大量兵力。△～に訴(うつた)える/诉诸武力。

へいれつ⓪【並列】(名・自他サ)①并列,并排。△車(くるま)が二台(にだい)～して進(すす)む/两辆车并列前进。②(电学)并联。△電池(でんち)を～につなぐ/把电池并联在一起。

へいわ⓪【平和】(名・形动)和平。△～な時代(じだい)/和平时代。△～を愛(あい)する/热爱和平。△～を守(まも)る/保卫和平。

へえ (感)(表示感动、惊慌、怀疑、赞叹等)啊。△～、それは大変(たいへん)だ/啊,那可了不得了。△～、本当(ほんとう)ですか/啊,真的吗?

ページ⓪ [page]页。△～を打(う)つ/打页码。

ベース① [base]①基础,基本,底部。△～賃金(ちんぎん)/基本工资。②根据地,基地。△～キャンプ/i)固定帐篷。ii)外国军事基地。③(棒球的)垒,垒垫。△ホーム～/本垒。

ペーパー⓪ [paper]①纸。△～テープ/纸带。△トイレット～/手纸,卫生纸。②报纸。③文件,论文④砂纸。

べからざる (连体)不可。△生活(せいかつ)に欠(か)く～品(しな)/生活上不可缺少的物品。△それは許(ゆる)す～行為(こうい)だ/那是不可原谅的行为。

べからず ①禁止,不行。△入(はいる～/禁止入内。△タバコをのむ～/禁止吸烟。②无法,不能。△深(ふか)さ測(はか)る～/深度无法测量。△虎(とら)のしりは触(さわ)る～/老虎屁股摸不得。

べき 〔可き〕(助动)(文语助动词"べし"的连体形)①应该。△守(まも)る～規則(きそく)/必须遵守的规则。△国家間(こっかかん)の関係(かんけい)は平等(びょうどう)の原則(げんそく)のうえにうちたてられる～である/国家之间的关系应建立在平等原则的基础上。②合适,适当。△これは子供(こども)が読(よ)む～本(ほん)じゃない/这书不合适小孩看。

へきえき⓪【へき易】〔辟易〕(名・自サ)畏缩,退缩,没办法。△困難(こんなん)にあって～する/遇到困难而畏缩。△あまりの高値(たかね)には～する/价钱太贵,令人望而却步。

べく 〔可く〕(助动词"べし"的连用形)①应该,可以,相当"ように"。△行(ゆ)く～なりぬ/可以去了。②要…就是。△行(い)く～もあまりにも遠(とお)し/要去,就是太远。③为了…目的。△日本語(にほんご)を勉強(べんきょう)すべく日本(にほん)に留学(りゅうがく)した/为了学习日语到日本留学了。△会(あ)う～出(で)かけた/前往会见。④表可能。△望(のぞ)む～もない/不会有希望的。

へこた・れる⓪ (自下一)〈俗〉①筋疲力尽。△山登(やまのぼ)り

の中途(ちゅうと)で～/上到半山腰就累垮了。△からだはまだ～ほどではありません/身体还不至于垮。②泄气，气馁。△雨(あめ)の日(ひ)も雪(ゆき)の日(ひ)も～ことなく，早朝(そうちょう)のトレーニングを続(つづ)けました/雨雪无阻，坚持早起锻炼。

ぺこぺこ① (副・形动・自サ)①非常饿。△おなかが～だ/肚子饿扁了。②点头哈腰。△頭(あたま)を～下(さ)げて謝(あやま)る/点头哈腰地赔不是。③(金属板等)凹下貌或其凹下的声音。△タイヤが～になった/轮胎瘪了。△～とへこむ/干瘪的凹下去。

へこ・む⓪〔凹む〕(自五)①凹下，洼下，瘪下。△地面(じめん)が～/地面下洼。△ボールが～/球瘪了。②屈服，认输。△どんな困難(こんなん)にあっても凹まない/遇到任何困难也不会吓倒。

べし〔可し〕(助动)①(表推量)将，会。△明日(あす)は雨(あめ)なる～/明天将会下雨。②(表义务)应该，必须。△学校(がっこう)の規則(きそく)を守(まも)る～/应该遵守校规。③(表可能)可以。△深(ふか)さ測(はか)るべからず/深不可测。④(表目的)想要，为了。⑤(表命令)务必。△あす8時(はちじ)に集合(しゅうごう)する～/明天务必8点集合。⑥(表预定)将，准备。△明日(あす)参上(さんじょう)いたす～/明天准备登门拜访。⑦(表禁止)不准，不许。△車内(しゃない)でたばこを吸(す)うべからず/不可在车内吸烟。

ベスト①[best]最好的，最高级的，全力。△自分(じぶん)の～を尽(つく)す/尽自己最大力量。△～コンディション/最佳状态。△～テン/最好成绩的十佳。

ペスト①〔德 pest〕(名・形动)鼠疫，百斯笃。△～菌(きん)/鼠疫菌。

へそ⓪〔臍〕脐，肚脐。◇～で茶(ちゃ)を沸(わ)かす/笑得肚子痛。捧腹大笑。◇～を曲(ま)げる/(因心里不痛快)别扭起来。◇～が曲(ま)がる/性格乖僻。

へた②【下手】(名・形动)①(手艺、技术等)拙笨，拙劣，不擅长。△～な字(じ)/不好的字。②不注意，马虎，不谨慎。△～をすると取(と)り返(かえ)しがつかない/稍不谨慎就无法挽救了。◇～の横好(よこず)き/虽不擅长，但很爱好。◇～の長談義(ながだんぎ)/又臭又长的讲话。◇～の考(かんが)え休(やす)むに似(に)たり/想不出好主意等于瞎耽误工夫。

へだた・る③【隔たる】(自五)①(时间、空间)隔离，有距离。△市街(しがい)が～/隔着市街。△事件(じけん)発生(はっせい)から百年(ひゃくねん)も隔たった今(いま)/事件发生至今已隔百年。△ここから三キロほど隔たった所(ところ)に川(かわ)がある/离此地3公里处有一条河。②(事物)不同，有差别。△実力(じつりょく)が～/

实力不同。③疏远，发生隔阂。
△心(こころ)が～/感情产生隔阂。

へだて③【隔て】①间隔，隔开。△間(あいだ)に～の柵(さく)を置(お)く/中间放置作为间隔的栏栅。②差别。△男女(だんじょ)の～なく登用(とうよう)する/不分男女予以录用。③隔阂。△あのことがあって彼(かれ)との間(あいだ)に～ができた/自从那件事以来，我和他之间有了隔阂。

へだ・てる③【隔てる】(他下一)①隔开，隔。△テーブルを～/隔着桌子。△五年(ごねん)を～/相隔五年。②使产生隔阂，离间。△二人(ふたり)の仲(なか)を～/离间两人关系。

べたべた①(副・自サ)①黏黏糊糊地。△～になるまで煮(に)る/煮得稀烂。△汗(あせ)で体(からだ)が～する/出汗身体黏糊糊的。②纠缠着(撒娇)。△彼(かれ)に～するな/别纠缠着他。③厚厚地涂抹，贴满。△ビラを～とはる/贴满传单。④厚厚地涂了一层。△のりを～にぬる/抹了厚厚一层浆糊。

べつ①【別】(名・形动)①区别，差别。△男女(だんじょ)の～/男女之别。△これとそれとは～だ/这个跟那个不同。②另外，除外，例外。△～の世界(せかい)/另外一个世界。△冗談(じょうだん)は～にする/先别开玩笑。③特别，尤其。△ぼくのほうは～にかまわない/我倒是不要紧。

	～の品	～に嫌いではない	～にのない方法	君の～に適任者はいない	願みて～を言う
別	○	○	×	×	×
外	○	×	×	×	×
他	○	×	○	×	○

べっきょ①⓪【別居】(名・自サ)分居，两地分居。△～生活(せいかつ)すでに七年(ななねん)に及(およ)ぶ/分居生活已达七年之久。△両親(りょうしん)と～する/跟父母分开住。

べっこ①⓪【別個】〔別箇〕(名・形动)①分别开，个别。△それとこれとは～に考(かんが)えた方(ほう)がよい/两者分开考虑较好。②另一个，个别。△～の取(と)り扱(あつか)い/另行处理。⇨べつべつ表

べっそう③【別荘】别墅。

ベッド①[bed]①床。△～ルーム/寝室。△ダブル～/双人床。②苗床，花坛。

ペット①[pet]①宠物，(饲养的)喜爱的动物。②〈喻〉心爱的男少女或比自己年轻的情人。△～ネーム/爱称。△～フード/宠物食品。

べつに⓪【別に】(副)另外，除此之外，特别(多下接否定式)。△～用(よう)はない/别无他事。△～困(こま)らない/并不怎么困难。

べつべつ⓪【別別】(名・形动)①分别，各别，分开。△～に進(すす)む/分别前进。△口(くち)と腹(はら)とは～だ/心口不一。②各自，分头。△～の容器(ようき)/各自的容器。△～の意見(いけん)/

各自的意見。△～に帰(かえ)る/各自回去。

	～に扱う	二つを～の包みにする	勉強部屋は兄弟～だ	それとは～の案を出す	～的
別別	○	○	○	×	×
別個	○	○	×	○	×
個別	○	×	×	×	○

べつもんだい③【別問題】另一回事，两码事。△認(みと)めるかどうかは個人(こじん)の好悪(こうお)とは～だ/赏识不赏识和一个人的好恶是两码事。

べつり①【別離】别离，分别，离别。△～の宴(えん)/离别之宴。△～の涙(なみだ)/惜别之泪。△～の悲(かな)しみ/别离之悲。⇨わかれ表

ベテラン①[veteran]老手，老练家，老资格。△～選手(せんしゅ)/老资格的选手。

ぺてん 〈俗〉欺骗，诈骗。△人(ひと)を～にかける/骗人。△あきらかに～だ/显然是个骗局。

へとへと⓪ (副)精疲力尽，非常疲劳。△もう～だ/太累了。

べに①【紅】①红花，红色颜料。②红色，鲜红色。③口红，胭脂。△～をさす/抹口红。△口(くち)～/口红。△ほお～/胭脂。

ペニシリン⓪[penicillin]青霉素（盘尼西林）。

へばりつ・く④⓪(自五)贴上，紧贴；纠缠。△岩壁(がんぺき)に～/紧贴岩壁上。△母親(ははおや)にへばりついて離(はな)れない/缠着妈妈不肯离开。

へび①【蛇】蛇。△～にかまれる/被蛇咬。◇蛇(じゃ)の道(みち)は～/干哪行的通哪行。△～使(つか)い/耍蛇的人。◇～の生殺(なまごろ)し/i)使之活受罪；弄个半死不活。ii)〈喻〉办事不彻底。

ベビー⓪[baby]婴儿，儿童。△～サークル/婴儿围椅。△～ストップ/堕胎。△～セット/儿童套服。△～タオル/婴儿毛巾。△～チューター/幼儿家庭教师。△～バギー/童车，婴儿用手推车。△～バスト/生育低潮。△～ブーム/生育高峰期。△～ブック/儿童用书，小孩成长影集。△～ベッド/儿童床。△～ホテル/临时托儿设施。

へま① ①(形动)愚蠢，笨拙，迟钝，不伶俐。△～な男(おとこ)/笨拙的人。②做错，失败。△～をやる/做错事。△～をして叱(しか)られた/做错事挨了骂。

へや②【部屋】①房间，屋子，室。△南向(みなみむ)きの明(あか)るい～/朝南的明亮房间。△ホテルの～をとっておく/预定旅馆房间。②(相扑)部屋(师傅训练徒弟的集体房间)。△～の親方(おやかた)/相扑师傅。

へら・す【減(ら)す】(他五)减少，裁减，精减。△経費(けいひ)を～/缩减经费。△腹(はら)を減らして家(いえ)へ帰(かえ)る/饿着肚子回家。

べらべら①(副・自サ)喋喋不休。△人(ひと)の秘密(ひみつ)を～としゃべるな/不要没完没了地讲

別人的隐私。

ぺらぺら① （副・形动・自サ）①说得流利，流畅。△彼(かれ)は日本語(にほんご)が〜だ/他日语说得很流利。②随便地说，轻易地说。△彼(かれ)は何(なん)でも〜しゃべってしまうから気(き)をつけたほうがいい/他不管什么都随便乱说，所以要小心为好。③翻纸貌。△本(ほん)のページを〜とめくる/哗啦哗啦地翻书。④纸等单薄貌。△〜の紙(かみ)/很薄的纸。

ベランダ②⓪ [veranda] 凉台，晒台。△〜にほしておいた着物(きもの)をとりこむ/把晾在晒台上的衣服收回来。

へり② 〔縁〕①边儿，缘，檐儿。△コップの〜/杯口。②边布。△カーテンに〜をつける/把窗帘镶上边。③河边，河沿。△川(かわ)の〜/河边。⇨はし 表

へりくだ・る④⓪〔遜る・謙る〕（自五）谦恭，谦虚，谦逊。△遜った表現(ひょうげん)/谦虚的表达形式。△遜って話(はなし)をする/言语谦虚。

ヘリコプター③ [helicopter] 直升飞机。

へ・る① 【経る・歴る】（自下一）①(过程)经历，经。△審議(しんぎ)を〜/经审议。②(场所)通过。△京都(きょうと)をへて大阪(おおさか)へ行(い)く/经京都去大阪。③(时间)过，经过。△年月(ねんげつ)を〜/经过岁月。⇨すぎる 表

ベル① ①铃，铃声。△電話(でんわ)の〜/电话铃声。△自転車(じてんしゃ)の〜/自行车铃。△発車(はっしゃ)の〜/发车铃声。△しきりに〜が鳴(な)る/电铃不住地响。△〜を押(お)す/按电铃。②钟。△非常(ひじょう)〜/警钟。

へ・る⓪【減る】（自五）①减，减少。△収入(しゅうにゅう)が〜/收入减少。△体重(たいじゅう)が〜/体重减轻。△事故(じこ)が〜/事故减少。②失掉，磨损。△靴(くつ)のかかとが〜/鞋后跟磨了。③(肚子)饿。△おなかが〜/肚子饿。

ヘルス① [health] 健康，保健。△〜クラブ/健康俱乐部。△〜センター/疗养中心。△〜フード/保健食品。△〜ワーカー/保健医。

ベルト① [belt]①带，皮带。△〜を締(し)める/系紧皮带。②传送带。△〜車(ぐるま)/皮带轮,滑轮。△〜コンベヤー/带式传输机。△〜システム/流水线生产方式。③带状地带。△グリーン〜/绿色地带。

ヘルニア⓪ [法 hernia] 疝，疝气。△椎間板(ついかんばん)〜/椎间盘疝，椎间盘脱出。

ヘルメット③ [helmet]①头盔，钢盔。②防护帽，安全帽。△警察(けいさつ)は〜をかぶっている/警察戴着防护帽。

ヘルパー① [helper] 帮手，助手。△ホーム〜/家务女佣人。

ヘルペス [herpes] 疱疹。

ヘロイン② [德 Heroin] 海洛因。

へん①⓪【辺】①程度，大致。△どの～まで理解(りかい)できたか/理解到什么程度。②一带，附近，边。△この～は不案内(ふあんない)です/这附近(我)不熟悉。③边。△三角形(さんかくけい)の二(に)～の和(わ)/三角形两边的和。

へん①【変】(名・形动)①奇怪，异常。△～な格好(かっこう)/奇异的装束。△～なにおい/怪味。△いささか～におもう/觉得有点奇怪。②事变，变化。△～化(か)/变化。△急(きゅう)～/突变。△不(ふ)～/不变。

べん①【弁】〔瓣〕①花瓣。②阀，活门，气门。△安全(あんぜん)～/保险阀。△～をひねる/开开活门。③辩才，口才。△～が立(た)つ/能说会道。④口音，腔调。△関西(かんさい)～/关西口音。

べん①【便】(名・形动)①方便，便利。△車(くるま)の～がよい/交通方便。②大小便。△～器(き)/便器。△～が通(つう)じない/大便不通。△～を検査(けんさ)する/查大小便。

ペン①[pen]①钢笔。△～OS(オーエス)/笔输入操作系统。△～習字(しゅうじ)/练习写钢笔字。△ボール～/圆珠笔。△～ピストル/钢笔式手枪。△～ライト/钢笔式手电筒。◇～を折(お)る/投笔，停写。②笔会。△～フレンド/笔友。△～パル/通信朋友，笔友。

へんか①【変化】(名・自サ)①变化，改变。△気温(きおん)の～が激(はげ)しい/气温变化非常大。△～に富(と)む/富于变化。△～がある/有变化。②(词尾的)变化。

べんかい⓪【弁解】(名・自他サ)辩解，分辩。△遅刻(ちこく)したことを～する/为迟到而分辩。△～の余地(よち)がない/无可争辩。△～は無用(むよう)だ/不用辩解。

へんかく⓪【変革】(名・自他サ)变革，改革。△機構(きこう)を～する/改革机构。△～をもたらす/带来变革。

へんかん⓪【返還】(名・他サ)返还，退还，归还。△領土(りょうど)の～/归还领土。

べんぎ①【便宜】(名・形动)①便宜，方便，便利。△～をはかる/谋求方便。△～をあたえてくれ/给以方便。△～上(じょう)/方便起见。②权宜。△～的(てき)な処置(しょち)をする/权宜处理。

ペンキ⓪[荷 pek](也作"ペッキ")油漆，涂料。△～を塗(ぬ)る/涂油漆。△～ぬりたて/油漆未干。△～ご注意(ちゅうい)/小心油漆。

へんきゃく⓪【返却】(名・他サ)归还，返还，退还。△本(ほん)の～/还书。△借金(しゃっきん)を～する/还债，还钱。

べんきょう⓪【勉強】(名・自他サ)①学习，用功。△～の虫(むし)/死啃书本的人。△いい～に

なった/收到很大的教益。②〈俗〉(商品)贱卖，廉价。△高(たか)いね、もうすこし～しなさい/太贵，再便宜点吧。△十円(じゅうえん)～いたしましょう/少算10日元吧。

ペンギン⓪① [penguin]企鹅。

へんけい⓪【変形】(名・自他サ)变形，变相。△数式(すうしき)を～する/改变算式。△顔(かお)が～する/脸变形了。

べんけい【弁慶】〔辨慶〕 强者。△内(うち)～/在家气壮如牛，在外胆小如鼠。

へんけん⓪【偏見】偏见。△～を持(も)つ/怀有偏见。△黒人(こくじん)に対(たい)する～/对黑人的歧视。△～を捨(す)てる/抛弃偏见。

べんご①【弁護】(名・他サ)辩护，辩解。△自己(じこ)～/自我辩护。△いかに～しても無理(むり)は通(とお)らない/无论怎样辩护，没理的事也行不通。△～士(し)/律师。

へんこう⓪【変更】(名・他サ)变更，改变，更改。△出発(しゅっぱつ)の時刻(じこく)を～する/改变出发时间。△名義(めいぎ)を～する/变更名义。

へんこう⓪【偏向】〈文〉(名・自サ)偏向，偏重。△教育(きょういく)の～/教育的偏向。

べんざ⓪【便座】〔便坐〕马桶座。

へんさい⓪【返済】(名・他サ)还债。△借(か)りたものを～する/返还借的东西。△～金(きん)/还的款。

べんさい⓪【弁才】辨才，口才。△～のある人(ひと)/能说善辩的人。△～天(てん)/辩才女神。

へんさん⓪【編さん】〔編纂〕(名・他サ)编纂。△教科書(きょうかしょ)を～する/编写教科书。△辞書(じしょ)の～を手伝(てつだ)う/协助编写辞典。

へんじ③【返事・返辞】(名・自サ)回话，回信，复信，答应。△手紙(てがみ)の～はまだ来(き)ませんか/(对方)还没有回信么?△いくら呼(よ)んでも～がない/怎么叫也没人答应。

	誠意のある～	～につまる	手紙の～を出す	組合に対する会社の～
返事	○	○	○	×
返答	○	○	×	×
回答	○	×	×	○

へんじ②【変事】变故，意外的事。△～が起(お)こる/发生变故。△～に備(そな)える/防备意外。

へんしつ⓪【変質】(名・自サ)①变质，变质之物。△日(ひ)に当(あ)たって薬品(やくひん)が～する/药品经日晒变质。②精神异常，性质异常。△～的(てき)な男(おとこ)/精神异常的人。

へんしゅう⓪【編集】〔編輯〕(名・他サ)编辑，编者。△学校新聞(がっこうしんぶん)の～を担当(たんとう)する/担任学报编辑。△～者(しゃ)/编者。△～主幹(しゅかん)/主编。△～のことば/编者按，编者的话。

べんじょ③【便所】厕所，便所。

△～は今(いま)塞(ふさ)がっている/厕所里现在有人。△～へ行(い)く/上厕所。

へんじょう⓪【返上】(名・他サ)归还，奉还，退还。△休暇(きゅうか)～/不休假日。△汚名(おめい)を～する/清坏名声。予算(よさん)～/上缴预算。

べんしょう⓪【弁償】(名・他サ)赔偿，包赔。△損害(そんがい)を～する/赔偿损失。△こわしたものは～する/损坏东西要赔。△～能力(のうりょく)/赔偿能力。△～金(きん)/赔偿费。

へんしょく⓪【変色】(名・自他サ)变色，褪色，落色，掉色。△～剤(ざい)/变色剂。

へんせい⓪【編成】(名・他サ)组成，组织，编成。△予算(よさん)を～する/编制预算。△八両(はちりょう)～の電車(でんしゃ)/八节车厢编组的电车。△五人(ごにん)ずつで班(はん)を～する/每五个人编成一班。

へんせん⓪【変遷】(名・自サ)变迁。△時代(じだい)の～/时代变迁。⇨すいい表

へんそう⓪【変装】(名・自サ)化装，改装，改扮。△彼(かれ)は～がうまい/他化装巧妙。△漁民(ぎょみん)に～する/化装成渔民。△～を見破(みやぶ)る/识破化装。

ベンチ⓪[bench]①长凳，长椅，条凳。△公園(こうえん)の～にこしかける/坐在公园的长凳上。②球员座位，选手席，领队席。△～ウォーマー/替补队员。△～コーチ/场外指导。

へんとう③⓪【返答】(名・他サ)回答，回音，回信。△～がある/有回信。△すみやかに～しなさい/赶快回答。⇨へんじ表

へんどう⓪【変動】(名・自サ)①变动，改变，波动。△景気(けいき)の～/景气的波动。△少(すこ)しも～がない/一点儿变动也没有。△～金利(きんり)/浮动利率。②事变，骚动。△～をきたす/引起骚动。

べんとう③【弁当】(装在盒中的)简单饭菜，盒饭。△～を使(つか)う/吃盒饭。△～を持参(じさん)する/自带饭盒。△そろそろ～にしよう/该吃饭了吧。△～箱(ばこ)/饭盒。

へんとうせん③【へんとう腺】[扁桃腺]扁桃腺。△～炎(えん)/扁桃腺炎。

へんにゅう⓪【編入】(名・他サ)编入，插入。△今学期(こんがっき)から新(あたら)しく～した生徒(せいと)/本学期新插班的学生。△～試験(しけん)/插班考试。

べんらん①【便覧】便览。△用字用語(ようじようご)～/用字用词便览。△生徒(せいと)～/学生便览。

べんり①【便利】(名・形動)便利，方便，便当。△～な乗(の)り物(もの)/方便的交通工具。△～屋(や)/以送货、送信等杂役为职业的人。

へんれい⓪①【返礼】(名・自サ)

①回礼，答礼。△贈(おく)り物(もの)に対(たい)する～/对礼品的回礼。△訪問(ほうもん)の～/回拜，回访。②报复。△手痛(ていた)い～を受(う)ける/受到严厉报复。

へんれい⓪【返戻】(名・他サ) 退还，归还。△商品(しょうひん)の～/退货。

べんれい⓪【勉励】勤勉，勤奋。△刻苦(こっく)～/刻苦勤奋。

へんれき⓪【遍歴】(名・自サ)①周游。△諸国(しょこく)を～する/周游各国。②遍历。△人生(じんせい)～/遍历人生。△～詩人(しじん)/体验生活的诗人。

べんろん⓪①【弁論】(名・自サ)①辩论。△～大会(たいかい)/辩论大会。②申述，陈述。△被告(ひこく)のために～する/为被告人进行申述。

ほ ホ

ほ⓪① 【帆】帆。◇得手(えて)に～を上(あ)げる/一帆风顺。◇尻(しり)に～をかける/一溜烟地逃跑。

ほ① 【歩】①步。△～を進(すす)める/迈步。△近代化(きんだいか)へ～を向(む)ける/向着现代化迈进。②接数词后,表示步数。△一～(いっぽ)前進(ぜんしん)、二(に)に～後退(こうたい)/进一步,退两步。

ほ① 【穂】①(植物的)穗。◇～に出(で)る/ⅰ)秀穗。ⅱ)心思表露出来。②(物的)尖端。△筆(ふで)の～/笔尖。

ほあん⓪ 【保安】保安,公安。

ほいく 【保育】(名・他サ)保育。△～園(えん)/保育园。△～所(じょ)/幼儿园。

ボイラー⓪ [boiler]锅炉。△～マン/锅炉工。

ぼいん⓪ 【母音】(语音)母音,元音。

ポイント①⓪ [point]①点,要点。△～を押(おさ)えて説明(せつめい)する/扼要地说明。②(网、排球等比赛)得分,分数。△～ゲッター/得分选手。△～カード/超市购物积分卡。△～システム/(大学)学分制。△～レース/自行车记分赛。③(印刷)磅(铅字大小单位)。△九(きゅう)～の活字(かつじ)で組(く)む/用9磅铅字排版。④局部,地点。△～ディフェンス/局部防御。△～メーク/部分化妆,面部化妆。⑤(铁路)转辙器,路闸。⑥(扑克牌的)A。△ハートの～/红桃A。⑦小数点。

ほう① 【方】①方,方向。△東(ひがし)の～/东方。②方形,方圆。△～四十(よんじっ)キロの地域(ちいき)/方圆40公里的地区。③方面。△彼(かれ)は接待(せったい)の～をやっている/他做接待方面的工作。④用于比较(常以"…より…(の)方が…"形式,在字面上译不出来)。△私(わたくし)は映画(えいが)より芝居(しばい)の～がすきです/电影和戏比(起来),我更喜欢(看)戏。

ほう⓪ 【法】①法,法律。△～を守(まも)る/守法。△～を曲(ま)げる/枉法。②礼法,礼节。△～にかなう/合乎礼法。③(佛教)法。△～を説(と)く/说法。④道理。△そんな～はない/没有那种道理。

ほう 【報】通知,报告,消息。△死去(しきょ)の～/讣告。

ほう⓪ 【棒】①棒子,棍子。△～でたたく/用棍子打。②杠子,扁担。△～で荷物(にもつ)をかつぐ/用扁担挑东西。③(用笔画的)粗线,杠。◇～に振(ふ)る/白白浪费。△金(かね)を～に振る/白白

浪费钱。

ほうあん⓪【法案】法案,法律草案。△~を可決(かけつ)する/通过法律草案。

ほうい①【方位】方位,方向。△コンパスで~を定(さだ)める/用罗盘仪定方位。

ほうい①【包囲】(名・他サ)包围。△敵(てき)を~する/包围敌人。△~を突破(とっぱ)する/突围。

ぼうえい⓪【防衛】(名・他サ)防卫,保卫,捍卫。△正当(せいとう)~/正当防卫。△国家(こっか)を~する/保卫国家。

ぼうえき⓪【貿易】贸易。△~港(こう)/通商口岸。△~戦争(せんそう)/贸易战。△~バランス/进出口平衡。△~摩擦(まさつ)/贸易摩擦。

ぼうえん⓪【望遠】〈文〉望远。△~鏡(きょう)/望远镜。△~レンズ/摄远镜头。

ぼうおん⓪【防音】(名・自サ)隔音,防音。△~ガラス/隔音玻璃。△~効果(こうか)/隔音效果。

ほうか⓪【放火】纵火。△連続(れんぞく)~/连续放火。

ほうが⓪【邦画】①日本影片。②日本画。

ぼうか⓪【防火】防火。△~壁(へき)/防火墙。△~シャッター/防火卷帘式门窗。

ほうかい⓪【崩壊】〔崩潰〕(名・自サ)〈文〉崩溃,倒塌,垮台。△堤防(ていぼう)の~/堤防崩溃。

ぼうがい⓪【妨害】〔妨碍〕(名・他サ)妨害,妨碍,干扰。△営業(えいぎょう)~/妨碍营业。△~電波(でんぱ)を出(だ)す/发出干扰电波。⇒じゃま表

ほうがく⓪【方角】①方向。△~が分(わか)らなくなる/转向了。②方位。

ほうがく①【法学】法学,法律学。△~博士(はくし)/法学博士。

ぼうかん⓪【傍観】(名・他サ)傍观。△~者(しゃ)/傍观者。

ぼうかん⓪【防寒】御寒,防寒。△~服(ふく)/防寒服。△~コート/风雪大衣。

ほうき①⓪〔帚・箒〕笤帚,扫帚。

ほうき①【法規】法规,规则。

ほうき①【放棄】(名・他サ)〈文〉放弃。△権利(けんり)を~する/放弃权利。

ぼうぎょ①【防御】(名・他サ)防御。△~体制(たいせい)/防御体制。

ぼうくう⓪【防空】防空。△~演習(えんしゅう)/防空演习。

ほうけん⓪【封建】封建。△時代(じだい)/封建时代。△~主義(しゅぎ)/封建主义。△~制度(せいど)/封建制度。

ほうげん③【方言】方言。

ほうこう⓪【方向】①方向,方位。△~を誤(あやま)る/走错方向。②方针。△~を転換(てんかん)する/转变方针。⇒むき表

ほうこう①【奉公】(名・自サ)①(为国)效劳,服务。△滅私(めっし)~/无私奉公。②(当)佣工。△商店(しょうてん)に~する/为商

店当佣人。

ほうこく⓪【報告】(名・他サ)报告，汇报。△契約(けいやく)がうまくいったことを上司(じょうし)に〜する/向上司报告合同执行得很顺利。

ほうさく⓪【方策】方策，策略，手段。△〜をめぐらす/制定策略。

ほうさく⓪【豊作】丰收。△〜飢饉(ききん)/因丰收农作物价格下降而带来农民收入减少。

ほうし⓪①【奉仕】(名・自サ)①服务，效劳。△社会(しゃかい)に〜する/为社会服务。②廉价售货。△〜品(ひん)/廉价品。

ぼうし⓪【防止】(名・他サ)防止。△事故(じこ)を〜する/防止事故。

ぼうし⓪【帽子】帽子。△〜をかぶる/戴帽子。△〜を取(と)って挨拶(あいさつ)する/脱帽致意。

ほうしき⓪【方式】①方式。△生産(せいさん)〜/生产方式。②手续。△所定(しょてい)の〜を踏(ふ)む/履行规定的手续。

ほうしゅつ⓪【放出】(名・他サ)〈文〉①放出，排出，喷出。△魚(うお)が卵(らん)を〜する/鱼排卵。②处理(积压物)。△〜物資(ぶっし)/处理物资。

ぼうじょ①【防除】(名・他サ)防治。△害虫(がいちゅう)の〜/害虫的防治。

ほう・じる⓪③【報じる】(他上一)〈文〉①报，报答。△国(くに)に〜/报国。②报告，报知。△勝利(しょうり)を〜/告捷。⇨しら

せる表

ほうじん⓪【法人】法人。△社団(しゃだん)〜/社团法人。

ぼうず①【坊主】①僧，和尚。△〜になる/当和尚，出家。②秃头，光头。△〜に刈(か)る/推光头。③男孩子。△いたずら〜/淘气鬼。△うちの〜/我家的男孩子。◇〜憎(にく)けりや袈裟(けさ)まで憎(にく)い/讨厌和尚，甚至连和尚的袈裟也讨厌(比喻憎其人而及其物)。◇〜読(よ)み/和尚念经。〈转〉光念不懂。

ぼうすい⓪【防水】(名・他サ)防水。△〜壁(へき)/防水墙。△〜服(ふく)/防水服。

ほうせき⓪【宝石】宝石。△〜細工(さいく)/宝石饰物。

ぼうせき⓪【紡績】纺纱，纺织。

ぼうせん⓪【傍線】(在字旁画的)旁线。

ぼうぜん⓪【ぼう然】〔茫然〕(形動タルト)①茫然。△〜自失(じしつ)/茫然自失。②模糊。△〜たる態度(たいど)/不明确的态度。

ほうせんか〔鳳仙花〕凤仙花。

ほうそう⓪【包装】(名・他サ)包装。△〜紙(し)/包装纸。△しっかりと〜する/牢实地包装上。

ほうそう⓪【放送】(名・他サ)广播。△〜局(きょく)/广播电台。△ニュースを〜する/广播新闻。

ぼうそう⓪【暴走】(名・自サ)〈文〉①狂跑，乱跑。△〜族(ぞく)/驾车横冲直撞的团伙。②失去控制而突然驶出。△〜車(しゃ)/失去

控制而飞跑的车。

ほうそく⓪【法則】①法则,规律,定律。△自然界(しぜんかい)の～/自然界的规律。②规章,法律。

ほうたい⓪【包帯】绷带。△～を巻(ま)く/缠绷带。△～を解(と)く/解绷带。

-ほうだい⓪【放題】(接动词连用形或助动词"たい"之后)表示自由、随便、毫无限制等意。△遊(あそ)び～/随便玩。△食(く)い～/尽情地吃。△言(い)いたい～のことを言う/想说什么就说什么。△したい～/为所欲为。

ぼうだい⓪【膨大】(形动)〈文〉庞大。△～な予算(よさん)/庞大的预算。

ほうち①⓪【放置】(名・他サ)〈文〉置之不顾,放置(不管)。△仕事(しごと)を～するわけには行(い)かない/不能把工作丢下不管。

ほうちょう⓪【包丁】〔庖丁〕①菜刀。△肉(にく)に～を入(い)れる/用菜刀切肉。②烹调(手艺)。△～のさえを見(み)せる/显示烹调手艺。

ぼうちょう⓪【傍聴】(名・他サ)旁听。△～券(けん)/旁听证。△～席(せき)/旁听席。

ぼうちょう⓪【膨脹・膨張】(名・自サ)①膨胀。△気体(きたい)が熱(ねっ)で～する/气体因热而膨胀。②增加,扩大。△予算(よさん)が～する/预算增加。⇨かくだい 表

ぼうっと⓪(副・自サ)①隐隐约约,朦朦胧胧,模糊不清。△山(やま)が～かすんでいる/山色模糊不清。②精神恍惚。△頭(あたま)が～する/脑筋模糊不清。③发呆。△～つっ立(た)っている/呆呆地站着。

ほうてい⓪【法廷】法庭。△～へ出(で)る/出庭。△～を開(ひら)く/开庭。

ほうていしき③【方程式】方程式。△～を解(と)く/解方程式。

ほうてき⓪【放てき】〔放擲〕(名・他サ)放弃,抛弃。△家業(かぎょう)を～して遊(あそ)び暮(く)らす/放弃家业,无所事事地混日子。

ほうてき⓪【法的】(形动)法律上的。△～意思決定(いしけってい)/法律决策。

ほうでん⓪【放電】(名・自サ)放电。△空中(くうちゅう)～/空中放电。

ほうどう⓪【報道】(名・他サ)报道。△新聞(しんぶん)～/新闻报道。△～写真(しゃしん)/新闻图片。△如実(にょじつ)に～する/如实地报道。

ぼうとう⓪【暴騰】(名・自サ)(物价)猛涨,暴涨。△物価(ぶっか)が～する/物价猛涨。

ぼうどう⓪【暴動】暴动。△～を静(しず)める/平息暴动。

ほうにん⓪【放任】(名・他サ)放任。△自由(じゆう)～/放任自流。

ほうねん⓪【豊年】丰年。△～満作(まんさく)/丰年好收成。

ぼうねんかい⓪【忘年会】忘年会,

ほうのう⓪【奉納】(名・他サ)(対神佛)供献，献纳。

	灯籠を〜する	お神楽を〜する	お寺に十万円を〜する	金製品を国に〜する	信者の〜で建立した塔
奉納	○	○	△	×	×
献納	○	×	△	○	×
寄進	○	×	○	×	○

ほうび⓪【褒美】〈文〉①褒奖，奖励。②奖赏，奖品。△ご〜にこの時計(とけい)を上(あ)げよう/把这块表送给你作为奖赏吧。

ほうび①【防備】(名・他サ)〈文〉防备。△〜を厳重(げんじゅう)にする/严加防备。

ほうふ⓪①【抱負】抱负。△自信(じしん)ありげに〜を語(かた)る/满怀信心地谈抱负。

ほうふ⓪①【豊富】(名・形动)丰富。△〜な資源(しげん)/丰富的资源。△この地方(ちほう)はなかなか物産(ぶっさん)が〜である/这个地方物产很丰富。

	〜な資金	品が〜に出回る	経験〜な人	〜な種類	〜な感性
豊富	○	○	○	○	×
潤沢	○	○	×	×	×
豊か	○	×	○	○	○

ほうぶつせん⓪【放物線】〔抛物線〕抛物线。△〜を描(えが)いて落下(らっか)する/(在空中)形成一条抛物线而坠落。

ほうむ①【法務】①司法事务，法律事务。②寺院的事务。

ほうむしょう③【法務省】法务省(政府机关之一，相当于我国的司法部)。

ほうむ・る③【葬る】(他五)①埋葬，葬埋。△墓(はか)に〜/埋葬在坟墓中。②葬送，断送，弃而不顾。△社会(しゃかい)から葬り去(さ)られる/被社会抛弃。③掩蔽，秘而不宣。△…をやみからやみに〜/把…掩盖下去。

ほうもん⓪【訪問】(名・他サ)访问，拜访。△〜着(ぎ)/(花色鲜艳的)妇女会客和服。△表敬(ひょうけい)〜/表示敬意的访问。△あいさつの〜をする/进行礼节性的拜访。

	担任の先生の〜を受ける	代表団が日本を〜する	代表団が日本に〜する	〜客	ツバメの〜が例年より早い
訪問	○	○	×	○	×
来訪	○	×	○	×	○

ぼうや①【坊や】①(对男孩子的爱称)小乖乖，小宝宝。△〜は今年(ことし)いくつ/小宝宝你今年几岁了?②〈喻〉未见过世面的人。

ぼうらく⓪【暴落】(名・自サ)(行市)暴跌，猛跌。△物価(ぶっか)が〜する/物价暴跌。

ほうりこ・む④【ほうり込む】〔放り込む〕(他五)扔进，丢进，投进。△ガムを口(くち)に〜/把口香糖扔进嘴里。

ぼうりょく①⓪【暴力】暴力，武力。△〜団(だん)/暴力团伙。△〜に訴(うった)える/诉诸武力。

ほう・る⓪〔放る・抛る〕(他五)①抛，扔。△川(かわ)へは石(いし)ころを放ってはならない/不要往河里扔石头子儿。②弃而不顾，放弃。△仕事(しごと)を放っておくわけには行(い)かない/不能把

工作丢下不管。③不加理睬。△放って相手(あいて)になるな/不要理他。⇨なげる 表

ほうれい⓪【法令】法令，法律和命令。△～違反(いはん)の行為(こうい)/违反法令的行为。

ほうれんそう③〔菠薐草〕菠菜。

ほうわ⓪【飽和】(名・自サ)①饱和。△～溶液(ようえき)/饱和溶液。②〈喻〉最大限度，极限。△人口(じんこう)が～状態(じょうたい)になる/人口处于饱和状态，人口达到极限。

ほ・える②〔吠える・吼える〕①(犬)吠，叫。△犬(いぬ)が人(ひと)に～/狗向人吠叫。②(兽、风等)吼。△風(かぜ)が～/风吼。③〈俗〉放声大哭，号哭。

ほお①〔頬〕颊，脸蛋。△恥(はず)かしさに～を赤(あか)らめる/羞得两颊通红。◇～が落(お)ちるよう/非常好吃。

ボーイ①[boy]①男孩，少年，童子。△～ソプラノ/男童声高音，童声高音歌手。△～スカウト/童子军。△～フレンド/(女青年的)男朋友。②男服务员。△ホテルの～/饭店的男服务员。

ポーズ①[pause]中止，中顿，休止。

ポーズ①[pose]①(人在绘画、照相、雕刻、舞蹈等时的)姿势，姿态。△写真(しゃしん)をとるために～をとる/摆好姿势准备照相。△このモデルの～はなかなか美(うつく)しい/这个模特儿的姿势很美。②〈转〉故作姿态，摆样子。△～をつくる/故作姿态。

ボート①[boat]小船，小艇。△モーター～/汽艇。△～を漕(こ)いで遊(あそ)ぶ/划船玩。

ボーナス①[bonus]①奖金，额外津贴。△年末(ねんまつ)の～/年终奖金。△～制度(せいど)/奖金制度。②特别红利，花红。

ホープ①[hope]①希望，期待。②属望的人物。△文壇(ぶんだん)の～/文艺界所属望的人。

ホーム①[home]①家，家庭(多指自己的家)。△～コメディー/家庭喜剧。△～コン/家用电脑。△～コンサート/家庭音乐会。△～センター/生活用品店。△～ドクター/家庭医生。△～パーティー/家庭舞会。△睦(むつ)まじい～/和睦的家庭。②本国，故乡。△～シック/思乡病。③休养所，福利设施。△老人(ろうじん)～/老人之家。④(棒球)本垒。△～イン/回到本垒(生还)。⑤(体育)决胜点，终点。

ホーム①[platform]("プラットホーム"之略)(火车站的)月台，站台。

ホーム・ステイ⓪[home-stay](海外短期留居)临时住宿方式(即，短期住在国外家庭中，与其家人同吃同住，体验风俗习惯等)。

ボーリング①⓪[bowling](名・自サ)滚球，保龄球。

ホール①[hall]①大厅。②(有舞台和观众席的)会馆，会堂。③

("ダンスホール"之略)舞厅。
- **ホール**① [hole]①洞, 孔, 穴。②(高尔夫球)球穴。△～インワン/一次把球打进穴里。
- **ボール**① [ball] ①球。△～を投(な)げる/投球。②(棒球)歪球。△～になる/(投手)把球投歪。
- **ボールがみ**⓪【ボール紙】[board](有时略作"ボール")厚纸, 纸板, 马粪纸。△段(だん)～/(包装用的)瓦楞纸板。
- **ボール・ペン**④⓪ [ball pen]圆珠笔。
- **ほか**⓪【外】〔他〕①外部, 别处。△ここの事情(じじょう)は～のそれとは違(ちが)っている/这里的情况和别处不同。②另, 别, 他, 外。△～のことならともかく, これだけはご免(めん)だ/别的事儿还好办, 唯独这件事(我)可办不了。⇨べつ表
- **ほかく**⓪【捕獲】(名・他サ)〈文〉捕获。△～高(だか)/捕获量。△鯨(くじら)を～する/捕获鲸鱼。
- **ぼか・す**②〔暈す〕(他五)①晕色, 润色, 烘托。△この絵(え)の背景(はいけい)はぼかし方(かた)が上手(じょうず)だ/这幅画的背景烘托得很好。②〈转〉使(语言、态度)暧昧, 模棱两可。△態度(たいど)を～/不表明态度。
- **ほかならない**④ ①正是, 无非是, 就是。△努力(どりょく)のたまものに～/无非是努力的结果。②(用于句首, 表示不容忽视)既是…。△ほかならぬあなたのお言葉(ことば)ですから信用(しんよ

う)しましょう/既然是您这么说, 那我就相信吧。
- **ほがらか**②【朗らか】(形动)①(心情)快活, 舒畅。△～な顔(かお)をする/满面春风。②(天气)晴朗。△～な天気(てんき)/晴朗的天气。③(性格)开朗, 明朗。△～な人(ひと)/性格开朗的人。④(声音)响亮。△～な声(こえ)/响亮的声音。

	～に振る舞う	～な家庭	～に晴れた空	～な政治	～に笑う
朗らか	○	○	×	×	○
明朗	○	○	×	○	×
快活	○	×	×	×	○

- **ほかん**⓪【保管】(名・他サ)保管。△貴重品(きちょうひん)を～する/保管贵重物品。
- **ほきゅう**⓪【補給】(名・他サ)补给, 补充。△燃料(ねんりょう)を～する/补给燃料。
- **ほきょう**⓪【補強】(名・他サ)增强, 加强, 加固。△～工事(こうじ)/加固工程。
- **ぼきん**⓪【募金】(名・自サ)募捐。△街頭(がいとう)～をする/进行街头募捐。△～に応(おう)ずる/答应捐款。
- **ぼく**①⓪【僕】(代)我(男子对平辈以下的自称。△～は知(し)らない/我不知道。
- **ぼくし**①⓪【牧師】(基督教)牧师。
- **ぼくじょう**⓪【牧場】牧场。△～を経営(けいえい)する/经营牧场。
- **ぼくせい**⓪【北西】(方向)西北。△～の風(かぜ)/西北风。
- **ぼくちく**⓪【牧畜】畜牧(业)。

ほくとう⓪【北東】(方向)东北。△〜の風(かぜ)/东北风。

ほくりく⓪【北陸】北陆地方(日本中部临日本海一带)。

ほげい⓪【捕鯨】捕鲸。△〜船(せん)/捕鲸船。

ほけつ⓪【補欠】①补缺。△〜選挙(せんきょ)/补缺选举。△〜(の)選手(せんしゅ)/候补的选手。②补缺的人,候补选手。△〜が出場(しゅつじょう)する/候补选手出场。

ポケット②[pocket](名)①衣袋,口袋。△〜から財布(さいふ)をとりだす/从口袋里掏出钱包。②(台球的)球囊。

ぼ・ける②〔惚ける〕(自下一)昏聩,发呆,糊涂。△年(とし)をとってから少(すこ)し頭(あたま)がぼけてきた/上年纪后,脑子有些糊涂了。

ぼ・ける②〔暈ける〕(自下一)(颜色、映像)模糊,变得不鲜明。△色(いろ)のぼけた上着(うわぎ)/褪了色的上衣。△ピントが〜/焦点不对(照得模糊不清)。

ほけん⓪【保険】①保险。△〜申込書(もうしこみしょ)/保险申请书。△〜料(りょう)/保险费。△海上(かいじょう)〜/海上保险。△〜をかける/投保。△〜に入(はい)る/参加保险。②(对于商品等)保修,保证(质量)。

ほけん⓪【保健】保健,保持健康。△〜体操(たいそう)/保健操。△〜所(じょ)/保健站。△〜婦(ふ)/保健护士。

ほこ①【矛】〔戈〕①戈。②〈转〉武器。③(神道)以矛戈装饰的彩车。◇〜を納(おさ)める/ⅰ)收兵。ⅱ)停战。◇〜を交(まじ)える/交战。

ほご①【保護】(名・他サ)保护。△野鳥(やちょう)を〜する/保护野鸟。△〜効果(こうか)/保护效应。△〜標章(ひょうしょう)/防伪商标。

ほこう⓪【歩行】(名・自サ)步行,行走。△〜者天国(しゃてんこく)/步行者乐园,禁止车辆通行的步行街。△右側(みぎがわ)を〜してください/请靠右边走。

ぼこく①【母国】祖国。△〜語(ご)/祖国语言。

	〜に帰る	〜語を忘れる	〜防衛に関する国民の意識	〜を捨て上京する
母国	○	○	×	×
祖国	○	×	○	×
故国	○	×	×	○

ほこり⓪〔埃〕尘埃,尘土,灰尘。△〜除(よ)け/防尘罩。△〜が立(た)つ/起灰尘。⇒ちり 表

ほこり③【誇り】①自豪,自尊心。△〜を感(かん)ずる/感到自豪。△誰(だれ)にでも〜がある/谁都有自尊心。②荣誉,引以为荣(的人)。△母校(ぼこう)の〜/母校引以为荣的人。

ほこ・る②【誇る】(自他五)自豪,矜夸,夸耀。△勝利(しょうり)を〜/以胜利自豪。△自分(じぶん)の腕(うで)を〜/夸耀自己的本事。

ほころ・びる④〔綻びる〕(自上一)

①绽线，开线。△ズボンが～/裤子开线。②微开，微笑。△口元(くちもと)が～/口角浮现出微笑。△顔(かお)が～/面带微笑。③(花蕾)绽开。△桜(さくら)の蕾(つぼみ)がほころび始(はじ)める/樱花渐渐开放。

ぼさつ① 〔菩薩〕(佛教)菩萨。△観音(かんのん)～/观音菩萨。

ほし⓪【星】①星。△～をまき散(ち)らした空(そら)/满天星斗。②小点，小斑点。△～を散(ち)らした模様(もよう)/斑点的花样。③(眼球上长的)小白点。△目(め)の～/眼睛上的小白点。④(星相的)星，命运。△幸運(こううん)の～のもと/吉星高照。⑤靶心，鹄。△～に命中(めいちゅう)した/命中了靶心。⑥目标。△～をつける/定目标。⑦犯人。△～を挙(あ)げる/逮捕犯人。⑧(相扑)胜负的分数(胜以白点、负以黑点为标志)。△勝(か)ち～(ぼし)を取(と)る/赢一分。◇～を戴(いただ)く/披星戴月(比喻早出晚归地辛勤工作)。◇～を稼(かせ)ぐ/争取得分。◇～を指(さ)す/猜中。

ほじ①【保持】(名・他サ)〈文〉保持。△記録(きろく)を～する/保持记录。⇨いじ 表

ぼし①【母子】〈文〉母子。△～家庭(かてい)/母子家庭。△～寮(りょう)/母子宿舍。△～手帳(てちょう)/母子手册。

ほし・い②【欲しい】(形)①想要，需要，希望得到。△あなたは何(なに)が～ですか/您想要什么？②(以"…て～"形式)表示要求或命令。△今後(こんご)は勉強(べんきょう)して～/希望你今后好好学习。

ポジション②[position]①地位，职位。△重要(じゅうよう)な～に就(つ)く/居重要职位。②(棒球)防守位置。

ほしもの②③【干し物】〔乾し物〕①晾晒物，晒干物。②(洗后)晾晒(的)衣服。△～をする/晒衣服。

ほしゅ①【保守】(名・他サ)①保守。△～政党(せいとう)/保守政党。②(机械等的)保养。△機械(きかい)の～/机械的保养。

ほしゅう⓪【補習】(名・他サ)补习。△英語(えいご)を～する/补习英语。

ほじゅう⓪【補充】(名・他サ)补充。△欠員(けついん)を～する/补充缺额。⇨ほそく 表

ぼしゅう⓪【募集】(名・他サ)募集，征募，招募。△寄付(きふ)を～する/募捐。△社員(しゃいん)～を開始(かいし)する/开始招职员。

ほじょ①【補助】(名・他サ)补助。△～金(きん)/补助金。△学生(がくせい)に学資(がくし)を～する/补助学生学费。

ほしょう⓪【保証】(名・他サ)保证，担保。△～金(きん)/保证金。△～人(にん)/担保人。△一年間(いちねんかん)の～のついた時計(とけい)/保修一年的表。

ほしょう⓪【保障】(名・他サ)保障。△安全(あんぜん)～/安全保障。△生命(せいめい)の安全を～する/保障生命安全。

ほしょう⓪【補償】(名・他サ)补偿,赔偿。△損害(そんがい)を～/赔偿损失。

ほ・す①【干す】〔乾す〕(他五)①晒(干),晾(干)。△布団(ふとん)を～/晒被褥。②(把水)弄干。△杯(さかずき)を～/干杯,饮干。③(常以被动形式表示得不到吃的或工作而)被冷落,被断绝生路。△干された女優(じょゆう)/被冷落的女演员。⇨かわかす表

ボス①[boss]①工头。②头目。

ポスター①[poster]广告画,宣传画。△～を貼(は)る/张贴宣传画。

ポスト①[post]①邮筒,信箱。△～カード/明信片。△～マーク/邮戳。盖邮戳。△手紙(てがみ)を～に入(いれ)る/把信投入邮筒里。②地位,职位。△重要(じゅうよう)な～に就(つ)く/居重要职位。

ポスト-[post-](接头)后,在…之后。△～産業化(さんぎょうか)/后产业化。△～電話戦略(でんわせんりゃく)/后电话战略。△～ドクター/博士后。

ほせい⓪【補正】(名・他サ)〈文〉补正,补充修正。△～予算(よさん)/补充修正的预算(追加预算和修正预算的总称)。

ほそ・い②【細い】(形)①细。△～針金(はりがね)/细铁丝。②(身体)纤细,瘦。△体(からだ)が～/身材纤细。③狭窄。△～道(みち)/窄道。④微少。△食(しょく)が～/饭量很小。⑤(声音)微细,低小。△～声(こえ)/细声。⑥弱。△ランプの火(ひ)が～/煤油灯的灯光微弱。⑦缺乏。△たくわえが～/贮存得不足。◇神経(しんけい)が～/ⅰ)器量狭小。ⅱ)神经过敏。

ほそう⓪【舗装】〔装〕(名・他サ)(用柏油等)铺路。△～道路(どうろ)/柏油马路。

ほそく⓪【補足】(名・他サ)补足,补充。△～説明(せつめい)をする/作补充说明。

	資料を～する	欠員を～する	この件についてちょっと～する	アルバイトで学費を～する
補足	○	×	○	×
補充	○	○	×	○

ほそなが・い⓪④【細長い】(形)细长。△～手(て)/细长的手。

ほそ・める③【細める】(他下一)使细。△目(め)を～/眯缝眼睛。△声(こえ)を細めて話(はな)す/小声说话。

ほそ・る②【細る】(自五)①变细,消瘦。△病後(びょうご)身(み)が～/病后身体消瘦。②变微弱。△食(しょく)が～/食欲减退,饭量减少。

ほぞん⓪【保存】(名・他サ)保存。△冷蔵庫(れいぞうこ)で食物(しょくもつ)を～する/用电冰箱保存食物。⇨いじ表

ほたる①【蛍】萤,萤火虫。△～狩(がり)/捕萤。△～が光(ひか)る/

萤火虫发光。
- **ボタン**⓪ ［葡 botão］钮扣，扣子。△～を挂(か)ける/扣上钮扣。
- **ボタン**⓪ ［button］按钮，电钮。△ベルの～を押(お)す/按电铃(钮)。
- **ぼち**① 【墓地】墓地，坟地。△共同(きょうどう)～/公墓。
- **ほちょう**⓪ 【歩調】步调，步伐。△～取(と)れ/(口令)正步走。△～を合(あ)わせる/使步调一致。
- **ホック**① ［荷 hoek］①钩，子母扣，摁扣儿。△襟(えり)の～を掛(か)ける/扣上领钩。△～をはずす/解开摁扣儿。②钓钩。③钩形物。
- **ボックス**① ［box］①箱，盒，匣。②(剧院的)包厢，(饮食店的)雅座。△～を買(か)いきる/定包厢。③岗亭，公共电话亭。△電話(でんわ)～/公共电话亭。④(棒球)击球员所站的位置。△バッタ～/击球员区。⑤(制鞋、皮包等用的)纹皮。⑥(服装)一种肥大的样式。△～スーツ/肥大西服。
- **ホッケー**① ［hockey］曲棍球。
- **ぼっしゅう**⓪ 【没収】(名・他サ)没收，查抄，充公。△財産(ざいさん)を～する/没收财产。
- **ぼっ・する**⓪ 【没する】〔殁する〕(自他サ)〈文〉①沉没。△太陽(たいよう)が西(にし)に～/日没西山。②逝世。③没收，查抄。△領地(りょうち)を～/没收(封建主的)领地。④埋没。
- **ほっそく**⓪ 【発足】(也作"はっそく")(名・自サ)〈文〉①(社团、学会等)开始活动。△民俗芸能学会(みんぞくげいのうがっかい)が～する/民俗演艺学会创立并开始活动了。②出发，动身。
- **ほったん**⓪① 【発端】发端，开端。△事件(じけん)の～/事件的开端。
- **ぼっちゃん**① 【坊ちゃん】①对别人男孩的敬称。△お子(こ)さんはお～ですか，お嬢(じょう)ちゃんですか/您的小孩是男孩，还是女孩?②少爷，少爷作风的人。△～育(そだ)ち/少爷出身，不通事故的人。
- **ホット** ［hot］(造语)①热的。△～ドッグ/热狗，热的香肠面包。②热烈的，强烈的，厉害的。△～イッシュー/热烈争论的问题。③最新的。△～ニュース/热点新闻。
- **ほっと** (副)叹气，放心貌。△これでようやく～した/这才放了心。
- **ポット**① ［pot］①壶。△コーヒー～/咖啡壶。②深锅。③暖水瓶。
- **ホップ**① ［hop］啤酒花，忽布。
- **ポップ**① ［pop］流行的，通俗的。△～・ジャズ/流行爵士乐。△～・ソング/流行歌曲。
- **ほっぺた**③ 【頬っぺた】〈俗〉脸颊。
- **ぽつぽつ**①⓪ Ⅰ(副)①渐渐，慢慢。△それでは～始(はじ)めるとしようか/那么就一点一点地开始做起来吧。②点点，稀稀落落。△紙(かみ)に～穴(あな)をあける/

在纸上穿些窟窿。Ⅱ(名)斑点,疙瘩。

	箱に穴を～ける	～出掛けよう	～つぶやく	人家が～建っている	にきびで顔が～になる
ぽつぽつ	○	○	×	×	×
ぽつりぽつり	○	○	×	×	×
ぶつぶつ	○	×	○	×	×

ぽつぽつ① (副)①参见ぽつぽつ。②落雨貌。△朝(あさ)から～降(ふ)り出(だ)した/从早晨就滴滴嗒嗒地下起雨来了。⇨ぽつぽつ表

ぼつらく⓪【没落】(名・自サ)①没落。△～した貴族(きぞく)/没落的贵族。②破产。

ポテト①② [potato]马铃薯,土豆。△～サンド/马铃薯三明治。△～チップス/炸薯条。

ホテル① [hotel](西式)旅馆,高级饭店。△～に泊(と)る/住饭店。△～家族(かぞく)/旅馆式家庭。△～正月(しょうがつ)/在旅馆度新年(为了避开来客,减轻主妇劳累)。△～パッケージ/旅馆一揽子服务。

ほど⓪【程】(名・副助)①限度,分寸。△冗談(じょうだん)にも～がある/开玩笑也要有个限度。②程度。△力(ちから)の～を試(ため)す/试试力气有多大。△死(し)ぬ～疲(つか)れる/累得要死。③情形。△実際(じっさい)の～は分(わか)らない/实际情况不了解。④距离。△ここから～遠(とお)い所(ところ)/距这很远的地方。⑤时间。△のち～参(まい)ります/我等一会儿再来。⑥(接数词后)约,左右。△十日(とおか)～休(やす)む/休息10天左右。⑦用于否定句表示事物的最大限度。△電波(でんぱ)～速(はや)いものはない/没有比(无线)电波更快的东西了。⑧越…越…。△見(み)れば見(み)る～美(うつく)しい/越看越美。⇨ていど表,⇨くらい表

ほどう⓪【歩道】人行道。△横断(おうだん)～/人行横道。△～橋(きょう)/过街天桥。

ほど・く②〔解く〕(他五)①解开。△荷物(にもつ)を～/解开行李。②拆开。△包(つつ)みを～/拆开邮包。△着物(きもの)を解いて洗(あら)う/拆洗衣服。

ほとけ⓪③【仏】①佛。②佛像。③〈喻〉温厚而仁慈的人。④死者,亡人。◇知(し)らぬが～/眼不见心不烦。◇～の顔(かお)も三度(さんど)/〈喻〉宽容也是有限度的。◇～作(つく)って魂(たましい)入(い)れず/〈喻〉画龙不点睛,功亏一篑。◇～の光(ひかり)より金(かね)の光(ひかり)/〈喻〉金钱万能。

ほど・ける②〔解ける〕(自下一)开,松开。△帯(おび)が解けた/(和服的)衣带开了。

ほどこ・す③【施す】(他五)①施舍,周济。△貧(まず)しい者(もの)に金銭(きんせん)を～/向穷人施舍钱。②施,施行。△肥料(ひりょう)を～/施肥。△～術(すべ)がない/无计可施。◇己(おのれ)の欲

(ほっ)せざる所(ところ)は人(ひと)に～勿(なか)れ/己所不欲勿施于人。⇨めぐむ 表

ほととぎす③ 〔時鳥・不如帰〕(鳥名)杜鹃，杜宇，布谷，子规。

ほどなく③ 【程なく】(副)不久，不大工夫。△彼(かれ)は～帰(かえ)ってきた/他不大工夫就回来了。

ほどよ・い③【程よい】〔程好い〕(形)适当，恰好。△風呂(ふろ)は～熱(あつ)さだ/洗澡水的温度恰好(合适)。

ほとり③⓪ 〔辺〕(池、河、湖、桥等的)旁边，畔。△橋(はし)の～/桥畔。△池(いけ)の～/池塘边。

ほとんど② 〔殆ど〕(副)①几乎，差一点。△～死(し)ぬところだった/差一点死了。②大体上，大部分。△～完成(かんせい)した/大部分完成了。⇨めったに 表

ほね② 【骨】①骨。△～が外(はず)れる/错骨缝,脱臼。△～を接(つ)ぐ/接骨，正骨。②(建筑物、器物等的)骨架。△傘(かさ)の～/伞架。△屋台(やだい)の～/遮日棚的支架。③〈转〉骨干。△事業(じぎょう)の～になる人(ひと)/事业的骨干。④〈转〉骨气。△～のある男(おとこ)/有骨气的人。⑤〈转〉费力气的事，困难事，麻烦事。△～の折(お)れる仕事(しごと)/费力的工作。◇～と皮(かわ)/瘦得皮包骨。◇～に刻(きざ)む/刻骨铭心。◇～に徹(てっ)する/彻骨。◇～までしゃぶる/敲骨吸髓，残酷剥削。◇～を拾(ひろ)う/i)(火葬)捡遗骨。ii)替别人处理善后。

ほねおり④③ 【骨折り】①辛苦，劳苦。△～甲斐(がい)があった/没有白辛苦。②尽力，斡旋，帮忙。

ほねお・る③ 【骨折る】(自五)①辛苦，卖力气，费劲。△少(すこ)しも骨折らないで手(て)に入(い)れた/毫不费劲地搞到手。②尽力，出力。△完成(かんせい)に～/为完成而尽力。

ほねぐみ④③ 【骨組(み)】①骨骼。②(建筑物、机器等的)骨架。③轮廓，大纲。△計画(けいかく)の～ができた/计划有了轮廓。

ほねみ②① 【骨身】①骨肉。②全身，身体。△～を惜(お)しまず働(はたら)く/不辞辛苦地劳动。③骨髓。△寒気(かんき)が～にしみる/寒气彻骨。

ほのお②① 【炎】〔焰〕①火焰，火苗。△～が出(で)る/冒火苗。②火(指心中产生的难以抑制的感情)。△怒(いか)りの～がもえあがっている/怒火在燃烧。

ほのか① 〔仄か〕(形动)①模糊，隐约。△～に見(み)える山(やま)/隐约可见的山。②稍微，略微。△～な期待(きたい)/一线希望。⇨わずか 表

ほのぼの③ 〔仄仄〕(副・自サ)①朦胧，模糊，隐约。△夜(よ)が～とあける/天朦朦亮了。△～と見(み)える/隐约可见。②感到

温暖。△その話(はなし)を聞(き)いて～した気持(きもち)になった/听到那番话后,心里感到暖乎乎的。

ポピュラー① [popular](形动)①通俗的。△～サイエンス/大众科学,科学普及。△～な小説(しょうせつ)/通俗小说。②受大众欢迎的,通俗的。△～ソング/流行歌曲,通俗歌曲。△～ミュージック/通俗音乐。△～シンガー/通俗歌曲歌星。△～アート/通俗艺术,流行艺术。③为"ポピュラーソング"和"ポピュラーミュージック"之略。

ポプラ① [poplar](植物)白杨。

ほほ① 【頬】脸颊。

ほぼ 〔略・粗〕(副)大略,大体上,大致。△～できあがる/大体上完成。

ほほえみ④⓪ 〔微笑み〕微笑。△顔(かお)に～を浮(うか)べる/脸上现出微笑。

ほほえ・む③ 〔微笑む〕(自五)①微笑。△ほほえみながら迎(むか)える/笑脸相迎。②〈转〉(花)初开,乍开。

ほまれ⓪③ 【誉れ】荣誉,名誉。△一門(いちもん)の～/一家的荣誉。⇨めいよ表

ほ・める② 【褒める】〔誉める〕(他下一)赞扬,称赞,赞美,表扬。△先生(せんせい)はその作文(さくぶん)がたいへんよく書(か)かれていると言って生徒(せいと)を褒めた/老师表扬学生作文写得好。

ホモ- [希 homo](接头)①同一,同性,同形。②均匀。△～エロチシズム/同性恋,同性爱。△～接合体(せつごうたい)/(生物学)同型接合体。△～ニム/同音异义词。△～ミルク/均脂牛乳。△～ロジー/同族关系。

ぼや・く② (自他五)〈俗〉嘟哝,唠叨不停。△何(なに)をぼやいているのだ/(你)在嘟哝什么呢?

ぼや・ける③ (自下一)模糊,不清楚。△頭(あたま)が～/头脑不清楚。△この写真(しゃしん)がぼやけている/这张照片模糊不清。

ほやほや① (名・副・自サ)①刚刚出炉,刚刚做好,热气腾腾(的食品)。△～のパン/刚刚出炉的面包。②刚刚完成(的事物)。△新婚(しんこん)～の夫婦(ふうふ)/新婚不久的夫妇。

ほゆう⓪ 【保有】(名・他サ)〈文〉保有,拥有。△核(かく)を～する国(くに)/拥有核武器的国家。

ほよう⓪ 【保養】(名・自サ)①保养,休养。△～地(ち)/休养地。②消遣。△目(め)の～をする/饱眼福。

ほら① (感)(提请人注意)嘿,喂。△～見(み)てごらん/喂,您瞧!

ほらあな⓪ 【洞穴】洞,洞穴。△～住居(じゅうきょ)/窑洞。

ボランタリズム⑤ [voluntarism]自发行动(主义),自愿捐助(主义)。

ボランティア② [volunteer]志愿者,社会事业自愿服务者。△～

活動(かつどう)/自愿为社会事业服务的活动。△～銀行(きんこう)/志愿者人员库。△～センター/志愿者中心。△～保険(ほけん)/志愿者活动伤害保险。

ほり② 【堀】〔濠〕①沟,渠。△～を掘(ほ)る/挖沟。②护城河,壕。△皇居(こうきょ)のお～/皇城的护城河。

ほりゅう⓪ 【保留】(名・他サ)①保留。△態度(たいど)を～する/采取保留态度。②搁置,缓办。△処分(しょぶん)を～する/暂缓处分。

ボリューム② [volume]①量,分量。△～商品(しょうひん)/批量生产商品。△～のある女(おんな)/〈俗〉胖女人。②体积,容积,容量。△～のあるお弁当(べんとう)/容量大的饭盒。③音量,响度。△～を上(あ)げる/提高音量。

ほりょ① 【捕虜】俘虏。△～を苛(いじ)めない/不虐待俘虏。

ほ・る① 【彫る】(他五)①雕刻。△仏像(ぶつぞう)を～/雕刻佛像。②刺(文身)。△背中(せなか)に竜(りゅう)を～/在背上刺一条龙。

ほ・る① 【掘る】(他五)①挖,刨,凿。△シャベルで地面(じめん)に穴(あな)を～/用铁锹在地面挖个坑。△山(やま)にトンネルを～/在山上凿隧洞。②挖出,发掘。△石炭(せきたん)を～/挖煤。

	穴を～	石炭を～	～た見方	井戸を～	はかまを～
掘る	○	○	×	○	×
うがつ	○	×	-つ○	×	○

ホルモン① 〔德 Hormon〕荷尔蒙,激素。△～剤(ざい)/激素制剂。△～パック/激素润肤化妆法。

ほ・れる⓪ 〔惚れる〕Ⅰ(自下一)①恋慕,迷恋(异性)。◇惚れて通(かよ)えば千里(せんり)も一里(いちり)/有情千里来相会。②喜爱,欣赏;佩服。△彼(かれ)の人柄(ひとがら)に～/钦佩他的人品。Ⅱ(接尾)神往,心荡。△聞(き)き～/听得入神。

ホロ-① [holo](接头)整体,完全。△～グラフィー/全息摄影。△～グラム/全息图。△～酵素(こうそ)/全酶。△～コースト/大屠杀,大破坏。

ポロ① [polo]马球。

ぼろ① 〔襤褸〕Ⅰ(名)①褴褛,破布,破烂衣服。△～をまとっている/衣衫褴褛。②〈转〉缺点。△～を出(だ)す/暴露缺点。△～を隠(かく)すな/不要掩盖缺点。◇～が出(で)る/露马脚。Ⅱ(接头)表示破烂不堪。△～家(や)/破房子。△～がさ/破伞。

ほろ・びる⓪③ 【滅びる】〔亡びる〕(自上一)灭亡,消亡。△国家(こっか)が～/国家消亡。

ほろぼ・す⓪③ 【滅ぼす】(他五)使灭亡,消灭,毁灭。△敵(てき)を～/使敌人灭亡。△身(み)を～/自取灭亡。

ぼろぼろ① (名・副・形动)①破烂不堪貌。△～の着物(きもの)/破烂不堪的衣服。②易坏貌。△壁(かべ)が～剝(は)がれる/墙皮一碰就

掉。③(粒状物等)散落貌。△感動(かんどう)のあまり涙(なみだ)を〜こぼす/感动得吧嗒吧嗒地掉泪。

ホワイト② [white]①白色，白色颜料。△〜カラー/白领职员。△〜クリスマス/降雪节。△〜コーヒー/白咖啡。△〜シャツ/白衬衫。△〜スモッグ/白烟雾，光化学烟雾。△〜チョコレート/白巧克力。△〜デー/情人还礼节(情人节后一个月女性向男姓回赠巧克力的日子)。②白种人。

ほん① 【本】Ⅰ(名)①书，书籍。②(戏剧)脚本。Ⅱ(连体)〈文〉①现，本。△〜国会(こっかい)/本国会。②本，此。△〜研究所(けんきゅうしょ)/本研究所。Ⅲ(接头)①真的。△〜革(かわ)/真皮。②正式。△〜放送(ほうそう)/正式广播。Ⅳ(接尾)①支，根等。△かさ二(に)〜/两把伞。②(列车)列。△特急(とっきゅう)が二(に)〜ふえる/增开两列特快列车。③(影片)部。

ぼん⓪ 【盆】①盘。△お茶(ちゃ)を〜にのせて運(はこ)ぶ/把茶(杯)放在茶盘上端去。②盂兰盆会(→おぼん)。◇〜を覆(くつがえ)すような雨(あめ)/〈喻〉倾盆大雨。◇〜と正月(しょうがつ)がいっしょに来(き)たよう/〈喻〉双喜临门。

ほんい① 【本位】①本位。△金(きん)を〜とする貨幣(かへい)/以黄金为本位的货币。②中心。△サービス〜/以服务为中心，服务第一。

ほんかくてき⓪ 【本格的】(形动)①正式的。△〜な調査(ちょうさ)を始(はじ)める/开始正式的调查。②真正的。△〜な冬(ふゆ)になった/到了真正的冬天。

ほんかん⓪ 【本館】①主楼，正楼。△社長室(しゃちょうしつ)は〜の二階(にかい)にある/总经理室在正楼的二楼。②〈文〉该建筑物，这座楼房。

ほんき⓪ 【本気】(名・形动)①认真。△〜で立(た)ち向(む)かう/认真对付。②真的，真实。△嘘(うそ)を〜にする/把谎言当作真实。

ほんごく① 【本国】①本国，祖国。②故乡。

ぽんこつ⓪ 〈俗〉①(铁匠用的)大铁锤。②废品。△〜車(ぐるま)/破汽车。△〜屋(や)/废品商。

ほんしき⓪ 【本式】(名・形动)正式，正规。△〜に習(なら)う/正规地学习。

	〜にダンスを習う	登山ぐつだけは〜ね	〜の手続き	高校までは〜に野球をしていた	〜の礼法
本式	○	○	×	○	×
正式	○	×	○	×	○

ほんしつ⓪ 【本質】本质。△問題(もんだい)の〜に触(ふ)れる/触及到问题的本质。△〜的(てき)な相違(そうい)がある/有本质上的不同。

ほんじつ① 【本日】(名・副)〈文〉本日，今天。△〜休業(きゅうぎょう)致(いた)します/今日暂停营业。

⇨きょう表

ほんしゃ① 【本社】①总社,总公司。△～と支社(ししゃ)/总公司和分公司。②本社,本公司。

ほんしん③① 【本心】①本心,真心。△～を打(う)ちあける/说出真心话。②正常的心理状态,清醒的头脑。△～に立(た)ち返(かえ)る/清醒过来,恢复正常的心理状态。⇨しんい表

ほんせん⓪ 【本線】(铁路)干线。△東海道(とうかいどう)～/东京神户间的铁路干线。

ほんだな⓪ 【本棚】书架,书厨。

ほんだて⓪ 【本立て】书档,书立。

ほんてん① 【本店】①(对分店而言的)总店,总号。②本店,该商店。

ポンド① [pound](名・助数)①(英国重量单位)磅(=453.6克)。②(英国货币单位)镑。

ほんとう⓪ 【本当】(名・形动)①真,真正。△～の話(はなし)をする/说真话。②实在,的确。△～にありがとう/实在感谢。③本来,正常。△伯父(おじ)と呼(よ)ぶのが～だろう/本来(应)称作伯父吧。④正确。△～を言(い)うと…/正确说来……。⇨しんじつ表

ほんとう⓪ 【本島】①(群岛的)中心岛,主要岛屿。②(日本)本州。③本岛,此岛。

ほんに① 【本に】(副)实在,很。△～いい気持(きも)ちだ/实在是心情舒畅。

ほんにん① 【本人】本人。△～の意見(いけん)を求(もと)める必要(ひつよう)がある/有必要征求(一下)本人的意见。

ほんね⓪ 【本音】①真话,真心话。△～を吐(は)く/说出真心话。②真正的音色,本嗓。⇨しんい表

ほんねん① 【本年】本年,今年。△～度(ど)の予算(よさん)/本年度的预算。

ほんば⓪ 【本場】①主要产地。△リンゴの～/苹果的主要产地。②发源地,本地。△～じこみの英語(えいご)/在英国学的英语。③(交易所的)上午的交易。

ほんばこ① 【本箱】书箱。

ほんばん⓪ 【本番】(广播、电视、电影的)正式演出,广播。△～はこれからです/现在开始正式演出。

ポンプ① [pump]泵,抽水机。△～で水(みず)を汲(く)み出(だ)す/用抽水机抽水。△～座(ざ)/唧筒星座。

ほんぶん① 【本文】本文,正文。

ほんもの⓪ 【本物】①真东西,真货。△～と偽物(にせもの)を見分(みわ)けなければならぬ/必须分清真假东西。②正式,专门(的事物)。△あの人(ひと)の歌(うた)は～だ/他唱歌像(专业)歌唱家一样好。

	一度～が見たい	このピカソは～だよ	彼の語学は～だ	～を見てから買う	～支給
本物	○	○	○	×	×
実物	○	○	×	○	×
現物	○	×	×	○	○

ほんや⓪【本屋】①书店。△～へ辞書(じしょ)を買(か)いに行(い)く/去书店买辞典。②开书店的人。③正房,上房,主房。

ほんやく⓪【翻訳】(名・他サ)①翻译。△機械(きかい)の説明書(せつめいしょ)を英語(えいご)に～する/把机器说明书译成英语。△～オートメーション/翻译自动化。△～システム/(计算机)翻译系统。△～ルーティン/(计算机)翻译程序。②翻译的东西,译本。

ぼんやり③(名・副・自サ)①模糊,不清楚。△遠(とお)くの山(やま)が～見(み)える/远处的山隐约可见。②呆,发呆,心不在焉。△～して暮(く)らす/稀里糊涂地过日子。③呆子。

ぼんよう⓪【凡庸】(名・形動)〈文〉庸碌,平庸,平凡。△～な人(ひと)/平凡的人。

ほんらい①【本来】(名・副)①本来,原来。△～の任務(にんむ)を果(は)す/完成本来的任务。②按理应该。△～ならば一言(いちごん)挨拶(あいさつ)するところだが/按理应该寒暄一下(才是)。

	彼は～怠け者だ	彼は～の怠け者だ	～なら伺うべきですが	強い相手だから負けて～だ
本　来	○	×	○	×
もともと	○	×	×	○
元　来	○	○	×	×

ほんりゅう【本流】①干流,主流。②(思潮的)主流。

ほんりゅう【奔流】〈文〉奔流,急流。

ほんりょう①⓪【本領】本领,特长。△～を発揮(はっき)する/施展本领。

ほんろう⓪【翻弄】(名・他サ)①玩弄,捉弄,愚弄。△敵(てき)を～する/捉弄敌人。②使(船只等)颠簸。△暴風(ぼうふう)で船(ふね)が波(なみ)に～される/船被暴风刮得在浪中荡来荡去。

ほんろん①【本論】①本论,正文。②这个论题。

ま マ

ま⓪【真】 I (名) 真实，实在。△～に受(ぅ)ける/当真，信以为真。II (接头) ①真，真诚。△～心(ごころ)/真心诚意。△～人間(にんげん)/正直的人。②纯。△～白(しろ)或(まっしろ)/纯白，雪白。△～玉(たま)/美玉。③正。△～東(ひがし)/正东。④标准的(多用在动、植物名前边)。△～竹(だけ)/苦竹。△～いわし/标准沙丁鱼。

ま⓪【間】 I (名) ①间歇，闲暇。△開演(かいえん)まで～がある/开演前还有一点时间。②空隙，间隔。△すこし～をあけて、座布団(ざぶとん)をしく/稍欠身铺上座垫。③时机，机会。△～がいい/凑巧。△～をうかがう/寻找时机。④屋子，房间。△茶(ちゃ)の～/ i)茶室。ii)饭厅。II (接尾) (房屋) 间数。△わたしの家(うち)は5(ご)～です/我家有五间屋子。◇～が抜(ぬ)ける/愚蠢，糊涂。马虎。◇～が悪(わる)い/不凑巧。难为情。△うわさをしているところへ本人(ほんにん)が現(あら)われて～が悪(わる)かった/正在谈论他时他来了，弄得很尴尬。◇～をくばる/分开，隔开。

まあ① I (副) ①暂且，先。△今日(きょう)は～やめておこう/今天就不干了。②还(算)可以。△～良(ょ)いだろう/还不错。③(催促用语) 喂。△～でかけよう/喂，咱们走吧。II (感) 哎呀。△～、あきれた/呀，真吓人。

マーガリン⓪① [margarine] 人造黄油。

マーク① [MARC] (machine readable cataloging) 计算机图书编目。

マーク① [mark] I (名) ①记号，符号。△～カード/标记卡片。△～シート/印有符号的纸。②商标。II (名・他サ) ①注意，盯住。②打破记录。△日本新記録(にほんしんきろく)を～した/打破了日本新纪录。

マーケット① [market] ①食品日用品商场。②市场，销路。△～シェア/市场占有率。△～バリュー/市场价格。△～リサーチ/市场调查。

マージャン⓪ [麻雀] 麻将牌。△～クラブ/麻将俱乐部。

マージン① [margin] ①(原价和售价)差额，赚头，手续费。△～をとる/收取利钱。②(交易所的)保证金。△～買(が)い/保证金交易。③(印刷)页边空白。

まあまあ① I (副) 行了，好了，得了。△～、そう怒(おこ)らずに/行了，别发那么大火。II (名・形动) 尚可(用于消极评价)。△～の成績(せいせき)/成绩平平。III (感)

哎哟("まあ"的加强形式)。△〜、ご立派(りっぱ)におなりになって/哟,长大成人啦,长得真俊呀。

まい- 【毎】(接头)每。△〜土曜日(どようび)/每逢周六。△〜時間(じかん)/每一个小时。

まい 【枚】(助数)张,块,片。△紙(かみ)1(いち)〜/一张纸。△パン2(に)〜/两片面包。△3(さん)〜のシャツ/三件衬衫。

まい (助动)①(否定推量)大概不,也许不。△まだ雨(あめ)が降(ふ)る〜/大概还不会下雨吧。②(否定的决心)不打算。△二度(にど)と行(い)く〜/不打算再去了。③(否定的劝诱)不要…吧。△これからお互(たが)いに冗談(じょうだん)を言(い)う〜/以后我们不要再开玩笑吧。④表示不应该、不适当之意。△あんないい年(とし)をして新婚旅行(しんこんりょこう)でもある〜/那么大的年纪,不应该再搞什么新婚旅行了。⑤(以"…ではある〜し"形式)又不是…。△子供(こども)でもある〜し、わかるはずだ/又不是小孩子,应该懂。⑥(以"…(よ)うが…、〜が或…(よ)うと…〜と"形式)…也罢,…也罢。△行(い)こうが行く〜が僕(ぼく)の自由(じゆう)だ/去不去,是我的自由。△やろうとやる〜と君(きみ)の勝手(かって)だ/干不干,由你。

マイ⓪ [my]我的。△〜カー/自家车。△〜カー族(ぞく)/有车族。△〜ホーム/我家。

まいあが・る④ 【舞(い)上がる】(自五)飞舞,飞扬。△風(かぜ)に吹(ふ)かれて、木(き)の葉(は)がひらひらと〜/树叶随风飘舞。

まいあさ⓪ 【毎朝】每天早晨。

マイク① [maicrophone]("マイクロホン"的略语)扩音器,送话器。△〜スケッチ/录音采访。

マイクロ-① [micro](接头)①微量,微型。△〜波(は)/微波。△〜ウエーブ/微波。△〜カード/微缩卡。△〜コピー/缩微复制。△〜レンズ/隐形眼镜。显微透镜。②百万分之一。△〜グラム/微克。

マイクロスカート①-② [microskirt]超短裙。

マイクロフィルム①-① [microfilm]缩微胶片。

マイクロホン⑤ [microphone]麦克风。

マイクロメーター①-① [micrometer]测微器。

マイクロロボット①-② [microrobot]微型机器人。

まいご① 【迷子】迷路的小孩。△デパートで〜になる/在百货店里走失。△〜札(ふだ)/系在小孩身上的姓名住址牌(备走失时用)。

マイコン⓪ [microcomputer]("マイクロコンピューター"之略)微型电子计算机,微电脑。

まいしゅう⓪ 【毎週】每周，每星期。

まいすう③ 【枚数】张数，件数，片数。

まいぞう⓪ 【埋蔵】(名・他サ)〈文〉埋藏，蕴藏。△～量(りょう)/蕴藏量。

まいつき⓪ 【毎月】每月，月月。

まいど⓪ 【毎度】①每次。△～失敗(しっぱい)する/每次均遭失敗。②屡次，常常。△～ご来店(らいてん)いただきまして、ありがとうございます/屡蒙光顾深为感谢。

まいとし⓪ 【毎年】每年，年年。

マイナス⓪ [minus]①减，减号。②负号。△～イオン/负离子。③阴极。④亏损，不足。△家計(かけい)はいつも～だ/家庭生活开支一直有赤字。⑤不利。△～の効果(こうか)/不利的效果，负面的效果。△～イメージ/负面印象。

まいにち① 【毎日】每日，天天。

まいねん⓪ 【毎年】每年，年年。

まいばん① 【毎晩】每晚，每天晚上。

まいひめ⓪② 【舞姫】舞女。

マイ・ペース③ [my pace]①自己的节奏，自己的速度。△～で勉强(べんきょう)する/以自己的节奏进行学习。②自己的方式，我行我素。

マイ・ホーム③ [my home]①自己的房产。△念願(ねんがん)の～/渴望已久的自己的住房。②自己的家庭。△～主義(しゅぎ)/(个人家庭幸福至上的)小家庭主义。

まい・る① 【参る】(自五)①("行く、来る"的自谦语)去，来。△明日(あした)から京都(きょうと)へ～/明天去京都。②参拜。△神社(じんじゃ)に～/参拜神社。③输，败。④认输，受不了。△寒(さむ)さに～/冷得受不了。⑤迷恋。△あの女(おんな)にすっかりまいっている/完全被那个女人征服。

ま・う⓪ 【舞う】(自五)①飘，飞舞。△木(こ)の葉(は)が～/树叶飘动。△蝶(ちょう)が～/蝴蝶飞舞。②舞蹈。△一差(ひとさ)し～/跳一场舞。

まうえ③ 【真上】正当头，正上方。△～をあおぐ/仰望上方。

マウス① [mouse]①老鼠，小白鼠。②鼠标。△～操作(そうさ)/鼠标操作。△～パッド/鼠标垫。

まえ① 【前】Ⅰ(名)①前，前面。△～を見(み)る/看前面。△お父(とう)さんの～でもう一度(いちど)言(い)ってみなさい/请在你父亲面前再说一遍。②正面，前面。△～がはだける/敞开怀。△湖(みずうみ)の～で写真(しゃしん)を撮(と)る/在湖前拍照。③以前，从前。上次，上回。△食事(しょくじ)の～に手(て)を洗(あら)う/饭前要洗手。△この～の日曜日(にちようび)/上星期天。④阴部。⑤前科。△～がある/有前科。Ⅱ(接尾)①份。△二人(ににん)～/

两份。△分(わ)け～/应得的份。②(属性、机能)突出。△男(おとこ)～/男人的气质。△腕(うで)～/本领。③成人，能顶一个人。△一人(いちにん)～になる/长大成人。△一人～の仕事(しごと)ができる/能顶一个人干活。

まえいわい③ 【前祝(い)】预祝。△発刊(はっかん)の～に一杯(いっぱい)やる/举杯预祝发刊成功。

まえうけ⓪ 【前受け】预收，预收款。

まえうしろ① 【前後ろ】①前和后。②前后颠倒。△セーターを～に着(き)る/毛衣前后穿反了。

まえうり⓪ 【前売(り)】预售。△～券(けん)/预售票。

まえおき⓪④ 【前置(き)】前言，引言，开场白。△～はこのくらいにして/开场白就讲这些。

まえがき⓪④ 【前書(き)】绪言，序，前言。

まえかけ⓪ 【前掛(け)】围裙。△～をかける(はずす)/系上(解下)围裙。

まえだれ⓪ 【前垂れ】(商人用)围裙。

まえばらい③ 【前払(い)】(名・他サ)预付，预支。△給料(きゅうりょう)を～してもらう/预支工资。

まえむき⓪ 【前向き】①朝前，对着正面。△～に坐(すわ)る/面向前坐。②(想法，态度)积极。△～に考(かんが)える/积极考虑。

まえもって③⓪ 【前以て】(副)预先，事先。△～連絡(れんらく)する/预先联系。△～調(しら)べておく/事先进行调查。

	～頼んでおいた品	日時は～通知します	～より望んでいた仕事	この点は～断っておく	～の希望
前もって	○	○	×	○	×
かねて	○	×	○	×	○

まえわたし⓪③ 【前渡し】预付，预付款。

まか・す② 【任す】(他五)听任，任凭。△進路(しんろ)は子(こ)の選択(せんたく)に～/前边的路任凭孩子选择。△すべて君(きみ)に～からよろしく/一切托付你了。

まか・す⓪ 【負す】(他五)打败。△将棋(しょうぎ)で兄(あに)を～/下棋赢了哥哥。

まか・せる③ 【任せる】(他下一)①托付。△医者(いしゃ)に～/托付医生。②听任，任凭。△成(な)り行(ゆ)きに～/任其自然。△運(うん)を天(てん)に～/听天由命。

まかない⓪③ 【賄い】供给伙食。△～付(つ)きの下宿(げしゅく)/带伙食的宿舍。

まかな・う③ 【賄う】(他五)①供给伙食。②提供。△医療費(いりょうひ)を～/提供医疗费。

まがりかど④ 【曲(が)り角】①道路拐角。②转折点，转机。△人生(じんせい)の～/人生的转折点。

まが・る⓪ 【曲(が)る】(自五)①弯曲，曲折。△腰(こし)が～/弯腰。△曲がった道(みち)/弯曲的

道路。②转弯，拐弯。△交差点(こうさてん)を右(みぎ)に〜/到十字路口向右拐。③(性格)别扭，乖僻。△根性(こんじょう)の曲がったやつだ/是个性情古怪的家伙。

まき⓪【巻き】Ⅰ(名)卷，捆卷。△〜尺(じゃく)/卷尺。Ⅱ(助数)卷，轴。△二(に)〜卷く/两卷。

まき⓪〔薪〕劈柴。

まきあ・げる④【巻(き)上げる】(他下一)①卷起，扬起。△フィルムを〜/卷胶卷。△ほこりを〜/扬起尘土。②搜刮，勒索，抢夺。△金(かね)を〜/抢钱。

まきこ・む③【巻(き)込む】(他五)①卷入，卷进。△機械(きかい)に巻込まれる/被卷入机器里。②牵连，连累。△事件(じけん)に巻込まれる/与事件牵连。△部外者(ぶがいしゃ)を〜/连累局外人。

マキシマム④ [maximum]最大，最多，最高。

マキシム⓪ [maxim]格言，座右铭，箴言。

まきずし⓪③【巻きずし】〔巻き鮨・巻き寿司〕寿司卷。

まぎら・す③【紛らす】(他五)消除，解除。△気(き)を〜/消愁。△さびしさを酒(さけ)に〜/借酒消愁。

まぎらわし・い⑤【紛らわしい】(形)不易分辨，容易混淆。△〜文字(もじ)/难以辨别的字。

まぎ・れる③【紛れる】(自下一)①混淆，混入。△混雑(こんざつ)に〜/钻入拥挤的人群之中。△暗(やみ)に紛れて逃亡(とうぼう)する/在黑暗中乘机逃跑。②(由于忙碌等)忘记，分散(注意力)。△多忙(たぼう)に紛れて御無沙汰(ごぶさた)しました/由于忙碌，久未写信问候。③忘记(不快)。△気(き)が〜/解闷消愁。

まぎわ⓪【間際】正要(时候)，快要(以前)。△出発(しゅっぱつ)〜まで待(ま)つ/一直等到临出发前。△ゴール〜で追(お)いつく/快到达终点时才追上。

まく②【幕】幕。△〜が開(ひら)く/开幕。

まく②【膜】膜，薄膜。

ま・く⓪【巻く】(他五)①卷，卷起。△指(ゆび)にほうたいを〜/拿绷带包扎手指。△ごはんをのりで〜/用紫菜卷饭卷。②卷起(漩涡)。△うずを〜/打漩。③包围。△城(しろ)を〜/围城。△煙(けむり)に巻かれる/被迷惑，被哄骗(如坠五里雾中)。④卷。◇管(くだ)を〜/絮絮叨叨说醉话。△舌(した)を〜/咋舌，惊叹，赞叹。⑤拧(发条等)，上(弦)。△ねじを〜/拧螺丝

ま・く①【まく】〔蒔く・播く〕(他五)播(种)。△こむぎを〜/播种小麦。◇蒔かぬ種(たね)は生(は)えぬ/不播种者无收获。

ま・く①【まく】〔撒く〕(他五)①撒，散布。△ビラを〜/撒传单。△水(みず)を〜/洒水。②甩掉(尾随)。△途中(とちゅう)で尾行(びこう)を〜/途中甩掉跟踪。

まぐち① 【間口】①(房屋等)正面宽度。△～がひろい/房子的门面宽。②(事业、知识)范围，领域。△～の広(ひろ)い人(ひと)/知识面很宽的人。

まくら① 【枕】①枕头。△～カバー/枕套，枕罩。△～言葉(ことば)/梦话，呓语。②垫在下面的东西。△～木(ぎ)/枕木。③(曲艺的)开场白。◇～が上(あ)がらない/卧病不起。◇～を交(か)わす/(男女)共枕，同床。◇～をそばだてる/躺着侧耳倾听。◇～を高(たか)くする/高枕无忧。

まく・る⓪ 【捲る】Ⅰ(他五)①卷起，掖起，挽起。△うでを～/挽起袖子。②揭开，掀开。△おおいを～/揭下罩子。Ⅱ(接尾)(接动词连用形下)不懈地，拼命地。△風(かぜ)が吹(ふ)き～/大风猛刮。△書(か)き～/拼命地写。△言(い)い～/激昂陈词。

	ふとんを～	すそを～	ページを～	うでを～	こよみを～
まくる	○	○	×	○	×
めくる	○	×	○	×	○

マクロ① [德 makro]巨大，宏大。△～経済(けいざい)/宏观经济。△～コスモス/宏观世界。△～スコピック/肉眼可见的，宏观的。△～人間(にんげん)/视野开阔的人。△～分析(ぶんせき)/宏观分析。△～レンズ/广角镜头。

まぐろ⓪ [鮪] 金枪鱼。

まけ⓪ 【負け】①输，败北。②让价。△お～/减价，少算。△買(か)い物(もの)のお～におもちゃがつく/店里向购物者奉送玩具。

まけずぎらい④ 【負けず嫌い】好强，不认输。△～の女性(じょせい)/好强争胜的女子。

ま・ける⓪ 【負ける】Ⅰ(自下一)①输，败，负。△決勝戦(けっしょうせん)で～/决赛中败北。②经不住。△誘惑(ゆうわく)に～/经不起引诱。③(对漆等)皮肤过敏。△かみそりに～/皮肤对剃刀过敏。Ⅱ(他下一)①让价。△百円負けてくれた/少花了一百日元。②奉送。

ま・げる 【曲げる】(他下一)①弯曲，折弯。②改变(主意)。△信念(しんねん)を～/改变信念。③歪曲，曲解。△法律(ほうりつ)を～/歪曲法律。④典当。△時計(とけい)を～/把手表当了。

まご② 【孫】孙子。

まごころ② 【真心】真心，诚意。△～をつくす/实心实意，竭诚。

まごつ・く⓪ (自五)不知所措，徘徊。△道(みち)がわからず～/迷路而不知所措。

まこと 【誠】〔真・実〕①真实。△～の話(はなし)/真心话，实话。②诚意。△～をつくす/竭诚。⇨しんじつ 表

まことに 【誠に】(副)真，实在，诚然，的确。△～ありがたい/不胜感激。△～申(もう)しわけありません/实在抱歉。

まごまご① (副)不知所措。△どの電車(でんしゃ)に乗(の)ればわ

からずに～している/为不知坐哪趟电车而不知所措。

マザー⓪ [mother]母亲。△～カントリー/祖国,故国,发源地。△～テープ/原声带,母带。△～ストア/总店,总公司。

まさか (副)①(下接否定和推量词)万万(不),难道,莫非。△～勝(か)つとは思(おも)わなかった/万万没想到取胜。△～そんなことはあるまい/莫非真有此事。△まさか本心(ほんしん)ではないだろうね/决不会是真心吧!②万一,一旦。△～の時(とき)/遇到万一。△～の時(とき)に備(そな)える/以备万一。

まさぐ・る③ (他五)玩弄,摆弄。△母親(ははおや)のちぶさを～あかちゃん/玩妈妈奶头的婴儿。

まさしく② 【正しく】(副)〈文〉诚然,确实。△あの声(こえ)は～父(ちち)だ/(听)那声音确实就是父亲。△～推測(すいそく)した通(とお)りだ/正像估计的那样。

まさつ⓪ 【摩擦】(名・自他サ)①摩擦。△乾布(かんぷ)～/干布擦身。②不和睦,摩擦。△両国間(りょうこくかん)に～を生(しょう)ずる/两国之间发生摩擦。③阻力,抵抗力。

まさに① 【正に】〔当に〕①的确,真的。△～そのとおりだ/的确如此。②正是,应当,当然。△～守(まも)るべき規則(きそく)である/这正是应当遵守的规则。

まさに① 【将に】即将,马上。△～新(あら)たな時代(じだい)が始(はじ)まろうとしている/即将开始一个崭新的时代。

まざまざ⓪① (副)清晰,历历在目。△力(ちから)の強(つよ)さを～と見(み)せつけられる/力量的强弱表现得清清楚楚。

まさ・る②⓪ 【勝る】(自五)胜过。△聞(き)きしに～美貌(びぼう)/实际胜过传说的美貌。⇨しのぐ表

まざ・る② 【混ざる】〔雑ざる〕(自五)夹杂,掺混。△水(みず)が混(ま)ざった酒(さけ)/掺水的酒。⇨まじる表

まし⓪ 【増し】(名・形动)①增加,增多。△二割(にわり)～/增加两成。②强,胜过。△ないより～だ/有就比没有强。

まじ・える③ 【交える】(他下一)①夹杂,掺杂。△方言(ほうげん)を交えて話(はな)す/话里夹杂方言。②交叉。△ひざを交えて語(かた)り合(あ)う/促膝谈心。③交换。△意見(いけん)を～/交换意见。④交火(动用武器)。△戦(たたかい)を～/交战。

	枝を～	私情を～	証文を～	言葉を～	一戦を～	身を～
交える	○	○	×	○	○	×
交わす	○	×	○	○	×	○

ました① 【真下】正下方。△地下鉄(ちかてつ)はこの通(とお)りの～を走(はし)っている/地铁从这条马路底下通过。

マジック①② [magic]①魔术,戏法。②魔力,魅力。

まして① 【況して】(副)何况,况且。△先生(せんせい)でもわから

ない問題(もんだい)なのに~ぼくにわかるはずがない/连老师都不会的问题,我就更弄不懂啦。

まじめ⓪【真面目】(名・形动)①认真,正经。△~に話(はなし)を聞(き)け/要认真听(话)。②诚实,正派。△~な人(ひと)/诚实的人。△~に働(はたら)く/踏踏实实地认真工作。

ましょうめん②【真正面】正对面。

-まじり【混じり・交じり】(接尾)夹杂,混有。△雨(あめ)~の雪(ゆき)が降(ふ)る/雨雪交加。△ユーモア~の演説(えんぜつ)/穿插着幽默的讲演。

まじ・る②【混じる・交じる】(自五)混,夹杂,掺杂。△漢字(かんじ)が~/夹杂有汉字。△子供(こども)にまじって勉強(べんきょう)する/和孩子们坐在一起学习。

	麦の~ たご飯	男子に ~て練 習する	アルコー ルは水に よく~	言葉に時 時方言が ~
まじる	-っ○	-っ○	△	○
まざる	-っ○	×	○	△

まじわり④⓪③【交わり】交往,交际。△水魚(すいぎょ)の~/鱼水之情。△刎頚(ふんけい)の~/刎颈之交。⇨こうさい 表

まじわ・る③【交わる】(自五)①交叉。△二直線(にちょくせん)が~/二直线交叉。②交往,交际。△朱(しゅ)に交われば赤(あか)くなる/近朱者赤。

マシン⓪[machine]①机械。△~ガン/机关枪。△~語(ご)/电脑语言。②缝纫机。③赛车。

ます②【升】①升。△~で米(こめ)をはかる/以升量米。②剧场、相扑场内隔成斗形的池座观众席。③格。△原稿用紙(げんこうようし)の~/稿纸的格。

ま・す⓪【増す】Ⅰ(自五)①增加,增多。△喜(よろこ)びが~/增添喜悦。△川(かわ)の水(みず)が~/大河涨水。②(以"…にまして"形式)更加。△前(まえ)にもまして寂(さび)しくなった/比从前更荒凉(寂寞、孤独)了。Ⅱ(他五)增多,增加,增添。△速度(そくど)を~/加快速度。△苦労(くろう)を~/增添辛苦。⇨ふえる 表

ます (助动)接在动词及助动词せる,させる,れる,られる,しめる的连用形下,构成敬体。△何(なに)がありますか/有什么?

まず①【先ず】(副)①首先,最初,开头。△~やるべきことは…/首先应该干的…。△~、火(ひ)を消(け)すことだ/第一先要灭火。②暂且,不管怎样。△~一休(ひとやす)み/暂且休息一会儿。③大体,大致。△~大丈夫(だいじょうぶ)/大概没有问题。④(与否定语呼应)几乎没有。△朝(あさ)の電車(でんしゃ)では、席(せき)にすわれることは~ない/若坐早晨的电车,几乎都没有空座。

ますい⓪【麻酔】(名・他サ)麻醉。△~をかける/施行麻醉。△全身(ぜんしん)~/全身麻醉。

まず・い②【まずい】〔不味い〕(形)

①不好吃。△食事(しょくじ)が～/吃饭不香。△高(たか)くて～料理(りょうり)/又贵又不好吃的菜肴。②不合适，不恰当。△～事態(じたい)になる/事态不妙。△～人(ひと)に見(み)られたものだ/被一个不该看的人看了。③丑，难看。△～顔(かお)/长得丑。④不好，拙笨。△～絵(え)をかく/画得不好。△教(おし)え方(かた)が～/教学方法太差。

マスク① [mask]①假面具。△～プレー/假面戏剧。△～マン/蒙面人，戴面具的人。②防毒面具。③(棒球)护面罩。④口罩。

マス・ゲーム③ [mass game]团体操，集体舞。

マスコット③ [mascot]①福神。△～人形(にんぎょう)/福神偶人。②吉祥物。

マス・コミ⓪ [mass communication]宣传工具，新闻媒介（"マスコミユニケーション"之略）。

まずし・い③【貧しい】(形)贫穷，贫乏。△～生活(せいかつ)を送(おく)る/过穷日子。△語彙(ごい)が～/词汇贫乏。

マスター① [master] I(名)①(酒吧、咖啡馆等的)男主人，老板。②硕士。△～コース/硕士课程。③船长，校长。II(名・他サ)熟练，精通。△英語(えいご)を～する/精通(掌握)英语。

マス・プロ⓪ [mass production]（"マスプロタクション"之略）大量生产。

ますます② ［益益］(副)越发，更加。△最近(さいきん)～太(ふと)ってきた/近来越发胖了。⇨いよいよ 表

ま・ぜる②【交ぜる・混ぜる】(他下一)①掺和，掺入。△セメントと砂利(じゃり)を～/把沙子和水泥掺起来。②搅和，搅拌。△湯(ゆ)を～/搅和洗澡水。③加入，加进。△僕(ぼく)もまぜてくれ/也算我一个。

また⓪①【又】I(名)别，另一个。△～の日(ひ)/次日，另一天。△～の名(な)/别名。△～の機會(きかい)/另外的机会。II(接)又，同时。△山(やま)～山/山连山。III(副)又，再，还。△～会(あ)いましょう/下次再见。IV(接头)表示间接。△～貸(が)し/转借。△～聞(ぎ)き/间接听。⇨ふたたび 表

また②〔股・叉〕①分叉。△木(き)の～/树叉。②腿裆。△～を広(ひろ)げて立(た)つ/叉腿站立。

まだ①【未だ】(副)①(从)未，(尚)未。△その酒(さけ)は～飲(の)んだことがない/从未喝过那种酒。②还(在)，尚(在)。△～雨(あめ)が降(ふ)っている/雨还在下。③还不过，才。△～子供(こども)だ/还是个小孩。△あれから～五時間(ごじかん)しかたっていない/才过五个钟头。④还算，比…还。△知(し)らないよりも～ましだ/比起不懂来还算好。⑤更，还。△その村(むら)はバスの終点(しゅうてん)から～山奥(やまおく)にあった/那个村子比汽车终点

站还远，在山里边。

またが・る③〔跨がる〕(自五)①骑。△馬(うま)に～/骑马。②通过，越过，跨过。△通(とお)りに～歩道橋(ほどうきょう)/横跨马路的过街天桥。△十年(じゅうねん)に～大工事(だいこうじ)/历时十年的大工程。

また・ぐ②〔跨ぐ〕(他五)跨过，迈过。△敷居(しきい)を～/迈过门槛。

またた・く③【瞬く】(自五)①眨眼。②(星星等)闪烁。△星(ほし)が～/星光闪烁。

またたくまに③【瞬く間に】(副)转瞬间，眨眼间。

または②【又は】(读作"またわ")(接)或，或是。△日本円(にほんえん)～ドルでお支払(しはら)いができます/可以用日元或美元支付。

まだまだ①(副)仍，还。△～来(こ)ない/还没来。

マダム①[madam]①夫人，太太。△～バタフライ/(歌剧)《蝴蝶夫人》。②(饭馆、酒馆的)老板娘。

まち②【町】①(日本行政区划之一。②(构成市、区的小分区)町。③城镇，市街。

まち②【街】街，市街。△学生(がくせい)の～/学生街。△～のはずれ/街的尽头。

まちあい【待(ち)合(い)】①等待见面，等待见面的地方。△～室(しつ)/候车室。候诊室。②专供招妓游乐的酒馆。

まちあわせ⓪【待ち合わせ】约会，等待见面。

まちあわ・せる⓪⑤【待(ち)合(わ)せる】(他下一)(事先有约)等候见面，赴约。△駅(えき)で～/相约在车站见面。

まぢか⓪⓪【間近】(名・形动)临近，迫近。△試験(しけん)が～に迫(せま)る/考试临近了。

まちがい③【間違い】①错误，过错。②差错，事故。△子供(こども)が～を起(お)こす/小孩惹祸。⇨あやまり表

まぢか・い③【間近い】(形)临近，靠近。△結婚(けっこん)の日(ひ)も～/结婚的日子快到了。

まちが・う③【間違う】(自五)错，做错，错误。△計算(けいさん)が間違っている/计算错了。⇨まちがえる表

まちが・える④③【間違える】(他下一)弄错，搞错。△あて先(さき)を～/搞错了收信人地址。

	計算を～	約束の日を～	身を～	～た考え	字が～ている
間違える	○	○	×	×	×
間違う	○	○	×	～つ○	～つ○
誤る	○	×	○	～つ○	

まちかど⓪【街角】①街头。②街口，巷口。

まちか・ねる⓪④【待(ち)兼ねる】(他下一)等得不耐烦，焦急地等待。△出発(しゅっぱつ)の日(ひ)を～/急切地等待出发的日子。

まちどおし・い⑤【待(ち)遠しい】(形)盼望已久的。△春(はる)が～/

盼望春天早来临。

まちなみ⓪④【町並(み)】街上的成排房子。△古都(こと)の情緒(じょうちょ)あふれる～/充满古都情趣的成排房屋。

マチネー②[法 matinée](戏剧、音乐会)日场。△～コンサート/日场音乐会。

まちのぞ・む⓪【待ち望む】期待,盼望。△雨(あめ)が降(ふ)るのを～/盼望着下雨。

まちまち②⓪【区区】(形动)形形色色,各式各样。△～の意見(いけん)/不一致的意见。△各人(かくじん)～の服装(ふくそう)/一人一样的服装。

まちわ・びる⓪④【待ちわびる】〔待ち侘びる〕(他上一)等得焦急。△息子(むすこ)の帰国(きこく)を～/焦急地等待儿子归国。

まっ-【真っ】(接头)真,正。△～白(しろ)/雪白。△～先(さき)/首先。

まつ①【末】末,末尾。△月(げつ)の～/月末。

まつ①【松】①松树。②(新年时装饰的)门松,(门松装饰日期为1月1日～7日)。△～が過(す)ぎる/新年已过。

ま・つ①【待つ】(他五)①等待。△合格発表(ごうかくはっぴょう)を～/等录取通知,等发榜。②期待。△今後(こんご)の研究(けんきゅう)に～/有待今后研究。◇待てど暮(く)らせど/怎么等也…。◇待てば海路(かいろ)の日和(ひより)あり/耐心等待定会时来运转。

まっか②【真っ赤】(形动)①鲜红,火红,通红。△～な花(はな)/鲜红的花朵。△顔(かお)が～になる/两颊绯红。②完全,纯粹。△～なうそ/纯粹说谎,弥天大谎。

まつかざり③【松飾り】新年时装饰正门的松枝。

まつかぜ②③⓪【松風】①吹过松林的风。②(锅中)水滚沸声。

まっき①【末期】末期,晚期。△漢代(かんだい)の～/汉末。△～的(てき)症状(しょうじょう)/晚期症状。

まっくら③【真っ暗】(名・形动)漆黑。△～やみ/黑暗中。△～な部屋(へや)/漆黑的房间。

まっくろ③【真っ黒】(形动)乌黑,黝黑。△～な雲(くも)/乌云。△～な顔(かお)/黝黑的脸。

まつげ〔睫・睫毛〕眼睫毛。

まっこう③【真っ向】迎面,正面。△～から反対(はんたい)する/针锋相对。△～からの風(かぜ)/迎面吹来的风。

マッサージ③[法 massage](名・他サ)按摩,推拿。

まっさお③【真っ青】(名・形动)①深蓝,碧蓝。△～な空(そら)/碧蓝的天空。②(因恐怖、生病而脸色)苍白。△～な顔(かお)/苍白的脸。

まっさかさま③【真っ逆様】(名・形动)头朝下。△～に落(お)ちる/大头朝下栽下来。

まっさき③④【真っ先】最先,最

前面。△～に名乗(なの)りをあげる/最先自报姓名。

	～に立って歩く	～に手をあげる	反対運動の～に立つ	同級で結婚したのは彼が～だ	～は頂上に着いている
真っ先	○	○	×	○	×
先頭	○	×	○	×	○

まっしろ③【真っ白】(名・形動)雪白,洁白。

まっしろ・い④【真っ白い】(形)雪白,洁白。△～雪(ゆき)/洁白的雪。

まっすぐ③【真直ぐ】(名・形動)①笔直。△～な棒(ぼう)/笔直的棍子。②径,一直。△～に進(すす)む/一直向前进。③率直,耿直。△～な気性(きしょう)/禀性耿直。

まっせき⓪【末席】末席,末位。△～に座(すわ)る/坐在末席。△～を汚(けが)す/(自谦)忝居末座。

まったく⓪【全く】(副)①完全。△それとこれとは～同(おな)じだ/这两个完全相同。②全然。△～わからない/全然不了解。③诚然,实在。△十年(じゅうねん)～夢(ゆめ)のようだ/十年宛如一场梦。△～暑(あつ)い/实在热。◇～のところ/其实。△～のところ困(こま)った問題(もんだい)だ/其实是个棘手的问题。◇～もって/真正,实在。△～もって信(しん)じられない/简直难以相信。⇨ぜんぜん 表

まつたけ⓪【松茸】松蘑。

マッチ①[match]Ⅰ(名)①火柴。②比赛,竞赛。△タイトル～/锦标赛。△～ポイント/决定胜负的最后一分。Ⅱ(名・自サ)相称,一致。△パーティーに～した服装(ふくそう)/适合舞会、酒会、茶会、晚会的服装。

まっちゃ①【抹茶】茶末儿,末茶,粉茶。△～を立(た)てる/搅末茶。

マット①[mat]①地席,地毯。②(体操)垫子。△～運動(うんどう)/垫上运动。

まっぷたつ③【真二つ】正两半儿。△～に切(き)る/切成两等份。△意見(いけん)が～に割(わ)れる/持两种意见的人各占一半。

まつり⓪③【祭(り)】①祭典,祭日,节日。②庆祝活动或集会。△きく～/菊花会。△七夕(たなばた)～/乞巧节。△港(みなと)～/码头节。

まつ・る②⓪【祭る】(他五)①祭奠。②(当作神)崇敬,供奉。△氏神(うじがみ)を～神社(じんじゃ)/供当地守护神的神社。

まつわ・る③〔纏わる〕(自五)①缠绕,围绕。△子犬(こいぬ)が主(ぬし)の足(あし)に～/小狗围在主人的脚下转来转去。②关于,有关。△湖(みずうみ)に～伝説(でんせつ)/关于湖泊的传说。

まで Ⅰ(格助)(空间、时间、数量等的界限)到,到达。△駅(えき)～行(い)く/走到车站。△明日(あした)～待(ま)とう/等到明天。△五十から百～/从50到100。Ⅱ(副助)①到…程度。△そんなに～しなくていい/不必做到如此地步。

②连，甚至于。△私(わたし)に～隠(かく)すのか/连我也瞒着吗?③只，唯有。(书信中)谨此。△右(みぎ)お礼(れい)～/谨此致谢。

まと⓪【的】①靶子，的。△～に当(あ)たる/射中靶子。△～を外(はず)す/脱靶。②目标。△関心(かんしん)の～/关注的目标。

まど①【窓】①窗户。△～をあける/开窗。②窗口。△目(め)は心(こころ)の～/眼睛是心灵的窗口。

まどかけ②【窓掛(け)】窗帘。

まどガラス【窓ガラス】[荷 glas]窗玻璃。

まどぐち②【窓口】①(机关业务的)窗口。②(对外联络的)窗口。△民間貿易(みんかんぼうえき)の～/民间贸易窗口。

まとまり⓪①统一。△クラスに～がない/班级不统一。②一贯，一致。③解决。△そのことは～がついた//那事解决了。

まとま・る⓪〔纏まる〕(自五)①汇集，齐。△まとまった金(かね)/凑齐的钱。②谈妥，达成协议。△話(はなし)が～/谈妥。△縁談(えんだん)が～/提亲说妥。③归纳起来，集中起来。△考(かんが)えが～/思路很有条理。

まとめ⓪〔纏め〕归纳，整理。

まと・める⓪〔纏める〕(他上一)①汇总，汇集。△荷物(にもつ)を～/汇总行李。△短編小説(たんぺんしょうせつ)をまとめて一冊(いっさつ)の本(ほん)にする/把短篇小说汇集成一本书。②归纳，整理。△皆の意見(いけん)を～/归纳大家的意见。△文章(ぶんしょう)に～/整理成文章。③解决，结束。△けんかを～/解决争吵。△交涉(こうしょう)を～/使谈判达成协议。

まとも⓪〔真面〕(名・形动)正面。△～にぶつかる/撞个满怀。

マドモアセル④[法 mademoiselle](未婚)姑娘，小姐。

まどり⓪【間取り】房间的配置(设计)。△～がいい/房间设计得很好。

マドロス⓪①[荷 matroos]水手，海员。

まどわ・す③【惑わす】(他五)蛊惑，迷惑。△人心(じんしん)を～/蛊惑人心。△甘(あま)い言葉(ことば)で女(おんな)を～/用甜言蜜语欺骗女人。

マドンナ②[意 Madonna]①圣母。②圣母画像，圣母雕像。③美女，美女偶像。

マナー①[manners]①礼节，风度，风格。△テーブル～/餐桌上的礼节。②规则。△コート～/场地规则。

まないた⓪③④【まな板】〔真魚板・俎〕切菜板，砧板。◇～の鯉(こい)/俎上之鱼，任人宰割(听任摆布)。

まなつ⓪【真夏】盛夏。

まな・ぶ⓪【学ぶ】(他五)①学，学习。△ともに大学(だいがく)で学んだ仲(なか)/大学同窗朋友。△外国語(がいこくご)を～/学外语。

②借鉴，学习。△先人(せんじん)の失敗(しっぱい)に～/从前辈失败中得出教训。

マニア① [mania]狂热者,热心者。…狂,…迷。△切手(きって)～/集邮迷。△コレクト～/收藏狂。

まにあ・う③ 【間に合う】(自五)①来得及,赶得上。△電車(でんしゃ)に～/赶得上电车。△ごはんの支度(したく)が間に合わなかった/未来得及准备饭。②够用,足够。△一万円(いちまんえん)あれば～/有1万日元就足够了。△電話(でんわ)で～用事(ようじ)/打个电话就能解决的事。

マニュアル③ [manual]①人工的,手工的。△～コントロール/手动控制。②手册,便览,说明书。△学生(がくせい)～/学生手册。

まぬか・れる④ 【免れる】(他下一)避免,摆脱,逃避。△罪(つみ)を～/逃避罪责。△難(なん)を～/避难。

まね⓪ 【真似】(名・自サ)①模仿,效法。△～がうまい/学得很像。△人(ひと)～/模仿他人。②〈俗〉举止,动作。△ばかな～をするな/别做糊涂事。

マネージメント② [management]经营,管理。△～ゲーム/企业管理对策。△～サイクル/经营管理周期。

マネージャー② [manager]①经理。△ホテルの～/饭店经理。②监督。③管理人。

まねき③ 【招き】①邀请,招待。②招牌。

まね・く② 【招く】(他五)①招呼。△手(て)を振(ふ)って～/挥手打招呼。②招待,邀请。△パーティーに～/邀请参加晚会。③招致,招惹,引起。△損害(そんがい)を～/招致损失。△誤解(ごかい)を～/引起误解。

ま・ねる⓪ 【真似る】(他下一)模仿,仿效。△他人(たにん)の芸(げい)を～/仿他人演技。△子供(こども)は親(おや)を～/孩子效仿父母。

	親のしぐさを～	人のくせを～	家業を～	猫の声を～	兄に～て早く起きる
まねる	○	○	×	○	×
見習う	○	×	○	×	－っ○

まのあたり③ 【目の当(た)り】①眼前。△～に見(み)る/亲眼目睹。②直接。△～に教(おし)えを受(う)ける/直接得到教诲。

まばたき② 〔瞬き〕(名・自サ)眨眼,转瞬。△～もせず見(み)つめる/目不转睛地盯着。

まばた・く③ 〔瞬く〕(自五)眨眼。△～間(ま)/瞬间。△～ひとつしないで見入(みい)っていた/看出神了,眼睛也不眨一眨。

まばゆ・い③ (形)〈文〉①晃眼,耀眼。△～夏(なつ)の光(ひかり)/耀眼的夏日阳光。②光彩夺目。△～ばかりの王冠(おうかん)/光辉耀眼的王冠。

まばら⓪ 〔疎ら〕(名・形动)稀疏,稀少。△人影(ひとかげ)も～な裏通(うらどお)り/行人稀少的背胡同。

まひ①⓪【麻ひ】〔麻痺〕(名・自サ)①麻痹,麻木。△指先(ゆびさき)の感覚(かんかく)が～する/手指尖儿麻木无感觉。△小児(しょに)～/小儿麻痹。②瘫痪,(运行中断)。△大雪(おおゆき)で交通(こうつう)が～する/因大雪交通瘫痪。

まび・く②【間引く】(他五)①间苗。△大根(だいこん)を～/萝卜间苗。②拉开距离。△電車(でんしゃ)を間引いて運転(うんてん)する/电车拉开距离行驶。③(旧时因子女过多)溺婴。

まひる⓪【真昼】正晌午,大白天,白昼。

マフィア①〔Mafia〕黑手党,黑社会组织。

まぶか⓪【目深】往下戴(帽子)。△帽子(ぼうし)を～にかぶる/帽子深戴遮住眼眉。

まぶし・い③【眩しい】(形)晃眼,耀眼。△～夏(なつ)の太陽(たいよう)/晃眼的夏日阳光。

まぶた①〔目蓋・瞼〕眼睑,眼皮。△ひと重(え)～/单眼皮。△ふた重(え)～/双眼皮。△～を開(ひら)く/睁眼。△～が重(おも)い/困倦。◇～の母(はは)/永远留在记忆里的母亲的面容(自小离开母亲)。

まふゆ⓪【真冬】隆冬,严冬。△～日(び)/零度以下的日子。

マフラー①〔muffler〕①围巾。②消声器。③拳击手套。

まほう⓪【魔法】魔法,魔术。△～じゅうたん/魔毯。△～をかける/施魔术。△～使(つか)い/魔术师。

まほうびん⓪【魔法瓶】暖水瓶。

まぼろし⓪【幻】①幻,幻想,幻见。△～の境(さかい)/幻境。△亡人(なきひと)の～を追(お)う/追幻已故的人。②幻,虚幻。△～の世(よ)/虚幻的现世。③虚构。△～の名画(めいが)/虚构的名画。

まま②〔儘・随〕①任凭,任其自然。△足(あし)の向(む)く～に歩(ある)く/信步而行。△思(おも)い出(だ)すにペンを動(うご)かす/怎么想就怎么写,信笔写下去。②随心所欲。△～ならない/不如人意。△～ならぬ世(よ)の中(なか)/不如人意的社会。③仍旧,原封不动。△出掛(でか)けた～戻(もど)らない/(从家)出走后始终未归。△昔(むかし)の～の故郷(こきょう)/一如往日的故乡。△ラジオをつけた～朝(あさ)まで眠(ねむ)っていた/开着收音机睡到了天亮。

まま⓪【間間】(副)偶尔,有时。△あやまりが～ある/偶尔也出错。

ママ①①(儿语)妈妈。②(酒吧的)老板娘。

ままこ⓪①过继的子女,前夫(前妻)的子女。②不受重用,遭排挤者。

-まみれ【塗れ】(接尾)沾满。△汗(あせ)～の顔(かお)/满脸是汗。

まみ・れる③【塗れる】(自下一)全身沾满(血、汗、泥、土)。△泥(どろ)に～/浑身是泥。◇一敗

(いっぱい)地(ち)に〜/一败涂地。

まめ② 【豆】Ⅰ(名)豆,大豆。Ⅱ(接头)小型,微型。△〜電球(でんきゅう)/小灯泡。△〜台風(たいふう)/小台风。△〜ランプ/小形灯。

まもなく② 【間も無く】(副)不一会儿,不久。△〜会議(かいぎ)が始(はじ)まります/会议马上开始。⇨やがて 表

まもり② 【守り】①守卫,保卫。②(神佛)保佑。△神(かみ)の〜/神的保护。△〜本尊(ほんぞん)/护身佛。③护符。△〜札(ふだ)/护符。

まも・る② 【守る】(他五)①保卫,守卫,保护。△国(くに)を〜/保卫国家。△自然(しぜん)を〜/保护自然。②遵守。△法律(ほうりつ)を〜/遵守法律。

まやく⓪ 【麻薬】麻药;毒品。△〜依存症(いぞんしょう)/ⅰ)麻醉药依赖。ⅱ)毒品成瘾。

まゆ① 【眉】①眉,眉毛。△〜をひそめる/皱眉头。△〜を開(ひら)く/展眉。◇〜に火(ひ)がつく/迫在眉睫。②眉黛。△〜を引(ひ)く/描眉。

まゆげ① 【眉毛】眉毛。

まよい② 【迷い】迷惘,迷惑。△〜子(ご)/迷路。△〜歩(ある)く/ⅰ)走迷路。ⅱ)流浪,漂泊。△気(き)の〜/错觉。

まよ・う② 【迷う】(自五)①迷失方向。△道(みち)に〜/迷路。②犹豫。△行(い)くか行くまいかと〜/是去是留犹豫不决。③着迷,

迷恋。△欲(よく)に〜/利欲熏心。△女(おんな)に〜/迷恋女色。

まよなか② 【真夜中】深夜,半夜。△〜まで勉強(べんきょう)する/学习到深夜。

マヨネーズ③ 〔法 mayonnaise〕沙拉酱,蛋黄酱。

まよわ・す③ 【迷わす】(他五)迷惑,蛊惑。△甘(あま)い言葉(ことば)に心(こころ)を迷わされる/被甜言蜜语所迷惑。

マラソン⓪ 〔marathon〕马拉松(赛跑)。

まり② 〔鞠・毬〕(用皮、橡皮、棉等制成的)游戏用球。

まる⓪ 【丸】Ⅰ(名)①圆形,圆圈儿。△〜で囲(かこ)む/用圆圈儿圈上。△日(ひ)の〜/太阳旗。②句号。③城廓内部。△本(ほん)〜/城堡中心。④〈俗〉钱。Ⅱ(接头)①满。△〜三年(さんねん)/满三年。②完全。△〜はだか/赤裸裸。△〜焼(やけ)/烧光。Ⅲ(接尾)接在船、人、刀、剑、狗等的名称下。△興安(こうあん)〜/兴安丸(船名),兴安号船。△牛若(うしわか)〜/牛若丸(人名)。

まる⓪ 【円】圆形,球形。

まる・い⓪ 【丸い】(形)①圆的。△〜月(つき)/圆月。△背中(せなか)を丸くする/驼背。②圆滑圆满。△〜人柄(ひとがら)/人品温和。△まるく納(おさ)める/圆满结束。

まる・い⓪ 【円い】(形)圆形的,球形的。

まるきり⓪ (副)(下接否定语)完全(不),全然(不),一概(不)。△～わからない/全然不懂。△～だめだ/完全不行。⇒ちっとも 表

まるごし⓪【丸腰】不携带武器。△～の警官(けいかん)/不带武器的警察。

まるごと⓪【丸ごと】(副)囫囵,整个,按原样。△リンゴを～かじる/囫囵个儿啃苹果。

まるそん⓪【丸損】赔光。△株(かぶ)で～をする/炒股赔光。

まるだし⓪【丸出し】全部露出,完全暴露。

マルチ①[mulch](覆盖耕地)塑料薄膜。△～栽培(さいばい)/覆盖栽培法。

まるで⓪【丸で】(副)①恰似,宛如。△～夢(ゆめ)のようだ/宛如梦境一般。②完全,简直。△お酒(さけ)は～だめだ/酒一点也不会喝。⇒ぜんぜん 表

まるに⓪【丸煮】整个煮。

まるね⓪【丸寝】合衣而睡。

まるまる⓪③【丸丸】(副)①完全,全部。△～一時間(いちじかん)はかかる/足足用一小时。②圆滚滚,胖乎乎。△～と太(ふと)った子供(こども)/胖乎乎的小孩。

まるみ⓪【丸み・円み】圆形,圆的程度。△声(こえ)に～がある/圆润的声音。△～を帯(お)びる/呈圆形。

まる・める⓪【丸める】(他下一)①弄圆。△肉(にく)だんごを～/做肉丸子。△背(せ)を～/弯腰。②剃光头。△頭(あたま)を～/剃光头。落发出家。③拉拢,拢络。

まるやき⓪【丸焼き】整烧,整烤。△豚(ぶた)～/烤全猪。

まるやけ⓪【丸焼け】烧光。△家(いえ)が～になった/房子烧光了。

まれ②⓪〔希・稀〕(形动)稀少,稀罕,稀奇。△人跡(じんせき)まれな奥山(おくやま)/人迹罕见的深山。

	世にも～動物	人通りの～山村	～趣向をこらす	ここでも～雪が降る	～よく晴れた日
まれ珍しい	-な○	-な○ ×	○	-に×	× -く○

まわ・す⓪【回す】【廻す】(他五)①转,旋转。△こまを～/转陀螺。△ダイヤルを～/拨电话号码。②围上,围绕。△幕(まく)を～/围上幕布。△屏風(びょうぶ)を立(た)て～/用屏风围上。③各处活动,想办法。△事前(じぜん)に手(て)を～/事先采取措施安排好。△気(き)を～/疑心,猜疑。④(依次)传递。△回覧板(かいらんばん)を～/传递传阅板。⑤派遣,转送。△車(くるま)を自宅(じたく)へ～/派车到家。△伝票(でんぴょう)を経理(けいり)に～/把传票转送经理。

まわり⓪【回り・周り】①旋转。②周围。△池(いけ)の～/水池周围。③环视,环顾。绕道。④(比较时)一圈。△ひと～大きい/大一圈(的)。

-まわり【周り】(接尾)①周(数),圈(数)。②(年龄差)一轮(十二岁)。

③(大小差)一圈。

まわりみち⓪③【回り道】(名・自サ)绕远，绕道。△～をして学校(がっこう)へ行(い)く/绕道去学校。

まわ・る⓪【回る】(自五)①转动，旋转。△地球(ちきゅう)が太陽(たいよう)の周(まわ)りを～/地球绕太阳转。△風車(かざぐるま)がくるくる～/风车滴溜溜地转。②转向。△左(ひだり)へ回れ/向左转。△反対派(はんたいは)に～/转向反对派一边。△受身(うけみ)に～/转为守势。③转移，绕道。△敵(てき)のうしろへ～/迂回敌后。④巡回，走遍。△商用(しょうよう)で関西(かんさい)方面(ほうめん)を～/因洽谈生意到关西各处活动。⑤绕道。◇急(いそ)がば回れ/欲速则不达。⑥轮流，轮班。△ぼくの番(ばん)に回ってきた/轮到我值班。⑦(目)眩。△目(め)が～/目眩。⑧(药、酒等)起作用，发作。△毒(どく)が～/毒性发作。△酒(さけ)が～/酒开始上劲儿。⑨灵活。△舌(した)が～/说话流利。△頭(あたま)が～/脑筋灵活。⑩细心周到。△手(て)が回らない/顾不上。△気(き)が～/周到。⑪(时间)过了。△十時(じゅうじ)を少(すこ)し回ったころ/10点过一点儿。

	名所を～て歩く	こまが～	季節が～	裏へ～	税制を～論議
回る	一つ〇	〇	×	〇	×
巡る	一つ〇	×	〇	×	〇

まん①【万】①万。②极多。△～に一(ひと)つの可能性(かのうせい)/极小的可能性。

まん①【満】Ⅰ(名)①充满，充分。△～を持(じ)する/ i)拉满弓弦而不射。ii)充分准备(以待时机)。②正，满，足。△～で三歳(さんさい)/三周岁。Ⅱ(接头)满，整。△～三年(さんねん)/整三年。

マン⓪[man]①男人。②人。△カメラ～/摄影师。△～アワー/一人一小时的(工作量)。△～ツー～/一帮一，一人对一人。△～ツー～・ディフェンス/人盯人防守。

まんいち①【万一】Ⅰ(名)万一。△～の時(とき)の用意(ようい)/以防万一。Ⅱ(副)万一，倘若。△～失敗(しっぱい)したら…/倘若失败了…。

まんいん⓪【満員】客满，满座。△～電車(でんしゃ)/电车满座。△～御礼(おれい)/ i)鸣谢。ii)客满见谅。

まんが⓪【漫画】漫画。△～家(か)/漫画家。△～雑誌(ざっし)/漫画杂志。△～映画(えいが)/动画片。

まんかい⓪【満開】(花)盛开。△桜(さくち)の花(はな)が～になる/樱花盛开。

マンガン②[荷 mangaan](化学)锰。

まんき⓪①【満期】到期，满期。△保険(ほけん)が～になる/保险期满。

まんげつ①【満月】月圆，圆月。

まんざい③【漫才】相声。△～師

(し)/相声演员。

まんさく⓪【満作】丰收。△豊年(ほうねん)～/丰收的年头。

まんざら⓪【満更】(副)(下接否定语)未必,并不完全。△～捨(す)てたものでもない/并非毫无价值。△～でもない/未尝不可,尚可。△ほめられて彼(かれ)は～でもない顔(かお)をしている/受到夸奖他喜形于色。

まんじゅう③〔饅頭〕包子。△葬式(そうしき)～/祭奠用点心。△肉(にく)～/肉包子。△～笠(がさ)/圆顶斗笠。

まんじょう⓪【満場】全场,全场人员。△～一致(いっち)で可決(かけつ)する/与会者一致通过。

マンション①[mansion]高级公寓。

まんしん⓪【満身】满身。△～の力(ちから)をこめる/使尽全身之力。

まんしん⓪〔慢心〕傲慢。△～が敗北(はいぼく)を招(まね)く/骄傲招致失败。

まんせい⓪【慢性】①慢性。△～胃炎(いえん)/慢性胃炎。②慢性化(拖延时间)。△インフレが～化(か)する/通货膨涨已慢性化。△汚職(おしょく)が～化する/渎职现象持续不断。

まんぞく①【満足】Ⅰ(名・自サ)满足,满意。△今(いま)の生活(せいかつ)に～する/对现在的生活心满意足。△好奇心(こうきしん)を～させる/满足好奇心。Ⅱ(形动)令人满意,完美无缺,完满。△～な結果(けっか)をえる/得到完满的结果。△料理(りょうり)も～にできない/菜也做不好。

	欲望を～させる	～に思う	欠員を～する	計算も～にできない	衣食の～を願う
満足	○	○	×	○	×
充足	○	×	○	×	○

まんちょう⓪【満潮】满潮。

まんてん⓪【満天】满天。△～の星(ほし)/满天星辰。

まんてん③【満点】①满分。△～を取(と)る/得满分。②最佳。△栄養(えいよう)～/营养最佳。△スリル～/(电影、小说)最富刺激性。

まんてんか③【満天下】满天下,全世界。△～に知(し)れわたる/传遍天下。△～の話題(わだい)をさらう/赢得全世界的关注。△～を驚(おどろ)かす/轰动全国。

マント⓪[法 manteau]斗篷,披风。△～を身(み)にまとう/身披斗篷。

マンドリン⓪[mandolin]曼陀林(琴)。

まんなか⓪【真ん中】正中间,中央。△庭(にわ)の～にある池(いけ)/庭院正中间的水池。△三人兄弟(さんにんきょうだい)の～/三兄弟中间的。⇨ちゅうおう 表

まんにん③⓪【万人】万人。△～向(む)き/面向大众。

まんねん①【万年】①一万年。②多年,漫长的岁月。△～暦(れき)/万年历。△～雪(ゆき)/常年不化的积雪。△～床(どこ)/总也不叠起来的被褥。

まんねんひつ① 【万年筆】自来水笔。

まんねんれい③ 【満年齢】周岁,足岁。

まんびき④⓪ 【万引(き)】(名・他サ)装作购物在商店偷窃。△本(ほん)を～する/(装作读者)偷书。

まんぴつ⓪ 【漫筆】随笔,漫笔。

まんびょう⓪ 【万病】各种病症,百病。△かぜは～のもと/感冒是百病之源。

まんまえ③ 【真ん前】正对面,正前方。△学校(がっこう)の～に郵便局(ゆうびんきょく)がある/学校对面有邮局。

まんまと①③ (副)巧妙地,利落地。△～一杯(いっぱい)食(く)わされる/被骗得毫无觉察。

まんゆう⓪ 【漫遊】(名・自サ)漫游,周游。△～記(き)/漫游记。

まんようがな⑤ 【万葉仮名】万叶假名。

まんりき④⓪ 【万力】老虎钳,虎头钳。

まんりょう⓪ 【満了】(名・自サ)期满,届满。△任期(にんき)が～する/任期届满。

み ミ

み◎【身】①身体。△～をかがめる/弯腰。△～のこなしがいい/作派好。②(与骨相对而言)肉。△～が柔(やわ)らかい魚(さかな)/肉嫩的鱼。△白(しろ)～/肥肉。③自身。△～を投(とう)じる/投身(于)。△危険(きけん)から～を守(まも)る/防身避险。△技術(ぎじゅつ)を～につける/掌握技术。④处境，立场。△相手(あいて)の～になって考(かんが)える/站在对方的立场上考虑。⑤身份。△～のほどを知(し)らない/无自知之明。△～に余(あま)る光栄(こうえい)/过分的荣誉。⑥刀身。⑦(与盒盖相对而言)盒身。◇～から出(で)た錆(さび)/自作自受。◇～に覚(おぼ)えがない/未曾经历过。◇～に沁(し)みる/ⅰ)深感，铭刻于心。ⅱ)(寒气)袭人。◇～につまされる/感同身受，身受其苦。◇～になる/ⅰ)为他人着想。ⅱ)有营养。ⅲ)〈转〉有好处。◇～の毛(け)がよだつ/毛骨悚然。◇～も蓋(ふた)もない/太露骨，毫不含蓄。◇～も世(よ)もあらず/自暴自弃。◇～を入(い)れる/热心。◇～を固(かた)める/结婚成家。◇～を持(も)ち崩(くず)す/生活放荡。

み◎【実】①果实。②种子。③内容。△～のない話(はなし)/言之无物。④汤菜里的菜和肉。◇～を結(むす)ぶ/ⅰ)结果实。ⅱ)成功，出成果。

み-◎【未】(接头)未，没。△～成年(せいねん)/未成年。△～開(かい)/没开化，未开垦。

-み (接尾)(接形容词、形容动词词干使之成为名词)表程度、状态。△甘(あま)～/甜味儿。深(ふか)～/深度。△重(おも)～/重量。△赤(あか)～がかった青色(あおいろ)/蓝里透红。△真剣(しんけん)～が足(た)りない/认真程度不够。

みあい◎【見合(い)】(男女为成亲)相亲，见面。△～結婚(けっこん)/经人介绍结婚。

みあ・う◎②【見合う】Ⅰ(自五)相称。△収入(しゅうにゅう)に見合った暮(く)らし/与收入情况相称的生活。Ⅱ(他五)对看，互看。△見合ったまま立(た)ちあがる/二人面面相觑，站了起来。

みあ・げる①③【見上げる】(他下一)①仰视，向上看。△星空(ほしぞら)を～/仰望星空。②敬仰，敬重。△見上げた態度(たいど)/令人钦佩的态度。

みあた・る◎③【見当(た)る】(他五)找到，看到。△どこにも見当たらない/哪儿也找不到。

みあわ・せる◎③【見合(わ)せる】(他下一)①互看，对看。△顔(か

お)を～/面面相覷。②对比着看。△類書(るいしょ)をあれこれ～/翻翻这本，翻翻那本，对照着翻看这些内容类似的书籍。③暂停，作罢。△外出(がいしゅつ)を～/暂不出去。

みいだ・す⓪③【見出す】(他五)找到，发现。△活路(かつろ)を～/找到活路。△人材(じんざい)を～/发现人才。

ミイラ①[葡mirra][木乃伊]木乃伊。◇～取(と)りが～になる/去叫别人，结果自己一去不返。

みう・ける⓪【見受ける】(他下一)①看到，看见。②看上去。△見受けたところ元気(げんき)そうな人(ひと)だ/看上去是个健康人。

みうごき②④【身動き】(名・自サ)转身，转动身体。△満員(まんいん)で～がとれない/车里挤满乘客，一动也不能动。

みうしな・う⓪④【見失う】(他五)迷失，看丢了。△大切(たいせつ)なものを～/把贵重东西看丢了。△犯人(はんにん)を～/看跑了犯人。

みうち⓪【身内】①全身，浑身。△～が引(ひ)き締(し)まる/全身感到紧张。②亲属。△～の者(もの)だけで結婚式(けっこんしき)をすませた/举行婚礼时，只请来了三亲六故们。

みうり⓪【身売り】(名・自サ)①卖身(抵债)，卖身投靠。②转让(权利、设备等)。

みえ②【見栄・見得】①外表，门面，外观。◇～を張(は)る/追求虚荣。②(歌舞伎)亮相。△～を切(き)る/出场亮相。

み・える②【見える】(自下一)①看得见。△海(うみ)が見えてきた/看见海了。△目(め)に見えて食欲(しょくよく)が落(お)ちた/显而易见，食欲减退了。△見えざる資産(しさん)/无形资产。△見えざる手(て)/无形之手。△見えない文化(ぶんか)/不可视文化。②看得出。△進歩(しんぽ)の跡(あと)が～/看得出进步的迹象。△反省(はんせい)の色(いろ)も見えない/连悔悟的样子都看不出。③能看见(东西)。△ふくろうは夜(よる)でも目(め)が～/长尾林鸮夜间也能看见东西。④感觉到，看得出是。△よほどうれしかったと～/看得出是十分高兴。⑤(书面上)登载，(文字上)写上了。△聖書(せいしょ)に～言葉(ことば)/圣经里的话。⑥"来"的敬语。△お客(きゃく)さまが見えました/客人光临了。

みおくり⓪【見送り】送行。△駅(えき)まで～に行(い)く/送到车站。

みおく・る⓪③【見送る】(他五)①送行，送别。△空港(くうこう)まで～/送到飞机场。②静观，观望，暂缓(办理)，△実施(じっし)を～/暂缓实行。△減税(げんぜい)を～/放过(这次)减税机会。

みおと・す⓪③【見落(と)す】(他五)看漏，忽略。△サインを～/

漏看署名。△大事(だいじ)な点(てん)を～/忽略了重要的一点。

みおぼえ⓪ 【見覚え】仿佛见过，眼熟。△～のある顔(かお)/面孔很眼熟。

みおろ・す⓪③ 【見下ろす】(他五)①俯视，往下看。△山頂(さんちょう)から麓(ふもと)を～/从山上往山下看。②蔑视，看不起。△相手(あいて)を見下ろした態度(たいど)/表现出看不起对方的样子。

みかい⓪ 【未開】①未开始，未开垦。△～の分野(ぶんや)/未开发领域。△～地(ち)/未开垦土地。②(原始状态)无文化，未开化。△～の社会(しゃかい)/原始状态的社会。

みかいけつ② 【未解決】未解决。△～の問題(もんだい)/未解决的问题。△事件(じけん)は～のままだ/案件一直未破。

みかいたく② 【未開拓】未开垦。△～の荒野(こうや)/未开垦的荒地。

みかいはつ② 【未開発】未开发。△～地域(ちいき)/未开发地区。

みかえ・す⓪② 【見返す】(他五)①回头看，向后看。②重看。③(受了侮辱或轻视后，做个样)给人看看，争气，自强。△立派(りっぱ)な仕事(しごと)をして、世間(せけん)の人(ひと)を見返してやる/做件体面事情给人们看看。

みかぎ・る⓪③ 【見限る】(他五)放弃，(无望而)断念，失望。△会社(かいしゃ)を～/对公司失掉信心。⇨みすてる 表

みかく⓪ 【味覚】味觉。△～をそそる/引起食欲。△～の秋(あき)/食欲旺盛之秋。

みが・く⓪ 【磨く】〔研ぐ〕①刷，擦。△歯(は)を～/刷牙。△靴(くつ)を～/擦皮鞋。②美化衣着。③磨炼，提高。△技(わざ)を～/提高技术。△腕(うで)を～/锻炼本领。△芸(げい)を～/练功夫。

みかくてい⓪ 〔未確定〕未确定。

みかくにん⓪ 【未確認】未确认。△～情報(じょうほう)/未确认的信息。△～飛行物体(ひこうぶったい)/不明飞行物，UFO。

みかけ⓪ 【見掛け】外表，外观。△人(ひと)は～によらぬもの/人不可貌相。△～はごついが、とてもやさしい人(ひと)/看上去很厉害，其实这人非常和蔼可亲。

	～ばかり気にする	～のよくない人	～を繕う	～倒し	建物の～を飾る
見かけ	○	○	×	○	×
外見	○	○	○	×	○
外観	○	×	△	×	○

みか・ける⓪③ 【見掛ける】(他下一)看到，看见。△この付近(ふきん)でよく～人(ひと)/在这附近常见到的人。

みかた③② 【見方】①看的方法。△地図(ちず)の～/看地图的方法。②看法，见解。△～を変(か)えてみる/试图改变看法。△そのような～もある/我有同感。

みかた⓪ 【味方】①(对敌方而言的)我方。②同伴，伙伴。◇…に～する/袒护，维护。△母(はは)は

いつも弟(おとうと)に～する/母亲总是袒护弟弟。

みかづき⓪【三日月】①月牙。②月牙形。△～がた/月牙形。△～まゆ/柳叶眉。

みか・ねる④⓪③【見兼ねる】(他下一)目不忍睹。△見るに～/实在看不下去了。△見兼ねて手(て)を貸(か)す/看不下眼才帮别人的。

みがまえ④⓪③【身構え】架势,架子。△攻撃(こうげき)の～/进攻的架势。

みがる⓪【身軽】(名・形動)①身体灵便。△～に川(かわ)を飛(と)び越(こ)える/灵巧地跳过河流。②轻装。△～な服装(ふくそう)/轻便的服装。③(负担减少)轻松。△子供(こども)が成人(せいじん)して～になる/小孩已经长大成人,(父母)负担减轻了。

みかん①【蜜柑】柑橘。

みき⓪①【幹】树干。

みぎ⓪①【右】①右,右边。②上文,前文。△～に同(おな)じ/同上(文)。③(偏)右,右倾。△～寄(よ)りの政党(せいとう)/右倾的政党。④胜过,强于。△彼(かれ)の～に出(で)る者(もの)はいない/没有人比他强,无出其右者。◇～から左(ひだり)へ/(东西)一手来一手去。钱一到手里就用光。△給料(きゅうりょう)が～から左へなくなる/工资到手就花光。◇～と言(い)えば左(ひだり)/你说东,他说西。唱反调。

みぎがわ⓪【右側】右侧,右边儿。

みきき①【見聞き】(名・他サ)见闻。△～したとおりを話(はな)す/述述所见所闻。

みぎきき⓪【右利き】右手好使,习惯用右手。

みぎて⓪【右手】①右手。②右边。△～に見(み)える山(やま)/右边看到的山。

みぎひだり③【右左】①左和右。②左右颠倒,弄反。△靴(くつ)が～だ/鞋穿反了。

みきわ・める⓪【見極める】(他下一)①看清(结果)。△球(きゅう)の落下点(らっかてん)を～/看清楚球体的降落点。②研究明白。△事実(じじつ)を～/查清事实。⇨みとどける 表

みくだ・す⓪③【見下す】(他五)①俯视。②轻视,蔑视。△人(ひと)を見下したような態度(たいど)/傲慢的态度。⇨みくびる 表

みくび・る⓪③【見くびる】〔見縊る〕(他五)轻视,蔑视。△若者(わかもの)を見くびってはいけない/不要看不起青年人。

	人を～た態度	相手チームを～てかかる	そう～たものではない	～果てた男
見くびる	○	○	○	×
見下す	○	○	×	×
見下げる	○	×	△	○

みくら・べる④【見比べる】〔見較べる〕(他下一)对比,相比较。△両案(りょうあん)を～/拿两种方案进行比较。

みぐるし・い④【見苦しい】(形)难看,丑陋。△～身(み)なり/难

看的打扮。△～まねはするな/别装那丑样子。

ミクロ① [德 mikro]①极微。△～の世界(せかい)/微观世界。△～コスモス/微观宇宙。②(単位名称的)百分之一。△～グラム/微克。

ミクロ・セル①-① [micro-cell]微型电池。

ミクロトーム④ [德 Mikrotom](显微)切片机。

ミクロフィルター④ [micro-filter]微粒过滤器。

ミクロン① [法 micròn]微米。

みけいけん② 【未経験】没有经验。△～者(しゃ)/新手。

みけつ⓪ 【未決】①未决,尚未决定。△問題(もんだい)は～だ/问题悬而未决。②未判决。△～囚(しゅう)/嫌疑囚犯。

みごと① 【見事】〔美事〕(形动)①漂亮,巧妙。△手(て)ぎわが～だ/技艺精湛,干得漂亮。②完全,整个。△～に失敗(しっぱい)した/惨败。⇨りっぱ表

みこみ⓪ 【見込(み)】可能性,希望。△勝(か)てる～はない/胜利无望。△～が立(た)つ/有可能;预料到。

	～がつかない	かなり売れる～	～のある人物	～が利く	駅の位置はこの～だ
見込み	○	○	○	×	×
見通し	○	○	×	×	○
見当	○	×	×	×	○

みこ・む⓪② 【見込む】(他五)①认为有希望,信赖。△将来(しょうらい)を見込まれている/被认为将来有前途。△社長(しゃちょう)に見込まれる/为总经理所信赖。②估计在内。△臨時収入(りんじしゅうにゅう)を見込んだ予算(よさん)/把临时收入估计在内的预算。△返品率(へんぴんりつ)を一割(いちわり)と～/打出一成的退货率。③纠缠住,盯上。△悪魔(あくま)に見込まれたよう/像着魔似的。△蛇(へび)に見込まれた蛙(かえる)/被蛇盯上的青蛙。

みこん⓪ 【未婚】未婚。△～の女性(じょせい)/未婚的女性。△～の母(はは)/私生子的母亲。

みさい⓪ 【未済】未办定,未处理完。△～事件(じけん)/未办完的案件。△～の借金(しゃっきん)/未还清的债。

みさき⓪① 【岬】海角,岬角。

みさ・げる⓪ 【見下げる】(他下一)轻视,蔑视。△見下げた奴(やつ)だ/卑鄙的家伙。⇨みくびる表

みじか・い③ 【短い】(形)①(空间、距离)短。△～ひも/短绳。△～文章(ぶんしょう)/短的文章。②(时间)短。△夜(よる)が～/夜短。△～一生(いっしょう)/短暂的一生。③(见识)短浅。◇気(き)が～/性急。

みじたく② 【身支度】(外出时的)装束,打扮。△旅(たび)の～をする/准备行装。

みじまい② 【身仕舞い】(多指女性在镜前)打扮。

みじめ① 【惨め】(名・形动)悲惨,凄惨。△～な死(し)に方(かた)/死得悲惨。△～に敗北(はいぼく)する/惨败。

みじゅく⓪① 【未熟】(名・形动)①(果实)未熟。②未成熟。△～児(じ)/早产儿。③(技术等)不熟练。△腕(うで)が～だ/技术不熟练。△～者(もの)/生手。

みしょう⓪ 【未詳】(情况)不详。

みしらず② 【身知らず】不自量。△～の望(のぞ)み/奢望。

みしらぬ⓪ 【見知らぬ】(连体)不认识。△～男(おとこ)/陌生的男子。

みし・る 【見知る】(他五)认识,熟悉。△見知らない人(ひと)/不认识的人。

ミシン① [sewing machine]缝纫机。

みじん⓪ 【微塵】Ⅰ(名)微尘。Ⅱ(副)(以"～も"的形式,下接否定语)丝毫不。

ミス① [Miss]①小姐(冠于未婚女性姓氏前)。②姑娘。③(选美的优胜者)美人。△～コンテスト/选美大赛。△～ユニバース/选美选中的)女皇,美后。△～日本(にっぽん)/日本美人。

ミス① [miss]失败,失误。△～カウント/算错,数错。△～パンチ/ⅰ)(计算机)误打。ⅱ)(拳击)击空,打空。

みず⓪ 【水】①水,凉水。②洪水。③(相扑)比赛扭在一起不分胜负时暂停。◇～があく/游泳或赛艇拉开距离,显出优劣之差。◇～清(きよ)ければ魚(うお)棲(す)まず/水至清则无鱼(人至察则无徒)。◇～と油(あぶら)/水火不容。◇～に流(なが)す/付之东流。◇～も漏(も)らさぬ/围得水泄不通。◇～を差(さ)す/离间。◇～を向(む)ける/用话引诱。

みずあび④⓪③ 【水浴び】(名・自サ)①淋水。②游泳。△川(かわ)に～に行(い)く/去大河游泳。

みずいろ⓪ 【水色】浅蓝色。△～の空(そら)/蔚蓝的天空。

みずうみ③ 【湖】湖,湖泊。

みずから① 【自ら】Ⅰ(名)自己,自身。△～の危険(きけん)をかえりみず…/奋不顾身。Ⅱ(副)亲身,亲自。△～生命(せいめい)を断(た)つ/自尽。△先生(せんせい)～指揮(しき)する/老师亲自指挥。

みずぎ⓪ 【水着】①游泳衣。②防水服。

みずききん④ 【水飢饉】缺水,水荒。

みずきり④ 【水切り】(名・他サ)①除去水分。②打水漂儿(玩)。③(插花)在水中剪花枝。

みずぎわ⓪ 【水際】①水边,海滨。②登陆点。△コレラの侵入(しんにゅう)を～で食(く)い止(と)める/把霍乱的侵入控制在登陆点。△～作戦(さくせん)/登陆作战。

みずぎわだ・つ⑤ 【水際立つ】(自五)特别显著,独占鳌头。△水際立った腕前(うでまえ)/卓越的才干。△演技(えんぎ)が～/演技精湛。

みずくさ・い⓪⓪ 【水臭い】(形)①(水多)味不浓,淡而无味。△～酒(さけ)/淡味酒(低度)。②外道,见外,疏远。△そんな～ことをするな/不必这样见外。

みずぐすり③⑤ 【水薬】药水。

みずぐち⓪ 【水口】①泄水口。②(厨房)取水口。

みずくみ③④ 【水汲み】(名・自サ)打水(的人)，取水(的人)。

みずけ⓪ 【水気】水分。△〜の多(おお)いくだもの/多汁的水果。△〜を切(き)る/去水分。⇨しっけ 表

みすご・す⓪③ 【見過ごす】(他五)①(看过却置之不理)宽恕，宽容。△自分(じぶん)の過(あやま)ちは見過ごしがちだ/常常原谅自己的过失。②漏看。△道路標識(どうろひょうしき)を〜/漏看路标。

みずさいばい③ 【水栽培】农作物水培(法)。

みずさき⓪ 【水先】①水流方向。②船舶进路。△〜案内(あんない)/领航员。

みずしらず① 【見ず知らず】素不相识。△〜の人(ひと)から声(こえ)をかけられる/素不相识的人向我招呼。

ミスター① [Mister, Mr]①(男性的尊称)先生。②具有代表性的男子。△〜日本(にっぽん)/日本美男子。

みずたまり⓪ 【水溜(ま)り】水洼，水塘。△道路(どうろ)に〜ができる/路上有了水洼。

みずっぽ・い④ 【水っぽい】(形)水分多，味淡。△〜酒(さけ)/低度酒。△〜味(あじ)/淡而乏味。

みす・てる⓪③ 【見捨てる】(他下一)①抛弃，弃而不顾。△故郷(にきょう)を〜/背井离乡。②断绝关系。△親(おや)にみすてられる/与父母断绝关系。

	親に〜れる(られる)	戦友を〜て逃げる	会社勤めを〜	医者の〜た病人
見捨てる	-て○	-て○	×	×
見限る	-ら○	×	○	-っ○
見放す	-さ○	×	×	-し○

ミスト①⓪ [mist]①雾。②雾状，烟雾。△〜繁殖(はんしょく)/喷雾栽培(法)。

みずのみ③ 【水飲み】①饮水。②饮水机。

ミスプリント④ [misprint]印刷错误。

みすぼらし・い⑤⓪① (形)寒碜，(衣服)破旧。△〜身(み)なり/衣衫褴褛。

みずまし⓪ 【水増し】(名・自他サ)①(加水)冲淡。△〜された酒(さけ)/加过水的酒。②虚报，浮报。△交通費(こうつうひ)を〜する/虚报车费。△〜株(かぶ)/浮夸股，虚股。△〜資本(しほん)/掺水资本。△〜値引(ねび)き/虚假让利销售。

みすま・す⓪ 【見澄ます】(他五)仔细观看。△人(ひと)のいないのを見澄まして忍(しの)び込(こ)む/看准没有人，溜了进去。

みずみずし・い⑤ 〔瑞瑞しい〕(形)鲜艳，娇艳，娇嫩。△〜果物(くだもの)/新鲜的水果。△〜肌(はだ)/娇嫩的肌肤。

みずむし②⓪ 【水虫】①水中的小虫。②〈俗〉脚气。

みずもの⓪ 【水物】①水分大的东

西。②饮料。③变化无常。△勝負(しょうぶ)は～だ/胜负无常。

みせ② 【店】商店。△～の得意客(とくいきゃく)/老主顾。

みせか・ける④④ 【見せ掛ける】(他下一)假装。△自殺(じさつ)に～/佯装自杀。

みせさき④⑤③ 【店先】门市,店头。

ミセス① [Mistress, Mrs.]夫人, 太太。

みせつ・ける④④ 【見せ付ける】(他下一)显示,宣示,卖弄。△仲(なか)のよいところを～/显示两个人亲密。⇨みせびらかす 表

みせびらか・す⑤ 【見せびらかす】(他五)显示,卖弄。△新(あたら)しい靴(くつ)を～/显示新鞋。

	豪華な宝石を集めた切手を仲のいいとこ知識を			
	豪華な宝石を	集めた切手を友達に～	仲のいいところを～られる	知識を～
見せびらかす	○	○	×	×
見せつける	○	△	○	×
ひけらかす	○	×	×	○

みせもの④③ 【見世物】①杂耍(曲艺、杂技、马戏等)。②被人耍弄的对象,出洋相。△～にされたくないね/我可不愿意出洋相。

みせや② 【店屋】店铺,商店。

み・せる② 【見せる】Ⅰ(他下一)①让…看,给…看。△誠意(せいい)を～/显示诚意。△白(しろ)い歯(は)を見せて笑(わら)った/露出白白的牙齿笑了。②让…体验,让…了解。△つらいめを～/叫他尝点苦头。③装扮…给人看。△美(うつく)しく～/故作美姿。④让医生诊察。△こどもを医者(いしゃ)に～/让医生给孩子看病。Ⅱ(补动)①(做某事)给人看。△ちょっと驚(おどろ)いてみせただけだ/只想叫他吃一下惊(只想吓他一下)。②(表示决心或意志)。△きっとやり遂(と)げてみせる/一定把事办成。

みぜん⓪ 【未然】未发生,未形成。△事故(じこ)を～に防(ふせ)ぐ/防患于未然。

みそ① 【味そ】〔味噌〕①酱。△～汁(しる)/酱(味)汤。②得意之处,特色。△手前(てまえ)～/自吹;自夸。◇～も糞(くそ)も/不分青红皂白。◇～を付(つ)ける/失败,丢脸。

みぞ① 【溝】①水沟。△～にはまる/陷进沟里。②(拉门儿的)槽。③隔阂,鸿沟。△二人(ふたり)の間(あいだ)に～ができた/两个人之间产生了隔阂。△～が深(ふか)まる/鸿沟加深。

みそこな・う⓪④ 【見損なう】(他五)①看错,评价错。△彼(かれ)を見損なったよ/把他看错了(未想到他是这样的人)。②错过看的机会。△見たかった映画(えいが)を見損なった/想看这部电影,却错过了机会。

みそしる③ 【味そ汁】〔味噌汁〕酱汤。

ミソロジー③ [mythology]神话。

みだし⓪ 【見出し】①标题。△新聞(しんぶん)の～/报纸文章的标题。△～のレベル/(计算机)标题级别。②(书籍)目录。

みた・す② 【満たす】(他五)①填满,充满。△腹(はら)を～/吃饱。△グラスにウイスキーを～/酒杯里斟满威士忌。②满足。△条件(じょうけん)を～/满足条件。△満たされない心(こころ)/满足不了的心愿。

みだ・す② 【乱す】(他五)扰乱,弄乱。△列(れつ)を～/扰乱队伍。△髪(かみ)を～/弄乱头发。

みため① 【見た目】从旁看来,看起来。△～は美(うつく)しい/看上去很美。

みだりに① 〔妄りに〕(副)〈文〉随便,胡乱,无章法。△～欠席(けっせき)するな/不准无故缺席。△～に規則(きそく)を破(やぶ)ってはならない/不准胡乱破坏规则。△～に口出(くちだ)しするな/不要乱插嘴。

みだりがわし・い⑥ 〔濫りがわしい・猥りがわしい〕(形)〈文〉淫乱的,猥亵的。△～映画(えいが)/猥亵的影片。

みだれ③ 【乱れ】乱,错乱,混乱。△ことばの～/语言混乱。

みだ・る③ 【乱れる】(自下一)①杂乱,紊乱。△生活(せいかつ)が～/生活杂乱无章。△一糸(いっし)乱れぬ行進(こうしん)/有条不紊地向前行进。②(心情)不平静。△心(こころ)が千千(ちぢ)に～/心乱如麻。

みち⓪ 【道】①道路。②路上,途中。③路程,距离。④道德,道理。△～にはずれる/不合道理。△～ならぬ恋(こい)/不道德的爱情。⑤手段,方法。△解決(かいけつ)の～/解决的方法。⑥方面,领域。△その～の権威(けんい)/这方面的权威。⑦途径。△成功(せいこう)の～/成功之路。⇨どうろ表

みち① 【未知】未知,不知。△～の分野(ぶんや)/未知的领域。

みぢか⓪ 【身近】(名・形动)①身边。△～に置(お)く/放在身边。②切身。△～な問題(もんだい)/切身问题。

みちが・える⓪④ 【見違える】(他下一)①看错。△彼(かれ)を弟(おとうと)と見違えた/把他错看成弟弟了。②认不出来。△～ほど成長(せいちょう)した/长得太快了,差一点认不出来。

みちしお⓪ 【満ち潮】满潮。

みちじゅん⓪ 【道順】(到达目的地)路线,走法。△駅(えき)への～をたずねる/打听去车站的路线。△～を変(か)える/改变路线。△～が悪(わる)い/不顺路,绕脚。

みちしるべ④⑤ 【道標】①路标。△～を頼(たよ)りに進(すす)む/借助路标向前走。②指南,入门。△研究(けんきゅう)の～/研究指南。

みちすじ⓪ 【道筋】①(通过的)路。△学校(がっこう)への～/去学校的路。②(事物的)条理,道理。△話(はなし)の～が立(た)たない/讲话无道理;讲不通。

みちづれ⓪ 【道連れ】旅伴,同行。△～になる/结成旅伴。△旅(た

び)は〜世(よ)は情(なさけ)/出门靠朋友，处世靠真情。

みちのり⓪【道のり】〔程程〕路程，距离。△駅(えき)まで五(ご)キロの〜/去车站有5公里的路程。△大(たい)した〜ではない/路不算远。

みちばた⓪【道端】路旁。△〜に咲(さ)く野菊(のぎく)/路边开花的野菊。

みちび・く③【導く】(他五)①引导，领路。△客間(きゃくま)に〜/领进客室。②指导。△生徒(せいと)を〜/指导学生。③导向，引向。△チームを優勝(ゆうしょう)に〜/带领球队获得优胜。④引出，导致。△結論(けつろん)を〜/引出结论。

み・ちる②【満ちる】〔充ちる〕(自上一)①(潮)涨。△潮(しお)が〜/涨潮。②(月)圆。△月(つき)が〜/月圆。③洋溢，充满。△香(かお)りが〜/香味洋溢。△喜(よろこ)びに満ちた顔(かお)/笑容满面。④(限额、限期)满，到。△定員(ていいん)に〜/满员。△任期(にんき)が満ちて引退(いんたい)する/任期届满而引退。⑤足够。△希望(きぼう)が〜/如愿以偿。

みつ⓪〔蜜〕蜜，蜂蜜，糖蜜。

みつ⓪【密】(名・形动)①密，稠密。人口(じんこう)が〜だ/人口稠密。②周密。△〜な計画(けいかく)/周密的计划。③密切，亲密。△〜な間柄(あいだがら)/亲密关系。④秘密。△〜輸(ゆ)/走私。△〜告(こく)/检举。

みつおり⓪【三つ折り】折成三折，三折，三叠。

みっか⓪【三日】①3日，3号。②3天。

みっかい⓪【密会】(恋爱男女的)幽会。

みっかてんか④【三日天下】短命的政权。

みっかぼうず④【三日坊主】三天打鱼，两天晒网。

みつか・る⓪【見付かる】(自五)①被看到，被发现。△いたずらが父(ちち)に〜/被父亲发现恶作剧。②找到，能找到。△うまい言葉(ことば)が見つからない/找不出恰当的言词。

ミックス⓪〔mix〕混合，搅拌。△〜ジュース/混合果汁。△〜サンド/什锦三明治。△〜ドリンク/混合酒饮料。△〜ダブルス/(球类比赛)混合双打。

みつ・ける⓪【見付ける】Ⅰ(他下一)发现，找到。△探(さが)していた本(ほん)を〜/发现了正在找的那本书。Ⅱ(自下一)看惯。△いつも見つけている光景(こうけい)/司空见惯的景象。

みっしゅう⓪【密集】(名・自サ)密集。△家屋(かおく)が〜した地域(ちいき)/房屋密集的地区。

みっせつ⓪【密接】(名・自サ・形动)①紧接，紧连着。△〜して立(た)ち並(なら)ぶアパート/毗连并列的公寓。②密切。△〜な関係(かんけい)を持(も)つ/保持密切

的关系。⇨きんみつ表

みっちゃく⓪【密着】(名・自サ)①贴紧,靠紧。△スターに～して取材(しゅざい)する/挨近明星进行采访。②印相,不放大的照片。

みっつ③【三つ】①三,三个。②三岁。

みつど①【密度】密度。△人口(じんこう)～/人口密度。

みっともな・い⑤(形)难看的,丑的,不像样子。△～恰好(かっこう)/有失体统的外表。

みつばち②蜜蜂。

みっぷう⓪【密封】(名・他サ)密封。△書類(しょるい)を～する/把文件密封起来。

みっぺい⓪【密閉】(名・他サ)。密闭,密封。

みつ・める⓪③【見詰める】(他下一)凝视,注视。△横顔(よこがお)をじっと～/凝视(他的)侧脸。△現実(げんじつ)を～/注视着现实。

みつもり⓪【見積もり】(名・他サ)估算,估量。

みつも・る⓪③【見積(も)る】(他五)估计,估算。△経費(けいひ)を～/估算经费。

みつゆ⓪【密輸】(名・他サ)走私。△～をはかる/图谋走私。△～品(ひん)/走私货。△～出入者(しゅつにゅうしゃ)/走私贩。

みてい⓪【未定】(名・形动)未定。△出発(しゅっぱつ)の日時(にちじ)は～です/出发的时间未定。

ミディアム①[medium]①媒体,媒介。②中等。火候适中。△～サイズ/中等尺寸。

みとおし⓪【見通し】①了望,眺望。△～がきく所(ところ)/视野开阔的地方。②(対未来)预料,推测,前景。△～が立(た)たない/不能预料。△～はあまりよくない/前景不大妙。⇨みこみ表

みとく⓪【味得】(名・自他サ)体会,领悟。△真髄(しんずい)を～する/领悟真谛。

みとお・す⓪②【見通す】(他五)①看到完,看到底。△最後(さいご)まで～時間(じかん)がない/来不及看到完。②一眼尽尽。△入口(いりぐち)から奥座敷(おくざしき)を～/站在门口,客厅内的一切历历在目。③看透,看穿。⇨みやぶる表

みどころ②④【見所】①精彩处。△脚本(きゃくほん)の～/脚本的精彩之处。②前途,前程。△～のある青年(せいねん)/前途有为的青年。

みとど・ける⓪④【見届ける】(他下一)看准,看清,看到最后。△全員(ぜんいん)避難(ひなん)したのを～/看到全体人员避难的最后场景。

	結果を～	親の最期を～	現状を～	子の将来をたい	真相を～
見届ける	○	○	×	-け○	×
見極める	○	×	○	×	○

みと・める⓪【認める】(他下一)①看见,看到。△友人(ゆうじん)の姿(すがた)を～/看见朋友的身

影。②断定,认为。△犯行(はんこう)を~/断定是犯罪行为。③承认,许可。△正当(せいとう)な行為(こうい)と~/承认是正当行为。△結婚(けっこん)を~/许可结婚。④取得赏识,得到重视。△世(よ)に認められる/受到世人赏识,得到社会重视。

みどり① 【緑】①绿色。△~のおばさん/穿绿色罩衣的交通值勤妇女。△~の革命(かくめい)/绿色革命。△~の窓口(まどぐち)/绿色窗口。②新芽,新绿。③碧绿的花草树木,(特指)松的嫩叶。④(头发)乌黑,有光泽。△~の黒髪(くろかみ)/黑亮的头发。

みどりいろ⓪ 【緑色】绿色。

みとりず③ 【見取(り)図】示意图,略图。

みと・る⓪② 【見取る】(他五)①看到,看见。②看着画,边看边抄。△車(くるま)のナンバーを~/边看边抄车的牌号。

みと・る⓪② 〔看取る〕(他五)看护(病人)。△病人(びょうにん)を~/看护病人。△みんなに見取られて死ぬ/在大家的照看下死去。

ミドル⓪ [middle]①当中,中间。△~アメリカン/中美洲。美国中西部。△~イースト/中东。②中等。△~スクール/中等学校。③中年(人)。

みと・れる⓪③ 【見惚れる】(自下一)看得入迷。△彼女(かのじょ)の美(うつく)しさに~/看她的美貌看得出神。

みな②①⓪ 【皆】(名・副)①大家,全体,全部。△~で決(き)める/全体决定。△~が~だめなわけではない/并非全部都无用,并非无可取之处。②全,都,皆。△花壇(かだん)の花(はな)が~虫(むし)にやられた/花坛的花全被虫子祸害了。

みなお・す⓪③ 【見直す】Ⅰ(自五)(病)渐好,(情况)好转。△相場(そうば)もだいぶ見直して来た/行情大为好转,行情看好。Ⅱ(他五)①重看。△答案(とうあん)を~/重看答案。②重新评价,重新认识。△あの人(ひと)を~/重新认识了那个人。

みなさん② 【皆さん】(书面语为"皆様"(みなさま))各位,诸位,大家。

みな・す⓪② 【見なす】〔見做す〕(他五)①看作,认为。△挙手(きょしゅ)がなければ賛成(さんせい)と~/如不举手就认为是赞成。②(在法律上)姑且当作,准。△未成年者(みせいねんしゃ)が結婚(けっこん)すれば成年(せいねん)に達(たっ)したものと見なされる/未成年者如果结了婚,则当作已成年人对待。△~会員(かいいん)/(股票市场)准会员。△~国債(こくさい)/准国债。

みなと⓪ 【港】港口。△~に帰(かえ)る/返回港口。△~町(まち)/海港城市。

みなみ① 【南】南,南方。△~回帰線(かいきせん)/南回归线。△~

半球(はんきゅう)/南半球。

みなもと⓪【源】①水源。△〜をこの湖(みずうみ)に発(はっ)する川(かわ)/以此湖为源头的河流。②起源。△日本語(にほんご)の〜/日语的起源。

みならい⓪【見習(い)】见习,见习生。△〜社員(しゃいん)/见习职员。

みなら・う⓪③【見習う・見倣う】(他五)见习,学习。摹仿。△商売(しょうばい)を〜/见习商业。△少(すこ)しは彼(かれ)を見習え/你多少也要照他那样做一下。⇨まねる表

みなり①〔身形〕①束装,打扮。△〜に構(かま)わない/不修边幅。②服装。△きちんとした〜/整齐的打扮。

みな・れる⓪③【見慣れる】(自下一)看惯,看熟。△いつも見慣れた光景(こうけい)/司空见惯的情景。

ミニ- (接头)微型,小型。△〜コンサート/小型音乐会。△〜スカート/超短裙。△〜カー/微型汽车。△〜トマト/小西红柿。△〜豚(ぶた)/小型猪。△〜プランツ/小型花卉。

ミニアチュア④[miniature]①微型,小型。△〜ドッグ/宠物狗。②模型布景。③(美术)细密画,袖珍画。

みにく・い③【醜い】(形)①丑恶的。△〜争(あらそ)い/丑恶之争。②丑陋。△〜顔(かお)/面容丑陋。

みにく・い③【見悪い】(形)不容易看到的。

ミニコピー①[minicopy]缩微复印,(书的)缩微本。

ミニステート①[mini-state]极小的国家。

ミニタイプ①[minitype]微型。

ミニチュア①[miniature]微型。→ミニアチュア。△〜ガーデン/室内花园,微型花园。△〜チューブ/微型电子管。

ミニマム①[minimum]最小量,最低限度。△〜コスト/最低成本。

みぬ・く⓪②【見抜く】(他五)看穿,识破。△うそを〜/识破谎言。⇨みやぶる表

みね⓪②【峰】①山峰。△富士(ふじ)の〜/富士山峰。②峰,高峰。△雲(くも)の〜/云峰。③刀背。

みのうえ④⓪【身の上】①境遇,遭遇。经历,身世。△友(とも)の〜を案(あん)じる/惦记朋友安否。△〜話(ばなし)/身世谈；讲述经历。②命运。△〜商談(しょうだん)/探讨人生的吉凶祸福。△〜を占(うらな)う/占卜吉凶。

みのが・す⓪③【見逃す】(他五)①宽恕,饶恕。△違反(いはん)を〜/宽恕违约。②漏看,遗漏。△誤植(ごしょく)を〜/漏校排错的字。③错过看的机会。△好球(こうきゅう)を見逃して三振(さんしん)する/错过了好球,三击未中。

	誤り を〜	友達の 不正を 〜	盗塁のサ インを〜	ストラ イクを 〜
見逃す	○	○	○	○
見過ごす	○	○	×	×
見落とす	○	×	○	×

みのたけ② 【身の丈】〔身の長〕身高,身长。△～2メートルの大男(おおおとこ)/两米高的彪形大汉。

みのまわり⓪ 【身の回り】身边,身边事情,日常起居。△～品(ひん)/随身衣物。△～の世話(せわ)をする/照料日常生活。△～を整(ととの)える/整理身边东西,处理身边事情。

みの・る⓪② 【実る】(自五)①结实,成熟。△果物(くだもの)の～季節(きせつ)/水果成熟的季节。②取得成果。△長年(ながねん)の苦労(くろう)が～/多年的辛勤劳动取得成果。

みば② 【見場】(外观)印象。△～をよくする/把外观弄好。

みばえ⓪③ 【見映え】〔見栄え〕美观,显得好看。△～のする着物(きもの)/美观中看的和服。

みはから・う⓪ 【見計らう】(他五)①斟酌,酌情(办理)。△土産(みやげ)の品(しな)を見計らって買(か)う/酌情买礼品。②估计。△時機(じき)を～/寻找适当机会。△時間(じかん)を見計らって行(い)く/估计好时间前往。

みはな・す⓪③ 【見放す】(他五)抛弃,放弃。△親(おや)から見放される/被父母抛弃。△医者(いしゃ)も～重傷(じゅうしょう)/医生也没招儿的重伤。⇨みすてる 表

みはらい⓪ 【未払い】未付。△～給料(きゅうりょう)/应付工资。△～税金(ぜいきん)/应付税款。

みはらし⓪ 【見晴らし】眺望,眺望景致。△～がきく/看得很远。△～がいい/远景很好看。⇨けしき 表

みはり⓪ 【見張(り)】看守,值班(的人)。△～番(ばん)/守卫人员。△～を置(お)く/派人看守。

みは・る⓪② 【見張る】(他五)①睁大眼睛看,瞪目而视。△あまりの見事(みごと)さに目(め)を～/太漂亮了,令人瞠目而视。②监视,戒备。△辺(あた)りを厳重(げんじゅう)に～/周围戒备森严。

みひら・く⓪③ 【見開く】(他五)睁开眼睛,睁大眼睛。△目(め)を見開いて見(み)る/睁大眼睛看。

みぶり⓪① 【身振り】做出姿势,比画。△片言(かたこと)の英語(えいご)に～手(て)ぶりを混(ま)ぜる/半通半不通的英语又加比划划。

みぶん① 【身分】①境遇。△楽(らく)な～/悠闲的境遇。②身份。△～が高(たか)い/身份高。△～証明書(しょうめいしょ)/身份证。

みぼうじん② 【未亡人】寡妇,遗孀。

みほん⓪ 【見本】①样本,货品。△～検査(けんさ)/抽样检查。△～注文(ちゅうもん)/指样订货。△～を取(と)りよせる/要来样本。②榜样。△まるで勤勉(きんべん)さの～だ/完全是勤劳的模范。△教育(きょういく)ママの～/教育型妈妈的典型。

みまい⓪ 【見舞(い)】慰问,探望,问候。△～に行(い)く/前往探望。

△～状(じょう)/慰问信。△病気(びょうき)～/探望病人。△暑中(しょちゅう)～/暑期问候。

みま・う②② 【見舞う】(他五)①慰问,探望,问候。△入院中(にゅういんちゅう)の友人(ゆうじん)を～/探望住院的朋友。②遭受(不幸)。△水害(すいがい)に見舞われる/遭受水灾。△不況(ふきょう)に見舞われる/经受萧条。

みまも・る◎③ 【見守る】(他五)①照看,看着。△落(お)ちないように子供(こども)を～/看着小孩别掉在地上。②注视。△相手(あいて)の顔(かお)を～/注视对方的脸色。③监视。△病後(びょうご)の経過(けいか)を～/监视病后的变化。

みまわ・す④◎③ 【見回す】(他五)环视。△車内(しゃない)の人(ひと)を～/四下张望,看看车厢内的人。

みまわ・る④◎③ 【見回る】(他五)巡视。△学校(がっこう)を～/巡视学校。

みまん① 【未満】未满,不足。△18歳(じゅうはっさい)～入場(にゅうじょう)お断(ことわ)り/未满18岁者谢绝入场。

みみ② 【耳】①耳,耳朵。②耳力,听力。△～が遠(とお)い/耳背。③器物的耳子,布、纸等物的边儿。△パンの～/(主食)面包的两头。◇～が痛(いた)い/听着刺耳。◇～が早(はや)い/耳朵长。◇～に入(い)れる/听到。◇～に逆(さ)からう/(忠言)逆耳。◇～にたこ(胼胝)ができる/听腻。◇～に挟(はさ)む/略微听到一点。◇～を貸(か)す/听别人的。◇～を傾(かたむ)ける/倾听。◇～を揃(そろ)える/(把钱)凑齐。

みみざわり③ 【耳障り】(名・形动)难听,刺耳。△～な話(はなし)/难听的话。△車(くるま)の音(おと)が～で眠(ねむ)れない/车声刺耳,无法入睡。

みみな・れる④ 【耳慣れる】(自下一)听惯。△耳慣れない言葉(ことば)/听不惯的语言。

みもと③◎ 【身元】①(个人的)出身,来历。②身份。△～を引(ひ)き受(う)ける/担保身份。△～引(ひ)き受(う)け人(にん)/保证人。

みもの③ 【見物】值得看的东西。△試合(しあい)はなかなかの～だった/比赛是非常值得一看的。

みや◎ 【宮】①神宫,神社。②皇宫。③皇族的尊称。④亲王家称号。

みゃく③ 【脉】①脉,脉搏。△～を取(と)る/诊脉。②〈俗〉希望。△～がある/有希望。◇～が上(あ)がる/i 绝脉,死。ii 绝望。

みやげ◎ 【土産】①土产。②(从旅行地带回的)礼品。△～話(はなし)/旅行见闻。△～話(はなし)に花(はな)が咲(さ)く/谈旅游观感谈得兴致勃勃。

みやこ◎ 【都】①首都,京师,京城。②皇宫所在地。③繁华城市。

みやす・い③ 【見易い】(形)①容

易看清的。②浅显易懂的。

ミュージカル① [musical]歌舞剧。

ミュージック① [music]音乐。△～ホール/音乐厅。△～テープ/音乐磁带。

みょう① 【妙】(名・形动)①奥妙。△自然(しぜん)の～/自然的奥妙。②奇妙,奇怪,奇异。△～な縁(えん)/奇妙的缘分。△～な癖(くせ)/奇怪的毛病。

みょうあさ① 【明朝】明天早晨。

みょうごにち⓪ 【明後日】后天。

みょうじ 【名字】姓。

みょうちょう① 【明朝】〈文〉明日早晨,明晨。

みょうにち① 【明日】明天,明日。

みょうねん⓪① 【明年】明年,来年。

みょうばん① 【明晩】明晚,明天晚上。

みらい① 【未来】①未来,将来。②(佛教)来世。⇨しょうらい 表

ミリ [法 milli]①千分之一。②毫米。毫克。

ミリオネア④ [millionaire]巨富,百万富翁。

ミリグラム②⓪ [法 milligramme]毫克。

ミリメートル③ [法 millimetre]毫米。

みりょく⓪① 【魅力】魅力。△～的(てき)/(形动)有魅力的。△彼女(かのじょ)はとても～的(てき)だ/她非常有魅力。

みる① 【見る】(他上一)①看。△見れば見るほどすばらしい/越看越漂亮。②观看,察看。△顔色(かおいろ)を～/察颜观色。③照料。△子供(こども)の勉強(べんきょう)を～/照管小孩学习。④试试。△相手(あいて)の出方(でかた)を～/试试对方的态度。⑤经(受)。△ばかを～/吃亏,上当。△痛(いた)い目(め)を～/遭受难堪。Ⅱ(补动)①试试看。△食べて～/尝尝。△読(よ)んで～/读一读看。②(用"…て～と","…てみれば","…てみたら"的形式)一看,从…看来。△来(き)て～とだれもいなかった/来了一看,谁都没在。

み・る① 【診る】(他上一)诊查。△医者(いしゃ)に診てもらう/让医生看病。

ミルク① [milk]牛乳。炼乳。△～コーヒー/咖啡牛奶。△～ティー/牛奶茶。△～スタンド/牛奶零售店。

みるみる⓪ 【見る見る】(副)眼看着。△～うちに水(みず)がいっぱいになった/眼看着水满了。

みれん① 【未練】(名・形動)依依不舍,依恋。△～がある/依依不舍。△～が残(のこ)る/藕断丝连。

みれんがまし・い④ 【未練がましい】(形)不干脆。△～ことを言(い)う/说话不干脆。

みわけ⓪ 【見分け】区分,分辨。△ほんものの～/辨认真品。

みわ・ける⓪③ 【見分ける】(他下一)分辨,辨别。△善悪(ぜんあく)を～/分辨善恶。

みわた・す⓪③ 【見渡す】(他五)

远望,瞭望;环视。△～限(かぎ)り一面(いちめん)の銀世界(ぎんせかい)/一望无际的银白色世界。

みんえいか③ 【民営化】民营化,私营化。

みんか① 【民家】民房。△～が密集(みっしゅう)する/民房密集。

みんかん⓪ 【民間】①民间。△～伝承(でんしょう)/民间传奇。②民营,民办。△～放送(ほうそう)/民营电台,民营电视台。

みんげい⓪ 【民芸】民间艺术,民间工艺(品)。

みんけん⓪ 【民権】民权。△～主義(しゅぎ)/民权主义。

みんじ① 【民事】(法律)民事。

みんしゅ① 【民主】民主。

みんじゅ① 【民需】民需。△～品(ひん)/民需用品。

みんしゅう⓪ 【民衆】大众,民众。△～芸術(げいじゅつ)/大众艺术。

みんしゅく⓪ 【民宿】(季节性的)民间旅馆。

みんしゅしゅぎ⓪ 【民主主義】民主主义。

みんぞく① 【民俗】民俗。△～学(がく)/民俗学。

みんぞく① 【民族】民族。

みんな③⓪ 【皆】(名・副)①全部,都,皆。②全体。⇨ぜんたい 表

みんぽう① 【民法】(法律)民法。

みんよう⓪ 【民謡】民谣。

みんわ⓪ 【民話】民间传说。△～劇(げき)/民间传说剧。

む　ム

む⓪【無】Ⅰ(名)①无,乌有。△～に等(ひと)しい/等于零(无)。△～に帰(き)する/化为乌有。②白费,徒劳。△～にする/使…落空,辜负。△せっかくの好意(こうい)を～にする/辜负了一番好意。Ⅱ(接头)无…,不…。△～益(えき)/无益。△～理解(りかい)/不理解。

むいか⓪【六日】6日,6号。◇～の菖蒲(あやめ)/(六日菖蒲就过时无用了)明日黄花,雨后送伞。

むいぎ②【無意義】(名・形動)无意义,无价值。△～な計画(けいかく)/不起作用的计划。

むいしき②【無意識】(名・形動)①失去知觉。△～状態(じょうたい)/失去知觉的状态。②无意识,不知不觉。△～の犯行(はんこう)/无意识犯罪行为。

むいちもつ③【無一物】一无所有,赤手空拳。△人間本来(にんげんほんらい)～/人,生来时一无所有。

むいちもん③②【無一文】一文不名。△～になる/身无分文。

むいみ②【無意味】(名・形動)无意义,无价值。△～な行動(こうどう)/无意义的行动。

ムード①[mood]心情,情绪;气氛。△～音楽(おんがく)/气氛音乐,情调音乐。△～メーカー/善于调节气氛的人。

ムーン⓪[moon]月球,月亮。△～バギー/月球探测车。△～ロケット/月球火箭。△～ウオーク/在月球上行走。△～ライト/月光。△ハネ～/(新婚)蜜月。

むえき①【無益】(名・形動)无益,没用。△～な争(あらそ)い/无益的争论。

むえん⓪【無縁】无缘。△政治(せいじ)には～だ/和政治无缘。

むえん⓪【無煙】无烟。△～炭(たん)/无烟煤。

むえん⓪【無援】无援。△孤立(こりつ)～/孤立无援。

むかい⓪【向(か)い】对面。△～の家(いえ)/对面的房子。△お～さん/对面的人家。△～波(なみ)/逆浪。

むがい①【無害】(名・形動)无害,没有害处。

むかいあ・う④【向(か)い合う】(自五)面对面,正对面。△向かい合って座(すわ)る/面对面坐着。

むか・う⓪【向(か)う】(自五)①向,朝着。△向かって左(ひだり)/向前往左(拐)。△机(つくえ)に～/坐在桌前。②往,去。△現場(げんば)へ～/赶赴现场。③接近,趋向。△春(はる)に～/春天临近。△解決(かいけつ)に～/趋于解决。④对抗。△風(かぜ)に～/顶风。

◇～ところ敵(てき)なし/所向披靡，所向无敌。

	海にて開けた町	～て左	横を～	車で大阪に～	気が～
向かう	-っ○	-っ○	×	○	×
向く	-い○	×	○	×	○

むかえ⓪【迎え】迎接。△～に行(い)く/前去迎接。

むか・える⓪【迎える】(他下一)①迎接。△駅(えき)で友人(ゆうじん)を～/在火车站接朋友。②接，迎。△医者(いしゃ)を～/请医生。△嫁(よめ)を～/娶妻。③来到，迎来。△誕生日(たんじょうび)を～/等来生日。④迎合。△他人(たにん)の意(い)を～/迎合别人的心意。⑤迎击，应战。△敵(てき)を～/迎击敌人。

むかし⓪【昔】①从前，往昔。②(过去的)十年来。△ひと～前(まえ)のできごと/十年前的事情。◇～は～、今(いま)は今/此一时彼一时。

むかしばなし④【昔話】①老话，旧话。△～ばかりしている/光讲旧话。②传说，故事。

むかち⓪【無価値】无价值。△まったく～だ/毫无价值。

むかつ・く⓪(自五)①恶心，作呕。△酒(さけ)に酔(よ)つて～/醉得要吐。②生气，发怒。△彼(かれ)の話(はなし)を聞(き)いてむかついた/听了他的话，大动肝火。

むがむちゅう④【無我夢中】忘我，忘乎所以。△～で遊(あそ)ぶ/玩得心醉入迷。

むかん⓪【無感】无感。△～地震(じしん)/无感地震。

むかんけい②【無関係】(名・形动)没有关系。△事件(じけん)とは～の人(ひと)/与事件无关的人。

むかんしん②【無関心】(名・形动)不关心，不感兴趣。△～を装(よそお)う/装作不感兴趣。

むき①【向き】①方向。△風(かぜ)の～/风向。△南(みなみ)への部屋(へや)/朝南的房间。②方面(的人)。△反対(はんたい)を唱(となえ)る～もある/也有人持相反主张。△御用(ごよう)の～はこちらへ/有事(的人)请到这边来。③适合于(某方面)。△婦人(ふじん)～の番組(ばんぐみ)/适合妇女收听的节目。④(以"～になる"形式)为小事生气，当真。⑤(该方面的)人，人们。△ご希望(きぼう)の～はお申込(もうしこ)みください/希望者请提申请。

	～を変える	御存じの～は	音のする～に行く	子供～の料理	将来の～を決める
向き	○	○	×	○	×
方向	○	×	○	×	○

むき①【無季】(俳句)无季节性词语。

むき①【無期】无限期。△～延期(えんき)/无限期延期。

むき①【無機】(化学)无机。△～化合物(かごうぶつ)/无机化合物。

むぎ①【麦】麦类。△小(こ)～/小麦。△大(おお)～/大麦。△～粉(こ)/面粉。

むきあ・う③【向(き)合う】(自五)

相对,面对面。△向き合って座(すわ)る/面对面坐着。

むきだし⓪【剝(き)出し】(名・形动)①露出,表露。△感情(かんじょう)を〜にする/表露感情。△〜の肌(はだ)/外露的肌肤。②露骨,毫不掩饰。

むきめい②【無記名】无记名。△〜小切手(こぎって)/空白支票。△〜投票(とうひょう)/无记名投票。△〜手形(てがた)/空白票据。

むぎわら⓪③【麦藁】麦杆,麦秸。△〜帽子(ぼうし)/麦秸草帽。

む・く⓪【向く】(自五)①向,朝。△うしろに〜/朝后边。△海(うみ)に向いた窓(まど)/朝向大海的窗户。②倾向,趋向。△病気(びょうき)が快方(かいほう)へ〜/病势好转。③适合。△主婦(しゅふ)に〜仕事(しごと)/适合家庭主妇的工作。⇨むかう 表

む・く⓪【剝く】(他五)剥,削。△りんごの皮(かわ)を〜/削苹果皮。△目(め)を〜/(发怒、发呆)瞪目。⇨はぐ 表

むく・いる⓪③【報いる】(他上一)①报答。△恩(おん)に〜/报答恩情。②报复。△一矢(いっし)を〜/予以反驳,予以反击。

むくち①【無口】(名・形动)寡言,话语少。△〜な人(ひと)/不爱说话的人。

-むけ【向け】(接尾)向…,对…。△外国(がいこく)〜の商品(しょうひん)/向外国出口的商品。△海外(かいがい)〜の放送(ほうそう)/对海外广播。

むげい①【無芸】无一技之长。△〜大食(おおぐい)/酒囊饭袋。

むけいかく②【無計画】(名・形动)计划不周。△〜な支出(ししゅつ)/无计划开支。

むけつ②【無欠】完美无缺。

む・ける⓪【向ける】(他下一)①向,朝,冲,对。△目(め)を〜/向…看去。△マイクを〜/对着话筒。②用于,用作。△給料(きゅうりょう)の一部(いちぶ)を交際費(こうさいひ)に〜/把一部分工资用作交际费。③派遣,打发。△使(つか)いの者(もの)を〜/打发办事人去。

む・ける⓪【剝ける】(自下一)脱落,剥落。△皮(かわ)が〜/脱皮。

	皮が〜	転んでひざが〜	メッキが〜	塗りの〜たおわん	切手が〜
むける	○	○	×	×	×
はげる	○	×	○	-げ	×
はがれる	○	×	×	×	○

むげん⓪【無限】(名・形动)无限,无边,无止境。△〜に広(ひろ)がる空(そら)/一望无垠的天空。△〜軌道(きどう)/履带。△〜責任(せきにん)/(法律)无限责任。

むこ①【婿】①婿,女婿。△〜入(い)り/入赘。②新郎。◇娘(むすめ)一人(ひとり)に〜八人(はちにん)/一女八婿,僧多粥少。

むご・い②【惨い】(形)①凄惨,悲惨。△〜死(し)にざま/死时的样子凄惨。②苛刻,残酷。△〜仕打(しう)ち/虐待。

むこう⓪【無効】(名・形动)无效,失效。△当選(とうせん)を～とする/认为当选无效。

むこう⓪【向(こ)う】①前面,对面。△～に見(み)える家(いえ)/前面看到的房子。◇～三軒(さんげん)両隣(りょうどなり)/左邻右舍。②对面,另一侧。△～の岸(きし)/对岸。③那边儿,那儿。△山(やま)の～/山那边儿。△～に着(つ)いたら、電話(でんわ)を下(くだ)さい/到了那儿,打个电话来。④对方。△もう～は承知(しょうち)している/对方已经知道。△～に回(まわ)す/当对手。△～を張(は)る/跟…较量。⑤从今往后,今后。△～三(さん)か月間(げっかん)/今后三个月。

むこうがい②【無公害】无公害。△～エネルギー/无公害能源。

むこうがわ⓪【向こう側】①对面,那边儿。②对方。

むこうみず②【向こう見ず】(名・形动)莽撞,鲁莽,不考虑后果。△～な人(ひと)/鲁莽的人。△～な行動(こうどう)/莽撞的行动。

むこん⓪【無根】(名・形动)无根据。△事実(じじつ)～/无凭无据。

むごん①【無言】无言,沉默。△～派(は)/少言寡语的人。△～の行(ぎょう)/无言戒律。△～の圧力(あつりょく)/无声压力。△～劇(げき)/哑剧。

むさくるし・い⑤【むさ苦しい】(形)肮脏的,邋遢的。△～身(み)なり/穿着不修边幅。△～所(ところ)ですが、どうぞお上(あ)がり下(くだ)さい/里边不洁净,请进吧!

むざん①【無残・無惨】(形动)①残忍,残酷。△彼(かれ)の夢(ゆめ)は～にも打(う)ち砕(くだ)かれた/他的梦想硬是被打破了。②悲惨。△～な最後(さいご)/临终很悲惨。

むし⓪【虫】Ⅰ(名)①虫,昆虫。蛔虫。②(影响情绪的原因)怒气,郁闷。△～の居所(いどころ)が悪(わる)い/心情不顺。③热中,入迷。△本(ほん)の～/书迷。△仕事(しごと)の～/工作狂。Ⅱ(接尾)好…,易…(的人)。△泣(な)き～/好哭。△おこり～/气包子。△弱(よわ)～/胆小鬼。◇～がいい/打如意算盘。◇～がかぶる/ⅰ)肚子痛。ⅱ)产前阵痛。◇～が知(し)らせる/预感。◇～が好(す)かない/总觉得讨厌。◇～が付(つ)く/ⅰ)(衣等)生虫子。ⅱ)(姑娘)有情人。◇～も殺(ころ)さぬ/心肠软,仁慈。

むし①【無視】(名・他サ)无视,忽视,不顾。△人(ひと)の意見(いけん)を～する/无视他人意见。△信号(しんごう)～/闯红灯。

むじ①【無地】素色。△紺(こん)～の制服(せいふく)/藏青制服。△～の着物(きもの)/无花纹素色和服。

むしあつ・い④【蒸し暑い】(形)闷热。△蒸し暑くて寝苦(ねぐる)しい夜(よる)/又闷又热难于入睡的夜晚。

むしくい⓪③【虫食い】虫咬,虫

蛀。△～葉(ば)/虫咬的叶。△～だらけの桃(もも)/尽是虫眼的桃子。

むじつ① 【無実】①无实。△有名(ゆうめい)～/有名无实。②无事实根据。△～の罪(つみ)/无实之罪。

むしのいき④ 【虫の息】奄奄一息。

むしば⓪ 【虫歯】蛀牙,虫牙。△～が痛(いた)い/虫牙痛。

むしば・む③ 〔虫食む・蝕む〕(他五)①虫蛀。②侵蚀,腐蚀。△がんにむしばまれた体(からだ)/受癌症侵蚀的身体。△青少年(せいしょうねん)の心(こころ)を～環境(かんきょう)/腐蚀青少年心灵的环境。

むしゃ① 【武者】①(武艺高强的)武士。△若(わか)～/年轻的武士。②(身披盔甲的)武士。△～行列(ぎょうれつ)/整装待发的武士的队伍。

むじゃき① 【無邪気】(名・形动)天真烂漫,幼稚,单纯。△～な解釈(かいしゃく)/幼稚的解释。△～な笑顔(えがお)/天真的笑脸。

むしゃむしゃ (副)大口大口,狼吞虎咽。△～食(た)べる/吃得狼吞虎咽。

むしゅみ② 【無趣味】(名・形动)无品位,无业余爱好,没有风雅。△～な物(もの)ばかり買(か)い集(あつ)める/收购的全是些无品味的玩意儿。△～な人(ひと)/无业余爱好的人。

むじゅん⓪ 【矛盾】(名・自サ)矛盾。△～した考(かんが)え/充满矛盾的想法。△～撞着(どうちゃく)/矛盾冲突。

むしょう⓪ 【無性】非常,极端。△～に眠(ねむ)い/困得要命。△～やたらに/肆无忌惮。△～に腹(はら)がたつ/怒不可遏。△故郷(こきょう)が～に恋(こい)しい/十分怀念故乡。⇨むやみ表

むしょう⓪ 【無償】无偿,无报酬。△～の奉仕(ほうし)/无偿服务。△制服(せいふく)は～で支給(しきゅう)する/免费发给制服。

むじょう⓪ 【無常】(名・形动)(佛教)无常,变幻无常。

むじょうけん② 【無条件】无条件,无附加条件。△～に喜(よろこ)ぶ/心满意足。△～で認(みと)める/无条件同意。△～降伏(こうふく)/无条件投降。

むしょく① 【無職】无职业,没有工作。

むしょく① 【無色】①无色,白色。△～透明(とうめい)/无色透明。②不偏不倚,无党无派。△思想的(しそうてき)には～だ/思想上中立。△～の立場(たちば)/无党无派的立场。

むし・る⓪ (他五)①揪,拔,薅。△雑草(ざっそう)を～/薅杂草。△毛(け)を～/揪毛。②撕(下)。△パンをむしって食(た)べる/撕下一片面包吃。

むしろ① 〔寧ろ〕(副)宁可,勿宁,与其…,莫如…。△～やめたほうがいい/莫如停下来好。

	三月の方が〜寒かった	それなら〜やめたい	もうけようとして〜損した	議論というよりは〜けんかだ
むしろ	○	○	×	○
かえって	○	×	○	×

むしん⓪【無心】Ⅰ(形動)①天真。△〜な笑顔(えがお)/天真的笑脸。②(小孩)热中，专心致志。△〜に游(あそ)ぶ/玩得专心致志。Ⅱ(名・他サ)①无牵挂，没有心思。②不客气地索取(钱或物)。△親元(おやもと)に〜する/回家要钱。

むじん⓪【無人】无人。△〜島(じま)/无人岛。△〜電車(でんしゃ)/无人驾驶电车。△〜踏切(ふみきり)/无人道口。

むじん⓪【無尽】①无穷尽。△〜の資源(しげん)/无穷尽的资源。②互助会。△〜に当(あ)たる/得了会金。

むしんけい②【無神経】(名・形動)感觉迟钝，(说话)满不在乎。△〜な言葉(ことば)で人(ひと)を傷(きず)つける/讲些没深没浅的话，伤害别人。

む・す①【蒸す】Ⅰ(自五)闷热。△今日(きょう)はだいぶ〜ね/今天够闷热的呀。Ⅱ(他五)蒸。△御飯(ごはん)を〜/蒸饭。

むすう⓪②【無数】(名・形動)无数。△〜の人(ひと)が集(あつ)まる/许多人聚集在一起。△欠点(けってん)が〜にある/缺点不计其数。

むずかし・い⓪【難しい】(形)①难懂的，难理解的。△〜問題(もんだい)/难理解的问题。②难办的，困难的。△解決(かいけつ)が〜紛争(ふんそう)/难于解决的纠纷。③(病)难治。△容態(ようたい)が難しくなる/病情恶化已不好治。④不高兴，不愉快。△〜顔(かお)をする/哭丧着脸。⑤麻烦，复杂。△〜手続(てつづき)/烦琐的手续。⑥爱挑剔，好抱怨。△〜人(ひと)/好挑剔的人。

むすこ⓪【息子】儿子，男孩。△道楽(どうらく)〜/放荡不羁的孩子。

むすび⓪【結び】①连结，结合。②终结。△〜の言葉(ことば)を述(の)べる/发表结束语。③饭团。△〜を握(にぎ)る/攥饭团。

むすびつき⓪【結び付き】联系，关系。△〜を強(つよ)める/加强联系。

むすびつ・く④【結び付く】(自五)①相结合，结合为一体。②密切关联，密切相关。△合格(ごうかく)に〜努力(どりょく)/关系到考中与否的一次努力。

むすびつ・ける⑤【結び付ける】(他下一)①系上，拴上。△木(き)に〜/拴在树上。②连结，结合。

むす・ぶ⓪【結ぶ】(他五)①系，结。△ネクタイを〜/系领带。②订立，缔结。△縁(えん)を〜/结姻缘。△条約(じょうやく)を〜/缔结条约。③紧闭(口)，紧握(手)。△口(くち)を〜/紧闭住嘴。④结合，连接。△北京(ぺきん)と東京(とうきょう)を〜航空路(こうくうろ)/连接北京与东京的航线。⑤产生(结

果)。△努力(どりょく)が実(み)を～/勤勉收到成果。⑥结束,结尾。△話(はなし)を～/结束讲话。⇨くくる表；⇨つなぐ表

むすめ③【娘】①女儿,闺女。◇一人(ひとり)に婿(むこ)八人(はちにん)/僧多粥少。②姑娘,少女。△～ごころ/少女心。

むぜい①【無税】免税。△～品(ひん)/免税品。

むせいふ②【無政府】无政府。△～状態(じょうたい)である/无政府状态。

むせいぶつ②【無生物】无生物,非生物。

むせきにん②【無責任】(名・形动)①无责任。②缺乏责任感。△～な発言(はつげん)/不负责任的发言。△～極(きわ)まる/毫无责任观念。

む・せる⓪〔噎せる〕(自下一)①(烟)呛,(食物)噎住。②(因悲痛)心堵得慌。

むせん⓪【無銭】不花钱,没有钱。△～飲食(いんしょく)/不花钱白吃。△～旅行(りょこう)/身无分文的旅行。

むせん⓪【無線】无线。△～通信(つうしん)/无线电通讯。△～電話(でんわ)/无线电话。△～放送(ほうそう)/无线电广播。△～パソコン/无线个人电脑。

むそう⓪【無双】独一无二。△古今(ここん)～/古今无双。

むそう⓪【夢想】幻想,空想。△～家(か)/空想家。

むだ⓪【無駄】(名・形动)徒劳,白费(劲),浪费。△～な骨折(ほねお)り/白费力气。△時間(じかん)の～/时间的浪费。

むだづかい③【無駄遣い】〔徒遣い〕(名・自他サ)浪费,乱花钱。△貴重(きちょう)な水(みず)を～する/浪费宝贵的用水。△予算(よさん)を～する/把经费胡乱花掉。

	～を慎む	お年玉を～しちゃだめよ	精力を～する	税金の～が問題になる	～癖
むだ遣い	○	○	×	○	×
浪費	○	×	○	△	○

むだん①⓪【無断】擅自,事先不经允许。△～欠勤(けっきん)/无故缺勤。△～使用(しよう)/擅自使用。

むち①〔鞭〕①鞭子。②教鞭。③鞭策。

むち①【無知・無智】(名・形动)无文化,无知,愚笨。△～蒙昧(もうまい)/愚昧无知。

むちう・つ③①〔鞭打つ〕(自他五)①鞭打。△馬(うま)に～/策马。②鞭策,鼓励。△老骨(ろうこつ)に～/不顾年迈,犹自奋勉。

むちゃ①〔無茶〕(名・形动)〈俗〉①毫无道理,岂有此理。△～を言(い)う/胡说八道。△～をする/做荒唐事。②过分,格外。△～な寒(さむ)さだ/冷得要命。

むちゃくちゃ⓪〔無茶苦茶〕(名・形动)〈俗〉("むちゃ"的加强语)①毫无道理,岂有此理。②乱七八糟,混乱。△彼(かれ)の運転(うんてん)は～だ/他乱开车。③过

分，格外。△～な値段(ねだん)/一棒子打死人的价格。

むちゅう⓪【夢中】（名・形动）①睡梦里，梦中。②沉醉，入迷，热中。△～でしゃべる/口若悬河。△無我(むが)～/忘乎所以。

むっつ③【六つ】六，六个。六岁。

むつまじ・い④【睦まじい】（形）和睦；(夫妇、恋人之间)亲昵。△仲(なか)～二人(ふたり)/和睦相处的两个人。

むつまやか⓪【睦まやか】（形动）和睦。△～な夫婦(ふうふ)/和睦的夫妻。

むつ・む②【睦む】（自五）和睦，(夫妇、恋人之间)亲昵。

むて⓪【無手】①空手，赤手。△～で向(む)かう/徒手对抗。②无本事。◇～勝流(かつりゅう)/ⅰ)不战而胜的策略。ⅱ)(非师传)自己独创。

むていけい②【無定形】无一定形状。△～物質(ぶっしつ)/无定形物质。

むていけん②【無定見】（名・形动）无主见，随风倒。△～な人(ひと)/无主见的人。

むていこう②【無抵抗】不抵抗。△～主義(しゅぎ)/不抵抗主义。

むてっぽう②〔無鉄砲・無手法〕（名・形动）鲁莽，不顾后果。△～な計画(けいかく)/鲁莽的计划。△命知(いのちし)らずの～な連中(れんちゅう)/不考虑后果的一伙亡命徒。△～なやり方(かた)/冒冒失失的作法。

むとう⓪【無糖】无糖。△～練乳(れんにゅう)/无糖炼乳。

むどく①【無毒】无毒。△緑青(ろくしょう)は～である/铜锈无毒。

むとどけ②【無届け】(事先)没呈报，没请示。△～欠勤(けっきん)/旷职，旷工。△～集会(しゅうかい)/没呈报的集会。△～デモ/未经批准的游行示威。

むとんじゃく②【無頓着】（名・形动）漫不经心，不介意，不在乎。△～な性格(せいかく)/马大哈的性格。△金(かね)に～だ/花钱不心疼。

むなし・い⓪③〔空しい〕（形）①空白，空虚，无内容的。△～生活(せいかつ)/空虚的生活。②渺茫，靠不住。△～希望(きぼう)/渺茫的希望。③白白的，徒然的。△空しく手(て)をこまねく/枉然袖手旁观。△むなしく一時間(いちじかん)待(ま)った/白等了一个小时。△必死(ひっし)の努力(どりょく)も空しくなる/殊死奋力也徒劳。

	～努力	～待つ	セミの命は～	～議論	消え入るように～なる
むなしい	○	-く○	×	○	×
はかない	○	×	○	×	-く○

むに①【無二】（名・形动）无二，无双，无可替代。△～の親友(しんゆう)/最好的朋友。△～無三(むさん)/独一无二。专心致志。

ムニエル①［法 meunière］（法式）黄油烤鱼。

むにゃむにゃ①（副）〈俗〉嘟嘟哝哝。△なにか～言(い)っているようだ/嘟嘟哝哝地，好像是说什么。

むにん⓪【無人】〈文〉①无人居住(→むじん)。②人手不足(→ぶにん)。

むにんしょだいじん⑤【無任所大臣】不管部部长。

むね②【旨】意旨,意思。△その~を伝(つた)える/传其意旨。

むね②【胸】①胸。②心中,心(胃、肺)。△~をやられる/得了肺病。△~が高鳴(たかな)る/心情激动。③内心(感情、性格、想法)。△~に秘(ひ)める/藏在心里。◇~がすく/心里痛快。◇~がつぶれる/义愤填膺。◇~が焼(や)ける/烧心,胃不舒服。◇~三寸(さんずん)に納(おさ)める/藏在心中(不讲出)。◇~に一物(いちもつ)/心怀叵测。◇~に畳(たた)む/藏在心里。◇~に手(て)を当(あ)てる/扪心自问,仔细思量。◇~を痛(いた)める/苦脑。◇~を打(う)つ/打动,感动。◇~を躍(おど)らせる/满心欢喜。◇~を焦(こ)がす/焦虑。◇~をさする/抑制愤怒。◇~をなでおろす/放心;松口气。

むね①【棟】Ⅰ(名)①屋脊。②栋梁,梁。Ⅱ(接尾)(数房屋时)栋。

むねん①【無念】(名・形動)①什么也不想。△無心(むしん)~の境地(きょうち)/(佛教)万念俱空的境界。②悔恨,懊恨。△残念(ざんねん)~/万分懊悔。

むのう⓪【無能】(名・形動)无才无能。△~な指揮官(しきかん)/没有才能的指挥官。

むはい⓪【無配】无红利。△~株(かぶ)/无红利股(票)。

むひ①【無比】无比,无双。△残酷(ざんこく)~/无比残酷。△当代(とうだい)~/当代无双。

むひょうじょう②【無表情】(名・形動)无表情。△~な顔(かお)/无表情的面孔。

むめい⓪【無名】①无名。△~の星(ほし)/无名星。△~の英雄(えいゆう)/无名英雄。②不著名。△~の作家(さっか)/无名作家。

むやみ①【無やみ】〔無暗・無闇〕(形動)①胡乱,轻率,轻易。△~に人(ひと)を信(しん)じる/轻信他人。②过分,过度。△~に暑(あつい)/热得要命。

	~にかわいがる	~なことは言えない	~に故郷が恋しくなる	~に大きな事ばかり言う人
むやみ	○	○	△	×
やたら	○	○	△	○
無性	○	×	○	×

むよう①⓪【無用】(名・形動)①无用,无需。△~の長物(ちょうぶつ)/(不起作用反有防碍的)无用之物。△心配(しんぱい)~/不必担心。②不准,禁止。△立(た)ち入(い)り~/请勿入内。△天地(てんち)~/(包装物上写的)切勿倒置。③无关,无事。△~の者(もの)立(た)ち入(い)るべからず/无关人员谢绝入内。

むら②【村】①村。②村庄,乡下。

むら⓪〔斑〕①(颜色)深浅不均。②不均,不匀,不匀称。△成績(せいせき)の~/成绩时好时差。③情绪易变化。△~のある性格(せい

かく)/喜怒无常的性格。

むらが・る③【群がる】〔叢がる〕(自五)群集，聚众。△見物人(けんぶつにん)が〜/聚集许多围观的人。

むらさき②【紫】①紫色。②紫草。③酱油(的异称)。

むり①【無理】(名・形动・自サ)①不讲理，无理。△〜が通(とお)れば道理(どうり)がひっこむ/无理得势，则道理退避三舍。②勉强，难以办到，不合适。△〜がきかない/不能勉强。△子供(こども)に〜な仕事(しごと)/不适于小孩干的工作。③过分，过度，不量力。△〜な勉強(べんきょう)/过度用功。

むりなんだい①-⓪・①【無理難題】不合理的要求。

むりむたい①-⓪・①-①【無理無体】毫无道理。

むりやり⓪【無理矢理】(名・形動)强迫，硬。△〜にやらせる/硬叫人做。

むりょう①⓪【無料】免费。△入場(にゅうじょう)〜/免费入场。

むりょく①【無力】无力。无能力。△〜な政治家(せいじか)/无能的政治家。

むれ②【群(れ)】群，一伙，一帮。△〜をなして押(お)し寄(よ)せる/蜂拥而至。

むろ②【室】①温室，暖房，窨。△〜咲(さ)き/温室里开的花。△氷(こおり)〜/冰窖。②窨洞。△岩(いわ)〜/石窟。

むろん⓪【无論】(副)当然，不用说。△それは〜のことだ/那是理所当然的。

め メ

-め 【目】(接尾)①(接数词下)第…。△二番(にばん)～/第二。△五年(ごねん)～/第五年。②(接形容词词干下)…一点儿。△早(はや)～に出掛(でか)ける/早一点儿出去。③(接动词连用形下)…当儿。△気候(きこう)のかわり～/节气转变的当儿。

め⓪ 【目】〔眼〕①眼，眼睛。②眼球，眼珠。③目光，眼神。④视力，眼力。⑤注视。⑥看法，阅历。◇～が利(き)く/眼尖，有眼力。◇～が眩(くら)む/ⅰ)目眩。ⅱ)头晕。ⅲ)失去判断力。◇～が肥(こ)える/有鉴赏力。◇～が高(たか)い/眼力高。◇～がない/着迷。◇～から鼻(はな)へ抜(ぬ)ける/机灵。◇～から火(ひ)が出(で)る/两眼冒金星。◇～に余(あま)る/看不下去。◇～に入(い)れても痛(いた)くない/噙在嘴里怕化了，顶在头上怕吓着。◇～に角(かど)を立(た)てる/怒目而视。◇～に付(つ)く/引人注目，明显。◇～には～を、歯(は)には歯(は)を/以眼还眼，以牙还牙。◇～に見(み)えて/眼看着，明显地。◇～に物(もの)を見(み)せる/严厉惩处，以儆效尤。◇～の上(うえ)の瘤(こぶ)/(碍眼的)顶头上司。(有力的)对手。◇～の敵(かたき)にする/当成眼中钉。◇～の黒(くろ)いうち/有生之年。◇～も当(あ)てられない/惨不忍睹。◇～も合(あ)わず/不合眼，睡不着。◇～を掛(か)ける/照看，照料。◇～を盗(ぬす)む/避人耳目。◇～を光(ひか)らせる/严加监视。◇～を剥(む)く/瞪大眼睛。◇～を喜(よろこ)ばす/悦目。

め① 【芽】①芽。△～を出(だ)す/发芽。②苗头。△悪(あく)の～をつむ/防患于未然。△才能(さいのう)の～を伸(の)ばす/初露锋芒。

めあて① 【目当て】①目的，指望。△～の物(もの)を手(て)に入(い)れる/得到了希望要的东西。②目标。△交番(こうばん)を～に歩(ある)く/以派出所为目标走过去。

めい① 【銘】①铭文。△～を刻(きざ)む/刻铭文。②刻在工艺品上的作者名字。③(瓷、茶、酒、香、墨)上等品。△～茶(ちゃ)/茗茶。④警句。△座右(ざゆう)の～/座右铭。

めい① 〔姪〕侄女，外甥女。

めい- 【名】(接头)知名。△～医(い)/名医。△～投手(とうしゅ)/优秀的投手。△～店(てん)/名店。△～湯(とう)/有名的温泉。

めいあん⓪ 【名案】妙计，好主意。△～が浮(う)かぶ/计上心来。

めいか① 【銘菓】名牌点心。

めいかい⓪ 【明快】(名・形动)明

快。△～な論旨(ろんし)/明快的论点。⇨めいかく表

めいかい⓪【明解】简明解释。

めいかく⓪【明確】(名・形动)明确。△～な指示(しじ)/明确的指示。△～な規準(きじゅん)/明确的准则。

	～な判断を下す	きまりを～にする	～な話しっぷり	責任の所在が～でない	単純～
明確	○	○	×	○	×
明快	○	×	○	×	○

めいがら⓪【銘柄】①商品的商标。△～品(ひん)/名牌货。②商品的牌名。△～取引(とりひき)/凭牌名进行商品交易。

めいぎ③①【名義】名义。△～人(にん)/名义人。△～変更(へんこう)/变更名义,过户。

めいく⓪⓪【名句】名句,佳句。

めいげん⓪【名言】名言,警句。△千古(せんこ)の～/千古名言。

めいさい⓪【明細】(名・形动)①详细,明细。△～に書(か)かれた報告書(ほうこくしょ)/详细填写的报表(明细书)。②明细报表。

めいさく⓪【名作】杰作,名著。

めいさん⓪【名産】名产,有名的特产。

	当地の～	十二階は浅草の～だった	京都の～西陣織	学校の～先生
名産	○	×	○	×
名物	○	○	△	○

めいし①【名士】知名人士。△各界(かっかい)の～/各界知名人士。

めいし⓪【名詞】名词。

めいし⓪【名刺】名片。△～を交換(こうかん)する/互递名片。△～入(い)れ/名片夹。

めいじ①【明治】明治(日本明治天皇的年号,1867〜1912)。△～維新(いしん)/明治维新(1868)。△～神宮(じんぐう)/明治神宫。

めいじつ①【名実】名实,名与实。△彼(かれ)は～ともに第一人者(だいいちにんしゃ)だ/他是一位名符其实首屈一指的人。

めいしゅ⓪【銘酒】名贵的酒。

めいしょ③⓪【名所】名胜,著名的地方。△桜(さくら)の～/樱花名胜。△～旧跡(きゅうせき)を訪(たず)ねる/游览名胜古迹。△～案内(あんない)/名胜导游(图)。

めいしょう⓪【名称】名称。△新製品(しんせいひん)の～/新产品的名称。△～を変(か)える/变更名称。⇨な表

めい・じる⓪③【命じる】(他上一)①命令。②任命。

めい・じる⓪③【銘じる】(他上一)铭记,铭刻于心。△肝(きも)に～/铭记肺腑。

めいしん⓪【迷信】迷信。△～を信(しん)ずる/相信迷信(的东西)。△～家(か)/迷信的人。

めいじん③【名人】①名人,名手。△～気質(かたぎ)/名家气质。△～肌(はた)/匠人的脾气。△書道(しょどう)の～/书法名手。②(棋类)名手,名人。

めい・ずる⓪③【命ずる】(名・他サ)①命令。△退去(たいきょ)を～/命令撤退。②任命。△教務委員

(きょうむいいん)を～/任命教务委员。

めいちゃ⓪ 【銘茶】品茗，名贵的茶。

めいちゅう⓪ 【命中】(名・自サ)命中。△どまん中(なか)に～する/命中靶心。△～率(りつ)/命中率。

めいはく⓪ 【明白】(名　形动)明白，明显。△～な理由(りゆう)/明显的理由。△罪状(ざいじょう)は～だ/罪状明白。

	～な事実	事柄を～にする	月の～な夜	～を欠く発音
明　白	○	○	×	×
明らか	○	○	○	×
明　瞭	○	×	×	○

めいぶつ① 【名物】①名产。△青森(あおもり)～のりんご/青森名产的苹果。②有名，著名。△当地(とうち)の～男(おとこ)/当地有名的人。△パリ～の蚤(のみ)の市(いち)/作为巴黎名景的跳蚤市场。⇨めいさん 表

めいぼ⓪ 【名簿】名簿，名册。

めいめい⓪ 【命名】起名，命名。△～式(しき)/命名仪式。

めいめい③ 【銘銘】各各，各自。△～材料(ざいりょう)を持(も)ち寄(よ)る/凑集各自的材料。△～皿(さら)/每人一份分餐用的碟子。⇨それぞれ 表

めいもく⓪ 【名目】①名称，名目。△～だけで実力(じつりょく)はない/只是虚名并无实力。②口实，借口。△～が立(た)たない/理由不成立。

めいもん⓪ 【名門】名门，世家。△～の出(で)/名门出身。△～校(こう)/负有盛名的学校。

めいゆう⓪ 【名優】名演员，名伶。

めいよ① 【名誉】Ⅰ(名)①名誉。△学校(がっこう)の～/学校的名誉。②体面，荣誉。△身(み)に余(あま)る～/光荣之至。Ⅱ(接头)名誉(称号)。△～総裁(そうさい)/名誉总裁。△～教授(きょうじゅ)/名誉教授。

	一家の～	全く～なことだ	叙勲の～に輝く	秀才の～の高い人
名誉	○	○	△	×
栄誉	○	×	○	×
誉れ	○	×	×	○

めいりょう⓪ 〔明瞭〕(名・形动)清晰，明了。△～な発音(はつおん)/清晰的发音。△意識(いしき)が～でない/知觉不清晰。⇨めいはく 表

めいれい⓪ 【命令】①命令。②(计算机)指令。

めいろう⓪ 【明朗】(形动)①明朗(快活)。△～な性格(せいかく)/明朗的性格。②公正无私。△～な会計(かいけい)/公正无私的会计。⇨ほがらか 表

めいわく① 【迷惑】(名・自サ)①麻烦，打搅。△ご～をおかけしました/给您添麻烦了。△～電話(でんわ)/骚扰电话。②困惑，为难。△～な話(はなし)だ/实在为难了。

めうえ⓪③ 【目上】上司，长辈。

メーカー① [meker]制造商，厂商。△～品(ひん)/著名公司的产品。

メーター⓪① [meter]①计量器，计算器。△～制(せい)/按计程表收

費。②米。

メーデー⓪ [May Day]五一国际劳动节。

メートル⓪ [法 mètre]米。△～制(せい)/公制,米制。△～グラス/(公制)量杯。◇～を上(あ)げる/(由于喝酒)兴奋起来。

メードン① [maiden]①少女,处女。②初次。△～フライト/首次飞行。

メーン① [main]总的,主要的。△～アグリーメント/总协议。△～テーブル/(宴会)主桌。主宾桌。(会议)主席座。△～ポール/运动场正面旗竿。△～マスト/主桅。△～ライン/(铁路)主线,干线。

めが・ける③【目掛ける】(他下一)对准,瞄准,以…作为目标。△敵(てき)を目掛けて突撃(とつげき)する/向敌人发起冲锋。⇨めざす 表

めかた⓪【目方】重量,分量。△～をはかる/过秤。

	～をはかる	最近～がニキロ減った	～に制限のある橘	～挙げの選手	責任の～を感じる
目方	○	○	×	×	×
重量	○	×	○	○	×
重さ	○	×	×	×	○

メカナイズ③ [mechanize]机械化。

メカニズム③ [mechanism]①机械装置。②机构,结构。△近代社会(きんだいしゃかい)の～/近代社会的结构。

めがね①【眼鏡】①眼镜。△～を掛(か)ける/戴眼镜。△～越(こ)しに見(み)る/从眼镜框上看(人)。△鼻(はな)～/夹鼻眼镜。②眼光儿,眼力,估计,判断。△～違(ちが)い/估计错了。△～が狂(くる)う/眼光错了。△～にかなう/受(上司)赏识。

めきめき① (副)显著地,(成长、进步得)快。△～上達(じょうたつ)する/技艺很有长进。

めぐすり②【目薬】①眼药。②小恩小惠。△～をきかす/使小恩小惠。

めぐま・れる⓪【恵まれる】(自下一)①受到恩赐,得天独厚。△晴天(せいてん)に～/天公作美。△恵まれた才能(さいのう)/得天独厚的才能,天赋的才能。②资源丰富。△水(みず)に恵まれた地域(ちいき)/水资源丰富的地区。

めぐみ⓪【恵み】恩惠,恩赐。△天(てん)の～/自然的恩赐。△～の雨(あめ)/及时雨。△どうかお～を/(乞求时)施舍一点吧。

めぐ・む⓪②【恵む】(他五)①施舍,恩赐。△金(かね)を恵んでやろう/接济些钱(给他)。②怜恤,救济,周济。

	金品を～	慈善を～	どうか～下さい	策を～	～れた環境
恵む	○	×	-ん○	×	-ま○
施す	○	○	○	○	○

めくら③〔盲〕盲人。△～撃(うち)/盲目射击。△～判(ばん)/盲目认可,盲目盖章。△～滅法(めっぽう)/盲动,瞎干。

めぐら・す⓪③【巡らす】(他五)①围上。△塀(へい)を～/围上围墙。②向后转,扭转。△きびすを～/往回走。③运筹,筹划。△計略(け

いりゃく)を~/筹谋。△知恵(ちえ)を~/动脑筋。△思案(しあん)を~/想办法。

めぐり⓪【巡り】(名・他サ)①循环。△血(ち)の~が悪(わる)い/血液循环不好；脑筋迟钝。②周游。△公園(こうえん)を一(ひと)~する/在公园里转一圈。③周围。△家(いえ)の~/房子周围。

めぐりあ・う④【巡(り)合う】(自五)邂逅，相逢，巧遇。△幸運(こううん)に~/幸好巧遇。

めく・る⓪〔捲る〕(他五)掀(开)，翻(开)。△布団(ふとん)を~/掀开被子。△ページを~/翻一页。⇨まくる 表

めぐ・る⓪【巡る】(他五)①绕，巡回。△池(いけ)の周囲(しゅうい)を~/绕池边走一圈。②周游，巡游。△名所(めいしょ)を~/周游名胜。③循环，旋转。△四季(しき)は~/四季交替。△血液(けつえき)が体内(たいない)を~/血液在体内循环。④围绕，关于。△公害(こうがい)を~問題(もんだい)/关于(围绕)公害的问题。⇨まわる 表

めさき③【目先】①目前，眼前。△~にちらつく/浮现在眼前。②外观，外表。△~を変(か)える/换换样。③当前，不久的将来。△~のことにとらわれる/拘于眼前的得失。④预见。△~が利(き)く/有预见。

めざ・す②【目指す・目差す】(他五)①对着，朝向。△南(みなみ)を目指して進(すす)む/朝南行进。②以…为目标。△優勝(ゆうしょう)を~/以冠军为目标。△作家(さっか)を~/奋斗的目标是当作家。

	敵の本陣を~て進む	頂上を~て登る	すきを~	鳥を~て打つ	成績の向上を~て努める
目指す	-し○	-し○	×	×	-し○
目がける	-け○	-け○	-け○	-け○	×
ねらう	-っ○	×	-っ○	-っ○	×

めざまし②【目覚まし】①使…醒来。△~に冷(つめ)たい牛乳(ぎゅうにゅう)を飲(の)む/(倦时)喝杯凉奶精神一下。②小孩睡醒时的点心，醒后为打起精神吃东西。△~をねだる/小孩醒后要点心。△~に体操(たいそう)する/醒后做操精神一下。③闹钟("めざまし時計(どけい)"之略)。

めざまし・い④【目覚ましい】(形)惊人的，异常显著。△~進歩(しんぽ)/惊人的进步。

めざ・める⓪【目覚める】(自下一)①睡醒。△夜中(よなか)にふと目覚めた/半夜忽然醒了。②觉悟，觉醒。△悪(あく)から~/弃恶悔悟。③(本能、意識)发动，发生。△性(せい)に~/春情萌动。

めざわり②【目障り】(名・形动)①碍眼，挡眼(物)。△あの煙突(えんとつ)は~だ/那个烟囱挡眼。②不顺眼，碍眼，讨厌。△~な男(おとこ)/讨厌的人。

めし②【飯】①饭。②生计，吃饭。◇~の食(く)い上(あ)げ/揭不开锅，吃不上饭。⇨ごはん 表

めしあが・る⓪【召(し)上がる】(他

五)〈敬〉吃,喝,吸烟。△何(な
に)を召し上がりますか/您吃什
么?

めした③⓪【目下】下级,晚辈。

めじるし②【目印】标记,记号。
△~を付(つ)ける/印上记号。

めじろ⓪【目白】绣眼鸟,白眼鸟。
◇~押(お)し/ⅰ)挤香油(小孩互
相挤来挤去的一种游戏)。ⅱ)一
个挨一个(挤着)。

めす②【雌】〔牝〕雌,牝。

め・す①【召す】(他五)〈敬〉①
召见,召请。②吃,喝,穿,乘
等。△どうぞお召(め)し下(くだ)
さい/请吃(喝)。△お風呂(ふろ)を
お召しください/请洗澡吧。③
买。△花(はな)を召しませ/请买花
吧。④(用"お気(き)に召す"形
式)喜好。△これ、お気に召しま
すか/您喜欢这个吗?

メス①〔荷 mes〕手术刀,解剖刀。
◇~を入(い)れる/ⅰ)动手术。
ⅱ)(对棘手事)着手解决。

メスメリズム④[mesmerism]催
眠,催眠术。

めずらし・い④【珍しい】(形)罕
见的,稀奇的,珍奇的。△~切
手(きって)/珍奇的邮票。△外国人
(がいこくじん)に~風習(ふうしゅ
う)/外国人觉得新奇的风俗。△~
人(ひと)が来(く)る/稀客来了。⇨
まれ表

めだ・つ②【目立つ】(自五)显眼。
△ワイシャツの汚(よご)れが~/
衬衫上的污垢很显眼。△目立っ
て背(せ)が高(たか)い/鶴立鸡群。

めだま③【目玉】①眼球,眼珠。
②挨申斥,招白眼。△大(おお)~
を食(く)らう/狠狠挨了申斥。③
引人注目。△~になる記事(きじ)/
引人关注的报导。△~商品(しょ
うひん)/(为了招揽顾客店堂口摆
出减价出售的)热门货。

メダル⓪[medal]奖章。△金(き
ん)~/金牌,金质奖章。△銀(ぎ
ん)~/银牌,银质奖章。△銅(ど
う)~/铜牌,铜质奖章。

めちゃ①〔目茶・滅茶〕〈口〉(名・
形动)不合理,荒谬。△~を言(い)
う/胡说八道。△~なやり方(か
た)/荒谬的作法。

めちゃくちゃ⓪【滅茶苦茶】(名・
形动)①毫无道理。△~な議論
(ぎろん)/毫无道理的争论。②格
外,过分。△車(くるま)を~に飛
(と)ばす/超速开车。③支离破碎,
乱七八糟,一塌糊涂。△~な生
活(せいかつ)/杂乱无章的生活。

めちゃめちゃ【滅茶滅茶】(名・
形动)乱七八糟,一塌糊涂。△き
のうの試合(しあい)で私(わたし)
たちは~に負(ま)けた/昨天的比赛
我们输惨了。

めっき⓪〔鍍金〕(名・他サ)①镀
金。△金(きん)~/镀金。②〈俗〉
掩饰,虚有其表。△~が剥(は)
げる/露出本来面目。

めつき①【目付き】眼神。△~が
悪(わる)い/眼神狠毒。△遠(とお)
くを見(み)るような~/像是往远
处张望。

めっきり③(副)(变化)显著,急剧。

△～涼(すず)しくなった/一下子涼爽起来。

メッセージ① [message]①消息，音信，口信。△～交換(こうかん)/信息交换。△～テキスト/信息正文。△～ライト/(宾馆客房)留言灯。△～を伝(つた)える/传口信，带口信。②声明，声明书。③(美国总统)咨文。△大統領(だいとうりょう)の～を読(よ)み上(あ)げる/诵读总统咨文。

メッセンジャー③ [messenger]使者，信使，送东西的人。△～ボーイ/送货送信的人。

めった① 〔滅多〕(形动)胡乱，任意，随便。△～なことを言(い)うな/不要胡说八道。△～打(う)ち/乱打。△～切(ぎ)り/乱砍。◇～矢鱈(やたら)/乱七八糟。

めったに① 〔滅多に〕(副)(接否定语)(不)常，(不)多，几乎(不)。△～外出(がいしゅつ)しない/很少外出。

	～見ない鳥	～ことを言うな	～完成した家	夜は～外出するな	～分からない問題
めった	-に○	-な○	×	○	×
ほとんど	○	×	○	×	○

めつぼう⓪ 【滅亡】(名・自サ)灭亡。△平家(へいけ)の～/平氏家族灭亡。

メディア① [media]媒介，中间，手段，媒体。△～戦争(せんそう)/媒体战。△～リサーチ/媒体调查。

めでた・い③ 〔目出度い・芽出度い〕(形)①可喜可庆，值得祝贺。

△合格(ごうかく)して～/考上学，真是可喜可庆。△～年(とし)/吉庆的一年。②顺利，圆满。△めでたく完成(かんせい)する/圆满完成。③(以"お～"形式)头脑简单。△お～人物(じんぶつ)/头脑简单的人。△お～やつ/傻瓜。④(以"おめでとう"形式)恭喜，庆祝。△新年(しんねん)おめでとうございます/恭贺新年。

めど 〔目処〕目标，眉目，头绪。△～がつく/有了目标(线索)。△～が立(た)たない/毫无头绪。

メトロ① [法 métro]地铁。

メトロポリス④ [metropolis]首都，大都市。

メニュー① [menu]菜单，菜谱。△～バー/(计算机)菜单条。

めのまえ⓪ 【目の前】①亲眼目睹，眼前。△～で事故(じこ)がおこった/亲眼看到事故发生。②迫近，临近。

めぼし・い③ (形)贵重，出色，明显。△～物(もの)を持(も)ち出(だ)す/拿出贵重的东西。△～成果(せいか)がない/无明显成果。

めまい② 〔目眩・眩暈〕头晕，眼花。△～がする/感到头晕。

メモ① [memo] (名・他サ)笔记，记录。△～を取(と)る/记笔记。△心覚(こころおぼ)えを～する/记录下来免得忘掉。

めもり③ 【目盛(り)】(计量器上的)星，刻度。△～を読(よ)む/看秤星(多重)。

メモワール⓪ [法 mémoire] (名

人)回忆录。

めやす⓪① 【目安】目标；基准，标准。△～をつける/确定目标。△～にする/着眼于…。把眼光放在…。△漢字使用(かんじしよう)の～となる表(ひょう)/汉字使用标准表。

メリット① [merit]①优点。②价值。△～が大(おお)きい/颇有价值。△～制(せい)/量才录用制。

メリヤス⓪ [葡 meias]针织品。△～下着(したぎ)/针织内衣。

メロディー① [melody]旋律，曲调。

メロン① [melon]网纹甜瓜。

めん①⓪ 【面】①(能乐、演剧等用的)假面具。②(棒球、击剑等)护面具。③方面。△安全(あんぜん)の～に問題(もんだい)あり/安全方面存在问题。④〈俗〉脸，面。△～が割(わ)れる/露面。⑤(几何上的)面，(物的)表面。△～と線(せん)/面和线。⑥(报纸的)版面。△第一(だいいち)～/头版。△経済(けいざい)～/经济版。

めん① 【綿】棉，棉花。

めんえき⓪ 【免疫】①免疫。△～体(たい)/抗体。②习以为常。△悪評(あくひょう)には～になっている/把别人的批评当成耳旁风。

めんか① 【綿花】棉花。

めんかい⓪ 【面会】(名・自サ)会面，会见。△～を求(もと)める/求见。△～時間(じかん)/会面时间。△～謝絶(しゃぜつ)/谢绝会客。

	限られた時間に～する	入隊した兄に久久に～する	社長に～を申し込む	～交通	～試験
面会	○	○	○	×	×
対面	△	○	×	×	×
面接	×	×	○	×	○

めんきょ① 【免許】(名・他サ)①许可。△営業(えいぎよう)～/营业许可(证)。②传授技艺(秘诀)。△～皆伝(かいでん)/传授全部技艺。

めんきょじょう③⓪ 【免許状】许可证，执照。

めんじょ① 【免除】(名・他サ)免除。△授業料(じゅぎょうりょう)を～する/免收学费。

めんじょう⓪③ 【免状】①许可证，执照。②〈俗〉毕业证。△総代(そうだい)で～をもらう/代表全体毕业生领取证书。

めん・じる⓪③ 【免じる】(他上一)①免，免除。△税金(ぜいきん)を～/免税。②看在…分上，看在…面子上。△親分(おやぶん)に免じて許(ゆる)す/看在头目的面子上答应了。③免去(官职)。△官(かん)を～/免去官职。

めん・する③ 【面する】(自サ)面对，面向，面临。△海(うみ)に面した窓(まど)/朝海的窗户。△危机(きき)に～/面临危机。

めんぜい 【免税】(名・自サ)免税。△～品(ひん)/免税商品。

めんせき① 【面積】面积。

めんせつ⓪ 【面接】(名・自サ)(为考察人品、能力而)接见，会面。

△〜試験(しけん)/面试。

メンタル⓪ [mental]智力的。心理的。△〜カルチャー/智育。△〜テスト/智力测验。△〜ブロック/心理障碍。△〜レーバー/脑力劳动。

めんだん⓪【面談】(名・自サ)面谈,直接洽谈。△委細(いさい)/详情面谈。△社長(しゃちょう)に〜を求(もと)める/请求和社长面谈。

めんどう③【面倒】(名・形动)①麻烦,烦琐。△〜なことはやりたくない/不想干麻烦的工作。②照顾,照料。△幼(おさな)い弟(おとうと)の〜を見(み)る/照料年幼的弟弟。

	〜な手続き	〜をかける	老人の〜を見る	知人の家に〜になる	〜に入り組んだ関係
面倒	○	○	○	×	×
厄介	○	○	×	○	×
煩雑	○	×	×	×	○

めんどうくさ・い⑤ 〔面倒臭い〕(形)麻烦极了,太麻烦。△辞書(じしょ)を引(ひ)くのは〜/查词典是很麻烦的。△まったく〜問題(もんだい)だ/真是棘手的问题。

メントール③ [德 Menthol]薄荷脑。

メンバー① [member](团体的)成员。△〜シップ/全体会员。会员资格。△会(かい)の〜になる/成为会员。△〜がそろう/成员来齐。△〜チェンジ/(体育比赛中)换人,换选手。

めんぼう⓪【面ぼう】〔面貌〕①容貌。②外观,外貌。△〜が一変(いっぺん)する/面貌一新。

めんぼく⓪【面目】面目,脸面;体面,荣誉。△〜が一新(いっしん)する/面目一新。△〜を失(うしな)う/有失体面。△〜を施(ほどこ)す/露脸儿,脸上有光。

めんぼくな・い⑤【面目ない】(形)丢人,脸上无光。

めんみつ⓪【綿密】(名・形动)详尽,细致周密。△〜な計画(けいかく)/详尽周密的计划。⇨ちみつ表

めんもく⓪【面目】→めんぼく。

も　モ

も（提助）①(表示重提)也。△英語(えいご)～できる/也会英语。②(表示并列、累加等)又…又…，…与…都。△雨(あめ)～降(ふ)るし、風(かぜ)～吹(ふ)く/又下雨又刮风。山(やま)に～海(うみ)に～近(ちか)い/依山靠海。③(接疑问词后，表示全面否定或肯定)也,都。△誰(だれ)～いない/谁也不在。どれ～新(あたら)しい/都是新的。④(提出其一，泛指其他)连，也。△小学生(しょうがくせい)に～分(わか)る/连小学生都懂。⑤(表示界限、数量)竟达,之多。△雨(あめ)が三日(みっか)～降(ふ)り続(つづ)いて、ようやくやんだ/雨竟然下了三天才停下来。⑥(前接数词"一"，后接否定，表示全面否定)连一也…。△一(ひと)つ～ない/连一个也没有。⑦(于两个相同词之间，表示进层关系)固然…，但…。△資格(しかく)～資格だが、実力(じつりょく)が第一(だいいち)だ/资格固然也重要,但最重要的还是实力。

もう⓪①（副）①已，已经。△～発車(はっしゃ)した/已经开车了。△～間(ま)に合(あ)わない/已经来不及了。②不久就，快要。△～行(い)かなければならない/该马上去。△～来(く)るだろう/就要来了。③再，更加。△～少(すこ)し待(ま)って/再等一下。⇒すでに 表

もうあい⓪ 【盲愛】（名・他サ）宠爱，溺爱。

もうあしゃ③ 【盲ぁ者】〔盲啞者〕盲人和聋哑人。

もうう① 【猛雨】暴雨。

もうがっこう③ 【盲学校】盲人学校。

もうか・る③ 〔儲かる〕（自五）得利，赚钱，占便宜。△笑(わら)いがとまらないほど～/占了便宜，高兴得不得了。

もうけ③ 〔儲け〕赚钱，得利。△～が少(すく)ない/利润小。△～がない/没有赚头。⇒りえき 表

もう・ける③ 【設ける】（他下一）①预备，准备。△一席(いっせき)～/设宴。△口実(こうじつ)をもうけて欠席(けっせき)する/借口不参加。②设立，设置。△新(あたら)しく支店(してん)を～/新设一个分店。

もう・ける③ 〔儲ける〕（他下一）①赚钱，得利。△土地(とち)の売買(ばいばい)で～/通过买卖土地赚钱。②占便宜。△これはもうけたぞ/这可赚了。③生，得(子女)。△子(こ)を～/生小孩。

もうしあ・げる⓪⑤ 【申(し)上げる】（他下一）①说，讲，申述(的自谦语)。△過日(かじつ)申し上げた通(とお)り/正如上次跟您讲的那样。△お祝(いわ)いに一言(いち

ごん)を申し上げます/道一声祝賀。②接在带"お"或"ご"的名词下，构成自谦语。△お喜(よろこ)び申し上げます/恭喜恭喜。△ご案内(あんない)申し上げます/我为您引路。

もうしあわせ⓪【申(し)合(わ)せ】协议，商定。△～で新年祝賀(しんねんしゅくが)の礼(れい)をやめる/商定新年拜年一事从免。

もうしあわ・せる⓪⓪【申し合わせる】(他下一)商量，协调，决定，商定。

もうしいれ⓪【申(し)入れ】要求，提出意见，提出希望。△待遇(たいぐう)改善(かいぜん)の～を行(おこな)う/提出改善待遇的要求。

もうしい・れる⓪③【申し入れる】(他下一)提出意见。△苦情(くじょう)を～/申诉不满。

もうしか・ねる⓪③【申(し)兼ねる】(他下一)难以开口，难以启齿。△たびたびで申し兼ねますが…/总来麻烦，我实在难以开口…。

もうしこみ⓪【申(し)込み】①报名，应征，申请，认购。△～書(しょ)/申请书。②提议。

もうしこ・む⓪④【申(し)込む】(他五)①报名，申请。应征，认购。△入会(にゅうかい)を～/申请入会。②提议，提出(要求等)。△抗議(こうぎ)を～/提出抗议。△苦情(くじょう)を～/诉苦，抱怨。③预约。△早(はや)めにお申し込み願(ねが)います/请及早预约。

もうしたて⓪【申し立て】申述，陈述。△異議(いぎ)の～をする/提出异议。

もうした・てる⓪⑤【申(し)立てる】(他下一)申述，声明，提出。△異議(いぎ)を～/提出异议。△苦情(くじょう)を～/抱怨，陈述苦衷。

もうし・でる⓪④【申(し)出る】(他下一)提出，申述，报名。△希望者(きぼうしゃ)は申し出てください/希望参加者请报名。△願(ねが)いを～/提出申请。

もうしひらき⓪【申(し)開き】申辩，辩解。△～が立(た)たない/不容申辩。⇒もうしわけ表

もうしぶん③【申し分】不满之处，可以挑剔的地方。△～のない成績(せいせき)/无可挑剔的成绩。△～のない出来(でき)ばえだ/搞得好极了，简直没有不足之处。

もうじゅう⓪【猛獣】猛兽。△～狩(が)り/猎捕猛兽。△～使(つか)い/驯兽师。

もうしわけ⓪【申し訳】①申辩，辩解。△～が立(た)つ/可申辩。◇～ない/对不起，非常抱歉。△約束(やくそく)を破(やぶ)って～ない/失约了，请多原谅。②有名无实，(数量)微薄。△ほんの～程度(ていど)の物(もの)ですが/一点微薄之礼(不成敬意)。

	～が立たない	～ないことをした	～ができない	～ばかりの品	仲間の前で～をする
申しわけ	○	○	×	○	×
申し開き	○	×	○	×	○

もう・す①【申す】Ⅰ(他五)①说，

叫做(的自谦语)。△～言葉(ことば)もございません/没什么要说的。②做(的自谦语)。△お供(とも)申しましょう/我来奉陪吧。△ご案内(あんない)申します/我来做向导。Ⅱ(补)(接在带"お"或"ご"的动词连用形下,构成自谦语)。△お喜(よろこ)び申します/恭喜恭喜。△お待(ま)ち申します/恭候光临。

もうちょう① 【盲腸】盲肠。盲肠炎。△～の手術(しゅじゅつ)をする/做阑尾手术。

もうで⓪ 【詣で】参拜。△初(はつ)～/年初参拜神社。

もうてん⓪①③ 【盲点】①空白点,死角,漏洞。△捜査(そうさ)の～をつく/钻搜查的空子。△法(ほう)の～/条例的漏洞。②(眼睛的)盲点,暗点。

もうとう⓪ 【毛頭】(副)(下接否定语)丝毫(不),一点儿也(不)。△疑(うたが)う気持(きも)ちは～ない/丝毫不觉得可疑。

もうふ① 【毛布】毯子。△～にくるまって寝(ね)る/裹着毯子睡。

もうもく⓪ 【盲目】盲目,失明。△～の音楽家(おんがくか)/盲人音乐家。

もうもくてき⓪ 【盲目的】(名・形動)盲目的。△～な情熱(じょうねつ)/盲目的激情。△～に従(したが)う/盲目服从。

もうら① 【網羅】(名・他サ)收罗,包罗,网罗。△作品(さくひん)を～した全集(ぜんしゅう)/收罗所有作品的全集。△万象(ばんしょう)を～する/包罗万象。

もうれつ⓪ 【猛烈】(形動)猛烈,激烈。△～な反撃(はんげき)/猛烈反击。△～に食(た)べる/狼吞虎咽。

もえあが・る⓪ 【燃え上がる】(自五)①燃烧起来。△見(み)る見るうちに～/眼看着烧了起来。②(情绪等)激昂,高涨。△欲望(よくぼう)が～/欲望越发强烈。

も・える⓪ 〔萌える〕(自下一)出芽,萌芽。△若草(わかくさ)が～/青草发芽。

も・える⓪ 【燃える】(自下一)①燃烧。△家(いえ)がめらめらと～/房子在烈火中燃烧。△きつね火(び)が～/鬼火跳动。②耀眼,(颜色)鲜明。△～落日(らくじつ)/夕阳似火。③(热情)燃烧,洋溢。△郷土愛(きょうどあい)に～/对乡土充满爱。△希望(きぼう)に～/满怀希望。

モーション① [motion]①动作,手势。△ピッチャーの～/投手的动作。②示意。△～をかける/(异性间)眉目传情。

モーター① [motor]①电动机。②发动机。③汽车。△～ショー/汽车展览会。△スポーツ～/汽车运动,汽车比赛。△～プール/车场。△～レース/汽车赛。

モーター・ボート⑤ [motorboat]汽艇,摩托艇。

モーニング① [morning]①早晨,上午。②男子晨礼服("モーニン

モーメント① [moment] (也作"モメント")①刹那,瞬时。②时机,机遇。③要素。④(物理)矩。

もが・く② [踠く](自五)①(因痛苦)折腾。△苦(くる)しみ～/痛苦地折腾。②着急,焦急。△今(いま)になってもがいても追(お)いつかない/事到如今,再着急也赶不上了。

もく① 【木】①木,树。②木理,木纹("もくめ"之略)。③星期四("もくようび"之略)。

も・ぐ① [捥ぐ](他五)揪下,扭下。△柿(かき)を～/揪下柿子。

もくざい②⓪ 【木材】木材,木料。△建築用(けんちくよう)～/建筑用材。△～パルプ/(造纸)木浆。△～セルローズ/木纤维素。

もくさつ⓪ 【黙殺】(名・他サ)不理睬,置之不理。△少数(しょうすう)意見(いけん)を～する/对少数人的意见置之不理。

もくじ⓪ 【目次】目次,目录。

もくてき⓪ 【目的】目标,目的。△～を遂(と)げる/达到目的。△当座(とうざ)の～/近期目标。

	～を達成する	～にかなう	射撃の～	研究の～で渡米する	売り上げが～に達する
目的	○	○	×	○	×
目標	○	×	○	×	○

もくてきち⓪③ 【目的地】目的地。

もくにん⓪ 【黙認】(名・他サ)默认,放纵,放任自流。△不正(ふせい)を～する/放纵不良行为。

もくひょう⓪ 【目標】目标。△～を立(た)てる/确立目标。△～額(がく)/生产指标。⇨もくてき表

もくよう⓪③ 【木曜】星期四。

もぐりこ・む⓪④ 【潜り込む】(自五)潜入,钻进。△ベッドに～/钻到床下。△敵陣(てきじん)に～/潜入敌人阵地。

もぐ・る② 【潜る】(自五)①潜入(水中)。△海(うみ)に～/潜入海里。②钻进。△毛布(もうふ)に～/钻进毛毯下。③潜伏(活动),暗地活动。△地下(ちか)に～/转入地下活动。

もくれい⓪ 【目礼】(名・自サ)注目礼,用眼神致意。△お互(たが)いに～を交(か)わす/互相用眼神致意。

もくろく⓪ 【目録】①(书的)目次。②(图书、展品等)目录。△展示品(てんじひん)～/展品目录。△在庫(ざいこ)～/库存目录。③(礼品)清单。△結納(ゆいのう)の～/(定婚)彩礼清单。④(师傅给徒弟的)学艺结业证书。

もくろみ④⓪ 【目論見】计划,策划,意图。△～がはずれる/计划落空。△～書(が)き/计划书。

もけい⓪ 【模型】模型。△～飛行機(ひこうき)/模型飞机。△家(いえ)の～/房屋模型。

モザイク② [mosaic]马赛克。镶嵌工艺,镶嵌结构。△～国家(こっか)/种族、民族、宗教不融合的国家。△～社会(しゃかい)/(随时有分裂可能的)马赛克社会。△～病(びょう)/(植物)花叶病。

もさく⓪【模索】(名・他サ)摸索,探尋。△解決(かいけつ)の道(みち)を～する/寻找解决途径。△暗中(あんちゅう)～/暗中摸索,大海捞针。

もさっと②(副・自サ)①呆呆地。△～立(た)っている/呆呆地站着。②土里土气。△～した男(おとこ)/土里土气的男人。

もし①〔若し〕(副)如果,万一,假如。△～合格(ごうかく)できたら…/如果能及格…。△～発見(はっけん)が遅(おく)れたら助(たす)からなかったかも知(し)れない/假如发现迟了,也许就不能得救了。

もじ①【文字】①文字。△象形(しょうけい)～/象形文字。△横(よこ)～/横写文字。西洋文字。△～のみ/(计算机)纯字符。△～パターン/(计算机)字模。②文章。△～の上(うえ)で知(し)っている/从字面上了解到的。

もしか①【若しか】(副)倘若,或许。△～失敗(しっぱい)したらどうしよう/倘若失败了怎么办。

もしくは①【若しくは】(接)或者。△A～B/A 或者 B。

もじどおり③【文字通り】(副)照字面,不折不扣,毫不夸张。△～骨(ほね)と皮(かわ)ばかりになった/不折不扣,只有骨头和皮了。△プールは～大混雑(だいこんざつ)だった/游泳池的确确拥挤得不得了。

もしも①【若しも】(副)假如,万一。△～この世(よ)に生(う)まれなかったら…/假如没生在这世上的话…。

もしもし①(感)①唉,喂。△～、財布(さいふ)が落(お)ちましたよ/唉,你的钱包掉了。②(用于打电话)喂喂。△～、田中(たなか)さんですか/喂喂,您是田中先生吗?

もしや①【若しや】(副)万一,假如。莫非。△～彼(かれ)ではあるまいか/莫非是他?

もた・せる③〔凭せる〕(他下一)靠,倚,凭靠。△かべに身(み)をもたせて考(かんが)える/倚在墙上思考。

もた・せる⓪【持たせる】(他下一)①让…有(拿),给予,交给。△気(き)を～/让对方抱希望。②维持,使持久。△目的地(もくてきち)までガソリンを～/用余油维持到目的地。△病人(びょうにん)を点滴(てんてき)で～/用打点滴延长病人生命。③使担负(费用)。△飲(の)み代(だい)を連(つ)れに～/叫同伴付酒钱。④使送去。△土産(みやげ)を～/(派人)送去礼品。

もたもた①⓪(副・自サ)〈俗〉(态度)不明朗,(动作)磨蹭,拖拉。△出(で)かけるのに何(なに)を～しているのだ/出门还磨蹭什么?

	～して機を逃す	守備が～して点を取られる	何だか～と言う	車が～と進む
もたもた	○	○	×	×
ぐずぐず	○	×	○	×
のろのろ	×	×	×	○

もたら・す③〔齎す〕(他五)带来,

造成。△春(はる)を～雨(あめ)/带来春天的雨。△悪(わる)い結果(けっか)を～/造成不良后果。

もた・れる③〔凭れる〕(自下一)①凭靠,依靠。△いすに～/靠在椅子上。②〈俗〉存食,消化不良。△胃(い)が～/胃消化不好。△腹(はら)に～/肚子发胀。

モダン②[modern](名・形动)摩登,时髦,现代。△～な服装(ふくそう)/时髦服装。△～ガール/摩登女郎。△～ジャズ/现代爵士音乐。△～デザイン/新潮设计。

もち②【持ち】①持久性,耐久性。△この干物(ほしもの)は～がいい/这种干菜耐藏性好。△花(はな)～/花的耐插力。②持有,所有。△所帯(しょたい)～/拉家带口。△金(かね)～/有钱(人)。△女(おんな)～/妇女用。③负担,担任。△費用(ひよう)は各人(かくじん)～/费用自理。④(围棋)胜负不分,相持不下。

もち⓪〔餅〕黏糕,年糕。△～をつく/捣制黏糕。△鏡(かがみ)～/(祭祀用)两层的圆形黏糕。◇～は餅屋(もちや)/解铃还须系铃人。

もち⓪〔糯〕糯。△～米(ごめ)/糯米。

もちあが・る⓪④【持(ち)上がる】(自五)①抬起,升起,隆起。△地震(じしん)で地盤(じばん)が～/地震使地面隆起。△重(おも)くて持ち上がらない/太重了,抬不起来。②发生,出现。△一大事(いちだいじ)が～/发生一件大事。△縁談(えんだん)が～/有人上门提亲。③(教师)跟班升级。△三年(さんねん)まで～/(教师)跟班到三年级。

もちあ・げる⓪【持(ち)上げる】(他下一)①举起,拿起。△米俵(こめだわら)を～/抬起稻米草袋。②〈俗〉捧(人),奉承。△持ち上げられて有頂天(うちょうてん)になる/被人捧得飘飘然了。

もちあじ②【持ち味】①(食品)原味。②(艺术品)风格。(人)独特之处。

もち・いる⓪③【用いる】(他上一)①任用,录用。△ベテランを～/起用老手。②采用。△立案(りつあん)しても一向(いっこう)に用いられない/草拟了计划,却不被采用。③使用。△建築材(けんちくざい)として～/当建筑材料使用。△刃物(はもの)を～/使用刀具。④用心,注意。△すみずみにまで意(い)を～/注意到各个角落。⑤采取(态度),运用(方法)。△奇襲戦法(きしゅうせんぽう)を～/运用奇袭战术。

	はさみを～	部下の提案を～	人を～には苦労を伴う	頭を～仕事	外野に新人を～
用いる	○	○	△	×	○
使う	○	×	△	○	○
使用する	○	×	×	×	×

もちきり⓪【持(ち)切り】始终同一话题(同一状态)。△事件(じけん)の話(はなし)で～だ/一直谈论案件的事。

もちこ・む⓪③【持(ち)込む】(他

五)①捻入，带入。△火気(かき)を〜ことを禁(きん)ずる/禁止携带烟火入内。②提出。△縁談(えんだん)を〜/提亲。③持续，延续。△延長戦(えんちょうせん)に持ち込まれる/进入持久战。

もちだし⓪【持ち出し】①拿出去，带走。②自己负担。

もちだ・す⓪③【持(ち)出す】(他五)①拿出去，携带出去。△家財道具(かざいどうぐ)を〜/携带家当出去。②开始(持)有。△危機感(ききかん)を〜/有了危机感。△所帯(しょたい)を〜/成立了家庭。③说出，谈出。△難題(なんだい)を〜/提出难题。④起诉。△法廷(ほうてい)へ〜/向法庭起诉。⑤自掏腰包，费用自理。

もちなお・す⓪④【持(ち)直す】I(他五)换手，改换拿法。△バッグを左手(ひだりて)に〜/换左手拿提包。II(自五)复原，好转。△景気(けいき)が〜/商情好转。△病状(びょうじょう)が〜/病情见好。

もちぬし②【持(ち)主】持有者，所有人。△美貌(びぼう)の〜/美貌的人。△家(いえ)の〜/房主。

もちば③【持(ち)場】岗位，职守。△〜を離(はな)れるな/不要擅离职守。

もちもの②【持ち物】①随身带的东西。②所有物。

もちろん②【勿論】(副)不用说，不待言，当然。△〜のこと/理所当然事情。△〜知(し)っている/不言而喻。

も・つ①【持つ】I(他五)①拿着。△かばんを〜/手拿皮包。②(身上)携带。△大金(おおがね)を〜/携带巨款。③有，持有。△家(いえ)を〜/有房子。△子(こ)を持って知(し)る親(おや)の恩(おん)/养儿方知父母恩。④集(会)。△会合(かいごう)を〜/集会。会晤。⑤怀有，抱有。△希望(きぼう)を〜/抱希望。△悩(なや)みを〜/心中烦恼。⑥担负，担任。△責任(せきにん)を〜/担责任。⑦具有，具备(性质、状态)。△光沢(こうたく)を〜/有光泽。△魅力(みりょく)を〜/具有魅力。⑧产生(关系)。△関係(かんけい)を〜/有关系。II(自五)保持，维持。△この家(いえ)はあと十年(じゅうねん)〜/这栋房子还能维持十年。△身(み)が持たない/身体支持不住。◇持ちつ持たれつ/互相帮助。◇持って生(う)まれた/天生(的)，先天(的)。△持って生まれた性分(しょうぶん)/天生的性格。

もっか①【目下】(名・副)目前，现在。△〜のところ異状(いじょう)はない/目前无异常情况。△〜旅行中(りょこうちゅう)/正现在旅行。⇒げんざい 表

もったいな・い⑤〔勿体ない〕(形)①不敢当的，过分的。△〜お言葉(ことば)/您过奖了。△こんなに親切(しんせつ)にしていただいては〜ことです/蒙您如此热情，真不敢当。②可惜，浪费。△まだ使(つか)えるのに捨(す)てるなん

て～/还能用就扔掉，太可惜了。△待(ま)っている時間(じかん)が～/等人浪费了时间。⇨ありがたい表

もったいぶ・る⑤〔勿体振る〕(自五)装腔作势，装模作样。△もったいぶらずに言(い)えよ/别装腔作势，直说吧！

もって①〔以て〕Ⅰ(连语)(以"…をもって"形式)①用，利用。△言葉(ことば)を～思想(しそう)を表(あらわ)す/用语言表达思想。②以。△身(み)を～手本(てほん)を示(しめ)す/以身作则。③由于，根据。△勤勉(きんべん)を～誉(ほ)められる/由于勤劳受到赞扬。Ⅱ(接)而且，因而。△刻苦勉励(こっくんれい)～学(がく)を修(おさ)める/刻苦钻研，治学有方。

もっと①(副)更，更加，进一步，再。△～勉強(べんきょう)しなさい/要更加用功。△～食(た)べたい/还想吃。⇨さらに表

モットー①[motto]座右铭，箴言，生活信条。△親切(しんせつ)を～とする/以"善意"作为座右铭。

もっとも①③〔尤も〕Ⅰ(形动)正确，合理，理所当然。△君(きみ)がそういうのも～な話(はなし)だ/你这么说也不无道理。Ⅱ(接)不过，可是。△運動(うんどう)は健康(けんこう)のために必要(ひつよう)だ。～、やりすぎるのも問題(もんだい)だが…/运动有益于健康，不过过度了也是问题。

もっとも①③【最も】(副)①最，顶。△クラスで～背(せ)が高(たか)い/在班上个子最高。②(接否定)决不，一点也不。△～金(かね)がいらない/一点钱也不要。

	～高い山	～すぐれた学者の一人	健康にはよく寝るのが～だ	会場に～に着く	競走で～をとる
最も	○	○	×	×	×
一番	○	×	○	×	×
一等	○	×	△	×	○

もっぱら①⓪【専ら】(副)专心，专门。△～商売(しょうばい)に力(ちから)を注(そそ)ぐ/全部精力都投入到生意上。

モップ①[mop]拖布，墩布。

もつ・れる③⓪〔縺れる〕(自下一)①纠缠，纠结。△釣糸(つりいと)が～/钓鱼线缠到一起。②纠纷，混乱。△交渉(こうしょう)が～/谈判出现纠葛。△試合(しあい)が～/比赛发生纠纷。③(语言、动作)不灵便，不正常。△舌(した)が～/说话不清楚。△足(あし)が～/腿脚不灵便。

もてあそ・ぶ⓪〔弄ぶ・玩ぶ〕(他五)①摆弄，玩弄。△ハンカチを～/摆弄手帕。②玩赏，欣赏。△俳句(はいく)を～/欣赏俳句。③玩弄，戏弄。△国政(こくせい)を～/玩弄国政。△人(ひと)の感情(かんじょう)を～/玩弄别人的感情。⇨いじる表

もてな・す⓪③【持て成す】(他五)①对待。△心(こころ)をこめて～/真心对待，真心相处。②款待，招待。△家庭料理(かていりょうり)で～/用家常菜招待。

モデュレーション③ [modulation] ①调整，调节。②(无线电)调幅，调谐。③(音乐)变调。

も・てる② 【持てる】(自下一)①(能)保持，维持。△身(み)が持てない/身体坚持不住。②受欢迎，有人缘。△女(おんな)に～/受女人喜欢(的)。

モデル② [model]①模范，榜样。△～ハウス/标准设计住宅。△～スクール/实验学校。②(文艺作品中)典型人物。(美术)模特儿。③模型。△プラスチック～/塑料模型。④时装模特儿。

もと②⓪ 【下】〔許〕①(树)根周围，(树)下。△花(はな)の～/花的周围。②跟前，身边。△親(おや)の～に帰(かえ)る/回到父母身边。③手下，属下。△勇将(ゆうしょう)の～に弱卒(じゃくそつ)なし/强将手下无弱兵。

もと②⓪ 【元】①资本。△～をかける/需要资本。②成本。△～が切(き)れる/亏本，不够本。③出身，历史。④以前，原来。△～会長(かいちょう)/原任会长。◇～の鞘(さや)に収(おさ)まる/言归于好，破镜重圆。◇～も子(こ)もない/本利全丢；鸡飞蛋打。

もと②⓪ 【本】〔原〕①本源，起源。△風邪(かぜ)は万病(まんびょう)の～/感冒为百病之源。②根基。③基础。△農(のう)は国(くに)の～/农业是国家的基础。④本，原因。△失敗(しっぱい)は成功(せいこう)の～/失败是成功之母。⑤原料，材料。△大豆(だいず)を～にする/以大豆为原料。

もとい②⓪ 【基】①(建筑物的)基础。②根基，基础。△国(くに)の～を築(きず)く/建立国家的基础。

もどかし・い④ (形)令人着急，急不可待。△封(ふう)を切(き)るのも～/急不可待地拆开信。

もど・す② 【戻す】(他五)①返还，退回。△本(ほん)をもとの本棚(ほんだな)に～/把书放回原书架。②呕吐。△悪酔(わるよ)いして～/大醉之后呕吐。⇨かえす 表

もとづ・く③ 【基づく】(自五)基于，按着。△事実(じじつ)に基づいた小説(しょうせつ)/基于事实的小说。△規則(きそく)に基づいて処理(しょり)する/按规则处理。

もとで③⓪ 【元手】①本钱，资金。②〈转〉本钱，资本。△サラリーマンは体(からだ)が～だ/吃薪水的人身体就是本钱。

もと・める③ 【求める】(他下一)①要求。△助(たす)けを～/求救，求助。△説明(せつめい)を～/要求解释。②寻求，追求。△職(しょく)を～/求职。△幸福(こうふく)を～/追求幸福。△嫁(よめ)を～/找媳妇。③购买。△ローンで家(いえ)を～/靠贷款买房子。

もともと⓪ 【元元】Ⅰ(副)本来，原先。△～美人(びじん)だから/美貌不减当年。△この家(いえ)は～彼(かれ)のものだ/这房子原来就是他的。Ⅱ(名)同原来一样，

毫无变化。△だめでも〜だ/即使不行也没有什么。⇨ほんらい 表

もとより①③【元より】〔固より・素より〕(副)①本来,原先。△〜覚悟(かくご)の上(うえ)のこと/早有精神准备。②当然,不待言。△若者(わかもの)は〜老人(ろうじん)、子供(こども)に至(いた)るまで/年轻人不待言,老人小孩都不例外。

もど・る②【戻る】(自五)①返回,回到,回家。△夕方(ゆうがた)事務所(じむしょ)に〜/傍晚回到办事处。△今夜(こんや)は戻らない/今晚不回家。②恢复,(遗失物品等被)送回。△なくした財布(さいふ)が〜/丢失的钱包被送回来了。△いつもの自分(じぶん)に〜/恢复本来面目。③折回,倒退。△1(いっ)キロほど〜/约退回一公里。

	家に〜	より が〜	我に〜	少し〜て右へ曲がる	客が〜た
戻る	○	○	×	-っ○	×
かえる	○	×		×	-っ○

モナ・リサ⓪〔意 Mona Lisa〕(达・芬奇的名画)蒙娜丽莎。

モニター①[monitor]①监听器,监控器,监视器。②特约评论员。△消費者(しょうひしゃ)〜/特约消费者评论员。

もの②⓪【物】Ⅰ(名)①物,物品。△食(た)べられる〜/可食物。△〜が不足(ふそく)する/物品不足。②所有物,持有物。△人(ひと)の〜をとるな/不要拿别人的东西。③(用以概括抽象事物)。△〜にはほどがある/凡事都有分寸。④发挥效用。△〜の用(よう)に立(た)たない/紧要时不起作用。⑤(表示事物间的联系)。△〜の勢(いきお)い/必然趋势。⑥话,语言。〈转〉文章,作品。△呆(あき)れて〜が言(い)えない/吓得说不出话来。△〜を書(か)く/写文章。⑦道理,事理。△〜のわかった人(ひと)/懂事理的人。⑧思考。△〜思(おも)う年(とし)ごろ/勤思考的年龄。⑨数得着,了不起。△〜の数(かず)ではない/数不上。⑩产品。△外国(がいこく)〜/外国产品。Ⅱ(形式体言)①(表示一般情况下的事)。△世(よ)の中(なか)はそういう〜だ/社会(就)是这样。②当然。△借(か)りた物(もの)は返(かえ)す〜だ/借东西要还。③(表示回忆、希望)。△早(はや)く見(み)たい〜だ/真想快点看到。④(以"〜か"形式,表示辩解)哪能,哪里。△そんな事(こと)がある〜か/哪能有那种事情。

もの②【者】(指特定情况的)人,者。(蔑称)人,(公文中)者。△今時(いまどき)の若(わか)い〜/现在的年轻人…。△十八歳未満(じゅうはっさいみまん)の〜は入場(にゅうじょう)を禁(きん)ずる/未满18岁者谢绝入场。△これに違反(いはん)した〜は/违反此条者…。

もの (终助)(口语中常说成"もん")表示原因、理由或根据,译成因为,由于。△だって知(し)らなかったんだ〜/我不知道嘛。

モノ [mono]（构词成分）单一，单独。△～ガミー/一夫一妻制。△～クロ一ナル/单克隆。△～クローム/单色画，单色照片。△～ドラマ/独角戏。△～ポライズ/独占，垄断。△～レール/单轨铁道。

ものいい③ 【物言】①讲话，讲话方式，措辞。△ぞんざいな～/讲话粗鲁。②（对裁判）提出异议。△～がついて取(と)り直(なお)しとなる/（对裁判）提出异议，重赛一次。

ものいり①⓪ 【物入り・物要り】开销，支出。△年末(ねんまつ)は何(なに)かと～だ/到了年底，哪样都要用钱。

ものうり③④⓪ 【物売り】（走街串巷）叫卖，叫卖商贩。△～の声(こえ)/叫卖声。

ものおき④③ 【物置】库房。

ものおと④③ 【物音】响动，响声。△二階(にかい)で変(へん)な～がする/二楼发出奇怪的响动。

ものおぼえ③ 【物覚え】记性，记忆。△～が悪(わる)い/记性不好。△～が速(はや)い/记得快,记性好。

ものおもい③ 【物思い】思索,思虑，忧虑。△～にふける/沉思。

ものか （终助）（口语中可说成"もんか"）表示坚决的否定语气。决不…，坚决不…。△そんなことがある～/决不会有那种事。

ものかげ③⓪ 【物陰】①影子。②暗地,背地。△～にひそむ/隐藏在暗处。△～から窺(うかが)う/暗中窥视。

ものがたり③ 【物語】①讲话(的内容)。②故事，传说。△湖(みずうみ)にまつわる～/关于湖水的传说。③（日本文学形式之一）物语，传奇故事。△源氏(げんじ)～/源氏物语。

ものがた・る④ 【物語る】（他五）①讲述。△一部(いちぶ)始終(しじゅう)を涙(なみだ)ながらに～/一边哭一边讲述全部过程。②表明，说明。△髪(かみ)の白(しろ)さは半生(はんせい)の苦労(くろう)を物語っている/满头白发表明了前半生的艰辛。

ものごと② 【物事】事情,事和物。△～はそう簡単(かんたん)には行(い)かない/事情并不那么简单。

ものさし④③ 【物差】①尺。△～で測(はか)る/用尺量。②〈转〉尺度，标准。△自分(じぶん)の～で人(ひと)を測(はか)る/用自己的标准衡量别人。

ものずき②④ 【物好き】（名・形动）好奇(者)。△～にもほどがある/好奇也要有限度。

ものすご・い④ 【物凄い】（形）①可怕的，令人恐怖的。△～顔(かお)でにらむ/用可怕脸色瞪了一眼。②惊人的，猛烈的。△～爆音(ばくおん)/猛烈的爆炸声。

ものたりな・い⓪⑤ 【物足りない】（形）不充分，不十全十美，不能令人十分满意。△量(りょう)が少(すく)なくて～感(かん)じ/数量不多，觉得不十分够。△いい人(ひと)だが、代表者(だいひょうしゃ)と

してはちょっと〜/人是个好人，作为代表来说尚不能令人十分满意。

ものなら (接助)(口语中常说成"もんなら")①接于う、よう后。如果…，假如。△失敗(しっぱい)しよう〜、大目玉(おおめだま)をくう/如果输了，就等着挨训吧。②接可能动词后。如果能…，假如能…。△できる〜やってみなさい/如果能行，就干干看吧。

ものの (接助)(接连体形下)虽然…可是…。△痛(いた)みはとれた〜、はれがまだひかない/虽然已经不疼了，但还未消肿。

モノレール③ [monorail](跨座式或悬垂式)单轨铁道。

ものわかれ③ 【物別れ】(谈话等)破裂，决裂。△交渉(こうしょう)は〜となる/谈判破裂。

ものを (接助)接终止形后，表示逆接关系。△やればできる〜、やらなかった/干的话就能成，可是没有干。

もはや① 〔最早〕(副)(时至今日)已经。△〜日(ひ)も暮(く)れた/已经天黑。△〜これまでと観念(かんねん)する/至此为止，已不抱希望了。⇒すでに 表

もはん⓪ 【模範】模范，榜样。△〜を示(しめ)す/示范。△全校(ぜんこう)生徒(せいと)の〜/全校学生的榜样。⇒てほん 表

もほう⓪ 【模倣】(名・他サ)模仿。△他社(たしゃ)の製品(せいひん)を〜した品(しな)/仿制他厂产品的商品。

もみじ① 【紅葉】(名・自サ)①树叶变红，树叶变黄。②红叶。

もみじがり③ 【紅葉狩り】观赏红叶。

も・む⓪ 〔揉む〕(他五)①搓，揉。△両手(りょうて)を〜/搓手。△紙(かみ)を〜/揉纸。②争论，争辩。△法案(ほうあん)をめぐって〜/围绕法律草案争辩。③捏，推拿。△肩(かた)を〜/按摩肩膀。④(以"気を〜"形式)担心，忧虑。△息子(むすこ)のことでいつも気(き)を〜/时时刻刻为儿子的事忧虑。⑤〈转〉锤炼，锻炼。△世間(せけん)に出(で)てもまれる/到社会上去锻炼。

もめごと⓪ 〔揉め事〕纠纷，纠葛。骚乱。△〜を起(お)こす/引起纠纷。⇒ふんきゅう 表

も・める⓪ 〔揉める〕(自下一)①争执，(发生)纠纷。△役員会(やくいんかい)がもめて収拾(しゅうしゅう)がつかなくなる/董事会上出现分歧，闹得不可收拾。②(以"気(き)が〜"形式)担心，焦虑。△間(ま)に合(あ)うかどうか気が〜/担心能否来得及。

もめん⓪ 【木綿】①棉花。②棉织品。棉线。

もも① 〔股・腿〕大腿。△〜のつけね/大腿根。△太(ふと)〜/粗腿。

もも⓪ 【桃】桃。桃树。△〜の節句(せっく)/3月3日女孩节，偶人节。

もや① 〔靄〕霭。△〜が晴(は)れ

もやし⓪③ 〔萌やし〕豆芽菜，麦芽。△～っ子(こ)/(生在城里的)细高瘦弱的孩子。

もや・す⓪【燃やす】(他五)①燃烧。△庭(にわ)で落葉(おちば)を～/在院子里烧落叶。②情绪高昂。△闘志(とうし)を～/斗志昂扬。△情熱(じょうねつ)を～/激起热情。

もよう⓪【模様】①情况，情形，样子。△事故(じこ)の～を語(かた)る/讲述事故的情形。△どうやら成功(せいこう)した～である/总算是成功了。△雨(あめ)～/要下雨的样子。②(印染织品、工艺品等)图案，花纹。△水玉(みずたま)～/(衣料上)水珠花样。

	地味な～の着物	波の～の入った茶わん	～の大きい人	会議の～を知らせる	～に合わない
模様	○	○	×	○	×
柄	○	×	○	×	×

もよおし⓪【催し】集会，文娱活动。△創立(そうりつ)記念(きねん)の～/创立纪念活动。

もよお・す⓪③【催す】Ⅰ(自五)感觉，萌发。△眠気(ねむけ)を～/发困。想睡。Ⅱ(他五)①感觉要…促使。△便意(べんい)を～/要大小便。△吐気(はきけ)を～/想吐，觉得恶心。②举办，主办。△宴会(えんかい)を～/设宴。

もより⓪【最寄り】附近。△～の交番(こうばん)/附近的派出所。

もら・う⓪〔貰う〕Ⅰ(他五)①领取，收取。△みやげを～/要礼品。△賞金(しょうきん)を～/领取奖金。②受，挨。△げんこを～/挨打。③娶(妻)，收(养子)。△嫁(よめ)を～/娶妻。④承担。△この喧嘩(けんか)はわたしが～/这场架由我包打了。⑤贏。△この勝負(しょうぶ)もうもらったようなものだ/这场比赛似乎是贏了。Ⅱ(补动五)承蒙，请求。△医者(いしゃ)に見(み)てもらったほうがいい/最好请医生看看。

もら・す②【漏らす】(他五)①漏，遗漏。△小便(しょうべん)を～/遗尿。②泄漏，走漏。△機密(きみつ)を～/泄漏机密。③流露，发泄。△辞意(じい)を～/表示辞职之意。△不満(ふまん)を～/发泄不满。④漏掉。△話(はなし)を聞(き)き～/听漏话。

モラル①[moral]道德，伦理。△～を守(まも)る/遵守道德。△～を反(はん)する/违背伦理。

もり⓪【森】①森林。②(寺院内)参天树群。

-もり【盛り】(接尾)(用于计数盛在盘、碗中的东西)…盘，…碗，…份。

もりあが・る④【盛り上がる】(自五)①隆起，鼓起。△盛り上がった豊(ゆた)かな胸(むね)/丰隆的前胸。②高涨起来。△世論(せろん)が～/舆论四起。

もりこ・む③【盛り込む】(他五)①盛入。△重箱(じゅうばこ)にいろいろな料理(りょうり)を～/把各种菜装入套盒。②采纳。△意見(いけん)を～/采纳意见。

もりた・てる⓪④【もり立てる】〔守り立てる〕(他下一)①尽心帮助,尽心抚养。△野手(やしゅ)全員(ぜんいん)で投手(とうしゅ)を〜/全体内场手外场手共同尽心地配合投球手。②恢复,扶植。△没落(ぼっらく)した家(いえ)を〜/把衰落的家重新振兴起来。

も・る⓪【盛る】(他五)①盛,装满。△ご飯(はん)を〜/盛饭。△酒(さけ)を〜/斟酒。②堆高。△土(つち)を盛って堤防(ていぼう)を築(きず)く/堆土筑堤。③下毒。△一服(いっぷく)〜/下一剂毒药。④刻划(标度)。△目(め)を〜/刻标度。

も・る①【漏る】(自五)(光、水、空气)漏。△雨(あめ)が〜/漏雨。△歯(は)が欠(か)けて息(いき)が〜/牙掉了,说话漏气。

も・れる②【漏れる】(自下一)①(水、光、声音、空气)漏。△明(あ)かりが〜/漏光。②泄漏,传出。△秘密(ひみつ)が〜/泄漏秘密。③落选,被淘汰。△選(せん)に〜/落选。⇨ぬれる表

もろ・い②〔脆い〕(形)①容易坏。△地震(じしん)に〜建物(たてもの)/抗震性差的建筑物。②弱的。△初戦(しょせん)でもろくも敗(やぶ)れる/初战失利。③脆弱。△情(じょう)に〜/感情脆弱。△涙(なみだ)〜/爱流泪。

もろに①(副)彻底地,完全地。△〜負(ま)ける/彻底失败。

もん①【門】①门,大门。△〜をくぐる/钻进门。②关口,难关。△狭(せま)き〜/鬼门关,关口。△登竜(とうりゅう)〜/登龙门。③先生的门下。△福沢(ふくざわ)先生(せんせい)の〜に学(まな)ぶ/在福泽先生门下学习。④(生物学分类)门。

モンキー①[monkey]①猴子。△〜センター/猴园。②钉锤。③活扳子。

もんく⓪【文句】①词句。△名(めい)〜/名言。②不满,牢骚。△〜を言(い)うな/不要发牢骚。③歌词。⇨くじょう表

もんくなし④【文句無し】无异议。△〜に賛成(さんせい)/无条件赞成。

もんこ①【門戸】①门户。△〜開放(かいほう)/门户开放。②流派。△〜を成(な)す/自成一家。

もんさつ⓪【門札】门牌。

もんじ①【文字】①文字。→もじ。②文章。△警世(けいせい)の〜/警世文章。

もんじゅ①⓪【文殊】(佛教)文殊菩萨。◇〜の知恵(ちえ)/超群的智慧。

モンスーン③[monsoon]季节风。

モンスター①[monster]①怪物,天怪。②怪兽巨兽。③〈转〉巨大(的)。△〜タンカ/巨轮。

もんぜん③⓪【門前】门前。◇〜市(いち)を成(な)す/门庭若市。◇〜雀羅(じゃくら)を張(は)る/门可罗雀。◇〜の小僧(こぞう)習(なら)わぬ経(きょう)を読(よ)む/耳濡目染,不学自会。

もんだい⓪【問題】①习题,试题。②(研究、争论等的)问题。△値

段(ねだん)の高(たか)い安(やす)いは～ではない/价格高低并非争议的问题。③话题,事情。△～の人物(じんぶつ)/话题人物。④(引起公众注视的)事件,乱子。△大(だい)～が持(も)ち上(あ)がる/发生大乱子。

もんちゃく①⓪〔悶着〕(名・自サ)争执,纠纷。△～が起(お)こる/发生争执。

もんつき①【紋付(き)】和式礼服。

もんどう③【問答】(名・自サ)①问答。△～体(たい)/问答体。△～式(しき)/问答式。②议论,争议。△～無用(むよう)/勿须争论。△押(お)し～/争论,顶撞。

もんどころ⓪③【紋所】(各家的)家徽。

もんなし⓪【文無し】一文不明,一贫如洗。

もんばん①【門番】看门人。

もんぶかがくしょう④【文部科学省】(主管日本科学、文化、教育的)文部科学省。

もんもう⓪【文盲】文盲。△無知(むち)～/目不识丁。△～追放運動(ついほううんどう)/扫除文盲运动。△～率(りつ)/文盲率。

もんもん⓪〔悶悶〕(形动タルト)愁闷,苦闷。△～たる一夜(いちや)を明(あ)かす/熬过闷闷不眠之夜。△～と日(ひ)を過(す)ごす/苦苦渡日。

や ヤ

や Ⅰ(并助)(表示并列)啦，或者，和。△弁当(べんとう)～菓子(かし)をもって遠足(えんそく)に行(い)く/带上盒饭和点心去郊游。Ⅱ(接助)①当…之时。△人(ひと)の死(し)なんとする～、その言(げん)よし/人之将死，其言也善。②刚…就…。△ベルがなる～教室(きょうしつ)に入(はい)った/铃刚一响，就进教室了。③("…やいなや"的形式)刚…就…。△家(うち)にかけ込(こ)む～いなやわっと泣(な)きだした/刚跑进屋就哇地哭起来。Ⅲ(终助)①(用于最亲密者之间)催促。△早(はや)くしろ～/快干吧!②自言自语。△まあ、いい～/没关系!算不了什么!

や① (感)(表示惊讶)哟，哎呀。△～、しまった/哟，糟了!

や 【矢】①箭，矢。△～を射(い)る/射箭。◇～のごとし/ⅰ)快似箭。ⅱ)光阴似箭。△～の催促(さいそく)/紧催，催逼。◇～も楯(たて)もたまらず/迫不及待，不能自制。△スキーの話(はなし)を聞(き)くと～も楯(たて)もたまらない/听说去滑雪，真有些急不可耐。△～も楯(たて)もたまらず彼女(かのじょ)に会(あ)いに行(い)く/迫不及待要去见她。②楔子。△木(き)に～を打(う)ちこむ/往木头里打入楔子。

や① 【夜】夜。△十五(じゅうご)～/十五夜。

や 【八】(造语)八。△～百屋(おや)/菜店。△～千草(ちぐさ)/很多草。

や① 【屋・家】①家，房子。△この～の主人(しゅじん)/这所房子的主人。②(从事某种专门职业的)店，人。△八百(やお)～/蔬菜店。△政治(せいじ)～/政治家，搞政治的人。△何(なん)でも～/ⅰ)多面手，什么都会干的人。ⅱ)杂货店。③具有某种性格或特征的人。△わからず～/不明事理的人，不懂事的人，不知好歹的人。◇お天気(てんき)～/见异思迁的人，性格变化无常的人。④商号，家号，雅号。△中村(なかむら)～/中村屋。△菊(きく)～/菊屋。

やあ① (感)①(吃惊、感动时发出的声音)哎呀。△～、これはひどい/哎呀，这可太狠啦。△～、これは珍(めずら)しい/哎呀，真罕见!②(亲密男子间打招呼)喂，啊。△～しばらく/啊，好久不见啦。③(用力时发出的)嗨哟。△えい、～/嗨一哟!

ヤード① [码・yard]码。△～ポンド法(ほう)/码磅度量衡制。

ヤール① [德 Jahr]年，年龄。

ヤールブーフ [德 Jahr buh]年鉴，

やいのやいの② (副)催逼，紧逼。△～と催促(さいそく)する/一个劲儿地催逼。

やいなや③ 【や否や】(名)(接动词终止形下)①刚…就…。△弟(おとうと)は学校(がっこう)から帰(かえ)る～、遊(あそ)びにいってしまった/弟弟刚从学校回来，就去玩了。②是否。△ある～は疑問(ぎもん)だ/有没有是个疑问。

やいば⓪① 〔刃〕①刀，剑刀刃，兵刃。△～にかける/用刀杀。②刀身上显现的波纹。△～を鑑賞(かんしょう)する/鉴赏刀身上的波纹。

やえ②① 【八重】①〈喻〉多层重叠。△七重(ななえ)～に囲(かこ)む/围得水泄不通，围得里三层外三层。②重瓣，重瓣的花。△～桜(さくら)/重瓣樱花。

やえい⓪ 【野営】(名・自サ)野营，露营，野外设营。△木陰(こかげ)に～する/在树下露营。

やおや⓪ 【八百屋】①蔬菜店，卖菜的人。△～の魚(さかな)/到菜店买鱼(喻做事的路子不对)。②多面手。△～ロジスト/万事通。

やがい⓪⓪ 【野外】①野外。△～を散歩(さんぽ)する/野外散步。②室外，户外。△～音楽会(おんがくかい)/室外音乐会。

やがく⓪ 【夜学】夜校。△～に行(い)く/上夜校。

やがて⓪ (副)不久，将近。△～春(はる)が来(く)る/不久春天来临。△卒業(そつぎょう)して～二十年(にじゅうねん)になる/毕业将近20年。

	～雨はやむだろう	日記をつける事は～文章上達につながる	～発車時間です	暇を見て～伺います
やがて	○	○	△	×
間もなく	○	×	○	×
そのうち	○	×	×	○

やかまし・い④ 〔喧しい〕(形)①吵闹，嘈杂，喧嚷。△～、静(しずか)にしろ/太吵了!安静点儿。②麻烦，烦琐。△手続(てつづ)きが～/手续烦多。③唠叨，罗唆。△～親(おや)/爱唠叨的父母。④严格，严厉。△あの先生(せんせい)が～/那位老师严厉。⑤挑剔的。△食(た)べ物(もの)に～人(ひと)/挑食的人。⑥议论纷纷，成为热门话题的。△世(よ)に～教育問題(きょういくもんだい)/世人关注的教育问题。⇒うるさい 表

やかん⓪⓪ 【夜間】夜间。△～営業(えいぎょう)/夜间营业。△～外出(がいしゅつ)/夜间外出。

やかん⓪ 〔薬缶・薬罐〕(原指煎药的容器，后转为烧水的)水壶。△～を火(ひ)にかける/把水壶坐火上。△～頭(あたま)/秃头。

やき⓪ 【焼き】①烧，烤(的程度、火候)。△～の悪(わる)い磁器(じき)/没烧到家的瓷器。②(金属等的)淬火，热处理。△～の甘(あま)い刀(かたな)/淬火过头了的刀。△～を入(い)れる/i)淬火。ii)锻炼。iii)制裁，体罚。△～が回(まわ)る/i)淬火过头。ii)〈转〉年老不中用。

やきつ・く③【焼(き)付く】(自五)①烧结,烧粘住。②铭记,铭刻。△心(こころ)に～/铭刻于心。

やきつ・ける④【焼(き)付ける】(他下一)①烙上印记。△板(いた)に屋号(やごう)を～/在板上印上商店名字。②(摄影)洗相,印相,晒相。△ネガを～/冲洗底片。③焊接。△鉄管(てっかん)を～/焊接铁管。④留下强烈印象。△その光景(こうけい)は脳里(のうり)に焼きつけられる/那个情景印在了脑子里。

やきなおし⓪【焼(き)直し】(名・他サ)①重新烧,再烧(烤)。△～の魚(さかな)/重新烧烤的鱼。②(作品等)改写,改编,翻版。△旧作(きゅうさく)の～にすぎない/只不过是旧作品的翻版。

やきもち④③【焼きもち】〔焼(き)餅〕①烤年糕。△～にしょうゆをつける/给年糕沾酱油。②嫉妒,吃醋。△～を焼(や)く/嫉妒。

やきもの⓪【焼(き)物】①陶瓷制品(的总称)。②烤制的菜肴(如烤鱼、烤鸡等)。△魚(さかな)の～/烤鱼。

やきゅう⓪【野球】棒球。△プロ～/职业棒球。△～ファン/棒球迷。△～の試合(しあい)/棒球赛。

やく②【役】①任务。△掃除(そうじ)の～を受(う)け持(も)つ/承担扫除的任务。②职务,官职。△～につく/就职,担任职务。③角色。△～をふる/分配角色。△～に立(た)つ/有用处,有益处,起作用。△～を買(か)ってでる/主动担任某一角色,毛遂自荐要求承担任务。△～を果(は)たす/起…作用。⇒やくめ表

やく①【約】Ⅰ(名)约定,契约。△～を果(は)たす/践约。△～に背(そむ)く/违约。Ⅱ(副)约,大约。△～百人(ひゃくにん)/大约一百人。

やく①【訳】译,翻译,译文。△日本語(にほんご)～/日语翻译本。△英文(えいぶん)に日本語の～をつける/把英文译成日文。

や・く⓪【焼く】(他五)①烧,焚。△ごみを～/焚烧垃圾。△火事(かじ)で家(いえ)を～/失火把家(房子)烧了。②烤,焙。△魚(さかな)を～/烤鱼。△餅(もち)を～/烤年糕。③烧制。△陶磁器(とうじき)を～/烧制陶瓷器。△炭(すみ)を～/烧炭。④(太阳)晒黑。△背中(せなか)を～/把脊背晒黑。⑤照料,照顾。△子供(こども)の世話(せわ)を～/照料小孩。⑥印制(照片),印相。△キャビネに～/印成六寸照片。⑦棘手,难办。△手(て)を～/棘手,难办。◇煮(に)ても焼いても食(く)えない/软硬不吃,难对付,狡猾。⑧焦虑。△恋(こい)に身(み)を～/因情思而坐卧不宁。⑨(药)烧灼,(酸)蚀。△へんとう腺(せん)が腫(は)れたので医者(いしゃ)にのどを焼いてもらった/扁桃腺肿了,请医生用药把嗓子熏了一下。

やぐ①【夜具】寝具,卧具,床上

用品。△～をかたづける/整理卧具。

やく・いん② ⓪【役員】①(公司、团体等的)董事,干部。△子会社(こがいしゃ)の～に就任(しゅうにん)する/就任分公司的董事。②(聚会、活动等的)负责人。△子供会(こどもかい)の～を引(ひ)き受(う)ける/担任儿童会的负责人。③(政府等部门的)工作人员,职员。

やくがら⓪④【役柄】①职务(性质)。②职位的身份。③角色的类型。

やくざ①(名・形动)①赌徒,无赖,二流子,地痞,流氓。△～から足(あし)を洗(あら)う/洗手不作赌徒,改邪归正。△～っぽい/流里流气,二流子气。②无用的。△私(わたし)の～な英語(えいご)では通(つう)じない/我的那点英语无法沟通。

やくしゃ⓪【役者】演员。△演技(えんぎ)のうまい～/演技好的演员。△～がそろう/各路人马齐备。△千両(せんりょう)～/名角,优秀演员。△大根(だいこん)～/技艺拙劣的演员。△たいした～だ/〈喻〉善于应变的人。◇～が一枚(いちまい)上(うえ)/技高一筹。

やくしょ③【役所】(市)政府机关,官厅,官署。△～に勤(つと)める/在政府机关工作。△お～仕事(しごと)/官僚主义,文牍主义。

やくしょ⓪①【訳書】译著。△～をよむ/读译著。

やくしょく⓪【役職】①职务,职位。△～手当(てあて)/职务津贴。②要职。△～につく/担任要职。

やく・す②【訳す】(他五)→やくする。

やく・する③【訳する】(他サ)①译,翻译。△日本(にほん)の小説(しょうせつ)を英文(えいぶん)に～/把日本小说译成英文。②解释。△古典(こてん)を現代語(げんだいご)に～/将古典注解成现代语。

やくそく⓪【約束】(名・他サ)①约,契约,约定,约会。△～を交(か)わす/交换契约。△～を破(やぶ)る/失约。毁约。△待遇(たいぐう)の改善(かいぜん)を～する/达成改善待遇的协议。②规定,规则。△ゲームの～をまもる/遵守比赛规则。③宿命,命运,因缘。△前世(ぜんせ)からの～/前世因缘。④希望,有指望。△その成功(せいこう)はさらに輝(かがや)かしい未来(みらい)を彼女(かのじょ)に～する/那次成功给她带来更光辉的前程。

	～に従う	～を果たす	支払条件の～	条約の～	保険の～をとる
約 束	○	○	×	×	×
取り決め	○	○	○	×	×
契 約	○	×	△	×	○

やくだ・つ③【役立つ】(自五)有用,有益,起作用。△生活(せいかつ)に～/对生活有益处。△研究(けんきゅう)に～資料(しりょう)/对研究有益处的资料。△なかなか～男(おとこ)/很起作用的人。

やくだ・てる④【役立てる】(他下一)有效地使用。△習(なら)った知識(ちしき)を仕事(しごと)に～/

把学过的知识有效地用于工作。

やくにん⓪【役人】官员,政府公务员。△〜になる/当公务员。

やくば③【役場】①(镇、区、乡级的)政府机关。△町(まち)〜に勤(つと)める/在镇政府工作。②公证处。

やくひん⓪【薬品】①药,药品。△救急用(きゅうきゅうよう)の〜/急救药品。②(工业用)药剂。△化学(かがく)〜/化学药剂。

やくぶつ⓪②【薬物】药物。△〜中毒(ちゅうどく)/药物中毒。△〜を混入(こんにゅう)する/混入药物。

やくめ【役目】任务,职务,职责。△責任(せきにん)の重(おも)い〜/责任重大的职务。△〜を果(は)たす/ⅰ)履行职责。ⅱ)起作用。

	〜を自覚する	ここの掃除は君の〜だ	〜を退く	その決定に大きな〜を演じた	〜に立つ
役目	○	○	○	×	×
役割	○	○	×	○	×
役	○	×	○	○	○

やくわり④⓪③【役割】①分配任务,分配角色,分配的任务(角色)。△〜を決(き)める/派定任务。△重要(じゅうよう)な〜を演(えん)じる/扮演重要角色。②〈转〉作用。△〜がある/有作用。△十分(じゅうぶん)に〜を果(は)たす/充分地发挥作用。⇨やくめ表

やけつ・く③【焼け付く】(自五)①烧接,熔接。△エンジンが〜/引擎烧接在了一起。△餅(もち)が網(あみ)に〜/黏糕烧黏在了网布上。②(太阳光)灼热,炽热。△肌(はだ)に〜ような夏(なつ)の日射(ひざ)し/火辣辣的夏日的阳光。

やけど⓪〔火傷〕(名・自サ)烧伤,烫伤。△〜のあと/烧伤的伤痕。△手(て)に〜する/手烫伤了。

やけに①(副)〈俗〉非常,特别,很。△〜風(かぜ)がつよい/风特别大。△〜きげんが良(よ)い/心情非常好。

や・ける⓪【焼ける】(自下一)①燃烧,烧掉。△火事(かじ)で家(いえ)が焼けた/因火灾房子烧了。②烧,烤,烧制。△魚(さかな)が〜/烧鱼。△茶碗(ちゃわん)がいい色(いろ)に〜/碗的颜色烧得好。③晒黑,晒变色。△日(ひ)に焼けた顔(かお)/被太阳晒黑的脸。△西(にし)の空(そら)が〜/西边的天空被(晚霞)映红了。④(因不消化)烧心。△胸(むね)が〜/烧心。⑤过分地需要照顾。△世話(せわ)が〜子供(こども)/不省心的孩子。△手(て)が〜/麻烦。棘手。

や・ける⓪〔妬ける〕(自下一)嫉妒,羡慕。△二人(ふたり)の仲(なか)のよさにやけてくる/两人好得让人嫉妒。△友人(ゆうじん)が出世(しゅっせ)したので〜/朋友出人头地,令人羡慕。

やこう⓪【夜行】(名・自サ)①(火车的)夜车。△〜列車(れっしゃ)/夜行列车。△十日(とおか)の〜で帰(かえ)る/坐10日的夜车回去。②夜间活动。△〜性(せい)動物(どうぶつ)/夜行性动物。

やさい⓪【野菜】蔬菜,青菜。△～を作(つく)る/种菜。△～サラダ/蔬菜沙拉。蔬菜拼盘。

やさし・い⓪【易しい】(形)①简单,容易。△操作(そうさ)は～/操作简单。△～問題(もんだい)/容易的问题。②易懂。△やさしく説明(せつめい)する/通俗易懂地讲解。⇨たやすい表

やさし・い⓪【優しい】(形)①和蔼,慈祥,温和。△～母(はは)/慈母。△気(き)だてが～/性格温和。△人(ひと)にやさしくする/亲切待人。△～看護婦(かんごふ)さん/和蔼的护士。②优美,文雅。△～音色(ねいろ)/优美的音色。△物言(ものい)いが～/说话文雅。

やじ①〔野次〕起哄,喝倒彩,奚落。△～を飛(と)ばす/喝倒彩。△下品(げひん)な～/下流的起哄声。

やしき③【屋敷】①地皮,宅地,建筑用地。△家(いえ)の～を売(う)る/出卖宅地。②宅邸,公馆。△大(おお)きな～を構(かま)える/修建大的宅邸。

やしない⓪【養い】①养育。△～親(おや)/养父养母。△～子(ご)/养子。②营养,养分。

やしな・う⓪【養う】(他五)①养育。△子供(こども)を～/养育孩子。②扶养,赡养。△親(おや)を～/赡养父母。△妻子(さいし)を～/养活妻子儿女。③饲养,喂养。△家畜(かちく)を～/饲养家畜。④培养,充实。△実力(じつりょく)を～/培养实力。△英気(えいき)を～/养精蓄锐。⑤休养,疗养。△病(やまい)を～/养病。

	子を～	家族を～	朝顔を～	体力を～	研究を～
養う	○	○	×	○	×
育てる	○	×	○	×	○

ヤシャ①【やしゃ・夜叉】〔梵yaksa〕(佛教)夜叉。

やじるし②【矢印】箭头(符号、标志),箭形符号。△～にしたがって進(すす)む/沿着箭头方向前进。

やしん①⓪【野心】野心。△～家(か)/野心家。△～を抱(いだ)く/抱有野心。△～満満(まんまん)/野心勃勃。

やす-【安】(接头)①轻率。△～請合(うけあい)/轻言易诺。②价低。△～物(もの)/便宜货。△～酒(ざけ)/廉价酒。△～月給(げっきゅう)/低薪。

-やす【安】(接尾)价跌,贬值。△株価(かぶか)～/股票价格跌落。△円(えん)～/日元贬值。

やす・い②【安い】(形)①(价格)低廉,便宜。△～品(しな)/便宜货。△やすく買(か)う/买得便宜。②安稳,平稳。△心(こころ)やすからぬようす/惶惶不安的样子。③(用"おやすくない"的形式,指男女关系)不寻常,亲密。△君(きみ)たちおやすくないね/你们俩真够亲密的啊！

	～品	～仕入れる	送料が～	～販売	～人間
安い	○	-く○	○	×	×
廉価	-な○	-で○	×	○	×
低価	-な○		△	×	-な○

やす・い②〔易い〕Ⅰ(形)容易,简单。△お～ご用(よう)だ/小事一

桩,不成问题。△言(い)うはやすく、行(おこな)うは難(かた)し/说说容易,做起来难。Ⅱ(接尾)易…,容易…。△変(かわ)り～天気(てんき)/易变的天气。△こわれ～/易碎。△わかり～/易懂。

やすうり⓪【安売(り)】(名・他サ)①贱卖,便宜卖。△大(おお)～/大甩卖。△冬物(ふゆもの)を～する/贱卖冬季服装。②〈转〉轻易应允。△親切(しんせつ)の～/轻易地表示亲切。△自分(じぶん)を～するな/要尊重自己,自己不要掉价。

やすっぽ・い④【安っぽい】(形)①低廉的,过于便宜的。△～品(しな)/便宜货。△～感傷(かんしょう)/无谓的伤感。②(内容)贫乏的。△～芝居(しばい)/内容贫乏的戏剧。③俗气的,不高尚的。△～小説(しょうせつ)/庸俗小说。△～笑(わら)い方(かた)/轻浮的笑。

やすみ③【休み】①休息,休息时间。△一(ひと)～しなさい/休息一会吧。△昼(ひる)～/午休。②休假,假日,假期。△学校(がっこう)が～になる/学校放假。△夏(なつ)～/暑假。③缺勤,缺席。△ずる～/逃学,旷工。△きょうの～は3人(さんにん)です/今天缺席3人。④就寝,睡觉。△お～なさい/晚安!

やす・む②【休む】(自他五)①休息,睡觉。△わたしは横(よこ)になってすこし休んだ/我躺着休息了一会儿。△馬(うま)が木陰(こかげ)で休んでいる/马在树阴下休息。△今晩(こんばん)は早(はや)く～/今晚早点儿睡。△床(とこ)について～/上床睡觉。②停止,暂停,停业。△時計(とけい)は休まず動(うご)いている/时钟不停地走着。△この店(みせ)は年末年始(ねんまつねんし)には営業(えいぎょう)を～/这个商店年末岁初不营业。③缺席,缺勤。△学校(がっこう)を～/没去上学。△会社(かいしゃ)を～/没去上班。△かぜで三日間(みっかかん)～/因感冒休三天假。

やす・める③【休める】(他下一)①休息,使休息。△心(こころ)を～/养神。△疲(つか)れた頭(あたま)を～/让疲劳的脑子休息一下。②停歇,暂停。△手(て)を～/歇手。△畑(はたけ)を～/休耕。

やすやす③【安安】〔易易〕(副)轻易地,极容易地。△重(おも)いバーベルを～と持(も)ち上(あ)げる/轻而易举地举起了沉重的杠铃。△～と引(ひ)き受(う)ける/轻易地接受。

やすらか②【安らか】(形动)平稳,安定,安乐,无忧无虑。△～な一生(いっしょう)/安定的一生。△～な寝顔(ねがお)/安睡的面容。△～に暮(く)らしている/过着无忧无虑的生活。

やせい⓪【野生】(名・自サ)野生。△～動物(どうぶつ)/野生动物。△高山(こうざん)に～する植物(しょくぶつ)/野生于高山的植物。

や・せる⓪〔痩せる〕(自下一)①瘦。△体(からだ)が〜/身体瘦。△木(き)の幹(みき)が〜/树干细瘦。②贫瘠,瘠薄。△土地(とち)がやせている/土地贫瘠。△地味(ちみ)が〜/土质瘠薄。◇やせても枯(か)れても/无论怎么落魄,无论怎么败落。

ヤソ〔葡 Jesus〕(宗教)耶稣。

やたら⓪〔矢鱈〕(副・形动)〈俗〉①胡乱,任意,随便。△〜なことを言(い)う/随便乱说。△〜と腹(はら)がたつ/动不动就生气。②非常,大量,过分。△〜に忙(いそが)しい/瞎忙,非常忙。△〜に喉(のど)がかわく/嗓子非常干渴。△〜に飲(の)む/牛饮。

やちゅう①【夜中】夜间。

やちょう⓪【野鳥】野禽,野生鸟。△〜保護(ほご)/保护野生鸟。△〜を観察(かんさつ)する/观察野生鸟。

やちん①【家賃】房租。△〜を払(はら)う/付房租。△〜がたまる/拖欠房租。

やつ〔奴〕Ⅰ(名)(对人、物的轻蔑或亲昵)小子,家伙,东西。△いやな〜/讨厌的家伙。△大(おお)きい〜をくれ/把大的给我。Ⅱ(代)(对人的轻蔑或亲昵)那小子,那家伙。△〜の言(い)いそうなとだ/像那小子说的。

やっか【薬価】①药价。②药费。

やっか【薬科】药科。△〜大学(だいがく)/药科大学。

やっかい①【厄介】(名・形动)①麻烦,难办,难对付。△〜をかける/添麻烦。△〜者(もの)/添麻烦的人。△〜な仕事(しごと)/棘手的工作。②照料,照顾。△一晩(ひとばん)親戚(しんせき)の〜になる/在亲戚家住了一宿。⇨めんどう表

やっかい⓪【訳解】(名・他サ)译解,翻译解释。

やっきょく⓪【薬局】①药房。②药店。

やった⓪(感)(欢呼声)太好了,真棒!

やっつ③【八つ】①八,八个。②八岁。

やっつ・ける④〔遣っ付ける〕(他下一)①干完。△残(のこ)った仕事(しごと)を一気(いっき)に〜/把剩下的工作一气干完。②打败。△敌(てき)を〜/打败敌人。③教训一顿,整一顿。△相手(あいて)を〜/教训对方。

やって・くる④〔遣って来る〕(自力変)①来,来到,到来。△彼(かれ)は日本(にほん)から〜/他从日本来。②继续做(到现在)。△困難(こんなん)な仕事(しごと)をやってきた/一直都在做困难的工作。

やっと⓪(副)①好容易。△〜完成(かんせい)した/好容易完成了。△〜わかった/终于明白了。△〜のことで/好容易,终于。△〜の思(おも)いで/好容易,好歹。②勉强,好歹。△〜座(すわ)れる広(ひろ)さ/勉强能坐下的宽度。③刚刚。△子供(こども)は〜八(やっ)つになったばかりです/孩子刚满

八岁。⇨どうにか 表

やっぱり③ (副)"やはり"的口语化，→やはり。

やど① 【宿】①旅店，过夜，下榻处。△～を借(か)りる/借宿。△～を取(と)る/定旅馆。②房屋，家。△埴生(はにゅう)の～/陋室，土房。

やとう①① 【野党】在野党。△～の議員(ぎいん)/在野党议员。

やと・う② 【雇う】(他五)雇，雇用。△従業員(じゅうぎょういん)を～/雇用店员。△船(ふね)を～/租船。

やどや⓪ 【宿屋】旅馆，客栈。△～に泊(と)まる/住旅馆。

やど・る② 【宿る】(自五)①住宿，投宿。△旅館(りょかん)に～/宿在旅馆。②寄居，寄生。△軒先(のきさき)に～/寄居在房檐下。△人体(じんたい)に回虫(かいちゅう)が～/蛔虫寄生在人体内。③暂停，停留。△月(つき)が池(いけ)に～/月映池中。△葉(は)に露(つゆ)が～/露水凝结在叶上。④存在，有。△腹(はら)に子(こ)が～/腹中怀了孩子。△命(いのち)が～/孕育生命。△心(こころ)に愛情(あいじょう)が～/心中藏着爱情。

やどろく⓪ 【宿六】(对丈夫的谦称)当家的。

やどわり⓪ 【宿割り】(旅行团)分配房间。

やなぎ⓪ 【柳】柳。△～が芽(め)をふく/柳树发芽。◇～に風(かぜ)と受(う)け流(なが)す/柳枝随风(喻逆来顺受，巧妙地应付过去)。◇～に雪折(ゆきお)れなし/以柔克刚。◇～の下(した)にいつも泥鰌(どじょう)はいない/柳树下不会总会有泥鳅，不可守株待兔。

やなみ⓪ 【家並み】房子排列，排列着的房子。

やぬし①⓪ 【家主】①户主，一家之主。②房东，房主。△～に家賃(やちん)を払(はら)う/付给房东房租。△～に掛(か)けあう/与房主交涉。

やね① 【屋根】①房顶，房脊。△～を葺(ふ)く/盖房顶。②类似房顶的覆盖物。△自動車(じどうしゃ)の～/汽车车盖。

やはり② 〔矢張り〕①依然，仍然，还是。△～あの会社(かいしゃ)にお勤(つと)めですか/您还在那个公司工作吗?△～前(まえ)と同(おな)じだ/仍然同以前一样。②果然。△～そうか/果然如此。△～だめだった/果然不行。③也，同样。△われわれも～反対(はんたい)だ/我们同样反对。④毕竟，归根结底。△暖(あたた)かいとはいっても～冬(ふゆ)は冬だ/虽说暖和但冬天毕竟是冬天。

やばん【野蛮】(名・形动)野蛮，粗野。△～人(じん)/野蛮人。未开化人。△～なふるまい/粗野的行为。△腕力(わんりょく)に訴(うった)えるとは～きわまる/诉诸武力是极其野蛮的。

やぶ⓪ 〔藪〕①草丛，灌木丛，竹丛。△～に分(わ)け入(はい)る/扒开草丛进去。◇～から棒(ぼう)/

突然。突如其来。凭空而起。空穴来风。②("～医者"之略)庸医。△～にかかる/请了个庸医。③("～にらみ"之略)斜视，斜眼。△美人(びじん)だが少少(しょうしょう)～だ/长得满漂亮，就是有点儿斜眼。

やぶ・く③ 【破く】(他五)撕碎，撕破，弄破。△手紙(てがみ)を～/把信撕碎。△障子(しょうじ)を～/把纸隔扇弄破。⇨やぶれる 表

やぶ・ける③ 【破ける】(自下一)〈俗〉破。△袋(ふくろ)が～/袋子破了。⇨やぶれる 表

やぶへび⓪ 〔藪蛇〕(名・形动)(来自"やぶをつついて蛇を出す")引火烧身，惹起麻烦。△文句(もんく)を言(い)うと～になる/多嘴多舌，招来了麻烦。

やぶ・る② 【破る】(他五)①弄破，损坏，破坏。△彼(かれ)は手紙(てがみ)をやぶった/他把信撕了。△ひよこがからを～/小鸡破壳(出来)。△本(ほん)のページを～/把书页撕了。△ドアを～/把门损坏。△網(あみ)を～/破网。△敵(てき)の囲(かこ)みを～/冲出敌人包围。②打破，更新。△鐘(かね)の音(おと)が夜(よる)の静(しず)けさを破った/钟声打破了黑夜的寂静。△平和(へいわ)を～/破坏和平。△眠(ねむ)りを～/打破睡眠。△型(かたち)をやぶった発言(はつげん)/别具一格的发言。△記録(きろく)を～/刷新(打破)记录。③违犯。△法律(ほうりつ)を～/犯法。

△契約(けいやく)を～/违约。④打败。△敵(てき)を～/打败敌人。△昨年(さくねん)の優勝(ゆうしょう)チームを～/打败去年的优胜队。⇨やぶれる 表

やぶ・る② 【破る】(自五)败，败北。→やぶれる。

やぶ・れる③ 【破れる】(自下一)①破，破损，破碎，损伤。△本(ほん)の表紙(ひょうし)が～/书封面破了。△風船(ふうせん)が～/气球破了。△水道管(すいどうかん)が～/水管破裂。②被打破，破灭。△均衡(きんこう)が～/平衡被打破。△夢(ゆめ)が～/梦破灭了，幻想破灭。△話(はなし)が～/谈话破裂。③败，失败。△競争相手(きょうそうあいて)に～/败给竞争对手。△決勝戦(けっしょうせん)で～/决赛中败北。△国(くに)破れて山河(さんが)あり/国破山河在。

	障子が～	水道管が～	静寂が～	縁談が～	約束が～	恋に～
破れる	〇	〇	〇	〇	△	〇
破ける	〇	×	×	×	×	×

	障子を～	水道管を～	静寂を～	縁談を～	約束を～	恋に～
破る	〇	〇	〇	〇	〇	×
破く	〇	×	×	×	×	×

やぼ① 【野暮】(名・形动)①俗气，土气。△～なネクタイ/俗气的领带。△～天(てん)/土包子。②庸俗，不通世故。△～なことは言(い)うな/别说俗不可耐的话。△～用(よう)/蠢事。

やま② 【山】①山。△～に登(のぼ)る/登山。爬山。△けわしい～/

险峻的山。②〈喻〉堆积如山。△ごみの～/垃圾堆。垃圾山。△宿題(しゅくだい)が～ほど出(で)る/作业山一样多。③矿山。△～で働(はたら)く/在矿山劳动。④(事物发展的)高潮，顶点，关键时刻。△～のない小説(しょうせつ)/平淡无奇的小说。△患者(かんじゃ)の容体(ようたい)はここ二、三日(にさんにち)が～だ/患者的病情这两、三天是关键。⑤押宝，碰运气，冒险。△～があたる/押宝押中了。△～をはる/冒险。△～がはずれる/没押中。没手气。⑥高起的部分。△ねじの～がすり減(へ)る/螺纹撸了。⑦犯罪(警察、记者之间专用)。△大(おお)きな～を手(て)がける/接办大案件。

やまい① 【病】①病，疾患。△不治(ふじ)の～/不治之症。△～をおして仕事(しごと)をする/带病工作。△～膏肓(こうこう)に入(い)る/病入膏肓。△～が革(あらた)まる/病情危笃。△～は気(き)から/心情左右病情。②缺点，毛病，恶癖。△持(も)った～はなおらない/坏毛病难改。⇨びょうき 表

やまかじ⓪③ 【山火事】山火。

やまかげ⓪③ 【山陰】山的背阴。△～の家(いえ)/山背后的房子。

やまかぜ②⓪ 【山風】①山风。②从山上刮来的风。

やまぐに② 【山国】山国，山城。

やまごや⓪ 【山小屋】(登山人的)山中小屋。

やまし・い③ 〔疚しい・疾しい〕(形)心中有愧，受良心责备。△心(こころ)に～ところがある/心中有愧疚的地方。

やまと① 【大和】〔倭〕Ⅰ(名)①大和(日本旧国名，现在的奈良县)。②日本国(别称)。Ⅱ(接头)日本固有的。△～歌(うた)/和歌(与汉诗相对而言)。△～魂(だましい)/大和魂(日本传统的崇武精神)。

やまのぼり③ 【山登り】登山，爬山。

やまびこ②⓪ 〔山彦〕①山神。②回声，回音。△～がこたえる/响起回声。

やまみち② 【山道】山路。

やまやま②⓪ 【山山】Ⅰ(名)山峦，群山。△遠(とお)くの～/远处的群山。Ⅱ(副)①山一样多，非常多。△言(い)いたいことは～ある/想说的话很多。②(不可能又)非常渴望，非常想。△ほしいのは～だが金(かね)がない/虽然非常想要的东西很多，可没有钱。③至多，充其量。△一万円(いちまんえん)くらいが～だ/至多不过 1 万日元。

やみ② 〔闇〕①黑暗。△～につつまれる/被黑暗包围着。△～にまぎれる/乘着夜色黑暗。②〈转〉心中没底，辨别不清，不知如何是好。△心(こころ)は～に迷(まよ)う/心里糊涂。③无希望，绝望。△一寸先(いっすんさき)は～だ/前途莫测。④黑市，黑市交易，黑市行情。△～で買(か)う/在黑市

上买。△～に手(て)をだす/插手黑市。◇～から牛(うし)を引(ひ)きだす/〈喻〉判断不清，行动迟钝。◇～から～に葬(ほうむ)る/秘密处理。◇～に暮(く)れる/i)入夜，天黑。ii)悲伤之极而不知所措。◇～に咲(さ)く花(はな)/妓女，暗娼。◇～にからす/〈喻〉非常相似。◇～に鉄砲(てっぽう)/无的放矢。◇～の一人舞(ひとりまい)/暗地里卖力气(的人)。

やみよ② 〔闇夜〕黑夜，没有月光的夜晚。◇～のつぶて/黑夜里投石(无的放矢)。◇～に目(め)あり/i)隔墙有耳。ii)要想人不知，除非己莫为。◇～の灯火(ともしび)/黑夜里的明灯(喻困难时看到希望)。◇～の錦(にしき)/衣锦夜行(喻毫无意义)。

や・む⓪ 〔止む〕(自五)①止，停止，中止，结束，消失。△雨(あめ)がやんだ/雨停了。△頭(あたま)の痛(いた)みが～/头不疼了。②已。△倒(たお)れて後(のち)～/死而后已。△期待(きたい)してやまない/一直期待，期待不已。◇～に止まれぬ/欲罢不能，万不得已。◇～を得(え)ない(得ず)/不得已，无可奈何。

や・む① 【病む】(自他五)①患病，生病。△～父(ちち)を見舞(みま)う/看望生病的父亲。②损伤(身体的某一部分)。△胸(むね)を～/伤心，心中痛苦。③烦恼，忧伤。△失敗(しっぱい)を気(き)に～/因失败心情郁闷。

やむをえな・い④ (形)不得已。△休(やす)むのも～/歇着是不得已。△～状態(じょうたい)/不得已情况。

や・める⓪ 〔止める〕(他下一)①中止，废止。△旅行(りょこう)に行(い)くのを～/放弃旅行。②忌，戒掉，戒除。△タバコを～/戒烟。

	仕事を～	タバコを～	委員を～た	～やい、冗談だろう	交渉が～れる
やめる	○	○	-め○	×	×
よす	○	○	-し○	-せ○	×
打ち切る	○	×	×	×	-ら○

や・める⓪ 【辞める】〔罷める〕(他下一)辞，停，不干。△会社(かいしゃ)を～/辞去公司工作。△学校(がっこう)を～/停学。

やや① 〔稍〕(副)①稍，稍微。△～大(おお)きい/稍大点儿。△～足(た)りない/稍稍不足。②少时，片刻。△～あって気(き)をとりなおす/少时，心情会好的。

ややこし・い④ (形)〈方〉麻烦，复杂，难办。△～漢字(かんじ)/复杂的汉字。△～問題(もんだい)がおきる/发生棘手的问题。△二人(ふたり)の間(あいだ)はややこしくなる/两人关系复杂起来。

ややもすると (也作"ややもすれば")(副)动辄，动不动就…，弄不好就…。△～先輩風(せんぱいかぜ)を吹(ふ)かす/动不动就摆出长辈的样子。

やよい⓪ 〔弥生〕〈文〉①阴历三月。②弥生。△～時代(じだい)/弥生时代。

やら Ⅰ(副助)①表示不肯定的判断。△いつの間(ま)にか船(ふね)は岸(きし)を離(はな)れた/不知什么时候船离了岸。②表示同类事物的列类)又…又…，…啦…啦。△トタン～かわら～いろんな物(もの)が飛(と)んできた/白铁皮啦，瓦片啦，各种东西都飞过来了。△押(お)される～踏(ふ)まれる～ラッシュ時(じ)の通勤(つうきん)はたいへんだ/又被挤，又被踩的，上下班高峰时间可真不容易。Ⅱ(终助)表示轻微的疑问。△どうしたの～/怎么的啦?△いったいいつになったらできるの～/到底什么时候能做好!

やり⓪〔槍〕①矛，梭镖。△～で突(つ)く/用矛扎。②枪术。△～一筋(ひとすじ)に生(い)きる/专靠耍枪为生。③(体育)标枪。④(日本将棋)香车。△～で王手(おうて)をかける/用香车将军。◇～が降(ふ)っても/就是天上下刀子也…。

やりかた⓪〔遣り方〕干法，做法，方法。△へたな～/拙笨的方法。△～が違(ちが)う/方法不同。

やりきれな・い④〔遣り切れない〕(形)①吃不消，难以忍受。△～気分(きぶん)になる/心情变得非常痛苦。△こう暑(あつ)くては～/这么热真受不了。②(用"…てやりきれない"的形式)非常。△悲(かな)しくて～/非常悲痛。悲痛得不得了。

やりくち⓪〔遣り口〕做法，方法，手段。△あくどい～/恶毒的手段。△彼(かれ)の～が気(き)に食(く)わない/讨厌他的做法。△～が汚(きたな)い/手段卑鄙。

やりこ・める④〔遣り込める〕(他下一)驳倒，驳得哑口无言。△あいつをやりこめてやれ/驳倒他!

やりて⓪〔遣(り)手〕①做的人，干的人。△仕事(しごと)の～がいない/没人干的工作。②干才，精干的人。△若(わか)いがなかなかの～だ/虽然年轻但很能干。③赠送者。△もらい手(て)があっても～がいない/就是有人想要也没人给。

やりとお・す③〔遣り通す〕(他五)干到底。△仕事(しごと)をおわりまで遣り通さなくてはならない/做事要做到底。

やりと・げる④〔遣り遂げる〕(他下一)完成，干到底，实现。△必(かなら)ずやりとげます/一定完成。△所期(しょき)の目的(もくてき)を～/实现预期的目的。

やりとり②〔遣り取り〕(名・他サ)①交换，互赠。△手紙(てがみ)の～/交换信件。△杯(さかずき)を～する/相互敬酒。②争论，问答。△審議(しんぎ)の～を録音(ろくおん)する/把审议时的争论录下来。△激(はげ)しく～する/激烈地辩论。

やりなおし⓪〔遣り直し〕返工，重做。△できるだけ～を避(さ)けなければならない/必须尽量避免返工。

やりなお・す④〔遣り直す〕(他五)

重新做，再做。△計算(けいさん)を〜/再计算一次。

や・る⓪〔遣る〕Ⅰ(他五)①让去，派，送去。△子供(こども)を学校(がっこう)へ〜/让孩子上学。△娘(むすめ)を嫁(よめ)に〜/嫁姑娘。△知(し)らせを〜/去通知。②放置，放到某处。△私(わたし)のかばんをどこにやったの/我的包放哪儿啦?△じゃまだからこれをそっちにやってください/这个东西碍事，把它拿那边去。③(对平辈、晚辈、身份低的人或动植物等)给。△弟(おとうと)に時計(とけい)を〜/送给弟弟钟表。△小鳥(ことり)にえさを〜/给小鸟喂食。④做，干，搞。△仕事(しごと)を〜/干工作。△文学(ぶんがく)を〜/搞文学。△やれ、やれ/(给人鼓劲时喊的)上啊!干呀!加油干!⑤举行。△会議(かいぎ)はあした〜/会议明天召开。△劇(げき)を〜/演剧。⑥生活。△元気(げんき)でやっている/健康地生活着。⑦吃，喝。△一杯(いっぱい)〜/喝一杯。⑧玩。△サッカーを〜/踢足球。△マージャンを〜/搓麻将。⑨排遣，消遣，安慰。△酒(さけ)に憂(う)さを〜/借酒浇愁。△思(おも)いを〜/消愁解闷。△気(き)を〜/射精。⑩患病，得病。△彼(かれ)はおたふくかぜをやっていない/他未患腮腺炎。△彼(かれ)は去年(きょねん)胃潰瘍(いかいよう)をやった/他去年患了胃溃疡。⑪来，过来。△日本(にっぽん)にやってきた/来到日本。△スミスさんが手(て)を振(ふ)りながらやってきました/史密斯一边挥着手一边跑过来了。⑫惩罚，教训，整，打，杀。△あいつをやってしまえ/教训教训那小子。△一夜(いちや)の霜(しも)にやられた/被霜打了一夜。△やくざにやられた/被流氓打了。⑬划船，摇船。△船(ふね)を〜/划船。Ⅱ(补动)(接动词连用形+"て"之后)①表示对平辈、晚辈、下级或对动植物做什么。△妹(いもうと)に写真(しゃしん)をみせて〜/给妹妹看照片。△子供(こども)と遊(あそ)んで〜/和孩子玩。△弟(おとうと)に本(ほん)を買(か)って〜/给弟弟买书。△犬(いぬ)を散歩(さんぽ)に連(つ)れて行(い)って〜/领狗去散步。②表示做了给…看。△早(はや)くおきて〜/我起个早给你看。△目(め)にものをみせて〜/叫你知道我的厉害。△いつかあいつを負(ま)かして〜/什么时候一定打败那小子! ⇨あたえる 表

やれやれ①(感)①哎呀，嚯。△〜,りっぱな物(もの)だ/嚯,好漂亮的东西。②啊,咳。△〜、また負(ま)けたのか/咳,又输了。

やろう⓪②【野郎】①(骂人、轻蔑语)小子,家伙,东西。△ばか〜/混帐,混蛋。△この〜、やるか/没什么了不起,干!②男子,小伙子。△〜ばかりで色気(いろけ)がない/浄光棍小伙儿,没意思。

やわらか③【柔らか・軟らか】(形动)柔软,柔和。△～なショック/轻微的冲击。△～な日射(ひざ)し/柔和的日光。△～な思考(しこう)/可通融的想法。△～なご飯(はん)/煮得松软的饭。

やわらか・い④【柔らかい・軟らかい】(形)①柔软。△～食(た)べ物(もの)/柔软的食物。②柔和,温和。△～春(はる)の日(ひ)ざし/柔和的春天的阳光。△～表情(ひょうじょう)/温和的表情。③纤柔优美。△～からだ/纤柔优美的身材。④灵活的,可通融的。△頭(あたま)が～/头脑通融达变。

やわら・く③【和らく】(自五)变柔和,变缓和。△態度(たいど)が～/态度温和了。△危機(きき)が～/危机有所缓和。

やわら・げる④【和らげる】(他下一)①使柔和,使缓和。△顔色(かおいろ)を～/使表情柔和。△態度(たいど)を～/使态度缓和。△苦痛(くつう)を～/使痛苦减轻。②使(文章等)易懂。△表現(ひょうげん)を～/使表达通俗易懂。

ヤング①[young]青年人,年轻人。△～の世界(せかい)/年轻人的世界。～の街(まち)/青年人购物街。

ヤング・ウーマン①-①[young woman]女青年。

ヤング・タウン①-②[young town]青年人购物街。

ヤング・パワー①-①[young power]青春活力。

ヤング・マン①-①[young man]小伙子,男子汉。

ヤング・ミセス①-②[young Mrs]少妇,年轻主妇。

ヤング・レディー①-①[young lady]年轻女士,年轻美貌的小姐。

ゆ ユ

ゆ① 【油】油。

ゆ① 【湯】①开水，热水。△～を沸(わ)かす/烧开水。②浴池，澡堂。△～に行(い)く/去澡堂洗澡。△～あがり/刚洗完澡。③温泉。△～の町(まち)/温泉城镇。

ゆいいつ① 【唯一】唯一，独一。△～无二(むに)/独一无二。△山登(やまのぼ)りが～の楽(たの)しみだ/登山是唯一的乐趣。

ゆいごん⓪ 【遺言】(名・他サ)遗言，遗嘱。△～状(じょう)/遗书。遗嘱。△～をしたためる/写遗嘱。△～に従(したが)う/听从遗嘱。

ゆいしょ①⓪ 【由緒】①由来，来由。△寺(てら)の～をたずねる/了解寺庙的由来。②来历，来头。△～をただす/弄清来历。△～ある家柄(いえがら)/有来历的门第。

ゆ・う⓪ 【言う】(自他五)→いう。

ゆ・う⓪ 【結う】(他五)①梳扎(头发)。△髪(かみ)を～/扎头发。△まげを～/挽发髻。②绑，系，捆，扎，结。△帯(おび)を～/系带子。△垣根(かきね)を～/结篱笆。

ゆう⓪① 【夕】傍晚，黄昏。△23日(にじゅうさんにち)～成田空港着(なりだくうこうちゃく)の臨時便(りんじびん)で来日(らいにち)/23日傍晚乘临时班机于成田机场抵日。△朝(あさ)に～に/朝夕。

ゆう① 【友】友爱。△～愛(あい)/友爱。△兄弟(けいてい)に～に/兄弟情。

ゆう① 【有】①有。△～か無(む)か/或有或无。△無(む)から～を生(しょう)じる/无中生有。②所有。△…の～に帰(き)する/归…所有。

ゆう① 【優】优秀(优、良、可、不可四等次之首)。

ゆうい① 【優位】(名・形动)优势，优越地位。△～を占(し)める/占优势。△～に立(た)つ/处于优势地位。

ゆういぎ③ 【有意義】(名・形动)有意义，有价值。△改革(かいかく)を～と認(みと)める/承认改革有意义。△～に学生生活(がくせいせいかつ)を過(す)ごす/有意义地过学生生活。△～な意見(いけん)/有价值的意见。

ゆういん⓪ 【誘引】(名・他サ)引诱。△人(ひと)を～する/引诱别人。

ゆういん⓪ 【誘因】起因，诱因。

ゆううつ⓪ 〔憂鬱〕(名・形动)忧郁，郁闷。△～な気分(きぶん)/沉闷的气氛。△～な顔(かお)/忧郁的表情。△災難(さいなん)続(つづ)きで～になる/灾害不断，忧愁起来。

ゆうえき⓪ 【有益】(名・形动)有益。△～と認(みと)める/认为有益。△人間(にんげん)に～な虫(む

し)/对人类有益的昆虫。△～な助言(じょげん)/有益的建议。

ゆうえつ⓪【優越】(名・自サ)优越。△～感(かん)/优越感。△他(た)に～した成績(せいせき)/优于他人的成绩。

ゆうえんち③【遊園地】游乐场。△～であそぶ/在游乐场玩。

ゆうが①【優雅】(名・形動)①优雅,温文尔雅。△～な踊(おど)り/优雅的舞蹈。②悠闲,悠然自在。△～な生活(せいかつ)/悠闲的生活。

ゆうかい⓪【誘拐】(名・他サ)诱拐,拐骗。△～事件(じけん)/诱拐事件。△子供(こども)を～する/拐骗小孩。

ゆうがい⓪【有害】(名・形動)有害。△～无益(むえき)/有害无益。△～図書(としょ)/黄色书刊。△～な食品添加物(しょくひんてんかぶつ)/有害食品添加剂。

ゆうがく⓪【遊学】(名・自サ)(离开家乡或去外国)留学。

ゆうかげ③⓪【夕影】①夕照,夕阳。△～に映(は)える/夕阳映照。②夕照的影子。△アルプスの～/夕阳映照下阿尔卑斯山的影子。

ゆうかぜ⓪【夕風】傍晚的凉风。

ゆうがた⓪【夕方】傍晚,黄昏。△～には帰宅(きたく)する/傍晚回家。

ゆうかん⓪【夕刊】晚报。△～の配達(はいたつ)/送晚报。

ゆうかん⓪【勇敢】(名・形動)勇敢。△～な行為(こうい)/勇敢行为。△～に戦(たたか)う/英勇战斗。⇨いさましい 表

ゆうき①【有機】①有机。△～化学(かがく)/有机化学。△～化合物(かごうぶつ)/有机化合物。△～農業(のうぎょう)/有机农业。②有生命力,有活力。△～的(てき)な生命体(せいめいたい)/有机生命体。

ゆうき①【有期】有期,定期。△～刑(けい)/有期徒刑。△～公債(こうさい)/定期公债。△～年金(ねんきん)/有期限(退休)年金。

ゆうき①【勇気】勇气。△～がある/有勇气。△～を奮(ふる)い起(お)こす/鼓起勇气。△～のある人(ひと)/有勇气的人。

ゆうぎ①【友誼】友谊。△～団体(だんたい)/友谊团体。

ゆうきたい⓪【有機体】有机体,生物体。

ゆうぐう⓪【優遇】(名・他サ)优遇,优待。△～策(さく)/优惠政策。△～を受(う)ける/受优遇。△経験者(けいけんしゃ)を～する/有经验者优先。

ゆうぐれ⓪【夕暮れ】日暮,黄昏,傍晚。△～の鐘(かね)/晚钟。△～の街(まち)/黄昏时的街道。

ゆうげん⓪【有限】(名・形動)有限。△～会社(がいしゃ)/股份有限公司。△資源(しげん)は～だ/资源有限。

ゆうこう⓪【友好】友好。△～関係(かんけい)/友好关系。△～を深(ふか)める/加深友谊。△～団体(だんたい)/友好团体。

ゆうこう⓪【有効】(名・形動)有効。△～方法(ほうほう)/有效的方法。△～に使(つか)う/有效地使用。△～になる/生效。

ゆうごう⓪【融合】(名・自サ)①融合。△東西両文明(とうざいりょうぶんめい)の～/东西方两种文化的融合。②(物理)聚合,聚变。△核(かく)～/核聚变。③合并,联合。△ふたつの団体(だんたい)が～した/两个团体联合起来。

ゆうこく⓪【夕刻】傍晚,黄昏。△～までには戻(もど)る/傍晚时回来。

ユーザー①[user]用户。△～ニーズ/用户需求。△エンド～/产品用户。

ユーザンス①[usance](外贸)票据期限。

ゆうし①【有史】有史。△～以前(いぜん)/史前。△～以来(いらい)/有史以来。

ゆうし①【雄姿】〈文〉雄姿。△馬上(ばじょう)の～/马上雄姿。△富士(ふじ)の～を仰(あお)ぎみる/仰视富士(山)雄姿。

ゆうし①⓪【融資】(名・自他サ)贷款,融资。△銀行(ぎんこう)から～を受(う)ける/接受银行贷款。△会社(かいしゃ)に～する/贷款给公司。

ユージェニックス①[eugenics]优生学。

ゆうしゅう⓪【優秀】(名・形動)优秀。△～な評価(ひょうか)を受(う)ける/受到优秀的评价。△～な人物(じんぶつ)/优秀人物。△～な成績(せいせき)/优秀成绩。

ゆうじゅうふだん⑤⓪【優柔不断】(名・形動)优柔寡断。△～な男(おとこ)/优柔寡断的人。

ゆうしょう⓪【有償】有偿,有代价。△～契約(けいやく)/买卖合同。△～で貸与(たいよ)する/有偿借贷。

ゆうしょう⓪【優勝】(名・自サ)优胜。△～を勝(か)ち取(と)る/取得冠军。△～カップ/冠军杯。△～劣敗(れっぱい)/优胜劣汰。△水泳大会(すいえいたいかい)で～する/游泳比赛中获胜。

ゆうじょう⓪【友情】友情,友谊。△～に厚(あつ)い人(ひと)/重友情的人。△～の輪(わ)を広(ひろ)げる/扩大友谊的范围。

ゆうしょく⓪【夕食】晚餐,晚饭。△家族(かぞく)そろって～をとる/全家共进晚餐。

ゆうしょく⓪【有色】有色。△～人種(じんしゅ)/有色人种。

ゆうじん⓪【友人】〈文〉友人,朋友。△長年(ながねん)の～/多年的友人。△～に恵(めぐ)まれる/结识好朋友。⇨ともだち 表

ゆうずう⓪【融通】(名・他サ)①通融。△物質(ぶっしつ)を～する/通融物质。△～手形(てがた)/透支汇票。通融票据。②灵活,临机应变。△～のきかない人(ひと)/死呆板的人。△～が利(き)く/ⅰ)善于临机应变。ⅱ)(资金等)周转得开。

ゆう・する③【有する】(他サ)有。△毒(どく)を～/有毒。△決定権(けっていけん)を～/拥有决定权。△効力(こうりょく)を～/有效。

ゆうせい⓪【優勢】(名・形动)优势。△～を占(し)める/占优势。△～を保(たも)つ/保持优势。△～に転(てん)じる/转为优势。△～な試合展開(しあいてんかい)/展开优势比赛。

ゆうぜい⓪【郵税】邮资。△～不足(ぶそく)/邮资不足。

ゆうせいしょう③【郵政省】(日本)邮政省。

ゆうせん⓪【優先】(名・自サ)优先。△歩行者(ほこうしゃ)～/步行者优先。△～株主(かぶぬし)/优先股东。△福祉(ふくし)を～させる/优先福利。

ゆうぜん⓪【悠然】(形动タルト)悠闲,不紧不慢。△～たる態度(たいど)/从容不迫的表现。

ゆうそう⓪【郵送】(名・他サ)邮寄,邮递。△～料(りょう)/邮费。邮资。△原稿(げんこう)を～する/邮寄稿件。

ゆうだい⓪【雄大】(形动)雄伟,雄壮,宏伟。△～な景観(けいかん)/雄伟的景观。△～な計画(けいかく)/宏伟计划。

ゆうだち⓪【夕立】(夏天傍晚下的)雷阵雨,骤雨。△～に降(ふ)りこめられる/被阵雨困住了。△～は馬(うま)の背(せ)を分(わ)ける/隔道不下雨(喻骤雨的局部性)。

ゆうちょう①【悠長】(形动)悠然,慢条斯理,不慌不忙。△～な話(はなし)/慢条斯理的话。△～に構(かま)える/从容不迫。そんな～なことは言(い)っていられない/别扯那么远。

ゆうとう⓪【優等】(学习成绩)优等。△～生(せい)/优等生。

ゆうどう⓪【誘導】(名・他サ)①诱导,引导。△～に従(したが)う/遵从引导。△来賓(らいひん)を式場(しきじょう)に～する/将来宾引入会场。△～尋問(じんもん)/诱供,套供。②(物理)诱导,制导。△～兵器(へいき)/制导武器。△～弾(だん)/导弹。△～単位(たんい)/导出单位。③(电)感应。△～コイル/感应线圈。④(化学)衍生。△～体(たい)/衍生物。

ゆうどく⓪【有毒】(名・形动)有毒。△～ガス/有毒气体。△～な物質(ぶっしつ)/有毒物质。

ユートピアン⓪ [utopian]乌托邦,理想国。

ゆうのう⓪【有能】(名・形动)有能力,有才干。△～の士(し)/有才之士。△～な社員(しゃいん)/有才干的职员。

ゆうはん⓪【夕飯】晚饭。△～の仕度(したく)をする/准备晚饭。

ゆうひ⓪【夕日】〔夕陽〕夕阳,夕照。△～が空(そら)を染(そ)める/夕阳染红了天空。

ゆうび⓪【優美】(形动)优美。△～な意匠(いしょう)/优美的设计。△～な演技(えんぎ)/优美的演技。

ゆうびん⓪【郵便】①邮政。△～

の制度(せいど)/邮政制度。②邮件。△～を受(う)けとる/收到邮件。△～で送(おく)る/通过邮局寄出。

ゆうびんかわせ⑤ 【郵便為替】邮汇,邮政汇票。△～で10万円(じゅうまんえん)送(おく)る/邮汇10万日元。

ゆうびんきょく③ 【郵便局】邮局。

ゆうびんしょかん⑤ 【郵便書簡】(信封信纸合一)简易信。

ゆうびんちょきん⑤ 【郵便貯金】邮政储蓄。

ゆうびんばんごう⑤ 【郵便番号】邮政编码。

ゆうべ③ [昨夕・昨晩]昨夜,昨晚。△～は早(はや)く寝(ね)た/昨晚早早就睡了。

ゆうべ③⓪ 【夕べ】①傍晚,黄昏。△～を待(ま)って咲(さ)く花(はな)/待到黄昏开的花。②晚会。△音楽(おんがく)の～/音乐晚会。

ゆうべん⓪① 【雄弁】(名・形动)雄辯。△～をふるう/高谈阔论。△事実(じじつ)が～に語(かた)っている/事实雄辩地说明。

ゆうぼう⓪ 【有望】(形动)前途有望,有发展前途。△前途(ぜんと)～/前途光明。

ゆうぼく⓪ 【游牧】(名・自サ)游牧。△～民(みん)/游牧民。△牛(うし)を追(お)って草原(そうげん)を～する/赶着牛在草原上游牧。

ゆうめい⓪ 【有名】(名・形动)有名,闻名,著名。△～人(じん)/名人。△世界的(せかいてき)～な学者(がくしゃ)/世界著名学者。⇨ちょめい 表

ゆうめいむじつ⑤ 【有名無実】徒有其名。

ゆうめし⓪ 【夕飯】晚饭,晚餐。△～をごちそうになる/被招待吃晚饭。

ユーモア① [humour]幽默,滑稽,诙谐。△～に富(と)んだ小説(しょうせつ)/语言幽默的小说。△～を飛(と)ばす/说俏皮话。

ユーモラス① [humorous](形动)幽默的。△表情(ひょうじょう)が～だ/表情滑稽。

ユーモリスト④ [humorist]①幽默家。②幽默作家。

ユーモレスク④ [法 humoresque](音乐)诙谐曲。

ゆうやけ⓪ 【夕焼(け)】晚霞,火烧云。△～の空(そら)/晚霞染红的天空。◇秋(あき)の～鎌(かま)をとげ/秋天火烧云,次日大晴天。

ゆうゆう③⓪ 【悠悠】(形动タルト)①悠悠,从容不迫,不慌不忙。△～たる空(そら)/悠悠长空。△～と歩(ある)いて行(い)く/从容不迫地走去。②悠久,悠远。△～三千年(さんぜんねん)/悠悠三千年。⇨のんびり 表

ゆうよ① 【猶予】(名・自他サ)①犹豫。△一刻(いっこく)の～も許(ゆる)されない/刻不容缓。△決断(けつだん)を～する/犹豫寡断。②延缓,缓期。△～期間(きかん)をあたえる/给予宽限。△刑(けい)

の執行(しっこう)を～する/(刑罰)缓期执行。

ゆうよう⓪【有用】(形动)有用,有益。△～の材(ざい)/有用之材。△～な道具(どうぐ)/有用的工具。△～価格(かかく)/有用价值。

ゆうり①【有理】①有理。②(数学)有理。△～数(すう)/有理数。

ゆうり①【有利】(形动)有利。△～な条件(じょうけん)/有利的条件。△金銭(きんせん)を～に動(うご)かす/有利可赚地运用金钱。

ゆうり①⓪【遊離】(名・自サ)①脱离,离开。現実(げんじつ)から～した考(かんが)え/脱离现实的想法。②(化学)游离。△～基(き)/游离基。自由基。

ゆうりょう⓪【有料】收费。△～駐車場(ちゅうしゃじょう)/收费停车场。△～道路(どうろ)/收费公路。

ゆうりょう⓪【優良】(名・形动)优良。△～な品質(ひんしつ)/优良品质。△～な値段(ねだん)/最优惠价。

ゆうりょく⓪【有力】(形动)①有势力,有权力。△～議員(ぎいん)/有势力的议员。△～な新聞(しんぶん)/有影响力的报纸。△～な支援団体(しえんだんたい)/有势力的支援团体。②有希望,有可能。△～な候補(こうほ)/有希望的候补。△後任(こうにん)には彼(かれ)が～だ/他有可能继任。

ゆうれい①【幽霊】①幽灵,幽魂。△～が出(で)る/闹鬼。②空的,假的,名不符实的。△～会社(がいしゃ)/皮包公司,挂名公司。△～人口(じんこう)/虚报的人口。

ゆうれき⓪【遊歴】(名・自サ)游历。△諸国(しょこく)を～する/游历各国。

ゆうれつ⓪①【優劣】优劣。△～をつける/分出优劣。△～を競(きそ)う/争优。⇨りょうひ 表

ユーロ①[Euro]欧元。△～ダラー/欧洲美元(在美国以外的银行特别是欧洲银行存入的美元资金)。

ゆうわく⓪【誘惑】(名・他サ)诱惑。△～と戦(たたか)う/与诱惑作斗争。△～に勝(か)つ/战胜诱惑。△～たかられる/顶不住诱惑。△異性(いせい)を～する/勾引异性。

ゆえ②【故】①原因,理由,缘故。△～あって話(はな)せない/有缘由但不能说。△～のない非難(ひなん)を受(う)ける/受到无端的责难。②来历。△～ある人(ひと)/有来历的人。③由于,因为。△若(わか)さ～の失敗(しっぱい)/因年轻而失败。

ゆえに②①【故に】(接)〈文〉因此,因而,所以。△そこには何(なん)の必然性(ひつぜんせい)もない。～反対(はんたい)する/那里没有任何必然性,因此反对。

ゆか⓪【床】①地板。△～を張(は)る/铺地板。△～が抜(ぬ)ける/地板塌陷。②(剧场中演唱"净琉璃"所坐的)高台。

ゆかい①【愉快】(名・形动)愉快,快活,痛快。△～な日(ひ)を送(おく)る/度过愉快的一天。

	一日を〜過ごす	〜人物	〜室温	〜承知する	住むのに〜土地
愉快	-に○	-な○	×	×	×
快い	-く○	×	○	-く○	×
快適	-に○	×	-な○	×	-な○

ゆかた⓪【浴衣】夏天穿的单层和服。浴衣。△〜に着替(きが)える/换上浴衣。

ゆが・む⓪②〔歪む〕(自五)①歪斜，歪扭。△テレビの画面(がめん)が〜/电视画面歪了。△線(せん)が〜/线歪斜了。②(心术)不正，歪。△心(こころ)が〜/心眼不正。△ゆがんだ世相(せそう)/歪曲的世况。

ゆが・める⓪〔歪める〕(他下一)歪曲，歪扭。△顔(かお)を〜/歪脸。△事実(じじつ)を〜/歪曲事实。△性格(せいかく)を〜/扭曲性格。

ゆき②①【雪】①雪。△〜が降(ふ)る/下雪。②〈喻〉洁白，雪白。△〜の肌(はだ)/雪白的皮肤。③白发。△頭(あたま)に〜をいただく/白发苍苍。◇〜と墨(すみ)/黑白分明，完全不同。

ゆき⓪【行き】Ⅰ(名)去，去的途中。△〜は飛行機(ひこうき)にした/去程决定乘飞机。Ⅱ(接尾)去往，开往。△北京(ペキン)〜の汽車(きしゃ)/开往北京的火车。

ゆきき③②⓪【行き来】〔往き来〕(名・自サ)参见"いきき"。

ゆきぐに②【雪国】多雪的地方，雪国。

ゆきげしき③【雪景色】雪景。△〜を眺(なが)める/眺望雪景。△〜が続(つづ)く/一片雪景。

ゆきだるま③【雪だるま】〔雪達磨〕雪人。△〜を作(つく)る/堆雪人。△〜式(しき)/滚雪球似的。

ゆきちがい⓪【行(き)違い】①走岔。△〜になる/走岔。②弄两岔。△感情的(かんじょうてき)な〜が生(しょう)じる/感情上产生隔阂。△話(はなし)に〜がある/言语有岔。

ゆきつ・く【行き着く】(自五)到达，达到。△目的地(もくてきち)に〜/到达目的地。

ゆきづま・る④【行(き)詰まる】(自五)①走到头，走不通。△このさきは袋小路(ふくろこうじ)で〜/前面是死胡同走不通。②停滞不前。△経営(けいえい)が〜/买卖做不下去。△交渉(こうしょう)が〜/谈判陷入僵局。△生活(せいかつ)に〜/生活停滞不前。

ゆきどけ④⓪③【雪解け】①雪融，雪融期。△〜を待(ま)つ/等待雪融化。②〈喻〉解冻，缓和。△両国(りょうこく)の関係(かんけい)にも〜の気配(けはい)がみられる/两国关系有所缓和。

ゆきとど・く④【行(き)届く】(自五)周到，无微不至。△注意(ちゅうい)が〜/处处留心。△ゆきとどいたあいさつ/面面俱到的致辞。△整理整頓(せいりせいとん)が〜/整顿彻底。

ゆきどまり⓪【行(き)止(ま)り】①(路等)堵塞，走不通。△道(みち)が〜になる/交通堵塞。②尽头，极限。△人生(じんせい)の〜/人生的尽头。△昇進(しょうしん)もこれで〜だ/晋升也到此为止。

ゆきばれ⓪【雪晴】雪后天晴。

ゆきふり④③【雪降り】①下雪，雪天。②(电视)雪花(点)。

ゆきみ③【雪見】赏雪。赏雪宴。△～酒(ざけ)/赏雪酒。

ゆきわた・る④【行(き)渡る】(自五)遍布，普及。△一般家庭(いっぱんかてい)に～/普及到一般家庭。△宣伝(せんでん)がゆきわたらない/宣传未普及。

ゆ・く⓪【行く】→いく。

ゆくえ⓪【行方】①去向，去处。△～不明(ふめい)/去向不明，失踪。△～が定(さだ)まらない/行踪不定。②将来，未来。△国家(こっか)の～を案(あん)じる/担心国家的未来。△新党(しんとう)の～を見守(みまも)る/注视新党的前途。

ゆくさき⓪【行く先】①去向，目的地。△～を言(い)う/说出去向。②前途，未来。△～を案(あん)じる/担心着前途。

ゆげ①【湯気】热气，蒸汽。△～でガラスが曇(くも)る/因哈气玻璃变模糊了。△～をたてて怒(おこ)る/怒气冲冲。

ゆけつ⓪【輸血】(名・自他サ)输血。△～用(よう)の血液(けつえき)/输血用血液。△病人(びょうにん)に～する/给病人输血。

ゆさぶ・る⓪【揺さぶる】(他五)①摇晃，摇动。△木(き)を～/摇晃树。②震惊，震撼。△敵(てき)を～/使敌震惊。△心(こころ)を～/震撼人心。

ゆしゅつ⓪【輸出】(名・他サ)输出，出口。△～カルテル/出口联合。△～シェア/出口份额。△～先行(せんこう)/优先出口。△～が伸(の)びなやむ/难以扩大出口。△製品(せいひん)を～する/出口产品。△～入(にゅう)/进出口。△～入業者(にゅうぎょうしゃ)/进出口公司。△～入許可証(にゅうきょかしょう)/进出口许可证。△～入品(にゅうひん)/进出口货物。

ゆす・ぐ⓪〔濯ぐ〕(他五)①涮洗，漂洗。△洗濯物(せんたくもの)を～/漂洗衣服。②漱，涮。△口(くち)を～/漱口。△コップを～/涮洗杯子。

ゆすぶ・る⓪【揺すぶる】(他五)→ゆさぶる。

ゆずりあ・う④【譲り合う】(他五)互让，相让。△道(みち)を～/让路。△席(せき)を～/互让座位。

ゆす・る⓪【揺する】(他五)摇，摇晃，摇动。△ひざを～/晃腿。△木(き)を～/撼树。

ゆす・る⓪〔強請る〕(他五)敲，敲诈，勒索。△人気(にんき)スターを～/敲诈明星。△金(かね)をゆすり取(と)られた/被敲去一笔钱。

ゆず・る⓪【譲る】(他五)①让，出让，转让。△家(いえ)を子供(こども)に～/把家产转让给孩子。②延，改日。△結婚披露(けっこんひろう)を先(さき)に～/将婚礼往后延。△後日(ごうじつ)に～/改日后天。③让步，让路。△互(たが)い

にゆずろうとしない/互不相让。△道(みち)を～/让路。

ゆそう⓪【輸送】(名・他サ)輸送,运送,运输。△～機(き)/运输机。△車(くるま)を～する/运送车辆。

	材木を～する	兵士を船で～する	～店	荷物をトラックの荷台まで～する
輸送	○	○	×	×
運送	○	×	○	×
運搬	○	×	×	○

ゆたか①【豊か】(形动)①丰富,丰盛,富裕。△～に実(みの)る/丰收。△～な才能(さいのう)/富有才能。△資源(しげん)の～な国(くに)/资源丰富的国家。△暮(く)らしが～だ/生活富裕。②丰盈,丰满。△～な乳房(ちぶさ)/丰满的乳房。③足,十足,足够。△6尺(ろくしゃく)～な男(おとこ)/足有6尺高的男子。⇨ほうふ表

ゆだ・ねる③〔委ねる〕(他下一)①委,委托。△全権(ぜんけん)を～/委以全权。②委身,献身。△教育(きょういく)に身(み)を～/献身教育。

ゆだ・る②〔茹だる〕(自五)煮,熬。△たまごはまだよくゆだらない/鸡蛋还没煮熟。

ゆちゃ①【湯茶】茶水。△～の接待(せったい)/茶水招待。

ゆだん⓪【油断】(名・他サ)麻痹,疏忽,大意。△～大敵(たいてき)/千万不可大意。△～も隙(すき)もない/十分谨慎。

ゆっくり③(副・自サ)①慢,不着急。△～かんで食(た)べる/慢慢嚼着吃。△～(と)歩(ある)く/慢慢走。△どうぞご～/请再多坐一会儿。△～した足(あし)どり/缓慢的脚步。②充分,充足,宽裕。△～間(ま)にあう/完全来得及。△～(と)すわれる/宽宽余余坐得下。⇨そろそろ表

ゆったり③(副・自サ)①舒适。△～した椅子(いす)に腰(こし)かける/坐在舒适的椅子上。②宽绰,宽裕。△比較的(ひかくてき)～した暮(くら)し/比较宽裕的生活。△～した服(ふく)/宽大的衣服。③舒畅,舒坦。⇨のんびり表

ゆ・でる②〔茹でる〕(他下一)煮,焯。△たまごを～/煮鸡蛋。△野菜(やさい)を～/焯菜。△マユを～/煮茧。

ゆでん⓪【油田】油田。△～掘削船(くっさくせん)/钻井船台。

ゆとう⓪【湯桶】盛热水的木桶。

ゆとり⓪ 宽裕,充裕。△日程(にってい)に～をもたせる/日程安排得宽裕。△体力(たいりょく)に～がある/还有充足的体力。△～のある生活(せいかつ)/宽裕的生活。

	考える～がない	～のある生活	～のない三人掛けの座席	～綽綽	改善の～がある
ゆとり	○	○	○	×	×
余裕	○	○	△	○	×
余地	○	×	×	×	○

ユニーク②[unique](形动)独特,唯一。△～な作品(さくひん)/独特的作品。△～な発想(はっそう)/独特的构思。△～な教育(きょういく)/独特的教育。

ユニオン③[union]①联合,联盟。

②工会。

ユニセフ③ [UNICEF] (United Nation Children's Fund) 联合国儿童基金。

ユニフォーム①③ [uniform]①制服。②运动服。△～を脱(ぬ)ぐ/脱运动服。△野球(やきゅう)の～/棒球服。③工作服。△女子職員(じょししょくいん)の～を新調(しんちょう)する/给女职工做新制服。

ゆにゅう⓪ 【輸入】(名・他サ)进口,输入。△～税(ぜい)/进口税。△～品(ひん)/进口商品。△～超過(ちょうか)/贸易逆差。△木材(もくざい)を～する/进口木材。

ユネスコ② [UNESCO] (United Nations Educational Scientific and Cultural Organization) 联合国教科文组织。

ゆのみ③ 【湯飲み】〔湯呑み〕茶碗,茶杯,茶缸。△～で茶(ちゃ)をのむ/用茶缸喝茶。

ゆび② 【指】手指,脚趾。△～を折(お)る/屈指数数。△～で差(さ)す/用手指。△～をくわえる/垂涎,羡慕。△～を染(そ)める/着手。染指。△～一本(いっぽん)もささせない/不允许他人干预。

ゆびさき⓪④ 【指先】手指尖。

ゆびさ・す④② 【指差す】(他五)①用手指。△西(にし)を～/手指西方。△欲(ほ)しいものを～/指着想要的东西。△ゆびさして教(おし)える/手指着教。②受人指责。△人(ひと)に指差されるような行為(こうい)/该受人指责的行为。

ゆびずもう③ 【指相撲】压大姆指头(游戏)。

ゆびにんぎょう③ 【指人形】布袋木偶。△～芝居(しばい)/木偶戏。

ゆびわ⓪ 【指輪】戒指。△金(きん)の～/金戒指。△結婚(けっこん)～/结婚戒指。

ゆみ② 【弓】①弓。△～に矢(や)をつがえる/搭弓射箭。②射箭术。△～を習(なら)う/学射箭。③弓形物。△バイオリンの～/小提琴的弓。◇～を引(ひ)く/反叛。◇～折(お)れ矢尽(や)く/弹尽粮绝,弓折箭尽。

ゆめ② 【夢】①梦。△～をみる/做梦。△～を解(と)く/圆梦。②梦想,理想,希望。△～を描(えが)く/梦想。△～を抱(いだ)く/抱有幻想。胸怀理想。△～を托(たく)する/寄予希望。△～と消(き)える/化为泡影。△～の世(よ)/虚无漂渺的世界。△～からさめる/从迷梦中醒悟。△～が実現(じつげん)する/梦想实现。

ゆめ・みる③② 【夢見る】Ⅰ(自上一)做梦。Ⅱ(他上一)幻想,空想。△成功(せいこう)を～/幻想成功。

ゆゆし・い③ 【由由しい】(形)严重,重大,不得了。△～事態(じたい)/严重的事态。△～大事(おおごと)/不得了的大事件。

ゆらい⓪① 【由来】Ⅰ(名・自サ)由来,来历,起源。△町名(ちょうめい)の～を調(しら)べる/调查镇名的由来。△寺(てら)の～を語(かた)る/讲述寺庙的来历。△能楽

(のうがく)は猿楽(さるがく)に～す る/"能乐"起源于"猿乐"。Ⅱ(副) 本来,从来,原本,向来。△～ 吉野(よしの)は良質(りょうしつ)の 杉(すぎ)を産出(さんしゅつ)してい た/原来吉野(地区)就出产优质杉 树。△彼(かれ)は～ものを知(し) らない男(おとこ)だ/他向来就是 个不懂事的家伙。

ゆら・ぐ⓪② 【揺らぐ】(自五)①摇 动,晃荡。△風(かぜ)に～旗(はた)/ 在风中晃动的旗帜。△水面(すい めん)に月影(つきかげ)が～/水面月 影荡漾。②动摇。△決意(けつい) が～/决心动摇。△体制(たいせい) が～/体制动摇。△信念(しんねん) が～/信念动摇。⇨ゆれる 表

ゆら・す② 【揺らす】(他五)推动, 晃动。△ぶらんこを～/推秋千。 △ボートを～/划船。

ゆり⓪ 〔百合〕(植)百合。△～の 花(はな)/百合花。

ゆりうごか・す⑤ 【揺り動かす】 (他五)摇动,晃动,摇撼。△木(き) の枝(えだ)を～/摇动树枝。

ゆ・る⓪ 【揺る】(自他五)①摇动, 摇晃。△車(くるま)にゆられる/(人) 被车子颠簸。△大木(たいぼく) を～暴風(ぼうふう)/撼动大树的 暴风。②淘洗,涮洗。△金(きん) を～/淘金。

ゆる・い② 【緩い】(形)①松,松 动。△バンドが～/带子松。△ね じが～/螺丝松动。②松弛,不严。 △警戒(けいかい)が～/警戒不严。 ③平缓,缓慢。△～坂(さか)/慢坡。 △～ボールを投(な)げる/投慢 球。④稀,软。△便(べん)が～/ 大便稀。△～溶液(ようえき)/稀溶 液。△糊(のり)が～/浆糊稀。

ゆるし③ 【許し】①许可,准许, 批准。△お～が出(で)る/批准。 △～を得(え)る/得到许可。②宽 恕,赦免。△～を請(こ)う/请求 宽恕。△～を願(ねが)う/乞求赦 免。③技术证书。△～を授(さず) ける/授予证书。

ゆる・す② 【許す】(他五)①许, 准许,允许,许可,批准,应允。 △外出(がいしゅつ)を～/准许外出。 △営業(えいぎょう)を～/批准营 业。△面会(めんかい)を～/答应会 面。②(条件等)容许,许可。△ もはや一刻(いっこく)の猶予(ゆう よ)も許さない/已刻不容缓。△時 間(じかん)が許せばいきたい/如 果时间允许,我想去。③赦免, 宽恕,饶恕,原谅。△罪(つみ) を～/赦罪。△ごぶさたをお許し ください/久疏问候,请多原谅。 ④免,免除。△税(ぜい)を～措置 (そち)/免税措施。⑤信赖,信任。 △この子(こ)はわたしだけに心 (こころ)を許している/这小孩只 信任我。△男(おとこ)に肌(はだ) を～/委身于男人。⑥放松,松懈。 △気(き)を～/松气,松懈,疏忽。 ⑦公认,承认。△自他(じた)とも に～専門家(せんもんか)/公认的专 家。⑧容让,放弃。△敵(てき)の 横行(おうこう)を～/容忍敌人横 行。△敵(てき)に 3 点(さんてん)

を~/让对方3分。

ゆるみ③ 【緩み】〔弛み〕松,松弛,弛缓。△気(き)の~/疏忽。△~なく勉強(べんきょう)する/不懈地学习。△ウエストに~を持(も)たせる/把腰围弄肥一点。

ゆる・む② 【緩む】〔弛む〕(自五)①松,松动,活动。△着物(きもの)の帯(おび)が緩んできた/衣带松了。△ねじが~/螺丝松动。②松软,软化。△氷(こおり)が暖(あたた)かさで~/冰因暖融化。△雨(あめ)で地盤(じばん)が~/因下雨地基变软。③缓和,宽松。△寒(さむ)さが~/寒冷减弱。△制限(せいげん)が~/限制放宽。④松懈,松弛。△気(き)が~/松劲。△心(こころ)が~/松懈。△緊張(きんちょう)が~/松弛。⑤闹肚子。△この子(こ)は食(しょく)あたりで便(べん)が緩んでいる/这孩子吃伤胃拉稀。△腹(はら)が緩んだ/拉肚子。⇨たるむ 表

ゆる・める③ 【緩める】〔弛める〕(他下一)①放松,松开。△ネクタイを~/松开领带。△ベルトを~/松开腰带。△ねじを~/松螺丝。②松劲,松气,松懈。△気(き)を~な/不许松劲。△警戒(けいかい)の心(こころ)を~/放松警惕性。③放慢,降低,缓和。△スピードを~/减速。△攻撃(こうげき)の手(て)を~/缓和攻势。④放宽,放松。△制限(せいげん)を~/放宽限制。△取(と)り締(し)まりを~/放松管束。

ゆるやか② 【緩やか】(形動)①宽松,宽大。△~な結(むす)び目(め)/松动的结扣。△~な処分(しょぶん)/宽大处分。②缓,平缓,缓和,缓慢。△~な坂(さか)/缓坡。△~にカーブする/慢慢转弯。△水(みず)が~に流(なが)れる/水缓缓地流。③从容,安适,舒畅。△~な気分(きぶん)/舒畅的心情。

ゆ・れる⓪ 【揺れる】(自下一)①摇晃,摇摆,晃荡,摆动。△振(ふ)り子(こ)が~/钟摆摆动。△船(ふね)が~/船颠簸。△地震(じしん)で家(いえ)が~/因地震房子摇晃。②不稳定,动摇。△心(こころ)が~/内心动摇。△政局(せいきょく)が~/政局不稳。

	方針が~	台風で船が~	自信が~	ろうそくの火が~	~た人形の首を直す
揺れる	○	○	×	○	×
揺らぐ	○	×	○	○	×
ぐらつく	○	×	×	×	-い○

ゆわ・える② 【結える】(他下一)绑,扎,结,系。△ひもで~/用绳扎好。△風呂敷(ふろしき)を~/结好包袱皮。△ひもをくいに~/把绳子系在桩子上。

よ ヨ

よ①⓪【世】①世，世间，社会。△～に知(し)られる/闻名于世。△～の荒波(あらなみ)にもまれる/饱经人世沧桑。△～にも珍(めずら)しい品(しな)/稀世珍品。△～に立(た)つ/独立生活。△～に出(で)る/ⅰ自立。ⅱ成名。△～に処(しょ)する/处世。△～の常(つね)/常有的事，惯例。△～の習(ならい/世俗，习俗。风土人情。②时代，年代。◇～の移(うつ)り変(か)わり/时代变迁。△～に遅(おく)れる/落后于时代。△～が～なら/如果适逢其时。③一生，一世。△～を終(お)える/去世，结束一生。◇わが～の春(はる)/我的一生之春。④(佛教)世。◇あの～に行(い)く/到那个世界去。◇～の性(さが)/世俗，习俗。风土人情。△～を去(さ)る/去世。◇～を渡(わた)る/度日，生活。◇～の聞(き)こえ/流言，传言。◇～を捨(す)てる/遁世，隐居。出家。◇～をはばかる/避人耳目，离群索居。◇～を背(そむ)く/隐居；出家。△～を逃(のが)れる/隐居。出家。◇～を知(し)る/ⅰ懂世故。ⅱ知春。◇～の営(いとな)み/生计。◇～の覚(おぼ)え/社会评价。◇～をあげて/举世。

よ①【代】代，年代，时代。△～にいれられる/跟上时代。△明治(めいじ)の～/明治时代。△昭和(しょうわ)の～/昭和时代。

よ①⓪【余】Ⅰ(代)(汉字也可写"予")〈文〉我。△～の知(し)る限(かぎ)りではない/不是我所知道的。Ⅱ(名)其余，其他。△～の儀(ぎ)ではない/非多余之事。△その～の事(こと)は知(し)らない/其余之事一概不知。Ⅲ(接尾)余，多。△調査(ちょうさ)に二月(ふたつき)～もかかる/调查需两个多月。

よ①【夜】夜，夜间，晚上。△～が明(あ)ける/天亮，天明。△～を徹(てっ)する/彻夜。◇～の目(め)も寝(ね)ず/彻夜不眠。◇～も日(ひ)も明(あ)けない/不可缺少，片刻不离。◇～を日(ひ)に継(つ)ぐ/夜以继日。

よ (終助)①(感叹)呀，啊等。△雨(あめ)～はやく降(ふ)れ/雨啊，快快下!△舞(ま)え舞え，蝶(ちょう)～/飞吧，飞吧，蝴蝶哟!②表示催促、告诫、叮嘱、责备、引起对方注意等强调的语气。△早(はや)く行(い)こう～/快走吧。△早く帰(かえ)るの～/可早点儿回来啊。△何(なに)言(い)ってるのよ/胡说些什么呀!△もう日(ひ)が暮(く)れる～/天可要黑啦!

よあけ③【夜明(け)】①拂晓，黎明。△～が近(ちか)い/天将拂晓。

△～を待(ま)って出発(しゅっぱつ)する/待天亮出发。②〈喻〉开端，开始，曙光。△文明(ぶんめい)の～/文明的开端。△平和(へいわ)の～/和平的曙光。

よ・い① 【良い・善い】〔好い・佳い〕(形)①好的，优秀的，出色的。△～人柄(ひとがら)/好人品。△成績(せいせき)が～/成绩好。△品質(ひんしつ)の～品物(しなもの)/质优物品。△頭(あたま)が～/聪明。②美丽，漂亮。△器量(きりょう)が～/长得漂亮。△景色(けしき)が～/景致美。③适合，合适，理想的。△遊(あそ)び相手(あいて)に～/合适的玩耍伙伴。△それは～思(おも)いつきだ/那是很好的主意。△～ところへ来(き)た/来的正好。④正确的，正当的。△～行(おこな)い/正当行为。△～と信(しん)ずるからそうしたのだ/认为是正确的，才这么干的。⑤经常地。△あの家(いえ)にはよく行(い)く/经常去那一家。⑥允许，行，可以。△食(た)べても～/可以吃了。△その品(しな)を買(か)っても～か/那东西可以买吗?⑦足够，充分。△準備(じゅんび)は～か/准备就绪了吗。△もう～/行了，够了，不要了。⑧好的，巧的。△よく彫(ほ)ってある/刻得很好。△よくできた/完成得很好。⑨吉，佳。△～日(ひ)/吉日。⑩名门的，高贵的。△～家(いえ)のお嬢(じょう)さん/名门的小姐。 (接动词连

用形)容易的。△書(か)き～万年筆(まんねんひつ)/好写的钢笔。△住(す)み～家(いえ)/住着舒适的房子。△読(よ)み～本(ほん)/易读的书。

よいしょ① Ⅰ(感)(用力时的吆喝声)嗨哟。△重(おも)い荷物(にもつ)を"～"と言(い)って持(も)ちあげた/"嗨哟"地一声将重行李提了起来。Ⅱ(名・自サ)〈俗〉恭维，奉承。△～して社長(しゃちょう)にとりいる/用恭维话向社长(总经理)拍马屁。

よいん⓪ 【余韻】①余音。②余韵。△～をもたせる/增添韵味。△～を残(のこ)す/余音回荡。△～嫋嫋(じょうじょう)/余音缭绕。△読後(どくご)の～を楽(たの)しむ/欣赏读后的余韵。

よう① 【用】①事，事情。△～がない/没有事情。△急(きゅう)に～を思(おも)いつく/突然想到一件事。△ぜひ頼(たの)みたい～がある/有件事一定要请你帮忙。△～を足(た)す/ⅰ)办事。ⅱ)大小便。②用处，用途。△～をなさない/无用。△～にたつ/有用。③(接名词下)用。△消毒(しょうどく)～のアルコール/消毒用酒精。

	急ぎの～	～を足す	早速～に入りますが	～をなさない	～で出かける
用	○	○	×	○	△
用事	○	○	×	×	○
用件	○	×	○	×	×

よう① 【洋】①洋，东洋，西洋。△～食(しょく)/西餐。△～の東西

(とうざい)を問(と)わず/无论东方还是西方。△和魂(わこん)～才(さい)/日本的精神西方的才能。②洋，海洋。△太平(たいへい)～/太平洋。

よう① 【陽】①阳(正面、积极的，男性的)。△陰(いん)～の二気(にき)/阴阳二气。②表面，外表。△陰(いん)に～に/暗里明里。

よう① 【様】Ⅰ(名・形动)①像，似。△まるで雪(ゆき)の～だ/简直像雪一样。△兄弟(きょうだい)の～に親(した)しい/亲如兄弟。②那样，如同。△夢(ゆめ)の～な話(はなし)/梦一般的话。△君(きみ)の～にする/像你那样做。③类似，例举。△シャンハイの～な大都会(だいとかい)/上海那样的大城市。④似乎，仿佛。△一度(いちど)見(み)た事(こと)がある～だ/似乎见过一面。⑤表示可能。△練習(れんしゅう)すれば泳(およ)げる～になる/一练习就能学会。⑥表示结果。△命(めい)によって天津(てんしん)へ出張(しゅっちょう)する～になった/奉命到天津出差。⑦表示目的。△間(ま)にあう～に早(はや)く出(で)かける/早些出发以便赶得上。⑧表示愿望。△早(はや)く健康(けんこう)になります～に祈(いの)ります/祝您早日康复。Ⅱ(接尾)①方式，方法，样子。△考(かんが)え～がない/没法考虑，无法想。△手(て)の打(う)ち～がない/无处下手。②形状，样式。△刃物(はもの)～のもの/形状像刀一样的东西。△上代(じょうだい)～/远古式。△天竺(てんじく)～の門(もん)/印度式的门。③类似。△歯(は)ブラシ～のもの/类似牙刷的东西。

よ・う① 【酔う】(自五)①醉，喝醉。△酒(さけ)に～/酒醉。△いくら飲(の)んでもよわない/怎么喝也不醉。②晕(车、船)。△バスに～/晕车。△人(ひと)いきれに～/人多闷热而难受。③陶醉，着迷，狂热。△歓喜(かんき)に～/陶醉于欢乐中。△名演技(めいえんぎ)に～/着迷于精彩的表演。△勝利(しょうり)に～/陶醉在胜利中。

よう (助动)①表示意愿、劝诱。△今夜(こんや)は早(はや)く寝(ね)～/今晚早点儿睡。△明日(あした)も学校(がっこう)に来(こ)～/明天打算到学校去。△大(おお)きな声(こえ)で答(こた)え～/请大声回答。△ここで一服(いっぷく)し～/(咱们)在这儿休息会儿吧(抽袋烟吧)。②表示推测，想像。△午後(ごご)は晴(は)れ～/下午会晴吧。△景気(けいき)も好転(こうてん)し～/景况会好起来的吧。③使语气柔和。△こうすることでこの問題(もんだい)も解決(かいけつ)でき～/这样做这个问题也会得到解决的。

ようい① 【用意】(名・他サ)①准备，预备。△～万端(ばんたん)をととのえる/万事俱备。△食事(しょくじ)を～する/准备饭菜。②小心，注意，留神。△～おさおさ怠(おこた)りない/万无一失。⇨

じゅんび表

よういⓄ①【容易】(形动)容易,简单,轻易。△～なことではない/不那么简单。△～にできる/容易办。△～ならざる事態(じたい)/严重的事态。⇨へいい表, ⇨たやすい表

よういくⓄ【養育】(名・他サ)养育,抚养。△～費(ひ)/养育费;抚养费。△親類(しんるい)の子(こ)を～する/抚养亲戚的孩子。

よういんⓄ【要因】要因,主要原因。△事件(じけん)の～/事件的要因。△～になる/成为主要原因。△さまざまな～が考(かんが)えられる/估计有各种各样的因素。

よういんⓄ【要員】(所需)人员。△～の確保(かくほ)/确保所需人员。△保安(ほあん)～/保安人员。

ようえき①【溶液】溶液。

ようかⓄ【八日】①八日,八号。②八天。

ようがⓄ【洋画】①西洋画。△～の技法(ぎほう)/西洋画的技法。②欧美电影。△～を見(み)に行(い)く/去看西洋电影。

ようがⓄ【陽画】(照相)正片。

ようがんⓄ①【溶岩】〔熔岩〕熔岩。△～が流(なが)れる/熔岩流动。

ようきⓄⓄ【陽気】(名・形动)①阳气(万物活力)。△～が満(み)ちる/充满阳气。△一発(はっ)するところ金石(きんせき)もまた透(とお)る/精诚所至金石为开。②气候,时令,天气。△～がよい/气候好。△春(はる)めいた～/充满春意的天气。③快活,爽朗。△～な人物(じんぶつ)/开朗的人。△～にはしゃぎまわる/快活地喧闹。④热闹。△～に騒(さわ)ぐ/欢闹。

ようき①【容器】容器。△ガラスの～/玻璃容器。

ようぎ①【容疑】嫌疑。△～者(しゃ)/嫌疑犯。△～がかかる/受嫌疑。△～が晴(は)れる/嫌疑洗清。

ようきゅうⓄ【要求】(名・他サ)①要求。△～をだす/提要求。△～に応(おう)じる/答应要求。△～をける/拒绝要求。②需要。△人員(じんいん)を～する/需要人手。△からだが水分(すいぶん)を～する/身体需要水分。

	～を入れる	～を掲げる	国の～にこたえる	部屋の明け渡しを～する	御～にそよう努力する
要求	○	○	×	○	×
要望	○	×	×	×	○
要請	○	×	○	○	

ようきょくⓄ【陽極】阳极,正极。△～グロー/阳极辉光。△～処理(しょり)/阳极氧化。

ようぐ①【用具】用具,器材。△絵(え)をかく～/绘画用具。△器械体操(きかいたいそう)の～/器械操的用具。△教育(きょういく)～/教具。

ようけんⓄ③【用件】事,事情(的内容)。△～を述(の)べる/讲述事情的内容。△ご～を伺(うかが)います/打听件事。⇨よう表

ようごⓄ【用語】①用词,措词。

△難解(なんかい)な～/费解的词。△～が適切(てきせつ)でない/用词不当。②术语。△哲学(てつがく)～/哲学术语。△専門(せんもん)～/专业术语。

ようご① 【養護】(名・他サ)护养,保育。△～学校(がっこう)/养护学校(为智力低下及肢体残疾儿童设立的)。△～施設(しせつ)/保育设施。△病弱児(びょうじゃくじ)を～する/护养病弱儿童。

ようご① 【擁護】(名・他サ)拥护,保护。△平和(へいわ)～/拥护和平。△憲法(けんぽう)を～する/拥护宪法。△人権(じんけん)を～する/保护人权。△～者(しゃ) ⅰ)保护人。ⅱ)(竞赛)记录保持者。

ようこう⓪ 【要項】〈文〉要点,重要事项。△～を決(き)める/决定重要事项。△募集(ぼしゅう)～/招聘简章。

ようこそ① (副・感)("よくこそ"的音变)欢迎,欢迎光临。△～おいでくださいました/衷心欢迎您的到来。△まあ、～。どうぞお上(あ)がりください/啊,欢迎欢迎,快请进!

ようさい⓪ 【洋裁】裁西服,西服缝纫。△～を習(なら)う/学习西服裁剪技术。

ようし①⓪ 【用紙】用纸,纸张。△所定(しょてい)の～に記入(きにゅう)すること/填入规定用纸。△答案(とうあん)～/答卷纸,答题纸。

ようし① 【要旨】要旨,要点,大意。△文章(ぶんしょう)の～/文章大意。△談話(だんわ)の～をまとめる/归纳谈话要点。△～をとらえる/抓住要点。⇨ようてん 表

ようし① 【陽子】质子。△～療法(りょうほう)/质子疗法。

ようし⓪ 【養子】养子。△～をとる/收养养子。△～縁組(えんぐみ)/因过继而成为父子关系。

ようじ① 【幼児】幼儿,幼童。△あどけない～/天真的幼儿。△～の教育(きょういく)/幼儿教育。

ようじ⓪ 【用事】事情,工作。△～がある/有事情。△～をすませる/办事。△～を言(い)いつける/嘱托办事。⇨よう 表

ようしき⓪ 【様式】①样式,方式。△新(あたら)しい～/新样式。△生活(せいかつ)～/生活方式。②风格。△コリント～の建筑(けんちく)/(古希腊)科林斯式的建筑。△劇詩(げきし)の～で書(か)く/用戏剧诗的风格写。③格式。△書類(しょるい)の～/文件格式。

ようしつ⓪ 【洋室】西式房间。△～にお客様(きゃくさま)を案内(あんない)する/把客人引进西式房间。

ようしゃ① 【容赦】(名・他サ)①饶恕,宽恕,原谅。△失礼(しつれい)の段(だん)ご～ください/请原谅失礼之处。△今度(こんど)やったら～しないぞ/要再干可不饶啊!②容忍,姑息。△情(なさ)け～もない/毫不留情。

ようしゅん⓪ 【陽春】〈文〉①暖和的春天,阳春。△～の日(ひ)ざし/和煦的春光。②阴历正

月。

ようしょ⓪① 【要所】①要地，重要地点。△交通(こうつう)の〜/交通要地。△〜に警察官(けいさつかん)がたつ/重要地方站有警察。②要点。△〜をおさえる/抓住要点。⇨ようてん表

ようじょ① 【養女】养女，过继的女儿。△〜を迎(むか)える/收养养女。

ようじょう③ 【養生】(名・自サ)①养生，养身。△〜につとめる/致力于养生。②疗养，调治，保养。病後(びょうご)は〜が大切(たいせつ)だ/病后疗养很重要。△温泉(おんせん)で〜する/在温泉疗养。

ようしょく⓪ 【洋食】西餐，西菜。△〜にあきる/西餐吃膩了。△〜屋(や)/西餐馆。

ようしょく⓪ 【養殖】(名・他サ)养殖，繁殖。△〜真珠(しんじゅ)/人工养殖的珍珠。△うなぎを〜する/养殖鳗鱼。

ようじん① 【用心・要心】(名・自サ)小心，注意，留神。△〜深(ぶかい)/小心的; 很谨慎的。△火(ひ)の〜/小心火灾。△〜棒(ぼう)/ⅰ)顶门棍。ⅱ)防身杖。ⅲ)保镖，卫士。

ようす⓪ 【様子・容子】①情况，状况。△〜が分(わ)かる/了解情况。△しばらく〜をみよう/观察一会儿情况。△現地(げんち)の〜/现场的状况。②容貌，姿态，样子。△〜のいい人(ひと)/容貌美丽的人。△〜がおかしい/样子可疑。③缘由，根由,事由。△何(なに)か〜がありそうだ/似乎有什么缘由。△〜ありげに語(かた)る/煞有介事地讲述。

よう・する③ 【要する】(他サ)①要，须，需要。△時間(じかん)が〜/需要时间。△注意(ちゅうい)を〜/要注意。△完成(かんせい)には三年(さんねん)を〜/到完成需要三年。②概括。△要して言(い)えば/概括地说。③埋伏。△敵(てき)を道(みち)に要して討(う)つ/在路上伏击敌人。

ようするに③ 【要するに】(副)总之，总而言之。△〜、あれは信用(しんよう)できない男(おとこ)だ/总之那个男人不可信。

ようせい⓪ 【要請】(名・他サ)请求，要求。△〜に応(おう)じる/按照请求。△〜を受(う)ける/接受请求。△援助(えんじょ)を〜する/请求援助。⇨ようきゅう表

ようせい⓪ 【養成】(名・他サ)培养，培训，造就。△指揮者(しきしゃ)を〜する/培养指挥员。△タレントの〜所(じょ)/演员培训班。⇨いくせい表

ようせき① 【容積】①容积，容量。△〜が大(おお)きい/容积大。△〜200リットルのドラム缶(かん)/容积200立升的汽油桶。②体积。△〜を求(もと)める/求体积。

ようせつ⓪ 【溶接】〔熔接〕(名・他サ)焊接，电焊。△〜技術(ぎじゅつ)/焊接技术。△〜ロボット/

焊接机器人。△鉄板(てっぱん)を～する/焊接铁板。

ようそ①【要素】要素，因素。△構成(こうせい)～/构成要素。△危険(きけん)な～をはらむ/蕴藏着危险因素。△衣・食・住(いしょくじゅう)は生活(せいかつ)の三大(さんだい)～である/衣、食、住是生活的三大要素。

ようそう⓪【洋装】(名・自サ)①西装，西服。△～が似合(にあ)う/西装合身。△～して外出(がいしゅつ)する/穿西装外出。②洋装，西式装订。△～本(ぼん)/洋装书。

ようそう⓪【様相】样子，情况，状态。△悲観的(ひかんてき)な～を呈(てい)する/显出悲观的样子。△波乱(はらん)含(ふく)みの～を示(しめ)す/呈现风波将起的情势。

ようそうてん③【洋装店】西服店。

ようたい③【容体・容態】①病状，病情。△～が悪化(あっか)する/病情恶化。②打扮，装束。△～にかまわない人(ひと)/不修边幅的人。

ようたし④③【用足し】〔用達〕(名・自サ)①办事。△～に行(い)く/出去办事。②大小便。△～してくる/方便一下就来。③(经常为政府机关办货的)承办商。△ご～/承办商。

ようち①⓪【幼稚】(名・形动)〈文〉①幼稚，稚气。△～な議論(ぎろん)/幼稚的争论。△君(きみ)の考(かんが)えは～すぎる/你的想法太幼稚。②年幼。△～園(えん)/幼儿园。

ようてん③⓪【要点】要点。△～がはっきりする/要点明确。△～をしぼって話(はな)す/归纳要点谈话。

	論文の～	～をまとめる	～をおさえる	発表～を提出する	交通上の～
要点	○	○	○	×	×
要旨	○	○	×	○	×
要所	○	×	×	×	○

ようと①【用途】用途，用处。△～が限(かぎ)られる/用途受限制。△～の広(ひろ)い品(しな)/用途广的物品。

ようねん⓪【幼年】①幼年，童年。△～時代(じだい)/幼年时代。②儿童。△～向(む)けの絵本(えほん)/面向儿童的画册。

ようび⓪【曜日】(一周的七个)曜日，星期。△日(にち)～/星期日。△～を忘(わす)れる/忘记星期儿。

ようひん⓪【用品】用品，用具。△事務(じむ)～/办公用品。△家庭(かてい)～/家庭用具。

ようひん⓪【洋品】①洋货。②西式服装，服饰品。△～店(てん)/洋货店。西服店。

ようふ⓪【養父】养父。

ようふう⓪【洋風】洋式，西式。△～建築(けんちく)/西洋式建筑。

ようふく⓪【洋服】西服，西式服装。△～を着(き)る/穿西服。△～掛(がけ)/西服衣架。

ようふぼ③【養父母】养父母。

ようぶん①【養分】养分，养料。△～を吸収(きゅうしゅう)する/吸

收养分。
ようぼ① 〇【養母】养母。
ようほう〇【用法】用法。△語(ご)の～/词的用法。△～を誤(あやま)る/弄错了用法。
ようぼう〇【要望】(名・他サ)要求,期望,切望。△強(つよ)い～/强烈的要求。△～にこたえる/满足要求。△実施(じっし)を～する/渴望实施。⇒ようきゅう表
ようもう〇【羊毛】羊毛。△～を刈(か)る/剪羊毛。△～製品(せいひん)/羊毛制品,羊毛产品。
ようやく〇【洋薬】西药。
ようやく〇【要約】(名・他サ)①要点,概要。△文章(ぶんしょう)の～/文章概要。△～本小説(ほんしょうせつ)/节选本小说。②概括,归纳。△講演(こうえん)の趣旨(しゅし)を～する/概括一下讲演的主要内容。△～して話(はな)す/归纳起来讲。
ようやく〇〔漸く〕(副)①渐渐。△～涼(すず)しくなる/渐渐转凉。②终于,好不容易。△～たどり着(つ)く/终于到达。△～完成(かんせい)した/好不容易完成了。
ようよう〇③【洋洋】(名・形夕ト)①(水量)浩大。△～大洋(たいよう)/汪洋大海。②(前途)远大。
ようらん〇【要覧】要览,简章。△学校(がっこう)～/学校要览。
ようりょう②【用量】(药)用量。
ようりょう③【要領】①要领,要点。△～を得(え)ない/不得要领。②诀窍,窍门。△～がいい/ⅰ)得窍门。ⅱ)乖巧。△～をのみこむ/掌握窍门。
ようりょう③〇【容量】容量,容积。△～を越(こ)える/超载,超过容量。△電気(でんき)～/电容量。
ようりょくそ③④【葉緑素】叶绿素。
ようれい〇【用例】举例,例句。△～を示(しめ)す/举例。△～をあげて説明(せつめい)する/举例说明。
ようれき〇【陽暦】太阳历,阳历。
ヨーグルト③〔德 Yogurt〕酸奶,酸乳酪。
ヨード〔德 Jod〕碘。△～剤(ざい)/碘酒。
よか①【余暇】余暇,闲暇。△～を見(み)つける/偷闲。△～の善用(ぜんよう)/有效利用业余时间。△～を楽(たの)しむ/欢度余暇。
よかん〇【予感】(名・他サ)预感,预兆,先兆。△いい事(こと)がありそうな～がする/预感到即将有好事。△～があたる/预感应了。△～した通(とお)りになる/不出所料。
よかん〇【余寒】春寒。
よき①【予期】(名・他サ)预期,预想,预料。△結果(けっか)を～する/预期的结果。△～に反(はん)する/出乎预料。△～せぬ出来事(できごと)/突发事件。⇒よそう表
よきょう〇【余興】余兴(节目),助兴。△宴会(えんかい)の～/宴会的余兴。△～に手品(てじな)をする/变个戏法以助兴。△これか

ら～に移(うつ)る/现在开始表演余兴节目。

よきん⓪【預金】(名・自他サ)存款，储蓄。△定期(てい き)～/定期存款。△～通帳(つうちょう)/存折。△～をおろす/提取存款。△銀行(ぎんこう)に～する/把钱存银行。

よく⓪①【翌】(连体)翌，次。△～日(じつ)/第二天。

よく①【良く・善く】〔能く〕(副)①好好地，仔细地。△～言(い)って聞(き)かせる/好好说给(某人)听。△～ごらんください/请您仔细看。②好，漂亮。△～できている/完成得很好。△～書(か)けた/写得很漂亮。③经常，常常。△～間違(まちが)える/经常弄错。△～ある事(こと)/常有的事。④(表示责难、佩服等心情)难为，竟能，居然。△～おいでくださいました/难为您为我而来。△あんな事(こと)が～言(い)えたものだ/居然说出那种话。△困難(こんなん)に～うちかつ/竟能战胜困难，太好了。⑤非常。△～似(に)ている/非常相似。⇨たびたび 表

よく②【欲】〔慾〕欲，欲望，贪心。△知識(ちしき)～/求知欲。△～をひく/引起欲望。△～が深(ふか い)/贪得无厌。◇～に目(め)がくらむ/利欲熏心，利令智昏。△～を言(い)えば/更高要求的话……。⇨よっきゅう 表

よくあさ⓪【翌朝】次日清晨。△～になるとけろりと直(なお)った/到第二天早晨(病)完全好了。

よくあつ⓪【抑圧】(名・他サ)压制，压迫。△言論(げんろん)の自由(じゆう)を～する/压制言论自由。△～を加(くわ)える/给予压迫。

よくしつ⓪【浴室】浴室。

よくじつ⓪【翌日】(名・副)翌日，次日。△～開票(かいひょう)/翌日开箱点票。

よくじょう⓪【浴場】①浴场，浴室。△大(だい)～/大浴场。②澡堂，公共浴池。△公衆(こうしゅう)～/公共浴池。

よくせい⓪【抑制】(名・他サ)抑制，制止。△気持(きも)ちを～する/控制感情。△感情(かんじょう)の～がきかない/控制不住感情。△インフレを～する/制止通货膨胀。

よくちょう⓪【翌朝】(名・副)次晨，第二天早晨。△帰宅(きたく)の～/回家的第二天早晨。

よくねん⓪【翌年】翌年，次年，第二年。△結婚(けっこん)した～に子供(こども)が生(う)まれる/结婚第二年有了孩子。

よくばり⓪③【欲張り】(名・形动)贪婪。△～な人(ひと)/贪婪的人。

よくば・る③【欲張る】(自五)贪心，贪婪。△あまり～な/别太贪心。△欲張って食(た)べる/贪吃。△仕事(しごと)をよくばってもらう/拼命揽活。

よくばん⓪【翌晩】翌晚，第二天晚上。△メーデーの～/五一劳动节的第二天晚上。

よくふか⓪【欲深】(名・形动)贪而无厌,贪心不足。△～で通(とお)っている/贪心得出了名。

よくぼう⓪【欲望】〔慾望〕欲望,欲求。△激(はげ)しい～/强烈的欲望。△～を満(み)たす/满足欲望。⇨よっきゅう 表

よくよく⓪【善く善く】〔能く能く〕(副)①好好地,仔细地,详细地。△～考(かんが)えると/好好地想一下。△～調(しら)べてみたら違(ちが)っていた/认真地一调查原来完全不是那回事。②非常,极其。△～運(うん)がわるい/运气非常不好。③不得已。△～のことでなければ…/如非不得已,就…。

よけい⓪【余計】Ⅰ(形动)多余。△～に稼(かせ)ぐ/多挣钱。△～なお世話(せわ)だ/多管闲事。△～に買(か)い込(こ)む/多买进一些。△その一言(ひとこと)は～だ/那是多余的话。Ⅱ(副)更加,格外。△声(こえ)を聞(き)くと～(に)会(あ)いたくなる/听到声音越发想见面。

よ・ける②〔避ける・除ける〕(他下一)①避,躲避。△水(みず)たまりを～/避开积水。△日(ひ)ざしを～/避日光。△相手(あいて)のパンチを～/躲开对方的拳击。②挪开。△机(つくえ)をわきへ～/把桌子挪边上。③防止,预防,防范。△霜害(そうがい)を～/防霜害。△害虫(がいちゅう)を～/防害虫。

よげん⓪【予言】(名・他サ)预言,预告。△～者(しゃ)/预言家。△～があたる/预言说中。△地震(じしん)を～する/预告地震。

よこ⓪【横】①横。△縦(たて)と～/纵横。△～一列(いちれつ)に並(なら)ぶ/横着排一排。△首(くび)を～に振(ふ)る/摇头(不同意)。△～の連絡(れんらく)/横向联系。②宽。△～五十(ごじゅう)センチの板(いた)/宽50厘米的板子。③侧面,旁边。△頭(あたま)の～に禿(は)げがある/头一侧有斑秃。△彼(かれ)の～に座(すわ)る/坐在他的旁边。△～から口(くち)をだす/插嘴。△～をむく/不理睬,无视。△話(はなし)が～にそれる/话题扯远了。④横卧,躺下。△～にねかす/使睡倒。△～になる/躺倒,躺下。△～の物(もの)を縦(たて)にもしない/懒得连油瓶倒了也不扶。⑤歪,斜。△帽子(ぼうし)を～にかぶる/歪戴帽。

よこがお⓪③【横顔】①侧面(像),侧影。△～がすてきだ/侧面看很漂亮。△～を写(うつ)す/照侧面像。△スターの～を紹介(しょうかい)する/介绍明星的个人生活侧面。②隐私。

よこがき⓪【横書き】横写。△～の便(びん)せん/横写的信纸。

よこぎ・る③【横切る】(他五)穿过,横穿。△道(みち)を～/横穿马路。△車(くるま)が目(め)の前(まえ)を～/车子从跟前通过。△不安(ふあん)が心(こころ)を～/不安掠

よこく⓪【予告】(名・他サ)预告。△～の言葉(ことば)/预约留言。△～なしに実施(じっし)する/不打招呼就实施。△停電(ていでん)を～する/预告停电。△～編(へん)/(影视)预告片。

よこ・す②〔寄越す〕(他五)①寄来, 送来, 派来。△手紙(てがみ)を～/寄信来。△人(ひと)を～/派人来。②交给, 递给。△金(かね)をよこせ/拿钱来。③(用"……てよこす"的形式)……来。△電話(でんわ)をかけて～/打电话来。△何(なに)も言(い)ってよこさない/什么也没给说。

よご・す⓪【汚す】(他五)①弄脏, 污染。△服(ふく)を～/弄脏衣服。△空気(くうき)を～/污染空气。△海(うみ)を～/污染海洋。②损坏, 毁坏。△のれんを～/毁坏名声, 砸牌子。③掺, 拌。△ごまで～/用芝麻拌。④(劝对方吃饭时谦虚说法)请吃。△お口(くち)をおよごしください/请用餐。

よこたわ・る④【横たわる】(自五)①横着。△大木(たいぼく)が道(みち)に～/大木头横在路上。△山(やま)が～/山横卧在眼前。②面临。△危険(きけん)が～/面临危险。△困難(こんなん)が～/面临着困难。③躺卧。△疲(つか)れてベッドに～/累了躺在床上。

よこづな⓪【横綱】①横纲(相扑中最高一级)。②(横纲系在腰间的)粗绳。△～を張(は)る/获得相扑冠军。③第一, 首屈一指。△酒(さけ)の～/喝酒冠军。

よこどり⓪【横取り】(名・他サ)抢, 夺。△お得意先(とくいさき)を～する/抢生意。△～はやめなさい/不要抢夺。

よこなぐり⓪⑤【横殴り】①从侧面打, 从旁边打。△～のパンチ/侧面拳击。△～に打(う)つ/从侧面打。②(风雨)侧面吹, 横吹。△～の雨(あめ)と風(かぜ)/横吹过来的风和雨。

よこばい⓪〔横這い〕(名・自サ)①横爬, 横行。△かにの～/螃蟹横行。②稳定, 无波动。△株価(かぶか)が～を続(つづ)ける/股票持续稳定。

よこみち⓪【横道】①岔道, 歧路。△～に入(はい)る/进入岔道。②邪路。③旁岔。△話(はなし)が～にそれる/话说得离题了。

よこめ⓪【横目】①斜视, 侧视。△～でにらむ/斜着眼看。△～を使(つか)う/偷偷地看。②横纹。

よこやり⓪④〔横槍〕①插嘴。△人(ひと)の話(はなし)に～をいれる/人家说话时插嘴。②干涉, 干预。△～がでる/有人干涉。△～をいれる/加以干预。

よごれ⓪【汚れ】污浊, 污痕, 污染。△～を落(おと)す/去掉污浊。△～が目立(めだ)つ/污痕显眼。△心(こころ)の～/心中污痕。△～役(やく)/反面角色。

よご・れる⓪【汚れる】(自下一)①脏, 不干净。△海(うみ)が～/

海被污染了。△すすで手(て)が～/煤烟脏了手。△排気(はいき)ガスでよごれた空気(くうき)/汽车废气污染了空气。△泥(どろ)に～/被泥沾脏了。②不正当。△よごれた金(かね)を受(う)けとる/接受不正当的钱。

	手が～	泥で服が～	～た金	部屋の空気が～	名が～
よごれる	○	○	○	-れ○	×
けがれる	×	×	×	×	○

よさん⓪【予算】预算。△国(くに)の～/国家预算。△～を立(た)てる/制定预算。△～を組(く)む/编制预算。△～生活(せいかつ)/有计划开支的生活。

よし(感)①(表示允许、答应)行,好,可以。△～、持(も)って行(い)きなさい/行,拿去吧。②(表示安慰)好了。△～、もう泣(な)くな/好了,别哭了。③(表示决心)好,妥。△～私(わたし)からやってみよう/好,我先干干看。④(表示赞许)好。△～よくがんばった/好,干得好。

よしあし①②〔善し悪し・良し悪し〕善恶,好坏。△ことの～を区別(くべつ)する/区别事情的好坏。△きつくしかるのも～だ/严厉训斥也好也不好。⇒りょうひ表

よじのぼ・る⓪④〔攀じ登る〕(自五)攀登。△木(き)に～/爬树。△崖(がけ)を～/攀崖。△ロープを～/攀着绳索往上爬。

よしゅう⓪【予習】(名・他サ)预习。△～と復習(ふくしゅう)/预习

和复习。

よ・す①〔止す〕(他五)停止,终止。△ばかなことはよせ/别干蠢事。△酒(さけ)を～/戒酒。△会社(かいしゃ)を～/辞去公司工作。⇒やめる表

よすみ①【四隅】四角。△部屋(へや)の～/屋内四隅。△～に柱(はしら)をたてる/在四个角立上柱子。△～を切(き)る/切去四个角。

よせ⓪【寄席】曲艺场,杂技场。△～に行(い)く/去曲艺场。

よせあつめ⓪【寄せ集め】收集,拼凑。△がらくたの～/收集废品。△～のチーム/拼凑的球队。

よせあつ・める⑤【寄せ集める】(他下一)①拼凑,凑合。△部品(ぶひん)を寄せ集めて自転車(じてんしゃ)をつくる/拼凑零件组装自行车。②聚拢,聚集,筹措。△ごみを～/归拢垃圾。△資本金(しほんきん)を～/筹措资金。

よせざん⓪【寄(せ)算】(数学)加法。△～と引算(ひきざん)を習(なら)う/学习加法。

よ・せる⓪【寄せる】Ⅰ(自下一)①靠近,接近。△波(なみ)が～/浪涌过来。△敵(てき)が～/敌人逼进。②拜访,访问。△近日中(きんじつちゅう)に寄せていただきます/这几天去拜访您。Ⅱ(他下一)①挪近,移近。△机(つくえ)を窓(まど)ぎわに～/把桌子靠近窗边。△彼女(かのじょ)の耳(みみ)に口(くち)を～/把嘴贴近她的耳朵。②

聚拢，集中。△客(きゃく)を～/聚集客人。△頭(あたま)をよせて相談(そうだん)する/碰头商量。△眉(まゆ)を～/皱眉头。△服(ふく)にしわを～/衣服起褶。③寄，送。△原稿(げんこう)を～/寄稿件。△祝電(しゅくでん)を～/发贺电。④加。△五(ご)に三(さん)を～/五加三。⑤寄居，投靠，依靠。△友人(ゆうじん)の家(うち)に身(み)を～/寄居友人家。⑥倾心，恋慕。△思(おも)いを～/恋慕，倾心。△同情(どうじょう)を～/寄予同情。⑦凭借。△彼(かれ)は歌(うた)によせて心(こころ)の内(うち)を語(かた)った/他借歌倾吐内心。△花(はな)によせて思(おも)いをのべる/借花抒情。

よせん⓪【予選】(名・他サ) 预选。△～リーグ/(竞技)分组预赛。△～を勝(か)ち抜(ぬ)く/通过预选。△彼女(かのじょ)は～で落(お)ちた/她预选时被淘汰。

よそ②〔余所・他所〕①别人家。△～に泊(とま)る/在他人家住宿。②别处，他方。△～の店(みせ)で買(か)う/在别处商店买。△～を向(む)く/脸转向一边。③他乡，远方，外地。△～に行(い)く/去外地。△～から来(き)た人(ひと)/从他乡来的人。④无关，局外。△～の問題(もんだい)/与己无关的问题。△～の流派(りゅうは)/其他流派。△～の見(み)る目(め)/旁观者的眼光。⑤(以"…をよそに"的形式)置之不理，放置一边。△勉強(べんきょう)を～に遊(あそ)びまわる/不学习到处游玩。△商売(しょうばい)を～にする/置经营于不顾。

よそう⓪【予想】(名・他サ) 预想，预料。△～外(がい)/意外；未料到。△～がはずれる/预想落空。△～に反(はん)する/和预想相反。△成否(せいひ)を～する/预料成败。

	～していたとおり	～を立てる	競馬の～	会社の前途を～を許さない	～せぬ事態にとまどう
予想	○	○	○	×	×
予測	○	×	×	○	×
予期	○	×	×	×	○

よそ・う②(他五) 盛(饭)。△ご飯(はん)を茶碗(ちゃわん)に～/往饭碗里盛饭。

よそおい③⓪【装い】①装束，打扮。△旅(たび)の～/旅行的装束。△男(おとこ)の～をする/打扮成男装。②装潢，装饰。△～をこらす/精心装潢。△～もあらたに/装饰一新。③姿态，样子。△野山(のやま)は秋(あき)の～/山野一派秋色。

よそお・う③【装う】(他五)①穿着，装束。△晴(は)れ着(ぎ)に身(み)を～/身着盛装。△彼女(かのじょ)はいつも地味(じみ)によそおっている/她总是穿着朴素。②装饰，打扮。△店内(てんない)を新(あたら)しく～/店内装饰一新。③假装，伪装。△平静(へいせい)を～/故作镇静。△他人(たにん)を～/伪装成他人。△親切(しんせつ)を～/故作亲切。

よそく⓪【予測】(名・他サ)預測，預料，預想。△経済(けいざい)～/经济預测。△～を誤(あやま)る/误测。△～どおりになる/不出所料。⇨よそう 表

よそみ②③〔余所見〕(名・自サ)①看旁边，看别处。△～ばかりする/老东张西望。△教室(きょうしつ)で～する/听课不专心。②旁观。△～にも格好(かっこう)が悪(わる)い/别人看来样子也不好。△～には幸福(こうふく)そうだ/看起来很幸福。③视而不见。

よそゆき⓪〔余所行き〕①出门的衣服，漂亮的衣服。△～に着(き)がえる/换上出门的衣服。②客套，郑重。△～のことばづかい/说话郑重其事。△～のあいさつ/客套一番。

よそよそし・い⑤〔余所余所しい〕(形)外气，疏远，冷淡。△急(きゅう)によそよそしくなる/突然见外起来。△よそよそしくふるまう/假客气。△～態度(たいど)/冷淡的态度。

よぞら①②【夜空】夜空。△～をあおぐ/仰望夜空。

よだれ⓪〔涎〕口水，涎水。△～掛(か)け/馋嘴。△～を流(なが)す/流口水。△～を垂(た)らす/垂涎。△～がでる/垂涎。

よち①⓪【余地】余地，余裕，宽裕。△～がない/没有余地。△立錐(りっすい)の～/立锥之地。△車庫(しゃこ)を作(つく)る～がある/有建车库的空地。⇨ゆとり 表

よつ②【四つ】①四，四个，四岁。△～にたたむ/叠成四折。△弟(おとうと)は～です/弟弟四岁。②(相扑双方交手)僵持，对抗。△～に組(く)む/ i)牢牢扭住。ii)全力以赴。③(古代)巳时，亥时(相当于现在的上午10时或下午10时)。

よつかど⓪【四つ角】①四个角。②十字路口。△～を右(みぎ)へ曲(ま)がる/十字路口向右拐。

よっきゅう⓪【欲求】(名・他サ)欲求，欲望。△～が強(つよ)い/欲望强烈。△～を満(みた)す/満足欲求。△～不満(ふまん)/欲求未满足(而不快)。

	～を満たす	旅に出たいという～が強まる	～が出る	人間の～はきりがない	～不満
欲求	○	○	×	×	○
欲望	○	○	×	○	×
欲	○	×	○	○	×

よっつ③【四つ】①四，四个。②四岁。

よって⓪【因って】〔依って〕(接)因而，所以。△その成績(せいせき)は優秀(ゆうしゅう)である、～これを賞(しょう)する/其成绩优秀，因此给予奖励。

ヨット①快艇，游艇，小帆船。△～ハーバー/帆船专用港。△～を操(あやつ)る/操纵小帆船。

よっぱらい⓪【酔(っ)拂い】①醉汉，醉鬼。△～にからまれる/被醉鬼缠上。②酒醉。△～運転(うんてん)による事故(じこ)/酒醉开车造成的事故。

よっぱら・う⓪【酔っ払う】(自

五)醉(酒),喝醉。△正体(しょうたい)を失(うしな)うほど~/醉得人事不省。

よてい⓪【予定】(名・他サ)①预定,预先安排。△旅行(りょこう)へ行(い)く~/预定去旅行。△~を変更(へんこう)する/变更安排。△出発(しゅっぱつ)を四日後(よっかご)に~する/预定4天后出发。②预估。

よとう⓪①【与党】执政党。△~の支持率(しじりつ)/执政党的支持率。

よどおし⓪【夜通し】(副)彻夜,通宵。△~起(お)きる/彻夜未眠。△~の看病(かんびょう)に疲(つか)れる/彻夜看护很累。△~作業(さぎょう)がつづく/通宵工作。

よなか③【夜中】①半夜,夜半。②深夜。△~におこされる/半夜(深夜)被叫起来。

よのなか②【世の中】①世间,社会。△~に出(で)る/走入社会。△~から忘(わす)れられる/被社会所遗忘。△~は広(ひろ)いようで狭(せま)い/天地既宽又窄。②时代。△コンピューターの~/计算机的时代。⇒せけん表

よび①【予備】预备。△~のタイヤ/备用轮胎。△~の費用(ひよう)/备用经费。△~知識(ちしき)/预备知识。

よびかけ⓪【呼(び)掛け】号召,呼吁。△~にこたえる/响应号召。△署名(しょめい)への~を行(おこな)う/举行签名运动。

よびか・ける④【呼(び)掛ける】(他下一)①呼唤,招呼。△人(ひと)によびかける/有人打招呼。②呼吁,号召。△協力(きょうりょく)を~/呼吁协作。

よびごえ⓪③【呼び声】①呼喊声,吆喝声。△~が聞(き)こえる/听见呼喊声。△物売(ものう)りの~が近付(ちかづ)いてきた/叫卖声近了。②呼声。△~が高(たか)い/呼声高。

よびすて⓪【呼(び)捨て】(不加敬称)直接称呼。△互(たが)いに~にする仲(なか)/互相指名道姓的朋友(亲密的朋友)。

よびだし⓪【呼(び)出し】①呼出,叫出。△~をかける/呼叫。②传呼,传唤。△~電話(でんわ)/传呼电话。△お~を申(もう)し上(あ)げます/(现在)广播找人。△裁判所(さいばんしょ)から~を受(う)ける/接到法院传唤。

よびだ・す③【呼(び)出す】(他五)①唤出来,叫出来。△電話口(でんわぐち)へ~/叫来接电话。△裁判所(さいばんしょ)によびだされる/被法院传唤。②邀请,相约。△食事(しょくじ)に~/邀请吃饭。

よびつ・ける④【呼び付ける】(他下一)①叫到跟前来。△社長(しゃちょう)に呼び付けられる/被总经理叫走。②惯用,叫惯。△呼び付けた名前(なまえ)で呼(よ)ぶ/用叫惯的名字称呼。

よびと・める③【呼び止める】(他下一)叫住。△彼(かれ)はタクシ

一を呼び止めた/他叫住了出租车。

よびもど・す④【呼(び)戻す】(他五)①召回，唤回，叫回。△旅先(たびさき)から～/从旅行中叫回来。△支社(ししゃ)から本社(ほんしゃ)に～/从分店召回总店。②恢复，复苏。△記憶(きおく)を～/恢复记忆。△生命(せいめい)を～/复苏。

よびもの⓪【呼(び)物】精彩节目，抢手货。△サーカスの～/杂技团的精彩节目。△～の芝居(しばい)/叫座的戏。△～の映画(えいが)/最受欢迎的影片。

よびよ・せる④【呼び寄せる】(他下一)叫到身边，叫过来。△電報(でんぽう)で～/拍个电报叫过来。

よ・ぶ⓪【呼ぶ】(他五)①喊，叫，招呼。△人(ひと)をよぶ/叫人。△助(たす)けを～/呼救。②邀请。△客(きゃく)を～/邀请客人。③称为，叫做。△下流(かりゅう)を桂川(かつらがわ)と～/下游叫做桂川河。④请，叫来。△医者(いしゃ)を～/请医生。△タクシーを～/叫出租车。⑤吸引，引起。△人気(にんき)を～/受欢迎。△波乱(はらん)を～/引起骚乱。◇類(るい)は友(とも)を～/物以类聚。

よふかし③②【夜更(か)し】(名・自サ)熬夜。△～を続(つづ)ける/连续熬夜。△仕事(しごと)で～する/因工作而熬夜。

よふけ③【夜更け】〔夜深け〕夜深，深夜。△～に人(ひと)がたずねてくる/深夜有人来访。

よぶん⓪【余分】(名・形动)①剩余，富余。△～な物(もの)/富余的东西。△～を他(た)に回(まわ)す/把剩余拿做他用。△～ができる/有富余。②多余，格外。△～な金(かね)は持(も)っていない/没有多余的钱。△人(ひと)より～に働(はたら)く/比别人格外多干。

よほう⓪【予報】(名・他サ)预报。△天気(てんき)～/天气预报。△台風(たいふう)を～する/预报台风。

よぼう⓪【予防】(名・他サ)预防，提防，防备。△～接種(せっしゅ)/预防接种。△病気(びょうき)を～する/预防疾病。△～線(せん)/防线。△～拘禁(こうきん)/(法律)防护关押。

よほど⓪【余程】(副)①相当，颇，十分。△～の金持(かねもち)/大富翁。△～疲(つか)れたのだろう/大概很累了吧。△～の事(こと)がない限(かぎ)り/只要没有特殊事情。②(以"よほど…と思ったが…"的形式)很想……，但……。△～注意(ちゅうい)してやろうと思(おも)ったがやめた/很想提醒他，可没那样做。

よみ①【読み】读，念，(围棋等)看步数，对某物前途的判断。△漢字(かんじ)の～/汉字读法。△～が深(ふか)い/深谋远虑。△～を誤(あやま)る/判断失误。

よみあ・げる⓪④【読(み)上げる】(他下一)①朗读，宣读。△祝電(しゅくでん)を～/宣读贺电。②看完，读完。△小説(しょうせつ)を～/

读完小说。

よみあやま・る⓪⑤【読み誤る】(他五)读错，念错。

よみかえ・す⓪③【読み返す】(他五)重新读(一遍)，再看(一遍)。△書(か)いた手紙(てがみ)を～/重新看一遍写好了的信。

よみがえ・る⓪④〔蘇る・甦る〕(自五)①复苏，复活，更生。△病人(びょうにん)が～/病人复苏了。△ひと雨(あめ)降(ふ)って草木(くさき)がよみがえった/一场雨后草木复苏了。②恢复，复兴。△記憶(きおく)が～/恢复记忆。△平和(へいわ)が～/恢复和平。△笑顔(えがお)が～/恢复了笑容。

よみかき①【読み書き】(名・他サ)读写。△～そろばん/ⅰ)读、写、算。ⅱ)读书识字。△～が達者(たっしゃ)だ/能读善写。

よみかた④③【読み方】①读法，念法。△漢字(かんじ)の～/汉字的读法。△～が浅(あさ)い/读法简单。②(小学的)阅读课。

よみこみ③【読み込み】(计算机)读入。

よみだし③【読み出し】(计算机)读出。

よみて③⓪【読み手】①读者，读的人。△読書会(どくしょかい)で～になる/在读书会上担任朗诵。②(玩"歌がるた"诗歌纸牌时)唱读诗歌的人。△～をつとめる/作唱读人。

よみて③⓪【詠み手】诗人，擅长诗歌的人。△和歌(わか)の～とし
ても名高(なだか)い/作为和歌诗人也很有名。

よみと・る⓪③【読(み)取る】(他五)①读懂，领会。△作品(さくひん)のあらすじを～/读懂作品的梗概。②理解，看出。△真意(しんい)を～/看出真意。

よみもの②③【読(み)物】①读物，书籍。△子供向(こどもむ)きの～/儿童读物。②(说书的)题目，节目。

よ・む①【詠む】(他五)咏(诗)，作诗。△ふるさとをよんだ短歌(たんか)/吟诵故乡的"短歌"。△俳句(はいく)を～/作俳句。

よ・む①【読む】(他五)①读，念。△文章(ぶんしょう)を～/读文章。△経(きょう)を～/念经。②阅读，看。△小説(しょうせつ)を～/读小说。△グラフを～/看图表。△新聞(しんぶん)を～/看报。△温度計(おんどけい)の目盛(めも)りを～/看温度计的刻度。③数。△数(かず)を～/数数。△秒(びょう)を～/读秒。④读解，译解。△暗号(あんごう)を～/译解密码。⑤猜测，揣度，理解，领会。△相手(あいて)の腹(はら)を～/猜测对方的心思。△投手(とうしゅ)は打者(だしゃ)の心(こころ)をよんだ/投球手领会了击球手的意图。⑥(下棋)思考，考虑。△五手先(ごてさき)まで～/考虑到五步棋。

よめ⓪【嫁】①儿媳。△～と姑(しゅうとめ)/媳妇与婆婆。②出嫁。△～に行(い)く/出嫁。△娘(むすめ)

を～にやる/把女儿嫁出去。③妻。△～をもらう/娶妻。△君(きみ)のお～さんは元気(げんき)か/你妻子好吗？△花(はな)～/新娘。

よやく⓪【予約】(名・他サ)预约,预订,预定。△～金(きん)/定金,押金。△～を受(う)け付(つ)ける/接受预约。△～をとる/预约。△ホテルを～する/订宾馆房间。

よゆう⓪【余裕】①富余,剩余,多余。△金銭的(きんせんてき)な～がある/钱有富余。△時間(じかん)の～がない/时间没有富裕。②余裕,充裕,富裕,充容。△～のある態度(たいど)/从容的态度。△～をみせる/显得悠闲。△～綽綽(しゃくしゃく)/绰绰有余。⇨ゆとり表

より⓪【寄り】Ⅰ(名)(相扑)弯腰用力推对方。Ⅱ(接尾)靠近。△駅(えき)～/靠近车站。

より (副)更,更加。△～よい方法(ほうほう)/更好的方法。△～大(おお)きくする/做的更大些。△～安全(あんぜん)な場所(ばしょ)に移(うつ)る/转移到更安全的地方。

より (格助)①(比较的基准)比,比较。△山(やま)～高(たか)く海(うみ)～深(ふか)い御恩(ごおん)/比山高比海深的恩情。△鉄(てつ)～固(かた)い意志(いし)/比铁坚的意志。△妹(いもうと)はわたし～三(みっ)つ若(わか)い/妹妹比我小三岁。②(表示起点,经由)从,自,由。△五時(ごじ)～始(はじ)まる/从五点开始。△大通(おおどお)り～行(い)く/由大路去(走大路)。③(接否定)除此之外。△泣(な)く～ほかない/只有哭。△黙(だま)る～しかたがない/除了沉默别无他法。④与其…不如…。△富(とみ)～健康(けんこう)を重(おも)んじる/看重金钱莫如重视健康。◇花(はな)～団子(だんご)/舍名求实。

よりあつま・る⑤【寄り集まる】(自五)聚到一起,聚集。

よりかか・る④【寄(り)掛かる】〔凭り掛かる〕(自五)①靠,凭靠。△壁(かべ)に～/靠着墙壁。△欄干(らんかん)に～/凭栏。②依赖,依靠。△親(おや)によりかかった生活(せいかつ)/依赖于父母亲的生活。

よりどころ⓪③〔拠り所〕①依据,根据。△～のない主張(しゅちょう)/没根据的主张。②依托。

よりみち⓪【寄り道】(名・自サ)①绕远,绕道。△それはたい～ん～になる/那太绕远了。②顺路,顺道。△～をして友人(ゆうじん)を見舞(みま)う/顺路探望朋友。

よりわけ・る⓪④〔選り分ける〕(他下一)①挑选,分选。△大(おお)きさでよりわけられたみかん/大小分选开的桔子。②区别,分辨。△子供(こども)には善悪(ぜんあく)を～力(ちから)がない/小孩没有分辨是非的能力。

よる①【夜】夜,晚。△～がふける/夜深了。△～も昼(ひる)も/不

分昼夜。◇～の鶴(つる)/父母恩似海。◇～の錦(にしき)/衣锦夜行。〈喻〉成功了但不被赏识。

よ・る⓪【因る】(自五)因,由于。△不注意(ふちゅうい)に～事故(じこ)/因疏忽引起的事故。△窃盗(せっとう)の罪(つみ)により逮捕(たいほ)する/因盗窃罪而逮捕。

よ・る⓪〔依る〕(自五)凭,靠,以,用,通过。△木(き)と紙(かみ)によって作(つく)られた家(いえ)/用木头和纸建造的房子。△コンピューターによって計算(けいさん)する/靠计算机计算。◇木(き)によって魚(うお)を求(もと)める/缘木求鱼。

よ・る⓪〔拠る〕(自五)①根据,按照。△法(ほう)によって処罰(しょばつ)する/依法处罚。△天気予報(てんきよほう)によればあしたは雨(あめ)/据天气预报明天下雨。②凭,据,靠。△城(しろ)によって守(まも)る/据城而守。△天険(てんけん)によって敵(てき)を防(ふせ)ぐ/凭天险阻击敌人。

よ・る⓪【寄る】①接近,靠近。△そばへ～な/别靠近。△もっと前(まえ)のほうによりなさい/再往前凑一凑。②集聚,聚集。△親戚一同(しんせきいちどう)が本家(ほんけ)によって相談(そうだん)した/亲戚们都聚集到本家来商量。◇三人(さんにん)よれば文殊(もんじゅ)の智恵(ちえ)/三个臭皮匠顶个诸葛亮。◇～と触(さわ)ると/一聚到一起就…。◇よってたかって/群起蜂拥。③顺路,顺便到。△帰(かえ)りに友達(ともだち)の家(いえ)に～/归途顺便到朋友家。④停靠,靠岸。△船(ふね)が岸(きし)に～/船要靠岸了。⑤靠,倚靠。△柱(はしら)に～/靠着柱子。⑥偏移,偏袒。△額(がく)の位置(いち)が左(ひだり)へよっている/匾的位置有点儿偏左。⑦重叠,增加。△～年(とし)波(なみ)には勝(か)てない/年龄不绕人。△しわが～/起皱纹。⑧依靠,依赖。△～べき人(ひと)もない/无依无靠。◇寄らば大樹(たいじゅ)の陰(かげ)/背靠大树好乘凉。⑨(相扑)推。△横綱(よこづな)は相手(あいて)を土俵際(どひょうぎわ)へ寄って出(で)た/横纲将对手推出界外。

よ・る①〔選る〕(他五)选择,挑选。△いい物(もの)をよって買(か)う/选好了的买。△よりによって/偏偏选中……。

よろい⓪〔鎧・甲〕甲,铠甲,甲胄。△～を着(き)る/穿上铠甲。△～戸(ど)/百叶窗。△～通(どお)し/匕首,短刀。

よろこばし・い⑤【喜ばしい】〔悦ばしい〕(形)高兴的,喜悦的。△まことに～ことです/实在是值得高兴的事。

よろこび④③⓪【喜び】〔悦び・歓び・慶び〕①喜悦,高兴,愉快,欢喜。△～が顔(かお)にでる/喜形于色。△勝利(しょうり)の～/胜利的喜悦。△～にわく/欢喜雀跃。

②道喜，祝贺。△お~を申(もう)しあげます/衷心祝贺您。△~を述(の)べる/向您道喜。③喜庆事。△~が重(かさ)なる/喜上加喜，双喜临门。

よろこ・ぶ③【喜ぶ】〔悦ぶ・歓ぶ・慶ぶ〕(自他五)①高兴，欢喜，喜悦。△心(こころ)から~/从心里高兴。△合格(ごうかく)して~/因合格而高兴。△手(て)をたたいて~/拍手称快。△小躍(こおど)りして~/欢欣雀跃。②祝贺，庆贺。△娘(むすめ)の幸(しあわ)せを~/祝贺女儿的幸福。△親(おや)の長寿(ちょうじゅ)を~酒盛(さかもり)/庆贺双亲长寿的宴会。③乐意接受。△忠告(ちゅうこく)をよろこばない/不接受劝告。

よろし・い⓪〔宜しい〕(形)①好的，行的，妥当。△いつ伺(うかが)えば~ですか/什么时候拜访合适呢？△早(はや)く出(で)かけるほうが~/最好早点出发。②不妨，可以，行。△やめて~/可以停止。△それで~/可以了。③(表示同意)好，行。△よろしく引(ひ)き受(う)けます/好，我答应了。④(谢绝，拒绝)不用了，不要了。△釣(つ)り銭(せん)は~/不用找钱了。

よろしく⓪〔宜しく〕(副)①(寒暄话)关照，问好。△今後(こんご)とも~/今后还请多关照。△皆(みな)さんに~/问大家好。②适当，酌量，酌情。△~手配(てはい)をしてください/请适当安排。△~あしらう/酌情处理。③(下接"べし")当然，一定。△~努(つと)めるべきだ/当然应努力了。△~反省(はんせい)すべきだ/应当反省。④(接名词)真像，活像。△俳優(はいゆう)~演技(えんぎ)する/演得像演员一样。

よろめ・く③〔蹌踉く〕(自五)①踉跄，蹒跚，东倒西歪，摇摇晃晃。△よろめきながら歩(ある)く/蹒跚而行。△思(おも)わず~/不由得打了个趔趄。②受引诱，动摇。△考(かんが)えが~/思想动摇。

よろよろ①(副・自サ)蹒跚，踉踉跄跄。△~(と)歩(ある)きだす/踉跄跄地迈步。△足(あし)もとが~する/步履蹒跚。

よろん①〔世論・輿論〕舆论。△~が高(たか)まる/呼声高涨。△~調査(ちょうさ)/民意测验。△~に訴(うった)える/诉诸舆论。

よわい②⓪〔齢〕〈文〉年龄。△~八十(はちじゅう)を数(かぞ)える/现年八十岁。△~を重(かさ)ねる/上年纪。⇨ねんれい表

よわ・い②【弱い】(形)①弱，软弱。△体(からだ)が~/体弱。△力(ちから)が~/力气小。②(程度)低，浅。△~酒(さけ)/度数低的酒。△光(ひかり)が~/光线暗。③脆弱，不牢固，不结实。△ビニールは熱(ねつ)に~/塑料不耐热。△この生地(きじ)は~/这布料不结实。④懦弱，软弱无能。△気(き)が~/胆小。⑤经不起……，对……过

敏。△船(ふね)に～/晕船。△酒(さけ)に～/不能喝酒,对酒过敏。△寒(さむ)さに～/怕冷。⑥不擅长,笨拙。△スポーツに～/不擅长体育。△頭(あたま)が～/不聪明。

よわま・る① 【弱まる】(自五)变弱,减弱。△風雨(ふうう)が～/风雨变小。△体力(たいりょく)が～/体力减弱。

よわみ③ 【弱み】〔弱味〕弱点,弱处。△～をみせる/露出弱点。△～につけこむ/抓住弱点。△相手(あいて)の～を握(にぎ)る/掌握对方的把柄。

よわむし② 【弱虫】〈俗〉胆小鬼,懦夫。△～小虫(こむし)、はさんですてろ/鼓起勇气,振作起来。

よわ・める③ 【弱める】(他下一)①减弱,削弱。△勢力(せいりょく)を～/削弱势力。△体(からだ)を～/损坏健康。②放慢,减慢。△速力(そくりょく)を～/放慢速度。

よわ・る② 【弱る】(自五)①变弱,减弱,衰弱。△足腰(あしこし)が～/腰腿不灵便了。△気力(きりょく)が～/精力衰退。②困窘,为难,无可奈何。△あの男(おとこ)には～/那人难对付。△よわったな/真不好办啊!

よん① 【四】四。

よんだいこうがい①-⓪ 【四大公害】四大公害疾病(指三重县的气喘病、富士县的骨痛病、新潟县的水俣病和熊本县的水俣病)。

よんりん⓪ 【四輪】四轮。△～駆動(くどう)/4轮驱动。△～操舵(そうだ)/4轮转向。

ら ラ

-ら 【等】(接尾)①(主要接在有关人的名词或代词后表示复数)等,们。△子供(こども)～/孩子们。△これ～/这些。②表示方面、场所、时间等大概情况。△ここ～で一休(ひとやす)みしよう/在这一带休息一会儿吧。⇒たち表

ラージ① [large]巨大的,宽大的。△～スケール/大规模。△～ボール/(高尔夫)大球。△～ラケット/大球拍。

ライ⓪ [rai]黑麦。△～ウイスキ/黑麦威士忌酒。

らい- 【来】(接头)来,下一。△～学期(がっき)/下一学期。

-らい 【来】(接尾)以来。△生(せい)～/有生以来。

らいう① 【雷雨】雷雨。△～が通(とお)る/遇到雷雨。

ライオン⓪① [lion]狮子。

らいきゃく⓪ 【来客】来客。△～が多(おお)い/来客很多。

らいげつ① 【来月】下月,来月。

らいこう⓪ 【来航】(名・自サ)来航,从外国坐船来。

らいさん⓪ 【礼賛】〖礼讃〗(名・他サ)①赞美,歌功颂德。△～をおしまない/热情歌颂。△先人(せんじん)の業績(ぎょうせき)を～する/赞颂先人的业迹。②拜佛。

らいしゅう⓪ 【来週】下周,下星期。

ライス① [rice](饮食店的)大米饭。△～カレー/咖喱饭。

ライター① [lighter]打火机。△ガス～/气体打火机。

ライター① [writer]撰稿人,著者,作家,记者。△シナリオ～/电影脚本作者。△ルポ～/现场采访记者。

ライダー [ridar]骑手,赛车选手。

ライト① [light]①光,照明。△～を消(け)す/熄灯。②(颜色)明亮,淡。△～ブルー/亮绿色。③轻便,简单。△～バン/轻型客货两用汽车。△～ランチ/经济便餐。△～級(きゅう)/(体育)轻量级。④公理,正义。⑤右侧。⑥(棒球)右翼。

らいにち⓪ 【来日】(名・自サ)来日本,访问日本。△一回目(いっかいめ)の～/初次来日本。

らいねん⓪ 【来年】明年,来年。△～のことを言(い)えば鬼(おに)が笑(わら)う/未来的事情不可预知。

ライバル① [rival]①竞争者,硬对手。△～に勝(か)つ/战胜竞争者。②情敌。

ライフ① [life]①生命,命。△～サイクル/生命周期。②生活。△カレッジ～/大学生活。△シンプル～/单纯明快的生活。③人生,一生。△～ワーク/一生的事业。

らいほう⓪【来訪】(名・自サ)来访。△～者(しゃ)/来访者。△～を待(ま)つ/等待来访。⇨ほうもん表

ライン①[line]①线。△～を引(ひ)く/画线。②列，行。③航线，航空线。④国界线。

らく②【楽】(名・形动)①心情愉快。△～な暮(く)らし/愉快的生活。②容易，简单。③"千秋楽(せんしゅうらく)"之略。◇～あれば苦(く)あり/有乐就有苦。◇～は苦(く)なり/有乐就有苦。◇～は苦(く)の種(たね)苦(く)は～の種(たね)/乐极苦所伏,苦极乐所倚。

らくえん⓪【楽園】乐园,天堂。△地上(ちじょう)の～/人间天堂。△子供(こども)の～/儿童乐园。

らくがき⓪【落書(き)】(名・自サ)乱写乱画。△～を消(け)す/擦去乱写乱画的东西。

らくご⓪【落語】落语(日本曲艺品种之一,演员以滑稽语言使人发笑,类似中国的单口相声)。△～家(か)/落语演员。

らくさつ⓪【落札】(名・他サ)中标。△その工事(こうじ)をA業者(ぎょうしゃ)は～した/这项工程A业主中了标。

らくせい⓪【落成】(名・自サ)(建筑物)落成,竣工。△ビルの～/大楼竣工。

らくせん⓪【落選】(名・自サ)①漏选,未参选。②落选,未入选。△選挙(せんきょ)に～する/落选。

らくだ⓪〔駱駝〕①骆驼。②驼绒织品。

らくだい⓪【落第】(名・自サ)①落第,不及格。△～点(てん)/及格线。②留级,不升级。

らくてん⓪【楽天】乐天,乐观。△～的(てき)/乐天的。△～主義(しゅぎ)/乐天主义。

らくてんか⓪【楽天家】乐天派。

らくのう⓪【酪農】酪农,制乳业。

ラグビー①[rugby]橄榄球。

らくよう⓪【落葉】落叶,落下的叶。△～樹(じゅ)/落叶树。

らくらく③【楽楽】(副)①舒适,快乐。△～と暮(く)らす/舒适度日。②不费力,很容易。△～と勝(か)つ/轻而易举地赢了。

ラケット②[racket](网球、羽毛球、乒乓球等的)球拍。

-らしい(接尾)(接名词、副词、形容动词词干下,构成形容词)①的确像那么回事的,像那种样子的,有风度的,有那种气概的。△庭(にわ)～庭/像样的院子。△男(おとこ)らしい男/有男子气概的男子,像个男子汉的男子。△いかにも南国(なんごく)～景色(けしき)だ/的确是一派南国风光。②(给人以某种感觉)好像…的样子。△わざと～おせじ/故意似的奉承。△ばか～話(はなし)/一派无聊的话。

らしい(助动)(接名词或动词、形容词终止形、形容动词词干等下面,表示推断)好像…。△テストがある～/好像有测试。△この辺(あたり)は夜(よる)は静(しず)か～/

这一带夜晚好像很安静。

ラジオ①⓪ [radio]①无线电收音机。△～をつける/开收音机。②无线电广播。△～を聞(き)く/听广播。③辐射,发射。△～放送(ほうそう)/无线电广播。

ラジオ・アマチュア①-③ [radio amateur]业余无线电爱好者。

ラジオ・ウエーブ①-② [radio wave]无线电波。

ラジオ・カー①-① [radio car]无线广播中继车。有电话的汽车。

ラジオ・コメディー①-③ [radio comedy]广播喜剧。

ラジオ・コントロール①-④ [radio control]无线电控制。

ラジオ・テレホン④ [radiotelephone]手提式电话,无线电话。

ラジオ・ドラマ①-② [radio drama]广播剧。

ラジオ・ニュース①-① [radio news]广播新闻。

ラジオ・マイク①-① [radio mike]步话机。

ラジオ・ロボット①-② [radio robot]无线操纵机器人。

ラジカセ [radio cassette]("ラジオカセット"之略)收录机。

らしん⓪ 【裸身】裸体。

	～の女	～像	上半身～で	～画	～を横たえた美女	破産して～になる
裸身	○	○	×	×	○	×
裸体	○	○	○	○	○	×
裸	○	×	○	×	×	○

らしんばん② 【羅針盤】罗盘,指南针。

ラスト① [last]最终,最后,结束。

△～インコング/(棒球)最后一局(第九局)。△～チャンス/最后的机会。△～シーン/最后一幕。△～ナンバー/(音乐会)最后一支曲子。△～ヘビー/最后冲刺。△～ワン/最后一张牌。

らせん 〔螺旋〕①螺旋状物体。△～階段(かいだん)/螺旋状楼梯。②螺钉,螺丝,螺栓。

らたい【裸体】裸体。△～画(が)/裸体画。△～モデル/裸体模特。△～をさらす/展示裸体。△～にする/剥光身子。⇨らしん表

らっか①⓪【落下】(名・自サ)(从高处)落下。△物体(ぶったい)の～/物体落下。△～物(ぶつ)/降落物。

らっか①【落花】落花,花谢。◇～狼藉(ろうぜき)/狼藉不堪。◇～枝(えだ)に返(かえ)らず/破镜不能重圆。△～生(せい)/落花生。

らっかさん③【落下傘】降落伞。

らっかん⓪【楽観】(名・他サ)乐观。△～的(てき)/乐观的。△～主義(しゅぎ)/乐观主义。

ラッキー⓪ [lucky]幸运;幸运的。△～な得点(とくてん)/幸运得分。△～ボーイ/幸运儿。

ラッシュ① [rush]①蜂拥而至,拥上。②混杂。③交通拥挤时间,高峰时间。△朝(あさ)の～/早晨高峰时间。

ラッシュ・アワー①[rush hour]交通拥挤时间,高峰时间。

らっぱ⓪ 〔喇叭〕①喇叭(铜管乐器的总称)。△～が鳴(な)る/鸣号。△～飲(の)み/嘴对瓶口喝。△～

手(しゅ)/号手。△～ズボン/喇叭裤。②吹牛,说大话。△～を吹(ふ)く/说大话。

- **ラテン**⓪ [Latin]拉丁语。拉丁人的,拉丁民族。△～アルファベット/(26个)拉丁字母。△～音楽(おんがく)/拉丁音乐。△～文字(もじ)/拉丁文字。
- **ラブ**① [love](名・自他サ)①爱,恋爱。②(网球)不得分,没得分。
- **ラブ・ストーリー**①-② [love story]①爱情故事。②恋爱小说。
- **ラベル**① [label]①标签,商标。②(录音带上的)贴签。
- **ラマ**⓪ [lama](宗教)喇嘛。
- **られつ**⓪ 【羅列】(名・自他サ)罗列。△数字(すうじ)の～/数字的罗列。△単語(たんご)を～する/将单词排列起来。
- **られる** (助动)(接五段以外的动词及使役助动词"せる""させる"的未然形下)①表示被动。△人(ひと)に見(み)られた/被人看见了。②表示接受。△人(ひと)に助(たす)け～/受人帮助。③表示自发。△先(さき)のことが案(あん)じ～/前途令人担心。④表示可能。△あすの会(かい)には出(で)られません/不能出席明天的会议。⑤表示尊敬。△先生(せんせい)が来られました/先生来了。
- **らん**① 【欄】(印刷物或记事簿的)栏,栏目。△氏名(しめい)～/姓名栏。△投書(とうしょ)～/读者来信栏。△～を設(もう)ける/设置栏目。
- **ラン**⓪ [run]①跑。跑垒。△スリー～/一次本垒打得三分。②连续演出。△ロング～/长期上演,长期上映。
- **ランウエー**① [runway](机场)跑道,(运动场)跑道。
- **ランク**① [rank](名・他サ)排列顺序,排等级。△～が上(あ)がる/名次上升了。△～が違(ちが)う/次序紊乱。
- **ランゲージ**③ [language]语言。国语。
- **らんざつ**⓪ 【乱雑】(名・形动)杂乱,乱七八糟。△～な部屋(へや)/乱糟糟的屋子。△～に置(お)く/乱堆乱放。
- **らんそう**⓪ 【卵巣】卵巢。△～ホルモン/卵巢激素。
- **らんぞう**⓪ 【乱造】滥造。△粗製(そせい)～/粗制滥造。
- **ランチ**① [launch]大舢板。游艇,小艇。
- **ランチ**① [lunch]经济西餐,便餐,午餐。
- **ランデブー**③ [法 rendez-vous]①(男女)幽会,约会。②宇宙飞船(在太空)会合。
- **ランドセル**③ [荷 ransel](小学生用的)双肩背书包。
- **ランニング**①⓪ [rlunning]①跑,竞走。②(棒球)跑垒。③(滑雪)滑降。④(运动用的无袖)运动衫。
- **ランプ**① [lamp]①煤油灯。②电灯。③(连结立体交叉路的)坡道,引道。
- **らんぼう**⓪ 【乱暴】(名・自サ・形

动)①粗野,粗暴。△～な言葉(ことば)/粗野言词。②粗糙,不细致。△～な計画(けいかく)/没有根据的计划。

らんよう⓪【濫用】〔乱用〕(名・他サ)滥用。△薬(くすり)の～/乱用药品。△職権(しょっけん)を～する/滥用职权。

らんりつ⓪【乱立・濫立】(名・自サ)乱立,乱树立。△店(みせ)の～/乱开店铺。△看板(かんばん)が～する/乱立招牌。

り　リ

り① ⓪【利】①利，便利。△地(ち)の～/地利。△戦(たたか)い～あらず/战斗不利。②利息。△～を生(う)む/生利。

り① ⓪【理】①道理，条理。△～にかなわない/不合道理。△～の当然(とうぜん)/理所当然。②理科。△～学(がく)/理科学。③理。◇盗人(とうじん)にも三分(さんぶん)の～/强盗也有三分理。△～が非(ひ)でも/无论如何。△～に落(お)ちる/认死理，辩理。

リアリズム③ [realism]①现实主义。②写实主义。③实在论。

リアル① [real](形动)现实的，写实的。△～な描写(びょうしゃ)/写实描述。△～な肖像画(しょうぞうが)/写实画像。

リーグ① [league]①联合，同盟，连盟。②(体育)循环赛，联赛。△～戦(せん)/循环赛。

リーダー① [leader]①指导者，领导者。△ケラスの～/班级领导。△～シップ/ⅰ)领导权。ⅱ)领导能力。②(印刷)点线。③读本，教科书。④读者。

リーディング① [reading]①(英语的)读法，朗读。②读书，阅读。△～ルーム/阅览室。

リード① [lead](名・自他サ)①领导，先导。△～に従(したが)う/服从领导。②(体育比赛)领先。△三点(さんてん)の～/领先三分。③(棒球)离垒。

りえき①【利益】①利，盈利，利润。△～を生(う)む/生利。△～を追求(ついきゅう)する/追求利用。②利益，益处。△～社会(しゃかい)/福利社会。

	～の多い商売	～を上げる	公共の～を図る	～仕事
利益	○	○	○	×
収益	○	○	×	×
もうけ	○	○	×	×

りえん①【離縁】(名・他サ)①离婚，离异。△妻(つま)を～する/和妻子离婚。②断绝同养子女的关系。△養子(ようし)を～する/断绝养父子关系。

りか①【理科】①(自然科学学科的总称)理科。△～の実験(じっけん)/理科实验。②(大学中的)理科课程。

りかい① ⓪【理解】(名・他サ)①理解，明白，懂得。△～が早(はや)い/理解得快。△～を深(ふか)める/加深理解。△私(わたし)は先生(せんせい)の話(はなし)を十分(じゅうぶん)～した/我完全理解了老师的话。△論文(ろんぶん)の内容(ないよう)について～する/理解了论文的内容。△言葉(ことば)の意味(いみ)を～する/明白了话的意思。△この論文(ろんぶん)の主題(しゅだい)がどこにあるか

を～する/明白了这篇论文的主题究竟在哪里。△私(わたし)は相手(あいて)の真意(しんい)はそこにはないと～している/我认为对方的真实意图不在这里。②体谅，谅解。△～を欠(か)く/缺乏谅解。△部下(ぶか)の気持(きも)ちを～する/体谅部下的心情。

りがい① 【利害】利害，得失，利弊。△～を離(はな)れる/不计较利害得失。△～関係(かんけい)/利害关系。△～の衝突(しょうとつ)/利害冲突。

りがく① 【理学】①自然科学。②物理学。△～博士(はくし)/理学博士。③(哲学)理学。

りきがく② 【力学】力学。

りきし①⓪ 【力士】①相扑家，力士。②大力士。③(佛教)金刚力士。

りきてん③⓪ 【力点】①重点，着重点。△～を置(お)く/作为重点。②(物理学)力点。

りき・む 【力む】(自五)①用力，憋劲。△顔(かお)をまっ赤(か)にして～/使足劲，脸憋得通红。△うんと～/憋足劲。②虚张声势。△力んで強(つよ)かった/虚张声势地逞能。

りきりょう③⓪ 【力量】能力，力量。△十分(じゅうぶん)な～/全力。⇨のうりょく 表

りく⓪② 【陸】陆地，土地。△～に上(あ)がる/上陆。

りくぐん② 【陸軍】陆军。

りくじょう⓪ 【陸上】①陆上，陆地上。△～を運(はこ)ぶ/陆上运输。②("陸上競技"之略)田径赛。△～選手(せんしゅ)/田径运动员。

りくじょうきょうぎ⑤ 【陸上競技】田径赛。

りくち⓪ 【陸地】陆地。ゾウは～にすむもっとも大(おお)きな動物(どうぶつ)である/象是最大的陆栖动物。

りくつ⓪ 【理屈】〔理窟〕①道理，理由。△～に合(あ)う/符合情理。②讲歪理，胡搅蛮缠。△～屋(や)/爱抬杠的人。

	～に合う	～をこねる	そんな事はできる～がない	～をつける	ものの～
理屈	○	○	×	○	×
道理	○	×	○	×	○

りこ① 【利己】利己，自私。△～主義(しゅぎ)/利己主义。△～的(てき)/利己的

りこう⓪ 【利口】〔悧巧・利巧〕(名・形动)①聪明，机灵。△～な子供(こども)/聪明的孩子。②花言巧语，善于周旋。△～に立(た)ち回(まわ)る/巧妙周旋。

りこう⓪ 【履行】(名・他サ)履行，实践。△約束(やくそく)を～する/履行协议。

りこん①⓪ 【離婚】(名・自サ)离婚。△妻(つま)と～する/与妻子离婚。

りし① 【利子】利息，利润。△年五分(ねんごふん)の～が付(つ)く/利息为年息五厘。△～を払(はら)う/付利息。

りじ① 【理事】理事，董事。△～会(かい)/董事会。

りしゅう⓪ 【履修】(名・他サ)(必修课程)学完。△単位(たんい)を～する/学完学分。

りじゅん⓪ 【利潤】利润，红利。△～の追求(ついきゅう)/追求利润。

りしょく⓪ 【離職】(名・自サ)离职。△～者(しゃ)/离职者。

りすう⓪ 【理数】理科和数学。△～科(か)/数理化(课程)。

リスト① [list]目录，一览表。△輸出品目(ゆしゅつひんもく)の～/出口品种一览表。△～アップ/ i) 造表，列表。ii) 筛选，挑选。

リスト① [wrist]手腕。腕力。△～が強(つよ)い/手腕有劲。

リズム① [rhythm]①(诗的)韵，韵律。②(乐曲的)节奏，调子。△～に合(あ)わせる/合着节拍。

りせい⓪ 【理性】理性。△～がある/有理性。△～的(てき)な人(ひと)/有理性的人。

りそう⓪ 【理想】①理想。△～と現実(げんじつ)/理想与现实。②抱负。△～が高(たか)い/有远大抱负。

りそうてき⓪ 【理想的】(形动)理想的。△～な家庭(かてい)/理想的家庭。

りそく⓪ 【利息】利息。△～を取(と)る/取利息。△高(たか)い～/高利息。

りち① 【理知】【理智】理智。△～的(てき)/理智性的。△～の働(はたら)き/理智的作用。

りつ① 【率】率，比率，成数。△利子(りし)の～が上(あ)がる/利率提高了。

りっか① 【立夏】(节气)立夏。

りっきゃく⓪ 【立脚】(名・自サ)立足，根据。△～点(てん)/立足点。

りっしゅう⓪① 【立秋】(节气)立秋。

りっしゅん⓪① 【立春】(节气)立春。

りったい⓪ 【立体】立体。△～映画(えいが)/立体电影。△～交差(こうさ)/立体交叉。

りっとう⓪ 【立冬】(节气)立冬。

リットル⓪① [法 litre]升，立升。

りっぱ⓪ 【立派】(形动)①出色，卓越，优秀。△～な人物(じんぶつ)/杰出的人物。②(仪表)堂堂，(体格)魁梧。△～な体格(たいかく)/魁梧的体格。③充分，完全。△～に役目(やくめ)を果(は)たす/充分起作用。

	～なできばえ	～な人格	推理が～に当たる	～に成人する	～にしくじった
立派	○	○	×	○	×
見事	○	×	○	△	○

りっぽう⓪ 【立方】立方。△～根(こん)/立方根。△～体(たい)/立方体。

りっぽう⓪ 【立法】(名・他サ)立法。△～機関(きかん)/立法机关；立法机构。△～権(けん)/立法权。

りてん⓪ 【利点】优点，长处。△～が多(おお)い/优点多。

りとく⓪ 【利得】得利，收益。△

不法(ふほう)～/非法所得。△～が大(おお)きい/收益大。

りねん⓪【理念】理念，理性概念，根本想法。△平和(へいわ)の～/和平理念。△教育(きょういく)の～/教育的根本想法。⇨がいねん表

リハビリテーション⓪[rehabilitation] 机能康复训练。

リベート②[rebate]①回扣。△一割(いちわり)の～がある/回扣为十分之一。②手续费。△～をとる/收取手续费。

りべつ①【離別】(名・自サ)①离别，分别。△～の悲(かな)しみ/离别之悲苦。②离婚。⇨わかれ表

リポート [report]→レポート

りまわり⓪【利回り】利率。△～のよい貯蓄(ちょちく)/利率高的储备。

りめん①【裏面】①背面，里面。②内幕，幕后。△政界(せいかい)の～/政界内幕。△～工作(こうさく)/幕后活动。

リモート・コントロール⑧[remote control](名・自他サ)遥控，远距离操纵。遥控器。

リモコン⓪"リモート・コントロール"之略。

りゃく①【略】①梗概，大意。△物語(ものがたり)の～/故事大意。②省略，略。△前文(ぜんぶん)は～/前略。

りゃくご⓪【略語】略语，缩写。△特急(とっきゅう)は特別急行(とくべつきゅうこう)の～だ/"特急"是"特別急行"的略语。

りゃく・す②【略す】(他五)→りゃくする

りゃくず⓪【略図】略图。

りゃく・する③【略する】(他サ)①省略，简略。△敬称(けいしょう)を～/敬称略。△説明(せつめい)を～する/略去说明。②攻占。△城(しろ)を～/攻占城堡。

りゃくだつ⓪【略奪】〔掠奪〕(名・他サ)掠夺，抢夺。△お金(かね)を～する/抢钱。

りゆう⓪【理由】①理由，根据。△～がある/有理由。②口实，借口。△～にする/作为借口。⇨げんいん表

りゅうあん①【硫安】硫铵，硫酸铵。

りゅうい①⓪【留意】(名・自サ)留意，留心，注意。△健康(けんこう)に～する/注意健康。△栄養(えいよう)に～する/注意营养。

りゅういき⓪【流域】流域。△利根川(とねがわ)～/利根川流域。△ナイル川(がわ)～/尼罗河流域。

りゅうがく⓪【留学】(名・自サ)留学，在国外求学。△～生(せい)/留学生。

りゅうげん⓪【流言】流言。△～飛語(ひご)/流言蜚语。△～にまどわされる/为流言所惑。

りゅうこう⓪【流行】(名・自サ)①流行。△～歌(か)/流行歌曲。△～性感冒(せいかんぼう)/流行性感冒。②时兴，时髦。△～を追(お)う/赶时髦。

りゅうさん⓪【硫酸】硫酸。

りゅうしゅつ⓪【流出】(名・自サ)流出,外流。△土砂(どしゃ)が～する/沙土流出。△頭脳(ずのう)～/智力外流。△海外(かいがい)～/流向国外。

りゅうせい⓪【隆盛】(名・形动)隆盛,兴盛。△社運(しゃうん)が～になる/公司日趋繁荣。△～をもたらす/带来繁荣。

りゅうせい⓪【流星】流星。

りゅうたい⓪【流体】流体。

りゅうちょう⓪【流暢】(形动)流畅,流利。△～に話(はな)す/流畅地说。△～な英語(えいご)をしゃべる/流利地讲英语。

りゅうつう⓪【流通】(名・自サ)①流畅,流通。△空気(くうき)の～が悪(わる)い/空气流通不好。②通行,通用。△～機構(きこう)/流通机构。

りゅうどう⓪【流動】(名・自サ)①流动。△氷(こおり)の～/冰的流动。②动荡。△～する国際情勢(こくさいじょうせい)/动荡的国际形势。

りゅうねん⓪【留年】(名・自サ)留级。△弟(おとうと)は一年～することになった/弟弟要留级一年。

リューマチ⓪[rheumatism]风湿病,风湿症。

リュックサック④[德 Rucksack](登山等用)背包。

りょう①【両】两个,一对,一双。△～目(め)/一双眼睛。

りょう①【猟】猎,狩猎;猎获物。△かもの～/猎打野鸭。

りょう①【量】①数量,重量。△雨(あめ)の～/雨量。△～をはかる/测量(重)量。②度量,器量。△～の大(おお)きな人(ひと)/度量大的人。

りょう①【漁】渔,捕鱼。△～に出(で)る/出海捕鱼。

りょう①【寮】宿舍。△大学(だいがく)の～/大学宿舍。△～に入(はい)る/住进宿舍。

-りょう【料】(接尾)①材料,原料。△調味(ちょうみ)～/调料。②费用。△有(ゆう)～/收费。△無(む)～/免费。

りよう⓪【利用】(名・他サ)利用。△廃物(はいぶつ)を～する/利用废物。△地位(ちい)を～する/利用地位。△余暇(よか)の～/利用空闲时间。△機会(きかい)を～する/利用时机。

	廃物を～する	相手の弱みを～する	人材を～する	通勤にバスを～する	動詞の～
利用	○	○	×	○	×
活用	○	×	○	×	○

りょうあし⓪【両足】两条腿。

りょういき⓪①【領域】①领土,疆域。△隣国(りんこく)の～を犯(おか)す/侵犯邻国领土。②(学科)范围。△物理(ぶつり)の～/物理学(研究)范围。△研究(けんきゅう)の～を広(ひろ)げる/拓宽研究领域。

りょうかい⓪【了解】[諒解](名・自サ)了解,理解。△～事項(じこ

う)/理解事项。△～を求(もと)める/求得谅解。⇨りょうしょう表

りょうがえ⓪⓪【両替】(名・他サ)兑换，换钱。

りょうがわ⓪【両側】两侧，两边，两方面。

りょうきょく⓪【両極】①(电的)阴阳两极。②(地球的)南北两极。③(事物的)两端，两个极端。△文化(ぶんか)の～/文化两极。

りょうきん⓪⓪【料金】费用。△水道(すいどう)～/自来水费。△特急(とっきゅう)～/特快票费用。△高(たか)い～を出(だ)す/出高额费用。⇨だいきん表

りょうくう①⓪【領空】领空。△～を侵(おか)す/侵犯领空。△～権(けん)/领空权。

りょうけん①【了見】〔料簡・了簡〕①想法，主张。△悪(わる)い～を起(おこ)す/起坏念头。△～が狭(せま)い/想法偏狭，心眼小。②原谅，饶恕。△～がならない/不可原谅。

りょうこう⓪【良好】(形动)良好。△関係(かんけい)～/关系良好。△～な成績(せいせき)/好成绩。△経過(けいか)は～だ/经过良好。

りょうこく①【両国】两国。△中日(ちゅうにち)～の友好(ゆうこう)を深(ふか)める/加深中日两国的友好。

りょうさん⓪【量産】(名・他サ)批量生产，成批生产。△～態勢(たいせい)にはいる/呈批量生产的态势。

りょうし①【猟師】猎人。◇鹿(しか)を追(お)う～は山(やま)を見(み)ず/追赶鹿的猎人看不见山。〈喻〉热中一件事而忽视整体。

りょうし①【漁師】渔夫，渔民。

りょうじ①【領事】领事。△～館(かん)/领事馆。

りょうしき⓪【良識】正确的见解，健全的判断力。△～に訴(うった)える/运用健全的判断力。

りょうしつ⓪【良質】(名・形动)优质，上等。△～の米(こめ)/优质米。△～の水(みず)/优质水。

りょうしゃ①【両者】两者，双方。

りょうしゅう⓪【領収】(名・他サ)收，收到。△～書(しょ)/收据，发票，收条。

りょうしょう⓪【了承】〔諒承〕(名・他サ)知道。谅解。△～を求(もと)める/求得谅解。△～を得(う)る/得到谅解。

	～を求める	申し出を～する	意味が～できた	明日は八時集合だよ。～!	～に苦しむ
了承	○	○	×	△	×
了解	○	○	○	○	×
理解	○	×	○	×	○

りょうしん①【両親】双亲，父母。△～を失(うし)なう/失去父母。

りょうしん①【良心】良心。△～がとがめる/(受到)良心责备。△～を慰(なぐさ)める/良心得到慰藉。

りょうたん⓪③【両端】①两端，两头儿。②(事物的)开始和结束，首尾。

りょうち①【領地】①(封建主的)

領地。②領土。△日本(にほん)の〜/日本領土。

りょうて⓪ 【両手】两手,双手。△〜ですくう/両手捧(水)。◇〜に花(はな)/一人同时占有两样好东西。

りょうど① 【領土】领土。△〜を守(まも)る/保卫领土。△〜を広(ひろ)げる/扩张领土。

りょうはし⓪ 【両端】两端。

りょうひ① 【良否】好坏,善恶。△事(こと)の〜を問(と)う/了解事情的好坏。

	製品〜の	その品の〜を見分ける	〜をつける	余り正直なのも〜だ
良否	○	○	×	×
よしあし	○	○	×	○
優劣	○	×	○	×

りょうほう⓪③ 【両方】双方,两者,两方。

りょうほう⓪ 【療法】疗法,治疗方法。△対症(たいしょう)〜/对症疗法。

りょうめん③⓪ 【両面】①里外两面,两面。②两方面。

りょうよう⓪ 【療養】(名・自サ)疗养,养病。△〜所(じょ)/疗养院。△転地(てんち)〜/转地疗养。

りょうり① 【料理】(名・他サ)①烹调,烹饪,做菜。△一品(いっぴん)〜/零点的菜。快餐。△〜ができる/会做菜。②处理,解决。△難(むずか)しい問題(もんだい)を〜する/处理难题。

りょうりつ⓪ 【両立】(名・自サ)两立,并存。△クラブ活動(かつどう)と勉強(べんきょう)の〜/俱乐部活动与学习并举。

りょうりや③ 【料理屋】饭馆,菜馆。

りょかく⓪ 【旅客】旅客,旅人。△〜(りょかっ)機(き)/客机。

りょかん⓪ 【旅館】旅社,旅馆。△〜に泊(と)まる/住在旅馆。

りょきゃく⓪ 【旅客】→りょかく。

りょけん⓪ 【旅券】护照。

りょこう⓪ 【旅行】(名・自サ)旅行。△団体(だんたい)〜/团体旅行。△〜を楽(たの)しむ/以旅行作为消遣。△〜社(しゃ)/旅行社。

りょひ① 【旅費】旅费,路费。△〜が安(やす)い/旅费便宜。

リラックス② [relax](名・自サ・形動)①松弛。△〜した気分(きぶん)/松弛了的心情。②宽松。△〜な服装(ふくそう)/宽松的服装。

りりく⓪ 【離陸】(名・自サ)(飞机等)起飞,离地。△飛行機(ひこうき)は飛行場(ひこうじょう)を〜した/飞机从机场起飞。

りりし・い 【凛凛しい】(形)威武的,英勇。△〜若武者(わかむしゃ)/威风凛凛的年轻武士。△〜姿(すがた)/英武雄姿。⇨いさましい|表|

リレー① [relay](名・他サ)①转播,中继。△〜衛星(えいせい)/中继卫星。△〜ステーション/中继站,中转站。②传递。△聖火(せいか)〜/传递(奥运)圣火。③(体育)接力赛。△〜レース/接力赛。④继电器。

りれき⓪ 【履歴】履历,经历。

△～書(しょ)/履历书。△～を見(み)る/看履历。

りろん①⓪【理論】理论。△～的(てき)/理论(上)的。△～家(か)/理论家。△～物理学(ぶつりがく)/理论物理学。△～をうち立(た)てる/建立起理论。

りんかく⓪【輪郭】〔輪廓〕①轮廓。△～を描(えが)く/描绘出轮廓。②外形。(脸)形。△雲(くも)が切(き)れて山(やま)の～が現(あらわ)れる/云开雾散,山露出外形。△顔(かお)の～が整(ととの)っている/五官端正,眉目清秀。③概略,梗概。△計画(けいかく)の～/计划的梗概。

りんぎょう⓪【林業】林业。

リング①[link]①环,圈,轮。②戒指。③耳环。④拳击场。

りんご⓪〔林檎・林子〕苹果。

りんさん⓪【磷酸】磷酸。

りんじ⓪【臨時】临时,暂时。△～手当(てあて)/临时津贴。△～休業(きゅうぎょう)/临时停业。△～の仕事(しごと)/临时工作。

リンチ①[lynch]私刑。△～を加(くわ)える/用私刑。

リンパ①[lympha]【淋巴】淋巴。△～液(えき)/淋巴液。△～管(かん)/淋巴管。△～節(せつ)/淋巴节。△～腺(せん)/淋巴腺。

りんり①【倫理】伦理。△～学(がく)/伦理学。

りんりつ⓪【林立】(名・自サ)林立。△ビルが～する/高楼林立。

りんりん⓪③【凛凛】(形動タルト)①(寒风)凛冽。△～たる外気(がいき)/寒冷的室外空气。②凛凛,生气勃勃,勇敢。△勇気(ゆうき)～/勇气十足。

りんれつ⓪【凛冽】(名・形動)(寒气)凛冽。△厳寒(げんかん)～/寒气凛冽。

る　ル

るい① 【類】Ⅰ（名）①同类，一类。△～のない偉業(いぎょう)/空前的伟大事业。②种类，类型。△～を異(こと)にする/种类不同。◇～は友(とも)を呼(よ)ぶ/物以类聚。Ⅱ（接尾）…类。△哺乳(ほにゅう)～/哺乳类。

るいけい⓪ 【累計】（名・他サ）累计，计算总数。△～10万円(じゅうまんえん)に達(たっ)する/累计达10万日元。

るいけい⓪ 【類型】①型，类型。△いくつかの～にわけて述(の)べる/分成若干类型来说明。②同样类型，类似的型。③（特指小说里描写的人物）概念化，公式化。

るいじ① 【類似】（名・自サ）类似，相似。△～点(てん)/相似点。△～した事件(じけん)/类似的事件。

るいしょう⓪ 【類焼】（名・自サ）火势蔓延扩大。△～をまぬかれた/避免了火势蔓延扩大。

るいしん⓪ 【累進】（名・自サ）①累进。△～課税(かぜい)/递增税。②（官职）连续晋升。△彼(かれ)は局長(きょくちょう)に～した/他连续升到了局长。

るいすい⓪ 【類推】（名・自サ）①类推。△～解釈(かいしゃく)/类推性解释。②推测。③（逻辑）类比推理。

るい・する③ 【類する】（自サ）①类似，相似。△これに～話(はなし)は以前(いぜん)からある/先前就有类似的故事。△詐欺(さぎ)に～行為(こうい)/类似诈骗的行为。②〈转〉媲美，匹敌。△技術(ぎじゅつ)の面(めん)では彼(かれ)に～ものがいない/在技术方面没有人比得上他。

るいせき⓪ 【累積】（名・自他サ）①累积，积累。△～赤字(せきじ)/累积的赤字。②积压。

るいぞう⓪ 【累増】（名・自他サ）递增。△人口(じんこう)が～している/人口在递增。

るいどう⓪ 【類同】（名・形动・自サ）〈文〉类同，同类，类似。△これに～な仕事(しごと)/与此类似的工作。

るいべつ⓪ 【類別】（名・他サ）类别，分类。△資料(しりょう)を～する/把资料分类。

るいらん 【累卵】累卵，非常危急。△～の危機(きき)/势如累卵。△～の危(あや)うきにある/岌岌可危。

るいるい⓪ 【累累】（形动タルト）累累，层层叠叠。△～と峰(みね)が連(つら)なる/层峦叠嶂。

ルーズ① [loose]（名・形动）松懈，散漫。△時間(じかん)に～な人(ひと)/对时间抓得不紧的人。

ルーツ① [roots]①先祖，始祖。②根源，起源。△日本語(にほんご)の～/日语的起源。

ルート① [route]道路，路线，途径。△この問題(もんだい)は外交(がいこう)の～を通(つう)じて解決(かいけつ)すべきだ/这一问题应通过外交途径来解决。

ルーム① [room]房间，室。△～エアコン/室内空调。

ルール① [rule]规则，章程，规定。△～違反(いはん)/犯规。△～を守(まも)る/遵守规定。

るす① 【留守・留主】①看守者，看家人。△家(いえ)の～をする/看家。②外出，不在家。△主人(しゅじん)は～です/主人不在家。③(多以"お～"形式)忽略(正业、职守)。△話(はなし)に夢中(むちゅう)で手(て)のほうがお～になる/光顾说话了，以致手头的活儿没有做。◇～は火(ひ)の用心(ようじん)/主人不在家，要注意防火。◇～を預(あず)かる/负责看家。◇～を使(つか)う/佯称不在家。

	主人は今～です	～を頼む	～の札の掛かった研究室	手がおお～になる	国民～の政治
留守	○	○	×	○	×
不在	○	×	○	×	○

るすい② 【留守居】看家，看家人。△～をする/看家。△店(みせ)の～をする/看守商店。◇～の空威張(からいば)り/主人不在家，佣人装腔作势。

るすいばん② 【留守居番】看家，留守人员。

るすがち⓪ 【留守がち】经常不在家。

るすたく⓪ 【留守宅】主人不在的人家。

るすばん⓪ 【留守番】①(江户时代)看守大阪城、二条城的人。②看家，看家人。△～をする/看家。△…に～を頼(たの)む/托(叫)…看家。

ルックス① [looks]容貌，仪表。△～のよい女(おんな)/美貌的女子。

るつぼ① 〔坩堝〕①坩埚。△～炉(ろ)/坩埚炉。②〈转〉(兴奋、激昂的)漩涡。△場内(じょうない)は興奮(こうふん)の～と化(か)した/场内变成了兴奋的漩涡，场内欢腾起来。

るてん⓪ 【流転】(名・自サ)①(佛教)轮回。△～生死(しょうじ)/生死轮回。②流转，变迁，变化。△万物(ばんぶつ)は～する/万物变化。③流浪。

ルネサンス② [法 Renaissance](也作"ルネッサンス")(历史)文艺复兴(时期)。△～音楽(おんがく)/文艺复兴时期的音乐(欧洲古典音乐)。

ルビ① [ruby]①注音用假名。△～付(つ)きの活字(かつじ)/带注音假名的铅字。△～をふる/(给汉字)注上假名。②做振假名用的七号铅字。

ルビー① [ruby]红玉，红宝石。△～婚式(こんしき)/红宝石婚(结

婚四十周年纪念)。

ルポ⓪ [法 reportage]报导,通讯。△現地(げんち)~/现场采访报导。

ルポルタージュ④ [法 reportage](有时略作"ルポ")①报道,现场报道。△~を書(か)く/写报道。②报告文学,记实文学。

るり⓪① [瑠璃]①(佛家七宝之一)蓝宝石。②琉璃(古时的玻璃)。③("~鳥(ちょう)"之略)琉璃鸟。④("~色(いろ)"之略)深蓝色。△空(そら)は~に澄(す)み渡(わた)っている/天空湛蓝。◇~の光(ひか)りも磨(みが)きから/玉不琢,不成器。◇~は脆(もろ)し/好物不牢。

るろう② 【流浪】(名・自サ)流浪,流落,流荡。△~の民(たみ)/流浪的人们。

ルンバ① [西 rumba]伦巴舞,伦巴舞曲。

ルンペン① [德 Lumpen]①流浪者。△~プロレタリアート/流氓无产阶级。②失业者。△~になる/成为失业者。

れ　レ

れい① 【令】①法令。△恩赦(おんしゃ)の〜/大赦令。②令，命令。△〜を下(くだ)す/下命令。

れい① 【礼】〈文〉①礼貌，礼节，礼法，礼仪。△〜を尽(つ)くす/尽到礼节，礼节周到。②(多接于"お"后)表示谢词或谢礼。△お〜の手紙(てがみ)/感谢信。△お〜を言(い)う/道谢。△お〜をする/送礼。③行礼，敬礼，鞠躬。△帽子(ぼうし)をとって〜をする/脱帽敬礼。④仪式，典礼。△即位(そくい)の〜/(皇帝的)登基仪式。◇〜は往来(おうらい)を尚(たっと)ぶ/礼尚往来。⇨れいぎ表

れい① 【例】①先例，前例。△史上(しじょう)に〜がない/史无前例。②例子，事例。△〜をあげて説明(せつめい)する/举例说明。③常例，惯例。△〜になる/成为惯例。④通常，往常。△〜の通(とお)り/象往常一样。⑤(表示谈话双方都知道或不愿明说的事物)那个，某。△やっぱり〜の場所(ばしょ)で会(あ)おう/(咱们)还是在那个地方见面吧。

れい① 【零】零，0。△〜時(じ)/零点。△わがチームは3(さん)対(たい)〜で試合(しあい)に勝(か)った/我队在比赛中以3比0获胜。

れい① 【霊】①精神，灵魂。△〜の世界(せかい)/精神世界。②(死者的)灵，灵魂，魂魄。△先祖(せんぞ)の〜を祭(まつ)る/祭祀祖先(的灵魂)。

レイアウト③ [layout]（名・他サ）①(报纸、书刊等的)版面设计。△紙面(しめん)を〜する/设计版面。②(服装剪裁)纸型的排列。③(展览会、车间、办公室等的)布置，布局，配置(计划)。

れいか① 【零下】零下，零(摄氏)度以下，冰点以下。△今夜(にんや)の気温(きおん)は〜12度まで下(さ)がる/今晚的气温将降到零下12度。

れいかい⓪ 【例会】例会。△〜を開(ひら)く/举行例会。

れいかい⓪ 【例解】（名・自他サ）〈文〉例解，举例说明。△この理論(りろん)を〜した方(ほう)がいい/最好举例说明这个理论。

れいがい⓪ 【例外】例外。△〜を認(みと)める/允许例外。△一人(ひとり)として〜の者(もの)はいない/无一人例外。

れいかん⓪ 【霊感】①灵感，灵机。△〜がひらめくといい考(かんが)えが浮(う)かんでくる/灵机一动，计上心来。②天启，神的启示。△〜を受(う)ける/受到神灵的启示。③神佛的感应。

れいぎ③ 【礼儀】礼仪，礼节，礼

法，礼貌。△～正(ただ)しい/彬彬有礼。△～を知(し)らない/不懂礼貌。

	～をわきまえない人	～を守る	～の悪い子	～を言う	～作法
礼儀	○	○	×	×	○
礼	○	○	×	×	×
行儀	○	×	○	×	○

れいきゃく⓪【冷却】(名・自他サ)①冷却，降温。△熱(ねつ)したエンジンを水(みず)で～する/用水冷却发热的引擎。②冷静，镇静。△～期間(きかん)/(为使争执双方冷静下来而暂时停止谈判的)冷静考虑期间。

れいこう⓪【励行】(名・他サ)①厉行，严格执行。△節約(せつやく)を～する/厉行节约。②坚持进行，努力实行。△早寝(はやね)早起(はやお)きを～して規則(きそく)正(ただ)しい生活(せいかつ)をしましょう/(让我们)坚持早睡早起，过着有规律的生活吧!

れいこく①【冷酷】〔冷刻〕(名・形动)冷酷无情。△～な男(おとこ)/冷酷的家伙。△～な処分(しょぶん)/冷酷无情的处分。

れいじ⓪【例示】(名・他サ)〈文〉例示，举例说明。△業務内容(ぎょうむないよう)を～する/举例说明业务内容。

れいしょう⓪【冷笑】(名・他サ)冷笑，嘲笑，奚落。△～を受(う)ける/受(人)嘲笑。

れいしょう⓪【例証】(名・他サ)①例证，证明的例子。②举例证明，证实。△彼(かれ)は、自分(じぶん)の意見(いけん)がいかに正確(せいかく)であるかを～した/他举例证明了自己的意见是何等正确。

れいじょう⓪【令嬢】(对他人的女儿的敬称)令爱，令嫒，小姐。△ご～はいつご卒業(そつぎょう)ですか/令爱何时毕业?

れいじょう⓪【礼状】感谢信。△～を書(か)く/写感谢信。

れいすい⓪【冷水】〈文〉冷水，凉水。△～を浴(あ)びる/(往身上)浇冷水。洗冷水澡。△～摩擦(まさつ)をする/用冷水擦身。

れいせい⓪【冷静】(名・形动)冷静，镇静，沉着，清醒，心平气和。△～に判断(はんだん)する/冷静地判断。

れいそう⓪【礼装】(名・自サ)〈文〉礼装，礼服。△～して宴会(えんかい)に赴(おもむ)く/穿上礼服赴宴。

れいぞう⓪【冷蔵】(名・他サ)冷藏。△食品(しょくひん)を～する/把食品冷藏起来。

れいぞう⓪【霊像】佛像。

れいぞうこ③【冷蔵庫】冰箱，冷库。△電気(でんき)～/电冰箱。△肉(にく)を～に入(い)れる/把肉放在冰箱里。

れいぞく⓪【隷属】(名・自サ)〈文〉①隶属，附属，从属。△第二次大戦後(だいにじたいせんご)、独立国(どくりっこく)がずいぶん増(ふ)えましたが、それでもまだ大国(たいこく)に～している国(くに)もあ

ります/第二次(世界)大战后,独立国家增加了很多,但还有些国家隶属于大国。②部下,属下,手下,仆从。

れいたん③【冷淡】(名・形动)①冷淡,不关心,不热心,不感兴趣。△仕事(しごと)に～だ/不热心于工作。②冷淡,不热情,不亲切。△～な返事(へんじ)/冷淡的答复。⇨ひややか表

れいだんぼう③【冷暖房】冷气和暖气(设备)。

れいちょう⓪①【霊長】灵长。△～類(るい)/灵长目。△人間(にんげん)は万物(ばんぶつ)の～/人为万物之灵长。

れいてん③②【零点】①(考试或比赛时得的)零分。△数学(すうがく)の試験(しけん)で～を取(と)った/数学考试得了个鸭蛋。②(温度计的)零度,冰点。△～下(か)/冰点以下。③〈喻〉不够资格。△彼(かれ)はエンジニアとしては～だ/他不配当工程师。

れいど①【零度】①(温度计的)零度。△気温(きおん)はもう～以上(いじょう)に上(あ)がった/气温已上升到零度以上了。②(作为计算度数起点的)零度。

れいとう⓪【冷凍】(名・他サ)冷冻,冻。△～庫(こ)/冷冻库。△～食品(しょくひん)/冷冻食品。△魚肉(ぎょにく)を～して保存(ほぞん)する/把鱼肉冷冻起来保存。

れいの①【例の】(连体)①往常的,照例的。△～場所(ばしょ)で会(あ)おう/在老地方见吧。②(谈话双方都知道或不便明说时笼统说的)那,该。△～件(けん)はどうなりましたか/那件事怎么样了。

れいはい⓪【礼拝】(名・他サ)(在日本,基督教徒一般说"れいはい",佛教徒说"らいはい")礼拜,参拜,拜。△教会(きょうかい)で～をする/在教堂做礼拜。△神仏(しんぶつ)を～する/参拜神佛。

れいふく⓪【礼服】礼服。

れいぶん⓪【例文】①例句。△～を参照(さんしょう)して文(ぶん)を作(つく)る/参照例句造句。②例文,范文。③官样文章,八股式文章。④(合同的)条文,条款。

れいぼう⓪【冷房】Ⅰ(名)冷气(设备)。△～をつける/打开冷气。Ⅱ(他サ)(室内)降温,放冷气。△館内(かんない)を～する/馆内放冷气。

れいれいし・い③【麗麗しい】(形)①(装饰,打扮得)过分花哨,漂亮,耀眼。△麗麗しく着飾(きかざ)る/打扮得花枝招展。②夸示,炫耀。△麗麗しく名(な)を連(つら)ねる/堂而皇之地联起名来。

レーザー①[laser]①激光,雷射。△～光線(こうせん)/激光光线。②激光器。

レース①[race]速度比赛(指赛跑、赛艇、游泳比赛及各种车辆比赛等)。△オート～/(汽车或摩托车)赛车。△ボート～/划船比赛。

レーダー①[radar]雷达,无线电

探測器。△～アンテナ/雷达天线。△～エコー/雷达回波。△～スキャン/雷达扫描。△～スコープ/雷达显示器。

レート① [rate]①率,比率,比例。△為替(かわせ)～/汇率。②行市,行情。△日本円(にほんえん)の～/日元牌价。

レーヨン① [rayon]①人造丝。②人造丝织品。

レール①① [rail]①铁轨,钢轨,轨道。②横杆,栏杆。△ガード～/护栏。△カーテン～/(挂窗帘等的)帘杆。◇～を敷(し)く/i)铺设铁轨。ii)(为使事情顺利进行而预先)铺平道路。做好准备。

レーン① [rain](也作"レイン")Ⅰ(名)雨。Ⅱ(造语)雨天用……。△～コート/雨衣。△～シューズ/雨鞋。

れきし⓪【歴史】①历史。△～に名(な)を留(とど)める人物(じんぶつ)/名垂史册的人物。②来历,经历,沿革,变迁。△鉄道(てつどう)の～/铁路的沿革。③历史学。④(学校的)历史科目。

レギュラー① [regular]Ⅰ(名)("レギュラーメンバー"之略)①(体育)正式选手。②(广播、电视等)正式演员。△～になる/成了正式演员。③正规兵,常备兵。Ⅱ(造语)①规则的,有规律的。△～ライフ/有规律的生活。②正规的,正式的。△～コース/(学校的)正科(本科)。

レギュラー・メンバー [regular membar]→レギュラー。

レギュレーター③ [ragulator]①管理者,调整者。②标准钟。③(机械)调整器,校准器。④(化学)调节剂。

れきれき⓪【歴歴】Ⅰ(名)(以"お～"形式)身份、地位高的人,知名度高的人,达官显贵。△商工会(しょうこうかい)のお～がそろって,会議(かいぎ)が始(はじ)まりました/工商(总)会的显赫人物到齐后,会议便开始了。Ⅱ(形动タルト)(文)明显,清楚,确凿。△～たる事実(じじつ)/明显的事实。

レコード② [record]①记录,记载。②(体育竞赛等)最高记录,最佳成绩。△～ホルダー/最高记录保持者。△～をつくる/创记录。③唱片,录了音的磁带。△～コンサート/唱片音乐会。△～をかける/放唱片。④档案,案卷。

レザー① [leather](也作"レザー")①皮革,熟皮,鞣革。△～ジャケット/皮夹克。△～コート/皮大衣(皮上衣)。②("レザークロース"之略)漆布,人造革。

レザー・クロース④ [leather cloth]①漆布,人造革,防水布。②棉毛麦尔登。

レシート② [receipt]收款条,收条,收据。

レシーバー② [receiver](也作"リシーバー")①(乒乓球、网球)接球员。②(排球)接发球员。③接收机。④电话听筒,受话器。

レジスター① [register](有时略作

"レジ")①现金出纳机。②(在现金出纳机前工作的)出纳员。③(计算机)寄存器。

レジスタンス② [法 resistance]反抗，抵抗，抵抗运动。

レジャー① [leisure](也作"リジャー")①空闲,闲暇,业余时间。△～タイム/空闲时间。②业余时间的娱乐。△～産業(さんぎょう)/娱乐性工商业(指对业余娱乐活动提供设备、用具及制造、销售娱乐用具的工商业)。

レジュメ⓪ [法 résumé](也作"レジメ")摘要,概要,要点,大意。△あなたの論文(ろんぶん)の～についてお話(はな)しください/请谈谈您的论文的要点。

レストラン① [法 restaurant]西餐馆。△～ガール/餐馆女服务员。

レセプション② [reception](也作"リセプション")①接待,接见,欢迎。△～デー/接待日,会客日。△～ルーム/接待室,会客室。②招待会,欢迎会,(为招待而举行的)宴会。△～を催(もよお)す/举行招待会。

レター① [letter]①书信,函件。△～ブック/书信备查簿。△ラブ～/情书。②文字,字母。△キャピタル～/大写字母。△スモール～/小写字母。

れつ① 【列】Ⅰ(名)①列,类,行列。△名人(めいじん)の～に入(は)いる/进入名人行列。②排,行,队,列,队列。△～をつくって待(ま)つ/排队等候。③(数学)行列或行列式的纵列。Ⅱ(接尾)…行,…列,…排。△第一(だいいち)～/第一行。

れっか① 【烈火】〈文〉烈火,烈焰。△～のごとく怒(いか)る/大发雷霆。

れっき⓪① 【列記】(名・他サ)开列,列举。△寄付者(きふしゃ)の氏名(しめい)を～する/列举捐助者的姓名。

れっきょ①⓪ 【列挙】(名・他サ)列举,枚举。△欠点(けってん)を～する/列举缺点。△彼(かれ)の功績(こうせき)は～にいとまがない/他的功绩不胜枚举。

れっしゃ①⓪ 【列車】列车,火车。△大雪(おおゆき)で～は三時間(さんじかん)ほど遅(おく)れています/由于(下)大雪,列车约晚点三个小时。△～は時間(じかん)通(どお)りに着(つ)く/列车正点到达。

レッスン① [lesson]①(某种技艺的定期)学习,练习。△ピアノの～にかよう/去学习钢琴。②一节课,(教科书中的)一课。③(学校的)功课,课业,课程。△英語(えいご)の～を受(う)ける/上英语课。

レッテル①⓪ [荷 letter]①(商品上贴的)商标,标签,标记。△箱(はこ)に～を貼(は)る/在箱子上贴商标。②〈转〉(对人或事物的)评价,(给人扣的政治)帽子。△能(のう)なしという～を貼(は)られる/被人称为无能之辈。△裏切者(うらぎりもの)の～を貼る/给戴

上叛徒的帽子。

れっとう⓪【列島】列岛。△日本(にほん)～/日本列岛。

れっとう⓪【劣等】(名・形动)劣等,低劣,低下,低级。△戦後(せんご)、日本人(にほんじん)は～な人種(じんしゅ)であると決(き)めつけられたことがある/战后,日本人曾被指责为劣等的种族。

れっとうかん③【劣等感】自卑感。△～を抱(いだ)く/有自卑感。

レディー①[lady]①贵妇人,淑女,女士。②妇女,妇人。△～ファースト/妇女优先。

レディース②[ladies]女士,妇女。女性的。△～デー/妇女节。

レバー①[lever]①杆,柄,控制杆,操纵杆。②铁杆,铁撬,铁挺。③杠杆。④(火炮的)开闩机,闩柄。

レフト①[left]①左,左边,左侧,左方。②(政治、思想上的)左派,左翼,革新派。③(棒球)左外场,左场手。

レベル①[level]①水平,水准,标准。△～が高(たか)い/水平高。②级,级别,等级。△大使(たいし)～の会談(かいだん)/大使级的会谈。③水平面,水平线。④水平仪,水准仪。⑤电平。

レポーター②[reporter](有时略作"レポ")①(研究会等的)报告人,汇报人。△研究会(けんきゅうかい)の～/研究会的报告人。②(报刊等的)通讯员,采访记者。③(秘密)交通员,联络员。△党(とう)の～/党的交通员。④(法院)判决(或诉讼)发布人。

レポート②[report](有时略作"レポ")①研究报告。②(学生提交的)研究论文。

レモン⓪[lemon](植物)①柠檬树。②柠檬。△～カリ/柠檬汽水。△～ジュース/柠檬汁。△～スカッシュ/鲜柠檬水。△～ティー/柠檬茶。

れる(助动・下一型)(接五段活用动词或サ变动词的未然形,接サ变动词时未然形用"さ")①(表示被动)被,受,挨。△電車(でんしゃ)のなかで足(あし)をふまれた/在电车里被(人)踩了脚。△学校(がっこう)から表彰(ひょうしょう)された/受到了学校的表扬。②表示客观地叙述某种状态。△手紙(てがみ)が出(だ)された/信发出去了。△全国大会(ぜんこくたいかい)は北京(ペキン)で開(ひら)かれる/全国大会在北京召开。③(表示可能)能,能够,可以,会。△彼(かれ)は行(い)かれるかも知(し)れない/他也许能去。△この山(やま)は僕(ぼく)にも登(のぼ)れるよ/这座山我也能爬上去哟!④(表示自发)不由得,自然而然地,情不自禁地。△この音楽(おんがく)を聞(き)くと小学生(しょうがくせい)のころが思(おも)いだされる/一听到这个音乐,就不禁想起小学生的时候。⑤表示尊敬。△これは校長先生(こうちょうせんせい)が書(か)かれた文章(ぶんしょう)で

す/这是校长先生写的文章。

れんあい⓪【恋愛】(名・自サ)恋爱。△～結婚(けっこん)/经过恋爱的结婚。△妹(いもうと)は～小説(しょうせつ)を読んでためいきをついている/妹妹看了恋爱小说后直叹气。△あの二人(ふたり)は～している/他俩在恋爱着。

れんか①【恋歌】〈文〉恋歌，情歌。

れんか①【廉価】(名・形動)廉价，低价。△～な物(もの)/廉价的物品。△～で手(て)に入(い)れる/廉价买进。⇨やすい表

れんが①【煉瓦】砖。△～かまど/砖窑。△～塀(べい)/砖墙。△～を積(つ)む/砌砖。

れんきゅう⓪【連休】连续放假，连续休息日。△三(さん)～/连续放假三天。△飛(と)び石(いし)～/断续的假日。

れんけつ⓪【連結】(名・自他サ)连接，系接。△～器(き)/挂钩。

れんごう⓪【連合】〔聯合〕(名・自他サ)①联合,团结。△国際(こくさい)～/联合国。△～して共同(きょうどう)の敵(てき)に当(あ)たる/联合起来,共同对敌。②联想("associaion"的译词)。△～心理学(しんりがく)/联想心理学。

れんこん⓪【れん根】〔蓮根〕藕,莲藕。

れんさ①【連鎖】①连锁,联系,纽带。△～店(てん)/连锁商店,联号商店。△我(わ)が両国(りょうこく)の間(あいだ)を結(むす)ぶ～となる/成为联结我们两国之间的纽带。②锁链。△～状球菌(じょうきゅうきん)/链球菌。

れんざ⓪⓪【連座】〔連坐〕(名・自サ)连坐,牵连,连累,株连。△彼(かれ)も汚職事件(おしょくじけん)に～している/他也牵连在贪污案件里了。

れんさい⓪【連載】(名・他サ)(在报刊上)连载,连续刊登。△～小説(しょうせつ)/连载小说。△この小説(しょうせつ)は読者(どくしゃ)の評判(ひょうばん)がかんばしくないので、～を打(う)ち切(き)ることになった/这部小说由于读者的评价不高,已决定停止连载了。

れんさく⓪【連作】(名・他サ)①(农业)连作,连种,连茬,重茬。②(由数名作者各写一段)合写(小说等)。△～小説(しょうせつ)/合写的小说。③(文艺、绘画等,由同一作者围绕同一主题而进行的)系列创作,连续作品。△これは～の絵(え)の一部(いちぶ)だけです/这只是整套画的一部分。

れんさはんのう④【連鎖反応】①(物理、化学)连锁反应,链式反应。②〈转〉(指因某一原因发生一连串类似事件的)连锁反应。△この事(こと)は～を起(お)こす/此事会引起连锁反应。

レンジ①[range]西式烹饪炉灶,(特指)微波炉。△ガス～/煤气灶。△電子(でんし)～/微波炉。

れんじつ⓪【連日】(名・副)连日,

连续几天，每天每日。△～連夜(れんや)/连日连夜。日日夜夜。△～大入(おおい)り満員(まんいん)だ/连日客满。

れんしゅう⓪【練習】(名・他サ) 练，练习。△厳(きび)しい～に耐(た)えたのは、優勝(ゆうしょう)したい一心(いっしん)からだった/之所以经受住了严格的练习，是因为一心想获得冠军。△よく～を積(つ)んでいるスポーツマン/训练有素的运动员。

れんじゅう⓪【連中】(也作"れんちゅう")①伙伴，一伙，同事，同伙。△会社(かいしゃ)の～/公司的同事(们)。△あんな～とは付(つ)き合(あ)わない方(ほう)がいい/最好别和那帮人来往。②(演艺团的)一班，成员们。△長唄(ながうた)～/长歌班。

レンズ①[荷 lens]①透镜，(凹凸)镜片。△めがねの～をふく/擦眼镜。②(照相机的)镜头。△～を合(あ)わせる/对镜头。③(眼球的)晶状体，晶体。④双凸透镜状物品。⑤透镜状油矿，扁豆状矿体。

れんそう⓪【連想】[聯想](名・他サ)联想。△日本といえば富士(ふじ)を～する/一提起日本就联想起富士山。

れんぞく⓪【連続】(名・自他サ) 接连，连续。△母(はは)は、朝(あさ)の～ドラマを楽(たの)しみにしている/母亲看早晨的(电视)连续剧消遣。△～して三時間苦戦(さんじかんくせん)した/连续苦战了三个小时。

れんたい⓪【連帯】(名・自サ)①协作，联合，联系，团结合作。△国際的(こくさいてき)な～を強化(きょうか)する/加强国际上的团结合作。②连带，共同负责。△三人(さんにん)が～で保証(ほしょう)する/三人共同担保。③联运。△～切符(きっぷ)/联运车票。

れんたいせきにん⑤【連帯責任】①(法律)(债务人的)连带责任。②(内阁的)集体负责，共同负责。△内閣(ないかく)は国会(こっかい)に対(たい)して～を負(お)う/内阁对国会集体负责。③(社会上的)团结一致的责任感。

レンタカー③[日造 rent-a-car](由租用者自己驾驶的)出租汽车，出赁汽车。△～を借(か)りる/租出赁汽车。

れんちゅう⓪【連中】→れんじゅう。

レントゲン③[德 Rontgen]①伦琴射线，爱克斯射线，X 射线。△～室(しつ)/X 光室。△～にかける/用 X 射线透视。△～写真(しゃしん)を取(と)る/拍摄 X 射线照片。②(射线强度单位)伦，伦琴。

れんにゅう⓪【練乳】[煉乳] 炼乳。△加糖(かとう)～/含糖炼乳。

れんねん⓪【連年】(名・副)连年，连续几年，年年，每年。△～の豊作(ほうさく)/连年丰收。

れんぱい【連敗】(名・自サ)连败。△連戦(れんせん)～/连战连败。△八(はち)～/八连败。△選挙(せんきょ)で～する/屡次竞选

失敗。

れんぱつ⓪【連発】(名・自他サ)①(枪等)连续发射。△～銃(じゅう)/连发枪，冲锋枪。②连续发生，相继发生。△交通事故(こうつうじこ)の～した場所(ばしょ)/相继发生交通事故的地方。③连续说出。△質問(しつもん)を～する/连续提出质询。△冗談(じょうだん)を～する/笑话连篇。

れんばん⓪【連判】(也作"れんぱん")(名・自サ)联合签署，联名签署，联合签名盖章。△～状(じょう)/联合签字的公约。△誓約書(せいやくしょ)に～する/在决心书上联合签名盖章。

れんぽう⓪【連邦】〔聯邦〕联邦。△英(えい)～/英联邦。△～政府(せいふ)/联邦政府。

れんめい⓪【連盟】〔聯盟〕联盟，联合会。△経済(けいざい)～/经济联合会。△～を結成(けっせい)する/结成联盟。△～に加入(かにゅう)する/加入同盟。

れんよう⓪③【連用】(名・他サ)①连续用。△薬(くすり)を～する/连续用药。②与用言相接。

れんようけい③【連用形】(语法)连用形。

れんらく⓪【連絡】〔聯絡〕(名・自他サ)①联络，联系。△～を取(と)る/取得联系。△ご用事(ようじ)があれば私(わたし)に～してください/如有事请同我联系。②通知，通报，通信联系。△詳(くわ)しくは追(お)って～します/详情随后通知。③(交通方面的)连接，联合，联运。△～駅(えき)/联运站，枢纽站。△この列車(れっしゃ)は急行(きゅうこう)に～している/这次列车(是)与快车衔接(的)。

れんりつ⓪【連立】〔聯立〕(名・自サ)联立，联合。△～内閣(ないかく)/联合内阁。联合政府。△～方程式(ほうていしき)/(数学)联立方程式。△二人(ふたり)の候補者(こうほしゃ)が～する/两个候选人同时被提名。

ろ ロ

ろ⓪【炉】①(镶在地板里的)方形火炉；火炉。△～をきる/(在地板里)镶上方形火炉。△～で暖(だん)を取(と)る/用火炉取暖。②香炉。③(熔炼矿石等的)熔炉。

ロイヤリティー [royalty] (也作"ロイヤルティー")①王位,王权。②专利权使用费,版权使用费。

ロイヤル・ゼリー⑤ [royal jelly] 蜂王浆。

ろうか⓪【老化】(名・自サ)①(人)衰老,老化。△～現象(げんしょう)/老化现象。②(橡胶、塑料等)老化。

ろうか⓪【廊下】走廊,廊子。△～を通(とお)る/通过走廊。

ろうきゅう⓪【老朽】(形动・自サ)老朽,破旧,陈旧。△～船(せん)/破旧(的)船。

ろうく①【労苦】劳苦,辛苦,努力。△～に報(むく)いる/酬劳。△～を惜(お)しまない/不辞辛苦。⇨くろう 表

ろうご①⓪【老後】晚年。△～の生活設計(せいかつせっけい)/晚年的生活安排。△～を楽(たの)しく過(す)ごす/愉快地度过晚年。

ろうさく⓪【労作】(名・自サ)①辛勤劳动,勤奋工作。②精心著作,巨作。△多年(たねん)の～/多年的精心著作。

ろうし①【労資】工人与资本家,劳资(双方)。△～争議(そうぎ)/劳资纠纷。

ろうじん③⓪【老人】老人,老年人。△～の日(ひ)/敬老日。△～病(びょう)/老年病。△～ホーム/养老院。

	～をいたわる	ご～	お～	～ホーム	うちの～に聞いてみよう	～にむち打つ
老人	○	○	×	○	△	×
年寄り	○	×	○	×	○	×
老体	○	○	×	×	×	○

ろうすい⓪【老衰】衰老。△～で死(し)ぬ/老死。

ろうせい⓪【老成】(名・自サ)①(少年)老成。△～した口(くち)ぶり/说的话听着象大人说的似的。②老练,精练,久经锻炼。△～した作品(さくひん)/千锤百炼的作品。

ろうぜき⓪①【狼藉】①狼藉,杂乱不堪。△杯盤(はいばん)～/杯盘狼藉。②粗暴(行为),野蛮。△～を働(はたら)く/举止粗暴。

ろうそ①【労組】("労働組合(ろうどうくみあい)"之略)工会。

ろうそく④③〔蠟燭〕蜡烛。△～台(だい)/烛台。△～をつける/点蜡烛。

ろうたい⓪①【老体】①老人的身体。②老人。③(以"ご～"形式)您老,您老人家。ご～、お元気(げ

んき)そうで何(なに)よりです/看来您老人家很健康,这太好了。⇨ろうじん表

ろうた・ける② 【﨟たける】〔﨟長ける〕(自下一)①富有经验而受人尊敬。②(女人)文雅而美丽。

ろうだん⓪ 【壟断】(名・他サ)垄断,独占。△マーケットを〜する/垄断市场。

ろうちん【労賃】工资,劳务费。

ろうどう⓪ 【労働】(名・自サ)①劳动,工作。△肉体(にくたい)〜/体力劳动。△頭脳(ずのう)〜/脑力劳动。△一日(いちにち)に八時間(はちじかん)〜する/一天劳动八小时。②(泛指)工人。△〜運動(うんどう)/工人运动。△〜貴族(きぞく)/工人贵族。

ろうどうくみあい⑤ 【労働組合】工会。△〜法(ほう)/工会法。△〜を作(つく)る/成立工会。

ろうどうしゃ③ 【労働者】工人,劳动者。△〜の生活(せいかつ)を改善(かいぜん)する/改善工人生活。

ろうどうしょう③ 【労働省】(日本政府的)劳动省(相当于劳动部)。

ろうどく⓪ 【朗読】朗读,朗诵。△俳句(はいく)を〜する/朗诵俳句。

ろうにん⓪ 【浪人】①流浪汉,流浪儿。②升学考试落榜生,失学青年。③待业者。

ろうねん⓪ 【老年】老年,年老。△〜期(き)/老年期。△〜性痴呆(せいちほう)/老年痴呆病。

ろうば① 【老婆】老妪,老太婆。

ろうばい⓪ 【狼狽】(名・自サ)惊慌失措,狼狈相。△周章(しゅうしょう)〜/周章狼狈。△失敗(しっぱい)して〜の色(いろ)を見(み)せる/因失败而现出狼狈相。

ろうひ⓪① 【浪費】(名・他サ)浪费,糟蹋。△〜癖(へき)/浪费癖。△〜をなくさなければならぬ/必须杜绝浪费。⇨むだづかい表

ろうまんしゅぎ③ 【浪漫主義】〔浪曼主義〕(文艺)浪漫主义。△〜文学(ぶんがく)/浪漫主义文学。→ロマンチシズム。

ろうむ① 【労務】①(雇佣)劳动。△〜に服(ふく)する/从事雇佣劳动。②劳务,劳动事务。△〜管理(かんり)/劳务管理。△〜課(か)/劳务科。

ろうむしゃ③ 【労務者】从事(体力)劳动的人,(雇佣)劳动者,合同工。△日雇(ひやと)い〜/日工。

ろうりょく① 【労力】①费力,出力。△これは〜を要(よう)する仕事(しごと)だ/这是费力气的活儿。②劳动力,劳力。△生産(せいさん)の機械化(きかいか)で〜をはぶく/用生产机械化(的办法)来节省劳动力。

ろうれい⓪ 【老齢】①高龄,老龄。△祖父(そふ)は、すでに八十歳(はちじっさい)の〜に達(たっ)していた/(我)祖父已达到80岁的高龄了。△〜年金(ねんきん)/(六十岁以上老人每年领取的)养老金。②

老年。

ローカル [local]（造语）①地方的，地方性的。△～放送(ほうそう)/地方的广播。②局部的。△～ウォー/局部战争。

ローカル・カラー⑤ [local color] 地方色彩，乡土情调。

ローズ① [rose]①蔷薇，玫瑰。②玫瑰色，玫瑰红。③玫瑰状钻石。

ロースト① [roast]①烤肉，烧肉。②烤，烧。△～ビーフ/烤牛肉。△～チキン/烧鸡。

ローズマリー① [rosemary]（植物）迷迭香。

ロープ① [rope]绳，索，缆，钢缆。

ロープウエー⑤ [ropeway]架空索道。

ローマ① [Roma]〔羅馬〕①（意大利首都）罗马。②古罗马。◇～は一日(いちにち)にして成(な)らず/古罗马城决非一朝一夕建成。（喻）伟业决非一日之功。

ローマじ③⓪【ローマ字】[Roma—]罗马字（拉丁语文字，由古希腊语文字演变而来）。

ローマすうじ④【ローマ数字】[Roma—]罗马数字（古代罗马人记数符号，如"Ⅰ"、"Ⅱ"、"Ⅲ"、"Ⅳ"、"Ⅴ"等，现西文书籍分章和老式钟表常使用）。

ローマンしゅぎ⑤【ローマン主義】[法 Roman—]（文艺）浪漫主义。

ロマンス① [romance]→ロマンス。

ローラー① [roller]①滚子，滚轮。②（纺织）罗拉，辊子。③压路机。④（冶金）轧辊。

ローラー・スケート⓪ [roller skate]①旱冰鞋。②滑旱冰。△～をする/滑旱冰。

ローラーぞく【ローラー族】[roller—]摇滚族（在步行者天国跳摇滚舞的年轻人）。

ローラー・ディスコ [roller disco]（穿旱冰鞋跳的）旱冰迪斯科舞。

ロール① [roll]①滚，卷，轧。②滚子，滚筒。③（"～パン"之略）面包卷。④（船）横摇。⑤（摔跤）滚翻。⑥（建筑）（柱头的）漩涡饰。

ローン [loan]①贷款，放款。△銀行(ぎんこう)～/银行贷款。②信用交易。

ろか⓪⓪【濾過】（名・他サ）过滤。△～装置(そうち)/过滤装置。△濁水(だくすい)を～する/过滤浊水。

ろく② 【六】①六，六个。②笛孔名。③（小孩的）六指游戏。

ろくおん⓪ 【録音】（名・他サ）录音。△～テープ/录音带。△～機(き)/录音机。△～をとる/录音。△～を再生(さいせい)する/放录音。

ろくが⓪ 【録画】（名・他サ）录像。△面白(おもしろ)いドラマを～する/把有意思的电视剧录下来。△～を再生(さいせい)する/放录像。

ろくな⓪〔碌な〕（连体）（下接否定）没什么了不起的，不是什么正经的。△あいつは～ことをしない/那家伙不干正经事。

ろくに⓪〔碌に〕(副)(下接否定)没让人满意地,没有正经地。△～見(み)もしない/也没能很正式地看一下。

ろくろ①〔轆轤〕①辘轳,绞车。△～で物(もの)を巻(ま)き上(あ)げる/用绞车把东西吊起。②滑车,滑轮。③伞轴。④("～鉋(かんな)"之略)旋床。△～で挽(ひ)く/用旋床旋。⑤("～台(だい)"之略)陶工旋盤。

ろくろく⓪〔碌碌〕Ⅰ(形动タルト)庸庸碌碌。△～として一生(いっしょう)を終(お)わった/庸庸碌碌地度过了一生。Ⅱ(副)(下接否定)(没)很好地,(没)充分地。△大学(だいがく)は、～勉強(べんきょう)もしないうちに卒業(そつぎょう)してしまった/(在)大学(里),我没很好地学习就毕业了。

ロケーション②[location](有时略作"ロケ")(电影)外景拍摄。△～をとる/拍摄外景。

ロケット②[rocket]火箭。△～砲(ほう)/火箭炮。

ロケット②[locket](装小照片等的)项链坠子。

ろこつ⓪【露骨】(形动)①无掩饰的,露骨的。△～な描写(びょうしゃ)/露骨的描写。②毫不客气,毫不留情,毫无顾忌。△～に悪口(わるくち)を言(い)う/毫不留情地骂(痛骂)。③赤裸裸的,无隐讳的。△～な話(はなし)/淫秽的话。

ろじ【露地】①(对温室而言的)大地,露天地。△～栽培(さいばい)のカボチャ/露天种植的倭瓜。②茶室的院子。③(佛教)脱离烦恼的境界。

ロジック①[logic]逻辑。△君(きみ)の言(い)うことは～に合(あ)っていない/你说的话不合逻辑。

ろしゅつ⓪【露出】(名・自他サ)①露出。△肌(はだ)を～する/赤身露体。②(摄影)曝光。△～時間(じかん)/曝光时间。△～計(けい)/曝光表。△～過度(かど)/曝光过度。

ろじょう⓪【路上】①路上,路旁。△～駐車(ちゅうしゃ)/路旁停车。△寒風(かんぷう)にさらされながら～に立(た)って、バスが来(く)るのを待(ま)っていた/在寒风中站在路旁,等着公共汽车的到来。②途中。

ロス①[loss](名・他サ)①损失,损耗,亏损。△～タイム/时间损失。△～が多(おお)い(少(すく)ない)/损耗多(少)。②失败。

ロッカー①[locker](公共场所供人存放衣服的)带锁衣帽柜。△～ルーム/衣帽间,更衣室。

ロック①[lock](名・他サ)锁,锁上。△ドアを～してください/请把门锁上。

ロック①[rock]①岩石,岩壁。②暗礁。③障碍物,危险物,祸根。④困难。

ろっぽう⓪【六法】①六法(六种基本法典,即宪法、民法、刑法、商法、民事诉讼法和刑事诉讼法)。②→ろっぽうぜんしょ。

ろっぽうぜんしょ⑤【六法全書】六法全书(日本主要法令条文的图书)。

ろてい②【路程】路程，旅程。△～表(ひょう)/旅程表。

ろてん⓪【露天】露天。△～風呂(ぶろ)/露天温泉浴池。

ろは①⓪ 免费。△芝居(しばい)を～で見(み)る/免费看戏。

ろば①〔驢馬〕驴。

ロビー①[lobby]①门厅，门廊，前室。②(议会的)走廊，休息室，接待室。

ロボット②[robot]①机器人。△～学(がく)/机器人学；遥控学。②自动化装置。△～雨量計(うりょうけい)/自动雨量计。△～ハンド/机器手。③傀儡，牌位。△社長(しゃちょう)は専務(せんむ)の～だ/社长是一个当不了家的牌位。

ロマン①②[法 roman](也作"ローマン")①长篇小说，小说。②理念性世界。△夢(ゆめ)と～/梦与理念性世界。

ロマンス②[romance]①爱情故事，风情韵事，艳闻。②传奇小说，浪漫文学。③(音乐)浪漫曲。

ロマンチシズム⑤[romanticism](也作"ロマンティシズム")①浪漫主义。②非现实的空想伤感倾向。

ロマンチスト④[romanticist](也写作"ロマンティスト")①浪漫主义者。②空想家。

ロマンチック④[romantic](形动)①传奇的，小说的，空想的。②罗曼蒂克，浪漫的，浪漫主义的，诗般的。△～ムード/浪漫色彩，浪漫情绪。

ろん①【論】①议论，讨论，争论，论证。②意见，看法，观点。△目下(もっか)この問題(もんだい)については種種(しゅじゅ)の～がある/目前，对于这个问题有各种不同的看法。③(佛教)论藏。◇～より証拠(しょうこ)/事实胜于雄辩。◇～を俟(ま)たない/无须论证。◇同日(どうじつ)の～ではない/不可同日而语。

ろんぎ①【論議】(名・他サ)①议论，讨论。△～を深(ふか)める/深入讨论。②辩论，争论。△～の的(まと)となる/成为辩论的焦点。

ろんきょ①【論拠】论据。△～が薄弱(はくじゃく)だ/论据不充分。

ろんご⓪【論語】(孔子的)《论语》。

ろんじゅつ⓪【論述】(名・他サ)〈文〉阐述。△外交政策(がいこうせいさく)を～する/阐述外交政策。

ろんしょう⓪【論証】(名・他サ)〈文〉论证。△科学的(かがくてき)な～をする/进行科学的论证。

ろん・じる⓪③【論じる】(他上一)〈文〉①论述，阐述，说明。△政策(せいさく)について～/论政策。②讨论，争论。△事(こと)の是非(ぜひ)を～/争论事情的事与非。③谈论，提及。

ろんせつ⓪【論説】论说，评论。

△～委員(いいん)/(报纸、杂志)评论委员。△～を書(か)く/写评论。

ろんそう⓪【論争】争论,争辩。△～を繰(く)り広(ひろ)げる/展开争论。

ろんちょう⓪【論調】①论调,舆论的倾向。△新聞(しんぶん)の～/报纸的论调。②语调。△激(はげ)しい～で相手(あいて)を非難(ひなん)する/以激烈的语调责难对方。

ろんてん⓪③【論点】①论点,议论的要点。△～がはっきりする/论点明确。②议论的中心点。△～がずれている/议论走题了。

ロンパース①[rompers](幼儿用)连衣裤。

ろんばく⓪【論ばく】〔論駁〕(自・他サ)反驳,驳斥。△激(はげ)しく～する/予以强烈驳斥。

ろんぶん⓪【論文】①议论文。②论文,学术论文。△卒業(そつぎょう)～を書(か)く/写毕业论文。

ろんり①【論理】①逻辑。△～学(がく)/逻辑学。△～に合(あ)う/合乎逻辑。②道理,情理,条理。△これは～上(じょう)あり得(え)ないことだ/这是不合情理的事。

ろんりてき⓪【論理的】(形动)合乎逻辑的。△～な考(かんが)え/合乎逻辑的想法。

わ ワ

わ【羽】(助数)(计数鸟类、兔子的单位)只。△一(いち)～のスズメ/一只麻雀。△三～(さんば)/三只。△六～(ろっぱ)/六只。

わ【把】(助数)(接于音读数词后,计数成捆的物品)把,束,捆。△うどん一～(いっぱ)/一束面条。

わ①【和】①和睦,和谐。△人(ひと)の～/人和。②和好。△～を結(むす)ぶ/讲和。③和,总和。△数(すう)の～/数的和。④日本。

わ①【輪】①圈,环。△火(ひ)の～をくぐりぬける/钻火圈。△～を作(つく)る/围成圆圈。△～をかける/i)大一圈。ii)更甚,更厉害。②车轮。③箍。

わ①〔環〕①玉环,环。②环状物。△指(ゆび)～/戒指。△耳(みみ)～/耳环。

わ(终助)(女性用语,接于句尾用)①缓和语气,委婉、温柔的说法。△あそこに林(はやし)さんがいる～/那儿有林先生在。②(以"わよ"的形态使用)表示强调。△今度(こんど)の旅行(りょこう)には私(わたし)も行(い)く～/这次的旅行我也要去。③(以"わね"的形态使用)表示自己的看法及征求同意或确认事实的真否。△きょうはずいぶん寒(さむ)い～/今天可真冷啊!④(以"…わ…わ"的形态反复同样的词语)表示佩服、吃惊。△この子(こ)はよく食(た)べる～、食べる～、もう三人(さんにん)前(まえ)も食べてしまった/这个孩子真能吃呀!已经吃了三人份了。

わあ① I(感)①(感到意外或吃惊时)哎呀。△～火事(かじ)だ/哎呀,着火了。②(感到非常高兴时)啊。△～勝(か)ったぞ/啊,胜利了。II(副)(哭声)哇。

ワープロ⓪〔日造 word processor〕("ワード・プロセッサー"之略)文字处理机。

ワールド〔world〕(造语)世界。△～カップ/世界锦标赛。△ミス～/全球美女。

わいきょく【わい曲】〔歪曲〕(名・自他サ)歪曲。△事実(じじつ)を～する/歪曲事实。

ワイシャツ⓪〔日造 white shirt〕衬衫(主要指穿西装上衣时的长袖男衬衫)。

ワイド①〔wide〕(造语)宽,宽大。△～番組(ばんぐみ)/(广播、电视的)长时间节目。△～な映写幕(えいしゃまく)/宽银幕。△～スクリーン/宽银幕。宽银幕电影。

わいろ①〔賄賂〕贿赂。△～を贈(おく)る/行贿。

わいわい①(副・自サ)①众人大声喧闹貌。△彼(かれ)らは～騒(さわ)ぐだけでなにもできない/他

们只会吵闹什么都不会。②唠叨催促貌。△～言(い)われてやっと出(で)かける/唠唠叨叨地被催促着总算出了门。

ワイン① [wine]葡萄酒。洋酒。△～カラー/葡萄酒色。

わえい⓪【和英】日英(辞典)。

わか①【和歌】和歌(日本特有的诗,由五、七、五、七、七,共五句,三十一个音节构成)。

わが①【我が】〔吾が〕(连体)我的,我们的。△～国(くに)/我国。△～ほう/我方。

わかい⓪【和解】(名・自サ)和好,和解。△～が成立(せいりつ)する/达成和解。

わか・い②【若い】(形)①年轻的。△～時(とき)は二度(にど)ない/青春不再来。△五(いつ)つ～/年轻5岁。△～人(ひと)/年轻人。②血气方刚。③不成熟。△芸(げい)が～/技艺还不成熟。

わか・す⓪【沸(か)す】(他五)①烧开,烧热。△ふろを～/烧热洗澡水。②溶化。△鉄(てつ)を～/使铁溶化。③使…沸腾。△聴衆(ちょうしゅう)を～熱弁(ねつべん)/使听众沸腾起来的热情演说。

わか・す⓪〔湧かす・涌かす〕(他五)使发生。△うじを～/使之生蛆。

わか・せる⓪【沸(か)せる】(他下一)使…沸腾。△観衆(かんしゅう)を～演技(えんぎ)/使整个观众都沸腾起来的表演。

わか・つ②【分(か)つ】〔別(か)つ〕(他五)①分开,区分,区别。△昼夜(ちゅうや)を分かたず/不分昼夜。②分辨,区别。△是非(ぜひ)を～/分辨是非。

わか・つ②〔頒つ〕(他五)分配。△実費(じっぴ)で～/按原价分配。

わかて③⓪【若手】年轻人,年轻力壮的人。△～の社員(しゃいん)/年轻的公司职员。

わかば②①【若葉】新叶,嫩叶。

わがまま④③〔我(が)儘〕(名・形动)任性,恣意,放肆。△～にふるまう/为所欲为。△～を言(い)う/说任性话。

わかみどり③【若緑】①新绿,新鲜的绿叶。②松树的嫩叶。

わかめ②〔若布・和布〕裙带菜。

わかもの⓪④【若者】年轻人,青年。

わか・る②【分(か)る】(自五)①理解,懂。△私(わたし)は英語(えいご)が～/我懂英语。②明白,知道。△消息(しょうそく)が～/知道消息。③体谅,通情达理。△君(きみ)も分からない男(おとこ)だね/你也是个不明事理的人。⇨しる表

わかれ③【別れ】分别,离别。△この世(よ)の～/诀别,与世长辞。

	～の悲しみ	～の宴を開く	友に～を告げる	妻を～する	青春と～する
別れ	○	○	○	×	×
別離	○	○	○	×	×
離別	○	△	×	○	×
決別	○	△	○	×	○

わかれめ④【分かれ目】界限,分界。△道(みち)の～に立(た)つ/站

在路的分界线上。

わか・れる③【別れる】(自下一) 分手,分别,离别。△駅(えき)で~/在车站分手。△夫婦(ふうふ)が~/夫妻分手。

わか・れる③【分(か)れる】(自下一)①分,分开。△道(みち)が二つに~/道路分成两条。②分岐。△意見(いけん)が~/意见出现分岐。

わかれわかれ④【別れ別れ】(副)分别,分头,分开。△~に暮(くら)す/分开过日子。

わかわかし・い⑤【若若しい】(形)年轻的,朝气蓬勃。△~声(こえ)/朝气蓬勃的声音。

わき②〔脇・傍・腋〕①旁边,身边。△机(つくえ)の~/桌子旁边。②腋,胳肢窝。△~にはさむ/夹在胳肢窝下。③(衣服的)裉,(衣服的)腋下部分。④第二,其次。△その件(けん)は~へおく/那件事往后放一放。⑤旁路,岔路。△道(みち)の~/大路旁的岔路。△話(はなし)が~にそれる/说话离题了。⇨そば表

わきあが・る④【沸(き)上がる】(自五)①沸腾,(水)煮沸。△湯(ゆ)が~/水滚开。②(观众)沸腾。△大観声(だいかんせい)が~/掌声雷动,欢声如潮。

わきおこ・る④【沸き起こる】〔湧き起こる〕(自五)①涌现,涌出。△空(そら)に黒雲(くろくも)が~/天空涌现出乌云。②(感情或声音等)高涨,沸腾。△熱戦(ねっせん)で場内(じょうない)が~/激战而引起场内观众的沸腾。③掀起,涌起。△広間(ひろま)で割(わ)れるような拍手(はくしゅ)が沸き起こった/大厅掀起了震耳欲聋般的掌声。

わきた・つ③【沸(き)立つ】(自五)①沸腾,(水)滚开。②(云等)冒出,涌起。△~雲(くも)/滚滚乌云。③群情欢腾,哄然。△満場(まんじょう)が沸き立った/全场沸腾。

わきみ③②【わき見】〔傍見〕(名・自サ)看别处,往旁处看。△~運転(うんてん)/开车眼睛看着别处。

わきみち②⓪【わき道】〔脇道〕①岔道,岔路。②歧途,邪道。△話(はなし)が~にそれる/话离题了。

わく②【枠】〔框〕①框子。②线框。③(印刷或划出来的)边框,边线。④范围,限制。△予算(よさん)の~をはみ出(だ)す/超出预算。

わ・く⓪【沸く】(自五)①(水)沸腾。△湯(ゆ)が沸いた/水开了。②(金属)溶化。△鉄(てつ)が沸いた/铁化了。③(观众)沸腾。△観衆(かんしゅう)が~/观众沸腾。

わ・く⓪〔湧く・涌く〕(自五)①涌出,喷出,冒出。△清水(しみず)が~/清泉冒出来了。②发生,生出。△疑問(ぎもん)が~/产生疑问。△希望(きぼう)が~/出现希望。△雲(くも)が~/云彩出来了。

わくせい⓪【惑星】①行星。△太陽系(たいようけい)の~/太阳系的

行星。②前途无可限量的人物。△政界(せいかい)の～/政界的实力人物。

ワクチン① 〔德 Vakzin〕痘苗，疫苗。

わくわく① (副・自サ)心神不定貌(表示高兴、期待或担心)。△期待(きたい)で胸(むね)が～した/因期待而心神不定。

わけ② 【分け・別け】Ⅰ(名)①区分，分开。②不分胜负。平局。△試合(しあい)が～になる/比赛不分胜负。③村或部落中的小区分。④分配。△遺産(いさん)～/分遗产。⑤支付。Ⅱ(接头)表"分店"之意。

わけ① 【訳】①道理，情理。△あれは～のわからない人(ひと)だ/他是个不通情达理的人。②原因。△～を考(かんが)える/思考原因。△～がわからない/原因不明。③意思，意义。△言葉(ことば)の～/词语的意义。④当然，理应。△許可(きょか)する～にはいかない/不应许可。⇨げんいん表

わけめ② 【分け目】①区分处，分开的地方。△(かみ)の～/头缝。②(成败，胜负的)关键处。△天下(てんか)～の決戦(けっせん)/决定最后胜负之战。

わ・ける② 【分ける】〔別ける〕(他下一)①分。△段落(だんらく)を～/分段落。△(かみ)を～/分头缝。②分配，分给。△菓子(かし)を～/分点心。③拨开，穿过。△人(ひと)ごみを～/拨开人群。④仲裁，

排解。△けんかを～/劝架。

わご① 【和語】(相对于外来词和汉字音读词)日本固有词汇。

わざ② 【技】①技术，技能，手艺。②(相扑、柔道等的)招数。△～をかける/施展招数。

わざ② 【業】①行为。△神(かみ)～/奇迹。②工作，事情。③事。△容易(ようい)な～ではない/不是件容易的事。△～師(し)/善于玩弄权术的人。

わざと① 〔態と〕(副)①特意，特别。②故意。△～負(ま)ける/故意输。⇨わざわざ表

わさび① 〔山葵〕山俞菜，青芥辣。△～漬(づ)け/咸山俞菜。◇～が利(き)く/ⅰ)山俞菜很辣。ⅱ)(语言、文笔等)尖锐，锋利。

わざわい⓪ 【災い】〔禍〕①不幸，灾难。②祸。△口(くち)は～のもと/祸从口出。△～を転(てん)じて福(ふく)となす/转祸为福。

わざわざ① 〔態態〕(副)①特意。△～あつらえた品(しな)/特意定做的东西。②故意。△～ぶつかってくる/故意撞来。⇨せっかく表

	～遠回りする	～知らせるまでもない	暑いのに～来てくださる	～答えない	この冬は～寒い
わざわざ	○	○	○	×	×
わざと	○	×	×	○	×
ことさら	○	○	×	○	○

わし⓪ 〔儂〕(代)我(老年男人等用，比"わたし"简慢)。

わし 〔鷲〕鹫。△～鼻(ばな)/鹰钩鼻子。

わしつ⓪ 【和室】日本式的房间。

わしょく⓪【和食】日本饭,日本饭菜。

わずか①〔僅か〕(副・形动)①仅,一点点,稍微。△ほんの～/一点点。△～な違(ちが)い/一点差异。②勉强,好不容易。△～に息(いき)をしている/艰难地喘着气。

	～な期待	～に息をしている	外角を～にそれた球	～な音がする	～な香り
わずか	○	○	○	×	×
かすか	○	×	×	○	○
ほのか	○	×	×	×	○

わずらい⓪【煩い・患い】①烦恼,苦恼。②疾病,病。△長(なが)の～/久病。⇨びょうき 表

わずら・う⓪【煩う・患う】(自五)①烦恼,苦恼。△思(おも)い～/忧虑,心烦。②生病,患病。△喘息(ぜんそく)を～/患哮喘病。△胸(むね)を～/患肺病。③(接动词连用形)想…而不…。总不能…。△言(い)い～/(想说而)不好说出口。

わずらわし・い⓪⑤【煩わしい】(形)麻烦,繁杂。△～手続(てつづ)き/繁杂的手续。△～人間関係(にんげんかんけい)/令人烦恼的人与人之间的关系。

わずらわ・す⓪【煩わす】(他五)①使…烦恼,使…苦恼。△心(こころ)を～/操心。②麻烦,使…受累。△先生(せんせい)の手(て)を～/给老师添麻烦了。△注意(ちゅうい)を～/烦您注意一下。

わすれもの⓪【忘れ物】遗忘物。遗失物。△汽車内(きしゃない)に～をした/把东西遗忘在火车上了。△～が多(おお)い/忘掉的东西不少。△事務室(じむしつ)に傘(かさ)の～が届(とど)いています/丢失的雨伞被送到了办公室。

わす・れる⓪【忘れる】(自他下一)①忘记,忘。△名前(なまえ)を～/忘记名字。②忘却,忘掉,忘怀。△疲(つか)れを～/忘记疲劳。△我(われ)を～/忘我。△寝食(しんしょく)を～/废寝忘食。③忘记带,忘拿。△車(くるま)の中(なか)に本(ほん)を～/把书忘在车上了。

わそう⓪【和装】①日本服装打扮。②(书籍的)日本式装订。

わた②【綿】〔棉〕①棉,棉花。②丝棉。③棉絮。◇～のように疲(つか)れる/累得瘫软;筋疲力尽。

わだい⓪【話題】话题,题目。△～を変(か)える/转话题。△～にのぼる/成为话题。

わたいれ④【綿入れ】棉袄,棉衣。

わたくし⓪【私】(代)①我。②个人的,私利。△～のない誠実(せいじつ)な人(ひと)/无私而诚实的人。③秘密。△どうぞ、～に願(ねが)います/请保守秘密。④不公平。△配分(はいぶん)に～がある/分配不公平。

わたくしごと⓪【私事】私事,隐私。△～にかまける/忙于私事。

わたげ②⓪【綿毛】绒毛,柔毛,汗毛。△タンポポの～/蒲公英的绒毛。

わたし⓪〔私〕(代)我(比"わた

わた・す⓪【渡す】(他五)①渡，送过(河)去。△船(ふね)で人(ひと)を～/用船把人送过河。②架，搭。△川(かわ)に橋(はし)を～/在河上架桥。③给，授予。△金(かね)を～/付款。△給料(きゅうりょう)を～/发工资。△卒業証書(そつぎょうしょうしょ)を～/授予毕业证。△政権(せいけん)を～/交出政权。④(接动词连用形)表示动作达到很远。△あたりを見(み)～/往四下环视。△眺(なが)め～/远望，眺望。

わたり【渡り】①渡过。◇～に船(ふね)/想过河时恰有船。困难时遇救星。②渡口。△～で船(ふね)を待(ま)つ/在渡口等船。③洋货，舶来品。△オランダ～/荷兰进口。④交涉，商谈。△～をつける/挂上钩，搭上关系。⑤到处奔波(干活谋生)。△～の職人(しょくにん)/走家串户的手艺人。

わたりどり③【渡(り)鳥】候鸟。

わた・る⓪〔亙る・亘る〕(自五)①经过，持续。△数年(すうねん)に～工事(こうじ)/持续数年的工程。②涉及。△三県(さんけん)に～被害(ひがい)/波及三县的灾害。③有关。△私事(わたくしごと)に～/谈及私事。

わた・る⓪【渉る】(自五)①涉水，徒步过河。△川(かわ)を泳(およい)で～/游过河去。②见识广。△各分野(かくぶんや)に～広(ひろ)い学識(がくしき)を備(そな)えている/具有各学科的渊博学识。

わた・る⓪【渡る】(自五)①渡，过。△川(かわ)を～/过河。②涉水。③渡世，过日子。△世(よ)を～/渡世。④归…所有。△屋敷(やしき)が人手(ひとで)に～/宅地归别人所有。⑤领到手，得到。△賞品(しょうひん)が～/奖品领到手。◇～世間(せけん)に鬼(おに)はない/世上无情人有情。

ワット①[watt](电)瓦特。

わな①〔罠〕①(诱捕鸟兽等使用的)圈套。△～をかける/设圈套。②(陷害人的)圈套，陷井。△～にかかる/上圈套，落入陷井。

わび⓪〔詫〕赔礼，道歉。△～を言(い)う/道歉；赔礼。

わびし・い③〔侘しい〕(形)①孤寂的，没有希望的。△～思(おも)い/感到寂寞。②寂寞的，寂静的。△～道(みち)/寂静的路。③贫困的，寒酸的。△～生活(せいかつ)/贫困的生活。

わ・びる⓪〔侘びる〕(自上一)①苦恼，感到痛苦。△失恋(しつれん)の身(み)を～/苦恼于失恋。②孤寂，感到孤单。△独り暮(ひとりぐ)らしを～/感到一个人过活的孤单。③(接动词连用形后)苦于…。…得难以忍受。△待(ま)ち～/等得焦急。

わ・びる⓪〔詫びる〕(他上一)道歉，赔礼，谢罪。△無沙汰(ぶさた)を～/久疏问候，深表歉意。

わふう⓪【和風】①日本式，日本风格。△～の料理(りょうり)/日本

风味饭菜。△～バー/日式酒吧间。②和风,微风。

わふく⓪【和服】和服,日本衣服。

わぶん⓪【和文】日本的文章。

わよう①【和洋】日本和西洋。△～折衷(せっちゅう)/日西合璧。

わら①〔藁〕稻秸,麦秸。△稻(いね)の～/稻秸。△～が出(で)る/暴露缺点。露稻。△～を焚(た)く/i)怂恿,煽动。ii)造谣中伤。◇～にもすがる/急不暇择。抓救命稻草。

わらい⓪【笑い】①笑。△～を押(おさ)える/忍住笑。△～声(ごえ)/笑声。②嘲笑,冷笑。△人々(ひとびと)の～を買(か)う/受到人们的嘲笑。③滑稽故事。④春宫画。△～絵(え)/春画。

わらいばなし④【笑い話】笑话,笑料。

わら・う⓪【笑う】(自五)①笑。△おかしくて～/滑稽可笑。△にこにこと～/嘻嘻地笑。②(花)开。△花(はな)笑い鳥(とり)歌(うた)う/花香鸟语。③(衣缝)绽线。△縫(ぬ)い目(め)が～/开线了。④(果实)熟裂。⑤嘲笑,冷笑。△みんなが僕(ぼく)のことを～/大家都嘲笑我。◇～門(かど)には福(ふく)来(き)たる/和生祥瑞。笑声盈门喜事多。⑥(手脚累得)软了。△ひざが～/腿发软。

わら・える⓪【笑える】(自下一)①能笑,值得笑。②自然地笑起来。△合格(ごうかく)の知(し)らせで思(おも)わず笑えてくる/得知已考中,情不自禁地笑起来。

わり【割(り)】I(名)①分割。△まき～/劈柴。②分配。△部屋(へや)～/分配房间。③比率;比例。△～がいい/上算,合算。◇～に合(あ)う/合算,划得来。◇～を食(く)う/吃亏,不利。II(造语)一成,十分之一。

	五対一の～	～に合わない	父は～元気だ	～のいい仕事	～に面白い小説
割り	○	○	×	○	○
割合	○	×	○	×	×

わりあい⓪【割合】I(名)①比例。比率。△老人(ろうじん)の～/老人的比例。②分配,分摊。II(副)与…相比,比较地。△～安(やす)い/比较便宜。⇨わり表

わりあいに⓪【割合に】(副)比较地,意外地。△～よくできている/意外地做得很好。

わりあて⓪【割(り)当て】①分配,分摊,分派。△部屋(へや)の～/房间的分配。②分配额,分担量。△～が少(すく)ない/分配额少。

わりあ・てる④【割(り)当てる】(他下一)分配,分摊,分派。△寄付(きふ)を～/分派捐助金额。

わりかん⓪【割(り)勘】均摊(费用),分摊(付款)。△～にする/费用均摊。

わりき・る③【割(り)切る】(他五)①干脆,果断。△割り切った考(かんが)え/果断的想法。②(数学)除尽,除得尽。△2で～/用2除尽。③简明的解释,说明。△わ

りきった理論(りろん)/简明的理论。

わりき・れる④【割(り)切れる】(自下一)①除得尽，能除尽。△九(きゅう)は三(さん)で〜/9能用3除尽。②想得通，能理解。△割り切れない気持(きも)ち/心里想不通。

わりこ・む③【割(り)込む】(自五)①挤进，插入。△列(れつ)に〜/插到队里去。②降价,减价。△二百円(にひゃくえん)を〜/跌价二百元。

わりざん②【割算】除法。

わりだ・す③【割(り)出す】(他五)①算出。△平均点(へいきんてん)を〜/算出平均分。②推论，推断。△結論(けつろん)を〜/推出结论。

わりに⓪【割に】(副)①比较。△〜やすい/比较便宜。②意外地。△〜うまくいった/意外地顺利。

わりばし⓪【割り箸】一次性筷子，卫生筷。

わりびき⓪【割引】(名・他サ)①减价，打折扣。△〜期間中(きかんちゅう)/商品正在打折销售。△〜を引(ひ)く/减价，打折。②贴现。△〜銀行(ぎんこう)/办理贴现业务的银行。△〜手形(てがた)/贴现票据。

わりび・く③【割(り)引く】(他五)①折扣，减价。△1割(いちわり)〜/减价一成。②(说话)打折扣。△話(はなし)を〜/说话打折扣。③贴现。

わる①【悪】①坏事。△また〜をした/又干坏事了。②坏蛋。△あいつは〜だ/那家伙是个坏蛋。

わ・る⓪【割る】〔破る〕(他五)①劈开，切开，弄破。△薪(たき)ぎを〜/劈柴。△ガラスを〜/打碎玻璃。②推开，挤开。△人込(ひとご)みのなかに割ってはいる/挤进人群去。③分，区分。△三(みっ)つに〜/分为三个。④分配，分摊，分派。△頭数(あたまかず)に割って配(くば)る/按人数分。⑤除法。△10(じゅう)を5(ご)で〜/10被5除。⑥敞开。△腹(はら)を〜/推心置腹。⑦对水(稀释)。△酒(さけ)を水(みず)で〜/往酒里对水。⑧低于，不足。△百円(ひゃくえん)の大台(おおだい)を〜/每股跌到一百日元以下。△入場者(にゅうじょうしゃ)が百人(ひゃくにん)を〜/到场者不足百人。

わる・い②【悪い】(形)①坏。不道德。△人(ひと)が〜/人坏。②差，技术不好。△頭(あたま)が〜/脑子不好使，笨。③质量低劣，差。△〜品物(しなもの)/劣质产品。④对不起。△彼(かれ)に〜/对不起他。⑤不和睦，不完善。△仲(なか)が〜/(两人)关系不好。⑥(状态)不好。△胃(い)が〜/胃不好。△具合(ぐあい)が〜/状况不佳。

わるくち②【悪口】(也作"わるぐち")说人坏话，骂人，坏话。△〜を言(い)う/说坏话。骂人。

わるさ①【悪さ】①淘气。△〜を

わるもの⓪【悪者】坏家伙,坏蛋,坏人。

われ①【我】〔吾〕①自我,自己,自身。△～から進(すす)んで/自己主动地。②自己的国家,故乡。③我方。△～に利(り)あり/对我方有利。◇～に返(かえ)る/醒悟,苏醒。◇～にもなく/i)不知不觉。ii)无意地。◇～も～もと/争先恐后。◇～を忘(わす)れる/忘我。

われがちに⓪【我勝ちに】(副)争先恐后地。△～逃(に)げ出(だ)す/争先恐后地逃跑。

われさきに①⓪【我先に】(副)争先恐后,抢先。△～逃(に)げる/抢先逃跑。

われら①〔我等〕(代)①我们。△～の母校(ぼこう)/我们的母校。②我。△～の知(し)るところではない/不是我应该知道的。③(方言)你们。

わ・れる⓪【割れる】(自下一)①碎,坏,裂开。△ガラスが～/玻璃碎了。△さやが～/豆荚裂开了。②分裂,决裂。△仲間(なかま)が～/关系破裂。③暴露,泄露。△犯人(はんにん)が～/罪犯暴露了。④除开,除尽。△10は2で～/10能用2除尽。⑤分散。△票(ひょう)が～/选票分散(不集中)。

われわれ⓪【我我】(代)①我们。△～日本人(にほんじん)/我们日本人。②〈谦〉我。

わん⓪〔椀・碗〕Ⅰ(名)碗。△ご飯(はん)を～に盛(も)りつける/把饭盛到碗里。Ⅱ(助数)碗。△一(いち)～/一碗。

わん①〔湾〕海湾,港湾。△東京(とうきょう)～/东京湾。

ワン⓪[one]一,一个。△～セット/一组,一套。△～ツー～/一对一。

ワン・ウエー④[one way]①一次性包装。②单向行驶。③单程。

ワン・ウーマン・マン③[one-woman man]忠于爱情的男人,一生只爱一个女人的男子。

ワン・カット③〔日造 one cut〕一个镜头,一个场面。

わんさと①(副)①拥挤貌。△受付(うけつけ)に～人(ひと)が詰(つ)めかける/人们蜂拥地挤到了传达室。②很多的样子。△お菓子(かし)が～ある/点心多得很。

	金は～ある	人が～押しかける	～もうける	～楽しませてもらう	水を～使う
わんさと	○	○	×	×	×
たんまり	○	×	○	×	×
ふんだんに	○	×	×	×	○

ワン・シーター③[one seater]单座。单座汽车。

ワン・ハンド③[one handed]单手,单手拿。

ワン・ピース③[one-piece]连衣裙。

ワン・マン②[one man]①我行我素,以我为中心。②一人的。

ワン・マン・ウーマン③[one-man woman]爱情忠贞的女人,只爱

一个男人的女子。
ワン・マン・カー③ [one-man car] 司机兼管售票的公共汽车。
ワン・マン・バス③ [one-man bus] (同"ワンマンカー") 无人售票车。

わんりょく①⓪ 【腕力】①腕力,力气。②凭武力,暴力。△～に訴(うった)える/动武,诉诸武力。
わんりょくざた⓪ [腕力沙汰] 靠力量解决。武力解决。

を ヲ

を （格助）①（用在他动词前）表示动作的对象或目的。△英語(えいご)～習(なら)う/学英语。△子供(こども)～早(はや)く寝(ね)させる/让孩子早睡。②（用在自动词前）表示经过的地点或动作的起点。△空(そら)～飛(と)ぶ/在空中飞。△電車(でんしゃ)～降(お)りる/下电车。△大学(だいがく)～卒業(そつぎょう)する/大学毕业。③表示经过的时间。△長(なが)い年月(としつき)～経(へ)る/经过漫长岁月。

ん ン

ん① Ⅰ（感）嗯。△～、まあ、そうだね/嗯。啊,是吧。Ⅱ（格助）的（由"の"转变而来）。△友達(ともだち)～所(ところ)で御馳走(ごちそう)になる/在朋友家受到款待。Ⅲ（否定助动词"ぬ"的转变）不。△知(し)ら～顔(かお)をしている/佯装不知。

日文汉字音训读法

*本表以汉语拼音为序。

*如遇有日本国字、繁体字等时，请先查最后的检索表。

A

ā
阿 おもねる
阿呆 あほう
阿房 あほう

āi
哀 あわれ
哀 あわれむ
哀 かなしむ
哀悼 あいとう
哀願 あいがん

ái
埃 ほこり
挨拶 あいさつ
癌 がん

ǎi
靄 もや
藹 とうける

ài
愛 あい
愛 あいくるしい
愛 あいする
愛 あいらしい
愛唱 あいしょう
愛称 あいしょう
愛読 あいどく
愛撫 あいぶ
愛護 あいご
愛嬌 あいきょう
愛敬 あいきょう
愛慕 あいぼ
愛情 あいじょう
愛玩 あいがん
愛想 あいそ
愛想 あいそう
愛用 あいよう
愛育 あいいく
愛憎 あいぞう
愛着 あいじゃく
愛着 あいちゃく
隘路 あいろ
噯 おくび
噯気 おくび
曖昧 あいまい
曖昧検索 あいまいけんさく

ān
安 やす
安 やすい
安 やすっぽい
安 やすらか
安安 やすやす
安定 あんてい
安否 あんぴ
安価 あんか
安楽 あんらく
安売 やすうり
安眠 あんみん
安寧 あんねい
安気 あんき
安全 あんぜん
安神 あんしん
安死術 あんしじゅつ
安泰 あんたい
安穏 あんのん
安息 あんそく
安閑 あんかん
安心 あんしん
安易 あんい
安直 あんちょく
安置 あんち
安住 あんじゅう
安着 あんちゃく
諳 そらんじる

ǎn
俺 おれ

àn
岸 きし
按摩 あんま
按配 あんばい
案 あん
案 あんじる
案 あんずる
案定 あんのじょう
案分 あんぶん
案内 あんない
案配 あんばい
案外 あんがい
闇 やみ
闇夜 やみよ
暗 くらい
暗 くらます
暗 くらむ
暗闇 くらやみ
暗唱 あんしょう
暗号化 あんごうか
暗黒 あんこく
暗記 あんき
暗黙 あんもく
暗幕 あんまく
暗然 あんぜん
暗殺 あんさつ
暗示 あんじ
暗誦 あんしょう
暗算 あんざん
暗躍 あんやく
暗雲 あんうん
暗証番号 あんしょうばんごう
暗証記号 あんしょうきごう
暗中摸索 あんちゅうもさく

āng
昂 たかまる
昂 たかぶる
昂騰 こうとう
昂揚 こうよう

āo
凹 へこむ
凹凸 おうとつ

áo
熬 いる

ào
拗 こじれる
拗 すねる
拗者 すねもの
傲岸 ごうがん
傲慢 ごうまん
奥 おく
奥 おくまる
奥底 おくそこ
奥行 おくゆき
奥様 おくさま
奥義 おくぎ

B

bā
八 はち
八 や
八 やつ
八 やっつ
八百屋 やおや
八方 はっぽう
八面 はちめん
八日 ようか
八十 はちじゅう
八十八夜 はちじゅうはちや
八重 やえ
捌 さばく
捌 はける
捌口 はけぐち

bá
抜 ぬかす
抜 ぬかり
抜 ぬかる
抜き ぬき
抜く ぬく
抜け ぬけ
抜ける ぬける
抜差 ぬきさし
抜出 ぬきだす
抜出 ぬけでる
抜打 ぬきうち
抜難 ぬきがたい
抜取 ぬきとる
抜書 ぬきがき
抜萃 ばっすい
抜粋 ばっすい
抜擢 ばってき
跋渉 ばっしょう

bǎ
把 わ
把手 とって
把握 はあく

bà
罷 やめる
覇気 はき
覇権 はけん

bái
白 しらげる
白 しらむ
白 しろ
白い しろい
白地 しろじ
白髪 しらが
白髪 はくはつ
白黒 しろくろ
白墨 はくぼく
白鳥 はくちょう
白人 はくじん
白日 はくじつ
白身 しろみ
白寿 はくじゅ
白書 はくしょ
白血病 はっけつびょう
白血球 はっけっきゅう
白紙 はくし
白昼 はくちゅう
白状 はくじょう

bǎi
百 ひゃく
百合 ゆり
百貨店 ひゃっかてん
百科 ひゃっか
百年 ひゃくねん
百万 ひゃくまん
百姓 ひゃくしょう

bài
敗北 はいぼく
敗戦 はいせん
拝 おがむ
拝察 はいさつ
拝見 はいけん
拝具 はいぐ
拝啓 はいけい
拝聞 はいぶん

bān
頒 わかつ
斑 むら
斑白 はんぱく

bǎn
坂 さか
坂道 さかみち
板 いた
版画 はんが

bàn
半 なかば
半 はん
半白 はんぱく
半島 はんとう
半導体 はんどうたい
半端 はんぱ
半額 はんがく
半分 はんぶん
半径 はんけい
半面 はんめん
半期 はんき
半球 はんきゅう
半人前 はんにんまえ
半日 はんにち
半身不随 はんしんふずい
半生 はんせい
半田 はんだ
半休 はんきゅう
半月 はんつき

bàn
半値 はんね
半濁音 はんだくおん
扮 ふんする
伴 とも
伴 ともなう
伴奏 ばんそう
絆 きずな
瓣 べん

bāng
邦画 ほうが
浜 はま
浜辺 はまべ

bàng
棒 ぼう
傍 かたわら
傍 そば
傍 はた
傍 わき
傍観 ぼうかん
傍見 わきみ
傍聴 ぼうちょう
傍線 ぼうせん
謗 そしり
謗 そしる

bāo
鞄 かばん
包 くるむ
包 つつみ
包 つつむ
包帯 ほうたい
包丁 ほうちょう
包囲 ほうい
包紙 つつみがみ
包装 ほうそう
褒 ほめる
褒美 ほうび

bǎo
飽 あき
飽 あきっぽい
飽 あきる
飽和 ほうわ
飽迄 あくまで
飽足 あきたりない
宝 たから
宝籤 たからくじ
宝石 ほうせき
保 たもつ
保安 ほあん
保持 ほじ

bǎo
保存 ほぞん
保管 ほかん
保護 ほご
保健 ほけん
保留 ほりゅう
保守 ほしゅ
保険 ほけん
保養 ほよう
保有 ほゆう
保育 ほいく
保障 ほしょう
保証 ほしょう

bào
報 ほう
報 ほうじる
報 むくいる
報道 ほうどう
報告 ほうこく
抱 いだく
抱 かかえる
抱 だく
抱 だっこ
抱抱 だきかかえる
抱締 だきしめる
抱込 だきこむ
抱負 ほうふ
豹 ひょう
暴 あばく
暴 あばれる
暴動 ぼうどう
暴力 ぼうりょく
暴露 ばくろ
暴落 ぼうらく
暴騰 ぼうとう
暴走 ぼうそう
爆弾 ばくだん
爆発 ばくはつ
爆撃 ばくげき
爆裂 ばくれつ
爆笑 ばくしょう

bēi
杯 さかずき
杯 はい
盃 さかずき
卑 いやしい
卑劣 ひれつ
卑怯 ひきょう
卑屈 ひくつ
悲 かなしい
悲 かなしみ
悲 かなしむ
悲哀 ひあい

悲惨 ひさん	すう	bí	閉切 しめきる
悲憤 ひふん	被告 ひこく	鼻 はな	閉込 とじこめる
悲観 ひかん	被害 ひがい	鼻先 はなさき	閉鎖 へいさ
悲歎 ひたん	被選挙権 ひせん	鼻血 はなぢ	鼻扇 ひいき
悲劇 ひげき	きょけん		庇 かばう
悲鳴 ひめい	被選挙人 ひせん	bǐ	庇護 ひご
悲嘆 ひたん	きょにん	比 くらべる	痺 しびれる
悲痛 ひつう	被災 ひさい	比 たぐい	辟易 へきえき
悲喜 ひき	輩出 はいしゅつ	比 ひ	弊 へい
悲壮 ひそう	焙 あぶる	比する ひする	弊害 へいがい
碑 ひ		比較 ひかく	蔽 おおう
碑石 ひせき	bēn	比例 ひれい	壁 かべ
	奔流 ほんりゅう	比率 ひりつ	避 さける
běi		比喩 ひゆ	避 よける
北 きた	běn	比重 ひじゅう	避難 ひなん
北東 ほくとう	本 ほん	彼 あの	避妊 ひにん
北風 きたかぜ	本 ほんに	彼 あれ	襞 ひだ
北陸 ほくりく	本 もと	彼 かれ	
北西 ほくせい	本場 ほんば	彼 かれら	biān
	本当 ほんとう	彼岸 ひがん	辺 あたり
bèi	本島 ほんとう	彼処 あそこ	辺 へん
貝 かい	本店 ほんてん	彼此 かれこれ	辺 ほとり
貝殻 かいがら	本番 ほんばん	彼方 あちら	編 あむ
備 そなえ	本格的 ほんかく	彼方 あっち	編成 へんせい
備 そなえる	てき	彼方 かなた	編出 あみだす
備 そなわる	本館 ほんかん	彼方此方 あちこ	編集 へんしゅう
備付 そなえつけ	本国 ほんごく	ち	編輯 へんしゅう
る	本来 ほんらい	彼奴 あいつ	編入 へんにゅう
備考 びこう	本立 ほんだて	彼女 かのじょ	編物 あみもの
背 せ	本領 ほんりょう	彼所 あそこ	編纂 へんさん
背 そむく	本流 ほんりゅう	筆 ふで	鞭 むち
背 そむける	本論 ほんろん	筆答 ひっとう	鞭打 むちうつ
背負 せおう	本年 ほんねん	筆記 ひっき	
背負込 せおいこ	本棚 ほんだな	筆頭 ひっとう	biǎn
む	本気 ほんき	筆者 ひっしゃ	貶 おとしめる
背骨 せぼね	本人 ほんにん	鄙 いやしい	貶 けなす
背広 せびろ	本日 ほんじつ		貶 さげすむ
背後 はいご	本社 ほんしゃ	bì	扁桃腺 へんとう
背筋 せすじ	本式 ほんしき	必 かならず	せん
背進 はいしん	本位 ほんい	必 かならずしも	
背景 はいけい	本文 ほんぶん	必然 ひつぜん	biàn
背伸 せのび	本屋 ほんや	必勝 ひっしょう	弁 べん
背泳 せおよぎ	本物 ほんもの	必死 ひっし	弁才 べんさい
背丈 せたけ	本線 ほんせん	必修 ひっしゅう	弁償 べんしょう
背中 せなか	本箱 ほんばこ	必需 ひつじゅ	弁当 べんとう
倍 ばい	本心 ほんしん	必要 ひつよう	弁護 べんご
倍額 ばいがく	本音 ほんね	閉 しまる	弁解 べんかい
倍率 ばいりつ	本質 ほんしつ	閉 しめる	弁論 べんろん
倍増 ばいまし		閉 とざす	弁慶 べんけい
被 おおい	bēng	閉 とじる	変 かえる
被 おおう	崩 くずす	閉出 しめだす	変 かわり
被 かぶせる	崩 くずれる	閉店 へいてん	変 かわる
被 かぶる	崩壊 ほうかい	閉会 へいかい	変 へん
被 こうむる	崩潰 ほうかい	閉口 へいこう	変動 へんどう
被乗数 ひじょう		閉籠 とじこもる	変革 へんかく

変更	へんこう	別	べつに	並外 なみはずれ	かい
変化	へんか	別	わかつ	る	博識 はくしき
変遷	へんせん	別	わかれ	並行 へいこう	博士 はかせ
変色	へんしょく	別	わかれる	病 やまい	博士 はくし
変事	へんじ	別	わけ	病 やむ	博物館 はくぶつ
変形	へんけい	別	わける	病気 びょうき	かん
変質	へんしつ	別別	べつべつ	病人 びょうにん	薄 うす
変装	へんそう	別別	わかれわか	病勢 びょうせい	薄 うすい
便	たより		れ	病室 びょうしつ	薄 うすっぺら
便	びん	別個	べっこ	病死 びょうし	薄 うすまる
便	べん	別箇	べっこ	病院 びょういん	薄 うすめる
便箋	びんせん	別居	べっきょ		薄 うすらぐ
便覧	べんらん	別離	べつり	**bō**	薄 うすれる
便利	べんり	別問題	べつもん	撥 はねる	薄 すすき
便所	べんじょ		だい	撥除 はねのける	薄暗 うすぐらい
便宜	べんぎ	別荘	べっそう	撥条 ぜんまい	薄切 うすぎり
便坐	べんざ			撥音 はつおん	薄弱 はくじゃく
便座	べんざ		**bīn**	波 なみ	薄手 うすで
遍	あまねく	鋲	びょう	波長 はちょう	薄着 うすぎ
遍歴	へんれき	瀕死	ひんし	波打 なみうつ	
				波動 はどう	**bǒ**
biāo		**bīng**		波及 はきゅう	跛 びっこ
標	しるし	氷	こおり	波立 なみだつ	
標本	ひょうほん	氷点	ひょうてん	波紋 はもん	**bǔ**
標識	ひょうしき	氷山	ひょうざん	波線 はせん	補 おぎなう
標題	ひょうだい	氷雨	ひさめ	波止場 はとば	補償 ほしょう
標語	ひょうご	氷柱	つらら	鉢 はち	補充 ほじゅう
標準	ひょうじゅ	兵隊	へいたい	鉢巻 はちまき	補給 ほきゅう
	ん	兵力	へいりょく	鉢植 はちうえ	補欠 ほけつ
		兵器	へいき	剝 はがす	補強 ほきょう
biǎo		兵士	へいし	剝 はがれる	補習 ほしゅう
俵	たわら	兵役	へいえき	剝 はぐ	補正 ほせい
表	あらもて			剝 はげる	補助 ほじょ
表	ひょう	**bǐng**		剝 むく	補足 ほそく
表	ひょうする	丙	へい	剝 むける	捕 つかまえる
表記	ひょうき	柄	え	剝出 むきだし	捕 つかまる
表裏	ひょうり	柄	がら	菠薐草 ほうれん	捕 とらえる
表面	ひょうめん	餅	もち	そう	捕 とらわれる
表明	ひょうめい			播 まく	捕 とる
表情	ひょうじょ	**bìng**			捕獲 ほかく
	う	併	あわせて	**bó**	捕鯨 ほげい
表示	ひょうじ	併	あわせる	伯父 おじ	捕虜 ほりょ
表題	ひょうだい	併	しかし	伯父 おじさん	
表現	ひょうげん	併発	へいはつ	伯母 おば	**bù**
表向	おもてむき	併合	へいごう	伯母 おばさん	不 ふ
表彰	ひょうしょ	併乍	しかしなが	伯仲 はくちゅう	不安 ふあん
	う		ら	駁論 ばくろん	不安定 ふあんてい
表紙	ひょうし	並	なみ	泊 とまる	
		並	ならびに	泊 とめる	不案内 ふあんない
biē		並	ならぶ	舶来 はくらい	不備 ふび
鼈	すっぽん	並大抵	なみたいて	博 はくする	不便 ふべん
			い	博 ばくち	不変 ふへん
bié		並列	へいれつ	博愛 はくあい	不充分 ふじゅう
別	べつ	並木	なみき	博打 ばくち	ぶん
				博覧会 はくらん	

不出来 ふでき	不親切 ふしんせつ	布団 ふとん	財 たから
不純 ふじゅん	不靴 ぬのぐつ	財布 さいふ
不当 ふとう	不確実 ふかくじつ	歩 あるく	財産 ざいさん
不得手 ふえて		歩 あゆみ	財閥 ざいばつ
不動 ふどう	不如帰 ほととぎす	歩 あゆむ	財界 ざいかい
不動産 ふどうさん		歩 ほ	財団 ざいだん
	不摂生 ふせっせい	歩道 ほどう	財務 ざいむ
不都合 ふつごう		歩調 ほちょう	財源 ざいげん
不断 ふだん	不審 ふしん	歩合 ぶあい	財政 ざいせい
不服 ふふく	不十分 ふじゅうぶん	歩寄 あゆみよる	裁 さばく
不干渉 ふかんしょう		歩行 ほこう	裁 たつ
	不始末 ふしまつ	怖 こわい	裁断 さいだん
不公平 ふこうへい	不順 ふじゅん	怖 こわがる	裁縫 さいほう
	不思議 ふしぎ	怖怖 おずおず	裁量 さいりょう
不慣 ふなれ	不調 ふちょう	怖怖 おどおど	裁判 さいばん
不規則 ふきそく	不調和 ふちょうわ	部 ぶ	裁判所 さいばんしょ
不合格 ふごうかく		部隊 ぶたい	
	不通 ふつう	部分 ぶぶん	cǎi
不合理 ふごうり	不統一 ふとういつ	部落 ぶらく	採 とる
不機嫌 ふきげん		部門 ぶもん	採点 さいてん
不吉 ふきつ	不透明 ふとうめい	部品 ぶひん	採集 さいしゅう
不見識 ふけんしき		部屋 へや	採決 さいけつ
	不図 ふと	部下 ぶか	採掘 さいくつ
不健全 ふけんぜん	不完全 ふかんぜん	部長 ぶちょう	採取 さいしゅ
		捗 はかどる	採算 さいさん
不潔 ふけつ	不味 まずい	捗捗 はかばかしい	採血 さいけつ
不経済 ふけいざい	不孝 ふこう		採用 さいよう
	不信 ふしん		採択 さいたく
不景気 ふけいき	不幸 ふこう	**C**	采配 さいはい
不具 ふぐ	不幸 ふしあわせ		彩 いろどり
不覚 ふかく	不馴 ふなれ	cā	彩 いろどる
不均衡 ふきんこう	不要 ふよう	擦 かすれる	彩色 さいしき
	不意 ふい	擦 こする	
不均一 ふきんいつ	不用 ふよう	擦 さする	cài
	不用品 ふようひん	擦 する	菜 な
不可 ふか		擦 すれる	菜食 さいしょく
不可分 ふかぶん	不用意 ふようい	擦抜 すりぬけ	菜種 なたね
不可能 ふかのう	不愉快 ふゆかい	擦剥 すりむくる	
不可逆 ふかぎゃく	不遇 ふぐう	擦込 すりこむ	cān
	不運 ふうん	擦傷 すりきず	参 まいる
不可欠 ふかけつ	不在 ふざい	擦替 すりかえる	参拝 さんぱい
不快 ふかい	不振 ふしん	擦違 すれちがい	参加 さんか
不況 ふきょう	不正 ふせい		参考 さんこう
不利 ふり	不注意 ふちゅうい	cái	参列 さんれつ
不良 ふりょう		才 さい	参上 さんじょう
不満 ふまん	不自然 ふしぜん	才能 さいのう	参議院 さんぎいん
不眠 ふみん	不自由 ふじゆう	才識 さいしき	
不名誉 ふめいよ	不足 ふそく	才腕 さいわん	参与 さんよ
不明 ふめい	不作 ふさく	才学 さいがく	参照 さんしょう
不平 ふへい	不作法 ぶさほう	才知 さいち	参政権 さんせいけん
不平等 ふびょうどう	布 しく	才智 さいち	
	布 ぬの	才子 さいし	参酌 さんしゃく
不評 ふひょう	布地 めのじ	材料 ざいりょう	
不気味 ぶきみ	布告 ふこく	材木 ざいもく	
不器用 ぶきよう	布巾 ふきん	財 ざい	

cán
残 のこらず
残 のこり
残 のこる
残多 のこりおおい
残高 ざんだか
残骸 ざんがい
残金 ざんきん
残刻 ざんこく
残酷 ざんこく
残留 ざんりゅう
残念 ざんねん
残虐 ざんぎゃく
残忍 ざんにん
残少 のこりすくない
残暑 ざんしょ
残無 のこりなく
残惜 のこりおしい
残業 ざんぎょう
残照 ざんしょう
蚕 かいこ

cǎn
惨 みじめ
惨 むごい
惨敗 ざんぱい
惨胆 さんたん
惨憺 さんたん
惨澹 さんたん
惨害 さんがい
惨禍 さんか
惨劇 さんげき
惨事 さんじ

càn
燦爛 さんらん

cāng
倉 くら
倉庫 そうこ
倉卒 そうそつ
蒼白 あおじろい
蒼白 そうはく
蒼茫 そうぼう
蒼惶 あおざめる

cáng
蔵 くら
蔵相 ぞうしょう

cāo
操 あやつる
操行 そうこう
操業 そうぎょう
操縦 そうじゅう
操作 そうさ

cáo
漕 こぐ
漕艇 そうてい

cǎo
草 くさ
草 くさむら
草 そう
草案 そうあん
草本 そうほん
草草 そうそう
草分 くさわけ
草稿 そうこう
草花 くさばな
草履 ぞうり
草木 くさき
草木 そうもく
草葺 くさぶき
草食 そうしょく
草臥 くたびれる
草葉 くさば
草原 そうげん
草紙 そうし
草子 そうし
草卒 そうそつ

cè
冊 さつ
側 かわ
側 がわ
側 そば
側近 そっきん
側面 そくめん
測 はかる
測定 そくてい
測量 そくりょう
策 さく
策 さくする
策略 さくりゃく
策謀 さくぼう

céng
層 そう

chā
又 また
挿 さす
挿 はさむ
挿画 そうが
挿話 そうわ
挿入 そうにゅう
差→chāi

chá
茶 ちゃ
茶匙 ちゃさじ
茶簞笥 ちゃだんす
茶道 さどう
茶道 ちゃどう
茶店 ちゃみせ
茶飯事 さはんじ
茶菓子 ちゃがし
茶褐色 ちゃかっしょく
茶間 ちゃのま
茶漉 ちゃこし
茶請 ちゃうけ
茶色 ちゃいろ
茶色 ちゃいろい
茶室 ちゃしつ
茶湯 ちゃのゆ
茶筒 ちゃづつ
茶碗 ちゃわん
茶屋 ちゃや
茶飲 ちゃのみ
茶漬 ちゃづけ
査定 さてい
査収 さしゅう
察 さっする

chà
詫 わび
詫 わびる
侘 わびしい
侘 わびる

chāi
差 さ
差 さし
差 さす
差別 さべつ
差出 さしだす
差出 さしでがましい
差当 さしあたり
差額 さがく
差掛 さしかかる
差合 さしあう
差挟 さしはさむ
差詰 さしづめ
差詰 さしづめ
差金 さしがね
差戻 さしもどす
差上 さしあげる
差込 さしこむ
差違 さい
差向 さしむける
差異 さい
差引 さしひき
差引 さしひく
差障 さしさわり
差支 さしつかえ
差支 さしつかえる
差止 さしとめる
差置 さしおく
差足 さしあし
差伸 さしのべる
差押 さしおさえ

chān
迪 たどる
迪着 たどりつく

chán
禅 ぜん
禅宗 ぜんしゅう
纏 まつわる
纏 まとまる
纏 まとめ
纏 まとめる
蟬 せみ

chǎn
産 うまれる
産 さん
産出 うみだす
産出 さんしゅつ
産地 さんち
産児 さんじ
産婦人科 さんふじんか
産後 さんご
産物 さんぶつ
産休 さんきゅう
産業 さんぎょう
闡明 せんめい

chāng
菖蒲 あやめ

cháng
長 たける
長 ちょうじる
長 ながい
長 ながさ
長 ながらく
長編 ちょうへん

長波 ちょうは	**chāo**	徹底的 てってい	成立 なりたつ
長長 ながなが	抄本 しょうほん	てき	成年 せいねん
長城 ちょうじょう	超 こえる	徹頭徹尾 てっとうてつび	成人 せいじん
長持 ながもち	超 こす	徹夜 てつや	成上 なりあがる
長短 ちょうたん	超 ちょう	撤廃 てっぱい	成熟 せいじゅく
長方形 ちょうほうけい	超過 ちょうか	撤回 てっかい	成算 せいさん
長距離 ちょうきょり	超克 ちょうこく	撤退 てったい	成遂 なしとげる
長命 ちょうめい	超能力 ちょうのうりょく		成形 せいけい
長目 ながめ	超然 ちょうぜん	**chén**	成行 なりゆき
長年 ながねん	超人 ちょうじん	沈 しずむ	成因 せいいん
長期 ちょうき	超俗 ちょうぞく	沈 しずめる	成育 せいいく
長生 ながいき	超音波 ちょうおんぱ	沈殿 ちんでん	成長 せいちょう
長寿 ちょうじゅ	超音速 ちょうおんそく	沈澱 ちんでん	呈 ていする
長薯 ながいも	超越 ちょうえつ	沈没 ちんぼつ	呈示 ていじ
長所 ちょうしょ		沈黙 ちんもく	誠 まこと
長屋 ながや	**cháo**	沈思 ちんし	誠実 せいじつ
長芋 ながいも	巣 す	沈痛 ちんつう	誠心 せいしん
長音 ちょうおん	巣離 すばなれ	沈鬱 ちんうつ	誠意 せいい
長引 ながびく	巣立 すだつ	沈滞 ちんたい	承 うけたまわる
長子 ちょうし	巣箱 すばこ	沈着 ちんちゃく	承諾 しょうだく
長足 ちょうそく	朝野 ちょうや	塵 ちり	承認 しょうにん
腸 ちょう	嘲 あざける	塵芥 ちりあくた	承引 しょういん
腸炎 ちょうえん	嘲弄 ちょうろう	塵取 ちりとり	承知 しょうち
嘗 かつて	嘲笑 あざわらう	塵紙 ちりがみ	城 しろ
嘗 なめる	嘲笑 ちょうしょう	辰 たつ	城下 じょうか
常 つね	潮 しお	陳腐 ちんぷ	乗 じょうじる
常軌 じょうき	潮干狩 しおひがり	陳列 ちんれつ	乗 のせる
常任 じょうにん	潮流 ちょうりゅう	陳述 ちんじゅつ	乗 のる
常設 じょうせつ	潮時 しおどき	陳謝 ちんしゃ	乗車 じょうしゃ
常食 じょうしょく			乗出 のりだす
常時接続 じょうじせつぞく	**chǎo**	**chēng**	乗除 じょうじょ
常識 じょうしき	炒 いためる	称 しょう	乗合 のりあい
常套 じょうとう	炒 いる	称 しょうする	乗換 のりかえる
常用 じょうよう		称 たたえる	乗降 のりおり
常用漢字 じょうようかんじ	**chē**	称号 しょうごう	乗客 じょうきゃく
償 つぐない	車 くるま	称美 しょうび	乗気 のりき
償 つぐなう	車 しゃ	称賛 しょうさん	乗取 のっとる
	車道 しゃどう	称讃 しょうさん	乗込 のりこむ
chǎng	車庫 しゃこ		乗手 のりて
場 ば	車両 しゃりょう	**chéng**	乗替 のりかえる
場合 ばあい	車輪 しゃりん	成 なす	乗物 のりもの
場面 ばめん	車内 しゃない	成 なりすます	乗心地 のりごこち
場所 ばしょ	車載機 しゃさいき	成 なる	乗用 じょうよう
場所柄 ばしょがら	車掌 しゃしょう	成案 せいあん	乗越 のりこえる
		成敗 せいはい	乗越 のりこす
		成代 なりかわる	乗組 のりくむ
		成分 せいぶん	程 ほど
		成否 せいひ	程度 ていど
		成功 せいこう	程好 ほどよい
		成果 せいか	懲 こらしめる
chàng	**chè**	成績 せいせき	懲 こらす
暢気 のんき	徹 てつする	成就 じょうじゅ	懲 こりる
唱 となえる	徹底 てってい	成立 せいりつ	
		成立 なりたつ	

懲罰 ちょうばつ	持成 もてなす	うじ	抽出 ちゅうしゅつ
懲役 ちょうえき	持出 もちだし	赤手 せきしゅ	抽斗 ひきだし
澄 すまし	持出 もちだす	赤外線 せきがいせん	抽籤 ちゅうせん
澄 すます	持切 もちきり	赤心 せきしん	抽象 ちゅうしょう
澄 すむ	持込 もちこむ	赤血球 せっけっきゅう	抽象的 ちゅうしょうてき
澄渡 すみわたる	持上 もちあがる	赤字 あかじ	抽選 ちゅうせん
橙色 だいだいいろ	持上 もちあげる	熾 おこる	
	持味 もちあじ		**chóu**
chěng	持物 もちもの	**chōng**	仇 あだ
逞 たくましい	持続 じぞく	充 あて	愁 うれい
	持直 もちなおす	充 あてる	愁 うれえる
chèng	持主 もちぬし	充 みちる	躊躇 ちゅうちょ
秤 はかり	匙 さじ	充当 じゅうとう	躊躇 ためらう
	匙加減 さじかげん	充分 じゅうぶん	
chī		充満 じゅうまん	**chǒu**
喫 きっする	**chǐ**	充実 じゅうじつ	醜 みにくい
喫茶 きっさ	尺 しゃく	充足 じゅうそく	醜悪 しゅうあく
喫煙 きつえん	尺度 しゃくど	沖 おき	
吃 どもり	歯 は	沖 ちゅうする	**chòu**
吃 どもる	歯車 はぐるま	衝 つく	臭 くさい
痴呆 ちほう	歯科 しか	衝動 しょうどう	臭 におい
痴漢 ちかん	歯磨 はみがき	衝撃 しょうげき	臭 におう
	歯痒 はがゆい	衝突 しょうとつ	臭覚 しゅうかく
chí	歯止 はどめ	舂 つく	
池 いけ	恥 はじ	憧 あこがれ	**chū**
弛 たるみ	恥 はじる	憧 あこがれる	出 だす
弛 たるむ	恥 はずかしい		出 だし
弛 たゆみ	恥 はずかしがる	**chóng**	出 でかけ
弛 たゆむ	耻辱 ちじょく	虫 むし	出 でくわす
弛 ゆるみ	恥知 はじしらず	虫歯 むしば	出 でる
弛 ゆるめる		虫垂 ちゅうすい	出抜 だしぬく
馳 はせ	**chì**	虫食 むしくい	出版 しゅっぱん
馳 はせる	叱 しかる	虫食 むしばむ	出歩 であるく
馳走 ちそう	斥 しりぞける	虫息 むしのいき	出産 しゅっさん
遅 おくらす	赤 あか	重 かさねて	出動 しゅつどう
遅 おくれ	赤 あかい	重版 じゅうはん	出発 しゅっぱつ
遅 おくれる	赤 あかめる	重重 かさねがさね	出番 でばん
遅 おそい	赤 あからむ	重畳 ちょうじょう	出方 でかた
遅遅 ちち	赤 あからめる	重複 じゅうふく	出放題 でほうだい
遅鈍 ちどん	赤恥 あかはじ	重複 ちょうふく	出費 しゅっぴ
遅刻 ちこく	赤道 せきどう	重陽 ちょうよう	出掛 でかける
遅配 ちはい	赤飯 せきはん	崇 あがめる	出国 しゅっこく
遅効 ちこう	赤坊 あかんぼう	崇拝 すうはい	出合 であう
遅延 ちえん	赤膚 あかはだ	崇高 すうこう	出荷 しゅっか
遅早 おそかれはやかれ	赤肌 あかはだ	崇敬 すうけい	出回 でまわる
遅滞 ちたい	赤痢 せきり		出会 であい
持 もたせる	赤裸裸 せきらら	**chòng**	出会 であう
持 もち	赤面 せきめん	銃 じゅう	出稼 でかせぎ
持 もつ	赤貧 せきひん		出口 でぐち
持 もてる	赤旗 あかはた	**chōu**	出来 でき
持参 じさん	赤蜻蛉 あかとんぼ	抽 ぬきんでる	
持場 もちば	赤身 あかみ		
	赤十字 せきじゅう		

出来 できる	初耳 はつみみ	**chuán**	創意 そうい
出来合 できあい	初級 しょきゅう	伝 つたう	創造 そうぞう
出来上 できあがり	初期 しょき	伝 つたえ	創製 そうせい
出来上 できあがる	初日 しょにち	伝 つたえる	創作 そうさく
出来事 できごと	初任給 しょにんきゅう	伝 つたわる	**chuī**
出来損 できそこない	初夏 しょか	伝播 でんぱ	吹 ふかす
出来物 できもの	初詣 はつもうで	伝承 でんしょう	吹 ふく
出来映 できばえ	初心 しょしん	伝達 でんたつ	吹出 ふきだす
出納 すいとう	初旬 しょじゅん	伝導 でんどう	吹出物 ふきでもの
出品 しゅっぴん	初演 しょえん	伝来 でんらい	吹飛 ふきとばす
出前 でまえ	初志 しょし	伝染 でんせん	吹付 ふきつける
出欠 しゅっけつ	**chú**	伝授 でんじゅ	吹掛 ふきかける
出勤 しゅっきん	除 どける	伝説 でんせつ	吹込 ふきこむ
出入 でいり	除 のぞく	伝統 でんとう	吹鳴 すいめい
出入 ではいり	除 のける	伝聞 でんぶん	吹雪 ふぶき
出社 しゅっしゃ	除 よける	伝言 でんごん	吹奏 すいそう
出身 しゅっしん	除名 じょめい	船 せん	炊 たく
出生 しゅっしょう	除去 じょきょ	船 ふね	炊飯器 すいはんき
出生 しゅっせい	除外 じょがい	船便 ふなびん	炊事 すいじ
出盛 でさかり	鋤 すき	船舶 せんぱく	
出所 しゅっしょ	鋤起 すきおこす	船隊 せんたい	**chuí**
出所 でどころ	鋤焼 すきやき	船積 ふなづみ	垂 たらす
出題 しゅつだい	雛 ひな	船長 せんちょう	垂 たれる
出物 だしもの	雛祭 ひなまつり	**chuǎn**	垂柳 すいりゅう
出物 でもの	**chǔ**	喘 あえぐ	垂籠 たれこめる
出席 しゅっせき	礎 いしずえ	喘鳴 ぜんめい	垂込 たれこめる
出現 しゅつげん	礎石 そせき	喘息 ぜんそく	垂下 たれさがる
出向 しゅっこう	儲 もうかる	**chuàn**	垂涎 すいえん
出鱈目 でたらめ	儲 もうけ	串 くし	垂涎 すいぜん
出血 しゅっけつ	儲 もうける	**chuāng**	垂線 すいせん
出演 しゅつえん	処罰 しょばつ	窓 まど	垂直 すいちょく
出迎 でむかえ	処方 しょほう	窓掛 まどかけ	槌 つち
出迎 でむかえる	処分 しょぶん	窓口 まどぐち	鎚 つち
出迎 でむかえる	処理 しょり	窓外 そうがい	**chūn**
出願 しゅつがん	処女 しょじょ	**chuáng**	春 はる
出張 しゅっちょう	処遇 しょぐう	床 とこ	春分 しゅんぶん
出張 でっぱる	処置 しょち	床 ゆか	春風 はるかぜ
出汁 だしじる	**chù**	床間 とこのま	春告鳥 はるつげどり
出直 でなおし	触 さわる	床屋 とこや	春七草 はるのななくさ
出直 でなおす	触 ふれる		春秋 しゅんじゅう
出足 であし	触発 しょくはつ	**chuàng**	春夏秋冬 しゅんかしゅうとう
初 しょ	畜産 ちくさん	創案 そうあん	春先 はるさき
初 ぞめ	畜生 ちくしょう	創見 そうけん	春雨 はるさめ
初 はじめ	**chuān**	創刊 そうかん	春着 はるぎ
初 はつ	川 かわ	創立 そうりつ	椿 つばき
初版 しょはん	川柳 せんりゅう	創傷 そうしょう	
初歩 しょほ	川原 かわら	創設 そうせつ	
初初 ういういしい	穿 うがつ	創始 そうし	
初対面 しょたいめん	穿 はく	創業 そうぎょう	
	穿鑿 せんさく		

chún

純	じゅん
純粋	じゅんすい
純潔	じゅんけつ
純朴	じゅんぼく
純情	じゅんじょう
純然	じゅんぜん
純益	じゅんえき
純真	じゅんしん
唇	くちびる
淳朴	じゅんぼく
鶉	うずら
醇朴	じゅんぼく

chǔn

蠢	うごめく

chuò

綽名	あだな
啜	すする
啜泣	すすりなく

cī

疵	きず

cí

詞	ことば
茨	いばら
辞	いなむ
辞	じする
辞	やめる
辞典	じてん
辞令	じれい
辞去	じきょ
辞任	じにん
辞世	じせい
辞書	じしょ
辞退	じたい
辞儀	じぎ
辞職	じしょく
慈	いつくしむ
慈悲	じひ
慈善	じぜん
磁気	じき
磁石	じしゃく
雌	めす
雌雄	しゆう

cǐ

此	これ
此程	これほど
此処	ここ
此処所	ここのところ
此度	このたび
此方	こちら
此方	このかた
此間	このあいだ
此迄	これまで
此頃	このごろ
此上	このうえ
此所	ここ
此位	これぐらい
此許	こればかり

cì

次	じ
次	ついで
次	つぎ
次	つぎに
次	つぐ
次次	つぎつぎ
次第	しだい
次官	じかん
次男	じなん
次女	じじょ
次元	じげん
刺	ささる
刺	さす
刺	とげ
刺激	しげき
刺戟	しげき
刺青	いれずみ
刺身	さしみ
刺通	さしとおす
刺繡	ししゅう
賜	たまもの
賜	たまわる
賜物	たまもの

cōng

匆匆	そうそう
葱	ねぎ
聡	さとい
聡明	そうめい

cóng

従	したがう
従	したがえる
従	したがしゃく
従弟	いとこ
従来	じゅうらい
従妹	いとこ
従事	じゅうじ
従順	じゅうじゅん
従兄	いとこ
従業	じゅうぎょう
従姉	いとこ
叢	くさむら
叢	むらがる

cū

粗	あらい
粗	あらっぽい
粗	あらまし
粗	ほぼ
粗大	そだい
粗悪	そあく
粗忽	そこつ
粗筋	あらすじ
粗略	そりゃく
粗密	そみつ
粗末	そまつ
粗品	そしな
粗品	そひん
粗野	そや
粗衣	そい
粗雑	そざつ
粗製	そせい

cù

促	うながす
促成	そくせい
促進	そくしん
促音	そくおん
酢	す
酢	すし
酢物	すのもの
蹴	ける
蹴飛	けとばす

cuī

催	もよおし
催	もよおす
催促	さいそく
催眠	さいみん

cuì

脆	もろい
脆弱	ぜいじゃく
膵臓	すいぞう
悴	せがれ
粋	いき
粋	すい

cūn

村	むら

cún

存	ぞんじ
存	ぞんじる
存	そんする
存	ぞんずる
存分	ぞんぶん
存否	そんぴ
存命	ぞんめい
存上	ぞんじあげる
存外	ぞんがい
存亡	そんぼう
存続	そんぞく
存在	そんざい
存知	ぞんち
拵	こしらえ
拵	こしらえる

cùn

寸	すん
寸断	すんだん
寸法	すんぽう
寸分	すんぶん
寸話	すんわ
寸劇	すんげき
寸刻	すんこく
寸評	すんぴょう
寸前	すんぜん
寸鉄	すんてつ
寸土	すんど
寸暇	すんか
寸言	すんげん
寸陰	すんいん
寸志	すんし

cuō

撮	つまむ
撮	とる
撮影	さつえい

cuò

挫	くじく
挫	くじける
挫折	ざせつ
措	おく
措置	そち
錯覚	さっかく
錯乱	さくらん
錯誤	さくご

D

dā

搭乗	とうじょう
搭載	とうさい

dá

達	たち

達 たっする
達 たって
達筆 たっぴつ
達成 たっせい
達観 たっかん
達磨 だるま
達人 たつじん
達者 たっしゃ
答 こたえ
答 こたえる
答案 とうあん
答弁 とうべん
答申 とうしん

dǎ
打 うち
打 うつ
打 ぶつ
打出 うちだす
打付 ぶつける
打合 うちあわせ
打合 うちあわせる
打撃 だげき
打解 うちとける
打開 だかい
打明 うちあける
打破 だは
打撲 だぼく
打切 うちきる
打込 うちこむ
打上 うちあげ
打上 うちあげる
打勝 うちかつ
打手 うつて
打算 ださん
打消 うちけし
打消 うちけす
打楽器 だがっき
打診 だしん

dà
大 おお
大 おおいに
大 おおきい
大 おおきさ
大 おおきな
大 おおきに
大 おおまか
大 だい
大 たいした
大 たいして
大 だいそれた
大安 たいあん
大敗 たいはい
大半 たいはん
大変 たいへん
大便 だいべん
大別 たいべつ
大柄 おおがら
大部 たいぶ
大部分 だいぶぶん
大蔵省 おおくらしょう
大層 たいそう
大差 たいさ
大腸 だいちょう
大臣 だいじん
大成 たいせい
大胆 だいたん
大敵 たいてき
大抵 たいてい
大地 だいち
大動脈 だいどうみゃく
大豆 だいず
大多数 だいたすう
大厄 たいやく
大凡 おおよそ
大方 おおかた
大分 だいぶ
大仏 だいぶつ
大幅 おおはば
大福 だいふく
大概 おおむね
大概 たいがい
大綱 たいこう
大根 だいこん
大工 だいく
大功 たいこう
大掛 おおがかり
大国 たいこく
大寒 だいかん
大好 だいすき
大和 やまと
大河 たいが
大黒 だいこく
大黒天 だいこくてん
大黒柱 だいこくばしら
大会 たいかい
大晦日 おおみそか
大吉 だいきち
大急 おおいそぎ
大家 おおや
大家 たいか
大袈裟 おおげさ
大将 たいしょう
大金 たいきん
大筋 おおすじ
大酒 たいしゅ
大局 たいきょく
大挙 たいきょ
大空 おおぞら
大口 おおぐち
大理石 だいりせき
大力 だいりき
大量 たいりょう
大陸 たいりく
大略 たいりゃく
大麦 おおむぎ
大名 だいみょう
大木 たいぼく
大脳 だいのう
大砲 たいほう
大気 たいき
大器 たいき
大前提 だいぜんてい
大切 たいせつ
大人 おとな
大人 おとなしい
大人 たいじん
大人物 だいじんぶつ
大騒 おおさわぎ
大掃除 おおそうじ
大声 おおごえ
大勝 たいしょう
大使 たいし
大事 おおごと
大事 だいじ
大勢 おおぜい
大勢 たいせい
大手 おおて
大手 おおで
大暑 たいしょ
大水 おおみず
大蒜 にんにく
大体 だいたい
大通 おおどおり
大童 おおわらわ
大統領 だいとうりょう
大往生 だいおうじょう
大望 たいもう
大文字 おおもじ
大文字 だいもんじ
大屋 おおや
大物 おおもの
大西洋 たいせいよう
大昔 おおむかし
大喜 おおよろこび
大嫌 だいきらい
大小 だいしょう
大笑 おおわらい
大写 おおうつし
大形 おおがた
大形 おおぎょう
大型 おおがた
大凶 だいきょう
大学 だいがく
大学生 だいがくせい
大学院 だいがくいん
大雪 おおゆき
大雪 たいせつ
大言 たいげん
大洋 たいよう
大仰 おおぎょう
大様 おおよう
大要 たいよう
大業 たいぎょう
大役 たいやく
大意 たいい
大義 たいぎ
大漁 たいりょう
大欲 たいよく
大雑把 おおざっぱ
大戦 たいせん
大丈夫 だいじょうぶ
大正 たいしょう
大志 たいし
大衆 たいしゅう
大字 だいじ
大自然 だいしぜん
大作 たいさく

dāi
呆 あきれる
呆気 あっけ
呆然 ぼうぜん

dài
代 かえる

代	かわり	逮捕	たいほ	当擦 あてこする
代	かわる	戴	いただく	当初 とうしょ
代	よ			当地 とうち
		dān		当店 とうてん
代弁	だいべん	丹精	たんせい	当番 とうばん
代表	だいひょう	丹念	たんねん	当方 とうほう
代償	だいしょう	丹色	にいろ	当分 とうぶん
代代	かわるがわる	担	かつぐ	当否 とうひ
代代	だいだい	担	になう	当付 あてつける
代金	だいきん	担保	たんぽ	当該 とうがい
代理	だいり	担当	たんとう	当惑 とうわく
代名詞	だいめいし	担架	たんか	当局 とうきょく
代価	だいか	担任	たんにん	当面 とうめん
代物	しろもの	単	たん	当年 とうねん
代謝	たいしゃ	単	たんなる	当前 あたりまえ
代行	だいこう	単	たんに	当嵌 あてはまる
代議士	だいぎし	単純	たんじゅん	当嵌 あてはめる
代用	だいよう	単調	たんちょう	当然 とうぜん
帯	おび	単独	たんどく	当人 とうにん
帯	おびる	単価	たんか	当日 とうじつ
帯	たい	単身	たんしん	当社 とうしゃ
帯出	たいしゅつ	単数	たんすう	当時 とうじ
殆	ほとんど	単位	たんい	当事者 とうじしゃ
貸	かし	単行本	たんこうぼん	当所 あてど
貸	かす	単一	たんいつ	当選 とうせん
貸出	かしだし	単語	たんご	当障 あたりさわり
貸出	かしだす	牝	ふける	当字 あてじ
貸付	かしつけ	箪笥	たんす	当座 とうざ
貸家	かしや			
貸間	かしま		**dǎn**	**dǎng**
貸切	かしきり	胆嚢	たんのう	党 とう
貸与	たいよ	胆石	たんせき	党派 とうは
待	まつ	胆汁	たんじゅう	党首 とうしゅ
待合	まちあい			
待合	まちあわせ		**dàn**	**dàng**
待合る	まちあわせる	旦那	だんな	蕩 とろける
		但	ただし	
待機	たいき	誕生	たんじょう	**dāo**
待兼	まちかねる	淡	あわい	刀 かたな
待遠	まちどおしい	淡白	たんぱく	
		淡泊	たんぱく	**dǎo**
待佗	まちわびる	淡淡	たんたん	導 みちびく
待望	たいぼう	淡水	たんすい	導入 どうにゅう
待望	まちのぞむ	蛋白質	たんぱくしつ	島 しま
待遇	たいぐう	弾→tán		島 とう
怠	おこたる			島国 しまぐに
怠	だるい		**dāng**	搗 つく
怠	なまける	当	あたり	倒 たおす
怠惰	たいだ	当	あたる	倒 たおれる
怠慢	たいまん	当	あて	倒産 とうさん
怠納	たいのう	当	あてる	倒壊 とうかい
怠者	なまけもの	当	とう	
袋	ふくろ	当	まさに	

	dào	道連	みちづれ
到	いたる	道路	どうろ
到達	とうたつ	道順	みちじゅん
到底	とうてい	道義	どうぎ
到来	とうらい	稲	いね
到所	いたるところ	稲光	いなびかり
到頭	とうとう	稲妻	いなずま
到着	とうちゃく		
悼	いたむ		**dé**
盗	ぬすみ	得	とく
盗	ぬすむ	得	うる
盗難	とうなん	得	える
盗人	ぬすびと	得点	とくてん
盗聴	とうちょう	得難	えがたい
盗笑	ぬすみわらい	得手	えて
道	どう	得体	えたい
道標	みちしるべ	得心	とくしん
道場	どうじょう	得意	とくい
道程	どうてき		
道程	みちのり		**dēng**
道徳	どうとく	灯	ともる
道端	みちばた	灯火	ともしび
道化	どうける	灯台	とうだい
道家	どうか	灯油	とうゆ
道筋	みちすじ		
道具	どうぐ		
道楽	どうらく		
道理	どうり		

登 とんはん	抵触 ていしょく	地元 じもと	むし
登 のぼり	抵触 ていしょく	地震 じしん	点数 てんすう
登 のぼる	抵当 ていとう	地質 ちしつ	点頭 うなずく
登場 とうじょう	抵抗 ていこう	地主 じぬし	点線 てんせん
登頂 とうちょう	底 そこ	弟子 でし	点眼 てんがん
登記 とうき	底力 そこぢから	帝国 ていこく	点在 てんざい
登竜門 とうりゅうもん	底減 そこいれ	逓減 ていげん	
登録 とうろく	底上 そこあげ	逓送 ていそう	**diàn**
登攀 とんはん	底知 そこしれない	逓増 ていぞう	電報 でんぽう
登山 とざん		第 だい	電波 でんぱ
登校 とうこう	**dì**	第二義的 だいにぎてき	電場 でんば
	地 じ	第三 だいさん	電車 でんしゃ
děng	地 ち	第一 だいいち	電池 でんち
等 とう	地表 ちひょう	第一流 だいいちりゅう	電磁 でんじ
等 ひとしい	地歩 ちほ	第一線 だいいっせん	電灯 でんとう
等ら	地層 ちそう	第一種郵便物 だいいっしゅゆうびんぶつ	電動 でんどう
等分 とうぶん	地帯 ちたい		電話 でんわ
等級 とうきゅう	地点 ちてん	諦 あきらめ	電話番号 でんわばんごう
等価 とうか	地方 ちほう	諦 あきらめる	電話口 でんわぐち
等身 とうしん	地膚 じはだ	締 しまる	電話帳 でんわちょう
等外 とうがい	地核 ちかく	締 しめる	電離 でんり
	地肌 じはだ	締出 しめだす	電力 でんりょく
dī	地価 ちか	締結 ていけつ	電流 でんりゅう
低 てい	地殻 ちかく	締切 しめきり	電気 でんき
低 ひくい	地理 ちり	締切 しめきる	電球 でんきゅう
低調 ていちょう	地力 じりき	締約 ていやく	電熱 でんねつ
低額 ていがく	地利 ちのり	的→dí	電位 でんい
低価 ていか	地面 じめん		電線 でんせん
低落 ていらく	地名 ちめい	**diān**	電信 でんしん
低迷 ていめい	地盤 じばん	顛倒 てんとう	電圧 でんあつ
低能 ていのう	地平線 ちへいせん	顛覆 てんぷく	電源 でんげん
低気圧 ていきあつ	地球 ちきゅう	顛落 てんらく	電柱 でんちゅう
低温 ていおん	地区 ちく	顛末 てんまつ	電卓 でんたく
低下 ていか	地熱 ちねつ		電子 でんし
低圧 ていあつ	地上 ちじょう	**diǎn**	佃煮 つくだに
低音 ていおん	地勢 ちせい	典礼 てんれい	店 みせ
堤防 ていぼう	地図 ちず	典麗 てんれい	店舗 てんぽ
滴 しずく	地団太 じだんだ	典型 てんけい	店頭 てんとう
	地団駄 じだんだ	典雅 てんが	店屋 みせや
dí	地位 ちい	点 つく	店先 みせさき
的 てき	地味 じみ	点 つける	店員 てんいん
的 まと	地味 ちみ	点 てん	殿 どの
的確 てきかく	地下 ちか	点 ともす	殿下 でんか
的中 てきちゅう	地下道 ちかどう	点 ともる	殿様 とのさま
敵 かたき	地下街 ちかがい	点灯 てんとう	
敵 かなう	地下室 ちかしつ	点滴 てんてき	**diāo**
敵 てき	地下水 ちかすい	点点 てんてん	凋落 しぼむ
敵対 てきたい	地下鉄 ちかてつ	点火 てんか	凋落 ちょうらく
敵意 てきい	地下資源 ちかしげん	点検 てんけん	彫 ほる
笛 ふえ	地形 ちけい	点滅 てんめつ	彫刻 ちょうこく
	地域 ちいき	点取虫 てんとりむし	鯛 たい
dǐ	地獄 じごく		鯛焼 たいやき
邸宅 ていたく			

diào	dìng	dòng	豆乳 とうにゅう
吊 つる	訂正 ていせい	働 はたらかす	痘痕 あばた
吊 つるす	定 さだまる	働 はたらき	
吊革 つりかわ	定 さだめる	働 はたらく	dū
吊輪 つりわ	定額 ていがく	働蜂 はたらきばち	都 と
弔 とむらい	定規 じょうぎ	働掛 はたらきかける	都 みやこ
弔 とむらう	定価 ていか		都電 とでん
弔意 ちょうい	定見 ていけん	働口 はたらきぐち	都度 つど
釣 つり	定刻 ていこく		都合 つごう
釣 つる	定理 ていり	働盛 はたらきざかり	都立 とりつ
釣合 つりあい	定例 ていれい		都内 とない
釣合 つりあう	定律 ていりつ	働手 はたらきて	都市 とし
釣竿 つりざお	定年 ていねん	働蟻 はたらきあり	都庁 とちょう
釣銭 つりせん	定評 ていひょう		都心 としん
釣鐘 つりがね	定期 ていき	動 うごかす	督促 とくそく
調 しらべ	定期券 ていきけん	動 うごき	
調 しらべる		動 うごく	dú
調査 ちょうさ	定期預金 ていきよきん	動 うごじる	毒 どく
調子 ちょうし		動詞 どうし	毒 どくする
銚子 ちょうし	定食 ていしょく	動的 どうてき	毒虫 どくむし
	定時 ていじ	動顛 どうてん	毒薬 どくやく
dié	定数 ていすう	動画 どうが	独 ひとり
喋 しゃべり	定説 ていせつ	動機 どうき	独 ひとりでに
喋 しゃべる	定形 ていけい	動悸 どうき	独裁 どくさい
畳 たたみ	定型 ていけい	動静 どうせい	独創 どくそう
畳 たたむ	定休 ていきゅう	動力 どうりょく	独創的 どくそうてき
蝶 ちょう	定義 ていぎ	動脈 どうみゃく	
蝶蝶 ちょうちょう	定員 ていいん	動物 どうぶつ	独得 どくとく
	定住 ていじゅう	動向 どうこう	独断 どくだん
dīng	定着 ていちゃく	動揺 どうよう	独立 どくりつ
丁 てい	掟 おきて	動議 どうぎ	独善 どくぜん
丁度 ちょうど	碇泊 ていはく	動員 どういん	独擅場 どくせんじょう
丁目 ちょうめ	錠 じょう	動植物 どうしょくぶつ	
丁寧 ていねい	錠剤 じょうざい		独身 どくしん
丁重 ていちょう		動転 どうてん	独身 ひとりみ
丁字 ちょうじ	dōng	動作 どうさ	独特 どくとく
丁字 ていじ	東 ひがし	東奔西走 とうほんせいそう	独学 どくがく
釘 くぎ	東北 とうほく		独言 ひとりごと
町 ちょう		凍 こごえる	独占 どくせん
町 まち	東海道 とうかいどう	凍 こおる	独自 どくじ
町並 まちなみ		凍付 こおりつく	独奏 どくそう
町人 ちょうにん	東南 とうなん	凍結 とうけつ	読 よみ
	東西 とうざい	凍傷 とうしょう	読 よむ
dǐng	東洋 とうよう	棟 むね	読出 よみだし
頂 いただき	丼 どんぶり	洞窟 どうくつ	読返 よみかえす
頂 いただく	丼鉢 どんぶりばち	洞穴 ほらあな	読方 よみかた
頂戴 ちょうだい		胴 どう	読解 どっかい
頂点 ちょうてん	冬 ふゆ		読破 どくは
頂上 ちょうじょう	冬瓜 とうかん	dòu	読取 よみとる
	冬季 とうき	闘 たたかう	読込 よみこみ
鼎立 ていりつ	冬眠 とうみん	闘病 とうびょう	読上 よみあげる
	冬期 とうき	闘争 とうそう	読手 よみて
	冬休 ふゆやすみ	闘志 とうし	読書 どくしょ
	冬至 とうじ	豆 まめ	読書 よみかき
		豆腐 とうふ	読物 よみもの

読誤る	よみあやまる	短気	たんき	対立	たいりつ	多識	たしき
読者	どくしゃ	短縮	たんしゅく	対流	たいりゅう	多事	たじ
		短所	たんしょ	対面	たいめん	多勢	たぜい
dǔ		短文	たんぶん	対人	たいじん	多数	たすう
賭	かけ			対日	たいにち	多幸	たこう
賭	かける	**duàn**		対談	たいだん	多様	たよう
		段	だん	対象	たいしょう	多用	たよう
dù		段段	だんだん	対訳	たいやく	多雨	たう
杜撰	ずさん	段階	だんかい	対応	たいおう	多芸	たげい
妬	ねたましい	段落	だんらく	対照	たいしょう	多種多様	たしゅたよう
妬	ねたみ	段取	だんどり	対蹠	たいしょ		
妬	ねたむ	段違	だんちがい	対峙	たいじ	咄嗟	とっさ
妬	やける	断	ことわり	対座	たいざ		
度	たび	断	ことわる			**duó**	
度	ど	断	たつ	**dūn**		奪	うばう
度重る	たびかさなる	断じて	だんじて	蹲	うずくまる	奪回	だっかい
		断層	だんそう			奪取	だっしゅ
度胆	どきも	断定	だんてい	**dùn**			
度度	たびたび	断固	だんこ	鈍	にぶい	**duò**	
度合	どあい	断絶	だんぜつ	鈍	にぶる	舵	かじ
度量	どりょう	断面	だんめん	鈍	のろい	堕	おちる
度数	どすう	断念	だんねん	鈍感	どんかん	堕落	だらく
度外	どはずれ	断片	だんぺん	鈍器	どんき	惰性	だせい
度忘	どわすれ	断切	たちきる	楯	たて		
渡	わたす	断然	だんぜん	盾	たて	**E**	
渡	わたり	断水	だんすい	頓首	とんしゅ		
渡	わたる	断行	だんこう	頓知	とんち	**é**	
渡鳥	わたりどり	断言	だんげん	頓着	とんじゃく	訛	なまり
渡世	とせい	鍛	きたえる			囮	おとり
鍍金	めっき	鍛練	たんれん	**duō**		俄	にわか
		鍛錬	たんれん	多	おおい	俄然	がぜん
duān				多	おおく	額	がく
端	はし	**duī**		多	た	額	ひたい
端	はした	堆	うずたかい	多弁	たべん	額面	がくめん
端	はた	堆積	たいせき	多才	たさい		
端的	たんてき	堆朱	ついしゅ	多彩	たさい	**è**	
端麗	たんれい			多大	ただい	厄介	やっかい
端書	はしがき	**duì**		多端	ただん	悪	あしからず
端無	はしなくも	隊	たい	多額	たがく	悪	にくい
端午	たんご	隊伍	たいご	多発	たはつ	悪	にくい
端緒	たんしょ	隊員	たいいん	多分	たぶん	悪	わる
端正	たんせい	隊長	たいちょう	多極	たきょく	悪	わるい
		対	たい	多角的	たかくてき	悪	わるさ
duǎn		対	たいする				
短	たん	対	つい	多界	たかい	悪臭	あくしゅう
短	みじかい	対岸	たいがん	多量	たりょう	悪党	あくとう
短編	たんぺん	対比	たいひ	多売	たばい	悪風	あくふう
短波	たんぱ	対策	たいさく	多忙	たぼう	悪寒	おかん
短冊	たんざく	対称	たいしょう	多目的	たもくてき	悪化	あっか
短銃	たんじゅう	対処	たいしょ			悪口	あっこう
短大	たんだい	対等	たいとう	多難	たなん	悪口	わるくち
短歌	たんか	対話	たいわ	多能	たのう	悪辣	あくらつ
短絡	たんらく	対決	たいけつ	多年	たねん	悪夢	あくむ
短期	たんき	対抗	たいこう	多少	たしょう	悪名	あくめい
		対空	たいくう	多湿	たしつ	悪魔	あくま
						悪平等	あくびょう

うどう	た	発行 はっこう	fán
悪人 あくにん	二人 ふたり	発芽 はつが	凡 およそ
悪事 あくじ	二日 ふっか	発煙 はつえん	凡 すべて
悪態 あくたい	二矢 にのや	発言 はつげん	凡庸 ぼんよう
悪戯 いたずら	二十 はたち	発駅 はつえき	煩 うるさい
悪心 あくしん	二十日 はつか	発音 はつおん	煩 わずらい
悪循環 あくじゅ	二十歳 はたち	発育 はついく	煩 わずらう
うかん	二酸化炭素 にさ	発展 はってん	煩 わずらわしい
悪意 あくい	んかたんそ	発着 はっちゃく	煩 わずらわす
悪用 あくよう	二丸 にのまる	発足 ほっそく(はっ	煩雑 はんざつ
悪戦苦闘 あくせ	二舞 にのまい	そく)	繁 しげる
んくとう	二月 にがつ	醗酵 はっこう	繁昌 はんじょう
悪者 わるもの	二者 にしゃ		繁栄 はんえい
悪質 あくしつ	二足 にのあし	fá	繁盛 はんじょう
悪阻 つわり	弐 に	乏 とぼしい	繁用 はんよう
餓 うえる		伐 きる	繁雑 はんざつ
餓死 うえじに	**F**	罰 ばつ	繁殖 はんしょく
愕然 がくぜん		罰 ばっする	
鍔迫合 つばぜり	fā	罰金 ばっきん	fǎn
あい	発 あばく		反 かえす
顎 あご	発 たつ	fǎ	反 かえって
	発 はする	法 のっとる	反 そらす
ēn	発表 はっぴょう	法 のり	反 そる
恩 おん	発病 はつびょう	法 ほう	反 はんする
恩賜 おんし	発車 はっしゃ	法案 ほうあん	反比例 はんぴれ
恩返 おんがえし	発達 はったつ	法的 ほうてき	い
恩恵 おんけい	発電 はつでん	法規 ほうき	反撥 はんぱつ
恩人 おんじん	発端 ほったん	法令 ほうれい	反返 そっくりか
恩義 おんぎ	発奮 はっぷん	法人 ほうじん	える
恩知 おんしらず	発憤 はっぷん	法廷 ほうてい	反動 はんどう
	発給 はっきゅう	法務 ほうむ	反対 はんたい
ér	発光 はっこう	法務省 ほうむし	反発 はんぱつ
児 じ	発揮 はっき	ょう	反感 はんかん
児童 じどう	発会 はっかい	法学 ほうがく	反撃 はんげき
而 しかも	発見 はっけん	法則 ほうそく	反抗 はんこう
	発酵 はっこう		反乱 はんらん
ěr	発掘 はっくつ	fà	反論 はんろん
耳 みみ	発覚 はっかく	髪 かみ	反面 はんめん
耳鼻科 じびか	発刊 はっかん	髪毛 かみのけ	反逆 はんぎゃく
耳慣 みみなれる	発狂 はっきょう		反射 はんしゃ
耳障 みみざわり	発売 はつばい	fān	反省 はんせい
餌 えさ	発明 はつめい	帆 ほ	反響 はんきょう
餌食 えじき	発情 はつじょう	番 つがい	反応 はんのう
	発散 はっさん	番 ばん	反映 はんえい
èr	発射 はっしゃ	番茶 ばんちゃ	反則 はんそく
二 に	発生 はっせい	番地 ばんち	返 かえす
二 ふたつ	発声 はっせい	番号 ばんごう	返 かえって
二重 にじゅう	発条 ぜんまい	番人 ばんにん	返 かえる
二次 にじ	発条 ばね	番頭 ばんとう	返辞 へんじ
二分 にぶん	発現 はつげん	番組 ばんぐみ	返答 へんとう
二季 にき	発祥地 はっしょ	翻 ひるがえす	返還 へんかん
二階 にかい	うち	翻弄 ほんろう	返済 へんさい
二句 にのく	発想 はっそう	翻訳 ほんやく	返礼 へんれい
二枚目 にまいめ	発効 はっこう		返戻 へんれい
二枚舌 にまいじ	発信 はっしん		返却 へんきゃく

返上 へんじょう	**fǎng**	扉 とびら	分目 わかれめ
返事 へんじ	倣 ならう		分目 わけめ
fàn	訪 おとずれる	**féi**	分配 ぶんぱい
犯 おかす	訪 たずねる	肥 こえる	分散 ぶんさん
犯行 はんこう	訪問 ほうもん	肥 こやす	分数 ぶんすう
犯則 はんそく	紡 つむぐ	肥 ふとる	分銅 ふんどう
犯罪 はんざい	紡績 ぼうせき	肥料 ひりょう	分析 ぶんせき
飯 めし		肥満 ひまん	分野 ぶんや
氾濫 はんらん	**fàng**	肥沃 ひよく	分業 ぶんぎょう
汎濫 はんらん	放 はなす	肥育 ひいく	分与 ぶんよ
汎用 はんよう	放 はなつ		分衆 ぶんしゅう
範 はん	放 はなれる	**fèi**	分子 ぶんし
範囲 はんい	放 ほうる	吠 ほえる	紛 まぎらす
販売 はんばい	放出 ほうしゅつ	肺 はい	紛 まぎらわしい
	放電 ほうでん	肺腑 はいふ	紛 まぎれる
fāng	放火 ほうか	肺炎 はいえん	紛糾 ふんきゅう
方 かた	放棄 ほうき	廃 すたれる	紛失 ふんしつ
方 がた	放任 ほうにん	廃棄 はいき	紛争 ふんそう
方 ざま	放込 ほうりこむ	廃水 はいすい	雰囲気 ふんいき
方 ほう	放送 ほうそう	廃止 はいし	
方策 ほうさく	放題 ほうだい	沸 たぎる	**fén**
方程式 ほうてい	放物線 ほうぶつ	沸 わかす	焚 たく
しき	せん	沸 わかせる	焚火 たきび
方方 かたがた	放置 ほうち	沸 わく	
方角 ほうがく	放擲 ほうてき	沸点 ふってん	**fěn**
方式 ほうしき		沸立 わきたつ	粉 こ
方位 ほうい	**fēi**	沸起 わきおこる	粉 こな
方向 ほうこう	飛 とばす	沸上 わきあがる	粉粉 こなごな
方言 ほうげん	飛 とぶ	沸騰 ふっとう	粉末 ふんまつ
方舟 はこぶね	飛乗 とびのる	費 ついやす	粉砕 ふんさい
坊 ぼう	飛出 とびだす	費 ひ	
坊 ぼうや	飛付 とびつく	費用 ひよう	**fèn**
坊 ぼっちゃん	飛火 とびひ		奮 ふるう
坊主 ぼうず	飛交 とびかう	**fēn**	奮闘 ふんとう
芳 かんばしい	飛込 とびこむ	分 ぶ	奮起 ふんき
	飛上 とびあがる	分 ぶん	憤 いきどおる
fáng	飛下 とびおりる	分 わかつ	憤慨 ふんがい
防 ふせぐ	飛行 ひこう	分 わかる	糞 くそ
防備 ぼうび	飛行機 ひこうき	分 わかれる	分→fēn
防除 ぼうじょ	飛行士 ひこうし	分 わけ	
防寒 ぼうかん	飛躍 ひやく	分 わける	**fēng**
防火 ぼうか	非 ひ	分別 ふんべつ	豊 ゆたか
防空 ぼうくう	非常 ひじょう	分布 ぶんぷ	豊富 ほうふ
防水 ぼうすい	非常識 ひじょう	分担 ぶんたん	豊年 ほうねん
防衛 ぼうえい	しき	分割 ぶんかつ	豊作 ほうさく
防音 ぼうおん	非公開 ひこうか	分解 ぶんかい	風 かぜ
防御 ぼうぎょ	い	分類 ぶんるい	風 ふう
防止 ぼうし	非公式 ひこうし	分離 ぶんり	風 ふり
妨 さまたげる	き	分立 ぶんりつ	風采 ふうさい
妨碍 ぼうがい	非合法 ひごうほ	分量 ぶんりょう	風車 ふうしゃ
妨害 ぼうがい	う	分裂 ぶんれつ	風船 ふうせん
房 ふさ	非合理 ひごうり	分流 ぶんりゅう	風刺 ふうし
	非難 ひなん	分泌 ぶんぴ	風格 ふうかく
	非情 ひじょう	分泌 ぶんぴつ	風害 ふうがい
	非行 ひこう	分母 ぶんぼ	風化 ふうか

風景 ふうけい	**fǒu**	浮顔 うかぬかお	付物 つきもの
風流 ふうりゅう	缶 かん	浮腰 うきごし	付足 つけたす
風呂 ふろ	缶詰 かんづめ	浮足立 うきあしだつ	付狙 つけねらう
風呂敷 ふろしき	否 いな		負 おう
風貌 ふうぼう	否 いなむ	符号 ふごう	負 おんぶ
風情 ふぜい	否 いなめない	符合 ふごう	負 まかす
風上 かざかみ	否 いなや	幅 はば	負 まけ
風俗 ふうぞく	否 いや	幅広 はばひろ	負 まける
風体 ふうてい	否定 ひてい	幅広 はばひろい	負担 ふたん
風土 ふうど	否否 いやいや	福祉 ふくし	負傷 ふしょう
風味 ふうみ	否決 ひけつ		負嫌 まけずぎらい
風物 ふうぶつ	否認 ひにん	**fu**	
風習 ふうしゅう	否応 いやおう	撫 なでる	負債 ふさい
風下 かざしも		嘸 さぞ	婦女子 ふじょし
風向 かざむき	**fū**	斧 おの	婦人 ふじん
風邪 かぜ	夫 おっと	府 ふ	附 づく
風雨 ふうう	夫夫 それぞれ	俯 うつぶせ	附 づけ
封 ふう	夫婦 ふうふ	俯 うつむく	附近 ふきん
封 ふうじる	夫妻 ふさい	釜 かま	附録 ふろく
封建 ほうけん	夫人 ふじん	腐 くさす	附属 ふぞく
封切 ふうきり	膚 はだ	腐 くさる	赴 おもむく
封鎖 ふうさ	敷 しく	腐敗 ふはい	赴任 ふにん
封筒 ふうとう	敷地 しきち	腐食 ふしょく	復讐 ふくしゅう
封印 ふういん	敷居 しきい	腐蝕 ふしょく	復帰 ふっき
峰 みね	敷皮 しきがわ		復活 ふっかつ
蜂 はち	敷物 しきもの	**fù**	復旧 ふっきゅう
蜂蜜 はちみつ		父 ちち	復習 さらう
	fú	父 とうさん	復習 ふくしゅう
féng	伏 ふす	父母 ふぼ	復興 ふっこう
逢 あう	伏 ふせる	父親 ちちおや	複合 ふくごう
縫 ぬい	扶養 ふよう	父兄 ふけい	複数 ふくすう
縫 ぬう	扶育 ふいく	付 つき	複写 ふくしゃ
縫合 ぬいあわせる	払 はらい	付 つく	複雑 ふくざつ
	払 はらう	付 づく	複製 ふくせい
縫目 ぬいめ	払戻 はらいもどす	付 つけ	副 そう
縫上 ぬいあげる		付 づけ	副 ふく
縫物 ぬいもの	払込 はらいこむ	付 つける	副詞 ふくし
	服 ふく	付纏 つきまとう	副食 ふくしょく
fěng	服 ふくする	付合 つきあい	副作用 ふくさよう
諷刺 ふうし	服従 ふくじゅう	付合 つきあう	
	服飾 ふくしょく	付合 つけあわせ	富 とみ
fèng	服装 ふくそう	付根 つけね	富 とむ
奉 たてまつる	浮 うかぶ	付加 つけくわえる	富豪 ふごう
奉公 ほうこう	浮 うかべる		腹 はら
奉納 ほうのう	浮 うかれる	付加価値 ふかかち	腹持 はらもち
奉仕 ほうし	浮 うく		腹立 はらだち
鳳仙花 ほうせんか	浮 うわつく	付近 ふきん	鮒 ふな
	浮沈 うきしずみ	付録 ふろく	縛 しばる
fó	浮浮 うきうき	付目 つけめ	覆 おおい
仏 ほとけ	浮浪 ふろう	付込 つけこむ	覆 おおう
仏教 ぶっきょう	浮力 ふりょく	付上 つけあがる	覆 くつがえす
仏像 ぶつぞう	浮気 うわき	付属 ふぞく	覆 くつがえる
	浮世 うきよ	付焼刃 つけやきば	覆面 ふくめん
	浮上 うかびあがる	付添 つきそう	

G

gāi
- 該博 がいはく
- 該当 がいとう

gǎi
- 改 あらたまる
- 改 あらためる
- 改竄 かいざん
- 改定 かいてい
- 改訂 かいてい
- 改悪 かいあく
- 改革 かいかく
- 改良 かいりょう
- 改善 かいぜん
- 改修 かいしゅう
- 改選 かいせん
- 改造 かいぞう
- 改札 かいさつ
- 改正 かいせい
- 改築 かいちく
- 改装 かいそう
- 改組 かいそ
- 改作 かいさく

gài
- 蓋 ふた
- 蓋 けだし
- 概 おおむね
- 概 がいして
- 概観 がいかん
- 概況 がいきょう
- 概括 がいかつ
- 概略 がいりゃく
- 概論 がいろん
- 概念 がいねん
- 概評 がいひょう
- 概数 がいすう
- 概説 がいせつ
- 概算 がいさん
- 概要 がいよう

gān
- 干 ほす
- 干魃 かんばつ
- 干害 かんがい
- 干渉 かんしょう
- 干物 ほしもの
- 干与 かんよ
- 乾 かわかす
- 乾 かわく
- 乾 ほす
- 乾杯 かんぱい
- 乾電池 かんでんち
- 乾季 かんき
- 乾期 かんき
- 乾物 ほしもの
- 乾燥 かんそう
- 甘 あまい
- 甘 あまえる
- 甘 あまみ
- 甘 あまやかす
- 甘 あまんじる
- 甘党 あまとう
- 甘口 あまくち
- 甘露 かんろ
- 甘美 かんび
- 甘味 あまみ
- 肝 きも
- 肝胆 かんたん
- 肝銘 かんめい
- 肝腎 かんじん
- 肝試 きもだめし
- 肝心 かんじん
- 肝要 かんよう
- 肝臟 かんぞう
- 坩堝 るつぼ
- 竿 さお

gǎn
- 敢 あえて
- 敢然 かんぜん
- 敢無 あえない
- 感 かん
- 感 かんじ
- 感 かんじる
- 感 かんずる
- 感触 かんしょく
- 感動 かんどう
- 感度 かんど
- 感服 かんぷく
- 感化 かんか
- 感激 かんげき
- 感覚 かんかく
- 感慨 かんがい
- 感銘 かんめい
- 感情 かんじょう
- 感染 かんせん
- 感傷 かんしょう
- 感受 かんじゅ
- 感受性 かんじゅせい
- 感歎 かんたん
- 感嘆 かんたん
- 感無量 かんむりょう
- 感想 かんそう
- 感謝 かんしゃ
- 感心 かんしん
- 感興 かんきょう
- 感性 かんせい
- 感応 かんのう
- 感知 かんち

gàn
- 幹 みき
- 幹部 かんぶ
- 幹事 かんじ
- 幹線 かんせん
- 紺 こん

gāng
- 岡 おか
- 剛腹 ごうふく
- 剛健 ごうけん
- 剛気 ごうき
- 剛毅 ごうき
- 綱 つな
- 綱渡 つなわたり
- 綱要 こうよう
- 綱引 つなひき
- 鋼 はがね

gǎng
- 港 こう
- 港 みなと
- 港湾 こうわん

gāo
- 高 こう
- 高 たか
- 高 たかい
- 高 たかさ
- 高 たかぶる
- 高 たかまる
- 高 たかめる
- 高 たからか
- 高潮 たかしお
- 高等 こうとう
- 高低 こうてい
- 高地 こうち
- 高度 こうど
- 高額 こうがく
- 高飛 たかとび
- 高飛車 たかとびしゃ
- 高飛込 たかとびこみ
- 高高 たかだか
- 高級 こうきゅう
- 高価 こうか
- 高架 こうか
- 高見 こうけん
- 高潔 こうけつ
- 高齢 こうれい
- 高邁 こうまい
- 高慢 こうまん
- 高名 こうめい
- 高気圧 こうきあつ
- 高熱 こうねつ
- 高山 こうざん
- 高尚 こうしょう
- 高踏 こうとう
- 高騰 こうとう
- 高温 こうおん
- 高下 こうげ
- 高校 こうこう
- 高圧 こうあつ
- 高雅 こうが
- 高揚 こうよう
- 高誼 こうぎ
- 高音 こうおん
- 高原 こうげん
- 高遠 こうえん
- 高枕 たかまくら
- 高周波 こうしゅうは
- 高姿勢 こうしせい

gǎo
- 縞 しま
- 藁 わら

gào
- 告 つげる
- 告白 こくはく
- 告別 こくべつ
- 告口 つげぐち
- 告示 こくじ
- 告訴 こくそ
- 告知 こくち

gē
- 戈 ほこ
- 擱 おく
- 割 さく
- 割 わり
- 割 わる
- 割 われる
- 割愛 かつあい
- 割出 わりだす
- 割当 わりあて
- 割当 わりあてる
- 割合 わりあい
- 割拠 かっきょ
- 割勘 わりかん

割切 わりきる	各 おのおの	耕作 こうさく	攻撃 こうげき
割切 わりきれる	各 かく		攻勢 こうせい
割込 わりこむ	各地 かくち	**gōng**	供 とも
割引 わりびく	各各 おのおの	工 たくむ	供給 きょうきゅう
割著 わりばし	各国 かっこく	工場 こうじょう	
割算 わりざん	各人 かくじん	工程 こうてい	供述 きょうじゅつ
割引 わりびき	各位 かくい	工夫 くふう	
歌 うた	各種 かくしゅ	工匠 こうしょう	供託 きょうたく
歌 うたう	各自 かくじ	工面 くめん	供養 くよう
歌 か		工事 こうじ	供応 きょうおう
歌人 かじん	**gěi**	工学 こうがく	肱 ひじ
歌手 かしゅ	給 きゅう	工業 こうぎょう	宮 みや
歌舞 かぶ	給 たまう	工員 こういん	宮殿 きゅうでん
歌舞伎 かぶき	給費 きゅうひ	工芸 こうげい	恭 うやうやしい
歌謡 かよう	給付 きゅうふ	工作 こうさく	
歌謡曲 かようきょく	給料 きゅうりょう	弓 ゆみ	**gǒng**
		公 おおやけ	鞏固 きょうこ
gé	給食 きゅうしょく	公表 こうひょう	拱 こまぬく
革 かわ	給仕 きゅうじ	公布 こうふ	
革命 かくめい	給与 きゅうよ	公共 こうきょう	**gòng**
革新 かくしん		公害 こうがい	共 とも
革靴 かわぐつ	**gēn**	公金 こうきん	共 ども
格 かく	根 こん	公開 こうかい	共白髪 ともしらが
格別 かくべつ	根 ね	公立 こうりつ	
格差 かくさ	根本 こんぽん	公論 こうろん	共産 きょうさん
格調 かくちょう	根本 ねもと	公民館 こうみんかん	共催 きょうさい
格闘 かくとう	根底 こんてい		共存 きょうそん
格段 かくだん	根幹 こんかん	公明 こうめい	共働 ともばたらき
格好 かっこう	根号 こんごう	公募 こうぼ	
格言 かくげん	根回 ねまわし	公判 こうはん	共犯 きょうはん
格子 こうし	根拠 こんきょ	公平 こうへい	共感 きょうかん
葛藤 かっとう	根絶 こんぜつ	公認 こうにん	共 ともども
隔 へだたる	根気 こんき	公社 こうしゃ	共和 きょうわ
隔 へだて	根強 ねづよい	公設 こうせつ	共和国 きょうわこく
隔 へだてる	根深 ねふかい	公使 こうし	
隔離 かくり	根性 こんじょう	公式 こうしき	共済 きょうさい
隔世 かくせい	根元 ねもと	公私 こうし	共稼 ともかせぎ
閣僚 かくりょう	根子 ねっこ	公算 こうさん	共進会 きょうしんかい
閣下 かっか		公孫樹 いちょう	
	gèn	公団 こうだん	共鳴 きょうめい
gè	亘 わたる	公務 こうむ	共通 きょうつう
個 こ	互 わたる	公務員 こうむいん	共同 きょうどう
個別 こべつ			共学 きょうがく
個個 ここ	**gēng**	公演 こうえん	共演 きょうえん
個個別別 ここべつべつ	更 ふかす	公営 こうえい	共用 きょうよう
	更 ふける	公用 こうよう	共有 きょうゆう
個人 こじん	更 さらに	公園 こうえん	貢献 こうけん
個所 かしょ	更迭 こうてつ	公約 こうやく	供→gōng
個体 こたい	更生 こうせい	公正 こうせい	
個性 こせい	更新 こうしん	公衆 こうしゅう	**gōu**
箇箇 ここ	更衣室 こういしつ	功績 こうせき	勾配 こうばい
箇所 かしょ		功名 こうみょう	溝 どぶ
箇条書 かじょうがき	耕 たがやす	功罪 こうざい	溝 みぞ
	耕地 こうち	攻 せめ	
		攻 せめる	

gǒu
苟　いやしくも

gòu
構　かまう
構　かまえ
構　かまえる
構成　こうせい
構図　こうず
購　あがなう
購読　こうどく
購買　こうばい
購入　こうにゅう
垢　あか
垢抜　あかぬける
媾和　こうわ

gū
姑　しゅうとめ
姑息　こそく
孤独　こどく
孤児　こじ
孤立　こりつ

gǔ
古　いにしえ
古　ふるい
古本　ふるほん
古参　こさん
古代　こだい
古典　こてん
古都　こと
古風　こふう
古跡　こせき
古蹟　こせき
古今　ここん
古里　ふるさと
古色　こしょく
古式　こしき
谷　たに
谷間　たにあい
谷間　たにま
穀物　こくもつ
股　また
股　もも
骨　こつ
骨　ほね
骨董　こっとう
骨格　こっかく
骨骼　こっかく
骨肉　こつにく
骨身　ほねみ
骨髄　こつずい
骨折　こっせつ
骨折　ほねおり

骨折　ほねおる
骨子　こっし
骨組　ほねぐみ
鼓　つづみ
鼓吹　こすい

gù
固　かたい
固　かたまり
固　かたまる
固　かため
固　かためる
固　もとより
固持　こじ
固定　こてい
固体　こたい
固形　こけい
固有　こゆう
固執　こしつ
故　こ
故　ゆえ
故国　ここく
故人　こじん
故事　こじ
故郷　こきょう
故郷　ふるさと
故意　こい
故障　こしょう
顧　かえりみる
顧慮　こりょ
顧問　こもん
雇　やとう
雇傭　こよう
雇用　こよう

guā
瓜　うり
瓜実顔　うりざねがお

guǎ
寡黙　かもく

guà
掛　かかる
掛　かけ
掛布団　かけぶとん
掛合　かけあう
掛買　かけがい
掛売　かけうり
掛橋　かけはし
掛声　かけごえ
掛算　かけざん
掛替　かけがえ

guāi
攫　つかまえる
攫　つかませる
攫　つかむ
攫所　つかみどころ

guài
怪　あやしい
怪　あやしむ
怪　けしからん
怪奇　かいき
怪獣　かいじゅう
怪我　けが
怪訝　けげん
怪異　かいい

guān
関　かかわり
関　かかわる
関　かんする
関　せき
関白　かんぱく
関東　かんとう
関節　かんせつ
関連　かんれん
関門　かんもん
関山　せきのやま
関税　かんぜい
関所　せきしょ
関西　かんさい
関係　かんけい
関脇　せきわけ
関心　かんしん
関与　かんよ
関原　せきがはら
観　かん
観測　かんそく
観察　かんさつ
観点　かんてん
観光　かんこう
観客　かんきゃく
観覧　かんらん
観念　かんねん
観賞　かんしょう
観衆　かんしゅう
官　かん
官邸　かんてい
官僚　かんりょう
官庁　かんちょう
冠　かんむり

guǎn
館　かん
管　かん

管　くだ
管理　かんり
管轄　かんかつ

guàn
貫　つらぬく
貫禄　かんろく
慣　ならす
慣　なれる
慣例　かんれい
慣習　かんしゅう
慣行　かんこう
慣性　かんせい
慣用　かんよう
灌　そそぐ
灌漑　かんがい
罐　かま

guāng
光　こう
光　ひかり
光　ひからす
光　ひく
光彩　こうさい
光景　こうけい
光明　こうみょう
光熱費　こうねつひ
光栄　こうえい
光通信　ひかりつうしん
光物　ひかりもの
光学　こうがく
光沢　こうたく

guǎng
広　ひろい
広　ひろがる
広　ひろげる
広　ひろまる
広　ひろめる
広報　こうほう
広場　ひろば
広大　こうだい
広汎　こうはん
広範　こうはん
広告　こうこく
広広　ひろびろ
広間　ひろま
広野　こうや
広域　こういき

guī
帰　かえす
帰　かえり

帰	かえる	国道	こくどう	過半	かはん		hài
帰	きする	国電	こくでん	過半数	かはんすう	害	がい
帰港	きこう	国定	こくてい	過不足	かふそく	害	がいする
帰国	きこく	国防	こくぼう	過程	かてい	害虫	がいちゅう
帰化	きか	国費	こくひ	過大	かだい	害毒	がいどく
帰還	きかん	国花	こっか	過度	かど	害悪	がいあく
帰京	ききょう	国会	こっかい	過渡期	かとき		
帰路	きろ	国籍	こくせき	過多	かた		hān
帰納	きのう	国技	こくぎ	過分	かぶん	酣	たけなわ
帰省	きせい	国際	こくさい	過激	かげき	鼾	いびき
帰郷	ききょう	国家	こっか	過労	かろう		
帰宅	きたく	国交	こっこう	過密	かみつ		hán
亀	かめ	国境	こっきょう	過敏	かびん	蕾	つぼみ
亀裂	きれつ	国力	こくりょく	過去	かこ	含	ふくみ
規定	きてい	国立	こくりつ	過熱	かねつ	含	ふくむ
規範	きはん	国連	こくれん	過少	かしょう	含	ふくめる
規格	きかく	国民	こくみん	過剰	かじょう	含有	がんゆう
規律	きりつ	国名	こくめい	過失	かしつ	寒	さむい
規模	きぼ	国内	こくない	過疎	かそ	寒	さむがる
規約	きやく	国旗	こっき	過小	かしょう	寒	さむさ
規則	きそく	国勢	こくせい	過言	かごん	寒波	かんぱ
規制	きせい	国体	こくたい			寒帯	かんたい
規準	きじゅん	国鉄	こくてつ		**H**	寒冷	かんれい
鮭	さけ	国土	こくど			寒暖計	かんだんけい
		国外	こくがい			寒気	かんき
	guǐ	国王	こくおう		hái	寒気	さむけ
軌道	きどう	国務	こくむ	骸骨	がいこつ	寒心	かんしん
軌範	きはん	国許	くにもと				
鬼	おに	国訓	こっくん		hǎi		hàn
		国営	こくえい	海	うみ	漢方薬	かんぽうやく
	guì	国有	こくゆう	海	かい	漢和	かんわ
貴	たっとい	国語	こくご	海岸	かいがん	漢語	かんご
貴	とうとい	国元	くにもと	海抜	かいばつ	漢字	かんじ
貴	とうとぶ	国政	こくせい	海産物	かいさんぶつ	汗	あせ
貴方	あなた			海底	かいてい	汗	あせだく
貴様	きさま		guǒ	海辺	うみべ	汗	あせばむ
貴重品	きちょうひん	果	おおせる	海軍	かいぐん	汗	あせまみれ
貴族	きぞく	果	はたして	海老	えび	汗	あせみどろ
跪	ひざまずく	果	はたす	海流	かいりゅう	旱	ひでり
		果	はて	海路	かいろ	旱魃	かんばつ
	gǔn	果	はてる	海面	かいめん	旱害	かんがい
滾	たぎる	果合	はたしあい	海上	かいじょう	頷	うなずく
		果断	かだん	海水	かいすい		
	guō	果敢	かかん	海苔	のり		háng
鍋	なべ	果実	かじつ	海図	かいず	杭	くい
		果無	はかない	海外	かいがい	絎	くける
	guó	果物	くだもの	海峡	かいきょう	航海	こうかい
国	くに	菓子	かし	海嘯	つなみ	航空	こうくう
国	こく			海洋	かいよう	航路	こうろ
国宝	こくほう		guò	海運	かいうん	航行	こうこう
国柄	くにがら	過	あやまち	海藻	かいそう		
国産	こくさん	過	すぎ	海賊	かいぞく		háo
国粋	こくすい	過	すぎない			豪	えらい
		過	すぎる				
		過	すごす				

豪華 ごうか	合 あわす	何時無 いつになく	黒 くろずむ
豪傑 ごうけつ	合 あわせ	何所 どこ	黒白 くろしろ
豪快 ごうかい	合 あわせる	何無 なんとなく	黒板 こくばん
豪勢 ごうせい	合 がっする	何言 なんといっても	黒潮 くろしお
豪語 ごうご	合 ごう	何卒 なにとぞ	黒枠 くろわく
濠 ほり	合併 がっぺい	何幕 なにまく	黒幕 くろまく
号→hào	合唱 がっしょう	和 なごやか	黒人 こくじん
	合成 ごうせい	和 やわらぐ	黒字 くろじ
hǎo	合点 がってん	和 やわらげる	
好 いい	合点 がてん	和 わ	**hèn**
好 このましい	合法的 ごうほうてき	和布 わかめ	恨 うらみ
好 このみ	合服 あいふく	和風 わふう	恨 うらむ
好 このむ	合格 ごうかく	和服 わふく	
好 このもしい	合計 ごうけい	和歌 わか	**héng**
好 すき	合間 あいま	和解 わかい	恒久 こうきゅう
好 すく	合金 ごうきん	和食 わしょく	恒例 こうれい
好 よい	合理 ごうり	和室 わしつ	桁 けた
好調 こうちょう	合流 ごうりゅう	和文 わぶん	桁外 けたはずれ
好都合 こうつごう	合手 あいのて	和物 あえもの	桁違 けたちがい
好感 こうかん	合宿 がっしゅく	和洋 わよう	横 よこ
好好 すきずき	合同 ごうどう	和英 わえい	横 よこたわる
好機 こうき	合図 あいず	和語 わご	横暴 おうぼう
好加減 いいかげん	合性 あいしょう	和装 わそう	横柄 おうへい
好況 こうきょう	合言葉 あいことば	河 かわ	横道 よこみち
好評 こうひょう	合一 ごういつ	河川 かせん	横断 おうだん
好奇 こうき	合意 ごうい	河口 かこう	横綱 よこづな
好奇心 こうきしん	合議 ごうぎ	河童 かっぱ	横目 よこめ
好勝手 すきかって	合札 あいふだ	河原 かわら	横殴 よこなぐり
好適 こうてき	合戦 かっせん	核 かく	横槍 よこやり
好物 こうぶつ	合掌 がっしょう	核兵器 かくへいき	横切 よこぎる
好嫌 すききらい	合致 がっち	核弾頭 かくだんとう	横取 よこどり
号 -ごう	合着 あいぎ	核心 かくしん	横書 よこがき
好一対 こういっつい	合子 あいのこ	涸 からす	横行 おうこう
	何 いずれ		横顔 よこがお
好意 こうい	何 なに	**hè**	横溢 おういつ
好意的 こういてき	何 なん	褐色 かっしょく	横這 よこばい
好運 こううん	何彼 なにかかに	鶴 つる	横着 おうちゃく
好転 こうてん	何彼 なにもかも	荷 に	
	何遍 なんべん	荷 になう	**hōng**
hào	何処 どこ	荷動 にうごき	轟 とどろかす
号 ごう	何等 なんら	荷受 にうけ	轟 とどろく
号令 ごうれい	何度 なんど	荷送 におくり	
号泣 ごうきゅう	何方 どなた	荷物 にもつ	**hóng**
好→hǎo	何分 なにぶん	荷造 にづくり	弘 ひろまる
	何故 なぜ	荷作 にづくり	弘 ひろめる
hē	何故 なにゆえ	嚇 おどかす	弘法 こうぼう
呵 しかる	何気無 なにげない	嚇 おどす	紅 くれない
	何時 いつ	喝采 かっさい	紅 べに
hé	何時間 いつのまにか		紅茶 こうちゃ
合 あう	何時頃 いつごろ	**hēi**	紅潮 こうちょう
		黒 くろ	紅顔 こうがん
		黒 くろい	紅葉 こうよう
			紅葉 もみじ
			紅葉狩 もみじがり

紅一点 こういってん	厚情 こうじょう	互違 たがいちがい	**huà**
宏大 こうだい	厚生 こうせい	戸 こ	化 か
虹 にじ	厚顔 こうがん	戸 と	化する かする
洪水 こうずい	厚誼 こうぎ	戸締 とじまり	化ける ばける
	厚意 こうい	戸惑 とまどい	化合 かごう
hóu	厚遇 こうぐう	戸惑 とまどう	化膿 かのう
喉 のど	厚着 あつぎ	戸籍 こせき	化石 かせき
喉自慢 のどじまん	候 こう	戸棚 とだな	化物 ばけもの
	候 そうろう	護謨 ゴム	化学 かがく
	候補 こうほ	護送 ごそう	化繊 かせん
hǒu		護衛 ごえい	化粧 けしょう
吼 ほえる	**hū**		劃一 かくいつ
	呼 よぶ	**huā**	画 が
hòu	呼出 よびだし	花 はな	画 かく
後 あと	呼出 よびだす	花弁 はなびら	画する かくする
後 うしろ	呼付 よびつける	花便 はなだより	画家 がか
後 おくれ	呼掛 よびかけ	花柄 はながら	画竜点睛 がりゅうてんせい
後 おくれる	呼掛 よびかける	花車 きゃしゃ	画面 がめん
後 ご	呼寄 よびよせる	花粉 かふん	画期的 かっきてき
後 のち	呼戻 よびもどす	花花 はなばなしい	
後半 こうはん	呼捨 よびすて	花卉 かき	画然 かくぜん
後輩 こうはい	呼声 よびごえ	花火 はなび	画数 かくすう
後塵 こうじん	呼物 よびもの	花嫁 はなよめ	画素 がそ
後程 のちほど	呼吸 こきゅう	花見 はなみ	画像 がぞう
後方 こうほう	呼応 こおう	花模様 はなもよう	画一 かくいつ
後後 のちのち	呼止 よびとめる		話 はなし
後回 あとまわし	忽 たちまち	花片 はなびら	話 はなす
後悔 こうかい	忽然 こつぜん	花瓶 かびん	話 はなせる
後継 こうけい	惚 とぼける	花色 はないろ	話方 はなしかた
後見 こうけん	惚 ぼける	花壇 かだん	話掛 はなしかける
後進 こうしん	惚 ほれる	花畳 はなぐもり	
後戻 あともどり		花形 はながた	話合 はなしあい
後難 こうなん	**hú**	花婿 はなむこ	話合 はなしあう
後年 こうねん	狐 きつね	花言葉 はなことば	話声 はなしごえ
後片付 あとかたづけ	弧 こ		話手 はなして
	胡瓜 きゅうり		話題 わだい
後期 こうき	胡椒 こしょう		
後身 こうしん	胡麻 ごま	**huá**	話相手 はなしあいて
後始末 あとしまつ	胡桃 くるみ	華 はな	
	胡座 あぐら	華 はなやか	話言葉 はなしことば
後世 のちのよ	壺 つぼ	華車 きゃしゃ	
後手 ごて	湖 こ	華華 はなばなしい	**huái**
後書 あとがき	湖 みずうみ		懐 いだく
後天 こうてん	湖沼 こしょう	華麗 かれい	懐 おもう
後先 あとさき	糊 のり	華美 かび	懐 なつかしい
後向 うしろむき		華奢 きゃしゃ	懐 なつかしむ
後影 うしろかげ	**hǔ**	華氏 かし	懐 なつく
後援 こうえん	虎 とら	滑込 すべりこむ	懐 なつける
後者 こうしゃ		滑台 すべりだい	懐 ところ
後姿 うしろすがた	**hù**	滑 すべる	懐旧 かいきゅう
厚 あつい	互 たがい	滑 なめらか	懐柔 かいじゅう
厚 あつかましい	互換機 ごかんき	滑 ぬめり	懐疑 かいぎ
厚 あつさ	互換性 ごかんせい	滑稽 こっけい	懐中 かいちゅう
	互角 ごかく	滑走 かっそう	

踝 くるぶし	荒 すさぶ	回顧 かいこ	穢 けがす
	荒 すさむ	回帰 かいき	穢 けがれ
huài	荒廃 こうはい	回覧 かいらん	穢 けがれる
壊 こわす	荒果 あれはてる	回路 かいろ	恵 めぐまれる
壊 こわれる	荒荒 あらあらしい	回生 かいせい	恵 めぐみ
壊滅 かいめつ	荒家 あばらや	回収 かいしゅう	恵 めぐむ
	荒筋 あらすじ	回数 かいすう	恵比寿 えびす
huān	荒立 あらだてる	回送 かいそう	恵比須 えびす
歓 よろこび	荒模様 あれもよう	回想 かいそう	
歓 よろこぶ	荒仕事 あらしごと	回遊 かいゆう	**hūn**
歓待 かんたい	荒天 こうてん	回転 かいてん	昏迷 こんめい
歓声 かんせい	荒屋 あばらや	廻 まわす	婚姻 こんいん
歓喜 かんき	荒野 こうや		婚約 こんやく
歓迎 かんげい	荒原 こうげん	**huǐ**	
	慌 あわただしい	悔 くい	**hún**
huán	慌 あわてる	悔 くいる	渾沌 こんとん
還 かえる		悔 くやしい	渾名 あだな
還暦 かんれき	**huáng**	悔 くやみ	魂 たましい
還元 かんげん	皇后 こうごう	悔 くやむ	魂胆 こんたん
環 わ	皇居 こうきょ	悔恨 かいこん	
環境 かんきょう	黄昏 たそがれ	毀 こわす	**hùn**
環視 かんし	黄金 おうごん	毀 こわれる	混 こむ
	黄金 こがね		混 こんじる
huǎn	黄色 きいろ	**huì**	混 まざる
緩 ぬるい	黄色 きいろい	会 あう	混 まじり
緩 ゆるい	煌煌 こうこう	会 かい	混 まじる
緩 ゆるみ		会場 かいじょう	混 まぜる
緩 ゆるむ	**huǎng**	会得 えとく	混沌 こんとん
緩 ゆるめる	恍 とぼける	会費 かいひ	混合 こんごう
緩 ゆるやか	恍惚 こうこつ	会館 かいかん	混交 こんこう
緩和 かんわ		会合 かいごう	混乱 こんらん
緩急 かんきゅう	**huī**	会話 かいわ	混迷 こんめい
緩慢 かんまん	灰 はい	会計 かいけい	混入 こんにゅう
	灰皿 はいざら	会見 かいけん	混同 こんどう
huàn	灰色 はいいろ	会期 かいき	混線 こんせん
幻 まぼろし	灰汁 あく	会社 かいしゃ	混淆 こんこう
幻覚 げんかく	恢復 かいふく	会食 かいしょく	混血 こんけつ
幻滅 げんめつ	揮発 きはつ	会釈 えしゃく	混用 こんよう
幻想 げんそう	輝 かがやかしい	会談 かいだん	混雑 こんざつ
換 かえる	輝 かがやかす	会心 かいしん	
換 かわり	輝 かがやく	会議 かいぎ	**huō**
換 かわる	徽章 きしょう	会員 かいいん	豁然 かつぜん
換気 かんき		会長 かいちょう	
換気扇 かんきせん	**huí**	噦 しゃっくり	**huó**
換算 かんさん	回 かい	絵 え	活 いきる
患 わずらい	回 まわす	絵本 えほん	活 いける
患 わずらう	回 まわり	絵画 かいが	活動 かつどう
患者 かんじゃ	回 まわる	絵具 えのぐ	活発 かっぱつ
	回避 かいひ	絵馬 えま	活況 かっきょう
huāng	回虫 かいちゅう	絵葉書 えはがき	活力 かつりょく
荒 あらい	回道 まわりみち	賄 まかない	活気 かっき
荒 あらす	回復 かいふく	賄 まかなう	活用 かつよう
荒 あらっぽい		賄賂 わいろ	活躍 かつやく
荒 あれる		彗星 すいせい	活字 かつじ
		晦 くらます	

huǒ

火	か
火	ひ
火花	ひばな
火急	かきゅう
火加減	ひかげん
火口	かこう
火力	かりょく
火気	かき
火山	かざん
火傷	やけど
火事	かじ
火勢	かせい
火薬	かやく
火曜	かよう
夥	おびただしい

huò

或	ある
或	あるいは
貨幣	かへい
貨車	かしゃ
貨借	かしかり
貨物	かもつ
獲	える
獲得	かくとく
獲物	えもの
惑	まどわす
惑星	わくせい

J

jī

撃	うつ
撃破	げきは
撃退	げきたい
飢	うえ
飢える	うえる
飢餓	きが
飢饉	ききん
飢死	うえじに
饑饉	ききん
机	つくえ
機	はた
機構	きこう
機関	きかん
機会	きかい
機敏	きびん
機能	きのう
機器	きき
機微	きび
機嫌	きげん
機械	きかい
機運	きうん
機長	きちょう
機転	きてん
肌	はだ
肌付	はだつき
肌身	はだみ
肌脱	はだぬぎ
肌着	はだぎ
鶏	にわとり
積	つむ
積	つもり
積	つもる
積弊	せきへい
積重	つみかさねる
積分	せきぶん
積極	せっきょく
積立	つみたてる
積年	せきねん
積上	つみあげ
積下	つみおろし
積雪	せきせつ
積載	せきさい
姫	ひめ
基	もとい
基	もとづく
基本	きほん
基礎	きそ
基地	きち
基調	きちょう
基金	ききん
基盤	きばん
基準	きじゅん
畸形	きけい
稽古	けいこ
激	はげしい
激昂	げきこう
激変	げきへん
激動	げきどう
激化	げきか
激化	げっか
激減	げきげん
激励	げきれい
激烈	げきれつ
激流	げきりゅう
激論	げきろん
激賞	げきしょう
激突	げきとつ
激増	げきぞう
齎	もたらす

jí

及	および
及	およぶ
及	およぼす
及第	きゅうだい
及腰	およびごし
汲	くむ
汲取	くみとる
級	きゅう
級友	きゅうゆう
扱	あつかう
極	きまり
極	きまる
極	きょく
極	きわまる
極	きわみ
極	きわめて
極	きわめる
極	ごく
極付	きめつける
極大	きょくだい
極度	きょくど
極端	きょくたん
極楽	ごくらく
極力	きょくりょく
極論	きょくろん
極秘	ごくひ
極手	きめて
極限	きょくげん
極小	きょくしょう
極意	ごくい
極致	きょくち
即	すなわち
即	そくする
即	ぞくする
即答	そくとう
即断	そくだん
即刻	そっこく
即売	そくばい
即日	そくじつ
即死	そくし
即位	そくい
即席	そくせき
即効	そっこう
即興	そっきょう
即応	そくおう
即座	そくざ
急	いそぐ
急	きゅう
急	せく
急変	きゅうへん
急病	きゅうびょう
急場	きゅうば
急激	きゅうげき
急進	きゅうしん
急落	きゅうらく
急迫	きゅうはく
急速	きゅうそく
急所	きゅうしょ
急務	きゅうむ
急襲	きゅうしゅう
急先鋒	きゅうせんぽう
急行	きゅうこう
急性	きゅうせい
急用	きゅうよう
急増	きゅうぞう
急転直下	きゅうてんちょっか
疾	とう
疾	とっく
疾	やましい
疾風	しっぷう
疾走	しっそう
棘	いばら
集	あつまり
集	あつまる
集	あつめる
集	しゅう
集	すだく
集	つどい
集	つどう
集合	しゅうごう
集会	しゅうかい
集積	しゅうせき
集計	しゅうけい
集金	しゅうきん
集落	しゅうらく
集団	しゅうだん
集約	しゅうやく
集中	しゅうちゅう
嫉妬	しっと
籍	せき
輯録	しゅうろく

jǐ

幾	いく
幾	いくつ
幾	いくら
幾等	いくら
幾度	いくたび
幾度	いくど
幾多	いくた
幾分	いくぶん
幾何	いくらなんでも
幾日	いくにち
幾重	いくえ
几帳面	きちょうめん

めん	季節 きせつ	寂寥 せきりょう	鋏 はさむ
己 おのれ	季刊 きかん	寂寞 せきばく	頬 ほお
己惚 うぬぼれ	季語 きご	冀求 ききゅう	頬 ほっぺた
脊髄 せきずい	跡 あと	冀望 きぼう	頬 ほほ
脊柱 せきちゅう	跡継 あとつぎ	繋 つながり	
脊椎 せきつい	跡絶 とだえる	繋 つながる	jiǎ
給→gěi	跡片付 あとかたづけ	繋 つなぎ	甲 こう
	跡切 あとぎれる	繋 つなぐ	甲 よろい
jì	跡始末 あとしまつ	繋 つなげる	甲斐 かい
計 けい			甲斐 がい
計画 けいかく	済 すます	jiā	甲斐甲斐 かいがいしい
計略 けいりゃく	済 すませる	加 くわえる	岬 みさき
計器 けいき	済 すみ	加 くわわる	仮 かり
計上 けいじょう	済 ずみ	加工 かこう	仮初 かりそめ
計算 けいさん	済 すむ	加害者 かがいしゃ	仮定 かてい
記 しるす	既 すでに		仮令 たとえ
記号 きごう	既成 きせい	加減 かげん	仮面 かめん
記録 きろく	既存 きそん	加盟 かめい	仮名 かな
記名 きめい	既婚 きこん	加熱 かねつ	仮名遣 かなづかい
記念 きねん	継 つぎ	加入 かにゅう	
記念碑 きねんひ	継 つぐ	加速 かそく	仮寝 かりね
記念祭 きねんさい	継承 けいしょう	加味 かみ	仮説 かせつ
	継接 つぎはぎ	佳 よい	仮想 かそう
記念日 きねんび	継目 つぎめ	佳境 かきょう	
記入 きにゅう	継続 けいぞく	佳人 かじん	jià
記事 きじ	祭 さい	佳作 かさく	価 あたい
記述 きじゅつ	祭 まつり	枷 かせ	価格 かかく
記憶 きおく	祭 まつる	家 いえ	価値 かち
記憶力 きおくりょく	祭典 さいてん	家 か	架 かかる
	祭日 さいじつ	家 け	架空 かくう
記載 きさい	寄 よせる	家 や	嫁 よめ
記章 きしょう	寄 より	家柄 いえがら	稼 かせぎ
記者 きしゃ	寄 よる	家並 いえなみ	稼 かせぐ
伎倆 ぎりょう	寄道 よりみち	家並 やなみ	稼働 かどう
紀律 きりつ	寄付 きふ	家出 いえで	稼動 かどう
紀元 きげん	寄港 きこう	家畜 かちく	稼業 かぎょう
技 わざ	寄掛 よりかかる	家風 かふう	
技倆 ぎりょう	寄集 よりあつまる	家計 かけい	jiān
技量 ぎりょう		家具 かぐ	尖 とんがらかす
技能 ぎのう	寄集 よせあつめ	家賃 やちん	尖 とがらす
技師 ぎし	寄集 よせあつめる	家内 かない	尖 とがる
技術 ぎじゅつ		家事 かじ	尖端 せんたん
忌 いまわしい	寄留 きりゅう	家庭 かてい	尖鋭 せんえい
忌 いむ	寄生 きせい	家紋 かもん	姦 かしましい
忌忌 いまいましい	寄宿 きしゅく	家屋 かおく	堅 かたい
	寄算 よせざん	家系 かけい	堅持 けんじ
忌嫌 いみきらう	寄席 よせ	家鴨 あひる	堅固 けんご
際 きわ	寄与 きよ	家業 かぎょう	堅苦 かたくるしい
際 ぎわ	寄越 よこす	家政 かせい	
際 さい	寄贈 きそう	家主 やぬし	堅牢 けんろう
際 さいする	寄贈 きぞう	家族 かぞく	堅気 かたぎ
際疾 きわどい			堅実 けんじつ
際立 きわだつ	寂 さびしい	jiá	間 あいだ
際物 きわもの	寂 さびる	袷 あわせ	間 かん
際限 さいげん	寂 さびれる	鋏 はさむ	

間 ま	検挙 けんきょ	見付 みつかる	見物 けんぶつ
間柄 あいだがら	検事 けんじ	見付 みつける	見物 みもの
間断 かんだん	検索 けんさく	見掛 みかけ	見物人 けんぶつにん
間服 あいふく	検討 けんとう	見掛 みかける	
間隔 かんかく	検問 けんもん	見掛 みせかける	見習 みならい
間合 まにあう	倹約 けんやく	見慣 みなれる	見習 みならう
間際 まぎわ	検閲 けんえつ	見過 みすごす	見下 みおろす
間間 まま	検診 けんしん	見合 みあい	見下 みくだす
間接 かんせつ	揃 そろい	見合 みあわせる	見下 みさげる
間近 まぢか	揃 ぞろう	見合 みあう	見限 みかぎる
間近 まぢかい	揃 そろう	見惚 みとれる	見学 けんがく
間口 まぐち	揃 そろえる	見回 みまわす	見易 みやすい
間取 まどり	剪 はさむ	見回 みまわる	見縦 みくびる
間食 かんしょく	減 へらす	見積 みつもり	見映 みばえ
間手 あいのて	減 へる	見積 みつもる	見張 みはり
間題 もんだい	減点 げんてん	見極 みきわめる	見張 みはる
間違 まちがい	減免 げんめん	見計 みはからう	見知 みしらぬ
間違 まちがう	減少 げんしょう	見兼 みかねる	見知 みしる
間違 まちがえる	減速 げんそく	見る見る みるみる	見知 みずしらず
間無 まもなく	減退 げんたい	見較 みくらべる	見直 みなおす
間隙 かんげき	瞼 まぶた	見詰 みつめる	見倣 みなす
間一髪 かんいっぱつ	簡便 かんべん	見解 けんかい	件 けん
	簡単 かんたん	見届 みとどける	倹約 せんべつ
間引 まびく	簡潔 かんけつ	見覚 みおぼえ	建 たつ
間着 あいぎ	簡略 かんりゃく	見開 みひらく	建 だて
間子 あいのこ	簡明 かんめい	見苦 みぐるしい	建 たてる
肩 かた	簡素 かんそ	見落 みおとす	建立 こんりゅう
肩掛 かたかけ	簡易 かんい	見目 みため	建坪 たてつぼ
肩書 かたがき		見晴 みはらし	建前 たてまえ
監督 かんとく	jiàn	見取図 みとりず	建設 けんせつ
監禁 かんきん	見 みえる	見取 みとる	建物 たてもの
監視 かんし	見 みせびらかす	見栄 みばえ	建義 けんぎ
監修 かんしゅう	見 みせる	見栄 みばえ	建造 けんぞう
兼 かねがね	見 みなす	見込 みこみ	建直 たてなおす
兼 かねて	見 みる	見込 みこむ	建築 けんちく
兼 かねる	見抜 みぬく	見上 みあげる	賤 いやしい
兼備 けんび	見本 みほん	見捨 みすてる	剣 けん
兼合 かねあい	見比 みくらべる	見失 みうしなう	剣道 けんどう
兼行 けんこう	見場 みば	見識 けんしき	健 したたか
兼業 けんぎょう	見澄 みすます	見世物 みせもの	健 すこやか
兼用 けんよう	見出 みいだす	見事 みごと	健闘 けんとう
菅笠 すげがさ	見出 みだし	見守 みまもる	健脚 けんきゃく
煎 いる	見当 けんとう	見受 みうける	健康 けんこう
煎 せんじ	見当 みあたる	見送 みおくり	健気 けなげ
煎餅 せんべい	見得 みえ	見送 みおくる	健全 けんぜん
煎茶 せんちゃ	見地 けんち	見損 みそこなう	健勝 けんしょう
煎詰 せんじつめる	見渡 みわたす	見所 みどころ	健在 けんざい
煎薬 せんやく	見悪 みにくい	見逃 みのがす	漸く ようやく
	見返 みかえす	見通 みとおす	漸次 ぜんじ
	見方 みかた	見違 みちがえる	漸減 ぜんげん
jiǎn	見倣 みならう	見聞 けんぶん	諫 いさめる
倹 つましい	見放 みはなす	見聞 みきき	鑑 かがみ
検査 けんさ	見分 みわけ	見舞 みまい	鑑 かんがみる
検察 けんさつ	見分 みわける	見舞 みまう	鑑別 かんべつ
検定 けんてい	見付 みせつける		鑑定 かんてい

鑑賞 かんしょう	交差 こうさ	脚色 きゃくしょく	接着 せっちゃく
鍵 かぎ	交差点 こうさてん	剿滅 そうめつ	揚 かかげる
鍵盤 けんばん	交錯 こうさく		掲示 けいじ
檻 おり	交付 こうふ	**jiào**	掲示板 けいじばん
僭越 せんえつ	交互 こうご	叫 さけび	掲載 けいさい
	交歓 こうかん	叫 さけぶ	街 まち
jiāng	交換 こうかん	較 くらべる	街道 かいどう
江戸 えど	交際 こうさい	教 おしえ	街角 まちかど
将 まさに	交款 こうかん	教 おしえる	街頭 がいとう
将軍 しょうぐん	交流 こうりゅう	教 おそわる	
将来 しょうらい	交配 こうはい	教 きょう	**jié**
将棋 しょうぎ	交渉 こうしょう	教材 きょうざい	節 せつ
将校 しょうこう	交通 こうつう	教官 きょうかん	節 ふし
疆界 きょうかい	交響曲 こうきょうきょく	教会 きょうかい	節操 せっそう
		教戒 きょうかい	節供 せっく
jiǎng	交宜 こうぎ	教誨 きょうかい	節倹 せっけん
講 こうじる	交易 こうえき	教科 きょうか	節減 せつげん
講読 こうどく	交誼 こうぎ	教師 きょうし	節介 せっかい
講和 こうわ	郊外 こうがい	教室 きょうしつ	節酒 せっしゅ
講評 こうひょう	驕 おごる	教授 きょうじゅ	節句 せっく
講師 こうし	驕慢 きょうまん	教唆 きょうさ	節(料理) せち(りょうり)
講堂 こうどう	焦 あせる	教訓 きょうくん	節食 せっしょく
講習 こうしゅう	焦 こがす	教養 きょうよう	節煙 せつえん
講演 こうえん	焦 こがれる	教育 きょういく	節約 せつやく
講義 こうぎ	焦 こげる	教員 きょういん	節制 せっせい
講座 こうざ	焦茶 こげちゃ	教職 きょうしょく	傑出 けっしゅつ
奨 すすめる	焦点 しょうてん		傑作 けっさく
奨励 しょうれい	焦燥 しょうそう	**jiē**	詰 つまり
奨学金 しょうがくきん	焦躁 しょうそう	階 かい	詰 つまる
	教→jiào	階層 かいそう	詰 づめ
jiàng		階段 かいだん	詰 つめる
降 おりる	**jiáo**	階級 かいきゅう	詰 なじる
降 おろす	嚼 かむ	皆 みな	詰込 つめこむ
降 ふる		皆 みなさん	詰問 きつもん
降参 こうさん	**jiǎo**	皆 みんな	潔 いさぎよい
降伏 こうふく	角 かく	皆目 かいもく	潔白 けっぱく
降水 こうすい	角 かど	皆無 かいむ	潔癖 けっぺき
降水量 こうすいりょう	角 すみ	接 せっする	結 むすび
	角 つの	接 つぐ	結 むすぶ
降順 こうじゅん	角度 かくど	接岸 せつがん	結 ゆう
降下 こうか	角立 かどだつ	接触 せっしょく	結 ゆえる
降注 ふりそそぐ	角張 かどばる	接待 せったい	結成 けっせい
醬油 しょうゆ	狡 こすい	接点 せってん	結付 むすびつき
将→jiāng	狡 ずるい	接合 せつごう	結付 むすびつく
	餃子 ぎょうざ	接見 せっけん	結付 むすびつける
jiāo	絞 しぼり	接近 せっきん	
交 かわす	絞 しぼる	接客 せっきゃく	結構 けっこう
交 まじえる	矯正 きょうせい	接頭語 せっとうご	結果 けっか
交 まじり	脚 あし		結合 けつごう
交 まじる	脚 きゃく	接尾語 せつびご	結核 けっかく
交 まじわり	脚半 きゃはん	接吻 せっぷん	結婚 けっこん
交 まじわる	脚絆 きゃはん	接続 せつぞく	結集 けっしゅう
交 まぜる	脚本 きゃくほん	接種 せっしゅ	結晶 けっしょう
交叉 こうさ	脚光 きゃっこう		

結局	けっきょく	届	とどける	金物	かなもの	進歩	しんぽ
結論	けつろん	界	かい	金曜	きんよう	進呈	しんてい
結盟	けつめい	界	さかい	金曜日	きんようび	進出	しんしゅつ
結膜	けつまく	界層	かいそう			進度	しんど
結末	けつまつ	借	かり	金魚	きんぎょ	進化	しんか
結実	けつじつ	借	かりる	津波	つなみ	進路	しんろ
結束	けっそく	借地	しゃくち	津津浦浦	つつうらうら	進取	しんしゅ
結託	けったく	借金	しゃっきん			進入	しんにゅう
睫	まつげ			筋	すじ	進上	しんじょう
睫毛	まつげ	**jīn**		筋道	すじみち	進退	しんたい
		巾	はば	筋合	すじあい	進物	しんもつ
jiě		凧	たこ	筋交	すじかい	進行	しんこう
姐	ねえさん	今	いま	筋立	すじだて	進学	しんがく
解	かい	今朝	けさ	筋目	すじめ	進言	しんげん
解	かいする	今度	こんど	筋肉	きんにく	進展	しんてん
解	とかす	今方	いましがた	筋書	すじがき	近	ちかい
解	ときほぐす	今更	いまさら	筋向	すじむかい	近	ちかく
解	とく	今後	こんご	筋張	すじばる	近辺	きんぺん
解	とける	今回	こんかい	襟	えり	近代	きんだい
解	ほどく	今年	ことし	襟巻	えりまき	近道	ちかみち
解	ほどける	今迄	いままで	襟元	えりもと	近付	ちかづく
解除	かいじょ	今頃	いまごろ			近付	ちかづける
解答	かいとう	今日	きょう	**jǐn**		近回	ちかまわり
解凍	かいとう	今日	こんにち	僅	わずか	近寄	ちかよせる
解毒	げどく	今時	いまどき	僅少	きんしょう	近寄	ちかよる
解読	かいどく	今時分	いまじぶん	緊急	きんきゅう	近郊	きんこう
解放	かいほう			緊密	きんみつ	近接	きんせつ
解雇	かいこ	今晩	こんばん	緊迫	きんぱく	近近	ちかぢか
解決	かいけつ	今昔	こんじゃく	緊縮	きんしゅく	近景	きんけい
解明	かいめい	今夜	こんや	緊要	きんよう	近距離	きんきょり
解剖	かいぼう	今一	いまひとつ	緊張	きんちょう		
解熱	げねつ	今以と	いまもって	菫	すみれ	近来	きんらい
解任	かいにん			錦	にしき	近隣	きんりん
解散	かいさん	今月	こんげつ	錦絵	にしきえ	近目	ちかめ
解釈	かいしゃく	今週	こんしゅう	謹	つつしむ	近年	きんねん
解説	かいせつ	金	かね	謹	つつしんで	近親	きんしん
解体	かいたい	金	きん	謹賀新年	きんがしんねん	近頃	ちかごろ
解析	かいせき	金持	かねもち			近日	きんじつ
解消	かいしょう	金儲	かねもうけ	謹啓	きんけい	近世	きんせい
解約	かいやく	金槌	かなづち	謹慎	きんしん	近視	きんし
解職	かいしょく	金額	きんがく	謹厳	きんげん	近似	きんじ
		金婚式	きんこんしき	謹直	きんちょく	近所	きんじょ
jiè						近眼	きんがん
介	かいする	金貨	きんか	**jìn**		近在	きんざい
介抱	かいほう	金具	かなぐ	尽	ずく	浸	つかる
介護	かいご	金庫	きんこ	尽	つき	浸	ひたす
介入	かいにゅう	金利	きんり	尽	つきせぬ	浸	ひたる
介在	かいざい	金輪際	こんりんざい	尽	つきる	浸入	しんにゅう
戒	いましめる			尽	つくし	浸水	しんすい
戒	いましめる	金目	かねめ	尽果	つきはて	浸透	しんとう
戒告	かいこく	金銭	きんせん	尽力	じんりょく	禁	きんじる
戒厳	かいげん	金融	きんゆう	進	すすみ	禁	きんずる
芥子	からし	金色	きんいろ	進	すすむ	禁断	きんだん
届	とどく	金属	きんぞく	進	すすめる	禁固	きんこ
届	とどけ					禁酒	きんしゅ

禁句	きんく
禁輸	きんゆ
禁物	きんもつ
禁圧	きんあつ
禁煙	きんえん
禁欲的	きんよくてき
禁止	きんし
禁制	きんせい
儘	まま

jīng
茎	くき
経	たつ
経	へる
経度	けいど
経費	けいひ
経過	けいか
経済	けいざい
経済的	けいざいてき
経理	けいり
経歴	けいれき
経路	けいろ
経緯	いきさつ
経緯	けいい
経験	けいけん
経営	けいえい
経由	けいゆ
荊	いばら
驚	おどろかす
驚	おどろき
驚	おどろく
驚愕	きょうがく
驚嘆	きょうたん
驚歎	きょうたん
驚異	きょうい
精	くわしい
精	せい
精彩	せいさい
精出	せいだす
精粋	せいすい
精読	せいどく
精度	せいど
精根	せいこん
精華	せいか
精魂	せいこん
精進	しょうじん
精精	せいぜい
精力	せいりょく
精励	せいれい
精練	せいれん
精錬	せいれん
精米	せいまい
精密	せいみつ
精妙	せいみょう
精気	せいき
精巧	せいこう
精勤	せいきん
精確	せいかく
精鋭	せいえい
精神	せいしん
精算	せいさん
精髄	せいずい
精通	せいつう
精細	せいさい
精一杯	せいいっぱい
精製	せいせい
精子	せいし
鯨	くじら

jǐng
井戸	いど
頸輪	くびわ
頸飾	くびかざり
景観	けいかん
景品	けいひん
景気	けいき
景色	けしき
景物	けいぶつ
警報	けいほう
警備	けいび
警部	けいぶ
警察	けいさつ
警告	けいこく
警官	けいかん
警戒	けいかい
警句	けいく
警視庁	けいしちょう

jìng
径	けい
浄化	じょうか
競	きそう
競	くらべる
競	せり
競	せる
競合	せりあう
競技	きょうぎ
競技場	きょうぎじょう
競落	せりおとす
競馬	けいば
競売	きょうばい
競売	せりうり
競市	せりいち
競演	きょうえん
競争	きょうそう
競走	きょうそう
敬	うやまう
敬愛	けいあい
敬白	けいはく
敬称	けいしょう
敬服	けいふく
敬具	けいぐ
敬老	けいろう
敬意	けいい
敬語	けいご
敬遠	けいえん
静	しずか
静	しずまる
静	しずめる
静	せい
静的	せいてき
静電気	せいでんき
静寂	せいじゃく
静粛	せいしゅく
静止	せいし
痙攣	けいれん
境	きょう
境	さかい
境地	きょうち
境界	きょうかい
境内	けいだい
境涯	きょうがい
境遇	きょうぐう
鏡	かがみ
鏡	きょう
鏡餅	かがみもち

jiǒng
| 炯炯 | けいけい |

jiū
糾弾	きゅうだん
糾問	きゅうもん
糺弾	きゅうだん
鳩	はと
鳩派	はとは
究	きわめる
究極	きゅうきょく
究明	きゅうめい

jiǔ
九	きゅう
九	く
九	ここのつ
九日	ここのか
九重	ここのえ
久	ひさしい
久遠	くおん
久振	ひさしぶり
灸	きゅう
韮	にら
酒	さけ
酒	しゅ
酒場	さかば
酒屋	さかや
酒飲	さけのみ

jiù
旧	きゅう
旧	ふるい
旧弊	きゅうへい
旧悪	きゅうあく
旧迹	きゅうせき
旧跡	きゅうせき
旧蹟	きゅうせき
旧交	きゅうこう
旧来	きゅうらい
旧式	きゅうしき
旧態	きゅうたい
旧友	きゅうゆう
旧知	きゅうち
旧制	きゅうせい
臼	うす
咎	とがめ
咎	とがめる
疚	やましい
救	すくい
救	すくう
救出	きゅうしゅつ
救護	きゅうご
救急	きゅうきゅう
救済	きゅうさい
救命	きゅうめい
救援	きゅうえん
救助	きゅうじょ
就	つく
就	つける
就寝	しゅうしん
就任	しゅうにん
就学	しゅうがく
就業	しゅうぎょう
就職	しゅうしょく
舅	しゅうと
鷲	わし

jū
拘	かかわらず
拘	かかわり
拘	かかわる

拘泥 こうでい	き	決 きまる	絶望 ぜつぼう
狙 ねらい	巨頭 きょとう	決 きめる	絶縁 ぜつえん
狙 ねらう	句 く	決 けつ	絶賛 ぜっさん
狙撃 そげき	句点 くてん	決 けっして	掘 ほる
居 いる	句調 くちょう	決 けっする	攫 さらう
居 おる	句読 くとう	決定 けってい	
居残 いのこる	句切 くぎる	決断 けつだん	jūn
居合 いあわせる	拒 こばむ	決済 けっさい	軍 いくさ
居間 いま	拒否 きょひ	決裂 けつれつ	軍 ぐん
居酒屋 いざかや	拒絶 きょぜつ	決然 けつぜん	軍備 ぐんび
居据 いすわる	具 そなわる	決勝 けっしょう	軍隊 ぐんたい
居堪 いたたまら ない	具備 ぐび	決手 きめて	軍閥 ぐんばつ
	具合 ぐあい	決算 けっさん	軍服 ぐんぷく
居堪 いたたまれ ない	具申 ぐしん	決心 けっしん	軍国主義 ぐんこ くしゅぎ
	具体 ぐたい	決行 けっこう	
居眠 いねむり	具現 ぐげん	決意 けつい	軍艦 ぐんかん
居心地 いごこち	具象 ぐしょう	決議 けつぎ	軍拡 ぐんかく
居乍 いながら	具眼 ぐがん	決着 けっちゃく	軍人 ぐんじん
居丈高 いたけだか	劇 げき	抉 えぐる	軍事 ぐんじ
	劇変 げきへん	覚 おぼえ	軍縮 ぐんしゅく
居直 いなおる	劇場 げきじょう	覚 おぼえる	均 ひとしい
居住 きょじゅう	劇的 げきてき	覚 さとる	均等 きんとう
居座 いすわる	劇化 げきか	覚 さます	均衡 きんこう
掬 すくう	劇論 げきろん	覚 さめる	均一 きんいつ
裾 すそ	劇団 げきだん	覚書 おぼえがき	均整 きんせい
裾分 すそわけ	据 すえる	覚束無 おぼつか ない	君 きみ
鞠 まり	据 すわる		君 くん
	据付 すえつける	覚悟 かくご	君臨 くんりん
jú	据置 すえおき	覚醒剤 かくせい ざい	君主 くんしゅ
局 きょく	拠 よる		君子 くんし
局部 きょくぶ	拠点 きょてん	絶 ぜっする	菌 きのこ
局地 きょくち	拠所 よりどころ	絶 たえず	菌 きん
局面 きょくめん	距離 きょり	絶 たえる	
局所 きょくしょ	鋸 のこぎり	絶 たやす	jùn
局限 きょくげん	踞 うずくまる	絶 たやす	郡 ぐん
菊 きく		絶版 ぜっぱん	峻工 しゅんこう
	juǎn	絶壁 ぜっぺき	峻功 しゅんこう
jǔ	捲 まくる	絶唱 ぜっしょう	浚 さらう
咀嚼 そしゃく	捲 めくる	絶大 ぜつだい	菌→jūn
挙 あげて	巻 かん	絶頂 ぜっちょう	
挙 あげる	巻 まき	絶対 ぜったい	K
挙動 きょどう	巻 まく	絶海 ぜっかい	
挙国 きょこく	巻込 まきこむ	絶好 ぜっこう	kǎ
挙句 あげく	巻上 まきあげる	絶間 たえま	峠 とうげ
挙行 きょこう	巻寿司 まきずし	絶交 ぜっこう	
挙足 あげあし	巻鮨 まきずし	絶叫 ぜっきょう	kāi
襷 たすき		絶景 ぜっけい	開 あく
齟齬 そご	juàn	絶妙 ぜつみょう	開 あける
	倦 あぐむ	絶滅 ぜつめつ	開 ひらき
jù	倦 うむ	絶命 ぜつめい	開 ひらく
巨大 きょだい	倦怠 けんたい	絶品 ぜっぴん	開 ひらける
巨額 きょがく	絹 きぬ	絶勝 ぜっしょう	開閉 あけしめ
巨利 きょり		絶世 ぜっせい	開閉 あけたて
巨人 きょじん	jué	絶体絶命 ぜった いぜつめい	開閉 かいへい
巨視的 きょして	決 きまり		開催 かいさい

開店 かいてん	糠漬 ぬかづけ	い	空 くう
開発 かいはつ		可否 かひ	空 すかす
開放 あけっぱな	**kàng**	可決 かけつ	空 すく
し	抗議 こうぎ	可憐 かれん	空 そら
開放 かいほう		可能 かのう	空 むなしい
開広 あけっぴろ	**kāo**	可燃物 かねんぶ	空白 くうはく
げ	尻 しり	つ	空地 あきち
開国 かいこく		可視 かし	空調 くうちょう
開化 かいか	**kǎo**	可惜 あたら	空豆 そらまめ
開会 かいかい	考 かんがえ	渇 かわく	空耳 そらみみ
開墾 かいこん	考 かんがえる	渇水 かっすい	空費 くうひ
開幕 かいまく	考案 こうあん	渇望 かつぼう	空風 からっかぜ
開闢 かいびゃく	考察 こうさつ		空腹 くうふく
開設 かいせつ	考出 かんがえだ	**kè**	空腹 すきばら
開始 かいし	す	克 かつ	空港 くうこう
開通 かいつう	考付 かんがえつ	克服 こくふく	空間 くうかん
開拓 かいたく	く	克明 こくめい	空軍 くうぐん
開校 かいこう	考古学 こうこが	刻 きざむ	空空 そらぞらし
開学 かいがく	く	刻刻 こっこく	い
開演 かいえん	考慮 こうりょ	刻苦 こっく	空路 くうろ
開業 かいぎょう	考込 かんがえこ	刻下 こっか	空論 くうろん
	む	刻限 こくげん	空夢 そらゆめ
kǎi	考物 かんがえも	刻一刻 こくいっ	空模様 そらもよ
凱歌 がいか	の	こく	う
鎧 よろい		客 きゃく	空漠 くうばく
	kē	客観 きゃっかん	空気 くうき
kān	苛 いじめ	客観的 きゃっか	空前 くうぜん
刊 かん	苛 いじめる	んてき	空寝 そらね
刊行 かんこう	苛 さいなむ	客間 きゃくま	空手 からて
栞 しおり	苛苛 いらいら	客席 きゃくせき	空疎 くうそ
勘 かん	苛立 いらだつ	課 か	空輸 くうゆ
勘弁 かんべん	苛烈 かれつ	課 かする	空似 そらに
勘定 かんじょう	科 か	課程 かてい	空文 くうぶん
勘違 かんちがい	科 かする	課税 かぜい	空席 くうせき
堪 こたえる	科白 せりふ	課題 かだい	空襲 くうしゅう
堪 たえる	科目 かもく	課外 かがい	空隙 くうげき
堪 たまる	科学 かがく	課長 かちょう	空想 くうそう
堪兼 たまりかね	科学者 かがく		空虚 くうきょ
る	しゃ	**kěn**	空中 くうちゅう
堪能 たんのう		肯定 こうてい	
看→kàn	**ké**	懇 ねんごろ	**kǒng**
	殻 から	懇切 こんせつ	孔 あな
kàn	咳 せき	懇親 こんしん	恐 おそらく
看板 かんばん	咳 せく	懇請 こんせい	恐 おそるべき
看病 かんびょう		懇談 こんだん	恐 おそれ
看護 かんご	**kě**	懇望 こんもう	恐 おそれる
看護婦 かんごふ	可 か	懇意 こんい	恐 おそろしい
看取 みとる	可 べき	懇願 こんがん	恐 こわい
	可 べく		恐 こわがる
kāng	可 べし	**kōng**	恐怖 きょうふ
糠 ぬか	可哀相 かわいそ	空 あき	恐喝 きょうかつ
糠味噌 ぬかみそ	う	空 あける	恐慌 きょうこう
糠喜 ぬかよろこ	可愛 かわいい	空 から	恐恐 おそるおそ
び	可愛 かわいがる	空 からっぽ	る
糠星 ぬかぼし	可愛 かわいらし		恐入 おそれいる

恐縮 きょうしゅく	枯渇 こかつ	快活 かいかつ	困惑 こんわく
	枯木 かれき	快挙 かいきょ	困苦 こんく
kòng	枯死 こし	快楽 かいらく	困難 こんなん
控 ひかえ	枯葉 かれは	快晴 かいせい	困窮 こんきゅう
控 ひかえる	堀 ほり	快適 かいてき	困却 こんきゃく
控除 こうじょ		快速 かいそく	
控目 ひかえめ	**kǔ**		**kuò**
空→kōng	苦 くるしい	**kuān**	拡 ひろがる
	苦 くるしみ	寛 くつろぐ	拡 ひろげる
kǒu	苦 くるしむ	寛大 かんだい	拡充 かくじゅう
口 くち	苦 くるしめる	寛容 かんよう	拡大 かくだい
口車 くちぐるま	苦 にがい		拡散 かくさん
口出 くちだし	苦闘 くとう	**kuǎn**	拡声器 かくせいき
口伝 くでん	苦紛 くるしまぎれ	款待 かんたい	
口答 くちごたえ	苦境 くきょう		拡張 かくちょう
口笛 くちぶえ	苦労 くろう	**kuáng**	拡張性 かくちょうせい
口調 くちょう	苦慮 くりょ	狂 くるい	
口幅 くちはばったい	苦情 くじょう	狂 くるう	拡張子 かくちょうし
	苦渋 くじゅう	狂 くるおしい	
口過 くちすぎ	苦手 にがて	狂 くるわす	筈 はず
口紅 くちべに	苦痛 くつう	狂暴 きょうぼう	括 くくる
口絵 くちえ	苦笑 くしょう	狂奔 きょうほん	括弧 かっこ
口口 くちぐち	苦心 くしん	狂人 きょうじん	
口籠 くちごもる	苦行 くぎょう	狂言 きょうげん	**L**
口論 こうろん	苦学 くがく		
口癖 くちぐせ	苦言 くげん	**kuàng**	**lǎ**
口軽 くちがる	苦汁 くじゅう	曠野 こうや	喇叭 らっぱ
口実 こうじつ		況 まして	
口述 こうじゅつ	**kù**	鉱山 こうざん	**là**
口数 くちかず	庫 くら	鉱物 こうぶつ	蠟燭 ろうそく
口頭 こうとう	袴 はかま	鉱業 こうぎょう	
口吻 こうふん	酷 ひどい	礦物 こうぶつ	**lái**
口惜 くちおしい	酷使 こくし	礦業 こうぎょう	来 きたす
口先 くちさき	酷似 こくじ	框 わく	来 きたる
口喧嘩 くちげんか		枠 わく	来 くる
	kuā		来 らい
口吟 くちずさむ	誇 ほこり	**kuī**	来訪 らいほう
口遊 くちずさむ	誇 ほこる	窺 うかがう	来航 らいこう
口語 こうご	誇大 こだい		来客 らいきゃく
口振 くちぶり	誇示 こじ	**kuí**	来年 らいねん
口止 くちどめ	誇張 こちょう	魁 さきがけ	来月 らいげつ
口走 くちばしる			来週 らいしゅう
口座 こうざ	**kuà**	**kuì**	
	跨 またがる	潰 ついえる	**lài**
kòu	跨 またぐ	潰 つぶす	頼 たのみ
叩 たたき		潰 つぶれる	頼 たのむ
叩 たたく	**kuài**		頼 たのもしい
扣除 こうじょ	塊 かたまり	**kūn**	頼 たよる
	快 こころよい	昆布 こんぶ	頼無 たよりない
kū	快報 かいほう	昆虫 こんちゅう	瀬戸 せと
刳 くる	快調 かいちょう	焜炉 こんろ	瀬戸際 せとぎわ
刳貫 くりぬく	快方 かいほう		瀬戸物 せともの
枯 からす	快復 かいふく	**kùn**	
枯 かれる	快感 かいかん	困 こまる	**lán**
		困憊 こんぱい	嵐 あらし

欄	らん
闌	たけなわ
闌	たける
藍	あい
襤褸	ぼろ

làn
爛	ただれる
濫	みだりがわしい
濫立	らんりつ
濫用	らんよう

láng
狼	おおかみ
狼狽	ろうばい
狼藉	ろうぜき
廊下	ろうか

lǎng
朗	ほがらか
朗読	ろうどく

làng
浪費	ろうひ
浪漫主義	ろうまんしゅぎ
浪人	ろうにん

láo
労	いたわしい
労	いたわる
労働	ろうどう
労働省	ろうどうしょう
労働者	ろうどうしゃ
労働組合	ろうどうくみあい
労苦	ろうく
労力	ろうりょく
労賃	ろうちん
労務	ろうむ
労務者	ろうむしゃ
労資	ろうし
労組	ろうそ
労作	ろうさく

lǎo
老	おいる
老	ふける
老成	ろうせい
老後	ろうご
老化	ろうか
老齢	ろうれい
老耄	おいぼれる
老年	ろうねん
老婆	ろうば
老舗	しにせ
老人	ろうじん
老衰	ろうすい
老体	ろうたい
老朽	ろうきゅう

lào
酪農	らくのう

lè
楽	たのしみ
楽	たのしい
楽	たのしむ
楽	らく
楽観	らっかん
楽楽	らくらく
楽天	らくてん
楽天家	らくてんか
楽園	らくえん

léi
雷	かみなり
雷雨	らいう

lěi
累積	るいせき
累計	るいけい
累進	るいしん
累累	るいるい
累卵	るいらん
累増	るいぞう
蕾	つぼみ

lèi
涙	なみだ
涙	なみだぐむ
涙脆	なみだもろい
涙顔	なみだがお
涙雨	なみだあめ
類	たぐい
類	るい
類	るいする
類別	るいべつ
類焼	るいしょう
類似	るいじ
類同	るいどう
類推	るいすい
類型	るいけい

擂鉢	すりばち
擂粉木	すりこぎ
擂潰	すりつぶす
擂身	すりみ

lěng
冷	さます
冷	さめる
冷	つめたい
冷	ひえる
冷	ひやかす
冷	ひやす
冷	ひややか
冷蔵	れいぞう
冷蔵庫	れいぞうこ
冷淡	れいたん
冷凍	れいとう
冷房	れいぼう
冷静	れいせい
冷刻	れいこく
冷酷	れいこく
冷冷	ひやひや
冷暖房	れいだんぼう
冷却	れいきゃく
冷込	ひえこむ
冷水	れいすい
冷笑	れいしょう

lí
狸	たぬき
罹	かかる
離	はなす
離	はなれる
離別	りべつ
離婚	りこん
離離	はなればなれ
離陸	りりく
離縁	りえん
離職	りしょく
梨	なし
犂	すき

lǐ
礼	れい
礼拝	れいはい
礼服	れいふく
礼儀	れいぎ
礼賛	らいさん
礼讃	らいさん
礼装	れいそう
礼状	れいじょう
李	すもも

裏	うら
裏表	うらおもて
裏打	うらうち
裏返	うらがえし
裏返	うらがえす
裏付	うらづけ
裏付	うらづける
裏腹	うらはら
裏口	うらぐち
裏門	うらもん
裏面	りめん
裏切	うらぎる
里	さと
理	ことわり
理	り
理解	りかい
理科	りか
理窟	りくつ
理論	りろん
理念	りねん
理屈	りくつ
理事	りじ
理数	りすう
理想	りそう
理想的	りそうてき
理性	りせい
理学	りがく
理由	りゆう
理知	りち
理智	りち
鯉	こい

lì
力	ちから
力	りきむ
力持	ちからもち
力点	りきてん
力量	りきりょう
力強	ちからづよい
力士	りきし
力学	りきがく
力一杯	ちからいっぱい
暦	こよみ
歴	へる
歴歴	れきれき
歴史	れきし
立	たちのく
立	たつ
立	たてる
立板	たていた
立場	たちば
立春	りっしゅん

立冬	りっとう	利目	ききめ	連想	れんそう	量	→liàng
立読	たちよみ	利巧	りこう	連休	れんきゅう		
立法	りっぽう	利潤	りじゅん	連続	れんぞく	**liǎng**	
立方	りっぽう	利腕	ききうで	連用	れんよう	両	りょう
立後	たちおくれる	利息	りそく	連用形	れんようけい	両側	りょうがわ
		利益	りえき			両端	りょうたん
立話	たちばなし	利用	りよう	連載	れんさい	両端	りょうはし
立会	たちあい	利子	りし	連中	れんじゅう	両方	りょうほう
立会	たちあう	例	たとえ	連中	れんちゅう	両国	りょうこく
立寄	たちよる	例	たとえば	連作	れんさく	両極	りょうきょく
立脚	りっきゃく	例	たとえる	連坐	れんざ		
立派	りっぱ	例	ためし	連座	れんざ	両立	りょうりつ
立秋	りっしゅう	例	れい	蓮	はす	両面	りょうめん
立去	たちさる	例会	れいかい	蓮根	れんこん	両親	りょうしん
立入	たちいる	例解	れいかい	聯邦	れんぽう	両手	りょうて
立入禁止	たちいりきんし	例示	れいじ	聯合	れんごう	両替	りょうがえ
		例外	れいがい	聯立	れんりつ	両者	りょうしゃ
立込	たてこむ	例文	れいぶん	聯絡	れんらく	両足	りょうあし
立塞	たちふさぐ	例証	れいしょう	聯盟	れんめい		
		戻	もどす	聯想	れんそう	**liàng**	
立上	たちあがる	戻	もどる	廉価	れんか	諒承	りょうしょう
立上	たちのぼる	隷属	れいぞく	鎌	かま	諒解	りょうかい
立所	たちどころ	攣	くすぐる			量	はかる
立体	りったい	轢	ひく	**liàn**		量	りょう
立替	たてかえる	栗	くり	練	ねる	量産	りょうさん
立退	たちのく	粒	つぶ	練歩	ねりあるく		
立往生	たちおうじょう	粒粒	つぶつぶ	練歯磨	ねりはみがき	**liáo**	
						聊	いささか
立聞	たちぎき	**lián**		練乳	れんにゅう	療法	りょうほう
立夏	りっか	縺	もつれる	練上	ねりあげる	療養	りょうよう
立向	たちむかう	連	つらなる	練習	れんしゅう	寮	りょう
立消	たちぎえ	連	つらねる	煉	ねる		
立続	たてつづけ	連	つれ	煉乳	れんにゅう	**liǎo**	
立役者	たてやくしゃ	連	つれる	煉上	ねりあげる	了承	りょうしょう
立札	たてふだ	連敗	れんぱい	煉瓦	れんが	了簡	りょうけん
立直	たてなおす	連邦	れんぽう	恋	こい	了見	りょうけん
立直	たちなおる	連帯	れんたい	恋	こいしい	了解	りょうかい
立止	たちどまる	連帯責任	れんたいせきにん	恋	こいする		
麗	うららか			恋愛	れんあい	**liào**	
麗	うるわしい	連発	れんぱつ	恋歌	れんか	料	りょう
麗麗	れいれいしい	連合	つけあう	恋人	こいびと	料簡	りょうけん
		連合	つれあい			料金	りょうきん
励	はげます	連合	れんごう	**liáng**		料理	りょうり
励	はげむ	連結	れんけつ	良	いい	料理屋	りょうりや
励行	れいこう	連立	れんりつ	良	よい		
利	きかせる	連戻	つれもどす	良	よく	**liè**	
利	きく	連絡	れんらく	良悪	よしあし	列	れつ
利	り	連盟	れんめい	良否	りょうひ	列車	れっしゃ
利得	りとく	連年	れんねん	良好	りょうこう	列島	れっとう
利点	りてん	連判	れんぱん	良識	りょうしき	列記	れっき
利害	りがい	連日	れんじつ	良心	りょうしん	列挙	れっきょ
利回	りまわり	連鎖	れんさ	良質	りょうしつ	劣	おとる
利己	りこ	連鎖反応	れんさはんのう	涼	すずしい		
利口	りこう	連添	つれそう	涼	すずむ		
				涼風	すずかぜ		

劣等 れっとう	零度 れいど	流行 はやる	録画 ろくが
劣等感 れっとうかん	零下 れいか	流行 りゅうこう	録音 ろくおん
烈 はげしい	齢 よわい	流言 りゅうげん	鹿 しか
烈火 れっか		流域 りゅういき	碌 ろくな
捩 ねじる	**líng**	流者 ながれもの	碌 ろくに
捩 ねじれる	領地 りょうち	流転 るてん	碌碌 ろくろく
捩切 ねじきる	領空 りょうくう	流作業 ながれさぎょう	路程 ろてい
猟 りょう	領事 りょうじ	硫安 りゅうあん	路上 ろじょう
猟師 りょうし	領収 りょうしゅう	硫酸 りゅうさん	瀧 こす
裂 さく	領土 りょうど	瑠璃 るり	瀧 すく
裂 さける	領域 りょういき	瘤 こぶ	轆轤 ろくろ
裂目 さけめ			麓 ふもと
	lìng	**liǔ**	露 つゆ
lín	令 れい	柳 やなぎ	露出 ろしゅつ
隣 となり	令嬢 れいじょう		露地 ろじ
隣合 となりあう		**liù**	露骨 ろこつ
隣合 となりあわせ	**liū**	六 ろく	露天 ろてん
林 はやし	溜 たまり	六 むっつ	
林立 りんりつ	溜 たまる	六法 ろっぽう	**lú**
林檎 りんご	溜 ためる	六法全書 ろっぽうぜんしょ	驢馬 ろば
林業 りんぎょう	溜息 ためいき	六日 むいか	
林子 りんご			**lǔ**
臨 のぞむ	**liú**	**lóng**	旅 たび
臨時 りんじ	留 とどまる	竜 たつ	旅費 りょひ
淋 さびしい	留 とどめる	滝 たき	旅館 りょかん
淋巴 リンパ	留 とまる	朧 おぼろ	旅客 りょかく
磷酸 りんさん	留 とめる	聾 つんぼ	旅客 りょきゃく
	留年 りゅうねん	籠 かご	旅空 たびのそら
lǐn	留守 るす	籠 こもる	旅立 たびだつ
凜冽 りんれつ	留守番 るすばん	隆盛 りゅうせい	旅券 りょけん
凜凜 りりしい	留守居 るすい		旅人 たびびと
凜凜 りんりん	留守居番 るすいばん	**lǒng**	旅先 たびさき
	留守宅 るすたく	壟断 ろうだん	旅行 りょこう
lìn	留学 りゅうがく	籠→lóng	旅支度 たびじたく
吝嗇 けち	留意 りゅうい		屢 しばしば
賃 ちん	留針 とめばり	**lòu**	屢屢 しばしば
賃貸 ちんがし	留置 とめおき	鏤 ちりばめる	履 はく
賃借 ちんがり	留主 るす	漏 もらす	履 ふむ
賃金 ちんきん	流 ながす	漏 もる	履歴 りれき
	流 ながれ	漏 もれる	履物 はきもの
líng	流 ながれる		履行 りこう
霊 れい	流暢 りゅうちょう	**lú**	履修 りしゅう
霊感 れいかん	流出 りゅうしゅつ	炉 ろ	
霊像 れいぞう	流動 りゅうどう	蘆 あし	**lù**
霊長 れいちょう	流浪 るろう		濾 こす
鈴 すず	流離 さすらう	**lù**	濾過 ろか
鈴生 すずなり	流石 さすが	陸 おか	緑 ふち
鈴虫 すずむし	流体 りゅうたい	陸 りく	緑 みどり
菱形 ひしがた	流通 りゅうつう	陸地 りくち	緑色 みどりいろ
零 こぼす	流星 りゅうせい	陸軍 りくぐん	率→shuài
零 こぼれる	流行 はやり	陸上 りくじょう	
零 れい	流行 はやる	陸上競技 りくじょうきょうぎ	**luǎn**
零点 れいてん			卵 たまご
			卵巣 らんそう

luàn
乱 みだす
乱 みだれ
乱 みだれる
乱暴 らんぼう
乱立 らんりつ
乱用 らんよう
乱雑 らんざつ
乱造 らんぞう

lüè
掠 かすめる
掠 かする
掠 かすれる
掠奪 りゃくだつ
略 ほぼ
略 りゃく
略 りゃくす
略 りゃくする
略奪 りゃくだつ
略図 りゃくず
略語 りゃくご

lún
倫理 りんり
輪 わ
輪郭 りんかく
輪廓 りんかく
論→lùn

lùn
論 あげつらう
論 ろん
論 ろんじる
論駁 ろんばく
論点 ろんてん
論調 ろんちょう
論拠 ろんきょ
論理 ろんり
論理的 ろんりてき
論述 ろんじゅつ
論説 ろんせつ
論文 ろんぶん
論議 ろんぎ
論語 ろんご
論争 ろんそう
論証 ろんしょう

luó
羅列 られつ
羅馬 ローマ
羅針盤 らしんばん

螺旋 らせん
螺子 ねじ
螺子釘 ねじくぎ
螺子回し ねじまわし
裸 はだか
裸身 らしん
裸体 らたい
裸足 はだし

luò
駱駝 らくだ
絡 からむ
落 おとす
落 おちる
落成 らくせい
落第 らくだい
落度 おちど
落合 おちあう
落花 らっか
落零 おちこぼれ
落込 おちこむ
落書 らくがき
落物 おとしもの
落下 らっか
落下傘 らっかさん
落選 らくせん
落葉 おちば
落葉 らくよう
落葉松 からまつ
落語 らくご
落札 らくさつ
落着 おちつき
落着 おちつく

M

má
麻 あさ
麻痺 まひ
麻薬 まやく
麻酔 ますい

mǎ
馬 うま
馬車 ばしゃ
馬力 ばりき
馬鈴薯 じゃがいも
馬鹿 ばか
馬鹿らしい ばからしい
馬鹿馬鹿しい ばかばかしい
馬穴 バケツ

mà
罵 ののしる

mái
埋 うずまる
埋 うずめる
埋 うずもれる
埋 うまる
埋 うめる
埋蔵 まいぞう
埋立 うめたて
埋立 うめたてる
埋込 うめこむ

mǎi
買 かう
買被 かいかぶる
買収 ばいしゅう
買取 かいとる
買入 かいいれる
買手 かいて
買物 かいもの
買占 かいしめる

mài
麦 むぎ
麦藁 むぎわら
売 うり
売 うる
売 うれる
売残 うれのこり
売場 うりば
売出 うりだし
売春 ばいしゅん
売店 ばいてん
売買 ばいばい
売品 ばいひん
売切 うりきれ
売切 うりきれる
売上 うりあげ
売上 うりあげる
売手 うりて
売物 うりもの
売行 うれゆき
脈 みゃく

mán
鬘 かつら
饅頭 まんじゅう
鰻 うなぎ

mǎn
満 まん
満 みたす
満 みちる
満場 まんじょう
満潮 まんちょう
満潮 みちしお
満点 まんてん
満更 まんざら
満干 まんかい
満了 まんりょう
満年齢 まんねんれい
満期 まんき
満身 まんしん
満天 まんてん
満天下 まんてんか
満員 まんいん
満月 まんげつ
満足 まんぞく
満作 まんさく

màn
蔓 つる
蔓延 はびこる
慢心 まんしん
慢性 まんせい
漫 そぞろ
漫筆 まんぴつ
漫歩 そぞろあるき
漫才 まんざい
漫画 まんが
漫遊 まんゆう

máng
芒 すすき
忙 いそがしい
忙 せわしい
盲 めくら
盲愛 もうあい
盲腸 もうちょう
盲点 もうてん
盲目 もうもく
盲目的 もうもくてき
盲学校 もうがっこう
盲唖者 もうあしゃ
盲者 もうしゃ
茫然 ぼうぜん

māo
猫 ねこ
猫背 ねこぜ

máo
毛 け
毛布 もうふ
毛糸 けいと
毛皮 けがわ
毛頭 もうとう
矛 ほこ
矛盾 むじゅん
錨 いかり

mǎo
昴 すばる

mào
茂 しげる
冒 おかす
貿易 ぼうえき
帽子 ぼうし

méi
枚 まい
枚数 まいすう
眉 まゆ
眉毛 まゆげ
苺 いちご
梅 うめ
梅干 うめぼし
梅雨 つゆ
梅雨 ばいう
媒介 ばいかい
媒体 ばいたい
媒質 ばいしつ
媒酌 ばいしゃく
煤 すす
煤ける すすける
煤払 すすはらい
黴 かび
黴菌 ばいきん

měi
毎 ごと
毎 まい
毎朝 まいあさ
毎度 まいど
毎年 まいとし
毎年 まいねん
毎日 まいにち
毎晩 まいばん
毎月 まいつき
毎週 まいしゅう
躾 しつけ
美 うつくしい
美 び
美徳 びとく
美感 びかん
美観 びかん
美貌 びぼう
美名 びめい
美女 びじょ
美人 びじん
美容 びよう
美事 みごと
美術 びじゅつ
美俗 びぞく
美味 おいしい
美育 びいく

mèi
妹 いもうと
袂 たもと
媚 こびる
魅力 みりょく

mén
門 もん
門出 かどで
門番 もんばん
門戸 もんこ
門前 もんぜん
門松 かどまつ
門札 もんさつ

mèn
悶悶 もんもん
悶着 もんちゃく

méng
虻蜂取 あぶはち
　　　 とらず
萌 きざす
萌 もえる
萌 もやし
蒙 こうむる

měng
猛烈 もうれつ
猛猛 たけだけし
　　 い
猛獣 もうじゅう
猛雨 もうう

mèng
夢 ゆめ
夢見 ゆめみる
夢想 むそう
夢中 むちゅう
儚 はかない

mí
弥上 いやがうえ
　に(も)
弥生 やよい
迷 まよい
迷 まよう
迷 まよわす
迷惑 めいわく
迷信 めいしん
迷子 まいご
謎 なぞ
謎謎 なぞなぞ
靡 なびく

mǐ
米 こめ
米国 べいこく

mì
秘 ひする
秘 ひそか
秘 ひめる
秘訣 ひけつ
秘密 ひみつ
秘書 ひしょ
密 ひそか
密 みつ
密積 みっぺい
密度 みつど
密封 みっぷう
密会 みっかい
密集 みっしゅう
密接 みっせつ
密輸 みつゆ
密着 みっちゃく
蜜 みつ
蜜柑 みかん

mián
眠 ねむい
眠 ねむたい
眠 ねむり
眠 ねむる
眠気 ねむけ
眠込 ねむりこむ
眠薬 ねむりぐす
　　 り
綿 めん
綿 わた
綿花 めんか
綿毛 わたげ
綿密 めんみつ
綿入 わたいれ
棉 わた

miǎn
免 まぬかれる
免 めんじる
免除 めんじょ
免税 めんぜい
免許 めんきょ
免許状 めんきょ
　　　 じょう
免疫 めんえき
免状 めんじょう
勉 つとめて
勉励 べんれい
勉強 べんきょう

miàn
面 おもて
面 つら
面 めん
面する めんする
面白 おもしろい
面差 おもざし
面持 おももち
面当 つらあて
面倒 めんどう
面倒臭 めんどう
　　　 くさい
面会 めんかい
面積 めんせき
面接 めんせつ
面貌 めんぼう
面目 めんぼく
面目 めんもく
面皰 にきび
面皮 つらのかわ
面談 めんだん
面汚 つらよごし
面影 おもかげ
面映 おもはゆい

miáo
苗 なえ
苗床 なえどこ
苗木 なえぎ
描 えがく
描 かく
描写 びょうしゃ

miǎo
梢 こずえ
秒 びょう

miào
妙 みょう

miè
滅　ほろびる
滅　ほろぼす
滅茶　めちゃ
滅茶苦茶　めちゃくちゃ
滅茶滅茶　めちゃめちゃ
滅多　めった
滅亡　めつぼう
蔑　さげすむ
蔑　ないがしろ
罠　わな

mín
民　たみ
民法　みんぽう
民話　みんわ
民家　みんか
民間　みんかん
民権　みんけん
民事　みんじ
民俗　みんぞく
民宿　みんしゅく
民需　みんじゅ
民謡　みんよう
民営化　みんえいか
民芸　みんげい
民衆　みんしゅう
民主　みんしゅ
民主主義　みんしゅしゅぎ
民族　みんぞく

mǐn
皿　さら
憫笑　びんしょう
敏感　びんかん
敏捷　びんしょう
敏速　びんそく
敏腕　びんわん

míng
名　な
名　めい
名案　めいあん
名簿　めいぼ
名残　なごり
名残惜しい　なごりおしい
名産　めいさん
名称　めいしょう
名乗　なのり
名乗　なのる
名詞　めいし
名刺　めいし
名付　なづけ
名付　なづける
名高　なだかい
名句　めいく
名立　なだたる
名門　めいもん
名目　めいもく
名披露目　なびろめ
名前　なまえ
名人　めいじん
名実　めいじつ
名士　めいし
名所　めいしょ
名宛　なあて
名物　めいぶつ
名言　めいげん
名義　めいぎ
名優　めいゆう
名誉　めいよ
名札　なふだ
名字　みょうじ
名作　めいさく
明　あかす
明　あかり
明　あかるい
明　あかるみ
明　あき
明　あきらか
明　あく
明　あくる
明　あけ
明　あける
明白　めいはく
明朝　みょうあさ
明朝　みょうちょう
明方　あけがた
明後日　あさって
明後日　みょうごにち
明解　めいかい
明快　めいかい
明朗　めいろう
明瞭　めいりょう
明暮　あけくれ
明年　みょうねん
明確　めいかく
明日　あくるひ
明日　あした
明日　あす
明日　みょうにち
明透　あけすけ
明晩　みょうばん
明細　めいさい
明治　めいじ
鳴　なく
鳴　なる
鳴立　なきたてる
鳴声　なきごえ
瞑　つぶる
銘　めい
銘　めいじる
銘柄　めいがら
銘茶　めいちゃ
銘菓　めいか
銘酒　めいしゅ
銘銘　めいめい

mìng
命　いじる
命　いのち
命　めいずる
命令　めいれい
命名　めいめい
命辛辛　いのちからがら
命懸　いのちがけ
命中　めいちゅう

mó
模範　もはん
模倣　もほう
模索　もさく
模型　もけい
模様　もよう
膜　まく
摩　さする
摩　する
摩　すれる
摩擦　まさつ
磨　する
磨　すれる
磨　とぐ
磨　みがく
磨硝子　すりガラス
魔法　まほう
魔法瓶　まほうびん

mǒ
抹茶　まっちゃ

mò
末　すえ
末　まつ
末長　すえながく
末広　すえひろ
末恐　すえおそろしい
末頼　すえたのもしい
末期　まっき
末席　まっせき
末子　すえっこ
殁　ぼっする
沫　あわ
莫　なかれ
漠然　ばくぜん
墨　すみ
墨壺　すみつぼ
墨絵　すみえ
墨縄　すみなわ
墨水　インク
黙　だまる
黙認　もくにん
黙込　だまりこむ
黙殺　もくさつ
没　ぼっする
没落　ぼつらく
没収　ぼっしゅう

móu
謀　はかりごと
謀　はかる

mú
模→mó

mǒu
某　なにがし

mǔ
母　はは
母　かあさん
母方　ははかた
母国　ぼこく
母親　ははおや
母音　ぼいん
母子　ぼし

mù
木　き
木　もく
木材　もくざい
木端　こっぱ
木枯　こがらし
木立　こだち
木霊　こだま
木綿　もめん
木乃伊　ミイラ
木葉　このは

木曜 もくよう	暮 くれる	難航 なんこう	内容 ないよう
凩 こがらし	暮泥 くれなずむ	難路 なんろ	内省 ないせい
目 め	慕 したう	難民 なんみん	内実 ないじつ
目安 めやす		難破 なんぱ	内通 ないつう
目白 めじろ	**N**	難問 なんもん	内外 ないがい
目標 もくひょう		難易 なんい	内務 ないむ
目茶 めちゃ	**nà**	楠 くすのき	内線 ないせん
目差 めざす	納 おさまる		内向 ないこう
目出度 めでたい	納 おさめる	**nàn**	内心 ないしん
目次 もくじ	納得 なっとく		内需 ないじゅ
目当 まのあたり	納豆 なっとう	難→nán	内野 ないや
目当 めあて	納税 のうぜい		内訳 うちわけ
目的 もくてき		**náo**	内戦 ないせん
目的地 もくてき	**nǎi**	撓 しなう	内政 ないせい
ち	乃至 ないし	撓 たわむ	内証 ないしょう
目方 めかた			内職 ないしょく
目付 めつき	**nài**	**nǎo**	内助 ないじょ
目蓋 まぶた	耐 たえる	悩 なやましい	
目掛 めがける	耐乏 たいぼう	悩 なやます	**néng**
目覚 めざまし	耐寒 たいかん	悩 なやむ	能 のう
目覚 めざましい	耐火 たいか	脳 のう	能 よく
目覚 たいきゅう	耐久 たいきゅう	脳神経 のうしん	能力 のうりょく
目礼 もくれい	耐難 たえがたい	けい	能率 のうりつ
目立 めだつ	耐忍 たえしのぶ	脳血栓 のうけっ	能能 よくよく
目録 もくろく	耐食 たいしょく	せん	
目論見 もくろみ	耐蝕 たいしょく	脳振盪 のうしん	**ní**
目前 めのまえ		とう	泥 どろ
目上 めうえ	**nán**	脳卒中 のうそっ	泥 どろんこ
目深 まぶか	男 おとこ	ちゅう	泥棒 どろぼう
目盛 めもり	男女 だんじょ		泥臭 どろくさい
目下 めした	男性 だんせい	**nào**	泥流 でいりゅう
目下 もっか	男性的 だんせい	臑 すね	泥濘 ぬかる
目先 めさき	てき	臑齧 すねかじり	泥鰌 どじょう
目眩 めまい	男優 だんゆう		
目薬 めぐすり	男子 だんし	**nèi**	**nǐ**
目印 めじるし	男尊女卑 だんそ	内 うち	擬装 ぎそう
目玉 めだま	んじょひ	内 ない	
目障 めざわり	南 みなみ	内部 ないぶ	**nì**
目指 めざす	南風 なんぷう	内側 うちがわ	逆 ぎゃく
牧場 ぼくじょう	南瓜 かぼちゃ	内地 うちち	逆 さかさ
牧師 ぼくし	南極 なんきょく	内紛 ないふん	逆 さからう
牧畜 ぼくちく	南京虫 なんきん	内服 ないふく	逆調 ぎゃくちょ
募 つのる	むし	内閣 ないかく	逆撫 さかなで
募集 ぼしゅう	南京袋 なんきん	内海 ないかい	逆接 ぎゃくせつ
募金 ぼきん	ぶくろ	内患 ないかん	逆境 ぎゃっきょ
墓 はか	南京豆 なんきん	内科 ないか	う
墓地 ぼち	まめ	内陸 ないりく	逆立 さかだち
幕 まく	難 かたい	内乱 ないらん	逆立 さかだてる
幕府 ばくふ	難 がたい	内輪 うちわ	逆戻 ぎゃくもど
睦 むつまじい	難 なん	内密 ないみつ	り
睦 むつまやか	難 なんずる	内面 ないめん	逆振 さかねじ
睦 むつむ	難 にくい	内幕 うちまく	逆巻 さかまく
暮 くらす	難 むずかしい	内幕 ないまく	逆上 ぎゃくじょ
暮 くれ	難病 なんびょう	内諾 ないだく	う
	難産 なんざん	内勤 ないきん	

niǎn
逆上 のぼせる
逆上上 のぼせあがる
逆効果 ぎゃくこうか
逆行 ぎゃっこう
逆様 さかさま
逆転 ぎゃくてん
匿 かくまう
匿名 とくめい
睨 にらむ
溺 おぼれる
溺愛 できあい
溺死 できし

niān
拈 ひねる

nián
年 とし
年 ねん
年輩 ねんぱい
年産 ねんさん
年代 ねんだい
年度 ねんど
年功 としのこう
年功 ねんこう
年号 ねんごう
年賀 ねんが
年賀状 ねんがじょう
年季 ねんき
年寄 としより
年祭 ねんさい
年甲斐 としがい
年間 ねんかん
年鑑 ねんかん
年金 ねんきん
年老 としおいる
年齢 ねんれい
年齢層 ねんれいそう
年齢退行 ねんれいたいこう
年輪 ねんりん
年明 としあけ
年明 ねんあけ
年末 ねんまつ
年内 としのうち
年内 ねんない
年年 ねんねん
年年中 ねんがらねんじゅう
年配 ねんぱい
年期 ねんき
年恰好 としかっこう
年頃 としごろ
年取 としとり
年取 としとる
年上 としうえ
年少 ねんしょう
年始 ねんし
年収 ねんしゅう
年数 ねんすう
年嵩 としかさ
年頭 ねんとう
年下 としした
年休 ねんきゅう
年一年 ねんいちねん
年玉 としだま
年月 としつき
年月 ねんげつ
年月日 ねんがっぴ
年越 としこし
年長 ねんちょう
年中 ねんじゅう
粘→zhān

niǎn
捻 ひねくる
捻 ひねる
碾 ひく

niàn
念 ねん
念 ねんじる
念入 ねんいり
念願 ねんがん
唸 うなる

niáng
娘 むすめ
嬢 じょう

niàng
醸 かもす
醸出 かもしだす

niǎo
鳥 とり
鳥肌 とりはだ
鳥居 とりい
鳥瞰 ちょうかん
鳥類 ちょうるい
鳥肉 とりにく

niē
捏 つくねる
捏焼 つくねやき

niè
齧 かじる
嚙 かむ
嚙切 かみきる
嚙付 かみつく
嚙砕 かみくだく
囁 ささやく

níng
寧 むしろ
凝 こらす
凝 こる
凝固 ぎょうこ
凝視 ぎょうし

niú
牛 うし
牛 ぎゅう
牛耳 ぎゅうじる
牛肉 ぎゅうにく
牛乳 ぎゅうにゅう

niǔ
紐 ひも
紐帯 ちゅうたい

nóng
農本主義 のうほんしゅぎ
農産物 のうさんぶつ
農場 のうじょう
農村 のうそん
農地 のうち
農繁期 のうはんき
農夫 のうふ
農耕 のうこう
農家 のうか
農具 のうぐ
農林 のうりん
農民 のうみん
農山村 のうさんそん
農事 のうじ
農薬 のうやく
農業 のうぎょう
農芸 のうげい
農政 のうせい
農作物 のうさくぶつ
農作業 のうさぎょう

う
儂 わし
濃 こい
濃 こまやか
濃度 のうど
濃厚 のうこう
濃縮 のうしゅく
膿 うみ

nòng
弄 いじる
弄 もてあそぶ

nú
奴 やつ
奴隷 どれい

nǔ
努 つとめて
努 つとめる
努力 どりょく

nù
怒 いかり
怒 いかる
怒 おこる
怒鳴 どなる
怒鳴付 どなりつける

nǚ
女 おんな
女房 にょうぼう
女流 じょりゅう
女権 じょけん
女史 じょし
女王 じょおう
女性 じょせい
女優 じょゆう
女中 じょちゅう
女子 じょし

nuǎn
暖 あたたかい
暖 あたたまる
暖 あたためる
暖房 だんぼう
暖簾 のれん
暖炉 だんろ
煖房 だんぼう

nüè
虐 しいたげる
虐待 ぎゃくたい
虐殺 ぎゃくさつ

nuò
諾否 だくひ
糯 もち

O

ōu
謳歌 おうか
欧米 おうべい
殴 なぐる
鴎 かもめ

ǒu
偶 たま
偶 たまたま
偶発 ぐうはつ
偶偶 たまたま
偶然 ぐうぜん
偶数 ぐうすう
偶像 ぐうぞう

P

pāi
拍車 はくしゃ
拍手 はくしゅ
拍子 ひょうし

pái
俳句 はいく
俳人 はいじん
俳優 はいゆう
排 はいする
排斥 はいせき
排出 はいしゅつ
排除 はいじょ
排列 はいれつ
排気 はいき
排水 はいすい

pài
派 は
派遣 はけん
派生 はせい
派手 はで

pān
攀登 よじのぼる

pàn
判 はん
判定 はんてい
判断 はんだん
判決 はんけつ
判明 はんめい
判事 はんじ
判子 はんこ
叛 そむく
叛乱 はんらん
叛逆 はんぎゃく

páng
旁 かたがた
彷徨 さまよう

pāo
抛 ほうる
抛物線 ほうぶつせん

páo
庖丁 ほうちょう

pào
泡 あぶく
泡 あわ
泡立 あわだつ

pēi
胚胎 はいたい

péi
培 つちかう
培養 ばいよう
賠償 ばいしょう

pèi
佩 おびる
配 くばる
配 はいする
配布 はいふ
配達 はいたつ
配当 はいとう
配分 はいぶん
配付 はいふ
配給 はいきゅう
配合 はいごう
配列 はいれつ
配慮 はいりょ
配色 はいしょく
配置 はいち

pēn
噴 ふく
噴出 ふんしゅつ
噴火 ふんか
噴水 ふんすい
噴霧 ふんむ

pén
盆 ぼん

péng
棚 たな
棚上 たなあげ
棚引 たなびく
膨 ふくらます
膨 ふくらみ
膨 ふくれる
膨大 ぼうだい
膨張 ぼうちょう
膨脹 ぼうちょう

pěng
捧 ささげる

pī
批難 ひなん
批判 ひはん
批評 ひひょう
披露 ひろう

pí
皮 かわ
皮膚 ひふ
皮切 かわきり
皮肉 ひにく
疲 つかれ
疲 つかれる
疲労 ひろう

pǐ
疋 ひき
匹 ひき
匹敵 ひってき
癖 くせ

pì
僻 ひがむ
譬 たとえ
譬 たとえる

piān
偏 かたよる
偏見 へんけん
偏向 へんこう

pián
胼胝 たこ

piàn
片 かた
片側 かたがわ
片道 かたみち
片仮名 かたかな
片方 かたほう
片付 かたづく
片付 かたづけ
片付 かたづける
片腹痛 かたはらいたい
片寄 かたよる
片栗粉 かたくりこ
片手 かたて
片思 かたおもい
片言 かたこと
片隅 かたすみ
騙 かたる
騙 だます

piāo
剽窃 ひょうせつ
漂 ただよう

piào
票 ひょう

pín
貧 まずしい
貧乏 びんぼう
貧困 ひんこん
貧窮 ひんきゅう
貧弱 ひんじゃく
頻 しきりに
頻発 ひんぱつ
頻繁 ひんぱん

pǐn
品 しな
品 ひん
品詞 ひんし
品等 ひんとう
品定 しなさだめ
品目 ひんもく
品評 ひんぴょう
品切 しなきれ
品位 ひんい
品物 しなもの
品質 ひんしつ
品種 ひんしゅ

pìn
牝 めす

píng
平 たいら
平 ひらたい

平安 へいあん	破壊 はかい	凄惨 せいさん	奇形 きけい
平安時代 へいあんじだい	破裂 はれつ	期 き	奇異 きい
平常 へいじょう	破落戸 ごろつき	期 きする	奇遇 きぐう
平成 へいせい	破滅 はめつ	期 きせずして	奇縁 きえん
平等 びょうどう	破片 はへん	期待 きたい	祈 いのり
平地 へいち	破棄 はき	期間 きかん	祈 いのる
平凡 へいぼん	破傷風 はしょうふう	期末 きまつ	祈念 きねん
平方 へいほう	破砕 はさい	期日 きじつ	祈願 きがん
平和 へいわ	破損 はそん	期限 きげん	臍 へそ
平衡 へいこう	破談 はだん	欺 あざむく	畦道 あぜみち
平仮名 ひらがな	破線 はせん	漆 うるし	碁 ご
平静 へいせい	破約 はやく	欹 そばだてる	麒麟 きりん
平均 へいきん	破綻 はたん		旗 はた
平面 へいめん		qí	旗日 はたび
平年 へいねん	pú	斉 ひとしい	
平気 へいき	僕 ぼく	斉唱 せいしょう	qǐ
平然 へいぜん	菩薩 ぼさつ	岐路 きろ	乞 こう
平日 へいじつ	葡萄 ぶどう	其 その	乞食 こじき
平素 へいそ	蒲公英 たんぽぽ	其 それ	啓 ひらく
平穏 へいおん		其辺 そのへん	啓発 けいはつ
平行 へいこう	pǔ	其場 そのば	啓蒙 けいもう
平野 へいや	浦 うら	其程 それほど	啓示 けいじ
平易 へいい	普 あまねく	其処 そこ	企 くわだてる
評 ひょう	普遍 ふへん	其処 そこで	企 たくらむ
評 ひょうする	普段 ふだん	其処 そこら	企画 きかく
評論 ひょうろん	普及 ふきゅう	其代 そのかわり	企図 きと
評判 ひょうばん	普通 ふつう	其方 そちら	企業 きぎょう
評価 ひょうか		其方 そなた	起 おきる
憑 つく	pù	其故 それゆえ	起 おこす
屏 へい	舗装 ほそう	其後 そのご	起 おこる
屏風 びょうぶ	曝 さらす	其節 そのせつ	起草 きそう
瓶 かめ	曝露 ばくろ	其筋 そのすじ	起床 きしょう
瓶 びん		其儘 そのまま	起点 きてん
瓶詰 びんづめ	**Q**	其内 そのうち	起伏 きふく
凭 もたせる		其奴 そいつ	起工 きこう
凭 もたれる	qī	其癖 そのくせ	起居 ききょ
凭掛 よりかかる	七 しち	其其 それぞれ	起立 きりつ
	七 なな	其迄 それまで	起上 おきあがる
pō	七 ななつ	其上 そのうえ	起訴 きそ
潑剌 はつらつ	七福神 しちふくじん	其所 そこ	起因 きいん
頗 すこぶる		其他 そのた	起用 きよう
	七日 なぬか	其物 そのもの	起原 きげん
pò	七色 なないろ	其相応 それそうおう	起源 きげん
迫 せまる	七五調 しちごちょう	其丈 それだけ	綺麗 きれい
迫出 せりだす		奇 くしくも	
迫害 はくがい	七夕 たなばた	奇抜 きばつ	qì
迫力 はくりょく	七転八倒 しちてんはっとう	奇怪 きかい	気 き
破 やぶく		奇蹟 きせき	気 け
破 やぶける	妻 つま	奇跡 きせき	気不味 きまずい
破 やぶる	妻子 さいし	奇麗 きれい	気長 きなが
破 やぶれる	妻子 つまこ	奇妙 きみょう	気持 きもち
破 わる	棲息 せいそく	奇術 きじゅつ	気触 かぶれる
破産 はさん	凄 すごい	奇数 きすう	気怠 けだるい
破船 はせん	凄 すさまじい	奇特 きとく	気毒 きのどく

気短 きみじか	気質 きしつ	んばんく	前兆 ぜんちょう
気分 きぶん	気転 きてん	千載 せんざい	前者 ぜんしゃ
気紛 きまぐれ	棄てる すてる	牽引 けんいん	前置 まえおき
気風 きふう	棄権 きけん	牽制 けんせい	前祝 まえいわい
気付 きづく	汽車 きしゃ	鉛 なまり	前奏 ぜんそう
気負 きおう	汽船 きせん	鉛筆 えんぴつ	銭 ぜに
気概 きがい	汽笛 きてき	鉛直 えんちょく	銭金 ぜにかね
気高 けだかい	泣く なく	謙 へりくだる	銭湯 せんとう
気構 きがまえ	泣別 なきわかれ	謙譲 けんじょう	潜 くぐる
気骨 きこつ	泣付 なきつく	謙虚 けんきょ	潜 ひそむ
気掛 きがかり	泣立 なきたてる	謙遜 けんそん	潜 もぐる
気合 きあい	泣面 なきつら	籤 くじ	潜伏 せんぷく
気後 きおくれ	泣声 なきごえ	籤引 くじびき	潜入 せんにゅう
気候 きこう	泣所 なきどころ		潜込 もぐりこむ
気化 きか	泣笑 なきわらい	qián	潜水 せんすい
気兼 きがね	契 ちぎり	前 ぜん	潜心 せんしん
気儘 きまま	契 ちぎる	前 まえ	潜在 せんざい
気絶 きぜつ	契機 けいき	前半 ぜんはん	乾→gān
気狂 きちがい	契約 けいやく	前菜 ぜんさい	
気楽 きらく	器 うつわ	前車 ぜんしゃ	qiǎn
気力 きりょく	器 き	前垂 まえだれ	浅 あさい
気立 きだて	器官 きかん	前代未聞 ぜんだ	浅 あさはか
気流 きりゅう	器機 きき	いみもん	浅 あさましい
気難 きむずかし	器具 きぐ	前渡 まえわたし	浅薄 せんぱく
い	器量 きりょう	前方 ぜんぽう	浅瀬 あさせ
気配 けはい	器械 きかい	前払 まえばらい	浅学 せんがく
気配 きくばり	器用 きよう	前掛 まえかけ	遣 つかい
気品 きひん	憩 いこい	前後 ぜんご	遣 づかい
気迫 きはく		前後 まえうしろ	遣 つかう
気魄 きはく	qià	前回 ぜんかい	遣 やる
気前 きまえ	恰 あたかも	前記 ぜんき	遣来 やってくる
気遣 きづかう	恰好 かっこう	前進 ぜんしん	遣方 やりかた
気強 きづよい		前立腺 ぜんりつ	遣付 やっつける
気軽 きがる	qiān	せん	遣口 やりくち
気晴 きばらし	千 せん	前例 ぜんれい	遣切 やりきれな
気取 きどる	千草 ちぐさ	前列 ぜんれつ	い
気入 きにいり	千差万別 せんさ	前略 ぜんりゃく	遣取 やりとり
気入 きにいる	ばんべつ	前売 まえうり	遣込 やりこめる
気弱 きよわ	千代紙 ちよがみ	前年 ぜんねん	遣手 やりて
気色 きしょく	千軍万馬 せんぐ	前期 ぜんき	遣遂 やりとげる
気色 けしき	んばんば	前日 ぜんじつ	遣通 やりとおす
気体 きたい	千六本 せんろっ	前受 まえうけ	遺言 ゆいごん
気違 きちがい	ぽん	前書 まえがき	遣直 やりなおし
気味 きみ	千鳥足 ちどりあ	前述 ぜんじゅつ	遣直 やりなおす
気温 きおん	し	前提 ぜんてい	譴責 けんせき
気象 きしょう	千切 ちぎる	前頭 ぜんとう	
気心 きごころ	千切 ちぎれる	前途 ぜんと	qiàn
気性 きしょう	千秋 せんしゅう	前腕 ぜんわん	欠 あくび
気圧 きあつ	千生 せんなり	前衛 ぜんえい	欠 かかす
気炎 きえん	千歳 せんざい	前線 ぜんせん	欠 かかせない
気早 きばや	千歳飴 ちとせあ	前向 まえむき	欠 かく
気張 きばる	め	前項 ぜんこう	欠 かけら
気丈 きじょう	千万 せんばん	前言 ぜんげん	欠 かける
気障 きざ	千万 せんまん	前夜 ぜんや	欠点 けってん
気振 けぶり	千辛万苦 せんし	前以 まえもって	欠乏 けつぼう

欠如	けつじょ			切目	きれめ	親孝行	おやこう
欠伸	あくび		qiāo	切迫	せつぱく		こう
欠損	けっそん	悄然	しょうぜん	切切	せつせつ	親心	おやごころ
欠席	けっせき	敲	たたく	切実	せつじつ	親友	しんゆう
欠陥	けっかん	橇	そり	切望	せつぼう	親指	おやゆび
茜	あかね	鍬	くわ	切要	せつよう	親子	おやこ
嵌	はまる			切願	せつがん	親族	しんぞく
嵌	はめる		qiáo	切取	きりとる		
		蕎麦	そば	切上	きりあげる		qín
	qiāng	樵	きこり	切捨	きりすてる	芹	せり
槍	やり	橋	きょう	切手	きって	勤	いそしむ
錆	さび	橋	はし	切替	きりかえ	勤	つとまる
錆	さびる	橋渡	はしわたし	切替	きりかえる	勤	つとめ
錆付	さびつく	憔悴	しょうすい	切通	きりどおし	勤	つとめる
				切下	きりさげる	勤倹	きんけん
	qiáng		qiǎo	切先	きっさき	勤労	きんろう
強	あながち	巧	たくみ	切札	きりふだ	勤勉	きんべん
強	きょう	巧	たくむ			勤務	きんむ
強	しいて	巧妙	こうみょう		qié		
強	しいる	巧者	こうしゃ	茄子	なす		qǐn
強	したたか	巧緻	こうち			寝	ね
強	つよい	巧拙	こうせつ		qiě	寝	ねかす
強	つよがり			且	かつ	寝	ねる
強	つよがる		qiào			寝不足	ねぶそく
強	つよさ	鞘	さや		qiè	寝床	ねどこ
強	つよまる			怯	おびえる	寝袋	ねぶくろ
強	つよみ		qiē	怯	ひるむ	寝返	ねがえり
強	つよめる	切	きり	窃盗	せっとう	寝坊	ねぼう
強盗	ごうとう	切	きる	切→qiē		寝過	ねすぎる
強調	きょうちょ	切	きれ			寝過	ねすごす
	う	切	きれる		qīn	寝覚	ねてもさめ
強固	きょうこ	切	せつない	衾	ふすま		ても
強化	きょうか	切	せつなる	侵	おかす	寝静	ねしずまる
強健	きょうけん	切	せつに	侵犯	しんぱん	寝巻	ねまき
強力	きょうりょ	切抜	きりぬける	侵害	しんがい	寝苦	ねぐるしい
	く	切盛	きりもり	侵掠	しんりゃく	寝癖	ねぐせ
強烈	きょうれつ	切出	きりだし	侵略	しんりゃく	寝起	ねおき
強迫	きょうはく	切出	きりだす	侵入	しんにゅう	寝入	ねいる
強気	つよき	切除	せつじょ	侵食	しんしょく	寝込	ねこむ
強情	ごうじょう	切磋琢磨	せっさ	侵蝕	しんしょく	寝室	しんしつ
強請	きょうせい		たくま	親	おや	寝台	しんだい
強請	ゆする	切点	せってん	親	したしい	寝言	ねごと
強権	きょうけん	切断	せつだん	親	したしむ	寝顔	ねがお
強行	きょうこう	切放	きりはなす	親	しん	寝転	ねころぶ
強腰	つよごし	切符	きっぷ	親愛	しんあい	寝姿	ねすがた
強要	きょうよう	切腹	せっぷく	親不孝	おやふこ		
強引	ごういん	切花	きりばな		う		qìn
強硬	きょうこう	切換	きりかえる	親父	おやじ	沁沁	しみじみ
強欲	ごうよく	切詰	きりつめる	親和	しんわ		
強慾	ごうよく	切開	せっかい	親類	しんるい		qīng
強制	きょうせい	切口	きりくち	親密	しんみつ	青	あお
薔薇	ばら	切口上	きりこう	親戚	しんせき	青	あおい
			じょう	親切	しんせつ	青	あおざめる
	qiàng	切離	きりはなす	親善	しんぜん	青白	あおじろい
蹌踉	よろめく	切裂	きりさく	親身	しんみ	青菜	あおな

青臭 あおくさい	清廉 せいれん	請求書 せいきゅうしょ	区分 くわけ
青春 せいしゅん	清涼 せいりょう		区画 くかく
青二才 あおにさい	清貧 せいひん	請取 うけとり	区間 くかん
	清清 すがすがしい	請願 せいがん	区切 くぎり
青梗菜 ちんげんさい			区切 くぎる
	清掃 せいそう	**qìng**	区区 くく
青筋 あおすじ	清勝 せいしょう	慶 よろこび	区区 まちまち
青年 せいねん	清書 せいしょ	慶 よろこぶ	区役所 くやくしょ
青少年 せいしょうねん	清爽 せいそう	慶祝 けいしゅく	区域 くいき
	清水 しみず		曲 きょく
青天 せいてん	清算 せいさん	**qióng**	曲 まがる
青天井 あおてんじょう	清聴 せいちょう	窮 きゅうする	曲 まげる
	清閑 せいかん	窮 きわまる	曲角 まがりかど
青銅 せいどう	清祥 せいしょう	窮 きわめる	曲節 きょくせつ
青物 あおもの	清新 せいしん	窮地 きゅうち	曲解 きょっかい
青息吐息 あおいきといき	清音 せいおん	窮乏 きゅうぼう	曲線 きょくせん
	清濁 せいだく	窮極 きゅうきょく	曲折 きょくせつ
青写真 あおじゃしん	蜻蛉 とんぼ	窮境 きゅうきょう	駆 かけっこ
			駆 かける
青葉 あおば	**qíng**	窮迫 きゅうはく	駆 かられる
軽 けい	黥 いれずみ	窮屈 きゅうくつ	駆出 かけだし
軽 かるい	情 なさけ	窮余 きゅうよ	駆除 くじょ
軽 かるはずみ	情 なさけない	跫音 あしおと	駆付 かけつける
軽 かろやか	情報 じょうほう		駆落 かけおち
軽便 けいべん	情景 じょうけい	**qiū**	駆込 かけこむ
軽薄 けいはく	情況 じょうきょう	丘 おか	駆使 くし
軽度 けいど	情趣 じょうしゅ	丘陵 きゅうりょう	駆逐 くちく
軽減 けいげん	情熱 じょうねつ	秋 あき	駆足 かけあし
軽快 けいかい	情深 なさけぶかい	秋刀魚 さんま	駈 かける
軽妙 けいみょう		秋分 しゅうぶん	駈込 かけこむ
軽蔑 けいべつ	情実 じょうじつ	秋風 あきかぜ	駈出 かけだし
軽軽 かるがるしい	情勢 じょうせい	秋晴 あきばれ	屈 かがむ
軽傷 けいしょう	情緒 じょうしょ	秋日和 あきびより	屈 くっする
軽視 けいし	情緒 じょうちょ	秋蒔 あきまき	屈 こごむ
軽率 けいそつ	情宜 じょうぎ		屈従 くつじゅう
軽微 けいび	情義 じょうぎ	**qiú**	屈強 くっきょう
軽重 けいちょう	情誼 じょうぎ	求 もとめる	屈曲 くっきょく
傾 かしげる	晴 はらす	求婚 きゅうこん	屈辱 くつじょく
傾 かたむく	晴 はれ	求人 きゅうじん	屈托 くったく
傾 かたむける	晴 はれる	求職 きゅうしょく	屈託 くったく
傾倒 けいとう	晴上 はれあがる		屈折 くっせつ
傾向 けいこう	晴天 せいてん	球 きゅう	屈指 くっし
傾斜 けいしゃ	晴雨 せいう	球 たま	趨勢 すうせい
傾注 けいちゅう		球場 きゅうじょう	趨向 すうこう
清 きよい	**qǐng**	球根 きゅうこん	
清 きよめる	頃 ころ	毬 まり	**qǔ**
清 きよらか	頃 ごろ		取 とる
清 すます	請 こう	**qū**	取 とれる
清楚 せいそ	請 しょうじる	区 く	取柄 とりえ
清純 せいじゅん	請負 うけおう	区別 くべつ	取材 しゅざい
清潔 せいけつ	請合 うけあい	区分 くぶん	取残 とりのこす
清浄 せいじょう	請合 うけあう		取纏 とりまとめ
清酒 せいしゅ	請売 うけうり		取出 とりだす
	請求 せいきゅう		取除 とりのぞく

取次	とりつぐ		qù	全治	ぜんち	然気無	さりげない
取代る	とってかわる	去	さる	詮方	せんかた	然無ければ	さもなければ
取締	とりしまり	去就	きょしゅう	詮衡	せんこう	然様	さよう
取締	とりしまる	去年	きょねん	詮無	せんない	然乍ら	しかしながら
取締役	とりしまりやく	趣	おもむき	泉	いずみ	燃	もえる
取調	とりしらべ	趣	おもむく		quǎn	燃	もやす
取調る	とりしらべる	趣味	しゅみ	犬	いぬ	燃料	ねんりょう
取返	とりかえす	趣向	しゅこう		quàn	燃焼	ねんしょう
取分	とりわけ	趣意	しゅい	勧	すすめる	燃上	もえあがる
取分	とりわける	趣旨	しゅし	勧告	かんこく		rǎn
取払	とりはらう		quān	勧誘	かんゆう	染	しみ
取付	とりつく	圏	けん	券	けん	染	しみる
取付	とりつける		quán		quē	染	そまる
取敢	とりあえず	権	けん	闕如	けつじょ	染	そめる
取高	とれだか	権力	けんりょく		què	染抜	しみぬき
取掛	とりかかる	権利	けんり	却	かえって	染髪	せんぱつ
取合	とりあう	権勢	けんせい	却而	かえって	染付	しみつく
取合る	とりあわせる	権威	けんい	雀	すずめ	染料	せんりょう
取混	とりまぜる	権限	けんげん	雀斑	そばかす	染込	しみこむ
取扱い	とりあつかい	全	すべて	確	しかと	染色	せんしょく
取扱う	とりあつかう	全	ぜん	確	しっかり	染通	しみとおる
		全	まったく	確	たしか	染透	しみとおる
取寄	とりよせる	全般	ぜんぱん	確	たしかめる		ràng
取急	とりいそぎ	全部	ぜんぶ	確保	かくほ	譲	ゆずる
取交	とりまぜる	全長	ぜんちょう	確定	かくてい	譲歩	じょうほ
取結	とりむすぶ	全額	ぜんがく	確固	かっこ	譲渡	じょうと
取巻	とりまく	全廃	ぜんぱい	確乎	かっこ	譲合	ゆずりあう
取決	とりきめ	全国	ぜんこく	確立	かくりつ		rě
取立	とりたてる	全会	ぜんかい	確率	かくりつ	惹付	ひきつける
取戻	とりもどす	全集	ぜんしゅう	確認	かくにん		rè
取留	とりとめる	全巻	ぜんかん	確実	かくじつ	熱	あつい
取入	とりいれる	全快	ぜんかい	確信	かくしん	熱	ねつ
取込	とりこむ	全力	ぜんりょく	確約	かくやく	熱	ねっする
取上	とりあげる	全貌	ぜんぼう	確執	かくしつ	熱愛	ねつあい
取捨	しゅしゃ	全面的	ぜんめんてき		qún	熱帯	ねったい
取手	とって	全滅	ぜんめつ	群	ぐん	熱苦しい	あつくるしい
取替	とりかえる	全納	ぜんのう	群	むらがる	熱狂	ねっきょう
取囲	とりかこむ	全権	ぜんけん	群	むれ	熱量	ねつりょう
取外	とりはずす	全然	ぜんぜん	群集	ぐんしゅう	熱烈	ねつれつ
取消	とりけし	全日	ぜんじつ	群居	ぐんきょ	熱気	ねっき
取消	とりけす	全焼	ぜんしょう	群落	ぐんらく	熱気	ねっけ
取引	とりひき	全身	ぜんしん			熱情	ねつじょう
取置き	とっておき	全盛	ぜんせい	**R**		熱湯	ねっとう
		全勝	ぜんしょう			熱心	ねっしん
取止	とりとめる	全速力	ぜんそくりょく		rán	熱意	ねつい
取組	とりくみ	全体	ぜんたい	然	さる	熱源	ねつげん
取組	とりくむ	全土	ぜんど	然	さも		
曲→qū		全線	ぜんせん	然	しかし		
		全域	ぜんいき	然	しかるに		
		全員	ぜんいん	然	そうして		
		全治	ぜんじ				

熱中 ねっちゅう	人世 ひとのよ	**rì**	日向 ひなた
	人手 ひとで	日 か	日曜 にちよう
rén	人数 にんずう	日 にち	日夜 にちや
人 じん	人体 じんたい	日 ひ	日一日 ひがない
人 にん	人体 じんてい	日本 にっぽん	ちにち
人 ひと	人通 ひとどおり	日本 にほん	日陰 ひかげ
人柄 ひとがら	人頭税 にんとう	日本海 にほんか	日蔭 ひかげ
人並 ひとなみ	ぜい	い	日影 ひかげ
人材 じんざい	人望 じんぼう	日本画 にほんが	日章旗 にっしょ
人参 にんじん	人為 じんい	日本酒 にほんし	うき
人差指 ひとさし	人文 じんぶん	ゅ	日照 にっしょう
ゆび	人文 じんもん	日本三景 にほん	日照 ひでり
人称 にんしょう	人物 じんぶつ	さんけい	日誌 にっし
人出 ひとで	人相 にんそう	日本式 にほんし	日中 にっちゅう
人道的 じんどう	人心 じんしん	き	
てき	人心 ひとごころ	日本一 にほんい	**róng**
人道主義 じんど	人形 にんぎょう	ち	茸 きのこ
うしゅぎ	人影 ひとかげ	日差 ひさし	栄 さかえる
人非人 にんぴに	人員 じんいん	日産 にっさん	栄 はえ
ん	人造 じんぞう	日常 にちじょう	栄達 えいたつ
人格 じんかく	人証 にんしょう	日程 にってい	栄冠 えいかん
人工 じんこう	人質 ひとじち	日出 ひので	栄光 えいこう
人好 ひとずき	人種 じんしゅ	日当 ひあたり	栄進 えいしん
人間 にんげん	人足 にんそく	日付 ひづけ	栄養 えいよう
人間並 にんげん	仁 じん	日給 にっきゅう	栄誉 えいよ
なみ		日光 にっこう	栄転 えいてん
人間離 にんげん	**rěn**	日帰 ひがえり	絨毯 じゅうたん
ばなれ	忍 しのぶ	日韓 にっかん	鎔 とく
人間嫌 にんげん	忍耐 にんたい	日和 ひより	容積 ようせき
ぎらい		日和見 ひよりみ	容量 ようりょう
人間業 にんげん	**rèn**	日記 にっき	容器 ようき
わざ	刃 は	日進月歩 にっし	容赦 ようしゃ
人件費 じんけん	刃 やいば	んげっぽ	容態 ようたい
ひ	刃物 はもの	日課 にっか	容体 ようたい
人口 じんこう	扨 さて	日没 にちぼつ	容貌 ようぼう
人口 ひとのくち	認 したためる	日米 にちべい	容易 たやすい
人類 じんるい	認 みとめる	日暮 ひぐれ	容易 ようい
人民 じんみん	認定 にんてい	日目 ひのめ	容子 ようす
人名 じんめい	認否 にんぴ	日頃 ひごろ	溶 とかす
人命 じんめい	認可 にんか	日日 ひにち	溶 とく
人目 ひとめ	認識 にんしき	日日 ひにひに	溶 とける
人品 じんぴん	認証 にんしょう	日日 ひび	溶接 ようせつ
人気 にんき	認知 にんち	日入 ひのいり	溶込 とけこむ
人気 ひとけ	任 にん	日傘 ひがさ	溶岩 ようがん
人前 ひとまえ	任 にんする	日焼 ひやけ	溶液 ようえき
人情 にんじょう	任 まかす	日射 にっしゃ	熔 とく
人情味 にんじょ	任 まかせる	日射 ひざし	熔 とかす
うみ	任免 にんめん	日盛 ひざかり	熔接 ようせつ
人権 じんけん	任命 にんめい	日食 にっしょく	熔岩 ようがん
人人 ひとびと	任期 にんき	日時 にちじ	戎 えびす
人込 ひとごみ	任務 にんむ	日蝕 にっしょく	融合 ゆうごう
人生 じんせい	任意 にんい	日数 にっすう	融通 ゆうずう
人声 ひとごえ	妊娠 にんしん	日丸 ひのまる	融資 ゆうし
人事 じんじ		日限 にちげん	

rǒng		rù		rùn		sān	
冗談	じょうだん	込	こむ	閏年	うるうどし	三	さん
		込	こめる	潤	うるおい	三	みっつ
		込合	こみあう	潤	うるおう	三角	さんかく
róu		入	いり	潤	うるおす	三流	さんりゅう
柔	やわらか	入	いる	潤	うるむ	三日	みっか
柔	やわらかい	入	いれる			三日坊主	みっか
柔道	じゅうどう	入	はいる	ruò			ぼうず
柔軟	じゅうなん	入場	にゅうじょう	若	わかい	三日天下	みっか
揉	もむ			若	もし		てんか
揉	もめる	入歯	いれば	若	もしか	三日月	みかづき
揉事	もめごと	入代	いれかわる	若	もしくは	三三五五	さんさ
蹂躙	じゅうりん	入閣	にゅうかく	若	もしも		んごご
		入国	にゅうこく	若	もしや	三味線	しゃみせ
ròu		入海	いりうみ	若布	わかめ		ん
肉	にく	入荷	にゅうか	若干	じゃっかん	三月	さんがつ
肉筆	にくひつ	入換	いれかえる	若緑	わかみどり	三折	みつおり
肉親	にくしん	入換	いれかわる	若若	わかわかし		
肉太	にくぶと	入会	にゅうかい		い	sǎn	
肉体	にくたい	入江	いりえ	若手	わかて	傘	かさ
肉細	にくぼそ	入口	いりぐち	若葉	わかば	散→sàn	
		入門	にゅうもん	若者	わかもの		
rú		入墨	いれずみ	弱	じゃく	sàn	
如	ごとき	入込	はいりこむ	弱	よわい	散	ちらし
如	ごとく	入賞	にゅうしょ	弱	よわまる	散	ちらかす
如	ごとし		う	弱	よわみ	散	ちらかる
如才無	じょさい	入社	にゅうしゃ	弱	よわめる	散	ちらす
	ない	入試	にゅうし	弱	よわる	散	ちらばる
如何	いかが	入手	にゅうしゅ	弱虫	よわむし	散	ちる
如何	いかなる	入湯	にゅうとう	弱点	じゃくてん	散布	さんぷ
如何	いかに	入替	いれかえる	弱火	とろび	散歩	さんぽ
如何	いかにも	入替	いれかわる	弱味	よわみ	散髪	さんぱつ
如何	いかん	入物	いれもの	鰯	いわし	散乱	さんらん
如何	どう	入学	にゅうがく			散漫	さんまん
茹	うだる	入園	にゅうえん	**S**		散散	さんざん
茹	ゆだる	入院	にゅういん			散散	ちりぢり
茹	ゆでる	入札	にゅうさつ	sǎ		散蒔	ばらまく
濡	ぬらす	入知恵	いれぢえ	撒	まく	散佚	さんいつ
濡	ぬれる			撒布	さんぷ	散逸	さんいつ
濡手	ぬれて	ruǎn		洒落	しゃれ		
濡衣	ぬれぎぬ	軟	やわらか	洒落	しゃれる	sāng	
蠕動	ぜんどう	軟	やわらかい	洒脱	しゃだつ	桑	くわ
		軟風	なんぷう				
rǔ		軟化	なんか	sà		sàng	
乳	ち	軟論	なんろん	颯	さっと	喪失	そうしつ
乳	ちち	軟弱	なんじゃく	颯爽	さっそう		
乳臭	ちちくさい			薩摩芋	さつまい	sāo	
乳房	ちぶさ	ruǐ			も	搔	かく
乳離	ちばなれ	蕊	ずい			搔回	かきまわす
乳首	ちくび			sāi		搔痒	そうよう
乳首	ちちくび	ruì		塞	ふさがる	騒	さわがしい
乳飲子	ちのみご	鋭	するどい	塞	ふさぐ	騒	さわぎ
辱	かたじけない	鋭敏	えいびん	塞止	せきとめる	騒動	そうどう
辱	はずかしめる	瑞瑞	みずみずし			騒乱	そうらん
			い				

騒然	そうぜん	砂	すな	扇子	せんす	上	うえ
騒騒し	そうぞうしい	砂浜	すなはま	善	いい	上	かみ
騒音	そうおん	砂嵐	すなあらし	善	ぜん	上	じょう
繰	くる	砂利	じゃり	善	よい	上	のぼり
繰返	くりかえす	砂漠	さばく	善	よく	上	のぼる
繰広る	くりひろげる	砂上	さじょう	善悪	ぜんあく	上半身	じょうはんしん
繰上	くりあげる	砂時計	すなどけい	善悪	よしあし	上辺	うわべ
繰替	くりかえる	砂糖	さとう	善良	ぜんりょう	上部	じょうぶ
繰言	くりごと			善隣	ぜんりん	上層	じょうそう
		shà		善善	よくよく	上潮	あげしお
sǎo		嗄	からす	善意	ぜんい	上船	のぼりぶね
掃	はく			善用	ぜんよう	上達	じょうたつ
掃除	そうじ	**shài**		繕	つくろう	上等	じょうとう
掃除機	そうじき	晒	さらし	膳	ぜん	上告	じょうこく
掃滅	そうめつ	晒	さらす			上回	うわまわる
				shāng		上級	じょうきゅう
sè		**shān**		傷	いたむ		
色	いろ	山	さん	傷	いためる	上京	じょうきょう
色	いろづく	山	やま	傷	きず	上空	うわのそら
色	いろんな	山道	やまみち	傷	きずつける	上空	じょうくう
色彩	しきさい	山登	やまのぼり	傷付	きずつく	上流	じょうりゅう
色調	しきちょう	山頂	さんちょう	傷付	きずつける		
色合	いろあい	山風	やまかぜ	傷害	しょうがい	上陸	じょうりく
色盲	しきもう	山腹	さんぷく	傷手	いたで	上品	じょうひん
色気	いろけ	山国	やまぐに	商	あきなう	上前	うわまえ
色取	いろどり	山火事	やまかじ	商店	しょうてん	上昇	じょうしょう
色色	いろいろ	山積	さんせき	商売	しょうばい		
色素	しきそ	山葵	わさび	商品	しょうひん	上手	うわて
渋	しぶい	山林	さんりん	商人	あきんど	上手	かみて
渋	しぶる	山嶺	さんれい	商人	しょうにん	上手	じょうず
渋滞	じゅうたい	山麓	さんろく	商社	しょうしゃ	上司	じょうし
		山脈	さんみゃく	商談	しょうだん	上位	じょうい
sēn		山山	やまやま	商業	しょうぎょう	上下	うえした
		山小屋	やまごや			上下	じょうげ
森	もり	山彦	やまびこ			上向	うわむき
森林	しんりん	山陰	やまかげ	**shǎng**		上旬	じょうじゅん
森閑	しんかん	山岳	さんがく	賞	しょう		
		閊	つかえる	賞罰	しょうばつ	上演	じょうえん
sēng		杉	すぎ	賞金	しょうきん	上映	じょうえい
僧	そう	柚木	そまき	賞美	しょうび	上院	じょういん
僧侶	そうりょ	煽	あおぐ	賞品	しょうひん	上着	うわぎ
		煽	あおる	賞玩	しょうがん	尚	なお
shā		煽	おだてる	賞翫	しょうがん	尚更	なおさら
殺	あやめる	煽動	せんどう	賞与	しょうよ	尚且	なおかつ
殺	ころす	扇→shàn		賞賛	しょうさん	尚早	しょうそう
殺	そぐ			賞讃	しょうさん		
殺到	さっとう	**shǎn**		賞状	しょうじょう	**shāo**	
殺風景	さっぷうけい	閃	ひらめく			焼	やき
		閃光	せんこう	**shàng**		焼	やく
殺菌	さっきん	**shàn**		上	あがったり	焼	やける
殺人	さつじん	扇	あおぐ	上	あがり	焼餅	やきもち
沙漠	さばく	扇動	せんどう	上	あがる	焼付	やきつく
沙汰	さた	扇風機	せんぷうき	上	あげる	焼付	やきつける

焼付 やけつく	社会 しゃかい	身辺 しんぺん	**shěn**
焼却 しょうきゃく	社会主義 しゃかいしゅぎ	身長 しんちょう	審査 しんさ
焼物 やきもの		身長 みのたけ	審判 しんぱん
焼直 やきなおし	社交 しゃこう	身動 みうごき	審問 しんもん
梢 こずえ	社内 しゃない	身分 みぶん	審議 しんぎ
稍 やや	社説 しゃせつ	身構 みがまえ	沈→chén
蛸 たこ	社屋 しゃおく	身回 みのまわり	
	社員 しゃいん	身近 みぢか	**shèn**
shǎo	社宅 しゃたく	身売 みうり	甚 はなはだ
少 すくない	社長 しゃちょう	身内 みうち	甚 はなはだしい
少 すくなからず	射 いる	身軽 みがる	滲 にじむ
少 すくなくとも	射撃 しゃげき	身上 しんじょう	滲出 にじみでる
少 すこし	捗 はかどる	身上 みのうえ	滲透 しんとう
少 すこしも	捗捗 はかばかしい	身仕舞い みじまい	慎 つつしみ
少量 しょうりょう		身体 しんたい	慎 つつしむ
少目 すくなめ	渉 わたる	身形 みなり	慎 つつましい
少年 しょうねん	渉外 しょうがい	身元 みもと	慎重 しんちょう
少女 おとめ	摂取 せっしゅ	身丈 みのたけ	
少女 しょうじょ	摂生 せっせい	身振 みぶり	**shēng**
少少 しょうしょう	摂氏 せっし	身支度 みじたく	昇 のぼり
少数 しょうすう		身知 みしらず	昇 のぼる
	shēn	呻 うめく	昇給 しょうきゅう
shào	申 もうす	紳士 しんし	昇級 しょうきゅう
紹介 しょうかい	申出 もうしでる	深 ふかい	昇降 しょうこう
少→shǎo	申分 もうしぶん	深 ふかまる	昇進 しょうしん
	申告 しんこく	深 ふかみ	昇順 しょうじゅん
shē	申合 もうしあわせ	深 ふかめる	
奢 おごる	申兼 もうしかねる	深 ふける	升 ます
		深奥 しんおう	生 いかす
shé	申開 もうしひらき	深長 しんちょう	生 いき
舌 した	申立 もうしたて	深刻 しんこく	生 いきる
舌苔 ぜったい	申立 もうしたてる	深慮 しんりょ	生 いける
舌戦 ぜっせん	申請 しんせい	深切 しんせつ	生 うまれ
蛇 へび	申入 もうしいれ	深情 ふかなさけ	生 うまれつき
蛇口 じゃぐち	申入 もうしいれる	深深 ふかぶか	生 うまれる
蛇足 だそく	申込 もうしこみ	深閑 しんかん	生 うむ
	申込 もうしこむ	深夜 しんや	生 き
shě	申上 もうしあげる		生 しょうじる
捨 すてる		**shén**	生 しょうずる
捨鉢 すてばち	申訳 もうしわけ	神 かみ	生 せい
捨値 すてね	伸 のばす	神道 しんとう	生 なす
捨置 すておく	伸 のびる	神殿 しんでん	生 なま
	伸長 しんちょう	神宮 じんぐう	生 なまごみ
shè	伸暢 しんちょう	神話 しんわ	生 なる
設 しつらえる	伸伸 のびのび	神経 しんけい	生 はえる
設 もうける	伸縮 しんしゅく	神秘 しんぴ	生 はやす
設備 せつび	伸張 しんちょう	神妙 しんみょう	生抜 はえぬき
設定 せってい	鰺 あじ	神明 しんめい	生変 うまれかわる
設計 せっけい	身 み	神社 じんじゃ	
設立 せつりつ		神聖 しんせい	生彩 せいさい
設営 せつえい		神髄 しんずい	生産 せいさん
設置 せっち		神様 かみさま	生成 せいせい
社 しゃ		神業 かみわざ	生臭 なまぐさい
		神主 かんぬし	

生出 うみだす	生真面目 きまじめ	盛大 せいだい	十分 じゅうぶん
生粋 きっすい	生殖 せいしょく	盛会 せいかい	十人十色 じゅうにんといろ
生存 せいぞん	生贄 いけにえ	盛込 もりこむ	十日 とおか
生誕 せいたん	生中継 なまちゅうけい	盛上 もりあがる	十字 じゅうじ
生地 きじ	生煮 なまにえ	盛夏 せいか	十字架 じゅうじか
生返 いきかえる	生酔 なまよい	盛装 せいそう	十字路 じゅうじろ
生方 いきかた	声 こえ		
生放送 なまほうそう	声変 こえかわり	shī	石 いし
生故郷 うまれこきょう	声帯 せいたい	屍骸 しがい	石 いわ
生花 いけばな	声高 こわだか	屍体 したい	石碑 せきひ
生花 せいか	声楽 せいがく	失 しつ	石仏 せきぶつ
生化学 せいかがく	声明 せいめい	失 うしなう	石膏 せっこう
	声色 こわいろ	失 うせる	石灰 せっかい
生還 せいかん	声色 せいしょく	失敗 しっぱい	石鹸 せっけん
生活 せいかつ	声望 せいぼう	失策 しっさく	石窟 せっくつ
生計 せいけい	声敬 せいけい	失格 しっかく	石墨 せきぼく
生家 せいか	声援 せいえん	失脚 しっきゃく	石器 せっき
生検 せいけん	甥 おい	失敬 しっけい	石炭 せきたん
生姜 しょうが		失礼 しつれい	石油 せきゆ
生薑 しょうが	shéng	失恋 しつれん	石垣 いしがき
生理 せいり	縄 なわ	失明 しつめい	時 じ
生立 おいたち	縄跳 なわとび	失神 しっしん	時 とき
生命 せいめい	縄張 なわばり	失調 しっちょう	時 どき
生年 せいねん		失望 しつぼう	時報 じほう
生気 せいき	shěng	失効 しっこう	時差 じさ
生前 せいぜん	省 かえりみる	失心 しっしん	時代 じだい
生茹 なまゆで	省 はぶく	失業 しつぎょう	時分 じぶん
生殺 なまごろし	省略 しょうりゃく	失意 しつい	時給 じきゅう
生身 なまみ		失踪 しっそう	時候 じこう
生生 いきいき	shèng	師 し	時機 じき
生生 なまなましい	勝 かち	詩 し	時計 とけい
	勝 がち	詩人 しじん	時間 じかん
生水 なまみず	勝 かつ	獅子 しし	時間割 じかんわり
生死 せいし	勝 すぐれる	施 ほどこす	
生態 せいたい	勝 まさる	施策 しさく	時節 じせつ
生体 せいたい	勝敗 しょうはい	施設 しせつ	時局 じきょく
生徒 せいと	勝負 かちまけ	施行 しこう	時刻 じこく
生温 なまぬるい	勝負 しょうぶ	湿 しめす	時鳥 ほととぎす
生物 いきもの	勝利 しょうり	湿 しめっぽい	時期 じき
生物 せいぶつ	勝気 かちき	湿 しめり	時日 じじつ
生物 なまもの	勝取 かちとる	湿 しめる	時時 ときどき
生先 おいさき	勝手 かって	湿度 しつど	時勢 じせい
生鮮 せいせん	勝算 しょうさん	湿気 しっき	時速 じそく
生協 せいきょう	聖火 せいか	湿気 しっけ	時限 じげん
生写 いきうつし	聖書 せいしょ	湿気 しける	時雨 しぐれ
生涯 しょうがい	聖夜 せいや	湿気 しめりけ	時折 ときおり
生易 なまやさしい	盛 さかり		識別 しきべつ
	盛 さかる	shí	識見 しきけん
生意気 なまいき	盛 さかん	辻 つじ	実 じつ
生育 せいいく	盛 もり	辻褄 つじつま	実 まこと
生憎 あいにく	盛 もる	十 じゅう	実 み
生長 せいちょう	盛場 さかりば	十 とお	実 みのる
		十把一絡 じっぱひとからげ	実費 じっぴ

実感 じっかん	食物 くいもの	世 よ	仕舞 しまい
実績 じっせき	食物 くわせもの	世辞 せじ	仕舞 しまう
実際 じっさい	食物 しょくもつ	世代 せだい	仕向 しむける
実家 じっか	食物 たべもの	世帯 しょたい	仕様 しよう
実践 じっせん	食下 くいさがる	世帯 せたい	仕業 しわざ
実況 じっきょう	食塩 しょくえん	世故 せこ	仕置 しおき
実力 じつりょく	食用 しょくよう	世話 せわ	仕種 しぐさ
実例 じつれい	食欲 しょくよく	世話好 せわずき	仕着 しきせ
実情 じつじょう	食慾 しょくよく	世話焼 せわやき	仕組 しくみ
実施 じっし	食止 くいとめる	世紀 せいき	仕組 しくむ
実態 じったい	食中毒 しょくちゅうどく	世間 せけん	市 いち
実物 じつぶつ		世界 せかい	市 し
実習 じっしゅう	食卓 しょくたく	世界観 せかいかん	市場 いちば
実現 じつげん	蝕 むしばむ	世論 せろん	市場 しじょう
実相 じっそう		世論 よろん	市販 しはん
実行 じっこう	shǐ	世評 せひょう	市価 しか
実験 じっけん	史跡 しせき	世情 せじょう	市街 しがい
実業 じつぎょう	史蹟 しせき	世上 せじょう	市況 しきょう
実用 じつよう	史上 しじょう	世俗 せぞく	市立 しりつ
実在 じつざい	矢 や	世態 せたい	市民 しみん
実証 じっしょう	矢鱈 やたら	世襲 せしゅう	市内 しない
実直 じっちょく	矢印 やじるし	世相 せそう	市役所 しゃくしょ
実質 じっしつ	矢張 やはり	世知辛 せちがらい	
実状 じつじょう	使 つかい		市長 しちょう
拾 ひろう	使 つかいこなす	世中 よのなか	式 しき
拾歩 ひろいあるき	使 つかう	仕 つかえる	事 こと
	使道 つかいみち	仕出 しだし	事変 じへん
拾読 ひろいよみ	使分 つかいわける	仕出 しでかす	事柄 ことがら
拾物 ひろいもの		仕出来 しでかす	事典 じてん
拾足 ひろいあし	使節 しせつ	仕打 しうち	事故 じこ
喰 くらう	使命 しめい	仕度 したく	事後 じご
食 くう	使捨 つかいすて	仕方 しかた	事迹 じせき
食 くらう	使途 しと	仕付 しつけ	事寄 ことよせる
食 くわす	使役 しえき	仕付 しつける	事跡 じせき
食 たべる	使用 しよう	仕掛 しかけ	事蹟 じせき
食扶持 くいぶち	使用人 しようにん	仕掛 しかける	事件 じけん
食出 はみだす		仕合 しあい	事前 じぜん
食出 はみでる	始 はじまる	仕合 しあわせ	事欠 ことかく
食費 しょくひ	始 はじめ	仕来 しきたり	事切 こときれる
食後 しょくご	始 はじめる	仕立 したて	事情 じじょう
食糧 しょくりょう	始発 しはつ	仕立 したてる	事実 じじつ
	始末 しまつ	仕留 しとめる	事態 じたい
食料 しょくりょう	始業 しぎょう	仕切 しきり	事物 じぶつ
	始終 しじゅう	仕切 しきる	事務 じむ
食切 くいきる	屎 くそ	仕入 しいれ	事項 じこう
食品 しょくひん	屎尿 しにょう	仕入 しいれる	事業 じぎょう
食器 しょっき		仕込 しこむ	事由 じゆう
食入 くいいる	shì	仕上 しあがり	事足 ことたりる
食込 くいこむ	士 し	仕上 しあがる	勢 いきおい
食傷 しょくしょう	士気 しき	仕上 しあげ	勢力 せいりょく
	氏 し	仕上 しあげる	侍 さむらい
食事 しょくじ	氏名 しめい	仕事 しごと	飾 かざり
食堂 しょくどう	示 しめす	仕手 して	飾 かざる
食違 くいちがい	示唆 しさ		試 こころみ
食違 くいちがう	示威 じい	仕送 しおくり	試 こころみる

試 ためし	嗜 たしなむ	手合 てあわせ	手洗 てあらい
試 ためす	嗜好 しこう	手荷物 てにもつ	手先 てさき
試案 しあん	誓 ちかい	手厚 てあつい	手向 たむける
試合 しあい	誓 ちかう	手後 ておくれ	手心 てごころ
試煉 しれん	誓約 せいやく	手緩 てぬるい	手形 てがた
試練 しれん	螫 さす	手荒 てあら	手続 てつづき
試錬 しれん		手荒 てあらい	手懸 てがかり
試行 しこう	shōu	手回 てまわし	手懸 てがける
試行錯誤 しこうさくご	収 おさまる	手回 てまわり	手一杯 ていっぱい
	収 おさめる	手跡 しゅせき	
試験 しけん	収穫 しゅうかく	手蹟 しゅせき	手引 てびき
試験管 しけんかん	収集 しゅうしゅう	手記 しゅき	手応 てごたえ
		手際 てぎわ	手羽 てば
試作 しさく	収録 しゅうろく	手際 てぎわよく	手元 てもと
視察 しさつ	収容 しゅうよう	手堅 てがたい	手芸 しゅげい
視点 してん	収入 しゅうにゅう	手間 てま	手早 てばやい
視界 しかい		手間取 てまどる	手帳 てちょう
視覚 しかく	収拾 しゅうしゅう	手解 てほどき	手摺 てすり
視力 しりょく		手近 てぢか	手真似 てまね
視線 しせん	収縮 しゅうしゅく	手控 てびかえ	手振 てぶり
視野 しや		手控 てびかえる	手直 てなおし
貰 もらう	収益 しゅうえき	手管 てはず	手紙 てがみ
柿 かき	収支 しゅうし	手離 てばなれ	手製 てせい
蒔 まく		手利 てきき	手助 てだすけ
拭 ぬぐう		手料理 てりょうり	手足 てあし
拭 ふく	shǒu		守 まもり
是 これ	手 しゅ	手落 ておち	守 まもる
是 ぜ	手 て	手蔓 てづる	守立 もりたてる
是非 ぜひ	手 てずから	手配 てくばり	守備 しゅび
是認 ぜにん	手抜 てぬかり	手配 てはい	守衛 しゅえい
是位 これぐらい	手抜 てぬき	手品 てじな	首 うなずく
是許 こればかり	手本 てほん	手前 てまえ	首 くび
是正 ぜせい	手柄 てがら	手繰 たぐる	首都 しゅと
適 かなう	手並 てなみ	手切 てぎれ	首肯 うなずく
適 てきする	手不足 てぶそく	手軽 てがる	首領 しゅりょう
適当 てきとう	手盛 てもり	手頃 てごろ	首輪 くびわ
適度 てきど	手持 てもち	手取 てどり	首脳 しゅのう
適格 てきかく	手遅 ておくれ	手取早 てっとりばやい	首切 くびきり
適期 てっき	手出 てだし		首飾 くびかざり
適切 てきせつ	手触 てざわり	手取足取 てとりあしとり	首途 かどで
適任 てきにん	手伝 てつだい		首尾 しゅび
適時 てきじ	手伝 てつだう	手入 ていれ	首位 しゅい
適性 てきせい	手袋 てぶくろ	手上 てあげ	首席 しゅせき
適当 てあたり	手当 てあたり	手拭 てぬぐい	首相 しゅしょう
適宜 てきぎ	手当 てあて	手拭 てふき	首斬 くびきり
適応 てきおう	手渡 てわたし	手首 てくび	
適用 てきよう	手渡 てわたす	手術 しゅじゅつ	shòu
適正 てきせい	手段 しゅだん	手数 てかず	寿命 じゅみょう
恃 たのむ	手法 しゅほう	手数 てすう	寿司 すし
室 しつ	手放 てばなす	手順 てじゅん	受 うかる
室 むろ	手分 てわけ	手探 てさぐり	受 うける
釈放 しゃくほう	手付 てつき	手提 てさげ	受持 うけもつ
釈迦 しゃか	手負 ておい	手帖 てちょう	受動的 じゅどうてき
釈明 しゃくめい	手古摺 てこずる	手痛 ていたい	
釈然 しゃくぜん	手掛 てがかり	手腕 しゅわん	受付 うけつけ
嗜 たしなみ	手掛 てがける		

受付	うけつける	書込	かきこむ	暑	あつさ	刷新	さっしん
受話器	じゅわき	書上	かきあげる	暑苦し	あつくるしい		shuāi
受継	うけつぐ	書添	かきそえる			衰	おとろえる
受流	うけながす	書物	しょもつ	暑気	しょき	衰滅	すいめつ
受売	うけうり	書下	かきおろし	暑中	しょちゅう	衰弱	すいじゃく
受諾	じゅだく	書言葉	かきことば	属望	しょくぼう	衰勢	すいせい
受取	うけとる	書斎	しょさい	属性	ぞくせい	衰頽	すいたい
受入	うけいれ	書直	かきなおす	署名	しょめい	衰退	すいたい
受入	うけいれる	書置	かきおき	鼠	ねずみ	衰亡	すいぼう
受賞	じゅしょう	書著	かきあらわす	鼠捕	ねずみとり		
受身	うけみ			鼠径	そけい		shuài
受験	じゅけん	抒情	じょじょう	鼠入	ねずみいらず	率	ひきいる
受止	うけとめる	枢要	すうよう			率	りつ
受注	じゅちゅう	叔父	おじ	鼠色	ねずみいろ	率直	そっちょく
受註	じゅちゅう	叔父	じさん	鼠算	ねずみざん		
狩	かり	叔母	おば	鼠蹊	そけい		shuān
狩	かる	叔母	ばさん	藷	いも	栓	せん
授	さずかる	殊	ことに	薯	いも	栓抜	せんぬき
授	さずける	殊更	ことさら	曙	あけぼの		
授賞	じゅしょう	殊勝	しゅしょう	曙光	しょこう		shuāng
授受	じゅじゅ	殊外	ことのほか	数→shù		双	そう
授業	じゅぎょう	梳	すく			双方	そうほう
授与	じゅよ	梳	とかす		shù	双肩	そうけん
獣	けだもの	淑女	しゅくじょ	束	たば	双生	そうせい
獣	けもの	疎	うとい	束	たばね	双眼	そうがん
痩	やせる	疎	うとんじる	束	たばねる	双子	ふたご
痩身	そうしん	疎	おろそか	束縛	そくばく	霜	しも
		疎	まばら	束間	つかのま	霜害	そうがい
	shū	疎開	そかい	述	のべる		
書	かく	疎密	そみつ	述語	じゅつご		shuǎng
書	しょ	疎遠	そえん	樹立	じゅりつ	爽	さわやか
書抜	かきぬく	疏略	そりゃく	樹木	じゅもく	爽快	そうかい
書表	かきあらわす	疏外	そがい	竪	たて	爽涼	そうりょう
書出	かきだす	輸出	ゆしゅつ	庶民	しょみん		shuí
書初	かきぞめ	輸入	ゆにゅう	庶務	しょむ	誰	だれ
書道	しょどう	輸送	ゆそう	数	かず	誰	だれか
書店	しょてん	輸血	ゆけつ	数	かぞえる	誰彼	だれかれ
書方	かきかた			数	しばしば		
書付	かきつけ		shú	数	すう		shuǐ
書付	かきつける	贖罪	しょくざい	数詞	すうし	水	すい
書換	かきかえる	塾	じゅく	数量	すうりょう	水	みず
書籍	しょせき	熟	うれる	数奇	すうき	水	みずっぽい
書記	かきしるす	熟	じゅくす	数上	かぞえあげる	水爆	すいばく
書記	しょき	熟	じゅくする			水兵	すいへい
書立	かきたてる	熟	つくづく	数数	かずかず	水彩	すいさい
書留	かきとめ	熟	なれる	数数	しばしば	水産	すいさん
書留	かきとめる	熟読	じゅくどく	数行	すうこう	水車	すいしゃ
書類	しょるい	熟練	じゅくれん	数学	すうがく	水虫	みずむし
書面	しょめん	熟慮	じゅくりょ	数値	すうち	水臭	みずくさい
書評	しょひょう	熟睡	じゅくすい	数字	すうじ	水道	すいどう
書取	かきとり	熟語	じゅくご			水滴	すいてき
書取	かきとる	熟知	じゅくち		shuā	水痘	すいとう
書込	かきこみ		shǔ	刷	する	水防	すいぼう
		暑	あつい	刷込	すりこむ	水分	すいぶん
				刷物	すりもの		

水夫 すいふ	水郷 すいごう	瞬間 またたくまに	思当 おもいあたる
水害 すいがい	水星 すいせい	瞬時 しゅんじ	思煩 おもいわずらう
水火 すいか	水薬 すいやく		
水飢饉 みずききん	水薬 みずぐすり	**shuō**	思浮 おもいうかべる
水汲 みずくみ	水曜 すいよう	説 せつ	
水際 みずぎわ	水銀 すいぎん	説 とく	思付 おもいつき
水際立 みずぎわだつ	水飲 みずのみ	説得 せっとく	思付 おもいつく
	水泳 すいえい	説法 せっぽう	思掛 おもいがけない
水晶 すいしょう	水浴 みずあび	説伏 ときふせる	
水口 みずぐち	水域 すいいき	説話 せつわ	思惑 おもわく
水雷 すいらい	水源 すいげん	説教 せっきょう	思考 しこう
水冷 すいれい	水運 すいうん	説明 せつめい	思立 おもいたつ
水力 すいりょく	水栽培 みずさいばい	説諭 せつゆ	思慮 しりょ
水利 すいり			思慕 しぼ
水量 すいりょう	水増 みずまし	**shuò**	思起 おもいおこす
水溜 みずたまり	水蒸気 すいじょうき	朔 ついたち	
水流 すいりゅう	水質 すいしつ	朔日 ついたち	思遣 おもいやり
水陸 すいりく	水中 すいちゅう		思切 おもいきって
水路 すいろ	水腫 すいしゅ	**sī**	
水門 すいもん	水準 すいじゅん	司 つかさどる	思切 おもいきり
水面 すいめん	水着 みずぎ	司法 しほう	思切 おもいきる
水明 すいめい	水会 しかい	思込 おもいこむ
水墨画 すいぼくが	水族館 すいぞくかん	司令 しれい	思上 おもいあがる
		糸 いと	
水難 すいなん	**shuì**	糸口 いとぐち	思索 しさく
水牛 すいぎゅう	税 ぜい	私 あたし	思外 おもいのほか
水泡 すいほう	税関 ぜいかん	私 ひそか	
水疱 すいほう	税金 ぜいきん	私 わたくし	思違 おもいちがい
水平 すいへい	税理士 ぜいりし	私 わたし	
水平線 すいへいせん	税率 ぜいりつ	私案 しあん	思惟 しい
	税込 ぜいこみ	私的 してき	思想 しそう
水気 すいき	税務 ぜいむ	私費 しひ	思余 おもいあまる
水気 みずけ	税務署 ぜいむしょ	私立 しりつ	
水切 みずきり		私設 しせつ	思直 おもいなおす
水球 すいきゅう	睡蓮 すいれん	私事 しじ	
水溶性 すいようせい	睡眠 すいみん	私事 わたくしごと	思止 おもいとどまる
	睡魔 すいま		
水溶液 すいようえき	説→shuō	私鉄 してつ	斯 かくて
		私物 しぶつ	嘶 いななく
水色 すいしょく	**shùn**	私用 しよう	
水色 みずいろ	順 じゅん	私有 しゆう	**sǐ**
水上 すいじょう	順当 じゅんとう	私語 しご	死 し
水深 すいしん	順調 じゅんちょう	私欲 しよく	死 しぬ
水勢 すいせい	順番 じゅんばん	私怨 しえん	死地 しち
水死 すいし	順順 じゅんじゅんに	偲 しのぶ	死骸 しがい
水素 すいそ		思 おもい	死活 しかつ
水田 すいでん	順位 じゅんい	思 おもう	死角 しかく
水筒 すいとう	順序 じゅんじょ	思 おもわしい	死期 しき
水温 すいおん	順応 じゅんのう	思 おもわず	死去 しきょ
水物 みずもの	瞬 またたく	思案 しあん	死人 しにん
水洗 すいせん	瞬 まばたく	思出 おもいだす	死体 したい
水仙 すいせん	瞬 まばたき	思出 おもいで	死亡 しぼう
水先 みずさき	瞬間 しゅんかん	思存分 おもうぞんぶん	死刑 しけい
水郷 すいきょう			死者 ししゃ

sì
四	し
四	よつ
四	よっつ
四	よん
四大公害	よんだいこうがい
四方	しほう
四季	しき
四角	しかく
四角	しかくい
四角	よつかど
四角張る	しかくばる
四苦八苦	しくはっく
四輪	よんりん
四捨五入	ししゃごにゅう
四囲	しい
四隅	よすみ
寺	じ
寺	てら
寺院	じいん
似	に
似せる	にせる
似る	にる
似而非	えせ
似非	えせ
似合	にあい
似合	にあう
似通	にかよう
伺	うかがう
飼	かう
飼育	しいく
覗	のぞき
覗	のぞく

sōng
松	まつ
松風	まつかぜ
松明	たいまつ
松茸	まつたけ
松飾	まつかざり
嵩	かさむ
嵩張	かさばる

sǒng
聳	そびえる
聳	そびやかす
聳立	そそりたつ
竦	すくむ
竦	すくめる
竦上	すくみあがる

sòng
送	おくり
送	おくる
送別	そうべつ
送達	そうたつ
送電	そうでん
送返	おくりかえす
送付	そうふ
送話器	そうわき
送還	そうかん
送仮名	おくりがな
送検	そうけん
送金	そうきん
送料	そうりょう
送球	そうきゅう
送込	おくりこむ
送水	そうすい
送信	そうしん
送迎	そうげい

sōu
捜	さがす
捜査	そうさ
捜索	そうさく
蒐集	しゅうしゅう
艘	そう

sǒu
嗾	けしかける
藪	やぶ
藪蛇	やぶへび

sòu
嗽	うがい

sū
甦	よみがえる
蘇	よみがえる
蘇生	そせい
蘇鉄	そてつ

sú
俗	ぞく
俗称	ぞくしょう
俗悪	ぞくあく
俗化	ぞっか
俗離	ぞくばなれ
俗論	ぞくろん
俗気	ぞくけ
俗人	ぞくじん
俗世間	ぞくせけん
俗事	ぞくじ
俗説	ぞくせつ
俗語	ぞくご

sù
夙	つとに
訴	うったえ
訴	うったえる
訴権	そけん
訴人	そにん
訴訟	そしょう
素	もとより
素泊	すどまり
素材	そざい
素敵	すてき
素地	そじ
素膚	すはだ
素肌	すはだ
素粒子	そりゅうし
素麺	そうめん
素描	すがき
素描	そびょう
素朴	そぼく
素樸	そぼく
素気無	そっけない
素晴	すばらしい
素人	しろうと
素手	すで
素通	すどおり
素行	そこう
素姓	すじょう
素性	すじょう
素顔	すがお
素養	そよう
素因	すいん
素早	すばやい
素直	すなお
素質	そしつ
素足	すあし
速	はやい
速	はやさ
速	はやめる
速	すみやか
速成	そくせい
速達	そくたつ
速読	そくどく
速度	そくど
速力	そくりょく
速効	そっこう
宿	やど
宿	やどる
宿泊	しゅくはく
宿割	やどわり
宿六	やどろく
宿命	しゅくめい
宿題	しゅくだい
宿屋	やどや
宿願	しゅくがん
粟	あわ
粟立	あわだつ
溯	さかのぼる
遡	さかのぼる

suān
酸	さん
酸	すっぱい
酸化	さんか
酸素	さんそ
酸性	さんせい

suàn
算出	さんしゅつ
算盤	そろばん
算盤尽	そろばんずく
算術	さんじゅつ
算数	さんすう

suī
雖	いえども

suí
随	まま
随筆	ずいひつ
随分	ずいぶん
随時	ずいじ
随順	ずいじゅん
随想	ずいそう
随行	ずいこう
随一	ずいいち
随意	ずいい
随員	ずいいん

suǐ
髄	ずい

suì
歳	さい
歳	とし
歳末	さいまつ
歳暮	せいぼ
歳月	さいげつ
崇	たたり
崇	たたる
砕	くだく
砕	くだける
遂	おおせる
遂	ついに

遂 とげる	所為 せい	台所 だいどころ	炭焼 すみやき
遂行 すいこう	所謂 いわゆる	台頭 たいとう	炭水化物 たんすいかぶつ
穂 ほ	所信 しょしん	台無 だいなし	
	所用 しょよう	台紙 だいし	炭素 たんそ
sūn	所有 しょゆう	颱風 たいふう	炭酸 たんさん
孫 まご	所在 しょざい		探 さがす
	索引 さくいん	**tài**	探 さぐる
sǔn	索隠 さくいん	太 ふとい	探訪 たんぼう
損 そこなう	瑣末 さまつ	太 ふとる	探検 たんけん
損 そこねる	瑣細 ささい	太古 たいこ	探究 たんきゅう
損 そん	鎖 くさり	太鼓 たいこ	探求 たんきゅう
損 そんじる	鎖 とざす	太極拳 たいきょくけん	探索 たんさく
損 そんする	鎖国 さこく		探険 たんけん
損 そんずる		太郎 たろう	
損害 そんがい	**T**	太平 たいへい	**tāng**
損耗 そんもう		太平洋 たいへいよう	湯 ゆ
損壊 そんかい	**tā**		湯茶 ゆちゃ
損気 そんき	他 た	太陽 たいよう	湯気 ゆげ
損傷 そうしょう	他 ほか	太陰暦 たいいんれき	湯桶 ゆとう
損失 そんしつ	他愛無 たわいない		湯呑 ゆのみ
損益 そんえき		太子 たいし	湯飲 ゆのみ
筍 たけのこ	他動詞 たどうし	態 なり	湯治 とうじ
	他方 たほう	態 わざと	
suō	他面 ためん	態度 たいど	**táng**
唆 そそのかす	他人 たにん	態勢 たいせい	唐松 からまつ
縮 ちぢまる	他殺 たさつ	態態 わざわざ	唐辛子 とうがらし
縮 ちぢみ	他所 よそ	泰然 たいぜん	
縮 ちぢむ			堂 どう
縮 ちぢめる	**tǎ**	**tān**	堂堂 どうどう
縮 ちぢれる	塔 とう	貪欲 どんよく	糖 とう
縮緬 ちりめん		壇 だん	糖尿病 とうにょうびょう
縮緬雑魚 ちりめんざこ	**tà**	曇 くもり	
	踏 ふまえる	曇 くもる	**tāo**
縮緬雑魚 ちりめんじゃこ	踏 ふむ	談話 だんわ	掏児 すり
	踏出 ふみだす	弾 はじく	掏摸 すり
縮図 しゅくず	踏付 ふみつける	弾 はずむ	掏替 すりかえ
縮小 しゅくしょう	踏躙 ふみにじる	弾 ひく	滔滔 とうとう
	踏切 ふみきり	弾力 だんりょく	
suǒ	踏切 ふみきる	弾丸 だんがん	**táo**
所 しょ	踏込 ふみこむ	弾圧 だんあつ	逃 にがす
所 ところ	踏台 ふみだい	痰 たん	逃 にげ
所 どころ	踏襲 とうしゅう	檀那 だんな	逃 にげる
所持 しょじ	踏外 ふみはずす		逃 のがす
所帯 しょたい	踏張 ふんばる		逃 のがれる
所得 しょとく		**tǎn**	逃避 とうひ
所定 しょてい	**tāi**	坦坦 たんたん	逃出 にげだす
所感 しょかん	胎児 たいじ		逃道 にげみち
所見 しょけん	胎教 たいきょう	**tàn**	逃込 にげこむ
所詮 しょせん		嘆 なげく	逃亡 とうぼう
所属 しょぞく	**tái**	嘆息 たんそく	逃走 とうそう
所所 ところどころ	台 だい	歎息 たんそく	逃足 にげあし
	台本 だいほん	炭 すみ	桃 もも
所望 しょもう	台詞 せりふ	炭火 すみび	陶 とうや
所為 しょい	台風 たいふう	炭鉱 たんこう	陶磁器 とうじき

陶器 とうき	提携 ていけい	天川 あまのがわ	tiǎn
陶冶 とうや	提言 ていげん	天地 てんち	忝 かたじけない
陶酔 とうすい	提議 ていぎ	天地無用 てんち	
絢 なう	啼 なく	むよう	tiáo
淘汰 とうた	鵜 う	天井 てんどん	条件 じょうけん
	鵜呑 うのみ	天婦羅 てんぷら	条理 じょうり
tǎo	題 だい	天狗 てんぐ	条例 じょうれい
討 うつ	題 だいする	天国 てんごく	条約 じょうやく
討伐 とうばつ	題材 だいざい	天候 てんこう	調 ととのう
討論 とうろん	題名 だいめい	天皇 てんのう	調 ととのえる
討議 とうぎ	題目 だいもく	天火 てんぴ	調達 ちょうたつ
	題字 だいじ	天井 てんじょう	調合 ちょうごう
tè	醍醐味 だいごみ	天女 てんにょ	調和 ちょうわ
特 とくに		天気 てんき	調節 ちょうせつ
特筆 とくひつ	tǐ	天気予報 てんき	調理 ちょうり
特別 とくべつ	体 からだ	よほう	調停 ちょうて
特産 とくさん	体裁 ていさい	天然 てんねん	い
特長 とくちょう	体操 たいそう	天然記念物 てん	調味 ちょうみ
特定 とくてい	体臭 たいしゅう	ねんきねんぶつ	調印 ちょういん
特急 とっきゅう	体得 たいとく	天使 てんし	調整 ちょうせい
特集 とくしゅう	体調 たいちょう	天王星 てんのう	誂 あつらえる
特技 とくぎ	体付 からだつき	せい	誂向 あつらえむ
特売 とくばい	体格 たいかく	天網 てんもう	き
特派 とくは	体系 たいけい	天文 てんもん	
特権 とっけん	体積 たいせき	天下 てんか	tiǎo
特色 とくしょく	体力 たいりょく	天性 てんせい	挑 いどむ
特殊 とくしゅ	体毛 たいもう	天引 てんびき	挑発 ちょうはつ
特価 とっか	体面 たいめん	天災 てんさい	挑戦 ちょうせん
特許 とっきょ	体勢 たいせい	天真 てんしん	
特異 とくい	体位 たいい	添 そう	tiào
特有 とくゆう	体温 たいおん	添 そえる	眺 ながめ
特徴 とくちょう	体系 たいけい	添乗 てんじょう	眺 ながめる
特製 とくせい	体現 たいげん	添付 てんぷ	眺遣 ながめやる
特質 とくしつ	体形 たいけい	添加 てんか	眺入 ながめいる
	体型 たいけい	添寝 そいね	眺望 ちょうぼう
téng	体言 たいげん	添書 そえがき	跳 とぶ
疼 うずく	体験 たいけん	添遂 そいとげる	跳 はねる
滕 かがる	体育 たいいく	添物 そえもの	跳返 はねかえる
謄写 とうしゃ	体制 たいせい	添削 てんさく	跳馬 ちょうば
騰貴 とうき	体質 たいしつ		跳上 はねあがる
	体重 たいじゅう	tián	跳躍 ちょうやく
tī		填 はまる	糶 せり
梯 かけはし	tì	填 はめる	
梯子 はしご	剃 そる	田 た	tiē
	剃刀 かみそり	田虫 たむし	貼 はる
tí	替 かえる	田楽 でんがく	貼付 てんぷ
提 さげる	替 かわり	田圃 たんぼ	貼紙 はりがみ
提案 ていあん	替 かわる	田舎 いなか	
提唱 ていしょう	替玉 かえだま	田畑 たはた	tiě
提出 ていしゅつ		田園 でんえん	鉄 てつ
提灯 ちょうちん	tiān	田植 たうえ	鉄棒 てつぼう
提供 ていきょう	天 てん	畑 はたけ	鉄道 てつどう
提起 ていき	天辺 てっぺん	畑地 はたち	鉄鋼 てっこう
提示 ていじ	天才 てんさい	畠 はたけ	鉄筋 てっきん
提訴 ていそ	天秤 てんびん		鉄砲 てっぽう

鉄橋　てっきょう
鉄腕　てつわん

tīng
庁　ちょう
汀　なぎさ
汀線　ていせん
町→dīng
聴　きく
聴講　ちょうこう
聴覚　ちょうかく
聴力　ちょうりょく
聴入　ききいる
聴診器　ちょうしんき
聴衆　ちょうしゅう

tíng
亭主　ていしゅ
庭　にわ
庭園　ていえん
停泊　ていはく
停車　ていしゃ
停電　ていでん
停留　ていりゅう
停年　ていねん
停学　ていがく
停戦　ていせん
停止　ていし
停滞　ていたい

tǐng
梃子　てこ

tōng
通　かよう
通　つう
通　つうじ
通　つうじる
通　つうずる
通　とおす
通　とおり
通　とおる
通弊　つうへい
通産省　つうさんしょう
通常　つうじょう
通称　つうしょう
通電　つうでん
通読　つうどく
通風　つうふう
通告　つうこく
通掛り　とおりがかり
通掛る　とおりかかる
通観　つうかん
通過　つうか
通過　とおりすぎ
通航　つうこう
通話　つうわ
通貨　つうか
通路　つうろ
通念　つうねん
通勤　つうきん
通商　つうしょう
通暁　つうぎょう
通信　つうしん
通行　つうこう
通学　つうがく
通夜　つや
通訳　つうやく
通用　つうよう
通院　つういん
通帳　つうちょう
通知　つうち

tóng
同　おなじ
同　おなじく
同　どう
同伴　どうはん
同胞　どうほう
同輩　どうはい
同窓　どうそう
同窓会　どうそうかい
同等　どうとう
同点　どうてん
同調　どうちょう
同断　どうだん
同封　どうふう
同感　どうかん
同格　どうかく
同化　どうか
同級　どうきゅう
同居　どうきょ
同類　どうるい
同僚　どうりょう
同盟　どうめい
同年　おないどし
同期　どうき
同棲　どうせい
同情　どうじょう
同日　どうじつ
同時　どうじ
同士　どうし
同行　どうこう
同姓　どうせい
同性　どうせい
同様　どうよう
同業　どうぎょう
同一　どういつ
同意　どうい
同志　どうし
銅　どう
銅貨　どうか
銅器　どうき
銅像　どうぞう
童話　どうわ
童謡　どうよう
瞳　ひとみ
瞳孔　どうこう

tǒng
統　すべる
統合　とうごう
統計　とうけい
統括　とうかつ
統率　とうそつ
統轄　とうかつ
統一　とういつ
統制　とうせい
統治　とうち
筒　つつ

tòng
痛　いたい
痛　いたましい
痛　いたみ
痛　いたむ
痛　いためる
痛風　つうふう
痛感　つうかん
痛撃　つうげき
痛覚　つうかく
痛快　つうかい
痛烈　つうれつ
痛切　つうせつ
痛入　いたみいる
痛手　いたで
痛痒　いたしかゆし
痛飲　つういん

tóu
頭　あたま
頭　あたまごなしに
頭　かしら
頭　がしら
頭　ず
頭　とう
頭抜　ずぬける
頭蓋　ずがい
頭脳　ずのう
頭上　ずじょう
頭身　とうしん
頭痛　ずつう
頭重　ずおもい
投　とうじる
投　なげる
投出　なげだす
投稿　とうこう
投機　とうき
投売　なげうり
投票　とうひょう
投入　とうにゅう
投射　とうしゃ
投手　とうしゅ
投書　とうしょ
投下　とうか
投影　とうえい
投与　とうよ
投擲　とうてき
投資　とうし

tòu
透　すかさず
透　すかし
透　すかす
透　すき
透　すく
透　とおる
透徹　すきとおる
透徹　とうてつ
透間　すきま
透明　とうめい
透破抜　すっぱぬく
透視　とうし
透通　すきとおる

tū
凸凹　でこぼこ
禿　ちびる
禿　はげる
突　つく
突　つっく
突抜　つきぬける
突撥　つっぱねる
突出　つきだす
突出　つきでる
突刺　つきさす
突当　つきあたり
突当　つきあたる

突放	つきはなす	徒事	ただごと	団結	だんけつ	退色	たいしょく
突飛	つきとばす	徒手	としゅ	団楽	だんらく	退社	たいしゃ
突付	つきつける	途端	とたん	団栗	どんぐり	退校	たいこう
突掛	つっかかる	途方	とほう	団扇	うちわ	退学	たいがく
突合	つきあわせる	途絶	とだえる	団体	だんたい	退嬰	たいえい
突撃	とつげき	途上	とじょう	団員	だんいん	退院	たいいん
突詰	つきつめる	途轍	とてつ	団長	だんちょう	退陣	たいじん
突立	つったつ	途中	とちゅう	団子	だんご	退職	たいしょく
突落	つきおとす	茶毘	だび			退治	たいじ
突破	つきやぶる	塗	ぬり	**tuī**		褪	あせる
突破	とっぱ	塗	ぬる	推	おす	褪	さめる
突慳貪	つっけんどん	塗	まみれ	推測	すいそく	褪色	たいしょく
突然	とつぜん	塗	まみれる	推察	すいさつ		
突如	とつじょ	塗布	とふ	推称	すいしょう	**tūn**	
突込	つっこみ	塗付	ぬりつける	推戴	すいたい	呑	のむ
突込	つっこむ	塗立	ぬりたてる	推定	すいてい	呑気	のんき
突上	つきあげる	塗料	とりょう	推計	すいけい	呑込	のみこむ
突通	つきとおす	塗炭	とたん	推薦	すいせん		
突張	つっぱる	塗隠	ぬりかくす	推進	おしすすめる	**tún**	
突止	つきとめる	塗装	とそう	推進	すいしん	豚	ぶた
突走	つっぱしる	屠蘇	とそ	推挙	すいきょ	豚肉	ぶたにく
				推理	すいり		
tú		**tǔ**		推力	すいりょく	**tuō**	
図	ず	土	つち	推量	おしはかる	託	ことづけ
図	はかる	土	ど	推量	すいりょう	託	たくす
図案	ずあん	土俵	どひょう	推論	すいろん	託	たくする
図抜	ずぬける	土産	みやげ	推敲	すいこう	託送	たくそう
図表	ずひょう	土地	とち	推賞	すいしょう	托	たくする
図柄	ずがら	土釜	どがま	推算	すいさん	脱	だっする
図画	ずが	土木	どぼく	推移	すいい	脱	ぬぐ
図鑑	ずかん	土壌	どじょう			脱	ぬけ
図解	ずかい	土砂	どしゃ	**tuí**		脱出	だっしゅつ
図面	ずめん	土手	どて	頽廃	たいはい	脱臼	だっきゅう
図譜	ずふ	土台	どだい			脱落	だつらく
図取	ずどり	土壇場	どたんば	**tuǐ**		脱皮	だっぴ
図示	ずし	土曜	どよう	腿	もも	脱捨	ぬぎすてる
図式	ずしき	土足	どそく			脱水	だっすい
図書	としょ	吐	つく	**tuì**		脱税	だつぜい
図書室	としょしつ	吐	はく	退	しりぞく	脱退	だったい
図露	とろ	吐出	はきだす	退	しりぞける	脱線	だっせん
図気	はきけ	吐気	はきけ	退	どく	脱脂	だっし
図説	ずせつ	吐息	といき	退	どける	脱走	だっそう
図太	ずぶとい	吐血	とけつ	退	のける	**tuó**	
図図	ずうずうしい			退	ひく	駄菓子	だがし
図星	ずぼし	**tù**		退	ひける	駄目	だめ
図形	ずけい	兎	うさぎ	退歩	たいほ	駄洒落	だじゃれ
徒	いたずらに	兎角	とかく	退潮	たいちょう	駄作	ださく
徒	ただ	兎角	とにかく	退出	たいしゅつ	駝鳥	だちょう
徒	ただならぬ	吐→tǔ		退廃	たいはい		
徒歩	とほ			退化	たいか	**tuǒ**	
徒労	とろう	**tuán**		退路	たいろ	妥当	だとう
徒遣	むだづかい	団	だん	退屈	たいくつ	妥結	だけつ
徒然	つれづれ	団地	だんち	退去	たいきょ	妥協	だきょう
				退散	たいさん	楕円	だえん

tuò
拓	ひらく
唾	つば
唾	つばき
唾棄	だき

W

wā
窪	くぼみ
窪	くぼむ
蛙	かえる

wǎ
瓦	かわら
瓦解	がかい

wāi
歪	いびつ
歪	ひずみ
歪	ひずむ
歪	ゆがむ
歪	ゆがめる
歪曲	わいきょく

wài
外	がい
外	そと
外	はずす
外	はずれ
外	はずれる
外	ほか
外部	がいぶ
外側	そとがわ
外出	がいしゅつ
外観	がいかん
外郭	がいかく
外国	がいこく
外回	そとまわり
外廻	そとまわり
外貨	がいか
外見	がいけん
外見	そとみ
外交	がいこう
外界	がいかい
外科	げか
外堀	そとぼり
外廓	がいかく
外来	がいらい
外面	がいめん
外人	がいじん
外食	がいしょく
外套	がいとう
外聞	がいぶん
外務	がいむ
外務省	がいむしょう
外相	がいしょう
外形	がいけい
外野	がいや
外遊	がいゆう
外苑	がいえん
外装	がいそう

wān
湾	わん

wán
丸	まる
丸	まるい
丸	まるごと
丸	まるで
丸	まるみ
丸	まるめる
丸出	まるだし
丸寝	まるね
丸焼	まるやき
丸焼	まるやけ
丸損	まるそん
丸丸	まるまる
丸腰	まるごし
丸煮	まるに
完璧	かんぺき
完成	かんせい
完結	かんけつ
完了	かんりょう
完全	かんぜん
玩	もてあそぶ
玩具	おもちゃ
玩具	がんぐ
頑	かたくな
頑固	がんこ
頑健	がんけん
頑張	がんばる
頑丈	がんじょう

wǎn
宛	あてる
宛	さながら
宛名	あてな
宛先	あてさき
宛行	あてがう
椀	わん
腕	もがく
挽	もぐ
婉曲	えんきょく
碗	わん
挽	ひく
挽肉	ひきにく
晩年	ばんねん

wàn
万	まん
万病	まんびょう
万国	ばんこく
万力	まんりき
万能	ばんのう
万年	まんねん
万年筆	まんねんひつ
万全	ばんぜん
万人	まんにん
万事	ばんじ
万歳	ばんざい
万物	ばんぶつ
万葉仮名	まんようがな
万一	まんいち
万引	まんびき
腕	うで
腕力	わんりょく
腕力沙汰	わんりょくざた
腕利	うできき
腕前	うでまえ
腕時計	うでどけい
腕相撲	うでずもう

wáng
亡	なくす
亡	なくなる
亡	ほろびる
王	おう
王国	おうこく
王女	おうじょ
王様	おうさま
王者	おうじゃ
王子	おうじ
王座	おうざ

wǎng
網	あみ
網羅	もうら
往	いく
往復	おうふく
往来	おうらい
往来	ゆきき
往生	おうじょう
往往	おうおう
往診	おうしん
惘	あきれる

wàng
妄	みだりに
忘	わすれる
忘年会	ぼうねんかい
忘物	わすれもの
旺盛	おうせい
望	のぞましい
望	のぞみ
望	のぞむ
望	のぞむらくは
望遠	ぼうえん

wēi
危	あぶない
危	あぶなげない
危	あやうい
危	あやうく
危	あやぶむ
危	あやめる
危篤	きとく
危害	きがい
危機	きき
危惧	きぐ
危険	きけん
威	おどかす
威	おどす
威力	いりょく
威猛高	いたけだか
威容	いよう
威勢	いせい
威信	いしん
威圧	いあつ
威厳	いげん
威張	いばる
隈無	くまなく
微	かすか
微塵	みじん
微風	そよかぜ
微積分	びせきぶん
微力	びりょく
微量	びりょう
微妙	びみょう
微少	びしょう
微生物	びせいぶつ
微温湯	ぬるまゆ
微温湯	ぬるゆ
微笑	びしょう
微笑	ほほえみ
微笑	ほほえむ

wéi
為	する
為	ため

為 なさる	猥 みだりがわしい	味汁 みそしる	文無 もんなし
為 なす		畏 かしこまる	文献 ぶんけん
為 なる	尾 お	胃 い	文型 ぶんけい
為出来 しでかす	緯度 いど	胃腸 いちょう	文学 ぶんがく
為替 かわせ	**wēi**	慰 なぐさめる	文語 ぶんご
違 たがえる	衛生 えいせい	慰安 いあん	文芸 ぶんげい
違 ちがい	衛星 えいせい	慰留 いりゅう	文章 ぶんしょう
違 ちがう	未 いまだ	為→wéi	文字 もじ
違 ちがえる	未 まだ	**wēn**	文字 もんじ
違背 いはい	未 み	温 あたたかい	文字通 もじどおり
違法 いほう	未定 みてい	温 あたたまる	紋付 もんつき
違反 いはん	未払 みはらい	温 あたためる	紋所 もんどころ
違犯 いはん	未婚 みこん	温 ぬるい	聞 きかせる
違和感 いわかん	未済 みさい	温 ぬるむ	聞 きく
違憲 いけん	未解決 みかいけつ	温床 おんしょう	聞 きこえ
囲 かこい	未経験 みけいけん	温存 おんぞん	聞 きこえる
囲 かこう	未決 みけつ	温帯 おんたい	聞出 ききだす
囲 かこむ	未開 みかい	温度 おんど	聞伝 ききつたえ
囲炉裏 いろり	未開発 みかいはつ	温和 おんわ	聞慣 ききなれる
囲碁 いご	未開拓 みかいたく	温厚 おんこう	聞惚 ききほれる
惟 おもう	未来 みらい	温暖 おんだん	聞届 ききとどける
唯 ただ	未練 みれん	温泉 おんせん	聞答 ききとがめ
唯今 ただいま	未練 みれんがましい	温室 おんしつ	聞流 ききながす
唯事 ただごと	未満 みまん	温順 おんじゅん	聞落 ききおとす
唯一 ゆいいつ	未確定 みかくてい	温湯 ぬるゆ	聞伝 ききつたえ
維持 いじ	未確認 みかくにん	温習 おんしゅう	聞取 ききとり
維新 いしん	未然 みぜん	鰮 うどん	聞取 ききとる
wěi	未熟 みじゅく	蘊蓄 うんちく	聞入 ききいる
偉 えらい	未亡人 みぼうじん		聞入 ききいれる
偉材 いざい	未詳 みしょう	**wén**	聞込 ききこみ
偉大 いだい	未知 みち	文 ぜ	聞捨 ききずて
偉人 いじん	位 い	文 ぶん	聞手 ききて
偉業 いぎょう	位 くらい	文筆 ぶんぴつ	聞直 ききなおす
偽 いつわり	位 くらいする	文部科学省 もんぶかがくしょう	蚊 か
偽 いつわる	位置 いち		蚊遣 かやり
偽 にせ	味 あじ	文法 ぶんぽう	蚊取線香 かとりせんこう
偽物 にせもの	味 あじわい	文房具 ぶんぼうぐ	
偽造 ぎぞう	味 あじわう		**wěn**
偽者 にせもの	味 みそ	文化 ぶんか	紊乱 びんらん
偽証 ぎしょう	味噌 みそ	文集 ぶんしゅう	穏 おだやか
偽装 ぎそう	味噌汁 みそしる	文句 もんく	穏和 おんわ
葦 あし	味得 みとく	文句無 もんくなし	穏健 おんけん
委 くわしい	味方 みかた	文庫 ぶんこ	
委 ゆだねる	味付 あじつけ	文脈 ぶんみゃく	**wèn**
委任 いにん	味覚 みかく	文盲 もんもう	問 とい
委託 いたく	味気 あじけない	文明 ぶんめい	問 とう
委細 いさい		文身 いれずみ	問答 もんどう
委員 いいん		文書 ぶんしょ	問掛 といかける
委嘱 いしょく		文殊 もんじゅ	問合 といあわせ
萎 しおれる		文壇 ぶんだん	問合 といあわせ
萎 しなびる		文体 ぶんたい	
萎 しぼむ		文通 ぶんつう	
萎 なえる			
萎縮 いしゅく			問詰 といつめる

間屋 とんや	鳴響 なりひびく	く	い
	誣告 ぶこく	無記名 むきめい	無我夢中 むがむちゅう
wèng	屋 や	無価値 むかち	
甕 かめ	屋敷 やしき	無届 むとどけ	無限 むげん
	屋根 やね	無尽 むじん	無線 むせん
wō	屋内 おくない	無精 おくしょう	無効 むこう
倭 やまと	屋上 おくじょう	無口 むくち	無邪気 むじゃき
渦 うず	屋外 おくがい	無礼 ぶれい	無心 むしん
渦巻 うずまき		無理 むり	無性 むしょう
渦巻 うずまく	**wú**	無理難題 むりなんだい	無雑 むえん
蝸牛 かたつむり	無 ない		無言 むごん
	無 なくす	無理矢理 むりやり	無一文 むいちもん
wǒ	無 なくなる		
我 わが	無 なし	無理無体 むりむたい	無一物 むいちもつ
我 われ	無 ぶ		
我等 われら	無 む	無力 むりょく	無益 むえき
我儘 わがまま	無 むやみ	無料 むりょう	無意識 むいしき
我慢 がまん	無愛想 ぶあいそう	無論 むろん	無意味 むいみ
我勝 われがちに		無名 むめい	無意義 むいぎ
我田引水 がでんいんすい	無闇 むやみ	無難 ぶなん	無用 むよう
	無暗 むやみ	無能 むのう	無援 むえん
我我 われわれ	無比 むひ	無念 むねん	無縁 むえん
我先 われさきに	無表情 むひょうじょう	無配 むはい	無芸 むげい
我意 がい		無期 むき	無責任 むせきにん
	無残 むざん	無気味 ぶきみ	
wò	無惨 むざん	無器用 ぶきよう	無政府 むせいふ
握 にぎらせる	無茶 むちゃ	無銭 むせん	無知 むち
握 にぎり	無茶苦茶 むちゃくちゃ	無欠 むけつ	無職 むしょく
握 にぎる		無趣味 むしゅみ	無智 むち
握手 あくしゅ	無常 むじょう	無人 むじん	無作法 ぶさほう
斡旋 あっせん	無償 むしょう	無人 むにん	吾 わが
齷齪 あくせく	無抵抗 むていこう	無任所大臣 むにんしょだいじん	吾 われ
			呉 くれる
wū	無地 むじ	無色 むしょく	呉服 ごふく
烏 からす	無定見 むていけん	無沙汰 ぶさた	呉呉 くれぐれも
烏賊 いか		無神経 むしんけい	呉越同舟 ごえつどうしゅう
汚 けがす	無定形 むていけい		
汚 けがらわしい		無生物 むせいぶつ	梧桐 あおぎり
汚 けがれ	無毒 むどく		
汚 けがれる	無断 むだん	無実 むじつ	**wǔ**
汚 よごす	無頓着 むとんじゃく	無事 むじ	五 いつつ
汚 よごれ		無視 むし	五 ご
汚 よごれる	無二 むに	無手 むて	五感 ごかん
汚点 おてん	無感 むかん	無手法 むてっぽう	五節句 ごせっく
汚穢 きたない	無根 むこん	無数 むすう	五日 いつか
汚穢 きたならしい	無公害 むこうがい	無双 むそう	五十音 ごじゅうおん
汚名 おめい	無関係 むかんけい	無税 むぜい	五月 ごがつ
汚染 おせん	無関心 むかんしん	無糖 むとう	五月蝿 うるさい
汚損 おそん		無条件 むじょうけん	午後 ごご
汚物 おぶつ	無害 むがい	無鉄砲 むてっぽう	午前 ごぜん
汚職 おしょく	無機 むき		武力 ぶりょく
巫山戯 ふざける	無季 むき	無駄 むだ	武器 ぶき
鳴 ならす	無計画 むけいかく	無駄遣 むだづかい	武士 ぶし
嗚呼 ああ			武者 むしゃ

武装 ぶそう	悟 さとる	希求 ききゅう	洗面 せんめん
侮 あなどる	霧 きり	希望 きぼう	洗顔 せんがん
侮辱 ぶじょく	霧雨 きりさめ	希有 きゆう	洗濯 せんたく
舞 まう		希有 けう	喜 よろこばしい
舞姫 まいひめ	**X**	稀 まれ	喜 よろこび
舞上 まいあがる		稀薄 きはく	喜 よろこぶ
舞踏 ぶとう	**xī**	稀有 きゆう	喜劇 きげき
舞台 ぶたい	夕 ゆう	稀有 けう	喜怒哀楽 きどあいらく
	夕 ゆうべ	昔 むかし	
wù	夕飯 ゆうはん	昔話 むかしばなし	**xì**
勿 なかれ	夕飯 ゆうめし		
勿論 もちろん	夕方 ゆうがた	犠牲 ぎせい	戯 じゃれる
勿体 もったいない	夕風 ゆうかぜ	息 いき	戯 たわむれ
勿体振 もったいぶる	夕刊 ゆうかん	息 いきづく	戯 たわむれる
	夕抜 いきぬき	戯曲 ぎきょく	
務 つとめ	夕立 ゆうだち	息衝 いきづく	戯言 たわごと
務 つとめる	夕暮 ゆうぐれ	息継 いきつぎ	系 けい
物 もの	夕日 ゆうひ	息詰 いきづまる	系列 けいれつ
物別 ものわかれ	夕焼 ゆうやけ	息巻 いきまく	系統 けいとう
物差 ものさし	夕食 ゆうしょく	息遣 いきづかい	係 かかり
物産 ぶっさん	夕陽 ゆうひ	息災 そくさい	係 かかる
物好 ものずき	夕影 ゆうかげ	息子 むすこ	係 かかわり
物価 ぶっか	西 にし	悉 ことごとく	係 かかわる
物覚 ものおぼえ	西半球 にしはんきゅう	惜 おしい	係員 かかりいん
物理 ぶつり	西部 せいぶ	惜 おしむ	細 こまか
物売 ものうり	西側 にしがわ	惜敗 せきはい	細 こまかい
物品 ぶっぴん	西瓜 すいか	惜別 せきべつ	細 こまやか
物凄 ものすごい	西暦 せいれき	錫 すず	細 ささやか
物入 ものいり	西明 にしあかり	蜥蜴 とかげ	細 ほそい
物騒 ぶっそう	西欧 せいおう	膝 ひざ	細 ほそめる
物事 ものごと	西日 にしび	嬉 うれしい	細 ほそる
物思 ものおもい	西日本 にしにほん		細胞 さいぼう
物体 ぶったい	西洋 せいよう	**xí**	細別 さいべつ
物言 ものいい	西洋人 せいようじん	習 ならう	細長 ほそながい
物要 ものいり	西暦 せいれき	習 ならわし	細工 さいく
物音 ものおと	吸 すう	習得 しゅうとく	細菌 さいきん
物陰 ものかげ	吸付 すいつく	習慣 しゅうかん	細論 さいろん
物語 ものがたり	吸寄 すいよせる	習性 しゅうせい	細目 さいもく
物語 ものがたる	吸殻 すいがら	習字 しゅうじ	細心 さいしん
物置 ものおき	吸盤 きゅうばん	席 せき	細則 さいそく
物質 ぶっしつ	吸取 すいとる	襲 おそう	隙 すき
物資 ぶっし	吸入 きゅうにゅう	襲撃 しゅうげき	隙間 すきま
物足 ものたりない	吸込 すいこむ		
誤 あやまり	吸収 きゅうしゅう	**xǐ**	**xiā**
誤 あやまる	吸物 すいもの	洗 あらい	呷 あおる
誤差 ごさ	吸引 きゅういん	洗 あらう	蝦 えび
誤解 ごかい	吸着 きゅうちゃく	洗滌 せんじょう	
誤謬 ごびゅう	汐時 しおどき	洗髪 せんぱつ	**xiá**
誤魔化 ごまかす	希 まれ	洗剤 せんざい	狭 せばまる
誤認 ごにん	希薄 きはく	洗浄 せんじょう	狭 せばめる
誤算 ごさん		洗浚 あらいざらい	狭 せまい
誤用 ごよう		洗礼 せんれい	狭苦 せまくるしい
誤字 ごじ		洗練 せんれん	暇 いとま
		洗錬 せんれん	暇 ひま

霞	かすみ	下野	げや	先生	せんせい	顕著	けんちょ
霞	かすむ	下院	かいん	先手	せんて	険	けわしい
		下着	したぎ	先天的	せんてんてき	険悪	けんあく
xià		夏	なつ			険阻	けんそ
下	おりる	夏季	かき	先頭	せんとう	跣	はだし
下	おろす	夏木立	なつこだち	先先月	せんせんげつ		
下	か	夏期	かき			**xiàn**	
下	ください	夏時間	なつじかん	先先週	せんせんしゅう	県	けん
下	くださる					県立	けんりつ
下	くだ	夏休	なつやすみ	先行	さきゆき	県庁	けんちょう
下	くだらない	夏衣	なつごろも	先行	せんこう	現	あらわす
下	くだり	夏至	げし	先約	せんやく	現	あらわれ
下	くだる	罅	ひび	先月	せんげつ	現	あらわれる
下	げ			先週	せんしゅう	現	うつつ
下	さがり	**xiān**		先住	せんじゅう	現	げん
下	さがる	仙骨	せんこつ	先着	せんちゃく	現場	げんば
下	さげる	先	さき	先走	さきばしる	現代	げんだい
下	した	先	さっき	先祖	せんぞ	現地	げんち
下	しも	先	せん	繊六本	せんろっぽん	現金	げんきん
下	もと	先	せんだって	繊切	せんぎり	現実	げんじつ
下半身	かはんしん	先	まず	繊弱	せんじゃく	現物	げんぶつ
下車	げしゃ	先輩	せんぱい	繊維	せんい	現象	げんしょう
下等	かとう	先程	さきほど	繊細	せんさい	現像	げんぞう
下地	したじ	先触	さきぶれ	鮮	あざやか	現行	げんこう
下調	したしらべ	先達	せんだつ	鮮度	せんど	現役	げんえき
下町	したまち	先代	せんだい	鮮麗	せんれい	現在	げんざい
下付	かふ	先導	せんどう	鮮烈	せんれつ	現住所	げんじゅうしょ
下回	したまわり	先端	せんたん	鮮明	せんめい		
下回	したまわる	先発	せんぱつ	鮮血	せんけつ	現状	げんじょう
下火	したび	先方	せんぽう			限	かぎる
下積	したづみ	先鋒	せんぽう	**xián**		限	かぎり
下見	したみ	先払	さきばらい	閑寂	かんじゃく	限定	げんてい
下降	かこう	先負	せんぶ	閑散	かんさん	限度	げんど
下界	げかい	先回	さきまわり	癇	かん	限界	げんかい
下痢	げり	先見	さきけん	賢	かしこい	限無	かぎりない
下流	かりゅう	先進	せんしん	賢	さかしい	線	せん
下落	げらく	先決	せんけつ	賢明	けんめい	線路	せんろ
下品	げひん	先刻	せんこく	弦	げん	線香	せんこう
下期	しもき	先口	せんくち	涎	よだれ	憲法	けんぽう
下取	したどり	先立	さきだつ	衒	くわえる	憲章	けんしょう
下手	したて	先例	せんれい	嫌	いや	憲政	けんせい
下手	へた	先年	せんねん	嫌	いやがる	陥	おちいる
下書	したがき	先頃	さきごろ	嫌	きらい	陥	おとしいれる
下水	げすい	先駆	さきがけ	嫌	きらう	餡	あん
下水道	げすいどう	先駆	さきがけ	嫌悪	けんお	餡	あんこ
		先駆者	せんくしゃ	嫌気	いやき	羨	うらやましい
下宿	げしゅく			嫌気	いやけ	羨	うらやむ
下駄	げた	先取	さきどり	嫌嫌	いやいや	献立	こんだて
下位	かい	先取	せんしゅ	嫌疑	けんぎ	献上	けんじょう
下線	かせん	先人	せんじん	鹹	からい	献血	けんけつ
下向	したむき	先日	せんじつ			霰	あられ
下校	げこう	先入観	せんにゅうかん	**xiǎn**			
下心	したごころ			顕	あらわれる	**xiāng**	
下旬	げじゅん	先鋭	せんえい			郷	ごう
						郷愁	きょうしゅう

う	降→jiàng	消火　しょうか	小説　しょうせつ
郷里　きょうり		消極　しょうきょ	小文字　こもじ
郷土　きょうど	**xiǎng**	く	小屋　こや
相　あい	享楽　きょうらく	消滅　しょうめつ	小細工　こざいく
相　そう	享受　きょうじゅ	消去　しょうきょ	小型　こがた
相愛　そうあい	想　おもう	消却　しょうきゃ	小学生　しょうがくせい
相伴　あいともなう	想出　おもいつき	く	
	想出　おもいで	消入　きえいる	小学校　しょうがっこう
相棒　あいぼう	想到　そうとう	消息　しょうそく	
相変　あいかわらず	想定　そうてい	消印　けしいん	小夜曲　さよきょく
	想像　そうぞう	蕭条　しょうじょう	
相場　そうば	響　ひびき		小雨　こさめ
相称　そうしょう	響　ひびく	銷沈　しょうちん	小指　こゆび
相乗　そうじょう		銷却　しょうきゃく	暁　あかつき
相・あいづち	**xiàng**		
相次　あいついで	向　むかい	瀟洒　しょうしゃ	**xiào**
相次　あいつぐ	向　むかう	囂　かしましい	孝行　こうこう
相当　そうとう	向　むき	囂　かまびすしい	肖　あやかる
相対　あいたいする	向　むく	囂囂　ごうごう	校　こう
	向　むけ		校舎　こうしゃ
相対　そうたい	向　むける	**xiǎo**	校庭　こうてい
相対的　そうたいてき	向　むこう	小　お	校長　こうちょう
	向背　こうはい	小　こ	哮　たける
相関　そうかん	向側　むこうがわ	小　しょう	哮立　たけりたつ
相好　そうごう	向合　むかいあう	小　ちいさい	咲　さく
相互　そうご	向合　むきあう	小　ちいさな	咲乱　さきみだれる
相撲　すもう	向日　むこうみず	小包　こづつみ	
相生　あいおい	向日葵　ひまわり	小便　しょうべん	笑　えみ
相手　あいて	向上　こうじょう	小柄　こがら	笑　わらい
相思　そうし	向学　こうがく	小川　おがわ	笑　わらう
相似　そうじ	項　こう	小豆　あずき	笑　わらえる
相俟　あいまつ	項目　こうもく	小児　しょうに	笑話　わらいばなし
相談　そうだん	巷　ちまた	小父　おじさん	
相違　そうい	巷間　こうかん	小高　こだかい	笑窪　えくぼ
相性　あいしょう	象　かたどる	小間物　こまもの	笑顔　えがお
相続　そうぞく	象　ぞう	小見出　こみだし	効　かい
相応　そうおう	象　ぞうげ	小金　こがね	効　きく
相応　ふさわしい	象牙　ぞうげ	小糠雨　こぬかあめ	効　こう
相伝　そうでん	象徴　しょうちょう		効果　こうか
相子　あいこ		小量　しょうりょう	効力　こうりょく
香　かおり	像　ぞう		効率　こうりつ
香　かおる		小売　こうり	効目　ききめ
香　こうばしい	**xiāo**	小麦　こむぎ	効能　こうのう
香水　こうすい	削　けずる	小母　おばさん	効用　こうよう
香辛料　こうしんりょう	削　そぐ	小鳥　ことり	嘯　うそぶく
	削除　さくじょ	小判　こばん	
箱　はこ	削減　さくげん	小銭　こぜに	**xiē**
箱舟　はこぶね	消　きえる	小遣　こづかい	些　いささか
	消　けす	小切手　こぎって	些細　ささい
xiáng	消沈　しょうちん	小僧　こぞう	楔　くさび
詳　くわしい	消毒　しょうどく	小生　しょうせい	
詳　つまびらか	消防　しょうぼう	小事　しょうじ	**xié**
詳述　しょうじゅつ	消費　しょうひ	小手調　こてしらべ	協定　きょうてい
	消耗　しょうもう		協和　きょうわ
詳細　しょうさい	消化　しょうか	小数　しょうすう	協会　きょうかい

協力	きょうりょく		xīn	新規	しんき	興	きょうじる
協調	きょうちょう	心	こころ	新婚	しんこん	興	きょうずる
協同	きょうどう	心	しん	新進	しんしん	興奮	こうふん
協議	きょうぎ	心残り	こころのこり	新郎	しんろう	興隆	こうりゅう
協約	きょうやく	心持	こころもち	新緑	しんりょく	興趣	きょうしゅ
協賛	きょうさん	心当り	こころあたり	新米	しんまい	興亡	こうぼう
邪道	じゃどう	心得	こころえ	新年	しんねん	興味	きょうみ
邪悪	じゃあく	心得	こころえる	新盆	にいぼん	興行	こうぎょう
邪魔	じゃま	心地	ここち	新品	しんぴん	興業	こうぎょう
邪慳	じゃけん	心地	ごこち	新妻	にいづま	星	ほし
邪説	じゃせつ	心服	しんぷく	新奇	しんき	星霜	せいそう
邪推	じゃすい	心構え	こころがまえ	新人	しんじん	星座	せいざ
邪険	じゃけん	心掛	こころがけ	新任	しんにん		
脅	おどかす	心掛る	こころがける	新入	しんにゅう		xíng
脅	おどす	心尽し	こころづくし	新入生	しんにゅうせい	刑	けい
脅	おびえる	心境	しんきょう	新鋭	しんえい	刑罰	けいばつ
脅	おびやかす	心覚え	こころおぼえ	新設	しんせつ	刑事	けいじ
脅迫	きょうはく	心理	しんり	新生	しんせい	刑事巡査	けいじじゅんさ
脅威	きょうい	心配	しんぱい	新手	あらて	刑務所	けいむしょ
脇	わき	心遣い	こころづかい	新説	しんせつ	行	いき
脇道	わきみち	心強い	こころづよい	新聞	しんぶん	行	いく
脇見	わきみ	心情	しんじょう	新鮮	しんせん	行	いける
挟	さしはさむ	心身	しんしん	新興	しんこう	行	おこない
挟	はさまる	心外	しんがい	新学期	しんがっき	行	おこなう
挟	はさむ	心細い	こころぼそい	新制	しんせい	行	ぎょう
斜	ななめ	心懸	こころがけ	新築	しんちく	行	ゆき
斜面	しゃめん	心懸る	こころがける	新粧	しんしょう	行	ゆく
諧謔	かいぎゃく	心臓	しんぞう	新装	しんそう	行程	こうてい
携	たずさえる	心中	しんじゅう	新作	しんさく	行動	こうどう
携	たずさわる	辛	からい	薪	まき	行渡る	いきわたる
携帯	けいたい	辛	からくも	馨	かおる	行渡る	ゆきわたる
携行	けいこう	辛	かろうじて	馨しい	かんばしい	行方	ゆくえ
		辛	つらい			行過	いきすぎ
	xiě	辛抱	しんぼう		xìn	行詰る	ゆきづまる
写	うつし	辛口	からくち	信	しんじる	行届	いきとどく
写	うつす	辛辣	しんらつ	信	しんずる	行届	ゆきとどく
写	うつる	新	あらた	信奉	しんぽう	行進	こうしん
写生	しゃせい	新しい	あたらしい	信号	しんごう	行来	いきき
写実	しゃじつ	新	しん	信頼	しんらい	行来	ゆきき
写真	しゃしん	新案	しんあん	信念	しんねん	行楽	こうらく
血→xuè		新編	しんぺん	信任	しんにん	行列	ぎょうれつ
		新柄	しんがら	信条	しんじょう	行路	こうろ
	xiè	新婦	しんぷ	信託	しんたく	行使	こうし
卸	おろす	新幹線	しんかんせん	信望	しんぼう	行事	ぎょうじ
卸売	おろしうり			信仰	しんこう	行水	ぎょうずい
屑	くず			信用	しんよう	行為	こうい
謝	あやまる			信用取引	しんようとりひき	行違	いきちがい
謝恩	しゃおん			信者	しんじゃ	行違	いきちがう
謝絶	しゃぜつ					行違	ゆきちがい
謝意	しゃい				xīng	行先	ゆくさき
謝罪	しゃざい			興	おこす	行儀	ぎょうぎ
邂逅	かいこう			興	おこる	行着	ゆきつく
蟹	かに					行政	ぎょうせい

行止	いきどまり
行止	ゆきどまり
形	かた
形	かたち
形	かたどる
形	けい
形	なり
形成	けいせい
形跡	けいせき
形見	かたみ
形容	けいよう
形式	けいしき
形勢	けいせい
形態	けいたい
形体	けいたい
形無	かたなし
形象	けいしょう
形作る	かたちづくる
型	かた
型	-けい
型紙	かたがみ

xǐng
醒	さます
醒	さめる
省→shěng	

xìng
杏	あんず
杏子	あんず
幸	さいわい
幸	しあわせ
幸福	こうふく
幸甚	こうじん
幸先	さいさき
幸運	こううん
性	せい
性別	せいべつ
性格	せいかく
性根	しょうね
性急	せいきゅう
性交	せいこう
性能	せいのう
性癖	せいへき
性質	せいしつ
姓	せい
姓名	せいめい
興→xīng	

xiōng
凶	きょう
凶報	きょうほう
凶悪	きょうあく
凶行	きょうこう
凶作	きょうさく
兇悪	きょうあく
兇行	きょうこう
兄	あに
兄	にいさん
兄弟	きょうだい
兄妹	きょうだい
匂	におい
匂	におう
胸	むね

xióng
雄	おす
雄弁	ゆうべん
雄大	ゆうだい
雄雄しい	おおしい
雄姿	ゆうし
熊	くま

xiū
休	やすみ
休	やすむ
休	やすめる
休会	きゅうかい
休講	きゅうこう
休憩	きゅうけい
休日	きゅうじつ
休息	きゅうそく
休暇	きゅうか
休校	きゅうこう
休学	きゅうがく
休養	きゅうよう
休業	きゅうぎょう
休戦	きゅうせん
休止	きゅうし
修	おさまる
修	おさめる
修辞	しゅうじ
修理	しゅうり
修練	しゅうれん
修了	しゅうりょう
修繕	しゅうぜん
修士	しゅうし
修飾	しゅうしょく
修行	しゅぎょう
修学	しゅうがく
修学旅行	しゅうがくりょこう
修養	しゅうよう
修業	しゅうぎょう
修正	しゅうせい

xiǔ
朽	くちる

xiù
秀才	しゅうさい
袖	そで
銹	さび
嗅	かぐ
嗅覚	きゅうかく

xū
須	すべからく
虚	うつろ
虚構	きょこう
虚空	こくう
虚栄	きょえい
虚弱	きょじゃく
虚実	きょじつ
虚勢	きょせい
虚偽	きょぎ
虚無	きょむ
虚心	きょしん
需給	じゅきゅう
需要	じゅよう
嘘	うそ
嘘吐	うそつき

xú
徐行	じょこう
徐徐	じょじょに
徐徐	そろそろ

xǔ
許	もと
許	ゆるし
許	ゆるす
許可	きょか
許諾	きょだく
許容	きよう

xù
旭日	きょくじつ
序	じょ
序	ついで
序列	じょれつ
序論	じょろん
序曲	じょきょく
序言	じょげん
叙情	じょじょう
緒	いとぐち
緒	しょ
続	つづき
続	つづく
続	つづける
続発	ぞくはつ
続落	ぞくらく
続騰	ぞくとう
続続	ぞくぞく
続様	つづけさま
婿	むこ
蓄	たくわえ
蓄	たくわえる
蓄電	ちくでん
蓄積	ちくせき
蓄膿症	ちくのうしょう

xuān
軒	けん
軒	のき
軒並	のきなみ
軒下	のきした
軒先	のきさき
宣伝	せんでん
宣告	せんこく
宣教	せんきょう
宣誓	せんせい
宣言	せんげん
宣揚	せんよう
喧	やかましい
喧騒	けんそう
喧嘩	けんか
喧噪	けんそう

xuán
玄関	げんかん
玄人	くろうと
呟	つぶやく
懸	かかる
懸	かける
懸命	けんめい
懸念	けねん
懸橋	かけはし
懸賞	けんしょう
旋風	せんぷう
旋律	せんりつ
旋盤	せんばん
旋頭歌	せどうか

xuǎn
選	えらぶ
選	すぐる
選	よる
選抜	えりぬき
選抜	せんばつ
選別	せんべつ
選出	せんしゅつ
選定	せんてい
選分	よりわける
選好	えりごのみ

選挙	せんきょ
選考	せんこう
選手	せんしゅ
選択	せんたく

xuàn
絢爛	けんらん
眩	くらむ
眩	くるめく
眩	まぶしい
眩惑	げんわく
眩暈	めまい
旋→xuán	

xuē
| 靴沓 | くつ |
| 靴下 | くつした |

xué
穴	あな
穴埋	あなうめ
学	がく
学	まなぶ
学部	がくぶ
学費	がくひ
学風	がくふう
学府	がくふ
学割	がくわり
学会	がっかい
学級	がっきゅう
学界	がっかい
学科	がっか
学力	がくりょく
学歴	がくれき
学年	がくねん
学期	がっき
学生	がくせい
学士	がくじょう
学術	がくじゅつ
学説	がくせつ
学位	がくい
学問	がくもん
学習	がくしゅう
学校	がっこう
学園	がくえん
学芸	がくげい
学則	がくそく
学長	がくちょう
学者	がくしゃ
学資	がくし

xuě
雪	すすぐ
雪	そそぐ
雪	ゆき
雪崩	なだれ
雪達磨	ゆきだるま
雪国	ゆきぐに
雪見	ゆきみ
雪降	ゆきふり
雪解	ゆきどけ
雪景色	ゆきげしき
雪晴	ゆきばれ
雪辱	せつじょく
雪山	せつざん
雪原	せつげん
雪月花	せつげっか

xuè
血	ち
血管	けっかん
血筋	ちすじ
血気	ちのけ
血清	けっせい
血腥	ちなまぐさい
血巡	ちのめぐり
血圧	けつあつ
血液	けつえき
血縁	けつえん
血止	ちどめ
血走	ちばしる

xūn
勲功	くんこう
勲章	くんしょう
燻	いぶる
燻	くすぶる
燻	くゆらす
燻蒸	くんじょう
燻製	くんせい
薫	かおり
薫	かおる
薫陶	くんとう
薫製	くんせい

xún
旬	じゅん
尋	たずねる
尋常	じんじょう
尋問	じんもん
巡	めぐらす
巡	めぐり
巡	めぐる
巡査	じゅんさ
巡察	じゅんさつ
巡合	めぐりあう
巡回	じゅんかい
巡視	じゅんし
循環	じゅんかん

xùn
訓辞	くんじ
訓読	くんどく
訓話	くんわ
訓戒	くんかい
訓誡	くんかい
訓練	くんれん
訓令	くんれい
訓示	くんじ
訓育	くんいく
馴	ならす
馴	なれる
馴合	なれあう
馴染	なじみ
馴染	なじむ
訊問	じんもん
迅速	じんそく
遜	へりくだる
遜色	そんしょく

Y

yā
圧	おし
圧	おす
圧倒	あっとう
圧力	あつりょく
圧迫	あっぱく
圧縮	あっしゅく
圧搾	あっさく
押	おさえる
押	おし
押	おす
押出	おしだし
押出	おしだす
押付	おしつける
押掛	おしかける
押寄	おしよせる
押詰	おしつまる
押進	おしすすめる
押売	おしうり
押切	おしきる
押入	おしいれ
押込	おしこむ
押収	おうしゅう
押問答	おしもんどう
鴉	からす
鴉片	あへん
鴨	かも

yá
冴	さえる
冴渡	さえわたる
芽	め
芽出度	めでたい
谺	こだま
崖	がけ

yǎ
| 啞 | おし |

yà
亜	あ
亜鉛	あえん
訝	いぶかしい

yān
煙	けむい
煙	けむたい
煙	けむり
煙	けむる
煙草	たばこ
煙草	たばた
煙幕	えんまく
煙突	えんとつ

yán
延	のばす
延	のびる
延	のべ
延	のべる
延	ひいては
延長	えんちょう
延命	えんめい
延期	えんき
延焼	えんしょう
延延	えんえん
延延	のびのび
延引	えんいん
延着	えんちゃく
厳	いかめしい
厳	おごそか
厳	きびしい
厳罰	げんばつ
厳格	げんかく
厳寒	げんかん
厳禁	げんきん
厳密	げんみつ
厳命	げんめい
厳然	げんぜん
厳守	げんしゅ
厳正	げんせい
厳重	げんじゅう
言	いいそびれる
言	いいなり

言	いう	岩	がん	演習	えんしゅう	洋薬	ようやく
言	いわば	岩乗	がんじょう	演繹	えんえき	洋装	ようそう
言	ゆう	岩畳	がんじょう	演芸	えんげい	洋装店	ようそうてん
言包る	いいくるめる	岩石	がんせき	演奏	えんそう		
		炎	ほのお				
言表す	いいあらわす	炎暑	えんしょ		yàn		yǎng
言残	いいのこす	炎天	えんてん	厭	あきる	仰	あおぐ
言草	いいぐさ	炎炎	えんえん	厭	いとう	仰	おっしゃる
言出	いいだす	炎症	えんしょう	厭	いとわしい	仰山	ぎょうさん
言伝	いいつたえ	沿	そい	厭	いや	仰天	ぎょうてん
言伝	ことづて	沿	そう	厭	いやに	仰向	あおむく
言動	げんどう	沿岸	えんがん	厭気	いやき	仰向	あおむける
言分	いいぶん	沿道	えんどう	厭気	いやけ	仰有	おっしゃる
言返	いいかえす	沿革	えんかく	厭世	えんせい	養	やしない
言方	いいかた	沿海	えんかい	厭厭	いやいや	養	やしなう
言付	いいつけ	沿線	えんせん	硯	すずり	養成	ようせい
言付	いいつける	研	とぐ	彦星	ひこぼし	養分	ようぶん
言付	ことづけ	研	みがく	艶	あでやか	養父	ようふ
言付	ことづける	研究	けんきゅう	艶	つや	養父母	ようふぼ
言掛	いいがかり	研磨	けんま	艶	つややか	養護	ようご
言過	いいすぎる	研修	けんしゅう	宴会	えんかい	養母	ようぼ
言含める	いいふくめる	塩	しお	験	しるし	養女	ようじょ
		塩梅	あんばい	験	ためす	養生	ようじょう
言合せ	いいあわせ	塩気	しおけ	諺	ことわざ	養育	よういく
		塩辛	しおからい	焔	ほのお	養殖	ようしょく
言回し	いいまわし	閻魔	えんま	雁	がん	養子	ようし
言開	いいひらき	顔	かお	燕	つばめ	痒	かゆい
言立	いいたてる	顔	かおなじみ	贋物	にせもの		
言論	げんろん	顔触	かおぶれ	贋者	にせもの		yàng
言落	いいおとす	顔付	かおつき			様	さま
言切	いいきる	顔負	かおまけ		yáng	様	ざま
言繕う	いいつくろう	顔立	かおだち	揚	あがる	様	よう
		顔色	かおいろ	揚	あげる	様式	ようしき
言損う	いいそこなう	顔色	がんしょく	揚句	あげく	様相	ようそう
		顔文字	かおもじ	揚足	あげあし	様様	さまざま
言替	いいかえる	顔向	かおむけ	羊	ひつじ	様子	ようす
言外	げんがい			羊毛	ようもう	恙無	つつがない
言違える	いいちがえる		yǎn	陽	よう		
		掩	おおう	陽春	ようしゅん		yāo
言聞かせる	いいきかせる	掩護	えんご	陽画	ようが	腰	こし
		眼	め	陽極	ようきょく	腰掛	こしかけ
言行	げんこう	眼界	がんかい	陽暦	ようれき	腰掛	こしかける
言葉	ことば	眼鏡	めがね	陽気	ようき		
言葉遣かい	ことばづかい	眼科	がんか	陽射	ひざし		yáo
		眼目	がんもく	陽子	ようし	肴	さかな
言訳	いいわけ	眼球	がんきゅう	洋	よう	窯	かま
言語	げんご	演	えんじる	洋裁	ようさい	謡	うたう
言語	ごんご	演	えんずる	洋風	ようふう	揺	ゆさぶる
言張	いいはる	演出	えんしゅつ	洋服	ようふく	揺	ゆすぶる
言争う	いいあらそう	演歌	えんか	洋画	ようが	揺	ゆする
		演技	えんぎ	洋品	ようひん	揺	ゆらぐ
言直	いいなおす	演劇	えんげき	洋食	ようしょく	揺	ゆらす
言種	いいぐさ	演説	えんぜつ	洋室	ようしつ	揺	ゆる
岩	いわ	演壇	えんだん	洋洋	ようよう	揺	ゆれる
		演物	だしもの				

揺動 ゆりうごかす	野球 やきゅう	ぎ	一進一退 いっしんいったい
遥 はるか	野生 やせい	一辺倒 いっぺんとう	一挙 いっきょに
	野外 やがい	一変 いっぺん	一挙両得 いっきょりょうとく
yǎo	野心 やしん	一遍 いっぺん	
咬 かむ	野営 やえい	一別 いちべつ	一挙一動 いっきょいちどう
	野原 のはら	一部 いちぶ	
yào		一部分 いちぶぶん	一攫千金 いっかくせんきん
薬 くすり	**yè**		
薬缶 やかん	業 ぎょう	一部始終 いちぶしじゅう	一刻 いっこく
薬罐 やかん	業 わざ	一層 いっそう	一口 ひとくち
薬価 やっか	業績 ぎょうせき	一長一短 いっちょういったん	一括 いっかつ
薬局 やっきょく	業界 ぎょうかい		一覧 いちらん
薬科 やっか	業務 ぎょうむ	一朝 いっちょう	一礼 いちれい
薬品 やくひん	業者 ぎょうしゃ	一朝一夕 いっちょういっせき	一連 いちれん
薬物 やくぶつ	葉 は		一廉 ひとかど
薬指 くすりゆび	葉巻 はまき	一触即発 いっしょくそくはつ	一蓮托生 いちれんたくしょう
要 いる	葉緑素 ようりょくそ	一寸 いっすん	
要 かなめ		一寸 ちょっと	一蓮託生 いちれんたくしょう
要する ようする	葉書 はがき	一帯 いったい	
要点 ようてん	叶 かなう	一旦 いったん	一流 いちりゅう
要覧 ようらん	叶 かなえる	一等 いっとう	一律 いちりつ
要領 ようりょう	曳 ひく	一点張 いってんばり	一眠 ひとねむり
要請 ようせい	夜 や		一面 いちめん
要求 ようきゅう	夜 よる	一定 いってい	一面識 いちめんしき
要素 ようそ	夜更 よふかし	一度 いちど	
要所 ようしょ	夜更 よふけ	一度 ひとたび	一抹 いちまつ
要望 ようぼう	夜間 やかん	一端 いったん	一目 いちもく
要項 ようこう	夜具 やぐ	一端 いっぱし	一目 ひとめ
要心 ようじん	夜空 よぞら	一段 いちだん	一目散 いちもくさんに
要因 よういん	夜明 よあけ	一段落 いちだんらく	
要員 よういん	夜深 よふけ		一年 いちねん
要約 ようやく	夜通 よどおし	一対 いっつい	一年中 いちねんじゅう
要旨 ようし	夜行 やこう	一番 いちばん	
曜日 ようび	夜学 やがく	一方 いっぽう	一品料理 いっぴんりょうり
耀 かがやく	夜中 やちゅう	一分 いちぶ	
	夜中 よなか	一風 いっぷう	一斉 いっせい
yē	液 えき	一服 いっぷく	一気 いっきに
噎 むせる	液化 えきか	一概 いちがいに	一切 いっさい
	液体 えきたい	一顧 いっこ	一切 ひとしきり
yé	謁見 えっけん	一貫 いっかん	一寝入 ひとねいり
爺 じいさん	腋 わき	一国 いっこく	
	靨 えくぼ	一環 いっかん	一頃 ひところ
yě		一回 いっかい	一群 いちぐん
也 なり	**yī**	一回 ひとまわり	一人 ひとり
野 の	这 すべる	一際 ひときわ	一人前 いちにんまえ
野菜 やさい	一 いち	一家 いっか	
野次 やじ	一 ひと	一揃 いっそろい	一人前 ひとりまえ
野党 やとう	一 ひとつ	一見 いっけん	
野郎 やろう	一敗 いっぱい	一角 いっかく	一人十色 ひとといろ
野良 のら	一般 いっぱん	一角 ひとかど	
野蛮 やばん	一杯 いっぱい	一節 いっせつ	一日 いちじつ
野暮 やぼ	一本調子 いっぽんちょうし	一筋 ひとすじ	一日 いちにち
野鳥 やちょう			一日 ついたち
野薔薇 のばら	一本気 いっぽんき		一日千秋 いちじ

つせんしゅう	一隅 いちぐう	移 うつる	義務 ぎむ
一日中 いちにちじゅう	一員 いちいん	移変 うつりかわり	芸 げい
一入 ひとしお	一月 いちがつ	移動 いどう	芸当 げいとう
一生 いっしょう	一躍 いちやく	移民 いみん	芸妓 げいぎ
一生懸命 いっしょうけんめい	一直線 いっちょくせん	移気 うつりぎ	芸能 げいのう
一声 ひとこえ	一致 いっち	移入 いにゅう	芸術 げいじゅつ
一石二鳥 いっせきにちょう	一種 いっしゅ	移送 いそう	芸者 げいしゃ
一時 いちじ	一周 いっしゅう	移行 いこう	刈 かる
一時 いちじに	一週 いっしゅう	移植 いしょく	刈込 かりこみ
一時 いちどきに	一転 いってん	移住 いじゅう	臆 おくする
一時 いっとき	一足 ひとあし	移転 いてん	臆病 おくびょう
一時 ひととき	一昨年 いっさくねん	遺 のこす	臆測 おくそく
一世一代 いっせいちだい	一昨年 おととし	遺産 いさん	臆断 おくだん
一瞬 いっしゅん	一昨日 いっさくじつ	遺伝 いでん	憶測 おくそく
一説 いっせつ	一昨日 おととい	遺伝子 いでんし	憶断 おくだん
一所 いっしょ	一昨昨年 さきおととし	遺憾 いかん	議案 ぎあん
一所懸命 いっしょけんめい	一昨昨日 さきおととい	遺跡 いせき	議会 ぎかい
一堂 いちどう	一座 いちざ	遺留 いりゅう	議決 ぎけつ
一体 いったい	伊呂波 いろは	遺品 いひん	議論 ぎろん
一通 ひととおり	衣服 いふく	遺失 いしつ	議事 ぎじ
一同 いちどう	衣類 いるい	遺言 いごん	議題 ぎだい
一図 いちず	衣料 いりょう	遺業 いぎょう	議員 ぎいん
一途 いちず	衣食 いしょく	遺体 いたい	議院 ぎいん
一呑 ひとのみ	衣食住 いしょくじゅう	頤 あご	議長 ぎちょう
一晩 ひとばん	衣装 いしょう	疑 うたがい	屹度 きっと
一網打尽 いちもうだじん	医療 いりょう	疑 うたがう	異 い
一味 いちみ	医師 いし	疑 うたがわしい	異 ことなる
一文 いちもん	医学 いがく	疑惑 ぎわく	異変 いへん
一息 ひといき	医薬品 いやくひん	疑念 ぎねん	異材 いざい
一喜一憂 いっきいちゆう	医院 いいん	疑問 ぎもん	異彩 いさい
一先 ひとまず	医者 いしゃ		異常 いじょう
一向 いっこう	依 よって	yǐ	異動 いどう
一向 ひたすら	依 よる	乙 おつ	異端 いたん
一瀉千里 いっしゃせんり	依存 いぞん	乙女 おとめ	異和感 いわかん
一心 いっしん	依怙贔屓 えこひいき	已 すでに	異口同音 いくどうおん
一行 いっこう	依怙地 いこじ	以 もって	異例 いれい
一休 ひとやすみ	依怙地 えこじ	以後 いご	異論 いろん
一言 ひとこと	依頼 いらい	以降 いこう	異名 いみょう
一言半句 いちごんはんく	依然 いぜん	以来 いらい	異色 いしょく
一塩 ひとしお	依嘱 いしょく	以内 いない	異説 いせつ
一様 いちよう		以前 いぜん	異同 いどう
一一 いちいち	yí	以上 いじょう	異物 いぶつ
一一 ひとつひとつ	儀礼 ぎれい	以外 いがい	異性 いせい
一飲 ひとのみ	儀式 ぎしき	以下 いか	異様 いよう
一応 いちおう	宜 よろしい	以心伝心 いしんでんしん	異議 いぎ
	宜 よろしく	蟻 あり	異質 いしつ
	移 うつす	椅子 いす	異状 いじょう
			抑 おさえる
		yì	抑 そもそも
		億 おく	抑圧 よくあつ
		億劫 おっくう	抑制 よくせい
		義 ぎ	役 やく
		義理 ぎり	役柄 やくがら

役場	やくば	意向 いこう	**yín**	引伸 ひきのばす
役割	やくわり	意義 いぎ	吟 ぎんじる	引受 ひきうける
役立	やくだつ	意欲 いよく	吟味 ぎんみ	引算 ひきざん
役立	やくだてる	意志 いし	銀 ぎん	引替 ひきかえる
役目	やくめ	意中 いちゅう	銀婚式 ぎんこんしき	引退 いんたい
役人	やくにん	鮨 すし		引下 ひきさがる
役所	やくしょ	鮨飯 すしめし	銀行 ぎんこう	引下 ひきさげる
役員	やくいん	鮨詰 すしづめ	銀杏 いちょう	引続 ひきつづき
役者	やくしゃ	溢 あふれる	銀座 ぎんざ	引続 ひきつづく
役職	やくしょく	毅然 きぜん		引延 ひきのばし
訳	やく	翳 かげ	**yǐn**	引延 ひきのばす
訳	やくす	翳 かざす	引 ひき	引揚 ひきあげ
訳	やくする	翳 かすみ	引 ひく	引揚 ひきあげる
訳	わけ	翳 かすむ	引 ひける	引用 いんよう
訳解	やっかい	翼 つばさ	引 ひっくるめ	引越 ひっこし
訳書	やくしょ		引抜 ひきぬく	引越 ひっこす
駅	えき	**yīn**	引出 ひきだし	引張 ひっぱる
鯣	するめ	因 ちなみに	引出 ひきだす	引摺 ひきずる
易	やさしい	因 ちなむ	引締 ひきしまる	引摺込 ひきずりこむ
易	やすい	因 よって	引締 ひきしめる	
易易	やすやす	因 よる	引渡 ひきわたす	引止 ひきとめる
杙	くい	因果 いんが	引返 ひきかえす	飲 のます
詣	もうで	因習 いんしゅう	引分 ひきわけ	飲 のみ
益	えき	因襲 いんしゅう	引付 ひきつける	飲 のむ
逸	いっする	因縁 いんねん	引掛 ひっかかる	飲代 のみしろ
逸	そらす	因子 いんし	引掛 ひっかける	飲干 のみほす
逸	それる	陰 かげ	引合 ひきあう	飲乾 のみほす
逸話	いつわ	陰暦 いんれき	引換 ひきかえる	飲過 のみすぎ
翌	よく	陰謀 いんぼう	引継 ひきつぐ	飲料 いんりょう
翌年	よくねん	陰気 いんき	引寄 ひきよせる	飲込 のみこむ
翌日	よくじつ	陰日向 かげひなた	引絞 ひきしぼる	飲食 いんしょく
翌晩	よくばん	陰険 いんけん	引括 ひっくるめる	飲手 のみて
翌朝	よくあさ	陰性 いんせい		飲水 のみみず
翌朝	よくちょう	陰陽 いんよう	引離 ひきはなす	飲屋 のみや
體	える	蔭 かげ	引力 いんりょく	飲物 のみもの
意	い	埋滅 いんめつ	引立 ひきたつ	飲用 いんよう
意	おもう	音 おと	引立 ひきたてる	隠 かくし
意表	いひょう	音 おん	引例 いんれい	隠 かくす
意地	いじ	音 ね	引連 ひきつれる	隠 かくれる
意地悪	いじわる	音便 おんびん	引留 ひきとめる	隠家 かくれが
意固地	いこじ	音波 おんぱ	引籠 ひきこもる	隠居 いんきょ
意見	いけん	音痴 おんち	引起 ひきおこす	隠滅 いんめつ
意匠	いしょう	音読 おんどく	引繰返 ひっくりかえす	
意気	いき	音楽 おんがく		**yìn**
意気地	いくじ	音色 ねいろ	引繰返 ひっくりかえる	印 いん
意気込	いきごみ	音沙汰 おとさた		印 しるし
意気込	いきごむ	音切無 ひっきりなしに	引切無 ひっきりなしに	印鑑 いんかん
意気揚揚	いきようよう	音声 おんせい		印刷 いんさつ
		音声入力 おんせいにゅうりょく	引取 ひきとる	印象 いんしょう
意識	いしき		引込 ひきこむ	印象的 いんしょうてき
意思	いし	音頭 おんど	引込 ひっこむ	
意図	いと	音響 おんきょう	引込 ひっこめる	**yīng**
意外	いがい	音訓 おんくん	引上 ひきあげ	英才 えいさい
意味	いみ	慇懃 いんぎん	引上 ひきあげる	英会話 えいかいわ
意嚮	いこう		引伸 ひきのばす	

わ	硬 かたい	yōu	油絵 あぶらえ
英明 えいめい	硬 かたさ	優 すぐれる	油田 ゆでん
英気 えいき	硬化 こうか	優 やさしい	游 およぐ
英文 えいぶん	硬貨 こうか	優 ゆう	游牧 ゆうぼく
英雄 えいゆう	硬軟 こうなん	優等 ゆうとう	游園地 ゆうえんち
英語 えいご	硬直 こうちょく	優良 ゆうりょう	
英字 えいじ		優劣 ゆうれつ	遊 あそび
鶯 うぐいす	yōng	優美 ゆうび	遊 あそぶ
桜 さくら	擁護 ようご	優柔不断 ゆうじゅうふだん	遊 すさび
鷹 たか			遊離 ゆうり
応→yìng	yǒng	優勝 ゆうしょう	遊歴 ゆうれき
	永 ながい	優勢 ゆうせい	遊学 ゆうがく
yíng	永久 えいきゅう	優位 ゆうい	
迎 むかえ	永年 ながねん	優先 ゆうせん	yǒu
迎 むかえる	永続 えいぞく	優秀 ゆうしゅう	友 とも
迎合 げいごう	永永 ながながな	優雅 ゆうが	友 ゆう
蛍 ほたる	永遠 えいえん	優遇 ゆうぐう	友達 ともだち
蛍光 けいこう	永住 えいじゅう	優越 ゆうえつ	友好 ゆうこう
営 いとなむ	詠 うたう	憂 うい	友情 ゆうじょう
営利 えいり	詠 よむ	憂 うれい	友人 ゆうじん
営繕 えいぜん	詠手 よみて	憂 うれえる	友誼 ゆうぎ
営養 えいよう	詠嘆 えいたん	憂目 うきめ	友引 ともびき
営業 えいぎょう	泳 およぎ	憂晴 うさばらし	有 ある
営営 えいえい	泳 およぐ	憂鬱 ゆううつ	有 ゆう
営造 えいぞう	勇 いさましい	幽 かすか	有 ゆうする
蝿 はえ	勇 いさむ	幽霊 ゆうれい	有償 ゆうしょう
	勇 いさめる	悠長 ゆうちょう	有触 ありふれる
yǐng	勇敢 ゆうかん	悠然 ゆうぜん	有頂天 うちょうてん
穎才 えいさい	勇気 ゆうき	悠悠 ゆうゆう	
影 かげ	涌 わかす		有毒 ゆうどく
影絵 かげえ	涌 わく	yóu	有付 ありつく
影響 えいきょう	湧 わかす	尤 もっとも	有害 ゆうがい
	湧 わく	由来 ゆらい	有合 ありあわせ
yìng	湧起 わきおこる	由緒 ゆいしょ	有機 ゆうき
応 おうじる	踊 おどり	由由 ゆゆしい	有機体 ゆうきたい
応 おうずる	踊 おどる	郵便 ゆうびん	
応 こたえ		郵便番号 ゆうびんばんごう	有儘 ありのまま
応 こたえる	yòng		有理 ゆうり
応酬 おうしゅう	用 もちいる	郵便局 ゆうびんきょく	有力 ゆうりょく
応答 おうとう	用 よう		有利 ゆうり
応対 おうたい	用達 ようたし	郵便書簡 ゆうびんしょかん	有料 ゆうりょう
応分 おうぶん	用法 ようほう		有名 ゆうめい
応急 おうきゅう	用件 ようけん	郵便為替 ゆうびんかわせ	有名無実 ゆうめいむじつ
応接 おうせつ	用具 ようぐ		
応募 おうぼ	用例 ようれい	郵便貯金 ゆうびんちょきん	有難 ありがたい
応諾 おうだく	用量 ようりょう		有能 ゆうのう
応用 おうよう	用品 ようひん	郵税 ゆうぜい	有期 ゆうき
応援 おうえん	用事 ようじ	郵送 ゆうそう	有色 ゆうしょく
映 うつす	用途 ようと	郵政省 ゆうせいしょう	有勝 ありがち
映 うつる	用心 ようじん		有史 ゆうし
映 えいじる	用意 ようい	猶 なお	有望 ゆうぼう
映 はえる	用語 ようご	猶予 ゆうよ	有無 うむ
映画 えいが	用紙 ようし	油 あぶら	有限 あらんかぎり
映像 えいぞう	用足 ようたし	油 ゆ	
映写 えいしゃ		油断 ゆだん	有限 ゆうげん

有効 ゆうこう	余所余所 よそよ	雨漏 あまもり	鬱陶 うっとうしい
有様 ありさま	そしい	雨模様 あまもよう	鬱鬱 うつうつ
有耶無耶 うやむや	余暇 よか	雨模様 あめもよう	育 そだち
有益 ゆうえき	余興 よきょう	雨期 うき	育 そだつ
有意義 ゆういぎ	余裕 よゆう	雨上 あめあがり	育 そだてる
有用 ゆうよう	余韻 よいん	雨宿 あまやどり	育成 いくせい
有丈 ありったけ	魚 うお	雨天 うてん	育児 いくじ
	魚 さかな	雨雲 あまぐも	育上 そだてあげる
yòu	於 おいて	雨足 あまあし	
又 また	於 おける	語 ご	浴 あびせる
右 みぎ	娯楽 ごらく	語 かたる	浴 あびる
右側 みぎがわ	漁 あさる	語弊 ごへい	浴場 よくじょう
右利 みぎきき	漁 りょう	語調 ごちょう	浴室 よくしつ
右手 みぎて	漁船 ぎょせん	語感 ごかん	浴衣 ゆかた
右往左往 うおうさおう	漁村 ぎょそん	語彙 ごい	預 あずかる
	漁夫 ぎょふ	語句 ごく	預 あずける
右翼 うよく	漁獲 ぎょかく	語勢 ごせい	預金 よきん
右左 みぎひだり	漁師 りょうし	語手 かたりて	慾 よく
幼 おさない	漁業 ぎょぎょう	語学 ごがく	慾望 よくぼう
幼児 ようじ	隅 すみ	語原 ごげん	欲 ほしい
幼年 ようねん	隅隅 すみずみ	語源 ごげん	欲 よく
幼気 いたいけ	愉快 ゆかい		欲求 よっきゅう
幼馴染 おさななじみ	虞 おそれ	**yù**	欲深 よくふか
	愚 ぐ	予 あらかじめ	欲望 よくぼう
幼稚 ようち	愚 おろか	予 かねがね	欲張 よくばり
宥 なだめる	愚痴 ぐち	予 かねて	欲張 よくばる
誘 いざなう	愚劣 ぐれつ	予報 よほう	諭 さとす
誘 さそい	愚弄 ぐろう	予備 よび	遇 あう
誘 さそう	愚図 ぐず	予測 よそく	喩 たとえ
誘導 ゆうどう	愚図愚図 ぐずぐず	予定 よてい	寓 ぐうする
誘拐 ゆうかい	輿 こし	予防 よぼう	寓話 ぐうわ
誘惑 ゆうわく	輿論 よろん	予感 よかん	寓居 ぐうきょ
誘因 ゆういん		予告 よこく	寓意 ぐうい
誘引 ゆういん	**yǔ**	予期 よき	御 お
	与 あずかる	予算 よさん	御 おん
yū	与 あたえる	予習 よしゅう	御 ご
紆余曲折 うよきょくせつ	与党 よとう	予想 よそう	御愛想 おあいそう
	与易 くみしやすい	予選 よせん	
迂回 うかい		予言 よげん	御八 おやつ
迂闊 うかつ	宇宙 うちゅう	予約 よやく	御幣 ごへい
	羽 は	玉 たま	御参 おまいり
yú	羽 はね	玉葱 たまねぎ	御馳走 ごちそう
余 あます	羽 わ	玉砂利 たまじゃり	御出 おいで
余 あまり	羽根 はね		御代 おかわり
余 あまる	羽織 はおり	玉石 ぎょくせき	御袋 おふくろ
余 よ	羽織 はおる	玉蜀黍 とうもろこし	御多分 ごたぶん
余程 よほど	羽子 はご		御飯 ごはん
余地 よち	雨 あめ	玉髄 ぎょくずい	御腹 おなか
余分 よぶん	雨垂 あまだれ	玉子 たまご	御機嫌 ごきげん
余寒 よかん	雨後 うご	芋 いも	御金 おかね
余計 よけい	雨戸 あまど	鬱蒼 うっそう	御苦労 ごくろう
余所 よそ	雨季 うき	鬱憤 うっぷん	御覧 ごらん
余所見 よそみ	雨降 あめふり	鬱積 うっせき	御礼 おれい
余所行 よそゆき	雨脚 あまあし		御免 ごめん

御目出度 おめでたい	原 はらっぱ	**yuǎn**	月極 つきぎめ
御目出度 おめでとう	原 もと	遠 とおい	月見 つきみ
御洒落 おしゃれ	原爆 げんばく	遠 とおく	月刊 げっかん
御仕舞 おしまい	原産 げんさん	遠 とおざかる	月末 げつまつ
御無沙汰 ごぶさた	原典 げんてん	遠 とおのく	月末 つきずえ
御芽出度 おめでたい	原点 げんてん	遠大 えんだい	月日 がっぴ
御芽出度 おめでとう	原稿 げんこう	遠方 えんぽう	月日 つきひ
御蔭 おかげ	原告 げんこく	遠隔 えんかく	月食 げっしょく
御用 ごよう	原価 げんか	遠回 とおまわし	月謝 げっしゃ
御札 おふだ	原理 げんり	遠回 とおまわり	月曜 げつよう
御中 おなか	原料 げんりょう	遠景 えんけい	月夜 つきよ
御中 おんちゅう	原人 げんじん	遠距離 えんきょり	月影 つきかげ
御主人 ごしゅじん	原色 げんしょく	遠路 えんろ	悦 よろこばしい
御祖母 おばあさん	原始 げんし	遠慮 えんりょ	悦 よろこび
御座 ございます	原書 げんしょ	遠謀 えんぼう	悦 よろこぶ
愈 いよいよ	原素 げんそ	遠退 とおのく	閲読 えつどく
癒 いえる	原文 げんぶん	遠望 えんぼう	閲覧 えつらん
癒 いやす	原型 げんけい	遠縁 とおえん	躍 おどる
誉 ほまれ	原義 げんぎ	遠征 えんせい	越 こえる
誉 ほめる	原因 げんいん	遠足 えんそく	越 こす
	原油 げんゆ	遠祖 えんそ	越冬 えっとう
yuān	原則 げんそく		越権 えっけん
鳶 とんび	原子 げんし	**yuàn**	
淵 ふち	原子力 げんしりょく	怨恨 えんこん	**yūn**
	原作 げんさく	願 がん	暈 ぼかす
yuán	円 えん	願 ねがい	暈 ぼける
元 もと	円 つぶら	願 ねがう	
元 もとより	円 まる	願出 ねがいでる	**yún**
元旦 がんたん	円 まるい	願書 がんしょ	云云 うんぬん
元号 げんごう	円 まるみ	願望 がんぼう	雲 くも
元価 げんか	円安 えんやす		雲雀 ひばり
元来 がんらい	円高 えんだか	**yuē**	雲霞 うんか
元年 がんねん	円滑 えんかつ	日 いわく	雲行 くもゆき
元気 げんき	円満 えんまん	約 つづまる	
元日 がんじつ	円盤 えんばん	約 つづめる	**yùn**
元手 もとで	円上 えんあげ	約 やく	孕 はらむ
元首 げんしゅ	円熟 えんじゅく	約束 やくそく	運 うん
元素 げんそ	円形 えんけい		運 はこび
元元 もともと	円周 えんしゅう	**yuě**	運 はこぶ
園 えん	円柱 えんちゅう	噦 しゃっくり	運搬 うんぱん
園 その	円錐 えんすい		運動 うんどう
園芸 えんげい	円卓 えんたく	**yuè**	運動場 うんどうじょう
員 いん	援護 えんご	楽譜 がくふ	運動場 うんどうば
垣 かき	援軍 えんぐん	楽器 がっき	
垣根 かきね	援助 えんじょ	月 がつ	運航 うんこう
垣間見 かいまみる	縁 えん	月 げつ	運河 うんが
	縁 へり	月 つき	運良 うんよく
原 はら	縁側 えんがわ	月並 つきなみ	運賃 うんちん
	縁故 えんこ	月初 つきはじめ	運命 うんめい
	縁起 えんぎ	月次 つきなみ	運輸 うんゆ
	縁談 えんだん	月払 つきばらい	運送 うんそう
	猿 さる	月賦 げっぷ	運算 うんざん
	源 みなもと	月給 げっきゅう	運行 うんこう
		月掛 つきがけ	運休 うんきゅう

運営 うんえい	在来 ありきたり	早急 そうきゅう	増額 ぞうがく
運用 うんよう	在来 ざいらい	早口 はやくち	増悪 ぞうあく
運転 うんてん	在留 ざいりゅう	早期 そうき	増幅 ぞうふく
運転士 うんてんし	在日 ざいにち	早起 はやおき	増加 ぞうか
運転手 うんてんしゅ	在外 ざいがい	早世 そうせい	増減 ぞうげん
	在校 ざいこう	早熟 そうじゅく	増進 ぞうしん
韻律 いんりつ	在学 ざいがく	早速 さっそく	増配 ぞうはい
蘊蓄 うんちく	在役 ざいえき	早退 そうたい	増強 ぞうきょう
	在宅 ざいたく	早晩 そうばん	増設 ぞうせつ
Z	在住 ざいじゅう	早早 そうそう	増収 ぞうしゅう
	載 のせる	早早 はやばや	増水 ぞうすい
zá	載 のる	棗 なつめ	増税 ぞうぜい
雑 ざつ		蚤 のみ	増資 ぞうし
雑 まざる	**zàn**		増援 ぞうえん
雑草 ざっそう	暫 しばらく	**zào**	増長 ぞうちょう
雑炊 ぞうすい	暫定 ざんてい	竈 かま	増殖 ぞうしょく
雑沓 ざっとう	暫時 ざんじ	竈 かまど	増築 ぞうちく
雑貨 ざっか	讃 たたえる	造 つくる	増資 ぞうし
雑巾 ぞうきん	讃辞 さんじ	造幣 ぞうへい	憎 にくい
雑木 ぞうき	讃美 さんび	造船 ぞうせん	憎 にくしみ
雑然 ざつぜん	讃歎 さんたん	造花 ぞうか	憎 にくむ
雑踏 ざっとう	讃嘆 さんたん	造林 ぞうりん	憎 にくらしい
雑談 ざつだん	賛成 さんせい	造形 ぞうけい	憎口 にくまれぐち
雑音 ざつおん	賛辞 さんじ	造型 ぞうけい	
雑誌 ざっし	賛否 さんぴ	造血 ぞうけつ	憎悪 ぞうお
雑煮 ぞうに	賛美 さんび	造詣 ぞうけい	
囃子 はやし	賛嘆 さんたん	造作 ぞうさく	**zèng**
	賛同 さんどう	噪音 そうおん	贈 おくる
zāi	賛助 さんじょ		贈呈 ぞうてい
災 わざわい		**zé**	贈答 ぞうとう
災厄 さいやく	**zàng**	則 のっとる	贈賄 ぞうわい
災害 さいがい	臓腑 ぞうふ	責 せめ	贈物 おくりもの
災難 さいなん	臓器 ぞうき	責 せめる	
栽培 さいばい	臓物 ぞうもつ	責任 せきにん	贈与 ぞうよ
	葬 ほうむる	責務 せきむ	
zài	葬場 そうじょう	沢山 たくさん	**zhá**
再 さい	葬式 そうしき	簀子 すのこ	札 さつ
再 ふたたび	葬儀 そうぎ	嘖 さいなむ	札 ふだ
再度 さいど			軋 きしむ
再発 さいはつ	**zāo**	**zè**	
再会 さいかい	遭 あう	仄 ほのか	**zhà**
再建 さいけん	遭難 そうなん	仄仄 ほのぼの	詐 いつわる
再開 さいかい	遭遇 そうぐう		詐欺 さぎ
再考 さいこう	糟粕 そうはく	**zēng**	詐取 さしゅ
再来 さらい		曾 かつて	柵 さく
再起 さいき	**zǎo**	曾孫 そうそん	柵 しがらみ
再起動 さいきどう	早 はやい	曾祖父 そうそふ	搾 しぼり
	早 はやく	曾祖母 そうそぼ	搾 しぼる
再三 さいさん	早 はやさ	増 ぞう	搾取 さくしゅ
再生 さいせい	早 はやめる	増 ふえる	
再現 さいげん	早 はよう	増 ふやす	**zhāi**
再演 さいえん	早朝 そうちょう	増 まし	齎 もたらす
在 ある	早春 そうしゅん	増 ます	斎 いみ
在庫 ざいこ	早急 さっきゅう	増産 ぞうさん	摘 つまむ
		増大 ぞうだい	摘 つむ
			摘出 てきしゅつ

つ	戦 そよぐ	脹 ふくれる	照輝 てりかがやく
摘発 てきはつ	戦 たたかい	障 さわる	照会 しょうかい
摘取 つみとる	戦 たたかう	障碍 しょうがい	照明 しょうめい
摘入 つみいれ	戦敗 せんぱい	障害 しょうがい	照射 しょうしゃ
摘入 つみれ	戦場 せんじょう	障子 しょうじ	照焼 てりやき
zhái	戦車 せんしゃ		照応 しょうおう
宅 たく	戦闘 せんとう	zhāo	照映 てりばえる
宅配 たくはい	戦法 せんぽう	招 しょうじる	照照坊主 てるてるぼうず
	戦国 せんごく	招 まねき	
zhǎi	戦後 せんご	招 まねく	zhē
窄 すぼまる	戦火 せんか	招待 しょうたい	遮 さえぎる
窄 すぼむ	戦績 せんせき	招来 しょうらい	遮蔽 しゃへい
窄 すぼめる	戦艦 せんかん	招請 しょうせい	遮断 しゃだん
	戦況 せんきょう	昭和 しょうわ	遮光 しゃこう
zhài	戦力 せんりょく	朝 あさ	
債権 さいけん	戦慄 せんりつ	朝飯 あさめし	zhé
債務 さいむ	戦刊 せんりゃく	朝刊 ちょうかん	折 おり
	戦前 せんぜん	朝礼 ちょうれい	折 おりしも
zhān	戦士 せんし	朝寝坊 あさねぼう	折 おる
粘 ねばり	戦術 せんじゅつ	朝焼 あさやけ	折 おれる
粘 ねばる	戦死 せんし	朝食 ちょうしょく	折半 せっぱん
粘付 ねばつく	戦線 せんせん	朝市 あさいち	折柄 おりから
粘付 ねばりつく	戦意 せんい	朝晩 あさばん	折畳 おりたたみ
粘強 ねばりづよい	戦災 せんさい	朝夕 ちょうせき	折返 おりかえし
粘土 ねんど	戦争 せんそう	朝顔 あさがお	折返 おりかえす
粘性 ねんせい	綻 ほころびる		折合 おりあい
粘粘 ねばねば	湛 たたえる	zhǎng	折衝 せっしょう
粘着 ねんちゃく		張 はる	折角 せっかく
粘着 ねばつく	zhāng	張本人 ちょうほんにん	折目 おりめ
占→zhàn	張合 はりあい		折込 おりこみ
	張切 はりきる	爪 つめ	折折 おりおり
zhǎn	張紙 はりがみ	爪先 つまさき	折紙 おりがみ
斬 きる	章 しょう	爪楊枝 つまようじ	折中 せっちゅう
斬込 きりこむ	章魚 たこ	沼 ぬま	折衷 せっちゅう
展開 てんかい	樟 くすのき		折重 おりかさなる
展覧 てんらん		zhào	哲理 てつり
展示 てんじ	zhǎng	召 めす	哲学 てつがく
展望 てんぼう	長官 ちょうかん	召集 しょうしゅう	摺 する
	長男 ちょうなん	召上 めしあがる	摺物 すりもの
zhàn	長女 ちょうじょ	兆 きざし	轍 てつ
占 うらない	掌 つかさどる	兆 きざす	
占 うらなう	掌 てのひら	兆 きざ	zhě
占 しめる		兆候 ちょうこう	者 しゃ
占拠 せんきょ	zhǎng	笊 ざる	者 もの
占領 せんりょう	丈 たけ	棹 さお	
占星術 せんせいじゅつ	丈比 たけくらべ	棹差 さおさす	zhè
占有 せんゆう	丈夫 じょうふ	照 てらす	這 はう
桟 かけはし	丈夫 じょうぶ	照 てる	
桟橋 さんばし	杖 つえ	照 てれる	zhēn
戦 いくさ	帳 ちょう	照臭 てれくさい	針 はり
戦 おののく	帳面 ちょうめん	照返 てりかえし	針金 はりがね
戦 せん	脹 ふくらます	照返 てりかえす	
	脹 ふくらみ	照合 しょうごう	

針路 しんろ	**zhěn**	う	正誤 せいご
珍 めずらしい	診 みる	蒸気 じょうき	正邪 せいじゃ
珍妙 ちんみょう	診察 しんさつ	蒸暑 むしあつい	正義 せいぎ
珍奇 ちんき	診断 しんだん	徴 しるし	正月 しょうがつ
珍事 ちんじ	診療 しんりょう	徴兵 ちょうへい	正札 しょうふだ
珍味 ちんみ	枕 まくら	徴候 ちょうこう	正直 しょうじき
珍重 ちんちょう		徴収 ちょうしゅ	正装 せいそう
貞操 ていそう	**zhèn**	う	正坐 せいざ
真 しん	陣 じん	正→zhèng	正座 せいざ
真 しんに	陣営 じんえい		証 あかし
真 ま	振 ふり	**zhěng**	証拠 しょうこ
真 まこと	振 ふる	整 ととのう	証明 しょうめい
真 まっ	振 ふるう	整 ととのえる	証券 しょうけん
真暗 まっくら	振 ふれる	整備 せいび	証人 しょうにん
真白 まっしろ	振出 ふりだし	整頓 せいとん	証書 しょうしょ
真白 まっしろい	振返 ふりかえる	整骨 せいこつ	証言 しょうげん
真赤 まっか	振回 ふりまわす	整合 せいごう	政変 せいへん
真冬 まふゆ	振仮名 ふりがな	整理 せいり	政策 せいさく
真二 まっぷたつ	振切 ふりきる	整列 せいれつ	政党 せいとう
真否 しんぴ	振込 ふりこむ	整流 せいりゅう	政府 せいふ
真黒 まっくろ	振撒 ふりまく	整然 せいぜん	政見 せいけん
真価 しんか	振舞 ふるまう	整数 せいすう	政界 せいかい
真剣 しんけん	振向 ふりむく	整形 せいけい	政局 せいきょく
真空 しんくう	振向 ふりむける	整形外科 せいけ	政令 せいれい
真理 しんり	振興 しんこう	いげか	政情 せいじょう
真面 まとも	振子 ふりこ		政権 せいけん
真面目 まじめ	振作 しんさく	**zhèng**	政体 せいたい
真逆様 まっさか	賑 にぎやか	正 せい	政務 せいむ
さま	賑 にぎわう	正 ただしい	政争 せいそう
真前 まんまえ	震 ふるう	正 ただす	政治 せいじ
真青 まっさお	震 ふるえる	正 まさしく	政治家 せいじか
真情 しんじょう	震動 しんどう	正 まさに	症状 しょうじょ
真上 まうえ	震度 しんど	正本 せいほん	う
真実 しんじつ	鎮 しずめる	正比例 せいひれ	鄭重 ていちょう
真似 まね	鎮静 ちんせい	い	諍 いさかい
真似 まねる	鎮痛 ちんつう	正常 せいじょう	
真髄 しんずい	鎮圧 ちんあつ	正当 せいとう	**zhī**
真偽 しんぎ		正道 せいどう	之 これ
真下 ました	**zhēng**	正反対 せいはん	支 ささえ
真夏 まなつ	争 あらそい	たい	支 ささえる
真先 まっさき	争 あらそう	正方形 せいほう	支 つかえる
真相 しんそう	争奪 そうだつ	けい	支持 しじ
真向 まっこう	争論 そうろん	正負 せいふ	支出 ししゅつ
真心 まごころ	争議 そうぎ	正鵠 せいこく	支店 してん
真夜中 まよなか	征 せいする	正規 せいき	支度 したく
真意 しんい	征伐 せいばつ	正解 せいかい	支払 しはらい
真正面 ましょう	征服 せいふく	正門 せいもん	支払 しはらう
めん	征途 せいと	正面 しょうめん	支給 しきゅう
真直 まっすぐ	征圧 せいあつ	正気 せいき	支離滅裂 しりめ
真中 まんなか	蒸 ふかす	正確 せいかく	つれつ
真昼 まひる	蒸 むす	正式 せいしき	支流 しりゅう
真珠 しんじゅ	蒸発 じょうはつ	正視 せいし	支配 しはい
斟酌 しんしゃく	蒸溜 じょうりゅ	正体 しょうたい	支配人 しはいに
	う	正味 しょうみ	ん
	蒸留 じょうりゅ	正午 しょうご	支社 ししゃ

支援 しえん	執心 しゅうしん	職場 しょくば	指定 してい
支障 ししょう	執行 しっこう	職歴 しょくれき	指揮 しき
支柱 しちゅう	執着 しゅうちゃく	職能 しょくのう	指令 しれい
汁 しる		職権 しょっけん	指輪 ゆびわ
芝 しば	直 じかに	職人 しょくにん	指名 しめい
芝居 しばい	直 じき	職務 しょくむ	指人形 ゆびにんぎょう
芝生 しばふ	直 すぐ	職業 しょくぎょう	
枝 えだ	直 ただちに	う	指示 さししめす
枝垂 しだれる	直 ちょく	職員 しょくいん	指示 しじ
枝垂 したわし	直 なおし	職責 しょくせき	指図 さしず
枝葉 えだは	直 なおす	植 うえる	指紋 しもん
知 しらせ	直 なおる	植 うわる	指先 ゆびさき
知 しらせる	直腸 ちょくちょう	植付 うえつけ	指相撲 ゆびずもう
知 しる	直感 ちょっかん	植付 うえつける	
知 しれる	直観 ちょっかん	植民地 しょくみんち	指摘 してき
知 そしらぬ	直航 ちょっこう	植木 うえき	**zhì**
知 ち	直後 ちょくご	植込 うえこみ	至 いたって
知的 ちてき	直撃 ちょくげき	植物 しょくぶつ	至 いたで
知合 しりあい	直角 ちょっかく	殖 ふえる	至処 いたるところ
知合 しりあう	直接 ちょくせつ	殖 ふやす	至急 しきゅう
知恵 ちえ	直進 ちょくしん	**zhǐ**	至尽 いたれりつくせり
知恵歯 ちえば	直径 ちょっけい	止 とどまる	
知己 ちき	直覚 ちょっかく	止 とどめ	至難 しなん
知見 ちけん	直立 ちょくりつ	止 とどめる	至情 しじょう
知覚 ちかく	直列 ちょくれつ	止 とまる	至所 いたるところ
知力 ちりょく	直流 ちょくりゅう	止 とめ	
知略 ちりゃく		止 とめる	至上 しじょう
知名 ちめい	直売 ちょくばい	止 やむ	志 こころざし
知能 ちのう	直面 ちょくめん	止 やめる	志 こころざす
知人 ちじん	直前 ちょくぜん	止 よす	志 し
知識 ちしき	直視 ちょくし	止 し	志望 しぼう
知事 ちじ	直通 ちょくつう	止処 とめど	志向 しこう
知行 ちこう	直轄 ちょっかつ	風 なぎ	志願 しがん
知性 ちせい	直下 ちょっか	只 ただ	幟 のぼり
知顔 しらんかお	直線 ちょくせん	只管 ひたすら	制 せい
知音 ちいん	直行 ちょっこう	只今 ただいま	制 せい
知勇 ちゆう	直言 ちょくげん	只事 ただごと	制 せいする
知育 ちいく	直属 ちょくぞく	只者 ただもの	制癌剤 せいがんざい
知遇 ちぐう	直様 すぐさま	旨 むね	
知者 ちしゃ	姪 めい	旨 うまい	制覇 せいは
知知 しらずしらず	値 あたい	紙 かみ	制裁 せいさい
織 おる	値 あたいする	紙 し	制定 せいてい
織女 しょくじょ	値 ね	紙幣 しへい	制動 せいどう
織込 おりこむ	値打 ねうち	紙切 かみきれ	制度 せいど
織物 おりもの	値段 ねだん	紙挟 かみばさみ	制服 せいふく
脂 あぶら	値幅 ねはば	紙屑 かみくず	制限 せいげん
脂肪 しぼう	値切 ねぎる	紙一重 かみひとえ	制圧 せいあつ
隻 せき	値上 ねあがり		制御 せいぎょ
蜘蛛 くも	値上 ねあげ	紙鳶 たこ	制馭 せいぎょ
zhí	値踏 ねぶみ	指 さす	制禦 せいぎょ
執 とる	値下 ねさがり	指 ゆび	制約 せいやく
執筆 しっぴつ	値下 ねさげ	指標 しひょう	制止 せいし
執念 しゅうねん	値引 ねびき	指差 ゆびさす	制作 せいさく
	職 しょく	指導 しどう	

製 せい	置換 おきかえる	う	腫物 はれもの
製法 せいほう	置換 ちかん	中身 なかみ	種 しゅ
製菓 せいか	置物 おきもの	中世 ちゅうせい	種 たね
製品 せいひん	稚気 ちき	中枢 ちゅうすう	種類 しゅるい
製鉄 せいてつ	稚拙 ちせつ	中天 ちゅうてん	種明 たねあかし
製図 せいず	躓 つまずく	中途 ちゅうと	種目 しゅもく
製薬 せいやく		中退 ちゅうたい	種性 すじょう
製造 せいぞう	zhōng	中味 なかみ	種蒔 たねまき
製作 せいさく	迚 とても	中心 ちゅうしん	種種 いろいろ
質 しち	中 あたり	中形 ちゅうがた	種種 くさぐさ
質 しつ	中 じゅう	中型 ちゅうがた	種種 しゅじゅ
質 ただす	中 ちゅう	中学 ちゅうがく	塚 つか
質 たち	中 なか	中学校 ちゅうがっこう	踵 かかと
質量 しつりょう	中波 ちゅうは	中旬 ちゅうじゅん	zhòng
質朴 しつぼく	中部 ちゅうぶ	中央 ちゅうおう	仲 なか
質樸 しつぼく	中産階級 ちゅうさんかいきゅう	中元 ちゅうげん	仲裁 ちゅうさい
質実 しつじつ	中程 なかほど	中止 ちゅうし	仲間 なかま
質素 しっそ	中東 ちゅうとう	中指 なかゆび	仲介 ちゅうかい
質問 しつもん	中毒 ちゅうどく	中卒 ちゅうそつ	仲良 なかよし
質屋 しちや	中断 ちゅうだん	忠 ちゅう	仲買人 なかがいにん
質疑 しつぎ	中隊 ちゅうたい	忠誠 ちゅうせい	仲人 なこうど
炙 あぶる	中耳 ちゅうじ	忠告 ちゅうこく	仲直 なかなおり
治 おさまる	中風 ちゅうふう	忠実 ちゅうじつ	衆 しゅう
治 おさめる	中腹 ちゅうふく	忠言 ちゅうげん	衆望 しゅうぼう
治 なおす	中高年 ちゅうこうねん	終 おえる	衆議 しゅうぎ
治 なおる	中古 ちゅうこ	終 おわり	衆議院 しゅうぎいん
治安 ちあん	中国 ちゅうごく	終 おわる	重 え
治療 ちりょう	中和 ちゅうわ	終 しまう	重 おもい
治水 ちすい	中核 ちゅうかく	終 ついに	重 おもさ
治効 ちこう	中華 ちゅうか	終点 しゅうてん	重 おもたい
治癒 ちゆ	中級 ちゅうきゅう	終電 しゅうでん	重 おもな
櫛 くし	中継 ちゅうけい	終局 しゅうきょく	重 おもみ
緻密 ちみつ	中堅 ちゅうけん	終了 しゅうりょう	重 おもんじる
致 いたす	中間 ちゅうかん	終末 しゅうまつ	重 おもんずる
致命的 ちめいてき	中距離 ちゅうきょり	終日 しゅうじつ	重 かさなる
致命傷 ちめいしょう	中絶 ちゅうぜつ	終身 しゅうしん	重 かさねる
致死 ちし	中立 ちゅうりつ	終生 しゅうせい	重 じゅう
秩序 ちつじょ	中流 ちゅうりゅう	終始 しゅうし	重宝 ちょうほう
痔 じ	中南美 ちゅうなんべい	終夜 しゅうや	重大 じゅうだい
窒素 ちっそ	中脳 ちゅうのう	終業 しゅうぎょう	重点 じゅうてん
窒息 ちっそく	中年 ちゅうねん	終戦 しゅうせん	重工業 じゅうこうぎょう
智 ち	中欧 ちゅうおう	終止符 しゅうしふ	重荷 おもに
智恵 ちえ	中期 ちゅうき	終着駅 しゅうちゃくえき	重厚 じゅうこう
智謀 ちぼう	中頃 なかごろ	鐘 かね	重苦 おもくるしい
痣 あざ	中秋 ちゅうしゅう		重力 じゅうりょく
滞 とどこおる	中日 ちゅうにち	zhǒng	重量 じゅうりょう
滞貨 たいか	中肉 ちゅうにく	腫 はれ	重傷 じゅうしょう
滞留 たいりゅう	中傷 ちゅうしょう	腫 はれる	
滞納 たいのう			
滞在 たいざい			
置 おいてきぼり			
置 おく			
置 おき			

重視 じゅうし	か	主眼 しゅがん	貯 ためる
重態 じゅうたい	昼食 ちゅうしょく	主演 しゅえん	貯蔵 ちょぞう
重体 じゅうたい	昼行灯 ひるあんどん	主要 しゅよう	貯金 ちょきん
重箱 じゅうばこ	昼休 ひるやすみ	主役 しゅやく	貯水 ちょすい
重心 じゅうしん	昼夜 ちゅうや	主義 しゅぎ	貯蓄 ちょちく
重要 じゅうよう	昼御飯 ひるごはん	主語 しゅご	註解 ちゅうかい
重役 じゅうやく	昼中 ひるなか	主宰 しゅさい	註釈 ちゅうしゃく
重症 じゅうしょう	皺 しわ	主張 しゅちょう	註文 ちゅうもん
重重 じゅうじゅう		渚 なぎさ	注 そそぐ
中→zhōng		煮 にえる	注 ちゅう
		煮 にる	注 つぐ
zhōu	**zhū**	煮沸 しゃふつ	注記 ちゅうき
舟 ふね	珠 たま	煮詰 につまる	注解 ちゅうかい
洲 す	株 かぶ	煮立 にえたつ	注目 ちゅうもく
州 す	株式 かぶしき	煮立 にたてる	注入 ちゅうにゅう
周 まわり	株価 かぶか	煮上 にあがる	注込 すぎこむ
周到 しゅうとう	株主 かぶぬし	煮物 にもの	注射 ちゅうしゃ
周辺 しゅうへん	諸 しょ	嘱託 しょくたく	注視 ちゅうし
周密 しゅうみつ	諸国 しょこく	嘱望 しょくぼう	注釈 ちゅうしゃく
周年 しゅうねん	諸君 しょくん		注文 ちゅうもん
周期 しゅうき	諸事 しょじ	**zhù**	注意 ちゅうい
周囲 しゅうい	猪 いのしし	佇 たたずまい	注意深 ちゅういぶかい
周知 しゅうち	猪口 ちょく	佇 たたずむ	駐車 ちゅうしゃ
週 しゅう	猪口 ちょこ	助 すける	駐在 ちゅうざい
週給 しゅうきゅう	猪突 ちょとつ	助 たすかる	柱 はしら
		助 たすけ	柱石 ちゅうせき
週間 しゅうかん	**zhú**	助 たすける	祝 いわい
週刊 しゅうかん	竹 たけ	助成 じょせい	祝 いわう
週末 しゅうまつ	竹輪 ちくわ	助詞 じょし	祝 しゅくする
週休 しゅうきゅう	逐次 ちくじ	助動詞 じょどうし	祝福 しゅくふく
粥 かゆ	逐年 ちくねん	助教授 じょきょうじゅ	祝賀 しゅくが
		助力 じょりょく	祝日 しゅくじつ
zhóu	**zhǔ**	助手 じょしゅ	著 あらわす
軸 じく	主 あるじ	助言 じょげん	著 いちじるしい
	主 おも	助役 じょやく	著 きる
zhǒu	主 しゅ	助長 じょちょう	著 ちょ
肘 ひじ	主 しゅとして	住 じゅう	著 つく
帚 ほうき	主 ぬし	住 すまい	著名 ちょめい
箒 ほうき	主賓 しゅひん	住 すまう	著書 ちょしょ
	主従 しゅじゅう	住 すみか	著者 ちょしゃ
	主催 しゅさい	住 すむ	著作 ちょさく
zhòu	主導 しゅどう	住処 すみか	鋳 いる
呪 のろい	主婦 しゅふ	住慣 すみなれる	鋳物 いもの
宙 ちゅう	主観 しゅかん	住居 じゅうきょ	築 きずく
宙返 ちゅうがえり	主将 しゅしょう	住居 すまい	箸 はし
昼 ひる	主客 しゅかく	住民 じゅうみん	
昼間 ちゅうかん	主流 しゅりゅう	住人 じゅうにん	**zhuā**
昼間 ひるま	主権 しゅけん	住込 すみこみ	抓 つねる
昼前 ひるまえ	主人 しゅじん	住所 じゅうしょ	抓 つまみ
昼寝 ひるね	主任 しゅにん	住宅 じゅうたく	
昼日中 ひるひなか	主食 しゅしょく	住着 すみつく	
	主題 しゅだい	貯 たくわえる	
	主体 しゅたい	貯 たまる	
	主席 しゅせき		

zhuān
専 もっぱら
専攻 せんこう
専横 せんおう
専決 せんけつ
専売 せんばい
専門 せんもん
専門家 せんもんか
専念 せんねん
専任 せんにん
専属 せんぞく
専務 せんむ
専心 せんしん
専修 せんしゅう
専業 せんぎょう
専一 せんいつ
専用 せんよう
専制 せんせい

zhuǎn
転 ころがす
転 ころがる
転 ころぶ
転 てんじる
転 てんずる
転倒 てんとう
転地 てんち
転覆 てんぷく
転化 てんか
転換 てんかん
転回 てんかい
転機 てんき
転嫁 てんか
転居 てんきょ
転落 てんらく
転勤 てんきん
転寝 うたたね
転任 てんにん
転向 てんこう
転校 てんこう
転業 てんぎょう
転移 てんい
転院 てんいん
転注 てんちゅう
転転 てんてん

zhuàn
伝記 でんき
囀 さえずる
賺 すかす
転→zhuǎn

zhuāng
荘重 そうちょう
装 よそおい
装 よそおう
装備 そうび
装丁 そうてい
装釘 そうてい
装身具 そうしんぐ
装飾 そうしょく
装填 そうてん
装幀 そうてい
装置 そうち

zhuàng
壮大 そうだい
壮観 そうかん
壮絶 そうぜつ
壮快 そうかい
状況 じょうきょう
壮麗 そうれい
壮烈 そうれつ
壮図 そうと
壮語 そうご
状勢 じょうせい
状態 じょうたい
撞 つく

zhuī
追 おう
追抜 おいぬく
追出 おいだす
追従 ついじゅう
追従 ついしょう
追悼 ついとう
追返 おいかえす
追放 ついほう
追払 おいはらう
追付 おいつく
追掛る おいかける
追跡 ついせき
追迹 ついせき
追撃 ついげき
追及 ついきゅう
追加 ついか
追詰 おいつめる
追落 おいおとす
追慕 ついぼ
追窮 ついきゅう
追求 ついきゅう
追込 おいこみ
追込 おいこむ
追伸 ついしん
追試 ついし
追試験 ついしけん
追随 ついずい
追突 ついとつ
追憶 ついおく
追越 おいこす
追追 おいおい
追着 おいつく
椎骨 ついこつ
椎間板 ついかんばん
椎茸 しいたけ
錐 きり
錐揉 きりもみ

zhuì
墜 おちる
墜落 ついらく
綴 つづり
綴 つづる
綴 とじる
綴込 とじこむ
縋 すがる
贅 ぜい
贅沢 ぜいたく

zhūn
諄 くどい
諄諄 くどくど

zhǔn
準従 じゅんじる
準ずる じゅんずる
準備 じゅんび
準急 じゅうきゅう

zhuō
捉 つかまえる
捉 つかまる
拙 つたない
拙劣 せつれつ
拙速 せっそく

zhuó
卓 たく
卓抜 たくばつ
卓見 たっけん
卓絶 たくぜつ
卓立 たくりつ
卓球 たっきゅう
卓識 たくしき
卓説 たくせつ
卓越 たくえつ
濁 にごす
濁 にごる
濁音 だくおん
酌 くむ
啄 ついばむ
啄木 きつつき
啄木鳥 きつつき
着 きせる
着 きる
着 ちゃく
着 つく
着 つける
着岸 ちゃくがん
着工 ちゃっこう
着陸 ちゃくりく
着目 ちゃくもく
着任 ちゃくにん
着色 ちゃくしょく
着実 ちゃくじつ
着飾 きかざる
着手 ちゃくしゅ
着替 きがえる
着物 きもの
着席 ちゃくせき
着想 ちゃくそう
着眼 ちゃくがん
着意 ちゃくい
着駅 ちゃくえき
着着 ちゃくちゃく
琢磨 たくま
濯 すすぐ
濯 そそぐ
濯 ゆすぐ
擢 ぬきんでる

zī
姿 すがた
姿勢 しせい
資本 しほん
資材 しざい
資産 しさん
資格 しかく
資金 しきん
資力 しりょく
資料 しりょう
資性 しせい
資源 しげん
諮問 しもん
滋養 じよう
髭 ひげ

zǐ
子 こ

子供	こども
子女	しじょ
子孫	しそん
子息	しそく
子音	しいん
姉	あね
姉	ねえさん
姉弟	きょうだい
姉妹	しまい
紫	むらさき
紫陽花	あじさい
滓	かす

zì

自	おのずから
自	みずから
自愛	じあい
自白	じはく
自暴自棄	じぼうじき
自弁	じべん
自炊	じすい
自動	じどう
自動車	じどうしゃ
自動詞	じどうし
自発	じはつ
自費	じひ
自分	じぶん
自負	じふ
自給	じきゅう
自害	じがい
自惚	うぬぼれ
自惚	うぬぼれる
自画自賛	じがじさん
自画自讃	じがじさん
自活	じかつ
自己	じこ
自戒	じかい
自決	じけつ
自覚	じかく
自立	じりつ
自慢	じまん
自然	しぜん
自任	じにん
自認	じにん
自若	じじゃく
自殺	じさつ
自身	じしん
自縄自縛	じじょうじばく
自省	じせい
自首	じしゅ
自粛	じしゅく
自体	じたい
自衛	じえい
自我	じが
自信	じしん
自業自得	じごうじとく
自意識	じいしき
自営	じえい
自由	じゆう
自在	じざい
自責	じせき
自宅	じたく
自制	じせい
自治	じち
自主	じしゅ
自主的	じしゅてき
自転車	じてんしゃ
自尊心	じそんしん
自作	じさく
字	じ
字体	じたい
字訓	じくん
字引	じびき
漬	つかる
漬	づけ
漬	つける
漬	ひたす
漬	ひたる
漬物	つけもの

zōng

宗	しゅう
宗教	しゅうきょう
綜合	そうごう
惣菜	そうざい

zǒng

総	すべて
総	そう
総じて	そうじて
総	ふさ
総崩	そうくずれ
総裁	そうさい
総菜	そうざい
総称	そうしょう
総出	そうで
総点	そうてん
総動員	そうどういん
総額	そうがく
総合	そうごう
総和	そうわ
総会	そうかい
総計	そうけい
総決算	そうけっさん
総括	そうかつ
総覧	そうらん
総理	そうり
総理大臣	そうりだいじん
総立	そうだち
総量	そうりょう
総領	そうりょう
総論	そうろん
総毛立	そうけたつ
総評	そうひょう
総仕舞	そうじまい
総数	そうすう
総説	そうせつ
総体	そうたい
総選挙	そうせんきょ
総意	そうい
総員	そういん
総長	そうちょう

zòng

縦	たて
縦横	じゅうおう
縦令	たとえ
縦書	たてがき

zǒu

走	はしる
走査	そうさ
走塁	そうるい
走路	そうろ
走破	そうは
走者	そうしゃ

zòu

奏	かなでる
奏鳴曲	そうめいきょく
奏効	そうこう

zū

| 租税 | ぜぜい |

zú

足	あし
足	あしまめ
足	そく
足	たし
足	たす
足	たらず
足	たりる
足	たる
足並	あしなみ
足場	あしば
足袋	たび
足付	あしつき
足掛	あしがかり
足掛	あしかけ
足跡	あしあと
足跡	あしくせき
足溜	あしだまり
足留	あしどめ
足取	あしどり
足手纏	あしてまとい
足首	あしくび
足算	たしざん
足踏	あしぶみ
足下	あしもと
足音	あしおと
足元	あしもと
卒倒	そっとう
卒論	そつろん
卒業	そつぎょう
卒中	そっちゅう

zǔ

詛	のろい
阻	はばむ
阻害	そがい
阻止	そし
組	くみ
組	くむ
組成	そせい
組合	くみあい
組合	くみあわせ
組合	くみあわせる
組立	くみたて
組立	くみたてる
組込	くみこむ
組易	くみしやすい
組織	そしき
俎板	まないた
祖父	じいさん
祖父	そふ
祖国	そこく

祖母 そぼ	最適 さいてき	昨今 さっこん	作話 つくりばなし
祖先 そせん	最先端 さいせんたん	昨年 さくねん	作家 さっか
祖業 そぎょう		昨日 きのう	作品 さくひん
zuǐ	最小 さいしょう	昨日 さくじつ	作曲 さっきょく
嘴 くちばし	最小限 さいしょうげん	昨晩 さくばん	作上る つくりあげる
zuì	最早 もはや	昨夕 ゆうべ	作図 さくず
最 さい	最中 さいちゅう	昨夜 さくや	作為 さくい
最 もっとも	最中 さなか	昨夜 ゆうべ	作文 さくぶん
最初 さいしょ	最終 さいしゅう	**zuǒ**	作物 さくもつ
最大 さいだい	罪 つみ	左 さ	作業 さぎょう
最大限 さいだいげん	罪悪 ざいあく	左 ひだり	作用 さよう
最低 さいてい	酔 よう	左側 ひだりがわ	作戦 さくせん
	酔払 よっぱらい	左回り ひだりまわり	作者 さくしゃ
最悪 さいあく	酔払 よっぱらう	左利 ひだりきき	作製 さくせい
最高 さいこう	酔漢 すいかん	左遷 させん	坐 いながらに
最高潮 さいこうちょう	**zūn**	左手 ひだりて	坐 すわる
最高峰 さいこうほう	噂 うわさ	左様 さよう	坐食 ざしょく
	尊 たっとい	左翼 さよく	座 ざ
最後 さいご	尊 たっとぶ	左右 さゆう	座 すわり
最寄 もより	尊 とうとい		座 すわる
最近 さいきん	尊 とうとぶ	**zuò**	座標 ざひょう
最良 さいりょう	尊敬 そんけい	作 さく	座布団 ざぶとん
最期 さいご	尊厳 そんげん	作 つくり	座敷 ざしき
最強 さいきょう	尊重 そんちょう	作 つくる	座蒲団 ざぶとん
最善 さいぜん	樽 たる	作成 さくせい	座食 ざしょく
最上 さいじょう		作動 さどう	座談 ざだん
最少 さいしょう	**zuó**	作法 さほう	座席 ざせき
最盛期 さいせいき	昨 さく	作風 さくふう	座右 ざゆう

检索表

亻部		扠 chā（叉）		忄部		遡 sù（溯）	
仮	jiǎ（假）	扱 jí（及）		悽	qī（凄）	井部	
俤	dì（弟）	挌 gé（格）		憮	wǔ（五）	丼	dōng（冬）
倅	cuì（脆）	挊 nòng（弄）		山部		牛部	
俵	biǎo（表）	拵 cún（存）		峠	kǎ（卡）	牝	pìn（聘）
働	dòng（动）	捗 shè（涉）		木部		牴	dǐ（抵）
冂部		掟 dìng（定）		凩	mù（木）	犇	bēn（奔）
円	yuán（圆）	捲 juǎn（卷）		杣	shān（山）	火部	
亠部		揃 jiǎn（剪）		杙	yì（义）	畑	tián（田）
齋	zhāi（斋）	摑 guó（国）		桻	kuàng（框）	烟	xián（闲）
刂部		氵部		枡	shēng（升）	歹部	
刈	yì（易）	涕 tì（涕）		栂	mú（母）	殪	yì（易）
勹部		淹 lóng（龙）		栞	kān（刊）	曰部	
匈	xiōng（胸）	巾部		梅	zhān（詹）	曇	tán（昙）
氵部		帆 jīn（巾）		梲	zhuó（卓）	心部	
冴	yá（牙）	女部		椙	chāng（昌）	憯	cǎn（惨）
艹部		姊 zī（姊）		棲	qī（栖）	示部	
苆	qiē（切）	嫫 mō（摸）		楯	dùn（盾）	祓	fú（浮）
苺	méi（梅）	口部		榆	qiú（球）	衤部	
荬	wú（吴）	呎 rù（入）		桶	tōng（通）	袴	kǎ（卡）
菡	hán（含）	咲 xiào（笑）		檜	huì（会）	衍	xíng（行）
蓴	chún（纯）	呟 xuán（玄）		樫	jiān（坚）	袴	kuā（夸）
蒟	jǔ（举）	唸 niàn（念）		櫟	lì（栎）	褄	qī（妻）
蒂	dì（帝）	崕 yá（崖）		月部		褌	kūn（坤）
蕗	lù（路）	喰 shí（食）		膵	cuì（粹）	襦	rǔ（儒）
藁	gǎo（稿）	噲 huì（会）		毛部		四部	
藕	ǒi（蔼）	噷 fǔ（府）		毬	qiú（球）	罠	miè（灭）
		噂 zūn（尊）		辶部		罫	guà（卦）
		嘶 huì（哕）		辷	yī（一）		
		嚊 bí（鼻）		辻	shí（十）		
扌部		囃 zá（杂）		迪	chán（缠）		
扐	fú（拂）			迚	zhōng（中）		
扨	rèn（刃）						

疒部
痀 gōu（佝）
癎 xián（闲）
癪 jī（积）

白部
皕 tián（田）
皋 gāo（皋）

穴部
窰 yáo（窑）

石部
碁 qí（棋）

曲部
麯 qū（曲）

竹部
笹 shì（世）
筥 lǚ（吕）
筶 kuò（括）
筍 sǔn（笋）
箆 bì（闭）
箇 gè（个）
簞 dán（单）

缶部
缶 fǒu（否）

夸部
麭 páo（刨）

米部
粹 cuì（脆）

糸部
糺 jiū（纠）
紮 zhá（扎）
絣 bīng（并）
綰 wǎn（挽）
縒 cuō（撮）

言部
誂 zhào（兆）

西部
酢 cù（醋）
酥 lín（林）

門部
閁 shān（山）
䑳 měi（美）
䉈 yīng（应）

革部
鞄 bāo（包）
鞴 bèi（备）

谷部
谺 yá（牙）

足部
踴 yǒng（勇）
踢 jū（居）
躑 zhí（掷）

角部
觚 dī（抵）

雨部
霞 xiá（霞）
霙 yīng（英）

金部
鉤 gōu（钩）
鉾 móu（牟）

食部
餫 wēn（温）
饐 yì（易）

馬部
馹 yì（驿）
駆 qū（驱）

鳥部
鴨 yā（鸭）
鴾 móu（牟）
鶇 dōng（东）

鵺 yè（夜）
鶸 ruò（弱）
鸎 yīng（莺）

魚部
鮓 zhǎ（拃）
鯎 chéng（成）
鮨 yì（意）
鰑 yì（易）
鯱 hǔ（虎）
鰒 tí（提）
鰊 jiǎn（柬）
鰯 ruò（弱）
鰮 wēn（温）
鱚 xǐ（喜）
鰹 jiān（坚）
鱩 léi（雷）
鱠 huì（会）
鱶 yǎng（养）
鱧 lǐ（里）

卤部
鹼 jiǎn（碱）

曼部
鬘 màn（曼）

黽部
鼈 biē（鳖）